Grundgesetz

Studienkommentar

W0215991

Grundgesetz

– Studienkommentar –

von

Dr. Christoph Gröpl
Professor an der Universität des Saarlandes

Dr. Kay Windthorst
Professor an der Universität Bayreuth

und

Dr. Christian von Coelln
Professor an der Universität zu Köln

2. Auflage, 2015

C.H.BECK

www.beck.de

ISBN 978 3 406 68197 4

© 2015 Verlag C. H. Beck oHG
Wilhelmstraße 9, 80801 München
Druck und Bindung: Nomos Verlagsgesellschaft mbH & Co. KG
In den Lissen 12, D-76547 Sinzheim

Satz: Druckerei C. H. Beck Nördlingen

Umschlaggestaltung: Druckerei C. H. Beck Nördlingen

Gedruckt auf säurefreiem, alterungsbeständigem Papier
(hergestellt aus chlorfrei gebleichtem Zellstoff)

Vorwort

Es hat uns sehr gefreut, dass die 1. Auflage unseres Studienkommentars zum Grundgesetz so gut angenommen wurde – vielen Dank allen unseren Leserinnen und Lesern, auch für die Verbesserungsvorschläge. Sie haben uns geholfen, die Texte zu ergänzen und zu optimieren. Die 2. Auflage bringt den Studienkommentar nun auf den aktuellen Stand und berücksichtigt dabei die neueste Rechtsprechung des Bundesverfassungsgerichts, etwa zu den Äußerungsbefugnissen von Staatsorganen, zur Rückwirkung, zum ESM-Vertrag und zum Ankauf von Staatsanleihen durch die EZB. Aber auch die zunehmend bedeutsame Judikatur von EuGH und EGMR, etwa zur nachträglichen Sicherungsverwahrung, fließen in die Kommentierungen mit ein.

Wiederum haben uns zahlreiche Mitarbeiter an unseren Lehrstühlen in vielfältiger Weise unterstützt: am Lehrstuhl Gröpl vor allem Frau Assessorin *Stephanie Zembruski* sowie die Dipl.-Juristen *Matthias Heffinger, Frederic Leutheuser* und *Caroline Jung,* außerdem die studentischen Mitarbeiter *Lisa Bauer, Yves Georg, Johannes Heck, Claudia Kawohl* und *Philipp Schwarz;* am Lehrstuhl Windthorst Herr Assessor *Marc Desserich,* Dipl.-Jurist *Frank-Michael Schwarz,* die Dipl.-Juristinnen *Christine Knote, Julia Mey* und *Sophia Schießl* sowie die studentischen Mitarbeiter *Alexander Bauer, Dominik Lang, Franziska Lange-Schlüter, Mario Möller* und *Silke Neuendank;* am Lehrstuhl von Coelln die wissenschaftlichen Mitarbeiter *Lars Janßen,* Mag. iur., Herr Rechtsassessor *Simon Hechinger* und Frau Akad. Rätin Dr. *Silvia Pernice-Warnke,* LL. M., sowie die studentischen Mitarbeiter *Sener Dincer, Tim-Oliver Hilgers, Thomas Jaschke, Katharina Reisch, Benjamin Schnäbelin* und *Lisa Stöcker.* Ihnen allen gilt unser herzlicher Dank.

Über Ergänzungs- und Verbesserungsvorschläge freuen wir uns weiterhin:

– lehrstuhl@groepl.uni-saarland.de;
– oeffentlichesrecht@uni-bayreuth.de;
– lehrstuhl-voncoelln@uni-koeln.de.

Saarbrücken/Bayreuth/Köln, im Juni 2015

Christoph Gröpl
Kay Windthorst
Christian von Coelln

Inhaltsverzeichnis

Grundgesetz für die Bundesrepublik Deutschland

I. Die Grundrechte

II. Der Bund und die Länder

Inhaltsverzeichnis

Seite

VI. Die Bundesregierung

VII. Die Gesetzgebung des Bundes

VIII. Die Ausführung der Bundesgesetze und die Bundesverwaltung

VIIIa. Gemeinschaftsaufgaben, Verwaltungszusammenarbeit

Inhaltsverzeichnis

Seite

IX. Die Rechtsprechung

X. Das Finanzwesen

Xa. Verteidigungsfall

XI. Übergangs- und Schlußbestimmungen

Abkürzungen

a. A.	anderer Ansicht
a. a. O.	am angeführten/angegebenen Ort
a. E.	am Ende
a. F.	alte Fassung
AbgG	Gesetz über die Rechtsverhältnisse der Mitglieder des Deutschen Bundestages (Abgeordnetengesetz)
ABl.	Amtsblatt
Abs.	Absatz
abw. M.	abweichende Meinung
AEMR	Allgemeine Erklärung der Menschenrechte
AEUV	Vertrag über die Arbeitsweise der Europäischen Union
AfP	Zeitschrift für Medien- und Kommunikationsrecht (ehemals Archiv für Presserecht)
AG	Aktiengesellschaft/Amtsgericht *(wenn mit Ortsangabe)*
AGG	Allgemeines Gleichbehandlungsgesetz
ähnl.	ähnlich
AktG	Aktiengesetz
allg.	allgemein/e/r/s
Alt.	Alternative
amtl.	amtlich/e/r/s
Anl.	Anlage(n)
AO	Abgabenordnung
AöR	Archiv des öffentlichen Rechts
APKR	Allgemeines Persönlichkeitsrecht
ArbGG	Arbeitsgerichtsgesetz
Art.	Artikel
AsylVfG	Asylverfahrensgesetz
AtG	Gesetz über die friedliche Verwendung der Kernenergie und den Schutz gegen ihre Gefahren (Atomgesetz)
Aufl.	Auflage
Ausn.	Ausnahme/n
BA	Bundesagentur für Arbeit
BAFA	Bundesamt für Wirtschaft und Ausfuhrkontrolle
BaFin	Bundesanstalt für Finanzdienstleistungsaufsicht
BAföG	Bundesgesetz über individuelle Förderung der Ausbildung (Bundesausbildungsförderungsgesetz)
BAG	Bundesarbeitsgericht; Bundesamt für Güterverkehr
BAGE	Entscheidungen des Bundesarbeitsgerichts
Battis, BBG	Battis, Bundesbeamtengesetz, Kommentar, *s. Literaturverzeichnis*
BauGB	Baugesetzbuch
Bay	bayerisch/e/r/s
BayPflStG	Gesetz über die Ablieferung von Pflichtstücken (Pflichtstückegesetz des Freistaates Bayern)
BayPrG	Bayerisches Pressegesetz
BayVerfGHE	Entscheidungen des bayerischen Verfassungsgerichtshofs
BayVGH	Bayerischer Verwaltungsgerichtshof
BB	Brandenburg
BBankG	Gesetz über die Deutsche Bundesbank
BBG	Bundesbeamtengesetz
BbgVerf	Verfassung des Landes Brandenburg
BbgVerfGG	Gesetz über das Verfassungsgericht des Landes Brandenburg
BBodSchG	Gesetz zum Schutz vor schädlichen Bodenveränderungen und zur Sanierung von Altlasten (Bundes-Bodenschutzgesetz)

Abkürzungen

BDSG	Bundesdatenschutzgesetz
BE	Berlin
BeamtStG	Gesetz zur Regelung des Statusrechts der Beamtinnen und Beamten in den Ländern (Beamtenstatusgesetz)
BEEG	Gesetz zum Elterngeld und zur Elternzeit (Bundeselterngeld- und Elternzeitgesetz)
Bek.	Bekanntmachung
BerlVerfGHG	Gesetz über den Verfassungsgerichtshof Berlins
BeurkG	Beurkundungsgesetz
BewG	Bewertungsgesetz
BFD	Bundesfinanzdirektion
BFH	Bundesfinanzhof
BFH/NV	Sammlung der Entscheidungen des Bundesfinanzhofs
BFHE	Entscheidungen des Bundesfinanzhofs
BfV	Bundesamt für Verfassungsschutz
BGB	Bürgerliches Gesetzbuch
BGBl.	Bundesgesetzblatt
BGH	Bundesgerichtshof
BGHZ	Entscheidungen des Bundesgerichtshofs in Zivilsachen
BHO	Bundeshaushaltsordnung
BImSchG	Gesetz zum Schutz vor schädlichen Umwelteinwirkungen durch Luftverunreinigungen, Geräusche, Erschütterungen und ähnliche Vorgänge (Bundes-Immissionsschutzgesetz)
Bio.	Billion(en)
BIP	Bruttoinlandsprodukt
BK	Kahl/Waldhoff/Walter (Hrsg.), Bonner Kommentar zum Grundgesetz, *s. Literaturverzeichnis*
BKA	Bundeskriminal(polizei)amt
BKanzler	Bundeskanzler
BKR	Zeitschrift für Bank- und Kapitalmarktrecht
BMF	Bundesministerium der Finanzen
BMFS	BMF-Schreiben
BMin	Bundesminister
BMinG	Gesetz über die Rechtsverhältnisse der Mitglieder der Bundesregierung (Bundesministergesetz)
BNatSchG	Gesetz über Naturschutz und Landschaftspflege (Bundesnaturschutzgesetz)
BND	Bundesnachrichtendienst
BNotO	Bundesnotarordnung
BPol	Bundespolizei
BPolBG	Bundespolizeibeamtengesetz
BPolG	Gesetz über die Bundespolizei (Bundespolizeigesetz)
BPräs	Bundespräsident
BPWahlG	Gesetz über die Wahl des Bundespräsidenten durch die Bundesversammlung
BR	Bundesrat
BR-Drs.	Bundesratsdrucksache
BRAO	Bundesrechtsanwaltsordnung
BReg	Bundesregierung
Brem	bremisch/e/r/s
BRH	Bundesrechnungshof
BRHG	Gesetz über den Bundesrechnungshof (Bundesrechnungshofgesetz)
BRPräs	Bundesratspräsident
BRRG	Rahmengesetz zur Vereinheitlichung des Beamtenrechts (Beamtenrechtsrahmengesetz)
BSGE	Entscheidungen des Bundessozialgerichts
Bsp.	Beispiel/e
bspw.	beispielsweise

BT	Deutscher Bundestag
BT-Drs.	Bundestagsdrucksache
BTPräs	Bundestagspräsident
BV	Bundesversammlung
BVA	Bundesverwaltungsamt
BVerfG	Bundesverfassungsgericht
BVerfG-K	Kammerentscheidungen des Bundesverfassungsgerichts
BVerfGE	Entscheidungen des Bundesverfassungsgerichts
BVerfGG	Gesetz über das Bundesverfassungsgericht (Bundesverfassungsgerichtsgesetz)
BVerfGK	Sammlung der Kammerentscheidungen des Bundesverfassungsgerichts
BVerwG	Bundesverwaltungsgericht
BVerwGE	Entscheidungen des Bundesverwaltungsgerichts
BW	Baden-Württemberg/baden-württembergisch/e/r/s
BWahlG	Bundeswahlgesetz
BWahlO	Bundeswahlordnung
BY	Bayern
bzgl.	bezüglich
BZSt	Bundeszentralamt für Steuern
bzw.	beziehungsweise
ca.	circa
CDU	Christlich Demokratische Union Deutschlands
CR	Calliess/Ruffert, EUV/AEUV – Das Verfassungsrecht der Europäischen Union mit Europäischer Grundrechtecharta, Kommentar, *s. Literaturverzeichnis*
CSU	Christlich-Soziale Union
d. h.	das heißt
DDR	Deutsche Demokratische Republik
ders.	derselbe
desgl.	desgleichen
dies.	dieselbe/n
diff.	differenzierend
DÖV	Die Öffentliche Verwaltung – Die Zeitschrift für öffentliches Recht und Verwaltungswissenschaft
Dreier	Dreier, Kommentar zum Grundgesetz, *s. Literaturverzeichnis*
DRiG	Deutsches Richtergesetz
DrittelbG	Gesetz über die Drittelbeteiligung der Arbeitnehmer im Aufsichtsrat (Drittelbeteiligungsgesetz)
DVBl.	Deutsches Verwaltungsblatt
DVP	Deutsche Verwaltungspraxis
DWS	Detterbeck/Windhorst/Sproll, Staathaftungsrecht, *s. Literaturverzeichnis*
e. V.	eingetragener Verein
ebd.	ebenda
EG	Einführungsgesetz; Europäische Gemeinschaft(en)
EGMR	Europäischer Gerichtshof für Menschenrechte
EGV	Vertrag zur Gründung der Europäischen Gemeinschaft
EH	Epping/Hillgruber, Grundgesetz, Kommentar, *s. Literaturverzeichnis*
EH-O	Epping/Hillgruber, Grundgesetz, Beck'scher Online-Kommentar, *s. Literaturverzeichnis*
ehem.	ehemalig/e/n/r/s
Einl.	Einleitung
EinlPrALR	Einleitung zum Allgemeinen Landrecht für die Preußischen Staaten
einschl.	einschließlich
EL	Ergänzungslieferung

Abkürzungen

EMRK	Konvention zum Schutz der Menschenrechte und Grundfreiheiten
EnergieStG	Energiesteuergesetz
EP	Europäisches Parlament
ErbbauRG	Gesetz über das Erbbaurecht (Erbbaurechtsgesetz)
Erl.	Erläuterungen
ESM	Europäischer Stabilitätsmechanismus
EStG	Einkommensteuergesetz
ESZB	Europäisches System der Zentralbanken
etc.	et cetera
EU	Europäische Union
EuG	Europäisches Gericht erster Instanz; seit 1.12.2009: Gericht
EuGH	Europäischer Gerichtshof
EuGHE	Entscheidungen des Europäischen Gerichtshofs
EU-GRCh	Charta der Grundrechte der Europäischen Union
EuR	Europarecht (Zeitschrift)
EUV	Vertrag über die Europäische Union
EuWG	Gesetz über die Wahlen der Abgeordneten des Europäischen Parlaments aus der Bundesrepublik Deutschland (Europawahlgesetz)
EuZBBG	Gesetz über die Zusammenarbeit von Bundesregierung und Deutschem Bundestag in Angelegenheiten der Europäischen Union
EuZBLG	Gesetz über die Zusammenarbeit von Bund und Ländern in Angelegenheiten der Europäischen Union
EV	Vertrag zwischen der Bundesrepublik Deutschland und der Deutschen Demokratischen Republik über die Herstellung der Einheit Deutschlands (Einigungsvertrag)
evtl.	eventuell
EWG	Europäische Wirtschaftsgemeinschaft
EWIV	Europäische wirtschaftliche Interessenvereinigung
EWR	Europäischer Wirtschaftsraum
EZB	Europäische Zentralbank
F.	Fall
f./ff.	folgende/fortfolgende (Seite/Seiten)
FAG	Gesetz über den Finanzausgleich zwischen Bund und Ländern (Finanzausgleichsgesetz)
FDGO	freiheitliche demokratische Grundordnung
FDP	Freie Demokratische Partei
FeV	Verordnung über die Zulassung von Personen zum Straßenverkehr (Fahrerlaubnis-Verordnung)
FG	Finanzgericht(e)
FGO	Finanzgerichtsordnung
FH	Friauf/Höfling, Berliner Kommentar zum Grundgesetz, *s. Literaturverzeichnis*
Fn.	Fußnote(n)
franz.	französisch/e/r/s
FS	Festschrift
FSK	Freiwillige Selbstkontrolle der Filmwirtschaft
FStrG	Bundesfernstraßengesetz
FStrVermG	Bundesfernstraßenvermögensgesetz
FVG	Gesetz über die Finanzverwaltung (Finanzverwaltungsgesetz)
G 10	Gesetz zur Beschränkung des Brief-, Post- und Fernmeldegeheimnisses (Artikel 10-Gesetz)
G 115	Gesetz zur Ausführung von Artikel 115 des Grundgesetzes (Artikel 115-Gesetz)
G 45b	Gesetz über den Wehrbeauftragten des Deutschen Bundestages (Gesetz zu Artikel 45b des Grundgesetzes)
G 45c	Gesetz über die Befugnisse des Petitionsausschusses des Deutschen Bundestages (Gesetz nach Artikel 45c des Grundgesetzes)

GastG .... Gaststättengesetz
GbR .... Gesellschaft bürgerlichen Rechts
gem. .... gemäß
GemA .... Gemeinsamer Ausschuss
GemO .... Gemeindeordnung
GenTG .... Gesetz zur Regelung der Gentechnik (Gentechnikgesetz)
GewO .... Gewerbeordnung
GG .... Grundgesetz für die Bundesrepublik Deutschland
ggf. .... gegebenenfalls
GHN .... Grabitz/Hilf/Nettesheim, Das Recht der Europäischen Union, *s. Literaturverzeichnis*
GLKrWG .... Gemeinde- und Landkreiswahlgesetz
GmbH .... Gesellschaft mit beschränkter Haftung
GmbHG .... Gesetz betreffend die Gesellschaften mit beschränkter Haftung
GO .... Geschäftsordnung
GO BR .... Geschäftsordnung des Bundesrates
GO BReg .... Geschäftsordnung der Bundesregierung
GO BT .... Geschäftsordnung des Bundestages
GO GemAus .... Geschäftsordnung für den Gemeinsamen Ausschuss
GRCh .... Jarass, Charta der Grundrechte der Europäischen Union, Kommentar, *s. Literaturverzeichnis*
grds. .... grundsätzlich
Grds. .... Grundsatz
GVG .... Gerichtsverfassungsgesetz
GWB .... Gesetz gegen Wettbewerbsbeschränkungen

h. M. .... herrschende Meinung
HandwO .... Gesetz zur Ordnung des Handwerks (Handwerksordnung)
HB .... Bremen
hebr. .... hebräisch
HE/Hess .... Hessen
HessStGH .... Hessischer Staatsgerichtshof
HessVGH .... Hessischer Verwaltungsgerichtshof
HGrG .... Gesetz über die Grundsätze des Haushaltsrechts des Bundes und der Länder (Haushaltsgrundsätzegesetz)
HH .... Hamburg
Hmb .... Hamburg/hamburgisch/e/r/s
Hömig .... Hömig, Grundgesetz für die Bundesrepublik Deutschland, Kommentar, *s. Literaturverzeichnis*
HRG .... Hochschulrahmengesetz
Hs. .... Halbsatz
HStR .... Isensee/Kirchhof, Handbuch des Staatsrechts, *s. Literaturverzeichnis*
HZA .... Hauptzollamt/-ämter

i. d. F. .... in der Fassung
i. d. R. .... in der Regel
i. d. S. .... in diesem Sinne
i. E. .... im Einzelnen
i. e. S. .... im engeren Sinne
i. H. v. .... in Höhe von
i. R. d. .... im Rahmen der/s
i. R. v. .... im Rahmen von
i. S. d. .... im Sinne des
i. S. e. .... im Sinne einer/s
i. S. v. .... im Sinne von
i. Ü. .... im Übrigen
i. V. m. .... in Verbindung mit
i. w. S. .... im weiteren Sinne

IfSG .... Gesetz zur Verhütung und Bekämpfung von Infektionskrankheiten beim Menschen (Infektionsschutzgesetz)
insb. .... insbesondere
IT .... Informationstechnologie

j. P. ö. R. .... juristische Person/en des öffentlichen Rechts
JA .... Juristische Arbeitsblätter
JGG .... Jugendgerichtsgesetz
Jhd. .... Jahrhundert
JMStV .... Staatsvertrag über den Schutz der Menschenwürde und den Jugendschutz in Rundfunk und Telemedien (Jugendmedienschutz-Staatsvertrag)
JP .... Jarass/Pieroth, Grundgesetz für die Bundesrepublik Deutschland, Kommentar, *s. Literaturverzeichnis*
Jura .... Juristische Ausbildung
JuS .... Juristische Schulung
JuSchG .... Jugendschutzgesetz
JZ .... JuristenZeitung

KAG .... Kommunalabgabengesetz
KfZ .... Kraftfahrzeug
KG .... Kommanditgesellschaft
KK StPO .... Hannich, Karlsruher Kommentar zur StPO, *s. Literaturverzeichnis*
KM .... Karpenstein/Mayer, EMRK, Kommentar, *s. Literaturverzeichnis*
KPD .... Kommunistische Partei Deutschlands
krit. .... kritisch
KUG .... Gesetz betreffend das Urheberrecht an Werken der bildenden Künste und der Photographie
KWG .... Kommunalwahlgesetz

LastG .... Gesetz zur Lastentragung im Bund-Länder-Verhältnis bei Verletzung von supranationalen oder völkerrechtlichen Verpflichtungen (Lastentragungsgesetz)
lat. .... lateinisch
LfV .... Landesamt/-ämter für Verfassungsschutz
LG .... Landgericht(e)
lit. .... litera (Buchstabe)
Lit. .... Literatur
LKRZ .... Zeitschrift für Landes- und Kommunalrecht Hessen, Rheinland-Pfalz, Saarland
LMin .... Landesminister
LMuR................................ Lebensmittel & Recht
LPG NRW .... Pressegesetz für das Land Nordrhein-Westfalen (Landespressegesetz NRW)
LReg .... Landesregierung(en)
LS .... Leitsatz
LT .... Landtag(e)
LuftSiG .... Luftsicherheitsgesetz
LVerf .... Landesverfassung(en)
LVerfG .... Landesverfassungsgericht
LVerfGE .... Entscheidungen der Verfassungsgerichte der Länder
LWahlG .... Landeswahlgesetz

m. a. W. .... mit anderen Worten
m. E. .... meines Erachtens
m. w. N. .... mit weiteren Nachweisen
MAD .... Militärischer Abschirmdienst
MarkenG .... Gesetz über den Schutz von Marken und sonstigen Kennzeichen (Markengesetz)

MaßstG .... Gesetz über verfassungskonkretisierende allgemeine Maßstäbe für die Verteilung des Umsatzsteueraufkommens, für den Finanzausgleich unter den Ländern sowie für die Gewährung von Bundesergänzungszuweisungen (Maßstäbegesetz)
MD .... Maunz/Dürig, Grundgesetz, Kommentar, *s. Literaturverzeichnis*
MdB .... Mitglied des Deutschen Bundestages
MiLoG.............................. Gesetz zur Regelung eines allgemeinen Mindestlohns (Mindestlohngesetz)
mind. .... mindestens
Mio. .... Million(en)
MK .... von Münch/Kunig, Grundgesetz-Kommentar, *s. Literaturverzeichnis*
MKS .... von Mangoldt/Klein/Starck, Kommentar zum Grundgesetz, *s. Literaturverzeichnis*
MP .... Ministerpräsident
MSKB .... Maunz/Schmidt-Bleibtreu/Klein/Bethge, Bundesverfassungsgerichtsgesetz, Kommentar, *s. Literaturverzeichnis*
Mrd. .... Milliarde(n)
MV .... Mecklenburg-Vorpommern

n. Chr. .... nach Christus
Nds .... Niedersachsen/niedersächsisch/e/r/s
NdsVBl. .... Niedersächsische Verwaltungsblätter
NJW .... Neue Juristische Wochenschrift
NPD .... Nationaldemokratische Partei Deutschlands
Nr. .... Nummer
NRW .... Nordrhein-Westfalen/nordrhein-westfälisch/e/r/s
NS .... Nationalsozialismus
NVwZ .... Neue Zeitschrift für Verwaltungsrecht
NVwZ-RR .... NVwZ-Rechtsprechungs-Report
Nw. .... Nachweise
NWVBl. .... Nordrhein-Westfälische Verwaltungsblätter
NZA .... Neue Zeitschrift für Arbeitsrecht
NZWehrr .... Neue Zeitschrift für Wehrrecht

o. Ä. .... oder Ähnliches
OEG .... Gesetz über die Entschädigung für Opfer von Gewalttaten (Opferentschädigungsgesetz)
OFD .... Oberfinanzdirektion
OHG .... offene Handelsgesellschaft
OSZE .... Organisation für Sicherheit und Zusammenarbeit in Europa
OVG .... Oberverwaltungsgericht
OWiG .... Gesetz über Ordnungswidrigkeiten

ParlR .... Parlamentarischer Rat
ParlStG .... Gesetz über die Rechtsverhältnisse der Parlamentarischen Staatssekretäre
PartG .... Gesetz über die politischen Parteien (Parteiengesetz)
PBefG .... Personenbeförderungsgesetz
PetAG .... Gesetz über die Befugnisse des Petitionsausschusses des Deutschen Bundestages (Gesetz nach Artikel 45c des Grundgesetzes), *s. G 45c*
PflExG NRW .... Gesetz über die Ablieferung von Pflichtexemplaren (Pflichtexemplargesetz) des Landes Nordrhein-Westfalen
PKGr .... Parlamentarisches Kontrollgremium
PKGrG .... Gesetz über die parlamentarische Kontrolle nachrichtendienstlicher Tätigkeit des Bundes (Kontrollgremiumgesetz)
Plur. .... Plural
PSKP .... Pieroth/Schlink/Kingreen/Poscher, Grundrechte – Staatsrecht II, *s. Literaturverzeichnis*

PUAG .... Gesetz zur Regelung des Rechts der Untersuchungsausschüsse des Deutschen Bundestages (Untersuchungsausschussgesetz)

RegG .... Gesetz zur Regionalisierung des öffentlichen Personennahverkehrs (Regionalisierungsgesetz)
RelKErzG .... Gesetz über die religiöse Kindererziehung
RhPf .... Rheinland-Pfalz/rheinland-pfälzisch/e/r/s
Rn. .... Randnummer(n)
ROG .... Raumordnungsgesetz
Rspr. .... Rechtsprechung
RsprEinhG .... Gesetz zur Wahrung der Einheitlichkeit der Rechtsprechung der obersten Gerichtshöfe des Bundes
RStV .... Staatsvertrag für Rundfunk und Telemedien (Rundfunkstaatsvertrag)
RVG .... Gesetz über die Vergütung der Rechtsanwältinnen und Rechtsanwälte (Rechtsanwaltsvergütungsgesetz)

s. .... siehe
S. .... Satz/Seite/Siehe
SB .... Stern/Becker, Grundrechte-Kommentar, *s. Literaturverzeichnis*
s. o. .... siehe oben
s. u. .... siehe unten
Saarl .... saarländisch/e/r/s
Sachs .... Sachs, Grundgesetz-Kommentar, *s. Literaturverzeichnis*
Schl.-Holst. .... Schleswig-Holstein/schleswig-holsteinisch/e/r/s
scil. .... scilicet (das heißt)
SE .... Societas Europaea – Europäische Gesellschaft
SGB VII .... Siebtes Buch Sozialgesetzbuch – Gesetzliche Unfallversicherung
SGB IX .... Neuntes Buch Sozialgesetzbuch – Rehabilitation und Teilhabe behinderter Menschen
SH .... Schleswig-Holstein
SHH .... Schmidt-Bleibtreu/Hofmann/Hopfauf, Kommentar zum Grundgesetz, *s. Literaturverzeichnis*
SL .... Saarland
Slg. .... Sammlung der Rechtsprechung des Gerichtshofes und des Gerichts Erster Instanz
SMG .... Saarländisches Mediengesetz
SN .... Sachsen
Sodan .... Sodan, Grundgesetz, Kommentar, *s. Literaturverzeichnis*
sog. .... sogenannte/r/s
spät. Änd. .... spätere/n/r Änderung(en)
SPD .... Sozialdemokratische Partei Deutschlands
ST .... Sachsen-Anhalt
st. Rspr. .... ständige Rechtsprechung
staatl. .... staatlich/e/r/s
StabG .... Gesetz zur Förderung der Stabilität und des Wachstums der Wirtschaft
StabiRatG .... Gesetz zur Errichtung eines Stabilitätsrates und zur Vermeidung von Haushaltsnotlagen (Stabilitätsratsgesetz)
StAG .... Staatsangehörigkeitsgesetz
StBAG .... Steuerbeamten-Ausbildungsgesetz
StGB .... Strafgesetzbuch
StGH .... Staatsgerichtshof
StPO .... Strafprozessordnung
str. .... streitig
StR .... Staatsrecht
StVG .... Straßenverkehrsgesetz
StVO .... Straßenverkehrsordnung

StVZO	Straßenverkehrs-Zulassungs-Ordnung
StWStP	Staatswissenschaften und Staatspraxis
svw.	so viel wie
TH	Thüringen
Thür	Thüringen/thüringerisch/e/r/s
ThürVBl.	Thüringer Verwaltungsblätter
TierSchG	Tierschutzgesetz
TMG	Gesetz über die Nutzung von Telemedien
Ts.	Teilsatz
TÜV	Technischer Überwachungs-Verein
TVG	Tarifvertragsgesetz
u.	und
u. a.	und andere/unter anderem
u. Ä.	und Ähnliche/r/s
u. a. m.	und andere mehr
u. dgl.	und dergleichen
u. U.	unter Umständen
u. v. a. (m.)	und viele andere (mehr)
UA	Untersuchungsausschuss
UAbs.	Unterabsatz
UBWV	Unterrichtsblätter für die Bundeswehrverwaltung
UC	Umbach/Clemens, Grundgesetz, Kommentar, *s. Literaturverzeichnis*
umstr.	umstritten/e/r/s
UNO	United Nations Organization
UrhG	Gesetz über Urheberrecht und verwandte Schutzrechte (Urheberrechtsgesetz)
US	Vereinigte Staaten (von Amerika)
UStG	Umsatzsteuergesetz
usw.	und so weiter
UVollzO	Untersuchungshaftvollzugsordnung
UZwG	Gesetz über den unmittelbaren Zwang bei Ausübung öffentlicher Gewalt durch Vollzugsbeamte des Bundes
v.	vom/von
v. a.	vor allem
v. Chr.	vor Christus
VA	Verwaltungsakt
VB	Verfassungsbeschwerde
Verf	Verfassung
Verf.	Verfasser
VerfGH	Verfassungsgerichtshof
VersammlG	Gesetz über Versammlungen und Aufzüge (Versammlungsgesetz)
Verw	Die Verwaltung – Zeitschrift für Verwaltungsrecht und Verwaltungswissenschaften
VerwArch	Verwaltungsarchiv – Zeitschrift für Verwaltungslehre, Verwaltungsrecht und Verwaltungspolitik
VGH	Verwaltungsgerichtshof
VGH BW	Verwaltungsgerichtshof Baden-Württemberg
vgl.	vergleiche
VMBl.	Ministerialblatt des Bundesministers der Verteidung
VO	Verordnung
Vorbem.	Vorbemerkung
VR	Verwaltungsrundschau
VVDStRL	Veröffentlichungen der Vereinigung der Deutschen Staatsrechtslehrer
VwGO	Verwaltungsgerichtsordnung
VwVfG	Verwaltungsverfahrensgesetz

Abkürzungen

WaffG	Waffengesetz
WahlprüfG	Wahlprüfungsgesetz
WaStrG	Bundeswasserstraßengesetz
WBeauftrG	Gesetz über den Wehrbeauftragten des Deutschen Bundestages (Gesetz zu Artikel 45b des Grundgesetzes), *s. G 45b*
WoGG	Wohngeldgesetz
WPflG	Wehrpflichtgesetz
WRV	Verfassung des Deutschen Reiches von 1919 – Weimarer Reichsverfassung
z. B.	zum Beispiel
z. T.	zum Teil
ZaöRV	Zeitschrift für ausländisches öffentliches Recht und Völkerrecht
ZBR	Zeitschrift für Beamtenrecht
ZJS	Zeitschrift für das juristische Studium (www.zjs-online.com)
ZollVG	Zollverwaltungsgesetz
ZPO	Zivilprozessordnung

Literaturverzeichnis

Alexy, Robert	Theorie der Grundrechte, 3. Aufl., Frankfurt am Main 1996, Nachdruck 2011.
Anschütz, Gerhard (Hrsg.)	Handbuch des Deutschen Staatsrechts, Band II, Tübingen 1932.
Badura, Peter	Staatsrecht, 6. Aufl., München 2015.
Battis, Ulrich	Bundesbeamtengesetz (BBG), Kommentar, 4. Aufl., München 2009.
Benda, Ernst/Klein, Eckart/ Klein, Oliver	Verfassungsprozessrecht, 3. Aufl., Heidelberg 2012.
Bethge, Herbert/ von Coelln, Christian	Grundriss Verfassungsrecht, 4. Aufl., München 2011.
Calliess, Christian/ Ruffert, Matthias (Hrsg.)	EUV/AEUV, Das Verfassungsrecht der Europäischen Union mit Europäischer Grundrechtecharta, Kommentar, 4. Aufl., München 2011.
von Coelln, Christian	Anwendung von Bundesrecht nach Maßgabe der Landesgrundrechte?, Baden-Baden 2011.
ders.	Zur Medienöffentlichkeit der Dritten Gewalt, Tübingen 2005.
Degenhart, Christoph	Staatsrecht I, Staatsorganisationsrecht, 30. Aufl., Heidelberg 2014.
Detterbeck, Steffen/ Windthorst, Kay/ Sproll, Hans-Dieter	Staatshaftungsrecht, München 2000.
Dietlein, Johannes	Die Grundrechte in den Verfassungen der neuen Bundesländer, München 1993.
Dreier, Horst (Hrsg.)	Grundgesetz, Kommentar, Band I, 3. Aufl., Tübingen 2013, Band II, 2. Aufl., Tübingen 2006, Band III, 2. Aufl., Tübingen 2008.
Epping, Volker	Grundrechte, 6. Aufl., Heidelberg 2014.
Epping, Volker/ Hillgruber, Christian (Hrsg.)	Grundgesetz: GG, 2. Aufl., München 2013.
dies.	Beck'scher Online-Kommentar, Grundgesetz, Ed. 24, (März 2015), München.
Friauf, Karl Heinrich/ Höfling, Wolfram (Hrsg.)	Berliner Kommentar zum Grundgesetz, Bände 1–4, Loseblattsammlung, Stand Mai 2015 (45. EL), Berlin.
Grabenwarter, Christoph/ Pabel, Katharina	Europäische Menschenrechtskonvention, 5. Aufl., München 2012.
Grabitz, Eberhard/ Hilf, Meinhard/ Nettesheim, Martin	Das Recht der Europäischen Union, Loseblattsammlung, Stand Januar 2015 (55. EL), München.
Gröpl, Christoph (Hrsg.)	Bundeshaushaltsordnung/Landeshaushaltsordnung (BHO/LHO), Staatliches Haushaltsrecht, Kommentar, München 2011.
ders.	Staatsrecht I, Staatsgrundlagen, Staatsorganisation, Verfassungsprozess, mit Einführung in das juristische Lernen, 7. Aufl., München 2015.
Heimann, Markus/ Kirchhof, Gregor/ Waldhoff, Christian	Verfassungsrecht und Verfassungsprozessrecht, 2. Aufl., München 2010.

Literaturverzeichnis

Heinig, Kurt .... Das Budget, Band I, Die Budgetkontrolle, Tübingen 1949.

Herdegen, Mattthias .... Europarecht, 16. Aufl., München 2014.

Heselhaus, Sebastian/
Nowak, Carsten (Hrsg.) .... Handbuch der Europäischen Grundrechte, München 2006.

Hesse, Konrad .... Grundzüge des Verfassungsrechts der Bundesrepublik Deutschland, 20. Aufl., Heidelberg 1995, Nachdruck 1999.

Hillgruber, Christian/
Goos, Christoph .... Verfassungsprozessrecht, 4. Aufl., Heidelberg 2015.

Hömig, Dieter (Hrsg.) .... Grundgesetz für die Bundesrepublik Deutschland, 10. Aufl., Baden-Baden 2013.

Hufen, Friedhelm .... Staatsrecht II, Grundrechte, 4. Aufl., München 2014.

Ipsen, Jörn .... Staatsrecht I, Staatsorganisationsrecht, 26. Aufl., München 2014.

ders. .... Staatsrecht II, Grundrechte, 17. Aufl., München 2014.

Isensee, Josef/Kirchhof, Paul (Hrsg.) Handbuch des Staatsrechts der Bundesrepublik Deutschland, Band VII (Normativität und Schutz der Verfassung – Internationale Beziehungen), 3. Aufl., Heidelberg 2009; Band VIII (Grundrechte: Wirtschaft, Verfahren, Gleichheit), 3. Aufl., Heidelberg 2010; Band IX (Allgemeine Grundrechtslehren), 3. Aufl., Heidelberg 2011.

Jarass, Hans D. .... Charta der Grundrechte der Europäischen Union, unter Einbeziehung der vom EuGH entwickelten Grundrechte und der Grundrechtsregelungen der Verträge, Kommentar, 2. Aufl., München 2013.

Jarass, Hans D./Pieroth, Bodo .... Grundgesetz für die Bundesrepublik Deutschland, Kommentar, 13. Aufl., München 2014.

Jellinek, Georg .... System der subjektiven öffentlichen Rechte, 2. Aufl., Tübingen 1905, Nachdruck 2011.

Kahl, Wolfgang/
Waldhoff, Christian/
Walter, Christian (Hrsg.) .... Bonner Kommentar zum Grundgesetz, Bände 1–17, Loseblattsammlung, Stand Oktober 2015 (175. EL), Heidelberg.

Karpenstein,Ulrich/
Mayer, Franz C. .... EMRK, Konvention zum Schutz der Menschenrechte und Grundfreiheiten, Kommentar, 2. Aufl., München 2015.

Kimminich, Otto .... Deutsche Verfassungsgeschichte, 2. Aufl., Baden-Baden 1987.

Kirchhof, Paul .... Der Begriff der hoheitsrechtlichen Befugnisse in Artikel 33 Absatz IV des Grundgesetzes, München 1968.

Kloepfer, Michael .... Gleichheit als Verfassungsfrage, Berlin 1980.

Leibholz, Gerhard .... Die Gleichheit vor dem Gesetz, Eine Studie auf rechtsvergleichender und rechtsphilosophischer Grundlage, Berlin 1925.

Löwer, Wolfgang/
Tettinger, Peter (Hrsg.) .... Kommentar zur Verfassung des Landes Nordrhein-Westfalen, Stuttgart [u. a.] 2002.

von Mangoldt, Hermann/
Klein, Friedrich/
Starck, Christian (Hrsg.) .... Kommentar zum Grundgesetz, Kommentar in 3 Bänden, Bände 1–3, 6. Aufl., München 2010.

Maunz, Theodor/
Dürig, Günter (Begr.) .... Grundgesetz, Kommentar, Bände I–VI, Loseblattsammlung, Stand Dezember 2014 (73. EL), München.

Maunz, Theodor/
Schmidt-Bleibtreu, Bruno/
Klein, Franz/
Bethge, Herbert (Hrsg.) .... Bundesverfassungsgerichtsgesetz, Kommentar, Bände 1 und 2, Loseblattsammlung, Stand Dezember 2014 (45. EL), München.

Maurer, Hartmut .... Allgemeines Verwaltungsrecht, 18. Aufl., München 2011.

ders. .... Staatsrecht I, Grundlagen, Verfassungsorgane, Staatsfunktionen, 6. Aufl., München 2010.

Meyer, Hans .... Die Föderalismusreform 2006, Konzeption, Kommentar, Kritik, Berlin 2008.

Michael, Lothar/
Morlok, Martin .... Grundrechte, 4. Aufl., Baden-Baden 2014.

von Münch, Ingo/
Kunig, Philip (Hrsg.) .... Grundgesetz, Kommentar, Bände 1 und 2, 6. Aufl., München 2012.

Pieroth, Bodo/
Schlink, Bernhard/
Kingreen, Thorsten/
Poscher, Ralf .... Grundrechte, Staatsrecht II, 30. Aufl., Heidelberg 2014.

Sachs, Michael (Hrsg.) .... Grundgesetz, Kommentar, 7. Aufl., München 2014.

ders. .... Verfassungsprozessrecht, 3. Aufl., Heidelberg 2010.

ders. .... Verfassungsrecht II, Grundrechte, 2. Aufl., Berlin 2003.

Sauer, Heiko .... Staatsrecht III, Auswärtige Gewalt, Bezüge des Grundgesetzes zu Völker- und Europarecht, 3. Aufl., München 2015.

Schlaich, Klaus/
Korioth Stefan .... Das Bundesverfassungsgericht, Stellung, Verfahren, Entscheidungen, 9. Aufl., München 2012.

Schmidt-Bleibtreu, Bruno/
Hofmann, Hans/
Henneke, Hans-Günter .... Kommentar zum Grundgesetz, 13. Aufl., Köln 2014.

Schmitt, Carl .... Verfassungsrechtliche Aufsätze aus den Jahren 1924–1954, 2. Aufl., Berlin 1973.

Schoch, Friedrich .... Übungen im Öffentlichen Recht, Verfassungsrecht und Verfassungsprozeßrecht, Berlin 2000.

Schweitzer, Michael .... Staatsrecht III, Staatsrecht, Völkerrecht, Europarecht, 10. Aufl., Heidelberg 2010.

Smith, Adam (Hrsg.) .... Theorie der ethischen Gefühle, London 1759.

Sodan, Helge (Hrsg.) .... Grundgesetz, Beck'scher Kompaktkommentar, 2. Aufl., München 2011.

Stender-Vorwachs, Jutta .... Prüfungstraining Staats- und Verwaltungsrecht, Fälle mit Musterlösungen, 4. Aufl., Neuwied 2003.

dies. .... Prüfungstraining Staats- und Verwaltungsrecht, Methodik und Fallbearbeitung, 4. Aufl., Neuwied 2003.

Stern, Klaus .... Das Staatsrecht der Bundesrepublik Deutschland, Band I, 2. Aufl., München 1984; Band II, München 1980; Band III/1, München 1988; Band III/2, München 1994; Band IV/1, München 2008; Band IV/2, München 2011.

Stern, Klaus/
Becker, Florian .... Grundrechte-Kommentar, Köln 2012.

Streinz, Rudolf (Hrsg.) .... EUV/AEUV, Vertrag über die Europäische Union und Vertrag über die Arbeitsweise der Europäischen Union, 2. Aufl., München 2012.

Windthorst, Kay .... Der verwaltungsgerichtliche einstweilige Rechtsschutz, Tübingen 2009.

Literaturverzeichnis

Wendt, Rudolf/
Rixecker, Roland (Hrsg.) .... Verfassung des Saarlandes, Kommentar, Saarbrücken 2009.

Zippelius, Reinhard/
Würtenberger, Thomas .... Deutsches Staatsrecht, 32. Aufl., München 2008.

Grundgesetz für die Bundesrepublik Deutschland

Vom 23. Mai 1949
(BGBl. S. 1)
zuletzt geändert durch G vom 23.12.2014 (BGBl. I S. 2438)

Präambel

Im Bewußtsein seiner Verantwortung vor Gott und den Menschen,
von dem Willen beseelt, als gleichberechtigtes Glied in einem vereinten Europa dem Frieden der Welt zu dienen, hat sich das Deutsche Volk kraft seiner verfassungsgebenden Gewalt dieses Grundgesetz gegeben.

Die Deutschen in den Ländern Baden-Württemberg, Bayern, Berlin, Brandenburg, Bremen, Hamburg, Hessen, Mecklenburg-Vorpommern, Niedersachsen, Nordrhein-Westfalen, Rheinland-Pfalz, Saarland, Sachsen, Sachsen-Anhalt, Schleswig-Holstein und Thüringen haben in freier Selbstbestimmung die Einheit und Freiheit Deutschlands vollendet. Damit gilt dieses Grundgesetz für das gesamte Deutsche Volk.

Pflichtstoff (*)

A. Überblick

Der Begriff Präambel leitet sich vom lateinischen Wort „präambulare" (= vorangehen) ab. Die Präambel stellt also einen Vorspruch zum GG dar, dessen Bestandteil sie jedoch zugleich ist. Ungeachtet ihres einleitenden Charakters weist sie – wenn auch nicht in allen ihren Teilen gleichermaßen (Jarass, in: JP, Rn. 1) – rechtlichen Gehalt auf. Sie kann nicht nur bei der Auslegung anderer Vorschriften des GG Bedeutung erlangen (BVerfGE 73, 339 [386]). U. U. kann sogar die Verfassungsmäßigkeit staatlicher Maßnahmen davon abhängen, dass sie mit der Präambel in Einklang stehen. 1

S. dazu etwa BVerfGE 36, 1 (17), zur Frage, ob der sog. Grundlagenvertrag zwischen der Bundesrepublik und der DDR gegen das seinerzeit u. a. in der Präambel normierte Wiedervereinigungsgebot des GG verstieß.

Ihre heutige Fassung erhielt die Präambel 1990 im Zuge der deutschen Wiedervereinigung. Ihre seit 1949 geltende Fassung hatte noch das Gebot der Wiedervereinigung Deutschlands enthalten (BVerfGE 77, 137 [149]). Besonders deutlich wurde dies in Satz 3, nach dem das gesamte Deutsche Volk aufgefordert blieb, in freier Selbstbestimmung die Einheit und Freiheit Deutschlands zu vollenden. An diese Formulierung knüpft Satz 2 der seit 1990 geltenden Präambel, die im EinigungsV festgelegt wurde, erkennbar an. 2

Die Ursprungsfassung hatte zudem den provisorischen Charakter betont, der dem GG zunächst zugedacht war. Nach ihrem Satz 1 hatte das Deutsche Volk das GG beschlossen, „um dem staatlichen Leben für eine Übergangszeit eine neue Ordnung zu geben". Daraus folgt jedoch nicht, dass das GG bei der Wiedervereinigung durch eine neue Verfassung hätte abgelöst werden müssen. Zwar wäre der Erlass einer neuen Verfassung möglich gewesen (und bleibt es bis heute, s. Art. 146). Dabei handelte es sich jedoch nur um einen von zwei möglichen Wegen zur Wiedervereinigung. Der andere, der denn auch beschritten wurde, war der von Art. 23 S. 2 a. F. ermöglichte Beitritt anderer Teile Deutschlands als derjenigen, in denen das GG von Anfang an galt. Von dieser Möglichkeit hatte zunächst das Saarland Gebrauch gemacht, das 1957 der Bun- 3 desrepublik beitrat, 1990 dann die wieder gegründeten Länder auf dem Gebiet der DDR.

B. Erläuterungen

I. Die verfassungsgebende Gewalt des Deutschen Volkes

4 Ausgangspunkt aller Staatsgewalt ist nach Art. 20 II 1 das Volk. Die Präambel ist eines der Argumente dafür, dass damit nur das deutsche Volk gemeint sein kann. Das sind alle Deutschen (näher Art. 116 Rn. 5), nicht aber die – auch Ausländer einschließende – Bevölkerung (näher Art. 20 Rn. 34ff.). Zur (zu verneinenden) Frage, ob das GG per Volksabstimmung hätte angenommen werden müssen, s. Art. 146 Rn. 2.

II. Die Verantwortung vor Gott und den Menschen

5 Der Gottesbezug der Verfassung (sog. nominatio dei, also die Nennung Gottes) verleiht dem GG keinen spezifisch christlichen oder auch nur generell religiösen Charakter. Er relativiert jedoch den staatlichen Herrschaftsanspruch, indem er einer Verabsolutierung der Staatsgewalt eine Absage erteilt (näher Dreier, in: Dreier, Rn. 29).

III. Der Wille, als Glied in einem vereinten Europa dem Frieden der Welt zu dienen

6 Der Souverän hat sich das GG ausweislich der Präambel beseelt von dem Willen gegeben, als gleichberechtigtes Glied in einem vereinten Europa dem Frieden der Welt zu dienen. Damit schreibt die Präambel in den Worten des BVerfG „die Friedenswahrung und die Überwindung des zerstörerischen europäischen Staatenantagonismus als überragende politische Ziele der Bundesrepublik fest.“ Staatliche Souveränität wird damit – so sinngemäß weiter das BVerfG – als völkerrechtlich geordnete und gebundene Freiheit verstanden. Die Beteiligung an der europäischen Integration ist ein bindender Verfassungsauftrag, der sich neben Art. 23 aus der Präambel ergibt. Im Übrigen werden die vorgenannten Ziele der Präambel durch Art. 24 (Ermächtigung zur Beteiligung an zwischenstaatlichen Einrichtungen und zur Einfügung in Systeme gegenseitiger kollektiver Sicherheit) und durch Art. 26 (Verbot von Angriffskriegen) konkretisiert (BVerfGE 123, 267 [345ff.]).

IV. Die Vollendung der Einheit und Freiheit Deutschlands

7 Die Aussage, dass die Deutschen in den genannten Ländern in freier Selbstbestimmung die Einheit und Freiheit Deutschlands vollendet haben, beinhaltet die Feststellung, dass der Wiedervereinigungsauftrag der alten Präambel (o. Rn. 2) mit dem Beitritt der auf dem Gebiet der früheren DDR gegründeten Länder erfüllt wurde. Die Aufzählung der seither 16 Länder bei gleichzeitiger Streichung des Art. 23a. F., dessen Satz 2 den Beitritt anderer Teile Deutschlands vorsah, ist die innerstaatliche Absage an weiter reichende Gebietsansprüche gegenüber anderen Staaten (näher Hömig, in: Hömig, Rn. 5). Indirekt legt die Präambel so zugleich das Staatsgebiet der Bundesrepublik Deutschland fest (Jarass, in: JP, Rn. 8ff.).

V. Die Geltung des Grundgesetzes

8 Satz 3 der Präambel ordnet zwar die Geltung des GG für das Deutsche Volk an. Angesichts der Anwendbarkeit etlicher Vorschriften auch auf die in Deutschland lebenden Ausländer bezeichnet die Vorschrift – entgegen dem ersten Anschein – jedoch in erster Linie den räumlichen Geltungsbereich des GG: Die Verfassung gilt in den zuvor genannten 16 Ländern.

Vorbemerkung zu den Grundrechten

Pflichtstoff (*****)

Übersicht

A. Einleitung

I. Der Begriff „Grundrechte"

Der erste Abschnitt des GG (Art. 1–19) befasst sich mit den Grundrechten. Unter Grundrechten versteht man fundamentale Rechte des Menschen bzw. der Bürger gegenüber dem Staat, die in der Verfassung verbürgt sind und die Freiheit und Gleichheit garantieren. 1

Grundrechte werden nur zum Teil vom Staat gewährt. Zum Teil liegen sie ihm auch voraus: Nach heutigem Verständnis hat jeder Mensch bestimmte Rechte, die ihm kraft seines Menschseins unentziehbar zustehen (PSKP, Grundrechte, Rn. 43). Dieser naturrechtlich geprägte Ansatz darf freilich nicht darüber hinwegtäuschen, dass es erst die Verbürgung in der Verfassung ist, die Grundrechte praktisch wirksam werden lässt. 2

Die Statuierung bestimmter Freiheiten als Grundrechte bedeutet nicht, dass der Bürger von der jeweiligen Freiheit in beliebigem Umfang Gebrauch machen darf. Grundrechtliche Freiheiten dürfen durch den Staat beschränkt werden. Grundrechte haben 3 aber zur Folge, dass sich der Bürger gegenüber dem Staat nicht für den Gebrauch der Freiheit rechtfertigen muss. Es ist vielmehr der Staat, der sich für die Einschränkung der Freiheit gegenüber dem Bürger zu rechtfertigen hat (PSKP, Grundrechte, Rn. 44). Fehlt es an einem tragfähigen Grund für die Rechtfertigung, ist das Grundrecht verletzt; die staatliche Freiheitsbeschränkung ist dann verfassungswidrig.

4 Das Recht, beliebig schnell mit dem Auto zu fahren, genießt grundrechtlich den Schutz der allgemeinen Handlungsfreiheit nach Art. 2 I. Wenn der Staat durch die Festlegung einer allgemeinen Höchstgeschwindigkeit in der StVO oder durch ein entsprechendes Verkehrszeichen im Einzelfall die zulässige Geschwindigkeit begrenzt, muss nicht der Bürger begründen, warum er schneller fahren möchte. Vielmehr hat der Staat Gründe für die Begrenzung der Geschwindigkeit darzutun. Das Beispiel zeigt zugleich, dass dem Staat die Rechtfertigung in vielen Fällen gelingen wird. – Ein weiteres Beispiel: Die Entscheidung, ein Einzelhandelsgeschäft 24 Stunden am Tag geöffnet zu lassen, wird von der Berufsfreiheit des Inhabers aus Art. 12 I geschützt. Daher muss er diese Entscheidung nicht rechtfertigen. Rechtfertigen muss sich vielmehr der Staat, wenn er die Entscheidung durch die Festlegung einer Ladenschlusszeit unmöglich macht.

5 Zusammenfassend lassen sich also folgende Merkmale der Grundrechte ausmachen:
- Grundrechte sind subjektive Rechte des Einzelnen.
- Adressat ist der Staat.
- Ihnen kommt Verfassungsrang zu. Innerhalb der nationalen Rechtsordnung stehen sie – bei hierarchischer Betrachtung – „ganz oben". Andere Rechtsakte einschließlich der vom Parlament beschlossenen Gesetze müssen mit den Grundrechten übereinstimmen.
- Der Staat muss sich für die Einschränkung von Grundrechten rechtfertigen.

II. Die historische Entwicklung der Grundrechte

1. Vorläufer in anderen Rechtsordnungen

6 Verbürgungen, die mehr oder weniger deutlich den heutigen Grundrechten ähneln, existierten zunächst in den Rechtsordnungen anderer Staaten (zu der hier nicht näher dargestellten Entwicklung des zugrundeliegenden Gedankenguts schon in der Antike Hufen, Staatsrecht II, § 2 Rn. 2ff.).

7 In England gewährte die Magna Charta Libertatum von 1215 dem Adel bestimmte Freiheiten gegenüber dem König. Dazu gehörte u.a. der Schutz vor willkürlichen Verhaftungen. Dieser Schutz war auch im Habeas Corpus Akt von 1679 enthalten, der zudem vorsah, dass Verhaftete binnen einer bestimmten Frist einem Richter vorgeführt werden mussten (s. dazu heute Art. 104 II, III). Die Bill of Rights des Jahres 1689 enthielt einzelne Individualrechte, zu denen u.a. das Petitionsrecht (s. heute Art. 17) zählte.

8 In Nordamerika entstand im Zug der Loslösung von Großbritannien 1776 die Bill of Rights of Virginia, die neben Regelungen der Staatsorganisation wichtige Grund- und Menschenrechte enthielt (insb.: Freiheit aller Menschen, Leben, Eigentum, gerichtliche Überprüfung von Anklagen, Pressefreiheit, Religionsfreiheit). Sie ist nicht identisch mit den 1789 vom Kongress beschlossenen und bis 1791 ratifizierten ersten zehn Zusätzen („amendments") zur Verfassung der USA von 1787, die üblicherweise auch als Bill of Rights bezeichnet werden und die ebenfalls fundamentale Rechte des Einzelnen beinhalten, die auch den Gesetzgeber binden. Eine erste Verfassung mit einem staatsorganisatorischen Teil und einem Grundrechtsteil stellte die Verfassung von Pennsylvania aus dem Jahr 1776 dar (zur heutigen Unterscheidung zwischen Vollverfassungen und Organisationsstatuten in Deutschland s. Rn. 19).

Die Bindung auch des Gesetzgebers an Grundrechte lässt sich als Absage an die Idee des „parliament can do no wrong" verstehen. Diese Formulierung soll der Chief Justice von Großbritannien, Sir John Holt, 1701 geprägt haben.

In der französischen Revolution wurde 1789 die „déclaration des droits de l'homme et du citoyen" verkündet. Unterschiedlich weitgehende Grundrechtsverbürgungen waren in den französischen Verfassungen von 1791, 1793 und 1795 enthalten. **9**

2. Die Entstehung von Grundrechten in Deutschland

In Süddeutschland entstanden zu Beginn des 19. Jahrhunderts in mehreren Staaten Verfassungen mit Verbürgungen einzelner individueller Rechte. **10**

Den Beginn einer gesamtdeutschen Grundrechtsentwicklung markiert die Entstehung der sog. Paulskirchenverfassung von 1848: Die nach der sog. Märzrevolution frei gewählte Frankfurter Nationalversammlung erließ Ende Dezember 1848 das Gesetz über die Grundrechte des Deutschen Volkes; im März 1849 verkündete sie die – nach dem Tagungsort auch Paulskirchenverfassung genannte – Frankfurter Reichsverfassung, die jedoch auf Grund der politischen Verhältnisse – zunächst erstarkten wieder die gegenrevolutionären Kräfte – nie in Kraft trat (Hufen, Staatsrecht II, § 2 Rn. 14). Die grundrechtliche Konzeption, auf der sie beruhte, konnte sich daher erst wesentlich später durchsetzen: Einen umfassenden Grundrechtskatalog enthielt die WRV von 1919 (unten Rn. 13). Die in der Paulskirchenverfassung bereits vorgesehene Möglichkeit der Verfassungsbeschwerde zur individuellen Durchsetzung von Grundrechten wurde erst 1951 mit der Schaffung des BVerfGG auf einfach-gesetzlicher Ebene eingeführt; ihre Aufnahme in die deutsche Verfassung ließ bis 1969 auf sich warten, als Art. 93 I um seine Nr. 4a ergänzt wurde. Aus grundrechtlicher Perspektive war die Paulskirchenverfassung ihrer Zeit also weit voraus. **11**

Einzelne Grundrechtsverbürgungen enthielt die Preußische Verfassungsurkunde von 1850. Dagegen statuierten die Norddeutsche Bundesverfassung von 1867 sowie die Reichsverfassung von 1871 keine Grundrechte. **12**

Ein umfangreicher Katalog von Grundrechten und Grundpflichten findet sich hingegen in Art. 109ff. WRV von 1919. Darin enthalten waren neben den klassischen liberalen Freiheitsrechten auch die Regelung des Verhältnisses zwischen Staat und Kirche (Art. 136ff. WRV – diese Vorschriften sind über Art. 140 GG heute Bestandteil des GG) sowie Gewährleistungen sozialer Natur. Art. 161 WRV etwa garantierte die Sozialversicherung. Das Ziel, auf diese Weise bestehende Klassenunterschiede in der Bevölkerung zu verringern, wurde nicht erreicht: Während die Grundrechte als Abwehrrechte praktisch wirksam wurden, fasste man die übrigen Verbürgungen eher als bloße Programmsätze mit einer vergleichsweise geringen Verbindlichkeit auf (PSKP, Grundrechte, Rn. 38). **13**

Das GG knüpft in seinem umfangreichen Grundrechtsteil deutlich an die Grundrechte der WRV an; einzelne Formulierungen übernimmt es wörtlich. Im Gegensatz zu den staatsorganisationsrechtlichen Regelungen der WRV, die regelmäßig als einer der Gründe für das Scheitern der Weimarer Republik genannt werden, wurden und werden ihre grundrechtlichen Verbürgungen positiv bewertet. Allerdings dürfen trotz aller sprachlicher Ähnlichkeit einzelner Verbürgungen mehrere bedeutsame Unterschiede des GG zur WRV nicht übersehen werden: Die Grundrechte des GG binden nach Art. 1 III alle drei Staatsgewalten. Dagegen war der (Reichs-)Gesetzgeber unter der WRV nicht Adressat der Grundrechte (Hufen, Staatsrecht II, § 2 Rn. 16). Die Grundrechtsbindung erfasste allein die Exekutive, die Rechtsprechung und die Landesgesetzgeber (Stern, in: HStR IX, § 184 Rn. 39). Zudem erteilt Art. 1 III einer Interpretation von Grundrechten als bloße Programmsätze eine Absage: Sie binden die drei Staatsgewalten „als unmittelbar geltendes Recht". **14**

Soziale Grundrechte wie z.B. ein Recht auf Wohnung oder auf Arbeit, die schon mangels staatlicher Möglichkeiten, diese Güter in unbegrenztem Maße zur Verfügung zu stellen, als Programmsätze ausgelegt werden müssten, enthält das GG daher nicht. **15**

Einen anderen Weg gehen einzelne Landesverfassungen. Besonders umfangreiche soziale Verbürgungen finden sich in der BbgVerf.

16 Mittlerweile wurde das GG aber um mehrere Staatsziele in Art. 20a ergänzt, denen es freilich ebenso an normativer Verbindlichkeit zu mangeln droht, wie dies bei sozialen „Grundrechten" der Fall wäre.

III. Der normative Standort der Grundrechte

1. Die Grundrechte des Grundgesetzes

17 Im GG finden sich Grundrechte in erster Linie im ersten Abschnitt (Art. 1–19). Jedoch ist die Überschrift des Abschnitts in doppelter Hinsicht missverständlich: Zum einen, weil der Abschnitt nicht nur Grundrechte enthält, sondern auch andere Vorschriften.

Art. 1 III statuiert die Bindung aller drei Staatsgewalten an die Grundrechte. Art. 12a ist selbst kein Grundrecht, sondern ermöglicht Grundrechtseingriffe. Art. 19 I begrenzt generell bestehende Eingriffsmöglichkeiten.

Zum anderen, weil sich Grundrechte der Sache nach auch außerhalb des ersten Abschnitts finden.

Beispiele sind das Wahlrecht (Art. 38 I 1) oder das Recht auf den gesetzlichen Richter (Art. 101 I 2).

18 Meist werden diese jedoch nicht als Grundrechte, sondern als „grundrechtsgleiche" oder „grundrechtsähnliche" Rechte bezeichnet (Antoni, in: Hömig, Vorbem. Grundrechte Rn. 1). Ein starkes Argument für diese sprachliche Differenzierung ist der Wortlaut des Art. 93 I Nr. 4a. Die Vorschrift zählt die Rechte auf, deren Verletzung mit der Verfassungsbeschwerde gerügt werden kann. Dabei nennt sie die außerhalb des ersten Abschnitts aufgeführten Rechte einzeln neben den Grundrechten, mit denen die Rechte aus dem ersten Abschnitt gemeint sind.

2. Die Grundrechte etlicher Landesverfassungen

19 Grundrechte finden sich nicht nur im GG, sondern auch in etlichen Landesverfassungen. Dort kann man zwischen sog. Organisationsstatuten und sog. Vollverfassungen unterscheiden: Organisationsstatute beschränken sich auf die Regelung der Staatsorganisation; Vollverfassungen enthalten auch Grundrechte.

20 Landesgrundrechte können durch eine sog. Rezeption der Bundesgrundrechte in die Landesverfassung aufgenommen werden: Die Landesverfassung erklärt in diesem Fall die Geltung der Grundrechte des GG auch als Grundrechte der Landesverfassung. Die Landesverfassungen können aber auch eigenständige Grundrechte normieren. Diese können denen des GG nachgebildet sein. Zwingend ist das nicht: Möglich sind auch Verbürgungen, die das GG der Form oder der Sache nach nicht kennt.

Art. 4 NRWVerf rezipiert in seinem Abs. 1 die Grundrechte des GG. In seinem Abs. 2 statuiert er ein in dieser Form nicht im GG enthaltenes Grundrecht auf Schutz personenbezogener Daten.

21 Während die Grundrechte des GG die Bundes- und die Landesstaatsgewalt binden, richten sich Grundrechte der Landesverfassungen nur an die Staatsgewalt des jeweiligen Landes. Die Grundrechte des GG sind Prüfungsmaßstab des BVerfG; die Einhaltung der Landesgrundrechte kann ggf. vom jeweiligen Landesverfassungsgericht überprüft werden. Zu Details zum Verhältnis zwischen Bundes- und Landesgrundrechten s. die Erläuterungen zu Art. 142.

3. Die Rechte der Europäischen Menschenrechtskonvention

Auf überstaatlicher Ebene enthält die EMRK (Sartorius Nr. 1003) einen umfangreichen Katalog von Menschenrechten. Sie wurde im Rahmen des Europarates ausgearbeitet; ihre Einhaltung kann vom EGMR in Straßburg überprüft werden. **22**

In Deutschland gilt die EMRK im Range einfachen Bundesrechts (Ipsen, Staatsrecht II, Rn. 47). Normenhierarchisch steht sie also unter dem GG einschließlich seiner Grundrechte. Gleichwohl ist sie bei der Interpretation auch und gerade der Grundrechte zu berücksichtigen. Näher hierzu BVerfGE 111, 307 ff. **23**

4. Die Grundrechte des Rechts der Europäischen Union

Im Primärrecht der EU (bzw. zunächst der EG) gab es zunächst keine ausdrücklich normierten Grundrechte. Jedoch haben der EuGH und die Literatur schon bald Grundrechte des Gemeinschaftsrechts anerkannt. Als Grundlage dienten zunächst die Verfassungstraditionen der Mitgliedstaaten (Hufen, Staatsrecht II, § 3 Rn. 8). **24**

Durch die Verträge von Maastricht und Amsterdam wurde die Beachtung der Grundrechte als Grundsatz der EU im geschriebenen Recht verankert (Art. 6 I, II EUV a. F.). Im Jahr 2000 proklamierten Parlament, Rat und Kommission die – seinerzeit noch unverbindliche – EU-GRCh. Seit dem 1.12.2009 wird sie durch Art. 6 I EUV anerkannt und „als den Verträgen gleichrangig" erklärt. Damit wird sie „in ungewöhnlicher Weise in den Rang von EU-Recht gehoben" (Schweitzer, Staatsrecht III, Rn. 404b). – Art. 6 II EUV sieht den Beitritt der EU zur EMRK vor, der jedoch noch nicht erfolgt ist und zumindest in näherer Zukunft auch nicht zu erwarten steht: Ende 2014 hat der EuGH in einem Gutachten nach Art. 218 XI AEUV den von der Kommission vorgelegten Entwurf eines Übereinkommens über den Beitritt der EU zur EMRK für unvereinbar mit dem Recht der EU erklärt. Insbesondere hält der EuGH es nicht für zulässig, selbst der Kontrolle durch den EGMR unterworfen zu werden (EuGH, Gutachten 2/13 v. 18.12.2014). – Nach Art. 6 III EUV sind die Grundrechte, wie sie in der EMRK gewährleistet sind und wie sie sich aus den gemeinsamen Verfassungsüberlieferungen der Mitgliedstaaten ergeben, zudem als allgemeine Grundsätze Teil des Unionsrechts. Näher hierzu Kizil, JA 2011, 277–281; generell zu den Unionsgrundrechten Kingreen, Jura 2014, 295–304. **25**

B. Grundrechtsfunktionen und -dimensionen

Grundrechte wirken sich in unterschiedlicher Art und Weise aus. Wahrgenommen werden sie in erster Linie als Abwehrrechte des Einzelnen gegen den Staat, die er bei Bedarf gerichtlich durchsetzen kann. Damit ist die zentrale Funktion der Grundrechte auch treffend beschrieben. Jedoch zeigt eine einfache Überlegung, dass es mit dieser Umschreibung noch nicht getan sein kann: Was hätte der Bürger vom Grundrecht auf effektiven Rechtsschutz (Art. 19 IV), wenn der Staat keine hinreichend leistungsfähigen Gerichte zur Verfügung stellte? Wäre das Grundrecht auf einen Anspruch auf „In-Ruhe-Lassen" reduziert, drohte es leer zu laufen. Bei genauerer Betrachtung erweisen sich Grundrechte also als vielschichtiger. **26**

I. Grundrechte als subjektive Rechte

Grundrechte sind subjektive Rechte des Einzelnen. Diese Einordnung knüpft an eine grundlegende Unterscheidung zwischen einzelnen Vorschriften der Rechtsordnung an: An die Differenzierung zwischen lediglich objektivem und auch subjektivem Recht. **27**

Jede Vorschrift der Rechtsordnung gehört zum objektiven Recht. Sie muss vom Staat beachtet werden (s. allgemein Art. 20 III). Auch die Grundrechte sind Teil des **28** objektiven Rechts, an das die Hoheitsträger gebunden sind (Art. 1 III) und dessen Einhaltung gerichtlich kontrolliert werden kann.

Im Verfahren der abstrakten Normenkontrolle nach Art. 93 I Nr. 2a können Gesetze (u.a.) auf ihre Vereinbarkeit mit Grundrechten kontrolliert werden. Ob sich ein Bürger auf Grundrechte beruft, spielt dabei keine Rolle.

29 Subjektive Rechte hingegen verpflichten nicht nur einen Adressaten, sondern sie verleihen zugleich einem anderen, dem Berechtigten, die Rechtsmacht, die Erfüllung der Verpflichtung durchzusetzen. Das Verhältnis zwischen beiden Gruppen von Rechtssätzen stellt sich wie folgt dar: Nicht jeder Norm des objektiven Rechts korrespondiert ein subjektives Recht. Umgekehrt gehört jedoch jedes subjektive Recht zugleich zum objektiven Recht, weil ein Anspruch immer auch einen Verpflichteten kennt (näher Voßkuhle/Kaiser, JuS 2009, 16–18).

30 Grundrechte verbürgen – neben ihrer in Rn. 33ff. näher behandelten objektiven Dimension – subjektive Rechte. Sie geben dem Bürger einen Anspruch, der auf ein bestimmtes staatliches Handeln oder Unterlassen gerichtet ist (PSKP, Grundrechte, Rn. 118). Dieser Anspruch ist auch gerichtlich, ggf. sogar verfassungsgerichtlich, durchsetzbar.

31 Dabei kommen die Grundrechte in unterschiedlichen Funktionen zum Tragen, die terminologisch meist in Anlehnung an die von Georg Jellinek entwickelte „Statuslehre" (Jellinek, System der subjektiven öffentlichen Rechte, 1919) beschrieben werden. Die klassische Abwehrfunktion der Grundrechte, die auf Beseitigung bzw. Unterlassung von Eingriffen gerichtet ist, ist danach der status negativus. Im status positivus gewähren sie dem Einzelnen ein Recht auf staatliche Leistungen, auf die er für seine Freiheitsbetätigung angewiesen ist.

Derartige Leistungsansprüche sind regelmäßig aber nur auf Teilhabe an Bestehendem gerichtet, nicht auf Schaffung neuer Einrichtungen. Ein Beispiel ist das Recht auf chancengleiche Hochschulzulassung aus Art. 12 I, Art. 3 I i.V.m. dem Sozialstaatsprinzip: Es gibt lediglich ein Recht, die gleichen Zulassungschancen wie andere zu haben, nicht auf die Errichtung neuer Hochschulen.

32 Im status activus schließlich hat der Einzelne ein Recht darauf, seine Freiheit im Staat und für diesen zu betätigen.

Das Wahlrecht aus Art. 38 I ist ein Grundrecht des status activus.

II. Objektiv-rechtliche Grundrechtsgehalte

33 In der Verbürgung dieser subjektiven Rechte erschöpft sich die Bedeutung der Grundrechte nicht. Den Grundrechten kommt eine Reihe von objektiv-rechtlichen Gehalten zu.

34 Dazu zählen zunächst die sog. Einrichtungsgarantien (prägend für die Terminologie Carl Schmitt, Verfassungsrechtliche Aufsätze, S. 140ff.). Grundrechte garantieren die Existenz bestimmter Einrichtungen, die allenfalls im Wege der Verfassungsänderung abgeschafft werden könnten. Bei diesen Einrichtungen kann es sich um privatrechtliche Institute wie die Ehe oder das Erbrecht handeln (s. Art. 6 I, Art. 14 I). In diesem Fall spricht man von Institutsgarantien. Sind hingegen öffentlich-rechtliche Einrichtungen wie das Berufsbeamtentum (Art. 33 V) garantiert, wird dies als institutionelle Garantie bezeichnet (PSKP, Grundrechte, Rn. 88). Einrichtungsgarantie ist also ein Oberbegriff, der Institutsgarantien und institutionelle Garantien umfasst.

35 Zudem ist seit der frühen Rechtsprechung des BVerfG anerkannt, dass Grundrechte sog. objektive Wertentscheidungen sind. Zwar sind die Grundrechte in erster Linie Abwehrrechte des Bürgers gegen den Staat. Jedoch hat das GG in seinem Grundrechtsabschnitt auch eine objektive Wertordnung aufgerichtet, die für alle Bereiche des Rechts gilt und bei der Auslegung und Anwendung des einfachen Rechts zu berücksichtigen ist. Einbruchstellen für die grundrechtlichen Wertungen sind namentlich die Generalklauseln wie z.B. die „guten Sitten" im BGB (BVerfGE 7, 198 [203 ff.]).

Die zitierte Entscheidung ist die sog. Lüth-Entscheidung. Die S. 203 ff. gehören zum Basiswissen im Staatsrecht, deren Lektüre im Original jedem angehenden Juristen dringend zu empfehlen ist.

Kaum noch eine eigenständige Rolle spielt heute der Aspekt des Grundrechtsschut- **36** zes durch Organisation und Verfahren, nach dem der Staat aus den Grundrechten heraus zu bestimmten Vorkehrungen u.a. im Bereich des Verfahrensrechts verpflichtet ist, die den Einzelnen den Gebrauch grundrechtlicher Freiheit erst ermöglichen. Er wird heute im Wesentlichen von der Schutzpflichtenkonzeption erfasst (vgl. PSKP, Grundrechte, Rn. 100). Völlig bedeutungslos ist der Ansatz jedoch nicht. Verwendet wird er aktuell z.B. von BVerfGE 127, 87 (114 f.).

Die Lehre von den grundrechtlichen Schutzpflichten besagt, dass sich Grundrechte **37** nicht nur gegen Eingriffe des Staats in die Rechtsgüter richten, die die Grundrechte schützen, sondern dass sie den Staat zusätzlich verpflichten, diese Rechtsgüter aktiv vor Gefahren durch Dritte zu schützen. Der Staat darf sich bei erkennbaren Gefahren für diese Rechtsgüter also nicht passiv verhalten, sondern muss Maßnahmen zu ihrem Schutz ergreifen. Ausgangspunkt in der Rechtsprechung war die sog. erste Abtreibungsentscheidung, nach der Art. 2 II 1, Art. 1 I dem Staat gebietet, sich schützend und fördernd vor das sich entwickelnde Leben im Mutterleib zu stellen, wobei er u.U. das Strafrecht nicht nur einsetzen darf, sondern sogar einsetzen muss (BVerfGE 39, 1 ff.). Der letztgenannte Aspekt ist das – terminologisch erst später so bezeichnete – sog. Untermaßverbot: Der Staat darf nicht zu intensiv in Grundrechte eingreifen (Übermaßverbot); er darf zum Schutz der grundrechtlich geschützten Rechtsgüter aber auch nicht zu wenig tun (Untermaßverbot).

Mittlerweile ist die Existenz von Schutzpflichten für die meisten Grundrechte aner- **38** kannt. Zudem werden die zunächst objektiv-rechtlich angelegten Schutzpflichten versubjektiviert: Aus der Schutzpflicht des objektiven Rechts ergibt sich ein subjektives Schutzrecht (Jarass, in: JP, Vorb. vor Art. 1 Rn. 6; a.A. Ipsen, Staatsrecht II, Rn. 109); der Einzelne kann vom Staat die Erfüllung der Schutzpflicht verlangen.

Für den Staat entsteht das Problem, dass er bei der Erfüllung der grundrechtlichen **39** Schutzpflicht bzw. des grundrechtlich fundierten Anspruchs auf Schutz regelmäßig in andere Grundrechte (in deren Funktion als Abwehrrechte) eingreifen muss.

Wenn der Staat zum Schutz des Rechts der persönlichen Ehre die Beleidigung unter Strafe stellt (§ 185 StGB), greift er damit in die Meinungsfreiheit desjenigen ein, der einen anderen beleidigt.

Regelmäßig besteht daher eine doppelte Bindung: Der Staat darf nur bis zu den **40** Grenzen, die das Übermaßverbot zieht, in die Grundrechte des „Störers" eingreifen. Er muss aber mindestens in dem Umfang, den ihm das Untermaßverbot abverlangt, zum Schutz der grundrechtlich geschützten Güter des „Verletzten" tätig werden. Zwischen diesen beiden Grenzen verläuft der grundrechtliche Spielraum des Staates.

Ein aktuelles Beispiel sind Regelungen zum Nichtraucherschutz: Der Staat muss in dem Umfang das Rauchen verbieten, in dem es der Schutz der Nichtraucher gebietet. Das Rauchen muss aber in dem Umfang erlaubt bleiben, in dem es die Freiheit der Raucher verlangt.

Die Bindung des Staates aus den Abwehrrechten ist freilich regelmäßig strikter als **41** die aus den grundrechtlichen Schutzpflichten. Schutzpflichten und die ihnen korrespondierenden Schutzrechte sind regelmäßig erst bei vollkommener Untätigkeit des Staates oder evidenter Untauglichkeit der von ihm ergriffenen Maßnahmen verletzt (Jarass, in: JP, Vorb. zu Art. 1 Rn. 7, 56).

Daher verletzt das Schutzkonzept des WaffenG trotz mehrerer Amokläufe in Schulen nicht die Pflicht zum Schutz des Lebens und der körperlichen Unversehrtheit aus Art. 2 II 1 (BVerfG BayVBl. 2013, 334 f.; dazu Muckel, JA 2013, 554 f.).

42 Adressat der Schutzpflichten ist in erster Linie der Gesetzgeber. Aber auch Verwaltung und Justiz sind zum Schutz der Grundrechte aufgerufen.

Zur Möglichkeit, einen normalerweise nicht bestehenden Anspruch auf Strafverfolgung eines Dritten ausnahmsweise aus grundrechtlichen Schutzpflichten herzuleiten, s. BVerfG NJW 2015, 150 f.; dazu Sachs, JuS 2015, 376 ff.

III. Grundrechtsadressaten

43 Als Grundrechtsadressat wird derjenige bezeichnet, gegen den sich ein Grundrecht richtet, also der Verpflichtete aus dem grundrechtlichen Abwehr- oder Leistungsanspruch.

Dem Grundrechtsadressaten steht der Träger des Grundrechts gegenüber: Er ist der Inhaber des grundrechtlichen Anspruchs. Dazu u. Rn. 64 ff.

1. Der Staat als Grundrechtsadressat

44 Grundrechtsadressat ist zumindest in erster Linie der Staat. Der Begriff ist umfassend zu verstehen; er bezeichnet alle drei Staatsgewalten: Nach Art. 1 III binden die Grundrechte die Gesetzgebung (die Legislative), die vollziehende Gewalt (die Exekutive) und die Rechtsprechung (die Judikative). Zwischen Bundes- und Landesebene wird insofern nicht unterschieden. Die Bindung nach Art. 1 III erfasst die gesamte Staatsgewalt sowohl des Bundes als auch der Länder (Hufen, Staatsrecht II, § 7 Rn. 6).

Ein Landesgesetz, der Verwaltungsakt einer Landesbehörde oder die Entscheidung eines Landesgerichts können daher ebenso am Maßstab der Grundrechte des GG geprüft werden wie die entsprechenden Akte, die vom Bund verantwortet werden.

45 Auf die Handlungs- oder Organisationsform kommt es dabei nach richtiger Auffassung nicht an. Weder die Verwendung zivilrechtlicher Handlungsformen noch der Einsatz privatrechtlicher Organisations- und Gesellschaftsformen – beides ist dem Staat grundsätzlich gestattet – hebt die Grundrechtsbindung des Staates auf (so pauschal, aber zutreffend BVerfGE 128, 226 [244]. Zur z. T. abweichenden Haltung der zivilgerichtlichen Rechtsprechung PSKP, Grundrechte, Rn. 187 f.).

Private Handlungsformen setzt der Staat z. B. ein, wenn die Stadthalle zur Nutzung durch den Abschluss eines zivilrechtlichen Mietvertrages vergeben wird. Eine privatrechtliche Gesellschaftsform verwendet er, wenn die Halle einer GmbH oder AG gehört, deren Anteile jedoch der Staat hält. So verhielt es sich auch in dem vom BVerfG (BVerfGE 128, 226 ff.) entschiedenen Fall, in dem es um die Fraport AG ging, die u. a. den Flughafen in Frankfurt/Main betreibt. Als Besonderheit kam hinzu, dass nicht alle Anteile der Fraport AG in staatlicher Hand sind. Zur daraus resultierenden Problematik sog. gemischtwirtschaftlicher Unternehmen sogleich Rn. 47 f. – Aus der Entscheidung des BVerfG besonders lesenswert sind die Seiten 244–246, auf denen das Gericht zur Begründung seiner Auffassung die kategoriale Unterscheidung zwischen dem umfassend gebundenen Handeln des Staates einerseits und dem prinzipiell freien und nicht rechenschaftspflichtigen Handeln der Bürger andererseits erläutert.

46 Schlagwortartig lässt sich die fortbestehende Grundrechtsbindung des Staates trotz privatrechtlicher Handlungs- und Organisationsformen mit der Formel „Keine Flucht aus der Grundrechtsbindung ins Privatrecht" beschreiben (BVerfGE 128, 226 [245]).

47 An die Grundrechte gebunden sind sog. gemischtwirtschaftliche Unternehmen, deren Anteile nicht vollständig, aber mehrheitlich in staatlicher Hand sind (BVerfGE 128, 226 [245 ff.]).

So lag der Fall bei der Fraport AG, deren Anteile im maßgeblichen Zeitpunkt zu 52% vom Land Hessen und der Stadt Frankfurt/Main gehalten wurden, während sich 48% in privatem Streubesitz befanden, also einer Vielzahl privater Aktionäre gehörten.

Daraus folgt umgekehrt, dass derartige Unternehmen trotz ihrer privatrechtlichen Handlungsform nicht grundrechtsberechtigt sind (BVerfGE 128, 226 [244]). Das ist das sog. „Konfusionsargument", nach dem niemand zugleich Berechtigter und Verpflichteter aus Grundrechten sein kann. **48**

Grundrechtsgebunden ist nur der deutsche Staat. Ausländische Staaten sind nicht an die Grundrechte des GG gebunden. **49**

2. Grundrechtsbindung und das Recht der Europäischen Union

Ein intensiv diskutiertes Problem betrifft die Bedeutung der Grundrechte im Zusammenhang mit EU-Recht. Die EU ist eine supranationale Organisation, was gegen ihre Grundrechtsbindung spricht (s. etwa BVerfGE 118, 79 [95]). Ihre Rechtssetzungsbefugnisse beruhen aber auf der Übertragung (u. a.) deutscher Hoheitsrechte, was ein Argument gegen eine völlige Freistellung von der Bindung an deutsche Grundrechte ist. Richtigerweise muss man zwischen zwei Fragen differenzieren (so auch PSKP, Grundrechte, Rn. 205ff.). Die erste Frage lautet: Können Rechtsakte von Organen der EU an deutschen Grundrechten gemessen werden? Die zweite Frage betrifft Rechtsakte deutscher Staatsgewalt, die zur Umsetzung von EU-Recht ergehen: Können derartige Akte an den Grundrechten des GG gemessen werden? **50**

Deutsche Grundrechte sind kein Maßstab für die Gültigkeit von Rechtsakten der Unionsorgane (sog. Sekundärrecht). Die EU ist nicht an die Grundrechte des GG gebunden; das von ihren Organen erlassene Recht kann nicht wegen eines Verstoßes gegen diese Grundrechte ungültig sein (s. bereits BVerfGE 37, 271 [281f.]). Von der Frage nach der Gültigkeit des EU-Rechts ist jedoch die Frage nach seiner Anwendbarkeit zu unterscheiden (zu dieser Differenzierung BVerfGE 118, 79 [95]). Das BVerfG bejaht zwar den Anwendungsvorrang des Unionsrechts vor nationalem Recht, zu dem prinzipiell auch die Grundrechte gehören. Es stellt jedoch klar, dass dieser Anwendungsvorrang nicht umfassend sein kann, weil die Rechtssetzungskompetenz der EU auf der Übertragung nationaler Regelungskompetenzen beruht (BVerfGE 126, 286 [302]; 134, 366 [381f. Rn. 20ff.]). Für die Anwendbarkeit von Unionsrecht kann es nach der zustimmungswürdigen Rechtsprechung des BVerfG daher prinzipiell auf Grundrechte des GG ankommen, deren Beachtung das BVerfG auch überprüfen darf. Zunächst hat es diese Prüfungskompetenz auch noch in Anspruch genommen (BVerfGE 37, 271 [277ff.]). Von dieser Position ist es mit zunehmender Entwicklung eines Grundrechtsschutzes auf EG- bzw. EU-Ebene jedoch abgerückt. Das BVerfG sieht sich mittlerweile in einem „Kooperationsverhältnis" mit dem EuGH und betont, es übe „seine Gerichtsbarkeit nicht mehr aus ..., solange die Europäischen Gemeinschaften, insbesondere die Rechtsprechung des Gerichtshofs der Europäischen Gemeinschaften, einen wirksamen Schutz der Grundrechte gegenüber der Hoheitsgewalt der Gemeinschaften generell gewährleisten, der dem vom Grundgesetz jeweils als unabdingbar gebotenen Grundrechtsschutz im Wesentlichen gleich zu achten ist, zumal den Wesensgehalt der jeweiligen Grundrechte generell verbürgt" (BVerfGE 118, 79 [95]; im Anschluss an BVerfGE 73, 339 [387]; 102, 147 [162ff.]; später etwa BVerfGE 125, 260 [306]). Da das Gericht einen derartigen Grundrechtsstandard auf europäischer Ebene derzeit als gegeben betrachtet, überprüft es die Anwendbarkeit europäischen Rechts aktuell nicht mehr. Immerhin hält es sich dazu aber bei Bedarf weiterhin für befugt: Anders wäre nicht zu erklären, dass es lediglich von der Nichtausübung seiner – erkennbar als bestehend vorausgesetzten – Gerichtsbarkeit spricht. Im Übrigen hält sich das BVerfG für berechtigt, EU-Rechtsakte auf ersichtliche Kompetenzüberschreitungen (sog. Ultra-vires-Handlungen) oder auf Regelungen im nicht übertragbaren Bereich deutscher Verfassungsidentität zu überprüfen, zu der u.a. die dauerhafte Haushaltsverantwortung des BT zählt (BVerfGE 135, 317 [399ff. Rn. 161ff.]). Ggf. ist dem Sekundärrecht die Anwendbarkeit in Deutschland aus diesen Gründen zu versa- **51** gen. Auch diese Kontrollbefugnis übt es jedoch in einem Kooperationsverhältnis mit dem EuGH aus, der primär zur Kontrolle der EU-Rechtsakte aufgerufen ist und der aus diesem Grund die Möglichkeit gehabt haben muss, sich im Rahmen eines Vorabentscheidungsverfahrens nach Art. 267 AEUV zu den maßgeblichen Fragen zu äußern. Zudem muss das kompetenzwidrige Handeln der Unionsgewalt offensichtlich sein und der angegriffene Rechtsakt im Kompetenzgefüge zwischen Mitgliedstaaten und Union erheblich ins Gewicht fallen (BVerfGE 126, 286 [301 ff.]; zuvor insbesondere BVerfGE 123, 267 [353 ff.]). Zu den drei Fallgruppen Grundrechtskontrolle, Ultra-vires-Handlungen und Verfassungsidentität näher Schöbener, JA 2011, 885 ff.; Dederer, JZ 2014, 313 ff.; zur Ultra-vires-Kontrolle sowie zur Verfassungsidentität jetzt eingehend BVerfGE 134, 366 (382 ff. Rn. 22 ff.). Anfang 2014 hat das BVerfG dem EuGH im Rahmen eines Vorabentscheidungsverfahrens die Frage vorgelegt, ob der sog. OMT-Beschluss („Outright Monetary Transactions" – eine der diversen Maßnahmen zur Rettung des Euro) des Rates der EZB mit europäischem Recht vereinbar ist (BVerfGE 134, 366 ff.). Dabei hat es dargelegt, dass der Beschluss im Falle seiner Europarechtswidrigkeit ein Ultra-vires-Akt wäre und dass zudem eine Verletzung deutscher Verfassungsidentität zumindest in Betracht komme (BVerfGE 134, 366 [392 ff. Rn. 36 ff.]). Die Antwort des EuGH auf die Vorlagefrage steht derzeit noch aus. Zur verfassungsprozessualen Bedeutung des Vorlagebeschlusses Hillgruber, JA 2014, 635 ff.

52 Dagegen stellen die Umsetzung und Anwendung sekundären Unionsrechts durch deutsche Staatsorgane deutsche Staatsgewalt dar, die nach Art. 1 III prinzipiell grundrechtsgebunden ist. Allerdings betont das BVerfG auch insofern das zuvor dargestellte Kooperationsverhältnis mit dem EuGH, nach dem es seine Gerichtsbarkeit nicht mehr ausübt, solange auf EU-Ebene ein wirksamer Schutz der Grundrechte gegenüber der Hoheitsgewalt der Gemeinschaften generell gewährleistet ist, der dem vom Grundgesetz jeweils als unabdingbar gebotenen Grundrechtsschutz im Wesentlichen gleich zu achten ist, zumal den Wesensgehalt der jeweiligen Grundrechte generell verbürgt (BVerfGE 118, 79 [95]; später etwa BVerfGE 125, 260 [306]). Folgerichtig übt es auch insofern seine Gerichtsbarkeit derzeit nicht aus (s. bereits Rn. 51). Diese Rücknahme der Überprüfungskompetenz betrifft jedoch nur solche Fälle, in denen das europäische Recht zwingende Vorgaben für seine Umsetzung oder Anwendung macht (BVerfGE 129, 78 [90]). Verbleiben der deutschen Staatsgewalt hingegen Spielräume, ist sie innerhalb dieser Spielräume an die Grundrechte des GG gebunden (BVerfGE 113, 273 [300]). Die vermeintliche Verletzung von Grundrechten in diesem Bereich kann auch im Wege der Verfassungsbeschwerde gerügt werden (BVerfGE 125, 260 [306 f.]). Zur Relevanz dieser Überlegungen für die Zulässigkeit von Verfassungsbeschwerden s. noch Art. 93 Rn. 74.

3. Die Wirkung von Grundrechten gegenüber Privaten

53 Private sind grundsätzlich nicht an Grundrechte gebunden. Grundrechte richten sich gegen den Staat, nicht an Private (Ipsen, Staatsrecht II, Rn. 68). Private können daher zwar grundrechtlich geschützte Rechtsgüter verletzen. Sie können aber prinzipiell nicht gegen Grundrechte verstoßen.

Die Privatperson, die durch einen Unfall den PKW eines anderen Menschen beschädigt, verletzt dessen Eigentum. Dieses wird zwar durch Art. 14 I geschützt, jedoch grundsätzlich nur gegenüber dem Staat, nicht gegenüber Privaten.

54 Eine anerkannte Ausnahme stellen sog. Beliehene dar. Dabei handelt es sich um private Rechtssubjekte, die mit der hoheitlichen Wahrnehmung staatlicher Aufgaben im eigenen Namen betraut sind. Im Rahmen dieser Tätigkeit sind sie an die Grundrechte gebunden.

Ein Beispiel sind die technischen Überwachungsvereine („TÜV"), bei denen es sich entgegen einer landläufigen Meinung nicht um Behörden handelt, sondern um eingetragene Vereine, also um Rechtssubjekte des Privatrechts. Sie sind jedoch dazu befugt, die Hauptuntersuchung an Fahrzeugen durchzuführen; insofern nehmen sie hoheitliche Aufgaben wahr.

Im Übrigen wird eine unmittelbare Bindung Privater an Grundrechte, die auch als unmittelbare Drittwirkung von Grundrechten bezeichnet werden kann, regelmäßig abgelehnt. Die Auffassung, Grundrechte seien Ordnungssätze für das gesamte soziale Leben und müssten daher auch gegenüber Privaten gelten, weil Freiheitsbedrohungen auch von diesen ausgehen könnten (BAGE 1, 185 [193f.] = BAG NJW 1955, 606 [607]), hat sich zu Recht nicht durchsetzen können. Dafür lässt sich anführen, dass die Rechtsbeziehungen zwischen den Bürgern vom Grundsatz der Privatautonomie beherrscht werden (Ipsen, Staatsrecht II, Rn. 69). Zudem kann sich der vermeintliche Adressat des Grundrechts seinerseits auch auf Grundrechte berufen. Grundrechtsberechtigung und Grundrechtsverpflichtung aber schließen sich regelmäßig gegenseitig aus (s. schon o. Rn. 48). Das wohl stärkste Argument schließlich ergibt sich aus Art. 9 III 2: Diese Vorschrift ordnet als einzige im gesamten Grundrechtsteil die unmittelbare Wirkung eines Grundrechts auf private Rechtsbeziehungen an. Angesichts ihres erkennbaren Ausnahmecharakters trägt sie den Umkehrschluss, dass Grundrechte im Übrigen gegenüber Privaten nicht unmittelbar anwendbar sind (dazu auch Art. 9 Rn. 34. S. freilich noch den Hinweis auf die neuere Rechtsprechung des BVerfG in Rn. 57f.). 55

Das gilt jedenfalls für „echte" Privatrechtssubjekte. Gesellschaften in privater Rechtsform, hinter denen in Wahrheit der Staat steht, sind an Grundrechte gebunden. Dazu o. Rn. 45.

Mit dieser Absage an eine unmittelbare Grundrechtsbindung ist jedoch nicht gesagt, dass Grundrechte im Verhältnis zwischen Privaten bedeutungslos sind. Es ist vielmehr seit der Lüth-Entscheidung des BVerfG anerkannt, dass Grundrechte (u.a.) in das Privatrecht hineinwirken (o. Rn. 35). Der Einfluss, den die Grundrechte auf diese Weise auf die Auslegung und Anwendung von Rechtsnormen bekommen, die sich gegenüber Privaten auswirken, wird üblicherweise – in sprachlicher Abgrenzung von der richtigerweise abgelehnten *unmittelbaren* Drittwirkung – als mittelbare Drittwirkung bezeichnet (PSKP, Grundrechte, Rn. 196; kritisch zum Begriff Ipsen, Staatsrecht II, Rn. 70). 56

Einen neuen Akzent hat in diesem Kontext kürzlich das BVerfG gesetzt. In der bereits mehrfach angesprochenen Fraport-Entscheidung sind zwei Passagen enthalten, die ausdrücklich offen lassen, ob u.U. doch eine unmittelbare Grundrechtsbindung Privater in Betracht kommen kann. Zunächst weist das Gericht darauf hin, es sei nicht ausgeschlossen, dass Private – „etwa im Wege der mittelbaren Drittwirkung" – unbeschadet ihrer eigenen Grundrechte ähnlich oder auch genauso weit durch die Grundrechte in Pflicht genommen würden, insbesondere wenn sie in tatsächlicher Hinsicht in eine vergleichbare Pflichten- oder Garantenstellung hineinwüchsen wie traditionell der Staat (BVerfGE 128, 226 [248]). Durch das „etwa" lässt das BVerfG erkennen, dass andere Formen der Grundrechtsbindung nicht von vornherein ausgeschlossen sind. Eine Seite weiter formuliert es, die unmittelbare Grundrechtsbindung öffentlich beherrschter Unternehmen unterscheide sich somit grundsätzlich „von der in der Regel nur mittelbaren Grundrechtsbindung, der auch Private und Privatunternehmen – insbesondere nach den Grundsätzen der mittelbaren Drittwirkung und auf der Grundlage von staatlichen Schutzpflichten – unterworfen sind." Während diese auf einer prinzipiellen Rechenschaftspflicht gegenüber dem Bürger beruhe, diene jene dem Ausgleich bürgerlicher Freiheitssphären untereinander und sei damit von vornherein relativ. „Das bedeutet jedoch nicht, dass die Wirkung der Grundrechte und damit die – sei es mittelbare, sei es unmittelbare – Inpflichtnahme Privater in jedem Fall weniger weit reicht." Je nach Gewährleistungsinhalt und Fallgestaltung könne die mittelbare Grundrechtsbindung Privater einer Grundrechtsbindung des Staates vielmehr nahe- oder auch gleichkommen (BVerfGE 128, 226 [248]. Kritisch u.a. Sachs, JuS 2011, 665 [668]). Bestätigung der Rechtsprechung durch BVerfG, Beschl. v. 18.7.2015, Az. 1 Bv Q 25/15 („Bierdosen-Flashmob"). 57

58 Ob darin der Beginn einer Rechtsprechung liegt, die von einer unmittelbaren Grundrechtsbindung Privater ausgeht, bleibt abzuwarten. Schon auf der Grundlage der bislang aus guten Gründen überwiegend angenommenen lediglich mittelbaren Drittwirkung ist der Hinweis von Bedeutung, dass die sachliche Bindung Privater damit nicht hinter der Wirkung zurückbleiben muss, die eine unmittelbare Drittwirkung hätte.

C. Die Struktur der Freiheitsgrundrechte

I. Erster Überblick und Terminologie

59 Damit eine staatliche Maßnahme ein Freiheitsgrundrecht verletzt, müssen drei Voraussetzungen erfüllt sein:
1. Der Schutzbereich des Grundrechts muss eröffnet sein.
2. Es muss ein Eingriff in den Schutzbereich vorliegen.
3. Dieser Eingriff darf nicht gerechtfertigt sein.

Die Grundrechtsverletzung ist also der nicht gerechtfertigte Eingriff in den Schutzbereich eines Grundrechts.

60 Vom nichtjuristischen Sprachgebrauch weicht diese Terminologie insofern ab, als dort häufig schon der „Eingriff in ein Grundrecht" negativ belegt ist. Im juristischen Sinne jedoch indiziert die Tatsache, dass eine staatliche Maßnahme in ein Grundrecht eingreift, keinesfalls ihre Rechtswidrigkeit. Der Staat greift vielmehr täglich millionenfach in Grundrechte ein. Die meisten dieser Eingriffe sind jedoch gerechtfertigt, die entsprechenden Maßnahmen daher rechtmäßig.

Jede Geschwindigkeitsbeschränkung im Straßenverkehr stellt einen Eingriff in die allgemeine Handlungsfreiheit der Autofahrer aus Art. 2 I dar, der jedoch regelmäßig gerechtfertigt ist (s. bereits o. Rn. 4).

61 Damit steht zugleich die Prüfungsstruktur fest, wenn in einer Klausur oder Hausarbeit nach der Verletzung eines Grundrechts bzw. nach der Vereinbarkeit einer staatlichen Maßnahme mit Freiheitsgrundrechten gefragt ist: Auf der obersten Gliederungsebene sollten die Aspekte Schutzbereich – Eingriff – Rechtfertigung behandelt werden. Ist hingegen nur danach gefragt, ob eine bestimmte Maßnahme in den Schutzbereich eines Grundrechts eingreift, kommt es auf die Rechtfertigung nicht mehr an. Die Frage, ob ein bestimmtes Verhalten grundrechtlichen Schutz genießt, ist allein auf die Eröffnung des Schutzbereichs gerichtet.

II. Die einzelnen Stufen der Grundrechtsprüfung

1. Der Schutzbereich

62 Der Schutzbereich – auch Tatbestand des Grundrechts genannt – ist der Ausschnitt aus der Lebenswirklichkeit, der durch das Grundrecht vor staatlichen Eingriffen geschützt ist (PSKP, Grundrechte, Rn. 214, unter Hinweis auf Hesse, Verfassungsrecht, Rn. 46, 69, der sich dort generell zur Konkretisierung von Verfassungsnormen äußert). Dieser Schutz bedeutet, wie zuvor ausgeführt, nicht, dass staatliche Eingriffe unzulässig sind, sondern dass sie am Maßstab des Grundrechts gerechtfertigt werden müssen, um rechtmäßig zu sein. Der Schutzbereich hat eine sachliche und eine persönliche Komponente, die meist als sachlicher und persönlicher Schutzbereich bezeichnet werden. Bei der Festlegung des persönlichen Schutzbereichs geht es darum, wer Träger des Grundrechts ist, wer sich also gegenüber dem Staat auf das Grundrecht berufen kann. Vom Umfang des sachlichen Schutzbereichs hingegen hängt es ab, welches Verhalten den Schutz des Grundrechts genießt.

63 Verdeutlichen lässt sich das – vorbehaltlich der im Folgenden dargestellten Einzelheiten – am Beispiel der Versammlungsfreiheit aus Art. 8 I: Die Vorschrift schützt die friedliche und waffenlose

Versammlung von Deutschen. Unfriedliche Versammlungen von Deutschen fallen daher nicht in den sachlichen Schutzbereich. Für unfriedliche Versammlungen von Ausländern ist weder der sachliche noch der persönliche Schutzbereich eröffnet; für friedliche Ausländerversammlungen scheitert die Anwendbarkeit von Art. 8 I (nicht aber der Grundrechtsschutz schlechthin, s. u. Rn. 67) am persönlichen Schutzbereich. Das Verbot oder die Auflösung einer derartigen Versammlung wären also kein Eingriff in den Schutzbereich des Art. 8 I; sie müssten nicht am Maßstab dieses Grundrechts gerechtfertigt werden.

a) Persönlich

Der persönliche Schutzbereich ist für die Inhaber des jeweiligen Grundrechts eröffnet. Das ist nicht in jedem Fall jeder Mensch. Das GG kennt vielmehr sog. Deutschengrundrechte, die ihrem Wortlaut nach nur für Deutsche gelten, und sog. Jedermann-Grundrechte, die für jeden Menschen gelten (dazu im Folgenden Rn. 65 ff.). Eingehender zu erörtern ist der persönliche Schutzbereich zudem in Fällen, in denen sich nicht einzelne Menschen, sondern Personengesamtheiten oder Vermögensmassen auf Grundrechte berufen wollen (u. Rn. 74 f.). Je nach Fall kann sich auch die Frage nach dem Grundrechtsschutz von Minderjährigen, ungeborenen Menschen und von Toten stellen (u. Rn. 76 ff.). **64**

aa) Die Unterscheidung zwischen Deutschengrundrechten und Jedermann-Grundrechten. *(1) Der unterschiedlich weite persönliche Schutzbereich.* Mehrere Grundrechte des GG gelten dem Wortlaut der Verfassung nach nur für Deutsche. **65**

Beispiele sind Art. 8 I, Art. 9 I, Art. 11 I, Art. 12 I („Alle Deutschen").

Träger dieser Grundrechte sind alle Deutschen i. S. v. Art. 116 I, also Menschen mit deutscher Staatsangehörigkeit sowie die sog. Status-Deutschen (dazu Art. 116 Rn. 5). Ausländer hingegen können sich auf das betreffende Grundrecht nicht berufen.

Andere Grundrechte hingegen kennen diese Unterscheidung nicht. Sie werden als Jedermann-Grundrechte oder auch als Menschenrechte bezeichnet. Zu erkennen sind sie entweder daran, dass sie den Kreis ihrer Träger mit „jeder" (z. B. Art. 2 I, Art. 5 I) o. Ä. bezeichnen oder keine Aussage zur personellen Reichweite ihres Schutzes machen (z. B. Art. 10 I). Träger dieser Grundrechte ist jeder Mensch. **66**

(2) Die Rechtsstellung von Ausländern im Bereich der Deutschengrundrechte. Ausländer – bzw. genauer: Menschen, die nicht Deutsche i. S. v. Art. 116 I sind –, können sich auf die Deutschengrundrechte grundsätzlich (zur Situation von Ausländern aus anderen EU-Staaten sogleich Rn. 71 ff.) nicht berufen. Das bedeutet jedoch nicht, dass sie im Bereich der jeweiligen Tätigkeit grundrechtlich schutzlos sind. Regelmäßig können sie sich zumindest auf die allgemeine Handlungsfreiheit berufen, die insofern als subsidiäres Auffanggrundrecht im Bereich der Freiheitsgrundrechte zum Tragen kommt. **67**

Ausländer können sich daher für eine friedliche Versammlung auf Art. 2 I berufen. S. dazu auch Art. 8 Rn. 7.

Damit steht ihnen zwar Grundrechtsschutz zu. Dieser ist jedoch schwächer ausgeprägt als der von Deutschen, weil die allgemeine Handlungsfreiheit leichter einschränkbar ist als das jeweilige Spezialgrundrecht. **68**

Eine durch Art. 8 I geschützte Versammlung von Deutschen, die in einem geschlossenen Raum stattfindet, kann nicht auf der Grundlage von Art. 8 II eingeschränkt werden, weil diese Regelung nur Versammlungen unter freiem Himmel erfasst. Ein Verbot oder eine Auflösung wären daher nur auf Grund verfassungsimmanenter Schranken (Grundrechte Dritter oder sonstige Rechtsgüter von Verfassungsrang) möglich. Dagegen muss eine Regelung, durch die bzw. auf Grund derer eine nur durch Art. 2 I geschützte Versammlung von Ausländern eingeschränkt wird, lediglich Bestandteil der verfassungsmäßigen Ordnung gem. Art. 2 I sein (dazu näher Art. 2 Rn. 60), so dass Einschränkungen im Ergebnis geringeren Anforderungen genügen müssen.

69 Im Übrigen statuieren Grundrechte nur einen Mindestschutz. Dem einfachen Gesetzgeber bleibt es unbenommen, die Rechtsstellung von Ausländern auch hinsichtlich solcher Tätigkeiten, die Gegenstand von Deutschengrundrechten sind, derjenigen von Deutschen anzugleichen (Rüfner, in: HStR IX, § 196 Rn. 40).

Das einfach-gesetzliche Recht, sich zu versammeln, steht nach § 1 VersammlG jedermann zu.

70 Fraglich ist, ob sich die personelle Begrenzung des Schutzes der Deutschengrundrechte noch aufrechterhalten lässt, soweit die EMRK bei den sachlich parallelen Verbürgungen keine Unterscheidung auf Grund der Staatsangehörigkeit vornimmt.

Art. 11 EMRK nennt als Träger der Versammlungs- und Vereinigungsfreiheit „jede Person".

In der Literatur findet sich die Auffassung, dass die Differenzierung in diesen Fällen nicht mit der EMRK kompatibel sei (Nowak, in: Hesselhaus/Nowak, Handbuch der Europäischen Grundrechte, § 6 Rn. 12). Das kann jedoch nicht dazu führen, dass sich auch Ausländer auf die Deutschengrundrechte berufen können. Die gebotene Berücksichtigung der EMRK bei der Auslegung von Grundrechten kann zwar u. a. zur Ausweitung von Schutzbereichen führen. Jedoch wird die Berücksichtigung der EMRK durch den Wortlaut der Grundrechte begrenzt, die im Rang über der – lediglich als einfaches Bundesrecht geltenden – EMRK stehen (so allgemein Hoffmann/Mellech/Rudolphi, Jura 2009, 256 [259 f.], die freilich das hier diskutierte Problem nicht unmittelbar ansprechen). Im Ergebnis wird man also annehmen müssen, dass die EMRK den personellen Anwendungsbereich der Deutschengrundrechte nicht erweitert. Ausländer bleiben auf den Schutz durch Art. 2 I verwiesen.

Nichts anderes ergibt sich auch aus der EU-GRCh. Dass sich jedermann z. B. auf die Versammlungsfreiheit aus Art. 12 EU-GRCh berufen kann (dazu Jarass, GRCh, 2010, Art. 12 Rn. 9), führt nicht zu einer Erweiterung des Schutzes aus Art. 8 I GG.

71 *(3) Die Rechtsstellung von EU-Bürgern im Bereich der Deutschengrundrechte.* Zumindest im sachlichen Ergebnis nicht zulässig ist hingegen die Herausnahme von EU-Bürgern aus dem Schutz der Deutschengrundrechte. Art. 18 I AEUV (zuvor: Art. 12 I EGV) verbietet die Schlechterstellung anderer EU-Bürger gegenüber Deutschen aus Gründen der Staatsangehörigkeit. Im Ergebnis muss EU-Bürgern daher derselbe Grundrechtsschutz wie Deutschen zukommen. Das ist – wie oben (Rn. 68) gezeigt – nicht der Fall, wenn sie auf den Schutz der allgemeinen Handlungsfreiheit aus Art. 2 I verwiesen werden.

72 Lösen lässt sich dieses Problem auf (mindestens) zwei Arten: Man kann entweder „Deutsche" im jeweiligen Grundrecht europarechtskonform als „Deutsche und andere EU-Bürger" interpretieren (so Wernsmann, Jura 2000, 657 [659]). Oder man verweist den EU-Bürger doch auf die allgemeine Handlungsfreiheit, in die jedoch die Dogmatik und der spezifische Schutzstandard des Spezialgrundrechts hineinzulesen sind (so Bauer/Kahl, JZ 1995, 1077 [1085]).

Ausländer aus der EU können sich für eine friedliche Versammlung also entweder auf Art. 8 I stützen. Oder man verweist sie auf Art. 2 I, wobei die Rechtfertigung eines Eingriffs nur unter Umständen möglich ist, unter denen in gleicher Weise auch in den Schutzbereich des Art. 8 I hätte eingegriffen werden dürfen. Das Verbot einer Versammlung in geschlossenen Räumen etwa müsste auf Grundrechte Dritter oder sonstige Güter von Verfassungsrang gestützt werden. A. A. Nolte/Tams, JuS 2006, 31 f., die den Schutz durch Art. 2 I ohne Modifikationen für hinreichend erachten.

73 Angesichts des eindeutigen Wortlauts der Deutschengrundrechte („Deutsche") ist die Lösung über Art. 2 I GG dogmatisch vorzugswürdig (von Coelln, JuS 2009, 335 [336]). Einfacher darzustellen ist freilich der Weg über das Spezialgrundrecht: Entscheidet man sich für ihn, beginnt man mit der Prüfung des Spezialgrundrechts und erörtert die Problematik unter dem Gesichtspunkt des persönlichen Schutzbereichs.

Dessen Eröffnung bejaht man, um dann „ganz normal“ weiter zu prüfen. Wählt man hingegen den Weg über Art. 2 I, verneint man die Eröffnung des persönlichen Schutzbereichs des Spezialgrundrechts, um dann mit der Erörterung des „materiell aufgeladenen“ Art. 2 I fortzufahren (von Coelln, JuS 2009, 335 [336]).

Einen dritten denkbaren Lösungsweg zeigt das BVerfG in seiner neuesten Rechtsprechung zu Art. 19 III auf. Es bejaht die Frage, ob sich juristische Personen mit Sitz im EU-Ausland trotz des Merkmals „inländische“ in Art. 19 III auf Grundrechte des GG berufen können. Dabei betont es zwar, die Wortlautgrenze werde überschritten, wenn man als „inländische“ juristische Personen unionsrechtskonform „deutsche einschließlich europäische“ juristische Personen verstehen wollte. Jedoch sei die Erstreckung der Grundrechtsberechtigung auf juristische Personen aus anderen EU-Mitgliedstaaten auf Grund des Anwendungsvorrangs der Grundfreiheiten im Binnenmarkt (Art. 26 II AEUV) und auf Grund des allgemeinen Diskriminierungsverbots des Art. 18 AEUV (s. bereits Rn. 71) geboten (BVerfGE 129, 78 [94 ff.]; s. dazu auch Art. 19 Rn. 63). Methodisch dürfte diese „Anwendungserweiterung“ eine unionsrechtskonforme Auslegung des nationalen Verfassungsrechts darstellen (Muckel, JA 2012, 156 [158]). Sofern man diese Lösung auf die Beurteilung der Stellung von EU-Bürgern im Bereich der Deutschengrundrechte übertragen will (dazu Sachs, JuS 2012, 379 [381]), ist im Ergebnis ebenfalls die Anwendung des Spezialgrundrechts zu bejahen. S. hierzu noch Art. 2 Rn. 15 ff.

bb) Die Grundrechtsträgerschaft juristischer Personen. Grundrechtsberechtigt sind in erster Linie Menschen, also natürliche Personen. Auf sie sind die Grundrechte in erster Linie zugeschnitten. Art. 19 III erweitert den persönlichen Anwendungsbereich der Grundrechte jedoch über natürliche Personen hinaus: Nach der Vorschrift gelten die Grundrechte auch für inländische juristische Personen, soweit sie ihrem Wesen nach auf diese anwendbar sind. Auf die Vorschrift ist daher im Rahmen der Erörterung des persönlichen Schutzbereichs immer dann einzugehen, wenn sich eine Personenmehrheit oder Vermögensmasse als solche auf Grundrechte beruft. **74**

Für die Eröffnung des persönlichen Schutzbereichs über Art. 19 III müssen drei Tatbestandsmerkmale erfüllt sein: **75**

1. Es muss sich um eine juristische Person i. S. v. Art. 19 III handeln.
2. Sie muss inländisch sein.
3. Das jeweilige Grundrecht muss seinem Wesen nach auf diese anwendbar sein, was sich nicht pauschal, sondern nur grundrechtsspezifisch bestimmen lässt.

Zur Bedeutung dieser Merkmale s. die Erläuterungen zu Art. 19. Ein häufig in Prüfungen relevantes Problem ist die Frage, ob bzw. in welchem Umfang die wesensmäßige Anwendbarkeit bei juristischen Personen des öffentlichen Rechts vorliegt. S. hierzu Art. 19 Rn. 56 ff.

cc) Die Frage nach der Grundrechtsträgerschaft von Minderjährigen, von ungeborenen Menschen und von Toten. Minderjährige sind (jedenfalls) vom Moment der Geburt an Grundrechtsträger, sofern das Grundrecht nicht ausnahmsweise wie Art. 38 II an ein bestimmtes Mindestalter geknüpft ist. Der in diesem Kontext häufig verwendete Begriff der „Grundrechtsmündigkeit“ sollte richtigerweise nicht als Kriterium verstanden werden, das erfüllt werden muss, um sich auf den Schutzbereich berufen zu können, sondern als Voraussetzung für die Fähigkeit, selbst oder durch einen selbst gewählten Vertreter eine Verfassungsbeschwerde einlegen zu können. S. dazu Art. 93 Rn. 73. Dass ein Minderjähriger in der Ausübung seiner Grundrechte nicht nur durch staatliche Maßnahmen, sondern auch durch die Ausübung des ebenfalls grundrechtlich geschützten elterlichen Erziehungsrechts (Art. 6 II 1) eingeschränkt sein kann, ändert nichts daran, dass er Träger eigener Grundrechte ist (zum Ganzen PSKP, Grundrechte, Rn. 137 ff.). **76**

Grundrechte sind, soweit es um den Schutz natürlicher Personen geht, Rechte lebender Menschen. Jedoch nimmt das BVerfG an, der Staat müsse auf Grund seiner Schutzpflicht aus dem Recht auf Leben (Art. 2 II) auch den Nasciturus schützen, also den noch ungeborenen Menschen im Mutterleib. Weil die Schutzpflicht aber zu den **77** objektiven Grundrechtsfunktionen zählt (o. Rn. 37), ist damit die Frage nach der Grundrechtsträgerschaft des Nasciturus nicht beantwortet. Das BVerfG hat sie ausdrücklich offen gelassen (BVerfGE 39, 1 [41f.]). Richtigerweise wird man sie mit der h.M. bejahen müssen (etwa Jarass, in: JP, Art. 19 Rn. 10).

78 Zudem erkennt das BVerfG einen über den Tod hinaus reichenden, also postmortalen Schutz durch die Menschenwürde an. S. dazu Art. 1 Rn. 20.

b) Sachlich

79 *aa) Gegenstand.* Der Gegenstand des sachlichen Schutzbereiches fragt danach, welche Tätigkeiten und Verhaltensweisen durch das Grundrecht geschützt werden und welche nicht.

Art. 8 I schützt nur friedliche und waffenlose Versammlungen. Ansammlungen genießen den Schutz des Grundrechts ebenso wenig wie unfriedliche und bewaffnete Versammlungen (näher zu diesen Begriffen Art. 8 Rn. 13, 18f., 20). – Keine Frage des Schutzbereichs ist es hingegen, ob die Versammlung unter freiem Himmel stattfindet: Art. 8 II, der dieses Merkmal enthält, ist eine – auf Versammlungen in geschlossenen Räumen nicht anwendbare – Grundrechtsschranke; die Vorschrift wird erst bei der Frage nach der Eingriffsrechtfertigung (u. Rn. 101ff.) relevant.

80 Der Umfang des sachlichen Schutzbereiches ist durch Auslegung des GG zu ermitteln.

Art. 5 III schützt (neben der Wissenschaft) die Kunst. Ungeachtet aller Schwierigkeiten, die eine derartige Unterscheidung mit sich bringt, setzt die Anwendbarkeit der Vorschrift daher die Abgrenzung zwischen Kunst und Nicht-Kunst voraus.

81 Richtiger Auffassung nach schützen die Freiheitsgrundrechte die erfassten Tätigkeiten nicht nur positiv. Sie beinhalten vielmehr auch einen negativen Schutzbereich, der die Entscheidung schützt, die jeweilige Tätigkeit gerade nicht vorzunehmen.

Art. 8 I schützt positiv die Freiheit, sich zu versammeln. Negativ schützt er die Freiheit, dies gerade nicht zu tun. Die staatliche Anordnung, an einer Versammlung teilzunehmen, wäre also ein Eingriff in den Schutzbereich der Versammlungsfreiheit.

82 *bb) Gewährleistungen.* Das Grundrecht kann in seiner Abwehrdimension zum Tragen kommen und seinen Gegenstand vor staatlichen Beeinträchtigungen schützen. Es kann aber auch – namentlich über eine Schutzpflicht – einen Anspruch auf staatliches Handeln begründen. Zu diesen unterschiedlichen Wirkungsweisen der Grundrechte näher o.Rn. 26ff.

83 *cc) Konkurrenzen. (1) Der Begriff der Grundrechtskonkurrenz.* Das Verhalten eines Bürgers muss nicht zwingend nur vom Schutzbereich eines Grundrechts erfasst werden. Es sind vielmehr auch Konstellationen vorstellbar, in denen eine Tätigkeit oder Verhaltensweise eines Grundrechtsträgers in den Schutzbereich mehrerer Grundrechte fällt. Diese Situation wird als Grundrechtskonkurrenz bezeichnet (Sachs, Verfassungsrecht II, A 11 Rn. 1).

Eine religiöse Prozession fällt bei jeweils isolierter Betrachtung in den Schutzbereich der Religionsfreiheit (Art. 4 I, II), der Versammlungsfreiheit (Art. 8 I), u.U. auch der Meinungsfreiheit (Art. 5 I 1 Hs. 1) und der allgemeinen Handlungsfreiheit (Art. 2 I).

84 Der Begriff erklärt sich daraus, dass bei der Rechtsanwendung das Konkurrenzverhältnis zwischen den Grundrechten geklärt werden muss. Es geht also um die Frage, ob alle Grundrechte anwendbar sind oder ob einzelne von ihnen zurücktreten.

85 Im obigen Beispiel lautet die Frage konkret: An welchem der genannten Grundrechte wäre das Verbot der Prozession zu messen? – Dasselbe Problem ist aus dem Strafrecht bekannt. Wenn jemand einen anderen Menschen erschießt, erfüllt sein Verhalten nicht nur den Tatbestand des Totschlags (§ 212 StGB) oder sogar des Mordes (§ 211 StGB), sondern zugleich auch den der Kör-

perverletzung (§ 223 StGB). Gleichwohl wird er später nur wegen eines Tötungsdelikts verurteilt. Die Körperverletzung tritt im Wege der Konkurrenz zurück.

Die Grundrechtskonkurrenz ist von der Grundrechtskollision zu unterscheiden. **86**
Während es bei der Konkurrenz darum geht, ob sich ein Bürger für ein Verhalten auf mehrere Grundrechte berufen kann, bezeichnet eine Kollision bei weitem Verständnis des Begriffs das Phänomen, dass sich mehrere Grundrechtsträger für ihre jeweiligen Verhaltensweisen, die miteinander unvereinbar sind, jeweils auf Grundrechte berufen können (Jarass, in: JP, Vorb. vor Art. 1 Rn. 48).

Bürger A möchte morgens schlafen; wenn er zu früh geweckt wird, fürchtet er um seine (durch Art. 2 II geschützte) körperliche Unversehrtheit. Sein Nachbar N hingegen möchte morgens um 5 Uhr aus religiösen Gründen Glocken läuten, von einem Turm herab rufen o. Ä., um so seine Glaubensfreiheit aus Art. 4 I zu betätigen. – Denkbar ist auch der Fall, dass sich beide Grundrechtsträger auf dasselbe Grundrecht berufen: A und B möchten beide zur gleichen Zeit auf dem Pariser Platz in Berlin eine Versammlung veranstalten. Jeder von ihnen beruft sich auf Art. 8 I. Aus Platzgründen kann aber nur eine der beiden Veranstaltungen stattfinden.

Zur Lösung derartiger Kollisionen ist der Gesetzgeber aufgerufen, dem es obliegt, **87**
„praktische Konkordanz“ zwischen den betroffenen Positionen herzustellen, also einen schonenden Ausgleich, durch den beide Positionen in möglichst weitem Umfang zur Geltung kommen. Zur Rechtfertigung von Eingriffen in vorbehaltlos gewährleistete Grundrechte auf Grund kollidierenden Verfassungsrechts, zu dem auch Grundrechte Dritter zählen, s. u. Rn. 111.

(2) Die Behandlung von Grundrechtskonkurrenzen. Konkurrenzsituationen zwischen **88**
Grundrechten lassen sich auf zwei Arten lösen: Im Verhältnis „unechter Konkurrenz“ (= Gesetzeskonkurrenz) stehen zwei Grundrechte, wenn das eine das andere verdrängt (Jarass, in: JP, Vorb. vor Art. 1 Rn. 18). Bei „echter Konkurrenz“ (= Idealkonkurrenz) sind hingegen beide Grundrechte nebeneinander anwendbar.

Wenn der Staat dem berufsmäßig tätigen Wissenschaftler die Durchführung eines Experiments verbietet, stellt sich die Frage nach dem Konkurrenzverhältnis der Wissenschaftsfreiheit (Art. 5 III) zur Berufsfreiheit (Art. 12 I): Sollte eines der Grundrechte das andere verdrängen (Gesetzeskonkurrenz), müsste das Verbot nur dem verdrängenden Grundrecht genügen; auf die Vereinbarkeit mit dem verdrängten Grundrecht käme es nicht an. Sollten hingegen beide Grundrechte parallel anwendbar sein (Idealkonkurrenz), wäre das Verbot nur rechtmäßig, wenn es weder gegen Art. 5 III noch gegen Art. 12 I verstoßen sollte – was beides zu untersuchen wäre.

Idealkonkurrenz ist zwischen zwei tatbestandlich einschlägigen Grundrechten der **89**
Normalfall (Sachs, in: Sachs, Vor Art. 1 Rn. 136). Die jeweilige staatliche Maßnahme ist dann auf ihre Vereinbarkeit mit jedem der beiden Grundrechte zu prüfen.

Das BVerfG geht gelegentlich anders vor: Es kombiniert einzelne Freiheitsrechte miteinander und **90**
überprüft staatliche Maßnahmen nur noch auf die Vereinbarkeit mit einem der Grundrechte, dessen Schutzwirkungen jedoch durch ein anderes Grundrecht verstärkt werden sollen. Jedenfalls für Prüfungsarbeiten ist diese Vorgehensweise nicht ratsam (so auch zutreffend PSKP, Grundrechte, Rn. 221; a. A. Epping, Grundrechte, Rn. 268; Michael/Morlok, Grundrechte, Rn. 58). Vielmehr sollten alle relevanten Grundrechte separat geprüft werden. Im Fall des muslimischen Metzgers, der eine Ausnahmegenehmigung zum Schächten von Tieren haben wollte, die ihm versagt worden war (s. dazu auch Art. 4 Rn. 14), bedeutet das: Anders als nach der Konzeption des BVerfG, das die Versagung am Maßstab von Art. 2 I geprüft hat, dessen Schutz es durch Art. 4 I, II als verstärkt ansah (BVerfGE 104, 337 [346]), wäre die Maßnahme sowohl am Maßstab von Art. 4 I, II als auch am Maßstab von Art. 2 I zu überprüfen gewesen. (Art. 2 I tritt in diesem Fall nicht hinter Art. 4 I, II zurück, weil das Grundrecht die Berufsfreiheit des türkischen Metzgers schützt, der sich nicht auf Art. 12 I berufen kann, s. o. Rn. 67 ff.)

Die Verdrängung eines der Grundrechte stellt einen gesondert begründungsbedürf- **91**
tigen Ausnahmefall dar (näher hierzu sowie zur Terminologie Stern, Staatsrecht III/2, § 92). Praktisch bedeutsam wird die Frage vor allem bei Grundrechten, die unterschiedlich weit eingeschränkt werden können.

Wenn das Verbot der Ausstellung des Künstlers, der damit seinem Beruf nachgeht, nur an Art. 12 I zu messen ist, kann es ggf. auf den Regelungsvorbehalt des Art. 12 I 2 gestützt werden. Kommt hingegen die vorbehaltlos gewährleistete Kunstfreiheit zur Anwendung, muss sich der Staat zur Rechtfertigung auf kollidierendes Verfassungsrecht stützen. Näher dazu u. Rn. 109 ff.

92 Unbestritten ist die Verdrängung eines Grundrechts durch ein anderes nur im Verhältnis zwischen den speziellen Freiheitsrechten einerseits und der allgemeinen Handlungsfreiheit andererseits: Wenn ein Verhalten bereits in den Schutzbereich eines speziellen Freiheitsrechts fällt, ist Art. 2 I „thematisch verbraucht". Insofern kommt der subsidiäre Charakter dieses Grundrechts zum Tragen (Hufen, Staatsrecht II, § 14 Rn. 16). Wenn im Übrigen im Rahmen der Konkurrenzen davon die Rede ist, ein Grundrecht trete hinter ein anderes zurück, so ist damit häufig nur gemeint, dass es auf das zurücktretende Grundrecht im praktischen Ergebnis nicht ankommt. Eine echte Gesetzeskonkurrenz hingegen liegt in diesen Fällen häufig nicht vor, weil es keine zwingenden Gründe gibt, das vermeintlich zurücktretende Grundrecht nicht anzuwenden.

2. Der Eingriff in den Schutzbereich

a) Die Reichweite des Begriffs

93 Ein Eingriff in den Schutzbereich eines Grundrechts liegt vor, wenn dem einzelnen ein Verhalten, das vom Schutzbereich des Grundrechts umfasst ist, durch den Staat unmöglich gemacht oder wesentlich erschwert wird (PSKP, Grundrechte, Rn. 253).

Terminologisch ist hier freilich vieles umstritten. Wenn man sich – was auch möglich ist – auf den Standpunkt stellt, neben Eingriffen gebe es noch andere staatliche Beeinträchtigungen grundrechtlich geschützter Rechtsgüter, die die grundrechtliche Rechtfertigungspflicht auslösten, muss man den Eingriff enger definieren. Es bietet sich dann namentlich die „klassische" Eingriffsdefinition an (dazu PSKP, Grundrechte, Rn. 252). Danach ist ein Eingriff „ein rechtsförmiger Vorgang ..., der unmittelbar und gezielt (final) durch ein vom Staat verfügtes, erforderlichenfalls zwangsweise durchzusetzendes Ge- oder Verbot, also imperativ, zu einer Verkürzung grundrechtlicher Freiheiten führt" (BVerfGE 105, 279 [300], wo das BVerfG den Eingriff nur als eine von mehreren Formen der Beeinträchtigung versteht).

94 Das hier vertretene weite Verständnis hat insbesondere zur Folge, dass es auch unbeabsichtigte und mittelbare Eingriffe geben kann. Zu verlangen ist freilich in jedem Fall, dass die belastende Wirkung dem Staat zurechenbar ist (zur Frage der Zurechenbarkeit von Beeinträchtigungen durch Dritte Sachs, in: Sachs, Vor Art. 1 Rn. 89 ff.).

95 Ein Eingriff kann insbesondere auch in staatlichen Warnungen liegen. Wenn der Staat mit der ihm eigenen Autorität vor bestimmten Produkten oder gesellschaftlichen Gruppen warnt, wird das in seiner Wirkung einem Verkaufs- oder Betätigungsverbot regelmäßig nahekommen. Soweit die Rechtsprechung des BVerfG die Eingriffsqualität derartiger Maßnahmen verneint (BVerfGE 105, 252 [265 ff.]), vermag sie nicht zu überzeugen (Bethge, Jura 2003, 327 [333]; von Coelln, JA 2003, 116 [118]).

In der zitierten Entscheidung geht es um die Warnung vor Wein, der das Frostschutzmittel Diethylenglykol enthielt. In der Veröffentlichung einer Liste u. a. mit Namen der betroffenen Abfüller sah das BVerfG keinen Grundrechtseingriff. Dagegen geht es in der Entscheidung zur Warnung vor Jugendsekten („Osho") vom gleichen Tag von der Eingriffsqualität der Warnung aus (BVerfGE 105, 279 [292 ff.]). – Zur aktuellen Diskussion um staatliche Informationen über die Sauberkeit in Gaststätten durch „Ekellisten", „Smiley-Listen" o. ä. s. Becker/Blackstein, NJW 2011, 490–494; Martini/Kühl, Jura 2014, 1221 (1229 ff.). Für die Unzulässigkeit eines „Gastro-Kontrollbarometers" VG Düsseldorf LMuR 2015, 72.

96 Welche staatlichen Maßnahmen Eingriffsqualität haben können, hängt im Übrigen von der jeweils betrachteten Schutzrichtung eines Grundrechts ab (o. Rn. 26 ff.). In das Abwehrrecht greift der Staat durch belastende Maßnahmen ein, in das aus der

Schutzpflicht resultierende Recht auf Schutzgewährung durch die Unterlassung von Schutz gegenüber Dritten.

b) Kein Eingriff bei Ausgestaltungen und Konkretisierungen des Schutzbereichs

Kein Eingriff liegt hingegen bei einer bloßen Ausgestaltung oder Konkretisierung des Schutzbereichs vor. Dieser Befund beruht auf der Überlegung, dass es zwar bestimmte grundrechtliche Freiheiten gibt, zu deren Inanspruchnahme der Einzelne kraft seines Menschseins in der Lage ist, dass dies aber nicht bei allen Grundrechten der Fall ist. Es gibt auch Grundrechte, zu deren Inanspruchnahme der Inhaber auf staatliche Vorkehrungen angewiesen ist. **97**

Ein Beispiel für eine gewissermaßen urwüchsige Freiheit, zu deren Gebrauch es keiner Vorkehrungen des Staates bedarf, ist die Meinungsfreiheit. Dagegen muss der Staat festlegen, welches „Haben" einer Sache Eigentum gem. Art. 14 I begründet. Ein weiteres Beispiel ist die Rundfunkfreiheit. Ihre zumindest vom BVerfG bejahte Ausgestaltungsbedürftigkeit hat zur Folge, dass etliche Vorschriften des Rundfunkrechts keine Eingriffe darstellen sollen. S. näher Art. 5 Rn. 60.

Schwierigkeiten bereitet in diesen Fällen die Grenzziehung zwischen der Ausgestaltung des Schutzbereichs einerseits und dem Eingriff in den Schutzbereich andererseits (dazu näher PSKP, Grundrechte, Rn. 229ff.). **98**

c) Kein Eingriff bei wirksamem Grundrechtsverzicht

An einem Eingriff fehlt es auch im Fall eines wirksamen Grundrechtsverzichts. Dabei ist freilich zu beachten, dass der bloße Nichtgebrauch eines Grundrechts keinen Verzicht darstellt, sondern negativen Freiheitsgebrauch. **99**

Zum Grundrechtsschutz der Entscheidung, sich nicht zu versammeln, o. Rn. 81.

Ein Verzicht hingegen setzt voraus, dass rechtlich bindend auf grundrechtlich geschützte Betätigungsmöglichkeiten verzichtet wird (Jarass, in: JP, Vorb. vor Art. 1 Rn. 36). Das ist nicht in allen Fällen möglich: Art. 9 III 2 lässt erkennbar keinen Verzicht zu, Art. 16 I hingegen schon (Beispiele nach PSKP, Grundrechte, Rn. 149). Im Übrigen lässt sich die Frage, ob ein Verzicht möglich ist, nur im Einzelfall beantworten. Dabei gilt tendenziell: Je stärker der subjektive Charakter des Grundrechts im Vordergrund steht, desto eher ist ein Verzicht möglich (PSKP, Grundrechte, Rn. 152). Sicher sagen lässt sich auch, dass nur ein Verzicht wirksam sein kann, der auf dem freien Willen des Betroffenen beruht. **100**

3. Die Rechtfertigung des Eingriffs

Mit dem Befund, dass eine dem Staat zurechenbare Maßnahme in den Schutzbereich eines Grundrechts eingreift, ist über ihre Rechtmäßigkeit oder Rechtswidrigkeit noch nichts gesagt. Eine Grundrechtsverletzung stellt nur der nicht gerechtfertigte Eingriff dar. **101**

Damit der Eingriff gerechtfertigt ist, müssen zwei Voraussetzungen erfüllt sein: Zunächst muss der Eingriff auf eine vom GG vorgesehene Beschränkungsmöglichkeit, eine sog. Grundrechtsschranke, gestützt werden können. Damit aber nicht genug: Von den Schranken darf nicht in beliebigem Umfang Gebrauch gemacht werden. Vielmehr sind diejenigen Grenzen zu beachten, die die Verfassung für die Ausnutzung der Beschränkungsmöglichkeiten vorsieht. Diese Grenzen werden meist – sprachlich gewöhnungsbedürftig, aber plastisch – als Schranken-Schranken (oder auch: Eingriffskautelen) bezeichnet. **102**

Die Grundrechtsschranke aus Art. 8 II würde es ihrem Wortlaut nach zulassen, alle Versammlungen von Deutschen unter freiem Himmel im gesamten Bundesgebiet durch Gesetz für ein Jahr zu verbieten. Eine derartige Regelung aber ginge zu weit. Sie wäre (unabhängig vom konkret verfolgten Zweck) unverhältnismäßig und daher unzulässig.

103 Als Einstieg in die Prüfung der Rechtfertigung eines Grundrechtseingriffs bietet sich daher die Formulierung „Der Eingriff ist gerechtfertigt, wenn er von den Schranken des Grundrechts unter Berücksichtigung der Schranken-Schranken gedeckt ist.“ an (s. u. Rn. 131).

a) Die Schranken der Grundrechte

104 Die Grundrechte des GG weisen unterschiedliche Schranken auf. Zum Teil ergeben sich die Schranken ausdrücklich aus dem Wortlaut des GG, zum Teil müssen sie aus seinem Gesamtinhalt erschlossen werden. Im ersten Fall spricht man von Gesetzesvorbehalten, im zweiten Fall von verfassungsimmanenten Schranken.

105 *aa) Gesetzesvorbehalte.* Gesetzesvorbehalte sind Regelungen im GG, die die Einschränkung eines Grundrechts durch ein Gesetz oder auf Grund eines Gesetzes vorsehen. Sofern sie ein Gesetz genügen lassen, spricht man von einfachen Gesetzesvorbehalten. Wenn sie die Einschränkung hingegen nur unter der Bedingung zulassen, dass das Gesetz bestimmte Kriterien erfüllt, werden sie qualifizierte Gesetzesvorbehalte genannt (Hufen, Staatsrecht II, § 9 Rn. 9 f.).

Besonders deutliche Beispiele finden sich in Art. 2 II 2 sowie in Art. 11 II: Im ersten Fall handelt es sich um einen einfachen Gesetzesvorbehalt für die Grundrechte auf Leben und körperliche Unversehrtheit aus Art. 2 II 1, weil lediglich ein Gesetz verlangt wird. Im zweiten Fall handelt es sich um einen qualifizierten Gesetzesvorbehalt, weil die Einschränkung durch Gesetz bzw. auf Grund eines Gesetzes nur in den näher bezeichneten Fällen (keine ausreichende Lebensgrundlage etc.) zulässig ist.

106 Der Unterschied zwischen einem Eingriff durch Gesetz und einem Eingriff auf Grund eines Gesetzes liegt darin, dass im ersten Fall der Gesetzgeber selbst den Eingriff vornimmt, im zweiten Fall – wenn auch auf gesetzlicher Grundlage – die Verwaltung oder die Rechtsprechung. Zu den Konsequenzen für den Prüfungsaufbau s. u. Rn. 129 f., 132.

Das Verbot von Versammlungen in der „Bannmeile“ um den BT ergibt sich aus § 16 VersammlG i. V. m. dem Gesetz über befriedete Bezirke für Verfassungsorgane des Bundes (BefBezG); in den Kategorien des Art. 8 II handelt es sich um einen Eingriff durch Gesetz. Wenn hingegen die zuständige Behörde eine Versammlung im Einzelfall wegen einer unmittelbaren Gefährdung der öffentlichen Sicherheit durch einen Verwaltungsakt verbietet, der seine Rechtsgrundlage in § 15 II VersammlG findet, handelt es sich in den Kategorien des Art. 8 II um einen Eingriff auf Grund eines Gesetzes.

107 Bei dem Gesetz, durch das oder auf Grund dessen in das Grundrecht eingegriffen werden darf, muss es sich (letztlich) um ein Gesetz im formellen Sinne handeln, also um ein vom Parlament im Gesetzgebungsverfahren beschlossenes Gesetz (zur Frage der Gesetzgebungskompetenz u. Rn. 118). Wenn Grundrechtseingriffe – was prinzipiell möglich ist – durch eine untergesetzliche Rechtsnorm (Satzung, Verordnung) vorgenommen werden, handelt es nach diesem Verständnis in der terminologischen Gegenüberstellung „durch Gesetz – auf Grund eines Gesetzes“ um einen Eingriff auf Grund eines Gesetzes.

Dieses Begriffsverständnis ist freilich nicht zwingend. Es erscheint ebenfalls vertretbar, einen Eingriff durch eine untergesetzliche Rechtsnorm als Eingriff durch Gesetz zu verstehen, sofern man für den Begriff des Gesetzes ein Gesetz im nur materiellen Sinne genügen lässt. Am praktischen Ergebnis ändert sich dadurch nichts: Die Satzung oder Verordnung bedarf bei ihrem Erlass in jedem Fall einer formell-gesetzlichen Grundlage. Für die Frage, welche Details formell-gesetzlich geregelt sein müssen und welche Details der Festlegung durch den Satzungs- bzw. Verordnungsgeber überlassen werden dürfen, ist der Parlamentsvorbehalt (Rn. 122) zu beachten.

Der Sache nach um einen einfachen Gesetzesvorbehalt (PSKP, Grundrechte, Rn. 914; str.) handelt es sich auch bei Art. 12 I 2, auch wenn dort von „geregelt" statt von „eingeschränkt" die Rede ist. Die Möglichkeit der Begrenzung der Grundrechte des Art. 5 I durch die allgemeinen Gesetze, die gesetzlichen Bestimmungen zum Schutze der Jugend sowie das Recht der persönlichen Ehre nach Art. 5 II lässt sich der Sache nach als qualifizierter Gesetzesvorbehalt verstehen, weil die Gesetze zusätzliche Bedingungen erfüllen müssen (näher Art. 5 Rn. 67 ff.). Zu den Gesetzesvorbehalten lässt sich schließlich die sog. Schrankentrias des Art. 2 I (Rechte anderer, verfassungsmäßige Ordnung, Sittengesetz) zählen (dazu Art. 2 Rn. 60 ff.). **108**

bb) Verfassungsimmanente Schranken. Andere Grundrechte sind ohne ausdrückliche Einschränkungsvorbehalte gewährleistet. Sie werden vorbehaltlose Grundrechte genannt. **109**

Ein Beispiel ist die Kunstfreiheit des Art. 5 III. Die Schranken des Art. 5 II greifen hier nicht ein (Art. 5 Rn. 116); eigene Vorbehalte enthält Art. 5 III nicht.

Es besteht jedoch zumindest im sachlichen Ergebnis (s. freilich noch u. Rn. 113 f.) Einigkeit darüber, dass es zwar vorbehaltlos gewährleistete Grundrechte, jedoch keine schrankenlos gewährleisteten Grundrechte geben kann.

Andernfalls dürfte der Theaterregisseur, der die Pistole des Schauspielers ohne dessen Wissen mit scharfer Munition statt mit einer Platzpatrone geladen hat, damit der im Theaterstück zu erschießende andere Schauspieler den Todeskampf möglichst realistisch spielt, nicht bestraft werden: Die Pönalisierung eines von der Kunstfreiheit erfassten Verhaltens ist ein Eingriff in den Schutzbereich des Grundrechts, der ohne Schranken nicht zu rechtfertigen wäre.

Begründen lässt sich das mit der Überlegung, dass kein Grundrecht isoliert betrachtet werden darf. Das gilt auch für die vorbehaltlos gewährleisteten Grundrechte. Sie müssen als Teil des GG insgesamt verstanden und ausgelegt werden, das außer dem jeweiligen (vorbehaltlosen) Grundrecht die Grundrechte Dritter sowie andere Rechtsgüter schützt, denen gegenüber das vorbehaltlos gewährleistete Grundrecht zumindest nicht automatisch Vorrang genießt und auf die daher Einschränkungen des Grundrechts gestützt werden können. **110**

Im vorgenannten Beispiel berechtigt das Recht auf Leben des anderen Schauspielers (Art. 2 II 1) dazu, das Verhalten des Regisseurs unter Strafe zu stellen (§§ 212, 25 I Var. 2 StGB). – Die Funktionsfähigkeit der Bundeswehr kann es trotz des damit verbundenen Eingriffs in die Kunstfreiheit rechtfertigen, eine auf das Thema „Krieg und Frieden" bezogene Theateraufführung zu untersagen, die während des Manöverbetriebs auf einem Truppenübungsplatz stattfinden soll.

Grundrechte Dritter und sonstige Rechtsgüter von Verfassungsrang sind daher als Schranken der vorbehaltlos gewährleisteten Grundrechte anerkannt. Zusammenfassend wird von „kollidierendem Verfassungsrecht" gesprochen (zum Begriff der Grundrechtskollision bereits o. Rn. 86). Da diese Schranken in der Verfassung selbst enthalten sind und ihr durch Auslegung entnommen werden müssen, werden sie als verfassungsimmanente Schranken bezeichnet (Hufen, Staatsrecht II, § 9 Rn. 30). Bei ihrer Bestimmung ist zu beachten, dass nicht jeder Begriff, der in der Verfassung – speziell in den Kompetenzkatalogen (PSKP, Grundrechte, Rn. 345) – vorkommt, ein Rechtsgut von Verfassungsrang ist. Jenseits der grundrechtlich geschützten Güter ist vielmehr zu begründen, warum das GG einem bestimmten Gut Verfassungsrang zuerkennt. **111**

Umstritten ist die Frage, ob diese verfassungsimmanenten Schranken nur bei den vorbehaltlos gewährleisteten Grundrechten herangezogen werden dürfen oder auch bei Grundrechten, die das GG unter Gesetzesvorbehalt stellt. Systematisch spricht viel dafür, dass der Verfassungsgeber die Einschränkungsmöglichkeit durch die vorhandenen Gesetzesvorbehalte abschließend regeln wollte (PSKP, Grundrechte, Rn. 342). Für die Gegenauffassung lässt sich ein Erst-recht-Schluss anführen: Wenn schon vorbehaltlos gewährleistete Grundrechte auf Grund verfassungsimmanenter Schranken einschränk- **112** bar seien, müsse das erst recht für Grundrechte unter Gesetzesvorbehalt gelten (dafür Jarass, in: JP, Vorb. vor Art. 1 Rn. 50).

113 Veranlasst ist schließlich noch der Hinweis, dass die Berücksichtigung der kollidierenden Grundrechte Dritter erst auf der Schrankenebene nach der h. M., wie sie zuvor dargestellt wurde, nicht zwingend ist. Vorstellbar wäre auch, sie bereits auf der Schutzbereichsebene heranzuziehen.

114 Verdeutlichen lässt sich das an einem Beispiel: Wenn der „Sprayer" eine Wand besprüht, die einem anderen gehört, macht er sich – je nach Lage des Falles – u. U. wegen Sachbeschädigung strafbar. Geht man davon aus, dass seine Werke Kunst i. S. v. Art. 5 III darstellen, ist die Bestrafung nach der zuvor dargestellten Konzeption ein Eingriff in das vorbehaltlos gewährleistete Grundrecht aus Art. 5 III, zu dessen Rechtfertigung das (kollidierende) Grundrecht des Wandeigentümers aus Art. 14 I herangezogen wird. Weil der Tatbestand, also der Schutzbereich, des Grundrechts dabei weit gezogen wird und den Übergriff in Rechtsgüter erfasst, die von Grundrechten Dritter geschützt sind, wird dies auch als „weite Tatbestandslösung" bezeichnet. Dagegen würde die „enge Tatbestandslösung" im vorgenannten Beispiel bereits die Eröffnung des Schutzbereichs der Kunstfreiheit mit der Begründung verneinen, das Grundrecht erstrecke sich von vornherein nicht auf die eigenmächtige Inanspruchnahme fremden Eigentums. Einer Abwägung, wie sie nach der h. M. im Rahmen der Erforderlichkeitsprüfung durchzuführen ist, bedürfte es dann nicht mehr. Dem engen Verständnis des Tatbestands neigt im zugrundeliegenden Beispielsfall („Sprayer von Zürich") auch das BVerfG zu (BVerfG NJW 1984, 1293 [1294]), wobei jedoch sicherheitshalber noch eine Abwägung vorgenommen wird.

115 *cc) Die Bearbeitung des Punktes „Schranken" in Prüfungsarbeiten.* In Klausuren und Hausarbeiten ist beim Punkt „Schranken" zu prüfen, ob das eingreifende bzw. zum Eingriff ermächtigende Gesetz den vorstehend erörterten Anforderungen genügt: Bei einfachen Gesetzesvorbehalten genügt die Feststellung, dass es sich, wie von der Schranke des Grundrechts gefordert, um ein formelles Gesetz handelt. Bei qualifizierten Gesetzesvorbehalten ist zu erörtern, ob die besonderen Voraussetzungen der jeweiligen Schranke erfüllt sind. Im Falle von verfassungsimmanenten Schranken schließlich muss geklärt werden, ob die eingreifende Regelung dem Schutz bzw. der Förderung des kollidierenden Verfassungsguts dient.

b) Schranken-Schranken

116 Dass die jeweilige Einschränkung auf eine Schranke gestützt werden kann, reicht für ihre Verfassungsmäßigkeit allein noch nicht aus. Sie muss vielmehr zusätzlich die Schranken-Schranken des Grundrechts beachten (o. Rn. 102).

117 *aa) Die formelle Verfassungsmäßigkeit des einschränkenden Gesetzes.* Dazu ist zunächst erforderlich, dass das Gesetz, das den Eingriff vornimmt bzw. das diesen ermöglicht, formell verfassungsgemäß ist. Entwickelt wurde diese Konzeption vom BVerfG in einer Entscheidung zur allgemeinen Handlungsfreiheit nach Art. 2 I (BVerfGE 6, 32 ff.). Da der Name des Beschwerdeführers Elfes war, wird sie in aller Regel nach wie vor als „Elfes-Konstruktion" bezeichnet. Sie wird heute nicht nur auf die allgemeine Handlungsfreiheit, sondern auf alle Freiheitsgrundrechte angewandt.

Konkret ging es in der Entscheidung darum, ob Bestimmungen, die dem Beschwerdeführer die Ausreise unmöglich machten, Bestandteil der „verfassungsmäßigen Ordnung" waren, also auf eine Schranke des Art. 2 I gestützt werden konnten. Das BVerfG entschied dazu, zur verfassungsmäßigen Ordnung gehörten alle formell und materiell mit der Verfassung in Einklang stehenden Bestimmungen (BVerfGE 6, 32 [40 f.]).

118 Konkret ist also zu prüfen, ob das Gesetz kompetenzgemäß erlassen wurde, ob also die Regeln der Zuständigkeitsverteilung nach Art. 30, 70 ff. beachtet wurden, und ob das Gesetzgebungsverfahren (Art. 76 ff.) ordnungsgemäß durchlaufen wurde.

Diese Punkte sollten in Prüfungsarbeiten stets angesprochen werden.

Das Bemerkenswerte an dieser Konzeption ist, dass die Kompetenz- und Verfahrensregeln des GG, die nur zum objektiven Recht gehören und aus denen sich keine subjektiven Rechte des Bürgers ergeben (zu dieser Unterscheidung o. Rn. 27 ff.), im Falle von grundrechtseingreifenden Gesetzen versubjektiviert werden: Der Bürger, in dessen Grundrechte eine derartige Regelung eingreift, erhält im praktischen Ergebnis ein subjektiv-öffentliches Recht auf Einhaltung der grundgesetzlichen Kompetenz- und Verfahrensordnung. **119**

bb) Das Verbot des Einzelfallgesetzes, Art. 19 I 1. Das Gesetz darf kein nach Art. 19 I 1 unzulässiges Einzelfallgesetz sein. S. dazu Art. 19 Rn. 7 ff. **120**

cc) Zitiergebot, Art. 19 I 2. Das Gesetz muss das Zitiergebot des Art. 19 I 2 beachten, sofern dieses im konkreten Fall anwendbar ist. Hierzu Art. 19 Rn. 12 ff. **121**

dd) Parlamentsvorbehalt. Als weitere Schranken-Schranke ist der Parlamentsvorbehalt zu beachten. Er beruht auf dem Grundsatz vom Vorbehalt des Gesetzes, der aus dem Rechtsstaatsprinzip des Art. 20 III abgeleitet wird, und besagt, dass der formelle Gesetzgeber – also das Parlament – die für die Grundrechtsausübung wesentlichen Fragen selbst regeln muss und nicht auf die Verwaltung delegieren darf. Näher dazu Art. 20 Rn. 148 ff. **122**

Näher zu erörtern ist dieser Punkt u. a. in Fällen, in denen der Grundrechtseingriff letztlich auf einer untergesetzlichen Rechtsnorm, also einer Satzung oder Verordnung, beruht. Dann muss geklärt werden, ob die formell-gesetzliche Grundlage dem Satzungs- bzw. Verordnungsgeber zu viel Spielraum belassen hat oder ob sie die grundrechtswesentlichen Fragen selbst geregelt hat.

Zu beachten ist dieser Punkt auch und gerade, wenn es um Eingriffe in vorbehaltlos gewährleistete Grundrechte geht. Die Existenz verfassungsimmanenter Schranken (o. Rn. 109 ff.) macht eine Regelung des Grundrechtseingriffs durch ein formelles Parlamentsgesetz nicht entbehrlich. **123**

ee) Bestimmtheitsgebot. Ebenfalls aus dem Rechtsstaatsprinzip des Art. 20 III abgeleitet wird das Bestimmtheitsgebot. Gesetzliche Regelungen müssen in Tatbestand und Rechtsfolge so klar gefasst sein, dass der Normadressat sein Verhalten an den Anforderungen der Rechtsordnung ausrichten kann. Näher hierzu Art. 20 Rn. 177 ff. **124**

ff) Grundsatz der Verhältnismäßigkeit (Übermaßverbot). Die zentrale inhaltliche Grenze für Grundrechtseingriffe ist der Grundsatz der Verhältnismäßigkeit (= das Übermaßverbot). Auch dieser Grundsatz wird aus dem Rechtsstaatsprinzip abgeleitet. Er verlangt eine Abwägung zwischen dem eingesetzten Mittel – das ist hier der jeweilige Grundrechtseingriff – und dem damit verfolgten Zweck. Die staatliche Maßnahme muss einen verfassungslegitimen Zweck verfolgen und zu dessen Förderung geeignet, erforderlich und angemessen (= verhältnismäßig im engeren Sinne) sein. Dazu näher Art. 20 Rn. 153 ff., sowie Klatt/Meister, JuS 2014, 193 ff. **125**

Ebenso wie die formelle Verfassungsmäßigkeit des Gesetzes sollte die Verhältnismäßigkeit des Eingriffs stets erörtert werden.

Als Aspekt der Verhältnismäßigkeitsprüfung – konkret: der Verhältnismäßigkeit im engeren Sinne – lässt sich auch die Frage auffassen, ob bei der Auslegung des einschränkenden Gesetzes dem Grundrecht hinreichend Rechnung getragen wurde. Das eingeschränkte Grundrecht einerseits und die einschränkende Regelung andererseits stehen in einer Wechselbeziehung: Zwar wird das Grundrecht durch die Regelung eingeschränkt. Zugleich muss aber die einschränkende Regelung „im Lichte des eingeschränkten Grundrechts" ausgelegt werden, damit dieses in möglichst weitem Umfang zur Geltung kommt. **126**

Bei den Grundrechten des Art. 5 I hat dieser Gedanke unter dem Schlagwort der Wechselwirkungslehre eine begriffliche Verselbständigung erfahren (s. Art. 5 Rn. 118 ff.). Er ist aber auch auf die anderen Freiheitsgrundrechte anwendbar.

127 *gg) Wesensgehaltsgarantie, Art. 19 II.* Nach Art. 19 II darf kein Grundrecht in seinem Wesensgehalt angetastet werden. Zu den daraus resultierenden Anforderungen s. Art. 19 Rn. 28ff.

128 *hh) Ggfs. Übereinstimmung mit sonstigen verfassungsgestaltenden Grundentscheidungen.* Schließlich müssen Grundrechtseingriffe den weiteren Anforderungen genügen, die sich aus den Staatsstrukturprinzipien ergeben.

Die Bedeutung dieses Punktes ist eher gering. Mit der Erörterung der Kompetenzfrage (o. Rn. 118) und der Prüfung der diversen Aspekte des Rechtsstaatsprinzips (insbes.: Verhältnismäßigkeit) wird die inhaltliche Prüfung regelmäßig abgeschlossen sein. Insofern hat dieser Prüfungsschritt eher Auffangcharakter, um Anforderungen zu behandeln, die sich nicht unter die zuvor genannten Punkte subsumieren lassen. Ein Beispiel ist die Frage, ob ein Gesetz unzulässige Rückwirkung zur Folge hat (dazu Art. 20 Rn. 189ff.) und daher gegen das Rechtsstaatsprinzip verstößt.

III. Die Behandlung von Grundrechtseingriffen auf Grund eines Gesetzes

129 Grundrechtseingriffe müssen nicht unmittelbar durch den Gesetzgeber vorgenommen werden. Häufig schafft der Gesetzgeber lediglich die Grundlage für einen Grundrechtseingriff, der dann durch einen Richter oder eine Behörde vorgenommen wird. Das bringt das GG zum Ausdruck, wenn es vorsieht, dass ein Grundrecht „durch Gesetz oder auf Grund eines Gesetzes" eingeschränkt werden darf. S. dazu bereits o. Rn. 106.

130 Die Unterscheidung zwischen Eingriffen durch ein Gesetz und solchen auf Grund eines Gesetzes hat Konsequenzen für den Aufbau einer Grundrechtsprüfung. Wird der Eingriff unmittelbar durch den Gesetzgeber vorgenommen, geht es im Rahmen der Eingriffsrechtfertigung allein um die Verfassungsmäßigkeit des eingreifenden Gesetzes. Andernfalls ist zusätzlich der auf das Gesetz gestützte Einzelakt mit in die Überlegungen einzubeziehen (s. dazu in der folgenden Übersicht den Punkt III.2.).

IV. Zusammenfassung: Der Aufbau der Prüfung eines Freiheitsgrundrechtes

131 Fasst man die vorstehenden Erwägungen zusammen, ergibt sich der folgende Vorschlag für die Prüfung der Vereinbarkeit einer staatlichen Maßnahme mit einem Freiheitsgrundrecht:

I. Eröffnung des Schutzbereichs
  1. Persönlich
  2. Sachlich

II. Eingriff in den Schutzbereich
  (+), wenn ein vom Schutzbereich umfasstes Verhalten durch den Staat unmöglich gemacht oder wesentlich erschwert wird

III. Rechtfertigung des Eingriffs
  Obersatz: Der Eingriff ist gerechtfertigt, wenn er von den Schranken des Grundrechts unter Berücksichtigung der Schranken-Schranken gedeckt ist.
  1. Überprüfung des eingreifenden (bzw. zum Eingriff ermächtigenden) Gesetzes
    a) Schranken
      Kann das Gesetz auf die Schranken des Grundrechts (Gesetzesvorbehalt bzw. verfassungsimmanente Schranken) gestützt werden?
    b) Schranken-Schranken
      aa) Formelle Verfassungsmäßigkeit
      bb) Verbot des Einzelfallgesetzes
      cc) Zitiergebot
      dd) Parlamentsvorbehalt
      ee) Bestimmtheitsgebot
      ff) Grundsatz der Verhältnismäßigkeit
        (1) Verfassungslegitimer Zweck
        (2) Geeignetheit

(3) Erforderlichkeit
(4) Angemessenheit (= Verhältnismäßigkeit im engeren Sinne)
gg) Wesensgehaltsgarantie
hh) Übereinstimmung mit sonstigen verfassungsgestaltenden Grundentscheidungen
2. Überprüfung der Anwendung des Gesetzes im Einzelfall
a) Erfüllung der tatbestandlichen Voraussetzungen des Gesetzes
b) Verhältnismäßigkeit des Ausführungsakts
aa) Verfassungslegitimer Zweck
bb) Geeignetheit
cc) Erforderlichkeit
dd) Angemessenheit (= Verhältnismäßigkeit im engeren Sinne)

Der Prüfungspunkt III.2. (Überprüfung der Anwendung des Gesetzes im Einzelfall) **132**
ist entbehrlich, wenn der Eingriff unmittelbar durch ein Gesetz vorgenommen wird.

Der Prüfungspunkt III.2.a) (Erfüllung der tatbestandlichen Voraussetzungen des Ge- **133**
setzes) trägt dem Gedanken Rechnung, dass die gesetzlichen Eingriffsvoraussetzungen erfüllt sein müssen, damit ein Eingriff gerechtfertigt sein kann.

Wenn eine Versammlung auf der Grundlage von § 15 I VersammlG verboten wird, obwohl keine unmittelbare Gefährdung der öffentlichen Sicherheit oder Ordnung vorliegt, liegt darin eine Verletzung des Art. 8 I, obwohl § 15 I VersammlG an sich nicht zu beanstanden ist.

Zu beachten ist zudem, dass die hier vorgeschlagene Prüfungsreihenfolge rein materiell-rechtlich orientiert ist. Sofern die Verletzung von Grundrechten in einer prozessual eingekleideten Klausur im Rahmen der Prüfung der Begründetheit einer Verfassungsbeschwerde zu erörtern ist, spielt die Frage nach den tatbestandlichen Voraussetzungen wegen der Reduzierung des Prüfungsmaßstabs auf die Verletzung „spezifischen Verfassungsrechts" nur noch eine eingeschränkte Rolle. S. dazu näher Art. 93 Rn. 85.

Auf den Punkt III.2.b) (Verhältnismäßigkeit des Ausführungsaktes) kommt es nur **134**
an, wenn bei der Rechtsanwendung noch Spielräume verbleiben, insbesondere durch die Einräumung von Ermessen. Bei gebundenen Entscheidungen liegt in Fällen, in denen sich die Rechtsfolge als unverhältnismäßig darstellt, der Fehler in Wahrheit schon im Gesetz selbst.

D. Die Struktur der Gleichheitsrechte

Vollkommen anders sind die Gleichheitsrechte strukturiert. Sie beziehen sich nicht **135**
auf das „bipolare" Verhältnis zwischen dem Staat und dem einzelnen Bürger, sondern auf ein mindestens dreipoliges Verhältnis: Der Bürger, der sich dem Staat gegenüber auf ein Gleichheitsgrundrecht beruft, begründet dessen vermeintliche Verletzung mit dem Verhalten des Staates einem anderen Bürger gegenüber. Er möchte wie dieser von einer Belastung freigehalten oder mit einer Begünstigung bedacht werden.

Die Frage, die sich in diesem Zusammenhang stellt, ist nicht, ob ein bestimmtes **136**
staatliches Verhalten absolut zulässig oder unzulässig ist. Es geht vielmehr – vereinfacht ausgedrückt – um die Frage, ob es zulässig ist, obwohl sich der Staat in einem zumindest ähnlichen Fall anders verhält – oder obwohl sich der Staat in einem unterschiedlichen Fall ebenso verhält.

Darf der Staat zwei Straftäter, die praktisch identische Taten begangen haben, unterschiedlich hart bestrafen? Darf er von zwei Bürgern mit sehr unterschiedlichem Einkommen dieselbe Einkommensteuersumme verlangen? Hinter diesen Fragen verbergen sich die Schlagworte von der Ungleichbehandlung von wesentlich Gleichem bzw. der Gleichbehandlung von wesentlich Ungleichem, die Art. 3 I beide verbietet.

Als Konsequenz der allenfalls relativen Unzulässigkeit bestimmter staatlicher Maß- **137**
nahmen auf Grund von Gleichheitsgrundrechten hat der Staat regelmäßig zwei Hei-

lungsmöglichkeiten: Er kann den Bürger, der bislang gleichheitswidrig zu schlecht behandelt wird, besserstellen – oder den „Vergleichsbürger" schlechter.

138 Zu den Details, insbesondere zu den Konsequenzen für den Prüfungsaufbau, s. die Erläuterungen zu Art. 3.

E. Weiterführende Literatur/Leseempfehlungen

139 Brüning, Ch., Die gutachterliche Prüfung von Freiheitsgrundrechten, JA 2000, 728–735; Dreier, H., Subjektiv und objektiv-rechtliche Grundrechtsgehalte, Jura 1994, 505–513; Fischinger, P.S., Der Grundrechtsverzicht, JuS 2007, 808–813; Guckelberger, A., Die Drittwirkung der Grundrechte, JuS 2003, 1151–1157; Hoffmann, N./ Melech, K./Rudolphi, V., Der Einfluss der EMRK auf die grundrechtliche Fallbearbeitung, Jura 2009, 256–260; Hofmann, E., Grundrechtskombinationen in der Fallbearbeitung – Konkurrenzen, Kollisionen, Verstärkungswirkungen, Jura 2008, 667–672; Höfling, W., Die Grundrechtsbindung der Staatsgewalt, JA 1995, 431–437; Höfling, W., Grundrechtstatbestand – Grundrechtsschranken – Grundrechtsschrankenschranken, Jura 1994, 169–173; Graf von Kielmansegg, S., Die Grundrechtsprüfung, JuS 2008, 23–29; Graf von Kielmansegg, S., Grundfälle zu den allgemeinen Grundrechtslehren, JuS 2009, 19–23, 118–124, 216–221; Kingreen, T., Die Unionsgrundrechte, Jura 2014, 295–304; Martini, M./Kühl, Benjamin, Staatliches Informationshandeln, Jura 2014, 1221–1236; Michael, L., Grundfälle zur Verhältnismäßigkeit, JuS 2001, 654–659, 764–767, 866–870; Meinke, M., Verbindungen mit Grundrechten in der Rechtsprechung des BVerfG, JA 2009, 6–11; Michels, T., Die dreidimensionale Reservekompetenz des BVerfG im Europarecht – Von der Solange-Rechtsprechung zum Honeywell-Beschluss, JA 2012, 515–520; Pietrzak, A., Die Schutzpflicht im verfassungsrechtlichen Kontext – Überblick und neue Aspekte, Jura 1994, 748–753; Pischel, G., Konkurrenz und Kollision von Grundrechten, JA 2006, 357–360; Sachs, M., Die Gesetzesvorbehalte der Grundrechte des Grundgesetzes, JuS 1995, 693–697; Sachs, M., Grundrechtsbegrenzungen außerhalb von Gesetzesvorbehalten, JuS 1995, 984–989; Scheidler, A., Einführung in die allgemeine Grundrechtslehre, Jura 2012, 256–262; Voßkuhle, A., Grundwissen – Öffentliches Recht: Der Grundsatz der Verhältnismäßigkeit, JuS 2007, 429–431; Voßkuhle, A./Kaiser, A.-B., Grundwissen – Öffentliches Recht: Der Grundrechtseingriff, JuS 2009, 313–315; Voßkuhle, A./Kaiser, A.-B., Grundwissen – Öffentliches Recht: Funktionen der Grundrechte, JuS 2011, 411–413; de Wall, H./Wagner, R., Die sogenannte Drittwirkung der Grundrechte, JA 2011, 734–740; Wernsmann, R., Die Deutschengrundrechte des Grundgesetzes im Lichte des Europarechts, Jura 2000, 657–663.

I. Die Grundrechte

Art. 1 [Schutz der Menschenwürde, Menschenrechte, Grundrechtsbindung]

(1) [1]**Die Würde des Menschen ist unantastbar.** [2]**Sie zu achten und zu schützen ist Verpflichtung aller staatlichen Gewalt.**

(2) **Das Deutsche Volk bekennt sich darum zu unverletzlichen und unveräußerlichen Menschenrechten als Grundlage jeder menschlichen Gemeinschaft, des Friedens und der Gerechtigkeit in der Welt.**

(3) **Die nachfolgenden Grundrechte binden Gesetzgebung, vollziehende Gewalt und Rechtsprechung als unmittelbar geltendes Recht.**

Pflichtstoff (*****)

Übersicht

A. Überblick

I. Normstruktur

Art. 1 beginnt mit einem dreifachen Fanfarenstoß. Sein Absatz 1 stellt die Unantastbarkeit der Würde des Menschen (nicht nur) systematisch an die Spitze der Verfassung und verpflichtet alle staatliche Gewalt, sie zu schützen und zu achten. Absatz 2 enthält das Bekenntnis des Deutschen Volkes zu den unveräußerlichen und unverletzlichen Menschenrechten. Nach Absatz 3 binden die nachfolgenden Grundrechte Gesetzgebung, vollziehende Gewalt und Rechtsprechung als unmittelbar geltendes Recht. Diese Bestimmung ist aufgrund der rechtlichen Auseinandersetzungen während der Weimarer Zeit zur Bindung des Gesetzgebers an die Grundrechte entstanden. Dagegen 1 sind die Absätze 1 und 2 vor allem als Reaktion auf die nationalsozialistische Gewaltherrschaft zu verstehen. Die Regelungen des Art. 1 sind inhaltlich miteinander verknüpft. Darauf deuten nicht nur seine Entstehungsgeschichte, sondern auch seine Formulierungen hin (Abs. 2: „[...] darum [...]“; Abs. 3: „Die nachfolgenden [...]“).

2 Die Binnenstruktur der Absätze ist durch das Zusammenwirken von eher abstrakten ethisch-philosophisch durchwirkten Aussagen (Abs. 1 S. 1, Abs. 2) mit konkreten rechtlichen Verpflichtungen (Abs. 1 S. 2, Abs. 3) gekennzeichnet. Auf diese Weise wird einerseits die dirigistische Kraft der Regelungen mit metapositivem Hintergrund (= hinter dem gesetzten Recht stehende Vorstellungen, z. B. Gerechtigkeit, Menschenwürde und -rechte, vgl. Abs. 1 S. 1, Abs. 2) gestärkt. Andererseits erhalten die Rechtspflichten (Abs. 1 S. 2, Abs. 3) durch Anknüpfung an diese Aussagen ihre inhaltliche Substanz (zu dieser Wechselbezüglichkeit Höfling, in: Sachs, Art. 1 Rn. 1).

3 Die Geltungskraft der Kerngehalte des Art. 1 wird durch Art. 79 III verstärkt, der die dort niedergelegten Grundsätze gegenüber einer Grundgesetzänderung schützt (Art. 79 Rn. 12). Diese Unabänderlichkeitsgarantie beschränkt sich nicht auf die essenziellen Gewährleistungen in Bezug auf die Menschenwürde (Art. 1 I), sondern umfasst auch die Kerngehalte des Bekenntnisses zu den Menschenrechten (Art. 1 II) und zur Grundrechtsbindung der Staatsgewalt (Art. 1 III).

4 Was das Verhältnis des Art. 1 zu anderen Bestimmungen des Grundgesetzes betrifft, muss zwischen seinen einzelnen Absätzen differenziert werden. Art. 1 I bildet zusammen mit Art. 2 I die einheitliche verfassungsrechtliche Grundlage des allgemeinen Persönlichkeitsrechts (Art. 2 Rn. 66 f.). Außerdem ist das Gebot, die Menschenwürde zu achten und zu schützen (Art. 1 I 2), i. V. m. der Verweisung auf die nachfolgenden Grundrechte in Art. 1 III zu beachten, wenn deren Gewährleistungen geprüft werden. Es markiert den Kerngehalt der Menschenwürde, den alle Freiheitsgrundrechte aufweisen. Der dadurch gewährte absolute Schutz entfaltet sich auf zwei Ebenen: Zum einen darf die staatliche Gewalt, also auch der Gesetzgeber, diesen Menschenwürdekern nicht antasten. Er kann insbesondere nicht durch Abwägung mit anderen Rechtsgütern relativiert werden.

5 **Beispiel:** Staatliche Abhörmaßnahmen in der Wohnung eines mutmaßlichen Straftäters, die intime Gespräche mit seiner Partnerin erfassen, sind unzulässig. Denn sie greifen in den Kernbereich privater Lebensführung ein, den Art. 1 I im Rahmen von Art. 13 absolut schützt.

6 Zum anderen folgt aus der Bezugnahme in Art. 79 III auf Art. 1 I, dass Grundrechtsbestimmungen einer Modifizierung durch den verfassungsändernden Gesetzgeber entzogen sind, soweit sie zur Aufrechterhaltung einer der Menschenwürdegarantie des Art. 1 I entsprechenden Ordnung unverzichtbar sind (BVerfGE 109, 279 [310]).

7 Gleiches gilt für das Bekenntnis zu unverletzlichen und unveräußerlichen Menschenrechten als Grundlage jeder menschlichen Gemeinschaft, des Friedens und der Gerechtigkeit in Art. 1 II (BVerfGE 94, 49 [102 f.]). Die Anordnung der unmittelbaren Grundrechtsbindung der Staatsgewalt in Art. 1 III konkretisiert die weiter gefasste Verfassungs- und Rechtsbindung in Art. 20 III. Beide Grundaussagen sind durch Art. 79 III ebenfalls dem Zugriff des verfassungsändernden Gesetzgebers entzogen (Sachs, in: Sachs, Art. 79 Rn. 49 ff.).

8 Die Garantie der Menschenwürde in Art. 1 I ist trotz ihrer ethisch-philosophischen Aufladung nicht lediglich ein unverbindlicher programmatischer Leitsatz, sondern ein verbindlicher Rechtssatz (vgl. Hufen, StR II, § 10 Rn. 9), der ein Grundrecht gewährleistet. Das folgt aus Entstehungsgeschichte, systematischer Stellung und Zweck dieser Bestimmung. Die dagegen erhobenen Einwände aufgrund der Formulierung des Art. 1 III („Die nachfolgenden Grundrechte [...]“) und der Bedeutung der Menschenwürdegarantie des Art. 1 I als tieferer Grund der Grundrechte, die deren Auslegung steuert, aber nicht selbst den Regeln der Grundrechtsinterpretation unterliegt (Böckenförde, JZ 2003, 809 [810]), verfangen nicht. Für die Einordnung als Grund-

recht spricht insbesondere die Schutzfunktion des Art. 1 I 1, die unzureichend wäre, wenn sich der Einzelne nicht auf den dadurch vermittelten Grundrechtsschutz berufen könnte. Das wird durch Art. 1 I 2 untermauert, der auf Art. 1 I 1 Bezug nimmt und eine grundrechtliche Schutzpflicht statuiert. Art. 1 I 1 gewährt somit selbst ein Grundrecht (zum Meinungsstand Höfling, in: Sachs, Art. 1 Rn. 5ff.).

II. Prüfungsrelevanz

Die Menschenwürde gem. Art. 1 I ist aus subjektiv-rechtlicher Sicht ein Freiheitsgrundrecht und aus objektiv-rechtlicher Sicht ein tragendes Konstitutionsprinzip und oberster Verfassungswert (vgl. BVerfGE 6, 32 [36]). In der Fallbearbeitung sollte Art. 1 I gleichwohl grds. nicht vorrangig und isoliert geprüft werden. Das folgt zum einen aus seiner fundamentalen Bedeutung, auch wenn dies zunächst paradox klingen mag. Denn würde man alle menschenwürderelevanten Maßnahmen immer zuvörderst an Art. 1 I messen, bestünde die Gefahr, dass die Garantie der Menschenwürde ihren Charakter als absolute Grenze staatlichen Handelns einbüßt und zu „kleiner Münze" herabsinkt. Sie läuft dann Gefahr, als „moralische Keule" zur Abwehr oder Durchsetzung bestimmter ethisch-moralischer Ansichten missbraucht zu werden. **9**

Zum anderen und vor allem ist die Prüfung des Art. 1 I durch eine strukturimmanente Starrheit gekennzeichnet, weil jeder Eingriff in dieses Grundrecht mangels Rechtfertigungsmöglichkeit zwangsläufig eine Verletzung darstellt. Damit gibt es von vornherein nur zwei Alternativen: Entweder man lehnt schon einen Eingriff in die Menschenwürde ab. Oder man bejaht diesen und nimmt somit zwangsläufig einen Verstoß gegen die Menschenwürde an. Angesichts dieses starren Korsetts der Entscheidungsalternativen sollte auf Art. 1 I als unmittelbarer alleiniger Prüfungsmaßstab nur und erst abgestellt werden, wenn andere Grundrechte keinen ausreichenden Schutz gegen solche Beeinträchtigungen gewährleisten. **10**

Klausurhinweis: In der Fallbearbeitung sollte der streitgegenständliche Eingriff grds. nicht zuerst an Art. 1 I gemessen werden. Auf dieses Grundrecht sollte vielmehr erst zurückgegriffen werden, wenn andere Grundrechte keinen ausreichenden Schutz bieten. Dieser Fall tritt ein, wenn der Eingriff einen spezifisch menschenwürdewidrigen Inhalt ausweist. Davon unberührt bleiben die Verknüpfung des Art. 1 I mit Art. 2 I als verfassungsrechtliche Grundlage des allgemeinen Persönlichkeitsrechts (Art. 2 Rn. 66f.) und die Prüfung des Art. 1 I als Schranken-Schranke bei der Rechtfertigung eines Eingriffs in Freiheitsgrundrechte. Beispiel hierfür ist die unüberwindbare Grenze, die Art. 1 I der Ausgestaltung der Freiheitsentziehung nach Art. 2 II 2 i.V.m. Art. 104 I zieht. Danach muss der Verurteilte zumindest die Chance besitzen, die Freiheit wiederzuerlangen (BVerfGE 45, 187 [195]; 109, 133 [155]). **11**

III. Europa

Auf europäischer Ebene enthält Art. 1 EU-GRCh eine grundrechtliche Garantie der Menschenwürde, die Art. 1 I inhaltlich entspricht. Danach ist „die Würde des Menschen unantastbar. Sie ist zu schützen und zu achten." Dagegen fehlt in der EMRK eine einheitliche Garantie der Menschenwürde. Diese Konvention gewährleistet aber an verschiedenen Stellen wichtige Aspekte der Menschenwürde. Das gilt etwa für Art. 3, wonach „niemand der Folter oder unmenschlicher oder erniedrigender Behandlung oder Strafe unterworfen werden darf." Außerdem verbietet Art. 4 I EMRK, dass jemand in Sklaverei oder Leibeigenschaft gehalten wird. **12**

Hinsichtlich der Grundrechtsbindung der staatlichen Gewalt ist Art. 51 I EU-GRCh nach seiner Zielrichtung mit Art. 1 III vergleichbar. Danach gilt die EU-GRCh für die Organe und Einrichtungen der EU und für die Mitgliedstaaten, soweit sie EU-Recht durchführen. Anders als die verfassungsrechtliche Regelung differenziert **13** die EU-GRCh nicht weiter zwischen den verschiedenen Teilen der Staatsgewalt. Der EU geht es darum, dass Unionsrecht wirksam durchgesetzt wird. Dagegen können die Mitgliedstaaten nach dem Grundsatz der institutionellen Autonomie festlegen, welche nationalen Stellen Unionsrecht vollziehen.

B. Erläuterungen

I. Die Menschenwürde (Abs. 1)

1. Schutzbereich

a) Persönlich

14 Träger des Grundrechts der Menschenwürde nach Art. 1 I ist jede natürliche Person. Jeder einzelne Mensch besitzt als Person diese Würde, ohne Rücksicht auf seine Eigenschaften, seinen körperlichen oder geistigen Zustand, seine Leistungen und seinen sozialen Status (vgl. BVerfGE 87, 209 [228]). Dagegen werden Personenvereinigungen und juristische Personen nicht durch Art. 1 I geschützt, weil die Eigenschaft als Mensch, also das menschliche Leben, die vitale Basis der Menschenwürde ist (BVerfGE 115, 118 [152]). Bei Angriffen auf Personengruppen, etwa durch antisemitische Verunglimpfung, ist nicht die Gruppe als solche, sondern sind die einzelnen betroffenen Personen durch Art. 1 I geschützt (Höfling, in: Sachs, Art. 1 Rn. 66).

15 „Wo menschliches Leben existiert, kommt ihm Menschenwürde zu; es ist nicht entscheidend, ob der Träger sich dieser Würde bewußt ist und sie selbst zu wahren weiß. Die von Anfang an im menschlichen Sein angelegten potentiellen Fähigkeiten genügen, um die Menschenwürde zu begründen" (BVerfGE 39, 1 [41]). Die untrennbare Verknüpfung der Menschenwürde mit dem menschlichen Leben hat zur Folge, dass die Antwort auf die umstrittene Frage, wann menschliches Leben beginnt, auch auf den Schutz der Menschenwürde durch Art. 1 I zurückwirkt. Diese Diskussion wird zwar vor allem im Rahmen von Art. 2 II 1 geführt (Art. 2 Rn. 114ff.), hat aber auch unmittelbare Relevanz für die Eröffnung des Schutzbereichs des Art. 1 I.

16 Den Vorzug verdient die Auffassung, wonach der abwägungsresistente Schutz der Menschenwürde durch Art. 1 I mit der Nidation (Einnistung) oder Implantation (Einpflanzung) der befruchteten Eizelle in die Gebärmutter einsetzt, da zu diesem Zeitpunkt „Leben" i.S.v. Art. 2 II 1 beginnt (vgl. BVerfGE 88, 203 [251] „jedenfalls ab Nidation"; Art. 2 Rn. 114). Dagegen ist ein pränidativer absoluter Schutz der Menschenwürde ab Befruchtung der Eizelle (Kernverschmelzung) abzulehnen.

17 Allerdings entfaltet Art. 1 I für den Zeitraum zwischen Befruchtung und Nidation objektiv-rechtliche Vorwirkungen (Rn. 49). Sie vermitteln zwar keinen absoluten Schutz, lösen aber eine prinzipielle Rechtfertigungsbedürftigkeit aus, der durch Abwägung Rechnung zu tragen ist. Dieser abgeschwächte objektive Schutzmechanismus gilt etwa für genetische Eingriffe in den Embryo. Dagegen wird sein subjektiv-rechtlicher Schutz durch Art. 1 I überwiegend abgelehnt (str., vgl. Jarass, in: JP, Art. 1 Rn. 9, 21).

18 Eine ähnliche Struktur weist auf der Zeitachse das Ende des Schutzes der Menschenwürde auf. Der absolute Schutz des Art. 1 I endet mit dem Tod des Menschen. Dieser tritt nicht erst mit dem Zusammenbruch des gesamten Organismus, sondern bereits mit dem Hirntod, also dem irreversiblen Erlöschen der Gesamtfunktion des Großhirns, des Kleinhirns und des Hirnstamms, ein (str., vgl. Art. 2 Rn. 117; a.A. nunmehr Jarass, in: JP, Art. 1 Rn. 10). Der Vorwurf, dieses Verständnis „definiere" Sterbende willkürlich aus dem personalen Schutzbereich des Art. 1 I hinaus (vgl. Hillgruber, in: EH, Art. 1 Rn. 5.1), lässt neuere Erkenntnisse der medizinischen Forschung außer Betracht (vgl. Stern, StR IV/1, S. 72 m.w.N.).

Zudem überhöht diese Gegenansicht ohne sachliche Notwendigkeit und Rechtfertigung den rechtlichen Schutz durch Art. 1 I nach Eintritt des Gesamthirntodes. Darüber hinaus führt sie im Ergebnis zu einer erheblichen rechtlichen Behinderung der Transplantationsmedizin. Um es zuzuspitzen: Der Schutz der Menschenwürde kann nach ihrer Konzeption und Funktion nicht darin bestehen, den Tod eines Menschen, der auf eine lebensnotwendige Organtransplantation angewiesen ist, in Kauf zu nehmen, um des Dogmas willen, dass Art. 1 I auch nach dem Hirntod des potenziellen Organspenders absoluten Menschenwürdeschutz entfaltet, was eine Organentnahme ausschließt. **19**

Diese Konstruktion ist auch nicht erforderlich. Der Hirntod führt zwar zum Wegfall der grundrechtlichen Abwehransprüche aus Art. 1 I, da der Grundrechtsträger nicht mehr lebt. Allerdings entfaltet der objektiv-rechtliche Gehalt des Art. 1 I über diesen Zeitpunkt hinausreichende Schutzwirkungen (Rn. 49). Danach muss die staatliche Gewalt verhindern, dass der Mensch, dem Würde kraft seines Personseins zukommt, in diesem allgemeinen Achtungsanspruch nach seinem Tode herabgewürdigt oder erniedrigt wird (BVerfGE 30, 173 [194]). Dieser postmortale Persönlichkeitsschutz wird nicht aus dem allgemeinen Persönlichkeitsrecht, sondern allein aus Art. 1 I abgeleitet. Er „bewahrt den Verstorbenen insbesondere davor, herabgewürdigt oder erniedrigt zu werden. Schutz genießt aber auch der sittliche, personale und soziale Geltungswert, den die Person durch ihre eigene Lebensleistung erworben hat" (BVerfG, NJW 2014, 3786 [3788 Rn. 31]). Dieser Schutz nimmt allerdings im Laufe der Zeit ab. Dies spricht ebenfalls dafür, ihn nicht als Abwehrrecht des Verstorbenen, sondern als Schutzpflicht des Staates einzuordnen. **20**

b) Sachlich

aa) Gegenstand des Art. 1 I ist die Würde des einzelnen Menschen. Ihren Inhalt zu bestimmen, bereitet Schwierigkeiten. Denn Begriff und Bedeutung der Menschenwürde hängen eng mit dem jeweiligen philosophischen, religiösen oder ethischen Vorverständnis zusammen. Dieses schimmert auch bei den theoretischen Konzepten zur Bestimmung der Art. 1 I zugrundeliegenden Menschenwürde durch. Die *Wert- oder Mitgifttheorie* stellt auf den Eigenwert des Menschen, seine unverfügbare Qualität ab, die ihm von außen durch die göttliche Schöpfungsordnung mitgegeben sei. Dagegen kommt es nach der *Leistungstheorie* auf die Bildung personaler Identität durch selbstbestimmtes Handeln an (vgl. Stern, StR IV/1, S. 22). **21**

Beide Theorien bringen zwar wichtige Elemente der Menschenwürde zum Ausdruck. Gleichwohl sind sie – allein – unzureichend, weil sie einzelne Elemente tendenziell überhöhen und andere wichtige Aspekte vernachlässigen: Das gilt für die Mitgifttheorie in Bezug auf die Bedeutung der Selbstbestimmung des Menschen, während die Leistungstheorie die Fälle unzureichend erfasst, in denen der Mensch zu einer Selbstbestimmung nicht fähig ist. Zur Definition der Menschenwürde ist es daher sinnvoll, diese beiden theoretischen Ansätze zu verknüpfen. Danach ist die selbstbestimmte personale Identität des Menschen der Ausgangspunkt. Daneben muss seine Wesenheit beachtet werden, die nicht verfügbar ist. Dieser Aspekt gewinnt desto größere Bedeutung, je geringer die Fähigkeit zur Selbstbestimmung ist. **22**

Damit ist freilich nur das Fundament für die durch Art. 1 garantierte Menschenwürde gelegt. Um sie als Prüfungsmaßstab nutzen zu können, an dem präsumtive Eingriffe zu messen sind, muss ihr Inhalt weiter konkretisiert werden. Eine wichtige Leitlinie liefert hierbei die sog. Objektformel. Danach ist die Menschenwürde betroffen, „wenn der konkrete Mensch zum Objekt, zu einem bloßen Mittel, zur vertretbaren Größe herabgewürdigt wird" (Dürig, AöR 81 [1956], 117 [127]). Das BVerfG hat diese dogmatische Argumentationsfigur ungeachtet der teilweise geäußerten Kritik („zu vage", „Einfallstor für subjektive Wertungen") aufgegriffen und zu einer Objekt-Sub- **23** jekt-Formel weiterentwickelt. Denn die Objektformel deutet nur die Richtung der Fälle an, in denen es zu einer Verletzung der Menschenwürde kommen kann (BayVGH, BayVBl. 2013, 435 [436]). „Der Mensch ist nicht selten bloßes Objekt nicht nur der Verhältnisse und der gesellschaftlichen Entwicklung, sondern auch des Rechts, dem er sich zu fügen hat" (BVerfGE 109, 279 [312]).

24 „Die Menschenwürde wird daher nicht schon dadurch verletzt, dass jemand zum Adressaten von Maßnahmen der Strafverfolgung wird, wohl aber dann, wenn durch die Art der ergriffenen Maßnahme die Subjektqualität des Betroffenen grundsätzlich in Frage gestellt wird. Das ist der Fall, wenn die Behandlung durch die öffentliche Gewalt die Achtung des Wertes vermissen lässt, der jedem Menschen um seiner selbst willen zukommt. Solche Maßnahmen dürfen auch nicht im Interesse der Effektivität der Strafrechtspflege und der Wahrheitserforschung vorgenommen werden" (BVerfGE 109, 279 [312f.]).

25 **Beispiel:** Droht ein Polizist einem Kindesentführer die Zufügung von Schmerzen an, wenn er den Aufenthaltsort des entführten Kindes nicht preisgibt, liegt darin ein Verstoß gegen die Menschenwürde gem. Art. 1 I. Denn der Entführer wird zum bloßen Objekt der Verbrechensbekämpfung unter Verletzung seines verfassungsrechtlich geschützten sozialen Wert- und Achtungsanspruchs (BVerfG [K], NJW 2005, 656 [657]).

26 Zur weiteren Konkretisierung des Inhalts des Art. 1 I sind in einem nächsten Schritt *Fallgruppen* entwickelt worden. Sie sind dadurch gekennzeichnet, dass die Menschenwürde in diesen Bereichen spezifischen typischen Gefährdungen ausgesetzt ist (Stern, StR IV/1, S. 23ff.; Höfling, in: Sachs, Art. 1 Rn. 19ff.). Die Kategorisierung erfolgt also eingriffsbezogen, d.h. im Hinblick auf das Element des Art. 1 I, das durch die Maßnahme nach ihrer Zielsetzung und Wirkung beeinträchtigt wird. Im Einzelnen kann zwischen folgenden Fallgruppen unterschieden werden:

27 *(1) Achtung und Schutz der körperlichen Integrität.* Schutz gegen Eingriffe in die körperliche Unversehrtheit gewährt zunächst Art. 2 II 1. Die körperliche Integrität wird aber auch durch Art. 1 I geschützt. Dieser Schutz kommt vor allem dann zum Tragen, wenn der Eingriff über die Beeinträchtigung der körperlichen Unversehrtheit hinaus spezifisch menschenwürdewidrige Merkmale aufweist.

28 **Beispiele:**
- Folter
- Grausame und erniedrigende Strafen (BVerfGE 131, 268 [287])
- Abschuss eines entführten Passagierflugzeugs, das von den Tätern gezielt zum Absturz gebracht werden soll. Passagiere und Besatzung befinden sich dann „typischerweise in einer für sie ausweglosen Lage. Sie können ihre Lebensumstände nicht mehr unabhängig von anderen selbstbestimmt beeinflussen. Dies macht sie zum Objekt nicht nur der Täter. Auch der Staat, der in einer solchen Situation zur Abwehrmaßnahme des § 14 Abs. 3 LuftSiG greift (scil: und das Flugzeug abschießt), behandelt sie als bloße Objekte seiner Rettungsaktion zum Schutze anderer. […]. Eine solche Behandlung missachtet die Betroffenen als Subjekte mit Würde und unveräußerlichen Rechten. Sie werden dadurch, dass ihre Tötung als Mittel zur Rettung anderer benutzt wird, verdinglicht und zugleich entrechtlicht; indem über ihr Leben von Staats wegen einseitig verfügt wird, wird den als Opfern selbst schutzbedürftigen Flugzeuginsassen der Wert abgesprochen, der dem Menschen um seiner selbst willen zukommt" (BVerfGE 115, 118 [154]).

29 Zahlreiche schwierige, kontrovers diskutierte Fragen im Hinblick auf die durch Art. 1 I als Teil der Menschenwürde garantierte Achtung und den Schutz der körperlichen Integrität wirft die dynamische Entwicklung der Biomedizin, der Biotechnologie und der Humangenetik auf.

30 Im Mittelpunkt der rechtlichen Auseinandersetzung stehen folgende Bereiche:

- Klonen, Chimären- und Hybridbildung: Insoweit wird überwiegend ein Verstoß gegen Art. 1 I angenommen (vgl. Hillgruber, in: EH, Art. 1 Rn. 23ff.).

- Embryonale Stammzellenforschung: Ihre Vereinbarkeit mit Art. 1 I ist heftig umstritten und nicht abschließend geklärt (dazu Stern, StR IV/1, S. 28 ff.). Folgt man der hier vertretenen Meinung und unterstellt den Embryo nicht dem absoluten Schutz des Art. 1 I (Rn. 16), ist grds. kein Verstoß gegen die Garantie der Menschenwürde zu erkennen.
- Präimplantationsdiagnostik: Mit ihrer Hilfe kann festgestellt werden, ob Embryonen genetische Defekte, z. B. Erbkrankheiten, aufweisen. Ist dies der Fall, werden sie noch „in vitro" ausgesondert und der genetischen Mutter nicht eingepflanzt (dazu Höfling, in: Sachs, Art. 1 Rn. 26; s. auch BGHSt 55, 206). Aus oben genannten Gründen (Rn. 16 f.) verlangt Art. 1 I kein gesetzliches Verbot der Präimplantationsdiagnostik. Der Gesetzgeber ist aber durch dieses Grundrecht nicht daran gehindert, für dieses Vorgehen besondere rechtliche Anforderungen aufzustellen, wie dies durch § 3a I Embryonenschutzgesetz (ESchG) geschehen ist. Danach ist die Präimplantationsdiagnostik grds. strafbar. Die Rechtswidrigkeit des Handelns entfällt gem. § 3a II und III ESchG nur unter dort genannten strengen Voraussetzungen. Dies schränkt insbesondere die Wissenschaftsfreiheit (Art. 5 III) ein (dazu Frommel, JZ 2013, 488 [493 ff.]; Kingreen/Torbohm, Jura 2013, 632 ff.).
- Aktive, insbesondere gewerbliche Sterbehilfe (vgl. den Vorschlag zur Neufassung des § 217 StGB, Entwurf der Bundesregierung eines Gesetzes zur Strafbarkeit der gewerbsmäßigen Förderung der Selbsttötung vom 22.10.2012, BT-Drs. 17/11 126, der jedoch bisher nicht umgesetzt worden ist).

(2) Sicherung von Mindestvoraussetzungen für ein menschenwürdiges Dasein. Nach Art. 1 I i. V. m. dem Sozialstaatsprinzip muss der Staat die Mindestvoraussetzungen für ein menschenwürdiges Dasein sicherstellen (BVerfG, NJW 2014, 3425 [3425 Rn. 74]). Diese Verpflichtung geht von der Einsicht aus, dass die Menschenwürde faktisch beeinträchtigt ist, wenn der einzelne Mensch unter wirtschaftlichen Verhältnissen lebt, die ihn zum Objekt erniedrigen (dazu Stern, StR IV/2, S. 51). Das gilt insbesondere für die Fälle, in denen der Betroffene unverschuldet in existenzielle Not geraten ist. Der Staat hat daher sozialrechtliche Sicherungsmechanismen eingerichtet, die teilweise über den durch Art. 1 I geforderten Mindeststandard hinausgehen (Höfling, in: Sachs, Art. 1 Rn. 30). **31**

Das BVerfG hat im sog. „Hartz IV-Urteil" die Anforderungen an den Inhalt und an die Festlegung des aus Art. 1 I i. V. m. dem Sozialstaatsprinzip abgeleiteten Grundrechts auf Gewährleistung eines menschenwürdigen Existenzminimums konkretisiert. „Wenn einem Menschen die zur Gewährleistung eines menschenwürdigen Daseins notwendigen materiellen Mittel fehlen, weil er sie weder aus seiner Erwerbstätigkeit, noch aus eigenem Vermögen noch durch Zuwendungen Dritter erhalten kann, ist der Staat im Rahmen seines Auftrages zum Schutz der Menschenwürde und in Ausfüllung seines sozialstaatlichen Gestaltungsauftrages verpflichtet, dafür Sorge zu tragen, dass die materiellen Voraussetzungen dafür dem Hilfebedürftigen zur Verfügung stehen" (BVerfGE 125, 175 [222]). **32**

Dieser objektiven Verpflichtung aus Art. 1 I korrespondiert ein unmittelbarer verfassungsrechtlicher Leistungsanspruch des Grundrechtsträgers, der sich auf diejenigen Mittel erstreckt, die zur Aufrechterhaltung eines menschenwürdigen Daseins unbedingt erforderlich sind. Dazu gehören „sowohl die physische Existenz des Menschen, also Nahrung, Kleidung, Hausrat, Unterkunft, Heizung, Hygiene und Gesundheit (vgl. BVerfGE 120, 125 [155 f.]), als auch die Sicherung der Möglichkeit zur Pflege zwischenmenschlicher Beziehungen und zu einem Mindestmaß an Teilhabe am gesellschaftlichen, kulturellen und politischen Leben" (BVerfGE 125, 175 [222 f.]). „Art. 1 I GG begründet diesen Anspruch; das Sozialstaatsgebot des Art. 20 I erteilt dem Gesetzgeber den Auftrag, ein menschenwürdiges Existenzminimum tatsächlich zu sichern" (BVerfG, NJW 2014, 3425 [3425 Rn. 74]. Die gesetzliche Ausgestaltung des existenznotwendigen Bedarfs muss folgerichtig in einem transparenten und sachgerechten Verfahren nach dem tatsächlichen Bedarf, also realitätsgerecht, bemessen sein (dazu BVerfG, NJW 2014, 3425 [3426 ff. Rn. 76 ff.]; Windthorst/Sattler, JuS 2012, 826 ff.). **33**

34 *(3) Achtung elementarer Rechtsgleichheit.* Zur Garantie der Menschenwürde gehört auch die elementare Rechtsgleichheit. Daher verstoßen Sklaverei, rassische Diskriminierungen und ähnlich demütigende Ungleichbehandlungen (auch) gegen Art. 1 I. Die Diskussion, ob die (haftungs-)rechtliche Einordnung des Daseins eines „ungewollten" Kindes als Schaden den Art. 1 I verletzt, ist thematisch ebenfalls dieser Ausprägung der Menschenwürde zuzuordnen (dazu Höfling, in: Sachs, Art. 1 Rn. 36). Aktuelle Bedeutung hat die Wahrung elementarer Rechtsgleichheit auch für die staatliche Erhebung persönlicher Daten mit dem Ziel, bestimmte Personengruppen auszusondern.

35 **Beispiel:** Rasterfahndung aufgrund bestimmter Täterprofile. Dieses Vorgehen verstößt nicht gegen die elementare Rechtsgleichheit, wenn es verhältnismäßig ist und den verfahrensrechtlichen Anforderungen genügt (vgl. OVG Koblenz, DÖV 2002, 743 [744]; dazu auch BVerfGE 115, 320 [354 ff.]).

36 *(4) Wahrung personaler Identität und Integrität.* Art. 1 I schützt die personale Identität und die geistig-seelische Integrität. Die Identität einer Person hängt von ihrem Selbstverständnis und ihrer Einbindung in die Gemeinschaft, also vom Innen- und Außenbezug, ab (Höfling, in: Sachs, Art. 1 Rn. 38). Insoweit besteht ein Spannungsverhältnis zwischen Selbstbestimmung und Fremdbeeinflussung, das sich auf die psychische Integrität auswirken kann. Dies wird etwa bei der Frage deutlich, wo autonome Selbstdarstellung endet und unzulässige Vereinnahmung durch Medien und Öffentlichkeit beginnt. TV-Sendungen wie „Das Dschungelcamp" führen uns das Grundproblem eindringlich vor Augen: Wann muss der Einzelne bei seiner Selbstdarstellung gem. Art. 1 I vor sich selbst geschützt werden, weil er durch sein Verhalten den unantastbaren Eigenwert gefährdet, der jedem Menschen zusteht? Dabei ist dem Selbstbestimmungsrecht grds. der Vorrang einzuräumen. Grenzen aus Art. 1 I sind insbesondere dann zu ziehen, wenn die Person die Tragweite ihres Handelns nicht erkennen kann, etwa wegen ihres Alters.

37 **Beispiele:**
- Teilnahme an TV-Sendungen wie Big Brother oder Dschungelcamp (zulässig)
- Zurschaustellung des nackten Körpers in einer Peep-Show (str., vgl. BVerwGE 64, 274 ff.; Höfling, NJW 1983, 1582 ff.)
- Veröffentlichung kompromittierender Bilder in Facebook durch Minderjährige (str.).

38 Zur personalen Identität eines Menschen gehört grds. die Kenntnis seiner Abstammung. Allerdings wird dieses Recht nicht aus der Garantie der Menschenwürde gem. Art. 1 I, sondern aus dem allgemeinen Persönlichkeitsrecht nach Art. 2 I i. V. m. Art. 1 I abgeleitet. Denn „die Kenntnis und Zuordnung des Vaters ist von wesentlicher Bedeutung für die Entfaltung der Persönlichkeit" (BVerfG, NJW 2014, 3786 [3788 Rn. 30]). Dagegen wird verstoßen, wenn staatliche Organe Adoptivkinder daran hindern zu erfahren, wer ihr Vater ist (BVerfGE 79, 256 [269]; 96, 56 [63]). Das durch Art. 1 I geschützte postmortale Persönlichkeitsrecht des Verstorbenen tritt regelmäßig hinter das Recht des Kindes auf Kenntnis der eigenen Abstammung zurück. Das kann eine Exhumierung zur Feststellung der Vaterschaft rechtfertigen (BVerfG, NJW 2014, 3786 [3788 Rn. 29]).

39 Schließlich spielt die personale Identität für das Strafverfahren und den Straf- bzw. Maßregelvollzug eine wichtige Rolle. In dem Gebot zur Achtung der Menschenwürde ist das Schuldprinzip angelegt, wonach jede Strafe Schuld voraussetzt (BVerfGE 133, 168 [198 Rn. 54]). Art. 1 I verbietet insbesondere grausame, unmenschliche und erniedrigende Strafen. Nach Ansicht des BVerfG ist ein menschenwürdiger Vollzug einer lebenslangen Freiheitsstrafe nur gegeben, wenn „der Verurteilte eine konkrete und grundsätzlich auch realisierbare Chance hat, zu einem späteren Zeitpunkt die Freiheit wiedergewinnen zu können; denn der Kern der Menschenwürde wird getroffen,

wenn der Verurteilte ungeachtet der Entwicklung seiner Persönlichkeit jegliche Hoffnung, seine Freiheit wiederzuerlangen, aufgeben muß" (BVerfGE 45, 187 [245]).

Das BVerfG hat die langandauernde Unterbringung in der Sicherungsverwahrung ohne gesetzlich geregelte zeitliche Obergrenze in einer früheren Entscheidung als mit Art. 1 I konform angesehen, wenn diese Maßnahme wegen fortdauernder Gefährlichkeit des Untergebrachten notwendig ist. „Es ist der staatlichen Gemeinschaft nicht verwehrt, sich gegen gefährliche Straftäter durch Freiheitsentzug zu sichern. Erforderlich ist aber auch in diesen Fällen, die Eigenständigkeit des Untergebrachten zu wahren, seine Würde zu achten und zu schützen. Daher muss die Sicherungsverwahrung ebenso wie der Strafvollzug darauf ausgerichtet sein, die Voraussetzungen für ein verantwortliches Leben in Freiheit zu schaffen" (BVerfGE 109, 133 [151]). In einer Entscheidung aus dem Jahre 2011 hat das Gericht aber unter Berücksichtigung der Wertungen des Art. 7 I EMRK und der Rechtsprechung des EGMR strenge prozedurale und materiellrechtliche Voraussetzungen für die Sicherungsverwahrung formuliert. Dazu gehören ein Abstandsgebot zur Freiheitsstrafe und die gerichtliche Überprüfung der Sicherungsverwahrung in mindestens jährlichen Abständen (BVerfGE 128, 326 [373ff.]; s. auch Art. 2 Rn. 166f.). **40**

Beachte: Die vorbehaltene Sicherungsverwahrung verstößt nicht gegen Art. 1 I. Sie ist eine Präventivmaßnahme zum Schutz wesentlicher Gemeinschaftsgüter, die den Betroffenen nicht zum Objekt staatlichen Handelns herabwürdigt. Zwar besteht bei der Verurteilung Ungewissheit, ob es tatsächlich zu einer Sicherungsverwahrung kommt. Der Betroffene hat die Herbeiführung der Voraussetzungen ihrer späteren Anordnung aber weitgehend selbst in der Hand (BVerfGE 131, 268 [288f.]). **40a**

Dagegen ist ein Verstoß gegen Art. 1 I bei menschenunwürdigen Haftbedingungen bejaht worden. **41**

Beispiele:
- Schwere Hygienemängel in einer Haftzelle (dazu Kretschmer, NJW 2009, 2406 [2408])
- Unterbringung in einem Haftraum mit gewaltverherrlichenden rassistischen Schmierereien oder (physischem) Kot an den Wänden (BVerfG [K], NJW 2011, 137 [139])
- Unterbringung eines Strafgefangenen in einem besonders gesicherten Haftraum mit permanenter Videoüberwachung bei vollständiger Entkleidung (BVerfG [K], NJW 2015, 2100 [2101 Rn. 32] – Verstoß gegen Intimsphäre).

bb) Die Gewährleistungen des Grundrechts der Menschenwürde. Die konkreten Gewährleistungen des Art. 1 I sind bereits bei der eingriffsbezogenen Ermittlung seines Schutzgegenstandes erörtert und zu Fallgruppen zusammengefasst worden (Rn. 26ff.). Die Ausführungen können sich daher an dieser Stelle auf die Gewährleistungsdimensionen des Art. 1 I, also insbesondere auf seine Schutzwirkungen und -mechanismen, beschränken. Sie werden in Art. 1 I 2 ausdrücklich angesprochen. Er verpflichtet alle staatliche Gewalt dazu, die Würde des Menschen zu achten und zu schützen. Staatliche Gewalt ist die gesamte grundrechtsgebundene Staatsgewalt i.S.v. Art. 1 III, also Gesetzgebung, vollziehende Gewalt und Rechtsprechung. **42**

Dagegen werden Privatpersonen nicht unmittelbar durch Art. 1 I gebunden (str., vgl. Stern, StR IV/1, S. 66; a.A. Hufen, StR II, § 10 Rn. 41). Zwar erstreckt sich die Verpflichtung der staatlichen Gewalt aus Art. 1 I 2 auf den öffentlich-rechtlichen und den privatrechtlichen Bereich. Das begründet aber keine unmittelbare Drittwirkung dieses Grundrechts gegenüber Privaten. Vielmehr muss der Staat aufgrund seiner Schutzpflicht (Rn. 151f.) sicherstellen, dass die Menschenwürde auch innerhalb privatrechtlicher Beziehungen hinreichend beachtet wird. **43**

Denn in objektiv-rechtlicher Hinsicht beeinflusst die Garantie des Art. 1 I als oberster Wert des Grundgesetzes und tragendes Konstitutionsprinzip aufgrund ihrer Ausstrahlungswirkung die Rechtsbeziehungen zwischen Privaten. Sie entfaltet sich insbesondere bei der Auslegung und Anwendung der maßgeblichen privatrechtlichen **44**

Normen durch die Zivilgerichte (BVerfGE 96, 375 [399]). Diese Wirkungsdimension und die aus Art. 1 I 2 abgeleitete Schutzpflicht (Rn. 151 f.) führen zu einer verdichteten mittelbaren Drittwirkung der Garantie der Menschenwürde, die sich im Ergebnis einer unmittelbaren Drittwirkung annähert, aber aus dogmatischen Gründen nicht als solche zu qualifizieren ist.

45 **Beispiel:** Die Zivilgerichte müssen bei der Entscheidung, ob die Unterhaltspflichten für ein „ungewolltes" Kind bei fehlerhafter Sterilisation vor dessen Zeugung im Rahmen der Arzthaftung geltend gemacht werden können, prüfen, ob dies eine Kommerzialisierung darstellt, die das Kind seines durch Art. 1 I garantierten Eigenwertes beraubt (BVerfGE 96, 375 [400]).

46 Die in Art. 1 I 2 hervorgehobene Achtungspflicht stellt sicher, dass der Staat nicht (selbst) die Menschenwürde beeinträchtigt. Diesem Eingriffsverbot korrespondiert ein Abwehranspruch des Betroffenen, der im Mittelpunkt der subjektiv-rechtlichen Gewährleistungen des Grundrechts aus Art. 1 I steht. Die daneben in Art. 1 I 2 genannte *Schutzpflicht* verlangt vom Staat Maßnahmen, die verhindern, dass die Menschenwürde durch Dritte bedroht oder beeinträchtigt wird. Ein geeignetes Mittel hierfür ist der Erlass öffentlich-rechtlicher und privatrechtlicher Schutzvorschriften. Bei der Umsetzung dieses Handlungsgebots verfügt der Gesetzgeber über einen Gestaltungsspielraum. Ein Eingriff in Art. 1 I liegt vor, wenn der notwendige Schutz der Menschenwürde unterlassen wird, weil die gebotenen Mindestvorkehrungen nicht getroffen werden.

47 Komplementär zur objektiven Schutzpflicht besteht regelmäßig auch ein *Schutzanspruch* des Betroffenen. Diese subjektiv-rechtliche Komponente des Art. 1 I 2 hat das BVerfG im Hinblick auf die in Art. 1 I dem Grunde nach angelegte Gewährleistung eines menschenwürdigen Existenzminimums (Rn. 31 ff.) zu einem Teilhabe- und Leistungsrecht weiterentwickelt, das neben dem absolut wirkenden Achtungsanspruch eigenständige Bedeutung hat. Anders als dieser bedarf der Schutzanspruch aber der Konkretisierung und Aktualisierung durch den Gesetzgeber (BVerfGE 125, 175 [222]).

48 **Beispiel:** Es ist grds. dem Gesetzgeber überlassen, „ob er das Existenzminimum durch Geld-, Sach- oder Dienstleistungen sichert. Ihm kommt zudem Gestaltungsspielraum bei der Bestimmung des Umfangs der Leistungen zur Sicherung des Existenzminimums zu. Dieser umfasst die Beurteilung der tatsächlichen Verhältnisse ebenso wie die wertende Einschätzung des notwendigen Bedarfs und ist zudem von unterschiedlicher Weite: Er ist enger, soweit der Gesetzgeber das zur Sicherung der physischen Existenz eines Menschen Notwendige konkretisiert, und weiter, wo es um Art und Umfang der Möglichkeit zur Teilhabe am gesellschaftlichen Leben geht. Zur Konkretisierung des Anspruchs hat der Gesetzgeber alle existenznotwendigen Aufwendungen folgerichtig in einem transparenten und sachgerechten Verfahren nach dem tatsächlichen Bedarf, also realitätsgerecht, zu bemessen" (BVerfGE 125, 175 [224 f.]).

49 Fehlt konkretes menschliches Leben, weil dieses noch nicht entstanden oder nicht mehr vorhanden ist (Rn. 15 ff.), entfaltet Art. 1 I zwar Vor- und Nachwirkungen. Diese sind aber rein objektiv-rechtlicher Natur (Rn. 17, 20). Sie verpflichten somit nur die staatliche Gewalt, der insoweit ein weiter Gestaltungsspielraum zusteht. Dagegen begründet Art. 1 I in diesen Randbereichen keine subjektiv-rechtlichen Grundrechtsgewährleistungen. Anders als diese entfaltet der objektiv-rechtliche Schutz des Art. 1 I insoweit keine absolute Wirkung, sondern ist durch Abwägung überwindbar (s. zum Ganzen Di Fabio, in: MD, Art. 2 II 1 Rn. 28 f.).

c) Konkurrenzen

50 Das Verhältnis des Art. 1 I zu anderen Grundrechten ist bereits unter dem Aspekt der Normstruktur angesprochen worden (Rn. 4 ff.). Das BVerfG bezeichnet die Menschenwürde als „Wurzel aller Grundrechte"; sämtliche Grundrechte sind daher Konkretisierungen des Prinzips der Menschenwürde (BVerfGE 93, 266 [293]). Da die einzelnen Freiheits- und Gleichheitsrechte auf den besonderen Schutz bestimmter Le-

bensbereiche zugeschnitten sind und für Eingriffe häufig spezifische Rechtfertigungsanforderungen (benannte Schranken) gelten, sind diese Grundrechte vorrangig zu prüfen.

Dies bedeutet indes keine Subsidiarität des Art. 1 I in dem Sinne, dass er generell hinter diese Grundrechte zurücktritt und nicht berücksichtigt werden darf. Ein solches Verständnis widerspräche der besonderen Bedeutung der Menschenwürde (Höfling, in: Sachs, Art. 1 Rn. 67). Diese ist daher bei der Ermittlung der Gewährleistungen des vorrangig zu prüfenden Grundrechts zu beachten, wenn das staatliche Handeln menschenwürderelevant ist. Art. 1 I liefert dann insbesondere Hinweise auf den Kernbereich des Freiheitsrechts, in den unter keinen Umständen eingegriffen werden. Aus grundrechtsdogmatischer Sicht wirkt er insoweit als Schranken-Schranke (Jarass, in: JP, Art. 1 Rn. 5). **51**

Diese begrenzende Kraft des Art. 1 I wird nicht aus der Wesensgehaltsgarantie des Art. 19 II abgeleitet, da diese mit dem Menschenwürdegehalt der Freiheitsgrundrechte nicht identisch ist. Vielmehr muss ermittelt werden, in welchem Umfang sich der Schutz der Menschenwürde in dem jeweiligen Grundrecht entfaltet. Ausgangspunkt ist hierbei die Objekt-Formel bzw. die Objekt-Subjekt-Formel (Rn. 23). Danach ist im Hinblick auf die besonderen Gefährdungen und die Schutzfunktion des betroffenen Grundrechts festzustellen, welche konkreten Gewährleistungen zu seinem unantastbaren Menschenwürdekern gehören. Eine zusätzliche gesonderte Prüfung des Art. 1 I ist nicht mehr erforderlich, da sein Gehalt bereits auf diese Weise berücksichtigt wird. **52**

Beispiel: Im Rahmen des Grundrechts auf Unverletzlichkeit der Wohnung nach Art. 13 I ergibt sich aus Art. 1 I ein unantastbarer Kernbereich privater Lebensgestaltung, der unbedingt zu wahren ist. Selbst überwiegende Interessen der Allgemeinheit können einen Eingriff in diesen absolut geschützten Bereich nicht rechtfertigen (BVerfGE 109, 279 [313]). Die Garantie der Menschenwürde ist somit als Schranken-Schranke im Rahmen des Art. 13 zu beachten. **53**

Eine Konkurrenzsituation kann vor allem zwischen Art. 1 I und dem Grundrecht auf Leben und körperliche Unversehrtheit nach Art. 2 II 1 auftreten, da beide das menschliche Leben voraussetzen. Allerdings differieren die Schutzzwecke und -dimensionen dieser Grundrechtsbestimmungen: Art. 2 II 1 schützt die Existenz des menschlichen Lebens, Art. 1 I schützt seine Würde. Nicht jeder Eingriff in das Leben eines Menschen beeinträchtigt zugleich dessen Würde. Dies ist vielmehr nur anzunehmen, wenn der Eingriff besondere menschenwürdeverachtende Begleitumstände aufweist. In diesen Fällen bilden Art. 2 II 1 und Art. 1 I den Prüfungsmaßstab. Im Übrigen sind Beeinträchtigungen des Lebens oder der körperlichen Unversehrtheit allein an Art. 2 II 1 zu messen (Höfling, in: Sachs, Art. 1 Rn. 69). **54**

Beispiel: § 14 III LuftSiG a. F. gestattete den Streitkräften der Bundesrepublik Deutschland, Luftfahrzeuge abzuschießen, in denen sich Menschen als Opfer eines Angriffs auf den Luftverkehr befinden. Das BVerfG hat diese Vorschrift an Art. 2 II 1 und an Art. 1 I gemessen und für nichtig erklärt, wobei die Wertungen der Garantie der Menschenwürde im Rahmen des Grundrechts auf Leben berücksichtigt wurden (BVerfGE 115, 118 [152 ff.]; krit. zu dieser „Kombinationsmethode" Höfling, in: Sachs, Art. 1 Rn. 67). **55**

Art. 1 I schützt die elementare Rechtsgleichheit als Bestandteil der Menschenwürde (Rn. 34 f.). Er tritt insoweit in Konkurrenz zu Art. 3 und Art. 33 II. Sie ist dahingehend aufzulösen, dass die speziellen Gleichheitssätze (Art. 3 II und III, Art. 33 II) und der allgemeine Gleichheitssatz (Art. 3 I) vorrangig zu prüfen sind. **56**

Bei Beeinträchtigungen der engeren Persönlichkeitssphäre besteht eine besondere sachliche Nähe zwischen der Garantie der Menschenwürde nach Art. 1 I und der freien Entfaltung der Persönlichkeit, die durch Art. 2 I geschützt ist. Eine daraus resultierende Konkurrenzproblematik hat das BVerfG dadurch zu entschärfen versucht, dass es diese Fälle dem allgemeinen Persönlichkeitsrecht unterstellt, das aus Art. 2 I i. V. m. Art. 1 I abgeleitet wird. Diese Konstruktion hat die Frage nach dem Verhältnis zwi- **57** schen Art. 1 I und Art. 2 I allerdings in das allgemeine Persönlichkeitsrecht verlagert. Nunmehr ist im Rahmen dieses Grundrechts zu klären, wie Widersprüche zwischen Art. 1 I und Art. 2 I vermieden werden können. Dass solche Konflikte auftreten können, liegt daran, dass diese strukturell unterschiedlichen Bestimmungen zur einheitlichen Rechtsgrundlage des allgemeinen Persönlichkeitsrechts verschmolzen worden sind (dazu Art. 2 Rn. 66f.).

2. Eingriff

58 Das BVerfG hat Eingriffe in die Menschenwürde zunächst mit drastischen Formulierungen wie „Erniedrigung, Brandmarkung, Verfolgung, Ächtung" umschrieben (BVerfGE 1, 97 [104]). Es hat dadurch aber keinen speziellen restriktiven Eingriffsbegriff im Rahmen des Art. 1 I geschaffen, sondern nur die besonderen Modalitäten hervorgehoben, die einen Eingriff in die Menschenwürde begründen können. Daher ist auch bei diesem Grundrecht zunächst von der allgemeinen Definition eines Eingriffs auszugehen. Darunter ist jede Verkürzung der Gewährleistungen eines Grundrechts durch die daran gebundene Staatsgewalt zu verstehen.

59 Allerdings sind bei Art. 1 I folgende Besonderheiten zu beachten: Zum einen sind seine Gewährleistungen wegen der Abstraktheit der Menschenwürde von vornherein eingriffsbezogen, d.h. im Hinblick auf potenzielle Beeinträchtigungen mittels der Objekt-Formel bzw. der Objekt-Subjekt-Formel (Rn. 23) zu ermitteln. Zum anderen folgt aus der Annahme eines Eingriffs in dieses Grundrecht zwangsläufig seine Verletzung (Rn. 10). Daher darf nicht jede geringfügige Beeinträchtigung der Gewährleistungen des Art. 1 I als Eingriff und somit als Verletzung dieses Grundrechts qualifiziert werden.

60 Welche weiteren Anforderungen für den Tatbestand eines Eingriffs in Art. 1 I gelten, hängt zunächst davon ab, von wem die Beeinträchtigung ausgeht. Gegenüber staatlichem Handeln begründet die Achtungspflicht nach Art. 1 I 2 ein Eingriffsverbot. Hiergegen wird verstoßen, wenn das Handeln Elemente der Menschenwürdegarantie beeinträchtigt.

61 **Beispiel:** Ein Polizist droht einem Kindesentführer bei dessen Vernehmung die Zufügung von Schmerzen an, wenn er den Aufenthaltsort des entführten Kindes nicht preisgibt (OLG Frankfurt, NJW 2007, 2494 [2495]).

62 Geht die (faktische) Beeinträchtigung dagegen von privaten Dritten aus, ist dies grds. kein Eingriff in das Grundrecht aus Art. 1 I, da sie hieran nicht unmittelbar gebunden sind (Rn. 150; a.A. BVerwG, GewArch 2007, 247 [248]). Ein Eingriff ist in dieser Konstellation jedenfalls dann gegeben, wenn der Staat seine Schutzpflicht aus Art. 1 I 2 nicht oder unter Berücksichtigung seines Gestaltungsspielraums nur unzureichend erfüllt. Der Eingriff besteht hier also in einem Unterlassen.

63 **Beispiel:** Ein Eingriff in Art. 1 i.V.m. dem Sozialstaatsprinzip liegt vor, wenn die gesetzliche Ausgestaltung des menschenwürdigen Existenzminimums das durch Art. 1 I gebotene Mindestniveau evident unterschreitet.

64 Besondere Schwierigkeiten bereitet die Feststellung eines Eingriffs in Art. 1 I, wenn die Beeinträchtigung vom Grundrechtsträger selbst ausgeht und dieser gegen seinen Willen vor sich selbst geschützt werden soll. Gegenüber der Annahme einer solchen Schutzpflicht, deren Vernachlässigung prinzipiell einen Eingriff begründen kann, ist Zurückhaltung geboten. Denn im Zentrum der Menschenwürde steht die autonome Selbstbestimmung des Einzelnen, die grds. Vorrang genießt (Rn. 22; s. auch BVerfGE 49, 286 [298]). Das gilt jedenfalls dann, wenn man – wie vorliegend – ihr theoretisches Fundament nicht in der Mitgift durch den Schöpfer, sondern in der Bildung personaler Identität durch selbstbestimmtes Handeln sieht (Rn. 21f.). Der Staat ist daher grds. nicht verpflichtet, die Würde des Betroffenen gegen dessen Willen zu schüt-

zen (BVerfGE 61, 126 [137 f.]; a. A. BVerwGE 113, 340 [341 f.]). Ausnahmen von diesem Grundsatz sind anzuerkennen, wenn dem Betroffenen die Einsichts- oder Steuerungsfähigkeit fehlt, er also letztlich aus psychischen oder physischen Gründen nicht freiwillig handelt (BayVGH, BayVBl. 2013, 435 [436]; Stern, StR IV/1, S. 94), oder wenn sein Verhalten sozialschädlich ist.

Beispiele: 65
Der Konflikt zwischen Selbstbestimmung des Einzelnen und Schutzpflicht des Staates wird in folgenden Situationen kontrovers diskutiert (vgl. Stern, StR IV/1, S. 93 ff.):
- Auftritt in einer Peep-Show
- Selbsttötung
- Sterbehilfe.

Dagegen verstößt die Veranstaltung eines Paintball-Spiels nicht gegen die Men- 65a
schenwürde als Teil der öffentlichen Sicherheit, weil die Gegenspieler nicht zur bloßen Zielscheibe herabgewürdigt werden und die Teilnehmer freiwillig und eigenverantwortlich handeln (BayVGH, BayVBl. 2013, 435 [436]).

Klausurhinweis: In der Fallbearbeitung kann die Frage eines Schutzes gegen oder 66
vor sich selbst im Rahmen des Merkmals „unantastbar" i. S. v. Art. 1 I 1 erörtert werden, wenn zuvor darauf hingewiesen wurde, dass „unantastbar" mit „unverzichtbar" gleichzusetzen ist (Stern, StR IV/1, S. 92 ff.).

Beachte: Die Menschenwürde kann keinem Menschen genommen werden. Nur 66a
der Achtungsanspruch aus der Garantie der Menschenwürde kann beeinträchtigt und somit verletzt werden (BVerfGE 131, 268 [287]).

3. Eingriffsrechtfertigung

Das Grundrecht der Menschenwürde gem. Art. 1 I unterliegt weder benannten 67
noch unbenannten Schranken. Eingriffe können daher weder durch einen Gesetzesvorbehalt noch durch kollidierendes Verfassungsrecht gerechtfertigt werden. Der grundrechtliche Schutz der Menschenwürde kann mit keinem anderen Grundrecht abgewogen werden (BVerfGE 107, 275 [284]), weil dies auf eine unzulässige Relativierung hinauslaufen würde. Sie ist schon durch den Wortlaut des Art. 1 I 1 ausgeschlossen („[...] ist unantastbar") und würde zudem der Bedeutung dieser grundrechtlichen Garantie zuwiderlaufen („höchstrangig", vgl. Jarass, in: JP, Art. 1 Rn. 16). Das gilt selbst dann, wenn der Eingriff die einzige Möglichkeit darstellt, andere höchstrangige Rechtsgüter, etwa das Leben vieler Personen, zu schützen.

Beispiel: Der Abschuss eines entführten Luftfahrzeugs mit Passagieren durch staatliche Stellen 68
verstößt auch dann gegen Art. 1 I, wenn dieses Vorgehen dazu dient, das Leben anderer zu erhalten, etwa von Personen in einem Gebäude, in welches das Flugzeug gelenkt werden soll (BVerfGE 115, 118 [160]).

Klausurhinweis: Da Eingriffe in Art. 1 I nicht gerechtfertigt werden können, steht 69
mit der Annahme einer Beeinträchtigung der grundrechtlich geschützten Menschenwürde zwangsläufig deren Rechtswidrigkeit fest. Ein Eingriff in Art. 1 I stellt somit immer zugleich eine Verletzung dieses Grundrechts dar. In der Fallbearbeitung sind weitere Ausführungen zu Rechtfertigungsmöglichkeiten nicht mehr erforderlich. Es genügt die Feststellung, dass ein Eingriff in Art. 1 I vorliegt, der nicht gerechtfertigt werden kann.

II. Das Bekenntnis zu den Menschenrechten (Abs. 2)

Das Bekenntnis zu den unverletzlichen und unveräußerlichen Menschenrechten in 70
Art. 1 II hat zwei Bedeutungsschichten: Sie können als Auffangfunktion (dazu 1.) und als Öffnungsfunktion (dazu 2.) umschrieben werden.

1. Auffangfunktion

71 Nach seiner Entstehungsgeschichte knüpft Art. 1 II an das naturrechtliche Verständnis vorstaatlicher und überpositiver Menschenrechte an. Es ist dadurch gekennzeichnet, dass diese Rechte dem Menschen kraft seiner Natur zustehen, unabhängig davon, ob sie vom Staat anerkannt und normativ verbürgt sind (vgl. Jarass, in: JP, Art. 1 Rn. 26). Das Bekenntnis zu den Menschenrechten in Art. 1 II und die Rückanknüpfung („[…] darum […]") an die Menschenwürdegarantie in Art. 1 I, die ihrerseits von der Grundrechtsbindung in Art. 1 III erfasst wird, machen zunächst deutlich, dass „die Grundrechte auch als Ausprägung der Menschenrechte zu verstehen sind und diese als Mindeststandard in sich aufgenommen haben" (BVerfGE 128, 326 [369]).

72 Darüber hinaus garantiert Art. 1 II einen Mindeststandard an Menschenrechten, der durch die Ewigkeitsgarantie des Art. 79 III verfassungsänderungsfest abgesichert wird. Diese Auffangfunktion, die auch als „überpositive Normreserve" bezeichnet wird (Isensee, HStR IX, § 190 Rn. 26), kommt zum Tragen, wenn der verfassungsändernde Gesetzgeber den Grundrechtskatalog so stark verkürzt, dass der Mindeststandard der Menschenrechte unterschritten wird. Die in Art. 1 II angesprochenen Menschenrechte sind insoweit einer Einschränkung grds. entzogen, als sie zur Aufrechterhaltung einer Ordnung unverzichtbar sind, in deren Zentrum die menschliche Gemeinschaft, der Frieden und die Gerechtigkeit in der Welt stehen (vgl. BVerfGE 84, 90 [121]).

2. Öffnungsfunktion

73 Neben diese traditionelle, aber praktisch kaum relevante Auffangfunktion des Art. 1 II tritt seine Wirkung als Einfallstor für das Völkerrecht in das Grundgesetz. Diese sog. Öffnungsfunktion spielt aufgrund der zunehmenden Mitwirkung Deutschlands in supranationalen Organisationen (z.B. UNO, OSZE) und dem Beitritt zu internationalen Konventionen (z.B. EMRK) eine immer wichtigere Rolle. Die Europäische Menschenrechtskonvention (EMRK) ist etwa bei der Bestimmung des ordre public zu berücksichtigen, an dem die Anerkennung und Vollstreckung einer ausländischen Gerichtsentscheidung zur Elternstellung bei Leihmutterschaft zu messen ist (BGH, NJW 2015, 479 [480ff. Rn. 27ff.]).

73a Der besondere Schutz, den Art. 1 II einem Kernbestand an Menschenrechten garantiert, spielt für die völkerrechtsfreundliche Auslegung der Grundrechte des GG eine wichtige Rolle, die vor allem durch die EMRK und die Rechtsprechung des EGMR geprägt wird. Art. 1 II ist i.V.m. Art. 59 II die Grundlage für die verfassungsrechtliche Pflicht, die Gewährleistungen der EMRK und die Rechtsprechung des Europäischen Gerichtshofs für Menschenrechte (EGMR) als Auslegungshilfe für die Bestimmung von Inhalt und Reichweite von Grundrechten und rechtsstaatlichen Grundsätzen des Grundgesetzes heranzuziehen (BVerfGE 128, 326 [367f.]).

74 Diese völkerrechtsfreundliche Verfassungsinterpretation, die im Kern eine Orientierung an internationalen Menschenrechtsstandards (auch) über deren unmittelbare Bindungswirkung hinaus darstellt, steht in Bezug auf die EMRK unter zwei Vorbehalten: Zum einen verleiht Art. 1 II den Regeln dieser Konvention keinen unmittelbaren Verfassungsrang. Sie bedürfen vielmehr als Bestandteile eines völkerrechtlichen Vertrages der Transformation durch ein förmliches Zustimmungsgesetz (Art. 59 Rn. 9ff.). Dieser Rechtsanwendungsbefehl ist für die EMRK bereits 1952 (BGBl. II 685) erteilt worden. Innerhalb der deutschen Rechtsordnung steht diese Konvention im Range eines förmlichen Bundesgesetzes; sie ist trotz ihrer Bedeutung für die Grundrechtsauslegung kein unmittelbarer verfassungsrechtlicher Prüfungsmaßstab (BGH, NJW 2014, 3786 [3788 Rn. 36]). Art. 1 II entfaltet daher keine transformierende Wirkung für das Völkerrecht. Gleichwohl ist er kein unverbindlicher Programmsatz, sondern eine bindende Maxime für die Auslegung des Grundgesetzes.

Zum anderen darf dies „nicht zu einer – von der Konvention selbst nicht gewollten (vgl. Art. 53 EMRK) – Einschränkung oder Minderung des Grundrechtsschutzes durch das Grundgesetz führen. Dieses Rezeptionshemmnis kann vor allem in mehrpoligen Grundrechtsverhältnissen relevant werden, in denen das ‚Mehr' an Freiheit für den einen Grundrechtsträger zugleich ein ‚Weniger' für einen anderen bedeutet" (BVerfGE 128, 326 [367f., 371]). **75**

Weitere Einschränkungen für eine konventionsfreundliche Verfassungsauslegung ergeben sich aus den allgemeinen Grenzen, die für die anerkannten Methoden der Verfassungsinterpretation gelten. Insoweit ist insbesondere die limitierende Wirkung des Wortlauts hervorzuheben, der die möglichen Deutungen des Wortsinns begrenzt. Außerdem dürfen die Aussagen der EMRK nicht schematisch auf das GG übertragen werden. Vielmehr sind die Wertungen der Konvention aufzunehmen, soweit dies methodisch vertretbar und mit den Vorgaben des GG vereinbar ist (BVerfGE 131, 268 [295f.]). Im Übrigen ist die Rechtsprechung des EGMR möglichst schonend in das vorhandene, dogmatisch ausdifferenzierte nationale Rechtssystem einzupassen, indem diese Judikatur als Auslegungshilfe herangezogen wird. Die Aspekte, die der Gerichtshof bei seiner Abwägung berücksichtigt hat, sind daher nicht zwingend vorgegeben, sondern in die verfassungsrechtliche Prüfung der Verhältnismäßigkeit einzubeziehen (vgl. BVerfGE 111, 307 [324]). **75a**

Beispiel: Das BVerfG hat unter Berücksichtigung der Wertungen des Art. 7 I EMRK („keine Strafe ohne Gesetz") und der zugehörigen Rechtsprechung des EGMR die verfassungsrechtlichen Anforderungen an die Ausgestaltung eines schuldunabhängigen präventiven Freiheitsentzugs präzisiert und ein Abstandsgebot statuiert. Danach muss sich eine Sicherungsverwahrung von einer Strafe qualitativ unterscheiden (BVerfGE 128, 326 [374]). **76**

III. Die Grundrechtsbindung (Abs. 3)

1. Bedeutung

a) Allgemein

Die Grundrechtsbindung gibt Auskunft darüber, wer durch die Grundrechte verpflichtet wird. Sie ist in Art. 1 III geregelt. Das Subjekt dieser Verpflichtung wird als Grundrechtsadressat oder Grundrechtsverpflichteter bezeichnet (Vorbem. Grundrechte Rn. 43ff.). Der Inhalt der Verpflichtung wird Grundrechtsbindung genannt. Geht es um die Grundrechtsbindung Privater, spricht man auch von der „Drittwirkung der Grundrechte". **77**

Art. 1 III entscheidet nur über das „Ob" und das „Wie", also das Bestehen und die Art der Grundrechtsbindung (unmittelbar – mittelbar), während der Inhalt der Bindung aus den Gewährleistungen des jeweiligen Grundrechts folgt und somit durch die einschlägige Grundrechtsbestimmung vorgegeben ist. Art. 1 III enthält daher keinen selbständigen Prüfungsmaßstab (BVerfGE 61, 126 [137]), sondern ist die Voraussetzung dafür, dass und in welcher Weise staatliches Handeln durch Grundrechte geleitet und begrenzt wird. **78**

Betrachtet man das Gesamtgefüge des Grundgesetzes, wiederholt und konkretisiert Art. 1 III die in Art. 20 III angeordnete Verfassungsbindung der deutschen Staatsgewalt in Bezug auf die Grundrechte. Er ist insoweit gegenüber dieser allgemeineren Bestimmung speziell, wird aber seinerseits durch Art. 79 III verdrängt, soweit es um die Bindung des verfassungsändernden Gesetzgebers geht (Jarass, in: JP, Art. 1 Rn. 32). **79**

b) In der Fallbearbeitung

In Klausuren des öffentlichen Rechts spielt Art. 1 III eine wichtige Rolle. Das gilt für das Verfassungsrecht und das Verwaltungsrecht. In beiden Bereichen kann zwischen **80** der materiellen und der prozessualen Bedeutung der Grundrechtsbindung durch Art. 1 III unterschieden werden.

81 In *materiell-rechtlicher* Hinsicht entscheidet die Grundrechtsbindung darüber, ob und in welcher Weise Grundrechte Prüfungsmaßstab für das streitgegenständliche Verhalten sind. In der Fallbearbeitung kann darauf unter dem Aspekt der Anwendbarkeit der Grundrechte oder bei der Prüfung eines Eingriffs in die Grundrechte eingegangen werden. Ein Grundrechtseingriff setzt voraus, dass die Beeinträchtigung der Gewährleistungen des Grundrechts einer Stelle zuzurechnen ist, die durch das Grundrecht unmittelbar gebunden wird. Dies ist insbesondere dann problematisch, wenn der Staat seine Aufgaben mit Hilfe Privater erfüllt oder selbst wie ein Privater handelt.

82 **Beispiele:**
- Eine Gemeinde überträgt die Veranstaltung des auf dem Marktplatz jährlich stattfindenden Bierfestes einem privaten Veranstalter, der den Antrag eines ortsansässigen Gastwirts auf Zuweisung eines Standplatzes ablehnt. Ist diese Ablehnung unmittelbar an Grundrechten, etwa Art. 12 I, zu messen?
- Eine Behörde kauft Bürobedarf. Ist sie bei der Auswahl des privaten Anbieters an die Grundrechte, z. B. Art. 3 I, gebunden?

83 In *verfassungsprozessualer* Hinsicht ist Art. 1 III vor allem für die Verfassungsbeschwerde zum BVerfG nach Art. 93 I Nr. 4a relevant, da auf diese Weise die Grundrechtsbindung durchgesetzt werden kann. Folglich hängt der Anwendungsbereich dieser Beschwerde von der Reichweite der Grundrechtsbindung nach Art. 1 III ab.

84 In der Fallbearbeitung ist auf dieses Junktim im Rahmen der Zulässigkeit der Verfassungsbeschwerde bei der Prüfung des Beschwerdegegenstandes einzugehen. Gegenstand der Beschwerde ist gem. Art. 93 I Nr. 4a i. V. m. § 90 I BVerfGG jeder Akt öffentlicher Gewalt. Dieses Merkmal ist wegen der Verknüpfung mit Art. 1 III als „jeder Akt der grundrechtsgebundenen Staatsgewalt" zu verstehen.

85 Aber auch im *Verwaltungsprozessrecht* ist Art. 1 III zu beachten, wenngleich seine Bedeutung nicht in dem Maße ausgeprägt ist wie im Verfassungsprozessrecht. „Einbruchstellen" sind hier bei der Prüfung der Zulässigkeit die Klagebefugnis (§ 42 II VwGO) und im Rahmen der Begründetheit einer Anfechtungs- oder Verpflichtungsklage insb. die Rechtsverletzung (§ 113 I 1 und V VwGO). Beide Punkte hängen vom Vorliegen eines subjektiven öffentlichen Rechts ab. Ein solches Recht des Einzelnen gegenüber der öffentlichen Gewalt kann sich aus Grundrechten ergeben. Dies setzt aber voraus, dass sich der Betroffene auf Grundrechte berufen kann, also grundrechtsberechtigt ist, und der Handelnde durch Grundrechte verpflichtet wird, also grundrechtsgebunden i. S. v. Art. 1 III ist.

86 **Beispiel:** In obigem Beispielsfall (Rn. 82) kann der abgewiesene Gastwirt nur dann einen grundrechtlichen Anspruch gegen den privaten Veranstalter des gemeindlichen Bierfestes geltend machen, wenn dieser unmittelbar an Grundrechte gebunden ist. Andernfalls können sich die grundrechtlichen Gewährleistungen nur im Rahmen der sog. Ausstrahlungswirkung oder aufgrund sog. Schutzpflichten verwirklichen, die die Gemeinde zur Einwirkung auf den privaten Veranstalter verpflichten können.

2. Gegenstand der Bindung

87 Die Frage nach dem Gegenstand der Bindung nach Art. 1 III betrifft die Rechte, für die diese Bindung besteht. Nach dem Normtext sind dies „die nachfolgenden Grundrechte". Dazu gehören neben den Grundrechten des Grundgesetzes (einschließlich der Menschenwürde nach Art. 1 I, Rn. 8) auch die in Art. 93 I Nr. 4a genannten grundrechtsgleichen Rechte, die z. T. unter dem Oberbegriff der Grundrechte im weiteren Sinne zusammengefasst werden (Jarass, in: JP, Vorb. vor Art. 1 Rn. 1, Art. 1 Rn. 30). Für diese Gleichstellung spricht die Kohärenz zwischen Grundrechtsbin-

dung durch Art. 1 III und Grundrechtsverwirklichung durch Verfassungsbeschwerde (Rn. 83f.).

Beispiele: Grundrechtsgleiche Rechte sind etwa das Recht auf den gesetzlichen Richter (Art. 101 I 2) und das Recht auf rechtliches Gehör (Art. 103 I). 88

Dagegen sind die grundrechtsähnlichen Rechte, die auch als „sonstige verfassungsmäßige Rechte" bezeichnet werden (Jarass, in: JP, Vorb. vor Art. 1 Rn. 1), nicht Gegenstand der Bindung nach Art. 1 III. Sie verleihen dem Einzelnen zwar eine mit grundrechtsgleichen Rechten vergleichbare Rechtsmacht, können im Gegensatz zu diesen aber nicht mittels Verfassungsbeschwerde durchgesetzt werden (Sachs, in: ders., Vor Art. 1 Rn. 17). 89

Beispiele: Grundrechtsähnliche Rechte sind z. B. der Urlaubsanspruch nach Art. 48 I oder die Garantie der Privatwirtschaftlichkeit nach Art. 87f II 1. 90

3. Inhalt der Bindung

Die Bindungswirkung des Art. 1 III ist durch folgende Eigenschaften gekennzeichnet: 91

a) Normative Bindung

Art. 1 III begründet keine faktische, sondern eine rechtliche Bindung mit normativer Wirkung. Das folgt schon aus seinem Wortlaut („geltendes Recht"). Darin liegt zunächst eine Abkehr von der Rechtslage unter der WRV. Damals wurden Grundrechtsbestimmungen nur als Programmsätze (Direktiven) ohne Bindungswirkung für den Gesetzgeber angesehen (Krüger, DVBl. 1950, 625 [626] „Grundrechte nur im Rahmen der Gesetze"), während nach geltendem Verständnis Gesetze an den Grundrechten zu messen sind (Rn. 119). Positiv gewendet bedeutet normative Grundrechtsbindung, dass die verpflichteten Stellen die Grundrechte anwenden sowie deren Gewährleistungen beachten und gegebenenfalls durchsetzen müssen. Ein Verstoß gegen diese Bindungswirkung des Art. 1 III kann auch in einem Unterlassen liegen, wenn der Staat, besonders der Gesetzgeber, zum Tätigwerden verpflichtet ist. 92

Beispiel: Nach Art. 6 V ist der Gesetzgeber verpflichtet, den nicht-ehelichen Kindern die gleichen Bedingungen für ihre leibliche und seelische Entwicklung zu verschaffen wie ehelichen Kindern. Bleibt er trotz dieses Verfassungsauftrags untätig, führt dies zu einem Verstoß gegen die bindende Anordnung des Art. 6 V i. V. m. Art. 1 III. 93

b) Unmittelbare Bindung

Art. 1 III stellt ausdrücklich klar, dass die Grundrechtsbestimmungen unmittelbar geltendes Recht sind. Darin kommt zunächst der Wille des Verfassunggebers zum Ausdruck, dass „der Einzelne sich der öffentlichen Gewalt gegenüber auf diese Normen als auf Grundrechte im Zweifel soll berufen können" (BVerfGE 6, 386 [387]). Grundrechte verleihen dem Einzelnen somit subjektive Rechte gegenüber dem Staat, an die dieser gebunden ist. 94

Klausurhinweis: Diese Rechtsmacht kann der betroffene Träger des subjektiven Rechts im Verfassungsprozess mittels Verfassungsbeschwerde (Art. 93 I Nr. 4a) und im Verwaltungsprozess mit Hilfe der in der VwGO vorgesehenen Klagen durchsetzen. Ihr kommt daher eine Schlüsselrolle in öffentlich-rechtlichen Klausuren zu (s. Rn. 81ff.). 95

Darüber hinaus ist die unmittelbare Bindung der Staatsgewalt an die Grundrechte gem. Art. 1 III dadurch gekennzeichnet, dass die Bindungswirkung eintritt, ohne dass hierfür ein weiterer Hoheitsakt erforderlich ist. Die Grundrechte sind unmittelbare Grundlage und unmittelbarer Maßstab des staatlichen Handelns. Dagegen wird die 96

Grundrechtswirkung gegenüber Privaten als mittelbare Grundrechtsbindung qualifiziert, weil die Gewährleistungen der Grundrechte durch die Staatsgewalt vermittelt werden, etwa durch gerichtliche Auslegung unbestimmter Rechtsbegriffe in privatrechtlichen Normen, und erst auf diesem Weg konkrete rechtliche Wirkung innerhalb privatrechtlicher Beziehungen entfalten (sog. Ausstrahlungswirkung, Rn. 143).

c) Strikte Bindung

97 Die Grundrechtsbindung gem. Art. 1 III ist zwingend, kann von den Betroffenen also grds. nicht abbedungen werden. Sie gilt auch innerhalb sog. besonderer Gewaltverhältnisse, wie sie beispielsweise gegenüber Strafgefangenen bestehen (BVerfGE 33, 1 [11]). Die aus diesem Verhältnis resultierenden besonderen Pflichten führen nicht zur Aufhebung oder Abschwächung der Grundrechtsbindung. Vielmehr kann ihnen im Rahmen des Verhältnismäßigkeitsgrundsatzes angemessen Rechnung getragen werden.

98 **Beispiel:** Nach Ansicht des BVerfG widerspräche es der umfassenden Bindung der staatlichen Gewalt durch Art. 1 III, „wenn im Strafvollzug die Grundrechte beliebig oder nach Ermessen eingeschränkt werden könnten. Eine Einschränkung kommt nur dann in Betracht, wenn sie zur Erreichung eines von der Wertordnung des Grundgesetzes gedeckten gemeinschaftsbezogenen Zweckes unerläßlich ist und in den dafür verfassungsrechtlich vorgesehenen Formen geschieht. Die Grundrechte von Strafgefangenen können also nur durch oder aufgrund eines Gesetzes eingeschränkt werden, das allerdings auf – möglichst eng begrenzte – Generalklauseln nicht wird verzichten können" (BVerfGE 33, 1 [11]).

d) Durchsetzbare Bindung

99 Die Bindung an die Grundrechte nach Art. 1 III impliziert die Möglichkeit ihrer gerichtlichen Durchsetzung. Dies erfolgt zunächst gem. Art. 19 IV durch fachgerichtlichen, d.h. regelmäßig verwaltungsgerichtlichen Rechtsschutz (BVerfGE 107, 299 [311]). Er knüpft an die Beeinträchtigung in subjektiven Rechten an, die sich aus Grundrechten ergeben (Rn. 85). Nach Durchlaufen des Rechtswegs kann der Einzelne die Grundrechtsbindung durch Beschwerde zum BVerfG nach Art. 93 I Nr. 4a realisieren. Neben diesen Sanktionsmöglichkeiten, die auf die individuelle Betroffenheit abstellen, kennt das Verfassungsprozessrecht auch Rechtsbehelfe, mittels derer die objektiv-rechtliche Bindung der Staatsgewalt an die Grundrechte kontrolliert werden kann.

100 **Beispiel:** Auf Antrag der Bundesregierung, einer Landesregierung oder eines Viertels der Mitglieder des Bundestages überprüft das BVerfG im Rahmen der abstrakten Normenkontrolle nach Art. 93 I Nr. 2 u. a. die Vereinbarkeit eines förmlichen Bundesgesetzes mit den Grundrechten. Dies setzt wiederum voraus, dass die Gesetzgebung an die Grundrechte gebunden ist, was Art. 1 III explizit anordnet.

4. Bindung der Staatsgewalt

101 Adressat der Grundrechtsbindung gem. Art. 1 III ist die gesamte deutsche Staatsgewalt in allen ihren Erscheinungsformen auf der Ebene von Bund und Ländern (BVerfGE 103, 332 [347f.]). Art. 1 III orientiert sich an der klassischen, auf Montesquieu zurückgehenden Teilung der staatlichen Gewalt in Gesetzgebung, vollziehende Gewalt und Rechtsprechung (Art. 20 Rn. 31, 108), erfasst aber auch öffentliche Einrichtungen wie Universitäten und Rundfunkanstalten, soweit sie gegenüber Dritten öffentliche Aufgaben wahrnehmen (Jarass, in: JP, Art. 1 Rn. 36f., ebd. auch zu notwendigen Differenzierungen bei öffentlich-rechtlichen Religions- und Weltanschauungsgemeinschaften). Art. 1 III begründet somit eine umfassende, lückenlose Grundrechtsbindung der öffentlichen Gewalt.

Klausurhinweis: Für die Bindung nach Art. 1 III spielt es keine Rolle, ob die Begriffe „Gesetzgebung", „vollziehende Gewalt" und „Rechtsprechung" im institutionellen oder im funktionellen Sinne ausgelegt werden, ob also auf die Organisation oder auf die Tätigkeit abgestellt wird (vgl. Herdegen, in: MD, Art. 1 Abs. 3 Rn. 92). Entscheidend ist, dass eine lückenlose Grundrechtsbindung besteht, wenn ein Hoheitsträger handelt und/oder öffentliche Aufgaben wahrnimmt (vgl. BVerfGE 100, 313 [362]). **102**

a) Deutsche Staatsgewalt

Art. 1 III bindet die deutsche Staatsgewalt. Das gilt nicht nur, wenn sie im Inland handelt, sondern auch, wenn sie im Ausland tätig wird oder sich ihr Verhalten dort auswirkt (BVerfGE 6, 290 [295]). Aktuelles Beispiel hierfür ist der Auslandseinsatz der deutschen Streitkräfte. Allerdings kann es bei Sachverhalten mit Auslandsbezug zu einer Relativierung der Grundrechtsbindung kommen, etwa wegen notwendiger Abstimmung mit dem Völkerrecht (Jarass, in: JP, Art. 1 Rn. 44). **103**

Beispiel: „Der Schutz des Fernmeldegeheimnisses in Art. 10 GG zielt – im Einklang mit den völkerrechtlichen Bestimmungen – darauf, daß die Fernmeldekommunikation von unerwünschter oder unbemerkter Überwachung frei bleibt und die Grundrechtsträger unbefangen kommunizieren können. Moderne Techniken wie Satelliten- und Richtfunktechnik erlauben einen Zugriff auch auf ausländischen Fernmeldeverkehr mit Überwachungsanlagen, die auf dem Gebiet der Bundesrepublik Deutschland stationiert sind. Unter diesen Umständen ist aber auch eine Kommunikation im Ausland mit staatlichem Handeln im Inland derart verknüpft, daß die Bindung durch Art. 10 GG selbst dann eingreift, wenn man dafür einen hinreichenden territorialen Bezug voraussetzen wollte" (BVerfGE 100, 313 [363 f.]). **104**

Von diesen räumlichen Grenzen der Grundrechtsbindung der deutschen Staatsgewalt ist die Frage zu unterscheiden, ob ausländische Staaten an deutsche Grundrechte gebunden sind. Das wird allgemein abgelehnt (s. schon BVerfGE 1, 10 [11]). Akte ausländischer Staaten können daher nicht mit der Verfassungsbeschwerde angegriffen werden. **105**

Beispiel: Das BVerfG hat die Verfassungsbeschwerde des Kriegsverbrechers Demjanjuk gegen seine Überstellung aus den USA in die Bundesrepublik Deutschland aus diesem Grund nicht zur Entscheidung angenommen (BVerfG [K], NVwZ 2009, 1156 [1157]). **106**

b) Grundrechtsbindung der EU

Besondere Schwierigkeiten mit erheblicher Klausurrelevanz wirft die Grundrechtsbindung des Handelns der EU auf. Insoweit ist zunächst auf Art. 51 I Hs. 1 EU-GRCh hinzuweisen. Danach sind die Organe und Einrichtungen der EU bei ihrer Tätigkeit an die unionalen Grundrechte gebunden, die in der EU-GRCh enthalten sind. Dagegen ist fraglich, ob die Rechtsakte der Union gem. Art. 1 III auch der Bindung an deutsche Grundrechte unterliegen und ob diese Bindung gegebenenfalls durch das BVerfG kontrolliert werden kann. **107**

Für die Antwort ist zunächst daran zu erinnern, dass die EU ein in hohem Maße integrierter Staatenverbund mit eigener Rechtspersönlichkeit ist (Art. 47 EUV). Das Handeln ihrer Stellen ist daher kein Akt deutscher Staatsgewalt i. S. v. Art. 1 III. Das BVerfG hat deshalb erklärt, dass es grds. nicht über die Gültigkeit des EU-Rechts entscheide (BVerfGE 118, 79 [95]). Damit ist das Problem aber noch nicht gelöst. Denn Hoheitsakte der Union binden die Mitgliedstaaten, d. h. die deutsche Staatsgewalt, und können darüber hinaus z. T. im Rahmen der deutschen Rechtsordnung unmittelbare Geltung beanspruchen, also auch den Einzelnen unmittelbar berechtigen und verpflichten. **108**

109 **Beispiele:**
- Richtlinien der EU sind für jeden Mitgliedstaat, an den sie gerichtet werden, hinsichtlich des zu erreichenden Ziels verbindlich, überlassen jedoch den innerstaatlichen Stellen die Wahl der Form und der Mittel (Art. 288 III AEUV)
- Verordnungen der EU haben allgemeine Geltung. Sie sind in allen ihren Teilen verbindlich und gelten unmittelbar in jedem Mitgliedstaat (Art. 288 II AEUV).

110 Vor diesem Hintergrund hat das BVerfG zunächst die Befugnis beansprucht, Vorschriften des Gemeinschaftsrechts (jetzt: Unionsrechts) an den Grundrechten des Grundgesetzes zu messen mit der Konsequenz, dass eine solche Vorschrift im Falle einer Kollision von den Behörden oder Gerichten der Bundesrepublik Deutschland nicht angewandt werden durfte (BVerfGE 37, 271 [282] – Solange I). Es hat somit eine Grundrechtsbindung und seine Kontrollkompetenz bejaht.

111 Allerdings hat das Gericht später in der Solange II-Entscheidung erklärt, dass es „seine Gerichtsbarkeit über die Anwendbarkeit von abgeleitetem Gemeinschaftsrecht, das als Rechtsgrundlage für ein Verhalten deutscher Gerichte und Behörden im Hoheitsbereich der Bundesrepublik Deutschland in Anspruch genommen wird, nicht mehr ausüben und dieses Recht mithin nicht mehr am Maßstab der Grundrechte des Grundgesetzes überprüfen wird". Das gelte allerdings nur, „solange die Europäischen Gemeinschaften, insbesondere die Rechtsprechung des Gerichtshofs der Gemeinschaften einen wirksamen Schutz der Grundrechte gegenüber der Hoheitsgewalt der Gemeinschaften generell gewährleisten, der dem vom Grundgesetz als unabdingbar gebotenen Grundrechtsschutz im wesentlichen gleichzuachten ist" (BVerfGE 73, 339 [387]). Im Übrigen hat sich das BVerfG die Wiederausübung der Kontrolle der Bindung an deutsche Grundrechte vorbehalten, wenn das „vom Grundgesetz geforderte Ausmaß an Grundrechtsschutz auf der Ebene des Gemeinschaftsrechts generell und offenkundig unterschritten" wird (BVerfGE 73, 339 [387]; s. auch Art. 23 Rn. 23f., 39).

112 Diesen vorläufigen Verzicht auf die Überprüfung von abgeleitetem EU-Recht in Deutschland an den Grundrechten des Grundgesetzes hat das Gericht in der Folgezeit über EU-Verordnungen hinaus auch für verbindliche Beschlüsse nach Art. 288 IV AEUV und für Richtlinien gem. Art. 288 III AEUV erklärt. Letztere bedürfen grds. der Umsetzung durch nationales Recht, entfalten also nur ausnahmsweise unmittelbare Wirkung. Entscheidend für die Reichweite des Kontrollverzichts des BVerfG ist somit nicht die *unmittelbare Wirkung* von Rechtsakten der EU, sondern die *zwingende Bindung* an diese Rechtsakte (BVerfGE 118, 79 [95ff.]). Diese Bindung besteht in unterschiedlichem Umfang auch bei EU-Richtlinien.

113 Nach Ansicht des BVerfG ist das Fachgericht im Falle einer vollständigen Bindung der Mitgliedstaaten durch zwingende Vorgaben der Union darauf beschränkt festzustellen, ob das anwendbare Unionsrecht mit den Unionsgrundrechten vereinbar ist, sofern für diese Prüfung ein Anlass besteht. Gelangt das nationale Gericht zu der Annahme, dass das Unionsrecht gegen EU-Grundrechte verstößt oder ungeklärte Auslegungsfragen aufwirft, leitet es ein Vorabentscheidungsverfahren zum EuGH nach Art. 267 AEUV ein (BVerfGE 129, 78 [103f.]). Eine zusätzliche Kontrolle anhand der Grundrechte des Grundgesetzes findet nicht statt, wenn und solange auf EU-Ebene ein Rechtsschutzsystem vorhanden ist, das im Wesentlichen dem grundgesetzlichen Standard entspricht (BVerfGE 118, 79 [96f.]). Dieses Rechtsschutzniveau ist durch Art. 251ff. AEUV, die EU-GRCh und die Rechtsprechung des EuGH gewährleistet. Dieser Kontrollverzicht nationaler Gerichte gilt nicht nur gegenüber dem Unionsrecht, sondern – etwa im Falle einer EU-Richtlinie – auch gegenüber dem nationalen Umsetzungsrecht, wenn dieses unionsrechtlich vollständig determiniert ist. Eine Verfassungsbeschwerde gegen die Anwendung nationalen Rechts, das in dieser Weise unionsrechtlich umhegt ist, wird grds. als unzulässig abgewiesen.

114 Eine Ausnahme ist dann anzuerkennen, wenn die Beschwerde darauf gestützt wird, dass das nationale Gericht zu Unrecht eine vollständige Bindung an EU-Recht ange-

nommen und somit den Umsetzungsspielraum verkannt hat, der den Mitgliedstaaten verbleibt (BVerfGE 129, 78 [106f.]). Das BVerfG nimmt damit die Befugnis in Anspruch, fachgerichtliche Entscheidungen nicht nur auf ihre spezifische Verfassungswidrigkeit, sondern darüber hinaus auch auf die zutreffende Ermittlung des unionsrechtlichen Umsetzungsspielraums hin zu überprüfen (Sachs, JuS 2012, 379 [380]). Besteht ein solcher Spielraum, muss der Gesetzgeber ihn in einer grundrechtsschonenden Weise ausfüllen (BVerfGE 113, 273 [300]). Er ist insoweit also gem. Art. 1 III an die Grundrechte des Grundgesetzes gebunden und diese Bindung wird vom nationalen Gericht überprüft (BVerfGE 125, 260 [306]).

Allerdings ist umstritten, ob in diesen Fällen die nationalen Umsetzungsakte neben der Bindung an die Grundrechte des Grundgesetzes auch der Bindung an die Grundrechte der EU-GRCh unterliegen. Für eine solche Doppelbindung könnte der *Wortlaut* des Art. 51 I 1 Hs. 2 EU-GRCh sprechen. Danach gilt diese Charta für die Mitgliedstaaten ausschließlich bei der Durchführung des Rechts der Union, ohne dass weitergehend danach differenziert wird, ob dieses bindende Vorgaben enthält (s. auch EuGH, Rs. C-540/03, Slg. 2006 I, 5769, Rn. 104f. – Parlament/Rat). **115**

Stellt man hingegen auf den *Zweck* des Art. 51 I 1 Hs. 2 EU-GRCh ab, das Handeln nationaler Stellen, soweit es das funktionale Äquivalent zum Handeln der EU darstellt, in die Bindung an Grundrechte der EU einzubeziehen (Zimmermann, NVwZ 2010, 803 [807f.]), ist dies lediglich bei unionsrechtlicher Determinierung geboten. Nationale Umsetzungsakte sind dann nur an den Grundrechten der EU zu messen, während bei einem Ermessensspielraum der nationalen Stellen die Grundrechte des Grundgesetzes alleiniger Prüfungsmaßstab sind. **116**

Für diese teleologische Reduktion des Art. 51 I 1 Hs. 2 EU-GRCh, die zu einem alternativen und exklusiven Schutz durch unionale oder deutsche Grundrechte führt, kann zudem vorgebracht werden, dass die einheitliche und wirksame Durchsetzung des sekundären Unionsrechts dadurch gewährleistet ist, dass es gegenüber dem nationalen Recht Anwendungsvorrang besitzt, während es seinerseits am Maßstab der EU-Grundrechte zu messen ist. Dagegen kann eine parallele Bindung an deutsche und unionale Grundrechte Kollisionsfragen aufwerfen, die über den Anwendungsvorrang der Grundrechte der EU gegenüber den Grundrechten des Grundgesetzes aufgelöst werden müssten (Kingreen, in: Calliess/Ruffert, EUV/AEUV, Art. 51 GRCh Rn. 8ff.). **117**

Fasst man diese komplexe und komplizierte Argumentation zusammen, verzichtet das BVerfG auf eine Ausübung der Kontrolle von EU-Recht an den Grundrechten des Grundgesetzes. Dieser Verzicht umfasst auch nationale Umsetzungsbestimmungen, soweit eine umfassende Bindung an zwingende Vorgaben der EU besteht. Besitzt der Mitgliedstaat dagegen einen Umsetzungsspielraum, ist für den nationalen Umsetzungsakt gem. Art. 1 III die Bindung an die deutschen Grundrechte zu beachten und gegebenenfalls gerichtlich durchzusetzen. **118**

Dagegen ist umstritten, ob insoweit daneben auch eine Bindung an die EU-Grundrechte besteht. Der EuGH hat dies gem. Art. 51 I 1 Hs. 2 EU-GRCh („... Durchführung des Rechts der Union") bejaht, wenn eine unionsrechtlich geregelte Fallgestaltung vorliege. Das sei etwa anzunehmen, wenn eine nationale Rechtsvorschrift in den Geltungsbereich des Unionsrechts falle (Urt. v. 26.2.2013, Rs. C-617/10, NJW 2013, 1415 [1415f. Rn. 19] – Akerberg Fransson). Das BVerfG hat darauf hingewiesen, dass hierfür jeder sachliche Bezug einer Regelung zum bloß abstrakten Anwendungsbereich des Unionsrechts oder rein tatsächliche Auswirkungen auf dieses nicht ausreichen. Nach Art. 6 I EUV, Art. 51 II EU-GRCh kann die Charta den Geltungsbereich des Unionsrechts nicht über die Zuständigkeiten der Union hinaus ausdehnen und begründet weder neue Zuständigkeiten noch neue Aufgaben für die Union, noch ändert sie die in den Verträgen festgelegten Zuständigkeiten und Aufgaben (BVerfGE 133, 277 [315f. Rn. 90f.]). **118a**

118b Der EuGH hat dies zuletzt ausdrücklich anerkannt (Urt. v. 11.11.2014, Rs. C-333/13, NJW 2015, 145 [148 Rn. 88] – Dano). Er hat dadurch zugleich auf die kaum verhohlene Drohung des BVerfG reagiert, dass der Akerberg Fransson-Entscheidung des EuGH (Rn. 118a) keine Lesart unterlegt werden dürfe, „nach der diese offensichtlich als Ultra-vires-Akt zu beurteilen wäre oder Schutz und Durchsetzung der mitgliedstaatlichen Grundrechte in einer Weise gefährdete, dass dies die Identität der durch das Grundgesetz errichteten Verfassungsordnung in Frage stellte" (BVerfGE 133, 277 [316 Rn. 91]). Die EU-Grundrechte kommen daher bei mitgliedstaatlichem Handeln gem. Art. 51 I 1 Hs. 2 EU-GRCh nur dann zur Anwendung, wenn dieses Sachverhalte betrifft, die von der EU geregelt worden sind. Hierfür reicht es nicht aus, dass EUV und AEUV für diese Bereiche Ziele festlegen und der Union Zuständigkeiten einräumen, sofern diese nicht ausschließlicher Natur sind (Art. 2 I, 3 AEUV, s. zuletzt EuGH, Urt. v. 5.2.2015, Rs. C-117/14, juris, Rn. 29, 41 ff. – Poclava). Daneben können nationale Schutzstandards für Grundrechte angewendet werden, „sofern durch diese Anwendung weder das Schutzniveau der Charta, wie sie vom Gerichtshof ausgelegt wird, noch der Vorrang, die Einheit und die Wirksamkeit des Unionsrechts beeinträchtigt werden" (EuGH, Urt. v. 26.2.2013, Rs. C-399/11, NJW 2013, 1215 [1219 Rn. 60] – Melloni).

c) Bindung des Gesetzgebers

119 Die Bindung der Gesetzgebung gem. Art. 1 III gilt zunächst für den Erlass von förmlichen Gesetzen. Materielle Gesetze, also Rechtsverordnungen und Satzungen, werden meist dem Merkmal „vollziehende Gewalt" zugeordnet und unterfallen auf diesem (Um-)Weg ebenfalls der Grundrechtsbindung der Staatsgewalt. Regelungen von Privatrechtssubjekten, etwa Umwelt- und technische Sicherheitsstandards, werden von Art. 1 III nicht erfasst (Höfling, in: Sachs, Art. 1 Rn. 97 ff., dort auch zur strittigen Frage einer unmittelbaren Grundrechtsbindung der Tarifvertragsparteien). Hoheitsakte eines parlamentarischen Untersuchungsausschusses werden der Grundrechtsbindung der Gesetzgebung zugeordnet.

120 **Beispiel:** Verhängt ein parlamentarischer Untersuchungsausschuss ein Ordnungsgeld, ist diese Maßnahme gem. Art. 1 III an den Gewährleistungen aus Art. 2 I i. V. m. Art. 20 III zu messen (BVerfG [K], NVwZ 2002, 1499 [1500]).

d) Bindung der vollziehenden Gewalt

121 Art. 1 III unterwirft die vollziehende Gewalt in allen ihren Erscheinungsformen der unmittelbaren Grundrechtsbindung.

122 **Beispiele:**
- Bundesregierung und Landesregierungen sowie ihnen nachgeordnete Verwaltungsbehörden
- Verwaltungsträger, also juristische Personen des öffentlichen Rechts, die Verwaltungsaufgaben wahrnehmen, z. B. Gemeinden, und deren Organe und Behörden (Gemeinderat, Bürgermeister, Gemeindeverwaltung)
- Sonstige, nur organisatorisch verselbständigte Einheiten, die Verwaltungsaufgaben erfüllen, z. B. Eigenbetriebe einer Gemeinde.

123 *aa) Bei hoheitlichem Handeln.* Die unmittelbare Grundrechtsbindung gilt zunächst für das hoheitliche Handeln dieser Stellen, also die Wahrnehmung öffentlicher Aufgaben mit öffentlich-rechtlichen Mitteln. Die konkrete Handlungsform spielt ebenso wenig eine Rolle wie die Wirkungen des Handelns (belastend oder begünstigend, imperativ oder influenzierend, mit oder ohne unmittelbare Außenwirkung).

124 **Beispiele:**
- Materielle Normen, d. h. Rechtsverordnungen und Satzungen
- Verwaltungsakte, also Ge- und Verbote, aber auch Bewilligungen, Genehmigungen und Ähnliches

- Öffentlich-rechtliche Verträge i. S. v. §§ 54 ff. VwVfG
- Öffentlich-rechtliche Realakte
- Verwaltungsvorschriften
- Weisungen.

bb) Bei privatrechtlichem Handeln. Bedient sich die vollziehende Gewalt privatrechtlicher Handlungsformen, muss wie folgt unterschieden werden: **125**

(1) Unmittelbare Erfüllung öffentlicher Aufgaben. Dient das privatrechtliche Handeln unmittelbar der Erfüllung öffentlicher Aufgaben (sog. Verwaltungsprivatrecht), wird eine unmittelbare Grundrechtsbindung nach Art. 1 III allgemein anerkannt. Andernfalls könnte sich die vollziehende Gewalt durch die Wahl der Handlungsform dieser Bindung entziehen (sog. Flucht ins Privatrecht). **126**

(2) Mittelbare Erfüllung öffentlicher Aufgaben. Die Bindungswirkung des Art. 1 III tritt aber auch dann ein, wenn privatrechtliches Handeln nur mittelbar der Erfüllung öffentlicher Aufgaben dient, wie das für Bedarfsdeckungsgeschäfte der Verwaltung typisch ist. Der abweichenden Auffassung des BGH (BGHZ 36, 91 [95 ff.]) ist entgegenzuhalten, dass die vollziehende Gewalt auch insoweit im öffentlichen Interesse, also gemeinnützig, und nicht privatnützig handelt (vgl. Höfling, in: Sachs, Art. 1 Rn. 107 f. m. w. N.). Außerdem besitzt die Staatsgewalt in diesen Fällen regelmäßig zumindest faktisch eine überlegene Stellung, der durch die Bindung an Grundrechte Rechnung getragen werden muss. Daneben entfalten die Vorschriften des Vergaberechts, die unabhängig von der Grundrechtsbindung eingreifen und vor allem eine Diskriminierung verhindern sollen, eine – in praxi wohl effektivere – Bindung. **127**

Das BVerfG betont in einer neueren Entscheidung, dass jedes Handeln staatlicher Organe und Organisationen gem. Art. 1 III grundrechtsgebunden ist, sofern es in Wahrnehmung ihres dem Gemeinwohl verpflichteten Auftrags erfolgt. „Diese Bindung steht nicht unter einem Nützlichkeits- oder Funktionsvorbehalt. Sobald der Staat eine Aufgabe an sich zieht, ist er bei deren Wahrnehmung auch an die Grundrechte gebunden, unabhängig davon, in welcher Rechtsform er handelt. Dies gilt auch, wenn er für seine Aufgabenwahrnehmung auf das Zivilrecht zurückgreift. Eine Flucht aus der Grundrechtsbindung in das Privatrecht mit der Folge, dass der Staat unter Freistellung von Art. 1 Abs. 3 GG als Privatrechtssubjekt zu begreifen wäre, ist ihm verstellt“ (BVerfGE 128, 226 [245]). **128**

(3) Erwerbswirtschaftliches Handeln. Erkennt man in der Wahrnehmung öffentlicher Interessen die Rechtfertigung der Grundrechtsbindung nach Art. 1 III, ist eine solche Bindung abzulehnen, wenn der Staat sich wie ein Privater erwerbswirtschaftlich betätigt. Kennzeichnend hierfür ist, dass er mit Gewinnerzielungsabsicht privatrechtlich am Wettbewerb teilnimmt, z. B. durch Erzeugung und Verkauf von Wein. Dagegen nimmt die wohl h. M. in diesen Fällen ebenfalls eine Grundrechtsbindung nach Art. 1 III an. Sie begründet dies damit, dass „die Grundrechte den Staat in allen seinen Ausprägungen und Aktivitäten konstituieren“ (Jarass, in: JP, Art. 1 Rn. 38; in diese Richtung auch BVerfGE 128, 226 [244]). **129**

Gegen dieses weite Verständnis der Grundrechtsbindung ist einzuwenden, dass die Freiheitsgrundrechte nach ihrer Entstehungsgeschichte, Funktion und Intention keine geeigneten Kriterien für die Auflösung solcher Konflikte bereitstellen. Tritt der Staat wie ein Privater auf, unterwirft er sich also denselben rechtlichen und tatsächlichen Bedingungen, insbesondere Gefahren und Chancen, ist auch im Hinblick auf den Gleichheitssatz des Art. 3 I nicht einzusehen, warum er dann besonderen öffentlich-rechtlichen Bindungen durch die Grundrechte unterliegen soll. Diese tragen besonderen Befugnissen Rechnung, die insoweit gerade nicht bestehen. **130**

(4) Beliehene. Erklärungsbedürftig ist die Grundrechtsbindung zudem dann, wenn der Staat öffentliche Aufgaben mit Hilfe von Privatrechtssubjekten wahrnimmt. Insoweit ist zwischen folgenden Organisationsformen zu differenzieren: Die unmittelbare **131**

Grundrechtsbindung ist ohne Zweifel zu bejahen, wenn der Staat öffentliche Aufgaben aufgrund eines Hoheitsakts auf natürliche oder juristische Personen des Privatrechts zur eigenständigen Erfüllung überträgt. Diese werden dadurch zu sog. Beliehenen. Sie sind selbst Hoheitsträger und üben im Rahmen ihrer Beleihung hoheitliche Gewalt aus, unterliegen mithin der Grundrechtsbindung nach Art. 1 III.

132 **Beispiele:**
- Technischer Überwachungsverein (TÜV)
- Flugzeugkapitän.

133 *(5) Verwaltungshelfer.* Unproblematisch sind auch die Fälle, in denen das Handeln des Privaten einem Hoheitsträger zuzurechnen ist. Dogmatische Grundlage hierfür ist die Figur des Verwaltungshelfers. Sie ist dadurch gekennzeichnet, dass das Handeln von den Weisungen des Hoheitsträgers abhängt.

134 **Beispiel:** Ein Abschleppunternehmen (GmbH) stellt auf Weisung der Polizei ein Fahrzeug sicher.

135 *(6) Öffentliche Unternehmen.* Bedient sich der Staat bei der Wahrnehmung öffentlicher Aufgaben einer nicht weisungsabhängigen juristischen Person des Privatrechts, etwa einer AG, ist dieses Unternehmen (neben dem Staat) selbst gem. Art. 1 III an die Grundrechte gebunden, wenn der Staat der Alleineigentümer dieses (dann) öffentlichen Unternehmens ist. Nach Ansicht des BVerfG entspricht dies „dem Charakter eines solchen Unternehmens als verselbständigter Handlungseinheit und stellt eine effektive Grundrechtsbindung unabhängig davon sicher, ob, wieweit und in welcher Form der oder die Eigentümer gesellschaftsrechtlich auf die Leitung der Geschäfte Einfluss nehmen können. [...] Aktivitäten öffentlicher Unternehmen bleiben unabhängig von der Ausgestaltung der gesellschaftsrechtlichen Einflussrechte eine Form staatlicher Aufgabenwahrnehmung, bei der die Unternehmen selbst unmittelbar an die Grundrechte gebunden sind" (BVerfGE 128, 226 [245 f.]).

136 *(7) Gemischt-wirtschaftliche Unternehmen.* Hält der Staat dagegen nur einen Teil der Anteile, ist dieses sog. gemischt-wirtschaftliche Unternehmen selbst gem. Art. 1 III grundrechtsgebunden, wenn es vom Staat beherrscht wird. In welchen Fällen dies anzunehmen ist, war lange umstritten. Das BVerfG hat nunmehr zunächst klargestellt, dass die Grundrechtsbindung des hinter dem Unternehmen stehenden öffentlichen Eigentümers und seine gesellschaftsrechtlichen Einwirkungsbefugnisse die Grundrechtsbindung des Unternehmens weder ersetzen noch überflüssig machen. Diese Bindung könne nicht quotenweise realisiert oder von den konkreten gesellschaftsrechtlichen Einwirkungsbefugnissen hinsichtlich der Geschäftsführung abhängig gemacht werden.

137 Entscheidend sei vielmehr die Gesamtverantwortung für das Unternehmen. Dieses sei unmittelbar an die Grundrechte gebunden, wenn es „von öffentlichen Anteilseignern beherrscht wird. Dies ist in der Regel der Fall, wenn mehr als die Hälfte der Anteile im Eigentum der öffentlichen Hand stehen. Insoweit kann grds. an entsprechende zivilrechtliche Wertungen angeknüpft werden. In diesen Fällen handelt es sich um staatliche Aktivitäten unter Beteiligung von Privaten. Für sie gelten unabhängig von ihrem Zweck oder Inhalt die allgemeinen Bindungen staatlicher Aufgabenwahrnehmung. Bei der Entfaltung dieser Aktivitäten sind die öffentlich beherrschten Unternehmen unmittelbar durch die Grundrechte gebunden und können sich umgekehrt gegenüber Bürgern nicht auf eigene Grundrechte stützen" (BVerfGE 128, 226 [246 f.]; dazu Sachs, JuS 2011, 665 f.).

138 **Beispiel:** Die als Aktiengesellschaft organisierte, mehrheitlich in öffentlicher Hand befindliche Fraport AG betreibt den Flughafen Frankfurt am Main. Ein durch diese AG gegenüber den Veranstaltern und Teilnehmern von Versammlungen erteiltes Verbot, das diesen auf Dauer untersagt, das Flughafengebäude ohne Erlaubnis der Betreiberin für Meinungskundgaben und Demonstrationen zu nutzen, unterliegt gem. Art. 1 III der unmittelbaren Grundrechtsbindung und stellt somit einen rechtfertigungsbedürftigen Eingriff in Art. 5 I 1 und Art. 8 dar (BVerfGE 128, 226 ff.).

Verfügt der Staat dagegen nicht über die Mehrheit der Anteile, ist das Unternehmen selbst nicht gem. Art. 1 III grundrechtsgebunden, sondern gem. Art. 19 III grundrechtsberechtigt (Art. 19 Rn. 55). Es handelt sich dann um eine private Aktivität unter Beteiligung des Staates, ohne dass dieser beherrschenden Einfluss besitzt (BVerfGE 128, 226 [247]). Allerdings ist der Staat bei der Wahrnehmung seiner Anteilsrechte an die Grundrechte gebunden. Diese Bindung kann sich allerdings nur im Rahmen des für das Unternehmen geltenden Gesellschaftsrechts entfalten. Dessen Vorgaben können nicht unter Hinweis auf die Grundrechtsbindung des staatlichen Minderheitseigentümers abgeändert oder aufgehoben werden. Die darauf abzielende dogmatische Konstruktion eines Verwaltungsgesellschaftsrechts ist abzulehnen. **139**

e) Bindung der Rechtsprechung

140 Bei der Grundrechtsbindung der Rechtsprechung muss zwischen der Entscheidungsfindung und dem Inhalt der Entscheidung unterschieden werden (vgl. Höfling, in: Sachs, Art. 1 Rn. 110ff.). Denn die Gerichte üben einerseits bei ihrer Tätigkeit hoheitliche Gewalt aus. Die Betroffenen müssen insoweit geschützt werden, was eine Grundrechtsbindung der Judikative impliziert. Andererseits wirken Gerichte bei der Durchsetzung der Grundrechtsbindung von Gesetzgebung und vollziehender Gewalt mit. Insoweit geht es nicht um den Schutz *vor* gerichtlichen Entscheidungen, sondern um den Schutz *durch* gerichtliche Entscheidungen. Geht man von dieser grundlegenden Differenzierung aus, ergibt sich folgendes Bild:

141 Die Rechtsprechung ist hinsichtlich der *verfahrensrechtlichen* Seite der Entscheidungsfindung und der sie abschließenden Entscheidung gem. Art. 1 III an die einschlägigen Grundrechte gebunden. Denn der Richter tritt im gerichtlichen Verfahren „den Verfahrensbeteiligten formell und in unmittelbarer Ausübung staatlicher Hoheitsgewalt gegenüber" (BVerfGE 52, 203 [207]). Er muss daher insbesondere die grundrechtlichen Gewährleistungen für eine rechtsstaatliche Verfahrensgestaltung beachten. Das gilt für öffentlich-rechtliche Streitigkeiten, aber auch für den Zivilprozess, wobei die verfassungsrechtlichen Vorgaben teilweise differieren.

142 **Beispiele:**
- Garantie eines effektiven Rechtsschutzes gem. Art. 19 IV (für öffentlich-rechtliche Streitigkeiten)
- allgemeiner Justizgewährungsanspruch aus Art. 2 I i.V.m. dem Rechtsstaatsprinzip (für privatrechtliche Streitigkeiten)
- Rechtliches Gehör gem. Art. 103 I (für alle Gerichtsverfahren).

143 Dagegen ist bezüglich des *Inhalts* der gerichtlichen Entscheidung daran zu erinnern, dass die Gerichte hier gemäß ihrer Kontrollfunktion Eingriffe von Seiten Dritter auf ihre Rechtmäßigkeit hin überprüfen. Der im Rahmen der Entscheidung anzulegende Maßstab ergibt sich aus den Anforderungen für das Handeln des Dritten. Ist dieses der Staatsgewalt zuzurechnen, gelten die Grundrechte unmittelbar. Liegt hingegen ein Handeln Privater vor, entfalten die Grundrechte für den vom Gericht zu beurteilenden Sachverhalt keine unmittelbare, sondern nur mittelbare Bindungswirkung (Rn. 150ff.). Auch in diesen Fällen ist zunächst von den gesetzlichen Vorgaben für die Konfliktvermeidung und -schlichtung auszugehen, die gem. Art. 20 III Hs. 2, Art. 97 I den Richter binden. Bei ihrer Auslegung und Anwendung muss dieser die Ausstrahlungswirkung der Grundrechte als objektive Wertentscheidung beachten. Der Inhalt der gerichtlichen Entscheidung verstößt gegen Grundrechte, wenn deren Ausstrahlungswirkung verkannt wird (s. auch Rn. 153f.).

144 **Beispiel:** Bejaht ein Zivilgericht in einer Mietstreitigkeit die Verpflichtung des Mieters zur Offenlegung seiner Entmündigung, verstößt es nicht nur gegen das allgemeine Persönlichkeitsrecht als objektives Verfassungsrecht, sondern verletzt als Träger öffentlicher Gewalt durch sein Urteil zugleich das entsprechende Grundrecht des Mieters. Denn Art. 2 I i.V.m. Art. 1 I entfalten „als objektive Normen ihren Rechtsgehalt auch im Privatrecht und strahlen in dieser Eigenschaft auf die Auslegung und Anwendung privatrechtlicher Vorschriften aus. Der Richter muss daher prüfen, ob von der Anwendung zivilrechtlicher Vorschriften im Einzelfall Grundrechte berührt werden. Trifft das zu, dann hat er diese Vorschriften im Lichte der Grundrechte auszulegen und anzuwenden" (vgl. BVerfGE 7, 198 [206]). Da das erkennende Gericht diese Maßstäbe verkannt hat und sein Urteil auf der Außerachtlassung dieses verfassungsrechtlichen Einflusses auf das Privatrecht beruht, liegt der aufgezeigte Grundrechtsverstoß vor (BVerfGE 84, 192 [195]).

145 *Beachte:* Ist eine zivilgerichtliche Entscheidung Gegenstand einer Verfassungsbeschwerde, muss neben der dargelegten differenzierten Bindung des Inhalts der Entscheidung an die Grundrechte die weitere Einschränkung beachtet werden, dass das BVerfG bei sog. Urteilsverfassungsbeschwerden seine Kontrolle auf die Verletzung spezifischen Verfassungsrechts beschränkt (Art. 93 Rn. 85). Dabei handelt es sich aber um keine materiell-rechtliche, sondern um eine funktionell-rechtliche Beschränkung. Sie ist unabhängig von der Einschränkung der Grundrechtsbindung nach Art. 1 III und tritt neben sie (vgl. Höfling, in: Sachs, Art. 1 Rn. 113; anders BVerfGE 112, 332 [358f.]).

146 *Klausurhinweis:* Bei einer Verfassungsbeschwerde gegen die Entscheidung eines Zivilgerichts in einem privatrechtlichen Rechtsstreit ist auf diese Grundsätze in der Falllösung an folgenden Stellen einzugehen:

147 Zunächst ist bei der Erörterung der Statthaftigkeit der Beschwerde darauf hinzuweisen, dass ihr Gegenstand nicht das Verhalten eines Privaten, sondern die darauf bezogene gerichtliche Entscheidung ist. Der Richter handelt dabei als Teil der grundrechtsgebundenen Staatsgewalt i. S. v. Art. 1 III und übt somit öffentliche Gewalt gem. Art. 93 I Nr. 4a, § 90 I BVerfGG aus.

148 Dann ist im Rahmen der Beschwerdebefugnis darauf einzugehen, dass die mögliche Verletzung in einem bestimmten Grundrecht daraus resultiert, dass dieses durch das Verhalten eines Privaten faktisch beeinträchtigt wird, das Zivilgericht diese Beeinträchtigung rechtlich gebilligt und dadurch möglicherweise die Ausstrahlungswirkung des Grundrechts verkannt hat.

149 Schließlich ist bei der Prüfung der Begründetheit der Verfassungsbeschwerde die Einschränkung des Prüfungsumfangs auf spezifisches Verfassungsrecht herauszustellen, die ihren Grund in der Verteilung der Aufgaben zwischen Fachgerichten und BVerfG („keine Superrevisionsinstanz") hat.

5. Zur Grundrechtsbindung von Privaten

150 Natürliche oder juristische Personen des Privatrechts, die nicht vom Staat beherrscht werden (Rn. 136ff.), unterliegen nicht der in Art. 1 III angeordneten unmittelbaren Grundrechtsbindung. Das folgt schon aus dem Wortlaut dieser Verfassungsnorm, die ausschließlich die Staatsgewalt anspricht, und wird durch ihre Entstehungsgeschichte bekräftigt (PSKP, Rn. 191). Die Ablehnung einer unmittelbaren Bindung Privater wird durch eine systematische Gegenüberstellung mit Art. 9 III 2 untermauert, der diese Bindungswirkung ausnahmsweise vorsieht.

151 Im Verhältnis zwischen Privaten können sich grundrechtliche Gewährleistungen auf zwei Wegen entfalten: im Rahmen grundrechtlicher Schutzpflichten und/oder im Rahmen der Ausstrahlungswirkung der Grundrechte. Zunächst muss der Gesetzgeber wegen seiner grundrechtlichen Schutzpflichten verhindern, dass es zu Eingriffen seitens Dritter kommt. Geht die Beeinträchtigung von einem Privaten aus, muss er einen präventiven Ausgleich der kollidierenden Rechtspositionen vornehmen. Bei der Ausformung des normativen Konfliktlösungsprogramms muss der Gesetzgeber der typischerweise auftretenden faktischen Unterlegenheit einer Seite angemessen Rechnung tragen. Ein Verstoß ist im Rahmen der Schutzpflichtenkonzeption aber erst anzunehmen, wenn das danach notwendige Mindestschutzniveau unterschritten ist.

Beispiel: Bei der Regelung der Zulässigkeit eines Schwangerschaftsabbruchs muss der Gesetzgeber das Untermaßverbot beachten, dessen Einhaltung der verfassungsgerichtlichen Kontrolle unterliegt. Die gesetzlichen Vorkehrungen müssen für einen angemessenen und wirksamen Lebensschutz ausreichend sein und zudem auf sorgfältigen Tatsachenermittlungen und vertretbaren Einschätzungen beruhen (BVerfGE 88, 203 [254 ff.]). **152**

Im Übrigen beeinflussen die Grundrechte das Verhältnis zwischen Privaten, wenn Gerichte die einschlägigen gesetzlichen Regelungen auslegen und anwenden. Die Wirkkraft der Grundrechte hängt dabei in erster Linie von zwei Faktoren ab: Zum einen vom Auslegungsspielraum des Richters. Dieser ist insbesondere durch die Offenheit des Normtextes bedingt und reicht gerade bei generalklauselartigen Tatbestandsmerkmalen wie gute Sitten (§ 138 BGB) sehr weit. Zum anderen ist die Intensität der faktischen Beeinträchtigung des Grundrechts relevant. Je größer sie ist, desto stärker müssen die grundrechtlichen Gewährleistungen berücksichtigt werden. **153**

Diese Ausstrahlungswirkung der Grundrechte wird z.T. den grundrechtlichen Schutzpflichten des Richters zugeordnet. Der wesentliche Unterschied zu den Schutzpflichten des Gesetzgebers besteht darin, dass dieser bei ihrer Umsetzung typische Konfliktsituationen antizipatorisch vermeiden oder auflösen will. Dagegen handelt der Richter reaktiv, indem er Konflikte gemäß der konkreten Umstände des Einzelfalls bewältigt. Diese Gegenüberstellung macht zugleich deutlich, dass dem Gesetzgeber bei der Konfliktschlichtung das Primat zukommt. **154**

C. Prüfungshinweise

Grobschema zur Prüfung des Art. 1 I durch das BVerfG: **155**

1. Schutzbereich, Art. 1 I
   - a) persönlich
     - aa) Natürliche Person
     - bb) Zeitraum
   - b) sachlich
     - aa) Gegenstand: Würde des Menschen
       - (1) Objekt-Subjekt-Formel
       - (2) Fallgruppen
     - bb) Gewährleistungen
       - (1) Abwehr
       - (2) Achtung und Schutz
2. Eingriff
3. Rechtfertigung: nicht möglich; absoluter Schutz

D. Weiterführende Literatur/Leseempfehlungen

Zu Art. 1 I: Aubel, T., Das menschenunwürdige Laserdrome, Jura 2004, 255–260; Baumann, K., Das Urteil des BVerfG zum Luftsicherheitseinsatz der Streitkräfte, Jura 2006, 447–454; Bautze, K., Die Menschenwürde als Ware – Grenzen des selbstbestimmten Umgangs mit Art. 1 I GG, Jura 2011, 647–650; Böckenförde, E.-W., Menschenwürde als normatives Prinzip – Die Grundrechte in der bioethischen Debatte, JZ 2003, 809–815; v. Bernstorff, J., Der Streit um die Menschenwürde im Grund- und Menschenrechtsschutz: Eine Verteidigung des Absoluten als Grenze und Auftrag, JZ 2013, 905–915; Boin, K.T., Unterhaltsbelastung für ein Kind als Schaden – Eine unendliche Geschichte?, JA 1995, 425–431; Chinnow, D., Menschenwürde im Fernsehen – Zur Problematik der Definition und des Verzichts in Konsenssituationen, DVBl. 2014, 74–78; Discher, T., Die Peep-Show-Urteile des BVerwG – BVerwGE 64, 274, und BVerwG, NVwZ 1990, 668, JuS 1991, 642–649; Fink, U., Der Schutz des menschlichen Lebens im Grundgesetz – zugleich ein Beitrag zum Verhältnis des Lebensrechts zur Menschenwürdegarantie, Jura 2000, 210–216; Frenz, W., „Armutsein- **156**

wanderung" zwischen EU-Freizügigkeit und Menschenwürde, NJW 2013, 1210–1213; Hager, J., Die Mephisto-Entscheidung des Bundesverfassungsgerichts, Jura 2000, 186–191; Haltern, U./Viellechner, L., Import embryonaler Stammzellen zu Forschungszwecken, JuS 2002, 1197–1203; Hartwig, H., „Big Brother" und die Folgen – Bemerkungen zu einem ungewöhnlichen Sendeformat, JZ 2000, 967–973; Hinrichs, U., „Big Brother" und die Menschenwürde, NJW 2000, 2173–2176; Höfling, W., Die Unantastbarkeit der Menschenwürde – Annäherungen an einen schwierigen Verfassungsrechtssatz, JuS 1995, 857–862; Hoerster, N., Zur Bedeutung des Prinzips der Menschenwürde, JuS 1983, 93–96; ders., Noch einmal – Peep-Show und Menschenwürde (zu Wildanger-Hofmeister, JuS 1983, 407f.), JuS 1983, 647; ders., Sind Lebensrecht und Menschenwürde „abstufbar"?, Jura 2011, 241–244; Hufen, F., Die Menschenwürde, Art. 1 I GG, JuS 2010, 1–10; Jäger, C., Folter und Flugzeugabschuss – rechtsstaatliche Tabubrüche oder rechtsguterhaltende Notwendigkeiten? Zugleich ein Beitrag zur Entscheidung des EGMR im Fall Gäfgen gegen Deutschland, JA 2008, 678–684; Kasiske, P., Die Selbstbelastungsfreiheit im Strafprozess, JuS 2014, 15–20; Muckel, S., Grundrecht auf Gewährleistung eines menschenwürdigen Existenzminimums, JA 2012, 794–796; Peltzer, M., Das Kind Jakob und die Menschenwürde, ZRP 2013, 23–25; Pieroth, B./Hartmann, B.J., Der Abschuss eines Zivilflugzeugs auf Anordnung des Bundesministers für Verteidigung, Jura 2005, 729–734; Polzin, C., Verfassungswidrigkeit der Fernsehsendung „Big Brother", Jura 2000, 278–279; Poscher, R., Menschenwürde und Kernbereichsschutz – Vor den Gefahren einer Verräumlichung des Grundrechtsdenkens, JZ 2009, 269–277; Scheidler, A., Verstoßen Tötungsspiele gegen die Menschenwürde?, Jura 2009, 575–578; Windthorst, K./Sattler, A., Referendarexamensklausur – Öffentliches Recht: Staatsrecht – „Hartz IV", JuS 2012, 826–832.

Zu Art. 1 II: Gusy, C., Wirkungen der Rechtsprechung des Europäischen Gerichtshofs für Menschenrechte in Deutschland, JA 2009, 406–410; Hoffmann, J.M./ Mellech, K./Rudolphi, V., Der Einfluss der EMRK auf die grundrechtliche Fallbearbeitung, Jura 2009, 256–260; Oster, J., Grundrechtsschutz in Deutschland im Lichte des Europarechts, JA 2007, 96–101; Payandeh, M./Sauer, H., Menschenrechtskonforme Auslegung als Verfassungsmehrwert: Konvergenzen von Grundgesetz und EMRK im Urteil des Bundesverfassungsgerichts zur Sicherungsverwahrung, Jura 2012, 289–298; Quarthal, B., Nachträglich verlängerte Sicherungsverwahrung und der EGMR – zur innerstaatlichen Rechtswirkung der Europäischen Konvention für Menschenrechte, Jura 2011, 495–499; Schapp, J., Die Menschenrechte als Grundlage der nationalen und europäischen Verfassungen, JZ 2003, 217–224.

Zu Art. 1 III: Austermann, P., Die rechtlichen Grenzen des Bundesverfassungsgerichts im Verhältnis zum Gesetzgeber, DÖV 2011, 267–272; de Wall, H./Wagner, R., Die sogenannte Drittwirkung der Grundrechte, JA 2011, 734–740; Goldhammer, M., Grundrechtsberechtigung und -verpflichtung gemischtwirtschaftlicher Unternehmen, JuS 2014, 891–895; Kersten, J./Meinel, F., Grundrechte in privatisierten öffentlichen Räumen, JZ 2007, 1127–1134; Röthel, A., Verfassungsprivatrecht aus Richterhand? – Verfassungsbindung und Gesetzesbindung der Zivilgerichtsbarkeit, JuS 2001, 424–429; Schnapp, F.E./Kaltenborn, M., Grundrechtsbindung nichtstaatlicher Institutionen, JuS 2000, 937–943.

Art. 2 [Freie Entfaltung der Persönlichkeit, Recht auf Leben, körperliche Unversehrtheit, Freiheit der Person]

(1) **Jeder hat das Recht auf die freie Entfaltung seiner Persönlichkeit, soweit er nicht die Rechte anderer verletzt und nicht gegen die verfassungsmäßige Ordnung oder das Sittengesetz verstößt.**

(2) [1]**Jeder hat das Recht auf Leben und körperliche Unversehrtheit.** [2]**Die Freiheit der Person ist unverletzlich.** [3]**In diese Rechte darf nur auf Grund eines Gesetzes eingegriffen werden.**

Pflichtstoff (*****)

Übersicht

A. Überblick

I. Normstruktur

Abs. 1 garantiert die freie Entfaltung der Persönlichkeit. Daraus sind zwei eigenständige grundrechtliche Gewährleistungen entwickelt worden: die allgemeine Handlungsfreiheit und – i. V. m. Art. 1 I – das allgemeine Persönlichkeitsrecht. Diese beiden Grundrechte sind gesondert zu prüfen. Denn sie haben unterschiedliche Schutzgegenstände (Rn. 24 ff., 75 ff.) und unterliegen abweichenden Schranken-Schranken im Rahmen der sog. Schrankentrias des Abs. 1 Hs. 2, da nur beim allgemeinen Persönlichkeitsrecht die Wahrung des abwägungsresistenten Intimbereichs zu prüfen ist. 1

Dagegen schützt Abs. 2 drei unterschiedliche Aspekte der Körperlichkeit des Menschen, nämlich das Leben, die körperliche Unversehrtheit (S. 1) und die körperliche 2

Fortbewegungsfreiheit (S. 2, vgl. Murswiek, in: Sachs, Art. 2 Rn. 8). Zwischen diesen personalen Freiheitsrechten besteht eine sachlogische Abstufung, weil das Leben die tatsächliche Voraussetzung der beiden anderen Gewährleistungen ist. Gemeinsam bilden sie die Grundlage für weitere, grundrechtlich verbürgte Freiheitsentfaltungen. Die Binnenstruktur des Art. 2 II ist zudem dadurch gekennzeichnet, dass die Grundrechte des Satzes 1 und 2 der benannten Schranke des Satzes 3 unterliegen. Für das Freiheitsrecht des Art. 2 II 2 sind darüber hinaus vor allem in verfahrensrechtlicher Hinsicht die Vorgaben des Art. 104 zu beachten (Rn. 157, Art. 104 Rn. 7 ff., 15 ff.).

II. Prüfungsrelevanz

3 Die Grundrechte des Art. 2 besitzen aus unterschiedlichen Gründen eine sehr große Prüfungsrelevanz.

1. Allgemeine Handlungsfreiheit

3a Für die allgemeine Handlungsfreiheit folgt dies aus ihrer Funktion und Stellung als Auffanggrundrecht. Materiell-rechtlich hat dies zur Konsequenz, dass jedes belastende staatliche Verhalten in Art. 2 I eingreift und der verfassungsrechtlichen Rechtfertigung im Rahmen dieses Grundrechts bedarf, sofern kein spezielles Freiheitsgrundrecht einschlägig ist. Der dadurch bewirkte Schutz wird auf prozessualer Ebene zusätzlich abgesichert und verstärkt. Danach kann der Abwehranspruch aus Art. 2 I gegen jede (auch nur formell) rechtswidrige Beeinträchtigung mittels einer Verfassungsbeschwerde vor dem BVerfG durchgesetzt werden.

2. Allgemeines Persönlichkeitsrecht

4 Das allgemeine Persönlichkeitsrecht schützt Elemente der engeren Privatsphäre, die „nicht Gegenstand der besonderen Freiheitsgarantien des Grundgesetzes sind, diesen aber in ihrer konstituierenden Bedeutung für die Persönlichkeit nicht nachstehen" (BVerfGE 120, 274 [303]). Diese lückenschließende Gewährleistung hat vor allem eine Schutzfunktion, um neuartigen Gefährdungen zu begegnen, die im Zuge des wissenschaftlich-technischen Fortschritts und gewandelter Lebensverhältnisse verstärkt auftreten. Exemplarisch hierfür ist aus neuerer Zeit der Schutz vor heimlicher Infiltration informationstechnischer Systeme durch die Gewährleistung ihrer Integrität und Vertraulichkeit als Ausprägung des allgemeinen Persönlichkeitsrechts (BVerfGE 120, 274 [302 ff.]). Das allgemeine Persönlichkeitsrecht hat somit nicht nur große praktische Relevanz, sondern ist auch häufig Gegenstand juristischer Prüfungen.

3. Leben, körperliche Unversehrtheit, Freiheit der Person

5 Beim Grundrecht auf Leben sorgen insbesondere der Beginn und das Ende des Lebensschutzes für andauernde Diskussionen, die Thema einer Klausur sein können. Die rechtlichen Auseinandersetzungen betreffen etwa die Präimplantationsdiagnostik und die Organtransplantation (Rn. 114 ff.). Das Grundrecht auf körperliche Unversehrtheit ist zuletzt durch das fragwürdige Urteil des LG Köln zur Strafbarkeit von religiös motivierten Beschneidungen von Jungen in den Fokus der wissenschaftlichen und öffentlichen Debatte gerückt (Rn. 141). Für das Grundrecht der Freiheit der Person spielen neben dem BVerfG auch Entscheidungen des EGMR eine wichtige Rolle. Das ist bei der nachträglichen Sicherungsverwahrung deutlich geworden (Rn. 166 f.). Für Klausuren ist die Freiheit der Person somit ein geeigneter Gegenstand, um den Einfluss der EMRK auf die Auslegung von Grundrechten zu prüfen.

III. Europa

1. Allgemeine Handlungsfreiheit

6 Ein dem Art. 2 I vergleichbares explizites Recht der *allgemeinen Handlungsfreiheit* findet sich weder in der EU-GRCh noch in der EMRK. Die Unionsgerichte haben jedoch, ohne den Begriff der Handlungsfreiheit zu benutzen, einen allgemeinen Rechtsgrundsatz entwickelt, wonach Eingriffe der öffentlichen Gewalt in die Sphäre der privaten Betätigung natürlicher wie juristischer Personen einer Rechtsgrundlage bedürfen und aus den im Gesetz statuierten Gründen gerechtfertigt sein müssen (EuGH, Slg. 2002, I-9011, Rn. 27 – Roquettes Frères). Dieser Grundsatz bietet umfassenden Schutz gegen willkürliche oder unverhältnismäßige Eingriffe und wird deshalb als allgemeines Freiheitsgrundrecht gedeutet (vgl. Jarass, GRCh, Einl. Rn. 35).

2. Allgemeines Persönlichkeitsrecht

7 Dem *allgemeinen Persönlichkeitsrecht* entsprechende Garantien enthalten Art. 7 EU-GRCh und Art. 8 EMRK. Danach hat jede Person das Recht auf Achtung des Privat- und Familienlebens sowie der Wohnung und Kommunikation bzw. Korrespondenz. Die Gewährleistungen des allgemeinen Persönlichkeitsrechts i. S. v. Art. 2 I i. V. m. Art. 1 I (Rn. 66ff.) sind in dem Merkmal „Achtung des Privatlebens" enthalten, das zudem strukturelle Parallelen zu diesem Grundrecht aufweist, etwa im Hinblick auf die Schließung von Schutzlücken (Kingreen, in: CR, Art. 7 GRCh Rn. 2ff.). Daneben schützen die genannten Bestimmungen die Persönlichkeitssphäre unter familiären, räumlichen und kommunikativen Gesichtspunkten. Dagegen enthält das Grundgesetz hierfür verschiedene Grundrechtsbestimmungen (Art. 6 I, 13 und 10; zu den gegenüber Art. 8 EMRK partiell abweichenden Schutzbereichen s. Pätzold, in: KM, EMRK, Art. 8 Rn. 2). Der Schutz der Persönlichkeitssphäre ist daher auf europäischer Ebene anders strukturiert. Das unterstreicht Art. 8 EU-GRCh. Er stellt den Schutz der personenbezogenen Daten sicher, während dieser nach deutschem Verfassungsverständnis als informationelles Selbstbestimmungsrecht Teil des allgemeinen Persönlichkeitsrechts ist (Jarass, GRCh, Art. 8 Rn. 2; s. auch u. Rn. 87f.).

3. Leben

8 Das Recht jedes Menschen auf Leben ist in Art. 2 I EU-GRCh und in Art. 2 I 1 EMRK verankert. Beachtung verdient die Regelung der Todesstrafe. Ihre Verhängung und Vollstreckung sind nach Art. 2 II EU-GRCh und gem. Art. 102 absolut verboten. Dagegen lässt Art. 2 I 2 EMRK dem Wortlaut nach die Vollstreckung eines Todesurteiles zu, sofern eine gerichtliche Verurteilung wegen eines Verbrechens vorliegt, für das die Todesstrafe gesetzlich vorgesehen ist. Allerdings wird diese scheinbare Abweichung zwischen GG und EMRK durch Art. 1 des Protokolls Nr. 13 zur EMRK v. 3.5.2002 in der Fassung der Bekanntmachung v. 22.10.2010 (BGBl. II S. 1198 [1226]) beseitigt, der die Todesstrafe nunmehr auch auf der Ebene der Europäischen Menschenrechtskonvention vollständig abschafft.

4. Körperliche Unversehrtheit

9 Das Recht jedes Menschen auf körperliche und geistige Unversehrtheit wird von Art. 3 I EU-GRCh geschützt. Für Eingriffe im Rahmen der Medizin und Biologie enthält Art. 3 II EU-GRCh besondere Anforderungen. Neben den speziellen Verboten in den Buchstaben b bis d, die etwa das reproduktive Klonen von Menschen betreffen, ist insbesondere das Erfordernis einer freien Einwilligung des Betroffenen nach vorheriger Aufklärung gem. Art. 3 II lit. a EU-GRCh zu beachten. Danach lässt eine wirksame Einwilligung des Betroffenen schon das Bestehen eines Eingriffs entfallen

(Jarass, GRCh, Art. 3 Rn. 9). Allerdings setzt ihre Wirksamkeit die vorherige Aufklärung über den Eingriff voraus, die in hinreichend bestimmter Weise durch die Einzelstaaten gesetzlich geregelt sein muss.

10 Die EMRK enthält kein eigenständiges Recht auf körperliche und geistige Unversehrtheit. Sie schützt aber mit den Verboten von Folter und unmenschlicher oder erniedrigender Behandlung in Art. 3 EMRK wesentliche Aspekte dieser Unversehrtheit, zumal die Verbotstatbestände weit ausgelegt werden. So kann bereits die Androhung von Folter den Tatbestand der Folter erfüllen (vgl. EGMR, Urt. v. 1.6.2010, 22978/05 – Gäfgen/Deutschland, NJW 2010, 3145 [3146 Rn. 108]). Art. 4 EU-GRCh sieht eine inhaltsgleiche Regelung vor.

5. Freiheit der Person

11 Bestimmungen, die dem durch Art. 2 II 2 geschützten Recht auf Freiheit der Person vergleichbar sind, enthalten Art. 6 EU-GRCh bzw. Art. 5 I 1 EMRK. Sie gewährleisten als Ausdruck des Habeas-Corpus-Prinzips (dazu Stern, StR IV/1, S. 1076, 1088) das Recht eines jeden Menschen auf Freiheit und Sicherheit. Für Freiheitsentziehungen gelten nach Art. 5 I 2 EMRK besondere gesetzliche Anforderungen. Gemeinsamkeiten mit Art. 104 sind unverkennbar, zumal in Bezug auf den Gesetzes- und Richtervorbehalt (Art. 104 Rn. 7ff., 15f.).

B. Erläuterungen

12 Aus den eingangs genannten Gründen (Rn. 1) werden die allgemeine Handlungsfreiheit und das allgemeine Persönlichkeitsrecht als selbstständige Ausprägungen des in Art. 2 I verankerten Rechts auf freie Entfaltung der Persönlichkeit getrennt erörtert. Sie sollten auch in der Klausur gesondert geprüft werden.

I. Allgemeine Handlungsfreiheit (Abs. 1)

13 Das Grundrecht auf freie Entfaltung der Persönlichkeit gem. Art. 2 I schützt die Handlungsfreiheit in einem umfassenden Sinne (BVerfGE 114, 371 [383]; BVerfG [K], NJW 2013, 990 [990 Rn. 11]). Um dies auch begrifflich deutlich zu machen, wird von allgemeiner Handlungsfreiheit gesprochen. Daneben ist z.T. schlicht von dem allgemeinen Freiheitsrecht des Art. 2 I die Rede (BVerfGE 98, 218 [261]).

1. Schutzbereich

a) Persönlich

14 Träger des Grundrechts der allgemeinen Handlungsfreiheit nach Art. 2 I ist jede natürliche Person, unabhängig von ihrer Staatsangehörigkeit und von ihrem Alter (BVerfGE 35, 382 [399]; 53, 185 [203]).

15 *aa) Juristische Personen.* Die Grundrechtsfähigkeit juristischer Personen beurteilt sich nach Art. 19 III. Juristische Personen des *öffentlichen Rechts* können sich grds. weder auf Art. 2 I noch auf sonstige materielle Freiheitsgrundrechte berufen. Sie erfüllen öffentliche Aufgaben und handeln dabei nicht aufgrund ursprünglicher individueller Freiheiten, sondern im Rahmen gesetzlich statuierter Kompetenzen (s. nur BVerfGE 68, 193 [206]). Die Anerkennung einer Grundrechtsberechtigung im Hinblick auf Art. 2 I würde ihrer Grundrechtsverpflichtung zuwiderlaufen, die sich aus Art. 1 III ergibt (BVerfG [K], NVwZ 2007, 1176).

16 Aus diesem Grund steht die allgemeine Handlungsfreiheit juristischen Personen *des Privatrechts* ebenfalls dann nicht zu, wenn sie von der öffentlichen Hand aufgrund ihres Mehrheitseigentums beherrscht werden (BVerfGE 128, 226 [246f.]). In den sonstigen

Fällen wird die Grundrechtsfähigkeit dieser Rechtsgebilde hinsichtlich Art. 2 I grds. bejaht, weil die weit und offen gefassten Gewährleistungen dieses Grundrechts ihrem Wesen nach in der Regel auch auf juristische Personen der Privatrechts anwendbar sind. Das gilt insbesondere für ihre wirtschaftliche Betätigung.

Beispiel: Eine Rechtsanwaltskanzlei oder eine Steuerberatungsgesellschaft können sich bei ihrer Tätigkeit auf Art. 2 I berufen, da dieses Grundrecht nicht nach der Art der Tätigkeit differenziert (BVerfGE 113, 29 [45]). **17**

bb) Ausländer (ohne EU). Besondere Bedeutung besitzt Art. 2 I für den Grundrechtsschutz von Ausländern im Bereich sog. Deutschengrundrechte (Vorbem. Grundrechte Rn. 65f.), etwa der Berufsfreiheit nach Art. 12 I. Da sie nach Ansicht des BVerfG auf Nichtdeutsche keine Anwendung finden, entfaltet die allgemeine Handlungsfreiheit in diesen Fällen eine Auffangfunktion. Das Grundgesetz verhindert auf diese Weise, dass dieser Personenkreis in Bereichen, die Deutschengrundrechten zugeordnet sind, ohne Grundrechtsschutz bleibt. Allerdings können Ausländer über Art. 2 I nicht denselben Schutz wie durch das spezielle Deutschengrundrecht beanspruchen. Dies würde den subsidiären Charakter der allgemeinen Handlungsfreiheit außer Acht lassen (BVerfGE 78, 179 [196f.]). **18**

Beispiel: Ein türkischer Metzger, der in Deutschland Tiere schächtet, um das Fleisch an seine Kunden zu verkaufen, kann sich gegenüber behördlichen Beschränkungen nicht auf Art. 12 I berufen. Seine berufliche Betätigung ist aber durch Art. 2 I geschützt (BVerfGE 104, 337 [346]). **19**

cc) Unionsbürger. Bei Unionsbürgern ist seit jeher fraglich, ob die Konstruktion über Art. 2 I als Auffangtatbestand im Bereich von Deutschengrundrechten mit den Vorgaben des Unionsrechts vereinbar ist. Denn ein reduziertes Schutzniveau verstößt gegen Art. 18 I AEUV, der jede Diskriminierung aus Gründen der Staatsangehörigkeit verbietet. Eine Ausdehnung des Merkmals „Deutsche" auf EU-Bürger im Wege unionsrechtskonformer Auslegung ist durch den eindeutigen Wortlaut und die Festlegungen des Art. 116 wohl ausgeschlossen (vgl. BVerfGE 129, 78 [96]). Die noch überwiegend vertretene Lösung besteht darin, dass der spezifische Schutzstandard des Deutschengrundrechts in diesen Fällen als Bestandteil der Gewährleistungen des Art. 2 I verstanden wird, diese also gleichsam „aufgeladen" werden (Vorbem. Grundrechte Rn. 72f.). **20**

Dagegen gewinnt nachfolgende andere Lösungsmöglichkeit zunehmend Zuspruch. Ihr Ausgangspunkt ist eine neuere Entscheidung des BVerfG zur Grundrechtsfähigkeit einer italienischen GmbH mit Sitz in Italien (BVerfGE 129, 78 [97ff.]). Im Mittelpunkt stand das Merkmal „inländische juristische Person" in Art. 19 III (dazu Art. 19 Rn. 62f.). Die Ausführungen dieses Beschlusses sind aber darüber hinaus auch für den Schutz von EU-Bürgern im Bereich von Deutschengrundrechten wegweisend (vgl. Sachs, JuS 2012, 379 [381]). Das Gericht fordert wegen der europäischen Grundfreiheiten und des Diskriminierungsverbots (Art. 18 I AEUV) eine Gleichstellung hinsichtlich des Grundrechtsschutzes, zumal EU-Ausländer denselben Vorschriften des Grundgesetzes wie inländische juristische Personen unterworfen sind. **21**

Methodisch wird diese Gleichbehandlung auf eine Anwendungserweiterung des Art. 19 III gestützt, um eine Kollision mit unmittelbar bindendem Unionsrecht zu vermeiden. Angesichts des eindeutigen Wortlauts dieser Verfassungsnorm („inländisch") erfolgt diese Erweiterung nicht durch unionsrechtskonforme Auslegung, sondern durch partiellen Anwendungsvorrang des Unionsrechts, der das Merkmal „inländisch" zurückdrängt (nicht ganz eindeutig BVerfGE 129, 78 [99f.]). Übernimmt man diese Konstruktion für den Schutz von Unionsbürgern durch Deutschengrundrechte des Grundgesetzes, ist nicht mehr auf die allgemeine Handlungsfreiheit nach Art. 2 I mit erhöhtem Schutzniveau abzustellen. Vielmehr können sich Unionsbürger jedenfalls bei hinreichendem Inlandsbezug unmittelbar auf Deutschengrundrechte berufen, weil Art. 18 I AEUV eine Gleichbehandlung verlangt. Sie ist methodisch dadurch zu **22** realisieren, dass das Merkmal „Deutsche“ in der jeweiligen Grundrechtsbestimmung wegen des Vorrangs des Unionsrechts nicht anzuwenden ist und somit den persönlichen Schutzbereich nicht einengt.

23 **Beispiel:** Folgt man dieser Konzeption, kann sich ein Unionsbürger, der an einer Demonstration in Deutschland teilnimmt, gegenüber versammlungsrechtlichen Beschränkungen durch deutsche Behörden auf die Gewährleistungen des Art. 8 I berufen. Für den (Um-)Weg über Art. 2 I ist dann weder Raum noch Bedarf.

b) Sachlich

24 *aa) Schutzgegenstand.* Art. 2 I gewährleistet die Handlungsfreiheit im umfassenden Sinne. Geschützt ist damit nicht nur ein begrenzter Bereich der Persönlichkeitsentfaltung, sondern jede Form menschlicher Betätigung ohne Rücksicht darauf, welches Gewicht ihr für die Persönlichkeitsentfaltung zukommt (BVerfGE 80, 137 [152]).

25 **Beispiele:**
- Freies, d. h. nicht auf Reitwege beschränktes Reiten im Walde (BVerfGE 80, 137 [152 ff.])
- Füttern von Tauben auf öffentlichen Straßen (BVerfGE 54, 143 [144]).

26 Aus dem Schutzbereich des Art. 2 I von vornherein ausgegrenzt sind lediglich Tätigkeiten, die schlechthin verboten sind, also von der Verfassungsordnung unter keinem Gesichtspunkt gebilligt werden können, z. B. die Tötung eines anderen Menschen. Dagegen werden die Selbsttötung und strafbare Handlungen unterhalb dieser absoluten Schwelle von den Gewährleistungen des Art. 2 I Hs. 1 zunächst erfasst und dann im Rahmen der benannten Schranke der verfassungsmäßigen Ordnung gem. Art. 2 I Hs. 2 zulässigerweise eingeschränkt (s. auch Rn. 133).

27 **Beispiel:** Der Umgang mit Drogen, insbesondere das Sichberauschen, wird zwar grds. von der allgemeinen Handlungsfreiheit nach Art. 2 I Hs. 1 umfasst, aber nur in den Schranken des Art. 2 I Hs. 2 gewährleistet. Der Schutz dieses Verhaltens durch dieses Grundrecht steht insbesondere unter dem Vorbehalt der verfassungsmäßigen Ordnung. Beschränkungen der allgemeinen Handlungsfreiheit aufgrund von Rechtsvorschriften, die zu dieser Ordnung gehören, verletzen Art. 2 I nicht. Das Grundrecht der allgemeinen Handlungsfreiheit verleiht insbesondere kein „Recht auf Rausch“ (BVerfGE 90, 145 [172]).

28 Gegen dieses weite Verständnis des Schutzgegenstandes des Art. 2 I werden z. T. Bedenken erhoben und die Einengung seines Schutzbereichs auf Freiheitsbetätigungen gefordert, die eine gesteigerte, dem Schutzgut der übrigen Grundrechte vergleichbare Relevanz für die Persönlichkeitsentfaltung besitzen. Dies wird zum einen damit begründet, dass die unbegrenzte Einbeziehung jeder menschlichen Betätigungsform in den Schutzbereich des Grundrechts aus Art. 2 I zu einem wertsystematisch überhöhten Schutz im Vergleich zu sonstigen, grundrechtlich geschützten Bereichen führe (BVerfGE 80, 137 [165] – abw. Meinung des Richters Grimm). Zum anderen besteht die Gefahr, dass mit der Ausweitung des Schutzbereichs des Art. 2 I auch die Einschränkungsmöglichkeiten im Rahmen des Vorbehalts der verfassungsmäßigen Ordnung extensiv genutzt werden, so dass der Schutz durch dieses Grundrecht letztlich leer läuft.

29 Diesen Einwänden sind die Entstehungsgeschichte des Art. 2 I (vgl. BVerfGE 6, 32 [39 f.]) und seine Funktion entgegenzuhalten. Danach erfüllt der umfassende Schutz menschlicher Handlungsfreiheit durch diese Grundrechtsnorm neben den benannten Freiheitsgrundrechten eine wichtige Aufgabe im Konzept der Freiheitssicherung. Trotz der weiten Beschränkungsmöglichkeiten gewährleistet das Grundrecht aus Art. 2 I einen Schutz von substanziellem Gewicht. Jeder Versuch einer wertenden Einschränkung seines Schutzbereichs würde dagegen zu einem Verlust des rechtlich gesicherten Freiheitsraumes für den Bürger führen. Überdies würde eine Verkürzung des Schutzbereichs auf die Gewährleistung einer engeren, persönlichen Lebenssphäre

schwierige, in der Praxis kaum befriedigend lösbare Abgrenzungsprobleme mit sich bringen (BVerfGE 80, 137 [154]). Daher ist nach h.M. ein weites Verständnis des sachlichen Schutzbereichs der allgemeinen Handlungsfreiheit nach Art. 2 I vorzugswürdig.

Klausurhinweise: In *materiell-rechtlicher* Hinsicht führt der weite Schutzbereich des Art. 2 I dazu, dass in weitem Umfang Überschneidungen mit den Schutzbereichen spezieller Freiheitsgrundrechte auftreten. Sie sind im Rahmen der Konkurrenzen oder bereits bei der Prüfung der Anwendbarkeit des Art. 2 I aufzulösen (s. Rn. 44ff.). **30**

In *prozessualer* Hinsicht hat der weite Schutzbereich der allgemeinen Handlungsfreiheit eine Ausdehnung des Anwendungsbereichs der Verfassungsbeschwerde zur Folge. Denn die im Rahmen der Beschwerdebefugnis nach §§ 90 I, 92 BVerfGG vorausgesetzte mögliche Verletzung in einem Grundrecht ist im Hinblick auf Art. 2 I bei jeder hoheitlichen Belastung des Beschwerdeführers gegeben, sofern deren Rechtswidrigkeit nicht von vornherein auszuschließen ist. Zudem reicht für einen Verstoß gegen Art. 2 I grds. auch ein Verstoß gegen objektive Gewährleistungen des GG, etwa das Rechtsstaatsprinzip (Rn. 61). Das weite Verständnis des Art. 2 I als allgemeine Handlungsfreiheit beeinflusst auch das Verwaltungsprozessrecht. Anknüpfungspunkt ist hier die Klagebefugnis nach § 42 II VwGO. Die danach erforderliche mögliche Verletzung in einem subjektiven Recht wird bei unmittelbaren Beeinträchtigungen mit der sog. Adressatentheorie begründet. Ihre Legitimationsgrundlage ist die Konzeption des Art. 2 I als Abwehrrecht gegen die hoheitliche Auferlegung jeglicher Nachteile (Rn. 32f.). **31**

bb) Gewährleistungen. (1) Schutzdimensionen. Art. 2 I gewährleistet, dass der Einzelne selbst entscheiden kann, ob und ggfs. wie er tätig wird oder ob er untätig bleibt. Dabei wird nicht nach der Art der Tätigkeit differenziert. Die allgemeine Handlungsfreiheit gewährt somit Schutz gegen sämtliche Handlungsbeschränkungen oder -gebote der grundrechtsgebundenen Staatsgewalt. Sie verleiht dem Grundrechtsträger ein *Abwehrrecht* gegen jede Belastung durch einen Nachteil (BVerfGE 29, 402 [408]). **32**

Beispiel: Abgabenbescheid einer Stadt gegenüber den Eltern eines Kindes für dessen Besuch des städtischen Kindergartens (BVerfGE 97, 332 [340f.]). **33**

Im Einzelfall kann sich aus Art. 2 I auch eine *objektive Schutzpflicht* des Staates ergeben, der ein Schutzanspruch des Einzelnen korrespondieren kann. Allerdings ist bei der Annahme solcher Schutzpflichten schon wegen des grundsätzlichen Ermessens- und Gestaltungsspielraums der staatlichen Gewalt bei der Erfüllung öffentlicher Aufgaben Zurückhaltung geboten. Hinzu kommt, dass Art. 2 I ein breites Spektrum an Möglichkeiten zur Entfaltung der privaten Handlungsfreiheit eröffnet, so dass nur unter engen Voraussetzungen ein bestimmtes Einschreiten des Staates aus diesem Grundrecht abgeleitet werden kann. Zu denken ist dabei insbesondere an den Schutz vor Beeinträchtigungen durch private Dritte (Stern, StR IV/1, S. 929f.). **34**

Beispiel: Im Vertragsrecht herrscht Privatautonomie, die durch Art. 2 I geschützt ist. Der Gesetzgeber geht insoweit grds. davon aus, dass sich der sachgerechte Interessenausgleich aus dem übereinstimmenden Willen der Vertragspartner ergibt, die sich binden und damit zugleich ihre individuelle Handlungsfreiheit wahrnehmen. Besitzt jedoch einer der Vertragsteile ein so starkes Übergewicht, dass er den Vertragsinhalt faktisch einseitig bestimmen kann, folgt aus der durch Art. 2 I gewährleisteten Privatautonomie und dem Sozialstaatsprinzip (Art. 20 I) jedenfalls dann eine Schutzpflicht des Gesetzgebers, wenn es sich um eine typisierbare strukturelle Unterlegenheit handelt. Er muss dann die Zivilrechtsordnung entsprechend ändern, um die notwendigen Korrekturen zu ermöglichen (BVerfGE 89, 214 [232]). **35**

(2) Fallgruppen. Die weiten und offenen Gewährleistungen der allgemeinen Handlungsfreiheit nach Art. 2 I sind von der Rechtsprechung in Fallgruppen konkretisiert **36**

worden. Dazu gehören neben der bereits erwähnten Privatautonomie und Vertragsfreiheit etwa:

37 *(aa)* Die *wirtschaftliche und berufliche Tätigkeit,* soweit sie nicht speziell durch Art. 12 I geschützt ist (Rn. 49). Nach Ansicht des BVerfG gewährleistet Art. 12 I die Freiheit der beruflichen Betätigung in einem umfassenden Sinne. Allerdings schütze dieses Grundrecht nur vor solchen Beeinträchtigungen, die gerade auf die berufliche Betätigung bezogen seien. Es genüge also nicht, dass eine Rechtsnorm oder ihre Anwendung unter bestimmten Umständen Rückwirkungen auf die Berufstätigkeit entfalte. Art. 12 I entfalte seine Schutzwirkung vielmehr nur gegenüber solchen Normen oder Einzelakten, die sich entweder unmittelbar auf die Berufstätigkeit bezögen oder die zumindest eine objektiv berufsregelnde Tendenz hätten (BVerfGE 113, 29 [48]; s. auch Art. 12 Rn. 37ff.).

38 *(bb)* Die Auferlegung von *öffentlich-rechtlichen Abgaben,* insbesondere von Steuern, berührt die wirtschaftliche Freiheit des Einzelnen insbesondere in vermögensrechtlicher Hinsicht (BVerfGE 78, 232 [244f.]). Der thematisch einschlägige Art. 14 greift in diesen Fällen grds. nicht ein, weil er nicht das Vermögen als Ganzes schützt (Art. 14 Rn. 28). Eine andere rechtliche Beurteilung ist jedenfalls dann geboten, wenn „der Steuerzugriff tatbestandlich an das Innehaben von vermögenswerten Rechtspositionen anknüpft und so den privaten Nutzen der erworbenen Rechtspositionen zugunsten der Allgemeinheit einschränkt“ (BVerfGE 115, 97 [111]). Die Auferlegung von Geldleistungspflichten greift dann in den Schutzbereich des Art. 14 I ein und ist allein an diesem Grundrecht zu messen (weitergehend BVerfGE 93, 121 [137]).

39 **Beispiel:** Das BVerfG hat eine Regelung des Einkommensteuergesetzes an Art. 14 gemessen, weil der Hinzuerwerb von Eigentum innerhalb einer Besteuerungsperiode tatbestandliche Voraussetzung für die belastende Rechtsfolgenanordnung war (BVerfGE 115, 97 [110ff.]).

40 *(cc)* Die *Zwangsmitgliedschaft in öffentlich-rechtlichen Verbänden* beeinträchtigt die allgemeine Betätigungsfreiheit des Einzelnen. Das gilt insbesondere dann, wenn sie mit einer Beitragspflicht verbunden ist (BVerfGE 115, 25 [42]). Art. 2 I wird insoweit nicht durch Art. 9 I als spezielles Grundrecht verdrängt, da die Vereinigungsfreiheit nur freiwillige Zusammenschlüsse schützt. Art. 12 I kommt ebenfalls nicht zur Anwendung. Zwar kann die zwangsweise Zugehörigkeit zu einem öffentlich-rechtlichen Verband die Folge der Ausübung eines bestimmten Berufes sein; sie berührt aber nicht den in Art. 12 I verbürgten Freiheitsraum (BVerfGE 32, 54 [64]).

41 **Beispiele:**
- Die gesetzliche Anordnung der Pflichtmitgliedschaft eines Handwerkers in der Handwerkskammer beschränkt seine Handlungsfreiheit. Alleiniger Prüfungsmaßstab für diese Zwangsmitgliedschaft ist Art. 2 I (BVerfGE 32, 54 [64]).
- Die gesetzlich statuierte Pflichtmitgliedschaft und Beitragspflicht in der sozialversicherungsrechtlichen Altersvorsorge für Landwirte ist an Art. 2 I zu messen (BVerfGE 109, 96 [109]).

42 *(dd)* Die *Ausreise von Deutschen* aus dem Bundesgebiet wird durch Art. 2 I geschützt, da das spezielle Grundrecht des Art. 11 nur ihre Einreise nach Deutschland und ihre Freizügigkeit innerhalb Deutschlands schützt (Art. 11 Rn. 12). Da Art. 11 ein Deutschengrundrecht ist (Vorbem. Grundrechte Rn. 65f.), greift Art. 2 I als Auffanggrundrecht für die Einreise und Freizügigkeit von Ausländern ein. Für Unionsbürger kann nach der neueren Rechtsprechung (Rn. 21) auch die Ansicht vertreten werden, dass Art. 11 für sie wegen des Vorrangs des Unionsrechts (s. Rn. 22) zur Anwendung kommt, da die als Grundfreiheit garantierte Freizügigkeit nach Art. 45 AEUV und das Diskriminierungsverbot des Art. 18 I AEUV eine Gleichstellung mit Deutschen verlangen (s. auch Art. 11 Rn. 6). Ausreisebeschränkungen für Ausländer, etwa durch Entzug des Passes eines Islamisten, sind an Art. 2 I zu messen (dazu Daum, DÖV 2014, 526ff.).

(ee) Die *eingetragene Lebenspartnerschaft gleichgeschlechtlicher Paare* und die *nichteheliche Lebensgemeinschaft* werden durch Art. 2 I gewährleistet, da der Schutz der Ehe durch Art. 6 I sich auf die auf Dauer angelegte Gemeinschaft von Frau und Mann beschränkt und einen staatlichen Mitwirkungsakt verlangt (Art. 6 Rn. 9ff.). Der grundrechtliche Schutz des Art. 2 I umfasst insbesondere die Begründung, Ausgestaltung und Beendigung einer nichtehelichen Lebensgemeinschaft (BVerfGE 82, 6 [16]). Der Gesetzgeber hat das Zusammenleben gleichgeschlechtlicher Paare durch Einführung und Ausformung des Instituts der eingetragenen Lebenspartnerschaft besonders geschützt und der Ehe zunehmend gleichgestellt (dazu Art. 6 Rn. 16, 21). Das verfassungsrechtliche Fundament hierfür ist Art. 2 I i.V.m. Art. 3 I und III (BVerfGE 105, 313 [346]). **43**

c) Konkurrenzen

aa) Subsidiarität der allgemeinen Handlungsfreiheit nach Art. 2 I. Die allgemeine Handlungsfreiheit nach Art. 2 I ist wegen ihres weiten generalklauselartigen Schutzbereichs ein Auffanggrundrecht. Das gilt zunächst in persönlicher Hinsicht (Grundrechtsträger) für den Grundrechtsschutz von Ausländern im Bereich von Deutschengrundrechten (Rn. 20ff., Vorbem. Grundrechte Rn. 67ff.). In sachlicher Hinsicht (Grundrechtsgewährleistungen) ist die allgemeine Handlungsfreiheit subsidiär gegenüber den speziellen Freiheitsgrundrechten und wird durch diese verdrängt, scheidet also als zusätzlicher Prüfungsmaßstab aus. Dieser Vorrang greift ein, wenn das Verhalten oder der Bereich, den das staatliche Handeln beeinträchtigt, von den Gewährleistungen eines anderen Freiheitsgrundrechts erfasst wird (s. zu Art. 12 I BVerfGE 116, 202 [221]). Art. 2 I kann dann als Prüfungsmaßstab weder kumulativ herangezogen werden, noch entfaltet er komplementäre Geltung, wenn die Beeinträchtigung des speziellen Freiheitsrechts legitimiert und damit zu dulden ist. Denn ein Rückgriff auf die allgemeine Handlungsfreiheit würde das spezifische Zusammenspiel zwischen Gewährleistungen, Eingriffstatbestand und Eingriffsrechtfertigung, das in der speziellen Grundrechtsnorm angelegt ist, unterlaufen und so aus den Angeln heben. **44**

Beispiel: Gesetzliche Vorschriften, die die Ausgestaltung der Arbeitsbeziehungen betreffen, sind an Art. 12 I zu messen. Zwar gewährleistet das Grundrecht der allgemeinen Handlungsfreiheit nach Art. 2 I allgemein die Vertragsfreiheit. Sofern diese aber gerade im Bereich beruflicher Betätigung, die ihre spezielle Gewährleistung in Art. 12 I gefunden hat, durch eine hoheitliche Maßnahme nachteilig betroffen ist, scheidet die allgemeine Handlungsfreiheit als Prüfungsmaßstab aus, da sie gegenüber diesem Grundrecht und anderen Freiheitsrechten subsidiär ist (BVerfGE 116, 202 [221]). **45**

Klausurhinweis: Liegt ein Eingriff in den Schutzbereich des speziellen Freiheitsgrundrechts vor, gibt es nur zwei Alternativen: Entweder der Eingriff ist im Rahmen der benannten oder unbenannten Schranken gerechtfertigt und somit rechtmäßig. Oder er ist nicht gerechtfertigt und somit zwingend rechtswidrig. Eine Prüfung des Art. 2 I scheidet in beiden Fällen aus. Auf seinen Auffangtatbestand kann nur abgestellt werden, wenn das streitgegenständliche Verhalten nicht von den Gewährleistungen des speziellen Freiheitsgrundrechts umfasst wird oder zwar umfasst, aber nicht beeinträchtigt ist. **46**

Beachte: Die Subsidiarität der allgemeinen Handlungsfreiheit nach Art. 2 I ist auf das Verhältnis zu den Freiheitsgrundrechten beschränkt. Dagegen stehen Art. 2 I und die Gleichheitsgrundrechte, insbesondere der allgemeine Gleichheitssatz des Art. 3 I, nebeneinander (Lang, in: EH, Art. 2 Rn. 30). **47**

bb) Allgemeine Handlungsfreiheit und allgemeines Persönlichkeitsrecht. Die allgemeine Handlungsfreiheit und das allgemeine Persönlichkeitsrecht sind beide in Art. 2 I verankert. Da das Persönlichkeitsrecht einen begrenzten speziellen Bereich der freien Entfaltung der Persönlichkeit schützt und Art. 2 I insoweit durch Art. 1 I ergänzt wird, der **48** einen unantastbaren Kernbereich markiert, ist dieses Grundrecht speziell gegenüber der allgemeinen Handlungsfreiheit (Jarass, in: JP, Art. 2 Rn. 38). Für einen Rückgriff auf dieses Auffanggrundrecht besteht weder Raum noch Bedarf, wenn der Eingriff die durch das allgemeine Persönlichkeitsrecht geschützte engere Persönlichkeitssphäre betrifft (Rn. 106 ff.).

49 *cc) Abgrenzungsprobleme.* Gleichsam „hinter die Klammer gezogen" ist darauf hinzuweisen, dass Abgrenzungsprobleme zwischen der allgemeinen Handlungsfreiheit und speziellen Grundrechten in folgenden Fällen auftreten können:
- wirtschaftliche, insbesondere berufliche Tätigkeit und Berufsfreiheit gem. Art. 12 I (Rn. 37, Art. 12 Rn. 31)
- Auferlegung von öffentlich-rechtlichen Geldleistungspflichten und Garantie des Eigentums durch Art. 14 (Rn. 38 f., Art. 14 Rn. 28 f., 37)
- Pflichtmitgliedschaft in öffentlich-rechtlichen Verbänden und Vereinigungsfreiheit nach Art. 9 I (Rn. 40 f., Art. 9 Rn. 13 ff.)
- eingetragene Lebenspartnerschaft und Schutz der Ehe durch Art. 6 I (Rn. 43, Art. 6 Rn. 14 ff.).

2. Eingriff

a) Klassischer Eingriffsbegriff

50 Ein Eingriff in die allgemeine Handlungsfreiheit nach Art. 2 I liegt jedenfalls dann vor, wenn das Verhalten (Tun oder Unterlassen) der grundrechtsgebundenen Staatsgewalt (Art. 1 III) die Merkmale des klassischen Eingriffsbegriffs erfüllt. Dies sind:
- rechtliche Beeinträchtigung
- unmittelbare Beeinträchtigung
- finale, d. h. gezielte Beeinträchtigung.

51 Daneben wird z. T. auch Imperativität, d. h. der Einsatz von Befehl und Zwang, verlangt. Das scheint aber für Eingriffe in die allgemeine Handlungsfreiheit entbehrlich, da die anderen Kriterien bereits die Annahme eines Eingriffs in dieses Grundrecht rechtfertigen. Darunter fallen insbesondere alle hoheitlichen Ge- und Verbote sowie die Auferlegung von Pflichten.

52 **Beispiele:**
- Verbot, Tauben zu füttern (BVerfGE 54, 143 [146 f.])
- Verbot des Waffenbesitzes (BVerwGE 97, 245 [250 f.])
- Behördliche Anordnung eines Leinen- und Maulkorbzwangs für einen gefährlichen Kampfhund (vgl. Di Fabio, in: MD, Art. 2 Abs. 1 Rn. 53)
- Einschränkung der freien Arztwahl (BVerfGE 16, 286 [304])
- Versagung der Genehmigung zur Führung ausländischer akademischer Grade bei Verwechselungsgefahr mit inländischen Graden (BVerwGE 94, 73 ff.)
- Anordnung eines Friedhofszwangs durch gemeindliche Satzung (BVerfGE 50, 256 [262]).

b) Sonstige Beeinträchtigungen

53 Dagegen ist umstritten, unter welchen Voraussetzungen sonstige hoheitliche Beeinträchtigungen einen Eingriff in die allgemeine Handlungsfreiheit darstellen (dazu Murswiek, in: Sachs, Art. 2 Rn. 79 ff.). Das gilt insbesondere für faktische und mittelbare Belastungen. Ein Grund für diese Diskussion ist das weite Verständnis des Schutzbereichs des Art. 2 I, der jede Form menschlicher Betätigung erfasst und somit grds. vor jeder hoheitlich auferlegten Belastung schützt (Rn. 24 ff.). Sofern hierfür jede auch nur mittelbare, faktische nachteilige Auswirkung für den Einzelnen ausreicht, würde nahezu jedes staatliche Handeln einen Eingriff in Art. 2 I darstellen. Der Staat müsste sich für praktisch alle seine Entscheidungen im Rahmen der Schranken des Art. 2 I Hs. 2 rechtfertigen und – was schwerer wiegt – eine unüberschaubare Zahl von Perso-

nen könnte gem. Art. 19 IV 1 verlangen, dass dies von den Gerichten kontrolliert wird.

Beispiel: Schließt die Stadt eine Bäckerei wegen Hygienemängeln, werden deren Kunden dadurch mittelbar faktisch beeinträchtigt, wenn ihnen die dort hergestellten Brötchen besser schmecken als die Brötchen einer anderen Bäckerei und diese zudem weiter entfernt liegt. Erfüllen solche Beeinträchtigungen den Tatbestand eines Eingriffs in Art. 2 I, könnten die Kunden gegen die Schließung der Bäckerei gerichtlich vorgehen. **54**

Das Beispiel macht deutlich, dass der Tatbestand eines Eingriffs in die allgemeine Handlungsfreiheit zwar über den klassischen Eingriffsbegriff hinausgeht, aber zugleich durch sachgerechte Kriterien begrenzt werden muss, um ein Ausufern zu vermeiden. Hierfür bietet sich folgendes *Anforderungsprofil* an: Zunächst ist das Kriterium der Finalität zu prüfen. Mittelbare faktische Beeinträchtigungen stellen danach einen Eingriff in Art. 2 I dar, wenn dies vom Staat beabsichtigt ist oder zumindest für einen abgrenzbaren Personenkreis in Kauf genommen wird. In diesem Fall ist die Beschränkung der Entscheidungsfreiheit dem Staat zuzurechnen und als Eingriff zu qualifizieren, sofern die Beeinträchtigung nicht lediglich ganz geringfügig ist („Bagatellgrenze"). **55**

Beispiel: Die Warnung einer Landesregierung vor dem Verzehr von Salatgurken mit der Begründung, diese könnten Träger des EHEC-Erregers sein, hat zu erheblichen wirtschaftlichen Einbußen der betroffenen Gemüsehändler geführt, die ihre Salatgurken wegen des Verhaltens der Kunden nicht mehr verkaufen konnten. Diese Folgen sind der Regierung zuzurechnen, da sie diese billigend in Kauf genommen hat. Die Warnung stellt somit einen Eingriff in Art. 2 I bzw. Art. 12 I dar. **56**

Komplizierter ist die Situation, wenn der Staat nicht oder zumindest nicht mit der notwendigen Verlässlichkeit einschätzen kann, welche Personen durch sein Handeln in welcher Weise mittelbar beeinträchtigt werden. Exemplarisch hierfür sind die Fälle, in denen der Staat selbst am Wettbewerb teilnimmt (dazu Möstl, WiVerw 2011, 231 ff.). In die gleiche Richtung geht die Vergabe einer Subvention an ein Unternehmen. Hier ist eine zentrale Frage einer entsprechenden Klausur, ob der Konkurrent des begünstigten Unternehmens gerichtlich gegen die Vergabeentscheidung vorgehen kann. Das wesentliche Problem ist seine Klagebefugnis nach § 42 II VwGO, also die Beeinträchtigung in einem subjektiven Recht, konkret: in der Handlungsfreiheit nach Art. 2 I. **57**

Dies kann unter zwei kumulativen Voraussetzungen angenommen werden: Zum einen müssen beide Unternehmen direkte Konkurrenten sein, also als Anbieter auf dem selben sachlichen und räumlichen Markt auftreten. Zum anderen muss die Begünstigung des einen Unternehmens eine schwere Beeinträchtigung der Interessen des anderen Unternehmens darstellen. Das ist jedenfalls bei einer Existenzgefährdung gegeben. Weitergehend dürften aber auch messbare erhebliche Wettbewerbsnachteile für den Konkurrenten für die Annahme eines Eingriffs in Art. 2 I genügen. Daraus wird deutlich, dass bei mittelbaren faktischen Beeinträchtigungen der Handlungsfreiheit gem. Art. 2 I das Kriterium der Finalität durch das Kriterium der Intensität ergänzt wird. Dieses stellt auf die Schwere der Belastung ab. Indizien hierfür sind die betroffenen Rechtsgüter, das Ausmaß des drohenden Schadens, die Wahrscheinlichkeit seines Eintritts und die Reversibilität der Schadensfolgen. **58**

3. Rechtfertigung des Eingriffs

Der Eingriff in die allgemeine Handlungsfreiheit nach Art. 2 I Hs. 1 kann durch die benannte Schranke des Art. 2 I Hs. 2 gerechtfertigt sein. Sie setzt sich aus drei verschiedenen Rechtfertigungstatbeständen zusammen, die nebeneinander stehen, also jeder für sich Eingriffe in Art. 2 I rechtfertigen können. Diese Legitimation tritt ein, wenn die Beschränkung zum Schutze der Rechte anderer erfolgt, von der verfassungsmäßigen Ordnung oder von einem Sittengesetz gedeckt ist. Art. 2 I Hs. 2 wird deshalb als Schrankentrias bezeichnet. **59**

a) Verfassungsmäßige Ordnung

60 Der Begriff der verfassungsmäßigen Ordnung wird in Art. 2 I Hs. 2 – anders als in Art. 9 II (dazu Art. 9 Rn. 21ff., insb. Rn. 24) – in weitem Sinne verstanden. Er umfasst alle formell und materiell verfassungsmäßigen Rechtssätze, also als die verfassungsmäßige Rechtsordnung (BVerfGE 6, 32 [38f.] – st. Rspr., s. etwa BVerfGE 103, 197 [215]). Dazu gehören neben formellen und materiellen Bundes- und Landesgesetzen auch Unionsrecht, sofern es unmittelbare Geltung gegenüber dem Bürger hat, wie z.B. eine EU-Verordnung gem. Art. 288 II AEUV (zu den Grenzen aus dem Identitätsvorbehalt des GG Murswiek, in: Sachs, Art. 2 Rn. 89; s. auch Art. 23 Rn. 56ff.). Das weite Verständnis dieser benannten Schranke trägt dem weiten Verständnis des Schutzbereichs des Art. 2 I Hs. 1 Rechnung und ermöglicht eine wirksame Beschränkung seiner überschießenden Gewährleistungen. Die Schranke der verfassungsmäßigen Ordnung kann also durch jeden Rechtssatz ausgefüllt werden, der mit der Verfassung im Einklang steht.

61 ***Klausurhinweis:*** Da im Rahmen der Schranke der verfassungsmäßigen Ordnung auch die formelle Verfassungsmäßigkeit des Gesetzes, also Gesetzgebungskompetenz und -verfahren, geprüft werden, können diese Fragen des objektiven Verfassungsrechts zu einer Verletzung des subjektiven Rechts aus Art. 2 I führen. Das bedeutet eine erhebliche Ausdehnung des Prüfungsumfangs, der nicht auf individualschützende Normen beschränkt ist (kritisch Grimm in BVerfGE 80, 137 [168], wonach das weite Verständnis des Art. 2 I die auf dieses Grundrecht gestützte Verfassungsbeschwerde tendenziell zur allgemeinen Normenkontrolle ausweite).

b) Rechte anderer

62 Rechte anderer sind alle subjektiven Rechte natürlicher oder juristischer Personen des Privatrechts. Sie können sich aus dem öffentlichen Recht, insbesondere aus Grundrechten, aber auch aus dem Privatrecht ergeben. „Bloße Interessen oder Rechtsreflexe genügen nicht" (Stern, StR IV/1, S. 267). Da für Eingriffe in die allgemeine Handlungsfreiheit nach Art. 2 I zum Schutze der Rechte anderer nach dem Vorbehalt des Gesetzes eine normative Grundlage erforderlich ist (Art. 20 Rn. 133ff.), die ihrerseits mit der verfassungsmäßigen Ordnung i.S.v. Art. 2 I Hs. 2 im Einklang stehen muss, hat diese Schranke grds. keine eigenständige Bedeutung (so auch Kunig, in: MK, Art. 2 Rn. 19f.).

62a Anders verhält es sich dann, wenn keine gesetzliche Regelung besteht, weil etwa der Konflikt nicht vorhersehbar war und deshalb vom Gesetzgeber nicht antizipatorisch bewältigt werden konnte. In diesen Fällen hängt die Rechtfertigung des Eingriffs von der Abwägung zwischen der Handlungsfreiheit und den kollidierenden Rechten anderer ab. Diese Abwägung wird ihrerseits durch den Grundsatz der Verhältnismäßigkeit strukturiert (Rn. 110).

c) Sittengesetz

63 Der Begriff des Sittengesetzes und die Bedeutung dieser Schranke sind umstritten. Kennzeichnend für ein Sittengesetz i.S.v. Art. 2 I Hs. 2 ist, dass es sich um grundlegende, allgemein anerkannte sozial-ethische Wertvorstellungen handeln muss, die für ein geordnetes Zusammenleben in einer Rechtsgemeinschaft unverzichtbar sind (vgl. Jarass, in: JP, Art. 2 Rn. 15). Diese Wertvorstellungen haben aber regelmäßig ihren Niederschlag in den geltenden Gesetzen gefunden (für verfassungsunmittelbare Begrenzung Murswiek, in: Sachs, Art. 2 Rn. 96). Das Sittengesetz geht insoweit in der Schranke der verfassungsmäßigen Ordnung auf und hat keine eigenständige Bedeutung (Lang, in: EH, Art. 2 Rn. 24; für ergänzenden Charakter Stern, StR IV/1, S. 268f.).

Klausurhinweis: Bei der Prüfung der Rechtfertigung eines Eingriffs in die allgemeine Handlungsfreiheit nach Art. 2 I ist unmittelbar und ohne weitere Erklärung die Schranke der verfassungsmäßigen Ordnung heranzuziehen und im dargelegten weiten Sinne zu definieren. Bei der Prüfung der materiellen Verfassungsmäßigkeit des Gesetzes können insbesondere seine Bestimmtheit und Verhältnismäßigkeit relevant werden (zu den formellen Prüfungspunkten s. Vorbem. Grundrechte Rn. 117 ff.). **64**

Beachte: Einschränkungen der allgemeinen Handlungsfreiheit aufgrund der Schrankentrias in Art. 2 I Hs. 2 unterliegen nicht dem Zitiergebot des Art. 19 I 2 (BVerfGE 10, 89 [99]; 28, 36 [46]). **65**

II. Allgemeines Persönlichkeitsrecht (Art. 2 I i. V. m. Art. 1 I)

1. Grundlage

Das allgemeine Persönlichkeitsrecht wird aus Art. 2 I i. V. m. Art. 1 I GG abgeleitet und als einheitliches Grundrecht garantiert. Die Verknüpfung dieser Grundrechtsbestimmungen ist wegen der unterschiedlichen Struktur ihrer Gewährleistungen nicht unproblematisch. Während Schutzbereich und Schranken des Art. 2 I weit gefasst sind und Eingriffe im Rahmen einer Abwägung gerechtfertigt werden können, ist eine solche Eingriffsrechtfertigung bei Art. 1 I gerade nicht möglich, da sein eng zu interpretierender Schutzbereich unantastbar ist (Art. 1 Rn. 67 ff.). **66**

Angesichts dieser Unterschiede bedarf es einer sachgerechten Zuordnung beider Grundrechtsbestimmungen. Die Struktur der Prüfung eines Eingriffs in das allgemeine Persönlichkeitsrecht ist durch Art. 2 I vorgezeichnet. Er bildet auch den Ausgangspunkt für die Ermittlung der Schutzgewährleistungen dieses einheitlichen Grundrechts. Ihre Konkretisierung in Fallgruppen erfolgt dann eingriffsbezogen und somit methodisch wie bei Art. 1 I (Art. 1 Rn. 26 ff.). Die Menschenwürdegarantie markiert zugleich einen abwägungsfesten Kernbereich des allgemeinen Persönlichkeitsrechts. Beeinträchtigungen dieses Bereichs können unter keinen Umständen gerechtfertigt werden und sind generell unzulässig. **67**

2. Funktionen

Das allgemeine Persönlichkeitsrecht hat zwei Funktionen: Zum einen gewährt es für einen Teilbereich der durch Art. 2 I allgemein garantierten freien Entfaltung der Persönlichkeit *besonderen Schutz*. Dieser Teilbereich ist durch die Nähe zur engeren Persönlichkeitssphäre des Einzelnen gekennzeichnet, zu der etwa persönliche Daten und der gesamte Bereich der Sexualität gehören. Der verdichtete Schutz durch das allgemeine Persönlichkeitsrecht kommt vor allem darin zum Ausdruck, dass sein Kernbereich, der auch als Intimbereich bezeichnet wird, durch Art. 1 I gänzlich vor staatlichen Beeinträchtigungen abgeschirmt wird (zur Bedeutung des Art. 19 II s. Rn. 106). **68**

Zum anderen hat das allgemeine Persönlichkeitsrecht *lückenschließende Bedeutung*. Es gewährleistet Elemente der Persönlichkeit, „die nicht Gegenstand der besonderen Freiheitsgarantien des Grundgesetzes sind, diesen aber in ihrer konstituierenden Bedeutung für die Persönlichkeit nicht nachstehen. Einer solchen lückenschließenden Gewährleistung bedarf es insbesondere, um neuartigen Gefährdungen zu begegnen, zu denen es im Zuge des wissenschaftlich-technischen Fortschritts und gewandelter Lebensverhältnisse kommen kann“ (BVerfGE 120, 274 [303]). **69**

3. Schutzbereich

a) Persönlich

aa) Natürliche Personen. Das allgemeine Persönlichkeitsrecht ist ein Menschenrecht. Darauf weisen schon die ihm zugrunde liegenden Grundrechtsbestimmungen hin. **70**

Art. 2 I spricht von „Jeder“, Art. 1 I von der „Würde des Menschen“. Grundrechtsträger sind somit alle natürlichen Personen. Die Staatsangehörigkeit spielt keine Rolle.

70a Beginn und Ende des Schutzes aus Art. 2 I i.V.m. Art. 1 I sind anhand der Schutzfunktion des allgemeinen Persönlichkeitsrechts zu bestimmen (Rn. 68). Es schützt die engere persönliche Lebenssphäre, also einen Bereich, in dem der Einzelne seine Persönlichkeit nach eigenen Vorstellungen ohne äußere Kontrolle entfalten kann. Diese Fähigkeit kommt nur dem lebenden Menschen zu. Sie beginnt mit der Geburt und erlischt mit dem Tode (BVerfGE 30, 173 [194]). Ein postmortaler (Ehren-)Schutz kann sich aus den objektiv-rechtlichen Gewährleistungen des Art. 1 I ergeben (Art. 1 Rn. 20). „Hingegen besteht kein Schutz des Verstorbenen durch das allgemeine Persönlichkeitsrecht, weil Träger dieses Grundrechts nur die lebende Person ist“ (BVerfG, NJW 2014, 3786 [3788 Rn. 31]). Das Leben und die körperliche Unversehrtheit des Nasciturus werden durch Art. 2 II 1 geschützt. Ein pränataler Schutz des allgemeinen Persönlichkeitsrechts ist ebenso wie ein postmortaler Schutz abzulehnen (vgl. Jarass, in: JP, Art. 2 Rn. 51; a.A. Lang, in: EH, Art. 2 Rn. 49).

71 *bb) Juristische Personen.* Ob juristische Personen des Privatrechts Träger des allgemeinen Persönlichkeitsrechts sein können, ist umstritten. Das BVerfG hat dies für den Schutz vor einem Zwang zur Selbstbezichtigung abgelehnt (BVerfGE 95, 220 [242f.]), für das Recht am eigenen Wort angenommen (BVerfGE 106, 28 [43f.]) und die Frage im Übrigen offen gelassen (BVerfG [K], NJW 1994, 1784). Die Antwort kann aus den Begründungen dieser Entscheidungen entwickelt werden.

72 Danach gilt Folgendes: Die Bestimmung der Grundrechtsfähigkeit juristischer Personen des Privatrechts im Hinblick auf das allgemeine Persönlichkeitsrecht steht zunächst vor der Schwierigkeit, dass dieses Grundrecht ein breites Spektrum unterschiedlicher einzelner Gewährleistungen umfasst, die allein durch den Bezug zur Persönlichkeitssphäre miteinander verbunden sind. Eine allgemeine Antwort zur Grundrechtsträgerschaft privater Personengebilde hinsichtlich des allgemeinen Persönlichkeitsrechts ist daher nicht möglich. Vielmehr muss zwischen den verschiedenen Gewährleistungen differenziert werden.

73 Dabei sind *zwei Leitlinien* zu beachten: Soweit die konkrete Gewährleistung dieses Grundrechts „an Eigenschaften, Äußerungsformen oder Beziehungen anknüpft, die nur natürlichen Personen wesenseigen sind, kommt eine Erstreckung auf juristische Personen als bloße Zweckgebilde der Rechtsordnung nicht in Betracht“ (BVerfGE 95, 220 [242]). Findet die Ausprägung des allgemeinen Persönlichkeitsrechts dagegen ihre Grundlage nicht im Schutz der Menschenwürde, sondern sind juristische Personen insoweit einer ähnlichen grundrechtstypischen Gefährdungslage wie natürliche Personen ausgesetzt, können sie sich auf dieses Grundrecht berufen. Allerdings wird in diesen Fällen z.T. allein auf Art. 2 I als verfassungsrechtliche Grundlage abgestellt (BVerfGE 106, 28 [43f.]).

74 **Beispiel:** Der Schutz des Rechts am gesprochenen Wort als Teil des allgemeinen Persönlichkeitsrechts „hängt nicht von einem besonderen personalen Kommunikationsinhalt ab. Es soll gesichert sein, dass sich die Beteiligten in der Kommunikation eigenbestimmt und situationsangemessen verhalten können. Insofern ist auch eine juristische Person, die durch natürliche Personen kommuniziert, einer grundrechtstypischen Gefährdungslage ausgesetzt“ und durch das allgemeine Persönlichkeitsrecht geschützt (BVerfGE 106, 28 [43]).

b) Sachlich

75 *aa) Schutzgegenstand.* Das allgemeine Persönlichkeitsrecht gewährleistet die engere Persönlichkeitssphäre und die Erhaltung ihrer Grundbedingungen (BVerfGE 54, 148 [153]). Es sichert „jedem Einzelnen einen autonomen Bereich privater Lebensgestaltung, in dem er seine Individualität entwickeln und wahren kann“ (BVerfGE 117, 202 [225]). Eine wesentliche Aufgabe dieses Grundrechts besteht aufgrund der Menschenwürde als oberstes Konstitutionsprinzip darin, diejenigen Bereiche der Persönlichkeitsentfaltung zu schützen, die von den speziellen Freiheitsgarantien nicht erfasst werden. Sein Schutzbereich ist daher nicht allgemein und abschließend bestimmbar, sondern gerade für bisher unbekannte Persönlichkeitsgefahren offen (BVerfGE 95, 220 [241]). Die einschlägigen Gewährleistungen sind anhand der jeweiligen Beeinträchtigung, d. h. eingriffsbezogen zu ermitteln.

bb) Ausprägungen. Die breit gefächerten Konkretisierungen des allgemeinen Persön- **76**
lichkeitsrechts können in verschiedenen Fallgruppen zusammengefasst werden, die auf den jeweiligen Bezugspunkt der Gefährdung abstellen. Zwar ist die Zuordnung z. T. umstritten und Überschneidungen sind ebenso unvermeidlich wie unschädlich. Gleichwohl ermöglicht dieses Vorgehen eine gewisse Systematisierung. Das fördert eine transparentere und berechenbarere Handhabung dieses Grundrechts. Über diese dogmatische Bedeutung hinaus haben diese Fallgruppen aber keine rechtliche Relevanz. Sie lassen insbesondere keinen Rückschluss auf den unantastbaren Kernbereich des allgemeinen Persönlichkeitsrechts zu. Dieser muss in der Fallbearbeitung vielmehr jeweils gesondert festgestellt werden.

Struktur des sachlichen Schutzbereichs des APKR

77

Beim allgemeinen Persönlichkeitsrecht können folgende *Fallgruppen* unterschieden **78**
werden (vgl. PSKP, Rn. 391 ff.):

(1) Privatsphäre (Selbstbewahrung). Das allgemeine Persönlichkeitsrecht schützt die Pri- **79**
vatsphäre des Einzelnen als einen Bereich, in den er sich zurückziehen und ohne unerwünschte soziale Kontrolle so verhalten kann, wie er will. Das betrifft zunächst den räumlichen Bereich. Dieser wird zwar durch Art. 13 I gegen ein Eindringen des Staates speziell geschützt (BVerfGE 109, 279 [325]). Daneben kommt aber das allgemeine Persönlichkeitsrecht zur Anwendung, wenn die staatliche Maßnahme über die Durch-

brechung des Schutzes des Raumes (Wohnung) hinausgeht und Elemente der Privatsphäre zusätzlich beeinträchtigt.

80 **Beispiele:**
- Mithören intimer oder aus sonstigen Gründen vertraulicher Gespräche
- Staatliches Eindringen in die Intimsphäre, insbesondere die Sexualsphäre, etwa durch heimliche Beobachtung sexueller Handlungen (vgl. BVerfGE 96, 56 [61]).

81 Unabhängig von der Überwindung räumlicher Barrieren sind bestimmte Handlungen und Inhalte wegen ihrer besonderen Nähe zur Menschenwürde des Einzelnen durch das allgemeine Persönlichkeitsrecht geschützt. Dieses „schützt mit der Privat- und Intimsphäre auch das Recht, selbst darüber zu befinden, ob, in welcher Form und wem Einblick in die Intimsphäre und das eigene Geschlechtsleben gewährt wird" (BVerfG, NJW 2015, 1506 [1506 f. LS 1, Rn. 29]).

82 **Beispiele:**
- Tagebuchaufzeichnungen (BVerfGE 80, 367 [374 ff.])
- Krankenakten (BVerfGE 32, 373 [379 f.]).

83 *(2) Selbstbestimmung.* Die vom allgemeinen Persönlichkeitsrecht geschützte Entfaltung der Individualität ist eng mit der Kenntnis der für sie konstitutiven Faktoren verbunden. Zu diesen zählt auch die Abstammung. Sie nimmt im Bewusstsein des Einzelnen eine Schlüsselstellung für seine Individualitätsfindung sowie für sein Selbstverständnis und sein familiäres Verhältnis zu anderen ein.

84 **Beispiele:**
- Recht eines Kindes auf Kenntnis der eigenen Abstammung (BVerfGE 117, 202 [226]). Das kann nach dem zivilrechtlichen Grundsatz von Treu und Glauben auch einen Anspruch gegen den Reproduktionsmediziner über die Identität des Samenspenders begründen (BGH, NZFam 2015, 254 [254 ff. Rn. 7 ff.]).
- Recht eines Mannes auf Kenntnis, ob das ihm rechtlich zugeordnete Kind von ihm abstammt (vgl. BVerfGE 108, 82 [105]; 117, 202 [225]). Allerdings ist die Kindsmutter nicht verpflichtet, dem Scheinvater zur Durchsetzung von Regressansprüchen Auskunft über die Person des mutmaßlichen Vaters zu erteilen, weil dies ihr allgemeines Persönlichkeitsrecht verletzt (Rn. 81) und ein solcher im Wege richterlicher Rechtsfortbildung entwickelter Anspruch die verfassungsrechtlichen Grenzen überschreitet (BVerfG, NJW 2015, 1506 [1506 ff. Rn. 28 ff.]).

85 Zur Selbstbestimmung nach Art. 2 I i. V. m. Art. 1 I gehören auch die Wahl des Vor- und Familiennamens als Ausdruck der Identität und Individualität der Person (BVerfGE 109, 256 [266]; 123, 90 [102]), die sexuelle Selbstbestimmung des Menschen einschließlich der sexuellen Orientierung und das Erkennen der eigenen geschlechtlichen Identität (BVerfGE 115, 1 [14]).

86 **Beispiele:**
- Homosexualität
- Transsexualität (BVerfGE 115, 1 [14 f.]).

87 Besondere Bedeutung hat das *informationelle Selbstbestimmungsrecht,* das vom BVerfG aus dem allgemeinen Persönlichkeitsrecht abgeleitet worden ist. Es reicht über den Schutz der Privatsphäre (Rn. 79 ff.) hinaus und gibt dem Einzelnen die Befugnis, „grundsätzlich selbst über die Preisgabe und Verwendung seiner persönlichen Daten zu bestimmen" (BVerfGE 65, 1 [43]). Das informationelle Selbstbestimmungsrecht gem. Art. 2 I i. V. m. Art. 1 I „flankiert und erweitert den grundrechtlichen Schutz von Verhaltensfreiheit und Privatheit, indem es ihn schon auf der Stufe der Persönlichkeitsgefährdung beginnen lässt. Eine derartige Gefährdungslage kann bereits im Vorfeld konkreter Bedrohungen benennbarer Rechtsgüter entstehen, insbesondere wenn personenbezogene Informationen in einer Art und Weise genutzt und verknüpft werden können, die der Betroffene weder überschauen noch verhindern kann" (BVerfGE 120, 274 [312]). Der Schutzumfang des informationellen Selbstbestimmungsrechts ist

auf persönliche Daten beschränkt. Dagegen ist irrelevant, ob sie Informationen enthalten, die bereits ihrer Art nach sensibel sind und schon deshalb grundrechtlich geschützt werden.

Beispiele: 88
- Volkszählung (BVerfGE 65, 1 [43])
- Informationen über genetische Merkmale einer Person, aus denen sich in Abgleich mit den Daten einer anderen Person Rückschlüsse auf die Abstammung ziehen lassen („Vaterschaftstest", BVerfGE 117, 202 [228]).

Angesichts der technischen Entwicklung gerade auf dem Gebiet der Informationstechnik und der zunehmenden Digitalisierung weiter Lebensbereiche sind neuartige Gefährdungen des allgemeinen Persönlichkeitsrechts aufgetreten, die weder von den speziellen Grundrechten, etwa Art. 13 I (dazu Rn. 101), noch von den bis dahin anerkannten Ausprägungen des allgemeinen Persönlichkeitsrechts erfasst werden. Dies gilt für die Infiltration und Online-Durchsuchung eines Computers, die sämtliche, also nicht nur persönliche Daten, betrifft und so ein umfassendes Persönlichkeitsbild des Betroffenen ermöglicht. Um diese Schutzlücke zu schließen, hat das BVerfG das allgemeine Persönlichkeitsrecht weiterentwickelt und aus diesem Grundrecht das Recht auf *Integrität und Vertraulichkeit informationstechnischer Systeme* abgeleitet. Es schützt den „persönlichen und privaten Lebensbereich der Grundrechtsträger vor staatlichem Zugriff im Bereich der Informationstechnik auch insoweit, als auf das informationstechnische System insgesamt zugegriffen wird und nicht nur auf einzelne Kommunikationsvorgänge oder gespeicherte Daten" (BVerfGE 120, 274 [313]). 89

Die verbreitete Bezeichnung dieses Rechts als „Computer-Grundrecht" ist zwar eingängig, aber auch missverständlich. Denn es handelt sich nicht um ein neues Grundrecht, sondern nur um eine weitere Konkretisierung des allgemeinen Persönlichkeitsrechts. Schutzgegenstand sind alle informationstechnischen Systeme, die personenbezogene Daten erzeugen, verarbeiten oder speichern können. 90

Beispiele: 91
- Computer
- Smartphones (z. B. iPhone).

Dieses Recht aus Art. 2 I i. V. m. Art. 1 I gewährleistet zum einen die Integrität des informationstechnischen Systems. Auf diese Weise sollen Zugriffe durch Dritte, die Funktionen und Inhalte dieses Systems berühren, verhindert werden. Dies gilt insbesondere für seine Infiltration und Manipulation. Zum anderen wird die Vertraulichkeit des informationstechnischen Systems vor einem Ausspähen der in dem System vorhandenen Daten geschützt. Das gilt unabhängig davon, in welchem Speicher sie enthalten sind und ob sie dort dauerhaft oder temporär verbleiben. Dadurch soll verhindert werden, dass Unbefugte Einblick in wesentliche Teile der Lebensgestaltung des Betroffenen erlangen und so ein aussagekräftiges Bild seiner Persönlichkeit gewinnen können (dazu Sachs/Krings, JuS 2008, 481 ff.). 92

Beispiel: Eine sog. Online-Durchsuchung durch den Verfassungsschutz greift in das durch Art. 2 I i. V. m. Art. 1 I geschützte Recht auf Integrität und Vertraulichkeit informationstechnischer Systeme ein, weil der Computer des Betroffenen infiltriert und ausgespäht wird (BVerfGE 120, 274 [314 ff.]). 93

(3) Selbstdarstellung. Das Recht auf Selbstdarstellung des Einzelnen in der Öffentlichkeit hängt mit dem Recht auf Selbstbestimmung eng zusammen. Diese Ausprägung des allgemeinen Persönlichkeitsrechts gewährleistet, dass der Einzelne selbst darüber entscheiden kann, ob und wie er sich in der Öffentlichkeit darstellen will. „Allerdings reicht der Schutz dieses Grundrechts nicht so weit, daß es dem Einzelnen einen Anspruch darauf verliehe, in der Öffentlichkeit nur so dargestellt zu werden, wie er sich selber sieht oder von anderen gesehen werden möchte. Jedenfalls wird er aber vor ver- 94

fälschenden oder entstellenden Darstellungen geschützt, die von nicht ganz unerheblicher Bedeutung für die Persönlichkeitsentfaltung sind" (BVerfGE 99, 185 [194]; 114, 339 [346]). Namentlich umfasst das allgemeine Persönlichkeitsrecht „den Schutz vor Äußerungen, die – ohne im engeren Sinn ehrverletzend zu sein – geeignet sind, sich abträglich auf das Ansehen des Einzelnen in der Öffentlichkeit auszuwirken" (BVerfG [K], NJW 2014, 2019 [2020 Rn. 19]).

Zu den anerkannten Inhalten gehören:

95 – Das Recht am eigenen Bild: Es gewährleistet dem Einzelnen „Einfluss- und Entscheidungsmöglichkeiten, soweit es um die Anfertigung und Verwendung von Fotografien oder Aufzeichnungen seiner Person durch andere geht" (BVerfGE 101, 361 [381]).

96 – Das Recht am eigenen Wort: Es schützt gegen das Unterschieben nicht getaner Äußerungen (BVerfGE 54, 208 [217 f.]) und vor unbefugtem, insbesondere heimlichem Mithören eines Gesprächs durch Dritte. Dahinter steht der Grundsatz, dass jede Person selbst bestimmen können soll, wie sie sich in der Kommunikation mit anderen darstellt. Diese Befugnis ist wichtig, um sich situationsangemessen verhalten und auf die jeweiligen Kommunikationspartner einstellen zu können (BVerfGE 106, 28 [39 f.]).

97 – Die persönliche Ehre: Sie ist etwa durch Äußerungen betroffen, die das Ansehen der Person, insbesondere ihr Bild in der Öffentlichkeit, verächtlich machen oder herabwürdigen (vgl. BVerfGE 54, 148 [155 f.]; 99, 185 [193]).

98 *cc) Gewährleistungen.* Die konkreten Gewährleistungen des allgemeinen Persönlichkeitsrechts wurden bereits bei der Darstellung seiner Ausprägungen erörtert (Rn. 76 ff.). Die Ausführungen können sich daher an dieser Stelle auf die Schutzdimensionen dieses Grundrechts beschränken. Das allgemeine Persönlichkeitsrecht gewährt dem Grundrechtsträger zunächst ein *Abwehrrecht* gegen Eingriffe der grundrechtsgebundenen Staatsgewalt. Exemplarisch hierfür sind die Erhebung persönlicher Daten durch den Staat und ehrverletzende Äußerungen von Hoheitsträgern.

98a Faktische Beeinträchtigungen des allgemeinen Persönlichkeitsrechts gehen aber häufig nicht vom Staat, sondern von Privaten aus, die durch dieses Grundrecht nicht unmittelbar gebunden werden (vgl. Art. 1 III; s. auch Art. 1 Rn. 150 ff.). Art. 2 I i. V. m. Art. 1 I kann in diesen Fällen den Gesetzgeber dazu verpflichten, Regelungen zum Schutze des allgemeinen Persönlichkeitsrechts zu treffen. Das gilt insbesondere für Bereiche, in denen typischerweise Konflikte zwischen Privaten über persönlichkeitsrechtsrelevante Fragen auftreten. Art. 2 I i. V. m. Art. 1 I begründen insoweit also eine *Schutzpflicht* des Staates, der unter Beachtung seines Einschätzungs- und Gestaltungsspielraums ein Schutzanspruch des Einzelnen korrespondieren kann.

98b **Beispiele:**

- Die Erhebung, Speicherung und Weitergabe von Patientendaten durch den behandelnden Arzt unterliegt wegen ihrer Relevanz für das allgemeine Persönlichkeitsrecht der Patienten der gesetzlichen Regelung. Besondere Probleme bereitet insoweit die aktuell diskutierte Einführung einer weiterentwickelten Gesundheitskarte, auf der alle für die Behandlung relevanten Daten der Patienten gespeichert werden sollen.
- Umstritten und bisher nicht abschließend geklärt sind auch die praktisch relevanten Fragen, ob ein Recht auf Wahrung der Anonymität im Internet besteht und ob der Staat aufgrund einer Schutzpflicht aus dem allgemeinen Persönlichkeitsrecht verpflichtet ist, gesetzliche Regelungen zu erlassen, auf deren Grundlage von privaten Providern die Löschung persönlichkeitsrelevanter Daten verlangt und durchgesetzt werden kann (dazu Gurlit, NJW 2010, 1035 ff.; Heckmann, NJW 2012, 2631 ff.).

99 Darüber hinaus entfaltet das allgemeine Persönlichkeitsrecht *Ausstrahlungswirkung* im privatrechtlichen Bereich. Das ist insbesondere für die Frage bedeutsam, ob Fotoaufnahmen, die die Presse von einer prominenten Persönlichkeit ohne oder gegen deren Willen macht und danach veröffentlicht, zulässig sind. Bei der Beurteilung des konkre-

ten Falls müssen die Zivilgerichte vor allem den Schutz der Privatheit, die Bedeutung des Rechts am eigenen Bild, die Pressefreiheit und das Informationsbedürfnis der Allgemeinheit angemessen berücksichtigen (BVerfGE 101, 361 [380ff.]). Daraus wird zugleich deutlich, dass das allgemeine Persönlichkeitsrecht die Grundrechtsausübung anderer Personen mittelbar dadurch beschränken kann, dass seine Gewährleistungen bei der Konfliktlösung durch die staatliche Gewalt als kollidierendes Verfassungsrecht im Rahmen einer Abwägung berücksichtigt werden müssen. Diese begrenzende Wirkung entfaltet sich insbesondere gegenüber der Meinungs- und Pressefreiheit nach Art. 5 I sowie gegenüber der Kunstfreiheit des Art. 5 III 1.

Beispiel: Ob die Aussage eines Kriegsgegners „Soldaten sind Mörder" eine Beleidigung nach § 185 StGB darstellt oder gem. § 193 StGB gerechtfertigt ist, hängt maßgeblich von einer Abwägung zwischen dem Grundrecht der Meinungsfreiheit (Art. 5 I 1) und dem allgemeinen Persönlichkeitsrecht (Ehre) durch das Strafgericht bei Auslegung und Anwendung der strafrechtlichen Normen ab (BVerfGE 93, 266 [290f.]). **100**

c) Konkurrenzen

Das allgemeine Persönlichkeitsrecht ist gegenüber der allgemeinen Handlungsfreiheit lex specialis (Rn. 48). Im Verhältnis zu anderen speziellen Freiheitsrechten muss wie folgt unterschieden werden: Haben die Grundrechte einen anderen Schutzgegenstand als das allgemeine Persönlichkeitsrecht, wie etwa die Berufsfreiheit (Art. 12 I), stehen sie in Idealkonkurrenz nebeneinander. Konkretisieren die anderen Grundrechte hingegen Elemente der Persönlichkeitssphäre, wie z.B. Art. 13 I den Schutz des räumlichen Bereichs der Privatheit, gehen sie dem allgemeinen Persönlichkeitsrecht vor, soweit der spezifische Belastungsgehalt des Eingriffs durch dieses Grundrecht erfasst wird (vgl. BVerfGE 109, 279 [325]; Art. 13 Rn. 13). Dagegen ist das allgemeine Persönlichkeitsrecht zu prüfen, wenn dieses die speziellen Grundrechte ergänzt. Das gilt etwa für das informationelle Selbstbestimmungsrecht (Rn. 87ff.). **101**

4. Eingriff

a) Merkmale

Das allgemeine Persönlichkeitsrecht weist im Unterschied zur allgemeinen Handlungsfreiheit keinen weiten generalklauselartigen Schutzbereich auf, sondern umfasst ein Bündel konkreter persönlichkeitsrelevanter Gewährleistungen (Rn. 76ff.). Daher unterliegt der Eingriffstatbestand keiner zusätzlichen Einschränkung durch die Kriterien der Finalität und Intensität (Rn. 53ff.). Vielmehr gelten die allgemeinen Anforderungen (s. auch Lang, in: EH, Art. 2 Rn. 51). Danach liegt ein Eingriff in das allgemeine Persönlichkeitsrecht vor, wenn das Verhalten der grundrechtsgebundenen Staatsgewalt (Art. 1 III) Gewährleistungen dieses Grundrechts verkürzt oder auf sonstige Weise beeinträchtigt. Das kann durch rechtliche oder faktische Einwirkungen erfolgen. **102**

Beispiele: **102a**
- Die rechtliche Anordnung der Durchsuchung eines Strafgefangenen, die mit seiner Entkleidung verbunden ist, stellt einen schwerwiegenden Eingriff in sein allgemeines Persönlichkeitsrecht dar (BVerfGK 2, 102 [105]). „Dies gilt in besonderem Maße für Durchsuchungen, die mit einer Inspizierung von normalerweise bedeckten Körperöffnungen verbunden sind. Diese Wertung liegt auch der Rechtsprechung des EGMR zu Grunde, die bei der Auslegung der Grundrechte des Grundgesetzes zu berücksichtigen ist. Danach dürfen solche Durchsuchungen nicht routinemäßig, unabhängig von fallbezogenen Verdachtsgründen, durchgeführt werden" (BVerfG [K], NJW 2013, 3291 [3291f. Rn. 15f. m.w.N.])
- Die amtliche Veröffentlichung eines nicht anonymisierten Urteils eines Berufsgerichts für Heilberufe unter voller Namensnennung, durch das der verurteilte Arzt nicht nur als Berufsträger, sondern mit eigenem Gewicht auch in seiner Eigenschaft als Privatperson betroffen wird, be-

einträchtigt sein allgemeines Persönlichkeitsrecht (BVerfG [K], NJW 2014, 2019 [2020f. Rn. 18ff.]).

102b Bei Streitigkeiten zwischen Privaten ist wegen der fehlenden unmittelbaren Drittwirkung des allgemeinen Persönlichkeitsrechts auf die gerichtliche Entscheidung dieser Streitigkeiten als Eingriffsakt abzustellen. Ihre belastende Wirkung kann sich insbesondere daraus ergeben, dass das Gericht bei der Rechtsanwendung die Bedeutung des allgemeinen Persönlichkeitsrechts verkannt hat.

103 **Beispiel:** In einem autobiographischen Roman schildert der Autor detailliert die sexuellen Abenteuer mit seiner damaligen Lebensgefährtin. Da er die Erzählung nur wenig verfremdet hat, ist die tatsächliche lebende Person, die hinter der Romanfigur steht, unschwer zu erkennen. Weist das Gericht deren Klage gegen die Veröffentlichung des Romans mit der Begründung zurück, das betroffene allgemeine Persönlichkeitsrecht müsse hinter die Kunstfreiheit zurücktreten, liegt darin ein Eingriff in Art. 2 I i. V. m. Art. 1 I (BVerfGE 119, 1 [24ff.]).

b) Einwilligung

104 Das allgemeine Persönlichkeitsrecht dient allein dem Schutz der Persönlichkeitssphäre des Grundrechtsträgers. Es ist daher für ihn grds. disponibel. Seine wirksame Einwilligung in die Beeinträchtigung lässt bereits den Tatbestand eines Eingriffs in dieses Grundrecht entfallen und ist nicht erst auf der Ebene der Eingriffsrechtfertigung zu würdigen. Die Einwilligung kann ausdrücklich oder konkludent erfolgen. Sie ist wirksam, wenn der Grundrechtsträger sie in Kenntnis der tatsächlichen Umstände des konkreten Falls freiwillig erteilt (BVerfGE 106, 28 [45f.]).

105 **Beispiel:** Ist dem Sprechenden bekannt, dass ein Dritter das Gespräch mithört, liegt in der späteren Verwertung der Aussage des Dritten in einem gerichtlichen Verfahren kein Eingriff in das Recht am eigenen Wort als Teil des allgemeinen Persönlichkeitsrechts, da der Grundrechtsträger das Mithören zumindest konkludent gestattet hat (vgl. BVerfGE 106, 28 [45f.]).

5. Rechtfertigung des Eingriffs

a) Beachtung des unantastbaren Bereichs privater Lebensführung

106 Bei der Prüfung der Rechtfertigung eines Eingriffs in das allgemeine Persönlichkeitsrecht ist zunächst festzustellen, ob dieser den unantastbaren Bereich privater Lebensgestaltung berührt. Diesen Kernbereich leitet die Rechtsprechung aus der Menschenwürdegarantie des Art. 1 I (teils i.V.m. Art. 19 II) ab, die auf diese Weise die Prüfung auf der Ebene der Eingriffsrechtfertigung maßgeblich beeinflusst (BVerfGE 80, 367 [373 f.]). Denn dieser Bereich ist der öffentlichen Gewalt schlechthin entzogen. Selbst schwerwiegende Interessen der Allgemeinheit können Eingriffe insoweit nicht rechtfertigen. Eine Abwägung nach Maßgabe des Verhältnismäßigkeitsgrundsatzes findet nicht statt (BVerfGE 34, 238 [245]).

107 Zur Ermittlung dieses Kernbereichs sind unterschiedliche *Kriterien* heranzuziehen. Bedeutsam ist vor allem der höchstpersönliche Charakter des Verhaltens, also ob dieses nach dem Willen des Grundrechtsträgers („subjektiv") und nach allgemeiner Auffassung („objektiv") dem Einfluss des Staates entzogen ist. Umgekehrt schließt ein sozialer Bezug des Verhaltens eine Zuordnung zum Kernbereich nicht von vornherein aus, da der Einzelne seine Persönlichkeit üblicherweise in unterschiedlichen sozialen Bezügen entfaltet (BVerfGE 80, 367 [374]).

107a Nach wohl überwiegender Auffassung ist in diesem Zusammenhang auch zu berücksichtigen, welche Auswirkungen die Persönlichkeitsentfaltung für die Allgemeinheit hat. Indizien sind dabei die Art und Intensität der betroffenen Rechtsgüter sowie das Ausmaß und die Reversibilität der Beeinträchtigung. Besonders problematisch sind die Fälle, in denen das Verhalten einerseits zur Intimsphäre gehört, andererseits eine hohe Sozialschädlichkeit aufweist. Das wirft die grundsätzliche Frage auf, ob der Intimbereich isoliert oder unter Berücksichtigung seines Sozialbezugs zu ermitteln ist.

Beispiel: In einem Indizienprozess, in dem der Angeklagte sich wegen eines ihm vorgeworfenen Sexualmords verantworten muss, ist sein Tagebuch das einzige Beweismittel. Darin hat er seine Phantasien und Wünsche geschildert, die dem Tathergang weitgehend entsprechen. Der Ausgang des Prozesses hängt vor allem davon ab, ob dieses Tagebuch der Entscheidung zugrunde gelegt werden darf oder ob seine Berücksichtigung ausgeschlossen ist, weil es zum Kernbereich des allgemeinen Persönlichkeitsrechts gehört. Der erkennende Senat des BVerfG war in dieser Frage gespalten. Ein Teil der Richter lehnte eine Zuordnung zum Kernbereich wegen der hohen Sozialschädlichkeit ab. Der andere Teil sah darin ein unzulässiges „Aufrechnen" mit der Intimsphäre (BVerfGE 80, 367 [376ff.]). **108**

b) Schrankentrias des Art. 2 I Hs. 2

Berührt der Eingriff nicht den unantastbaren Kernbereich des allgemeinen Persönlichkeitsrechts, kann er aufgrund der Schrankentrias des Art. 2 I Hs. 2 gerechtfertigt sein. Sie ist nach der Binnenstruktur des Art. 2 I auch auf Eingriffe in das allgemeine Persönlichkeitsrechts anwendbar (vgl. BVerfGE 97, 228 [269]). Liegt der Beeinträchtigung eine gesetzliche Regelung zugrunde, ist in einem ersten Schritt zu prüfen, ob diese vom Vorbehalt der verfassungsmäßigen Ordnung in Art. 2 I Hs. 2 gedeckt, d.h. formell und materiell verfassungsgemäß ist (BVerfGE 120, 180 [201 f.]). Dabei können insbesondere die Gesetzgebungskompetenz, die Bestimmtheit und die Verhältnismäßigkeit der Regelung eine Rolle spielen. Dagegen ist das Zitiergebot des Art. 19 I 2 nicht zu beachten (differenzierend nunmehr für die Datenerhebung Jarass, in: JP, Art. 2 Rn. 58; s. auch BVerfGE 130, 1 [38f.]). **109**

In einem zweiten Schritt ist festzustellen, ob der auf die verfassungskonforme gesetzliche Regelung gestützte Eingriffsakt selbst gegen höherrangiges Recht verstößt. Im Mittelpunkt steht dabei der Grundsatz der Verhältnismäßigkeit (dazu Art. 20 Rn. 153ff.). Bei der Beurteilung der Erforderlichkeit und Angemessenheit des Eingriffs ist zu berücksichtigen, ob die Privatsphäre oder die Individualsphäre (Sozialsphäre) des allgemeinen Persönlichkeitsrechts betroffen ist (vgl. Lang, in: EH, Art. 2 Rn. 35). Diese Sphären beschreiben die Nähe zum Intimbereich als unantastbaren Kernbereich des allgemeinen Persönlichkeitsrechts. Die Zuordnung der betroffenen Gewährleistung zu diesen Sphären hat zumindest indizielle Bedeutung für die Ermittlung der Intensität des Eingriffs und – komplementär dazu – für die Anforderungen an seine Rechtfertigung im Rahmen der Verhältnismäßigkeit und der Bestimmtheit. **109a**

Fehlt eine gesetzliche Regelung, ist zunächst zu klären, ob der Eingriff nicht schon aus diesem Grunde rechtswidrig ist. Das beurteilt sich aufgrund des Vorbehalts des Gesetzes (Art. 20 Rn. 133ff.). In den seltenen Fällen, in denen ausnahmsweise keine gesetzliche Grundlage erforderlich ist, z.B. weil die hoheitliche Beeinträchtigung nicht vorhersehbar und deshalb gesetzlich nicht abgesichert worden ist (s. auch Rn. 62a), kann der Eingriff durch die Rechte anderer i.S.v. Art. 2 I Hs. 2 gerechtfertigt sein. Das erfordert eine Abwägung zwischen den betroffenen Rechten, die das Gericht unter Beachtung des Verhältnismäßigkeitsgrundsatzes originär vornehmen muss (vgl. BVerfGE 114, 339 [348]; s. auch Rn. 109a). **110**

III. Leben und körperliche Unversehrtheit (Abs. 2 S. 1)

1. Schutzbereich

a) Persönlich

Art. 2 II 1 ist ein Jedermann-Grundrecht („Menschengrundrecht"). Es ist also nicht auf Deutsche beschränkt, sondern kommt auch Ausländern und Staatenlosen zu, was nach seinen Schutzgegenständen („Leben und körperliche Unversehrtheit") eine **111** schiere Selbstverständlichkeit ist. Die Gewährleistungen des Art. 2 II 1 schützen jeden lebenden Menschen, unabhängig von seinem geistigen und körperlichen Zustand. Daher sind weder sein Gesundheitszustand noch sein Alter relevant. Auch eine unmittelbare „Todesnähe" führt nicht zur Aufhebung oder Absenkung des Schutzes durch Art. 2 II 1 (vgl. Di Fabio, in: MD, Art. 2 Abs. 2 S. 1 Rn. 9, 18). Dagegen steht einer juristischen Person der Schutz des Art. 2 II 1 nicht zu, da seine Schutzgegenstände eine natürliche Person, d.h. einen Menschen voraussetzen (vgl. BVerwGE 54, 211 [220]).

b) Sachlich

112 Art. 2 II 1 gewährleistet das Leben und die körperliche Unversehrtheit. Beide Schutzgegenstände sind zwar durch die systematische Stellung und den gemeinsamen Bezug auf den einzelnen lebenden Menschen miteinander verbunden, weisen aber im Übrigen Unterschiede auf.

113 *aa) Schutzgegenstände. (1) Leben.* Unter „Leben" wird die „biologisch-physische Existenz jedes Menschen vom Zeitpunkt ihres Entstehens an bis zum Eintritt des Todes unabhängig von den Lebensumständen des Einzelnen, seiner körperlichen und seelischen Befindlichkeit verstanden (BVerfGE 115, 118 [139]).

114 *(aa) Beginn.* Umstritten ist, wann „Leben" i.S.d. Art. 2 II 1 beginnt. Nach Ansicht des BVerfG ist dies nach gesicherter biologisch-physiologischer Erkenntnis jedenfalls mit dem Tag der Nidation, d.h. jedenfalls vom 14. Tag nach der Empfängnis an, der Fall (BVerfGE 39, 1 [37]). Leben beginnt somit mit Nidation (Einnistung) oder Implantation (Einpflanzung) der befruchteten Eizelle in die Gebärmutter (vgl. BVerfGE 88, 203 [251] „jedenfalls ab Nidation"). Dagegen sind die Ansichten abzulehnen, wonach menschliches Leben erst mit der Geburt oder bereits mit der Verschmelzung von Ei- und Samenzelle beginnt (dazu Hufen, StR II, § 10 Rn. 21 ff. m.w.N.).

115 Die erstgenannte Auffassung vernachlässigt den Schutz, der dem ungeborenen Leben bereits vor der Geburt zukommen muss. Das wird am Beispiel eines lebensfähigen Fötus unmittelbar vor der Geburt deutlich, der bereits Eigenschaften eines lebenden Menschen, z.B. Schmerzempfinden, besitzt, aber nicht durch Art. 2 II 1 geschützt würde. Demgegenüber überhöht die letztgenannte Meinung einer pränidativen Geltung des Art. 2 II 1 ab Befruchtung der Eizelle (Kernverschmelzung) den Schutz des Lebens durch Art. 2 II 1, indem sie einem Embryo denselben grundrechtlichen Schutz wie einem Menschen nach der Geburt zuerkennt. Das mag aus christlicher Überzeugung naheliegen oder geboten sein, lässt aber aus naturwissenschaftlicher Sicht wesentliche, durch die Humangenetik nachgewiesene Unterschiede unberücksichtigt, die einen schwächeren Schutz des Embryos rechtfertigen. Seine rechtliche Gleichsetzung mit einem Menschen kann im Ergebnis zudem den wissenschaftlichen-medizinischen Fortschritt behindern, etwa im Rahmen der embryonalen Stammzellenforschung.

116 Die Ablehnung eines pränidativen Lebensschutzes des Embryos stellt diesen rechtlich nicht schutzlos. Ähnlich wie bei Art. 1 I entfaltet auch Art. 2 II 1 für den Zeitraum zwischen Befruchtung und Nidation objektiv-rechtliche Vorwirkungen (vgl. Art. 1 Rn. 17). Diese können aber im Rahmen des Gesetzesvorbehalts nach Art. 2 II 3 in weiterem Umfang als bei der Menschenwürde eingeschränkt werden, sodass der rechtliche Schutz durch Art. 2 II 1 im Ergebnis schwächer ausfällt (vgl. Jarass, in: JP, Art. 2 Rn. 82).

117 *(bb) Ende.* Das Leben eines Menschen endet mit dem Tod. Die h.M. stellt insoweit auf den sog. Hirntod ab, der mit dem irreversiben Erlöschen der Gesamtfunktion des Großhirns, des Kleinhirns und des Hirnstamms eintritt (a. A. jetzt Jarass, in: JP, Art. 2 Rn. 81 m.w.N.). Die Gegenansicht stellt auf den völligen Zusammenbruch des gesamten Organismus ab. Das überhöht ohne sachliche Notwendigkeit und Rechtfertigung den rechtlichen Schutz durch Art. 2 II 1 nach Eintritt des Hirntodes und führt

zudem letztlich zu einer erheblichen rechtlichen Behinderung der Transplantationsmedizin (s. auch Art. 1 Rn. 18ff.).

(2) Körperliche Unversehrtheit. Mit dem Recht auf körperliche Unversehrtheit wird jedenfalls die Unversehrtheit des menschlichen Körpers in biologisch-physiologischer Hinsicht geschützt (vgl. BVerfGE 56, 54 [73f.]; 79, 174 [201]). Dagegen ist umstritten, ob Art. 2 II 1 auch unkörperliche, d.h. psychisch-seelische Beeinträchtigungen erfasst (vgl. Jarass, in: JP, Art. 2 Rn. 83). Gegen eine solche Auslegung könnte der Normtext („körperliche" Unversehrtheit) sprechen. Allerdings muss bei Auslegung dieses Merkmals dem Umstand Rechnung getragen werden, dass „Leib, Seele und Geist" eine Einheit bilden und es häufig zu einer „Wechselwirkung zwischen psychischen und physischen Gesundheitsstörungen" kommt. Nichtkörperliche Einwirkungen werden daher von Art. 2 II 1 jedenfalls dann erfasst, wenn sie in ihrer Wirkung körperlichen Eingriffen gleichkommen, d.h. das Befinden einer Person derart verändern, dass sie der Zufügung von Schmerzen entsprechen (BVerfGE 56, 54 [74f.]). **118**

Beispiele: **119**
- psychische Folterung, etwa durch Erzeugung von Angst durch Bedrohung mit einem aggressiven Schäferhund
- Verhörmethoden, wie dauerhafter Schlafentzug oder ununterbrochene Beschallung mit lauter Musik.

Beachte: Eine Beeinträchtigung des Lebens greift regelmäßig zugleich in die körperliche Unversehrtheit ein. Soweit der Maßnahme kein über die Vernichtung des Lebens hinausgehender Unwertgehalt anhaftet, ist sie allein an dem durch Art. 2 II 1 Alt. 1 gewährleisteten Lebensschutz zu messen. **120**

bb) Gewährleistungen. Art. 2 II 1 begründet nicht nur ein Abwehrrecht des Einzelnen gegen hoheitliche Eingriffe, sondern verpflichtet den Staat auch zum Schutz der dort aufgeführten Gegenstände. **121**

(1) Abwehrrecht. Als Abwehrrecht schützt die Norm vor jeglichen hoheitlichen Beeinträchtigungen des Lebens und der körperlichen Unversehrtheit. Hiermit korrespondiert jedoch keine negative Freiheit, d.h. Art. 2 II 1 verbürgt kein Recht auf Selbsttötung oder Selbstverstümmelung. Die Zulässigkeit dieser Handlungen beurteilt sich vielmehr nach Art. 2 I (Rn. 26; s. auch Rn. 132). **122**

(2) Schutzpflicht. Die staatliche Pflicht zum Schutz jedes menschlichen Lebens ist bereits unmittelbar in Art. 2 II 1 angelegt. Ergänzend kann auf Art. 1 I 2 verwiesen werden. Diese verfassungsrechtliche Pflicht gebietet dem Staat, das Leben zu schützen und zu fördern, d.h. es auch vor rechtswidrigen Eingriffen durch Dritte zu bewahren (BVerfGE 39, 1 [41f.]). Gleiches gilt für das Recht auf körperliche Unversehrtheit (vgl. BVerfGE 56, 54 [73]; 79, 174 [201f.]). Diese Schutzpflicht besteht auch bereits gegenüber dem Nasciturus (Rn. 114ff.). **123**

Die objektive staatliche Schutzpflicht aus Art. 2 II 1 kann sich im Einzelfall zu einem Schutzanspruch des Einzelnen verdichten, wenn das Leben oder die körperliche Unversehrtheit konkret gefährdet sind und ein Eingreifen des Staates erfordern (dazu Di Fabio, in: MD, Art. 2 Abs. 2 S. 1 Rn. 49). **124**

Beispiel: Verpflichtung einer gesetzlichen Krankenkasse zur vorläufigen Kostenübernahme für ein lebensrettendes Medikament (vgl. BVerfG [K], NJW 2003, 1236 [1237]); zur Leistungspflicht für neuartige Behandlungsmethoden bei einer lebensbedrohlichen Erkrankung s. BVerfG (K), NJW 2013, 1664 [1665f.]). **125**

c) Konkurrenzen

Die Grundrechte auf Leben und körperliche Unversehrtheit stehen zu anderen Grundrechten grds. in Idealkonkurrenz. Zum Verhältnis zur Menschenwürdegarantie s. Art. 1 Rn. 54f. Art. 102 stellt eine Schranken-Schranke in Bezug auf das Recht auf **126**

Leben gem. Art. 2 II 1 Alt. 1 dar, wenn in dieses Grundrecht durch Verhängung und Vollzug der Todesstrafe eingegriffen wird.

2. Eingriff

a) Leben

127 Ein Eingriff in das Leben liegt in jedem staatlichen Verhalten, das den Tod eines Menschen – gewollt oder ungewollt – bewirkt. Eine Einwilligung des Grundrechtsträgers ist unbeachtlich. Auch faktische und mittelbare Beeinträchtigungen können einen Eingriff darstellen (BVerfGE 66, 39 [60]).

128 Ein Eingriff in das Leben kann zunächst in einem positiven Tun des Staates bestehen.

129 **Beispiel:** „Finaler Rettungsschuss" eines Polizisten.

130 Ein Eingriff kann aber auch dann zu bejahen sein, wenn er durch einen Dritten erfolgt, sofern dessen Verhalten dem Staat zuzurechnen ist. Hierfür dürfte ausreichen, dass der Tod eines Menschen die sichere oder höchst wahrscheinliche Folge des Verhaltens des deutschen Staates ist (dazu BVerwGE 78, 285 [293 f.]).

131 **Beispiel:** Auslieferung einer Person an ein Land, in dem ihr die Todesstrafe droht.

132 Schließlich kann auch in einem Unterlassen ein Eingriff in das Leben liegen. Dies setzt allerdings voraus, dass der Staat eine ihm obliegende Schutzpflicht (Rn. 123 ff.) verletzt. In welchem Umfang eine solche Pflicht bei *freiwilligen Selbsttötungen* besteht, ist umstritten (s. etwa Sternberg-Lieben/Reichmann, NJW 2012, 257 [260]). Der Staat ist jedenfalls dann verpflichtet einzuschreiten, wenn der Betreffende sich in einem körperlichen oder seelischen Zustand befindet, der die Fähigkeit zu einer selbstbestimmten Entscheidung ausschließt oder beeinträchtigt (Murswiek, in: Sachs, Art. 2 Rn. 210). Im Übrigen muss der Staat grds. das Selbstbestimmungsrecht seiner Bürger respektieren. Er ist daher nicht generell verpflichtet, einen Menschen gegen dessen Willen am Leben zu erhalten. Die passive Sterbehilfe ist dementsprechend – im Gegensatz zur aktiven Sterbehilfe – verfassungsrechtlich zulässig, solange sie im Einvernehmen mit dem sterbenden Menschen geschieht und dieser die Folgen dieser Entscheidung erkennt.

133 **Beispiel:** Um eine gewerbsmäßige Sterbehilfe zu verhindern, hat die Bundesregierung am 22.10. 2012 den Entwurf eines Gesetzes zur Strafbarkeit der gewerbsmäßigen Förderung der Selbsttötung eingebracht (BT-Drs. 17/11126). Dieser Entwurf hat sich durch Ablauf der 17. Legislaturperiode aber erledigt; ob der Gesetzgeber in dieser Sache einen neuen Anlauf unternimmt, scheint fraglich.

b) Körperliche Unversehrtheit

134 Ein Eingriff in die körperliche Unversehrtheit besteht in jedem staatlichen Handeln, das eine beeinträchtigende Wirkung auf den Körper eines Menschen hat. Darunter fallen nicht nur Handlungen, die eine Substanzveränderung des Körpers beinhalten, sondern auch nichtkörperliche Einwirkungen, wenn sie mittelbar zu körperlichen Beeinträchtigungen führen oder diesen vergleichbar sind. Für die Annahme eines Eingriffs in die körperliche Unversehrtheit ist die Zufügung von Schmerz nicht zwingend erforderlich. Außerdem kommt es nicht darauf an, ob der Eingriff dem Betroffenen nutzt oder schadet (Rn. 138). Dies ist erst im Rahmen der verfassungsrechtlichen Rechtfertigung zu berücksichtigen (Rn. 142 ff.).

135 **Beispiele:**
- Medizinische Zwangsbehandlung einer im Maßregelvollzug untergebrachten Person (BVerfGE 133, 112 [131 Rn. 49 ff.]; dazu Muckel, JA 2013, 953 ff.)

- Impfzwang (BVerwGE 9, 78 [79])
- Entnahme von Gehirn- und Rückenmarkflüssigkeit mit einer Hohlnadel (BVerfGE 16, 194 [198])
- Lärm, wenn er zu gesundheitlichen Beeinträchtigungen führt (BVerfGE 56, 54 [75 ff.])
- Zwangsversuche an lebenden Menschen, Zwangssterilisationen (BVerfGE 79, 174 [201]).

Auch lediglich faktische oder nur mittelbare Beeinträchtigungen der körperlichen **136** Unversehrtheit stellen einen Eingriff dar, sofern sie dem Staat zurechenbar sind und eine gewisse Intensität aufweisen.

Beispiel: Einschränkende gesetzliche Regelung für die Zulässigkeit von Organspenden (dazu **137** BVerfG [K], NJW 1999, 3399 [3401]).

Da es für einen Eingriff in die körperliche Unversehrtheit nicht auf den Grund und **138** die Zielsetzung des Handelns ankommt (Rn. 134), liegt eine Beeinträchtigung dieses Grundrechts auch dann vor, wenn sie im Rahmen einer ärztlichen Behandlung erfolgt. Dieser Eingriff ist aber gerechtfertigt, wenn der Betroffene nach umfassender Aufklärung einwilligt und die Maßnahme nach den Regeln der ärztlichen Kunst vorgenommen wird. Fehlt ihm hierfür die Einsichtsfähigkeit, etwa wegen seines Alters, muss die Einwilligung von einem hierzu befugten Dritten erteilt werden. Bei einem minderjährigen Kind sind dies die Eltern, sofern sie sorgeberechtigt sind. Dagegen lässt die Einwilligung eines Betreuers zur medizinischen Zwangsbehandlung eines Untergebrachten den Eingriff nicht entfallen, da die Maßnahme gegen den natürlichen Willen des Betroffenen erfolgt (BVerfGE 133, 112 [131 Rn. 51]).

Besondere Probleme treten auf, wenn die Einwilligung der Eltern in einen Konflikt **139** mit dem Wohl des Kindes treten kann (dazu Sternberg-Lieben/Reichmann, NJW 2012, 257 [258 f.]). Diese Situation kann gegeben sein, wenn die Eltern die notwendige Einwilligung in die ärztliche Behandlung ihres Kindes aus religiösen Gründen verweigern.

Beispiel: Die Eltern sind Angehörige der Religionsgemeinschaft der Zeugen Jehovas, die jede Art **140** des Gebrauchs von Blut ablehnen. Aufgrund ihres Glaubens verweigern sie die Erteilung der Zustimmung zu einer lebensnotwendigen Bluttransfusion für ihr Kind durch einen Arzt.

Der umgekehrte Fall lag dem viel diskutierten Urteil des LG Köln v. 7.5.2012 **141** zugrunde. Hier wurde auf Verlangen muslimischer Eltern ihr vierjähriger Sohn aus religiösen Gründen durch einen Arzt an der Vorhaut beschnitten. Dies stellt eine Beeinträchtigung der körperlichen Unversehrtheit des Kindes dar. Nach Ansicht der Strafkammer war die Einwilligung der Eltern unwirksam, da sie gegen das Wohl des Kindes verstieß und daher nicht durch ihr Elternrecht aus Art. 6 II 1 gedeckt war (NJW 2012, 2128 f.). Diese Entscheidung missachtet wesentliche verfassungsrechtliche Vorgaben und ist deshalb abzulehnen (zu Einzelheiten s. Art. 6 Rn. 52 ff.).

3. Rechtfertigung des Eingriffs

Das Leben stellt einen „Höchstwert" innerhalb der Ordnung des Grundgesetzes dar **142** (vgl. nur BVerfGE 39, 1 [42]; 49, 24 [53] m. w. N.). Das ist bei der Auslegung und Anwendung der maßgeblichen Vorschriften zu berücksichtigen (BVerfG [K], NJW 2014, 2176 [2176 Rn. 11]). Allerdings lässt Art. 2 II 3 eine Einschränkung dieses Grundrechts und des Grundrechts auf körperliche Unversehrtheit grds. zu (vgl. BVerfGE 22, 180 [219]; 115, 118 [139]).

a) Schranke des Art. 2 II 3

aa) Anwendbarkeit. Art. 2 II 3 enthält eine benannte Schranke in Form eines einfa- **143** chen Gesetzesvorbehalts. Aus der Systematik und Genese der Regelung folgt, dass dieser Gesetzesvorbehalt sowohl für das Recht auf Leben als auch für das Recht auf körperliche Unversehrtheit gilt.

144 *bb) Voraussetzungen.* Was die formellen Anforderungen des Art. 2 II 3 betrifft, scheint dieser nach seinem Wortlaut („auf Grund eines Gesetzes") ein materielles Gesetz (Rechtsverordnung oder Satzung) als Eingriffsgrundlage genügen zu lassen. Dieses Merkmal muss indes im Lichte der Wesentlichkeitslehre (dazu Art. 20 Rn. 141 ff.) interpretiert werden. Sie begründet für Eingriffe in das Leben und für gezielte schwere Beeinträchtigungen der körperlichen Unversehrtheit einen strengen Vorbehalt des Gesetzes (Parlamentsvorbehalt). Solche Eingriffe erfordern daher nicht nur ein förmliches Gesetz als Grundlage für das Handeln der Verwaltung (BVerfGE 22, 180 [219]), sie dürfen vielmehr ausschließlich durch förmliches Gesetz erfolgen. Das schließt eine Delegation der Normsetzung auf die Exekutive aus (dazu auch Kunig, in: MK, Art. 2 Rn. 80 ff.).

145 Inhaltlich muss mit einem Eingriff in das Leben bzw. in die körperliche Unversehrtheit eines Menschen ein verfassungslegitimes Ziel verfolgt werden. Bei der Festlegung des konkreten Ziels lässt Art. 2 II 3 dem Gesetzgeber grds. einen breiten Entscheidungsspielraum. Allerdings muss das Ziel im Hinblick auf die betroffenen Rechtsgüter des Art. 2 II 1 hinreichend gewichtig sein. Daraus ergeben sich insbesondere für Eingriffe in das Leben sehr strenge Anforderungen (Rn. 149). Im Übrigen muss das eingreifende Gesetz in jeder Hinsicht den Anforderungen des Grundgesetzes entsprechen. Es muss kompetenzgemäß und hinreichend bestimmt sein. Darüber hinaus darf es auch sonst den Grundentscheidungen der Verfassung nicht widersprechen (BVerfGE 115, 118 [139]).

b) Schranken-Schranken

146 *aa) Verbot der Todesstrafe, Art. 102.* Eine spezielle Schranken-Schranke hinsichtlich des Grundrechts auf Leben enthält das in Art. 102 normierte Verbot der Todesstrafe (s. dazu Art. 102 Rn. 1 ff.). Danach sind nicht nur die gesetzliche Androhung der Todesstrafe, sondern auch die Verhängung der Todesstrafe durch einen deutschen Richter auf Grund eines (vorkonstitutionellen) Gesetzes sowie die Vollstreckung der Todesstrafe durch die deutsche Exekutive aufgrund eines (vorkonstitutionellen) Urteils unzulässig (vgl. BVerfGE 18, 112 [116]).

147 *bb) Verhältnismäßigkeit.* In thematisch einschlägigen Klausuren ist der Schwerpunkt der Prüfung regelmäßig die Frage, ob der Eingriff in die Gewährleistungen des Art. 2 II 1 verhältnismäßig ist. Dieses Verfassungsgebot verlangt, dass der Eingriff zur Erreichung des verfassungslegitimen Ziels geeignet, erforderlich und angemessen ist. Danach sind Beeinträchtigungen der körperlichen Unversehrtheit eines Menschen nur in engen Grenzen zulässig, etwa für Zwecke der Strafverfolgung oder zur Abwehr von Seuchengefahren (vgl. Kunig, in: MK, Art. 2 Rn. 85).

148 **Beispiele:**

- Entnahme von Blutproben und andere körperliche Eingriffe gem. § 81a StPO (BVerfGE 16, 194 [202])
- Dagegen ist eine sog. „Rettungsfolter", also die Androhung der Zufügung körperlicher Schmerzen gegenüber dem Entführer eines Kindes, um dessen Leben zu retten, unzulässig (vgl. OLG Frankfurt, NJW 2007, 2494 [2495], wo allerdings vorwiegend auf Art. 1 Abs. 1 und Art. 104 abgestellt wird)
- Zu den Anforderungen an die Rechtfertigung des Eingriffs in Art. 2 II 1 durch medizinische Zwangsbehandlung einer im Maßregelvollzug untergebrachten Person (BVerfGE 133, 112 [131 ff. Rn. 52 ff.]).

149 Eingriffe in das Leben sind nur in eng begrenzten Ausnahmefällen zum Schutze anderer Rechtsgüter von gleichem Gewicht zulässig. Hierfür kommt grds. nur die Rettung des Lebens anderer Menschen in Betracht. Dabei ist zu beachten, dass jedes Le-

ben gleich wertvoll ist (BVerfGE 39, 1 [59]). Leben darf also nicht gegen Leben abgewogen werden. Dies schließt nicht aus, das Leben einer entführten Person durch gezielte Tötung des Entführers zu retten. Dieser sog. „finale Rettungsschuss", der in den Polizeigesetzen mancher Bundesländer zugelassen ist (z.B. Art. 66 II 2 BayPAG), muss aber ultima ratio sein. Dagegen ist der Abschuss eines entführten Flugzeuges unzulässig, da die Tötung der unbeteiligten Passagiere nicht zu rechtfertigen ist (BVerfGE 115, 118 [151 ff.]; s. auch Art. 1 Rn. 28).

cc) Zitiergebot und Wesensgehaltsgarantie. Eingriffe in das Leben und die körperliche **150**
Unversehrtheit müssen das Zitiergebot des Art. 19 I 2 beachten und den Wesensgehalt des Grundrechts gem. Art. 19 Abs. 2 GG unangetastet lassen (zu Letzterem BVerfGE 115, 118 [139]; s. auch Art. 19 Rn. 35).

IV. Freiheit der Person (Abs. 2 S. 2)

1. Schutzbereich

a) Persönlich

Art. 2 II 2 erklärt die Freiheit der Person für unverletzlich. Der persönliche Schutz- **151**
bereich erstreckt sich dementsprechend auf alle natürlichen Personen, unabhängig von Staatsangehörigkeit und Geschäftsfähigkeit. Da dieses Grundrecht nur die körperliche Fortbewegungsfreiheit verbürgt (Rn. 152), findet es auf juristische Personen keine Anwendung.

b) Sachlich

aa) Gegenstand. Art. 2 II 2 verbindet mit Art. 2 I, dass beide Regelungen die physi- **152**
schen Bedingungen der menschlichen Existenz betreffen (Di Fabio, in: MD, Art. 2 Abs. 2 S. 2 Rn. 25). Anders als die allgemeine Handlungsfreiheit nach Art. 2 I gewährleistet Art. 2 II 2 trotz seines weiten Wortlauts („Freiheit der Person") ausschließlich die *körperliche Fortbewegungsfreiheit* (BVerfGE 94, 166 [198]; 96, 10 [21]). Dies ergibt sich aus Genese und Funktion der Norm. Art. 2 II 2 ist Ausdruck des im angelsächsischen Rechtsraum verwurzelten Habeas Corpus-Prinzips, das Freiheitsbeschränkungen durch die staatliche Gewalt unter Einsatz körperlichen Zwangs insbesondere durch verfahrensrechtliche Anforderungen begrenzt (dazu Sachs, in: Stern, StR IV/1, S. 1071 f.). Der Zweck des Art. 2 II 2 besteht vor allem darin, sich vom Aufenthaltsort fortbewegen zu können. Sein Schutz entfaltet sich gegenüber Einschränkungen dieser tatsächlichen Fortbewegungsfreiheit. Dagegen ist das Recht, einen bestimmten Wohnsitz oder ständigen Aufenthalt zu wählen, durch Art. 11 verbürgt (zur Abgrenzung Rn. 158).

bb) Gewährleistungen. Art. 2 II 2 gewährleistet dem Einzelnen das Recht, grds. frei zu **153**
wählen, ob er einen Ort verlässt und sich an einen anderen Ort begibt. Allerdings ist diese Freiheit nach Ansicht des BVerfG darauf beschränkt, „einen Ort oder Raum aufzusuchen oder sich dort aufzuhalten, der ihm an sich (tatsächlich und rechtlich) zugänglich ist" (BVerfGE 94, 166 [198]). Während die Einschränkung in Bezug auf die tatsächliche Zugänglichkeit anzuerkennen ist, wirft sie in Bezug auf die rechtliche Zugänglichkeit Fragen auf.

Zwar ist der Feststellung des BVerfG, wonach der Gewährleistungsgehalt des Art. 2 **154**
II 2 „von vornherein nicht eine Befugnis umfasse, sich unbegrenzt überall aufhalten und überall hin bewegen zu dürfen" (BVerfGE 94, 166 [198]), im Grundsatz zuzustimmen. Daraus folgt indes nicht, dass sämtliche rechtliche Einschränkungen der Zugänglichkeit bereits den Schutzbereich des Art. 2 II 2 verkürzen. Vielmehr sind sie grds. an diesem zu messen. Andernfalls könnte der Gesetzgeber die Gewährleistungen des Art. 2 II 2 nach Belieben verkürzen. Als rechtliche Begrenzungen des Schutzbe-

reichs sind daher nur allgemeine Gesetze anzuerkennen, die sich nach ihrer Zielrichtung nicht gegen die körperliche Bewegungsfreiheit richten (Sachs, in: Stern, StR IV/1, S. 1091 f.).

155 Umstritten ist, ob Art. 2 II 2 neben der *positiven Freiheit* auch eine *negative Freiheit,* also insbesondere das Recht verbürgt, einen bestimmten Ort nicht aufzusuchen (dazu Murswiek, in: Sachs, Art. 2 Rn. 230 ff.). Virulent wird diese Frage bei hoheitlichen Geboten, die dem Einzelnen das Erscheinen an einem bestimmten Ort zu einem bestimmten Zeitpunkt vorschreiben, z. B. die Verpflichtung zur Teilnahme am Verkehrsunterricht (vgl. BVerfGE 22, 21 [26]). Stellt man auf den spezifischen Zweck des Art. 2 II 2 ab, vor Beeinträchtigungen zu schützen, „denen es zumindest auch gerade um die Einschränkung der körperlichen Bewegungsfreiheit selbst geht" (Sachs, in: Stern, StR IV/1, S. 1097), werden Beschränkungen nicht erfasst, die sich – wie im Beispiel – aus der Erfüllung von Rechtspflichten beliebigen Inhalts ergeben.

156 Was die Schutzdimensionen angeht, gewährt Art. 2 II 2 ein Freiheitsgrundrecht, das vor allem ein *Abwehrrecht* begründet. Im Einzelfall können aber auch *Schutzpflichten* bestehen. Sie können den Staat verpflichten, den Einzelnen vor Beeinträchtigungen seiner körperlichen Bewegungsfreiheit zu schützen, etwa im Falle einer Geiselnahme oder Straßenblockade (Jarass, in: JP, Art. 2 Rn. 117). Art. 2 II 2 ist zudem eine verfassungsrechtliche Grundsatznorm, die eine objektive Wertentscheidung enthält, die für alle Bereiche des Rechts gilt (BVerfGE 10, 302 [322]). Zudem hat „das Recht auf Freiheit der Person unter den grundrechtlich verbürgten Rechten einen besonders hohen Rang" (BVerfGE 104, 220 [234]).

c) Konkurrenzen

157 *aa) Verhältnis zu Art. 104.* Art. 2 II 2 steht in untrennbarem Zusammenhang mit den Gewährleistungen des Art. 104 (BVerfGE 105, 239 [247]). Beide Normen haben den gleichen persönlichen und sachlichen Schutzbereich. Sie unterscheiden sich vor allem in ihrer Funktion. Bei Art. 2 II 2 stehen der grundrechtliche Abwehranspruch und die objektive Wertentscheidung zugunsten der Bewegungsfreiheit der Person im Vordergrund (Rn. 152 ff.). Dagegen besteht die Funktion des Art. 104 vor allem darin, die benannte Schranke des Art. 2 II 3 zu ergänzen, indem Eingriffe in die Bewegungsfreiheit zusätzlichen Anforderungen unterworfen werden, insbesondere in verfahrensrechtlicher Hinsicht (Art. 104 Rn. 7 ff., 15 ff.).

158 *bb) Verhältnis zu Art. 11.* Ein Eingriff in Art. 2 II 2 kann zugleich die Freizügigkeit beeinträchtigen. Art. 2 II 2 ist gegenüber Art. 11 speziell, soweit es ausschließlich um die konkrete körperliche Fortbewegungsfreiheit geht. Ist hingegen die Freiheit tangiert, an einem bestimmten Ort innerhalb der Bundesrepublik Wohnsitz oder Aufenthalt zu nehmen, ohne dass der Einzelne in seiner körperlichen Fortbewegungsfreiheit beschränkt wird, findet ausschließlich Art. 11 Anwendung (s. auch Art. 11 Rn. 15 f.). Zur Orientierung bei der Abgrenzung zwischen diesen Grundrechten kann folgende Faustformel genutzt werden: „Art. 2 II 2 schützt das Weggehen, Art. 11 das Hinkommen."

2. Eingriff

a) Merkmale

159 Ein Eingriff in den Gewährleistungsgehalt des Art. 2 II 2 liegt vor, „wenn jemand durch die öffentliche Gewalt gegen seinen Willen daran gehindert wird, einen Ort oder Raum aufzusuchen oder sich dort aufzuhalten, der ihm an sich (tatsächlich und rechtlich) zugänglich ist" (BVerfGE 94, 166 [198]). Kennzeichnend für Eingriffe in Art. 2 II 2 ist, dass sie sich zumindest auch spezifisch gegen die körperliche Bewegungsfreiheit richten. Reflexhafte Beeinträchtigungen dieser Freiheit, etwa durch all-

gemeine Rechtspflichten, bleiben somit ausgegrenzt (Rn. 154). Daher greift ein hoheitliches Gebot, das dem Einzelnen das Erscheinen an einem bestimmten Ort zu einem bestimmten Zeitpunkt vorschreibt, nicht in Art. 2 II 2 ein. Teilweise wird in diesen Fällen aber ein Eingriff bejaht, wenn rechtlicher oder faktischer Zwang hinzutritt (vgl. Kunig, in: MK, Art. 2 Rn. 76).

Beispiele: **160**
- Verhängung und Durchführung einer Freiheitsstrafe (BVerfGE 90, 145 [172])
- Zwangsweise Vorführung wegen Nichtbeachtung einer Vorladung (BVerfGE 22, 21 [26]).

Grundsätzlich kann auch dem Unterlassen von Schutz seitens des Staates Eingriffsqualität zukommen, wenn insoweit eine Schutzpflicht besteht. Allerdings hat der Staat bei ihrer Wahrnehmung einen weiten Entscheidungs- und Gestaltungsspielraum. Ein Eingriff ist daher erst anzunehmen, wenn der erforderliche Mindestschutz unterschritten wird (Untermaßverbot). Diese Grenze ist jedenfalls dann erreicht, wenn der Einzelne Unruhen oder Bedrohungen ausgesetzt ist, die dazu führen, dass er einen bestimmten Ort nicht mehr ohne Gefahr für Leib und Leben verlassen kann, sich also nicht mehr „vor die Haustür traut" (vgl. Di Fabio, in: MD, Art. 2 Abs. 2 S. 2 Rn. 37). **161**

b) Erscheinungsformen

Bei Eingriffen in Art. 2 II 2 muss zwischen Freiheitsbeschränkungen und Freiheitsentziehungen differenziert werden. Diese Unterscheidung ist zwar nicht unmittelbar in Art. 2 II 2 und 3 angelegt; sie ergibt sich aber aus Art. 104, der ergänzend heranzuziehen ist und für diese Erscheinungsformen von Eingriffen in die Bewegungsfreiheit unterschiedliche Anforderungen aufstellt (Art. 104 Rn. 6ff., 11ff.). Unter einer *Freiheitsbeschränkung* ist jede staatliche Beeinträchtigung der körperlichen Bewegungsfreiheit durch physischen Zwang oder Drohung mit diesem zu verstehen. Dagegen greift eine *Freiheitsentziehung* intensiver in Art. 2 II 2 ein. Gegenüber der bloßen Freiheitsbeschränkung ist sie dadurch gekennzeichnet, dass die Beeinträchtigung des Einzelnen gegen seinen Willen auf einen eng umgrenzten Raum für einen nicht nur unbedeutenden Zeitraum erfolgt (Art. 104 Rn. 11ff.). **162**

Beispiel: Die Präventivhaft eines Fußball-Hooligans vor und während eines Fußballspiels stellt eine verhältnismäßige Freiheitsentziehung dar (zur Rechtfertigung nach Art. 5 I EMRK s. EGMR, NVwZ 2014, 43 [44ff. Rn. 64ff.]). **162a**

3. Rechtfertigung des Eingriffs

a) Schranke

Die benannte Schranke des Art. 2 II 3 findet aufgrund ihrer systematischen Stellung, Entstehungsgeschichte und Funktion auf Eingriffe in die Bewegungsfreiheit nach Art. 2 II 2 Anwendung. Grundrechtsdogmatisch handelt es sich bei Art. 2 II 3 um einen einfachen Gesetzesvorbehalt. Dieser wird jedoch durch Art. 104 in formeller und materieller Hinsicht konkretisiert und ergänzt. So führt Art. 104 I 1 dazu, dass für sämtliche Freiheitsbeschränkungen und -entziehungen abweichend vom Wortlaut des Art. 2 II 3 („auf Grund eines Gesetzes") zwingend ein förmliches Gesetz notwendig ist. Im Übrigen ist zu beachten, dass die Voraussetzungen des Art. 104 II–IV, d.h. der Richtervorbehalt, die Pflicht zur Information über die Gründe des Festhaltens und zur Benachrichtigung eines Angehörigen, nur für Freiheitsentziehungen gelten (Art. 104 Rn. 7, 11ff.). **163**

b) Schranken-Schranken

Schranken-Schranken für Eingriffe in die tatsächliche Bewegungsfreiheit ergeben sich insbesondere aus dem Misshandlungsverbot des Art. 104 I 2 und dem Verhältnis- **164** mäßigkeitsgrundsatz. Nach Art. 104 I 2 dürfen festgehaltene Personen weder seelisch noch körperlich misshandelt werden. Jede Zufügung physischen oder psychischen Leids zur Willensbrechung ist danach unzulässig (vgl. Art. 104 Rn. 24).

165 Darüber hinaus muss der Eingriff verhältnismäßig, d.h. geeignet, erforderlich und angemessen sein. Da das in Art. 2 II 2 verbürgte Freiheitsrecht „ein besonders hohes Rechtsgut" ist, in das „nur aus wichtigen Gründen eingegriffen werden darf" (BVerfGE 105, 239 [247]), sind an dessen Beschränkung hohe Anforderungen zu stellen. Die Verhängung einer Freiheitsstrafe muss daher in einem angemessenen Verhältnis zu dem „normativ festgelegten Wert des verletzten Rechtsgutes und der Schuld des Täters" stehen (BVerfGE 25, 269 [286]). Die „lebenslange" Freiheitsstrafe stellt einen schweren Eingriff in Art. 2 II 2 dar und unterliegt daher unter dem Gesichtspunkt der Verhältnismäßigkeit strengen Anforderungen. Sie ist nur für besonders schwere Angriffe gegen höchste Rechtsgüter zulässig und muss zeitlich begrenzt sein, damit dem Verurteilten grds. eine Chance verbleibt, je wieder der Freiheit teilhaftig zu werden (vgl. BVerfGE 45, 187 [LS, 223ff.]).

166 Für (nicht nur) rechtliche Diskussionen hat die *nachträgliche Sicherungsverwahrung* gesorgt. Das BVerfG erachtete sie zunächst als mit Art. 2 II 2 vereinbar (BVerfGE 109, 133 [156ff.]). Nachdem der EGMR am 17.12.2009 die nachträgliche Verlängerung der Sicherungsverwahrung als Verstoß gegen das Rückwirkungsverbot des Art. 7 I EMRK gewertet hatte (EGMR, NJW 2010, 2495ff.), erklärte das BVerfG in seinem Urteil vom 4.5.2011 die nachträglich angeordnete Sicherungsverwahrung und ihre rückwirkende Verlängerung als grds. für mit Art. 2 II 2 i.V.m. Art. 104 I 1 unvereinbar (BVerfGE 128, 326ff.). Eine Sicherungsverwahrung darf danach ausschließlich dann rückwirkend angeordnet oder verlängert werden, „wenn der gebotene Abstand zur Strafe gewahrt wird, eine hochgradige Gefahr schwerster Gewalt- oder Sexualstraftaten aus konkreten Umständen in der Person oder dem Verhalten des Untergebrachten abzuleiten ist und die Voraussetzungen des Art. 5 I 2 lit. e EMRK" erfüllt sind (BVerfGE 128, 326 [399]).

166a Als Reaktion hierauf hat der Bundestag am 8.11.2012 den „Entwurf eines Gesetzes zur bundesrechtlichen Umsetzung des Abstandsgebotes im Recht der Sicherungsverwahrung" (BT-Drs. 17/9874) in geänderter Fassung angenommen (s. BT-Drs. 17/11388). Das Gesetz fügte u.a. einen neuen § 66c in das StGB ein und trat gem. Art. 9 am 1.6.2013 in Kraft (BGBl. 2012 I S. 2425). Das StGB hält aber am Vorbehalt der Anordnung der Sicherungsverwahrung grds. fest (vgl. § 66a). Nach Ansicht des BVerfG ist dies auch unter Beachtung der Wertungen des Art. 5 I EMRK eine verhältnismäßige Beschränkung des Art. 2 II 2, sofern die Anforderungen des Abstandsgebots gewahrt sind (BVerfGE 131, 268 [291ff., 295ff.]; s. für das Therapieunterbringungsgesetz BVerfGE 134, 33 [59ff. Rn. 66ff.]). Die vorbehaltene Sicherungsanordnung verstößt auch nicht gegen das Bestimmtheitsgebot, das sich für die Sicherungsverwahrung nicht aus Art. 103 II, sondern aus Art. 104 I 1 ergibt (BVerfGE 131, 268 [305f.]; s. auch Art. 104 Rn. 8).

167 Weitere Schranken-Schranken bei Eingriffen in Art. 2 II 2 enthalten das Zitiergebot des Art. 19 I 2 und die Wesentlichkeitsgarantie des Art. 19 II (BVerfGE 109, 133 [156]; 117, 71 [96]).

C. Prüfungshinweise

168 **Grobschema zur Prüfung der allgemeinen Handlungsfreiheit gem. Art. 2 I durch das BVerfG:**

1. Schutzbereich, Art. 2 I
   a) persönlich
   b) sachlich: weit, also jede Belastung
2. Eingriff: klassischer Eingriffsbegriff; bei mittelbarer Beeinträchtigung gelten die Kriterien der Finalität und Intensität

3. Rechtfertigung
   a) Schranken: Schrankentrias des Art. 2 I Hs. 2; praktisch relevant ist regelmäßig der Vorbehalt der verfassungsmäßigen Ordnung, d. h. die Einschränkung muss formell und materiell verfassungsmäßig sein
   b) Schranken-Schranken, insbesondere Verhältnismäßigkeit

Grobschema zur Prüfung des Art. 2 II 1 durch das BVerfG: **169**
1. Schutzbereich, Art. 2 II 1
   a) persönlich: jede natürliche Person
   b) sachlich: Leben bzw. körperliche Unversehrtheit (beachte: Schutzpflichten)
2. Eingriff
3. Rechtfertigung
   a) Schranke: einfacher Gesetzesvorbehalt des Art. 2 II 3; wegen Wesentlichkeitslehre ist jedenfalls für Eingriffe in das Leben ein formelles Gesetz erforderlich
   b) Schranken-Schranken (sehr hohe Anforderungen an die Rechtfertigung)

Grobschema zur Prüfung des Art. 2 II 2 durch das BVerfG: **170**
1. Schutzbereich, Art. 2 II 2
   a) persönlich: jede natürliche Person
   b) sachlich: körperliche Fortbewegungsfreiheit
2. Eingriff: nur spezifische Beeinträchtigungen der Fortbewegungsfreiheit; im Übrigen muss zwischen Freiheitsbeschränkung und Freiheitsentziehung unterschieden werden
3. Rechtfertigung
   a) Schranke: einfacher Gesetzesvorbehalt des Art. 2 II 3, der durch Art. 104 ergänzt wird; Art. 104 I 1 verlangt ein förmliches Gesetz
   b) Schranken-Schranken, insbesondere Misshandlungsverbot des Art. 104 I 2

D. Weiterführende Literatur/Leseempfehlungen

Amelung, K., Die zweite Tagebuchentscheidung des BVerfG, NJW 1990, 1753–1760; Augsberg, I., Grundfälle zu Art. 2 II 1 GG, JuS 2011, 28–34, 128–133; Beaucamp, G./Seifert, J., Das allgemeine Persönlichkeitsrecht als grundrechtlicher Nothelfer, JA 2004, 539–544; Becker, F., Der transparente Staat – Staatliche Verbraucherinformation über das Internet, NJW 2011, 490–494; Berg, W., Grundrechtskonkurrenzen – Zum Verhältnis der Art. 2 Abs. 1, 4 Abs. 1 und 12 Abs. 1 GG – BVerwGE 27, 303, JuS 1969, 16–20; v. Bernstorff, J., Pflichtenkollision und Menschenwürdegarantie, Der Staat 47 (2008), 21–40; Britz, G., Schutz informationeller Selbstbestimmung gegen schwerwiegende Grundrechtseingriffe, JA 2011, 81–86; Busch, R., Zur Zulässigkeit molekulargenetischer Reihenuntersuchungen, NJW 2001, 1335–1337; Classen, C. D., Die Forschung mit embryonalen Stammzellen im Spiegel der Grundrechte, DVBl. 2002, 141–148; Cremer, H.-J., Der Osho-Beschluss des BVerfG – BVerfG 105, 279, JuS 2003, 747–251; Degenhart, C., Die allgemeine Handlungsfreiheit des Art. 2 Abs. 1 GG, JuS 1990, 161–169; ders., Der Schutz des Menschen vor sich selbst, JZ 1998, 66–74; ders., Das Allgemeine Persönlichkeitsrecht, Jura 2011, 437–448; Duttge, G., Freiheit für alle oder allgemeine Handlungsfreiheit?, NJW 1997, 3353–3355; Ehmann, H., Zur Struktur des Allgemeinen Persönlichkeitsrechts, JuS 1997, 193–203; Erichsen, H.-U., Das Grundrecht aus Art. 2 Abs. 1 GG, Jura 1987, 356–367; Frenz, W., Informationelle Selbstbestimmung im Spiegel des BVerfG, DVBl. 2009, 333–339; ders., Konkretisierte Abwägung zwischen Pressefreiheit und Persönlichkeitsschutz, NJW 2012, 1039–1042; Geier, B./Schäl, S./Twelmeier, H., Die Entscheidung des BVerfG vom 9.10.2002 (BVerfGE 106, 28): Das Ende der Hörfalle?, Jura 2004, 121–127; Geiger, J./v. Lampe, C., Das zweite Urteil des Bundesverfassungsgerichts zum Schwangerschaftsabbruch – Ein Schritt vorwärts, zwei Schritte zurück, Jura 1994, 20–30; Geis, M.-E., Der Kernbereich des Persönlichkeitsrechts – Ein Plädoyer für die „Sphärentheorie", JZ 1991, 112–117; Germann, M., Das allgemeine Persönlichkeitsrecht, Jura 2010, 734–744; Gusy, C., Freiheitsentziehung und Grundge- **171** setz, NJW 1992, 457–463; Hantel, P., Das Grundrecht der Freiheit der Person nach Art. 2 II 2, 104 GG, JuS 1990, 865–872; Heymann, M., Die Europäische Menschenrechtskonvention und das Recht auf aktive Sterbehilfe – EGMR, NJW 2002, 2851, JuS 2002, 957–958; Höfling, W., Forum – „Sterbehilfe" zwischen Selbstbestimmung und Integritätsschutz, JuS 2000, 111–118; Hoffmann-Riem, W., Freiheitsschutz in den globalen Kommunikationsinfrastrukturen, JZ 2014, 53–63; Kahl, W., Grundfälle zu Art. 2 I GG, JuS 2008, 499–504 (Teil 1), 595–600 (Teil 2); Kahl, W./Ohlendorf, L., Grundfälle zu Art. 2 I i.V.m. 1 I GG, JuS 2008, 682–687; Kingreen, T./Torbohm, N., Wunschkind oder Kind nach Wunsch? – Verfassungsfragen der beschränkten Zulassung der Präimplantationsdiagnostik (§ 3 EschG), Jura 2013, 632–642; Kube, H., Die Elfes-Konstruktion, JuS 2003, 111–118; v. Kühlewein, R., Richtervorbehalt für Freiheitsentzug vor Abschiebung, DVBl. 2002, 1545–1548; Kunig, P., Der Reiter im Walde, Jura 1990, 523–528; Lege, J., Die allgemeine Handlungsfreiheit gemäß Art. 2 I GG, Jura 2002, 753–761; Lehr, G., Pressefreiheit und Persönlichkeitsrechte – Ein Spannungsverhältnis für die Öffentlichkeitsarbeit der Justiz, NJW 2013, 728–734; Martini, M., Das allgemeine Persönlichkeitsrecht im Spiegel der jüngeren Rechtsprechung des Bundesverfassungsgerichts, JA 2009, 839–845; Muckel, S., Medizinische Zwangsbehandlung eines im Maßregelvollzug Untergebrachten, Jura 2013, 953–954; Pieroth, B., Gesetzgebungskompetenz und Grundrechtsfragen der nachträglichen Sicherungsverwahrung, JZ 2002, 922–928; Rennert, K., Das Reiten im Walde – Bemerkungen zu Art. 2 I GG, NJW 1989, 3261–3263; Rode, K., Negative Vereinigungsfreiheit und Zwangsmitgliedschaft in öffentlichen Körperschaften, DÖV 1976, 841–846; Schoch, F., Das Recht auf informationelle Selbstbestimmung, Jura 2008, 352–359; Stender-Vorwachs, J., Veröffentlichung von Fotos minderjähriger Kinder von Prominenten, NJW 2010, 1414–1418; Störmer, R., Zur Verwertbarkeit tagebuchartiger Aufzeichnungen, Jura 1991, 17–24; Tiemann, A., Der Schutzbereich des Art. 2 II 2 GG, NVwZ 1987, 10–15; Vacca, T., Im Namen der Medien ergeht folgendes Urteil – Pressefreiheit vs. Persönlichkeitsrecht, Jura 2013, 594–607; Voßkuhle, A./Kaiser, A.-B., Grundwissen – Öffentliches Recht: Der Grundrechtseingriff, JuS 2009, 313–315; Werkmeister, C./Pötters, S., Anfängerklausur – Öffentliches Recht: Grundrechte – Verfassungsrechtliche Anforderungen an „Online-Durchsuchungen", JuS 2012, 223–228.

Art. 3 [Gleichheit]

(1) **Alle Menschen sind vor dem Gesetz gleich.**

(2) [1]**Männer und Frauen sind gleichberechtigt.** [2]**Der Staat fördert die tatsächliche Durchsetzung der Gleichberechtigung von Frauen und Männern und wirkt auf die Beseitigung bestehender Nachteile hin.**

(3) [1]**Niemand darf wegen seines Geschlechtes, seiner Abstammung, seiner Rasse, seiner Sprache, seiner Heimat und Herkunft, seines Glaubens, seiner religiösen oder politischen Anschauungen benachteiligt oder bevorzugt werden.** [2]**Niemand darf wegen seiner Behinderung benachteiligt werden.**

Pflichtstoff (*****)

Übersicht

A. Überblick

I. Normstruktur

Art. 3 statuiert in Abs. 1 mit dem allgemeinen Gleichheitssatz das Hauptgleichheitsrecht und damit eine der wichtigsten Gewährleistungen des GG. Insoweit entspricht Art. 3 I der allgemeinen Handlungsfreiheit des Art. 2 I (Hauptfreiheitsrecht). 1

Im GG finden sich darüber hinaus besondere Gleichheitsverbürgungen: 2

- zum einen in Art. 3 II die Gleichberechtigung von Mann und Frau (Satz 1) mit einem besonderen Förderungsauftrag (Staatsziel) zugunsten von Frauen in Satz 2,
- zum anderen in Art. 3 III besondere Diskriminierungsverbote wegen bestimmter Eigenschaften der Person sowie
- weitere Diskriminierungsverbote in Art. 6 I (Verbot der Benachteiligung von Ehe und Familie), Art. 6 V (Gleichstellung von ehelichen und unehelichen Kindern), Art. 33 I–III (Zugang zu und Vergabe von öffentlichen Ämtern, Unabhängigkeit staatsbürgerlicher Rechte von Glauben und Bekenntnis), Art. 21 i.V.m. Art. 3 I (Chancengleichheit der Parteien), Art. 38 I 1 und 2 (Wahlrechtsgleichheit und Gleichheit der Abgeordneten) und Art. 140 i.V.m. Art. 136 I, II WRV (weltanschauliche Neutralität des Staates), die jeweils in ihrem spezifischen Anwendungsbereich die spezielleren Regelungen darstellen und daher Art. 3 vorgehen (klausurmäßig geprüft werden sie grds. wie die besonderen Diskriminierungsverbote in Art. 3 III, s. Rn. 85).

II. Prüfungsrelevanz

Vor allem der allg. Gleichheitssatz verdient wegen seiner elementaren Bedeutung für die Gerechtigkeit hohe Aufmerksamkeit auch für juristische Prüfungen. Freilich ist Art. 3 I hochabstrakt formuliert und muss in der Klausur oder Hausarbeit (wie im Übrigen auch in der Praxis) erst handhabbar gemacht werden (insb. durch die Bildung von Vergleichsgruppen, Rn. 26ff.). Das und der im Vergleich zu den Freiheitsrechten abweichende Prüfungsaufbau (Rn. 4) stellen intellektuelle Herausforderungen dar, die – ähnlich wie bei Art. 14 – manche Prüfer ihren Prüflingen ungern zumuten wollen. Art. 3 II und III erscheinen im Vergleich dazu etwas griffiger. Dessen ungeachtet gehört Art. 3 in seiner Gesamtheit zum Grundwissen jedes Juristen und sollte daher beherrscht werden. 3

4 Umstritten ist der Prüfungsaufbau. Während Freiheitsgrundrechte in aller Regel dreistufig geprüft werden (Schutzbereich – Eingriff/Beeinträchtigung – Rechtfertigung [Schranken/Schrankenschranken], Vorbem. Rn. 59ff.), wird bei Gleichheitsgrundrechten von der h.M. ein zweistufiger Aufbau befürwortet:

(1) rechtlich relevante Ungleichbehandlung von wesentlich Gleichem (bzw. Gleichbehandlung von wesentlich Ungleichem);
(2) Rechtfertigung;

(etwa Hufen, Staatsrecht II, § 39 Rn. 4; Kischel, in: EH-O, Rn. 14; Pieroth/Schlink, Grundrechte, Rn. 10; Sodan, in: Sodan, Vorb. Art. 1 Rn. 68; a.A. Jarass, AöR 120 [1995], S. 345 [358ff.]; Kloepfer, Gleichheit als Verfassungsfrage, S. 54ff.).

5 Diese Abweichung mag mit Rücksicht auf die unterschiedliche Struktur und Schutzrichtung von Freiheits- und Gleichheitsrechten überzeugen. Gleichwohl verbergen sich in der ersten Stufe (rechtlich relevante Ungleichbehandlung von wesentlich Gleichem) im Grunde zwei Prüfungsschritte, nämlich (a) die Herausarbeitung von wesentlich Gleichem (Vergleichspaaren) und (b) die Feststellung einer rechtlich relevanten Ungleichbehandlung. Schritt (a) entspricht damit – bei aller Vorsicht – einem Schutzbereich, der freilich erst konstruiert werden muss (durch die Bildung eines Vergleichspaares); in Schritt (b) lässt sich die Ungleichbehandlung mit einem Eingriff vergleichen. Daher wird im Folgenden (Rn. 19ff.) „dreistufig" aufgebaut, indem die erste Prüfungsstufe der h.M. in zwei selbständige Stufen unterteilt wird (s. auch Rn. 110):

(1) wesentlich Gleiches (Vergleichspaar),
(2) rechtlich relevante Ungleichbehandlung,
(3) Rechtfertigung.

Die Prüfungsintensität bei Stufe 1 hat dabei (vor-)entscheidende Bedeutung: Eine gewissenhafte Prüfung der Vergleichsgruppen kann ergeben, dass wesentlich Gleiches nicht vorliegt und daher eine Ungleichbehandlung ausscheidet, was eine Rechtfertigungsprüfung entbehrlich macht (sog. Tatbestandslösung). Demgegenüber halten sich Verfechter einer „radikalen" Gleichheit – zu denen auch das BVerfG gehört (vgl. z.B. BVerfGE 129, 49 [68f.]) – bei der Untersuchung, ob wesentlich Gleiches (Rn. 28) vorliegt, nicht lange auf, sondern bejahen die Vergleichbarkeit der in Rede stehenden Personengruppen oder Sachverhalte ohne viel Federlesens (vgl. Britz, NJW 2014, 346 [ebd.] m.w.N.). In der Folge ist auch die Voraussetzung der Ungleichbehandlung auf Stufe 2 erfüllt (Huster, in: FH, Rn. 52; Jarass, in: JP, Rn. 7). Dies hat zur Konsequenz, dass sich die gesamte Diskussion auf die Rechtfertigungsebene (Stufe 3) verlagert (sog. Rechtfertigungslösung). Der Unterschied zwischen „Tatbestands-" und „Rechtfertigungslösung" besteht darin, dass sich bei der „Rechtfertigungslösung" die Argumentationslast umdreht: Der Gesetzgeber muss sich auf Sachgründe stützen können, die die Ungleichbehandlung rechtfertigen (näher Rn. 43ff. und 50ff.). Die Gefahr eines solchen Vorgehens besteht darin, dass die Stufe 1 vernachlässigt wird, dass also „Äpfel mit Birnen" verglichen werden (müssen).

III. Europa

6 Gleichheitsrechte und Diskriminierungsverbote finden sich auch in den europäischen Menschenrechtskatalogen. Die EU-GRCh enthält zur Gleichheit einen eigenen Titel III (Art. 20–26): Art. 20 EU-GRCh statuiert den allg. Gleichheitssatz in nahezu demselben Wortlaut wie Art. 3 I (lediglich „Menschen" wird durch „Personen" ersetzt). Art. 21 EU-GRCh begründet Diskriminierungsverbote, die die Auflistung in Art. 3 III noch übersteigen (hinsichtlich Hautfarbe, genetischer Merkmale, Zugehörigkeit zu einer nationalen Minderheit, Vermögens, Alters, sexueller Ausrichtung, Staatsangehörigkeit). Art. 3 II findet seine Entsprechung in Art. 23 EU-GRCh. Außerdem enthält Titel III der EU-GRCh „Rechte des Kindes" (Art. 24) sowie Pflich-

ten der EU zur Achtung der kulturellen, religiösen und sprachlichen Vielfalt, älterer Menschen und Menschen mit Behinderungen (Art. 22, 25, 26).

Bereits vor der rechtlichen Verbindlichkeit der EU-GRCh (also vor dem 1.12.2009 – Inkrafttreten des Lissabon-Vertrags) enthielt das ehemalige Gemeinschaftsrecht mit den Grundfreiheiten bedeutende Diskriminierungsverbote wirtschaftlicher Art in Bezug auf den Binnenmarkt: die Warenverkehrsfreiheit (seit 1.12.2009: Art. 28ff., 34ff. AEUV), die Arbeitnehmerfreizügigkeit (seit 1.12.2009: Art. 45ff. AEUV), die Niederlassungsfreiheit (seit 1.12.2009: Art. 49ff. AEUV), die Dienstleistungsfreiheit (seit 1.12.2009: Art. 54ff. AEUV) sowie die Kapital- und Zahlungsverkehrsfreiheit (seit 1.12.2009: Art. 63ff. AEUV). Diese Grundfreiheiten (auch Marktfreiheiten genannt) wurden vom EuGH in einer Vielzahl von Entscheidungen ausgeformt und fortentwickelt; sie wirken u.a. als bereichsspezifische Verbote einer direkt oder indirekt unterschiedlichen Behandlung (Diskriminierung) wegen der Staatsangehörigkeit. Darüber hinaus findet sich in Art. 18 AEUV ein allg. Diskriminierungsverbot aus Gründen der Staatsangehörigkeit (näher zum Ganzen: Herdegen, Europarecht, § 6 Rn. 17ff., § 14 Rn. 1ff.). **7**

Weniger überfrachtet als das Unionsrecht stellt sich die EMRK des Europarats dar, der rechtlich und organisatorisch von der EU unabhängig ist und dem mehr europäische Staaten angehören als der EU (u.a. auch Russland und die Türkei). Art. 14 EMRK statuiert Diskriminierungsverbote, die ebenfalls über den Katalog des Art. 3 III hinausreichen (hinsichtlich Hautfarbe, Zugehörigkeit zu einer nationalen Minderheit, Vermögens und eines sonstigen Status). Einen allgemeinen Gleichheitssatz enthält Art. 14 EMRK nicht; insoweit gelten die Diskriminierungsverbote nur i.R.d. Schutzbereichs eines anderen Menschenrechts der Art. 2ff. EMRK. Dieses Manko wurde durch Art. 1 des 12. Zusatzprotokolls zur EMRK (in Kraft seit 1.4.2005) beseitigt. Seither gilt das Diskriminierungsverbot für alle Rechte, auch für solche, die in einem Mitgliedstaat der EMRK gewährleistet sind. **8**

B. Erläuterungen

I. Allgemeiner Gleichheitssatz (Art. 3 Abs. 1)

1. Vorbemerkungen

a) Idee der Gerechtigkeit

Der schlicht anmutende Satz „Alle Menschen sind vor dem Gesetz gleich" bringt einen Wunsch zum Ausdruck, der im Wesen des Menschen so tief verankert ist, dass er jedem von Kindheit an bekannt sein dürfte. Es ist der Anspruch des „ich (will) *auch* (haben)!" Ausgehend davon verwundert es nicht, dass der allgemeine Gleichheitssatz zentraler Bestandteil der Idee der Gerechtigkeit, gleichsam Inbegriff des Rechts ist und eines der Fundamente nicht nur aller modernen Rechtsordnungen bildet, sondern sich weit in die Kulturgeschichte zurückverfolgen lässt (s. nur Aristoteles, Nikomachische Ethik, 322 v.Chr., u.a. austeilende und ausgleichende Gerechtigkeit). Verfassungsgeschichtlich steht die Virginia Declaration of Rights von 1776 (häufig Virginia Bill of Rights genannt) am Anfang (Section 1: „That all men are by nature equally free and independent"), gefolgt von der französischen Déclaration des Droits de l'Homme et du Citoyen von 1789 („Les hommes naissent et demeurent libres et égaux en droits"). **9**

Noch weiter zurück geht die Idee der Gerechtigkeit als das Recht überlagerndes Prinzip mit dem ius aequum. Die sog. aequitas galt im römischen Recht als allgemeines Billigkeits- und Gerechtigkeitsprinzip, das zur Rechtsauslegung, -fortbildung und sogar -änderung herangezogen wurde („Ius est ars boni et aequi"; Publicus Iuventius Celsus, 2. Jhd. n.Chr.). Im heutigen Recht finden sich Spuren der aequitas in Generalklauseln wie § 242 BGB. Im anglo-amerikanischen Recht wird unter dem Schlagwort der **10**

„equity" noch heute (ungeschriebenes) Billigkeitsrecht angewandt, wo geschriebenes Recht im konkreten Einzelfall zu unbilligen Ergebnissen führt.

11 Das Attribut „vor dem Gesetz" in Art. 3 I steht für die Säkularisierung (Verweltlichung) der religiösen Gleichheit „vor Gott" (Kaufmann, VVDStRL 3 [1927], S. 2 [4]; s. auch Michael/Morlok, Grundrechte, Rn. 748). Insoweit gleichlautende Vorgängervorschriften in Deutschland sind § 137 I, III der Paulskirchenverfassung (1848) und Art. 109 I WRV (1919). „Vor dem Gesetz" bedeutet demnach ganz allg. „in Rechtsfragen", „in rechtlichen Dingen" oder „in der Rechtsordnung".

b) Bindungsadressaten: Rechtsanwendungs- und Rechtsetzungsgleichheit

12 Das richtige Verständnis des Tatbestandsmerkmals „vor dem Gesetz" (Rn. 11) hilft bei der Beantwortung der Frage, wer durch Art. 3 I verpflichtet wird, ob der allg. Gleichheitssatz nur die Exekutive und Judikative (Rechtsanwendung) oder auch die Legislative (Rechtsetzung) verpflichtet. Lange Zeit wurde die Geltung auf die Rechtsanwendung beschränkt (Rechtsanwendungsgleichheit: Bindung also nur der Exekutive und Judikative). Der – falsch verstandene – Wortlaut „vor dem Gesetz" schien dies zu bestätigen. Erst mit der sog. Neuen Lehre von 1924/1925 wurde das Gleichheitsgebot auch auf den Gesetzgeber (Legislative) erstreckt (s. v. a. Leibholz, Die Gleichheit vor dem Gesetz, 1925, S. 87 ff.; Kaufmann, VVDStRL 3 [1927], S. 2 [5 ff.]). Seit Inkrafttreten des GG folgt dies unmittelbar aus Art. 1 III. Als Konsequenz dürfen und müssen v. a. Gesetze darauf überprüft werden, ob sie den allgemeinen Gleichheitssatz beachten (wobei für formelle nachkonstitutionelle Gesetze die Verwerfungskompetenz ausschließlich beim BVerfG liegt, vgl. Art. 100 I).

13 *aa) Rechtsetzungsgleichheit.* In dieser Gleichheitskontrolle der Gesetze liegt in Praxis und Prüfung die hauptsächliche Relevanz von Art. 3 I. Der Gesetzgeber muss bei der Gestaltung der Rechtsordnung beachten, dass er Gleiches gleich und Ungleiches grds. ungleich regelt. „Der Gleichheitssatz ist verletzt, wenn der Gesetzgeber es versäumt hat, Ungleichheiten der zu ordnenden Lebenssachverhalte zu berücksichtigen, die so bedeutsam sind, dass sie bei einer am Gerechtigkeitsdenken orientierten Betrachtungsweise beachtet werden müssen" (BVerfGE 103, 242 [258]).

14 *bb) Rechtsanwendungsgleichheit.* Demgegenüber spielt Art. 3 I für die Rechtsanwendungsgleichheit eine untergeordnete Rolle. Denn die Gesetze, die Exekutive und Judikative gegenüber dem Einzelnen anzuwenden haben, müssen als Rechtsnormen abstrakt-generell formuliert sein; sie dürfen nicht für den Einzelfall gelten (vgl. Art. 19 I 1). Daraus aber folgt, dass ein Gesetzesverstoß zulasten des Einzelnen eine Rechtsverletzung darstellt (Rechtswidrigkeit begründet); damit einher geht stets auch die ungleiche Anwendung eines Gesetzes zuungunsten des Betroffenen. Diese ungleiche Rechtsanwendung verletzt den Betroffenen v. a. in seinen besonderen Freiheitsgrundrechten, zumindest aber in seiner allg. Handlungsfreiheit. Denn aus Art. 2 I folgt ein Anspruch auf richtige Rechtsanwendung (Art. 2 Rn. 3a, 32). Allein diese rechtswidrige Rechtsanwendung begründet die Rechtsbehelfsbefugnis (Widerspruchsbefugnis, Klagebefugnis, § 42 II VwGO u. dgl.) sowie einen Rechtsmittelgrund (§§ 513, 546 ZPO; § 337 StPO; § 124 II Nr. 1, § 137 I VwGO u. a. m.). In solchen Fällen einer „schlichten" Rechtsverletzung („einfacher" Gesetzesverstoß, Verletzung eines Freiheitsrechts) tritt Art. 3 I als subsidiär zurück (vgl. Starck, in: MKS, Rn. 282, 300; PSKP, Rn. 529). Eine Ausn. gilt bei einem „qualifizierten" Gesetzesverstoß, nämlich dann, wenn die Rechtsanwendung *willkürlich* ist (s. Rn. 17, BVerfGE 96, 189 [203]).

15 Bei der Rechtsanwendung durch die Exekutive erlangt Art. 3 I folglich im Wesentlichen nur Bedeutung, soweit das Gesetz der Verwaltung oder dem Gericht Handlungsspielräume eröffnet: Denn wenn sowohl die Rechtsfolge A als auch die Rechtsfolge B rechtmäßig sind (also keine Gesetzesverstöße/Rechtsverletzungen darstellen), kommt es darauf an, die Bürger C und D unter vergleichbaren Umständen gleich zu behandeln, also entweder für beide die Rechtsfolge A oder die Rechtsfolge B zu bestimmen. Art. 3 I wird für die Verwaltung mithin v.a. dann relevant, wenn ihr Beurteilungsspielräume oder Ermessen eingeräumt sind (§ 40 VwVfG, § 114 VwGO u.a., vgl. BVerfGE 69, 161 [169]; Rn. 60).

Im Bereich der Rspr. gilt Ähnliches: Auch für die Gerichte kommt Art. 3 I bei der Auslegung von unbestimmten Rechtsbegriffen und bei der Ausübung richterlichen Ermessens zum Tragen (s. nur § 937 ZPO, aber auch § 80 V 1, § 123 I 1 VwGO: „kann" u.a.m., vgl. BVerfGE 84, 197 [199]; 101, 239 [269]; Rn. 64ff.). Voraussetzung ist allerdings, dass eine Ungleichbehandlung zweier Personen oder Personengruppen ersichtlich ist. **16**

Im Übrigen aber (d.h. wenn keine konkrete Ungleichbehandlung vorliegt) kann Art. 3 I nicht bei jeder unzutreffenden Rechtsanwendung/bei jedem Gesetzesverstoß durch die Gerichte aktiviert werden (Rn. 14, vgl. BVerfGE 96, 189 [203]). Sonst wäre Art. 3 I immer verletzt (Rn. 14). Eine Ausn. gilt, wenn die „Rechtsanwendung oder [das] Verfahren unter keinem denkbaren Aspekt mehr rechtlich vertretbar sind und sich daher der Schluss aufdrängt, dass die Entscheidung auf sachfremden und damit willkürlichen Erwägungen beruht" (BVerfGE 86, 59 [63]). Voraussetzung ist also *richterliche Willkür* in Form einer „krasse[n] Fehlentscheidung", wobei ein Verschulden des Gerichts nicht erforderlich ist (BVerfGE 89, 1 [13f.]). In solchen Fällen ist Art. 3 I verletzt, ohne dass der Vergleich mit einer anderen Person in einem anderen Sachverhalt erforderlich ist; es handelt sich also um eine vergleichsunabhängige Willkürkontrolle der Rspr. (vgl. Jarass, in: JP, Rn. 38f.; s. auch unten Rn. 24 und 48). **17**

Art. 3 I: Verpflichtungsadressaten **18**

Rechtsanwendungsgleichheit: Bindung von Verwaltung und Rspr.	**Rechtsetzungsgleichheit:** Bindung des Gesetzgebers (Art. 1 III)
a) falls keine Entscheidungsspielräume: Ungleichbehandlung = Gesetzesverstoß; Verletzung von Freiheitsgrundrechten vorrangig; Art. 3 I erst relevant bei objektiver Willkür = bei „schlechthin unverständlicher Rechtsanwendung", bei „schlechterdings sachfremden Erwägungen" = Gerechtigkeitskontrolle unabhängig von konkreter Vergleichsbeziehung (BVerfGE 42, 64 [72 ff.]) b) falls Entscheidungsspielräume (Ermessen, unbestimmte Rechtsbegriffe u. a.): Relevanz von Art. 3 I bei vergleichbaren Sachverhalten	a) bis 1924: Gleichheit des Gesetzes erschöpft sich in seiner Allgemeinheit ⇒ keine Relevanz b) ab 1924/25: „Neue Lehre": Bindung des Gesetzgebers, aber bloße Willkürkontrolle; 1951 übernommen durch BVerfG (E 1, 14 [52]) c) seit 1980: „Neue Formel" (BVerfGE 55, 72 [88]): bei personenbezogener Ungleichbehandlung flexible Gleichheitsprüfung (Verhältnismäßigkeitsprüfung, hierzu Rn. 43 ff.) ⇒ hohe Praxisrelevanz

2. Wesentlich Gleiches („Schutzbereich")

a) Persönlicher „Schutzbereich": alle Menschen

aa) Natürliche Personen. Gem. Art. 3 I sind alle Menschen vor dem Gesetz gleich. Der allg. Gleichheitssatz stellt daher kein Deutschengrundrecht (Bürgerrecht) dar, sondern ein Jedermannsrecht (Menschenrecht). **19**

bb) Personenvereinigungen. Der allg. Gleichheitssatz gilt nach Art. 19 III für (1) juristische Personen, wenn diese (2) inländisch sind und soweit (3) Art. 3 I seinem Wesen nach auf diese anwendbar ist. **20**

(1) Der Begriff der juristischen Person i.S.v. Art. 19 III ist weit auszulegen, um den Schutzbereich auf alle Personenvereinigungen zu erstrecken, zu denen sich natürliche **21**

Personen zusammenschließen können (vgl. Art. 19 Rn. 37 ff.): Darunter fallen nicht nur juristische Personen im zivilrechtlichen Sinne (AG, GmbH, e. V. u. dgl.), sondern auch Personenvereinigungen, die aufgrund von Organen zu einer gemeinschaftlichen Willensbildung und zu einem einheitlichen Auftreten nach außen befähigt sind (so insb. GbR, oHG, KG, grundlegend BVerfGE 4, 7 [12], seither st. Rspr.).

22 (2) Inländisch ist eine juristische Person i. S. v. Art. 19 III, wenn sie ihren Sitz in Deutschland hat (BVerfG-K, NJW 2002, 1485). Gemeint ist damit aber nicht der rein satzungsmäßige Sitz (vgl. § 11 AO), sondern vielmehr der Mittelpunkt der tatsächlichen Tätigkeit (effektiver Sitz), wozu nicht nur der (Waren-)Absatz, sondern auch die Produktion und die geschäftliche Leitung gehören. Wird eine solche juristische Person allerdings von Ausländern beherrscht, ist sie gleichwohl nicht als „inländisch" i. S. v. Art. 19 III einzustufen (str., vgl. Jarass, in: JP, Art. 19 Rn. 22 m. w. N.).

23 Ausländische juristische Personen können sich nach dem eindeutigen Wortlaut von Art. 19 III nicht auf die Grundrechte und damit auch nicht auf Art. 3 I berufen. Allerdings wird bezweifelt, dass sich dies mit dem generellen und „überpositiven" Rechtscharakter des allg. Gleichheitssatzes (vgl. Rn. 9 ff.) verträgt (Kischel, in: EH-O, Rn. 7). Zumindest juristischen Personen aus einem außerdeutschen Mitgliedstaat der EU soll Art. 3 I zur Seite stehen (Jarass, in: JP, Rn. 5); für sie gelten – abgesehen davon – die unionsrechtlichen Grundfreiheiten sowie das allg. Diskriminierungsverbot aus Gründen der Staatsangehörigkeit (Rn. 7). Soweit Deutschland EU-Recht durchführt, können sie sich wegen Art. 51 I EU-GRCh auch auf Art. 20 ff. EU-GRCh berufen (Rn. 6).

24 (3) Seinem Wesen nach ist Art. 3 I dann auf juristische Personen anwendbar, soweit sie sich in einer „grundrechtstypischen Gefährdungslage" befinden (BVerfGE 45, 63 [79]). Dies ist bei j. P. ö. R. (Kommunen und andere Körperschaften sowie Anstalten und Stiftungen des öffentlichen Rechts) nicht der Fall, da sie vom Staat errichtet wurden und sozusagen in dessen Lager stehen (BVerfGE 78, 101 [102]). Allerdings ist im öffentlich-rechtlichen Bereich das verfassungsrechtliche, aus dem Rechtsstaatsprinzip (Art. 20 II, III, Art. 28 I 1) zu gewinnende Willkürverbot zu beachten. Dieses Willkürverbot ist für den Staat allumfassend verbindlich und verpflichtet ihn daher auch im staatl. Binnenbereich. Der Staat darf also auch j. P. ö. R. (etwa Kommunen, Rundfunkanstalten, Universitäten u. a. m.) nicht willkürlich behandeln. Gleichwohl wirkt das Willkürverbot nur objektiv-rechtlich (als Verpflichtung des Staates). Subjektiv können sich die j. P. ö. R. nicht – etwa im Zuge einer VB – auf das Willkürverbot berufen (BVerfGE 35, 263 [271 f.]; 75, 192 [200 f.]).

25 Auf juristische Personen des Privatrechts ist Art. 3 I seinem Wesen nach anwendbar. Denn der allgemeine Gleichheitssatz knüpft nicht „an Eigenschaften, Äußerungsformen oder Beziehungen an, die nur natürlichen Personen wesenseigen sind" (vgl. BVerfGE 118, 168 [203] zum allg. Persönlichkeitsrecht). Vielmehr ist die Bildung und Betätigung einer juristischen Person des Privatrechts i. d. R. Ausdruck der freien Entfaltung der dahinter stehenden natürlichen Personen (vgl. BVerfGE 61, 82 [101]). Mithin können sich juristische Personen des Privatrechts auf die Gleichheit vor dem Gesetz berufen (beachte aber BVerfGE 35, 348 [357 f.]).

b) Sachlicher „Schutzbereich": Bildung eines Vergleichspaares

26 *aa) Kein feststehender Schutzbereich.* Anders als Freiheitsrechte haben Gleichheitsrechte keinen sachlichen Schutzbereich i. e. S. Denn es wird nicht die Möglichkeit bestätigt, eine Handlung vorzunehmen (z. B. Fortbewegung, religiöses Bekenntnis, Meinungsäußerung, Versammlung, Vereinigung, Brief- und Fernmeldeverkehr, berufliche Betätigung); ebenso wenig garantieren Gleichheitsrechte ein Rechtsgut (Menschenwürde, körperliche Unversehrtheit, Persönlichkeitsrecht), einen Gegenstand (Wohnung, Eigentum) oder eine Institution (Ehe, Familie, Schule). Gewährleistet wird stattdessen ein Verhältnis, und zwar die Gleichheit in Bezug auf andere und die daraus folgende Gleichbehandlungspflicht für alle Träger öffentlicher Gewalt.

bb) Vergleichbarkeit statt Identität. Es ist offensichtlich, dass kein Mensch dem anderen 27
gleicht – etwas anderes zu behaupten, verstieße gegen die Einzigartigkeit eines jeden Menschen und damit gegen die Menschenwürde (Art. 1 I). Dies negiert auch Art. 3 I nicht; er postuliert die Gleichheit mit einem entscheidenden Zusatz: nämlich die Gleichheit „vor dem Gesetz" (Rn. 11).

Dies erfordert, dass der Staat in einer von ihm beherrschten Situation untersucht, ob 28
eine Person (oder eine Personengruppe) einer anderen Person (oder einer anderen Personengruppe) gleicht. Auch insoweit geht es aber nicht um Gleichheit i. S. v. Identität, sondern um wesentliche Gleichheit, d. h. um Vergleichbarkeit. In diesem Sinne beschreibt Vergleichbarkeit treffender die Aufgabe des Staates, weil darin ein wertendes (normatives) Element enthalten ist.

cc) Gemeinsamer Bezugspunkt (tertium comparationis). Um Personen oder Personen- 29
gruppen vergleichen zu können, bedarf es stets eines Maßstabs. Personen lassen sich immer nur „in Bezug auf etwas" vergleichen, also in Bezug auf ein Merkmal, eine Eigenschaft u. dgl. (wie z. B. in Bezug auf das Alter, das Geschlecht, den Familienstand, das Einkommen und Vermögen, den Beruf, die politische oder religiöse Einstellung, gemeinsame Hobbys usw.). Dieser Bezugspunkt wird (nicht nur in der Rechtswissenschaft) tertium comparationis genannt (lat. svw. das Dritte des Vergleichs). Es ist der nächste gemeinsame Oberbegriff (lat. genus proximum); die Prüffrage lautet: In Bezug worauf sind A und B vergleichbar?

dd) Konstruktion eines sachlichen Schutzbereichs. Mithilfe des nächsten gemeinsamen 30
Oberbegriffs lassen sich zwei Vergleichsgruppen herausarbeiten:
- die Ausgangsgruppe (der Ausgangssachverhalt) und
- die Bezugs- oder Referenzgruppe (der Bezugssachverhalt).

Dabei wird die Person oder Personengruppe im Ausgangssachverhalt in Bezug auf das jeweilige tertium comparationis (z. B. die Steuerlast, die Sozialleistung, die Arbeitszeit oder eine sonstige Berufsausübung, die Vergabe eines Auftrags, das Rauchverbot) schlechter behandelt (benachteiligt), während die Referenzperson oder -personengruppe im Bezugssachverhalt anders und damit besser behandelt (bevorzugt) wird. Die Feststellung dieser Ungleichbehandlung gehört allerdings bereits zum nächsten Prüfungsschritt (Rn. 35 ff.), der in der zweistufigen Prüfung zur gleichen Stufe gehört (Rn. 4 f.).

31

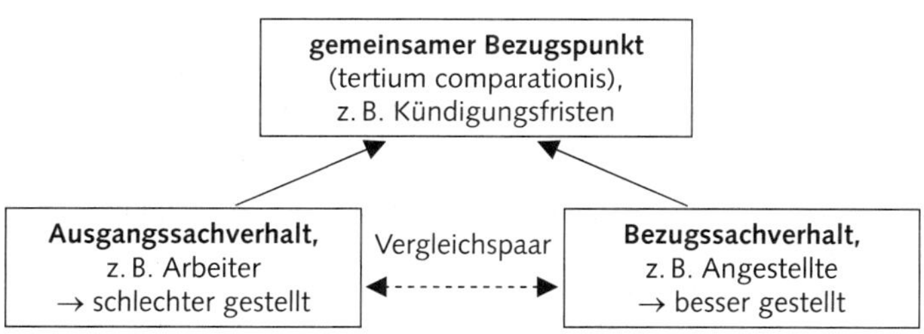

dazu BVerfGE 82, 126 ff. (s. Rn. 32; vgl. auch BVerfGE 90, 46 ff.)

Beispiel: (nach BVerfGE 82, 126 ff.): § 622 I BGB a. F. enthielt die Regelung, dass das Arbeitsver- 32
hältnis eines Angestellten unter Einhaltung einer Kündigungsfrist von sechs Wochen zum Schluss jedes Kalendervierteljahres gekündigt werden konnte. Dahingegen konnte das Arbeitsverhältnis von Arbeitern unter Einhaltung einer Kündigungsfrist von nur zwei Wochen gekündigt werden (§ 622 II 1 BGB a. F.).

Übergeordneter Bezugspunkt, der den Ausgangssachverhalt (Arbeitsverhältnis eines Arbeiters) mit dem Bezugssachverhalt (Arbeitsverhältnis eines Angestellten) verbindet, ist das Vorhandensein von Kündigungsfristen. Hinsichtlich dieses Oberbegriffs „Kündigungsfrist" wird das Vergleichspaar „Arbeiter – Angestellte" ungleich behandelt. Die Kündigungsfristen sind für Arbeiter grundsätzlich kürzer als für Angestellte. Da keine hinreichenden Gründe für eine solche Ungleichbehandlung festgestellt werden konnten, war § 622 II 1, 2 BGB a. F. mit Art. 3 I unvereinbar. Konsequenterweise lautet der neue Wortlaut von § 622 I BGB: „Das Arbeitsverhältnis eines Arbeiters oder eines Angestellten (Arbeitnehmers) kann mit einer Frist von vier Wochen zum Fünfzehnten oder zum Ende eines Kalendermonats gekündigt werden."

33 Es gehört grds. zur Freiheit der Argumentation vor Gericht i. R. v. Art. 3 I, ein sinnvolles Vergleichspaar zu finden und darzustellen. Von vornherein nicht vergleichbar sind nur Sachverhalte, „die anderen rechtlichen Ordnungsbereichen angehören und in anderen systematischen und sozial-geschichtlichen Zusammenhängen stehen" (BVerfGE 40, 121 [139 f.]). Dazu gehört insb. der kategoriale Unterschied zwischen Beamten/Richtern und Arbeitnehmern (BVerwGE 124, 178 [185]), aber etwa auch der Unterschied zwischen modernisierten Bestands- und Neuanlagen bei Treibhausgas-Emissionen (BVerfGE 118, 79 [104]).

34 Richtet sich die Rüge der Verletzung von Art. 3 I gegen ein Gesetz (Rechtsetzungsgleichheit, Rn. 13), ist zu beachten, dass dem Gesetzgeber vom BVerfG ein weitreichender Einschätzungs- und Gestaltungsspielraum zugestanden wird: „Es ist grundsätzlich Sache des Gesetzgebers zu entscheiden, welche Merkmale beim Vergleich von Lebenssachverhalten er als maßgebend ansieht, um sie im Recht gleich oder verschieden zu behandeln" (BVerfGE 103, 242 [258]; zum Steuerrecht s. etwa BVerfGE 117, 1 [30 ff.]).

3. Ungleichbehandlung von rechtlicher Relevanz („Eingriff")

35 Die gleichheitsrechtliche Beeinträchtigung bei Art. 3 I liegt in der Ungleichbehandlung der Vergleichsgruppen, also der Ausgangsgruppe gegenüber der Bezugsgruppe in Bezug auf das tertium comparationis. Da bereits i. R. d. „sachlichen Schutzbereichs" (Rn. 26 ff.) herauszuarbeiten ist, dass eine unterschiedliche Handhabung der Vergleichsgruppen vorliegt, ist die Ungleichbehandlung in aller Regel schnell festgestellt.

36 Für eine Beeinträchtigung des Gleichheitssatzes muss allerdings hinzukommen, dass die Ungleichbehandlung rechtliche Relevanz besitzt. Auch diese Einschränkung lässt sich im Wortlaut des Art. 3 I aus der Passage „vor dem Gesetz" entnehmen (vgl. Rn. 11).

a) Derselbe Hoheitsträger und Verantwortungsbereich

37 Keine rechtliche Relevanz hat eine Ungleichbehandlung, wenn sie von unterschiedlichen Trägern öffentlicher Gewalt vorgenommen wird, also insb. durch die Gesetzgeber verschiedener Bundesländer oder des Bundes (BVerfGE 93, 319 [351]; 106, 225 [241]; BVerfGE 134, 1 [21 Rn. 61]). Könnte der Gleichheitssatz hier länderübergreifend aktiviert werden, führte das zum Ende der Bundesstaatlichkeit in Deutschland. Der Föderalismus lebt gerade von Unterschieden, die von den Ländern verfassungskonform, d. h. v. a. im Rahmen ihrer Kompetenzen (Art. 30, 70) erzeugt werden. Vor diesem Hintergrund bildet das Bundesstaatsprinzip (Art. 20 I, Art. 79 III) eine Verfassungsgrenze für die Gleichbehandlung.

38 Unterschiedliche Verantwortungsbereiche gelten auch für

- die Rspr., da die Gerichte nach Art. 97 I nur an das Gesetz, nicht aber an die Entscheidungen anderer, auch nicht übergeordneter Gerichte gebunden sind (BVerfGE 87, 273 [278]; Rn. 16 f., 64 ff.; Ausn.: § 31 BVerfGG; grds. anders im angloamerikanischen Rechtskreis/Common Law).
- die Betätigung von Kommunen (Städten, Gemeinden, Landkreisen u. a.) i. R. v. Selbstverwaltungsangelegenheiten (eigener Wirkungskreis). Anderenfalls würde die Autonomie der Kommunen und damit deren Selbstverwaltungsgarantie gem.

Art. 28 II verletzt (vgl. Art. 28 Rn. 29ff.; a.A. Jarass, in: JP, Rn. 9: rechtliche Irrelevanz für jegliches Handeln verschiedener Behörden – m.E. zu weitgehend). Unter Berufung auf den allgemeinen Gleichheitssatz kann hier kein uniformes Handeln beansprucht werden.

b) Keine Gleichheit im Unrecht

Ebenfalls keine rechtliche Relevanz kommt einer Ungleichbehandlung zu, wenn im Bezugsfall rechtswidrig verfahren wurde (Bsp.: ein Student wird bei einer Klausur eines Täuschungsversuchs überführt und beruft sich darauf, dass ein anderer Student in gleicher Weise oder noch stärker getäuscht habe). Art. 3 I begründet keinen Anspruch auf Fehlerwiederholung; anderenfalls würden der Grds. des Vorrangs des Gesetzes und damit das Rechtsstaatsprinzip unterminiert. **39**

Anders liegen die Dinge, **40**
- wenn der Gesetzgeber Normen erlässt, die trotz aller Anstrengungen der Verwaltung nicht ordnungsgemäß und v.a. nicht gleichmäßig vollzogen werden können oder
- wenn die Verwaltung Rechtsverstöße nicht mit den ihr zur Verfügung stehenden Mitteln unterbindet oder gar toleriert,

d.h. wenn die Gleichheit im Vollzug generell und strukturell verfehlt wird. Ein solches strukturelles Vollzugsdefizit kann zur Verfassungswidrigkeit und Nichtigkeit der zugrunde liegenden Gesetzesvorschrift führen (so insb. im Steuerrecht: BVerfGE 84, 239 [272, 275, 278]; 110, 94 [112ff.]).

c) Gleichbehandlung von wesentlich Ungleichem

Der Gehalt von Art. 3 I erschöpft sich nicht im Verbot der (ungerechtfertigten) Ungleichbehandlung von wesentlich Gleichem, sondern umfasst reziprok auch das Gebot, wesentlich Ungleiches seiner Eigenart nach verschieden, also gerade nicht „willkürlich gleich" zu behandeln (BVerfGE 49, 148 [165]; 84, 133 [158]; 98, 365 [385]). **41**

Die Vorgehensweise bei der Grundrechtsprüfung ist dabei identisch wie bei einer Ungleichbehandlung von wesentlich Gleichem (Rn. 19ff.), indem ein Vergleichspaar gebildet wird. Weisen zwei Vergleichsgruppen erhebliche Unterschiede auf, werden aber durch den gleichen Hoheitsträger trotzdem gleich behandelt, bedarf dies einer verfassungsrechtlichen Rechtfertigung. Ein Verstoß gegen dieses Ungleichbehandlungsgebot liegt allerdings nicht schon dann vor, wenn der Gesetzgeber Differenzierungen nicht vornimmt, die er vornehmen darf, sondern erst, wenn ein vernünftiger Grund für die Gleichbehandlung nicht erkennbar ist (BVerfGE 90, 226 [239]) oder die tatsächlichen Ungleichheiten so bedeutend sind, dass eine am Gerechtigkeitsgedanken orientierte Betrachtung des Sachverhalts ergibt, dass die Ungleichheit beachtet werden muss (BVerfGE 52, 256 [263]; 86, 81 [87]; 98, 365 [385]; 103, 242 [258], vgl. Rn. 47ff.). Bei Gesetzen ist eine gewisse Generalisierung und Abstrahierung jedoch unvermeidbar und nicht rechtfertigungsbedürftig, sie bedeutet schon keine Gleichbehandlung von wesentlich Ungleichem (Rn. 45). **42**

4. Rechtfertigung

Der allg. Gleichheitssatz fordert nicht, jeden Menschen in jeder Hinsicht gleich zu behandeln (Rn. 27f.). Im Übrigen verwehrt Art. 3 I dem Staat nicht jede Ungleichbehandlung. Er gebietet grds. nur, Gleiches gleich und Ungleiches seiner Eigenart entsprechend verschieden zu behandeln. Vielmehr lässt Art. 3 I Ungleichbehandlungen zu, wenn es dafür einen rechtfertigenden Grund (= Sachgrund, Differenzierungsgrund) gibt. Hinsichtlich der einzelnen Anforderungen dieses Gebots ist zwischen der Legislative einerseits und der Exekutive sowie Judikative andererseits zu unterscheiden. **43**

44 Der Gesetzgeber wird gem. Art. 20 II 1 i.V.m. Art. 38 I 1, II, III bzw. der entsprechenden Vorschriften der LVerf unmittelbar vom Staatsvolk legitimiert. In der repräsentativen Demokratie (Art. 38 Rn. 1, 27) ist er dazu aufgerufen, aufgrund eines parlamentarischen Verfahrens (Art. 76ff.) nach dem Mehrheitsprinzip (Art. 42 II 1) unter Wahrung der Rechte der Opposition die gesellschaftlichen Verhältnisse durch Gesetze zu gestalten. Dabei belässt ihm die Verfassung ganz bewusst Einschätzungs-, Beurteilungs- und Prognosespielräume (vgl. Art. 20 III Hs. 1). Darin liegen die wesentlichen Unterschiede zur Tätigkeit der Exekutive und der Judikative, die an die Gesetze gebunden sind (Art. 20 III Hs. 2), diese also im Wesentlichen anzuwenden und nachzuvollziehen haben. Vergleichbare Gestaltungsspielräume stehen ihnen nicht zu. Dies hat unmittelbare Auswirkungen auch auf den allg. Gleichheitssatz.

a) Legislative

45 Bei einer Ungleichbehandlung von Personen oder Personengruppen knüpft der Gesetzgeber an bestimmte Eigenschaften, Beziehungen oder andere Sachverhalte an. Diese werden Differenzierungsmerkmale (Unterscheidungsmerkmale, Differenzierungskriterien) genannt; Beispiele sind die berufliche Ausbildung, das Getrennt- oder Zusammenleben, die wirtschaftliche Leistungsfähigkeit usw. Mit der Festlegung eines Differenzierungsmerkmals entscheidet der Gesetzgeber zugleich darüber, welche Personen oder Personengruppen er in einem Regelungsbereich (Berufsrecht, Familienrecht, Steuerrecht usw.) als gleich i.S.v. Art. 3 I (vergleichbar, Rn. 28) ansieht.

Dabei hat der Gesetzgeber grds. einen Spielraum: Es ist seine Sache zu entscheiden, „welche Merkmale beim Vergleich von Lebenssachverhalten er als maßgebend ansieht, um sie im Recht gleich oder verschieden zu behandeln" (BVerfGE 103, 242 [258]).

46 Diese Einschätzungsprärogative des Gesetzgebers reicht allerdings nicht grenzenlos weit. Anderenfalls wäre seine aus Art. 1 III resultierende Bindung an den allg. Gleichheitssatz aufgehoben. Art. 3 I verbietet es ihm, bei der Gleich- oder Verschiedenbehandlung „Art und Ausmaß der tatsächlichen Unterschiede sachwidrig außer Acht zu lassen." (BVerfGE 103, 242 [258]).

47 Unter welchen Voraussetzungen ist eine Gleich- oder Ungleichbehandlung durch den Gesetzgeber „sachwidrig"? Mit anderen Worten: Welches sind die Maßstäbe, anhand deren die (Verfassungs-)Rechtsprechung ein Gesetz auf seine Vereinbarkeit mit Art. 3 I überprüfen darf? Diese Frage war umstr., seit die Rspr. es nach der Neuen Lehre unternommen hat, Gesetze auf den Gleichheitssatz hin zu kontrollieren (Rn. 12, 18).

48 *aa) Willkürformel.* Ursprünglich wurden Gesetze nur auf Willkür kontrolliert (so der Vorschlag von Leibholz, Rn. 12). Danach war Art. 3 I nur verletzt, „wenn sich [bei der Ungleichbehandlung von wesentlichem Gleichem] ein vernünftiger, sich aus der Natur der Sache ergebender oder sonstwie sachlich einleuchtender Grund für die gesetzliche Differenzierung nicht finden lässt, kurzum, wenn die Bestimmung als willkürlich bezeichnet werden muss" (BVerfGE 1, 14 [52]). Die Prüfung beschränkte sich auf Gleichheitsverstöße, die offensichtlich waren (Evidenzkontrolle). Die Folge war ein sehr weiter Einschätzungs- und Gestaltungsspielraum des Gesetzgebers.

49 *bb) Neue Formel.* Von dieser großzügigen Kontrolle verabschiedete sich das BVerfG im Jahr 1980 (BVerfGE 55, 72 [88]). Ausgangspunkt war eine neue Sicht auf Art. 3 I, die in erster Linie eine ungerechtfertigte Verschiedenbehandlung von Personen verhindern soll („Alle *Menschen* sind [...] gleich"). Daher unterliegt der Gesetzgeber bei einer Ungleichbehandlung von Personengruppen einer strengeren Bindung als bei der Ungleichbehandlung von Sachverhalten, die der Einzelne durch sein Verhalten beeinflussen kann. Dabei besteht ein stufenloser Prüfungsmaßstab (BVerfGE 132, 179 [188f. Rn. 30f.]).

50 Der Grund, der die Ungleichbehandlung rechtfertigen soll, muss umso gewichtiger sein (und die Gleichheitsbindung des Gesetzgebers wird dadurch umso strenger),
- je stärker die Ungleichbehandlung Minderheiten in die Gefahr bringt, diskriminiert zu werden,
- je stärker sie sich auf die Ausübung von Freiheitsgrundrechten auswirken kann und
- je weniger die Betroffenen die Umstände beeinflussen können, an die die Ungleichbehandlung anknüpft.

51 Entsprechend formuliert das BVerfG in st. Rspr. [mit Erl. d. Verf. in eckigen Klammern]: „Je nach Regelungsgegenstand [Lebensbereich] und Differenzierungsmerkmalen [konkreten Eigenschaften, an denen die gesetzliche Ungleichbehandlung anknüpft] ergeben sich für den Gesetzgeber unterschiedliche Anforderungen an den Differenzierungsgrund [die Rechtfertigung], die vom bloßen Willkürverbot [bei sachbezogener Ungleichbehandlung] bis zu einer strengen Bindung an Verhältnismäßigkeitserfordernisse [bei persönlichkeitsbezogener Ungleichbehandlung] reichen. Der Gleichheitssatz ist umso strikter, je mehr er den Einzelnen als Person betrifft, und umso mehr für gesetzgeberische Gestaltungen offen, als allgemeine Lebensverhältnisse geregelt werden" (BVerfGE 88, 87 [96 f.] – st. Rspr., vgl. BVerfG, NJW 2015, 303 [306 Rn. 122]).

52 (1) Sach-, situations- oder verhaltensbezogene Ungleichbehandlungen hat das BVerfG angenommen (vgl. hierzu Jarass, in: JP, Rn. 18 ff.)
- bei Unterschieden zwischen verschiedenen Gerichtsbarkeiten (BVerfGE 83, 1 [23]; 93, 99 [111]),
- bei technischen Regeln ohne unmittelbaren menschlichen Bezug (BVerfGE 38, 225 [229]),
- bei der gewährenden Staatstätigkeit (BVerfGE 78, 104 [121]; 122, 1 [23]; insb. Subventionen, BVerfGE 110, 274 [293]; Beratungshilfe in Kindergeldsachen, BVerfGE 122, 39 [52 f.]),
- bei wirtschaftslenkenden Regelungen (BVerfGE 110, 274 [293]),
- im Bereich des Besoldungsrechts (BVerfGE 76, 256 [330]; 110, 353 [364 f.]),
- im Bereich des Sozialversicherungsrechts (BVerfGE 113, 167 [215], s. auch BVerfGE 100, 59 [90]),
- bei öffentlichen Aufträgen (BVerfGE 116, 135 [161]),
- bei Stichproben nach dem Zufallsprinzip (BVerfGE 91, 118 [123]: Prozesskostenhilfe),
- bei komplexen Zusammenhängen, in denen der Gesetzgeber noch Erfahrungen sammeln muss (BVerfGE 70, 1 [34]; 78, 249 [287 f.]),
- wenn die Differenzierung im GG angelegt ist (etwa mit Rücksicht auf Art. 33 V zwischen Beamten und Arbeitnehmern im öffentlichen Dienst, BVerfGE 52, 303 [345 f.]) oder
- wenn die Betroffenen die ungleichen Rechtsfolgen durch ihr eigenes Verhalten beeinflussen können (BVerfGE 90, 22 [26 f.]; 133, 1 [22 Rn. 66]).

53 (2) Persönlichkeitsbezogene Ungleichbehandlungen oder ihnen im Hinblick auf die höhere Prüfungsintensität gleich gestellte sachbezogene Ungleichbehandlungen (Rn. 49 f.) hat das BVerfG bejaht,
- bei der Differenzierung nach den Merkmalen von Art. 3 II oder III (BVerfGE 88, 87 [96 f.]),
- bei der Differenzierung nach der sexuellen Ausrichtung (BVerfGE 124, 199 [220];133, 59 [98 Rn. 104]),
- bei der Differenzierung zwischen Arbeitern und Angestellten (BVerfGE 90, 46 [56 f.]),
- bei der Differenzierung zwischen Verheirateten und Geschiedenen (BVerfGE 91, 389 [401 f.]),
- bei der Begünstigung von Angehörigen des Bundeslandes („Landeskinder", BVerfGE 73, 301 [321]; BVerfGE 134, 1 [20 Rn. 56 ff.]),

– wenn die Personen durch ihr Verhalten die Differenzierungsmerkmale nicht oder nur schwer beeinflussen können (BVerfGE 111, 160 [169f.]; 129, 49 [69f.]).

Bei der Kontrolle einer persönlichkeitsbezogenen Konstellation prüft das BVerfG an strengen Verhältnismäßigkeitsgesichtspunkten (zum Verhältnismäßigkeitsgrundsatz Art. 20 Rn. 153ff.). Faktisch bedeutet dies eine verschärfte Kontrolle der Differenzierungsgründe (Kempny/Reimer, Die Gleichheitssätze, 2012, S. 139f.; vgl. auch BVerfGE 132, 179 [188f. Rn. 31]). Dabei ist eine Differenzierung nach den Diskriminierungsverboten von Art. 3 II 1, III grds. unverhältnismäßig, mithin nicht zu rechtfertigen und verfassungswidrig (Rn. 77, 99).

54

Prüfungsmaßstäbe bei der Rechtfertigung von rechtlich relevanten Ungleichbehandlungen

erforderlich: sachlicher Grund (**Differenzierungsgrund**)

Prüfungsintensität hängt ab vom Differenzierungskriterium (d.h. von dem Merkmal, nach dem unterschieden wird/ an das die Ungleichbehandlung anknüpft):

sach-/situations-/verhaltensbezogene Ungleichbehandlung (Differenzierungsmerkmal):	persönlichkeitsbezogene Ungleichbehandlung (Differenzierungsmerkmal):
Evidenzkontrolle („Willkürkontrolle"): Art. 3 I ist verletzt, wenn sich bei der Ungleichbehandlung von wesentlich Gleichem ein vernünftiger, sich aus der Natur der Sache ergebender oder sonst wie sachlich einleuchtender Grund für die gesetzliche Differenzierung nicht finden lässt, kurzum, wenn die Bestimmung als willkürlich bezeichnet werden muss ⇒ vergleichsweise weiter Einschätzungs- und Gestaltungsspielraum des Gesetzgebers	„**Neue Formel**" (Verhältnismäßigkeitsprüfung): Art. 3 I ist verletzt, wenn eine Gruppe von Normadressaten im Vergleich zu anderen Normadressaten anders behandelt wird, obwohl keine (Differenzierungs-)Gründe von solcher Art und solchem Gewicht bestehen, dass sie die ungleiche Behandlung rechtfertigen. a) Legitimer Zweck für die Ungleichbehandlung (Differenzierungsgrund): – intern: Staat will vorgefundenen Unterschieden Rechnung tragen – extern: Staat verfolgt sonstige Allgemeinwohlziele (Lenkung usw.) b) Mittel = Ungleichbehandlung c) Eignung, Erforderlichkeit, Angemessenheit der Ungleichbehandlung – Art und Gewicht des Differenzierungsgrundes – Intensität der Ungleichbehandlung

➡➡➡➡ Prüfungsmaßstab stufenlos gleitend ➡➡➡➡ Prüfungsintensität umso höher,
– je weniger das Differenzierungsmerkmal für den Betroffenen verfügbar ist (= von ihm beeinflusst werden kann), – je näher sich das Differenzierungsmerkmal den Diskriminierungsverboten des Art. 3 III annähert, – je stärker Freiheitsgrundrechte beeinträchtigt (nicht: verletzt) sind (bei Verletzung eines Freiheitsgrundrechts geht dieses dem Art. 3 I vor)

cc) Typisierungen. Entscheidet sich der Gesetzgeber innerhalb seines Gestaltungsspielraums (Rn. 45) dazu, einen Ausschnitt der Lebenswirklichkeit einer gesetzlichen Regelung zuzuführen, erfordert dies eine abstrakt-generelle Regelung, die für eine Vielzahl von Sachverhalten eine bestimmte Rechtsfolge anordnet. Um dem Facettenreichtum der möglichen Anwendungsfälle annähernd gerecht werden zu können, müssen gesetzliche Regelungen einen gewissen Grad an Generalisierung und Abstrahierung aufweisen, schließlich sind Einzelfallgesetze gerade verboten (Art. 19 I 1). Die Allgemeinheit der Gesetze sichert eine Gleichbehandlung der Adressaten und trägt damit entscheidend zur Gleichheit aller Menschen vor dem Gesetz bei (Gleichheitsfaktor). Demgemäß ist es dem Gesetzgeber ohne weitergehende Rechtfertigung erlaubt, insbesondere bei Massenerscheinungen (z.B. im Steuer- oder Sozialrecht) nicht jeden erdenklichen Fall in einem Gesetz zu regeln, sondern sich am idealtypischen Fall zu orientieren und graduelle Unterschiede für die Regelung außer Acht zu lassen. Ein solches Vorgehen bezeichnet man als Typisierung oder Generalisierung. Beispiele hierfür sind insb. Altersgrenzen, Stichtags- und Fristenregelungen. **55**

Dass hierdurch zuweilen Einzelne benachteiligt und ungerecht behandelt werden, liegt auf der Hand. Eine Differenzierungspflicht besteht für den Gesetzgeber bei ungleichen Sachverhalten allerdings nur, „wenn die tatsächliche Ungleichheit so groß ist, daß sie bei einer am Gerechtigkeitsdenken orientierten Betrachtungsweise nicht unberücksichtigt bleiben darf" (BVerfGE 98, 365 [385]). Eine Gleichbehandlung von Härtefällen und typischen Fällen ist hinnehmbar, wenn die Härte nur unter Schwierigkeiten vermeidbar wäre, sie nur eine kleine Anzahl von Personen betrifft und der Verstoß gegen den Gleichheitssatz nicht sehr intensiv ist (BVerfGE 100, 59 [90]). Demgegenüber ist eine Typisierung nicht gerechtfertigt, wenn deren Folgen in einem Missverhältnis zu den damit verbundenen Vorteilen stehen und insb., wenn sie sich für den Betroffenen nachteilig auf die Ausübung eines Grundrechts auswirken kann. **56**

Erweist sich eine Typisierung als nicht gerechtfertigt, stehen verschiedene Instrumentarien zur Wahl, um die entstehenden Ungerechtigkeiten abzufedern. Im gesetzgeberischen Bereich können Härte(fall)klauseln (z.B. § 8 II 4 EStG), Übergangs- oder Billigkeitsregelungen (z.B. §§ 163, 227 AO) eingeflochten oder den Behörden bei der Gesetzesanwendung und -auslegung Ermessensspielräume eröffnet werden. Auch Generalklauseln (z.B. § 242 BGB) sind ein wirksames Mittel gegen Ungerechtigkeiten, insb. für die Rechtsanwendung durch die Gerichte. **57**

dd) Folgerichtigkeit. Ein spezielles Prüfungskriterium, das das BVerfG v.a., aber nicht nur für das Steuerrecht aus Art. 3 I ableitet, ist das Gebot der Folgerichtigkeit (BVerfGE 132, 179 [189 Rn. 32] m.w.N. – st.Rspr.). Es verlangt vom Gesetzgeber Konsequenz: Hat der Gesetzgeber einmal eine Systementscheidung getroffen, muss er diese folgerichtig (konsequent) zu Ende bringen. Besondere Bedeutung hat das Gebot der Folgerichtigkeit bei der Gleichberechtigung von Partnern einer – gleichgeschlechtlichen – Lebensgemeinschaft erlangt. Das unter der Regierungskoalition aus SPD und Die Grünen erlassene „Gesetz zur Beendigung der Diskriminierung gleichgeschlechtlicher Gemeinschaften: Lebenspartnerschaften" v. 16.1.2001 (BGBl. I S. 266) und das Gesetz zur Überarbeitung des Lebenspartnerschaftsrechts v. 15.12.2004 (BGBl. I S. 3396) stellten homosexuelle Lebensgemeinschaften auf zahlreichen Gebieten mit **57a** der Ehe gleich. Daraus entnimmt das BVerfG für sich den Auftrag, gleichgeschlechtliche Lebenspartner auch in anderen Punkten zu egalisieren (BVerfGE 124, 199 [221 ff.], vgl. auch BVerfGE 132, 179 [187 ff. Rn. 27 ff.]; BVerfGE 133, 59 ([98 Rn. 104]; 133, 377 [407 ff. Rn. 72 ff.]; zustimmend Michael, VVDStRL 73, 299 f.; Paulus, ebd., S. 308 f., a. A. Hillgruber u. a., ebd., S. 297 f., 300 ff.). Dies ist fragwürdig, weil im Jahr 2001 für diese anderen Gebiete nicht die politischen Mehrheiten vorhanden waren (wegen Gesetzen, deren Änderung der Zustimmung des politisch anders besetzten Bundesrates bedurften) und weil die parlamentarischen Mehrheiten ab der 16. Wahlperiode im November 2005 wechselten und der neue Gesetzgeber den Weg bewusst nicht weiterverfolgte (Lepsius, VVDStRL 73, 309 f.). Ganz allgemein besteht so die Gefahr, dass das BVerfG über die Berufung auf das Gebot der Folgerichtigkeit nicht zur zum Ersatzgesetzgeber, sondern sogar zum verfassungsändernden Ersatzgesetzgeber wird (so in anderem Zusammenhang BVerfGE 132, 1 [24 Rn. 61] – Sondervotum). Vor dem Hintergrund des Demokratie- und Gewaltenteilungsprinzips ist dies kritikwürdig (vgl. Lepsius, JZ 2009, 260 ff.).

b) Exekutive und Judikative

58 Auch Regierung und Verwaltung (Exekutive) und Rspr. (Judikative) sind an Art. 3 I gebunden; dies verdeutlicht schon Art. 1 III. Anders als die gesetzgebende Gewalt sind die vollziehende und rechtsprechende Gewalt jedoch nicht zur gleichheitsgerechten Gestaltung der gesellschaftlichen Verhältnisse berufen, sondern (nur) zur Anwendung der (gleichheitssatzgemäßen) Gesetze, die ihnen vom Gesetzgeber vorgegeben werden (Art. 20 III). Gleichbehandlung verwirklicht sich dabei in erster Linie in der gleichmäßigen Vollziehung der Gesetze und in der gleichmäßigen Entscheidung über Rechtsstreitigkeiten nach Maßgabe der Gesetze. Dabei unterliegen Exekutive und Judikative – auch mangels unmittelbarer demokratischer Legitimation (Art. 38 I) – einer strengeren Bindung als die Legislative (vgl. Rn. 12 ff.).

59 *aa) Exekutive.* Aufgabe der Exekutive ist v. a. die Ausführung (der Vollzug) der geltenden Gesetze (vgl. z. B. Art. 83 ff.). Dabei steigt die Relevanz des allgemeinen Gleichheitssatzes an, je mehr der Exekutive eigene Entscheidungsspielräume belassen worden sind (Rn. 15). Bsp. sind die Delegierung von Rechtsetzungsaufgaben an die Exekutive (Ermächtigungen zum Erlass von Rechtsverordnungen – Art. 80 – oder von Satzungen – s. Art. 28 Rn. 35), die Einräumung von Beurteilungsspielräumen auf der Tatbestandsseite oder von Ermessen (§ 40 VwVfG) auf der Rechtsfolgenseite einer Norm.

60 Konsequenz aus der Bindung an den Gleichheitssatz kann eine Selbstbindung der Verwaltung sein: Hat die Exekutive ihr Ermessen in einem Sachverhalt auf eine bestimmte Weise ausgeübt, ist sie gem. Art. 3 I gehalten, ihr Ermessen in gleich gelagerten Fällen entsprechend zu handhaben (Verwaltungspraxis). Eine solche Selbstbindung kann sich auch aus (ermessenslenkenden) Verwaltungsvorschriften (Art. 84 Rn. 15) ergeben, die auf diese Weise trotz ihres Wesens als behördliches Innenrecht ausnahmsweise für den Bürger mittelbare Außenwirkung entfalten können. Derweil ist die Exekutive nicht für alle Zeit an ihre Ermessenshandhabung gebunden, sonst könnte sie nicht adäquat auf neue Entwicklungen reagieren. Daher darf sich die Exekutive entschließen, ihre Verwaltungspraxis (und ihre Verwaltungsvorschriften) für die Zukunft generell zu ändern, ohne dadurch gegen Art. 3 I zu verstoßen. Selbstverständlich muss sich diese Entscheidung auf hinreichende sachliche Gründe stützen und frei von Willkür ergehen.

61 Nicht unmittelbar verletzt ist Art. 3 I bei einer (bloß) fehlerhaften Anwendung des einfachen Gesetzes durch eine Behörde. Solche Rechtsanwendungsfehler bedeuten lediglich die Verletzung des in der Norm verkörperten einfachen Rechts. Ein Verstoß gegen Art. 3 I ergibt sich erst, wenn die Entscheidung unter keinem Gesichtspunkt mehr vertretbar oder gar willkürlich erscheint. Regelmäßig werden aber Freiheitsrechte des Betroffenen verletzt sein (Rn. 14).

Der Einzelne hat keinen Anspruch gegen die Verwaltung auf Fehlerwiederholung („keine Gleichheit im Unrecht", Rn. 39f.). Erkennt eine Behörde, dass ihre bisherige Praxis rechtswidrig war, darf (und muss) sie sie ohne Weiteres korrigieren. So darf sie z.B. gegen ordnungsrechtliche Verstöße vorgehen, die bislang regelmäßig ungeahndet blieben. **62**

Eine Andersbehandlung durch verschiedene Verwaltungsträger lässt Art. 3 I unberührt. Einem uniformen Handeln aller Behörden innerhalb Deutschlands steht bereits der Föderalismus diametral entgegen (Rn. 37f.). **63**

bb) Judikative. Ganz allg. darf die Rspr. bei der Auslegung und Anwendung von Gesetzen oder bei der Ausfüllung von planwidrigen Lücken in Gesetzen (Rechtsfortbildung) nicht zu Differenzierungen (Ungleichbehandlungen) zwischen Personen oder Sachverhalten gelangen, die bereits dem Gesetzgeber verwehrt wären (BVerfGE 101, 239 [269]). Wie die Exekutive sind aber auch die Gerichte Rechtsanwender, sodass der allg. Gleichheitssatz eine eher untergeordnete Rolle spielt (Rn. 14, 58). Weiter reichende Bedeutung kommt Art. 3 I in Fällen zu, in denen die Judikative gehalten ist, *richterliches* Ermessen auszuüben (§ 937 ZPO, aber auch § 80 V 1, § 123 I 1 VwGO: „kann" u.a.m., s. BVerfGE 101, 239 [269]; 116, 1 [12f.]). **64**

Eine bloß unzutreffende Rechtsanwendung genügt nicht zur Annahme einer Ungleichbehandlung (vgl. Rn. 61). Für eine Verletzung von Art. 3 I ist es vielmehr vonnöten, dass „die Rechtsanwendung oder das Verfahren unter keinem denkbaren Aspekt mehr rechtlich vertretbar sind und sich daher der Schluss aufdrängt, dass sie auf sachfremden und damit willkürlichen Erwägungen beruhen" (BVerfGE 86, 59 [63]). Willkür i.d.S. sind schlechterdings unverständliche, „krasse Fehlentscheidungen", wobei ein Verschulden des Gerichts nicht erforderlich ist (BVerfGE 89, 1 [14]; z.B. Außerachtlassung einer offensichtlich anwendbaren Norm). In solchen Fällen ist Art. 3 I verletzt, und zwar ohne dass der Vergleich mit einer anderen Person in einem anderen Sachverhalt erforderlich wäre (vgl. Jarass, in: JP, Rn. 38f.). Nur in solchen Extremfällen kontrolliert und korrigiert das BVerfG die Fachgerichte und hebt deren Entscheidungen unter Berufung auf Art. 3 I auf. (Dürig/Scholz, in: MD, Rn. 396ff.). Abgesehen davon besteht für niemanden ein Anspruch, dass ein Gericht eine falsche Rechtsanwendung wiederholt („keine Gleichheit im Unrecht", Rn. 39). **65**

Die Änderung einer st.Rspr. durch ein Gericht stellt bei ausreichender Begründung keinen Verstoß gegen den Gleichheitssatz dar (BVerfGE 19, 38 [47]). Denn die Judikative darf ihre Rechtsprechungslinie an neue rechtliche Erkenntnisse oder tatsächliche Entwicklungen anpassen. **66**

Behandeln zwei verschiedene Gerichte vergleichbare Sachverhalte unterschiedlich, liegt grds. kein Verstoß gegen Art. 3 I vor, da beide eigenständige Träger staatl. Gewalt und untereinander nicht gebunden sind (BVerfGE 75, 329 [347]; 87, 273 [278]). Eine solche Bindung würde zudem die richterliche Unabhängigkeit (Art. 97 I) gefährden (beachte die Ausn. in § 31 BVerfGG). Um die Einheitlichkeit der Rspr. zu gewährleisten, besteht die Möglichkeit von Rechtsmitteln, insb. der Revision zum jeweils zuständigen obersten Gerichtshof des Bundes. **67**

5. Folgen einer Verletzung des Gleichheitssatzes durch Gesetze

Verstößt ein Gesetz gegen die Verfassung, insb. gegen Grundrechte, wird es vom BVerfG für verfassungswidrig und grds. für nichtig (unwirksam) erklärt (§ 78 S. 1, § 82 I, § 95 III BVerfGG). Dies ist auch zulässig, wenn ein Gesetz Art. 3 I verletzt. Allerdings ist die in der Praxis typische Folge der Gleichheitswidrigkeit von Gesetzen nicht die Feststellung von deren Nichtigkeit, sondern (nur) von deren „Unvereinbarkeit" mit Art. 3 I (BVerfGE 99, 280 [298]). Der Unterschied zur Nichtigkeit besteht darin, dass das gleichheitswidrige Gesetz nicht ex tunc (von Anfang an) unwirksam ist. **68**

– Vielmehr entsteht die Verpflichtung des Gesetzgebers, die verfassungswidrige Rechtslage umzugestalten und für noch bestands- oder rechtskräftige Altfälle rückwirkend zu bereinigen. Bis dahin dürfen Behörden und Gerichte die verfassungswidrige Norm nicht mehr anwenden; laufende Verfahren sind auszusetzen (BVerfGE 105, 73 [134]; 135, 238 [245 Rn. 24]).
– Alternativ zu dieser Verpflichtung zur rückwirkenden Umgestaltung ordnet das BVerfG ausnahmsweise die befristete Fortgeltung der gleichheitswidrigen Vorschrift an, wenn die Rückabwicklung zu bedeutenden Einnahmeausfällen oder Mehrausgaben führen würde (insb. bei steuerrechtlichen Normen, BVerfGE 135, 238 [246 Rn. 25ff.]).

69 Hintergrund dieser Rechtsprechung ist die Erkenntnis, dass die Nichtigkeit einer gleichheitswidrigen Rechtsnorm zu Zuständen führen kann, die noch weiter von der Verfassungsmäßigkeit entfernt sind. Zudem respektiert das BVerfG damit auch den Einschätzungs- und Gestaltungsspielraum des Gesetzgebers (Rn. 45f.). Denn es gibt i.d.R. mehrere Möglichkeiten, die Gleichheitswidrigkeit einer Regelung zu korrigieren: Bei einer Ungleichbehandlung von A gegenüber B kann man einerseits B wie A, andererseits A wie B oder gar beide gleichermaßen nach einer neuen Variante C behandeln. Daher billigt das BVerfG dem Gesetzgeber oft einen Zeitraum zu, in dem dieser den verfassungswidrigen Zustand zu beseitigen hat (z.T. auch rückwirkend, d.h. bezogen auf den Zeitpunkt der Feststellung der Unvereinbarkeit). Problematisch ist indes, inwieweit das BVerfG Vorgaben für die zu treffende Neuregelung aufstellen darf (Schlaich/Korioth, Rn. 394ff.).

II. Gleichberechtigung von Männern und Frauen und staatlicher Förderauftrag (Abs. 2)

70 Bei Art. 3 II ist zu unterscheiden:
– Art. 3 II 1 verbürgt das Grundrecht der Gleichberechtigung von Frauen und Männern. Gleich*berechtigung* bedeutet Gleichheit im Recht, bezieht sich also auf die Rechtslage und fordert i.d.R. *Chancen*gleichheit. Darin besteht der Unterschied zu Gleich*stellung,* ein Begriff, der in Art. 3 II – zu Recht – nicht vorkommt, weil er auf *Ergebnis*gleichheit abzielt, ohne möglicherweise unterschiedliche Voraussetzungen oder Leistungen zu berücksichtigen (weitergehend allerdings BVerfGE 85, 191 [207]);
– Art. 3 II 2 begründet im Gegensatz zu Art. 3 II 1 kein Grundrecht, also kein subjektiv-öffentliches Recht, sondern einen Förderauftrag an den Staat, in erster Linie an den Gesetzgeber (Staatsziel).

1. Gleichberechtigungsgebot von Männern und Frauen (Satz 1)

71 Die Gleichberechtigung von Mann und Frau stellt heutzutage eine Selbstverständlichkeit dar, obwohl dies lange (und vor noch gar nicht allzu langer) Zeit keineswegs der Fall war und historisch gewachsene patriarchalische Strukturen noch Geltung beanspruchten (vgl. BVerfGE 3, 225 [242], wo noch von „funktionalen […] Unterschiede[n]" die Rede ist). Alles andere würde auch der Menschenwürdegarantie aus Art. 1 I widersprechen, die schließlich als Fundament jedes einzelnen Grundrechts begriffen wird und allen natürlichen Personen – also Männern und Frauen – zukommt.

72 Das Gleichberechtigungsgebot des Art. 3 II 1 erfährt im Diskriminierungsverbot des Art. 3 III 1 F. 1 eine Wiederholung, Hervorhebung und Verstärkung. Beide Verfassungssätze schließen es grds. aus, dass das Geschlecht als Grund für eine Bevorzugung oder Benachteiligung eine Rolle spielt. Bei der Prüfung einer Ungleichbehandlung aufgrund des Geschlechts empfiehlt es sich, beide Regelungen parallel heranzuziehen und zu zitieren.

Die Qualifikation und daher auch die Prüfung von Art. 3 II 1, III 1 F. 1 sind umstritten (die Darstellungen unter Rn. 83, 85 gelten entsprechend). Zur Verletzung des Gleichbehandlungsgebots bedarf es jedenfalls einer rechtlich relevanten Ungleichbehandlung wegen des Geschlechts – das Vergleichspaar i. S. v. Rn. 26 ff. ist hier also bereits vorgegeben: Männer und Frauen –, die verfassungsrechtlich nicht gerechtfertigt ist (dazu Rn. 77 ff.). **73**

a) Vergleichspaar: Männer und Frauen („Schutzbereich")

Das Gleichberechtigungsgebot gilt seinem Wortlaut nach uneingeschränkt in allen Lebensbereichen und verbietet dem Gesetzgeber damit grds. jede Ungleichbehandlung, die an das Geschlecht anknüpft („sind gleichberechtigt"). Eine Ungleichbehandlung liegt dann vor, wenn eine Regelung existiert, die sich rechtlich (direkt oder indirekt, s. u. Rn. 105 f.) unterschiedlich auf Männer und Frauen auswirkt. Geschützt werden also Frauen *und* Männer, nicht hingegen juristische Personen, denn bei ihnen fehlt es an der wesensmäßigen Anwendbarkeit i. S. v. Art. 19 III (Rn. 20 ff.). **74**

Übertragen auf das Prüfungsschema (Rn. 4 f., 110) stellt Art. 3 II 1, III 1 F. 1 klar, dass Männer und Frauen „im Wesentlichen gleich" sind und damit die relevanten Vergleichsgruppen bilden, die in Bezug auf ein tertium comparationis einander gegenüber gestellt werden müssen. Ergibt dieser Vergleich eine Ungleichbehandlung von Männern und Frauen, bedarf diese einer Rechtfertigung, die wegen Art. 3 III 1 F. 1 i. d. R. ausscheidet (Rn. 77 ff.). **75**

b) Rechtlich relevante Ungleichbehandlung („Eingriff")

Bei der – rechtlich relevanten (Rn. 35 ff.) – Ungleichbehandlung i. S. v. Art. 3 II 1, III 1 kommt es auf die Finalität der Differenzierung nicht an. Bereits eine bloß ursächliche (kausale) Ungleichbehandlung ist verboten („wegen"), selbst wenn die Regelung nicht darauf angelegt ist, sondern primär andere Zwecke verfolgt (BVerfGE 85, 191 [206]) oder die Diskriminierung nur mittelbar wirkt, z. B. indem die geschlechtsneutral formulierte Regelung im Ergebnis überwiegend Angehörige eines Geschlechts betrifft (BVerfGE 104, 373 [393]). Das ist einleuchtend, denn maßgeblich muss die tatsächliche Wirkung in der Realität sein, ansonsten könnten die grundgesetzlichen Diskriminierungsverbote allzu leicht unterlaufen werden. **76**

c) Rechtfertigung

Eine Ungleichbehandlung von Männern und Frauen indiziert regelmäßig die Verletzung des besonderen Gleichheitssatzes aus Art. 3 II 1, III 1 F. 1. Folglich ist eine Rechtfertigung der Ungleichbehandlung nur in eng begrenzten Ausnahmefällen zulässig. **77**

aa) Biologische Unterschiede. Mit Art. 3 II 1, III 1 F. 1 vereinbar sind geschlechtsdifferenzierende Regelungen dann, soweit sie zur Lösung von Problemen zwingend erforderlich sind, die ihrer Natur nach nur entweder bei Männern oder bei Frauen auftreten können (BVerfGE 85, 191 [207]; 92, 91 [109]). Dies betrifft ausschließlich biologische Unterschiede (insb. Schwangerschaft). Hier ist die von Art. 3 II 1 geforderte Gleichbehandlung bereits aus natürlichen Gründen gar nicht erreichbar. Hingegen sind Kriterien wie (vermeintliche) kräftemäßige Überlegenheit, funktionale Unterschiede u. dgl. keine eine Ungleichbehandlung tragenden Gründe, da sie zwar üblicherweise zutage treten können, aber nicht zwingend in der geschlechtlichen Natur als Mann oder Frau begründet liegen. **78**

bb) Kollidierendes Verfassungsrecht. Im Übrigen lässt sich eine Ungleichbehandlung von Frauen und Männern nur durch kollidierendes Verfassungsrecht rechtfertigen. Bisweilen sieht das GG bereits selbst eine Ungleichbehandlung vor (Art. 12a I). Fußt die **79**

Ungleichbehandlung auf sonstigen Gründen, ist eine strenge Verhältnismäßigkeitsprüfung anzustellen. Eine Rechtfertigung vermag hierbei wohl nur in den seltensten Fällen gelingen.

80 *cc) Beispiele.* Ein Nachtarbeitsverbot für weibliche Arbeiterinnen verstößt gegen das Gleichberechtigungsgebot (BVerfGE 85, 191 [209f.]). Mit Art. 3 II 1 nicht zu vereinbaren ist, dass der Name des Mannes maßgeblich für den Ehenamen sein soll, wenn sich die Ehegatten nicht einigen können, einen ihrer Geburtsnamen zum Ehenamen zu bestimmen (BVerfGE 84, 9 [17ff.]). Vater und Mutter sind bei Ausübung der elterlichen Sorge für die gemeinsamen Kinder gleichberechtigt, bei Meinungsverschiedenheiten darf nicht allein der Wille des Vaters oder der Mutter entscheiden („Stichentscheid", s. BVerfGE 10, 59 [67, 72ff.]).

2. Förderung und Durchsetzung der Gleichberechtigung (Satz 2)

81 Seit 1994 formuliert Art. 3 II 2 einen besonderen Förderauftrag zugunsten von Frauen, um dem Gleichberechtigungsgebot des Art. 3 II 1 in der Rechtswirklichkeit zum vollständigen Durchbruch zu verhelfen (vgl. BVerfGE 92, 91 [109]). Nach Ansicht des BVerfG darf der Gesetzgeber insb. die auf der überkommenen Rollenverteilung beruhenden Unterschiede nicht verfestigen, er soll Männern und Frauen die gleichen Erwerbschancen eröffnen und die faktischen Nachteile, die typischerweise Frauen treffen, durch begünstigende Regelungen ausgleichen (BVerfGE 85, 191 [207]; 92, 91 [109]). Art. 3 II 2 ist folglich eine Staatszielbestimmung und kein Grundrecht; er verleiht keine konkreten subjektiven Rechte.

82 Ob das Staatsziel aus Art. 3 II 2 ein sachlicher Grund zur Bevorzugung von Frauen und damit zur Rechtfertigung der Einschränkung des Gleichberechtigungsgrundrechts von Männern aus Art. 3 II 1 sein kann, ist äußerst fragwürdig (Ossenbühl, NJW 2012, 417 [418] m.w.N.). Problematisch ist dies etwa dann, wenn der Gesetzgeber durch die Vorgabe von Frauenquoten Ergebnisgleichheit herstellen will (vgl. Rn. 70). Letztlich führt dies zu einer vom GG eigentlich so nicht gewollten Benachteiligung der Männer. Frauenquoten können sich dort als zielführend erweisen, wo nachweisbare Erschwernisse Frauen den Zugang zu einem Beruf verschließen.

III. Besondere Diskriminierungsverbote (Abs. 3)

1. Überblick

83 Art. 3 III stellt besondere Gleichheitssätze auf. Er enthält einen Katalog von personellen Eigenschaften, an die eine Differenzierung nicht anknüpfen darf. Die in Art. 3 III genannten Merkmale scheiden als „sachliche Gründe" (Differenzierungsgründe) i.R.d. Rechtfertigung einer Ungleichbehandlung grds. aus. Dadurch wird v.a. der dem Gesetzgeber gewährte Gestaltungsspielraum in den jeweiligen Lebensbereichen eingeschränkt (BVerfGE 85, 191 [206]). Grob gesprochen wird der Gesetzgeber insoweit gleichsam „gezwungen", Ungleiches gleich zu behandeln. Art. 3 III 1 verstärkt auf diese Weise den allg. Gleichheitssatz, auch um Minderheiten zu schützen und deren Integration zu fördern. Gleichwohl ist das Verhältnis zu Art. 3 I umstritten:

- Die wohl h.M. fasst die speziellen Gleichheitssätze des Art. 3 III als eigenständige Grundrechte auf, hinter die Art. 3 I vollständig zurücktritt (BVerfGE 59, 128 [156]; Jarass, in: JP, Rn. 2 m.w.N.).
- Überzeugender erscheint es m.E., die Verbürgungen in Art. 3 III als Diskriminierungsverbote zu qualifizieren, die im Rahmen des allgemeinen Gleichheitssatzes des Art. 3 I auf dessen Rechtfertigungsebene zum Einsatz kommen und Differenzierungen in ihrem Anwendungsbereich (also Differenzierungen nach Geschlecht, Abstammung, Rasse usw.) grds. verfassungswidrig machen (vgl. PSKP, Rn. 460, 480).

Des Weiteren entfaltet Art. 3 III als Baustein der objektiven Wertordnung des GG mittelbare Drittwirkung zwischen Privatpersonen, indem er über die zivilrechtlichen Generalklauseln (§§ 157, 242 BGB u. a.) in die Auslegung und Anwendung des einfachen Rechts einwirkt. **84**

Die Prüfung von Art. 3 III orientiert sich am allg. Prüfungsschema (Rn. 4f., 110). Zur Verletzung des Diskriminierungsverbots bedarf es folglich einer rechtlich relevanten Ungleichbehandlung wegen eines der bezeichneten persönlichen Merkmale, die verfassungsrechtlich nicht gerechtfertigt ist. Je nach Qualifikation (Rn. 83) fällt die Prüfung dabei unterschiedlich aus: Nach h. M. wird Art. 3 III als eigenständiges Grundrecht gehandhabt, ohne dass dabei oder daneben Art. 3 I genannt wird. Die a. A. beginnt mit der Prüfung von Art. 3 I und gelangt erst im Rahmen der Rechtfertigungsprüfung zu Art. 3 III mit dem Ergebnis, dass sich eine Differenzierung nach den Merkmalen des Art. 3 III grds. nicht rechtfertigen lässt. **85**

2. Die Differenzierungsverbote im Einzelnen („Schutzbereich")

a) Persönlicher Schutzbereich

Art. 3 III gilt insb. für alle natürlichen Personen („niemand") und ist demzufolge ein Jedermannrecht. Personenvereinigungen können sich auf Art. 3 III nur berufen, sofern sie die Voraussetzungen des Art. 19 III erfüllen (Rn. 20 ff.). Vorstellbar wäre dies bspw. bei einer Vereinigung, die politische Ziele verfolgt und deswegen benachteiligt oder bevorzugt wird (Art. 3 III 1 F. 8). **86**

b) Sachlicher Schutzbereich

Im Rahmen von Art. 3 III 1 sind diejenigen Personen, die ein bezeichnetes persönliches Merkmal aufweisen, mit denen zu vergleichen, die dieses Merkmal nicht besitzen. Im Einzelnen enthält Art. 3 III 1 die folgenden Differenzierungsverbote: **87**

aa) Geschlecht. Zum Diskriminierungsverbot wegen des Geschlechts (Art. 3 III 1 F. 1) s. Rn. 70 ff. Nicht im Katalog der besonderen Diskriminierungsverbote des Art. 3 III steht die sexuelle Orientierung („sexuelle Identität", insb. Homo-, Trans- und Intersexualität); entsprechende Gesetzesinitiativen auf Ergänzung von Art. 3 III konnten sich wiederholt nicht durchsetzen (BT-Drs. 12/6000, S. 54; 17/4775, S. 5). Dessen ungeachtet hat sich das BVerfG das Recht herausgenommen, die sexuelle Orientierung als persönlichkeitsbezogene Ungleichbehandlung über Art. 3 I der Differenzierung nach dem Geschlecht so weit anzunähern, dass sie wie besonderes Diskriminierungsverbot behandelt wird (BVerfGE 124, 199 [220]; 132, 179 [190 Rn. 34 f.], s. auch Rn. 53). Dabei rechtfertigt sich das BVerfG damit, dass ein „entgegenstehender Wille des verfassungsändernden Gesetzgebers" nicht festzustellen sei (BVerfGE 131, 239 [257]). Denkt man eine solche Argumentation – auch in anderen Bereichen – konsequent zu Ende, besteht die Gefahr, dass das BVerfG seine rechtspolitisch geprägte Verfassungsauslegung künftig bis an die Grenze dessen ausdehnt, was das GG ausdrücklich verbietet. Diese Kompetenz kommt aber nicht ihm – dem BVerfG – zu, sondern dem Gesetzgeber als „Erstinterpreten des Grundgesetzes" (so zu Recht BVerfGE 101, 158 [236, s. auch 218]). **88**

bb) Abstammung. Als Abstammung i. S. d. Art. 3 III 1 F. 2 wird „die natürliche biologische Beziehung eines Menschen zu seinen Vorfahren" verstanden (BVerfGE 9, 124 [128]). Niemand darf allein deswegen anders behandelt werden, weil seine Eltern oder sonstigen Vorfahren einer bestimmten Bevölkerungsgruppe angehören. **89**

cc) Rasse. Der Begriff der Rasse (Art. 3 III 1 F. 3) ist durch seine missbräuchliche Verwendung während der NS-Zeit fast schon von vornherein negativ konnotiert. In der Sache bezeichnet er das Vorhandensein spezifischer, biologisch vererbbarer Merk- **90** male, die die Mitglieder einer Bevölkerungsgruppe miteinander genetisch verbinden, bspw. die Haut- oder Augenfarbe.

91 *dd) Sprache.* Mit der Sprache (Art. 3 III 1 F. 4) ist die Muttersprache gemeint, hierzu gehören auch Dialekte. Relevant ist dies z.B. für die dänische oder sorbische Minderheit in Deutschland oder für Gastarbeiter und andere Einwanderer. Gegen Art. 3 III 1 F. 4 verstößt es indessen nicht, Deutsch als Gerichtssprache festzulegen (§ 184 S. 1 GVG, s. BVerfGE 64, 135 [156f.]; vgl. auch § 23 I VwVfG) oder als Voraussetzung für die Anstellung im öffentlichen Dienst anzusehen (BVerfGE 39, 334 [368]).

92 *ee) Herkunft und Heimat.* Herkunft i.S.v. Art. 3 III 1 F. 5 ist die soziale Provenienz, also die sozial-standesmäßige Verwurzelung („Klassenzugehörigkeit"). Demgegenüber bezieht sich die Heimat auf den örtlichen Bereich, in dem man geboren, aufgewachsen oder ansässig ist (BVerfGE 5, 17 [22]; 9, 124 [128f.]).

93 Die Staatsangehörigkeit ist allerdings hiermit nicht gemeint (BVerfGE 51, 1 [30]; BVerwGE 22, 66 [69f.]). Innerhalb der EU sind Diskriminierungen – von der Inländerdiskriminierung abgesehen – aufgrund der Staatsangehörigkeit wegen Art. 18 I AEUV verboten. Im Übrigen gelten die Vorgaben des Art. 3 I, sodass eine willkürliche Ungleichbehandlung wegen der Nationalität unzulässig ist.

94 *ff) Glauben und religiöse Anschauung.* Die als Korrelat zu Art. 4 I, II zu verstehenden Verbote der Ungleichbehandlung wegen des Glaubens (Art. 3 III 1 F. 6) oder der religiösen Anschauung (Art. 3 III 1 F. 7) überschneiden sich weitgehend. Niemand darf wegen seiner Glaubensrichtung und der damit verbundenen Lebenseinstellung anders behandelt werden. Zu den geschützten Verhaltensweisen sei auf die Kommentierung zu Art. 4 I, II verwiesen (Art. 4 Rn. 6ff., 40ff.). Ferner ist Art. 33 III in seinem Anwendungsbereich spezieller und geht daher vor.

95 *gg) Politische Anschauung.* Das Differenzierungsverbot aufgrund der politischen Anschauung (Art. 3 III 1 F. 8) steht in enger Beziehung zu Art. 5 I, Art. 8, 9 und 21. Niemand darf wegen seiner Grundeinstellung zu staatl. oder gesellschaftlichen Vorgängen benachteiligt oder bevorzugt werden, solange er sich nicht gegen die FDGO wendet (vgl. BVerfGE 13, 46 [49], vgl. auch Art. 9 II, Art. 18, 21 II).

3. Rechtlich relevante Ungleichbehandlung („Eingriff")

96 Benachteiligungen oder Bevorzugungen können sich sowohl durch positives Tun als auch durch pflichtwidriges Unterlassen ergeben. Zur Folge haben sie die Schlechter- oder Besserbehandlung einer Person oder Personengruppe gegenüber einer Vergleichsgruppe im Hinblick auf einen gemeinsamen übergeordneten Bezugspunkt (tertium comparationis), letztlich also eine Ungleichbehandlung von rechtlicher Relevanz i.S.v. Art. 3 I (vgl. Rn. 35ff.). Zur Begründung und Rechtfertigung dieser Ungleichbehandlung darf nicht auf die in Art. 3 III 1 aufgezählten Merkmale zurückgegriffen werden.

97 Im Rahmen des Art. 3 III 1 reicht es bereits aus, wenn für die Ungleichbehandlung eines der verbotenen Kriterien ursächlich ist oder die Diskriminierung lediglich mittelbar wirkt (vgl. Rn. 76, 105).

98 Keinen Eingriff bedeutet indessen eine unterschiedliche, gleichwohl aber gleichwertige (nicht diskriminierende) Behandlung (z.B. unterschiedliche Behandlung von Religionsgemeinschaften im Unterricht steht nicht im Konflikt mit Art. 3 III 1 F. 7).

4. Rechtfertigung

99 Zwar sind die Diskriminierungsverbote des Art. 3 III 1 nicht als absolut anzusehen, eine verfassungsrechtliche Rechtfertigung einer Ungleichbehandlung wegen dieser persönlichen Merkmale wird jedoch nur in Ausnahmefällen gelingen. Als rechtfertigende Normen kommen allein solche des kollidierenden Verfassungsrechts in Betracht,

z. B. Staatsstrukturprinzipien (Art. 20), Staatszielbestimmungen (Art. 20a), Staatskirchenrecht (Art. 140 i. V. m. Art. 136 ff. WRV) oder wenn die Lösung eines Problems angestrebt wird, das naturgemäß nur bei einer Gruppe auftreten kann. An die Verhältnismäßigkeitsprüfung sind hierbei strenge Maßstäbe anzulegen.

5. Benachteiligungsverbot wegen Behinderung (Satz 2)

a) Wesen und Funktion

Das 1994 ins GG eingefügte Benachteiligungsverbot aus Art. 3 III 2 hat zum Ziel, die Stellung von Menschen mit Behinderungen in der Gesellschaft zu stärken und deren sozialer Ausgrenzung entgegenzuwirken. Die Norm verbietet lediglich Benachteiligungen; Ungleichbehandlungen in Form von Bevorzugungen sind hingegen erlaubt. Insofern dürfen für Menschen mit Behinderungen günstigere Sonderregelungen eingerichtet werden, um existierende Nachteile gegenüber Nichtbehinderten auszugleichen. Zur Erfüllung dieses Auftrags entfaltet sich Art. 3 III 2 in zweierlei Wirkrichtungen. **100**

– Art. 3 III 2 erweist sich zum einen als subjektives Abwehrrecht für Menschen mit Behinderungen gegen Benachteiligungen in allen Lebensbereichen, das über die mittelbare Drittwirkung (Vorbem. Grundrechte Rn. 53 ff.) auch im privatrechtlichen Verkehr Geltung beansprucht. Im Prozessrecht hat der Behinderte einen Anspruch darauf, dass Gesetzgeber und Rechtsprechung bei der Gestaltung und Auslegung der Verfahrensordnungen seiner spezifischen Situation als Partei so Rechnung tragen, dass seine Teilhabemöglichkeit der einer nichtbehinderten Partei gleichberechtigt ist (BVerfG-K, NJW 2014, 3567 [ebd. Rn. 6] mit Hinweis auf Art. 13 I der UN-Behindertenrechtskonvention). Zudem vermittelt die Norm ein derivatives Teilhaberecht betreffend Förderungs- und Integrationsmaßnahmen (z. B. Barrierefreiheit von öffentlichen Einrichtungen) und schlägt somit eine Brücke zum Sozialstaatsprinzip (Art. 20 I, Art. 28 I 1). Originäre subjektive Leistungsansprüche begründet Art. 3 III 2 dahingegen grds. nicht. Auch ein Anspruch eines Kindes mit Behinderungen auf Integration in eine Regelschule („Inklusion“) besteht nicht (BVerfGE 96, 288 [303 ff.]). **101**
– Zum anderen verpflichtet Art. 3 III 2 den Staat, auf die Belange Behinderter angemessen Rücksicht zu nehmen und auf die Eingliederung Behinderter in die Gesellschaft so weit möglich hinzuwirken (objektiv-rechtlicher Grundrechtsgehalt, Vorbem. Grundrechte Rn. 33 ff.). Insofern ist Art. 3 III 2 zugleich eine Staatszielbestimmung (vgl. Art. 20 Rn. 4 ff.).

b) Schutzbereich

Erforderlich ist zunächst eine behinderungsbezogene Ungleichbehandlung, d. h. dass Menschen aufgrund ihrer Behinderung anders behandelt werden als nichtbehinderte Menschen. **102**

aa) Persönlich. Auf Art. 3 III 2 berufen können sich nur natürliche Personen, da nur bei ihnen eine Behinderung denkbar ist. Juristische Personen (z. B. Behindertenverbände) sind vom Anwendungsbereich ausgeschlossen (keine wesensmäßige Anwendbarkeit i. S. v. Art. 19 III). **103**

bb) Sachlich. Differenzierungskriterium für die Ungleichbehandlung muss die Behinderung eines Menschen sein. Der Begriff der Behinderung ist weit zu verstehen und umfasst alle Personen, die an einer nicht nur vorübergehende Funktionsbeeinträchtigung leiden, die auf einem regelwidrigen (= altersuntypischen) körperlichen, geistigen oder seelischen Zustand beruht (BVerfGE 96, 288 [301]). Der Grund für die Behinderung ist irrelevant. Ebenso ist ein bestimmter Schweregrad der Behinderung (vgl. § 2 SGB IX) nicht erforderlich. Hiergegen spricht bereits, dass zur Auslegung der Verfas- **104** sung nicht einfachgesetzliche Normen herangezogen werden sollten. Sonst bestünde die Gefahr, dass der einfache Gesetzgeber die grundrechtliche Gewährleistung aushöhlte. Ferner leuchtet es nicht ein, wieso Menschen erst ab einem bestimmten Behinderungsgrad nicht diskriminiert werden sollten.

c) Beeinträchtigung in Form einer Benachteiligung („Eingriff")

105 Eine Benachteiligung i. S. v. Art. 3 III 2 liegt vor, wenn Menschen mit Behinderungen im Vergleich zu nicht behinderten Menschen direkt oder indirekt (BVerfGE 96, 288 [302 f.]) von einem Träger öffentlicher Gewalt schlechter behandelt werden. Insoweit reichen bereits geringfügige Belastungen aus. Konkret geht das BVerfG von einer Benachteiligung aus bei einem Ausschluss von Entfaltungs- und Betätigungsmöglichkeiten durch die öffentliche Gewalt, wenn diese Benachteiligung nicht durch eine auf die Behinderung bezogene Fördermaßnahme hinlänglich kompensiert wird (BVerfGE 96, 288 [303]). Bei Maßnahmen, die belastende und begünstigende Aspekte aufweisen, ist eine Gesamtschau unter Berücksichtigung der Einschätzung des Behinderten entscheidend (BVerfGE 96, 288 [306 ff.]).

d) Rechtfertigung von Benachteiligungen

106 Eine Rechtfertigung kommt nur in Frage aufgrund von kollidierendem Verfassungsrecht (verfassungsimmanente Schranken) oder wegen zwingender Gründe, die in der Natur der Behinderung begründet liegen (BVerfGE 99, 341 [357]). Zumindest bei einer direkten Ungleichbehandlung bedarf dies allerdings einer gesetzlichen Grundlage (Wesentlichkeitstheorie, Art. 20 Rn. 141 ff.) und einer hinreichenden Begründung. Ferner darf Menschen mit Behinderungen ein Recht verweigert werden, wenn ihnen aufgrund ihrer Behinderung die essenziellen Voraussetzungen dazu fehlen, das Recht wahrnehmen zu können (BVerfGE 99, 341 [357]). Einer Einstellung in den öffentlichen Dienst kann Art. 33 II entgegenstehen.

107 **Beispielsfall zu Art. 3 III 2** (BVerfGE 99, 341–366): § 2231 BGB a. F. sah zwei verschiedene ordentliche Möglichkeiten vor, ein Testament zu errichten: das handschriftliche und das öffentliche (notarielle) Testament. Personen, die unfähig waren zu schreiben, konnten ein Testament zur Niederschrift eines Notars errichten. Stumme besaßen immerhin die Möglichkeit des handschriftlichen Testaments, sofern sie schreiben konnten. Von beiden Varianten ausgeschlossen waren hingegen schreibunfähige Stumme, die sich nur durch Gebärdensprache artikulieren können; für sie sah das Erbrecht keine Sonderregelung vor. Schreibunfähige stumme Personen sind in anderen Bereichen jedoch nicht von der Teilnahme am Rechtsverkehr ausgeschlossen. Soweit sie in der Lage sind, ihren Willen durch Zeichen (etwa durch Kopfnicken, Kopfschütteln, Handzeichen) zum Ausdruck zu bringen, können sie nach Maßgabe der §§ 104 ff. BGB alle nicht formbedürftigen rechtsgeschäftlichen Willenserklärungen abgeben. Der Gesetzgeber hat ihnen auch die Möglichkeit eingeräumt, mit notarieller Hilfe formbedürftige Rechtsgeschäfte unter Lebenden abzuschließen (§ 24 BeurkG).

108 Dieser generelle Ausschluss schreibunfähiger Stummer von jeder Testiermöglichkeit verstieß gegen Art. 3 III 2 (sowie gegen Art. 14 I). Menschen, die in geistiger Hinsicht zu einer eigenverantwortlichen letztwilligen Verfügung in der Lage sind, dürfen nicht allein deswegen an der Testierung von Rechts wegen gehindert werden, weil sie aus körperlichen Gründen nur über eingeschränkte Verständigungsmöglichkeiten verfügen.

C. Prüfungshinweise

109 Art. 3 stellt in seiner Handhabung sehr hohe intellektuelle Anforderungen und ist demzufolge in der juristischen Prüfung eines der kompliziertesten Grundrechte und Normen überhaupt. Mancher Prüfer schreckt daher davor zurück, Art. 3 zum Thema zu machen. Darauf sollte man sich jedoch nicht verlassen. Vor allem Abs. 1 bildet einen der grundlegenden Bausteine unserer Rechtsordnung und muss daher in seinem Aufbau beherrscht werden. Praxis- und prüfungsrelevant sind in erster Linie gleichheitswidrige Akte der Legislative, also Gesetze.

Grobschema zur Prüfung des allgemeinen Gleichheitssatzes gem. Art. 3 I: **110**
Einleitungssatz (Formulierungsmuster): Gem. Art. 3 I GG sind alle Menschen vor dem Gesetz gleich. Die daraus folgende Gleichbehandlungspflicht trifft wegen Art. 1 III GG insb. auch den Gesetzgeber. Er ist gehalten, wesentlich Gleiches gleich und wesentlich Ungleiches seiner Eigenart entsprechend verschieden regeln.

1. Wesentlich Gleiches
   = Konstruktion eines „(sachl.) Schutzbereichs" durch Bildung eines Vergleichspaares
   a) Ausgangssachverhalt = Herausarbeitung des Prüfungsgegenstandes; hierbei „persönl. Schutzbereich": „alle Menschen", Art. 19 III grds. (+)
   b) Bezugssachverhalt = Herausarbeitung einer Referenzgruppe mithilfe eines bestimmten Bezugspunktes (tertium comparationis) = nächster gemeinsamer Oberbegriff (genus proximum)
   (Prüffrage: gleich oder ungleich in Bezug worauf?)
2. Rechtlich relevante Ungleichbehandlung der Vergleichsgruppen („Eingriff")
   nur relevant, soweit
   a) durch denselben Hoheitsträger (Bund, Land, Kommune u. a.)
   b) Bezugssachverhalt rechtlichen Bestand hat: „keine Gleichheit im Unrecht"
      = kein Anspruch auf Fehlerwiederholung bei Übergang von rechtswidriger zu rechtmäßiger Verwaltungs- oder Rechtsprechungspraxis
   c) bei derivativen Leistungsrechten: Recht auf chancengleiche Teilhabe an bestehenden Einrichtungen beeinträchtigt
3. Rechtfertigung der Ungleichbehandlung
   Formulierungsmuster: Der Gleichheitssatz verwehrt dem Gesetzgeber nicht jede Ungleichbehandlung. Je nach Regelungsgegenstand und Differenzierungsmerkmalen ergeben sich für den Gesetzgeber unterschiedliche Anforderungen an den Differenzierungsgrund, die vom bloßen Willkürverbot bis zu einer strengen Bindung an Verhältnismäßigkeitserfordernisse reichen. Der Gleichheitssatz ist umso strikter, je mehr er den Einzelnen als Person betrifft, und umso mehr für gesetzgeberische Gestaltungen offen, als allgemeine Lebensverhältnisse geregelt werden (BVerfGE 88, 87 [96 f.]).
   Differenzierung zwischen
   a) situations-/sach(verhalts)bezogener Ungleichbehandlung → „Willkürformel": bloße Evidenzprüfung (näher Rn. 54)
      und
   b) personenbezogener Ungleichbehandlung → „neue Formel": Verhältnismäßigkeitsprüfung (näher Rn. 54)

D. Weiterführende Literatur/Leseempfehlungen

Albers, M., Gleichheit und Verhältnismäßigkeit, JuS 2008, 945–949; Blome, Th., Der allgemeine Gleichheitssatz (Art. 3 I GG) – ein ordentliches Grundrecht!, JA 2011, 486–492; Bösch, R., Die Inländerdiskriminierung, Jura 2009, 91–96; Britz, G., Der allgemeine Gleichheitssatz in der Rechtsprechung des BVerfG, NJW 2014, 346–351; Kempny, S./Reimer, Ph., Die Gleichheitssätze, 2012; Kramer, U., Übungsklausur – Öffentliches Recht: Der langhaarige Polizist, JuS 2007, 35–40; Müller-Franken, S., Referendarexamensklausur – Öffentliches Recht: Frauenförderung im Subventionswesen, JuS 2005, 723–729; Scherzberg, A./Mayer, M., Die Prüfung des Gleichheitssatzes in der Verfassungsbeschwerde, JA 2004, 137–140; Schwarz, K.-A., Grundfälle zu Art. 3 GG, JuS 2009, 315–319, 417–421. **111**

Art. 4 [Glaubens- und Gewissensfreiheit; Kriegsdienstverweigerung]

(1) **Die Freiheit des Glaubens, des Gewissens und die Freiheit des religiösen und weltanschaulichen Bekenntnisses sind unverletzlich.**

(2) **Die ungestörte Religionsausübung wird gewährleistet.**

(3) [1]**Niemand darf gegen sein Gewissen zum Kriegsdienst mit der Waffe gezwungen werden.** [2]**Das Nähere regelt ein Bundesgesetz.**

Pflichtstoff (*****)

Übersicht

A. Überblick

I. Normstruktur

1 Für viele Mitglieder der heutigen Gesellschaft, in der Religiosität eine immer geringere Rolle spielt, ist es kaum mehr vorstellbar, in welch existentielle Notlage Menschen gebracht werden konnten (und können), die der Staat zwingt, entgegen ihren eigenen religiösen Vorstellungen zu leben. Früher war diese Kenntnis noch deutlich stärker verbreitet. Die Glaubensfreiheit ist daher eines der ältesten Grundrechte. Sie war schon in frühen Grundrechtsverbürgungen (dazu Vorbem. Grundrechte Rn. 6ff.) enthalten und steht in enger Beziehung zur Menschenwürde als oberstem Wert der Verfassung (BVerfGE 108, 282 [305]).

2 Art. 4 verbürgt die Glaubensfreiheit (Abs. 1, 2) und die Gewissensfreiheit (Abs. 1). Beides wird zumindest vom BVerfG als einheitlicher Schutzbereich verstanden (näher dazu und zur Kritik daran PSKP, Grundrechte, Rn. 545ff.). Die folgenden Erläuterungen gehen auf die beiden Grundrechte separat ein. Hinzu kommt das Recht auf Kriegsdienstverweigerung (Abs. 3) als Spezialfall der Gewissensfreiheit.

3 Art. 4 wurde bislang noch nicht geändert; die Vorschrift gilt nach wie vor in ihrer Erstfassung. In engem Zusammenhang mit ihr stehen die staatskirchenrechtlichen Vorschriften der Art. 136, 137, 138, 139 und 141 WRV, die durch Art. 140 GG (s. die Er-

läuterungen dort) in das GG inkorporiert werden und aus diesem Grund nach wie vor uneingeschränkt gültiges Verfassungsrecht darstellen.

II. Europa

Art. 9 EMRK schützt die Gedanken-, Gewissens- und Religionsfreiheit und führt die Inhalte dieser Freiheit näher aus. Eine parallele Verbürgung ist in Art. 17 EU-GRCh enthalten. Dem Titel III. über die Gleichheit ist Art. 22 EU-GRCh zugeordnet, nach dem die Union die Vielfalt der Kulturen, Religionen und Sprachen achtet. 4

III. Prüfungsrelevanz

Die Prüfungsrelevanz des Art. 4 ist hoch. Das ist nicht zuletzt eine Folge der vielen praktischen Konflikte, in denen die Vorschrift eine Rolle spielt und die zugleich von generellem grundrechtsdogmatischen Interesse sind. Häufig geht es darum, dass jemand unter Hinweis auf seine religiöse Haltung eine Sonderbehandlung für sich (oder seine Kinder) einfordert. 5

Beispiele aus der jüngeren Vergangenheit sind der muslimische Schüler, der im Schulflur beten oder aber einen eigenen Gebetsraum in der Schule eingerichtet haben möchte (s. BVerwGE 141, 223 ff.; dazu Hufen, JuS 2012, 663 ff.; Muckel, JA 2012, 235 ff.), die muslimische Lehrerin, die in den Schuldienst aufgenommen werden und ihr Kopftuch auch im Unterricht tragen will (näher u. Rn. 35). S. zudem die weiteren Beispiele in den folgenden Erläuterungen.

B. Erläuterungen

I. Die Glaubensfreiheit (Abs. 1, 2)

1. Der Schutzbereich

a) Persönlich

Die Glaubensfreiheit ist ein Jedermann-Grundrecht; Träger des Grundrechts ist jeder Mensch. Auf Fragen der Staatsangehörigkeit kommt es nicht an. Auch minderjährige Kinder sind bereits Träger des Grundrechts. Freilich handeln für sie zunächst nur die Eltern kraft ihrer Elternverantwortung (BVerfGE 30, 415 [424]). 6

Auch religiöse Vereinigungen können über Art. 19 III (str.; nach a. A. [z. B. Jarass, in: JP, Rn. 19] können sie sich unmittelbar auf Art. 4 berufen) Träger des Grundrechts sein, sofern ihr Zweck die Pflege oder Förderung eines religiösen oder weltanschaulichen Bekenntnisses ist (BVerfGE 105, 279 [293]). Es reicht aber auch aus, dass Ziele der Religionsgemeinschaften erfüllt werden und eine hinreichend enge Verbindung zur Religionsgemeinschaft besteht, wie dies z. B. bei einem kirchlichen Krankenhaus der Fall ist (BVerfGE 53, 366 [392]). Neben die individuelle Glaubensfreiheit des einzelnen Menschen tritt so eine kollektive Freiheit (BVerfGE 43, 312 [332]). Ihre Träger können privatrechtlich organisiert sein. Vielfach wird es sich aber um Religionsgesellschaften handeln, die nach Art. 140 GG i. V. m. Art. 137 V WRV den Status einer Körperschaft des öffentlichen Rechts besitzen (dazu Art. 140 Rn. 26 ff.). Auch sie können sich auf das Grundrecht berufen; der öffentlich-rechtliche Status steht der wesensmäßigen Anwendbarkeit des Grundrechts i. S. v. Art. 19 III ausnahmsweise nicht entgegen (dazu Art. 19 Rn. 58). 7

Schwierig ist die Frage nach der Grundrechtsträgerschaft zu beantworten, wenn sich eine allein oder zumindest primär auf Gewinnerzielung ausgerichtete Vereinigung als religiöse Gruppierung ausgibt. Diskutiert wird das insbesondere bei der „Church of Scientology" (gegen deren Grundrechtsträgerschaft aus Art. 4 daher Muckel, in: FH, Rn. 14). 8

b) Sachlich

9 *aa) Gegenstand.* Die Glaubensfreiheit schützt nach dem Wortlaut von Abs. 1 und 2 den Glauben, das religiöse und weltanschauliche Bekenntnis sowie die ungestörte Religionsausübung. Diese Teilaspekte werden von der zustimmungswürdigen h. M. zu einem einheitlichen Grundrecht der Glaubensfreiheit zusammengefasst (zuletzt etwa BVerfG NJW 2015, 1359 [1360]). Die Abgrenzung zwischen Glaube und Weltanschauung mag auf einer abstrakten Ebene möglich sein. Praktisch ist sie sehr schwierig und im Kontext des Art. 4 unnötig, weil beides geschützt ist (Morlok, in: Dreier, Rn. 58) und weil die Freiheit, den eigenen Überzeugungen gemäß zu handeln, die Abs. 2 aus traditionellen Gründen für die Religionsausübung ausdrücklich benennt, auch für weltanschaulich geleitetes Handeln gilt.

Die Bezeichnung des einheitlichen Grundrechts changiert ein wenig: Zum Teil ist statt von der Glaubensfreiheit auch von der Religionsfreiheit die Rede. Zu den Argumenten dagegen Jarass, in: JP, Rn. 2.

10 Glaube und Weltanschauung beruhen auf einer nicht beweisbaren, aber beim einzelnen Menschen vorhandenen und den Kern seiner Persönlichkeit berührenden, für wahr gehaltenen Auffassung von der Stellung des Menschen in der Welt, vom Sinn menschlichen Lebens, seiner Herkunft und seinem Ziel (Ipsen, Staatsrecht II, Rn. 380). Auf die Größe oder soziale Relevanz einer Glaubensgemeinschaft kommt es insofern ebenso wenig an (BVerfGE 93, 1 [17]) wie darauf, ob sie schon länger existiert (PSKP, Grundrechte, Rn. 551). Geschützt wird auch die Glaubensüberzeugung, die von den Lehren einer Religionsgemeinschaft gerade abweicht (BVerfGE 33, 23 [28]). Damit umgekehrt die Befolgung der Lehren einer Gemeinschaft den Schutz des Art. 4 eröffnet, muss die Gemeinschaft nach geistigem Gehalt und äußerem Erscheinungsbild eine Religionsgemeinschaft darstellen (BVerfGE 83, 341 [353]).

11 Das Grundrecht schützt nicht nur die Freiheit jedes Menschen, sich für (oder gegen) einen Glauben oder eine Weltanschauung zu entscheiden, diese Entscheidung beizubehalten oder abzuändern, sondern auch die Freiheit, sich im Sinne der eigenen Überzeugungen zu äußern und zu handeln. Mit einer griffigen Formel wird das als Schutz sowohl des „forum internum" (also der inneren Glaubensüberzeugung) als auch des „forum externum" (also des glaubensgeleiteten Handelns) bezeichnet (s. etwa Morlok, in: Dreier, Rn. 63, 66).

Die Bildung einer eigenen Glaubensüberzeugung genießt ebenso den Schutz des Art. 4 wie die Teilnahme an einem Gottesdienst oder an einer Prozession.

12 Besondere Betonung verdient der Schutz auch des forum externum, weil sich Konflikte nur selten an Glaubensüberzeugungen als solchen entzünden, sehr häufig aber an glaubensgeleitetem Handeln. Die Lösung dieser Konflikte kann nicht darin liegen, den religiös motivierten Tätigkeiten den Schutz der Glaubensfreiheit auf der Tatbestandsebene abzusprechen. Allenfalls stellt sich die Frage, ob ein in das Grundrecht eingreifendes Verbot der betreffenden Tätigkeit gerechtfertigt werden könnte.

Art. 4 schützt auch die Verbreitung des eigenen Glaubens, also die Mission. Die Verteilung von Koranen in der Fußgängerzone durch Muslime wird daher ebenso von der Glaubensfreiheit erfasst wie die Verteilung von Bibeln vor der Moschee. Zum Grundrechtsschutz sog. Salafisten s. Körting, DVBl. 2014, 1028–1031.

13 Problematisch ist in diesem Zusammenhang die Auffassung, geschützt sei ein bestimmtes Handeln nur, wenn sich der Einzelne zu ihm verpflichtet fühle. Dass das Handeln lediglich durch den Glauben motiviert ist, soll also nicht ausreichen (so PSKP, Grundrechte, Rn. 556, gegen Hufen, Staatsrecht II, § 22 Rn. 9).

14 Diese Sichtweise hätte in letzter Konsequenz zur Folge, dass das u. a. bei Muslimen praktizierte, religiös motivierte Schächten von Tieren, bei dem die Halsschlagader durchschnitten wird und das

Tier verblutet, von vornherein nicht unter den Schutzbereich des Art. 4 I, II fiele, weil ihnen der Genuss von Fleisch nicht durch religiöse Gebote vorgeschrieben wird (so folgerichtig noch bis zur 29. Aufl. PSKP, Grundrechte, Rn. 557 [„eigentlich" nicht geschützt]). Sofern die Verbindlichkeit der Schlachtmethode aus Sicht des Betroffenen plausibel gemacht ist, wird man die Lösung richtigerweise auf der Schrankenebene suchen müssen, also durch die Beantwortung der Frage, ob der Tierschutz des Art. 20a ein Schächtverbot trotz des darin liegenden Eingriffs in die Glaubensfreiheit rechtfertigen kann. So auch der Ansatz in BVerfGE 104, 337 (345 ff.), wo Art. 4 freilich vom BVerfG nicht unmittelbar, sondern nur in Kombination mit der Berufsfreiheit des Metzgers (Art. 2 I, nicht Art. 12 I, da er kein Deutscher war) geprüft wird (s. hierzu Vorbem. Grundrechte Rn. 90). Je größer das Maß an Verpflichtung ist, das der Einzelne empfindet, desto schwerer mag dann die Rechtfertigung des Eingriffs fallen. Das Bestehen einer Ausweichmöglichkeit aber lässt den Schutz des Grundrechts nicht von vornherein entfallen. Für eine Einbeziehung des Schächtens in den Schutzbereich des Art. 4 I, II seit der 30. Aufl. auch PSKP, Grundrechte, Rn. 557.

Positiv schützt die Glaubensfreiheit die Bildung eines Glaubens und das Handeln nach den eigenen Glaubensvorstellungen. Als sog. negative Glaubensfreiheit schützt sie auch die Entscheidung, keinen Glauben zu haben, den eigenen Glauben nicht zu bekennen, sondern für sich zu behalten, oder den Symbolen eines nicht geteilten Glaubens unentziehbar ausgesetzt zu werden (Muckel, in: FH, Rn. 21; ablehnend zum Begriff der negativen Glaubensfreiheit Ipsen, Staatsrecht II, Rn. 381). **15**

Zu intensiven Diskussionen kam es über diese letzte Annahme vor allem nach der sog. Kruzifix-Entscheidung (BVerfGE 93, 1 ff.). Darin hat das BVerfG in der staatlich angeordneten Anbringung eines Kreuzes bzw. Kruzifixes in Bayern einen Eingriff in die negative Glaubensfreiheit insbesondere der Schüler gesehen. Die Eingriffsqualität hat es mit der besonderen Intensität und Unentrinnbarkeit der Situation begründet. **16**

Als spezielle Ausprägungen der negativen Glaubensfreiheit lassen sich Art. 7 II, III 3, Art. 140 GG i.V.m. Art. 136 III, IV, Art. 141 WRV verstehen (PSKP, Grundrechte, Rn. 558). **17**

Vereinigungen, die sich über Art. 19 III auf Art. 4 I, II berufen können (o. Rn. 7), kommt die Glaubensfreiheit in ihrer kollektiven Variante zugute. Geschützt ist die Tätigkeit der Vereinigung als solche. Ein besonders wichtiger Aspekt, nämlich das Selbstbestimmungsrecht der Religionsgesellschaften, hat durch Art. 140 GG i.V.m. Art. 137 III WRV eine spezielle Regelung erfahren. S. dazu Art. 140 Rn. 18 ff. **18**

bb) Gewährleistungen. Abs. 1 ist in erster Linie ein Abwehrrecht des status negativus (Vorbem. Grundrechte, Rn. 31), das sich gegen staatliche Einschränkungen der vom Schutzbereich erfassten Tätigkeiten richtet. **19**

Objektiv-rechtlich verpflichtet die Glaubensfreiheit den Staat auf religiös-weltanschauliche Neutralität. Zusätzlich absichern lässt sich dieser Befund mit Art. 3 III, Art. 33 III und Art. 140 GG i.V.m. Art. 136 I, II WRV (BVerfGE 123, 148 [178]). Damit ist keine distanzierende Neutralität, sondern ein Identifikationsverbot gemeint. Dem Staat ist es untersagt, sich bestimmte Glaubenslehren zu eigen zu machen und sie als besonders befolgenswürdig darzustellen (Morlok, in: Dreier, Rn. 166). **20**

Abs. 1, 2 begründen zudem die Pflicht, den Einzelnen bei der Wahrnehmung seiner Glaubensfreiheit vor Dritten zu schützen, etwa wenn diese einen Religionswechsel nicht hinnehmen wollen. **21**

Der wichtige Anspruch auf Verleihung des Status einer öffentlich-rechtlichen Körperschaft hat mit Art. 140 GG i.V.m. Art. 137 IV, V WRV eine eigene Regelung erfahren. S. dazu Art. 140 Rn. 26 ff. **22**

cc) Konkurrenzen. Die allgemeine Handlungsfreiheit (Art. 2 I) tritt nach allgemeinen Regeln hinter dem speziellen Grundrecht der Glaubensfreiheit zurück. Im Einzelnen str. ist das Verhältnis der Glaubensfreiheit zur Versammlungsfreiheit (Art. 8 I) und zur Vereinigungsfreiheit (Art. 9 I). Richtigerweise spricht nichts gegen die Annahme von Idealkonkurrenz (Vorbem. Grundrechte Rn. 88 f.), auch wenn sich der stärkere Schutz regelmäßig aus der vorbehaltlosen Gewährleistung der Abs. 1, 2 ergeben dürfte. **23**

24 Art. 3 III 1 und Art. 33 III sind parallel zu Abs. 1, 2 anwendbar (Jarass, in: JP, Rn. 6). Zum Verhältnis zu Art. 140 GG i.V.m. Art. 136ff. WRV o. Rn. 18, 22.

2. Eingriff

25 Ein Eingriff in die Glaubensfreiheit liegt jedenfalls dann vor, wenn der Staat vom Schutzbereich umfasste Verhaltensweisen untersagt oder wesentlich erschwert. Eingriffe sind im Bereich des forum internum wie des forum externum denkbar; hinsichtlich des Bildens und Habens eines Glaubens werden sie freilich deutlich seltener vorkommen als hinsichtlich des glaubensgeleiteten Handelns. Sie können die positive wie die negative Glaubensfreiheit betreffen. Auch staatliche Warnungen vor Religionsgemeinschaften können Eingriffe darstellen. Dass das BVerfG die Eingriffsqualität davon abhängig macht, dass die Warnung unsachlich oder verfälschend ist (BVerfGE 105, 279 [292ff.]), überzeugt nicht. Richtigerweise ist das eine Frage der Rechtfertigung des Eingriffs, der auch bei einer sachlichen Warnung anzunehmen ist (Morlok, in: Dreier, Rn. 120).

26 Sehr str. ist, ob es auch einen „Eingriff durch Symbole" geben kann (bejaht für die Gerichtsverhandlung und den Schulunterricht mit einem Kreuz an der Wand durch BVerfGE 35, 366 [375f.] bzw. BVerfGE 93, 1 [17ff.]).

27 Kein Eingriff liegt dort vor, wo der Staat ein Alternativverhalten ermöglicht, das den Betroffenen nicht mit seinem Glauben in Konflikt bringt.

Daran fehlte es in BVerfGE 79, 69 [76f.]: Zwar durfte der verlangte Eid auch ohne religiöse Beteuerung geleistet werden. Ganz verzichtbar war er jedoch nicht, was einen Eingriff in die Glaubensfreiheit desjenigen bedeutet, der aus religiösen Gründen zur Eidesleistung nicht bereit ist.

28 Keinen Eingriff stellt es dar, wenn der Staat von demjenigen, der sich auf die Glaubensfreiheit beruft, verlangt, dass er die hierfür relevante Überzeugung offenlegt (BVerfGE 52, 223 [246]).

3. Rechtfertigung des Eingriffs

a) Schranken

29 Art. 4 selbst enthält keinen Gesetzesvorbehalt für die Grundrechte des Abs. 1. Jedoch werden nach Art. 136 WRV (i.V.m. Art. 140 GG) die bürgerlichen und staatsbürgerlichen Rechte durch die Ausübung der Religionsfreiheit weder bedingt noch beschränkt. Die überwiegende Auffassung interpretiert das als Vorbehalt allgemeiner, also nicht religionsspezifischer Gesetze (etwa BVerwGE 112, 227 [231]; Jarass, in: JP, Rn. 28). Anders das BVerfG: Es sieht den Vorbehalt als durch die vorbehaltlose Gewährleistung des Abs. 1 überlagert an (BVerfGE 33, 23 [30f.]). Dass diese Beurteilung in einen unübersehbaren Konflikt zur Einstufung der inkorporierten WRV-Vorschriften als uneingeschränkt gültiges Verfassungsrecht gerät (Muckel, in: FH, Rn. 52), lässt sich kaum bestreiten. Art. 136 III 2 WRV, nach dem Behörden unter bestimmten Umständen nach der Religionszugehörigkeit fragen dürfen, ist denn auch vom BVerfG zur Rechtfertigung von Eingriffen in die negative Glaubensfreiheit herangezogen worden (z.B. BVerfGE 65, 1 [39]), was die These von der Überlagerung des Art. 136 I WRV zudem inkonsequent erscheinen lässt.

30 Folgt man gleichwohl dem BVerfG, sind Eingriffe jenseits des Art. 136 III 2 WRV (und dem Sonderfall des Art. 137 III WRV, dazu BVerfG JZ 2015, 188 [190]: Schrankenspezialität des Art. 137 III WRV, der hinsichtlich des Selbstverwaltungsrechts als speziellere Norm vorgeht) nur auf Grund kollidierenden Verfassungsrechts möglich, also auf Grund der Grundrechte Dritter und sonstiger Güter von Verfassungsrang (dazu allgemein Vorbem. Grundrechte Rn. 109ff.).

Diese inzwischen jedenfalls bei allen vorbehaltlos gewährleisteten Grundrechten anerkannte Einschränkungsmöglichkeit wurde vom BVerfG gerade zu Art. 4 (konkret: zum Recht der Kriegsdienstverweigerung nach Abs. 3) entwickelt (BVerfGE 28, 243 [261]).

Grundrechte Dritter, die Eingriffe in die Glaubensfreiheit rechtfertigen (und den Staat unter dem Gesichtspunkt der Schutzpflicht auch zu Eingriffen in die Glaubensfreiheit verpflichten) können sind beispielsweise die Glaubensfreiheit Dritter (Art. 4 I, II), ggf. auch das religiöse Erziehungsrecht der Eltern Dritter (Art. 6 II) und das Recht auf körperliche Unversehrtheit (Art. 2 II 1). **31**

Die Glaubensfreiheit insbesondere der Schüler kollidiert mit der Glaubensfreiheit der muslimischen Lehrerin, die im Unterricht ihr Kopftuch tragen möchte. Der morgens um 5 Uhr von Kirchenglocken oder dem Ruf des Muezzin aufgeweckte Nachbar beruft sich auf seine körperliche Unversehrtheit. Die körperliche Unversehrtheit des Kindes ist auch die Schranke, auf die das – derzeit politisch nicht gewollte – Verbot einer Beschneidung von Jungen durch Entfernen der Vorhaut zu stützen wäre. S. noch sogleich Rn. 39.

Als sonstige Güter von Verfassungsrang kommt neben dem Tierschutz (Art. 20a) insbesondere der staatliche Bildungs- und Erziehungsauftrag im Bereich der Schule (Art. 7 I) in Betracht. **32**

Die Herstellung praktischer Konkordanz, also eines schonenden Ausgleichs zwischen den jeweils betroffenen Positionen, der beide in möglichst weitem Umfang zur Geltung kommen lässt, obliegt dem Gesetzgeber. **33**

b) Schranken-Schranken

Bei der Herstellung dieses Ausgleichs ist der Gesetzgeber an die allgemeinen Regeln gebunden. Eingriffe in die Glaubensfreiheit müssen insbesondere durch ein formell verfassungsgemäßes Parlamentsgesetz vorgenommen werden bzw. auf einem solchen beruhen und verhältnismäßig sein. Das Zitiergebot des Art. 19 I 2 ist nicht anwendbar (Art. 19 Rn. 18ff.). **34**

Das Erfordernis einer gesetzlichen Grundlage trat besonders deutlich im Streit um eine Kopftuch tragende Lehrerin in Baden-Württemberg zu Tage. Im Jahr 2003 hat das BVerfG die Einschätzung, dass das Beharren auf dem Tragen des Kopftuchs auch im Unterricht ein Eignungsmangel i.S.v. Art. 33 II sein könne, nicht dem Grunde nach beanstandet. Es hat jedoch eine Regelung dieser Frage durch den formellen Gesetzgeber verlangt (BVerfGE 108, 282 [294ff.]). Mittlerweile hat es den dabei bestehenden Spielraum des Gesetzgebers deutlich eingeengt: Nach der neuesten Rechtsprechung darf das Tragen eines Kopftuchs, das auf ein als bindend empfundenes religiöses Gebot zurückgeht, nicht schon wegen der mit dem Kopftuch einhergehenden abstrakten Gefahr für den Schulfrieden oder die staatliche Neutralität verboten werden. Selbst durch den Gesetzgeber soll ein Verbot vielmehr nur für Fälle zulässig sein, in denen „auf Grund substanzieller Konfliktlagen über das richtige religiöse Verhalten bereichsspezifisch die Schwelle zu einer hinreichend konkreten Gefährdung oder Störung des Schulfriedens oder der staatlichen Neutralität in einer beachtlichen Zahl von Fällen erreicht" wird. Ein danach zulässiges Verbot muss grundsätzlich unterschiedslos für alle Religionen gelten (BVerfG NJW 2015, 1359 [1364ff.]). **35**

Die letztgenannte Entscheidung betrifft unmittelbar das nordrhein-westfälische Schulgesetz. Sie wird sich jedoch auch auf die Schulgesetze anderer Länder auswirken (Traub, NJW 2015, 1338 [1341]). Bedenken begegnet sie u.a. insofern, als eine Kopftuch tragende Lehrerin dazu beitragen kann, dass muslimische Schülerinnen unter Druck geraten, sich entsprechend zu kleiden. – Allenfalls zum Teil parallel gelagert ist die Frage, ob ein privater oder kirchlicher Arbeitgeber das Kopftuch einer Mitarbeiterin dulden muss. Insofern verneinend mit Blick auf eine Krankenschwester in einem kirchlichen Krankenhaus BAG NZA 2014, 1407ff.

36 An den Verhältnismäßigkeitsgrundsatz ist nicht allein der Gesetzgeber gebunden. Auch der Rechtsanwender muss, will er die Verfassungswidrigkeit seiner Maßnahmen vermeiden, die Glaubensfreiheit hinreichend ins Kalkül ziehen.

Wenn ein Richter Zuschauern generell das Tragen von Kopfbedeckungen (hier einmal mehr: Kopftuch) auf der Grundlage seiner Sitzungspolizei nach § 176 GVG untersagt, ohne zu prüfen, ob von der Kopfbedeckung eine Störung der Ordnung ausgeht und ob Grundrechtspositionen des bzw. der Betroffenen relevant sein können, verstößt dies (u. a.) gegen die Glaubensfreiheit (BVerfG NJW 2007, 56).

37 Wie der schonende Ausgleich aussieht bzw. ob sich letztlich doch eine der Positionen durchsetzt, lässt sich nur im Einzelfall bestimmen.

Im Streit um die Pflicht zur Teilnahme einer muslimischen Schülerin am Schwimmunterricht liegt eine denkbare Lösung darin, dass sie zwar teilnehmen muss – womit zur Durchsetzung des Bildungs- und Erziehungsauftrags aus Art. 7 I in die Glaubensfreiheit eingegriffen wird –, dass sie dabei aber verhüllende Kleidung tragen darf, die die Körperkonturen verdeckt, wie z. B. einen „Burkini". Unter diesen Umständen hält mittlerweile auch das BVerwG die Teilnahme am Unterricht für zumutbar (BVerwGE 147, 362 ff.; anders noch BVerwGE 94, 82 ff.). Im Rahmen einer Prüfungsarbeit, in der die Vereinbarkeit der Teilnahmepflicht mit der Glaubensfreiheit zu erörtern ist, bietet es sich an, diesen Aspekt bei der Verhältnismäßigkeitsprüfung, konkret: bei der Prüfung der Angemessenheit (= Verhältnismäßigkeit im engeren Sinne) anzusprechen. Zu Konflikten zwischen Art. 4 I, II und Art. 7 I s. auch Art. 7 Rn. 14.

38 Im Wesen der Abwägung liegt es begründet, dass sich die Glaubensfreiheit auch durchsetzen kann, weil sie überwiegt.

Besonders deutlich wurde das im Streit eines muslimischen Metzgers um eine Ausnahmegenehmigung, die ihm das grundsätzlich untersagte Schächten von Tieren gestatten sollte. Nachdem ihm die Genehmigung zunächst versagt worden war und er auch vor den Verwaltungsgerichten keinen Erfolg hatte, hatte er Verfassungsbeschwerde erhoben und mit dieser Anfang 2002 auch Erfolg (BVerfGE 104, 337 ff.). Etwas später im selben Jahr wurde dann der Tierschutz als Staatsziel in Art. 20a aufgenommen. Die Erwartung von Tierschützern, damit habe sich die verfassungsrechtliche Situation entscheidend geändert, erfüllte sich nicht: Seine gegen die erneute Versagung der Genehmigung gerichtete Klage hatte letztinstanzlich Erfolg. Das BVerwG kam zu dem Ergebnis, dass die maßgeblichen Regelungen des Tierschutzgesetzes trotz der veränderten verfassungsrechtlichen Situation nicht so zu verstehen seien, dass die Ausnahmegenehmigung versagt werden dürfe (BVerwGE 127, 183 ff.).

39 Eine besonders intensive Diskussion wurde über die Beschneidung von Jungen geführt, die in ihrer religiös motivierten Form primär bei Juden und Moslems üblich ist (zur Bedeutung für Teile des Christentums, die in der Debatte freilich keine erkennbare Rolle spielte, s. Rixen, NJW 2013, 257). Das LG Köln hat diesen Eingriff für den Fall, dass er nicht medizinisch indiziert ist, im Mai 2012 als Körperverletzung gem. § 223 I StGB gewertet (LG Köln, NJW 2012, 2128). Anders als die Aufnahme in eine Glaubensgemeinschaft, die die körperliche Integrität des Aufgenommenen wahrt, wird hier ein irreversibler körperlicher Eingriff vorgenommen. Der Gesetzgeber hat jedoch entschieden, die Beschneidung auch in Zukunft zu ermöglichen. Er hat bereits mit Wirkung v. 28.12.2012 § 1631d BGB erlassen, nach dem die Personensorge das Recht umfasst, in eine medizinisch nicht erforderliche Beschneidung des nicht einsichts- und urteilsfähigen männlichen Kindes einzuwilligen, wenn diese nach den Regeln der ärztlichen Kunst durchgeführt wird und sofern das Kindeswohl nicht gefährdet wird (näher Rixen, NJW 2013, 257 ff.; kritisch zum sehr kurzen Gesetzgebungsverfahren Stumpf, DVBl. 2013, 141). Der Gesetzgeber räumt damit dem elterlichen Erziehungsrecht aus Art. 6 II 1 den Vorrang vor der körperlichen Unversehrtheit des Jungen nach Art. 2 II 1 ein. Faktisch bewirkt er zugleich einen Vorrang des Rechts auf religiöse Kindererziehung, das das BVerfG aus Art. 6 II 1 i. V. m. Art. 4 I ableitet (BVerfGE 93, 11 [16]). Jedoch kommt es nach der neuen Vorschrift auf eine religiöse Motivation ge-

rade nicht an. Das vermeidet einen Konflikt mit dem Verbot der Bevorzugung oder Benachteiligung wegen des Glaubens gem. Art. 3 III. Aus der Perspektive der körperlichen Unversehrtheit des Jungen dürfte die Regelung nicht zu beanstanden sein, weil dem Erziehungsrecht der Eltern insofern Vorrang zukommt (a. A. Isensee, JZ 2013, 317 [327]).

Zwar findet das Elternrecht seine Grenzen im Kindeswohl, das bei Eingriffen in die körperliche Unversehrtheit tangiert sein kann (von Coelln, in: Sachs, Art. 6 Rn. 71). Voraussetzung hierfür ist jedoch, dass der Eingriff in die Unversehrtheit einen objektivierbaren Verstoß gegen das Kindeswohl darstellt. Solange das nicht der Fall ist, weist Art. 6 II 1 den Eltern den Vorrang bei der Entscheidung zu, welche Maßnahme dem Kindeswohl entspricht (s. Art. 6 Rn. 48). Das muss insbesondere für Eingriffe in die Unversehrtheit gelten, die gesundheitlich förderlich sind bzw. bei denen das zumindest nicht ausgeschlossen werden kann. Eben dies aber ist bei der Beschneidung der Fall: Sie wird von etlichen – wenn auch nicht von allen – Medizinern als der Gesundheit nützlich angesehen (s. freilich die detaillierte Darstellung der Risiken der Beschneidung bei Hörnle/Huster, JZ 2013, 328 [334 ff.], die jedoch im Ergebnis immerhin attestieren, die These der relativen Harmlosigkeit müsse nicht eindeutig als falsifiziert angesehen werden). Die den Staat treffende Schutzpflicht aus Art. 2 II 1 verlangt daher kein ausnahmsloses Beschneidungsverbot. Bedenken im Hinblick auf die körperliche Unversehrtheit könnten sich jedoch daraus ergeben, dass die Beschneidung in den ersten sechs Monaten ab Geburt nicht nur von Ärzten vorgenommen werden darf, sondern auch von Personen, die von einer Religionsgesellschaft dafür vorgesehen sind (§ 1631d II BGB). Diese müssen aber besonders ausgebildet und für die Durchführung der Beschneidung Ärzten vergleichbar befähigt sein. Damit wird der Schutzpflicht auf der gesetzlichen Ebene genügt. Ob sich das auch vom Gesetzesvollzug wird sagen lassen, ob also die vergleichbare Befähigung hinreichend kontrolliert wird, muss sich noch zeigen. S. zur Problematik auch Art. 2 Rn. 141 sowie Art. 6 Rn. 52 ff. Kritisch zur Lösung des Gesetzgebers R. Merkel, FAZ v. 26.11.2012, Nr. 276, S. 8.

Größeres Gewicht wäre dem Schutz der körperlichen Unversehrtheit durch eine Regelung beigemessen worden, die ein generelles Beschneidungsverbot statuiert hätte und nach der nur religiös zwingend vorgegebene Beschneidungen gestattet werden könnten. Faktisch hätte dies freilich zu einer – im Lichte des Art. 3 III womöglich problematischen – Unterscheidung zwischen Juden und Muslimen geführt. Offenbar wird die Beschneidung im Judentum nämlich als zwingende Voraussetzung der Religionszugehörigkeit angesehen, während sie bei Muslimen eine zwar traditionell durchgeführte, aber nicht zwingend gebotene Maßnahme darzustellen scheint. Ein striktes Beschneidungsverbot ohne Ausnahmemöglichkeiten würde die Frage nach seiner Vereinbarkeit mit der Glaubensfreiheit zumindest von Juden aufwerfen.

II. Die Gewissensfreiheit (Abs. 1)

1. Der Schutzbereich

a) Persönlich

Träger der Gewissensfreiheit ist jeder Mensch. Personenvereinigungen oder Vermö- 40
gensmassen können sich nicht auf das Grundrecht berufen, da es an der wesensmäßigen Anwendbarkeit i. S. v. Art. 19 III fehlt. Die Bildung eines Gewissens setzt Qualitäten voraus, die nur dem Menschen als solchem eignen.

b) Sachlich

aa) Gegenstand. Eine Gewissensentscheidung ist – in den Worten des BVerfG – ein 41
unmittelbar evidentes Gebot unbedingten Sollens, das den Charakter eines unabweisbaren, den Ernst eines die ganze Persönlichkeit ergreifenden sittlichen Gebots trägt (BVerfGE 12, 45 [54 f.]; 48, 127 [173 f.]). Der Einzelne muss auf Grund einer morali-

schen Haltung ein bestimmtes Verhalten als gut oder böse, als gerecht oder ungerecht empfinden und sich aus dieser Einstellung für verpflichtet fühlen, etwas zu tun oder zu unterlassen (PSKP, Grundrechte, Rn. 564). Andere Motive begründen keine Gewissensentscheidung.

Ein einprägsames Beispiel zur Abgrenzung nennt Hufen, Staatsrecht II, § 24 Rn. 3: Wer aus Gründen des Tierschutzes kein Fleisch isst, kann sich potentiell auf das Grundrecht berufen. Anders verhält es sich, wenn jemand aus gesundheitlichen Gründen kein Fleisch isst.

42 Ebenso wie die Glaubensfreiheit (o. Rn. 11) schützt auch die Gewissensfreiheit neben der Bildung und dem Haben eines Gewissens (forum internum) das gewissensgeleitete Handeln (forum externum).

43 *bb) Gewährleistungen.* Die Gewissensfreiheit ist ein Abwehrrecht; sie schützt den Grundrechtsträger davor, dass der Staat ihn durch Ge- oder Verbote zwingt, gegen sein Gewissen zu handeln.

Diese Aussage darf nicht absolut gesetzt werden: Sie betrifft den Schutzbereich, also die Tatbestandsebene. Wenn der Staat derartige Ge- oder Verbote doch erlässt, greift er in das Grundrecht ein. Ob er dies tun darf, ist auf der Rechtfertigungsebene zu klären.

44 Mittelbare Drittwirkung kann der Gewissensfreiheit insbesondere im Arbeitsrecht zukommen. Der Arbeitgeber kann gehalten sein, bei der Ausübung seines Weisungsrechts Gewissensentscheidungen des Arbeitnehmers zu respektieren, soweit ihm das zumutbar ist (Hufen, Staatsrecht II, § 24 Rn. 8).

Auch insofern gilt: Die Gewissensfreiheit setzt sich nicht zwingend durch. Ob ein Angestellter in einer Forschungseinrichtung die Mitwirkung an einem Tierversuch im Ergebnis verweigern darf, hängt u. a. davon ab, ob er durch einen Kollegen ersetzt werden kann.

45 *cc) Konkurrenzen.* Das Recht auf Kriegsdienstverweigerung (Abs. 3) ist lex specialis zur Gewissensfreiheit. Die nach allgemeinen Regeln subsidiäre allgemeine Handlungsfreiheit (Art. 2 I) tritt hinter die Gewissensfreiheit zurück. Ob die individuelle Glaubensfreiheit lex specialis zur Gewissensfreiheit ist, ist str. (dafür Jarass, in: JP, Rn. 44).

2. Eingriff

46 Ein Eingriff in das forum internum, also in die Bildung und das Haben eines Gewissens, ist kaum vorstellbar. In das forum externum hingegen kann der Staat eingreifen. Er tut dies, wenn er dem Einzelnen versagt oder wesentlich erschwert, gewissensgeleitet zu handeln.

3. Rechtfertigung des Eingriffs

a) Schranken

47 Die Gewissensfreiheit ist vorbehaltlos gewährleistet. Sie wird jedoch durch kollidierendes Verfassungsrecht beschränkt. Zwischen den beiden kollidierenden Positionen hat der Gesetzgeber einen schonenden Ausgleich herzustellen.

b) Schranken-Schranken

48 Bei der Herstellung dieses Ausgleichs ist der Gesetzgeber an die allgemeinen Regeln gebunden. Insofern gilt nichts anderes als bei der Glaubensfreiheit (o. Rn. 33).

49 Ob ein Eingriff verhältnismäßig ist, lässt sich auf Grund der insofern gebotenen Abwägung nur im Einzelfall beurteilen.

Deutlich wird das etwa bei der Frage, ob ein Biologiestudent ein Recht auf ein Studium ohne Tierpräparationen hat. Kollidierendes Grundrecht ist hier die Wissenschaftsfreiheit (Art. 5 III) des Hochschullehrers, der diese Arbeiten für erforderlich hält. Sie kann sich gegen die Gewissensfreiheit durchsetzen. Umgekehrt verlangt jedoch die Gewissensfreiheit, dass alternative Methoden der Ausbildung durch den Hochschullehrer zur Kenntnis genommen werden. Sofern sie Tierpräparationen im Hinblick auf das Ausbildungsziel gleichwertig sind, müssen sie ggf. als Alternativlösung angeboten werden. Dazu BVerwGE 105, 73 ff.; s. auch BVerfG NVwZ 2000, 909 f. – Die Universität Mainz räumt angehenden Biologen nach Pressemeldungen (etwa http://www.spiegel.de/unispiegel/studium/biologiestudium-ohne-sezierte-maus-geht-s-auch-a-804247.html, letzter Aufruf 16.4.2015) seit dem Sommersemester 2012 die Möglichkeit ein, keine echten Tiere zu sezieren. Allerdings wird die Inanspruchnahme dieser Möglichkeit im Zeugnis vermerkt.

III. Das Recht der Kriegsdienstverweigerung (Abs. 3)

1. Der Schutzbereich

a) Persönlich

Auf Abs. 3 kann sich jeder Mensch berufen, der Kriegsdienst mit der Waffe leisten **50** soll. Das Grundrecht erstreckt sich nicht allein auf Wehrpflichtige, sondern auch auf Zeit- und Berufssoldaten (Jarass, in: JP, Rn. 55) sowie nun auf die freiwillig Wehrdienstleistenden, deren Einstellung zum Dienst an der Waffe sich auch nach Dienstantritt noch ändern kann. Daher behält das Grundrecht auch nach dem einfach-gesetzlichen Ende der Wehrpflicht (Art. 12a Rn. 5) seine Bedeutung.

b) Sachlich

aa) Gegenstand. Kriegsdienst mit der Waffe meint nicht nur den Dienst im Verteidi- **51** gungsfall, sondern auch die Ausbildung an der Waffe in Friedenszeiten. Zwar könnte Abs. 3 („Kriegsdienst") auch enger verstanden werden. Für die weite Interpretation spricht jedoch Art. 12a II, der deutlich macht, dass eine Heranziehung zum Waffendienst auch in Friedenszeiten nicht gewollt ist (BVerfGE 80, 354 [358]).

Der Dienst an der Waffe muss in einem unmittelbaren Zusammenhang zum Einsatz **52** von Kriegswaffen stehen. Vor der Einziehung zur Bundeswehr an sich schützt Abs. 3 jedenfalls für die Zeit bis zur Entscheidung über die Anerkennung der Verweigerung nicht, sofern dort waffenloser Dienst (Verwaltung, Sanitätsdienst) zu leisten ist (BVerfGE 69, 1 [56]). Aus Art. 12a II 3 ist erkennbar, dass Abs. 3 auch vor der Einziehung zur Bundespolizei (in Art. 12a noch als Bundesgrenzschutz bezeichnet) schützt.

Untersagt ist die Heranziehung zum Dienst mit der Waffe nur, wenn sie gegen das **53** Gewissen des Betroffenen erfolgen soll. Dafür wird eine als bindend empfundene Entscheidung verlangt; dass der Betroffene Streitkräfte lediglich für nicht sinnvoll hält o.Ä., reicht hingegen nicht aus (BVerfGE 48, 127 [173 f.]). Näher zur Gewissensentscheidung o. Rn. 40.

Die sog. Totalverweigerung, also die Verweigerung sowohl des Wehrdienstes als **54** auch des Ersatzdienstes, wird von Abs. 3 nicht geschützt. Der Ersatzdienst ist gerade kein Kriegsdienst mit der Waffe. Zu den Konsequenzen für die rechtliche Beurteilung der Totalverweigerung u. Rn. 57, 61.

bb) Gewährleistungen. Abs. 3 schützt als subjektives Abwehrrecht vor der Heranzie- **55** hung zum Kriegsdienst mit der Waffe.

In der Rechtsprechung wird diskutiert, ob aus Abs. 3 ein Auslieferungsverbot folgt, **56** wenn dem Betroffenen in dem Staat, an den er ausgeliefert werden soll, die Einziehung zum Kriegsdienst mit der Waffe droht. Sofern man dem zustimmt, handelt es sich um eine Ausprägung der grundrechtlichen Schutzpflicht (Morlok, in: Dreier, Rn. 189), da es insofern um den Schutz gegenüber dem betreffenden fremden Staat geht.

cc) Konkurrenzen. Das BVerfG versteht Abs. 3 als eigenständiges Grundrecht. Die **57** Regelung ist lex specialis gegenüber der Gewissensfreiheit aus Art. 4 I. Das hat eine wichtige Konsequenz: Da Abs. 3 die sog. Totalverweigerung, also die Verweigerung nicht nur des Wehrdienstes mit der Waffe, sondern auch des zivilen Ersatzdienstes nicht schützt (Rn. 53), die Spezialität der Regelung aber einen Rückgriff auf Abs. 1 ausschließt, genießt die Totalverweigerung keinen Grundrechtsschutz aus Art. 4 (hierzu BVerfGE 23, 127 [132]). Ihre Sanktionierung stellt (bzw. stellte) daher keinen rechtfertigungsbedürftigen Eingriff dar.

2. Eingriff

58 Ein Eingriff liegt primär in der Heranziehung zum Kriegsdienst mit der Waffe durch den Staat.

59 Keinen Eingriff stellt ein gesetzlich geregeltes Verfahren zur Anerkennung als Kriegsdienstverweigerer dar, das dazu dient, den Tatbestand der Gewissensentscheidung sicherzustellen. Es handelt sich vielmehr um eine Ausgestaltung, die nach Abs. 3 S. 2 zulässig ist (BVerfGE 69, 1 [25]).

3. Rechtfertigung des Eingriffs

a) Schranken

60 Das Grundrecht der Kriegsdienstverweigerung ist vorbehaltlos gewährleistet (Herzog, in: MD, Rn. 194).

61 Abs. 3 S. 2 ist keine Grundrechtsschranke. Die Vorschrift enthält – neben einer Gesetzgebungskompetenz zugunsten des Bundes – allein die Ermächtigung zur Ausgestaltung (BVerfGE 69, 1 [23]). Einschränkbar wäre das Grundrecht daher allein auf Grund kollidierenden Verfassungsrechts. Der Gedanke, insofern die militärische Grundentscheidung für eine wirksame Landesverteidigung aus Art. 12a, 73 I Nr. 1, Art. 87a und 115b (BVerfGE 69, 1 [21 f.]) heranzuziehen, liegt nur scheinbar nahe: Er hätte zur Folge, dass das Recht der Kriegsdienstverweigerung mit den Erfordernissen der Landesverteidigung abzuwägen wäre. Je größer die militärische Bedrohung wäre, desto eher würde Abs. 3 dann zurücktreten. Das aber ist ein Szenario, das Abs. 3 gerade ausschließen will: Auch größter Verteidigungsbedarf darf nicht durch die Heranziehung zum Kriegsdienst mit der Waffe gegen das Gewissen der Betroffenen gedeckt werden (so auch Jarass, in: JP, Rn. 60).

62 Auch Art. 12a II ermächtigt nicht zu Eingriffen in Abs. 3 (so aber PSKP, Grundrechte, Rn. 581–584). Da die Entscheidung, auch den Ersatzdienst zu verweigern, nicht in den Schutzbereich des Grundrechts fällt (o. Rn. 53), stellt die Heranziehung zum Ersatzdienst keinen Eingriff dar. Folglich ist die Ermächtigung für die Heranziehung keine Eingriffsermächtigung.

b) Schranken-Schranken

63 In Ermangelung relevanter Einschränkungsmöglichkeiten wird die Rechtfertigung von Eingriffen regelmäßig bereits an der fehlenden Schranke scheitern. Auf Fragen der Schranken-Schranken kommt es daher nicht mehr an.

C. Weiterführende Literatur/Leseempfehlungen

64 Cremer, H.J., Der Osho-Beschluss des BVerfG – BVerfGE 105, 279, JuS 2003, 747–751; Demel, M./Lochen, T., Das religiöse Passbild, JA 2002, 878–885; Discher, T., Der praktische Fall – Öffentliches Recht – Kein Platz zum Schächten?, JuS 1996, 529–534; Enders, C., Öffentliches Recht: Verwaltungsrecht und Grundrechte – Hüllenbad statt Hallenbad?, JuS 2013, 54–61; Fehlau, M., Die Schranken der freien Religionsausübung, JuS 1993, 441–447; Fischer, K./Groß, T., Die Schrankendogmatik der Religionsfreiheit, DÖV 2003, 932–939; Frenz, W., Die Religionsfreiheit, JA 2009,

493–497; Frenz, W., Glaubensfreiheit und Schulpflicht, Jura 2013, 999–1002; Häußler, U., Grundrechte – Schächtgenehmigung für muslimische Metzger, JA 2002, 548–552; Kluth, W., Die Grundrechte des Art. 4 GG, Jura 1993, 137–145; Laskowski, S.R./ Dietrich, J.-H., Eine Richterin mit Kopftuch? – Probleme der Bewertung des religiösen Bekenntnisses beim Zugang zum öffentlichen Amt –, Jura 2002, 271–278; Magen, S., Grundfälle zu Art. 4 III GG, JuS 2009, 995–999; Müller-Volbehr, J., Religionsfreiheit und Tierschutz – Zur Zulässigkeit religiös motivierten Schächtens – BVerwG, NVwZ 1996, 61, JuS 1997, 223–227; Neureither, G., Grundfälle zu Art. 4 I, II GG, JuS 2006, 1067–1071; Neureither, G., Grundfälle zu Art. 4 I, II GG, JuS 2007, 20–24; Tangermann, C., Glauben ist alles, Jura 2005, 119–128; Tillmanns, R., Die Religionsfreiheit (Art. 4 I, II GG), Jura 2004, 619–627.

Art. 5 [Meinungs-, Informations-, Presse-, Rundfunk-, Film-, Kunst- und Wissenschaftsfreiheit]

(1) [1]**Jeder hat das Recht, seine Meinung in Wort, Schrift und Bild frei zu äußern und zu verbreiten und sich aus allgemein zugänglichen Quellen ungehindert zu unterrichten.** [2]**Die Pressefreiheit und die Freiheit der Berichterstattung durch Rundfunk und Film werden gewährleistet.** [3]**Eine Zensur findet nicht statt.**

(2) **Diese Rechte finden ihre Schranken in den Vorschriften der allgemeinen Gesetze, den gesetzlichen Bestimmungen zum Schutze der Jugend und in dem Recht der persönlichen Ehre.**

(3) [1]**Kunst und Wissenschaft, Forschung und Lehre sind frei.** [2]**Die Freiheit der Lehre entbindet nicht von der Treue zur Verfassung.**

Pflichtstoff (*****)

Übersicht

A. Überblick

I. Normstruktur

1 Art. 5 enthält nicht weniger als sieben separate Grundrechte:

Abs. 1					Abs. 3	
Satz 1		Satz 2			Satz 1	
Fall 1	Fall 2	Fall 1	Fall 2	Fall 3	Fall 1	Fall 2
Meinungs-(äußerungs)-freiheit	Informations-freiheit	Presse-freiheit	Rundfunk-freiheit	Filmfreiheit	Kunst-freiheit	Wissen-schafts-reiheit

2 Es ist allerdings weniger die Anzahl als vielmehr die überragende Bedeutung der enthaltenen Freiheitsgarantien, die Art. 5 zu einer der zentralen Normen in Ausbildung und Praxis macht. Er garantiert eine Grundvoraussetzung für Demokratie und freiheitliche Staatlichkeit, nämlich dass der Einzelne seinen Gedanken grds. ungestört Ausdruck verleihen darf, ohne Repressalien fürchten zu müssen. Im Zusammenspiel von Meinungsäußerungs- und Informationsfreiheit („senden und empfangen") wird die Verständigung zwischen den Menschen geschützt, daher fasst man die Grundrechte unter dem Stichwort „Kommunikationsgrundrechte" zusammen (von lat. communicare = teilen, mitteilen, teilnehmen lassen). An erster Stelle steht dabei die Meinungs(äußerungs)freiheit (Rn. 10ff.), die als eines der „vornehmsten Menschenrechte", als „Grundlage jeder Freiheit überhaupt" bezeichnet wird und von schlechthin konstituierender Bedeutung für die freiheitliche demokratische Staatsordnung ist, da erst sie eine öffentliche Meinungsbildung und den demokratischen Willensbildungsprozess ermöglicht (BVerfGE 7, 198 [208]). Die folgenden Gewährleistungen vervollständigen die Meinungsfreiheit aus verschiedenen Perspektiven. Damit Äußerungen überhaupt registriert und Meinungen gebildet werden können, bedarf es auf Empfängerseite der Informationsfreiheit (Rn. 23ff.). Zur besseren Verbreitung von Gedankeninhalten (= Informationen) tragen die sog. Medienfreiheiten bei: die Presse- (Rn. 34ff.), Rundfunk- (Rn. 49ff.) und Filmfreiheit (Rn. 61ff.), wobei die Rundfunkfreiheit aufgrund ihrer besonderen objektiv-rechtlichen Ausrichtung eine dogmatische Sonderstellung innehat. Während die Grundrechte aus Art. 5 I dem qualifizierten Gesetzesvorbehalt des Art. 5 II (Rn. 67ff.) unterliegen, werden die ebenfalls mit einem kommunikativen Aspekt ausgestatteten Freiheiten von Kunst (Rn. 96ff.) und Wissenschaft (Rn. 108ff.) vorbehaltlos (aber nicht schrankenlos) gewährleistet (Rn. 116ff.).

3 Art. 5 schützt zum einen die Persönlichkeitsentfaltung des Einzelnen (subjektiv-rechtliche Dimension, Vorbem. Grundrechte Rn. 27ff.). Da Kommunikation und Information aber auch unverzichtbare Wesenselemente der freiheitlichen Demokratie sind (Rn. 2), gewährleistet Art. 5 den gesamten Prozess politischer Öffentlichkeit im demokratischen Verfassungsstaat (objektiv-rechtlicher Grundrechtsgehalt, Vorbem. Grundrechte Rn. 33ff.). Subjektiv- und objektiv-rechtliche Elemente sind dabei aufeinander bezogen, sie bedingen und stützen sich gegenseitig (BVerfGE 57, 295 [319f.]; vgl. Schulze-Fielitz, in: Dreier, Rn. 39ff.).

II. Prüfungsrelevanz

In der juristischen Ausbildung wie auch in der Praxis kommt Art. 5 I und II herausragende Bedeutung zu. Vertiefte Kenntnisse und die Beherrschung der wichtigsten Spezifika sind unumgänglich. Art. 5 III steht etwas dahinter zurück; aber auch hier muss mit Prüfungsaufgaben gerechnet werden. 4

III. Europa

Auf europarechtlicher Ebene gewährleistet Art. 10 EMRK ein umfassendes Kommunikationsgrundrecht (Grabenwarter/Pabel, EMRK, § 23 Rn. 2ff.). Unionsrechtlich entspricht dem der (wortlautidentische) Art. 11 I EU-GRCh, der zudem in Abs. 2 eine allg. Medienfreiheitsvorschrift mit technologieoffenem Schutzbereich enthält (Calliess, in: Calliess/Ruffert, EUV/AEUV, Art. 11 GRCh Rn. 18ff.). 5

B. Erläuterungen

I. Meinungs(äußerungs)freiheit (Abs. 1 S. 1 F. 1)

1. Schutzbereich

a) Persönlich

Gem. Art. 5 I 1 F. 1 hat „jeder" das Recht, seine Meinung frei zu äußern. Erfasst sind damit 6

- alle natürlichen Personen, also auch Ausländer und grundrechtsmündige Minderjährige (dazu Vorbem. Grundrechte Rn. 65ff., 76ff.), sowie
- juristische Personen und Personenvereinigungen, sofern die Voraussetzungen des Art. 19 III vorliegen (die Meinungsfreiheit ist wesensgemäß auf juristische Personen wie etwa Vereine oder Parteien, anwendbar; vgl. i.Ü. Art. 19 Rn. 64ff.). Demgegenüber können sich der Staat, j.P.ö.R. sowie deren Organe, Organteile und Organträger (z.B. BKanzler, MP, Bürgermeister) als solche nicht auf die Meinungsfreiheit berufen (anders die Kirchen; vgl. Starck, in: MKS, Rn. 184ff.). Sie benötigen spezielle Kompetenzen, um sich in amtlicher Eigenschaft äußern zu dürfen (so ergibt sich etwa das Rede- und Fragerecht für Bundestagsabgeordnete aus Art. 38 I 2, Art. 38 Rn. 36f.).

Beispiel: Will die BReg vor Jugendsekten warnen, kann sie sich nicht auf Art. 5 I 1 F. 1 berufen, sondern auf ihre zwar dem Wortlaut des GG nicht zu entnehmende, aber gleichwohl verfassungsunmittelbare Aufgabe zur Staatsleitung, die sie überall dort zur Informationsarbeit berechtigt, wo ihr eine gesamtstaatliche Verantwortung zukommt, die durch Information der Öffentlichkeit wahrgenommen werden kann (BVerfGE 105, 279 [301 f.]). 7

Wie bei allen Grundrechten (Ausn. Art. 9 III 2) richtet sich die Meinungsfreiheit nur gegen den Staat und andere Hoheitsträger (Art. 1 III). Zwischen Privatpersonen gilt sie nicht unmittelbar, sondern über die grundrechtsorientierte Auslegung zivilrechtlicher Rechtsnormen (sog. mittelbare, Horizontal- oder Drittwirkung, Gröpl, Staatsrecht I, Rn. 225a). 8

Beispiel: Verbieten Eltern ihrem 16-jährigen Kind, in einem sozialen Netzwerk im Internet Beiträge zu schreiben, verstößt dies nicht gegen die Meinungsfreiheit des Kindes. Ginge das Kind allerdings gerichtlich gegen dieses Verbot vor, hätte das Familiengericht die Meinungsfreiheit des Kindes im Rahmen der Auslegung und Anwendung der einschlägigen zivilrechtlichen Normen (§§ 1626, 1627, 1631 BGB) zu beachten und gegen das elterliche Erziehungsrecht aus Art. 6 II 1 abzuwägen. 9

b) Sachlich

10 *aa) Gegenstand* von Art. 5 I 1 F. 1 ist die Meinung. Grundlegend für die Beurteilung, ob eine Äußerung eine Meinung i. d. S. darstellt, ist die Unterscheidung zwischen Werturteilen und Tatsachenbehauptungen, da letztere nicht ausnahmslos als Meinungen aufgefasst werden (Rn. 12 ff.).

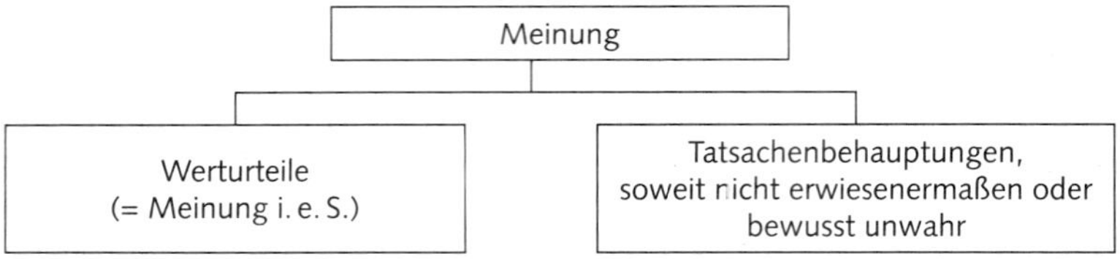

11 *(1) Werturteile* sind Meinungen i. S. d. Art. 5 I 1 F. 1 (Meinungen i. e. S.), also solche Äußerungen, die sich durch ein Element der wertenden Stellungnahme, des persönlichen Dafürhaltens und des Meinens im Rahmen einer geistigen Auseinandersetzung oder sonstigen sozialen Kommunikation auszeichnen. Sie können nicht (objektiv) wahr oder unwahr, sondern nur (subjektiv) richtig oder falsch sein. Sie sind als Ausdruck individueller Anschauung gänzlich vom Schutzbereich erfasst, ungeachtet ihres sittlichen oder ethischen Wertes und ihrer Emotionalität, Richtigkeit und Vernünftigkeit (BVerfGE 61, 1 [7 f.]; Bedeutung erlangt dies auf Schrankenebene, vgl. Rn. 67 ff.). In den Schutzbereich fallen nicht nur politische Stellungnahmen, sondern auch bloß unterhaltende Äußerungen, darüber hinaus sogar Schmähkritik und Formalbeleidigungen (die aber auf der Schrankenebene i. d. R. zurücktreten, s. Rn. 86 ff.).

12 *(2) Tatsachenbehauptungen* sind Äußerungen, die durch einen objektiven Bezug zur Realität gekennzeichnet sind, die wirklich geschehene Vorgänge oder Zustände beschreiben und – im Gegensatz zu Werturteilen – wahr oder falsch und somit dem Beweis abstrakt zugänglich sind (zur Abgrenzung Rn. 14 f.). Auch Tatsachenbehauptungen fallen unter den Begriff der Meinung in Art. 5 I 1 F. 1, soweit sie Voraussetzung für die Meinungsbildung oder ihr dienlich sind (also einen Meinungsbezug haben). Dies ist zumeist der Fall, da Werturteile mit Tatsachen untermauert werden oder da mit einer Tatsachenmitteilung vielfach eine Wertung verbunden ist (diese kann bereits durch Tonfall, Wortwahl oder der Präsentation an sich geäußert werden).

13 Wegen der herausragenden Bedeutung der Meinungsfreiheit werden sogar unrichtige Tatsachenbehauptungen geschützt. Voraussetzung ist allerdings, dass die Behauptung unbewusst oder fahrlässig erfolgt. Außerhalb des Schutzbereichs liegen hingegen Behauptungen, die im Zeitpunkt der Äußerung unzweifelhaft oder erwiesenermaßen unwahr sind oder die im Bewusstsein ihrer Unwahrheit geäußert werden, selbst wenn sie der Bekräftigung einer Meinung dienen (BVerfGE 99, 185 [196 f.]; a. A. Wendt, in: MK, Rn. 10). Nicht geschützt werden insb. Falschzitate (BVerfGE 54, 208 [219]). Denn diese Äußerungen fördern nicht den Meinungsbildungsprozess, sondern führen die Empfänger in die Irre (sie fallen allenfalls in den Schutzbereich des Art. 2 I).

14 *(3) Abgrenzung.* Die Abgrenzung zwischen Werturteil und Tatsachenbehauptung erfolgt auf der Grundlage einer Deutung (BVerfGE 94, 1 [11]) anhand der (hypothetischen) Beweiszugänglichkeit: Ist die Äußerung zumindest theoretisch falsifizierbar, handelt es sich um eine Tatsachenbehauptung, ansonsten um ein Werturteil. Wichtig wird diese Abgrenzung v. a. auf der Rechtfertigungsebene (vgl. Rn. 79 ff., 85 ff.). Im Rahmen der Deutung dürfen die Gerichte einer Äußerung keinen Sinn beilegen, den sie nach ihrem Wortlaut objektiv nicht haben kann (BVerfGE 94, 1 [9]). Bei gemischten oder mehrdeutigen Äußerungen entscheidet das Schwergewicht der Aussage aus Sicht eines unvoreingenommenen und verständigen Publikums unter Beachtung des Zusammenhangs (Kontextes) und der Begleitumstände (BVerfGE 93, 266 [295]). Der Begriff der Meinung ist im Interesse eines wirksamen Grundrechtsschutzes weit zu

verstehen: Im Zweifel ist von einem Werturteil und damit von einer geschützten Meinungsäußerung auszugehen (BVerfGE 90, 1 [15]).

Dieselben Gesichtspunkte gelten bei Fragen (BVerfGE 85, 23 [31ff.]): Echte Fragesätze, die eine Antwort veranlassen wollen, sind zwar grds. weder Werturteile noch Tatsachenbehauptungen. Sie können aber (zumindest unterschwellig) einen Aussagegehalt besitzen und zur Meinungsbildung beitragen (dann Werturteil) oder Fakten vermitteln (dann Tatsachenbehauptung). Dies gilt insb. für rhetorische Fragen, bei denen es sich in Wahrheit nicht um Fragen, sondern um „getarnte" Aussagen handelt. Primär der Verfolgung kommerzieller Zwecke dienende Wirtschaftswerbung wird (neben Art. 12 I) von Art. 5 I 1 F. 1 geschützt, soweit sie – unabhängig vom Produktbezug – einen meinungsbildenden Charakter hat (z.B. Schock- oder Imagewerbung, vgl. BVerfGE 102, 347 [359f.]; ausführlich Wendt, in: MK, Rn. 11). Im politischen Meinungskampf ist der Tatsachenbegriff restriktiv auszulegen mit der Folge, dass selbst scheinbar dem Beweis zugängliche Äußerungen als Werturteile einzustufen und damit umfassend geschützt sind (BVerfGE 61, 1 [7, 9f.]; Rn. 87). **15**

bb) Gewährleistung. Art. 5 I 1 F. 1 schützt die Äußerung (und als Unterfall dazu die Verbreitung) der Meinung in Wort, Schrift und Bild. Meinungsfreiheit ist damit als Meinungs*äußerungs*freiheit zu verstehen; denn solange die Meinung nicht geäußert wird, bleibt sie auch in diktatorisch-totalitären Staaten unbehelligt. Äußerung meint die kommunikative Entfaltung, den geistigen Verkehr zwischen den Menschen, mithin jede Form der Meinungskundgabe; „[j]eder soll frei sagen können, was er denkt" (BVerfGE 61, 1 [7]) um andere zu überzeugen. „Wort, Schrift und Bild" ist nur eine beispielhafte, nicht abschließende Aufzählung von Kundgabeformen. Zum Gewährleistungsbereich gehört die Wiedergabe und Weiterverbreitung fremder Meinungen. Die Kundgabemodalitäten (Zeit, Ort und Umstände der Äußerung) dürfen frei gewählt werden. **16**

Geschützt ist auch die negative Meinungsfreiheit, also das Recht, seine Meinung nicht zu äußern (BVerfGE 65, 1 [40]), aber auch das Recht, eine fremde Meinung nicht als eigene kundtun und verbreiten zu müssen (vgl. Rn. 21). **17**

Nur die Meinungsäußerung mit friedlichen Mitteln wird gewährleistet. Die Ausübung von physischem (z.B. Blockieren einer Straße durch Demonstranten) oder wirtschaftlichem Druck zur Förderung rein privater Interessen fällt aus dem Schutzbereich heraus (im Unterschied dazu werden Boykottaufrufe geschützt, die Belangen der Allgemeinheit dienen können, BVerfGE 62, 230 [244f.]; ausführlich Wendt, in: MK, Rn. 14). Art. 5 I 1 F. 1 begründet zudem kein subjektiv-öffentliches Recht auf Verbreitung einer Meinung durch ein bestimmtes Medium (z.B. Massenkommunikationsmittel), über das der Anspruchsteller keine Verfügungsmacht hat. **18**

cc) Objektiv-rechtliche Dimension. Über den Individualschutz hinaus hat die Meinungsfreiheit objektiv-rechtliche Leitbildfunktion in der Demokratie (Rn. 2). **19**

dd) Konkurrenzen. Soweit durch Presse, Rundfunk oder Film Meinungen übermittelt werden, ist die Meinungsfreiheit einschlägig, nicht die speziellen Freiheitsrechte aus Art. 5 I 2 (Rn. 45, 59, 65; zum Verhältnis zu Art. 5 III Rn. 106, 114). Art. 8 schützt das Zusammenkommen zur Kommunikation sowie die Art und Weise der Durchführung einer Versammlung (Art. 8 Rn. 23 – äußere Umstände), Art. 5 I 1 F. 1 dagegen Inhalt und Form der Meinungsäußerung. Reden auf einer Versammlung unterfallen deswegen der Meinungsfreiheit. Art. 4 I ist in seinem Anwendungsbereich die speziellere Norm (BVerfGE 32, 98 [107]), ebenso Art. 9 III (BVerfGE 28, 295 [310]) und Art. 10 bei einer Meinungsäußerung mittels Telekommunikation (BVerfGE 113, 348 [364]). Idealkonkurrenz besteht regelmäßig zu Art. 9 I, Art. 12 I und Art. 14 (d.h. beide Grundrechte sind nebeneinander anwendbar). **20**

2. Eingriff

21 Sobald die öffentliche Gewalt die Meinungsäußerung oder -verbreitung in irgendeiner Weise (Rn. 16f.) behindert oder unmöglich macht, auch wenn sie Meinungsäußerungen sanktioniert oder faktisch unterbindet (z.B. durch heimliches Aufnehmen oder Abhören), liegt ein Eingriff vor (sog. moderner = weiter Eingriffsbegriff; dazu Vorbem. Grundrechte Rn. 93ff.). Ein Eingriff findet auch statt, wenn Druck ausgeübt wird, die eigene Meinung kundzutun oder eine fremde als eigene Meinung zu verbreiten (Rn. 17).

22 **Beispiel:** Werden Zigarettenhersteller rechtlich dazu verpflichtet, auf ihren Zigarettenschachteln Warnhinweise (z.B. „Rauchen ist tödlich") abzudrucken, ohne dass die Behauptung erkennbar als fremde (z.B. der EU-Gesundheitsminister) gekennzeichnet wird, liegt ein Eingriff in die (negative) Meinungsfreiheit vor (vgl. BVerfGE 95, 173 [182]). Der medienrechtliche Gegendarstellungsanspruch (etwa aus Art. 10 I 1 BayPrG: § 11 I 1 LPG NRW; § 10 I SMG) verletzt die negative Meinungsfreiheit hingegen nicht, da er zur Verbreitung der Meinung einer offenkundig anderen Person verpflichtet.

II. Informationsfreiheit (Abs. 1 S. 1 F. 2)

1. Schutzbereich

a) Persönlich

23 Träger der Informationsfreiheit ist jede natürliche oder juristische Person (unter den Voraussetzungen des Art. 19 III, vgl. Art. 19 Rn. 37ff.), die sich unterrichten will (Rn. 27). Zu Besonderheiten bei Vertretern von Presse und Rundfunk s. Rn. 34, 49f.

b) Sachlich

24 *aa) Gegenstand.* Gem. Art. 5 I 1 F. 2 hat jeder das Recht, sich aus allgemein zugänglichen Quellen ungehindert zu unterrichten (= informieren). Die eng mit dem Demokratie- und Rechtsstaatsprinzip (Art. 20 I–III, Art. 28 I) verbundene Informationsfreiheit verkörpert die notwendige und logische Ergänzung der Meinungs- und Medienfreiheiten aus Empfängerperspektive (BVerfGE 90, 27 [31f.]; Rn. 2), sie schützt die Rezipienten, v.a. Leser, Hörer und Zuschauer. Voraussetzung für die Eröffnung des Schutzbereichs ist, dass die Unterrichtung aus Informationsquellen erfolgt, die allgemein zugänglich sind.

25 *(1) Informationsquellen* sind alle denkbaren Träger von Informationen (Einzelpersonen, Massenmedien, Datenträger usw.), gleichviel ob es sich dabei um Werturteile oder Tatsachenbehauptungen handelt und ob sie öffentliche oder private Angelegenheiten betreffen (Jarass, in: JP, Rn. 15); ebenso ausländische Quellen (vgl. BVerfGE 90, 27 [32]) und Informationen, die ohne Zutun des Empfängers in dessen Wahrnehmungsbereich geraten (z.B. Vorgänge oder Ereignisse, etwa ein Verkehrsunfall).

26 *(2) Allgemein zugänglich* ist die Quelle, wenn sie „technisch geeignet und dazu bestimmt ist, der Allgemeinheit, d.h. einem individuell nicht bestimmbaren Personenkreis, Informationen zu verschaffen". Zuständig für diese Bestimmung „[ü]ber die Zugänglichkeit und die Art der Zugangseröffnung" ist der Inhaber der Informationsquelle, also „wer nach der Rechtsordnung über ein entsprechendes Bestimmungsrecht verfügt" (BVerfGE 103, 44 [60]). Typische Bsp. sind die auf Information ausgerichteten Massenkommunikationsmittel (Presse und Rundfunk) sowie das Internet (bei öffentlichen Inhalten). Nicht allgemein zugänglich sind private, (noch) nicht zur Veröffentlichung bestimmte Aufzeichnungen oder Mitteilungen (z.B. Postsendungen) sowie Informationen, die rechtswidrig erschlichen wurden (BVerfGE 66, 116 [137] – sobald diese an die Öffentlichkeit gelangt sind, sind sie jedoch allgemein zugänglich; zur Verbreitung Rn. 16, 35, 41).

27 *bb) Gewährleistung.* Gewährleistet wird das ungehinderte Unterrichten(lassen), d.h. neben dem aktiven Beschaffen das passive Entgegennehmen von Informationen aus allgemein zugänglichen Quellen (BVerfGE 27, 71 [82f.]; Rn. 24). Einen Anspruch auf Zugang zu Informationen (z.B. Akteneinsichts-, Auskunftsrechte) kann der Bürger hingegen nicht auf Art. 5 I 1 F. 2 stützen, sondern nur auf einfaches Recht (etwa auf § 1 IFG; § 4 I 2 UIG; § 29 VwVfG). Denn Grundrechte sind keine originären Leistungsrechte (vgl. Vorbem. Grundrechte Rn. 31). Auch zwingt die Informationsfreiheit den Staat nicht, allgemein zugängliche Informationsquellen einzurichten (kein originärer Anspruch auf Verschaffung von Informationen, vgl. BVerfGE 119, 309 [319]). Allerdings wird vertreten, dass der Staat durch tatsächliche Bereitstellung sachadäquater und zeitgemäßer Informationsmöglichkeiten den freien Informationsfluss offenzuhalten habe (Wendt, in: MK, Rn. 28 m.w.N.). Dies stellt aber nur eine Folge der objektiv-rechtlichen Dimension (vgl. Rn. 3) der Informationsfreiheit dar, so dass dem Einzelnen darauf kein Anspruch erwächst.

28 Verfügt eine staatl. Stelle über bestimmte Informationen, hat sie das Entscheidungsrecht über deren allgemeine Zugänglichkeit. Dabei ist zu beachten, dass für Medienberichterstatter aus Art. 3 I i.V.m. Art. 5 I 2 ein subj. Recht auf gleichberechtigte Teilhabe an Möglichkeiten zur Berichterstattung erwächst (BVerfG-K, NJW 2013, 1293ff., mit Verweis auf BVerfGE 80, 124 [133f.]). Die Informationsquelle kann i.d.R. durch Rechtsvorschriften zugänglich gemacht oder versperrt werden (z.B. Polizeifunk). Dogmatisch zu beachten ist, dass Beschränkungen der Allgemeinzugänglichkeit in diesem Fall keine Schranken darstellen, die an Art. 5 II zu messen wären, da die Quellen schon außerhalb des Schutzbereichs liegen. Freilich müssen solche Beschränkungen dennoch mit der Verfassung in Einklang stehen, insb. mit Art. 20.

29 **Beispiel** (vgl. BVerfGE 103, 44ff.): Gerichtsverhandlungen sind Informationsquellen, über deren Zugänglichkeit der Gesetzgeber im Rahmen seiner Befugnis zur Ausgestaltung des Gerichtsverfahrens (Art. 72, 74 I Nr. 1) entscheidet. Dies hat er u.a. durch die §§ 169ff. GVG, § 48 JGG getan. So verbietet § 169 S. 2 GVG während der Verhandlung zur Verbreitung bestimmte Ton- und Filmaufnahmen (sog. Saalöffentlichkeit), um die ungestörte Wahrheits- und Rechtsfindung, die Funktionstüchtigkeit der Rechtspflege und die Persönlichkeitsrechte der Verfahrensbeteiligten zu wahren. Dadurch hat der Gesetzgeber die Informationsquelle nur in beschränktem Maße eröffnet und damit den Schutzbereich der Informationsfreiheit zulässigerweise eingegrenzt.

30 Art. 5 I 1 F. 2 gewährleistet dem Einzelnen, die Informationsquelle zu wählen und sich auch unmittelbar *an* der Quelle ungestört zu unterrichten (BVerfGE 103, 44 [60]), desgleichen die Informationen aufzubereiten und zu speichern (Wendt, in: MK, Rn. 26) sowie sich die erforderlichen Einrichtungen zur Informationserlangung zu beschaffen und sie zu nutzen (z.B. das Anbringen einer Parabolantennen, vgl. BVerfGE 90, 27 [32ff.]).

31 Zur ebenfalls geschützten negativen Informationsfreiheit gehört der Schutz vor staatlicherseits aufgedrängten Informationen (Degenhart, in: BK, Rn. 310f. – zur Ausstrahlungswirkung im Privatrecht vgl. BVerfGE 90, 27 [33]).

32 *cc) Konkurrenzen.* Soweit speziellere Grundrechte bereits die Informationsbeschaffung inkl. der entsprechenden Techniken gewährleisten (Presse- und Rundfunkfreiheit, vgl. Rn. 35ff., 50ff.) tritt die Informationsfreiheit zurück. Das Abgeben von Informationen fällt regelmäßig unter die Meinungs-, Presse- oder Rundfunkfreiheit.

2. Eingriff

33 Eingriff ist jede Erschwerung oder Verhinderung der Informationsaufnahme. So darf die öffentliche Gewalt nicht den Zugang zu allgemein zugänglichen Informationen versperren, insb. keine Informationsverbote verhängen, Selektionen des Informationsmaterials vornehmen (Störsender) oder durch Hoheitsakte eine nicht zu ihrer Disposition stehende Quelle in ihrer Allgemeinzugänglichkeit beeinträchtigen (vgl. BVerf-

GE 27, 71 [84]). Auch mittelbare Beeinträchtigungen sind Eingriffe, etwa Registrierungserfordernisse für den Zugang zu bestimmten Informationskanälen, aber auch die Pfändung des Fernsehgeräts (zum Rundfunkbeitrag Rn. 58), die unzumutbare Verzögerung des Informationszugangs (BVerfGE 27, 88 [98 f.]) sowie der Ausschluss eines Informationsmediums. Keine Eingriffe sind hingegen Schutzbereichseinschränkungen (Rn. 28 f.).

III. Pressefreiheit (Abs. 1 S. 2 F. 1)

1. Schutzbereich

a) Persönlich

34 Grundrechtsträger sind alle natürlichen Personen (auch Ausländer und Minderjährige) oder Unternehmen (über Art. 19 III), die im Pressewesen aktiv sind, deren Tätigkeit m. a. W. einen pressespezifischen Bezug aufweist (dazu Rn. 40 ff.), ohne dass es sich um eine hauptberufliche Pressetätigkeit handeln muss (BVerfGE 95, 28 [34 f.]). Zu nennen sind Verlage, Herausgeber, Redakteure, Journalisten, Presseagenturen, Buchhändler, Grossisten. Zur inneren Pressefreiheit Rn. 42.

b) Sachlich

35 *aa) Gegenstand.* Der Begriff der Presse knüpft an das Ergebnis des Druckens an (lat. pressum = gedruckt), also das Druckwerk. „Presse" im Verfassungssinne wird indessen weiter ausgelegt (BVerfGE 95, 28 [35]) und folgt dem allg. Sprachgebrauch: Darunter fallen zum einen alle zur Verbreitung gegenüber der Allgemeinheit geeigneten und bestimmten Druckerzeugnisse, darüber hinaus aber auch der Inbegriff der Personen, Institutionen und Unternehmen, die über gedrucktes Papier o. Ä. einen Beitrag zu öffentlicher Information und Meinungsbildung leisten (vgl. Ipsen, Staatsrecht II, Rn. 444).

36 – Zur Verbreitung gegenüber der Allgemeinheit ist das Druckerzeugnis geeignet, wenn eine ausreichende Anzahl von Vervielfältigungsstücken hergestellt wird (gleichviel mittels welcher Technik, Rn. 37). Es ist zur Verbreitung bestimmt, wenn es sich an eine unbestimmte Vielzahl von Empfängern richtet, die aber untereinander verbunden sein können, z. B. bei Werkszeitungen (BVerfGE 95, 28 [35]) oder bei Schulbüchern und Schülerzeitungen (BVerfGE 86, 122 [128]). Ist ein Druckwerk nicht an die Allgemeinheit gerichtet, gehört es zur Individualkommunikation und wird durch Art. 10 I (Brief- und Postgeheimnis) geschützt.

37 – Der Grundrechtsschutz muss mit der technisch-gesellschaftlichen Entwicklung mithalten. Daher wird der Pressebegriff dynamisch interpretiert. Als Presse werden folglich auch moderne elektronische Vertriebsformen und Informationsträger angesehen, die aus einem mechanisch, chemisch oder elektronisch zur Vervielfältigung geeigneten Verfahren resultieren, solange die Informationsvermittlung in gedruckter oder in anderer verkörperter Form stattfindet (Verstofflichung – Abgrenzung zu Rundfunk und Filmbegriff, Rn. 51 ff., 62). Unter den Pressebegriff i. S. v. Art. 5 I 2 F. 1 subsumiert werden demzufolge neben Büchern, Zeitungen, Zeitschriften, Flugblättern und Plakaten auch Aufkleber, CDs, DVDs, Ton- und Videobänder, Schallplatten u. dgl. Nicht maßgeblich sind dabei die Pressedefinitionen der Mediengesetze der Länder (niederrangiges Recht, dazu Art. 20 Rn. 117).

38 – Wie beim Begriff der Meinung (Rn. 10 f.) werden an den Inhalt (Qualität, Originalität, Seriosität) keinerlei Anforderungen gestellt (wertfreier, sog. formaler Pressebegriff, vgl. BVerfGE 66, 116 [134]; Bedeutung erlangt der Inhalt erst auf der Rechtfertigungsebene). Geschützt wird der gesamte Inhalt des Druckwerks, auch Tatsachenmitteilungen, unterhaltende Beiträge und Äußerungen Dritter (dazu Rn. 45).

Der Schutz erstreckt sich auch auf das Titelblatt einer Publikation (BVerfGE 97, 125 [144]; BVerfG-K, NJW 2014, 766 [766]). Nicht von Belang sind Vertriebsweg und Empfängerkreis (z.B. Werkszeitungen, BVerfGE 95, 28 [35f.]) sowie die Frage, ob das Druckwerk einmalig oder periodisch erscheint (Starck, in: MKS, Rn. 59; Wendt, in: MK, Rn. 30).

– An die Allgemeinheit gerichtete Angebote im Internet werden wegen der elektronischen Signalübertragung und der fehlenden Körperlichkeit des Mediums verfassungsrechtlich z.T. dem Rundfunk zugeordnet (z.B. Bethge, in: Sachs, Rn. 88, 90b). Die Anforderungen, die das BVerfG an die Zulässigkeit privaten Rundfunks stellt (Rn. 58), passen indessen kaum auf die meisten Internetangebote (ähnl. Starck, in: MKS, Rn. 100). Daher darf die Übertragungstechnik nur eine Vermutung für die verfassungsrechtliche Einordnung begründen, nicht jedoch allein entscheidend sein. In einem zweiten Schritt ist zu prüfen, welchem der traditionellen Medien das Internetangebot funktionell am ehesten ähnelt. Kommt es konzeptionell und inhaltlich weitgehend herkömmlichen Druckwerken nahe, ist es also v.a. ein Lesemedium oder sogar mit einem erscheinenden Printmedium eng verzahnt („elektronische Presse"), stellt es einen Annex zur Pressefreiheit dar und keinen Rundfunk, insb. mangels der mit bewegten Bildern und Ton verbundenen Suggestivkraft (dazu Rn. 52; vgl. Gersdorf, AfP 2010, 421 [423ff.] m.w.N.; diff. Degenhart, in: BK, Rn. 377); auf einfachgesetzlicher Ebene – TMG, RStV – wird daher zwischen Telemedien und Rundfunk unterschieden; für Telemedien werden weit weniger strenge organisationsrechtliche Vorgaben statuiert. Allerdings können auch reine Textangebote im Internet im Einzelfall einen so engen Bezug zum Rundfunk aufweisen, dass sie der Rundfunkfreiheit unterfallen (z.B. programmbegleitende Informationen). 39

bb) Gewährleistung. Geschützt wird die Freiheit der Presse, d.h. die „massenkommunikative Vermittlungsleistung" (Jarass, in: JP, Rn. 23) in allen denkbaren Facetten, mithin alle wesensmäßig mit der Pressefreiheit zusammenhängenden Tätigkeiten, angefangen bei der Beschaffung der Information bis hin zu deren Verbreitung (BVerfGE 10, 118 [121]). In den Schutzbereich fallen diejenigen Voraussetzungen, ohne die die Presse ihre Funktion nicht erfüllen könnte, insb. die Freiheit zur Gründung von Presseunternehmen und zur Gestaltung der Presseerzeugnisse in inhaltlicher und formaler Hinsicht (BVerfGE 97, 125 [144f.]), deren Vertrieb, die freie publizistische Tätigkeit als solche, der freie Zugang zu Presseberufen sowie presseinterne Hilfstätigkeiten (presseexterne Tätigkeiten nur, wenn ein enger Bezug zur Funktion der Presse besteht, BVerfGE 77, 346 [354f.]). 40

Im redaktionellen Bereich wird v.a. die Informationsbeschaffung und die Vertraulichkeit geschützt (z.B. Redaktions-, Chiffregeheimnis und das für den Informationsfluss essenzielle Vertrauensverhältnis zwischen Presse und Informanten, BVerfGE 117, 244 [259]; zum Schutz des Anzeigenteils BVerfGE 64, 108 [114ff.]). Folge davon sind z.B. das in § 41 I BDSG angelegte „Medienprivileg" und Zeugnisverweigerungsrechte für Presseangehörige (z.B. § 383 I Nr. 5 ZPO, § 53 I 1 Nr. 5, S. 2 und 3, II 3 StPO). Die Presse darf sich Informationen nicht selbst rechtswidrig beschaffen (Rn. 90), aber sie darf Informationen verbreiten, die von Dritten rechtswidrig erlangt wurden (a.A. Stern, Staatsrecht IV, § 108 II 4 = S. 1407), sofern die Verbreitung als solche nicht strafbar ist (§§ 201ff. StGB u.a.) und es sich um eine die Öffentlichkeit wesentlich berührende Frage handelt, der gegenüber der Rechtsbruch klar untergeordnete Bedeutung hat. 41

Presseunternehmen dürfen eine weltanschauliche oder politische Meinungsrichtung aufweisen (Tendenzschutz, -autonomie, -bestimmungsrecht; BVerfGE 52, 283 [296f.]). Auskunftsansprüche stehen der Presse nur aufgrund einfachen Gesetzesrechts zu, nicht unmittelbar aus Art. 5 I 2 F. 1 (Wendt, in: MK, Rn. 35). Gleiches gilt für Zugangsrechte zu öffentlichen Veranstaltungen (vgl. BVerfGE 50, 234 [241f.]; vgl. 42

§ 6 II VersammlG). Unerwünschtes braucht die Presse nicht zu veröffentlichen (negative Pressefreiheit). Die Pressefreiheit wirkt nicht unmittelbar zwischen Privaten (keine unmittelbare Drittwirkung): Treten Binnenkonflikte auf, z.B. wenn ein Redakteur eine bestimmte Meinungsrichtung des Verlegers nicht mittragen will, kann sich keiner der Beteiligten gegenüber dem jeweils anderen auf die Pressefreiheit berufen (sog. innere Pressefreiheit; s. Degenhart, in: BK, Rn. 460ff.). Trotz des Tendenzbestimmungsrechts darf jedoch kein Redakteur gezwungen werden, gegen sein Gewissen Artikel zu schreiben; umgekehrt muss ein Verleger nicht alles veröffentlichen, was seine Journalisten schreiben (allg. zur Ausstrahlungswirkung der Pressefreiheit im Privatrecht vgl. BVerfGE 95, 28 [36f.]).

43 Der Staat muss die privatrechtliche und privatwirtschaftliche Ausrichtung der Presse und damit den offenen geistigen und wirtschaftlichen Wettbewerb garantieren und der Entstehung von Meinungsmonopolen entgegenwirken (BVerfGE 20, 162 [174ff.]). Diese staatl. Neutralitätspflicht spielt insb. bei der Vergabe von Pressesubventionen eine entscheidende Rolle (BVerfGE 80, 124 [133f.]). Ein Anspruch auf Presseförderung durch den Staat besteht grds. nicht. Entschließt sich der Staat jedoch, durch eine Förderung von Presseunternehmen wettbewerbslenkend tätig zu werden, reicht – anders als bei sonstigen Subventionen – eine Legitimation durch Veranschlagung entsprechender Fördermittel im Haushaltsplan (vgl. Art. 110) nicht aus. Vielmehr müssen die Voraussetzungen der Subventionierung in Gesetzesform festgelegt und die Anforderungen des allg. Gleichheitssatzes (Art. 3 I) mithilfe inhaltsunabhängiger Vergabekriterien eingehalten werden.

44 *cc) Objektiv-rechtliche Dimension.* Unabhängig von subjektiv-rechtlichen Rechtspositionen verpflichtet Art. 5 I 2 F. 1 den Staat in objektiv-rechtlicher Hinsicht (vgl. Rn. 2f.), die institutionelle Eigenständigkeit der Presse zu wahren (Einrichtungsgarantie; dazu Vorbem. Grundrechte Rn. 34). Eine freie, nicht von der öffentlichen Gewalt gelenkte, keiner Zensur unterworfene Presse ist Wesenselement des freiheitlichen Staates, sie ist für die moderne Demokratie unentbehrlich und schlechthin konstituierend für die freiheitlich-demokratische Grundordnung (BVerfGE 20, 162 [174]; 117, 244 [258]). Sie erfüllt eine öffentliche Aufgabe, indem sie umfassende Information ermöglicht, die Vielfalt der Meinungen widerspiegelt und selbst Meinung bildet und vertritt (Informations- und Kontrollfunktion; vgl. BVerfGE 52, 283 [296]). Art. 5 I 2 F. 1 fungiert insofern als objektive Grundsatznorm für die Freiheitlichkeit des gesamten Pressewesens, womit eine staatl. Schutzpflicht einhergeht (BVerfGE 80, 124 [133]).

45 *dd) Konkurrenzen.* Die Pressefreiheit schützt v.a. den institutionell-organisatorischen Rahmen der freien Pressebetätigung sowie deren Bedeutung und (Vermittlungs-) Funktion im Meinungsbildungsprozess (BVerfGE 85, 1 [12f.]). Von der Pressefreiheit umfasst ist die Wiedergabe von Meinungen Dritter: Ein Presseorgan wird in seiner Pressefreiheit verletzt, wenn ihm die Veröffentlichung einer fremden Meinung verboten wird, deren Kundgabe dem Äußernden zu gestatten ist (BVerfGE 102, 347 [359]). Die Zulässigkeit einer Äußerung beurteilt sich dabei nach den für die Meinungsfreiheit geltenden Kriterien, selbst wenn sie via Presse kundgetan wird (z.B. Kommentar, Leserbrief, meinungsbildende Werbeanzeigen; vgl. Rn. 10ff.). Soweit in Druckwerken indes eigene Meinungen von Autoren, Redakteuren u.dgl. geäußert werden, ist die Meinungsfreiheit vorrangig (Rn. 20).

46 **Beispiel:** Verlangt der von einer ehrverletzenden Werbeanzeige Betroffene sowohl vom Verlag als auch vom werbenden Unternehmen Unterlassung, hat das Gericht zugunsten des Werbeinserenten dessen Meinungsfreiheit zu beachten (vgl. BVerfGE 97, 391 [400]), zugunsten des Verlags hingegen dessen Pressefreiheit, deren Reichweite sich jedoch an den Maßstäben der Meinungsfreiheit orientiert (vgl. BVerfGE 102, 347 [359]).

47 Idealkonkurrenz besteht regelmäßig zu Art. 4 I, II, Art. 12 I, Art. 13 I und Art. 14 I 1, d.h. die jeweils berührten Grundrechte sind nebeneinander anwendbar. Beschafft

sich die Presse Informationen aus allgemein zugänglichen Quellen, ist Art. 5 I 1 F. 2 vorrangig (BVerfGE 103, 44 [59]). Bei programmbezogenen Druckwerken öffentlich-rechtlicher Rundfunkanstalten können sich diese nur auf die Rundfunkfreiheit berufen (BVerfGE 83, 238 [312]). Zur Abgrenzung von Presse- und Rundfunkfreiheit anhand des Verbreitungsvorgangs s. Rn. 51 ff.

2. Eingriff

48 Jede staatl. Maßnahme, die eine von der Pressefreiheit geschützte Tätigkeit (Rn. 35 ff.) erschwert oder unmöglich macht, stellt einen Eingriff dar, z. B. Anordnung der Durchsuchung von Redaktionsräumen und der Beschlagnahme von dort aufgefundenen Beweismitteln (BVerfGE 117, 244 [259 f.]), das Verbot der Veröffentlichung bestimmter Werbeanzeigen (BVerfGE 102, 347 [360]), die Verpflichtung zum Abdruck einer Gegendarstellung (BVerfGE 97, 125 [145]; BVerfG-K, NJW 2014, 766 [766 f.]), aber auch bereits die Aufnahme eines Verlags in den Verfassungsschutzbericht (BVerfGE 113, 63 [77 f.]). Zu Subventionen s. Rn. 43. Anders als beim Rundfunk (Rn. 57, 60) liegt ein Eingriff auch vor, wenn die Pressetätigkeit von einer staatlichen Zulassung (Erlaubnis, Genehmigung, Lizenz) abhängig gemacht wird, oder wenn der Staat in anderer Weise unmittelbar noch mittelbar Einfluss auf Presseunternehmen nimmt oder Druck ausübt.

IV. Rundfunkfreiheit (Abs. 1 S. 2 F. 2)

1. Schutzbereich

a) Persönlich

49 Art. 5 I 2 F. 2 schützt alle natürlichen und juristischen Personen (Art. 19 III), die Rundfunk veranstalten oder veranstalten wollen, soweit dies technisch möglich ist (Rundfunkveranstalterfreiheit, dazu Starck, in: MKS, Rn. 110 m. w. N.), desgleichen auch alle natürlichen Personen, die bei der Veranstaltung von Rundfunk mitwirken. Ihrem Wesen nach i. S. v. Art. 19 III ist die Rundfunkfreiheit auch anwendbar auf die öffentlich-rechtlichen Rundfunkanstalten – trotz ihrer Eigenschaft als j. P. ö. R. (Rn. 6). Denn die Tätigkeit innerhalb der ihnen zugewiesenen Aufgaben steht in besonderer Beziehung zum grundrechtlich geschützten Lebensbereich (Starck, in: MKS, Rn. 185; daneben können sie sich nur auf Art. 10 I und Art. 19 IV berufen, vgl. BVerfGE 107, 299 [310 f.]). Den Landesmedienanstalten, die den Privatrundfunk zulassen und überwachen, kommt Grundrechtsschutz nur zu, soweit sie Aufgaben zur Ausgestaltung, Sicherung und Gewährleistung des Rundfunks wahrnehmen, jedoch nicht bei rein staatl. Aufgaben (z. B. Kontrollbefugnisse; Schulze-Fielitz, in: Dreier, Rn. 120 – str.). Die „innere Rundfunkfreiheit" wirkt, ähnlich wie bei der Presse (Rn. 42), nur negativ (Starck, in: MKS, Rn. 127). Zu Rundfunkkonsumenten Rn. 59.

b) Sachlich

50 *aa) Gegenstand.* Rundfunk i. S. v. Art. 5 I 2 F. 2 ist streng vom einfachgesetzlichen Rundfunkbegriff zu unterscheiden, der signifikant enger ist. So verlangt § 2 I 1 RStV insb., dass Rundfunkangebote entlang eines Sendeplans zum zeitgleichen Empfang (linear) ausgestrahlt werden. Hingegen lässt sich Rundfunk aus verfassungsrechtlicher Sicht nicht in eine endgültige Definition fassen, da er einem steten Wandel unterliegt. Inhaltliche Festlegungen könnten bestimmte Inhalte ausschließen und damit die Freiheit einengen. Rundfunk muss vielmehr entwicklungsoffen und flexibel verstanden werden, um neue technische Errungenschaften integrieren zu können (BVerfGE 74, 297 [350 f.]).

51 – Rundfunk ist eine an die Allgemeinheit (unbestimmte Vielzahl von Empfängern) gerichtete, durch Funktechnik (mittels elektromagnetischer Schwingungen, gleich ob drahtgebunden oder drahtlos) verbreitete Übermittlung von Gedankeninhalten (Wendt, in: MK, Rn. 58). In Abgrenzung zu Presse und Film zeichnet er sich also durch die elektromagnetische (körperlose) Verbreitungstechnik aus (Starck, in: MKS, Rn. 94). Die Übertragungstechnik (analog, digital) und das Übertragungsmedium (Terrestrik, Kabel, Satellit) sind gleichgültig; ebenso, ob der unkörperlich übermittelte Inhalt später verkörpert wird (z.B. durch Ausdrucken, vgl. Starck, in: MKS, Rn. 102). Die Abgrenzung zur Presse kann nicht etwa deswegen dahinstehen, weil für beide Kommunikationsgrundrechte die Schranken des Art. 5 II gelten. Denn Presse und Rundfunk unterliegen z.T. stark gegenläufigen Verfassungsvorgaben (Rn. 40ff., 54ff.). Der notwendige Allgemeinheitsbezug wird durch die Verschlüsselung oder Kostenpflichtigkeit der Angebote sowie durch einen beschränkten Empfängerkreis (Teilöffentlichkeit, z.B. Krankenhausfernsehen) nicht beseitigt, solange nicht bloß Individualkommunikation vorliegt.

52 – Rundfunk liegt darüber hinaus nur vor, wenn die Übermittlung der Gedankeninhalte in besonderer Art und Weise erfolgt: Er zeichnet sich aus durch Breitenwirkung, Aktualität und Suggestivkraft (BVerfGE 119, 181 [214f.]), hat also besonders massenkommunikative Wirkung (v.a. das Fernsehen). Vorliegen muss mithin eine Darbietung mit besonderer Meinungsbildungsrelevanz, i.d.R. durch eine strukturierte Programmabfolge bei Passivität der Empfänger (anders als beim Internet). Besonders aus der Breitenwirkung und Suggestivkraft ergibt sich die dienende Funktion des Rundfunks für die öffentliche und individuelle Meinungsbildung (Rn. 56).

53 Traditionell als Rundfunk anzusehen sind Hörfunk und Fernsehen. Unter den o.g. Voraussetzungen (Rn. 50ff.) fallen darunter jedoch zunehmend auch bestimmte neue mediale Erscheinungsformen wie Teleshopping, Bezahlfernsehen (Pay-TV), Internet-Fernsehen und -radio sowie Internet Protocol Televison (IPTV). Wegen des individualkommunikativen Charakters oder wegen nicht-redaktionell gestalteter Inhalte kein Rundfunk sind soziale Netzwerke, Internet-Telefonie, private Chatrooms oder E-Mail-Anbieter.

54 *bb) Gewährleistung.* Rundfunk muss gem. Art. 5 I 2 F. 2 „frei" sein. Gewährleistet wird, dass Programmauswahl, -inhalt und -gestaltung Sache des Rundfunkveranstalters bleibt (Programmfreiheit, -autonomie) und sich an dessen publizistischen Kriterien ausrichten kann. Das Programm muss frei von staatl. Lenkung und frei von Beeinflussung durch private Interessengruppen veranstaltet werden können (BVerfGE 95, 220 [234]). Trotz des Wortlauts („Berichterstattung") beschränkt sich die Rundfunkfreiheit nicht auf die Nachrichtenübermittlung, sondern schützt jede Sendung (insb. Meinungsbildung und Unterhaltung) ungeachtet ihrer Qualität (vgl. Rn. 50 – umfassende Programmfreiheit für Sendungen aller Art, BVerfGE 35, 202 [222f.]).

55 Schutz erfahren – ähnlich wie bei der Presse (Rn. 40) – alle mit der Veranstaltung von Rundfunk wesentlich zusammenhängenden Tätigkeiten von der Informationsbeschaffung über die Produktion von Sendung und Programm bis hin zu deren Verbreitung (BVerfGE 103, 44 [59]). Eingeschlossen sind diejenigen Voraussetzungen und Hilfstätigkeiten, ohne welche die Medien ihre Funktion nicht in angemessener Weise erfüllen können (BVerfGE 107, 299 [329f.]), z.B. Werbefinanzierung (nur für den privaten Rundfunk, Umkehrschluss aus BVerfGE 87, 181 [199f.]), freie Auswahl der Mitarbeiter (die Ausführungen zur Pressefreiheit gelten sinngemäß, Rn. 40; zur Wiedergabe von Meinungen Dritter Rn. 45).

56 *cc) Objektiv-rechtliche Dimension.* Die Rundfunkfreiheit ist ein gänzlich „andersartiges" Freiheitsrecht. Die eigentümliche Prägung wurde ihr durch die inzwischen mehr als ein Dutzend umfassenden sog. Rundfunkentscheidungen des BVerfG verliehen (vgl. Schemmer, in: EH-O, Rn. 61.1), durch die beachtliche Strukturunterschiede herausgearbeitet und damit eine Art „Sonderdogmatik" etabliert wurden (Starck, in:

MKS, Rn. 103). Anders als bei anderen Grundrechten überlagert bei der Rundfunkfreiheit die objektiv-rechtliche deren subjektiv-rechtliche Dimension. So präsentiert sie sich weder als „naturwüchsiges Menschenrecht" noch als originäres Freiheitsgrundrecht zum Zwecke der individuellen Persönlichkeitsentfaltung oder Interessenverfolgung. Konkret soll Art. 5 I 2 F. 2 nach Ansicht des BVerfG keinen Anspruch gewähren, Rundfunk zu veranstalten (vgl. BVerfGE 87, 181 [197f.] – str., a.A. NdsStGH, DVBl. 2005, 1515 [1518] m.w.N.). Die Rundfunkfreiheit wird vielmehr in erster Linie als eine „dienende Freiheit" begriffen, also als Grundrecht, das der freien individuellen und öffentlichen Meinungsbildung dient (BVerfGE 87, 181 [197]). Insofern hat der Rundfunk als „Medium und Faktor" des verfassungsrechtlich geschützten öffentlichen Kommunikationsprozesses eine integrierende Funktion für das Staatsganze und konstituierende Bedeutung für die freiheitliche demokratische Grundordnung, indem er zur umfassenden Information beiträgt (BVerfGE 107, 299 [329] – Rundfunkfreiheit als „Funktionsgrundrecht"). Aufgrund dieser öffentlichen Aufgabe (aber *nicht* notwendigerweise öffentlich-*rechtlichen* Aufgabe, vgl. Starck, in: MKS, Rn. 113; „Funktionsauftrag") darf der Rundfunk nicht einseitig dem Staat oder gesellschaftlichen Gruppen ausgeliefert werden (Grds. der Staats-, Partei- und Wirtschaftsferne).

Um den freien Kommunikationsprozess vor Manipulation zu schützen und Meinungsvielfalt (Meinungspluralismus) zu gewährleisten, ist eine positive (d.h. gesetzlich geregelte) Rundfunkordnung mit Sicherungselementen notwendig. Darin müssen an die Stelle eines freien Spiels der Kräfte freiheitssichernde Organisationsgesetze treten, die in materieller, organisatorischer und prozeduraler Hinsicht die Ausgewogenheit, Sachlichkeit und Neutralität der Angebote sichern („Tendenzfreiheit" statt Tendenzschutz wie in der Presse, Rn. 42; BVerfGE 73, 118 [152ff.]). Durch die Notwendigkeit dieser gesetzlichen Ausgestaltung wird die Rundfunkfreiheit zum „normgeprägten Grundrecht". Zuständig sind die Länder, die nach Art. 30, 70 I GG die Gesetzgebungskompetenz im Rundfunkwesen besitzen (BVerfGE 12, 205 [225ff.]). Ihrem Ausgestaltungsauftrag sind sie durch zahlreiche Staatsverträge und Landesgesetze nachgekommen (u.a. RStV, Rundfunk- oder -mediengesetze). Geregelt sind darin u.a. Zulassungsverfahren für den privaten Rundfunk, die Finanzierung sowie Vorgaben und Instrumente zur Sicherung der Meinungsvielfalt = Medien[anti]konzentrationsrecht). **57**

Seit 1984 bestehen in Deutschland öffentlich-rechtlicher und privater Rundfunk nebeneinander (duale Rundfunkordnung); Grundlage war BVerfGE 57, 295ff. **58**

– Die öffentlich-rechtlichen Rundfunkanstalten sind nach dem Modell des Binnenpluralismus organisiert: In besonderen Organen, den Rundfunkräten, sollen alle gesellschaftlich relevanten Meinungen vertreten sein. Dies sicherzustellen ist Aufgabe des Gesetzgebers (in Landesrundfunkgesetzen oder Rundfunkstaatsverträgen). Ihm kommt hierbei ein weiter Gestaltungsspielraum zu (st.Rspr., s. BVerfGE 136, 9 [28 Rn. 29]). In jedem Falle muss der Gesetzgeber die Gefahr einer politischen Instrumentalisierung des Rundfunks verhindern, und zwar insb. dadurch, dass die maßgeblichen Gremien (Rundfunkräte) keinem bestimmenden Einfluss staatlicher und staatsnaher Mitglieder unterliegen (BVerfGE 136, 9 [36 Rn. 42f.]). Wegen seiner inhaltlichen Standards und allg. Empfangbarkeit ist der öffentlich-rechtliche Rundfunk für das demokratische Gemeinwesen und das kulturelle Leben unerlässlich. Er sichert die sog. mediale Grundversorgung (BVerfGE 73, 118 [157f.]). Zur seiner angemessenen Aufgabenerfüllung hat der Staat den Bestand, die Entwicklung und eine funktionsadäquate Finanzierung des öffentlich-rechtlichen Rundfunks zu gewährleisten (BVerfGE 119, 181 [218]; seit 2013 durch Rundfunkbeiträge, zuvor durch geräteabhängige Rundfunkgebühren).
– Im Privatrundfunk soll die Meinungsvielfalt durch die Mannigfaltigkeit der Sender und Angebote gesichert werden (Außenpluralismus), dabei herrschen weniger strenge Voraussetzungen als im öffentlich-rechtlichen Rundfunk. Jeder Veranstalter ist

dennoch „zu sachgemäßer, umfassender und wahrheitsgemäßer Information und einem Mindestmaß an gegenseitiger Achtung verpflichtet" (BVerfGE 57, 295 [326]; 73, 118 [199]).

59 *dd) Konkurrenzen.* Zu Meinungsäußerungen im Rundfunk Rn. 52, 54, 57, zu programmbezogenen Druckwerken Rn. 47. Bei der Wiedergabe von Drittmeinungen gelten die Ausführungen zur Pressefreiheit sinngemäß (Rn. 41, 45). Idealkonkurrenz besteht regelmäßig zu Art. 4, Art. 12 I, Art. 13, Art. 14 I 1; zum Verhältnis zur Pressefreiheit Rn. 47. Dagegen können sich die Rundfunkhörer oder -zuschauer nur auf die Informationsfreiheit berufen (Art. 5 I 1 F. 2).

2. Eingriff

60 Jede Behinderung der in den Schutzbereich fallenden Verhaltensweisen (Rn. 50ff.) bedeutet einen Eingriff in die Rundfunkfreiheit, insb. Einflüsse auf die Programmgestaltung. Zu beachten ist jedoch, dass die einfachgesetzlichen Rahmenbedingungen des Rundfunks (Sicherung der Meinungsvielfalt, Zulassung, Organisation, Finanzierung) dem verfassungsrechtlichen Ausgestaltungsauftrag (Rn. 57) entspringen und die Freiheitsausübung überhaupt erst ermöglichen sollen. Daher sind diese Normen des einfach-gesetzlichen Rundfunkrechts grds. keine Eingriffe und nicht an Art. 5 II, sondern an den Zielen des Art. 5 I 2 F. 2 selbst zu messen (vgl. BVerfGE 74, 297 [334]); Prüfungskriterium: Eignung des Gesetzes, das Ziel der Rundfunkfreiheit zu fördern und die von Art. 5 I 2 F. 2 geschützten Interessen zu berücksichtigen, vgl. auch Bethge, in: Sachs, Rn. 154ff.

V. Filmfreiheit (Abs. 1 S. 2 F. 3)

1. Schutzbereich

a) Persönlich

61 Geschützt werden alle natürlichen oder – unter den Voraussetzungen des Art. 19 III – juristischen Personen, die Tätigkeiten bei der Herstellung oder Verbreitung von Filmen ausüben. Zuschauer können sich hingegen nur auf die Informationsfreiheit berufen (Art. 5 I 1 F. 2).

b) Sachlich

62 *aa) Gegenstand.* Filme sind Bildträger (meist mit Tonspur), die durch Projektion der Öffentlichkeit vorgeführt werden, i.d.R. in Lichtspielhäusern (Kinos). Darunter fallen DVDs, Videobänder u.dgl., soweit sie dazu bestimmt sind, öffentlich vorgeführt zu werden (s. hierzu Rn. 65; Wendt, in: MK, Rn. 61 – str., vgl. Jarass, in: JP, Rn. 50). Geschützt wird – entgegen dem Wortlaut – nicht nur die „Berichterstattung" (einst: Wochenschau), sondern die gesamte Vermittlung von Gedankeninhalten (Tatsachenmitteilungen, Werturteile) durch Film, ungeachtet der Seriosität, Wertigkeit oder Vernünftigkeit, also auch reine Unterhaltungs- oder Werbefilme.

63 *bb) Gewährleistung.* Als individuelles Abwehrrecht schützt die Filmfreiheit alle Tätigkeiten bei der Herstellung und Verbreitung des Filmwerks, von der Informationsbeschaffung über Drehbucherstellung, Aufnahmen, Abspielen und Film-„Verleih" bis zur Werbung (Werk- und Wirkbereich).

64 *cc) Objektiv-rechtliche Dimension.* Die Filmfreiheit statuiert eine objektive Einrichtungsgarantie für den Film, deren Grenzen noch nicht endgültig geklärt sind (dazu Bethge, in: Sachs, Rn. 120ff.); die objektiv-rechtlichen Elemente der Filmfreiheit ähneln in ihrer Struktur stark denen der Pressefreiheit (vgl. sinngemäß die Ausführungen der Rn. 42ff.: privatrechtliche und privatwirtschaftliche Ausrichtung, Staatsfreiheit, Tendenzschutz und staatliche Neutralitätspflicht und Gleichbehandlung, soweit Film-

förderung stattfindet, BVerfGE 80, 124 [134]; ein Anspruch auf Förderung besteht nicht).

dd) Konkurrenzen und Bedeutung. Da ein Film i. d. R. auch ein Kunstwerk darstellt, ist die praktische Bedeutung der Filmfreiheit marginal. Film- und Kunstfreiheit (Art. 5 I 2 F. 3 – III 1 F. 1) sind zwar nebeneinander anwendbar (Idealkonkurrenz). Die Filmfreiheit unterliegt allerdings den Schranken des Art. 5 II und ist damit stärker einschränkbar als die vorbehaltlos gewährleistete Kunstfreiheit (Art. 5 III 1 F. 1). Die Einordnung als Presse-, Rundfunk oder Filmfreiheit hängt in erster Linie vom Verbreitungsweg ab: So unterfällt ein und derselbe Film bei öffentlicher Vorführung der Filmfreiheit, bei Ausstrahlung im Fernsehen der Rundfunkfreiheit und bei Verbreitung auf einem Trägermedium für den privaten Gebrauch (DVD u. dgl.) der Pressefreiheit. **65**

2. Eingriff

Anwendbar ist der moderne Eingriffsbegriff (Vorbem. Grundrechte Rn. 93 ff.). Beeinträchtigt wird die Filmfreiheit durch jede Behinderung der geschützten Tätigkeiten (Rn. 63). Zum Zensurverbot und zur Selbstkontrolle Rn. 94 ff. **66**

VI. Schranken der Kommunikationsgrundrechte aus Abs. 1 (Abs. 2)

1. Schranken

a) Qualifizierter Gesetzesvorbehalt

Die Rechtfertigung von Eingriffen in die Grundrechte des Art. 5 I hat sich grds. (i. Ü. vgl. Rn. 77 f.) am qualifizierten Gesetzesvorbehalt des Abs. 2 zu orientieren. Nach dessen Schrankentrias taugen als Eingriffsgrundlage allgemeine Gesetze, gesetzliche Bestimmungen zum Schutze der Jugend sowie das Recht der persönlichen Ehre. **67**

aa) Allgemeine Gesetze. Solche können sowohl Gesetze im formellen Sinn sein (Parlamentsgesetze) als auch Gesetze im „nur-materiellen" Sinn (Rechtsverordnungen, Satzungen; BVerwGE 72, 183 [186]; zu beachten ist dabei aber die Wesentlichkeitslehre, s. Art. 20 Rn. 141 ff.). Allgemeine Gesetze müssen formell und materiell mit der Verfassung in Einklang stehen (BVerfGE 10, 118 [122]). Die formellen Prüfungskriterien sind die üblichen: Gesetzgebungskompetenz, -verfahren, Form. Die materiellen Anforderungen knüpfen v. a. an das Adjektiv „allgemein" an. Der auf Art. 118 I WRV zurückgehende Begriff der „allgemeinen Gesetze" ist nicht i. S. v. Geltung für eine Vielzahl von Fällen misszuverstehen. Denn die Allgemeinheit (Abstraktheit und Generalität) liegt im Wesen des Gesetzes (der Rechtsnorm) und wäre insoweit eine Tautologie (vgl. i. Ü. das Einzelfallgesetzverbot gem. Art. 19 I 1). Anknüpfend an die Bedeutung der Kommunikationsgrundrechte (Rn. 2 f.) müssen vielmehr besondere Qualitätsanforderungen an die Schranken – und damit an das Merkmal der „Allgemeinheit" – gestellt werden (daher stellt Art. 5 II einen qualifizierten Gesetzesvorbehalt dar). Welche Anforderungen dies sind, wird seit Weimarer Zeiten unterschiedlich beurteilt (vgl. dazu Wendt, in: MK, Rn. 69 f. m. w. N.): **68**

(1) Abwägungslehre. Nach der sog. Abwägungslehre sind Gesetze allgemein, wenn das von ihnen geschützte Rechtsgut wichtiger ist als die Meinungsfreiheit und es deshalb Vorrang verdient (so bereits Smend, VVDStRL 4 [1928], 44 [52]). Dies begründet aber die Gefahr, dass nicht nur die widerstreitenden Rechtsgüter abstrakt bewertet werden, sondern in die Abwägung auch der konkrete Äußerungsinhalt einfließt, womit die Zulässigkeit der Äußerung von der Empfindung der gesellschaftlichen Mehrheit abhinge. **69**

(2) Sonderrechtslehre. Nach der sog. Sonderrechtslehre ist ein Gesetz allgemein, wenn es sich nicht gegen die Meinungsäußerung als solche oder gegen eine bestimmte Meinung richtet. Eine an sich erlaubte Handlung – die Meinungsäußerung – darf nicht al- **70**

lein wegen ihrer geistigen Zielrichtung und der damit hervorgerufenen Wirkung verboten werden (Häntzschel, in: Anschütz, Handbuch des Deutschen Staatsrechts, Band II, S. 659f.). Die Systematik von Art. 5 II spricht für die Sonderrechtslehre, da, wenn man der Abwägungslehre folgt, die gesonderte Aufführung von Jugend- und Ehrschutz überflüssig wäre. Der Nachteil der Sonderrechtslehre liegt darin, dass auch extrem radikale Meinungsäußerungen zulässig wären, da diese nur durch – unzulässige – Sondergesetze verboten werden können.

71 *(3) Kombinationslehre.* Das BVerfG kombiniert die obigen Ansätze und hebt damit die jeweiligen Unzulänglichkeiten weitgehend auf: Es verlangt von einem allgemeinen Gesetz, dass es sich weder gegen eine bestimmte Meinung noch gegen den Prozess der freien Meinungsbildung oder gegen freie Information als solche richtet, sondern auf die Wahrung eines Rechtsguts zielt, dessen Schutz unabhängig davon erforderlich ist, ob es durch die Meinungsäußerung oder auf andere Weise gefährdet wird; das Rechtsgut muss also schlechthin, ohne Rücksicht auf eine bestimmte Meinung zu gewährleisten sein und darf den Kommunikationsfreiheiten nicht nachstehen (vgl. BVerfGE 91, 125 [135]; 124, 300 [321f.]).

72 Dabei führt das BVerfG in seiner neueren Rspr. eine mehrstufige Prüfung durch, deren Ausgangspunkt die Sonderrechtslehre ist (BVerfGE 124, 300 [321ff.]):

- Zunächst wird untersucht, ob die in Rede stehende Rechtsnorm an Kommunikationsinhalte anknüpft. Tut sie das nicht (z.B. Bauordnungs-, Straßenverkehrsrecht), ist sie ein allgemeines Gesetz.
- Knüpft die Rechtsnorm an Inhalte an, stellt sie also Sonderrecht dar, gelangt man zur zweiten Stufe: Dort ist zu prüfen, ob die Norm dem Schutz eines auch sonst in der Rechtsordnung geschützten Rechtsguts dient und die rechtsstaatliche Distanz und Meinungsneutralität des Staates sichert. Bejahendenfalls ist zu vermuten, dass das Gesetz sich nicht gegen eine bestimmte Meinung richtet, sondern meinungsneutral und allgemein die Abwehr von Rechtsverletzungen bezweckt. Trotz ihres Sonderrechtscharakters ist die Norm dann ein allgemeines Gesetz (wie z.B. §§ 86, 86a, 90, 90a, 185, 186 StGB).
- Aber selbst wenn ein anerkanntes Rechtsgut geschützt wird, kann sich die Vermutung (das Indiz) der Meinungsneutralität als trügerisch und das Gesetz daher als nicht allgemein erweisen, sofern die „inhaltsbezogene Meinungsbeschränkung nicht hinreichend offen gefasst ist und sich von vornherein nur gegen bestimmte Überzeugungen, Haltungen oder Ideologien richtet" (BVerfGE 124, 300 [323f.]). In Anlehnung an das strikte Diskriminierungsverbot aus Art. 3 III F. 9 muss die Norm eine prinzipielle inhaltliche Distanz zu den verschiedenen politischen und weltanschaulichen Positionen wahren. Sie muss sich hinsichtlich des Rechtsguts als abstrakt erweisen und ohne Ansehung vorgefundener Auffassungen ausgestaltet sein, ansonsten ist die Vermutung widerlegt (vgl. das Bsp. Rn. 78).

Allgemeinheit eines Beschränkungsgesetzes i. S. v. Art. 5 II F. 1 73

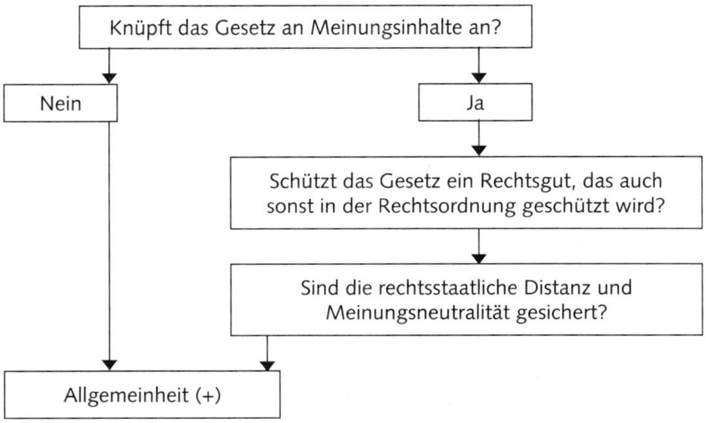

bb) Jugend- und Ehrenschutz. Trotz ihrer gesonderten Nennung in Art. 5 II müssen die gesetzlichen Bestimmungen zum Schutz der Jugend und das Recht der persönlichen Ehre den Anforderungen der allgemeinen Gesetze (Rn. 68ff.) genügen (BVerfGE 124, 300 [326f.]). Diese Schranken sind daher klarstellender Natur (anders wohl noch BVerfGE 90, 241 [251]); sie heben legitime Zwecke zur Einschränkung der Grundrechte des Art. 5 I ausdrücklich hervor und müssen i. R. d. Verhältnismäßigkeitsprüfung i. e. S. gebührend beachtet werden (BVerfGE 77, 346 [356] – str., a. A. Bethge, in: Sachs, Rn. 159). 74

Jugendliche bedürfen des Schutzes und der Hilfe, um sich zu eigenverantwortlichen Persönlichkeiten innerhalb der sozialen Gemeinschaft zu entwickeln. Dieses Anliegen hat Verfassungsrang (BVerfGE 83, 130 [139f.]). Jugendschutzvorschriften dienen diesem Zweck und wehren Gefahren ab, die durch Medienerzeugnisse hervorgerufen werden können, etwa durch Verherrlichung von Gewalttätigkeiten, grob schamverletzende sexuelle Darstellungen u. dgl. Zum Zwecke des Jugendschutzes dürfen Gesetze (JuSchG, JMStV usw.) z. B. schwer jugendgefährdende Publikationen mit Vertriebsbeschränkungen (BVerfGE 77, 346 [356]) oder mit Werbeverboten (BVerfGE 11, 234 [238]) belegen. 75

Das Recht der persönlichen Ehre findet seine verfassungsrechtliche Verankerung im allgemeinen Persönlichkeitsrecht (dazu Art. 2 Rn. 66ff.). Einfachgesetzlich konkretisiert wird es durch die einschlägigen zivil- und strafrechtlichen Schutzvorschriften (§§ 12, 823 I, § 826 BGB; §§ 185ff. StGB; zur Abwägung Rn. 82ff.). Auch das Gegendarstellungsrecht (BVerfGE 97, 125 [146]) gehört in diesen Kontext; es ist notwendiges Korrelat der verfassungsrechtlichen Gewährleistung von Presse und Rundfunk (BGHZ 66, 182 [195]). 76

b) Verfassungsimmanente Schranken

In engen Grenzen können die Grundrechte des Art. 5 I von der Verfassung selbst eingeschränkt werden, ohne dass die Schranke des allgemeinen Gesetzes gem. Art. 5 II erfüllt sein muss: Wenn Art. 5 I zweckentfremdet und missbraucht wird, kann aufgrund verschiedener Normen des GG (Art. 9 II, Art. 17a, 18, 21 II) die Meinungsäußerungsfreiheit limitiert werden. Daneben hat das BVerfG vor dem Hintergrund der nationalsozialistischen Gewalt- und Willkürherrschaft aufgrund kollidierenden Verfassungsrechts ausnahmsweise Sonderstrafrecht gebilligt: 77

§ 130 IV StGB stellt die Billigung, Verherrlichung und Rechtfertigung der nationalsozialistischen Gewalt- und Willkürherrschaft unter Strafe und greift damit in den Schutzbereich der Meinungs- 78 freiheit ein. § 130 IV StGB richtet sich gegen eine konkrete Überzeugung bzw. Ideologie und stellt damit kein allgemeines Gesetz i. S. v. Art. 5 II dar. Gleichwohl ist dieses Sonderrecht ausnahmsweise gerechtfertigt: „Angesichts des sich allgemeinen Kategorien entziehenden Unrechts und des Schreckens, die die NS-Herrschaft über Europa und weite Teile der Welt gebracht hat, und der als Gegenentwurf hierzu verstandenen Entstehung der Bundesrepublik Deutschland ist Art. 5 I und II GG für Bestimmungen, die der propagandistischen Gutheißung des nationalsozialistischen Regimes in den Jahren zwischen 1933 und 1945 Grenzen setzen, eine Ausnahme vom Verbot des Sonderrechts für meinungsbezogene Gesetze immanent" (BVerfGE 124, 300 [327 f.]). Allerdings ist dabei aber eine strenge Verhältnismäßigkeitsprüfung angezeigt (Jarass, in: JP, Rn. 56).

2. Schranken-Schranken

79 Die Schranken des Art. 5 II dürfen nicht grenzenlos sein, sondern sind ihrerseits Schranken (den sog. Schranken-Schranken) unterworfen. Für die Meinungsfreiheit hat das BVerfG formuliert, was auch für alle anderen Kommunikationsgrundrechte des Art. 5 I gilt: Wegen der „grundlegenden Bedeutung der Meinungsäußerungsfreiheit für den freiheitlich-demokratischen Staat" wäre es „nicht folgerichtig [...], die sachliche Reichweite gerade dieses Grundrechts jeder Relativierung durch einfaches Gesetz [i. S. v. Art. 5 II] zu überlassen [...]: die allgemeinen Gesetze müssen in ihrer das Grundrecht beschränkenden Wirkung ihrerseits im Lichte der Bedeutung dieses Grundrechts gesehen und so interpretiert werden, dass der besondere Wertgehalt dieses Rechts [...] auf jeden Fall gewahrt bleibt. Die gegenseitige Beziehung zwischen Grundrecht und ‚allgemeinem Gesetz' ist also nicht als einseitige Beschränkung der Geltungskraft des Grundrechts durch die ‚allgemeinen Gesetze' aufzufassen; es findet vielmehr einer Wechselwirkung in dem Sinne statt, dass die ‚allgemeinen Gesetze' zwar dem Wortlaut nach dem Grundrecht Schranken setzen, ihrerseits aber aus der Erkenntnis der wertsetzenden Bedeutung dieses Grundrechts [...] ausgelegt und so in ihrer das Grundrecht begrenzenden Wirkung selbst wieder eingeschränkt werden müssen" (BVerfGE 7, 198 [208 f.]).

a) Verhältnismäßigkeit – Wechselwirkungslehre

80 *aa) Verhältnismäßigkeitsgrundsatz (Übermaßverbot).* Eingriffe in die Kommunikationsgrundrechte müssen verhältnismäßig sein. Es bedarf also eines legitimen Zwecks, für dessen Erreichung die Maßnahme (d. h. die Beschränkung des jeweiligen Grundrechts) geeignet, erforderlich und angemessen sein muss. Hier gilt grds. die allgemeine Dogmatik (dazu Art. 20 Rn. 153 ff.). Legitime Beschränkungszwecke können der Jugend- und Ehrenschutz sein (s. Rn. 74 ff.), darüber hinaus grds. jedes öffentliche Interesse, das verfassungsrechtlich nicht ausgeschlossen ist (BVerfGE 124, 300 [331]), so etwa die öffentliche Gesundheit, eine funktionierende Strafrechtspflege u. a. m., auch das einwandfreie Funktionieren der Verwaltung (BVerfGE 28, 191 [200]). Dabei ist zu beachten, dass Art. 5 II nicht den staatl. Zugriff auf die Gesinnung erlaubt, sondern erst zum Eingriff ermächtigt, wenn Meinungsäußerungen die rein geistige Sphäre des Dafürhaltens verlassen und in Rechtsgutverletzungen oder erkennbare Gefährdungslagen umschlagen (BVerfGE 124, 300 [330]).

81 *bb) Wechselwirkungslehre.* Eine Besonderheit für die Anwendung der Schranken-Schranken ergibt sich aus dem Wort „Wechselwirkung" in der soeben zitierten Rspr.-Passage (Rn. 79). Anknüpfend hieran wurde die sog. Wechselwirkungslehre entwickelt, die als eine „Frühform" oder „Variante" der Verhältnismäßigkeit i. e. S. qualifiziert wird (vgl. Ipsen, Staatsrecht II, Rn. 488; Bethge, in: Sachs, Rn. 146). Die Wechselwirkung ist einerseits bei der Verhältnismäßigkeitsprüfung des Schrankengesetzes selbst zu beachten, andererseits auch bei dessen Auslegung und Anwendung im Einzelfall (vgl. BVerfGE 7, 198 [209 ff.]; 124, 300 [331 f.]). Es ist also i. d. R. eine zweifache Verhältnismäßigkeitsprüfung vorzunehmen:

(1) auf der Ebene des allg. Gesetzes und
(2) auf der Ebene des jeweiligen Einzelakts öffentlicher Gewalt (Urteil o.Ä.).

Praktisch wirkt sich die Wechselwirkungslehre v.a. auf der Ebene des jeweiligen Einzelakts öffentlicher Gewalt aus, und zwar dort bei der Verhältnismäßigkeit i.e.S. (Angemessenheit): Sie fordert, die Abwägung der widerstreitenden Rechtsgüter ganz besonders von den Umständen des Einzelfalles abhängig zu machen, so dass sich das Ergebnis des Abwägungsvorgangs nicht generell und abstrakt vorausbestimmen lässt (BVerfGE 99, 185 [196]). Daher wird die Wechselwirkungslehre spöttisch auch als „Schaukeltheorie" bezeichnet (vgl. Bethge, in: Sachs, Rn. 147 m.w.N.). **82**

Von Relevanz sind hier insb. Verfahren vor den ordentlichen Gerichten in Zivilsachen (A verklagt B auf Unterlassung – § 1004 i.V.m. § 823 BGB analog – oder auf Schadensersatz – § 823 I BGB – wegen einer Verletzung seines allg. Persönlichkeitsrechts durch eine Äußerung des B) oder in Strafsachen (B wird wegen Beleidigung oder übler Nachrede – §§ 185, 186 StGB – zum Nachteil des A angeklagt). Hier verlangt die Wechselwirkungslehre bei der Auslegung und Anwendung des einfachen Rechts die Beachtung der Bedeutung und Tragweite der Grundrechte aus Art. 5 I, insb. der Meinungsfreiheit (BVerfGE 99, 185 [196]). **83**

Erste wichtige Voraussetzung für eine einwandfreie Einzelfallabwägung ist, dass der (objektive) Sinngehalt der in Rede stehenden Meinungsäußerung korrekt erfasst wird (BVerfGE 93, 266 [295]: „Soldaten sind Mörder"). Diese Ermittlung des Inhalts der Äußerung heißt Deutung (vgl. auch Rn. 14). Probleme stellen sich bei einer Mehrdeutigkeit von Äußerungen, die das allg. Persönlichkeitsrecht Dritter beeinträchtigen: Hier ist Sanktionierung durch die Zivil- oder Strafgerichte verfassungswidrig, wenn eine Deutungsmöglichkeit in Betracht kommt, die das allg. Persönlichkeitsrecht nicht verletzt (BVerfGE 93, 266 [295]; anders bei Klagen auf Unterlassung künftiger Äußerungen (BVerfGE 114, 339 [348ff.]). **84**

cc) Fallgruppen. Aufbauend auf der Wechselwirkungslehre wurden im Laufe der Jahrzehnte Fallgruppen entwickelt, die im Abwägungsprozess den Weg weisen: **85**

– Bei Tatsachenbehauptungen (Rn. 12f.) ist deren Wahrheitsgehalt ausschlaggebend (BVerfGE 99, 185 [196ff.]). Wahre Tatsachen sind vom Betroffenen grds. zu dulden (es sei denn, die Intim- oder Privatsphäre wird berührt und es besteht kein berechtigtes Informationsinteresse). Dagegen fallen bewusst oder erwiesenermaßen unwahre Tatsachenbehauptungen nicht in den Schutzbereich der Meinungsfreiheit (Rn. 13), so dass man gar nicht zur Abwägungsebene gelangt. Unbewusst unwahre Tatsachenbehauptungen sind vom Schutzbereich erfasst. Bei der Abwägung sind dann aber die Sorgfaltspflichten bei der Recherche zu würdigen. Die Sorgfaltspflichten sind bei Massenmedien naturgemäß deutlich höher als bei Privatpersonen (BVerfGE 99, 185 [197f.]). Demjenigen, der eine Behauptung äußert, wird eine erweiterte Darlegungslast auferlegt.

– Bei Werturteilen (Rn. 11) ist die Schwere der Beeinträchtigung der jeweils betroffenen Rechtsgüter entscheidend, wobei das Verletzungspotenzial bei Massenkommunikationsmitteln (Presse, Rundfunk) erheblich größer ist (BVerfGE 35, 202 [226f.]). Bei Angriffen auf die Menschenwürde (Art. 1 I 1) tritt die Meinungsfreiheit stets zurück, weil die Menschenwürde keiner Abwägung zugänglich ist (BVerfGE 93, 266 [293]). Bei Formalbeleidigungen und Schmähkritik tritt die Meinungsfreiheit i.d.R. zurück (BVerfGE 99, 185 [196f.]; dazu Wendt, in: MK, Rn. 83ff.). Deswegen ist bei der Deutung der Meinungsäußerung als Schmähkritik mit Rücksicht auf die Meinungsfreiheit Zurückhaltung geboten: Sogar ausfällige und überzogene Kritik ist grds. keine Schmähkritik, sofern sie anlassbezogen ist. Sobald allerdings nicht mehr die Auseinandersetzung in der Sache, sondern die bloße Diffamierung und Herabsetzung der anderen Person im Vordergrund steht, handelt es sich um Schmähkritik, bei der der Schutz des allg. Persönlichkeitsrechts überwiegt (s. BVerfG-K, NJW 2014, 3357 [3358 Rn. 11]). **86**

87 – Äußerungen können durch gewisse Faktoren aufgeladen und damit in der Abwägung gewichtiger werden. So hängt das Ausmaß des Schutzes der Meinungsäußerung zum einen von deren Zweck ab: Im Gegensatz zu Auseinandersetzungen, die lediglich der Verfolgung privater Interessen dienen, werden Äußerungen stärker geschützt, wenn sie sich mit einer die Öffentlichkeit berührenden Fragestellung auseinandersetzen und zur öffentlichen Meinungsbildung anregen. Gerade hier gilt eine Vermutung zugunsten der freien Rede. Insb. im politischen Meinungskampf muss auch überspitzte und polemische Kritik zulässig sein, um einer Lähmung des Meinungsbildungsprozesses vorzubeugen (BVerfGE 82, 272 [281 f.]). In Ansehung der heutigen Reizüberflutung aller Art sind grds. auch einprägsame und starke Formulierungen, die zur Erregung von Aufmerksamkeit führen sollen, hinzunehmen (BVerfGE 24, 278 [286]). Ferner kommt es darauf an, inwieweit der von der Äußerung Betroffene seinerseits am Prozess der öffentlichen Meinungsbildung mitwirkt, ob er sich aus eigenem Entschluss dem Meinungskampf unterworfen hat, sozusagen „ins Licht der Öffentlichkeit getreten" ist, und sich dadurch eines Teils seiner schützenswerten Privatsphäre begeben hat (BGH, NJW 2007, 686 [688]). Wer andere harsch kritisiert, muss mit einem ähnl. intensiven „Gegenschlag" rechnen (Jarass, in: JP, Rn. 77), der allerdings nicht unverhältnismäßig sein darf (str.).

88 – Boykottaufrufe sind geschützt, wenn sie als Mittel des geistigen Meinungskampfes in einer die Öffentlichkeit wesentlich berührenden Frage eingesetzt werden, also uneigennützig um politischer, wirtschaftlicher, kultureller oder sozialer Belange willen. Ein geschäftliches Konkurrenzverhältnis schließt eine geistige Auseinandersetzung an sich noch nicht aus (BVerfGE 25, 256 [264]).

89 – Art. 5 I verbietet eine Auslegung von Strafvorschriften (z. B. § 185 StGB) dahingehend, dass davon ein abschreckender Effekt für den Gebrauch des Grundrechts ausgeht und aus Furcht vor Sanktionen auch zulässige Kritik unterbleibt (BVerfGE 43, 130 [136]). Kommt eine Deutungsmöglichkeit in Frage, nach der die Äußerung nicht strafbar wäre, ist eine Sanktionierung verfassungswidrig (Rn. 84; zur Satire BVerfGE 86, 1 [11]).

90 – Das Ausmaß des Schutzes von Presse und Rundfunk ist höher, wenn es um die Inhalte und nicht bloß um die Form der Berichterstattung geht (Jarass, in: JP, Rn. 59; zum hier relevanten Verhältnis von Presse/-Rundfunkfreiheit zur Meinungsfreiheit Rn. 20). Entscheidend ist, welche Verhaltensweisen für die Funktionsfähigkeit der mit einer öffentlichen Aufgabe betrauten Massenmedien (Rn. 40 f., 54 ff.) unverzichtbar sind. Bei der Verbreitung von rechtswidrig erlangten Informationen ist darauf abzustellen, wie die Information in redaktionelle Hände gelangte und in welchem Maße Rechte eines Betroffenen verletzt worden sind; das Redaktionsgeheimnis ist kein unantastbares Recht, sondern muss mit zu gewichtenden Gegenbelangen zum Ausgleich gebracht werden (BVerfGE 66, 116 [137 f.]). Die Anordnung einer Durchsuchung von Redaktionsräumen und der Beschlagnahme von recherchiertem Material kann verfassungsgemäß sein (BVerfGE 77, 65 [78 ff.]), allerdings nicht, wenn sie allein zwecks Ermittlung eines Informanten geschieht (BVerfGE 117, 244 [265]). Das Kurzberichterstattungsrecht (§ 5 RStV) ist mit Art. 5 I vereinbar (BVerfGE 97, 228 [267 f.]). Zu Aufnahmen während Gerichtsverhandlungen Rn. 29, zu weiteren unzulässigen Beeinträchtigungen der Rundfunkfreiheit vgl. Rn. 60 (i. Ü. Jarass, in JP, Rn. 94 ff.), zur Pressefreiheit vgl. Rn. 48.

91 – Für Beschäftigte des öffentlichen Dienstes (insb. Beamte, Richter und Soldaten) gilt eine Mäßigungspflicht, die grundgesetzliche Ordnung dürfen sie nicht in Frage stellen (§ 60 BBG, § 33 BeamtStG; s. Art. 33 Rn. 54a, 59; s. Jarass, in: JP, Art. 5 Rn. 87 ff.). Zu Äußerungen in amtlicher Eigenschaft Rn. 6.

Grobschema zur Kasuistik des BVerfG zur Einzelfallabwägung 92
(nach Grimm, NJW 1995, 1697 [1705])

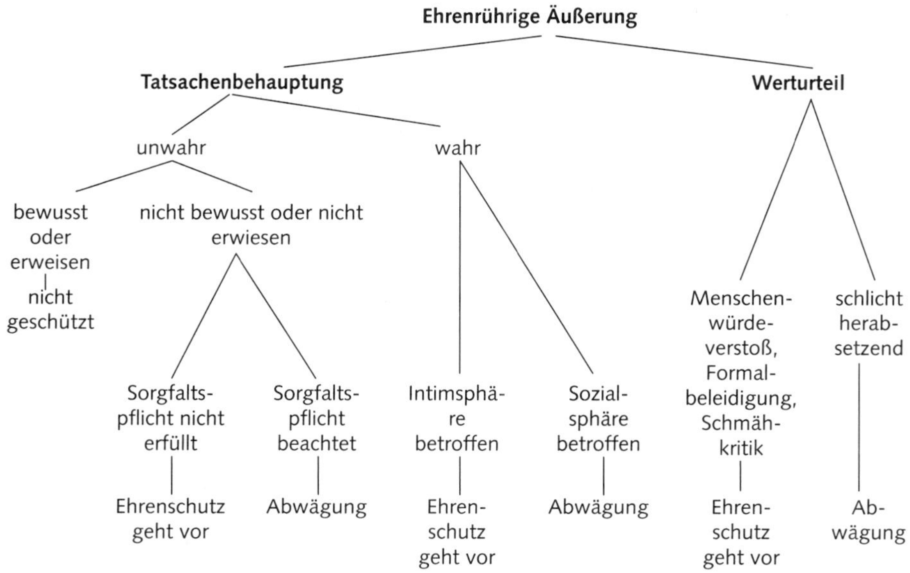

dd) Einfaches Recht. Die Verwirklichung eines schonenden Ausgleichs widerstreiten- 93
der Rechtsgüter gelingt im einfachen Recht durch die Abwägung der zuwiderlaufenden Grundrechtsgarantien i. R. v. auslegungsfähigen Tatbestandsmerkmalen. Belange der Meinungsfreiheit finden v. a. in § 193 StGB ihren Ausdruck, der seinem Rechtsgedanken nach auch im Zivilrecht – auf der Rechtswidrigkeitsebene – anwendbar ist (BVerfGE 99, 185 [196]). Daneben ist z. B. die Sittenwidrigkeit in § 826 BGB und die Rechtswidrigkeit in § 823 I BGB auslegungsfähig (s. Rn. 83).

b) Abs. 1 S. 3: Zensurverbot

Art. 5 I 3 ist kein weiteres Grundrecht, sondern eine zusätzliche Schranken- 94
Schranke für die Grundrechte aus Art. 5 I 1 und 2 mit Ausnahme der Informationsfreiheit (BVerfGE 27, 88 [102]). Das Zensurverbot richtet sich (nur) gegen den Staat und entfaltet keine Drittwirkung: So ist die Untersagung einer Meinungsäußerung durch einstweilige Verfügung (§§ 935 ff. ZPO) privatrechtlicher Natur und deswegen keine Zensur.

Art. 5 I 3 verbietet allein die Vorzensur, also die Vorschaltung eines präventiven 95
(Genehmigungs-)Verfahrens durch eine staatliche Kontrollbehörde, vor dessen Abschluss ein Werk nicht veröffentlicht werden darf (BVerfGE 87, 209 [230]). Keine Zensur i. S. d. Art. 5 I 3 sind Maßnahmen, die nach der Veröffentlichung stattfinden (Nachzensur). Sie sind gem. den allg. Regeln (vgl. Art. 5 II) zulässig, z. B. die strafrechtliche Verfolgung. Auch Vertriebsbeschränkungen und Maßnahmen der Binnenkontrolle im Rundfunk (Starck, in: MKS, Rn. 174 f.) fallen nicht unter den Zensurbegriff. Ebenso wenig staatl. Zensur i. S. d. Art. 5 I 3 ist die Freiwillige Selbstkontrolle (Selbstzensur, z. B. FSK für Filmwirtschaft): Sie ist eine staatsentlastende Eigenhilfemaßnahme des privaten bzw. gesellschaftlichen Bereichs (Bethge, in: Sachs, Rn. 119; krit. Starck, in: MKS, Rn. 177).

VII. Kunstfreiheit; Freiheit von Wissenschaft, Forschung und Lehre (Abs. 3)

1. Kunstfreiheit (Abs. 3 S. 1 F. 1)

a) Schutzbereich

96 *aa) Persönlich.* Träger der Kunstfreiheit ist in erster Linie der unmittelbar schöpferisch wirkende Künstler. Angesichts der kommunikativen Dimension von Kunst soll diese aber auch wirksam der Öffentlichkeit präsentiert werden können. Daher sind auch diejenigen in den Schutzbereich einbezogen, die sich als „unentbehrlicher Mittler zwischen Künstler und Publikum" betätigen (BVerfGE 30, 173 [191]), etwa Verleger, Filmproduzenten, Galeristen u. dgl.; nicht hingegen Konsumenten und Betrachter von Kunst, für sie gilt Art. 5 I 1 F. 2. Sofern juristische Personen und andere Personenvereinigungen auf diese Weise agieren (z. B. Kunsthochschulen, Museen, Theater), können auch sie sich – gem. den Vorgaben von Art. 19 III (Art. 19 Rn. 37 ff.) – auf die Kunstfreiheit berufen, selbst wenn sie sich in öffentlicher Hand befinden (Starck, in: MKS, Rn. 324).

97 *bb) Sachlich.* Art. 5 III 1 F. 1 bemerkt lapidar „Kunst [ist] frei". Bei der Auslegung von „Kunst" und deren „Freiheit" wird erkennbar, dass dieses Grundrecht miteinander korrelierende subjektiv- und objektiv-rechtliche Elemente in sich vereint:

98 *(1) Gegenstand.* Der Versuch, Kunst in starre Formen zu pressen, würde sie ihrer Kreativität und Innovationskraft berauben. Gerade Avantgardisten sind stets bestrebt, die Grenzen der Kunst neu auszuloten. Dementsprechend schwierig gestaltet es sich, einen Konsens zu finden, wo die Grenzen der „Kunst" verlaufen. Daraus darf jedoch nicht der Schluss gezogen werden, Kunst sei schlechthin undefinierbar. Anderenfalls würde das Grundrecht ausufern. Daher haben sich drei verschiedene Kunstdefinitionen herausgebildet (vgl. dazu BVerfGE 67, 213 [226 ff.]). Sie schließen sich nicht gegenseitig aus, sondern stehen unabhängig nebeneinander:

99 – Das BVerfG erachtet es als wesentlich, dass die künstlerische Betätigung eine „freie schöpferische Gestaltung" darstellt, „in der Eindrücke, Erfahrungen, Erlebnisse des Künstlers durch das Medium einer bestimmten Formensprache zu unmittelbarer Anschauung gebracht werden"; Kunst sei das schöpferische, rational nicht auflösbare Zusammenspiel von Intuition, Fantasie und Kunstverstand und damit unmittelbarster Ausdruck der individuellen Persönlichkeit des Künstlers (BVerfGE 67, 312 [226] – sog. materieller oder wertbezogener Kunstbegriff, der letztlich nahezu jede kreative Gestaltung erfasst).

100 – Andere knüpfen an das Ergebnis bzw. an die Tätigkeit selbst an und definieren Kunst anhand traditioneller Werkgattungen wie Malerei, Bildhauerei, Musik, Dichtung usw. (sog. formaler Kunstbegriff; als Gedächtnisstütze kann in diesem Zusammenhang der – nicht abschließende – Katalog in § 2 I UrhG hilfreich sein). Der formale Kunstbegriff ist zwar präziser als der materielle, erfasst aber keine neuen, bislang unbekannten Kunstrichtungen.

101 – Viel weitgehender ist der Ansatz, Kunst als künstlerische Äußerung aufzufassen, die wegen der Mannigfaltigkeit ihres Aussagegehalts einer fortgesetzten Interpretation zugänglich ist und der dadurch immer weiterreichende Bedeutung entnommen werden kann, so dass sich eine praktisch unerschöpfliche, vielstufige Informationsvermittlung ergibt (sog. offener Kunstbegriff). Entscheidend soll die (schwer feststellbare) außergewöhnliche Interpretationsfähigkeit des Kunstwerks sein.

102 Keine Ausschlusskriterien sind Anstößigkeit, Geschmacklosigkeit, Konventionalität, politische Korrektheit u. dgl. Individuelle Empfindungen dürfen den Kunstbegriff nicht prädestinieren, da der Einzelne nicht über das Vorliegen von Kunst entscheiden soll. Aber auch das Selbstverständnis des Künstlers und die Meinung von kunstverständigen Dritten (sog. Drittanerkennung) können nur als Indizien dienen. Ebenso wenig

ist der (finanzielle oder zeitliche) Aufwand ein ausschlaggebendes Kriterium. Dies verdeutlicht das Wesen von Art. 5 III 1 F. 1 als Grundsatznorm und objektive Wertentscheidung. Es soll kein staatl. „Kunstrichtertum" wie in der NS-Zeit geben (Stichwort „entartete Kunst"), das durch eine wertende Einengung (Niveau- und Inhaltskontrolle) die Reichweite der Kunstfreiheit beschneidet (vgl. BVerfGE 30, 173 [190]). Der Staat ist vielmehr zur Neutralität verpflichtet und muss alle Formen der Kunst anerkennen. Demzufolge ist der Kunstbegriff extensiv auszulegen: Erfasst werden parodistische, karikaturistische oder satirische Ausdrucksformen ebenso wie politisch motivierte (engagierte) Kunst oder Pornografie. Sogar sog. unfriedliche Kunst, die bewusst Rechte Dritter verletzt, fällt grds. in den Schutzbereich (BVerfG-K, NJW 2001, 596 [597]). Auch ein Gesetzesverstoß bedeutet noch nicht allein, dass das Verhalten nicht mehr der Kunstfreiheit unterfällt (z.B. ist das Besprühen fremder Wände mit einem Graffiti gem. § 303 II StGB ebenso strafbar wie das Abbeißen des Kopfes einer lebenden Fledermaus durch einen Interpreten im Rahmen seiner Bühnenshow gem. § 17 Nr. 1 TierSchG; trotzdem fällt beides in den Schutzbereich). Die Frage der Verfassungsmäßigkeit wird auf der Rechtfertigungsebene beantwortet (dazu Rn. 116ff.).

(2) Gewährleistung. Geschützt werden der Werk- und der Wirkbereich künstlerischer **103**
Betätigung:

– Der Werkbereich betrifft den Prozess des künstlerischen Schöpfens und Gestaltens an sich, insb. die Herstellung des Werkes, aber auch die Idee und die Vorbereitung. Dieser Raum muss dem Künstler gewährt werden, damit dieser sich überhaupt künstlerisch betätigen kann.
– Nur der Schutz des Werkbereichs wäre indes unzureichend: Kunst wird in aller Re- **104**
gel für oder jedenfalls in Bezug auf andere geschaffen und besitzt einen kommunikativen Aspekt, indem sie anderen zur Geistes- und Sinnesanregung dient. Daher gehört zur umfassenden künstlerischen Betätigung auch, dass das Werk dargeboten, verbreitet oder in Verkehr gebracht wird (Wirkbereich). Diese Tätigkeit der Vermittlung eines Kunstwerks kann der Künstler selbst erbringen oder auf Dritte überleiten (vgl. Rn. 96). Ein Anspruch gegen Private oder staatl. Stellen auf Kunstvermittlung besteht indes nicht.

(3) Objektiv-rechtliche Dimension. In objektiv-rechtlicher Hinsicht ist der Staat unge- **105**
achtet seiner Neutralitätspflicht (Rn. 102) gehalten, Kunst zu pflegen und zu fördern (Kulturstaatlichkeit; zur mittelbaren Drittwirkung BVerfGE 119, 1 [21]). Art. 5 III 1 F. 1 vermittelt aber kein subjektiv-öffentliches Recht des Einzelnen auf Förderung oder Gewährleistung der Voraussetzungen zur Kunstausübung (z.B. kann der Anspruch auf eine straßenrechtliche Sondernutzungserlaubnis zum Verkauf von Scherenschnitten nicht auf Art. 5 III 1 F. 1 gestützt werden, sondern nur auf einfaches Gesetzesrecht; dazu BVerwGE 84, 71 [73ff.]).

(4) Konkurrenzen. Art. 5 III 1 F. 1 ist lex specialis zu Art. 5 I 1 F. 1, sofern eine Mei- **106**
nung auf künstlerische Weise geäußert wird (BVerfGE 30, 173 [200]). Die wirtschaftliche Verwertung eines Kunstwerks (z.B. durch entgeltliche Einräumung von Nutzungsrechten an Urheber-Verwertungsbefugnissen) unterfällt Art. 12 I, Art. 14, 2 I, es sei denn, die Kunstausübung wird praktisch unmöglich gemacht (BVerfGE 31, 229 [239]). Die Bewertung von Kunst ist Meinungsäußerung i.S.v. Art. 5 I 1 F. 1. Bei sakraler Kunst besteht Idealkonkurrenz zu Art. 4 I, II.

b) Eingriff

Anwendung findet der moderne Eingriffsbegriff (Vorbem. Grundrechte Rn. 93ff.). **107**
Eine Beeinträchtigung liegt insb. vor, wenn der Künstler in seinem Werk- oder Wirkbereich behindert wird. Denkbar ist dies in Form von Zensurakten, Gesetzen, Verwaltungsakten (z.B. Aufführungs- oder Vertriebsverbote für Theaterstücke oder Romane)

sowie zivil- oder strafgerichtlichen Verurteilungen (vgl. BVerfG-K, NJW 2001, 596 [597]; BVerfGE 67, 213 [222 f.]).

2. Freiheit von Wissenschaft, Forschung und Lehre (Abs. 3 S. 1 F. 2)

a) Schutzbereich

108 *aa) Persönlich.* „Das in Art. 5 Abs. 3 GG enthaltene Freiheitsrecht […] steht jedem zu, der wissenschaftlich tätig ist oder tätig werden will" (BVerfGE 35, 79 [112]). Auf die Wissenschaftsfreiheit berufen können sich demnach insb. natürliche Personen wie Hochschullehrer, wissenschaftliche Mitarbeiter, außeruniversitär tätige Wissenschaftler sowie Studenten, sofern sie wissenschaftlich arbeiten (z. B. bei Diplom-, Seminar- oder Hausarbeiten; vgl. BVerfGE 55, 37 [67 f.]). Grundrechtsträger sind über Art. 19 III auch Einrichtungen, die die Voraussetzungen für eine wissenschaftliche Tätigkeit bereithalten, etwa einen Beitrag zur Forschungsorganisation und Finanzierung leisten. Das gilt sowohl für private (z. B. Labore, Chemie- und Pharmaunternehmen) als auch für öffentlich-rechtliche Institutionen wie bspw. Universitäten und Fakultäten (BVerfGE 15, 256 [262]). Letztere können sich trotz ihrer Natur als juristische Personen des öffentlichen Rechts auf die Wissenschaftsfreiheit berufen, da sie sich gegenüber dem Staat in einer „grundrechtstypischen Gefährdungslage" befinden (zur Hochschulautonomie Rn. 113).

109 *bb) Sachlich. (1) Gegenstand und Gewährleistung.* Wissenschaft, Forschung und Lehre stellen keineswegs drei unterschiedliche Schutzgegenstände dar. Vielmehr handelt es sich um einen einheitlichen Schutzbereich, bei dem Wissenschaft als Oberbegriff fungiert, der aus den Komponenten Forschung und Lehre zusammensetzt. Demgemäß wäre die Lesart „Wissenschaftliche Forschung und Lehre sind frei" treffender (Wendt, in: MK, Rn. 100). Der Begriff der Wissenschaft ist aufgrund seiner Komplexität schwer zu beschreiben und deshalb weit auszulegen. Das BVerfG sieht in der Wissenschaft „alles, was nach Inhalt und Form als ernsthafter planmäßiger Versuch zur Ermittlung der Wahrheit anzusehen ist" (BVerfGE 35, 79 [113]). Wissenschaftliche Arbeit zeichnet das auf bestehenden Erkenntnissen aufbauende methodische Vorgehen aus, das der Auffindung neuer Erkenntnisse dient und dem die ständige, kritische Selbst- und Fremdüberprüfung immanent ist, unabhängig von der Art der Methode, der Stichhaltigkeit oder Vollständigkeit der Ergebnisse, so dass grds. jede wissenschaftliche Tätigkeit geschützt wird. Ähnlich wie bei der Kunstfreiheit (Rn. 102) ist der Schutzbereich selbst dann eröffnet, wenn dabei Rechte Dritter verletzt werden; ebenso können subjektive Wertungen des Veröffentlichenden oder von anderen Wissenschaftlern nur indizielle Wirkung entfalten, ob eine wissenschaftliche Tätigkeit vorliegt oder nicht. Wissenschaft muss nicht zwingend an einer Hochschule stattfinden, sie muss aber von einer spezifischen wissenschaftlichen Eigenverantwortung getragen und frei von Weisungen Dritter sein (BVerfGE 62, 45 [51 f.]).

110 Wissenschaftliche Forschung ist die „geistige Tätigkeit mit dem Ziel, in methodischer, systematischer und nachprüfbarer Weise neue Erkenntnisse zu gewinnen" (BVerfGE 35, 79 [113]). Darunter fällt auch angewandte sowie Auftrags- und Zweckforschung. Alle eigenverantwortlich durchgeführten wissenschaftlichen Tätigkeiten werden geschützt (z. B. Experimente, Materialsammlung, Gutachten, Ergebnisbewertung und -publikation), selbst wenn sie sich als irrig oder fehlerhaft erweisen; dagegen ist eine Tätigkeit, die einer vorgefassten Meinung den Anschein der Wissenschaftlichkeit geben soll, keine Forschung (BVerfGE 90, 1 [13]).

111 Wissenschaftliche Lehre dient der pädagogischen Vermittlung, der systematischen Wiedergabe und Publikation des Erforschten. Sie ist die „wissenschaftlich fundierte Übermittlung der durch die Forschung gewonnenen Erkenntnisse" (BVerfGE 35, 79 [113]). Zur Lehrfreiheit gehört insb. die Bestimmung von Inhalt, Methoden und Ab-

lauf von Lehrveranstaltungen und Prüfungen (BVerfGE 55, 37 [68]). Der Unterricht an allgemein bildenden Schulen unterfällt dagegen Art. 7 I.

Beispiel (vgl. BayVGH, NJW 2003, 1618 ff.): Das Ausstellen plastinierter menschlicher Leichen („Körperwelten") ist von der Wissenschaftsfreiheit gedeckt, da die Exponate ungewohnte Einblicke in den menschlichen Körper bieten und verschiedene Körperfunktionen veranschaulichen. Ungeachtet der unkonventionellen Darstellungsart und populärwissenschaftlichen Methode, zielt die Ausstellung auf die Vermittlung medizinischer Wahrheit an die Besucher und verletzt nicht deren Menschenwürde, auch wenn einige von ihnen die Ausstellung als geschmacklos empfinden mögen. **112**

(2) Objektiv-rechtliche Dimension. Die Wissenschaftsfreiheit wirkt einerseits als subjektiv-individuelles Abwehrrecht des einzelnen Wissenschaftlers. Andererseits ist sie objektive Grundsatznorm zugunsten der Freiheit der wissenschaftlichen Betätigung und leistet dadurch einen Beitrag zur Verwirklichung der Kulturstaatlichkeit. Darüber hinaus folgt aus Art. 5 III 1 F. 2 eine institutionelle Garantie der wissenschaftlichen Hochschulen (Universitäten) und deren akademischer Selbstverwaltung (Hochschulautonomie). Dies bedeutet indes keine Bestandsgarantie für einzelne Hochschulen (BVerfGE 67, 202 [207 f.]). Durch die objektiv-rechtliche Dimension ist der Staat angehalten, die Wissenschaft zu fördern und zu schützen und den entsprechenden Lebensbereich auszugestalten (Förderungs- und Ausgestaltungspflicht). Ihm steht dabei freilich ein großzügiger Gestaltungsspielraum zu (BVerfGE 66, 155 [177]). Den Wissenschaftlern muss ausreichend Raum zur frei verbürgten wissenschaftlichen Tätigkeit belassen werden und sie müssen durch die Zurverfügungstellung personeller, finanzieller und organisatorischer Mittel unterstützt werden. Eine Verletzung der Förderungspflicht kann im Einzelfall im Zuge der VB geltend machen (BVerfGE 88, 129 [137]). **113**

(3) Konkurrenzen. Die Wissenschaftsfreiheit verdrängt in ihrem Anwendungsbereich (insb. bei der Wiedergabe der Erkenntnisse) die Meinungsfreiheit aus Art. 5 I 1 F. 1. Zum Unterricht an Schulen Rn. 111. Idealkonkurrenz besteht zu Art. 12 I, Art. 14, 33 sowie bei kirchlichen Hochschulen u. dgl. zu Art. 4 I, II, Art. 140 i. V. m. Art. 137 II, Art. 138 III WRV. **114**

b) Eingriff

Anwendung findet der moderne Eingriffsbegriff (Vorbem. Grundrechte Rn. 93 ff.). Jede nachteilige staatl. Einwirkung auf den Prozess der Gewinnung oder Vermittlung wissenschaftlicher Erkenntnisse auf dem Gebiet der Forschung oder der Lehre ist ein Eingriff in den Schutzbereich von Art. 5 III 1 F. 2 (BVerfGE 35, 79 [112]). Gleiches gilt für Beeinträchtigungen des objektiven Gehalts (Rn. 113) der Wissenschaftsfreiheit. Keine Eingriffe sind dagegen Bewertungen und Kritiken, die selbst wissenschaftlichen Standards genügen und i. R. v. Prüfungen, Bewerbungs- oder Disziplinarverfahren erfolgen oder Teil eines wissenschaftlichen Diskurses sind. **115**

3. Rechtfertigung von Eingriffen in die Grundrechte aus Art. 5 III 1

a) Schranken

aa) Kollidierendes Verfassungsrecht. Art. 5 III enthält keinen geschriebenen Schrankenvorbehalt. Unzulässig ist eine Übertragung anderer Grundrechtsschranken (insb. aus Art. 5 II oder Art. 2 I; sog. Schrankenleihe); dies wäre wegen deren Stellung im GG systemwidrig. Gleichwohl sind die Kunst- und Wissenschaftsfreiheit nicht grenzenlos gewährleistet. Eingeschränkt werden können sie „durch die Verfassung selbst" (vgl. BVerfGE 30, 173 [193] zur Kunstfreiheit), also durch Rechtsgüter, die unmittelbar der Verfassung zu entnehmen sind, insb. Grundrechte Dritter (z. B. allg. Persönlichkeitsrecht, Eigentum, körperliche Unversehrtheit und Freiheit), Umwelt- (Art. 20a) oder Staatsbelange (Art. 20 I) sowie auch der Sonn- und Feiertagsschutz (Art. 140 i. V. m. **116**

Art. 139 WRV). Im Einzelfall können und müssen sie hinter kollidierenden Verfassungsgütern zurückstehen (sog. verfassungsimmanente Schranken, s. Rn. 77).

117 *bb) Treue zur Verfassung.* Für die Freiheit der wissenschaftlichen Lehre gilt zudem das Gebot der Treue zur Verfassung (Art. 5 III 2) als besondere Schranke (Jarass, in: JP, Rn. 133). Die Lehre darf nicht in böswilliger und aggressiver Weise zum Kampf gegen fundamentale Vorstellungen der FDGO missbraucht werden.

b) Schranken-Schranken: praktische Konkordanz

118 *aa) Praktische Konkordanz.* Steht fest, dass ein anderes von der Verfassung geschütztes Rechtsgut mit Art. 5 III 1 kollidiert, muss ein verhältnismäßiger Ausgleich dieser gegenläufigen, gleichermaßen verfassungsrechtlich geschützten Interessen mit dem Ziel ihrer Optimierung gefunden werden (praktische Konkordanz, vgl. BVerfGE 81, 278 [292]). Dies macht sich bei der Verhältnismäßigkeitsprüfung bemerkbar:

119 *(1)* Die Zwecke zur Beschränkung der Kunst- oder Wissenschaftsfreiheit können nur legitim sein, wenn sie unmittelbar der Verfassung entnommen werden (Rn. 116f.).

120 *(2)* Bei der Güterabwägung auf der Ebene der Verhältnismäßigkeit i. e. S. ist davon auszugehen, dass alle Gewährleistungen der Verfassung gleichwertig sind (Einheit der Verfassung), dass also keines der Verfassungsgüter generell höherwertiger ist. Daher muss das Ziel des Abwägungsvorgangs sein, die Normenkollision nach dem Prinzip der praktischen Konkordanz aufzulösen, so dass die kollidierenden Rechtspositionen jeweils ihre maximale Wirksamkeit behalten. Daher ist die Beschränkung der Kunst- oder Wissenschaftsfreiheit nur angemessen, soweit dies zwingend erforderlich ist, um einer staatlichen Handlungspflicht (insb. der Schutzpflicht für ein kollidierendes Grundrecht) zu genügen, um insofern also einen Verstoß gegen das Untermaßverbot (Vorbem. Grundrechte Rn. 37ff.) zu vermeiden.

121 Als erster Gesichtspunkt kann dabei dienen, dass bestimmte Rechtsgüter schwerer einschränkbar sind als andere, sodass ihnen abstrakt betrachtet ein Übergewicht zukommt (z. B. vorbehaltlose Grundrechte gegenüber Grundrechten mit Gesetzesvorbehalt; zur Menschenwürde s. Rn. 86). Außerdem sind die Gegebenheiten im konkreten Einzelfall sorgfältig zu beleuchten, wobei die Intensität der Beeinträchtigung der Rechtsgüter maßgeblich ist: Je weitgehender in einen geschützten Lebensbereich eingegriffen wird, desto eher verdient dieses Rechtsgut den Vorrang. Eingriffe in den Kernbereich überwiegen regelmäßig Eingriffe in den Randbereich. Ein solcher Eingriff in die Peripherie liegt insb. dann vor, wenn die Handlungsmodalität ersetzbar ist (bspw. wäre ein Musiker im Kernbereich seiner Kunstfreiheit betroffen, wenn ihm das Üben grds. untersagt wird; hingegen wäre nur eine Handlungsmodalität betroffen, wenn ihm das Üben des Nachts untersagt wird).

122 *bb) Einzelheiten zur Kunstfreiheit.* Die Kunstfreiheit endet dort, wo unter ihrem Deckmantel eigenmächtig und mutwillig Rechte anderer verletzt werden, insb. bei „unfriedlicher Kunst" (vgl. Rn. 102) oder bei schweren Verletzungen von Persönlichkeitsrechten. Der Grad der Verfremdung eines realen Vorbilds und die Intensität der Beeinträchtigung spielen dabei eine entscheidende Rolle (vgl. BVerfGE 119, 1 [27ff.]). Lässt ein Kunstwerk mehrere Deutungsweisen zu, ist bei der Bewertung möglichst diejenige zu berücksichtigen, die in ihren Auswirkungen die Rechte Dritter oder der Allgemeinheit am wenigsten beeinträchtigt (Gebot der kunstfreundlichen Auslegung, vgl. BVerfG-K, NJW 2002, 3767). Im Übrigen sind „werkgerechte Maßstäbe" anzulegen, d. h. die Besonderheiten einzelner Kunstgattungen zu berücksichtigen (BVerfGE 75, 369 [376]). Der Beurteilungsspielraum eines Prüfgremiums kann sich angesichts der Bedeutung der Kunstfreiheit reduzieren (BVerfGE 83, 130 [148]).

123 **Beispiel** (vgl. BVerfGE 75, 369 [376ff.]): Fraglich ist, ob die Darstellung eines Politikers in einer Karikatur als kopulierendes Schwein angesichts der Kunstfreiheit verfassungsgemäß ist. Als

Kunstgattung ist einer Karikatur grds. wesenseigen zu übertreiben, zu verzerren und zu verfremden, so dass dem Künstler ein großer Freiraum zukommt. Dieser endet aber dort, wo der von Art. 1 I 1 geschützte Kern der menschlichen Ehre betroffen ist. Dies ist der Fall, wenn dem Politiker schweinische Wesenszüge zugeschrieben werden, wenn er durch die Darstellung sexuellen Verhaltens als Person entwertet und seiner Würde entkleidet wird. Hier ist eine Güterabwägung nicht mehr zulässig, da die Menschenwürde eine absolute Schranke darstellt. Die Kunstfreiheit muss zurücktreten.

cc) Einzelheiten zur Wissenschaftsfreiheit. Die Wissenschaftsfreiheit kann beschränkt werden durch die Freiheit zur Wahl der Ausbildungsstätte (Art. 12 I), durch die Achtung der Menschenwürde (BVerfGE 102, 347 [366 f.]), durch den Tierschutz (BVerwGE 105, 73 [81]) oder durch den Schutz von Staatsgeheimnissen (vgl. §§ 93 ff. StGB). Ein Forscher darf sich bei etwaigen Versuchen nicht über die Rechte seiner Mitbürger (Leben, Gesundheit, Eigentum) hinwegsetzen, eine Einwilligung kann aber möglich sein. Verstößt der Staat gegen seine Verpflichtung zur Ausgestaltung der Wissenschaft, ist keine Rechtfertigung möglich (BVerfGE 35, 79 [116 ff.]). 124

C. Prüfungshinweise

Äußerst praxis- und damit auch prüfungsrelevant ist die Beachtung der Kommunikationsgrundrechte des Art. 5 I als Wertmaßstäbe bei der Auslegung und Anwendung einfachen Zivil- oder Strafrechts durch die ordentlichen Gerichte. „Einbruchstellen" sind unbestimmte Rechtsbegriffe und Generalklauseln, so etwa die Widerrechtlichkeit (Rechtswidrigkeit) in § 823 I BGB, die „guten Sitten" in § 826 BGB, die Verpflichtung „zur Duldung" (= Rechtswidrigkeit) in § 1004 II BGB analog, die „Wahrnehmung berechtigter Interessen" in § 193 StGB (analog) oder die „Zeitgeschichte" in § 23 I Nr. 1 KUG (analog). 125

Vor das BVerfG kommen solche Fälle i. d. R. im Rahmen der Urteils-VB, d. h. durch eine VB (Art. 93 I Nr. 4a) gegen die Endurteile der ordentlichen Gerichte als Akte öffentlicher Gewalt i. S. v. § 90 I BVerfGG (nach Erschöpfung des Rechtswegs, § 90 II 1 BVerfGG). 126

Grobschema zur Prüfung der Meinungsfreiheit durch das BVerfG: 127

1. Schutzbereich, Art. 5 I 1 F. 1
   a) persönlich
   b) sachlich, insb. Abgrenzung Werturteil–Tatsachenbehauptung (Rn. 14 f.)
2. Eingriff (oft durch fachgerichtliches Urteil)
3. Rechtfertigung
   a) Schranken: allgemeine Gesetze, Art. 5 II
      Verfassungsmäßigkeit
      (1) formell (Zuständigkeit, Verfahren, Form)
      (2) materiell (BVerfG: Kombinationslehre, Rn. 71 ff.)
   b) Schranken-Schranken
      aa) allgemeines Gesetz
          Zensurverbot, Art. 5 I 3; Normenklarheit und Bestimmtheit
          Verhältnismäßigkeit i. V. m. Wechselwirkungslehre
      bb) Einzelakt (fachgerichtliches Urteil)
          Verhältnismäßigkeit i. V. m. Wechselwirkungslehre
          (1) Deutung der Meinungsäußerung (Rn. 84)
          (2) verfassungsorientierte Auslegung und Anwendung des beschränkenden Gesetzes
              Muster für die Eingangsformulierung: Die Auslegung und Anwendung verfassungsmäßiger Vorschriften des einfachen Rechts ist Sache der Fachgerichte. Sie müssen dabei aber Bedeutung und Tragweite der von ihren Entscheidungen berührten Grundrechte beachten, damit deren wertsetzende Bedeutung auch auf der Rechtsanwendungsebene gewahrt bleibt (BVerfGE 7, 198 [205 ff.]). Dazu bedarf es einer Abwägung zwischen den widerstreitenden Schutzgütern, die im Rahmen der

auslegungsfähigen Tatbestandsmerkmale der einfach-gesetzlichen Vorschriften vorzunehmen ist und die besonderen Umstände des Falles zu berücksichtigen hat (BVerfGE 99, 185 [196]).
Das BVerfG würde seiner Funktion nicht gerecht, wenn es fachgerichtliche Entscheidungen ähnlich wie eine (Super-)Revisionsinstanz unbeschränkt nachprüfte. Die Gestaltung des Verfahrens, die Feststellung und Würdigung des Sachverhalts, die Auslegung des einfachen Rechts und seine Anwendung auf den einzelnen Fall sind allein Sache der Fachgerichte. Nur bei Verletzung von spezifischem Verfassungsrecht kann das BVerfG eingreifen. Dies ist nicht schon dann der Fall, wenn eine Entscheidung, am einfachen Recht gemessen, objektiv fehlerhaft ist; der Fehler muss gerade in der Nichtbeachtung von Grundrechten oder in einer grundsätzlich unrichtigen Anschauung von der Bedeutung der Grundrechte liegen (vgl. BVerfGE 18, 85 [92 f.]).
Es folgt u. a. eine fallbezogene Abwägung (Rn. 82 ff.).

D. Weiterführende Literatur/Leseempfehlungen

128 Bäcker, C,. Anfängerklausur – Öffentliches Recht: Die O-Söhne, JuS 2013, 522–528; Dittrich, L., Anfängerklausur – Öffentliches Recht: Onlineredakteur zwischen allen Stühlen, JuS 2014, 333–338; Epping, V./Lenz, S., Das Grundrecht der Meinungsfreiheit (Art. 5 I 1 GG), Jura 2007, 881–889; Fezer, K.-H., Imagewerbung mit gesellschaftskritischen Themen im Schutzbereich der Meinungs- und Pressefreiheit, NJW 2001, 580–583; Frenzel, E. M., Anfängerklausur – Öffentliches Recht: „Marmor, Stein und Eisen bricht …“, JuS 2013, 37–41; Grimm, D., Die Meinungsfreiheit in der Rechtsprechung des Bundesverfassungsgerichts, NJW 1995, 1697–1705; Hoppe, B., Die „allgemeinen Gesetze“ als Schranke der Meinungsfreiheit, JuS 1991, 734–738; Hufen, F., Ehrenschutz und Meinungsfreiheit, JuS 1996, 738–740; Kobor, H., Grundfälle zu Art. 5 III GG, JuS 2006, 593–596, 695–698; Kugelmann, D., Die Vertraulichkeit journalistischer Kommunikation und das BVerfG, NJW 2009, 1777–1780; Kunig, Ph., Die Pressefreiheit, Jura 1995, 589–595; Fiedler, Ch., Technologieneutrale Pressefreiheit, AfP 2011, 15–18; Ladeur, K.-H./Gostomzyk, T., Rundfunkfreiheit und Rechtsdogmatik – Zum Doppelcharakter des Art. 5 I 2 GG in der Rechtsprechung des BVerfG, JuS 2002, 1145–1153; Nolte, M./Tams, Ch., Grundfälle zu Art. 5 I 1 GG, JuS 2004, 111–113, 199–202, 294–298; Reupert, Ch., Die Filmfreiheit, NVwZ 1994, 1155–1165; Schmidt am Busch, B., Anfängerklausur – Öffentliches Recht: Jeder Mensch ein Künstler?, JuS 2015, 37–42; Straßburger, B., Anfängerhausarbeit – Öffentliches Recht: Syra TV, JuS 2015, 136–143.

Art. 6 [Ehe, Familie, nicht eheliche Kinder]

(1) **Ehe und Familie stehen unter dem besonderen Schutze der staatlichen Ordnung.**

(2) [1]**Pflege und Erziehung der Kinder sind das natürliche Recht der Eltern und die zuvörderst ihnen obliegende Pflicht.** [2]**Über ihre Betätigung wacht die staatliche Gemeinschaft.**

(3) **Gegen den Willen der Erziehungsberechtigten dürfen Kinder nur auf Grund eines Gesetzes von der Familie getrennt werden, wenn die Erziehungsberechtigten versagen oder wenn die Kinder aus anderen Gründen zu verwahrlosen drohen.**

(4) **Jede Mutter hat Anspruch auf den Schutz und die Fürsorge der Gemeinschaft.**

(5) **Den unehelichen Kindern sind durch die Gesetzgebung die gleichen Bedingungen für ihre leibliche und seelische Entwicklung und ihre Stellung in der Gesellschaft zu verschaffen wie den ehelichen Kindern.**

Pflichtstoff (****)

Übersicht

A. Überblick

I. Normstruktur

Art. 6 enthält verschiedene grundrechtliche Garantien für den Bereich von Ehe und Familie. Sie werden durch die zentrale Regelung des Abs. 1 geschützt, der in subjektiv-rechtlicher Hinsicht primär ein Abwehrrecht begründet, aber auch Leistungsrechte und Schutzansprüche auslösen kann. In objektiv-rechtlicher Hinsicht folgt aus dieser Bestimmung eine verbindliche grundlegende Wertentscheidung für die Ehe und Familie, die in ihren Kerngehalten zugleich als Institute garantiert werden (BVerfGE 6, 55 [71 f.]; Rn. 19; Vorb. Grundrechte Rn. 34). 1

Betrachtet man die Binnenstruktur des Art. 6, sind seine Abs. 1, 2 und 3 durch die Familie als gemeinsamen Regelungsgegenstand miteinander verbunden. Abs. 1 enthält die allgemeine Gewährleistung, während Abs. 2 und 3 besondere Regelungen für das 2

Verhältnis zwischen Eltern und Kindern treffen, denen ein Vorrang gegenüber Abs. 1 zukommt (BVerfGE 31, 194 [204]). Im Einzelnen garantiert Abs. 2 in Satz 1 das elterliche Erziehungsrecht (sog. Elternrecht) und weist in Satz 2 dem Staat die Aufgabe zu, „über die Pflege und Erziehung der Kinder durch die Eltern zu wachen" (sog. Wächteramt). Abs. 3 regelt die Trennung der Kinder von ihrer Familie und stellt diesen intensiven Eingriff in die Rechte des Art. 6 I und II 1 unter einen qualifizierten Gesetzesvorbehalt (Rn. 80ff.; BVerfGE 24, 119 [135f.]).

3 Abs. 4 verleiht jeder Mutter ein Recht auf Schutz und Fürsorge durch den Staat. Dem Schutzanspruch entspricht eine Schutzpflicht des Staates, dieses Recht durch geeignete Maßnahmen sicherzustellen. Dieser Verfassungsauftrag richtet sich aufgrund des Vorbehalts des Gesetzes vor allem an den Gesetzgeber und ist insoweit ein Gesetzgebungsauftrag. Er bindet im Übrigen aber auch die vollziehende und rechtsprechende Gewalt.

4 Abs. 5 ist eine Schutznorm zugunsten nichtehelicher Kinder. Sie gewährt ihnen als spezielle Konkretisierung des allgemeinen Gleichheitssatzes (Art. 3 I) ein subjektives Grundrecht auf Gleichstellung mit ehelichen Kindern (BVerfGE 84, 168 [184f.]).

II. Prüfungsrelevanz

5 Art. 6 kommt hohe Prüfungsrelevanz zu. Wegen seiner unterschiedlichen Schutzdimensionen und komplexen Normstruktur (Rn. 1ff.) eignet er sich gut, um Grundrechtsfunktionen und das Zusammenspiel von Schutzbereich, Schranken und Schranken-Schranken zu prüfen. Das gilt auch wegen der zahlreichen Schutzbereichsüberschneidungen und Konkurrenzen zu anderen Grundrechten (s. Rn. 23, 37, 67ff. und 98). Außerdem sind die Grundrechte der Ehe und Familie sowie das Elternrecht durch die neuere Judikatur des BVerfG weiterentwickelt worden und Gegenstand gesellschaftspolitischer Diskussionen. Exemplarisch hierfür ist die durch das Referendum in Irland im Mai 2015 angeheizte Frage, ob gleichgeschlechtliche Partner heiraten können.

III. Europa

6 Auch auf europäischer Ebene finden sich zahlreiche Rechte zum Schutz der Ehe und Familie. So garantiert Art. 16 der Allgemeinen Erklärung der Menschenrechte (AEMR) in Nr. 1 das Recht, eine Ehe einzugehen, und stellt in Nr. 3 die Familie als „natürliche Grundeinheit der Gesellschaft" unter den Schutz durch Gesellschaft und Staat. Als Grundrecht der Union gewährleistet Art. 9 EU-GRCh nach den mitgliedstaatlichen Gesetzen, welche die Ausübung dieser Rechte regeln, das Recht, eine Ehe einzugehen und eine Familie zu gründen. Daneben gewährt Art. 12 EMRK „Männer[n] und Frauen im heiratsfähigen Alter das Recht, nach den innerstaatlichen Gesetzen, welche die Ausübung dieses Rechts regeln, eine Ehe einzugehen und eine Familie zu gründen."

7 Für die Gleichstellung von gleichgeschlechtlichen Lebenspartnerschaften mit der Ehe verlangen EGMR und EuGH, dass die Lebenspartner zueinander in einer ähnlich festen Beziehung stehen wie Ehegatten (EGMR, NJW 2013, 2173 [2175ff. Rn. 92ff.]; EuGH, NJW 2008, 1649 [1653 Rn. 73]; anders noch EuGH, Slg. 1998, I-621, Rn. 35 – Grant).

8 Art. 8 I EMRK enthält den Anspruch auf Achtung des Privat- und Familienlebens. Daraus ergeben sich vor allem staatliche Unterlassungspflichten (EGMR, NVwZ 1999, 57 [58 Rn. 58]). Dabei ist zu beachten, dass sich der Familienbegriff des Art. 8 EMRK nach der Rechtsprechung des EGMR nicht auf Beziehungen beschränkt, die aus einer Eheschließung hervorgehen, sondern „auch faktische ‚Familien'-Bande erfasst, wenn die Beteiligten außerhalb einer Ehe zusammenleben. [...]. Das Kind, das

aus einer solchen Beziehung hervorgeht, ist […] Teil dieser Kernfamilie" (EGMR, NJW 1995, 2153 [2153 Rn. 44]).

B. Erläuterungen

I. Schutz der Ehe (Abs. 1)

1. Schutzbereich

a) Sachlicher Schutzbereich

aa) Ehe als Schutzgegenstand. (1) Merkmale der Ehe. Unter Ehe i. S. d. Art. 6 I ist nach Ansicht des BVerfG die Vereinigung eines Mannes mit einer Frau zu einer auf Dauer angelegten Lebensgemeinschaft zu verstehen, in der sie als gleichberechtigte Partner ihr Zusammenleben frei ausgestalten können. Sie muss auf einem freien Entschluss beruhen und unter der Mitwirkung des Staates erfolgen (BVerfGE 105, 313 [345]). **9**

Die Ehe i. S. v. Art. 6 I muss zwar auf Dauer angelegt sein, aber nicht tatsächlich auf Dauer bestehen, um durch dieses Grundrecht geschützt zu werden. Es gewährleistet neben der Eingehung der Ehe auch das Recht zur Scheidung, wenn die Ehe scheitert (s. Rn. 17). Auf dieses Recht können die Eheleute nicht verzichten (v. Coelln, in: Sachs, Art. 6 Rn. 5). Allerdings muss die Scheidung nach der grundsätzlichen Wertentscheidung des Art. 6 I die Ausnahme bleiben. Das Scheidungsrecht muss daher eheerhaltende Elemente aufweisen (BVerfGE 53, 224 [245 f.]). **10**

Der verfassungsrechtliche Schutz der Ehe durch Art. 6 I setzt die Mitwirkung des Staates bei der Eheschließung (und -aufhebung) voraus. Allein kirchlich geschlossene Ehen sind nicht durch dieses Grundrecht geschützt. Gleiches gilt mangels Freiwilligkeit für die Zwangsehe (v. Coelln, in: Sachs, Art. 6 Rn. 8, 13) und für die Scheinehe, da sie die Gestaltungsmöglichkeiten der Ehe missbraucht (vgl. BVerfG [K], FamRZ 2003, 1000). Dagegen ist die nach ausländischem Recht wirksam geschlossene Ehe auch dann geschützt, wenn das ausländische Recht den deutschen Formerfordernissen an die Eheschließung nicht genügt (BVerfGE 62, 323 [331]; 76, 1 [41 f.]). **11**

Art. 6 I schützt nur die Einehe, nicht die Mehrehe (BVerfGE 62, 323 [330]; a. A. für nach ausländischem Recht gültige Mehrehen zwischen Ausländern Robbers, in: MKS, Art. 6 Rn. 42). Kinder aus einer Mehrehe können unter den Schutz der Familie (Rn. 36) fallen (Jarass, in: JP, Art. 6 Rn. 9). Unerheblich für den Tatbestand der Ehe ist, ob es sich um die erste Ehe eines der Partner handelt oder nicht (BVerfGE 55, 114 [128 f.]). **12**

(2) Nichteheliche Lebensgemeinschaften. Nichteheliche Lebensgemeinschaften sind nicht durch Art. 6 I geschützt, da die Partner den konstitutiven staatlichen Mitwirkungsakt bei der Eheschließung nicht wollen oder auf diesen zumindest bewusst verzichten. Diese Gemeinschaften stellen somit ein aliud zur Ehe dar und unterfallen allein dem Schutzbereich des Art. 2 I (Art. 2 Rn. 43; Gröschner, in: Dreier, Art. 6 Rn. 57). **13**

(3) Eingetragene Lebenspartnerschaften. Für intensive Diskussionen hat die Frage gesorgt, ob die (allein) für gleichgeschlechtliche Beziehungen gesetzlich eröffnete Möglichkeit, eine eingetragene Lebenspartnerschaft einzugehen, den Schutz des Art. 6 I genießt. Ein wesentlicher Streitpunkt ist, ob die Geschlechterverschiedenheit konstitutive Voraussetzung für den institutionellen Schutz der Ehe ist. Dies wird überwiegend mit der Begründung angenommen, dass nur die Verbindung zwischen Mann und Frau wegen der zumindest prinzipiellen Offenheit in Richtung der Familie verfassungsrechtlich schützenswert ist (BVerfG [K], NJW 1993, 3058; v. Coelln, in: Sachs, Art. 6 Rn. 6). **14**

Diese Begrenzung der Ehe durch ihre Verknüpfung mit der Fortpflanzungsmöglichkeit begegnet Zweifeln. Denn nach allgemeiner Ansicht kann es für den Schutz nach Art. 6 I weder auf die individuelle Zeugungs- oder Gebärfähigkeit (BVerfGE 49, 286 **15**

[300]) noch auf den Willen des Einzelnen ankommen, hiervon Gebrauch zu machen (Gröschner, in: Dreier, Art. 6 Rn. 44). Warum soll dann die Fortpflanzungsmöglichkeit das entscheidende Kriterium sein? Insoweit scheint es konsequenter, die Geschlechterverschiedenheit als entstehungsgeschichtlich verfestigtes Wesensmerkmal des Art. 6 I einzuordnen, das als Bestandteil der Institutsgarantie der Ehe (Rn. 19) der Disposition des Gesetzgebers entzogen ist. Allerdings führt dies im Ergebnis dazu, dass moralische Wertungen des noch (?) überwiegenden Teils der Gesellschaft die Institutsgarantie formen. Dies hat eine Verkürzung des Schutzbereichs des Grundrechts der Ehe zur Folge, was dem Wesen der Freiheitsgrundrechte widerspricht. Sie bezwecken auch und gerade den Schutz der Rechte von Minderheiten. Gleichwohl hält das BVerfG bisher daran fest, dass Art. 6 I gleichgeschlechtlichen Lebenspartnerschaften keinen Raum zur Eheschließung bietet.

16 Das hindert den Gesetzgeber jedoch nicht daran, für solche Partnerschaften geeignete Institute bereitzustellen, was durch das Gesetz über die Eingetragene Lebenspartnerschaft (LPartG) v. 16.2.2001 (BGBl. I S. 266) geschehen ist. Das BVerfG hat in seinem grundlegenden Urteil v. 17.7.2002 festgestellt, dass das LPartG und damit die eingetragene Lebenspartnerschaft verfassungsrechtlich nicht zu beanstanden sind (BVerfGE 105, 313 [342ff.]). Es hat allerdings zugleich betont, dass es sich bei der eingetragenen Lebenspartnerschaft nicht um ein „anderes Institut mit derselben Funktion“ wie die Ehe, sondern gerade um ein aliud zu dieser handelt (BVerfGE 105, 313 [350f.]). Die Lebenspartner werden daher nicht durch Art. 6 I, sondern nur durch Art. 2 I geschützt (Art. 2 Rn. 43). Die entscheidende Frage ist aber, ob der Gesetzgeber die Lebenspartnerschaft als aliud der Ehe annähern oder gleichstellen, d.h. insbesondere in vergleichbarer Weise begünstigen kann oder evtl. sogar muss (dazu Rn. 21).

17 *bb) Gewährleistungen des Art. 6 I. (1) Subjektives Recht.* Art. 6 I schützt als subjektives Recht neben der Eheschließung (BVerfGE 29, 166 [175]; 105, 313 [342]) auch das eheliche Zusammenleben (Jarass, in: JP, Art. 6 Rn. 6) sowie die Ehescheidung (BVerfGE 31, 58 [82f.]; 53, 224 [250]). Auch die gesetzlich vorgesehenen Folgewirkungen einer geschiedenen Ehe, etwa die Unterhaltsregelungen, unterfallen dem Schutz dieses Grundrechts. Das eheliche Pflichtenverhältnis wird zwar durch die Scheidung verändert, nicht jedoch abrupt beendet (BVerfGE 53, 257 [297]; 66, 84 [93]; 108, 351 [363f.]). Ähnlich verhält es sich, wenn die Ehe durch den Tod eines Ehepartners aufgelöst wird (BVerfGE 62, 323 [329f.]).

18 **Beispiele für durch Art. 6 I geschütztes Verhalten:**

- Wahl des Ehepartners und des Zeitpunkts der Eheschließung (Jarass, in: JP, Art. 6 Rn. 7)
- Entscheidung, ob und welcher gemeinsame Ehename geführt werden soll (BVerfGE 104, 373 [387])
- Regelung des Ehegüterrechts und der finanziellen Beziehungen durch die Ehepartner (BVerfGE 53, 257 [296f.])
- Entscheidung für eine gemeinsame Wohnung (BVerfGE 114, 316 [335]) oder für getrennte Lebensmittelpunkte (Gröschner, in: Dreier, Art. 6 Rn. 66)
- Ehevertragsfreiheit (BVerfGE 103, 89 [101])
- negative Eheschließungsfreiheit (Robbers, in: MKS, Art. 6 Rn. 57; anders BVerfGE 56, 363 [384f.], wonach diese allein nach Art. 2 I geschützt ist).

19 *(2) Institutsgarantie und objektive Wertentscheidung.* Als objektives Recht verpflichtet Art. 6 I den Gesetzgeber, bei der einfachrechtlichen Ausgestaltung der Ehe die Institutsgarantie und die besondere Wertentscheidung dieser Verfassungsnorm zu beachten. Aufgrund der *Institutsgarantie* hat der Gesetzgeber die „Ehe als Lebensform anzubieten und zu schützen“ (BVerfGE 105, 313 [344]). Als grundlegende *Wertentscheidung* ist Art. 6 I bei der Auslegung und Anwendung des Zivilrechts zu berücksichtigen, sodass etwa Zölibatsklauseln in nicht konfessionsgebundenen Ämtern unwirksam sind (v. Coelln, in: Sachs, Art. 6 Rn. 28).

(3) Schutz- und Förderpflicht. Darüber hinaus ergibt sich aus der objektiv-rechtlichen Wertentscheidung eine Verpflichtung des Gesetzgebers zum Schutz und zur Förderung der Ehe, die allerdings „unter dem Vorbehalt des Möglichen im Sinne dessen steht, was der Einzelne vernünftigerweise von der Gesellschaft beanspruchen kann" (BVerfGE 97, 332 [349]). Angesichts dieser staatlichen Förderpflicht ist die gemeinsame Veranlagung bei der Berechnung der Einkommensteuer, das sog. „Ehegattensplitting", verfassungsgemäß (BVerfGE 61, 319 [347]). Allerdings ist diese Form der Förderung der Ehe wegen des Gestaltungsspielraums des Gesetzgebers nicht durch Art. 6 I zwingend verfassungsrechtlich geboten. Außerdem rechtfertigt diese Förderpflicht aus Art. 6 I nicht die Schlechterstellung von eingetragenen Lebenspartnern im Hinblick auf diese einkommensteuerrechtliche Begünstigung (BVerfGE 133, 377 [409ff. Rn. 80ff.]; für ein Besserstellungsgebot der Ehe v. Coelln, in: Sachs, Art. 6 Rn. 50). **20**

(4) Schlechterstellungsgebot oder Distanzgebot gegenüber anderen Lebensgemeinschaften? Aus dem besonderen verfassungsrechtlichen Schutz der Ehe folgt für den Gesetzgeber weder das Gebot, nichteheliche Lebensgemeinschaften und eingetragene Lebenspartnerschaften gegenüber der Ehe generell schlechter zu stellen, noch ein Abstandsgebot (BVerfGE 105, 313 [348]; 124, 199 [226]; Wasmuth, Der Staat 41 [2002], 47 [55ff.]; a.A. Badura, in: MD, Art. 6 Rn. 56). Für die Benachteiligung dieser Lebensgemeinschaften „bedarf es jenseits der bloßen Berufung auf Art. 6 I eines hinreichend gewichtigen Sachgrundes, der gemessen am jeweiligen Regelungsgegenstand und -ziel die Benachteiligung anderer Lebensformen rechtfertigt" (BVerfGE 124, 199 [226]). Ein solcher Grund ist zwar für nichteheliche Lebensgemeinschaften anzuerkennen, da sie schwächeren Bindungen unterliegen als ein Eheverhältnis. Dagegen ist nach Ansicht des BVerfG für eingetragene Lebenspartnerschaften ein sachlicher Grund für ihre Schlechterstellung gegenüber der Ehe grds. nicht gegeben. Das Gericht verlangt daher zunehmend die Angleichung der Rechte aus einer Lebenspartnerschaft an die Rechte aus einer Ehe gem. Art. 6 I (s. zuletzt für das Adoptionsrecht BVerfGE 133, 59 [86ff. Rn. 71ff.]). **21**

b) Persönlicher Schutzbereich

In persönlicher Hinsicht schützt Art. 6 I seinem Wesen nach nur natürliche Personen, d.h. jeden Ehepartner (BVerfGE 13, 290 [297f.]). Das gilt auch für Ausländer und Staatenlose (BVerfGE 31, 58 [67]). Für den Grundrechtsschutz ist zudem unerheblich, gegen welchen Ehepartner sich der Eingriff im Einzelnen richtet (BVerfGE 76, 1 [45]). **22**

c) Konkurrenzen

Art. 6 I beschränkt als besondere Wertentscheidung die Gestaltungsfreiheit des Gesetzgebers im Rahmen des Art. 3 I (BVerfGE 18, 257 [269]). Der Ausgleich zwischen kollidierenden Rechten ist besonders problematisch, wenn es um den Konflikt zwischen zwei gleichermaßen durch Art. 6 I geschützte Rechtspositionen geht (BVerfGE 66, 84 [94]). **23**

Beispiel: Gesetzliche Regelung des Verhältnisses der Unterhaltsansprüche von geschiedenen und neuen Ehegatten. **23a**

Das allgemeine Persönlichkeitsrecht nach Art. 2 I i.V.m. Art. 1 I wird durch Art. 6 I verstärkt, soweit die Privatsphäre der Ehepartner betroffen ist. Ebenso verhält es sich mit dem Schutz der ehelichen Wohnung durch Art. 13 und Art. 6 I (Gornig, in: MKS, Art. 13 Rn. 51). Im Aufenthaltsrecht kommt dem Schutz der Ehe ein besonderes Gewicht bei der Interessenabwägung zwischen privaten und öffentlichen Belangen zu (BVerfGE 51, 386 [397]). Art. 6 I kann den Ermessensspielraum der Ausländerbehörden einschränken (BVerfGE 76, 1 [49f.]; s. auch Rn. 31). **23b**

2. Eingriff

a) Merkmale

24 In Art. 6 I greifen alle staatlichen Maßnahmen ein, welche die Ehe im immateriell-persönlichen oder materiell-wirtschaftlichen Bereich beeinträchtigen (BVerfGE 33, 236 [238]; 66, 84 [94]). Die Erschwerung der Vereinbarkeit von Ehe und Berufsausübung (BVerfGE 107, 27 [54f.]) stellt ebenso einen Eingriff dar, wie die für die rechtliche Anerkennung einer Geschlechtsänderung vorausgesetzte Ehelosigkeit und der damit einhergehende Druck, eine bestehende Ehe aufzulösen (BVerfGE 121, 175 [196f.]). Kein Eingriff sind hingegen grds. solche Belastungen, die lediglich in Einzelfällen als unbeabsichtigte Nebenfolge einer sonst rechtmäßigen Regelung eintreten (BVerfGE 6, 55 [77]; 23, 74 [84]).

24a **Beispiel:** Kein Eingriff in Art. 6 I besteht in der Residenzpflicht von Notaren, wonach diese grundsätzlich verpflichtet sind, am Amtssitz eine Wohnung zu nehmen, § 2 II 2 BNotO (BVerfG [K], NJW 1992, 1093).

25 Werden rechtliche Nachteile an die Ehe geknüpft, liegt hierin eine Beeinträchtigung des Art. 6 I. Voraussetzung hierfür ist eine Ungleichbehandlung von Ehegatten gegenüber Ledigen (BVerfGE 87, 234 [259]) oder gegenüber nichtehelichen Lebensgemeinschaften (BVerfGE 105, 313 [346]). Exemplarisch hierfür war die Regelung der Zweitwohnungsteuer, weil die eheliche Wohnung nach den Vorschriften des Melderechts zwingend die Erstwohnung ist. Arbeitete ein Ehegatte an einem anderen Ort und nahm sich dort eine Wohnung, war dies zwangsläufig die Zweitwohnung mit entsprechender Steuerpflicht. Die Gerichte haben dies als unzulässige Benachteiligung der Ehe gerügt und den Gesetzgeber aufgefordert, für diese Fälle eine Befreiung von der Steuerpflicht vorzusehen (BVerfGE 114, 316 [335ff.]). Dieser Forderung tragen die gemeindlichen Zweitwohnungsteuersatzungen Rechnung.

26 Hingegen ist Art. 6 I kein Prüfungsmaßstab für die Ungleichbehandlung verschiedener Ehen. Das gilt etwa in Bezug auf Erst- und Zweitehe (BVerfGE 66, 84 [94f.]).

b) Abgrenzung zur Ausgestaltung

27 Keinen Eingriff stellt die gesetzliche Ausgestaltung der Ehe dar, auf die der Schutz dieser Lebensgemeinschaft durch Art. 6 I als normgeprägtes Grundrecht in besonderem Maße angewiesen ist. Hierbei kommt dem Gesetzgeber ein weiter Gestaltungsspielraum zu (BVerfGE 31, 58 [69f.]; 105, 313 [345]). Grenzen der Ausgestaltung ergeben sich aus den Wesensmerkmalen der Ehe, zu denen das BVerfG die Geschlechterverschiedenheit der Ehepartner zählt (s. Rn. 9, 15). Eine gesetzliche Ausgestaltung der Ehe ist rechtmäßig, wenn sie an ihrem Wesen und an ihrer Funktion ausgerichtet, hinreichend bestimmt und verhältnismäßig ist.

3. Rechtfertigung des Eingriffs

28 Der Schutz der Ehe nach Art. 6 I steht unter keinem Vorbehalt und ist mithin schrankenlos gewährleistet (BVerfGE 31, 58 [68f.]). Eingriffe können daher allein durch kollidierendes Verfassungsrecht, insbesondere die Grundrechte Dritter, gerechtfertigt werden (dazu Jarass, in: JP, Art. 6 Rn. 23).

II. Schutz der Familie (Abs. 1)

1. Schutzbereich

a) Sachlicher Schutzbereich

29 *aa) Familie als Schutzgegenstand.* Familie i.S.d. Art. 6 I ist „die natürliche Lebens- und Erziehungsgemeinschaft von Eltern und Kindern" (BVerfGE 127, 263 [287]), die

durch Geburt oder durch staatliche Anerkennung, etwa durch Adoption, entsteht (BVerfGE 80, 81 [90]). Geschützt wird auch die tatsächliche Lebens- und Erziehungsgemeinschaft zwischen nur einem Elternteil und einem Kind (BVerfGE 45, 104 [123]). Leben die Eltern eines Kindes getrennt, „hat das Kind zwei Familien, wenn beide Elternteile trotz ihres Getrenntlebens tatsächlich für das Kind Verantwortung tragen: die mit der Mutter und die mit dem Vater" (BVerfGE 127, 263 [287]). Art. 6 I schützt auch die Gemeinschaft zwischen dem nichtehelichen Kind und seiner Mutter (BVerfGE 8, 210 [215]) bzw. seinem Vater (BVerfGE 45, 104 [123]). Das gilt auch für bereits volljährige Kinder (BVerfGE 57, 170 [178]).

Leben eingetragene Lebenspartner mit dem leiblichen oder angenommenen Kind **29a**
eines Lebenspartners in sozial-familiärer Gemeinschaft, bilden sie mit diesen eine durch Art. 6 I geschützte Familie, wenn die Gemeinschaft auf Dauer angelegt ist und umfassend als solche gelebt wird (BVerfGE 133, 59 [59 LS 3, 82 Rn. 61]). Das entspricht auch der Rechtsprechung des EGMR (NJW 2011, 1421 [1424f. Rn. 90ff.]; NJW 2014, 2561 [2562 Rn. 27]). Der gesetzliche Ausschluss einer Sukzessivadoption durch gleichgeschlechtliche Lebenspartner greift jedoch nicht in das Familiengrundrecht des Art. 6 I ein, da er das tatsächliche Zusammenleben der Lebenspartner mit dem Kind nicht unmittelbar betrifft. Nach Ansicht des BVerfG gestaltet der Gesetzgeber das Familiengrundrecht vielmehr in zulässiger Weise aus (BVerfGE 133, 59 [84ff. Rn. 67ff.]).

Das BVerfG hat den Schutz der Familie durch Art. 6 I zunächst auf die Gemein- **30**
schaft von Eltern und Kindern, also auf die Kleinfamilie, beschränkt und die Generationen-Großfamilie davon ausgenommen (BVerfGE 48, 327 [339]). Dagegen legt der EGMR das Merkmal „Familienleben" in Art. 8 I EMRK extensiver aus. Er bezieht zumindest auch nahe Verwandte wie Enkel und Großeltern mit ein (EGMR, NJW 1979, 2449 [2452]). Dieses Bild des Familienlebens des EGMR ist nach dem Grundsatz der völkerrechtsfreundlichen Interpretation des Grundgesetzes (Art. 1 Rn. 73ff.) bei der Auslegung und Anwendung des Art. 6 I durch die deutschen Gerichte zu beachten (BVerfG [K], NJW 2009, 1133 [1134]).

Inzwischen versteht das BVerfG den Begriff der Familie unter Aufgabe seiner frühe- **30a**
ren Rechtsprechung, aber ohne expliziten Bezug auf die Rechtsprechung des EGMR, in einem umfassenderen Sinne. Ausschlaggebend hierfür ist die Einsicht, dass das Familiengrundrecht des Art. 6 I generell den Schutz spezifisch familiärer Bindungen bezweckt. „Sie können auch zwischen erwachsenen Familienmitgliedern (vgl. BVerfGE 80, 81 [91]) und – wenngleich regelmäßig weniger ausgeprägt – über mehrere Generationen hinweg zwischen den Mitgliedern einer Großfamilie bestehen. Intensive Familienbindungen treten nicht nur im Verhältnis zwischen heranwachsenden Kindern und Eltern auf, sondern sind auch zwischen Mitgliedern der Generationen-Großfamilie möglich. Besondere Zuneigung und Nähe, familiäre Verantwortlichkeit füreinander, Rücksichtnahme- und Beistandsbereitschaft können insbesondere im Verhältnis zwischen Enkeln und Großeltern, aber auch zwischen nahen Verwandten in der Seitenlinie zum Tragen kommen. Bestehen zwischen nahen Verwandten tatsächlich von familiärer Verbundenheit geprägte engere Bindungen, sind diese vom Schutz des Art. 6 I erfasst" (BVerfGE 136, 382 [388f. Rn. 22f.]).

bb) Gewährleistungen des Art. 6 I. In subjektiver Hinsicht gewährleistet das Familien- **31**
grundrecht insbesondere „das Zusammenleben der Familienmitglieder und die Freiheit, über die Art und Weise der Gestaltung des Zusammenlebens selbst zu entscheiden" (BVerfGE 133, 59 [84 Rn. 67]). Art. 6 I enthält ein Abwehrrecht gegen staatliche Beeinträchtigungen dieser Freiheitsgewährleistungen. Dazu kommt es etwa, wenn eine gesetzliche Regelung „in den Kreis der Umgangsberechtigten den leiblichen, aber nicht rechtlichen Vater eines Kindes auch dann nicht mit einbezieht, wenn zwischen ihm und dem Kind eine sozial-familiäre Beziehung besteht oder bestanden hat" (BVerfGE 108, 82 [117f.]).

31a Darüber hinaus gewährleistet dieses Grundrechts die Freiheit der Familiengründung, d. h. ob und wie viele Kinder ein Paar haben möchte (Robbers, in: MKS, Art. 6 Rn. 92). Erhebliche Bedeutung erlangt Art. 6 I im Aufenthaltsrecht. Die Ausländerbehörde muss den besonderen Schutz der Familie, der das Zusammenleben von Eltern und Kindern umhegt, bei der Entscheidung über die Aufenthaltsgenehmigung oder Ausweisung eines ausländischen Familienmitglieds berücksichtigen (vgl. auch Rn. 23b). Allerdings begründet Art. 6 I kein allgemeines Aufenthalts- oder Familiennachzugsrecht (BVerfGE 76, 1 [47]; 80, 81 [93]).

32 Im Erbrecht begrenzt das strukturprägende Merkmal der Nachlassteilhabe von Kindern die Testierfreiheit des Erblassers nach Art. 14 I. Die Beschränkung ist Ausdruck „einer Familiensolidarität, die in grundsätzlich unauflösbarer Weise zwischen dem Erblasser und seinen Kindern besteht." Art. 6 I schützt dieses Verhältnis als lebenslange Gemeinschaft. In ihr sind Eltern und Kinder nicht nur berechtigt, sondern auch verpflichtet, füreinander sowohl materiell als auch personell Verantwortung zu übernehmen (BVerfGE 112, 332 [352f.]).

33 **Beispiele:**
- Pflichtteilsrecht aus Art. 14 I i. V. m. Art. 6 I (§§ 2303 ff. BGB)
- (Familien-)Unterhaltsrecht (§§ 1601 ff. BGB).

34 In objektiv-rechtlicher Hinsicht enthält Art. 6 I eine *Institutsgarantie* für die Familie. Sie sichert „den Kern der das Familienrecht bildenden Vorschriften insbesondere des bürgerlichen Rechts gegen eine Aufhebung oder wesentliche Umgestaltung und schützt gegen staatliche Maßnahmen, die bestimmende Merkmale des Bildes von der Familie, das der Verfassung zugrunde liegt, beeinträchtigen" (BVerfGE 80, 81 [92]).

35 Darüber hinaus begründet Art. 6 I eine allgemeine *Förderpflicht* des Staates zugunsten der Familie, die allerdings unter dem Vorbehalt des Möglichen steht (BVerfGE 82, 60 [82]; 103, 242 [259]). Außerdem hat der Gesetzgeber einen Ermessensspielraum hinsichtlich Art und Umfang der Förderung. Die Förderpflicht geht jedenfalls nicht so weit, dass alle mit der Familie verbundenen finanziellen Nachteile ausgeglichen werden müssen (BVerfGE 87, 1 [35]). Zudem ergeben sich aus dieser objektiven Förderpflicht grds. keine subjektiven Ansprüche auf bestimmte staatliche Leistungen oder konkrete Formen der Rechtsgewährleistung, etwa in Bezug auf das Sorgerecht (BVerfGE 39, 316 [326]; 57, 361 [385 ff.]).

35a **Beispiele:**
- Art. 6 I verlangt zwar, dass bei der Besteuerung einer Familie das Existenzminimum sämtlicher Familienmitglieder steuerfrei bleibt (BVerfGE 110, 412 [434]). Konkrete Maßstäbe für die Umsetzung dieser Forderung im Steuer-, Renten- und Kindergeldrecht lassen sich hieraus aber nicht ableiten (vgl. BVerfGE 43, 108 [121]; 47, 1 [24]).
- Es ist umstritten, ob der Bund durch Einführung des Betreuungsgeldes (§§ 4a ff. BEEG) gegen das in Art. 6 I i. V. m. Art. 3 I verankerte Neutralitätsgebot für die Behandlung unterschiedlicher Formen familiären Zusammenlebens verstoßen hat (dazu Brosius-Gersdorf, NJW 2013, 2316 [2318 ff.]); für Verfassungswidrigkeit wegen Verstoßes gegen Art. 72 II BVerfG, Urt. v. 21.7.2015, 1 BvF 2/3; s. auch Art. 74 Rn. 22a).

b) Persönlicher Schutzbereich

36 Der Schutz des Art. 6 I ist von vornherein auf natürliche Personen beschränkt (s. für die Ehe Rn. 22). Geschützt wird jedes Familienmitglied, auch volljährige Kinder, nichteheliche Kinder und Kinder aus Mehrehen.

c) Konkurrenzen

37 Der Schutz der Ehe und der Familie sind zwei voneinander unabhängige Gewährleistungen des Art. 6 I. So wird die Beziehung eines kinderlosen Ehepaares zwar als

Ehe, aber nicht als Familie geschützt (Rn. 29). Lebt hingegen ein unverheirateter oder geschiedener Elternteil allein in einer Lebens- und Erziehungsgemeinschaft mit seinem Kind, genießt diese Gemeinschaft den Schutz der Familie, nicht aber der Ehe.

2. Eingriff

a) Merkmale

Als Eingriff in das Familiengrundrecht des Art. 6 I ist jede staatliche Maßnahme zu qualifizieren, welche die als Familie geschützte Lebensgemeinschaft im immateriell-persönlichen oder im materiell-wirtschaftlichen Bereich beeinträchtigt (vgl. für die Ehe Rn. 24). Auch die gesetzliche Schlechterstellung von Familienmitgliedern gegenüber Nichtfamilienmitgliedern (BVerfGE 28, 104 [112]) oder von Eltern gegenüber kinderlosen Einzelpersonen kann als Verstoß gegen die Förderpflicht für die Familie in Art. 6 I eingreifen (BVerfGE 82, 60 [80]; 112, 268 [279]). **38**

b) Abgrenzung zur Ausgestaltung

Auch beim Schutz der Familie muss zwischen Eingriff und rechtmäßiger Ausgestaltung unterschieden werden. Das ist zuletzt anhand des gesetzlichen Ausschlusses der Sukzessivadoption durch eingetragene Lebenspartner deutlich geworden, die das BVerfG als bloße Ausgestaltung des Familiengrundrechts qualifiziert hat (BVerfGE 133, 59 [84ff. Rn. 67ff.]). Der Gesetzgeber muss dabei das Wesen und die Funktion dieses Grundrechts sowie die Grundsätze der Bestimmtheit und Verhältnismäßigkeit beachten. Außerdem besteht kein „Bestandschutz" für die Aufrechterhaltung gesetzlicher Regelungen, die das Familiengrundrecht rechtmäßig ausgestalten. **39**

3. Rechtfertigung des Eingriffs

Eine Beeinträchtigung des Schutzes der Familie gem. Art. 6 I kann allein durch verfassungsimmanente Schranken gerechtfertigt werden. Sie können sich insbesondere aus den Grundrechten anderer Familienangehöriger ergeben (Jarass, in: JP, Art. 6 Rn. 23). Soll ein Kind von seinem Erziehungsberechtigten getrennt werden, ist Art. 6 III als spezielle Regelung zu beachten. **40**

III. Elternrecht (Abs. 2 und 3)

1. Allgemeines

Art. 6 II 1 schützt die Pflege und Erziehung der Kinder als das natürliche Recht der Eltern und bezeichnet dies zugleich als die zuvörderst ihnen obliegende Pflicht. Dabei geht Art. 6 II 1 von einer auf Zeugung begründeten leiblichen Elternschaft aus. Allerdings kann die Elternschaft auch durch eine sozial-familiäre Verantwortungsgemeinschaft entstehen (BVerfGE 108, 82 [106]). Exemplarisch hierfür ist der sog. rechtliche Vater (Rn. 62ff.). **41**

Das sog. Elternrecht ist somit das einzige Grundrecht, das nicht nur Rechte, sondern auch eine Pflicht (Elternpflicht) gegenüber dem Kind (Elternverantwortung) begründet. Im Verhältnis zum Staat gewährleistet Art. 6 II 1 den Eltern das Recht, „grundsätzlich frei von staatlichen Einflüssen und Eingriffen nach eigenen Vorstellungen darüber [zu] entscheiden, wie sie die Pflege und Erziehung ihrer Kinder gestalten und damit ihrer Elternverantwortung gerecht werden wollen" (BVerfGE 59, 360 [376f.]). In dieses Freiheitsrecht darf der Staat nur dann eingreifen, wenn dies durch das ihm nach Art. 6 II 2 zustehende Wächteramt gerechtfertigt ist (s. Rn. 74ff.; zu Art. 6 III s. Rn. 80ff.). **41a**

Das Elternrecht ist in subjektiv-rechtlicher Hinsicht primär ein Abwehrrecht gegen den Staat (BVerfGE 107, 104 [117]). Wegen der korrespondierenden Elternpflicht **41b**

(Rn. 57 ff.) steht den Eltern allerdings keine negative Freiheit zu. Sie können für die Entscheidung, Pflege und Erziehung ihrer Kinder nicht zu übernehmen, nicht den Schutz durch Art. 6 II 1 beanspruchen (BVerfGE 24, 119 [143]). Im Verhältnis zwischen Eltern und Kind wird das Elternrecht durch das Kindeswohl geleitet und begrenzt (Rn. 48).

42 In objektiv-rechtlicher Hinsicht wird die Grundentscheidung, dass die Verantwortung für Pflege und Erziehung der Kinder zuvörderst den Eltern obliegt, als Rechtsinstitut garantiert. Sie ist dadurch in ihrem Kerngehalt dem Zugriff des Gesetzgebers entzogen. Darüber hinaus bindet Art. 6 II 1 als wertentscheidende Grundsatznorm für das Eltern-Kind-Verhältnis neben dem Gesetzgeber auch die Verwaltung und die Rechtsprechung bei der Auslegung und Anwendung des einfachen Rechts (Uhle, in: EH, Art. 6 Rn. 48).

2. Schutzbereich

a) Sachlich

43 *aa) Schutzgegenstand.* Der sachliche Schutzbereich des Art. 6 II 1 umfasst die freie Entscheidung über Pflege und Erziehung. *Pflege* bedeutet die Sorge für das körperliche Wohl, Ernährung, Gesundheit und Vermögen. *Erziehung* beinhaltet „die Sorge für die seelische und geistige Entwicklung des Kindes sowie die Vermittlung von Wissen und Wertorientierung" (Jarass, in: JP, Art. 6 Rn. 42).

44 **Beispiele:**
- Recht auf Namensgebung (BVerfGE 104, 373 [385])
- Recht auf Entscheidung über die Sexualerziehung (BVerfGE 47, 46 [70])
- Entscheidung über die Lektüre des Kindes (BVerfGE 7, 320 [324]; 83, 130 [139])
- Wahl des von dem Kind einzuschlagenden Bildungswegs in der Schule (BVerfGE 34, 165 [184]).
- Recht der Mutter auf Rückführung ihres vorläufig in einem Waisenhaus untergebrachten Kindes in ihre neue Wohnung (BVerfG [K], NJW 2014, 2936 [2936 ff. Rn. 16 ff.).

45 *bb) Gewährleistungen. (1) Elternrecht.* Die Eltern können nach Art. 6 II 1 „grundsätzlich frei von staatlichem Einfluss nach eigenen Vorstellungen darüber entscheiden, wie sie ihrer Elternverantwortung gerecht werden wollen. Ziel, Inhalt und Methoden der elterlichen Erziehung liegen im Verantwortungsbereich der Eltern. Konkrete Erziehungsziele sind ihnen von Verfassungs wegen nicht vorgegeben. [...] Die Eltern genießen insoweit Vorrang vor anderen Erziehungsträgern" (BVerfGE 107, 104 [117]). Anders verhält es sich nur im Schulwesen. Hier treffen das elterliche Erziehungsrecht aus Art. 6 II 1 und der staatliche Erziehungsauftrag aus Art. 7 I als kollidierendes Verfassungsrecht gleichgeordnet aufeinander (BVerfGE 34, 165 [183]; 52, 223 [236]; Rn. 69, 78 f.).

46 Art. 6 II 1 garantiert zusammen mit Art. 4 I „auch das Recht zur Kindererziehung in religiöser und weltanschaulicher Hinsicht. Daher ist es zuvörderst Sache der Eltern, ihren Kindern diejenigen Überzeugungen in Glaubens- und Weltanschauungsfragen zu vermitteln, die sie für richtig halten" (BVerfGE 108, 282 [301]). Das schließt die Entscheidung über die Zugehörigkeit zu einer Glaubensgemeinschaft nebst damit verbundenen Pflichten und die Unterweisung in religiösen Gebräuchen ein. Außerdem haben Eltern das Recht, ihre Kinder von Glaubensüberzeugungen fern zu halten, die sie für falsch oder schädlich halten (BVerfGE 93, 1 [17]).

47 **Beispiele:**
- Teilnahme am Konfirmationsunterricht
- Tragen eines Kreuzes oder einer Kippa
- Forderung, ein sog. Kruzifix im Klassenzimmer einer staatlichen Volksschule zu entfernen (BVerfGE 93, 1 [17]).

(a) Begrenzung durch das Wohl des Kindes. Die Ausübung des Elternrechts muss sich am Wohl des Kindes als oberster Richtschnur ausrichten (BVerfGE 121, 69 [92f.]). Dieses zieht dem Erziehungsrecht der Eltern Grenzen. Bei ihrer Ermittlung sind grundrechtliche Wertungen zu berücksichtigen. Dabei ist auf die Auswirkungen der elterlichen Entscheidung für das Kind abzustellen, etwa für sein allgemeines Persönlichkeitsrecht (Art. 2 I i.V.m. Art. 1 I). Insoweit ist zu beachten, dass mit „abnehmender Pflege- und Erziehungsbedürftigkeit sowie zunehmender Selbstbestimmungsfähigkeit des Kindes die im Elternrecht wurzelnden Rechtsbefugnisse zurückgedrängt werden, bis sie schließlich mit der Volljährigkeit des Kindes erlöschen“ (BVerfGE 59, 360 [382]; Rn. 73). Treten solche Konflikte in typischen Situationen auf, muss der Gesetzgeber antizipatorisch Regeln für ihre Auflösung bereitstellen. 48

Beispiel: Nach § 5 S. 1 des Gesetzes über religiöse Kindererziehung steht dem Kinde die Entscheidung darüber zu, zu welchem religiösen Bekenntnis es sich halten will. 48a

(b) Entscheidungsprärogative, Entscheidungsvorrang und Entscheidungsspielraum der Eltern. Legt der Gesetzgeber die Grenzen des elterlichen Erziehungsrechts fest, muss er folgende Grundsätze beachten: Nach Wortlaut („natürliches Recht“, „zuvörderst“) und Zweck des Art. 6 II 1 ist es zunächst und vorrangig Sache der Eltern zu bestimmen, was dem Wohl ihres Kindes dient. Sie haben eine *Entscheidungsprärogative* und, mit Ausnahme des schulischen Bereichs (Rn. 45, 69, 78f.), einen *Entscheidungsvorrang.* 49

Bei der Ausübung der Rechte aus Art. 6 II 1 verfügen die Eltern zudem über einen *Entscheidungsspielraum.* Dieser steht in engem Zusammenhang mit ihrem grundsätzlichen Entscheidungsvorrang. Danach ist es primär die Aufgabe der Eltern, die konkreten Ziele für die Erziehung des Kindes festzulegen. Das eröffnet ein breites Spektrum unterschiedlicher Gestaltungsmöglichkeiten, die vor allem von subjektiven Wertungen und ethischen bzw. religiösen Überzeugungen abhängen. Der Staat muss die Festlegung der Erziehungsziele und -maßnahmen durch die Eltern grds. respektieren. Es gehört nicht zu seinem Wächteramt aus Art. 6 II 2, gegen den Willen der Eltern für die aus seiner Sicht bestmögliche Erziehung des Kindes zu sorgen. Der Staat darf sich somit nicht auf den Thron des „Übervaters“ schwingen. 50

Die Eltern können am besten beurteilen, was dem Wohle ihres Kindes dient. Auch wenn man die Erziehungsauffassung mancher Eltern nicht teilt, was etwa die Höhe des Taschengeldes, die Ernährungsweise und die Freizeitgestaltung angeht, sind diese Wertungsspielräume dem Elternrecht des Art. 6 II 1 immanent und grds. hinzunehmen. Der Staat darf das Kindeswohl nicht als Hebel benutzen, um im Rahmen seines Wächteramtes nach Art. 6 II 2 das Elternrecht aus Art. 6 II 1 auszuhöhlen. Staatliche Beschränkungen sind daher nur bei objektiv nachweisbarer Gefährdung des Kindeswohls von gewisser Relevanz möglich. Dabei ist der Grundsatz der Verhältnismäßigkeit zu beachten. Art und Ausmaß der zulässigen Beschränkung des Elternrechts bestimmen sich nach dem Grad des Versagens der Eltern und danach, was im Interesse des Kindes geboten ist (BVerfGE 77, 170 [214]). 51

(c) Die Diskussion zur Beschneidung des männlichen Kindes. Erhebliche Probleme entstehen, wenn das Elternrecht aus Art. 6 II 1 mit dem Recht des Kindes auf körperliche Unversehrtheit (Art. 2 II 1) zusammentrifft. Während es früher vor allem um das Recht der Eltern zu körperlicher Züchtigung ging, sorgte zuletzt die auf Wunsch der Eltern vorgenommene Beschneidung des minderjährigen männlichen Kindes, vor allem wenn sie religiös motiviert ist, für heftige Diskussionen, die weit über den Bereich des Rechts hinausgehen. Die Art und Weise, wie diese Auseinandersetzung vor allem von Gegnern einer Beschneidung geführt wird, ist nicht nur für die unmittelbar betroffenen Juden und Muslime völlig inakzeptabel (s. nur Putzke, in: Franz [Hrsg.], Die Beschneidung von Jungen, 2014, S. 351ff.). 52

Der Anlass war das rechtskräftige Urteil, das die 1. Kleine Strafkammer des LG Köln, also ein einzelner Strafrichter, am 7.5.2012 erlassen hat (NJW 2012, 2128f.). 53

Darin wird festgestellt, dass die behandlungsfehlerfreie Beschneidung eines vierjährigen und somit nicht einwilligungsfähigen muslimischen Jungen auf Wunsch der Eltern durch einen Arzt den Tatbestand der Körperverletzung nach § 223 I StGB erfüllt. Die Begründung dieser Entscheidung ist wenig differenziert, teilweise nicht nachvollziehbar und verkennt wesentliche verfassungsrechtliche Gewährleistungen. So werden der Entscheidungsvorrang und -spielraum der Eltern bei Ausübung ihres Rechts aus Art. 6 II 1, der gerade bei der religiösen Erziehung eine wesentliche Rolle spielt (Rn. 45 f.), mit keinem Wort erwähnt. Stattdessen wird behauptet, die Beschneidung laufe dem Interesse des Kindes zuwider, später selbst über seine Religionszugehörigkeit entscheiden zu können. Dies impliziert, dass mit der Beschneidung eine irreversible Entscheidung für eine bestimmte Religion (welcher: muslimisch oder jüdisch?) verbunden sein soll – ein fundamentaler Irrtum (dazu Brosius-Gersdorf, Editorial JA 11/2012). Das zeigt schon die Tatsache, dass der Großteil der Beschneidungen weltweit nicht aus religiösen Gründen erfolgt.

54 Die Entscheidung des LG Köln hat vor allem bei der jüdischen und muslimischen Bevölkerung in Deutschland für erhebliche Verunsicherung gesorgt und in Jahren gewachsenes Vertrauen zerstört. Nach jüdischem Glauben ist die Beschneidung eines Knaben am achten Tag nach seiner Geburt ein in der Torah festgelegtes essenzielles Gebot (Gen. 17, 10–14), das zentraler Bestandteil der jüdischen Identität und konstitutiv für die Zugehörigkeit zur jüdischen Glaubensgemeinschaft ist. Welche Konsequenzen eine grundsätzliche Strafbarkeit der Beschneidung von Jungen in Deutschland vor diesem Hintergrund hat, liegt auf der Hand und dürfte auch dem LG Köln bekannt gewesen sein.

55 Der deutsche Gesetzgeber hat auf die dadurch entstandene erhebliche Rechtsunsicherheit unverzüglich reagiert und am 28.12.2012 einen neuen § 1631d in das BGB eingefügt (BGBl. 2012 I S. 2741). Er stellt ausdrücklich klar, dass die Personensorge auch das Recht umfasst, in eine medizinisch nicht erforderliche Beschneidung des nicht einsichts- und urteilsfähigen männlichen Kindes einzuwilligen, wenn diese nach den Regeln der ärztlichen Kunst durchgeführt werden soll. Dies soll nur dann nicht gelten, wenn das Kindeswohl durch die Beschneidung, auch unter Berücksichtigung ihres Zwecks, gefährdet wird. In diesem Zusammenhang ist darauf hinzuweisen, dass die Häufigkeit von Komplikationen bei der Beschneidung von Neugeborenen bei 0,2% liegt (vgl. BT-Drs. 17/11295, 8). Über die Notwendigkeit einer Betäubung muss der Arzt oder der Beschneider (Mohel, Rn. 56) aufgrund der Umstände des Einzelfalls entscheiden. Bei älteren Kindern – spätestens ab dem 6. Monat – ist eine Betäubung medizinisch, also nach den Regeln der ärztlichen Kunst, indiziert. Zudem ist eine umfassende vorherige Aufklärung der Eltern über den Eingriff erforderlich, was sich schon aus den geltenden Vorschriften ergibt.

56 Diese gesetzliche Klarstellung verdient (nicht nur) aus verfassungsrechtlichen Gründen der Zustimmung (dazu Antomo, Jura 2013, 425 ff.; Hörnle/Huster, JZ 2013, 328 ff.; Isensee, JZ 2013, 317 ff.; Rixen, NJW 2013, 257 ff.; Stumpf, DVBl. 2013, 141 ff.). Zunächst siedelt § 1631d BGB die Regelung der Beschneidung zutreffend im elterlichen Erziehungsrecht an, dem sie sachlich primär zuzuordnen ist. Die dabei zu beachtenden Grundsätze des Elternrechts aus Art. 6 II 1, der Religionsfreiheit nach Art. 4 I und II sowie der körperlichen Unversehrtheit des Kindes gem. Art. 2 II 1 werden in einen angemessenen Ausgleich gebracht, der in vorbildlicher Weise begründet wird. Die neue Vorschrift sieht zudem vor, dass in den ersten sechs Monaten nach der Geburt des Kindes auch von einer Religionsgemeinschaft vorgesehene Personen Beschneidungen durchführen dürfen, wenn sie dafür besonders ausgebildet und, ohne Arzt zu sein, für die Durchführung der Beschneidung vergleichbar befähigt sind. Das ermöglicht insbesondere jüdischen Religionsgemeinschaften gemäß ihres Grundrechts zur selbständigen Ordnung und Verwaltung ihrer Angelegenheiten (Art. 140 i. V. m. Art. 137 III 1 WRV) die Fortsetzung der bewährten Tradition, Beschneidungen durch sog. Mohalim vornehmen zu lassen, die hierfür fachlich befähigt und aus religiöser Sicht jüdischer Eltern hierfür besonders geeignet sind. Auf diese Weise wird dem Elternrecht auf religiöse Erziehung und dem Kindeswohl angemessen Rechnung getragen.

(2) Elternpflicht. Die Elternpflicht aus Art. 6 II 1 ist keine verfassungsimmanente Schranke des Elternrechts, sondern besteht als besondere Verpflichtung der Eltern neben diesem Recht. Diese ebenfalls in Art. 6 II 1 verankerte Pflicht besteht nicht allein dem Staat gegenüber, sondern gerade auch gegenüber dem Kind selbst (BVerfGE 68, 256 [267]). **57**

Beispiel: Zur Verantwortung der Eltern gehört es, die Betreuung des Kindes sicherzustellen und für einen angemessenen Unterhalt zu sorgen (BVerfGE 68, 256 [267]; 103, 89 [107]). **58**

Mit der Elternpflicht korrespondiert das Recht des Kindes auf Pflege und Erziehung durch seine Eltern. Dieses Recht findet seine Wurzel in der elterlichen Verantwortung und wird mithin vom Schutz des Art. 6 II 1 mitumfasst. Daneben besteht ein enger Zusammenhang mit dem allgemeinen Persönlichkeitsrecht des Kindes aus Art. 2 I i. V. m. Art. 1 I. Dieses sichert dem Kind den familiären Bezug, der für seine Persönlichkeitsentwicklung wichtig ist (BVerfGE 121, 69 [92 f.]). Zu weiteren Gewährleistungen des allgemeinen Persönlichkeitsrechts im Zusammenhang mit dem Elternrecht s. Rn. 68. **59**

b) Persönlich

aa) Zuordnung des Elternrechts. „Art. 6 II 1 ordnet das Elternrecht den Eltern zu, also zwei Personen gemeinsam" (BVerfGE 92, 158 [177]). Allerdings kann jeder Elternteil den Schutz durch Art. 6 II 1 für sich beanspruchen, da dieser ein Individualgrundrecht enthält (BVerfGE 47, 46 [76]). Das Elternrecht aus Art. 6 II 1 ist aber grds. gemeinsam auszuüben. Im Interesse des Kindeswohls besteht jedenfalls eine Pflicht zur Abstimmung zwischen den Eltern (BVerfGE 31, 194 [205]). Eltern sind zunächst die leiblichen Eltern, die das Kind gezeugt haben. Daneben kann die Elternschaft auch durch soziale und personale Verbundenheit zwischen Eltern und Kind begründet werden (vgl. BVerfGE 56, 363 [382]; 103, 89 [107]). „Die Abstammung wie die sozial-familiäre Verantwortungsgemeinschaft machen gleichermaßen den Gehalt von Art. 6 II 1 aus" (BVerfGE 108, 82 [106]). Für die Anerkennung als Grundrechtsträger spielt es keine Rolle, ob die Eltern verheiratet (Rn. 59) und ob sie gleichgeschlechtlich sind (BVerfGE 133, 59 [59 LS 2, 73 ff. Rn. 42 ff.]). Träger des Elternrechts aus Art. 6 II 1 sind auch die Adoptiveltern (BVerfGE 24, 119 [150]). **60**

bb) Elternrecht gegenüber nichtehelichen Kindern. Bei nichtehelichen Kindern steht das Elternrecht neben der Mutter (BVerfGE 24, 119 [135]) auch dem Vater zu. Seine grundsätzliche Einbeziehung in den persönlichen Schutzbereich des Art. 6 II 1 schließt aber eine differenzierende Ausgestaltung seiner Rechtsstellung unter Berücksichtigung der unterschiedlichen tatsächlichen Verhältnisse nicht aus. Dabei ist vor allem den Umständen Rechnung zu tragen, ob eine Beziehung zwischen dem Vater und dem nichtehelichen Kind besteht, ob dieser an dessen Entwicklung Interesse hat und ob dies für das Wohl des Kindes förderlich ist. Der Gesetzgeber kann einem Elternteil die Hauptverantwortung für die Erziehung zuordnen, wenn die Voraussetzungen für eine gemeinsame Ausübung der Elternbefugnisse fehlen (BVerfGE 92, 158 [179]). **61**

cc) Leiblicher versus rechtlicher Vater. Der leibliche Vater ist derjenige, der das Kind gezeugt hat. Dagegen hängt die rechtliche Vaterschaft von ihrer gesetzlichen Anerkennung ab. Im Rahmen des Art. 6 II 1 ist von der leiblichen Vaterschaft auszugehen. Darauf weist die Bezeichnung des Elternrechts als natürliches Recht hin. Der Gesetzgeber muss die Zuweisung der elterlichen Rechtsposition daher grds. an der Abstam- **62** mung des Kindes ausrichten (s. aber Rn. 64). Leibliche und rechtliche Elternschaft decken sich in der Regel (BVerfGE 108, 82 [100]). Probleme bereiten die Situationen, in denen leibliche und rechtliche Elternschaft auseinanderfallen (BVerfGE 135, 48 [83 ff. Rn. 90 ff.]).

63 *(1) Adoption.* Zu einer solchen Divergenz kommt es im Falle einer Adoption des nichtehelichen Kindes durch die Mutter oder deren Ehemann (Stiefvater). Der leibliche Vater verliert dadurch die Vaterstellung mit allen Rechten und Pflichten. Er hat insbesondere nicht mehr „die rechtliche Möglichkeit, eine Umgangsregelung zu beantragen und eine persönliche Beziehung zu seinem Kind aufrechtzuerhalten oder wiederzubeleben." Angesichts dieser weitreichenden Folgen hat das BVerfG einen Verstoß gegen Art. 6 II 1 darin gesehen, dass die gesetzliche Regelung der Adoption im BGB weder die Einwilligung des leiblichen Vaters noch eine Abwägung mit dessen Belangen vorsah (BVerfGE 92, 158 [LS 2, 179 ff.]).

64 *(2) Biologischer Vater.* „Biologischer Vater" wird derjenige genannt, der leiblicher, aber nicht rechtlicher Vater ist. Dies impliziert, dass neben dem leiblichen Vater ein anderer der rechtliche Vater ist. Diese Situation kann eintreten, weil „der Gesetzgeber nicht verpflichtet ist, die rechtliche Anerkennung der Elternschaft stets von der Prüfung abhängig zu machen, von wem das Kind im Einzelfall abstammt. Im Hinblick auf den Schutz familiärer sozialer Beziehungen aus Art. 6 I und den Schutz der Intimsphäre aus Art. 2 I ist es ausreichend, aus bestimmten tatsächlichen Umständen und sozialen Situationen auf die Abstammung eines Kindes zu schließen und aufgrund dieser Vermutung die Zuweisung der rechtlichen Elternstellung vorzunehmen" (BVerfGE 108, 82 [100]).

65 **Beispiel:** Nicht nur in der deutschen Rechtsordnung wird seit jeher „aufgrund der mit der Ehe eingegangenen Beziehung vermutet, dass der Ehemann der Mutter auch der leibliche Vater ihres Kindes ist, und darauf die rechtliche Vaterschaft des Ehemanns gestützt" (BVerfGE 108, 82 [100]).

66 Das Kind hat in diesen Fällen zwei Väter (und eine Mutter), die durch Art. 6 II 1 in unterschiedlicher Weise geschützt sind. Dies bedeutet indes nicht, dass beiden Vätern die gleiche grundrechtlich zugewiesene Elternverantwortung für das Kind zukommt. Träger des Elternrechts aus Art. 6 II 1 ist der rechtliche Vater, der für das Kind die Elternverantwortung auch tatsächlich wahrnimmt. Er verliert dieses Recht und die damit verbundene Stellung als Vater nicht allein dadurch, dass sich herausstellt, dass ein anderer Mann der leibliche Vater des Kindes ist. Vielmehr bedarf auch die leibliche Vaterschaft der rechtlichen Anerkennung, damit aus ihr das Elternrecht geltend gemacht werden kann. Art. 6 II 1 schützt den leiblichen Vater in seinem Interesse, die Rechtsstellung als Vater des Kindes einzunehmen. Zwar vermittelt ihm dieser Schutz nicht das Recht, in jedem Fall die Vaterstellung vorrangig gegenüber dem rechtlichen Vater eingeräumt zu bekommen. Der Gesetzgeber muss ihm aber grds. die Möglichkeit eröffnen, die rechtliche Vaterposition zu erlangen. Art. 6 II 1 gewährleistet insoweit den verfahrensrechtlichen Zugang zur rechtlichen Vaterposition, der durch entsprechende Regelungen sicherzustellen ist (BVerfGE 108, 82 [99 ff.]). Das Elternrecht des leiblichen Vaters ist verletzt, wenn ihm der Zugang zum Sorgerecht über das Kind ohne Zustimmung der Mutter generell verwehrt ist, wie dies nach §§ 1626a I Nr. 1, 1672 I BGB a. F. galt (BVerfGE 127, 132 [151 ff.]).

c) Konkurrenzen

67 Einzelne Aspekte der Beziehung zwischen Eltern und Kind werden zusätzlich durch das allgemeine Persönlichkeitsrecht nach Art. 2 I i. V. m. Art. 1 I besonders geschützt.

68 **Beispiele:**

- Recht des Kindes auf Kenntnis der eigenen Abstammung (BVerfGE 79, 256 [268 ff.]). Dieses Recht hat grds. Vorrang gegenüber der Totenruhe, kann also eine Exhumierung zur Feststellung der Vaterschaft rechtfertigen (BGH, NJW 2014, 3786 [3788 Rn. 26 ff.]).

- Wunsch eines Mannes nach Kenntnis, ob ein Kind von ihm abstammt (vgl. BVerfGE 108, 82 [105]). Allerdings kann der Scheinvater von der Mutter nicht Auskunft über die Person des mutmaßlichen Vaters verlangen, da dies ihre Intimsphäre verletzen würde (BVerfG, NJW 2015, 1506 [1506ff. Rn. 28ff.]).

Das Elternrecht ist ein durch Art. 6 II 1 besonders geschützter Teilbereich der Familie nach Art. 6 I. Es ist zudem eigenständig und prinzipiell unabhängig vom Bestand einer Ehe gewährleistet (vgl. Rn. 29, 37). Mithin erlöschen weder das Elternrecht noch die damit verbundene Elternpflicht durch die Scheidung der Eltern (BVerfGE 64, 180 [188]). Bei der religiösen Erziehung treffen die Rechte der Eltern aus Art. 6 II 1 und aus Art. 4 I zusammen; sie verstärken in dieser Kombination den grundrechtlichen Schutz dieser Befugnis (dazu BVerfGE 108, 282 [301]; BVerfG [K], NJW 2009, 3151 [3152]; a.A. Jarass, in: JP, Art. 6 Rn. 41, der von einer „Idealkonkurrenz" ausgeht). Gegenüber Art. 2 I ist Art. 6 II 1 lex specialis, soweit es um das Elternrecht geht, und verdrängt dieses allgemeine Grundrecht (BVerfGE 24, 119 [151]). Das Zusammenspiel zwischen dem staatlichen Erziehungsauftrag in der Schule nach Art. 7 I und dem elterlichen Erziehungsrecht aus Art. 6 II 1 wird im Rahmen der Schranke des kollidierenden Verfassungsrechts erörtert, s.u. Rn. 78f. 69

3. Eingriff

a) Merkmale

Ein Eingriff in das Grundrecht aus Art. 6 II 1 liegt vor, wenn die staatliche Maßnahme das Elternrecht im Verhältnis zum Kind oder im Verhältnis zwischen den Eltern beschränkt. Besonders häufig kommen Eingriffe in das Elternrecht gegenüber dem Kind im staatlichen Schulwesen und im Strafverfahrensrecht vor. Dagegen betreffen familienrechtliche Regelungen primär das Elternrecht zwischen den Eltern untereinander. Die staatliche Kindesentziehung gegen den Willen der Eltern stellt einen sehr schwerwiegenden Eingriff in Art. 6 II 1 dar (BVerfGE 24, 119 [142]). 70

Beispiele für staatliche Eingriffe: 71
- Einführung der neuen Rechtschreibung an staatlichen Schulen (BVerfGE 98, 218 [244ff.])
- Ausschluss der Eltern von der Hauptverhandlung gegen ihr Kind (BVerfGE 107, 104 [122])
- Unterbindung von Besuchen der Eltern im Jugendstrafvollzug (BVerfGE 116, 69 [87f.])
- Übertragung des alleinigen Sorgerechts auf einen Elternteil (BVerfGE 61, 358 [371ff.]; 84, 168 [180])
- Beschränkung des Umgangsrechts des Nichtsorgeberechtigten mit dem Kind (BVerfG [K], EuGRZ 1993, 213 [214]).

b) Abgrenzung zur Ausgestaltung

Eingriffe in das Elternrecht müssen von Ausgestaltungen durch den Gesetzgeber unterschieden werden, da diese nicht der Rechtfertigung aufgrund von Schranken bedürfen. Das Grundrecht aus Art. 6 II 1 ist aus nachfolgenden Gründen in besonderem Maße auf gesetzliche Ausgestaltung angewiesen: Zunächst muss der Gesetzgeber die rechtliche Elternposition unter Berücksichtigung der Abstammung überhaupt erst zuweisen (Rn. 62, 64; BVerfGE 108, 82 [100]; 133, 59 [73ff. Rn. 47ff.]). Da das Elternrecht grds. beiden Eltern gemeinsam zusteht, besteht zudem die Gefahr, dass sie sich über die Ausübung der Elternverantwortung nicht einigen können. Der Gesetzgeber muss dann die Verteilung der Rechte und Pflichten zwischen ihnen regeln (BVerfGE 121, 69 [94]). Das geschieht insbesondere durch die familienrechtlichen Vorschriften zur elterlichen Sorge. 72

Im Verhältnis zwischen Eltern und Kindern muss der Gesetzgeber einen Ausgleich zwischen dem Fremdbestimmungsrecht der Eltern über das Kind im Rahmen der Verantwortung nach Art. 6 II 1 und dem Selbstbestimmungsrecht des Kindes als Bestand- 73 teil seines Rechts auf freie Entfaltung der Persönlichkeit herbeiführen, das durch Art. 2 I (i.V.m. Art. 1 I) ebenfalls grundrechtlich geschützt ist. Eine wichtige Rolle spielt insoweit das Alter des Kindes. Mit zunehmendem Alter steigt seine Selbstbestimmungsfähigkeit, während im Gegenzug seine Pflege- und Erziehungsbedürftigkeit abnehmen (Rn. 48). „Abgestufte partielle Mündigkeitsregelungen, die an diesen Bezugspunkten ausgerichtet und sachlich begründet sind, stellen daher keine Eingriffe in das Elternrecht dar" (BVerfGE 59, 360 [382]).

4. Rechtfertigung des Eingriffs

a) Schranke des Art. 6 II 2

74 Das Elternrecht aus Art. 6 II 1 kann aufgrund des sog. „Wächteramts" des Staates beschränkt werden. Dieses ist in Art. 6 II 2 verankert, der eine benannte Schranke in Form eines qualifizierten Gesetzesvorbehalts darstellt. Von dieser Ermächtigung kann der Staat durch Gesetz oder aufgrund eines Gesetzes Gebrauch machen. Erforderlich ist demnach eine hinreichend bestimmte gesetzliche Grundlage, wobei die Bestimmtheitsanforderungen umso strenger sind, je schwerer die Auswirkungen der Regelung wiegen (BVerfGE 107, 104 [120]). Außerdem ist das Zitiergebot des Art. 19 I 2 zu beachten (Jarass, in: JP, Art. 6 Rn. 55).

75 In materieller Hinsicht ist eine Einschränkung des zuvörderst den Eltern zustehenden Erziehungsrechts aus Art. 6 II 1 erst dann zulässig, wenn eine Vernachlässigung des Kindes droht (BVerfGE 103, 89 [107]). Sie ist anzunehmen, wenn die Eltern nicht bereit oder nicht in der Lage sind, ihre Erziehungsaufgabe wahrzunehmen, oder wenn ihr Verhalten das Kindeswohl auf Dauer erheblich gefährdet. In diesen Fällen ist der Staat gem. Art. 6 II 2 zum Eingreifen nicht nur berechtigt, sondern auch verpflichtet, da dem Kind insoweit ein Anspruch auf Schutz durch den Staat zusteht. Dagegen ist es nicht Aufgabe des Staates, gegen den Willen der Eltern für eine bestmögliche Entwicklung des Kindes zu sorgen (BVerfGE 107, 104 [117ff.]).

76 Bei der Ausübung des Wächteramtes nach Art. 6 II 2 ist der Grundsatz der Verhältnismäßigkeit zu beachten. Das gilt insbesondere für Art und Ausmaß des staatlichen Eingriffs. Wesentliche Kriterien sind dabei der Grad des Versagens der Eltern, die Intensität der daraus resultierenden Gefährdung des Kindes und welche Maßnahmen im Interesse des Kindes unternommen werden können. Der Staat muss grds. zunächst versuchen, sein Wächteramt durch unterstützende, auf Wiederherstellung eines verantwortungsgerechten Verhaltens der Eltern gerichtete Maßnahmen zu erreichen (BVerfGE 24, 119 [145]).

77 **Beispiel:** Schutz des Kindes vor verantwortungsloser Namenswahl durch die Eltern. Eine solche hat das BVerfG für den Vornamen „Kiran" verneint. Dabei spielt es keine Rolle, dass dieser das Geschlecht des Kindes nicht erkennen lässt (BVerfG [K], NJW 2009, 663 [664]).

b) Kollidierendes Verfassungsrecht

78 Ein Eingriff in Art. 6 II 1 kann außerdem durch kollidierendes Verfassungsrecht gerechtfertigt sein. Als solches Verfassungsrecht kommt insbesondere die staatliche Schulhoheit nach Art. 7 I in Betracht. Sie verleiht dem Staat die Befugnis, die Organisation und wesentlichen Inhalte des Schulwesens festzulegen. In diesem Bereich besitzt der Staat einen eigenen Bildungs- und Erziehungsauftrag, der dem entsprechenden Erziehungsrecht der Eltern nicht nachgeordnet, sondern gleichgeordnet ist (BVerfGE 34, 165 [183]). Das kann zu Konflikten mit dem Elternrecht aus Art. 6 II 1 führen, wenn die Vorstellungen von Eltern und Staat über die gebotene Erziehung der Kinder differieren. Ihre Auflösung ist zunächst Sache des Gesetzgebers. Er muss dabei den schon angesprochenen Grundsatz beachten, dass weder dem Erziehungsrecht der Eltern noch dem Erziehungsauftrag des Staates ein absoluter Vorrang zukommt (Rn. 45; BVerfGE 52, 223 [236]). Vielmehr bedarf es einer Abwägung anhand der konkreten Umstände des Einzelfalls unter Beachtung der Grundsätze der praktischen Konkordanz und der Verhältnismäßigkeit.

Beispiele: **79**
- Sexualkundeunterricht an staatlichen Schulen (BVerfGE 47, 46 [69 ff.])
- Einführung der neuen Rechtschreibung an staatlichen Schulen (BVerfGE 98, 218 [244 ff.]).

c) Schranke des Art. 6 III

Art. 6 III steht in engem Zusammenhang mit der Ausübung des Wächteramts nach Art. 6 II 2 (BVerfGE 24, 119 [138]). Er lässt eine Trennung der Kinder von ihrer Familie gegen den Willen der Erziehungsberechtigten nur unter den in dieser Regelung genannten besonderen Voraussetzungen zu. Art. 6 III ist somit ein qualifizierter Gesetzesvorbehalt für diese Eingriffe in das Elternrecht nach Abs. 2 S. 1 und in das Familienrecht gem. Abs. 1 (BVerfGE 68, 176 [187]; 79, 51 [60]). Für die Trennung des Kindes von den Eltern gilt Art. 6 II 1 i. V. m. Abs. 3, für die Trennung von sonstigen Erziehungsberechtigten ist auf Art. 6 I i. V. m. Abs. 3 abzustellen. **80**

„Trennung“ i. S. d. Abs. 3 bedeutet die Entfernung des Kindes aus der häuslichen Gemeinschaft (Familie) gegen den Willen der Erziehungsberechtigten, um die Erziehung einem Dritten zu übertragen (BVerfGE 76, 1 [48]). Die hierfür maßgeblichen Voraussetzungen des Abs. 3 sind auch dann zu beachten, wenn die Trennung bereits vollzogen ist und es um die Frage der Aufrechterhaltung dieses Zustands geht (BVerfGE 68, 176 [187]). Keine Trennung gem. Abs. 3 ist die Einschränkung des Umgangs eines Erziehungsberechtigten mit dem Kind oder eine Inhaftierung der Erziehungsberechtigten (Robbers, in: MKS, Art. 6 Rn. 260). **81**

Das Merkmal „Erziehungsberechtigte“ in Abs. 3 ist wegen des Zusammenhangs mit der Familie als Bezugspunkt der Ermächtigung zur Trennung aufgrund dieser Schranke auf die Erziehungsberechtigten zu beschränken, die mit dem Kind eine Familie bilden. Das sind jedenfalls seine Eltern. Infolge der Öffnung des Begriffs der Familie in Art. 6 I (Rn. 30a) kommen nunmehr auch Großeltern als Erziehungsberechtigte in Betracht, z. B. wenn die Eltern verstorben sind und das Sorgerecht für den minderjährigen Waisen den Großeltern zugewiesen wurde. **82**

Eine Kindesentziehung durch den Staat ist als schwerer Eingriff in die durch Art. 6 I geschützte Familie und in das Elternrecht aus Art. 6 II 1 nur unter engen Voraussetzungen zulässig. Art. 6 III verlangt hierfür ein Versagen der Erziehungsberechtigten oder eine drohende Verwahrlosung des Kindes. Erstes kann sich aus einem schwerwiegenden Fehlverhalten der Erziehungsberechtigten und einer erheblichen Gefährdung des Kindeswohls ergeben. Letzteres kann etwa angenommen werden, wenn das Kind schwerwiegende Straftaten begeht (BVerfGE 107, 104 [118]). Jedenfalls ist der Verhältnismäßigkeitsgrundsatz strikt zu beachten. Daher sind vorrangig mildere Maßnahmen als die Kindesentziehung in Betracht zu ziehen (BVerfGE 78, 51 [60]). Ist einer gewichtigen Kindeswohlgefährdung allerdings nicht mehr anders zu begegnen, rechtfertigt Abs. 3 die Kindesentziehung durch den Staat auch bei unverschuldetem Elternversagen (BVerfGE 60, 79 [88]). **83**

IV. Mutterschutz (Abs. 4)

1. Allgemeines

Art. 6 IV gewährt jeder Mutter ein Grundrecht auf Schutz und Fürsorge der Gemeinschaft, das den besonderen Belastungen im Zusammenhang mit der Schwangerschaft und der biologischen Mutterschaft Rechnung trägt. Die Vorschrift dient also dem besonderen Schutz dieser Personen in einer Phase besonderer Schutzbedürftigkeit **84**

(Rn. 86) und konkretisiert als lex specialis zu Art. 20 I das Sozialstaatsprinzip (BVerfGE 32, 273 [279]; 115, 259 [272]). Art. 6 IV enthält neben einem subjektiven Leistungs- und Schutzanspruch eine objektive verfassungsrechtliche Grundsatzentscheidung mit bindender Wirkung für das öffentliche Recht und das Privatrecht (v. Coelln, in: Sachs, Art. 6 Rn. 92). Darüber hinaus begründet er einen Auftrag an die staatliche Gewalt, die Fürsorge für und den Schutz von Mütter(n) sicherzustellen. Diese Verfassungsdirektive richtet sich vor allem an den Gesetzgeber (BVerfGE 60, 68 [74]). Ausprägungen des Art. 6 IV sind der Mutterschaftsurlaub (BAG, NJW 1986, 743) und das Mutterschaftsgeld (BSGE 56, 8 [9 ff.]).

2. Schutzbereich

a) Persönlich

85 Art. 6 IV schützt „jede Mutter", d.h. jede Frau, die im biologisch-medizinischen Sinne Mutter ist, insbesondere die werdende Mutter (BVerfGE 32, 273 [277]), aber auch die Ersatz- oder Leihmutter (Robbers, in: MKS, Art. 6 Rn. 289). Der Schutz des Art. 6 IV ist unabhängig von Ehe und Familie. Abs. 4 steht also eigenständig neben Abs. 1. Legt man den spezifischen Zweck der Vorschrift zugrunde (Rn. 84), wird der Schutzanspruch weder durch eine Tot- oder Fehlgeburt noch durch die Freigabe des Säuglings zur Adoption berührt (v. Coelln, in: Sachs, Art. 6 Rn. 96).

86 Dagegen soll die Berechtigung aus diesem Grundrecht nach einem Schwangerschaftsabbruch entfallen (so noch Pieroth, in: JP, 12. Aufl. 2012, Art. 6 Rn. 69; ohne ausdrückliche Erwähnung nunmehr die 13. Aufl. 2014, a.a.O.). Das ist jedenfalls dann fragwürdig, wenn zur Begründung auf den „lebensbejahenden Normzweck" des Art. 6 IV abgestellt wird, dem ein solcher Abbruch widerspreche (Seiler, in: BK, Art. 6 Abs. 4 Rn. 21). Insoweit ist daran zu erinnern, dass der Schutzgedanke des Art. 6 IV in der Kompensation für die besonderen Belastungen im Zusammenhang mit der Schwangerschaft und Mutterschaft besteht (Rn. 84). Die unverfänglich klingende Formel vom lebensbejahenden Normzweck führt im Ergebnis dazu, dass in Art. 6 IV subjektive Wertvorstellungen zum Schwangerschaftsabbruch implementiert werden, die dem Schutzzweck dieser Bestimmung fremd sind und im Hinblick auf die Einbeziehung von Fehlgeburten zu einer sachlich nicht gerechtfertigten Ungleichbehandlung führen. Das ist kein Votum für den Schwangerschaftsabbruch, sondern ein Votum gegen eine solche moralisierende Einfärbung des Art. 6 IV, die in seinem Schutzzweck keinen Niederschlag findet. Danach ist allein entscheidend, ob trotz des Schwangerschaftsabbruchs noch gesundheitliche Belastungen infolge der früheren Schwangerschaft fortdauern. Solange dies der Fall ist, bleibt der Schutz aus Art. 6 IV bestehen. Das gilt etwa für einen aus gesundheitlichen Gründen notwendigen Schwangerschaftsabbruch in einem späten Stadium.

87 Nicht geschützt werden durch Art. 6 IV die sog. sozialen Mütter, etwa Adoptiv-, Pflege- oder Stiefmütter (BAG, NJW 1984, 630 [632]; Gröschner, in: Dreier, Art. 6 Rn. 144; a.A. BSG, NJW 1981, 2719; Robbers, in; MKS, Art. 6 Rn. 290), und die bloß genetische Mutter (Burgi, in: FH, Art. 6 Rn. 173), da bei ihnen die von Art. 6 IV vorausgesetzten Belastungen nicht auftreten. Einigkeit besteht auch darüber, dass das werdende Kind selbst (BVerfGE 61, 18 [27]), der Vater (Burgi, in: FH, Art. 6 Rn. 176) sowie der Arbeitgeber im Hinblick auf den Schutzzweck des Art. 6 IV (Rn. 84) nicht an dessen Gewährleistungen teilhaben.

b) Sachlich

88 In sachlicher Hinsicht wird die Reichweite des Schutzes des Art. 6 IV durch den Zweck dieser Verfassungsnorm bestimmt, Belastungen durch die biologische Mutterschaft zu kompensieren (Rn. 84, 86). Sie können insbesondere aus der verminderten

Arbeitsfähigkeit resultieren. Das gilt etwa für den Ausgleich von wirtschaftlichen oder beruflichen Nachteilen aus der biologischen Mutterschaft, etwa die Inanspruchnahme von Mutterschutzzeiten (BAGE 134, 71 [85 Rn. 42]; Burgi, in: FH, Art. 6 Rn. 175). In zeitlicher Hinsicht erstreckt sich der Schutz durch Art. 6 IV auf die Schwangerschaft, Geburt, Stillzeit sowie die zur Erholung notwendige Zeit nach der Geburt (Badura, in: MD, Art. 6 Rn. 153).

Im Einzelnen gehören zu einem durch Art. 6 IV gewährleisteten Mindestschutz: 89
- ein wirksamer arbeitsrechtlicher Kündigungsschutz (BVerfGE 32, 273 [277]; 52, 357 [365 f.]; 85, 360 [372])
- die Gewährung einer Schonzeit vor und nach der Geburt, z. B. durch finanzielle Absicherung während der Zeit von Arbeitsverboten (BVerwGE 47, 23 [27 f.])
- ein begrenzter Schutz ausländischer Mütter ohne gesicherten Aufenthaltstitel gegen eine Abschiebung in der Zeit vor der Geburt (Seiler, in: BK, Art. 6 Abs. 4 Rn. 82).

3. Eingriff

a) Verstoß gegen Schutzpflichten

Eine Beeinträchtigung des Grundrechts aus Art. 6 IV liegt vor, wenn eine Mutter 90
nicht ausreichend Schutz und Fürsorge erhält. Daraus kann sich die Verpflichtung des Gesetzgebers ergeben, wirtschaftliche Belastungen der Mutter, die im Zusammenhang mit ihrer Schwangerschaft und Mutterschaft stehen, auszugleichen (BVerfGE 60, 68 [74]). Dabei steht es in seinem Ermessen, wie er diese Schutzpflichten im Einzelnen erfüllt (BVerfGE 37, 121 [127]).

Art. 6 IV verlangt nicht, dass der Staat alleine die Kosten des Mutterschutzes tragen 91
muss. Vielmehr verweist der Begriff der Gemeinschaft auf die gesamtgesellschaftliche Solidarität (Seiler, in: BK, Art. 6 Abs. 4 Rn. 28), so dass er sich auch Dritter bedienen kann, z. B. des Arbeitgebers (vgl. BVerfGE 109, 64 [87]). Ein Eingriff in Art. 6 IV ist erst gegeben, wenn der verfassungsrechtlich gebotene Mindestschutz unterschritten wird (BVerwGE 54, 124 [130]). Die Schutzpflicht des Staates kann auch und gerade durch eine Beeinträchtigung der werdenden Mutter durch private Dritte ausgelöst werden.

Beispiele für Verstöße gegen Art. 6 IV: 92
- defizitärer gesetzlicher Kündigungsschutz
- unzureichende richterliche Kontrolle des Inhalts einer ehevertraglichen Vereinbarung mit einer werdenden Mutter (BVerfGE 103, 89 [102]).

b) Benachteiligung gegenüber Nichtmüttern

Eine sachlich nicht gerechtfertigte Benachteiligung von Müttern gegenüber Nicht- 93
müttern stellt ebenfalls eine Beeinträchtigung des Art. 6 IV dar (Jarass, in: JP, Art. 6 Rn. 71). Zu einer solchen Ungleichbehandlung kann es kommen, wenn eine Regelung Nachteile an die Eigenschaft als Mutter oder an spezifische Begleiterscheinungen der Mutterschaft knüpft.

Beispiel: Im Rahmen eines Bewerbungsverfahrens nach Art. 33 II darf die fehlende Arbeitsfähig- 94
keit der Bewerberin während der Mutterschutzzeit nicht zu ihren Ungunsten gewertet werden (Jarass, in: JP, Art. 6 Rn. 71).

Werden hingegen unterschiedliche Gruppen von Müttern ungleich behandelt, ist 95
vorrangig Art. 3 I zu prüfen. Allerdings kann Art. 6 IV den Gestaltungsspielraum verengen, der dem Gesetzgeber bei der Auswahl und Gewichtung des Differenzierungsgrundes zusteht (BVerfGE 65, 104 [112 f.]).

4. Rechtfertigung des Eingriffs

96 Art. 6 IV enthält keine ausdrücklichen Schranken, so dass eine Rechtfertigung nur aufgrund kollidierenden Verfassungsrechts möglich ist (v. Coelln, in: Sachs, Art. 6 Rn. 95). Der subjektive Schutz- und Leistungsanspruch steht zudem unter dem Vorbehalt des vernünftigerweise Möglichen (Robbers, in: MKS, Art. 6 Rn. 282).

V. Gleichstellung nichtehelicher Kinder (Abs. 5)

1. Bedeutung

97 Art. 6 V statuiert einen Auftrag an den Gesetzgeber, nichtehelichen Kindern die gleichen Entwicklungs- und Lebensbedingungen zu schaffen wie ehelichen Kindern. Ausgangspunkt ist dabei die Vorstellung, dass nichteheliche Kinder vielfach ungünstigere Lebensumstände vorfinden als eheliche Kinder (BVerfGE 25, 167 [183]). Art. 6 V ist somit ein besonderer Gleichheitssatz.

2. Verhältnis zu anderen Bestimmungen

98 Art. 6 V ist lex specialis gegenüber dem in Art. 20 I verankerten Sozialstaatsprinzip (BVerfGE 26, 44 [60ff.]). Gleiches gilt für das Verhältnis zum allgemeinen Gleichheitssatz des Art. 3 I (BVerfGE 118, 45 [77]) und zum Merkmal der Abstammung in Art. 3 III 1 (BVerfGE 8, 210 [221]).

3. Geschützter Personenkreis

99 In persönlicher Hinsicht schützt Art. 6 V nichteheliche Kinder. Ihre Staatsangehörigkeit ist irrelevant. Das Merkmal der Nichtehelichkeit ist gegeben, wenn die Eltern des Kindes im Zeitpunkt seiner Geburt nicht miteinander verheiratet waren (Coester-Waltjen, in: MK, Art. 6 Rn. 116). Der Vater (BVerfGE 112, 50 [66f.]) und die Mutter des nichtehelichen Kindes (Stern, StR IV/1, S. 577) sind keine Grundrechtsträger. Sie können einen Verstoß gegen Art. 6 V nur im Rahmen anderer Grundrechte, etwa Art. 6 I und Art. 3 I, geltend machen (Jarass, in: JP, Art. 6 Rn. 80).

4. Inhalt und Wirkungsdimensionen

100 In seinen Wirkungsdimensionen ist Art. 6 V mit Art. 6 IV vergleichbar. Wie der Schutz von Müttern hat auch die Gleichstellung nichtehelicher Kinder verschiedene verfassungsdogmatische Bedeutungsdimensionen: Art. 6 V ist ein Grundrecht, ein Verfassungs- und Gesetzgebungsauftrag sowie eine wertentscheidende Grundsatznorm.

a) Abwehr- und Leistungsrecht

101 Art. 6 V verbietet nicht lediglich die Benachteiligung nichtehelicher Kinder, sondern verlangt darüber hinaus ihre tatsächliche Gleichstellung mit ehelichen Kindern (BVerfGE 25, 167 [190f.]). Strukturelle Parallelen zu Art. 3 II 2 sind unverkennbar. Der grundrechtliche Schutz durch Art. 6 V besitzt somit neben der abwehrrechtlichen auch eine leistungsrechtliche Dimension (Uhle, in: EH, Art. 6 Rn. 73).

b) Gesetzgebungsauftrag

102 Art. 6 V statuiert eine verfassungsrechtliche Schutz- und Förderpflicht, die vom Gesetzgeber umgesetzt werden muss. Er muss durch positive Maßnahmen nichtehelichen Kindern die gleichen Bedingungen für ihre leibliche und seelische Entwicklung schaffen wie ehelichen Kindern. Eine bloße Annährung ist grds. nicht ausreichend (BVerfGE 85, 80 [87f.]; 118, 45 [62]).

Dem Gesetzgeber steht aber bei der Ausfüllung dieses Verfassungsauftrags ein Gestaltungsspielraum zu. Außerdem können nichteheliche Kinder in einzelnen Bereichen vorübergehend sogar besser als eheliche Kinder gestellt werden, um das Ziel tatsächlich gleicher Bedingungen für eheliche und nichteheliche Kinder zu erreichen (BVerfGE 17, 280 [284ff.]; 85, 80 [87]).

Der Verfassungsauftrag aus Art. 6 V hat vor allem das Erbrecht und das Unterhalts- **103**
recht beeinflusst und zur Änderung gesetzlicher Regelungen geführt, um nichteheliche und eheliche Kinder gleichzustellen.

Beispiele: **104**
- Die Befristung des Unterhaltsanspruchs des nichtehelichen Kindes bis zum 18. Lebensjahr (BVerfGE 25, 167 [184]) oder eine unterschiedliche Ausgestaltung des Betreuungsunterhalts von ehelichen und unehelichen Kindern (BVerfGE 118, 45 [62 ff.]) verstoßen gegen Art. 6 V.
- Das nichteheliche Kind muss angemessen am Nachlass des Vaters beteiligt werden (BVerfGE 25, 167 [174]). Es hat zudem den gleichen Pflichtteilsanspruch wie eheliche Kinder (BVerfGE 112, 332 [354]).

c) Wertentscheidende Grundsatznorm

In seiner Dimension als wertentscheidende Grundsatznorm richtet sich Art. 6 V ne- **105**
ben der Legislative auch an die Exekutive und Judikative (BVerfGE 8, 210 [217]). Sie müssen bei der Auslegung und Anwendung des geltenden Rechts von mehreren möglichen Alternativen diejenige wählen, die der Verwirklichung des Zieles der Angleichung der Lebensbedingungen nichtehelicher und ehelicher Kinder am nächsten kommt (BVerfGE 25, 167 [190f.]).

5. Eingriff

Eine Beeinträchtigung von Art. 6 V liegt bei einer Ungleichbehandlung von nicht- **106**
ehelichen und ehelichen Kindern vor. Erfasst werden sowohl direkte Ungleichbehandlungen, die unmittelbar auf die Nichtehelichkeit abstellen, als auch mittelbare Benachteiligungen, die zwar nicht an die nichteheliche Geburt anknüpfen, sich aber nahezu ausschließlich zu Lasten nichtehelicher Kinder auswirken (vgl. BVerfGE 127, 263 [278f.]; v. Coelln, in: Sachs, Art. 6 Rn. 101).

Beispiel: Nichteheliche Kinder wurden mittelbar dadurch benachteiligt, dass ihre unterhaltspflich- **107**
tigen Väter geringere Freibeträge für die Einkommensteuer in Anspruch nehmen konnten als unterhaltspflichtige Väter ehelicher Kinder (BVerfGE 36, 126 [132 f.]).

Die Ungleichbehandlung muss ferner zu einem Nachteil für nichteheliche Kinder **108**
als Träger dieses Grundrechts führen, was sich aufgrund der Gesamtsituation beurteilt (BVerfGE 83, 111 [118]; 85, 80 [87f.]). Hierfür soll schon ein geringfügiger Nachteil ausreichen (Jarass, in: JP, Art. 6 Rn. 82).

6. Rechtfertigung des Eingriffs

Die Gewährleistungen des Art. 6 V gelten vorbehaltlos. Eine Eingriffsrechtfertigung **109**
ist nur zulässig, sofern ein hinreichend gewichtiger Grund für die Ungleichbehandlung besteht. Dieser kann sich aus kollidierendem Verfassungsrecht ergeben. Allerdings ist bei der Abwägung mit dem Gleichbehandlungsgebot des Art. 6 V eine strikte Beachtung des Verhältnismäßigkeitsgrundsatzes erforderlich (vgl. BVerfGE 118, 45 [62] „zwingender Grund"; offener BVerfGE 107, 150 [183] „nachvollziehbare und derzeit nicht widerlegbare Annahme"). Außerdem bedürfen direkte und regelmäßig auftretende indirekte Ungleichbehandlungen aufgrund des Vorbehalts des Gesetzes einer gesetzlichen Grundlage (vgl. Jarass, in: JP, Art. 6 Rn. 85; allgemeiner auch Art. 20 Rn. 133ff.).

C. Prüfungshinweise

110 Bei der Prüfung des Art. 6 ist dessen komplexe Binnenstruktur (Rn. 2ff.) zu beachten. Dabei ist das Verständnis der Bedeutungsdimensionen der einzelnen Regelungen und ihres Zusammenwirkens besonders wichtig. Eine besondere Herausforderung ergibt sich aus dem Zusammentreffen von Elternrecht und Elternpflicht in Art. 6 II 1. Die Aufspaltung von leiblicher und rechtlicher Vaterschaft (Rn. 62ff.) wirft ebenfalls schwierige Fragen auf. Gleiches gilt für die Beeinflussung und Begrenzung des Elternrechts durch das Kindeswohl. Das ist anhand der Auseinandersetzung um die Rechtmäßigkeit der Beschneidung des männlichen Kindes kontrovers deutlich geworden (Rn. 52ff.).

111 **Grobschema zur Prüfung des Art. 6 I durch das BVerfG:**

1. Schutzbereich des Art. 6 I:
   a) persönlich (nur natürliche Personen, Ehepartner und Familienangehörige)
   b) sachlich (Ehe und Familie)
      Problem: gleichgeschlechtliche Lebenspartnerschaft
      Problem: nichteheliche Lebensgemeinschaft
      Problem: Großfamilie
2. Eingriff (Abgrenzung zur Ausgestaltung)
3. Rechtfertigung in Bezug auf Familie
   a) Schranke: Art. 6 II 2 „Wächteramt des Staates"
      aa) formell: z. B. Zitiergebot, Art. 19 I 2
      bb) materiell: Kindeswohl, Verhältnismäßigkeit
   b) Schranke des Art. 6 III: besonderer qualifizierter Gesetzesvorbehalt
4. Rechtfertigung in Bezug auf Ehe: kollidierendes Verfassungsrecht

D. Weiterführende Literatur/Leseempfehlungen

112 Böhm, M., Dynamische Grundrechtsdogmatik von Ehe und Familie?, DVBl. 2014, 401–408; Bömelburg, R., Die eingetragene Lebenspartnerschaft – ein überholtes Rechtsinstitut?, NJW 2012, 2753–2758; Brosius-Gesrsdorf, F., Das neue Betreuungsgeldgesetz – Familienförderung wider das Grundgesetz, NJW 2013, 2316–2321; Coester-Waltjen, D., Art. 6 I GG und der Schutz der Ehe, Jura 2008, 108–112; Di Fabio, U., Der Schutz von Ehe und Familie: Verfassungsentscheidung für die vitale Gesellschaft, NJW 2003, 993–998; Franz, E.B./Günther, T., Grundfälle zu Art. 6 GG, JuS 2007, 626–630 (Teil 1), 716–720 (Teil 2); Frenz, W., Eheschutz ade? BVerfG stärkt gleichgeschlechtliche Paare, NVwZ 2013, 1200–1202; Gärditz, K.F., Gemeinsames Adoptionsrecht Eingetragener Lebenspartner als Verfassungsgebot?, JZ 2011, 930–939; Hebeler, T./Schmidt, J., Schulpflicht und elterliches Erziehungsrecht – Neue Aspekte eines alten Themas?, NVwZ 2005, 1368–1371; Heilmann, S., Schützt das Grundgesetz die Kinder nicht? Eine Betrachtung der bisherigen Kammerrechtsprechung des BVerfG im Jahr 2014, NJW 2014, 2904–2909; Jakob, D., Homosexuelle Paare zwischen Gleichstellung und Abstandsgebot, Jura 2003, 762–770; Kingreen, T., Das Grundrecht von Ehe und Familie, Jura 1997, 401–408; Koschmieder, N., Aktuelle verfassungsrechtliche Probleme zum Schutz von Ehe und Familie, JA 2014, 566–572; Krings, G., Vom Differenzierungsgebot zum Differenzierungsverbot – Hinterbliebenenversorgung eingetragener Lebenspartner, NVwZ 2011, 26–27; Kroppenberg, I., Unvereinbarkeit des Verbots der sukzessiven Stiefkinderadoption durch eingetragene Lebenspartner mit dem Grundgesetz, NJW 2013, 2161–2164; Muckel, S., Verbot der Benutzung von Sonnenstudios durch Minderjährige verfassungsgemäß, JA 2012, 312–314; ders., Befreiung von der Teilnahme an einer Schulveranstaltung aus religiösen Gründen – Kinofilm „Krabat", JA 2012, 477–478; Rixen, S., Das Gesetz über den Umfang der Personensorge bei der Beschneidung eines männlichen Kindes, NJW

2013, 257–262; Rubin, H., Das islamische Gebet in der Schule, Jura 2012, 718–722; Sachs, M., Gerichtliche Entscheidung bei Uneinigkeit der Eltern über Schulform, JuS 2003, 912–912; Scholz R./Uhle, A., „Eingetragene Lebenspartnerschaft" und Grundgesetz, NJW 2001, 393–400; Seiler, C., Das Elterngeld im Lichte des Grundgesetzes, NVwZ 2007, 129–134; Wasmuth, J., Zur Verfassungsmäßigkeit der eingetragenen Lebenspartnerschaft, Der Staat 41 (2002), 47–71; Zuck, R., Die verfassungsrechtliche Gewährleistung der Ehe im Wandel des Zeitgeistes, NJW 2009, 1449–1454.

Art. 7 [Schulwesen]

(1) **Das gesamte Schulwesen steht unter der Aufsicht des Staates.**

(2) **Die Erziehungsberechtigten haben das Recht, über die Teilnahme des Kindes am Religionsunterricht zu bestimmen.**

(3) [1]**Der Religionsunterricht ist in den öffentlichen Schulen mit Ausnahme der bekenntnisfreien Schulen ordentliches Lehrfach.** [2]**Unbeschadet des staatlichen Aufsichtsrechtes wird der Religionsunterricht in Übereinstimmung mit den Grundsätzen der Religionsgemeinschaften erteilt.** [3]**Kein Lehrer darf gegen seinen Willen verpflichtet werden, Religionsunterricht zu erteilen.**

(4) [1]**Das Recht zur Errichtung von privaten Schulen wird gewährleistet.** [2]**Private Schulen als Ersatz für öffentliche Schulen bedürfen der Genehmigung des Staates und unterstehen den Landesgesetzen.** [3]**Die Genehmigung ist zu erteilen, wenn die privaten Schulen in ihren Lehrzielen und Einrichtungen sowie in der wissenschaftlichen Ausbildung ihrer Lehrkräfte nicht hinter den öffentlichen Schulen zurückstehen und eine Sonderung der Schüler nach den Besitzverhältnissen der Eltern nicht gefördert wird.** [4]**Die Genehmigung ist zu versagen, wenn die wirtschaftliche und rechtliche Stellung der Lehrkräfte nicht genügend gesichert ist.**

(5) **Eine private Volksschule ist nur zuzulassen, wenn die Unterrichtsverwaltung ein besonderes pädagogisches Interesse anerkennt oder, auf Antrag von Erziehungsberechtigten, wenn sie als Gemeinschaftsschule, als Bekenntnis- oder Weltanschauungsschule errichtet werden soll und eine öffentliche Volksschule dieser Art in der Gemeinde nicht besteht.**

(6) **Vorschulen bleiben aufgehoben.**

Pflichtstoff (****)

Übersicht

A. Überblick

I. Normstruktur

1 Die Schule liegt an einer konfliktträchtigen Schnittstelle von Staat und Gesellschaft. Hier treffen Vorstellungen des Staates, der Lehrer, der Eltern und der Schüler aufeinander, die auch – aber nicht nur – Fragen der Bildung und der Erziehung betreffen und die häufig miteinander nur schwer vereinbar sind. Insbesondere Eltern und Schüler versuchen regelmäßig, sich unter Berufung auf ihre Grundrechte (Art. 4 I, II, Art. 6 II, Art. 2 I) gegen bestimmte Lehrinhalte oder Unterrichtskonzepte zu wehren.

Während der Streit um den Sexualkundeunterricht in der Schule, den viele Eltern ablehnten, schon etwas länger zurückliegt, ist die Debatte etwa um religiöse Symbole (Kruzifix) in der Schule jüngeren Datums; höchst aktuell ist z. B. der Streit um die Pflicht muslimischer Mädchen am Schwimmunterricht oder an Klassenfahrten teilzunehmen.

2 Noch weiter werden Kinder dem staatlichen Einfluss entzogen, wenn sie statt auf staatlichen auf privaten Schulen unterrichtet werden oder wenn sie von den eigenen Eltern unterrichtet werden sollen (sog. „Homeschooling").

3 Dass der Staat überhaupt am Schulwesen beteiligt ist, erscheint heute – aus gutem Grund – als nicht näher begründungsbedürftige Selbstverständlichkeit. Aus historischer Perspektive stellt sich die Lage freilich anders dar. Erst seit etwa 200 Jahren kommt dem Staat hier nennenswerter Einfluss zu, der insbesondere den Kirchen abgetrotzt werden musste (näher Hufen, Staatsrecht II, § 32 Rn. 1).

4 Verfassungsrechtliche Grundlage dieses staatlichen Einflusses ist heute Abs. 1. Schon daraus wird deutlich, dass sich in Art. 7 trotz seiner Stellung im Grundrechtsteil des GG nicht nur Grundrechte finden. Die Vorschrift enthält vielmehr – neben Grundrechtsnormen – Einrichtungsgarantien und Auslegungsregeln für den Bereich des Schulrechts (BVerfGE 6, 309 [355]). Dabei stellt sie keine in sich geschlossene Gesamtregelung dar, sondern behandelt Einzelfragen des Schulwesens (BVerfGE 26, 228 [238]).

5 Art. 7 wurde seit Inkrafttreten des GG nicht geändert; die Vorschrift gilt nach wie vor in ihrer Erstfassung.

II. Europa

6 Die EMRK selbst enthält keine Parallelvorschrift zu Art. 7. Nach Art. 2 des 1. Zusatzprotokolls zur EMRK (Sartorius II, Nr. 131) darf niemandem das Recht auf Bildung verwehrt werden. Zudem hat der Staat bei Ausübung der von ihm auf dem Gebiet der Erziehung und des Unterrichts übernommenen Aufgaben das Recht der Eltern zu achten, die Erziehung und den Unterricht entsprechend ihren eigenen religiösen und weltanschaulichen Überzeugungen sicherzustellen. Art. 14 EU-GRCh verbürgt ein Recht auf Bildung (Abs. 1), das die Möglichkeit zur unentgeltlichen Teilnahme am Pflichtschulunterricht ausdrücklich einschließt (Abs. 2). Zudem garantiert die Vorschrift – neben dem näher beschriebenen elterlichen Erziehungsrecht – die Freiheit zur Gründung von Lehranstalten unter Achtung der demokratischen Grundsätze (Abs. 3).

III. Prüfungsrelevanz

In Prüfungsarbeiten wird aus Art. 7 primär Abs. 1 als Gegenrecht zu den Grundrechten der Eltern und Schüler, ggf. auch der Lehrer relevant (u. Rn. 13f.). 7

B. Erläuterungen

I. Die staatliche Schulaufsicht (Abs. 1)

1. Der Inhalt der Schulaufsicht

Nach Abs. 1 steht das gesamte Schulwesen unter der Aufsicht des Staates. Die Vorschrift enthält weder ein Grundrecht noch andere subjektive Rechte einzelner Bürger. Sie gehört vielmehr zum Staatsorganisationsrecht und normiert das Rechtsinstitut der staatlichen Schulaufsicht. Zudem enthält sie den verfassungskräftigen Auftrag, ein leistungsfähiges Schulsystem zu gewährleisten, das allen jungen Menschen entsprechend ihren Fähigkeiten die Bildungsmöglichkeiten eröffnet, die den heutigen Anforderungen der Gesellschaft entsprechen (BVerfGE 96, 288 [303], st. Rspr.). Dieser Auftrag muss nicht zwingend durch die Errichtung und den Betrieb staatlicher Schulen erfüllt werden. Der Staat kann sich auch darauf beschränken, privat getragene Schulen zu überwachen. In jedem Fall darf er auch Lehrinhalte vorgeben: Abs. 1 ist die Grundlage des staatlichen Bildungs- und Erziehungsauftrags (Pieroth, in: JP, Rn. 1). 8

Das Schulwesen ist die Gesamtheit der Einrichtungen, die sich mit der Vermittlung von Bildungsgütern in Schulen befassen. Schulen sind organisierte, auf Dauer angelegte Einrichtungen, in denen eine im Laufe der Zeit wechselnde Mehrzahl von Schülern zur Erreichung allgemein festgelegter Erziehungs- und Bildungsziele planmäßig durch hierzu ausgebildete Lehrkräfte gemeinsam unterrichtet wird (VGH Mannheim NVwZ-RR 2003, 561 [562]). Daran fehlt es bei Kursen, Lehrgängen etc. Das Lebensalter der Schüler spielt hingegen keine Rolle: Auch Schulen für Erwachsene fallen unter Abs. 1 (vgl. BVerfGE 75, 40 [77]). Hochschulen – Universitäten ebenso wie Fachhochschulen – zählen jedoch nicht zum Schulwesen (BVerfGE 37, 314 [320]). Sonntagsschulen, Koranschulen etc. erfüllen den Begriff nicht, da sie nicht der Erreichung allgemein festgelegter Bildungs- und Erziehungsziele dienen (Hömig, in: Hömig, Rn. 2). Dass Kindergärten nicht von Art. 7 I erfasst werden, liegt nicht am Alter der Kinder, sondern ebenfalls daran, dass in ihnen nicht planmäßig auf der Grundlage von Lehrplänen unterrichtet wird. 9

Aus diesem Grund könnte der Eingriff in das elterliche Erziehungsrecht gem. Art. 6 II, der in der Einführung einer allgemeinen Kindergartenpflicht läge, nicht auf Grund von Art. 7 I gerechtfertigt werden. Selbst wenn man dies für einen quasi-schulisch organisierten Kindergarten anders sehen wollte (dazu Beaucamp, JA 2014, 682 [686]), wäre damit die Hürde der Verhältnismäßigkeit noch nicht genommen. So zutreffend Hartmann, DVBl. 2014, 478 (480).

Der Begriff der „Aufsicht“ des Staates ist im Kontext des Abs. 1 anders zu verstehen als im Verwaltungsorganisationsrecht. Dort bezeichnet er die kontrollierende Fremdaufsicht, hier hingegen die staatliche Schulhoheit: Der Staat darf das Schulwesen organisieren, leiten und planen; er hat einen eigenständigen staatlichen Bildungs- und Erziehungsauftrag (OVG Münster DÖV 2008, 119 [120]). Schulaufsicht bezeichnet also die Gesamtheit der staatlichen Organisations-, Planungs-, Leitungs- und Aufsichtsbefugnisse (BVerfGE 47, 46 [80]). 10

Dem Staat obliegt daher die Entscheidung über die organisatorische Gliederung der Schule (BVerfGE 96, 288 [303]). Auch die prinzipielle Pflicht zum Besuch der wohnortnächsten Grundschule lässt sich auf Abs. 1 stützen (BVerfG NJW 2013, 2813f.). 11

Zur organisatorischen Gliederung der Schule gehört z. B. die Entscheidung für oder gegen Ganztagsschulen, für eine acht- oder neunjährige Gymnasialzeit etc.

Der Staat darf die Unterrichtsinhalte und -ziele festlegen (BVerfGE 59, 360 [377]).

Auch die Festlegung der in den Schulen maßgeblichen Rechtschreibregeln gehört daher zur Schulaufsicht (BVerfGE 98, 218 [247]).

Dabei darf er auch neue Fächer einführen und wertegebundene Erziehung beabsichtigen.

Beide Aspekte kamen zusammen bei der Einführung des Ethikunterrichts in Baden-Württemberg, die richtigerweise zur Schulaufsicht gezählt wurde (BVerwGE 107, 75 [78 ff.]).

Zur Schulaufsicht gehören zudem Bestimmungen über zulässige und unzulässige Kleidungsstücke von Lehrern sowie über Symbole, die diese tragen und mit der sie eine bestimmte politische oder religiöse Haltung zum Ausdruck bringen (BayVerfGH NVwZ 2008, 420).

2. Der Inhaber der Schulaufsicht

12 Abs. 1 weist die Schulaufsicht pauschal dem Staat zu. Wer sie im Einzelnen wahrnimmt, richtet sich nach der generellen Kompetenzverteilung. Im Verhältnis zwischen Bund und Ländern sind die Länder zuständig: Ihnen steht nach Art. 30, 70 die Gesetzgebungskompetenz zu, damit obliegt ihnen auch die Schulverwaltung. Innerhalb des jeweiligen Landes werden die Schulen häufig von den Kommunen getragen; die Schulträgerschaft ist Gegenstand der kommunalen Selbstverwaltungsgarantie nach Art. 28 II (Pieroth, in: JP, Rn. 4a).

3. Grenzen der Schulaufsicht

13 Mit der Zuordnung der o. g. (Rn. 10 f.) Entscheidungen zur Schulaufsicht ist noch nicht gesagt, dass jede Einzelentscheidung auf einem der zur Schulaufsicht gehörenden Gebiete rechtmäßig sein muss. Ihre Grenzen findet die Schulaufsicht in Grundrechten Betroffener – wobei diese Grundrechte ihrerseits Grenzen durch das Bildungs- und Erziehungsrecht des Staates gesetzt bekommen. Für die Auflösung dieser Konfliktlage gelten die allgemeinen Regeln: Strikter Vorrang kommt keiner der Rechtspositionen zu. Weder kann der Staat unter Hinweis auf Abs. 1 jede beliebige Maßnahme durchsetzen, noch kann einer der Betroffenen verlangen, dass der Staat bei der Realisierung seiner Vorstellungen über den Schulbetrieb und die in der Schule vermittelten Inhalte Rücksicht auf die Haltung aller Schüler, Eltern und Lehrer nimmt. Es obliegt vielmehr dem demokratisch legitimierten (Landes-)Gesetzgeber, das unvermeidliche Spannungsverhältnis zwischen den unterschiedlichen Vorstellungen aufzulösen und dabei alle Rechtspositionen in möglichst weitem Umfang zur Geltung kommen zu lassen (s. nur BVerfGE 108, 282 [302]): Der Gesetzgeber hat praktische Konkordanz herzustellen. Der Grundrechtseingriff, der in Maßnahmen der Schulaufsicht häufig liegt, muss zur Erreichung eines vom Staat verfolgten (legitimen) Zieles geeignet, erforderlich und angemessen sein. Zudem bedarf er einer formell-gesetzlichen Grundlage (Pieroth, in: JP, Rn. 5).

In Prüfungsarbeiten bietet es sich an, den Gesichtspunkt der Herstellung eines schonenden Ausgleichs zwischen den konfligierenden Rechtspositionen im Rahmen der Ausführungen zur Angemessenheit des Grundrechtseingriffs zu erörtern. – Das Erfordernis einer formell-gesetzlichen Grundlage jedenfalls für Grundrechtseingriffe ergibt sich aus dem Grundsatz vom Vorbehalt des Gesetzes als Bestandteil der allgemeinen Grundrechtsdogmatik. Dazu Vorbem. Grundrechte Rn. 105 ff.

14 Grundrechte, in die Maßnahmen der Schulaufsicht eingreifen können, sind u. a. das Persönlichkeitsrecht der Schüler (Art. 2 I i. V. m. Art. 1 I, dazu BVerfGE 96, 288 [304]), das Erziehungsrecht der Eltern (Art. 6 II), die Meinungsfreiheit der Lehrer (Art. 5 I 1 Hs. 1), die Berufs- bzw. Ausbildungsfreiheit der Schüler (Art. 12 I) und –

seit einigen Jahren besonders häufig angeführt – die Glaubens- und Gewissensfreiheit (Art. 4 I, II) von Schülern, Eltern und Lehrern. Dass mit den Grundrechten aus Art. 4 auch vorbehaltlos gewährleistete Grundrechte im Bereich der Schule eingeschränkt werden können, liegt daran, dass dem Grundrecht mit der in Abs. 1 geregelten Schulaufsicht ein Recht mit Verfassungsrang gegenübersteht.

Beispielsfälle für derartige Konflikte zwischen Abs. 1 einerseits und Grundrechten andererseits: Kruzifix in bayerischen Schulen (BVerfGE 93, 1 ff.), Kopftuch der Lehrerin (BVerfGE 108, 282 ff.; BVerfG NJW 2015, 1359 ff.), Sexualkundeunterricht (BVerfGE 47, 46 ff.); koedukativer Sportunterricht (BVerwGE 94, 82 ff.); „Stoppt-Strauß-Plaketten" von Schülern (BayVerfGH NJW 1982, 1089 ff.); Gebet im Schulflur oder in einem speziellen Gebetsraum (BVerwGE 141, 223 ff.); Schulgebet (BVerfGE 52, 235 ff.); Förderstufe (BVerfGE 34, 165 ff.); Rechtschreibreform (BVerfGE 98, 218 ff.); Strafbarkeit von Schulpflichtverstößen (BVerfG NJW 2015, 44 ff.; dazu Muckel, JA 2015, 315 ff.); Vorführung des (u.a. schwarze Magie zeigenden) Spielfilms „Krabat" im Unterricht (BVerwG NVwZ 2014, 237 ff.); Schwimmunterricht für muslimische Mädchen im „Burkini" (BVerwGE 147, 362 ff.). Zu den beiden letztgenannten Entscheidungen („Krabat" bzw. „Burkini") s. Uhle, NVwZ 2014, 541 ff.; zur „Burkini"-Entscheidung Muckel, JA 2014, 234 ff. Noch nicht höchstrichterlich entschieden ist die Frage, ob einer muslimischen Schülerin die Teilnahme am Unterricht mit einem gesichtsverhüllenden Schleier verboten werden darf. VGH München NVwZ 2014, 1109 ff., bejaht sie mit dem Argument, dass so die notwendigerweise auch nonverbal stattfindende Kommunikation unmöglich gemacht wird. Dem ist ebenso zuzustimmen wie dem Hinweis von Hufen, JuS 2015, 186 (188), dass für die Hochschullehre nichts anderes gelten würde – auch wenn die Gegenposition zu Art. 4 I, II hier in Art. 5 III 1 liegen würde und nicht in Art. 7 I.

II. Das Recht zur Bestimmung über die Teilnahme am Religionsunterricht (Abs. 2)

Abs. 2, nach dem die Erziehungsberechtigten über die Teilnahme des Kindes am Religionsunterricht (Rn. 18 ff.) bestimmen dürfen, ist ein Grundrecht. Die Vorschrift konkretisiert das Erziehungsrecht der Eltern (Art. 6 II) sowie ihre Glaubens- und Gewissensfreiheit (Art. 4 I, II). Wer die Erziehungsberechtigten sind, ergibt sich aus dem Familienrecht (PSKP, Grundrechte, Rn. 733). Regelfall ist nach § 1626 BGB das gemeinsame Sorgerecht beider Eltern. **15**

Zur Vereinbarkeit der Pflicht, in (niedersächsischen oder nordrhein-westfälischen) öffentlichen Bekenntnisschulen am Religionsunterricht teilzunehmen, mit Abs. 2 s. Beckermann, NWVBl. 2014, 370 ff.

Das in Abs. 2 verbürgte Recht endet mit dem 14. Geburtstag des Kindes, zu dem es nach dem RelKErzG religionsmündig wird. Von diesem Moment an darf es auf Grund seines Grundrechts aus Art. 4 I, II selbst über die Teilnahme am Religionsunterricht entscheiden (Badura, in: MD, Rn. 84). **16**

Neben seinem grundrechtlichen Gehalt lässt sich Abs. 2 mittelbar noch die Aussage entnehmen, dass die Schulpflicht eine verfassungsmäßige Begrenzung des Elternrechts ist (Ipsen, Staatsrecht II, Rn. 360). Indem Abs. 2 für den Religionsunterricht der Elternentscheidung ausnahmsweise den Vorrang einräumt, bringt die Vorschrift zugleich zum Ausdruck, dass die elterliche Entscheidung z.B. für das Modell des „Homeschoolings" nicht respektiert werden muss. **17**

III. Der Religionsunterricht (Abs. 3)

1. Die Regelungen des Abs. 3

Abs. 3 enthält unterschiedliche Regelungen. Sein Satz 1 gehört zum Staatsorganisationsrecht. Die Vorschrift durchbricht die Trennung zwischen Staat und Kirche, indem sie inhaltlich von den Religionsgemeinschaften geprägten Religionsunterricht an staatlichen Schulen vorsieht (Pieroth, in: JP, Rn. 10). Zusammen mit Satz 2 verbürgt Satz 1 **18** zugleich ein Grundrecht (Rn. 19ff.). Ein weiteres Grundrecht findet sich in Satz 3 (Rn. 27).

2. Das Recht auf Religionsunterricht (Abs. 3 S. 1, 2)

a) Der Schutzbereich

19 *aa) Persönlich.* Träger des Grundrechts auf Religionsunterricht sind jedenfalls die Religionsgemeinschaften (Epping, Grundrechte, Rn. 536). Ob sich auch die Eltern und Schüler auf das Grundrecht berufen können, ist str. (dafür Stern, Staatsrecht, IV/2, S. 422f.; dagegen Pieroth, in: JP, Rn. 16a).

20 Religionsgemeinschaften müssen weder Körperschaft des öffentlichen Rechts nach Art. 137 V WRV i.V.m. Art. 140 sein noch Rechtsfähigkeit nach Art. 137 IV WRV i.V.m. Art. 140 besitzen. Erforderlich sind lediglich ein Minimum an Organisation und die allseitige Aufgabenerfüllung (BVerwGE 123, 49 [54ff.]). An dem dafür erforderlichen Mindestmaß an Geschlossenheit in Glaubensfragen fehlt es zumindest bislang den islamischen Verbänden in Deutschland (näher Epping, Grundrechte, Rn. 539). Die zum Schuljahr 2012/13 erfolgte Einführung islamischen Religionsunterrichts in NRW steht daher rechtlich auf unsicherem Fundament (vgl. bereits Kreß, ZRP 2010, 14). Statt einer Religionsgemeinschaft handelt hier ein u.a. von verschiedenen islamischen Verbänden besetzter „Beirat".

bb) Sachlich

21 *(1) Gegenstand.* Abs. 3 S. 2, 1 garantieren, dass in den öffentlichen Schulen mit Ausnahme der bekenntnisfreien Schulen Religionsunterricht als ordentliches Lehrfach in Übereinstimmung mit den Grundsätzen der Religionsgemeinschaften erteilt wird. Im Unterschied zum bloßen religionskundlichen Unterricht wird im Religionsunterricht nicht nur über Glaubensinhalte informiert, sondern diese werden als Wahrheit vermittelt (BVerfGE 74, 244 [252]). Öffentliche Schulen sind die vom Staat getragenen Schulen. Ein ordentliches Lehrfach ist für die Schüler Pflichtfach. Die erreichte Note geht in den Notendurchschnitt ein und ist versetzungsrelevant (PSKP, Grundrechte, Rn. 730).

22 Das Recht auf Religionsunterricht gilt nach Art. 141 nicht in Bremen und Berlin. Dazu sowie zur Frage der Anwendbarkeit in den neuen Ländern s. Art. 141 Rn. 2f.

23 *(2) Gewährleistungen.* Das Grundrecht schützt als Abwehrrecht vor staatlicher Einflussnahme auf die Unterrichtsinhalte. In seiner Leistungsdimension legt es den Staat darauf fest, für die organisatorischen Rahmenbedingungen des Religionsunterrichts zu sorgen. Dazu wird man richtigerweise auch die Besoldung der Lehrkräfte zählen müssen (Badura, in: MD, Rn. 75; vorsichtiger Pieroth, in: JP, Rn. 17: Kostenteilung liege nahe). Die Forderung nach Einführung eines nichtkonfessionellen Ethikunterrichts als Ersatzfach für Religion lässt sich nicht auf Art. 7 III 1 stützen (BVerwG NVwZ 2014, 1163 [1164f.]).

24 *(3) Konkurrenzen.* Das Grundrecht aus Abs. 3 S. 1, 2 ist speziell gegenüber Art. 137 I WRV i.V.m. Art. 140 (PSKP, Grundrechte, Rn. 727).

b) Eingriff

25 Eingriffe sind dem Staat zurechenbare Einflussnahmen auf die Unterrichtsinhalte oder die Nichterbringung der ihm abverlangten Leistungen.

c) Rechtfertigung des Eingriffs

26 Einen Gesetzesvorbehalt enthält das Grundrecht nicht. Abs. 1 ermöglicht dem Staat allein die Organisation des Religionsunterrichts, jedoch keine inhaltliche Einflussnahme.

3. Das Recht der Lehrer, Religionsunterricht abzulehnen (Abs. 3 S. 3)

27 Lehrer müssen nach Abs. 3 S. 3 keinen Religionsunterricht erteilen. Diese Verbürgung konkretisiert das Grundrecht aus Art. 4 I, II. Anders als dieses kann das Recht aus Abs. 3 S. 3 jedoch nicht unter Hinweis auf den regelmäßig vorhandenen Status als Beamte eingeschränkt werden (PSKP, Grundrechte, Rn. 732).

IV. Das Recht zur Errichtung von Privatschulen (Abs. 4, 5)

28 In seinen Abs. 4 und 5 verbürgt Art. 7 unter näher bezeichneten Voraussetzungen das Grundrecht zur Errichtung von Privatschulen. Die Vorschrift enthält zugleich eine Garantie des Instituts Privatschule (BVerfGE 112, 74 [83]).

1. Der Schutzbereich

a) Persönlich

29 Die Privatschulfreiheit ist ein Jedermann-Grundrecht, auf das sich jede natürliche Person sowie – über Art. 19 III – auch juristische Personen berufen können (Pieroth, in: JP, Rn. 27).

b) Sachlich

30 *aa) Gegenstand.* Das Grundrecht schützt neben der ausdrücklich angesprochenen Errichtung auch den Betrieb von Privatschulen (Hömig, in: Hömig, Rn. 14). Zum sachlichen Schutzbereich gehören auch die Entscheidung über die Gestaltung des Schulbetriebs, über Inhalt und Gestaltung des Unterrichts (BVerfGE 112, 74 [83]) sowie die Auswahl der Lehrer und Schüler (PSKP, Grundrechte, Rn. 736).

31 Kennzeichen einer Privatschule ist der private Träger, also die Tatsache, dass sie nicht von einem Hoheitsträger betrieben wird (Pieroth, in: JP, Rn. 25). Innerhalb der Privatschulen unterscheidet das GG zwischen sog. Ersatzschulen (s. Abs. 4 S. 2) und anderen Privatschulen, die üblicherweise (wenn auch nicht vom GG) als sog. Ergänzungsschulen bezeichnet werden. Ersatzschulen sind Privatschulen, die als Ersatz für eine in dem Land vorhandene oder grundsätzlich vorgesehene Schule dienen sollen (BVerfGE 75, 40 [76]). Die Unterscheidung ist insofern bedeutsam, als das Grundrecht aus Abs. 4 S. 1 für alle Privatschulen gilt, während die Beschränkungen aus Abs. 4 S. 2–5 und Abs. 5 nur auf Ersatzschulen anwendbar sind (PSKP, Grundrechte, Rn. 737). Insbesondere können Ergänzungsschulen also ohne die von Abs. 4 S. 2 vorgesehene Genehmigung errichtet werden.

32 *bb) Gewährleistungen.* Als Abwehrrecht schützt das Grundrecht vor staatlichen Beschränkungen der vorstehend genannten Freiheit zur Errichtung und zum Betrieb von Privatschulen.

33 Aus dem Grundrecht ergibt sich zudem ein Anspruch auf Erteilung der nach Abs. 4 S. 2 benötigten Genehmigung zur Errichtung einer Ersatzschule, sofern die Genehmigungsvoraussetzungen vorliegen. Insofern lässt sich die Privatschulfreiheit als Leistungsgrundrecht verstehen; es ist jedoch auch vorstellbar, den Anspruch als Ausdruck des Abwehrrechts aufzufassen. Definitiv leistungsrechtlichen Charakter hätte ein Anspruch auf staatliche Fördermittel für die Errichtung und den Betrieb von Privatschulen. Das BVerfG bejaht einen derartigen Anspruch. Aus der Institutsgarantie der Privatschule folgt nach seiner Auffassung die staatliche Schutzpflicht, die sich zu einer Pflicht zu finanzieller Unterstützung verdichtet, wenn ohne eine solche der Bestand des Ersatzschulwesens als Institution (also nicht der einzelnen Schule) evident gefährdet wäre (BVerfGE 112, 74 [84]). Derzeit sei die Hilfsbedürftigkeit in diesem Sinne ein empirisch gesicherter Befund (BVerfGE 90, 107 [115]).

34 *cc) Konkurrenzen.* Abs. 4 ist innerhalb seines Anwendungsbereichs speziell zum Grundrecht der Berufsfreiheit aus Art. 12 I. Der gewinnorientiert arbeitende Privatschulträger wird in schulspezifischen Fragen also nur durch Abs. 4 geschützt. Jenseits des Schutzbereichs der Privatschulfreiheit kann er sich hingegen auf Art. 12 I berufen (Boysen, in: MK, Rn. 104).

2. Eingriff

35 Gewisse Schwierigkeiten bereitet die Bestimmung der Eingriffe in die Privatschulfreiheit. Auf Grund der Genehmigungsvorbehalte in Abs. 4 S. 2–4, Abs. 5 wird die Privatschulfreiheit, soweit sie Ersatzschulen betrifft, z. T. als ausgestaltungsbedürftiges oder normgeprägtes Grundrecht eingestuft (PSKP, Grundrechte, Rn. 738). In der Konsequenz dieser Sichtweise läge es, die von den Vorbehalten gedeckte Versagung der Genehmigung nicht als Eingriff einzustufen. Um Eingriffe würde es sich jedoch bei Genehmigungsversagungen handeln, die nicht von den Vorbehalten getragen werden.

36 Zu einer anderen Zuordnung kommt man, wenn man – was vorzugswürdig erscheint – die Vorbehalte zwar nicht als normalen Gesetzesvorbehalt ansieht, aber als „Einschränkungsvorbehalt im Grundrecht selbst“ (so zumindest für den Genehmigungsvorbehalt nach Abs. 4 Hufen, Staatsrecht II, § 32 Rn. 30; s. dazu noch sogleich Rn. 37). Unter dieser Prämisse sind alle staatlichen Maßnahmen, die die Errichtung oder den Betrieb einer Privatschule ver- oder behindern, ebenso wie Maßnahmen der staatlichen Schulaufsicht als Eingriffe zu qualifizieren (so Hufen, a. a. O., Rn. 29).

3. Rechtfertigung des Eingriffs

a) Schranken

37 Einigkeit besteht darüber, dass das Grundrecht der Privatschulfreiheit keinem Gesetzesvorbehalt unterliegt. Auch Abs. 4 S. 2 Hs. 2 („unterstehen den Landesgesetzen“) ändert daran nichts. Die Vorschrift bringt lediglich deklaratorisch zum Ausdruck, dass die Zuständigkeit zur Regelung der Genehmigungsvoraussetzungen bei den Ländern liegt (Thiel, in: Sachs, Rn. 67). Richtiger Auffassung nach stellen aber die Genehmigungsvorbehalte in Abs. 4 S. 2–4, Abs. 5 Grundrechtsschranken dar (zuvor Rn. 36).

38 Voraussetzung für die Genehmigung einer Ersatzschule ist nach Abs. 4 S. 3 zunächst, dass sie in ihren Lehrzielen und Einrichtungen sowie in der wissenschaftlichen Ausbildung ihrer Lehrkräfte nicht hinter den öffentlichen Schulen zurücksteht. Gefordert ist insofern Gleichwertigkeit, nicht Gleichartigkeit (Hufen, Staatsrecht II, § 32 Rn. 30). Zudem darf sie keine Sonderung der Schüler nach den Besitzverhältnissen der Eltern fördern. Schließlich muss nach Abs. 4 S. 4 die wirtschaftliche und rechtliche Stellung der Lehrkräfte genügend gesichert sein.

Die geforderte Gleichwertigkeit hinsichtlich der Erziehungsziele können auch monoedukative Schulen erfüllen. Die monoedukative Ausrichtung ist daher kein tragfähiger Grund für die Versagung der Genehmigung (BVerwGE 145, 333 ff., für eine Jungenschule in Brandenburg).

39 Private Volksschulen – das sind Grund- und Hauptschulen – dürfen nur unter den besonders strengen Voraussetzungen des Abs. 5 zugelassen werden.

40 Eine verfassungsimmanente Schranke der Privatschulfreiheit stellt die staatliche Schulaufsicht nach Abs. 1 dar (Brosius-Gersdorf, in: Dreier, Rn. 112).

b) Schranken-Schranken

41 Maßnahmen der Schulaufsicht nach Abs. 1 dürfen gegenüber Ersatzschulen nur dazu dienen, die dauerhafte Einhaltung der Genehmigungsvoraussetzungen zu sichern. Gegenüber Ergänzungsschulen dürfen sie allein der Einhaltung der allgemeinen

Rechtsordnung dienen (Robbers, in: MKS, Rn. 209). Im Übrigen müssen Eingriffe nach allgemeinen Regeln verhältnismäßig sein, also zur Verfolgung eines der vorgenannten Ziele geeignet, erforderlich und angemessen (PSKP, Grundrechte, Rn. 743f.).

V. Die fortbestehende Aufhebung von Vorschulen (Abs. 6)

Abs. 6, nach dem Vorschulen aufgehoben bleiben, ist eine staatsorganisationsrechtliche Regelung. Er bezieht sich auf frühere Grundschulen, die bereits einzelnen Formen weiterführender Schulen zugeordnet waren. Einrichtungen zur Vermittlung frühkindlicher Bildung, die heute z.B. mit dem Begriff Vorschule belegt werden, sind von dem Verbot nicht betroffen (Pieroth, in: JP, Rn. 9). **42**

C. Weiterführende Literatur/Leseempfehlungen

Beaucamp, G., Konflikte um die Kindergartenpflicht, JA 2014, 682–687; Brugger, W., Der praktische Fall – Öffentliches Recht – Das störende Kreuz in der Schule, JuS 1996, 233–240; Hufen, F., Entscheidungsbesprechung, Grundrechte: Privatschulfreiheit, JuS 2012, 376–378; Kahl, W., Der praktische Fall – Öffentliches Recht – Koran und Schulsport, JuS 1995, 904–908; Kramer, U., Grundfälle zu Art. 7 GG, JuS 2009, 1090–1095; Ogorek, M., Der Schutz anerkannter Ersatzschulen durch das Grundrecht der Privatschulfreiheit, DÖV 2012, 341–349; Rademacher, S./Janz, N., Schulpflicht auch im Glauben?, Jura 2008, 223–228; Reimer, F./Thurn, P., Fortgeschrittenenhausarbeit – Öffentliches Recht: Homeschooling, JuS 2008, 424–430. **43**

Art. 8 [Versammlungsfreiheit]

(1) **Alle Deutschen haben das Recht, sich ohne Anmeldung oder Erlaubnis friedlich und ohne Waffen zu versammeln.**

(2) **Für Versammlungen unter freiem Himmel kann dieses Recht durch Gesetz oder auf Grund eines Gesetzes beschränkt werden.**

Pflichtstoff (*****)

Übersicht

A. Überblick

I. Normstruktur

1 Art. 8 gewährleistet die Versammlungsfreiheit. Das Grundrecht gehört ebenso wie die Grundrechte des Art. 5, die Glaubens- und Gewissensfreiheit aus Art. 4, das Brief-, Post- und Fernmeldegeheimnis aus Art. 10 und das Petitionsrecht nach Art. 17 zu den sog. Kommunikationsfreiheiten, die die Entfaltung des Einzelnen gerade in seiner Interaktion und Kommunikation mit anderen schützen. Von diesen Grundrechten gehört Art. 8 zu den Vorschriften, bei denen der politische Bezug zur und die Bedeutung für die Demokratie besonders stark sind: Das Versammlungsrecht ist gerade für politische Demonstrationen relevant. Insbesondere verschafft es Minderheiten die Möglichkeit, ihren Positionen Gehör zu verschaffen und auf sich aufmerksam zu machen (näher BVerfGE 69, 315 [343ff.]).

2 Abs. 1 enthält das Grundrecht selbst, bei dem es sich um ein Deutschengrundrecht handelt, Abs. 2 einen einfachen Gesetzesvorbehalt für Versammlungen unter freiem Himmel.

3 Art. 8 hat seit Inkrafttreten des GG keine Änderungen erfahren; die Vorschrift gilt nach wie vor in ihrer Erstfassung.

II. Europa

4 Die Versammlungsfreiheit ist zudem – jeweils zusammen mit der Vereinigungsfreiheit – in Art. 11 EMRK sowie in Art. 12 I EU-GRCh verbürgt.

III. Prüfungsrelevanz

5 Die Prüfungsrelevanz von Art. 8 ist hoch. Die Vorschrift ist nicht nur regelmäßig Gegenstand staatsrechtlicher Klausuren. Sie spielt auch in verwaltungsrechtlichen Fällen zum Versammlungsrecht als einem Teil des Polizei- und Ordnungsrechts häufig eine wichtige Rolle, weil diverse Bestimmungen des Versammlungsrechts (u.a. das VersammlG) im Lichte des Art. 8 ausgelegt werden müssen.

B. Erläuterungen

I. Der Schutzbereich

1. Persönlich

6 Träger des Grundrechts aus Art. 8 sind alle Deutschen i.S.v. Art. 116 I sowie (jedenfalls der Sache nach) alle übrigen EU-Bürger (zur Frage, ob sie sich auf Art. 8 selbst oder auf eine um die sachlichen Gehalte des Art. 8 aufgeladene allgemeine Handlungsfreiheit aus Art. 2 I berufen können, s. Vorbem. Grundrechte Rn. 71ff.). Juristische Personen i.S.v. Art. 19 III können sich über diese Vorschrift auf das Grundrecht berufen. Zwar sind sie nicht in der Lage, sich zu versammeln. Sie können jedoch eine Versammlung vorbereiten, organisieren oder leiten. In diesem Umfang ist das Grundrecht daher wesensmäßig anwendbar, wie es Art. 19 III verlangt. Die Versammlung als solche ist hingegen nicht Träger des Grundrechts (Höfling, in: Sachs, Rn. 53). Mangels der erforderlichen organisatorischen Verfestigung stellt sie – trotz der Einbeziehung auch nicht rechtsfähiger Personenvereinigungen unter diesen Begriff – keine juristische Person i.S.v. Art. 19 III dar.

7 Ausländer, die nicht die Staatsangehörigkeit eines EU-Mitgliedstaates besitzen, können sich für Versammlungen nur auf die allgemeine Handlungsfreiheit (Art. 2 I) berufen.

2. Sachlich

a) Gegenstand

8 Abs. 1 verbürgt das Recht, sich ohne Anmeldung oder Erlaubnis friedlich und ohne Waffen zu versammeln. Die Eröffnung des sachlichen Schutzbereichs hängt also davon ab, ob die drei Tatbestandsmerkmale Versammlung, friedlich und waffenlos vorliegen.

Dass die Grundrechtsträger das Recht haben, sich „ohne Anmeldung oder Erlaubnis" zu versammeln, ist nicht Teil des Tatbestandes, sondern eine Schranken-Schranke. S. noch u. Rn. 31, 36.

9 Unerheblich für die Eröffnung des Schutzbereichs ist hingegen, ob die Versammlung unter freiem Himmel oder in einem geschlossenen Raum stattfindet. Abs. 1 differenziert nicht zwischen diesen beiden Arten von Versammlungen. Abs. 2, der nur für Versammlungen unter freiem Himmel gilt, betrifft nicht den Schutzbereich. Vielmehr handelt es sich um eine Schrankenregelung.

In einer gutachtlichen Prüfung darf die Frage daher erst bei der Frage nach den Schranken als Teil der Ausführungen zur Rechtfertigung eines Eingriffs angesprochen werden.

10 *aa) Sich versammeln.* Eine Versammlung setzt voraus, dass mehrere Menschen mit einer inneren Verbindung (z. T. auch als gemeinsamer Zweck beschrieben) zur gleichen Zeit am gleichen Ort zusammenkommen. Wie groß die Teilnehmerzahl mindestens sein muss, ist ebenso str. wie die Frage, woraus die innere Verbindung bestehen muss.

11 Aus der Formulierung „mehrere Personen" (BVerfGE 104, 92 [104]) wird z. T. gefolgert, eine Versammlung müsse mindestens aus drei Personen bestehen (Jarass, in: JP, Rn. 4. Zu strengeren, noch größere Teilnehmerzahlen verlangenden Auffassungen s. Kunig, in: MK, Rn. 13). Da der Zweck des Art. 8, Schutz für den Ausdruck gemeinschaftlicher Entfaltung zu bieten, jedoch nicht mehr als zwei Personen erfordert, reicht diese Zahl richtigerweise aus. Lediglich die Ein-Mann-Demonstration fällt daher nicht in den Schutzbereich; gegen sie gerichtete Beschränkungen sind allein an Art. 5 I 1 zu messen (näher Kunig, in: MK, Rn. 14).

Häufig gibt der zu begutachtende Fall keinen Anlass, diese Frage zu problematisieren, weil es um eine Versammlung mit einer großen Zahl von Teilnehmern geht. Unter diesen Umständen genügt der Hinweis auf die unterschiedlichen Auffassungen unter Verzicht auf eine eigene Stellungnahme. Die Formulierung könnte in etwa lauten: „Wie viele Teilnehmer vorhanden sein müssen, ist im Einzelnen umstritten. 200 Teilnehmer aber reichen auch nach der engsten Auffassung für eine Versammlung aus. Daher kann die Frage dahinstehen."

12 Keine Versammlung i. S. d. Abs. 1 stellt die „virtuelle Versammlung" z. B. in sozialen Netzwerken im Internet dar. Hier fehlt es am gemeinsamen Aufenthaltsort mehrerer Personen (Schulze-Fielitz, in: Dreier, Rn. 32; Seidel, DÖV 2002, 283 [285]; a. A. Hoffmann/Luch/Schulz/Borchers, Die digitale Dimension der Grundrechte, 2015, S. 170 ff.).

13 Einigkeit besteht darüber, dass mit dem Merkmal der inneren Verbindung der Teilnehmer bzw. dem gemeinsam verfolgten Zweck die Versammlung von der bloßen Ansammlung unterschieden wird.

Eine Ansammlung stellen z. B. mehrere „Gaffer" nach einem Verkehrsunfall dar. Zwar verfolgen alle denselben Zweck, die eigene Sensationsgier zu befriedigen. Diesen Zweck verfolgen sie jedoch nicht gemeinsam: Keiner der Gaffer hat ein Interesse daran, dass die anderen auch anwesend sind. Anders verhält es sich etwa bei Fußballfans im Stadion: Das Anfeuern der eigenen Mannschaft soll gerade kollektiv betrieben werden.

14 Keine Versammlung nach Abs. 1 dürfte daher eine Gruppe von „Mietdemonstranten" darstellen, die gegen Entgelt für oder gegen ein vom Auftraggeber vorgegebenes Anliegen demonstrieren. Ihnen fehlt die innere Verbindung, weil in Wahrheit jeder Demonstrant nur seine eigene vertragliche Verpflichtung erfüllen will.

15 Umstritten ist jedoch, woraus die innere Verbindung bestehen muss. Im Wesentlichen lassen sich drei unterschiedlich strenge Auffassungen unterscheiden, die zu drei unterschiedlich weiten Versammlungsbegriffen führen. Der enge Versammlungsbegriff fordert als Versammlungszweck die öffentliche Meinungsbildung und -äußerung gerade in öffentlich interessierenden Angelegenheiten. Der mittlere Versammlungsbegriff verzichtet auf die letzte Einschränkung und lässt die öffentliche Meinungsbildung und -äußerung in beliebigen Angelegenheiten genügen, während der weite Versammlungsbegriff jede innere Verbindung bzw. jeden gemeinsam verfolgten Zweck ausreichen lässt (näher PSKP, Grundrechte, Rn. 750, m. w. N.). Das BVerfG neigt seit einiger Zeit der engen Auffassung zu (BVerfGE 104, 92 [104]). Zu überzeugen vermag das nicht: Der Zweck der Versammlungsfreiheit, die „drohende Isolierung des Einzelnen zu verhindern" spricht für ein weites Verständnis (überzeugend PSKP, Grundrechte, Rn. 753).

Soweit es – was häufig der Fall sein wird – in einer Prüfungsarbeit um eine politische Demonstration geht, kann der Streit um die unterschiedlichen Versammlungsbegriffe ebenso dahin stehen wie der um die erforderliche Teilnehmerzahl. Es genügt dann der Hinweis, dass die Versammlung nach allen vertretenen Auffassungen in den Schutzbereich fällt (dagegen handelt es sich bei den Fußfallfans im Stadion [s. o. Rn. 13] jdf. nach dem engen Verständnis nicht um eine Versammlung).

16 Den Schutz des Grundrechts genießen sowohl ortsfeste Versammlungen als auch bewegliche Versammlungen wie der typische Demonstrationszug. Die Versammlungsfreiheit schützt nicht nur die Entscheidung, überhaupt eine Versammlung durchzuführen, sondern auch die Entscheidung über die Art, den konkreten Ort und den Zeitpunkt (BVerfGE 69, 315 [343]). Behinderungen und Belästigungen Dritter, die durch die Entscheidung für einen bestimmten Ort oder eine bestimmte Zeit entstehen, können Eingriffe rechtfertigen (u. Rn. 35). Den tatbestandlichen Schutz der Entscheidung schließen sie jedoch nicht aus. – Art. 8 I schützt Versammlungen, auf denen geredet und diskutiert wird, aber auch andere Formen des gemeinsamen Ausdrucks, die – das liegt im Charakter von Art. 8 I als Kommunikationsgrundrecht begründet – auch auf Außenwirkung gerichtet sein dürfen. Eine Maximaldauer des Grundrechtsschutzes gibt es nicht: Der Schutz des Art. 8 endet auch nach mehreren Monaten nicht, wenn die Merkmale einer Versammlung weiterhin erfüllt sind.

Relevant ist das z. B. für dauerhafte Versammlungen wie etwa vor einiger Zeit für die Zeltlager der „Occupy-Bewegung". Der potentiell fortdauernde tatbestandliche Schutz durch das Grundrecht bedeutet jedoch nach den auch hier geltenden Regeln der allgemeinen Grundrechtsdogmatik nicht, dass das Zeltlager unbegrenzt fortgesetzt werden darf. Wenn nach mehreren Monaten das Interesse daran, eine bestimmte Fläche wieder dem Gebrauch durch die Allgemeinheit zuzuführen, höher bewertet wird als das fortdauernde Demonstrationsinteresse, kann diese Entscheidung durchaus den Maßstäben des Verhältnismäßigkeitsprinzips genügen und daher rechtmäßig sein. Letztlich kommt es insofern auf die Umstände des Einzelfalles an. Der fortdauernde Grundrechtsschutz hat also lediglich zur Folge, dass auch die nach längerer Zeit stattfindende Auflösung einen rechtfertigungsbedürftigen Eingriff in das Grundrecht darstellt.

17 Positiv schützt die Versammlungsfreiheit u. a. die schlichte Teilnahme, aber auch die Organisation und die Leitung einer Versammlung einschließlich der Verwendung von Hilfsmitteln wie z. B. Lautsprechern und der Äußerung versammlungsbezogener Anliegen (BVerfG NVwZ 2014, 1453 f.). Negativ schützt das Grundrecht vor der Pflicht zur Teilnahme an Versammlungen.

18 *bb) Friedlich.* Friedlich ist eine Versammlung, solange sie keinen gewalttätigen oder aufrührerischen Verlauf nimmt, was eine erhebliche und aggressive Einwirkung auf Personen oder Sachen voraussetzt. Sitzblockaden genießen daher den Schutz des Grundrechts (PSKP, Grundrechte, Rn. 759 f.). Die Begehung von Straftaten oder von Gewalttätigkeit durch einzelne Teilnehmer heben den Grundrechtsschutz für die übrigen Teilnehmer nicht auf (BVerfGE 69, 315 [359 f.]).

Eine unfriedliche Versammlung fällt – ebenso wie eine Versammlung mit bewaffneten Teilnehmern – nicht in den Schutzbereich des Art. 8. Die Auflösung einer derartigen Veranstaltung stellt daher keinen Eingriff in den Schutzbereich dar. Auch an der allgemeinen Handlungsfreiheit des Art. 2 I ist sie nicht zu messen: Art. 8 I ist insofern abschließend, als unfriedlichen (und bewaffneten) Versammlungen der Grundrechtsschutz insgesamt versagt wird (Gusy, in: MKS, Rn. 91). **19**

cc) Waffenlos. Waffen sind zunächst alle Waffen im technischen Sinne, die von § 1 WaffG erfasst werden. Aber auch andere Gegenstände, mit denen Sachbeschädigungen und Körperverletzungen begangen werden können und die dazu subjektiv bestimmt sind, also zu diesem Zweck mitgeführt werden, können Waffen sein (Depenheuer, in: MD, Rn. 89). Dass der Umfang des Schutzbereichs vom Verwendungswillen abhängt, führt zwangsläufig zu Abgrenzungsschwierigkeiten, lässt sich aber nicht vermeiden. **20**

Auf einer Versammlung professioneller Baseball-Spieler, die auf bestimmte Anliegen aufmerksam machen wollen und die daher ihre Berufskleidung tragen, müssen Baseballschläger keine Waffen sein.

b) Gewährleistungen

Art. 8 schützt als Abwehrrecht vor staatlichen Beschränkungen der Versammlungsfreiheit. **21**

Zudem enthält die Vorschrift eine den Staat treffende Schutzpflicht, die Durchführung von Versammlungen zu ermöglichen und vor Beeinträchtigungen durch Dritte zu bewahren (Höfling, in: Sachs, Rn. 45). Um diese Pflicht zu erfüllen, kann es z. B. erforderlich sein, verkehrsregelnde Maßnahmen vorzunehmen. Sofern es Gegenveranstaltungen gibt, die die Durchführung der Anlassveranstaltung unmöglich machen wollen, muss der Staat dies verhindern. Typischerweise geschieht dies durch eine räumliche Trennung der beiden Versammlungen, ggf. auch durch Bereitstellung von Polizeikräften. Das BVerfG deutet darüber hinaus an, dass das Grundrecht im Wege der mittelbaren Drittwirkung ggf. auch Private binden könnte, die auf ihrem Grund und Boden „Orte allgemeiner Kommunikation" schaffen (BVerfGE 128, 226 [249 f.]). **22**

Betreffen würde das z. B. Einkaufszentren. S. näher Höfling/Krohne, JA 2012, 734 (739 f.). Für Plätze im Eigentum Privater s. jetzt auch BVerfG, Beschl. v. 18.7.2015, Az. 1 BvQ 25/15 („Bierdosen-Flashmob").

c) Konkurrenzen

Das wohl häufigste Konkurrenzproblem im Zusammenhang mit Art. 8 ist das Verhältnis zur Meinungsäußerungsfreiheit nach Art. 5 I Hs. 1. Bei Versammlungen, die sich staatlichen Einschränkungen ausgesetzt sehen, handelt es sich typischerweise gerade um politische Demonstrationen, auf denen im Rahmen einer Versammlung Meinungen geäußert werden. Für die Abgrenzung kommt es nach dem BVerfG darauf an, ob Inhalt und Form einer Meinungsäußerung eingeschränkt werden oder ob die Art und Weise der Versammlungsdurchführung beeinträchtigt wird: Im ersten Fall ist die Maßnahme an der Meinungsfreiheit zu messen, im zweiten Fall an der Versammlungsfreiheit (BVerfGE 111, 147 [154 f.]). **23**

Das Verbot, eine bestimmte Parole zu rufen oder ein bestimmtes Transparent hochzuhalten, ist danach an der Meinungsfreiheit zu messen. Dagegen ist eine zwangsweise Änderung der geplanten Demonstrationsroute ein Eingriff in den Schutzbereich des Art. 8.

II. Eingriff

Ein Eingriff in das Abwehrrecht liegt vor, wenn durch eine dem Staat zurechenbare Maßnahme eine der vom Schutzbereich umfassten Tätigkeiten unmöglich gemacht oder wesentlich erschwert wird. Das kann die Durchführung der Versammlung selbst, aber auch ihre Vorbereitung oder die Anreise zur Versammlung sein. **24**

25 Zwei Formen eines Eingriffs ergeben sich bereits aus Abs. 1: Die Statuierung einer Anmelde- oder einer Erlaubnispflicht (s. dazu noch u. Rn. 31, 36). Im Übrigen liegt ein Eingriff insbesondere im (präventiven) Verbot oder in der Auflösung einer (bereits begonnenen) Versammlung, im Ausschluss von Teilnehmern oder in Auflagen z. B. hinsichtlich der Durchführung der Versammlung. Aber auch dem Staat zurechenbare Behinderungen bei der Anreise, z. B. durch intensive und zeitaufwändige Kontrollen, greifen in den Schutzbereich ein (BVerfGE 69, 315 [349]).

26 Gleiches gilt für staatliche Maßnahmen, die geeignet sind, potentielle Teilnehmer durch ihre abschreckende Wirkung fernzuhalten wie die Registrierung der Teilnehmer (BVerfGE 65, 1 [43]) oder Videoaufnahmen, die dazu dienen, den Verlauf der Versammlung und ihre Teilnehmer zu dokumentieren (PSKP, Grundrechte, Rn. 767 f.).

III. Rechtfertigung des Eingriffs

1. Schranken

27 Das Grundrecht aus Abs. 1 steht unter dem einfachen Gesetzesvorbehalt des Abs. 2. Dieser bezieht sich jedoch nicht auf den gesamten Schutzbereich, sondern nur auf einen Teil desselben: Das Recht auf Versammlungsfreiheit kann für Versammlungen unter freiem Himmel durch (formelles) Gesetz oder auf Grund eines (formellen) Gesetzes beschränkt werden. Auf Versammlungen in geschlossenen Räumen ist diese Schranke nicht anwendbar, sie sind vorbehaltlos gewährleistet.

28 „Vorbehaltlos" bedeutet freilich – wie auch sonst, s. Vorbem. Grundrechte Rn. 109 – nicht „schrankenlos". Das Recht, sich in geschlossenen Räumen zu versammeln, ist auf der Grundlage verfassungsimmanenter Schranken (Grundrechte Dritter sowie sonstige Güter von Verfassungsrang) einschränkbar.

29 Für die Abgrenzung zwischen Versammlungen unter freiem Himmel einerseits und solchen in geschlossenen Räumen andererseits kommt es nicht auf das Vorhandensein einer Überdachung, sondern regelmäßig auf eine seitliche Umgrenzung an. Abs. 2 beruht auf der Annahme, dass die freie Zu- und Abgangsmöglichkeit besondere Gefahren schafft und erleichterte Einschränkungsmöglichkeiten erfordert. Um eine Versammlung unter freiem Himmel handelt es sich danach auch, wenn die Versammlung in einem Gebäude mit allgemeinem Publikumsverkehr stattfindet und von diesem nicht räumlich getrennt ist (BVerfGE 128, 226 [255]).

Die „open air"-Versammlung, für die der Veranstalter ein nicht überdachtes Fußballstadion angemietet hat, ist daher juristisch eine Versammlung im geschlossenen Raum, während die Versammlung unter dem Dach einer typischen Tankstelle eine Versammlung unter freiem Himmel darstellt. Ebenfalls um eine Versammlung unter freiem Himmel handelt es sich bei der Demonstration im Terminalgebäude eines Flughafens, in dem der normale Publikumsverkehr stattfindet. – Das VersammlG des Bundes (Sartorius Nr. 435) greift diese Unterscheidung auf: Sein Abschnitt II (§§ 5 ff.) gilt für Versammlungen in geschlossenen Räumen, während sein Abschnitt III (§§ 14 ff.) für Versammlungen unter freiem Himmel gilt. Zur Gesetzgebungskompetenz für das Versammlungsrecht s. u. Rn. 32 sowie Art. 74 Rn. 17.

30 Eine praktisch wenig bedeutsame Schranke, die sich auf den gesamten Schutzbereich des Abs. 1 bezieht, jedoch nur für Wehr- und Ersatzdienstleistende gilt, enthält Art. 17a. Sie tritt ergänzend neben die vorgenannten Schranken. S. dazu näher Art. 17a Rn. 2 ff.

2. Schranken-Schranken

31 Hinsichtlich der Schranken-Schranken gelten die allgemeinen Regeln (näher Vorbem. Grundrechte Rn. 116 ff.). Sie werden durch die spezielle Schranken-Schranke des Verbots von Anmelde- und Erlaubnispflichten (PSKP, Grundrechte, Rn. 775) ergänzt (u. Rn. 36).

Soweit eingreifende Maßnahmen auf das VersammlG des Bundes gestützt werden, kann die Frage nach dessen formeller Verfassungsmäßigkeit relevant werden. Die Gesetzgebungskompetenz für das Versammlungsrecht steht seit der Föderalismusreform im Jahre 2006 allein den Ländern zu (s. auch Art. 74 Rn. 17). Das VersammlG des Bundes gilt seither jedoch – vorbehaltlich einer Ersetzung durch Landesrecht, die bislang erst ungefähr ein Drittel der Landesparlamente vorgenommen hat – nach Art. 125a I als Bundesrecht fort. **32**

Das Zitiergebot des Art. 19 I 2 ist anwendbar – jedoch nur auf solche Regelungen, die auf die Schranke des Abs. 2 gestützt werden, also Versammlungen unter freiem Himmel betreffen. Regelungen, die auf Grund verfassungsimmanenter Schranken Versammlungen in geschlossenen Räumen einschränken, müssen das Zitiergebot nicht beachten. Zum Anwendungsbereich des Zitiergebots allgemein Art. 19 Rn. 13ff. **33**

Die Konsequenzen dieser Überlegung zeigen sich im VersammlG: Nach § 20 VersammlG wird das Grundrecht des Art. 8 durch die Bestimmungen „dieses" – also des aus §§ 14ff. VersammlG bestehenden – III. Abschnitts eingeschränkt, der für Versammlungen unter freiem Himmel gilt (s. die Abschnittsüberschrift). Im II. Abschnitt (§§ 5ff. VersammlG), der für Versammlungen in geschlossenen Räumen gilt, findet sich keine derartige, das Zitiergebot beachtende Vorschrift. Gleichwohl sind die dort normierten Beschränkungsmöglichkeiten nicht aus diesem Grund verfassungswidrig, weil das Zitiergebot eben nicht gilt.

Auf die Schranken gestützte Gesetze müssen dem Bestimmtheitsgebot genügen (s. Vorbem. Grundrechte Rn. 121). Das schließt die Verwendung von Generalklauseln, unbestimmten Rechtsbegriffen und auslegungsbedürftigen Merkmalen nicht aus (BVerfGE 69, 315 [352ff.], zum Begriff der Gefährdung der öffentlichen Sicherheit oder Ordnung, den § 15 VersammlG verwendet). **34**

Eingriffe müssen dem Grundsatz der Verhältnismäßigkeit (= dem Übermaßverbot) genügen. Die eingreifenden bzw. zum Eingriff berechtigenden Gesetze müssen also im Lichte der grundlegenden Bedeutung des Art. 8 ausgelegt werden (BVerfGE 111, 147 [154f.]; 128, 226 [259]). Zudem muss der Eingriff zur Erreichung seines Ziels geeignet, erforderlich und angemessen sein. Unter dem Gesichtspunkt der Erforderlichkeit ist insbesondere zu beachten, dass der Staat zunächst versuchen muss, befürchtete Gefährdungen durch Kooperation mit dem Veranstalter zu vermeiden, bevor er eingreifende Maßnahmen wie ein Verbot vornimmt (BVerfGE 69, 315 [362]). Ob bestimmte Beschränkungen den Anforderungen des Verhältnismäßigkeitsprinzips gerecht werden, hängt im Übrigen auch vom Ort und den anderen Umständen der Versammlung ab. Im Terminalgebäude eines Flughafens sind auf Grund der hier besonders großen Bedeutung störungsfreier Abläufe und der Gefahren für elementare Rechtsgüter ggf. weiter gehende Einschränkungen möglich als an weniger sensiblen Orten (BVerfGE 128, 226 [259f.]). Die unvermeidlichen Störungen für Dritte, die von einer Versammlung auf öffentlichen Verkehrsflächen zwangsläufig ausgehen, sind grundsätzlich hinzunehmen. Das gilt auch, wenn immer wieder aus demselben Anlass Versammlungen stattfinden. Anders kann es aussehen, wenn die Versammlung gerade zum Ziel hat, andere zu behindern (Dietel/Gintzel/Kniesel, Versammlungsgesetze, 16. Aufl. 2010, § 15 Rn. 192ff.). Bei Flächen, die von vornherein nicht für den kommunikativen Gebrauch gewidmet sind wie z.B. die Landebahn eines Flughafens, ist ein Verbot leichter zu begründen; das Versammlungsinteresse kann sich hier allenfalls bei einem speziellen Bezug zu diesem Ort durchsetzen (zu einer Versammlung auf einem Friedhof, der freilich für kommunikativen Verkehr geöffnet war, s. BVerfG NJW 2014, 2706ff., zu einer Versammlung auf einer Kraftfahrstraße s. die Anmerkung von Muckel, JA 2014, 317f.). Zulässig können Eingriffe bis hin zu einem Verbot auch werden, wenn durch den Ort und die Art der Versammlung unzumutbar in die Privatsphäre Dritter eingegriffen wird (BVerfG NJW 1987, 3245: Verbot einer mehrtägigen Mahnwache gegen den Besuch des DDR-Staatsratsvorsitzenden Honecker vor dessen Geburtshaus, das **35** von seiner Schwester bewohnt wurde). Immer wieder relevant wird das im Hinblick auf Demonstrationen vor den Wohnhäusern früherer Straftäter (s. etwa OVG Magdeburg NJW 2012, 2535f.; dazu Muckel, JA 2012, 796ff.).

Die Entscheidung BVerfGE 128, 226ff., ist das sog. Fraport-Urteil, in dem es im Kern um die Zulässigkeit von Versammlungen in den Terminals des Flughafens in Frankfurt/Main geht. – Die Frage nach der Zulässigkeit von Einschränkungen wiederholt durchgeführter Demonstrationen stellte sich zuletzt Ende 2014/Anfang 2015 bei den „Pegida"-Demonstrationen. Zwar dürfen die Dauer und die Häufigkeit von Demonstrationen mit identischem Anliegen bei der Gewichtung des Versammlungsinteresses einerseits und der Interessen der Anwohner und Verkehrsteilnehmer andererseits berücksichtigt werden. Eine Versammlung pro Woche über einen Zeitraum von einigen Monaten führt freilich allein noch nicht dazu, dass das kommunikative Anliegen zurücktreten müsste. Als zulässig angesehen wurde hingegen die Verlegung einzelner „Montagsdemonstrationen" gegen das Bahnprojekt „Stuttgart 21" an einen nach wie vor in Sichtweite des Bahnhofs liegenden Ort, nachdem mehrere Jahre an jedem Montag demonstriert worden war, wegen zu erwartender massiver Verkehrsbehinderungen (VGH Mannheim, Beschl. v. 12.12.2013, 1 S 2532/13).

36 Erhebliche Schwierigkeiten bereitet die Bestimmung des Verhältnisses zwischen Abs. 1, der ausdrücklich das Recht verbürgt, sich ohne Anmeldung oder Erlaubnis zu versammeln, und § 14 VersammlG, nach dem Versammlungen unter freiem Himmel spätestens 48 Stunden vor der Bekanntgabe anzumelden sind. Geschieht dies nicht, können sie nach § 15 III VersammlG aufgelöst werden. Die h.M. und das BVerfG halten die Anmeldepflicht gleichwohl für verfassungsgemäß, verlangen aber eine verfassungskonforme Auslegung: Die fehlende Anmeldung allein soll noch nicht zur Auflösung berechtigen. Vielmehr setzt die Auflösung Gefahren für andere, der Versammlungsfreiheit gleichwertige Rechtsgüter voraus. Denkbar ist jedoch, dass derartige Gefahren gerade wegen der fehlenden Anmeldung nicht mehr anderweitig ausgeräumt werden können (BVerfGE 69, 315 [351]). Zudem soll für sog. Spontanversammlungen, die sich aus aktuellem Anlass ohne Vorlaufzeit entwickeln und bei denen eine Anmeldung daher nicht möglich ist, § 14 VersammlG nicht gelten; bei Eilversammlungen, bei denen zwischen der Entscheidung zur Versammlung und dem geplanten Termin weniger als 48 Stunden liegen, soll eine unverzügliche Anmeldung ausreichen (BVerfGE 85, 69 [74f.]). Auch die von § 26 VersammlG angeordnete Strafbarkeit der Durchführung einer Versammlung ohne Anmeldung hält das BVerfG mit den vorstehend geschilderten Maßgaben für die Auslegung der versammlungsrechtlichen Vorschriften für verfassungsgemäß (BVerfGE 85, 69 [72ff.]). – Insbesondere der letztgenannte Punkt sieht sich großen Bedenken ausgesetzt. Richtigerweise wird man die Lösung des BVerfG insofern modifizieren müssen, als es angesichts der eindeutigen Aussage in Abs. 1 keine echte Anmeldepflicht geben darf (für die Verfassungswidrigkeit der Anmeldepflicht des § 14 I VersammlG Höfling, in: Sachs, Rn. 64). Die gesetzlich vorgesehene „Pflicht" zur Anmeldung ist lediglich als Obliegenheit zu verstehen. Die fehlende Anmeldung allein darf daher nicht durch Auflösung der Versammlung sanktioniert werden. Der Veranstalter erhöht lediglich das Risiko einer aus anderen Gründen erfolgenden Auflösung (PSKP, Grundrechte, Rn. 775). Im praktischen Ergebnis stimmt das bis zu diesem Punkt mit der Lösung des BVerfG überein. Im Gegensatz zu dessen Auffassung ist jedoch die Strafbarkeit der fehlenden Anmeldung verfassungswidrig (im Ergebnis ebenso, wenn auch mit anderer Begründung [Verstoß gegen das Bestimmtheitsgebot] Geis, NVwZ 1992, 1025 [1030ff.]; BVerfGE 85, 69 [77ff. – Sondervotum]).

C. Prüfungshinweise

37 Speziell die Problematik der Anmeldepflicht (zuvor Rn. 36) spielt häufig in Klausuren und Hausarbeiten eine Rolle, deren Schwerpunkt im Verwaltungsrecht liegt.

D. Weiterführende Literatur/Leseempfehlungen

Bews, J./Grewe, H., Versammlungsfreiheit am Flughafen, Jura 2012, 723–730; Enders, Ch., Der Schutz der Versammlungsfreiheit (Teil I), Jura 2003, 34–42; Enders, Ch., Der Schutz der Versammlungsfreiheit (Teil II), Jura 2003, 103–108; Enders, Ch., Übungshausarbeit öffentliches Recht, Die anstößige Kundgebung, Jura 1998, 642–649; Hermanns, C.D., Aufsatz Öffentliches Recht, Grundfragen der Versammlungsfreiheit, JA 2001, 79–85; Höfling, W./Krohne, G., Versammlungsrecht in Bewegung, JA 2012, 734–740; Kahl, W., Der praktische Fall – Öffentliches Recht – „Kurz entschlossener Protest", JuS 2000, 1090–1095; Lembke, U., Grundfälle zu Art. 8 GG, JuS 2005, 984–988 und 1081–1085; Otto, M.R., Anfängerklausur – Öffentliches Recht: Grundrechte – Versammlungsfreiheit, JuS 2011, 143–149; Tillmanns, R., Grundrechte, JA 2002, 277–281; Trurnit, C., Grundfälle zum Versammlungsrecht, Jura 2014, 486–496; BVerfGE 128, 226–278 – Fraport; BVerfGE 69, 315–372. **38**

Art. 9 [Vereinigungsfreiheit; Koalitionsfreiheit]

(1) **Alle Deutschen haben das Recht, Vereine und Gesellschaften zu bilden.**

(2) **Vereinigungen, deren Zwecke oder deren Tätigkeit den Strafgesetzen zuwiderlaufen oder die sich gegen die verfassungsmäßige Ordnung oder gegen den Gedanken der Völkerverständigung richten, sind verboten.**

(3) [1]**Das Recht, zur Wahrung und Förderung der Arbeits- und Wirtschaftsbedingungen Vereinigungen zu bilden, ist für jedermann und für alle Berufe gewährleistet.** [2]**Abreden, die dieses Recht einschränken oder zu behindern suchen, sind nichtig, hierauf gerichtete Maßnahmen sind rechtswidrig.** [3]**Maßnahmen nach den Artikeln 12a, 35 Abs. 2 und 3, Artikel 87a Abs. 4 und Artikel 91 dürfen sich nicht gegen Arbeitskämpfe richten, die zur Wahrung und Förderung der Arbeits- und Wirtschaftsbedingungen von Vereinigungen im Sinne des Satzes 1 geführt werden.**

Pflichtstoff (*****)

Übersicht

A. Überblick

I. Normstruktur

1 Art. 9 enthält zwei Grundrechte: Abs. 1 verbürgt die Vereinigungsfreiheit, Abs. 3 die Koalitionsfreiheit. Koalitionen im Sinne dieser Vorschrift sind nicht die politischen Koalitionen verschiedener Parteien, die sich im Parlament zur Bildung einer gemeinsamen Regierung zusammentun, sondern Arbeitnehmer- und Arbeitgebervereinigungen. Beide Grundrechte müssen schon deshalb voneinander unterschieden werden, weil nur der Koalitionsfreiheit unmittelbare Drittwirkung zukommt (u. Rn. 34).

2 Geändert wurde Art. 9 bislang erst einmal durch die Einfügung von Abs. 3 S. 3 im Jahr 1968.

II. Europa

3 Eine Parallelvorschrift zu Art. 9 – und zwar sowohl zur Vereinigungs- als auch zur Koalitionsfreiheit – stellt Art. 11 EMRK dar. Die Vorschrift verbürgt das Recht, sich frei mit anderen zusammenzuschließen. Dass dazu auch das Recht zum Beitritt sowie zur Gründung von Gewerkschaften gehört, spricht Art. 11 I EMRK ausdrücklich an. Eine entsprechende Verbürgung findet sich in Art. 12 EU-GRCh. Beide Normen garantieren zusammen mit der Vereinigungs- auch die Versammlungsfreiheit; insofern handelt es sich zugleich um Parallelvorschriften zu Art. 8 GG.

III. Prüfungsrelevanz

4 Die Prüfungsrelevanz von Abs. 1 ist hoch. Immer wieder Gegenstand von Klausuren ist insbesondere die Problematik der öffentlich-rechtlichen Zwangskorporationen (u. Rn. 13 ff.). Vor dem Hintergrund der vermehrten Vereinsverbote gegenüber „Rockerclubs" sollte auch dem Abs. 2 gebührende Aufmerksamkeit geschenkt werden. Abs. 3 gehört ebenfalls zum Pflichtstoff; besondere Bedeutung kommt der Vorschrift in Schwerpunktbereichen zu, die das kollektive Arbeitsrecht umfassen.

B. Erläuterungen

I. Die Vereinigungsfreiheit (Abs. 1, 2)

1. Der Schutzbereich

a) Persönlich

5 Träger des Grundrechts aus Abs. 1 sind alle Deutschen i. S. v. Art. 116 I sowie (jedenfalls der Sache nach) auch alle übrigen EU-Bürger (zur Frage, ob sie sich auf Art. 9 I selbst oder auf eine um die sachlichen Gehalte der Vereinigungsfreiheit aufgeladene allgemeine Handlungsfreiheit aus Art. 2 I berufen können s. Vorbem. Grundrechte Rn. 71 ff.).

6 Abweichend von der Dogmatik bei den übrigen Grundrechten nimmt das BVerfG sogar an, juristische Personen wären für ihre vereinsspezifischen Tätigkeiten ebenfalls unmittelbar aus Abs. 1 berechtigt (BVerfGE 80, 244 [253]; 124, 25 [34]). Die Vorschrift soll das Entstehen und Bestehen der juristischen Person schützen und nach dieser Sichtweise neben dem individuellen auch ein kollektives Freiheitsrecht beinhalten („Doppelgrundrecht"). In der Literatur stößt diese Konzeption auf berechtigte Kritik: Der Umfang des Grundrechtsschutzes von Vereinigungen ist Regelungsgegenstand des insofern abschließenden Art. 19 III (PSKP, Grundrechte, Rn. 793). Für die Konstruktion des „Doppelgrundrechts" besteht auch kein Bedürfnis (Ipsen, Staatsrecht II, Rn. 582, 588). Richtigerweise bemisst sich der Grundrechtsschutz der juristischen

Person also auch hier nach Art. 19 III i.V.m. Art. 9 I bzw. i.V.m. anderen Grundrechten. Die Vereinigungsfreiheit, deren Schutz nicht erst durch Art. 19 III gewährt wird, ist ein Grundrecht *auf* Vereinigung, nicht ein Grundrecht *der* Vereinigung.

b) Sachlich

aa) Gegenstand. Abs. 1 schützt die Bildung von Vereinen und Gesellschaften. Als Oberbegriff für beide Zusammenschlüsse hat sich die Bezeichnung „Vereinigungen" etabliert. 7

Unter diesen Begriff sollte auch subsumiert werden. Eine Unterscheidung zwischen Vereinen und Gesellschaften ist nicht erforderlich.

Eine Vereinigung im Sinne der Vorschrift ist jeder Zusammenschluss einer Mehrheit von natürlichen oder juristischen Personen für längere Zeit zu einem gemeinsamen Zweck, die sich einer organisierten Willensbildung unterwerfen (Jarass, in: JP, Rn. 3; BVerwGE 106, 177 [181]). 8

Der Sache nach entspricht die Definition einer Vereinigung i.S.v. Abs. 1 also der einfachgesetzlichen Vereinsdefinition des § 2 I VereinsG. Die Vorschrift kann daher z.B. in Klausuren eine wertvolle Gedächtnisstütze sein. Als Quelle der Definition genannt werden sollte sie jedoch allenfalls unter Vorbehalt: Keinesfalls darf der Eindruck entstehen, der Inhalt eines Grundrechts werde durch den einfachen Gesetzgeber festgelegt. Dem stünde schon die Grundrechtsbindung auch des Gesetzgebers (Art. 1 III) entgegen. Wenn § 2 I VereinsG überhaupt genannt wird, muss also klar zum Ausdruck kommen, dass der verfassungsrechtliche Begriff eigenständig zu definieren ist. Zur Vermeidung von Missverständnissen erscheint es im Zweifel vorzugswürdig, auf die Nennung des § 2 I VereinsG zu verzichten.

Das Kriterium der längeren Zeitdauer dient der Abgrenzung zur Versammlung. Die organisierte Willensbildung erfordert ein gewisses Maß an verfestigten Entscheidungs- und Handlungsstrukturen. 9

Vereinigungen in diesem Sinne sind beispielsweise eingetragene und nichteingetragene Vereine, Kapitalgesellschaften wie die AG oder die GmbH (zur Einbeziehung von Wirtschaftsgesellschaften BVerfGE 124, 25 [34]). Eine Ausnahme stellt die sog. Ein-Mann-GmbH dar, bei der es nur einen Gesellschafter gibt, so dass es an einer Personenmehrheit fehlt. Zu Kapitalgesellschaften s. noch u. Rn. 20. Richtiger Auffassung nach sind auch Parteien Vereinigungen gem. Abs. 1; ihre Gründung wird also vom Schutzbereich erfasst. Die h.M. verneint das, weil sie Art. 21 I als Grundrecht ansieht, das in diesem Punkt gegenüber Art. 9 I speziell sein soll. Zu den Gründen gegen diese Auffassung s. Art. 21 Rn. 26. 10

Ausdrücklich geschützt ist die Bildung von Vereinigungen. Der Einzelne hat also ein Grundrecht, sich mit anderen zu Vereinigungen zusammenzuschließen. Weiter umfasst der Schutzbereich den Beitritt zu bestehenden Vereinigungen und die Betätigung in der Vereinigung (BVerfGE 123, 186 [237]). 11

Keine Zustimmung verdient die – insbes. vom BVerfG vertretene, s. BVerfGE 80, 244 (253) – Auffassung, Art. 9 I schütze auch die Betätigung der Vereinigung selbst (s. bereits o. Rn. 6). Die Vereinigung wird in ihrer Betätigung durch Art. 19 III i.V.m. dem für die jeweilige Tätigkeit maßgeblichen Grundrecht geschützt. Das kann auch Art. 9 I sein, wenn die Vereinigung sich ihrerseits mit anderen natürlichen Personen oder Vereinigungen zu einer (weiteren) Vereinigung zusammenschließen will. 12

Wie die anderen Freiheitsgrundrechte besitzt auch die Vereinigungsfreiheit eine negative Komponente (Jarass, in: JP, Rn. 7; ablehnend Ipsen, Staatsrecht II, Rn. 592ff.). Insofern schützt das Grundrecht den Austritt aus und das Fernbleiben von Vereinigungen (BVerfGE 123, 186 [237]). Ausgerechnet für den wichtigsten, wenn nicht einzig vorstellbaren Fall von staatlich angeordneten Zwangszusammenschlüssen hält das BVerfG das Grundrecht gleichwohl für unanwendbar: Das Gericht nimmt in st. Rspr. 13

an, die Pflichtmitgliedschaft in einer Körperschaft des öffentlichen Rechts – das sind z. B. die Industrie- und Handelskammern (IHKs), die Handwerkskammern, die Ärzte- und Apothekerkammern, aber auch die in den meisten Ländern bestehenden verfassten Studierendenschaften – sei nicht an Art. 9 I zu messen (BVerfGE 38, 281 [297 f.]; BVerfG NVwZ 2002, 335 [336]). Diese Auffassung begründet es damit, dass Art. 9 I positiv lediglich die privatautonome Gruppenbildung schütze, also die Gründung von privatrechtlichen Vereinigungen. Daher verbürge das Grundrecht in seiner negativen Ausprägung auch nur das Fernbleiben von solchen Vereinigungen, nicht aber von öffentlich-rechtlichen Vereinigungen. Die Mitgliedschaft in öffentlich-rechtlichen Zwangskorporationen sei allein an der allgemeinen Handlungsfreiheit aus Art. 2 I GG zu messen.

14 Diese Auffassung überzeugt nicht. Der Schluss vom Umfang der positiven Verbürgung auf den der negativen (sog. „Spiegelbildtheorie“, nach der ein Grundrecht negativ nur vor solchen Tätigkeiten schützen kann, deren Vornahme es positiv schützt) ist nicht zwingend. Wenn der Einzelne einer öffentlich-rechtlichen Korporation fernbleiben möchte, nimmt er damit gerade nicht eine für Private nicht zugängliche Handlungsform in Anspruch, sondern realisiert den klassischen grundrechtlichen Abwehranspruch (Höfling, in: Sachs, Rn. 22 f.). Richtigerweise ist die Zwangsmitgliedschaft auch in öffentlich-rechtlichen Vereinigungen daher nicht an Art. 2 I, sondern an Art. 9 I zu messen.

15 Die Entscheidung dieser Streitfrage hat gravierende Konsequenzen: Sofern man mit der hier für richtig gehaltenen Auffassung Art. 9 I heranzieht, ist der Eingriff, der in einer Zwangsmitgliedschaft liegt, regelmäßig mangels Schranke nicht zu rechtfertigen und daher verfassungswidrig. Auf Art. 9 II lässt sich die Pflichtmitgliedschaft ebenso wenig stützen wie auf verfassungsimmanente Schranken: Grundrechte Dritter oder andere Güter von Verfassungsrang, die z. B. die Pflichtmitgliedschaft in einer verfassten Studierendenschaft rechtfertigen würden, gibt es nicht. Misst man die Vorschriften, die die Pflichtmitgliedschaft anordnen (für die IHKs etwa § 2 IHK-G [Sartorius Nr. 818]), nur am Maßstab von Art. 2 I, steht die Schranke der verfassungsmäßigen Ordnung (Art. 2 Rn. 60) zur Verfügung. Der Eingriff ist dann verfassungsgemäß, sofern die Mitgliedschaft den Anforderungen des Verhältnismäßigkeitsprinzips (Übermaßverbotes) genügt.
Selbst wenn man mit dem BVerfG nur Art. 2 I heranziehen will, so dass der Einzelne in den derzeit praktisch relevanten Fällen die Mitgliedschaft als solche hinnehmen muss, bedeutet das nicht, dass er alle daraus folgenden Konsequenzen zu tragen hat. Der jeweiligen Körperschaft darf nur die Vertretung spezifischer Interessen ihrer Mitglieder übertragen werden, also solcher Interessen, die z. B. Ärzte, Handwerker oder Studenten als solche haben. Andernfalls wäre die Regelung unverhältnismäßig. Das häufig geforderte „allgemeinpolitische Mandat“ für verfasste Studierendenschaften wäre daher verfassungswidrig; der einfache Gesetzgeber darf es nicht einführen. Gegen Äußerungen der Organe der Vereinigung, die nicht vom gesetzlich zugewiesenen Aufgabenkreis gedeckt sind („ultra vires-Äußerungen“), hat das einzelne Mitglied einen letztlich aus Art. 2 I folgenden Unterlassungsanspruch (s. dazu z. B. BVerfG NVwZ 2001, 192; HessVGH NVwZ-RR 2008, 467 ff.). Sofern es eine hinreichende Rechtsgrundlage im Landeshochschulrecht gibt, müssen die Einführung eines von allen Studenten zu bezahlenden sog. „Semestertickets“ aber auch diejenigen hinnehmen, die keine öffentlichen Verkehrsmittel benutzen (BVerwGE 109, 97 ff.; BVerfG NVwZ 2001, 190 ff.).

16 Der Schutzbereich der Vereinigungsfreiheit ist teilweise normgeprägt; das Grundrecht bedarf insofern gesetzgeberischer Ausgestaltung. S. dazu u. Rn. 20.

17 *bb) Gewährleistungen.* Abs. 1 schützt als Abwehrrecht vor Beeinträchtigungen der Freiheit, sich in Form einer Vereinigung mit anderen zusammenzuschließen, sich in der Vereinigung zu betätigen, aus Vereinigungen auszutreten oder ihnen von vornherein fernzubleiben. Soweit es um kollektiv ausgeübte Tätigkeiten geht, beschränkt sich der Schutz des Art. 9 I freilich auf vereinigungsspezifische Tätigkeiten, die die Existenz der Vereinigung betreffen wie z. B. die Mitgliederwerbung oder die Verwaltung der Vereinigung. Wo eine Vereinigung wie eine Einzelperson auftritt, genießt die gemeinsame Tätigkeit keinen Schutz durch Art. 9 I.

Ein gesetzliches Rauchverbot in Gaststätten, das einen „Raucherverein" wie jeden einzelnen Bürger trifft, ist daher nicht an Art. 9 I zu messen (BVerfG NJW 2015, 612 f.; dazu Sachs, JuS 2015, 184 ff.).

cc) Konkurrenzen. Die Koalitionsfreiheit nach Abs. 3 geht als spezielle Regelung der allgemeinen Vereinigungsfreiheit aus Abs. 1 vor (u. Rn. 35). Maßnahmen gegen religiöse Vereinigungen sind zudem am Maßstab von Art. 4 bzw. Art. 140 zu messen, aus denen sich regelmäßig ein stärkerer Schutz ergeben wird (s. Art. 4 Rn. 23). 18

2. Eingriff

Eingriffe sind solche dem Staat zurechenbaren Maßnahmen, die die Inanspruchnahme der vom Schutzbereich umfassten Freiheiten unmöglich machen oder wesentlich erschweren. 19

Beispiele sind Vereinsverbote, wie sie in letzter Zeit z. B. gegen „Rockerclubs" ausgesprochen wurden, entgegen der Auffassung des BVerfG aber auch Pflichtmitgliedschaften in öffentlich-rechtlichen Körperschaften (dazu o. Rn. 13 ff.).

Dabei ist jedoch eine Einschränkung zu beachten. Von der Vereinigungsfreiheit kann der Einzelne nicht in allen Facetten schon kraft der Qualitäten und Fähigkeiten, die er als Mensch besitzt, Gebrauch machen. Er ist vielmehr auf gesetzliche Regelungen angewiesen, die ihn überhaupt erst in die Lage versetzen, bestimmte Vereinigungen zu bilden: Die Gründung einer Kapitalgesellschaft etwa setzt Regelungen voraus, die festlegen, was eine solche Gesellschaft ausmacht. Der Gesetzgeber muss den Schutzbereich daher ausgestalten, indem er unterschiedliche Rechtsformen zur Verfügung stellt und Vorschriften erlässt, die die Vereinigungen funktionsfähig machen, in die Rechtsordnung einfügen und Dritte schützen (BVerfGE 50, 290 [354 f.]). Derartige Ausgestaltungsregelungen stellen keinen Eingriff in den Schutzbereich dar (Jarass, in: JP, Rn. 14). 20

Ein Beispiel sind die Regelungen über das Mindestgrund- bzw. -stammkapital bei der AG und der GmbH (§ 7 AktG, § 5 I GmbHG). Zwar können diejenigen, die dieses Kapital nicht aufzubringen vermögen, keine derartige Gesellschaft gründen. Ein Eingriff in ihre Vereinigungsfreiheit liegt in den Regelungen gleichwohl nicht.

3. Rechtfertigung des Eingriffs

a) Schranken

Abs. 1 steht unter dem Vorbehalt des Abs. 2. Danach sind Vereinigungen verboten, deren Zwecke oder Tätigkeiten den Strafgesetzen zuwiderlaufen oder die sich gegen die verfassungsmäßige Ordnung oder gegen den Gedanken der Völkerverständigung richten. Diese Vorschrift gehört – wie Art. 21 II, 18 – zu den Vorschriften, die das GG zu einer „streitbaren Demokratie" machen. Sie regelt die Möglichkeit von Verboten abschließend (BVerfGE 80, 244 [253]). Andere Eingriffe sind auf Grund von verfassungsimmanenten Schranken, also von Grundrechten Dritter oder von anderen Rechtsgütern von Verfassungsrang, möglich (BVerfGE 124, 25 [36]). 21

Die Formulierung „sind verboten" könnte als Argument dafür herangezogen werden, Abs. 2 schon als Grenze des Schutzbereichs zu verstehen. Ein Vereinsverbot aus den genannten Gründen wäre danach kein rechtfertigungsbedürftiger Eingriff mehr. Die h. M. nimmt jedoch u. a. auf Grund des Vergleichs mit Art. 21 II und unter Hinweis auf den Grundsatz der Rechtssicherheit (Jarass, in: JP, Rn. 17) zu Recht an, dass es sich lediglich um eine Grundrechtsschranke handelt. Ein von der zuständigen Behörde auf der Grundlage von § 3 VereinsG ausgesprochenes Verbot wirkt daher konstitutiv (Höfling, in: Sachs, Rn. 40) und stellt einen Eingriff dar. Der Sache nach handelt 22 es sich bei Abs. 2 also um einen qualifizierten Gesetzesvorbehalt (PSKP, Grundrechte, Rn. 807).

23 Der Wortlaut von Abs. 2 ist noch in einem weiteren Punkt missverständlich. Die Ausrichtung der Vereinigung gegen Strafgesetze ermöglicht nur dann ein Verbot, wenn es sich nicht um vereinigungsspezifische, sondern um allgemeine Strafgesetze handelt. Andernfalls stünde der Umfang des Grundrechtsschutzes zur Disposition des einfachen Gesetzgebers, was mit Art. 1 III unvereinbar wäre (PSKP, Grundrechte, Rn. 809).

Ein fiktiver Straftatbestand, der den Zusammenschluss zu „Rockerclubs" unter Strafe stellen würde, könnte – abgesehen von der Frage nach der hinreichenden Bestimmtheit einer derartigen Regelung – als vereinigungsspezifische Regelung kein Verbot begründen. Dagegen handelt es sich bei § 223 StGB und § 181a StGB um allgemeine Strafgesetze. Das Verbot einer Vereinigung, die auf Körperverletzungen und Zuhälterei ausgerichtet ist, kann daher auf die Schranke des Abs. 2 gestützt werden.

24 Der Begriff der verfassungsmäßigen Ordnung kann – trotz sprachlicher Übereinstimmung – nicht mit der identisch formulierten Schranke der allgemeinen Handlungsfreiheit aus Art. 2 I deckungsgleich sein. Dort steht er für die Gesamtheit aller formell und materiell mit der Verfassung übereinstimmenden Normen (Art. 2 Rn. 60). Wäre das auch hier der Fall, könnte jede Vereinigung, die sich für die Änderung einer bestimmten Regelung einsetzt, verboten werden. Das ist ersichtlich nicht gemeint. Auf Grund des thematischen Zusammenhangs mit Art. 18 und Art. 21 II wird die verfassungsmäßige Ordnung i. S. v. Abs. 2 meist mit der freiheitlichen demokratischen Grundordnung nach Art. 21 II 1 gleichgesetzt (Ipsen, Staatsrecht II, Rn. 599; a. A. Jarass, in: JP, Rn. 19: gemeint ist die gesamte Verfassung). Zum Begriffsverständnis bei Art. 21 II 1 s. Art. 21 Rn. 45.

25 Gegen den Gedanken der Völkerverständigung richten sich Aktivitäten, die von Art. 26 I verboten sind oder die mit den elementaren, für ein friedliches Zusammenleben der Völker unverzichtbaren Regeln unvereinbar sind. „Sich richten" verlangt sowohl hier als auch mit Blick auf die verfassungsmäßige Ordnung eine aggressiv-kämpferische Haltung der Vereinigung (Höfling, in: Sachs, Rn. 48).

b) Schranken-Schranken

26 Eingriffe, die dem Schrankenvorbehalt genügen, müssen zusätzlich die allgemeinen Schranken-Schranken (Eingriffskautelen) erfüllen. Insbesondere müssen sie verhältnismäßig sein. Das gilt auch für Verbote nach Abs. 2 (Höfling, in: Sachs, Rn. 49). Das Zitiergebot des Art. 19 I 2 ist nicht anwendbar (Art. 19 Rn. 20).

II. Die Koalitionsfreiheit (Abs. 3)

1. Der Schutzbereich

a) Persönlich

27 Das Grundrecht der Koalitionsfreiheit gilt „für jedermann und für alle Berufe". Im Gegensatz zu Abs. 1 (Rn. 5) schützt es nicht nur Deutsche, sondern jeden Arbeitnehmer und jeden Arbeitgeber (BVerfGE 84, 212 [224]; Jarass, in: JP, Rn. 43) sowie für Beamte (Hufen, JuS 2014, 670. Zur Frage des Streikrechts von Beamten u. Rn. 31).

28 Das BVerfG hält die Koalitionsfreiheit nach Abs. 3 ebenso wie die Vereinigungsfreiheit nach Abs. 1 für ein „Doppelgrundrecht", auf das sich juristische Personen unmittelbar berufen können (BVerfGE 88, 103 [114]). Richtigerweise ist diese Frage jedoch hier wie dort über Art. 19 III zu beantworten (s. o. Rn. 6; Höfling, in: Sachs, Rn. 70). Anders als juristische Personen des Privatrechts sind juristische Personen des öffentlichen Rechts mangels wesensmäßiger Anwendbarkeit i. S. v. Art. 19 III grundsätzlich

keine Träger des Grundrechts (BVerfGE 59, 231 [255]). Dass sie in vielen Fällen Arbeitnehmer beschäftigen und Tarifverträge abschließen, ändert nichts daran, dass sie Teil des Staates sind, auf den Grundrechte nicht zugeschnitten sind (tendenziell a. A. Ipsen, Staatsrecht II, Rn. 697: Rechtsprechung überprüfungsbedürftig).

b) Sachlich

aa) Gegenstand. Abs. 3 S. 1 verbürgt das Recht, Zusammenschlüsse zu bilden, die als Koalitionen bezeichnet werden. Dem Wortlaut nach muss es sich um Vereinigungen (dazu o. Rn. 8 ff.) handeln, die zusätzlich einen bestimmten Zweck verfolgen müssen (Jarass, in: JP, Rn. 34): Die Wahrung und Förderung der Arbeitsbedingungen, die sich auf das einzelne Arbeitsverhältnis beziehen, sowie der Wirtschaftsbedingungen (dabei handelt es sich um die generellen wirtschafts- und sozialpolitischen Verhältnisse). Das BVerfG und die h. M. leiten daraus eine Reihe von zusätzlichen Merkmalen ab, die eine Vereinigung erfüllen muss, um Koalition i. S. v. Abs. 3 zu sein (BVerfGE 50, 290 [368]): **29**

- Sie muss frei gebildet sein.
- Sie muss gegnerfrei sein: Mitglieder dürfen entweder nur Arbeitnehmer oder nur Arbeitgeber sein.
- Sie muss gegnerunabhängig sein, also wirtschaftlich von der Gegenseite unabhängig. Keine Koalition i. S. v. Abs. 3 ist daher eine vermeintliche „Gewerkschaft“, die in Wahrheit von den Arbeitgebern finanziert wird.
- Sie muss grundsätzlich überbetrieblich organisiert sein, also nicht nur z. B. für die Arbeitnehmer eines Betriebes offen sein. Dieses Kriterium gilt freilich nicht, wenn es in der Branche nur ein Unternehmen gibt (Ipsen, Staatsrecht II, Rn. 699).

Im Arbeitsrecht werden für den Begriff der Tarifvertragspartei (s. § 2 TVG) eine hinreichende Verbandsmacht sowie Kampfbereitschaft gefordert (s. etwa BAGE 117, 308 ff. = BAG NZA 2006, 1112 ff.). Richtiger, aber str. Auffassung nach handelt es sich dabei nicht um Merkmale der Koalition gem. Abs. 3 (Höfling, in: Sachs, Rn. 61 f.). Die beiden Begriffe sind also nicht deckungsgleich.

Koalitionen i. S. v. Abs. 3 sind in erster Linie die Gewerkschaften und die Arbeitgebervereinigungen.

Abs. 3 verbürgt als Individualgrundrecht seinen Trägern das Recht, Koalitionen zu bilden, ihnen beizutreten, sich in ihnen zu betätigen, sie zu verlassen und – als Ausprägung der negativen Koalitionsfreiheit (dagegen Ipsen, Staatsrecht II, Rn. 703) – ihnen fernzubleiben (BVerfGE 64, 208 [213]). **30**

Auf der Grundlage der – hier abgelehnten, s. o. Rn. 28 – These von der unmittelbaren Grundrechtsträgerschaft der Koalition schützt Abs. 3 daneben als Kollektivgrundrecht den Bestand und die Ausgestaltung der Koalition sowie solche Betätigungen der Koalition, die darauf gerichtet sind, die Arbeits- und Wirtschaftsbedingungen zu wahren und zu fördern, die also koalitionsspezifisch sind (BVerfGE 93, 352 [357 ff.], unter Aufgabe der früheren Rechtsprechung, nach der nur ein „Kernbereich“ der für Erhaltung und Sicherung der Koalition unerlässlichen Betätigung geschützt sei). Richtigerweise ergibt sich ein Grundrecht der Koalition selbst jedoch nur durch Anwendung des Art. 19 III. Dass sich Abs. 3 S. 3 mit der Einschränkbarkeit kollektiver Grundrechtswahrnehmung befasst, steht dem angesichts des abschließenden Charakters des Art. 19 III nicht entgegen (Höfling, in: Sachs, Rn. 67). Zu den ungeachtet der dogmatischen Herleitung jedenfalls geschützten Tätigkeiten einer Koalition zählen insbesondere der Abschluss von Tarifverträgen, in denen Arbeitsbedingungen festgelegt werden (BVerfGE 103, 293 [304]), die rechtliche Beratung und Vertretung der Mitglieder (BVerfGE 88, 5 [15]) sowie Arbeitskampfmaßnahmen wie Streik, Aussperrung oder ein „Flashmob“ (BVerfG NJW 2014, 1874 [1875]). Wegen der Einbeziehung des **31**

Abschlusses von Tarifverträgen genießt die sog. Tarifautonomie (= das Recht der Tarifpartner, also der Gewerkschaften und der Arbeitgeberverbände, insbesondere die Löhne und Gehälter ohne staatliche Einwirkung auszuhandeln) Grundrechtsschutz (BVerfGE 116, 202 [218]). Von der bisher ganz h. M., dass Beamten kein Streikrecht zukommt, weicht die Rechtsprechung für Beamte außerhalb der genuinen Hoheitsverwaltung neuerdings ab (BVerwGE 149, 117 ff.). Näher dazu Hebeler, JA 2014, 718 ff., sowie Art. 33 Rn. 59.

32 *bb) Gewährleistungen.* Abs. 3 ist ein subjektives Abwehrrecht gegenüber staatlichen Beeinträchtigungen der geschützten Tätigkeiten.

33 Objektive Gehalte weist die Koalitionsfreiheit insofern auf, als sie den Gesetzgeber verpflichtet, ein Mindestmaß an Regelungen bereitzustellen, das die koalitionsmäßige Betätigung erst möglich macht (Rixen, in: SB, Rn. 70).

Gefordert ist danach beispielsweise eine Regelung des Arbeitskampfrechts.

34 Eine Besonderheit stellt Abs. 3 S. 2 dar. Nach der Vorschrift sind Abreden, die die Koalitionsfreiheit einzuschränken oder zu behindern suchen, nichtig, entsprechende Maßnahmen sind rechtswidrig.

Ein Beispiel wäre die vom Arbeitnehmer im Arbeitsvertrag eingegangene Verpflichtung, nicht Mitglied einer Gewerkschaft zu werden.

Das Grundrecht wirkt also unmittelbar auf die Rechtsbeziehung zwischen Privaten ein: Es handelt sich um den einzigen Fall einer unmittelbaren Drittwirkung (so jedenfalls die angesichts des Wortlauts zustimmungswürdige h. M. S. etwa Höfling, in: Sachs, Rn. 124; a. A. Ipsen, Staatsrecht II, Rn. 707 f.). Als regelbestätigende Ausnahme stützt er zugleich den Umkehrschluss, dass Grundrechten im Übrigen allenfalls mittelbare Drittwirkung zukommt, während sie unmittelbar nur im Verhältnis zwischen dem Staat einerseits und dem Bürger andererseits wirken (dazu Vorbem. Grundrechte Rn. 55).

Art. 9 III verpflichtet den Arbeitgeber jedoch nicht dazu, die Nutzung des für dienstliche Zwecke bereitgestellten E-Mail-Accounts für einen Streikaufruf zu dulden (BAGE 146, 189 ff. = BAG NZA 2014, 319 ff.).

35 *cc) Konkurrenzen.* Abs. 3 geht dem Grundrecht aus Abs. 1 als Spezialregelung vor (Rixen, in: SB, Rn. 96).

2. Eingriff

36 Eingriffe in die Koalitionsfreiheit liegen in allen dem Staat zurechenbaren Beschränkungen der geschützten Tätigkeiten. Vorstellbar sind insbesondere Eingriffe in die Tarifautonomie: Die staatliche Festlegung von Höchst- oder Mindestlöhnen ist ein Eingriff in die Koalitionsfreiheit (Rixen, in: SB, Rn. 67), weil die Aushandlung auch und gerade der Bezahlung vom Schutzbereich des Grundrechts erfasst wird. Tariftreueklauseln, nach denen Aufträge der öffentlichen Hand nur an Unternehmen vergeben werden, deren Arbeitnehmer mindestens den in bestimmten Tarifverträgen vereinbarten Lohn erhalten, sollen keinen Eingriff darstellen, weil auf den Arbeitgeber kein auch nur mittelbarer Zwang zum Beitritt zu einer Koalition ausgeübt wird (BVerfGE 116, 202 [218 f.]).

Ein aktuelles Beispiel für einen Eingriff durch den Gesetzgeber ist das Gesetz zur Regelung eines allgemeinen Mindestlohns (Mindestlohngesetz – MiLoG) v. 11.8.2014, BGBl. I S. 1348.

37 Auf Grund der unmittelbaren Drittwirkung des Abs. 3 (o. Rn. 34) sind Eingriffe auch durch Private möglich.

38 Die Koalitionsfreiheit ist ebenso ausgestaltungsbedürftig wie das Grundrecht aus Abs. 1 (o. Rn. 20). Regelungen z. B. zum Arbeitskampfrecht, die die Wahrnehmung

des Grundrechts erst ermöglichen, stellen daher keine Eingriffe dar (näher Jarass, in: JP, Rn. 46f.).

Ob das jüngst beschlossene Tarifeinheitsgesetz v. 3.7.2015 (BGBl. I S. 1130) eine Ausgestaltung der Koalitionsfreiheit oder einen Eingriff in diese darstellt, ist str. Richtigerweise wird man einen Eingriff annehmen müssen (so auch Hufen, NZA 2014, 1237 [1238]). Das Gesetz sieht vor, dass von mehreren inhaltlich voneinander abweichenden Tarifverträgen, deren Geltungsbereiche sich überschneiden, innerhalb eines Betriebs für eine Beschäftigtengruppe nur der Tarifvertrag der Gewerkschaft mit den meisten Mitgliedern im Betrieb gilt. Damit schränkt es das Streikrecht kleinerer Gewerkschaften im Ergebnis ein. Gegen das Gesetz sind bereits mehrere Verfassungsbeschwerden zum BVerfG anhängig.

3. Rechtfertigung des Eingriffs

a) Schranken

Beim unbefangenen Blick auf Art. 9 scheint das Grundrecht aus Abs. 3 S. 1 vorbe- 39
haltlos gewährleistet zu sein. Zwar enthält Abs. 2 eine Schranke für das Grundrecht aus Abs. 1. Die systematische Stellung vor dem Grundrecht aus Abs. 3 spricht jedoch gegen die Heranziehung dieser Schranke (Jarass, in: JP, Rn. 49).

Das ist dieselbe Überlegung wie bei Art. 5, dessen Abs. 2 nicht für die Kunst- und Wissenschaftsfreiheit aus Art. 5 III gilt (Art. 5 Rn. 116).

Auch das BVerfG spricht davon, die Koalitionsfreiheit sei ohne Gesetzesvorbehalt gewährleistet (BVerfGE 103, 293 [306]).

Die überwiegende Auffassung hält Abs. 2 gleichwohl für anwendbar, weil die Koali- 40
tionsfreiheit lediglich ein Spezialfall der allgemeinen Vereinigungsfreiheit sei. Praktische Bedeutung hat der Streit nicht: Eine Vereinigung, die die Zielsetzungen des Abs. 2 verfolgt, würde die konstitutiven Merkmale einer Koalition nach Abs. 3 ohnehin nicht erfüllen (so zutreffend PSKP, Grundrechte, Rn. 817).

Damit bleiben als Schranken die Grundrechte Dritter und sonstige Güter von Ver- 41
fassungsrang (BVerfGE 103, 293 [306]).

Der Eingriff durch das MiLoG (Rn. 36) lässt sich u.a. auf das Sozialstaatsprinzip (Art. 20 I) stützen (so jedenfalls Zeising/Weigert, NZA 2015, 15 [17f.]); der Eingriff durch das Tarifeinheitsgesetz (Rn. 38) auf den Schutz der öffentlichen Infrastruktur, die Grundrechte Dritter und die Funktionsfähigkeit der Tarifautonomie (Hufen, NZA 2014, 1237 [1238ff.]).

b) Schranken-Schranken

Auf der Ebene der Schranken-Schranken ist als Besonderheit Abs. 3 S. 3 zu beach- 42
ten. Danach dürfen sich die genannten Notstandsmaßnahmen etc. nicht gegen Arbeitskämpfe richten. Sie dürfen also nicht das Ziel haben, z.B. einen von der Koalitionsfreiheit geschützten Streik zu beenden (Rixen, in: SB, Rn. 95). Das bedeutet nicht, dass Arbeitskämpfe im Moment des Notstands weniger leicht einschränkbar wären als unter normalen Umständen, sondern dass sie selbst keinen Notstand begründen (Ipsen, Staatsrecht II, Rn. 702).

I.Ü. gelten die allgemeinen Regeln. Das Zitiergebot (Art. 19 I 2) ist nicht anwend- 43
bar; Eingriffe müssen das Verhältnismäßigkeitsprinzip beachten.

Ob das Verhältnismäßigkeitsprinzip beachtet wurde, erscheint beim Tarifeinheitsgesetz (Rn. 38) unter dem Gesichtspunkt der Erforderlichkeit zumindest fraglich, weil es sich nicht auf bestimmte Wirtschaftssektoren beschränkt, auf die die Allgemeinheit oder einzelne Dritte essentiell angewiesen sind, sondern für jeden Sektor gleichermaßen gilt.

C. Weiterführende Literatur/Leseempfehlungen

Baudewin, C., Das Vereinsverbot, NVwZ 2013, 1049–1054; Bethge, H./Detter- 44
beck, S., Der praktische Fall – Öffentliches Recht – Bundesverfassungsgerichtlicher

oder fachgerichtlicher Rechtsschutz gegen Arbeitnehmerkammern?, JuS 1993, 43–48; Günther, T./Franz, E.B., Grundfälle zu Art. 9 GG, JuS 2006, 788–792 und 873–876; Kunig, Ph., Vereinsverbot, Parteiverbot, Jura 1995, 384–387; Murswiek, D., Grundfälle zur Vereinigungsfreiheit – Art. 9 I, II GG, JuS 1992, 116–122; Nolte, N., Vereinigungsfreiheit und Vereinsbetätigung, Jura 1993, 635–639; Reinemann, S./Schulz-Henze, R., Die Rechtsprechung des Bundesverfassungsgerichtes zur Koalitionsfreiheit – Widerspruch zum klassischen Grundrechtsverhältnis oder richtungsweisende Trendwende?, JA 1995, 811–816.

Art. 10 [Brief-, Post- und Fernmeldegeheimnis]

(1) **Das Briefgeheimnis sowie das Post- und Fernmeldegeheimnis sind unverletzlich.**

(2) [1]**Beschränkungen dürfen nur auf Grund eines Gesetzes angeordnet werden.** [2]**Dient die Beschränkung dem Schutze der freiheitlichen demokratischen Grundordnung oder des Bestandes oder der Sicherung des Bundes oder eines Landes, so kann das Gesetz bestimmen, daß sie dem Betroffenen nicht mitgeteilt wird und daß an die Stelle des Rechtsweges die Nachprüfung durch von der Volksvertretung bestellte Organe und Hilfsorgane tritt.**

Pflichtstoff (****)

Übersicht

A. Überblick

I. Normstruktur

1 Art. 10 I gewährt seinem Wortlaut nach *drei Grundrechte:* das Brief-, das Post- und das Fernmeldegeheimnis. Diesen Gewährleistungen liegt jedoch ein *gemeinsamer Schutzzweck* zugrunde: Sie dienen allesamt dem Schutz der Vertraulichkeit individueller Kommunikation. Diese ist insb. dann gefährdet, wenn die Kommunikation nicht unmittelbar erfolgt, z.B. im persönlichen Gespräch, sondern eine räumliche Distanz unter Einschaltung Dritter als Übermittler überbrückt werden muss (BVerfGE 85, 386 [396]). Befindet sich eine Nachricht nicht mehr im Einflussbereich des Absenders und

noch nicht im Einflussbereich des Empfängers, ist sie in erhöhtem Maße dem Zugriff Dritter ausgesetzt und deshalb besonders schutzbedürftig.

2 Trotz dieses gemeinsamen Schutzzwecks können und müssen Brief-, Post- und Fernmeldegeheimnis anhand ihrer *unterschiedlichen Schutzgegenstände* unterschieden werden. Allerdings ist hinsichtlich der Struktur der Schutzgewährleistungen und der Rechtfertigung von Eingriffen eine weitgehende Angleichung zu beobachten, die in einem einheitlichen Prüfungsaufbau mündet. Art. 10 I wird daher z. T. als einheitliches Grundrecht qualifiziert (Jarass, in: JP, Art. 10 Rn. 1). Das scheint sehr weit gegriffen und entbindet jedenfalls nicht von einer gesonderten Ermittlung der Schutzgegenstände.

3

Briefgeheimnis	Postgeheimnis	Fernmeldegeheimnis
Schutz des Inhalts des Kommunikationsmediums und der Umstände der körperlichen Informationsübermittlung	Schutz der körperlichen Informationsübermittlung durch Postdienstleister	Schutz des Inhalts und der Umstände der unkörperlichen Informationsübermittlung

II. Prüfungsrelevanz

4 Aufgrund des (informations-)technischen Fortschritts und dem damit einhergehenden Wandel der Kommunikationsgewohnheiten verliert das *Briefgeheimnis* an Bedeutung, während umgekehrt das *Fernmeldegeheimnis* an Bedeutung und damit auch an Prüfungsrelevanz gewinnt. Beim *Postgeheimnis* kommt neben dieser Verschiebung hinzu, dass die Schutzrichtung sich als Folge der Privatisierung der Deutschen Bundespost verändert hat. Das Nachfolgeunternehmen Deutsche Post AG ist nicht mehr an Grundrechte gebunden (Art. 1 III); der ursprünglich Verpflichtete des Postgeheimnisses bzw. sein Rechtsnachfolger ist somit weggefallen. Daher ist umstritten, ob und ggfs. welche Bedeutung dieses Grundrecht heute besitzt. Was das Verhältnis des Art. 10 zu anderen Freiheitsgrundrechten betrifft, kann die Abgrenzung seiner Gewährleistungen zu den Gewährleistungen der Unverletzlichkeit der Wohnung (Art. 13), des allgemeinen Persönlichkeitsrechts (Art. 2 I i. V. m. Art. 1 I) und der Rundfunkfreiheit besondere Schwierigkeiten bereiten (Rn. 25, 27, 45).

III. Europa

5 Auf europäischer Ebene enthält Art. 8 I EMRK zum Teil ähnliche Gewährleistungen wie Art. 10 I. Er schützt das Recht einer Person auf Achtung ihres Privat- und Familienlebens, ihrer Wohnung und ihrer Korrespondenz. Der durch den Begriff „Korrespondenz“ markierte Bereich der Privatheit wird aufgrund des Schutzzwecks dieser Norm und als Reaktion auf den technischen Fortschritt in einem weiten Sinne verstanden. Er beschränkt sich nicht auf die schriftliche Kommunikation, sondern umfasst die Vertraulichkeit der gesamten Individualkommunikation (Schenke, in: Stern/Becker, Art. 10 Rn. 109).

6 Daneben verbürgt Art. 7 EU-GRCh beim Handeln der EU und beim mitgliedstaatlichen Vollzug von EU-Recht die Vertraulichkeit der Individualkommunikation. Der Wortlaut dieser Bestimmung entspricht dem des Art. 8 I EMRK und wird ebenfalls in dem dargelegten weiten Sinne ausgelegt. Erfolgt die Kommunikation durch die Übermittlung von Daten, schützt Art. 8 EU-GRCh den Inhalt personenbezogener Daten und die Umstände der Kommunikation (EuGH, Urt. v. 8.4.2014, Rs. C-293/12, C-594/12, NJW 2014, 2169 [2170 Rn. 29] – Digital Rights Ireland Ltd).

6a Die EU-Richtlinie 2006/24/EG über die Vorratsspeicherung von Daten (ABl. EU 2006 Nr. L 105, S. 54) ist vom EuGH für ungültig erklärt worden, weil sie die durch Art. 7 und 8 EU-GRCh garantierten Grundrechte verletzt. Die Bestimmungen der Richtlinie stellen einen besonders schwerwiegenden Eingriff in diese Rechte dar. Daher bedurfte es klarer und präziser Regeln zur Tragweite des Eingriffs, um sicherzustellen, dass dieser sich tatsächlich auf das absolut Notwendige beschränkt. Die Richtlinie genügt nicht diesen Anforderungen an die Erforderlichkeit. Es fehlen insbesondere strikte Vorkehrungen für den Schutz und die Sicherheit der erfassten Daten, um deren Vertraulichkeit in vollem Umfang zu gewährleisten. Außerdem ist entgegen Art. 8 III nicht sichergestellt, dass die Einhaltung der Erfordernisse des Datenschutzes durch eine unabhängige Stelle überwacht wird. Diese institutionelle und funktionelle Absicherung ist aber ein wesentlicher Bestandteil der Wahrung des Schutzes der Betroffenen bei der Verarbeitung personenbezogener Daten (EuGH, Urt. v. 8.4.2014, Rs. C-293/12, C-594/12, NJW 2014, 2169 [2170ff. Rn. 32ff., 38ff., 46ff., 65ff.] – Digital Rights Ireland Ltd).

B. Erläuterungen

I. Schutzbereich

1. Persönlicher Schutzbereich

7 Träger der Grundrechte des Art. 10 I ist jede natürliche Person. Ferner sind juristische Personen des Privatrechts grundsätzlich als Berechtigte des Art. 10 I anzuerkennen, da sie sich in einer ähnlichen Gefährdungslage befinden. Zum einen nutzen sie die Möglichkeiten zur Fernkommunikation auf dieselbe Art wie natürliche Personen, zum anderen knüpft der Schutz der Vertraulichkeit der Kommunikation durch Art. 10 I nicht an die Beteiligten der Kommunikation, sondern an den Übermittlungsvorgang und das dabei genutzte Medium an (vgl. BVerfGE 106, 28 [43]).

7a Nicht in den persönlichen Schutzbereich dieses Grundrechts fallen hingegen juristische Personen des Privatrechts, die mehrheitlich im Besitz der öffentlichen Hand sind (BVerfGE 128, 226 [247f.]), sowie juristische Personen des öffentlichen Rechts (BVerfGE 68, 193 [206]). Eine Ausnahme gilt für öffentlich-rechtliche Rundfunkanstalten (BVerfGE 107, 299 [310]).

2. Sachlicher Schutzbereich

a) Schutzgegenstände

8 *aa) Briefbeförderung.* Das Briefgeheimnis schützt den brieflichen Verkehr von grundrechtsberechtigten einzelnen Personen gegen eine Kenntnisnahme durch die grundrechtsgebundene öffentliche Gewalt. Unter einem Brief versteht man jede den mündlichen Verkehr ersetzende schriftliche Nachricht in beliebiger Schrift- und Vervielfältigungsart (Durner, in: MD, Art. 10 Rn. 67). Unter der Beförderung eines Briefes ist seine körperliche Übermittlung vom Absender zum Empfänger zu verstehen.

9 In den Schutzbereich des Briefgeheimnisses fallen nach dem Schutzzweck des Art. 10 I (Rn. 1) alle Schriftstücke, die verschlossen oder durch ähnliche Vorkehrungen der Kenntnisnahme durch Dritte entzogen sind (BVerfGE 67, 157 [172]). Der Inhalt der übermittelten Information spielt keine Rolle.

10 **Beispiele:**
- Briefe
- Pakete
- Warensendungen
- Sendungen im Postfach (BVerwGE 79, 110 [115]).

11 Dagegen ist umstritten, ob auch unverschlossene briefliche Sendungen durch Art. 10 I geschützt sind. Selbst wenn man im unverschlossenen Versand keine generelle Einwilligung in die Kenntnisnahme durch Dritte sieht (Gusy, in: MKS, Art. 10 Rn. 27), legt der Schutzzweck des Briefgeheimnisses (Rn. 1, 9) die Beschränkung auf

verschlossene Sendungen nahe (a. A. Stern, StR IV/1, S. 220; Durner, in: MD, Art. 10 Rn. 68). Sieht man gleichwohl für solche Sendungen den Schutzbereich des Art. 10 I für eröffnet an, gewährleistet dieses Grundrecht jedenfalls nur einen abgeschwächten Schutz, weil Eingriffe infolge fehlender Vorkehrungen gegen unbefugte Kenntnisnahme einfacher möglich sind und deshalb in weiterem Umfang gerechtfertigt werden können.

Beispiele: 12
- Postkarten
- Gruß- und Trauerkarten an Blumengestecken.

Klausurhinweis: Für das Postgeheimnis spielt es nach allgemeiner Auffassung keine Rolle, ob die Sendung verschlossen ist (BVerwGE 113, 208 [210]). Dieser Unterschied zum Briefgeheimnis wirkt sich aber letztlich nur dort aus, wo dessen Schutz über den des Postgeheimnisses hinausgeht. Dies betrifft allein die Zeiträume vom Verschließen des Briefes bis zur seiner Übergabe an die Post bzw. vom Empfang des Briefes bis zu seiner Öffnung durch die Berechtigten (Rn. 34). 13

Nach ganz überwiegender Meinung gewährt Art. 10 I keinen Schutz, wenn die briefliche Kommunikation nicht zwischen bestimmten individuellen Personen, sondern durch Übermittlung von Briefen an einen unbestimmten Empfängerkreis oder die Allgemeinheit erfolgt (Rn. 28). 14

Beispiel: Postwurfsendungen. 15

bb) Postverkehr. Das Postgeheimnis zielt im Gegensatz zum Briefgeheimnis nicht primär auf das Kommunikationsmedium, sondern auf die Kommunikationsübermittlung durch die Post. Dazu gehören das Einsammeln, Weiterleiten und Ausliefern von Postsendungen an den Empfänger (vgl. § 4 Nr. 3 PostG). 16

Das Merkmal „Post" ist angesichts des Schutzzwecks des Art. 10 I (Rn. 1), zumal nach der *Privatisierung* der Deutschen Bundespost und der *Liberalisierung* des Postverkehrs (Rn. 42), nicht im institutionellen, sondern im funktionellen Sinne zu verstehen. Entscheidend ist nicht, welches Unternehmen (Postdienstleister) den Brief befördert, sondern ob eine Postdienstleistung vorliegt. Sie ist dadurch gekennzeichnet, dass die körperliche Beförderung an die individuellen Empfänger im Rahmen eines auf massenhaften Verkehr angelegten Transportnetzes durch darauf spezialisierte Unternehmen erfolgt (Löwer, in: MK, Art. 10 Rn. 17). 16a

Das Postgeheimnis gewährt dem Grundrechtsträger dieselbe Vertraulichkeit bei der Übermittlung einer Sendung durch einen Dienstleister wie bei der eigenhändigen Übermittlung. Daher erstreckt sich sein Schutz über die vom Briefgeheimnis erfassten Medien hinaus auf alle Arten von Sendungen, die durch Postdienstleister körperlich übermittelt werden. 17

Beispiele: 18
- Briefe, Päckchen, Pakete
- Verschlossene und unverschlossene Warensendungen.

Nicht vom Postgeheimnis umfasst ist hingegen der unkörperliche postalisch vermittelte Fernmeldeverkehr. Dazu zählen sämtliche ehemals durch die Deutsche Bundespost erbrachte elektronische Kommunikationsdienstleistungen, aber auch neuartige Dienstleistungen dieser Art, die von der Deutschen Post AG und anderen Postdienstleistern bereitgestellt werden (a. A. Durner, in: MD, Art. 10 Rn. 73). 19

Beispiele: 20
- Telefax
- E-Mail
- De-Mail.

21 *cc) Telekommunikation.* Als weitere Facette der freien Entfaltung der Persönlichkeit durch Kommunikationsaustausch schützt das Fernmeldegeheimnis (Art. 10 I) die unkörperliche Übermittlung von Informationen an individuelle Empfänger mit Hilfe des Telekommunikationsverkehrs (BVerfGE 115, 166 [182]). Dieser ist dadurch gekennzeichnet, dass die übermittelten Informationen am Empfangsort wieder erzeugt werden (BVerfGE 12, 205 [226]; 46, 120 [143]). Dabei tritt die Bezeichnung „Telekommunikation" zunehmend an die Stelle des früher verwendeten Begriffs „Fernmeldewesen", um auch terminologisch die Entwicklungsoffenheit dieses Schutzgegenstandes des Art. 10 I für den technologischen Wandel in diesem Bereich deutlich zu machen (vgl. BVerfGE 106, 28 [36]).

21a Für das Merkmal „Telekommunikation" kommt es weder auf die technische Umsetzung der Kommunikation noch auf deren Inhalt und Empfängerkreis an (BVerfGE 120, 274 [307]). Unabhängig vom Übertragungsweg und der Übermittlungsform ist allein entscheidend, dass die Informationen in der Weise körperlos befördert werden, dass sie am Empfangsort wiedererzeugt werden.

22 **Beispiele:**

- drahtlose oder drahtgebundene Übertragung, z. B. Funk oder Kabel
- analoge, digitale, optische oder akustische Signal- oder Datenübermittlung
- Übertragung von Schriftzeichen, Tönen, Bildern, z. B. als Mail oder SMS.

23 Allerdings fällt unter den Begriff der Telekommunikation nur die Übermittlung beliebiger Inhalte, nicht aber deren Erstellung. Der Schutz durch Art. 10 I beschränkt sich also auf die körperlose Beförderung von Informationen. Dagegen gelten für ihre Entwicklung und Bereitstellung andere grundrechtliche Gewährleistungen.

24 **Beispiele:**

- Der Inhalt der Sprachtelefonie oder einer E-Mail ist etwa durch die Meinungsfreiheit (Art. 5 I 1) und je nach ihrem Inhalt auch durch das allgemeine Persönlichkeitsrecht (Art. 2 I i. V. m. Art. 1 I) geschützt
- Die gewerbsmäßige Bereitstellung von Inhalten im Internet unterfällt dem Schutz der Berufsfreiheit (Art. 12 I)
- Die Herstellung einer Rundfunksendung und ihre Verbreitung werden durch die Rundfunkfreiheit nach Art. 5 I 2 gewährleistet.

25 ***Beachte:*** Die Telekommunikation hat eine auf die Übermittlung von Informationen beschränkte dienende Funktion. Allerdings ist im Verhältnis zum Rundfunk zu beachten, dass dieser auf die Verbreitung durch Telekommunikation angewiesen ist. Das Fernmeldegeheimnis hat daher eine Annexfunktion zur Rundfunkfreiheit (BVerfGE 107, 299 [305]; zur Abgrenzung s. Rn. 27, 45a). Die Gewährleistungen des Art. 5 I 2 sind etwa bei der Zuteilung begrenzter Übertragungskapazitäten zu beachten. Das ist gerade angesichts der Verteilung der Gesetzgebungskompetenzen (Rundfunk: Länder, Art. 70 I; Telekommunikation: Bund, Art. 73 I Nr. 7) und Verwaltungskompetenzen bedeutsam (Rundfunk: Länder, Art. 30, 83 Hs. 1; Telekommunikation: Bund, Art. 87f II 2).

26 Wie das Postgeheimnis (Art. 10 I) knüpft auch das Fernmeldegeheimnis an die Übertragung einer Information beliebigen Inhalts an. Die Abgrenzung zum Postgeheimnis wird anhand der Körperlichkeit (Postgeheimnis) oder der Unkörperlichkeit (Fernmeldegeheimnis) der Übermittlung vorgenommen. Der Schutz der Kommunikationsübermittlung endet mit dem Abschluss des Übermittlungsvorgangs.

27 Während der Schutz der Telekommunikation die Übermittlung von Informationen gewährleistet, steht im Fokus des Rundfunks weniger die Übermittlung als vielmehr die Erzeugung von Rundfunkinhalten (Rundfunkdarbietungen). Hierfür ist kennzeichnend, dass Rundfunk sich an die Allgemeinheit wendet und dieser Gedankeninhalte zu übermitteln versucht, die durch eine besondere Breitenwirkung, Suggestivkraft und Meinungsbildungsrelevanz gekennzeichnet sind (vgl. Art. 5 Rn. 50ff.).

Daneben ist zu beachten, dass bei der Verwendung moderner Kommunikationsformen die Abgrenzung zwischen Individualkommunikation, die den Schutz der Vertraulichkeit des Art. 10 I genießt, und Massenkommunikation, die sich an einen unbestimmten Kreis von Personen richtet und daher nicht durch Art. 10 I geschützt wird (Rn. 14), Probleme bereiten kann. Besinnt man sich auf die Struktur des Schutzes der körperlichen Übermittlung von Inhalten zwischen einzelnen Individuen durch Art. 10 I, hat eine Massenkommunikation am Schutz dieses Grundrechts teil, wenn deren Empfang Beschränkungen unterliegt und somit nicht der Allgemeinheit möglich ist (Löwer, in: MK, Art. 10 Rn. 20; Gusy, in: MKS, Art. 10 Rn. 42). 28

Beispiele: 29
- E-Mail
- Zugangsbeschränkte Webinhalte
- Zugriffsbeschränkte Übertragungen (Downloads).

b) Gewährleistungen

aa) Inhalt. Die Grundrechte des Art. 10 I gewährleisten nach ihrem Schutzzweck die Vertraulichkeit der Kommunikation vor dem Zugriff und der Kenntnisnahme durch unbefugte grundrechtsgebundene Dritte, insb. den Staat (BVerfGE 113, 348 [364f.]). Geschützt sind neben dem Inhalt der Kommunikation auch die Umstände der Kommunikation (BVerfGE 67, 157 [172]). 30

Beispiele: 31
- Teilnehmer („wer")
- Medium („wie)
- Zeitpunkt („wann")
- Dauer („wie lange")
- Häufigkeit („wie oft").

Allerdings ist zu beachten, dass Art. 10 I nicht generell die Vertraulichkeit von Kommunikationsinhalten, sondern nur vor übermittlungsspezifischen Gefahren schützt. Sie ergeben sich daraus, dass die Kommunikation über eine räumliche Entfernung erfolgt und Dritte somit leichter darauf zugreifen können. Erfolgt eine Beeinträchtigung der Vertraulichkeit der Kommunikation hingegen vor oder nach Beendigung des Kommunikationsvorgangs oder realisiert sich nicht die übermittlungsspezifische Gefahr, kommen die Gewährleistungen des Art. 10 I nicht zum Tragen. Grundrechtsschutz kann in diesen Fällen das allgemeine Persönlichkeitsrecht (Art. 2 I i.V.m. Art. 1 I, Art. 2 Rn. 80, 96) und, sofern in einen durch Art. 13 geschützten Raum eingedrungen wird, das Grundrecht der Unverletzlichkeit der Wohnung (Art. 13 I) bieten. 32

Beispiele: 33
- Lässt ein Teilnehmer eines Telefongesprächs ohne Wissen und gegen den Willen des anderen Teilnehmers einen Dritten mithören, liegt keine faktische Beeinträchtigung des Art. 10 I, sondern des Rechts am eigenen Wort vor, das durch das allgemeine Persönlichkeitsrecht geschützt wird. Insoweit hat sich nicht das übermittlungsspezifische Risiko verwirklicht; vielmehr ist das Vertrauen in den Gesprächspartner enttäuscht worden (sog. „Hörfalle", BVerfGE 115, 166 [183 f.]; Art. 2 Rn. 96).
- Befindet sich eine bereits gelesene E-Mail noch auf dem Server des E-Mail-Anbieters, so genießt sie auch dort den Schutz des Art. 10 I, da sie noch den transportspezifischen Risiken ausgesetzt ist (BVerfGE 124, 43 [56]).

bb) Zeitraum. Hinsichtlich der zeitlichen Geltung der Gewährleistungen des Art. 10 I muss zwischen den dort vorgesehenen Grundrechten differenziert werden. Der Schutz des Briefgeheimnisses beginnt mit dem Verschließen des Briefes und endet mit dessen Öffnung und der Kenntnisnahme seines Inhalts durch den Berechtigten. Anders als Art. 13 greift Art. 10 I unabhängig von dem Ort ein, an dem sich der Brief befindet. Der zeitliche Schutzbereich des Postgeheimnisses ist enger gefasst. Er setzt mit der 34

Übergabe der postalisch (körperlich) zu befördernden Sendung durch den Versender an den Übermittlungsdienstleister ein und dauert bis zur Auslieferung der Sendung an den Empfänger oder dessen Abholung der Sendung beim Postdienstleister (Jarass, in: JP, Art. 10 Rn. 4). Der zeitliche Geltungsbereich des Fernmeldegeheimnisses beginnt mit der unkörperlichen Versendung der Nachricht und endet mit deren Empfang durch Wiedererzeugung ihres Inhalts beim Empfänger.

35 Von Art. 10 I umfasst ist der „Informations- und Datenverarbeitungsprozess, der sich an die Kenntnisnahme von geschützten Kommunikationsvorgängen anschließt" (BVerfGE 113, 348 [365]). Erfolgt die Kenntnisnahme der Kommunikationsinhalte dagegen nach Abschluss dieses Beförderungsvorgangs, greift keine der Gewährleistungen des Art. 10 I ein (Rn. 32f.; BVerfGE 115, 166 [183]).

36 **Beispiel:** Beschlagnahme empfangener und geöffneter Briefe sowie ausgedruckter E-Mails.

37 *cc) Gewährleistungsdimensionen.* Art. 10 I ist ein Abwehrrecht des Bürgers gegen hoheitliche Eingriffe in die briefliche, fernmeldetechnische und postalische Kommunikation.

38 **Beispiele:**
- Öffnen von Briefen (BVerfGE 30, 1 [18]; 67, 157 [172])
- Einrichten einer Fangschaltung (BVerfGE 85, 386 [396]).

39 Daneben ist in dieser Grundrechtsbestimmung die grundsätzliche Verpflichtung des Staates verankert, die Vertraulichkeit der Kommunikation vor Beeinträchtigungen von Seiten Dritter zu schützen. Diese Pflicht ist vor allem bei Eingriffen durch Private bedeutsam, da sie nicht gem. Art. 1 III unmittelbar an die Gewährleistungen des Art. 10 I gebunden sind (Art. 1 Rn. 150ff.). Infolge der Privatisierung der Deutschen Bundespost und des Postwesens (Rn. 42) hat diese Gewährleistungsdimension zusätzliche Relevanz erhalten. Da die privaten Postdienstleister nicht durch Art. 10 I verpflichtet werden (Rn. 42), droht eine Schutzlücke, wenn sie die Vertraulichkeit der ihnen übergebenen Sendungen missachten. Dem Staat ist es zwar durch Art. 87f II 1 verwehrt, in diesen Fällen die Postdienstleistungen durch eigene oder von ihm beherrschte Einrichtungen zu erbringen (Art. 87f Rn. 6). Er muss aber aufgrund der Schutzpflicht aus Art. 10 I wirksame Vorkehrungen treffen, um eine Beeinträchtigung der Vertraulichkeit der Kommunikation zu verhindern. Hierfür kommen präventive Regulierungsmaßnahmen und repressive Strafandrohungen in Betracht.

40 **Beispiele:**
- Nach § 206 StGB ist die Verletzung des Brief-, Post- und Fernmeldegeheimnisses strafbar
- Darüber hinaus enthält § 39 II PostG eine spezielle öffentlich-rechtliche Verpflichtung zur Wahrung des Postgeheimnisses für diejenigen, die geschäftsmäßig Postdienste erbringen oder daran mitwirken.

41 Dagegen gewährt Art. 10 I dem Einzelnen keinen Anspruch auf Bereitstellung bestimmter Post- und Telekommunikationsdienstleistungen. Für die privaten Anbieter dieser Leistungen folgt dies schon aus ihrer fehlenden Grundrechtsbindung (Rn. 42). Aber auch ein entsprechender Anspruch gegen den Staat ist Art. 10 I nicht zu entnehmen. Vielmehr ist dieser durch Art. 87f II 1 von vornherein daran gehindert, selbst solche Dienstleistungen anzubieten. Zwar statuiert Art. 87f I eine objektive Verpflichtung zur Gewährleistung einer postalischen und telekommunikativen Mindestversorgung. Ihr korrespondiert indes kein subjektives Recht des Einzelnen (Art. 87f Rn. 5).

c) Verpflichtete

42 Das Brief-, Post- und Fernmeldegeheimnis nach Art. 10 I verpflichtet gem. Art. 1 III die grundrechtsgebundene öffentliche Gewalt. Dagegen unterliegen Private keiner unmittelbaren Bindung an dieses Grundrecht. Besondere Probleme treten insoweit beim Postgeheimnis auf. Dieses Grundrecht verpflichtete nach seiner ursprünglichen Konzeption die Deutsche Bundespost. Sie war ein nicht-rechtsfähiges Sondervermögen des Bundes und somit als Hoheitsträger gem. Art. 1 III unmittelbar an Art. 10 I gebunden. Die Bundespost wurde im Zuge der Postreform des Jahres 1994 aufgespalten und für den Bereich der Postdienstleistungen als Aktiengesellschaft organisiert. Da die öffentliche Hand inzwischen die Mehrheitsbeteiligung an der Deutsche Post AG aufgegeben hat, ist dieses Unternehmen nicht mehr durch Art. 10 I unmittelbar verpflichtet. Der ursprüngliche Adressat des Postgeheimnisses ist infolge dieser Privatisierung weggefallen.

Sofern man dieses Grundrecht aus diesem Grund nicht von vornherein als nunmehr **43** bedeutungslos ansieht, muss seine Schutzkonzeption auf diese Änderung reagieren und neu justiert werden. Der Schlüssel hierfür ist die Aktivierung der Schutzfunktion des Art. 10 I. Danach muss der Staat die Vertraulichkeit des Postverkehrs vor Übergriffen durch private Postdienstleister (und sonstige Dritte) schützen (vgl. BVerfGE 106, 28 [37]). Dagegen ist fraglich, ob die Abwehrfunktion des Postgeheimnisses sich dergestalt rekonstruieren lässt, dass der Schutz durch Art. 10 I auf den Postdienstleister verlagert wird, der auf diese Weise die Vertraulichkeit der Kommunikation der Beteiligten gegen hoheitliche Eingriffe verteidigt. Gegen eine solche Hilfskonstruktion spricht, dass grundrechtliche Gewährleistungen durch die Berechtigten und nicht durch Dritte als deren Sachwalter wahrzunehmen sind, zumal hierfür in Bezug auf das Postgeheimnis angesichts der Lösung über Schutzpflichten kein Bedarf besteht.

Klausurhinweis: In der Fallbearbeitung kann auf die Frage des Grundrechtsverpflichteten aus Art. 10 I alternativ an zwei Stellen eingegangen werden: Entweder zu Beginn der Prüfung dieses Grundrechts unter dem Aspekt des Grundrechtsverpflichteten oder im Rahmen der Prüfung eines Eingriffs in Art. 10 I, der eine unmittelbare Grundrechtsbindung der Stelle voraussetzt, von der die Beeinträchtigung ausgeht. Da diese Bindung für die Post AG abzulehnen ist, kommen als Anknüpfungspunkte die Vernachlässigung der staatlichen Schutzpflicht oder – bei einer zivilgerichtlichen Entscheidung – die Missachtung der Ausstrahlungswirkung des Art. 10 I in Betracht (sog. mittelbare Drittwirkung, vgl. Art. 1 Rn. 151 ff.). **44**

d) Konkurrenzen

Art. 10 I ist speziell gegenüber der *allgemeinen Handlungsfreiheit* nach Art. 2 I. Das **45** gilt nach Ansicht des BVerfG auch für das Recht auf informationelle Selbstbestimmung als Teil des allgemeinen Persönlichkeitsrechts, soweit die Schutzbereiche sich überschneiden (vgl. BVerfGE 100, 313 [358]; 110, 33 [53]). Das ist etwa dann der Fall, wenn es um „die freie Entfaltung der Persönlichkeit durch einen privaten, vor den Augen der Öffentlichkeit verborgenen Austausch von Nachrichten, Gedanken und Meinungen (Informationen) geht“ (BVerfGE 67, 157 [171]). Das Gleiche gilt für das Verhältnis des Art. 10 I zur Gewährleistung der freien *Meinungsäußerung* gem. Art. 5 I 1 „soweit der Eingriff in der staatlichen Wahrnehmung und ggf. Verarbeitung der mit Mitteln der Telekommunikation geäußerten Meinungen liegt“ (BVerfGE 113, 348 [364]).

Dagegen unterscheidet sich das Fernmeldegeheimnis nach Art. 10 I von der *Rundfunkfreiheit* nach Art. 5 I 2 schon dadurch, dass es bei der Telekommunikation um die **45a** Übermittlung von Informationen geht, während beim Rundfunk die Erstellung von Informationen (Rundfunkdarbietungen) im Vordergrund steht (Rn. 25). Stellt ein Eingriff in die Gewährleistungen der Rundfunkfreiheit zugleich eine Verletzung der Vertraulichkeit der Kommunikation dar, kommen Art. 5 I 2 und Art. 10 nebeneinander zur Anwendung (Idealkonkurrenz, s. auch BVerfGE 107, 299 [310]).

II. Eingriff

1. Definition

46 In den Schutzbereich von Art. 10 I wird durch jede Beeinträchtigung der Vertraulichkeit des Inhalts oder der Umstände der brieflichen, postalischen oder telekommunikativen Kommunikation durch eine grundrechtsverpflichtete Stelle eingegriffen. Darunter fällt jedenfalls die Kenntnisnahme, Aufzeichnung, Speicherung und Verwertung kommunikativer Daten durch die öffentliche Gewalt entgegen dem Willen oder ohne Wissen des Berechtigten (BVerfGE 85, 386 [398]; 125, 260 [310]).

47 **Beispiele:**
- Erfassung und Kenntnisnahme von Fernmeldevorgängen durch Mitarbeiter des BND (BVerfGE 100, 313 [385 f.])
- Beschlagnahme von E Mails und Verkehrsdaten auf dem Mailserver eines Providers wegen des Anfangsverdachts des Besitzes kinderpornographischer Schriften – Fall Edathy (BVerfG [K], NJW 2014, 3085 [3088 f. Rn. 44 ff.])
- Zugriff durch die Verfassungsschutzbehörde auf zugangsgeschützte Kommunikation unter Verwendung eines durch einen Keylogger erlangten Kennworts ohne Zustimmung der kommunizierenden Parteien (BVerfGE 120, 274 [341]).

48 Angesichts der Privatisierung des Postwesens und der Telekommunikation (Rn. 42) ist ein Eingriff in Art. 10 I auch in den Fällen zu bejahen, in denen die Grundrechtsbeeinträchtigung durch privatrechtliche Telekommunikationsunternehmen vermittelt wird. Das ist etwa anzunehmen, wenn sie durch hoheitliche Anordnung verpflichtet werden, dem Staat Daten zu übermitteln, die sich auf das durch Art. 10 I geschützte Kommunikationsverhalten beziehen. Die Übermittlung der Daten ist dann rechtlich der öffentlichen Gewalt zuzurechnen (BVerfGE 107, 299 [313 f.]). Darüber hinaus kann auch eine Missachtung der Schutzpflicht aus Art. 10 I einen Eingriff in dieses Grundrecht begründen (Rn. 39, 43).

49 **Beispiele:**
- Verpflichtung eines Internetproviders zur Sperrung illegaler Zugriffe seiner Kunden auf Webseiten (EuGH, Urt. v. 27.3.2014, Rs. C-314/12, NJW 2014, 1577 [1579 f. Rn. 40 ff.) – UPC Telekabel Wien GmbH)
- Richterliche Anordnung gegenüber einem Telekommunikationsunternehmen, im Rahmen der Strafverfolgung Auskunft über die Verbindungsdaten zu erteilen, die für die Abrechnung gesammelt wurden (BVerfGE 107, 299 ff.).

49a **Beachte:** Zur Verfassungsmäßigkeit der Sammlung von Telefonverbindungsdaten in Deutschland durch die National Security Agency (NSA) nach amerikanischem und deutschem Recht s. Gärditz/Stuckenberg, JZ 2014, 209 ff.

2. Einverständnis

50 Die durch Art. 10 I geschützte Vertraulichkeit der Kommunikation ist disponibel. Ein wirksames Einverständnis schließt daher schon den Tatbestand eines Eingriffs in Art. 10 I aus. Dies setzt freilich voraus, dass alle beteiligten Kommunikationspartner in die Preisgabe der Vertraulichkeit einwilligen (BVerfGE 85, 386 [398]). Das kann auch konkludent erfolgen.

51 **Beispiel:** Spricht eine Person in einem Zug am Telefon über strafrelevante Umstände, die ein mitfahrender Zivilfahnder auf diese Weise erfährt, liegt in der Verwertung dieser Informationen durch den Staat kein Eingriff in Art. 10 I.

52 Dagegen ist das Einverständnis unwirksam, wenn nicht alle beteiligten Kommunikationsteilnehmer dieses ausdrücklich oder konkludent erklären.

53 **Beispiel:** Veranlassung einer Fangschaltung durch den Empfänger eines Telefonanrufs (BVerfGE 85, 386 [398]).

III. Eingriffsrechtfertigung

Eingriffe in die Gewährleistungen des durch Art. 10 I geschützten Brief-, Post- und Fernmeldegeheimnisses sind generell unzulässig, wenn sie den Kernbereich privater Lebensgestaltung beeinträchtigen (dazu unten 1.). Außerhalb dieses Bereichs können Eingriffe durch die benannte Schranke des Art. 10 II gerechtfertigt werden. Sein Satz 1 enthält einen einfachen Gesetzesvorbehalt, dessen Reichweite durch Satz 2 unter den dort genannten Voraussetzungen erweitert wird (dazu unten 2. und 3.). **54**

1. Beachtung des Kernbereichs privater Lebensgestaltung

Nach Ansicht des BVerfG fordert die „nach Art. 1 I stets garantierte Unantastbarkeit der Menschenwürde auch im Gewährleistungsbereich des Art. 10 I Vorkehrungen zum Schutz individueller Entfaltung im Kernbereich privater Lebensgestaltung. Bestehen im konkreten Fall tatsächliche Anhaltspunkte für die Annahme, dass eine Telekommunikationsüberwachung Inhalte erfasst, die zu diesem Kernbereich zählen, ist sie nicht zu rechtfertigen und muss unterbleiben“ (BVerfGE 113, 348 [391 f.]). **55**

Beispiel: Aufzeichnung eines Telefongesprächs mit intimem Inhalt durch staatliche Stellen. **56**

Allerdings weist das Gericht zu Recht darauf hin, dass bei der Anordnung einer Telekommunikationsüberwachung und bei ihrer Durchführung nicht sicher vorhersehbar ist, welchen Inhalt die Gespräche haben werden. Daher sei das Risiko nicht auszuschließen, dass die Abhörmaßnahme Kommunikation aus dem Kernbereich privater Lebensgestaltung erfasse. Verfassungsrechtlich hinzunehmen sei dieses Risiko allenfalls bei einem besonders hohen Rang des gefährdeten Rechtsguts und einer durch konkrete Anhaltspunkte gekennzeichneten Lage, die auf einen unmittelbaren Bezug zur zukünftigen Begehung der Straftat schließen lasse. Hinzu müssten Vorkehrungen kommen, die sichern, dass die Kommunikationsinhalte des höchstpersönlichen Bereichs nicht gespeichert und verwertet werden dürfen, sondern unverzüglich gelöscht werden, wenn es ausnahmsweise zu ihrer Erhebung gekommen ist (BVerfGE 113, 348 [392]). **57**

Beispiel: § 3a G 10 enthält nunmehr die vom BVerfG geforderten Vorkehrungen zum Schutze des Kernbereichs privater Lebensgestaltung. **58**

2. Einfacher Gesetzesvorbehalt (Abs. 2 S. 1)

Für die Verfassungsmäßigkeit eines gesetzlichen Eingriffs gelten formelle und materielle Anforderungen. In formeller Hinsicht geht es insb. um die Gesetzgebungskompetenz. In materieller Hinsicht sind die hinreichende Bestimmtheit des Gesetzes (Art. 20 III), die Einhaltung des Zitiergebots (Art. 19 I 2), das Vorliegen eines verfassungslegitimen Ziels und die Beachtung des Verhältnismäßigkeitsgrundsatzes zu prüfen. **59**

a) Hinreichend bestimmtes materielles oder formelles Gesetz (Art. 20 III)

Art. 10 II 1 ermächtigt zu Beschränkungen des Art. 10 I aufgrund eines Gesetzes. Allerdings bedürfen solche Eingriffe durch materielles Gesetz, etwa eine Rechtsverordnung, ihrerseits einer Eingriffsermächtigung durch ein Parlamentsgesetz, das die Grundzüge der zugelassenen Beeinträchtigung festlegt. Außerdem kann der Eingriff über den Wortlaut des Art. 10 II 1 hinaus auch unmittelbar durch förmliches Gesetz erfolgen (BVerfGE 125, 260 [313]). **60**

Die Eingriffsgrundlage muss den Eingriff in Art. 10 I „ausdrücklich offenlegen“ sowie den Verwendungszweck der gewonnenen Informationen „bereichsspezifisch und präzise“ bestimmen (BVerfGE 85, 386 [404]; 100, 313 [359 f.]). Auf diese Weise muss **61** den vom Grundrechtseingriff betroffenen Grundrechtsträgern die Rechtslage erkennbar und eine Verhaltensanpassung ermöglicht werden (BVerfGE 110, 33 [53]). Die Anforderungen an die Bestimmtheit der Eingriffsermächtigung sind umso höher, je intensiver der Eingriff ist, was wiederum vom Ausmaß der Beeinträchtigung in Art. 10 I abhängt.

62 **Beispiel:** § 1 I Nr. 1 des Gesetzes zur Beschränkung des Brief-, Post- und Fernmeldegeheimnisses (Artikel 10-Gesetz [G 10]) ist eine hinreichend bestimmte Regelung. Danach sind „die Verfassungsschutzbehörden des Bundes und der Länder [...] zur Abwehr von drohenden Gefahren für die freiheitliche demokratische Grundordnung oder den Bestand oder die Sicherheit des Bundes oder eines Landes [...] berechtigt, die Telekommunikation zu überwachen und aufzuzeichnen, in den Fällen der Nummer 1 auch die dem Brief- oder Postgeheimnis unterliegenden Sendungen zu öffnen und einzusehen."

b) Zitiergebot (Art. 19 I 2)

63 Nach Art. 19 I 2 muss das Gesetz dasjenige Grundrecht des Art. 10 I unter Angabe dieses Artikels nennen, das durch dieses Gesetz oder aufgrund dieses Gesetzes eingeschränkt wird. Das Zitiergebot findet Anwendung, da der Gesetzesvorbehalt des Art. 10 II den Gesetzgeber ausdrücklich zur Einschränkung der Gewährleistungen des Art. 10 I ermächtigt (Art. 19 Rn. 13ff., 24). Wird gegen dieses Gebot verstoßen, ist das Gesetz verfassungswidrig (BVerfGE 113, 348 [366]).

64 **Beispiele:**

- § 21 G 10 weist darauf hin, dass das Grundrecht des Brief-, Post- und Fernmeldegeheimnisses durch dieses Gesetz eingeschränkt wird. Damit ist dem Zitiergebot genügt
- Dagegen reichen Generalklauseln in Landespolizeigesetzen für Eingriffe in Art. 10 I – unabhängig von ihrer in der Regel unzureichenden Bestimmtheit – als Rechtsgrundlage nicht aus, wenn sie das Zitiergebot außer Acht lassen, wie dies etwa bei Art. 11 I BayPAG der Fall ist.

c) Verfassungslegitimes Ziel

65 Der Eingriff in die Grundrechte des Art. 10 I muss einem legitimen und hinreichend gewichtigen Gemeinwohlbelang dienen. Erfolgt eine vom Zweck der Datenerhebung abweichende Verarbeitung der gewonnenen Informationen, müssen diese denselben Anforderungen hinsichtlich des Weiterverarbeitungszwecks genügen (BVerfGE 110, 33 [74]).

66 **Beispiel:** Der Schutzzweck des § 1 I Nr. 1 G 10 (Rn. 58) ist die freiheitliche demokratische Grundordnung. Diese ist etwa gefährdet mit der Folge, dass Verfassungsschutzbehörden die Telekommunikation überwachen und aufzeichnen sowie dem Brief- oder Postgeheimnis unterliegende Sendungen öffnen und einsehen dürfen, wenn tatsächliche Anhaltspunkte für den Verdacht bestehen, dass jemand Straftaten des Hochverrats plant, begeht oder begangen hat (§ 3 I 1 Nr. 1 G 10).

d) Verhältnismäßigkeit

67 Bei der Prüfung der Verhältnismäßigkeit ist die Bedeutung der Gewährleistungen des Art. 10 I zu beachten. Der Gesetzgeber muss die unnötige Erhebung von Daten vermeiden. Die Intensität der Grundrechtsbeeinträchtigung hängt auch von der Anzahl der betroffenen Grundrechtsträger ab. Hohe Anforderungen gelten ferner dann, wenn der Eingriff dem Bürger zunächst verheimlicht wird, etwa im Rahmen der Strafverfolgung. In diesen Fällen darf der Eingriff nur aufgrund gesicherter Tatsachen bei dem Verdacht schwerer Straftaten erfolgen (BVerfGE 107, 299 [321, 327]).

68 Die Verhältnismäßigkeit des Eingriffs in Art. 10 I muss zudem durch organisatorische und verfahrensrechtliche Vorkehrungen zum Schutze der Grundrechtsträger abgesichert werden. Das gilt insb. für heimliche und länger andauernde Maßnahmen, da

sie besonders intensive Beeinträchtigungen darstellen. So müssen die gewonnenen Informationen als aus einem Eingriff in Art. 10 I stammend gekennzeichnet werden, um dem Grundrechtsträger das Ausmaß einer möglichen Grundrechtsverletzung aufzuzeigen (BVerfGE 100, 313 [360]). Bei einer heimlichen Überwachung ist der Betroffene jedenfalls nach Wegfall des Überwachungszwecks von dem Eingriff in Kenntnis zu setzen. Nicht benötigte Informationen sind zu vernichten (BVerfGE 100, 313 [361 f.]). Im Falle einer anlasslosen Vorratsdatenspeicherung sind ferner hohe Anforderungen an die Sicherheit der gewonnenen Informationen und die Einbeziehung eines unabhängigen Datenschutzbeauftragten erforderlich (Gusy, in: MKS, Art. 10 Rn. 75).

Beispiel: Die vollständige Einbeziehung aller auch durch Eingriff in Art. 10 I erhobener Daten in eine gemeinsame Antiterrordatei der Sicherheitsbehörden (Verbunddatei) ist nicht mit den Anforderungen zu vereinbaren, die für den Umgang mit Daten u. a. aus Art. 10 I i. V. m. dem Grundsatz der Verhältnismäßigkeit abgeleitet werden (BVerfGE 133, 277 [373 f. Rn. 226]). **68a**

3. Erweiterter Gesetzesvorbehalt (Abs. 2 S. 2)

a) Inhalt

Art. 10 II 2 lässt eine über die Einschränkungsmöglichkeit des Art. 10 II 1 hinausgehende Beschränkung der Gewährleistungen (ausschließlich) des Art. 10 I zu. Diese Erweiterung betrifft nicht die materielle, sondern die verfahrensrechtliche Seite des Eingriffs in die Kommunikation (vgl. Gusy, in: MKS, Art. 10 Rn. 92). Zum einen muss der Eingriff dem Betroffenen nicht mitgeteilt werden, zum anderen tritt an die Stelle des Rechtsweges die Nachprüfung durch von der Volksvertretung bestellte Organe und Hilfsorgane. Dies läuft zwar der Garantie eines effektiven gerichtlichen Rechtsschutzes durch Art. 19 IV 1 zuwider, ist aber durch den Vorbehalt in Art. 19 IV 3 gedeckt (Art. 19 Rn. 92). Außerdem verlangt das BVerfG im Rahmen des Art. 10 II 2 eine Ersatzkontrolle durch unabhängige, an keine Weisungen gebundene staatliche Organe (BVerfGE 67, 157 [185]). **69**

Beispiel: Nach § 13 G 10 ist gegen die Anordnung von Beschränkungsmaßnahmen nach § 5 I 3 Nr. 1 G 10 und ihren Vollzug der Rechtsweg vor der Mitteilung an den Betroffenen (vgl. § 12 G 10) nicht zulässig. Dieser partielle Rechtswegausschluss ist durch Art. 10 II 2 gedeckt. Er ist aber auf die strategische Überwachung der Telekommunikation zur Aufklärung der Gefahr eines bewaffneten Angriffs auf die Bundesrepublik Deutschland beschränkt. Dagegen werden strategische Beschränkungsmaßnahmen in dem Gefahrenbereich „Internationaler Terrorismus" (§ 5 I 3 Nr. 2 G 10) nicht erfasst (BVerwGE 149, 359 [363 Rn. 16 f.]). **69a**

Allerdings ist nicht unumstritten, ob Art. 10 II 2 mit den durch die Ewigkeitsklausel des Art. 79 III geschützten Grundsätzen des Art. 20 I, vor allem dem Rechtsstaatsprinzip, in Einklang steht (dazu Pagenkopf, in: Sachs, Art. 10 Rn. 50). Das BVerfG hat einen solchen Verstoß abgelehnt und dies insb. mit der Wehrhaftigkeit der Demokratie durch einen funktionsfähigen Verfassungsschutz begründet (BVerfGE 30, 1 [19 f.]). Art. 10 II 2 ist somit keine verfassungswidrige Verfassungsnorm, bedarf jedoch einer restriktiven Interpretation (Durner, in: MD, Art. 10 Rn. 173). **70**

b) Voraussetzungen

Art. 10 II 2 setzt voraus, dass die Beschränkung dem Schutze der freiheitlichen demokratischen Grundordnung oder des Bestandes bzw. der Sicherung des Bundes oder eines Landes dient. Diese Tatbestandsmerkmale sind wie in Art. 11 II auszulegen (Art. 11 Rn. 21; s. auch Art. 18 Rn. 7). Maßnahmen im Rahmen der sog. Staatsschutzklausel des Art. 10 II 2 werden typischerweise durch bundesstaatliche Sicherheitskräfte, etwa den BND, durchgeführt (Gusy, in: MKS, Art. 10 Rn. 95). Aufgrund der Intensität des Eingriffs sind hohe Anforderungen an die tatsächlichen Verdachts- **71** momente und die Wahrung der Verhältnismäßigkeit zu stellen (Jarass, in: JP, Art. 10 Rn. 27).

c) Umsetzung von Art. 10 II 2 durch das G 10

72 Die Ermächtigung des Art. 10 II 2 ist durch §§ 12, 14ff. G 10 (Rn. 58) umgesetzt worden. Diese Bestimmungen lassen den Wegfall der Mitteilung nur unter engen Voraussetzungen zu und regeln die ersatzweise Kontrolle durch das Parlamentarische Kontrollgremium und die G 10-Kommission.

73 **Beispiel:** Nach § 12 I 2 G 10 unterbleibt die Mitteilung des Eingriffs in die Grundrechte des Art. 10 I, solange eine Gefährdung des Zwecks der Beschränkung nicht ausgeschlossen werden kann oder solange der Eintritt übergreifender Nachteile für das Wohl des Bundes oder eines Landes absehbar ist.

C. Prüfungshinweise

74 **Grobschema zur Prüfung von Art. 10 I durch das BVerfG:**

1. Schutzbereich des Art. 10 I
   a) persönlich
   b) sachlich
      (1) Briefgeheimnis
      (2) Postgeheimnis
      (3) Fernmeldegeheimnis
2. Eingriff: (P) Eingriff in das Postgeheimnis nach Privatisierung
3. Rechtfertigung
   a) Ausschluss der Rechtfertigung bei Beeinträchtigung des Kernbereichs privater Lebensgestaltung
   b) einfacher Gesetzesvorbehalt des Art. 10 II 1
      (1) formelle Anforderungen (materielles oder formelles Gesetz, Bestimmtheit, Zitiergebot [Art. 19 I 2])
      (2) materielle Anforderungen (Beachtung des Kernbereichs privater Lebensgestaltung, verfassungslegitimer Zweck, Verhältnismäßigkeit)
   c) Erweiterung durch Art. 10 II 2

D. Weiterführende Literatur/Leseempfehlungen

75 Durner, W., Anmerkung zum Urteil des EuGH vom 8.4.2014 (C-293/12, DVBl 2014, 708) – Zur Nichtigkeit der Richtlinie über die Vorratsdatenspeicherung, DVBl. 2014, 712–715; Gärditz, K.F./Stuckenberg, C.-F., Vorratsdatenspeicherung à l'américaine – Zur Verfassungsmäßigkeit der Sammlung von Telefonverbindungsdaten durch die NSA, JZ 2014, 209–219; Graulich, K., Telekommunikationsgesetz und Vorratsdatenspeicherung, NVwZ 2008, 485–492; Groß, T., Die Schutzwirkung des Brief-, Post-, und Fernmeldegeheimnisses nach der Privatisierung der Post, JZ 1999, 326–335; Hoffmann-Riem, W., Freiheitsschutz in den globalen Kommunikationsinfrastrukturen, JZ 2014, 53–63; Huber, B., Das neue G 10-Gesetz, NJW 2001, 3296–3302; Lepsius, O., Die Grenzen der präventivpolizeilichen Telefonüberwachung, Jura 2006, 929–937; Levin, I./Schwarz, M., Zum polizeirechtlichen Umgang mit sog. Facebook-Partys – „Ab geht die Party und die Party geht ab!" … oder doch nicht?, DVBl. 2012, 10–17; Möstl, M., Verfassungsrechtliche Vorgaben für die strategische Fernmeldeaufklärung und die informationelle Vorfeldarbeit im allgemeinen, DVBl. 1999, 1394–1403; Müller-Terpitz, R., Die „strategische Kontrolle" des internationalen Telekommunikationsverkehrs durch den Bundesnachrichtendienst, Jura 2000, 296–302; Poscher, R., Menschenwürde und Kernbereichsschutz, JZ 2009, 269–277; Sachs, M., Grundrechte: Fernmeldegeheimnis und Unverletzlichkeit der Wohnung, JuS 2012, 374–376; Schoch, F., Der verfassungsrechtliche Schutz des Fernmeldegeheimnisses

(Art. 10 GG), Jura 2011, 194–204; Singelnstein, T., Verhältnismäßigkeitsanforderungen für strafprozessuale Ermittlungsmaßnahmen – am Beispiel der neueren Praxis der Funkzellenabfrage, JZ 2012, 601–608; Soiné, M., Personale verdeckte Ermittlungen in sozialen Netzwerken zur Strafverfolgung, NStZ 2014, 248–251; Szczekalla, P., Sicherung grund- und menschenrechtlicher Standards gegenüber neuen Gefährdungen durch private und ausländische Akteure, DVBl. 2014, 1108–1113; Ullrich, N., Die Verpflichtung der Exekutive und Legislative zum Schutz deutscher Bürger vor der Ausspähung durch ausländische Geheimdienste, DVBl. 2015, 204–212; Werkmeister, C./Pötters, S., Anfängerklausur – Öffentliches Recht: Grundrechte – Verfassungsrechtliche Anforderungen an „Online-Durchsuchungen", JuS 2012, 223–228.

Art. 11 [Freizügigkeit]

(1) **Alle Deutschen genießen Freizügigkeit im ganzen Bundesgebiet.**

(2) **Dieses Recht darf nur durch Gesetz oder auf Grund eines Gesetzes und nur für die Fälle eingeschränkt werden, in denen eine ausreichende Lebensgrundlage nicht vorhanden ist und der Allgemeinheit daraus besondere Lasten entstehen würden oder in denen es zur Abwehr einer drohenden Gefahr für den Bestand oder die freiheitliche demokratische Grundordnung des Bundes oder eines Landes, zur Bekämpfung von Seuchengefahr, Naturkatastrophen oder besonders schweren Unglücksfällen, zum Schutze der Jugend vor Verwahrlosung oder um strafbaren Handlungen vorzubeugen, erforderlich ist.**

Pflichtstoff (****)

Übersicht

A. Überblick

I. Normstruktur

Art. 11 gewährleistet mit der Freizügigkeit die freie Entscheidung über Wohnsitz 1
und Aufenthaltsort im Bundesgebiet. Ein solches Grundrecht kannte bereits die Magna Charta von 1215; in Deutschland war die Freizügigkeit zuvor in § 133 der Paulskirchenverfassung sowie in Art. 111 WRV verbürgt. Je nach historischer Situation stand sie in einem thematischen Bezug zu unterschiedlichen anderen Freiheitsrechten. Als sich die Religion der Menschen noch nach dem Bekenntnis des jeweiligen Monarchen richtete („cuius regio eius religio" – wessen Land, dessen Religion), war der-

jenige, der dieses Bekenntnis nicht teilen wollte, auf die Möglichkeit des Ortswechsels angewiesen. Später rückte die wirtschaftliche Komponente in den Vordergrund (s. BVerfGE 134, 242 [323 Rn. 252]). In Art. 111 WRV etwa wurden zugleich die Rechte gewährleistet, an jedem beliebigen Ort im Reich „Grundstücke zu erwerben und jeden Nahrungszweig zu betreiben." Auch heute dient ein Umzug häufig dazu, am neuen Wohnort einer bestimmten beruflichen Tätigkeit nachgehen zu können. Insofern steht Art. 11 im thematischen Zusammenhang mit der Berufsfreiheit des Art. 12 I. Da Umzüge mittlerweile auch gänzlich andere Ursachen haben können, sieht Hufen, Staatsrecht II, § 18 Rn. 3, Art. 11 als aus seinen religiösen und beruflichen Bezügen gelöst an.

2 Heute erscheint die Freizügigkeit fast schon selbstverständlich. Art. 11 ist in seiner Kernaussage daher nur von begrenzter Bedeutung (PSKP, Grundrechte, Rn. 855). Zu beachten ist jedoch, dass die Vorschrift u. U. der Maßstab für die Rechtmäßigkeit staatlicher Maßnahmen sein kann, die die Bewegungsfreiheit beschränken (u. Rn. 15 f.).

3 Das in Abs. 1 verbürgte Grundrecht gilt seit 1949 ohne Änderungen. Die Beschränkungsmöglichkeiten des Abs. 2 wurden 1968 erweitert; seither gilt die Vorschrift in ihrer heutigen Fassung.

II. Europa

4 In der EMRK selbst findet sich keine Parallelvorschrift zu Art. 11, jedoch in Art. 2 des Zusatzprotokolls Nr. 4 zur Konvention (dazu Ipsen, Staatsrecht II, Rn. 625). Die Freizügigkeit und die Aufenthaltsfreiheit werden zudem in Art. 45 EU-GRCh sowie in Art. 20 II 1 lit. a AEUV verbürgt.

III. Prüfungsrelevanz

5 Art. 11 wird in Klausuren häufig als erörterungswürdiges, aber letztlich nicht einschlägiges Grundrecht relevant, z. B. wenn es um Beschränkungen der Ausreise oder der schlichten Fortbewegung geht (s. dazu u. Rn. 12 bzw. 15 f.). S. im Übrigen die Prüfungshinweise unter Rn. 23.

B. Erläuterungen

I. Der Schutzbereich

1. Persönlich

6 Träger des Grundrechts aus Art. 11 sind alle Deutschen i. S. v. Art. 116 I, jedenfalls der Sache nach auch alle übrigen EU-Bürger (zur Frage, ob sie sich auf Art. 11 selbst oder auf eine um die sachlichen Gehalte des Art. 11 aufgeladene allgemeine Handlungsfreiheit aus Art. 2 I berufen können s. Vorbem. Grundrechte Rn. 71 ff.). Juristische Personen fallen über Art. 19 III in den Schutzbereich (Blanke, in: SB, Rn. 19), so dass staatliche Restriktionen der Wahl des Sitzes oder der Niederlassung an Art. 11 zu messen wären.

2. Sachlich

a) Gegenstand

7 Die Freizügigkeit im ganzen Bundesgebiet ist die Freiheit, an jedem Ort innerhalb des Bundesgebietes Aufenthalt und Wohnung bzw. Wohnsitz zu nehmen (BVerfGE 2, 266 [273]; 110, 177 [191]; 134, 242 [323 f. Rn. 253]).

8 Der Wohnsitz ist die ständige Niederlassung an einem Ort (vgl. § 7 BGB). Maßgeblich ist der Wille, sich dauerhaft an dem Ort aufzuhalten. Das Grundrecht schützt un-

streitig auch die Begründung mehrerer Wohnsitze. Daher sollte nicht der Wille verlangt werden, den Ort zum Mittelpunkt des Lebens zu machen (so aber PSKP, Grundrechte, Rn. 857), da dieser nicht an mehreren Orten gleichzeitig liegen kann.

Fehlt es am Willen zur ständigen Niederlassung, weil jemand nur vorübergehend an einem Ort bleiben will, handelt es sich um einen bloßen Aufenthalt (PSKP, Grundrechte, Rn. 858). Zwar wird auch diese Form des Verweilens vom Begriff der Freizügigkeit erfasst (Rn. 7). Jedoch stellt sich insofern die Frage der Abgrenzung zwischen der Freizügigkeit nach Art. 11 einerseits und der Freiheit der Person nach Art. 2 II 2 andererseits. Dazu näher u. Rn. 15 f. **9**

Geschützt sind das Verlassen des vorherigen Aufenthaltsortes oder Wohnsitzes, der Vorgang des Ortswechsels, also die Fortbewegung zur Aufenthalts- oder Wohnsitznahme, und die Begründung des Wohnsitzes bzw. des Aufenthaltsortes selbst. Ob der neue Ort in einer anderen Gemeinde oder in einem anderen Bundesland liegt, spielt keine Rolle (BVerfGE 134, 242 [324 Rn. 253]). Der Schutzbereich erstreckt sich auch auf die Mitnahme des beweglichen Vermögens (näher zu dieser „Vermögensmitnahmefreiheit" Blanke, in: SB, Rn. 15; a. A. Jarass, in: JP, Rn. 3). **10**

Das Grundrecht schützt aber auch den Verbleib an einem einmal gewählten Ort. Andernfalls würde das Recht der freien Ortswahl ausgehöhlt (BVerfGE 134, 242 [324 f. Rn. 255]). In der Sache führt diese negative Freizügigkeit, also das Recht, seinen Wohnsitz oder Aufenthaltsort nicht zu verlagern (PSKP, Grundrechte, Rn. 867), zu einem Grundrecht auf Heimat (so treffend Hufen, Staatsrecht II, § 18 Rn. 4). Jedoch erstreckt sich dieses Recht auf Verbleib an einem bestimmten Platz (ebenso wie das Recht sich dort dauerhaft niederzulassen) nur auf solche Orte, die jedermann für einen Daueraufenthalt zur Verfügung stehen. Orte, an denen Regelungen zur Bodenordnung oder Bodennutzung einen Daueraufenthalt ausschließen, gehören nicht dazu. Nachträglich aufgestellte Regelungen, die im betreffenden Gebiet den Braunkohletagebau gestatten und daher die Bewohner zum Wegzug zwingen, stellen nach dieser Konzeption keine Eingriffe in Art. 11 I dar, weil schon der Schutzbereich nicht eröffnet ist (BVerfGE 134, 242 [325 ff. Rn. 256 ff.]; skeptisch Schulz, NWVBl. 2014, 331 ff.). **11**

Das Grundrecht erfasst die Einreise und die Einwanderung in das Bundesgebiet (BVerfGE 2, 266 [273]; 134, 242 [324 Rn. 253]), nicht hingegen die Ausreise oder die Auswanderung (BVerfGE 6, 32 [34 ff.]). Für diese umstrittene Auffassung (a. A. Pagenkopf, in: Sachs, Rn. 29 m. w. N.) spricht, dass die Auswanderungsfreiheit in Art. 112 WRV noch separat neben der Freizügigkeit verbürgt war und bewusst nicht in das GG aufgenommen wurde, so dass nicht davon auszugehen ist, dass sie unter Geltung des GG Bestandteil der Freizügigkeit sein soll (PSKP, Grundrechte, Rn. 865). Damit ist freilich nicht gesagt, dass eine Beschränkung von Ausreise- oder Auswanderungsmöglichkeiten grundrechtlich irrelevant wäre: In Ermangelung eines Schutzes durch ein spezielles Grundrecht fällt das Verlassen des Bundesgebietes in den Schutzbereich der allgemeinen Handlungsfreiheit nach Art. 2 I, die insofern in ihrer Funktion als subsidiäres Auffanggrundrecht im Bereich der Freiheitsgrundrechte zum Tragen kommt (BVerfGE 6, 32 [36 ff.]). **12**

Ausreisebeschränkungen, mit denen Islamisten an der Teilnahme am „Dschihad" gehindert werden sollen, sind daher nur am Maßstab von Art. 2 I zu messen; sie greifen nicht in Art. 11 I ein (so auch Daum, DÖV 2014, 526 [527 f.]; kritisch Eichenhofer, ZAR 2013, 135 [136 f.]).

b) Gewährleistungen

Abs. 1 schützt als Abwehrrecht vor staatlichen Beschränkungen der Freizügigkeit. In der negativen Ausprägung des Freiheitsrechts richtet sich dieses gegen staatlich verantwortete Maßnahmen, die zum Wegzug zwingen. **13**

14 Weiter reicht das „Recht auf Heimat“ (o. Rn. 11) nicht. Insbesondere wird man ihm keine Schutzpflicht des Inhalts entnehmen können, Veränderungen des eigenen Lebensumfeldes durch gesellschaftliche Prozesse wie z.B. den verstärkten Zuzug oder Wegzug bestimmter Bevölkerungsgruppen zu verhindern (so jetzt auch BVerfGE 134, 242 [328f. Rn. 263ff.]: Kein Recht auf Heimat im Sinne des mit dem gewählten Wohnsitz dauerhaft verbundenen städtebaulichen und sozialen Umfelds).

c) Konkurrenzen

15 Das zentrale Problem der Konkurrenzen ist im Falle von staatlichen Einschränkungen der Fortbewegungsfreiheit die Abgrenzung zwischen der Freizügigkeit nach Art. 11 und dem Grundrecht aus Art. 2 II 2. Richtigerweise wird man – ungeachtet aller damit verbundenen Abgrenzungsschwierigkeiten – Art. 11 dort für einschlägig erachten müssen, wo der Aufenthalt ein solches Gewicht hat, dass die Fortbewegung um des Aufenthalts willen geschieht. Verhält es sich umgekehrt, ist die Maßnahme an Art. 2 II 2 zu messen (Jarass, in: JP, Rn. 1ff.).

Ein Aufenthalt von hinreichendem Gewicht für die Heranziehung des Art. 11 wäre z.B. eine geplante Übernachtung an dem betreffenden Ort.

16 Diese Sichtweise ist jedoch sehr umstritten. Vertreten wird u.a. auch, Art. 2 II 2 schütze die Freiheit, sich fort-, also wegzubewegen, Art. 11 hingegen die Freiheit, sich zu einem Ort hinzubewegen. Nach dieser Sichtweise (Ipsen, Staatsrecht II, Rn. 623) gibt es kein Abgrenzungsproblem. Zu diesen und weiteren Auffassungen s. Art. 2 Rn. 158; Blanke, in: SB, Rn. 11.

II. Eingriff

17 Ein Eingriff in das Abwehrrecht liegt vor, wenn durch eine dem Staat zurechenbare Maßnahme die freie Wahl des Wohn- oder Aufenthaltsortes unmittelbar oder mittelbar (BVerfGE 110, 177 [191]) unmöglich gemacht oder wesentlich erschwert wird.

Str. ist die Eingriffsqualität der sog. Residenzpflicht, der Notare unterliegen und die diese verpflichtet, an ihrem Dienstort zu wohnen (dazu PSKP, Grundrechte, Rn. 869).

III. Rechtfertigung des Eingriffs

1. Schranken

18 Das Grundrecht aus Abs. 1 steht unter dem qualifizierten Gesetzesvorbehalt des Abs. 2. Eine zusätzliche Schranke enthält Art. 17a II (Art. 17a Rn. 1, 4).

19 Abs. 2 erfordert in jedem Fall, dass der Eingriff durch ein (formelles) Gesetz oder auf Grund eines solchen vorgenommen wird. Dieses Gesetz muss jedoch – das macht den Gesetzesvorbehalt zu einem qualifizierten Gesetzesvorbehalt (s. Vorbem. Grundrechte Rn. 105) – unter bestimmten Umständen ergehen bzw. bestimmten Zwecken dienen.

20 Das Fehlen einer ausreichenden Lebensgrundlage, aus welchem der Allgemeinheit besondere Lasten entstehen würden, ist erkennbar auf die großen Flüchtlings- und Aussiedlerströme der unmittelbaren Nachkriegszeit zugeschnitten. Bevölkerungsverschiebungen, die diese Voraussetzungen erfüllen, sind in Deutschland heute kaum noch vorstellbar.

21 Die Erforderlichkeit zur Abwehr einer Gefahr für den Bestand oder die freiheitliche demokratische Grundordnung des Bundes oder eines Landes („Notstandsvorbehalt“) setzt einen inneren Notstand nach Art. 91 in Form einer Revolution, eines Staatsstreichs, eines Putsches o.Ä. voraus (Ipsen, Staatsrecht II, Rn. 618). Weitere Einschränkungsmöglichkeiten sind die Erforderlichkeit zur Bekämpfung von Seuchenge-

fahr, Naturkatastrophen oder besonders schweren Unglücksfällen („Seuchen- und Katastrophenvorbehalt"), die Erforderlichkeit zum Schutz der Jugend vor Verwahrlosung oder zur Vorbeugung vor strafbaren Handlungen.

2. Schranken-Schranken

Hinsichtlich der Schranken-Schranken gelten die allgemeinen Regeln (näher Vorbem. Grundrechte Rn. 116ff.). Das Zitiergebot des Art. 19 I 2 ist anwendbar. Materiell muss das eingreifende oder zum Eingriff ermächtigende Gesetz insbesondere verhältnismäßig sein. **22**

C. Prüfungshinweise

Beschränkungen der freien Wohnsitzwahl sind heute kaum noch vorstellbar. Art. 11 sollte jedoch in allen Fällen mitbedacht und -erörtert werden, in denen durch staatliche Maßnahmen die Fortbewegungsfreiheit eingeschränkt wird. Ob der Schutzbereich des Grundrechts tatsächlich eröffnet ist, hängt dann vom Einzelfall und davon ab, wie man das Verhältnis zwischen Art. 11 einerseits und Art. 2 II 2 andererseits beurteilt (s. o. Rn. 15f.). **23**

D. Weiterführende Literatur/Leseempfehlungen

Frenzel, E.M., Grundfälle zu Art. 11 GG, JuS 2011, 595–600; Kunig, Ph., Das Grundrecht auf Freizügigkeit, Jura 1990, 306–312; Pieroth, B., Das Grundrecht der Freizügigkeit (Art. 11), JuS 1985, 81–88; Schoch, F., Das Grundrecht der Freizügigkeit (Art. 11 GG), Jura 2005, 34–39; Schulz, N., Freizügigkeit versus Umsiedlungsplanung, NWVBl. 2014, 331–335; BVerfGE 134, 242–357 – Garzweiler. **24**

Art. 12 [Berufsfreiheit u.a.]

(1) [1]**Alle Deutschen haben das Recht, Beruf, Arbeitsplatz und Ausbildungsstätte frei zu wählen.** [2]**Die Berufsausübung kann durch Gesetz oder auf Grund eines Gesetzes geregelt werden.**

(2) **Niemand darf zu einer bestimmten Arbeit gezwungen werden, außer im Rahmen einer herkömmlichen allgemeinen, für alle gleichen öffentlichen Dienstleistungspflicht.**

(3) **Zwangsarbeit ist nur bei einer gerichtlich angeordneten Freiheitsentziehung zulässig.**

Pflichtstoff (*****)

Übersicht

A. Überblick

I. Normstruktur

1 Bei Art. 12 ist – auch beim Zitieren der Norm – streng zu unterscheiden zwischen
- dem *einheitlichen* Grundrecht der Berufsfreiheit einschl. der Ausbildungsfreiheit (Abs. 1, Rn. 6ff.) und
- den miteinander zusammenhängenden Grundrechten gegen Arbeitszwang und Zwangsarbeit (Abs. 2 und 3, Rn. 76ff.).

2 Während Abs. 1 für alle Deutschen gewährleistet, ohne staatliche Bevormundung eine frei gewählte Arbeit zur Existenzgrundlage zu machen, verbieten es die Abs. 2 und 3 der öffentlichen Gewalt, jemanden (nicht nur Deutsche) zur Arbeit zu zwingen. Art. 12 I ist damit eine Ausprägung der freien Entfaltung der Persönlichkeit (lex specialis zu Art. 2 I); Art. 12 II und III hingegen konkretisieren die Menschenwürde (Art. 1 I).

II. Prüfungsrelevanz

3 In der Rechtspraxis und damit auch in der Prüfung ist Art. 12 I von sehr hoher Bedeutung, bildet er doch gemeinsam mit Art. 14 I die grundrechtlichen Eckpfeiler der Wirtschaftsverfassung des GG. Art. 12 II und III ist in der Praxis und in der juristischen Ausbildung von weitaus geringerer Relevanz und wird daher nur am Rande erörtert (zu Art. 12 II und III ausführlich Scholz, in: MD, Rn. 487–506).

III. Europa

4 Die EU wurde in ihren Anfängen als Wirtschaftsgemeinschaft (EWG) gegründet. Dementsprechend genießt die Berufsfreiheit auch auf europäischer Ebene eine zentrale Stellung, nicht nur in Art. 15 und 16 EU-GRCh (zum Verbot von Zwangsarbeit s. Art. 5 II EU-GRCh), sondern auch in den Grundfreiheiten der Art. 45ff. AEUV (Freizügigkeit der Arbeitnehmer), Art. 49ff. AEUV (Niederlassungsfreiheit), Art. 56ff. AEUV (Dienstleistungsfreiheit) und der daran anknüpfenden Rspr. des EuGH (z.B. Slg. 1985, 2857 Rn. 23 – Finsider; Slg. 1995, I-4921 Rn. 92ff. – Bosman u.v.a.m.) sowie im Sekundärrecht der EU (z.B. Berufsanerkennungsrichtlinie 2005/36/EG v. 7.9.2005; Dienstleistungsrichtlinie 2006/123/EG v. 12.12.2006). Unionsrecht setzt sich nach dem Prinzip des Anwendungsvorrangs (Art. 23 Rn. 50ff.) gegenüber nationalem Recht durch.

5 Von der EU und ihrem Rechtsrahmen ist der Europarat zu unterscheiden, auf dessen Initiative die EMRK zurückgeht. Die Berufsfreiheit wird dort aber bis heute nicht garantiert. Allerdings werden viele Aspekte in der Rspr. des EGMR zu anderen Menschenrechten und Grundfreiheiten aufgefangen, insb. zu Art. 8 (Achtung des Privat- und Familienlebens), Art. 10 (Meinungs- und Medienfreiheit) und Art. 11 (Vereinigungsfreiheit), s. Grabenwarter, EMRK, § 25 Rn. 25ff.

B. Erläuterungen

I. Berufsfreiheit einschl. Ausbildungsfreiheit (Abs. 1)

Die Berufsfreiheit gewährleistet ein zentrales Menschenrecht: die wirtschaftliche Seite des „Strebens nach Glückseligkeit" (Ruffert, in: EH-O, Rn. 1). Abgesehen davon ist Art. 12 I in seiner objektiv-rechtlichen Dimension die institutionelle Garantie einer freiheitlichen Wirtschaftsverfassung, die gerade durch Art. 12 I implizit, unionsrechtlich sogar ausdrücklich in Art. 3 III UAbs. 1 EUV, Art. 120 S. 2 AEUV auf die Marktwirtschaft mit freiem Wettbewerb festgelegt ist. 6

1. Schutzbereich

a) Persönlich

aa) Natürliche Personen. Träger des Grundrechts der Berufsfreiheit sind nach Art. 12 I 1 nur Deutsche i. S. d. Art. 116 I (s. Art. 116 Rn. 5 ff.). Daher sind Ausländer insoweit nicht grundrechtsfähig; sie können sich aber auf das subsidiäre Grundrecht der allg. Handlungsfreiheit aus Art. 2 I berufen (Art. 2 Rn. 3a, 44 ff.). Dem steht das Diskriminierungsverbot aus Gründen der Staatsangehörigkeit gem. Art. 18 I AEUV entgegen. Zur Lösung werden drei unterschiedliche Ansätze vertreten: 7
- Die eine Meinung interpretiert Art. 12 I extensiv und insoweit gegen den eindeutigen Wortlaut; damit wird Art. 12 I für Unionsbürger unmittelbar anwendbar (Jarass, in: JP, Rn. 12; Wernsmann, JA 2000, 657 ff.). In diese Richtung zielt die Rspr. des BVerfG zu *juristischen* Personen des privaten Rechts mit Sitz in der EU (dazu Rn. 11).
- Eine zweite – m. E. vorzugswürdige – Lösung besteht darin, das Auffanggrundrecht des Art. 2 I anzuwenden und in diesem Rahmen Schutzlücken zu vermeiden, indem das Schutzniveau für Unionsbürger inhaltlich nach Art. 12 I bemessen wird (BVerfG-K, NJW 2008, 1369 [ebd.]; Mann, in: Sachs, Rn. 34; Manssen, in: MKS, Rn. 266 f.).
- Ein dritter, entgegengesetzter Ansatz schließt nicht nur die Anwendung von Art. 12 I auf Unionsbürger aus, sondern überträgt auch dessen Schutzniveau nicht auf Art. 2 I. Denn EU-Bürger seien ausreichend durch die Anwendung der Grundfreiheiten (Rn. 4) geschützt; außerdem erkenne der EuGH die Berufsfreiheit wegen der gemeinsamen Verfassungsüberlieferungen der Mitgliedstaaten als einen allg. Grds. des Unionsrechts an (so etwa Nolte/Tams, JuS 2006, 31 [31 f.]).

bb) Personenvereinigungen. Die Berufsfreiheit gilt nach Art. 19 III für (1) juristische Personen, wenn diese (2) inländisch sind und soweit (3) Art. 12 I seinem Wesen nach auf diese anwendbar ist. 8

(1) Juristische Person. Der Begriff der juristischen Person i. S. v. Art. 19 III ist weit auszulegen, um den Schutzbereich auf alle Personenvereinigungen zu erstrecken, zu denen sich natürliche Personen zusammenschließen können um ihre Berufsfreiheit gemeinschaftlich zu verwirklichen (vgl. Art. 19 Rn. 43 ff.): Darunter fallen deshalb nicht nur juristische Personen im zivilrechtlichen Sinne (AG, GmbH, e. V. u. dgl.), sondern auch Personenvereinigungen, die aufgrund von Organen zu einer gemeinschaftlichen Willensbildung und zu einem einheitlichen Auftreten nach außen befähigt sind (so insb. GbR, oHG, KG, vgl. BVerfGE 4, 7 [12]; 23, 208 [223]; 53, 1 [13]; 102, 197 [212 f.]; 135, 90 [107 f. Rn. 44, 53]). 9

(2) Inländisch ist eine juristische Person i. S. v. Art. 19 III, wenn sie ihren Sitz in Deutschland hat (BVerfG-K, NJW 2002, 1485 [ebd.]). Gemeint ist damit aber nicht der rein satzungsmäßige Sitz (vgl. etwa § 11 AO), sondern vielmehr der Mittelpunkt der tatsächlichen Tätigkeit (effektiver Sitz), wozu nicht nur der (Waren-)Absatz, son- 10

dern auch die Produktion und die geschäftliche Leitung gehören. Wird eine solche juristische Person allerdings von Ausländern beherrscht, ist sie gleichwohl nicht als „inländisch" i.S.v. Art. 19 III einzustufen (str., vgl. Jarass, in: JP, Art. 19 Rn. 22 m.w.N.).

11 Ausländische juristische Personen können sich grds. nicht auf Art. 12 I berufen. Anders als bei natürlichen Personen (Rn. 7) scheidet auch ein Rückgriff auf Art. 2 I aus, weil auch dieses Grundrecht nach Art. 19 III nur für inländische juristische Personen gilt. Entgegen dem Wortlaut des Art. 19 III ist Art. 12 I nach neuerer Rspr. des BVerfG (E 129, 78 [94ff.]) allerdings auf ausländische juristische Personen des privaten Rechts anwendbar, wenn diese ihren Sitz in einem Mitgliedstaat der EU haben und zudem ein hinreichender Inlandsbezug vorliegt, d.h. vor allem wenn sie in Deutschland tätig werden. Dies folgt aus dem Anwendungsvorrang der Grundfreiheiten im Binnenmarkt (Definition des Binnenmarkts in Art. 26 II AEUV; zum Anwendungsvorrang BVerfGE 123, 267 [400ff.], und Art. 23 Rn. 52) und aus dem Diskriminierungsverbot des Art. 18 AEUV (näher zum Ganzen Art. 19 Rn. 62f.). Zudem stehen solchen juristischen Personen die einschlägigen Grundfreiheiten des AEUV zur Seite (Rn. 4). Soweit Deutschland EU-Recht durchführt, können sie sich wegen Art. 51 I EU-GRCh überdies auf Art. 15, 16 EU-GRCh berufen.

12 *(3) Wesensgemäße Anwendbarkeit.* Seinem Wesen nach ist Art. 12 I auf eine juristische Person anwendbar, soweit sie sich in einer „grundrechtstypischen Gefährdungs-lage" befindet (BVerfGE 45, 63 [79]; 61, 82 [102]). Dies ist bei j.P.ö.R. (Kommunen und andere Körperschaften sowie Anstalten und Stiftungen des öffentlichen Rechts) grds. nicht der Fall, da sie im Lager des Staates stehen und von diesem zur Erfüllung spezifischer öffentlicher Aufgaben errichtet sind. Dazu benötigen sie keine berufliche Freiheit. Im Übrigen können diese nicht gleichzeitig Verpflichtete und Berechtigte der Grundrechte sein (sog. Konfusionsargument).

13 Auf juristische Personen des Privatrechts findet Art. 12 I grds. Anwendung. Denn der Schutz der Berufsfreiheit knüpft nicht „an Eigenschaften, Äußerungsformen oder Beziehungen an, die nur natürlichen Personen wesenseigen sind" (vgl. BVerfGE 118, 168 [203]). Vielmehr ist die Bildung und Betätigung einer juristischen Person des Privatrechts i.d.R. Ausdruck der freien (beruflichen) Entfaltung der dahinter stehenden natürlichen Personen (vgl. BVerfGE 61, 82 [101]). Durch eine AG, eine GmbH u.a. verwirklichen insb. deren Gesellschafter ihre Berufsfreiheit in organisatorischer Verbundenheit. Diese juristischen Personen sind folglich gleichermaßen Träger des Grundrechts der Berufsfreiheit aus Art. 12 I.

b) Sachlich

14 Für die Bestimmung des sachlichen Schutzbereichs müssen Art. 12 I 1 und 2 zusammen gelesen werden: Art. 12 I 1 gewährleistet das Recht, Beruf, Arbeitsplatz und Ausbildungsstätte frei zu wählen. Neben dieser Wahlfreiheit bezieht sich Art. 12 I 2 – wenn auch im Rahmen eines Regelungsvorbehalts – auf die Freiheit zur Ausübung eines Berufs. Das Verhältnis der beiden Sätze wirft jedoch Fragen auf: Ist nur die Wahl von Beruf, Arbeitsplatz und Ausbildungsstätte frei, nicht aber die Berufsausübung? Lassen sich Ausbildung, Arbeitsplatz und Beruf überhaupt sinnvoll voneinander trennen, desgl. Berufswahl und Berufsausübung? Darf nur die Berufsausübung „geregelt" werden, nicht aber die Berufswahl?

15 *aa) Gegenstand. (1) Berufsfreiheit.* Das BVerfG hat schon 1958 herausgearbeitet, dass in Art. 12 I die Freiheit der Wahl von Beruf und Arbeitsplatz sowie die freie Berufsausübung *ein* Grundrecht mit einem *einheitlichen* sachlichen Schutzbereich darstellen. Art. 12 I 1 und 2 bilden somit das einheitliche Grundrecht der *Berufsfreiheit* (BVerfGE 7, 377 [402] – Apothekenurteil, grundlegend für das Verständnis des gesamten Grundrechts); zur freien Wahl der Ausbildungsstätte s. Rn. 19f.

Unter Beruf fällt jede Tätigkeit, die (a) auf Dauer angelegt ist und (b) der Schaffung oder Erhaltung einer Lebensgrundlage dient (BVerfGE 97, 228 [252]; 111, 10 [28]). Damit scheiden Tätigkeiten aus, 16

- die nicht auf Dauer angelegt sind, d.h. nicht nachhaltig betrieben werden sollen, sondern sich in einem einmaligen Erwerbsakt erschöpfen (z.B. Lottogewinn). Entscheidend ist dabei die Absicht des Grundrechtsträgers, nicht die tatsächliche Dauer der Tätigkeit;
- die nicht der Schaffung oder Erhaltung einer Lebensgrundlage dienen, insb. Hobbys und andere Freizeitbeschäftigungen (wie nicht ins Gewicht fallende Nebentätigkeiten und unentgeltliche Arbeit).

Im Übrigen ist der Begriff des Berufs weit auszulegen (BVerfGE 14, 19 [22]). Beruf ist auch die Tätigkeit im öffentlichen Dienst als Beamter, Richter oder Soldat (zu Modifikationen durch Art. 33 s. dort Rn. 23) oder die Ausübung anderer öffentlicher Ämter, etwa als BKanzler, MP, Minister, Parlamentarischer Staatssekretär oder Notar. 17

Unerheblich ist auf der Schutzbereichsebene, ob der Beruf erlaubt ist. Denn sonst stünde der Gewährleistungsumfang der Berufsfreiheit zur freien Disposition des Gesetzgebers (BVerfGE 115, 276 [300f.]; BVerwGE 22, 286 [288ff.]; 96, 293 [296f.]; anders wohl noch BVerfGE 7, 377 [397]; BVerwGE 2, 110 [111]). So fällt z.B. leichtere gewerbsmäßige Kriminalität in den sachlichen Schutzbereich von Art. 12 I. Diese scheinbare Kuriosität wird auf der Stufe der Rechtfertigung von Beschränkungen (Eingriff durch Verbot) aufgelöst (Rn. 42ff.). Vom Schutzbereich des Art. 12 I ausgenommen sind allenfalls Tätigkeiten, „die schon ihrem Wesen nach als verboten anzusehen sind, weil sie aufgrund ihrer Sozial- und Gemeinschaftsschädlichkeit schlechthin nicht am Schutz durch das Grundrecht der Berufsfreiheit teilhaben können" (BVerfGE 115, 276 [301]; s. bereits BVerwGE 22, 286 [289]). 18

(2) Ausbildungsfreiheit. Abschichten von der Berufsfreiheit lässt sich die freie Wahl der Ausbildungsstätte i.S.v. Art. 12 I 1. Da die Berufsausbildung i.d.R. darauf angelegt ist, in den Beruf einzumünden, wird sie oft als Teilbereich des einheitlichen Grundrechts der Berufsfreiheit angesehen (Jarass, in: JP, Rn. 1; Mann, in: Sachs, Rn. 14). Besser erscheint es dagegen, die freie Wahl der Ausbildungsstätte als eigenständigen Gewährleistungsbereich zu qualifizieren, der in den folgenden Kommentierungen begrifflich unter die Berufsfreiheit gefasst wird, wenn nicht Besonderheiten bestehen (vgl. Rn. 25, 41). 19

Auszulegen ist die Ausbildungsstätte in Abgrenzung zu Art. 7 (Schulwesen). Danach meint Ausbildung i.S.v. Art. 12 I 1 nur die berufsbezogene Ausbildung an Universitäten, anderen Hochschulen, darüber hinaus die staatl. Vorbereitungsdienste (Referendariat) sowie Ausbildungen in Lehrstellen. Nicht unter Art. 12 I 1 fallen Grund- und weiterführende Schulen (str. hinsichtlich der Sekundarstufe II der Gymnasien, also ab der Mittleren Reife, s. BVerfGE 58, 257 [272f.]; Nw. bei Jarass, in: JP, Rn. 94). Soweit das Ausbildungswesen außerhalb von Art. 12 I 1 betroffen ist, dient Art. 2 I als (Auffang-)Grundrecht, soweit nicht Art. 7 eigene Rechte begründet. 20

bb) Gewährleistung. Art. 12 I spricht von freier Wahl des Berufs (Satz 1) und von Berufsausübung (Satz 2). Beide Begriffe sind im Sinne des einheitlichen Grundrechts der Berufsfreiheit zu verbinden (Rn. 15) und weit auszulegen. Ganz im Vordergrund steht dabei die abwehrrechtliche Funktion i.R.d. subjektiv-rechtlichen Dimension (vgl. i.Ü. Rn. 26ff., Vorbem. Grundrechte Rn. 27ff.): 21

- Zur freien Berufswahl zählt die Entscheidung, überhaupt einen Beruf auszuüben oder darauf zu verzichten (negative Berufsfreiheit, BVerfGE 68, 256 [267]), den Beruf zu wechseln (BVerfGE 103, 172 [183]) und zu beenden (BVerfGE 85, 360 [373]) sowie die Kombination mehrerer Berufe (BVerfGE 87, 287 [316]). 22
- Unter die freie Wahl des Arbeitsplatzes fällt die Entscheidung über das konkrete Arbeitsverhältnis (insb. Wahl des Arbeitgebers, BVerfGE 84, 133 [146f.], zum Arbeit- 23

geber s. Rn. 24), den konkreten Ort und die konkrete Betätigung (BVerfGE 98, 365 [395]).

24 – Die freie Berufsausübung schützt die gesamte berufliche Tätigkeit, z.B. die Gründung von Unternehmen (BVerfGE 50, 290 [363]), die Beschäftigung von Arbeitnehmern und den Abschluss anderer Verträge (BVerfGE 116, 202 [221]), die berufliche Außendarstellung einschl. Werbung (BVerfGE 111, 366 [373]) sowie Betriebs- und Geschäftsgeheimnisse (BVerfGE 115, 205 [229f.]).

25 – Auch die freie Wahl der Ausbildungsstätte wird weit interpretiert: Geschützt wird die Freiheit der gesamten berufsbezogenen Ausbildung, insb. deren Aufnahme, Durchlaufen und Beendigung einschl. der Teilnahme an Prüfungen.

26 *cc) Keine unmittelbare Drittwirkung.* Art. 12 I bindet nach Art. 1 III die öffentliche Gewalt (Gesetzgebung, vollziehende Gewalt und Rspr.), nicht aber Private. Insb. kann sich der Arbeitnehmer nicht gegenüber seinem privaten Arbeitgeber auf einzelne oder alle Gewährleistungen aus Art. 12 I berufen.

27 Ausgleich gegen strukturelle Überlegenheiten der Arbeitgeber schafft die objektivrechtliche Dimension der Berufsfreiheit. Dem Gesetzgeber obliegt die grundrechtliche Schutzpflicht hinsichtlich der Verbürgungen des Art. 12 I. Er muss daher im Berufs- und insb. im Arbeitsrecht die grundlegende Wertentscheidung für die Berufsfreiheit sichern, indem er den Einzelnen vor Beeinträchtigungen durch Dritte schützt (zur grundrechtlichen Schutzpflicht des Staates s. Vorbem. Grundrechte Rn. 37ff.). Dies geschieht v.a. durch das Kündigungs- und Arbeitsschutzrecht (BVerfGE 128, 157 [177]). Werden die durch Art. 1 III unmittelbar gebundenen (Arbeits-)Gerichte mit privatrechtlichen Streitigkeiten befasst, haben sie diese und alle anderen Gesetze grundrechtskonform und grundrechtsorientiert auszulegen und anzuwenden. Mit Blick auf das umstrittene Rechtsverhältnis zwischen Privatpersonen ergibt sich daraus insb. durch die Heranziehung von Generalklauseln im Privatrecht eine mittelbare Drittwirkung (s. zur mittelbaren Drittwirkung Vorbem. Grundrechte Rn. 53ff.).

28 *dd) Grundrecht auf Leistung/Teilhabe?* Der Wortlaut von Art. 12 I spricht von der Berufsfreiheit. Daraus ergibt sich die abwehrrechtliche Funktion des Grundrechts (Rn. 21ff.), aber kein Anspruch des Einzelnen auf positive Leistung seitens des Staates (kein *originäres* soziales Grundrecht). Namentlich begründet Art. 12 I kein Recht auf Arbeit i.S.d. Bereitstellung eines Arbeitsplatzes (BVerfGE 128, 157 [177]). Ein solcher Anspruch würde die marktwirtschaftliche Ausrichtung (Rn. 6) und damit die Freiheitlichkeit der Staatsordnung konterkarieren. Daher sind entgegenstehende Bestimmungen in den LVerf (bundes-)verfassungskonform auszulegen (vgl. etwa Art. 45 S. 2 der Verfassung des Saarlandes, der nach h.M. kein Recht auf Arbeit gewährt; Elicker, in: Wendt/Rixecker, Verfassung des Saarlandes, Art. 45 Rn. 3f.). Die Errichtung eines sozialen Arbeitsrechts im Rahmen einer gemeinverträglichen Sozialordnung obliegt dem Gesetzgeber nach Maßgabe seiner jeweiligen demokratischen Legitimation (Art. 38) unter Beachtung der Prinzipien des Sozial- und des Rechtsstaats (Art. 20).

29 Räumt der Staat dem Einzelnen soziale Ansprüche aufgrund einfachen Gesetzes ein, wird er durch Art. 3 I i.V.m. Art. 1 III verpflichtet, diese gleichheitsgerecht auszugestalten. Dies gilt selbstverständlich auch im beruflichen Bereich. Gewährt die Verwaltung berufsbezogene Leistungen an eine Person, so hat eine andere Person unter vergleichbaren Voraussetzungen einen entsprechenden Anspruch (*derivative* soziale Grundrechte über Art. 3 I = Teilhaberechte). Daher muss etwa bei der Vergabe von öffentlichen Aufträgen in einem speziellen Verfahren das wirtschaftlichste Angebot ermittelt werden (s. §§ 97ff., insb. § 97 V GWB).

30 Teilhaberechte sind i.R.v. Art. 12 I bislang in erster Linie im Bereich der beruflichen Ausbildung relevant geworden: Für den Hochschulzugang dürfen Zulassungsbeschränkungen nur „in den Grenzen des unbedingt Erforderlichen unter erschöpfender Nutzung der vorhandenen, mit öffentlichen Mitteln geschaffenen Ausbildungskapazitäten angeordnet werden“ (BVerfGE 33, 303 [338ff.]; weitergehend HmbOVG v. 9.2.

2015, 3 Nc 55/14 Rn. 29: bis zur „Grenze der Funktionsfähigkeit“, sofern keine verfassungsmäßige Begrenzung der Kapazität durch eine gesetzliche Grundlage erfolgt ist). Bei der Ermittlung dieser Kapazitäten steht dem Gesetzgeber ein Einschätzungs- und Gestaltungsspielraum zu; zulässige Kriterien sind die Lehrverpflichtungen des wissenschaftlichen Personals, die Räumlichkeiten, die technische Mindestausstattung, die Ausbildungsintensität des jeweiligen Studienfachs usw. Ein Anspruch auf Ausweitung der bestehenden Kapazitäten besteht demgegenüber nicht (Jarass, in: JP, Rn. 99). Die Verteilung der Studienplätze muss zudem nach sachgerechten Kriterien erfolgen und damit die Chancengleichheit wahren (BVerfGE 33, 303 [338, 345 ff.]).

Aus dem Teilhaberecht des Art. 12 I folgt kein Anspruch auf ein kostenfreies Hochschulstudium. Bei der Erhebung von Studiengebühren muss der Gesetzgeber aber wegen Art. 12 I i. V. m. Art. 3 I und dem Sozialstaatsprinzip darauf achten, dass die Höhe der Gebühren den Hochschulzugang nicht verhindert, und eine sozial gerechte Ausgestaltung gewährleisten (BVerfGE 134, 1 [14 ff. Rn. 38 ff.]). **30a**

ee) Konkurrenzen. Aufgrund ihrer Natur als Auffanggrundrecht (Art. 2 Rn. 3a, 44 ff.) ist die allgemeine Handlungsfreiheit aus Art. 2 I gegenüber speziellen Freiheitsverbürgungen subsidiär – und damit auch gegenüber Art. 12 I, der als besondere Ausprägung der freien Entfaltung der Persönlichkeit im beruflichen Bereich anzusehen ist (BVerfGE 70, 1 [32]; Rn. 2). Art. 2 I ist hingegen in den Lebensbereichen anwendbar, die von Art. 12 I nicht erfasst werden (z. B. bei Ausländern, Rn. 7). Auch die Vertragsfreiheit (Privatautonomie, vgl. § 311 I BGB) wird von Art. 2 I gewährleistet, soweit nicht Verträge im beruflichen Bereich (z. B. Dienst- und Arbeitsverträge) betroffen sind, die unter Art. 12 I fallen. **31**

Zu Art. 3 I kann Idealkonkurrenz bestehen (Breuer, in: HStR, § 170 Rn. 129; Manssen, in: MKS, Rn. 276 f.). Werden Berufe von Geistlichen, Künstlern, Wissenschaftlern, Verlegern oder Journalisten beeinträchtigt, ist neben Art. 12 I grds. auch Art. 4 bzw. 5 anwendbar (Scholz, in: MD, Rn. 166 ff.), wobei nach dem funktionalen Schwergewicht abzugrenzen ist. Zumindest ist aber der Gewährleistungsgehalt der anderen Grundrechte zu berücksichtigen (zu Art. 5 III 1 vgl. BVerfGE 85, 360 [382]). Art. 11 tritt hinsichtlich der beruflichen Niederlassung hinter Art. 12 I zurück. **32**

Essentiell ist das Verständnis der Unterscheidung zwischen den Schutzbereichen der Berufsfreiheit und der Eigentumsgarantie (Art. 14). Einen ersten Anhaltspunkt liefert dabei der zwar etwas holzschnittartig anmutende, aber dennoch sehr hilfreiche Merksatz: „Art. 12 I schützt den Erwerb, Art. 14 das Erworbene“ (vgl. BVerfGE 30, 292 [334]; 84, 133 [157]; 102, 26 [40]). Art. 14 richtet sich nach der Vergangenheit und schützt das Ergebnis der Betätigung, Art. 12 I hingegen ist zukunftsgerichtet und schützt die Betätigung selbst. Unterdessen kann eine trennscharfe Abgrenzung im Einzelfall schwer fallen, da sich beide Grundrechtsbereiche berühren und in gegenseitiger Ergänzung das subjektiv-rechtliche Rückgrat der freiheitlichen Marktwirtschaft bilden (s. Art. 14 Rn. 1). Dadurch ist auch eine Idealkonkurrenz denkbar (vgl. BVerfGE 50, 290 [361 f., 365]). **33**

Spezialnormen gegenüber Art. 12 I sind Art. 7 IV und V für den Betrieb von Privatschulen, Art. 9 I bzgl. der Gründung von wirtschaftlichen Vereinigungen (aber nicht deren Betätigung nach außen, vgl. BVerfGE 70, 1 [25]), Art. 12a für den Wehr- und Ersatzdienst, Art. 15 bei Eingriffen in Art. 12 I als implizite Folge einer Sozialisierung eines Eigentumsrechts (Scholz, in: MD, Rn. 151) und Art. 38, 46–48 für die Betätigung als Bundestagsabgeordneter. **34**

2. Eingriff

Nach dem sog. modernen Eingriffsbegriff ist Eingriff jedes Handeln eines Trägers öffentlicher Gewalt, das dem Einzelnen ein Verhalten, das in den Schutzbereich **35** eines Grundrechts fällt, ganz oder teilweise unmöglich macht (Vorbem. Grundrechte Rn. 93ff.).

a) Berufsfreiheit

36 Die Sichtweise des modernen Eingriffsbegriffs wäre für die Berufsfreiheit zu weit, da sich viele staatl. Maßnahmen zumindest „beiläufig" (also mittelbar) „schlecht aufs Geschäft" (negativ auf die Berufsfreiheit) auswirken können, etwa Steuer- und andere Abgabepflichten, die Zulassung von privaten Wettbewerbern, Wettbewerb durch den Staat selbst oder staatl. Informationen (über mangelhafte Waren oder Dienstleistungen). Grds. kann in einem marktwirtschaftlichen System (Rn. 6), dessen Wesen von Angebot und Nachfrage sowie von Wettbewerb bestimmt wird, niemand einen Anspruch gegen den Staat auf Bewahrung seiner Markt- und Erwerbschancen haben.

37 Daher wendet das BVerfG bei Art. 12 I in st.Rspr. (BVerfGE 95, 267 [302]; 97, 228 [254]; 111, 191 [213]) einen besonderen, gestuften Eingriffsbegriff an: Einen Eingriff stellen danach nur solche hoheitliche Maßnahmen dar, die

- sich entweder schon unmittelbar auf die Berufstätigkeit beziehen (unmittelbarer Berufsbezug) oder
- zumindest die Rahmenbedingungen der Berufsausübung verändern und infolge ihrer Gestaltung in einem so engen Zusammenhang stehen, dass ihnen eine objektiv berufsregelnde Tendenz zukommt.

Letzteres ist z.B. der Fall, wenn im Schwerpunkt Tätigkeiten betroffen werden, die typischerweise beruflich ausgeübt werden.

38 *aa) Unmittelbarer Berufsbezug.* In folgenden Fällen wird ein unmittelbarer Berufsbezug als Eingriff bejaht: gesetzliche Erlaubnis- und sonstige Zulassungsvorbehalte vor der Aufnahme eines Berufs, z.B. Gaststättenerlaubnis nach § 2 I GastG oder die Gewerbeerlaubnis nach §§ 30ff. GewO (Jarass, in: JP, Rn. 14; BVerfG-K, NVwZ 1991, 358 [359]); Residenzpflichten für bestimmte Berufsträger, z.B. für Notare, § 10 II 2 BNotO (Jarass, in: JP, Rn. 14; Manssen, in: MKS, Rn. 184; BVerfG-K, NJW 1992, 1093 [ebd.]); Vergütungsordnungen, z.B. für Rechtsanwälte gem. RVG (BVerfGE 83, 1 [13]; 101, 331 [347]); die Indienstnahme, d.h. die Verpflichtung eines Berufsträgers, Aufgaben der staatlichen Verwaltung für diese zu erfüllen (BVerfGE 68, 155 [170f.]; 114, 196 [244]), nicht aber steuerliche Entrichtungspflichten, z.B. die Einbehaltung der Lohnsteuer durch den Arbeitgeber gem. § 38 III EStG; Auskunftspflichten bzgl. Betriebs- oder Geschäftsgeheimnissen (Jarass, in: JP, Rn. 14; BVerfGE 115, 205 [229f.]; BVerfGE 128, 1 [56]); öffentlich-rechtliche Geldleistungspflichten, die das Arbeitsverhältnis inhaltlich ausgestalten, z.B. der Arbeitgeberzuschuss zum Mutterschaftsgeld (BVerfGE 109, 64 [84f.]).

39 *bb) Objektiv berufsregelnde Tendenz.* Ein Eingriff aufgrund einer objektiv berufsregelnden Tendenz wurde in folgenden Fällen angenommen: staatliche Wettbewerbsverfälschungen, z.B. bei Subventionierung eines privaten Wettbewerbers (BVerfGE 82, 209 [223f.]); „Verdrängungswettbewerb" durch den Staat („Konkurrenzeingriff", vgl. BVerwG, NJW 1995, 2938 [2939]); Verpflichtung von (Sport-)Veranstaltern zur Zulassung von Rundfunkveranstaltern zur Kurzberichterstattung (BVerfGE 97, 228 [254]); Abgabenpflichten der Notare an Notarkassen (BVerfGE 111, 191 [213f.]); Schankerlaubnissteuer (BVerfGE 13, 181 [187]); die Verpflichtung der Banken zur Einbehaltung und Abführung der Kapitalertragssteuer (BVerfGE 22, 380 [384]).

40 *cc) Kein Eingriff.* Ein Eingriff in die Berufsfreiheit wurde hingegen verneint bei: Abgabepflichten an Sozialkassen (BVerfGE 34, 62 [70]; 55, 7 [25ff.]; 75, 108 [153f.]); Abgaben an die Ärzteversorgung (BVerfGE 10, 354 [362f.]); Einführung der neuen Rechtschreibung (Jarass, in: JP, Rn. 16; BVerfGE 98, 218 [258f.]); Pflicht zur Tilgung der Altschulden von Landwirtschaftlichen Produktionsgenossenschaften der ehem. DDR (BVerfGE 95, 267 [302f.]); Ermächtigung zu Maßnahmen durch die polizeili-

che Generalklausel (BVerwGE 115, 189 [196]); Wettbewerb durch staatliche Einrichtungen, soweit die Funktionsbedingungen des Wettbewerbs eingehalten werden (BVerwGE 39, 329 [336f.]); Zulassung privater Wettbewerber durch den Staat (BVerfGE 55, 261 [269]); wahre und sachliche Produktinformationen durch den Staat (vgl. BVerfGE 105, 252 [265ff.], insoweit unklar, ob bereits Schutzbereich nicht betroffen oder ob kein Eingriff vorliegt); Stromsteuer für Steuerträger (nicht für Steuerschuldner, BVerfGE 110, 274 [288ff.]).

b) Ausbildungsfreiheit

Die für die Berufsfreiheit geschilderte Eingriffsdogmatik gilt grds. auch für die Ausbildungsfreiheit. Zudem wird in den Anspruch auf Teilhabe an öffentlichen Ausbildungsangeboten (Studienplätzen u. dgl., Rn. 30) eingegriffen, wenn die jeweiligen Ausbildungskapazitäten nicht erschöpfend ausgelastet werden. Dies geht über das Gebot der gleichheitsgerechten Beteiligung aus Art. 3 I hinaus, dem eine gleichmäßige Nichtausnutzung der Kapazität isoliert genügen würde. **41**

3. Rechtfertigung von Eingriffen

a) Schranken

Eingriffe in den Schutzbereich von Art. 12 I können gerechtfertigt und damit zulässig (nicht verfassungswidrig) sein. Nach Art. 12 I 2 darf allerdings nur die Berufsausübung durch Gesetz oder aufgrund eines Gesetzes geregelt werden. Dieser Vorbehalt ist nach ganz h. M. zu eng formuliert (s. schon Rn. 14f.) und wird daher seit Jahrzehnten modifiziert (seit 1958, BVerfGE 7, 377 [401ff.]), und zwar in zweierlei Hinsicht: **42**

(1) Seinem Wortlaut nach bezieht sich Art. 12 I 2 nur auf die Berufsausübung. Da Art. 12 I ein einheitliches Grundrecht der Berufsfreiheit (und daneben der Ausbildungsfreiheit) begründet (Rn. 15f., 19), ist es nur konsequent, dass sich Art. 12 I 2 auch auf die Wahl des Berufs und des Arbeitsplatzes bezieht. Nachwirkungen hat dieser sich auf die Berufsausübung beschränkende Vorbehalt allerdings bei den Rechtfertigungsanforderungen, bei denen zwischen Berufswahl und Berufsausübung differenziert wird (Rn. 53). **43**

(2) Fraglich ist, was unter dem Merkmal „geregelt" zu verstehen ist, ob dieser Regelungsvorbehalt insb. von den sonst für Gesetzesvorbehalte verwendeten Formulierungen abweicht (vgl. Art. 2 II 3, Art. 5 II, Art. 8 II, Art. 10 II 1, Art. 11 II, Art. 13 VII). Es ließe sich daran denken, dem Gesetzgeber hier mit Blick auf den Verhältnismäßigkeitsgrundsatz einen Gestaltungsspielraum zu belassen, der weiter als üblich ist. Genauso gut könnte aber argumentiert werden, dass der Gesetzgeber bei Art. 12 I 2 überhaupt keine Beschränkungen vornehmen, sondern nur „regeln" dürfe. **44**

Beide Auslegungsmöglichkeiten lehnt die h. M. ab: Der Regelungsvorbehalt wird als Gesetzesvorbehalt gehandhabt, der auch Eingriffe in die Berufs- und Ausbildungsfreiheit rechtfertigen kann (Beschränkungsvorbehalt). Dogmatisch handelt es sich dabei aber um einen qualifizierten Gesetzesvorbehalt, weil bei der Eingriffsintensität nach besonders beschriebenen Zwecken abgestuft wird (Rn. 56ff.). **45**

Eingeschränkt werden darf die Berufsfreiheit durch Gesetze des Bundes und der Länder. Welcher Gesetzgeber (Bund oder Länder) zuständig ist, bestimmt sich nach den Kompetenzabgrenzungen des GG (insb. Art. 70–74). Hierbei muss der Gesetzgeber die Verfahrens- und Formvorschriften einhalten, die durch die jeweilige Verfassung vorgegeben sind (Bund: Art. 76ff., Länder nach der jeweiligen LVerf). **46**

Durch die Formulierung „durch Gesetz oder auf Grund eines Gesetzes" sind Eingriffe zulässig **47**

– unmittelbar durch ein förmliches Gesetz oder aufgrund eines Gesetzes in Form eines Verwaltungs- oder Realakts oder
– unmittelbar durch eine Rechtsverordnung (Art. 80) oder Satzung oder aufgrund dieser Rechtsgrundlagen in Form eines Verwaltungs- oder Realakts (BVerfGE 94, 372 [390]; 101, 312 [322]).

48 Verwaltungsvorschriften (Art. 84 Rn. 15) oder Standesrichtlinien (etwa in der Rechtsanwaltschaft) haben hingegen keine Rechtsnormqualität und genügen dem Vorbehalt in Art. 12 I 2 nicht (BVerfGE 76, 171 [184ff.]; 82, 18 [26]). Überdies kommen wie bei allen Grundrechten auch bei der Berufsfreiheit verfassungsimmanente Schranken in Betracht (BVerwGE 87, 37 [45f.]; 79, 236 [243]; s. auch Vorbem. Grundrechte Rn. 109ff.).

b) Schranken-Schranken

49 Wenn sich die Berufsfreiheit des Art. 12 I durch Schranken (Gesetze) begrenzen lässt, sind Eingriffe, die sich in deren Rahmen halten, grds. gerechtfertigt und damit verfassungsgemäß. Bei solchen Beschränkungsmöglichkeiten bestehen aber v.a. zwei große Gefahren:
– Einerseits kann die Schranke (das beschränkende Gesetz) die Berufsfreiheit zu sehr zurückdrängen, im schlimmsten Fall sogar ganz entwerten.
– Andererseits kann der einzelne Eingriffsakt selbst (Verwaltungsakt, Urteil u.a.), der durch die Schranke (das Gesetz) grds. zugelassen wird, unzulässigerweise über die Voraussetzungen der Schranke hinausgehen oder die Berufsfreiheit in anderer Weise zu sehr in Mitleidenschaft ziehen.

Beides zu verhindern, ist Aufgabe der Schranken-Schranken.

50 *aa) Bestimmtheit, Verbot des Einzelfallgesetzes, Rückwirkungsverbot, Zitiergebot.* Wie üblich muss das beschränkende Gesetz den allg. rechtsstaatlichen Anforderungen genügen (Bestimmtheit, Verbot des Einzelfallgesetzes, Rückwirkungsverbot usw.). Je schwerwiegender dabei in die Berufsfreiheit eingegriffen wird, desto detaillierter muss die gesetzliche Ermächtigung die diesbezüglichen Voraussetzungen umreißen, um dem Bestimmtheitsgebot zu genügen (BVerfGE 101, 312 [323]).

51 Da Einschränkungen der Berufsfreiheit ein hohes Maß an rechtsstaatlicher und somit auch parlamentarischer Verantwortung erfordern, werfen Eingriffe durch oder aufgrund von Rechtsverordnungen oder Satzungen Bedenken wegen der Wesentlichkeitslehre auf, wonach wesentliche Entscheidungen durch das Parlament selbst getroffen werden müssen (Art. 20 Rn. 141ff.). Zu diesen Entscheidungen gehören insb. Fragen der Grundrechtsausübung (BVerfGE 33, 125 [157ff.]). Um den damit verbundenen verfassungsrechtlichen Anforderungen zu genügen, muss eine Rechtsverordnung oder Satzung stets durch eine ausreichende Ermächtigung seitens des parlamentarischen Gesetzgebers unterfüttert sein. Die verfassungsrechtliche Garantie der kommunalen Selbstverwaltung (Art. 28 II 1) reicht hierfür allein nicht aus (BVerwGE 90, 359 [362f.]). Allg. dürfen nur Randfragen der Berufszulassung und generelle Fragen der Berufsausübung an die Exekutive delegiert werden, Berufswahlregelungen hingegen müssen grds. durch den parlamentarischen Gesetzgeber selbst getroffen werden, da nur dieser dazu berufen ist zu entscheiden, welche Belange so gewichtig sind, dass sie die Berufsfreiheit derart schmälern können (BVerfGE 33, 125 [160]; 38, 373 [381ff.]; zur Differenzierung zwischen Berufsausübung und -wahl s. Rn. 53, 57ff.); dynamische Verweisungen auf Normen anderer Kompetenzträger sind ebenso wenig mit der Wesentlichkeitslehre zu vereinbaren (BVerfGE 47, 285 [315f.]).

52 Das Zitiergebot (Art. 19 I 2) findet i.R.v.Art. 12 I keine Anwendung. Einerseits wird dies damit begründet, dass der Regelungsvorbehalt (Rn. 42ff.) in Art. 12 I 2 keine Einschränkung eines Grundrechts i.S.v. Art. 19 I 2 darstellt (BVerfGE 13, 97 [122]). Art. 19 I 2 kann vielmehr nur zur Anwendung gelangen, wenn Grundrechte über die in ihnen selbst angelegten Grenzen hinaus eingeschränkt werden; dies ist nicht der Fall, wenn der Gesetzgeber lediglich seinem in der Verfassung verankerten Regelungsauftrag nachkommt (BVerfGE 64, 72 [79 ff.]; Art. 19 Rn. 14). Zum anderen wird vorgebracht, die Geltung des Zitiergebots würde den Gesetzgeber bei seiner ihm obliegenden Aufgabe der Ausgestaltung der Berufsfreiheit über Gebühr behindern. Infolge der Häufung der Anwendung dieser Formvorschrift bestehe zudem die Gefahr, dass deren Warn- und Besinnungsfunktion ausgehöhlt werden würde und damit der mit ihr verbundene Appell an den Gesetzgeber ins Leere ginge (BVerfG-K, NJW 1999, 3399 [3400]).

bb) Drei-Stufen-Theorie. Der Verhältnismäßigkeitsgrundsatz als bedeutendste Schranken-Schranke findet bei Art. 12 I eine besondere Ausprägung in Form der sog. Drei- **53** Stufen-Theorie (seit BVerfGE 7, 377 [398 ff.]): Je nachdem, auf welche Art und Weise (mit welchem Mittel) und mit welcher Motivation (zu welchem Zweck) in die berufliche Betätigung des Einzelnen eingegriffen wird, ergeben sich unterschiedliche Anforderungen an die Rechtfertigung der Beeinträchtigung. Man kann die möglichen Eingriffe nach deren Intensität von „weniger gravierend" bis „sehr einschneidend" abschichten und auf diese Weise drei verschiedenen Stufen zuordnen. In der Fallbearbeitung stellt sich folglich zunächst die Frage: „Um was für einen Eingriff handelt es sich?" Bei dieser Kategorisierung der Beeinträchtigung der Berufsfreiheit (Qualifizierung der Maßnahme – dieser Prüfungsschritt kann entweder bereits auf der Eingriffsebene oder zu Beginn der Verhältnismäßigkeit erfolgen) lässt sich nach der jeweiligen Eingriffsintensität zunächst zwischen Berufsausübungs- und Berufswahlregelungen unterscheiden. Letztere zerfallen innerhalb der Stufenlehre wiederum in subjektive und objektive Beschränkungen. Somit lassen sich Eingriffe in die Berufsfreiheit als
– Berufsausübungsregelungen (1. Stufe, s. Rn. 57 f.),
– subjektive Zulassungsvoraussetzungen (2. Stufe, s. Rn. 59 ff.) oder
– objektive Zulassungsvoraussetzungen (3. Stufe, s. Rn. 62 ff.)
qualifizieren. Entsprechend der Eingruppierung (zu Abgrenzungsfragen Rn. 72 f.) ergibt sich der Maßstab für die anschließende Prüfung der Zweck-Mittel-Relation (Rn. 55 ff.). Es werden unterschiedliche Anforderungen an den legitimen Zweck gestellt, zu dessen Erreichung das gewählte Mittel (der Eingriff) ergriffen wird (s. Rn. 56 ff.). Weitere Auswirkungen zeigt die Stufenlehre i. R. d. Erforderlichkeit (s. Rn. 66 f.) und der Verhältnismäßigkeit i. e. S. (s. Rn. 68 ff.).

Übersicht: Drei-Stufen-Theorie i. V. m. dem Verhältnismäßigkeitsgrundsatz

54

	Eingriffsmaßnahme (Mittel)	**legitimer Zweck**
1. Stufe:	Beschränkung der Berufsausübung	Schutz eines Gemeinschaftsgutes, vernünftige Erwägungen des Gemeinwohls (bei Beschränkung der Arbeitsplatzwahl: zwingende Gründe des Gemeinwohls, BVerfGE 92, 140 [151]; 96, 205 [211])
	Bsp.: Ladenschluss, Werbeverbote, Indienstnahme, Beschränkung des Schwerlastverkehrs, Versandverbot von Impfstoffen, Zwang zum Auftritt mit Robe, Facharztvorbehalt bei Schwangerschaftsabbrüchen	
2. Stufe:	Beschränkung der Berufswahl i. S. v. subjektiven Zulassungsvoraussetzungen	Schutz eines (besonders) wichtigen Gemeinschaftsgutes
	Bsp.: Prüfungsergebnis (Note), Lebensalter, „Zuverlässigkeit", Geschlecht	
3. Stufe:	Beschränkung der Berufswahl i. S. v. objektiven Zulassungsvoraussetzungen	Abwehr nachweisbarer oder höchstwahrscheinlicher schwerer Gefahren für ein überragend wichtiges Gemeinschaftsgut
	Bsp.: Bedürfnisklauseln bei der Personenbeförderung (Taxengewerbe, s. PBefG), Verwaltungsmonopole	

55 *cc) Verhältnismäßigkeitsprüfung.* Steht fest, um welche Art von Maßnahme (Berufsausübungsregelung, subjektive oder objektive Zulassungsvoraussetzung, s. Rn. 57ff., zu Abgrenzungsfragen Rn. 72f.) es sich handelt, ist i.R.d. Verhältnismäßigkeitsprüfung zunächst festzustellen, welches öffentliche Anliegen mit der Maßnahme überhaupt verfolgt wird, sprich die Frage nach dem „Wozu" des Eingriffs. Ein Eingriff in den Schutzbereich ist stets nur zu einem legitimen Zweck möglich (1). Die nachfolgenden Prüfungspunkte der Geeignetheit (2a), Erforderlichkeit (2b) und der Verhältnismäßigkeit i.e.S. (2c) laufen grds. nach dem gewohnten Schema ab, wobei allerdings gewisse Besonderheiten der Drei-Stufen-Lehre zu beachten sind (s. Rn. 67ff.) und ein strenger Prüfungsmaßstab hinsichtlich der Verhältnismäßigkeit zwischen Mittel und Zweck anzulegen ist (s. Rn. 68ff.).

56 *(1 – legitimer Zweck)* Dient die Maßnahme schon nicht dem Gemeinwohl, sondern bspw. rein erwerbswirtschaftlichen Interessen des Staates, scheidet eine Rechtfertigung von vornherein aus. Welche Anforderungen an die Legitimität des Zwecks i.Ü. gestellt werden, ergibt sich durch die vorherige Einordnung der Maßnahme. Handelt es sich um Eingriffe innerhalb der zweiten oder dritten Stufe, erhöhen sich die Anforderungen an die Legitimität des Zwecks (s. Rn. 59ff.). Die damit verbundene Frage, lautet also: „Ist das Ziel, das der Gesetzgeber erreichen will, hochwertig genug um einen Eingriff dieser Art grds. tragen zu können?" Sofern mit dem Eingriff mehrere Zwecksetzungen verfolgt werden, genügt es bereits, wenn bloß einer der Zwecke die verfassungsrechtlichen Anforderungen erfüllt.

57 – 1. Stufe: Eingriffe mit der geringsten Intensität sind Regelungen, die die Freiheit der Berufsausübung betreffen (Berufsausübungsregelung). Der Gesetzgeber legt in diesen Fällen lediglich Restriktionen und Vorgaben für die Art und Weise, also das „Wie" der Berufstätigkeit fest (BVerfGE 7, 377 [405f.]; 39, 210 [225f.]; 68, 155 [170f.]). Der Kern der Tätigkeit und die grds. Auswahl des Berufs bleiben unberührt. Bsp. für Beschränkungen der Berufsausübung sind: Robenzwang für Rechtsanwälte (BVerfGE 28, 21 [28]); Werbebeschränkungen zur Verhinderung unlauterer Geschäftspraktiken für Freiberufler wie Ärzte (BVerfG-K, NJW 2002, 1331 [1332]), Tierärzte (BVerfG-K, NJW 2002, 3091 [3092]), Apotheker (BVerfGE 94, 372 [389]), Steuerberater (BVerfGE 85, 97 [106]) oder Rechtsanwälte (BVerfG-K, NJW 2001, 1926 [1927]; BGHZ 147, 71 [74]); Ladenschlussregelungen (BVerfGE 13, 237 [239f.]; 104, 357 [364]; 111, 10 [32]); Bevorratungspflicht bei Erdölerzeugnissen (BVerfGE 30, 292 [313]); Residenzpflichten (BVerfGE 65, 116 [125]); Nachtbackverbot (BVerfGE 87, 363 [382]); Verpflichtung zur Offenlegung von Betriebs- und Geschäftsgeheimnissen (BVerfGE 115, 205 [229ff.]); Rauchverbot in Gaststätten (BVerfGE 121, 317 [345]); Anmelde-, Anzeige- und Auskunftspflichten (z.B. § 14 I 1, § 29 I GewO); Vergütungsordnungen für freiberuflich Tätige (BVerfGE 83, 1 [16]); Erlaubnis-/Genehmigungsbedürftigkeiten (z.B. §§ 34ff. GewO; §§ 1ff. HandwO); Indienstnahme Privater für öffentliche Aufgaben (BVerfGE 30, 292 [313f.]; 68, 155 [170]). Die Zulässigkeit von Zwangskörperschaften betrifft dagegen den Sachbereich des Art. 2 I (BVerfGE 10, 89 [102]; 38, 281 [297f.]; a.A. Manssen, in: MKS, Rn. 220).

58 Als legitime Zwecke, die den Eingriff in Form von Berufsausübungsregelungen (1. Stufe, s. Rn. 57) zweckmäßig erscheinen lassen, genügen bereits *vernünftige Erwägungen* bzw. *ausreichende Gründe des Gemeinwohls* (beachte aber Rn. 74f.). Als ausreichende Gemeinwohlinteressen angesehen wurden z.B. die Funktionsfähigkeit des öffentlichen Fernrufnetzes (BVerfGE 46, 120 [145f.]); die ordnungsgemäße Arzneimittelversorgung der Bevölkerung (BVerwGE 45, 331 [335]); die Sicherung der tierischen Artenvielfalt (BVerfGE 61, 291 [312]); der Schutz der auswärtigen Beziehungen des Bundes (BVerfGE 91, 148 [164]). Kein öffentliches Interesse besteht dagegen am Schutz vor Konkurrenz in einem Beruf (BVerfGE 93, 362 [370]).

– 2. Stufe: Eingriffe in Form von subjektiven Zulassungsvoraussetzungen verkürzen die Berufsfreiheit üblicherweise deutlich einschneidender. Sie beschränken schon das Ergreifen eines bestimmten Berufs bzw. den Verbleib darin und damit das „Ob" der Berufstätigkeit. Die Aufnahme oder Fortsetzung einer bestimmten beruflichen Tätigkeit wird von der Erfüllung bestimmter Voraussetzungen abhängig gemacht, die in der Person des Betroffenen liegen (subjektive Kriterien; BVerfGE 7, 377 [406]). Es handelt sich in erster Linie um persönliche Kenntnisse, Fähigkeiten und Fertigkeiten, Anforderungen an Ausbildung und Prüfung (etwa Schul- oder Studienabschluss, Meisterprüfung) sowie persönliche oder natürliche Merkmale wie Mindest- oder Höchstalter, Geschlecht, Gesundheit usw. Ob der Betroffene auf die Berufsvoraussetzung Einfluss nehmen kann (etwa durch ein Studium oder eine Ausbildung) oder nicht (wie bei Geschlecht oder Alter), ändert nichts an der Qualifikation als subjektive Berufswahlregelung. Hintergedanke ist, dass die Ausübung des Berufs ohne die Erfüllung bestimmter Voraussetzungen unmöglich oder unsachgemäß ist und Gefahren für die Allgemeinheit mit sich bringt. Bsp. für subjektive Zulassungsvoraussetzungen sind Altersgrenzen für Hebammen (BVerfGE 9, 338 [345ff.]) und Prüfingenieure (BVerfGE 64, 72 [82f.]); individuelle Berufsverbote auf strafrechtlicher Grundlage (vgl. § 70 I StGB); Qualifikationsnachweise, insb. Prüfungsleistungen (BVerfGE 80, 1 [23f.]); Verfassungstreue für Beamte im öffentlichen Dienst (BVerfGE 39, 344 [370]); das Fehlen bestimmter Vorstrafen (BVerfGE 44, 105 [117f.]; 48, 292 [296]); großer Befähigungsnachweis (Meisterprüfung) für Handwerksberufe (BVerfGE 13, 97 [106]). **59**

Subjektive Berufswahlregelungen lassen sich nur zum *Schutz eines (besonders) wichtigen Gemeinschaftsgutes* rechtfertigen, das gegenüber den Interessen des Einzelnen Vorrang genießt (BVerfGE 7, 377 [405]), sofern die Verhältnismäßigkeit gewahrt wird. Wichtige Gemeinschaftsgüter sind bspw. die geordnete Rechtspflege (BVerfGE 59, 302 [316f.]), Erhalt und Pflege des Leistungsstandards im Handwerk (BVerfGE 13, 97 [107f.]) oder die Erfüllung von Staatszielbestimmungen. Grds. darf der Gesetzgeber dabei von sich aus Gemeinschaftsgüter als „wichtig" deklarieren. Beanstandungen können sich erst ergeben, wenn die Einordnung offensichtlich den vorhandenen Gestaltungsspielraum verfehlt oder mit der Wertordnung des GG nicht in Einklang zu bringen ist (BVerfGE 13, 97 [107]). **60**

Beispiel: Verlangt die Rechtsordnung vor dem Ergreifen des Berufs des Rechtsanwalts die Absolvierung eines rechtswissenschaftlichen Studiums, eines Vorbereitungsdienstes und zweier Examina, stellt dies einen Eingriff in die Berufsfreiheit eines Berufsbewerbers dar. Die Erfüllung dieser Voraussetzungen liegt in dessen Person, so dass es sich bei § 4 BRAO i. V. m. § 5 I DRiG um eine subjektive Berufswahlregelung handelt. Ein Eingriff in dieser Form ist nur zugunsten wichtiger Gemeinschaftsgüter und unter Wahrung des Verhältnismäßigkeitsgrundsatzes gerechtfertigt. Die Legitimation beim Erfordernis des Ablegens zweier Examina liegt in den erworbenen Kenntnissen, Fertigkeiten und persönlichen Eigenschaften, über die ein Volljurist verfügen muss. Daher sind etwa Prüfungsfragen zum Allgemeinwissen dann unzulässig, wenn ihnen jeder Bezug zur juristischen Materie fehlt (z. B. Prüfungsfragen im Zweiten Staatsexamen zum Staat Mali, BVerwGE 78, 55 [57]; s. auch Rn. 71). **61**

– 3. Stufe: Der schwerwiegendste Eingriff in die Berufsfreiheit erfolgt in Form von objektiven Berufszulassungsvoraussetzungen. Wie bei den subjektiven Zulassungsvoraussetzungen wird auch hier an die Berufswahl angeknüpft und damit das „Ob" der Berufsausübung reglementiert (Berufswahlregelung). Anders als die subjektiven Zulassungsvoraussetzungen sind objektive Berufswahlregelungen allerdings „dem Einfluss des Einzelnen schlechthin entzogen" (BVerfGE 7, 377 [407]), sie liegen außerhalb der Person des Betroffenen. Bsp. für objektive Zulassungsbeschränkungen sind: Bedürfnisprüfung beim Linienverkehr (BVerfGE 11, 168 [184f.]); Höchstzahlen für den gewerblichen Güterkraftverkehr (BVerfGE 40, 196 [218]); Beschränkung von Notarstellen (BVerfGE 17, 371 [379]); Numerus clausus bei der Studienplatz- **62** vergabe (s. Rn. 71); generelle Berufsverbote wegen staatl. Monopole (z.B. aus Art. 87d für die Luftverkehrsverwaltung oder aus Art. 143b für die Nachfolgeunternehmen der Bundespost).

63 Da objektive Zulassungsvoraussetzungen den Zugang zu einem Beruf für den Einzelnen absolut versperren können, müssen an sie die höchsten Anforderungen i.R.d. legitimen Zwecks gestellt werden. Konsequenterweise sind sie nur zur *Abwehr nachweisbarer oder höchstwahrscheinlicher schwerer Gefahren für ein überragend wichtiges Gemeinschaftsgut* zulässig (BVerfGE 7, 377 [405]). Zusätzlich sind an die Prüfung der Verhältnismäßigkeit strenge Maßstäbe anzulegen (s. Rn. 68ff.). Objektiven Zulassungsschranken begegnet man insb. dort, wo i.R.d. Berufsausbildung staatl. oder kommunale Monopole bestehen, so z.B. bei staatl. Hochschulen, beim Vorbereitungsdienst (Referendariat) oder bei Bedarfsplanungen. Überragend wichtige Gemeinschaftsgüter, die objektive Zulassungsschranken erlauben, sind typischerweise solche öffentlichen Interessen, die verfassungsrechtlichen Grundentscheidungen entspringen, wie z.B. die Volksgesundheit (BVerfGE 7, 377 [414f.]; 9, 39 [52]), die Steuerrechtspflege (BVerfGE 21, 173 [179]), die Funktionsfähigkeit der Rechtspflege (BVerfGE 87, 287 [320f.]), die Sicherung der Ernährung der Bevölkerung (BVerfGE 25, 1 [16]), die Leistungsfähigkeit des öffentlichen Verkehrs (BVerfGE 11, 168 [184f.]) oder die Bekämpfung der Arbeitslosigkeit (BVerfGE 21, 245 [250f.]).

64 **Beispiel:** Wird einem Abiturienten die Immatrikulation in den von ihm gewählten Studiengang verweigert, weil alle verfügbaren Plätze bereits an andere Bewerber vergeben sind, liegt ein Eingriff in dessen Berufsfreiheit vor. Die Kapazitätsknappheit und darauf beruhende Kappung der Zahl der Studierenden beruht auf Umständen, die nicht im Risikobereich des Bewerbers liegen. Mithin handelt es sich bei dieser Festlegung von Höchstzahlen für Studierende um eine objektive Zulassungsvoraussetzung. Ein Eingriff in dieser Form ist nur gerechtfertigt, wenn er zur Abwehr nachweisbarer oder höchstwahrscheinlicher schwerer Gefahren für überragend wichtige Gemeinschaftsgüter und unter strikter Beachtung des Verhältnismäßigkeitsgrundsatzes erfolgt (s. auch Rn. 71).

65 *(2a – geeignetes Mittel)* Die Maßnahme muss geeignet sein, den mit ihr verfolgten legitimen Zweck zumindest in irgendeiner Weise zu fördern. Sie muss aber keinesfalls das optimale Mittel sein. Ein Verstoß gegen das Erfordernis der Geeignetheit liegt daher nur dann vor, wenn die Maßnahme aus abstrakter Sicht überhaupt nicht in der Lage ist, auch nur einem legitimen Gesetzeszweck zu dienen, das Gesetz muss mithin „objektiv untauglich" bzw. „schlechthin ungeeignet" sein (BVerfGE 16, 147 [181]; 19, 119 [126f.]; 47, 109 [117]) – dies wird selten vorkommen. Diese Zurückhaltung des BVerfG (Evidenz- bzw. Vertretbarkeitskontrolle) in der Frage der Zwecktauglichkeit von Gesetzen resultiert aus den komplexen wirtschaftlichen und sozialen Zusammenhängen. Dadurch wird dem demokratisch unmittelbar legitimierten Gesetzgeber bei Prognoseentscheidungen ein Beurteilungs- und Gestaltungsspielraum zugestanden (BVerfGE 77, 84 [106]). Erst wenn dessen Einschätzungen nicht mehr sachgerecht oder schlechterdings unvertretbar sind, ist von der Ungeeignetheit auszugehen. So war z.B. die Bestimmung einer Mindestmilchmenge als Voraussetzung für die Teilnahme am Milchhandel schlechthin ungeeignet, um die Gesundheit der Endverbraucher zu fördern (BVerfGE 9, 39 [57f.]).

66 *(2b – erforderliches Mittel)* Damit die ergriffene Maßnahme das Kriterium der Erforderlichkeit erfüllt, muss sie – unter Beachtung des auch hier vorhandenen gesetzgeberischen Beurteilungsspielraums – diejenige unter allen denkbaren gleich wirksamen Maßnahmen sein, die die Berufsfreiheit am wenigsten beeinträchtigt, sprich das relativ mildeste Mittel darstellen. Steht ein anderes Mittel zur Verfügung, das den verfolgten Zweck ebenso gut fördert und das den Bürger weniger belastet, verstößt die gewählte Maßnahme gegen den Grds. der Erforderlichkeit. Die Betonung liegt hierbei explizit auf der Beurteilung der gleichen Effektivität des Alternativmittels, wo der Einschätzungs- und Gestaltungsspielraum des Gesetzgebers erneut weitreichend Platz greift

(BVerfGE 77, 84 [109]; 102, 197 [218]). Ein Alternativmittel, das merklich höhere Aufwendungen verlangt, ist jedenfalls kein milderes Mittel (BVerfGE 77, 84 [110]).

An dieser Stelle muss wiederum eine Besonderheit der Drei-Stufen-Theorie beachtet werden, nämlich einerseits die Subsidiarität der Stufen in Beziehung zueinander und andererseits die Subsidiarität innerhalb der Stufen selbst. Das bedeutet zum einen, dass bei einem Eingriff auf zweiter oder dritter Stufe ein Eingriff auf einer niedrigeren Stufe – vorausgesetzt jener ist zur Erreichung des Ziels ebenso wirksam – stets ein milderes Mittel darstellt (Subsidiarität der Stufen). Umgekehrt gilt Entsprechendes: Angenommen, der Eingriff erfolgt auf niedrigster Stufe in Form einer Berufsausübungsregelung, so kann als milderes Mittel keinesfalls eine Maßnahme aus einer höheren Stufe (subjektive oder objektive Zulassungsvoraussetzungen) in Frage kommen, da durch sie die Berufsbetätigung noch stärker eingeschränkt werden würde. Zum anderen darf aus der Erkenntnis, dass der Eingriff auf der untersten Stufe erfolgt ist, nicht der voreilige Schluss gezogen werden, dass damit die Erforderlichkeit in jedem Fall gewahrt ist. Vielmehr gilt es noch festzustellen, ob auch innerhalb dieser Stufe keine schonenderen Maßnahmen in Betracht kommen (Subsidiarität innerhalb der Stufen), bspw. ob auf der Stufe der Berufsausübungsregelungen nicht weniger belastende Ausübungsregelungen das Ziel ebenso gut erreichen können. **67**

(2c – angemessenes Mittel) Schließlich muss die Maßnahme verhältnismäßig i. e. S., also angemessen sein. Das ist sie nicht, wenn sie solch schwerwiegende Nachteile hervorruft, die zum mit der Maßnahme verfolgten Zweck völlig außer Verhältnis stehen. Ob eine solche Verfehlung der Zweck-Mittel-Relation vorliegt, ist anhand einer Gesamtabwägung zwischen der Schwere des Eingriffs und des Gewichts der ihn rechtfertigenden Gründe festzustellen. Die Einschränkung darf nicht übermäßig belastend sein (BVerfGE 19, 330 [337]) und nicht weiter gehen, als es die Gemeinwohlbelange erfordern (BVerfGE 101, 331 [347]; 121, 317 [346]). Schlagwortartig formuliert muss der Eingriff „die Grenze der Zumutbarkeit noch wahren" (BVerfGE 103, 1 [10]; 106, 181 [192]; 121, 317 [346]). Dabei ist eine generalisierende Betrachtungsweise zugrunde zu legen, d.h. vereinzelte unzumutbare Belastungen machen die Regelung nicht schon per se unverhältnismäßig (BVerfGE 70, 1 [30]; 125, 260 [362]). Bei mehreren Auswirkungen sind diese in Gesamtschau und nicht isoliert zu betrachten (BVerfGE 99, 202 [214]). **68**

Zu gewichten sind auf der einen Seite die schon bei der Bestimmung des legitimen Zwecks angesprochenen öffentlichen Belange (s. Rn. 56ff.) und auf der anderen Seite die Intensität der Beeinträchtigung des Bürgers, etwa hinsichtlich der Verdienstmöglichkeiten und Wettbewerbschancen. Je hochwertiger das zu schützende Rechtsgut ist, desto intensiver darf der Eingriff erfolgen bzw. je stärker die Berufsangehörigen beeinträchtigt werden, desto gewichtiger muss das zu schützende öffentliche Interesse sein. An dieser Stelle lassen sich am günstigsten Korrekturen innerhalb der Rechtfertigungsanforderungen einarbeiten, z.B. wenn eine als Berufsausübungsregelung kategorisierte Maßnahme letzten Endes so schwer wiegt, dass an sie erhöhte Anforderungen an die Rechtfertigung gestellt werden müssen (s. Rn. 74f.). Insb. i.R.v. objektiven Zulassungsbeschränkungen (3. Stufe) ist das Übermaßverbot strikt zu beachten. Ausdrücklich genügt es seitens des Gesetzgebers nicht, in allgemein gehaltenen Ausführungen potenzielle Gefahren bloß zu vermuten; vielmehr muss er konkret darlegen, welche Gefahren im Einzelfall mit Sicherheit oder hoher Wahrscheinlichkeit drohen (BVerfGE 11, 168 [185]). **69**

Zur Wahrung der Verhältnismäßigkeit einzelner Maßnahmen können Entschädigungsregelungen oder Übergangsvorschriften dienen. Letztere sind insb. angezeigt, wenn ein Beruf bisher in erlaubter Weise ausgeübt werden durfte, durch den Eingriff aber künftig unzulässig ist. Aus Vertrauensschutzgesichtspunkten muss in diesen Fällen eine angemessene Übergangsregelung vorgesehen werden, anderenfalls liegt i.d.R. ein Verstoß gegen Art. 12 I vor (BVerfGE 98, 265 [309f.]; 126, 112 [155f.]). **70**

71 Im Rahmen von Studium und Ausbildung hat die Rspr. insb. Folgendes herausgehoben:

- Ausbildungszeiten müssen angemessen sein (BVerfGE 13, 97 [119f.]) und die in einer Prüfung gestellten Leistungsanforderungen müssen mit den Anforderungen im späteren Beruf korrespondieren (BVerwGE 78, 55 [57], vgl. Rn. 61), ein vernünftiger „Überschuss" an Anforderungen durch eine breite Typisierung eines Berufsbildes ist indessen noch nicht unzumutbar (BVerfGE 13, 97 [117f.]; 25, 236 [248]); die Ausbildung zum Einheitsjuristen anstatt einzelner spezifischer Ausbildungsgänge zum Rechtsanwalt, Staatsanwalt oder Verwaltungsjuristen ist demnach verfassungsrechtlich nicht zu beanstanden (VGH BW, NVwZ 2001, 940 [941]).
- Ein sog. Numerus clausus ist nur zulässig zum Schutz eines überragend wichtigen Gemeinschaftsguts (bei der Studienplatzvergabe die Funktionsfähigkeit von Forschung und Lehre und die damit einhergehende ungehinderte und bestmögliche Ausbildung) und sofern die Grenzen des unbedingt Erforderlichen unter erschöpfender Nutzung der vorhandenen Ausbildungskapazitäten beachtet werden; die Verteilung der Studienplätze muss zudem nach sachgerechten Kriterien erfolgen und damit die Chancengleichheit wahren (BVerfGE 33, 303 [338, 345ff.]; s. auch Rn. 30).

72 *(3) Abgrenzungsfragen.* Die Einordnung einer Maßnahme innerhalb der Stufenlehre kann sich schwierig gestalten: Je mehr eigenständige Berufe man annimmt, desto eher wird ein Eingriff als Berufswahlregelung zu qualifizieren sein. Je eher demgegenüber Modifizierungen von Tätigkeitsfeldern als spezielle Ausprägungen eines Berufs (Berufsmodalitäten) angesehen werden, desto näher liegt eine bloße Berufsausübungsregelung. Zur Bestimmung, ob eine Berufswahl- oder eine Berufsausübungsregelung vorliegt, zieht die Rspr. die sog. Berufsbildlehre heran. Dabei werden unter Berücksichtigung der sozialen Wirklichkeit und der allg. Verkehrsauffassung bestimmte Typen von Berufsbildern fixiert (BVerfGE 77, 84 [105f.]; 86, 28 [38]). Wird bei einem solchen tradierten Berufsbild die Ausgestaltung oder eine Modalität geregelt, handelt es sich um eine Berufsausübungsregelung. Erfüllt die zu regelnde Tätigkeit dagegen ein eigenständiges Berufsbild, zu dem der Zugang erschwert wird, liegt regelmäßig eine Berufswahlregelung vor. Verlangt eine Betätigung eine über die Vermittlung der üblichen Branchenkenntnisse hinausgehende Ausbildung oder eine sonstige besondere Qualifikation, ist dies ein hilfreiches Indiz für die Annahme eines eigenständigen Berufs (BVerfGE 126, 112 [136]). Nicht entscheidend ist hingegen, ob der Gesetzgeber einen Eingriff als Ausübungs- oder Wahlregelung bezeichnet.

73 **Beispiel** (BVerfGE 11, 30 [41]): Das BVerfG hatte zu entscheiden, ob die Tätigkeit eines Kassenarztes, der berechtigt ist, die Kosten der Behandlung von Kassenpatienten über eine Kassenärztliche Vereinigung mit den gesetzlichen Krankenkassen abzurechnen und besonderen Beschränkungen unterworfen ist, ein eigener Beruf oder bloß eine besondere Ausübungsform des allgemeinen Berufs des frei praktizierenden Arztes ist. Letztlich ist die Tätigkeit eines Kassenarztes die gleiche wie diejenige eines frei praktizierenden Arztes, sodass es sich bei der Zulassung von Ärzten als Kassenärzte um eine Ausübungsregelung des Berufes „Arzt" und nicht um eine Berufswahlbeschränkung des Berufs „Kassenarzt" handelte.

74 (4) Durchbrechungen der Drei-Stufen-Lehre. Bei atypischen Auswirkungen auf die Berufsfreiheit werden verschärfte Anforderungen an die Verhältnismäßigkeit gestellt, die in der jeweiligen Stufe normalerweise nicht zum Tragen kämen (auch wenn die dogmatische Systematik hierunter leidet). Das Spektrum der Eingriffsintensität von Berufsausübungsregelungen ist bspw. enorm, diese können von kaum merklichen bis zu hochintensiven Beeinträchtigungen reichen. Es ist durchaus denkbar und nicht unüblich, dass Berufsausübungsregelungen in ihrer Schwere Berufswahlregelungen der zweiten oder gar der dritten Stufe entsprechen und erhebliche Auswirkungen auf die praktische Ausübung eines Berufs haben. Wirkt die Ausübungsregelung nicht nur in

Ausnahmefällen faktisch wie eine Zulassungsregelung, muss sie auch deren (erhöhte) Rechtmäßigkeitsanforderungen erfüllen (BVerfGE 17, 269 [276]; 61, 291 [311]).

Beispiel (BVerfGE 61, 291–319): Eine gesetzliche Bestimmung, die es jedermann grds. verbietet, lebende oder tote Tiere von geschützten Tierarten oder Teile von ihnen in Besitz zu nehmen, feilzuhalten oder zu bearbeiten und hierfür sogar eine Bußgeldbewehrung enthält, beeinträchtigt Tierpräparatoren in ihrer Berufsfreiheit erheblich. Dadurch stehen den Präparatoren auch diejenigen Exemplare nicht zur Verfügung, die eines natürlichen Todes (Witterungs- oder Zivilisationseinflüsse, Altersschwäche) gestorben sind, weil deren Kadaver ihnen durch Finder nicht zugetragen und durch die Präparatoren nicht verarbeitet und angeboten werden dürfen. Hierbei handelt es sich um eine Berufsausübungsregelung, da nicht der Zugang zum Beruf des Tierpräparators an sich beschränkt wird, sondern nur Restriktionen für die Ausübung festgelegt werden, indem die Herstellung von Präparaten bestimmter Tierarten untersagt wird. Da viele Präparatoren aufgrund der entsprechenden Nachfrage (v. a. für Forschungs-, Unterrichts- und Lehrzwecke) aber gerade auf seltenere Tierarten zurückgreifen müssen, macht eine solche Berufsausübungsregelung den Beruf des Tierpräparators faktisch nahezu unmöglich. Demzufolge ist diese Art von Berufsausübungsregelung aufgrund ihrer Intensität i. R. d. Rechtfertigung nicht an den normalerweise ausreichenden vernünftigen Erwägungen des Allgemeinwohls zu messen (Rn. 58), sondern an erhöhten Anforderungen, sprich das Allgemeininteresse muss so schwer wiegen, dass es den Vorrang vor der Berufsbehinderung verdient (BVerfGE 61, 291 [311]). **75**

II. Freiheit von Arbeitszwang und Zwangsarbeit (Abs. 2 und 3)

1. Schutzbereich

a) Persönlich

Anders als Art. 12 I (s. Rn. 7) wendet sich Art. 12 II und III nicht nur an Deutsche. Abs. 2 spricht von „niemand", während Abs. 3 im Wortlaut diesbezüglich sogar gänzlich undifferenziert bleibt („Zwangsarbeit"). Folglich erfährt der persönliche Schutzbereich keine Einschränkung, es handelt sich um kein Bürger-, sondern um ein Jedermann-Grundrecht. **76**

Nicht anwendbar ist Art. 12 II und III hingegen auf juristische Personen und Personenvereinigungen (Jarass, in: JP, Rn. 114; a. A. Kämmerer, in: MK, Rn. 84), da die Norm unverkennbare Bezüge zur Menschenwürdegarantie aufweist (s. Rn. 79) und damit an Eigenschaften anknüpft, die nur natürlichen Personen wesenseigen sind (vgl. Rn. 7). **77**

b) Sachlich

aa) Gegenstand und Gewährleistung – einheitliches Grundrecht. Im sachlichen Schutzbereich von Art. 12 II und III fließen Gegenstand und Gewährleistung ineinander: Garantiert wird, dass erzwungene Arbeit in jeglicher Form nur unter sehr engen Voraussetzungen zulässig ist. Dabei bildet Art. 12 II und III – ebenso wie Art. 12 I 1 und 2 (Rn. 15) – ein einheitliches Grundrecht (Scholz, in: MD, Rn. 490; Jarass, in: JP, Rn. 113; a. A. Ruffert, in: EH-O, Rn. 139), die „von der Verfassung gezogene Grenze des Verbots erzwungener Arbeit im Sinne von Art. 12 Abs. 2 und 3 GG [...], lässt sich nur [...] fallbezogen feststellen" (BVerfGE 74, 102 [120]). Die Unterschiede in den Gewährleistungen sind gradueller Natur: Zwangsarbeit ist als besonders schwerer Unterfall des Arbeitszwangs anzusehen, bei dem die gesamte Arbeitskraft und -zeit eingesetzt werden müssen (vgl. Jarass, in: JP, Rn. 117). **78**

Tragender Hintergedanke bei der Schaffung der Norm war die kategorische Abkehr von „im nationalsozialistischen System üblich gewordenen Formen der Zwangsarbeit", mit denen stets eine Herabwürdigung der menschlichen Persönlichkeit verbunden war (BVerfGE 22, 380 [383]). Dieser Befund verdeutlicht die Verwurzelung in der Menschenwürdegarantie des Art. 1 I 1. Mit Art. 12 II und III wendet sich das GG gegen die mit erzwungener Arbeit einhergehende Erniedrigung und Unterdrückung. **79**

2. Eingriff

80 Arbeitszwang/Zwangsarbeit ist die (infolge physischer oder psychischer Willensbeugung) imperative Verpflichtung zur persönlichen Ausführung einer bestimmten beruflichen Tätigkeit (körperlicher oder geistiger Art) von gewissem Umfang.

81 Demgemäß bedeutet nicht jede hoheitlich gegen den Willen der Person geforderte Tätigkeit und nicht jede Verpflichtung des Bürgers zugleich erzwungene Arbeit. Keine erzwungene Arbeit in diesem Sinne sind z. B. öffentlich-rechtliche Melde-, Anzeige-, Auskunfts- oder Zeugenpflichten oder die staatliche Pflicht, eine Steuererklärung abzugeben. Ebenso wenig erfasst werden Ehrenämter (z. B. Schöffe, Wahlhelfer, Volkszähler) und berufs- oder eigentumsbezogene Arbeitspflichten (z. B. Indienstnahme zur Abführung von Steuern und Beiträgen; Polizeipflichtigkeit des Eigentümers). Bezogen auf die obige Definition fehlt es jeweils entweder an der beruflichen Tätigkeit oder an dem erforderlichen Umfang der Betätigung. Untergeordnete berufliche Nebenpflichten unterfallen zudem allein Art. 12 I (BVerfGE 74, 102 [120]). Die Zulässigkeit von Wehr- und Ersatzdienst richtet sich ausschließlich nach dem spezielleren Art. 12a (Jarass, in: JP, Art. 12a Rn. 1; Manssen, in: MKS, Rn. 319; vgl. auch OLG Hmb NJW 1969, 1780 [1782]).

82 Probleme wirft die Ausübung von mittelbarem Arbeitszwang, z. B. durch die Auferlegung finanzieller Nachteile bei Nichtarbeit, insb. der Entzug von Sozialleistungen (etwa des Arbeitslosengelds II – „Hartz IV"), auf. Zwar wird auf diese Weise auf den Betroffenen Druck ausgeübt, sich beruflich zu betätigen, was grds. für einen Grundrechtseingriff ausreicht (moderner Eingriffsbegriff, s. Vorbem. Grundrechte Rn. 93 ff.). Allerdings wird der Betroffene nicht zu einer bestimmten Arbeit, also nicht zu einer individuellen und konkreten Einzeltätigkeit, getrieben, sondern er kann seine Betätigung in den Grenzen des faktisch Möglichen frei wählen und wird lediglich zur Selbsthilfe veranlasst (BVerwGE 67, 1 [6]). Demzufolge erweist sich diese Konstellation nicht als Frage von Art. 12 II, III, sondern allenfalls als Tangierung der negativen Berufsfreiheit, die in Art. 12 I verankert ist (Rn. 22; BSGE 44, 71 [76]).

3. Rechtfertigung von Eingriffen

a) Schranken

83 *aa) Art. 12 II: Arbeitszwang. (1) Qualifizierter Gesetzesvorbehalt.* Die Anordnung von Arbeitszwang kann nur mittels einer formell-gesetzlichen Ermächtigung erfolgen, die bestimmten Anforderungen gerecht werden muss (qualifizierter Gesetzesvorbehalt). Zulässig ist Arbeitszwang gem. Art. 12 II Hs. 2 nur im Rahmen einer herkömmlichen allg., für alle gleichen öffentlichen Dienstleistungspflicht. Unterdessen wäre es möglich, Arbeitszwang als mildere Maßnahme auf Art. 12 III (dazu Rn. 88) zu stützen.

84 *(2) Öffentliche Dienstleistungspflicht* ist jede Tätigkeit, die nicht in einer Geld- oder Sachleistung besteht und dem Gemeinwohl zugute kommt, an deren Erfüllung mithin ein öffentliches Interesse besteht, etwa gemeindliche Hand- und Spanndienste, die Pflicht zur Deichhilfe und die Feuerwehrdienstpflicht (BVerfGE 22, 380 [383]; 74, 102 [117 f.]) sowie Räum- und Streupflichten u. dgl. Die Entgeltlichkeit der Tätigkeit ist hierbei irrelevant.

85 *(3) Herkömmlichkeit.* Bei diesem eher aus dem Gewohnheitsrecht stammenden Element kommt es darauf an, ob die Arbeitspflicht eine gewisse Tradition hat und bereits seit geraumer Zeit als Dienstpflicht anerkannt ist. Sie muss Vorläufer in früheren Zeiten haben, wobei jedoch moderne Entwicklungen berücksichtigt werden dürfen. Als nicht herkömmlich wurde bspw. der Arbeitsdienst während der NS-Zeit eingestuft (BVerfGE 92, 91 [111]).

86 *(4) Allgemeinheit.* Allgemein ist eine Pflicht, die jedermann betrifft oder einem Personenkreis auferlegt wird, der nach abstrakt-generellen Maßstäben unter Verwendung

vernünftiger und sachgerechter Kriterien – inklusive eventueller Ausnahmen –, bestimmt wurde.

(5) Gleichheit. Die Verpflichtung muss alle Betroffenen gleichermaßen belasten (Lastengleichheit). Eine Befreiung darf nur aufgrund einleuchtender und ausreichender Gründe und nicht willkürlich erfolgen. Möglich ist allerdings eine Ersatzabgabe, z.B. eine Feuerschutzabgabe statt der persönlichen Heranziehung zum Feuerwehrdienst (BVerfGE 9, 291 [299]). **87**

bb) Art. 12 III: Zwangsarbeit. (1) Allgemeines. An eine Verpflichtung zur Ableistung von Zwangsarbeit werden wegen deren Natur als besonders schwerer Unterfall des Arbeitszwangs (Rn. 80 ff.) noch höhere Rechtfertigungsanforderungen gestellt. Der grds. Idee, Strafgefangene zur Zwangsarbeit heranzuziehen, begegnen keine verfassungsrechtlichen Bedenken. Ziel der Zwangsarbeit ist dabei die Anleitung von Erziehungsbedürftigen und die Resozialisierung von Strafgefangenen (BVerfGE 74, 102 [119]). Dies rechtfertigt ausnahmsweise die Einschränkung des Zwangsarbeitsverbots, sofern die Zwangsarbeit mit einer richterlich angeordneten Freiheitsentziehung verbunden ist. Auch Art. 4 III lit. a EMRK nimmt Zwangsarbeit in dieser Form ausdrücklich vom Verbot der Zwangs- oder Pflichtarbeit i. S. d. Art. 4 II EMRK aus. **88**

(2) Gerichtlich angeordnete Freiheitsentziehung. Richterliche Anordnungen zur Freiheitsentziehung (näher dazu Art. 104 Rn. 11 ff.) können je nach Verfahrensart aufgrund verschiedener Normen ergehen (§§ 38 ff., 61 ff. StGB, §§ 90 ff. JGG). Zu den freiheitsentziehenden Maßnahmen rechnet das BVerfG auch die Sicherungsverwahrung (BVerfGE 98, 169 [205]). Keine Freiheitsentziehung ist eine Erziehungsmaßregel (BVerfGE 74, 102 [115 ff.]) oder die Bewährungsauflage, sofort ein Arbeitsverhältnis zu begründen (BVerfGE 58, 358 [363 ff.]). Arbeitszwang i. R. d. Untersuchungshaft ist unzulässig (Nr. 42 UVollzO, AG Zweibrücken, NJW 1979, 1557 [ebd.]). **89**

b) Schranken-Schranken

aa) Verhältnismäßigkeit. (1) Arbeitszwang. Die Anordnung von Arbeitszwang i. S. d. Art. 12 II muss geeignet, erforderlich und angemessen sein. Sie muss stets der Erfüllung einer herkömmlichen allg., für alle gleichen öffentlichen Dienstleistungspflicht dienen (Rn. 84 ff.). Besonderes Augenmerk kommt dabei der Einhaltung der Menschenwürdegarantie zu. Insb. darf die Arbeit nicht unnötig beschwerlich oder „in gewisser Weise schikanös“ sein oder der rassischen, sozialen, nationalen oder religiösen Diskriminierung dienen (BVerfGE 74, 102 [121]). **90**

(2) Zwangsarbeit. Angestrebtes Ziel der Zwangsarbeit i. R. d. Strafvollzugs ist in allererster Linie die Resozialisierung des Strafgefangenen (Rn. 88). Hierzu muss die Anordnung von Zwangsarbeit ein geeignetes, erforderliches und angemessenes Mittel sein. **91**

bb) Sonstige Schranken-Schranken. Als weitere Schranken-Schranken zu beachten sind die restlichen allg. Rechtmäßigkeitsanforderungen, insb. die Gebote der Bestimmtheit und Normenklarheit (Art. 20 Rn. 177 ff.) sowie das Zitiergebot (Art. 19 Rn. 12 ff.). **92**

C. Prüfungshinweise

In der Prüfung zu beherrschen sind insb. die folgenden Punkte: **93**

- einheitlicher Schutzbereich von Art. 12 I (Rn. 15);
- Definition und Gewährleistungsgehalt der Berufsfreiheit (Rn. 16 ff.);
- besonderer Eingriffsbegriff (Rn. 36 ff.);
- Drei-Stufen-Theorie als Konkretisierung des Verhältnismäßigkeitsgrundsatzes (Rn. 53 ff.).

D. Weiterführende Literatur/Leseempfehlungen

94 Beaucamp, G., Klausur Öffentliches Recht: „Streit um die Studiengebühren", JA 2012, 765–769; Frenz, W., Die Berufsfreiheit – Nichtraucherschutz, Sportwetten, Studiengebühren, JA 2009, 252–258; Kimms, F., Das Grundrecht der Berufsfreiheit in der Fallbearbeitung, JuS 2001, 664–670; Kluth, W., Das Grundrecht der Berufsfreiheit, Jura 2001, 371–376; Lorz, R. A., Die Erhöhung der verfassungsgerichtlichen Kontrolldichte gegenüber berufsrechtlichen Einschränkungen der Berufsfreiheit, NJW 2002, 169–174; Mann, Th./Worthmann, E.-M., Berufsfreiheit (Art. 12 GG) – Strukturen und Problemkonstellationen, JuS 2013, 385–392; Nolte, M./Tams, Ch., Grundfälle zu Art. 12 I GG, JuS 2006, 31–34, 130–133, 218–221; Sodan, H., Verfassungsrechtsprechung im Wandel – am Beispiel der Berufsfreiheit, NJW 2003, 257–260; Weinbuch, Ch., Klausur Öffentliches Recht: „Du sollst nicht rauchen", JA 2013, 197–206.

Art. 12a [Dienstverpflichtungen]

(1) **Männer können vom vollendeten achtzehnten Lebensjahr an zum Dienst in den Streitkräften, im Bundesgrenzschutz oder in einem Zivilschutzverband verpflichtet werden.**

(2) [1] **Wer aus Gewissensgründen den Kriegsdienst mit der Waffe verweigert, kann zu einem Ersatzdienst verpflichtet werden.** [2] **Die Dauer des Ersatzdienstes darf die Dauer des Wehrdienstes nicht übersteigen.** [3] **Das Nähere regelt ein Gesetz, das die Freiheit der Gewissensentscheidung nicht beeinträchtigen darf und auch eine Möglichkeit des Ersatzdienstes vorsehen muß, die in keinem Zusammenhang mit den Verbänden der Streitkräfte und des Bundesgrenzschutzes steht.**

(3) [1] **Wehrpflichtige, die nicht zu einem Dienst nach Absatz 1 oder 2 herangezogen sind, können im Verteidigungsfalle durch Gesetz oder auf Grund eines Gesetzes zu zivilen Dienstleistungen für Zwecke der Verteidigung einschließlich des Schutzes der Zivilbevölkerung in Arbeitsverhältnisse verpflichtet werden; Verpflichtungen in öffentlich-rechtliche Dienstverhältnisse sind nur zur Wahrnehmung polizeilicher Aufgaben oder solcher hoheitlichen Aufgaben der öffentlichen Verwaltung, die nur in einem öffentlich-rechtlichen Dienstverhältnis erfüllt werden können, zulässig.** [2] **Arbeitsverhältnisse nach Satz 1 können bei den Streitkräften, im Bereich ihrer Versorgung sowie bei der öffentlichen Verwaltung begründet werden; Verpflichtungen in Arbeitsverhältnisse im Bereiche der Versorgung der Zivilbevölkerung sind nur zulässig, um ihren lebensnotwendigen Bedarf zu decken oder ihren Schutz sicherzustellen.**

(4) [1] **Kann im Verteidigungsfalle der Bedarf an zivilen Dienstleistungen im zivilen Sanitäts- und Heilwesen sowie in der ortsfesten militärischen Lazarettorganisation nicht auf freiwilliger Grundlage gedeckt werden, so können Frauen vom vollendeten achtzehnten bis zum vollendeten fünfundfünfzigsten Lebensjahr durch Gesetz oder auf Grund eines Gesetzes zu derartigen Dienstleistungen herangezogen werden.** [2] **Sie dürfen auf keinen Fall zum Dienst mit der Waffe verpflichtet werden.**

(5) [1] **Für die Zeit vor dem Verteidigungsfalle können Verpflichtungen nach Absatz 3 nur nach Maßgabe des Artikels 80a Abs. 1 begründet werden.** [2] **Zur Vorbereitung auf Dienstleistungen nach Absatz 3, für die besondere Kenntnisse oder Fertigkeiten erforderlich sind, kann durch Gesetz oder auf Grund eines Gesetzes die Teilnahme an Ausbildungsveranstaltungen zur Pflicht gemacht werden.** [3] **Satz 1 findet insoweit keine Anwendung.**

(6) [1]**Kann im Verteidigungsfalle der Bedarf an Arbeitskräften für die in Absatz 3 Satz 2 genannten Bereiche auf freiwilliger Grundlage nicht gedeckt werden, so kann zur Sicherung dieses Bedarfs die Freiheit der Deutschen, die Ausübung eines Berufs oder den Arbeitsplatz aufzugeben, durch Gesetz oder auf Grund eines Gesetzes eingeschränkt werden.** [2]**Vor Eintritt des Verteidigungsfalles gilt Absatz 5 Satz 1 entsprechend.**

Pflichtstoff (*)

A. Überblick

Art. 12a wurde 1968 in das GG aufgenommen und bildet seither die verfassungsrechtliche Grundlage u. a. für die Wehrpflicht, die der einfache Gesetzgeber einführen darf. Ein Teil seiner Regelungen war zuvor – die Wehrpflicht selbst war bereits 1956 eingeführt worden – in Art. 12 II, III enthalten. Dort wurden die betreffenden Vorschriften zusammen mit der Aufnahme von Art. 12a in das GG wieder gestrichen. 1

Abs. 1 sieht die Möglichkeit vor, Männer zum Dienst in den Streitkräften, bei der Bundespolizei (das GG verwendet noch die frühere Bezeichnung Bundesgrenzschutz) oder in einem Zivilschutzverband zu verpflichten. Abs. 2 ermöglicht die Einführung eines Ersatzdienstes für diejenigen, die sich in Ausübung ihres Grundrechtes aus Art. 4 III dazu entscheiden, den Kriegsdienst mit der Waffe zu verweigern. Die Abs. 3–6 bilden die Grundlage für weitere Dienstverpflichtungen (zivile Dienstleistungen durch nicht zum Wehr- oder Ersatzdienst herangezogene Wehrpflichtige, Sanitätsdienstleistungen). 2

Art. 12a verbürgt keine Grundrechte. Jedoch haben seine Regelungen zum überwiegenden Teil einen grundrechtlichen Bezug. Art. 12a enthält Schranken der Berufsfreiheit aus Art. 12 I, deren Inanspruchnahme er zugleich durch Schranken-Schranken begrenzt (näher Jarass, in: JP, Rn. 1). 3

Die aktuelle Bedeutung von Art. 12a für die juristische Ausbildung ist auf Grund der Abschaffung der Wehrpflicht (dazu noch Rn. 5) gering. Die folgenden Erläuterungen weisen daher nur knapp auf einzelne relevante Aspekte hin. 4

B. Erläuterungen

Nach Abs. 1 darf der einfache Gesetzgeber eine Wehrpflicht einführen. Dazu verpflichtet ist er nach richtiger, aber str. Auffassung nicht. Die Abschaffung der Wehrpflicht im Jahr 2011 war daher aus verfassungsrechtlicher Perspektive dem Grunde nach nicht zu beanstanden. Schlichter Rechtsbruch war es jedoch, dass die Wehrpflicht im Frühjahr 2011 faktisch suspendiert wurde, obwohl das WPflG (Sartorius Nr. 620) sie noch vorsah. Die „Abschaffung" der Wehrpflicht beruhte zu diesem Zeitpunkt allein auf dem politischen Willen der BReg. Rechtsförmig umgesetzt wurde sie erst durch die Änderung des WPflG mit Wirkung zum 1.7.2011. Gänzlich unberührt geblieben ist die verfassungsrechtliche Situation. Die Wehrpflicht könnte also jederzeit durch den einfachen Gesetzgeber wieder eingeführt werden; einer Verfassungsänderung bedürfte es hierzu nicht. 5

Abs. 1 ermöglicht die Einführung einer Wehrpflicht nur für Männer. Die gelegentlich aufgeworfene Frage, ob darin ein Verstoß gegen Art. 3 II, III liege, stellt sich bei richtiger Betrachtung nicht: Art. 12a ist eine spezielle Regelung für diese Frage (Kokott, in: Sachs, Rn. 5). Die Vorschrift steht normenhierarchisch „auf gleicher Augenhöhe" wie Art. 3. Maßstab für ihre Gültigkeit ist allein Art. 79 III, gegen den sie erkennbar nicht verstößt. – Damit ist jedoch nicht gesagt, dass Frauen nicht freiwillig Dienst in den Streitkräften tun dürften. Zunächst war das partiell durch Abs. 4 S. 2 a. F. 6

ausgeschlossen, nach dem Frauen auf keinen Fall „Dienst mit der Waffe leisten" durften. Nachdem der EuGH (Rs. C-285/98, Slg. 2000, I-69) entschieden hatte, dass Abs. 4 S. 2 gegen eine europäische Gleichstellungsrichtlinie verstieß – bei der es sich aus der Perspektive des Art. 12a, anders als bei Art. 3 II, III, um höherrangiges Recht handelt –, wurde Abs. 4 S. 2 Ende 2000 geändert. Ausgeschlossen ist seither nur noch die Verpflichtung von Frauen zum Dienst an der Waffe.

7 Abs. 2 S. 1 ermöglicht die Heranziehung von Kriegsdienstverweigerern zu einem Ersatzdienst (meist als „Zivildienst" bezeichnet). Dieser dauerte regelmäßig mehrere Monate länger als der Wehrdienst. Das war angesichts der klaren Regelung in Abs. 2 S. 2 zumindest problematisch. Ob die zusätzlichen Belastungen von Wehrdienstleistenden insbesondere durch Wehrübungen nach Ende des Grundwehrdienstes die längere Dauer des Zivildienstes rechtfertigten (so gegen die h. M. BVerfGE 69, 1 [28 ff.]; s. auch BVerfGE 78, 364 [371 ff.]), erscheint eher fraglich. Näher hierzu Kokott, in: Sachs, Rn. 26 ff.

Art. 13 [Unverletzlichkeit der Wohnung]

(1) **Die Wohnung ist unverletzlich.**

(2) **Durchsuchungen dürfen nur durch den Richter, bei Gefahr im Verzuge auch durch die in den Gesetzen vorgesehenen anderen Organe angeordnet und nur in der dort vorgeschriebenen Form durchgeführt werden.**

(3) **[1] Begründen bestimmte Tatsachen den Verdacht, daß jemand eine durch Gesetz einzeln bestimmte besonders schwere Straftat begangen hat, so dürfen zur Verfolgung der Tat auf Grund richterlicher Anordnung technische Mittel zur akustischen Überwachung von Wohnungen, in denen der Beschuldigte sich vermutlich aufhält, eingesetzt werden, wenn die Erforschung des Sachverhalts auf andere Weise unverhältnismäßig erschwert oder aussichtslos wäre. [2] Die Maßnahme ist zu befristen. [3] Die Anordnung erfolgt durch einen mit drei Richtern besetzten Spruchkörper. [4] Bei Gefahr im Verzuge kann sie auch durch einen einzelnen Richter getroffen werden.**

(4) **[1] Zur Abwehr dringender Gefahren für die öffentliche Sicherheit, insbesondere einer gemeinen Gefahr oder einer Lebensgefahr, dürfen technische Mittel zur Überwachung von Wohnungen nur auf Grund richterlicher Anordnung eingesetzt werden. [2] Bei Gefahr im Verzuge kann die Maßnahme auch durch eine andere gesetzlich bestimmte Stelle angeordnet werden; eine richterliche Entscheidung ist unverzüglich nachzuholen.**

(5) **[1] Sind technische Mittel ausschließlich zum Schutze der bei einem Einsatz in Wohnungen tätigen Personen vorgesehen, kann die Maßnahme durch eine gesetzlich bestimmte Stelle angeordnet werden. [2] Eine anderweitige Verwertung der hierbei erlangten Erkenntnisse ist nur zum Zwecke der Strafverfolgung oder der Gefahrenabwehr und nur zulässig, wenn zuvor die Rechtmäßigkeit der Maßnahme richterlich festgestellt ist; bei Gefahr im Verzuge ist die richterliche Entscheidung unverzüglich nachzuholen.**

(6) **[1] Die Bundesregierung unterrichtet den Bundestag jährlich über den nach Absatz 3 sowie über den im Zuständigkeitsbereich des Bundes nach Absatz 4 und, soweit richterlich überprüfungsbedürftig, nach Absatz 5 erfolgten Einsatz technischer Mittel. [2] Ein vom Bundestag gewähltes Gremium übt auf der Grundlage dieses Berichts die parlamentarische Kontrolle aus. [3] Die Länder gewährleisten eine gleichwertige parlamentarische Kontrolle.**

(7) **Eingriffe und Beschränkungen dürfen im übrigen nur zur Abwehr einer gemeinen Gefahr oder einer Lebensgefahr für einzelne Personen, auf Grund**

eines Gesetzes auch zur Verhütung dringender Gefahren für die öffentliche Sicherheit und Ordnung, insbesondere zur Behebung der Raumnot, zur Bekämpfung von Seuchengefahr oder zum Schutze gefährdeter Jugendlicher vorgenommen werden.

Pflichtstoff (*****)

Übersicht

A. Überblick

I. Normstruktur

1 Während Abs. 1 des Art. 13 den Schutzbereich des Grundrechts der Unverletzlichkeit der Wohnung festlegt, treffen die Abs. 2 bis 5 und 7 spezielle Schrankenregelungen. Art. 13 II enthält eine Schranke für die Durchsuchung von Wohnungen, Art. 13 III bis V regeln die Überwachung von Wohnungen mit technischen Mitteln (sog. „Lauschangriff i. w. S."). Art. 13 VII, der nur subsidiäre Geltung besitzt, statuiert eine Schrankenregelung in den übrigen Fällen. Art. 13 VI normiert die parlamentarische Kontrolle in Bezug auf Maßnahmen nach Art. 13 III bis V und hat nur organisationsrechtliche Bedeutung (vgl. PSKP, Rn. 944).

II. Prüfungsrelevanz

2 Art. 13 besitzt in der juristischen Ausbildung eine erhebliche Prüfungsrelevanz. Das gilt für das Polizei- und Sicherheitsrecht, aber auch für sonstige Beeinträchtigungen durch Exekutive und Judikative. Beispiele sind neben den sog. Lauschangriffen (Rn. 25) das Betreten einer Wohnung durch staatliche Stellen und die Anordnung von Durchsuchungen durch den Richter. Die Gewährleistungen des Art. 13 können daher in verwaltungs- und verfassungsrechtlichen Klausuren eine Rolle spielen.

III. Europa

3 Die Privatsphäre wird durch Art. 8 EMRK geschützt. Daraus und aus den gemeinsamen nationalen Verfassungsüberlieferungen ist der Schutz der Wohnung im EU-

Recht zunächst vom EuGH als allgemeiner Grundsatz des Gemeinschaftsrechts abgeleitet worden, der für alle Organe und Stellen der EG (EU) verbindlich war. Allerdings beschränkte der EuGH den auf diese Weise abgeleiteten Schutz auf Privatwohnungen (EuGH, Slg. 1989, 2859 [2924] – Hoechst; Slg. 2002 I, 9011, Rn. 29 – Roquette), während der EGMR auch Büroräume in den Schutzbereich einbezogen hat (EGMR, EuGRZ 1993, 65 [66f.] – Niemitz). Diese Abweichung ist inzwischen hinfällig geworden. Nunmehr gewährleistet Art. 7 EU-GRCh auf unionsrechtlicher Ebene den grundrechtlichen Schutz der Wohnung. Dieser umfasst neben Privatwohnungen grds. auch Geschäftsräume (Jarass, GRCh, Art. 7 Rn. 31ff.).

B. Erläuterungen

I. Schutzbereich

1. Persönlich

4 Berechtigter des Grundrechts aus Art. 13 ist jedenfalls jede natürliche Person, die berechtigter Inhaber der Wohnung ist, unabhängig von ihrem Alter, der Nationalität oder der Eigentümerstellung (Kunig, in: MK, Art. 13 Rn. 7). Der Grundrechtsschutz des Art. 13 erstreckt sich auch auf alle Familienmitglieder und nahe Angehörige des Wohnungsinhabers, nicht hingegen auf den bloß mittelbaren Besitzer, selbst dann, wenn er Eigentümer der Wohnung ist (Gornig, in: MKS, Art. 13 Rn. 27, 29). Bei mehreren Bewohnern steht das Grundrecht jedem Einzelnen zu (BVerfGE 109, 279 [326]).

5 Umstritten ist, ob es auf die Berechtigung des Besitzes ankommt. Weitgehende Einigkeit besteht darüber, dass jedenfalls der Mieter, der nach wirksamer Kündigung in der Wohnung verbleibt, den Schutz aus Art. 13 nicht verliert (BVerfGE 89, 1 [12]). Dagegen ist umstritten, ob auch dem Hausbesetzer der Schutz aus Art. 13 zugute kommt (bejahend Kühne, in: Sachs, Art. 13 Rn. 19). Anders als der rechtswidrig in der Wohnung verbleibende Mieter war der Hausbesetzer niemals zur Nutzung berechtigt. Er hat sich vielmehr den Besitz unter Verstoß gegen Vorschriften des BGB/StGB verschafft (Gornig, in: MKS, Art. 13 Rn. 33). Die widerrechtlich begründete Sachherrschaft über eine Wohnung genießt indes nicht den Schutz des Art. 13, so dass der Hausbesetzer nicht durch dieses Grundrecht geschützt wird.

6 Bei Wohnungen i.e.S. (s. Rn. 7) steht der Schutz des Art. 13 wegen des engen Bezugs zum Schutz der Privatheit als Ausdruck des allgemeinen Persönlichkeitsrechts ausschließlich natürlichen Personen, nicht aber juristischen Personen und Personenvereinigungen des Privatrechts zu (Gornig, in: MKS, Art. 13 Rn. 35). Sie können sich aber auf Art. 13 berufen, soweit dieser Geschäfts- und Betriebsräume schützt (BVerfGE 44, 353 [371]; Rn. 9ff.). Dagegen gilt Art. 13 nicht für juristische Personen des öffentlichen Rechts und staatliche Behörden (Papier, in: MD, Art. 13 Rn. 18). Für die Räume öffentlich-rechtlicher Religions- und Weltanschauungsgemeinschaften, Rundfunkanstalten und Universitäten ist umstritten, ob sie nur Art. 4 I, 5 I 2 bzw. 5 III oder auch durch Art. 13 geschützt sind (vgl. BVerfGE 59, 231 [254f.]; Kunig, in: MK, Art. 13 Rn. 9; Fink, in: EH, Art. 13 Rn. 5).

2. Sachlich

a) Schutzgegenstand

7 Gegenstand des Schutzes aus Art. 13 ist zunächst die Wohnung im engeren Sinne. Darunter sind Räume zu verstehen, die durch eine räumliche Abschirmung der allgemeinen Zugänglichkeit entzogen sind und als Stätte privaten Lebens dienen (Jarass, in: JP, Art. 13 Rn. 4). Die Wohnung bildet insoweit einen im Hinblick auf die

Menschenwürde und die freie Entfaltung der Persönlichkeit gewährleisteten elementaren Lebensraum, in dem der Einzelne das Recht hat, „in Ruhe gelassen zu werden" (BVerfGE 103, 142 [150] m.w.N.). Hierfür muss der Wille des Wohnungsinhabers, einem Raum den Schutz der Privatheit zu verschaffen, nach außen erkennbar sein. Eine ausdrückliche Erklärung gegenüber der Allgemeinheit ist nicht erforderlich. Es reicht aus, dass der entsprechende Wille des Grundrechtsträgers aufgrund seines Verhaltens erkennbar ist und eine solche Ausschlusswirkung allgemein akzeptiert wird (Gornig, in: MKS, Art. 13 Rn. 14). Entscheidend ist, ob bei einer Gesamtbetrachtung im konkreten Einzelfall ein erkennbarer und sozial anerkannter Privatheitsanspruch des Nutzungsberechtigten besteht (vgl. auch Kunig, in: MK, Art. 13 Rn. 10).

Beispiele: Vom Schutz des Art. 13 umfasst sind: 8
- einer Wohnung zugehörige Nebenräume wie der Dachboden, Keller oder ein abgeschlossener Hof (Cassardt, in: UC, Art. 13 Rn. 28ff.)
- Wohnboote, Vereinshäuser und Clubräume (BGHSt 42, 372 [375])
- Zimmer in Studenten-Wohnheimen oder Altersheimen
- Hotelzimmer (BGHZ 31, 285 [289]).

Nicht in den Schutzbereich des Art. 13 fallen:
- Hafträume einer Justizvollzugsanstalt (BVerfG [K], NJW 1996, 2643)
- Besucherräume in Untersuchungsgefängnissen (BGHSt 44, 138 [141])
- PKW oder Strandkörbe.

Darüber hinaus werden nach inzwischen überwiegender Meinung auch Geschäfts- und Betriebsräume grds. vom Schutz des Art. 13 erfasst (s. nur BVerfGE 42, 212 [219]; 76, 83 [88]). Begründet wird diese weite Auslegung des Wohnungsbegriffs vor allem mit dem in Art. 13 zum Ausdruck kommenden Schutz der Persönlichkeit (Rn. 7). Daher wird auch die Stätte, an der die der Selbstverwirklichung dienende Tätigkeit ausgeübt wird, unter den besonderen verfassungsrechtlichen Schutz des Art. 13 gestellt (BVerfGE 32, 54 [70f.]). 9

Gegen die Einbeziehung von Geschäfts- und Betriebsräumen in den sachlichen Schutzbereich des Art. 13 könnte sprechen, dass insoweit der von diesem Grundrecht vorausgesetzte Schutz der räumlichen Privatheit nicht oder nur schwach ausgeprägt ist (dazu PSKP, Rn. 949). Dieser Einwand greift aber nicht durch, weil die berufliche Tätigkeit ebenfalls zur Entfaltung der Persönlichkeit gehört und durch Art. 12 I besonders geschützt ist. In Bezug auf die Räume, in denen diese Tätigkeit ausgeübt wird, ergänzt Art. 13 I diesen Schutz. 10

Vorzugswürdig ist daher die Auffassung, dass Geschäfts- und Betriebsräume nach Entstehungsgeschichte und Zweck des Art. 13 den Schutz dieses Grundrechts genießen. Der Umstand, dass sie funktionsgemäß den begrenzten Zutritt der Allgemeinheit zulassen, führt nicht zum Verlust des Grundrechtsschutzes aus Art. 13. Die Öffnung hat vielmehr lediglich eine Abschwächung des Schutzes zur Folge, weil im Rahmen der Rechtfertigungsvoraussetzungen geringere Anforderungen insb. an die Verhältnismäßigkeit gestellt werden. Anders verhält es sich, wenn die Räume allgemein der Öffentlichkeit in einer Weise geöffnet sind, dass keinerlei Zugangskontrolle stattfindet (s. auch Rn. 21; Gornig, in: MKS, Art. 13 Rn. 26). 11

b) Gewährleistungen

Art. 13 gewährt in erster Linie ein Abwehrrecht gegen staatliches Eindringen in die Wohnung. Daneben begründet er auch die Pflicht für den Gesetzgeber, die Unverletzlichkeit der Wohnung vor Beeinträchtigungen durch Private zu schützen, etwa durch entsprechende strafrechtliche Vorschriften (z.B. § 123 StGB; Hermes, in: Dreier, Art. 13 Rn. 122). Zudem enthält Art. 13 eine Wertentscheidung, die die Gerichte bei der Anwendung und Auslegung zivilrechtlicher Normen, vor allem im Bereich des 12

Mietrechts, beachten müssen (BVerfGE 89, 1 [11]). Art. 13 verbürgt aber keinen Leistungsanspruch des Einzelnen auf Zuweisung einer Wohnung (Herdegen, in: BK, Art. 13 Rn. 12). Ein solches Leistungsrecht kann sich nur aus dem Recht auf ein menschenwürdiges Existenzminimum gem. Art. 1 I i.V.m. dem Sozialstaatsprinzip ergeben (BVerfGE 120, 125 [155f.]; 125, 175 [223]; Art. 1 Rn. 31ff.).

c) Konkurrenzen

13 Art. 13 geht als lex specialis grds. dem allgemeinen Persönlichkeitsrecht aus Art. 2 I i.V.m. Art. 1 I vor (BVerfGE 51, 97 [105]; 109, 279 [325]), soweit es um den Schutz der räumlichen Privatheit geht. Allerdings kann das Eindringen in diesen Bereich eine zusätzliche Beeinträchtigung des allgemeinen Persönlichkeitsrechts enthalten, etwa durch Eingriffe in den Intimbereich (BVerfGE 115, 166 [187]; Art. 2 Rn. 101). Art. 13 steht neben dem Schutz der Eigentumsfreiheit aus Art. 14. Während Art. 13 die Privatsphäre innerhalb der Wohnung schützt, aber kein Besitzrecht verleiht und dieses somit grds. voraussetzt, schützt Art. 14 die Nutzungs- und Verfügungsbefugnis des Eigentümers. Art. 14 ist daher bei Eingriffen in die Substanz der Wohnung und bei Beschränkungen der Verfügungsbefugnis über die Wohnung, z.B. deren Veräußerung, einschlägig, während Art. 13 bei Zutrittsbeschränkungen des Mieters gegenüber dem Eigentümer eingreift (BVerfGE 89, 1 [6ff., 11]). Bei der Durchsuchung von Presseräumen ist neben Art. 13 auch die durch Art. 5 I 2 garantierte Pressefreiheit, insbesondere das Redaktionsgeheimnis, zu beachten (BVerfGE 20, 162 [187, 223ff.]). Schließlich verstärkt Art. 13 den Schutz der Ehe und Familie aus Art. 6 I, indem er die Ehe- bzw. Familienwohnung zur Sicherung der ehelichen bzw. familiären Privatsphäre unter besonderen Schutz stellt (Gornig, in: MKS, Art. 13 Rn. 51).

II. Eingriff

1. Definition

14 Ein Eingriff in den Schutzbereich des Art. 13 liegt nach dem Schutzzweck der Privatheit der Wohnung (Rn. 7) in jeder staatlichen oder dem Staat zuzurechnenden Beeinträchtigung der räumlichen Privatsphäre durch körperliches oder unkörperliches Eindringen in die Wohnung oder Verweilen in der Wohnung gegen den Willen des Berechtigten.

15 **Beispiele:**
- Installieren von Abhörvorrichtungen („Wanze") in einer Wohnung (BVerfGE 109, 279 [309])
- Gewaltsamer Aufbruch einer Wohnung durch die Polizei.

16 Daneben stellt eine von außen ohne Betreten der Wohnung vorgenommene Überwachung mit technischen Mitteln einen Eingriff dar, soweit dadurch Vorgänge in einer Wohnung, die normalerweise der Wahrnehmung von außen entzogen sind, eingesehen werden können.

17 **Beispiele:**
- Richtmikrophone (BVerfGE 109, 279 [327])
- Messung von Wärmeabstrahlungen, anhand derer der Aufenthaltsort und die Bewegungen einer Person in einer Wohnung ermittelt werden können
- Optische Überwachung der Räume in einer Wohnung.

18 Kein Eingriff liegt hingegen vor, soweit allein solche Vorgänge überwacht werden, die ohnehin der Wahrnehmung von außen zugänglich sind. Solche Vorgänge nehmen nicht am Schutz des Art. 13 teil, da es insoweit an einem erkennbaren Willen des Wohnungsinhabers fehlt, die Räumlichkeit durch eine gewisse Abschottung der Allgemeinheit zu entziehen (vgl. Rn. 7).

Beispiel: Nach außen dringende und ohne technische Hilfsmittel wahrnehmbare Kommunikation (BVerfGE 109, 279 [327]). **18a**

Auch das bloße Einholen von Auskünften, das ohne Eindringen oder Verweilen in eine(r) Wohnung erfolgt, stellt keinen Eingriff in Art. 13 dar (BVerfGE 65, 1 [40]). Ebenso sind die Kündigung eines Mietverhältnisses, die Beschränkung durch Bauvorschriften oder Umwelteinwirkungen auf eine Wohnung zu beurteilen. In allen diesen Fällen fehlt es an der spezifischen Verletzung der räumlichen Privatsphäre (Jarass, in: JP, Art. 13 Rn. 9 m. w. N.). **19**

Konstitutives Merkmal eines Eingriffs in Art. 13 ist neben der Grundrechtsbindung der handelnden Person, dass das Eindringen in die oder das Verweilen in der Wohnung gegen den Willen des Berechtigten geschieht. Ein Eingriff ist daher schon tatbestandlich ausgeschlossen, soweit eine Einwilligung von allen Berechtigten vorliegt. Voraussetzung hierfür ist allerdings, dass die Einwilligung frei von Zwang und Täuschung erteilt wurde. Die Einwilligung muss zwar nicht notwendigerweise ausdrücklich erklärt, aber jedenfalls aus dem Verhalten des Berechtigten zweifelsfrei deutlich werden (Kunig, in: MK, Art. 13 Rn. 19f.). Sie muss sich auf einen bestimmten Eingriff beziehen und kann jederzeit für die Zukunft widerrufen werden. Das zunächst zulässige Betreten wird dann zu einem grundrechtsverletzenden Verweilen. Soweit ein verdeckter Ermittler eine Wohnung betritt, liegt allein darin noch kein Eingriff, wenn die Einwilligung zum Betreten unabhängig von der Identität des Besuchers erteilt wurde. Dagegen begründen darüber hinausgehende Ausspähungsmaßnahmen einen Eingriff in Art. 13 (Gornig, in: MKS, Art. 13 Rn. 46f.). **20**

Soweit es um das Betreten von Geschäfts- und Betriebsräumen geht, die für die Öffentlichkeit zugänglich sind (vgl. Rn. 11), soll kein Eingriff vorliegen, soweit den Räumen nach dem Willen des Berechtigten „eine größere Offenheit nach außen“ zukommt (Jarass, in: JP, Art. 13 Rn. 10a). Das wird man indes nur annehmen können, wenn keine Zugangskontrolle stattfindet, was aber etwa für eine Teestube abgelehnt wurde (BVerwGE 121, 345 [348]). Bei fehlender Zugangskontrolle wird man aber schon die Eröffnung des sachlichen Schutzbereichs des Art. 13 I verneinen müssen (Rn. 11). **21**

2. Eingriffsarten

Bei Art. 13 muss zwischen verschiedenen Arten von Eingriffen differenziert werden. Dies ist erforderlich, weil je nach Art des Eingriffes unterschiedliche Schranken (Art. 13 II bis V und VII) mit unterschiedlichen Anforderungen an die Rechtfertigung bestehen. Zu unterscheiden sind Eingriffe durch Durchsuchungen (Art. 13 II), Eingriffe mittels technischer Hilfsmittel (Art. 13 III bis V) und sonstige Beeinträchtigungen (Art. 13 VII). **22**

Unter einer Durchsuchung versteht man das „ziel- und zweckgerichtete Suchen staatlicher Organe nach Personen, Sachen oder zur Ermittlung eines Sachverhalts, um etwas aufzuspüren, was der Wohnungsinhaber von sich aus nicht offenlegen oder herausgeben will“ (BVerfGE 51, 97 [106f.]). Erforderlich ist ein körperliches Betreten der Wohnung durch das Durchsuchungsorgan. Auf den konkreten Zweck der Durchsuchung kommt es nicht an (vgl. Jarass, in: JP, Art. 13 Rn. 14 m. w. N.). **23**

Beispiele: **24**
- Durchsuchung beim Verdächtigen gem. § 102 StPO
- Durchsuchung bei anderen Personen gem. § 103 StPO
- Durchsuchung bei einem Schuldner gem. § 758 ZPO
- Durchsuchung des Filialgeschäfts, obwohl die den Tatverdacht begründende Handlung im Stammgeschäft begangen wurde (BVerfG [K], NJW 2014, 2265 [2265f. Rn. 16ff.]).

25 Der Tatbestand des Eindringens in die Wohnung mittels technischer Hilfsmittel ist beim Einsatz akustischer, optischer und sonstiger Überwachungsmöglichkeiten gegeben (sog. Lauschangriffe i. w. S., vgl. Art. 13 III bis V).

26 **Beispiele:**
- Installation und Nutzung eines Abhörgerätes
- Benutzung einer Wärmebildkamera
- Videoüberwachung zum Schutz des Einsatzes eines verdeckten Ermittlers
- Verwendung von Personenschutzsendern.

26a Eine sog. Online-Durchsuchung durch Infiltration und Manipulation informationstechnischer Systeme greift in Art. 13 ein, wenn „Mitarbeiter der Ermittlungsbehörde in eine als Wohnung geschützte Räumlichkeit eindringen, um ein dort befindliches informationstechnisches System physisch zu manipulieren. Art. 13 Abs. 1 GG vermittelt dem Einzelnen allerdings keinen generellen, von den Zugriffsmodalitäten unabhängigen Schutz gegen die Infiltration seines informationstechnischen Systems, auch wenn sich dieses System in einer Wohnung befindet. Denn der Eingriff kann unabhängig vom Standort erfolgen, so dass ein raumbezogener Schutz nicht in der Lage ist, die spezifische Gefährdung des informationstechnischen Systems abzuwehren. Soweit die Infiltration die Verbindung des betroffenen Rechners zu einem Rechnernetzwerk ausnutzt, lässt sie die durch die Abgrenzung der Wohnung vermittelte räumliche Privatsphäre unberührt." Sie ist in diesen Fällen nicht am Wohnungsgrundrecht des Art. 13, sondern am allgemeinen Persönlichkeitsrecht nach Art. 2 I i. V. m. Art. 1 I zu messen (BVerfGE 120, 274 [310]).

27 Eingriffe und Beschränkungen i. S. d. Art. 13 VII sind schließlich alle Beeinträchtigungen des Schutzbereiches des Art. 13 I, die weder als Durchsuchungen i. S. d. Art. 13 II noch als Einsatz technischer Überwachungsmittel i. S. d. Art. 13 III bis V einzuordnen sind.

28 **Beispiel:** Betreten und Besichtigen von Räumen zum Zweck behördlicher Informationsbeschaffung (Nachschau) gegen den Willen des Berechtigten (vgl. Goldhammer/Hofmann, JuS 2013, 322 ff.).

III. Eingriffsrechtfertigung

1. Struktur der Schrankenregelungen

29 Die Anforderungen an die Rechtfertigung des Eingriffs hängen von der Art der Beeinträchtigung und – bei Verwendung technischer Hilfsmittel – von dem damit verfolgten Zweck ab (vgl. Rn. 36 ff.). Während Durchsuchungen an Art. 13 II zu messen sind, ist beim Einsatz technischer Überwachungsmittel wie folgt zu differenzieren: Art. 13 III ermächtigt zur akustischen Überwachung von Wohnungen zur Verfolgung besonders schwerer Straftaten. Dagegen ist der Zweck des Art. 13 IV die Abwehr dringender Gefahren für die öffentliche Sicherheit; er ist somit präventiv und nicht repressiv ausgerichtet. Anders als Art. 13 III ist diese Schranke nicht auf die akustische Überwachung (Lauschangriff i. e. S.) beschränkt, sondern lässt auch andere technische Mittel, z. B. eine optische Überwachung, zu. Gleiches gilt für Art. 13 V, der den Schutz der bei einem Einsatz in Wohnungen tätigen Personen bezweckt, namentlich verdeckter Ermittler. Für sonstige Beeinträchtigungen gilt Art. 13 VII. Für die Zwecke der Verteidigung einschließlich des Schutzes der Zivilbevölkerung ergibt sich zudem aus Art. 17a II eine Schranke des Art. 13 I. Angesichts des weit gespannten und dichten Netzes benannter Schranken und der Auffangregelung in Art. 13 VII ist eine Rechtfertigung durch verfassungsimmanente Schranken allenfalls theoretisch denkbar (Gornig, in: MKS, Art. 13 Rn. 170).

2. Durchsuchungen (Abs. 2)

Eine Durchsuchung i. S. d. Art. 13 II (s. Rn. 23) ist gerechtfertigt, soweit sie sich auf eine ausreichende gesetzliche Grundlage stützen kann, eine richterliche Anordnung vorliegt und sie verhältnismäßig ist (vgl. Sodan, in: ders., Art. 13 Rn. 8). 30

Die von Art. 13 II vorausgesetzte gesetzliche Grundlage ist gegeben, wenn ein förmliches Gesetz zur Anordnung der Durchsuchung ermächtigt, das hinreichend bestimmt ist und das Zitiergebot des Art. 19 I 2 beachtet. Die polizeiliche Generalklausel bildet keine tragfähige gesetzliche Grundlage (Jarass, in: JP, Art. 13 Rn. 16; a. A. BVerwGE 47, 31 [38 f.]). Werden die in der gesetzlichen Ermächtigung enthaltenen Anforderungen missachtet, liegt zugleich eine Verletzung des Art. 13 vor (Gornig, in: MKS, Art. 13 Rn. 74; Hermes, in: Dreier, Art. 13 Rn. 49). 31

Darüber hinaus steht die Durchsuchung unter einem Richtervorbehalt. Enthält die gesetzliche Grundlage keinen ausdrücklichen Richtervorbehalt, ergibt sich dieser unmittelbar aus Art. 13 II (BVerfGE 57, 346 [354 f.]). Erforderlich ist mithin eine vorherige richterliche Anordnung, um „eine vorbeugende Kontrolle der Maßnahme durch eine unabhängige und neutrale Instanz zu gewährleisten" (BVerfGE 103, 142 [151]). Der nach eigenverantwortlicher richterlicher Prüfung erlassene Durchsuchungsbeschluss muss Rahmen, Grenzen und Ziele festlegen; er verliert seine rechtfertigende Wirkung spätestens ein halbes Jahr nach seinem Erlass (BVerfGE 96, 44 [51 f., 54]). Eine bloße nachträgliche Billigung durch den Richter ist grds. nicht ausreichend (BVerfGE 51, 97 [114]). 32

Eine besondere Situation liegt vor, wenn der Erfolg der Durchsuchung durch die vorherige Einholung der richterlichen Anordnung gefährdet wäre, also Gefahr im Verzug besteht (BVerfGE 51, 97 [111]; 103, 142 [154]). In diesem Fall kann die Durchsuchung ausnahmsweise auch durch eine Behörde angeordnet werden, die dazu durch förmliches Gesetz (Rn. 31) ermächtigt worden ist. Wegen des strengen Ausnahmecharakters ist der Begriff der Gefahr im Verzug eng auszulegen und unterliegt voller gerichtlicher Nachprüfbarkeit. Die Einschätzung, dass der Erfolg der Durchsuchung durch die Zeitverzögerung gefährdet ist, muss auf konkreten belastbaren einzelfallbezogenen Tatsachen beruhen. Bloße Spekulationen oder hypothetische Erwägungen genügen nicht (s. zum Ganzen BVerfGE 103, 142 [153 ff.]). 33

Beispiel: Drohender Beweismittelverlust (BVerfGE 103, 142 [154]). 34

Darüber hinaus muss jede Durchsuchung dem Verhältnismäßigkeitsgrundsatz gerecht werden (BVerfGE 20, 162 [186 f.]). Dies setzt bei der Durchsuchung einer Wohnung zum Zwecke der Strafverfolgung zunächst voraus, dass der Verdacht besteht, dass eine Straftat begangen wurde. „Dieser Verdacht muss auf konkreten Tatsachen beruhen; vage Anhaltspunkte und bloße Vermutungen reichen nicht aus. Eine Durchsuchung darf nicht der Ermittlung von Tatsachen dienen, die zur Begründung eines Verdachts erforderlich sind; denn sie setzen einen Verdacht bereits voraus" (BVerfG [K], NJW 2014, 1650 [1650 Rn. 16 f.]). Außerdem darf kein milderes, gleich geeignetes Mittel zur Verfügung stehen. Darüber hinaus muss ein angemessenes Verhältnis zwischen der Beeinträchtigung durch die Durchsuchung, dem Verdachtsgrad und der Schwere der vorgeworfenen Tat bestehen (Jarass, in: JP, Art. 13 Rn. 20; Papier, in: MD, Art. 13 Rn. 34 ff.). 35

3. Technische Überwachungsmaßnahmen (Abs. 3 bis 5)

Unter welchen Voraussetzungen die technische Überwachung von Wohnräumen zulässig ist, bestimmen die Absätze 3 bis 5 des Art. 13. Art. 13 III regelt den Fall der Wohnraumüberwachung zum Zwecke der Strafverfolgung. Art. 13 IV regelt die Überwachung aus Gründen der Gefahrenabwehr. Regelungsgegenstand des Art. 13 V 36 ist die Überwachung zum Schutz der in einer Wohnung im Einsatz tätigen Personen (s. auch Rn. 46).

a) Wohnraumüberwachung zum Zwecke der Strafverfolgung (Abs. 3)

37 Der in Art. 13 III vorausgesetzte Zweck der Strafverfolgung bestimmt sich in Abgrenzung zu präventiven Maßnahmen nach dem Schwerpunkt der Zielsetzung (Stern, StR IV/1, S. 286). Art. 13 III gestattet nur eine akustische, aber keine optische Überwachung (Kunig, in: MK, Art. 13 Rn. 40). Umfasst sind aber solche Beeinträchtigungen, die notwendigerweise mit dem Abhören verbunden sind. Daher ist etwa das heimliche Betreten der Wohnung zur Anbringung von technischen Mitteln zur akustischen Überwachung von Art. 13 III gedeckt (Jarass, in: JP, Art. 13 Rn. 22).

38 Die Maßnahme gem. Art. 13 III bedarf einer gesetzlichen Grundlage und muss grds. von einem mit drei Richtern besetzten Spruchkörper angeordnet werden. Bei Gefahr im Verzug (Rn. 33) ist ausnahmsweise die Anordnung durch einen Einzelrichter zulässig, nicht hingegen eine behördliche Anordnung (Jarass, in: JP, Art. 13 Rn. 23).

39 Materiell setzt Art. 13 III 1 zunächst den durch konkrete Umstände begründeten Verdacht einer besonders schweren Straftat voraus. Zwar ist nicht erforderlich, dass der Grad eines hinreichenden Tatverdachts erreicht ist; bloße Vermutungen oder ein Anfangsverdacht reichen jedoch nicht aus (Kunig, in: MK, Art. 13 Rn. 41). Welche Straftaten schwere Straftaten i. S. d. Art. 13 III 1 sind, muss der Gesetzgeber in einem förmlichen Gesetz im Einzelnen bestimmen. Weiterhin muss es um die Überwachung der Wohnung gehen, in der sich der Beschuldigte zum Zeitpunkt der Ermittlungen vermutlich aufhält. Der Aufenthalt von anderen Personen in der Wohnung ist unschädlich, soweit sich die Maßnahme allein auf die Überwachung von Gesprächen richtet, an denen der Beschuldigte beteiligt ist (BVerfGE 109, 279 [355]).

40 Die Maßnahme muss geeignet sein, verwertbare Erkenntnisse zu erlangen. Alternative Maßnahmen müssen weniger geeignet oder stärker belastend sein (Erforderlichkeit). Außerdem muss die Maßnahme angemessen sein. Dabei sind insb. die Unschuldsvermutung und eine mögliche Beeinträchtigung von Grundrechten Dritter zu berücksichtigen (Kunig, in: MK, Art. 13 Rn. 44). Nach Art. 13 III 2 ist die Maßnahme darüber hinaus zu befristen, wobei eine Höchstdauer von vier Wochen nicht überschritten werden darf (BVerfGE 109, 279 [361]).

41 Aus der Menschenwürdegarantie des Art. 1 I, die im Rahmen des Art. 13 zu beachten ist, folgen zudem absolute Grenzen der Zulässigkeit von akustischen Wohnraumüberwachungen. So dürfen etwa Gespräche, die zum Kernbereich der privaten Lebensführung gehören, unter keinen Umständen abgehört werden. Ein solcher Eingriff in Art. 13 I ist unzulässig und kann nicht durch Abwägung gerechtfertigt werden (BVerfGE 109, 279 [319 f.]).

42 **Beispiele:**
- Gespräche mit dem Arzt, Seelsorger, Strafverteidiger
- Vertrauliche oder gar intime Gespräche mit dem Lebenspartner und mit Eltern oder Kindern.

43 Die Wahrscheinlichkeit, dass solche Gespräche vorliegen, ist in Privatwohnungen und in Arbeitsräumen, die einem Beruf dienen, der ein besonderes höchstpersönliches Vertrauensverhältnis voraussetzt, besonders hoch, während sie in sonstigen Geschäftsräumen als eher gering zu veranschlagen ist. Das Abhören solcher Gespräche ist wegen Art. 1 I generell unzulässig (Rn. 41). Sobald sich zeigt, dass die Voraussetzungen eines zulässigen Abhörens nicht (mehr) vorliegen, ist die Überwachung abzubrechen. Die betroffenen Aufzeichnungen sind zu löschen und das unzulässige Abhören muss aktenkundig gemacht werden. Durch ein unzulässiges Abhören gewonnene Informationen unterliegen einem strikten Beweisverwertungsverbot (BVerfGE 109, 279 [324, 331 ff., 380 f.]).

b) Wohnraumüberwachung zum Zwecke der Gefahrenabwehr (Abs. 4)

Nach Art. 13 IV sind akustische, optische und sonstige technische Mittel zur Überwachung von Wohnräumen zu Zwecken der präventiven Abwehr dringender Gefahren für die öffentliche Sicherheit zulässig. Eine solche dringende Gefahr liegt neben den in Art. 13 IV genannten Fällen der Lebensgefahr und der Gefahr für die Allgemeinheit vor, wenn die Gefährdung von Sach- und Vermögenswerten ein Gewicht hat, das das für eine gemeine Gefahr typische Gefahrenpotential aufweist (BVerfGE 109, 279 [379]). Gemäß des Verhältnismäßigkeitsgrundsatzes sind die Anforderungen an die Wahrscheinlichkeit des schädlichen Erfolges umso geringer, je schwerer der drohende Schaden wiegt (BVerwGE 47, 31 [40]). **44**

Die Anordnung der Überwachungsmaßnahmen zur Gefahrenabwehr bedarf einer hinreichend bestimmten gesetzlichen Grundlage und steht unter einem Richtervorbehalt. Soweit bei Gefahr im Verzug (Rn. 33) eine behördliche Anordnung ausreichend ist, muss gem. Art. 13 IV 2 Hs. 2 die richterliche Entscheidung unverzüglich nachgeholt werden. Zudem darf auch die technische Wohnraumüberwachung zur Gefahrenabwehr nicht in den durch Art. 1 I absolut geschützten Kernbereich privater Lebensgestaltung eingreifen (Rn. 41 ff.). Sie muss im Übrigen dem Grundsatz der Verhältnismäßigkeit genügen (Kunig, in: MK, Art. 13 Rn. 48). **45**

c) Wohnraumüberwachung zum Schutz der im Einsatz tätigen Personen (Abs. 5)

Nach Art. 13 V können technische Mittel, insb. die akustische und optischen Überwachung, zum Schutze rechtmäßigerweise in einer Wohnung ermittelnder hoheitlich tätiger Personen – etwa verdeckter Ermittler (Hermes, in: Dreier, Art. 13 Rn. 90) – zum Einsatz kommen. Abweichend von Art. 13 III und IV kann dies nicht nur durch einen Richter, sondern durch jede gesetzlich bestimmte Stelle, also auch durch eine Behörde, angeordnet werden (Jarass, in: JP, Art. 13 Rn. 32). Allerdings ist gem. Art. 13 V 2 Hs. 1 die Verwertung der bei einem solchen Einsatz erlangten Erkenntnisse nur zulässig, wenn die Rechtmäßigkeit der Maßnahme zuvor richterlich festgestellt worden ist. Bei Gefahr im Verzug ist eine richterliche Entscheidung gem. Art. 13 V 2 Hs. 2 unverzüglich nachzuholen; hierfür gelten dieselben Anforderungen wie bei Art. 13 IV 2 Hs. 2. Über diese formellen und materiellen Kriterien hinaus ist auch im Rahmen des Art. 13 V die absolute Grenze des Art. 1 I zu beachten. Die Maßnahme darf daher nicht in den Kernbereich privater Lebensgestaltung eingreifen (Rn. 41 ff.). Das gilt für die Überwachung und für die Verwertung der dabei gewonnenen Erkenntnisse. **46**

d) Berichterstattungspflicht (Abs. 6)

Art. 13 VI verpflichtet die Bundesregierung dazu, den Bundestag jährlich über den Einsatz technischer Mittel zu unterrichten. Dies betrifft Lauschangriffe nach Art. 13 III sowie den Einsatz technischer Mittel nach Art. 13 IV im Zuständigkeitsbereich des Bundes und nach Art. 13 V, soweit eine richterliche Überprüfung erforderlich ist. Der Zweck des Art. 13 VI besteht darin, dass der Gesetzgeber über die einschlägigen Maßnahmen informiert wird und so die Einhaltung der in Art. 13 III bis V enthaltenen Einschränkungen für diese intensiven Eingriffe in Art. 13 I kontrollieren kann. Die parlamentarische Verantwortung wird auf diese Weise gewahrt (BVerfGE 109, 279 [373]). Die parlamentarische Kontrolle wird auf der Grundlage dieses Berichts durch ein vom Bundestag gewähltes Gremium ausgeübt. Die Länder müssen eine gleichwertige parlamentarische Kontrolle gewährleisten (Art. 13 VI 2 und 3). Der Rechtsweg wird dadurch weder beschränkt noch ersetzt (Sodan, in: ders., Art. 13 Rn. 17). **47**

Klausurhinweis: Ein Verstoß gegen Art. 13 VI führt nicht zur Rechtswidrigkeit des Eingriffs in Art. 13 I. **48**

4. Sonstige Beeinträchtigungen (Abs. 7)

49 Beeinträchtigungen, die weder Durchsuchungen noch technische Wohnraumüberwachungen gem. Art. 13 III bis V darstellen, können nach Maßgabe des Art. 13 VII gerechtfertigt sein.

50 Art. 13 VII Hs. 1 enthält für die Abwehr einer gemeinen Gefahr oder Lebensgefahr eine verfassungsunmittelbare Schranke. Beeinträchtigungen des Art. 13 I sind in diesen Fällen auch ohne spezialgesetzliche, hinreichend bestimmte und das Zitiergebot beachtende Ermächtigung zulässig. Allerdings ist umstritten, ob gänzlich auf eine gesetzliche Grundlage verzichtet werden kann (dazu Jarass, in: JP, Art. 13 Rn. 35; Papier, in: MD, Art. 13 Rn. 117). Das Merkmal „Lebensgefahr" setzt eine konkrete Gefahr für das Leben bestimmter Personen voraus. Eine gemeine Gefahr verlangt eine hinreichende Wahrscheinlichkeit eines unübersehbaren Schadens für eine unbestimmte Zahl von Personen oder Sachen (Gornig, in: MKS, Art. 13 Rn. 156f.). Diese Voraussetzungen sind restriktiv auszulegen. Außerdem ist der Grundsatz der Verhältnismäßigkeit zu beachten (Jarass, in: JP, Art. 13 Rn. 35).

51 Abgesehen von den Fällen des Art. 13 VII Hs. 1 sind Beeinträchtigungen nach Art. 13 VII Hs. 2 zur Abwendung dringender Gefahren (vgl. Rn. 44) zulässig, soweit eine Ermächtigung durch ein förmliches, hinreichend bestimmtes Gesetz besteht und das Zitiergebot beachtet wird. Das Gebot der Verhältnismäßigkeit ist ebenfalls zu wahren. Allerdings sind die daraus resultierenden Anforderungen geringer, soweit es um reine Betriebs- und Arbeitsräume geht. Nach Ansicht des BVerfG ist der grundrechtliche Schutz umso schwächer, „je größer ihre Offenheit nach außen ist und je mehr sie zur Aufnahme sozialer Kontakte für Dritte bestimmt sind" (BVerfGE 97, 228 [266]). Demnach sind insb. behördliche Betretungen und Besichtigungen solcher Räume, die im Wirtschaftsverwaltungs-, Umwelt- und Arbeitsschutzrecht verbreitet erfolgen, gerechtfertigt, wenn sie auf einer gesetzlichen Grundlage beruhen sowie geeignet, erforderlich und angemessen sind. Letzteres setzt grds. voraus, dass die Räume zu Geschäftszeiten betreten werden (vgl. BVerfGE 32, 54 [75ff.]).

C. Prüfungshinweise

52 Die Prüfungsrelevanz des Art. 13 in den verschiedenen Rechtsgebieten (vgl. Rn. 2) hängt zunächst von seinem Anwendungsbereich ab, der wiederum durch den Schutzgegenstand „Wohnung" bestimmt wird. Dieser Rechtsbegriff ist anhand des Schutzzwecks dieses Grundrechts sorgfältig zu ermitteln. Dabei kann insb. das Problem des Schutzes von Betriebs- und Geschäftsräumen eine Rolle spielen. Bei der weiteren Prüfung ist wegen der unterschiedlichen Rechtfertigungsmöglichkeiten eines Eingriffs in Art. 13 I darzulegen, welche Art von Beeinträchtigung vorliegt. Bei der Prüfung der Voraussetzungen der einschlägigen Schranke ist zusätzlich die Schranken-Schranke des Art. 1 I zu beachten. Sie begründet einen absoluten Schutz des Kernbereichs privater Lebensführung, der nicht durch Abwägung überwunden werden kann. Unter Verstoß gegen Art. 13 gewonnene Informationen unterliegen einem Verwertungsverbot (vgl. BVerfGE 109, 279 [331]). Art. 13 kann daher auch außerhalb des öffentlichen Rechts, etwa im Strafprozessrecht, prüfungsrelevant sein.

53 **Grobschema zur Prüfung der Unverletzlichkeit der Wohnung durch das BVerfG:**

1. Schutzbereich des Art. 13 I
   a) persönlich (Wohnungsinhaber; Problem: unberechtigter Besitz; Problem: juristische Personen)
   b) sachlich (Wohnung; Problem: Betriebs- und Geschäftsräume)
2. Eingriff (Durchsuchung, Überwachung mit technischen Mitteln [„Lauschangriff"], sonstige Beeinträchtigungen)
3. Rechtfertigung (abhängig von der Art des Eingriffs)

a) Ausgeschlossen bei Beeinträchtigung des Kernbereichs privater Lebensführung, Art. 1 I
b) Schranken
   (1) Durchsuchungen, Art. 13 II
   (2) Überwachung mit technischen Mitteln, Art. 13 III–V (alternativ)
   (3) sonstige Beeinträchtigungen, Art. 13 VII (subsidiär)
c) Schranken-Schranken
   (1) verfassungslegitimes Ziel
   (2) Verhältnismäßigkeit
   (3) Zitiergebot, Art. 19 I 2

D. Weiterführende Literatur/Leseempfehlungen

Battis, U., Schutz der Gewerberäume durch Art. 13 GG und Wirtschafts-, Arbeits- **54** und Steueraufsicht – BVerfGE 35, 54, JuS 1973, 25–30; Goldhammer, M./Hofmann, A., Anfängerklausur – Öffentliches Recht: Grundrechte – Kontrolle im Copy-Shop, JuS 2013, 322–327; Gusy, C., Lauschangriff und Grundgesetz, JuS 2004, 457–462; Hohmann-Dennhardt, C., Freiräume – Zum Schutz der Privatheit, NJW 2006, 545–549; Kutscha, M., Verdeckte „Online-Durchsuchung" und Unverletzlichkeit der Wohnung, NJW 2007, 1169–1172; Pötters, S./Werkmeister, C., Der verfassungsrechtliche Konflikt zwischen Freiheit und Sicherheit im Zeitalter des Internets, Jura 2013, 5–12; Ruthig, J., Die Unverletzlichkeit der Wohnung (Art. 13 GG n. F.), JuS 1998, 506–516; Sachs, M., Behördliche Nachschaubefugnisse und richterliche Durchsuchungsanordnung nach Art. 13 Abs. 2 GG, NVwZ 1987, 560–562; ders., Grundrechte: Fernmeldegeheimnis und Unverletzlichkeit der Wohnung, JuS 2012, 374–376; Singelnstein, T., Bildaufnahmen, Orten, Abhören – Entwicklungen und Streitfragen beim Einsatz technischer Mittel zur Strafverfolgung, NStZ 2014, 305–311; Stellhorn, H., Betretungsbefugnisse der Denkmalbehörden, NVwZ 2014, 1213–1216; Wißmann, H., Grundfälle zu Art. 13 GG, JuS 2007, 324–328.

Art. 14 [Eigentumsgarantie und Erbrecht]

(1) [1]**Das Eigentum und das Erbrecht werden gewährleistet.** [2]**Inhalt und Schranken werden durch die Gesetze bestimmt.**

(2) [1]**Eigentum verpflichtet.** [2]**Sein Gebrauch soll zugleich dem Wohle der Allgemeinheit dienen.**

(3) [1]**Eine Enteignung ist nur zum Wohle der Allgemeinheit zulässig.** [2]**Sie darf nur durch Gesetz oder auf Grund eines Gesetzes erfolgen, das Art und Ausmaß der Entschädigung regelt.** [3]**Die Entschädigung ist unter gerechter Abwägung der Interessen der Allgemeinheit und der Beteiligten zu bestimmen.** [4]**Wegen der Höhe der Entschädigung steht im Streitfalle der Rechtsweg vor den ordentlichen Gerichten offen.**

Pflichtstoff (*****)

Übersicht

A. Überblick

I. Normstruktur

1 Neben der Berufsfreiheit des Art. 12 I (s. dort Rn. 6) stellt die Eigentumsgarantie des Art. 14 die zentrale grundrechtliche Säule der Wirtschaftsverfassung Deutschlands dar. Im Schutz des Erwerbs (Art. 12 I) und des Erworbenen (Art. 14) ergänzen die beiden Grundrechte einander (Rn. 35) und bilden das subjektiv-rechtliche Rückgrat der sozialen Marktwirtschaft (mit objektiv-rechtlicher Ausstrahlung). Das BVerfG hat es als „elementares Grundrecht", als eine „Wertentscheidung […] von besonderer Bedeutung" bezeichnet (BVerfGE 102, 1 [15]).

2 Der Zugang zum Verständnis von Art. 14 liegt in einer strukturierten Unterscheidung:

- Art. 14 I 1 umreißt den Schutzbereich („Eigentum und Erbrecht");
- Art. 14 I 2 eröffnet dem Gesetzgeber Möglichkeiten zur Ausgestaltung („Inhalt") und Beschränkung („Schranken");
- Art. 14 II gibt dem Gesetzgeber bei seiner Ausgestaltung und Beschränkung Leitlinien vor, die er ebenso zu beachten hat wie die grds. Garantie in Art. 14;
- Art. 14 III regelt die Enteignung. Gerade wegen der damit verbundenen Entschädigungspflicht (Satz 2–4) ist das Institut der Enteignung strikt von anderen Beschränkungen des Eigentums (Art. 14 I 2) abzugrenzen (Rn. 49 ff.).

II. Prüfungsrelevanz

3 Entsprechend seiner hohen Bedeutung in der Praxis und Wissenschaft sollte Art. 14 auch einen Schwerpunkt in juristischen Prüfungen bilden. Nicht wenige Aufgabensteller scheint jedoch Unbehagen zu überkommen, weil die Eigentumsgarantie als dogmatisch zu anspruchsvoll gilt. Vor solchen vorschnellen Urteilen sollte der Student nicht resignieren – und gerade hier keinesfalls „auf Lücke setzen". Art. 14 ist und bleibt ein Kristallisationspunkt des öffentlichen Rechts.

III. Europa

4 Das Eigentum ist im Unionsrecht fest verankert: Nach Art. 17 I 1 EU-GRCh hat jede Person das Recht, ihr rechtmäßig erworbenes Eigentum zu besitzen, zu nutzen, darüber zu verfügen und es zu vererben. Die Sätze 2 und 3 sehen Entzugs- und Be-

schränkungsmöglichkeiten vor; Abs. 2 schützt ausdrücklich auch das geistige Eigentum. Bereits vor der Verbindlicherklärung der EU-GRCh durch den Vertrag von Lissabon am 1.12.2009 (Art. 6 I EUV) hat der EuGH die Eigentumsgarantie zu einem wichtigen Grundrecht entwickelt (s. nur EuGH, NJW 1980, 505 [506f.]). Im Vergleich zu Art. 14 ergeben sich dabei gewisse Abweichungen im Schutzbereich und in den Beschränkungsmöglichkeiten (Wendt, in: Sachs, Rn. 20bff.). Zu beachten ist überdies, dass die Eigentumsordnungen der Mitgliedstaaten durch die EU-Verträge grds. nicht berührt werden sollen (Art. 345 AEUV).

Auch auf der – von der EU strikt zu trennenden – Ebene des Europarats genießt das Eigentum Schutz. Zwar fand dieser Schutz noch nicht im ursprünglichen Korpus der EMRK v. 4.11.1950 Platz, wurde aber bereits im (1.) Zusatzprotokoll zur EMRK v. 20.3.1952 (dort Art. 1) hinzugefügt. Auch hierzu besteht eine bedeutende Rspr. des EGMR (Nw. bei Herdegen, Europarecht, § 3 Rn. 38ff., 61). 5

B. Erläuterungen

I. Gewährleistung von Eigentum und Erbrecht (Abs. 1 S. 1)

Nach Art. 14 I 1 werden Eigentum und Erbrecht gewährleistet. Ausgehend von diesem Wortlaut spricht man von Eigentumsgarantie, nicht aber – wozu die Terminologie anderer Grundrechte (Handlungsfreiheit, Berufsfreiheit, Recht auf Leben usw.) verleiten könnte – von Eigentumsfreiheit oder Eigentumsrecht. Es geht bei Art. 14 in der Tat weder um ein (einzelnes) Eigentumsrecht oder um ein Rechtsgut noch um die Freiheit, Eigentum erwerben zu können (Rn. 35), sondern vielmehr um den Schutz (die Gewährleistung) erworbenen Eigentums. 6

1. Schutzbereich

a) Persönlich

aa) Natürliche Personen. Der persönliche Schutzbereich der Eigentumsgarantie ist wegen der passivischen Formulierung des Wortlauts von Art. 14 I 1 auf den ersten Blick unbestimmt; es ist weder von „jeder“ oder „jedermann“ (Art. 2, 5 I, Art. 17 u. a.) noch von „allen Deutschen“ (Art. 8 I, Art. 9 I, Art. 11 I, Art. 12 I u. a.) die Rede. Eine grundrechtsfreundliche Betrachtung führt jedoch dazu, dass alle natürlichen Personen in den Schutzbereich fallen; Art. 14 ist ein Jedermann- oder Menschenrecht. 7

bb) Personenvereinigungen. Die Eigentumsgarantie gilt nach Art. 19 III auch für (1) juristische Personen, wenn diese (2) inländisch sind und soweit (3) Art. 14 seinem Wesen nach auf diese anwendbar ist. 8

(1) Juristische Person. Der Begriff der juristischen Person i. S. v. Art. 19 III ist weit auszulegen, um den Schutzbereich auf alle Personenvereinigungen zu erstrecken, zu denen sich natürliche Personen zusammenschließen können, um ihr Eigentum gemeinschaftlich zu besitzen oder zu nutzen (vgl. Art. 19 Rn. 37ff.): Darunter fallen deshalb nicht nur juristische Personen im zivilrechtlichen Sinne (AG, GmbH, e. V. u. dgl.), sondern auch Personenvereinigungen, die aufgrund von Organen zu einer gemeinschaftlichen Willensbildung und zu einem einheitlichen Auftreten nach außen befähigt sind (so insb. GbR, oHG, KG, s. BVerfGE 4, 7 [17]). 9

(2) Inländisch ist eine juristische Person i. S. v. Art. 19 III, wenn sie ihren Sitz in Deutschland hat (BVerfG-K, NJW 2002, 1485; NJW 2008, 670 [671]). Gemeint ist damit aber nicht der rein satzungsmäßige Sitz (vgl. § 11 AO), sondern vielmehr der Mittelpunkt der tatsächlichen Tätigkeit (effektiver Sitz), wozu nicht nur der (Waren-) Absatz, sondern auch die Produktion und die geschäftliche Leitung gehören. Wird eine solche juristische Person allerdings von Ausländern beherrscht, ist sie gleichwohl 10

nicht als „inländisch" i.S.v. Art. 19 III einzustufen (str., vgl. Jarass, in: JP, Art. 19 Rn. 22 m.w.N.).

11 Ausländische juristische Personen können sich nicht auf Art. 14 berufen (BVerfGE 21, 207 [208f.]; 100, 313 [364]). Anders als bei natürlichen Personen scheidet zudem ein Rückgriff auf Art. 2 I aus, weil auch dieses Grundrecht nach Art. 19 III nur für inländische juristische Personen gilt. Mit Rücksicht auf den Anwendungsvorrang der Grundfreiheiten im Binnenmarkt (dazu Art. 26 II AEUV) und das Diskriminierungsverbot (Art. 18 AEUV) ist Art. 14 (wie andere Grundrechte auch) entgegen dem Wortlaut des Art. 19 III allerdings auch auf juristische Personen aus Mitgliedstaaten der EU anwendbar (BVerfGE 129, 78 [94ff.]; näher Art. 19 Rn. 62f.). Ihnen stehen zudem die einschlägigen Grundfreiheiten des AEUV zur Seite (Art. 34ff., 45ff., 49ff., 56ff., 63ff.). Darüber hinaus können sich juristische Personen wegen Art. 51 I EU-GRCh auch auf Art. 17 EU-GRCh berufen, soweit Deutschland EU-Recht durchführt (vgl. Rn. 4).

12 *(3) Wesensgemäße Anwendbarkeit.* Seinem Wesen nach ist Art. 14 dann auf eine juristische Person anwendbar, soweit sie sich in einer „grundrechtstypischen Gefährdungslage" befinden (BVerfGE 45, 63 [79]). Dies ist bei j.P.ö.R. (Kommunen und andere Körperschaften sowie Anstalten und Stiftungen des öffentlichen Rechts) nicht der Fall, da sie vom Staat errichtet wurden und „in dessen Lager stehen". Dies gilt unabhängig davon, ob die j.P.ö.R. den Eigentumsgegenstand zur Erfüllung spezifischer öffentlicher Aufgaben benötigt oder nicht (dann liegt eine sog. fiskalische Nutzung vor). Art. 14 schützt damit nicht das Privateigentum schlechthin (Rn. 23ff.), sondern nur das Eigentum Privater. Insb. Kommunen (Städte, Gemeinden, Landkreise u. dgl.) können zwar sehr wohl zivilrechtliches Eigentum erwerben, sich aber gegenüber dem Staat (Bund, Land) nicht auf den Bestand ihres privatrechtlichen Eigentums aus Art. 14 berufen (BVerfGE 61, 82 [105]; 75, 192 [197]). Ihnen steht in dieser Beziehung vielmehr (nur) ihr Recht auf kommunale Selbstverwaltung zur Seite (Art. 28 II, s. dort Rn. 21ff.).

13 Auf juristische Personen des Privatrechts findet Art. 14 grds. Anwendung. Denn die Garantie des Eigentums knüpft nicht „an Eigenschaften, Äußerungsformen oder Beziehungen an […], die nur natürlichen Personen wesenseigen sind" (vgl. BVerfGE 118, 168 [203]). Vielmehr ist die Bildung und Betätigung einer juristischen Person des Privatrechts i.d.R. Ausdruck der freien Entfaltung der dahinter stehenden natürlichen Personen (vgl. BVerfGE 61, 82 [101]). Das durch eine AG, eine GmbH u.a. erworbene Eigentum kommt auch deren Gesellschaftern zugute und verhilft diesen zu einer selbstbestimmten Lebensgestaltung im vermögensrechtlichen Bereich.

b) Sachlich

14 *aa) Ausgestaltungsbedürftigkeit – Inhaltsbestimmungen – normgeprägtes Grundrecht.* Durch Art. 14 I 1 werden Eigentum und Erbrecht gewährleistet. Was aber ist Eigentum, woraus besteht es, was umfasst es? Darin liegt eines der Hauptprobleme dieses Grundrechts – obwohl der Eigentumsschutz zu den ältesten Menschenrechten zählt (Hufen, Staatsrecht II, § 38 Rn. 1). Andere grundrechtliche Verbürgungen, insb. die Schutzgüter Leben, körperliche Unversehrtheit, Freiheit (Art. 2 II) oder Wohnung (Art. 13), aber auch Versammlung (Art. 8), Beruf (Art. 12 I) u.a.m. lassen sich als Verfassungsbegriffe auslegen und werfen höchstens an ihren Rändern Abgrenzungsfragen auf. Eigentum hingegen ist nicht „naturwüchsig", sondern vielmehr ein Produkt der jeweiligen Rechts- und Gesellschaftsordnung.

15 Daher ist der Gesetzgeber dazu aufgerufen, Inhalt und Reichweite des Eigentums zu definieren. Art. 14 I 2 schreibt diesen Auftrag in aller Klarheit fest: Der Inhalt des Eigentums wird durch die Gesetze bestimmt (zum Verhältnis von Inhalts- und Schrankenbestimmungen s. Rn. 45f.). Im Vergleich zu anderen Grundrechten ist dies eine

Besonderheit: Der Gesetzgeber muss den Gewährleistungsgegenstand des Grundrechts – das Eigentum – durch einfaches Gesetzesrecht (durch Rechtsnormen) erst ausgestalten, damit es im Rechtsverkehr handhabbar wird (in Deutschland insb. durch §§ 903ff. BGB u.v.a.m., hinsichtlich des Erbrechts durch §§ 1922ff. BGB). Der grundrechtliche Begriff des Eigentums (und damit der sachliche Schutzbereich) ist also durch einfaches Gesetzesrecht geprägt. Die Eigentumsgarantie des Art. 14 wird daher als normgeprägtes Grundrecht bezeichnet.

Diese Einsicht führt zu einem Dilemma: Wie soll die Eigentumsgarantie als Abwehrrecht gegen die öffentliche Gewalt wirken (Art. 1 III), wenn der staatl. Gesetzgeber das Eigentum ausgestalten darf und muss? Im Extremfall könnte der Gesetzgeber seine Kompetenz zur Inhaltsbestimmung nach Art. 14 I 2 missbrauchen, indem er das Institut des Eigentums (sowie des Erbrechts) und die Befugnisse des Eigentümers minimiert. Dadurch würde der sachliche Schutzbereich so weit beschränkt, dass es bei staatl. Beeinträchtigungen vermögensrelevanter Positionen kaum mehr zu einem Eingriff käme. Der grundrechtlichen Rechtfertigung über Schranken und Schranken-Schranken (Vorbem. Grundrechte Rn. 104ff., 116ff.) wäre der Gesetzgeber insoweit enthoben; entsprechend liefe die Eigentumsgarantie leer. **16**

Für Abhilfe aus diesem Zirkelproblem sorgt die Institutsgarantie des Eigentums. Der Schutzbereich der Eigentumsgarantie steht nicht zur freien Disposition des Gesetzgebers. Indem Art. 14 I 1 das Eigentum (und das Erbrecht) gewährleistet, bekennt sich das GG zum Institut (svw. Einrichtung) des Eigentums (und des Erbrechts). Bei der Ausgestaltung (Inhaltsbestimmung) ist der Gesetzgeber verpflichtet, die Wesensmerkmale des Eigentums zu beachten. „Die Institutsgarantie verbietet [...], dass solche Sachbereiche der Privatrechtsordnung entzogen werden, die zum elementaren Bestand grundrechtlich geschützter Betätigung im vermögensrechtlichen Bereich gehören, und damit der durch das Grundrecht geschützte Freiheitsbereich aufgehoben oder wesentlich geschmälert wird" (vgl. BVerfGE 24, 367 [389]; 58, 300 [339]). **17**

Unabhängig von konkreten Sachbereichen weist das Eigentum folgende Wesensmerkmale auf: **18**

- Privatnützigkeit: Eigentum dient dem privaten Eigentümer, er muss berechtigt sein, die Vorteile (Besitz oder andere Innehabung, Sach- und Rechtsfrüchte, Gebrauchsvorteile, Rn. 34) zu ziehen. **19**
- Verfügungsbefugnis: Der Eigentümer darf die Gegenstände seines Eigentums frei übertragen (übereignen, z.B. aufgrund eines Kauf- oder Schenkungsvertrags), belasten (etwa durch Vereinbarung einer Grundschuld oder eines anderen Pfandrechts) oder Dritten bestimmte Nutzungsrechte einräumen (Miete, Pacht u.a.). **20**
- Rechtsnachfolgegarantie: Verstirbt der Eigentümer, fällt sein Eigentum nicht an den Staat oder ähnliche Einrichtungen; vielmehr darf der Eigentümer (als Erblasser durch Testament oder Erbvertrag) entscheiden, auf wen (auf welche[n] Erben als Rechtsnachfolger) sein Eigentum übergehen soll (Rn. 31). Daher wird in Art. 14 I 1 neben dem Eigentum auch das Erbrecht ausdrücklich gewährleistet. **21**

An diesen Maßgaben hat sich der Gesetzgeber bei der Ausgestaltung der Eigentumsordnung nach Art. 14 I 2 zu orientieren. Dabei hat er jedoch auch ein Gegengewicht zu beachten: die Sozialbindung des Eigentums gem. Art. 14 II, die sich in Beschränkungen des Eigentums zeigt (Rn. 55 ff.). **22**

bb) Gegenstand. Ausgehend von der Ausgestaltung des Eigentums durch den Gesetzgeber in der einfachen Rechtsordnung (Art. 14 I 2, Rn. 14ff.) bezieht sich der Schutz von Art. 14 I 1 auf **23**

- *konkrete* vermögenswerte Rechtspositionen, d.h. nicht auf das Vermögen einer Person als Ganzes (kein Sach- oder Rechts*in*begriff),
- die dem Berechtigten von der Rechtsordnung zugewiesen sind
- zur Ausübung nach eigenverantwortlicher Entscheidung zum privaten Nutzen (vgl. BVerfGE 112, 93 [107]).

24 *(1) Eigentum.* Darunter fällt zunächst das Eigentum i.S.d. bürgerlichen Rechts. Nach § 903 BGB kann Eigentum nur an Sachen und Tieren bestehen. Sachen sind gem. § 90 BGB nur körperliche Gegenstände, und zwar bewegliche (Fahrnis = Mobilien) und unbewegliche (Liegenschaften = Immobilien, vgl. § 94 BGB).

25 An sonstigen privaten Rechten (Dienstbarkeiten, Pfandrechten, Ansprüchen, Forderungen usw.) kann nach zivilrechtlicher Dogmatik kein Eigentum bestehen, sondern nur eine Inhaberschaft (Innehabung, Rn. 34). Grundrechtlich ist jedoch kein Grund ersichtlich, warum diese Rechtspositionen nicht unter Eigentum i.S.v. Art. 14 fallen sollten. Denn auch sie sind dem Inhaber zur eigenverantwortlichen Nutzung zugewiesen, machen sein „Vermögen" aus und sind schutzbedürftig. Daher erstreckt sich der Eigentumsbegriff des Art. 14 I 1 auf

– absolute Rechte des Privatrechts (Wohnungseigentum, Erbbaurecht, Grunddienstbarkeit, Nießbrauch, beschränkte persönliche Dienstbarkeit, dingliches Vorkaufsrecht, Reallast, Hypothek, Grundschuld, Rentenschuld, Pfandrecht, s. §§ 1018ff. BGB u.a., Aktien und GmbH-Geschäftsanteile, aber auch „geistiges Eigentum"/ Immaterialgüterrechte wie das Urheberrecht, Patentrecht, Markenrecht, Gebrauchs- und Geschmacksmusterrecht u.a.m., vgl. BVerfGE 83, 201 [208f.]; der Widerruf der Börsenzulassung einer Aktiengesellschaft berührt jedoch nicht den Schutzbereich des Art. 14 I, BVerfGE 132, 99 [118ff. Rn. 49ff.]);
– relative Rechte des Privatrechts, die nicht wie absolute Rechte gegenüber jedermann, sondern nur gegenüber einzelnen Personen wirken, insb. schuldrechtliche Ansprüche (Forderungen) i.S.v. § 241 BGB (BVerfGE 83, 201 [208]);
– den berechtigten Besitz des Mieters von Wohnraum (§§ 535ff. i.V.m. §§ 854ff. BGB, vgl. BVerfGE 89, 1 [6ff.]).

26 Ob auch das Recht am eingerichteten und ausgeübten Gewerbebetrieb (so seit RGZ 58, 24 [29]; moderner: das Recht am Unternehmen) als Eigentum i.S.v. Art. 14 I 1 geschützt wird, hat das BVerfG bislang stets offen gelassen (BVerfGE 105, 252 [278]; 123, 186 [258]). Problematisch könnte eine Einbeziehung insofern sein, als darunter ein Inbegriff an Sachen und Rechten fällt, Art. 14 jedoch nur einzelne konkrete vermögenswerte Rechtspositionen schützt (Rn. 23; für die Einbeziehung in den Schutzbereich Jarass, in: JP, Rn. 9 m.w.N.).

27 Neben privaten Rechten erstreckt sich das Eigentum i.S.v. Art. 14 auch auf öffentlich-rechtliche Ansprüche und Anwartschaften. Voraussetzung dafür ist jedoch, dass sie durch eigene Leistung erworben wurden. Geschützt werden daher insb. Ansprüche und Anwartschaften aus der gesetzlichen Rentenversicherung (BVerfGE 100, 1 [32f.]) oder aus der Arbeitslosenversicherung (Arbeitslosengeld I), nicht aber sozialrechtliche Ansprüche, die nicht nach dem Versicherungsprinzip erworben wurden, sondern wegen Bedürftigkeit gewährt werden (so der Anspruch auf Sozialhilfe oder auf Arbeitslosengeld II [sog. Hartz IV]). Mangels eigener Leistung ebenso wenig geschützt werden Ansprüche auf Subventionen, Förderungen und andere Zuwendungen (BVerfGE 97, 67 [83]) oder Genehmigungen (Erlaubnisse, Lizenzen – der verfassungsrechtliche Vertrauensschutz [Art. 20 Rn. 189ff.] wird dort durch §§ 48ff. VwVfG gewährleistet). Vermögensrechtliche Ansprüche von Berufsbeamten und Richtern werden i.R.v. Art. 33 V geschützt, der Art. 14 insoweit vorgeht (BVerfGE 76, 256 [294], s. Art. 33 Rn. 58).

28 Nicht unter Eigentum i.S.v. Art. 14 fallen das Vermögen als Ganzes (Rn. 23) und andere Sachgesamtheiten oder Bündel von Rechten. Dies hat bedeutende Auswirkungen für Steuer-, Gebühren-, Beitrags-, Abgaben-, Leistungs- und Kostenbescheide oder andere VA, aufgrund deren die Zahlung eines Geldbetrags gefordert wird. Mit diesen VA greift die öffentliche Gewalt – jedenfalls nach bisheriger Rspr. des BVerfG; anders Rn. 29 – nicht auf eine konkrete vermögensrechtliche Rechtsposition zu. Dem Schuldner wird vielmehr die Wahl gelassen, mit welchen Mitteln er seiner Zahlungspflicht nachkommt: Er kann sie aus seinem liquiden Vermögen erfüllen, erforderli-

chenfalls einen Vermögensgegenstand „zu Geld machen" oder einen Kredit aufnehmen. Daher ist der sachliche Schutzbereich von Art. 14 insoweit nicht berührt, sondern stattdessen der der allgemeinen Handlungsfreiheit gem. Art. 2 I (BVerfGE 95, 267 [300]).

Davon macht das BVerfG indessen Ausnahmen: **29**

- zum einen, wenn dem Bürger aufgrund seiner Eigentümerstellung Kosten auferlegt werden (z. B. wegen einer polizeirechtlichen Maßnahme zur Sanierung von Altlasten, BVerfGE 102, 1 [14 f.]),
- zum anderen wenn und soweit Steuerpflichten tatbestandlich an den Hinzuerwerb oder das Innehaben von Eigentum anknüpfen (so insb. die Einkommen- und die Gewerbesteuer, BVerfGE 115, 97 [111 f.], sowie die Vermögensteuer, BVerfGE 93, 121 [137]).

Nicht unter den Eigentumsschutz von Art. 14 fallen Interessen und Positionen, die **30** noch nicht erworben sind, die sich noch nicht vermögensrechtlich verfestigt haben. Art. 14 blickt insoweit in die Gegenwart und Vergangenheit, nicht aber in die Zukunft. Geschützt wird der (Eigentums-)Bestand (vgl. die Redensart „was man hat, das hat man" – Bestandsgarantie, Bestandsschutz als besondere Ausprägung des allg. Vertrauensschutzes, Art. 20 Rn. 189 ff.). Außerhalb des sachlichen Schutzbereichs liegen daher Gewinnchancen, Erwerbsaussichten und Verdienstmöglichkeiten; solche Potentiale werden stattdessen durch die Berufsfreiheit gem. Art. 12 I, subsidiär durch die allgemeine Handlungsfreiheit gem. Art. 2 I, gewährleistet (BVerfGE 105, 252 [277 ff.]). Als Faustregel gilt: Art. 14 schützt das Erworbene, Art. 12 I den Erwerb (s. Art. 12 Rn. 33).

(2) Erbrecht. Neben dem Eigentum wird in Art. 14 I 1 das Erbrecht besonders ge- **31** nannt (Erbrechtsgarantie). Gemeint ist damit

- einerseits das Recht des Erblassers, sein Vermögen an denjenigen zu vererben, an den er es möchte (Testierfreiheit, vgl. §§ 1937 ff., §§ 2064 ff. BGB), und
- andererseits das Recht des Erben, mit dem Tod des Erblassers in dessen vermögensrechtliche Position einzutreten (Eigentumserwerbsrecht des Erben, §§ 1922 ff., §§ 1942 ff., §§ 2018 ff. BGB; gem. Art. 14 I 1 i. V. m. Art. 6 I auch das Pflichtteilsrecht der Kinder, §§ 2303 ff. BGB, s. BVerfGE 112, 332 [348 ff.]).

Damit reicht das Erbrecht über das Eigentumsrecht hinaus (Jarass, in: JP, Rn. 101): **32** Während das Eigentum an eine bestimmte Person und vermögenswerte Position geknüpft ist, mit dem Tod erlischt und der Eigentumsschutz erst nach dem Erwerb beginnt (Rn. 21, 23, 30), garantiert das Erbrecht die Gesamtrechtsnachfolge (den Rechtsübergang von Todes wegen, s. § 1922 BGB).

Zu unterscheiden vom Erbrecht ist das Erb*bau*recht: Dieses ist das beschränkt dingli- **33** che Recht des Erbbauberechtigten, gegen Zahlung eines regelmäßigen Entgelts (des Erbbauzinses) auf einem fremden Grundstück ein Bauwerk zu errichten und zu unterhalten (§ 1 ErbbauRG). Das Erbbaurecht wird wie die sonstigen dinglichen Rechte im Sinne des Sachenrechts als Eigentum i. S. v. Art. 14 geschützt (Rn. 25).

cc) Gewährleistung. Art. 14 I 1 gewährleistet – neben der objektiv-rechtlichen Eigen- **34** tumsgarantie (Rn. 14 ff.) – in seiner subjektiv-rechtlichen Dimension das Recht, eine als Eigentum geschützte konkrete Rechtsposition zu besitzen oder sonst innezuhaben, zu nutzen, zu verwalten und über sie zu verfügen (BVerfGE 105, 17 [30]).

- Der Besitz als tatsächliche Gewalt ist nur bei Sachen (§ 90 BGB) möglich (§ 854 BGB); bei Rechten spricht man von Innehabung (Rn. 25).
- Die Nutzung umfasst in erster Linie die Vorteile des Besitzes oder der Innehabung, insb. den Gebrauch, sowie die Ziehung der Sach- und Rechtsfrüchte (Rn. 19), aber auch die Überlassung der Nutzung oder des Gebrauchs an Dritte (etwa gegen Entgelt als Miete oder Pacht, BVerfGE 98, 17 [35 f.]).
- Verwaltung bezieht sich auf die Sorge um den Fortbestand und die Unversehrtheit des Gegenstands, auf Maßnahmen der Renovierung oder Sanierung sowie auf die Tragung anderer mit dem Eigentum verbundenen Lasten.

– Verfügung meint Übertragung (bei Sachen Übereignung, §§ 873, 925, §§ 929ff. BGB, bei Rechten Abtretung, §§ 398ff. BGB), Belastung (etwa durch Pfandrechte, §§ 873, 1113ff. BGB), Inhaltsänderung (bei Rechten, vgl. § 877 BGB) und Aufgabe (§ 928 I, § 959 BGB, Dereliktion) oder Erlass (z.B. § 397 BGB).

35 Bei alldem ist zu beachten, dass Art. 14 den Bestand des Eigentums gewährleistet, also das Erworbene, nicht aber den Erwerb (Rn. 1, 30). Demgemäß schützt Art. 14 auch nicht den Erwerb von Eigentum (etwa aufgrund eines Kaufvertrags, § 433 BGB). Der berufsbezogene Erwerb ist stattdessen durch Art. 12 I abgesichert, der nichtberufsbezogene Erwerb durch Art. 2 I.

36 Nicht durch Art. 14 abgesichert wird auch der (Tausch-)Wert eines Gegenstands (Marktwert von Wertpapieren, BVerfGE 105, 17 [30]). Denn er gehört nicht zum Bestand, sondern ist den Anschauungen und Erwartungen des jeweiligen Marktes ausgesetzt. Art. 14 darf daher keine allg. Wertgarantie entnommen werden. Nach h.M. bietet die Eigentumsgarantie auch keinen Schutz gegen Geldentwertung (Inflation, BVerfGE 97, 350 [371]). Dies ist jedoch dann bedenklich, wenn und soweit der Staat final (absichtlich) auf eine Inflation hinwirkt, sie wissentlich geschehen lässt oder sie billigend in Kauf nimmt (etwa aus wirtschafts- oder finanzpolitischen Motiven). Denn aus Art. 14 erwächst für den Staat eine Schutzpflicht (s. Vorbem. Grundrechte Rn. 37ff.), die vermögensrechtlichen Rechtspositionen seiner Bürger – zu denen insb. auch Spareinlagen gehören – zu bewahren (vgl. Elicker/Heintz, DVBl. 2012, 141ff.).

37 *dd) Konkurrenzen.* Gegenüber der allgemeinen Handlungsfreiheit (Art. 2 I) ist die Eigentumsgarantie des Art. 14 grds. vorrangig (s. Rn. 28, 30). Eigentumsgarantie und Berufsfreiheit berühren sich und können sich überschneiden; als Faustregel der Abgrenzung gilt, dass Art. 12 I den Erwerb und Art. 14 das Erworbene schützt (Rn. 1, 30, 35; BVerfGE 30, 292 [344f.]). Hinsichtlich der vermögenswerten Rechte der Berufsbeamten und Richter verdrängt Art. 33 V die Eigentumsgarantie (Rn. 27, vgl. Art. 33 Rn. 58).

2. Eingriff

38 Nach dem sog. modernen Eingriffsbegriff ist Eingriff jedes Handeln eines Trägers öffentlicher Gewalt, das dem Einzelnen ein Verhalten, das in den Schutzbereich eines Grundrechts fällt, ganz oder teilweise unmöglich macht (Vorbem. Grundrechte Rn. 93ff.). Demgemäß liegt ein Eingriff in das durch Art. 14 geschützte Eigentum vor, wenn eine Rechtsnorm, ein Einzelakt (VA, Urteil u.dgl.) oder ein sonstiges Handeln des Staates i.w.S. dem Berechtigten eine vermögenswerte Rechtsposition entweder entzieht oder den privaten Nutzen zugunsten der Allgemeinheit einschränkt.

39 Anders als bei anderen Grundrechten erfordert die Struktur von Art. 14 dabei eine strenge Zweiteilung, die sich später bei der Rechtfertigung des Eingriffs fortsetzt (Rn. 52ff., 75ff.). Zu unterscheiden ist nämlich zwischen

– Art. 14 I 2, wonach Inhalt und Schranken des Eigentums durch die Gesetze bestimmt werden (Inhalts- und Schrankenbestimmungen) und
– Art. 14 III, der die Voraussetzungen und Rechtsfolgen einer Enteignung regelt.

40 Diese Differenzierung ist kein Selbstzweck, sondern für die Praxis von eminenter Bedeutung: Nur bei einer Enteignung muss der Staat Entschädigung an den Enteigneten leisten (Art. 14 III 2 und 3, näher Rn. 96ff.). Demgegenüber sind Eingriffe aufgrund von Inhalts- und Schrankenbestimmungen vom Betroffenen grds. ersatz- und entschädigungslos hinzunehmen (wie dies bei anderen Grundrechten auch der Fall ist, s. BVerfGE 100, 226 [241]). Aus der Qualifikation des Eingriffs (Inhalts- und Schrankenbestimmung oder Enteignung) folgt daher die Rechtfertigungssystematik:

41

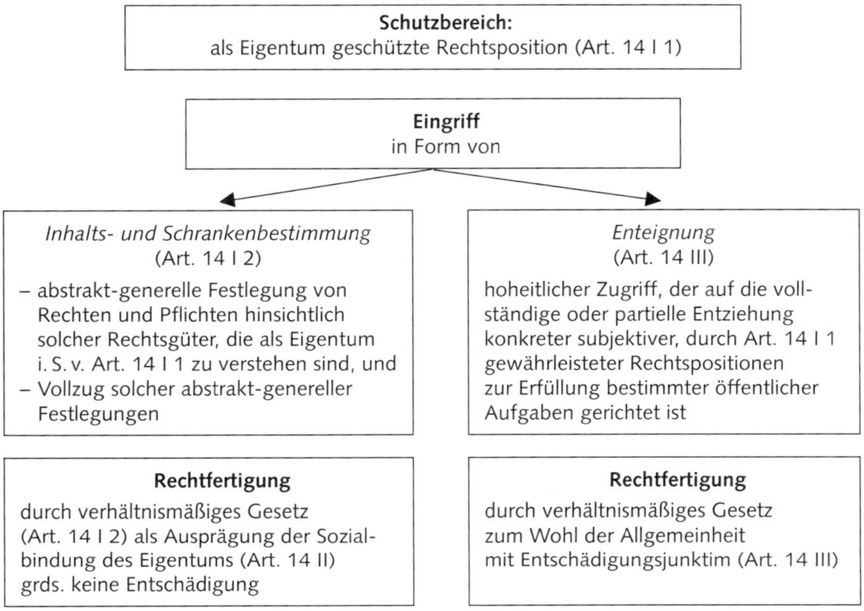

Vergegenwärtigt man sich die Entschädigungspflicht bei Enteignungen, wird klar, dass der Staat mit diesem Instrument im sozialen Bereich vergleichsweise wenig gestalten kann. Insb. der etwaige politische Wunsch nach „Umverteilung zwischen Arm und Reich" lässt sich so schwer verwirklichen, da die wohlhabenden Enteigneten stets Anspruch auf Entschädigung haben. So scheint es sich erklären zu lassen, dass der Enteignungsbegriff durch die Rspr. eingeschränkt wurde, so dass er heute in seiner praktischen Bedeutung hinter den Inhalts- und Schrankenbestimmungen zurücktritt (wegweisend v. a. der sog. Nassauskiesungsbeschluss, BVerfGE 58, 300 [330 ff.]). 42

a) Enteignung

Eine Enteignung ist jeder hoheitliche Zugriff, der auf die vollständige oder partielle „Entziehung konkreter subjektiver, durch Art. 14 I 1 gewährleisteter Rechtspositionen zur Erfüllung bestimmter öffentlicher Aufgaben gerichtet" ist (BVerfGE 104, 1 [9]; 134, 242 [289 Rn. 161]). Voraussetzungen sind damit 43

– eine konkrete subjektive, durch Art. 14 I 1 als Eigentum geschützte Rechtsposition (Rn. 23 ff.); es muss mit anderen Worten ein einzeln benannter Vermögensgegenstand einer bestimmten Person betroffen sein;
– ein hoheitlicher Zugriff, der stets ein gezielter (finaler) Rechtsakt (unmittelbar durch förmliches Gesetz = Legalenteignung oder durch VA aufgrund eines Gesetzes = Administrativenteignung) sein muss (Art. 14 III 2) und niemals eine Tathandlung (Realakt) sein kann (vgl. Rn. 95);
– eine Entziehung, d. h. die Auflösung der rechtlichen Zuordnung eines eigentumsrechtlich geschützten Vermögensgegenstandes zum bisherigen Rechtsinhaber. Diese Entziehung muss nicht total sein, sondern kann auch teilweise erfolgen, etwa durch Enteignung abgrenzbarer Teile eines Grundstücks oder durch den Abbau von Bodenschätzen in einem fremden Grundstück (BVerwGE 132, 261 [264 f.]);
– der finale Zusammenhang mit der Erfüllung einer bestimmten öffentlichen Aufgabe, die dem „Wohle der Allgemeinheit" dient (Art. 14 III 1). Die Festlegung dieser Gemeinwohlziele obliegt dem Gesetzgeber (BVerfGE 134, 242 [292 f. Rn. 171 ff.]),

der dabei einen weiten Spielraum hat (Bsp. in Rn. 89). Enteignungen zugunsten Privater sind nicht ausgeschlossen, sofern damit auf Dauer ein Gemeinwohlzweck garantiert ist (BVerfGE 134, 242 [294ff. Rn. 178ff.]).

b) Inhalts- und Schrankenbestimmungen

44 Anders als bei einer Enteignung greift der Staat mit Inhalts- und Schrankenbestimmungen i.S.v. Art. 14 I 2 nicht auf konkrete subjektive Rechtspositionen zu, um sie zu entziehen, sondern legt vielmehr durch Gesetz „Rechte und Pflichten hinsichtlich solcher Rechtsgüter fest, die als Eigentum im Sinne der Verfassung zu verstehen sind" (BVerfGE 110, 1 [24f.]). Eine Inhalts- und Schrankenbestimmung „ist auf die Normierung objektiv-rechtlicher Vorschriften gerichtet, die den Inhalt des Eigentums vom Inkrafttreten des Gesetzes an für die Zukunft in allgemeiner Form bestimmen" (BVerfGE 72, 66 [76]).

45 Systematisch liegt es bei Art. 14 I 2 nahe, zwischen Inhaltsbestimmungen einerseits und Schrankenbestimmungen andererseits zu differenzieren:

- Inhaltsbestimmungen legen die Befugnisse (Berechtigungen, Rechte) fest, die dem Eigentümer in Bezug auf seine Rechtsposition zustehen (vgl. etwa §§ 903, 985, 1004 BGB, aber auch §§ 1018, 1030, 1090, 1094, 1105, 1113, 1191, 1204 BGB für die jeweiligen dinglich Berechtigten; desgl. §§ 241, 280ff., 433, 535, 581, 823ff. BGB; §§ 11ff. UrhG; §§ 14ff. MarkenG u.v.a.m.). Sie gestalten das Eigentum in positiver Weise aus.
- Schrankenbestimmungen hingegen begründen Handlungs-, Duldungs- oder Unterlassungspflichten; sie beschränken das Eigentum i.S.v. Art. 14 I 1 (z.B. §§ 904ff. BGB; die soeben genannten dinglichen Rechte zulasten des Eigentümers; §§ 44aff. UrhG; die Zustandsverantwortlichkeit gem. § 18 BPolG und der Landespolizeigesetze; bauplanungs-, bauordnungs- und denkmalschutzrechtliche Anforderungen an den Eigentümer einer baulichen Anlage, etwa gem. §§ 29ff. BauGB i.V.m. einem Bebauungsplan; §§ 5, 22 BImSchG; § 23 II, § 28 II BNatSchG; § 4 II BBodSchG u.v.a.m.).

46 Vor diesem Hintergrund legen Inhaltsbestimmungen den sachlichen Schutzbereich des Eigentums fest (Rn. 14ff.), während ihn Schrankenbestimmungen i.S.e. Eingriffs beschränken und unter Beachtung der Schranken-Schranken gerechtfertigt werden müssen (a.A. offenbar Hufen, Staatsrecht II, § 38 Rn. 24ff.). Das BVerfG unterscheidet allerdings nicht in dieser Deutlichkeit, weil die Grenzen zwischen Inhalt und Schranke, zwischen Ausgestaltung und Beschränkung, fließend sein können (vgl. Jarass, in: JP, Rn. 34).

47 Zu beachten ist, dass Inhalts- und Schrankenbestimmungen, die in abstrakt-genereller Weise durch Gesetz festgelegt werden, oftmals durch Einzelakt (VA, Urteil u.a.) konkretisiert werden (müssen), etwa die Polizeipflichtigkeit eines Eigentümers zur Beseitigung eines Zustands oder zur Unterlassung einer Handlung (BVerfGE 100, 226ff.: Versagung einer Abrissgenehmigung aus Gründen des Denkmalschutzes). Durch solche Einzelmaßnahmen wird die im jeweiligen Gesetz abstrakt-generell angelegte Beschränkung für den Einzelfall vollzogen; darin liegt – trotz des äußerlich konkret-individuellen Zugriffs – keine Enteignung, sondern eine Inhalts- und Schrankenbestimmung.

48 Im Übrigen können eigentumsrechtlich geschützte Rechtspositionen auch durch faktisch-mittelbares Handeln (durch Realakt) eines Trägers öffentlicher Gewalt beeinträchtigt werden (z.B. die Beeinträchtigung eines Grundstücks durch Verkehrslärm, BVerwGE 77, 295ff.). Hier ist nach den allg. Kriterien (Vorbem. Grundrechte Rn. 93ff.) von einem Eingriff i.S.v. Art. 14 I 2 auszugehen, wenn die Schwelle der Erheblichkeit überschritten ist. Eine Enteignung kommt in solchen Fällen bereits mangels gezielten Zugriffs nicht in Betracht.

c) Abgrenzungsfragen

Die soeben (Rn. 48) angeführte Erheblichkeitsschwelle beantwortet die Frage, ob überhaupt ein Eingriff (Rn. 38) in eine als Eigentum geschützte Rechtsposition vorliegt. Sie darf nicht dazu verleiten, den Unterschied zwischen Inhalts- und Schrankenbestimmung und Enteignung an solchen Kriterien der Schwere oder Unzumutbarkeit festzumachen. Dieser Unterschied ist nach dem sog. formellen Enteignungsbegriff der st. Rspr. des BVerfG (seit E 58, 137 [144 f.]; 58, 300 [330 ff.]) nicht gradueller, sondern kategorischer Natur: Die Enteignung wird formal nach der Erscheinungsform und Zielrichtung der Beeinträchtigung abgegrenzt; sie ist etwas grundlegend anderes als Inhalts- und Schrankenbestimmungen (ein aliud). **49**

Der wesentliche Unterschied liegt **50**
- im auf eine konkret-individuelle Rechtsposition abzielenden Entzug bei der Enteignung und
- in der abstrakt-generellen Festlegung der Reichweite des Eigentums bei den Inhalts- und Schrankenbestimmungen.

Unerheblich für die Abgrenzung sind demgegenüber materielle Kriterien wie die Schwere oder Unzumutbarkeit des Eingriffs. Auch eine schwere, womöglich unangemessene oder unerträgliche Inhalts- und Schrankenbestimmung kann niemals in eine Enteignung umschlagen (BVerfGE 58, 137 [145]). Der Betroffene muss sich mit den ihm zur Verfügung stehenden Rechtsbehelfen dagegen wehren, erforderlichenfalls VB gegen das zugrunde liegende Gesetz erheben, um die Feststellung der Verfassungswidrigkeit der Inhalts- und Schrankenbestimmung und ihre Unterlassung oder Aufhebung zu erreichen (BVerfGE 58, 300 [324]). Nicht aber darf er die Beeinträchtigung dulden und anschließend Entschädigung verlangen. So hat sich der vorkonstitutionelle Satz „dulde und liquidiere" in sein Gegenteil verkehrt: „Wer den Rechtsschutz nicht ehrt, ist der Entschädigung nicht wert" (Lege, NJW 1990, 864 [871]; Höfling, VVDStRL 61, 260 [279]). **51**

3. Rechtfertigung

Bei der Frage der Rechtfertigung von Eingriffen in als Eigentum geschützte Rechtspositionen ist zu unterscheiden, ob es sich um eine Inhalts- und Schrankenbestimmung (Art. 14 I 2) oder um eine Enteignung (Art. 14 III) handelt (Rn. 38 ff.). Entsprechend unterschiedlich sind die Anforderungen ausgestaltet. Wegen der systematischen Gliederung von Art. 14 werden die Fragen der Rechtfertigung von Inhalts- und Schrankenbestimmungen im Folgenden unter II. (Rn. 53 ff.) behandelt, die der Enteignung unter III. (Rn. 75 ff.). **52**

II. Inhalts- und Schrankenbestimmungen – Sozialbindung (Abs. 1 S. 2, Abs. 2)

1. Schranken

a) Gesetzesvorbehalt

Nach Art. 14 I 2 werden die Schranken des Eigentums durch die Gesetze bestimmt (zum Tatbestandsmerkmal „Inhalt" s. Rn. 45). Dabei handelt es sich um einen Gesetzesvorbehalt. Taugliche Beschränkungsnorm kann jede Rechtsvorschrift sein, auch Gesetze im nur-materiellen Sinne (Rechtsverordnungen, BVerfGE 8, 71 [79]; 9, 338 [343]; Satzungen, BGHZ 77, 179 [183]). Denn aus Art. 14 I 2 leitet sich keine Pflicht des parlamentarischen Gesetzgebers ab, die Schranken des Eigentums ausnahmslos bis ins Letzte selbst zu regeln; er muss allerdings die Voraussetzungen, unter denen das Eigentum (durch Rechtsverordnung oder Satzung) beschränkt werden darf, durch eine hinreichend bestimmte parlamentsgesetzliche Grundlage festlegen (BVerfGE 58, 137 **53**

[146]): Voraussetzung für eine wirksame Rechtsverordnung ist deswegen eine formellgesetzliche Ermächtigungsgrundlage i. S. v. Art. 80 (bzw. der entsprechenden landesverfassungsrechtlichen Vorschrift). Bei Satzungen bedürfen wesentliche Eigentumsbeschränkungen einer parlamentsgesetzlichen Absteckung des Satzungsrahmens (vgl. BVerfGE 111, 191 [217]). Dies gilt insb. für Bebauungspläne, die gem. § 10 I BauGB als gemeindliche Satzungen erlassen werden und sich mit ihren das Eigentum z. T. empfindlich beschneidenden Bestimmungen nicht nur an den Vorschriften des BauGB (§§ 1 ff., §§ 8 ff.), sondern z. T. auch an denen der Baunutzungsverordnung (BauNVO) zu orientieren haben.

54 Schrankenbestimmende Gesetze i. S. v. Art. 14 I 2 können Bundes- oder Landesvorschriften sein. Die Abgrenzung hinsichtlich der Zuständigkeit richtet sich insb. nach den Kompetenznormen der Art. 70–74 (vgl. BVerfGE 34, 139 [146]; 58, 137 [145]); eine wichtige Kompetenznorm für den Bund stellt das Bodenrecht gem. Art. 74 I Nr. 18 dar, auf die sich insb. das Städtebaurecht (Bauplanungsrecht) stützt (BauGB).

b) Sozialbindung

55 Für die Motivation des Gesetzgebers zur Schrankenbestimmung des Eigentums hält das GG Art. 14 II bereit (vgl. BVerfGE 25, 112 [117 f.]). Danach berechtigt Eigentum nicht nur, sondern verpflichtet auch: Sein Gebrauch soll nicht nur dem Privateigentümer dienen, sondern auch dem Wohl der Allgemeinheit (Gemeinwohl). In diesem Zusammenhang darf das Wort „zugleich" allerdings nicht arithmetisch ausgelegt werden: Eigentum ist also nicht streng zur Hälfte (zu 50%) aufzuteilen (zur Begrenzung der Steuerlast auf 50% BVerfGE 93, 121 [138]; revidiert durch BVerfGE 115, 97 [108 ff.]).

56 Mit Art. 14 II bringt das GG die Sozialbindung des Eigentums zum Ausdruck. Aufgrund seiner Gemeinschaftsbezogenheit und Gemeinschaftsgebundenheit (BVerfGE 4, 7 [15 f.]; 50, 290 [341] u. a.) lebt der Mensch nicht für sich allein; Eigentum ergibt gerade nur Sinn in Bezug auf andere, Eigentum ist daher Abgrenzungsbegriff. Art. 14 II bildet damit ein ausdrücklich statuiertes Gegengewicht zur Institutsgarantie des Art. 14 I 1 (Rn. 17 ff.). Dahinter mag die Erkenntnis von Adam Smith (1723–1790) stehen, wonach die Güter im Interesse aller vergleichsweise am besten in einer Marktwirtschaft verteilt werden, die Privateigentum und Berufsfreiheit garantiert: „Von einer *unsichtbaren Hand* werden sie [scil. die Reichen] dahin geführt, beinahe die gleiche Verteilung der zum Leben notwendigen Güter zu verwirklichen, die zustandegekommen wäre, wenn die Erde zu gleichen Teilen unter alle ihre Bewohner verteilt worden wäre; und so fördern sie, ohne es zu beabsichtigen, ja ohne es zu wissen, das Interesse der Gesellschaft […]" (Theorie der ethischen Gefühle, 1759, Teil 4, Kap. 1, S. 296 f., Hervorhebung nur hier).

57 Art. 14 II ergänzt diesen Gedanken um die soziale Komponente, indem er einen entsprechenden Auftrag an den Gesetzgeber erteilt, das Privateigentum zugunsten der Allgemeinheit (d. h. in sozialer Weise) zu beschränken. Diese Befugnis des Gesetzgebers reicht umso weiter, je mehr das Eigentumsobjekt in einem sozialen Bezug und einer sozialen Funktion steht (BVerfGE 70, 191 [201]; 101, 54 [75 f.]). Dies gilt insb. für das Grundeigentum (zum Kündigungsrecht: BVerfGE 68, 361 [369 ff.]; zu Mieterhöhungen BVerfGE 71, 230 [247]).

2. Schranken-Schranken

58 Wie bei anderen Grundrechten auch muss bei Art. 14 I und II darauf Bedacht genommen werden, dass die Eigentumsgarantie in den Händen des beschränkenden Gesetzgebers substantiell erhalten bleibt. Dafür sorgen die Schranken-Schranken.

a) Keine Anwendung von Art. 19 I

Keine Anwendung auf Schrankenbestimmungen i. R. v. Art. 14 I 2 findet allerdings Art. 19 I, weil es sich bei Art. 14 I 2 vor dem Hintergrund der engen Auslegung dieser Vorschrift durch die Rechtsprechung nicht um eine „Einschränkung" handeln soll (Jarass, in: JP, Rn. 35 m. w. N.), da der Gesetzgeber sich nur seines verfassungsrechtlichen Ausgestaltungsauftrages (Rn. 14 ff.) annimmt. Damit unterfallen Schrankenbestimmungen nicht dem Zitiergebot des Art. 19 I 2 (BVerfGE 21, 92 [93]). Auch das Verbot des Einzelfallgesetzes nach Art. 19 I 1 soll nicht gelten (BVerfGE 24, 367 [396]). Allerdings folgt bereits aus dem allgemeinen Gleichheitssatz des Art. 3 I, dass ein Gesetz eine Person oder eine bestimmte Gruppe von Personen (hier: bestimmte Eigentümer) nicht ohne sachlichen Grund benachteiligen darf (BVerfGE 100, 226 [241], s. allg. Art. 3 Rn. 48 ff.). **59**

b) Normenbestimmtheit und Normenklarheit

Zu beachten ist bei eigentumsbeschränkenden Gesetzen das aus dem Rechtsstaatsprinzip entspringende Gebot der Normenbestimmtheit und Normenklarheit (Axer, in: EH-O, Rn. 82; allg. Art. 20 Rn. 170 ff., 177 ff.). Dieses Gebot soll sicherstellen, dass sich der betroffene Bürger auf mögliche belastende Maßnahmen einstellen kann, dass die gesetzesausführende Verwaltung für ihr Verhalten steuernde und begrenzende Handlungsmaßstäbe vorfindet und dass die Gerichte die Rechtskontrolle durchführen können. Der Anlass, der Zweck und die Grenzen des Eingriffs in das Eigentum müssen in der Schrankenbestimmung bereichsspezifisch, präzise und normenklar festgelegt werden (vgl. BVerfGE 100, 313 [359 f., 372] zu Art. 10). **60**

c) Verhältnismäßigkeitsgrundsatz

Zentrale Bedeutung als Schranken-Schranke zu Schrankenbestimmungen i. S. v. Art. 14 I 2 hat – wie bei anderen Grundrechten auch – das Übermaßverbot, also die Mittel-Zweck-Relation des Grds. der Verhältnismäßigkeit (BVerfGE 100, 226 [242 ff.]; 110, 1 [28]). Der beschränkende Eingriff in das Eigentum muss als Mittel geeignet, erforderlich und angemessen (verhältnismäßig i. e. S.) sein, um einen legitimen Zweck zu erreichen. Hier erweist sich, ob der Gesetzgeber seinem Regelungsauftrag aus Art. 14 I 2 nachkommt, nach dem die Bestandsgarantie des Eigentums aus Art. 14 I 1 (Rn. 17 ff., 34) mit der Sozialbindung des Eigentums aus Art. 14 II verfassungsgemäß miteinander in Ausgleich zu bringen ist (BVerfGE 115, 97 [114]). Insofern stehen die drei Vorschriften des Art. 14 I 1, I 2 und II „in einem unlösbaren Zusammenhang. Keiner dieser Faktoren darf über Gebühr verkürzt werden; vielmehr müssen alle zu einem verhältnismäßigen Ausgleich gebracht werden" (BVerfGE 50, 290 [340]). **61**

aa) Legitimer Zweck einer Beschränkung des Eigentums i. S. e. Schrankenbestimmung können nur vernünftige und sachgerechte Gründe des Wohls der Allgemeinheit sein (Art. 14 II). Die Festlegung eines konkreten Gemeinwohlzwecks ist Sache des Gesetzgebers (Art. 14 I 2), der dabei aber an Art. 14 II gebunden ist (vgl. BVerfGE 76, 220 [238]). **62**

Beispiel (vgl. BVerfGE 58, 137 [148 f.]): Der Verleger von Druckerzeugnissen hat nach §§ 14 ff. des Gesetzes über die Deutsche Nationalbibliothek (DNBG) und nach den Pressegesetzen der Länder (etwa Art. 1 I 1 BayPflStG; § 1 PflExG NRW; § 14 I SaarlMedienG – SMG) die Pflicht, sog. Pflichtexemplare bei den staatl. Bibliotheken abzugeben. Diese Beschränkung des Eigentums am Bestand der Druckexemplare dient dem legitimen Zweck einer gemeinwohldienlichen Archivierung des zeitgenössischen kulturellen Schaffens.

bb) Geeignetheit, Erforderlichkeit, Angemessenheit. (1) Geeignetheit. Die Schrankenbestimmung muss das legitime Gemeinwohlziel, das der Gesetzgeber identifiziert hat, zumindest teilweise fördern; sie darf ihm nicht zuwiderlaufen. **63**

(2) Erforderlichkeit. Darüber hinaus darf die Schrankenbestimmung den betroffenen Eigentümer nicht mehr belasten, als es die Erreichung des legitimen Gemeinwohlziels erfordert (BVerfGE 100, 226 [241]). Ist ein milderes Mittel ersichtlich, mit dem sich der konkrete Gemeinwohlzweck genauso gut (gleich effektiv) erreichen lässt, verstößt die gewählte Schrankenbestimmung gegen den Verhältnismäßigkeitsgrundsatz und ist verfassungswidrig. Bei Pflichtexemplaren (s. Rn. 62) hat das BVerfG entschieden, dass „die Allgemeinheit mit der Errichtung und Unterhaltung der Staatsbibliotheken einen bedeutenden Beitrag zur Erreichung des mit dem Pflichtexemplarrecht verfolgten kulturpolitischen Zieles leistet" (Geeignetheit). Als milderes Mittel (Erforderlichkeit) kommt allenfalls die generell entgeltliche Abgabe von Druckwerken in Betracht. Diese ist jedoch haushaltspolitisch nicht umsetzbar und es bestünde die Gefahr, dass bei finanziellen Engpässen des Staates nicht mehr alle Druckwerke angenommen werden können, so dass die Abgabe das mildeste unter gleich effektiven Mitteln darstellt.

64 *(3) Angemessenheit.* Auch wenn die Schrankenbestimmung zur Erreichung eines legitimen Gemeinwohlzwecks geeignet und erforderlich ist, kann sie dennoch unangemessen sein und muss dann unterbleiben. Denn das Gebot der Verhältnismäßigkeit i. e. S. verlangt, dass die Schwere des Eingriffs in das Eigentum bei einer Gesamtabwägung nicht außer Verhältnis zu dem Gewicht der ihn rechtfertigenden Gemeinwohlgründe stehen darf. Die öffentliche Gewalt hat das Individualinteresse des Eigentümers, das durch eine Schrankenbestimmung beschnitten wird, mit den Allgemeininteressen, denen der Eingriff dient, in einen angemessenen Ausgleich zu bringen. Die Prüfung an diesem Maßstab kann dazu führen, dass ein an sich geeignetes und erforderliches Mittel zur Durchsetzung der Sozialbindung des Art. 14 II nicht gewählt werden darf, weil die davon ausgehenden Eigentumsbeeinträchtigungen schwerer wiegen als die durchzusetzenden Interessen. Ist das Gewicht der Grundrechtsbeeinträchtigung jedoch geringer, kann sie mit Rücksicht auf wichtige Ziele des Gesetzes eher als verhältnismäßig hinzunehmen sein (vgl. BVerfGE 118, 168 [195] zum allgemeinen Persönlichkeitsrecht). *Je stärker* in das Grundrecht eingegriffen wird, *umso gewichtiger* müssen die zu seiner Rechtfertigung vorgebrachten Gründe sein (sog. Abwägungsgesetz, Alexy, Theorie der Grundrechte, S. 145 ff.; vgl. BVerfGE 7, 377 [404 f.]; 115, 320 [360 ff.]).

65 Kriterien, die bei der Abwägung für den Eigentümer sprechen, sind v. a. die Schwere und Tragweite (Intensität) und die damit verbundene Zumutbarkeit des Eingriffs:

- Unzumutbar ist eine Schrankenbestimmung, aufgrund deren die *Privatnützigkeit* des Eigentums (Rn. 19) faktisch beseitigt wird, wenn dem Betroffenen also keine Möglichkeit mehr verbleibt, sein Eigentum sinnvoll zu nutzen oder aus dem Eigentumsrecht eine Last wird (BVerfGE 100, 226 [243] zum Abrissverbot eines denkmalgeschützten Gebäudes).
- Abgesehen davon kommt einem Vermögensgegenstand umso größere Bedeutung für den Eigentümer zu, je mehr er ihn zur Sicherung seiner persönlichen Freiheit benötigt (BVerfGE 104, 1 [9]).
- Auch das Ausmaß der eigenen Leistung ist zu berücksichtigen: Je höher die zugrunde liegende eigene Leistung ist, desto geringer ist die Zumutbarkeit von Beschränkungen (vgl. BVerfGE 53, 257 [291 f.] zu Rentenansprüchen und -anwartschaften).
- Besonders heikel ist die Beurteilung der Zumutbarkeit bei Steuern. Stets unverhältnismäßig i. e. S. ist eine „erdrosselnde" Besteuerung. Im Übrigen aber ist es schwer, angesichts des Zwecks hoher Steuern (die Deckung des staatl. Finanzbedarfs zur Erfüllung von Gemeinwohlaufgaben) greifbare Kriterien für eine Überbelastung des einzelnen Steuerpflichtigen zu finden. Das BVerfG verlangt hier zumindest die Darlegung besonderer rechtfertigender Gründe durch den Gesetzgeber, auch im Vergleich mit der Steuerbelastung im internationalen Maßstab (BVerfGE 115, 97 [115 f.]).

66 Im Gegenzug spricht für die Angemessenheit einer Schrankenbestimmung die Sozialbindung des Eigentums nach Art. 14 II. Dies spielt namentlich bei Liegenschaften

(Grundstücken, Gebäuden) eine Rolle: „Das Grundeigentum ist im Hinblick auf seine funktionsgerechte Nutzung gem. Art. 14 II besonderen Bindungen unterworfen. Die Unvermehrbarkeit von Grund und Boden verbietet es, seine Nutzung dem freien Spiel der Kräfte und dem Belieben des Einzelnen vollständig zu überlassen [...]. Die Verfassung erlaubt dem Gesetzgeber, die Interessen der Allgemeinheit bei Fragen der Bodenordnung in stärkerem Maße zur Geltung zu bringen als bei anderen Vermögensgütern" (BVerfGE 104, 1 [12]). Zudem vermittelt die besondere Lage und Beschaffenheit eines Grundstücks eine Situationsgebundenheit, die eine gesteigerte Sozialbindung zur Folge haben kann (BVerfGE 100, 226 [242]). Einfachgesetzlich zeigt sich dies insb. im Städtebaurecht/Bauplanungsrecht des Bundes (BauGB), der sich dabei auf die Gesetzgebungskompetenz des Art. 74 I Nr. 18 (Bodenrecht) stützen kann (Art. 74 Rn. 53 ff.).

Die besondere Situation von Grund und Boden lässt sich zum Ausgangspunkt für **67** eine Verallgemeinerung nehmen: Schrankenbestimmungen werden für den Eigentümer umso zumutbarer sein, je stärker der soziale Bezug seines Eigentumsobjekts ist. Ausschlaggebend für den sozialen Bezug sind die Eigenart und die Funktion des Vermögensgegenstandes (BVerfGE 102, 1 [17]).

cc) Einschätzungs- und Gestaltungsspielraum des Gesetzgebers. Bei der verfassungsrechtli- **68** chen Überprüfung der Verhältnismäßigkeit einer Schrankenbestimmung ist zu beachten, dass das BVerfG dem Gesetzgeber einen Einschätzungs-, Beurteilungs-, Gestaltungs- und Prognosespielraum einräumt (BVerfGE 53, 257 [293]). Das bedeutet, dass die Richter des BVerfG ihre rechtspolitischen Ansichten nicht an die Stelle der Überzeugungen der Parlamentsabgeordneten setzen dürfen. Denn nur die Abgeordneten sind unmittelbar demokratisch legitimiert (Art. 38 I 1 und die entspr. Vorschriften der LVerf); sie haben über die Schrankenbestimmung im Gesetzgebungsverfahren nach dem Mehrheitsprinzip entschieden (Art. 77 I 1, Art. 42 II 1). Der Respekt davor gebietet dem BVerfG eine richterliche Zurückhaltung und eine strikte Begrenzung ihrer Kontrolle auf die Verfassungswidrigkeit (auch: „judicial self-restraint", vgl. Morgenthaler, in: EH-O, Art. 93 Rn. 5).

Dies muss sich v.a. an den Voraussetzungen der Verhältnismäßigkeit erweisen, insb. **69** bei der Konkretisierung des legitimen Zwecks sowie bei der Feststellung der Geeignetheit und Erforderlichkeit einer Schrankenbestimmung des Eigentums (Mittel) zur Erreichung eines Gemeinwohlzwecks. Knüpft eine Schrankenbestimmung etwa an situationsbedingte Gegebenheiten an (Rn. 66), mindert sich die Rechtfertigungslast für den Gesetzgeber. Die Gestaltungsfreiheit des Gesetzgebers ist umso weiter, je stärker der soziale Bezug des Eigentumsobjekts ist, wofür dessen Eigenart und Funktion von entscheidender Bedeutung sind (BVerfGE 102, 1 [17] zur Haftung des Eigentümers für eine Altlastensanierung). Abgesehen davon wird dem Gesetzgeber ein weiter Spielraum zugestanden, wenn er ein Rechtsgebiet neu ordnet (BVerfGE 83, 201 [212] zum Bergrecht).

dd) Übergangsregelungen. Eine Schrankenbestimmung, die gegen den Verhältnismä- **70** ßigkeitsgrundsatz verstößt, ist grds. verfassungswidrig und nichtig. Diese Gefahr besteht z.B. dann, wenn die Schrankenbestimmung grds. geeignet, erforderlich und angemessen ist, diese Voraussetzungen aber in Einzelfällen nicht einhält. Dies geschieht nicht selten, wenn Rechtsgebiete neu geordnet werden sollen, etwa angesichts veränderter wirtschaftlicher oder gesellschaftlicher Verhältnisse (Rn. 69). Damit verbunden ist oftmals die Verkürzung bestehender eigentumsrechtlicher Rechtspositionen. Der Bestandsschutz, den Art. 14 I 1 vermittelt (Rn. 30, 35), kann hier zwar nicht so weit reichen, dass demokratisch legitimierte Reformen von vornherein vereitelt werden. Drohen vermögenswerte Rechte hier unverhältnismäßig beeinträchtigt und damit verletzt zu werden, kann der Gesetzgeber, um die Verfassungsmäßigkeit der Reform „zu retten", für spezifische Konstellationen

– „Altfälle" von der Neuregelung ausnehmen oder zumindest
– Übergangsregelungen vorsehen.

71 Solche Übergangsregelungen verringern zwar den eigentumsrechtlichen Bestandsschutz (Rn. 17ff., 30), geben dem Betroffenen aber die Möglichkeit, in zeitlich zumutbarer Weise auf die Änderungen zu reagieren. In diesem Sinne sind Übergangsregelungen Ausprägung des Verhältnismäßigkeitsprinzips (BVerfGE 71, 137 [144] zur Neuordnung des Fischereirechts).

72 *ee) Ausgleichsregelungen.* In eine ähnliche Richtung wie Übergangsregelungen zielen Ausgleichsregelungen. Für den Gesetzgeber ist nicht immer vorhersehbar, ob sich eine Schrankenbestimmung im Einzelfall als unzumutbar erweisen wird. Denn der Gesetzgeber normiert abstrakt-generell, er muss generalisieren und darf typisieren. Außergewöhnliche Einzelfälle wird er in der Vielgestaltigkeit der Lebensverhältnisse nicht mit Sicherheit abschätzen und lösen können. Daher ist anzuraten, für außergewöhnliche Situationen die Verfassungswidrigkeit durch Ausgleichsregelungen zu vermeiden. Dies kann (anders als bei der Enteignung, s. Rn. 83) durch salvatorische Klauseln geschehen, die für den (Einzel-)Fall einen Ausgleich vorsehen, in dem eine Schrankenbestimmung unzumutbar und damit unverhältnismäßig i. e. S. ist.

73 Es gibt zwei Arten von Ausgleichsregelungen (BVerfGE 100, 226 [245f.]):

- Beim sachlichen Ausgleich wird die unzumutbare Eigentumsbeschränkung tatsächlich vermieden, insb. durch eine gesetzliche Ausnahme- oder Befreiungsvorschrift (vgl. z.B. § 31 BauGB).
- Ist ein sachlicher Ausgleich nicht möglich, kommt subsidiär ein finanzieller Ausgleich in Betracht, der auch durch die Übernahme des beeinträchtigten Vermögensgegenstands durch die öffentliche Hand erfolgen kann. Ein finanzieller Ausgleich liegt dann nahe, wenn eine Schrankenbestimmung im Einzelfall in ihren Wirkungen einer Enteignung nahe kommt (vgl. § 68 I BNatSchG). Zu betonen ist jedoch, dass eine Schrankenbestimmung niemals in eine Enteignung „umschlagen" kann (Rn. 51). Daher ist auch begrifflich streng zwischen Ausgleich (ausnahmsweise bei sonst unzumutbaren Schrankenbestimmungen) und Entschädigung (stets bei Enteignungen) zu unterscheiden.

74 Ist eine Schrankenbestimmung unverhältnismäßig, insb. für den betroffenen Eigentümer unzumutbar, ist sie verfassungswidrig und auf Antrag bzw. Klage für nichtig zu erklären. Erweist sie sich als verhältnismäßig, ist sie wirksam und grds. ohne Ausgleich hinzunehmen.

III. Enteignung (Abs. 3)

75 Da Enteignungen (zum Begriff Rn. 43, zur Abgrenzung zu Inhalts- und Schrankenbestimmungen Rn. 49ff.) als konkrete und finale Zugriffe des Staates auf geschützte Rechtspositionen den Einzelnen regelmäßig intensiv beeinträchtigen, haben sie in Art. 14 III eine gesonderte verfassungsrechtliche Regelung gefunden. Auf Eingriffe in anderer Form ist Art. 14 III nicht analog anwendbar.

76 Ein Eingriff in Form einer Enteignung ist gerechtfertigt, wenn er zugunsten des Wohls der Allgemeinheit erfolgt (Satz 1) und auf einem verhältnismäßigen Gesetz beruht, das eine Entschädigungsregelung (Entschädigungsjunktim) enthält (Satz 2). Insofern muss das Enteignungsgesetz formellen und materiellen Anforderungen gerecht werden. Rechtsfolge einer verfassungsgemäßen Enteignung ist somit ein (einfachgesetzlicher) Anspruch des in seinem Eigentumsrecht Betroffenen auf Entschädigung, i.d.R. in Form von Geldersatz. Eine verfassungs- oder sonst rechtswidrige Enteignung muss der betroffene Bürger mit Rechtsbehelfen angreifen („wer den Rechtsschutz nicht ehrt, ist der Entschädigung nicht wert", s. Rn. 51, i.Ü. Rn. 95).

1. Anforderungen an das Enteignungsgesetz

Um überhaupt taugliche Grundrechtsschranke für Art. 14 I 1 sein zu können, muss das Enteignungsgesetz seinerseits formell und materiell mit der Verfassung in Einklang stehen. **77**

a) Formelle Anforderungen

aa) Gesetzesvorbehalt. Eine Enteignung ist nur durch oder aufgrund eines Gesetzes möglich (Legal- bzw. Administrativenteignung, Rn. 43), das Art und Ausmaß der Entschädigung regelt. Art. 14 III 2 enthält somit einen qualifizierten Gesetzesvorbehalt. Um der Wesentlichkeitslehre gerecht zu werden (Art. 20 Rn. 141 ff.), muss es sich um ein formelles Gesetz handeln. Es ist allein dem parlamentarischen Gesetzgeber vorbehalten, festzulegen, für welche Vorhaben unter welchen Voraussetzungen und für welche legitimierenden Gemeinwohlaufgaben eine Enteignung vorgenommen werden kann (BVerfGE 56, 249 [261]; 74, 264 [285]). **78**

bb) Zuständigkeit, Verfahren, Form. Das Enteignungsgesetz muss vom zuständigen Gesetzgeber verabschiedet werden. Der Bund hat die Gesetzgebungskompetenz bzgl. des Rechts auf Enteignung, soweit diese auf den Sachgebieten der Art. 73 und 74 in Betracht kommt (Art. 74 I Nr. 14; z.B. durfte der Bund Enteignungsvorschriften in §§ 85–122 BauGB erlassen, da diese das Sachgebiet des Art. 74 I Nr. 18 betreffen). Ansonsten verbleibt es gem. Art. 30, 70 I bei der Zuständigkeit der Länder. **79**

Betreffend das Gesetzgebungsverfahren und die Form sind bei Bundesgesetzen die Art. 76 ff., auf Landesebene die entsprechenden Vorschriften der LVerf zu berücksichtigen. **80**

cc) Junktimklausel. Wegen Art. 14 III 2 Hs. 2 muss das Enteignungsgesetz eine Entschädigungsregelung enthalten. Fehlt eine solche sog. Junktimklausel (von lat. iunctum, svw. verbunden), ist das Gesetz bereits verfassungswidrig und nichtig (BVerfGE 24, 367 [418]). Insb. können Gerichte eine Entschädigung nicht im Wege einer Analogie oder direkt aus Art. 14 ergänzen. Es kommt allenfalls eine Vorlage zum BVerfG nach Art. 100 I in Betracht. (BVerfGE 58, 300 [323]). Das vorkonstitutionelle Prinzip des „dulde und liquidiere" greift nicht; auch bei einer Enteignung gilt der Vorrang des Primärrechtsschutzes (vgl. Rn. 76 am Ende). **81**

Das Erfordernis einer Junktimklausel in Art. 14 III 2 erfüllt gleich mehrere Funktionen: Zum einen soll dies die Anforderungen an eine Enteignung erhöhen und damit das Eigentum des Bürgers schützen (Schutzfunktion), zum anderen dem Gesetzgeber vor Augen führen, dass sein (beabsichtigtes) Gesetz enteignenden Charakter hat (Warnfunktion). Überdies wird die Haushaltsstabilität der Körperschaft gestärkt, die nach dem jeweiligen Gesetz die Entschädigungsaufwendungen zu tragen hat (Art. 104a I Hs. 1), indem eine unvorhersehbare nachträgliche Bestimmung der Höhe der Entschädigung durch die Verwaltung oder die Gerichte vermieden wird (Kompetenzfunktion). **82**

Ist für den Gesetzgeber (noch) nicht erkennbar, ob ein Gesetz tatsächlich enteignende Wirkung haben wird und fügt er für diese Eventualität eine sog. salvatorische Entschädigungsklausel ein (von lat. salvatorius, svw. bewahrend, erhaltend), genügt dies den verfassungsrechtlichen Anforderungen nicht. Schutz-, Warn- und Kompetenzfunktion der Junktimklausel kommen nur dann zum Tragen, wenn der Gesetzgeber selbst und vorab über Art und Ausmaß der Entschädigung entscheidet. Es müssen eindeutige Tatbestände festgelegt werden, bei deren Vorliegen die Entschädigungsfolge ausgelöst wird (BVerwGE 84, 361 [365]). Jedoch kann eine solche salvatorische Klausel ausnahmsweise als Ausgleichsregelung im Rahmen einer Inhalts- und Schrankenbestimmung ausgelegt werden (vgl. Rn. 72 f.; i.Ü. BGHZ 121, 328 [334]; 126, 379 [383 f.]). **83**

84 Vorkonstitutionelle Gesetze, also solche, die vor dem Inkrafttreten des GG (23.5. 1949, 24:00 Uhr) verkündet wurden, müssen keine Junktimklausel enthalten (BVerfGE 46, 268 [288]). Allerdings ist das Gesetz ausnahmsweise doch nichtig, wenn es eine Entschädigung ausdrücklich ausschließt (BVerfGE 4, 219 [237]). Zudem darf im Verteidigungsfall Art und Höhe der Entschädigung vorläufig geregelt werden (Art. 115c II Nr. 1).

85 Ob Art und Ausmaß der Entschädigung ausreichend sind, ist eine Frage der materiellen Anforderungen an das Enteignungsgesetz (Rn. 86ff.).

b) Materielle Anforderungen

86 Neben den allg. Verfassungsmäßigkeitsanforderungen enthält Art. 14 III zudem weitere Vorgaben für das enteignende Gesetz (qualifizierter Gesetzesvorbehalt).

87 *aa) Keine Anwendung von Art. 19 I.* Das Verbot des Einzelfallgesetzes aus Art. 19 I 1 findet keine Anwendung (vgl. Rn. 59). Für die Legalenteignung (Rn. 43) nach Art. 14 III 2 Hs. 1 F. 1 folgt dies bereits aus der Tatsache, dass diese notwendigerweise ein Einzelfallgesetz ist und daher als lex specialis den Art. 19 I 1 verdrängt (vgl. BVerfGE 95, 1 [26]; Sachs, in: Sachs, Art. 19 Rn. 23). Ebenso wenig kommt das Zitiergebot des Art. 19 I 2 zum Tragen, da dessen Zweck (s. Art. 19 Rn. 15f.) durch die Junktimklausel bereits hinreichend Genüge getan wird (BVerfGE 24, 367 [398]).

88 *bb) Verhältnismäßigkeit, Gemeinwohlbindung.* Die Verhältnismäßigkeitsprüfung ist in den gewohnten Schritten (legitimer Zweck – Geeignetheit – Erforderlichkeit – Angemessenheit) durchzuführen und an der Gemeinwohlklausel des Art. 14 III 1 auszurichten.

89 *(1) Legitimer Zweck.* Während Inhalts- und Schrankenbestimmungen durch die Idee der Sozialbindung des Eigentums (Art. 14 II) getragen werden, ist eine Enteignung nur zum Wohle der Allgemeinheit zulässig (Gemeinwohlbindung). Durch den Gemeinwohlbegriff in Art. 14 III 1 ist der legitime Zweck i. S. d. Verhältnismäßigkeit bereits durch das GG selbst alternativlos vorgegeben. Das der Enteignung zugrunde liegende Gesetz muss die Gemeinwohlgründe (Enteignungszwecke, s. Rn. 43) enthalten, zu deren Gunsten die Enteignung erfolgt. Dazu muss es festlegen, für welche Vorhaben und Zwecke sowie unter welchen Voraussetzungen enteignet werden kann (BVerfGE 56, 249 [261] u. a.). Ziel eines Enteignungsgesetzes muss es daher sein, einen im öffentlichen Nutzen liegenden Zweck zu verwirklichen, der mit den üblichen von der Rechtsordnung zur Verfügung gestellten Mitteln nicht umgesetzt werden kann (BVerfGE 45, 297 [338f.]). Der durch die Enteignung gewonnene Gegenstand muss für eine konkrete, dem Allgemeinwohl dienende Aufgabe verwendet werden. Klassischer Fall der Erfüllung einer öffentlichen Aufgabe ist die Güterbeschaffung beim Verkehrswegebau (etwa die Enteignung von landwirtschaftlich genutzten Grundstücken für den Bau einer Straße). Die Verfolgung rein fiskalischer Interessen (Vermögenserwerb, Einnahmeerzielung) verkörpert kein legitimes Ziel, weil die Enteignung nicht als Instrument zur Vermehrung des Staatsvermögens herhalten darf (BVerfGE 38, 175 [180]). Ebenso wenig dürfen ausschließlich private Interessen bedient werden (BVerfGE 56, 266 [284ff.]), es sei denn, die Maßnahme fördert das Gemeinwohl zumindest mittelbar und der Gesetzgeber stellt sicher, „dass der im Allgemeininteresse liegende Zweck der Maßnahme erreicht und dauerhaft gesichert wird" (BVerfGE 74, 264 [285ff.]; vgl. auch BVerfGE 134, 242 [294ff. Rn. 178ff.]). Hierzu zählen etwa Enteignungen zugunsten privater Unternehmer, die in privatrechtlicher Rechtsform öffentliche Aufgaben wahrnehmen und erfüllen. Ist das Vorhaben auf einfachgesetzlicher Ebene rechtswidrig, dient es per se nie dem Gemeinwohl, die Enteignung ist in diesen Fällen stets unzulässig (BVerwGE 77, 86 [91]).

(2) Geeignetheit, Erforderlichkeit, Angemessenheit.

90 – Die Enteignung muss zur Erreichung des legitimen Zwecks geeignet sein. Das ist sie, wenn sie ein zwecktaugliches Mittel darstellt, also abstrakt dazu in der Lage ist, das angestrebte Ziel – das Gemeinwohl – in der konkreten Fallgestaltung zumindest zu fördern.

– Bei der Erforderlichkeitsprüfung ist zu untersuchen, ob das gewählte Mittel das vergleichsweise mildeste, also dasjenige unter gleich wirksamen Mitteln ist, das die Rechte des Betroffenen am geringsten beeinträchtigt. Die Enteignung muss zur Erfüllung des Gemeinwohlziels folglich unumgänglich und das am wenigsten einschneidende Instrument sein. Als milderes Mittel kommt häufig etwa der käufliche Erwerb eines Grundstücks vom Eigentümer zu angemessenen Bedingungen oder die Belastung mit einer Grunddienstbarkeit (§§ 1018ff. BGB) in Betracht. Hieran scheitert die Erforderlichkeit der Enteignung jedoch nur dann, wenn diese Alternativen den Zweck der Maßnahme gleich effektiv erreichen. **91**

Eine Administrativenteignung (also eine Enteignung durch die Exekutive) ist grds. vorrangig. Nur wenn dadurch die Gemeinwohlziele nicht erreicht werden können, darf auf die Legalenteignung zurückgegriffen werden (Rn. 43). Die Legalenteignung zeichnet sich dadurch aus, dass sie die Eigentumsposition unmittelbar mit Inkrafttreten des Enteignungsgesetzes ohne weiteren Vollzugsakt entzieht. Nur bei triftigen Ausnahmegründen soll der Regelfall der Administrativenteignung einer Enteignung durch Gesetz weichen. Die Legalenteignung durch ein förmliches Gesetz verlangt diese besonderen Umstände, da sie für die Betroffenen stets eine Verkürzung des Rechtsschutzes (Art. 19 IV) mit sich bringt, denn gegen ein Gesetz steht insb. nicht der Rechtsweg zu den Fachgerichten offen, sondern nur die VB (BVerfGE 24, 367 [401ff.]; 58, 300 [331]; 95, 1 [22]). **92**

– Die mit der Enteignung verfolgten Zwecke und die konkrete Enteignung müssen in einem vernünftigen Verhältnis stehen, d.h. der Betroffene darf nicht solche Nachteile erleiden, die im Vergleich zum verfolgten Ziel außer Verhältnis stehen und unzumutbar sind. Dabei werden hohe Anforderungen an die Angemessenheit einer Enteignung gestellt. Wegen der freiheitssichernden Funktion des Eigentums verlangt eine Enteignung ein besonders schwerwiegendes, dringendes öffentliches Interesse, um dessen Erfüllung willen private Rechte Dritter entzogen werden dürfen (BVerfGE 74, 264 [289]). Dabei ist insb. zu berücksichtigen, wie wichtig das konkret betroffene Eigentum für den Eigentümer ist, wieweit es eigener Leistung zu verdanken ist und ob der Verlust durch eine angemessene Entschädigung (Rn. 96ff.) ausgeglichen wird. **93**

cc) Institutsgarantie. Durch eine Enteignung dürfen die identitätsstiftenden Wesensmerkmale des Eigentums (Rn. 18ff.) nicht angetastet werden. Die Institutsgarantie des Eigentums markiert die äußerste Grenze auch für Eingriffe in Form von Enteignungen. **94**

2. Rechtmäßigkeit des Einzelakts bei der Administrativenteignung

Erfüllt das enteignende Gesetz nicht die verfassungsrechtlichen Anforderungen des Art. 14 III, ist es verfassungswidrig und nichtig, eine darauf beruhende Enteignung ist als VA (§ 35 S. 1 VwVfG) schon allein deswegen rechtswidrig und anfechtbar (§ 40 I, § 42 I F. 1 VwGO, s. Rn. 76). Sind die Vorgaben des Art. 14 III hingegen erfüllt, muss bei einer Administrativenteignung daneben auch der jeweilige Einzelakt (VA), auf dem die Enteignung konkret beruht, rechtmäßig sein. Die Prüfung der Rechtmäßigkeit des VA orientiert sich dabei am verwaltungsrechtlichen Schema (Rechtsgrundlage, formelle und materielle Rechtmäßigkeit, vgl. § 113 I 1 VwGO). Die Argumentation i.R.d. Verhältnismäßigkeit (Übermaßverbot) muss – anders als beim Enteignungsgesetz – konkret-individuell erfolgen. **95**

3. Rechtsfolge: Entschädigung

a) Junktimklausel

96 Mit der Enteignung geht ein Rechtsentzug einher. Der bisherige Eigentümer verliert sein Eigentum, das i. d. R. unmittelbar auf den Staat übergeht. Dafür soll die Entschädigung einen Ausgleich schaffen. Sie kann indessen nur verlangt werden, wenn hierfür eine (rechtmäßige) Anspruchsgrundlage besteht, nämlich ein Entschädigungsjunktim im Enteignungsgesetz (Art. 14 III 2) und eine Konkretisierung im Zusammenhang mit dem Enteignungsakt, und wenn der Enteignungsakt i. Ü. rechtmäßig ist. Bestehen Bedenken gegen die Rechtmäßigkeit, muss der Betroffene zunächst Primärrechtsschutz gegen den enteignenden VA suchen (Rn. 51, 76, 95; BVerfGE 58, 300 [324]).

b) Entschädigungsobjekte und -subjekte

97 *aa) Art.* Die Entschädigung wird i. d. R. in Geld geleistet. Allerdings sind andere Entschädigungsmaßnahmen (Wertpapiere, Ersatzland) denkbar.

98 *bb) Ausmaß.* Bei der Festsetzung der Höhe der zu gewährenden Entschädigung sind die gegenläufigen Interessen der Allgemeinheit und des Betroffenen gerecht gegeneinander abzuwägen (Art. 14 III 3). Dabei muss das Enteignungsgesetz abstrakt einen adäquaten Entschädigungsrahmen vorgeben, innerhalb dessen die Verwaltung sodann im konkreten Einzelfall eine angemessene Zahlung bestimmt.

99 Grds. ist ein äquivalenter Ausgleich für den Verlust zu leisten und vermögenswerte Gleichheit herzustellen, denn bei einer rechtmäßigen Enteignung verwandelt sich die Bestandsgarantie (Rn. 17 ff., 30) in eine Eigentumswertgarantie (BVerfGE 24, 367 [397]). Das bedeutet jedoch nicht zwangsläufig, dass die Entschädigung dem Verkehrswert (dem gemeinen Wert, vgl. § 9 BewG) entsprechen muss (BVerfGE 46, 268 [284 ff.] u. a.). Allerdings wird eine zumindest vertretbare Begründung zu fordern sein, wenn im Einzelfall nicht der volle Verkehrswert gezahlt wird. Ausgleich geleistet wird für den Substanzverlust, nicht aber für die (entgehenden) Gewinne oder Gewinnchancen, denn bei einer Entschädigung handelt es sich nicht um Schadenersatz mit der Rechtsfolge der Restitution (vgl. §§ 249 ff. BGB), sondern nur um Kompensation (angemessener Ausgleich). Die Entschädigung erstreckt sich jedoch auf die unmittelbaren Folgekosten (etwa Umzugskosten), auf Wertminderung (z. B. eines Restgrundstücks) und auf Rechtsverfolgungskosten.

100 *cc) Verpflichteter und Berechtigter.* Entschädigungspflichtig ist der durch die Enteignung unmittelbar Begünstigte und nicht die eingreifende Körperschaft (BGH, NJW 1980, 582 [ebd.]). Begünstigter kann daher auch eine natürliche oder juristische Person des Privatrechts sein (BGHZ 60, 126 [143]). Entschädigungsberechtigt ist stets der Inhaber des vermögenswerten Rechts, dem dieses ganz oder teilweise entzogen wird und der hierdurch einen Vermögensnachteil erleidet (vgl. § 94 BauGB).

c) Rückübertragung

101 Aus dem Grds. der Verhältnismäßigkeit folgt, dass der enteignete Bürger einen Rückübereignungsanspruch hat, wenn der Rechtsgrund für die Enteignung nachträglich wegfällt, z. B. wenn das ursprünglich geplante Bauvorhaben nicht verwirklicht wird (BVerfGE 97, 89 [96 f.]). Es handelt sich hierbei um einen besonderen Folgenbeseitigungsanspruch, der direkt aus Art. 14 I folgt.

4. Rechtsweg (Satz 4)

102 Nach Art. 14 III 4 entscheiden die ordentlichen Gerichte über die Höhe der Entschädigung. Trotz des Wortlauts besteht aber Einigkeit, dass die Zivilgerichte über den

Anspruch nicht nur der Höhe, sondern auch dem Grunde nach entscheiden, also auch über die Frage, ob überhaupt eine Enteignung vorliegt und eine Entschädigungspflicht besteht (BGHZ 15, 268, [270]; BVerwGE 1, 42 [43f.]; wie auch bei Amtshaftungsansprüchen vgl. Art. 34 Rn. 36f.). Richtet sich die Klage jedoch isoliert gegen die Enteignung als solche, sind gem. § 40 I 1 VwGO die Verwaltungsgerichte zuständig, deren Entscheidung die Zivilgerichte in einem möglichen Folgeprozess über die Höhe der Entschädigung bindet (sog. Vorgreiflichkeit oder Präjudizialität).

Auf Ansprüche aus enteignendem oder enteignungsgleichem Eingriff (s.u. **103**
Rn. 104ff.) ist Art. 14 III 4 nicht, auch nicht analog anwendbar. Für diese Fälle trifft § 40 II 1 VwGO eine Regelung. Ebenso wenig kann Art. 14 III 4 bei verwaltungsrechtlich vorgesehenen Ausgleichs- und Entschädigungsansprüchen zur Rechtswegbestimmung herangezogen werden.

IV. Enteignungsgleicher und enteignender Eingriff

1. Allgemeines zu den Aufopferungsansprüchen

a) Wesen und Herleitung

Es ist denkbar, dass ein Träger öffentlicher Gewalt Eigentumspositionen des Einzel- **104**
nen beeinträchtigt, ohne dass dies in Form einer Inhalts- und Schrankenbestimmung oder einer Enteignung erfolgt. Derartige Eingriffe, die einer Enteignung ähneln und dem Betroffenen zugunsten des Gemeinwohls ein nicht zumutbares Sonderopfer abnötigen, müssen grds. nicht entschädigungslos hingenommen werden.

Die Rechtsgrundlage für einen Ausgleich solcher sonstigen Eigentumsbeeinträchti- **105**
gungen wurde lange Zeit in Art. 14 III (analog) gesucht, und zwar mit dem Argument (a maiore ad minus), dass dem Betroffenen in diesem Fall erst Recht eine Entschädigung zustehen müsse (z.B. BGHZ 6, 270 [290]). Dieser Praxis hat das BVerfG 1981 einen Riegel vorgeschoben: Dem in seinen Rechten Beeinträchtigten stehe es nämlich nicht frei, ob er sich gegen einen Eingriff in sein Eigentum selbst zur Wehr setzt oder diesen geschehen lässt und anschließend eine Entschädigung verlangt (sog. „dulden und liquidieren"). Soweit ihm dies möglich ist, muss der Betroffene den Eingriffsakt selbst abwehren und die Herstellung des verfassungsmäßigen Zustandes verlangen (Vorrang des Primärrechtsschutzes, Rn. 51, 76, 95). Eine Enteignungsentschädigung kommt nur beim Vorhandensein eines den Voraussetzungen des Art. 14 III genügenden Gesetzes in Betracht (BVerfGE 58, 300 [324] – Nassauskiesung). Fehlt es daran, kann Art. 14 III (analog) nicht als Anspruchsgrundlage für eine Entschädigung herangezogen werden.

Seither begründen der BGH und die anderen Zivilgerichte Ansprüche auf Entschä- **106**
digung außerhalb der Enteignung i.S.v. Art. 14 III mit dem Argument des individuellen Sonderopfers zugunsten der Gemeinschaft, das ausgeglichen werden muss. Gestützt wird dies auf den gewohnheitsrechtlich anerkannten allg. Aufopferungsgedanken, der erstmals in den §§ 74, 75 der Einleitung des Allgemeinen Preußischen Landrechts vom 5.2.1794 (EinlPrALR) seinen Niederschlag gefunden hat (BGHZ 90, 17 [31]; 91, 20 [27f.]):

> **§ 74 EinlPrALR.** Einzelne Rechte und Vortheile der Mitglieder des Staats müssen den Rechten und Pflichten zur Beförderung des gemeinschaftlichen Wohls, wenn zwischen beyden ein wirklicher Widerspruch (Collision) eintritt, nachstehn.

> **§ 75 EinlPrALR.** Dagegen ist der Staat denjenigen, welcher seine besondern Rechte und Vortheile dem Wohle des gemeinen Wesens aufzuopfern genöthigt wird, zu entschädigen gehalten.

Diese Vorgehensweise hat auch das BVerfG akzeptiert (BVerfG-K, NJW 2000, 1402 [ebd.]).

b) Arten

107 Bei einer rechtmäßigen Enteignung i. S. d. Art. 14 III hat derjenige, der sein Eigentum verliert, einen Anspruch auf Entschädigung (Rn. 96 ff.). Anspruchsgrundlage hierfür ist das die entsprechende Junktimklausel enthaltende Enteignungsgesetz i. V. m. dem konkreten Enteignungsakt (VA).

108 War hingegen das öffentlich-rechtliche Handeln oder Unterlassen, durch das in die Eigentumsposition eingegriffen wurde, rechtswidrig, z. B. weil das Enteignungsgesetz keine Entschädigungsklausel enthielt, liegt schon gar keine rechtmäßige Enteignung i. S. d. Art. 14 III vor. Durch diese Rechtswidrigkeit wird ihm zugunsten des Gemeinwohls ein Sonderopfer auferlegt, das es auszugleichen gilt. In einer solchen Konstellation kann sich ein Entschädigungsanspruch wegen eines enteignungsgleichen Eingriffs ergeben (Rn. 115 f.). Dies gilt aber nur dann, wenn dem Betroffenen kein Rechtsbehelf gegen den rechtswidrigen Eingriffsakt zur Verfügung stand (Rn. 76, 95). Typische Konstellationen des enteignungsgleichen Eingriffs sind daher Eigentumsverletzungen durch Tathandlungen (Realakte) der öffentlichen Hand.

109 War das hoheitliche Handeln oder Unterlassen zwar rechtmäßig, verursachte aber in unvorhergesehener und atypischer Weise dennoch so schwerwiegende Nebenfolgen, dass die daraus resultierenden Belastungen für den Betroffenen unzumutbar sind und dadurch die Sonderopfergrenze überschritten wird, besteht für ihn möglicherweise ein Anspruch aus enteignendem Eingriff (Rn. 117 f.). Auch hier durfte es dem Betroffenen indes nicht möglich sein, seine Belastung durch den Gebrauch von Rechtsbehelfen im Voraus abzuwehren (Rn. 76, 95).

110 Darüber hinaus kennt das Staatshaftungsrecht den allg. Aufopferungsanspruch bei Eingriffen in andere Rechtsgüter als das Eigentum, v. a. in immaterielle Rechtsgüter (Leben, Gesundheit, Freiheit – nicht aber das allgemeine Persönlichkeitsrecht), die zu einem Vermögensschaden geführt haben und ein Sonderopfer des Betroffenen mit sich bringen. Dieser hat auch in diesem Fall einen Anspruch auf angemessene Entschädigung in Geld. Seine dogmatische Grundlage ist indes str. (Schmidt, NJW 1999, 2847 [ebd.]).

c) Vorrangige Spezialvorschriften

111 Den verschiedenen Aufopferungsansprüchen gehen spezialgesetzliche Regelungen vor, die die Folgen eines hoheitlichen Handelns oder Unterlassens auszugleichen versuchen. Gesetzliche Entschädigungsansprüche finden sich bspw. in § 48 III, § 49 VI, § 74 II 3 VwVfG, § 42 BImSchG, § 39 BauGB, § 60 IfSG, § 52 BPolG sowie in den entsprechenden Polizei- und Ordnungsgesetzen der Länder. Der Amtshaftungsanspruch (§ 839 BGB i. V. m. Art. 34) hingegen steht zu den Entschädigungsansprüchen in Anspruchskonkurrenz.

d) Prüfungsaufbau

112 In der Fallbearbeitung empfiehlt es sich, zunächst kurz auf die Anwendbarkeit des enteignungsgleichen bzw. enteignenden Eingriffs einzugehen und die Anspruchsgrundlage zu erläutern (dazu Rn. 105 f.). Anschließend sind die jeweiligen Anspruchsvoraussetzungen (Rn. 115, 117) abzuarbeiten.

e) Rechtsfolge

113 Sind die Anspruchsvoraussetzungen erfüllt, steht dem Betroffenen eine Entschädigung zu. Er kann folglich nur Ausgleich des Substanzverlusts (negatives Interesse) verlangen, aber z. B. keinen Schadensersatz (vgl. Rn. 99).

f) Rechtsweg

Ansprüche aus enteignungsgleichem oder enteignendem Eingriff müssen vor den Zivilgerichten geltend gemacht werden, denn es handelt sich um vermögensrechtliche Ansprüche aus Aufopferung für das gemeine Wohl i. S. d. § 40 II 1 Hs. 1 VwGO. **114**

2. Anspruchsvoraussetzungen des enteignungsgleichen Eingriffs

a) Voraussetzungen

Eine (1) Eigentumsposition i. S. d. Art. 14 I (dazu Rn. 23ff.) muss infolge eines (2) hoheitlichen Eingriffs (Handeln oder qualifiziertes Unterlassen) beeinträchtigt worden sein. Die Beeinträchtigung muss (3) *unmittelbar* auf das öffentlich-rechtliche Handeln zurückzuführen sein, d. h. die Auswirkungen müssen typische Folge der Eigenart dieses Handelns und dürfen keine zufälligen Begleiterscheinungen sein (dieses Erfordernis der Unmittelbarkeit ist eine besonders strenge Ausformung der Zurechenbarkeit mit Wertungsspielräumen). Der Eingriff muss ferner (4) rechtswidrig gewesen sein. Diese Rechtswidrigkeit impliziert das Sonderopfer, das anderen nicht abverlangt wird (Art. 3 I), weil der Staat sonst in aller Regel rechtmäßig handelt. Daher wird das Sonderopfer nicht weiter geprüft. In Anlehnung an § 254 BGB darf der Betroffene außerdem (5) nicht mitverantwortlich für die Beeinträchtigung sein, insb. muss er alle ihm zur Verfügung stehenden Rechtsbehelfe des Primärrechtsschutzes ausgeschöpft haben (BGHZ 90, 17 [32]). Zu beachten ist schließlich (6) die Verjährung (§§ 195, 199 BGB). **115**

b) Legislatives Unrecht

Nach der Rspr. soll es grds. keine Entschädigung für Eingriffe durch oder aufgrund von förmlichen Gesetzen geben, z. B. wenn der Ausführungsakt, der das Eigentum beeinträchtigt, auf einem verfassungswidrigen Gesetz beruht. Ansonsten würden in diesen Fällen legislativen Unrechts die Staatsfinanzen unabsehbar belastet und durch das lediglich richterrechtlich geprägte Haftungsinstitut des enteignungsgleichen Eingriffs die Haushaltsprärogative des Parlaments unterminiert werden (BGHZ 100, 136 [144]; 102, 350 [359]). Eine Ausnahme hierzu wird nur bei Maßnahme- und Einzelfallgesetzen anerkannt. Abgesehen davon kann sich der Betroffene gegen Eingriffsakte aufgrund von verfassungswidrigen Gesetzen im Primärrechtsschutz wehren (Rn. 76, 95). **116**

3. Anspruchsvoraussetzungen des enteignenden Eingriffs

Bei einem enteignenden Eingriff muss eine (1) Eigentumsposition i. S. d. Art. 14 I (dazu Rn. 23ff.) infolge eines (2) hoheitlichen Eingriffs (Handeln oder qualifiziertes Unterlassen) beeinträchtigt worden sein. Wie beim enteignungsgleichen Eingriff muss ein (3) *Unmittelbarkeits*zusammenhang zwischen der individuellen Rechtseinbuße und dem hoheitlichen Handeln bestehen. Anders als beim enteignungsgleichen Eingriff muss das Handeln aber als solches (4) rechtmäßig gewesen sein. Mangels Rechtswidrigkeit wird das (5) Überschreiten der Opfergrenze (Sonderopfer) nicht indiziert, sondern muss positiv festgestellt werden. Mithin muss eine Einwirkung von besonderer Schwere vorliegen, die eine entschädigungslose Hinnahme für den Betroffenen unzumutbar macht (Unzumutbarkeitsgrenze). Des Weiteren darf (6) der Anspruchsteller nicht mitverantwortlich sein (§ 254 BGB). Bei der Mitverantwortung ist zu beachten, dass das Nichtergreifen des Primärrechtsschutzes i. d. R. keine Mitverantwortung begründet, da das hoheitliche Handeln als solches rechtmäßig war, nur die unvorhergesehene Nebenfolge nicht (und deswegen ein Rechtsbehelf keine Aussicht auf Erfolg hätte). Zu beachten ist schließlich (7) die Verjährung (§§ 195, 199 BGB). **117**

118 **Beispiel** (BGH, NJW 1980, 770): Von einer nahe gelegenen, schlicht hoheitlich betriebenen Mülldeponie einer Stadt werden scharenweise Krähen und Möwen angelockt, die auf den benachbarten Feldern eines Landwirts die Keimlinge aufpicken, mit der Folge, dass die ausgesäten Pflanzen vernichtet werden.
Die Beeinträchtigungen des Grundeigentums bzw. des eingerichteten und ausgeübten landwirtschaftlichen Gewerbebetriebs durch die Vögel finden ihre Ursache in dem *rechtmäßigen* Betrieb der Mülldeponie, einer Einrichtung der Daseinsvorsorge (Art. 28 II 1). Gleichwohl hat sich dadurch eine von der Deponie ausgehende (ggf. typische) Gefahr verwirklicht und dem beeinträchtigten Landwirt ein nur ihn treffendes Sonderopfer auferlegt. Er hat daher einen Anspruch aus enteignendem Eingriff gegen die Stadt.

C. Prüfungshinweise

119 Art. 14 ist ein dogmatisch anspruchsvolles Grundrecht (wie insb. die Grundrechte in Art. 3 I, Art. 5 und 12 I), das in der Prüfung jedoch hinlänglich beherrscht werden sollte. Schwerpunkte sind dabei:
- die Definition des Eigentums (Rn. 18 ff.),
- die kategoriale Unterscheidung zwischen Inhalts- und Schrankenbestimmung einerseits und Enteignung andererseits (Rn. 38 ff.),
- die (daraus folgenden) unterschiedlichen Rechtfertigungsanforderungen für Inhalts- und Schrankenbestimmungen sowie für Enteignungen (Rn. 53 ff., 75 ff.),
- die staatshaftungsrechtlichen Institute des enteignungsgleichen und des enteignenden Eingriffs (Rn. 104 ff.).

D. Weiterführende Literatur/Leseempfehlungen

120 Berg, W., Entwicklung und Grundstruktur der Eigentumsgarantie, JuS 2005, 961–966; Glaser, A., Übungsklausur – Öffentliches Recht: Grundrechtsschutz gegen Steuern, JuS 2008, 341–345; Jarass, H., Inhalts- und Schrankenbestimmung oder Enteignung?, NJW 2000, 2841–2845; Jochum, H./Durner, W., Grundfälle zu Art. 14 GG, JuS 2005, 220–223, 320–323, 412–415; Lege, J., Das Eigentumsgrundrecht aus Art. 14 GG, JURA 2011, 507–518; ders., Art. 14 GG für Fortgeschrittene – 45 Fragen zum Eigentum, die Sie nicht überall finden, ZJS 2012, 44–53; Papier, H.-J., Die Weiterentwicklung der Rechtsprechung zu Art. 14 GG, DVBl. 2000, 1398–1407; Schwarz, K.-A., „Güterbeschaffung" als notwendiges Element des Enteignungsbegriffes?, DVBl. 2013, 133 ff.

Art. 15 [Überführung in Gemeinwirtschaft]

[1]Grund und Boden, Naturschätze und Produktionsmittel können zum Zwecke der Vergesellschaftung durch ein Gesetz, das Art und Ausmaß der Entschädigung regelt, in Gemeineigentum oder in andere Formen der Gemeinwirtschaft überführt werden. [2]Für die Entschädigung gilt Artikel 14 Absatz 3 Satz 3 und 4 entsprechend.

Pflichtstoff (**)

Übersicht

A. Erläuterungen

I. Überführung in Gemeinwirtschaft (Satz 1)

1. Allgemeines

In Zusammenschau mit den ihm entgegenlaufenden Art. 12 und 14 belegt Art. 15 den politischen Kompromiss im Parlamentarischen Rat bei der Schaffung des GG (Depenheuer, in: MKS, Rn. 1f.) und veranschaulicht den damaligen Widerstreit zwischen sozialistischen und kapitalistischen Strömungen. Unter Berufung auf Art. 15 als „Gegenmodell" zum grds. wirtschaftsliberalen Gedanken der Art. 12 und 14 lässt sich eine wirtschaftspolitische Neutralität des GG vertreten (vgl. BVerfGE 4, 7 [17f.]; 50, 240 [336f.]), die allerdings wegen vorrangigem Unionsrecht obsolet geworden sein dürfte (Art. 3 II UAbs. 1 S. 2 EUV: soziale Marktwirtschaft; Art. 119 I, Art. 120 S. 2 AEUV: offene Marktwirtschaft). 1

Abgesehen davon wirkt Art. 15 angesichts der politischen Entscheidung zugunsten der sozialen Marktwirtschaft (s. auch § 1 S. 2 StWG), des Zusammenbruchs der sozialistischen Planwirtschaft und der fortschreitenden Globalisierung anachronistisch (vgl. Depenheuer, in: MKS, Rn. 6); er schöpft seine Existenzberechtigung folglich weniger aus dem praktischen Nutzen – bislang wurde von der Ermächtigung kein Gebrauch gemacht – als vielmehr aus einem Bedürfnis nach symbolischer Integration. 2

De constitutione lata stellt Art. 15 gleichwohl noch immer ein „Angebot" an den Gesetzgeber dar (Depenheuer, in: MKS, Rn. 3). Zugleich verkörpert er aber auch ein individuelles Abwehrrecht des Eigentümers auf Nichtsozialisierung (Axer, in: EH-O, Rn. 1, 7; Depenheuer, in: MKS, Rn. 8; a.A. Jarass, in: JP, Rn. 1), sofern die Sozialisierungsvoraussetzungen nicht erfüllt sind. Infolge der Finanzmarktkrise hat Art. 15 Einzug in die politische Diskussion gehalten (vgl. Rn. 12). 3

Ausweislich des Wortlauts („können") enthält Art. 15 keinen Verfassungsauftrag zur Vergesellschaftung (Sozialisierung). Auch steht er einer (Re-)Privatisierung von vergesellschafteten bzw. öffentlichen Unternehmen („umgekehrte" Sozialisierung, Depenheuer, in: MKS, Rn. 6) nicht entgegen (BVerfGE 12, 354 [363f.]; Jarass, in: JP, Rn. 1). 4

Das EU-Recht lässt angesichts seiner Neutralität zur Eigentumsordnung der Mitgliedsstaaten gem. Art. 345 AEUV die Möglichkeit einer Vergesellschaftung grds. unberührt (vgl. aber Rn. 1 a.E.). Landes(verfassungs)recht, das eine Vergesellschaftung in weiterem Maße erlaubt als Art. 15, ist aufgrund von Art. 31, 142 nichtig (Axer, in: EH-O, Rn. 8). 5

2. Voraussetzungen einer Vergesellschaftung

a) Formelle Anforderungen

Zur Vergesellschaftung eines Eigentumsobjekts ist ein formelles Gesetz erforderlich (Jarass, in: JP, Rn. 5 – „Legalsozialisierung"), das Art und Ausmaß der Entschädigung (Rn. 20) regelt. Eine „Administrativsozialisierung" (z.B. durch Verwaltungsakt) ist unzulässig. Der Bund hat eine konkurrierende Gesetzgebungskompetenz aus Art. 74 I Nr. 15, wobei er die Erforderlichkeitsklausel (Art. 72 II) zu beachten hat. 6

b) Materielle Anforderungen

7 *aa) Sozialisierungsfähige Wirtschaftsgüter* sind in Art. 15 S. 1 abschließend aufgezählt; andere Gegenstände als Grund und Boden, Naturschätze und Produktionsmittel sind aufgrund des Enumerationsprinzips einer Sozialisierung folglich nicht zugänglich.

8 *(1) Grund und Boden.* Der Begriff „Grund und Boden" erfasst Grundstücke samt zugehöriger Bestandteile sowie Zubehör (vgl. §§ 93, 94, 96–98 BGB), gleichviel ob das Grundstück wirtschaftlich oder privat genutzt wird (Hummel, JuS 2008, 1065 [1068]; a.A. Depenheuer, in: MKS, Rn. 31). Dieser Aspekt kann indes i.R.d. Verhältnismäßigkeitsprüfung (zur Sozialisierungsreife Rn. 19) eine Rolle spielen.

9 *(2) Naturschätze* sind v.a. Bodenschätze, aber auch nutzbare Naturkräfte wie Wind- und Wasserkraft, nicht hingegen Kernenergie (gleichwohl aber der abbaubare Rohstoff Uranerz).

10 *(3) Produktionsmittel.* Der Begriff „Produktionsmittel" wird seit jeher lebhaft diskutiert:

- Eine Ansicht subsumiert hierunter nur sachliche und rechtliche Mittel, die der gegenständlichen Produktion dienen (z.B. Maschinen, Rohstoffe, Gebäude, aber insb. keine Unternehmen an sich; Depenheuer, in: MKS, Rn. 33 – enger Produktionsmittelbegriff).
- Nach dem weiten Produktsmittelbegriff sollen alle Mittel erfasst sein, die unmittelbar oder mittelbar der Produktion dienen, somit auch sämtliche Unternehmen einschl. des Dienstleistungssektors (Jarass, in: JP, Rn. 2; Bryde, in: MK, Rn. 18).

11 Der enge Produktionsmittelbegriff verdient den Vorzug. Denn der enumerative Charakter der Aufzählung in Art. 15 S. 1 verdeutlicht, dass der Verfassunggeber die Sozialisierungsmöglichkeit behutsam eingesetzt wissen wollte, die Vergesellschaftung der gesamten Wirtschaft war offensichtlich nicht beabsichtigt. Die im Wortlaut der Vorgängernorm (Art. 156 WRV) enthaltenen „privaten wirtschaftlichen Unternehmungen" wurden nicht übernommen, was nahelegt, dass nicht Unternehmen selbst, sondern (nur) die in Unternehmen vorhandenen Produktionsmittel gemeint sind. Zudem erschiene die separate Erwähnung von Produktionsmitteln befremdlich, wenn man ohnehin alle wirtschaftlichen Betriebe als erfasst angesehen hätte (eingehend Depenheuer, in: MKS, Rn. 33ff.; Durner, in: MD, Rn. 35ff.; wenig überzeugend dagegen Peters, DÖV 2012, 64 [66]).

12 Unter Zugrundelegung des engen Produktionsmittelbegriffs kann eine Verstaatlichung von Banken im Zuge der Bekämpfung der Finanzmarktkrise nicht auf Art. 15 gestützt werden (wohl aber auf Art. 14 III), da Banken als reine Dienstleistungsunternehmen keine Produktionsmittel i.S.d. Norm sein können (Depenheuer, in: MKS, Rn. 33 – str.). Selbst wenn man dies bejahen würde, stünde der praktischen Umsetzung wegen der Entschädigungspflicht (Rn. 20) ein wirtschaftlich nahezu unüberwindliches Hindernis entgegen.

13 *bb) Zweck: Vergesellschaftung.* Die sozialisierungsfähigen Wirtschaftsgüter (Rn. 7ff.) können zum Zweck der Vergesellschaftung entzogen und in die Hände des Staates gelegt werden. Dadurch wird deren Privatnützigkeit beseitigt und eine gemeinwohlorientierte Nutzung ermöglicht. Das überführte Eigentum dient dann nicht mehr der individuellen Gewinnerzielung, sondern unmittelbar der Befriedigung eines öffentlichen Bedarfs oder der Verfolgung eines sonstigen Gemeinwohlzwecks ohne Gewinnerzielungsabsicht.

14 *cc) Formen der Gemeinwirtschaft.* Die Vergesellschaftung (Rn. 13) erfolgt durch Überführung der sozialisierungsfähigen Wirtschaftsgüter (Rn. 7ff.) in Gemeinwirtschaft. Zulässig ist dabei die Begründung von

- Gemeineigentum, also Übertragung des Eigentums (vgl. Art. 14 Rn. 20, 34) auf öffentlich-rechtliche Träger (z.B. Bund oder Land [sog. Verstaatlichung], Kommunen, andere juristischen Personen des öffentlichen Rechts) oder

– anderen Formen der Gemeinwirtschaft; das Eigentum verbleibt dabei formal beim bisherigen Inhaber, durch rechtliche Maßnahmen (etwa eine gesellschaftsrechtliche Mehrheitsbeteiligung) wird aber ein derart dominierender Einfluss der öffentlichen Hand ausgeübt, dass ein gemeinwirtschaftlich orientiertes Handeln sichergestellt werden kann.

Die Sozialisierung i. S. v. Art. 15 ist keine besondere Form der Enteignung (Art. 14 III), sondern ein aliud, eine weitere Beschränkungsmöglichkeit des Eigentums. Anders als bei einer Enteignung wird nicht eine konkret-individuelle Eigentumsposition zur Erfüllung bestimmter öffentlicher Aufgaben entzogen, sondern in abstrakt-genereller Weise (vgl. Rn. 6) eine wirtschaftsverfassungsrechtliche, an Gemeinwirtschaftlichkeit ausgerichtete (strukturelle) Umgestaltung des produktiven Eigentums vorgenommen, was nicht notwendigerweise mit einem Eigentümerwechsel verbunden sein muss (Axer, in: EH-O, Rn. 4; Depenheuer, in: MKS, Rn. 14). In diesem Rahmen können auch einzelne Objekte vergemeinschaftet werden. **15**

16

	Enteignung, Art. 14 III	**Sozialisierung, Art. 15**
Gegenstand	alle als Eigentum i. S. v. Art. 14 I geschützten Rechtspositionen	nur Grund und Boden, Naturschätze, Produktionsmittel (str.: Unternehmensüberführung; Dienstleistungssektor)
Maßnahme	konkret-individueller Zugriff; zur Erfüllung einer bestimmten öffentlichen Aufgabe (Güterbeschaffung)	abstrakt-genereller Zugriff (strukturell); Gemeinwirtschaft = Bedarfsdeckung/ Bedürfnisbefriedigung der Allgemeinheit, keine Gewinnerzielung (Abgrenzung zur Privat-/Erwerbswirtschaft)
Zweck	Gemeinwohl, dabei Verhältnismäßigkeit	Vergesellschaftung → Gemeinwohl, dabei Verhältnismäßigkeit (str.)
formelle Voraussetzung	i. d. R. aufgrund eines Gesetzes (Administrativenteignung); ausnahmsweise durch Gesetz (Legalenteignung)	nur durch formelles Gesetz; „Administrativsozialisierung" unzulässig
Junktim	Entschädigung (nicht zwingend zum Verkehrswert)	Entschädigung (nicht zwingend zum Verkehrswert – str.)

Mangels Überführung „zum Zwecke der Vergesellschaftung" keine Sozialisierung ist die Schaffung von Gemeineigentum zu rein erwerbswirtschaftlichen Zielen (Gewinnerzielung) oder die Umverteilung von Eigentum unter Privaten (z. B. aufgrund einer „Bodenreform", vgl. etwa §§ 45 ff. BauGB). **17**

dd) Sonstige Rechtmäßigkeitsanforderungen. Das Verbot des Einzelfallgesetzes (Art. 19 I 1) gilt nicht, ebenso wenig das Zitiergebot (Art. 19 I 2). Art. 15 S. 1 ist insoweit lex specialis (str.). **18**

Wie bei allen staatl. Eingriffen ist auch bei Art. 15 der Verhältnismäßigkeitsgrundsatz zu beachten (Hummel, JuS 2008, 1065 [1069 f.]; Depenheuer, in: MKS, Rn. 39; a. A. Peters, DÖV 2012, 64 [65]; Bryde, in: MK, Rn. 10). Auszurichten ist die Prüfung der Geeignetheit, Erforderlichkeit und Angemessenheit der Maßnahme an der Gemeinwohlzielstellung („zum Zwecke der Vergesellschaftung", Rn. 13). Wichtiger Anhaltspunkt für die Verhältnismäßigkeit einer Sozialisierung ist die wirtschaftliche Bedeutung der überführten Wirtschaftsgüter („Sozialisierungsreife" oder „-eignung"). Jedenfalls eine Vergesellschaftung kleinbäuerlicher, handwerklicher oder anderer kleingewerblicher Betriebe dürfte insofern i. d. R. unverhältnismäßig sein (Depenheuer, in: MKS, Rn. 40). **19**

II. Sozialisierungsentschädigung (Satz 2)

20 Für die Entschädigung gelten nach Art. 15 S. 2 die Vorschriften der Art. 14 III 3 und 4 entsprechend (Rechtsfolgenverweisung). Die Höhe der Entschädigung bemisst sich nach denselben Grundsätzen wie bei der Enteignung, insb. unter Berücksichtigung des Abwägungsgebots (s. Art. 14 Rn. 98ff.). Die Pflicht zur Entschädigung zum Verkehrswert besteht dabei nicht (Bryde, in: MK, Rn. 22; a.A. Wendt, in: Sachs, Rn. 17f.), ein äquivalenter Ausgleich muss aber gewährt werden (hierzu Art. 14 Rn. 99). Bei Rechtsstreitigkeiten sind die ordentlichen Gerichte zuständig (Art. 15 S. 2 i.V.m. Art. 14 III 4).

B. Weiterführende Literatur/Leseempfehlungen

21 Hummel, L., Grundfälle zu Art. 15 GG, JuS 2008, 1065–1071; Peters, A., Art. 15 GG und die Notverstaatlichung von Banken, DÖV 2012, 64–69.

Art. 16 [Ausbürgerung und Auslieferung]

(1) [1]**Die deutsche Staatsangehörigkeit darf nicht entzogen werden.** [2]**Der Verlust der Staatsangehörigkeit darf nur auf Grund eines Gesetzes und gegen den Willen des Betroffenen nur dann eintreten, wenn der Betroffene dadurch nicht staatenlos wird.**

(2) [1]**Kein Deutscher darf an das Ausland ausgeliefert werden.** [2]**Durch Gesetz kann eine abweichende Regelung für Auslieferungen an einen Mitgliedstaat der Europäischen Union oder an einen internationalen Gerichtshof getroffen werden, soweit rechtsstaatliche Grundsätze gewahrt sind.**

Pflichtstoff (***)

Übersicht

A. Überblick

I. Normstruktur

1 Art. 16 enthält zwei Grundrechte: Abs. 1 schützt vor dem Verlust der deutschen Staatsangehörigkeit, Abs. 2 vor der Auslieferung an das Ausland. Insgesamt gewährleistet Art. 16 die besondere Verbindung der Bürger zu der von ihnen getragenen freiheitlichen Rechtsordnung (BVerfGE 113, 273 [294]).

Ursprünglich enthielt die Vorschrift zudem das Grundrecht auf Asyl, das in Abs. 2 S. 2 a. F. gewährleistet war, jedoch seit Mitte 1993 durch den seinerzeit neu in das GG aufgenommenen Art. 16a verbürgt wird. Gleichwohl stehen Art. 16 und Art. 16a nach wie vor in einem engen Zusammenhang. Zum einen knüpfen alle dort verbürgten Grundrechte an die Sonderbeziehung ihrer Träger mit der Bundesrepublik Deutschland an. Zum anderen beruhen sowohl der Ausbürgerungsschutz als auch das Asylrecht auf historischen Fehlerfahrungen in der Zeit des Dritten Reichs, als viele Deutsche willkürlich ausgebürgert wurden und viele aus Deutschland Geflohene allenfalls unter Schwierigkeiten Aufnahme im Ausland fanden (PSKP, Grundrechte, Rn. 1043). **2**

Abs. 2 bestand nach der Verlagerung des Asylgrundrechts gute sieben Jahre nur aus seinem heutigen Satz 1, bis Ende 2000 der aktuelle Satz 2 angefügt wurde, der die Auslieferung von Deutschen an das Ausland unter bestimmten Bedingungen zulässt. Besondere Bedeutung kam Abs. 2 im Streit um die Verfassungsmäßigkeit des Europäischen Haftbefehlsgesetzes von 2004 zu (u. Rn. 31). **3**

II. Europa

In der EMRK finden sich zu Art. 16 keine Parallelvorschriften. Nach Art. 19 I EU-GRCh sind Kollektivausweisungen unzulässig; Art. 19 II EU-GRCh verbietet Abschiebungen, Ausweisungen oder Auslieferungen u. a. an Staaten, in denen Folter oder die Todesstrafe drohen. **4**

III. Prüfungsrelevanz

Die Prüfungsrelevanz von Art. 16 ist begrenzt. **5**

B. Erläuterungen

I. Der Schutz vor dem Verlust der deutschen Staatsangehörigkeit (Abs. 1)

1. Der Schutzbereich

a) persönlich

Träger des Grundrechts ist nur, wer die deutsche Staatsangehörigkeit besitzt (bzw. zumindest besessen hat, dazu Ipsen, Staatsrecht II, Rn. 945). Das sind nicht alle Deutschen: Dieser Begriff erfasst nach Art. 116 I neben deutschen Staatsangehörigen auch die sog. Status-Deutschen, also Deutsche ohne deutsche Staatsangehörigkeit (Art. 116 Rn. 5), die folglich keines Schutzes vor dem Verlust dieser Staatsangehörigkeit bedürfen. Der Kreis der Grundrechtsberechtigten nach Abs. 1 ist also kleiner als bei den sog. Deutschengrundrechten (Vorbem. Grundrechte Rn. 65), zu denen auch Abs. 2 gehört. **6**

Auf juristische Personen ist das Grundrecht aus Abs. 1 nicht anwendbar. Eine Staatsangehörigkeit besitzen nur natürliche Personen. Daher fehlt es an der wesensmäßigen Anwendbarkeit i. S. v. Art. 19 III. **7**

b) sachlich

aa) Gegenstand. Gegenstand des Schutzes durch Abs. 1 ist die deutsche Staatsangehörigkeit, also die Mitgliedschaft im Staatsverband (Stern, Staatsrecht IV/1, S. 665). Abgesehen von einzelnen Bestimmungen in Art. 116 werden ihr Erwerb und ihr Verlust nicht verfassungsrechtlich durch das GG, sondern einfach-rechtlich durch das StAG geregelt. **8**

9 *bb) Gewährleistungen.* Abs. 1 schützt als Abwehrrecht vor dem Verlust der deutschen Staatsangehörigkeit. Dabei differenziert die Vorschrift zwischen dem Entzug, den Satz 1 strikt verbietet, und anderen Formen des Verlustes, die Satz 2 nicht ausschließt, aber an bestimmte Bedingungen knüpft. Zur Abgrenzung der beiden Begriffe u. Rn. 13.

In der Literatur wird die Abgrenzung meist auf der Tatbestandsebene erörtert, also beim sachlichen Schutzbereich des Grundrechts. In einer Falllösung erscheint es jedoch als mindestens ebenso gut vertretbar, die Abgrenzung erst beim Eingriff (so die Zuordnung bei PSKP, Grundrechte, Rn. 1045) oder sogar erst bei der Eingriffsrechtfertigung vorzunehmen. Bei diesem Vorgehen reicht für die Eröffnung des sachlichen Schutzbereichs aus, dass der Betroffene die deutsche Staatsangehörigkeit verliert.

10 Leistungs- und Schutzpflichten des Staates ergeben sich aus Abs. 1 kaum (Jarass, in: JP, Rn. 7). Das Grundrecht erfasst schon von seinem Schutzbereich her nicht den Erwerb der Staatsangehörigkeit. Die darauf bezogenen Vorschriften des StAG sind also nicht am Maßstab des Abs. 1 zu prüfen; einen grundrechtlich fundierten Anspruch auf Erwerb der deutschen Staatsangehörigkeit gibt es nicht. Diskutiert wird jedoch, ob das Grundrecht einen Anspruch auf diplomatischen Schutz und konsularische Betreuung im Ausland gibt. Richtigerweise wird man das ablehnen müssen (zu Nachweisen für beide Auffassungen s. Wittreck, in: Dreier, Rn. 60 Fn. 305).

11 *cc) Konkurrenzen.* Ein Anspruch auf Einbürgerung kann sich nicht aus Abs. 1, wohl aber aus Art. 116 II ergeben (Art. 116 Rn. 10). Das Grundrecht schützt nur die Staatsangehörigkeit selbst. Grundrechtlicher Schutz für Rechte aus der Staatsangehörigkeit ergibt sich ggf. aus anderen Grundrechten. Ein Beispiel ist das Recht auf Einreise aus Art. 11 (Art. 11 Rn. 12).

2. Eingriff

12 Ein Eingriff in das Abwehrrecht liegt vor, wenn ein deutscher Staatsangehöriger seine Staatsangehörigkeit durch eine staatlich zu verantwortende Maßnahme verliert. Aus Abs. 1 S. 2 lässt sich ersehen, dass dazu auch Maßnahmen zählen, mit denen der Betroffene einverstanden ist (Jarass, in: JP, Rn. 6).

13 Bei dieser Maßnahme kann es sich in der Systematik des Abs. 1 um einen Entzug oder einen (anders herbeigeführten) Verlust der Staatsangehörigkeit handeln. Die Abgrenzung zwischen diesen Formen des Eingriffs ist umstritten. Sicher ist zumindest, dass die Unfreiwilligkeit des Verlustes allein für die Annahme eines Entzugs nicht ausreichen kann: Abs. 1 S. 2 lässt einen Verlust der Staatsangehörigkeit gegen den Willen des Betroffenen unter bestimmten Bedingungen zu. Diese Regelung liefe leer, wenn der unfreiwillige Verlust stets ein Entzug wäre, der bereits nach Abs. 1 S. 1 untersagt ist (s. dazu auch BVerfGE 116, 24 [36f.]). Nach dem BVerfG liegt eine Entziehung vor, wenn der Verlust die „Funktion der Staatsangehörigkeit als verlässliche Grundlage gleichberechtigter Zugehörigkeit beeinträchtigt." Das ist insbesondere dann der Fall, wenn der Betroffene den Verlust nicht oder nicht in zumutbarer Weise beeinflussen kann. Für dieses Ergebnis sprechen die Entstehungsgeschichte und der Zweck des Abs. 1 S. 1. Das Grundrecht soll verhindern, dass es Staatsangehörige minderer Güte gibt, die auf Grund bestimmter persönlicher Merkmale, politischer Anschauungen etc. aus dem Staatsverband ausgeschlossen werden (BVerfGE 116, 24 [44f.]).

Ein Verlust der Staatsangehörigkeit z. B. durch Entlassung auf Antrag (§ 18 StAG), durch den Erwerb einer ausländischen Staatsangehörigkeit (§ 25 StAG) oder durch Verzicht (§ 26 StAG) stellt danach keinen Entzug i. S. v. Abs. 1 S. 1, sondern nur einen Verlust i. S. v. Abs. 1 S. 2 dar. Dagegen handelt es sich beim Verlust der Staatsangehörigkeit auf Grund einer behördlichen Vaterschaftsanfechtung, die der Betroffene nicht oder zumindest nicht zumutbar beeinflussen kann, um einen Entzug (BVerfGE 135, 48 [61 ff. Rn. 27 ff.]). – Einen Grenzfall stellt die Rücknahme einer Einbürgerung u. a. wegen arglistiger Täuschung nach § 35 StAG dar. Das BVerfG hält auch diesen Fall – zu Recht – nicht für eine unzulässige Entziehung, sondern misst ihn lediglich an Abs. 1 S. 2, weil weder berechtigtes Vertrauen beeinträchtigt wird noch eine Diskriminierung vorliegt (BVerfGE 116, 24 [45]). Fehlt es hingegen an einer arglistigen Täuschung, liegt eine (unzulässige) Entziehung vor (BVerwGE 143, 171 ff., für die Rücknahme einer Spätaussiedlerbescheinigung).

3. Rechtfertigung des Eingriffs

a) Schranken

Eine Entziehung ist nach Abs. 1 S. 1 ausnahmslos unzulässig. Sofern ein Eingriff als Entziehung zu qualifizieren ist, ist er nicht rechtfertigungsfähig. 14

Andere Formen des Verlustes stehen unter dem Vorbehalt des Abs. 1 S. 2. Sofern der Verlust der Staatsangehörigkeit *mit* dem Willen des Betroffenen eintritt, handelt es sich um einen einfachen Gesetzesvorbehalt: Der Verlust muss auf Grund eines (formellen) Gesetzes oder – was das GG nicht ausdrücklich erwähnt, was aber auch möglich ist – unmittelbar durch ein solches Gesetz erfolgen (Jarass, in: JP, Rn. 10). Für den Verlust der Staatsangehörigkeit *gegen* den Willen des Betroffenen gilt das zusätzliche Erfordernis, dass er nur eintreten darf, wenn der Betroffene dadurch nicht staatenlos wird. Insofern stellt Abs. 1 S. 2 also einen qualifizierten Gesetzesvorbehalt dar (PSKP, Grundrechte, Rn. 1049). 15

Mit Willen des Betroffenen tritt der Verlust nur ein, wenn sich der Wille gerade auf den Verlust der Staatsangehörigkeit bezieht. Der Verlust durch den Erwerb einer anderen Staatsangehörigkeit (§ 25 StAG) wird daher regelmäßig gegen den Willen des Betroffenen eintreten.

b) Schranken-Schranken

Eingriffe, die dem Schrankenvorbehalt genügen, müssen zusätzlich die allgemeinen Schranken-Schranken (Eingriffskautelen) erfüllen. Insbesondere ist das Zitiergebot des Art. 19 I 2 auf Abs. 1 S. 2 anwendbar. Legt man diese zustimmungswürdige Sichtweise der h. M. (wie hier z. B. Jarass, in: JP, Rn. 10) zugrunde, erscheint die Verfassungsmäßigkeit der Regelungen des StAG zum Verlust der Staatsangehörigkeit zumindest sehr fraglich, da das StAG Art. 16 nicht als eingeschränkt nennt. Vermeiden ließe sich die Einordnung als verfassungswidrig freilich, wenn man annehmen wollte, das StAG sei als „(im Kern) vorkonstitutionelles Gesetz" vom Zitiergebot befreit (Kämmerer, in: BK, Rn. 53). Angesichts neuerer Änderungen und Ergänzungen der Verlusttatbestände ist diese Sichtweise aber zumindest nicht zwingend. Einen weiteren Weg zur „Rettung" der betreffenden Regelungen des StAG würde es darstellen, die Verlustregelungen als eine dem Gesetzgeber obliegende Ausgestaltung einzustufen, so dass sie keinen Eingriff darstellen würden und das Zitiergebot nicht anwendbar wäre (Wittreck, in: Dreier, Rn. 52, hält diese Auffassung mit Blick auf klare Eingriffstitel wie § 35 StAG für „haltlos"). Zur Unterscheidung zwischen Eingriff und Ausgestaltung s. Vorbem. Grundrechte Rn. 94). 16

Materiell muss ein Gesetz, das zum Verlust der Staatsangehörigkeit führt oder diesen Verlust ermöglicht, insbesondere dem Grundsatz der Verhältnismäßigkeit genügen (näher Vorbem. Grundrechte Rn. 125 f.). 17

II. Der Schutz vor Auslieferung an das Ausland (Abs. 2)

1. Der Schutzbereich

a) persönlich

Im Gegensatz zu Abs. 1 (Rn. 6) schützt Abs. 2 alle Deutschen i. S. v. Art. 116 I, also neben den deutschen Staatsangehörigen auch die Status-Deutschen (Art. 116 Rn. 5). Der Schutz vor Auslieferung ist ein Deutschengrundrecht. Es weist jedoch insofern 18 eine Besonderheit auf, als sich nur diejenigen Deutschen darauf berufen können, die sich in Deutschland oder in einer deutschen Auslandsvertretung befinden (Kluth, in: SB, Rn. 114). Systematisch ist das freilich ein Aspekt des sachlichen Schutzbereichs, da nur von diesen Orten aus eine Auslieferung an das Ausland möglich ist.

19 Auf juristische Personen ist das Grundrecht aus Abs. 2 nicht anwendbar. Ausgeliefert werden können nur natürliche Personen. Daher fehlt es an der wesensmäßigen Anwendbarkeit i.S.v. Art. 19 III.

b) sachlich

20 *aa) Gegenstand.* Schutzgut des Abs. 2 ist der Verbleib in Deutschland (Jarass, in: JP, Rn. 14) bzw. im Einflussbereich deutscher Hoheitsgewalt. Der Bürger soll nicht gegen seinen Willen aus der ihm vertrauten Rechtsordnung entfernt werden. Sofern er sich auf deutschem Staatsgebiet aufhält, soll er vor den Unsicherheiten einer Aburteilung unter einem ihm fremden Rechtssystem bewahrt werden (BVerfGE 113, 273 [293]).

21 Die Einreise nach Deutschland schützt Abs. 2 nicht. Sie fällt aber in den Schutzbereich von Art. 11 (Jarass, in: JP, Art. 11 Rn. 3; s. auch Art. 11 Rn. 11).

22 *bb) Gewährleistungen.* Abs. 2 schützt als Abwehrrecht vor der Auslieferung an das Ausland. Zum Begriff der Auslieferung u. Rn. 26.

23 Objektiv-rechtliche Gehalte lassen sich der Vorschrift nur in geringem Umfang entnehmen. Sie beschränken sich im Wesentlichen auf die Verpflichtung des Staates, den Schutz vor Abschiebung durch Verfahrensvorschriften und Klagemöglichkeiten abzusichern (Kluth, in: SB, Rn. 119ff.).

24 *cc) Konkurrenzen.* Abs. 2 geht in seinem Anwendungsbereich dem Grundrecht auf Freizügigkeit aus Art. 11 vor. Staatliche Maßnahmen, die den Aufenthalt im Inland beenden, aber nicht von Abs. 2 erfasst werden wie die Ausweisung, sind hingegen von vornherein nur an Art. 11 zu messen (dazu Jarass, in: JP, Art. 11 Rn. 7).

2. Eingriff

25 In den Schutzbereich wird durch die Auslieferung eines Deutschen an das Ausland eingegriffen.

26 Kennzeichen der Auslieferung ist, dass eine Person auf Ersuchen eines anderen Staates zwangsweise aus dem Hoheitsbereich der Bundesrepublik Deutschland entfernt und einer ausländischen Hoheitsgewalt überstellt wird, um dort als Beteiligter oder als Zeuge an einem gerichtlichen Verfahren teilnehmen zu können. Meist dient die Auslieferung dazu, ein Strafverfahren gegen den Betroffenen durchführen zu können. Darauf sind jedoch weder der Begriff noch der Schutz durch Abs. 2 beschränkt (richtig Kluth, in: SB, Rn. 106; zu eng daher BVerfGE 113, 273 [293], wo die Definition nur auf die Auslieferung im Zusammenhang mit Strafverfahren bezogen wird).

27 Vor der Ausweisung und der Abschiebung schützt Abs. 2 hingegen nicht (Jarass, in: JP, Rn. 17; h.M.). Die Ausweisung ist die Anordnung, die Bundesrepublik zu verlassen. Anders als bei der Auslieferung darf sich der Betroffene selbst aussuchen, mit welchem Ziel er ausreist. Mit der Abschiebung wird die Ausweisung erforderlichenfalls zwangsweise durchgesetzt. Beide Maßnahmen verhindern aber die freie Ortswahl im Bundesgebiet, sie sind daher an Art. 11 zu messen (Art. 11 Rn. 11).

28 Einen Grenzfall stellt die Rücklieferung dar. Bei der Rücklieferung wird eine Person zwangsweise an einen anderen Staat (rück-)überstellt, die von diesem Staat zuvor nur unter der Bedingung einer Rückführungszusage nach Deutschland verbracht worden war. Das BVerfG hat darin unter Berufung auf den Sinn des Abs. 2 keine unzulässige Auslieferung gesehen: Die Vorschrift bezwecke nicht, die Strafverfolgung zu erschweren. Zudem erleide der Betroffene keinen Rechtsverlust, weil er anfänglich ohnehin der fremden Hoheitsgewalt unterworfen sei (BVerfGE 29, 183 [193f.]). Dem wird man im Ergebnis (keine *unzulässige* Auslieferung) nach Einfügung des Abs. 2 S. 2

folgen können, soweit die Voraussetzungen der Vorschrift erfüllt sind. Sofern das nicht der Fall ist, dürfte die Rückführung unzulässig sein, da sie als Unterfall der Auslieferung anzusehen ist (s. auch PSKP, Grundrechte, Rn. 1053). Entsprechendes gilt für die sog. Durchlieferung (Ipsen, Staatsrecht II, Rn. 964), bei der eine Person von einem fremden Staat über das Gebiet der Bundesrepublik an einen anderen fremden Staat überstellt wird.

Das Ausland, an das Deutsche nur unter den Bedingungen des Abs. 2 ausgeliefert **29** werden dürfen, sind nicht nur andere Staaten, sondern auch internationale Gerichtshöfe. Das ergibt sich aus Abs. 2 S. 2, der auch insofern von Auslieferungen spricht.

3. Rechtfertigung des Eingriffs

a) Schranken

Das zuvor vorbehaltlos gewährleistete Grundrecht steht seit dem Jahr 2000 (o. **30** Rn. 3) unter dem qualifizierten Gesetzesvorbehalt des Abs. 2 S. 2. Danach kann durch ein (formelles) Gesetz die Auslieferung an einen EU-Mitgliedstaat oder einen internationalen Gerichtshof ermöglicht werden, soweit rechtsstaatliche Grundsätze gewahrt sind. Dazu zählen namentlich die grundlegenden Verfahrensgarantien wie das Recht auf rechtliches Gehör und auf ein faires Verfahren (PSKP, Grundrechte, Rn. 1054).

(U. a.) an den Voraussetzungen des Abs. 2 S. 2 fehlte es beim Europäischen Haftbe- **31** fehlsgesetz von 2004, das daher für nichtig erklärt wurde (BVerfGE 113, 273 ff.). Andere Schranken existieren nicht (BVerfGE 113, 273 [295]; a. A. Zimmermann/Tams, in: FH, Rn. 96).

b) Schranken-Schranken

I. Ü. gelten die allgemeinen Regeln. Das Gesetz muss das Zitiergebot des Art. 19 I 2 **32** (Jarass, in: JP, Rn. 19) sowie das Verhältnismäßigkeitsprinzip beachten. Letzteres kann der Auslieferung wegen einer Straftat mit relevantem Inlandsbezug entgegenstehen (BVerfGE 113, 273 [301 ff.]).

C. Weiterführende Literatur/Leseempfehlungen

Hufeld, U., Art. 16 GG: Ausbürgerung und Auslieferung im Kontext, JA 2007, 41– **33** 43; Lübbe-Wolff, G., Entziehung und Verlust der deutschen Staatsangehörigkeit – Art. 16 I GG, Jura 1996, 57–64; Meßmann, A./Kornblum, T., Grundfälle zu Art. 16, 16a GG, JuS 2009, 688–692 und 810–813. S. zudem die Hinweise in Art. 116 Rn. 12.

Art. 16a [Asylrecht]

(1) **Politisch Verfolgte genießen Asylrecht.**

(2) [1]**Auf Absatz 1 kann sich nicht berufen, wer aus einem Mitgliedstaat der Europäischen Gemeinschaften oder aus einem anderen Drittstaat einreist, in dem die Anwendung des Abkommens über die Rechtsstellung der Flüchtlinge und der Konvention zum Schutze der Menschenrechte und Grundfreiheiten sichergestellt ist.** [2]**Die Staaten außerhalb der Europäischen Gemeinschaften, auf die die Voraussetzungen des Satzes 1 zutreffen, werden durch Gesetz, das der Zustimmung des Bundesrates bedarf, bestimmt.** [3]**In den Fällen des Satzes 1 können aufenthaltsbeendende Maßnahmen unabhängig von einem hiergegen eingelegten Rechtsbehelf vollzogen werden.**

(3) [1]**Durch Gesetz, das der Zustimmung des Bundesrates bedarf, können Staaten bestimmt werden, bei denen auf Grund der Rechtslage, der Rechtsanwen-**

dung und der allgemeinen politischen Verhältnisse gewährleistet erscheint, daß dort weder politische Verfolgung noch unmenschliche oder erniedrigende Bestrafung oder Behandlung stattfindet. [2]Es wird vermutet, daß ein Ausländer aus einem solchen Staat nicht verfolgt wird, solange er nicht Tatsachen vorträgt, die die Annahme begründen, daß er entgegen dieser Vermutung politisch verfolgt wird.

(4) **[1]Die Vollziehung aufenthaltsbeendender Maßnahmen wird in den Fällen des Absatzes 3 und in anderen Fällen, die offensichtlich unbegründet sind oder als offensichtlich unbegründet gelten, durch das Gericht nur ausgesetzt, wenn ernstliche Zweifel an der Rechtmäßigkeit der Maßnahme bestehen; der Prüfungsumfang kann eingeschränkt werden und verspätetes Vorbringen unberücksichtigt bleiben. [2]Das Nähere ist durch Gesetz zu bestimmen.**

(5) **Die Absätze 1 bis 4 stehen völkerrechtlichen Verträgen von Mitgliedstaaten der Europäischen Gemeinschaften untereinander und mit dritten Staaten nicht entgegen, die unter Beachtung der Verpflichtungen aus dem Abkommen über die Rechtsstellung der Flüchtlinge und der Konvention zum Schutze der Menschenrechte und Grundfreiheiten, deren Anwendung in den Vertragsstaaten sichergestellt sein muß, Zuständigkeitsregelungen für die Prüfung von Asylbegehren einschließlich der gegenseitigen Anerkennung von Asylentscheidungen treffen.**

Pflichtstoff (**)

Übersicht

A. Überblick

I. Normstruktur

1 Das Asylrecht bietet prinzipiell jedem Menschen dieser Welt die Möglichkeit, vor politischer Verfolgung in Deutschland Schutz zu suchen. Der Begriff Asyl leitet sich vom griechischen „Asylon" ab. Damit wurde ein Heiligtum bezeichnet, an dem man vor Ergreifung sicher war (Hufen, Staatsrecht II, § 20 Rn. 1).

2 Im GG war das Asylrecht zunächst als Art. 16 II 2 verbürgt. Seine Aufnahme als Grundrecht war die unmittelbare Reaktion auf Erfahrungen vieler Deutscher, die während der nationalsozialistischen Diktatur in ihrer Heimat verfolgt wurden und die sich – häufig vergeblich – (näher Will, in: Sachs, Rn. 3) um Aufnahme in anderen Ländern bemüht hatten. Schon aus diesem Grund war das Grundrecht zunächst betont

aufnahmefreundlich ausgestaltet. Es bestand ausschließlich aus seinem heutigen Abs. 1; Einschränkungsmöglichkeiten sah der Verfassungstext nicht vor.

Das führte zu Schwierigkeiten, als eine immer größere Zahl von Asylsuchenden nach Deutschland kam, von denen nur noch ein geringer Teil tatsächlich politisch verfolgt wurde, während der überwiegende Teil aus wirtschaftlichen Gründen seine Heimat verlassen hatte. Daher entschloss sich der verfassungsändernde Gesetzgeber 1993, das alte Asylgrundrecht zu streichen und in einem neu eingefügten Art. 16a nur noch ein – im Vergleich zur Ausgangsfassung – eingeschränktes Asylrecht zu verbürgen. Dass über diese Änderung angesichts des historischen Hintergrundes der Regelung engagiert diskutiert wurde, ist wenig erstaunlich (zur Kritik s. etwa Hufen, Staatsrecht II, § 20 Rn. 3). Seither ist Art. 16a nicht mehr geändert worden. **3**

II. Europa

Während die meisten Grundrechte des GG Entsprechungen in der EMRK besitzen, ist das bei Art. 16a nicht der Fall. Dagegen wird das Asylrecht gem. Art. 18 EU-GRCh gewährleistet. Dies geschieht freilich ausdrücklich nach Maßgabe des Genfer Abkommens vom 28.7.1951 und des Protokolls vom 31.1.1967 über die Rechtsstellung der Flüchtlinge sowie nach Maßgabe des EUV und des AEUV. Grundlage für die Entwicklung einer gemeinsamen Asylpolitik durch die EU ist heute Art. 78 AEUV. Durch mehrere Vorschriften des Sekundärrechts, insbes. die sog. Qualifikationsrichtlinie (RL 2011/95/EU), ist mittlerweile ein europäisches Asylsystem geschaffen worden, dessen Regeln Art. 16a zumindest determinieren, wenn nicht überlagern. Zu Verhältnis beider Systeme s. Geiger, Ad Legendum 2014, 165 (169 f.). **4**

III. Prüfungsrelevanz

Art. 16a ist in der Praxis namentlich für die Tätigkeit der Verwaltungsgerichte von erheblicher Bedeutung. Gegenstand von Prüfungsarbeiten ist die Vorschrift selten. **5**

B. Erläuterungen

I. Der Schutzbereich

1. Persönlich

Träger des Asylgrundrechts sind – vorbehaltlich der Begrenzung in Rn. 8 – alle Menschen. Auf die Staatsangehörigkeit kommt es nicht an. Auf das Asylrecht können sich Ausländer ebenso berufen wie Staatenlose. Solange Art. 16 II die Auslieferung von Deutschen an das Ausland noch ausnahmslos untersagte, bestand kein Anlass, ihnen das Asylrecht zuzuerkennen. Seit der Ergänzung von Art. 16 II um seinen aktuellen Satz 2 (s. Art. 16 Rn. 3) zählen auch Deutsche zu den Grundrechtsträgern (so auch Pieroth, in: JP, Rn. 6, wenn auch ohne Bezugnahme auf Art. 16 II; a. A. Ipsen, Staatsrecht II, Rn. 980). So unwahrscheinlich politische Verfolgung in einem EU-Mitgliedstaat auch erscheinen mag: Von vornherein ausgeschlossen ist sie nicht, zumal die EU erkennbar bereit ist, die Aufnahmekriterien für neue Mitglieder aus politischen Gründen zu vernachlässigen (s. dazu auch BVerfGE 113, 273 [299]: Möglichkeit der nachhaltigen Erschütterung des Vertrauens in die Rechtsstaatlichkeit der Verfahrensbedingungen in EU-Staaten). Zum Schutz durch Abs. 1 auch im Ausland s. u. Rn. 16. **6**

Juristische Personen können sich nicht auf das Asylgrundrecht berufen (vgl. BVerfGE 97, 49 [66]). Es fehlt insofern an der wesensmäßigen Anwendbarkeit i. S. v. Art. 19 III. **7**

Eine Grenze des persönlichen Schutzbereichs ergibt sich aus Abs. 2 S. 1. Nach der Vorschrift kann sich nicht auf das Asylrecht berufen, wer aus einem sog. sicheren **8**

Drittstaat einreist. Solche Staaten zeichnen sich dadurch aus, dass in ihnen die Anwendung des Abkommens über die Rechtsstellung der Flüchtlinge und der EMRK sichergestellt ist. Dass die Mitgliedstaaten der EU derartige Staaten darstellen, ergibt sich unmittelbar aus Abs. 2 S. 1; andere Staaten kann der Gesetzgeber gem. Abs. 2 S. 2 zu sicheren Drittstaaten erklären. Daher ist für Asylsuchende, die aus einem anderen EU-Mitgliedstaat einreisen, der persönliche Schutzbereich nicht eröffnet (so auch BVerfGE 94, 49 [87]: Beschränkung des persönlichen Geltungsbereichs). Im Unterschied dazu stellt Abs. 2 S. 2 einen Gesetzesvorbehalt dar (PSKP, Grundrechte, Rn. 1071; a.A. Ipsen, Staatsrecht II, Rn. 987 ff., der beide Fälle des Abs. 2 als gegenüber Art. 18 speziellen Fall der Grundrechtsverwirkung einstuft).

Durch das „Gesetz zur Einstufung weiterer Staaten als sichere Herkunftsstaaten und zur Erleichterung des Arbeitsmarktzugangs für Asylbewerber und geduldete Ausländer" v. 31.10.2014 (BGBl. I S. 1649) wurden Bosnien und Herzegowina, Mazedonien und Serbien als sichere Herkunftsländer eingestuft.

2. Sachlich

a) Gegenstand

9 Nach Abs. 1 genießen politisch Verfolgte Asylrecht. Schon dem Wortlaut nach wird der Schutz des Grundrechts also nur durch eine Verfolgung gerade aus politischen Gründen ausgelöst (u. Rn. 10 ff.).

Die systematische Zuordnung des Merkmals „politisch Verfolgte" bereitet gewisse Schwierigkeiten. Zum Teil wird es als Merkmal des persönlichen Schutzbereichs aufgefasst (so etwa Ipsen, Staatsrecht II, Rn. 976 ff.), zum Teil – wie hier – als Merkmal des sachlichen Schutzbereichs (z. B. Hufen, Staatsrecht II, § 20 Rn. 4 ff.). PSKP, Grundrechte, Rn. 1055 ff., verzichten bei Art. 16a auf die Unterteilung in einen persönlichen und einen sachlichen Schutzbereich.

10 Politisch verfolgt wird derjenige, der wegen seiner Rasse, Religion, Nationalität, Zugehörigkeit zu einer sozialen Gruppe oder wegen seiner politischen Überzeugung Verfolgungsmaßnahmen mit Gefahr für Leib oder Leben oder Beschränkungen seiner persönlichen Freiheit ausgesetzt ist oder solche Verfolgungsmaßnahmen begründet befürchtet (so wörtlich die an der Genfer Flüchtlingskonvention von 1951 orientierte Definition in BVerwGE 67, 184 [186]; mittelbar bestätigt durch BVerfGE 76, 143 [157]). Das Asylrecht gründet – auch wenn es nicht zu deren Gewährleistungsbereich zählt (BVerfGE 94, 49 [103]) – in der Menschenwürde; es beruht auf der Überzeugung, dass kein Staat das Recht hat, Leib, Leben oder die persönliche Freiheit des Einzelnen aus Gründen zu gefährden oder zu verletzen, die allein in seiner politischen Überzeugung, seiner religiösen Grundentscheidung oder in für ihn unverfügbaren Merkmalen liegen, die sein Anderssein prägen (BVerfGE 80, 315 [333], sog. asylerhebliche Merkmale). Daher kann auch eine Verfolgung wegen der sexuellen Orientierung relevant i. S. d. Art. 16a sein (Will, in: Sachs, Art. 16a Rn. 2c). Einschränkungen wegen der Religion müssen so weit gehen, dass sie die Menschenwürde verletzen. Das ist der Fall, wenn sogar das Bekenntnis und die Religionsausübung im häuslich-privaten Bereich bedroht werden (BVerfGE 76, 143 [158]). Andere menschlich nachvollziehbare Fluchtgründe wie etwa die drohende Todesstrafe stellen keinen Asylgrund dar (BVerfGE 94, 115 [137 f.]. S. aber Art. 102 Rn. 3: Grundsätzliches Auslieferungsverbot).

Die Frage, ob Edward Snowden in den USA politisch verfolgt wird i. S. v. Art. 16a, bejaht Treiber, DVBl. 2015, 90 (92 ff.).

11 Für eine politische Verfolgung i. S. v. Abs. 1 reicht nicht jede Beeinträchtigung. Vielmehr müssen die Repressalien so intensiv sein, dass sie den Betroffenen in eine ausweglose Lage bringen, so dass er zur Flucht gezwungen ist. Die Bedrohung muss

entweder die Ursache für die Flucht gewesen oder für den Fall der Rückkehr hinreichend sicher anzunehmen sein (BVerfGE 74, 51 [64]).

Terminologisch wird das durch die Unterscheidung zwischen der sog. Vorverfolgung und den sog. Nachfluchtgründen zum Ausdruck gebracht. S. etwa Ipsen, Staatsrecht II, Rn. 985 f.

An der für das Asylrecht geforderten ausweglosen Lage fehlt es bei Fluchtalternativen innerhalb des eigenen Landes, wenn also die Verfolgung nur in einzelnen Landesteilen stattfindet (BVerfGE 80, 315 [342f.]). **12**

Die Bedrohung muss den Asylsuchenden grundsätzlich selbst treffen (BVerfGE 83, 216 [230f.]) und gerade von staatlicher Seite ausgehen. Ausreichend ist freilich auch, dass die Verfolgung durch Organisationen stattfindet, die den Staat verdrängt haben (BVerfGE 80, 315 [334]). **13**

Dieses Merkmal ist nicht unproblematisch. Hufen, Staatsrecht II, § 20 Rn. 6, weist zu Recht darauf hin, dass menschenunwürdige Behandlung häufig mit dem Zerfall von Staatlichkeit einhergeht. Zumindest wird man für eine Verdrängung des Staates nicht verlangen dürfen, dass die verfolgende Gruppe staatsähnliche Strukturen aufgebaut hat. Ausreichend muss vielmehr sein, dass sich der Einzelne ihr gegenüber in einer hilflosen Lage befindet und dass gerade bestimmte Gruppen aus politischen Gründen verfolgt werden (PSKP, Grundrechte, Rn. 1070). Ein aktuelles Beispiel ist die Verfolgung aller Andersgläubigen durch den „IS" in Syrien und im Irak.

b) Gewährleistungen

Ob die Rechtsfolge des Abs. 1 („genießen Asylrecht") das Grundrecht als Abwehr- oder als Leistungsrecht kennzeichnet, wird unterschiedlich beurteilt (für die Einordnung als Abwehrrecht Hufen, Staatsrecht II, § 20 Rn. 14; für ein Verständnis als Leistungsrecht Ipsen, Staatsrecht II, Rn. 1005). Von der Entscheidung der Frage hängt es insbesondere ab, ob die Vorenthaltung von staatlichen Unterstützungsleistungen an Art. 16a zu messen ist. Richtigerweise ist dies zu verneinen. Ansprüche z.B. auf die Bereitstellung der lebensnotwendigen Nahrung ergeben sich bereits aus dem Recht auf Leben aus Art. 2 II 1; Art. 16a verbürgt lediglich ein Abwehrrecht (PSKP, Grundrechte, Rn. 1072. BVerfGE 132, 134 [158 Rn. 61ff.], misst die Höhe der Geldleistungen nach dem AsylbLG am „Grundrecht auf Gewährleistung eines menschenwürdigen Existenzminimums aus Art. 1 I i.V.m. dem Sozialstaatsprinzip des Art. 20 I"; Art. 16a wird in der Entscheidung nicht einmal angesprochen). **14**

c) Konkurrenzen

Art. 16a steht überschneidungsfrei neben anderen Freiheitsrechten. Spezifische Freiheitsbetätigungen (z.B. die Äußerung einer Meinung) werden von den auch für Asylsuchende geltenden speziellen Grundrechten geschützt (näher Hufen, Staatsrecht II, § 20 Rn. 16). **15**

II. Eingriff

In das Grundrecht eingegriffen wird durch die Verweigerung oder Beendigung des Aufenthalts von politisch Verfolgten. Auch die gewissermaßen vorverlagerte Abweisung z.B. durch die Versagung eines für die Einreise erforderlichen Visums im Pass greift in das Grundrecht ein. Zu einem anderen Ergebnis würde man insofern freilich kommen, wenn man annehmen wollte, auf das Asylgrundrecht könne sich nur berufen, wer das deutsche Staatsgebiet erreicht habe. Diese Sichtweise ist jedoch mit Art. 1 III unvereinbar, der die deutsche Staatsgewalt im Ausland ebenfalls an die Grundrechte bindet (PSKP, Grundrechte, Rn. 1072). Um einen Eingriff handelt es sich auch bei der sog. Flughafenregelung des § 18 AsylVfG, nach der das Asylverfahren vor der Einreise durchzuführen ist (Hufen, Staatsrecht II, § 20 Rn. 17). – Kein Eingriff ist die Vorenthaltung von staatlichen Leistungen, wenn man Art. 16a mit der u.a. hier vertretenen Auffassung als Abwehrrecht versteht (o. Rn. 14). **16**

III. Rechtfertigung des Eingriffs

1. Schranken

17 Ob das Grundrecht auf Asyl unter Gesetzesvorbehalt steht, ist str. Richtigerweise sind jedenfalls Abs. 2 S. 2 (gesetzliche Festlegung sicherer Drittstaaten) und Abs. 3 (gesetzliche Festlegung verfolgungsfreier Herkunftsstaaten) als Schranken einzustufen (PSKP, Grundrechte, Rn. 1073; a.A. Hufen, Staatsrecht II, § 20 Rn. 21 [kein Schrankenvorbehalt]; Ipsen, Staatsrecht II, Rn. 1006 [Abs. 2 bis 4 weder Eingriffe noch Einschränkungen im verfassungsrechtlichen Sinne]).

18 Reist ein Asylsuchender aus einem der nach Abs. 2 S. 2 festgelegten sicheren Drittstaaten ein, kann er sich nicht auf Abs. 1 berufen. Im Unterschied dazu wird die Verfolgungsfreiheit für die gem. Abs. 3 S. 1 festgelegten Staaten lediglich vermutet; sie kann jedoch nach Abs. 3 S. 2 widerlegt werden.

19 Abs. 4 schränkt den Rechtsschutz gegen die Vollziehung aufenthaltsbeendender Maßnahmen ein. Es handelt sich um eine Spezialregelung zu Art. 19 IV (näher Will, in: Sachs, Rn. 97), die die Reichweite des Schutzes des Asylgrundrechts nicht einschränkt (Pieroth, in: JP, Rn. 35).

20 Abs. 5 schließlich stellt die Regelungen in Abs. 1 bis 4 unter den Vorbehalt völkerrechtlicher Verträge, durch die Deutschland mit anderen Staaten Zuständigkeitsregelungen für die Prüfung von Asylbegehren einschließlich der gegenseitigen Anerkennung von Asylentscheidungen treffen kann. In diesen Verträgen können neben zusätzlichen Schutzbereichsbegrenzungen auch Eingriffsrechtfertigungen geschaffen werden (Pieroth, in: JP, Rn. 42).

21 Im Ergebnis bewirken die Abs. 2 bis 5 eine erhebliche Einschränkung des Schutzes durch Art. 16a. Faktisch ist Asyl in Deutschland schon deshalb kaum noch erreichbar, weil der Asylsuchende in aller Regel aus einem sicheren Drittstaat einreist. Dort muss er sich nämlich nicht länger aufgehalten haben. Die Durchreise reicht vielmehr aus, wenn sie ermöglicht hätte, im Drittstaat um Schutz nachzusuchen.

Das setzt bei einer Reise mit öffentlichen Verkehrsmitteln einen Zwischenhalt voraus, BVerfGE 94, 49 (94).

22 Ungeachtet der bis heute anhaltenden Kritik speziell an Abs. 2 und 3 (s. etwa Hufen, Staatsrecht II, § 20 Rn. 3, 17) hat das BVerfG beide Vorschriften für verfassungsgemäß erachtet (BVerfGE 94, 49 [102ff.]; 94, 115 [148]).

Die Frage, ob eine Regelung des GG ihrerseits verfassungsmäßig ist, stellt sich wegen Art. 79 III: Selbst dem verfassungsändernden Gesetzgeber ist es untersagt, Vorschriften in das GG aufzunehmen, die gegen die Bestandteile der sog. Ewigkeitsklausel verstoßen. Ggf. kommt es so also zu „verfassungswidrigem Verfassungsrecht" (s. Art. 79 Rn. 8) – nach Auffassung des BVerfG jedoch nicht im Fall von Abs. 2 oder 3. – Zur Verfassungsmäßigkeit des Flughafenverfahrens nach § 18 AsylVfG s. BVerfGE 94, 166 (195ff.).

2. Schranken-Schranken

23 Hinsichtlich der Schranken-Schranken gelten die allgemeinen Regeln (näher Vorbem. Grundrechte Rn. 116ff.). Das Zitiergebot des Art. 19 I 2 ist nicht anwendbar (s. dazu Art. 19 Rn. 19).

C. Weiterführende Literatur/Leseempfehlungen

24 Böhmer, A., Die Entscheidungen des BVerfG zum geltenden Asylrecht – BVerfG, EuGRZ 1996, 237, JuS 1997, 23–29; Frowein, J.A./Zimmermann, A., Die Asylrechtsreform des Jahres 1993 und das Bundesverfassungsgericht, JZ 1996, 753–764; Geiger, R., Vom Grundrecht auf Asyl zum Gemeinsamen Europäischen Asylsystem,

Ad Legendum 2014, 165–171; Gusy, Ch., Neuregelung des Asylrechts, Grundrecht oder Grundrechtsverhinderungsrecht?, Jura 1993, 505–513; Winkler, M., Rechtsprechung Öffentliches Recht, Asylrecht, JA 1997, 100–104. S. zudem die Hinweise in Art. 16 Rn. 32.

Art. 17 [Petitionsrecht]

Jedermann hat das Recht, sich einzeln oder in Gemeinschaft mit anderen schriftlich mit Bitten oder Beschwerden an die zuständigen Stellen und an die Volksvertretung zu wenden.

Pflichtstoff (**)

Übersicht

A. Überblick

I. Normstruktur

Art. 17 garantiert dem Einzelnen alleine oder in Gemeinschaft mit anderen einen formlosen Rechtsbehelf. Dieses Grundrecht ist nicht (primär) als Abwehrrecht, sondern als Leistungsrecht gegenüber dem Staat konzipiert, das den Berechtigten einen Anspruch auf sachliche Bescheidung ihrer Bitten oder Beschwerden verleiht, die unter dem Oberbegriff der Petition zusammengefasst werden (Rn. 10). Wird eine zulässige Petition zu Unrecht nicht oder nicht ordnungsgemäß behandelt, kann der Anspruch auf dem Verwaltungsrechtsweg mittels allgemeiner Leistungsklage durchgesetzt werden (Sodan, in: ders., Art. 17 Rn. 1). **1**

Allerdings ist zu bedenken, dass Art. 17 den Schutz von Begehren bezweckt, die nicht schon durch die Gewährleistungen des Art. 19 IV 1 abgesichert sind. Diese Rechtsschutzgarantie beansprucht für förmliche Rechtsbehelfe zu staatlichen Gerichten Geltung. Macht der Einzelne daher von einem Behelf Gebrauch, der von einer Verfahrensordnung zur Durchsetzung von Rechten mit Hilfe der Gerichte bereitgestellt wird, ist allein Art. 19 IV 1 einschlägig. Dagegen findet Art. 17 auf nicht formalisierte („formlose") Rechtsbehelfe Anwendung (Pagenkopf, in: Sachs, Art. 17 Rn. 19). **2**

Beispiele: **3**
- Gegenvorstellung
- Aufsichtsbeschwerde.

II. Prüfungsrelevanz

4 Obwohl dem Petitionsrecht gem. Art. 17 in der Praxis erhebliche Bedeutung zukommt, spielt es in der juristischen Ausbildung nur eine untergeordnete Rolle. Klausuren zu Art. 17 sind selten anzutreffen.

III. Europa

5 Auf Unionsebene finden sich dem Art. 17 vergleichbare Rechte in Art. 24, 227 und 228 AEUV. Nach Art. 227 AEUV kann jeder Unionsbürger, sowie jede natürliche oder juristische Person mit Wohnsitz bzw. satzungsmäßigem Sitz in einem Mitgliedstaat, in Angelegenheiten der Union eine „Petition" an das EU-Parlament richten bzw. sich nach Art. 228 AEUV mit „Beschwerden" an den vom Parlament gewählten Bürgerbeauftragten wenden (vgl. ausführlich Pagenkopf, in: Sachs, Art. 17 Rn. 18). Die EU-GRCh enthält in Art. 43 und 44 allgemeiner gefasste Formulierungen dieser Rechte (vgl. zur Entstehung des Art. 44 EU-GRCh Hölscheidt, EuR 2002, 440 [442 ff.]).

6 Diese Gewährleistungen werden durch das Recht aus Art. 24 IV AEUV (s. auch Art. 41 IV EU-GRCh) ergänzt, wonach jeder Unionsbürger sich in einer Sprache der Union an jedes Organ und jede Einrichtung der Union wenden kann und Anspruch auf eine Antwort in derselben Sprache hat.

B. Erläuterungen

I. Schutzbereich

1. Persönlich

7 Art. 17 gewährt nach Wortlaut, Entstehungsgeschichte, Stellung und Zweck jedermann ein als Grundrecht geschütztes Petitionsrecht. Berechtigte sind zunächst alle natürlichen Personen, einschließlich in Deutschland lebender Ausländer (Jarass, in: JP, Art. 17 Rn. 8) sowie Minderjährige und Geschäftsunfähige (Brenner, in: MKS, Art. 17 Rn. 33). Für im Ausland lebende Ausländer wird eine Grundrechtsfähigkeit in Bezug auf Art. 17 nur angenommen, wenn ein Bezug zur daraus resultierenden Verpflichtung deutscher staatlicher Stellen besteht, etwa bei einer Abschiebung aus der Bundesrepublik Deutschland (vgl. dazu Jarass, in: JP, Art. 17 Rn. 8).

8 Juristische Personen des Privatrechts sind gem. Art. 19 III grundsätzlich grundrechtsberechtigt in Bezug auf Art. 17, da sie sich in der Regel in einer für das grundrechtliche Petitionsrecht typischen Gefährdungslage befinden. Diese ergibt sich daraus, dass sie hoheitlichen Anordnungen der Staatsgewalt unterworfen sind. Das ist bei juristischen Personen des öffentlichen Rechts nicht der Fall, sofern sie nicht ausnahmsweise partiell grundrechtsfähig sind (z. B. Universitäten) und sich hinsichtlich des Petitionsrechts in einer für dieses Grundrecht typischen Gefährdungslage befinden. Im Übrigen gehören Hoheitsträger aber nicht zum Kreis der Berechtigten aus Art. 17 (vgl. Pagenkopf, in: Sachs, Art. 17 Rn. 7; Brenner, in: MKS, Art. 17 Rn. 8).

2. Sachlich

a) Adressaten der Petition

9 Art. 17 gewährt den Grundrechtsträgern das Recht, sich mit ihrem Anliegen an die in dieser Verfassungsnorm genannten staatlichen Stellen zu wenden. Dies sind zum einen die Volksvertretungen, d. h. die vom Staatsvolk gewählten Repräsentationsorgane, also der Bundestag oder die Landtage, nicht hingegen der Bundesrat. Allerdings gilt dies nur dann, wenn sie nach der verfassungsrechtlichen Kompetenzverteilung für die

jeweilige Angelegenheit zuständig sind (Pagenkopf, in: Sachs, Art. 17 Rn. 10f.). Zulässiger Adressat von Petitionen nach Art. 17 sind zum anderen die zuständigen Stellen, d.h. sonstige öffentlich-rechtliche Einrichtungen, denen die Entscheidung über den Gegenstand der Petition obliegt. Das können neben Behörden auch Gerichte sein, etwa bei einem formlosen Rechtsbehelf in Gestalt einer Gegenvorstellung (Pagenkopf, in: Sachs, Art. 17 Rn. 10).

b) Gegenstand, Inhalt und Form der Petition

Gegenstand einer Petition kann jedes Handeln oder Unterlassen der öffentlichen **10** Gewalt sein, insbesondere die hoheitliche Ausübung von Staatsgewalt. Die Petition muss nicht ausdrücklich als solche bezeichnet werden (Sodan, in: ders., Art. 17 Rn. 2). Es reicht aus, wenn deutlich wird, wogegen sich das Begehren richtet und welches Tun oder Unterlassen gefordert wird. Betrifft das Abhilfeverlangen ein früheres oder andauerndes Verhalten, liegt eine Beschwerde vor. Dagegen zielt eine Bitte auf ein künftiges Verhalten. Bloße Hinweise ohne konkretes Begehren werden nicht durch Art. 17 geschützt (Brocker, in: EH, Art. 17 Rn. 6f.).

Allerdings fällt nicht jede Petition in den sachlichen Schutzbereich des Art. 17. Es **11** bedarf vielmehr folgender formeller und materieller Präzisierungen: Art. 17 verlangt ausdrücklich die Beachtung der Schriftform, damit dem Begehren die Gewährleistungen dieses Grundrechts zugutekommen. Außerdem werden solche Petitionen ausgegrenzt, die etwas gesetzlich Verbotenes fordern oder nicht den allgemeinen Anforderungen entsprechen, die an jede bei einer Behörde einzureichende Eingabe zu stellen sind.

Beispiel: Petitionen mit beleidigendem oder erpresserischem Charakter (BVerfGE 2, 225 [229]). **12**

c) Rechte auf und aus Petition

Art. 17 gewährt zunächst das subjektive Recht auf Einbringung der Petition. Sofern **13** diese formell und materiell zulässig ist (Rn. 11), muss sie von der Volksvertretung bzw. der sonstigen zuständigen Stelle tatsächlich entgegen- und inhaltlich zur Kenntnis genommen, der Sache nach geprüft sowie beantwortet werden (BVerwG, NJW 1977, 118). Die bloße Empfangsbestätigung reicht daher nicht aus (BVerfGE 2, 225 [230]). Der grundrechtliche Anspruch des Petenten gegenüber dem Petitionsadressaten nach Art. 17 umfasst somit das Recht auf und aus Petitionseinbringung. Letztgenannter Teilbereich kann als Petitionsbescheidungsrecht bezeichnet werden.

Der grundrechtliche Anspruch auf Verbescheidung umfasst aber nicht die Verpflich- **14** tung, den auf die Petition ergehenden behördlichen Bescheid besonders zu begründen. Eine solche Begründungspflicht kann zwar einfachrechtlich statuiert sein, ergibt sich jedoch nicht schon aus Art. 17. Seinen Gewährleistungen genügt ein „sachlicher Bescheid, aus dem ersichtlich ist, wie die angegangene Stelle die Petition zu behandeln gedenkt" (BVerfGE 2, 225 [230]). Dass Art. 17 dem Petenten keinen Anspruch auf eine Entscheidung über die Petition im begehrten Sinne verleiht, liegt auf der Hand (BVerwG, NJW 1977, 118).

II. Eingriff

Ein Eingriff in das Petitionsrecht liegt vor, wenn eine zulässige Petition nicht ange- **15** nommen oder nicht in einer den Gewährleistungen des Art. 17 entsprechenden Weise behandelt wird (v. Coelln, in: Stern/Becker, Art. 17 Rn. 29). Eine Beeinträchtigung des Art. 17 ist auch dann anzunehmen, wenn die Erstellung der Petition behindert oder die Ausübung des Petitionsrechts mit nachteiligen Folgen für den Petitionsführer verknüpft wird (Sodan, in: ders., Art. 17 Rn. 5).

16 **Beispiel:** Behinderung der Unterschriftensammlung bei Gemeinschaftspetitionen (dazu Uerpmann-Wittzack, in: MK, Art. 17 Rn. 5).

17 ***Beachte:*** Art. 17 ist als Leistungsgrundrecht der gesetzlichen Ausgestaltung zugänglich und bedürftig (v. Coelln, in: Stern/Becker, Art. 17 Rn. 30). Solche normativen Ausgestaltungen stellen grundsätzlich keinen Eingriff in Art. 17 dar, sofern sie dessen Gewährleistungen in verhältnismäßiger Weise konkretisieren.

III. Eingriffsrechtfertigung

18 Sammelpetitionen von Angehörigen der Streitkräfte und des Ersatzdienstes unterliegen während der Zeit des Wehr- oder Ersatzdienstes dem Gesetzesvorbehalt des Art. 17a I. Darüber hinaus gelten für Art. 17 keine benannten Schranken. So können insbesondere die Schranken in Art. 2 I Hs. 2 und Art. 5 II nicht auf Art. 17 übertragen werden, da die Normstruktur und Schutzgegenstände dieser Grundrechte abweichen (vgl. Jarass, in: JP, Art. 17 Rn. 11). Eingriffe in das Grundrecht auf Petition können daher nur durch kollidierendes Verfassungsrecht im Rahmen sogenannter verfassungsimmanenter Schranken gerechtfertigt sein. Dies setzt voraus, dass die Beeinträchtigung einem anderen Verfassungsgut dient und verhältnismäßig ist (BVerfG [K], NJW 1991, 1475 [1476]). Diese Anforderungen an die Rechtfertigung sind auch im Rahmen von Sonderstatusverhältnissen zu beachten (Klein, in: MD, Art. 17 Rn. 120).

19 **Beispiel:** Die hergebrachten Grundsätze des Berufsbeamtentums nach Art. 33 V können das Petitionsrecht der Beamten in dienstlichen Angelegenheiten beschränken (Jarass, in: JP, Art. 17 Rn. 11).

C. Prüfungshinweise

20 **Grobschema zur Prüfung des Petitionsrechts durch das BVerfG:**

1. Schutzbereich des Art. 17
   a) persönlich (Jedermann-Recht)
   b) sachlich (Einbringung, Behandlung und Bescheidung der Petition durch Volksvertretung oder zuständige Stelle)
2. Eingriff (Beeinträchtigung des Einbringungs- oder Bescheidungsrechts, z. B. durch Nichtannahme oder nicht ausreichende Behandlung der Petition)
3. Rechtfertigung
   a) personell begrenzter Gesetzesvorbehalt in Art. 17a I
   b) im Übrigen schrankenlose Gewährleistung (kein Schrankentransfer von Art. 2 I oder Art. 5 II)
   c) verfassungsimmanente Schranken (Verfassungsgut; Verhältnismäßigkeit)

D. Weiterführende Literatur/Leseempfehlungen

21 Burkiczak, C., Rechtsfragen der Behandlung von Petitionen mit rechtswidrigem Inhalt oder rechtswidriger Intention durch den Deutschen Bundestag, NVwZ 2005, 1391–1394; Ellmauer, J., Der Bundesrechnungshof als Adressat von Petitionen, DÖV 1988, 637–639; Gerner, T., Das Petitionsrecht nach Artikel 17 des Grundgesetzes – Eine Analyse der Tragweite des Petitionsrechtes unter Berücksichtigung des zunehmenden Einflusses moderner Kommunikationsmittel, NZS 2012, 847–852; Guckelberger, A., Neue Erscheinungen des Petitionsrechts: E-Petitionen und öffentliche Petitionen, DÖV 2008, 85–94; dies., Argumente für und gegen einen parlamentarischen Ombudsmann aus heutiger Sicht, DÖV 2013, 613–623; Hölscheidt, S., Die Ausgestaltung des Petitionsrechts in der EU-Grundrechtecharta, EuR 2002, 440–448; Hoffmann-Riem, W., Zum Gewährleistungsgehalt der Petitionsfreiheit, FS Selmer, 2004, S. 93–108; Krings, G., Die Petitionsfreiheit nach Art. 17 GG, JuS 2004, 474–478; Rühl, U. F. H., Der Umfang der Begründungspflicht von Petitionsbescheiden, DVBl.

1993, 14–20; Schefold, D., Privatisierung und Petitionsinformationsrecht, NVwZ 2002, 1085–1086; Graf Vitzthum, W./März, W., Das Grundrecht der Petitionsfreiheit, JZ 1985, 809–817.

Art. 17a [Grundrechtseinschränkungen im Zusammenhang mit der Landesverteidigung]

(1) **Gesetze über Wehrdienst und Ersatzdienst können bestimmen, daß für die Angehörigen der Streitkräfte und des Ersatzdienstes während der Zeit des Wehr- oder Ersatzdienstes das Grundrecht, seine Meinung in Wort, Schrift und Bild frei zu äußern und zu verbreiten (Artikel 5 Abs. 1 Satz 1 erster Halbsatz), das Grundrecht der Versammlungsfreiheit (Artikel 8) und das Petitionsrecht (Artikel 17), soweit es das Recht gewährt, Bitten oder Beschwerden in Gemeinschaft mit anderen vorzubringen, eingeschränkt werden.**

(2) **Gesetze, die der Verteidigung einschließlich des Schutzes der Zivilbevölkerung dienen, können bestimmen, daß die Grundrechte der Freizügigkeit (Artikel 11) und der Unverletzlichkeit der Wohnung (Artikel 13) eingeschränkt werden.**

Pflichtstoff (**)

A. Überblick

1 Art. 17a wurde 1956 anlässlich der sog. Wiederbewaffnung, also der Aufstellung von Streitkräften der Bundesrepublik, in das GG aufgenommen. Die Vorschrift enthält keine eigenständigen Grundrechte. Sie ermöglicht vielmehr zusätzliche Einschränkungen der im Einzelnen genannten Grundrechte. Systematisch stellt Art. 17a also eine Aufzählung von Grundrechtsschranken dar. Anzusprechen ist die Vorschrift daher ggf. im Rahmen der Prüfung des jeweiligen Grundrechts bei der Frage, ob ein zuvor festgestellter Eingriff in das Grundrecht gerechtfertigt ist, innerhalb dieses Aspektes beim Prüfungspunkt „Schranken".

2 Welche Bedeutung Art. 17a hat, hängt von der Beurteilung des Verhältnisses der Vorschrift zu den ohnehin bestehenden Schranken der einzelnen Grundrechte ab. Die h.M. nimmt – wohl zu Recht – an, dass die Schranken aus Art. 17a ergänzend neben die üblichen Schranken treten, die aber anwendbar bleiben. Nach dieser Sichtweise kommt es auf Art. 17a nur selten an, da sich die meisten Eingriffe in die von Art. 17a angesprochenen Grundrechte auf die „normalen" Schranken stützen lassen (Jarass, in: JP, Rn. 1). Des Rückgriffs auf Art. 17a bedarf es nach dieser Auffassung nur, wenn ein Eingriff in Rede steht, den das Grundrecht an sich nicht zulässt. Anders stellt sich die Situation dar, wenn man die Norm mit der Gegenauffassung (Höfling, in: FH, Rn. 22) als verdrängende Spezialvorschrift versteht, die innerhalb ihres Anwendungsbereichs eine alleinige Grundlage für Grundrechtseinschränkungen bildet.

B. Erläuterungen

3 Sowohl Abs. 1 als auch Abs. 2 ermöglichen nur Einschränkungen der dort genannten Grundrechte. Die Benennung einzelner Grundrechte verdeutlicht, dass andere Grundrechte nicht über Art. 17a einschränkbar sind. Das gilt auch für die Informationsfreiheit des Art. 5 I 1 Hs. 2: Die numerische Beschreibung in der Klammer stellt klar, dass Art. 17a I den Begriff der Meinungsfreiheit nicht als untechnischen Oberbegriff verwendet, sondern tatsächlich nur für das Grundrecht aus Art. 5 I 1 Hs. 1. Für

das Petitionsrecht (Art. 17) ermöglicht Abs. 1 nur insoweit zusätzliche Einschränkungen, als dieses gemeinschaftlich wahrgenommen werden soll.

4 Abs. 1 ermöglicht die Einschränkung der Meinungs- und Versammlungsfreiheit sowie des gemeinschaftlich ausgeübten Petitionsrechts nur mit Blick auf Angehörige der Streitkräfte sowie auf Ersatzdienstleistende. Im Unterschied dazu können auf Abs. 2 gestützte Einschränkungen der Grundrechte aus Art. 11 und Art. 13 alle Träger dieser Grundrechte betreffen.

5 Sowohl Abs. 1 als auch Abs. 2 verlangt, dass die Grundrechtseinschränkung durch ein (formelles) Gesetz vorgenommen wird.

Art. 18 [Verwirkung von Grundrechten]

[1]Wer die Freiheit der Meinungsäußerung, insbesondere die Pressefreiheit (Artikel 5 Abs. 1), die Lehrfreiheit (Artikel 5 Abs. 3), die Versammlungsfreiheit (Artikel 8), die Vereinigungsfreiheit (Artikel 9), das Brief-, Post- und Fernmeldegeheimnis (Artikel 10), das Eigentum (Artikel 14) oder das Asylrecht (Artikel 16a) zum Kampfe gegen die freiheitliche demokratische Grundordnung mißbraucht, verwirkt diese Grundrechte. [2]Die Verwirkung und ihr Ausmaß werden durch das Bundesverfassungsgericht ausgesprochen.

Pflichtstoff (*)

A. Überblick

I. Normstruktur

1 Art. 18 enthält kein Grundrecht, sondern begrenzt die dort genannten Grundrechte, wenn sie zum Kampf gegen die freiheitliche demokratische Grundordnung missbraucht werden. Die Verwirkung führt zwar nicht zum Verlust dieser Grundrechte, lässt aber den durch sie vermittelten Schutz entfallen. Diese Wirkung tritt aber erst durch die Entscheidung nach Art. 18 S. 2 ein, die allein dem BVerfG vorbehalten ist. Die Voraussetzungen hierfür nennt Art. 18 S. 1. Das Verfahren ist in § 13 Nr. 1, §§ 36 bis 41 BVerfGG geregelt.

2 Weitere Bestimmungen, die wie Art. 18 dem Schutz des Grundgesetzes dienen, sind Art. 9 II, Art. 10 II 2 und Art. 21 II. Historisch betrachtet, stellen sie eine Reaktion auf das Scheitern der Weimarer Republik und auf die Machtergreifung durch die Nationalsozialisten dar. Was das Verhältnis des Art. 18 zu diesen Bestimmungen betrifft, wird dieser in Bezug auf Parteien durch Art. 21 II als spezielle Regelung verdrängt. Knüpft der Mandatsverlust eines Abgeordneten nicht an dessen individuelles Verhalten, sondern an dessen Zugehörigkeit zu einer Partei an, ist allein Art. 21 II einschlägig (BVerfGE 2, 1 [74 f.]).

3 In ähnlicher Weise sind Überschneidungen mit Art. 9 II zu lösen. Geht es um die Vereinigung, geht Art. 9 II vor, während bei individuellem Fehlverhalten des Mitglieds einer Vereinigung Art. 18 eingreifen kann (s. dazu Brenner, in: MKS, Art. 18 Rn. 75 ff.). Der erweiterte Gesetzesvorbehalt in Art. 10 II 2 wird durch Art. 18 ergänzt. Die dort vorgesehene Grundrechtsverwirkung führt zum Verlust des Schutzes aus Art. 10 I, während Art. 10 II Eingriffe in die Gewährleistungen des Brief-, Post- und Fernmeldegeheimnisses legitimieren kann.

II. Prüfungsrelevanz

4 Art. 18 ist Ausdruck der wehrhaften Demokratie, die das Grundgesetz etabliert hat. Er dient der Abwehr von Gefahren für die freiheitliche demokratische Grundordnung,

die durch individuelle Betätigung drohen (BVerfGE 25, 44 [60]). Die Sanktion der Verwirkung richtet sich dementsprechend gegen den Einzelnen, der kraft seiner persönlichen Fähigkeiten und der ihm zur Verfügung stehenden Mittel eine Gefahr für die Verfassung darstellt (BVerfGE 25, 44 [60]; 38, 23 [24]). Allerdings ist die praktische Relevanz des Art. 18 bisher gering. Sie beschränkt sich auf eine Appell- und Reservefunktion (Brenner, in: MKS, Art. 18 Rn. 15f.). Ob sich dies künftig wegen des Erstarkens der extremen Rechten ändern wird, bleibt abzuwarten. Jedenfalls wurden seit Inkrafttreten des Art. 18 im Jahre 1949 lediglich vier Verfahren eingeleitet, die zwischen vier und acht Jahren dauerten und am Ende alle erfolglos blieben (Butzer, in: EH, Art. 18 Rn. 3). Entsprechend gering ist die Prüfungsrelevanz.

III. Europa

Regelungen mit ähnlicher Intention wie Art. 18 enthalten die Art. 17 EMRK und 5
Art. 54 EU-GRCh. Danach darf keine Vorschrift der EMRK bzw. der EU-GRCh so ausgelegt werden, als begründe sie das Recht, eine Tätigkeit auszuüben oder eine Handlung vorzunehmen, die darauf abzielt, die in der Konvention bzw. Charta festgelegten Rechte und Freiheiten abzuschaffen oder sie stärker einzuschränken, als es dort vorgesehen ist. Anders als Art. 18 gestatten diese europäischen Vorschriften aber keine Aufhebung des Schutzes der in diesen Regelwerken anerkannten Rechte und Freiheiten.

B. Erläuterungen

I. Voraussetzungen für eine Verwirkung von Grundrechten (Satz 1)

Art. 18 S. 1 zählt die verwirkbaren Grundrechte einzeln abschließend auf und legt 6
als Voraussetzungen für ihre Verwirkung fest, dass ein Träger dieser Grundrechte sie zum Kampf gegen die freiheitliche demokratische Grundordnung missbraucht.

1. Freiheitliche demokratische Grundordnung

Das Merkmal „freiheitliche demokratische Grundordnung" ist wie in Art. 21 II aus- 7
zulegen. Darunter ist eine Ordnung zu verstehen, „die unter Ausschluss jeglicher Gewalt- und Willkürherrschaft eine rechtsstaatliche Herrschaftsordnung auf der Grundlage der Selbstbestimmung des Volkes nach dem Willen der jeweiligen Mehrheit und der Freiheit und Gleichheit darstellt. Zu den grundlegenden Prinzipien dieser Ordnung sind mindestens zu rechnen: die Achtung vor den im Grundgesetz konkretisierten Menschenrechten, vor allem vor dem Recht der Persönlichkeit auf Leben und freie Entfaltung, die Volkssouveränität, die Gewaltenteilung, die Verantwortlichkeit der Regierung, die Gesetzmäßigkeit der Verwaltung, die Unabhängigkeit der Gerichte, das Mehrparteienprinzip und die Chancengleichheit für alle politischen Parteien mit dem Recht auf verfassungsmäßige Bildung und Ausübung einer Opposition" (BVerfGE 2, 1 [12f.]).

2. Missbrauch der Grundrechte zum Kampf gegen diese Ordnung

Der in Art. 18 S. 1 vorausgesetzte Missbrauch der dort genannten Grundrechte zum 8
Kampf gegen die freiheitliche demokratische Grundordnung meint ein aktives aggressives kämpferisches Handeln, das gegen den Bestand dieser Ordnung gerichtet ist (vgl. Jarass, in: JP, Art. 18 Rn. 5). Entscheidend ist die künftige Gefährlichkeit des Antragsgegners (vgl. BVerfGE 11, 282f.; 38, 23 [24f.]). Das erfordert eine Prognose. Solange eine solche Gefährlichkeit während des Verwirkungsverfahrens besteht, kann sie in der Regel auch für die Zukunft angenommen werden.

9 Andererseits fällt die Prognose negativ aus, wenn sich seit der Antragstellung deutlich abzeichnet, dass der Antragsgegner keine ernsthafte Gefahr für die freiheitliche demokratische Grundordnung mehr darstellt (BVerfGE 38, 23 [25]). Allerdings kann ein neues Verfahren nach Art. 18 angestrengt werden, sobald der Antragsgegner seine Grundrechte (erneut) zum Kampf gegen die freiheitliche demokratische Grundordnung missbraucht. Dabei ist auch ein Rückgriff auf die Vorgänge im früheren Verfahren zulässig (BVerfGE 11, 282 [283]; 38, 23 [25]).

II. Entscheidung über die Verwirkung (Satz 2)

10 Nach Art. 18 S. 2 GG i. V. m. § 13 Nr. 1 BVerfGG ist ausschließlich das BVerfG zur Entscheidung über die Verwirkung von Grundrechten befugt. Dies erfordert einen Antrag, der gem. § 36 BVerfGG vom Bundestag, von der Bundesregierung oder von einer Landesregierung gestellt werden kann. Antragsgegenstand ist das kämpferische Verhalten. Antragsgegner ist die natürliche (unter Umständen auch juristische) Person, von der das Verhalten ausgeht und die Träger zumindest eines der in Art. 18 S. 1 genannten Grundrechte sein muss. Im Übrigen muss zunächst ein in § 37 BVerfGG näher geregeltes Vorverfahren durchgeführt werden.

11 Der Antrag ist begründet, wenn die Voraussetzungen des Art. 18 S. 1 nach Ansicht des BVerfG vorliegen. In diesem Fall stellt das Gericht gem. § 39 I 1 BVerfGG fest, welche Grundrechte der Antragsgegner verwirkt hat. Dieser Beschluss muss gem. § 15 IV 1 BVerfGG mit einer Mehrheit von zwei Dritteln der Mitglieder des Senats gefasst werden. Die Feststellung der Verwirkung kann auf einen bestimmten Zeitraum befristet werden, muss jedoch mindestens ein Jahr betragen (§ 39 I 2 BVerfGG). Ferner können dem Antragsgegner Beschränkungen auferlegt werden, soweit dadurch nicht andere als die verwirkten Grundrechte beeinträchtigt werden (§ 39 I 3 BVerfGG). Solche Beschränkungen müssen nach Art und Dauer genau bezeichnet sein.

12 Daneben kann das BVerfG dem Antragsgegner nach § 39 II BVerfGG für die Dauer der Verwirkung der in Art. 18 S. 1 genannten Grundrechte das Wahlrecht, die Wählbarkeit sowie die Fähigkeit zur Bekleidung öffentlicher Ämter aberkennen. Handelt es sich dabei um eine juristische Person, kann deren Auflösung angeordnet werden.

C. Prüfungshinweise

13 In der Prüfung kann vor allem die Grundentscheidung des Art. 18 für eine wehrhafte Demokratie bedeutsam sein. Hinsichtlich des Verwirkungsverfahrens genügt es zu wissen, dass es sich um ein kontradiktorisches Verfahren handelt, bei dem sich Antragsteller und Antragsgegner gegenüber stehen. Alles Weitere ergibt sich aus §§ 36 bis 41 BVerfGG.

D. Weiterführende Literatur/Leseempfehlungen

14 Brenner, M., Grundrechtsschranken und Verwirkung von Grundrechten, DÖV 1995, 60–66; Butzer, H./Clever, M., Grundrechtsverwirkung nach Art. 18 GG: Doch eine Waffe gegen politische Extremisten?, DÖV 1994, 637–643; Dürig, G., Die Verwirkung von Grundrechten nach Art. 18 des Grundgesetzes, JZ 1952, 513–518; Reißmüller, J. G., Das Monopol des Bundesverfassungsgerichts aus Art. 18 des Grundgesetzes, JZ 1960, 529–533; Schmitt, W. O., Die Verwirkung des Wahlrechts und der Wählbarkeit nach § 39 Abs. 2 BVerfGG, NJW 1966, 1734–1739; Schmitt Glaeser, W., Mißbrauch und Verwirkung von Grundrechten im politischen Meinungskampf, 1968; Stettner, R., Verfassungsdogmatische Erwägungen zur Grundrechtsverwirkung, DVBl. 1975, 801–809; Volkmann, U., Grundprobleme der staatlichen Bekämpfung des Rechtsextremismus, JZ 2010, 209–217.

Art. 19 [Einschränkung von Grundrechten; Grundrechtsträger; Rechtsschutz]

(1) [1]**Soweit nach diesem Grundgesetz ein Grundrecht durch Gesetz oder auf Grund eines Gesetzes eingeschränkt werden kann, muß das Gesetz allgemein und nicht nur für den Einzelfall gelten.** [2]**Außerdem muß das Gesetz das Grundrecht unter Angabe des Artikels nennen.**

(2) **In keinem Falle darf ein Grundrecht in seinem Wesensgehalt angetastet werden.**

(3) **Die Grundrechte gelten auch für inländische juristische Personen, soweit sie ihrem Wesen nach auf diese anwendbar sind.**

(4) [1]**Wird jemand durch die öffentliche Gewalt in seinen Rechten verletzt, so steht ihm der Rechtsweg offen.** [2]**Soweit eine andere Zuständigkeit nicht begründet ist, ist der ordentliche Rechtsweg gegeben.** [3]**Artikel 10 Abs. 2 Satz 2 bleibt unberührt.**

Pflichtstoff (*****)

Übersicht

A. Überblick

I. Normstruktur

1 Die Regelungen des Art. 19 besitzen unterschiedliche Bedeutungen und Funktionen. Die Absätze 1 und 2 enthalten allgemeine Bestimmungen für Grundrechtseinschränkungen und werden grundrechtsdogmatisch als Schranken-Schranken qualifiziert. Absatz 3 nennt die Voraussetzungen für die Grundrechtsfähigkeit inländischer juristischer Personen. Er bildet damit das hinter die Klammer gezogene Gegenstück zu dem vor die Klammer gezogenen Art. 1 III, der die Grundrechtsbindung regelt. Absatz 4 garantiert wirksamen gerichtlichen Rechtsschutz, wenn jemand durch die öffentliche Gewalt in seinen Rechten verletzt wird. Dabei handelt es sich um ein Grundrecht, das in prozessualer Hinsicht eine ähnliche Auffangfunktion aufweist wie die allgemeine Handlungsfreiheit nach Art. 2 I in materieller Hinsicht (Art. 2 Rn. 44). Die Rechtsschutzgarantie wird daher auch als formelles Hauptgrundrecht bezeichnet.

II. Prüfungsrelevanz

2 Die praktische Bedeutung des Verbots von Einzelfallgesetzen gem. Art. 19 I 1 ist gering, da dieser Tatbestand sehr restriktiv interpretiert wird. Ähnlich verhält es sich bei der Wesensgehaltsgarantie des Art. 19 II, die weitgehend durch den Grundsatz der Verhältnismäßigkeit überlagert wird (Rn. 36). Stärkere Beachtung verdient das Zitiergebot des Art. 19 I 2, dessen Anwendbarkeit bei Grundrechtseinschränkungen regelmäßig erörtert werden muss. Eine kaum zu überschätzende Bedeutung für die juristische Ausbildung und Praxis haben die grundlegenden Bestimmungen der Art. 19 III und IV.

III. Europa

3 Eine Regelung der *Wesensgehaltsgarantie,* die Parallelen zu Art. 19 II erkennen lässt, enthält Art. 52 I 1 EU-GRCh. Er verlangt, dass jede Einschränkung der Unionsgrundrechte deren Wesensgehalt achten muss. Diese Anforderung knüpft an die bisherige Rechtsprechung des EuGH an. Wie bei Art. 19 II wird aber auch im Rahmen des Art. 52 I 1 EU-GRCh diskutiert, ob der Wesensgehalt im absoluten oder im relativen Sinne zu bestimmen ist (Rn. 32ff.). Der EuGH neigt Letzterem zu und berücksichtigt den Wesensgehalt häufig nur im Rahmen der Verhältnismäßigkeitsprüfung (vgl. EuGHE 1989, I-2609, Rn. 18 – Wachauf; EuGHE 2000, I-2737, Rn. 58 – Karlsson). Die Garantie des Wesensgehalts entfaltet dann keine eigenständige Bedeutung (Kingreen, in: CR, Art. 52 GRCh Rn. 64).

4 Vergleichbare Regelungen zur *Rechtsschutzgarantie* des Art. 19 IV 1 finden sich in Art. 6 I und Art. 13 EMRK. Art. 6 I EMRK gewährleistet den Zugang zu einem unabhängigen Gericht, ein faires Verfahren mit einer mündlichen Verhandlung und eine Entscheidung in angemessener Frist (dazu Steinbeiß-Winkelmann/Sporrer, NJW 2014, 177f.). Für die Angemessenheit der Frist gibt es keine feste zeitliche Grenze. Eine Faustformel geht von einem Jahr pro Instanz aus (Meyer-Ladewig, EMRK, Art. 6 Rn. 199f.).

4a Art. 6 I EMRK gilt zwar nur für Streitigkeiten über zivilrechtliche Ansprüche und Verpflichtungen sowie für strafrechtliche Anklagen. Allerdings nimmt der EGMR eine autonome Bestimmung zivilrechtlicher Ansprüche und Verpflichtungen vor, die weder von der Rechtsnatur der zugrunde liegenden Normen noch von der Art des zuständigen Gerichts abhängt. Entscheidend sind vielmehr materieller Gehalt, Charakter und Wirkung eines Rechts. Dies hat dazu geführt, dass im Rahmen von Art. 6 I EMRK über Gegenstände entschieden wird, die nach deutschem Verständnis zum öffentlichen Recht gehören (vgl. Meyer, in: Karpenstein/Mayer, EMRK, Art. 6 Rn. 13ff.).

Daneben garantiert Art. 13 EMRK jeder Person, deren Rechte aus der EMRK verletzt worden sind, das Recht, bei einer innerstaatlichen Instanz eine wirksame Beschwerde zu erheben. Das Merkmal „Beschwerde" ist in einem weiten Sinne als wirksamer Rechtsbehelf zu verstehen. Art. 13 EMRK stellt diesen Rechtsbehelf nicht selbst zur Verfügung, sondern verpflichtet die Mitgliedstaaten dazu. Hier zeigt sich die Subsidiarität des internationalen Menschenrechtsschutzes durch die EMRK (Meyer-Ladewig, EMRK, Art. 13 Rn. 1f.). Für die deutsche Rechtsordnung hat Art. 13 EMRK angesichts der Garantie eines effektiven Rechtsschutzes durch Art. 19 IV 1 vor allem für die Gewährung von Rechtsschutz gegen eine überlange Verfahrensdauer praktische Bedeutung (vgl. Breuer, in: Karpenstein/Mayer, EMRK, Art. 13 Rn. 8f., 54ff.). 5

Das Unionsrecht gewährt in Art. 47 EU-GRCh jeder Person, deren Unionsgrundrechte verletzt worden sind, einen Anspruch auf einen wirksamen Rechtsbehelf zu einem unabhängigen Gericht und auf ein faires öffentliches Verfahren in angemessener Frist. Diese Rechtsschutzgarantie geht weiter als Art. 19 IV 1, weil sie auch Rechtsverletzungen durch Privatpersonen erfasst (Blanke, in: CR, Art. 47 GRCh Rn. 7, ebd., Rn. 10ff., auch zu den verfahrensrechtlichen Vorgaben). 6

B. Erläuterungen

I. Verbot von Einzelfallgesetzen (Abs. 1 S. 1)

Art. 19 I 1 verlangt, dass grundrechtseinschränkende Gesetze allgemein und nicht nur für den Einzelfall gelten. Das bezweckt den Schutz der Grundrechte, die durch solche Einschränkungen betroffen sein können. Die praktische Bedeutung des Art. 19 I 1 ist freilich gering, weil sowohl der Anwendungsbereich als auch der Inhalt und die Reichweite dieses Verbots restriktiv ausgelegt und angewendet werden. 7

1. Anwendungsbereich

Nach Ansicht des BVerfG dient Art. 19 I „der Sicherung derjenigen Grundrechte, die auf Grund eines speziellen im Grundgesetz enthaltenen Vorbehalts durch Gesetz oder auf Grund eines Gesetzes eingeschränkt werden können. Soweit ein solcher Vorbehalt besteht, darf das Gesetz nicht nur für den Einzelfall gelten" (BVerfGE 24, 367 [396]). Bereits aus dieser Formulierung wird deutlich, dass der Anwendungsbereich des Verbots eines Einzelfallgesetzes nach Art. 19 I 1 und des Zitiergebots nach Art. 19 I 2 sich decken (Jarass, in: JP, Art. 19 Rn. 1, 8). Diese Annahme wird durch den Wortlaut (Art. 19 I 2: „Außerdem"), die Entstehungsgeschichte, die systematische Stellung und die Funktion der Regelungen des Art. 19 I als Schranken-Schranken gestützt. Wegen der weit größeren praktischen Bedeutung des Zitiergebots wird auf die Ermittlung des Anwendungsbereichs des Art. 19 I in diesem Zusammenhang eingegangen (Rn. 13ff.). 8

2. Inhalt und Reichweite des Verbots

Das Verbot eines Einzelfallgesetzes in Art. 19 I 1 konkretisiert den allgemeinen Gleichheitssatz des Art. 3 I, stellt also auf den Inhalt des Gesetzes ab. Es „verbietet dem Gesetzgeber, aus einer Reihe gleichartiger Sachverhalte willkürlich einen Fall herauszugreifen und zum Gegenstand einer Ausnahmeregelung zu machen" (BVerfGE 25, 371 [399]). Dagegen schließt Art. 19 I 1 die gesetzliche Regelung eines Einzelfalls dann nicht aus, „wenn der Sachverhalt so beschaffen ist, dass es nur einen zu regelnden Fall dieser Art gibt und die Regelung dieses singulären Sachverhalts von sachlichen Gründen getragen wird" (BVerfGE 25, 371 [399]). 9

10 Das Verbot des Art. 19 I 1 greift also nicht ein, wenn das Gesetz bei seinem Erlass zwar nur einen Fall tatsächlich erfasst, sich wegen der abstrakten Fassung des gesetzlichen Tatbestands aber nicht absehen lässt, auf wie viele und welche Fälle es Anwendung findet. Das Gesetz ist dann „allgemein" i. S. v. Art. 19 I 1 (s. zuletzt BVerfGE 121, 30 [49 f.]).

11 Erst recht zulässig sind sog. Maßnahmegesetze. Sie sind dadurch gekennzeichnet, dass der Gesetzgeber einen konkreten Fall zum Anlass seiner Regelung nimmt. Dieser Einzelfallbezug verleiht der Regelung aber noch nicht den Charakter eines Einzelfallgesetzes, „wenn sie nach der Art der in Betracht kommenden Sachverhalte geeignet ist, unbestimmt viele weitere Fälle zu regeln" (BVerfGE 121, 30 [49 f.]). Der Vorschlag, zwischen Einzelfallgesetz und Einzelpersonengesetz zu unterscheiden, hilft letztlich auch nicht weiter, zumal Überschneidungen möglich sind (dazu Sachs, in: ders., Art. 19 Rn. 21). Als Quintessenz ist festzustellen, dass Art. 19 I 1 bei Eröffnung seines Anwendungsbereichs (Rn. 8) zwar zu prüfen ist, aber ein Verbot mit der Folge der Nichtigkeit des Gesetzes bisher praktisch noch nicht vorgekommen ist.

II. Zitiergebot (Abs. 1 S. 2)

12 Nach Art. 19 I 2 muss das einschränkende Gesetz das betroffene Grundrecht unter Angabe des Artikels nennen. Dieses sog. Zitiergebot wird zwar ebenfalls zurückhaltend ausgelegt und angewendet. In der Fallbearbeitung sollte aber bei gesetzlichen Beschränkungen von Freiheitsgrundrechten dargelegt werden, ob dieses formelle verfassungsrechtliche Gebot anwendbar ist und, sofern dies bejaht wird, ob es gewahrt ist.

1. Anwendungsbereich

a) Kriterien

13 *aa) Wortlaut des Art. 19 I 1.* Der Anwendungsbereich des Zitiergebots ist ausgehend von der Formulierung des Art. 19 I 1 „Soweit nach diesem Grundgesetz ein Grundrecht durch ein Gesetz oder aufgrund eines Gesetzes eingeschränkt werden kann, (...)" zu bestimmen, an die Art. 19 I 2 anknüpft (BVerfGE 64, 72 [79]). Danach ist entscheidend, ob das Grundrecht aufgrund ausdrücklicher Ermächtigung vom Gesetzgeber eingeschränkt werden darf (BVerfGE 83, 130 [154]). Diese Ermächtigung muss sich aus der Verfassung ergeben. Welche weiteren Anforderungen an sie zu richten sind, ist umstritten.

14 Das BVerfG favorisiert eine restriktive Interpretation (BVerfGE 64, 72 [79]; krit. Sachs, in: ders., Art. 19 Rn. 27 ff.). Danach beschränke sich die Sicherungsfunktion des Zitiergebots auf diejenigen Grundrechte, „die aufgrund eines speziellen, vom Grundgesetz vorgesehenen Gesetzesvorbehalts über die im Grundrecht selbst angelegten Grenzen hinaus eingeschränkt werden können" (BVerfGE 64, 72 [79]). Dahinter steht die Annahme, dass Schranken eines Grundrechts letztlich nur dessen Schutzbereich festlegen, diesen aber nicht einschränken. Auch wenn man diese grundrechtsdogmatische Sicht nicht teilt, ist der Auffassung des BVerfG im Ergebnis zuzustimmen. Die Warn- und Besinnungsfunktion des Zitiergebots (Rn. 15) ist nur dann sinnvoll, wenn der Gesetzgeber ein Grundrecht aufgrund eines Gesetzesvorbehalts einschränkt.

15 *bb) Funktionen des Zitiergebots nach Art. 19 I 2.* Das BVerfG zeigt sich davon unbeirrt. Zur weiteren Begründung des restriktiven Anwendungsbereichs des Zitiergebots hebt es dessen Funktionen hervor. Der Gesetzgeber könne nur bei wirklich gewollten Eingriffen gezwungen werden, sie im Gesetzeswortlaut auszuweisen. In diesen Fällen müsse „der Gesetzgeber über die Auswirkungen seiner Regelungen für die betroffenen Grundrechte Rechenschaft geben" (BVerfGE 64, 72 [79]; 120, 274 [343]).

16 Neben dieser Warn- und Besinnungsfunktion stellt das BVerfG auf die Publizitätsfunktion der Gesetzesvorbehalte ab, die gesetzlichen Grundrechtseinschränkungen

zugrunde liegen. Sie behalten den Ausgleich zwischen kollidierenden Grundrechten dem Parlament vor. Dies soll sicherstellen, dass „Entscheidungen von solcher Tragweite aus einem Verfahren hervorgehen, das der Öffentlichkeit Gelegenheit bietet, ihre Auffassungen auszubilden und zu vertreten" (BVerfGE 85, 386 [403]). Das Parlament soll Notwendigkeit und Ausmaß von Grundrechtseingriffen in öffentlicher Debatte klären. „Diese Funktion kann der Gesetzesvorbehalt aber nur erfüllen, wenn die Ermächtigung zum Freiheitseingriff im Gesetz nicht bloß unausgesprochen vorausgesetzt, sondern ausdrücklich offengelegt wird" (BVerfGE 85, 386 [404]). In diese Richtung geht auch der im Schrifttum konstatierte Informationswert des Zitiergebots (Sachs, in: ders., Art. 19 Rn. 26).

Diese Argumentation des BVerfG führt zu einem eng begrenzten Anwendungsbereich des Art. 19 I. Im Rahmen einer Gesamtschau sind verschiedene Fallgruppen zu unterscheiden. **17**

b) Ausgrenzungen

Keine Anwendung findet das Zitiergebot des Art. 19 I 2 auf: **18**

(1) Gleichheitsrechte, Leistungsgrundrechte und grundrechtsgleiche Rechte

Das betrifft etwa Art. 3, 16a, 19 IV, 33 V, 38 I und 103 I (BVerfGE 25, 371 [399]; Jarass, in: JP, Art. 19 Rn. 5). **19**

(2) Regelungsaufträge, Ausgestaltungsvorbehalte und Inhaltsbestimmungen

Diese verfassungsrechtlichen Vorgaben werden nicht als Ermächtigungen zu Einschränkungen, sondern zu Ausgestaltungen eines Grundrechts eingeordnet. Das gilt etwa für Art. 6 I, 9 I und III, 12 I 2 und 14 I 2 (BVerfGE 13, 97 [122]; 24, 367 [396]; 64, 72 [80]; Jarass, in: JP, Art. 19 Rn. 5). **20**

(3) Schrankenziehungen im Grundgesetz

Grundrechtsschranken sollen nur den Schutzbereich definieren (zur Kritik s. Rn. 14). Tragfähig scheint allenfalls die Begründung, dass es sich dabei um allgemeine Vorkehrungen zur Vermeidung und Lösung von Konflikten handelt. Daher werden jedenfalls Art. 2 I und Art. 5 II aus dem Geltungsbereich des Art. 19 I 2 ausgegrenzt (BVerfGE 10, 89 [99]; 28, 282 [289]). **21**

(4) Beeinträchtigungen im Rahmen verfassungsimmanenter Schranken aufgrund kollidierenden Verfassungsrechts

Diese Eingriffe werden ebenfalls nicht Art. 19 I 2 unterstellt. Beispiele finden sich etwa im Bereich der Kunst- und Wissenschaftsfreiheit nach Art. 5 III 1 (BVerfGE 83, 130 [154]). **22**

(5) Eigentumseingriffe, die eine Enteignung i. S. v. Art. 14 III darstellen

Insoweit werden die Funktionen des Zitiergebots schon durch die in dieser Bestimmung vorgesehenen Vorkehrungen, insb. die Junktimklausel (Art. 14 III 2), abgedeckt (BVerfGE 24, 367 [398]). **23**

c) Anwendungsfälle

Das Zitiergebot kommt somit nur für gezielte unmittelbare Grundrechtseinschränkungen durch förmliches Gesetz aufgrund einfacher oder qualifizierter Gesetzesvorbehalte zur Anwendung (vgl. BVerfGE 83, 130 [154]; 113, 348 [366]). Das betrifft folgende Fälle: **24**

- Art. 2 II 3
- Art. 6 II 2 und III
- Art. 8 II
- Art. 10 II
- Art. 11 II
- Art. 12 II und III

– Art. 13 II bis V, VII Alt. 2
– Art. 16 I 2.

2. Inhalt

25 Das Zitiergebot verlangt, dass das förmliche Gesetz das eingeschränkte Grundrecht unter Angabe des Artikels nennt. Die konkreten Anforderungen können mit Hilfe des Schutzzwecks präzisiert werden. Durch die Benennung des Eingriffs im Gesetzeswortlaut soll gesichert werden, dass „der Gesetzgeber nur Eingriffe vorsieht, die ihm als solche bewusst sind und über deren Auswirkungen auf die betroffenen Grundrechte er sich Rechenschaft ablegt" (BVerfGE 120, 274 [343]). Das verlangt eine ausdrückliche Benennung im Text des Gesetzes. Sie erleichtert es auch, die Notwendigkeit und das Ausmaß des beabsichtigten Grundrechtseingriffs in öffentlicher Debatte zu klären (Rn. 16). „Nicht ausreichend ist hingegen, dass der Gesetzgeber sich des Grundrechtseingriffs bewusst war, wenn sich dies im Gesetzestext nicht niedergeschlagen hat" (BVerfGE 120, 274 [343]).

26 Diese Grundsätze gelten nicht nur für eine erstmalige Grundrechtseinschränkung. Sie sind auch bei jeder Änderung der Eingriffsvoraussetzungen zu beachten, die zu neuen Grundrechtseinschränkungen führt. Nur dann ist gewährleistet, dass die Warn- und Besinnungsfunktion des Zitiergebots zum Tragen kommt. Seine Anforderungen sind daher im Änderungsgesetz selbst zu erfüllen. „Ein bloßer Hinweis in der Gesetzesbegründung genügt dem Formerfordernis des Art. 19 I 2 nicht" (BVerfGE 113, 348 [366 f.]).

3. Rechtsfolgen

27 Ein Verstoß gegen das Zitiergebot führt zur Verfassungswidrigkeit und somit zur Nichtigkeit des Gesetzes (BVerfGE 113, 348 [366]; 120, 274 [344]). Das BVerfG hat diese Rechtsfolge mit Bezug auf die Publizitätsfunktion des Art. 19 I 2 damit begründet, dass das Zitiergebot „ein unerlässliches Element des demokratischen Rechtsstaates" sei (BVerfGE 101, 1 [42 f.]). Es ist also eine Ausprägung des Rechtsstaats- und Demokratieprinzips.

III. Wesensgehaltsgarantie (Abs. 2)

28 Art. 19 II enthält die apodiktisch klingende Forderung, dass in keinem Falle ein Grundrecht in seinem Wesensgehalt angetastet werden darf. Nicht nur die Formulierung erinnert an Art. 1 I. Der Wesensgehalt der einzelnen Grundrechte wird in seiner inhaltlichen Substanz z. T. mit ihrem jeweiligen Menschenwürdegehalt gleichgesetzt (dazu Sachs, in: ders., Art. 19 Rn. 43; dagegen BVerfGE 109, 279 [311]). Grundrechtsdogmatisch betrachtet, ist die sog. Wesensgehaltsgarantie des Art. 19 II eine Schranken-Schranke.

28a ***Klausurhinweis:*** In der Fallbearbeitung muss vor allem die Anwendbarkeit des Art. 19 II erörtert werden. Dagegen liegt ein Verstoß gegen den Inhalt dieser Garantie nur selten vor.

1. Anwendungsbereich

29 Für die Ermittlung des Anwendungsbereichs des Art. 19 II liefert die Formulierung in Art. 19 I 1 eine erste Orientierungshilfe, auch wenn kein so enger Konnex wie zwischen Art. 19 I 1 und 2 besteht. Danach ist die Wesensgehaltsgarantie bei gesetzlichen Grundrechtseinschränkungen aufgrund von Gesetzesvorbehalten zu beachten. Diesen Zusammenhang legen die Stellung des Art. 19 II, seine Entstehungsgeschichte und die Einordnung als Schranken-Schranke nahe (vgl. BVerfGE 31, 58 [69]).

Art. 19 II ist aber darüber hinaus auf alle grundrechtsrelevanten Regelungen anzuwenden, sofern es sich nicht um Grundrechtsausgestaltungen handelt (Jarass, in: JP, Art. 19 Rn. 8), da diese keine Grundrechtseingriffe sind (Vorbem. Grundrechte Rn. 97f.). Bei der Ausgestaltung des Schutzbereichs eines Grundrechts wird die Gestaltungsfreiheit des Gesetzgebers aber typischerweise durch die Institutsgarantie des jeweiligen Grundrechts beschränkt, die in ihrer begrenzenden Funktion mit der Wesensgehaltsgarantie bei Grundrechtseingriffen vergleichbar ist. Beispiele für solche Institutsgarantien sind die Geschlechterverschiedenheit beim Grundrecht der Ehe (Art. 6 I) und die Testierfreiheit beim durch Art. 14 I garantierten Erbrecht. **29a**

Anders als Art. 19 I beansprucht Art. 19 II somit auch im Rahmen von Grundrechtsschranken Geltung. Außerdem ist er bei sämtlichen Funktionen der Freiheitsgrundrechte (Abwehr, Leistung, Teilhabe) zu berücksichtigen und kann grds. auch auf grundrechtsgleiche Rechte angewendet werden (Jarass, in: JP, Art. 19 Rn. 8; Vorbem. Grundrechte Rn. 18). Dagegen sind Verfassungsänderungen nicht an Art. 19 II zu messen. Dies hat das BVerfG in Bezug auf die Änderung des Art. 13 zur Ermöglichung sog. Lauschangriffe ausdrücklich festgestellt (BVerfGE 109, 279 [310f.]; Art. 13 Rn. 1, 25). **30**

Beachte: Soweit die Wesensgehaltsgarantie anwendbar ist, bindet sie Legislative, Exekutive und Judikative bei ihrem Handeln (zu Einzelheiten s. Sachs, in: ders., Art. 19 Rn. 36ff.). **30a**

2. Inhalt

Die Ermittlung des Inhalts der Wesensgehaltsgarantie bereitet einige Schwierigkeiten. Ein Rückgriff auf Art. 1 I wird überwiegend abgelehnt (Rn. 28), zumal die Probleme, den Inhalt der Menschenwürde zu bestimmen, nicht geringer sind (dazu Art. 1 Rn. 21ff.). **31**

a) Absoluter oder relativer Schutz?

Umstritten ist zunächst, ob Art. 19 II absoluten oder relativen Schutz gegen Eingriffe gewährt. Im letzteren Fall könnte die Beeinträchtigung im Rahmen einer Abwägung gerechtfertigt werden (vgl. Jarass, in: JP, Art. 19 Rn. 9). **32**

Das BVerfG favorisiert einen absoluten Schutz des Wesensgehalts. Danach darf „der Wesensgehalt eines Grundrechts nach dem klaren Wortlaut des Art. 19 II ‚in keinem Falle' angetastet werden; die Frage, unter welchen Voraussetzungen ein solcher Eingriff ausnahmsweise trotzdem zulässig sei, ist gegenstandslos" (BVerfGE 7, 377 [411]). Das Gericht begründet seine Ansicht mit der Gefahr einer Relativierung des Wesensgehalts. Sie ist bei einem Verständnis als relativer Schutz nicht von der Hand zu weisen. Jedenfalls ist dann nicht zu erkennen, welche eigenständige Bedeutung der Art. 19 II neben dem Grundsatz der Verhältnismäßigkeit entfalten soll. **33**

b) Individueller oder genereller Schutz?

Darüber hinaus wird diskutiert, ob der Wesensgehalt individuell für den einzelnen Grundrechtsinhaber oder generell für das Grundrecht als solches zu bestimmen ist. Nimmt man mit der h.M. einen absoluten Schutz des Wesensgehalts an, sollte dieser grds. sowohl auf den einzelnen Grundrechtsträger („individuell") als auch auf das Grundrecht bezogen werden („generell", vgl. Sachs, in: ders., Art. 19 Rn. 45). **34**

Allerdings treten bei Grundrechten, deren Schutzgegenstand für den Grundrechtsträger durch den Eingriff beseitigt wird, wie dies insb. beim Schutz des Lebens durch Art. 2 II 1 der Fall ist, erhebliche Begründungsprobleme in Bezug auf die individuelle Schutzkomponente der Wesensgehaltsgarantie auf. Entfällt der individuelle Schutz mit dem Grundrechtseingriff (Rn. 34), garantiert Art. 19 II nur einen generellen und ab- **35** soluten Schutz. Danach wird der Wesensgehalt nicht angetastet, wenn das Grundrecht als solches, also die Grundrechtsnorm, die prägenden Merkmale und die grundlegenden Wertentscheidungen des Grundrechts erhalten bleiben (Jarass, in: JP, Art. 19 Rn. 9). Was dazu konkret gehört, muss für jedes Grundrecht gemäß seiner Bedeutung im Gesamtsystem der Grundrechte spezifisch bestimmt werden (BVerfGE 22, 180 [219]; 117, 71 [96]).

35a **Beispiel:** Die lebenslange Freiheitsstrafe für eine Person oder ihre Sicherungsverwahrung beachten grds. den Wesensgehalt des Art. 2 II 2, „solange gewichtige Schutzinteressen Dritter den Eingriff zu legitimieren vermögen und insbesondere der Grundsatz der Verhältnismäßigkeit gewahrt ist" (BVerfGE 109, 133 [156]).

c) Vorrangige Prüfung der Verhältnismäßigkeit

36 Aus dieser Argumentation wird deutlich, dass zunächst geprüft werden muss, ob der Verhältnismäßigkeitsgrundsatz beachtet wurde (dazu Art. 20 Rn. 153ff.). Die Wesensgehaltsgarantie tritt dahinter zurück. Ihre eigenständige Bedeutung ist bei diesem Ansatz gering. Entweder die Verhältnismäßigkeit ist gewahrt – Dann kommt eine Verletzung der Wesensgehaltsgarantie nicht mehr in Betracht, weil der Schutz durch den Grundsatz der Verhältnismäßigkeit im Vorfeld des Art. 19 II einsetzt. Oder gegen das Verhältnismäßigkeitsgebot wurde verstoßen – Dann ist der Eingriff ohnehin rechtswidrig, ohne dass es eines Rückgriffs auf Art. 19 II bedarf. Die Wesensgehaltsgarantie hat somit i. d. R. nur in ihrer generellen, auf das objektive Grundrecht abstellenden Funktion eigenständige Bedeutung.

IV. Grundrechtsfähigkeit juristischer Personen (Abs. 3)

1. Begriff der Grundrechtsfähigkeit

37 Art. 19 III regelt die Grundrechtsfähigkeit juristischer Personen. Sie entscheidet darüber, welche dieser Organisationsgebilde durch welche Grundrechte als subjektive Rechte geschützt werden. Dies hat zur Folge, dass sie sich auf die Gewährleistungen des anwendbaren Grundrechts berufen können. Daher spricht man auch von Grundrechtsberechtigung (Grundrechtsträgerschaft, Vorbem. Grundrechte Rn. 74f.) nach Art. 19 III und stellt diese der Grundrechtsverpflichtung (Grundrechtsbindung) nach Art. 1 III gegenüber.

38 ***Klausurhinweis:*** In der Fallbearbeitung muss die Grundrechtsfähigkeit im Rahmen des persönlichen Schutzbereichs geprüft werden, während die Grundrechtsbindung entweder bereits bei der Frage der Geltung der Grundrechte als Prüfungsmaßstab erörtert oder jedenfalls bei der Prüfung eines Eingriffs berücksichtigt wird (s. auch Art. 1 Rn. 80ff.).

2. Anwendungsbereich des Art. 19 III

39 Art. 19 III erweitert die Geltung der Grundrechte als subjektive Rechte über den Kreis natürlicher Personen hinaus auf inländische juristische Personen (vgl. Sachs, in: ders., Art. 19 Rn. 48). Zur Grundrechtsfähigkeit natürlicher Personen enthält er keine unmittelbare Aussage; diese wird vielmehr vorausgesetzt. Art. 19 III findet auf die Freiheits- und Gleichheitsgrundrechte in den Art. 1 bis 17 Anwendung. Dagegen beurteilt das BVerfG die Trägerschaft juristischer Personen in Bezug auf die grundrechtsgleichen Rechte aus Art. 101 I 2 (gesetzlicher Richter) und Art. 103 I (rechtliches Gehör) nicht anhand von Art. 19 III, sondern bejaht sie generell. Diese Verfahrensrechte könnten „jedem zustehen, gleichgültig ob er eine natürliche oder juristische, eine inländische oder ausländische Person ist" (BVerfGE 64, 1 [11]).

Dies wird zum einen damit begründet, dass diese Bestimmungen „formell nicht zu den Grundrechten im Sinne von Art. 19 GG gehören" (BVerfGE 61, 82 [104]). Neben diesem formalen Ansatz wird darauf hingewiesen, dass diese Vorschriften keine Individualrechte wie die Art. 1 bis 17 gewähren, sondern objektive Verfahrensgrundsätze enthalten (BVerfGE 21, 362 [373]). Diese Argumentation ist auf berechtigte Kritik im Schrifttum gestoßen, die darin eine unzulässige Verallgemeinerung sieht (Sachs, in: ders., Art. 19 Rn. 49f.). Für die Annahme einer Berechtigung in Bezug auf Art. 101 I 2 und Art. 103 I unabhängig von den Kriterien des Art. 19 III spricht aber, dass alle Verfahrensbeteiligten grds. denselben Verfahrensgrundsätzen unterworfen sind und deshalb grds. auch dieselben Verfahrensrechte haben müssen (vgl. BVerfGE 12, 6 [8]; Art. 101 Rn. 8; Art. 103 Rn. 10). Aus diesem Grund und in diesem Umfang sind juristische Personen Träger der genannten grundrechtsgleichen Rechte. **40**

3. Prüfungsaufbau des Art. 19 III

Bei der Prüfung des Art. 19 III sollte zwischen folgenden Prüfungsschritten unterschieden werden, die nunmehr – gleichsam vor die Klammer gezogen – dargestellt werden. **41**

Zunächst wird die *Anwendbarkeit* des Art. 19 III auf das in Frage stehende Grundrecht geprüft (Rn. 39f.). Wird sie bejaht, ist festzustellen, ob das Merkmal *„juristische Person"* i.S.v. Art. 19 III vorliegt. Hierbei ist zunächst auf die Rechts- oder Teilrechtsfähigkeit des Gebildes einzugehen (Rn. 43ff.). Ist sie gegeben, muss geklärt werden, ob solche juristischen Personen *Grundrechtsträger* sein können. Das wird für juristische Personen des öffentlichen Rechts grds. abgelehnt und für juristische Personen des Privatrechts grds. angenommen (Rn. 49ff.). Zur Begründung wird auf die kollektive Freiheitsentfaltung natürlicher Personen, die einen „Durchgriff" auf diese rechtfertige, oder auf das Bestehen einer grundrechtstypischen Gefährdungslage hingewiesen. Dann ist das Merkmal „inländisch" mit seinen unionsrechtlich gebotenen Modifikationen zu erörtern (Rn. 61ff.). Den Abschluss der Prüfung bildet die Frage, ob die juristische Person, deren allgemeine Grundrechtsträgerschaft bejaht worden ist, in Bezug auf das konkrete Grundrecht grundrechtsfähig ist. Das hängt vom *Wesen des Grundrechts* ab, während das Wesen der juristischen Person an dieser Stelle keine Rolle spielt. Für Grundrechte, die nur natürlichen Personen wesenseigen sind („höchstpersönliche Grundrechte"), wird man eine Grundrechtsfähigkeit verneinen, im Übrigen wird man sie regelmäßig bejahen (vgl. Rn. 64ff.; BVerfGE 21, 362 [368f.]; Jarass, in: JP, Art. 19 Rn. 15f.). **42**

Klausurhinweis: Für die hier favorisierte Unterscheidung zwischen dem Wesen des Grundrechtsträgers und dem Wesen des Grundrechts spricht, dass sie eine klarere Zuordnung der einzelnen Grundrechte im Rahmen des Art. 19 III ermöglicht. Allerdings folgt die wohl h.M. einem abweichenden Prüfungsaufbau, der aber i.d.R. zum selben Ergebnis führt (Vorbem. Grundrechte Rn. 75). **42a**

4. Juristische Person

a) Organisationsrechtliche Einordnung

Bei der Erörterung des Merkmals „juristische Person" muss das Gebilde zunächst in organisationsrechtlicher Hinsicht eingeordnet werden. Das geschieht mit Hilfe folgender Kategorien: **43**

aa) Vollrechtsfähige Rechtsträger. Bei der Definition des Begriffs juristische Person ist zunächst von den Merkmalen auszugehen, die allgemein für diese Rechtsträger gelten. Sie werden durch einen Hoheitsakt errichtet bzw. anerkannt, sind rechtsfähig, aber nicht handlungsfähig, und besitzen Organe für die Willensbildung und -ausübung. **44**

45 **Beispiele:**
- Gesellschaft mit beschränkter Haftung (§ 13 I GmbHG): juristische Person des Privatrechts
- Handwerkskammer (§ 90 I HandwO): juristische Person des öffentlichen Rechts.

46 *bb) Teilrechtsfähige Personenvereinigungen.* Neben diesen vollrechtsfähigen juristischen Personen fallen auch teilrechtsfähige Personenzusammenschlüsse und Organisationen unter den Begriff der juristischen Person i. S. v. Art. 19 III, soweit ihre Teilrechtsfähigkeit reicht. In diesem Umfang ist es sachlich geboten und folgerichtig, ihnen auch den Schutz der Grundrechte und damit die Möglichkeit zu eröffnen, diesen mittels Verfassungsbeschwerde durchzusetzen (Sachs, in: ders., Art. 19 Rn. 63).

47 **Beispiele:**
- Nichtrechtsfähiger Verein (BVerfGE 102, 370 [383])
- Kommanditgesellschaft (BVerfGE 121, 317 [370])
- Politische Parteien (vgl. § 3 PartG; BVerfGE 121, 30 [56 f.])
- Gewerkschaften (BVerfGE 92, 26 [37])
- Gesellschaft bürgerlichen Rechts (BVerfG [K], NJW 2002, 3533; zu ihrer Rechtsfähigkeit BGHZ 146, 341 [347]).

48 ***Beachte:*** Nichtrechtsfähige Gebilde können nicht unter das Merkmal „juristische Person" i. S. v. Art. 19 III subsumiert werden. Ihre Grundrechtsfähigkeit ist daher von vornherein abzulehnen. Insoweit können sich nur die natürlichen Personen, die sich in diesem Gebilde zusammengeschlossen haben, auf die Grundrechte berufen.

b) Anerkennung als Grundrechtsträger

49 *aa) Grundlegende Unterscheidung.* Bei der Anerkennung als Grundrechtsträger geht es um die Frage, ob diese juristischen Personen sich grds. auf (irgendwelche) Grundrechte berufen können. Im Mittelpunkt steht dabei die elementare Unterscheidung zwischen zwei Sphären:

50 Zum einen der Bereich der individuellen originären Freiheitsentfaltung. In ihm kann der Einzelne seine Persönlichkeit selbstverantwortlich und grds. frei im Schutze der Grundrechte verwirklichen, ohne dafür von vornherein rechenschaftspflichtig zu sein.

51 Zum anderen der Bereich staatlicher Aufgabenwahrnehmung. In diesem geht es nicht um die Verwirklichung individueller Freiheit, sondern um die Wahrnehmung öffentlicher Verantwortung. Das Handeln ist insoweit nicht frei und durch Grundrechte geschützt, sondern durch Kompetenzen gebunden und durch Grundrechte verpflichtet (BVerfGE 128, 226 [244 f.]).

52 Die Konsequenzen dieser Unterscheidung liegen auf der Hand: Je nachdem, welcher Sphäre die juristische Person zugeordnet wird, ist sie entweder Grundrechtsträger oder Grundrechtsverpflichteter. Beide Kategorien schließen einander aus, soweit es um ein und dasselbe Handeln geht (Rn. 60).

53 *bb) Juristische Personen des Privatrechts. (1) Grundsatz.* Juristische Personen des Privatrechts i. w. S. (Rn. 44 ff.) sind grds. als Grundrechtsträger anzuerkennen. Denn ihre Bildung und Betätigung sind typischerweise Ausdruck freier Entfaltung privater natürlicher Personen. Ihre Einbeziehung in den Schutzbereich materieller Grundrechte ist insbesondere dann geboten, wenn der *„Durchgriff"* auf die hinter ihnen stehenden Menschen dies als sinnvoll und erforderlich erscheinen lässt (BVerfGE 75, 192 [195 f.]). Das ist bei juristischen Personen des Privatrechts regelmäßig gegeben, da sie eine Organisationsform für die gemeinsame Freiheitsentfaltung natürlicher Personen sind (vgl. auch BVerfGE 21, 362 [368 ff.]; 39, 302 [312]).

54 Neben diesem Durchgriffsargument wird in dieser Frage auch auf eine *grundrechtstypische Gefährdungslage* abgestellt. Danach kommt es darauf an, ob sich die juristische Person in einer Situation befindet, in der sie in gleicher Weise wie eine natürliche Person betroffen und deshalb in gleichem Maße schutzbedürftig ist. Dies ist nicht der Fall,

wenn die juristische Person in Erfüllung einer staatlichen Aufgabe tätig geworden ist (BVerfGE 45, 63 [79]).

(2) Ausnahmen. Juristische Personen des Privatrechts sind ausnahmsweise keine Grundrechtsträger, wenn sie vom Staat beherrscht werden. Denn in diesem Fall sind sie nicht der Sphäre individueller ursprünglicher Freiheitsentfaltung zuzurechnen, sondern handeln als „verlängerter Arm" des Staates. Das wird allgemein für öffentliche Unternehmen in Privatrechtsform, die vollständig im Eigentum der öffentlichen Hand stehen, anerkannt. Sie sind keine Grundrechtsträger i. S. v. Art. 19 III, sondern gem. Art. 1 III, ebenso wie der Staat als Träger des jeweiligen Unternehmens, selbst unmittelbar an Grundrechte gebunden. Gleiches gilt für sog. gemischt-wirtschaftliche Unternehmen, die vom Staat beherrscht werden. Dies nimmt das BVerfG an, wenn der Staat die Mehrheit der Anteile an dem Unternehmen hält (BVerfGE 128, 226 [246 f.]). **55**

cc) Juristische Personen des öffentlichen Rechts

(1) Grundsatz. Juristische Personen des öffentlichen Rechts sind grds. nicht als Grundrechtsträger anzuerkennen. Nach ihrer Stellung und Funktion nehmen sie in der Regel öffentliche Aufgaben wahr und sind dabei an Kompetenzen und rechtsstaatliche Grundsätze (z. B. Nützlichkeitsvorbehalt) gebunden (Rn. 51). Jedenfalls befinden sie sich in keiner grundrechtstypischen Gefährdungslage (BVerfGE 61, 82 [102]). **56**

Das gilt nach Ansicht des BVerfG auch für Gemeinden. Der Umstand, dass sie Aufgaben im Interesse der Allgemeinheit wahrnehmen, mache sie nicht zum grundrechtsgeschützten „Sachwalter" des Einzelnen bei der Wahrnehmung seiner Grundrechte. Eine solche „Vertretung" würde „eine gefährliche Einbruchstelle in die Individualfreiheit eröffnen; die grundrechtlich verbürgten Freiheiten des Menschen sollen prinzipiell nicht von der Vernunfthoheit öffentlicher Einrichtungen verwaltet werden" (BVerfGE 61, 82 [104]). Daher steht Gemeinden das Eigentumsrecht aus Art. 14 auch dann nicht zu, wenn sie fiskalisch handeln und somit nicht unmittelbar öffentliche Aufgaben erfüllen (BVerfGE 61, 82 [105 ff.]; Art. 14 Rn. 12). **57**

(2) Ausnahmen. Eine Ausnahme von diesen Grundsätzen hat das BVerfG „nur für solche juristische Personen des öffentlichen Rechts oder ihre Teilgliederungen anerkannt, die von der ihnen durch die Rechtsordnung übertragenen Aufgabe her unmittelbar einem durch bestimmte Grundrechte geschützten Lebensbereich zugeordnet sind oder ihm kraft ihrer Eigenart von vornherein zugehören" (BVerfGE 61, 82 [102 f.]). Beispiele für erstgenannte Variante sind Universitäten und Fakultäten im Hinblick auf die Wissenschaftsfreiheit (Art. 5 III 1) oder Rundfunkanstalten im Hinblick auf die Rundfunkfreiheit (Art. 5 I 2). Zur letztgenannten Variante gehören Kirchen und andere mit dem Status einer Körperschaft des öffentlichen Rechts versehene Religionsgesellschaften im Hinblick auf die Glaubensfreiheit (Art. 4 I und II). **58**

Beachte:

- Die Zuordnung dieser juristischen Personen des öffentlichen Rechts zu bestimmten grundrechtlich geschützten Bereichen rechtfertigt ihre prinzipielle Anerkennung als Grundrechtsträger. Welche weiteren Grundrechte ihnen konkret zustehen, muss aber anhand des Wesens dieser Grundrechte ermittelt werden (Rn. 64 ff.). **59**
- Öffentlich-rechtliche Rundfunkanstalten sind Grundrechtsträger, wenn sie sich im Rahmen der Gewährleistungen der Rundfunkfreiheit betätigen, und Grundrechtsverpflichtete, soweit sie öffentliche Aufgaben hoheitlich wahrnehmen, etwa Sendezeiten zuweisen. Dies stellt das sog. Konfusionsargument, wonach die Grundrechtsbindung die Grundrechtsberechtigung ausschließt und umgekehrt (Rn. 52), nicht in Frage, da die Anstalten in verschiedenen Funktionen tätig werden. **60**

5. Inländisch

a) Ermittlung

61 Das in Art. 19 III zusätzlich geforderte Kriterium, dass die juristische Person „inländisch" sein muss, beurteilt sich danach, ob sie ihren Sitz, d.h. den tatsächlichen Mittelpunkt ihrer Tätigkeit, im Bundesgebiet hat (BVerfG [K], NJW 2009, 2518 [2519]). Dagegen spielt die Staatsangehörigkeit oder der Sitz ihrer Mitglieder (Anteilseigner) keine Rolle (BVerfG [K], NVwZ 2000, 1281 [1282]). Das folgt aus dem Schutzzweck dieses Merkmals. Es soll im Verhältnis zum Ausland die Durchsetzung des Gegenseitigkeitsprinzips ermöglichen, um „inländischen juristischen Personen eine günstige Behandlung im Ausland zu sichern" (Sachs, in: ders., Art. 19 Rn. 52).

b) Unionsrechtliche Modifizierung

62 Hat eine juristische Person, etwa eine AG, ihren Sitz in der Europäischen Union, kommt dieser Zweck der Inländerklausel von vornherein nicht zum Tragen. Inländische Unternehmen werden in anderen Mitgliedstaaten der Union durch das Diskriminierungsverbot des Art. 18 I AEUV hinreichend geschützt, der jede Diskriminierung aus Gründen der Staatsangehörigkeit in der Union verbietet.

63 Umgekehrt dürfen juristische Personen (Unternehmen), die ihren Sitz in einem Mitgliedstaat der Union haben, aber in Deutschland tätig werden, ebenfalls nicht diskriminiert werden. Eine solche Schlechterstellung hat die Inländerklausel in Art. 19 III aber zur Folge. Denn den ausländischen juristischen Personen steht der Schutz der materiellen Grundrechte des Grundgesetzes wegen ihres Sitzes im Ausland nicht zu. Sie können sich daher nur auf die prozessualen Grundrechte der Art. 101 I 2 und Art. 103 I berufen, die aber einen schwächeren Schutz vermitteln (Rn. 39f.; Art. 101 Rn. 8; Art. 103 Rn. 10). Um eine Unionsrechtswidrigkeit des Art. 19 III zu vermeiden, nimmt das BVerfG in diesen Fällen einen Anwendungsvorrang des unionsrechtlichen Diskriminierungsverbots gegenüber dem Merkmal „inländisch" in Art. 19 III an. Dies hat zur Folge, dass dieses Merkmal insoweit nicht angewendet werden darf. Das führt im Ergebnis zu einer Erweiterung des Anwendungsbereichs des Art. 19 III auf juristische Personen des Privatrechts mit Sitz in der Union (BVerfGE 129, 78 [95ff.]).

6. Wesen des Grundrechts

64 Auf dieser letzten Stufe der Prüfung des Art. 19 III ist festzustellen, ob das konkrete Grundrecht der inländischen juristischen Person seinem Wesen nach zustehen kann. Das ist nach Ansicht des BVerfG jedenfalls bei den Grundrechten ausgeschlossen, deren Schutz „an Eigenschaften, Äußerungsformen oder Beziehungen anknüpft, die nur natürlichen Personen wesenseigen sind. Eine Erstreckung auf juristische Personen als bloße Zweckgebilde der Rechtsordnung kommt nicht in Betracht." Diese wesensbedingte Unanwendbarkeit ist insb. dann anzunehmen, wenn der Grundrechtsschutz im Interesse der Menschenwürde gewährt wird, da sie nur natürliche Personen für sich in Anspruch nehmen können (BVerfGE 95, 220 [242]).

65 **Beispiel:** Das allgemeine Persönlichkeitsrecht nach Art. 2 I i.V.m. Art. 1 I schützt vor dem Zwang zur Selbstbezichtigung. Dadurch soll der Zwiespalt vermieden werden, in den ein solcher Zwang den Einzelnen führt. Dieser Schutz erfolgt aus Gründen der Menschenwürde. Dieser Bezug schließt eine Erstreckung dieses Grundrechts nach seinem Wesen auf juristische Personen aus (BVerfGE 95, 220 [242]).

66 Umgekehrt sind diejenigen Grundrechte nach ihrem Wesen auf juristische Personen anwendbar, deren Gewährleistungen auch korporativ ausgeübt werden können. Gleiches gilt, wenn die juristischen Personen sich in Bezug auf das konkrete Grund-

recht in einer grundrechtstypischen Gefährdungslage befinden (BVerfGE 106, 28 [43]; s. auch Rn. 54).

Beispiele: 67

- Eine Kommanditgesellschaft genießt den Schutz der Unverletzlichkeit der Wohnung (Art. 13 I), weil sie – ebenso wie Einzelpersonen – berechtigterweise Inhaberin von Wohnungen sein kann (BVerfGE 42, 212 [219]).
- Der Schutz des Fernmeldegeheimnisses gem. Art. 10 I steht seinem Wesen nach auch juristischen Personen des Privatrechts zu. Denn sie befinden sich bei der Nutzung des Übertragungsmediums (Telekommunikationsanlage) ebenso wie natürliche Personen in einer grundrechtstypischen Gefährdungslage (BVerfGE 106, 28 [43]).

Klausurhinweis: Das Argument der grundrechtstypischen Gefährdungslage kann für die Grundrechtsträgerschaft (Rn. 54) und für die Anwendbarkeit des konkreten Grundrechts relevant sein. Im ersten Fall sind die juristische Person und ihre Aufgaben der Bezugspunkt, im zweiten Fall ist es das Wesen des jeweiligen Grundrechts. Das ist in der Fallbearbeitung deutlich herauszustellen. Alternativ kann das Argument der grundrechtstypischen Gefährdungslage auch nur bei der Prüfung des Wesens des Grundrechts herangezogen und bei der Prüfung der Grundrechtsträgerschaft auf das Durchgriffsargument (Rn. 53) abgestellt werden. Dieses Vorgehen kann „klausurtaktisch" zweckmäßig sein. 68

V. Rechtsschutzgarantie (Abs. 4)

1. Bedeutung

Nach Art. 19 IV 1 (im Folgenden als Art. 19 IV zitiert, s. aber Rn. 92, 94) steht jedem der Rechtsweg offen, der durch die öffentliche Gewalt in seinen Rechten verletzt wird. 69

a) Von der Rechtsweggarantie zur Rechtsschutzgarantie

Diese eher zurückhaltende Formulierung ist vom BVerfG zu einer umfassenden Rechtsschutzgarantie weiterentwickelt worden. Die Weichen hierfür stellt die Einsicht, dass „Rechtsweg" nicht lediglich als Weg zum Gericht, sondern als Weg zum Richter in Ausübung rechtsprechender Tätigkeit zu verstehen ist. Art. 19 IV gewährleistet somit nicht nur formal den Rechtsweg, d.h. den Zugang zu den deutschen staatlichen Gerichten, sondern verbürgt einen substanziellen Anspruch auf Rechtsschutz durch unabhängige staatliche Gerichte gegen (behauptete) Verletzungen in subjektiven Rechten. Er wird deshalb als Rechtsschutzgarantie bezeichnet (vgl. BVerfGE 35, 263 [274]; 65, 1 [70]). Diese Garantie ist von der Rechtsprechung zur Garantie eines effektiven Rechtsschutzes weiterentwickelt worden (Rn. 84). 70

b) Rechtsschutzgarantie als normgeprägtes Leistungsgrundrecht

Art. 19 IV ist nach seiner Struktur und seinen Gewährleistungen ein normgeprägtes Leistungsgrundrecht (BVerfGE 101, 106 [123]). Er gewährt dem Einzelnen ein subjektives Recht auf wirksamen gerichtlichen Rechtsschutz. Dieser Anspruch richtet sich zwar unmittelbar gegen die Gerichte, bedarf aber für seine Verwirklichung der Ausgestaltung durch den Gesetzgeber. Darin kommen die Normprägung des Art. 19 IV und sein Charakter als Leistungsgrundrecht zum Ausdruck. Der Gesetzgeber muss die Voraussetzungen schaffen, die zur Bereitstellung der Leistung „Rechtsschutz" erforderlich sind. Dazu gehört insb. eine funktionierende Gerichtsbarkeit. 71

c) Strukturentscheidung für einen Individualrechtsschutz

72 Neben diesen subjektiv-rechtlichen Gewährleistungen stellt Art. 19 IV in objektiv-rechtlicher Hinsicht eine Grundsatznorm mit überragender Bedeutung für die gesamte Rechtsordnung dar (BVerfGE 58, 1 [40]). Das gilt insb. für die Strukturentscheidungen für einen individuellen und lückenlosen Rechtsschutz. Sie prägen die bestehenden Prozessordnungen.

73 **Beispiele:**
- Die Klagebefugnis nach § 42 II VwGO setzt eine mögliche Verletzung in subjektiven Rechten voraus.
- Die Begründetheit einer Anfechtungsklage hängt gem. § 113 I 1 VwGO von der Verletzung in subjektiven Rechten ab.
- Die allgemeine Leistungsklage gewährleistet als ungeschriebene Auffangklage lückenlosen verwaltungsgerichtlichen Rechtsschutz.

2. Normstruktur

74 Art. 19 IV ist eine Grundrechtsbestimmung, deren Struktur dem Konditionalschema des klassischen Normmodells folgt. Daher kann eindeutig zwischen Voraussetzungen (Tatbestand) und Rechtsfolgen (Gewährleistungen) unterschieden werden. Die *Voraussetzungen* der Rechtsschutzgarantie sind in den Merkmalen „Wird jemand durch die öffentliche Gewalt in seinen Rechten verletzt" enthalten, die zugleich den Anwendungsbereich des Art. 19 IV markieren. Die *Rechtsfolgen* ergeben sich aus der Formulierung „steht ihm der Rechtsweg offen."

3. Persönliche Voraussetzungen

75 Der Kreis der Rechtsschutzberechtigten, also der persönliche Schutzbereich des Art. 19 IV, wird durch das Merkmal „jemand" eingegrenzt. Unter diesen offen gefassten Begriff fallen sämtliche natürlichen Personen, die Träger der in dieser Vorschrift vorausgesetzten Rechte sein können, unabhängig von ihrer Staatsangehörigkeit. Das gilt grundsätzlich auch für juristische Personen, sofern ihnen Rechte i. S. d. Art. 19 IV zustehen und sie zumindest faktisch in diesen wie sonstige gewaltunterworfene Personen betroffen sein können. Auf die Voraussetzungen der Grundrechtsfähigkeit nach Art. 19 III kommt es nur an, wenn diese Rechte materielle Grundrechte i. S. v. Art. 1 bis 17 sind (vgl. BVerfGE 107, 299 [310 f.]).

4. Sachliche Voraussetzungen

76 Die sachlichen Voraussetzungen des Art. 19 IV fixieren seinen Anwendungsbereich und seinen sachlichen Schutzbereich.

a) Subjektive Rechte

77 Die in Art. 19 IV angesprochenen Rechte sind subjektive Rechte. Popular- und Verbandsklagen sind dadurch grds. vom Geltungsbereich dieser Rechtsschutzgarantie ausgenommen (BVerfG [K], NVwZ 2001, 1148 [1149]). Die Beschränkung auf subjektive Rechte ergibt sich aus Wortlaut („in seinen Rechten"), Entstehungsgeschichte und Stellung dieser Verfassungsnorm im Abschnitt zu den Grundrechten. Sie wird durch den ihr zugrunde liegenden Zweck untermauert, Individualrechtsschutz zu gewährleisten.

78 *aa) Begriff.* „Rechte" i. S. d. Art. 19 IV sind in erster Linie subjektiv-öffentliche Rechte, also subjektive Rechte, die sich aus einem Rechtssatz des öffentlichen Rechts ergeben. Denn diese Rechtsschutzgarantie richtet sich gegen Maßnahmen in Ausübung öffentlicher Gewalt. Art. 19 IV ist somit auf Rechtsverhältnisse zwischen Pri-

vatpersonen und dem Staat zugeschnitten, die durch öffentlich-rechtliche Vorschriften geregelt sind. Keine subjektiven Rechten sind bloße wirtschaftliche Interessen und reflexartige Begünstigungen des Einzelnen, die aus Gründen des Interesses der Allgemeinheit erfolgen (BVerfGE 31, 33 [39f.]; 96, 100 [114]).

bb) Entstehung. Dabei ist zu beachten, dass Art. 19 IV nicht selbst den sachlichen **79** Bestand oder Inhalt eines als verletzt behaupteten subjektiven Rechts gewährleistet, sondern dieses voraussetzt (BVerfGE 100, 313 [364]). Subjektive Rechte als materieller Bezugspunkt der Rechtsschutzgarantie sind in erster Linie, aber nicht ausschließlich, Grundrechte. Sie können sich daneben auch aus grundrechtsgleichen Rechten (Vorbem. Grundrechte Rn. 18) und aus der Rechtsordnung im Übrigen, also aus einfachgesetzlichen Regelungen, ergeben, sofern diese nach der sog. Schutznormlehre individualschützenden Charakter aufweisen (dazu *Ramsauer,* JuS 2012, 769ff.).

b) Rechtsverletzung

Der Tatbestand des Art. 19 IV verlangt nicht lediglich das Bestehen subjektiver **80** Rechte, sondern deren (behauptete) Verletzung durch die öffentliche Gewalt. Das setzt eine rechtswidrige Beeinträchtigung dieser Rechte voraus, die der öffentlichen Gewalt zuzurechnen sein muss. Die Formulierung des Art. 19 IV („Wird ... verletzt") erweckt den Eindruck, dass die Verletzung des subjektiven Rechts tatsächlich erfolgt sein muss. Ein solches Verständnis würde indes der inneren Logik und dem Zweck dieser Rechtsschutzgarantie widersprechen. Sie gewährleistet den Zugang zu Gericht, um festzustellen, ob eine Verletzung subjektiver Rechte vorliegt. Daher genügt die (schlüssige) Behauptung einer Rechtsverletzung, um die Gewährleistungen des Art. 19 IV auszulösen (BVerfGE 96, 100 [114]). Der Rechtsschutzberechtigte muss geltend machen, dass eine Verletzung seiner Rechte möglich ist. Die behauptete Rechtsverletzung muss – als wahr unterstellt – eingetreten sein.

c) Öffentliche Gewalt

Der Begriff „öffentliche Gewalt" taucht im Grundgesetz an verschiedenen Stellen **81** auf, etwa in Art. 93 I Nr. 4a. Im Rahmen des Art. 19 IV besitzt er einen spezifischen Bedeutungsgehalt, der durch die Funktion dieser Rechtsschutzgarantie und ihr Zusammenspiel mit anderen justiziellen Gewährleistungen des Grundgesetzes bedingt ist (Rn. 93). Danach ist unter „öffentliche Gewalt" nur die Exekutive zu verstehen. Allerdings umfasst dies die gesamte *vollziehende Gewalt* in allen ihren Organisations- und Handlungsformen, soweit sie gem. Art. 1 III unmittelbar an die Grundrechte gebunden ist (Art. 1 Rn. 121ff.). „Öffentliche Gewalt" i.S.v. Art. 19 IV wird somit auch bei privatrechtlichem Handeln der Verwaltungsbehörden und beim Vollzug von Unionsrecht durch diese Stellen ausgeübt.

Keine öffentliche Gewalt stellen Akte der *Gesetzgebung* von Bund und Ländern dar **82** (BVerfGE 24, 33 [49ff.]). Das gilt insb. für förmliche Gesetze. Für sie sieht das Grundgesetz in Art. 93 I Nr. 2 und Art. 100 I die abstrakte und konkrete Normenkontrolle durch das BVerfG vor.

Die *Rechtsprechung* selbst fällt ebenfalls nicht unter das Merkmal „öffentliche Ge- **83** walt" i.S.v. Art. 19 IV (BVerfGE 49, 329 [340]; 107, 395 [404]). Der Zweck dieser Rechtsschutzgarantie besteht in der Gewährleistung eines wirksamen Schutzes subjektiver Rechte durch eine unbeteiligte und unabhängige Stelle (Sachs, in: ders., Art. 19 Rn. 120). Dieser Schutz ist bei gerichtlichen Entscheidungen durch verschiedene verfassungs- und verfahrensrechtliche Vorkehrungen sichergestellt (z.B. Art. 92, 97, 101 I 2 und Art. 103 I). Für die Einbeziehung richterlicher Entscheidungen in die Rechtsschutzgarantie des Art. 19 IV durch Öffnung des Begriffs „öffentliche Gewalt" besteht somit weder Raum noch Bedarf. Folgerichtig gewährleistet Art. 19 IV auch keinen Instanzenzug (st. Rspr., s. zuletzt etwa BVerfGE 118, 212 [239]; 122, 248 [271]).

5. Rechtsfolgen

a) Garantie eines effektiven Rechtsschutzes

84 Art. 19 IV garantiert nach h. M. einen effektiven Rechtsschutz. Sein Inhalt wird durch die Formel konkretisiert, dass Art. 19 IV einen lückenlosen, tatsächlich wirksamen und möglichst wirkungsvollen Rechtsschutz gewährleiste (BVerfGE 35, 263 [274]). „Die Effektivität des Rechtsschutzes wird in erster Linie von den Prozessordnungen gesichert. Sie treffen Vorkehrungen dafür, dass der Einzelne seine Rechte auch tatsächlich wirksam durchsetzen kann und die Folgen staatlicher Eingriffe im Regelfall nicht ohne gerichtliche Prüfung zu tragen hat" (BVerfG, NJW 2015, 610 [611 Rn. 24]). „Die Gewährleistung effektiven Rechtsschutzes verlangt grundsätzlich die Möglichkeit eines Eilverfahrens, wenn ansonsten dem Betroffenen eine erhebliche, über Randbereiche hinausgehende Verletzung seiner Rechte droht, die durch die Entscheidung in der Hauptsache nicht mehr beseitigt werden kann. Dies gilt gleichfalls für Anfechtungs- wie für Vornahmesachen" (BVerfGK 20, 196 [197]).

84a Neben dem Gesetzgeber müssen aber auch die vollziehende Gewalt und die Rechtsprechung die Garantie eines effektiven Rechtsschutzes nach Art. 19 IV bei der Auslegung und Anwendung des Rechts beachten. So ist der Anspruch auf effektiven Rechtsschutz verletzt, wenn die Gewährung von Eilrechtsschutz zu Unrecht mit der Begründung abgelehnt wird, dies würde die Hauptsache unzulässiger Weise vorwegnehmen (BVerfG [K], Beschluss v. 21.1.2015, 2 BvR 1856/13, Rn. 11). Ein Verstoß gegen Art. 19 IV liegt auch dann vor, wenn die Fachgerichte ein von der Prozessordnung eröffnetes Rechtsmittel durch eine überstrenge Handhabung der Verfahrensvorschriften ineffektiv machen und für den Beschwerdeführer leer laufen lassen (BVerfG [K], Beschluss v. 18.3.2015, 2 BvR 1111/13, Rn. 49 ff.).

84b Das Verständnis des Art. 19 IV als Effektivitätsgebot birgt allerdings die Gefahr, dass es als einseitiges Gebot zur Rechtsschutzoptimierung interpretiert wird. Das verschiebt jedenfalls bei mehrpoligen Rechtsverhältnissen die prozessuale Risikoverteilung zwischen den Beteiligten in unzulässiger Weise. Denn jedes „Mehr" an Rechtsschutz für den Belasteten hat als Kehrseite ein „Weniger" an Rechtsschutz für den Begünstigten zur Folge. Daher ist zu betonen, dass der Rechtsschutz sich an den zu sichernden materiellen Rechten ausrichten muss. Ob er dann als „effektiver" oder „adäquater" Rechtsschutz bezeichnet wird, spielt in der Sache keine Rolle (dazu Windthorst, Der verwaltungsgerichtliche einstweilige Rechtsschutz, 2009, S. 491 ff.).

b) Differenzierung zwischen verschiedenen Rechtsschutzelementen

85 Ein weiteres Problem des Art. 19 IV besteht darin, dass sich mit der vermeintlichen „Zauberformel" von der Effektivität des Rechtsschutzes nahezu jedes gewünschte Ergebnis begründen lässt. Jedenfalls ist kaum vorhersehbar, welche konkreten Konsequenzen die Rechtsschutzgarantie bei ihrer Anwendung entfaltet. Ihre dirigistische Kraft wird transparenter und berechenbarer, wenn die Rechtsschutzgewährleistungen zu verschiedenen Rechtsschutzelementen zusammengefasst werden, zwischen denen unterschieden werden kann. Mit Hilfe dieser dogmatischen Binnendifferenzierung kann die Steuerungskraft der Rechtsschutzgarantie präziser ermittelt werden.

86 Zu den Rechtsschutzelementen des Art. 19 IV zählen:

(1) Subjektiver Rechtsschutz durch staatliche Gerichte.

87 Dieses Rechtsschutzelement spiegelt sich etwa in der Klagebefugnis (§ 42 II VwGO) und in den Voraussetzungen für die Begründetheit einer verwaltungsgerichtlichen Klage wider (§ 113 I 1 und V VwGO).

(2) Materiell-akzessorischer Rechtsschutz.

88 In diesem Rechtsschutzelement kommt die Abhängigkeit des Rechtsschutzes vom materiellen Recht zum Ausdruck. Das betrifft den Umfang der gerichtlichen Prüfung.

Einschränkungen ergeben sich z.B. aus § 114 S. 1 VwGO für Ermessensentscheidungen.

(3) Rechtmäßiger Rechtsschutz.

Rechtmäßiger Rechtsschutz fordert eine möglichst richtige Entscheidung auf der Grundlage der formell- und materiell-rechtlichen Vorgaben. Dies zielt auf die gerichtliche Prüfungsdichte, d.h. den Grad an Überzeugung, den der Richter für seine Entscheidung gewinnen muss. Dieser Überzeugungsgrad ist beispielsweise im einstweiligen Rechtsschutz reduziert, weil dort nur eine summarische Prüfung vorgeschrieben ist. **89**

(4) Rechtzeitiger Rechtsschutz.

Rechtzeitiger Rechtsschutz verlangt gerichtlichen Rechtsschutz in angemessener Zeit. Dieses Rechtsschutzelement wird durch den verwaltungsgerichtlichen Eilrechtsschutz nach § 80 V und § 123 VwGO verwirklicht. **90**

(5) Lückenloser wirksamer Rechtsschutz.

Dieses Rechtsschutzelement erfordert grundsätzlich eine vollständige tatsächliche und rechtliche Prüfung des Streitgegenstandes durch das Gericht. Einschränkungen ergeben sich aus kontrollfreien Entscheidungsspielräumen der Verwaltung, z.B. bei Prüfungsentscheidungen. Diese Spielräume sind prinzipiell rechtfertigungsbedürftig und wegen der Gewährleistung eines lückenlosen wirksamen Rechtsschutzes durch Art. 19 IV nur in engen Grenzen zulässig (s. für Prüfungsentscheidungen auch mit Hinweis auf Art. 12 I i.V.m. Art. 3 I BVerfGE 84, 34 [50ff.]; 84, 59 [77ff.]). **91**

6. Begrenzungen der Rechtsschutzgarantie

In Art. 19 IV selbst sind keine Begrenzungen vorgesehen. Sie ergeben sich aber aus Art. 10 II 2, auf den Art. 19 IV 3 Bezug nimmt (Art. 10 Rn. 69). Die Verkürzungen des Rechtsschutzes durch Art. 16a II 3 und IV hat das BVerfG nicht beanstandet (BVerfGE 94, 49ff.; 94, 166ff.). **92**

7. Verhältnis zu anderen Verfassungsbestimmungen

Art. 19 IV wirkt mit den materiellen Grundrechten zusammen, weil diese subjektive Rechte begründen, deren Existenz die Rechtsschutzgarantie voraussetzt (Rn. 79). Art. 19 IV wird zudem durch die organisations- und verfahrensrechtlichen Gewährleistungen in Art. 92, 95, 97, 101 I 2 und 103 I ergänzt. Gegenüber dem allgemeinen Justizgewährungsanspruch aus Art. 2 I i.V.m. dem Rechtsstaatsprinzip ist Art. 19 IV speziell, soweit sein Geltungsbereich reicht. Dieser wird durch das Merkmal „öffentliche Gewalt" festgelegt (Rn. 81ff.). Der allgemeine Justizgewährungsanspruch kommt daher insb. bei zivilrechtlichen Streitigkeiten zum Tragen. **93**

Beachte: Der in Art. 19 IV 2 vorgeschriebene ordentliche Rechtsweg, soweit eine andere Zuständigkeit nicht begründet ist, stellt eine Auffangregelung ohne praktische Bedeutung dar. **94**

C. Prüfungshinweise

Grobschema zur Prüfung des Art. 19 III durch das BVerfG: **95**

1. Anwendbarkeit
2. Juristische Person
   a) organisationsrechtliche Einordnung
      aa) vollrechtsfähige juristische Person
      bb) teilrechtsfähiges Rechtsgebilde
   b) Anerkennung als Grundrechtsträger
      aa) Juristische Person des Privatrechts
         (1) Grundsatz: Grundrechtsträger (+)

(2) Ausnahme: vom Staat beherrschte Privatrechtssubjekte
bb) Juristische Person des öffentlichen Rechts
(1) Grundsatz: Grundrechtsträger (–)
(2) Ausnahmetrias
3. Inländisch
a) Definition: Sitz maßgebend
b) Unionsrechtliche Modifikation
4. Wesen des Grundrechts
a) höchstpersönliches Grundrecht: Grundrechtsfähigkeit (–)
b) sonstiges Grundrecht: bei grundrechtstypischer Gefährdungslage (+)

D. Weiterführende Literatur/Leseempfehlungen

96 Bleckmann, A./Helm, F., Die Grundrechtsfähigkeit juristischer Personen – Die Funktion des Art. 19 III GG, DVBl. 1992, 9–15; Calliess, C., Kohärenz und Konvergenz beim europäischen Individualrechtsschutz – Der Zugang zum Gericht im Lichte des Grundrechts auf effektiven Rechtsschutz, NJW 2002, 3577–3582; Classen, C.-D., Der einzelne als Instrument zur Durchsetzung des Gemeinschaftsrechts, VerwArch 88 (1997), 645–678; v. Danwitz, T., Die Garantie des effektiven Rechtsschutzes im Recht der Europäischen Gemeinschaft, NJW 1993, 1108–1115; Goldhammer, M.: Grundrechtsberechtigung und -verpflichtung gemischtwirtschaftlicher Unternehmen, JuS 2014, 891–895; Herbert, G., Der Wesensgehalt der Grundrechte, EuGRZ 1985, 321–335; Hummel, L., Zur Grundrechtsberechtigung grundrechtsdienender juristischer Personen des öffentlichen Rechts, DVBl. 2008, 1215–1224; ders., Beschwerdefähigkeit und Beschwerdebefugnis – zum Prüfungsort des Art. 19 III GG bei der Prüfung der Zulässigkeit einer Verfassungsbeschwerde, JA 2010, 346–348; ders., Verfassungs- und europarechtliche Rahmenbedingungen des vorläufigen Rechtsschutzes im Verwaltungsprozess, JuS 2011, 704–707; Jachmann, M., Der Schutz gemeindlichen Eigentums nach der Bayerischen Verfassung, BayVBl. 1998, 129–133; Kahl, W./Ohlendorf, L., Das subjektive öffentliche Recht – Grundlagen und aktuelle Entwicklungen im nationalen Recht, JA 2010, 872–879; Krausnick, D., Grundfälle zu Art. 19 I und II GG, JuS 2007, 1088–1093; ders., Grundfälle zu Art. 19 III GG, JuS 2008, 869–874; Kröger, K., Juristische Personen des öffentlichen Rechts als Grundrechtsträger, JuS 1981, 26–29; Leidinger, T., Europäisiertes Verbandsklagerecht und deutscher Individualrechtsschutz – Das Trianel-Urteil des EuGH und seine Folgen für das deutsche Verwaltungsrechtssystem, NVwZ 2011, 1345–1351; Ludwigs, M., Grundrechtsberechtigung ausländischer Rechtssubjekte, JZ 2013, 434–441; Masing, J., Relativierung des Rechts durch Rücknahme verwaltungsgerichtlicher Kontrolle, NVwZ 2002, 810–815; Middendorf, M., Zur Wesensgehaltsgarantie des Grundgesetzes, Jura 2003, 232–236; Mögele, R., Grundrechtlicher Eigentumsschutz für Gemeinden, NJW 1983, 805–806; v. Mutius, A., Grundrechtsfähigkeit, Jura 1987, 272–277; Nettesheim, M., Effektive Rechtsschutzgewährleistung im arbeitsteiligen System europäischen Rechtsschutzes, JZ 2002, 928–934; Reimer, P., Sind alle Menschen den juristischen Personen des öffentlichen Rechts gleich?, DVBl. 2013, 496–499; Remmert, B., Die Rechtsschutzgarantie des Art. 19 IV 1 GG, Jura 2014, 906–915; Sachs, M., Grundrechtsberechtigung EU-ausländischer juristischer Personen, JuS 2012, 379–381; Schenke, W.-R., Die Bedeutung der verfassungsrechtlichen Rechtsschutzgarantie des Art. 19 Abs. 4 GG, JZ 1988, 317–326; Schiffbauer, B., Fußballfans im Abseits des effektiven Rechtsschutzes? Das bundesweite Stadionverbot, die Verbunddatei „Gewalttäter Sport" und Art. 19 Abs. 4 GG, DVBl. 2014, 1173–1179; Schoch, F., Grundrechtsfähigkeit juristischer Personen, Jura 2001, 201–207; Schwarze, J., Der Grundrechtsschutz für Unternehmen in der Europäischen Grundrechtecharta, EuZW 2001, 517–524; Steinbeiß-Winkelmann, C./Sporrer, T., Rechtsschutz bei überlangen Gerichtsverfahren, NJW 2014, 177–183; Streinz, R., Primär- und Sekundärrechts-

schutz im Öffentlichen Recht, VVDStRL 61 (2002), 300–355; Tonikidis, S., Die Grundrechtsfähigkeit juristischer Personen nach Art. 19 III GG, Jura 2012, 517–525; Voßkuhle, A./Kaiser, A.-B., Grundwissen – Öffentliches Recht: Der allgemeine Justizgewährungsanspruch, JuS 2014, 312–314; Windthorst, K., Zur Grundrechtsfähigkeit der Deutschen Telekom AG, VerwArch 95 (2004), 377–399; ders., Der verwaltungsgerichtliche einstweilige Rechtsschutz, 2009, S. 474–558.

II. Der Bund und die Länder

Art. 20 [Bundesstaatliche Verfassung; Widerstandsrecht]

(1) **Die Bundesrepublik Deutschland ist ein demokratischer und sozialer Bundesstaat.**

(2) [1] **Alle Staatsgewalt geht vom Volke aus.** [2] **Sie wird vom Volke in Wahlen und Abstimmungen und durch besondere Organe der Gesetzgebung, der vollziehenden Gewalt und der Rechtsprechung ausgeübt.**

(3) **Die Gesetzgebung ist an die verfassungsmäßige Ordnung, die vollziehende Gewalt und die Rechtsprechung sind an Gesetz und Recht gebunden.**

(4) **Gegen jeden, der es unternimmt, diese Ordnung zu beseitigen, haben alle Deutschen das Recht zum Widerstand, wenn andere Abhilfe nicht möglich ist.**

Pflichtstoff (*****)

Übersicht

A. Überblick

I. Bedeutung

1. Staatsfundamentalnorm des Art. 20 I

1 Art. 20 ist neben Art. 1 ein tragender Pfeiler in der durch das Grundgesetz geschaffenen Verfassungsordnung. Während Art. 1 I die Garantie der Menschenwürde zur obersten Verfassungsdirektive erhebt, an der sich alles staatliche Handeln ausrichten muss, enthält Art. 20 I bis III die grundlegenden Prinzipien, die das Wesen und die Struktur des Staates bestimmen. Die Vorschrift wird daher auch als Staatsstrukturprinzip, Staatsfundamentalnorm oder – ebenso schlicht wie einprägsam – als Baugesetz der Verfassung bezeichnet (vgl. Maurer, StR I, § 6 Rn. 2). Dagegen verblasst das Widerstandsrecht nach Art 20 IV. Formal gehört es zwar zu den in Art. 93 I Nr. 4a genannten grundrechtsgleichen Rechten. Seine praktische Relevanz ist aber gering, weil das Widerstandsrecht nach Art. 20 IV ein subsidiäres Ausnahmerecht ist (BVerfGE 123, 267 [333]). Es hat daher vor allem symbolischen Charakter (Jarass, in: JP, Art. 20 Rn. 128).

2. Grundentscheidungen des Art. 20 I

a) Überblick

2 Art. 20 I enthält neben der verfassungsrechtlichen Festlegung des Staatsnamens „Bundesrepublik Deutschland“ in sprachlich knapper Form folgende Grundentscheidungen für den Aufbau, die Aufgaben und die Ausrichtung des Staates:

Strukturprinzipien des Art. 20 I 3

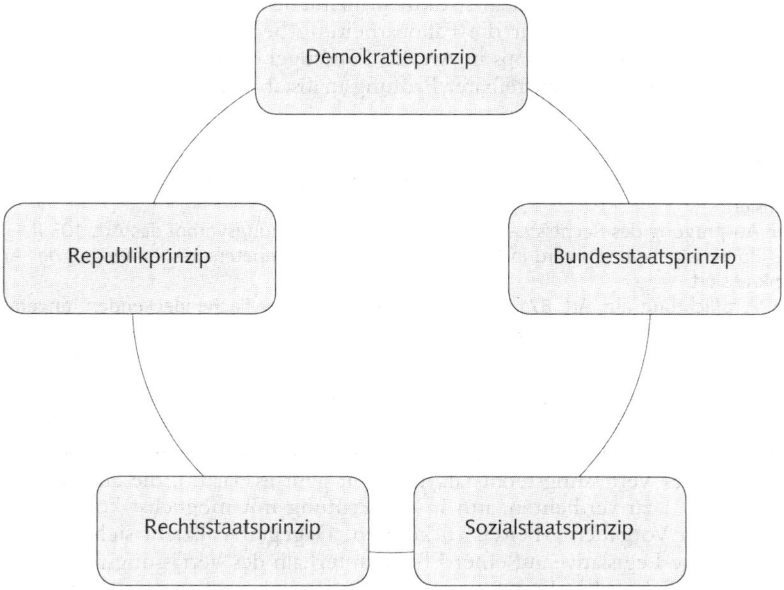

b) Zusammenwirken

Diese Strukturprinzipien besitzen zwar jeweils eigenständigen Bedeutungsgehalt, stehen aber nicht unverbunden nebeneinander. Vielmehr können sie zusammentreffen, sich verbinden, aber u. U. auch miteinander kollidieren (Jarass, in: JP, Art. 20 Rn. 2). 4

Beispiele: 5
- Der Grundsatz der Gewaltenteilung wird aus dem Demokratie- und Rechtsstaatsprinzip abgeleitet (Rn. 108, 204 f.).
- In der Forderung nach einem freiheitlichen Sozialstaat treffen das Rechtsstaats- und das Sozialstaatsprinzip aufeinander. Das geschieht mit tendenziell gegenläufiger Tendenz, wenn daraus die Folgerung abgeleitet wird, dass der Einzelne zunächst versuchen müsse, sich selbst zu helfen, bevor er die Unterstützung durch die Gemeinschaft beanspruchen könne.

c) Besonderer Schutz durch Art. 79 III

Die Bedeutung des Art. 20 wird dadurch unterstrichen, dass er von der sog. Ewigkeitsgarantie des Art. 79 III erfasst wird. Seine Grundsätze sind daher ebenso wie die des Art. 1 (dazu Art. 1 Rn. 6 f.) dem Zugriff des verfassungsändernden Gesetzgebers entzogen. Diese Unabänderlichkeit verleiht den Grundsätzen des Art. 20 zwar erhöhte Beständigkeit, aber keinen formal höheren Rang (BVerfGE 3, 225 [231 f.]). Im Übrigen sind sie trotz ihrer generellen und weiten Formulierung keine unverbindlichen Programmsätze, sondern verbindliche und unmittelbar geltende Verfassungsrechtssätze. Als solche unterliegen sie den allgemeinen Regeln der Verfassungsauslegung. Danach ist der Sinngehalt einer Verfassungsnorm durch grammatische, historisch-genetische, historische, systematische und teleologische Interpretation zu ermitteln (zum Inhalt dieser Regeln einer Verfassungsauslegung vgl. Sachs, in: ders., Einf. Rn. 54 m. w. N.). 6

d) Ausprägungen der Strukturprinzipien

Allerdings führt die abstrakte und offene Fassung der Staatsfundamentalnorm des Art. 20 I dazu, dass ihre Bestandteile der Konkretisierung bedürfen, um einen „greif- 7 baren" Inhalt zu gewinnen. Das geschieht durch die verschiedenen Ausprägungen der in dieser Norm gebündelten Staatsstrukturprinzipien, die das Grundgesetz in unterschiedlicher Dichte enthält. Für die Fallbearbeitung bedeutet dies, dass zwar von der Grundlegung des Strukturprinzips in Art. 20 I auszugehen ist, dann aber seine Ausprägungen ermittelt und als unmittelbarer Prüfungsmaßstab zugrunde gelegt werden müssen.

8 **Beispiele:**
- Das Demokratieprinzip des Art. 20 I und II wird durch die Wahlgrundsätze des Art. 38 I 1 konkretisiert.
- Eine Ausprägung des Rechtsstaatsprinzips ist das Rückwirkungsverbot des Art. 103 II.
- Das Bundesstaatsprinzip wird insbesondere durch die Kompetenzbestimmungen der Art. 70 ff. konkretisiert.
- Die Verpflichtung aus Art. 87 f I zur Gewährleistung einer flächendeckenden, angemessenen und ausreichenden Versorgung mit Postdienstleistungen, z. B. der Bereitstellung von Briefkästen (Post-Universaldienst), stellt eine Ausprägung des Sozialstaatsprinzips dar (Art. 87 f Rn. 1).

9 In der Fallbearbeitung muss zwischen der Konkretisierung des Art. 20 I durch spezifische Ausprägungen im Grundgesetz und seiner Konkretisierung durch einfachgesetzliche Regelungen unterschieden werden. Der erste Konkretisierungsprozess läuft allein auf der Ebene des Verfassungsrechts ab. Insoweit geht es darum, die allgemeinen Aussagen in Art. 20 I zu verdichten, um in der Prüfung mit möglichst konkreten verfassungsrechtlichen Vorgaben arbeiten zu können. Dagegen vollzieht sich die Konkretisierung durch die Legislative auf einer Ebene unterhalb des Verfassungsrechts.

10 Bei der gesetzlichen Konkretisierung entsteht typischerweise das Problem, dass der Gesetzgeber einerseits die Verfassungsnorm durch gesetzliche Regelungen ausformen soll, andererseits gem. Art. 20 III Hs. 1 an sie gebunden ist. Der systemimmanente Konflikt zwischen Ausformung und Bindung erschwert die Festlegung der Reichweite der Gestaltungsfreiheit und birgt die Gefahr, dass die Grenzen zwischen Verfassungsnorm und verfassungskonkretisierender Gesetzesnorm aufgeweicht werden. Als Lösung bietet sich eine strikte Bindung des Gesetzgebers an die Kernmerkmale der Verfassungsnorm an, die vom BVerfG kontrolliert und durchgesetzt werden kann. Exemplarisch hierfür ist die gesetzliche Ausgestaltung der Ehe gem. Art. 6 I. Der Gesetzgeber verfügt insoweit zwar über Gestaltungsfreiheit, muss aber die Wesensmerkmale dieser Verfassungsnorm beachten. Sie schließen etwa eine rechtliche Qualifizierung einer gleichgeschlechtlichen Lebenspartnerschaft als Ehe i. S. v. Art. 6 I aus (dazu Art. 6 Rn. 14 f.).

e) Geltungsbereich der Strukturprinzipien

11 *aa) Staatsgewalt in Bund und Ländern.* Die Strukturprinzipien des Art. 20 sind nicht nur für die Gesetzgebung, sondern auch für die vollziehende Gewalt und die Rechtsprechung unmittelbar rechtlich verbindlich (Art. 20 III). Das gilt für die Staatsgewalt des Bundes und der Länder. Für sie legt das sog. Homogenitätsgebot des Art. 28 I 1 ausdrücklich fest, dass die verfassungsmäßige Ordnung in den Ländern den Grundsätzen des republikanischen, demokratischen und sozialen Rechtsstaats entsprechen muss. Das Homogenitätsgebot wiederholt die Grundentscheidungen des Art. 20 I für den Verfassungsraum der Länder und verdeutlicht das in dieser Norm verankerte, aber im Wortlaut nur unterschwellig anklingende Rechtsstaatsprinzip. Art. 20 I tritt daher hinter Art. 28 I 1 zurück, während Art. 20 II und III für die Abbildung des Demokratieprinzips auf Länderebene zu beachten ist (s. auch Art. 28 Rn. 5).

12 *bb) Europäische Integration und Europäische Union.* Außerdem greift Art. 23 I 1 wichtige Elemente des Art. 20 I auf und verlangt ihre Beachtung bei der Mitwirkung der Bundesrepublik Deutschland bei der Entwicklung der Europäischen Union. Das gilt für die rechtsstaatlichen, demokratischen und sozialen Grundsätze. Dagegen weichen

die in Art. 23 I 1 genannten föderativen Grundsätze von dem Bekenntnis des Art. 20 I zum Bundesstaatsprinzip nicht nur terminologisch ab. Denn die EU ist kein Bundesstaat, sondern ein auf zunehmende Integration angelegter Staatenverbund (BVerfGE 89, 155 [186, 188]). Art. 23 I 1 beschreibt zunächst das Leitbild der EU aus Sicht des Grundgesetzes.

Unmittelbare rechtliche Wirkung kann diese Strukturklausel aber nur gegenüber der deutschen Staatsgewalt beanspruchen. Das gilt insbesondere für die Übertragung von Hoheitsrechten auf die EU nach Art. 23 I 2. Dagegen werden weder die EU noch die anderen Mitgliedstaaten durch diese Verfassungsnorm gebunden (Streinz, in: Sachs, Art. 23 Rn. 16ff.). Zwar bekennt sich die EU in Art. 2 EUV ausdrücklich zu Demokratie und Rechtsstaatlichkeit als Werte, die allen Mitgliedstaaten gemeinsam sind. Dies darf aber nicht darüber hinwegtäuschen, dass gerade das Demokratieprinzip auf der Ebene der Union andere Anforderungen als das Demokratieprinzip des Art. 20 I und II aufstellt. **13**

Beispiel: Das Demokratiegebot des Art. 2 EUV ist bei einer doppelgleisigen demokratischen Legitimation gewahrt, die durch Wahlen zum Europäischen Parlament und über die Vertreter im Rat erfolgt, die der Kontrolle der nationalen Parlamente unterliegen (Art. 23 Rn. 16f.). **14**

II. Normstruktur

Betrachtet man die Binnenstruktur des Art. 20, enthält Absatz 1 die Grundentscheidungen für die Prinzipien der Republik, Demokratie, Sozial- und Bundesstaatlichkeit. Dagegen taucht der Begriff „Rechtsstaat" anders als im Erstentwurf nicht mehr in Art. 20 auf, während er in Art. 23 I 1 und 28 I 1 ausdrücklich erwähnt wird (Sachs, in: ders., Art. 20 Rn. 75). Allerdings normieren Art. 20 II 2 und Art. 20 III mit der Gewaltenteilung, dem Vorrang der Verfassung und dem Vorrang des Gesetzes wesentliche Elemente der Rechtsstaatlichkeit. Dies rechtfertigt die Annahme, wonach das Rechtsstaatsprinzip jedenfalls auch und gerade in Art. 20 III angelegt und ein allgemeiner Rechtsgrundsatz ist. Daneben kann zu seiner verfassungsrechtlichen Herleitung auf Art. 20 I und II, 23 I 1 und 28 I 1 Bezug genommen werden; zwingend erforderlich ist dies aber angesichts der allgemeinen Anerkennung dieses Grundsatzes nicht (vgl. Jarass, in: JP, Art. 20 Rn. 28). **15**

Das Demokratieprinzip des Art. 20 I wird in Art. 20 II unter folgenden Aspekten konkretisiert: Art. 20 II 1 regelt, *vom wem* die Staatsgewalt ausgeht: dem Volk. Art. 20 II 2 Hs. 1 legt fest, *wie* das Volk die Staatsgewalt ausübt: in Wahlen und Abstimmungen. Aus Art. 20 II 2 Hs. 2 ergibt sich, *durch wen* die Staatsgewalt ausgeübt wird: durch besondere Organe der Gesetzgebung, der vollziehenden Gewalt und der Rechtsprechung. Gegenüber diesen aufeinander bezogenen Aussagen erscheint das Widerstandsrecht des Art. 20 IV als „Fremdkörper" in Art. 20. Ein sachlicher Zusammenhang ist lediglich zum Gewaltmonopol des Staates und zum damit einhergehenden grundsätzlichen Verbot der Selbsthilfe zu erkennen, die vom Rechtsstaatsprinzip umfasst werden. **16**

17
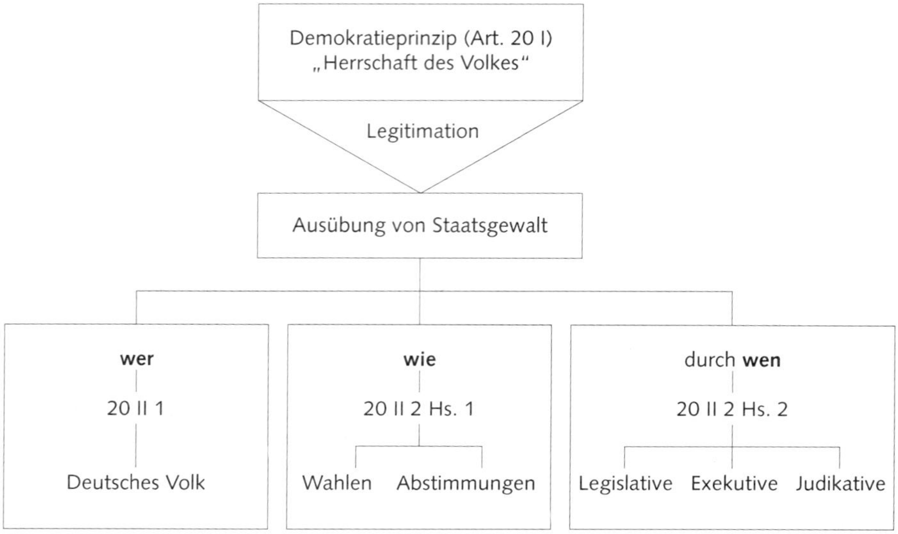

III. Rechtsdogmatische Qualifizierung der Strukturprinzipien

18 Die Strukturprinzipien des Art. 20 I–III werden verbreitet rechtsdogmatischen Kategorien wie Staatszielbestimmung oder Einrichtungsgarantie gegenübergestellt (Maurer, StR I, § 6 Rn. 9 ff.). Dahinter steht das Bestreben, ihre dirigistische Kraft präziser und konsistenter zu erfassen. Die genannten Kategorien scheinen hierfür geeignete Beurteilungsparameter zu sein, weil in ihren Wesensmerkmalen die typische Steuerungskraft dieser Verfassungsrechtssätze zum Ausdruck kommt. Sie können daher zur Klärung der Frage beitragen, wer durch die jeweilige Verfassungsnorm, d. h. konkret durch Art. 20 I–III, in welcher Weise gebunden wird. Darüber hinaus sind auch Rückschlüsse auf das Kollisionsverhalten dieser Normen möglich, wenn sie mit anderen Vorschriften zusammentreffen. Das betrifft insb. die Frage, ob sie sich durchsetzen oder zurücktreten müssen.

19 Bei der Definition der rechtsdogmatischen Kategorien ist jedenfalls ein Mindestkonsens entstanden. Staatszielbestimmungen werden definiert als „Verfassungsnormen mit rechtlich bindender Wirkung, die der Staatstätigkeit die fortdauernde Beachtung oder Erfüllung bestimmter Aufgaben – sprachlich umschriebener Ziele – vorschreiben" (Maurer, StR I, § 6 Rn. 9). Paradigma hierfür sind der Schutz der natürlichen Lebensgrundlagen und der Tierschutz in Art. 20a. Dagegen dienen Einrichtungsgarantien in Form institutioneller Garantien „dem Schutz und der Erhaltung öffentlich-rechtlicher Organisations- und Funktionsbereiche" (Maurer, StR I, § 6 Rn. 21). Als Beispiel können die hergebrachten Grundsätze des Berufsbeamtentums gem. Art. 33 V angeführt werden.

20 Gleichwohl vermag die rechtsdogmatische Kategorisierung der Grundentscheidungen des Art. 20 I–III die in sie gesetzten Erwartungen nicht zu erfüllen. Das hat vor allem zwei Gründe: Zum einen kommt es zwischen den rechtsdogmatischen Kategorien zu Überschneidungen. Dies zeigt sich insbesondere im Verhältnis von Staatszielbestimmung, Gesetzgebungsauftrag und Verfassungsauftrag. Zum anderen – und vor allem – weisen die Strukturprinzipien des Art. 20 I–III Merkmale verschiedener rechtsdogmatischer Kategorien auf. Das wird anhand des Demokratieprinzips deutlich: Es sichert Bewährtes und ist zugleich dynamisch in die Zukunft gerichtet, trägt somit Züge einer Einrichtungsgarantie und einer Staatszielbestimmung. Nur graduell anders verhält es sich beim Sozialstaatsprinzip. Es wird zwar allgemein als Staatszielbestim-

mung qualifiziert (Huster/Rux, in: EH, Art. 20 Rn. 209). Da es aber zugleich einen Kernbestand der Sozialstaatlichkeit schützt, besitzt es weitere Bedeutungsdimensionen. Eine exklusive Zuordnung zu einzelnen rechtsdogmatischen Kategorien ist somit kaum möglich. Damit steht oder richtiger: fällt aber dieses Konzept.

IV. Prüfungsrelevanz

Die zentrale Bedeutung des Art. 20 I–III für das Verfassungsgefüge des Grundgesetzes spiegelt sich grds. auch in seiner Bedeutung für die juristische Ausbildung und Prüfung wider. Das gilt vor allem für das Demokratieprinzip des Art. 20 I und seine Ausformungen in Art. 20 II. Allerdings ist daran zu erinnern, dass die Strukturprinzipien des Art. 20 I in unterschiedlichem Umfang durch Ausprägungen im Grundgesetz konkretisiert werden. Soweit deren Aussagen reichen, bilden sie den unmittelbaren Maßstab der verfassungsrechtlichen Prüfung (Rn. 31 f.). **21**

Die Fundamentalnorm des Art. 20 I wird dadurch aber nicht bedeutungslos, sondern bewahrt folgende Bedeutungsdimensionen: Zum einen leiten die Strukturprinzipien des Art. 20 I die Interpretation der Einzelausprägungen, zum anderen sichern sie diese ab. Schließlich ergänzen sie die verfassungsrechtlichen Konkretisierungen, soweit diese bestimmte Aspekte nicht abdecken, die thematisch den Strukturprinzipien unterfallen (vgl. Sachs, in: ders., Art. 20 Rn. 4). Beispiel hierfür ist die aktuell diskutierte verfassungsrechtliche Zulässigkeit von Volksabstimmungen über die im Grundgesetz ausdrücklich genannten Fälle hinaus (dazu Möstl, VVDStRL 72 [2013], 255 ff.; Schuler-Harms, VVDStRL 72 [2013], 418 ff.; zu dieser Frage auf der Ebene der Länder s. K. Huber, BayVBl. 2014, 741 ff.). **22**

V. Europa

Für die Mitwirkung an der europäischen Integration gilt die Strukturklausel des Art. 23 I 1. Sie verlangt die Beachtung der dort genannten Strukturprinzipien und geht insoweit der allgemeineren Regelung in Art. 20 I vor. Allerdings beschränkt sich ihre Bindungswirkung auf die deutsche Staatsgewalt. Das Pendant auf Unionsebene ist Art. 2 EUV, der als Primärrecht die Organe und Bediensteten der Union bindet. Das gilt für Rechtsetzung, Verwaltung und Rechtsprechung. Die Werte des Art. 2 EUV sind auch für die Mitgliedschaft in der Union bedeutsam. Nach Art. 49 S. 1 EUV kann ein europäischer Staat sie nur beantragen, wenn er diese Werte achtet und sich für ihre Förderung einsetzt. Außerdem sieht Art. 7 EUV Sanktionen vor, wenn die eindeutige Gefahr einer schwerwiegenden Verletzung der in Art. 2 EUV genannten Werte besteht. **23**

Was den Inhalt des Art. 2 EUV betrifft, ist für das Demokratieprinzip bereits auf die Abweichungen zum gleichlautenden Strukturprinzip des Art. 20 I und II hingewiesen worden (Rn. 13 f.). Dagegen decken sich die Grundsätze, die dem Rechtsstaatsprinzip in Art. 2 EUV und in Art. 20 III zugeordnet werden. Sie sind auf unionsrechtlicher und verfassungsrechtlicher Ebene im Wesentlichen durch die Gerichte, d.h. vor allem den EuGH und das BVerfG, entwickelt worden. Dazu zählen etwa **24**

- der Vertrauensschutz
- das Rückwirkungsverbot
- das Bestimmtheitsgebot (vgl. Pechstein, in: Streinz, Art. 2 EUV Rn. 6).

Dagegen enthält die EMRK keine Strukturprinzipien, die mit denen des Art. 20 I–III vergleichbar sind. Der Grund hierfür ist, dass die Konvention sich nicht mit dem Aufbau und der Ausrichtung von Staaten befasst, sondern die Rechte und Freiheiten von Menschen schützt (Art. 1 EMRK). **25**

B. Erläuterungen

I. Das Republikprinzip (Abs. 1)

26 Das republikanische Prinzip ist in dem Begriff „Bundesrepublik" in Art. 20 I verankert. Es wird überwiegend im formalen Sinn als Grundentscheidung für die republikanische Staatsform verstanden. Angesichts des demokratischen Strukturelements in Art. 20 II 1, wonach alle Staatsgewalt vom Volke ausgeht, beschränkt sich die eigenständige Bedeutung des republikanischen Strukturprinzips auf die strikte Absage an eine Erb- oder Wahlmonarchie. Diese Ausschlusswirkung kann wegen Art. 79 III nicht im Wege einer Änderung des Grundgesetzes beseitigt werden (Pieroth, in: JP, Art. 20 Rn. 3). Sie ist überdies wegen Art. 28 I 1 auch für die Verfassungsordnung in den Ländern unmittelbar rechtlich verbindlich.

27 **Beispiel:** Würde der bayerische Gesetzgeber einer in Teilen der Bevölkerung des Freistaats durchaus vorhandenen Sehnsucht nach einem Königreich Bayern nachgeben und die Bayerische Verfassung entsprechend ändern, würde dies gegen das durch Art. 28 I 1 garantierte Republikprinzip verstoßen. Das verfassungsändernde Landesgesetz wäre daher nichtig.

28 Angesichts der geringen Relevanz des Republikprinzips des Art. 20 I wird z. T. versucht, dieses formale Strukturprinzip durch materiale Gehalte anzureichern. Als Vorbild dient die römische res publica. Demnach soll im Verfassungsbekenntnis zur Republik zugleich die Grundentscheidung für eine freiheitliche gemeinwohlorientierte politische Ordnung zum Ausdruck kommen (E. Klein, DÖV 2009, 741 [744f.]). Für eine solche „Aufblähung" des Republikprinzips besteht schon wegen der Gewährleistungen des Demokratie- und Rechtsstaatsprinzips kein Bedarf. Sie birgt vielmehr die Gefahr, dass der Verfassungsbegriff der Republik aufgeweicht und sein Bedeutungsgehalt dadurch diffus wird, was die Rechtsklarheit beeinträchtigen würde. Diese Weiterentwicklung des republikanischen Prinzips i. S. v. Art. 20 I ist daher abzulehnen (Dreier, in: ders., Art. 20 [Republik] Rn. 21).

II. Das Demokratieprinzip (Abs. 1 und 2)

1. Bedeutung

29 Das griechische Wort „Demokratie" bezeichnet die Herrschaft des Volkes. Diese Übersetzung ist freilich nur der Ausgangspunkt für die Ermittlung der Bedeutung des Demokratieprinzips. Konkrete Konturen erhält es erst durch die Ausformung im Grundgesetz, in der seine Wesensmerkmale zum Ausdruck kommen. Diese ergeben sich insbesondere aus Art. 20 II. Prägend ist vor allem die Volkssouveränität. Danach geht alle Staatsgewalt vom Volke aus (Art. 20 II 1). Es übt die Staatsgewalt in Wahlen und Abstimmungen aus (Art. 20 II 2 Hs. 1). Diese Entscheidungen müssen von der Mehrheit des Staatsvolks getroffen werden und den Anforderungen an die Freiheit und Gleichheit genügen (vgl. Sachs, in: ders., Art. 20 Rn. 12).

30 Diese Kernelemente konstituieren das Demokratieprinzip des Grundgesetzes und sind durch Art. 79 III gegen eine Verfassungsänderung geschützt. Allerdings lassen sie dem Gesetzgeber Spielraum für Akzentuierung und Weiterentwicklung. Das zeigt die aktuelle Diskussion, ob die unmittelbare Demokratie gestärkt werden soll, indem auf Bundesebene in weiterem Umfang Volksentscheide eingeführt werden (dazu Maurer, StR I, § 7 Rn. 54ff.).

2. Überblick zu den Ausprägungen

31 Das Strukturprinzip der Demokratie in Art. 20 I wird durch verschiedene Ausprägungen konkretisiert, die sich teils unmittelbar aus dem Grundgesetz ergeben, teils von

der Rechtsprechung und Rechtswissenschaft abgeleitet worden sind. Dazu gehören etwa

- die Volkssouveränität (Art. 20 II 1)
- die Wahlrechtsgrundsätze (Art. 28 I 2 und 38 I 1)
- das Mehrheitsprinzip (z. B. Art. 42 II 1 und 121)
- der Minderheitenschutz (z. B. Art. 44 und 76 I)
- die demokratische Legitimation der Staatsgewalt (Art. 20 II 2)
- die Ausübung der Staatsgewalt durch besondere Organe der Gesetzgebung, vollziehenden Gewalt und Rechtsprechung (Gewaltenteilung, Art. 20 II 2).

Soweit diese Ausprägungen betroffen sind, bilden sie den unmittelbaren Maßstab für die rechtliche Prüfung, der allerdings durch die Grundentscheidung für ein demokratisches Staatswesen in Art. 20 I beeinflusst wird. Das kann zu einer Verdichtung oder Erweiterung der Bedeutungsdimensionen führen. Dies wird in Bezug auf Art. 20 II 2 etwa anhand des Gebots deutlich, dass der Prozess der Willensbildung vom Volk zu den Staatsorganen erfolgen und staatsfrei bleiben muss. Dies schließt etwa eine Wahlwerbung durch die Regierung zumal in der Vorwahlzeit aus (BVerfGE 44, 125 [144]). Das allgemeine Strukturprinzip des Art. 20 I kommt auch zum Tragen, wenn spezielle Ausformungen in der Verfassung fehlen. **32**

3. Volkssouveränität (Art. 20 II 1)

a) Inhalt

Die Volkssouveränität ist in Art. 20 II 1 festgelegt. Danach geht alle Staatsgewalt vom Volke aus. Das Volk ist also der Träger der Staatsgewalt und „grds. alleinige Quelle ihrer Legitimation" (Sachs, in: ders., Art. 20 Rn. 27). Bedeutung und Reichweite der Volkssouveränität ergeben sich aus den Merkmalen „Volk" und „Staatsgewalt". **33**

b) Merkmale

aa) Volk. Art. 20 II 1 bestimmt zwar das Volk als den Souverän, lässt aber offen, was darunter zu verstehen ist. Nach Ansicht des BVerfG ist „Volk" im Sinne dieser Verfassungsnorm das Staatsvolk der Bundesrepublik Deutschland, das durch die deutschen Staatsangehörigen und die ihnen nach Art. 116 I gleichgestellten Personen gebildet werde. Das Gericht begründet diese formal enge Interpretation mit historischen und systematischen Erwägungen. Es nimmt dabei auf die Verfassungstradition und die vergleichende Gegenüberstellung mit anderen Bestimmungen des Grundgesetzes Bezug (Präambel, Art. 33 I und II, Art. 56 und 64 II sowie Art. 146). Dieser Volksbegriff gelte nicht nur für den Träger der Staatsgewalt gem. Art. 20 II 1, sondern auch für deren Ausübung in Wahlen und Abstimmungen nach Art. 20 II 2 (BVerfGE 83, 37 [51 f.]). **34**

Für dieses einheitliche restriktive Verständnis des Merkmals „Volk" in Art. 20 II können dessen Binnenstruktur und das Fehlen von Anhaltspunkten für eine differenzierende Auslegung ins Felde geführt werden. Das hat weitreichende Konsequenzen für das Wahlrecht von Nichtdeutschen. Dieses ist für die Wahlen zum Deutschen Bundestag und wegen Art. 28 I 2 grds. auch für die Wahlen in den Ländern, Kreisen und Gemeinden infolge der Gleichsetzung von Volk mit deutschem Staatsvolk ausgeschlossen. Lediglich für die Wahlen in Kreisen und Gemeinden sieht Art. 28 I 3 das aktive und passive Wahlrecht für die Staatsangehörigen eines Mitgliedstaates der Union vor (EU-Bürger, Art. 20 I AEUV). Diese Öffnungsklausel steht mit den unionsrechtlichen Vorgaben in Art. 20 II 1 lit. b AEUV im Einklang. Für die Wahlen der Gesetzgebungsorgane auf Bundes- und Landesebene sind Nichtdeutsche aber generell ausgeschlossen. **35**

36 Dagegen regt sich vereinzelt Kritik. Sie zielt im Kern darauf ab, dass die Staatsgewalt von denjenigen ausgeübt werden müsse, die ihr unterworfen seien. Dies seien auch Ausländer, wenn sie in Deutschland leben oder sich für eine gewisse Mindestdauer dort aufhalten (Schink, DVBl. 1988, 417 [418f.]; Bryde, JZ 1989, 257 [259f.]). Diese Einwände werden aber vom ganz überwiegenden Teil des Schrifttums zurückgewiesen. Zur Begründung wird auf die erwähnten historischen und systematischen Argumente sowie auf den notwendigen Konnex von Rechten und Pflichten hingewiesen (s. etwa Dreier, in: ders., Art. 20 [Demokratie] Rn. 94).

37 *bb) Staatsgewalt.* Unter Staatsgewalt im Sinne von Art. 20 II fällt nach Ansicht des BVerfG „jedenfalls alles amtliche Handeln mit Entscheidungscharakter" (BVerfGE 83, 60 [73]). Diese Formel beschreibt zwar einen wichtigen Ausschnitt der Ausübung von Staatsgewalt, ist aber nicht abschließend. Darauf deutet schon das Wort „jedenfalls" hin. Ein weiter ausgreifendes Verständnis von Staatsgewalt ist zudem aus sachlichen Gründen geboten. Andernfalls könnte der Staat auf privatrechtliche und/oder informelle Handlungsformen ohne Entscheidungscharakter ausweichen und sich so den verfassungsrechtlichen Bindungen entziehen, die für die Ausübung von Staatsgewalt gelten.

38 **Beispiel:** Die Ausübung von Staatsgewalt ist an Kompetenzen und rechtsstaatliche Grundsätze, z.B. die Gebote der Bestimmtheit, der Verhältnismäßigkeit und des Vertrauensschutzes, gebunden.

39 Daher ist es vorzugswürdig, die Ausübung von Staatsgewalt in Abgrenzung zum gesellschaftlichen Bereich zu bestimmen, in dem der Einzelne sich im Schutze der Grundrechte frei entfalten kann (BVerfGE 128, 226 [244f.]). Diese Aufteilung der Sphären spielt für die Grundrechtsbindung nach Art. 1 III und die Grundrechtsberechtigung juristischer Personen nach Art. 19 III eine wichtige Rolle (Art. 1 Rn. 128, 136ff.; Art. 19 Rn. 49ff.). Sie kann aber auch zur Bestimmung des Begriffs der Staatsgewalt in Art. 20 II herangezogen werden. Sie umfasst das gesamte Verhalten, das dem Staat zuzurechnen ist. Es spielt keine Rolle, ob es Entscheidungscharakter hat oder nicht, ob es in öffentlich-rechtlichen oder privatrechtlichen Formen erfolgt, und ob es unmittelbare Außenwirkung besitzt oder nur verwaltungsinterne Wirkung entfaltet (Maurer, StR I, § 7 Rn. 25). Ausgegrenzt bleiben aber bloß vorbereitende und rein konsultative Tätigkeiten.

40 **Beispiel:** Tätigkeit von Beiräten oder sonstigen Expertengremien, die keine Mitentscheidungsbefugnisse haben, sondern nur beratende Aufgaben wahrnehmen (BVerfGE 83, 60 [74]).

4. Ausübung von Staatsgewalt durch das Volk

41 Das Volk kann die Staatsgewalt gem. Art. 20 II 2 unmittelbar durch Wahlen und Abstimmungen sowie mittelbar durch besondere Organe der Gesetzgebung, der vollziehenden Gewalt und der Rechtsprechung ausüben. Die Norm trifft aber selbst keine Aussage darüber, in welchen Fällen die Staatsgewalt in welcher Form wahrzunehmen ist. Insoweit sind die spezifischen Vorgaben für die unterschiedlichen Formen der Ausübung von Staatsgewalt zu beachten. Sie können im Grundgesetz vorgesehen sein, aber auch dem Gesetzgeber überlassen werden, sofern das Verfassungsrecht dafür Raum lässt (Sachs, in: ders., Art. 20 Rn. 31f.).

42

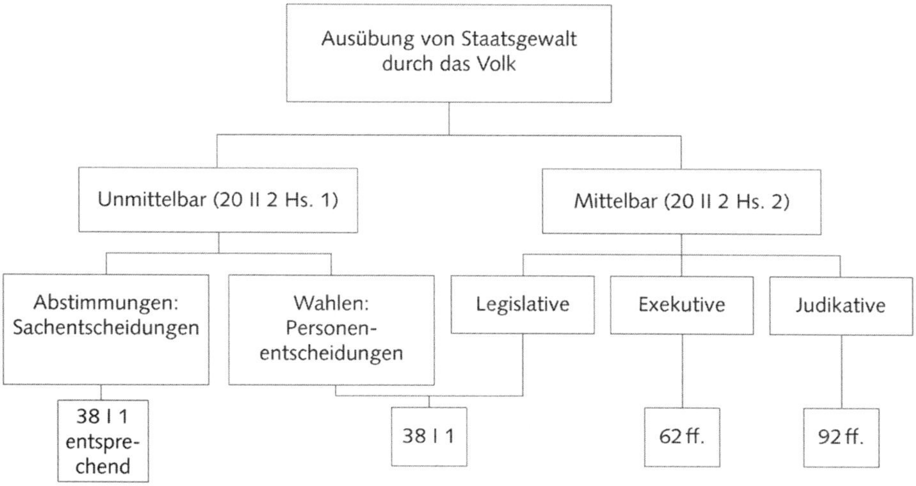

a) Ausübung von Staatsgewalt durch Wahlen

aa) Begriff und Notwendigkeit von Wahlen. Eine wichtige Form für die Ausübung von Staatsgewalt durch das Volk sind Wahlen. Darunter sind Entscheidungen über Personalfragen zu verstehen. Im Kontext des Art. 20 II 2 geht es um die personelle Besetzung der dort genannten „besonderen Organe" (Sachs, in: ders., Art. 20 Rn. 31, 35 ff.). Die Notwendigkeit von Wahlen und die dabei zu beachtenden Grundsätze sind für den Deutschen Bundestag in Art. 38 I 1 festgelegt. Für die Vertretung des Volkes in den Ländern, Kreisen und Gemeinden muss das Homogenitätsgebot des Art. 28 I 2 beachtet werden. 43

bb) Wahlrechtsgrundsätze. In Art. 38 I 1 (und Art. 28 I 2) sind auch die maßgeblichen Wahlrechtsgrundsätze enthalten. Art. 38 I 1 gilt allerdings nur für Wahlen zum Bundestag. Für Wahlen in den Ländern, Kreisen und Gemeinden schreibt Art. 28 I 2 die Beachtung der Wahlrechtsgrundsätze ebenfalls vor (dazu Art. 28 Rn. 14). Für die im Europawahlgesetz, einem deutschen Bundesgesetz, geregelten Wahlen zum Europäischen Parlament ergeben sich die Wahlrechtsgrundsätze unmittelbar aus dem Demokratieprinzip des Art. 20 I und II (BVerfGE 134, 25 [29 f. Rn. 12]). Im Einzelnen muss zwischen folgenden Wahlrechtsgrundsätzen unterschieden werden: 44

(1) Die Allgemeinheit der Wahl: Danach dürfen einzelne Staatsbürger oder gar bestimmte Bevölkerungsgruppen nicht aus politischen, wirtschaftlichen, sozialen oder sonstigen sachwidrigen Gründen von der Teilnahme an der Wahl ausgeschlossen werden. Vielmehr muss jeder Wahlberechtigte sein Wahlrecht in möglichst gleicher Weise ausüben können (BVerfGE 58, 202 [205]). Eine Schranke für dieses grundrechtsgleiche Recht ist Art. 38 II, der das Mindestwahlalter festlegt. 45

(2) Die Unmittelbarkeit der Wahl: Dieser Grundsatz verlangt, „dass die Mitglieder einer Volksvertretung direkt ohne Einschaltung von Wahlmännern gewählt werden" (BVerfGE 47, 253 [279]). Eine Listenwahl ist grds. zulässig (BVerfGE 122, 304 [314]). Der Wähler muss allerdings vor dem Wahlakt erkennen können, „welche Personen sich um ein Abgeordnetenmandat bewerben und wie sich die eigene Stimmabgabe auf Erfolg oder Misserfolg der Wahlbewerber auswirken kann" (BVerfGE 121, 266 [307]). 46

(3) Freiheit der Wahl: Der Staat darf die Willensentscheidung des Wählers nicht durch Zwang oder auf sonstige Weise beeinflussen. Das gilt für die Fragen, ob und wen er wählt. Eine Wahlpflicht ist dadurch ebenso ausgeschlossen wie eine parteiergreifende Bevorzugung oder Benachteiligung einzelner politischer Parteien oder Bewerber im 47

Wahlkampf durch Staatsorgane (BVerfGE 44, 125 [144]). Dieser Wahlrechtsgrundsatz steht somit in engem Zusammenhang mit dem Recht der Parteien auf Chancengleichheit gem. Art. 21 I i.V.m. Art. 38 I (Art. 21 Rn. 28ff.), dem Gebot, dass die politische Willensbildung vom Volk zu den Staatsorganen ohne staatliche Beeinflussung erfolgen muss (Rn. 32), und dem Grundsatz der Geheimheit der Wahl.

48 *(4) Geheimheit der Wahl:* Dieser Wahlrechtsgrundsatz sichert die Freiheit der Wahl ab. Er verbietet alle Maßnahmen, die den Wähler zur Offenlegung seiner Wahlentscheidung veranlassen sollen. Darüber hinaus muss der Staat Vorkehrungen treffen, um eine geheime Stimmabgabe zu gewährleisten. Dazu zählen etwa Wahlkabinen und bei der Briefwahl verschiedene Stimmzettel und Wahlumschläge, um auszuschließen, dass festgestellt werden kann, wer in welcher Weise seine Stimme abgegeben hat (zur Zulässigkeit der Briefwahl zuletzt BVerfGE 134, 25 [30f. Rn. 13]). Aus diesem Grund wäre eine elektronische Stimmabgabe (sog. E-Voting) nur zulässig, wenn die Geheimheit sichergestellt werden kann.

49 *(5) Gleichheit der Wahl:* Dieser Grundsatz hat in der Rechtspraxis und in der Fallbearbeitung große Bedeutung. Wichtige, über den juristischen Bereich hinauswirkende Entscheidungen des BVerfG befassen sich u.a. mit der Zulässigkeit von Sperrklauseln in den verschiedenen Wahlsystemen (BVerfGE 6, 104ff.; 13, 243ff.; 95, 408ff.; 120, 82ff.; 129, 300ff.) und zuletzt erneut mit der Zulässigkeit von Überhangmandaten (BVerfGE 131, 316ff.; s. schon BVerfGE 16, 130ff.; 95, 335ff.; 121, 266ff.). „Der Grundsatz der Gleichheit der Wahl in Art. 38 I 1 sichert die vom Demokratieprinzip vorausgesetzte Gleichberechtigung der Staatsbürger. Er verlangt, dass alle Staatsbürger das aktive und passive Wahlrecht in formal möglichst gleicher Weise ausüben können" (BVerfGE 124, 1 [18]).

50 „Der Grundsatz der Gleichheit der Wahl ist also im Sinne einer strengen und formalen Gleichheit zu verstehen. Dies bedeutet, dass die Stimme eines jeden Wahlberechtigten den gleichen Zählwert und die gleiche Erfolgschance haben muss. [...] Dieser Maßstab wirkt sich im Rahmen des jeweiligen Wahlsystems unterschiedlich aus" (BVerfGE 124, 1 [18]). Bei der Mehrheitswahl, die der Bundesgesetzgeber gem. Art. 38 III für die Wahl eines Wahlkreisabgeordneten (Erststimme) festgelegt hat (§§ 4f. BWahlG), fordert der Grundsatz der Gleichheit der Wahl zunächst den gleichen Zählwert aller Stimmen. Darüber hinaus müssen „bei der Wahl alle Wähler auf der Grundlage möglichst gleich großer Wahlkreise und daher mit annähernd gleichem Stimmengewicht am Kreationsvorgang teilnehmen können" (BVerfGE 124, 1 [18]).

51 Anders verhält es sich bei der Verhältniswahl, die §§ 4 und 6 BWahlG für die Wahl einer Landesliste vorsehen (Zweitstimme). Wahlgleichheit bedeutet insoweit neben Zählwertgleichheit auch eine Erfolgswertgleichheit. Jeder Wähler muss mit seiner Stimme den gleichen Einfluss auf die Zusammensetzung der Volksvertretung haben (BVerfGE 124, 1 [18]). Angesichts dieser strengen Anforderungen ist die Zulässigkeit von Sperrklauseln und Überhangmandaten problematisch (Art. 38 Rn. 54f., 58ff.).

51a Für die Wahlen zum Europäischen Parlament hat das BVerfG zuletzt die 3%-Sperrklausel in § 2 VII EuWG (Europawahlgesetz) für unvereinbar mit Art. 3 I und Art. 21 erklärt, weil sie gegen die Wahlrechtsgleichheit und die Chancengleichheit der Parteien verstoße. Insbesondere die zur Rechtfertigung der Sperrklausel angeführte Beeinträchtigung der Funktionsfähigkeit des Europäischen Parlaments sei gegenwärtig nicht mit der erforderlichen Wahrscheinlichkeit zu erkennen (BVerfGE 135, 259 [292ff. Rn. 65ff.]). Diese Entscheidung hat in der Politik und in der Rechtswissenschaft zu erheblichen Diskussionen geführt (vgl. Grzeszick, NVwZ 2014, 537ff.; Gundel, BayVBl. 2014, 586ff.; Kahl, DVBl. 2014, 737ff.; Sachs, JuS 2014, 572ff.).

b) Unmittelbare Ausübung von Staatsgewalt durch Abstimmungen

aa) Begriff der Abstimmung. Das Volk kann die Staatsgewalt gem. Art. 20 II 2 auch durch Abstimmungen unmittelbar ausüben. Dabei geht es um Entscheidungen über Sachfragen. Sie sind im Grundgesetz nur in Art. 29, 118 und 118a für die Neugliederung der dort genannten Länder vorgesehen mit der Besonderheit, dass nicht das ganze deutsche Volk, sondern nur ein Teil der deutschen Bevölkerung abstimmt. Diese Entscheidungen werden daher vereinzelt als bloße Territorialplebiszite, also Volksabstimmungen über Gebietsveränderungen (z. B. Zusammenschluss von zwei Bundesländern), angesehen (Dreier, in: ders., Art. 20 [Demokratie] Rn. 104). Die überwiegende Meinung erkennt sie aber als Abstimmungen i. S. v. Art. 20 II 2 an (s. nur Sachs, in: ders., Art. 20 Rn. 32). **52**

bb) Zulässigkeit von Abstimmungen. Ungeachtet dieser Kategorisierung ist umstritten, ob auf Bundesebene allein durch Bundesgesetz, also ohne Verfassungsänderung, weitere Abstimmungen eingeführt werden können. Die Diskussion zielt insbesondere auf Volksentscheide (Plebiszite), also die rechtlich verbindliche Entscheidung des Volkes über Sachfragen, und die ihnen vorausgehenden Volksbegehren, deren Gegenstand der Antrag auf Durchführung einer Volksabstimmung ist. Dagegen bleiben Volksbefragungen außer Betracht, da ihr Ergebnis nicht verbindlich ist, sondern nur politisches Gewicht besitzt (vgl. Maurer, StR I, § 7 Rn. 38). **53**

Gegen die Stärkung der direkten (plebiszitären) Demokratie in Deutschland durch gesetzliche Zulassung von Volksentscheiden kann auf den abschließenden Charakter der Sonderregelungen in Art. 29, 118 und 118a (Rn. 52) verwiesen werden. Allerdings ist auch die entgegengesetzte Annahme nicht von der Hand zu weisen, wonach es sich dabei nur um einzelne, nicht abschließende Beispiele handelt, die der Einführung weiterer plebiszitärer Elemente nicht entgegenstehen. Diese eher formale Betrachtung hilft also letztlich nicht weiter, zumal Art. 20 II 2 Hs. 1 Wahlen und Abstimmungen gleichberechtigt nebeneinander nennt. Der Verweis auf die Akzeptanz von Volksentscheiden auf der Ebene der Länder und in anderen Staaten, etwa der Schweiz, ist nicht verfassungsrechtlicher, sondern verfassungspolitischer Natur. Die Entstehungsgeschichte des Grundgesetzes zeigt zwar die Skepsis gegenüber plebiszitären Elementen (dazu Maurer, StR I, § 7 Rn. 40). Diese Haltung ist indes stark durch die historischen Erfahrungen der Weimarer Republik mit politischer Instabilität geprägt und reicht als Grund für eine künftige generelle Ablehnung nicht aus. **54**

Verfassungsrechtlich entscheidend ist, ob sich die Zulassung weiterer Abstimmungen durch den Bundesgesetzgeber noch in dem Rahmen hält, den das Demokratieprinzip gemäß seiner Ausformung im Grundgesetz errichtet. Danach ist die Verfassung stark durch Elemente einer repräsentativen Demokratie geprägt. Das zeigt sich in der Stellung des Bundestags. Das Volk überträgt den Abgeordneten durch Wahlen die Ausübung von Staatsgewalt. Als Vertreter (Repräsentanten) des Volkswillens entscheiden sie grds. über alle wesentlichen Fragen des Gemeinwesens (zur Wesentlichkeitslehre Rn. 141 ff.). Dies schließt nicht von vornherein generell aus, dass das Volk zu einzelnen Sachfragen unmittelbar abstimmt. **55**

Die Grundkonzeption einer repräsentativen Demokratie darf dadurch aber nicht unterlaufen werden. Die wesentlichen Fragen des Gemeinwesens sind daher grundsätzlich vom Bundestag zu entscheiden. Er darf sich dieser Verantwortung nicht entledigen, indem er die Entscheidung dem Volk überlässt. Die Einführung von Volksabstimmungen durch Bundesgesetz ist daher nur punktuell aus sachlich hinreichend gewichtigen Gründen zulässig. Die Möglichkeit einer entsprechenden Änderung des Grundgesetzes bleibt unberührt, da Art. 79 III nicht entgegensteht (vgl. Maurer, StR I, § 7 Rn. 42). **56**

cc) Abstimmungsgrundsätze. Die Wahlrechtsgrundsätze des Art. 38 I 1 sind Ausprägungen des Demokratieprinzips. Abstimmungen wurzeln ebenfalls in diesem Struk- **57** turprinzip des Art. 20 I. Allerdings enthält das Grundgesetz für sie keine entsprechende Regelung. Die gemeinsame Verankerung von Wahlen und Abstimmungen in Art. 20 II 2 und ihre Einordnung als Formen unmittelbarer Ausübung von Staatsgewalt rechtfertigen es, die vom BVerfG konkretisierten Wahlrechtsgrundsätze für Abstimmungen entsprechend heranzuziehen (s. für Art. 29 schon BVerfGE 13, 54 [91 f.]).

c) Mittelbare Ausübung von Staatgewalt durch besondere Organe

58 Nach Art. 20 II 2 Hs. 2 übt das Volk die Staatsgewalt durch besondere Organe der Gesetzgebung, der vollziehenden Gewalt und der Rechtsprechung aus. In dieser Formulierung sind zwei Grundentscheidungen enthalten: für eine repräsentative Demokratie (bb) und für eine Gewaltenteilung (cc). Zunächst ist aber zu klären, was unter den genannten „besonderen Organen" zu verstehen ist.

59 *aa) Begriff der besonderen Organe.* Die Bedeutung des Begriffs der besonderen Organe gem. Art. 20 II 2 Hs. 2 erhellt sich durch den Zusatz „der Gesetzgebung, der vollziehenden Gewalt und der Rechtsprechung." Er ist aufgrund des Zusammenhangs mit der Ausübung der Staatsgewalt im funktionellen Sinne zu verstehen. Besondere Organe der Gesetzgebung sind der Bundestag und der Bundesrat bzw. die Parlamente in den Ländern. Besondere Organe der vollziehenden Gewalt sind die Regierung und die Organe der Verwaltung. Besondere Organe der Rechtsprechung sind die staatlichen Gerichte. Die bundesstaatliche Struktur führt also neben der horizontalen Gliederung der Staatsgewalt im Rahmen der Gewaltenteilung auch zu einer vertikalen Gliederung der Demokratie (Maurer, StR I, § 7 Rn. 33).

60 *bb) Repräsentative Demokratie.* Übt das Volk die Staatsgewalt gem. Art. 20 II 2 Hs. 2 durch besondere Organe aus, spricht man von mittelbarer Demokratie oder – insbesondere mit Blick auf den Bundestag als dem Organ gewählter Volksvertreter – von repräsentativer Demokratie. Hier stellt sich typischerweise die Frage nach der demokratischen Legitimation (Rn. 63 ff.). Antipode zu dieser Demokratieform ist die unmittelbare oder direkte Demokratie durch Abstimmungen des Volkes. Insoweit ist nicht die demokratische Legitimation, sondern der Umfang problematisch, den das Grundgesetz für diese Form der Herrschaftsausübung eröffnet. Da der Bundestag durch das Volk unmittelbar legitimiert wird und deshalb im Rahmen der mittelbaren Demokratie eine zentrale Stellung einnimmt, liegt dem Grundgesetz das Konzept einer parlamentarischen Demokratie zugrunde.

61 ***Beachte:*** Parlamentarische Demokratie und parlamentarisches Regierungssystem müssen unterschieden werden. Bei Ersterer geht es um Volkssouveränität, also konkret darum, dass das Volk die Ausübung von Staatsgewalt durch das Parlament legitimiert. Dagegen betrifft Letzteres die staatsrechtliche Beziehung zwischen Regierung und Parlament, insbesondere die Verantwortlichkeit der Regierung gegenüber dem Parlament.

62 *cc) Gewaltenteilung.* Der Grundsatz der Gewaltenteilung ist u. a. in Art. 20 II 2 Hs. 2 verankert. Die Formulierung „durch besondere Organe" ist im Sinne von „gesonderte Organe" zu verstehen. Da die Gewaltenteilung aber auch in anderen Verfassungsnormen zum Ausdruck kommt (z. B. Art. 1 III) und neben demokratischen auch rechtsstaatliche Bedeutungsdimensionen aufweist (insbesondere Freiheitssicherung), wird sie in einem eigenen Abschnitt erörtert (Rn. 202 ff.).

5. Legitimation der Ausübung von Staatsgewalt

63 Die Frage nach der demokratischen Legitimation der Ausübung von Staatsgewalt stellt sich nur dann, wenn sie nicht unmittelbar vom Volk selbst, etwa durch Abstimmungen, sondern mittelbar durch besondere Organe der Gesetzgebung, vollziehenden Gewalt und Rechtsprechung erfolgt. Das Handeln dieser Stellen bedarf der besonderen

Rechtfertigung. Das Demokratieprinzip verlangt hierfür, dass es sich auf den originären Souverän, also das Volk, zurückführen lässt. Legitimation ist somit das notwendige Bindeglied zwischen Staatsvolk und Staatsgewalt. Erst die Legitimation verleiht der Ausübung von Staatsgewalt Legitimität, d.h. die Anerkennung als rechtmäßig. Die demokratische Legitimation kann unter verschiedenen Aspekten strukturiert werden, die insbesondere darauf abstellen, auf welche Weise (a und b) und auf welchem Niveau die Legitimation (c bis e) erfolgt.

a) Unmittelbare Legitimation

Unmittelbare Legitimation bedeutet, dass das betreffende Staatsorgan seine Handlungsmacht ohne Zwischenakte direkt durch Entscheidung des Volkes erhalten hat. Die personelle Legitimation erfolgt durch Wahlen. Sie sind in Art. 38 I 1 für den Bundestag und in Art. 28 I 2 für die Parlamente der Länder vorgeschrieben. Die gewählten Organe können aufgrund ihrer unmittelbaren Legitimation anderen Organen und Stellen des Staates mittelbare Legitimation verleihen. **64**

Beispiel: Der Bundestag wählt gem. Art. 63 den Bundeskanzler und verleiht ihm so die erforderliche demokratische Legitimation. **65**

b) Mittelbare Legitimation

Abgesehen von den Wahlen zu Parlamenten und sonstigen Volksvertretungen genügt für die Rechtfertigung der Ausübung staatlicher Gewalt eine mittelbare demokratische Legitimation. Der erforderliche Zurechnungszusammenhang wird hier durch eine ununterbrochene Legitimationskette hergestellt, die vom Volk über die von diesem gewählte Vertretung zu den mit staatlichen Aufgaben betrauten Organen und Amtswaltern verläuft (BVerfGE 83, 60 [72f.]). **66**

Beispiel: Das Volk wählt den Bundestag (Art. 38 I 1), der wiederum den Bundeskanzler wählt (Art. 63). Dieser schlägt dem Bundespräsidenten die Minister vor, die dieser dann grundsätzlich ernennen oder entlassen muss (Art. 64 I). Die Minister leiten ihr Ministerium unter eigener Verantwortung und sind dabei gegenüber den Bediensteten mit Personalgewalt ausgestattet (Art. 65 S. 2). Sie entscheiden daher über deren Beschäftigung und Entlassung. Diese Verknüpfungen sichern die mittelbare demokratische Legitimation, wenn die Amtswalter des Ministeriums ihre Aufgaben wahrnehmen. **67**

c) Institutionell-funktionelle Legitimation

Die institutionell-funktionelle Legitimation betrifft die Einrichtungen, denen die staatlichen Organe angehören, und ihre Aufgaben. Sie ergibt sich unmittelbar aus dem Grundgesetz. Dort ist festgelegt, wer die obersten Staatsorgane (Verfassungsorgane) sind und welche Kompetenzen (Zuständigkeiten und Handlungsbefugnisse) sie besitzen. Zentrale Bedeutung kommt Art. 20 II 2 zu (BVerfGE 49, 89 [125]). Er konstituiert die gesetzgebende Gewalt (Legislative), die vollziehende Gewalt (Exekutive) und die rechtsprechende Gewalt (Judikative), weist ihnen in Verbindung mit weiteren Verfassungsbestimmungen spezifische Aufgaben zu und stattet sie mit besonderen Befugnissen aus. Art. 20 II 2 rechtfertigt und sichert die Existenz dieser Einrichtungen und ihrer Organe (institutionelle Legitimation) und jeweilige Tätigkeitsfelder (funktionelle Legitimation). **68**

Beispiele: **69**
- Die Art. 38ff. legitimieren den Bundestag und seine Aufgaben
- Die institutionell-funktionelle Legitimation der Bundesregierung ergibt sich aus Art. 62ff.
- Die Existenz, Stellung und Aufgaben der Gerichte sind in Art. 92ff. verankert.

d) Organisatorisch-personelle Legitimation

70 Die organisatorisch-personelle Legitimation betrifft im Unterschied zur institutionell-funktionellen Legitimation staatlicher Organe nicht die Einrichtungen als solche, sondern die Personen, die die Aufgaben und Befugnisse wahrnehmen, die der Einrichtung durch Kompetenzen zugewiesen sind. Die demokratische Legitimation wäre unzureichend, wenn sie nicht auch diese Organ- und Amtswalter („personell") und deren Einbindung in die jeweilige Organisationseinheit („organisatorisch") umfassen würde.

71 Die Bestellung dieser Personen und ihre Stellung müssen daher auf den Willen des Volkes zurückgeführt werden können. Allerdings differieren die Anforderungen an das erforderliche Legitimationsniveau. Die Mitglieder von Volksvertretungen, insbesondere von Legislativorganen (Bundestag sowie Parlamente der Länder), müssen unmittelbar vom Volk in Wahlen bestimmt werden (Art. 38 I 1, Art. 28 I 2). Dagegen genügt für die organisatorisch-personelle Legitimation der Amtsträger der Exekutive (z.B. Minister, Beamte, Angestellte im öffentlichen Dienst) eine mittelbare Legitimation durch eine ununterbrochene Legitimationskette, die über die Volksvertretung zum Willen des Volkes zurückführt (vgl. BVerfGE 77, 1 [40]; Rn. 66f.).

e) Sachlich-inhaltliche Legitimation

72 Diese auf die Einrichtungen bzw. die Personen abstellenden Formen demokratischer Legitimation wären unvollständig, wenn ihr Handeln nicht ebenfalls diesem Erfordernis unterstellt und so an den Willen des Volkes gebunden würde. Das geschieht durch die sachlich-inhaltliche Legitimation. Danach müssen Inhalt, Umfang und Grenzen staatlicher Tätigkeit auf die Entscheidung des Volkes zurückgeführt werden können. Das wichtigste Instrument hierfür ist das förmliche Gesetz. Es wird vom Parlament erlassen, dessen Mitglieder wiederum unmittelbar vom Volk gewählt werden. Im Gesetz sind die Aufgaben und Befugnisse der Staatsorgane festgelegt. Seine Steuerungsfunktion wird durch die Bindung der vollziehenden und rechtsprechenden Gewalt an das Gesetz (Art. 20 III Hs. 2) gewährleistet und im Kollisionsfall durch das Prinzip vom Vorrang des Gesetzes abgesichert, das ebenfalls in dieser Verfassungsnorm verankert ist. Der enge innere Zusammenhang zwischen Demokratie und Rechtsstaatlichkeit tritt hier besonders deutlich hervor.

73 **Beispiel:** Trifft ein Amtswalter eine den Bürger belastende Maßnahme, bedarf diese aufgrund des Vorbehalts des Gesetzes einer gesetzlichen Grundlage, die ihn zu diesem Tun ermächtigt. Besteht die Grundlage in einer materiellen Norm, etwa einer Verordnung, muss diese ihrerseits auf einer hinreichend bestimmten Ermächtigung durch förmliches Gesetz beruhen. Dieses wird vom Parlament erlassen, das sich aus den unmittelbar vom Volk gewählten Abgeordneten zusammensetzt. Missachtet der Amtswalter die gesetzlichen Vorgaben, führt der Vorrang des Gesetzes grds. zur Nichtigkeit seines Handeln. Anders verhält es sich bei Verwaltungsakten, für deren Ungültigkeit besondere Regeln gelten (Rn. 125).

6. Mehrheitsprinzip

a) Bedeutung und Geltung

74 Das Mehrheitsprinzip gehört zu den fundamentalen Prinzipien der Demokratie (BVerfGE 112, 118 [140]). Danach geht alle Staatsgewalt vom Volke aus (Art. 20 II 1). Dies setzt voraus, dass das Volk Entscheidungen treffen kann. Angesichts des verfassungsrechtlich geschützten Pluralismus der Meinungen (s. nur Art. 5 I 1), ist eine Einigung aller Staatsangehörigen nicht zu verwirklichen. Ein Beharren auf Einstimmigkeit würde es zudem einzelnen Gegnern ermöglichen, die Entscheidung zu verhindern. Dies ist mit dem Demokratieprinzip nicht zu vereinbaren. Danach müssen alle Stimmberechtigten grds. denselben potenziellen Einfluss auf die Entscheidung haben. Daher

kann es allein darauf ankommen, ob die Entscheidung von der Mehrheit getroffen wird. Das gewährleistet zumindest eine weitest mögliche Annäherung an den Willen aller (vgl. Sachs, in: ders., Art. 20 Rn. 21).

Das Grundgesetz sieht das Mehrheitsprinzip für folgende Entscheidungen vor: **75**
- Entscheidungen des Bundestags, Art. 42 II 1, Art. 79 II, Art. 121
- Entscheidungen des Bundesrats, Art. 52 III 1
- Wahl des Bundespräsidenten, Art. 54 VI
- Wahl des Bundeskanzlers, Art. 63 II 1
- Volksentscheide zur Neugliederung des Bundesgebietes, Art. 29.

Fehlt eine solche ausdrückliche verfassungsrechtliche Festlegung, wie dies etwa für **76** Wahlen und Abstimmungen nach Art. 20 II 2 zu beobachten ist, ergibt sich das Mehrheitserfordernis unmittelbar aus dem Demokratieprinzip (Sachs, in: ders., Art. 20 Rn. 22). Es verlangt eine Mehrheit der Stimmberechtigten. Nur dann ist sichergestellt, dass jeder denselben Einfluss auf die Entscheidung nehmen kann (Hutter/Rux, in: EH, Art. 20 Rn. 85).

b) Ermittlung und Formen der Mehrheit

aa) Bezugsgrößen. Im Rahmen des Mehrheitsprinzips kommt es darauf an, welche **77** Mehrheit für die Entscheidung erforderlich ist. Sie wird als Quorum bezeichnet (vgl. Maurer, StR I, § 7 Rn. 61). Das Grundgesetz kennt verschiedene Quoren, etwa in Art. 42 II 1, Art. 79 II und Art. 121. Sie können anhand der Bezugsgrößen für die erforderliche Mehrheit systematisiert werden. Das sind zum einen die Stimmberechtigten, die an der Abstimmung teilnehmen, zum anderen die in der Abstimmung abgegebenen Stimmen.

bb) Beteiligungsquorum. Beim Beteiligungsquorum, d.h. dem Anteil der Stimmbe- **78** rechtigten, kann zwischen folgenden Mehrheiten unterschieden werden:

(1) Abstimmungsmehrheit (relative Mehrheit): Dieses Quorum stellt auf die Mehrheit **79** der Abstimmenden ab, die anhand der abgegebenen Stimmen ermittelt werden kann. Enthaltungen und ungültige Stimmen zählen nicht mit.

(2) Mitgliedermehrheit (absolute Mehrheit): Bei diesem Quorum kommt es auf die Zahl **80** der Mitglieder des Gremiums an. Entscheidend ist, ob die durch das Zustimmungsquorum vorgeschriebene einfache oder qualifizierte Mehrheit bezogen auf die Gesamtzahl der Mitglieder erreicht wird. Abwesende Mitglieder und Enthaltungen oder ungültige Stimmen anwesender Mitglieder werden mitgezählt, fallen also negativ ins Gewicht.

Beachte: Ein weiteres Quorum ist die Anwesenheitsmehrheit. Es hat allerdings we- **81** niger für die Beschlussfassung als für die Beschlussfähigkeit eigenständige Bedeutung. Maßgeblich ist die Mehrheit der anwesenden Stimmberechtigten. Enthaltungen und ungültige Stimmen werden berücksichtigt; sie wirken sich somit nachteilig auf das Erreichen dieses Quorums aus.

cc) Zustimmungsquorum. Das Zustimmungsquorum bemisst sich nach dem Anteil der **82** zustimmenden an den abgegebenen Stimmen.

(1) Einfache Mehrheit. Sie ist der Regelfall, sofern nichts anderes gesetzlich bestimmt **83** ist. Das Quorum der einfachen Mehrheit ist bei 50% der Stimmen plus mindestens eine Stimme erreicht.

(2) Qualifizierte Mehrheiten. Sie verlangen ein erhöhtes Zustimmungsquorum und **84** müssen als Abweichung vom Grundsatz der einfachen Mehrheit gesetzlich angeordnet sein. Das geschieht für besonders wichtige Entscheidungen, die einen höheren Grad an Konsens erfordern. Exemplarisch hierfür ist die Zweidrittelmehrheit des Art. 79 II für Änderungen des Grundgesetzes.

c) Mehrheitserfordernisse im Grundgesetz

85 Die im Grundgesetz vorgesehenen Mehrheitserfordernisse ergeben sich aus der Kombination verschiedener Beteiligungs- und Zustimmungsquoren. Folgende Fälle können unterschieden werden:

86 *aa) Beschlüsse des Bundestags. (1) Grundsatz:* Nach Art. 42 II 1 ist für Beschlüsse des Bundestags grds. die Mehrheit der abgegebenen Stimmen ausreichend. Erforderlich ist somit eine einfache Abstimmungsmehrheit (einfache relative Mehrheit).

87 *(2) Ausnahmen:*

– Beschließt der Bundesrat gegen ein förmliches Gesetz einen Einspruch mit der Mehrheit der Stimmen dieses Gremiums (insgesamt 69 Stimmen, Art. 51 II, also mindestens 35 gültige Stimmen), kann dieser Einspruch gem. Art. 77 IV 1 nur durch Beschluss der Mehrheit der Mitglieder des Bundestags zurückgewiesen werden (Art. 77 IV 1). Diese Vorschrift verlangt somit eine einfache Mitgliedermehrheit (einfache absolute Mehrheit). Bezugsgröße ist dabei gem. Art. 121 die Zahl der gesetzlichen Mitglieder des Bundestags. Diese beläuft sich gem. § 1 I 1 BWahlG vorbehaltlich der sich aus diesem Gesetz ergebenden Abweichungen auf 598 Abgeordnete. Abweichungen ergeben sich insbesondere aus Überhang- und Ausgleichmandaten, so dass die aktuelle tatsächliche Zahl der Abgeordneten entscheidet.

88 – Hat der Bundesrat den Einspruch mit der Mehrheit von mindestens zwei Dritteln seiner Stimmen beschlossen, bedarf die Zurückweisung durch den Bundestag gem. Art. 77 IV 2 einer Mehrheit von zwei Dritteln der abgegebenen Stimmen. Neben dieser qualifizierten Abstimmungsmehrheit (qualifizierten relativen Mehrheit) verlangt Art. 77 IV 2 in seinem letzten Halbsatz zusätzlich, dass das Quorum der Mehrheit der Mitglieder des Bundestags erreicht wird, statuiert also eine einfache Mitgliedermehrheit (einfache absolute Mehrheit).

89 – Vom grundsätzlichen Mehrheitserfordernis des Art. 42 II 1 können gem. Art. 23 I a 3 durch förmliches Bundesgesetz mit Zustimmung des Bundesrates Ausnahmen zugelassen werden, soweit es um die Wahrnehmung der Rechte geht, die dem Bundestag und dem Bundesrat im Primärrecht der EU eingeräumt sind (dazu Art. 23 Rn. 65). Das zielt insbesondere auf eine Absenkung des Quorums ab, der aber durch das Demokratieprinzip Grenzen gezogen sind (vgl. Scholz, in: MD, Art. 23 Rn. 112).

90 *bb) Beschlüsse des Bundesrats.* Beschlüsse des Bundesrats werden gem. Art. 52 III 1 mit der Mehrheit seiner Stimmen, also mit einfacher absoluter Mehrheit gefasst.

91 *cc) Wahl des Kanzlers.* Für die Wahl des Kanzlers ist gem. Art. 63 II 1, III die Mehrheit der Stimmen der gesetzlichen Mitglieder des Bundestages (Art. 121), also eine einfache Mitgliedermehrheit (einfache absolute Mehrheit) erforderlich. Dieses Quorum gilt auch für das Misstrauensvotum nach Art. 67 und die Auflösung des Bundestages gem. Art. 68. Es wird auch als „Kanzlermehrheit" bezeichnet.

92 *dd) Verfassungsänderungen.* Verfassungsändernde Gesetze stellen besonders hohe Mehrheitsanforderungen. Dadurch werden einerseits die Stabilität und Kontinuität der Verfassung gesichert, andererseits ihre Modifikation bei einem hohen Grad an Konsens der Volksvertreter im Bundestag und der Ländervertreter im Bundesrat zugelassen. Art. 79 II verlangt die Zustimmung von zwei Dritteln der Mitglieder des Bundestages (Art. 121, qualifizierte Mitgliedermehrheit) und von zwei Dritteln der Stimmen des Bundesrats (qualifizierte Stimmenmehrheit). Erforderlich ist somit eine doppelte qualifizierte absolute Mehrheit.

7. Minderheitenschutz

a) Bedeutung

93 In der freiheitlichen Demokratie ergänzt der Minderheitenschutz das Mehrheitsprinzip. Die Rechte der Minderheit müssen beachtet werden und sie muss die Chance

haben, künftig zur Mehrheit zu werden (BVerfGE 44, 125 [142]). Das gilt insbesondere für die parlamentarische Minderheit. Nach Ansicht des BVerfG wurzelt das Recht auf verfassungsmäßige Bildung und Ausübung der Opposition im Demokratieprinzip. Sie muss die Möglichkeit haben, ihren Standpunkt in den Willensbildungsprozess des Parlaments einzubringen (BVerfGE 70, 324 [363]). Außerdem führt das Mehrheitsprinzip zu einem gewissen Schutz der Minderheit. Das klingt zunächst paradox, weil die Mehrheit die Minderheit überstimmt und diese deshalb Entscheidungen hinnehmen muss, die sich nicht will. Es darf aber nicht übersehen werden, dass die Möglichkeiten der Minderheit, eine Entscheidung der Mehrheit zu verhindern, in dem Ausmaße zunehmen, in dem die Anforderungen an die Mehrheit steigen (Maurer, StR I, § 7 Rn. 65). Allerdings ist die Minderheit insoweit auf ein Veto beschränkt. Sie kann also unerwünschte Entscheidungen verhindern, aber gewünschte Entscheidungen nicht erzwingen.

b) Ausprägungen

Zu den Ausprägungen des Minderheitenschutzes zählen etwa: 94

(1) Die Rechte einzelner Abgeordneter, auch wenn sie fraktionslos sind. Sie können u.a. ihre – jedoch stimmrechtslose, d.h. auf ein Rede- und Antragsrecht beschränkte – Mitwirkung in einem Ausschuss verlangen (BVerfGE 80, 188 [224f.]).

(2) Die Rechte der Fraktionen, etwa auf Berücksichtigung in Ausschüssen im Verhältnis ihrer Stärke (§ 12 GO BT) und bei der Verteilung von Redezeit (§ 28 I GO BT).

(3) Die materiellen und prozessualen Rechte von Quoren der Mitglieder des Bundestages, z.B.

- auf Einberufung des Bundestags, Art. 39 III 3 (ein Drittel)
- auf Klage des Bundestages gegen Gesetzgebungsakte der EU wegen Verstoßes gegen das Subsidiaritätsprinzip, Art. 23 Ia 2 (ein Viertel)
- auf Einsetzung eines Untersuchungsausschusses, Art. 44 I (ein Viertel)
- auf Einbringung von Bundesgesetzen, Art. 76 I i.V.m. § 76 I GO BT (5%)
- auf Einleitung einer abstrakten Normenkontrolle gem. Art. 93 I Nr. 2 (ein Viertel).

III. Das Rechtsstaatsprinzip

Neben dem Demokratieprinzip ist das Rechtsstaatprinzip grundlegend für den freiheitlichen Verfassungsstaat. Trotz dieser fundamentalen Bedeutung wird dieses Prinzip in Art. 20 I nicht ausdrücklich genannt, sondern wird nur im Homogenitätsgebot des Art. 28 I 1 und in Bezug auf die europäische Integration in der Strukturklausel des Art. 23 I 2 erwähnt. 95

1. Herleitung

Das BVerfG hebt hervor, dass sich das Rechtsstaatsprinzip nicht auf einen einzigen Rechtssatz verdichten lässt. „Es enthält – soweit es nicht in einzelnen Sätzen der Verfassung für bestimmte Sachgebiete ausgeformt und präzisiert ist – keine in allen Einzelheiten eindeutig bestimmten Gebote und Verbote, sondern ist ein Verfassungsgrundsatz, der der Konkretisierung je nach den sachlichen Gegebenheiten bedarf' (BVerfGE 52, 131 [144]). 96

Wesentliche Elemente der Rechtsstaatlichkeit enthalten Art. 20 II 2 Hs. 2 und III. Dies sind der Grundsatz der Gewaltenteilung (Rn. 202ff.), die Bindung der Gesetzgebung an die verfassungsmäßige Ordnung (Vorrang der Verfassung, Rn. 115ff.) sowie die Bindung der vollziehenden Gewalt und der Rechtsprechung an Gesetz und Recht (Vorrang des Gesetzes, Rn. 121ff.). 97

Neben diesen Grundbestandteilen umfasst die Rechtsstaatlichkeit weitere Rechtsgebote und Rechtsprinzipien, die dem Leitbild der Herrschaft des Rechts („rule of law") 98 zugordnet werden können. Danach ist der Staat im Rechtsstaat selbst an das von ihm erlassene Recht gebunden. Er steht somit nicht über dem Recht, sondern im Recht, muss sich daher ebenso an die Gesetze halten wie seine Bürger. Um diese Rechtsbindung zu kontrollieren und ggfs. durchzusetzen, hat der Staat unabhängige Gerichte geschaffen (vgl. Gröpl, StR, Rn. 444 ff.).

2. Bedeutung

99 Innerhalb des Rechtsstaatsprinzips wird verbreitet zwischen „formellem" und „materiellem" Rechtsstaat unterscheiden. Diese Differenzierung ist von der Verfassung nicht zwingend vorgegeben, sondern dient eher der Systematisierung und Orientierung, ist also dogmatischer Natur (Voßkuhle/Kaufhold, JuS 2010, 116 [117]). Für die Fallbearbeitung stehen nicht die (nicht unumstrittene) Zuordnung der einzelnen Ausformungen des Rechtsstaatsprinzips zu diesen theoretischen Kategorien, sondern die Kenntnis ihrer Inhalte und deren Anwendung auf den konkreten Sachverhalt im Vordergrund.

a) Formelle Rechtsstaatlichkeit

100 Im Zentrum formeller Rechtsstaatlichkeit steht die Bindung aller staatlichen Gewalt an Recht und Gesetz. Dieser Ansatz erhebt das Gesetz zum zentralen Element des Rechtsstaats (Primat des Gesetzes). Aus Sicht des Demokratieprinzips ist es zugleich das Hauptinstrument für die Ausübung staatlicher Macht unter der Steuerung des Parlaments. Die Bindung an Recht und Gesetz wird durch unterschiedliche verfahrensmäßige und organisatorische Regeln der Verfassungsordnung gewährleistet (vgl. Gröpl, StR, Rn. 448).

101 **Beispiele:**
- Rechtsschutzgarantie des Art. 19 IV 1
- Verwerfungsmonopol des BVerfG nach Art. 100 I.

b) Materielle Rechtstaatlichkeit

102 Über diese verfahrensbezogenen Gewährleistungen hinaus besitzt der Rechtsstaat materielle Gehalte, die unter dem Begriff materieller Rechtsstaatlichkeit zusammengefasst werden. „Sie ist historisch als Reaktion auf den Nationalsozialismus zu verstehen, der das Gesetz in vielfacher Weise missbrauchte, um seine antifreiheitliche und antisemitische Ideologie auf eine formelle Grundlage zu stellen. Die Bedeutung materieller Rechtstaatlichkeit liegt daher vor allem in der Mäßigung staatlicher Gewalt und – damit zusammenhängend – im Schutz des Einzelnen vor unverhältnismäßigen staatlichen Beeinträchtigungen der individuellen Freiheit. Materielle Rechtsstaatlichkeit wird daher vor allem durch die Grundrechte und die unmittelbare Bindung aller Staatsgewalt an diese Freiheits- und Gleichheitsrechte gewährleistet" (Gröpl, StR, Rn. 449).

103 **Beispiele:**
- Garantie der Menschenwürde gem. Art. 1 I; rechtsstaatlichen Gehalt weist insbesondere die von diesem Grundrecht umfasste elementare Rechtsgleichheit auf (Art. 1 Rn. 34 f., 56)
- Gewährleistung gleichen Zugangs zu jedem öffentlichen Amte nach Eignung, Befähigung und fachlicher Leistung des Bewerbers (Art. 33 II).

3. Ausprägungen des Rechtsstaatsprinzips

a) Formelle und materielle Elemente

104 Ausgehend von der Unterscheidung zwischen formeller und materieller Rechtsstaatlichkeit können die einzelnen Ausprägungen als formelle oder materielle Elemente des Rechtsstaatsprinzips eingeordnet werden.

Zu den *formellen Elementen* gehören **105**
- der Vorrang der Verfassung
- der Vorrang des Gesetzes
- der Vorbehalt des Gesetzes
- justizielle Gewährleistungen, z.B. aus Art. 19 IV 1, Art. 92, Art. 101 I 2 und Art. 103 I.

Materielle Elemente sind etwa **105a**
- die Grundrechte
- der Grundsatz der Verhältnismäßigkeit
- der Vertrauensschutz und das Rückwirkungsverbot.

Allerdings ist daran zu erinnern, dass sich daraus keine konkreten Konsequenzen für die Prüfung des Rechtsstaatsprinzips ergeben. Für sie gilt vielmehr der eingangs für alle Staatsfundamentalprinzipien aufgestellte Leitsatz, dass ihre Konkretisierungen den unmittelbaren Prüfungsmaßstab bilden, dessen Verständnis durch die Grundentscheidung in Art. 20 I geprägt wird (Rn. 7ff.). In Bezug auf das Rechtsstaatsprinzip ist es besonders wichtig, diese Struktur zu beachten. Denn es wird durch ein umfangreiches Bündel von Ausprägungen konkretisiert. Das allgemeine Strukturprinzip hat daher nur selten eigenständige Bedeutung. **106**

b) Überblick zu den einzelnen Ausprägungen

Vor diesem Hintergrund ist es sinnvoll, sich einen Überblick zu den Ausprägungen des Rechtsstaatsprinzips zu verschaffen, da sie in ihrem jeweiligen Geltungsbereich der Grundentscheidung in Art. 20 I vorgehen. Für die juristische Ausbildung und Prüfung sind insbesondere folgende Ausprägungen im Grundgesetz relevant (vgl. Sachs, in: ders., Art. 20 Rn. 77): **107**
- die Garantie der Menschenwürde des Art. 1 I (vgl. Art. 1 Rn. 14ff.)
- die Grundrechtsbindung der staatlichen Gewalt gem. Art. 1 III (dazu Art. 1 Rn. 77ff.)
- die Rechtsschutzgarantie des Art. 19 IV (s. Art. 19 Rn. 69ff.)
- die Gewaltenteilung, Art. 20 II 2 Hs. 2 (Rn. 108, 202ff.)
- die Verfassungsbindung nach Art. 20 III Hs. 1, insbesondere der Vorrang der Verfassung (Rn. 115ff.)
- die Bindung an Recht und Gesetz nach Art. 20 III Hs. 2, insbesondere der Vorrang und der Vorbehalt des Gesetzes (Rn. 121ff., 133ff.)
- die Garantie der Staatshaftung gem. Art. 34 S. 1 (dazu Art. 34 Rn. 18)
- die Anforderungen an Ermächtigungen zum Erlass von Rechtsverordnungen in Art. 80 I (Art. 80 Rn. 6ff.)
- die Ausfertigung und Verkündung von Normen nach Art. 82 (s. Art. 82 Rn. 3ff., 10ff.)
- die Rechtsaufsicht nach Art. 84 III, 85 IV, insbesondere bundesaufsichtliche Weisungen gem. Art. 85 III (Art. 85 Rn. 10ff.)
- die Zuständigkeiten des BVerfG nach Art. 93 (Art. 93 Rn. 11ff.)
- die Unabhängigkeit des Richters nach Art. 97 I (Art. 97 Rn. 6ff., 16ff.)
- die Garantie des gesetzlichen Richters gem. Art. 101 I 2 (Art. 101 Rn. 1, 5ff.)
- der Anspruch auf rechtliches Gehör gem. Art. 103 I (Art. 103 Rn. 4ff.)
- die Anforderungen des Art. 103 II und III für die Verhängung von Strafen (Art. 103 Rn. 14ff., 21ff.)
- die Verfahrensrechte des Art. 104 II–IV bei Freiheitsentzug (Art. 104 Rn. 11ff.).

Daneben sind die von Rechtsprechung und Rechtswissenschaft entwickelten Konkretisierungen des Rechtsstaatsprinzips zu beachten, die in ihrer Bedeutung den normierten Ausprägungen nicht nachstehen: **107a**
- Bestimmtheitsgebot (Rn. 177ff.)

- Grundsatz der Verhältnismäßigkeit (Rn. 153ff.)
- Vertrauensschutz und Rückwirkungsverbot (Rn. 189ff.)

4. Gewaltenteilung

108 Die Gewaltenteilung ist in Art. 20 II 2 Hs. 2 verankert. Danach wird die Staatsgewalt durch besondere Organe der Gesetzgebung, der vollziehenden Gewalt und der Rechtsprechung ausgeübt. Darin kommt ein tragendes Funktions-, Struktur- und Organisationsprinzip des Grundgesetzes zum Ausdruck, in dessen Mittelpunkt die Trennung der Aufgaben der Staatsorgane und die gegenseitige Kontrolle bei der Ausübung von Staatsgewalt stehen (Rn. 204f., 211ff.). Das Prinzip der Gewaltenteilung dient somit der Mäßigung der Staatsgewalt, was ein wesentliches Anliegen des materiellen Rechtsstaats ist (vgl. Gröpl, StR, Rn. 451). Zugleich steht die Gewaltenteilung in untrennbarem Zusammenhang mit dem Demokratieprinzip des Grundgesetzes (Rn. 31, 205). Darauf weist schon die systematische Stellung des Art. 20 II 2 Hs. 2 hin. Darüber hinaus ist die Gewaltenteilung auch inhaltlich der unmittelbaren Ausübung von Staatsgewalt durch das Volk zuzuordnen.

5. Gesetzmäßigkeit staatlichen Handelns

109 Nach Art. 20 III Hs. 2 sind die Exekutive und die Judikative an Gesetz und Recht gebunden. Im Unterschied dazu ist die Legislative gem. Art. 20 III Hs. 1 nur durch die verfassungsmäßige Ordnung verpflichtet. Sie kann also die von ihr erlassenen Gesetze (= formelle Gesetze) in dem in der Verfassung vorgesehenen Verfahren ändern oder aufheben (s. für Bundesgesetze Art. 76ff.).

a) „Gesetz und Recht" i. S. v. Art. 20 III

110 *aa) Gesetz.* Unter „Gesetz" i.S.v. Art. 20 III Hs. 2 ist jede geschriebene Rechtsnorm zu verstehen. Dazu zählen neben formellen auch materielle Bundes- und Landesgesetze, die von der Exekutive erlassen werden, also Rechtsverordnungen und Satzungen. Keine Gesetze in diesem Sinne sind Verwaltungsvorschriften, da sie nicht die für Normen erforderliche unmittelbare Außenwirkung entfalten. Gleiches gilt für das Richterrecht, da dieses nur präjudizielle, also argumentativ überwindbare, aber keine normative, d.h. strikt zu beachtende Bindungswirkung entfaltet. Anders verhält es sich nur in den Fällen, in denen Richterrecht zu Gewohnheitsrecht erstarkt und somit zu einem ungeschriebenen Rechtssatz geworden ist (Rn. 113). Verwaltungsvorschriften und Richterrecht können auch nicht unter das Merkmal „Recht" subsumiert werden, sondern werden von vornherein nicht von Art. 20 III erfasst. Dagegen fällt das Grundgesetz selbst unter den Begriff des Gesetzes gem. Art. 20 III Hs. 2.

111 Aus der Binnenstruktur und Funktion des Art. 20 III wird deutlich, dass das Gesetz das zentrale Steuerungs- und Kontrollmittel des Rechtsstaats ist. „Mit ihm bringt der – unmittelbar demokratisch legitimierte – Gesetzgeber seine Rechtsüberzeugungen und Gestaltungsabsichten zum Ausdruck und nimmt damit direkten Einfluss auf das Verhalten der Bürger" (Gröpl, StR, Rn. 453).

112 Zugleich stellt das Parlament mit dem Gesetz Vorgaben für die Tätigkeit der Verwaltung auf. Es begründet auf diese Weise die sachlich-inhaltliche Legitimation für deren Handeln und kann dieses leiten (Gesetzmäßigkeit der Verwaltung). Die gesetzlichen Handlungsdirektiven für die Verwaltung bilden zugleich den Maßstab für die Gerichte bei der Kontrolle dieser Tätigkeit. Das formelle Gesetz ist daher Handlungs- und Kontrollmaßstab. Eine Zurücknahme der Normierungsdichte erweitert zwar den Handlungsspielraum der Verwaltung, führt aber im Gegenzug regelmäßig zu einer Reduzierung des gerichtlichen Kontrollumfangs. Dieser Wirkungszusammenhang wird in der Kritik am „Gesetzesstaat" oft nicht hinreichend berücksichtigt.

bb) Recht. Der Inhalt des Begriffs „Recht" i.S.v. Art. 20 III Hs. 2 ist umstritten. Teils wird darunter das Gewohnheitsrecht verstanden, also die – heute äußerst selten gewordenen – ungeschriebenen Rechtsnormen, die regelmäßig angewendet werden und von deren Geltungsgrund die Rechtsgemeinschaft überzeugt ist. Teils fasst man darunter überpositive Gerechtigkeitsvorstellungen (Naturrecht) und grundlegende Prinzipien der Rechtsordnung zusammen. Nach anderer Ansicht kommt dem Merkmal „Recht" in Art. 20 III Hs. 2 keine eigenständige Bedeutung zu, da das Merkmal „Gesetz" bereits das gesamte geltende Recht umfasse. Mitunter wird auch das Gegenteil vertreten und materielle Normen werden dem Recht zugeordnet (Sommermann, in: MKS, Art. 20 Rn. 265f.). **113**

Für die Fallbearbeitung hat dieser Meinungsstreit wohl nur für die Einordnung der EMRK und des Unionsrechts Bedeutung. Denn die Zuordnung im Rahmen des Art. 20 III Hs. 2 erlaubt Rückschlüsse auf ihre Geltung im deutschen Rechtsraum. Die EMRK ist Völkervertragsrecht, das gem. Art. 59 II transformiert wurde und innerhalb der deutschen Rechtsordnung im Range eines Bundesgesetzes gilt (BVerfGE 111, 307 [316f.]). Sie ist daher als „Gesetz" i.S.v. Art. 20 III Hs. 2 einzuordnen. Gleiches gilt für unmittelbar anwendbares EU-Recht, z.B. Verordnungen (Art. 288 II AEUV; zu EU-Richtlinien s. BVerfGE 75, 223 [233ff.]; BVerwGE 74, 241 [248f.]). **114**

b) Vorrang der Verfassung

Der Vorrang der Verfassung verpflichtet alle staatlichen Organe, das Grundgesetz zu beachten. Sie müssen die Verfassungsnormen anwenden (Anwendungsgebot) und dürfen sich nicht über ihren Inhalt hinwegsetzen (Abweichungsverbot). Da auch die Verfassung ein Gesetz i.S.v. Art. 20 III Hs. 2 ist, wird in Bezug auf den Vorrang der Verfassung und des Gesetzes z.T. allgemein vom Vorrang des Gesetzes gesprochen. Das ist unproblematisch, wenn man sich der notwendigen Differenzierungen bewusst ist, die sich aus der Stellung dieser Normen im Stufenbau der deutschen Rechtsordnung ergeben. **115**

aa) Verfassungsrechtliche Verankerung. Für die Legislative ist dieser Vorrang in Art. 20 III Hs. 1 ausdrücklich festgeschrieben. Für die Exekutive und Judikative ergibt er sich aus dem Merkmal „Gesetz" in Art. 20 III Hs. 2, das auch die Verfassung umfasst. Lehnt man dies ab, ergibt sich die Verfassungsbindung der vollziehenden Gewalt und der Rechtsprechung aus einem Erst-recht-Schluss zu Art. 20 III Hs. 1. Eine spezifische, auf die Grundrechte beschränkte Ausformung des Verfassungsvorrangs enthält Art. 1 III. Danach sind alle drei Staatsgewalten verpflichtet, die Grundrechte als Teil der Verfassung zu beachten (Art. 1 Rn. 101ff.). **116**

bb) Normenhierarchie und Nichtigkeitsdogma. Die gestufte Bindung an die Verfassung sowie an Gesetz und Recht in Art. 20 III ist Ausdruck der Normenhierarchie in der deutschen Rechtsordnung. Sie hat zur Folge, dass das Grundgesetz als Bundesverfassung Geltungsvorrang gegenüber allen anderen nationalen Rechtsnormen beanspruchen kann. Stehen solche Normen im Widerspruch zum Grundgesetz, sind sie von Anfang an (lat.: ex tunc) und aus sich heraus (lat.: eo ipso), also ohne dass es hierfür der (verfassungs-)gerichtlichen Entscheidung bedarf, nichtig (ungültig). **117**

Dies gilt auch für formelle Gesetze. Das insoweit bestehende Verwerfungsmonopol des BVerfG (Art. 100 I) lässt das Nichtigkeitsdogma unberührt. Denn die Nichtigerklärung einer Norm durch das BVerfG führt nicht erst (konstitutiv) zu deren Nichtigkeit, sondern stellt die bereits eingetretene Nichtigkeit nur verbindlich fest und beseitigt so die Pflicht zur Befolgung der Norm. Diese Pflicht besteht aus Gründen der Rechtssicherheit auch bei nichtigen Normen, bis ein Gericht ihre Nichtigkeit feststellt. **118**

cc) Verfassungsvorrang als Kollisionsregel. Der Vorrang der Verfassung ist somit eine Kollisionsregel im Stufenbau der Rechtsordnung. Da die Normen in einem hierarchi- **119** schen Verhältnis zueinander stehen, führt die Kollision mit der Verfassung zur Ungültigkeit der Norm. Anders verhält es sich im Verhältnis von nationalem Recht und Unionsrecht. Dieses ist dem deutschen Recht nicht hierarchisch übergeordnet, sondern mit ihm verzahnt. Eine Kollision führt daher nicht zur Nichtigkeit des nationalen Rechts, sondern nur zu dessen Unanwendbarkeit (Anwendungsvorrang des Unionsrechts). Diese Rechtsfolge reicht aus, die Wirksamkeit des Unionsrechts zu sichern.

120 ***Beachte:*** Das Kollisionsprinzip des Vorrangs der Verfassung gilt auch für Verfassungsnormen, die das Grundgesetz unter Verstoß gegen Art. 79 III ändern (sog. verfassungswidriges Verfassungsrecht).

c) Vorrang des Gesetzes

121 *aa) Verfassungsrechtliche Verankerung und Reichweite.* Der Vorrang des Gesetzes ergibt sich aus der in Art. 20 III Hs. 2 festgelegten Bindung der Exekutive und Judikative an das Gesetz. Damit wird zuvörderst das formelle Gesetz (Parlamentsgesetz) angesprochen, das z. T. auch als Gesetz im formellen Sinn bezeichnet wird und normenhierarchisch unmittelbar unterhalb der Verfassung steht. Es geht allen anderen Hoheitsakten im Rang vor, solange es seinerseits gültig, d. h. mit höherrangigem Recht, insbesondere mit der Verfassung, vereinbar ist. Hintergrund ist das Gewicht, das die vom Parlament – als unmittelbar vom Volk legitimiertem Staatsorgan – zum Ausdruck gebrachte Willensäußerung genießt. Insoweit berühren sich das Rechtsstaats- und das Demokratieprinzip. Da das Merkmal „Gesetz" in Art. 20 III Hs. 2 aber materielle Normen umfasst (Rn. 110), gilt der Vorrang des Gesetzes auch für die Fälle, in denen Recht, das im Range unter materiellen Normen steht, etwa ein Verwaltungsakt, gegen sie verstößt. Dies setzt freilich voraus, dass die materielle Norm nicht ihrerseits wegen Verstoßes gegen höherrangiges Recht nichtig ist.

122 ***Klausurhinweis:*** Der gestufte Vorrang des formellen und materiellen Gesetzes ist der staatsrechtliche Grund dafür, dass bei einem Verwaltungsakt, der aufgrund einer Satzung ergeht, z. B. einem Abgabenbescheid, dessen Vereinbarkeit mit der Satzung und die Vereinbarkeit der Satzung mit höherrangigem Recht geprüft werden müssen.

123 *bb) Gesetzesvorrang als Kollisionsregel.* Der Vorrang des Gesetzes ist ebenfalls eine Kollisionsregel mit der Folge, dass alle dem Parlamentsgesetz widersprechenden Hoheitsakte, die im Rang unter diesem stehen, grundsätzlich nichtig sind. Das Nichtigkeitsdogma gilt uneingeschränkt für materielle Rechtsnormen, d. h. abstrakt-generelle Regelungen der Exekutive. Beispiele hierfür sind Rechtsverordnungen und Satzungen. Die Nichtigkeit tritt eo ipso und ex tunc ein (Rn. 117). Da diese Rechtssätze vom Verwerfungsmonopol des BVerfG (Art. 100 I) nicht erfasst werden, können Fachgerichte die Nichtigkeit inzident feststellen, indem sie die materielle Norm im anhängigen Rechtsstreit nicht anwenden (sog. Inzidentverwerfung).

124 Bei verwaltungsrechtlichen Verträgen nach §§ 54 ff. VwVfG führt ein Verstoß ihres Inhalts gegen Gesetze gem. § 59 I VwVfG i. V. m. § 134 BGB dagegen nur dann zu ihrer Nichtigkeit, wenn eine sog. qualifizierte Rechtswidrigkeit vorliegt. Sie wird angenommen, wenn die verletzte Norm gerade Verträge mit solchem Inhalt verhindern will. Diese Einschränkung des Nichtigkeitsdogmas mag zwar sachlich gerechtfertigt sein, um zu verhindern, dass verwaltungsrechtliche Verträge bei jedem Normverstoß nichtig sind. Bedenklich ist allerdings, dass diese Einschränkung allein von der Rechtsprechung entwickelt wurde, ohne dass sich dahingehende Anhaltspunkte im Gesetz finden.

125 Bei Verwaltungsakten wird das Nichtigkeitsdogma durch § 43 VwVfG modifiziert. Rechtswidrige, d. h. gegen Rechtsnormen verstoßende Verwaltungsakte sind wirksam, sofern sie nicht an einem Nichtigkeitsgrund gem. § 44 VwVfG leiden. Diese weitgehende Einschränkung des Nichtigkeitsdogmas des Vorrangs des Gesetzes ist zulässig, da sie durch förmliches Gesetz erfolgt (§ 43 VwVfG) und sich auf sachliche Gründe stützen kann, die ebenfalls im Rechtsstaatsprinzip wurzeln (Rechtssicherheit). Im Übrigen kann der Betroffene grds. die gerichtliche Aufhebung des vorerst gültigen, aber rechtswidrigen Verwaltungsakts verlangen (§ 113 I 1 VwGO). Daneben kann die Verwaltung den Verwaltungsakt von sich aus wegen seiner Rechtswidrigkeit aufheben (§ 48 VwVfG).

d) Normverwerfung

Vom Vorrang der Verfassung und des Gesetzes gem. Art. 20 III ist die Frage abzuschichten, wer darüber entscheidet, ob ein Hoheitsakt gegen das Gesetz verstößt und welche Rechtsfolgen sich daraus ergeben. In Analogie zum Geltungs- und Anwendungsvorrang spricht man von der (Norm-)Verwerfungs- bzw. Nichtanwendungskompetenz. Insoweit muss zwischen Verwaltung und Gerichten sowie zwischen formellen und materiellen Normen unterschieden werden. **126**

aa) Durch die Verwaltung. Die Verwaltungsbehörden sind gem. Art. 20 III an die Verfassung sowie an formelle und materielle Gesetze gebunden. Fraglich ist, wie sie vorgehen müssen, wenn die Mehrfachbindung zu einem Konflikt führt. Dazu kommt es zum Beispiel, wenn nach ihrer Ansicht das anzuwendende formelle Gesetz gegen eine Verfassungsnorm oder die einschlägige materielle Norm gegen ein formelles Gesetz verstößt. Nach allgemeiner Auffassung steht ihnen dann kein Verwerfungsrecht zu. Sie müssen die für rechtswidrig erachtete Norm anwenden und beachten, dürfen also nicht von deren Regelungen abweichen (Rn. 112). **127**

Die Rechtsordnung eröffnet der vollziehenden Gewalt nur zwei prozessuale Wege, um sich von der Normbindung zu lösen: Zum einen die Normenkontrolle nach § 47 VwGO zum Oberverwaltungsgericht, die aber – je nach Landesrecht – nicht für alle materiellen Normen eröffnet ist. Zum anderen die abstrakte Normenkontrolle nach Art. 93 I Nr. 2 zum BVerfG, die aber der Bundesregierung oder der Landesregierung, also den obersten vollziehenden und leitenden Behörden von Bund und Ländern, vorbehalten ist. **128**

Klausurhinweis: Die Antragsberechtigung einer Behörde gem. § 47 II 1 VwGO hängt grds. nicht von einer möglichen Verletzung in subjektiven Rechten (Ausnahme: Gemeinden, Art. 28 II 1), sondern von ihrer Bindung an die streitgegenständliche materielle Norm ab. Warum dies so ist, macht der oben dargestellte Zusammenhang deutlich. **129**

bb) Durch die Gerichte. *(1)* Für *formelle Gesetze* (Gesetze im formellen Sinn), die nach Inkrafttreten des Grundgesetzes erlassen wurden, besitzt allein das Bundesverfassungsgericht die Verwerfungskompetenz (Verwerfungsmonopol). Damit ist zugleich gesagt, dass alle anderen Staatsorgane, auch Fachgerichte, Parlamentsgesetze ausnahmslos anzuwenden haben (Anwendungsgebot, s. Rn. 115). Hält ein Fachgericht ein formelles Gesetz für verfassungswidrig, muss es dem Bundesverfassungsgericht diese Frage im Rahmen der sog. konkreten Normenkontrolle nach Art. 100 I vorlegen. Durch das Verwerfungsmonopol wird dem hohen Wert des Parlamentsgesetzes Rechnung getragen. Es ist – auch aus Gründen der Gewaltenteilung (Rn. 202ff.) – der Einflussnahme aller anderen Staatsorgane entzogen. **130**

(2) Anders verhält es sich bei *materiellen Gesetzen,* also Rechtsnormen im Rang unter dem Parlamentsgesetz, insbesondere Rechtsverordnungen und Satzungen. Im Unterschied zur Exekutive müssen die Fachgerichte eine materielle Norm, die sie für verfassungs- oder rechtswidrig halten, im konkreten Fall nicht beachten und dürfen sie ihrer Entscheidung nicht zugrunde legen. Neben diesem Inzidentverwerfungsrecht besitzen die Oberverwaltungsgerichte nach Maßgabe des § 47 VwGO die Kompetenz, **131**

eine Rechtsverordnung oder Satzung allgemein für ungültig (nichtig) zu erklären (Verwerfungskompetenz im verwaltungsgerichtlichen Normenkontrollverfahren).

132

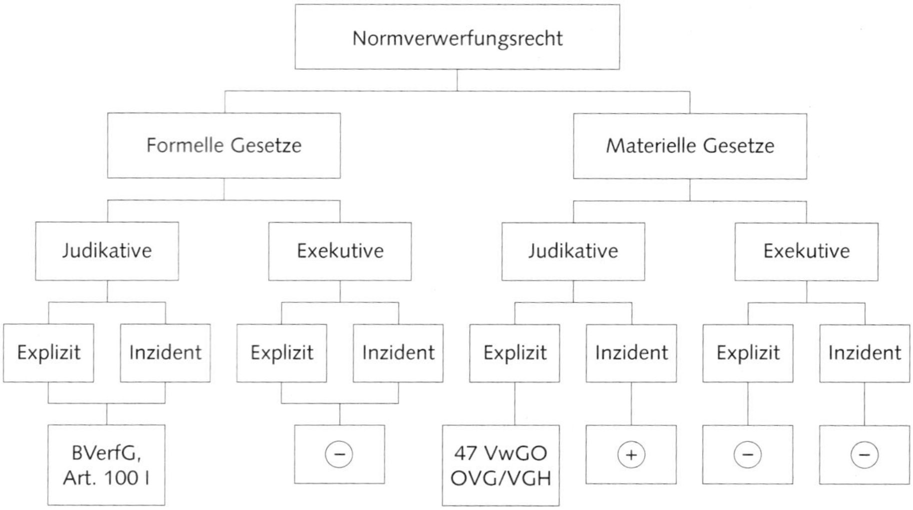

e) Vorbehalt des Gesetzes

133 *aa) Begriff und Funktion.* Die Bindung der vollziehenden Gewalt und der Rechtsprechung an Gesetz und Recht gem. Art. 20 III Hs. 2 liefe leer, wenn es für wichtige Sachbereiche gar keine Gesetze gäbe. Der Vorrang des Gesetzes wäre nutzlos, soweit Verwaltung und Gerichte in konkreten Lebenssituationen keine Gesetze vorfänden. Daher muss der Vorrang des Gesetzes durch den Vorbehalt des Gesetzes ergänzt werden. Danach muss die Ordnung bestimmter Lebensbereiche einem Gesetz vorbehalten sein. Die Verwaltung darf also ohne einschlägiges Gesetz nicht tätig werden. Aus dem Blickwinkel des Demokratieprinzips stellt der Vorbehalt des Gesetzes die hinreichende sachlich-inhaltliche Legitimation staatlichen Handelns sicher. Dieses ist „in bestimmten grundlegenden Bereichen nur rechtens, wenn es durch förmliches Gesetz legitimiert wird“ (BVerfGE 40, 237 [248 f.]).

134 *bb) Verfassungsrechtliche Verankerung.* Der Vorbehalt des Gesetzes wird im Grundgesetz zwar nicht ausdrücklich erwähnt, aber in Art. 20 III vorausgesetzt und ist dort verankert (vgl. BVerwGE 109, 29 [37]). Jedenfalls wird er als Verfassungsgrundsatz allgemein anerkannt. Das BVerfG begründet die Geltung des Vorbehalts des Gesetzes insbesondere mit seiner demokratischen Legitimationsfunktion und seiner rechtsstaatlichen Ergänzungsfunktion (BVerfGE 40, 237 [248 f.]; krit. Sachs, in: ders., Art. 20 Rn. 114).

135 *cc) Abgrenzung.* Der Vorbehalt des Gesetzes bindet das Handeln der Exekutive an formelle Gesetze. Das schließt materielle Gesetze nicht grundsätzlich aus. Allerdings bedürfen sie der Rückkopplung an das Parlament und damit letztlich an das Volk als den Souverän durch formell-gesetzliche Ermächtigung. Der Vorbehalt des Gesetzes dient zugleich dem Schutze des Betroffenen, da das Verhalten der vollziehenden Gewalt gesetzlich umhegt wird. Damit unterscheidet sich der Vorbehalt des Gesetzes grundlegend von benannten Schranken in Grundrechtsbestimmungen, die verbreitet als Gesetzesvorbehalte bezeichnet werden. Sie ermächtigen den Gesetzgeber zur Einschränkung von Grundrechtsgewährleistungen und ziehen ihm dabei zugleich Grenzen (sog. Schranken-Schranken, vgl. Vorbem. Grundrechte Rn. 116 ff.). Dieser grundrechtliche Gesetzesvorbehalt betrifft somit das Verhältnis von Grundrechtsver-

pflichtetem und -berechtigtem, während der demokratisch-rechtsstaatliche Vorbehalt des Gesetzes im Verhältnis zwischen Legislative und Exekutive angesiedelt ist. Da auch die Schutzfunktionen differieren, muss zwischen Vorbehalt des Gesetzes und Gesetzesvorbehalt trotz der sprachlichen Nähe strikt unterschieden werden (Sachs, in: ders., Art. 20 Rn. 113).

dd) Geltungsbereich. Der Geltungsbereich des Vorbehalts des Gesetzes kann aufgrund seiner Funktion nicht von der Entscheidung des Gesetzgebers oder gar der Verwaltung abhängen, sondern ergibt sich aus der Verfassung. Da sie insoweit aber keine eindeutigen Anordnungen enthält, bereitet seine Ermittlung einige Schwierigkeiten. **136**

(1) Parlamentsvorbehalt oder Gesetzgebungsauftrag. Eindeutig ist die Situation, wenn sich aus einer Regelung des Grundgesetzes ergibt, dass nur der Gesetzgeber handeln darf oder dass er handeln muss. Das kann zum einen dadurch geschehen, dass die Verfassungsnorm dem Parlament das Handeln in einem bestimmten Bereich vorbehält (Parlamentsvorbehalt) oder es zum Tätigwerden auffordert (Gesetzgebungsauftrag). In diesen Fällen besteht stets ein Vorbehalt des Gesetzes. **137**

Beispiele: **138**
- Art. 104 I 1 sieht vor, dass die Freiheit der Person nur durch ein förmliches Gesetz beschränkt werden kann (Parlamentsvorbehalt)
- Nach Art. 38 III regelt ein Bundesgesetz das Nähere. Der Gesetzgeber wird dadurch berechtigt und verpflichtet, das Wahlsystem festzulegen und die Wahlrechtsgrundsätze auszugestalten (Gesetzgebungsauftrag).

(2) Eingriffsverwaltung. Im Rahmen der sog. Eingriffsverwaltung beeinträchtigt der Staat grundrechtlich geschützte Freiheitsrechte des Einzelnen. Typische Felder sind das Polizei- oder das Steuerrecht. Hier gilt seit nahezu 200 Jahren der „klassische" Vorbehalt des Gesetzes, wonach kein Eingriff in Freiheit oder Eigentum ohne Gesetz erfolgen darf (BVerfGE 40, 237 [249]). Dieser Satz ist über diese speziellen Grundrechtseingriffe hinaus auf alle Grundrechtsbeeinträchtigungen und somit auf jedes staatliche Handeln ausgedehnt worden, dass den Einzelnen belastet, also für ihn nachteilig ist. **139**

Beispiele: **140**
- Auferlegung von Abgaben (Art. 2 I)
- Behördliches Verbot einer Versammlung.

(3) Wesentlichkeitslehre. Dagegen stößt die Formel vom Eingriff in Freiheit und Eigentum bei der Leistungsverwaltung an ihre Grenzen. Denn sie nimmt dem Bürger nichts von seiner Freiheit oder seinem Eigentum, sondern gewährt ihm Leistungen, indem sie fördert, subventioniert oder unterstützt. Die „klassische" Begründung der Geltung des Vorbehalts des Gesetzes versagt in diesem Bereich. Teilweise wird versucht, dieses Defizit dadurch zu kompensieren, dass eine mittelbare Beeinträchtigung grundrechtlicher Freiheiten angenommen und als ausreichend erachtet wird, wenn etwa Leistungen in rechtswidriger Weise vorenthalten werden. In dieselbe Richtung geht der Versuch, die Anwendung des Vorbehalts des Gesetzes mit dem Gleichheitssatz des Art. 3 I zu begründen, da der Bereich gleichheitsrechtlich sensibel sei. **141**

Beispiel: Wird einem Bewerber eine Subvention gewährt, seinem Mitbewerber aber versagt, wird hierfür eine gesetzliche Grundlage gefordert. **142**

Die Konzeption einer differenzierten Anwendung des Vorbehalts des Gesetzes nach dem betroffenen Lebensbereich und den dort vorgefundenen spezifischen Verhältnissen begegnet indes erheblichen Abgrenzungsproblemen und stößt zudem bei der sog. Fiskalverwaltung an ihre Grenzen. In diesem Bereich verwaltet der Staat eigenes Vermögen (z. B. Grund und Boden, Wertpapiere), wird erwerbswirtschaftlich tätig (etwa durch staatseigene Gesellschaften) oder tritt als Nachfrager am Markt auf (Straßenbau, Anschaffung von EDV). In diesen Fällen kann eine mittelbare Belastung von Privaten regelmäßig nicht dargelegt werden. **143**

144 Das BVerfG hat daher gerade mit Blick auf diese Fälle den Vorbehalt des Gesetzes vom Abgrenzungsmerkmal des Eingriffs gelöst und seine Ausdehnung auf den Grundsatz der Wesentlichkeit gestützt. Er kennzeichnet die grundlegenden Bereiche, in denen staatliches Handeln durch förmliches Gesetz legitimiert werden muss. Das entscheidende Kriterium der Wesentlichkeit bemisst sich nach der Art und Intensität der Betroffenheit sowie der Eigenart des jeweiligen Sachbereichs. Wichtige Indizien enthalten insoweit die tragenden Prinzipien des Grundgesetzes, insbesondere die darin verbürgten Grundrechte (vgl. BVerfGE 40, 237 [248ff.]; 49, 89 [126f.]; 95, 267 [307f.]). Danach bedeutet wesentlich im grundrechtsrelevanten Bereich in der Regel „wesentlich für die Verwirklichung der Grundrechte", ohne dass es auf das Vorliegen eines Grundrechtseingriffs ankommt.

145 **Beispiele:**
- Festlegung des Unterrichtsstoffs an Schulen (BVerfGE, 47, 46 [71ff.])
- Subvention von Presseunternehmen (BVerfGE 80, 124 [132])
- Kopftuchverbot für Lehrerinnen (BVerfGE 108, 282 [311ff.]).

146 Die Wesentlichkeitslehre ermöglicht zwar theoretisch eine sachangemessene Anwendung des Vorbehalts des Gesetzes, leidet aber in der praktischen Anwendung darunter, dass das Kriterium der Wesentlichkeit sehr vage ist und breiten Raum für Wertungen lässt. Das zeigt das Urteil des BVerfG zur Einführung der Rechtschreibreform. Darin wurde die Wesentlichkeit dieser Entscheidung verneint (BVerfGE 98, 218 [251ff.]). Der überwiegende Teil der betroffenen Bevölkerung hat dies ganz anders empfunden. Angesichts dieser Unwägbarkeiten sollte die Wesentlichkeitslehre nur herangezogen werden, wenn kein Grundrechtseingriff festgestellt werden kann. Das BVerfG wendet sie freilich auch in diesen Fällen an (BVerfGE 108, 282 [311ff.]; 116, 24 [58]).

147 ***Klausurhinweis:*** In der Fallbearbeitung kann die Wesentlichkeitslehre bei drei zu trennenden rechtlichen Fragen relevant werden:
- der Geltung des Vorbehalts des Gesetzes
- dem Bestehen eines Parlamentsvorbehalts
- den Anforderungen an die Bestimmtheit eines Gesetzes.

f) Parlamentsvorbehalt

148 Die dogmatische Figur des Parlamentsvorbehalts bedeutet, dass die Entscheidung dem Gesetzgeber vorbehalten ist. Nach dieser Definition fällt der Parlamentsvorbehalt mit dem Vorbehalt des Gesetzes zusammen. Denn dieser Vorbehalt richtet sich an das Parlament und muss von ihm ernst genommen werden. Das würde er nicht, wenn die Legislative der Verwaltung dadurch freie Hand ließe, dass die Behörden durch extensive Generalklauseln zu jedem beliebigen Handeln befugt wären oder eine Sachfrage in einem Parlamentsgesetz nur ansatzweise behandelt und im Übrigen die Verwaltung allgemein zum Erlass einer Rechtsverordnung ermächtigt würde, in der „alles Weitere" geregelt werden dürfte.

149 Dies wird für Bundesverordnungen allerdings schon durch Art. 80 I 2 ausgeschlossen. Versuche, die Bestimmtheit eines Gesetzes unter Berufung auf einen Parlamentsvorbehalt zu schärfen, erweisen sich daher als überflüssiger Kunstgriff. Denn auch außerhalb des Art. 80 I 2 können die Anforderungen an die Bestimmtheit eines Gesetzes unmittelbar auf der Grundlage des Rechtsstaats- und Demokratieprinzips ermittelt werden. Als dogmatische Stütze dient die Wesentlichkeitslehre. Der Parlamentsvorbehalt entpuppt sich insoweit als „Leerformel" ohne zusätzliches Erkenntnispotenzial.

150 Eigenständige Bedeutung gewinnt der Parlamentsvorbehalt, wenn man ihn im engen Sinne dahingehend versteht, dass nur der Gesetzgeber eine Regelung treffen darf. Bei dieser Interpretation schließt er eine Übertragung der Entscheidung auf die Exe-

kutive aus. Insbesondere eine Delegation der Rechtsetzungsmacht durch Ermächtigung zum Erlass einer Verordnung oder Satzung ist dann unzulässig. Dieses Delegationsverbot hebt den Parlamentsvorbehalt vom Vorbehalt des Gesetzes ab, der ein solches Verbot nicht kennt. Das BVerfG spricht daher von einem strengen Gesetzesvorbehalt, was nach vorzugswürdiger Terminologie (Rn. 135) als strenger Vorbehalt des Gesetzes zu verstehen ist (BVerfGE 75, 329 [341]; 126, 170 [194]).

Für dieses restriktive Verständnis des Parlamentsvorbehalts finden sich Anhaltspunkte **151** im Grundgesetz. So verlangt Art. 104 I für Freiheitsbeschränkungen zwingend ein förmliches Gesetz. Nur der Gesetzgeber soll darüber entscheiden, in welchen Fällen Freiheitsentziehungen zulässig sein sollen (BVerfGE 29, 183 [196]). Ebenso verhält es sich bei der abstrakt-generellen Entscheidung über die Strafbarkeit. Sie muss gem. Art. 103 II durch den Gesetzgeber erfolgen. Dagegen ist es „der vollziehenden und rechtsprechenden Gewalt verwehrt, die normativen Voraussetzungen einer Bestrafung festzulegen“ (BVerfGE 75, 329 [341]).

Allerdings enthält der Wortlaut des Art. 103 II im Gegensatz zu dem des Art. 104 I **152** („förmliches Gesetz“) keine Hinweise auf einen Parlamentsvorbehalt. Umgekehrt weist die Formulierung des Gesetzesvorbehalts in Art. 2 II 3 („aufgrund eines Gesetzes“) auf die Zulässigkeit eines materiellen Gesetzes hin, obwohl diese jedenfalls bei Eingriffen in das Leben aus Gründen der Wesentlichkeit ausgeschlossen ist (Art. 2 Rn. 144). Sie bilden letztlich das entscheidende Kriterium für die Annahme eines Parlamentsvorbehalts (strengen Vorbehalts des Gesetzes). Dagegen hat der Normtext nur beschränkte indizielle Wirkung.

Beispiel: Das Rechtsstaats- und Demokratieprinzip sowie der Grundsatz der Gewaltenteilung **152a** verpflichten den parlamentarischen Gesetzgeber, die „wesentlichen Entscheidungen im Schulwesen selbst zu treffen oder durch eine nach Inhalt, Zweck und Ausmaß begrenzte Ermächtigungsnorm inhaltlich mitzubestimmen und diese nicht allein der Schulverwaltung zu überlassen (Parlamentsvorbehalt). Der Umfang des Parlamentsvorbehalts bestimmt sich dabei von Fall zu Fall nach der Intensität, mit welcher die Grundrechte der Regelungsadressaten betroffen sind. Danach kommen Maßnahmen des Notenschutzes nur auf der Grundlage einer ausdrücklichen gesetzlichen Ermächtigung in Betracht" (BayVGH, Urteil v. 28.5.2014, 7 B 14.22, Rn. 18; zuletzt BVerwG, Urt. v. 29.7.2015, 6 C 35.14).

6. Verhältnismäßigkeit

a) Begriff und Herleitung

Der Grundsatz der Verhältnismäßigkeit wird auch als Übermaßverbot bezeichnet. **153** Er verlangt allgemein, dass der Staat bei seinen Handlungen, vor allem bei Eingriffen in Rechtspositionen des Einzelnen, das „rechte Maß“ wahrt. Dies bedeutet konkret, dass das vom Staat eingesetzte Mittel, etwa eine gesetzliche Regelung, zur Zweckerreichung geeignet, erforderlich und angemessen sein muss (verhältnismäßig i. e. S.). Im Rechtsstaat heiligt der Zweck, auch wenn er noch so berechtigt (legitim) ist, gerade nicht alle Mittel. Der eingängige Satz „Not kennt kein Gebot“ kann zum Sprengsatz für die Rechtsstaatlichkeit werden und ist deshalb höchst bedenklich.

Das Verhältnismäßigkeitsprinzip ist keine Erfindung des modernen Verfassungsstaats, **154** sondern klingt schon in der Heiligen Schrift an. Der Spruch „ … du sollst geben … Auge *für* Auge …“ (hebr.: „ajin tachat ajin“, Ex. 21, 24) wird häufig nicht nur falsch übersetzt („Auge *um* Auge …“), sondern auch falsch verstanden. Er ist kein Aufruf, Gleiches mit Gleichem heimzuzahlen („wie du mir so ich dir“). Aus dem Gesamtkontext ergibt sich vielmehr, dass es um die Angemessenheit des Ersatzes für den Schaden geht, für den eine absolute Obergrenze mit verschiedenen milderen Abstufungen festgelegt wird.

Im rechtlichen Bereich ist der Verhältnismäßigkeitsgrundsatz teilweise bereichsspezi- **155** fisch normiert, vor allem in den Polizeigesetzen. Im Grundgesetz wird dieses Prinzip nicht ausdrücklich erwähnt, sondern aus dem Wesen der Grundrechte und aus dem Rechtsstaatsprinzip abgeleitet (BVerfGE 61, 126 [134] – st. Rspr.). Das ungeschriebene Verfassungsgebot der Verhältnismäßigkeit gehört zu den Kernelementen des in Art. 20 III verankerten Rechtsstaatsprinzips (Rn. 107) und ist durch Art. 79 III dem Zugriff des verfassungsändernden Gesetzgebers entzogen.

b) Prüfungsaufbau

156 Die Prüfung, ob eine staatliche Maßnahme (das „Mittel") dem Grundsatz der Verhältnismäßigkeit entspricht, unterteilt sich in zwei Prüfungsschritte (exemplarisch BVerfGE 118, 168 [193ff.]): Zunächst muss der Bezugspunkt festgestellt, also ermittelt werden, welcher Erfolg (Zweck, Ziel) mit dem staatlichen Handeln angestrebt wird. Dann ist in einem zweiten Schritt zu untersuchen, ob das gewählte Mittel in einer angemessenen Beziehung zu dem verfolgten Zweck steht (Verhältnismäßigkeit).

c) Ermittlung des Bezugspunkts und des eingesetzten Mittels

157 Zunächst muss der konkrete Zweck, das konkrete Ziel des staatlichen Handelns ermittelt und dieser Bezugspunkt der Prüfung der Verhältnismäßigkeit bewertet werden. Der erstrebte Erfolg muss legitim, d.h. insbesondere verfassungskonform sein. Das ist unproblematisch, wenn das Grundgesetz selbst das Ziel des Handelns vorgibt. Exemplarisch hierfür ist der in Art. 20a verankerte Tierschutz. Im Übrigen kann der Gesetzgeber die Ziele im Rahmen der Verfassung festlegen. Ihm steht dabei ein Einschätzungs- und Gestaltungsspielraum zu. Dessen Grenzen sind aber erst dann überschritten, wenn der vom Gesetzgeber gewählte Zweck den Zielen und Werten der Verfassung zuwiderläuft. In einem solchen Fall wäre das staatliche Handeln bereits deshalb unzulässig, weil es einem verfassungswidrigen Zweck dient.

158 **Beispiel:** Mit Einführung des gesetzlichen Rauchverbots in Gaststätten verfolgt der Gesetzgeber das Ziel, die Bevölkerung vor Gesundheitsgefahren durch Passivrauchen zu schützen. Das ist ein überragend wichtiges Gemeinschaftsgut. Zwar ist umstritten, in welchem Ausmaß Passivrauchen die Gesundheit beeinträchtigen kann. Die Verfassung lässt dem Gesetzgeber bei dieser Prognose und Einschätzung aber einen Beurteilungsspielraum, der vom BVerfG nur in begrenztem Umfang überprüft werden kann. Seine Grenzen sind erst dann überschritten, „wenn die Erwägungen des Gesetzgebers so offensichtlich fehlsam sind, dass sie vernünftigerweise keine Grundlage für die angegriffene gesetzgeberische Maßnahme abgeben können" (BVerfGE 121, 317 [350]). Das war in der konkreten Entscheidung nicht der Fall.

159 Neben dem Bezugspunkt muss das konkrete Mittel festgestellt werden, das der Staat zur Zweckerreichung einsetzt. In der Regel handelt es sich dabei um einen Verwaltungsakt (insbesondere in verwaltungsrechtlichen Klausuren) oder ein Gesetz (insbesondere in staatsrechtlichen Klausuren). Diese Hoheitsakte verpflichten den Bürger zu einem Handeln oder Unterlassen oder schränken in sonstiger Weise seine Entscheidungsfreiheit ein.

160 **Beispiel:** Gesetzliches Rauchverbot in Gaststätten.

d) Elemente der Verhältnismäßigkeit

161 Der Grundsatz der Verhältnismäßigkeit i.w.S. (Übermaßverbot) setzt sich aus den Teilelementen Geeignetheit, Erforderlichkeit und Angemessenheit zusammen. Letztere wird auch als Verhältnismäßigkeit i.e.S. oder als Proportionalität bezeichnet. Diese Elemente sind durch das gesetzgeberische Ziel als gemeinsamer Bezugspunkt miteinander verbunden. Sie müssen aber gesondert und eigenständig in der dargelegten Reihenfolge geprüft werden.

162 *aa) Geeignetheit.* Das eingesetzte Mittel ist geeignet, wenn mit seiner Hilfe der verfolgte Zweck gefördert werden kann (BVerfGE 30, 292 [316]). Hierfür genügt, wenn

es die Wahrscheinlichkeit erhöht, dass der angestrebte Erfolg erreicht wird (Sachs, in: ders., Art. 20 Rn. 150). Ein Höchstmaß an Wahrscheinlichkeit ist ebenso wenig gefordert wie die Wahl des wirkungsstärksten Mittels (BVerfGE 118, 277 [374]). Zudem billigt das BVerfG dem Gesetzgeber insoweit einen Einschätzungs- und Gestaltungsspielraum zu und beschränkt seine Kontrolle auf Fälle evident fehlender Eignung, z. B. wegen eindeutiger Zweckuntauglichkeit (BVerfGE 39, 210 [230]) oder unvertretbarer Prognose, etwa weil diese offensichtlich fehl geht (BVerfGE 120, 274 [320]). Das gewählte Mittel ist und bleibt insbesondere auch dann geeignet, wenn andere Möglichkeiten zur Zweckerreichung in Betracht kommen.

Beispiel: Rauchverbot nur in bestimmten Gasträumen statt eines umfassenden Rauchverbots in allen Gaststätten. 163

bb) Erforderlichkeit. Das gewählte Mittel muss unter den geeigneten Mitteln bei gleicher Wirksamkeit dasjenige sein, das am wenigsten in die Rechte des Bürgers eingreift (das sog. mildeste Mittel). Steht dem Staat ein Mittel zur Verfügung, das zur Zweckerreichung genauso wirksam (geeignet), jedoch weniger belastend ist, muss er aus Gründen der Erforderlichkeit dieses Mittel wählen. Für die gleiche Wirksamkeit kommt es darauf an, ob die Wahrscheinlichkeit des Erfolgseintritts im selben oder zumindest in einem vergleichbaren Maße erhöht wird. Kriterien für die Beurteilung des Ausmaßes der Beeinträchtigung („mildestes Mittel") sind die betroffenen Rechtspositionen, die Intensität der Beeinträchtigung und die Zahl der Betroffenen (vgl. Sachs, in: ders., Art. 20 Rn. 152). Auch bei der Prüfung der Erforderlichkeit von Gesetzen erkennt das BVerfG einen Beurteilungs- und Prognosespielraum des Gesetzgebers an, der nur bei eindeutig fehlender Erforderlichkeit überschritten wird (BVerfGE 98, 265 [308 f.]). 164

Beispiel: Gegen das Verfassungsgebot der Erforderlichkeit wird nicht dadurch verstoßen, dass der Gesetzgeber sich für ein gesetzliches Verbot und nicht für die Alternative entschieden hat, den Gastwirten die verbindliche Wahl vorzuschreiben, ob sie ihr Lokal entweder als Raucher- oder als Nichtrauchergaststätte betreiben wollen. Denn die Einschätzung, die Gastwirte könnten dann versucht sein, zu kleine oder unattraktive Nichtraucherräume auszuweisen, ist jedenfalls nicht evident fehlerhaft (vgl. BVerfGE 121, 317 [354 f.]). 165

cc) Angemessenheit (Verhältnismäßigkeit i. e. S.). Das geeignete und erforderliche Mittel muss angemessen und deshalb für den Betroffenen zumutbar sein. „Dieses Gebot verlangt, dass die Schwere des Eingriffs bei einer Gesamtabwägung nicht außer Verhältnis zu dem Gewicht der ihn rechtfertigenden Gründe stehen darf [...]. Der Gesetzgeber hat das Individualinteresse, das durch einen Grundrechtseingriff beschnitten wird, den Allgemeininteressen, denen der Eingriff dient, angemessen zuzuordnen. Die Prüfung an diesem Maßstab kann dazu führen, dass ein an sich geeignetes und erforderliches Mittel zur Durchsetzung von Allgemeininteressen nicht angewandt werden darf, weil die davon ausgehenden Grundrechtsbeeinträchtigungen schwerer wiegen als die durchzusetzenden Interessen" (BVerfGE 118, 168 [195]). 166

Im Mittelpunkt der Prüfung der Angemessenheit steht somit eine Abwägung aller relevanten Rechtspositionen und Interessen. Das eröffnet zwangsläufig Raum für subjektive (Be-)Wertungen und Gewichtungen. Ein Verstoß gegen dieses Verfassungsgebot liegt jedenfalls dann vor, wenn die Abwägung zu dem Ergebnis führt, „dass die dem Eingriff entgegenstehenden Interessen im konkreten Fall ersichtlich schwerer wiegen als diejenigen Belange, deren Wahrung die staatliche Maßnahme dienen soll" (BVerfGE 44, 353 [373]). 167

Beispiel: Das in Bayern errichtete staatliche Wettmonopol wurde vom BVerfG als unzumutbarer und somit unverhältnismäßiger Eingriff in die Berufsfreiheit privater Wettunternehmer qualifiziert, weil es in seiner konkreten Ausgestaltung nicht konsequent am Ziel der Bekämpfung der Spielsucht ausgerichtet war (BVerfGE 115, 276 [309 f.]). Diese Entscheidung verdient vor allem deshalb Beachtung, weil das Vorliegen materieller und verfahrensrechtlicher Sicherungen zur Zielerreichung an die Stelle von kaum einschätzbaren Evidenzerwägungen getreten ist. 168

7. Rechtssicherheit und Vertrauensschutz

169 Eine wichtige Ausprägung des Rechtsstaatsprinzips ist die Rechtssicherheit. Sie fungiert als Oberbegriff für thematisch einschlägige Teilelemente wie Beständigkeit, Rechtsklarheit und Bestimmtheit staatlicher Entscheidungen. Ihre Abgrenzung ist mitunter schwierig (Rn. 177). Jedenfalls muss der Bürger sich auf die Vorgaben der Rechtsordnung verlassen und klar erkennen können, welche Gebote und Verbote er beachten muss. Nur so ist er in der Lage, von seinen Freiheiten Gebrauch zu machen, in vernünftiger Weise Entscheidungen zu treffen und so sein Leben zu gestalten.

169a Die Rechtssicherheit dient neben dem Vertrauensschutz auch dem Rechtsfrieden. Dieser wird durch Institute wie die Rechtskraft eines Urteils, aber auch durch gesetzliche Verjährungsregelungen gefördert. Gerade bei finanziellen Belastungen haben die Betroffenen ein schutzwürdiges Interesse, ab einem gewissen Zeitpunkt nicht mehr mit einer Inanspruchnahme rechnen zu müssen (BVerfGE 133, 143 [158ff. Rn. 41ff.]). Diese Befriedungswirkung weist auch Berührungspunkte zur Rechtsbeständigkeit auf, bei der nicht die Beteiligten, sondern der Hoheitsakt im Mittelpunkt stehen.

a) Rechtsklarheit

170 Eine Grundvoraussetzung des Rechtsstaats ist, dass Klarheit darüber besteht, welche Hoheitsakte gelten und was sie inhaltlich verlangen. Denn nur dann kann der Einzelne sein Verhalten danach ausrichten.

171 *aa) In Bezug auf die Existenz von Hoheitsakten.* Eine eher formale Komponente der Rechtsklarheit betrifft die Existenz von Hoheitsakten. Diese setzt voraus, dass sie in ihrer endgültigen Fassung publik gemacht und nicht aufgehoben worden sind. Die konkreten Anforderungen hängen von der Art des Hoheitsaktes ab; sie sind teils im Grundgesetz, teils in einfachen Gesetzen geregelt.

172 **Beispiele:**
- Ausfertigung und Verkündung von Bundesgesetzen nach Art. 82
- Bekanntgabe eines Verwaltungsakt als Voraussetzung seiner Wirksamkeit nach §§ 43 I, 41 VwVfG
- Aufhebung eines Verwaltungsakts nach §§ 48, 49 VwVfG oder gem. § 113 I 1 VwGO.

173 *bb) In Bezug auf den Inhalt von Hoheitsakten.* Eine andere, stärker materiell ausgerichtete Komponente der Rechtsklarheit zielt auf den Inhalt von Hoheitsakten. Das hängt von Kriterien wie der Verständlichkeit, der Widerspruchsfreiheit, der Konsistenz und der Folgerichtigkeit ab. In diesem Kontext ist auch die Zulässigkeit von Verweisungen in Rechtsnormen zu würdigen, die mitunter Gegenstand juristischer Klausuren ist. Verweisungen in einer Norm (Verweisungsnorm) auf den Regelungsgehalt einer anderen Vorschrift (Zielnorm, Verweisungsobjekt) dienen der gesetzestechnischen Vereinfachung und sind verbreitet anzutreffen. Ihr Vorteil besteht darin, dass der Gesetzgeber einen bestimmten Normtext nicht an verschiedenen Stellen gleichlautend formulieren muss. Aus Sicht der Rechtsklarheit und Bestimmtheit ist entscheidend, ob der Betroffene den Inhalt der Zielnorm ohne Schwierigkeiten erkennen kann. Das hängt von der Art der Verweisung ab.

174 Zulässig sind sog. *statische* Verweisungen. Sie erfolgen innerhalb eines Gesetzes oder in einem Gesetz auf eine Vorschrift in einem anderen Gesetz in einer bestimmten Fassung.

175 **Beispiele:**
- Art. 15 S. 2, Art. 52 IIIa Hs. 2, Art. 60 IV, Art. 64 II
- § 36 I 1 AbgG (Abgeordnetengesetz).

Dagegen sind sog. *dynamische* Verweisungen rechtsstaatlich problematisch, weil hier auf die Zielvorschrift in einem anderen Gesetz in der jeweils geltenden, aktuellen Fassung verwiesen wird. Das stellt für die Betroffenen häufig eine Herausforderung dar, die maßgeblichen normativen Vorgaben zu ermitteln. Neben dieser Beeinträchtigung der Rechtsklarheit besteht bei diesen Verweisungen die Gefahr, dass die Zielnorm später ohne Kenntnis und Billigung des verweisenden Gesetzgebers geändert und somit von dessen Regelungswillen nicht mehr umfasst wird. Dies kann gegen den Vorbehalt des Gesetzes verstoßen (dazu Rn. 133ff.). Der Gesetzgeber darf sich seiner Entscheidungsaufgabe jedenfalls nicht so weit entäußern, dass er für die Zielnorm keine Verantwortung mehr übernimmt (BVerfGE 78, 32 [36]; s. zuletzt auch BVerwGE 147, 100 [114ff. Rn. 39ff.]). **176**

b) Bestimmtheit

Dem rechtsstaatlichen Gebot der Bestimmtheit liegt dasselbe Ziel zugrunde wie der Rechtsklarheit. Der Betroffene soll erkennen können, was der Staat verlangt und dadurch in der Lage sein, sich den Anforderungen gemäß zu verhalten. Nicht zuletzt wegen dieser Zielidentität ist eine eindeutige Abgrenzung zwischen diesen Teilelementen der Rechtssicherheit oft nicht möglich. Bei der Bestimmtheit geht es im Kern darum, wie präzise und konkret die Aussage des Hoheitsakts ist, während bei der Rechtsklarheit die Erkennbarkeit und Widerspruchsfreiheit der Anordnungen im Vordergrund stehen. **177**

aa) Bedeutung. Das Verfassungsgebot der Bestimmtheit erschöpft sich nicht darin, dass der betroffene Bürger sich auf mögliche belastende Maßnahmen einstellen kann, sondern hat weitere Bedeutungsdimensionen. Es soll sicherstellen, dass der demokratisch legitimierte Gesetzgeber die wesentlichen Entscheidungen, insbesondere über Grundrechtseingriffe und deren Reichweite, selbst trifft. Außerdem dient es der Berechenbarkeit, Gleichmäßigkeit, Konsistenz und Kontinuität des Handelns der vollziehenden Gewalt, das durch die Vorgaben des Gesetzes gesteuert und begrenzt wird. Dadurch wird zugleich den Gerichten der notwendige Maßstab für eine wirksame Rechtskontrolle des Verhaltens der Exekutive zur Verfügung gestellt (BVerfGE 120, 378 [407]; 133, 277 [336 Rn. 140]). Das Bestimmtheitsgebot entfaltet somit nicht nur im Verhältnis zwischen Staat und Privaten, sondern auch im Verhältnis zwischen den drei Staatsgewalten seine Wirkungen. **178**

bb) Rechtliche Verankerung. Das Bestimmtheitsgebot findet im Grundgesetz und im einfachen Gesetz seinen Niederschlag. Ob und ggfs. welche Bestimmung einschlägig ist, hängt von der Beziehungsebene und der Art des Hoheitsaktes ab. Im Übrigen ist auf das allgemeine Bestimmtheitsgebot zurückzugreifen, das aus dem Rechtsstaatsprinzip abgeleitet wird. **179**

Beispiele: **180**
- Art. 80 I 2 enthält besondere Bestimmtheitsanforderungen („nach Inhalt, Zweck und Ausmaß") für die Ermächtigung der Exekutive durch die Legislative zum Erlass von Rechtsverordnungen (Art. 80 Rn. 6ff.).
- Für die gerichtliche Entscheidung über die Verhängung einer Strafe statuiert Art. 103 II strenge Vorgaben für die Bestimmtheit der gesetzlichen Regelung. Sie beeinflussen nicht nur das Handeln des Gerichts, indem etwa eine Analogiebildung ausgeschlossen ist, sondern auch das Verhalten des Bürgers, der klar erkennen kann, welches Strafübel ihm droht (Art. 103 Rn. 14ff.).
- Für Verwaltungsakte verlangt § 37 I VwVfG, dass ihr Inhalt hinreichend bestimmt sein muss. Die Betroffenen sollen erkennen können, was die Behörde in der Regelung anordnet.

cc) Inhalt. Die konkreten Anforderungen des Bestimmtheitsgebots ergeben sich primär aus der (verfassungs-)gesetzlichen Regelung. Ist eine solche nicht vorhanden, ist auf den Zweck dieses Verfassungsgebots und die Art des Hoheitsaktes abzustellen. Gesetze müssen „Anlass, Zweck und Grenzen des Eingriffs hinreichend bereichsspezi- **181** fisch, präzise und normenklar festlegen" (BVerfGE 120, 378 [408]). Das Gebot der Normenklarheit ist vom BVerfG zuletzt in Bezug auf das Antiterrordateigesetz betont worden (BVerfGE 133, 277 [337f. Rn. 143f.]). Für die Bestimmtheit von Einzelakten, z.B. Verwaltungsakte oder Urteile, gelten strengere Anforderungen, weil sie konkrete Fälle abschließend regeln und die Grundlage für eine Vollstreckung bilden (Sachs, in: ders., Art. 20 Rn. 130).

182 *dd) Kriterien.* Maßgebliche Kriterien für die Beurteilung der Bestimmtheit von Hoheitsakten sind einerseits die betroffenen Rechtspositionen, das Ausmaß der Beeinträchtigung und deren Reversibilität sowie die Zahl der Betroffenen. Insoweit gilt als Leitlinie, dass die Anforderungen an die Bestimmtheit umso strenger sind, je stärker die Bürger durch die Norm belastet werden. Das ist aber nur eine Seite der Medaille, die nicht isoliert betrachtet werden darf. Vielmehr muss im Rahmen einer Gesamtwürdigung auch die andere Seite der Medaille berücksichtigt werden, die eine Absenkung der Bestimmtheitsanforderungen rechtfertigen kann. Die Gründe hierfür ergeben sich aus der Eigenart der Regelungsmaterie.

183 Für eine weite gesetzliche Regelung kann die damit gewonnene Flexibilität der normativen Steuerung angeführt werden. Sie ist insbesondere dann wichtig, wenn eine große Zahl unterschiedlicher Fälle erfasst werden soll. Das erlaubt die Verwendung von Generalklauseln und Pauschalierungen anhand typischer Fallgruppen.

184 **Beispiele:**
- Generalklauseln im Polizeirecht
- Pauschalierungen im Erbschaftsteuerrecht.

185 In die gleiche Richtung geht das Argument, dass die Regelung so offen ausgestaltet sein muss, dass sie künftige Fälle angemessen erfassen kann. Es spielt insbesondere in Bereichen eine Rolle, die sich dynamisch entwickeln. Ursache hierfür ist häufig eine große Abhängigkeit vom wissenschaftlichen und technischen Fortschritt. Eine unter Berufung auf das Verfassungsgebot der Bestimmtheit eng gefasste gesetzliche Regelung behindert dann den Fortschritt oder wird von ihm überrollt. Daher verwendet der Gesetzgeber in diesen Fällen Formulierungen, die eine Aufnahme dieser Entwicklung ermöglichen.

186 **Beispiele:**
- § 22 I Nr. 1 BImSchG: „ ... nach dem Stand der Technik ..."
- § 7 II Nr. 3 AtG: „ ... nach dem Stand von Wissenschaft und Technik ... ."

187 Legt man dieses Anforderungsprofil des rechtsstaatlichen Bestimmtheitsgebots zugrunde, ist es grundsätzlich zulässig und häufig sogar notwendig, dass der Gesetzgeber unbestimmte Rechtsbegriffe verwendet und/oder der Verwaltung oder den Gerichten auf der Rechtsfolgenseite ein Ermessen einräumt. Dies gewährleistet die Flexibilität gesetzlicher Steuerung und Einzelfallgerechtigkeit beim Normvollzug.

188 **Beispiele:**
- Tatbestandsmerkmale wie „öffentliche Sicherheit" oder „öffentliche Ordnung" im Polizeirecht
- Entschließungs- und Auswahlermessen im Polizeirecht
- Zu den Bestimmtheitsanforderungen an eine Vorschrift, die zur Entziehung des Doktortitels ermächtigt, s. BVerwGE 147, 292 (298ff. Rn. 20ff.).

c) Vertrauensschutz und Rückwirkungsverbot

189 *aa) Bedeutung.* Ein wesentlicher Bestandteil des rechtsstaatlichen Grundsatzes der Rechtssicherheit ist die Beständigkeit von Rechtsakten. Sie betrifft weniger die zukunftsgerichtete Steuerung durch Recht als das Vertrauen in bestehendes Recht. Durch diesen Gegenwarts- und Vergangenheitsbezug sind Rechtsbeständigkeit und Vertrauensschutz unter dem Dach des Rechtsstaatsprinzips miteinander verbunden. Sie unterscheiden sich nur durch den Blickwinkel. Aus Sicht des Hoheitsträgers geht es um die Beständigkeit des Rechts und die Möglichkeit, eine daraus resultierende Selbstbindung zu durchbrechen, um auf künftige Ereignisse reagieren zu können. Aus Sicht des Bürgers geht es um das Vertrauen in die Beständigkeit des Rechts und den Schutz vor dessen rückwirkender Änderung. Insoweit können sich Einschränkungen aufgrund des Vertrauensschutzes ergeben, die zudem grundrechtlich abgesichert sein können, etwa durch Art. 14 oder Art. 2 I (zu Art. 14 BVerfGE 95, 64 [81ff.]). Das kann eine Änderung ausschließen oder jedenfalls eine Entschädigung für enttäuschtes Vertrauen erfordern.

bb) Rückwirkung von Gesetzen. Diese Grundsätze gelten prinzipiell für alle Hoheitsakte. Allerdings hat der Gesetzgeber die Aufhebung von Verwaltungsakten und den dabei zu berücksichtigenden Vertrauensschutz in §§ 48–50 VwVfG detailliert geregelt. Dagegen fehlen Bestimmungen zur Rückwirkung von Gesetzen. **190**

(1) Grundproblematik. Zu einer Rückwirkung von Gesetzen kommt es, wenn eine einmal gültige Rechtslage, auf die der Bürger vertrauen und nach der er seine Lebensgestaltung ausrichten durfte, durch Gesetz geändert wird. Das bereitet keine Probleme, wenn die Änderung für den Betroffenen vorteilhaft ist. Anders verhält es sich im umgekehrten Fall, insbesondere wenn er im Vertrauen auf die damals bestehende Rechtslage wirtschaftliche Dispositionen getroffen hat, die sich infolge der Gesetzesänderung als nicht mehr werthaltig erweisen. In solchen Situationen entsteht die Frage, ob das Vertrauen des Bürgers in die Beständigkeit des Rechts (sog. Vertrauensinteresse) die Rückwirkung von Gesetzen einschränkt. **191**

Die maßgeblichen Kriterien hat das BVerfG vor allem aus dem Rechtsstaatsprinzip entwickelt. Es unterscheidet dabei zwischen echter und unechter Rückwirkung, da sie sich unterschiedlich intensiv auf den Vertrauensschutz auswirken (BVerfGE 72, 200 [241ff.]; 95, 64 [86f.]; 135, 1 [14f. Rn. 40ff.]; s. zuletzt BVerwG, Beschluss v. 24.1. 2014, 9 BN 3/14, Rn. 5f.). Außer Betracht bleibt nachfolgend die besondere Regelung des Art. 103 II, der ein absolutes Rückwirkungsverbot im Strafrecht begründet (dazu Art. 103 Rn. 16ff.). **192**

(2) Begriff und Zulässigkeit einer echten Rückwirkung. Bei der echten (retroaktiven) Rückwirkung greift die Gesetzesänderung nachträglich in abgeschlossene, der Vergangenheit angehörende Sachverhalte ein. Dies liegt typischerweise vor, wenn das Änderungsgesetz vor seiner Verkündung im jeweiligen Gesetzblatt in Kraft tritt. Das ist möglich, weil das Gesetz zwar erst mit Verkündung existiert, aber in dem Gesetz bestimmt sein kann, dass es schon zu einem früheren Zeitpunkt Geltung beansprucht (vgl. Art. 82 II). Diese Fallgruppe wird deshalb auch als Rückbewirkung von Rechtsfolgen bezeichnet. **193**

Eine neuere Entscheidung des BVerfG hat den Tatbestand der echten Rückwirkung erheblich ausgedehnt. Danach sei „eine rückwirkende Klärung der Rechtslage durch den Gesetzgeber in jedem Fall als konstitutiv rückwirkende Regelung anzusehen, wenn der Gesetzgeber damit nachträglich einer höchstrichterlich geklärten Auslegung des Gesetzes den Boden zu entziehen suche. Das gelte auch dann, wenn die rückwirkende Regelung eine in der Fachgerichtsbarkeit kontroverse Auslegungsfrage entscheidet, die noch nicht höchstrichterlich geklärt sei. Die klärende Regelung sei bereits dann konstitutiv, wenn sie eine – sei es auch unterinstanzliche – fachgerichtliche Auslegung durch nachträglichen Zugriff auf einen abgeschlossenen Sachverhalt ausschließen solle“ (BVerfGE 135, 1 [19f. Rn. 55f.]). Gegen diesen Ansatz bestehen insbesondere aufgrund der Gewaltenteilung erhebliche Bedenken (kritisch das abweichende Votum von Masing, BVerfGE 135, 1 [29ff. Rn. 1ff.]; s, auch Lepsius, JZ 2014, 488ff.; Selmer, JuS 2014, 763ff.). Ob diese Kritik das BVerfG zur Umkehr von dem eingeschlagenen Weg bewegen wird, bleibt abzuwarten, ist aber wohl eher unwahrscheinlich. **193a**

Die echte Rückwirkung ist grundsätzlich unzulässig, weil ihr regelmäßig der Vertrauensschutz entgegensteht. Wirken Rechtsfolgen auf den Zeitpunkt vor der Verkün- **194** dung des Änderungsgesetzes zurück, hat der Bürger keinerlei Möglichkeit mehr, sein Verhalten der Rechtslage anzupassen.

195 Ausnahmsweise kann eine echte Rückwirkung jedoch zulässig sein, wenn das Vertrauen des Bürgers nicht schutzwürdig ist. Die Rechtsprechung hat hierfür folgenden Kanon aufgestellt (s. zuletzt BVerfGE 135, 1 [23 Rn. 64f.]):

196 – Die bisherige Gesetzesvorschrift ist nichtig oder jedenfalls so verworren, dass der Bürger mit einer klarstellenden Neuregelung „rechnen musste“ (Vorbehalt des notleidenden Gesetzes),

197 – die Neuregelung führt nur zu einer unwesentlichen Verschlechterung der Rechtslage für den Normadressaten (Bagatellvorbehalt, str., aus rechtsstaatlichen Gründen wohl nicht mehr tragfähig) oder

198 – die Neuregelung ist durch zwingende Gründe des öffentlichen Wohls geboten (Gemeinwohlvorbehalt).

199 *(3) Begriff und Zulässigkeit einer unechten Rückwirkung.* Eine unechte (retrospektive) Rückwirkung ist dadurch gekennzeichnet, dass sie sich auf noch gegenwärtige, nicht abgeschlossene Sachverhalte bezieht und die Gesetzesänderung i. d. R. nicht vor ihrer Verkündung in Kraft tritt. Insoweit wird auch von tatbestandlicher Rückanknüpfung gesprochen.

200 Anders als die echte Rückwirkung wird die unechte Rückwirkung als grundsätzlich zulässig erachtet, weil hier der jeweilige Sachverhalt noch nicht abgeschlossen ist. Etwas anderes gilt nur, sofern ein schutzwürdiges Vertrauen des Bürgers entgegensteht. Das erfordert eine Abwägung des Vertrauensinteresses des Bürgers mit dem Rückwirkungsinteresse des Staates (Gemeinwohlinteresse). Das Vertrauensinteresse kann insbesondere dann überwiegen, wenn der Bürger sein Vertrauen „ins Werk gesetzt“, d.h. eine Disposition getroffen hat, die er nicht mehr rückgängig machen kann (vgl. auch BVerfGE 127, 1 [20ff.]; 127, 61 [79ff.]).

201 Allerdings muss das Vertrauen des Bürgers zurücktreten, wenn er zum Zeitpunkt seiner Disposition mit einer rückwirkenden Neuregelung „rechnen musste“. Das ist nicht erst bei Verkündung des Änderungsgesetzes, sondern jedenfalls schon ab dem Zeitpunkt anzunehmen, zu dem der Gesetzgeber das Änderungsgesetz beschließt, im Falle eines Bundesgesetzes ab dem Gesetzesbeschluss des Bundestags (Art. 77 I 1). Um eine missbräuchliche Ausnutzung des Ankündigungseffekts zu verhindern, wird teilweise vertreten, dass der Bürger mit der Gesetzesänderung schon dann rechnen muss, wenn die Bundesregierung die Gesetzesvorlage im Kabinett beschließt (BVerfGE 97, 67 [82ff.]).

IV. Die Gewaltenteilung

1. Bedeutung

202 Die Gewaltenteilung ist dadurch gekennzeichnet, dass die Staatsgewalt, also alles dem Staat im weitesten Sinne zurechenbare Handeln mit und ohne Entscheidungscharakter (Rn. 37f.), in verschiedene Funktionsbereiche aufgeteilt und verschiedenen Funktionsträgern zugewiesen wird. Dies sind die gesetzgebende Gewalt (Legislative), die vollziehende Gewalt (Exekutive), d.h. die Regierung und die Verwaltung, und die rechtsprechende Gewalt (Judikative).

203 Der Grundsatz der Gewaltenteilung ist ein Strukturprinzip demokratischer und rechtsstaatlich freiheitlicher Verfassungen. Ihre ideengeschichtliche Entwicklung wurde vor allem durch *John Locke* (Second Treatise of Government, 1690) und *Charles de Montesquieu* (De l'esprit des lois, 1748) geprägt. Das BVerfG bezeichnet die Gewaltenteilung als „ein tragendes Organisations- und Funktionsprinzip“ des Grundgesetzes (BVerfGE 95, 1 [15]). Dort kommt sie insbesondere in Art. 1 III und 20 II 2 Hs. 2 sowie in der Verteilung der Staatsgewalt (Art. 38ff., 62ff., 70ff., 83ff. und 92ff.) zum Ausdruck.

2. Funktionen

a) Sicherung der Freiheit durch Mäßigung der Staatsherrschaft

Die Gewaltenteilung fordert die Aufteilung der staatlichen Macht und dient damit der Mäßigung der Staatsherrschaft (BVerfGE 3, 225 [247] – st. Rspr.). Denn sie verhindert die Konzentration staatlicher Macht, die typischerweise die Gefahr eines Missbrauchs birgt. Zudem ermöglicht und fördert Gewaltenteilung die gegenseitige Kontrolle der Staatsorgane (BVerfGE 95, 1 [15]). Sie bildet also das Fundament für ein System, das im anglo-amerikanischen Raum durch die einprägsame Formel „checks and balances" charakterisiert wird. Die wechselseitige Kontrolle und Hemmung der Staatsgewalt trägt maßgeblich zur Sicherung der Freiheit des Einzelnen bei. Da es bei der Gewaltenteilung somit nicht um eine strikte Trennung der Gewalten geht, wird mitunter auch von Gewaltengliederung oder Funktionentrennung gesprochen. Diese Bezeichnungen haben sich allerdings nicht gegenüber dem traditionellen Begriff durchgesetzt. **204**

Neben dieser rechtsstaatlichen Funktion ist die Gewaltenteilung auch ein wesentliches Strukturmerkmal des Demokratieprinzips des Grundgesetzes. Nach Art. 20 II 1 geht zwar alle Staatsgewalt vom Volke aus. Sie wird aber trotz der unmittelbaren personellen demokratischen Legitimation der Mitglieder des Parlaments nicht ausschließlich vom Gesetzgeber ausgeübt. Einem solchen Gewaltenmonismus in Form eines umfassenden Parlamentsvorbehalts erteilt das Grundgesetz eine klare Absage (BVerfGE 68, 1 [87]). „Die verfassunggebende Gewalt hat in Art. 20 II 2 Hs. 2 und III auch die Exekutive als verfassungsunmittelbare Institution und Funktion geschaffen" (BVerfGE 49, 89 [125]) und ihre eigenständige Wahrnehmung eines Teils der Staatsgewalt anerkannt. **205**

b) Effektivere Ausübung von Staatsgewalt durch Funktionsrichtigkeit

Nach Ansicht des BVerfG zielt das Gewaltenteilungsprinzip auch darauf ab, „dass staatliche Entscheidungen möglichst richtig, das heißt von den Organen wahrgenommen werden, die dafür nach ihrer Organisation, Zusammensetzung, Funktion und Verfahrensweise über die besten Voraussetzungen verfügen" (BVerfGE 68, 1 [86]; 95, 1 [15]). Diese zusätzliche Funktion der Gewaltenteilung dient der besseren, insbesondere effektiveren Wahrnehmung der Staatsgewalt. Welche weiteren Erwartungen und Konsequenzen sich mit der Funktionsrichtigkeit verbinden, in welchen Fällen gegen dieses Gebot verstoßen wird und welche Sanktionen dies auslöst, liegt weithin im Dunkeln. Dies hat dazu geführt, dass diese Komponente der Gewaltenteilung abstrakt und ohne greifbaren Inhalt geblieben ist. Für die Klausurlösung ist sie daher regelmäßig nicht weiter relevant. **206**

3. Erscheinungsformen

a) Horizontale und vertikale Gewaltenteilung

Art. 20 II 2 Hs. 2 und III sowie die daran anknüpfenden Konkretisierungen (Rn. 108 ff.) betreffen die Ausübung des Teils der Staatsgewalt, die nach der Verfassungsordnung des Grundgesetzes dem Bund zugewiesen ist. Sie ist auf diese Ebene beschränkt und wird deshalb horizontale Gewaltenteilung genannt. Teilweise wird im Hinblick auf die Funktion dieses Grundsatzes auch von rechtsstaatlich-demokratischer Gewaltenteilung gesprochen. **207**

Die horizontale Gewaltenteilung wird durch die vertikale Gewaltenteilung ergänzt. Sie hat die Aufteilung der Staatsgewalt zwischen Bund und Ländern zum Inhalt. Diese Gewaltenteilung ist Ausdruck der bundesstaatlichen Struktur der Bundesrepublik **208**

Deutschland. Daneben dient sie aber auch der Freiheitssicherung. Die maßgeblichen Vorgaben enthalten Art. 30, 70ff., 83ff. und 92ff.

209 ***Beachte:*** Wenn von Gewaltenteilung die Rede ist, geht es in der Regel um die horizontale Gewaltenteilung, ohne dass dies durch diesen Zusatz hervorgehoben werden muss.

b) Materielle, organisatorische und personelle Gewaltenteilung

210 Innerhalb der horizontalen Gewaltenteilung kann weitergehend zwischen materieller (funktioneller), organisatorischer und personeller Gewaltenteilung unterschieden werden. Diese dogmatische Differenzierung erleichtert die Systematisierung dieses Verfassungsprinzips. Mit ihrer Hilfe wird deutlich, welche Verfassungsnormen die Trennung der Gewalten konkretisieren und welche sie durchbrechen. In der Fallbearbeitung kann dies eine Rolle spielen, wenn zu klären ist, ob ein unzulässiger Eingriff in den Kernbereich einer Gewalt vorliegt (BVerfGE 95, 1 [15]; Rn. 215).

4. Ausgestaltung der Gewaltenteilung im Grundgesetz

a) Materielle Gewaltenteilung

211 Die materielle Gewaltenteilung stellt auf den Inhalt der Funktionen der Staatsgewalt ab und gewährleistet deren Eigenständigkeit. Sie wird daher auch als funktionelle Gewaltenteilung bezeichnet. Die Grundentscheidung enthält Art. 20 II 2 Hs. 2, der zwischen Gesetzgebung, vollziehender Gewalt und Rechtsprechung unterscheidet (s. für die Grundrechtsbindung auch Art. 1 III). Kennzeichnend für die Gesetzgebung sind der Erlass, die Änderung und die Aufhebung von Rechtsnormen, also die Funktion „Normsetzung" (BVerfGE 95, 1 [15f.]). Die vollziehende Gewalt erfüllt die Funktionen „regieren" und „verwalten". Beim Regieren stehen nicht der Vollzug von Gesetzen, sondern deren Vorbereitung sowie die Leitung des Staates durch politische Gestaltung im Vordergrund. Dagegen liegt beim Verwalten der Fokus auf dem Vollzug von Gesetzen im Einzelfall. Darauf weist schon die Bezeichnung als vollziehende Gewalt hin (BVerfGE 95, 1 [16]). Rechtsprechung kann umschrieben werden als Kontrolle der Ausübung von Staatsgewalt und des Handelns Privater durch hierfür vorgesehene unabhängige Stellen (Gerichte). Sie verfolgt grds. das Ziel, über die zu beurteilenden Sachverhalte verbindlich zu entscheiden.

212 Die materielle (funktionelle) Gewaltenteilung wird in Art. 70ff., 83ff. und 92ff. konkretisiert. Ihre wichtigste Durchbrechung ist Art. 80 I. Danach kann die Legislative die Exekutive zum Erlass materieller Normen ermächtigen. Die vollziehende Gewalt nimmt insoweit die Aufgabe „Normsetzung" wahr. Diese Betrachtung materieller Normen vor dem Hintergrund der Gewaltenteilung unterstreicht die Bedeutung des Art. 80 I 2. Die dort festgelegten Anforderungen an die Bestimmtheit der Ermächtigungsgrundlage sollen auch verhindern, dass die Legislative die ihr zugewiesene Aufgabe der Normsetzung „ungezügelt" auf die Exekutive überträgt.

b) Organisatorische Gewaltenteilung

213 Die organisatorische Gewaltenteilung besteht darin, dass für die Wahrnehmung der staatlichen Funktionen „Gesetzgebung", „vollziehende Gewalt" und „Rechtsprechung" besondere Organe errichtet werden. Das sind auf Bundesebene als Gesetzgebungsorgane der Bundestag und der Bundesrat, als Organe der vollziehenden Gewalt die Bundesregierung und die Bundesverwaltung sowie als Rechtsprechungsorgane die Bundesgerichte. Daraus wird deutlich, dass die Trias der materiellen Gewaltenteilung sich auf der Ebene der organisatorischen Gewaltenteilung strukturell fortsetzt. Auf der

Ebene der personellen Gewaltenteilung kommt es zu einer noch weitergehenden Aufsplitterung.

Gemeinsame Merkmale organisatorischer Gewaltenteilung sind die Eigenständigkeit der Organe, denen spezifische Aufgaben zugeordnet sind, sowie die Beständigkeit der Organe und ihre Unabhängigkeit von der Person des jeweiligen Amtswalters. Die organisatorische Gewaltenteilung wird in Art. 38ff., 50ff., 62ff., 87–87b sowie Art. 92, 93 und 95 konkretisiert. Einschränkungen dieser Trennung sind beim Organ „Bundespräsident" zu beobachten, der Aufgaben der Legislative und Exekutive erfüllt. Die Abhängigkeit des Bundeskanzlers vom Bundestag (vgl. Art. 63, 67 und 68) kann ebenfalls als Modifizierung der organisatorischen Gewaltenteilung verstanden werden, wenngleich in diesen Fällen nicht das Organ als solches, sondern der Organwalter unmittelbar betroffen ist. **214**

Im Zusammenhang von materieller und organisatorischer Gewaltenteilung werden auch die Fälle diskutiert, in denen staatliche Planung von Infrastrukturvorhaben unmittelbar durch formelles Gesetz erfolgt. Nach Ansicht des BVerfG dringt der Gesetzgeber (Bundestag) dadurch nicht in den Kernbereich exekutiver Eigenverantwortung ein (BVerfGE 95, 1 [15ff.]). In den Kontext dieser Strukturprinzipien fällt auch die Frage, ob die Bundesregierung in den Kernbereich des Parlaments (Budgetrecht) eingreift, wenn sie sich an dem Europäischen Stabilitätsmechanismus (ESM) beteiligt und völkerrechtlich verbindlich zusagt, dieser supranationalen Einrichtung finanzielle Mittel in erheblichem Umfang zur Verfügung zu stellen (zur notwendigen parlamentarischen Rückanbindung für die Entscheidungen des ESM BVerfGE 132, 195 [270ff. Rn. 178ff.]). **215**

c) Personelle Gewaltenteilung

Die personelle Gewaltenteilung verlangt, dass die verschiedenen Organe mit verschiedenen Personen besetzt werden. Ein Organ- oder Amtswalter darf grds. nicht verschiedenen Organen angehören und für sie handeln. Dies soll verhindern, dass die organisatorische Gewaltenteilung im Ergebnis dadurch unterlaufen wird, dass eine Person mehrere öffentliche Ämter ausübt, z.B. als Bundeskanzler und Bundespräsident. Diese Unvereinbarkeit wird als Inkompatibilität bezeichnet. Außerdem beugt eine personelle Gewaltenteilung möglichen Interessenkonflikten vor. **216**

Allerdings ist dieser Grundsatz in der Verfassung an vielen Stellen durchbrochen. Besonders deutlich wird dies beim parlamentarischen Regierungssystem, das das Grundgesetz – anders als etwa die US-Verfassung – statuiert. In diesem System kann ein Mitglied der Bundesregierung (Exekutive) zugleich Mitglied des Bundestages (Legislative) sein; in der Praxis ist dies sogar der Regelfall. Der Grundsatz personeller Gewaltenteilung wird dadurch zurückgedrängt. Umgekehrt wird er durch Inkompatibilitätsregelungen abgesichert. Sie sind sollen sicherstellen, dass eine Person nicht gleichzeitig verschiedene Funktionen (Ämter) ausübt. **217**

Beispiele: **218**
- Nach Art. 55 I darf der Bundespräsident weder der Regierung noch einer gesetzgebenden Körperschaft des Bundes oder eines Landes angehören. Da unter „Regierung" neben der Bundesregierung auch eine Landesregierung fällt, ist umstritten, ob der ehemalige Bundespräsident *Wulff* gegen Art. 55 I verstieß, weil er bei der Wahl zum Bundespräsidenten noch Ministerpräsident des Landes Niedersachsen war. Die Antwort hängt davon ab, ob diese Inkompatibilitätsregelung bereits vor oder erst nach Amtsantritt eingreift (allgemeiner zu dieser Inkompatibilität BVerfGE 89, 359 [362]; Art. 55 Rn. 4).
- Eine besonders weitreichende Inkompatibilitätsvorschrift enthält Art. 94 I 3. Danach darf ein Mitglied des BVerfG weder dem Bundestage, dem Bundesrate, der Bundesregierung noch entsprechenden Organen eines Landes angehören. Das betraf zuletzt den Bundesverfassungsrichter *P. M. Huber,* der vorher Innenminister von Thüringen war.

219 ***Beachte:*** Während im Verhältnis zwischen Gesetzgebung und vollziehender Gewalt Funktionsverschränkungen verbreitet auftreten, ist der Grundsatz der Gewaltenteilung bei der Rechtsprechung strenger verwirklicht (näher dazu Gröpl, StR, Rn. 959ff.). Probleme kann insoweit vor allem das durch *Rechtsfortbildung* entstandene Richterrecht aufwerfen. Sie reichen über Fragen der Gewaltenteilung hinaus und betreffen auch die demokratische Legitimation und die Gesetzesbindung des Richters.

219a Das ist zuletzt anhand des Auskunftsanspruchs des Scheinvaters gegen die Mutter über den leiblichen Vater deutlich geworden, den die Zivilgerichte im Wege richterlicher Rechtsfortbildung aus dem Grundsatz von Treu und Glauben (§ 242 BGB) abgeleitet haben. Allgemein sind die Grenzen für eine Rechtsfortbildung umso enger, je schwerer die Belastung verfassungsrechtlich wiegt und je schwächer der verfassungsrechtliche Gehalt der damit durchzusetzenden Gegenposition ist. Im konkreten Fall verletzte die Rechtsfortbildung das allgemeine Persönlichkeitsrecht der Mutter und war deshalb verfassungsrechtlich unzulässig (BVerfG, Beschluss v. 24.2.2015, 1 BvR 472/14, Rn. 41ff.).

V. Das Bundesstaatsprinzip

1. Begriff

220 Art. 20 I enthält die ausdrückliche Grundentscheidung für den Bundesstaat (s. auch „*Bundes*republik"). Sie betrifft die organisatorische Struktur der Bundesrepublik Deutschland, die durch diese Staatsfundamentalnorm garantiert wird. Ihre Bedeutung hängt zunächst davon ab, was unter einem Bundesstaat zu verstehen ist.

a) Bundesstaat

221 In einem Bundesstaat haben sich mehrere Länder zu einem Gesamtstaat zusammengeschlossen. Der in Art. 20 I gewährleistete Bundesstaat ist durch eine zweigliedrige Struktur gekennzeichnet (BVerfGE 13, 54 [77f.]). Neben dem Gesamtstaat (Bund) sind auch die Gliedstaaten (Länder) Staaten im staatsrechtlichen Sinne. Sie besitzen originäre, eigenständige Staatsgewalt, die vom Bund anerkannt, aber nicht von ihm abgeleitet wird (vgl. Gröpl, StR I, Rn. 601). Die Länder können sich daher eigene Verfassungen geben und eigene Verfassungsgerichte errichten, die über die Einhaltung der Landesverfassung wachen.

222 Die doppelte Staatlichkeit von Bund und Ländern führt im Verhältnis zu den Bürgern dazu, dass sie der Staatsgewalt des Bundes und der Staatsgewalt des Landes unterworfen sind, in dem sie wohnen oder in dessen Gebiet sie sich aufhalten. Im Verhältnis zwischen Bund und Ländern erfordert dieses Strukturmerkmal klare Regeln, wie die Staatsgewalt zwischen ihnen verteilt wird. Sie werden vom Grundgesetz in Form von Kompetenzvorschriften bereitgestellt.

223 **Beispiele:**
- Art. 70ff.
- Art. 83ff.
- Art. 92ff.

b) Abgrenzungen

224 *aa) Einheitsstaat.* Der Einheitsstaat besitzt eine einheitliche zentralistische Staatsorganisation. In vertikaler Hinsicht gibt es nur eine Staatsgewalt, die sich allerdings im demokratischen Rechtsstaat auf horizontaler Ebene in die Gewalten „Legislative", „Exekutive" und „Judikative" gliedert. Sofern dezentrale Einheiten bestehen, besitzen sie keine eigene Staatsgewalt (Gröpl, StR I, Rn. 606).

225 **Beispiel:** Frankreich.

bb) Staatenbund. Die Mitglieder eines Staatenbundes sind und bleiben souveräne Staaten, die sich zusammenschließen, ohne dass ein Gesamtstaat mit eigener Staatlichkeit entsteht. **226**

Beispiel: Deutscher Bund (1815 bis 1866). **227**

cc) Staatenverbund. Die Europäische Union ist ein auf zunehmende Integration angelegter Staatenverbund (BVerfGE 89, 155 [186, 188]). Das BVerfG hat diesen Verbund als eine enge, auf Dauer angelegte Verbindung souverän bleibender Staaten bezeichnet. Die EU besitzt zwar gem. Art. 47 EUV Rechtspersönlichkeit, aber keine originäre Staatgewalt. Sie kann daher öffentliche Gewalt nur auf vertraglicher Grundlage ausüben (Prinzip der begrenzten Einzelermächtigung, Art. 5 I 1 EUV, dazu Art. 23 Rn. 47 f.). Ihre Grundordnung, das sog. primäre Unionsrecht, unterliegt allein der Verfügungsmacht der Mitgliedstaaten. Außerdem bleiben die Bürger der Mitgliedstaaten die Subjekte demokratischer Legitimation (BVerfGE 123, 267 [348]). Das schließt eine zusätzliche Unionsbürgerschaft aber nicht aus (Art. 20 AEUV). Die Bürger der Mitgliedstaaten sind daher zwar grds. auch der Hoheitsgewalt der Union unterworfen, aber die Mitgliedstaaten legen deren Umfang fest. **228**

2. Verfassungsrechtliche Absicherung

Die Kerngehalte des Strukturprinzips der Bundesstaatlichkeit gem. Art. 20 I sind in Art. 79 III gegen eine Aufhebung oder Aushöhlung durch verfassungsändernde Gesetze gesichert. Dazu gehört neben der dort gesondert angesprochenen Gliederung des Bundes in Länder auch die Eigenstaatlichkeit der Länder, denen ein Kern eigener Aufgaben als „Hausgut" unentziehbar verbleiben muss (BVerfGE 87, 181 [196]). Andernfalls „könnten die Länder in ihrer Qualität als Staaten durch Grundgesetzänderungen nach und nach ausgehöhlt werden, so dass am Ende nur noch eine leere Hülse von Eigenstaatlichkeit übrig bliebe" (BVerfGE 34, 9 [19 f.]). Das schließt die Garantie der verfassungskräftigen Zuweisung eines angemessenen Anteils am Gesamtsteueraufkommen im Bundesstaat ein. Daneben verpflichtet die Strukturklausel des Art. 23 I 1 den Bund und die Länder, bei der Mitwirkung an der Entwicklung der Europäischen Union föderative Grundsätze zu beachten. **229**

3. Bedeutung des Strukturprinzips

Das Bundesstaatsprinzip des Art. 20 I verpflichtet den Bund und die Länder. Es gilt im Verhältnis zwischen Bund und Ländern, aber auch zwischen den Ländern. Inhaltlich umfasst dieses Strukturprinzip verschiedene Gewährleistungen. Dazu gehören für Bund und Länder etwa **230**
- die Eigenstaatlichkeit
- die Verfassungsautonomie
- die eigenständige Hoheitsgewalt
- die finanzielle Ausstattung
- die Bundestreue.

Allerdings sind diese und andere Aspekte in weitem Umfang im Grundgesetz speziell geregelt worden. Das allgemeine Strukturprinzip der Bundesstaatlichkeit in Art. 20 I muss hinter diese Konkretisierungen zurücktreten und beeinflusst dann lediglich deren Auslegung und Anwendung. Eigenständige Bedeutung entfaltet es nur als verfassungsrechtliche Grundlage der Bundestreue (Rn. 236). **231**

4. Ausprägungen des Bundesstaatsprinzips

Für die Fallbearbeitung sind vor allem die Ausprägungen des Bundesstaatsprinzips im Grundgesetz bedeutsam, die die Bundesstaatlichkeit sichern und die Kompetenz- **232** verteilung regeln. Daneben ist die Bundestreue als ungeschriebene Konkretisierung zu beachten. Sie wird wegen ihrer großen Bedeutung gesondert erörtert.

a) Sicherung der Bundesstaatlichkeit

233 aa) Schutz vor Änderungen des Bundesstaatsprinzips: Art. 79 III und Art. 23 I 1 und 3.

bb) Gewährleistung einer gewissen Homogenität der Landesverfassungen: Art. 28 I 1 und – in Bezug auf Grundrechte – Art. 142.

cc) Auffangregelung: „Bundesrecht bricht Landesrecht" (Art. 31).

b) Kompetenzverteilung

234 aa) Für die Gesetzgebung: Art. 70ff.; s. auch Art. 105 und die inzidenten ausschließlichen Kompetenzzuweisungen an den Bund.

bb) Für die Verwaltung: Art. 83ff.

cc) Für die Rechtsprechung: Art. 92ff.

dd) Auffangregelung: Kompetenz der Länder, soweit das Grundgesetz keine andere Regelung trifft oder zulässt (Art. 30).

c) Bundestreue (vgl. 5.)

5. Die Bundestreue

a) Begriff

235 Die Bundestreue wird auch als Pflicht zu bundesfreundlichem Verhalten bezeichnet. Abweichend von dieser missverständlichen Terminologie verpflichtet sie nicht nur die Länder gegenüber dem Bund, sondern auch den Bund gegenüber den Ländern und die Länder untereinander

b) Verfassungsrechtliche Verankerung

236 Der Grundsatz der Bundestreue ist im Grundgesetz nicht explizit erwähnt, ergibt sich jedoch unmittelbar aus dem Bundesstaatsprinzip des Art. 20 I. Wie jede Gemeinschaft, die auf das Zusammenwirken ihrer Mitglieder angelegt ist, kann auch der Bundesstaat nur dann existieren, wenn der Bund und die einzelnen Länder nicht nur ihre eigenen Interessen verfolgen, sondern auch die Gesamtinteressen und die Interessen der anderen Partner berücksichtigen. Der Grundsatz der Bundestreue wird daher zum Teil auch als staatsrechtliche Ausprägung des Grundsatzes von Treu und Glauben verstanden (vgl. Sachs, in: ders., Art. 20 Rn. 68).

c) Merkmale

237 *aa) Akzessorietät.* Der Grundsatz der Bundestreue ist akzessorisch. Er begründet keine eigenständigen Pflichten, sondern „nur" zusätzliche Pflichten im Zusammenhang mit bereits bestehenden Rechten und Pflichten oder im Rahmen eines bestehenden Rechtsverhältnisses (BVerfGE 13, 54 [75] – st. Rspr.). Die Rechte, Pflichten oder Rechtsverhältnisse müssen nicht verfassungsrechtlicher Natur sein, sondern können auch verwaltungsrechtlicher oder sogar privatrechtlicher Natur sein (BVerfGE 103, 81 [88]). Die Bundestreue kann deren Anwendung modifizieren, darf aber nicht von der Verfassung bewusst eingeräumte Spielräume verschließen (BVerfGE 34, 216 [232]). Der Grundsatz der Bundestreue darf insbesondere nicht als Hebel verwendet werden, um die verfassungsrechtliche Zuständigkeitsordnung aufzubrechen.

238 *bb) Subsidiarität.* Außerdem ist die Bundestreue als ungeschriebener Grundsatz subsidiär gegenüber normierten Rechten und Pflichten im Bundesstaat. Bei der Prüfung

eines Verstoßes gegen die Bundestreue ist es unerheblich, ob die Beeinträchtigung der Interessen der Partner bewusst oder sogar böswillig erfolgte. Es geht um eine objektive Rechtspflicht, nicht hingegen um die Frage der subjektiven Vorwerfbarkeit (BVerfGE 8, 122 [140]).

d) Inhalt

aa) Allgemein. Der ungeschriebene Grundsatz der Bundestreue hat keinen abschließenden Inhalt. Seine Bedeutungsschichten sind vielmehr von der Rechtsprechung des BVerfG freigelegt und konkretisiert worden. Danach stellt die Bundestreue eine Kompetenzausübungsschranke dar (BVerfGE 4, 115 [140]; 8, 122 [138]; 104, 249 [269f.]). Deshalb müssen Bund und Länder bei der Wahrnehmung ihrer Kompetenzen die gebotene und ihnen zumutbare Rücksicht auf das Gesamtinteresse des Bundesstaates und auf die Belange der Länder nehmen (BVerfGE 92, 203 [230]). Außerdem begründet die Bundestreue die allgemeine Pflicht zu bundesfreundlichem Verhalten, aus der sich wiederum verschiedene konkrete Verpflichtungen in Form von Mitwirkungspflichten und Verfahrensdirektiven ergeben. **239**

bb) Konkretisierungen. Das BVerfG hat aus dem Grundsatz der Bundestreue folgende Pflichten im Wege der Verfassungskonkretisierung abgeleitet: **240**

(1) Pflicht zur Hilfeleistung. Aus der Bundestreue ergibt sich die Pflicht zur gegenseitigen Hilfeleistung. Daraus resultiert wiederum die Verpflichtung, dass finanziell starke Länder finanzschwächere Länder in gewissen Grenzen unterstützen müssen, sog. Transfergemeinschaft (BVerfGE 1, 117 [131]). **241**

(2) Pflicht zur Mitwirkung. Soweit eine Verständigung zwischen Bund und Ländern unerlässlich ist, besteht eine gesteigerte Mitwirkungspflicht. Dies bedeutet beispielsweise, dass die Länder (Landesinnenministerien) verpflichtet sind, im Wege der Rechtsaufsicht gegen Gemeinden einzuschreiten, wenn diese in eine ausschließliche Bundeskompetenz eingreifen (BVerfGE 8, 122 [138ff.]). Entsprechend sind die Länder zur Anhörung der Gemeinden verpflichtet, wenn der Bund eine die kommunale Selbstverwaltung betreffende Regelung nur nach erfolgter Anhörung durchführen darf (BVerfGE 56, 298 [322]). In beiden Fällen ist der Bund auf die Mitwirkung der Länder angewiesen, da keine direkte Beziehung zwischen dem Bund und den Gemeinden besteht. **242**

(3) Pflicht zur Rücksichtnahme. Sofern die Auswirkungen eines Gesetzes nicht auf das Staatsgebiet eines Landes beschränkt sind, müssen der Bund und die anderen Länder bei der Ausübung ihrer Gesetzeskompetenz auf die tangierten Interessen der anderen Länder bzw. des Bundes Rücksicht nehmen. Wird beispielsweise über die Gewährung von Weihnachtszuwendungen an öffentliche Bedienstete entschieden, so muss auf das gesamte Finanzgefüge von Bund und Ländern Rücksicht genommen werden (BVerfGE 3, 52 [57]). **243**

Die Pflicht zur Rücksichtnahme kann sogar so weit gehen, dass ein Land auf die Wahrnehmung seiner Kompetenz verzichten muss, wenn dadurch die Interessen des Bundes oder der übrigen Länder in unvertretbarer Weise beeinträchtigt oder geschädigt werden (BVerfGE 4, 115 [140]; 34, 9 [44]; 106, 225 [243]). Diese Schranke gilt – dem Adressatenkreis der Bundestreue entsprechend – auch im Verhältnis des Bundes zu den Ländern (BVerfGE 61, 149 [205]) und der Länder untereinander. Allerdings begründet der Grundsatz bundesfreundlichen Verhaltens keine Zustimmungserfordernisse im Gesetzgebungsverfahren (BVerfGE 133, 241 [262 Rn. 58]). **243a**

(4) Pflicht zur Beachtung völkerrechtlicher Verträge des Bundes. Die Länder sind zur Beachtung der völkerrechtlichen Verträge des Bundes verpflichtet (BVerfGE 6, 309 [361f.]). Die Bundestreue begründet zugleich die Pflicht des Bundes, dass er vor dem Abschluss völkerrechtlicher Verträge, die die Bundesländer in ihren Rechten betreffen, deren möglichst frühzeitige Beteiligung (über den Bundesrat) ermöglicht. **244**

245 In Bezug auf die Europäische Union besteht die besondere Pflicht, bei der Vorbereitung von Unionsrechtsakten, die die Gesetzgebungskompetenzen der Länder betreffen, eng mit den Ländern zusammenzuarbeiten (BVerfGE 92, 203 [230ff.]). Sie ist inzwischen in Art. 23 IV–VI und in dem Gesetz über die Zusammenarbeit von Bund und Ländern in Angelegenheiten der Europäischen Union (EuZBLG) geregelt. Der Bundestreue kommt insoweit wegen ihres subsidiären Charakters allenfalls noch ergänzende Bedeutung zu.

246 *(5) Pflicht zur Gleichbehandlung.* Sofern der Bund im Wege der Vereinbarung mit den Ländern eine Regelung im verfassungsrechtlichen Bereich treffen will, muss er aufgrund der Bundestreue alle Länder in gleicher Weise beteiligen und darf nicht nach parteipolitischen Gesichtspunkten differenzieren (BVerfGE 12, 205 [255f.]; 86, 148 [211 f.]). Der tiefere Grund hierfür ist, dass alle Länder den gleichen verfahrensrechtlichen Status haben. Aus der Bundestreue resultiert ein spezieller Gleichheitssatz, wonach die Länder einen Anspruch auf gleiche Behandlung und gleiche Beteiligung besitzen, wenn ihre eigenstaatlichen Interessen durch die zu regelnde Frage betroffen sind. Die Bundestreue beeinflusst somit auch die Anforderungen an das Procedere bzw. an den Stil der Verhandlungen zwischen Bund und Ländern (BVerfGE 12, 205 [255f.]).

e) Durchsetzung

247 Gegen einen Verstoß gegen die Bundestreue können Bund und Länder gem. Art. 93 I Nr. 3 i.V.m. § 13 Nr. 7, §§ 68ff. BVerfGG das BVerfG anrufen, das ggfs. die Verfassungswidrigkeit des Verhaltens des Antragsgegners feststellt. Dieser sog. Bund-Länder-Streit ist ein kontradiktorisches Verfahren, dessen Struktur der des Organstreits (Art. 93 I Nr. 1) entspricht.

VI. Das Sozialstaatsprinzip

1. Begriff und Grundlage

248 Das Sozialstaatsprinzip ist in Art. 20 I verankert („sozialer Bundesstaat"). Es verpflichtet den Staat, für eine gerechte Sozialordnung zu sorgen (BVerfGE 110, 412 [445]). Die Ausrichtung auf soziale Gerechtigkeit und soziale Sicherheit sowie den Schutz von Schwächeren (BVerfGE 45, 376 [387f.]) prägt dieses Verfassungsprinzip. Allerdings können ihm wegen der Weite und Unbestimmtheit seines Inhalts nur in Ausnahmefällen konkrete Forderungen entnommen werden (BVerfGE 110, 412 [445]).

249 Ungeachtet dieser im Vergleich zum Rechtsstaatsprinzip schwächer ausgeprägten dirigistischen Kraft gehört das Sozialstaatsprinzip nach seiner Entstehungsgeschichte, Stellung und Funktion zu den Staatsfundamentalprinzipien. Den dadurch indizierten besonderen Schutz gewährleisten Art. 28 I 1, 23 I 1 und 79 III. Aufgrund des Homogenitätsgebots des Art. 28 I 1 muss die verfassungsmäßige Ordnung in den Ländern dem Sozialstaatsprinzip („sozialer Rechtsstaat") entsprechen. Die Strukturklausel des Art. 23 I 1 bindet die deutsche Staatsgewalt bei der Entwicklung der Europäischen Union an die sozialen Grundsätze, die im Sozialstaatsprinzip gespeichert sind. Darüber hinaus schützt die Ewigkeitsgarantie in Art. 79 III dieses Verfassungsprinzip vor einer Abschaffung oder Aushöhlung, weil sein Kerngehalt auch im Rahmen einer Verfassungsänderung nicht angetastet werden darf.

250 Das Sozialstaatsprinzip wird im Grundgesetz an verschiedenen Stellen konkretisiert. Das gilt etwa für
– das Verbot der Benachteiligung von Behinderten in Art. 3 III 2,
– den unmittelbaren Anspruch jeder Mutter auf Schutz und Fürsorge aus Art. 6 IV (Mutterschutz),
– die Sozialpflichtigkeit des Eigentums gem. Art. 14 II,

- die Ermächtigung zur Vergesellschaftung bestimmter Güter in Art. 15, die jedoch keine praktische Relevanz erlangt hat,
- die Verpflichtung zur Gewährleistung einer Mindestversorgung der Bevölkerung (Universaldienst) in den Bereichen Eisenbahnen des Bundes, Post und Telekommunikation gem. Art. 87e IV und 87f I,
- verschiedene Kompetenztitel mit sozialstaatlichem Bezug, z.B. Art. 74 I Nr. 7 (öffentliche Fürsorge) und Art. 74 I Nr. 12 (Sozialversicherung einschließlich Arbeitslosenversicherung).

2. Bedeutung und Rechtsnatur

a) Objektive Verfassungsnorm

Das Sozialstaatsprinzip ist trotz seiner Offenheit kein allgemeiner Programmsatz, **251** sondern ein unmittelbar verbindlicher Verfassungsrechtssatz. Für die Ermittlung seines Sinngehalts gelten somit die Regeln für die Auslegung von Verfassungsnormen. Der Zusatz „objektive" hebt die Bedeutung dieses Verfassungsprinzips für die Ausübung von Staatsgewalt hervor (Art. 20 III).

b) Grundsätzliche Ablehnung eines subjektiven Rechts

Aus dem Sozialstaatsprinzip ergibt sich grds. kein subjektives Recht des Einzelnen. **252** Es begründet regelmäßig weder einen Anspruch noch eine Verpflichtung, dass soziale Leistungen in einem bestimmten Umfang zu gewähren sind (BVerfGE 94, 241 [263] – st. Rspr.). Die Gründe hierfür sind der objektive Charakter dieses Grundsatzes, seine Unbestimmtheit und die damit verbundene Notwendigkeit einer Ausgestaltung durch den Gesetzgeber (Rn. 261f.).

Eine Ausnahme ist für die Gewährleistung eines Existenzminimums anzuerkennen, **253** auf die ein unmittelbarer Anspruch besteht. Das gilt für den notwendigen Lebensunterhalt einer Familie und die Gewährleistung eines menschenwürdigen Existenzminimums im Rahmen der Grundsicherung für Arbeitsuchende (Hartz IV, vgl. BVerfGE 82, 60 [80]; 87, 153 [169]; 125, 175 [222, 224]). In allen diesen Fällen ergibt sich der Leistungsanspruch aber nicht unmittelbar allein aus dem Sozialstaatsprinzip, sondern erst aus der Verbindung dieses Prinzips mit einem Grundrecht (Art. 1 I oder 6 I). Das gilt bei zulassungsbeschränkten Studiengängen auch für den Anspruch auf Ausschöpfung der vorhandenen Kapazität, der aus Art. 12 I i.V.m. Art. 3 I und dem Sozialstaatsgebot abgeleitet wird. Eine Erweiterung der Kapazität kann nicht verlangt werden (BVerfGE 33, 303 [332f.]).

c) Verfassungsauftrag und Staatszielbestimmung

Das Sozialstaatsprinzip des Art. 20 I ist ein Verfassungsauftrag, der sich vor allem an **254** den Gesetzgeber wendet. Dieser ist aufgrund seiner demokratischen Legitimation im gewaltenteilenden Rechtsstaat primär dazu verpflichtet, das Sozialstaatsprinzip auszugestalten. Art. 20 I gibt ihm lediglich das Ziel vor. Der Gesetzgeber hat bei der Entscheidung, ob und ggfs. wie er diese Staatszielbestimmung konkretisiert, einen Gestaltungsspielraum (BVerfGE 125, 175 [222ff.]). Bei seiner Ausfüllung muss er grundrechtliche Freiheiten und rechtsstaatliche Gewährleistungen, etwa den Vertrauensschutz, angemessen berücksichtigen.

Die Grenzen für diese Gestaltungsfreiheit ergeben sich in materieller Hinsicht aus **255** den Mindestvoraussetzungen für ein menschenwürdiges Dasein, die nicht unterschritten werden dürfen (BVerfGE 82, 60 [80]). Rechtsdogmatisch wird diese Untergrenze als Ausprägung des Untermaßverbots verstanden (Gröpl, StR I, Rn. 581). Konsequenterweise ist diese Grenze dann nicht dem Sozialstaatsprinzip, sondern dem verbundenen Grundrecht zugeordnet.

256 Anders verhält es sich hinsichtlich der daneben zu beachtenden verfahrensrechtlichen Begrenzung. Sie ergibt sich aus der Forderung, dass der Gesetzgeber zur Konkretisierung des Anspruchs „alle existenznotwendigen Aufwendungen folgerichtig in einem transparenten und sachgerechten Verfahren nach dem tatsächlichen Bedarf, also realitätsgerecht, zu bemessen hat. [...] Das dergestalt gefundene Ergebnis ist zudem fortwährend zu überprüfen und weiter zu entwickeln" (BVerfGE 125, 175 [225]). Diese Einschränkungen betreffen den sozialstaatlich fundierten Gestaltungsauftrag des Gesetzgebers.

257 Trotz der besonderen Stellung des Gesetzgebers bei der Ausfüllung des Sozialstaatsprinzips des Art. 20 I darf nicht übersehen werden, dass dieser Verfassungsauftrag gem. Art. 20 III auch die vollziehende Gewalt und die Rechtsprechung rechtlich bindet. Allerdings müssen sie zuvörderst die gesetzlichen Ausformungen der Sozialstaatlichkeit heranziehen und ggfs. auf ihre Vereinbarkeit mit dem Verfassungsprinzip hin überprüfen, wenn beispielsweise die sozialstaatlichen Mindestvoraussetzungen nicht gewahrt sind. Unmittelbare dirigistische Kraft kann Art. 20 I entfalten, soweit gesetzliche Konkretisierungen fehlen.

258 **Beispiel:** Das Sozialstaatsprinzip des Art. 20 I ist bei der Ausübung des Verwaltungsermessens zu beachten.

3. Ausprägungen

259 In der Fallbearbeitung können folgende Ausprägungen des Sozialstaatsprinzips des Art. 20 I relevant werden:

a) Anspruch auf ein menschenwürdiges Existenzminimum

260 Ein Anspruch auf ein menschenwürdiges Existenzminimum ergibt sich aus dem einschlägigen Grundrecht i. V. m. dem Sozialstaatsprinzip (s. zuletzt BVerfG, NJW 2014, 3425 [3425 Rn. 74]). Für den notwendigen Lebensunterhalt einer Familie wird auf Art. 6 I i. V. m. Art. 20 I abgestellt (BVerfGE 82, 60 [80]; 87, 153 [169]). Einen Anspruch des Einzelnen auf Gewährleistung eines menschenwürdigen Existenzminimums hat das BVerfG aus Art. 1 I i. V. m. Art. 20 I abgeleitet (Rn. 253). Allerdings weist das Gericht darauf hin, dass dieser Anspruch sich bereits unmittelbar aus dem Schutzgehalt des Art. 1 I ergebe. Dem Sozialstaatsprinzip falle lediglich die Rolle zu, den Gesetzgeber bei der Ausgestaltung dieses Anspruchs dazu anzuhalten, die soziale Wirklichkeit zeit- und realitätsgerecht bei der Bemessung des Existenzminimums zu erfassen und Änderungen zu berücksichtigen (BVerfGE 125, 175 [222, 224]; BVerfG, NJW 2014, 3425 [3426 Rn. 76 ff.]).

b) Objektiv-rechtlicher Schutzauftrag

261 Das Sozialstaatsprinzip begründet als objektive Verfassungsnorm grds. eine objektive Pflicht des Gesetzgebers, auf soziale Sicherheit und soziale Gerechtigkeit hinzuwirken. Dazu gehören die Fürsorge für Hilfsbedürftige und die Bekämpfung von Arbeitslosigkeit. Da der Gesetzgeber einen Entscheidungs- und Gestaltungsspielraum hat, ob, in welcher Weise und in welchem Umfang er diesen Schutzauftrag aus Art. 20 I umsetzt, besteht regelmäßig keine konkrete Verpflichtung zu bestimmten Schutzmaßnahmen.

262 Umgekehrt ist der Gesetzgeber durch das Sozialstaatsprinzip nicht daran gehindert, soziale Sicherungssysteme einzuschränken. Das Sozialstaatsprinzip rechtfertigt zwar deren Existenz, verleiht ihnen in dem bestehenden Umfang aber keinen Bestandsschutz. Verfassungskräftig geschützt ist allein der Kernbereich der Sozialstaatlichkeit, der einen Mindestschutz durch soziale Sicherungssysteme garantiert. Ihre konkrete Ausgestaltung obliegt dagegen im Rahmen der Verfassung dem Gesetzgeber.

Einige Zweifel wirft der jüngst unternommene Versuch auf, aus dem Sozialstaatsprinzip eine Verpflichtung des Gesetzgebers abzuleiten, der konstatierten Verfestigung und Verstärkung zunehmender ökonomischer Ungleichheiten zu begegnen (vgl. die abweichende Meinung der Richter Baer, Gaier und Masing in der Entscheidung des BVerfG vom 17.12.2014 zum Erbschaftsteuergesetz, BVerfG, NJW 2015, 303 [327 Rn. 2ff.]). Zwar ist anzuerkennen, dass die öffentliche Gewalt bei ihrem Handeln aufgrund des Sozialstaatsprinzips soziale Gerechtigkeit anstreben muss. Dagegen ist fraglich, ob sich daraus konkrete Verpflichtungen des Gesetzgebers ableiten lassen. „Nur in seltenen Ausnahmefällen lassen sich der Verfassung konkrete Pflichten entnehmen, die den Gesetzgeber zu einem bestimmten Tätigwerden zwingen" (BVerwG, Urteil v. 19.6.2014, 10 C 1/14, Rn. 36). Die Ableitung einer solchen Pflicht aus dem Sozialstaatsprinzip würde dessen Steuerungskraft einseitig überhöhen und im Ergebnis dazu führen, dass die verfassungsgerichtliche Rechtsprechung das Steuerrecht noch stärker determiniert. Die in diesem Bereich notwendige Bewertung der vielschichtigen Interessen und ihr komplexer Ausgleich ist indes Sache des hierfür demokratisch legitimierten Gesetzgebers (BVerwG, Urteil v. 19.6.2014, 10 C 1/14, Rn. 36). Anders als das BVerfG muss er seine Entscheidungen vor dem Wähler verantworten. **262a**

c) Rechtfertigung der Beschränkung von Freiheitsrechten

Das Sozialstaatsprinzip des Art. 20 I als solches kommt wegen seiner Unbestimmtheit und Ausgestaltungsbedürftigkeit als Grundrechtsschranke nicht in Betracht. Es kann allein keine Beeinträchtigungen von Freiheitsrechten rechtfertigen (BVerfGE 52, 283 [298]; anders BVerfGE 57, 70 [99f.]). Von der fehlenden begrenzungsexternen Wirkung muss die begrenzungsinterne Wirkung des Sozialstaatsprinzips im Rahmen von bestehenden Schranken unterschieden werden, die grds. anzuerkennen ist. Sie kann sich aber nur entfalten, wenn entweder ein qualifizierter Gesetzesvorbehalt mit sozialstaatlicher Prägung besteht oder der Gesetzgeber auf der Grundlage eines einfachen Gesetzesvorbehalts das Staatsziel der Sozialstaatlichkeit gesetzlich konkretisiert hat. Im letzteren Fall ist dieses Verfassungsprinzip im Rahmen der gesetzlich vorgeprägten Abwägung zu berücksichtigen (vgl. BVerfGE 59, 231 [263]). **263**

Beispiel: Art. 11 II Alt. 1 enthält für das Grundrecht der Freizügigkeit einen qualifizierten Gesetzesvorbehalt, bei dessen Auslegung und Anwendung das Sozialstaatsprinzip zu beachten ist. Dies führt regelmäßig dazu, dass die Wahrnehmung dieses Grundrechts nicht unter Hinweis auf die fehlende wirtschaftliche Leistungsfähigkeit des Grundrechtsträgers und daraus resultierende finanzielle Lasten für die Allgemeinheit beschränkt werden kann (Pagenkopf, in: Sachs, Art. 11 Rn. 24). **264**

Außerdem kann der Gesetzgeber die Freiheit zur individualvertraglichen Entgeltvereinbarung durch zwingendes Gesetzesrecht begrenzen, um sozialen oder wirtschaftlichen Ungleichgewichten entgegenzuwirken. Er stellt dabei einen Ausgleich her, bei dem die Freiheit der einen mit der Freiheit der anderen in Einklang zu bringen ist. Die im Einzelfall kollidierenden Grundrechtspositionen muss er in ihrer Wechselwirkung erfassen und – unter Berücksichtigung des sozialstaatlichen Auftrags – nach dem Grundsatz der praktischen Konkordanz in Ausgleich bringen (BVerfGE 134, 204 [223 Rn. 68]). **264a**

d) Beeinflussung der Ermessensausübung

Bei der Ausübung eines Ermessens muss die Verwaltung insbesondere die Bedeutung der Grundrechte beachten, um einen Ermessensfehlgebrauch zu vermeiden (§ 40 VwVfG). Das Sozialstaatsprinzip kann für die Auslegungen von Grundrechten bedeutsam sein (BVerfGE 59, 231 [262f.]). Bei Freiheitsgrundrechten kann es deren Bedeutung verstärken oder die entgegengesetzte Wirkung entfalten. Bei Gleichheitsgrund- **265** rechten ist die durch Art. 20 I garantierte Sozialstaatlichkeit insbesondere bei der Frage zu beachten, ob ein hinreichend gewichtiger sachlicher Grund für eine Ungleichbehandlung besteht.

VII. Das Widerstandrecht (Abs. 4)

266 Das Widerstandsrecht nach Art. 20 IV ist ein grundrechtsgleiches Recht jedes Deutschen, das bisher noch nie praktische Bedeutung erlangt hat und für die juristische Prüfung keine nennenswerte Rolle spielt. Denn das Widerstandsrecht ist ein subsidiäres Ausnahmerecht. Es kommt als ultima ratio von vornherein nur dann in Betracht, wenn alle von der Rechtsordnung zur Verfügung gestellten Rechtsbehelfe so wenig Aussicht auf wirksame Abhilfe bieten, dass die Ausübung des Widerstandsrechts das letzte Mittel zur Erhaltung oder Wiederherstellung des Rechts ist (BVerfGE 123, 267 [333]). Zudem werden die Voraussetzungen des Art. 20 IV restriktiv interpretiert. Einzelne Verstöße gegen die Grundsätze des Art. 20 I–III reichen jedenfalls nicht aus (Jarass, in: JP, Art. 20 Rn. 129). Das Widerstandsrecht des Art. 20 IV ist als Ausdruck einer wehrhaften Demokratie vor allem symbolischer Natur.

C. Weiterführende Literatur/Leseempfehlungen

267 Achterberg, N., Kriterien des Gesetzesbegriffs unter dem Grundgesetz, DÖV 1973, 289–298; v. Arnim, H.H., Zur „Wesentlichkeitstheorie“ des Bundesverfassungsgerichts, DVBl. 1987, 1241–1249; Badura, P., Der Sozialstaat, DÖV 1989, 491–499; Böckenförde, C., Die Kodifizierung des Widerstandsrechts im Grundgesetz, JZ 1970, 168–172; Detterbeck, S., Vorrang und Vorbehalt des Gesetzes, Jura 2002, 235–241; Dreier, H., Das Demokratieprinzip des Grundgesetzes, Jura 1997, 249–257; Dreier, R., Der Rechtsstaat im Spannungsverhältnis zwischen Gesetz und Recht, JZ 1985, 353–359; Erichsen, H.-U., Vorrang und Vorbehalt des Gesetzes, Jura 1995, 550–554; Gassner, U., Parlamentsvorbehalt und Bestimmtheitsgrundsatz, DÖV 1996, 18–25; Gerber, H., Die Sozialstaatsklausel des Grundgesetzes, AöR 81 (1956), 1–54; Görisch, C., Die Inhalte des Rechtsstaatsprinzips, JuS 1997, 988–992; Gril, P., Normprüfungs- und Normverwerfungskompetenz der Verwaltung, JuS 2000, 1080–1085; Huster, S., Republikanismus als Verfassungsprinzip?, Der Staat 34 (1995), 606–613; Isensee, J., Republik – Sinnpotential eines Begriffs, JZ 1981, 1–8; Jarass, H.D., Der Vorbehalt des Gesetzes bei Subventionen, NVwZ 1984, 473–480; Kersten, J., Schwarmdemokratie – Veränderungen des Demokratieverständnisses durch Soziale Medien, JuS 2014, 673–681; Klatt, M./Meister, M., Der Grundsatz der Verhältnismäßigkeit, JuS 2014, 193–199; Kühling, J., Volksgesetzgebung und Grundgesetz – „Mehr direkte Demokratie wagen“?, JuS 2009, 777–783; Löw, K., Was bedeutet „Republik“ in der Bezeichnung „Bundesrepublik Deutschland“?, DÖV 1979, 819–822; Merten, D., Über Staatsziele, DÖV 1993, 368–377; Neumann, V., Sozialstaatsprinzip und Grundrechtsdogmatik, DVBl. 1997, 92–100; v. Peter, F., Bemerkungen zum Widerstandsrecht des Art. 20 IV GG, DÖV 1968, 719–721; Pieroth, B., Das Demokratieprinzip des Grundgesetzes, JuS 2010, 473–481; Schnapp, F.E., Was können wir über das Sozialstaatsprinzip wissen?, JuS 1998, 873–877; Schneider, H.-P., Die bundesstaatliche Ordnung im vereinigten Deutschland, NJW 1991, 2448–2455; Schulz-Schaeffer, H., Der demokratische Rechtsstaat als Republik, als „gemeinsame Sache aller“, JZ 2003, 554–561; Schwarz, K., Rückwirkung von Gesetzen, JA 2013, 683–687; Sommermann, K.-P., Taugt die Gerechtigkeit als Maßstab der Rechtsstaatlichkeit?, Jura 1999, 337–342; Vogel, H.-J., Gewaltenvermischung statt Gewaltenteilung?, NJW 1996, 1505–1511; Voßkuhle, A., Der Grundsatz des Vorbehalts des Gesetzes, JuS 2007, 118–119; ders., Der Grundsatz der Verhältnismäßigkeit, JuS 2007, 429–431; ders./Kaiser, A.-B., Demokratische Legitimation, JuS 2009, 803–805; ders./Kaufhold, A.-K., Das Rechtsstaatsprinzip,

JuS 2010, 116–119; dies., Das Bundesstaatsprinzip, JuS 2010, 873–876; Wahl, R., Der Vorrang der Verfassung, Der Staat 20 (1981), 485–516; Wenzel, J., Die Bindung des Richters an Gesetz und Recht, NJW 2008, 345–349; Windthorst, K./Sattler, A., Referendarexamensklausur – Öffentliches Recht: Staatsrecht – Hartz IV, JuS 2012, 826–832.

Art. 20a [Staatsziele Naturschutz und Tierschutz]

Der Staat schützt auch in Verantwortung für die künftigen Generationen die natürlichen Lebensgrundlagen und die Tiere im Rahmen der verfassungsmäßigen Ordnung durch die Gesetzgebung und nach Maßgabe von Gesetz und Recht durch die vollziehende Gewalt und die Rechtsprechung.

Pflichtstoff (**)

Übersicht

A. Überblick

Art. 20a legt den Staat darauf fest, die natürlichen Lebensgrundlagen (= die Umwelt) und die Tiere zu schützen. Umwelt- und Tierschutz werden so zu Zielen erklärt, die der Staat verfolgen muss: Art. 20a ist eine sog. Staatszielbestimmung. 1

Die Vorschrift ist – wie sich schon aus dem Kleinbuchstaben in der Artikelnummerierung ergibt – erst nachträglich in das GG aufgenommen worden, genauer: durch die Föderalismusreform 1994. Seinerzeit beschränkte sich die Norm freilich auf das Staatsziel des Schutzes der natürlichen Lebensgrundlagen. Im Jahr 2002 wurde sie um die Worte „und die Tiere" ergänzt. Sollte es zu der seit einiger Zeit diskutierten Aufnahme eines Staatsziels „Nachhaltigkeit" kommen, würde dieses wohl ebenfalls in Art. 20a normiert werden. Derzeit findet der Gedanke der Nachhaltigkeit insofern Niederschlag, als Umwelt- und Tierschutz dem Staat „auch in Verantwortung für die künftigen Generationen" auferlegt sind. Zudem gehört zum Umweltschutz der nachhaltige Umgang mit den natürlichen Ressourcen (Schulze-Fielitz, in: Dreier, Rn. 69). 2

Die Prüfungsrelevanz von Art. 20a bewegt sich in einem niedrigen Bereich. Bedeutung kommt der Vorschrift insbesondere als Gegenrecht zu Grundrechten zu; insofern kann sie ggf. zur Rechtfertigung von Eingriffen herangezogen werden (näher u. Rn. 10). 3

B. Erläuterungen

I. Art. 20a als Staatszielbestimmung

1. Die Festlegung des Staates auf die Verfolgung bestimmter Ziele

4 Staatszielbestimmungen legen den Staat verfassungskräftig auf die Verfolgung bestimmter Ziele fest. Sie sind keine unverbindliche Verfassungsprosa, sondern geltendes Recht, das den Staat bindet. An Private richten sich Staatszielbestimmungen hingegen nicht. Private können aber durch den Staat zu Maßnahmen des Umwelt- oder Tierschutzes verpflichtet werden (Leisner, in: Sodan, Rn. 10).

5 Die Festlegung des Staates auf die Verfolgung bestimmter Ziele bedeutet jedoch nicht, dass sich das jeweilige Ziel im Verhältnis zu konkurrierenden oder kollidierenden Zielsetzungen stets durchsetzen muss. Lediglich die unzureichende Beachtung oder gar die vollständige Nichtberücksichtigung der Ziele wäre ein Verfassungsverstoß.

Deutlich wird das etwa, wenn Aspekte des Umweltschutzes mit dem Wunsch nach der Schaffung von Arbeitsplätzen kollidieren, weil für die Errichtung einer Fabrik ein bislang unbebautes und von seltenen Tieren bewohntes Gelände benötigt wird. Art. 20a führt in diesem Fall nicht zu einem strikten Vorrang des Umweltschutzes.

6 Adressat der Staatszielbestimmungen ist in erster Linie der Gesetzgeber. Bei der Entscheidung, auf welchem Weg das vorgeschriebene Ziel erreicht werden soll, kommt ihm ein weiter Gestaltungsspielraum zu (zum Umweltschutz BVerfGE 118, 79 [110]; zum Tierschutz BVerfGE 127, 293 [328]). Staatszielbestimmungen können sich aber auch an die Rechtsprechung und die Verwaltung richten. Das wird relevant, wenn diesen Staatsgewalten eigene Handlungsspielräume verbleiben. Anders verhält es sich regelmäßig, wenn sie vom Gesetzgeber auf bestimmte Entscheidungen festgelegt sind.

In Art. 20a schlägt sich dieser Gedanke in der unterschiedlichen Adressierung der Staatsgewalten nieder: Die Gesetzgebung hat die Schutzziele im Rahmen der verfassungsmäßigen Ordnung – also ohne spezifische Einschränkungen – zu verfolgen, vollziehende Gewalt und Rechtsprechung hingegen nur „nach Maßgabe von Gesetz und Recht". – Im vorgenannten Konflikt (Rn. 5) wird das Ziel des Umweltschutzes u. a. durch dessen gesetzlich vorgeschriebene Berücksichtigung im Rahmen der Aufstellung von Bauleitplänen (s. u. a. § 1 V, VI Nr. 7, § 1a BauGB) verfolgt. Dass nach § 1 VI Nr. 6 lit. c BauGB zugleich die Belange der Erhaltung, Sicherung und Schaffung von Arbeitsplätzen zu berücksichtigen sind, ist ebenso wenig ein Verstoß gegen Art. 20a wie die Tatsache, dass sich diese Belange u. U. im Rahmen der Abwägung (§ 1 VII BauGB) gegenüber dem Umweltschutz durchsetzen können. – Zu einem Beispiel für einen Verstoß gegen Art. 20a s. BVerfGE 127, 293 (328 ff.): Wenn der Gesetzgeber für den Erlass einer Rechtsverordnung die Anhörung einer Tierschutzkommission vorschreibt (§ 16b I 2 TierSchG), diese Anhörung jedoch unterbleibt, verstößt die Verordnung nicht nur gegen das einfache Gesetz, sondern zugleich gegen Art. 20a.

7 Während Staatszielbestimmungen der Landesverfassungen nur die jeweilige Landesstaatsgewalt binden (u. Rn. 21), richten sich die Staatszielbestimmungen des GG (und damit auch Art. 20a) sowohl an die Bundes- als auch an die Landesstaatsgewalt. Sie schaffen jedoch keine Zuständigkeiten, sondern legen Hoheitsträger darauf fest, bestimmte Ziele im Rahmen ihrer Zuständigkeiten zu verfolgen.

Für den Bundes- bzw. die Landesgesetzgeber kann insofern noch einmal darauf verwiesen werden, dass sie die Ziele des Art. 20a im Rahmen der verfassungsmäßigen Ordnung verfolgen müssen. Zu dieser Ordnung zählt auch die grundgesetzliche Aufteilung der Gesetzgebungskompetenzen nach Art. 30, 70 ff.

2. Staatsziele als Teil allein des objektiven Verfassungsrechts

8 Der objektiven Verpflichtung des Staates korrespondiert kein subjektives Recht einzelner Bürger, „der Umwelt" oder einzelner Tiere. Niemand von ihnen erhält durch

Art. 20a subjektive und daher klagbare Rechte. Insbesondere enthalten Staatszielbestimmungen keine Grundrechte oder grundrechtsgleichen Rechte. Die vermeintliche Verletzung von Art. 20a begründet weder vor der Verwaltungsgerichtsbarkeit die Klagebefugnis nach § 42 II VwGO noch kann sie mit einer Verfassungsbeschwerde zum BVerfG nach Art. 93 I Nr. 4a gerügt werden.

Zwar gibt das Umwelt-Rechtsbehelfsgesetz (UmwRG) Umweltverbänden die Gelegenheit, verwaltungsgerichtliche Rechtsbehelfe wegen des vermeintlichen Widerspruchs bestimmter behördlicher Entscheidungen gegen Vorschriften einzulegen, die dem Umweltschutz dienen. Diese Möglichkeit besteht jedoch nicht *wegen* der – von § 42 II VwGO grundsätzlich verlangten – Möglichkeit der Verletzung eigener Rechte, sondern ausdrücklich *trotz* des Fehlens dieser Möglichkeit: Nach § 2 I UmwRG sind Rechtshelfe möglich, „ohne eine Verletzung in eigenen Rechten geltend machen zu müssen". – Unterschiedlich beurteilt wird die Frage, ob ein staatlicher Grundrechtseingriff dadurch zur Grundrechtsverletzung werden kann, dass Art. 20a nicht hinreichend berücksichtigt wird. S. dazu Voßkuhle, NVwZ 2013, 1 (5).

3. Das Verhältnis von Staatszielbestimmungen zu Grundrechten

Auch wenn sie selbst keine Grundrechte enthalten (Rn. 8), können Staatszielbestimmungen die Schutzwirkungen von Grundrechten unterstützen und verstärken (Jarass, in: JP, Rn. 16). **9**

Aus dem Recht auf körperliche Unversehrtheit (Art. 2 II 1) kann sich ein Anspruch auf Schutz vor gesundheitsbeeinträchtigenden Umweltbelastungen ergeben. Zu derartigen Schutzmaßnahmen kann der Staat zugleich auf Grund von Art. 20a verpflichtet sein, aus dem sich freilich – anders als aus Art. 2 II 1 – kein Anspruch des Betroffenen ergibt.

Gerade entgegengesetzt wirken Staatszielbestimmungen, wenn sie zur Rechtfertigung von Eingriffen in Grundrechte herangezogen werden. Besonders bedeutsam ist das für Eingriffe in vorbehaltlos gewährleistete Grundrechte, die nur durch kollidierendes Verfassungsrecht gerechtfertigt werden können (näher Vorbem. Grundrechte Rn. 109 ff.). Die jeweiligen Staatsziele – im Fall des Art. 20a also der Umwelt- und der Tierschutz – sind Güter von Verfassungsrang; sie stellen damit verfassungsimmanente Grundrechtsschranken dar. **10**

Art. 20a kann z. B. einen Eingriff in die vorbehaltlos gewährleistete Wissenschaftsfreiheit des Art. 5 III rechtfertigen, wenn aus Gründen des Umweltschutzes der Anbau von und der Umgang mit gentechnisch veränderten Pflanzen gesetzlichen Beschränkungen unterworfen werden. Freilich darf die Versagung nicht unmittelbar auf Art. 20a gestützt werden. Sie muss vielmehr durch ein formelles Gesetz bzw. auf der Grundlage eines solchen ergehen (Vorbem. Grundrechte Rn. 123). Im konkreten Fall (BVerfGE 128, 1 ff.) war dies das GenTG.

Einmal mehr ist insofern freilich der Hinweis veranlasst, dass Art. 20a seinen Schutzgütern nicht automatisch Vorrang gegenüber grundrechtlich geschützten Gütern zukommen lässt. Zwar kann grundrechtliche Freiheit ihre Grenzen in Staatszielbestimmungen finden. Umkehrt kann aber auch die staatliche Möglichkeit, Umwelt und Tiere zu schützen, durch grundrechtliche Freiheit begrenzt werden. **11**

Art. 20a kann den Eingriff in die Wissenschaftsfreiheit (Art. 5 III) rechtfertigen, der in der Beschränkung oder gar dem Verbot von Tierversuchen liegt. Umgekehrt kann aber auch die Wissenschaftsfreiheit die Zulassung bestimmter Tierversuche fordern, so dass der Tierschutz zurücktreten muss.

II. Das Staatsziel „Schutz der natürlichen Lebensgrundlagen"

1. Die natürlichen Lebensgrundlagen

Der Begriff der natürlichen Lebensgrundlagen bezeichnet die natürliche Umwelt. Str. ist, ob nur die Lebensgrundlagen des Menschen gemeint sind (sog. anthropozen- **12** trische Sichtweise) oder auch diejenigen von Tieren und Pflanzen. Ohne ausdrückliche Stellungnahme spricht sich das BVerfG für die zweite Lösung aus, wenn es die Erhaltung der biologischen Vielfalt und die Sicherung eines artgerechten Lebens bedrohter Tier- und Pflanzenarten zu den nach Art. 20a geschützten Umweltgütern zählt (BVerfGE 128, 1 [37]; für die zweite Lösung auch Murswiek, in: Sachs, Rn. 22). Große praktische Bedeutung kommt diesem Streit nicht zu. Jedenfalls zu den natürlichen Lebensgrundlagen gehören die Fauna und Flora, das Wasser, der Boden, die Luft, das Klima und die Landschaft (Hömig, in: Hömig, Rn. 2). Dass der Mensch diese Umwelt z. T. erheblich verändert hat, ist unschädlich. Nicht vom Schutzauftrag erfasst ist die Umwelt freilich, soweit sie vom Menschen erst geschaffen worden ist (Jarass, in: JP, Rn. 3 f.).

Landwirtschaftlich genutztes Ackerland gehört zu den natürlichen Lebensgrundlagen, Gebäude gehören hingegen nicht dazu.

2. Der geforderte Schutz

13 Der Staat muss die natürlichen Lebensgrundlagen schützen. Diese Verpflichtung zielt primär auf zwei Verhaltensweisen des Staates: Auf die Unterlassung staatlicher Beeinträchtigungen der Lebensgrundlagen sowie auf deren Schutz vor Beeinträchtigungen durch Private. Als zusätzliche Maßnahmen kann Art. 20a etwa die Behebung bereits eingetretener Schäden verlangen (Murswiek, in: Sachs, Rn. 33).

14 Dass die Umwelt „auch in Verantwortung für die künftigen Generationen" zu schützen ist, hat zur Folge, dass auch die mittel- und langfristigen Folgen einzelner Maßnahmen von Verfassungs wegen zu berücksichtigen sind. Der Staat ist neben der Gefahrenabwehr zur Risikovorsorge verpflichtet (BVerfGE 128, 1 [37]). Zudem muss er sich um Nachhaltigkeit bemühen (vgl. BVerfGE 118, 79 [110]), also natürliche Ressourcen nach Möglichkeit nur in einem Umfang verwenden, der ihre Nutzung auch in Zukunft zulässt (näher Gassner, DVBl. 2013, 547 [549 f.]).

15 Die Verpflichtungen zum Schutz bestehen jedoch nicht absolut. Dem Staat ist nicht jede Beeinträchtigung der natürlichen Lebensgrundlagen untersagt; er muss die Umwelt nicht vor jeder Beeinträchtigung durch Private schützen. Vielmehr hat insbesondere der Gesetzgeber einen weiten Gestaltungsspielraum hinsichtlich des zu erreichenden Schutzniveaus (s. bereits Rn. 6). Zudem ist er zum Umweltschutz nur „im Rahmen der verfassungsmäßigen Ordnung" aufgerufen, so dass andere Verfassungsvorschriften ein Zurücktreten des Umweltschutzgedankens rechtfertigen können (Jarass, in: JP, Rn. 7, 14). Dass es einer solchen Rechtfertigung bedarf, ist freilich eine Folge des Art. 20a (Murswiek, in: Sachs, Rn. 46).

III. Das Staatsziel Tierschutz

1. Die zu schützenden Tiere

16 Das 2002 zusätzlich aufgenommene Staatsziel des Tierschutzes ergänzt das Ziel des Umweltschutzes, weil zu diesem zwar der Schutz ganzer Tierarten gehört, nicht aber der Schutz des einzelnen Tiers. Die Erweiterung dient der Stärkung des ethisch begründeten Tierschutzes (BVerfGE 127, 293 [328]). Zu schützen sind daher alle leidens- und empfindungsfähigen Tiere (Murswiek, in: Sachs, Rn. 31, 31b).

2. Der geforderte Schutz

17 Art. 20a verpflichtet den Staat, auf die artgerechte Haltung von Tieren und die Vermeidung von Schmerzen, Leiden oder Schäden bei diesen hinzuwirken. Er muss entsprechende Einwirkungen selbst unterlassen und Maßnahmen gegen Einwirkungen durch Dritte ergreifen (Jarass, in: JP, Rn. 13). Die Vorschrift bewirkt jedoch ebenso wenig wie beim Umweltschutz, dass konkurrierende verfassungsrechtliche Belange stets zurücktreten müssen (BVerfGE 127, 293 [328]; s. im Übrigen o. Rn. 15).

Ein besonders eindrückliches Beispiel dafür, dass der Tierschutz trotz seiner Aufnahme in Art. 20a u. U. zurücktreten muss, stellt der Streit um das Schächten von Tieren dar (s. auch Art. 4 Rn. 38). Das BVerfG hatte im Januar 2002 der Verfassungsbeschwerde eines muslimischen Metzgers stattgegeben, die sich gegen die Versagung der erforderlichen Ausnahmegenehmigung für das grundsätzlich untersagte betäubungslose Schlachten von Tieren (sog. Schächten) gerichtet hatte (BVerfGE 104, 337 ff.). Der Tierschutz war in dieser Entscheidung lediglich als Zweck des TierSchG berücksichtigt worden, nicht jedoch als Gut von Verfassungsrang. Nachdem später im selben Jahr der Tierschutz als Staatsziel in Art. 20a aufgenommen wurde, verweigerte die zuständige Behörde unter Hinweis auf die geänderte Rechtslage weiterhin die Erteilung der Ausnahmegenehmigung. Das BVerwG ist dieser Argumentation nicht gefolgt und hat dem Metzger recht gegeben: Die gegenteilige Sichtweise würde zu einem vom Gesetzgeber nicht beabsichtigten Vorrang des Tierschutzes führen (BVerwGE 127, 183 ff.).

Da es beim Tierschutzziel des Art. 20a um das einzelne Tier geht, kommt der Gedanke der Verantwortung für die künftigen Generationen hier nicht zum Tragen (Jarass, in: JP, Rn. 13). 18

IV. Staatszielbestimmungen außerhalb von Art. 20 a

1. Staatszielbestimmungen des Grundgesetzes

Neben dem Umwelt- und dem Tierschutz werden der Sozialstaat (Art. 20 I), die europäische Integration (Art. 23 I) und das gesamtwirtschaftliche Gleichgewicht (Art. 109 II) zu den Staatszielen gezählt (z. B. von Murswiek, in: Sachs, Rn. 17). Beim Sozialstaat und der europäischen Integration ist diese Zuordnung nicht zwingend. Sie liegen auf der Grenze zwischen Staatszielen und Staatsstrukturprinzipien (zum Sozialstaatsprinzip Gröpl, Staatsrecht I, Rn. 257) und lassen sich auch (bzw. zugleich) letzteren zuordnen. 19

2. Staatszielbestimmungen der Landesverfassungen

Diverse Staatszielbestimmungen finden sich in vielen Landesverfassungen. 20

Ein Beispiel stellt Art. 16 NRWVerf dar. Nach der Norm sind Kultur, Kunst und Wissenschaft durch Land und Gemeinden zu pflegen und zu fördern (Abs. 1). Die Denkmäler der Kunst, der Geschichte und der Kultur, die Landschaft und Naturdenkmale stehen gem. Abs. 2 unter dem Schutz des Landes, der Gemeinden und Gemeindeverbände. Abs. 3 sieht vor, dass Sport durch Land und Gemeinden zu pflegen und zu fördern ist.

Adressat dieser Staatszielbestimmungen kann zwangsläufig nur die Staatsgewalt des betreffenden Landes sein. „Das Land" ist im vorgenannten Beispiel also das Land Nordrhein-Westfalen, „die Gemeinden" sind die nordrhein-westfälischen Gemeinden. An die Staatsgewalt des Bundes (oder gar an die anderer Länder) richten sich Staatszielbestimmungen der Landesverfassungen hingegen nicht. Das kann zu Schwierigkeiten bei der Förderung der Staatsziele führen, wenn dem Land die Gesetzgebungs- oder Verwaltungszuständigkeit (Art. 30, 70 ff. bzw. Art. 30, 83 ff.) für einschlägige Maßnahmen fehlt. S. dazu Rn. 7. 21

Als Staatszielbestimmungen müssen auch solche Vorschriften der Landesverfassungen interpretiert werden, die man für die Verbürgung „sozialer Grundrechte" wie z. B. eines Rechts auf Wohnung oder eines Rechts auf Arbeit halten könnte. Einklagbare Ansprüche gegen den Staat z. B. auf eine Wohnung oder einen Arbeitsplatz würden voraussetzen, dass der Staat in einem hinreichenden Umfang über diese Güter verfügt (Stern, Staatsrecht III/2, S. 1486). Das aber kann in einer freiheitsgrundrechtlich geprägten Ordnung – relevant sind hier vor allem die Berufsfreiheit (Art. 12 I) und die Eigentumsfreiheit (Art. 14 I) – nicht der Fall sein, in der diese Güter typischerweise in 22 privater Hand sind. Einklagbare Ansprüche auf Zurverfügungstellung z. B. einer Wohnung oder eines Arbeitsplatzes aus der Landesverfassung würden daher gegen das GG verstoßen (Dietlein, Die Grundrechte in den Verfassungen der neuen Bundesländer, S. 124; Stern, Staatsrecht III/2, S. 1486).

23 Die Landesverfassungen tragen dieser Überlegung zum Teil dadurch Rechnung, dass bereits der Normtext den bloßen Staatszielcharakter sozialer Garantien deutlich werden lässt.

Nach Art. 47 I, Art. 48 I BbgVerf ist das Land (Brandenburg) verpflichtet, „im Rahmen seiner Kräfte" für die Verwirklichung des Rechts auf eine angemessene Wohnung bzw. auf Arbeit zu sorgen.

24 Aber auch Vorschriften, deren Formulierung ein Verständnis als einklagbare Garantie zulassen würde, müssen aus den dargelegten Gründen als bloßes Staatsziel ausgelegt werden.

Das betrifft etwa Art. 24 I 3 NRWVerf, der trotz seines Wortlauts („Jedermann hat ein Recht auf Arbeit.") kein einklagbares Recht auf einen Arbeitsplatz enthält. Dazu Müller-Terpitz, in: Löwer/Tettinger, Art. 24 Rn. 17.

25 Darin liegt zugleich ein Problem derartiger Verbürgungen: Sie mindern das Vertrauen in die Verbindlichkeit der Landesverfassung. Aus Sicht des Arbeitslosen bleibt der rechtliche Gehalt eines „Rechts auf Arbeit", das ihm keinen durchsetzbaren Anspruch gibt, deutlich hinter dem zurück, was er sich bei unbefangener Lektüre von ihm versprechen wird. Aus diesem Grund spricht viel für die Sichtweise, dass der Verzicht des GG auf „soziale Grundrechte" kein Defizit, sondern eine kluge verfassungspolitische Entscheidung darstellt.

C. Weiterführende Literatur/Leseempfehlungen

26 Caspar, J./Geissen, M., Das neue Staatsziel „Tierschutz" in Art. 20a GG, NVwZ 2002, 913–917; Erbguth, W./Schlacke, S., Umweltverfassungsrecht – eine Einführung, Jura 2009, 431–439; Holste, H., ... und die Tiere – Das Staatsziel Tierschutz in Art. 20a GG, JA 2002, 907–912; Odendahl, G., Der praktische Fall – Öffentliches Recht – Tiefgarage statt Stadtpark, JuS 1996, 819–821; Uhle, A., Das Staatsziel „Umweltschutz" und das Sozialstaatsprinzip im verfassungsrechtlichen Vergleich, JuS 1996, 96–103; Graf Vitzthum, W./Geddert-Steinacher, T., Examensklausur Öffentliches Recht, Umweltschutz im Grundgesetz, Jura 1996, 42–47; Voßkuhle, A., Umweltschutz und Grundgesetz, NVwZ 2013, 1–8; Westphal, S., Art. 20a GG – Staatsziel „Umweltschutz", JuS 2000, 339–343.

Art. 21 [Politische Parteien]

(1) [1]**Die Parteien wirken bei der politischen Willensbildung des Volkes mit.** [2]**Ihre Gründung ist frei. Ihre innere Ordnung muß demokratischen Grundsätzen entsprechen.** [3]**Sie müssen über die Herkunft und Verwendung ihrer Mittel sowie über ihr Vermögen öffentlich Rechenschaft geben.**

(2) [1]**Parteien, die nach ihren Zielen oder nach dem Verhalten ihrer Anhänger darauf ausgehen, die freiheitliche demokratische Grundordnung zu beeinträchtigen oder zu beseitigen oder den Bestand der Bundesrepublik Deutschland zu gefährden, sind verfassungswidrig.** [2]**Über die Frage der Verfassungswidrigkeit entscheidet das Bundesverfassungsgericht.**

(3) **Das Nähere regeln Bundesgesetze.**

Pflichtstoff (*****)

Übersicht

A. Überblick

1 Art. 21 befasst sich mit den politischen Parteien. In seinem Abs. 1 legt er deren Funktion fest, garantiert die Freiheit ihrer Gründung und macht Vorgaben für ihre innere Ordnung und für die Transparenz in Finanzangelegenheiten. Abs. 2 erklärt bestimmte Parteien für verfassungswidrig, behält jedoch die Entscheidung über diese Frage dem BVerfG vor. Abs. 3 ermächtigt und beauftragt den Bundesgesetzgeber zur Regelung der Details.

2 Die Prüfungsrelevanz von Art. 21 ist insgesamt groß. Besonders häufig kommt es – gerade in verwaltungsrechtlichen Klausuren – auf das sog. Parteienprivileg nach Abs. 2 an (u. Rn. 40), weil Parteien wegen ihrer vermeintlichen Verfassungswidrigkeit Leistungen vorenthalten oder Einschränkungen auferlegt werden.

B. Erläuterungen

I. Der Parteibegriff

1. Die Bedeutung der Definition des § 2 I 1 PartG

3 Parteien werden in § 2 I 1 PartG definiert als „Vereinigungen von Bürgern die dauernd oder für längere Zeit für den Bereich des Bundes oder eines Landes auf die politische Willensbildung Einfluß nehmen und an der Vertretung des Volkes im Deutschen Bundestag oder einem Landtag mitwirken wollen, wenn sie nach dem Gesamt-

bild der tatsächlichen Verhältnisse, insbesondere nach Umfang und Festigkeit ihrer Organisation, nach der Zahl ihrer Mitglieder und nach ihrem Hervortreten in der Öffentlichkeit eine ausreichende Gewähr für die Ernsthaftigkeit dieser Zielsetzung bieten." Zwar kann der selbst an das GG gebundene einfache Gesetzgeber den Inhalt der Verfassung nicht verbindlich festlegen. Jedoch stellt die Legaldefinition eine auf Abs. 3 gestützte verfassungsgemäße Konkretisierung des Parteibegriffs nach Abs. 1 dar (BVerfGE 111, 382 [409]).

2. Mitglieder und Struktur

4 Mitglied der „Vereinigung von Bürgern" können nur natürliche Personen sein (s. dazu § 2 I 2 PartG). Insofern ist der Begriff der Partei enger als der der Vereinigung i. S. v. Art. 9 I, der auch Zusammenschlüsse erfasst, an denen juristische Personen oder Personenvereinigungen beteiligt sind. Wie Vereinigungen müssen jedoch auch Parteien über eine verfestigte organisierte Willensbildung verfügen, an der es losen Zusammenschlüssen fehlt. Ihrer Rechtsform nach sind Parteien meist nichtrechtsfähige Vereine (s. aber § 3 S. 1 PartG: Partei kann klagen und verklagt werden), seltener rechtsfähige Vereine (derzeit etwa die CSU und die FDP). Ausländerparteien haben nach § 2 III nicht den Status einer politischen Partei. Zur Frage der Verfassungsmäßigkeit dieser Regelung s. Pieroth, in: JP, Rn. 5.

3. Die erforderliche Zielsetzung

5 Um Partei zu sein, muss eine Gruppierung nach der o. g. Definition zumindest für längere Zeit Einfluss auf die politische Willensbildung nehmen *und* an der Vertretung des Volks im Bundes- oder (mindestens) einem Landtag mitwirken wollen.

6 Am fehlenden Ziel der längeren Einflussnahme scheitert die Parteieigenschaft von Vereinigungen, die nur ein konkretes sachliches Ziel wie z. B. die Durchsetzung oder Verhinderung eines Verkehrsprojektes verfolgen.

7 Gruppen, die einen Einzug ins Parlament nicht anstreben, sind keine Parteien. Zwar findet politische Willensbildung – auf die Art. 21 I allein abstellt – nicht nur durch Wahlen statt. Jedoch stehen die Wahlen derart in ihrem Zentrum, dass eine dauerhafte Nichtteilnahme (§ 2 II PartG: sechs Jahre) die Parteieigenschaft beendet.

8 Bedenklich ist, dass sich der Wille zur Mitwirkung nach § 2 I 1 gerade auf den Bundes- oder Landtag richten muss. Dieser Wille fehlt kommunalen Wählervereinigungen („Rathausparteien"), die nur bei Kommunalwahlen antreten, ebenso wie reinen Europaparteien, die nur ins Europäische Parlament einziehen wollen. Aus diesem Grund sieht das BVerfG kommunale Wählervereinigungen nicht als Parteien an (BVerfGE 69, 92 [104]). Dagegen spricht freilich, dass die Willensbildung des Volkes (Art. 21 I) auch auf kommunaler und europäischer Ebene stattfindet (Ipsen, in: Sachs, Rn. 19; zur Bedeutung der Parteien s. Art. 10 IV EUV).

4. Die Ernsthaftigkeit der Zielsetzung

9 Ob die ausreichende Gewähr für die Ernsthaftigkeit der vorgenannten Zielsetzung gegeben ist, hängt vom „Gesamtbild der tatsächlichen Verhältnisse" ab. In der Gründungsphase kommt es primär auf den Willen zur Mitwirkung an. Später muss anhand objektiver Kriterien die Fähigkeit zur Erfüllung der Aufgaben einer Partei erkennbar sein. § 2 I 1 Hs. 2 PartG nennt dafür bedeutsame, aber nicht abschließende („insbesondere") Indizien (BVerfGE 91, 262 [270 ff.]).

5. Die Irrelevanz der (vermeintlichen) Verfassungswidrigkeit

10 Vom Inhalt der Positionen, die eine Gruppierung vertritt, hängt ihre Qualität als Partei nicht ab. Nach Abs. 2 sind bestimmte *Parteien* verfassungswidrig. Die Erfüllung

der Verbotsvoraussetzungen ändert also nichts an der Qualität als Partei (BVerfGE 47, 198 [223]): Auch die verfassungswidrige Partei ist – vorbehaltlich eines Verbots – Partei i. S. v. Abs. 1.

Es wäre also verfehlt, die Verfassungswidrigkeit i. S. v. Abs. 2 S. 1 als eine Art negatives Merkmal beim Parteibegriff nach Abs. 1 S. 1 zu erörtern.

II. Funktion und Stellung der Parteien (Abs. 1 S. 1)

1. Die Mitwirkung an der politischen Willensbildung des Volkes

Nach Abs. 1 S. 1 wirken die Parteien bei der politischen Willensbildung des Volkes mit. Damit erkennt das GG die Parteien als für die Demokratie grundgesetzlichen Zuschnitts unentbehrlich an und macht sie zu verfassungsrechtlichen Institutionen (BVerfGE 41, 399 [416]), denen eine bestimmte Aufgabe zugewiesen wird (BVerfGE 61, 1 [11 f.]). Insofern unterscheidet sich das GG von der WRV, die die Parteien nur negativ angesprochen hatte (Art. 103 WRV: Beamte als Vertreter des ganzen Volkes, nicht einer einzelnen Partei). 11

Die Willensbildung des Volkes, an der die Parteien mitwirken, ist von der Willensbildung des Staates zu unterscheiden, die sich in seinen verfassten Organen vollzieht. Das wird durch die getrennte Behandlung beider Phänomene (Volkswillensbildung in Art. 21 I, Staatswillensbildung in Art. 20 II) deutlich und beruht auf der grundlegenden Unterscheidung zwischen Staat und Gesellschaft, die ein Grundelement freiheitlichen Staatsverständnisses darstellt (Gröpl, Staatsrecht I, Rn. 545a, b). Volkswillensbildung findet im Bereich der Gesellschaft statt. In den Parlamentswahlen, in denen das Volk Staatsorgane kreiert und ihnen damit demokratische Legitimation verschafft, fallen beide Formen der Willensbildung ausnahmsweise zusammen (BVerfGE 20, 56 [98 f.]). 12

Durch die Mitwirkung an der Willensbildung nehmen die Parteien zwar eine öffentliche Aufgabe wahr. Sie üben aber keine öffentliche Gewalt aus. Daher ist auch eine Verfassungsbeschwerde gegen parteiinterne Beschlussverfahren (Mitgliederbefragung über Koalitionsvertrag) mangels eines tauglichen Beschwerdegegenstandes (s. Art. 93 Rn. 74) unzulässig. So BVerfG, Beschl. v. 6.12.2013 – 2 BvQ 55/13; dazu Sachs, JuS 2014, 381 ff.

Die Willensbildung des Volkes ist nicht allein Sache der zur *Mit*wirkung berufenen Parteien, sondern auch der einzelnen Bürger sowie anderer Gruppen (BVerfGE 85, 264 [284]). Die Parteien haben aber eine besonders wichtige Funktion, indem sie politische Positionen formulieren und sachliche sowie personelle Handlungsoptionen anbieten. Das tun sie gerade im Hinblick auf Wahlen (BVerfGE 61, 1 [11 f.]). Jedoch beschränkt sich ihre Rolle nicht darauf. Sie sind keine reinen „Wahlvorbereitungsorganisationen“, sondern beteiligen sich permanent am nicht staatlich gelenkten gesellschaftlichen Diskurs. Dort vermitteln sie Entscheidungen, die von staatlichen Organen getroffen wurden, in die Gesellschaft. Zugleich sind sie aber ein Instrument zur permanenten Einflussnahme des Volkes auf die Willensbildung in den Staatsorganen (BVerfGE 85, 264 [284 f.]). Insgesamt agieren sie also an der Schnittstelle von Staat und Gesellschaft, sind dabei jedoch – trotz einer im Vergleich zu anderen gesellschaftlichen Akteuren größeren Staatsnähe – kein Teil des Staates, sondern wurzeln allein in der Gesellschaft. Sie wirken in den Bereich des Staates lediglich hinein, ohne ihm anzugehören (BVerfGE 121, 30 [53]). 13

Die Mitwirkung an der politischen Willensbildung ist nicht allein den bereits im Parlament vertretenen Parteien zugewiesen. Auch solchen Parteien, die diese Hürde noch nicht genommen haben, kommt diese Aufgabe zu. 14

Aus der Mitwirkungsaufgabe ergibt sich keine Pflicht der Bürger, sich informieren zu lassen. Der Einwurf von Werbematerial in den Briefkasten trotz eines „Keine Wer- 15 bung"-Aufklebers ist daher auch dann rechtswidrig, wenn es sich um politische Informationen einer Partei handelt (zutreffend KG NJW 2002, 379ff.; str.).

KG steht hier für „Kammergericht". Das ist die Bezeichnung des OLG Berlin.

2. Der verfassungsprozessuale Status der Parteien

16 Abs. 1 wirkt sich auch auf den Status einer Partei vor dem BVerfG aus. Nach Auffassung des BVerfG werden die Parteien durch die ihnen zugedachte Funktion zu „notwendigen Bestandteilen des Verfassungsaufbaus"; sie üben „Funktionen eines Verfassungsorgans" aus. Daher soll ihnen in Fällen, in denen sie mit einem Verfassungsorgan (bzw. dem Teil eines solchen) um ihre Mitwirkungsrechte aus Abs. 1 streiten, nur der Organstreit nach Art. 93 I Nr. 1 offen stehen, der zur Verteidigung organschaftlicher Rechte dient, nicht aber der auf die Verteidigung von Grundrechten zugeschnittene Jedermann-Rechtsbehelf der Verfassungsbeschwerde (BVerfGE 4, 27 [30]; zuletzt etwa BVerfGE 136, 323 [330f. Rn. 22]). Anders sind jedoch Fälle zu beurteilen, in denen die Partei nicht mit einem Staatsorgan um ihren Mitwirkungsstatus aus Art. 21 I streitet, sondern mit Verwaltungsbehörden um die Rechtmäßigkeit von Verwaltungsmaßnahmen. Hier ist die Partei nicht in ihrer Funktion als Verfassungsorgan angesprochen. Verfassungsrechtlich beruft sie sich nicht auf den Mitwirkungsstatus, sondern auf Grundrechte; vor dem BVerfG muss sie – regelmäßig nach vorheriger Erschöpfung des Verwaltungsrechtswegs, § 90 II BVerfGG – eine Verfassungsbeschwerde erheben. Auf Grund dieser Doppelnatur – z.T. Antragsteller im Organstreit, z.T. Beschwerdeführer der Verfassungsbeschwerde – wird der prozessuale Status der politischen Parteien auch als „janusköpfig" bezeichnet (Ianus = doppelköpfiger römischer Gott des Anfangs und des Endes). Zum Einbau der Problematik in eine Falllösung s.u. Rn. 62 sowie Art. 93 Rn. 18, 72.

17 Die These von der Verfassungsorganqualität der Parteien und ihrer Antragsberechtigung im Organstreit ist nicht unbestritten. Gegen sie lässt sich einwenden, dass Parteien trotz ihrer relativ großen Staatsnähe in der Dichotomie (griechisch für Zweiteilung) Staat – Gesellschaft allein zur Sphäre der Gesellschaft gehören (BVerfGE 121, 30 [53ff.]), so dass die Verfassungsbeschwerde stets der adäquate verfassungsgerichtliche Rechtsbehelf ist (Ipsen, Staatsrecht I, Rn. 886).

Selbst wenn man dem BVerfG folgt, sind Parteien lediglich *Verfassungs*organe. In jedem Fall verfehlt wäre es, sie – was in Klausuren aber häufig geschieht – als *Staats*organe zu bezeichnen.

III. Anforderungen an die Parteien

1. Demokratische Binnenstruktur (Abs. 1 S. 3)

18 Abs. 1 S. 3 verlangt, dass die innere Ordnung der Partei demokratischen Grundsätzen entspricht. Die Vorschrift trägt der Tatsache Rechnung, dass eine Partei zwar in der Gesellschaft wurzelt, aber in den Staat hineinwirkt, so dass ihre Organisation nicht in gleichem Umfang selbstbestimmt sein kann wie bei anderen Gruppierungen (Pieroth, in: JP, Rn. 23). Die Festlegung auf demokratische Grundsätze knüpft an die Inhalte des Demokratieprinzips aus Art. 20 I, II an. Sie bedeutet jedoch nicht, dass eine Partei in vollem Umfang nach den für den Staat geltenden Regeln organisiert sein muss. Vielmehr sind die Anforderungen des Staatsstrukturprinzips „Demokratie" parteispezifisch zu modifizieren (Morlok, in: Dreier, Rn. 123).

19 Zentrales Merkmal der von Abs. 1 S. 3 geforderten inneren Ordnung der Partei ist, dass sich die Willensbildung „von unten nach oben" vollzieht (BVerfGE 2, 1 [40]). Das schließt ein „Führerprinzip" ebenso aus wie einen „demokratischen Zentralismus" kommunistischer Parteien (Silberkuhl, in: Hömig, Rn. 11). Die Parteimitglieder müssen hinreichende Möglichkeiten der Einflussnahme auf die Besetzung von Parteiäm-

tern und die inhaltliche Ausrichtung besitzen, was u.a. die Gliederung der Partei in Gebietsverbände verlangt (BVerfGE 104, 14 [21f.]). Parteiämter müssen durch periodisch wiederkehrende Wahlen besetzt werden; oberstes Organ muss eine Mitglieder- oder – was ab einer bestimmten Größe der Partei unvermeidlich sein wird – eine Vertreterversammlung sein. Für Abstimmungen in der zwingend kollegial zusammengesetzten Parteiführung gilt ebenso wie in allen anderen Gremien das Mehrheitsprinzip.

Soweit es um die Aufstellung von Kandidaten für Wahlen geht, treten neben die **20** Anforderungen aus Abs. 1 S. 3 solche aus Art. 38. Die Aufstellung als wichtige Vorbereitungshandlung für die Wahl berührt nämlich das aktive und passive Wahlrecht. Daher müssen alle Parteimitglieder zumindest mittelbar durch die Wahl von Vertretern auf die Auswahl Einfluss nehmen können; die Kandidaten müssen geheim und unter Wahrung des Kernbestandes an demokratischen Verfahrensgrundsätzen gewählt werden (BVerfGE 89, 243 [251ff.]).

Konkretisiert werden die Anforderungen des Abs. 1 S. 3 primär durch §§ 6ff. **21** PartG. Regeln für die Aufstellung von Wahlbewerbern finden sich in §§ 21, 27 BWahlG, § 10 EuWG.

Verstöße gegen die Anforderungen an die Binnenstruktur führen nicht zu einem **22** Verlust des Status als Partei (Streinz, in: MKS, Rn. 170). Jedoch sind gegen die Vorgabe des Abs. 1 S. 3 verstoßende Satzungsbestimmungen nichtig (BVerfGE 2, 1 [71]), weil die Norm ein gesetzliches Verbot i.S.v. § 134 BGB darstellt (Ipsen, in: Sachs, Rn. 88; str.); auf den Satzungsbestimmungen beruhende Beschlüsse sind unwirksam. Besonders gravierende Verstöße können Gründe für ein Parteiverbot nach Abs. 2 darstellen. Fehler bei Aufstellung von Wahlbewerbern können – je nach ihrer Art und Intensität – zu Wahlfehlern führen, die die Gültigkeit einer Wahl in Frage stellen können (näher BVerfGE 89, 243 [253f.]).

2. Die Pflicht zur Rechenschaft über die Mittelherkunft und -verwendung (Abs. 1 S. 4)

Gem. Abs. 1 S. 4 müssen Parteien über die Herkunft und Verwendung ihrer Mittel **23** öffentlich Rechenschaft geben. Die Vorschrift trägt der Tatsache Rechnung, dass durch finanzielle Zuwendungen Einfluss auf die Parteien genommen werden kann. Durch die Publizität der Mittelherkunft soll der Willensbildungsprozess transparent werden. Der Wähler soll erkennen können, wer eine Partei unterstützt (BVerfGE 52, 63 [87]), um so beurteilen zu können, ob sie bestimmte Positionen womöglich gerade aus diesem Grund vertritt.

Konkretisiert wird die schon auf Grund des Abs. 1 S. 4 unmittelbar geltende Re- **24** chenschaftspflicht (BVerfGE 111, 54 [85]) durch die §§ 23ff. PartG. Hinzuweisen ist insbesondere auf die Pflicht zur namentlichen Nennung des Spenders bei Spenden von mehr als € 10000,– (§ 25 III PartG) sowie auf den Verlust von Zahlungsansprüchen bei verspäteter Einreichung des vorgeschriebenen Rechenschaftsberichts (§ 19a III 3, 4 PartG). Die Auszahlung setzt grundsätzlich einen inhaltlich richtigen Rechenschaftsbericht voraus (§ 19a I 2 PartG; ebenso bereits zur früheren Rechtslage BVerfGE 111, 54 [86ff.]).

IV. Garantien zugunsten von Parteien

1. Die (Gründungs-)Freiheit der Parteien (Abs. 1 S. 2)

Abs. 1 S. 2 garantiert ausdrücklich die freie Gründung von Parteien, die daher nicht **25** von einer staatlichen Genehmigung abhängig gemacht werden darf. Geschützt sind der Zusammenschluss selbst, die Verständigung auf eine gemeinsame Programmatik sowie die Wahl der Organisations- und Rechtsform. Kern der Garantie ist die freie Gestaltung der Satzung (BVerfGE 103, 14 [19]). Umfasst ist auch die Entscheidung über die

Aufnahme oder den Ausschluss von Mitgliedern (Pieroth, in: JP, Rn. 15). Nähere Regelungen trifft § 10 PartG; der Ausschluss eines Mitgliedes kann von staatlichen Gerichten (lediglich, aber immerhin) auf offensichtliche Unbilligkeit bzw. Willkür kontrolliert werden (BVerfG NJW 2002, 2227f.; näher Ullrich, JZ 2014, 1084ff.).

26 Die h.M. sieht in Abs. 1 S. 2 ein Grundrecht des Einzelnen, das ggf. per Verfassungsbeschwerde durchgesetzt werden kann (etwa Ipsen, in: Sachs, Rn. 29). Ein gewichtiges Argument dagegen ist jedoch die fehlende Nennung der Norm in Art. 93 I Nr. 4a. Überzeugender ist es, Grundrechtsschutz für die Gründung einer Partei als von Art. 9 I gewährleistet anzusehen. Dass Art. 21 I 2 gegenüber Art. 9 I die speziellere Vorschrift sein soll (BVerfGE 25, 69 [78]), steht dem nicht entgegen. Wenn die Parteifreiheit kein Grundrecht auf Parteigründung enthält, wird Art. 9 I insofern auch nicht verdrängt. Die Spezialität bezieht sich primär auf die Verbotsmöglichkeiten (Art. 21 II bzw. 9 II, überzeugend Kunig, in: MK, Rn. 46). Hierzu auch Art. 9 Rn. 10.

27 Nach überwiegender Auffassung garantiert Abs. 1 S. 2 den Parteien auch die Freiheit ihrer Betätigung (BVerfGE 111, 382 [409]). Dazu soll u.a. die freie Verfügung über ihre Einnahmen und ihr Vermögen (BVerfGE 84, 290 [300]) sowie generell jede Tätigkeit innerhalb der Grenzen der allgemein geltenden Gesetze zählen (Silberkuhl, in: Hömig, Rn. 9). Die (vorzugswürdige) Gegenauffassung sieht als einschlägige Vorschriften für die Betätigung der Partei Abs. 1 S. 1 sowie die Grundrechte an (Kunig, in: MK, Rn. 50; s. auch Streinz, in: MKS, Rn. 99). Bedenken begegnet jedenfalls die Sichtweise, Abs. 1 S. 2 stelle ein Grundrecht der einzelnen Parteien dar (dafür Ipsen, in: Sachs, Rn. 30). Wortlaut und Systematik des Art. 21 sprechen dafür, dass Grundrechtsschutz nur durch die in Art. 93 I Nr. 4a genannten Rechte (i.V.m. Art. 19 III) gewährt wird. Dass Parteien wie jeder Bürger Träger von Grundrechten sein können, ist anerkannt (s. nur BVerfGE 84, 290 [299]; zu Parteien als Träger der Rundfunkfreiheit BVerfGE 121, 30 [57]).

2. Die Chancengleichheit der Parteien

28 Ihrem Mitwirkungsauftrag kommen die Parteien im Wettbewerb um die Überzeugung der Bürger und um die Stimmen der Wähler nach. Damit dieser Wettbewerb funktioniert, müssen alle Parteien die gleichen Chancen des Gehört- und Gewähltwerdens haben. Sie haben daher ein Recht auf Chancengleichheit, das im Zusammenhang mit Wahlen z.T. aus Art. 3 I, Art. 21 I und Art. 38 (BVerfGE 114, 107 [115]), meist aber nur aus Art. 21 I hergeleitet wird (BVerfGE 120, 82 [104]). Nur bei der erstgenannten Herleitung (auch) aus Art. 3 I und ggf. aus Art. 38 ist die Annahme, es handele sich um ein verfassungsbeschwerdefähiges Grundrecht (Ipsen, in: Sachs, Rn. 33, der freilich allein auf Art. 21 I abstellt), überzeugend.

29 Wegen des engen Zusammenhangs mit den Grundsätzen der Allgemeinheit und Gleichheit der Wahl (s. Art. 38 Rn. 12ff.) ergibt sich für die Parteien aus dem Recht auf Chancengleichheit (ebenso wie für die Wähler mit Blick auf die Wahl) ein Anspruch auf strikte und formale Gleichbehandlung (BVerfGE 120, 82 [105]). Der Staat darf vorgefundene Unterschiede in den Wettbewerbschancen zwar hinnehmen. Er darf sie jedoch nicht verschärfen (BVerfGE 85, 264 [297]). Differenzierungen zwischen Parteien sind nur durch besonders zwingende Gründe zu rechtfertigen (BVerfGE 111, 382 [398]). Das betrifft nicht nur Wahlen, sondern die gesamte (Mitwirkungs-)Tätigkeit einer Partei.

30 Dass (allein) für nicht im Parlament vertretene Parteien vor ihrer Zulassung zur Wahl ein gesondertes Prüfungsverfahren vorgeschrieben ist (§ 18 II BWahlG), ist zulässig, um zu gewährleisten, dass nur ernsthafte Vereinigungen bei der Wahl antreten (BVerfGE 89, 291 [300ff.]). Auch wahlrechtliche Unterschriftenquoren, die bis zu einem bestimmten Stichtag einzureichen sind, verletzen die Chancengleichheit kleinerer Parteien nicht (BVerfGE 135, 312 [315f. Rn. 8ff.]). Die öffentlich-rechtlichen Rundfunkanstalten dürfen Diskussionsrunden nach sachlichen Kriterien (die im Parlament vertretenen Parteien; Kandidaten mit realistischen Aussichten auf die Kanzlerschaft) besetzen, ohne das Recht auf Chancengleichheit anderer Parteien zu verletzen, sofern sie auch deren Positionen an anderer Stelle berücksichtigen (BVerfG NJW 2002, 2939f.). Kein zulässiges Differenzierungskriterium ist wegen Abs. 2 die (vermeintliche) Verfassungswidrigkeit einer Partei (u. Rn. 40). Bei hinreichenden Anhaltspunkten für die Verfassungswidrigkeit einer Partei dürfen staatliche Stellen aber öffentlich über einen Verbotsantrag diskutieren, sofern sie dies sachlich und entscheidungsorientiert tun, also nicht nur in der Absicht, der Partei zu schaden (BVerfGE 133, 100 [108 Rn. 23]). Staatsorgane dürfen als solche nicht zu Gunsten oder zu Lasten einzelner Parteien in den politischen Wettbewerb eingreifen. Die konkreten Folgen dieses Neutralitätsgebots und die verfassungsgerichtlichen Kontrollmaßstäbe sind freilich für jedes Staatsorgan separat zu bestimmen (BVerfG NVwZ 2015, 209 [210]). Für den BPräs gelten insofern weniger strenge Maßstäbe (dazu BVerfGE 136, 323 [333ff. Rn. 28ff.]; näher Art. 54 Rn. 4) als für Mitglieder der BReg (dazu BVerfG NVwZ 2015, 209 [210]; näher Art. 65 Rn. 13). Kritisch zu dieser Maßstabsdivergenz Tanneberger/Nemeczek, NVwZ 2015, 215f.

Eine einfach-gesetzliche Konkretisierung erfährt das Recht auf Chancengleichheit 31
durch § 5 I PartG. Satz 1 der Norm, der die Träger öffentlicher Gewalt zur Gleichbehandlung verpflichtet, wenn sie Parteien Einrichtungen zur Verfügung stellen, ist keine eigenständige Anspruchsgrundlage. Die Vorschrift verpflichtet die Hoheitsträger nicht dazu, Einrichtungen überhaupt Parteien zur Nutzung zu überlassen. Sie greift vielmehr erst ein, *wenn* sich der Hoheitsträger für die Zurverfügungstellung entschieden hat. Die folgenden Sätze 2 bis 4 erlauben eine Differenzierung zwischen den Parteien je nach ihrer (bisherigen) Bedeutung. Ob die Vorschriften den Vorgaben der strikten Chancengleichheit noch genügen, erscheint zumindest zweifelhaft (verneinend Ipsen, Staatsrecht I, Rn. 167 [„unzulässige ‚Prämie' auf den Besitz der Macht"]).

V. Die staatliche (Mit-)Finanzierung der Parteien

Die Finanzen der Parteien spricht Art. 21 unmittelbar nur mit der Rechenschafts- 32
pflicht des Abs. 1 S. 4 an (dazu o. Rn. 23f.). Jedoch enthält Art. 21 auch Maßstäbe für die Finanzierung der Parteien durch den Staat. Diese Maßstäbe hat das BVerfG in seiner Rspr. konkretisiert und dabei im Laufe der Zeit z. T. geändert.

Der Staat trägt zur Finanzierung der Parteien auf zwei Wegen bei: Durch die un- 33
mittelbare und die mittelbare staatliche Parteienfinanzierung.

1. Die unmittelbare staatliche Parteienfinanzierung

Die unmittelbare staatliche Parteienfinanzierung besteht aus direkten Zuschüssen aus 34
Haushaltsmitteln an die Parteien. Seine frühere Auffassung, diese Form der Finanzierung sei nur zur Erstattung der Wahlkampfkosten zulässig (BVerfGE 20, 56 [97]), hat das BVerfG 1992 aufgegeben. Da die von Abs. 1 vorgesehene Mitwirkung der Parteien an der Willensbildung auch außerhalb von Wahlvorbereitungen stattfindet, darf der Staat nach der seither gültigen Linie des Gerichts die allgemeine Parteitätigkeit finanziell unterstützen. Zur Wahrung der Staatsfreiheit der Parteien darf es sich dabei aber nur um eine Teilfinanzierung handeln, damit die Parteien wirtschaftlich und organisatorisch auf die Unterstützung durch die Bürger angewiesen sind (BVerfGE 85, 264 [285ff.]; 104, 287 [299]; 111, 382 [408]).

Geregelt ist die unmittelbare Parteienfinanzierung in §§ 18ff. PartG. Die Verteilung 35
der bereitgestellten Mittel bemisst sich am Erfolg der Parteien bei den vorangegangenen Parlamentswahlen, an der Summe ihrer Mitglieds- und Mandatsträgerbeiträge und am Umfang der von ihr eingeworbenen Spenden (§ 18 I PartG; zu den Details Ipsen, Staatsrecht I, Rn. 174ff.). Die einschlägigen Regelungen dürfen die Entstehung neuer

Parteien nicht über Gebühr erschweren und die Betätigung kleiner Parteien nicht unangemessen beeinträchtigen (BVerfGE 111, 382ff.).

36 Ob Abs. 1 den Staat zu einer Teilfinanzierung der Parteien verpflichtet, ist str. (ablehnend noch BVerfGE 20, 56 [101]; später offen gelassen von BVerfGE 85, 264 [288]. Gegen eine solche Pflicht Ipsen, in: Sachs, Rn. 96f.; dafür H.H. Klein, in: MD, Rn. 434, mit der Begründung, dass die Parteien andernfalls nicht funktionsfähig wären). Richtigerweise ist die Frage zu verneinen. Daher wäre auch der aktuell diskutierte Ausschluss z.B. der NPD von der Parteienfinanzierung rechtlich möglich, indem diese Finanzierung für *alle* Parteien abgeschafft würde. Der Ausschluss nur einer einzelnen Partei hingegen wäre mit dem Recht der Parteien auf Gleichbehandlung nicht vereinbar (zur Unzulässigkeit der Differenzierung wegen vermeintlicher Verfassungswidrigkeit u. Rn. 41).

37 Die Mittel aus der unmittelbaren staatlichen Teilfinanzierung werden durch den BTPräs auf die Parteien verteilt, die entsprechende Anträge gestellt haben, §§ 19, 19a PartG. Zu Kürzungen kann es insbesondere wegen Verstößen gegen die Rechnungslegungsvorschriften (o. Rn. 24) kommen. Gerichtlich ist der Streit zwischen einer Partei und dem BTPräs zunächst vor den Verwaltungsgerichten, später ggf. per Verfassungsbeschwerde vor dem BVerfG auszutragen. Ein Antrag im Organstreit wäre unzulässig (näher o. Rn. 16).

2. Die mittelbare staatliche Parteienfinanzierung

38 Mittelbar finanziert der Staat die Parteien, indem er Bürgern durch Regelungen des Einkommensteuerrechts (§§ 10b II, 34g EStG) die Möglichkeit einräumt, durch Beiträge oder Spenden an Parteien ihre Steuerschuld zu reduzieren. Durch diesen Verzicht auf Einnahmen macht er die Mitgliedschaft sowie Spenden aus Sicht des Bürgers attraktiver. Das ist freilich nur in begrenztem Umfang zulässig: Das Recht der Parteien auf Chancengleichheit sowie das Recht des Bürgers auf gleiche Teilhabe an der politischen Willensbildung, die beide auf dem Gleichheitssatz (Art. 3 I) i.V.m. dem Demokratieprinzip (Art. 20 I, II) beruhen, lassen es nicht zu, dass der Staat die Möglichkeiten der Einflussnahme, die besonders zahlungskräftige Spender haben, auch noch verstärkt. Daher dürfen Spenden von juristischen Personen und Personenvereinigungen nicht steuerlich begünstigt werden. Die Spenden selbst sind freilich zulässig; ein gewisses Korrektiv ergibt sich lediglich aus der Pflicht der Parteien, die Spenden offen zu legen (o. Rn. 23f.). Beiträge und Spenden einzelner Bürger dürfen nur in einer Größenordnung begünstigt werden, die für einen durchschnittlichen Einkommensempfänger erreichbar ist (BVerfGE 85, 264 [314ff.]).

VI. Verfassungswidrige Parteien; Parteiverbot (Abs. 2)

1. Grundsätzliches

39 Nach Abs. 2 S. 1 sind Parteien, die die dort genannten Voraussetzungen erfüllen, verfassungswidrig. Über die Frage der Verfassungswidrigkeit entscheidet nach Abs. 2 S. 2 das BVerfG. Abs. 2 gehört zusammen mit dem Vereinsverbot (Art. 9 II) und der Grundrechtsverwirkung (Art. 18) zu den Vorschriften, die die Demokratie grundgesetzlichen Zuschnitts zu einer „streitbaren" oder „wehrhaften" Demokratie machen, die ihren Bürgern größtmögliche Freiheit garantiert, solange diese Freiheit nicht zur Abschaffung der demokratischen Ordnung eingesetzt wird. Prinzipiell aber verweist die freiheitliche Ordnung des GG die Auseinandersetzung zwischen unterschiedlichen Auffassungen in den politischen Bereich. Das gilt auch für Standpunkte, die von einer großen Mehrheit der Bürger strikt abgelehnt werden. Das Parteiverbot stellt daher einen Ausnahmefall dar; seine Voraussetzungen werden zu Recht eng ausgelegt.

2. Die Monopolisierung des Verbots beim Bundesverfassungsgericht

40 Abs. 2 S. 2 weist die Zuständigkeit, über die Verfassungswidrigkeit einer Partei zu befinden, ausschließlich dem BVerfG zu. Das schließt nicht nur ein Parteiverbot durch Behörden oder andere Gerichte aus, sondern versagt es zugleich allen Hoheitsträgern, irgendwelche anderen Konsequenzen aus der vermeintlichen Verfassungswidrigkeit einer Partei zu ziehen, solange diese nicht vom BVerfG festgestellt ist (sog. Parteienprivileg). Ohne ein Verbot gelten alle Parteien als verfassungsgemäß. Das GG nimmt die Gefahr, die in der Tätigkeit einer verfassungsfeindlich agierenden Partei liegt, um der politischen Freiheit Willen in Kauf (BVerfGE 107, 339 [362]). Daher dürfen auch extremistische Parteien wie jede andere Partei öffentliche Einrichtungen einschließlich städtischer Hallen benutzen, öffentliche Versammlungen durchführen oder Konten bei der Sparkasse eröffnen. Ob es sich um Links- oder Rechtsextremisten handelt, spielt keine Rolle. Der politisch verständliche Unwille, bestimmten Parteien diese Möglichkeiten zuzugestehen, ändert nichts an der Rechtswidrigkeit von Versagungen, die mit der politischen Ausrichtung der Partei begründet werden. Im Übrigen lassen sich Demokratie und Rechtsstaat auch gegen ihre Gegner nicht dadurch verteidigen, dass die Regeln der demokratischen und rechtsstaatlichen Ordnung nach eigenem Gutdünken außer Kraft gesetzt werden.

41 Entsprechendes gilt für die staatliche Parteienfinanzierung. Differenzierungen, die sich auf die (vermeintliche) Verfassungswidrigkeit einer Partei stützen, sind unzulässig (BVerfGE 111, 382 [410]). Einen gangbaren Weg zur Streichung der Unterstützung für extremistische Parteien stellt nur die Abschaffung der Parteienfinanzierung dar – sofern man diese nicht für verfassungsrechtlich geboten hält (o. Rn. 36).

In Falllösungen ist auf diese Fragen regelmäßig einzugehen, wenn – was sowohl in Klausuren als auch in der Praxis häufig geschieht – belastende Maßnahmen oder die Verweigerung von Leistungen mit der vermeintlichen Verfassungswidrigkeit einer nicht verbotenen Partei begründet werden.

42 Den Grundsatz, dass vor einem Verbot keine rechtlichen Konsequenzen aus den verfassungsfeindlichen Zielsetzungen einer Partei gezogen werden dürfen, schränkt das BVerfG freilich ein. Seiner Auffassung nach soll es zulässig sein, die bloße Mitgliedschaft in einer derartigen Partei – ggf. zusammen mit anderen Umständen – als Argument für mangelnde Verfassungstreue und damit für fehlende Eignung für eine Tätigkeit im öffentlichen Dienst i. S. v. Art. 33 II heranzuziehen (BVerfGE 39, 334 [348 ff.]). Diese Sichtweise wird in der Literatur überwiegend abgelehnt (etwa PSKP, Grundrechte, Rn. 510). Sie verdient jedoch Zustimmung, sofern man den Kreis der betroffenen Parteien eng zieht. Die Tätigkeit im öffentlichen Dienst setzt eine gesteigerte Identifikation mit den Grundprinzipien der verfassungsrechtlichen Ordnung und die Bereitschaft, für diese einzustehen, voraus. Das gilt namentlich für Beamte, bei denen die Verfassungstreue zu den hergebrachten Grundsätzen des Berufsbeamtentums nach Art. 33 V zählt. Zwar hat der Bürger persönlich das Recht, die freiheitlich-demokratische Ordnung abzulehnen und z. B. einen nach dem „Führerprinzip" oder der „Diktatur des Proletariats" organisierten Staat für vorzugswürdig zu halten. Wer aber so denkt und dies (u. a.) durch die Mitgliedschaft in einer Partei dokumentiert, ist ungeeignet für eine Tätigkeit im öffentlichen Dienst, insbesondere für eine Tätigkeit als Beamter (zur Differenzierung zwischen Beamten und Angestellten in dieser Frage vgl. Kunig, in: MK, Art. 33 Rn. 34) – wobei dieser Schluss eben nur in Fällen gezogen werden darf, in denen bereits die bloße Mitgliedschaft in einer Partei auf Grund der von dieser vertretenen Positionen zumindest ein Indiz für die verfassungsfeindliche Haltung des Einzelnen ist. Dass es in einer Partei *auch* Verfassungsfeinde gibt, reicht insofern nicht aus.

43 Von vornherein auf einem anderen Blatt steht es, dass persönliche Äußerungen und Aktivitäten des Einzelnen einen Eignungsmangel begründen können. Selbst wenn

man die vorstehend erörterte Frage, ob die bloße Parteimitgliedschaft schädlich sein kann, verneinen wollte, würde dies nicht zu einem Freibrief für Extremisten im öffentlichen Dienst führen.

3. Die Voraussetzungen der Verfassungswidrigkeit

44 Verfassungswidrig ist nach Abs. 2 S. 1 eine Partei, die nach ihren Zielen oder nach dem Verhalten ihrer Anhänger darauf ausgeht, die freiheitliche demokratische Grundordnung zu beeinträchtigen oder zu beseitigen oder den Bestand der Bundesrepublik Deutschland zu gefährden. Weil ein Verbot die Demokratie beschränkt, sind die Merkmale eng auszulegen (Pieroth, in: JP, Rn. 31). Dabei ist zu berücksichtigen, dass eine Partei nicht schon dann verfassungswidrig ist, wenn sie einzelne Bestimmungen oder Institutionen des GG ablehnt. Sie muss vielmehr elementare Verfassungsgrundsätze verwerfen, ohne die eine auf Freiheit gegründete Demokratie nicht funktionsfähig ist (BVerfGE 5, 85 [140 f.]).

45 Die freiheitliche demokratische Grundordnung ist in den Worten des BVerfG eine Ordnung, „die unter Ausschluß jeglicher Gewalt- und Willkürherrschaft eine rechtsstaatliche Herrschaftsordnung auf der Grundlage der Selbstbestimmung des Volkes nach dem Willen der jeweiligen Mehrheit und der Freiheit und Gleichheit darstellt. Zu den grundlegenden Prinzipien dieser Ordnung sind mindestens zu rechnen: die Achtung vor den im Grundgesetz konkretisierten Menschenrechten, vor allem vor dem Recht der Persönlichkeit auf Leben und freie Entfaltung, die Volkssouveränität, die Gewaltenteilung, die Verantwortlichkeit der Regierung, die Gesetzmäßigkeit der Verwaltung, die Unabhängigkeit der Gerichte, das Mehrparteienprinzip und die Chancengleichheit für alle politischen Parteien mit dem Recht auf verfassungsmäßige Bildung und Ausübung einer Opposition.“ (BVerfGE 2, 1 [12 f.]). Das ist eine ganze Reihe von Grundstrukturen, die freilich deutlich weniger weit reicht als die „verfassungsmäßige Ordnung“ i. S. v. Art. 2 I und die nicht einmal alle Grundsätze erfasst, die durch Art. 79 III einer Verfassungsänderung entzogen sind (Ipsen, Staatsrecht I, Rn. 187). Selbst die Verfolgung von Zielen, die nicht einmal im Wege der Grundgesetzänderung erreichbar wären, führt also nicht zwingend zur Verfassungswidrigkeit einer Partei.

46 Auf die Beeinträchtigung oder Beseitigung dieser Ordnung geht eine Partei aus, wenn sie die genannten Elemente ganz oder teilweise abzuschaffen sucht. Die schlichte Ablehnung oder die Befürwortung von Gegenmodellen reicht nicht aus. Die Grenze zur Verfassungswidrigkeit wird erst durch eine „aktiv kämpferische, aggressive Haltung gegenüber der bestehenden Ordnung“ überschritten. Die Partei muss das Funktionieren der Ordnung planvoll beeinträchtigen und sie dauerhaft beseitigen wollen. Das muss in Handlungen zum Ausdruck kommen, ohne dass es freilich schon eines konkreten verfassungsfeindlichen Unternehmens bedürfte (BVerfGE 5, 85 [141 f.]).

47 Ausschlaggebend dafür sind die Ziele der Partei und das Verhalten ihrer Anhänger. Die Ziele ergeben sich aus dem Programm, den Erklärungen der Partei, den Schriften von ihr als maßgeblich anerkannter Autoren, ihrem Schulungs- und Propagandamaterial und von ihr beeinflussten Publikationen, aber auch z. B. aus geheimen Festlegungen der Parteiführung (BVerfGE 5, 85 [144]). Anhänger der Partei sind nicht nur ihre Mitglieder, sondern alle Personen, die sich für die Partei einsetzen (BVerfGE 2, 1 [22]).

48 Der Bestand der Bundesrepublik Deutschland meint ihre territoriale Unversehrtheit und politische Unabhängigkeit. Die Partei muss auf eine *Gefährdung* dieser Güter ausgehen. Das ist eher anzunehmen als das Ausgehen auf eine *Beeinträchtigung* oder *Beseitigung* der freiheitlichen demokratischen Ordnung. Die nicht völlig fern liegende Frage, ob das in den letzten Jahren zu beobachtende bemerkenswerte Maß der Abgabe von Kompetenzen an die EU die dies befürwortenden Parteien unter dem Aspekt der Auf-

gabe der politischen Unabhängigkeit Deutschlands in die Nähe der Verfassungswidrigkeit rückt, ist zu verneinen, weil diese weit reichende Integration in Art. 23 eine verfassungsrechtliche Grundlage findet (ebenso Kunig, in: MK, Rn. 82).

4. Das Parteiverbotsverfahren vor dem Bundesverfassungsgericht

Das Parteiverbotsverfahren vor dem BVerfG gem. Abs. 2 S. 2 ist näher geregelt in §§ 13 Nr. 2, 43ff. BVerfGG. **49**

a) Die tatsächliche Bedeutung

Verboten in diesem Verfahren wurden bislang die SRP (Sozialistische Reichspartei, BVerfGE 2, 1ff.) und die KPD (Kommunistische Partei Deutschlands, BVerfGE 5, 85ff.). – 2003 scheiterte ein Verbotsverfahren gegen die NPD (BVerfGE 107, 339ff.), weil das BVerfG die große Zahl von aktiven Verbindungspersonen (sog. V-Leuten) von Verfassungsschutzbehörden in Führungspositionen der Partei als Verfahrenshindernis ansah (BVerfGE 107, 339 [356ff.]). Derzeit anhängig ist ein am 3.12.2013 eingereichter Verbotsantrag gegen die NPD (Az. 2 BvB 1/13). Antragsteller ist der BR; BT und BReg haben sich gegen eigene Anträge entschieden. Das BVerfG hat in einem Hinweisbeschluss v. 19.3.2015 weitere Belege speziell zur „Abschaltung" von V-Leuten gefordert. – Bei anderen vermeintlichen Parteiverbotsverfahren handelte es sich bislang in Wahrheit um Vereinsverbote. **50**

Beispiel: Die FAP (Freiheitliche Deutsche Arbeiterpartei) wurde 1995 auf der Grundlage von Art. 9 II und § 3 VereinsG verboten. Die zuvor an das BVerfG gerichteten Parteiverbotsanträge waren unzulässig, weil es der FAP an der ernstlichen Absicht zur Mitwirkung an der politischen Willensbildung und damit an der Parteieigenschaft (s.o. Rn. 3ff.) fehlte (BVerfGE 91, 276 [283ff.]).

b) Die Zulässigkeit eines Verbotsantrags

Das Verbotsverfahren wird nur auf Antrag durchgeführt. Antragsberechtigt sind in jedem Fall BT, BR und BReg, bei Parteien, deren Organisation nicht über ein Land hinausreicht, auch die LReg (§ 43 I, II BVerfGG). Ein Antrag der Partei selbst, die ihre Verfassungsmäßigkeit feststellen lassen will, ist unzulässig (BVerfGE 133, 100 [106ff. Rn. 16ff.]; dazu Sachs, JuS 2013, 669f.). Das antragstellende Organ muss den Antrag mit der erforderlichen Mehrheit (im BT also: Art. 42 II) beschließen. Ob ein Antragsteller, nach dessen Auffassung die Verbotsvoraussetzungen vorliegen, den Antrag stellt, liegt in seinem Ermessen (BVerfGE 40, 287 [291]; Pieroth, in: JP, Rn. 30; a.A. [Pflicht zur Antragstellung] Ipsen, in: Sachs, Rn. 175ff. Näher v. Coelln, in: MSKB, BVerfGG, § 43 Rn. 23ff.). Antragsgegner ist die Partei, deren Vertretung in § 44 BVerfGG geregelt ist. Der Antrag ist nicht fristgebunden. Zulässigkeit und Begründung des Antrags werden in einem gesonderten Vorverfahren (§ 45 BVerfGG) geprüft. **51**

c) Die Begründetheit

Der Verbotsantrag ist nach dem GG begründet, wenn die Partei verfassungswidrig i.S.v. Abs. 2 S. 1 ist. Zu den Kriterien o. Rn. 44ff. **52**

Diskutiert wird derzeit der Einfluss der EMRK auf ein Parteiverbotsverfahren. Anders als Art. 21 II in der Interpretation des BVerfG verlangt Art. 11 EMRK in der Auslegung durch den EGMR für das Verbot einer Partei, dass diese in einer absehbaren Zeit die Chance hat, ihre Ziele zu realisieren, und dass das Verbot verhältnismäßig i.e.S. ist. Andernfalls sei das Verbot in einer demokratischen Gesellschaft nicht notwendig (EGMR NVwZ 2003, 1489ff.). Daraus wird z.T. gefolgert, ein nationales **53**

Parteiverbot könnte vom EGMR aufgehoben werden bzw. die Maßstäbe des GG seien im Lichte der EMRK zu modifizieren (Shirvani, JZ 2014, 1074 ff.; a. A. Ipsen, in: Sachs, Rn. 210).

d) Sonstige Verfahrensfragen

54 Jede der Partei nachteilige Entscheidung – dazu soll neben dem abschließenden Verbot nach str. Auffassung auch die Ablehnung des Antrags der Partei auf Einstellung des Verfahrens wegen eines nicht behebbaren Verfahrenshindernisses zählen (BVerfGE 107, 339 [356 ff.]; a. A. Ipsen, in: Sachs, Rn. 188) – bedarf nach § 15 IV 1 BVerfGG einer Mehrheit von $^2/_3$ der Senatsmitglieder. Die Vorschrift ist noch erkennbar auf die frühere Senatsstärke von zwölf Richtern zugeschnitten. Bei aktuell acht Richtern pro Senat (§ 2 II BVerfGG) sind für der Partei nachteilige Entscheidungen sechs Stimmen erforderlich. Faktisch bedarf es also einer $^3/_4$-Mehrheit. Zum nicht behebbaren Verfahrenshindernis der Beobachtung durch V-Leute in Führungspositionen o. Rn. 50.

e) Inhalt und Folgen der Verbotsentscheidung

55 Auf einen zulässigen und begründeten Antrag hin stellt das BVerfG fest, dass die Partei verfassungswidrig ist. Gleichzeitig löst es die Partei auf und verbietet die Schaffung einer Ersatzorganisation; zudem „kann" es – nach BVerfGE 5, 85 (392 f.) muss es dies grundsätzlich – die Einziehung des Parteivermögens aussprechen (§ 46 I, III BVerfGG). Zur Verfassungsmäßigkeit von § 46 III BVerfGG s. BVerfGE 25, 44 (54). Das Verbot der Bildung einer Ersatzorganisation ergibt sich zugleich aus § 33 PartG.

56 Der Partei angehörende Abgeordnete verlieren mit dem Verbot die Mitgliedschaft im BT (§ 46 I Nr. 5, IV BWahlG), im Europäischen Parlament (§ 22 II Nr. 5, IV EuWG), in den Landtagen (s. z. B. § 5 Nr. 3, § 38 LWahlG NRW) sowie in den Gemeinderäten und Kreistagen (s. z. B. § 37 Nr. 3 KWG NRW). Die mittlerweile vorhandene gesetzliche Regelung macht die Frage obsolet, ob der Mandatsverlust auch ohne ausdrückliche Anordnung als zwingende Folge des Parteiverbots einträte (bejahend BVerfGE 2, 1 [74]).

VII. Gesetzgebungskompetenz des Bundes (Abs. 3)

57 Nach Abs. 3 regeln Bundesgesetze das Nähere. Die Vorschrift gibt dem Bund eine ausschließliche (s. Art. 71 Rn. 1), weit zu interpretierende Gesetzgebungskompetenz für das Recht der politischen Parteien. Die Zuständigkeit „umfasst insbesondere die Befugnis zur Konkretisierung des Parteibegriffs und zur Regelung der Rechtsstellung der Parteien im Rechtsverkehr und im gerichtlichen Verfahren; ferner die innere Ordnung und die Rechnungslegungspflicht, das Verfahren und den Vollzug des Parteiverbots", zudem „Bestimmungen, mit denen die Rolle der Parteien in ihrer Vermittlungsfunktion zwischen Volk und Staatsorganen ausgestaltet wird" (BVerfGE 121, 30 [47]). Auch für die Regelung der staatlichen Parteienfinanzierung ist der Bund nach Abs. 3 ausschließlich zuständig. Regelungen der Länder in diesen Bereichen wären nur auf Grund einer bundesgesetzlichen Ermächtigung gem. Art. 71 Hs. 2 möglich. Eine solche Ermächtigung gab es bis 1993 in Gestalt von § 22 PartG a. F., nach dem die Länder die (in dieser Form heute nicht mehr existente) Wahlkampfkostenerstattung bei Landtagswahlen regeln durften. Aktuell enthält das Bundesrecht keine derartigen Regelungen mehr; Landesgesetze auf dem Gebiet des Parteienrechts wären formell verfassungswidrig.

58 Das schließt landesgesetzliche Regelungen mit Parteibezug nicht schlechthin aus. Wenn eine Vorschrift zwar Parteien betrifft, neben dem Parteienrecht jedoch zugleich einer anderen Gesetzgebungsmaterie zugeordnet werden kann, für die die Länder zuständig sind und zu der sie den stärkeren Sachzusammenhang aufweist, darf sie von den

Ländern erlassen werden. Ein Beispiel sind Vorschriften über die rundfunkrechtlichen Folgen der Beteiligung von Parteien an privaten Rundfunkveranstaltern. Sie sind schwerpunktmäßig dem Rundfunkrecht zuzuordnen, das in die Zuständigkeit der Länder fällt. Die Kompetenz für den Erlass einer derartigen Regelung liegt daher bei den Ländern (BVerfGE 121, 30 [48f.]). Zum stärkeren Sachzusammenhang als Zuordnungskriterium bei mehreren in Betracht kommenden Kompetenztiteln Art. 70 Rn. 17.

Auf die Gesetzgebungskompetenz des Abs. 3 gestützt sind das PartG und die Vorschriften über das Parteiverbotsverfahren (§§ 43 bis 47 BVerfGG). Das in den Medien häufig genannte „Parteienfinanzierungsgesetz" gibt es nicht; die staatliche Finanzierung der Parteien und ihre Rechenschaftslegung werden in den §§ 18ff. PartG und §§ 23ff. PartG geregelt. **59**

Aus Abs. 3 ergibt sich nicht nur das *Recht* des Bundes, Näheres zu den Parteien zu regeln. Anders als die meisten anderen Kompetenztitel enthält Abs. 3 zugleich einen Auftrag an den Bund, die Bereiche zu regeln, die für die Parteien im Zuge ihrer Mitwirkung bei der politischen Willensbildung bedeutsam sind (BVerfGE 121, 30 [47]). Hinsichtlich eines Teils der im PartG beantworteten Fragen besteht also sogar eine *Pflicht* zur Regelung. **60**

C. Prüfungshinweise

Über die Parteieigenschaft (o. Rn. 3ff.) muss entschieden werden, wenn von ihr bestimmte Rechtsfolgen abhängen. Das ist etwa der Fall, wenn eine Gruppierung wegen ihrer vermeintlichen Verfassungswidrigkeit verboten werden soll: Als (bloße) Vereinigung kann sie auf der Grundlage von Art. 9 II, § 3 VereinsG vom Innenminister verboten werden, als Partei nur unter den Voraussetzungen des Art. 21 II vom BVerfG (s. dazu BVerfGE 91, 276ff.). – Von der Parteieigenschaft hängt auch ab, ob eine Gruppierung mit eigenen Kandidaten bei Wahlen antreten darf. Zum neuen Beschwerdeverfahren nach Art. 93 I Nr. 4c, mit dem eine negative Entscheidung über die Parteieigenschaft in diesem Zusammenhang zur Überprüfung durch das BVerfG gestellt werden kann, s. Art. 93 Rn. 102ff. **61**

Auf den verfassungsprozessualen Status einer Partei (o. Rn. 16f.) ist typischerweise unter dem Gesichtspunkt der Antragsberechtigung für den Organstreit bzw. der Beschwerdefähigkeit für die Verfassungsbeschwerde einzugehen. Legt z.B. eine Partei, die mit der BReg um ihren Mitwirkungsstatus streitet, Verfassungsbeschwerde ein, ist sie nicht „jedermann" i.S.v. Art. 93 I Nr. 4a, § 90 I BVerfGG, sondern ein „anderer Beteiligter, der durch das GG mit Rechten ausgestattet ist" gem. Art. 93 I Nr. 1. Der umgekehrte Fall sind verwaltungsrechtliche Streitigkeiten, in denen eine politische Partei Jedermann-Qualität besitzt und Verfassungsbeschwerde einlegen kann, während es ihr an der Antragsberechtigung im Organstreit fehlt. Beispiele dafür sind Streitigkeiten mit dem BTPräs um Zahlungen aus der staatlichen Parteienfinanzierung oder mit einer öffentlich-rechtlichen Rundfunkanstalt um die Ausstrahlung von Wahlwerbung. – Antragsteller im Organstreit können auch nicht im Parlament vertretene Parteien sein, da sie ebenfalls Adressat des Abs. 1 S. 1 sind (o. Rn. 14). **62**

D. Weiterführende Literatur/Leseempfehlungen

Ipsen J., Grundgesetz und politische Parteien, DVBl. 2009, 552–561; Kunig, Ph., Politische Parteien im Grundgesetz, Jura 1991, 247–257; Maurer, H., Die politischen Parteien im Prozeß, JuS 1992, 296–300; Maurer, H., Die Rechtsstellung der politischen Parteien, JuS 1991, 881–889; Morlok, M., Das Parteiverbot, Jura 2013, 317– **63**

325; Shirvani, F., Parteiverbot und Verhältnismäßigkeitsgrundsatz, JZ 2014, 1074–1083; BVerfGE 2, 1–79 – Parteiverbot; BVerfGE 91, 262–275 – Parteibegriff.

Art. 22 [Hauptstadt; Bundesflagge]

(1) [1]**Die Hauptstadt der Bundesrepublik Deutschland ist Berlin.** [2]**Die Repräsentation des Gesamtstaates in der Hauptstadt ist Aufgabe des Bundes.** [3]**Das Nähere wird durch ein Bundesgesetz geregelt.**

(2) **Die Bundesflagge ist schwarz-rot-gold.**

Pflichtstoff (**)

A. Überblick

1 Art. 22 befasst sich als einzige Vorschrift des GG mit einzelnen Staatssymbolen. Die Vorschrift bestand zunächst allein aus ihrem heutigen Abs. 2. Im Jahr 2006 wurde im Rahmen der Föderalismusreform I Abs. 1 eingefügt.

2 Die Prüfungsrelevanz der Norm ist begrenzt. Bedeutung kann insofern ggf. den in Art. 22 enthaltenen Kompetenzgrundlagen zukommen. Zudem kann Art. 22 II Eingriffe in vorbehaltlos gewährleistete Grundrechte rechtfertigen.

B. Erläuterungen

I. Berlin als Hauptstadt (Abs. 1)

3 Bereits Art. 2 I EinigungsV hatte Berlin als Hauptstadt (dort freilich „Deutschlands") festgelegt. Dieser Regelung hat Art. 22 I 1 Verfassungsrang verliehen. Welche rechtliche Konsequenzen sich daraus ergeben, wird primär mit Blick auf den Sitz der Verfassungsorgane diskutiert. Richtigerweise wird man Art. 22 I 1 keine Festlegung des Inhalts entnehmen können, einzelne Organe (etwa: der BPräs und die BReg, so Leisner, in: Sodan, Rn. 1) müssten ihren Sitz in Berlin haben. Ein Vorschlag, nach dem eben diese Bestimmung in das GG aufgenommen werden sollte, war bei den Beratungen zum neuen Art. 22 verworfen worden. Für das Parlament und die Regierung hatte Art. 2 I 2 EinigungsV die Frage noch ausdrücklich offen gelassen. Heute obliegt ihre Beantwortung nach Art. 22 I 3 der Entscheidung des einfachen Bundesgesetzgebers bzw. – sofern dieser keine Regelung wie z.B. in § 1 II BVerfGG trifft – der autonomen Entscheidung der einzelnen Verfassungsorgane.

4 Mit der Repräsentation des Gesamtstaates benennt Art. 22 I 2 eine typische Hauptstadtfunktion und weist dem Bund diesbezüglich die alleinige Verwaltungszuständigkeit zu, soweit die Aufgabe in der Hauptstadt wahrgenommen wird. Zugleich wird der Bund dem Grunde nach zur Wahrnehmung dieser Aufgabe verpflichtet; die Kosten hierfür trägt er nach Art. 104a I selbst (Jarass, in: JP, Rn. 2). Hinsichtlich der Modalitäten der Aufgabenerfüllung hat er großen Spielraum. Repräsentation meint die Darstellung des Staates; sie besteht z.B. aus der Tätigkeit von Verfassungsorganen, aber auch aus der Darstellung gesamtstaatlicher Kultur. Insofern kann der Bund eigene Einrichtungen unterhalten oder Einrichtungen mit den Ländern finanzieren wie z.B. Museen oder Denkmäler. Gesamtstaatliche Repräsentation außerhalb der Hauptstadt schließt Art. 22 I 2 nicht aus; die Kompetenz des Bundes kann sich dann freilich nur aus der Natur der Sache ergeben. Finanzielle Ansprüche des Landes Berlin begründet Art. 22 I nicht; insofern bleibt es bei den Regeln der Finanzverfassung (s. namentlich Art. 106 VIII).

Art. 22 I 3 gibt dem Bund eine ausschließliche Gesetzgebungskompetenz, die sich auf alle Details zu den Regelungen in Art. 22 I 1, 2 erstreckt und die er ohne einen geschriebenen Kompetenztitel kraft Natur der Sache besäße. 5

II. Bundesflagge (Abs. 2)

Die Bundesflagge ist ein Staatssymbol. Als seine Farben legt Art. 22 II die auf das Lützow'sche Freikorps, einen Freiwilligenverband aus den Befreiungskriegen gegen Napoleon, zurückgehende Kombination schwarz-rot-gold fest. Da Art. 22 II keine Aussage zur Anordnung der Farben enthält, ist ersichtlich die historische Gebrauchsform in drei vertikalen Streifen gemeint (Jarass, in: JP, Rn. 4; s. dazu auch Maurer, Staatsrecht I, § 1 Rn. 47, 54). Diese Entscheidung betrifft auch die – im Gegensatz zur beweglichen Flagge unbeweglich angebrachten – Fahnen (Herzog, in: MD, Rn. 16) und andere Symbole in den Bundesfarben. Weitere Details zur Gestaltung und Führung der Flagge darf der Bund regeln; ob sich seine Kompetenz aus Art. 22 oder aus der Natur der Sache ergibt, ist str. 6

Art. 22 II setzt das Recht des Staates voraus, zur Selbstdarstellung Symbole zu verwenden, um die Identifikation der Bürger mit den durch sie versinnbildlichten Grundwerten zu befördern (BVerfGE 81, 278 [293]). Angesichts des Ursprungs der Farben und der mit ihrem Wiederaufgreifen im Jahr 1949 verbundenen Absage an die Farben schwarz-weiß-rot kann man zu diesen Grundwerten neben nationaler Einheit jedenfalls grundlegende Freiheitsrechte, Rechtsstaat und Demokratie zählen. Soweit staatliche Symbole Entscheidungen verkörpern, die die grundgesetzliche Ordnung fundamental prägen, und insofern ein Mittel zur unentbehrlichen Identifikation der Bürger mit diesen Grundwerten darstellen, dienen gesetzliche Maßnahmen gegen die Verunglimpfung dieser Symbole dem Schutz eines Wertes von Verfassungsrang. Aus diesem Grund können Eingriffe sogar in vorbehaltlos gewährleistete Grundrechte wie die Kunstfreiheit aus Art. 5 III 1 gerechtfertigt sein, solange nicht eine Immunisierung des Staates gegen Kritik angestrebt wird. Relevant ist das etwa für die nach § 90a I Nr. 2 StGB strafbare Verunglimpfung der Flagge (BVerfGE 81, 278 [294]). Zur Führung der Flagge ist jedermann berechtigt (Herzog, in: MD, Rn. 22). 7

III. Andere Staatssymbole

Spezifische Aussagen zu anderen Staatssymbolen enthält Art. 22 nicht (zum vorausgesetzten Recht zur Symbolverwendung s. freilich o. Rn. 7). Ob die Vorschrift um eine Aussage zur deutschen Sprache als Staatssprache erweitert werden soll, wird diskutiert. Den Schutz der Nationalhymne, den § 90a I Nr. 2 StGB ebenso wie den der Flagge durch die Strafbarkeit ihrer Verunglimpfung bewirkt, sieht das BVerfG pauschal „in der Verfassung begründet" (BVerfGE 81, 298 [308]). Für die Festlegung weiterer Symbole des Gesamtstaates ist der Bund verbandszuständig. Sofern nicht der Gesetzgeber tätig wird, liegt die Organzuständigkeit nach h.M. beim BPräs. Dass der 3.10. als Tag der Deutschen Einheit Feiertag ist, legt § 2 II EinigungsV fest. 8

C. Weiterführende Literatur/Leseempfehlungen

Burkiczak, Ch., Geschichte und Rechtsgrundlagen der deutschen Staatssymbole, Jura 2003, 806–812; Naumann, A., Der praktische Fall – Öffentliches Recht: Streit um die Nationalhymne, JuS 2000, 786–789; BVerfGE 81, 278–298; 81, 298–309; BVerfG NJW 2009, 908–909. 9

Art. 23 [Verwirklichung der Europäischen Union; Beteiligung des Bundesrates, der Bundesregierung]

(1) [1]Zur Verwirklichung eines vereinten Europas wirkt die Bundesrepublik Deutschland bei der Entwicklung der Europäischen Union mit, die demokratischen, rechtsstaatlichen, sozialen und föderativen Grundsätzen und dem Grundsatz der Subsidiarität verpflichtet ist und einen diesem Grundgesetz im wesentlichen vergleichbaren Grundrechtsschutz gewährleistet. [2]Der Bund kann hierzu durch Gesetz mit Zustimmung des Bundesrates Hoheitsrechte übertragen. [3]Für die Begründung der Europäischen Union sowie für Änderungen ihrer vertraglichen Grundlagen und vergleichbare Regelungen, durch die dieses Grundgesetz seinem Inhalt nach geändert oder ergänzt wird oder solche Änderungen oder Ergänzungen ermöglicht werden, gilt Artikel 79 Abs. 2 und 3.

(1a) [1]Der Bundestag und der Bundesrat haben das Recht, wegen Verstoßes eines Gesetzgebungsakts der Europäischen Union gegen das Subsidiaritätsprinzip vor dem Gerichtshof der Europäischen Union Klage zu erheben. [2]Der Bundestag ist hierzu auf Antrag eines Viertels seiner Mitglieder verpflichtet. [3]Durch Gesetz, das der Zustimmung des Bundesrates bedarf, können für die Wahrnehmung der Rechte, die dem Bundestag und dem Bundesrat in den vertraglichen Grundlagen der Europäischen Union eingeräumt sind, Ausnahmen von Artikel 42 Abs. 2 Satz 1 und Artikel 52 Abs. 3 Satz 1 zugelassen werden.

(2) [1]In Angelegenheiten der Europäischen Union wirken der Bundestag und durch den Bundesrat die Länder mit. [2]Die Bundesregierung hat den Bundestag und den Bundesrat umfassend und zum frühestmöglichen Zeitpunkt zu unterrichten.

(3) [1]Die Bundesregierung gibt dem Bundestag Gelegenheit zur Stellungnahme vor ihrer Mitwirkung an Rechtsetzungsakten der Europäischen Union. [2]Die Bundesregierung berücksichtigt die Stellungnahmen des Bundestages bei den Verhandlungen. [3]Das Nähere regelt ein Gesetz.

(4) Der Bundesrat ist an der Willensbildung des Bundes zu beteiligen, soweit er an einer entsprechenden innerstaatlichen Maßnahme mitzuwirken hätte oder soweit die Länder innerstaatlich zuständig wären.

(5) [1]Soweit in einem Bereich ausschließlicher Zuständigkeiten des Bundes Interessen der Länder berührt sind oder soweit im übrigen der Bund das Recht zur Gesetzgebung hat, berücksichtigt die Bundesregierung die Stellungnahme des Bundesrates. [2]Wenn im Schwerpunkt Gesetzgebungsbefugnisse der Länder, die Einrichtung ihrer Behörden oder ihre Verwaltungsverfahren betroffen sind, ist bei der Willensbildung des Bundes insoweit die Auffassung des Bundesrates maßgeblich zu berücksichtigen; dabei ist die gesamtstaatliche Verantwortung des Bundes zu wahren. [3]In Angelegenheiten, die zu Ausgabenerhöhungen oder Einnahmeminderungen für den Bund führen können, ist die Zustimmung der Bundesregierung erforderlich.

(6) [1]Wenn im Schwerpunkt ausschließliche Gesetzgebungsbefugnisse der Länder auf den Gebieten der schulischen Bildung, der Kultur oder des Rundfunks betroffen sind, wird die Wahrnehmung der Rechte, die der Bundesrepublik Deutschland als Mitgliedstaat der Europäischen Union zustehen, vom Bund auf einen vom Bundesrat benannten Vertreter der Länder übertragen. [2]Die Wahrnehmung der Rechte erfolgt unter Beteiligung und in Abstimmung mit der Bundesregierung; dabei ist die gesamtstaatliche Verantwortung des Bundes zu wahren.

(7) **Das Nähere zu den Absätzen 4 bis 6 regelt ein Gesetz, das der Zustimmung des Bundesrates bedarf.**

Pflichtstoff (*****)

Übersicht

A. Überblick

I. Normstruktur

Art. 23 bildet das verfassungsrechtliche Fundament für die Mitwirkung Deutschlands an der Verwirklichung eines vereinten Europas. Wesentliche Vorgaben hierfür enthält Abs. 1. Danach soll dieses Ziel dadurch erreicht werden, dass die deutsche Staatsgewalt, d.h. Bund und Länder, an der Entwicklung der Europäischen Union (EU) mitwirken, für deren Struktur und Handeln verschiedene Grundsätze festlegt werden (Abs. 1 S. 1). Zur europäischen Integration wird der Bund ermächtigt, Hoheitsrechte durch zustimmungsbedürftiges Gesetz zu übertragen. Das ist in Bezug auf die EU und den ESM (Europäischer Stabilitätsmechanismus) in weitem Umfang geschehen (Rn. 26ff.). Soweit der Inhalt des Grundgesetzes im Zuge der Integration geändert oder ergänzt oder dies ermöglicht wird, müssen die formellen und materiellen Grenzen des Art. 79 III beachtet werden (Abs. 1 S. 3). Abs. 1a regelt den Rechtsschutz 1 von Bundestag und Bundesrat bei einem Verstoß gegen den Subsidiaritätsgrundsatz durch die Union. Die Abs. 2 bis 7 räumen diesen Bundesorganen sowie einem Ländervertreter weitreichende Beteiligungsrechte im europäischen Integrationsprozess ein.

II. Anwendungsbereich

2 Der Anwendungsbereich des Art. 23 wird durch die Merkmale „Entwicklung der Europäischen Union" (Abs. 1 S. 1) und „Angelegenheiten der Europäischen Union" (Abs. 2 S. 1) markiert, die entwicklungsoffen zu verstehen sind. Der Begriff „Europäische Union" umfasst daher nicht nur die bei Neufassung des Art. 23 im Jahre 1992 bestehenden Einrichtungen, die mit den Europäischen Gemeinschaften in einem normativen Zusammenhang standen, sondern auch alle institutionellen Weiterentwicklungen der Union, sofern sie diesen Kontext aufweisen (Jarass, in: JP, Art. 23 Rn. 3). Diesen Zusammenhang hat das BVerfG in Bezug auf Art. 23 II 1 als Ergänzungs- oder sonstiges besonderes Näheverhältnis zum Recht der EU beschrieben (BVerfGE 131, 152 [199]). Das gilt etwa für den Europäischen Stabilitätsmechanismus (ESM) und die Europäische Zentralbank (EZB). Die Tätigkeit des ESM ist daher eine Angelegenheit der Europäischen Union i. S. v. Art. 23 II 1 (BVerfGE 132, 195 [271 Rn. 182]).

III. Prüfungsrelevanz

3 Art. 23 I ist eine überaus wichtige Vorschrift für die juristische Ausbildung und Prüfung. Das gilt zunächst für die formellen und materiellen Anforderungen für die Übertragung von Hoheitsgewalt auf die Union (Art. 23 I 2 und 3). Im Mittelpunkt steht dabei die Frage, in welchem Umfang das BVerfG diese Akte auf ihre Vereinbarkeit mit den Grundrechten des Grundgesetzes und den Strukturprinzipien des Art. 20 I kontrollieren kann, die die Identität der Verfassung prägen.

4 Außerdem enthält Art. 23 über seinen Wortlaut hinaus wesentliche Vorgaben für die Beantwortung folgender klausurrelevanter Fragen, die bei der Ausübung übertragener Hoheitsmacht durch die EU auftreten:

- Sind die Rechtsakte der Union für die deutsche Staatsgewalt und den Einzelnen unmittelbar verbindlich?
- Was ist Prüfungsmaßstab für Unionsrecht, das in die deutsche Rechtsordnung hineinwirkt und wer übt die Kontrollkompetenz aus?
- Wie verhalten sich Unionsrecht und Verfassungsrecht zueinander? Wie sind Konflikte zwischen diesen Regelungen zu lösen?
- Wann liegt ein Handeln der EU außerhalb ihres Zuständigkeitsbereichs („ultra vires") vor, welche Konsequenzen hat diese Überschreitung und welche Gerichte (EuGH – BVerfG) kontrollieren dies in welchem Umfang?

IV. Europa

5 Gegenstand des Art. 23 ist die europäische Integration Deutschlands im Rahmen der EU. Als Regelung des deutschen Verfassungsrechts bindet er aber nur die deutsche Staatsgewalt, nicht hingegen Organe der EU. Für sie legt der EUV in Art. 2 grundlegende Werte verbindlich fest. Dazu gehören die Achtung der Menschenwürde, Freiheit, Demokratie, Gleichheit, Rechtsstaatlichkeit und die Wahrung der Menschenrechte. Die Werte des Art. 2 S. 1 EUV decken sich also weitgehend mit den Grundsätzen der Strukturklausel des Art. 23 I 1 (Rn. 15ff.) und der Ewigkeitsklausel des Art. 79 III, auf die Art. 23 I 3 Bezug nimmt. Zwischen diesen Vorschriften besteht wegen ihrer inhaltlichen und funktionalen Teilidentität im Primärrecht der EU und im deutschen Verfassungsrecht ein Werteverbund.

6 Allerdings divergieren die Folgen eines Zuwiderhandelns gegen diese Vorschriften. Ein Verstoß gegen Art. 23 I berührt die Übertragung von Hoheitsgewalt auf die EU

und die Ausübung der übertragenen Hoheitsgewalt durch die EU. Dagegen ist die Achtung der Werte des Art. 2 S. 1 EUV gem. Art. 49 I 1 EUV eine grundlegende Voraussetzung für den Beitritt eines Staates zur EU. Verletzt ein Mitgliedstaat nach dem Beitritt diese Werte in schwerwiegender Weise, sieht Art. 7 III EUV als ultima ratio die Aussetzung seiner Rechte aus dem Unionsrecht vor. Das wird aktuell in Bezug auf Ungarn für den Fall diskutiert, dass die Regierung dieses Landes die Todesstrafe wieder einführt. Dagegen ist ein Ausschluss des Mitgliedstaates in den Verträgen nicht vorgesehen. Dieser kann aber nach Art. 50 I EUV beschließen, aus der Union auszutreten.

V. Verhältnis zu anderen Bestimmungen

Das Verhältnis des Art. 23 zu anderen Bestimmungen kann unter drei Gesichts- 7
punkten geordnet werden, weil insoweit jeweils unterschiedliche Grundsätze gelten:

1. Vorschriften des Grundgesetzes

Was das Zusammenwirken des Art. 23 mit anderen Bestimmungen des Grundgeset- 8
zes betrifft, geht er in seinem Anwendungsbereich (Rn. 2) dem Art. 24 I vor, auf den bis zur Änderung des Art. 23 (Rn. 2) die Teilnahme an der europäischen Integration gestützt wurde. Dagegen bleibt Art. 24 Ia neben Art. 23 anwendbar (Jarass, in: JP, Art. 23 Rn. 4; s. auch Art. 24 Rn. 33ff.). Art. 23 ist gegenüber Art. 32 lex specialis (Streinz, in: Sachs, Art. 23 Rn. 9). Gleiches gilt für Art. 59 II, der für die europäische Integration durch den besondere Gesetzesvorbehalt des Art. 23 I 2 verdrängt wird (BVerfGE 123, 267 [355]; Schorkopf, BK, Art. 23 Rn. 73).

2. Regeln des Unionsrechts

Im Verhältnis des Art. 23 zum Unionsrecht ist vor allem von Interesse, ob die dort 9
entwickelten Regeln für das Zusammenwirken mit nationalem Recht mit der Integrationsermächtigung des Art. 23 I im Einklang stehen. Das betrifft den Grundsatz der begrenzten Einzelermächtigung (Art. 5 I 1, II EUV), die Grundsätze der Subsidiarität und Verhältnismäßigkeit (Art. 5 I 2, III und IV EUV) sowie den Anwendungsvorrang von Unionsrecht gegenüber kollidierendem nationalen Recht (Rn. 47ff.). Diese Regeln des Unionsrechts entsprechen der verfassungsrechtlichen Ermächtigung des Art. 23 I. Das hat das BVerfG für den unionsrechtlichen Anwendungsvorrang ausdrücklich anerkannt. „Art. 23 Abs. 1 GG erlaubt mit der Übertragung von Hoheitsrechten – soweit vertraglich vorgesehen und gefordert – zugleich deren unmittelbare Ausübung innerhalb der mitgliedstaatlichen Rechtsordnungen. Er enthält somit ein Wirksamkeits- und Durchsetzungsversprechen, dem der unionsrechtliche Anwendungsvorrang entspricht“ (BVerfGE 126, 286 [302]).

3. Einfachgesetzliche Konkretisierungen

Die Vorgaben des Art. 23 werden durch einfachgesetzliche Bestimmungen konkre- 10
tisiert. Das geschieht in Bezug auf Abs. 1 und 1a durch das Gesetz über die Wahrnehmung der Integrationsverantwortung des Bundestages und des Bundesrates in Angelegenheiten der Europäischen Union (Integrationsverantwortungsgesetz – IntVG). Nähere Ausführungen zu der in Art. 23 II–VII vorgesehenen Beteiligung des Bundestages, des Bundesrates und der Länder finden sich im Gesetz über die Zusammenarbeit von Bundesregierung und Deutschem Bundestag in Angelegenheiten der Europäischen Union (EuZBBG) und im Gesetz über die Zusammenarbeit von Bund und Ländern in Angelegenheiten der Europäischen Union (EuZBLG). Diese Regelungen sind bei der Ermittlung der Festlegungen in Art. 23 zu berücksichtigen, da sie diese

ausgestalten und sich dabei in den verfassungsrechtlichen Grenzen bewegen (Art. 20 III Hs. 1).

B. Erläuterungen

I. Auftrag zur Mitwirkung an der Entwicklung der EU (Abs. 1 S. 1)

1. Funktionen des Art. 23 I

11 Art. 23 I besitzt verschiedene Funktionen, die sich in spezifischen Anforderungen niederschlagen, die auch als Klauseln bezeichnet werden (vgl. Streinz, in: Sachs, Art. 23 Rn. 15). Abs. 1 S. 1 begründet einen Verfassungsauftrag für die deutsche Staatsgewalt, an der Entwicklung der Europäischen Union mitzuwirken (BVerfGE 123, 267 [346 f.]) und enthält Vorgaben für deren Struktur, die allerdings nur innerstaatliche Bindungswirkung erzeugen. Neben dieser *Struktursicherungsklausel* regelt Abs. 1 S. 2 die Übertragung von Hoheitsrechten als besonders weitreichende Art der Mitwirkung *(Kompetenzübertragungsklausel)*. Die Sicherungsfunktion der Strukturklausel wird durch die *Verfassungsidentitätsklausel* in Art. 23 I 3 ergänzt, die auf die formellen und materiellen Grenzen einer Verfassungsänderung in Art. 79 II und III Bezug nimmt.

2. Integrationsauftrag des Art. 23 I 1

a) Verfassungsauftrag und Staatsziel

12 Art. 23 I 1 verpflichtet die Bundesrepublik Deutschland, zur Verwirklichung des vereinten Europas bei der Entwicklung der Europäischen Union mitzuwirken. Dies „bedeutet insbesondere für die deutschen Verfassungsorgane, dass es nicht in ihrem politischen Belieben steht, sich an der europäischen Integration zu beteiligen oder nicht. Das Grundgesetz will eine europäische Integration und eine internationale Friedensordnung: Es gilt deshalb nicht nur der Grundsatz der Völkerrechtsfreundlichkeit, sondern auch der Grundsatz der Europarechtsfreundlichkeit" (BVerfGE 123, 267 [346 f.]). Verfassungsdogmatisch ist diese Verpflichtung als Verfassungsauftrag und als Staatsziel einzuordnen (Jarass, in: JP, Art. 23 Rn. 10).

b) Adressat, Gegenstand und Umsetzung der Verpflichtung

13 Als *Adressaten* nennt Art. 23 I 1 die Bundesrepublik Deutschland. Damit sind die Staatsorgane und sonstigen Stellen von Bund und Ländern angesprochen, die im Rahmen ihrer Zuständigkeit tätig werden (Jarass, in: JP, Art. 23 Rn. 11). *Gegenstand* der Verpflichtung ist die Mitwirkung bei der Entwicklung der EU und der mit ihr verbundenen Einrichtungen (Rn. 2). Nachdem die Gründung der EU abgeschlossen ist, betrifft dies vor allem ihren weiteren Ausbau.

14 *Mitwirkungsakte* sind zunächst die Zustimmungsgesetze zur Übertragung von Hoheitsrechten auf die EU und zur Änderung ihrer vertraglichen Grundlagen. Das sind der EUV, der AEUV und die EU-GRCh (vgl. Art. 6 I UAbs. 1 EUV). Sie werden auch als Primärrecht bezeichnet. Die Mitwirkungspflicht gilt aber auch für das Sekundärrecht. Dazu gehören die in Art. 288 AEUV genannten verbindlichen Rechtsakte, also Verordnungen, Richtlinien und Beschlüsse. Daher muss der Gesetzgeber Richtlinien der EU umsetzen, deutsche Behörden müssen EU-Verordnungen vollziehen und deutsche Gerichte müssen diesen Vollzug auch auf seine Vereinbarkeit mit Unionsrecht überprüfen (Jarass, in: JP, Art. 23 Rn. 13). Diese Verpflichtungen ergeben sich auf unionsrechtlicher Ebene aus Art. 288 AEUV i. V. m. dem Grundsatz der Unionstreue nach Art. 4 III EUV. Sie werden durch den Integrationsauftrag des Art. 23 I 1 verfassungsrechtlich abgesichert.

3. Strukturvorgaben in Art. 23 I 1

Bei der Erfüllung des Integrationsauftrages sind die deutschen Staatsorgane gem. Art. 23 I 1 an die dort genannten Strukturprinzipien gebunden. Sie sind nicht nur Handlungs-, sondern auch Kontrollmaßstab für Gesetzgebung, vollziehende Gewalt und Rechtsprechung. Dagegen werden die Union selbst und andere Mitgliedstaaten nicht gebunden (Streinz, in: Sachs, Art. 23 Rn. 17f.). Bei der Ermittlung der einzelnen Strukturvorgaben ist zu beachten, dass ihr Bezugspunkt nicht der Mitgliedstaat Deutschland, sondern die Union ist. Das rechtfertigt gerade beim Demokratieprinzip systemadäquate Modifikationen gegenüber dem zu Art. 20 I entwickelten verfassungsrechtlichen Verständnis (Art. 20 Rn. 13f., 24f.). **15**

a) Demokratie

Anders als in Art. 20 I und II (s. Art. 20 Rn. 29ff.) wird das Demokratieprinzip in der Union doppelgleisig verwirklicht. Die Erfüllung dieses Gebots erfolgt zunächst durch das Europäische Parlament. Dieses wird von den Unionsbürgern direkt gewählt (Art. 14 III EUV) und ist somit unmittelbar demokratisch legitimiert. Dieses Parlament hat zwar durch den Lissabon-Vertrag weitergehende Befugnisse bei der Gesetzgebung erhalten, ist aber nicht die Legislative der Union (Streinz, in: Sachs, Art. 23 Rn. 25). Für die notwendige demokratische Legitimation bedarf es daher zudem der Rückkopplung über die nationalen Parlamente. **16**

Diese mittelbare demokratische Legitimation erfolgt über den Rat der Union, der gem. Art. 16 I EUV gemeinsam mit dem Europäischen Parlament als Gesetzgeber tätig wird. Der Rat besteht aus je einem Vertreter jedes Mitgliedstaates auf Ministerebene, der befugt ist, für die Regierung des von ihm vertretenen Mitgliedstaates verbindlich zu handeln und das Stimmrecht auszuüben (Art. 16 II EUV). Die Minister Deutschlands sind Mitglieder der Bundesregierung (Art. 62), also der vollziehenden Gewalt, die ihrerseits von der fortlaufenden Unterstützung durch den Bundestag abhängig ist, was u.a. in Art. 63, 67 und 68 zum Ausdruck kommt. Nach Ansicht des BVerfG genügt diese doppelte demokratische Legitimation den Anforderungen des Demokratieprinzips auf der Ebene der Union (BVerfGE 89, 155 [185ff.]). **17**

b) Rechtsstaatlichkeit

Das Gebot der Rechtsstaatlichkeit verlangt, dass die Union rechtsstaatlich organisiert ist und im Einklang mit rechtsstaatlichen Prinzipien handelt. Das wird durch geschriebene und vom EuGH entwickelte Grundsätze sichergestellt. Dazu zählen: **18**
- der Geltungsvorrang des Primärrechts der Union gegenüber dem Sekundärrecht (vgl. v. Heinegg, in: EH, Art. 23 Rn. 13)
- die Gesetzesbindung von Verwaltung und Rechtsprechung (Jarass, in: JP, Art. 23 Rn. 16)
- effektiver Rechtsschutz, Art. 47 EU-GRCh
- Beachtung des Grundsatzes der Verhältnismäßigkeit (s. für Grundrechtseinschränkungen Art. 52 I 2 EU-GRCh)
- die ungeschriebenen Gebote der Bestimmtheit, Rechtssicherheit und des Vertrauensschutzes (vgl. BVerfGE 126, 286 [313f.]; Streinz, in: Sachs, Art. 23 Rn. 27f.).

c) Soziale Grundsätze

Soziale Grundsätze sind im bestehenden Primär- und Sekundärrecht der Union in weiterem Umfang enthalten und konkreter ausgeformt als im Sozialstaatsprinzip des Grundgesetzes nach Art. 20 I (dazu Art. 20 Rn. 248ff.). Das gilt vor allem für die tatsächliche Gleichstellung von Frauen und Männern, s. Art. 157 AEUV, Art. 23 **19**

EU-GRCh. Für die Verwirklichung sozialstaatlicher Aspekte im Wirtschaftsleben der Union ist u.a. auf Art. 3 III EUV und Art. 27ff. EU-GRCh hinzuweisen.

d) Föderative Grundsätze

20 Föderative Grundsätze sind in der Organisationsstruktur der Union schwächer ausgeprägt als im Bundesstaatsprinzip des Grundgesetzes (dazu Art. 20 Rn. 220ff.). Dies liegt zunächst daran, dass die EU kein Bundesstaat, sondern ein Staatenverbund ist (BVerfGE 89, 155 [186, 188]). Daher verwendet Art. 23 I 1 auch nicht den Ausdruck „bundesstaatliche Grundsätze". Der Zweck dieses Elements der Struktursicherungsklausel besteht nicht darin, die Umwandlung der Union in einen Bundesstaat voranzutreiben. Vielmehr sollen einerseits eine zentralstaatliche Organisation der Union verhindert, andererseits die Union zur Beachtung der grundsätzlichen Autonomie der Mitgliedstaaten und zur Rücksichtnahme auf die innerstaatlich festgelegte föderative Struktur einzelner Mitgliedstaaten angehalten werden (Jarass, in: JP, Art. 23 Rn. 18). Für den Schutz mitgliedstaatlicher Autonomie, die in Art. 4 I EUV anerkannt wird, haben die föderativen Grundsätze indes kaum eigenständige Bedeutung, da diese bereits durch das Prinzip der begrenzten Einzelermächtigung (Rn. 47f.) und das Subsidiaritätsprinzip (Rn. 21, 48) gewährleistet wird.

e) Grundsatz der Subsidiarität

21 Der Grundsatz der Subsidiarität ist in Art. 5 I 2 und III EUV verankert. Er betrifft die Kompetenzausübung durch die Union, sofern ihr keine ausschließliche Zuständigkeit zugewiesen ist. Voraussetzung ist daher zunächst, dass die Union gem. dem Prinzip der begrenzten Einzelermächtigung (Art. 5 I 1, II EUV) eine Kompetenz erlangt hat. Für ihre Ausübung verlangt der Subsidiaritätsgrundsatz, dass die Ziele der in Betracht gezogenen Maßnahmen von den Mitgliedstaaten weder auf zentraler noch auf regionaler oder lokaler Ebene verwirklicht werden können, sondern wegen ihres Umfangs oder ihrer Wirkungen auf Unionsebene besser zu verwirklichen sind. Dieser Grundsatz dient daher dem Schutz der Autonomie der Mitgliedstaaten (s. auch Art. 5 II 2 EUV). Er kann von den Mitgliedstaaten aufgrund des Protokolls über die Anwendung der Grundsätze der Subsidiarität und Verhältnismäßigkeit vor dem EuGH durchgesetzt werden (vgl. Art. 8 EU-Subsidiaritätsprotokoll; Classen, in: MKS, Art. 23 Rn. 41).

22 Komplementär dazu hebt Art. 23 Ia das Recht des Bundestags und des Bundesrats hervor, wegen Verstoßes eines Gesetzgebungsaktes der Union gegen das Subsidiaritätsprinzip Klage zum EuGH zu erheben. Die Erwähnung dieses Prinzips in der Struktursicherungsklausel des Art. 23 I 1 soll vor allem die präventive Kontrolle der Kompetenzausübung durch die Union verbessern. Das zielt auf die deutschen Vertreter im Rat und soll eine stärkere Einflussnahme durch Bundestag und Bundesrat gewährleisten (vgl. BVerfGE 89, 155 [211f.]). Die konkreten Möglichkeiten sind im Integrationsverantwortungsgesetz geregelt (Rn. 10).

f) Vergleichbarer Grundrechtsschutz

23 Art. 23 I 1 verlangt für die Mitwirkung an der Entwicklung der Union, dass sie einen Grundrechtsschutz gewährleistet, der dem Grundrechtsschutz des Grundgesetzes im Wesentlichen vergleichbar ist. Dieses Element der Struktursicherungsklausel knüpft an den Vorbehalt eines ausreichenden Grundrechtsschutzes an, den das BVerfG in der Solange II-Entscheidung entwickelt (BVerfGE 73, 339 [376, 387]) und in neueren Entscheidungen wiederholt hat (BVerfGE 89, 155 [174f.]; 123, 267 [335]). Danach übt das BVerfG „seine Gerichtsbarkeit über die Anwendbarkeit von sekundärem Unionsrecht und sonstigem Handeln der Europäischen Union, das die Rechtsgrundla-

ge für ein Handeln deutscher Gerichte und Behörden im Hoheitsbereich der Bundesrepublik Deutschland ist, lediglich solange nicht mehr aus, wie die Europäische Union eine Grundrechtsgeltung gewährleistet, die nach Inhalt und Wirksamkeit dem Grundrechtsschutz, wie er nach dem Grundgesetz unabdingbar ist, im Wesentlichen gleichkommt" (BVerfGE 123, 267 [335]; s. auch Art. 1 Rn. 111 ff.).

Dass dieser Grundrechtsschutz auf Unionsebene besteht, wurde schon bei Neufassung des Art. 23 angenommen (BVerfGE 73, 339 [386]) und steht seit Geltung der EU-Grundrechtecharta außer Frage. Gleichwohl hat Art. 23 I 1 diesen Vorbehalt des Grundrechtsschutzes ausdrücklich aufgegriffen. Ein Grund hierfür liegt darin, dass das BVerfG auf seine Kontrollbefugnis am Maßstab der deutschen Grundrechte nicht endgültig verzichtet hat, sondern sie nur vorübergehend nicht mehr ausübt. Darüber hinaus kann aus dem Festhalten am Erfordernis eines vergleichbaren Grundrechtsschutzes in Art. 23 I 1 die prinzipielle Anerkennung eines Kooperationsverhältnisses zwischen BVerfG und EuGH durch den Verfassungsgesetzgeber abgeleitet werden. **24**

II. Übertragung von Hoheitsrechten (Abs. 1 S. 2 und 3)

1. Begriff der Hoheitsrechte

Das Merkmal „Hoheitsrechte" in Art. 23 I 2 knüpft an den gleichlautenden Begriff in Art. 24 I an, obwohl dieser verbreitet als missglückt bezeichnet wird (Art. 24 Rn. 14 ff.). Unter „Hoheitsrechten" i. S. v. Art. 23 I 2 ist die gesamte Ausübung öffentlicher Gewalt im innerstaatlichen Bereich durch Gesetzgebung, vollziehende Gewalt und Rechtsprechung zu verstehen (Streinz, in: Sachs, Art. 23 Rn. 55). Das gilt für Bund und Länder. Zur Rechtsprechung gehört auch die Kompetenz zur richterlichen Rechtsfortbildung (BVerfGE 75, 223 [242]). Deren Grenzen werden bei der europäischen Integration überschritten, „wenn sie deutlich erkennbare (vertrags-) gesetzliche Entscheidungen abändert oder ohne ausreichende Rückbindung an gesetzliche Aussagen neue Regelungen schafft" (BVerfGE 126, 286 [306]). Daher darf keine Kompetenz-Kompetenz, d. h. die Kompetenz, sich weitere Kompetenzen zu verschaffen, übertragen werden. Dies würde auch dem Prinzip der begrenzten Einzelermächtigung widersprechen und die verfassungsrechtliche Integrationsverantwortung der Mitgliedstaaten untergraben (BVerfGE 126, 286 [307]; 132, 195 [238 f. Rn. 105]; 135, 317 [399 Rn. 160]). **25**

2. Tatbestand der Übertragung von Hoheitsrechten

Der Begriff „Übertragung (von Hoheitsrechten)" führt ebenfalls die Formulierung des Art. 24 I fort und ist im selben Sinne zu verstehen (vgl. Art. 24 Rn. 18). Danach liegt eine „Übertragung" vor, wenn „der ausschließliche Herrschaftsanspruch der Bundesrepublik Deutschland für ihren Hoheitsbereich zurückgenommen und der unmittelbaren Geltung und Anwendbarkeit eines Rechts aus anderer Quelle innerhalb dieses Hoheitsbereichs Raum gelassen wird" (BVerfGE 73, 339 [374]). Es geht also um eine Öffnung der deutschen Rechtsordnung durch Verzicht auf die Ausschließlichkeit deutscher Hoheitsgewalt (vgl. Jarass, in: JP, Art. 23 Rn. 25). Dadurch erlangt die Union gemäß dem Prinzip der begrenzten Einzelermächtigung für bestimmte Bereiche, die insbesondere in den Kompetenzbestimmungen der Art. 2 ff. AEUV festgelegt sind, Hoheitsgewalt. **26**

Für eine „Übertragung" i. S. v. Art. 23 I 2 ist aber zudem erforderlich, dass „die Hoheitsgewalt der Union unmittelbar auf den innerstaatlichen Bereich durchgreifen kann" (Jarass, in: JP, Art. 23 Rn. 26). Das ist durch die deutschen Zustimmungsgesetze zu den Gründungs- und Änderungsverträgen der Union geschehen. Ihr Rechtsanwendungsbefehl (dazu Rn. 28, 44) erstreckt sich auf die in Art. 288 II AEUV angeordnete unmittelbare Geltung von EU-Verordnungen und den vom EuGH im Wege **27** der Rechtsfortbildung entwickelten Grundsatz des Anwendungsvorrangs des Unionsrechts (BVerfGE 73, 339 [374f.]; 126, 286 [301f.]; s. auch Rn. 50ff.).

3. Voraussetzungen für die Übertragung von Hoheitsrechten

a) Formell

28 *aa) Parlamentsvorbehalt.* Die Übertragung von Hoheitsrechten gem. Art. 23 I 2 erfordert ein förmliches Bundesgesetz (BVerfGE 58, 1 [35f.]). Darin liegt zum einen ein Parlamentsvorbehalt, der Rechtsverordnungen ausschließt. Zum anderen weist Art. 23 I 2 dem Bund die ausschließliche Gesetzgebungskompetenz für das Zustimmungsgesetz zu. Es handelt sich dabei um ein förmliches Gesetz im nur formellen Sinne. Dies bedeutet, dass das Gesetz vom Parlament erlassen wird und keinen eigenen materiellen Inhalt hat. Dieser ergibt sich vielmehr aus dem Gegenstand der Zustimmung. Dies sind die Gründungsverträge der Union und deren Änderungen.

29 *bb) Bestimmtheitsgebot.* Das Bestimmtheitsgebot für das Zustimmungsgesetz nach Art. 23 I 2 ergibt sich aus der Wesentlichkeitslehre (dazu Art. 20 Rn. 147, 178ff.). Die Einhaltung dieses Gebots hängt maßgeblich von der Bestimmtheit des Unionsvertrages ab, der Gegenstand des Zustimmungsgesetzes ist. Er muss die mögliche Inanspruchnahme der eingeräumten Hoheitsbefugnisse hinreichend voraussehbar normieren; das Integrationsprogramm der Europäischen Union muss hinreichend bestimmt sein. Nur dann kann der Bundesgesetzgeber die Übertragung von Hoheitsgewalt durch das Zustimmungsgesetz parlamentarisch verantworten und ist somit demokratisch legitimiert. Die deutschen Verfassungsorgane dürfen daher weder eine Kompetenz-Kompetenz (Rn. 25) noch eine „Blankettermächtigung zur Ausübung öffentlicher Gewalt, zumal mit unmittelbarer Bindungswirkung in der innerstaatlichen Rechtsordnung, erteilen" (BVerfGE 123, 267 [351]; 132, 195 [238f. Rn. 105]; 135, 317 [399 Rn. 160]).

30 Die Kompetenzergänzungsklausel des Art. 352 AEUV (vorher Art. 308 EGV) stößt daher auf verfassungsrechtliche Bedenken. Denn sie ermöglicht es, „Vertragsgrundlagen der Europäischen Union substantiell zu ändern, ohne dass über die mitgliedstaatlichen Exekutiven hinaus gesetzgebende Organe konstitutiv beteiligt werden müssen" (BVerfGE 123, 267 [395]). In Anbetracht der Unbestimmtheit möglicher Anwendungsfälle der Klausel des Art. 352 AEUV verlangt das BVerfG für ihre Inanspruchnahme verfassungsrechtlich die vorherige Ratifikation durch den Bundestag und den Bundesrat auf der Grundlage von Art. 23 I 1 und 3. „Der deutsche Vertreter im Rat darf die förmliche Zustimmung zu einem entsprechenden Rechtssetzungsvorschlag der Kommission für die Bundesrepublik Deutschland nicht erklären, solange diese verfassungsrechtlich gebotenen Voraussetzungen nicht erfüllt sind" (BVerfGE 123, 267 [395]). Eine weitere Integration im Rahmen des Art. 352 AEUV ist daher nur noch in diesen engen Grenzen möglich.

31 *cc) Zustimmung des Bundesrats.* Die Zustimmung des Bundesrates ist nach Art. 23 I 2 zwingend und ausnahmslos erforderlich. Das gilt auch dann, wenn das übertragene Hoheitsrecht in die ausschließliche Gesetzgebungskompetenz des Bundes fällt (Jarass, in: JP, Art. 23 Rn. 30). Zum Sonderfall sog. Brückenklauseln für bestimmte Sachbereiche, die kein Gesetz nach Art. 23 I 2 erfordern, s. BVerfGE 123, 267 (389ff.).

b) Materiell

32 In materieller Hinsicht sind bei der Übertragung von Hoheitsrechten die Struktursicherungsklausel und die Verfassungsidentitätsklausel zu beachten. Dadurch entfalten sowohl die Elemente des Art. 23 I 1 (Rn. 15ff.) als auch die Grundsätze der Ewigkeitsklausel gem. Art. 23 I 3 i.V.m. Art. 79 III (Rn. 36ff.) unmittelbar begrenzende Wirkung für die europäische Integration.

4. Schranke der Verfassungsänderung

Art. 23 I 3 stellt für die darin genannten Maßnahmen zur Entwicklung der Union besondere formelle und materielle Anforderungen auf, die sich aus Art. 79 II und III ergeben. Die Regelung wird nach ihrer Schutzrichtung auch als „Verfassungsbestandsklausel" (Breuer, NVwZ 1994, 417 [422f.]) oder – vorzugswürdig – als „Verfassungsidentitätsklausel" bezeichnet (vgl. BVerfGE 123, 267 [353f.]). **33**

a) Geltungsbereich

Art. 23 I 3 beansprucht nur unter zwei einschränkenden Voraussetzungen Geltung: Zum einen erfasst er nicht jede Mitwirkung an der europäischen Integration i.S.v. Art. 23 I 1, sondern gilt nur für die Begründung der Union und die Änderung ihrer vertraglichen Grundlagen sowie für vergleichbare Regelungen. Zum anderen muss dadurch das Grundgesetz seinem Inhalt nach geändert oder ergänzt oder dies ermöglicht werden. Das wird auch als Erfordernis qualifizierter Verfassungsbedeutung bezeichnet (Jarass, in: JP, Art. 23 Rn. 36). **34**

In den dadurch gezogenen Grenzen hängt der konkrete Geltungsbereich des Art. 23 I 3 von seinem Verhältnis zu Art. 23 I 2 ab. Hierzu wird teilweise vertreten, dass jede Übertragung von Hoheitsrechten nach Art. 23 I 2 die beiden genannten Anwendungskriterien des Art. 23 I 3 erfülle (Streinz, in: Sachs, Art. 23 Rn. 72, 82). Danach ist die Verfassungsidentitätsklausel bei jeder Übertragung von Hoheitsrechten neben der Struktursicherungsklausel des Art. 23 I 1 als weitere Schranke zu prüfen. Dagegen sprechen der Wortlaut des Art. 23 I 3 sowie der Umstand, dass dann jede Übertragung von Hoheitsgewalt nicht mit einfachen Mehrheiten (Art. 42 II 1, 52 III 1) beschlossen werden kann, sondern stets der Zwei-Drittel-Mehrheiten des Art. 79 II bedarf. Daher scheint es vorzugswürdig, Art. 23 I 3 auf die Übertragung von Hoheitsrechten mit verfassungsänderndem Gewicht zu beschränken (vgl. Jarass, in: JP, Art. 23 Rn. 34; v. Heinegg, in: EH, Art. 23 Rn. 25). **35**

b) Formelle Anforderungen

Nach Art. 23 I 3 i.V.m. Art. 79 II bedürfen verfassungsändernde Integrationsakte einer Zustimmung von zwei Dritteln der Mitglieder des Bundestags (Art. 121) und von zwei Dritteln der Stimmen des Bundesrats (Art. 51 II). Dagegen ist das Gebot einer ausdrücklichen Änderung des Grundgesetzes nicht zu beachten, da Art. 23 I 3 nicht auf Art. 79 I Bezug nimmt (BVerfGE 129, 78 [100]). **36**

c) Materielle Anforderungen

Die materiellen Grenzen für verfassungsändernde Integrationsakte ergeben sich aus Art. 79 III, auf den Art. 23 I 3 Bezug nimmt. Danach dürfen die Gliederung des Bundes in Länder, die grundsätzliche Mitwirkung der Länder bei der Gesetzgebung sowie die in Art. 1 und 20 niedergelegten Grundsätze nicht berührt werden (s. auch Art. 79 Rn. 10ff.). **37**

aa) Grundsätzliche Mitwirkung der Länder bei der Gesetzgebung. Die gem. Art. 79 III notwendige grundsätzliche Mitwirkung der Länder bei der Integrationsgesetzgebung wird durch den Zustimmungsvorbehalt des Bundesrats bei der Übertragung von Hoheitsrechten nach Art. 23 I 2 und die verfahrensrechtlichen Beteiligungsrechte nach Art. 23 II, IV–VI i.V.m. §§ 1ff. EuZBLG gewährleistet. **38**

bb) Grundsätze des Art. 1. Durch die Erwähnung der in Art. 1 niedergelegten Grundsätze in Art. 79 III gehört zum unantastbaren Verfassungsbestand der durch Art. 1 I gebotene grundrechtliche Mindestschutz, der die Achtung der Menschenwürde garantieren muss. Für die unionsrechtliche Ebene ist dies aus verfassungsrechtlicher **39**

Sicht durch die Struktursicherungsklausel des Art. 23 I 1 gewährleistet. Sie verlangt für die Union einen dem Grundgesetz im wesentlichen vergleichbaren Grundrechtsschutz. Diese Forderung erfüllt die EU-GRCh mit der Folge, dass das BVerfG den Kontrollvorbehalt eines hinreichenden Grundrechtsschutzes gegenwärtig nicht mehr ausübt (Rn. 23f., 59).

40 *cc) Grundsätze des Art. 20.* Praktische Relevanz haben die Grundsätze des Art. 20, auf die Art. 79 III ebenfalls Bezug nimmt. Das betrifft die Staatsfundamentalprinzipien des Art. 20 I, deren Einhaltung durch die Union teilweise schon die Struktursicherungsklausel des Art. 23 I 1 verlangt. Das gilt namentlich für das Demokratieprinzip, die Rechtsstaatlichkeit und die Sozialstaatlichkeit (Rn. 16ff.).

41 *(1) Bundesstaatsprinzip.* Weitergehende Bedeutung entfaltet Art. 23 I 3 i.V.m. Art. 79 III, 20 I für die Bundesstaatlichkeit, die durch das Merkmal „föderative Grundsätze" in Art. 23 I 1 von vornherein nur einen abgeschwächten Schutz erfährt (Rn. 20). Die Verfassungsidentitätsklausel verlangt, dass die souveräne Verfassungsstaatlichkeit gewahrt bleibt. Das schließt andere Formen der Organisation und Kooperation zwar nicht aus. Nach Ansicht des BVerfG ermächtigt das Grundgesetz die für Deutschland handelnden Organe aber nicht zu einem Eintritt in einen europäischen Bundesstaat. Dieser Schritt sei wegen der mit ihm verbundenen unwiderruflichen Souveränitätsübertragung auf ein neues Legitimationssubjekt allein dem unmittelbar erklärten Willen des Deutschen Volkes vorbehalten (BVerfGE 123, 267 [347f.]). Das Gericht verlangt hierfür also eine Volksabstimmung nach Art. 146. Im Übrigen setzt die bundesstaatliche Komponente der Verfassungsidentitätsklausel voraus, dass den Ländern „eigenständige Kompetenzen von einigem Gewicht verbleiben" (Jarass, in: JP, Art. 23 Rn. 38).

42 *(2) Demokratieprinzip.* Die strengsten Restriktionen im Rahmen der Verfassungsidentitätsklausel ergeben sich aus dem Kerngehalt des Demokratieprinzips, der durch Art. 23 I 3 i.V.m. Art. 79 III garantiert wird. Anders als im Rahmen der Struktursicherungsklausel des Art. 23 I 1 betreffen die Anforderungen nicht die Unionsrechtsordnung, sondern die innerstaatliche Rechtsordnung. Eine unerlässliche Kerngewährleistung des Demokratieprinzips besteht darin, dass dem Bundestag „eigene Aufgaben und Befugnisse von substanziellem politischen Gewicht" verbleiben müssen, damit dieser die Lebensverhältnisse in Deutschland gemäß seiner demokratischen Legitimation selbstverantwortlich gestalten kann (BVerfGE 123, 267 [347, 356]). Das gilt besonders für die Gebiete, die das BVerfG insoweit als sensibel bezeichnet hat. Dazu gehören u.a. die Staatsbürgerschaft, das zivile und militärische Gewaltmonopol sowie Einnahmen und Ausgaben einschließlich der Kreditaufnahme (BVerfGE 123, 267 [358]).

43 In Bezug auf das Zustimmungsgesetz zum ESM, einer von Mitgliedstaaten der EU aufgrund eines völkerrechtlichen Vertrages gebildeten internationalen Finanzinstitution mit voller Rechtspersönlichkeit (Art. 1 I, 32 II ESM-Vertrag), hat das BVerfG die Bedeutung des demokratischen Kerngehalts der Verfassungsidentitätsklausel nach Art. 23 I 3 i.V.m. Art. 79 III, 20 I und II betont. Auch in dem durch den ESM errichteten System intergouvernementalen Regierens müssen die gewählten Abgeordneten des Deutschen Bundestages die Kontrolle über grundlegende haushaltspolitische Entscheidungen behalten. Der Bundestag darf seine Budgetverantwortung nicht durch unbestimmte haushaltspolitische Ermächtigungen auf andere Akteure – im konkreten Fall den ESM – übertragen. Vielmehr muss er wirksame Vorkehrungen schaffen, die gewährleisten, dass der Haushaltsgesetzgeber seine Entscheidungen über Einnahmen und Ausgaben frei von Fremdbestimmung seitens der Organe und anderer Mitgliedstaaten der EU trifft und dauerhaft „Herr seiner Entschlüsse" bleibt (BVerfGE 135, 317 [400ff. Rn. 162ff.]).

43a Das ist eine notwendige Bedingung für die Sicherung politischer Freiräume im Sinne des Identitätskerns der Verfassung. Ihre Einhaltung wird nach Ansicht des Gerichts insb. durch die Haftungsbegrenzung in Art. 8 V ESM-Vertrag sowie durch die gemeinsame Auslegungserklärung der Vertragsparteien des Vertrages vom 27.9.2012 (BGBl. II S. 1086) und die gleichlautende einseitige Erklärung der Bundesrepublik Deutschland (BGBl. II S. 1087) hinreichend sichergestellt. Auf diese Weise wird verhindert, dass durch den ESM-Vertrag unbegrenzte Zahlungsverpflichtungen Deutschlands begründet werden, die das Budgetrecht des Bundestags aushöhlen würden.

Dagegen könnte eine unmittelbar aus dem Demokratieprinzip folgende justiziable Obergrenze der Zahlungsverpflichtungen allenfalls dann überschritten sein, wenn die Haushaltsautonomie wegen dieser Verpflichtungen für einen nennenswerten Zeitraum nicht nur eingeschränkt würde, sondern praktisch vollständig leerliefe. Das kommt nur bei einer evidenten Überschreitung äußerster Grenzen in Betracht (BVerfGE 135, 317 [405 Rn. 174]). Diese Grenze wird nach Ansicht des BVerfG durch das Zustimmungsgesetz zum ESM-Vertrag nicht überschritten, da die Haftung Deutschlands im Rahmen des ESM nicht ohne Zustimmung des Bundestags über rund 190 Mrd. Euro hinaus erhöht werden darf (vgl. BVerfGE 132, 195 [239 ff., 244 ff., 257 ff. Rn 107 ff., 118 ff., 149 ff.]). **43b**

Klausurhinweis: In verfassungsprozessualer Hinsicht sieht das BVerfG seine Prüfungskompetenz im Rahmen einer Verfassungsbeschwerde nach Art. 93 I Nr. 4a durch die hinreichend substantiierte Möglichkeit einer Verletzung des Beschwerdeführers (natürliche Person) in seinem grundrechtsgleichen Recht aus Art. 38 I 1, Art. 20 I u. II i.V.m. Art. 79 III durch das Zustimmungsgesetz eröffnet. Art. 38 I 1 umfasst auch den grundlegenden demokratischen Gehalt des Wahlrechts, mithin die Gewährleistung wirksamer Volksherrschaft. Er schützt die wahlberechtigten Bürger vor einem Substanzverlust ihrer durch das Wahlrecht vermittelten Herrschaftsgewalt. Dies kann durch umfassende Übertragung von Aufgaben und Befugnissen auf supranationale Einrichtungen eintreten (BVerfGE 129, 124 [168]). Gleiches gilt, wenn der Beschwerdeführer hinreichend substantiiert darlegt, dass die Haushaltsautonomie des Bundestages beeinträchtigt wird, weil dieser durch das angegriffene Zustimmungsgesetz unkalkulierbare Risiken eingegangen ist oder demokratische Entscheidungsprozesse auf die supranationale (d.h. EU) oder intergouvernementale Ebene (z.B. ESM) verlagert werden (BVerfGE 132, 195 [234 Rn. 92]; 135, 317 [384 f. Rn. 122]). **43c**

5. Kontrolle der Übertragung von Hoheitsrechten

Anknüpfungspunkt für die Kontrolle der Übertragung von Hoheitsrechten auf die EU ist das Zustimmungsgesetz nach Art. 23 I 2. Gegenstand der Kontrolle sind über diese Brücke eines förmlichen Bundesgesetzes die hierdurch transformierten Inhalte der Verträge. Kontrollmaßstab sind die Struktursicherungsklausel des Art. 23 I 1 und jedenfalls bei Übertragung von Hoheitsrechten mit verfassungsänderndem Gewicht die Verfassungsidentitätsklausel des Art. 23 I 3 (Rn. 35). Diese Identitätskontrolle wird vom BVerfG im Einklang mit dem Grundsatz der Europarechtsfreundlichkeit des Grundgesetzes ausgeübt (BVerfGE 123, 267 [354]), der u.a. in Art. 1 II seinen Niederschlag gefunden hat (vgl. Art. 1 Rn. 73a f.). Stellt das BVerfG einen Verstoß gegen Art. 23 I 3 i.V.m. Art. 79 III fest, ist die Übertragung der Hoheitsrechte verfassungsrechtlich unwirksam. Die Union kann dann keine Hoheitsgewalt in Deutschland ausüben; gleichwohl erlassene Hoheitsakte entfalten für deutsche Stellen keine Bindungswirkung. **44**

Klausurhinweis: In der Fallbearbeitung muss zwischen der Kontrolle der Übertragung von Hoheitsrechten *auf* die Union nach Art. 23 I 2 u. 3 und der Kontrolle der Ausübung übertragener Hoheitsrechte *durch* die Union (Rn. 53 ff.) eindeutig unterschieden werden. Prüfungsgegenstand ist in der ersten Alternative das deutsche Zustimmungsgesetz, in der zweiten Alternative der Rechtsakt der Union. **45**

6. Folgen der Übertragung von Hoheitsrechten

46 Durch die wirksame Übertragung von Hoheitsrechten erlangt die Union Hoheitsgewalt. Bei ihrer Ausübung ist sie durch die Vorgaben des Primärrechts beschränkt (dazu a) und b)). Außerdem können beim Zusammentreffen mit nationalem Recht Konflikte auftreten, für deren Bewältigung im Unionsrecht Regeln entwickelt worden sind (dazu c)).

a) Begründung und Begrenzung von Hoheitsgewalt durch das Prinzip der begrenzten Einzelermächtigung

47 Für die Übertragung von Hoheitsgewalt auf die Union und die Abgrenzung der Zuständigkeiten der Union gegenüber den Zuständigkeiten der Mitgliedstaaten gilt gem. Art. 5 I 1 EUV das Prinzip der begrenzten Einzelermächtigung. Danach kann die EU nur innerhalb der Grenzen der Zuständigkeiten tätig werden, die die Mitgliedstaaten ihr in den Verträgen zur Verwirklichung der darin niedergelegten Ziele übertragen haben (s. insb. Art. 2ff. AEUV). Dagegen verbleiben alle nicht der Union übertragenen Zuständigkeiten bei den Mitgliedstaaten Die Union besitzt somit keine originäre, sondern nur abgeleitete Hoheitsgewalt.

47a Die Beachtung des unionsrechtlichen Grundsatzes der begrenzten Einzelermächtigung gem. Art. 5 I 1, II EUV ist daher unerlässliche Voraussetzung dafür, dass die Union Hoheitsgewalt erlangt. Dieser Grundsatz begrenzt aber auch die Ausübung von Hoheitsmacht durch die Union. Ihre Organe und Stellen dürfen nur im Rahmen der übertragenen Zuständigkeiten tätig werden (s. zuletzt für die EZB EuGH, Urt. v. 16.6.2015, Rs. C-62/14, NJW 2015, 2013 [2016 Rn. 41] – Gauweiler). Ihre Einhaltung wird vom BVerfG im Rahmen der sog. Ultra-vires-Kontrolle überprüft (BVerfGE 123, 267 [354f.]; 134, 366 [392ff. Rn. 36ff.]). Stellt das Gericht dabei eine offensichtliche und strukturell bedeutsame Kompetenzüberschreitung durch den Rechtsakt der EU fest (dazu Rn. 53ff.), ist dieser im deutschen Hoheitsbereich nicht verbindlich (BVerfGE 89, 155 [188]).

b) Ausübung von Hoheitsgewalt nach den Grundsätzen der Subsidiarität und Verhältnismäßigkeit

48 Während der Grundsatz der begrenzten Einzelermächtigung für die Begründung und Ausübung von Hoheitsgewalt durch die EU gilt (Rn. 47f.), betreffen die in Art. 5 I 2, III und IV EUV verankerten Grundsätze der Subsidiarität und Verhältnismäßigkeit allein die Ausübung von Hoheitsgewalt, etwa durch Verordnungen, Richtlinien und Beschlüsse. Die Organe und Bediensteten der Union müssen dabei gem. Art. 5 I 2 EUV die Grundsätze der Subsidiarität und Verhältnismäßigkeit beachten. Auf den Grundsatz der Subsidiarität wurde bereits im Rahmen der Struktursicherungsklausel eingegangen (Rn. 21f.).

49 Der Grundsatz der Verhältnismäßigkeit nach Art. 5 IV EUV verlangt, dass die Maßnahmen der Union zur Erreichung der damit verfolgten legitimen Ziele geeignet und inhaltlich wie formal erforderlich sind. Letzteres setzt voraus, dass die Maßnahme nicht über die Grenzen dessen herausgeht, was zur Erreichung dieser Ziele geboten ist (EuGH, NJW 2015, 2013 [2018 Rn. 67] – Gauweiler). Art. 5 IV EUV betrifft allein das Verhältnis zwischen Union und Mitgliedstaaten und muss von dem grundrechtlichen Verhältnismäßigkeitsgrundsatz (Art. 52 I 2 EU-GRCh) unterschieden werden. Dieser betrifft das Verhältnis zwischen dem einzelnen Unionsbürger und der EU oder den Mitgliedstaaten, Letzteres aber nur, wenn diese Unionsrecht durchführen (Art. 51 I 1 EU-GRCh).

49a Der Grundsatz der Verhältnismäßigkeit nach Art. 5 IV EUV wird in Bezug auf die Wahl der Rechtsform durch Art. 296 I AEUV ergänzt. Er schreibt für die Entscheidung über die Art des zu erlassenden Rechtsaktes (z.B. Verordnung, Richtlinie, Beschluss, vgl. Art. 288 AEUV) die Einhaltung des Grundsatzes der Verhältnismäßigkeit vor. Dagegen wird verstoßen, wenn eine Verordnung erlassen wird, obwohl das Ziel auch mit einer Richtlinie hätte erreicht werden können. Darüber hinaus ist das Protokoll über die Anwendung der Grundsätze der Subsidiarität zu beachten. Dessen Art. 8 sieht aber ebenso wie Art. 23 Ia kein Klagerecht vor dem EuGH bei Verstößen gegen den Verhältnismäßigkeitsgrundsatz vor. Eine solche Klage wird nur im Falle eines Verstoßes gegen das Subsidiaritätsprinzip anerkannt (Rn. 67f.).

c) Regeln für die Lösung von Konflikten zwischen Unionsrecht und nationalem Recht

Die Hoheitsgewalt der Union ist der deutschen Hoheitsgewalt nicht hierarchisch **50** übergeordnet, sondern mit dieser verzahnt. Das Verhältnis von Grundgesetz und Vertragsrecht der Union (Primärrecht) wird daher als Verfassungsverbund bezeichnet, das Zusammenspiel von BVerfG und EuGH wird als Kooperationsverhältnis charakterisiert. Diese wohlklingenden Formulierungen helfen indes kaum weiter, wenn Konflikte zwischen Unionsrecht (auch Sekundärrecht) und nationalem Recht (auch Verfassungsrecht) auftreten. Dazu kann es kommen, wenn die Regelungen sich widersprechen (direkte Kollision) oder wenn der Vollzug von Unionsrecht durch nationale Stellen dessen Wirksamkeit beeinträchtigt (indirekte Kollision). Zur Bewältigung dieser Konflikte hat der EuGH durch Fortbildung des Unionsrechts Regeln entwickelt, die von der Integrationsermächtigung des Art. 23 gedeckt sind und vom BVerfG anerkannt werden (Rn. 9).

aa) Unionsrechtskonforme Auslegung und Anwendung. Nach dem Grundsatz der Unions- **51** treue müssen die Mitgliedstaaten die Union bei der Erfüllung ihrer Aufgaben unterstützen und alle Maßnahmen unterlassen, die die Verwirklichung der Ziele der Union gefährden könnten (Art. 4 III EUV). Eine Ausprägung dieses Grundsatzes ist die Verpflichtung aller nationalen Stellen, nationales Recht unionsrechtskonform auszulegen und anzuwenden (BVerfGE 129, 78 [96, 99f.]). Das gilt insbesondere im Konfliktfall, aber auch darüber hinaus, um die Wirksamkeit des Unionsrechts zu gewährleisten. Besondere Bedeutung hat diese Methode bei der Umsetzung von Richtlinien. Sie wird insoweit als richtlinienkonforme Auslegung bezeichnet. Allerdings scheiden eine unionsrechtskonforme Auslegung und Anwendung nationalen Rechts aus, wenn diese nicht vom Normtext gedeckt sind oder dem eindeutigen Willen des Normgebers zuwiderlaufen. In diesen Fällen greift die Kollisionsregel des Anwendungsvorrangs des Unionsrechts ein. Er führt nicht zur Nichtigkeit von entgegenstehendem nationalen Recht, sondern nur zu dessen Unanwendbarkeit (BVerfGE 126, 286 [301]).

bb) Anwendungsvorrang des Unionsrechts. Der EuGH hat diesen ungeschriebenen **52** Grundsatz des Unionsrechts mit dem *effet utile* begründet. Die Union als Rechtsgemeinschaft könnte nicht bestehen, wenn die einheitliche Wirksamkeit des Unionsrechts in den Mitgliedstaaten nicht gewährleistet wäre (vgl. grundlegend EuGH, Urt. v. 15.7.1964, Rs. 6/64, Slg. 1964, 1251 [1270] – Costa/ENEL). Kann ein Konflikt zwischen Unionsrecht und nationalem Recht nicht durch dessen unionsrechtskonforme Auslegung und Anwendung vermieden werden, ist das kollidierende nationale Recht zwar nicht nichtig, darf aber nicht angewendet werden. Der Anwendungsvorrang von primärem und sekundärem Unionsrecht gilt grds. auch gegenüber den Vorschriften des Grundgesetzes (EuGH, Urt. v. 26.2.2013, Rs. C-399/11, NJW 2013, 1215 [1219 Rn. 59] – Melloni). Daher setzt sich Unionsrecht grds. gegenüber nationalem Recht durch, sofern nicht die vom BVerfG postulierten Kontrollvorbehalte zum Tragen kommen (dazu Rn. 56ff.).

Beachte: Beim mitgliedstaatlichen Vollzug von Unionsrecht hat das unionsrechtli- **52a** che Effektivitätsgebot besondere Bedeutung. Danach darf das Handeln der nationalen Stellen die Verwirklichung des Unionsrechts weder praktisch unmöglich machen noch übermäßig erschweren oder erheblich beeinträchtigen (EuGH, Urt. v. 19.6.2003, Rs. C-34/02, Slg. 2003 I, 6515 [6560 Rn. 58] – Pasquini; s. auch Streinz, Europarecht, Rn. 593). Die Nähe zum effet utile ist unverkennbar (Rn. 52). Kann ein Verstoß gegen das Effektivitätsgebot nicht durch unionsrechtskonforme Auslegung und Anwendung verhindert werden, greift der Anwendungsvorrang des Unionsrechts ein. Danach darf kollidierendes nationales Recht nicht zur Anwendung kommen, kollidierendes Handeln muss unterlassen werden.

7. Kontrolle der Ausübung von übertragenen Hoheitsrechten

53 Erlässt die Union aufgrund der ihr übertragenen Hoheitsgewalt Rechtsakte, die *für* die Mitgliedstaaten und/oder *in* den Mitgliedstaaten für den Einzelnen unmittelbar rechtlich verbindlich sind (z.B. Verordnung, Art. 288 II AEUV), stehen den Staatsorganen und dem betroffenen Bürger dagegen die im Rechtsschutzsystem der Union nach Art. 263ff. AEUV vorgesehenen Rechtsschutzmöglichkeiten zur Verfügung. Fraglich ist, ob und ggf. welche Kontrollkompetenzen das BVerfG insoweit beanspruchen kann.

a) Begründung einer Kontrollkompetenz des BVerfG

54 Nach Ansicht des BVerfG ist das Prinzip der begrenzten Einzelermächtigung nicht nur ein unionsrechtlicher Grundsatz, sondern nimmt – ebenso wie die unionsrechtliche Pflicht zur Achtung der nationalen Identität der Mitgliedstaaten (Art. 4 II EUV) – mitgliedstaatliche Verfassungsprinzipien auf. Diese unionsrechtlichen Prinzipien sind somit auch Ausdruck der staatsverfassungsrechtlichen Grundlegung der Unionsgewalt (BVerfGE 123, 267 [350]). Das BVerfG hält sich deshalb für berechtigt und verpflichtet, Handlungen der europäischen Organe und Einrichtungen darauf zu überprüfen, ob sie aufgrund ersichtlicher Kompetenzüberschreitungen oder aufgrund von Kompetenzausübungen im nicht übertragbaren Bereich der Verfassungsidentität (Art. 23 I 3 i.V.m. Art. 79 III) erfolgen (BVerfGE 134, 366 [382 Rn. 22]).

55 Soweit dies der Fall ist, stellt das BVerfG die Unanwendbarkeit der kompetenzüberschreitenden Handlung für die deutsche Rechtsordnung fest (BVerfGE 126, 286 [302]). Diese bindet dann weder die deutsche Staatsgewalt noch muss der Einzelne sie befolgen oder beachten. Darüber hinaus bestehen in diesem Fall für die deutsche Staatsgewalt Unterlassungs- und Handlungspflichten (BVerfGE 134, 366 [382 Rn. 22]; s. auch unten Rn. 58b). Eine solche Kontrolle und die dargelegten Konsequenzen widersprechen nicht dem Grundsatz der Unionstreue (Art. 4 III EUV). Der nationalen Jurisdiktion muss es möglich sein zu prüfen, ob die „grundlegenden politischen und verfassungsmäßigen Strukturen souveräner Mitgliedstaaten bei fortschreitender Integration gewahrt werden". Diese Kontrolle der Integrationsverantwortung muss aber europarechtsfreundlich wahrgenommen werden (BVerfGE 123, 267 [354]). Konkrete Auswirkungen hat dies insbesondere für den Prüfungsmaßstab der Ultra-vires-Kontrolle von Hoheitsakten der Union, für den das BVerfG besondere Grundsätze aufgestellt hat (Rn. 56f.).

55a **Beachte:** In Bezug auf die *Verfassungsidentitätskontrolle* von Rechtsakten der Union hat das BVerfG bisher keine vergleichbaren Einschränkungen statuiert. Hierfür besteht angesichts des von vornherein reduzierten Prüfungsmaßstabs auch kein Bedarf. Die Kontrolle durch das BVerfG beschränkt sich auf die Beachtung einer integrationsfesten Verfassungsidentität nach Art. 23 I 3 i.V.m. Art. 79 III (Rn. 43ff.).

b) Ultra-vires-Kontrolle und Verfassungsidentitätskontrolle

56 Das BVerfG darf Rechtsakte der Union zwar grds. auf ihre Kompetenzkonformität hin überprüfen, muss diese Ultra-vires-Kontrolle (Rn. 4) aber unionsrechtsfreundlich

und somit zurückhaltend ausüben. Dies bedeutet konkret, dass das BVerfG die Entscheidungen des EuGH grundsätzlich als verbindliche Auslegung des Unionsrechts zu beachten hat. Vor der Annahme eines Ultra-vires-Akts der europäischen Organe und Einrichtungen ist deshalb dem Gerichtshof im Rahmen eines Vorabentscheidungsverfahrens nach Art. 267 AEUV die Gelegenheit zur Vertragsauslegung sowie zur Entscheidung über die Gültigkeit und die Auslegung der fraglichen Rechtsakte zu geben. Solange der Gerichtshof keine Gelegenheit hatte, über die aufgeworfenen unionsrechtlichen Fragen zu entscheiden, darf das BVerfG für Deutschland keine Unanwendbarkeit des Unionsrechts feststellen (vgl. BVerfGE 123, 267 [353]; 126, 286 [304]).

Neben dieser prozeduralen Einschränkung ist eine Ultra-vires-Kontrolle durch das **57** BVerfG auch inhaltlich beschränkt. Sie kommt „nur in Betracht, wenn ersichtlich ist, dass Handlungen der europäischen Organe und Einrichtungen außerhalb der übertragenen Kompetenzen ergangen sind" (vgl. BVerfGE 126, 286 [304]). Ersichtlich ist ein solcher Verstoß nur dann, wenn die Kompetenzen in einer das Prinzip der begrenzten Einzelermächtigung spezifisch verletzenden Art überschritten wurden, der Kompetenzverstoß also hinreichend qualifiziert ist. Dies setzt voraus, dass das kompetenzwidrige Handeln der Unionsgewalt offensichtlich ist und im Kompetenzgefüge zwischen Mitgliedstaat und Union im Hinblick auf das Prinzip der begrenzten Einzelermächtigung und die rechtsstaatliche Gesetzesbindung erheblich ins Gewicht fällt. Das ist dann anzunehmen, wenn der angegriffene Akt im Kompetenzgefüge zu einer strukturell bedeutsamen Verschiebung zu Lasten des Mitgliedstaates führt (BVerfGE 126, 286 [304f.]).

Das BVerfG hat diese Kriterien in seiner Entscheidung vom 14.1.2014, in der ver- **58** schiedene Fragen zum OMT-Beschluss der EZB dem EuGH im Rahmen eines Vorabentscheidungsverfahrens nach Art. 267 AEUV vorgelegt wurden, weiter präzisiert. Anlass hierfür war die Ankündigung der EZB, Staatsanleihen ausgewählter Mitgliedstaaten in unbegrenzter Höhe aufzukaufen. Nach Ansicht des BVerfG sind Kompetenzüberschreitungen insbesondere dann strukturell bedeutsam, wenn sie sich auf Sachbereiche erstrecken, die zur durch Art. 79 III geschützten verfassungsrechtlichen Identität der Bundesrepublik Deutschland gehören. Ein Handeln der EZB außerhalb ihres geld- und währungspolitischen Mandats oder ein Verstoß gegen das Verbot monetärer Haushaltsfinanzierung durch das OMT-Programm wäre eine Verletzung der Verfassungsidentität des Grundgesetzes und somit eine offensichtliche und strukturell bedeutsame Kompetenzüberschreitung (BVerfGE 134, 366 [392 Rn. 37f.]).

Das Gericht sieht gewichtige Anhaltspunkte dafür, dass dies beim OMT-Beschluss der **58a** Fall ist. Eine Verletzung der Verfassungsidentität und somit eine relevante Kompetenzüberschreitung durch die EZB lägen jedenfalls dann vor, wenn hierdurch ein Mechanismus begründet würde, der auf eine Haftungsübernahme für Willensentscheidungen Dritter mit schwer kalkulierbaren Folgewirkungen hinausliefe. Der Deutsche Bundestag bliebe aufgrund dieses Mechanismus nicht „Herr seiner Beschlüsse" und könnte sein Budgetrecht nicht mehr in eigener Verantwortung ausüben. Ob dies der Fall sei, hänge davon ab, ob der OMT-Beschluss vom maßgeblichen Primärrecht der Union (insb. Art. 119, 123 I und 127 I u. II AEUV) gedeckt sei. Die Entscheidung hierüber obliege dem EuGH. Daher hat das BVerfG diese Fragen dem Gerichtshof im Rahmen eines Vorabentscheidungsverfahrens nach Art. 267 AEUV vorgelegt (BVerfGE 134, 366ff.).

Das BVerfG hat zugleich deutlich gemacht, dass im Falle des von ihm als nahelie- **58b** gend angenommenen Ultra-vires-Handelns deutsche Verfassungsorgane, Behörden und Gerichte wegen Verstoßes gegen die Verfassungsidentität an der kompetenzüberschreitenden Handlung der EZB nicht mitwirken dürfen. Das gilt zunächst für die Deutsche Bundesbank, betrifft aber auch den Bundestag und die Bundesregierung. Diese müssten nicht nur Mitwirkungs- und Umsetzungshandlungen beim Ankauf von Staatsanleihen unterlassen, sondern aktiv auf die Einhaltung des Integrationsprogramms hinwirken (BVerfGE 134, 366 [394f., 418f. Rn. 44ff., 102f.]).

58c Der EuGH hat daraufhin am 16.6.2015 entschieden, dass Art. 119, 123 I und 127 I u. II AEUV dahingehend auszulegen sind, dass sie das Europäische System der Zentralbanken (ESZB), also EZB und nationale Zentralbanken (Art. 282 I 1 AEUV), zu dem angekündigten Programm für den Ankauf von Staatsanleihen an den Sekundärmärkten (OMT) ermächtigten. Das ESZB überschreite dadurch nicht seine ausschließliche Kompetenz für die Währungspolitik nach Art. 3 I lit. c AEUV, deren vorrangiges Ziel die Gewährleistung der Preisstabilität sei (Art. 127 I 1 AEUV). Denn das Programm stelle die Wirksamkeit der geldpolitischen Einwirkungsmechanismen (Transmission) und die Einheitlichkeit der Geldpolitik im Euroraum sicher, indem es überhöhten Risikozuschlägen für Anleihen einzelner Mitgliedstaaten entgegenwirke. Das könne zwar möglicherweise auch zur Stabilität des Euro-Währungsgebiets beitragen, die zur Wirtschaftspolitik gehöre und deshalb vom ESZB nur unterstützt werden dürfe, soweit dies ohne Beeinträchtigung des Zieles der Preisstabilität möglich sei (Art. 127 I 2 AEUV). Diese Grenzen würden aber nicht überschritten, zumal es sich nur um mittelbare Auswirkungen des Programms handele (EuGH, NJW 2015, 2013 [2016f. Rn. 35, 41ff., 52] – Gauweiler).

58d Das OMT-Programm verstoße auch nicht gegen den Grundsatz der Verhältnismäßigkeit nach Art. 5 IV EUV. Das ESZB verfüge insoweit über ein weites Ermessen, so dass der gerichtlichen Kontrolle der Einhaltung bestimmter Verfahrensgarantien wesentliche Bedeutung zukomme. Das gelte insbesondere für die sorgfältige und unparteiische Untersuchung aller relevanten Gesichtspunkte und für eine hinreichende Begründung (Art. 296 II AEUV). Diese Anforderungen seien gewahrt, da das Programm auf einer sorgfältigen Analyse beruhe (Geeignetheit) und sein potentielles Ausmaß durch verschiedene Vorkehrungen beschränkt werde (Erforderlichkeit). Dazu zählen die Teilnahme der betroffenen Staaten am ESM, der Ankauf von Anleihen mit kurzer Laufzeit (bis 3 Jahre) und ihre jederzeitige Wiederveräußerbarkeit (EuGH, NJW 2015, 2013 [2018f. Rn. 69ff., 85ff.] – Gauweiler).

58e Nach Ansicht des EuGH verletzt das OMT-Programm auch nicht das Verbot von Kreditfazilitäten für öffentliche Einrichtungen nach Art. 123 I AEUV. Zwar verbiete diese Regelung insbesondere den unmittelbaren Erwerb von Schuldtiteln der Mitgliedstaaten durch das ESZB. Das Programm sehe aber nur den Erwerb dieser Anleihen am Sekundärmarkt vor und entfalte nicht die gleiche Wirkung wie ein unmittelbarer Erwerb am Primärmarkt. Das werde durch verschiedene Garantien ausgeschlossen, etwa eine Mindestfrist zwischen Ausgabe und Ankauf der Anleihen oder die Möglichkeit ihres jederzeitigen Verkaufs. Die Mitgliedstaaten könnten daher nicht davon ausgehen, dass das ESZB ihre Anleihen innerhalb eines bestimmten Zeitraums zu bestimmten Bedingungen mit Gewissheit kaufen werde (NJW 2015, 2013 [2019f. Rn. 94ff., 102ff., 106ff.] – Gauweiler).

58f Unabhängig davon, ob man der Argumentation des EuGH in der Sache zustimmt, bringt sie das BVerfG jedenfalls in eine missliche Situation. Es hat die Wahl zwischen Scylla und Charybdis. Entweder das Gericht folgt in dem wieder aufzunehmenden Verfahren der Argumentation des EuGH. Dann würden sich seine Bedenken im Vorlagebeschluss zur präsumtiven Kompetenzüberschreitung und zu den daraus resultierenden Folgen (Rn. 58f.) letztlich als gegenstandslos erweisen. Das würde die Glaubwürdigkeit einer künftigen Ultra-vires-Kontrolle erheblich beeinträchtigen. Sie liefe Gefahr, zu einer leeren Drohung zu werden. Oder das BVerfG macht von dieser beanspruchten Kontrollkompetenz Gebrauch und stellt einen Verstoß gegen die Verfassungsidentität wegen erheblicher, strukturell bedeutsamer Kompetenzüberschreitung fest. Dann dürften deutsche Stellen, insbesondere die Bundesbank und die Bundesregierung, nicht mehr an dem OMT-Programm mitwirken. Der volkswirtschaftliche und rechtliche Schaden dieser Entscheidung für die Union ist kaum abzuschätzen, aber sicher immens. Das gilt insbesondere angesichts der aktuellen instabilen Situation Griechenlands in der Währungsunion.

Das BVerfG hat sich mit seiner Vorlage in eine Sackgasse manövriert. Nicht nur rückblickend wird deutlich, dass die in dem Sondervotum von *Lübbe-Wolff* begründete Auffassung zutreffend und sinnvoll ist: „In dem Bemühen, die Herrschaft des Rechts zu sichern, hat das Gericht die Grenzen richterlicher Kompetenz überschritten.“ Die Anträge hätten als unzulässig abgewiesen werden müssen, weil die Reaktion auf eine Verletzung der Souveränität der Bundesrepublik Deutschland allein eine Frage des politischen Ermessens von Bundesregierung und Bundestag ist (BVerfGE 134, 366 [419, 422 Rn. 105, 116] – abw. M. Lübbe-Wolff). **58g**

Beachte: Die Ausführungen des BVerfG in der Vorlageentscheidung zum OMT-Beschluss führen zu einer Verknüpfung von Ultra-vires-Kontrolle und Verfassungsidentitätskontrolle. Auf Letztere ist dann bei der Überprüfung der Ausübung übertragener Hoheitsgewalt durch die EU nicht mehr gesondert einzugehen. Der Kontrollvorbehalt hinreichenden Grundrechtsschutzes (dazu Rn. 23f., 39) wird vom BVerfG seit der Solange II-Entscheidung vom 22.10.1986 (BVerfGE 73, 339ff.) ohnehin nicht mehr ausgeübt. **59**

III. Beteiligung von Bundestag und Bundesrat (Abs. 2–7)

1. Gemeinsame Vorgaben

a) Mitwirkungsrecht und -pflicht (Abs. 2 S. 1)

Bundestag und Bundesrat besitzen bei der Übertragung von Hoheitsrechten und vergleichbaren Maßnahmen auf die EU eine Integrationsverantwortung (s. o. Rn. 10, vgl. BVerfGE 123, 267 [351]), die in verfahrensrechtlicher Hinsicht in den Zustimmungsvorbehalten dieser Organe zur Übertragung von Hoheitsgewalt durch förmliches Bundesgesetz nach Art. 23 I 2 zum Ausdruck kommt (Rn. 28, 31). Hat der Integrationsakt verfassungsändernde Bedeutung i. S. v. Art. 23 I 3, was häufig der Fall ist, gelten die besonderen Mehrheitserfordernisse des Art. 79 II (Rn. 36). **60**

Darüber hinaus gewährt Art. 23 II 1 dem Bundestag und den Ländern durch den Bundesrat das Recht, in Angelegenheiten der Europäischen Union mitzuwirken. Dadurch soll dem Demokratie-, Rechts- und Bundesstaatsprinzip Rechnung getragen werden (s. auch Jarass, in: JP, Art. 23 Rn. 46). **61**

Das Merkmal „Angelegenheiten der EU“ in Art. 23 II 1 ist weit zu verstehen. Darunter fallen alle Handlungen deutscher Stellen, die mit der Vorbereitung, Wahrnehmung und Vollziehung von Zuständigkeiten, Befugnissen und Zielsetzungen der EU bzw. des europäischen Integrationsprozesses zusammenhängen (Scholz, in: MD, Art. 23 Rn. 147). Eine Beschränkung auf Rechtsetzungsakte der Union besteht nicht. Einen nicht abschließenden Katalog der erfassten Maßnahmen stellt § 5 I EuZBBG auf, der Art. 23 II konkretisiert. **62**

Beispiel: Die Tätigkeit des ESM ist ebenso wie seine Errichtung und Ausgestaltung eine Angelegenheit der EU i. S. v. Art. 23 II und löst Mitwirkungs- und Beteiligungsrechte des Bundestags und des Bundesrats aus (BVerfGE 131, 152 [194 ff.]; 132, 195 [269 ff. Rn. 177ff.]). **63**

Die Beteiligung von Bundestag und Bundesrat gem. Art. 23 II erfolgt grds. in den Formen und Verfahren, die nach den allgemeinen Vorschriften vorgesehen sind, soweit sich aus Art. 23 III-VI keine Abweichungen ergeben. Für den Bundestag können die Aufgaben auch durch den gem. Art. 45 zu bildenden EU-Ausschuss wahrgenommen werden (dazu Art. 45 Rn. 2f.). Der Bundesrat kann gem. Art. 52 IIIa eine Europakammer bilden, was gem. §§ 45b ff. GO BR geschehen ist. **64**

Gem. Art. 23 Ia 3 können bei der Wahrnehmung von Rechten, die dem Bundestag durch Primärrecht der EU – insbesondere Art. 12 EUV – eingeräumt werden, durch ein Gesetz, das der Zustimmung des Bundesrats bedarf, die Mehrheitserfordernisse des Art. 42 II 1 bzw. 52 III 1 geändert, insbesondere auch abgesenkt werden, wodurch **65** einer Minderheit im Bundestag oder Bundesrat Einflussmöglichkeiten eröffnet werden sollen. Beim Gebrauch dieser Ausnahme vom Mehrheitserfordernis ist wegen des Demokratieprinzips jedoch Zurückhaltung geboten (vgl. Scholz, in: MD, Art. 23 Rn. 112).

b) Information durch die Bundesregierung (Abs. 2 S. 2)

66 Die Bundesregierung ist in Angelegenheiten der EU regelmäßig schon in einem frühen Stadium eingeschaltet oder zumindest informiert. Nach Art. 23 II 2 muss sie den Bundestag und Bundesrat über alle solchen Angelegenheiten möglichst frühzeitig und grds. umfassend, d.h. über alle ihr zugänglichen Informationen, unterrichten (Pernice, in: Dreier, Art. 23 Rn. 101). Für Rechtsetzungsvorhaben bedeutet dies, dass die Information schon dann erfolgen muss, wenn die Ständige Vertretung Deutschlands in Brüssel oder ein anderes Organ der Bundesregierung über sie informiert ist und nicht erst dann, wenn die EU-Kommission einen Vorschlag vorlegt (v. Heinegg, in: EH, Art. 23 Rn. 34). Bundestag und Bundesrat müssen durch die Unterrichtung in die Lage versetzt werden, sich fundiert mit dem Vorgang zu befassen und eine Stellungnahme zu erarbeiten, bevor die Bundesregierung nach außen wirksame Erklärungen abgibt (BVerfGE 131, 152 [212]).

c) Subsidiaritätsklage (Abs. 1a S. 1 und 2)

67 Art. 23 Ia 1 und 2 knüpft an Art. 12 EUV und Art. 8 des Subsidiaritätsprotokolls an. Danach haben Bundestag und Bundesrat das Recht, gegen Gesetzgebungsakte der EU, die das Subsidiaritätsprinzip des Art. 5 III EUV verletzen, Klage vor dem EuGH zu erheben. Diese Subsidiaritätsklage nach Art. 8 des Subsidiaritätsprotokolls ist eine Sonderform der Nichtigkeitsklage nach Art. 263 AEUV (Streinz, in: Sachs, Art. 23 Rn. 136). Sie kann sich gegen alle Rechtsakte richten, die gemäß einem Gesetzgebungsverfahren angenommen werden (Art. 289 III AEUV). Ausgenommen bleiben Gesetzgebungsakte, die in den Bereich der ausschließlichen Zuständigkeit der Union nach Art. 3 AEUV fallen, da das Subsidiaritätsprinzip für diese gem. Art. 5 III EUV nicht gilt. In dem Verfahren können sämtliche das Subsidiaritätsprinzip verletzenden Zuständigkeitsmängel geltend gemacht werden (Jarass, in: JP, Art. 23 Rn. 50), nicht jedoch Beeinträchtigungen des Grundsatzes der Verhältnismäßigkeit (Rn. 49a).

68 Nach Abs. 1a S. 2 muss der Bundestag die Subsidiaritätsklage erheben, wenn ein Viertel seiner Mitglieder dies verlangt. Das ist Ausdruck eines Schutzes von Minderheiten, der durch das Demokratieprinzip gewährleistet wird (Art. 20 Rn. 93f.). Daher kann es nicht darauf ankommen, welcher Fraktion die Antragsteller angehören, zumal der Normtext keine dahingehenden Anhaltspunkte aufweist.

2. Besondere Mitwirkungsrechte des Bundestages (Abs. 3)

69 Abs. 3 konkretisiert die allgemeinere Regelung des Abs. 2 S. 1 in Bezug auf den Bundestag. Er sieht vor, dass die Bundesregierung ihm Gelegenheit zur Stellungnahme einräumt, bevor sie an Rechtsetzungsakten der EU mitwirkt. Dazu gehören Verordnungen, Richtlinien, Beschlüsse und andere Rechtsakte, etwa nach Art. 223 I oder 311 AEUV (vgl. BVerfGE 97, 350 [375]). Rechtlich unverbindliche Akte, wie Empfehlungen oder Stellungnahmen i.S.d. Art. 288 V AEUV, fallen dagegen nicht darunter (Jarass, in: JP, Art. 23 Rn. 51). Einfachrechtlich wird Abs. 3 durch die §§ 3f. EuZBBG konkretisiert.

70 Umstritten ist, ob der Bundestag zur Beteiligung verpflichtet ist oder er lediglich das Recht dazu hat (für eine solche Pflicht, die allerdings nicht durch Abgabe einer Stellungnahme erfüllt werden muss, Jarass, in: JP, Art. 23 Rn. 52; dagegen: Pernice, in: Dreier, Art. 23 Rn. 104). Die einfachrechtliche Ausgestaltung in § 8 II 1 EuZBBG sieht lediglich ein Recht des Bundestags vor, so dass er nicht in jedem Einzelfall eine Stellungnahme abgeben muss (Kretschmer, in: BK, Art. 45 Rn. 106). Darauf deutet auch der Wortlaut des Art. 23 III 1 hin („Gelegenheit zur Stellungnahme"). Der Bundestag kann dieses Beteiligungsrecht gem. § 2 S. 2 EuZBBG auf den Europa-Ausschuss übertragen.

Nimmt der Bundestag sein Beteiligungsrecht wahr, erfolgt dies regelmäßig durch **71**
die Abgabe einer nicht strikt verbindlichen Stellungnahme, welche die Bundesregierung (und die ihr nachgeordneten Organe) berücksichtigen muss (Jarass, in: JP, Art. 23 Rn. 53). „Berücksichtigen" bedeutet, dass die Bundesregierung sich mit der Stellungnahme auseinandersetzen und sie bereits bei der Festlegung ihrer Verhandlungsposition in ihre Entscheidungsbildung einbeziehen muss (Scholz, in: MD, Art. 23 Rn. 158f.).

Die einfachgesetzliche Konkretisierung in § 8 II 1 EuZBBG sieht vor, dass die **72**
Bundesregierung die Stellungnahme des Bundestags ihren Verhandlungen zugrundelegt. Dies ist verfassungskonform dahingehend auszulegen, dass „die Bundesregierung mit der Position des Bundestags in die Verhandlungen gehen muss", diese aber entsprechend dem Laufe der Verhandlungen modifizieren kann (so Streinz, in: Sachs, Art. 23 Rn. 114). Nach der Beschlussfassung im Rat muss die Bundesregierung den Bundestag gem. § 8 V EuZBBG über die Durchsetzung der Stellungnahme und etwaige Abweichungen unter Darlegung der Gründe informieren.

3. Besondere Mitwirkungsrechte des Bundesrates (Abs. 4 und 5)

Abs. 4 und 5 konkretisieren die in Abs. 2 vorgesehene Beteiligung des Bundesrats in **73**
Angelegenheiten der Europäischen Union. Dabei bildet Abs. 4 die allgemeinere Bestimmung, während Abs. 5 eine speziellere Regelung zu der Frage trifft, wie sich die Stellungnahme des Bundesrats auswirkt (Jarass, in: JP, Art. 23 Rn. 55).

a) Beteiligung nach Abs. 4

Nach Abs. 4 ist der Bundesrat zu beteiligen, wenn er an einer entsprechenden in- **74**
nerstaatlichen Maßnahme mitzuwirken hätte. Dies ist immer dann der Fall, wenn die Maßnahme den Erlass eines förmlichen Bundesgesetzes nach Art. 76ff. erfordert. Darüber hinaus ist der Bundesrat auch dann zu beteiligen, wenn innerstaatlich eine Zuständigkeit der Länder besteht, was bei allen drei Gewalten Bedeutung erlangen kann.

In Abs. 4 wird nicht festgelegt, wie die Beteiligung zu erfolgen hat. Das Nähere **75**
muss gem. Abs. 7 der Gesetzgeber in einem zustimmungspflichtigen Bundesgesetz regeln, was durch das EuZBLG geschehen ist. Die Beteiligung kann insb. durch „eine Anhörung des Bundesrats, eine Beteiligung von Bundesratsvertretern an der Festlegung der nationalen Position oder eine Beteiligung an der Verhandlungsdelegation" erfolgen (Jarass, in: JP, Art. 23 Rn. 56). In jedem Fall muss die Bundesregierung dem Bundesrat vor der Festlegung ihrer Verhandlungsposition zu einem Vorhaben der EU rechtzeitig Gelegenheit zur Stellungnahme binnen angemessener Frist geben, soweit Interessen der Länder berührt sind, § 3 EuZBLG. Weitere gesetzliche Konkretisierungen für die unterschiedlichen Formen der Beteiligung finden sich in §§ 4 und 5 EuZBLG.

b) Beteiligung nach Abs. 5

aa) Bei Gesetzgebungskompetenz des Bundes. Sofern der Bund die ausschließliche Ge- **76**
setzgebungskompetenz in einem Bereich hat und durch eine Angelegenheit der EU die Interessen der Bundesländer berührt werden, hat die Bundesregierung die Stellungnahme des Bundesrats gem. Abs. 5 S. 1 lediglich zu berücksichtigen (vgl. § 5 I EuZBLG). Sie muss sich in diesen Fällen also mit der Stellungnahme auseinanderset-

zen und sie in ihre Entscheidungsbildung einbeziehen. An die Stellungnahme gebunden ist sie aber nicht (Classen, in: MKS, Art. 23 Rn. 88, 81; Jarass, in: JP, Art. 23 Rn. 61). In sonstigen Fällen, in denen der Bund das Recht zur Gesetzgebung hat, ist die Stellungnahme des Bundesrats ebenfalls lediglich zu berücksichtigen. Dies betrifft insbesondere den Bereich der konkurrierenden Gesetzgebungskompetenz (Rn. 78).

77 Für den Fall, dass (kumulativ) der Bund die ausschließliche Gesetzgebungskompetenz hat, Länderinteressen nicht berührt werden und der Bundesrat an innerstaatlichen Maßnahmen nicht zu beteiligen wäre, kann sogar auf die Berücksichtigung der Stellungnahme verzichtet werden (Jarass, in: JP, Art. 23 Rn. 61).

78 *bb) Bei Gesetzgebungskompetenz der Länder.* Sofern den Ländern innerstaatlich die Gesetzgebungskompetenz zusteht oder es um die Einrichtung von Landesbehörden bzw. das von Landesbehörden zu beachtende Verwaltungsverfahren geht, hat der Bundesrat nach Abs. 5 S. 2 Hs. 1 größeren Einfluss: Die Entscheidung des Bundesrats ist hier maßgeblich zu berücksichtigen (vgl. auch § 5 II 1 EuZBLG). Der jeweilige Bereich muss aber „im Schwerpunkt betroffen sein. D. h. die Materien müssen bei qualitativer Betrachtung im Mittelpunkt des Vorhabens stehen oder ganz überwiegend den Regelungsgegenstand bilden" (Jarass, in: JP, Art. 23 Rn. 58; Scholz, in: MD, Art. 23 Rn. 170). Dies umfasst jedenfalls den Bereich der ausschließlichen Gesetzgebungskompetenz der Länder. Bei der konkurrierenden Gesetzgebungskompetenz des Bundes ist dies umstritten, wenn die Voraussetzungen des Art. 72 II vorliegen (dazu Classen, in: MKS, Art. 23 Rn. 88; Jarass, in: JP, Art. 23 Rn. 57). Auf den Gebieten des Art. 72 III soll – „unter sorgfältiger Prüfung des Schwerpunkts" – generell von der Gesetzgebungskompetenz der Länder ausgegangen werden (Jarass, in: JP, Art. 23 Rn. 57; Schorkopf, in: BK, Art. 23 Rn. 193).

79 Der Bundesrat muss bei seiner Stellungnahme gem. Abs. 5 S. 2 Hs. 2 die gesamtstaatliche Verantwortung wahren, einschließlich außen-, verteidigungs- und integrationspolitischer Fragen, § 5 II 2 EuZBLG. Kommt es zu Meinungsverschiedenheiten zwischen Bundesregierung und Bundesrat, muss gem. § 5 II 3 EuZBLG zunächst versucht werden, ein Einvernehmen herzustellen (BVerfGE 92, 203 [236 ff.]). Kann kein Einvernehmen hergestellt werden, ist umstritten, ob dem Bundesrat das Letztentscheidungsrecht zukommt (dafür: Scholz, in: MD, Art. 23 Rn. 162; dagegen: Streinz, in: Sachs, Art. 23 Rn. 124). In § 5 II 5 EuZBLG ist ein solches Recht für den Fall vorgesehen, dass der Bundesrat seine Auffassung mit Zwei-Drittel-Mehrheit bestätigt (sog. Beharrungsbeschluss). Art. 23 V 2 ist ein solches Letztentscheidungsrecht des Bundesrats aber nicht zu entnehmen, so dass § 5 II 3–5 EuZBLG verfassungskonform einschränkend auszulegen ist (Streinz, in: Sachs, Art. 23 Rn. 124).

80 Würde die Berücksichtigung der Stellungnahme des Bundesrats zu Ausgabenerhöhungen oder Einnahmenminderungen des Bundes führen, ist die Zustimmung der Bundesregierung gem. Abs. 5 S. 3 erforderlich (vgl. § 5 II 6 EuZBLG). Dies bedeutet, „dass die Bundesregierung die Stellungnahme des Bundesrats [hier wiederum] lediglich berücksichtigen muss" (so Jarass, in: JP, Art. 23 Rn. 60).

IV. Wahrnehmung von mitgliedstaatlichen Rechten durch einen Ländervertreter (Abs. 6)

81 Nach Abs. 6 wird die Wahrung der Mitgliedschaftsrechte der Bundesrepublik in der EU in gewissen Bereichen, in denen im Schwerpunkt ausschließliche Gesetzgebungsbefugnisse der Länder betroffen sind, vom Bund auf einen vom Bundesrat benannten Vertreter der Länder übertragen. Art. 23 VI 1 betrifft also im Gegensatz zu den Abs. 4 und 5, bei denen die Beteiligung des Bundesrats auf den innerstaatlichen Bereich beschränkt ist, die Beteiligung bei der Wahrnehmung der Rechte im Außenverhältnis (Jarass, in: JP, Art. 23 Rn. 62).

Die einfach-rechtliche Konkretisierung dieser Vorschrift findet sich in § 6 II EuZBLG. Danach überträgt die Bundesregierung dem Vertreter der Länder die Verhandlungsführung in den Beratungsgremien der Kommission und des Rates und bei Ratstagungen in der Zusammensetzung der Minister. Als Ländervertreter kommt aber gem. § 6 II 2 EuZBLG nur ein Mitglied einer Landesregierung im Ministerrang in Frage, was für den Rat durch Art. 16 II EUV vorgeschrieben wird. **82**

1. Anwendungsbereich

Der Anwendungsbereich des Abs. 6 ist eröffnet, wenn es sich um eine Angelegenheit handelt, die innerstaatlich in die ausschließliche Gesetzgebungskompetenz der Länder fällt, und zwar auf den Gebieten der schulischen Bildung, der Kultur oder des Rundfunks. Der Begriff der schulischen Bildung soll dem des Schulwesens i. S. d. Art. 7 I entsprechen (v. Heinegg, in: EH, Art. 23 Rn. 49). Unter Kultur werden die Bereiche Kunst, Sprache und Religion verstanden (Jarass, in: JP, Art. 23 Rn. 62). Der Begriff des Rundfunks soll wie in Art. 5 I 2 interpretiert werden (Classen, in: MKS, Art. 23 Rn. 101). **83**

Zudem müssen Rechte wahrgenommen werden, die der Bundesrepublik als Mitgliedstaat der EU zustehen. Der betrifft insb. die Übertragung von Hoheitsrechten und die Umsetzung von Richtlinien. „Erfasst wird grundsätzlich auch die Vertretung vor dem EuGH" (Jarass, in: JP, Art. 23 Rn. 62). **84**

Auf allen anderen Gebieten nimmt die Bundesregierung die Rechte wahr, die der Bundesrepublik Deutschland als Mitgliedstaat der Europäischen Union zustehen (BT-Drs. 16/813, S. 10). Sie kann aber Ländervertreter in den Beratungsgremien von Kommission und Rat oder in anderen Zusammenhängen hinzuziehen, was auch in den §§ 4, 6 I EuZBLG vorgesehen ist (Streinz, in: Sachs, Art. 23 Rn. 132). Verhandlungsführer bleibt dabei aber die Bundesregierung, vgl. § 6 II 6 EuZBLG (Jarass, in: JP, Art. 23 Rn. 64). **85**

2. Bestellung des Ländervertreters

Sind die genannten Voraussetzungen erfüllt, muss die Bundesregierung die deutsche Mitwirkung gem. Abs. 6 S. 1 einem vom Bundesrat zu ernennenden Vertreter der Länder überlassen (Jarass, in: JP, Art. 23 Rn. 63; Streinz, in: Sachs, Art. 23 Rn. 129). Dieser ist nicht seinem Landesparlament gegenüber verantwortlich, sondern als Vertreter aller Länder nur dem Bundesrat insgesamt (Jarass, in: JP, Art. 23 Rn. 63; a. A. Pernice, in: Dreier, Art. 23 Rn. 116). **86**

3. Befugnisse des Ländervertreters

Der Ländervertreter muss gem. Abs. 6 S. 2 Hs. 1 die Bundesregierung bei der Wahrnehmung der Rechte beteiligen und sich mit ihr abstimmen (vgl. § 6 II 3 EuZBLG). Er kann an Beschlüsse des Bundesrats gem. § 45l I 1 GO BR gebunden werden. Auch hier ist umstritten, ob dem Ländervertreter das Letztentscheidungsrecht zusteht (s. o. Rn. 79). Er hat jedenfalls die gesamtstaatliche Verantwortung zu wahren, Abs. 6 S. 2 Hs. 2. **87**

C. Weiterführende Literatur/Leseempfehlungen

v. Bogdandy, A./Nettesheim, M., Die Verschmelzung der Europäischen Gemeinschaften in der Europäischen Union, NJW 1995, 2324–2329; Breuer, R., Die Sackgasse des neuen Europaartikels (Art. 23 GG), NVwZ 1994, 417–430; Burgi, M., **88**

Deutsche Verwaltungsgerichte als Gemeinschaftsgerichte, DVBl. 1995, 772–779; Calliess, C., Europa als Wertegemeinschaft – Integration und Identität durch europäisches Verfassungsrecht?, JZ 2004, 1033–1045; Caspar, J., Nationale Grundrechtsgarantien und sekundäres Gemeinschaftsrecht, DÖV 2000, 349–362; v. Danwitz, T., Die Eigenverantwortung der Mitgliedstaaten für die Durchführung von Gemeinschaftsrecht, DVBl. 1998, 421–432; Engels, A., Die Integrationsverantwortung des Deutschen Bundestags, JuS 2012, 210–215; Fink, U., Garantiert das Grundgesetz die Staatlichkeit Deutschlands?, DÖV 1998, 133–141; Gellermann, M., Auflösung von Normwidersprüchen zwischen europäischem und nationalem Recht, DÖV 1996, 433–443; Gersdorf, H., Das Kooperationsverhältnis zwischen deutscher Gerichtsbarkeit und EuGH, DVBl. 1994, 674–685; Groß, T., Verfassungsrechtliche Grenzen der Europäischen Integration, Jura 1991, 575–580; Heinz, K.-E., Europäische Zukunft – Bundesstaat oder Staatengemeinschaft?, DÖV 1994, 994–1000; Herdegen, M., Europäisches Gemeinschaftsrecht und die Bindung deutscher Verfassungsorgane an das Grundgesetz, EuGRZ 1989, 309–313; Hölscheidt, S., Die Verantwortung des Bundestags für die europäische Integration, DÖV 2012, 105–112; Hoppe, T., Drum prüfe, wer sich niemals bindet – Die Vereinbarung zwischen Bundesregierung und Bundestag in Angelegenheiten der Europäischen Union, DVBl. 2007, 1540–1543; Jarass, H. D., EG-Kompetenzen und das Prinzip der Subsidiarität nach Schaffung der Europäischen Union, EuGRZ 1994, 209–219; ders., Konflikte zwischen EG-Recht und nationalem Recht vor den Gerichten der Mitgliedstaaten, DVBl. 1995, 954–962; Masing, J., Vorrang des Europarechts bei umsetzungsgebundenen Rechtsakten, NJW 2006, 264–268; Mayer, F., Rebels without a cause? Zur OMT-Vorlage des Bundesverfassungsgerichts, EuR 2014, 473–513; ders., Zurück zur Rechtsgemeinschaft: Das OMT-Urteil des EuGH, NJW 2015, 1999–2004; Müller, M., Die Mitwirkung der Landesparlamente in Bundesrats- und Europaangelegenheiten, DÖV 1993, 103–107; Neßler, V., Europäisches Gemeinschaftsrecht vor deutschen Gerichten, DVBl. 1993, 1240–1246; Nettesheim, M., Art. 23 GG, nationale Grundrechte und EU-Recht, NJW 1995, 2083–2085; Ohler, C., Rechtliche Maßstäbe der Geldpolitik nach dem Gauweiler-Urteil des EuGH, NVwZ 2015, 1001–1007; Pieper, S.-U., Subsidiaritätsprinzip – Strukturprinzip der Europäischen Union, DVBl. 1993, 705–712; Ruffert, M., An den Grenzen des Integrationsverfassungsrechts: Das Urteil des Bundesverfassungsgerichts zum Vertrag von Lissabon, DVBl. 2009, 1197–1208; Sauer, O., Können die Länder aus Art. 23 II, IV ff. eigene Beteiligungsrechte ableiten?, NVwZ 2008, 52–53; Schröder, M., Neuerungen im Rechtsschutz der Europäischen Union durch den Vertrag von Lissabon, DÖV 2009, 61–66; Uerpmann-Wittzack, R., Doppelter Grundrechtsschutz für die zukünftige Europäische Union, DÖV 2005, 152–157; Wieland, J., Der EuGH im Spannungsverhältnis zwischen Rechtsanwendung und Rechtsgestaltung, NJW 2009, 1841–1846; Will, M., Nichtigkeit der Drei-Prozent-Sperrklausel bei Europawahlen, NJW 2014, 1421–1424; Zuleeg, M., Die Rolle der rechtsprechenden Gewalt in der europäischen Integration, JZ 1994, 1–8.

Art. 24 [Kollektives Sicherheitssystem]

(1) **Der Bund kann durch Gesetz Hoheitsrechte auf zwischenstaatliche Einrichtungen übertragen.**

(1a) **Soweit die Länder für die Ausübung der staatlichen Befugnisse und die Erfüllung der staatlichen Aufgaben zuständig sind, können sie mit Zustimmung der Bundesregierung Hoheitsrechte auf grenznachbarschaftliche Einrichtungen übertragen.**

(2) **Der Bund kann sich zur Wahrung des Friedens einem System gegenseitiger kollektiver Sicherheit einordnen; er wird hierbei in die Beschränkungen seiner**

Hoheitsrechte einwilligen, die eine friedliche und dauerhafte Ordnung in Europa und zwischen den Völkern der Welt herbeiführen und sichern.

(3) **Zur Regelung zwischenstaatlicher Streitigkeiten wird der Bund Vereinbarungen über eine allgemeine, umfassende, obligatorische, internationale Schiedsgerichtsbarkeit beitreten.**

Pflichtstoff (***)

Übersicht

A. Überblick

I. Normstruktur

1 Mit Art. 24 wird auf vier außenpolitischen Handlungsfeldern der Friedens- und Integrationsauftrag des Grundgesetzes konkretisiert:
- Ermächtigung zum Eintritt und zur Mitwirkung in supranationale(n) Organisationen (Abs. 1)
- Ermächtigung zur Einordnung in Systeme kollektiver Sicherheit (Abs. 2)
- Mitwirkung bei der Schaffung einer internationalen Gerichtsbarkeit (Abs. 3)
- Gestattung der Übertragung von Hoheitsrechten auf grenznachbarschaftliche Einrichtungen durch die Länder (Abs. 1a).

2 Leitmotiv für die Einführung der Bestimmungen des Art. 24 war es, die Schaffung internationaler Organisationen zu erleichtern, um mit deren Wirkung für die Gebiete der beteiligten Staaten Angelegenheiten zu besorgen, die bisher aufgrund ihrer Eigenstaatlichkeit ausschließlich diesen Staaten vorbehalten waren. Art. 24 wird dabei für die aus einer Zusammenschau der Art. 1 II, Art. 23, 25 und 26 mit der Präambel hergeleitete „Verfassungsentscheidung für eine internationale Zusammenarbeit" (BVerfGE 58, 1 [41]) und den Auslegungsgrundsatz der Völkerrechtsfreundlichkeit (s. dazu Art. 1 Rn. 73ff., Art. 25 Rn. 8) eine grundlegende Rolle zugeschrieben (Streinz, in: Sachs, Art. 24 Rn. 6). Art. 24 I stellte bis zur Neufassung des Art. 23 durch das Gesetz zur Änderung des Grundgesetzes v. 21.12.1992 (BGBl. I S. 2086) die Ermächtigungsnorm für die Teilnahme Deutschlands an der Gründung der Europäischen Gemeinschaften dar. Heute wird der frühere Hauptanwendungsfall des Art. 24 I, die europäische Integration, auf Art. 23 gestützt. Art. 24 ist aber weiterhin daneben die zentrale Vorschrift zur Eingliederung Deutschlands in internationale Strukturen (v. Heinegg, in: EH, Art. 24 Überblick).

3 Was das Verhältnis der einzelnen Absätze des Art. 24 untereinander angeht, ist festzustellen, dass sich Abs. 1 und 1a thematisch von den Abs. 2 und 3 unterscheiden und Letztere sich nicht gerade folgerichtig anschließen. Dementsprechend stehen die Abs. 1 und 2 auch nicht in einem Exklusivitätsverhältnis, sondern komplementär nebeneinander (Randelzhofer, in: MD, Art. 24 Abs. 2 Rn. 1 ff.). Abs. 3 regelt im Gegensatz zur Übertragung von Hoheitsrechten nach den Abs. 1 und 1a die friedliche Streitbeilegung und steht diesbezüglich in einem Kontext mit Art. 26, der das völkerrechtliche Gewaltverbot betrifft (vgl. Art. 26 Rn. 5 ff.). Art. 24 II sichert dieses Gewaltverbot durch kollektive Sanktionsmaßnahmen. Folglich stehen Abs. 2 und 3 nebeneinander und sind in engem Zusammenhang mit Art. 26 zu sehen. Sie stellen unerlässliche Ergänzungen zum System der völkerrechtlichen Kriegsverhütung dar (Randelzhofer, in: MD, Art. 24 Abs. 3 Rn. 4).

4 Für eine wirksame Übertragung von Hoheitsrechten ist wie bei Art. 23 neben einem „Übertragungsgesetz" auch ein völkerrechtlicher Vertrag erforderlich (vgl. Art. 23 Rn. 28), dessen Transformation wiederum ein Vertragsgesetz im Sinne von Art. 59 II voraussetzt. Regelmäßig wird jedoch nur ein Gesetz erlassen, welches dann eine Doppelfunktion erfüllt (Streinz, in: Sachs, Art. 24 Rn. 24).

II. Prüfungsrelevanz

5 Art. 24 hat insgesamt weiterhin eine Prüfungsrelevanz. Zwar wird die EU als früherer Hauptanwendungsfall des Art. 24 I seit der Änderung des Art. 23 (Rn. 2) jetzt auf diese Vorschrift gestützt, was die Prüfungsrelevanz des Abs. 1 deutlich schmälert. Gleichzeitig hat Abs. 2, der als Ermächtigungsgrundlage für die Beteiligung deutscher Soldaten an Auslandseinsätzen der NATO oder UNO (z.B. in AWACS-Aufklärungsflugzeugen, vgl. BVerfGE 90, 286) dient, an Bedeutung gewonnen. Art. 24 Ia hat dagegen vor allem auf dem Gebiet des Schul- und Hochschulrechts, des Polizeirechts, sowie der Fach- und Raumplanung Relevanz und könnte in einer Klausur geprüft werden, in der die Länder diese Hoheitsrechte auf grenznachbarschaftliche Einrichtungen übertragen.

III. Europa

6 Das Grundgesetz strebt „die Mitwirkung Deutschlands in internationalen Organisationen, eine zwischen den Staaten hergestellte Ordnung des wechselseitigen friedlichen Interessenausgleichs und ein organisiertes Miteinander in Europa" an (Rojahn, in: MK, Art. 24 Rn. 1). Daher legt es die deutsche öffentliche Gewalt programmatisch auf die internationale Zusammenarbeit (Art. 24) und die europäische Integration (Art. 23) fest (BVerfGE 111, 307 [317 ff.]). Durch Art. 24 wird die Abwendung von der „Idee eines geschlossenen Nationalstaates und der politischen, wirtschaftlichen und kulturellen Abschottung" festgelegt (Rojahn, in: MK, Art. 24 Rn. 1).

7 Allerdings ergeben sich aufgrund der Einbindung Deutschlands in die EU weitreichende Grenzen für eventuelle Integrationsgegenstände nach Art. 24 I. Innerhalb der EU sind neue Einrichtungen i. S. v. Art. 24 I kaum möglich, da hier die Regeln der Art. 20 EUV, Art. 326 ff. AEUV über eine verstärkte Zusammenarbeit Anwendung finden (Pernice, in: Dreier, Art. 24 Rn. 11). Die Gründung neuer europäischer Hoheitsträger kann also auf Grund des Art. 24 I nur dann erfolgen, wenn dadurch die Kompetenzen der EU nicht tangiert werden (Rojahn, in: MK, Art. 24 Rn. 12). Zudem schließen die Vorschriften über die Gemeinsame Außen- und Sicherheitspolitik in Art. 24 ff. EUV jedes einseitig-unkoordinierte Vorgehen aus, so dass Beteiligungen an neuen zwischenstaatlichen Einrichtungen auch außerhalb der Zuständigkeiten der EU stets mit den anderen Mitgliedstaaten abzustimmen sind (vgl. Art. 32 und 42 EUV).

Eine Parallelvorschrift zu Art. 24 I auf europäischer Ebene zur Übertragung von Hoheitsgewalt oder Entscheidungsbefugnissen der EU auf übergeordnete Einrichtungen existiert nicht. Gleiches gilt bezüglich Art. 24 Ia, der ein bundesstaatliches Spezifikum darstellt. 8

B. Erläuterungen

I. Übertragung von Hoheitsrechten durch den Bund (Abs. 1)

1. Bedeutung

Art. 24 I ermöglicht es Deutschland, sich durch schlichtes Bundesgesetz, also ohne Zustimmung des Bundesrates oder qualifizierte Mehrheiten, an internationalen Einrichtungen zu beteiligen und dabei Hoheitsrechte auf diese zu übertragen. Das BVerfG spricht diesbezüglich von der „Verfassungsentscheidung für eine internationale Zusammenarbeit" (BVerfGE 58, 1 [41]). Der Sinn der Regelung besteht darin, diese „internationale Offenheit" und den Grundsatz der Völkerrechtsfreundlichkeit abzusichern (Streinz, in: Sachs, Art. 24 Rn. 6). Abs. 1 enthält demgemäß zum einen die ausdrückliche Ermächtigung für einen derartigen Beitritt Deutschlands mit der Übertragung von Hoheitsrechten. Zum anderen statuiert er einen Gesetzesvorbehalt für die Übertragung von Hoheitsrechten. 9

2. Inhalt

a) Zwischenstaatliche Einrichtungen als Adressaten der Übertragung

Die Übertragung von Hoheitsrechten nach Abs. 1 hat auf zwischenstaatliche Einrichtungen zu erfolgen. Darunter sind zwischen Staaten durch völkerrechtlichen Vertrag gegründete Organe, insbesondere internationale Organisationen zu verstehen. Meist erfolgt die Übertragung der Hoheitsrechte zusammen mit der Gründung einer internationalen Organisation, so dass das Gesetz, welches dazu vom Bundestag erlassen wird, nicht nur eines nach Art. 59 II (völkerrechtlicher Vertrag zur Gründung der internationalen Organisation), sondern gleichzeitig eines nach Art. 24 I (Übertragung der Hoheitsrechte auf die Organisation) ist (Randelzhofer, in: MD, Art. 24 Abs. 1 Rn. 48). Die Bundesrepublik muss Mitglied der Einrichtung bzw. Partei des völkerrechtlichen Vertrages sein. Allerdings ist, sofern sachliche Gründe hierfür vorliegen, nicht erforderlich, dass die Bundesrepublik ein in jeder Hinsicht gleichberechtigtes Mitglied der Organisation ist (vgl. BVerfGE 68, 1 [95]). In den Aufgabenkreis der zwischenstaatlichen Einrichtung kann jede denkbare Sachmaterie fallen (v. Heinegg, in: EH, Art. 24 Rn. 13). 10

Beispiele: 11
- die UNO
- das Flugsicherungssystem Eurocontrol
- die europäischen Patentorganisationen
- der Internationale Strafgerichtshof in Den Haag.

Nicht gestattet wird durch Abs. 1 die Übertragung von Hoheitsrechten auf andere Staaten oder einem Staat eingegliederte Körperschaften, was schon der Wortlaut („zwischenstaatlich") nahelegt (BVerfGE 2, 347 [377 f.]). Ebenso ist keine Übertragung auf nichtstaatliche Organisationen (Non-Governmental Organizations – NGOs) möglich, da es sich dabei lediglich um Zusammenschlüsse von Privatpersonen handelt (v. Heinegg, in: EH, Art. 24 Rn. 12). 12

Beispiele: NGOs sind etwa das IOC, die FIFA oder Amnesty International. 13

b) Hoheitsrechte als Gegenstand der Übertragung

14 Der Begriff der Hoheitsrechte meint die Ausübung öffentlicher Gewalt durch Legislative, Exekutive oder Judikative (wohl enger Jarass, in: JP, Art. 24 Rn. 4). Eine abschließende Definition des Begriffs der Hoheitsrechte durch das BVerfG ist bisher jedoch noch nicht erfolgt. Lange wurde als maßgebliches Kriterium der „Durchgriff in den staatlichen Herrschaftsbereich" gesehen (Streinz, in: Sachs, Art. 24 Rn. 13). Gemeint ist damit, dass einer zwischenstaatlichen Einrichtung durch die Übertragung hoheitlicher Gewalt die Befugnis eingeräumt wird, die Rechtssubjekte und deutschen Staatsorgane im innerstaatlichen Bereich unmittelbar zu berechtigen oder zu verpflichten (v. Heinegg, in: EH, Art. 24 Rn. 8).

15 Im Nachrüstungsurteil führte das BVerfG allerdings aus, dass Art. 24 I nicht zu entnehmen sei, dass eine Übertragung von Hoheitsrechten nur dann vorliege, wenn der Einrichtung eine Durchgriffsbefugnis gegenüber Einzelnen eingeräumt werde (BVerfGE 68, 1 [94]). Es komme vielmehr darauf an, dass ein tatsächlich gegebenes oder rechtlich mögliches ausschließliches Herrschaftsrecht zugunsten fremder Staatsgewalt zurückgenommen wird (BVerfGE 68, 1 [89 ff.]). Gleichwohl soll das Erfordernis der Durchgriffswirkung dadurch nicht aufgegeben, sondern um zusätzliche, von der Wesentlichkeitslehre determinierte Kriterien erweitert werden (v. Heinegg, in: EH, Art. 24 Rn. 8.1). Als Folge sollen auch Befugnisse zu schlicht-hoheitlichem Handeln (Realakte, schlichtes Verwaltungshandeln) unter den Begriff der Hoheitsrechte gefasst werden, wenn sie geeignet sind, faktische Grundrechtsbeeinträchtigungen hervorzurufen, die aufgrund der Wesentlichkeitslehre einem Gesetzesvorbehalt unterliegen (str., vgl. Rojahn, in: MK, Art. 24 Rn. 27).

16 **Beispiel:** Im Rahmen des NATO-Bündnisses wurde die Letztentscheidungsbefugnis über den Einsatz der auf dem Bundesgebiet stationierten nuklearen Waffensysteme auf den Präsidenten der USA als besonderes Organ der NATO übertragen. Das BVerfG sah dies als eine Übertragung von Hoheitsrechten i. S. d. Art. 24 I an, da die hiermit einhergehenden Rechtswirkungen im Rahmen der Kommandostruktur der NATO schwerwiegende faktische Auswirkungen für die Bewohner des Bundesgebietes mit sich brachten (BVerfGE 68, 1 [90 ff.]).

17 Art. 24 I ermächtigt allein den Bund. Damit geht aber keine Beschränkung auf die Rechte des Bundes einher, sondern dieser darf auch Hoheitsrechte übertragen, die nach der Kompetenzverteilung des Grundgesetzes den Ländern zustehen. Begründet wird dies überwiegend damit, dass die Pflege auswärtiger Beziehungen allein in den Zuständigkeitsbereich des Bundes fällt (h. M., vgl. Randelzhofer, in: MD, Art. 24 Abs. 1 Rn. 37 ff.).

c) Begriff der Übertragung

18 Die Übertragung von Hoheitsrechten ist nicht wörtlich zu verstehen, sondern bedeutet die Öffnung der deutschen Rechtsordnung für die unmittelbare Geltung und Anwendbarkeit eines Rechts aus anderer Quelle unter Zurücknahme bzw. Verzicht des ausschließlichen Herrschaftsanspruchs der Bundesrepublik im Geltungsbereich des Grundgesetzes (BVerfGE 37, 271 [280]). Das deutsche Recht wird insoweit verdrängt (Streinz, in: Sachs, Art. 24 Rn. 18). Erforderlich ist aber, dass die Übertragung einer gewissen zeitlichen Bindung und Festigkeit unterliegt und nicht „rechtlich oder faktisch jederzeit zurückgenommen" werden kann (Jarass, in: JP, Art. 24 Rn. 5).

d) Anforderungen an die Übertragung

19 *aa) Formelle Voraussetzungen.* Zur Übertragung von Hoheitsrechten nach Abs. 1 ist ein förmliches Bundesgesetz erforderlich. Art. 24 I enthält somit einen Parlamentsvorbehalt.

Rechtsverordnungen genügen daher nicht (BVerfGE 58, 1 [35]). Durch Rechtsverordnung kann aber der Zeitpunkt der Übertragung fixiert werden, da es sich dann nur um eine Konkretisierung des Übertragungsgesetzes handelt (BVerfGE 58, 1 [38 f.]).

Zudem wird man verlangen müssen, dass das Gesetz das Integrationsprogramm hinreichend bestimmt festlegt (dazu Streinz, in: Sachs, Art. 24 Rn. 23). Zu beachten ist ferner, dass es für eine wirksame Übertragung neben dem Übertragungsgesetz auch eines völkerrechtlichen Vertrages bedarf, der ein Vertragsgesetz nach Art. 59 II 1 voraussetzt (Streinz, in: Sachs, Art. 24 Rn. 24). In der Praxis wird hierfür regelmäßig nur ein Gesetz erlassen, das dann eine Doppelfunktion erfüllt (Rojahn, in: MK, Art. 24 Rn. 39). **20**

Nicht erforderlich ist die Zustimmung des Bundesrates, selbst wenn Hoheitsrechte der Länder übertragen werden (Streinz, in: Sachs, Art. 24 Rn. 25). In einem solchen Fall wird allerdings eine enge Zusammenarbeit des Bundes mit den Ländern gefordert (Jarass, in: JP, Art. 24 Rn. 8 mit Hinweis auf BVerfGE 92, 203 [230 f.]). Gemäß Art. 59 II 1 ergibt sich ausnahmsweise ein Zustimmungserfordernis, wenn einzelne Bestimmungen eines völkerrechtlichen Vertrages national nur durch Zustimmungsgesetz (vgl. Art. 77 Rn. 7 ff.) ergehen können. **21**

bb) Materielle Grenzen. Im Gegensatz zu Art. 23 findet sich in Art. 24 I keine ausdrückliche Schranke der Integrationsermächtigung. Gleichwohl lässt auch Art. 24 I die Übertragung von Hoheitsrechten nicht schrankenlos zu (BVerfGE 58, 1 [40]). Eine absolute Grenze stellt jedenfalls Art. 79 III auf (Streinz, in: Sachs, Art. 24 Rn. 28), da für den Übertragungsgesetzgeber jedenfalls dieselben Bindungen wie für den verfassungsändernden Gesetzgeber gelten (Rojahn, in: MK, Art. 24 Rn. 58). Andernfalls könnte über Art. 24 I der weitreichende Schutz des Grundgesetzes zur Sicherung der zentralen Verfassungsstrukturen unterlaufen werden, wenn ein Übertragungsgesetz einer materiellen Verfassungsänderung gleichkommt (Rojahn, in: MK, Art. 24 Rn. 36). Folglich müssen bei der Übertragung von Hoheitsrechten bestimmte inhaltliche Vorgaben beachtet werden. **22**

Art. 24 I stellt keine Ermächtigung dazu dar, „die Identität der geltenden Verfassungsordnung der Bundesrepublik Deutschland durch Einbruch in ihr Grundgefüge, in die sie konstituierenden Strukturen, aufzugeben" (BVerfGE 73, 339 [375 f.]). Folglich muss „die zwischenstaatliche Einrichtung [...] in vergleichbarer Weise diese Grundstrukturen sichern" (Jarass, in: JP, Art. 24 Rn. 9). Insbesondere stellen die „Rechtsprinzipien, die dem Grundrechtsteil des Grundgesetzes zugrunde liegen", eine Schranke dar (BVerfGE 73, 339 [376]). **23**

Für die grundrechtlichen Gewährleistungen muss ein Individualrechtsschutz gewährleistet sein, damit diese gerichtlich durchgesetzt werden können (vgl. BVerfGE 58, 1 [40 f.]). Dieser muss durch unabhängige Gerichte gesichert sein, „die mit hinlänglicher Gerichtsbarkeit, insbesondere mit einer dem Rechtsschutzbegehren angemessenen Prüfungs- und Entscheidungsmacht über tatsächliche und rechtliche Fragen ausgerüstet sind, auf Grund eines gehörigen Verfahrens entscheiden [...] und deren Entscheidungen gegebenenfalls die Verletzung eines Grundrechts sachgerecht und wirksam sanktionieren" (BVerfGE 73, 339 [376]). **24**

Durch die in Art. 79 III statuierte Bindung an die Grundsätze des Art. 1 und Art. 20 werden der Struktur der zwischenstaatlichen Einrichtung gewisse Grenzen im Hinblick auf Organisation und Verfahren der Willens- und Entscheidungsfindung gesetzt (Rojahn, in: MK, Art. 24 Rn. 63). Insbesondere ist eine „vom Volk ausgehende Legitimation und Einflussnahme" erforderlich (BVerfGE 89, 155 [184]), deren Intensität sich an den „übertragenen Hoheitsrechten und deren Bedeutung im innerstaatlichen Rechtsraum" orientieren muss (Classen, in: MKS, Art. 24 Rn. 30). **25**

Eine weitere Grenze stellt nach allgemeiner Ansicht die föderative Struktur der Bundesrepublik dar, die nicht völlig ausgehöhlt werden darf (v. Heinegg, in: EH, Art. 24 Rn. 21; Rojahn, in: MK, Art. 24 Rn. 61). **26**

27 *cc) Folgen eines Verstoßes.* Zu unterscheiden sind zwei Arten eines Verstoßes: Zum einen das Überschreiten der Ermessensgrenzen bei der Übertragung der Hoheitsrechte durch den Gesetzgeber. Diese führt jedenfalls zur Unwirksamkeit des Zustimmungsgesetzes und damit der Übertragung an sich (Jarass, in: JP, Art. 24 Rn. 12).

28 Zum anderen kann ein Verstoß darin liegen, dass die zwischenstaatliche Einrichtung bei der Ausübung der ihr übertragenen Hoheitsrechte die Grenzen dieser Rechte überschreitet. In einem solchen Fall sind die entsprechenden Akte innerstaatlich nicht bindend.

e) Folgen der Übertragung

29 Die mit der Übertragung von Hoheitsrechten einhergehenden Folgen hängen von dem zugrunde liegenden völkerrechtlichen Vertrag bzw. dem Zustimmungsgesetz gem. Art. 24 I, 59 II 1 ab, da sich die innerstaatliche Geltung und Anwendbarkeit des von der zwischenstaatlichen Einrichtung gesetzten Rechts aus dem Zustimmungsgesetz und nicht unmittelbar aus dem Völkerrecht ergibt (BVerfGE 73, 339 [375]).

30 *aa) Ausübung von Hoheitsgewalt durch die zwischenstaatliche Einrichtung.* Die Delegation von Hoheitsrechten bildet das rechtliche Fundament für die sog. Durchgriffswirkung, d.h. für die unmittelbare Geltung der von den Stellen der zwischenstaatlichen Einrichtung erlassenen Rechtsakte (Rojahn, in: MK, Art. 24 Rn. 74). Dabei kann insb. ein Anwendungsvorrang des Rechts der zwischenstaatlichen Einrichtung vorgesehen werden (BVerfGE 73, 339 [375]). Zu beachten ist, dass die Rechtsakte der zwischenstaatlichen Einrichtung keine Akte deutscher Hoheitsgewalt darstellen, da die „Übertragung [von Hoheitsgewalt] als Rücknahme deutscher Hoheitsgewalt" zu sehen ist (Jarass, in: JP, Art. 24 Rn. 13). Daher ist zweifelhaft, ob aufgrund eines Übertragungsvertrags erlassenes Recht der zwischenstaatlichen Einrichtung der Kontrolle durch das BVerfG unterliegt (so noch BVerfGE 37, 271 [285]; a.A. die überwiegende Literatur, vgl. etwa Tomuschat, in: BK, Art. 24 Rn. 97).

31 *bb) Mitwirkung deutscher Stellen in der zwischenstaatlichen Einrichtung.* Die Mitwirkung in den Organen der zwischenstaatlichen Einrichtung zählt zur auswärtigen Gewalt und ist daher gem. Art. 32 I Aufgabe des Bundes (Tomuschat, in: BK, Art. 24 Rn. 103). Die Organzuständigkeit liegt bei der Bundesregierung (vgl. Art. 59 Rn. 5).

32 Die Bundesregierung hat bei der Mitwirkung in den Organen zwischenstaatlicher Einrichtungen eine Einschätzungsprärogative und einen weiten Einschätzungsspielraum. Allerdings ist sie grds. zur vorherigen Information des Bundesrates verpflichtet, um etwaige Länderinteressen wirksam zu wahren (BVerfGE 92, 203 [230f.]; Art. 23 Rn. 66). Gleiches gilt auch gegenüber dem Bundestag (Classen, in: MKS, Art. 24 Rn. 58).

II. Übertragung von Hoheitsrechten durch die Länder (Abs. 1a)

33 Neben Art. 24 I begründet Art. 24 Ia das Recht der Bundesländer, eigene Hoheitskompetenzen auf grenznachbarschaftliche Einrichtungen zu übertragen, soweit sie für die Ausübung der staatlichen Befugnisse und die Erfüllung staatlicher Aufgaben zuständig sind. Mit dieser Regelung hat der Verfassungsgesetzgeber die Grundlage geschaffen, um den Ländern bei grenznahen oder grenzbezogenen Sachverhalten, wie z.B. die Kriminalitätsbekämpfung, eine grenzüberschreitende Lösung in Zusammenarbeit mit den jeweiligen Nachbarstaaten zu ermöglichen. Art. 24 Ia ist insoweit eine Ergänzung der in Art. 32 III verankerten Befugnis der Länder zu internationaler Zusammenarbeit (v. Heinegg, in: EH, Art. 24 Rn. 24).

34 Zur Frage, was unter den Begriff der Hoheitsrechte fällt und wann eine Übertragung vorliegt, gelten die Ausführungen zu Abs. 1 entsprechend (Rn. 14ff., 18ff.).

35 Voraussetzung für eine wirksame Übertragung ist zum einen, dass das Land die Verbandskompetenz für das zu übertragende Hoheitsrecht besitzt und zum anderen, dass die Bundesregierung vor der Übertragung dieser zustimmt.

Die Versagung der Zustimmung ist nur aus „(schwerwiegenden) rechtlichen oder außenpolitischen Gründen“ möglich (Streinz, in: Sachs, Art. 24 Rn. 46). In diesen Fällen trägt die Bundesregierung die Beweislast und muss das jeweilige Bundesland vor seiner Entscheidung anhören (Streinz, in: Sachs, Art. 24 Rn. 46; noch restriktiver Pernice, in: Dreier, Art. 24 Rn. 49). **36**

Des Weiteren kann eine Übertragung nach Abs. 1a nur auf grenznachbarschaftliche Einrichtungen erfolgen. Im Gegensatz zu zwischenstaatlichen Einrichtungen können hierunter auch Einrichtungen des Nachbarstaates fallen, die keine völkerrechtliche Einrichtung sind (Streinz, in: Sachs, Art. 24 Rn. 38). Dann muss allerdings eine grundsätzlich (gleichberechtigte) Mitwirkung der deutschen Seite gesichert sein, um dem Erfordernis der demokratischen Legitimation der Staatsgewalt Rechnung zu tragen (Pernice, in: Dreier, Art. 24 Rn. 48; Art. 20 Rn. 37f.). Allerdings muss die Einrichtung eine grenznachbarschaftliche Funktion, also einen regionalen Bezug haben (Streinz, in: Sachs, Art. 24 Rn. 43). Denklogisch können nur diejenigen Bundesländer von Art. 24 Ia Gebrauch machen, die an den Außengrenzen der Bundesrepublik liegen. **37**

Die Zuständigkeit für die Übertragung der Hoheitsrechte sowie das Verfahren ergeben sich aus der jeweiligen Landesverfassung. Hinsichtlich der Grenzen der Ermächtigung und der Folgen einer Übertragung kann auf die obigen Ausführungen verwiesen werden (Rn. 22ff., 29ff.). **38**

III. Einordnung in ein System kollektiver Sicherheit (Abs. 2)

1. Bedeutung

Abs. 2 ermächtigt den Bund, sich zur Wahrung des Friedens in ein System gegenseitiger kollektiver Sicherheit einzuordnen und zwar unter Einschluss der im Rahmen des Systems notwendigen Aktivitäten, etwa militärischer Einsätze (BVerfGE 90, 286 [345ff.]). Das Grundgesetz trifft hierbei die Grundsatzentscheidung für die sicherheitspolitische Kooperation im Staatenverbund und gegen ein einseitiges militärisches Vorgehen (Pernice, in: Dreier, Art. 24 Rn. 50). **39**

Art. 24 II ist damit verfassungsrechtliche Grundlage für den Einsatz der Bundeswehr im Rahmen kollektiver Sicherheitssysteme (Rojahn, in: MK, Art. 24 Rn. 96). Es handelt sich dabei aber nicht um eine abschließende Sonderregelung, etwa für den militärischen Bereich. Trotz der höheren Anforderungen des Abs. 2 („zur Wahrung des Friedens“) bleibt Abs. 1 der statthafte Kompetenztitel für die Übertragung von Hoheitsrechten auf zwischenstaatliche Einrichtungen – auch im Bereich der Sicherheitspolitik. Abs. 1 und 2 befinden sich damit in einem Komplementärverhältnis (v. Heinegg, in: EH, Art. 24 Rn. 28). So kann ein System kollektiver Sicherheit zugleich auch eine zwischenstaatliche Einrichtung sein, auf die gem. Abs. 1 Hoheitsrechte übertragen werden können. **40**

Beispiel: Das BVerfG hat die NATO als zwischenstaatliche Einrichtung i. S. v. Art. 24 I qualifiziert (BVerfGE 68, 1 [92]). **41**

2. Inhalt

a) Beitritt zu einem System gegenseitiger kollektiver Sicherheit

Ein System gegenseitiger kollektiver Sicherheit ist eine internationale Organisation, die im Wege eines Völkerrechtsvertrags entsteht und die die Aufgabe hat, die Sicherheit bei Militärangriffen und -bedrohungen, aber auch vor terroristischen Aktivitäten, organisierter Kriminalität oder Minderheitenkonflikten zu gewährleisten (Pernice, in: Dreier, Art. 24 Rn. 57). Erfasst werden auch Bündnisse zum Schutz gegen Angriffe, die von Dritten ausgehen (BVerfGE 90, 286 [349]). Das System muss der „Friedens- **42** wahrung" dienen, also rein defensiven Charakter haben (BVerfGE 104, 151 [213]). Kollektiv ist das System, wenn mehr als zwei Parteien beteiligt sind (Streinz, in: Sachs, Art. 24 Rn. 64).

43 Das Begriffsmerkmal „gegenseitig" fordert neben der Übernahme von Pflichten im Rahmen des Bündnisses als Gegenleistung auch das Bestehen von Beistandsrechten gegenüber den anderen Vertragspartnern. Jeder Staat ist zugleich „Garant und Garantieempfänger" eines Sicherheitsversprechens (BVerfGE 90, 286 [348 f.]).

44 **Beispiele**:
- die Vereinten Nationen (BVerfGE 104, 151 [195])
- die NATO (BVerfGE 90, 286 [349 ff.]; 121, 135 [156]).

45 Da der Beitritt zu dem System gegenseitiger kollektiver Sicherheit von großer Bedeutung für die Stellung und Rolle der Bundesrepublik Deutschland in der internationalen Gemeinschaft ist, bedarf er sowohl eines völkerrechtlichen Vertrags (BVerfGE 104, 151 [194 f.]) als auch eines Vertragsgesetzes i. S. v. Art. 59 II 1 (v. Heinegg, in: EH, Art. 24 Rn. 29).

b) Beschränkung von Hoheitsrechten

46 Abs. 2 Hs. 2 begründet die Pflicht der Bundesrepublik, in solche Beschränkungen ihrer Hoheitsrechte einzuwilligen, die zu einer friedlichen und dauerhaften Ordnung in Europa und zwischen den Völkern der Welt führen. Diese Beschränkung bezieht sich jedoch explizit nicht auf die Übertragung von Hoheitsrechten, sodass ein „Durchgriff des Systems kollektiver Sicherheit auf den Bürger nicht eröffnet wird." Sie kann deshalb als „minus gegenüber der Übertragung von Hoheitsrechten" nach Abs. 1 angesehen werden (Pernice, in: Dreier, Art. 24 Rn. 60; BVerfGE 90, 286 [346 f.]).

c) Übernahme der mit dem Beitritt verbundenen Aufgaben

47 Abs. 2 ist die „verfassungsrechtliche Grundlage für die Übernahme der mit der Zugehörigkeit zu einem solchen System typischerweise verbundenen Aufgaben" (BVerfGE 90, 286 [345]). Dies führt dazu, dass über Abs. 2 der Einsatz der Bundeswehr im Ausland im Rahmen eines Systems kollektiver Sicherheit, insb. der NATO und der UNO, gerechtfertigt werden kann (BVerfGE 90, 286 [353 ff.]). Eine Beschränkung auf Fälle kollektiver Selbstverteidigung gegen Angriffe ist auch Art. 87a II nicht zu entnehmen (BVerfGE 90, 286 [355 f.]). Die Mitgliedstaaten müssen vielmehr bereit sein, dem Sicherheitssystem zur Wahrung oder Wiederherstellung des Friedens auch militärische Mittel zur Verfügung zu stellen (BVerfGE 90, 286 [345]).

48 Für jeden Einsatz bewaffneter Streitkräfte ist aber die Zustimmung des Bundestages erforderlich, da die Bundeswehr nach den streitkräftebezogenen Regeln des Grundgesetzes als „Parlamentsheer" ausgestaltet ist (BVerfGE 121, 135 [153 f.]). Dieser sog. wehrverfassungsrechtliche Parlamentsvorbehalt greift ein, wenn nach dem jeweiligen Einsatzzusammenhang und den einzelnen rechtlichen und tatsächlichen Umständen die Einbeziehung deutscher Soldaten in bewaffnete Auseinandersetzungen konkret zu erwarten ist (BVerfGE 121, 135 [164]). Das Verfahren der Zustimmung regelt das Parlamentsbeteiligungsgesetz (ParlBG).

IV. Schiedsgerichtsbarkeit (Abs. 3)

49 Abs. 3 verpflichtet den Bund dazu, Vereinbarungen über eine Schiedsgerichtsbarkeit zur Beilegung internationaler Streitigkeiten beizutreten, sofern diese gewisse Voraussetzungen erfüllen. Das in ihm enthaltene Gebot friedlicher Streiterledigung ergänzt das Gewaltverbot im Völkerrecht (dazu Art. 26 Rn. 5 ff.) und ist als „klare Absage an

den Krieg als Mittel der Streiterledigung" zu werten (Pernice, in: Dreier, Art. 24 Rn. 14).

Allerdings besteht die bindende Verpflichtung nur, sofern das internationale (Schieds-)Gericht alle in Abs. 3 genannten Voraussetzungen kumulativ erfüllt. Dazu muss es *allgemein* sein, also offen für alle Staaten (Jarass, in: JP, Art. 24 Rn. 25). Ferner muss es *umfassend* sein, d.h. die Gerichtsbarkeit muss alle wesentlichen Sachgebiete möglicher internationaler Streitigkeiten einbeziehen (Streinz, in: Sachs, Art. 24 Rn. 83). Schließlich muss die Gerichtsbarkeit *obligatorisch* sein, also einseitig ohne gesonderte Zustimmung des Antragsgegners anrufbar (v. Heinegg, in: EH, Art. 24 Rn. 49). Zum Beitritt ist auch hier ein völkerrechtlicher Vertrag erforderlich, der eines Vertragsgesetzes nach Art. 59 II 1 bedarf (Streinz, in: Sachs, Art. 24 Rn. 86). Bisher findet sich jedoch kein praktischer Anwendungsfall für Art. 24 III. 50

Beispiele: 51
- Der Internationale Gerichtshof fällt nicht unter Art. 24 III, da seine Gerichtsbarkeit nicht obligatorisch ist (Streinz, in: Sachs, Art. 24 Rn. 87).
- Der EGMR ist ebenfalls kein Schiedsgericht i.S.v. Art. 24 III, weil die Individualbeschwerde nach Art. 34 EMRK keine zwischenstaatliche Streitigkeit darstellt.

C. Prüfungshinweise

Mögliche Verfahren, in denen ein Verstoß gegen Art. 24 geltend gemacht werden kann, sind die abstrakte Normenkontrolle (Art. 93 I Nr. 2) sowie die konkrete Normenkontrolle (Art. 100 I). Ferner der Organstreit (Art. 93 I Nr. 1), der Bund-Länder-Streit (Art. 93 I Nr. 3) und u.U. auch die Verfassungsbeschwerde (Art. 93 Nr. 4a). 52

Grobschema zur Prüfung der Übertragung von Hoheitsrechten nach Art. 24 I durch das BVerfG: 53

1. Liegt eine Übertragung von Hoheitsrechen vor?
   a) Hoheitsrechte
   b) Übertragung
   c) auf zwischenstaatliche Einrichtung
2. Gesetzliche Grundlage: Übertragungsgesetz und Vertragsgesetz zu völkerrechtlichem Vertrag (i.d.R. ein Gesetz mit Doppelfunktion)
3. Materielle Grenzen
   a) Vorbehalt des Grundrechtsmindestschutzes
   b) Vorbehalt der Verfassungsidentität
4. Folgen eines Verstoßes

D. Weiterführende Literatur/Leseempfehlungen

Arndt, C., Verfassungsrechtliche Anforderungen an internationale Bundeswehreinsätze, NJW 1994, 2197–2199; Baldus, M., Wehrpflichtige bei Auslandseinsätzen der Bundeswehr?, NJW 1995, 1134–1136; Bleckmann, A., Der Grundsatz der Völkerrechtsfreundlichkeit der deutschen Rechtsordnung, DÖV 1996, 137–145; Brenner, M./Hahn, D., Bundeswehr und Auslandseinsätze, JuS 2001, 729–736; Brissa, E., Bundeswehr und Bundestag. Zur Bündniskonformität des wehrverfassungsrechtlichen Parlamentsvorbehalts, DÖV 2012, 137–145; Burkiczak, C.M., AWACS II – In dubio pro Bundestag, NVwZ 2008, 752–754; Depenheuer, O., Der verfassungsrechtliche Verteidigungsauftrag der Bundeswehr, DVBl. 1997, 685–689; Genrich, G., Bundeswehr auf Reisen, JuS 1999, 207; Lange, K.W., Die Gemeinsame Außen- und Sicherheitspolitik der Europäischen Union, JZ 1996, 442–449; Murswiek, D., Die Fortentwicklung völkerrechtlicher Verträge: verfassungsrechtliche Grenzen und Kontrolle im Organstreit, NVwZ 2007, 1130–1135; Payandeh, M., Evakuierungseinsätze der Bundeswehr und Parlamentsbeteiligung, DVBl. 2011, 1325–1330; Sachs, M., Auslandseinsätze der Bundeswehr und Parlamentsvorbehalt, JuS 2008, 829–832; Sauer, H., Reichweite des Par- 54 lamentsvorbehalts für die Entsendung der Bundeswehr ins Ausland, JA 2004, 19–22; Schröder, F., Einsatz deutscher Streitkräfte in Awacs-Flugzeugen über der Türkei und Zustimmungspflicht des Parlaments beim Einsatz der Streitkräfte im Ausland, DVBl. 2008, 778–779; Stumpf, G.H./Goos, C., Übungsklausur – Öffentliches Recht: Terrorabwehr durch die NATO im Inland, JuS 2009, 40–46; Verlage, C., Klage der Links-Fraktion gegen den Einsatz von Tornados in Afghanistan, DVBl. 2007, 1245–1248; Vöneky, S./Wolfrum, R., Die Reform der Friedensmissionen der Vereinten Nationen und ihre Umsetzung nach deutschem Verfassungsrecht, ZaöRV 62 (2002), 570–640; Wild, M., Verfassungsrechtliche Möglichkeiten und Grenzen für Auslandseinsätze der Bundeswehr nach dem Kosovo-Krieg, DÖV 2000, 622–631.

Art. 25 [Allgemeines Völkerrecht als Bestandteil des Bundesrechts]

[1] Die allgemeinen Regeln des Völkerrechtes sind Bestandteil des Bundesrechtes. [2] Sie gehen den Gesetzen vor und erzeugen Rechte und Pflichten unmittelbar für die Bewohner des Bundesgebietes.

Pflichtstoff (**)

Übersicht

A. Überblick

I. Normstruktur

1 Die in Art. 25 S. 1 und S. 2 enthaltenen Regelungen betreffen unterschiedliche Aspekte der innerstaatlichen Wirkung des Völkerrechts, namentlich die innerstaatliche Geltung (S. 1), den innerstaatlichen Rang (S. 2 Hs. 1) und die unmittelbare Anwendbarkeit (S. 2 Hs. 2) der allgemeinen Regeln des Völkerrechts (Koenig, in MKS, Art. 25 Rn. 1). In Art. 25 kommt die offene, völkerrechtsfreundliche Grundeinstellung des Grundgesetzes zum Ausdruck, die für die Auslegung der Grundrechte besonders betont wird (s. für die Sicherungsverwahrung BVerfGE 131, 268 [295 ff.]; 133, 40 [51 f. Rn. 27]). Zugleich verbindet er staatliches Recht und Völkerrecht zu einer Gesamtordnung (Pernice, in: Dreier, Art. 25 Rn. 15).

2 Art. 25 S. 1 erklärt dabei die allgemeinen Regeln des Völkerrechts zum Bestandteil des Bundesrechts. Sie werden durch diesen verfassungsrechtlichen Vollzugsbefehl in das innerstaatliche Recht einbezogen und sind somit von allen staatlichen Organen zu beachten und ggf. anzuwenden (Art. 20 III, s. Streinz, in: Sachs, Art. 25 Rn. 38).

3 Art. 25 S. 2 bestimmt darüber hinaus, dass diese Regeln den Gesetzen vorgehen sowie unmittelbar Rechte und Pflichten für die Bewohner des Bundesgebietes erzeu-

gen. Bei Art. 25 S. 2 Hs. 2 handelt es sich demnach um eine Kollisionsregel für das Verhältnis der allgemeinen Regeln des Völkerrechts zu den einfachen (Bundes-) Gesetzen. Er trifft jedoch keine Aussage über das Verhältnis dieser Regeln zu den Bestimmungen des Grundgesetzes, das umstritten ist (vgl. hierzu Koenig, in: MKS, Art. 25 Rn. 50 ff.).

II. Prüfungsrelevanz

Da Art. 25 einen Rechtsanwendungsbefehl für die staatlichen Organe enthält und diese zur Beachtung und Anwendung der allgemeinen Regeln des Völkerrechts verpflichtet, können Konstellationen auftreten, in denen diese Regelung eine Rolle spielt. Denn Art. 25 öffnet den innerstaatlichen Rechtsraum im Sinne einer dynamischen Verweisung für die jeweils aktuell geltenden allgemeinen Völkerrechtsregeln. Dem trägt auch Art. 100 II Rechnung, der die in Art. 25 getroffenen Grundentscheidungen, dass die allgemeinen Regeln des Völkerrechts Bestandteil des Bundesrechts sind und unmittelbar Rechte und Pflichten für den Einzelnen erzeugen, auf Vorlage durch Fachgerichte der Kontrolle des BVerfG unterstellen (vgl. BVerfG [K], NJW 2012, 293 [295]; s. auch Art. 100 Rn. 14 f.). **4**

In der Fallbearbeitung sind insb. im Rahmen von Art. 2 I Konstellationen denkbar, in denen es zum Verstoß eines innerstaatlichen Rechtsakts gegen eine allgemeine Regel des Völkerrechts kommt (Rn. 24). Exemplarisch hierfür ist der Versuch einer Zwangsvollstreckung in das Russische Haus für Wissenschaft und Kunst in Berlin, das der Russischen Föderation gehört (BVerfG [K], NJW 2012, 293 ff.]. **5**

III. Europa

Da Art. 25 das Verhältnis von Völkerrecht und Bundesrecht regelt, existiert auf europäischer Ebene keine entsprechende oder vergleichbare Norm. Der Grundsatz der Völkerrechtsfreundlichkeit gilt aber auch im Unionsrecht (Pernice, in: Dreier, Art. 25 Rn. 8). Die EU ist als Völkerrechtssubjekt an die allgemeinen Regeln des Völkerrechts gebunden, soweit diese zugleich allgemeine Rechtsgrundsätze des Unionsrechts darstellen (dazu Pernice, in: Dreier, Art. 25 Rn. 10). Außerdem sieht Art. 6 II 1 EUV den Beitritt der Union zur EMRK vor, der allerdings bisher noch nicht erfolgt ist (dazu Gutachten 2/13 des EuGH v. 18.12.2014, Rn. 258). Unabhängig davon qualifiziert Art. 6 III EUV die Grundrechte der EMRK als allgemeine Grundsätze, die Teil des Unionsrechts sind. Diese Regelung hat vor allem bis zum Beitritt der EU zur EMRK praktische Bedeutung. **6**

B. Erläuterungen

I. Bedeutung der Norm

Historisch geht der Inhalt des Art. 25 auf Art. 4 WRV zurück, wonach die allgemein anerkannten Regeln des Völkerrechts als bindende Bestandteile des deutschen Reichsrechts galten. Beim Völkerrecht handelt es sich im Wesentlichen um eine Rechtsordnung zwischen Staaten. Es berechtigt und verpflichtet zunächst nur Staaten, hat also keine unmittelbaren Rechtswirkungen im innerstaatlichen Bereich (Streinz, in: Sachs, Art. 25 Rn. 8). Erst durch Art. 25 wird den allgemeinen Regeln des Völkerrechts Geltung im deutschen Rechtsraum verschafft. Dadurch werden die allgemeinen Völkerrechtsregeln mit ihrem jeweiligen Inhalt und in ihrer jeweiligen Tragweite Bestandteil des Bundesrechts (vgl. BVerfGE 15, 25 [31 f.]; 18, 441 [448]). **7**

Art. 25 proklamiert allgemein „den Primat des Völkerrechts vor dem innerstaatlichen Recht als Verfassungsgrundsatz der Deutschen Bundesrepublik" (BVerfGE 1, 208 **7a**

[233]). Im Rang sind die allgemeinen Regeln des Völkerrechts zwischen Grundgesetz und einfachem Recht anzusiedeln (vgl. BVerfGE 6, 309 [363]; 37, 271 [279]).

8 Das Grundgesetz ist völkerrechtsfreundlich ausgerichtet. Das lassen neben seiner Präambel insb. die Art. 1 II, Art. 24 und 25 erkennen (BVerfGE 31, 58 [75]). Aus dem Prinzip der Völkerrechtsfreundlichkeit folgt, dass fremde Rechtsordnungen (auch außerhalb des Geltungsbereichs des Art. 25) als gleichberechtigt anerkannt und respektiert werden (vgl. BVerfGE 18, 112 [121]). Das gesamte nationale Recht ist daher unter Berücksichtigung völkerrechtlicher Grundsätze auszulegen und anzuwenden; Verletzungen völkerrechtlicher Normen sind zu unterlassen bzw. zu korrigieren (BVerfGE 63, 1 [20]; 112, 1 [26]).

9 Für völkerrechtliche Verträge ist Art. 59 II lex specialis gegenüber Art. 25. Für ihre Geltung im deutschen Recht ist deshalb ein gesonderter Rechtsanwendungsbefehl nach Maßgabe des Art. 59 II erforderlich (Koenig, in: MKS, Art. 25 Rn. 14). Exemplarisch hierfür ist die EMRK, die erst durch das deutsche Zustimmungsgesetz im Jahr 1952 in innerstaatlich bindendes Recht transformiert worden ist.

II. Die allgemeinen Regeln des Völkerrechts (Satz 1)

10 Bei den allgemeinen Regeln des Völkerrechts i. S. v. Art. 25 handelt es sich vorwiegend um universell geltendes Völkergewohnheitsrecht, das durch anerkannte allgemeine Rechtsgrundsätze ergänzt wird (BVerfGE 15, 25 [32f.]). Sind Existenz und Tragweite dieser Regeln umstritten, kann dies durch das BVerfG im Normenverifikationsverfahren des Art. 100 II festgestellt werden (BVerfGE 23, 288 [317]).

10a „Die allgemeinen Rechtsgrundsätze des Völkerrechts (Art. 38 Abs. 1 lit. c IGH-Statut) sind im Wege der Rechtsvergleichung in einer Gesamtschau der großen Rechtsordnungen zu entwickelnde Prinzipien, die sich von ihrem Inhalt her auf die Rechtsbeziehungen in der Völkergemeinschaft und auf das Recht internationaler Organisationen übertragen lassen. Dazu gehören etwa das Prinzip von Treu und Glauben, der Vertrauensschutz oder die Verwirkung. Die allgemeinen Rechtsgrundsätze des Völkerrechts haben in erster Linie lückenfüllende Bedeutung" (BGH, Urt. v. 24.2. 2015, XI ZR 193/14, Rn. 16).

11 Allgemein i. S. d. Art. 25 ist eine Regel des Völkerrechts dann, wenn sie von der überwiegenden Mehrheit der Staaten in der Überzeugung einer völkerrechtlichen Verpflichtung anerkannt und über längere Zeit angewandt wird (vgl. BVerfGE 15, 25 [34f.]; 16, 27 [34]). Die Allgemeinheit der Regel bezieht sich folglich nicht auf ihren Inhalt, sondern auf ihre Geltung. Dabei ist weder eine Anerkennung durch alle Staaten noch durch die Bundesrepublik Deutschland erforderlich (BVerfGE 117, 141 [149]).

12 **Beispiele:**

- Es ist eine allgemeine Regel des Völkerrechts, „wonach die Zwangsvollstreckung durch den Gerichtsstaat aus einem Vollstreckungstitel gegen einen fremden Staat, der über ein nicht hoheitliches Verhalten (acta iure gestionis) dieses Staates ergangen ist, in Gegenstände dieses Staates ohne dessen Zustimmung unzulässig ist, soweit diese Gegenstände im Zeitpunkt des Beginns der Vollstreckungsmaßnahme hoheitlichen Zwecken des fremden Staates dienen (BGH, NJW-RR 2013, 1532 [1532 Rn. 11]).
- Im Bereich der gewohnheitsrechtlich geltenden universellen Menschenrechte das Folterverbot (BVerfGK 3, 159 [164]) oder das Verbot von Sklaverei. Dagegen ist der völkervertragliche Menschenrechtsschutz, z. B. der EMRK, durch Transformation gem. Art. 59 II Bestandteil des Bundesrechts, s. Rn. 13).

13 Art. 25 erfasst nicht völkerrechtliche Verträge. Die EMRK gehört daher nicht zu den allgemeinen Regeln des Völkerrechts (vgl. BVerfGE 74, 358 [370]; 120, 180 [200]). Insoweit geht Art. 59 II dem Art. 25 vor. Allerdings können verschiedene Prinzipien des Völkergewohnheitsrechts, die sich auch in der EMRK wiederfinden (z. B.

das Folterverbot, Art. 3 EMRK), allgemeine Regeln des Völkerrechts i. S. v. Art. 25 S. 1 sein (Streinz, in: Sachs, Art. 25, Rn. 69 f.).

Beispiele: 14
- Bei der Frage, ob eine allgemeine Regel des Völkerrechts besteht, wie mit Spionen eines beigetretenen Staates (hier der DDR) zu verfahren ist, die Straftaten zugunsten des beigetretenen Staates begangen haben, hat das BVerfG auch den Gehalt von Art. 7 EMRK betrachtet (BVerfGE 92, 277 [323]).
- Die Unschuldsvermutung nach Art. 6 II EMRK soll dagegen nur den Rang eines Bundesgesetzes und nicht den von Verfassungsrecht haben (BVerfGE 74, 358 [370]).

Darüber hinaus sind Gesetze grds. im Lichte der EMRK auszulegen, soweit Verfassungsrecht oder sonstiges höherrangiges Recht nicht offensichtlich entgegenstehen (BVerfGE 111, 307 [323]). Besondere Bedeutung hat die EMRK und die dazu ergangene Rechtsprechung des EGMR gemäß dem Grundsatz völkerrechtlicher Interpretation des Grundgesetzes zunehmend für die Auslegung von Grundrechten. Allerdings darf es dadurch nicht zu einer Einschränkung oder Minderung des Grundrechtsschutzes kommen (BVerfGE 74, 358 [370]; s. auch Art. 1 Rn. 73 ff.). In Praxi ist diese Einschränkung indes selten relevant. Vielmehr erweitern die EMRK und der EGMR tendenziell das Verständnis der Grundrechtsgewährleistungen. Das ist anhand des Familiengrundrechts deutlich geworden, in dessen Schutzbereich das BVerfG nunmehr wie vorher schon der EGMR auch die Großeltern einbezieht, wenn sie in familiärer Gemeinschaft leben (Art. 6 Rn. 30 f.). 15

III. Vorrang und unmittelbare Geltung des allgemeinen Völkerrechts (Satz 2)

Der Zweck der Regelung in Satz 2 besteht darin, mit allgemeinen Regeln des Völkerrechts kollidierendes innerstaatliches Recht zu verdrängen oder seine völkerrechtskonforme Anwendung zu bewirken (BVerfGE 23, 288 [316]). Nach Art. 25 S. 2 sind bei der Gestaltung der innerstaatlichen Rechtsordnung durch den Gesetzgeber und bei der Anwendung innerstaatlicher Normen durch Behörden und Gerichte die allgemeinen Regeln des Völkerrechts zu beachten (BVerfGE 23, 288 [300]; 75, 1 [18 f.]). 16

Die Bundesrepublik Deutschland wird durch Art. 25 daher nicht nur gehindert, innerstaatliches Recht in einer die allgemeinen Regeln des Völkerrechts verletzenden Weise auszulegen und anzuwenden. Sie wird darüber hinaus auch verpflichtet, jegliche Handlungen zu unterlassen, die einer Handlung Wirksamkeit verschaffen würde, welche von einem nichtdeutschen Hoheitsträger im Geltungsbereich des Grundgesetzes unter Verstoß gegen allgemeine völkerrechtliche Regeln vorgenommen wird (BVerfGE 75, 1 [18 f.]). 17

Beispiel: Ein einem Soldaten erteilter Befehl, der gegen die allgemeinen Regeln des Völkerrechts verstößt, muss nicht befolgt werden (BVerwGE 127, 302 [316]). 18

Für den Bürger können die allgemeinen Regeln des Völkerrechts gem. Satz 2 unmittelbar geltende (subjektive) Rechte und Pflichten erzeugen, sofern die völkerrechtliche Norm dies direkt oder indirekt vorsieht und – bezogen auf die Pflichten – hinreichend bestimmt ist (BVerfGE 46, 342 [362]; 63, 343 [373 f.]). 19

Darüber hinaus wird Deutschland daran gehindert, an einer Handlung nichtdeutscher Hoheitsträger bestimmend mitzuwirken, die gegen die allgemeinen Regeln des Völkerrechts verstößt (BVerfGE 75, 1 [19]). 20

Beispiele: 21
- Die Auslieferung zur Vollstreckung eines Strafurteils eines in Abwesenheit von einem ausländischen, nicht zur EU gehörenden Gericht zu einer Haftstrafe Verurteilten kann unzulässig sein

wenn bei einer solchen Verurteilung, bei der für den Angeklagten keine Gelegenheit bestand, sich selbst zu verteidigen, der völkerrechtlich verbindliche Mindeststandard nicht gewahrt wurde (BVerfGE 59, 280 [282 ff.]; 63, 332 [337 f.])
- Die Mitwirkung deutscher Stellen am gegen Personen gerichteten Einsatz von Drohnen im Mittleren Osten durch die USA durch Weitergabe von Informationen könnte gegen die allgemeinen Regeln des Völkerrechts verstoßen.

22 Art. 25 S. 2 Hs. 2 kommt hinsichtlich der unmittelbaren Berechtigung und Verpflichtung des Einzelnen durch die völkerrechtlich als Individualrechte anerkannten Regeln (wie die Garantien fundamentaler Menschenrechte) lediglich deklaratorischer Charakter zu, da sich dies schon aus der Eingliederung der Regeln in das Bundesrecht durch S. 1 ergibt (Pernice, in: Dreier, Art. 25 Rn. 29). Gemeint sind solche Fälle, in denen eine allgemeine Regel des Völkerrechts selbst nach Inhalt und Adressatenkreis unmittelbar, d.h. ohne einen weiteren normativen Akt wie etwa ein innerstaatliches Gesetz (also bereits auf allgemeiner völkerrechtlicher Ebene), Rechte und Pflichten des Einzelnen begründet (BVerfGE 46, 342 [362]).

23 Richtet sich eine Regel ihrem völkerrechtlichen Inhalt nach aber nur an Staaten oder sonstige Völkerrechtssubjekte, kann sie gem. Art. 25 S. 2 subjektive Rechte oder Pflichten begründen (BVerfGE 46, 343 [363]). Art. 25 S. 2 Hs. 2 wirkt dann konstitutiv, also rechtsbegründend und rechtsverpflichtend. Die allgemeinen Regeln des Völkerrechts können in diesen Fällen die gleichen Rechtswirkungen gegenüber dem Einzelnen entfalten wie das übrige innerstaatliche Recht.

C. Prüfungshinweise

24 Eine Verfassungsbeschwerde kann nicht direkt auf eine Verletzung des Art. 25 gestützt werden, da Art. 25 selbst kein subjektives Recht enthält (BVerfGE 6, 389 [440]; 23, 288 [300]). Allerdings kann im Wege einer Verfassungsbeschwerde über Art. 2 I geltend gemacht werden, dass eine nationale Vorschrift im Widerspruch zu einer allgemeinen Regel des Völkerrechts steht (BVerfG [K], NJW 2012, 293 [295]). Darüber hinaus sind die allgemeinen Regeln des Völkerrechts von Amts wegen von den Gerichten zu beachten, da sie über Art. 25 Teil des Bundesrechts sind. Die Nichtbeachtung oder fehlerhafte Anwendung völkerrechtlicher Normen durch deutsche Gerichte kann durch das BVerfG im Rahmen seiner Gerichtsbarkeit umfassend nachgeprüft werden (BVerfGE 59, 63 [89]). Des Weiteren kann auch die unterbliebene oder defizitäre Beachtung der EMRK sowie ein Verstoß gegen diese im Rahmen einer Verfassungsbeschwerde geltend gemacht werden, die auf die Verletzung des der entsprechenden EMRK-Norm korrespondierenden Grundrechts gestützt wird (hierzu Grabenwarter/Pabel, EMRK, 5. Aufl. 2012, § 3 Rn. 8).

25 Das Normenverifikationsverfahren nach Art. 100 II i.V.m. § 83 BVerfGG bildet das prozessuale Gegenstück zu Art. 25. Stellt sich in einem Rechtsstreit die Frage, ob eine Regel des Völkerrechts Bestandteil des Bundesrechts ist und damit unmittelbar Rechte und Pflichten für den Einzelnen begründet, so muss durch das Fachgericht die Entscheidung des BVerfG eingeholt werden. Wendet sich das Fachgericht trotz ernster Zweifel entgegen Art. 100 II nicht an das BVerfG, so kann gegen das daraufhin ergehende Urteil eine Verfassungsbeschwerde wegen Entzugs des gesetzlichen Richters (Art. 101 I 2) eingelegt werden (BVerfGE 23, 288 [319 f.]).

26 Die allgemeinen Regeln des Völkerrechts zählen zudem zur verfassungsmäßigen Ordnung i.S.d. Art. 2 I. Sie können daher einen Eingriff in die allgemeine Handlungsfreiheit rechtfertigen (vgl. BVerfGE 112, 1 [21]). Insoweit wird z.T. gefordert, dass sich die verfassungsgerichtliche Prüfung im Rahmen einer (Urteils-)Verfassungsbeschwerde aus Gründen der Eingrenzbarkeit auf die Verletzung solcher Völkerrechtsregeln beschränken müsse, die unmittelbar subjektive Rechte des Einzelnen begründen oder zumindest einen ausgeprägten individualschützenden Gehalt haben und sich so zu einer Umformung nach Art. 25 S. 2 GG eignen (vgl. Herdegen, in: MD, Art. 25 Rn. 54).

Grobschema zur Prüfung des Art. 25: 27
1. Vorliegen einer allgemeinen Regel des Völkerrechts?
   a) Kein völkerrechtlicher Vertrag
   b) Universell geltendes Völkergewohnheitsrecht?
   c) Allgemeine Rechtsgrundsätze?
2. Verbietet bzw. gebietet diese völkerrechtliche Regel die streitige hoheitliche Maßnahme?

D. Weiterführende Literatur/Leseempfehlungen

Bleckmann, A., Der Grundsatz der Völkerrechtsfreundlichkeit der deutschen Rechtsordnung, DÖV 1996, 137–145; Bungert, H., Einwirkung und Rang von Völkerrecht im innerstaatlichen Rechtsraum, DÖV 1994, 797–806; Dauster, M., Übungshausarbeit öffentliches Recht – Der Anspruch des Staatsangehörigen auf Schutz gegenüber dem Ausland, Jura 1990, 262–268; Hölscheidt, S./Ridinger, M./Zitterbart, A., Grundzüge des Völkerrechts und seine Bezüge zum Europa- und Verfassungsrecht (Teil 2), Jura 2005, 224–230; Hollweg, C., Der praktische Fall – Internationales Öffentliches Recht – Auslieferung eines bosnischen Serbenführers an das UN-Tribunal, JuS 1994, 409–416; Kreuzer, C., Die unmittelbare Anwendbarkeit völkerrechtlicher Verträge, JA 1998, 731–735; Kunig, P., Die Quellen des Völkerrechts aus der Sicht des Grundgesetzes, Jura 1989, 667–670; Quarthal, B., Nachträglich verlängerte Sicherungsverwahrung und der EGMR – zur innerstaatlichen Rechtswirkung der Europäischen Konvention für Menschenrechte, Jura 2011, 495–499; Schweisfurth, T., Die verfassungsgerichtlich eingetrübte Völkerrechtsfreundlichkeit des Grundgesetzes, NVwZ 2005, 1261–1266; Silagi, M., Die allgemeinen Regeln des Völkerrechts als Bezugsgegenstand in Art. 25 GG und Art. 26 EMRK, EuGRZ 1980, 632–653; Talmon, S., Die Grenzen der Anwendung des Völkerrechts im deutschen Recht, JZ 2013, 12–21; v. Ungern-Sternberg, A., Völkerrechtsquellen im Wandel Teil 1, Jura 2010, 841–847, Teil 2, Jura 2011, 39–43; Vogler, T., Abschluß und Rechtswirkung völkerrechtlicher Verträge in der Bundesrepublik Deutschland, JA 1983, 1–6. 28

Art. 26 [Verbot des Angriffskrieges]

(1) [1]**Handlungen, die geeignet sind und in der Absicht vorgenommen werden, das friedliche Zusammenleben der Völker zu stören, insbesondere die Führung eines Angriffskrieges vorzubereiten, sind verfassungswidrig.** [2]**Sie sind unter Strafe zu stellen.**

(2) [1]**Zur Kriegsführung bestimmte Waffen dürfen nur mit Genehmigung der Bundesregierung hergestellt, befördert und in Verkehr gebracht werden.** [2]**Das Nähere regelt ein Bundesgesetz.**

Pflichtstoff (**)

Übersicht

A. Überblick

I. Normstruktur

1 Art. 26 I 1 verbietet die Vorbereitung der Führung eines Angriffskrieges sowie sonstige Handlungen, die geeignet und bestimmt sind, das friedliche Zusammenleben der Völker zu stören. Abs. 1 S. 2 enthält den Auftrag an den Gesetzgeber, diese Handlungen unter Strafe zu stellen. Abs. 2 S. 1 ordnet einen Genehmigungsvorbehalt der BReg für die Produktion, die Beförderung und das in Verkehr bringen von Kriegswaffen an und sichert dadurch die in Abs. 1 verankerten Verbote ab. Für die nähere Ausgestaltung weist Abs. 2 S. 2 dem Bund die Gesetzgebungskompetenz zu.

II. Prüfungsrelevanz

2 Art. 26 besitzt beschränkte Prüfungsrelevanz. Denkbar ist allenfalls, dass er als verfassungsimmanente Schranke bei der Ausübung bestimmter Grundrechte, z.B. aus Art. 5 I 1 oder Art. 8, zu berücksichtigen ist, die etwa zu friedensfeindlichem Verhalten aufrufen. Zudem könnte der Export von Kriegswaffen Gegenstand einer Klausur sein. Dann würde Art. 26 II Bedeutung erlangen.

III. Europa

3 Unionsrecht hat in erster Linie im Rahmen des Art. 26 II Bedeutung, dem als Ein- und Ausfuhrbeschränkung grundsätzlich Art. 34, 35 AEUV entgegenstehen. Als unionsrechtliche Rechtfertigung sind Gründe der öffentlichen Sicherheit nach Art. 36 AEUV bzw. Art. 346 I lit. b AEUV anzuführen, um den unionsinternen Handel zu beschränken. Für den Export an Nicht-EU-Staaten gilt gem. der Verordnung Nr. 2603/69 des Rates v. 20.12.1969 zur Festlegung einer gemeinsamen Ausfuhrregelung (ABl. 1969 L 324/25, zuletzt geändert durch VO Nr. 3918/91, ABl. 1991 L 372/31) der Grundsatz der Ausfuhrfreiheit, soweit nicht Gründe der öffentlichen Sicherheit dem entgegenstehen (Pernice, in: Dreier, Art. 26 Rn. 10).

B. Erläuterungen

I. Bedeutung

4 Art. 26 bildet den „Kern der Friedensstaatlichkeit der Bundesrepublik Deutschland" (Hernekamp, in: MK, Art. 26 Rn. 1). Er ist zusammen mit der Präambel und den Art. 1 II, 9 II, 24 II, 25, 79 I 2, 96 V Nr. 4 Teil der Verfassungsentscheidung für ein friedliches Zusammenleben der Völker (BVerfGE 63, 343 [370]; 111, 307 [318]). Dabei kommt Art. 26 I 1, der als unmittelbar verbindliche Rechtsnorm zur Verfassungswidrigkeit der verbotenen Handlungen führt, eine Schlüsselfunktion bei der Gefahrenabwehr zu (Streinz, in: Sachs, Art. 26 Rn. 5f.). Unzulässig ist aber nur die Führung eines Angriffskriegs. Eine wirksame militärische Verteidigung ist gem. Art. 87a, 87b,

115a ff. und gem. Art. 24 II im Rahmen einer kollektiven Friedenssicherung zulässig (vgl. Art. 24 Rn. 47 f.).

II. Verbot der Störung des friedlichen Zusammenlebens der Völker (Abs. 1)

1. Allgemeines

Umstritten ist, wann die Eignung einer Handlung zur Störung des friedlichen Zusammenlebens der Völker zu bejahen ist. Vereinzelt wird dies erst dann angenommen, wenn bereits eine Verletzung der fundamentalen Rechtsgüter der internationalen Friedensordnung, also ein Verstoß gegen ius cogens oder ein völkerrechtliches Verbrechen vorliegt, das zu einer einem Angriffskrieg vergleichbaren schwerwiegenden, ernsten und nachhaltigen Beeinträchtigung führt (Streinz, in: Sachs, Art. 26 Rn. 13 f.). Andere lassen hierunter bereits solche Maßnahmen fallen, die eine abstrakte Gefährdung des friedlichen Zusammenlebens darstellen, um den Rechtsgüterschutz möglichst weit vor zu verlagern und solche Aktivitäten im „frühest erkennbaren Stadium" zu unterbinden (Hernekamp, in: MK, Art. 26 Rn. 15). Letztlich muss die Handlung jedenfalls in objektiver Hinsicht geeignet sein, eine schwerwiegende Beeinträchtigung im zwischenstaatlichen Verkehr herbeizuführen und subjektiv gerade in dieser Absicht vorgenommen werden (BVerwG, NJW 1982, 194 [195]). Dies ist anhand objektiver Erfahrungen sowie der hieraus folgenden internationalen Praxis zu beurteilen (BVerwG, NJW 1982, 194 [195]). 5

Der innerstaatliche Frieden als solcher wird dagegen nicht durch Art. 26 I 1 geschützt (BVerwG, NJW 1982, 194 [195]). Handlungen, die sich gegen den innerstaatlichen Frieden richten, sollen nach Ansicht der Rechtsprechung daher nur dann Art. 26 I 1 unterfallen, wenn sie zugleich geeignet und bestimmt sind, das friedliche Zusammenleben der Völker zu stören (BVerwG, NJW 1982, 194 [194 f.]). Überzeugender scheint es aber, zumindest Bürgerkriege und Befreiungskämpfe als vom Anwendungsbereich des Art. 26 I 1 umfasst zu sehen (so Streinz, in: Sachs, Art. 26 Rn. 12). 6

Zum Adressatenkreis des Art. 26 I gehören nicht nur die deutschen Staatsorgane, sondern auch der einzelne Bürger sowie juristische Personen des Privatrechts. Die Regelung gilt – unabhängig von der Staatsangehörigkeit – für alle im Geltungsbereich des Grundgesetzes handelnden Personen sowie für die im Ausland handelnden Deutschen (Pernice, in: Dreier, Art. 26 Rn. 18). 7

2. Verbot des Angriffskrieges

Ein Angriffskrieg ist in Anlehnung an eine Definition durch die Vereinten Nationen (UN Doc. A/Res. 3314 (XXIX) vom 14.12.1974) die Anwendung von Waffengewalt durch einen Staat gegen die Souveränität, die territoriale Unversehrtheit oder die politische Unabhängigkeit eines anderen Staates, die mit der Satzung der Vereinten Nationen unvereinbar ist (Streinz, in: Sachs, Art. 26 Rn. 18). 8

Vorbereitung ist jede Tätigkeit, die zeitlich vor einem Angriffskrieg liegt und dessen Herbeiführung oder Auslösung fördert (BVerwGE 127, 302 [314]). Allerdings müssen die Handlungen in Bezug auf Art und Umfang von Gewicht sein (BVerwG, NJW 1982, 194 [195]). 9

Beispiel: Kriegspropaganda oder das Schüren rassischen Hasses. 10

Art. 26 I 1 verbietet nicht nur jegliche Vorbereitungshandlung, sondern als logische Folge auch die Durchführung oder Unterstützung eines Angriffskriegs. Ein Angriffs- 11 krieg ist immer verfassungswidrig. Es kommt nicht darauf an, mit welcher subjektiven Zielsetzung er geführt wird (BVerwGE 127, 302 [315]).

12 Einem Beitritt Deutschlands zu einem Verteidigungsbündnis nach Art. 24 II steht Art. 26 I nicht entgegen, solange dessen Ausrichtung defensiv ist (Hernekamp, in: MK, Art. 26 Rn. 13).

13 **Beispiel:** Die Bundesrepublik kann im Rahmen der NATO auch die Stationierung chemischer Waffen auf deutschem Boden erlauben, ohne sich selbst Verfügungsbefugnisse über diese Waffen einräumen zu lassen, um einen eventuellen Missbrauch solcher Waffen zu Angriffszwecken durch Drittstaaten zu verhindern (BVerfGE 77, 170 [233 f.]).

14 Art. 26 I ist eine unmittelbar verbindliche Rechtsnorm. Hoheitsakte, die gegen die Regelung verstoßen, sind verfassungswidrig und damit unwirksam (Jarass, in: JP, Art. 26 Rn. 7). Militärische Befehle oder dienstliche Weisungen, die Art. 26 I offenkundig verletzen, sind ebenfalls unwirksam (BVerwGE 127, 302 [314]).

14a **Beispiel:** Der Einzelne kann nicht unter Berufung auf Art. 25, 26 den Abzug möglicherweise in Deutschland gelagerter Atombomben verlangen, da es an einer subjektiven Rechtsposition fehlt. Es existiert keine allgemeine Regel des Völkerrechts, wonach Atomwaffen per se verboten sind (OVG Münster, DVBl. 2013, 1129 [1129 LS 1 und 2]).

15 Der Gesetzgebungsauftrag des Art. 26 I 2 wurde bisher durch die §§ 80, 80a StGB nur unvollständig umgesetzt, da diese eine Beschränkung auf Angriffskriege enthalten, an denen Deutschland beteiligt ist (Streinz, in: Sachs, Art. 26 Rn. 33).

III. Kriegswaffenkontrolle (Abs. 2)

16 Gem. Art. 26 II ist es grds. verboten, zur Kriegsführung bestimmte Waffen herzustellen, zu befördern und in Verkehr zu bringen. Allerdings sind diese Handlungen zulässig, soweit sie durch die Bundesregierung als Kollegialorgan vorher genehmigt wurden. Detaillierte Regelungen zur Herstellung, Beförderung, Veräußerung und zum Erwerb von zur Kriegsführung bestimmten Waffen enthält das als Ausführungsgesetz nach Art. 26 II 2 erlassene Kriegswaffenkontrollgesetz (KrWaffKontrG). Zur Kriegsführung bestimmte Waffen (Kriegswaffen) sind alle in der Anlage zum KrWaffKontrG (Kriegswaffenliste) aufgeführten Gegenstände, Stoffe und Organismen, vgl. § 1 I KrWaffKontrG.

17 Allerdings sind die Restriktionen des Art. 26 II 1 auf solche Gegenstände beschränkt, die „objektiv militärischen Zwecken bestimmt“ sind (Herdegen, in: MD, Art. 26 Rn. 47). Sog. dual-use-Waren, also Gegenstände, deren Verwendung grundsätzlich sowohl ziviler als auch militärischer Natur sein kann, fallen deshalb aus dem Anwendungsbereich des Art. 26 II 1 und des KrWaffKontrG heraus, da sie erst durch die subjektive Bestimmung des Nutzers gefährlich werden (Pernice, in: Dreier, Art. 26 Rn. 23).

18 Die in Abs. 2 S. 1 neben dem Inverkehrbringen genannte Beförderung soll nach Sinn und Zweck der Vorschrift die Verbringung von Kriegswaffen in Länder verhindern, in denen sie zu völkerrechtswidrigen Zwecken eingesetzt werden. Das zielt auf den Export von Kriegswaffen. Allerdings schafft „die Zuständigkeitszuweisung des Art. 26 II 1 für sich genommen keinen der parlamentarischen Verantwortung grundsätzlich entzogenen Raum gubernativen Entscheidens. Dagegen kann die Bundesregierung die Antwort auf Fragen von Abgeordneten des Deutschen Bundestags (Art. 38 I 2, 20 II 2) zu noch nicht beschiedenen Anträgen auf Erteilung einer Genehmigung für die Ausfuhr von Kriegswaffen ebenso wie die Auskunft über Voranfragen von Rüstungsunternehmen auch aus Gründen des Staatswohls verweigern. Entsprechendes gilt für die Tatsache, dass ein Genehmigungsantrag abgelehnt wurde“ (BVerfG, NVwZ 2014, 1652 [1652, 1655 Ls 1 und 2b, Rn. 142 ff.]; dazu Glawe, NVwZ 2014, 1632 ff.).

C. Prüfungshinweise

Art. 26 I stellt lediglich objektives Verfassungsrecht dar und verleiht keine subjektiven Rechte. Beschlüsse von Bundesregierung und Bundestag über einen Auslandseinsatz der Bundeswehr sind keine Gesetzesbeschlüsse und können somit nicht im Wege der abstrakten Normenkontrolle überprüft werden. Zudem scheitert ein Organstreitverfahren daran, dass Art. 26 keine schutzfähigen Rechtspositionen von Organen begründet (vgl. BVerfGE 100, 266 [268 ff.]). **19**

Ist ein möglicher Verstoß anderer hoheitlicher Akte als formeller Gesetze Prüfungsgegenstand, erfolgt die Feststellung der Verfassungswidrigkeit durch das jeweils zuständige Gericht. Dies gilt beispielsweise auch für die Frage, ob ein Befehl, der auf die Ausführung einer Handlung i. S. d. Art. 26 I 1 zielt, verfassungswidrig und damit unverbindlich ist (dazu BVerwGE 127, 302 [314 ff.]). **20**

Zu beachten ist ferner, dass Art. 26 I eine „verfassungsimmanente Schranke jeglicher Grundrechtsbetätigung" aufstellt (Hernekamp, in: MK, Art. 26 Rn. 33). **21**

Grobschema zur Prüfung des Art. 26 I: **22**
Störung des friedlichen Zusammenlebens der Völker
a) objektiv: Handlung, die geeignet ist, eine solche Störung herbeizuführen
b) subjektiv: Absicht, das friedliche Zusammenleben der Völker zu stören

Grobschema zur Prüfung des Art. 26 II: **23**
1. zur Kriegsführung bestimmte Waffen, vgl. § 1 I KrWaffKontrG i. V. m. Kriegswaffenliste
2. Herstellung, Beförderung oder in Verkehr bringen, §§ 2–4 KrWaffKontrG
3. keine Befreiung vom Erfordernis einer Genehmigung, § 5 KrWaffKontrG
4. kein Versagungsgrund, § 6 KrWaffKontrG
5. Zuständigkeit, Verfahren und Form, §§ 10, 11 KrWaffKontrG
6. kein Widerruf der Genehmigung, §§ 7, 8 II–IV KrWaffKontrG

D. Weiterführende Literatur/Leseempfehlungen

Bleckmann, A., Der Grundsatz der Völkerrechtsfreundlichkeit der deutschen Rechtsordnung, DÖV 1996, 137–145; Glawe, R., Der Bundessicherheitsrat als sicherheits- und rüstungspolitisches Koordinationselement, DVBl. 2012, 329–335; ders., Zum Informationsrecht von Parlamentariern über Beratung und Beschlussfassung im Bundessicherheitsrat, NVwZ 2014, 1632 ff.; Gornig, G., Die Verfassungsmäßigkeit der Entsendung von Bundeswehrsoldaten zu „Blauhelm"-Einsätzen, JZ 1993, 123–128; Holthausen, D., Der Verfassungsauftrag des Art. 26 II GG und die Ausfuhr von Kriegswaffen, JZ 1995, 284–290; Kirchner, P., Das System der Rüstungsexportkontrolle – am Beispiel der Panzerlieferungen nach Saudi-Arabien, DVBl. 2012, 336–343; Kotzur, M., Gewissensfreiheit contra Gehorsamspflicht oder: der Irak-Krieg auf verwaltungsgerichtlichem Prüfstand, JZ 2006, 25–30; Wild, M., Verfassungsrechtliche Möglichkeiten und Grenzen für Auslandseinsätze der Bundeswehr nach dem Kosovo-Krieg, DÖV 2000, 622–631. **24**

Art. 27 [Handelsflotte]

Alle deutschen Kauffahrteischiffe bilden eine einheitliche Handelsflotte.

Pflichtstoff (*)

A. Erläuterungen

Der Normtext des Art. 27 geht auf eine längere verfassungsrechtliche Überlieferung zurück und war bereits in Art. 81 WRV wortgleich enthalten. **1**

2 Der historisch gewachsene Begriff des *Kauffahrteischiffs,* welcher ursprünglich die Fälle meinte, in denen der Eigentümer des Schiffs mit diesem eigene Ladung beförderte, erstreckt sich heute auf sämtliche Schiffe, die in ein deutsches Schiffsregister eingetragen sind und der gewerbsmäßigen Seefahrt dienen (vgl. Erbguth, in: Sachs, Art. 27 Rn. 5).

3 **Beispiele:**
- Handelsschiffe, Passagierschiffe, Fischereiboote.
- **Nicht** unter Art. 27 fallen dagegen Seefahrzeuge mit Hoheitsaufgaben (wie Kriegs- oder Polizeischiffe), nicht zum Erwerb genutzte Schiffe (wie Privatyachten) sowie Binnenschiffe.

4 *„Deutsch"* i.S.d. Art. 27 sind die Schiffe, die (berechtigt) die deutsche Flagge führen, was sich nach dem Flaggenrechtsgesetz (FlaggRG) v. 26. Oktober 1994 (BGBl. I S. 3140) beurteilt (vgl. Koenig, in: MKS, Art. 27 Rn. 6). Der Staat, unter dessen Flagge ein Schiff fährt, übt zudem die ausschließliche besondere Hoheitsgewalt über das Schiff auf hoher See aus, die sog. Flaggenhoheit (Herdegen, in: MD, Art. 27 Rn. 12). Ein Ausflaggen, also der Wechsel zur Flagge eines anderen Staates, ist dabei jederzeit, insb. durch gesellschaftsrechtliche Gestaltungen (z.B. ausländische Tochtergesellschaften), möglich (Herdegen, in: MD, Art. 27 Rn. 21).

5 Folge des Art. 27 ist, dass die Schiffe nicht einzelnen Bundesländern zugeordnet werden können, sondern dem Völkerrechtssubjekt Bundesrepublik Deutschland. Subjektive Rechte begründet Art. 27 dagegen nicht (Herdegen, in: MD, Art. 27 Rn. 24). Er stellt auch keine Kompetenzverteilungsvorschrift zwischen dem Bund und den Ländern dar (Koenig, in: MKS, Art. 27 Rn. 16).

6 Umstritten ist, ob Art. 27 GG eine Einrichtungsgarantie für eine deutsche Handelsflotte enthält (bejahend v. Heinegg, in: EH, Art. 27 Rn. 5; dagegen Erbguth, in: Sachs, Art. 27 Rn. 8f.). Das BVerfG hat diese Frage bisher offengelassen (vgl. BVerfGE 92, 26 [43]).

B. Weiterführende Literatur/Leseempfehlungen

7 Erbguth, W., Die Zweitregisterentscheidung des BVerfG – BVerfG, NJW 1995, 2339, JuS 1996, 18–23; Höfft, W., Zweitregister oder Ausflaggen, NJW 1995, 2329–2331; Lagoni, R., Koalitionsfreiheit und Arbeitsverträge auf Seeschiffen, JZ 1995, 499–503; Zähle, K., Die präventive Begleitung von Handelsschiffen durch hoheitliche Kräfte in pirateriebetroffenen Gebieten – zugleich ein Beitrag zum maritimen Schutz im Ausland –, NZV 2013, 470–475.

Art. 28 [Homogenitätsgebot, kommunale Selbstverwaltungsgarantie]

(1) [1]**Die verfassungsmäßige Ordnung in den Ländern muß den Grundsätzen des republikanischen, demokratischen und sozialen Rechtsstaates im Sinne dieses Grundgesetzes entsprechen.** [2]**In den Ländern, Kreisen und Gemeinden muß das Volk eine Vertretung haben, die aus allgemeinen, unmittelbaren, freien, gleichen und geheimen Wahlen hervorgegangen ist.** [3]**Bei Wahlen in Kreisen und Gemeinden sind auch Personen, die die Staatsangehörigkeit eines Mitgliedstaates der Europäischen Gemeinschaft besitzen, nach Maßgabe von Recht der Europäischen Gemeinschaft wahlberechtigt und wählbar.** [4]**In Gemeinden kann an die Stelle einer gewählten Körperschaft die Gemeindeversammlung treten.**

(2) [1]**Den Gemeinden muß das Recht gewährleistet sein, alle Angelegenheiten der örtlichen Gemeinschaft im Rahmen der Gesetze in eigener Verantwortung zu regeln.** [2]**Auch die Gemeindeverbände haben im Rahmen ihres gesetzlichen Aufgabenbereiches nach Maßgabe der Gesetze das Recht der Selbstverwaltung.**

[3]Die Gewährleistung der Selbstverwaltung umfaßt auch die Grundlagen der finanziellen Eigenverantwortung; zu diesen Grundlagen gehört eine den Gemeinden mit Hebesatzrecht zustehende wirtschaftskraftbezogene Steuerquelle.

(3) **Der Bund gewährleistet, daß die verfassungsmäßige Ordnung der Länder den Grundrechten und den Bestimmungen der Absätze 1 und 2 entspricht.**

Pflichtstoff (*****)

Übersicht

A. Überblick

Art. 28 I und II richten sich unmittelbar an die Länder: Abs. 1 verpflichtet sie auf die Staatsform und die Staatsgrundlagen des Art. 20 I–III (Homogenitätsgebot); Abs. 2 garantiert die kommunale Selbstverwaltung. Nach Art. 28 III wacht der Bund über diese Vorgaben. 1

B. Erläuterungen

I. Homogenitätsgebot (Abs. 1)

In einem Bundesstaat (Art. 20 I) sind die Gliedstaaten und der Gesamtstaat im Ausgangspunkt voneinander getrennt und unabhängig. Dies gilt auch für das Verfassungsrecht (Verfassungshoheit, s. BVerfGE 6, 376 [381 f.]; 96, 345 [368]). Das Konzept eines Bundesstaates verfolgt – in jeweils unterschiedlichem Ausmaß – politische und rechtliche Vielfalt. Dabei besteht jedoch die Gefahr, dass im Gesamtstaat und in den Gliedstaaten divergierende Ansichten über verfassungs- und gesellschaftspolitische Grundfragen entstehen, die zu einem Auseinanderbrechen des Bundesstaates führen können. 2

Dem wirkt das Homogenitätsgebot des Art. 28 I entgegen: Die Eigenständigkeit der Länder wird durch ein Mindestmaß an Einheitlichkeit (Homogenität) begrenzt. Das GG verlangt damit jedoch keinesfalls Konformität oder gar Uniformität der LVerf. 3

4 Art. 28 I ist eine sog. Normativbestimmung: Ähnlich einer unionsrechtlichen Richtlinie (Art. 288 III AEUV) wirkt die Vorschrift nicht unmittelbar in die Verfassungen der Länder hinein; sie ist nicht deren Bestandteil. Vielmehr beschränkt sich die Norm auf Zielvorgaben, die von den Ländern umgesetzt werden müssen. Art. 28 I gilt demnach nicht in den Ländern, sondern nur für die Länder (BVerfGE 1, 208 [236]; 6, 104 [111]); s. die Abgrenzung zur Durchgriffsbestimmung in Rn. 24.

1. Verfassungsmäßige Ordnung in den Ländern (Satz 1)

5 Art. 28 I 1 schreibt die Grds. des republikanischen, demokratischen und sozialen Rechtsstaates i. S. d. GG (Staatsgrundlagen) als verfassungsmäßige Ordnung für die Länder fest; Art. 20 I (nicht II–IV) tritt insoweit zurück.

6 „Verfassungsmäßige Ordnung" hat dieselbe Bedeutung wie in Art. 2 I Hs. 2 (und ist damit weiter als der Begriff in Art. 9 II): Sie ist nicht auf das formelle – in der Verfassungsurkunde niedergelegte – oder materielle Verfassungsrecht beschränkt, sondern erstreckt sich auf das gesamte Landesrecht. Daher folgt aus Art. 28 I 1 keine Verpflichtung der Länder, eine Verfassungsurkunde zu verabschieden; die Grds. dieser Vorschrift können auch einfachrechtlich umgesetzt werden. Ebenso wenig werden die Länder durch Art. 28 I 1 verpflichtet, Grundrechte in eine LVerf aufzunehmen (die Grundrechte des GG gelten nach Art. 1 III ohnehin in den Ländern).

7 „Grundsätze" bedeutet, dass die Länder die Wesensgehalte der genannten Staatsgrundlagen zu beherzigen haben, im Detail aber nicht an ganz bestimmte Ausformungen (wie etwa auf Bundesebene) gebunden sind.

8 In einem republikanischen Staat müssen die Ämter der Regierung und des Staatsoberhauptes zeitlich begrenzt sein, ausgeschlossen sind daher insb. Monarchie, Diktatur, Räterepublik oder Einparteiensystem (StGH HB, LVerfGE 11, 179 [190]). In materieller Hinsicht damit eng verbunden sind die Absage an jede Form der Despotie oder Tyrannei (die deutsche Entsprechung für lat. „res publica" ist „Freistaat" als Staat mit einer freiheitlichen Verfassung) und die Verpflichtung aller öffentlichen Gewalt auf das Gemeinwohl.

9 Die Grds. eines demokratischen Staates spiegeln sich in dessen Organisation und Legitimation wider. Dazu gehören die Volkssouveränität (Art. 20 II), das Mehrheitsprinzip, ein geordnetes Wahlsystem und die Möglichkeit zur Wahlprüfung (BVerfGE 85, 148 [158 f.]), im Zusammenhang damit das Verbot parteiergreifender Öffentlichkeitsarbeit der Regierung in der Vorwahlzeit (SaarlVerfGH, NVwZ-RR 2010, 785 [785 f.]), der Grds. des Parlamentsvorbehalts (BVerfGE 41, 251 [265 f.]) und die damit verbundene Bedeutung des Parlaments als unmittelbar demokratisch legitimierte Staatsgewalt und das Mehrparteiensystem (Art. 21 I). Dagegen steht es den Ländern bspw. frei (vgl. Rn. 7), Elemente plebiszitärer Demokratie in größerem Umfang in die verfassungsmäßige Ordnung zu übernehmen als dies beim Bund der Fall ist.

10 Die Grundsätze des Rechtsstaats fordern v. a. eine Teilung der Staatsgewalten (BVerfGE 2, 307 [319]), in diesem Rahmen z. B. auch die autonome Entscheidungsgewalt der Regierung (BVerfGE 9, 268 [281]), die Rechtssicherheit, etwa die Veröffentlichung von Gesetzen (BVerfGE 90, 60 [85]), die Bestimmtheit und Klarheit von Akten der öffentlichen Gewalt (vgl. BVerfGE 103, 111 [135]), das Verhältnismäßigkeitsprinzip und die Grds. des Vertrauensschutzes. Auch innerhalb der rechtsstaatlichen Grds. verbleibt den Ländern ein gewisser Spielraum (BVerfGE 4, 178 [189]; 64, 301 [317 f.]; 90, 60 [84 f.]; 96, 345 [368 f.]; 102, 224 [234 f.]).

11 Aus der Bindung an sozialstaatliche Grds. lässt sich keine Rechtsverpflichtung der Länder zu bestimmten sozialpolitischen Maßnahmen ableiten. Es müssen lediglich die Voraussetzungen für ein menschenwürdiges Dasein geschaffen werden (vgl. Art. 1 I). Dabei ist jedoch zu beachten, dass der Bund von seinen Gesetzgebungskompetenzen

für das Sozialrecht umfassend Gebrauch gemacht hat (vgl. nur Art. 74 I Nr. 7, 12, 13). Insoweit kann die Verpflichtung des Art. 28 I 1 keine Wirkung entfalten.

2. Volksvertretungen und Wahlen in Ländern, Kreisen und Gemeinden (Satz 2)

Art. 28 I 2 konkretisiert die demokratischen und rechtsstaatlichen Grds. des Art. 28 I 1. Er verpflichtet zur Einrichtung von Volksvertretungen **12**
- in den Ländern (Parlamente, zumeist als LT bezeichnet) sowie
- in den Kreisen und Gemeinden (Kreistage und Stadt-/Gemeinderäte als kommunale Kollegialorgane der Exekutive, nicht aber der Legislative, daher keine „Kommunalparlamente").

Implizit ergibt sich daraus, dass diese Volksvertretungen mit effektiven funktionsgerechten Kompetenzen ausgestattet sein müssen (LT insb. Gesetzgebung und Kontrolle der LReg, kommunale Kollegialorgane insb. Satzungsgebung).

Aus der Bezugnahme auf das „Volk" (Art. 20 II 1) ergibt sich, dass wahlberechtigt nur Deutsche i. S. v. Art. 116 sind. Ein sog. Ausländerwahlrecht ist mit Art. 28 I 2 unvereinbar (BVerfGE 83, 37 [50ff.]; a. A. Bryde, StWStP 5 [1994], 305 [317ff.]). Zu Ausnahmen s. Rn. 16ff. **13**

Für die Bestellung der Volksvertretungen werden die Wahlrechtsgrundsätze der Allgemeinheit, Unmittelbarkeit, Freiheit, Gleichheit und der geheimen Abstimmung festgelegt. Diese Wahlrechtsgrundsätze sind identisch mit denen, die nach Art. 38 I 1 für den Bundestag gelten (s. daher Art. 38 Rn. 12ff.). Jedoch verbleibt den Ländern dabei ein Ausgestaltungsspielraum. Daher ist das konkrete Wahlsystem des Bundes (Art. 38 Rn. 45ff.) nicht bindend. **14**

Abgesehen davon ergibt sich aus Art. 28 I 2 i. V. m. Art. 21 I für jede politische Partei das Recht auf Wahrung der Chancengleichheit insb. bei LT- und Kommunalwahlen (BVerfGE 136, 323 [333 Rn. 28]; BVerfG, NVwZ 2015, 209 [210ff. Rn. 25ff.] – für BT-Wahlkämpfe folgt dieses Recht aus Art. 38 I 1 i. V. m. Art. 21, s. Art. 38 Rn. 20, Art. 65 Rn. 13). Daraus folgt die Verpflichtung von Staatsorganen (z. B. BPräs, BReg, BMin) zur Wahrung der mit ihrem Amt verbundenen Neutralität (Neutralitätsgebot). **14a**

Verstöße gegen Art. 28 I 2 können vor dem BVerfG *nicht* mit der VB gerügt werden (BVerfGE 99, 1 [7f.]); etwas anderes gilt für Verstöße gegen Art. 38 I 1 (s. Art. 93 I Nr. 4a und Art. 38 Rn. 12). Relevanter Prüfungsmaßstab vor dem BVerfG ist Art. 28 I 2 jedoch im Rahmen der abstrakten und konkreten Normenkontrolle (Art. 93 I Nr. 2, Art. 100 I) und im Rahmen eines Organstreits (insb. initiiert von politischen Parteien, Art. 93 I Nr. 1, s. Rn. 14a und Art. 93 Rn. 18). Davon unabhängig können Verletzungen der in einer LVerf gewährleisteten Wahlrechtsgrundsätze mit einer VB und anderen einschlägige Verfahren vor dem jeweiligen LVerfG angegriffen werden. **15**

3. Kommunalwahlrecht für Unionsbürger (Satz 3)

Seit 1992 erweitert Art. 28 I 3 als Ausnahmeregelung zu Art. 28 I 2 die Wahlberechtigung (aktives Wahlrecht) und die Wählbarkeit (passives Wahlrecht) über deutsche Staatsangehörige hinaus auf Staatsangehörige eines Mitgliedstaats der „Europäischen Gemeinschaft" (so die Bezeichnung bis 30.11.2009, heute Unionsbürger, s. Art. 20 I AEUV). Dies gilt indessen nur für Wahlen auf Kreis- und Gemeindeebene, nicht für LT-Wahlen. **16**

Damit trägt Art. 28 I 3 der Vorgabe aus Art. 20 II 2 lit. b und Art. 22 I AEUV i. V. m. der Richtlinie 94/80/EG v. 19.12.1994 mit spät. Änd. Rechnung. Voraussetzung ist der Wohnsitz im jeweiligen Landkreis und in der jeweiligen Gemeinde (Stadt). Zur landesgesetzlichen Umsetzung s. etwa Art. 1 I, II BayGLKrWG, § 7 KWG NRW oder § 13 I 2 SaarlKWG. **17**

18 Str. ist, ob Art. 28 I 3 den Unionsbürgern auch das Stimmrecht bei Plebisziten auf Kommunalebene (also insb. bei Bürgerbegehren und Bürgerentscheiden) verleiht. Verneint wird dies mit dem Argument, dass Art. 28 I 3 eine eng auszulegende Ausnahmevorschrift sei: Er betreffe „Wahlen" (Personalentscheidungen) und gerade nicht „Abstimmungen" (Sachentscheidungen). Befürworter meinen, dass Art. 20 II 2 lit. b AEUV – entgegen seinem Wortlaut – eine umfassende personelle Erweiterung der Legitimationsbasis auf Kommunalebene beabsichtige, die eine Teilnahmeberechtigung an plebiszitären Entscheidungen einschließen müsse (Zuleeg, in: FS Schefold, 117 [123]). Die Frage ist jedoch von geringer praktischer Relevanz, seitdem das Recht aller Länder Unionsbürger auch an plebiszitären Akten teilnehmen lässt.

4. Gemeindeversammlungen (Satz 4)

19 Die Ausnahmevorschrift des Art. 28 I 4 lässt es zu, dass an die Stelle einer gewählten „Körperschaft" (hier i. S. v. Gemeinderat) eine Versammlung aller Gemeindebürger (Gemeindeversammlung) tritt. Dabei handelt sich um eine der wenigen Ausformungen unmittelbarer Demokratie im GG (vgl. Art. 29 II–VI, Art. 146). Hintergrund ist der Gedanke, dass in sehr kleinen Gemeinden eine Gemeindeversammlung ein ebenso handlungsfähiges Gremium darstellen kann wie eine Gemeindevertretung (Gemeinderat). Relevanz besitzt diese Vorschrift derzeit nur für Gemeinden mit bis zu 70 Einwohnern in Schl.-Holst. (§ 54 der dortigen GemO).

5. Rechtsfolge bei Verstößen; Verhältnis zu Art. 31

20 Mit Art. 28 I 1 und 2 unvereinbares Landes(verfassungs)recht wird nicht durch die entsprechende Regelung des GG ersetzt. Es ist vielmehr nichtig. Dies ergibt sich jedoch nicht aus Art. 31, sondern aus Art. 28 I selbst als lex specialis. Im Übrigen fehlt es für die Anwendbarkeit des Art. 31 aufgrund unterschiedlicher Normadressaten an einer Kollisionslage von Bundes- und Landesrecht.

II. Kommunale Selbstverwaltung (Abs. 2)

1. Gemeinden und Gemeindeverbände

21 Art. 28 II verbürgt das Selbstverwaltungsrecht von Gemeinden (Satz 1 und 3) und Gemeindeverbänden (Satz 2, insb. Landkreisen). Oberbegriff ist „Kommune".

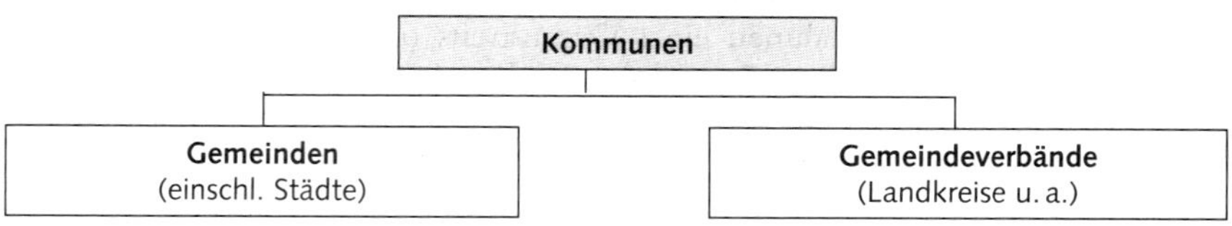

22 Staatsrechtlich gehören sowohl Gemeinden (einschl. der Städte) als auch Gemeindeverbände zu den Ländern, und zwar zur Landes-Exekutive. Denn der föderative Aufbau der Bundesrepublik kennt nur zwei staatl. Ebenen: den Bund und die Länder, auch wenn in der politischen Realität häufig der Dreiklang „Bund – Länder – Gemeinden" zu hören ist.

23 Freilich sind die Gemeinden und Gemeindeverbände nicht nur politisch, sondern – gerade wegen Art. 28 II – auch rechtlich stark verselbständigt. Verwaltungsorganisatorisch sind sie als landesunmittelbare Gebietskörperschaften des öffentlichen Rechts Träger eigener Rechte und Pflichten (vgl. Art. 83 Rn. 17). Die Mitgliedschaft in ihnen folgt der Einwohnerstellung (dem [Haupt-]Wohnsitz).

24 Die grundgesetzliche Gewährleistung kommunaler Selbstverwaltung in Art. 28 II durchbricht die Verfassungshoheit der Länder (Rn. 2), indem sie dort als sog. Durch-

griffsnorm unmittelbar gilt. Anders als Normativbestimmungen (Rn. 4) bedürfen Durchgriffsnormen keiner Umsetzung durch die Länder. Unschädlich ist es freilich, wenn sich vergleichbare Garantien in den Landesverfassungen finden (etwa Art. 11 II 2 BayVerf, Art. 78 Verf NRW Art. 117 SaarlVerf).

2. Gewährleistung gemeindlicher Selbstverwaltung (Satz 1)

a) Den Gemeinden ...

Art. 28 II 1 bezieht sich nur auf die Gemeinden (einschl. der Städte). Deren heraus- **25**
gehobene Stellung wurzelt in der geschichtlichen Entwicklung seit dem Mittelalter. Die preußischen Gemeindereformen des Freiherrn vom und zum Stein (insb. Städteordnung von 1808) stellen ein Charakteristikum deutschen Rechts- und Verfassungslebens dar.

b) muss das Recht gewährleistet sein ...

Das Recht auf gemeindliche Selbstverwaltung enthält **26**
(1) objektiv-rechtliche Gewährleistungen, die zwar verpflichten, aber keinen Anspruch einräumen (institutionelle Garantie) und
(2) subjektive Rechtspositionen, auf die sich die Gemeinden berufen können. Insoweit ist Art. 28 II strukturell mit einem Grundrecht vergleichbar (ThürVerfGH, LVerfGE 15, 462 [492]; Maurer, DVBl. 1995, 1037 [1041 f.]; s. auch Rn. 64).

Zu (1): Als institutionelle Garantie verpflichtet Art. 28 II 1 die Länder, durch Gesetz **27**
(GemO)
- Gemeinden als Elemente ihres Verwaltungsaufbaus einzurichten (die eine gewählte Volksvertretung haben müssen, s. Art. 28 I 2, Rn. 12 ff.); insofern wird häufig von einer institutionellen bzw. objektiven Rechtsstellungs- oder Rechtssubjektsgarantie gesprochen (vgl. BVerfGE 86, 90 [107]; 107, 1 [24]);
- die Gemeinden mit Selbstverwaltung (Rn. 34 ff.) auszustatten (objektive Rechtsinstitutions- oder Aufgabengarantie).

Diese institutionelle Garantie in ihrer ersten Ausprägung (Rechtssubjektsgarantie) **28**
gewährleistet die grds. Existenz von Gemeinden. Darüber hinaus gibt sie der einzelnen Gemeinde jedoch keine Bestandsgarantie. Vielmehr darf das Land aus sachlichen Gründen (also insb. wenn dies mit ausreichenden Argumenten zu begründen und wenn die Verhältnismäßigkeit gesichert ist) und nach vorheriger Anhörung einzelne Gemeinden in ihrem Gebietsstand ändern, zusammenlegen oder sogar auflösen (kommunale Gebietsreform).

Zu (2): Solange die einzelne Gemeinde besteht, hat sie jedoch auch ein subjektives **29**
Recht (einen Anspruch) auf Einhaltung der Gewährleistungen des Art. 28 II 1 und 3 (*subjektive* Rechtsstellungsgarantie). Dieses Recht erstreckt sich darauf, alle Angelegenheiten der örtlichen Gemeinschaft (Rn. 31 ff.) in eigener Verantwortung (Rn. 34 ff.) zu regeln, soweit nicht das Gesetz anderes bestimmt (Rn. 37 ff.). Verstöße gegen dieses Recht kann die Gemeinde erforderlichenfalls vor den Verwaltungs- und Verfassungsgerichten abwehren (Rn. 60 ff.).

30

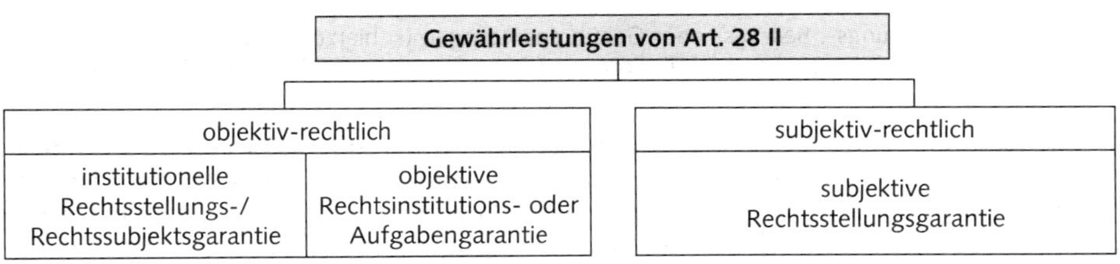

c) alle Angelegenheiten der örtlichen Gemeinschaft … (Universalität/Allzuständigkeit)

31 Das Recht, alle Angelegenheiten der örtlichen Gemeinschaft zu regeln, ist elementar. Es begründet ohne weiteres die Verbandskompetenz der Gemeinde (Zuständigkeit der juristischen Person), es sei denn, eine Rechtsnorm („im Rahmen der Gesetze") begründet eine andere Zuständigkeit (etwa die des Landes). Art. 28 II 1 statuiert daher als Aufgabenverteilungsprinzip eine umfassende Wahrnehmungskompetenz der Gemeinde (Allzuständigkeit, Universalität; vgl. BVerfGE 79, 127 [143, 146 ff.]).

32 Dabei ist eine wichtige Einschränkung zu machen: Die Allzuständigkeit gilt nur für Angelegenheiten der *örtlichen* Gemeinschaft. Nach der gängigen Definition des BVerfG sind örtliche Angelegenheiten „diejenigen Bedürfnisse und Interessen, die in der örtlichen Gemeinschaft wurzeln oder auf sie einen spezifischen Bezug haben […], die also den Gemeindeeinwohnern gerade als solchen gemeinsam sind, indem sie das Zusammenleben und -wohnen der Menschen in der (politischen) Gemeinde betreffen" (BVerfGE 79, 127 [151 f.]). Diese Definition zeichnet sich durch zwei Eigenschaften aus:

- durch Dynamik, da die örtlichen Aufgaben nicht ein für allemal feststehen, sondern dem Wandel politischer Entwicklungen unterliegen. Bspw. können Aufgaben ihren örtlichen Bezug durch fortschreitende Motorisierung und sonstige Mobilität verlieren;
- durch Spontaneität, da die Gemeinden neu entstehende Aufgaben an sich ziehen können.

33 Abzugrenzen von den Angelegenheiten der örtlichen Gemeinschaft sind die *über*örtlichen öffentlichen Aufgaben, für die die Allzuständigkeit gerade nicht gilt. Art. 28 II 1 wirkt demnach nicht nur kompetenzbegründend, sondern auch kompetenzbegrenzend. In der Praxis treten hier Abgrenzungsprobleme auf, bei denen das BVerfG dem Gesetzgeber einen Einschätzungsspielraum gewährt, der gerichtlich nicht voll überprüfbar sein soll.

d) in eigener Verantwortung … zu regeln (Autonomie) – Rechtsaufsicht

34 Die Angelegenheiten ihrer örtlichen Gemeinschaft darf die Gemeinde nach Art. 28 II 1 in eigener Verantwortung regeln. Diese Autonomie verbietet es dem Staat grds., die Gemeinden zur Wahrnehmung einer bestimmten örtlichen Aufgabe zu verpflichten („Ob") oder die Art und Weise der Aufgabenerfüllung und die Organisation der Gemeindeverwaltung vorzugeben („Wie"). Die Autonomie erstreckt sich neben der Organisationshoheit insb. auf den Gemeindehaushalt (Finanz-/Haushaltshoheit, Rn. 56 ff.), auf die Auswahl und Verwendung des Personals (Personalhoheit) sowie auf die vorausschauende Steuerung der Bodennutzung (Planungshoheit, BVerfGE 56, 298 [310, 312 ff., 317 ff.]).

35 Aus dem Wort „regeln" in Art. 28 II 1 ergibt sich ein weiterer wesentlicher Aspekt gemeindlicher Autonomie: ihre Kompetenz, ihr eigenes Ortsrecht in Form von Satzungen zu setzen (Rechtsetzungs- oder Satzungshoheit). Dies bedeutet in der Praxis v. a., dass die Gemeinde gegenüber ihren Einwohnern belastende Rechtsnormen erlassen darf.

Beispiele: Benutzungs-, Beitrags- oder Gebührensatzungen (s. hierzu die Kommunalabgabengesetze [KAG] der Länder), aber auch in Form von Bebauungsplänen (§ 10 I BauGB) und anderen örtlichen Bauvorschriften.

36 Die Autonomie der Gemeinden ist im Rechtsstaat nur zulässig, wenn sie vom Staat kontrolliert wird. Die staatl. Kommunalaufsicht stellt damit das notwendige Pendant zur Selbstverwaltung dar. Wegen der gemeindlichen Verwaltungsautonomie beschränkt sich diese staatl. Aufsicht allerdings auf die Prüfung, ob die Gemeinden die Angelegenheiten ihrer örtlichen Gemeinschaft dem geltenden Recht gemäß wahrnehmen,

d. h. ob sie die gesetzlichen Vorgaben einhalten (Rechtsaufsicht). Unvereinbar mit Art. 28 II 1 wäre eine Fachaufsicht über die örtlichen Aufgaben, d. h. die Kontrolle, ob die Gemeindeverwaltung auch zweckmäßig handelt (vgl. dazu Rn. 47 und entsprechend Art. 84 Rn. 12, Art. 85 Rn. 8).

Eine Ausn. hat das BVerfG aus Art. 91e II 2 hergeleitet: Danach darf der Bund eine besondere Finanzkontrolle über sog. Optionskommunen ausüben, d. h. über Städte oder Landkreise, die mit der Bundesagentur für Arbeit bei der Grundsicherung für Arbeitssuchende zusammenwirken (s. Art. 91 a–Art. 91e Rn. 5, vgl. BVerfG, NVwZ 2015, 136 [140 Rn. 96 ff.]). Grund ist, dass der Bund nach Art. 91e II 2 in diesem Rahmen die notwendigen Ausgaben der Kommunen trägt und damit eine unmittelbare Finanzbeziehung zwischen Bund und kommunaler Ebene entsteht (Durchbrechung des Verbots der Mischverwaltung; Ermöglichung von Mischfinanzierungen, vgl. Art. 91 a–91e Rn. 1). **36a**

e) im Rahmen der Gesetze (Gesetzesvorbehalt)

aa) Beeinträchtigung (Eingriff). Das Recht auf gemeindliche Selbstverwaltung (Rn. 26 ff.) wird durch staatl. Maßnahmen insb. beeinträchtigt, **37**
- wenn der Gemeinde die Erfüllung bestimmter örtlicher Aufgaben zur Pflicht (sog. Pflichtaufgaben) gemacht wird oder wenn ihr bestimmte örtliche Aufgaben entzogen werden,
- wenn Vorgaben für die Organisation und Ausgestaltung der Verwaltung (das „Wie" der Aufgabenerfüllung) gemacht werden.

Keine Beeinträchtigung soll allerdings vorliegen, wenn der Gemeinde einzelner finanzielle Belastungen auferlegt werden, solange ihr eine insgesamt ausreichende finanzielle Ausstattung verbleibt (BVerfGE 83, 363 [386]).

bb) Rechtfertigung: (1) Schranken. Das gemeindliche Selbstverwaltungsrecht erfährt eine ganz wesentliche Einschränkung: Nach Art. 28 II 1 gilt es nur „im Rahmen der Gesetze" (Bundes- und Landesgesetze). Die dadurch eröffneten Beschränkungsmöglichkeiten beziehen sich nicht nur auf die Existenz der einzelnen Gemeinde und deren Gebietsstand (Rn. 28), sondern v. a. auf die Universalität (Rn. 31 ff.) und Autonomie (Rn. 34 ff.). **38**

(2) Schranken-Schranken. Die Eingriffe in das gemeindliche Selbstverwaltungsrecht sind jedoch nicht schrankenlos: **39**
- In formeller Hinsicht erfordert jede Beschränkung ein Gesetz; Beeinträchtigungen ohne gesetzliche Grundlage sind verfassungswidrig.
- In materieller Hinsicht bedürfen solche Gesetze – ähnlich wie der Eingriff in ein Grundrecht – der Rechtfertigung. Hierbei ist zwischen dem Kernbereich (Rn. 40 ff.) und dem Randbereich der Selbstverwaltungsgarantie zu differenzieren (Rn. 43 ff.).

An einer Rechtfertigung fehlt es in jedem Falle, wenn die gemeindliche Selbstverwaltung in ihrem Kernbereich betroffen wird, d. h. in ihren grundlegenden Wesensmerkmalen, die nicht hinweggedacht werden können, ohne Struktur und Typus des Selbstverwaltungsrechts zu verändern. **40**

Im Hinblick auf die Universalität enthält der Kernbereich in erster Linie die grds. Befugnis, sich jeder Angelegenheit der örtlichen Gemeinschaft ohne besonderen Kompetenztitel annehmen zu können, sofern die Aufgabe nicht bereits durch Gesetz einem anderen Träger hoheitlicher Gewalt zugewiesen ist (Rn. 31). Die Aufhebung dieses gesetzesunabhängigen Zugriffs auf Aufgaben mit örtlichem Bezug kann durch Gesetz, aber auch faktisch geschehen (BVerfGE 79, 127 [148]). **41**

Beispiel: Den Kernbereich betreffen würde es etwa, wenn in der Gemeindeordnung eines Landes vorgesehen wäre, dass die Gemeinde für alle Selbstverwaltungsaufgaben, die sie wahrnehmen möchte, der Genehmigung des Landes (Kommunalaufsicht) bedürfte.

42 Hinsichtlich der Autonomie wäre der Kernbereich verletzt, wenn die eigenverantwortliche organisatorische Gestaltungsfähigkeit durch eine oktroyierte Überregulierung erstickt würde (vgl. BVerfGE 107, 1 [13]).

43 Im Randbereich der kommunalen Selbstverwaltung können Einschränkungen durch Gesetz gerechtfertigt werden. Dafür gelten unterschiedliche Maßstäbe:

- Beschränkungen der Universalität betreffen i. d. R. die Frage, *ob* die Gemeinden eine bestimmte örtliche Angelegenheit wahrnehmen dürfen. Solche Aufgaben dürfen den Gemeinden nur entzogen werden, wenn überwiegende öffentliche Gründe für eine Zuweisung an einen anderen Hoheitsträger (Landkreis, Staat) sprechen („Hochzonung", vgl. BVerfGE 79, 127 [148]). Das ist bspw. der Fall, wenn die ordnungsgemäße Aufgabenerfüllung durch die Gemeinde nicht sichergestellt werden kann. Grds. keine Rechtfertigungsgründe für einen Aufgabenentzug stellen demgegenüber Ziele der Vereinfachung, Zuständigkeitskonzentration oder Wirtschaftlichkeit und Sparsamkeit der Verwaltung dar. Etwas anderes kann allerdings gelten, wenn immense Mehrkosten einer Aufgabenerfüllung durch die Gemeinde im Einzelfall völlig außer Verhältnis zur Bedeutung der Selbstverwaltungsgarantie stehen.

44 – Beschränkungen der Autonomie betreffen die Frage, *wie* die Gemeinde ihre Aufgaben zu erfüllen hat (insb. Organisationshoheit). Hier sind Rechtfertigungen grds. eher möglich, da die entsprechenden Gesetze der Gemeinde die Aufgabe nicht entziehen, sondern nur die Art und Weise der Wahrnehmung reglementieren. Daher dürfen in diesen Fällen (anders als bei Berührung des Kernbereichs, Rn. 40 ff.) etwa Gründe der Verwaltungsvereinfachung oder Wirtschaftlichkeit und Sparsamkeit zur Rechtfertigung herangezogen werden (BVerfGE 91, 228 [240]).

45 Wird der Randbereich der gemeindlichen Selbstverwaltungsgarantie betroffen, sind die Rechtfertigungsgründe (der legitime Zweck i. S. v. Rn. 43 f.) für das beschränkende Gesetz (das Mittel) in jedem Einzelfall einer Verhältnismäßigkeitsprüfung zu unterziehen. Das heißt, das Mittel muss zum Erreichen des legitimen Zwecks geeignet, erforderlich und angemessen (verhältnismäßig i. e. S.) sein.

46 Ebenso ist das Gebot der interkommunalen Gleichbehandlung zu beachten. Seine Rechtsgrundlage findet dieses Gebot nicht in Art. 3 I, da die Gemeinden als Trägerinnen hoheitlicher Gewalt nicht grundrechtsfähig sind (Art. 19 Rn. 56 ff.). Das interkommunale Gleichbehandlungsgebot ist vielmehr Teil des Willkürverbots, das als objektiver Rechtsgrundsatz im Rechtsstaatsprinzip verankert ist und das auch im Verhältnis zwischen Staat und Kommunen gilt (Heun, in: Dreier, Art. 3 Rn. 66, Dreier, in: Dreier, Art. 28 Rn. 120).

47

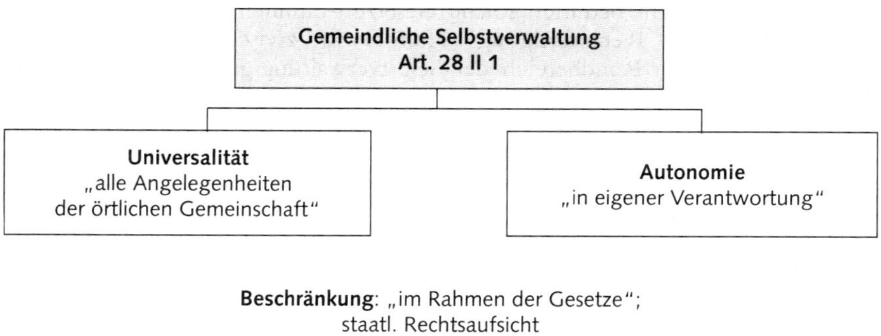

f) Abgrenzung: Auftragsangelegenheiten

48 Nicht zu den Angelegenheiten der örtlichen Gemeinschaft gehören und nicht in den Anwendungsbereich von Art. 28 II 1 fallen die Aufgaben, die der Staat den Ge-

meinden zur Erfüllung überträgt. Diese sog. Auftragsangelegenheiten sind ehem. Staatsaufgaben. Sie werden von den Gemeinden zwar als eigene Aufgaben im eigenen Namen und mit eigenem Personal wahrgenommen. Im Übrigen bestehen aber fundamentale Unterschiede:

– Der Staat überträgt den Gemeinden diese Auftragsangelegenheiten „zur Erfüllung nach Weisung", d.h. er darf das kommunale Verwaltungsermessen (§ 40 VwVfG) insb. durch Weisungen lenken (Rechtsgrundlagen finden sich in den Gemeindeordnungen, z.T. auch in Fachgesetzen).
– Demgemäß steht dem Staat (Land) insoweit nicht nur die Rechtsaufsicht zu, sondern auch die Fachaufsicht (die Zweckmäßigkeitskontrolle).
– Außerdem ist das Land gehalten, die Erfüllung dieser Auftragsangelegenheiten gegenüber den Gemeinden finanziell besonders auszugleichen (kommunalrechtliches Konnexitätsprinzip, s. etwa Art. 83 III BayVerf, Art. 78 III Verf NRW, Art. 120 I SaarlVerf).

Vor diesem Hintergrund wird von einer Dichotomie (Zwiefalt) kommunaler Aufgaben gesprochen: einerseits von den Selbstverwaltungsangelegenheiten (eigener Wirkungskreis), andererseits von den Auftragsangelegenheiten (übertragener Wirkungskreis). **49**

50

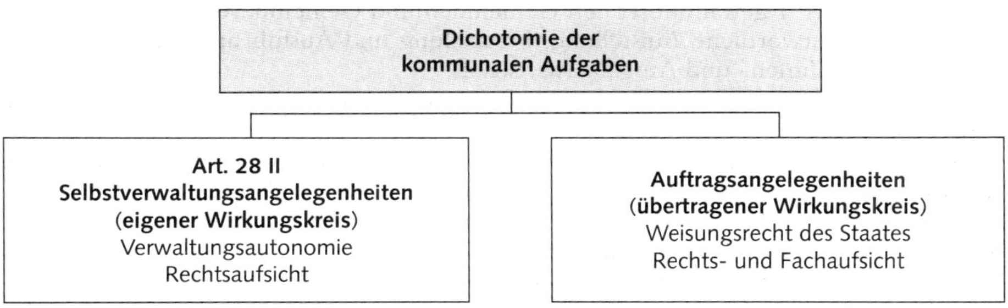

3. Selbstverwaltungsrecht der Gemeindeverbände (Satz 2)

a) Gemeindeverbände

In Art. 28 II 2 wird die überörtliche Selbstverwaltung durch Gemeindeverbände grundgesetzlich gegenüber den Ländern garantiert. Gemeindeverbände sind **51**

– v.a. die Landkreise (bisweilen auch schlicht als Kreise bezeichnet),
– in wenigen größeren Bundesländern kommunale Gebietskörperschaften der höheren Ebene, so die Bezirke in Bayern und die Landschaftsverbände in NRW.

Der grundgesetzliche Begriff des Gemeindeverbandes führt häufig zu Missverständnissen: Anders als nach dem Wortlaut zu vermuten, sind Mitglieder eines „Gemeindeverbandes" nicht die Gemeinden, sondern die jeweiligen Einwohner (also insb. die Kreisbürger). Keine Gemeindeverbände i.S.v. Art. 28 II 2 sind daher die kommunalen Zweckverbände, in denen sich Gemeinden und ggf. auch Landkreise zur gemeinsamen Erfüllung einer bestimmten Aufgabe (etwa Abfallentsorgung) zusammenschließen und die ihrerseits Körperschaften des öffentlichen Rechts sind. **52**

b) Beschränktes Selbstverwaltungsrecht

Hinsichtlich des Aufgabenbereichs (der Verbandskompetenz) ist die Selbstverwaltungsgarantie der Gemeindeverbände wesentlich schwächer ausgestaltet als die der Gemeinden, wie der Wortlaut von Art. 28 II 2 offenbart („im Rahmen ihres gesetzlichen Aufgabenbereiches"): Der eigene Wirkungskreis der Gemeindeverbände ist demnach von gesetzlicher Zuweisung abhängig; das Universalitätsprinzip (Rn. 31 ff.) gilt **53** für die Gemeindeverbände nicht. Eine Änderung der gesetzlichen Aufgabenzuweisung stellt somit nur eine Neustrukturierung des Aufgabenumfangs dar, nicht jedoch einen Eingriff in das Selbstverwaltungsrecht. Art. 28 II 2 schützt insoweit nur einen Mindestbestand an zugewiesenen Aufgaben, der ausreichend Gewicht besitzen muss, um die institutionelle Garantie der Gemeindeverbände als Selbstverwaltungskörperschaften zu wahren (BVerfGE 119, 331 [354f.]).

54 Die Autonomie, also die Eigenverantwortlichkeit bei der Aufgabenerfüllung, wird den Gemeindeverbänden hingegen in gleichem Maße gewährt wie den Gemeinden. Beschränkende Gesetze bedürfen gleichermaßen einer Rechtfertigung. Hierfür gelten die gleichen Grundsätze wie bei den Gemeinden (Rn. 39ff., insb. 43ff.).

55 Die Auflösung von einzelnen Gemeindeverbänden und Gebietsänderungen sind wie bei den Gemeinden nur aus Gründen des Allgemeinwohls und nach vorheriger Anhörung möglich (vgl. Rn. 28).

4. Finanzielle Eigenverantwortung (Satz 3)

56 Art. 28 II 3 wurde 1994 angefügt und 1997 um den zweiten Halbsatz erweitert. Schon zuvor war die Finanzhoheit als Ausprägung der Garantie kommunaler Selbstverwaltung anerkannt.

57 Art. 28 II 3 Hs. 1 gewährleistet den Gemeinden und Gemeindeverbänden
- die eigenverantwortliche Aufstellung, Feststellung und Ausführung ihrer Haushalte, also der Einnahmen- und Ausgabenwirtschaft,
- den Anspruch auf eine ihren Aufgaben angemessene Finanzausstattung (vgl. Art. 106 VII).

58 Art. 28 II 3 Hs. 2 garantiert den Gemeinden (nicht den Gemeindeverbänden) eine ihnen mit Hebesatzrecht zustehende wirtschaftskraftbezogene Steuerquelle, d.h. Steuereinnahmen, deren Höhe die Gemeinden zumindest z.T. selbst gestalten können. Mit Blick auf Art. 106 V–VI kann sich diese Hebesatzgarantie nur auf den gemeindlichen Einkommen- und Umsatzsteueranteil sowie auf die Grund- und Gewerbesteuer beziehen. Art. 28 II 3 Hs. 2 garantiert diese Steuerarten nicht, stellt jedoch sicher, dass den Gemeinden bei Abschaffung der Grund- oder Gewerbesteuer eine andere wirtschaftskraftbezogene Steuerquelle zugewiesen werden muss. Das Hebesatzrecht darf dabei im Kern nicht angetastet und nicht unverhältnismäßig beschränkt werden (BVerfGE 125, 141 [162ff.]).

59 Die Finanzhoheit aus Art. 28 II 3 verschafft den Kommunen keine eigenständige Abgabenhoheit, insb. kein Steuerfindungsrecht und keine Ertragshoheit. Die Art. 104aff., namentlich Art. 105 IIa und Art. 106 V–VII, gehen dem Art. 28 II 3 als leges speciales vor.

5. Justiziabilität des kommunalen Selbstverwaltungsrechts

60 Zur (verfassungs-)gerichtlichen Durchsetzung (Justiziabilität) des kommunalen Selbstverwaltungsrechts sieht das Bundesverfassungsprozessrecht einen eigenen Rechtsbehelf vor: die Kommunal-VB gem. Art. 93 I Nr. 4b i.V.m. § 13 Nr. 8a, §§ 90ff. BVerfGG (s. Art. 93 Rn. 88ff.). Allerdings ist diese Kommunal-VB zum BVerfG gem. Art. 93 I Nr. 4b, § 91 S. 2 BVerfGG subsidiär zu entsprechenden Rechtsbehelfen vor den Verfassungsgerichten der Länder (etwa Art. 98 S. 4, Art. 120 BayVerf, Art. 123 SaarlVerf).

61 Auch vor der Verwaltungsgerichtsbarkeit können die Gemeinden ihr kommunales Selbstverwaltungsrecht geltend machen, etwa im Rahmen einer Normenkontrolle nach § 47 VwGO, aber auch in sonstigen verwaltungsgerichtlichen Verfahren.

62 Nicht verwechselt werden darf die Kommunal-VB (Rn. 60) mit dem (begrifflich verunglückten) Kommunalverfassungsstreit. Dieser bezeichnet ein Verfahren vor den Verwaltungsgerichten, bei dem Organe oder Organteile einer Gemeinde oder eines

Gemeindeverbands über Rechte und Pflichten aus dem körperschaftlichen Rechtsverhältnis streiten. Der Kommunalverfassungsstreit hat damit keinen verfassungsrechtlichen Bezug; er leitet sich vielmehr vom Begriff der Kommunalverfassung ab, die in den Gemeinde- und (Land-)Kreisordnungen der Länder geregelt ist.

III. Gewährleistungsverantwortung des Bundes (Abs. 3)

Art. 28 III begründet für den Bund die Pflicht, die Verfassungshomogenität in den Ländern nach Maßgabe von Art. 28 I und die kommunale Selbstverwaltung i. S. v. Art. 28 II zu gewährleisten. Art. 28 III stellt dem Bund hingegen keine eigenen Befugnisse zum Einschreiten gegenüber den Ländern zur Verfügung. Seiner Interventionspflicht aus Art. 28 III kann der Bund zunächst durch Einleitung von Verfahren vor dem BVerfG nach Art. 93 I Nr. 2, 3 und 4 nachkommen, daneben durch die Bundesaufsicht (v. a. gem. Art. 84 III und IV, Art. 85 IV), erforderlichenfalls auch durch Bundeszwang nach Art. 37 und Bundesintervention gem. Art. 91 II. In der verfassungsrechtlichen Praxis ist die Bedeutung des Art. 28 III gering. **63**

C. Prüfungshinweise

Aufgrund seiner hohen Bedeutung für die Praxis gehört Art. 28 zum Basisstoff im öffentlichen Recht. Während Art. 28 I und III eher als Hintergrundwissen für diverse Argumentationen dient, kann Art. 28 II als Schwerpunkt unmittelbarer Prüfungsgegenstand sein, typischerweise bei Rechtsbehelfen von Städten und anderen Gemeinden (Satz 1) gegen staatl. Maßnahmen. Der Aufbau erfolgt hierbei entsprechend einer Grundrechtsprüfung: **64**

1. Schutzbereich: a) persönlich: Gemeinde (Rn. 21 ff.), b) sachlich: Universalität (Rn. 31 ff. – Abgrenzung zwischen Selbstverwaltungs- und Auftragsangelegenheiten, Rn. 48 ff.), Autonomie (Rn. 34 ff.);
2. Eingriff: Beeinträchtigung durch staatl. Maßnahme (Gesetz, VA u. a., vgl. Rn. 37 f.);
3. Rechtfertigung: a) Schranke: „im Rahmen der Gesetze", b) Schranken-Schranken (Rn. 39 ff.): Differenzierung zwischen Kern- und Randbereich (Rn. 39 ff.), legitimer Zweck für Eingriff in den Randbereich (Rn. 43 f.), Verhältnismäßigkeit zwischen diesem Zweck und dem eingreifenden Mittel (Geeignetheit, Erforderlichkeit, Angemessenheit, Rn. 45); interkommunales Gleichbehandlungsgebot (Rn. 46); Anhörung der Gemeinde (Rn. 28).

Prozessual einkleiden lässt sich diese Prüfung **65**

- auf verfassungsgerichtlicher Ebene in eine Kommunal-VB (Art. 93 I Nr. 4b, vorrangig sind jedoch die Rechtsbehelfe des jeweiligen Landesrechts, Rn. 60),
- auf verwaltungsgerichtlicher Ebene etwa in eine Anfechtungsklage (§ 42 I F. 1 VwGO) oder in eine Leistungs(unterlassungs)klage (arg. § 40 I, § 43 II 1, § 111 S. 1 VwGO), vgl. Rn. 61.

Gerne verbunden mit Art. 28 II wird die Frage, ob sich Kommunen auch auf Grundrechte berufen können (Grundrechtsfähigkeit). Dies ist jedenfalls nach Bundesverfassungsrecht zu verneinen (s. Art. 19 Rn. 57); etwas anderes mag nach Landesverfassungsrecht gelten (etwa in Bayern, s. BayVerfGHE 41, 140 [145]; 45, 157 [161]). Prüfungsort hierfür ist in erster Linie die Beschwerdebefugnis (vgl. § 90 I BVerfGG) oder Klagebefugnis (§ 42 II VwGO) i. R. d. Zulässigkeit. **66**

Als „unverzeihlich" können es Prüfer auch empfinden, wenn der Begriff des Gemeindeverbandes nicht erklärt werden kann (Rn. 51 ff.). **67**

D. Weiterführende Literatur/Leseempfehlungen

Bausback, W./Poplutz, Ch., Kommunale Außenpolitik in den Grenzen der gemeindlichen Verbandskompetenz, JA 2004, 897–900; Frenz, W., Recht auf kommuna- **68** le Selbstverwaltung für Gemeinden und Kreise, JA 2010, 39–41; Hartmann, B.J./ Meßmann A., Fortgeschrittenenklausur – Öffentliches Recht: Gemeindliche Pflichtaufgaben und grundgesetzliche Kostenerstattung, JuS 2006, 246–251; Kersten, J., Homogenitätsgebot und Landesverfassungsrecht, DÖV 1993, 896–902; Magen, S., Die Garantie kommunaler Selbstverwaltung, JuS 2006, 404–410; Sachs, M., Die Landesverfassung im Rahmen der bundesstaatlichen Rechts- und Verfassungsordnung, ThürVBl. 1993, 121–124; Sacksofsky, U., Landesverfassungen und Grundgesetz – am Beispiel der Verfassungen der neuen Bundesländer, NVwZ 1993, 235–240; Schoch, F., Der verfassungsrechtliche Schutz der kommunalen Selbstverwaltung, Jura 2001, 121–133; Starke, Th., Grundfälle zur Kommunalverfassungsbeschwerde, JuS 2008, 319–324; von Unruh, G.-Ch., Die verfassungsrechtliche Stellung der kommunalen Selbstverwaltung nach dem Grundgesetz, JA 1992, 110–116.

Art. 29 [Neugliederung des Bundesgebiets]

(1) [1]**Das Bundesgebiet kann neu gegliedert werden, um zu gewährleisten, daß die Länder nach Größe und Leistungsfähigkeit die ihnen obliegenden Aufgaben wirksam erfüllen können.** [2]**Dabei sind die landsmannschaftliche Verbundenheit, die geschichtlichen und kulturellen Zusammenhänge, die wirtschaftliche Zweckmäßigkeit sowie die Erfordernisse der Raumordnung und der Landesplanung zu berücksichtigen.**

(2) [1]**Maßnahmen zur Neugliederung des Bundesgebietes ergehen durch Bundesgesetz, das der Bestätigung durch Volksentscheid bedarf.** [2]**Die betroffenen Länder sind zu hören.**

(3) [1]**Der Volksentscheid findet in den Ländern statt, aus deren Gebieten oder Gebietsteilen ein neues oder neu umgrenztes Land gebildet werden soll (betroffene Länder).** [2]**Abzustimmen ist über die Frage, ob die betroffenen Länder wie bisher bestehenbleiben sollen oder ob das neue oder neu umgrenzte Land gebildet werden soll.** [3]**Der Volksentscheid für die Bildung eines neuen oder neu umgrenzten Landes kommt zustande, wenn in dessen künftigem Gebiet und insgesamt in den Gebieten oder Gebietsteilen eines betroffenen Landes, deren Landeszugehörigkeit im gleichen Sinne geändert werden soll, jeweils eine Mehrheit der Änderung zustimmt.** [4]**Er kommt nicht zustande, wenn im Gebiet eines der betroffenen Länder eine Mehrheit die Änderung ablehnt; die Ablehnung ist jedoch unbeachtlich, wenn in einem Gebietsteil, dessen Zugehörigkeit zu dem betroffenen Land geändert werden soll, eine Mehrheit von zwei Dritteln der Änderung zustimmt, es sei denn, daß im Gesamtgebiet des betroffenen Landes eine Mehrheit von zwei Dritteln die Änderung ablehnt.**

(4) **Wird in einem zusammenhängenden, abgegrenzten Siedlungs- und Wirtschaftsraum, dessen Teile in mehreren Ländern liegen und der mindestens eine Million Einwohner hat, von einem Zehntel der in ihm zum Bundestag Wahlberechtigten durch Volksbegehren gefordert, daß für diesen Raum eine einheitliche Landeszugehörigkeit herbeigeführt werde, so ist durch Bundesgesetz innerhalb von zwei Jahren entweder zu bestimmen, ob die Landeszugehörigkeit gemäß Absatz 2 geändert wird, oder daß in den betroffenen Ländern eine Volksbefragung stattfindet.**

(5) [1]**Die Volksbefragung ist darauf gerichtet festzustellen, ob eine in dem Gesetz vorzuschlagende Änderung der Landeszugehörigkeit Zustimmung findet.** [2]**Das Gesetz kann verschiedene, jedoch nicht mehr als zwei Vorschläge der Volksbefragung vorlegen.** [3]**Stimmt eine Mehrheit einer vorgeschlagenen Änderung der Landeszugehörigkeit zu, so ist durch Bundesgesetz innerhalb von zwei Jahren zu bestimmen, ob die Landeszugehörigkeit gemäß Absatz 2 geändert**

wird. [4]Findet ein der Volksbefragung vorgelegter Vorschlag eine den Maßgaben des Absatzes 3 Satz 3 und 4 entsprechende Zustimmung, so ist innerhalb von zwei Jahren nach der Durchführung der Volksbefragung ein Bundesgesetz zur Bildung des vorgeschlagenen Landes zu erlassen, das der Bestätigung durch Volksentscheid nicht mehr bedarf.

(6) **[1]Mehrheit im Volksentscheid und in der Volksbefragung ist die Mehrheit der abgegebenen Stimmen, wenn sie mindestens ein Viertel der zum Bundestag Wahlberechtigten umfaßt. [2]Im übrigen wird das Nähere über Volksentscheid, Volksbegehren und Volksbefragung durch ein Bundesgesetz geregelt; dieses kann auch vorsehen, daß Volksbegehren innerhalb eines Zeitraumes von fünf Jahren nicht wiederholt werden können.**

(7) **[1]Sonstige Änderungen des Gebietsbestandes der Länder können durch Staatsverträge der beteiligten Länder oder durch Bundesgesetz mit Zustimmung des Bundesrates erfolgen, wenn das Gebiet, dessen Landeszugehörigkeit geändert werden soll, nicht mehr als 50 000 Einwohner hat. [2]Das Nähere regelt ein Bundesgesetz, das der Zustimmung des Bundesrates und der Mehrheit der Mitglieder des Bundestages bedarf. [3]Es muß die Anhörung der betroffenen Gemeinden und Kreise vorsehen.**

(8) **[1]Die Länder können eine Neugliederung für das jeweils von ihnen umfasste Gebiet oder für Teilgebiete abweichend von den Vorschriften der Absätze 2 bis 7 durch Staatsvertrag regeln. [2]Die betroffenen Gemeinden und Kreise sind zu hören. [3]Der Staatsvertrag bedarf der Bestätigung durch Volksentscheid in jedem beteiligten Land. [4]Betrifft der Staatsvertrag Teilgebiete der Länder, kann die Bestätigung auf Volksentscheide in diesen Teilgebieten beschränkt werden; Satz 5 zweiter Halbsatz findet keine Anwendung. [5]Bei einem Volksentscheid entscheidet die Mehrheit der abgegebenen Stimmen, wenn sie mindestens ein Viertel der zum Bundestag Wahlberechtigten umfasst; das Nähere regelt ein Bundesgesetz. [6]Der Staatsvertrag bedarf der Zustimmung des Bundestages.**

Pflichtstoff (*)

A. Überblick

1 Art. 29 ermöglicht Neugliederungen des Bundesgebiets, etwa neue Grenzziehungen zwischen bestimmten Ländern, aber auch die Zusammenlegung (Verschmelzung) von Ländern. Das Bundesstaatsprinzip (Art. 20 I) steht Neugliederungen nicht entgegen, solange dadurch nicht die föderative Staatsstruktur, sondern lediglich der Bestand einzelner Länder berührt wird (vgl. auch Art. 79 III). Die Grenze wäre erreicht, wenn durch die Zusammenlegung nur noch zwei oder drei Länder verblieben.

2 Die Besonderheit des Art. 29 liegt darin, dass Neugliederungen grds. nur unter unmittelbarer Beteiligung des Volkes (d. h. der jeweils betroffenen Bevölkerungsteile) vorgenommen werden können (Volksentscheid, Abs. 2, 3; Volksbegehren, Abs. 4; Volksbefragung, Abs. 5). So ist Art. 29 (mit Art. 118, 118a) die einzige plebiszitäre Norm des GG (Plebiszit von lat. plebis scitum, svw. Volksbeschluss). Die Einzelheiten des Verfahrens sind im Gesetz v. 30.7.1979 (BGBl. I S. 1317) geregelt (Art. 29 VI 2).

3 Die Vielgestaltigkeit der Verfahrensarten und die hohen Verfahrenshürden (Rn. 5 ff.) bewirken, dass Art. 29 in seiner derzeitigen Fassung eine Norm zur Verhinderung von Neugliederungen darstellt (die Vorschrift wurde 1969, 1974 und 1994 geändert).

B. Erläuterungen

I. Materielle Voraussetzungen

4 Die materielle Bedingung für eine Neugliederung des Bundesgebiets ergibt sich aus Art. 29 I 1: Zumindest ein Land muss wegen seiner geringen Größe oder Leistungsfähigkeit die ihm obliegenden Aufgaben (Art. 30 Hs. 1, Art. 70, Art. 83–85, Art. 92) nicht wirksam erfüllen können. Dies ist insb. der Fall, wenn in einem Land eine strukturelle Haushaltsnotlage besteht (vgl. Art. 107 Rn. 10), dieses Land auf massive Bundesergänzungszuweisungen (Art. 107 II 3) angewiesen ist und eine Besserung dieser Lage nicht absehbar ist. Eine verfassungsrechtliche Pflicht zur Neugliederung lässt sich daraus allerdings nur in Extremfällen herleiten (vgl. Pieroth, in: JP, Rn. 2 m. w. N.).

5 Ist eine Neugliederung deshalb erforderlich, sind dabei zu berücksichtigen
- die landsmannschaftliche Verbundenheit,
- die geschichtlichen und kulturellen Zusammenhänge,
- die wirtschaftliche Zweckmäßigkeit sowie
- die Erfordernisse der Raumplanung und Landesplanung (vgl. hierzu das ROG).

II. Verfahren

1. Drei Hauptmöglichkeiten

6 Art. 29 sieht im Wesentlichen drei Möglichkeiten vor, nach denen sich eine Neugliederung des Bundesgebietes vollziehen kann:
- Art. 29 II, III: Hier liegt die Initiative beim Bundesgesetzgeber; die Neugliederung erfolgt durch Bundesgesetz (Art. 76 ff.) nach Anhörung der betroffenen Länder (Abs. 2). Das Gesetz bedarf der Bestätigung durch einen Volksentscheid (Abs. 3, 6).

7 – Art. 29 IV, V: Hier kommt die Initiative aus dem Volk, und zwar durch ein Volksbegehren (Abs. 4). Gegenstand der Neugliederung kann insoweit nur ein zusammenhängender, abgegrenzter Siedlungs- und Wirtschaftsraum mit mindestens 1 Mio. Einwohnern sein. Ist das Volksbegehren erfolgreich, kann der Bundesgesetzgeber die Neugliederung vornehmen (Abs. 4 F. 1), die sich dann nach Art. 29 II richtet, oder eine Volksbefragung anordnen (Abs. 4 F. 2), deren Rechtsfolgen sich abhängig von den Mehrheiten in der Volksbefragung nach Art. 29 V 3 oder 4 richten.

8 – Nach Art. 29 VIII liegt die Initiative bei den beteiligten Ländern, die über die Neugliederung miteinander einen Staatsvertrag schließen können (Vertragsverhandlungen durch die LReg, Vertragsschluss durch die MP, Zustimmung der LT – Einzelheiten ergeben sich aus den jeweiligen LVerf). Auch insoweit bedarf es neben der Anhörung der betroffenen Gemeinden und Kreise (Satz 2) einer Bestätigung durch Volksentscheide (Satz 3–5) und der Zustimmung des BT durch Parlamentsbeschluss i. S. v. Art. 42 II 1 Hs. 1 (Satz 6).

2. Ausnahmen, Vereinfachungen

9 Abgesehen von diesen drei Hauptfällen können kleine Änderungen des Gebietsstands der Länder (Arrondierungen bis 50 000 betroffene Einwohner) nach Art. 29 VII ohne unmittelbare Mitwirkung der betroffenen Bevölkerung vorgenommen werden.

10 Optionen, das aufwändige Verfahren von Art. 29 II–VI, VIII zu vereinfachen, sehen Art. 118, 118a vor:
- Art. 118 hat jedoch 1951 infolge der Bildung des Landes Baden-Württemberg seine Bedeutung verloren (s. dort),
- Art. 118a behält für den Raum Berlin-Brandenburg seine Relevanz (s. dort). Alternativ kann eine Neugliederung jedoch auch gem. Art. 29 erfolgen; es herrscht also kein Anwendungs- oder gar Geltungsvorrang von Art. 118a gegenüber Art. 29.

Übersicht: Neugliederung des Bundesgebiets 11

1. Möglichkeit **Art. 29 II, III**	2. Möglichkeit **Art. 29 IV, V**	3. Möglichkeit **Art. 29 VIII**
1. **Bundesgesetz** (ausschließliche Bundesgesetz-gebungskompetenz) – ohne Zustimmung des BR – unter Anhörung der betroffenen Länder und 2. Bestätigung durch **Volksentscheid** (Art. 29 III, VII) Problem: Selbstbestimmungsrecht der Länder (Grenze: Art. 79 III)	1. **Volksbegehren** in zusammenhängendem, abgegrenztem Siedlungs- und Wirtschaftsraum mit > 1 Mio. Einw. 2. **Bundesgesetz:** a) keine Neugliederung, b) Neugliederung (dann wie links) *oder* c) **Volksbefragung** – qual. Mehrheit: ⇒ Neugliederung – einfache Mehrheit ⇒ wie a) oder b) – keine Mehrheit ⇒ keine Neugliederung	1. **Staatsvertrag** der betroffenen Länder unter Anhörung der betroffenen Gemeinden und Kreise 2. Bestätigung durch **Volksentscheid** und 3. **Zustimmung des BT** durch schlichten Parlamentsbeschluss Alternative für Berlin/Brandenburg gem. **Art. 118a:** nur Staatsvertrag, bloße Beteiligung der Wahlberechtigten (kein Volksentscheid); keine Bundesbeteiligung

Kleinere Gebietsänderungen gem. **Art. 29 VII:** keine Volksbeteiligung

C. Prüfungshinweise

Nicht zuletzt wegen seiner – bisherigen – Irrelevanz in der Praxis und seiner hohen Verfahrenskomplexität dürfte Art. 29 in Klausuren eine sehr untergeordnete Rolle spielen. Relevanz besitzt die Norm als Chiffre für mündliche Prüfungen, nämlich als (einziges) Bsp. für Plebiszite im GG. 12

D. Weiterführende Literatur/Leseempfehlungen

Erbguth, W., Die Neugliederung des Bundesgebiets: eine Standortbestimmung, JZ 2011, 433–438. 13

Art. 30 [Funktionen der Länder]

Die Ausübung der staatlichen Befugnisse und die Erfüllung der staatlichen Aufgaben ist Sache der Länder, soweit dieses Grundgesetz keine andere Regelung trifft oder zuläßt.

Pflichtstoff (***)

Übersicht

A. Überblick

I. Normstruktur

1 Art. 30 enthält als grundlegende Regel für die Kompetenzverteilung zwischen Bund und Ländern den Grundsatz, dass die Länder zuständig sind, soweit das Grundgesetz keine andere Regelung trifft oder zulässt. Sie verleiht den Ländern das Recht, tätig zu werden und ist zugleich Ausdruck funktionaler Gewaltenteilung (BVerfGE 55, 274 [318]). Art. 30 dient damit auch der Sicherung der Freiheit des Einzelnen (Art. 20 Rn. 204, 208). Ihm erwachsen daraus allerdings, anders als den Ländern, keine subjektiven Rechte, da Art. 30 eine Norm des objektiven Verfassungsrechts ist.

2 Wegen des norminternen Vorbehalts anderer Regelungen ist Art. 30 gegenüber Bestimmungen subsidiär, welche die Kompetenzen für die verschiedenen Bereiche der Staatsgewalt speziell regeln (Rn. 8ff.). Außerdem enthalten Art. 70 I und 83 für die Gesetzgebung und die Verwaltung weit gefasste Kompetenzzuweisungen an die Länder. Art. 30 ist noch offener gefasst und dient als Generalklausel für die vertikale Verteilung der Staatsgewalt im Bundesstaat. Eigenständige Bedeutung besitzt er nur für die Ausführung von Landesgesetzen durch Landesbehörden und für die gesetzlich nicht determinierte („gesetzesfreie") Landesverwaltung (Hellermann, in: EH, Art. 30 Rn. 20).

II. Prüfungsrelevanz

3 Trotz dieses schmalen Bereichs, in dem Art. 30 selbst die Kompetenz zuweist, spielt die Regelung in der Fallbearbeitung eine nicht zu unterschätzende Rolle. Dies liegt zum einen daran, dass Art. 30 häufig in Verbindung mit speziellen Kompetenzregelungen zitiert wird, etwa zusammen mit Art. 70 I und Art. 83 (BVerfGE 55, 274 [318]; 59, 360 [377]; 67, 299 [314f.]). Zum anderen gewinnt Art. 30 zusätzlichen Bedeutungsgehalt, indem er grundsätzliche Aussagen zur zwingenden Natur von Kompetenzen und zur Unzulässigkeit von Doppelkompetenzen trifft (Rn. 19f.).

III. Europa

4 Das Recht der EU kennt keine Regelung, die Art. 30 entspricht, da dieses supranationale Gebilde die Aufgliederung in Bund und Länder nicht kennt. Das Verhältnis der EU zu den Mitgliedstaaten weist ebenfalls keine bundesstaatliche Struktur auf, da sie zwar eigene Rechtspersönlichkeit besitzt (Art. 47 EUV), aber kein Bundesstaat, sondern ein Staatenverbund ist (BVerfGE 89, 155 [184]; Art. 20 Rn. 228). Für die Kompetenzverteilung gelten daher spezielle Grundsätze, wie das Prinzip der begrenzten Einzelermächtigung (Art. 5 I 1 EUV; dazu Art. 23 Rn. 47). Parallelen zu Art. 30 sind nur im Hinblick auf das Regel-Ausnahme-Verhältnis zu erkennen, welches beiden Vorschriften zugrunde liegt. Sie wirken überdies beim Vollzug von Unionsrecht durch deutsche Stellen zusammen, weil Art. 30 insoweit im Rahmen der institutionellen Autonomie der Mitgliedstaaten die Grundregel für die Kompetenzverteilung zwischen Bund und Ländern enthält (BVerwGE 116, 234 [239]).

B. Erläuterungen

I. Staatliche Aufgaben und Befugnisse

Die Verteilungsregel des Art. 30 gilt für die Ausübung der staatlichen Befugnisse und die Erfüllung der staatlichen Aufgaben. Diese Merkmale markieren zugleich den Anwendungsbereich der Norm. Sie unterscheiden sich dadurch, dass Befugnisse zu Rechtseingriffen berechtigen, während Aufgaben die Bereiche beschreiben, in denen der Staat tätig werden kann (Gubelt, in: MK, Art. 30 Rn. 6). Aufgaben und Befugnisse werden verbreitet unter dem Oberbegriff „Kompetenz" zusammengefasst (Pieroth, in: JP, Art. 30 Rn. 3; a.A. Korioth, in: MD, Art. 30 Rn. 17). Er bezeichnet die Zuständigkeit und die Berechtigung zu staatlichem Handeln. Art. 30 regelt aber nur die Kompetenz in föderativer Hinsicht, also die Abgrenzung der Tätigkeitsbereiche von Bund und Ländern. Die demokratisch-rechtsstaatlichen Anforderungen an das Handeln, etwa der Vorbehalt des Gesetzes (Art. 20 Rn. 133ff.), bleiben unberührt und sind daneben zu beachten. Dies führt dazu, dass zwischen Kompetenz und Zuständigkeit häufig nicht eindeutig unterschieden wird. 5

Aufgaben und Befugnisse i.S.v. Art. 30 umfassen das gesamte staatliche Handeln zur Erfüllung öffentlicher Aufgaben mit öffentlich-rechtlichen und privatrechtlichen Mitteln (BVerfGE 12, 205 [244]). Darunter fällt auch fiskalisches Handeln des Staates, nicht aber dessen rein erwerbswirtschaftliche Betätigung (str., vgl. Pieroth, in: JP, Art. 30 Rn. 3 m.w.N.). Art. 30 zielt insbesondere auf das hoheitliche rechtsförmliche Tätigwerden von Gesetzgebung, Rechtsprechung und vollziehender Gewalt. Er findet zudem auf informelles und influenzierendes Handeln Anwendung. Sein Geltungsanspruch erstreckt sich auch auf die planende und leistende Verwaltung (BVerfGE 22, 180 [216]) und schließt deren gesetzesinakzessorische („gesetzesfreie") Tätigkeit ein. 6

Beispiel: Rundfunk ist in Deutschland eine öffentliche Einrichtung und steht in öffentlicher Verantwortung. Art. 30 gilt daher auch für die Veranstaltung von Rundfunksendungen in privatrechtlichen Formen, unabhängig davon, ob die Rundfunkanstalten diese öffentliche Aufgabe gesetzesakzessorisch oder „gesetzesfrei" erfüllen (BVerfGE 12, 205 [246]). 7

II. Vorbehalt anderer Regelungen

Die grundsätzliche Zuständigkeit der Länder nach Art. 30 Hs. 1 steht unter dem Vorbehalt, dass das Grundgesetz keine andere Regelung trifft oder zulässt (Art. 30 Hs. 2). Dieser Vorbehalt ist für weite Bereiche der Ausübung von Staatsgewalt genutzt worden, namentlich für die Gesetzgebung, die Verwaltung und die Beziehung zu auswärtigen Staaten. 8

Beispiele: 9
- Ausschließliche und konkurrierende Gesetzgebungskompetenz des Bundes nach Art. 71 ff.
- Bundesverwaltung gem. Art. 87
- Spezielle Regelung der Kompetenzverteilung für die Beziehungen zu auswärtigen Staaten in Art. 32 (str., vgl. Fassbender, DÖV 2011, 714 [715ff.]).

Das Grundgesetz *trifft* eine andere Regelung i.S.v. Art. 30 Hs. 2 Alt. 1, wenn es die Zuständigkeit des Bundes ausdrücklich unmittelbar festlegt. Neben den vorstehend genannten Beispielen kann dies im Bereich der Gesetzgebung auch dadurch erfolgen, dass die Verfassungsnorm eine Regelung durch Bundesgesetz vorsieht und dadurch dem Bund implizit die ausschließliche Gesetzgebungskompetenz zuweist (Art. 70 Rn. 20). 10

Beispiele: 11
- Art. 4 III 2: „Das Nähere regelt ein Bundesgesetz"
- Art. 21 III: „Das Nähere regeln Bundesgesetze"
- Art. 87f I: „Nach Maßgabe eines Bundesgesetzes".

12 Dagegen *lässt* das Grundgesetz eine andere Regelung i.S.v. Art. 30 Hs. 2 *zu,* wenn es den Bund dazu ermächtigt, seine Kompetenz durch einen weiteren Hoheitsakt zu begründen (Erbguth, in: Sachs, Art. 30 Rn. 39).

13 **Beispiel:** Nach Art. 87 III 1 kann der Bund für Angelegenheiten, für die ihm die Gesetzgebung zusteht, selbständige Bundesoberbehörden und neue bundesunmittelbare Körperschaften und Anstalten des öffentlichen Rechts durch Bundesgesetz errichten. Durch den Erlass eines solchen Bundesgesetzes kann der Bund seine Verwaltungskompetenz begründen (vgl. Art. 87 Rn. 10f.).

14 Die sog. „ungeschriebenen" Zuständigkeiten des Bundes, etwa im Bereich der Gesetzgebung kraft Natur der Sache oder aufgrund Sachzusammenhangs, können nicht auf den Vorbehalt des Art. 30 Hs. 2 Alt. 2 gestützt werden, wonach das Grundgesetz insoweit eine andere Regelung zulässt. Vielmehr wird aus Wortlaut, Struktur und Funktion dieser Vorschrift gerade deutlich, dass alle Kompetenzzuweisungen jedenfalls durch das Grundgesetz zugelassen sein, d.h. ihre Grundlage im Grundgesetz haben müssen. Das gilt auch für „ungeschriebene" Zuständigkeiten, die nur anzuerkennen sind, wenn sie aus der Verfassung abgeleitet werden können (str., vgl. Erbguth, in: Sachs, Art. 30 Rn. 38f. m.w.N.). Sie werden daher auch als stillschweigende Kompetenzen bezeichnet (Gubelt, in: MK, Art. 30 Rn. 16f.). In der Sache handelt es sich um eine implizite Kompetenzzuweisung.

III. Rechtsfolgen

15 Wegen des weit ausgreifenden Vorbehalts anderer Regelungen kommt Art. 30 nur in eng begrenzten Fällen als alleinige unmittelbare Kompetenzgrundlage zum Zuge (Rn. 2). Dagegen beanspruchen die grundsätzlichen Aussagen zur Kompetenzverteilung, die in Art. 30 angelegt und gleichsam vor die Klammer gezogen sind, über seinen unmittelbaren Anwendungsbereich hinaus Geltung und sind auch im Rahmen spezieller Kompetenzregelungen zu beachten.

1. Grundsätzliche Kompetenz der Länder

16 Nach Art. 30 liegt die Kompetenz für die Ausübung von Staatsgewalt im Bundesstaat grundsätzlich bei den Ländern. Das gilt auch für neue Aufgaben. Art. 30 entfaltet insoweit eine Auffangfunktion *(Residualkompetenz).* Dagegen ist die Kompetenz des Bundes eine begründungsbedürftige Ausnahme. Dieses *Regel-Ausnahme-Verhältnis* prägt auch die Verteilung der Kompetenzen für die Gesetzgebung und die Verwaltung (Art. 70 I und 83).

17 Darüber hinaus soll Art. 30 nach Ansicht der Rechtsprechung im Zweifel eine *Vermutung für die Zuständigkeit der Länder* enthalten (BVerwGE 85, 332 [342]; 129, 318 [321 Rn. 12]). Dieser zusätzlichen Bedeutungsdimension ist entgegenzuhalten, dass Art. 30 keine Anhaltspunkte für eine solche Tatsachen- oder Rechtsvermutung enthält. Er statuiert vielmehr einen Grundsatz für die Kompetenzverteilung und erlaubt Durchbrechungen. Ihre Reichweite ist durch Auslegung zu ermitteln. Aufgrund des Ausnahmecharakters der Bundeskompetenzen müssen diese strikt interpretiert werden. Strikt bedeutet aber nicht eng, sondern streng, also insbesondere zwingend und wortlautgetreu. Daher ist auch die Annahme einer länderfreundlichen Kompetenzauslegung abzulehnen (Hellermann, in: EH, Art. 30 Rn. 11f.).

2. Zwingende Natur der Kompetenzen

18 Die Kompetenzen von Bund und Ländern bei der Ausübung von Staatsgewalt sind nicht dispositiv, sondern zwingender Natur. Eine Übertragung oder Überlassung von Kompetenzen ist daher unzulässig, sofern das Grundgesetz sie nicht vorsieht oder zulässt. Dieses Delegationsverbot gilt im Verhältnis zwischen Bund und Ländern (vertikal) und zwischen den Ländern (horizontal). Die Zustimmung der Beteiligten ist unbeachtlich (BVerfGE 63, 1 [39]).

3. Ausschließliche, lückenlose und trennscharfe Kompetenzverteilung

Die Verteilung der Kompetenzen im Grundgesetz ist infolge der Auffangfunktion des Art. 30 lückenlos. Sie ist zudem ausschließlich und trennscharf, so dass entweder der Bund oder die Länder zuständig sind. Doppelkompetenzen sind grundsätzlich ausgeschlossen (BVerfGE 106, 62 [114]). Eine Mischverwaltung von Bund und Ländern ist unzulässig, sofern sie im Grundgesetz nicht vorgesehen ist (BVerfGE 63, 1 [38ff.]). Dies soll nicht nur eine Aushöhlung des Grundsatzes des Art. 30 verhindern, sondern auch für eine klare Zuordnung der Verantwortung sorgen. **19**

Das BVerfG hat diese Anforderungen zuletzt noch verschärft. „Der Bürger muss wissen können, wen er wofür – auch durch Vergabe oder Entzug seiner Wählerstimme – verantwortlich machen kann. Der Verwaltungsträger, dem durch eine Kompetenznorm des Grundgesetzes Verwaltungsaufgaben zugewiesen worden sind, hat diese Aufgaben grundsätzlich durch eigene Verwaltungseinrichtungen, also mit eigenem Personal, eigenen Sachmitteln und eigener Organisation wahrzunehmen. [...] Von dem Gebot, die Aufgaben eigenverantwortlich wahrzunehmen, darf nur wegen eines besonderen sachlichen Grundes abgewichen werden" (BVerfGE 119, 331 [367]). Dem ist nichts hinzuzufügen. **20**

C. Weiterführende Literatur/Leseempfehlungen

Bleckmann, A., Zur Zuständigkeitsverteilung zwischen Bund und Ländern: Bezieht sich Art. 30 GG auf die gesamte staatliche Tätigkeit?, DVBl. 1985, 832–837; Ehlers, D., „Ungeschriebene Kompetenzen", Jura 2000, 323–330; Fassbender, B., „Staatliche Befugnisse und Aufgaben" im Sinne von Art. 30 GG als innere und auswärtige Kompetenzen des Bundes und der Länder, DÖV 2011, 714–720; Maurer, H., Die Ausführung der Bundesgesetze durch die Länder, JuS 2010, 945–953; Schubert, B., Normative und strukturelle Grundlagen des Bundesstaatsprinzips, Jura 2003, 607–612; Voßkuhle, A./Kaufhold, A.-K., Das Bundesstaatsprinzip, JuS 2010, 873–876; Winkler, D., Geteilte Arbeit, vermischte Verantwortlichkeit, JA 2010, 526–531. **21**

Art. 31 [Kollisionen von Bundesrecht und Landesrecht]

Bundesrecht bricht Landesrecht.

Pflichtstoff (***)

A. Überblick

Art. 31 ist eine Grundsatznorm, die sich mit dem Verhältnis von Bundes- und Landesrecht befasst (näher BVerfGE 36, 342 [365f.]). Ihr Anwendungsbereich ist deutlich kleiner, als häufig angenommen wird: In aller Regel kommt es auf die Vorschrift nicht an. Bevor in einer Prüfung angenommen wird, eine Vorschrift des Landesrechts werde nach Art. 31 „gebrochen", sollte daher dem Anwendungsbereich dieser Regelung (s. insb. u. Rn. 3ff.) besondere Aufmerksamkeit gewidmet werden. **1**

B. Erläuterungen

I. Tatbestand: Normenkollision

2 Tatbestandlich setzt Art. 31 eine Kollision einer Vorschrift des Bundes- und einer Vorschrift des Landesrechts voraus, die bei jeweils isolierter Betrachtung – also ohne Berücksichtigung ihrer gegenseitigen inhaltlichen Unvereinbarkeit – beide gültig wären.

3 Damit das der Fall ist, müssen beide Vorschriften verfassungsgemäß sein. Insbesondere muss die Gesetzgebungskompetenz beider Gesetzgeber (Bund und Land) vorliegen. Daran fehlt es sehr häufig in Fällen, in denen – vorschnell – Art. 31 herangezogen wird: Wegen des Regel-Ausnahme-Verhältnisses der Art. 30, 70 ff., das Doppelzuständigkeiten von Bund und Ländern typischerweise vermeidet, ist meist entweder die Bundes- oder die Landesnorm schon wegen fehlender Gesetzgebungskompetenz verfassungswidrig. In diesen Fällen kommt es auf Art. 31 nicht mehr an. Die Vorschrift hat daher nur einen sehr kleinen Anwendungsbereich.

Gut merken lässt sich das mit der Kurzformel „Kompetenz geht vor Kollision". Beachten Sie, dass die Verfassungswidrigkeit wegen fehlender Gesetzgebungskompetenz keinen inhaltlichen Widerspruch voraussetzt: Ein mit § 433 I BGB identisches Landesgesetz zum Kaufrecht wäre wegen Art. 74 I Nr. 1, 72 I nichtig.

4 Ebenfalls kein Fall des Art. 31 liegt vor, wenn die Vorschrift des Landesrechts schon wegen eines Verstoßes gegen das Homogenitätsgebot aus Art. 28 I nichtig ist.

5 Bundesrecht i. S. v. Art. 31 sind geschriebene und ungeschriebene Normen jeder Rangstufe (formelle Gesetze, Satzungen, Verordnungen, Gewohnheitsrecht etc.), die von Organen des Bundes erlassen wurden; Landesrecht solche, die von Organen eines Landes erlassen wurden. Eine Kollision liegt vor, wenn beide Vorschriften auf denselben Sachverhalt anwendbar sind und miteinander unvereinbare Rechtsfolgen anordnen.

Das darf nicht vorschnell bejaht werden. Unvereinbarkeit ist mehr als bloße Unterschiedlichkeit. Illustrieren lässt sich das am Beispiel des Art. 9 III BbgVerf. Die Vorschrift verlangt bei polizeilichen Festnahmen eine richterliche Entscheidung spätestens binnen 24 Stunden, während nach Art. 104 II 3 sowie (u. a.) nach § 128 I StPO hierfür maximal bis zum Ende des auf den Tag der Festnahme folgenden Tages Zeit ist, was bei einer Festnahme kurz nach Mitternacht zu einer Maximalfrist von fast 48 Stunden führen kann. Der brandenburgische Polizist kann beide Vorschriften befolgen, indem er den Festgenommenen binnen 24 Stunden dem Richter vorführt. Eine Normenkollision liegt daher nicht vor. (Relevant wird die Frage, weil der Landesverfassungsgeber nicht an die Verteilung der Gesetzgebungskompetenzen nach Art. 30, 70 ff. gebunden ist. Art. 9 III BbgVerf ist also nicht schon wegen eines Kompetenzverstoßes nichtig.)

II. Rechtsfolge: Brechung des Landesrechts

6 Rechtsfolge des Art. 31 ist die Brechung („Derogation") des Landesrechts: Dem Bundesrecht kommt ein Geltungsvorrang zu; das Landesrecht ist vom Moment der Kollision an nichtig. Nach einer Beseitigung des Bundesrechts lebt es nicht wieder auf (BVerfGE 26, 116 [135]).

7 Das gilt nach der wohl h. M. auch für Landesverfassungsrecht, das mit Bundesrecht kollidiert (z. B. Huber, in: Sachs, Rn. 24). Richtigerweise wird man „bricht" aus Respekt vor der Landesverfassung hier jedoch als Anordnung eines bloßen Anwendungsvorrangs des Bundesrechts verstehen können (von Coelln, Anwendung von Bundesrecht nach Maßgabe der Landesgrundrechte?, 2001, S. 192 ff., m. w. N. u. a. zur Vereinbarkeit dieser Konzeption mit der Rspr. des BVerfG. S. dazu insbesondere BVerfGE 36, 342 [365 f.]). Nach dieser Lösung wäre im Kollisionsfall das Bundesrecht anzuwenden; sollte es aufgehoben werden, käme die Landesverfassung wieder zur Anwendung.

C. Weiterführende Literatur/Leseempfehlungen

von Coelln, Ch., Anwendung von Bundesrecht nach Maßgabe der Landesgrundrechte?, 2001, S. 180–196; Pietzcker, J., Zuständigkeitsordnung und Kollisionsrecht im Bundesstaat, in: Isensee/Kirchhof, HStR VI, 3. Aufl. 2008, § 134 Rn. 38–65. Siehe auch Art. 142 Rn. 8. 8

Art. 32 [Auswärtige Angelegenheiten]

(1) **Die Pflege der Beziehungen zu auswärtigen Staaten ist Sache des Bundes.**

(2) **Vor dem Abschlusse eines Vertrages, der die besonderen Verhältnisse eines Landes berührt, ist das Land rechtzeitig zu hören.**

(3) **Soweit die Länder für die Gesetzgebung zuständig sind, können sie mit Zustimmung der Bundesregierung mit auswärtigen Staaten Verträge abschließen.**

Pflichtstoff (***)

A. Überblick

Art. 32 gehört zu den Vorschriften über die Aufteilung der staatlichen Befugnisse zwischen Bund und Ländern. Die Vorschrift regelt die Zuständigkeit im Bereich der Beziehungen zu auswärtigen Staaten; aus ihr ergibt sich, wann gegenüber anderen Staaten der Bund handeln darf und wann die Länder. Für den Bereich der auswärtigen Beziehungen kommt Art. 32 insofern die Rolle zu, die Art. 70ff. für die Gesetzgebung und Art. 83ff. für die Verwaltung besitzen. 1

Art. 32 geht aber noch weiter: Die Norm ist eine spezielle Regelung gegenüber Art. 30. Sie trifft für die auswärtigen Beziehungen eine Kompetenzvermutung zugunsten des Bundes und schließt einen Rückgriff auf Art. 30 aus (Streinz, in: Sachs, Rn. 7ff.). 2

Die Norm steht im thematischen Zusammenhang mit Art. 59, der ebenfalls die auswärtigen Angelegenheiten betrifft. Während es in Art. 32 jedoch um die Verbandskompetenz geht, also um die Frage, welche Körperschaft – Bund oder Land – handeln darf, regelt Art. 59 die Organkompetenz innerhalb des Bundes: Dort geht es um die Frage, welches Organ des Bundes handelt, sofern dieser zuständig ist (Degenhart, Staatsrecht I, Rn. 587). Soweit die Verbandskompetenz bei den Ländern liegt, richtet sich die Organkompetenz nach dem Verfassungsrecht des jeweils handelnden Landes. 3

Der Abschluss von Verträgen ist nur ein Teil der auswärtigen Beziehungen. Auf ihn beziehen sich Abs. 2, 3, während Abs. 1 eine allgemeine Regelung darstellt, die für den gesamten Bereich der auswärtigen Beziehungen gilt. Beispiele für den nichtvertraglichen Bereich sind die Akkreditierung von Diplomaten, die Ausübung der Mitgliedschaftsrechte in internationalen Organisationen und die Auslieferung (Jarass, in: JP, Rn. 11). 4

B. Erläuterungen

I. Die Zuständigkeit des Bundes für die Pflege der Beziehungen zu auswärtigen Staaten (Abs. 1)

Nach Abs. 1 ist die Pflege der Beziehungen zu auswärtigen Staaten Sache des Bundes. Dazu gehören neben dem Abschluss von Verträgen und anderen völkerrechtsförmlichen Handlungen (das können auch einseitige Handlungen sein, denen im Völ- 5 kerrecht rechtsbegründende oder rechtsgestaltende Wirkung zukommt) völkerrechtlich unverbindliche Maßnahmen z. B. auf dem Feld der Außenpolitik wie Reden oder Besuche (Rojahn, in: MK, Rn. 3).

6 Der Wortlaut der Vorschrift ist insofern zu eng, als Abs. 1 nicht nur die Beziehungen zu anderen Staaten betrifft, sondern auch die zu anderen Völkerrechtssubjekten wie z. B. zwischenstaatlichen Einrichtungen gem. Art. 24 II (s. bereits BVerfGE 2, 347 [374]). Beispiele sind die UN oder die NATO (Degenhart, Staatsrecht I, Rn. 586). Ob die EU dazuzählt, ist str. Letztlich kommt es auf die Frage nicht an, weil Art. 23 ohnehin vorgeht (Jarass, in: JP, Rn. 3).

7 Die Zuständigkeit des Bundes aus Abs. 1 erstreckt sich nicht auf innerstaatliche Maßnahmen, selbst wenn diese Auslandsbezug haben. Insbesondere richtet sich die Verteilung der Gesetzgebungskompetenzen nach den allgemeinen Regeln der Art. 30, 70 ff. Dort kommt dem Bund zwar eine ausschließliche Zuständigkeit für die Regelung der auswärtigen Angelegenheiten zu (Art. 73 I Nr. 1). Jedoch erstreckt sich dieser Kompetenztitel im Wesentlichen auf den diplomatischen und konsularischen Verkehr sowie die gesamtstaatliche Repräsentation im Ausland. Begründen lässt sich dieses enge Verständnis mit Art. 32 III, der voraussetzt, dass den Ländern auch in Sachverhalten mit Auslandsbezug Gesetzgebungskompetenzen zustehen können. Würde man Art. 73 I Nr. 1 weit verstehen und dem Bund in allen hier betrachteten Fällen die Gesetzgebungskompetenz zuerkennen, liefe Art. 32 III leer (Jarass, in: JP, Rn. 10).

8 Konsequenzen hat diese Überlegung insbesondere im Hinblick auf Vertragsschlüsse gem. Art. 59 II. Bei völkerrechtlichen Verträgen ist zwischen dem Abschluss und der innerstaatlichen Umsetzung zu unterscheiden. Letztere erfolgt durch ein Gesetz, das den Vertrag in innerstaatliches Recht transformiert bzw. den Vollzugsbefehl erteilt. Die Zuständigkeit für den Erlass dieses Gesetzes richtet sich nach den allgemeinen Regeln der Art. 30, 70 ff. Sie liegt also bei den Ländern, soweit diese für die Regelung der im Vertrag behandelten Sachmaterien zuständig sind. Dagegen liegt die Abschlusskompetenz, also die Zuständigkeit, die völkerrechtlich bindende Verpflichtung nach außen einzugehen, auch dort beim Bund, wo innerstaatlich allein die Länder für die Gesetzgebung zuständig sind (Risse, in: Hömig, Rn. 6; z. T. a. A. Rojahn, in: MK, Rn. 41 ff., mit Nachweisen auch zur insgesamt ablehnenden Auffassung). Wäre dies anders, müsste Abs. 1 eine Einschränkung zu Gunsten der Länder enthalten, was nicht der Fall ist. Zudem spricht die Pflicht zur Anhörung des Landes nach Abs. 2 für ein derartiges Verständnis des Abs. 1. Auch aus Abs. 3 ergibt sich nichts anderes: Die dort geregelte Abschlusskompetenz der Länder im Bereich ihrer Gesetzgebungszuständigkeit tritt lediglich neben diejenige des Bundes (Degenhart, Staatsrecht I, Rn. 586).

9 Die Folge dieser Sichtweise ist freilich, dass der Bund nach außen hin Verpflichtungen eingehen darf, deren innerstaatliche Einlösung er nicht sicherzustellen vermag.

Der Bund darf z. B. mit den Niederlanden staatsvertraglich vereinbaren, dass in den deutschen Schulen im Grenzgebiet zu den Niederlanden die niederländische Sprache in einem bestimmten Umfang unterrichtet werden soll. Einlösen kann er diese Verpflichtung nicht. Er ist vielmehr darauf angewiesen, dass die nach Art. 30, 70 für das Schulrecht allein zuständigen Länder (konkret: Niedersachsen und Nordrhein-Westfalen) entsprechende Regelungen einführen.

10 In derartigen Fällen gebietet es der aus Art. 20 I abgeleitete Grundsatz des bundesfreundlichen Verhaltens (Art. 20 Rn. 235 ff.) in seiner Funktion als Rücksichtnahmegebot im Bund-Länder-Verhältnis, dass der Bund Verträge entweder im Außenverhältnis mit einem Vorbehalt versieht, der die Gültigkeit von der Zustimmung der Länder abhängig macht, oder vorher die Zustimmung der Länder einholt. Umgekehrt muss ein Land, das dem Vertrag vor Abschluss zugestimmt hat, diesen später auch umsetzen (Jarass, in: JP, Rn. 10).

11 Die in der Literatur fortbestehenden Meinungsunterschiede über die Richtigkeit dieser gesamten Konzeption spielen in der Praxis insofern keine Rolle mehr, als Bund

und Länder 1957 das sog. „Lindauer Abkommen" geschlossen haben (abgedruckt z.B. bei Streinz, in: Sachs, Rn. 35), in dem die Länder u.a. die Vertragsschlusskompetenz des Bundes auch im Bereich der ausschließlichen Landesgesetzgebungskompetenz anerkennen. Hinzuweisen ist freilich darauf, dass ein derartiges Abkommen nichts an der grundgesetzlichen Zuständigkeitsverteilung zu ändern vermag. Kompetenzen stehen nicht zur Disposition der Hoheitsträger. Sollte – entgegen der hier vertretenen Auffassung – der Bund im Bereich der ausschließlichen Regelungskompetenz der Länder für den Abschluss völkerrechtlicher Verträge doch nicht zuständig sein, könnte das Lindauer Abkommen daran nichts ändern (Schweitzer, Staatsrecht III, Rn. 129).

II. Die Pflicht zur Anhörung besonders berührter Länder (Abs. 2)

Abs. 2 verpflichtet den Bund, vor dem von Abs. 1 gedeckten Abschluss eines Vertrages die Länder anzuhören, deren besondere Verhältnisse durch den Vertrag berührt werden. Die Vorschrift greift nicht ein, wenn alle Länder gleichermaßen betroffen sind. 12

Anhörung bedeutet nach allgemeinen Regeln, dass das Land die Gelegenheit bekommt, seine Auffassung darzulegen. Der Bund ist an diese Auffassung nicht gebunden; das Land hat keinen Anspruch auf Mitgestaltung des Vertrages (Rojahn, in: MK, Rn. 29). 13

III. Die Vertragsschlusskompetenzen der Länder (Abs. 3)

Nach Abs. 3 können die Länder, soweit sie für die Gesetzgebung zuständig sind, mit Zustimmung der BReg mit auswärtigen Staaten (und mit anderen Völkerrechtssubjekten) Verträge abschließen. Die Vorschrift verleiht den Ländern partielle Völkerrechtssubjektivität (Rojahn, in: MK, Rn. 1). Dessen bedarf es, weil sich das Völkerrecht am Bild des Einheitsstaates orientiert und daher allein den Bund als Völkerrechtssubjekt ansieht. Gliedstaaten werden nur nach Maßgabe des nationalen Verfassungsrechts völkerrechtsfähig (Streinz, in: Sachs, Rn. 6). 14

Die Vertragsschlusskompetenz der Länder, die nach der h.M. neben die des Bundes aus Abs. 1 tritt, setzt zunächst ihre Gesetzgebungszuständigkeit voraus. Diese besteht im Bereich der ausschließlichen Gesetzgebung des Bundes vorbehaltlich einer besonderen Ermächtigung nicht (Art. 71). Gleiches gilt im Bereich der konkurrierenden Kompetenz, wenn und soweit der Bund von seiner Kompetenz Gebrauch gemacht hat (Art. 72 I) und keine Abweichungskompetenz des Landes besteht (Art. 72 III) (Jarass, in: JP, Rn. 13). Das oben (Rn. 8) angesprochene Problem des Auseinanderfallens zwischen Abschluss- und Vollzugskompetenz ergibt sich hier regelmäßig nicht: Die Abschlusskompetenz der Länder setzt ja gerade die Gesetzgebungskompetenz voraus, so dass ein vertragschließendes Land auch zur innerstaatlichen Umsetzung des Vertrages in der Lage ist. 15

Die Kompetenz erstreckt sich auch auf sog. Verwaltungsabkommen (zum Begriff s. Art. 59 Rn. 14). Die politischen Beziehungen des Bundes hingegen sind ausgenommen (Rojahn, in: MK, Rn. 34, 36). 16

Der Vertragsschluss durch ein Land bedarf der Zustimmung der BReg. Auf diese Weise bekommt die BReg die Möglichkeit, Verträge der Länder zu verhindern, die ihre eigene Außenpolitik zu konterkarieren drohen. Die Zustimmung setzt einen wirksamen Beschluss der BReg voraus; das Land hat keinen Anspruch auf die Zustimmung. Nach überwiegender Auffassung führt die fehlende Zustimmung nicht nur zur innerstaatlichen, sondern auch zur völkerrechtlichen Unwirksamkeit des Vertrages (Pernice, in: Dreier, Rn. 46; a.A. Fastenrath/Groh, in: FH, Rn. 89). 17

Umstritten ist, ob bzw. in welchem Umfang die Länder nicht-vertragliche Beziehungen ins Ausland unterhalten dürfen. Art. 32 III spricht diese Fälle, die in der Praxis sehr verbreitet sind, nicht an. Kritisch daher zur Zulässigkeit entsprechender Aktivitä- 18 ten Rojahn, in: MK, Rn. 58. Jedenfalls nicht mehr Gegenstand der Zuständigkeit gem. Abs. 3 sind Beziehungen, die nicht mit ausländischen Staaten oder anderen Völkerrechtssubjekten bestehen, sondern mit nachgeordneten Institutionen wie Behörden oder Gemeinden. Ihre Zulässigkeit bemisst sich nach allgemeinen Regeln. Gegen Städtepartnerschaften beispielsweise bestehen keine Bedenken, wenn und weil sich die Gemeinden dabei innerhalb ihres Aufgabenkreises bewegen (Jarass, in: JP, Rn. 19).

C. Weiterführende Literatur/Leseempfehlungen

19 Herrmann, Ch./Hofmann, A., Referendarexamensklausur – Öffentliches Recht: Verfassungs- und Völkerrecht – Bildungspolitisches Kompetenzgerangel – Turbo-Abitur für alle!, JuS 2012, 543–549; Hobe, S., Die Auswärtige Gewalt – Tendenzen zur Föderalisierung und Parlamentarisierung, JA 1998, 818–823; Papier, H.-J., Abschluss völkerrechtlicher Verträge und Föderalismus, DÖV 2003, 265–270; Trüe, Ch., Die Bundesstaatlichkeit der Bundesrepublik Deutschland – Auswirkungen auf die Umsetzung völkerrechtlicher Verträge und ihren Vollzug, JuS 1997, 1092–1095; Warg, G., Außenkompetenzen des Bundes und Mitwirkungsrechte des Parlaments, Jura 2002, 806–809.

Art. 33 [Staatsbürgerliche Rechte- und Pflichtengleichheit, Öffentlicher Dienst]

(1) **Jeder Deutsche hat in jedem Lande die gleichen staatsbürgerlichen Rechte und Pflichten.**

(2) **Jeder Deutsche hat nach seiner Eignung, Befähigung und fachlichen Leistung gleichen Zugang zu jedem öffentlichen Amte.**

(3) [1]**Der Genuß bürgerlicher und staatsbürgerlicher Rechte, die Zulassung zu öffentlichen Ämtern sowie die im öffentlichen Dienste erworbenen Rechte sind unabhängig von dem religiösen Bekenntnis.** [2]**Niemandem darf aus seiner Zugehörigkeit oder Nichtzugehörigkeit zu einem Bekenntnisse oder einer Weltanschauung ein Nachteil erwachsen.**

(4) **Die Ausübung hoheitsrechtlicher Befugnisse ist als ständige Aufgabe in der Regel Angehörigen des öffentlichen Dienstes zu übertragen, die in einem öffentlich-rechtlichen Dienst- und Treueverhältnis stehen.**

(5) **Das Recht des öffentlichen Dienstes ist unter Berücksichtigung der hergebrachten Grundsätze des Berufsbeamtentums zu regeln und fortzuentwickeln.**

Pflichtstoff (****)

Übersicht

A. Überblick

Art. 33 fasst in seinen fünf Absätzen unterschiedliche Regelungen zusammen; ge- 1
meinsam ist ihnen ein besonderes Verhältnis des Einzelnen zum Staat (Bund und Länder).

<table>
<tr><th>Abs.</th><th>Stichwort</th><th colspan="2">Rechtscharakter</th></tr>
<tr><td>1</td><td>Gemeinsames Indigenat</td><td rowspan="3">grundrechtsgleiche Gleichheitsrechte</td><td rowspan="2">Deutschenrechte (Bürgerrechte)</td></tr>
<tr><td>2</td><td>Grundsatz der Bestenauslese</td></tr>
<tr><td>3</td><td>Genuss subjektiver Rechte</td><td>Jedermannrecht</td></tr>
<tr><td>4</td><td>Funktionsvorbehalt für Beamte</td><td colspan="2">Organisationsnorm (objektiv-rechtlich)</td></tr>
<tr><td>5</td><td>hergebrachte Grundsätze des Berufsbeamtentums</td><td colspan="2">– institutionelle Garantie (objektiv-rechtlich);
– grundrechtsgleiches Recht (str.)</td></tr>
</table>

Art. 33 II–V weisen mehr oder weniger engen Bezug zum öffentlichen Dienst auf, 2
der
- i. e. S. die „Staatsdiener“ (Berufsbeamte einschl. der Berufsrichter und Berufssoldaten) und
- i. w. S. auch die auf privatrechtlicher Grundlage beschäftigten Arbeitnehmer im öffentlichen Dienst

umfasst. Art. 33 II und III gilt für den öffentlichen Dienst i. w. S., Art. 33 IV und V nur für den öffentlichen Dienst i. e. S. Oberstes Ziel ist es, eine stabile, gesetzestreue Verwaltung und Rspr. zu sichern (BVerfGE 99, 300 [315]). Vor allem das Berufsbeamtentum dient als personelle Stütze des Grds. der Gesetzmäßigkeit der Verwaltung (Art. 20 III Hs. 2) und darüber hinaus der FDGO (vgl. Art. 9 Rn. 24, Art. 18 Rn. 7, Art. 21 Rn. 45).

Art. 33 ist als sog. Durchgriffsnorm nicht nur für den Bund, sondern auch für die 3
Länder unmittelbar geltendes Verfassungsrecht (zur Abgrenzung zur Normativbestimmung s. Art. 28 Rn. 4).

B. Erläuterungen

I. Gleiche staatsbürgerliche Rechte und Pflichten in jedem Land: gemeinsames Indigenat (Abs. 1)

Art. 33 I untersagt im Bundesgebiet die Diskriminierung von Deutschen aus Grün- 4
den der Landeszugehörigkeit. Historischer Hintergrund ist Art. 3 der Reichsverfassung

v. 16.4.1871, der im gesamten Deutschen Recht das gemeinsame Indigenat (Heimatrecht, von lat. *indigena* = Eingeborener) herstellte. Zeitgeschichtliche Parallelen sind das unionsrechtliche Diskriminierungsverbot des Art. 18 AEUV, die Unionsbürgerschaft gem. Art. 20ff. AEUV (vgl. Art. 28 Rn. 16ff.) und die unionsrechtlichen Grundfreiheiten (Art. 34ff., 45ff., 49ff., 56ff., 63ff. AEUV).

5 Art. 33 I ist ein grundrechtsgleiches Deutschenrecht, dessen Verletzung mit der VB vor dem BVerfG gerügt werden kann (Art. 93 I Nr. 4a, § 90 I BVerfGG; Art. 93 Rn. 64ff.). Der Prüfungsaufbau erfolgt gleichheitsrechtlich (vgl. Art. 3 Rn. 4f., 19ff.).

6 Innerhalb seines Anwendungsbereichs verdrängt Art. 33 I den allg. Gleichheitssatz aus Art. 3 I. Vorrangig ist hingegen Art. 36 S. 1. Die Bedeutung des Art. 33 I ist gering – gerade im Hinblick auf Art. 3 I, der keine Regelungslücke aufweist, die durch Art. 33 I geschlossen werden müsste.

1. Schutzbereich

a) Persönlich

7 Nach dem Wortlaut können sich nur Deutsche auf das Ungleichbehandlungsverbot des Art. 33 I berufen. Mit Blick auf das unionsrechtliche Diskriminierungsverbot gem. Art. 18 I AEUV wird teils eine unmittelbare oder zumindest analoge Anwendung des Art. 33 I gefordert. In jedem Falle können sich Unionsbürger auf Art. 3 I berufen, der insoweit ein identisches Schutzniveau zu gewähren hat (näher Lücke, EuR 2001, 112–118).

8 Str. ist, ob sich inländische juristische Personen auf Art. 33 I berufen können. Vor dem Hintergrund von Art. 19 III (s. Art. 19 Rn. 37ff.) erscheint dies fraglich, da staatsbürgerliche Rechte und Pflichten ihrem Wesen nach wohl nur auf Menschen anwendbar sind (a.A. Hense, in: EH-O, Rn. 4).

b) Sachlich

9 Die staatsbürgerlichen Rechte und Pflichten umfassen das gesamte öffentlich-rechtliche Verhältnis zwischen Staat und Bürger wie z.B. den Zugang zu staatl. Bildungseinrichtungen, Sozialleistungen oder das Recht zur Wahl und Abstimmung. Art. 33 I verlangt insoweit die Gleichbehandlung des Einzelnen *innerhalb* eines Landes, allerdings keine Gleichheit der Rechtsordnung i.S.e. Beseitigung der Unterschiede *zwischen* den Ländern (vgl. Art. 3 Rn. 37).

2. Beeinträchtigung

10 Die Beeinträchtigung (der Eingriff) liegt in einer Ungleichbehandlung. Anknüpfungspunkt kann dabei nicht die Landes-Staatsangehörigkeit sein, da diese in keinem Bundesland eingeführt wurde (wenngleich dies einige LVerf vorsehen, etwa Art. 75 II Verf RhPf oder Art. 6ff. BayVerf). Relevant ist daher die Differenzierung nach Geburtsort, Abstammung oder Wohnsitz in einem bestimmten Bundesland (str.; s. Jarass, in: JP, Rn. 3).

3. Rechtfertigung (Differenzierungsgrund)

11 Rechtfertigen lassen sich Ungleichbehandlungen aufgrund kollidierenden Verfassungsrechts, insb. wegen Art. 36 S. 2, i.Ü. nur aus unabweisbar zwingenden Gründen (vgl. Jarass, in: JP, Rn. 6f.), aber auch dann unter Beachtung des Verhältnismäßigkeitsprinzips. Verfassungswidrig ist etwa ein „Landeskinderbonus" beim Hochschulzugang (vgl. BVerfGE 33, 303 [353f.]) oder bei Studiengebühren (BVerfGE 134, 1 [19ff. Rn. 54ff.]; HmbOVG, NVwZ 2006, 949 [950]).

II. Gleicher Zugang zu jedem öffentlichen Amt: „Bestenauslese" (Abs. 2)

12 Art. 33 II verbindet den Grds. der demokratischen Gleichheit aller Staatsbürger (vgl. Art. 20 I, II, Art. 38 I 1, II) mit dem Ziel einer funktionsfähigen und effizienten Staatsverwaltung: Hinsichtlich seines Personals darf der Staat (Bund und Länder) nur nach Eignung, Befähigung und fachlicher Leistung differenzieren. Durch dieses Gebot der „Bestenauslese", das auch als Leistungsprinzip bezeichnet wird, lässt sich am ehesten gewährleisten, dass öffentliche Ämter mit qualifizierten Bewerbern besetzt werden.

13 Das Gebot der „Bestenauslese" hat sowohl objektiv- als auch subjektiv-rechtlichen Charakter:

– In objektiv-rechtlicher Hinsicht wird der Staat als Dienstherr (bei Beamten, Richtern und Soldaten) oder als Arbeitgeber (bei privatrechtlich Beschäftigten) verpflichtet, die Kriterien der Eignung, Befähigung und fachlichen Leistung einfachgesetzlich umzusetzen (§ 9 BBG/BeamtStG) und bei jeder Einstellung und Beförderung sowie beim Aufstieg zu beachten. Verhindert werden sollen damit insb. die Ämterpatronage und jede andere Bevorzugung aufgrund sachfremder Gesichtspunkte – in der Praxis mit wohl zweifelhaftem Erfolg.

14 – In subjektiv-rechtlicher Hinsicht gewährt Art. 33 II einen individuellen Anspruch darauf, dass der Dienstherr oder Arbeitgeber bei personalrechtlichen Maßnahmen ausschließlich die Eignung, Befähigung und fachliche Leistung als Maßstäbe anlegt. Die dadurch zum Ausdruck kommende Chancengleichheit ist vor den Fachgerichten (Verwaltungsgerichten, Arbeitsgerichten) erstreitbar. Nach Erschöpfung des Rechtswegs (§ 90 II 1 BVerfGG) kann Art. 33 II als grundrechtsgleiches Recht vor dem BVerfG mit der VB geltend gemacht werden (s. Art. 93 I Nr. 4a, § 90 I BVerfGG; Art. 93 Rn. 64 ff.).

1. Schutzbereich

a) Persönlich

15 Art. 33 II findet nur auf Deutsche i. S. d. Art. 116 I Anwendung. Da Art. 33 II auf persönliche Eigenschaften (Eignung, Befähigung, fachliche Leistung) abstellt, ist die Norm mit Rücksicht auf Art. 19 III ihrem Wesen nach nicht auf juristische Personen anwendbar.

16 Ausländern verbleibt der Rückgriff auf Art. 3 I und III. Bei Unionsbürgern ergeben sich Bedenken wegen des unionsrechtlichen Diskriminierungsverbots (Rn. 7). Im Beamtenrecht ist das Problem durch § 7 I Nr. 1 BBG/BeamtStG gelöst worden. Die Vorschriften gehen dabei sogar über die Anforderungen des Art. 18 I AEUV hinaus, indem sie auch für Staatsangehörige eines EWR-Mitglieds (Island, Liechtenstein, Norwegen) oder eines Drittstaats gelten, mit dem Deutschland oder die EU einen entsprechenden Staatsvertrag abgeschlossen haben (z. B. Schweiz). Da einfache Gesetze das Verfassungsrecht aufgrund der Normenhierarchie (Art. 20 Rn. 117) nicht gestalten können, ist durch § 7 I Nr. 1 BBG/BeamtStG nicht geklärt, ob Art. 33 II auf Nichtdeutsche Anwendung finden kann oder ob diese nach wie vor auf Art. 3 I und III zurückgreifen müssen (vgl. Kämmerer, EuR 2001, 27 [42 ff.]).

b) Sachlich

17 *aa) Öffentliches Amt.* Der Begriff des öffentlichen Amts in Art. 33 II wird grds. weit verstanden. Es bezieht sich auf Tätigkeiten bei Bund, Ländern und j. P. ö. R. (einschl. der Kommunen, Art. 28 Rn. 21) und umfasst

– die Personen, die ihrem Dienstherrn in einem *öffentlich*-rechtlichen Dienst- und Treueverhältnis verbunden sind (s. Abs. 4, Rn. 2, 49 und § 4 BBG/§ 3 I Beamt-

StG): die Beamten, Richter und Soldaten; dies gilt grds. auch für sog. politische Beamte (§ 54 BBG, § 30 BeamtStG; a. A. Masing, in: Dreier, Rn. 43; diff. Pieroth, in: JP, Rn. 9, 22), bei ihnen darf die politische Ausrichtung indessen zur Eignung (Rn. 12, 32) zählen;

18 – die Beschäftigten, die als Arbeitnehmer in einem *privat*rechtlichen Arbeitsverhältnis (§§ 611 ff. BGB) stehen (BVerwGE 61, 325 [330]).

19 Ob die Tätigkeit haupt-, neben- oder ehrenamtlich ausgeübt wird, ist für die Qualifikation als öffentliches Amt unbeachtlich (zum Lehrbeauftragten der Universität BVerwGE 81, 212 [215]).

20 Bei Ausbildungseinrichtungen in öffentlicher Trägerschaft ist darauf abzustellen, ob die Ausbildung zwingend zur späteren Ausübung eines öffentlichen Amtes erfolgt oder (auch) zur Vorbildung zu einer anderweitigen Berufstätigkeit dient: Während demnach der Zugang zu einer Polizeischule dem Anwendungsbereich des Art. 33 II unterliegt, ist dies für das Rechtsreferendariat zu verneinen.

21 Notare sind keine Beamten, üben aber gem. § 1 BNotO ein öffentliches Amt aus. Art. 33 II ist daher anwendbar (str., bejahend Höfling, in: BK, Rn. 37; zurückhaltend BVerfGE 73, 280 [295]).

22 Beliehene Unternehmer (private Berufsträger, denen durch Gesetz öffentliche Aufgaben und Befugnisse übertragen werden, z. B. TÜV) fallen unter Art. 33 II, wenn sie hoheitlich tätig werden, also insb. VAe (§ 35 VwVfG) erlassen können (vgl. Badura, in: MD, Rn. 23).

23 Scheidet die Anwendung von Art. 33 II mangels öffentlichen Amtes aus, ist stets die insoweit greifende „Auffangfunktion" der Berufsfreiheit des Art. 12 I zu beachten. Art. 12 I gilt für alle Berufe und wird bei öffentlichen Ämtern von Art. 33 II überlagert (nicht aber verdrängt – str., näher Mann, in: Sachs, Art. 12 Rn. 55 f. m. w. N.).

24 *Nicht* anwendbar ist Art. 33 II auf Ämter, die durch demokratische Wahlen besetzt werden, also insb. Abgeordnete des BT und der LT (Art. 38 I, Art. 28 I 2), Mitglieder der BReg (Art. 63, 64) und der LReg, (Ober-)Bürgermeister, Landräte, Mitglieder von Stadt- und Gemeinderäten sowie von Kreistagen u. dgl. Denn hier wird die „Auslese" durch den Wähler oder zumindest durch Gewählte (Abgeordnete, BKanzler) getroffen. Daher ist insoweit auch Art. 12 I nicht einschlägig.

25 *bb) Zugang* zum öffentlichen Amt i. S. v. Art. 33 II meint nicht nur die erstmalige Ernennung (VA) oder die Anstellung (Vertragsschluss), sondern ebenso die Beförderung (BVerwGE 101, 112 [114 f.]), den Aufstieg, die Höhergruppierung u. dgl. Die Gleichheit des Zugangs ist im gesamten Verfahren bis zur Besetzungsentscheidung (insb. bei der Stellenausschreibung) und darüber hinaus auch bei der Entlassung zu berücksichtigen (BVerwGE 106, 263 [266]). Um einen effektiven Rechtsschutz gegen die Auswahlentscheidung zu gewährleisten, wird aus Art. 33 II i. V. m. Art. 19 IV die Pflicht abgeleitet, die wesentlichen Auswahlerwägungen schriftlich zu dokumentieren (BVerwGE 136, 36 [39]).

26 Art. 33 II vermittelt dem Bewerber einen Anspruch auf beurteilungs- und ermessensfehlerfreie Entscheidung, die sich im Einzelfall zu einem Zugangsanspruch verdichten kann. Demgegenüber besteht kein Anspruch auf Schaffung oder Umwandlung von Stellen und Ämtern; die Zugangsgleichheit setzt deren Existenz vielmehr voraus (BVerwG, NVwZ-RR 2001, 253 [253 f.]).

2. Beeinträchtigung – Kriterien der „Bestenauslese"

27 Der Zugangsanspruch aus Art. 33 II wird beeinträchtigt, wenn ein Bewerber um den Zugang zu einem öffentlichen Amt ungleich behandelt (benachteiligt, diskriminiert) wird. Dies ist der Fall, wenn nicht nach den Kriterien der „Bestenauslese" entschieden wird, die Art. 33 II vorgibt: Eignung, Befähigung und fachliche Leistung.

Die Handhabung kann schwierig sein, da sich diese Kriterien inhaltlich zum Teil überschneiden. Auch sollen sie im konkreten Einzelfall unterschiedlich zu gewichten sein (NdsOVG, NVwZ 1995, 803 [804]). Vor diesem Hintergrund ist die Bestenauslese eine Prognoseentscheidung, die von den Gerichten nur eingeschränkt überprüft werden kann (insb. auf Verfahrensfehler, auf grds. Verkennung der Bedeutung dieser Kriterien, auf sachwidrige Erwägungen; BVerwGE 106, 318 [319f.]). **28**

Bei den drei Auslesekriterien empfiehlt es sich, entgegen der Reihenfolge in Art. 33 II die Eignung zuletzt zu prüfen, da sie die gesamte Persönlichkeit des Bewerbers außerhalb von Befähigung und fachlicher Leistung umfasst. **29**

- Die *Befähigung* beurteilt sich nach der konkreten tätigkeitsbezogenen Qualifikation wie Begabung und Allgemeinwissen, Ausbildung und Erfahrung (BVerfGE 110, 304 [322]), aber auch Orts- und Sprachkenntnissen des Bewerbers (vgl. BVerwGE 147, 20 [30 Rn. 36]). Maßgeblich sind hierbei v.a. die Ausbildungsergebnisse (z.B. Noten in der Staatsprüfung). **30**
- Die *fachliche Leistung* gibt Auskunft über die Qualität, wie der Bewerber seine Befähigung auf seinem Dienstposten umsetzt. Die Beurteilung soll rückblickend (retrospektiv), aber auch vorausschauend (prognostisch) erfolgen. Bei Neueinstellungen spielt das Kriterium nahezu keine, allenfalls aber sehr untergeordnete Rolle. **31**
- Zur *Eignung* gehören alle amtsbezogenen Eigenschaften des Bewerbers außerhalb der Befähigung und der fachlichen Leistung. Die Eignung ist damit das umfassendste Qualifikationsmerkmal. Hierzu zählen bspw. die geistigen, körperlichen, psychischen und charakterlichen Dispositionen sowie auch das äußere Erscheinungsbild, soweit es eng mit dem Vertrauen des Bürgers in die Integrität des Amtsträgers verknüpft ist (vgl. BVerfGE 96, 189 [198]). Str. ist dies beim Tragen eines Kopftuchs durch verbeamtete Lehrerinnen (BVerwGE 116, 359 [359ff., 364]; Neureither, JuS 2003, 541ff.). Die Berücksichtigung der Verfassungstreue des Bewerbers ist dem Grunde nach unumstritten (vgl. BVerfGE 39, 334 [349, 351ff.]; 92, 140 [152]; s. auch § 60 I 3 BBG, § 33 I 3 BeamtStG), die Handhabung dieses Kriteriums indes problematisch (Badura, in: MD, Rn. 33). Starre Höchstaltersgrenzen stehen im Konflikt mit dem Verbot der Altersdiskriminierung nach Art. 19 I AEUV und Art. 21 I EU-GRCh sowie § 1 F. 6, § 2 I Nr. 1 und 2, §§ 6ff., 24 AGG. Eine Heranziehung des Lebensalters als Auswahlgesichtspunkt ist allenfalls dann zulässig, wenn es für die Ausübung und die Anforderungen des Amtes in besonderer Weise von Belang ist (BVerfG v. 21.4.2015, 2 BvR 1322/12 u.a. Rn. 76ff., dort auch zur Berücksichtigung des Lebensalters i.R.d. Lebenszeit- und Alimentationsprinzips, s. Rn. 58, 62). Entsprechendes gilt für Behinderungen, die nur dann berücksichtigt werden dürfen, wenn „dienstliche Bedürfnisse eine dauerhafte Verwendung in dem angestrebten Amt zwingend ausschließen" (BVerfGK 14, 492 [496] = NVwZ 2009, 389 [ebd.]). **32**

Das Prinzip der Bestenauslese ist beeinträchtigt, wenn bei einem Bewerber im Vergleich zu einem Mitbewerber Eignung, Befähigung und fachliche Leistung fehlerhaft gewürdigt werden oder unberücksichtigt bleiben. **33**

Die Kriterien des Art. 33 II sind abschließend. Andere Gesichtspunkte dürfen als Hilfskriterien zur Beurteilung nur herangezogen werden, wenn festgestellt ist, dass die Bewerber nach Eignung, Befähigung und fachlicher Leistung gleich sind (BVerfGK 12, 284 [287] = NVwZ 2008, 69 [ebd.]), etwa die Schwerbehinderteneigenschaft (BVerwGE 86, 244 [249f.]). Solche Hilfskriterien sind dann aber an Art. 3 I–III und an Art. 33 III (hierzu Rn. 37ff.) zu messen. **34**

3. Rechtfertigung

Beeinträchtigungen des Gebots der Bestenauslese können – mangels Gesetzesvorbehalts in Art. 33 II – nur durch kollidierendes Verfassungsrecht gerechtfertigt werden (BVerwGE 122, 237 [239]). Dazu muss das kollidierende Verfassungsrecht durch ein **35**

Gesetz handhabbar gemacht werden. Sowohl diese gesetzliche Grundlage als auch die darauf beruhende konkretisierende Verwaltungsentscheidung sind an den Anforderungen des Verhältnismäßigkeitsgrundsatzes zu messen.

36 Vor diesem Hintergrund entfaltet der Auftrag der tatsächlichen Durchsetzung der Gleichberechtigung von Mann und Frau gem. Art. 3 II 2 seine Wirkung. Über die verfassungsrechtliche Zulässigkeit von Frauenquoten herrscht nach wie vor Uneinigkeit. Das BVerfG hat über die Frage noch nicht entschieden, sondern bislang lediglich festgestellt, dass „faktische Nachteile, die typischerweise Frauen treffen, wegen [...] Art. 3 II durch begünstigende Regelungen ausgeglichen werden müssen" (BVerfGE 85, 191 [207]). Der EuGH hat die Quotenregelung als unionsrechtskonform erachtet, soweit sie nicht als Automatismus, sondern unter steter Berücksichtigung der Umstände des Einzelfalls herangezogen würde (EuGH, Slg. 2000, I-1875 Rn. 23; str., vgl. auch Badura, in: MD, Rn. 32). Abgesehen davon fehlt es bislang insoweit an entsprechenden Gesetzen, um den in Rn. 35 geschilderten Anforderungen gerecht zu werden.

III. Verbot religiöser oder weltanschaulicher Ungleichbehandlung (Abs. 3)

37 Art. 33 III statuiert das Verbot religiöser und weltanschaulicher Benachteiligung (Diskriminierung). Satz 1 und 2 sind zusammen zu lesen: Zwar spricht Satz 1 nur von religiösem Bekenntnis (dazu Art. 4 Rn. 9). Der Zusammenhang mit Satz 2 ergibt jedoch, dass auch die Weltanschauung (Art. 4 ebd.) vor Diskriminierungen geschützt ist.

38 Art. 33 III gilt v. a. für den öffentlichen Dienst (Satz 1 Fall 2 und 3). Die ersten beiden Diskriminierungsverbote finden sich fast wortgleich in Art. 140 i. V. m. Art. 136 II WRV. Ähnliches folgt aus Art. 3 I i. V. m. III 1 F. 7 und 8. Für den öffentlichen Dienst ergeben sich die Diskriminierungsverbote darüber hinaus aus Art. 33 II (Rn. 27ff.). Gegenüber diesen Normen ist Art. 33 III jedenfalls in Bezug auf staatsbürgerliche Rechte und den öffentlichen Dienst die speziellere und deshalb vorrangige Vorschrift (vgl. BVerfGE 7, 155 [162] – str.). Art. 4 I, II schützt vorrangig die Glaubens*freiheit,* während Art. 33 III die „Glaubens*gleichheit*" (die Freiheit von Diskriminierungen) gewährleistet (str.).

39 Art. 33 III weist – wie Art. 33 II (Rn. 13f.) – eine objektiv-rechtliche wie auch eine subjektiv-rechtliche Dimension auf:

- In objektiv-rechtlicher Hinsicht besteht für den Staat die Pflicht zu religiös-weltanschaulicher Neutralität gegenüber (staats-)bürgerlichen und im öffentlichen Dienst erworbenen Rechten wie auch schon bei der Zulassung zum öffentlichen Dienst.

40
- In subjektiv-rechtlicher Hinsicht gewährt Art. 33 II einen individuellen Anspruch auf religiös-weltanschauliche Neutralität in den dort genannten Angelegenheiten. Dieser Anspruch ist vor den Verwaltungs- und Arbeitsgerichten durchsetzbar. Art. 33 III kann als grundrechtsgleiches Recht vor dem BVerfG mit der VB geltend gemacht werden (s. Art. 93 I Nr. 4a, § 90 I BVerfGG; Art. 93 Rn. 64ff.; BVerfGE 79, 69 [75]).

1. Schutzbereich

a) Persönlich

41 Art. 33 III ist unpersönlich formuliert und findet daher – anders als Art. 33 II – auf jedermann Anwendung. In Bezug auf die bürgerlichen Rechte (Satz 1 Fall 1) ist die Norm gem. Art. 19 III ihrem Wesen nach auch auf juristische Personen des privaten Rechts anwendbar; i. Ü. vgl. aber Rn. 16.

b) Sachlich

Art. 33 III enthält das Verbot einer Benachteiligung wegen Religion oder Weltanschauung (Rn. 37) im Hinblick auf 42
- staatsbürgerliche Rechte (Rn. 9),
- bürgerliche Rechte (das sind – im Gegensatz zu den staatbürgerlichen Rechten – alle *privat*rechtlichen Ansprüche),
- die Zulassung zu öffentlichen Ämtern (Rn. 17ff., 25f.) und
- die im öffentlichen Dienst erworbenen Rechte (Bsp.: Versorgungsbezüge, Urlaubs- und Besoldungsansprüche).

2. Beeinträchtigung: Benachteiligung

Ein Nachteil i.S.v. Art. 33 III 2 liegt nur vor, wenn die Ungleichbehandlung unmittelbar an ein religiöses Bekenntnis oder eine Weltanschauung anknüpft (BVerfGE 108, 282 [298]). Nicht der Fall ist dies etwa bei der Dienstpflicht, als Lehrer keine religiösen Symbole zu tragen, sofern diese Dienstpflicht unterschiedslos gilt (BVerfG v. 27.1.2015, 1 BvR 471/10 u.a. Rn. 128): Sie dient der Umsetzung der religiösen Neutralität des Staates (vgl. Art. 4 I, II, Art. 140 i.V.m. Art. 136f. WRV) und zielt nicht auf Diskriminierung ab. 43

3. Rechtfertigung

Religiöse oder weltanschauliche Benachteiligungen können – mangels Gesetzesvorbehalts in Art. 33 III – nur durch kollidierendes Verfassungsrecht gerechtfertigt werden (näher Rn. 35). Konfessionsgebundene Staatsämter lassen sich grds. nicht rechtfertigen. Ausnahmsweise zulässig ist dies mit Rücksicht auf Art. 7 III, Art. 140 i.V.m. Art. 137 WRV, wenn das religiöse Bekenntnis eine sachgerechte Eignungsvoraussetzung darstellt, wenn also ein Amt bekenntnisgebunden ausgestaltet ist, weil darin seine Funktionsbedingung liegt (BVerfGE 122, 89 [113]). So darf bspw. einem Theologieprofessor die Teilhabe an der akademischen Ausbildung verkürzt werden, wenn er sich öffentlich vom einschlägigen Bekenntnis lossagt. 44

IV. Funktionsvorbehalt für Beamte (Abs. 4)

Art. 33 IV hat mit der Ausübung hoheitsrechtlicher Befugnisse die staatl. „Machtentfaltung" gegenüber dem Bürger zum Gegenstand (vgl. Art. 30 Hs. 1). Diesen freiheitsrechtlich und rechtsstaatlich sehr sensiblen Bereich soll der Staat in die Hände von Beamten und Richtern legen (d.h. ihnen diese Funktion vorbehalten). 45

Art. 33 IV ist eine objektiv-rechtliche, d.h. den Staat (Bund und Länder) verpflichtende Organisationsnorm mit personalwirtschaftlichen Konsequenzen. Ein Anspruch des Einzelnen auf den Einsatz von Beamten oder auf die Umwandlung (s)eines Dienstpostens in eine Beamtenstelle korrespondiert damit nicht (BVerwG, NVwZ-RR 2001, 253 [254]; a.A. Günther, VerwArch 99 [2008], 538 [542ff.]). Denn der Funktionsvorbehalt dient dem öffentlichen Interesse an einer rechtsstaatlichen Erfüllung der Staatsaufgaben, nicht aber dem Interesse des Einzelnen. Anders als die anderen Absätze des Art. 33 enthält Abs. 4 demnach (trotz des umfassenden Verweises in Art. 93 I Nr. 4a) kein mit der VB rügefähiges grundrechtsgleiches Recht (BVerfGE 6, 376 [385]). 46

1. Hoheitsrechtliche Befugnisse

- „Hoheitliche Befugnisse" sind jedenfalls öffentlich-rechtliche Berechtigungen zu Eingriffen in Grundrechte oder andere Rechtspositionen des Einzelnen (Eingriffsverwaltung, z.B. Polizei und Finanzverwaltung). Für die rechtsprechende Gewalt gilt Art. 92 Hs. 1 als lex specialis. 47

– Auch die Leistungsverwaltung (z. B. Gewährung von Sozialleistungen oder Subventionen) fällt darunter, soweit ihr – wie häufig – besondere Grundrechtsrelevanz zukommt, sie also geeignet ist, die Freiheit oder Gleichheit des Einzelnen zu beeinträchtigen und soweit öffentlich-rechtlich gehandelt wird, insb. in Form eines VA (hier ist vieles str., näher Battis, BBG, § 4 Rn. 2ff.; Lehngut, ZBR 1991, 266 [268f.]).
– *Nicht* dazu zählt die sog. Fiskalverwaltung, also die rein erwerbswirtschaftliche oder vermögensverwaltende Tätigkeit des Staates, da hier keine hoheitlichen Befugnisse in Anspruch genommen werden (a. A. P. Kirchhof, Der Begriff der hoheitsrechtlichen Befugnisse, 1968, S. 127f.).

48 Seit langem umstr. ist der Bereich von Schule und Hochschule. Hier wird mitunter übersehen, dass insb. die Prüfungstätigkeit (Notengebung) hoheitlicher Natur und in den staatl. Bildungsauftrag aus Art. 7 I eingebettet ist. Demgegenüber hat das BVerfG argumentiert, dass Lehrer nicht schwerpunktmäßig hoheitliche Aufgaben wahrnähmen, die der besonderen Absicherung durch den Beamtenstatus bedürften (BVerfGE 119, 247 [267]). Zu überzeugen vermag diese nicht näher begründete Behauptung nicht (s. auch Leisner, ZBR 1980, 361ff.; Battis, ZBR 1995, 253ff.). Sollten Bund und Länder dazu übergehen, Lehrer und Hochschullehrer „in der Regel" (Rn. 45, 50) nicht mehr zu verbeamten, wäre dies verfassungswidrig.

2. Übertragung auf öffentlich-rechtlich Bedienstete

49 Als Rechtsfolge ordnet Art. 33 IV an, dass die Ausübung hoheitlicher Befugnisse Angehörigen des öffentlichen Dienstes zu übertragen ist, die in einem öffentlich-rechtlichen Dienst- und Treueverhältnis stehen; dies sind Beamte (Rn. 2, 17). Für Richter gilt die Sondervorschrift des Art. 92 Hs. 1.

50 Abweichungen von dieser Rechtsfolge, dem Funktionsvorbehalt für Beamte, lässt Art. 33 IV in zweifacher Hinsicht zu:
– Als nicht-ständige Aufgabe, d. h. vorübergehend, darf die Ausübung hoheitsrechtlicher Befugnisse auch anderen Personen als Beamten übertragen werden, d. h. namentlich Arbeitnehmern im öffentlichen Dienst (Rn. 2, 18).
– Der Funktionsvorbehalt gilt nur „in der Regel": In begründeten Ausnahmefällen dürfen Nicht-Beamte auch ständig mit der Ausübung hoheitsrechtlicher Befugnisse betraut werden. Ein Bsp. dafür ist die sog. Beleihung Privater (Rn. 22) mit Eingriffsrechten, etwa Piloten an Bord ihrer Flugzeuge. Voraussetzung dafür ist jedoch stets ein formelles Gesetz.

51 Von hoher praktischer Relevanz ist Art. 33 IV bei Privatisierungen von Staatsaufgaben (Art. 86 Rn. 6). Denn private Rechtsträger können nicht Dienstherren von Beamten sein (§ 2 BBG/BeamtStG). Für Teilbereiche enthält das GG Spezialregelungen (insb. Art. 87d I 2, Art. 87e III 1, Art. 87f II 1). Im Übrigen wirft die Privatisierung i. R. d. Fiskalverwaltung (Rn. 47) mangels Ausübung hoheitsrechtlicher Befugnisse wenig Probleme auf. Bereiche der Leistungsverwaltung, in denen hoheitsrechtliche Befugnisse ausgeübt werden, können privatisiert werden, wenn dies die Ausnahme bleibt, also nicht zur „Regel" i. S. v. Art. 33 IV wird. Die „klassische" Eingriffsverwaltung ist einer Privatisierung versperrt. Große Bedenken stehen daher einer Privatisierung des Strafvollzugs nach US-amerikanischem Vorbild entgegen (Gramm, VerwArch 90 [1999], 329 [343]).

V. Hergebrachte Grundsätze des Berufsbeamtentums (Abs. 5)

52 Art. 33 V sichert das Berufsbeamtentum in seiner Funktion als eine der wesentlichen Stützen des republikanischen, demokratischen und sozialen Rechtsstaats (Art. 20 I–III, Art. 28 I 1). Die Norm hat zwei Dimensionen:

– Als objektives Verfassungsrecht enthält sie eine institutionelle Garantie (Einrichtungsgarantie) sowie einen Gestaltungs- und Fortentwicklungsauftrag (vgl. BVerfGE 8, 332 [343]; 121, 205 [219f.]). Der Gesetzgeber hat den Kernbestand der Strukturprinzipien des Berufsbeamtentums zu berücksichtigen und auszuformen. In dieser Dimension ist Art. 33 V geeignet, andere Grundrechte zu beschränken (vgl. Jarass, in: JP, Rn. 43), insbesondere das Streikrecht (vgl. Rn. 59). **53**
– Betroffene können die Berücksichtigung der hergebrachten Grundsätze verwaltungsgerichtlich und als grundrechtsgleiches Recht auch mit der VB vor dem BVerfG geltend machen (vgl. BVerfGE 43, 154 [165]). **54**

1. Schutzbereich

a) Persönlich

Träger des grundrechtsgleichen Rechts aus Art. 33 V sind nur Beamte und Richter (des Bundes und der Länder), und zwar wegen des Begriffs „*Berufs*beamtentum" nur solche auf Lebenszeit (§ 6 I BBG/§ 4 I BeamtStG). Nicht darunter fallen Soldaten (BVerfGE 31, 212 [221]), ebenso wenig Arbeitnehmer im öffentlichen Dienst, Kassenärzte, Privatdozenten, Abgeordnete, Minister oder Gemeinderatsmitglieder. **55**

b) Sachlich

Hergebrachte Grundsätze des Berufsbeamtentums sind der „Kernbestand von Strukturprinzipien [...], die allgemein oder doch ganz überwiegend und während eines längeren, Tradition bildenden Zeitraums, mindestens unter der Reichsverfassung von Weimar, als verbindlich anerkannt und gewahrt worden sind" (BVerfGE 8, 332 [343]). Der verfassungsrechtliche Schutz des Art. 33 V umfasst also nicht jede einmal getroffene gesetzliche Regelung, sondern greift erst bei derart substantiellen und traditionellen Regelungen, die im Berufsbeamtentum einen institutionalisierten Status erlangt haben und somit identitätsprägend wirken. Die Rspr. des BVerfG ist hier recht kasuistisch; folgende Ausformungen sind besonders zu betonen: **56**
– *Fürsorgepflicht* des Dienstherrn: Sie „verpflichtet den Dienstherrn, den Beamten gegen unberechtigte Anwürfe in Schutz zu nehmen, ihn entsprechend seiner Eignung und Leistung zu fördern, bei seinen Entscheidungen die wohlverstandenen Interessen des Beamten in gebührender Weise zu berücksichtigen" (BVerfGE 43, 154 [165]). Die Fürsorgepflicht bezieht sich auch auf die Angehörigen und Hinterbliebenen. Eine Einzelverbürgung ist der Anspruch auf eine amtsangemessene Amtsbezeichnung (BVerfGE 38, 1 [12]). **57**
– *Alimentationspflicht* des Dienstherrn: Der Beamte hat Anspruch auf amtsangemessene Alimentation (BVerfGE 8, 1 [16ff.]), d.h. insb. auf eine „funktionsgerechte" Besoldung und Versorgung. Die Alimentation hat jedoch nicht den Charakter einer Gegenleistung für erbrachte Arbeit oder bewirkten Erfolg, wie dies beim privatrechtlichen Dienst- oder Werkvertrag (§§ 611ff., §§ 631ff. BGB) der Fall ist. Vielmehr soll sie zur Unabhängigkeit der Bediensteten in wirtschaftlicher Hinsicht beitragen. Bei der Konkretisierung der Alimentation hat der Gesetzgeber einen weiten Gestaltungsspielraum (BVerfGE 117, 330 [352f.]; 130, 263 [294]; BVerfG v. 5.5.2015, 2 BvL 17/09 Rn. 94); ein Anspruch auf eine bestimmte Besoldungshöhe oder auf Beibehaltung von Besoldungsstrukturen besteht nicht (BVerfGK 14, 548 [549] = NVwZ 2009, 447 [448]). Allerdings muss der Gesetzgeber die Bezüge der Beamten, Richter und Versorgungsempfänger anhand einer Gegenüberstellung mit bestimmten Vergleichsgruppen innerhalb und außerhalb des öffentlichen Dienstes festsetzen. Zugleich ist er verpflichtet, die Bezüge an eine positive Entwicklung der wirtschaftlichen und finanziellen Verhältnisse anzupassen (BVerfGE 130, 263 [293f.]; BVerfG v. 5.5.2015, 2 BvL 17/09 Rn. 94; VerfGH NRW, DVBl. 2014, 1059 [1061]). **58**

59 – *Treuepflicht* des Beamten: Sie korrespondiert mit der Fürsorgepflicht des Dienstherrn und enthält mehrere Einzelaspekte (Pflichten aus dem öffentlichen Amt), namentlich dass der Beamte „diesen Staat und seine Verfassung als einen hohen positiven Wert erkennt und anerkennt, für den einzutreten sich lohnt" (BVerfGE 39, 334 [348]). Die Treuepflicht dient somit der Wahrung der rechtsstaatlichen Integrität des öffentlichen Dienstes. Der Beamte soll sein Amt uneigennützig, gemeinwohlorientiert und unparteiisch ausführen; in parteipolitischen Fragen wird vom Beamten Zurückhaltung erwartet (§§ 60f. BBG, §§ 33f. BeamtStG). Die dienstliche Neutralität des Bediensteten stellt eine entscheidende Grundlage dafür dar, dass die Bürger dem Staat vertrauen können. Zur Treuepflicht gehört auch das Streikverbot (vgl. BVerfGE 44, 249 [264]); nichthoheitlich tätige Beamte (z.B. Lehrer) sollen sich allerdings auf Art. 11 I EMRK berufen dürfen, aus dem der EGMR ein Streikrecht ableitet. Solange der Bundesgesetzgeber (Art. 74 I Nr. 27) diese Kollision nicht auflöst, gilt das generelle Streikverbot für Beamte fort (BVerwGE 149, 117 [121, 124ff. Rn. 23, 30ff.]).

60 – Gebot der *Effizienz und Effektivität* der Amtstätigkeit: Dieser Gedanke kommt bereits im Gebot der Bestenauslese zum Ausdruck (Art. 33 II, Rn. 12ff.). Hinzu treten der Grds. der Hauptberuflichkeit (BVerfGE 9, 268 [286]) und die Pflicht zur Dienstleistung unter Einsatz der ganzen Persönlichkeit (Pflicht zur „vollen Hingabe", BVerfGE 71, 39 [59f.]).

61 – *Einseitige Regelungskompetenz:* Nicht nur die grundlegenden Angelegenheiten, sondern auch die einzelnen Beschäftigungsmodalitäten werden vom Staat einseitig geregelt; Privat- und Tarifautonomie stehen im Gegensatz zum Berufsbeamtentum (auch daher kein Streikrecht, Rn. 59).

62 – *Stabilitätsprinzip:* Es bietet Gewähr für die Unabhängigkeit des Beamten und somit auch für die Bindung an Recht und Gesetz (Art. 20 III Hs. 2, BVerfGE 121, 205 [220ff.]). Hierunter fallen insb. das Lebenszeitprinzip, das Laufbahnprinzip und die Beachtlichkeit der fachlichen Vorbildung (BVerfGE 70, 251 [266ff.]). Nicht vereinbar ist damit die Vergabe von Führungspositionen auf Zeit.

2. Beeinträchtigung

63 Art. 33 V richtet sich v.a. an den Gesetzgeber, der zur Regelung und Fortentwicklung des Rechts des öffentlichen Dienstes aufgerufen ist. Dabei wird die Norm beeinträchtigt, wenn der Gesetzgeber die hergebrachten Grundsätze des Berufsbeamtentums nicht berücksichtigt, also sich nicht wenigstens ernsthaft damit auseinandersetzt. Über diesen Wortlaut hinaus fordert die Rspr. sogar die Beachtung (strikte Befolgung), soweit Merkmale des Berufsbeamtentums in Rede stehen, die sich in der historischen Entwicklung herausgebildet und bewährt haben (vgl. BVerfGE 99, 300 [314f.]).

64 Art. 33 V darf hingegen nicht als verfassungsrechtlicher „Konservierungsauftrag" missverstanden werden. Die hergebrachten Grundsätze des Berufsbeamtentums unterliegen einer Weiterentwicklungsoption, solange die wesentlichen Strukturen des Beamtenleitbildes unberührt bleiben (BVerfGE 43, 154 [168]). Dies wurde durch die Anfügung der sog. Fortentwicklungsklausel in Art. 33 V („... und fortzuentwickeln") im Zuge der Föderalismusreform von 2006 nun auch im Verfassungstext zum Ausdruck gebracht.

3. Rechtfertigung

65 Unterlässt es der Gesetzgeber, die hergebrachten Grundsätze des Berufsbeamtentums zu berücksichtigen (bzw. zu beachten, Rn. 63), kann dies verfassungsrechtlich nicht gerechtfertigt werden. Andererseits lässt Art. 33 V mit Blick auf die Formulierung („unter Berücksichtigung") i.d.R. genügend Gestaltungsspielraum, um etwa widerstreitende Prinzipien oder Rechtspositionen von Verfassungsrang mit den hergebrachten Grundsätzen des Berufsbeamtentums abzuwägen.

C. Prüfungshinweise

Art. 33 I und III spielt in der Praxis und demgemäß auch in der Prüfung keine herausgehobene Rolle. Von größerer Relevanz ist jedoch Art. 33 IV und V, v. a. aber Art. 33 II. So sollte mit den Begriffen „Bestenauslese" nach Eignung, Befähigung und fachlicher Leistung, „Funktionsvorbehalt" und „hergebrachte Grundsätze des Berufsbeamtentums" vernünftig gearbeitet werden können. Details müssen freilich nicht beherrscht werden. **66**

D. Weiterführende Literatur/Leseempfehlungen

Hebeler, T., Die Pflicht zur Berücksichtigung der hergebrachten Grundsätze des Berufsbeamtentums gem. Art. 33 V GG, JA 2014, 731–736; Hellermann, J./Sievers, H., Der praktische Fall – Öffentliches Recht: Bundesrichterwahl zwischen Bestenauslese und Länderparität, JuS 2002, 998–1004; Hoffmann, J./Faßbender, K., Die verfassungsrechtlichen Grundlagen des öffentlichen Dienstrechts, JuS 2014, 597–601; Höfling, W./Burkiczak, Ch., Die Garantie der hergebrachten Grundsätze des Berufsbeamtentums unter Fortentwicklungsvorbehalt, DÖV 2007, 328–334; Hufen, F., Verfassungsrecht und Beamtenrecht: Fürsorgepflicht des Dienstherrn, JuS 2014, 569–572; ders., Verfassungsrecht und Beamtenrecht: Streikverbot, JuS 2014, 670–672; Muckel, S., Gesundheitliche Eignung eines Beamtenbewerbers – kein Beurteilungsspielraum der Behörde, JA 2014, 716–718; Remmert, B., Warum muss es Beamte geben?, JZ 2005, 53–59. **67**

Art. 34 [Haftung bei Amtspflichtverletzung]

[1]Verletzt jemand in Ausübung eines ihm anvertrauten öffentlichen Amtes die ihm einem Dritten gegenüber obliegende Amtspflicht, so trifft die Verantwortlichkeit grundsätzlich den Staat oder die Körperschaft, in deren Dienst er steht. [2]Bei Vorsatz oder grober Fahrlässigkeit bleibt der Rückgriff vorbehalten. [3]Für den Anspruch auf Schadensersatz und für den Rückgriff darf der ordentliche Rechtsweg nicht ausgeschlossen werden.

Pflichtstoff (* * * *)

Übersicht

A. Überblick

I. Normstruktur

1 Art. 34 regelt materielle und prozessuale Aspekte der Ersatzpflicht des Staates für hoheitliche Schädigungen Dritter (Sätze 1 und 3) und die Möglichkeit eines Rückgriffs gegen den Schädiger. Er bildet neben der Entschädigungspflicht nach Art. 14 III eine wesentliche Säule der Staatshaftung (dazu auch Art. 74 Rn. 74). Sie ergänzt die grundrechtlichen Abwehransprüche, deren gerichtliche Durchsetzung im Rahmen des sog. Primärrechtsschutzes durch Art. 19 IV 1 garantiert wird. Dieser wird durch den sog. Sekundärrechtsschutz ergänzt, den Art. 34 S. 1 gewährleistet.

2 Betrachtet man die Binnenstruktur des Art. 34, enthält Satz 1 die zentrale Aussage. Danach trifft den Staat die finanzielle Einstandspflicht, wenn ein Dritter durch rechtswidriges hoheitliches Handeln eines Amtswalters einen Schaden erleidet. Diese Haftungsübernahme stellt den Schädiger von einem Schadensersatzanspruch des Geschädigten frei. Allerdings lässt Satz 2 erkennen, dass der Ersatz leistende Staat den Schädiger in Anspruch nehmen kann (sog. Regress), wenn dieser vorsätzlich oder grob fahrlässig gehandelt hat. Für den Schadensersatzanspruch des Geschädigten nach Art. 34 S. 1 und den Rückgriffsanspruch des Staates nach Art. 34 S. 2 sieht Art. 34 S. 3 zwingend den ordentlichen Rechtsweg vor.

II. Prüfungsrelevanz

3 Art. 34 S. 1 hat für die juristische Ausbildung und Prüfung in Verbindung mit § 839 BGB große Bedeutung, weil sie gemeinsam die rechtliche Grundlage der Amtshaftung bilden. Der Amtshaftungsanspruch nimmt eine wichtige Stellung im Gefüge der öffentlich-rechtlichen Ersatzleistungen ein, die regelmäßig Gegenstand von verwaltungsrechtlichen Klausuren sind. Soweit es um die prozessuale Geltendmachung dieses Anspruchs geht, kommt die Regelung des Rechtswegs in Art. 34 S. 3 zum Zuge. Dagegen taucht Art. 34 S. 2 selten in juristischen Prüfungen auf. Seine Bedeutung beschränkt sich im Übrigen darauf, die anderweitig begründete Rückgriffsmöglichkeit auf vorsätzliches und grob fahrlässiges Verhalten zu begrenzen. Da diese Regressschranke häufig bereits Teil der einfachgesetzlichen Regelung ist, hat Art. 34 S. 2 meist nur deklaratorische Bedeutung.

4 **Beispiel:** Nach § 75 I 1 BBG haben Beamtinnen und Beamte, die vorsätzlich oder grob fahrlässig die ihnen obliegenden Pflichten verletzt haben, dem Dienstherrn, dessen Aufgaben sie wahrgenommen haben, den daraus entstehenden Schaden zu ersetzen.

III. Europa

1. Ersatzansprüche in der EMRK

5 Die EMRK sieht neben speziellen Ersatzansprüchen, etwa bei rechtswidriger Freiheitsentziehung (Art. 5 V), allgemein in Art. 41 eine gerechte Entschädigung der verletzten Partei durch Entscheidung des EGMR vor. Dies setzt voraus, dass zum einen die EMRK oder die Protokolle dazu verletzt worden sind und zum anderen, dass das innerstaatliche Recht nur eine unvollkommene Wiedergutmachung für die Folgen

dieser Verletzung gestattet. Weitere Einzelheiten dieses Entschädigungsanspruchs sind in Art. 60 und 75 EGMR-Verfahrensordnung geregelt.

2. Haftung der EU

Das Unionsrecht unterscheidet in Art. 340 AEUV zwischen der vertraglichen Haftung (Abs. 1) und der außervertraglichen Haftung der EU (Abs. 2). **6**

a) Vertragliche Haftung, Art. 340 I AEUV

Für die vertragliche Haftung der Union verweist Art. 340 I AEUV auf das Recht, das auf den jeweiligen Vertrag anzuwenden ist. Das gilt sowohl für privatrechtliche als auch öffentlich-rechtliche Verträge (Gellermann, in: Streinz, Art. 340 AEUV Rn. 4). Das maßgebliche Recht bestimmt sich nach den Regeln des internationalen Privatrechts. Danach kommt es primär auf den ausdrücklichen oder mutmaßlichen Willen der Parteien an. **7**

b) Außervertragliche Haftung, Art. 340 II AEUV

Deutliche Parallelen, aber auch Unterschiede zu Art. 34 S. 1 weist Art. 340 II AEUV auf. Danach ersetzt die Union im Bereich der außervertraglichen Haftung den Schaden, den ihre Organe und Bediensteten in Ausübung ihrer Amtstätigkeit verursacht haben, nach den allgemeinen Rechtsgrundsätzen, die den Rechtsordnungen der Mitgliedstaaten gemeinsam sind. Das konkrete Anforderungsprofil dieser normativ nur unvollständig festgelegten Unionshaftung haben die Unionsgerichte entwickelt. **8**

Anspruchssteller kann nach Wortlaut und Schutzzweck des Art. 340 II AEUV jede natürliche oder juristische Person einschließlich der Mitgliedstaaten sein. Anspruchsgegner ist die EU, die gem. Art. 47 EUV Rechtspersönlichkeit besitzt. Im Unterschied zu Art. 34 S. 1 begründet Art. 340 II AEUV keine mittelbare, sondern eine unmittelbare Staatshaftung. **9**

Die Haftung nach Art. 340 II AEUV besteht jedenfalls dann, wenn die Organe und Bediensteten der EU bei hoheitlicher Ausübung einer Amtstätigkeit rechtswidrig einen Schaden verursachen (EuGH, Rs. C-197/80, Slg. 1981, 3211, Rn. 18 – Ludwigshafener Walzmühle). Teilweise wird eine Haftung auch dann gefordert, wenn diese Stellen öffentliche Aufgaben in privatrechtlicher Handlungsform wahrnehmen (Detterbeck, AöR 125 [2000], 202 [210]). Folgt man dieser Auffassung, besteht ein wesentlicher Unterschied zur Amtshaftung nach § 839 BGB i.V.m. Art. 34 S. 1, die nur bei hoheitlichem Handeln eingreift. **10**

Die Haftung nach Art. 340 II AEUV kann grds. durch jedes Verhalten der Organe und Bediensteten der EU ausgelöst werden, das in unmittelbarem innerem Zusammenhang mit der Wahrnehmung von Aufgaben der EU steht (EuGH, Rs. C-9/69, Slg. 1969, 329, Rn. 5, 11 – Sayag/Leduc). Darunter fallen neben administrativem auch normatives und judikatives Handeln dieser Stellen (EuGH, Rs. C-5/71, Slg. 1971, 975, Rn. 11 – Schöppenstedt; EuGH, Rs. C-224/01, Slg. E 2003 I, 10239, Rn. 36 – Köbler). Umstritten ist, ob Art. 340 II AEUV auch bei rechtmäßigem Handeln eingreift (vgl. Gellermann, in: Streinz, Art. 340 AEUV Rn. 25). Der EuGH hat dies für die Rechtsetzung der Union abgelehnt, im Übrigen aber offen gelassen und allenfalls bei einem außergewöhnlichen und speziellen materiellen oder immateriellen Schaden in Betracht gezogen (EuGH, Rs. C-120/06, Slg. 2008 I, 6513, Rn. 175 – FIAMM; EuGH, Rs. C-414/08, Slg. 2010 I, 2559, Rn. 141 – Sviluppo). Ein Verschulden ist – anders als für die Amtshaftung – nicht erforderlich. **11**

Allerdings verlangt der EuGH für eine Haftung nach Art. 340 II AEUV, dass die verletzte Norm eine Schutznorm darstellt und die Verletzungshandlung in besonderer Weise qualifiziert ist. Für die Qualifizierung als Schutznorm reicht es aus, dass die Re- **12** gelung zumindest auch dem Schutz individueller Interessen des Geschädigten dient (EuGH, Rs. C-5/66, Slg, 1967, 332 [355] – Kampffmeyer). Strukturelle Parallelen zur Amtshaftung sind unverkennbar. Der EuGH ist jedoch bei der Annahme einer Schutznorm großzügiger als der BGH bei der Anerkennung einer drittbezogenen Amtspflicht.

13 **Beispiele:**
- Diskriminierungsverbot, Art. 18 AEUV
- Grundfreiheiten des AEUV
- Grundrechte der EU-GRCh
- Allgemeine Rechtsgrundsätze der Union wie Verhältnismäßigkeit und Vertrauensschutz
- Nicht aber: Kompetenz- und Verfahrensbestimmungen (Gellermann, in: Streinz, Art. 340 AEUV Rn. 20).

3. Haftung des Bundes oder der Länder wegen Verletzung von Unionsrecht

14 Der EuGH hat im Wege der Rechtsfortbildung eine Haftung der Mitgliedstaaten für Schäden entwickelt, die dem Einzelnen aus einer dem Staat zurechenbaren Verletzung des Unionsrechts entstehen. Zur Begründung dieses unionsrechtlich gebotenen Staatshaftungsanspruchs verweist der Gerichtshof auf den effet utile des Unionsrechts und die Pflicht zur Unionstreue (jetzt: Art. 4 III EUV). Die volle Wirksamkeit der unionsrechtlichen Bestimmungen wäre beeinträchtigt und der Schutz der durch sie begründeten Rechte gemindert, wenn der Einzelne nicht die Möglichkeit hätte, für den Fall eines Verstoßes gegen Unionsrecht durch die Mitgliedstaaten Entschädigung zu erlangen (EuGH, Rs. C-6/90, Slg. 1991 I, 5357, Rn. 33ff. – Francovich). Dies entspricht auch dem in den Rechtsordnungen der Mitgliedstaaten geltenden allgemeinen Rechtsgrundsatz, wonach „eine rechtswidrige Handlung oder Unterlassung die Verpflichtung zum Ersatz des verursachten Schadens nach sich zieht" (EuGH, Rs. C-46/93, Slg. 1996 I, 1029, Rn. 29 – Brasserie du Pêcheur).

15 Die Existenz dieser Staatshaftung hat inzwischen auch der BGH anerkannt (BGHZ 134, 30 [36]; 146, 153 [158]). Allerdings ist nicht abschließend geklärt, ob sie ein originär unionsrechtlicher Anspruch ist, der durch das nationale Haftungsrecht lediglich ergänzt wird, oder ob dieses die Grundlage der Haftung bildet und gemäß der Vorgaben des EuGH unionsrechtskonform ausgelegt und angewendet werden muss (dazu Windthorst, in: DWS, § 8 Rn. 26f.). Die Ursache für diese Diskussion hat der EuGH selbst geschaffen. In der Francovich-Entscheidung führt er zunächst aus, dass der Anspruch auf Entschädigung unmittelbar im Gemeinschaftsrecht begründet sei, und weist dann darauf hin, dass der Staat die Folgen des verursachten Schadens im Rahmen des nationalen Haftungsrechts beheben müsse (EuGH, Rs. C-6/90, Slg. 1991 I, 5357, Rn. 41f. – Francovich).

16 Den Vorzug verdient folgende Lösung: Der EuGH hat die Haftung der Mitgliedstaaten wegen Verletzung von Unionsrecht entwickelt, um dessen Wirksamkeit sicherzustellen. Im Rahmen seiner Kompetenz zur Fortbildung des Unionsrechts (Art. 19 I EUV) durfte er bindende Vorgaben für die Haftung aufstellen. Diese werden aber wegen der grundsätzlichen Zuständigkeit der Mitgliedstaaten (Art. 5 II 2 EUV) durch die Regelungen des nationalen Haftungsrechts, d.h. konkret der Amtshaftung, ergänzt. Ob diese auch im Bereich der Vorgaben des EuGH die unionsrechtlich modifizierte Haftungsgrundlage bildet oder ob insoweit unmittelbar auf die unionsrechtlichen Voraussetzungen abzustellen ist, spielt im Ergebnis keine Rolle.

17 Für die letztgenannte Lösung spricht die Rechtsklarheit. Der Anspruch setzt sich dann aus Merkmalen zusammen, die teils vom EuGH vorgegeben, teils der Amtshaftung entnommen sind. Für Letztere ist zu beachten, dass sie mit dem unionsrechtlichen Effektivitätsgebot im Einklang stehen müssen. Sie dürfen die Haftung daher nicht praktisch unmöglich machen oder wesentlich erschweren. Angesichts dieser hybriden

Struktur entzieht sich die Haftung der eindeutigen Qualifizierung als unionsrechtlich oder mitgliedstaatlich (dazu Gellermann, in: Streinz, Art. 340 AEUV Rn. 41).

B. Erläuterungen

I. Institutionelle Garantie einer Staatshaftung (Art. 34 S. 1)

Die Grundsatznorm des Art. 34 S. 1 enthält nach Wortlaut, Entstehungsgeschichte, Stellung und Zweck die institutionelle Garantie einer Staatshaftung für hoheitliches Unrecht. Die Ausformung dieser Garantie, die im Rechtsstaatsprinzip wurzelt (Art. 20 Rn. 107), ist Sache des Gesetzgebers, der dabei durch die Merkmale des Art. 34 S. 1 geleitet wird. Aus ihnen ergibt sich zugleich eine Mindestgarantie für die Staatshaftung, die nicht unterschritten werden darf. Diese Garantiewirkung umfasst nicht das Verschuldenserfordernis. Der Gesetzgeber ist also durch Art. 34 S. 1 nicht daran gehindert, eine verschuldensunabhängige Staatshaftung einzuführen oder beizubehalten. 18

Beispiele: 19
- § 1 des Staatshaftungsgesetzes des Bundes vom 16.6.1981 (BGBl. I S. 553) sah eine unmittelbare verschuldensunabhängige Staatsunrechtshaftung vor. Dieses Gesetz wurde zwar vom BVerfG für nichtig erklärt. Das geschah allerdings allein wegen der damals fehlenden Gesetzgebungskompetenz des Bundes (BVerfGE 61, 149 [174 ff.]). Dieses Hindernis ist inzwischen beseitigt worden. Art. 74 I Nr. 25 räumt dem Bund die konkurrierende Gesetzgebungskompetenz für die Staatshaftung ein. Allerdings ist ihre Nutzung an den Erforderlichkeitsvorbehalt des Art. 72 II und an die Zustimmung des Bundesrates nach Art. 74 II gebunden.
- Das Staatshaftungsgesetz der DDR sah eine unmittelbare verschuldensunabhängige Haftung für Schäden aufgrund rechtswidrigen hoheitlichen Verhaltens vor. Diese Staatshaftung gilt in einigen neuen Bundesländern fort und tritt dort neben die Amtshaftung (näher dazu Grzeszick, in: EH, Art. 34 Rn. 60 ff.).

II. Verfassungsrechtliche Grundlage der Amtshaftung (Art. 34 S. 1 i.V.m. § 839 BGB)

Über diese objektiv-rechtliche Bedeutung hinaus gewährt Art. 34 S. 1 in subjektivrechtlicher Hinsicht dem Geschädigten ein grundrechtsähnliches Recht, das aber – anders als Grundrechte und grundrechtsgleiche Rechte – nicht mittels Verfassungsbeschwerde durchgesetzt werden kann. 20

1. Amtshaftungsanspruch aus § 839 BGB i.V.m. Art. 34 S. 1

Dieses verfassungsrechtliche Schutzdefizit wird auf einfachgesetzlicher Ebene durch § 839 BGB kompensiert. Er bildet gemeinsam mit Art. 34 S. 1 die einheitliche rechtliche und somit unmittelbar verbindliche Grundlage des Amtshaftungsanspruchs, der gem. Art. 34 S. 3 vor den ordentlichen Gerichten durchgesetzt werden kann. 21

Beispiel: Verletzt ein Polizist bei seiner Dienstausübung rechtswidrig und schuldhaft einen Passanten, kann dieser vom Land als dem Träger der Polizei Schadensersatz aufgrund § 839 BGB i.V.m. Art. 34 S. 1 verlangen. 22

2. Zusammenwirken von § 839 BGB und Art. 34 S. 1

a) Unterschiede zwischen diesen Normen

Schon auf den ersten Blick fallen die ungewöhnlichen, nur entstehungsgeschichtlich zu erklärenden Unterschiede zwischen § 839 BGB und Art. 34 S. 1 ins Auge. Sie betreffen: 23
- den Entstehungszeitpunkt: § 839 BGB: 1.1.1900; Art. 34 S. 1: 23.5.1949

– den Rang innerhalb der Normenhierarchie: § 839 BGB: förmliches Bundesgesetz; Art. 34 S. 1: Verfassungsnorm
– die Rechtsnatur: § 839 BGB: Privatrecht; Art. 34 S. 1: öffentliches Recht.

24 Diese Diskrepanzen haben eine kontroverse Diskussion hinsichtlich der rechtlichen Konstruktion und Struktur der Amtshaftung ausgelöst, die insbesondere die Anspruchsvoraussetzungen, den Anspruchsinhalt und den Anspruchsverpflichteten beeinflusst. Die Unklarheiten beginnen bereits bei der Frage, wie § 839 BGB und Art. 34 S. 1 im Rahmen der Amtshaftung zusammenwirken.

b) Haftungsbegründung und Haftungsüberleitung

25 Eine vor allem historisch begründete, wohl noch herrschende Rechtsauffassung qualifiziert § 839 BGB als deliktische Anspruchsnorm, während Art. 34 S. 1 als verfassungsrechtliche Zurechnungs- und Haftungsüberleitungsnorm angesehen wird. Die dort angesprochene Verantwortlichkeit wird durch die Merkmale des § 839 BGB ausgefüllt. Danach beruht die Amtshaftung auf dem Konstruktionsprinzip, dass die durch die Merkmale des § 839 BGB begründete persönliche Haftung des Schädigers bei hoheitlichem Handeln durch Art. 34 S. 1 verfassungskräftig vom Staat übernommen wird (BVerfGE 61, 149 [198]). Das führt nicht nur zu einer Auswechslung des Haftungsverpflichteten, sondern auch zu einer Haftungsbefreiung des Schädigers.

c) Haftungsmodifizierung und Haftungsergänzung

26 Die eindimensionale Formel „Haftungsbegründung und Haftungsüberleitung" bildet das ebenso komplexe wie komplizierte Zusammenwirken von § 839 BGB und Art. 34 S. 1 nicht sachgerecht ab. Ausgangspunkt für dessen Durchleuchtung ist schon wegen seines höheren Rangs der Art. 34 S. 1 GG. Er entfaltet im Rahmen der Amtshaftung eine Doppelfunktion:

27 Art. 34 S. 1 wiederholt einerseits einzelne Tatbestandsmerkmale des § 839 BGB, etwa die Drittbezogenheit der verletzten Amtspflicht, beauftragt den Gesetzgeber zu ihrer Ausgestaltung und sichert zugleich den Kerngehalt dieser Merkmale verfassungsrechtlich ab. Hierin spiegelt sich seine dirigistische Kraft als Verfassungsauftrag und Einrichtungsgarantie wider.

28 Andererseits entfaltet Art. 34 S. 1 eigenständige konturierende Wirkung hinsichtlich einzelner Haftungsvoraussetzungen, sofern sie in § 839 BGB abweichend geregelt sind. Das wird anhand der Person des Schädigers deutlich: § 839 BGB spricht insoweit von „Beamter" und meint damit nach dem eindeutigen Willen des Gesetzgebers einen Beamten im statusrechtlichen Sinne. Dagegen verwendet Art. 34 S. 1 die Formulierung „jemand in Ausübung eines ihm anvertrauten öffentlichen Amtes". Er stellt somit nicht auf den Status des Handelnden, sondern auf die Art des Handelns, d.h. die wahrgenommene Funktion ab.

29 Die Auflösung des Konflikts zwischen diesen Merkmalen gelingt mit Hilfe des Vorrangs der Verfassung gegenüber den formellen Gesetzen. Dieser in Art. 20 III Hs. 1 angelegte Grundsatz (Art. 20 Rn. 115ff.) ist nicht nur eine Kollisionsregel, sondern verlangt im Vorfeld eine verfassungskonforme Gesetzesauslegung. Sie erfolgt in der Weise, dass es für das in § 839 I 1 BGB genannte Merkmal „Beamter" im Rahmen der Amtshaftung nicht auf den Status, sondern auf die ausgeübte Funktion ankommt. Das Merkmal nimmt auf diese Weise die Vorgaben des Art. 34 S. 1 für die Person des Handelnden auf. Ob dieses Vorgehen sich noch in den Grenzen einer zulässigen verfassungskonformen Auslegung hält, scheint angesichts des eindeutig abweichenden Willens des Gesetzgebers bei Erlass des § 839 BGB fraglich. Jedenfalls hat das Ergebnis dieses Kunstgriffs eine einprägsame Bezeichnung erhalten: „Beamter im haftungsrechtlichen Sinne oder schlicht Amtswalter."

Das Zusammenspiel zwischen § 839 BGB und Art. 34 S. 1 im Rahmen der Amtshaftung ist aber nicht eindimensional, sondern gleicht zwei kommunizierenden Röhren, die sich ergänzen, sofern keine Kollision zwischen einzelnen Normelementen in der dargelegten Art vorliegt. Art. 34 S. 1 eröffnet dem Gesetzgeber einen Spielraum für ergänzende Regelungen. Dies gilt zum einen, wenn Art. 34 S. 1 einzelne Voraussetzungen der Haftung, etwa das Verschuldenserfordernis, offen gelassen oder Ausnahmen zugelassen hat. Die überschießenden Teile des § 839 BGB reichern den Regelungsgehalt der Amtshaftung an, ohne freilich verfassungskräftig abgesichert zu sein. **30**

Beispiele: **31**
- Die Anspruchsvoraussetzung eines schuldhaften Handelns des Amtswalters folgt aus § 839 I 1 BGB, der Art. 34 S. 1 insoweit ergänzt.
- Die Möglichkeit einer gesetzlichen Einschränkung der Amtshaftung, wie sie z. B. in dem Verweisungsprivileg des § 839 I 3 BGB vorgesehen ist, ergibt sich aus dem Begriff „grundsätzlich" in Art. 34 S. 1, der für solche Regelungen eine Öffnungsklausel darstellt.

3. Merkmale der Amtshaftung

Die Merkmale der Amtshaftung prägen die Struktur dieses Anspruchs und sind zugleich die Quelle mancher Ungereimtheiten (Rn. 23 ff.). **32**

§ 839 BGB i. V. m. Art. 34 S. 1 begründen eine
- ausschließliche Haftung: Nur der Staat haftet, während der Schädiger im Außenverhältnis gegenüber dem Geschädigten von einer Haftung freigestellt wird, also von diesem nicht kumulativ in Anspruch genommen werden kann; der Staat kann aber in den Grenzen des Art. 34 S. 2 vom Schädiger Regress verlangen.
- mittelbare Haftung: Die Haftungsvoraussetzungen müssen in der Person des Handelnden vorliegen, während der Staat die so begründete Haftung bei hoheitlicher Tätigkeit übernimmt;
- subsidiäre Haftung: Das folgt aus dem Verweisungsprivileg des § 839 I 2 BGB;
- verschuldensabhängige Unrechtshaftung: Die Amtshaftung setzt rechtswidriges Handeln voraus, ist also eine Unrechtshaftung. Das folgt aus dem Merkmal der Amtspflichtverletzung, das in Art. 34 S. 1 und in § 839 I 1 BGB verankert ist. Dagegen ergibt sich das Verschuldenserfordernis allein aus § 839 I 1 BGB;
- deliktischer Schadensersatzanspruch: Diese Einordnung resultiert aus der Stellung und Funktion des § 839 BGB. Sie ist insbesondere für Art und Umfang des zu ersetzenden Schadens wichtig, für die die §§ 249 ff. BGB gelten.

Anhand dieser Qualifizierung werden die strukturellen Defizite des Amtshaftungsanspruchs sichtbar: **33**
- die primäre Ausrichtung auf das Innenverhältnis zwischen Amtswalter und Dienstherr, die vor allem bei einer Einschaltung von Privatpersonen und bei Verstößen gegen Innenrecht Zurechnungsprobleme bereitet;
- die Privilegierung des Staates durch Schutzklauseln, etwa § 839 I 2 BGB, die ursprünglich auf den handelnden Beamten zugeschnitten waren und infolge der Haftungsübernahme durch den Staat sachlich kaum mehr zu rechtfertigen sind;
- das Festhalten am Verschuldensprinzip, was bei hoheitlich zugefügtem Staatsunrecht schon aus rechtsstaatlichen Gründen fragwürdig erscheint.

III. Verfassungsrechtliche Begrenzung des haftungsrechtlichen Rückgriffsrechts (Art. 34 S. 2)

Art. 34 S. 2 begründet kein Rückgriffsrecht des Staates gegenüber dem Schädiger, wenn er dem Geschädigten nach § 839 BGB i. V. m. Art. 34 S. 1 Schadensersatz geleistet hat. Die Bedeutung dieser Verfassungsnorm besteht vielmehr darin, die haftungsrechtliche Regressmöglichkeit auf vorsätzliches und grob fahrlässiges Handeln zu **34** beschränken. Das schützt den Amtswalter vor einer mittelbaren finanziellen Inanspruchnahme für Schäden, die er durch hoheitliches Handeln fahrlässig verursacht hat.

35 **Beispiel:** Verletzt der Polizist P bei der Verfolgung eines Einbrechers fahrlässig einen unbeteiligten Dritten, kann das Land für den im Rahmen der Amtshaftung geleisteten Ersatz keinen Rückgriff bei P nehmen, weil Art. 34 S. 2 dies zwingend ausschließt.

IV. Verfassungskräftige Rechtswegzuweisung (Art. 34 S. 3)

36 Nach Art. 34 S. 3 darf für Ansprüche auf Schadensersatz und für den Rückgriff der ordentliche Rechtsweg nicht ausgeschlossen werden. Das betrifft den Amtshaftungsanspruch nach § 839 BGB i.V.m. Art. 34 S. 1 und die in Art. 34 S. 2 angesprochenen Rückgriffsansprüche. Für sie muss der Gesetzgeber den ordentlichen Rechtsweg, d.h. den Rechtsweg zu den Zivilgerichten, vorsehen. Das ist für Amtshaftungsansprüche in § 40 II 1 VwGO geschehen („Schadensersatzansprüche aus der Verletzung öffentlich-rechtlicher Pflichten"). Im Übrigen kann aber für die Frage des Rechtswegs auch unmittelbar auf Art. 34 S. 3 zurückgegriffen werden. Seine Bedeutung für den Gesetzgeber liegt vor allem darin, dass dessen Gestaltungsfreiheit eingeschränkt wird, d.h. er darf für diese Ansprüche keinen anderen als den ordentlichen Rechtsweg vorsehen.

37 Die konkreten Auswirkungen dieser Begrenzung werden anhand von § 17 II GVG deutlich, der gem. § 173 VwGO auch im Verwaltungsprozess anzuwenden ist. Danach ist von dem Grundsatz auszugehen, dass das Gericht des zulässigen Rechtsweges den Rechtsstreit unter allen in Betracht kommenden rechtlichen Gesichtspunkten entscheidet (Satz 1). Das vermeidet eine Aufspaltung des Rechtswegs und ist aus prozessökonomischen Gründen sinnvoll. Allerdings kann sich § 17 II 1 GVG nicht gegen Art. 34 S. 1 durchsetzen (vgl. Art. 20 III Hs. 1). Deshalb hebt § 17 II 2 GVG ausdrücklich hervor, dass Art. 14 III 4 und Art. 34 S. 3 unberührt bleiben. Erhebt der Geschädigte in einer staatshaftungsrechtlichen Situation Klage zu den Verwaltungsgerichten, dürfen diese nicht über den Amtshaftungsanspruch entscheiden. In diesen Fällen kommt es also doch zu einer unerwünschten Aufspaltung des Rechtswegs.

C. Weiterführende Literatur/Leseempfehlungen

38 Armbrüster, C./Kämmerer, J.A., Verjährung von Staatshaftungsansprüchen wegen fehlerhafter Richtlinienumsetzung, NJW 2009, 3601–3605; Badura, P., Die Gesetzgebungskompetenz des Bundes für das Staatshaftungsgesetz, NJW 1981, 1337–1341; Bettermann, K.A., Rechtsgrund und Rechtsnatur der Staatshaftung, DÖV 1954, 299–305; Brüning, C., Staatshaftung bei überlanger Dauer von Gerichtsverfahren, NJW 2007, 1094–1099; Burger, S., Zur Passivlegitimation im europäischen Staatshaftungsrecht – Unter besonderer Berücksichtigung der Anwendung unionsrechtswidriger Normen, DVBl. 2012, 207–216; Cremer, H.-J., Staatshaftung für den Verlust von Bankeinlagen – LG Bonn, NJW 2000, 815, JuS 2001, 643–649; Dederer, H.-G., Regreß des Bundes gegen ein Land bei Verletzung von EG-Recht, NVwZ 2001, 258–265; Detterbeck, S., Staatshaftungsrecht, JuS 2003, 1003–1007; Durner, W., Grundfälle zum Staatshaftungsrecht, JuS 2005, 793–797; Frenz, W./Götzkes, V., Die gemeinschaftsrechtliche Staatshaftung, JA 2009, 759–769; Greim, J./Michl, F., Grundfälle zur Staatshaftung im Baurecht, Jura 2012, 373–379; Haack, S., Entschädigungspflichtige Grundrechtseingriffe außerhalb des Eigentumsschutzes, DVBl. 2010, 1475–1483; Hartmann, B.J., Amtshaftung, JA 2014, 401–407; Jarass, H.D., Haftung für die Verletzung von EU-Recht durch nationale Organe und Amtsträger, NJW 1994, 881–886; Koenig, C./Braun, J.-D., Rückgriffsansprüche des Bundes bei einer Haftung für Verstöße der Bundesländer gegen Gemeinschaftsrecht, NJ 2004, 97–103; Koranyi, J., Referendarexamensklausur – Öffentliches Recht: Allgemeines Verwaltungsrecht und Staatshaftungsrecht – Fehlgeschlagene Vollzugslockerung, JuS 2013, 823–828; Kümper,

B., Zur Drittgerichtetheit von Amtspflichten bei der Verletzung staatlicher Kontroll- und Überwachungspflichten, DVBl. 2013, 1022–1030; Muckel, S., Keine Amtshaftung der Gemeinde wegen zu Unrecht verweigerten Einvernehmens, JA 2013, 319–320; Ossenbühl, F., Zum Amtshaftungsanspruch bei Bürgschaftsübernahme durch einen Bürgermeister, JZ 2001, 99–101; ders., Staatshaftung bei überlangen Gerichtsverfahren, DVBl. 2012, 857–861; Sauer, H., Staatshaftungsrecht, JuS 2012, 695–699, 800–805; Schladebach, M., Staatshaftung für Flugverbote, NVwZ 2010, 1468–1472; Schlaeger, C., Amtspflichtverletzung durch richterliche Tätigkeit, NJW 2001, 3244; Singbartl, J./Wehowsky, C., Amtshaftung bei der Verweigerung des gemeindlichen Einvernehmens in der jüngeren Rechtsprechung des BGH, NVwZ 2013, 1525–1529; Windthorst, K., Die Amtshaftung (Teil I–III), JuS 1995, 791–796, 892–897, 992–998; Wittreck, F., Der Amtshaftungsanspruch nach Art. 34 S. 1 GG/§ 839 I 1 BGB, Jura 2013, S. 1213–1225.

Art. 35 [Rechts- und Amtshilfe]

(1) **Alle Behörden des Bundes und der Länder leisten sich gegenseitig Rechts- und Amtshilfe.**

(2) [1] **Zur Aufrechterhaltung oder Wiederherstellung der öffentlichen Sicherheit oder Ordnung kann ein Land in Fällen von besonderer Bedeutung Kräfte und Einrichtungen des Bundesgrenzschutzes zur Unterstützung seiner Polizei anfordern, wenn die Polizei ohne diese Unterstützung eine Aufgabe nicht oder nur unter erheblichen Schwierigkeiten erfüllen könnte.** [2] **Zur Hilfe bei einer Naturkatastrophe oder bei einem besonders schweren Unglücksfall kann ein Land Polizeikräfte anderer Länder, Kräfte und Einrichtungen anderer Verwaltungen sowie des Bundesgrenzschutzes und der Streitkräfte anfordern.**

(3) [1] **Gefährdet die Naturkatastrophe oder der Unglücksfall das Gebiet mehr als eines Landes, so kann die Bundesregierung, soweit es zur wirksamen Bekämpfung erforderlich ist, den Landesregierungen die Weisung erteilen, Polizeikräfte anderen Ländern zur Verfügung zu stellen, sowie Einheiten des Bundesgrenzschutzes und der Streitkräfte zur Unterstützung der Polizeikräfte einsetzen.** [2] **Maßnahmen der Bundesregierung nach Satz 1 sind jederzeit auf Verlangen des Bundesrates, im übrigen unverzüglich nach Beseitigung der Gefahr aufzuheben.**

Pflichtstoff (**)

Übersicht

A. Überblick

I. Normstruktur

1 Art. 35 regelt als Ausdruck der Einheit des Staatsorganismus und in Konkretisierung des Bundesstaatsprinzips die Beistandspflichten zwischen verschiedenen Behörden (BVerfGE 7, 183 [190]). Während Art. 35 I bestimmt, dass sich Bundes- und Landesbehörden grds. Amtshilfe zu leisten haben, regeln Art. 35 II und III spezielle Fälle der Zusammenarbeit. Nach Abs. 2 können Länder in Gefahrsituationen Kräfte des Bundesgrenzschutzes (heute: Bundespolizei), der Polizei oder der Verwaltungen anderer Länder sowie die Streitkräfte anfordern. Abs. 3 normiert, dass die Bundesregierung jene Kräfte zur Abwehr einer länderübergreifenden Notsituation anweisen kann.

II. Prüfungsrelevanz

2 Zwar kommt dem Art. 35 grds. keine große Prüfungsrelevanz in der juristischen Ausbildung zu. Aktuelle Bedeutung erlangt er allerdings infolge von zwei wichtigen Entscheidungen des BVerfG. Sie betreffen zum einen den Inlandseinsatz der Bundeswehr. Das Plenum des Gerichts entschied am 3.7.2012, dass Art. 35 II 2 und III eine Verwendung spezifisch militärische Waffen beim Einsatz der Streitkräfte im Inland nicht generell ausschließen (BVerfGE 132, 1 [9 Rn. 24ff.]; teilweise anders noch BVerfGE 115, 118 [Luftsicherheitsgesetz]; zu den Abweichungen Rn. 22f.). Zum anderen hat das BVerfG am 20.3.2013 die Regelungen des § 13 III 2 und 3 LuftSiG, welche die Zuständigkeit zur Entscheidung über einen Einsatz nach Art. 35 III betreffen, als mit dieser Verfassungsnorm unvereinbar und nichtig erklärt (BVerfGE 133, 241 [259ff., Rn. 47ff.]).

III. Europa

3 Das Bedürfnis nach grenzüberschreitender Gerichts- und Verwaltungsarbeit ist in den letzten Jahrzehnten infolge der fortschreitenden Internationalisierung und Europäisierung stetig gewachsen, sodass die Rechts- und Amtshilfe inzwischen zu einem grenzüberschreitenden Anliegen geworden ist. Zwar fehlt auf europäischer Ebene eine allgemeine und umfassende, dem Art. 35 II vergleichbare Regelung der Amts- und Rechtshilfe im Primärrecht der EU, Teilregelungen finden sich jedoch etwa in Art. 105 I AEUV für die Wettbewerbsaufsicht, in Normen des auf Grundlage von Art. 337 AEUV ergangenen Sekundärrechts sowie in Art. 338 AEUV. Im Übrigen lässt sich als Anknüpfungspunkt zur Begründung von Amts- und Rechtshilfepflichten zwischen Mitgliedstaaten und Organen der EU der Grundsatz der Unionstreue (Art. 4 III EUV) heranziehen (Bauer, in: Dreier, Art. 35 Rn. 6, 8).

B. Erläuterungen

I. Rechts- und Amtshilfe (Abs. 1)

4 Art. 35 I ermächtigt und verpflichtet grds. alle Behörden zur gegenseitigen Rechts- und Amtshilfe. Wegen des rein formellen Charakters (BVerwGE 38, 336 [340]; 50, 301 [310]) lässt sich aus Art. 35 I selbst nicht der konkrete Umfang der geschuldeten Amtshilfe entnehmen. Dieser ergibt sich allerdings in der Regel aus dem konkreten Amtshilfeersuchen oder aus rechtlichen Regelungen, welche den Art. 35 I materiell ausfüllen (Erbguth, in: Sachs, Art. 35 Rn. 18). Als Spezialregelung zur Kompetenzverteilung zwischen Bund und Ländern nach Art. 30 i.V.m. Art. 70ff. gilt Art. 35 I nur

im Verhältnis zwischen Bundes- und Landesbehörden, nicht aber zwischen Bundesbehörden und zwischen Behörden desselben Landes (so Pieroth, in: JP, Art. 35 Rn. 1; a. A. Erbguth, in: Sachs, Art. 35 Rn. 5).

Dem Bürger steht aufgrund der formellen Natur des Amtshilfeverhältnisses grds. kein Anspruch darauf zu, dass eine Behörde um Amtshilfe ersucht oder die angerufene Behörde tatsächlich Amtshilfe leistet (BVerwGE 127, 1 [27 f.]). Allerdings kann das Unterlassen Rechte Dritter beeinträchtigen, wenn eine Handlungspflicht besteht. Allein zulässig ist nach Art. 35 I eine gegenseitige Unterstützung der beteiligten Behörden bei der Wahrnehmung öffentlicher Aufgaben. Mangels materiellen Regelungsgehalts dürfen aber weder die Kompetenzen anderer staatlicher Stellen noch die Rechte Privater durch Art. 35 I beeinträchtigt werden (VerfGH NRW, DÖV 1961, 183). Auch eine (immanente) Grundrechtseinschränkung durch Art. 35 I ist nicht zulässig. Erforderlich ist insoweit vielmehr aufgrund des Vorbehalts des Gesetzes eine „Ergänzung durch einfachgesetzliche Befugnisnormen“ (Erbguth, in: Sachs, Art. 35 Rn. 27). **5**

Unter Behörden i. S. d Art. 35 sind neben Verwaltungsbehörden auch Behörden der rechtsprechenden und der gesetzgebenden Gewalt zu verstehen (Pieroth, in: JP, Art. 35 Rn. 3). **6**

Beispiele: **7**
- Gemeindeverwaltungen und Landratsämter
- Bundestagsverwaltung (Gubelt, in: MK, Art. 35 Rn. 3)
- Bundesversicherungsanstalt für Angestellte.

Gegenbeispiele: Keine Behörden i. S. d. Art. 35 I sind:
- Kirchen, soweit sie keine staatliche Gewalt ausüben (BVerwG, DÖV 1972, 720 [721]; Magen, in: UC, Art. 35 Rn. 9)
- Parteien (BVerwGE 32, 333 [336 f.]).

Rechts- und Amtshilfe bezeichnet das kompetenz- und zuständigkeitsübergreifende Hilfeleisten zwischen Behörden, sofern weder ein Weisungsverhältnis besteht noch eine Delegation, eine Organleihe oder ein Mandat vorliegen. Zudem darf es sich nicht um ein regelmäßiges, sondern nur um ein ausnahmsweises und punktuelles Zusammenwirken handeln (BVerfG [K], NVwZ 2011, 1254 [1255]; Pieroth, in: JP, Art. 35 Rn. 4). Die Hilfeleistung muss zur rechtmäßigen Aufgabenerfüllung erforderlich sein und darf nicht als Gegenstand einer sondergesetzlichen Aufgabenzuweisung derart verselbstständigt sein, dass sie nur im Rahmen eines speziell dafür vorgesehenen Verfahrens ausgeübt werden darf (v. Danwitz, in: MKS, Art. 35 Rn. 20, 22). **8**

Um eine Verletzung der Pflicht zur eigenverantwortlichen Aufgabenerfüllung der unterstützten Behörde zu vermeiden, ist für die wirksame Verpflichtung einer Behörde nach Art. 35 I stets ein ausdrückliches Ersuchen einer anderen Behörde vorauszusetzen. Weder die aufgedrängte Amtshilfe noch die sog. Spontanhilfe sind nach Art. 35 I zulässig (Erbguth, in: Sachs, Art. 35 Rn. 15; a. A. zur Spontanhilfe Schlink, Die Amtshilfe, S. 220 f.). **9**

Ob Amtshilfe oder Rechtshilfe vorliegt, hängt nach h. M. von der funktionellen Einordnung der ersuchten Behörde ab. Wird demnach ein Gericht ersucht, richterliche Handlungen vorzunehmen, spricht man von Rechtshilfe, ansonsten von Amtshilfe (Epping, in: EH, Art. 35 Rn. 5). **10**

Neben der Überlassung von Sach- und Personalmitteln kann insb. auch die Informationsübermittlung Gegenstand der Amts- und Rechtshilfe sein (Gubelt, in: MK, Art. 35 Rn. 10). **11**

Beispiele: **12**
- Zeugenvernehmung
- Heranziehung von Akten zu Beweiszwecken
- Vollstreckungen, Ladungen, Zustellungen (§§ 160 ff. GVG)

- Auskunftserteilungen
- Gewähren von Akteneinsicht.

II. Hilfe in besonderen Gefahrenlagen (Abs. 2)

1. Gesteigerte Amtshilfe (Abs. 2 S. 1)

13 Nach Art. 35 II kann ein Land für den Fall einer Bedrohung seiner öffentlichen Sicherheit oder Ordnung Kräfte und Einrichtungen des Bundesgrenzschutzes (heute: Bundespolizei) zur Unterstützung seiner Polizei anfordern, wenn die Polizeibehörden ohne diese Unterstützung eine Aufgabe nicht oder nur unter erheblichen Schwierigkeiten erfüllen können (Pieroth, in: JP, Art. 35 Rn. 6).

14 Der Begriff der öffentlichen Sicherheit erfasst dabei sowohl die Unversehrtheit der Rechtsordnung und der grundlegenden Einrichtungen des Staates als auch die Unversehrtheit von Individualrechtsgütern wie Freiheit, Leib, Leben und Eigentum. Unter öffentlicher Ordnung ist demgegenüber die Gesamtheit aller ungeschriebenen Regeln zu verstehen, deren Beachtung durch den Einzelnen unerlässliche Voraussetzung für ein geordnetes staatsbürgerliches Zusammenleben ist (vgl. v. Danwitz, in: MKS, Art. 35 Rn. 60).

15 Über das Ersuchen des Landes, welches sich sowohl auf Kräfte als auch auf Einrichtungen, d. h. sächliche Mittel, beziehen kann (Hömig, in: ders., Art. 35 Rn. 6), entscheidet gem. § 11 III BPolG grds. das Bundesministerium des Inneren. Sofern nicht eine Verwendung der Bundespolizei für Bundesaufgaben (§ 11 IV 1 BPolG) oder zur Gewährleistung der öffentlichen Sicherheit in einem anderen Land dringender ist, muss dem Gesuch entsprochen werden. Gemäß § 11 II 1 BPolG richten sich die Befugnisse der Bundespolizei im Rahmen ihres Einsatzes allein nach dem jeweiligen Landesrecht. Zudem unterliegt sie der fachlichen Weisung des Landes, § 11 II 2 BPolG, das auch die Kosten zu tragen hat, die der Bundespolizei durch den Einsatz entstehen, § 11 IV 3 BPolG.

2. Regionaler Katastrophennotstand (Abs. 2 S. 2)

16 Im Falle eines regionalen Katastrophennotstandes, d. h. der Gefährdung eines Landes durch eine Naturkatastrophe oder einen besonders schweren Unglücksfall, kann das Land nach Art. 35 II 2 neben Polizeikräften anderer Länder, Kräften und Einrichtungen anderer Verwaltungen und der Bundespolizei auch die Streitkräfte anfordern. Naturkatastrophen sind dabei unmittelbar drohende Gefahrenzustände oder Schädigungen von erheblichem Ausmaß, die durch Naturereignisse ausgelöst werden (VMBl. 2008, S. 2, Abschn. A, Nr. 2).

17 **Beispiele:**
- Erdbeben
- Hochwasser
- Wald- und Großbrände durch Blitzeinschlag oder Selbstentzündung
- Massenerkrankungen.

18 Besonders schwere Unglücksfälle sind Schadensereignisse von großem Ausmaß und von erheblicher Bedeutung für die Öffentlichkeit, die durch Unfälle, technisches oder menschliches Versagen ausgelöst oder von Dritten absichtlich herbeigeführt werden (VMBl. 2008, S. 2, Abschn. A, Nr. 3). Es muss sich um ein Ereignis „von katastrophischer Dimension" handeln. Hierfür genügt es nicht, dass ein Land eine Gefahrensituation nicht mittels seiner Polizei beherrschen kann. Auch von nichtstaatlichen Angreifern ausgehende innere Unruhen sowie von einer demonstrierenden Menschenmenge ausgehende Gefahren für Menschen und Sachen stellen keinen schweren Unglücksfall i. d. S. dar. Vielmehr muss eine ungewöhnliche Ausnahmesituation vorliegen (BVerfGE 132, 1 [16 Rn. 43]).

Beispiele: 19
- Besonders schwere Verkehrsunfälle
- Schwere Flugzeug- oder Eisenbahnunglücke
- Großbrände durch Brandstiftung
- Unfälle in Industrieanlagen mit giftigen Stoffen oder Unfälle in Kernenergieanlagen.

Ausreichend ist, dass ein Gefahreneintritt unmittelbar droht, d.h. das schädigende Ereignis mit an Sicherheit grenzender Wahrscheinlichkeit eintritt, wenn nicht rechtzeitig eingegriffen wird (BVerfGE 115, 118 [144f.]; 132, 1 [18f. Rn. 47]; s. auch BVerfGE 133, 241 [263f. Rn. 65ff.]). 20

In seinem Urteil v. 15.2.2006 zum Luftsicherheitsgesetz (BVerfGE 115, 118) entschied der Erste Senat des BVerfG, dass die eingesetzten Kräfte nur zur Vornahme solcher Handlungen befugt seien, die auch vom unterstützten Land getroffen werden könnten, es mithin nicht zu einer Erweiterung der Kompetenzen insb. durch den Einsatz der Streitkräfte komme. Der Erste Senat führte dazu aus: „Sie [die eingesetzten Hilfsmittel] können nicht von qualitativ anderer Art sein als diejenigen, die den Polizeikräften der Länder für die Erledigung ihrer Aufgaben originär zur Verfügung stehen. Das bedeutet, dass die Streitkräfte, wenn sie nach Art. 35 II 2 auf Anforderung eines Landes ‚zur Hilfe' eingesetzt werden, zwar die Waffen verwenden dürfen, die das Recht des betreffenden Landes für dessen Polizeikräfte vorsieht. Militärische Kampfmittel, beispielsweise die Bordwaffen eines Kampfflugzeugs, wie sie für Maßnahmen nach § 14 Abs. 3 LuftSiG benötigt werden, dürfen aber nicht zum Einsatz gebracht werden" (BVerfGE 115, 118 [146f.]). 21

Von dieser Auffassung ist das BVerfG in seiner Plenarentscheidung vom 3.7.2012 (BVerfGE 132, 1) teilweise abgerückt. Nach dieser neuen Entscheidung ist bei einem Einsatz der Streitkräfte nach Art. 35 II 2 und III die Verwendung spezifisch militärischer Waffen nicht von vornherein ausgeschlossen. Dieser ist jedoch, um eine Umgehung der strikten Begrenzungen des Einsatzes der Streitkräfte im Inneren nach Art. 87a IV auszuschließen, an enge Voraussetzungen zu knüpfen (BVerfGE 132, 1 [9 Rn. 24]). Bei der Anwendung und Auslegung der Voraussetzungen für einen solchen Einsatz der Streitkräfte nach Art. 35 II 2 und III sind mithin der Zweck des Art. 87a II und das Verhältnis zu Art. 87a IV zu berücksichtigen (BVerfG, a.a.O., Rn. 41). Eine enge Grenze zieht demnach das Tatbestandsmerkmal des besonders schweren Unglücksfalls (s. Rn. 18ff.). Darüber hinaus hat die Regelung der Abwehr innerer Unruhen, die von nichtstaatlichen Angreifern ausgehen, ihren Platz in Art. 87a IV i.V.m. Art. 91 gefunden, die grds. eine Sperrwirkung für den Einsatz der Streitkräfte nach anderen Bestimmungen entfalten (BVerfG, a.a.O., Rn. 45). 22

Eine weitere Abweichung von der in BVerfGE 115, 118 vertretenen Meinung betrifft die Gesetzgebungsbefugnis des Bundes für solche Normen, die den Einsatz der Streitkräfte im Katastrophennotstand regeln. Während der Erste Senat in BVerfGE 115, 118 noch von einer Gesetzgebungskompetenz des Bundes aus Art. 35 II 2 und III ausging (BVerfGE 115, 118 [140f.]), hat das Plenum nun klargestellt, dass unter Beachtung des Wortlauts der Art. 35 II und III und des Systems der föderalen Zuständigkeitsordnung nach Art. 70ff. die Gesetzgebungsbefugnis des Bundes sich nicht aus Art. 35 II und III ergibt, sondern allein nach den Art. 70ff. zu bestimmen ist. Dem Bund steht dabei für solche Rechtsgebiete, für die er Gesetzgebungszuständigkeit nach diesen Vorschriften hat, „als Annexkompetenz auch die Gesetzgebungsbefugnis für die damit in einem notwendigen Zusammenhang stehenden Regelungen zur Aufrechterhaltung von Sicherheit und Ordnung in diesem Bereich zu" (BVerfGE 132, 1 [6 Rn. 17]). Offen ließ das BVerfG, ob eine entsprechende Kompetenz unmittelbar aus Art. 73 I Nr. 1 folgt. 23

III. Überregionaler Katastrophennotstand (Abs. 3)

24 Liegt ein überregionaler Katastrophennotstand vor, d.h. gefährdet ein Unglücksfall oder eine Naturkatastrophe das Gebiet mehr als nur eines Landes, ist die Bundesregierung als Kollegialorgan (BVerfGE 115, 118 [149]; 132, 1 [21 ff. Rn. 53 ff.]) gem. Art. 35 III zum Einschreiten befugt (Bundesintervention), soweit dies erforderlich ist (Epping, in: EH, Art. 35 Rn. 28). Ein solcher Unglücksfall, also ein Ereignis von katastrophischem Ausmaß, kann auch absichtlich herbeigeführt worden sein (BVerfGE 133, 241 [263 Rn. 64]).

25 Nach Art. 35 III 1 Alt. 1 kann die Bundesregierung den Landesregierungen die Weisung erteilen, Polizeikräfte anderen Ländern zur Verfügung zu stellen. Die Weisung der Bundesregierung ersetzt dann lediglich das Hilfegesuch des betroffenen Landes nach Art. 35 II 2, sodass sich der Einsatz auch in diesen Fällen allein nach dem Landesrecht des unterstützten Landes richtet, dem zudem ein fachliches Weisungsrecht gegenüber den landesfremden Polizeikräften zusteht (v. Danwitz, in: MKS, Art. 35 Rn. 81).

26 Nach Art. 35 III 1 Alt. 2 kann die Bundesregierung Einheiten der Bundespolizei und der Streitkräfte einsetzen. Diese nehmen dann eine echte Bundeskompetenz wahr, sodass sich die Befugnisse für Hilfsmaßnahmen aus Bundesrecht ergeben und die Handlungen dem Bund zugerechnet werden (Erbguth, in: Sachs, Art. 35 Rn. 41; a.A. Sannwald, in: SHH, Art. 35 Rn. 58). Aus dem Charakter einer Notkompetenz ergibt sich allerdings, dass der Bund nicht ohne Rücksicht auf die zuständigen Landesbehörden intervenieren darf, sondern den Einsatz der Bundeseinheiten mit diesen abstimmen muss (Erbguth, in: Sachs, Art. 35 Rn. 43).

27 Gemäß Art. 35 III 2 sind Maßnahmen der Bundesregierung nach Satz 1 jederzeit auf Verlangen des Bundesrats, im Übrigen unverzüglich nach Beseitigung der Gefahr aufzuheben. Dem Einstellungsverlangen des Bundesrats hat die Bundesregierung auch dann Folge zu leisten, wenn die Gefahr noch nicht beseitigt ist. Bei einer neuerlichen Verschärfung der Situation nach der Einstellung, „kann die Bundesregierung erneut von ihren Befugnissen nach Art. 35 III 1 Gebrauch machen“ (Erbguth, in: Sachs, Art. 35 Rn. 44). Die Entscheidung darüber, ob die Gefahr beseitigt ist, steht der Bundesregierung zu, wobei ihr ein Beurteilungs- und Ermessensspielraum zukommt (vgl. Epping, in: EH, Art. 35 Rn. 33; a.A. Erbguth, in: Sachs, Art. 35 Rn. 44). Für den Rechtsschutz steht das Verfahren nach Art. 93 I Nr. 3 offen (Erbguth, in: Sachs, Art. 35 Rn. 44).

C. Prüfungshinweise

28 Im Rahmen der Fallbearbeitung ist Art. 35 etwa dann von Bedeutung, wenn es um die Prüfung der Verfassungsmäßigkeit eines Gesetzes geht, welches die Streitkräfte zu Einsätzen im Inland ermächtigt. Zu diskutieren wäre hier neben der generellen Zulässigkeit eines solchen Einsatzes insb. die Frage der Gesetzgebungsbefugnis (vgl. Rn. 23).

29 **Grobschema zur Prüfung des Art. 35 II:**

1. Art. 35 II 1
   a) Störung der öffentlichen Sicherheit oder Ordnung eines Landes
   b) Fall von besonderer Bedeutung
   c) Erforderlichkeit der Anforderung von Kräften und Einrichtungen der Bundespolizei
2. Art. 35 II 2
   a) Naturkatastrophe in einem Land oder
   b) besonders schwerer Unglücksfall in einem Land
   c) Anforderung von Hilfe durch das Land

30 **Grobschema zur Prüfung des Art. 35 III:**

1. Naturkatastrophe, die mehrere Länder betrifft oder

2. besonders schwerer Unglücksfall, der mehrere Länder betrifft
3. Erforderlichkeit der Anforderung von Kräften
4. Erforderlichkeit eines Eingreifens des Bundes

D. Weiterführende Literatur/Leseempfehlungen

Baldus, M., Gefahrenabwehr in Ausnahmelagen. Das Luftsicherheitsgesetz auf dem Prüfstand, NVwZ 2006, 532–535; ders., Streitkräfteeinsatz zur Gefahrenabwehr im Luftraum, NVwZ 2004, 1278–1285; Brotscheit, J., Gesetzgebungsbefugnis des Bundes für Inlandseinsätze der Bundeswehr zu anderen als Verteidigungszwecken, DÖV 2013, 802–806; Frenz, W., Bundesgesetzgebung nach Åkerberg Fransson und Sicherheitsurteilen des BVerfG, DVBl. 2014, 227–231; Haug, V. M., Bundeswehreinsatz zur Terrorbekämpfung?, Jura 2013, 959–966; Hopf, A./Hyckel, J., Das Luftsicherheitsgesetz: Zwei Bruchlandungen in Karlsruhe, Jura 2014, 632–638; Pestalozza, C., Inlandstötungen durch die Streitkräfte – Reformvorschläge aus ministeriellem Hause, NJW 2007, 492–495; Schenke, W.-R., Die Verfassungswidrigkeit des § 14 III LuftSiG, NJW 2006, 736–739; Schoch, F., Verfassungsrechtliche Anforderungen an den Einsatz der Streitkräfte im Inland, Jura 2013, 255–267; Simitis, S., Von der Amtshilfe zur Informationshilfe, NJW 1986, 2795–2805; Stober, R./Eisenmenger, S., Katastrophenverwaltungsrecht – Zur Renaissance eines vernachlässigten Rechtsgebietes, NVwZ 2005, 121–130; Winkler, D., Verfassungsmäßigkeit des Luftsicherheitsgesetzes, NVwZ 2006, 536–541; Zähle, K., Originäre und übertragene Aufgaben der Polizei, JuS 2014, 315–319. **31**

Art. 36 [Beamte der Bundesbehörden]

(1) [1]**Bei den obersten Bundesbehörden sind Beamte aus allen Ländern in angemessenem Verhältnis zu verwenden.** [2]**Die bei den übrigen Bundesbehörden beschäftigten Personen sollen in der Regel aus dem Lande genommen werden, in dem sie tätig sind.**

(2) **Die Wehrgesetze haben auch die Gliederung des Bundes in Länder und ihre besonderen landsmannschaftlichen Verhältnisse zu berücksichtigen.**

Pflichtstoff (*)

A. Überblick

I. Normstruktur

Bei Art. 36 handelt es sich um eine Organisationsvorschrift, die „in allen Teilen unmittelbar geltendes Recht ist“ (Pieroth, in: JP, Art. 36 Rn. 1) und den Ländern, nicht aber den Bediensteten, einen nach Art. 93 I Nr. 3 durchsetzbaren Anspruch verleiht (Leisner, in: Sodan, Art. 36 Rn. 1). Nach Art. 36 I 1 hat der Bund bei der Besetzung oberster Bundesbehörden den Grundsatz der proportionalen föderalen Parität (vgl. Rn. 4f.), bei der Besetzung übriger Bundesbehörden nach Art. 36 I 2 das Heimatprinzip (vgl. Rn. 6) zu berücksichtigen. Art. 36 II verlangt die Beachtung der föderalen Gliederung in Länder und des Heimatprinzips bei der Organisation der Bundeswehr (Battis, in: Sachs, Art. 36 Rn. 4). **1**

II. Prüfungsrelevanz

Für die juristische Ausbildung besitzt Art. 36 keine nennenswerte Prüfungsrelevanz. **2**

III. Europa

3 Im Unionsrecht stellt gem. Art. 27 S. 1 Statut der EG-Beamten (VO [EWG, Euratom, EGKS] Nr. 259/68, ABl. EG 1968 Nr. L 56, S. 1) neben dem Leistungs- und Eignungsprinzip auch der Nationalitätenproporz, d.h. die geographische Zuordnung bzw. Ausgewogenheit, ein Auswahlkriterium für die Einstellung der Beamten der EU dar, ohne dass damit eine feste Quotenregelung verbunden ist (Bauer, in: Dreier, Art. 36 Rn. 5; Butzer, in: MD, Art. 36 Rn. 12).

B. Erläuterungen

I. Grundsatz der proportionalen föderalen Parität (Abs. 1 S. 1)

4 Unter die obersten Bundesbehörden i.S.d. Art. 36 I 1 fallen neben den obersten Verwaltungsbehörden des Bundes, die keinem Exekutivorgan unterstehen (Bundeskanzleramt, Bundesministerien, Verwaltungen des Bundespräsidialamtes, Behörden des Bundestags, des Bundesrates, Bundesrechnungshof und Bundesbank), auch Beamte des BVerfG und der obersten Bundesgerichte (Battis, in: Sachs, Art. 36 Rn. 7; a.A. bezüglich der Gerichte Gubelt, in: MK, Art. 36 Rn. 4). Eine analoge Anwendung wird zudem wegen der bundesweiten Zuständigkeit allgemein für Bundesoberbehörden (etwa Eisenbahnbundesamt, Umweltbundesamt) und Behörden der mittelbaren Bundesverwaltung angenommen (Pieroth, in: JP, Art. 36 Rn. 2). Art. 36 I 1 gilt allein für Beamte im statusrechtlichen Sinne.

5 Bei der Bestimmung des Landesproporzes ist von Art. 36 I 1 nicht genau festgelegt, welche Beamten welchem Land zuzuordnen sind (Battis, in: Sachs, Art. 36 Rn. 9). Den Landesregierungen steht insoweit die Definitionskompetenz zu. Anknüpfungspunkte für die Landesbeziehung sind neben dem vorrangigen Merkmal der vorausgegangenen Beschäftigung im öffentlichen Dienst eines Landes u.a. der langjährige Wohnsitz, Heimatbindung des Elternhauses, Schule und Ausbildung (Battis, in: Sachs, Art. 36 Rn. 9f.). „Ausgangswert zur Bestimmung des angemessenen Verhältnisses nach Art. 36 I 1 ist die Einwohnerzahl der Länder" (Battis, in: Sachs, Art. 36 Rn. 10).

II. Heimatprinzip (Abs. 1 S. 2)

6 „Übrige Bundesbehörden" i.S.d. Art. 36 I 2 sind mittlere, untere und sonstige Bundesbehörden (Beuer, in: Dreier, Art. 36 Rn. 17). Anders als Art. 36 I 1 ist Art. 36 I 2 nicht auf Beamte im statusrechtlichen Sinne beschränkt, sondern gilt für alle Bediensteten. Die Landeszugehörigkeit wird nach den gleichen Maßstäben wie in Art. 36 I 1 bestimmt (Rn. 5), wobei wegen des weiten Wortlautes („sollen in der Regel") eine flexible Handhabung möglich ist (Battis, in: Sachs, Art. 36 Rn. 12).

III. Bundeswehr und Bundeswehrverwaltung (Abs. 2)

7 Nach Art. 36 II muss die Organisationsgewalt der Bundeswehr neben dem Heimatprinzip (Rn. 6) auch die föderale Gliederung in Länder berücksichtigen. Das bedeutet, dass bei Stationierungs- und Einsatzentscheidungen u.a. auch die Verfügbarkeit von Infrastruktureinrichtungen oder die landsmannschaftlichen Beziehungen von Soldaten einzubeziehen sind. Nicht zwingend ist, dass sich eine Dezentralisierung der Wehrbereichsverwaltung an den Ländergrenzen orientiert (Leisner, in: Sodan, Art. 36 Rn. 4).

C. Prüfungshinweise

8 Art. 36 ist für die juristische Ausbildung wenig relevant. Denkbar ist allenfalls, dass ein Land sein Recht aus Art. 36 in einem Bund-Länder-Streit nach Art. 93 I Nr. 3 geltend macht.

Grobschema zur Prüfung des Art. 36 I: 9
1. Oberste Bundesbehörde oder sonstige Bundesbehörde
2. Beamter im statusrechtlichen Sinne (Abs. 1 S. 1) bzw. Bediensteter (Abs. 1 S. 2)
3. Zuordnung des Bediensteten zu einem Land
4. Einhaltung des Landesproporzes bzw. ausreichende Berücksichtigung des Heimatprinzips

D. Weiterführende Literatur/Leseempfehlungen

Grabendorff, W., Zur Frage der Auslegung des Art. 36 Bonner GG, DÖV 1952, 301–303; Klein, W., Zur heutigen Bedeutung des Art. 36 Abs. 1 S. 1 Grundgesetz, ZBR 1988, 126–128; Ladeur, K.-H., Öffentliche Stellenausschreibung als Gewährleistung des Rechts auf gleichen Zugang zum öffentlichen Dienst, Jura 1992, 77–84; v. Stralenheim, H., Die Auslegung und Durchführung des Art. 36 GG, DÖV 1951, 628–631. 10

Art. 37 [Bundeszwang]

(1) **Wenn ein Land die ihm nach dem Grundgesetze oder einem anderen Bundesgesetze obliegenden Bundespflichten nicht erfüllt, kann die Bundesregierung mit Zustimmung des Bundesrates die notwendigen Maßnahmen treffen, um das Land im Wege des Bundeszwanges zur Erfüllung seiner Pflichten anzuhalten.**

(2) **Zur Durchführung des Bundeszwanges hat die Bundesregierung oder ihr Beauftragter das Weisungsrecht gegenüber allen Ländern und ihren Behörden.**

Pflichtstoff (*)

A. Überblick

I. Normstruktur

1 Art. 37 verleiht der Bundesregierung zur Wahrung der föderalen Ordnung eine „Reservegewalt" gegenüber den Ländern (Leisner, in: Sodan, Art. 37 Rn. 1), die als Bundeszwang bezeichnet wird. Dieses Handlungsinstrument besitzt allerdings keine individualschützende Wirkung (BVerwG, NJW 1977, 118). Der Bundeszwang ist ein Mittel, um die Erfüllung von Bundesaufgaben durchzusetzen.

II. Prüfungsrelevanz

2 Die Prüfungsrelevanz des Art. 37 ist vor allem in Anbetracht dessen, dass von der darin enthaltenen Ermächtigung bislang kein Gebrauch gemacht wurde, als sehr gering einzuschätzen.

III. Europa

3 Zwar findet sich eine direkte Entsprechung des Bundeszwangs als spezifisch bundesstaatlicher Regelungsgegenstand auf internationaler Ebene nicht. Allerdings enthält das Unionsrecht für die fortwährende Vertragsverletzung durch einen Mitgliedsstaat verschiedene Sanktionsmöglichkeiten (vgl. Klein, in: MD, Art. 37 Rn. 33). Zudem wird Art. 37 als Option des Bundes zur Sicherung einer fristgerechten und effektiven Umsetzung von EU-Richtlinien, die durch die Länder erfolgt, diskutiert (vgl. Bauer, in: Dreier, Art. 37 Rn. 4).

B. Erläuterungen

I. Bundeszwang (Abs. 1)

4 Erforderlich für den Bundeszwang ist die Verletzung, Teil- oder Schlechterfüllung einer Bundespflicht durch ein Land gegenüber dem Bund oder anderen Ländern, wobei auch die drohende Pflichtverletzung ausreicht (Leisner, in: Sodan, Art. 37 Rn. 2; a.A. Erbguth, in: Sachs, Art. 37 Rn. 9). Auf ein Verschulden des Landes kommt es nicht an (Erbguth, in: Sachs, Art. 37 Rn. 9). Bundespflichten sind dabei nur solche, die das Verhältnis zwischen Bund und Ländern oder zwischen Ländern untereinander regeln und von erheblichem Gewicht sind (Klein, in: MD, Art. 37 Rn. 45f.), nicht hingegen solche Pflichten der Länder, die gegenüber ihren Bürgern oder ausländischen Staaten bestehen (Pieroth, in: JP, Art. 37 Rn. 2). Eine entsprechende Pflicht kann sich aus formellen und materiellen Gesetzen sowie aus dem Grundsatz der Bundestreue ergeben, nicht jedoch aus Gewohnheitsrecht oder Staats- und Verwaltungsverträgen (vgl. Erbguth, in: Sachs, Art. 37 Rn. 8; Leisner, in: Sodan, Art. 37 Rn. 2; a.A. für Rechtsverordnungen Pieroth, in: JP, Art. 37 Rn. 2).

5 Ob Bundeszwang angewendet wird und welche Maßnahmen hierzu getroffen werden, steht im Ermessen der Bundesregierung (vgl. Erbguth, in: Sachs, Art. 37 Rn. 16f.). Eine Verpflichtung zur vorherigen Anrufung des BVerfG besteht nicht (BVerfGE 7, 367 [372]). Erforderlich ist jedoch die vorherige Zustimmung des Bundesrats (Klein, in: MD, Art. 37 Rn. 72ff.) sowie regelmäßig auch die Anhörung des Landes und die Androhung der Maßnahme (Stettner, in: BK, Art. 37 Rn. 86). Begrenzt ist das Ermessen der Bundesregierung jedenfalls durch das Gebot des bundesfreundlichen Verhaltens (Bauer, in: Dreier, Art. 37 Rn. 12; v. Danwitz, in: MKS, Art. 37 Rn. 30).

6 Zulässig sind alle „notwendigen", d.h. nach der konkreten Lage geeigneten, erforderlichen und verhältnismäßigen Maßnahmen, um das Land zu pflichtgemäßem Verhalten anzuhalten (Leisner, in: Sodan, Art. 37 Rn. 3).

7 **Beispiele für zulässige Maßnahmen:**
- Ersatzvornahme durch Bundesbehörde
- Ernennung von Bundesbeauftragten
- zeitweise Suspension aller Verfassungsorgane des Landes oder deren Absetzung/Auflösung.

8 **Beispiele für unzulässige Maßnahmen:**
- Auflösung des Landes (vgl. Art. 29)
- Maßnahmen im Bereich der Landesgesetzgebung, wenn der Vorrang des Bundesrechts (Art. 31) eingreift.

II. Weisungsrecht (Abs. 2)

9 Weisungen nach Art. 37 II betreffen nur bereits beschlossene Maßnahmen und bedürfen demnach keiner Zustimmung durch den Bundesrat (Leisner, in: Sodan, Art. 37 Rn. 5; a.A. Pieroth, in: JP, Art. 37 Rn. 3). Eine Weisung kann sowohl gegenüber dem betroffenen Land als auch gegenüber sämtlichen anderen Ländern erfolgen und diese bspw. zur Nichteinmischung, aber auch zur Hilfeleistung anhalten (Erbguth, in: Sachs, Art. 37 Rn. 21).

C. Prüfungshinweise

10 **Grobschema zur Prüfung des Art. 37:**

1. Nichterfüllung einer Bundespflicht durch ein Land
   a) Bundespflicht aus dem GG/Bundesgesetz
   b) Nichterfüllung durch ein Land
2. Anordnung des Bundeszwanges

    a) Beschluss der Bundesregierung (Ermessen)
    b) Zustimmung des Bundesrats
3. Durchführung des Bundeszwanges (alle „notwendigen Maßnahmen")

D. Weiterführende Literatur/Leseempfehlungen

Pauly, W./Pagel, C., Bundeszwang in der föderalen Finanzordnung, DÖV 2006, 1028–1035; Pera, L.-U., Bundesweisung bei der Bundesauftragsverwaltung am Beispiel der Atomverwaltung, NVwZ 1989, 1120–1125. **11**

III. Der Bundestag

Art. 38 [Wahlrechtsgrundsätze und Rechtsstellung der Abgeordneten]

(1) [1]**Die Abgeordneten des Deutschen Bundestages werden in allgemeiner, unmittelbarer, freier, gleicher und geheimer Wahl gewählt.** [2]**Sie sind Vertreter des ganzen Volkes, an Aufträge und Weisungen nicht gebunden und nur ihrem Gewissen unterworfen.**

(2) **Wahlberechtigt ist, wer das achtzehnte Lebensjahr vollendet hat; wählbar ist, wer das Alter erreicht hat, mit dem die Volljährigkeit eintritt.**

(3) **Das Nähere bestimmt ein Bundesgesetz.**

Pflichtstoff (*****)

Übersicht

A. Überblick

I. Parlament des Bundes

1 Der BT ist das einzige Verfassungsorgan des Bundes, dessen Mitglieder direkt vom Volk gewählt werden (Art. 38 I 1, II). Wegen dieser unmittelbaren demokratischen Legitimation stellt der BT das parlamentarisch-demokratische Zentrum der Bundesrepublik Deutschland dar. Das Adjektiv „Deutsch" ist Namensbestandteil und beginnt deshalb mit einem Großbuchstaben (s. Art. 38 I 1), wird jedoch bereits im Text des GG selbst nicht immer hinzugefügt (vgl. Art. 39ff.).

2 Am 7.9.1949 trat der BT zu seiner ersten konstituierenden Sitzung in Bonn, der damals provisorischen Bundeshauptstadt, zusammen. Seit der deutschen Wiedervereinigung am 3.10.1990 und der ersten gesamtdeutschen Wahl v. 2.12.1990 nimmt der BT seine Aufgaben als gesamtdeutsches Parlament wahr. 1999 verlegte er seinen Sitz von Bonn in die neue Bundeshauptstadt Berlin (Art. 22 I 1), und zwar in das Gebäude des ehem. Reichstags.

3 Mit Rücksicht auf die deutsche Bundesstaatlichkeit (Art. 20 I) ist der BT die parlamentarische Volksvertretung auf Bundesebene. Die Länder verfügen als Träger originärer Staatsgewalt mit den LT (in Berlin als Abgeordnetenhaus, in Bremen und Hamburg als Bürgerschaft bezeichnet) über eigene Parlamente (vgl. Art. 28 I 2); deren verfassungsrechtliche Grundlagen sind in der jeweiligen LVerf zu finden. Die Abgrenzung der Kompetenz zwischen dem BT und den LT erfolgt hinsichtlich der Gesetzgebung nach Maßgabe der Art. 70ff.

II. Rechtsgrundlagen

4 Wegen seiner elementaren Bedeutung für die repräsentativ-parlamentarische Demokratie (Rn. 1) ist der BT das erste Verfassungsorgan (des Bundes), mit dem sich das GG systematisch befasst (III. Abschnitt, Art. 38–48). Außerhalb dieses Abschnitts knüpfen zahlreiche weitere Vorschriften des GG an den BT an und verleihen ihm je nach Regelungskontext Rechte und Pflichten (etwa Art. 63, 67, 68, 76, 77, 110 II, Art. 114 I u.a.m.).

5 Ergänzt werden diese Regelungen durch einfachgesetzliche Vorschriften, etwa das AbgG, das PUAG, das BWahlG sowie durch die GO BT, die auf der Organautonomie des BT basiert (vgl. Art. 40 I 2).

III. Rechtsstellung und Aufgaben (Funktionen)

6 Der BT ist ein oberstes Staatsorgan (= Verfassungsorgan) des Bundes mit einem großen Maß an Selbständigkeit: Nach Art. 40 I 1 wählt er u.a. selbst seinen Präsidenten (den Bundes*tags*präsidenten – im Gegensatz zum Bundespräsidenten, Art. 54ff.), der das Hausrecht und die Polizeigewalt in den Gebäuden des BT ausübt (näher Art. 40 II). Der BT regelt die Angelegenheiten seiner Organisation und seines Verfahrens in seiner Geschäftsordnung (GO BT, Art. 40 I 2). Er ist keinerlei Weisungen – etwa seitens der BReg – unterworfen. Zudem verfügt der BT über eine eigene Verwaltung (die BT-Verwaltung). Diese Autonomie ist vor dem historischen Hintergrund des Kampfes der Volksvertretung um Emanzipation gegenüber der ehemals monarchischen Exekutive zu sehen.

7 Im Rahmen seiner vierjährigen Wahlperioden (Art. 39 I) bestimmt der BT selbst den Schluss und den Wiederbeginn seiner Sitzungen (Art. 39 III 1). Im Unterschied zu den Volksvertretungen der konstitutionellen Zeit (19. Jhd.) kommt ihm daher ein Selbstversammlungsrecht zu. Demgegenüber besitzt der BT – anders als mancher LT – kein Recht zur Selbstauflösung. Zwar hat die Gemeinsame Verfassungskommission 1993 ein solches Recht diskutiert, im Ergebnis aber verworfen. Vorzeitige Neuwahlen

können nur unter den Voraussetzungen von Art. 63 IV und Art. 68 angesetzt werden (zu Umgehungsversuchen s. Art. 68 Rn. 6).

Der BT besteht aus den Abgeordneten (Mitgliedern des Bundestages, MdB), die sich ihrerseits zu Fraktionen oder Gruppen zusammenschließen können (§§ 10–12 GO BT, §§ 45–54 AbgG, näher Gröpl, Staatsrecht I, Rn. 1079ff.). Arbeitseinheiten für die tägliche parlamentarische Praxis sind die Ausschüsse des BT (vgl. Art. 44ff. – nicht abschließend –, §§ 54–74 GO BT, s. Gröpl, Staatsrecht I, Rn. 1093ff.). Seine Repräsentationsfunktion nimmt der BT dennoch grds. in seiner Gesamtheit – dem Plenum – durch die Mitwirkung aller seiner Mitglieder wahr (vgl. BVerfGE 130, 318 [342]). **8**

Die hauptsächlichen Aufgaben (Hauptfunktionen) des BT sind: **9**
- die Beratung und der Beschluss von Bundesgesetzen (Art. 77 I 1), wozu auch die Feststellung des Haushaltsplans des Bundes (Art. 110 II) zählt (Gesetzgebungsfunktion);
- die Wahl oder Mitwirkung bei der Bildung anderer Verfassungsorgane (Kreationsfunktion), insb. die Wahl des BKanzlers (Art. 63) und der Hälfte der Richter des BVerfG (Art. 94 I 2), die Wahl des BPräs in der BV (dort gemeinsam mit Vertretern der Länder, Art. 54 III);
- die Kontrolle der Exekutive, insb. der BReg (Kontrollfunktion, vgl. nur Art. 43 I);
- die Bildung des wichtigsten Forums der politischen Auseinandersetzung und Willensbildung (Repräsentations-, Öffentlichkeits- und Willensbildungsfunktion).

B. Erläuterungen

I. Wahlrechtsgrundsätze (Abs. 1 S. 1)

1. Die Abgeordneten des Deutschen Bundestages ...

Die Abgeordneten des BT besitzen als Mandatsträger eine besondere Rechtsstellung, deren Grundlagen durch Art. 38 I 2 näher bestimmt werden (Rn. 25ff.). Die Zahl der Abgeordneten wird durch das GG nicht festgelegt, sondern dem Bundesgesetzgeber überlassen (Art. 38 III). Nach § 1 I 1 BWahlG besteht der BT aus 598 Abgeordneten – vorbehaltlich der sich aus diesem Gesetz ergebenden Abweichungen (§ 6 V–VII BWahlG, s. Rn. 58). **10**

2. ... werden ... gewählt

Durch Wahlen werden Personen für bestimmte (öffentliche) Ämter bestellt. Begrifflich sind Wahlen von Abstimmungen zu unterscheiden, bei denen über Sachfragen entschieden wird. Wahlen von (Parlaments-)Abgeordneten sollen die Ausübung der Staatsgewalt an das Volk rückbinden und damit demokratisch rechtfertigen (personelle Legitimation, vgl. Art. 20 II 2). Sie garantieren die freie und gleiche Teilhabe an der in Deutschland ausgeübten Staatsgewalt und gewährleisten damit die Selbstbestimmung der Bürger (BVerfGE 129, 124 [177ff.]; 132, 195 [238f. Rn. 104ff.]). Jeder Wahlberechtigte kann über Art. 38 I 1 mit der VB fordern, dass sein Wahlrecht nicht entleert wird. Dies wäre der Fall, wenn – etwa durch die EU – der demokratische Kernbereich des BT beeinträchtigt würde, d.h. wenn der BT zentrale politische Entscheidungen nicht mehr eigenständig ausüben könnte. Mit anderen Worten muss das Volk einen BT wählen können, dem gewisse Kompetenzen verbleiben (BVerfGE 129, 124 [168ff.], 135, 317 [386 Rn. 125]). **11**

Um diese demokratische Einflussmöglichkeit des Einzelnen effektiv zu sichern, hat jeder Bürger einen Anspruch darauf, dass bei der Übertragung von deutschen Hoheitsrechten auf die EU die Grenzen von Art. 23 I 2 und 3, Art. 79 II eingehalten werden (Art. 23 Rn. 25ff.). Daraus erwächst für BT und BReg u.a. die Verpflichtung, **11a** sich aktiv gegen Kompetenzanmaßungen der EU zur Wehr zu setzen (BVerfGE 134, 366 [396f. Rn. 51ff.] – Outright Monetary Transactions/OMT). Mögliche Mittel sind z.B. eine Nichtigkeitsklage der BReg (Art. 263 I, II AEUV) oder eine Subsidiaritätsklage des BT (Art. 23 Ia, § 12 IntVG, s. Art. 23 Rn. 67f.) jeweils vor dem EuGH. Bei Untätigkeit kann das BVerfG den BT und die BReg verpflichten, eine Entscheidung über die Wahl geeigneter Mittel zur Beseitigung des Kompetenzverstoßes der EU zu treffen (BVerfGE 134, 366 [397 Rn. 53]). Die Besonderheit liegt darin, dass offenbar jedem Bürger aus Art. 38 I 1 ein solcher Verpflichtungsanspruch zusteht; prozessuales Instrument ist die VB gem. Art. 93 I Nr. 4a.

3. … in allgemeiner, unmittelbarer, freier, gleicher und geheimer Wahl …

12 Die Wahlrechtsgrundsätze der allgemeinen, unmittelbaren, freien, gleichen und geheimen Wahl konkretisieren das Demokratieprinzip (Art. 20 I, II), das Art. 79 III als Identität der Verfassung garantiert (BVerfGE 129, 124 [177ff.]). Sie stellen nicht nur objektives Verfassungsrecht dar, das die Staatsorgane zur Beachtung verpflichtet. Sie sind zugleich auch grundrechtsgleiche und damit subjektive Rechte, aus denen jedem Wahlberechtigten und Wahlbewerber sowie Parteien und Wählervereinigungen ein individueller Anspruch auf Einhaltung erwächst, der erforderlichenfalls vor dem BVerfG durchgesetzt werden kann (Art. 41 II, i.Ü. Art. 93 I Nr. 4a).

13 Die Wahlrechtsgrundsätze des Art. 38 I 1 gelten nur für die Wahlen zum BT; sie sind nicht analog anwendbar auf die Wahlen zu den Landesparlamenten oder kommunalen Volksvertretungen (BVerfGE 99, 1 [7f.]). Allerdings werden die Länder durch das sog. Homogenitätsgebot des Art. 28 I 2 verpflichtet, für die Wahlen der Volksvertretungen in den Ländern, Kreisen und Gemeinden dieselben Grundsätze zu beachten und in ihren Rechtsvorschriften umzusetzen. Anders als Art. 38 I 1 vermittelt Art. 28 I 2 indessen keine subjektiven Rechtspositionen (Rn. 12).

a) Allgemeinheit

14 Die Allgemeinheit der Wahl gewährleistet, dass grds. alle Bürger (d.h. Deutsche, Rn. 15a, 42f.) stimmberechtigt sind (aktives Wahlrecht, Rn. 39) und gewählt werden dürfen (passives Wahlrecht, Rn. 40). Insofern stellt dieser Wahlrechtsgrundsatz eine besondere Ausprägung der Gleichheit der Wahl dar (Rn. 18ff.) und enthält eine wahlrechtsspezifische Konkretisierung der Diskriminierungsverbote aus Art. 3 II und III sowie Art. 33 III.

15 Beschränkungen des Grds. der Allgemeinheit der Wahl sind nur gerechtfertigt, soweit sie zur Erreichung anderer Ziele von Verfassungsrang geeignet und erforderlich sind. Hierbei trifft den Wahlgesetzgeber (Art. 38 III) eine verschärfte Begründungslast. Zulässig sind – in engem Umfang – Bestimmungen, die an die erforderliche Reife und Einsichtsfähigkeit oder an eine Verbindung zu Deutschland anknüpfen: So ist unmittelbar in Art. 38 II Hs. 1 das Mindestwahlalter festgelegt. Verfassungsrechtlich rechtfertigen lässt sich darüber hinaus der Wahlrechtsausschluss von Personen, die sich in einem Betreuungsverhältnis befinden (§ 13 Nr. 2 BWahlG, §§ 1896ff. BGB), die infolge eines Richterspruchs das Wahlrecht nicht besitzen (§ 13 Nr. 1 BWahlG, § 45 V, §§ 92a, 101, 102 II, §§ 108c, 108e II, § 109i StGB) oder die sich am Wahltag noch nicht mindestens drei Monate in Deutschland aufhalten (§ 12 I Nr. 2 BWahlG).

15a Keine Beschränkung der Allgemeinheit der Wahl ist die Voraussetzung, Deutscher i.S.d. Art. 116 zu sein (Rn. 42f.). Denn diese Eigenschaft ist vielmehr Bedingung für das subjektive Wahlrecht (Rn. 14) und steht damit systematisch auf der Stufe vor der Allgemeinheit, die sich nur auf Deutsche bezieht. Eine Zwitterstellung kommt § 12 II BWahlG zu: Einerseits wird dadurch das aktive Wahlrecht für Auslandsdeutsche über § 12 I Nr. 2 BWahlG erweitert (kein Mindestaufenthalt von drei Monaten vor dem

Wahltag). Andererseits beschränkt die Vorschrift die Allgemeinheit der Wahl, indem sie bei Auslandsdeutschen weitere Voraussetzungen für deren aktives Wahlrecht aufstellt. Für diese zusätzlichen Voraussetzungen muss eine Rechtfertigung vorliegen (vgl. BVerfGE 132, 39 [52ff. Rn. 37ff.] zur Verfassungswidrigkeit von § 12 II 1 BWahlG a.F.).

b) Unmittelbarkeit

Der Grds. der Unmittelbarkeit der Wahl „schließt jedes Wahlverfahren aus, bei denen [sic!] zwischen Wähler und Wahlbewerber nach der Wahlhandlung eine Instanz eingeschaltet ist, die nach ihrem Ermessen den Vertreter auswählt und damit dem einzelnen Wähler die Möglichkeit nimmt, die zukünftigen Mitglieder der Volksvertretung durch die Stimmabgabe selbständig zu bestimmen" (BVerfGE 47, 253 [279f.]). Eine unzulässige Beeinträchtigung würde daher ein Wahlverfahren darstellen, bei dem die wahlberechtigten Bürger „Wahlmänner" wählen, die dann ihrerseits die Abgeordneten des BT benennen. Nicht damit zu verwechseln und daher zulässig ist demgegenüber die Aufstellung von Wahlbewerberlisten durch die politischen Parteien, weil diese im Vorfeld der Wahl unveränderlich festgelegt werden und der Wähler auf diese Weise ein vorher feststehendes „Personaltableau" zur Auswahl hat (vgl. § 4 F. 2, §§ 6, 27ff. BWahlG). **16**

c) Freiheit

Der Grds. der Freiheit der Wahl fordert, dass im Zeitpunkt der Stimmabgabe auf den Wähler keinerlei Zwang oder sonstige Willensbeeinträchtigung ausgeübt werden darf, um dessen individuelle Wahlentscheidung in eine bestimmte Richtung zu lenken. Der Wähler muss seinen politischen Willen frei umsetzen können. Insofern steht die Wahlfreiheit in untrennbarem Zusammenhang mit dem Grds. der geheimen Wahl (BVerfGE 99, 1 [13]). Die Freiheit der Wahl schützt aber auch vor und nach der eigentlichen Stimmabgabe vor Maßnahmen, die geeignet sind, die Entscheidungsfreiheit des Wählers ernstlich zu beeinträchtigen. Keine unzulässige Beeinträchtigung ist die Einflussnahme auf den Meinungsbildungsprozess des Wählers vor der Wahlhandlung, etwa in Form von Wahlwerbung. Wahlkampf und das Bemühen um Wählerstimmen sind nicht nur legitim, sondern Funktionsvoraussetzung für die repräsentative Demokratie. Ferner steht es dem Wähler frei, sein subjektives (Wahl-)Recht nicht auszuüben und Wahlen fernzubleiben. Eine Wahlpflicht wäre mit der Freiheit der Wahl – und zudem wohl mit Art. 4 I, Art. 5 I 1 – nicht vereinbar. **17**

d) Gleichheit

Nach dem Grds. der Gleichheit der Wahl muss „jedermann sein Wahlrecht in formal möglichst gleicher Weise [...] ausüben können" (BVerfGE 79, 161 [166]). Dieser Grds. ist ein Unterfall des allg. Gleichheitssatzes aus Art. 3 I, der jedoch zumeist in deutlich weiterem Umfang Differenzierungen durch den Gesetzgeber zulässt (vgl. Art. 3 Rn. 2, 47ff.). Im Gegensatz dazu ist der Grds. der Wahlgleichheit lex specialis und streng formal zu verstehen (BVerfGE 95, 408 [417]). Differenzierungen bedürfen daher stets eines besonderen Rechtfertigungsgrundes, der zudem geeignet und erforderlich sein muss. **18**

Der Gleichheitsgrundsatz verlangt zunächst, dass die Stimmen aller Wähler gleich zu gewichten sind. Dabei ist zu gewährleisten, dass jede Stimme unabhängig vom Ansehen der Person, die sie abgegeben hat, rechnerisch mit dem gleichen Wert in das Wahlergebnis Eingang findet (Zählwertgleichheit). Zudem muss jede Stimme bei der materiellen Umsetzung des Wahlergebnisses in die Zuteilung von Parlamentssitzen in gleichmäßiger Weise berücksichtigt werden (Erfolgswertgleichheit). Ungleichbehand- **19** lungen beim Zählwert sind schlechthin ausgeschlossen. Ungleichbehandlungen beim Erfolgswert können indessen in engen Grenzen (vgl. Rn. 48) durch die Besonderheiten des Wahlsystems gerechtfertigt werden (so etwa bei der sog. 5%-Sperrklausel, Rn. 54f.).

20 Der Grds. der Wahlgleichheit ist auch für das passive Wahlrecht von Bedeutung: Er verbürgt die materielle Chancengleichheit aller Wahlbewerber und der sie tragenden Parteien, gerade auch im Stadium der Wahlvorbereitung und des Wahlkampfes (zur Chancengleichheit der Parteien s. Art. 21 Rn. 28ff.). In diesem Zusammenhang trifft die Staatsgewalt ein spezifisches Gebot der Neutralität im Wahl- und Parteienwettbewerb. Dies ist insb. bei der sog. regierungsamtlichen Öffentlichkeitsarbeit zu beachten: Amtl. Informationen der BReg oder LReg, die aus öffentlichen Haushaltsmitteln finanziert werden, dürfen keine „getarnte" Wahlwerbung sein. Anderenfalls wird die Chancengleichheit der Wahlbewerber (Art. 38 I 1) verletzt, darüber hinaus auch die freie Willensbildung des Volkes (Art. 20 I und II 2) und die Chancengleichheit der Parteien (Art. 21 I i.V.m. Art. 3 I – zur Abgrenzung BVerfGE 44, 125 [147]). Aus Art. 38 I 1 i.V.m. Art. 21 I folgt auch die Verpflichtung von Staatsorganen (z.B. BPräs, BReg, BMin) zur Wahrung der mit ihrem Amt verbundenen Neutralität in Wahlkampfzeiten (Neutralitätsgebot, s. Art. 65 Rn. 13; BVerfGE 136, 323 [333 Rn. 28]; BVerfG, NVwZ 2015, 209 [211ff. Rn. 39f., 44ff.]; vgl. Art. 28 Rn. 14a).

e) Geheimheit

21 Der Grds. der geheimen Wahl ist von elementarer Bedeutung für die Absicherung der freien und unbeeinflussten Wahlentscheidung des Bürgers. Nur wenn der Wähler sich sicher sein kann, dass sein Stimmverhalten unbeobachtet bleibt, Dritte also keine Möglichkeit haben, davon Kenntnis zu erlangen, wird er seine Wahlentscheidung unter individuell-sachlichen Gesichtspunkten treffen. Der Bürger ist daher vor der Offenlegung geschützt, ob (s. auch Rn. 17) und wie er wählen will und wen er gewählt hat. Dabei erstreckt sich der Schutz auch auf die für die Verwirklichung des Wahlrechts notwendigen Vorbereitungshandlungen (BVerfGE 4, 375 [386f.]).

f) Öffentlichkeit der Wahl

22 Neben den in Art. 38 I 1 ausdrücklich genannten Wahlrechtsgrundsätzen hat das BVerfG den Grds. der Öffentlichkeit der Wahl anerkannt (BVerfGE 123, 39 [68ff.]). Es leitet ihn aus Art. 38 i.V.m. dem Demokratie-, dem republikanischen und dem Rechtsstaatsprinzip des Art. 20 I und II her: Die Öffentlichkeit der Wahl ist Grundvoraussetzung für die politische Willensbildung in der repräsentativen Demokratie, weil nur so das Vertrauen der Bürger in den korrekten Ablauf der Wahl gewährleistet werden kann. Dazu bedarf es einer besonderen Kontrolle. Alle wesentlichen Schritte der Wahl (Wahlvorschlagsverfahren, Wahlhandlung und Ermittlung des Wahlergebnisses) müssen vor den Augen der Öffentlichkeit durchgeführt werden.

g) Rechtfertigung von Beeinträchtigungen der Wahlrechtsgrundsätze

23 Einschränkungen der Wahlrechtsgrundsätze bedürfen einer gesetzlichen Regelung (Art. 38 III) und sind nur unter sehr engen Voraussetzungen verfassungsgemäß. Dabei ist zu differenzieren: Für Beeinträchtigungen der Allgemeinheit und Gleichheit der Wahl hat der Gesetzgeber einen besonderen Zweck als Rechtfertigungsgrund anzuführen. Die Beeinträchtigung muss darüber hinaus geeignet und erforderlich sein, um diesen Zweck zu erreichen (s. Rn. 15f., 19f.). Dabei steht dem Gesetzgeber nur ein eng begrenzter Einschätzungsspielraum zu.

24 Eine Einschränkung von Unmittelbarkeit, Freiheit oder Geheimheit der Wahl unterliegt noch schärferen Voraussetzungen: Hierfür kann als Zweck nur genügen, je-

weils anderen – und kollidierenden – Wahlrechtsgrundsätzen zur Geltung zu verhelfen. Dabei billigt das BVerfG dem Gesetzgeber allerdings einen Einschätzungsspielraum zu (BVerfGE 59, 119 [124]). Die Öffentlichkeit der Wahl wird insb. durch das Wahlgeheimnis durchbrochen.

II. Rechtsstellung (Status) der Bundestagsabgeordneten (Abs. 1 S. 2)

Art. 38 I 2 ist die zentrale Verfassungsvorschrift für die Abgeordneten des BT. Sie gewährleistet das freie Mandat (Rn. 29ff.) und begründet eine besondere öffentlich-rechtliche Rechtsstellung (Abgeordnetenstatus), aus der spezifische organschaftliche Rechte folgen (Statusrechte, s. Rn. 35ff.). 25

Art. 38 I 2 gilt nicht für ehem. oder künftige Abgeordnete. Das Mandat eines Abgeordneten beginnt mit dem Zusammentritt des BT nach der Wahl (Art. 39 I 1, II) und endet mit dem Zusammentritt eines neuen BT, dem Tod des Abgeordneten oder unter den Voraussetzungen des § 46 I 1 Nr. 1–5 BWahlG (etwa Parteiverbot, vgl. BVerfGE 2, 1 [74ff.] oder Verzicht, vgl. Art. 46 Rn. 8). 26

1. Sie [die Abgeordneten des Bundestages] sind Vertreter des ganzen Volkes …

In der modernen Demokratie ist das Volk schon aus pragmatischen Gründen darauf angewiesen, die Ausübung der Staatsgewalt auf ausgewählte Personen und Gremien zu delegieren und diese als „Vertreter“ (Repräsentanten) des Volkswillens gleichsam „treuhänderisch“ damit zu betrauen. „Vertretung“ ist dabei nicht im zivilrechtlichen Sinn zu verstehen, sondern folgt den Grds. des politisch-demokratischen Mandats, die insb. aus Art. 38 I 2 Hs. 1 gewonnen werden. Repräsentation i.d.S. erfordert ein spezifisches Organ, in dem sich der Volkswille abbilden kann: die parlamentarische Volksvertretung. Parlamente sind durch die demokratische Verfassung institutionalisierte Versammlungen von Mandatsträgern (Abgeordneten), die durch das Volk gewählt werden. Die Abgeordneten haben damit ein öffentliches Amt inne (vgl. Art. 48 II 1) und üben hoheitliche Gewalt aus, ohne aber Angehörige des öffentlichen Dienstes (Beamte i.S.v. Art. 33 IV, V) zu sein. 27

Die MdB werden zwar in Wahlkreisen oder über Landeslisten gewählt (§ 1 II, § 6 BWahlG, Rn. 47) und weisen daher eine lokale oder regionale Verbindung auf. Nach Einzug in den BT löst sich dieser Zusammenhang jedoch insofern auf, als die Abgeordneten nicht ihrem Wahlkreis oder Land verantwortlich sind, sondern zum Wohl des ganzen Volkes handeln sollen, wie Art. 38 I 2 ausdrücklich besagt. 28

2. … an Aufträge und Weisungen nicht gebunden und nur ihrem Gewissen unterworfen

a) Freies Mandat

Die Repräsentation des Volkswillens durch die Abgeordneten kann niemals „eins zu eins“ nach Art eines auftragsgebundenen Stellvertreters erfolgen; eine „identitäre Demokratie“ dieser Art gibt es nicht, da die Wähler oder Wahlberechtigten einen viel zu heterogenen Personenkreis bilden. Art. 38 I 2 Hs. 2 zieht daraus die Konsequenz und entbindet den Abgeordneten von vornherein von Aufträgen oder Weisungen jedweder Art. Demokratische Repräsentation gründet sich daher auf das freie Mandat, nicht aber auf das sog. imperative (gebundene) Mandat, bei dem der einzelne Abgeordnete seinen Wählern unmittelbar mit jeder Einzelentscheidung verantwortlich wäre. Deshalb gewährleistet das freie Mandat die sachliche wie persönliche Unabhängigkeit jedes einzelnen Volksvertreters. Gepaart sind damit hohe persönliche Verantwortung gegenüber dem eigenen Gewissen, politische Verantwortlichkeit gegenüber dem Wahlvolk 29 und in diesem Zusammenhang eine demokratische Vorbildfunktion. Die erforderliche Rückbindung wird – anders als beim imperativen Mandat – v.a. durch periodisch wiederkehrende Wahlen gem. Art. 39 I gewährleistet, durch die das Volk politische Entwicklungen korrigieren kann.

30 **Beispiel:** Ein renommiertes Institut für Meinungsforschung führt eine repräsentative Umfrage zu der Gesetzesvorlage der BReg durch, den Umsatzsteuersatz um weitere fünf Prozentpunkte anzuheben. 90% der Befragten lehnen das Gesetzesvorhaben ab. Dennoch wird die Gesetzesvorlage im BT mehrheitlich beschlossen und nach Zustimmung des BR ordnungsgemäß ausgefertigt und verkündet. Das Gesetz ist verfassungsmäßig und gültig, denn das GG stellt den Erlass eines Gesetzes nicht unter den Vorbehalt, dass das (Staats-)Volk zumindest in seiner Mehrheit damit einverstanden ist. Es ist nicht erforderlich, dass eine tatsächliche Übereinstimmung zwischen dem konkreten politischen Willen der einzelnen Mitglieder des Staatsvolkes und den Beschlüssen der Volksvertretung besteht. Vielmehr setzt die repräsentative Demokratie lediglich voraus, dass eine solche Übereinstimmung möglich ist und sieht dieses Ziel gewährleistet durch die legitimierende Kraft der periodisch stattfindenden Wahlen nach demokratischen Grundsätzen. Auch wenn sich in einer aktuellen Meinungsumfrage 90% der Beteiligten gegen ein Gesetz aussprechen, ist dies für dessen Verfassungsmäßigkeit und Gültigkeit unerheblich.

31 Eine besondere Ausprägung des freien Mandats ist die Möglichkeit des Abgeordneten zu ungehinderter Kommunikation mit seinen Wählern sowie die Freiheit vor exekutiver Beobachtung und Kontrolle, insb. durch das BfV (BVerfGE 134, 141 [171f., 174ff. Rn. 91f., 97, 100f.] – Ramelow). Dadurch soll verhindert werden, dass Bürger davon abgeschreckt werden, mit dem Abgeordneten in Kontakt zu treten. Der entsprechende Abwehranspruch aus Art. 38 I 2 ist nach Rechtswegerschöpfung mit der VB durchzusetzen (Art. 93 I Nr. 4a), wenn er sich gegen das BfV oder eine andere Bundesbehörde richtet. Dies soll (über Art. 28 I i.V.m. Art. 38 I 2) auch für LT-Abgeordnete gelten, wenn sie durch eine Bundesbehörde in ihrem freien Mandat beeinträchtigt werden (zur Rechtswegdifferenzierung s. auch Rn. 35).

32 Das freie Mandat des Abgeordneten steht in einem Spannungsverhältnis zur Politik der Partei, mit deren maßgeblicher Hilfe er in den BT gewählt wurde und deren Einfluss im Parlament sich in der jeweiligen Fraktion fortsetzt. Eine rechtliche Bindung des Abgeordneten an den politischen Willen (s)einer Partei oder Fraktion wird durch Art. 38 I 2 ausgeschlossen, eine politische Bindung hingegen nicht. In diesem Rahmen ist zu unterscheiden zwischen verfassungswidrigem Fraktionszwang und verfassungskonformer Fraktionsdisziplin:

- Fraktionszwang liegt vor, wenn eine Fraktion oder Partei Maßnahmen ergreift und Sanktionen androht, die unmittelbar bestimmend auf die Entscheidungsfreiheit des Abgeordneten einwirken.
- Fraktionsdisziplin beschreibt im Gegensatz dazu die innere und äußere politische Verpflichtung des Abgeordneten, seine Entscheidungsfreiheit zugunsten der Fraktion, der Partei und auch im Interesse seiner Wähler einzuschränken.

33 Die Grenzen zwischen Zwang und Disziplin verlaufen dort, wo ein von der „Fraktionslinie“ abweichender Abgeordneter unter Druck gesetzt wird. Als zulässig erachtet werden jedoch namentliche Probeabstimmungen und fraktionsinterne Sitzungen, in denen „Abweichler“ argumentativ in die Pflicht genommen werden. Bei nachhaltigen und schwerwiegenden Verstößen gegen die „Fraktionslinie“ kann der Rückruf eines Abgeordneten aus einem Ausschuss oder gar sein Ausschluss aus der Fraktion gerechtfertigt sein. Begründet wird dies mit der Notwendigkeit, politische Mehrheiten im Parlament zu organisieren (vgl. BVerfGE 80, 188 [233f.]).

b) Gleiches Mandat (Abgeordnetengleichheit)

34 Von der „Gleichheit des Mandats“ (Abgeordnetengleichheit) ist im Wortlaut des Art. 38 I 2 nichts zu finden. Sie wird jedoch im Wege der (teleologischen) Auslegung

hergeleitet: Grundlage ist zum einen das Prinzip der repräsentativen Demokratie (Rn. 4, 8, 17, 22, 27, 29), zum anderen die Wahlrechtsgleichheit (Rn. 18 ff.). Daher zieht das BVerfG dafür Art. 38 I 1 und 2 heran und bezeichnet diese Vorschriften insoweit sogar als „besondere Gleichheitssätze" (BVerfGE 102, 224 [238]; 130, 318 [352]). Art. 3 I tritt als subsidiär zurück (Art. 3 Rn. 2). Rechtsfolge daraus ist eine formelle (d. h. strikte) Gleichheit im Abgeordnetenstatus. Die Ungleichbehandlung von Abgeordneten bedarf daher – ebenso wie eine Beeinträchtigung der Wahlrechtsgleichheit (Rn. 23) – einer besonderen Rechtfertigung. Im Konkreten ist daraus gefolgert worden, dass die Abgeordnetenentschädigungen grds. gleich bemessen sein müssen (Art. 48 Rn. 10), dass allen Abgeordneten bei ihrer parlamentarischen Arbeit gleiche Mitwirkungsbefugnisse (Rn. 36) zukommen (BVerfGE 130, 318 [342]) und dass insb. haushaltspolitische Entscheidungen im BT-Plenum und nicht in Ausschüssen oder anderen Gremien getroffen werden, in denen nur ausgewählte Abgeordnete Rede- und Stimmrecht haben (BVerfGE 130, 318 [347]).

c) Statusrechte des Abgeordneten

Die mit der Freiheit und Gleichheit des Mandats (Rn. 29 ff.) verbundene besondere **35**
Rechtsstellung (Status, Rn. 25) nach Art. 38 I 2 verleiht jedem Abgeordneten spezifische Statusrechte. Dies sind keine subjektiven (individuellen) Rechte, die dem Abgeordneten – wie die Grundrechte der Art. 1 ff. – als Menschen oder Deutschem zukommen, sondern organschaftliche Rechte, die ihm nur zustehen, weil und solange er MdB ist. Diese Unterscheidung hat auch prozessual ihre Konsequenzen:

– Macht der Abgeordnete eine Verletzung seiner *organschaftlichen* Statusrechte geltend, gelangt er im Wege des Organstreits unmittelbar vor das BVerfG, wenn Antragsgegner ein oberstes Bundesorgan i. S. v. Art. 93 I Nr. 1 ist.
– Rügt der Abgeordnete dagegen eine Verletzung seiner subjektiven Jedermann- oder Deutschen-Rechte, steht ihm (nach Erschöpfung des Rechtswegs) die VB (Art. 93 I Nr. 4a) zur Verfügung (Art. 93 Rn. 64 ff.). Die VB ist aber auch dann der zulässige Rechtsbehelf, wenn der Abgeordnete seine Statusrechte aus Art. 38 I 2 (nach Rechtswegerschöpfung) gegen einen Akt der öffentlichen Gewalt verteidigen will, der nicht einem obersten Bundesorgan oder anderen Beteiligten i. S. v. Art. 93 I Nr. 1, § 63 BVerfGG zuzurechnen ist (vgl. Rn. 31, Art. 46 Rn. 8 und Art. 47 Rn. 2). Dabei sollen offenbar die Statusrechte des Abgeordneten aus Art. 38 I 2 dann als *Individualrechte* rügefähig sein, wenn er diese gerade nicht gegen ein oberstes Bundesorgan oder Teile davon verteidigt (BVerfGE 108, 251 [266 ff.]; 134, 141 [169 f. Rn. 83 ff.]; BVerfG, NJW 2014, 3085 [3086 Rn. 26] – Edathy).

Die Statusrechte des Abgeordneten lassen sich unterteilen in **36**

(1) Beteiligungsrechte, so insb. das Recht auf Mitarbeit in einem Ausschuss (§ 57 I 2 GO BT) sowie das Recht auf Teilnahme an Verhandlungen (Rederecht, § 27 I, § 31 GO BT) und Abstimmungen (Stimmrecht, Art. 42 II, Art. 77 I 1, §§ 48 ff. GO BT),
(2) Informationsrechte, v. a. Frage- und Auskunftsrechte (§§ 16, 27 II, § 105 GO BT), Akteneinsichtsrechte (§ 16 GO BT),
(3) Antrags- und Initiativrechte (§§ 2, 20 II 3, § 27 I 4, § 29, § 71 I, II § 82 I GO BT) sowie
(4) das Recht, sich zu Fraktionen zusammenzuschließen (vgl. §§ 10 ff. GO BT).

Mitwirkungsbefugnisse der Abgeordneten			
Beteiligung	**Information**	**Initiative**	**Fraktionsbildung**
Rederecht und Stimmrecht	Akteneinsichts-, Frage- und Auskunftsrechte	diverse Antragsrechte	Voraussetzung: mind. 5% der Abgeordneten

37 Das Frage- und Auskunftsrecht des einzelnen Abgeordneten (Interpellationsrecht, vgl. Art. 43 Rn. 6) gegenüber der BReg dient v. a. zur Kontrolle der Exekutive. Seine Grenzen findet es im Kernbereich exekutiver Eigenverantwortung der BReg, der sich aus dem Gewaltenteilungsprinzip (Art. 20 II 2, III) ergibt (BVerfG, NVwZ 2014, 1652 [1654 Rn. 137]). Daraus folgt, dass eine Pflicht zur Beantwortung von Fragen erst dann besteht, wenn die interne Willensbildung der BReg abgeschlossen ist. Überdies darf die Antwort auch nach Abschluss der Willensbildung verweigert werden, soweit nach den Entscheidungsgründen oder dem Verlauf der Beratungen gefragt wird. Neben dem Kernbereich exekutiver Eigenverantwortung bilden auch das Staatswohl und die Grundrechte Grenzen für das Frage- und Auskunftsrecht (vgl. Art. 45d Rn. 15).

37a Weitere normative Grundlagen für die Stellung der Abgeordneten finden sich in den Art. 46–48 sowie in den einfachgesetzlichen Vorschriften des AbgG, des BWahlG und der GO BT.

III. Wahlberechtigung und Wählbarkeit (Abs. 2)

38 Art. 38 II regelt das subjektive Wahlrecht, d. h. also nicht die Gesamtheit aller Normen, die die Wahlen regulieren (objektives Wahlrecht), sondern den individuellen Anspruch auf die Teilnahme an Wahlen und beschränkt insb. die Allgemeinheit der Wahl (Rn. 14 ff.). Dieses Recht ist ein grundrechtsgleiches Recht, das mit der VB geltend gemacht werden kann (Art. 93 I Nr. 4a). Das Wahlrecht zerfällt in zwei Bestandteile: das aktive Wahlrecht (Wahlberechtigung) und das passive Wahlrecht (Wählbarkeit).

1. Wahlberechtigt ist, wer das achtzehnte Lebensjahr vollendet hat …

39 Das aktive Wahlrecht meint das Recht, durch Stimmabgabe am Wahlvorgang teilzunehmen. Es steht für die Wahlen zum BT nach Art. 38 II Hs. 1 grds. jedem zu, der das 18. Lebensjahr vollendet hat (Rn. 15).

2. … wählbar ist, wer das Alter erreicht hat, mit dem die Volljährigkeit eintritt

40 Das passive Wahlrecht gewährleistet die Möglichkeit, sich selbst als Kandidat einer Wahl zu stellen. Dieses Recht ist bei den Wahlen zum BT gem. Art. 38 II Hs. 2 jedem eröffnet, der das Volljährigkeitsalter erreicht hat. Anknüpfungspunkt ist § 2 BGB, wonach die Volljährigkeit mit der Vollendung des 18. Lebensjahres eintritt. Damit überlässt es Art. 38 II Hs. 2 dem einfachen Gesetzgeber, über die Bestimmung des Eintritts der Volljährigkeit auch das passive Wahlrecht festzulegen (bis zum 31.12.1974 begann die Volljährigkeit und damit die Wählbarkeit erst mit dem 21. Geburtstag).

3. Wahlrecht für Kinder und Jugendliche, Familienwahlrecht

41 Durch die Wahlaltersgrenzen des Art. 38 II werden Kinder und Jugendliche von den Wahlen zum BT ausgeschlossen. Begründet wird dies seit jeher mit deren mangelnder Reife und Einsichtsfähigkeit (vgl. BVerfG-K, NVwZ 2002, 69 f.). Überwiegend abgelehnt wird auch ein Familienwahlrecht, das den Eltern für jedes Kind eine zusätzliche Stimme zuerkennt. Dies hat in einer (quantitativ) zunehmend kinderarmen Gesellschaft freilich die fragwürdige Konsequenz, dass Familien bedeutend weniger politischen Einfluss haben als Senioren oder Paare ohne Kinder, wodurch sich die (qualitative) Kinderarmut noch weiter verstärken könnte.

4. Begrenzung des Wahlrechts auf deutsche Staatsangehörige

42 Eine weitere, spürbare Eingrenzung des Kreises der wahlberechtigten und wählbaren Bürger ergibt sich nicht unmittelbar aus dem Wortlaut des Art. 38 II, sondern nur aus

dem systematischen Zusammenhang mit der Volkssouveränität gem. Art. 20 II: Ursprung, Ausübung und Delegation der Staatsgewalt liegen beim (Staats-)Volk. Wie sich aus Satz 1 der Präambel des GG ergibt, ist darunter das „Deutsche Volk" zu verstehen (BVerfGE 83, 37 [50 ff.]; 83, 60 [71]). Da das Volk vorrangig durch Wahlen zur unmittelbaren Ausübung der Staatsgewalt berufen ist, muss folgerichtig auch die Zugehörigkeit zum deutschen Volk konstitutiv für die Wahlberechtigung und Wählbarkeit sein. Daher stehen das aktive und passive Wahlrecht zum BT nur denjenigen zu, die Deutsche i. S. v. Art. 116 sind (zu Beschränkungen des aktiven Wahlrechts für Auslandsdeutsche s. Rn. 15a).

Die Abhängigkeit des subjektiven Wahlrechts von der Staatsangehörigkeit gilt auch für die Wahlen zu den Landesparlamenten. Die Länder haben insoweit keinen eigenen verfassungsrechtlichen Gestaltungsspielraum. Grund dafür sind die Normativbestimmungen des Art. 28 I 1 und 2, nach denen sich die LVerf i. R. d. sog. Homogenitätsgebots an den Grds. des GG orientieren müssen (BVerfGE 83, 37 [53]; 83, 60 [71]). Eine Ausn. sieht lediglich Art. 28 I 3 vor, allerdings nur für die Wahlen der Volksvertretungen in den Gemeinden und Kreisen (die keine Parlamente sind). Hiernach steht das subjektive Wahlrecht nach Maßgabe des Rechts der EU auch Bürgern eines Mitgliedstaats der EU zu (Art. 22 I AEUV). 43

5. Rechtsschutz

Bei dem aktiven und passiven Wahlrecht handelt es sich um grundrechtsgleiche Rechte. Das bedeutet, dass der Einzelne die Verletzung des aktiven oder passiven Wahlrechts mit der VB vor dem BVerfG rügen kann. Dies ergibt sich ausdrücklich aus Art. 93 I Nr. 4a (wird das Verfahren bei einer konkreten Wahl gerügt, ist Art. 41 zu beachten). 44

IV. Ausführungsgesetz – Wahlsystem (Abs. 3)

1. Ausgestaltungsauftrag an Bundesgesetzgeber

Art. 38 III stellt keinen Gesetzesvorbehalt dar, der zu Beeinträchtigungen von Art. 38 I oder II ermächtigt. Vielmehr beauftragt die Norm den Bundesgesetzgeber, die verfassungsrechtlichen Gewährleistungen des Art. 38 I und II auszugestalten. Art. 38 III stellt einen Gegenstand der ausschließlichen Gesetzgebungskompetenz des Bundes i. S. v. Art. 71 (außerhalb des Katalogs von Art. 73) dar. Damit wird insb. die Entscheidung über das Wahlsystem in die Hände des einfachen Gesetzgebers gelegt. 45

2. Personalisiertes Verhältniswahlrecht

Dem Auftrag des Art. 38 III ist der Gesetzgeber durch Erlass des Bundeswahlgesetzes (BWahlG) und der darauf beruhenden Rechtsverordnung, der Bundeswahlordnung (BWahlO, vgl. § 52 BWahlG), nachgekommen. Damit wurde für die Wahlen zum BT ein System eingeführt, das auf dem Verhältniswahlrecht basiert, aber mit Elementen des Personen- oder Mehrheitswahlrechts kombiniert ist („personalisiertes Verhältniswahlrecht", vgl. § 1 I 2 BWahlG). Dies bedeutet, dass grds. zwar die für eine Partei prozentual abgegebenen Stimmen über die Zusammensetzung des BT entscheiden (System der Verhältnis-/Listenwahl, § 1 II F. 2 BWahlG), das Bundesgebiet aber gleichwohl in Wahlkreise aufgeteilt ist, in denen der Wähler Direktkandidaten wählt (Element der Mehrheitswahl/Persönlichkeitswahl, § 1 II F. 1 BWahlG). 46

Die Grundzüge des Wahlsystems stellen sich danach wie folgt dar: 47

a) Der BT setzt sich grds. aus 598 Abgeordneten zusammen (§ 1 I 1 BWahlG). Gewählt werden davon nach § 1 II BWahlG
   - 299 direkt in den einzelnen Wahlkreisen (§§ 2, 3 BWahlG – Wahlkreis-/Direktkandidaten, §§ 5, 20 ff. BWahlG),

– die übrigen über Landeswahlvorschläge der Parteien (Landeslisten – §§ 6, 27ff. BWahlG).

b) Jeder Wähler hat zwei Stimmen, die sog. Erst- und die sog. Zweitstimme:
– Mit der Erststimme („Direktstimme") wählt er den Wahlkreiskandidaten,
– mit der Zweitstimme („Listenstimme") die Landesliste (§ 4 BWahlG).

c) Maßgeblich für die Zusammensetzung des BT ist das Verhältnis der Zweitstimmen. Jede Partei erhält zunächst grds. prozentual so viele Sitze im BT, wie Zweitstimmen für sie abgegeben werden (hierzu Rn. 48ff. – Verhältnisausgleich).

d) Voraussetzung für die Berücksichtigung einer Partei nach lit. c ist, dass auf die Partei mehr als 5% der Zweitstimmen entfallen (sog. 5%-Sperrklausel, § 6 III 1 F. 1 BWahlG – s. Rn. 54f.). Dies gilt nicht für Parteien nationaler Minderheiten (insb. Dänen in Schl.-Holst., § 6 III 2 BWahlG) oder, wenn die Partei mind. drei Direktmandate erringt (sog. Grundmandatsklausel, § 6 III 1 F. 2 BWahlG – s. Rn. 56f.).

48 Die schwierigste Prozedur besteht darin, das Verhältnis der Wählerstimmen in der Sitzverteilung im BT abzubilden (Rn. 47 lit. c, 48aff.; ausführlich hierzu Schreiber, DÖV 2012, 125 [129ff.]). Die Komplexität dieses Sitzzuteilungsverfahrens beruht zum Teil darauf, dass zwar auf Bundesebene gewählt wird, es aber wegen des Bundesstaatsprinzips gleichwohl zulässig ist, auf die föderative Untergliederung in Länder Rücksicht zu nehmen. Dies geschieht traditionell über Landeswahlvorschläge (Landeslisten, § 1 II F. 2, §§ 27ff. BWahlG). Aber auch bei einer solchen Wahl nach Landeslisten müssen auf das Bundesgebiet bezogen insb. der Wahlrechtsgrundsatz der Erfolgswertgleichheit der Stimmen (Rn. 19) und die Chancengleichheit der Parteien (Rn. 20, Art. 21 Rn. 28ff.) beachtet werden. Diese Anforderungen verfehlten wesentliche Teile des 2011 neu gefassten § 6 BWahlG (BGBl. 2011 I S. 2313), weshalb sie vom BVerfG mit Urt. v. 25.7.2012 für verfassungswidrig und nichtig erklärt wurden (BVerfGE 131, 316ff.). Ausschlaggebender Grund war – neben dem Problem der Überhangmandate (Rn. 58ff.) – die Möglichkeit des sog. negativen Stimmgewichts: Gemeint ist damit der widersinnige Effekt, dass bei einer Partei ein Zuwachs an Wählerstimmen zu Mandatsverlusten führen kann und umgekehrt (vgl. bereits BVerfGE 121, 266 [299f.]). Seit 2013 gilt nun ein neues Sitzzuteilungsverfahren (Gesetz v. 3.5.2013, BGBl. I S. 1082); es besteht aus zwei Durchgängen (§ 6 II 1 und V 1 BWahlG spricht insoweit von erster und zweiter „Verteilung").

48a I) Erste Verteilung (erster Durchgang):

1) Zunächst sind – vorläufige – Landessitzkontingente festzustellen, d.h. die 598 Sitze des BT werden auf die Länder verteilt; Verhältnismaßstab ist der Anteil der deutschen Bevölkerung (§ 6 II 1 Hs. 1 i.V.m. § 3 I 2 BWahlG). Dabei findet das Divisorverfahren mit Standardrundung nach Sainte-Laguë/Schepers Anwendung (§ 6 II 2–7 BWahlG; s. Rn. 51ff.). Diese Landessitzkontingente sind jedoch nur vorläufiger Natur; sie werden im 6. bis 8. Schritt korrigiert.
2) Ermittelt werden sodann die von jeder Partei auf *Bundes*ebene errungenen Zweitstimmen (§ 4 F. 2 BWahlG) und die jeweils gewonnenen Wahlkreise (Direktmandate aus dem Erststimmenergebnis, § 4 F. 1 und § 5 BWahlG). Beide Summen werden benötigt, um festzustellen, welche Parteien bei der Sitzverteilung (Schritte 3–9) zu berücksichtigen sind. Denn dabei kommen grds. nur Parteien zum Zuge, die mindestens 5% der bundesweit abgegebenen Zweitstimmen oder mindestens drei Direktmandate (sog. Grundmandate) errungen haben (§ 6 III BWahlG; Rn. 54f. und 56f.).
3) Auf der Grundlage der zu berücksichtigenden Zweitstimmen (2. Schritt) werden für jedes *Land* gesondert die mandatsrelevanten Zweitstimmen festgestellt, die für die Landeslisten der einzelnen Parteien abgegeben worden sind (§ 6 I 1 BWahlG). Nicht mandatsrelevant sind die in § 6 I 2 BWahlG bezeichneten Stimmen, d.h. insb. die Zweitstimmen derjenigen Wähler, die ihre Erststimme für solche erfolgreichen Kandidaten abgegeben haben,
– die als Einzelbewerber angetreten sind (§ 20 III BWahlG) oder

– die von Parteien aufgestellt wurden, die an der 5%-Klausel gescheitert sind, ohne mind. drei Grundmandate errungen zu haben.

Denn diese Wähler nehmen bereits mit ihren Erststimmen unmittelbar Einfluss auf die Zusammensetzung des BT, weil *insoweit* kein Verhältnisausgleich stattfindet (vgl. den 5. und 9. Schritt); eine Ungleichbehandlung findet dadurch also nicht statt.

4) Die zu berücksichtigenden und mandatsrelevanten Zweitstimmen (Schritt 2 und 3) werden für jedes Land gesondert auf das jeweilige Landessitzkontingent (s. Schritt 1) verteilt (§ 6 II 1 Hs. 2 BWahlG). Dabei verringert sich das jeweilige Landessitzkontingent nach Maßgabe von § 6 I 3 BWahlG, der auf § 6 I 2 BWahlG verweist (s. Schritt 3 Satz 2). Anschließend werden die Anteile der einzelnen Parteien an dem verringerten Landessitzkontingent ermittelt: Der Anteil der jeweiligen Partei richtet sich nach dem Verhältnis der *Zweit*stimmen, die für die einzelnen Parteien abgegeben wurden (sog. Parteienproporz). Ermittelt wird dieser wiederum (s. schon Schritt 1) im Divisorverfahren (§ 6 II 2–7 BWahlG; Rn. 51 ff.).

5) Von den im 4. Schritt ermittelten Sitzen, die einer Partei nach ihrem Zweitstimmenergebnis zustehen, müssen die Direktmandate abgezogen werden, d. h. die Sitze, die die Partei schon durch das Erststimmenergebnis in den Wahlkreisen errungen hat (vorläufiger Verhältnisausgleich, § 6 IV 1 BWahlG). Erringt eine Partei mehr Wahlkreismandate, als ihr nach dem Parteienproporz Sitze zustehen, bleiben ihr diese Wahlkreismandate als sog. Überhangmandate erhalten (§ 6 IV 2 BWahlG; Rn. 58 ff.).

Hier endet der erste Durchgang: Diese erste – vorläufige – Sitzverteilung gibt das Mandatsverhältnis nicht gleichheitsgerecht i. S. v. Art. 38 I 1 wieder, weil (a) errungene Überhangmandate den Parteienproporz verzerren und weil (b) die Landessitzkontingente im 1. Schritt nach dem Bevölkerungsanteil errechnet wurden, nicht jedoch nach der Zahl der jeweils in einem Land abgegebenen (Zweit-)Stimmen (§ 6 I 1 BWahlG). Deshalb folgt nun die zweite – endgültige – Sitzverteilung.

II) Zweite Verteilung (zweiter Durchgang): **48b**

6) Der zweite Durchgang (die zweite Verteilung) in § 6 V und VI BWahlG korrigiert Gleichheitswidrigkeiten der ersten Verteilung. Er beginnt damit, dass die Gesamtzahl der Sitze des BT durch sog. Ausgleichsmandate so weit erhöht wird, bis sich alle Wahlkreismandate (Direktmandate) auf Listenmandate anrechnen lassen. Maßgeblich ist dabei faktisch die Partei, die im 5. Schritt die meisten Überhangmandate errungen hat. In diesem Verhältnis werden die Sitze der anderen Parteien (durch Ausgleichsmandate) erhöht. Dadurch verschwindet der Verzerrungseffekt der Überhangmandate (§ 6 V BWahlG – sog. Vollausgleich).

7) Aufgrund der so ermittelten neuen Gesamtsitzzahl werden die Sitze auf Bundesebene unter den Parteien verteilt (sog. Oberverteilung): Maßgeblich ist dabei das Verhältnis zwischen der Gesamtsitzzahl und den *bundes*weit für eine Partei abgegebenen mandatsrelevanten Zweitstimmen (Bundesproporz, § 6 VI 1 BWahlG). Dabei findet wiederum das Divisorverfahren Anwendung (Rn. 51 ff.).

8) Auf die Oberverteilung folgt die *landes*bezogene Unterverteilung, d. h. die Ermittlung der Sitze, die nach Maßgabe der mandatsrelevanten Zweitstimmen auf die jeweilige Partei entfallen (Landesproporz, § 6 VI 2 BWahlG). Betrachtet wird also nur jeweils eine Partei, deren bundesweite Gesamtsitzzahl bereits im 7. Schritt festgestellt wurde. Ausgehend davon wird hier ermittelt, wie sich diese Gesamtzahl auf die jeweiligen Landeslisten der Partei verteilt. Die Berechnung des Verhältnisses zwischen den Zweitstimmen für die einzelnen Landeslisten einer Partei erfolgt erneut nach dem Divisorverfahren (Rn. 51 ff.).

9) Von der Sitzzahl jeder Landesliste einer Partei wird die Zahl der Direktmandate abgezogen (Verhältnisausgleich, § 6 VI 3 BWahlG). Soweit danach Sitze verbleiben, werden diese nach der Reihenfolge der jeweiligen Landesliste besetzt; dabei bleiben erfolgreiche Wahlkreiskandidaten, die auf der Liste stehen, unberücksichtigt (§ 6 VI 4 und 5 BWahlG).

III) Mehrheitssicherung: **48c**

10) Der letzte Schritt hat mit den beiden Durchgängen (Verteilungen) nichts zu tun. Er soll sicherstellen, dass eine Partei, die bundesweit die Mehrheit der *Zweit*stimmen errungen hat, auch tatsächlich die Mehrheit der Sitze im BT erhält (sog. Mehrheitssicherungsklausel, § 6 VII BWahlG). Dazu werden dieser Partei erforderlichenfalls zusätzliche Mandate zugewiesen (wiederum nach dem Divisorverfahren, Rn. 51 ff.), sodass sich die Gesamtsitzzahl des BT weiter erhöht.

3. Berechnungsmethoden zur Sitzverteilung

49 Da gem. § 1 I 2 BWahlG nach dem Verhältniswahlsystem gewählt wird, müssen die Stimmenanteile, die auf die Parteien (Landeslisten) entfallen, in Sitze umgerechnet werden. Hierfür stehen mehrere Methoden zur Auswahl: Für viele Volksvertretungen (LT, Gemeinderäte, Kreistage) findet das Höchstzahlverfahren Anwendung, das von Victor d'Hondt entwickelt wurde. Alternativen dazu sind insb. das von Thomas Hare und Horst F. Niemeyer entwickelte Verfahren der mathematischen Proportion sowie das Divisorverfahren von André Sainte-Laguë und Hans Schepers. Für die BT-Wahlen kam bis 1983 das Verfahren nach d'Hondt und bis 2005 das Verfahren von Hare/ Niemeyer zur Anwendung. Seit 2009 gibt § 6 II 2–7 BWahlG das Divisorverfahren nach Sainte-Laguë/Schepers vor.

50 Zur Veranschaulichung folgendes vereinfachtes Rechenbeispiel: Es sollen 14 Sitze vergeben werden, 16 800 Personen haben gewählt und ihre (Zweit-)Stimmen wie folgt abgegeben:

Partei	Stimmen
A	7500
B	6500
C	2000
D	800

51 Beim Divisorverfahren mit Standardrundung nach Sainte-Laguë/Schepers werden die Sitze durch eine Division ermittelt, und zwar mit Hilfe eines einheitlichen Zuteilungsdivisors. Jede Landesliste erhält so viele Sitze, wie sich nach Teilung aller auf sie entfallenden Zweitstimmen durch den Zuteilungsdivisor ergeben (§ 6 II 2 BWahlG).

$$\frac{\text{Summe der durch die Landesliste errungenen Zweitstimmen}}{\text{Zuteilungsdivisor}}$$

52 Der Zuteilungsdivisor ermittelt sich seinerseits durch eine weitere Division, nämlich dadurch, dass die Gesamtzahl der Zweitstimmen aller Landeslisten grds. durch die Gesamtzahl der zu vergebenden Parlamentssitze geteilt wird (§ 6 II 5, 6 BWahlG).

$$\frac{\text{Gesamtzahl der Zweitstimmen aller Landeslisten}}{\text{Gesamtzahl der Sitze}}$$

53 Bei den ermittelten Sitzzahlen werden die Zahlenbruchteile unter 0,5 abgerundet, solche über 0,5 aufgerundet (§ 6 II 3 BWahlG). Zahlenbruchteile, die genau gleich 0,5 sind, werden einheitlich so auf- oder abgerundet, dass die Gesamtzahl der zu vergebenden Sitze erhalten bleibt (§ 6 II 4 BWahlG). Weicht die auf diese Weise errechnete Sitzzahl von der Gesamtzahl der zu vergebenden Sitze ab, wird der Zuteilungsdivisor herauf- oder herabgesetzt, damit beide Zahlen übereinstimmen (§ 6 II 7 BWahlG). Für diese Herauf- oder Herabsetzung sind keine festen Werte vorgegeben; sie erfolgt vielmehr so lange mit beliebig gegriffenen Zahlen, bis die Summe der errechneten Sitze mit der Gesamtzahl der zu vergebenden Sitze übereinstimmt. In der Praxis dürften dabei Algorithmen verwendet werden. Die Sitzverteilung im Rechenbeispiel erfolgt danach folgendermaßen:

	A-Partei	B-Partei	C-Partei	D-Partei
Stimmenzahl	7500	6500	2000	800 (bleiben wegen der 5% Klausel unberücksichtigt)
Zuteilungsdivisor	: (16800 : 14 =) 1200			
Quotient	= 6,25	= 5,41	= 1,66	
Rundung	6	5	2	–
Kontrolle: (vorläufige) Gesamtzahl der Sitze	*6 + 5 + 2 = 13*			
⇒ Herabsetzung des Zuteilungsdivisors	: 1175			
Quotient	= 6,38	= 5,53	= 1,70	–
Mandate	**6**	**6**	**2**	**–**
Kontrolle: Gesamtzahl der Sitze	*6 + 6 + 2 = 14*			

4. Die 5%-Sperrklausel

Nach § 6 III 1 F. 1 BWahlG werden bei der Verteilung der Sitze auf die Landeslisten nur Parteien berücksichtigt, die mindestens 5% der im Wahlgebiet abgegebenen gültigen Zweitstimmen erhalten (vgl. § 6 I 4 F. 2 und II 1 BWahlG). Diese sog. 5%-(Sperr-)Klausel (5%-Hürde) ist verfassungsrechtlich nicht unproblematisch: 54

- Sie führt zu einer Beeinträchtigung der Wahlrechtsgleichheit i. S. v. Art. 38 I 1: Zwar haben alle von den Wählern abgegebenen Zweitstimmen den gleichen Zählwert, nicht jedoch den gleichen Erfolgswert (Rn. 19). Denn Stimmen, die auf eine Partei entfallen, die nicht mindestens 5% am Gesamtanteil der Stimmen erreicht, gehen „verloren".
- Im Übrigen wird dadurch die Chancengleichheit der Parteien aus Art. 21 I beeinträchtigt, da kleineren Parteien der Zugang zum Parlament verwehrt wird (Art. 21 Rn. 28 ff.).

Diese Ungleichbehandlungen führen nach Ansicht des BVerfG jedoch nicht zu einer Verfassungswidrigkeit der 5%-Klausel. Zwar besteht im Bereich der Wahlen wegen deren hoher demokratischer Relevanz das Gebot der strikt formalen Gleichheit. Allerdings darf der Wahlgesetzgeber davon aus zwingenden Gründen abweichen, insb. um eine Zersplitterung der Sitzverteilung im Parlament zu verhindern und so die Funktionsfähigkeit des Parlaments als Gesetzgebungs- und Kreationsorgan für die Regierung zu gewährleisten. Daher ist § 6 III 1 F. 1 BWahlG verfassungsgemäß (BVerfGE 131, 316 [344]; vgl. auch BVerfGE 95, 408 [417 ff.] zum inhaltsgleichen § 6 VI 1 BWahlG a. F.). 55

Anders als bei BT-Wahlen hat das BVerfG die 5%-Sperrklausel bei Kommunal- und Europawahlen für verfassungswidrig erklärt (BVerfGE 120, 82 [109 ff.]; 129, 300 [324 ff.]). Als Grund wurde insb. angeführt, dass die Funktionsfähigkeit kommunaler Volksvertretungen und des EP bei einer Parteienzersplitterung nicht in dem Maße gefährdet sei wie die des BT. Als Reaktion auf diese Entscheidung führte der Gesetzgeber m. W. v. 10.10.2013 in § 2 VII EuWG eine 3%-Hürde bei Europawahlen ein (BGBl. 2013 I S. 3749). Auch diese Hürde hat das BVerfG indessen unter Bezugnahme auf seine Entscheidung zur 5%-Sperrklausel für verfassungswidrig erklärt (BVerfGE 135, 259 [280 ff. Rn. 34 ff.]). 55a

5. Grundmandatsklausel

56 Die sog. Grundmandatsklausel des § 6 III 1 F. 2 BWahlG sichert Parteien, die an der 5%-Hürde gescheitert sind, den Einzug in den BT, wenn sie mindestens drei Wahlkreismandate (Direktmandate) errungen haben. Sie erhalten dann nicht nur die jeweiligen Direktmandate, sondern so viele Mandate, wie es ihrem Zweitstimmenanteil entspricht (vgl. Rn. 47ff.). Auch die Grundmandatsklausel kann zu einer Beeinträchtigung der Wahlrechtsgleichheit (bzgl. des Erfolgswerts der Stimmen, Rn. 19) und der Chancengleichheit der Parteien (Art. 21 Rn. 28ff.) führen: So bleibt eine Partei, auf die z.B. 4,99% der Zweitstimmen entfallen und die keine Direktmandate erhält, vom Einzug in den BT ausgeschlossen. Anders eine Partei, auf die nur 1% der Zweitstimmen entfallen, die aber drei Direktmandate errungen hat: Sie entsendet Mandatsträger ins Parlament, und zwar nicht nur drei, sondern darüber hinaus so viele, wie ihrem Zweitstimmenanteil entsprechen.

57 Nach Ansicht des BVerfG sind solche Ungleichbehandlungen gerechtfertigt. Denn durch die Wahl von drei Direktkandidaten kommt eine besondere politische Kraft der jeweiligen Partei zum Ausdruck. Im Sinne der Integrationsfunktion von Wahlen soll Parteien mit regionalen Schwerpunkten, die in diesen Gebieten eine größere Bevölkerungsgruppe repräsentieren, der Einzug ins Parlament nicht verwehrt werden (BVerfGE 95, 408 [417ff.] zum inhaltsgleichen § 6 VI 1 F. 2 BWahlG a.F.).

6. Überhangmandate

58 Eine weitere Besonderheit des Wahlsystems zum BT ist die Möglichkeit der Entstehung von sog. Überhangmandaten. Erringt eine Partei in einem Bundesland mehr Direktmandate, als ihr nach dem Ergebnis der Zweitstimmen Sitze im BT zustehen, so bleiben die Direktmandate gem. § 6 IV 2 BWahlG erhalten (vgl. Rn. 48a). Konsequenz ist, dass sich die Gesamtzahl der Abgeordneten im BT erhöht (§ 6 V 2 i.V.m. § 1 I 1 BWahlG). Sieht der Gesetzgeber keinen Ausgleich vor (wie dies bis einschl. der Wahlen zum 17. BT 2009 der Fall war), verschiebt sich dadurch das Sitzverhältnis (der Parteienproporz) zulasten der anderen Parteien; die Wahlgleichheit gem. Art. 38 I 1 wird beeinträchtigt (Erfolgswertgleichheit, Rn. 19), ebenso die Chancengleichheit der Parteien (Rn. 20, Art. 21 Rn. 28ff.).

59 Deswegen hält das BVerfG den Gesetzgeber nicht für befugt, unbegrenzt viele Überhangmandate zuzulassen, ohne dass es einen Ausgleich zugunsten der anderen Parteien im Bundestag gibt. Ansonsten werde der Charakter der Bundestagswahl als Verhältniswahl (Rn. 46ff.) aufgehoben (BVerfGE 131, 316 [357]). In Mandaten ausgedrückt akzeptiert das BVerfG Überhangmandate höchstens bis etwa zur Hälfte der Zahl von Abgeordneten, die für die Bildung einer Fraktion erforderlich ist. Gem. § 10 I GO BT sind das ca. 15 Abgeordnete (vgl. Rn. 8).

59a Durch das 22. Gesetz zur Änderung des Bundeswahlgesetzes v. 3.5.2013 (BGBl. I S. 1082) wurde die Problematik der Überhangmandate für die Wahlen zum 18. BT 2013 entschärft: Nach dem – recht „verklausulierten“– § 6 V BWahlG n.F. erhöht sich die Gesamtsitzzahl des BT bei Überhangmandaten (§ 6 IV 2 BWahlG) gleichmäßig (d.h. verhältnismäßig) zugunsten aller Parteien (s. Rn. 48ff.). Damit werden der Wahlrechtsgleichheit und der Chancengleichheit der Parteien Genüge getan (vgl. § 6 VI BWahlG) – freilich um den Preis einer ggf. spürbaren Erhöhung der Abgeordnetenzahl.

60 Scheidet ein Abgeordneter des Landes aus, in dem Überhangmandate entstanden sind, rückt so lange kein Listenkandidat nach, bis alle Überhangmandate des Landes entfallen sind („kein Nachrücken in den Überhang“, hierzu BVerfGE 97, 317 [322ff.]).

C. Prüfungshinweise

Art. 38 stellt die zentrale Norm im III. Abschnitt des GG dar; zugleich kommt ihr für die Ausgestaltung des Demokratieprinzips (Art. 20 I, II) grundlegende Bedeutung zu. Entsprechend hoch ist hier die Prüfungsrelevanz. Wichtig ist dabei die saubere inhaltliche Dreiteilung **61**

- in Wahlrechtsgrundsätze (Art. 38 I 1),
- Wahlberechtigung und Wählbarkeit (Art. 38 II) sowie
- Rechtsstellung der Abgeordneten (Art. 38 I 2). Hierzu ist verfassungsprozessual das Organstreitverfahren zu beachten (Art. 93 I Nr. 1, s. Rn. 35).

Hinsichtlich des Wahlsystems brauchen nur Grundzüge beherrscht zu werden (Rn. 45–47); hierzu gehören auch die 5%-Sperrklausel, Überhang- und Grundmandate (Rn. 54–60). Das komplizierte Berechnungsverfahren (Rn. 48–53) dürfte hingegen in der Prüfung fairerweise nicht verlangt werden, denn es hat weniger mit Rechtswissenschaft als vielmehr mit angewandter Mathematik zu tun. **62**

D. Weiterführende Literatur/Leseempfehlungen

Austermann, Ph., Verfassungsrechtliche Abgeordnetenpflichten nach dem Grundgesetz, DÖV 2011, 352–354; Binder, C./Hofmann, F., Der Ausschluss aus der Bundestagsfraktion, Jura 2006, 387–394; Burkiczak, Ch., Die verfassungsrechtlichen Grundlagen der Wahl des Bundestages, JuS 2009, 805–809; Fehling, M./Schunicht, B., Entscheidungsbesprechung – Beobachtung von Bundestagsabgeordneten durch den Verfassungsschutz, ZJS 2014, 199–205; Frenz, W., Abgeordnetenrechte, JA 2010, 126–128; Frenzel, E. M., Bewährungsprobe für das parlamentarische Informationsrecht, Jura 2010, 220–226; Grzeszick, B., Verfassungsrechtliche Grundsätze des Wahlrechts, Jura 2014, 1110–1123; ders., Weil nicht sein kann, was nicht sein darf: Aufhebung der 3%-Sperrklausel im Europawahlrecht durch das BVerfG und dessen Sicht auf das Europäische Parlament, NVwZ 2014, 537–541; Hänsle, W., Staatsorganisationsrecht – „Zeitgemäßes Wahlrecht“, Jura 2015, 196–201; Hänsle, W./Lenski, S.-Ch./Reichold, R., Fragen über Fragen, Jura 2012, 468–472; Harks, Th., Das Fragerecht der Abgeordneten, JuS 2014, 979–982; Holterhus, T., Anfängerklausur – Öffentliches Recht: Staatsorganisationsrecht – Der beobachtete Abgeordnete, JuS 2014, 233–237; Ingold, A./Lenski, S.-Ch., Ordnungsgeld und Sitzungsausschluss als Ordnungsmaßnahmen gegen Bundestagsabgeordnete, JZ 2012, 120–125; Klatt, M., Die Beobachtung von Abgeordneten – Das Urteil des BVerwG vom 21.7.2010, NVwZ 2011, 146–150; Lange, P./Thiele, A., Übungsklausur – Öffentliches Recht: Freiheit des Mandats – Der „gläserne“ Abgeordnete, JuS 2008, 518–523; Morlok, M./Sokolov, E., Beobachtung von Abgeordneten durch den Verfassungsschutz – Eine Forderung nach strengen formalen Voraussetzungen. Zugleich eine Anmerkung zu BVerfG, Beschluss vom 17.9.2013, 2 BvE 6/08, 2 BvR 2436/10, DÖV 2014, 405–413; Patella, M., „Wählen ist kein Computerspiel“ – Das Wahlcomputer-Urteil des Bundesverfassungsgerichts, Jura 2009, 776–780; Ruffert, M., Europarecht und Verfassungsrecht: Verfassungskonformität von ESM-Vertrag und Fiskalpakt; JuS 2014, 465–467; Schiff, A., „Reden ist Silber…“ – auch im Bundestag?, Jura 2013, 1290–1296; Schreiber, W., Das Neunzehnte Gesetz zur Änderung des Bundeswahlgesetzes vom 25. November 2011 – Ein Trauerspiel in vier Akten, DÖV 2012, 125–137; Staufer, M., Beteiligungsrechte des Bundestages/EFSF, JA 2013, 124–130. **63**

Art. 39 [Wahlperiode und Einberufung der Sitzungen]

(1) [1]**Der Bundestag wird vorbehaltlich der nachfolgenden Bestimmungen auf vier Jahre gewählt.** [2]**Seine Wahlperiode endet mit dem Zusammentritt eines neuen Bundestages.** [3]**Die Neuwahl findet frühestens sechsundvierzig, spätestens achtundvierzig Monate nach Beginn der Wahlperiode statt.** [4]**Im Falle einer Auflösung des Bundestages findet die Neuwahl innerhalb von sechzig Tagen statt.**

(2) **Der Bundestag tritt spätestens am dreißigsten Tage nach der Wahl zusammen.**

(3) [1]**Der Bundestag bestimmt den Schluß und den Wiederbeginn seiner Sitzungen.** [2]**Der Präsident des Bundestages kann ihn früher einberufen.** [3]**Er ist hierzu verpflichtet, wenn ein Drittel der Mitglieder, der Bundespräsident oder der Bundeskanzler es verlangen.**

Pflichtstoff (***)

A. Überblick

1 Nach Art. 20 II 1 geht alle Staatsgewalt vom Volk aus (Volkssouveränität). Dies wird in Art. 20 II 2 weiter konkretisiert: Die Staatsgewalt wird vom Volk in Wahlen und Abstimmungen sowie durch demokratisch legitimierte Staatsorgane (BT, BReg u.a.) ausgeübt. Die so vermittelte Staatsgewalt muss in regelmäßigen Abständen vom Volk neu legitimiert und – ggf. anderen politischen Kräften – zugeteilt werden. Vorrangiges Mittel dafür sind die periodisch stattfindenden Parlamentswahlen. Das dahinter stehende Periodizitätsprinzip ist Wesensmerkmal und Funktionsvoraussetzung der Demokratie als „Herrschaft auf Zeit".

B. Erläuterungen

I. Abs. 1

1. Der Bundestag wird [...] auf vier Jahre gewählt (Satz 1)

2 Art. 39 I 1 legt die Dauer der Wahlperiode (Legislaturperiode) für den BT auf grds. vier Jahre fest. Damit wird gewährleistet, dass die Abstände für die Machterneuerung nicht zu lange auseinanderliegen, um die parlamentarisch-demokratische Machtausübung der Mandatsträger auf Bundesebene zeitlich wirksam zu begrenzen. Anderenfalls schwände die Kraft der Legitimation. Andererseits darf die Dauer der Wahlperioden nicht zu kurz bemessen sein, damit das Wahlvolk veränderte Umstände in den sachlichen Entscheidungsgrundlagen, aber auch die Arbeitsergebnisse der bisherigen Mandatsträger hinreichend beurteilen kann. Darüber hinaus müssen die Abgeordneten die Möglichkeit haben, sich in ihr Tätigkeitsfeld (Amt) einzuarbeiten und die anstehenden Entscheidungen (Gesetzesbeschlüsse u.a.m.) auf einer ausreichenden Erfahrungs- und Beratungsgrundlage zu treffen, bevor die „Sachzwänge" des nächsten Wahlkampfes die parlamentarische Arbeit in Mitleidenschaft ziehen. Insofern bildet die Dauer der Wahlperiode auch einen Bestandteil des verfassungsrechtlichen Status der Abgeordneten (Art. 38 Rn. 25ff.).

3 Vor diesem Hintergrund ließe sich die Wahlperiode – alternativ zum Vierjahreszyklus – auch auf fünf Jahre verlängern. Eine entsprechende Änderung von Art. 39 I 1 und 3 wäre mit dem Demokratieprinzip (Art. 20 I, II) vereinbar und verstieße nicht gegen die „Ewigkeitsgarantie" des Art. 79 III. Die meisten LVerf (Ausn. Bremen und Hamburg) legen für die Wahlperioden des jeweiligen LT fünf Jahre fest; dies stößt dementsprechend im Hinblick auf Art. 28 I 1 und 2 auf keine Bedenken.

4 Die Möglichkeit der Verlängerung oder Verkürzung der Wahlperiode besteht nur für die Zukunft; Änderungen der laufenden Wahlperiode kämen einer Selbstermächtigung der gewählten Abgeordneten gleich, die von deren demokratischen Mandat nicht gedeckt wäre und deshalb gegen Art. 79 III i.V.m. Art. 20 I, II verstieße. Eine Ausnahmevorschrift sieht Art. 115h I 1 nur im Verteidigungsfall (Art. 115a I 1) vor. Die Verkürzung der laufenden Wahlperiode durch den BT im Wege der Selbstauflösung sieht das GG nicht vor. Unter diesem Gesichtspunkt ist die sog. unechte Vertrauensfrage kritisch zu beurteilen (dazu Art. 68 Rn. 6f.).

5 **Beispiel:** Angenommen, die Regierungskoalition verfügt im BT über eine Zweidrittelmehrheit und beabsichtigt, ständiger kräftezehrender Wahlkämpfe leid, die Wahlperiode mit sofortiger Wirkung von vier auf 16 Jahre zu verlängern, wäre eine entsprechende Änderung von Art. 39 I 1 und 3 verfassungswidrig.

Die Verlängerung der Legislaturperiode auf 16 Jahre würde das Demokratieprinzip (Art. 20 I und II) verletzen, das gem. Art. 79 III nicht beeinträchtigt werden darf. Die repräsentative Demokratie verlangt einen Wahlzyklus, der dem Staatsvolk die Befugnis verleiht, seinem politischen Mehrheitswillen Geltung zu verschaffen, ihn v.a. regelmäßig neu zu betätigen und die Machtausübung der von ihm gewählten Mandatsträger effektiv zu kontrollieren. Diese Möglichkeit muss in angemessenen Zeitabständen bestehen. Dagegen abzuwägen ist die Arbeitsfähigkeit von Parlament und der Regierung. Eine Verlängerung der Legislaturperiode auf 16 Jahre würde es dem Parlament und der Regierung erlauben, tiefgreifende politische Veränderungen zu bewirken, ohne sie vor dem Wähler verantworten zu müssen. Daher ist eine derart lange Wahlperiode vor dem Demokratieprinzip nicht mehr zu rechtfertigen.

Zudem soll die Legislaturperiode mit sofortiger Wirkung verlängert werden. Damit nimmt die Regierungskoalition eine ihr tatsächlich nicht verliehene Repräsentationsbefugnis in Anspruch, da der „amtierende" BT seine Legitimation vom Volk gem. Art. 39 I 1 nur für die Dauer von vier Jahren erhalten hat. Für den über die laufende Wahlperiode hinausreichenden Zeitraum verselbstständigt der BT daher seine Herrschaftsmacht und entzieht sie der demokratisch gebotenen Einflussnahme des Volkes. Auch das wäre mit dem Demokratieprinzip nicht zu vereinbaren und nach Art. 79 III unzulässig.

2. Ende der Wahlperiode mit dem Zusammentritt eines neuen Bundestages – Grundsatz der Diskontinuität (Satz 2)

6 Das Ende der Wahlperiode fällt mit dem (erstmaligen) Zusammentritt des neu gewählten BT zusammen. Mit dieser Regelung wird gewährleistet, dass es nicht zu einer „parlamentslosen Zeit" kommt, sondern der BT dauernd handlungsfähig ist. Trotzdem bedeutet das Ende der Wahlperiode einen Einschnitt: Nach dem als Verfassungsgewohnheitsrecht anerkannten und in § 125 S. 1 GO BT ausformulierten Grds. der *sachlichen* Diskontinuität gelten mit dem Ende der Wahlperiode alle Vorlagen (vgl. § 75 GO BT) als erledigt. Das heißt, dass grds. alle Beratungen als Vorbereitung für Beschlüsse des BT neu begonnen werden müssen, insb. Gesetzesberatungen (Lesungen, Art. 77 Rn. 4). Nach dem Grds. der *persönlichen* Diskontinuität verlieren alle bisherigen MdB ihr Mandat mit dem Ende der Wahlperiode.

3. Fristen für Neuwahlen (Satz 3 und 4)

7 Art. 39 I 3 legt die Fristen fest, mit deren Ablauf der BT für den Regelfall neu gewählt werden muss. Maßgeblicher Fristbeginn ist der Beginn der jeweils laufenden Wahlperiode, also der erstmalige Zusammentritt des gewählten BT. Danach müssen Neuwahlen stattfinden

- frühestens nach 46 Monaten (= 3 Jahre und 10 Monate, d.h. zwei Monate vor Ablauf der vierjährigen Wahlperiode) und
- spätestens nach 48 Monaten (= 4 Jahre, d.h. exakt zum Ende der vierjährigen Wahlperiode).

8 Anderes gilt nur für den Fall der vorzeitigen Auflösung des BT (s. Art. 63 IV 3 und Art. 68): Nach Art. 39 I 4 beträgt die Frist hier 60 Tage (rund zwei Monate).

9 Innerhalb dieser Zeitkorridore wird der genaue Wahltermin gem. § 16 I 1 BWahlG vom BPräs bestimmt. Allerdings bedarf diese „Anordnung“ nach Art. 58 S. 1 „der Gegenzeichnung“ durch den BKanzler und die zuständigen BMin. Deshalb liegt der Bestimmung des Wahltermins durch den BPräs in der Verfassungspraxis ein entsprechender Terminvorschlag der BReg zugrunde. Jedenfalls i.R.v. Art. 39 I 3 wird darauf geachtet, dass der Wahltag nicht in der Hauptferienzeit, sondern in den Monaten September bis November liegt. Für die Fristberechnungen gelten i.Ü. die §§ 187ff. BGB ihrem Rechtsgedanken nach.

II. Zusammentritt des Bundestages (Abs. 2)

10 Art. 39 II bestimmt eine Frist von 30 Tagen für den erstmaligen Zusammentritt des neu gewählten BT; dieser Zusammentritt markiert nach Art. 39 I 2 den Beginn der neuen Wahlperiode. Die 30-Tage-Frist gilt auch, wenn die Wahlperiode des amtierenden BT dadurch weniger als vier Jahre beträgt. Die Einberufung der ersten (= konstituierenden) BT-Sitzung ist Aufgabe des bisherigen BTPräs (§ 1 I GO BT).

III. Schluss und Wiederbeginn der Sitzungen des Bundestages (Abs. 3)

11 Art. 39 III steht nicht in unmittelbarem Zusammenhang mit der Wahlperiode, da der BT während der Wahlperiode verfassungsrechtlich gesehen dauernd tagt, also nicht auf bestimmte Sitzungszeiträume („Sessionen“) beschränkt ist. Art. 39 III bezieht sich demgegenüber auf die tatsächlichen Zusammenkünfte (Sitzungen) des BT (v.a. seines Plenums). Unter Sitzung wird eine durch eine Tagesordnung festgelegte Beratungseinheit verstanden (vgl. §§ 19ff. GO BT).

12 Art. 39 III 1 statuiert das Selbstversammlungsrecht des BT als Ausfluss von dessen Parlamentsautonomie (vgl. Art. 40 Rn. 1): Nicht der BPräs, die BReg oder ein anderes Staatsorgan legt die Sitzungszeiten und die sitzungsfreien Zeiten fest, sondern der BT selbst, und zwar mit der Mehrheit der abgegebenen Stimmen (Art. 42 Rn. 12ff.).

13 Innerhalb der vom BT festgelegten Sitzungszeiten werden die einzelnen Sitzungstermine im Ältestenrat des BT vereinbart (§ 20 I GO BT). Hierauf bezieht sich Art. 39 III 2 und 3, also auf die Vorverlegung eines Sitzungstermins und – im Erst-recht-Schluss – auf die Anberaumung einer Sitzung, wenn überhaupt kein Termin vereinbart wurde. Die Befugnis dazu steht nach Satz 2 dem BTPräs zu (s. § 21 GO BT); nach Satz 3 besteht sogar eine Verpflichtung, wenn ein Drittel der MdB (vgl. entsprechend Art. 121), der BPräs oder der BKanzler es verlangen. Einem solchen Verlangen hat der BTPräs unverzüglich, d.h. ohne schuldhaftes Zögern (Rechtsgedanke aus § 121 I 1 BGB) nachzukommen. An eine Tagesordnung, die von den nach Art. 39 III 3 Berechtigten vorgegeben wird, ist der BT indes nicht gebunden (vgl. § 20 III 2 GO BT).

C. Prüfungshinweise

14 Für die Prüfung erscheint bei Art. 39 I v.a. die eigenmächtige Verlängerung einer Wahlperiode durch den BT von Relevanz (Rn. 4f.). Daneben sollte die Vorschrift als Argumentationshilfe gegen ein Selbstauflösungsrecht des BT dienen können (Rn. 4). Schließlich ist es ratsam, den Begriff des Selbstversammlungsrechts (Art. 39 III 1, dazu Rn. 12) erklären zu können.

D. Weiterführende Literatur/Leseempfehlungen

15 Frenzel, E.M., Bewährungsprobe für das parlamentarische Informationsrecht, Jura 2010, 220–226; Fuchs-Wissemann, H., Funktion und Berechnung der Zeiträume und

Fristen des Art. 39 GG, DÖV 1990, 694–698; Ipsen, J., Nachwahl und Wahlrechtsgleichheit, DVBl. 2005, 1465–1470; Kämmerer, J. A., Deutschland auf dem Weg zur „Lame Duck Democracy“? – Eine kleine Systemkritik, NVwZ 2014, 29–32; Philipp, J., Die vorzeitige Bundestagsauflösung als verfassungsrechtliches Problem, Jura 2005, 512–519; Reinemann, B., Der praktische Fall: „Krisenzeiten“, VR 2005, 308–310; Rekittke, L. O., Die Auflösung des Bundestages, DVP 2008, 333–336.

Art. 40 [Bundestag: Präsident, Geschäftsordnung, Hausrecht]

(1) [1]**Der Bundestag wählt seinen Präsidenten, dessen Stellvertreter und die Schriftführer.** [2]**Er gibt sich eine Geschäftsordnung.**

(2) [1]**Der Präsident übt das Hausrecht und die Polizeigewalt im Gebäude des Bundestages aus.** [2]**Ohne seine Genehmigung darf in den Räumen des Bundestages keine Durchsuchung oder Beschlagnahme stattfinden.**

Pflichtstoff (* * *)

Übersicht

A. Überblick

Der BT ist als eines der obersten Staatsorgane des Bundes mit einem großen Maß an Selbständigkeit (Parlamentsautonomie) ausgestattet. Er ordnet seine Angelegenheiten selbst und ist (auch) dabei keinerlei Weisungen unterworfen. Ausfluss dessen sind insb. die in Art. 40 genannten Befugnisse. Die Parlamentsautonomie ist vor dem historischen Hintergrund des Kampfes der Volksvertretung um Emanzipation gegenüber der ehemals monarchischen Exekutive zu sehen. 1

B. Erläuterungen

I. Präsident, Stellvertreter, Schriftführer (Abs. 1 S. 1)

1. Präsident des Bundestages

Nach Art. 40 I 1 F. 1 wählt der BT einen seiner Abgeordneten zum BTPräs, und zwar nach § 2 I 1 GO BT für die Dauer der Wahlperiode (Art. 39 I 1, 2). Die Wahl erfolgt gem. § 2 I 1 i. V. m. § 49 GO BT mit verdeckten Stimmzetteln, also geheim. Gewählt ist, wer die Stimmen der Mehrheit der MdB (entsprechend Art. 121) auf sich vereinigt (Art. 42 II 2, § 2 II 1 GO BT). Parlamentarischer Brauch, jedoch kein Ver- 2 fassungsgewohnheitsrecht (hierzu Gröpl, Staatsrecht I, Rn. 467, 1064), ist dabei, den Kandidaten zu wählen, der von der stärksten Fraktion vorgeschlagen wird. Weitere Einzelheiten bestimmt § 2 II GO BT.

3 Die Abwahl des BTPräs ist weder im GG noch in der GO BT geregelt. Sie ist daher nur im Wege einer Durchbrechung der GO BT denkbar; hierfür ist ein Beschluss erforderlich, der mit Zweidrittelmehrheit der anwesenden MdB gefasst wird (§ 126 Hs. 1 GO BT). Die Amtszeit des BTPräs endet mit der Wahlperiode, d.h. mit dem Zusammentritt des neuen BT (Art. 39 I 2). Den Vorsitz in der ersten (konstituierenden) Sitzung führt der Alterspräsident, also das älteste Mitglied des BT (§ 1 II GO BT).

4 Protokollarisch steht der BTPräs an zweiter Stelle hinter dem BPräs. Die Vertretung des BPräs bei dessen Verhinderung wird dagegen durch den Präsidenten des BR wahrgenommen (Art. 57).

5 Die Funktionen des BTPräs sind bedeutend (s. insb. § 7 GO BT): Ganz allg. kommt ihm die oberste Leitungs- und Verwaltungskompetenz des BT zu. Er ist Vorsitzender des Präsidiums (§ 5 GO BT), des Ältestenrats (§ 6 I GO BT) und des GemA (§ 7 I GO GemAus, s. Art. 53a, 115a II, Art. 115e). Der BTPräs vertritt den BT nach außen (§ 7 I 1 F. 1 GO BT). Nach innen regelt er die Geschäfte (§ 7 I 1 F. 2 GO BT) und ist oberste Dienstbehörde der Beamten des BT (§ 7 IV GO BT). Darüber hinaus wahrt er die Ordnung in den Gebäuden des BT (Rn. 18ff.). Dem BTPräs obliegen die Bestimmung der Rednerreihenfolge (§ 28 GO BT) und die Erteilung des Wortes (§ 27 GO BT). Er kann Abgeordnete zur Ordnung rufen und Ordnungsverletzungen sanktionieren (§ 44a V AbgG, §§ 36ff. GO BT). Ferner setzt er alljährlich die Höhe der staatlichen Mittel zur Parteienfinanzierung fest (§ 19a I 1 PartG). Neben diesen besonderen Funktionszuständigkeiten behält der BTPräs seine Stellung, sein Stimmrecht und seine sonstigen parlamentarischen Rechte als Abgeordneter (z.B. § 27 I 2 GO BT). Aufgrund seines Amtes ist er jedoch dazu angehalten, diese Rechte zurückhaltend auszuüben, da die Öffentlichkeit ihn in erster Linie in seiner Funktion als BTPräs sieht.

2. Vizepräsidenten des Bundestages

6 Nach der Wahl des BTPräs werden dessen Stellvertreter, die Vizepräsidenten, gewählt (Art. 40 I 1 F. 2, § 2 GO BT). Sie bilden zusammen mit dem BTPräs das Präsidium. Die Anzahl der Stellvertreter kann von Wahlperiode zu Wahlperiode variieren, da jede Fraktion des BT durch mindestens einen Vizepräsidenten vertreten ist (§ 2 I 2 GO BT). Auch bei der Wahl der Stellvertreter entspricht es parlamentarischem Brauch, den von der jeweiligen Fraktion vorgeschlagenen Kandidaten zu unterstützen. Findet sich dennoch nach mehreren Wahlgängen für einen Kandidaten keine Mehrheit, gilt der Wahlvorschlag als gescheitert. Zwar existiert insofern keine ausdrückliche Regelung im GG oder in der GO BT. Dem § 2 II, III GO BT kann aber eine Limitierung der Wahlgänge entnommen werden. Außerdem entspricht es dem Prinzip der Begrenzung des parlamentarischen Entscheidungsfindungsprozesses, mittels Wahlen und Abstimmungen endlose Diskussionen zu vermeiden.

3. Schriftführer

7 Die Schriftführer können aufgrund einer gemeinsamen Liste vom BT gewählt werden (§ 3 S. 2 GO BT). Ihre Aufgabe liegt v.a. in der Unterstützung des BTPräs bei der Leitung der Sitzungen. In jeder Sitzung werden dem BTPräs zwei Schriftführer zur Seite gestellt, die mit ihm zusammen den Sitzungsvorstand bilden (§§ 8, 9 GO BT).

4. Sonstige Untergliederungen des Bundestages

Nicht in Art. 40 genannt, aber aufgrund der Parlamentsautonomie des BT (Rn. 1) legitimiert, in der GO BT (Rn. 12ff.) geregelt und in der Parlamentspraxis fest verankert sind die folgenden Untergliederungen (Organteile) des BT: **8**

- Ältestenrat: Das ist ein parlamentarisches Gremium, das aus dem BTPräs, den Vizepräsidenten und 23 weiteren Abgeordneten besteht, die nach dem Stärkeverhältnis der Fraktionen bestellt werden (§ 12 S. 1 GO BT). Der Ältestenrat unterstützt den BTPräs bei der Führung der Geschäfte des BT (§ 6 GO BT), insb. bei der Koordinierung der Sitzungstermine und der Tagesordnung. Außerdem werden dort Konflikte zwischen verschiedenen Organteilen des BT gelöst, Fragen bei der Auslegung der GO BT geklärt und interfraktionelle Absprachen getroffen. **9**
- Fraktionen: Sie stellen das politische Spiegelbild der Parteienlandschaft im BT dar. Staatsrechtlich handelt es sich bei ihnen um Untergliederungen des Parlaments und nicht der Partei. Fraktionen sind – anders als die Parteien – „der organisierten Staatlichkeit eingefügt" (BVerfGE 20, 56 [104]). Das GG erwähnt die Fraktionen nur beiläufig in Art. 53a I 2. Verfassungsrechtlich werden Fraktionen als Institution allerdings dadurch gewährleistet, dass aus dem freien Mandat des Abgeordneten (Art. 38 I 2) dessen Recht entspringt, sich mit anderen Abgeordneten in Fraktionen zusammenzuschließen (s. Art. 38 Rn. 36). Einfachgesetzlich finden sich die maßgeblichen Vorschriften in den §§ 10–12 GO BT sowie in den §§ 45–54 AbgG. Bei Verletzung oder unmittelbarer Gefährdung ihrer organschaftlichen Rechte steht den Fraktionen der Rechtsweg zum BVerfG offen, und zwar im Wege des Organstreits gem. Art. 93 I Nr. 1, auch wenn sie dort nicht ausdrücklich genannt werden (BVerfGE 70, 324 [351]). **10**
- Ausschüsse: Sie sind Untergliederungen, die für einen bestimmten Gegenstand oder Geschäftsbereich der parlamentarischen Arbeit zuständig sind. In ihnen – und nicht im Plenum – findet die eigentliche Sacharbeit des BT statt. So normiert § 54 I 1 GO BT, dass der BT zur Vorbereitung der Verhandlungen ständige Ausschüsse einsetzt. Diese Ausschüsse bringen die Gesetze zur „Abstimmungsreife". Wegen ihrer immensen Bedeutung für die parlamentarische Willensbildung muss jeder Ausschuss grds. ein verkleinertes Abbild des Plenums sein (BVerfGE 80, 188 [221f.]; 112, 118 [133]; 130, 318 [353ff.]; Normierung in § 12 S. 1 GO BT, „Spiegelbildlichkeit"). Zu bestimmten Ausschüssen trifft das GG eigens Regelungen (Art. 44, 45, 45a, 45c). Ein besonderer – weder im GG noch in der GO BT vorgesehener – Ausschuss war der sog. Hauptausschuss, der erstmals nach der BT-Wahl 2013 für die Dauer von ca. zwei Monaten – bis zur Bildung von BReg und Ausschüssen – eingesetzt wurde und die Aufgaben aller Ausschüsse übernahm (krit. Thielbörger/Ackermann, ZJS 2014, 497ff.). **11**

II. Geschäftsordnung (Abs. 1 S. 2)

Der BT gibt sich eine Geschäftsordnung (GO BT), um so die rechtlichen Voraussetzungen für seine interne Funktionsfähigkeit zu schaffen. Als Ausfluss der Parlamentsautonomie (Rn. 1) regelt die GO BT insb. Organisation, Verfahren und Ordnungsgewalt (Rn. 20) im Parlament (Geschäftsordnungsautonomie). Adressaten der GO BT sind die Abgeordneten als MdB sowie – vermittelt über diese – der BTPräs, das Präsidium, der Ältestenrat, die Ausschüsse und Fraktionen. **12**

Erforderlich für den Erlass der GO BT ist ein Beschluss des BT, der mit der Mehrheit der abgegebenen Stimmen gefasst werden muss (Art. 40 I 2 i.V.m. Art. 42 II 1). Anders als beim Gesetzgebungsverfahren ist also insb. die Beteiligung des BR (Art. 77) oder anderer Bundesorgane (Art. 76, 82 I) nicht vorgesehen. Die GO BT gilt nur für die Dauer der Wahlperiode des BT (Art. 39 I), der sie beschlossen hat (Grds. der sachlichen Diskontinuität, vgl. § 125 GO BT, Art. 39 Rn. 6); i.d.R. übernimmt aber der **13** folgende BT die GO BT ausdrücklich oder zumindest stillschweigend (konkludente Übernahme).

14 Die Rechtsnatur der GO BT ist umstr.: Die Ansichten reichen von einer internen Rechtsvorschrift ohne Rechtssatzcharakter über eine parlamentarische Innenrechtsnorm bis hin zu einer (Verfassungs-)Satzung (so die h. M., vgl. BVerfGE 1, 144 [148]). Ebenfalls umstr. ist der Rang der GO BT in der Normenhierarchie. Nach wohl h. M. steht sie aufgrund ihrer leichten Abänderbarkeit (allg.) und Durchbrechbarkeit (im Einzelfall, s. § 126 GO BT, Rn. 17) sowie ihrer begrenzten Bindungswirkung und -dauer im Rang unter der Verfassung und den förmlichen Gesetzen (BVerfG, ebd. – str.).

15 Trotz seiner Geschäftsordnungsautonomie (Rn. 12) hat der BT (auch) insoweit keine unbeschränkte Gestaltungsfreiheit; vielmehr ist er an die grundgesetzlichen Vorgaben und die verfassungsrechtlichen Grenzen gebunden, die sich v. a. aus den Art. 39 II, III, Art. 40 I 1, II, Art. 42 I, II, Art. 44, 45a, 45c sowie aus dem Abgeordnetenstatus nach Art. 38 I 2 (Art. 38 Rn. 25 ff.) ergeben. Verletzungen des GG durch die GO BT können im Wege des Organstreits nach Art. 93 I Nr. 1 vor dem BVerfG gerügt werden (BVerfGE 118, 277 [317]); die GO BT ist also nicht Prüfungsmaßstab (der ist das GG), sondern Prüfungsgegenstand.

16 Hingegen führt die Verletzung einer Bestimmung der GO BT nicht per se zur Unwirksamkeit eines darauf beruhenden BT-Beschlusses. Insb. geschäftsordnungswidrige Beschlüsse im Gesetzgebungsverfahren haben daher nicht die Verfassungswidrigkeit und Unwirksamkeit eines Gesetzes zur Folge. Etwas anderes gilt nur, soweit die verletzte GO-Vorschrift unmittelbar Verfassungsrecht wiedergibt; dann aber beruht die Verfassungswidrigkeit des angegriffenen Gesetzes auf der Verletzung des GG.

17 Für eine Änderung der GO BT ist – als actus contrarius zum Erlass (Rn. 13) – die Mehrheit der abgegebenen Stimmen im BT notwendig (Art. 40 I 2 i. V. m. 42 II 1). Ein Spezifikum der GO BT besteht darin, dass von ihren Bestimmungen im Einzelfall abgewichen werden kann (Durchbrechung); hierin liegt ihre besondere Flexibilität, gerade im Vergleich zum Gesetz. Formelle Voraussetzung ist allerdings gem. § 126 GO BT die Zustimmung von zwei Dritteln der anwesenden MdB, materielle Voraussetzung, dass dadurch nicht gegen Vorschriften des GG verstoßen wird.

III. Räumliche Unversehrtheit des Bundestages (Abs. 2)

1. Hausrecht und Polizeigewalt des Bundestagspräsidenten (Satz 1)

18 Art. 40 II 1 weist dem BTPräs – und nur ihm, nicht dem BT als solchem – das Hausrecht und die Polizeigewalt im Gebäude des BT zu. Dies zwingt zu einer Abgrenzung:

- Die Polizeigewalt betrifft die öffentlich-rechtlichen Befugnisse zur Ausübung aller Aufgaben zur Abwehr von Gefahren für die öffentliche Sicherheit oder Ordnung. Dadurch wird die Zuständigkeit der allg. Polizeibehörden grds. ausgeschlossen, die nur auf Ersuchen des BTPräs im Wege der Amtshilfe tätig werden können (Art. 35 I). Zur Ausübung seiner polizeilichen Aufgaben und Befugnisse stehen dem BTPräs eigene Polizeivollzugsbeamte zur Verfügung (§ 1 II BPolBG, § 1 I, § 6 Nr. 1 UZwG).
- Was unter Hausrecht zu verstehen ist, wird kontrovers diskutiert (Klein, in: MD, Rn. 139 ff., 156 ff. m. w. N.) Nach h. M. umfasst es die Rechte, die aus dem privatrechtlich geregelten Eigentum fließen (vgl. §§ 903, 1004 BGB), insb. die Regelung des Zutritts und den Erlass der Hausordnung (§ 7 II 2 GO BT).

19 Hausrecht sowie Polizeigewalt erstrecken sich sachlich auf alle Gebäude und sonstigen Liegenschaften, die den Aufgaben des BT zu dienen bestimmt sind; auf das zivilrechtliche Eigentum kommt es dabei nicht an. Persönlich ist Adressat von Hausrecht und Polizeigewalt jeder, der sich in den Gebäuden und sonstigen Liegenschaften des BT aufhält (vgl. § 7 II 1 GO BT).

Zu unterscheiden von Hausrecht und Polizeigewalt ist die Ordnungsgewalt (auch Sitzungs- oder Disziplinargewalt), deren Zweck darin besteht, den ordnungsgemäßen Ablauf von parlamentarischen Sitzungen (Plenar- und Ausschusssitzungen) zu gewährleisten. Sie ist Ausfluss der Geschäftsordnungsautonomie (Rn. 12, 15) und steht daher nicht dem BTPräs, sondern dem BT zu (Art. 40 I 2), wird aber in dessen Namen vom BTPräs ausgeübt (vgl. § 7 I 2, §§ 36ff. GO BT). **20**

2. Genehmigung von Durchsuchungen und Beschlagnahmen (Satz 2)

Auch die Kompetenz des BTPräs nach § 40 II 2 dient dem Schutz der räumlichen Integrität des BT und damit der Funktionsfähigkeit der parlamentarischen Arbeit sowie der Sicherung der Parlamentsautonomie (Rn. 1). Zum räumlichen Geltungsbereich s. Rn. 19. Durchsuchungen oder Beschlagnahmen sind nicht nur strafprozessuale Maßnahmen nach §§ 94ff. StPO, sondern auch alle vergleichbaren Handlungen anderer Hoheitsträger. „Genehmigung" meint – anders als § 184 I BGB – die ausdrückliche vorherige Zustimmung. Festnahmen und Verhaftungen richten sich nach Art. 46 II (str., a.A. Erst-recht-Schluss über Art. 40 II 2, z.B. Magiera, in: Sachs, Rn. 33 m.w.N.). **21**

Die Erteilung der Genehmigung steht im Ermessen des BTPräs. Der einzelne Abgeordnete hat aus Art. 38 I 2 i.V.m. Art. 47 S. 2 einen organschaftsrechtlichen Anspruch darauf, dass der BTPräs bei seiner Entscheidungsfindung den Abgeordnetenstatus (Art. 38 Rn. 25ff.) nicht grob verkennt und sich nicht von sachfremden, willkürlichen Motiven leiten lässt (BVerfGE 108, 251 [273]). Ein wirksamer Verzicht eines betroffenen Abgeordneten auf die Genehmigung ist nicht möglich. **22**

C. Prüfungshinweise

Von Prüfungsrelevanz dürften v.a. der Rechtscharakter von parlamentarischen Geschäftsordnungen sein, ihre Abgrenzung zu formellen Gesetzen sowie ihre Rechtsfolgen (Rn. 12ff.). Abgesehen davon sollte das „Dreiecksverhältnis" zwischen Abgeordnetem, BTPräs und Gericht/Staatsanwaltschaft/Polizei bei Durchsuchungen und Beschlagnahmen problematisiert werden können (Rn. 21f.). **23**

D. Weiterführende Literatur/Leseempfehlungen

Butzer, H., Der praktische Fall – Öffentliches Recht – Wrapped Bundestag, JuS 1997, 1014–1019; Fuchs, M., Zur Verfassungsmäßigkeit des Hauptausschusses des Deutschen Bundestages, DVBl. 2014, 886–894; Fuchs, M./Fuchs, A./Fuchs, K., Verfassungs- und parlamentsrechtliche Probleme beim Wechsel der Wahlperiode, DÖV 2009, 232–238; Haug, V./Schmid, S., Referendarexamensklausur – Öffentliches Recht: Staatsrecht – Turbulentes Parlament, JuS 2013, 440–447; Ingold, A./Lenski, S.-Ch., Ordnungsgeld und Sitzungsausschluss als Ordnungsmaßnahmen gegen Bundestagsabgeordnete, JZ 2012, 120–125; Morlok, M./Hientzsch, Ch., Das Parlament als Zentralorgan der Demokratie – Eine Zusammenschau der einschlägigen parlamentsschützenden Normen, JuS 2011, 1–9; Ramm, A., Die Polizeigewalt des Bundestagspräsidenten – Die Polizei beim Deutschen Bundestag und ihre Ermächtigungsgrundlage, NVwZ 2010, 1461–1466; Schroeder, D., Der Genehmigungsvorbehalt des Bundestagspräsidenten nach Art. 40 II 2 GG, Jura 2008, 95–100; Schuster, S., Verfassungsrechtliche Anforderungen an die öffentliche parlamentarische Debatte in Zeiten einer Großen Koalition, DÖV 2014, 516–526; Thielbörger, P./Ackermann, T., Großer Ausschuss oder Großer Ausschluss? Zur Verfassungsmäßigkeit eines Hauptaus- **24** schusses im Deutschen Bundestag, ZJS 2014, 497–504; Wilrich, Th., Der Bundestagspräsident, DÖV 2002, 152–158.

Art. 41 [Wahl- und Mandatsprüfung]

(1) [1]**Die Wahlprüfung ist Sache des Bundestages.** [2]**Er entscheidet auch, ob ein Abgeordneter des Bundestages die Mitgliedschaft verloren hat.**

(2) **Gegen die Entscheidung des Bundestages ist die Beschwerde an das Bundesverfassungsgericht zulässig.**

(3) **Das Nähere regelt ein Bundesgesetz.**

Pflichtstoff (**)

A. Überblick

1 Art. 41 I 1 findet nur auf Wahlen zum BT Anwendung (für die LT-Wahlen enthalten die LVerf vergleichbare Vorschriften). Danach ist die Wahlprüfung ausschließlich Sache des BT. Das heißt, dass die Prüfung etwaiger Wahlfehler dem Rechtsweg des Art. 19 IV – etwa zu den Verwaltungsgerichten – entzogen ist. Dies resultiert aus der besonderen Natur des Wahlverfahrens: In der hochpolitischen und damit hochbrisanten Angelegenheit von Parlamentswahlen bestünde die Gefahr, dass der einheitliche Gesamtakt einer Wahl durch unterschiedliche Rechtsbehelfe ggf. zahlreicher verschiedener Betroffener gegen einzelne Wahlhandlungen und -maßnahmen beeinträchtigt würde (vgl. BVerfGE 74, 96 [101]).

2 Allerdings ist gegen die Entscheidung des BT *nach* der Wahl gem. Art. 41 II, § 13 Nr. 3 i. V. m. § 48 BVerfGG die Beschwerde zum BVerfG statthaft (Wahlprüfungsbeschwerde). Insofern besteht eine subsidiäre Zuständigkeit des BVerfG. *Vor* der Wahl besteht für Vereinigungen, die nicht als Parteien zur BT-Wahl zugelassen wurden (§ 18 IV 1 Nr. 2 BWahlG), die Möglichkeit, das BVerfG gem. Art. 93 I Nr. 4c, § 13 Nr. 3a i. V. m. §§ 96aff. BVerfGG gegen ihre Nichtzulassung durch den Bundeswahlausschuss anzurufen (näher dazu Art. 93 Rn. 102ff.; Klein, DÖV 2013, 584ff.).

B. Erläuterungen

I. Wahlprüfung

1. Zulässigkeit

3 Die Zulässigkeitsvoraussetzungen der Wahlprüfung ergeben sich aus einer Zusammenschau von Art. 41 und dem WahlprüfG, das auf Grundlage des Art. 41 III erlassen wurde (ausschließliche Gesetzgebungskompetenz des Bundes i. S. v. Art. 71).

4 – Die Prüfung erfolgt gem. § 2 I WahlprüfG nur auf einen Einspruch hin, also nicht von Amts wegen. Einspruchsberechtigt sind gem. § 2 II WahlprüfG jeder Wahlberechtigte (Art. 38 II F. 1), jede Gruppe von Wahlberechtigten und in amtl. Eigenschaft jeder Landeswahlleiter, der Bundeswahlleiter und der BTPräs (Art. 40 I 1).

5 – Zuständig für die Wahlprüfung ist gem. Art 41 I 1, § 1 I WahlprüfG der (neu konstituierte) BT, der hierfür für jede Wahlperiode einen vorbereitenden Wahlprüfungsausschuss bildet (vgl. § 3 WahlprüfG; allg. zu Ausschüssen Art. 40 Rn. 11).

6 – Gem. § 2 IV 1 WahlprüfG muss der Einspruch binnen einer Frist von zwei Monaten nach dem Wahltag beim BT eingehen. Formerfordernisse finden sich in § 2 III WahlprüfG.

7 – In zeitlicher Hinsicht ist zu beachten, dass grds. weder eine vorgezogene Prüfung im Vorfeld der eigentlichen Wahlentscheidung zulässig ist (BVerfG-K, NJW 2005, 2982

[ebd.]) noch eine Prüfung nach Ende der Wahlperiode (wegen des Grds. der Diskontinuität, Art. 39 Rn. 6).

2. Begründetheit

Wahlprüfung ist die Kontrolle aller Entscheidungen und Maßnahmen, die sich unmittelbar auf das Wahlverfahren beziehen, auf Wahlfehler, d. h. auf Verstöße gegen formelles und materielles Wahlrecht. Prüfungsmaßstab des BT ist demnach das gesamte einfache Recht, das die Durchführung der Wahl regelt, insb. das BWahlG und die BWahlO (Art. 38 Rn. 46). **8**

Wahlfehler können nicht nur durch amtl. Wahlorgane (§ 8 BWahlG) begangen werden, sondern auch durch Dritte (BVerfGE 89, 243 [251]), etwa von Parteien (Art. 21 Rn. 3 ff.) in deren Verfahren zur Wahlbewerberaufstellung (§§ 18 ff. BWahlG), das wegen Art. 21 I 3 demokratischen Grds. entsprechen muss. Im Rahmen des Art. 41 II (Rn. 2) prüft das BVerfG zudem, ob das maßgebliche Gesetzesrecht (BWahlG u. a.) seinerseits verfassungskonform ist (insb. im Hinblick auf Art. 38). **9**

3. Rechtsfolgen

Weder Art. 41 noch das WahlprüfG normieren ausdrücklich die Rechtsfolgen der Rechts- oder Verfassungswidrigkeit einer Wahl. § 1 II WahlprüfG besagt lediglich, dass *soweit* eine Wahl für ungültig erklärt wird, die sich daraus ergebenden Folgerungen festzustellen sind. **10**

Mit der Ungültigkeitserklärung einer Wahl und der Konsequenz ihrer Wiederholung ist sehr restriktiv umzugehen: **11**

- Eine Ungültigkeitserklärung kommt von vornherein nur in Betracht, soweit sich ein Wahlfehler auf das Ergebnis ausgewirkt hat oder haben kann (Mandatsrelevanz).
- Ist dies der Fall, so sind auf einer zweiten Stufe Art und Schwere des Wahlfehlers gegen das demokratisch gebotene Bestandserhaltungsinteresse des gewählten BT abzuwägen. Ausgeschlossen ist es jedenfalls, Wahlbeeinflussungen einfacher Art und ohne jedes Gewicht schlechthin zum Wahlungültigkeitsgrund zu erheben (BVerfGE 103, 111 [135]). Dem gewählten BT kommt m. a. W. ein gewisser „Bestandsschutz" zu.
- Selbst bei Mandatsrelevanz und Überwiegen der Schwere des Wahlfehlers gebietet der Grds. der Verhältnismäßigkeit, dass eine vollständige Ungültigkeitserklärung einer BT-Wahl nur ultima ratio sein kann. Primär ist zu prüfen, ob nicht eine Fehlerkorrektur ohne Neuwahl eine korrekte Abbildung des Wählerwillens ermöglicht. Im Übrigen ist eine erforderliche Neuwahl möglichst auf die Wahlkreise und Wahlbezirke (§ 2 II, III BWahlG) zu beschränken, die von Wahlfehlern betroffen sind. **12**

Wird eine Wahl für ungültig erklärt, so ist sie nichtig und muss wiederholt werden. Anders als z. B. im Zivilrecht (§ 142 I BGB) tritt die Nichtigkeit allerdings nur ex nunc (d. h. für die Zukunft) ein, nicht aber ex tunc (d. h. rückwirkend); zwischenzeitlich gefasste Beschlüsse des BT bleiben gültig (vgl. BVerfGE 1, 14 [38]). **13**

II. Mandatsprüfung

Nach Art. 41 I 2 entscheidet der BT auch, ob ein Abgeordneter des BT (Art. 38 Rn. 10) die Mitgliedschaft verloren hat. Im Gegensatz zur Wahlprüfung geht es bei der Mandatsprüfung um den nachträglichen Verlust eines rechtswirksam erworbenen Mandats. Art. 41 I 2 stellt dabei die Mandatsaberkennung nicht etwa in das freie Ermessen des BT, sondern meint lediglich den Mandatsverlust aus Rechtsgründen. Mandatsverlustgründe sind insb. der Wegfall der Voraussetzungen der Wählbarkeit (Art. 38 Rn. 40, 42) nach Mandatserwerb oder das Parteiverbot (vgl. § 46 I 1 Nr. 3, 5 BWahlG). Wer innerhalb des Verfassungsorgans BT über den Mandatsverlust entscheidet, regelt i. E. § 47 I BWahlG. **14**

C. Weiterführende Literatur/Leseempfehlungen

15 Hientzsch, Ch., „Gezwitscherte" Wahlergebnisse – Veröffentlichung von Wählerbefragungen vor Ablauf der Wahlzeit, DÖV 2010, 357–361; Kircher, Ph./Nagel, F./Thümmler, Ch./Washausen, J., Übungsklausur – Der frustrierte Wähler, Jura 2014, 436–445; Klein, P., Rechtsschutz gegen die Nichtanerkennung als Partei bei Bundestagswahlen, DÖV 2013, 584–594; Lackner, H., Grundlagen des Wahlprüfungsrechts nach Art. 41 GG, JuS 2010, 307–311; Morlok, M./Kühr, H., Wahlrechtliche Sperrklauseln und die Aufgaben einer Volksvertretung, JuS 2012, 385–393; Patella, M., „Wählen ist kein Computerspiel" – Das Wahlcomputer-Urteil des Bundesverfassungsgerichts, Jura 2009, 776–780; Rolfsen, M./Pauland, D., Aktuelle Probleme des Wahl(prüfungs)rechts in der Fallbearbeitung, Jura 2010, 677–683; Schreiber, W., Das Bundesverfassungsgericht als Wahlprüfungsgericht, DVBl. 2010, 609–618.

Art. 42 [Öffentlichkeit, Mehrheit, Berichterstattung]

(1) [1]**Der Bundestag verhandelt öffentlich.** [2]**Auf Antrag eines Zehntels seiner Mitglieder oder auf Antrag der Bundesregierung kann mit Zweidrittelmehrheit die Öffentlichkeit ausgeschlossen werden.** [3]**Über den Antrag wird in nichtöffentlicher Sitzung entschieden.**

(2) [1]**Zu einem Beschlusse des Bundestages ist die Mehrheit der abgegebenen Stimmen erforderlich, soweit dieses Grundgesetz nichts anderes bestimmt.** [2]**Für die vom Bundestage vorzunehmenden Wahlen kann die Geschäftsordnung Ausnahmen zulassen.**

(3) **Wahrheitsgetreue Berichte über die öffentlichen Sitzungen des Bundestages und seiner Ausschüsse bleiben von jeder Verantwortlichkeit frei.**

Pflichtstoff (***)

Übersicht

A. Überblick

1 Art. 42 vereinigt als Ausfluss des Demokratieprinzips (Art. 20 I, II) zwei elementare Grundsätze für die Tätigkeit des BT:

– in Abs. 1 das Prinzip der Öffentlichkeit der parlamentarischen Verhandlungen, ohne das eine repräsentative Demokratie nicht denkbar wäre und das in Abs. 3 mediengerichtet erweitert wird, sowie
– in Abs. 2 das Mehrheitsprinzip, das nicht selten als pars pro toto für Demokratie gilt.

B. Erläuterungen

I. Öffentlichkeitsprinzip: Sitzungsöffentlichkeit (Abs. 1)

1. Grundsatz der Öffentlichkeit

Art. 42 I 1 verbürgt den Grds. der Öffentlichkeit der Verhandlungen des BT (Sitzungsöffentlichkeit) als eines der Fundamente der Demokratie und sorgt insoweit für Transparenz. Nur wenn sich die Bürger ununterbrochen über die Arbeit und Entscheidungen der Abgeordneten informieren können, wird die mit Blick auf Art. 20 II 2 notwendige Rückkoppelung parlamentarischer Machtausübung an das Volk gewährleistet. Ferner trägt diese Art von Öffentlichkeit dazu bei, dass die parlamentarische Opposition ihrer Aufgabe der Kontrolle der BReg effektiv nachkommen und ihre Alternativvorschläge im politischen Wettbewerb publikumswirksam darstellen kann. 2

Nach Art. 42 I 1 gilt der Öffentlichkeitsgrundsatz für „Verhandlungen" des BT. Zu verstehen sind darunter die Sitzungen (§§ 19ff. GO BT, vgl. Art. 39 Rn. 11ff.) vom Beginn bis zum Schluss, also die Beratung und eine sich daran ggf. anschließende Abstimmung. 3

„Bundestag" i.S.v. Art. 42 I 1 meint jedoch nur das Plenum, also die Vollversammlungen aller Abgeordneten, nicht aber die Ausschüsse (Art. 40 Rn. 11; BVerfGE 1, 144 [152]). Die Öffentlichkeit von Ausschusssitzungen darf der BT kraft seiner Geschäftsordnungsautonomie (Art. 40 Rn. 12) regeln (s. §§ 69ff. GO BT); Sonderbestimmungen wie Art. 44 I oder § 8 I WahlprüfG gehen jedoch vor. 4

„Öffentlich" nach Art. 42 I 1 fordert den freien und gleichen Zugang für jedermann, gerade auch für Presse und Rundfunk (subjektiv-rechtlich unterfangen durch Art. 5 I 2). Seine Grenzen findet das Zutrittsrecht in den räumlichen Kapazitäten des BT sowie im Hausrecht und der Ordnungsgewalt des BTPräs (Art. 40 Rn. 18ff.). Im Übrigen gewährleistet der Grds. der Öffentlichkeit lediglich die tatsächliche Möglichkeit der Anwesenheit bei der Sitzung; insb. geheime Wahlen im BT bleiben zulässig (§ 2 I 1, § 4 S. 1, § 113, jeweils i.V.m. § 49 GO BT). 5

2. Ausnahmen

Ausn. zum Öffentlichkeitsprinzip finden sich in Art. 42 I 2 und 3. Danach ist ein Ausschluss der Öffentlichkeit zulässig 6
– auf Antrag eines Zehntels der MdB i.S.v. Art. 121 i.V.m. § 1 I 1 BWahlG oder auf Antrag der BReg (Art. 62 Rn. 3f.), die hierüber Beschluss fassen muss (Art. 65 S. 4 i.V.m. §§ 15, 20, 24 GO BReg),
– wenn der BT dies mit Zweidrittelmehrheit beschließt. Diese Mehrheit bemisst sich nach den abgegebenen Stimmen (vgl. Art. 42 II 1), da Art. 42 I 2 insoweit – anders als beim Antrag – nicht von den „Mitgliedern" des BT i.S.v. Art. 121 spricht (str., so auch die h.M.). Über den Antrag muss nach Art. 42 I 3 bereits in nichtöffentlicher Sitzung entschieden (d.h. verhandelt und abgestimmt) werden; weder der Antrag noch der Beschluss müssen begründet werden, da sonst der Zweck des Ausschlusses der Öffentlichkeit gefährdet wäre.

Ein Verstoß gegen Art. 42 I 2 und 3 führt zur Ungültigkeit (Nichtigkeit) der in nichtöffentlicher Sitzung gefassten Beschlüsse des BT (str.). 7

II. Mehrheitsprinzip (Abs. 2)

8 Das Mehrheitsprinzip ist einer der wesentlichen Bestandteile des Demokratieprinzips (Art. 20 I, II). Angesichts des Meinungspluralismus gerade im demokratisch verfassten Staat ist es erforderlich, dass verbindliche Entscheidungen gefunden werden und somit die staatl. Handlungsfähigkeit erhalten bleibt. Dass sich dabei grds. die Meinung der Mehrheit durchsetzen muss, ist Funktions- und Legitimationsvoraussetzung für die Demokratie.

9 Dadurch wird die unterlegene Minderheit freilich aber nicht verpflichtet, die Auffassung der Mehrheit zu übernehmen. Sie muss i. R. d. Minderheitenschutzes vielmehr die Chance haben, zur Mehrheit zu werden (BVerfGE 44, 125 [142]; näher zum Minderheitenschutz Gröpl, Staatsrecht I, Rn. 337 ff.).

1. Beschlüsse des Bundestages

10 Der Beschluss ist zentraler (und i. d. R. zugleich abschließender) Bestandteil der Tätigkeit des BT (und anderer Kollegialorgane, vgl. Art. 65 Rn. 8). Darin tut der BT seine Meinung kund und setzt auf diese Weise seinen Willen i. R. v. Art. 20 II 2 durch. Beschlüsse des BT i. e. S. sind alle Sachentscheidungen, die das Plenum im Rahmen seiner Kompetenzen als Abschluss eines Willensbildungsprozesses trifft. Erfasst sind insb. Gesetzesbeschlüsse (Art. 77 I 1), aber auch sog. schlichte Parlamentsbeschlüsse sowie Entscheidungen über Entschließungsanträge (§ 75 II lit. c, § 88 I GO BT). Demgegenüber sind Wahlen auf Personalentscheidungen gerichtet (vgl. Art. 40 I 1, Art. 63, 94 I 2).

11 Voraussetzung für eine Beschlussfassung ist die Beschluss*fähigkeit*. Für den BT ist sie verfassungsrechtlich nicht vorgegeben und darf vom BT kraft seiner Geschäftsordnungsautonomie (Art. 40 Rn. 12) selbst geregelt werden. Dies ist durch § 45 GO BT geschehen (zur Verfassungsmäßigkeit BVerfGE 123, 39 [67]): Nach § 45 I GO BT ist für die Beschlussfähigkeit erforderlich, dass die Hälfte der Abgeordneten im Sitzungssaal anwesend ist. Allerdings stellt § 45 II, III GO BT eine – widerlegliche – Vermutung für die Beschlussfähigkeit auf. Solange die Beschlussfähigkeit des BT nicht nach Maßgabe von § 45 II GO BT angezweifelt wird, gilt der BT als beschlussfähig – auch wenn er es tatsächlich nicht ist (vgl. BVerfGE 123, 39 [67]). Anders gewendet: Der BTPräs darf die Sitzung nach § 45 III 1 GO BT nur dann aufheben, wenn die Beschluss*un*fähigkeit positiv festgestellt ist. Diese Feststellung kann nur im Verfahren nach § 45 II GO BT ergehen.

2. Mehrheit der abgegebenen Stimmen (einfache Abstimmungsmehrheit)

12 Art. 42 II 1 Hs. 1 fordert für das Zustandekommen eines BT-Beschlusses grds. die Mehrheit der abgegebenen Stimmen. Daraus folgt zweierlei:

– *„Mehrheit“:* Erforderlich ist die einfache Mehrheit, das ist die rechnerische Mehrheit der Hälfte der Stimmen plus eine Stimme (diese Frage, nämlich welche Mehrheit notwendig ist, wird als *Zustimmungsquorum* bezeichnet);

13 – *„der abgegebenen Stimmen“:* Maßgebliche Berechnungsgröße für die einfache Mehrheit ist die Zahl der tatsächlich abstimmenden Abgeordneten (Abstimmungsmehrheit – diese Frage, nämlich welche Berechnungsgröße maßgeblich ist, wird als *Beteiligungsquorum* bezeichnet). Zu beachten ist dabei, dass als „abgegeben“ nur die Ja- und die Nein-Stimmen gelten; Stimmenthaltungen oder ungültige Stimmen werden also *nicht* mitgezählt (vgl. aber Rn. 19).

14 Für die Ermittlung der Mehrheit nach Art. 42 II ohne Bedeutung ist hingegen, wie viele Abgeordnete zur Zeit der Beschlussfassung anwesend waren. Die Zahl der Anwesenden ist ausschließlich für die Beschlussfähigkeit relevant (Rn. 11).

15 **Beispiel:** Hat der BT in einer Wahlperiode 600 Mitglieder (Art. 38 Rn. 46 ff.) und beteiligen sich an einer Abstimmung 200 Mitglieder, von denen 80 für und 60 gegen einen Antrag stimmen und

sich 60 der Stimme enthalten, ohne dass die Beschlussfähigkeit nach § 45 GO BT gerügt oder bezweifelt wird, ist der entsprechende Beschluss i. S. v. Art. 42 II 1 Hs. 1 wirksam gefasst. Denn es gelten nur 140 Stimmen als abgegeben, sodass die einfache Mehrheit (71 Stimmen) mit 80 Ja-Stimmen erreicht wurde. Dabei ist irrelevant, ob neben den 200 abstimmenden noch weitere Abgeordnete im Plenarsaal zugegen waren, die sich nicht an der Abstimmung beteiligt haben.

3. Ausnahmen

a) Andere Bestimmungen des Grundgesetzes (Art. 42 II 1 Hs. 2)

Der Grds. der einfachen Abstimmungsmehrheit wird vom GG in Sondervorschrif- **16**
ten verschärfend abbedungen, und zwar
- hinsichtlich des Zustimmungsquorums (Rn. 12), so dass zu einem Beschluss nicht die einfache Mehrheit der abgegebenen Stimmen ausreicht, sondern etwa eine Zweidrittelmehrheit notwendig ist (qualifizierte Abstimmungsmehrheit), so in Art. 42 I 2 (Rn. 6) und Art. 80a I 2,
- hinsichtlich des Beteiligungsquorums (Rn. 13), so dass für einen Beschluss nicht die **17**
  abgegebenen Stimmen als Bezugsgröße für die Mehrheitsermittlung maßgeblich sind, sondern die Gesamtzahl der gesetzlichen Mitglieder des BT (Mitglieder- oder Abgeordnetenmehrheit, auch absolute Mehrheit, s. Art. 121), so etwa gem. Art. 29 VII 2, Art. 54 VI 1, Art. 63 II 1, Art. 67 I 1, Art. 68 I 1, Art. 77 IV 1 (wegen Art. 63 II 1 allg. „Kanzlermehrheit" genannt),
- hinsichtlich des Zustimmungs- *und* des Beteiligungsquorums, sodass ein Beschluss **18**
  die Zustimmung von zwei Dritteln der gesetzlichen Mitgliederzahl erfordert (qualifizierte Mitgliedermehrheit), so v. a. bei Verfassungsänderungen gem. Art. 79 II.

Kommt es auf die (einfache oder qualifizierte) *Mitglieder*mehrheit an, wirken sich **19**
Stimmenthaltungen (anders als bei der Ermittlung der *Abstimmungs*mehrheit, vgl. Rn. 13) aus: Sie zählen als Nein-Stimmen.

Auch andere Kombinationen kommen vor, so z. B. die doppelt qualifizierte Mehr- **20**
heit nach Art. 77 IV 2 und Art. 115a I 2. Daneben gibt es die sog. *relative* Stimmenmehrheit, und zwar bei Wahlen: Nach Art. 54 VI 2 und Art. 63 IV 1 kommt die Wahl zustande, wenn ein Kandidat mehr Stimmen als alle anderen Kandidaten erhält, ohne dass er die einfache (Abstimmungs-)Mehrheit (Rn. 12 f.) erreicht.

Außerdem fordert die GO BT in § 80 II 1, § 81 I 2 Hs. 1, § 84 S. 1 lit. b und in **20a**
§ 126 für bestimmte Beschlüsse die sog. qualifizierte *Anwesenheits*mehrheit. Diese Abweichung von Art. 42 II 1 und 2 ist verfassungsrechtlich bedenklich (str., a. A. Brocker, in: EH-O, Rn. 20.2; Klein, in: MD, Rn. 91).

b) Ausnahmen in der Geschäftsordnung für Wahlen (Art. 42 II 2)

Art. 42 II 2 ermächtigt den BT, für Wahlen (Rn. 10) in der GO BT (Art. 40 I 2) **21**
Ausn. vom Grds. der einfachen Abstimmungsmehrheit zu statuieren. Prominentes Bsp. dafür ist die Wahl des BTPräs nach Maßgabe von § 2 II GO BT.

22

Übersicht		**Beteiligungsquorum**	
		Abstimmungsmehrheit	Mitgliedermehrheit
Zustimmungsquorum	einfache Mehrheit	einfache Abstimmungsmehrheit, Grds. gem. Art. 42 II 1 Hs. 1	einfache Mitgliedermehrheit („Kanzlermehrheit") z. B. Art. 63 II 1
	qualifizierte Mehrheit	qualifizierte Abstimmungsmehrheit, z. B. Art. 42 I 2	qualifizierte Mitgliedermehrheit, z. B. Art. 79 II

III. Parlamentsberichterstattung: Berichterstattungsöffentlichkeit (Abs. 3)

23 Art. 42 III verstärkt die Sitzungsöffentlichkeit des Art. 42 I 1 (Rn. 2ff.) hin zu einer Berichterstattungsöffentlichkeit. Zum Teil wird sie als Parlamentsprivileg qualifiziert, hat jedoch stärkeren Bezug zu den Grundrechten der Meinungsfreiheit (Art. 5 I 1) sowie v. a. der Presse- und Rundfunkfreiheit (Art. 5 I 2).

1. Sitzungen des Bundestages und seiner Ausschüsse

24 Erfasst werden öffentliche Sitzungen des BT und – anders als bei Art. 42 I (Rn. 4) – seiner Ausschüsse (§ 69 I, § 69a GO BT).

2. Bericht

25 Bericht ist die „erzählende Darstellung eines historischen Vorgangs in seinem wesentlichen Verlauf" (RGSt 18, 207 [210]), also Tatsachenmitteilungen. Dazu gehören neben den Wortprotokollen des stenographischen Dienstes des BT auch alle anderen eigenständigen Darstellungen des parlamentarischen Geschehens in den Medien. Nicht erfasst sind aber persönliche Bemerkungen, Bewertungen oder Kommentare; sie nehmen dem Bericht den Darstellungscharakter, sind als Werturteile (Art. 5 Rn. 11) einzustufen und unterfallen dann dem Schutzbereich des Art. 5 I 1.

3. Wahrheitsgetreu

26 Wahrheitsgetreu sind die Berichte, wenn sie das Geschehen, ggf. auch einen in sich abgeschlossenen Teil, richtig und vollständig wiedergeben. Eine wörtliche Darstellung ist jedoch nicht zwingend.

4. Verantwortungsfreiheit

27 Freiheit von Verantwortung bedeutet, dass eine wahrheitsgetreue Berichterstattung keine Sanktionen nach sich ziehen darf, weder in strafrechtlicher (§ 37 StGB) noch in dienstrechtlicher, zivilrechtlicher, medienrechtlicher oder sonstiger Hinsicht. Gesetze, die dem zuwiderlaufen, wären verfassungswidrig. Insb. Presse und Rundfunk haben über Art. 5 I 2 einen entsprechenden Abwehranspruch. Dabei darf Art. 42 III jedoch nicht als Spezialfall des Art. 5 I 2 verstanden werden (str., a. A. Pieroth, in: JP, Rn. 6). Er gilt schlechterdings für jedermann, der – gleich in welcher Form – über die entsprechenden Sitzungen berichtet und kommt daher neben und unabhängig von Art. 5 I 2 zur Anwendung.

C. Weiterführende Literatur/Leseempfehlungen

28 Höfling, W./Burkiczak, Ch., Das Mehrheitsprinzip im deutschen Staatsrecht – ein systematisierender Überblick, Jura 2007, 561–567; Ketterer, L./Sauer, O., Anfängerhausarbeit – Öffentliches Recht: Staatsorganisationsrecht: Effizienz zu nachtschlafender Zeit, JuS 2012, 524–531; Kornmeier, C., Rede zu Protokoll – Der Bundestag formalisiert ein lange praktiziertes Verfahren, DÖV 2010, 676–682; Krüper, J., Das Glück der größten Zahl – Zum Mehrheitsprinzip als Funktionsregel im Verfassungsstaat, ZJS 2009, 477–486; Morlok, M./Hientzsch, Ch., Das Parlament als Zentralorgan der Demokratie – Eine Zusammenschau der einschlägigen parlamentsschützenden Normen, JuS 2011, 1–9; Puschmann, C., Ein neues Transplantationsgesetz, Jura 2013, 527–532; Schiff, A., „Reden ist Silber …" – auch im Bundestag?, Jura 2013, 1290–1296; Schnöckel, S., Die Öffentlichkeit von Verhandlungen in Repräsentativorganen – Eine bloße Selbstverständlichkeit oder ein rechtspolitisch zweifelhaftes Prinzip?, DÖV 2007, 676–683.

Art. 43 [Zitier-, Zutritts- und Rederecht]

(1) **Der Bundestag und seine Ausschüsse können die Anwesenheit jedes Mitgliedes der Bundesregierung verlangen.**

(2) [1] **Die Mitglieder des Bundesrates und der Bundesregierung sowie ihre Beauftragten haben zu allen Sitzungen des Bundestages und seiner Ausschüsse Zutritt.** [2] **Sie müssen jederzeit gehört werden.**

Pflichtstoff (**)

A. Überblick

Das Zitierrecht aus Art. 43 I stellt ein wichtiges Instrument im System der parlamentarischen Kontrolle der BReg dar. In einer Wechselwirkung damit stehen das Zutritts- und das Rederecht der Mitglieder von BReg und BR nach Art. 43 II. Beide Absätze dienen mithin der gegenseitigen Kontrolle sowie Kommunikation und Kooperation der Verfassungsorgane BT, BR und BReg vor dem Hintergrund der organisatorischen Gewaltenteilung. **1**

B. Erläuterungen

I. Zitierrecht: Herbeirufungsrecht (Abs. 1)

1. Berechtigung

Zur Herbeirufung (Zitierung) berechtigt sind nach dem Wortlaut von Art. 43 I **2**
- der BT als Ganzes. Hierfür ist ein Beschluss des Plenums erforderlich, der nach dem Grds. des Art. 42 II 1 Hs. 1 mit einfacher Abstimmungsmehrheit erfolgen muss. Beantragt werden kann die Beschlussfassung gem. § 42 GO BT von einer Fraktion oder von anwesenden 5% der MdB (Art. 121);
- Ausschüsse des BT (Art. 40 Rn. 11, s. auch § 68 GO BT), und zwar sowohl die im GG zwingend vorgeschriebenen (Art. 44, 45, 45a, 45c) als auch die fakultativ eingerichteten (vgl. §§ 54, 57 ff. GO BT).

Über den Wortlaut des Art. 43 I hinaus wird das Zitierrecht zuerkannt: **3**
- Unterausschüssen (§ 55 GO BT) – jedoch nur, soweit sie vom BT selbst mit einer bestimmten Aufgabe betraut wurden (str.);
- Enquête-Kommissionen (§ 56 GO BT): Zwar handelt es sich dabei nicht um Ausschüsse, wenn ihnen auch Nicht-Abgeordnete (etwa Sachverständige) angehören. Jedoch bereiten auch sie – ähnlich wie Ausschüsse – umfangreiche Sachkomplexe für das Plenum vor, weshalb ihnen das Zitierrecht zugebilligt wird (str.);
- gemischten Ausschüssen wie dem Vermittlungsausschuss nach Art. 77 II und dem GemA nach Art. 53a, die keine Ausschüsse des BT sind, da sie auch vom BR beschickt werden. Dennoch steht ihnen nach h. M. das Zitierrecht zu, weil gem. Art. 53 S. 1 auch die Ausschüsse des BR ein Herbeirufungsrecht besitzen;
- dem PKGr nach Art. 45d, das allerdings kein Ausschuss ist, da es insb. nicht im Stärkeverhältnis der Fraktionen besetzt werden muss (Art. 45d Rn. 12; § 57 I 1 i. V. m. § 12 S. 1 GO BT gelten nicht, s. auch § 4 PKGrG).

2. Verpflichtung

Herbeigerufen werden kann jedes Mitglied der BReg, also der BKanzler sowie jeder BMin (Art. 62). Die Herbeirufung verpflichtet zum persönlichen Erscheinen. Die Entsendung eines Vertreters ist verfassungsrechtlich nicht gestattet, in der Praxis wer- **4** den Parlamentarische Staatssekretäre als Vertreter allerdings akzeptiert (vgl. § 1 II ParlStG). Ausn. von der Präsenzpflicht sind nur bei persönlicher Unzumutbarkeit (z.B. Krankheit) oder für den Fall denkbar, dass die Anwesenheit eines Mitglieds der BReg zu ernsthaften Störungen der Regierungsarbeit führen würde (z.B. dringende Dienstreise des BKanzlers). Die Anwesenheitspflicht besteht nur für die Dauer der Behandlung der Beratungsgegenstände, zu denen das Mitglied der BReg zitiert wurde.

5 Über den Wortlaut hinaus erwächst aus Art. 43 I nach ganz h.M. für das herbeigerufene Mitglied der BReg auch die Pflicht, Rede und Antwort zu stehen. Denn Sinn und Zweck des Zitierrechts ist die Information des BT, die durch eine „stumme Anwesenheit" nicht erreicht würde. Ein Antwortverweigerungsrecht wird Mitgliedern der BReg nur in eng umgrenzten Ausnahmefällen zugestanden, etwa zum Schutz des Staates oder des Gemeinwohls, zur Gewährleistung eines „Kernbereichs exekutiver Eigenverantwortung" (BVerfGE 67, 100, [139]; 110, 199 [214ff.], s. auch Art. 38 Rn. 37; Art. 65 Rn. 11) oder zum Schutz von Grundrechten Dritter (insb. des allgemeinen Persönlichkeitsrechts aus Art. 2 I i.V.m. Art. 1 I, s. Art. 2 Rn. 66ff.).

3. Abgrenzung: allgemeines Fragerecht (Interpellationsrecht)

6 Abzugrenzen ist das Zitierrecht aus Art. 43 I vom allg. Fragerecht (Interpellationsrecht, s. auch Art. 38 Rn. 37), das auch Minderheiten im BT (Opposition) oder dem einzelnen Abgeordneten zusteht. Das Interpellationsrecht ist Ausfluss des Abgeordnetenstatus (Art. 38 I 2) sowie des Demokratieprinzips (Art. 20 II 2); es soll den Abgeordneten ermöglichen, die zur Ausübung ihres Amtes notwendigen Informationen zu erlangen (BVerfGE 124, 161 [187ff.]; BVerfG, NVwZ 2014, 1652 [1653] Rn. 130). Ausprägungen sind v.a.

- große Anfragen (Interpellationen i.e.S.) gem. § 75 I lit. f, § 76 I, §§ 100–103 GO BT,
- kleine Anfragen gem. § 75 III, § 76 I, § 104 GO BT und
- Einzelfragen gem. § 105 GO BT und Anl. 4 zur GO BT.

II. Zutritts- und Rederecht (Abs. 2)

1. Zutrittsrecht (Satz 1)

7 Art. 43 II 1 gewährt den Mitgliedern des BR (Art. 51 Rn. 2f.), der BReg (Art. 62 Rn. 3f.) sowie ihren Beauftragten ein jederzeitiges Zutrittsrecht zu den Sitzungen des BT (Plenum) sowie seiner Ausschüsse (zum Zweck s. Rn. 1).

8 Beauftragter i.S.d. Art. 43 II 1 kann jeder sein, der von einem Mitglied des BR oder der BReg dazu bestimmt wurde. In der Praxis sind dies meist Parlamentarische Staatssekretäre oder Ministerialbeamte (Abteilungs- oder Referatsleiter u.dgl.).

9 Sitzungen des BT und seiner Ausschüsse meint alle Zusammenkünfte zur Beratung oder Abstimmung (Art. 42 Rn. 3). Erfasst werden auch nichtöffentliche Sitzungen, nicht jedoch rein interne Besprechungen. Zum Begriff der Ausschüsse gilt das in den Rn. 2 und 3 Gesagte. Speziell bei Untersuchungs-, Wahlprüfungs- und Petitionsausschüssen kann das Zutrittsrecht freilich aufgrund von Interessenkollisionen zu einer Beeinträchtigung des Ausschusszwecks führen, was aber durch verfahrensmäßige Vorkehrungen gemildert werden kann (näher Achterberg/Schulte, in: MKS, Rn. 44ff.).

10 Zur Verwirklichung des Zutrittsrechts ist es notwendig, dass die Berechtigten über Ort und Zeit der Sitzungen des BT und seiner Ausschüsse rechtzeitig informiert werden; dem trägt § 20 II 1 GO BT Rechnung. Die Zutrittsberechtigten unterstehen dem Hausrecht und der Polizeigewalt des BTPräs (Art. 40 II 1).

2. Rederecht: Anhörungsrecht (Satz 2)

Das Rederecht (Anhörungsrecht) ergänzt das Zutrittsrecht des Satzes 1. Dadurch wird den Redeberechtigten die Möglichkeit eröffnet, durch Erteilung von Informationen zur Meinungsbildung des Parlaments beizutragen. **11**

Das Rederecht unterliegt grds. keinen zeitlichen Begrenzungen. Es kann während der gesamten Sitzung ausgeübt werden und ist weder an den jeweiligen Beratungsgegenstand noch an die Tagesordnung gebunden. Die Redeberechtigten dürfen jederzeit das Wort ergreifen, nicht jedoch Anträge stellen. Dabei muss aber der ordnungsgemäße Ablauf der Sitzung gewährleistet bleiben: Daher ist die Redeordnung einzuhalten, wonach niemand das Wort ergreifen darf, bevor ihm dieses nicht vom BTPräs oder sonstigen Vorsitzenden erteilt wird. Im Übrigen unterliegt das Rederecht einem Missbrauchsverbot, es darf daher insb. nicht ausgeübt werden, um Oppositionsabgeordnete zu günstigen Fernsehzeiten vom Rednerpult fernzuhalten (BVerfGE 10, 4 [18]). **12**

C. Prüfungshinweise

Relevant erscheint bei Art. 43 die Ausdehnung der Berechtigung in Abs. 1 über den Wortlaut hinaus (Rn. 3) sowie die Abgrenzung des Zitierrechts vom allg. Fragerecht (Interpellationsrecht, Rn. 6). **13**

D. Weiterführende Literatur/Leseempfehlungen

Hänsle, W./Lenski, S.-Ch./Reichold, R., Übungsklausur ÖR – Fragen über Fragen, Jura 2012, 468–472, Kunig, Ph., Politische Kontrolle der Bundesregierung durch das Parlament, Jura 1993, 220–223; Morlok, M./Hientzsch, Ch., Das Parlament als Zentralorgan der Demokratie – Eine Zusammenschau der einschlägigen parlamentsschützenden Normen, JuS 2011, 1–9; Queng, S., Das Zutritts- und Rederecht nach Art. 43 II GG, JuS 1998, 610–614. **14**

Art. 44 [Untersuchungsausschüsse]

(1) [1]**Der Bundestag hat das Recht und auf Antrag eines Viertels seiner Mitglieder die Pflicht, einen Untersuchungsausschuß einzusetzen, der in öffentlicher Verhandlung die erforderlichen Beweise erhebt.** [2]**Die Öffentlichkeit kann ausgeschlossen werden.**

(2) [1]**Auf Beweiserhebungen finden die Vorschriften über den Strafprozeß sinngemäß Anwendung.** [2]**Das Brief-, Post- und Fernmeldegeheimnis bleibt unberührt.**

(3) **Gerichte und Verwaltungsbehörden sind zur Rechts- und Amtshilfe verpflichtet.**

(4) [1]**Die Beschlüsse der Untersuchungsausschüsse sind der richterlichen Erörterung entzogen.** [2]**In der Würdigung und Beurteilung des der Untersuchung zugrunde liegenden Sachverhaltes sind die Gerichte frei.**

Pflichtstoff (***)

A. Überblick

Das Recht zur Einsetzung eines UA fußt auf dem Untersuchungsrecht des BT (Enquêterecht, von franz. *s'enquérir* > *enquête* = Nachforschung, Untersuchung, Beweiserhebung). Es stellt eine „klassische" Befugnis v.a. der parlamentarischen Opposition dar, **1** um sich zu informieren und insb. die Exekutive zu kontrollieren. Dadurch wird dem Parlament die Möglichkeit eröffnet, Sachverhalte, Missstände oder Mängel zu erforschen und – öffentlichkeitswirksam – aufzuklären.

2 Neben der Kontrolle von Regierung und Verwaltung ist die Überprüfung des Verhaltens bestimmter Abgeordneter erlaubt, insb. zur Wahrung des Ansehens des BT (sog. Kollegialenquête). Indemnität und Immunität der Abgeordneten (Art. 46) stehen einer solchen Überprüfung nicht entgegen, da sie nicht innerhalb des Parlaments gelten.

3 Für den BT sind die verfassungsrechtlichen Grundlagen in Art. 44 statuiert. Das einfachrechtliche Ausführungsgesetz ist das PUAG (die Initiale „P" steht für „parlamentarisch").

B. Erläuterungen

I. Einsetzung eines Untersuchungsausschusses (Abs. 1 S. 1 Hs. 1)

4 UA sind keine ständigen Ausschüsse des BT (wie solche i. S. d. Art. 45, 45a und 45c, vgl. § 54 GO BT); ihre Einsetzung erfolgt anlassbezogen durch Beschluss des BT (§ 1 II PUAG i. V. m. Art. 42 II 1 Hs. 1). Voraussetzung dafür ist

1. ein Antrag aus dem BT, entweder seitens der Mehrheitsfraktionen (Mehrheitsenquête) oder – sehr praxisrelevant – seitens einer qualifizierten Minderheit. Ein solcher Antrag erfordert die Stimmen eines Viertels der MdB entsprechend Art. 121 (Minderheitsenquête, s. § 2 I PUAG). Problematisch ist dieses Quorum, wenn die Zahl der Oppositionsabgeordneten in Zeiten einer „Großen Koalition" nicht ein Viertel der MdB erreicht (zur Lösung in der 18. BT-Wahlperiode s. § 126a GO BT; i. Ü. Brocker, DÖV 2014, 475 ff.);

5 2. die hinreichend bestimmte Bezeichnung des Untersuchungsgegenstands im Antrag, da eine parlamentarische Untersuchung aus konkretem Anlass erfolgt. Eine Änderung des Untersuchungsgegenstandes (§ 3 PUAG) ist gegen den Willen der beantragenden Minderheit auch durch Mehrheitsbeschluss nicht statthaft (Themenhoheit der Antragsminderheit, s. § 2 II PUAG);

6 3. die Zulässigkeit eines Untersuchungsverfahrens, die nach § 1 III PUAG nur i. R. d. verfassungsmäßigen Zuständigkeit des BT besteht (kodifizierte Rspr. aus BVerfGE 77, 1 [44]):
   - Die bundesstaatliche Kompetenzverteilung (Verbandskompetenz) muss gewahrt werden (s. insb. Art. 30). Vorgänge im Zuständigkeitsbereich eines Landes können grds. nicht von einem UA des BT überprüft werden.
   - Die ausschließlichen Kompetenzen anderer Verfassungsorgane (Organkompetenz) dürfen nicht verletzt werden. Insb. ist es verfassungswidrig, den Initiativ-, Handlungs- und Beratungsbereich der BReg auszuforschen. Dies gilt insb. für noch nicht abgeschlossene Entscheidungsprozesse innerhalb des Kabinetts (Art. 65 S. 4 GG, §§ 15 ff. GO BReg). Auch in laufende Verwaltungs- oder Gerichtsverfahren darf ein UA nicht eingreifen (vgl. BVerfGE 67, 100 [139]).
   - Am Untersuchungsgegenstand muss ein öffentliches Interesse von hinreichendem Gewicht bestehen (BVerfGE 77, 1 [44] – str.). Bei Vorgängen im staatl. Bereich ist dies ohne weiteres der Fall. Werden hingegen Themen aus der Sphäre einer Privatperson behandelt, müssen besondere Bezüge zum Gemeinwohl bestehen, die zudem von spürbarer Bedeutung sein müssen.

7 Hält der BT den Einsetzungsantrag einer Minderheit für unzulässig, kann er ihn ablehnen. In diesem Fall haben die Antragsteller die Möglichkeit, im Wege des Organstreitverfahrens eine Klärung der Frage durch das BVerfG herbeizuführen (Art. 93 I Nr. 1, s. auch § 2 III PUAG).

8 Mitglieder des UA sind Abgeordnete des BT, welche nach Maßgabe der Stimmenverhältnisse im Plenum von den Fraktionen bestimmt werden (§§ 4, 5 PUAG).

Die Tätigkeit des UA endet **9**
- i. d. R. mit der Erfüllung des festgelegten Auftrags; hierüber hat der UA dem BT-Plenum zu berichten (§ 33 PUAG);
- mit dem Ende der Wahlperiode (Art. 39 I, II – Diskontinuitätsgrundsatz, § 125 S. 1 GO BT, s. Art. 39 Rn. 6);
- durch Auflösung aufgrund eines Beschlusses des BT; bei einer Minderheitsenquête ist dazu allerdings wegen Art. 44 I 1 eine Mehrheit von über drei Vierteln der MdB (entsprechend Art. 121) notwendig.

II. Öffentlichkeit der Verhandlung (Abs. 1 S. 1 Hs. 2, S. 2)

Nach Art. 44 I 1 erhebt der UA die erforderlichen Beweise prinzipiell in öffentlicher Verhandlung. Gem. Art. 44 I 2 kann die Öffentlichkeit jedoch auf Antrag i. S. v. § 14 III PUAG ausgeschlossen werden, insb. zum Schutz von Grundrechten Dritter, des Staates oder aufgrund anderer öffentlicher Geheimhaltungsinteressen (§ 14 I PUAG). Der Ausschluss der Öffentlichkeit erfolgt durch einfachen Mehrheitsbeschluss (§ 14 IV 1 i. V. m. § 9 PUAG). Das Zutrittsrecht aus Art. 43 II sowie das Teilnahmerecht von MdB gem. § 69 II GO BT werden durch den Ausschluss der Öffentlichkeit nicht tangiert. Dieses Teilnahmerecht findet seine Grenzen bei Interessenkollisionen, die den Untersuchungsgegenstand gefährden können. **10**

III. Beweiserhebung (Abs. 1 S. 1 Hs. 2, Abs. 2)

Der UA erhebt die erforderlichen Beweise (Art. 44 I 1 Hs. 2). Grundlage ist ein Beweisbeschluss des UA (§ 17 I PUAG). Dazu reicht ein Beweisantrag von einem Viertel der UA-Mitglieder aus – es sei denn, die Beweiserhebung ist unzulässig. Im Streitfall entscheidet darüber der Ermittlungsrichter des BGH (§ 17 IV PUAG, s. § 130 GVG). **11**

Auf die Beweiserhebung finden die Vorschriften der StPO sinngemäß Anwendung (Art. 44 II 1). Das bedeutet, dass sie dem Zweck des UA, nämlich der Wahrnehmung des parlamentarischen Kontrollrechts entsprechend angewendet werden müssen. Als Beweismittel kommen die in der StPO vorgesehenen in Betracht; deren Vorschriften werden durch die §§ 18 ff. PUAG ergänzt. Die Beweiserhebung kann mit hoheitlicher Gewalt durchgesetzt werden: Zwangsmaßnahmen sind beim Ermittlungsrichter des BGH zu beantragen (§ 29 II, III PUAG). **12**

Folgende Grenzen der Beweiserhebung bestehen: **13**
- Zur Vorlage sächlicher Beweismittel, insb. Akten, sind v. a. die BReg und die Bundesbehörden verpflichtet (§ 18 I PUAG). Dabei darf jedoch nicht in den Kernbereich politischer Willensbildung der Exekutive eingegriffen werden. Im Einzelfall ist eine Abwägung zwischen den widerstreitenden Interessen vorzunehmen; die Beweiserhebung findet jedenfalls dort ihre Grenzen, wo schutzwürdige Geheimhaltungsinteressen betroffen sind.
- Gegenüber Privaten ist der UA an deren Zeugnisverweigerungsrechte (§§ 52 ff. StPO) und deren Grundrechte gebunden. Beweise dürfen insb. nicht erhoben werden, soweit das allgemeine Persönlichkeitsrecht (Art. 2 I i. V. m. Art. 1 I, s. Art. 2 Rn. 66 ff.) oder einer andere schutzwürdige Rechtsposition eines Bürgers entgegensteht.
- Gem. Art. 44 II 2 sind die nach §§ 99 ff. StPO möglichen Einschränkungen des Brief-, Post- und Fernmeldegeheimnisses (vgl. Art. 10 II) nicht zulässig.

IV. Rechts- und Amtshilfe (Abs. 3)

Art. 44 III verpflichtet alle Gerichte und (Verwaltungs-)Behörden des Bundes und der Länder zur Rechts- und Amtshilfe (§ 18 IV PUAG). Unter den Behördenbegriff **14** fallen insoweit auch die bundes- und landesunmittelbaren j.P.ö.R. (Gemeinden, Landkreise, Universitäten, Sozialversicherungsträger u.v.a.m.). Die Vorschrift stimmt der Sache nach mit Art. 35 I überein; der UA ist eine Behörde i.S.d. Vorschrift. Begrenzt ist die Rechts- und Amtshilfe durch den Rahmen des parlamentarischen Kontrollrechts (Rn. 6). Verfahrensrechtlich finden die Vorschriften der §§ 4ff. VwVfG zumindest entsprechende Anwendung.

V. Richterliche Erörterung und Verhältnis zur Gerichtsbarkeit (Abs. 4)

15 Art. 44 IV 1 entzieht die Beschlüsse des UA der richterlichen Erörterung und bildet damit eine Ausnahme zur Rechtschutzgarantie des Art. 19 IV. Beschlüsse i.d.S. sind jedoch eng auszulegen: Gemeint sind insb. die – nicht selten politisch wertenden – Zwischen- und Abschlussberichte des UA gem. § 33 PUAG.

16 Nicht unter Art. 44 IV 1 fallen die Beschlüsse und sonstigen Maßnahmen des UA, die unmittelbare Rechtswirkung gegenüber dem Einzelnen haben, insb. die Beweisbeschlüsse (§ 17 I PUAG; Rn. 11), die Ladung von Zeugen (§ 20 PUAG) oder die Festsetzung eines Ordnungsgeldes (§ 27 I PUAG); gegen sie ist Rechtsschutz statthaft (vgl. § 36 I PUAG).

17 Neben dem Verfahren eines UA ist parallel oder zeitversetzt ein gerichtliches Verfahren zulässig. Die Ergebnisse der Ermittlungen des UA sind für die Gerichte gem. Art. 44 IV 2 nicht von präjudizieller oder sonstiger bindender Wirkung.

C. Prüfungshinweise

18 Das UA-Recht ist eine Spezialmaterie, deren Einzelheiten im Examen nicht beherrscht werden müssen. Zu den Grundlagen gehört jedoch das Wissen um die Existenz von Art. 44 und des PUAG sowie darüber, was ein UA ist (Rn. 4) und worin seine Funktionen bestehen (Rn. 1ff.). Von guten Kandidaten könnten Gedanken zum Untersuchungsgegenstand (Rn. 5) und zur Zulässigkeit eines Untersuchungsverfahrens (Rn. 6) erwartet werden.

D. Weiterführende Literatur/Leseempfehlungen

19 Brocker, L., Die „Splitterenquete“: Rechte der nicht qualifizierten („einfachen“) Minderheit im parlamentarischen Untersuchungsverfahren, DÖV 2014, 475–479; Caliskan, B., Demokratisierung durch Militärausbildung?, Jura 2012, 876–883; Cancik, P., Wirkungsmöglichkeiten parlamentarischer Opposition im Falle einer qualifizierten Großen Koalition, NVwZ 2014, 18–24; Frenzel, E.M., Bewährungsprobe für das parlamentarische Informationsrecht, Jura 2010, 220–226; Frenzel, M./v.Detten, J., Vor- und Nachwirkungen eines G8-Gipfels, JA 2009, 875–881; Gusy, Ch., Parlamentarische Kontrolle, JA 2005, 395–399; Hebeler, T./Schulz, J., Prüfungswissen zum Untersuchungsausschussrecht, JuS 2010, 969–974; Hermanns, C./Hülsmann, S., Parlamentarische Untersuchungsausschüsse – PUAG, JA 2003, 573–579; Kirste, S., Der praktische Fall – Öffentliches Recht – Stasi-Unterlagen im Untersuchungsausschuss?, JuS 2003, 61–65; Mager, U./Siebert, O., Übungsklausur ÖR (für Anfänger) – Streit um den Untersuchungsausschuss, Jura 2003, 490–495; Ortmann, A., Übungsarbeit ÖR – Der umstrittene Untersuchungsausschuss, Jura 2003, 847–855; Peters, B., Unzulässige Beweiserhebungen durch parlamentarische Untersuchungsausschüsse, NVwZ 2012, 1574–1580; Schnelle, E.M., Übungsklausur: Abgeordnete unter Verdacht, ZJS 2010, 716–722; Schulte, M., Das Recht der Untersuchungsausschüsse – Eine Darstellung des Untersuchungsausschussgesetzes anhand von Fällen, Jura 2003, 505–512; Steinmetz, W., Verfassungsimmanente Grenzen des Beweiserhebungsrechts der Untersuchungsausschüsse, JuS 2013, 792–795.

Art. 45 [Ausschuss für Angelegenheiten der EU]

[1]Der Bundestag bestellt einen Ausschuß für die Angelegenheiten der Europäischen Union. [2]Er kann ihn ermächtigen, die Rechte des Bundestages gemäß Artikel 23 gegenüber der Bundesregierung wahrzunehmen. [3]Er kann ihn auch ermächtigen, die Rechte wahrzunehmen, die dem Bundestag in den vertraglichen Grundlagen der Europäischen Union eingeräumt sind.

Kommentierung zu Art. 45 im Anschluss an Art. 45d.

Art. 45a [Ausschuss für auswärtige Angelegenheiten und Ausschuss für Verteidigung]

(1) **Der Bundestag bestellt einen Ausschuß für auswärtige Angelegenheiten und einen Ausschuß für Verteidigung.**

(2) **[1]Der Ausschuß für Verteidigung hat auch die Rechte eines Untersuchungsausschusses. [2]Auf Antrag eines Viertels seiner Mitglieder hat er die Pflicht, eine Angelegenheit zum Gegenstand seiner Untersuchung zu machen.**

(3) **Artikel 44 Abs. 1 findet auf dem Gebiet der Verteidigung keine Anwendung.**

Kommentierung zu Art. 45a im Anschluss an Art. 45d.

Art. 45b [Wehrbeauftragter]

[1]Zum Schutz der Grundrechte und als Hilfsorgan des Bundestages bei der Ausübung der parlamentarischen Kontrolle wird ein Wehrbeauftragter des Bundestages berufen. [2]Das Nähere regelt ein Bundesgesetz.

Kommentierung zu Art. 45b im Anschluss an Art. 45d.

Art. 45c [Petitionsausschuss]

(1) **Der Bundestag bestellt einen Petitionsausschuß, dem die Behandlung der nach Artikel 17 an den Bundestag gerichteten Bitten und Beschwerden obliegt.**

(2) **Die Befugnisse des Ausschusses zur Überprüfung von Beschwerden regelt ein Bundesgesetz.**

Kommentierung zu Art. 45c im Anschluss an Art. 45d.

Art. 45d Parlamentarisches Kontrollgremium

(1) **Der Bundestag bestellt ein Gremium zur Kontrolle der nachrichtendienstlichen Tätigkeit des Bundes.**

(2) **Das Nähere regelt ein Bundesgesetz.**

Pflichtstoff (*)

A. Überblick

1 Die Art. 45–45d schränken die Parlamentsautonomie des BT (Art. 40 Rn. 1) ein:
- Art. 45, 45a und 45c machen dem BT die Bestellung der dort genannten Ausschüsse zur Pflicht und treffen dazu weitere (Ausnahme-)Regelungen. Zu Begriff und Funktion von Ausschüssen s. Art. 40 Rn. 11; s. auch §§ 54ff. GO BT.
- Auch zur Berufung eines Wehrbeauftragten (Art. 45b) und zur Einrichtung des PKGr (Art. 45d) ist der BT verpflichtet. Weder der Wehrbeauftragte noch das PKGr sind Ausschüsse des BT (Rn. 6, 12); sie unterstützen ihn aber als Hilfsorgane bei dessen Kontrolltätigkeiten.

B. Erläuterungen

I. Art. 45: Ausschuss für Angelegenheiten der EU

2 Art. 45 S. 1 verpflichtet den BT zur Einrichtung eines ständigen Ausschusses für Angelegenheiten der EU. In diesem konzentriert sich die unionspolitische Arbeit des BT (vgl. insb. Art. 23 Ia–III). Der EU-Ausschuss hat grds. die gleiche Rechtsstellung wie die übrigen Ausschüsse, unterscheidet sich von diesen aber dadurch, dass er ressortübergreifend tätig wird. Vgl. i. Ü. § 2 EuZBBG.

3 Art. 45 S. 2 und 3 ermächtigt den BT, seine Kompetenzen (Art. 23 Ia–III) gegenüber der BReg auf den EU-Ausschuss zu übertragen (Delegationsbefugnis). Diese Ermächtigung hat zum Ziel, den Informationsfluss zwischen BT und BReg zu verbessern sowie eine rechtzeitige Beteiligung des BT an Entscheidungen der BReg und eine effektive Wahrnehmung der Rechte des BT gegenüber der EU zu ermöglichen. Nähere Regelungen enthält § 93b GO BT, vgl. i. Ü. §§ 93a, 93d GO BT.

II. Art. 45a: Ausschuss für auswärtige Angelegenheiten und für Verteidigung

4 Art. 45a I verpflichtet den BT zur Errichtung ständiger Ausschüsse für auswärtige Angelegenheiten sowie für Verteidigung. Zum Begriff „auswärtigen Angelegenheiten" und „Verteidigung" s. Art. 73 Rn. 7ff., wobei der Begriff „Verteidigung" in Art. 45a nicht den Schutz der Zivilbevölkerung und das Zivildienstwesen erfasst. Die Ausschüsse haben grds. die gleiche Rechtsstellung wie die übrigen Ausschüsse.

5 Für den Ausschuss für Verteidigung bestehen zudem Sonderregelungen: Art. 45a II ermöglicht es diesem Ausschuss, sich – ggf. im Wege der Minderheitsenquête (vgl. Art. 44 Rn. 4) – als UA einzusetzen (s. § 34 PUAG). Indem Art. 45a III die Regelungen des Art. 44 I abbedingt, verbietet er dem BT-Plenum, in Verteidigungsfragen einen UA zu bestellen (Enquêtemonopol des Verteidigungsausschusses). Auch der Öffentlichkeitsgrundsatz gilt insoweit nicht.

III. Art. 45b: Wehrbeauftragter

6 Art. 45b S. 1 verpflichtet den BT zur Berufung eines Wehrbeauftragten als seinem Hilfsorgan. Der Wehrbeauftragte muss kein Abgeordneter des BT sein, unterliegt aber den Weisungen des BT sowie denen des Verteidigungsausschusses (Art. 45a). Art. 45b S. 2 erteilt dem BT den Auftrag zum Erlass eines Ausführungsgesetzes (ausschließliche Gesetzgebungskompetenz gem. Art. 71); s. dazu das WBeauftrG (auch G 45b).

7 Die Aufgaben des Wehrbeauftragten sind zum einen der Schutz der Grundrechte der Soldaten, zivilen Bediensteten und Reservisten, zum anderen die Ausübung der parlamentarischen Kontrolle auf dem Gebiet der Verteidigung, welches neben dem militärischen Bereich (Art. 87a) auch die Bundeswehrverwaltung (Art. 87b) umfasst.

Die Befugnisse des Wehrbeauftragten als Hilfsorgan des BT können dabei nicht über die Befugnisse hinausgehen, die der BT selbst innehat. Er hat ein Auskunfts- und Akteneinsichtsrecht (§ 3 Nr. 1 S. 1 WBeauftrG), ein Recht zur Anhörung von Zeugen und Sachverständigen (§ 3 Nr. 1 S. 4 WBeauftrG), ein Truppenbesuchsrecht (§ 3 Nr. 4 WBeauftrG), ein Berichtsanforderungsrecht (§ 3 Nr. 5 WBeauftrG), ein Recht, bei bestimmten Gerichtsverfahren anwesend zu sein (§ 3 Nr. 6 S. 1, 3 WBeauftrG), die Möglichkeit, der Exekutive Anregungen für Neuregelungen zu geben (§ 3 Nr. 2 WBeauftrG) sowie die Befugnis, Vorgänge zur Einleitung von Straf- oder Disziplinarverfahren an die zuständigen Stellen weiterzuleiten (§ 3 Nr. 3 WBeauftrG). **8**

IV. Art. 45c: Petitionsausschuss

Art. 45c I verpflichtet den BT zur Einrichtung eines ständigen Petitionsausschusses. Dieser ist ausschließlich für die Behandlung der nach Art. 17 an den BT gerichteten Bitten und Beschwerden (Eingaben oder Petitionen) zuständig. Er hat grds. die gleiche Rechtsstellung wie die übrigen Ausschüsse. **9**

Eine Petition zeichnet sich dadurch aus, dass sie ein materielles Anliegen (lat. *petitum,* Plur. *petita*) enthält, nicht eine bloße Mitteilung oder Meinungsäußerung. Zur Auslegung von „Bitten" und „Beschwerden" s. Art. 17 Rn. 10f. „Behandlung" meint die Durchführung eines Petitionsverfahrens. Dieses richtet sich nach den §§ 108ff. GO BT. **10**

Darüber hinaus sind die Überprüfungsbefugnisse des Petitionsausschusses nach Art. 45c II durch Bundesgesetz zu regeln (ausschließliche Gesetzgebungskompetenz, Art. 71). Dieser Auftrag ist durch das PetAG (auch G 45c genannt) erfüllt worden. Aufgrund der darin geregelten Befugnisse können die BReg, Bundesbehörden und bundesunmittelbare j.P.ö.R. insb. zur Aktenvorlage, Auskunftserteilung und zur Gewährung von Zutritt zu ihren Einrichtungen verpflichtet werden; des Weiteren können Petenten, Zeugen und Sachverständige angehört werden. **11**

V. Art. 45d: Parlamentarisches Kontrollgremium

Art. 45d I – die einzige Vorschrift des GG mit einer amtl. Überschrift – verpflichtet den BT zur Einrichtung eines ständigen Gremiums zur Kontrolle der nachrichtendienstlichen Tätigkeit des Bundes. Dieses PKGr ist ein Hilfsorgan des BT, aber kein Ausschuss, weil von den in der GO BT getroffenen Regelungen für Ausschüsse abgewichen werden soll: So ist das PKGr aufgrund des Geheimschutzes mit wenigen (ca. elf) Abgeordneten besetzt, sodass sich die Zusammensetzung nicht immer am Kräfteverhältnis im Plenum orientieren kann (vgl. § 12 S. 1, § 57 GO BT; Art. 40 Rn. 11 „Spiegelbildlichkeit"). Auch der Grds. der Diskontinuität (§ 125 S. 1 GO BT, s. Art. 39 Rn. 6) gilt für das PKGr nicht. **12**

Kontrollgegenstand ist die nachrichtendienstliche Tätigkeit des Bundes. Sie besteht im Wesentlichen aus der zweckgebundenen Sammlung von Informationen im Vorfeld konkreter Gefahren. Wahrgenommen wird diese Tätigkeit durch die Nachrichtendienste des Bundes, nämlich **13**
- das BfV für die in Art. 87 I 2 umschriebenen Aufgaben (insb. Schutz der FDGO),
- den BND für die Auslandsaufklärung sowie
- den MAD für den Schutz der Bundeswehr (Spionageabwehr).

Die Kontrolltätigkeit des PKGr umfasst neben der politischen auch die rechtliche Überprüfung. Zur näheren Ausgestaltung wurde entsprechend dem Auftrag in Art. 45d II das PKGrG erlassen (ausschließliche Bundesgesetzgebungskompetenz, Art. 71). Dort finden sich Regelungen über die Wahl der Mitglieder, die Zusammensetzung und Arbeitsweise sowie über die Befugnisse des PKGr. **14**

Die Kontrolle durch das PKGr ist ihrerseits nicht grenzenlos (BVerfGE 124, 78 [120, 123, 125]; 124, 161 [189]): Schranken bilden **15**

– die Verbandskompetenz des Bundes, d. h. das PKGr darf nur die Nachrichtendienste des Bundes kontrollieren, nicht aber die der Länder (LfV);
– der Kernbereich exekutiver Eigenverantwortung (s. dazu auch Art. 65 Rn. 11);
– das Staatswohl (innere und äußere Sicherheit, insb. Erfüllung von Aufgaben der Sicherheitsbehörden sowie Schutz der Wehr- und Bündnisfähigkeit Deutschlands, gute Beziehungen zu anderen Staaten, Schutzpflicht für hochrangige Grundrechte wie Leben, Gesundheit, Freiheit – nicht abschließend definierbar, vgl. Warg, NVwZ 2014, 1263 [1267]);
– Grundrechte Betroffener, wenn sie im Einzelfall überwiegen, z. B. private Geheimnisse i. R. d. allg. Persönlichkeitsrechts (Art. 2 Rn. 75 ff.).

C. Weiterführende Literatur/Leseempfehlungen

16 Gusy, Ch., Parlamentarische Kontrolle, JA 2005, 395–399; Krämer, U., Der Wehrbeauftragte des Deutschen Bundestages, UBWV 2010, 305–312, Nettesheim, M./ Vetter R., Übungshausarbeit – Öffentliches Recht: Aktenherausgabe an einen Untersuchungsausschuss, JuS 2004, 219–224; Raap, Ch., Die Kontrolle der Streitkräfte durch das Parlament, JuS 1996, 980–983; Warg, G., Die Grenzen parlamentarischer Kontrolle am Beispiel des Staatswohls, NVwZ 2014, 1263–1269; Wolff, H. A., Der nachrichtendienstliche Geheimnisschutz und die parlamentarische Kontrolle, JZ 2010, 173–180.

Art. 46 [Indemnität und Immunität]

(1) [1]**Ein Abgeordneter darf zu keiner Zeit wegen seiner Abstimmung oder wegen einer Äußerung, die er im Bundestage oder in einem seiner Ausschüsse getan hat, gerichtlich oder dienstlich verfolgt oder sonst außerhalb des Bundestages zur Verantwortung gezogen werden.** [2]**Dies gilt nicht für verleumderische Beleidigungen.**

(2) **Wegen einer mit Strafe bedrohten Handlung darf ein Abgeordneter nur mit Genehmigung des Bundestages zur Verantwortung gezogen oder verhaftet werden, es sei denn, dass er bei Begehung der Tat oder im Laufe des folgenden Tages festgenommen wird.**

(3) **Die Genehmigung des Bundestages ist ferner bei jeder anderen Beschränkung der persönlichen Freiheit eines Abgeordneten oder zur Einleitung eines Verfahrens gegen einen Abgeordneten gemäß Artikel 18 erforderlich.**

(4) **Jedes Strafverfahren und jedes Verfahren gemäß Artikel 18 gegen einen Abgeordneten, jede Haft und jede sonstige Beschränkung seiner persönlichen Freiheit sind auf Verlangen des Bundestages auszusetzen.**

Pflichtstoff (***)

A. Überblick

1 Die Rechtsstellung (der Status) der Abgeordneten des BT (Art. 38 Rn. 25 ff.) wird durch eine Reihe ausdrücklich formulierter verfassungsrechtlicher Ansprüche und Schutzpositionen abgesichert (Art. 46–48). Die wichtigsten davon sind die Indemnität (Art. 46 I) und die Immunität (Art. 46 II–IV).

B. Erläuterungen

I. Indemnität (Abs. 1)

1. Ein Abgeordneter ... (persönlicher Schutzbereich)

Auf Art. 46 I können sich nur die Abgeordneten des BT und wegen § 7 BPWahlG die Mitglieder der BV berufen, nicht aber Mitglieder der BReg (Art. 62), wenn sie keine Abgeordneten sind oder nicht in der Funktion des Abgeordneten handeln, ebenso wenig die Mitglieder des BR (Art. 51) oder die Abgeordneten der Landesparlamente (entsprechende Schutzvorschriften finden sich in den LVerf). Als Statusrecht schützt Art. 46 I den Abgeordneten als solchen und geht insoweit der Meinungsfreiheit gem. Art. 5 I 1 F. 1 vor. 2

2. ... wegen seiner Abstimmung oder Äußerung im Bundestag ... (sachlicher Schutzbereich)

Der Schutz von Art. 46 I 1 bezieht sich auf Abstimmungen und Äußerungen *im* BT (Plenum, Ausschüsse und – über den Wortlaut hinaus – sonstige Gremien des BT); nicht erfasst werden Äußerungen auf Partei- oder Wahlkampfveranstaltungen. Zweck ist insoweit die Verantwortungsfreiheit, d. h. zum einen die Gewährleistung einer ungestörten und sachgerechten Arbeit der Abgeordneten im Parlament, zum anderen der Schutz der Gewissensfreiheit der Abgeordneten (Art. 38 I 2). 3

Äußerungen sind – ähnlich wie bei Art. 5 I 1 – Meinungskundgaben i. S. v. Werturteilen wie auch Tatsachenmitteilungen und -behauptungen (s. Art. 5 Rn. 10ff.). Abstimmungen sind ein Unterfall der Äußerungen und umfassen i. S. v. Art. 46 I 1 nicht nur Sachentscheidungen, sondern auch Personalentscheidungen (Wahlen, vgl. Art. 42 Rn. 10). 4

3. ... zu keiner Zeit gerichtlich oder dienstlich verfolgt oder sonst zur Verantwortung gezogen werden ...

Die Verantwortungsfreiheit bezieht sich auf zivilrechtliche Schadensersatzansprüche sowie beamten- oder richterrechtliche Disziplinarmaßnahmen, aber auch auf Straftatbestände wie Beleidigung (§ 185 StGB) oder üble Nachrede (§ 186 StGB). Eine Ausn. gilt nach Art. 46 I 2 für verleumderische Beleidigungen, also v. a. für bewusst falsche Tatsachenbehauptungen (vgl. §§ 103, 187, 188 StGB). Art. 46 I 1 stellt einen persönlichen Strafausschließungsgrund dar (§ 36 StGB), so dass die Teilnahme Dritter an einer Tat strafbar bleibt (§§ 26, 27 StGB). 5

Die Indemnität schützt die Abgeordneten lebenslang und ist – anders als die Immunität (Rn. 11f.) – nicht aufhebbar (arg. „zu keiner Zeit", Art. 46 I 1). 6

II. Immunität (Abs. 2–4)

Die Immunität ist in Art. 46 II–IV geregelt. Ihr Zweck besteht darin, dass die Abgeordneten nicht von der Exekutive an ihrer Amtsausübung gehindert werden. Immunität schützt vor strafrechtlicher Verfolgung in jeder Hinsicht (Verfolgungsfreiheit), nicht nur – wie die Indemnität (Rn. 3f.) – bei Äußerungsdelikten. 7

1. ... ein Abgeordneter darf ...

Art. 46 II–IV gilt für Abgeordnete des BT (Rn. 2, vgl. § 152a StPO) sowie entsprechend für die Mitglieder der BV (§ 7 BPWahlG) und den BPräs (Art. 60 IV). Im Gegensatz zur Indemnität (Rn. 6) schützt die Immunität nur während der Zeit des Abgeordnetenmandats. Tritt der Verlust des Mandats durch Verzicht ein (§ 46 I Nr. 4, III 8

BWahlG), scheidet der Abgeordnete nach dem eindeutigen Wortlaut des § 47 III 1 BWahlG mit der Entscheidung des BTPräs aus dem BT aus. Der BTPräs hat keine Befugnis, in seiner Entscheidung einen anderen Zeitpunkt zu bestimmen; dies dient der Rechtsklarheit und soll eine Beeinflussung der Parlamentsbesetzung verhindern. Auch die Verzichtserklärung des Abgeordneten beendet dessen Mandat noch nicht (BVerfG, NJW 2014, 3085 [3086f. Rn. 29ff.] – Edathy).

8a Die Immunität schützt vor Strafverfolgung auch bei Taten, die vor Erwerb des Mandats begangen wurden; die Verjährungsfristen ruhen allerdings insoweit (§ 78b I Nr. 2, § 79a Nr. 1 StGB). Zur Differenzierung beim Rechtsweg s. Art. 38 Rn. 35 und Art. 47 Rn. 2).

2. Wegen einer mit Strafe bedrohten Handlung …

9 Strafe i.S.d. Art. 46 II ist weit zu verstehen und umfasst neben den Kriminalstrafen einschließl. der Maßnahmen zur Besserung und Sicherung (§§ 38–76a StGB) auch Sanktionen des Disziplinar-, Ordnungswidrigkeiten- und Standesrechts (str., a.A. bzgl. Disziplinarmaßnahmen BVerwGE 83, 1 [8ff.] m.w.N.). Nicht erfasst sind Verwarnungsgelder (§ 56 OWiG) und zivilrechtliche Vertragsstrafen (§§ 339ff. BGB).

3. … zur Verantwortung gezogen oder verhaftet werden …

10 Zur Verantwortung gezogen wird ein Abgeordneter, wenn gegen ihn eine gerichtliche oder behördliche Untersuchung durchgeführt wird (insb. gem. § 152 II, §§ 160ff. StPO, §§ 46ff. OWiG), nicht jedoch schon im Falle von (Vor-)Ermittlungen, die durchgeführt werden, um festzustellen, ob eine Genehmigung des BT einzuholen ist. Verhaftung meint nicht jede Freiheitsbeschränkung (Art. 104 I), sondern nur die Freiheitsentziehung (Art. 104 II–IV), insb. die Untersuchungshaft (§§ 112ff. StPO), die vorläufige Festnahme i.S.v. § 127 II, III StPO sowie die Maßnahmen nach §§ 81af. StPO (zu anderen Freiheitsbeschränkungen s. Rn. 14).

4. … nur mit Genehmigung des Bundestages …

11 Die Immunität kann durch Beschluss des BT aufgehoben werden. Genehmigung meint dabei (anders als § 184 BGB) die ausdrückliche *vorherige* Zustimmung (Einwilligung). Zur Beratung wird der Immunitätsausschuss eingerichtet (§ 107 GO BT i.V.m. Anl. 6; allg. zu Ausschüssen Art. 40 Rn. 11). Eine generelle Genehmigung erteilt der BT zur Durchführung von polizeilichen und staatsanwaltschaftlichen Ermittlungsverfahren gegen alle seine Mitglieder jeweils zu Beginn der Wahlperiode durch Beschluss (Art. 42 II 1 Hs. 1); Ausn. bestehen für §§ 185, 186, 187a I [obwohl mittlerweile aufgehoben!] und § 188 I StGB. Überdies ermächtigt der BT seinen Immunitätsausschuss bei Verkehrs- und anderen Bagatelldelikten zur Vorentscheidung (Nr. 3 und 7 der Anl. 6 zu § 107 GO BT sowie Nr. 11–13 der Grds. in Immunitätsangelegenheiten in Anl. 6 zu § 107 GO BT – krit. Magiera, in: Sachs, Rn. 20).

12 Die Genehmigung steht im pflichtgemäßen Ermessen des BT. Der betroffene Abgeordnete hat keinen Anspruch darauf, dass der BT seine Immunität nicht aufhebt, sehr wohl aber darauf, dass der BT willkürfrei darüber entscheidet (vgl. Nr. 4 der Grds. in Immunitätsangelegenheiten in Anl. 6 zu § 107 GO BT; durchsetzbar über Art. 93 I Nr. 1, s. BVerfGE 104, 310 [325ff.]). An der Abstimmung im Plenum darf er nicht teilnehmen.

5. … es sei denn … (Ausnahme „in flagranti“)

13 Eine Ausn. von der Unzulässigkeit der Strafverfolgung gilt für die Festnahme eines Abgeordneten bei Begehung einer Straftat („in flagranti“ = „auf frischer Tat betroffen“ i.S.v. § 127 I StPO) oder im Laufe des folgenden Tages (bis 24 Uhr).

6. Andere Freiheitsbeschränkungen; Einleitung eines Verfahrens gem. Art. 18 (Abs. 3)

14 Nach Art. 46 III ist eine Genehmigung (Rn. 11) des BT auch erforderlich für andere – also nicht von Art. 46 II erfasste – Beschränkungen der Freiheit eines Abgeordneten. Darunter fallen Maßnahmen, die die körperliche Bewegungsfreiheit aufheben (z.B. Polizeigewahrsam, etwa gem. §§ 39ff. BPolG) oder einschränken (z.B. körperliche Durchsuchung, etwa nach § 43 BPolG).

15 Das Verfahren nach Art. 18 (Verwirkung von Grundrechten) wird bereits mit dem Antrag durch den BT, die BReg oder eine LReg (§ 36 BVerfGG) eingeleitet. Noch genehmigungsfrei sind die Ermittlungen dazu, ob die Antragstellung notwendig ist.

7. Aussetzung (Abs. 4)

16 Das Aussetzungsverlangen gem. Art. 46 IV (auch Anforderungs- oder Reklamationsrecht) betrifft sämtliche Maßnahmen nach Art. 46 II und III. Es ermöglicht dem BT, die Immunität des Abgeordneten jederzeit wieder herzustellen. Insoweit hat der Abgeordnete einen Anspruch auf willkürfreie Entscheidung. Zum Ruhen der Verjährungsfristen s. Rn. 8.

C. Prüfungshinweise

17 Prüfungsrelevant bei Art. 46 ist v.a. die genaue Unterscheidung von Indemnität (Abs. 1) und Immunität (Abs. 2–4):

	Indemnität, Art. 46 I (Verantwortungsfreiheit)	**Immunität**, Art. 46 II–IV (Verfolgungsfreiheit)
Träger	MdB und Mitglieder der BV	MdB und Mitglieder der BV, BPräs
Gegenstand	Äußerungen und Abstimmungen im BT	Straftaten u. dgl.
Schutzdauer	lebenslang	Mandatszeit (Amtszeit)
Aufhebbarkeit	–	mit Genehmigung des BT

18 Wertvoll ist ferner die Kenntnis der Maßstäbe für die Genehmigung des BT zur Aufhebung der Immunität und den damit korrespondierenden Anspruch des Abgeordneten (Rn. 12).

D. Weiterführende Literatur/Leseempfehlungen

19 Frenz, W., Abgeordnetenrechte, JA 2010, 126–128; Glauben, P., Immunität der Abgeordneten – Relikt aus vordemokratischer Zeit?, DÖV 2012, 378–385; Haug, V./Schmid, S., Referendarexamensklausur – Öffentliches Recht: Staatsrecht – Turbulentes Parlament, JuS 2013, 440–447; Hömig, D., Angemessener Immunitätsschutz für den Bundespräsidenten?, ZRP 2012, 110–113; Morlok, M./Sokolov, E., Beobachtung von Abgeordneten durch den Verfassungsschutz, DÖV 2014, 405–413; Rux, J., Staatsrecht – Immunität von Bundestagsabgeordneten, JA 2002, 552–554; Walter, T., Indemnität und Immunität (Art. 46 GG) im Überblick, Jura 2000, 496–502; Witt, O., Das Immunitätsrecht im Grundgesetz, Jura 2001, 585–588.

Art. 47 [Zeugnisverweigerungsrecht und Beschlagnahmeverbot]

[1]Die Abgeordneten sind berechtigt, über Personen, die ihnen in ihrer Eigenschaft als Abgeordnete oder denen sie in dieser Eigenschaft Tatsachen anvertraut haben, sowie über diese Tatsachen selbst das Zeugnis zu verweigern. [2]Soweit dieses Zeugnisverweigerungsrecht reicht, ist die Beschlagnahme von Schriftstücken unzulässig.

Pflichtstoff (**)

A. Überblick

1 Das Zeugnisverweigerungsrecht sowie das dieses ergänzende Beschlagnahmeverbot gem. Art. 47 sind Ausprägungen des in Art. 38 I 2 verankerten Abgeordnetenstatus (Art. 38 Rn. 25ff.) und dienen überdies der Funktionsfähigkeit des BT. Sie sollen das Vertrauensverhältnis, „das im Einzelfall zwischen dem Abgeordneten und einem Dritten in Rücksicht auf die Mandatsausübung zustande gekommen ist", schützen (BVerfGE 108, 251 [269]). Art. 47 gewährleistet ein subjektiv-öffentliches Recht, das allerdings nur dem Abgeordneten als solchem zusteht.

2 Prozessual geltend gemacht werden kann es
- gegenüber den nach Art. 93 I Nr. 1 passivlegitimierten Verfassungsorganen im Organstreitverfahren und
- gegenüber Akten der sonstigen öffentlichen Gewalt (nach Erschöpfung des Rechtswegs) im Wege der VB nach Art. 93 I Nr. 4a, weil Art. 47 als Ausprägung des Art. 38 I 2 über diese Norm an den rügefähigen Rechten teilhat (BVerfGE 108, 251 [266ff.], vgl. auch Art. 38 Rn. 35).

B. Erläuterungen

I. Zeugnisverweigerungsrecht (Satz 1)

3 Persönlich zur Zeugnisverweigerung berechtigt sind nur Abgeordnete des BT und – aufgrund teleologischer Auslegung – akzessorisch auch deren Mitarbeiter (Sekretär, Assistent, Referent, Praktikant u.dgl.). Nicht geschützt sind Mitglieder der BReg (Art. 62) ohne Abgeordnetenmandat, Mitglieder des BR (Art. 51), der BPräs (Art. 54ff.) sowie der Informant oder Informationsempfänger selbst. Zudem muss der Abgeordnete in seiner Eigenschaft als Abgeordneter betroffen sein, die Informationen also im Zusammenhang mit seiner parlamentarischen Tätigkeit erhalten bzw. weitergegeben haben.

4 In sachlicher Hinsicht bezieht sich das Zeugnisverweigerungsrecht auf Informanten und Informationsempfänger sowie auf den Informationsinhalt.

5 Das Zeugnisverweigerungsrecht greift in allen Verfahren mit gesetzlicher Zeugnispflicht (z.B. § 48 I 2 StPO). Der Abgeordnete muss das Vorliegen der Voraussetzungen für das Zeugnisverweigerungsrecht glaubhaft machen (vgl. § 294 ZPO). Das Recht zur Zeugnisverweigerung beginnt mit dem Erwerb des Mandats (§ 45 BWahlG) und ist zeitlich nicht begrenzt, geht also über den Zeitraum des Abgeordnetenmandats hinaus.

II. Beschlagnahmeverbot (Satz 2)

6 Das Beschlagnahmeverbot besteht akzessorisch zum Zeugnisverweigerungsrecht („soweit dieses ... reicht"): Es soll eine Umgehung der Zeugnisverweigerung durch

Erhebung von Urkundsbeweisen verhindern. Schriftstücke sind alle vergegenständlichten Mitteilungen, ohne dass es auf die Art oder das Material ankommt, also neben Druck- und Handschriftstücken auch Ton-, Bild- und sonstige Datenträger. Diese müssen sich im Gewahrsam des Abgeordneten oder seiner Mitarbeiter (Rn. 3) befinden.

Beschlagnahme i.d.S. ist nicht nur die Beschlagnahme nach § 94 II StPO, sondern betrifft alle auf die Erlangung der Schriftstücke gerichteten hoheitlichen Maßnahmen, insb. die Herausgabeerzwingung (§ 95 StPO), die Durchsuchung (§§ 102ff. StPO) sowie Zufallsfunde anlässlich anderweitiger Durchsuchungen, auch solchen, die wie eine Beschlagnahme wirken, z.B. die Anfertigung von Kopien oder Datenduplikaten sowie technische Überwachungsmaßnahmen. Der Verstoß gegen Art. 47 S. 2 führt zu einem Beweisverwertungsverbot. 7

C. Prüfungshinweise

Interessant für eine Prüfung sind die Zulässigkeit der VB und ihre Abgrenzung zum Organstreit (Rn. 2) sowie die Erstreckung des Zeugnisverweigerungsrechts auf Mitarbeiter des Abgeordneten (Rn. 3). 8

D. Weiterführende Literatur/Leseempfehlungen

Brocker, L., Zum Zeugnisverweigerungsrecht und Beschlagnahmeprinzip bei Abgeordneten, DVBl. 2003, 1321–1323; Frenz, W., Abgeordnetenrechte, JA 2010, 126–128; Morlok, M., Das Parlament als Zentralorgan der Demokratie – Eine Zusammenschau der einschlägigen parlamentsschützenden Normen, JuS 2011, 1–9; Morlok, M./Sokolov, E., Beobachtung von Abgeordneten durch den Verfassungsschutz, DÖV 2014, 405–413; Ohler, Ch., Verfassungsrechtliche Grenzen staatsanwaltlicher Durchsuchungen im Bundestag, NVwZ 2004, 696–699. 9

Art. 48 [Urlaubsanspruch, Behinderungsverbot, Entschädigungs- und Beförderungsanspruch]

(1) **Wer sich um einen Sitz im Bundestage bewirbt, hat Anspruch auf den zur Vorbereitung seiner Wahl erforderlichen Urlaub.**

(2) [1]**Niemand darf gehindert werden, das Amt eines Abgeordneten zu übernehmen und auszuüben.** [2]**Eine Kündigung oder Entlassung aus diesem Grunde ist unzulässig.**

(3) [1]**Die Abgeordneten haben Anspruch auf eine angemessene, ihre Unabhängigkeit sichernde Entschädigung.** [2]**Sie haben das Recht der freien Benutzung aller staatlichen Verkehrsmittel.** [3]**Das Nähere regelt ein Bundesgesetz.**

Pflichtstoff (*)

A. Überblick

Art. 48 trifft Regelungen zur Sicherung des verfassungsrechtlichen Status der Abgeordneten des BT (Art. 38 I 2, s. dort Rn. 25ff.). 1

	Urlaubsanspruch, Art. 48 I	Hinderungsverbot, Art. 48 II	Entschädigungsanspruch, Art. 48 III
Rechtscharakter	Leistungsrecht	Abwehrrecht	Leistungsrechte
Verpflichteter	Staat und Private	Staat und Private	nur Staat

B. Erläuterungen

I. Anspruch auf Wahlvorbereitungsurlaub (Abs. 1)

2 Nach Art. 48 I hat Anspruch auf den zur Vorbereitung seiner Wahl erforderlichen Urlaub, wer sich um einen Sitz im BT bewirbt, d.h. wer das passive Wahlrecht zum BT besitzt (Art. 38 Rn. 40). Der Urlaub wird zweckgebunden gewährt („zur Vorbereitung ..."). Der Anspruch setzt voraus, dass sich der Bewerber tatsächlich, d.h. ernsthaft und erkennbar um seine Wahl bemüht, was jedenfalls bei der Aufnahme in den Wahlvorschlag einer Partei der Fall ist (§§ 21, 27 BWahlG).

3 Urlaub bedeutet die Freistellung von privatrechtlichen oder öffentlich-rechtlichen Dienst- bzw. Arbeitspflichten gegenüber Dritten (§ 611 BGB, § 61 I 1 BBG/§ 34 S. 1 BeamtStG, §§ 46, 71 DRiG). Nicht anspruchsberechtigt sind mithin Selbständige oder aus einem Werkvertrag (§ 631 BGB) verpflichtete Personen.

4 Der Urlaub muss nach Art. 48 I erforderlich sein. Dies richtet sich nach der Inanspruchnahme des einzelnen Bewerbers durch die angemessene Vorbereitung seiner Wahl. Als Höchstdauer sind die zwei Monate vor dem Wahltag anerkannt (§ 3 S. 1 AbgG). Die Interessen des Arbeitgebers oder Dienstherrn werden insoweit nicht berücksichtigt.

5 Der Anspruch auf Wahlvorbereitungsurlaub umfasst nicht die Fortzahlung der Bezüge (vgl. § 3 S. 2 AbgG). Art. 48 I gewährt auch keinen Urlaub kraft Gesetzes, d.h. er berechtigt nicht zum eigenmächtigen Fernbleiben ohne vorherige Beantragung und Genehmigung des Urlaubs durch den Arbeitgeber oder Dienstherrn. Wird der Urlaub trotz Vorliegens der Anspruchsvoraussetzungen nicht gewährt, muss der Rechtsweg beschritten werden (§ 2 I Nr. 3 lit. a ArbGG, § 126 BBG/§ 54 BeamtStG).

II. Hinderungsverbot (Abs. 2)

6 Nach Art. 48 II 1 darf niemand gehindert werden, das Amt eines Abgeordneten des BT zu übernehmen und auszuüben. Dieses Abwehrrecht steht neben gewählten Abgeordneten auch Wahlbewerbern i.S.d. Art. 48 I zu.

7 Hindern ist eng auszulegen als Verhalten, das mit der Absicht vorgenommen wird, die Übernahme und Ausübung des Mandats zu erschweren oder gar zu verhindern (BVerfGE 118, 277 [334, 346ff.]). Eine verfassungsrechtlich gerechtfertigte Beeinträchtigung stellt die Beschränkung der Wählbarkeit gem. Art. 137 I dar.

8 Nach Art. 48 II 2 ist eine Kündigung (§§ 620ff. BGB) oder Entlassung (§§ 31ff. BBG/§§ 22f. BeamtStG) „aus diesem Grunde" unzulässig, d.h. wenn sie wegen der Übernahme oder Ausübung des Mandats erfolgt. Aus Sinn und Zweck der Vorschrift folgt, dass der Schutz über das Ende des Mandats hinaus fortwirkt (vgl. § 2 III 4 AbgG: ein Jahr). Aus anderen Motiven ist eine Kündigung insoweit nur aus wichtigem Grund zulässig (§ 2 III 2 AbgG, § 626 BGB).

III. Entschädigungs- und Beförderungsanspruch (Abs. 3)

1. Entschädigungsanspruch

9 Art. 48 III 1 stellt die verfassungsrechtliche Grundlage für Geld- und Sachleistungen an die Abgeordneten des BT dar. Die Ausübung eines BT-Mandats gestaltet sich heutzutage zeitlich so, dass sie einer Hauptbeschäftigung gleichkommt und daneben eine weitere Berufsausübung nur sehr begrenzt möglich ist (BVerfGE 118, 277 [325], a.A. Sondervotum ebd., S. 341ff.). Daher muss die Höhe der Entschädigung die Vergütung aus einem Hauptberuf erreichen (Vollalimentation). Die Entschädigung muss die wirtschaftliche und politische Unabhängigkeit des Abgeordneten und seiner Familie sichern. Angemessen ist sie, wenn sie eine der Bedeutung des Amtes entsprechende Lebensführung gewährleistet.

Der Entschädigungsanspruch steht jedem Abgeordneten in gleicher Weise und Höhe für die Dauer seines Mandats zu (Grds. der Abgeordnetengleichheit, Art. 38 Rn. 34). Zulässig sind aber Zusatzentschädigungen in Form von Funktionszulagen für den BTPräs und dessen Stellvertreter (Art. 40 I 1, vgl. § 11 II AbgG) sowie für die Fraktionsvorsitzenden (str.). **10**

2. Beförderungsanspruch

Der Anspruch aus Art. 48 III 2 auf freie Benutzung aller staatlichen Verkehrsmittel bezieht sich nur auf solche des Bundes, nicht der Länder, Gemeinden oder Privater. Eine teleologisch-restriktive Auslegung legt nahe, dass das Freifahrtsrecht nur i. R. d. Mandatsausübung und nur innerhalb des Bundesgebiets gilt (str.). **11**

3. Ausführungsgesetz

Art. 48 III 3 begründet eine ausschließliche Gesetzgebungskompetenz des Bundes (Art. 71). Seinem Regelungsauftrag ist der Bund in den §§ 11 ff. AbgG nachgekommen. Danach besteht die Abgeordnetenentschädigung insb. aus **12**
- monatlichen Alimentationsleistungen („Diäten"), die sich an den Bezügen eines Richters an einem obersten Gerichtshof des Bundes orientieren und ab Juli 2016 jährlich an die Nominallohnentwicklung angepasst werden (§ 11 I, IV, V AbgG, krit. zum Verfahren v. Arnim, DVBl. 2014, 605 ff.),
- Zuschüssen zu Krankheitskosten u. dgl. (§ 27 AbgG) und
- einer Amtsausstattung als Aufwandsentschädigung (§ 12 AbgG, insb. steuerfreie Kostenpauschale und freie Benutzung aller Verkehrsmittel der Deutschen Bahn AG).

Nach Ausscheiden aus dem BT sind zudem vorgesehen ein Übergangsgeld (§ 18 AbgG) sowie eine Altersentschädigung (§§ 19 ff. AbgG), deren Umfang kritisiert wird (v. Arnim, NJW 2011, 3013 [3015]). Auch die Steuerfreiheit der Kostenpauschale (§ 12 II AbgG, § 3 Nr. 12 EStG) ist str. (verfassungsgemäß aber laut BVerfGK 17, 438 ff. = NVwZ 2010, 1429 f.; BFH/NV 2011, 772 f.). **13**

C. Weiterführende Literatur/Leseempfehlungen

Cornils, M., Leitbilder des Abgeordneten – Das Mandat als Lebensberuf oder Zeitengagement?, Jura 2009, 289–297; Lange, P./Thiele, A., Übungsklausur – Öffentliches Recht: Freiheit des Mandats – Der gläserne Abgeordnete, JuS 2008, 518–523; Straßburger, B., Verfassungsmäßigkeit der automatisierten Diätenanpassung gemäß § 11 Abs. 4 und 5 AbgG n. F., JZ 2015, 33–37. **14**

Art. 49 *(aufgehoben)*

IV. Bundesrat

Art. 50 [Aufgaben]

Durch den Bundesrat wirken die Länder bei der Gesetzgebung und Verwaltung des Bundes und in Angelegenheiten der Europäischen Union mit.

Pflichtstoff (***)

A. Überblick

Der BR realisiert das für den Bundesstaat prägende Element der „vertikalen Gewaltenteilung“, also der Teilung der Staatsgewalt nicht nur zwischen drei Staatsgewalten (horizontal), sondern darüber hinaus zwischen der Bundes- und der Landesebene, innerhalb der obersten Bundesorgane. Er schafft ein föderal motiviertes Gegengewicht zu den Zentralorganen BT und BReg (Bethge/von Coelln, Verfassungsrecht, S. 89). Jedoch ist der BR – trotz der Formulierung „wirken die Länder“ und der häufig verwendeten Bezeichnung „Länderkammer“ – kein Landes-, sondern ein Bundesorgan (BVerfGE 8, 104 [120]), das Staatsgewalt des Bundes ausübt. 1992 wurde Art. 50 zusammen mit der Einfügung des aktuellen Art. 23 um die Mitwirkung des BR in Angelegenheiten der EU ergänzt. Art. 50 ist weniger prüfungsrelevant als die Art. 51 ff. und die Vorschriften, die einzelne Zuständigkeiten des BR begründen. 1

B. Erläuterungen

I. Die Stellung des Bundesrates

Der BR gehört zu den Staatsorganen des Bundes. Da im GG neben seiner Existenz auch seine Aufgaben und Befugnisse im Wesentlichen geregelt sind, ist er zugleich Verfassungsorgan. Demokratische Legitimation erfährt er mittelbar über die Landesparlamente und die von diesen gewählten Landesregierungen. Im Gegensatz zum BT (dazu Art. 39 Rn. 6) unterliegt er nicht dem Grundsatz der Diskontinuität. Der BR ist ein sog. ewiges Bundesorgan: Es gibt nur „den einen“ BR, während in jeder Legislaturperiode ein neuer BT (seit 2013: der 18.) existiert. 2

II. Aufgaben und Zuständigkeiten

Aufgabe des BR ist die Mitwirkung bei der Gesetzgebung und Verwaltung des Bundes sowie bei Angelegenheiten der EU. Damit wird seine Rolle nur grundsätzlich festgelegt (BVerfGE 1, 299 [311]; s. auch BVerfGE 106, 310 [330]). Zuständigkeiten des BR begründet Art. 50 nicht. Sie müssen sich aus anderen Vorschriften ergeben. Dafür kommen jedenfalls Normen des GG in Betracht; zu Recht bejaht die h. M. außerdem die Möglichkeit der Kompetenzzuweisung durch einfaches Bundesgesetz (etwa Risse, in: Hömig, Rn. 1; a. A. Pieroth, in: JP, Rn. 2). Insgesamt ist die Rolle des BR eher kontrollierender und mäßigender Natur; auf Gestaltung und Initiative ist sie weniger angelegt (Maurer, Staatsrecht I, § 16 Rn. 24). 3

Art. 50 reduziert die Mitwirkung der Länder nicht auf die Zuständigkeiten des BR: Die Länder müssen an den genannten Tätigkeiten des Bundes nicht ausschließlich durch den BR beteiligt werden; sie dürfen auch anderweitig eingebunden werden. Dazu verpflichtet ist der Bund jedoch nicht (BVerfGE 94, 297 [311]). Zulässig ist die Einbindung der Länder freilich nur im Rahmen der Kompetenzverteilung zwischen 4

Bund und Ländern nach Art. 30, 70ff., 83ff. (BVerfGE 1, 299 [311]). Da die Länder, sofern sie nicht durch den BR mitwirken, Landesstaatsgewalt ausüben (Leisner, in: Sodan, Rn. 1), ist ihre Einbindung also dort unzulässig, wo eine ausschließliche Zuständigkeit des Bundes besteht.

5 Die Mitwirkung des BR bei der Gesetzgebung des Bundes ist in Art. 76–78 geregelt. Spezielle Vorschriften gelten für Verfassungsänderungen, Gesetzgebungsnotstand und das Haushaltsgesetz bzw. den Haushaltsplan (Art. 79 II, Art. 81 I–III, Art. 110 III, Art. 115l I); der „Gemeinsame Ausschuss" (= das Notparlament gem. Art. 53a) besteht zu einem Drittel aus Mitgliedern des BR. Als „mitwirkendem" Organ wird dem BR vom GG nicht die Rolle einer „zweiten Kammer" zugewiesen, die gleichwertig neben dem BT stünde (BVerfGE 37, 363 [380f.]). Das zeigt sich namentlich daran, dass es der Zustimmung des BR im Regelfall nicht bedarf (Art. 77 Rn. 8). Das aktuelle Maß an Mitwirkung an der Gesetzgebung kann per Verfassungsänderung modifiziert werden. Die von Art. 79 III garantierte grundsätzliche Mitwirkung der Länder bei der Gesetzgebung muss nicht zwingend über den BR realisiert werden – der als solcher sogar abgeschafft werden dürfte, sofern ein Art. 79 III genügender Ersatz geschaffen würde (Pieroth, in: JP, Art. 79 Rn. 9). Zum Recht der Mitglieder des BR auf Zutritt zum BT s. Art. 43 II.

6 Die Mitwirkung bei der Verwaltung des Bundes umfasst ein breites Spektrum an Zuständigkeiten. Verwaltung ist hier ein Synonym zur vollziehenden Gewalt, die in Art. 1 III, Art. 20 III genannt wird. Der Begriff schließt die Regierungsfunktion ein (Risse, in: Hömig, Rn. 3). An ihr wirkt der BR etwa durch die Zustimmung zu Rechtsverordnungen mit (Art. 80 II). Weitere Beispiele sind seine Beteiligung bei der Entsendung von Beauftragten nach Art. 84 III 2 oder beim Erlass von allgemeinen Verwaltungsvorschriften nach Art. 85 II 1, außerdem sein Recht, die Aufhebung bestimmter Notfallmaßnahmen der BReg zu verlangen (s. Art. 35 III 2, Art. 87a IV 2, Art. 91 II 2, sog. Interzessionsrecht).

7 Die Mitwirkung in Angelegenheiten der EU ist bereits in Art. 23 II 1 geregelt; die Einzelheiten bestimmen Art. 23 II 2, IV–VI sowie das EUZBLG.

8 Weiter wählt der BR die Hälfte der Richter des BVerfG (Art. 94 I 2); zudem besitzt er nach Art. 93 Antrags- und Beteiligungsrechte in einzelnen Verfahren vor dem BVerfG.

C. Prüfungshinweise

9 Wenn Rechte des BR zu nennen sind, etwa zur Begründung der Antragsbefugnis im Organstreitverfahren oder im Rahmen der Prüfung von dessen Begründetheit, sollte regelmäßig nicht Art. 50 zitiert werden, sondern die zuständigkeitsbegründende Vorschrift. Auf Art. 50 selbst kommt es in Fällen an, in denen die Verfassungsmäßigkeit der Zuweisung einer Zuständigkeit an den BR durch einfaches Bundesgesetz zu beurteilen ist (s. Rn. 3).

D. Weiterführende Literatur/Leseempfehlungen

10 Blanke, H.-J., Der Bundesrat im Verfassungsgefüge des Grundgesetzes, Jura 1995, 57–66; Hebeler, T., Verfassungsrechtliche Stellung und Funktion des Bundesrates, JA 2003, 522–528; Schubert, B. G., Normative und strukturelle Grundlagen des Bundesstaatsprinzips, Jura 2003, 607–612; Stüber, S., Einflussnahme der Länder auf die Bundesgesetzgebung, Jura 2002, 749–753; Würtenberger, T./Kunz, E., Die Mitwirkung der Bundesländer in Angelegenheiten der Europäischen Union, JA 2010, 406–412.

Art. 51 [Zusammensetzung]

(1) [1]**Der Bundesrat besteht aus Mitgliedern der Regierungen der Länder, die sie bestellen und abberufen.** [2]**Sie können durch andere Mitglieder ihrer Regierungen vertreten werden.**

(2) **Jedes Land hat mindestens drei Stimmen, Länder mit mehr als zwei Millionen Einwohnern haben vier, Länder mit mehr als sechs Millionen Einwohnern fünf, Länder mit mehr als sieben Millionen Einwohnern sechs Stimmen.**

(3) [1]**Jedes Land kann so viele Mitglieder entsenden, wie es Stimmen hat.** [2]**Die Stimmen eines Landes können nur einheitlich und nur durch anwesende Mitglieder oder deren Vertreter abgegeben werden.**

Pflichtstoff (****)

A. Überblick

Art. 51 regelt die Zusammensetzung des BR sowie die Stimmenverteilung und die Stimmabgabe im BR. Anlässlich der Wiedervereinigung wurde die Maximalzahl von Stimmen pro Land von fünf auf sechs heraufgesetzt. In Falllösungen kommt es auf die Vorschrift regelmäßig im Zusammenhang mit der Frage an, ob die erforderliche Stimmenzahl für einen wirksamen Beschluss des BR erreicht worden ist. **1**

B. Erläuterungen

I. Die Zusammensetzung des Bundesrates (Abs. 1)

Die Mitglieder des BR und ihre Vertreter müssen der sie bestellenden (und ggf. abberufenden) LReg angehören. Das tun jedenfalls der MP und die LMin, ggf. – je nach Recht des betreffenden Landes – aber auch (bestimmte) Staatssekretäre. Richtiger, aber str. Auffassung nach dürfen sie nicht zugleich Mitglieder des BT sein (Risse, in: Hömig, Rn. 1, s. auch § 2 GO BR). Die Länder selbst sind trotz des Wortlauts von Abs. 2, der von Stimmen jedes Landes spricht, keine Mitglieder des BR. **2**

Jede LReg muss mindestens ein Mitglied des BR und mindestens einen Vertreter bestellen (Robbers, in: Sachs, Rn. 5; str.). Die Bestellung ist dem BRPräs mitzuteilen (§§ 1, 46 GO BR). **3**

Die Rechtsstellung der Mitglieder des BR unterscheidet sich von derjenigen der Mitglieder des BT. Insbesondere genießen die Mitglieder des BR weder Immunität noch Indemnität gem. Art. 46 oder die Rechte aus Art. 47 f.

II. Die Stimmenverteilung (Abs. 2)

Die Zahl der auf die Vertreter eines Landes entfallenden Stimmen richtet sich nach der Einwohnerzahl (Abs. 2, zu Details § 27 GO BR); im Land wohnende Ausländer zählen mit. Wegen der Anknüpfung an die Einwohnerzahl kann sich die Gesamtstimmenzahl ändern. Seit Anfang 1996 gibt es 69 Stimmen (BW, BY, Nds, NRW: 6; HE: 5; BE, BB, RhPf, SN, ST, SH, TH: 4; HH, HB, MV, SL: 3); zuvor waren es 68, weil Hessen noch weniger als sechs Millionen Einwohner hatte. Für die „Mehrheit seiner Stimmen" nach Art. 52 III 1 sind im BR daher mindestens 35 Stimmen erforderlich, für eine Mehrheit von zwei Dritteln der Stimmen (Art. 79 II) mindestens 46. Die begrenzte Bandbreite des Stimmgewichts (drei bis sechs) führt zu einer „abgestuften Gleichheit" (Krebs, in: MK, Rn. 11 f.; s. auch BVerfGE 112, 118 [142]). **4**

III. Die Stimmabgabe (Abs. 3)

5 Das Recht, Mitglieder bis zur Zahl der Stimmen zu entsenden (Abs. 3 S. 1), bezieht sich auf die einzelne Sitzung; es ist von der Bestellung nach Abs. 1 S. 1 zu unterscheiden (Pieroth, in: JP, Rn. 5). Die Entsendung nur einer geringeren Zahl reduziert die dem Land zustehenden Stimmen nicht. Bereits ein einziger anwesender Vertreter verfügt über die volle Stimmenzahl. In der Praxis ist es sogar üblich, dass alle Stimmen eines Landes unabhängig von der Zahl der anwesenden Vertreter durch einen sog. Stimmführer abgegeben werden. Dagegen ist aus Sicht des GG nichts einzuwenden (BVerfGE 106, 310 [330]).

6 Abs. 3 S. 2 verlangt eine einheitliche Stimmabgabe durch anwesende Vertreter. Das schließt die Stimmabgabe durch bevollmächtigte Mitglieder aus einem anderen Land aus, vor allem aber eine Aufteilung der Stimmen zwischen „Ja", „Nein" und „Enthaltung". Koalitionsregierungen auf Landesebene müssen sich daher auf ein einheitliches Stimmverhalten einigen. Für Fälle, in denen die beteiligten Parteien unterschiedlicher Auffassung sind, wird regelmäßig vorab im Koalitionsvertrag eine Enthaltung vereinbart – was faktisch jedoch mit einem „Nein" gleichbedeutend ist (s. Art. 52 Rn. 10). Ob es beim Erfordernis der einheitlichen Stimmabgabe bleiben soll, wird daher politisch diskutiert. Abgeschafft werden könnte es nur per Verfassungsänderung. Derzeit führt eine uneinheitliche Stimmabgabe zur Ungültigkeit aller Stimmen des Landes (BVerfGE 106, 310 [330 ff.]; zum Einbau in eine Falllösung s. Höfling/Krüger, Ad Legendum 2014, 126 [130]).

7 Die Mitglieder sind an Weisungen der sie entsendenden Landesregierungen gebunden (arg. e contrario Art. 77 II 3, Art. 53a I 3). Jedoch wirkt die Bindung nur im Innenverhältnis; (einheitlich) weisungswidrig abgegebene Stimmen sind gültig (Risse, in: Hömig, Rn. 3).

C. Prüfungshinweise

8 In Prüfungen wird Art. 51 meist bei der Antwort auf die Frage relevant, ob ein wirksamer Beschluss des BR gefasst worden ist. Eines derartigen Beschlusses bedarf es für alle rechtlich relevanten Handlungen des BR, der als Kollegialorgan nur durch Beschlüsse handeln kann. In Falllösungen geht es insofern namentlich um die Ausübung des Gesetzesinitiativrechts (Art. 76 I), um die Zustimmung zu einem Gesetz (Art. 77 II a, 78 Var. 1), um die Anrufung des Vermittlungsausschusses (Art. 77 II), um die Einlegung eines Einspruchs gegen ein Gesetz (Art. 77 III), ggf. auch um die Zustimmung zu einer Rechtsverordnung oder einer Verwaltungsvorschrift (Art. 80 II, Art. 84 II, Art. 85 II 1) oder um die Wahrnehmung der Rechte aus Art. 23. Ausgangspunkt ist dabei das Mehrheitserfordernis des Art. 52 III 1. Am Maßstab des Art. 51 ist dann zu ermitteln, wie viele Stimmen tatsächlich benötigt werden und ob sie erreicht wurden.

D. Weiterführende Literatur/Leseempfehlungen

9 Burkiczak, Ch., Uneinheitliche Stimmabgabe eines Landes im Bundesrat, JA 2003, 463–467; Graf Kielmansegg, S., Übungsklausur – Öffentliches Recht, Mehr Macht dem Volke, JuS 2006, 323–326; Kramer, U., Der Streit um das Zuwanderungsgesetz – BVerfG, NJW 2003, 339 ff., JuS 2003, 645–649; Odendahl, K., Das Erfordernis einer einheitlichen Stimmabgabe im Bundesrat (Art. 51 III 2 GG): Der Fall des Zuwanderungsgesetzes, JuS 2002, 1049–1053; Palme, Ch., Examensklausur/Übungshausarbeit ÖR, Theater im Bundesrat, Jura 2003, 272–277; Pünder, H., Die Abstimmung des Bundesrates über das Zuwanderungsgesetz, Jura 2003, 622–626; Silberhorn, T., Wahlpflicht unter Strafandrohung, JA 2000, 858–865; BVerfGE 8, 104, 120–121 – Landes-

interne Bindung der Bundesratsmitglieder; BVerfGE 106, 310–351 – Zuwanderungsgesetz.

Art. 52 [Präsident; Beschlussfassung; Europakammer]

(1) **Der Bundesrat wählt seinen Präsidenten auf ein Jahr.**

(2) **[1]Der Präsident beruft den Bundesrat ein. [2]Er hat ihn einzuberufen, wenn die Vertreter von mindestens zwei Ländern oder die Bundesregierung es verlangen.**

(3) **[1]Der Bundesrat faßt seine Beschlüsse mit mindestens der Mehrheit seiner Stimmen. [2]Er gibt sich eine Geschäftsordnung. [3]Er verhandelt öffentlich. [4]Die Öffentlichkeit kann ausgeschlossen werden.**

(3a) **Für Angelegenheiten der Europäischen Union kann der Bundesrat eine Europakammer bilden, deren Beschlüsse als Beschlüsse des Bundesrates gelten; die Anzahl der einheitlich abzugebenden Stimmen der Länder bestimmt sich nach Artikel 51 Abs. 2.**

(4) **Den Ausschüssen des Bundesrates können andere Mitglieder oder Beauftragte der Regierungen der Länder angehören.**

Pflichtstoff (****)

A. Überblick

1 Art. 52 befasst sich mit Fragen der inneren Struktur und des (von der GO BR näher geregelten) Verfahrens im BR. Die Regelung über die Europakammer (Abs. 3a) wurde 1992 zusammen mit dem neuen Art. 23 in das GG aufgenommen. Hinsichtlich der Bedeutung für Prüfungen steht die Festlegung der für einen Beschluss des BR grundsätzlich erforderlichen Mehrheit durch Abs. 3 S. 1 im Vordergrund.

B. Erläuterungen

I. Präsident; Einberufung (Abs. 1, 2)

2 Der BR wählt nach Abs. 1 seinen Präsidenten auf ein Jahr. Auf der Grundlage von Abs. 3 S. 2 konkretisiert § 5 I GO BR dies in zulässiger Weise dahingehend, dass nur Mitglieder des BR wählbar sind. In der Praxis wird stets einer der MP der Länder gewählt. Grundlage dafür ist das sog. Königsteiner Abkommen v. 30.8.1950, das zugleich die Reihenfolge regelt, in der die MP gewählt werden. Kriterium ist die fallende Einwohnerzahl. Erster Präsident des BR war daher der MP des bevölkerungsstärksten Bundeslandes NRW. Seit dem Herbst 2014 wird das Amt vom hessischen MP bekleidet. Ihm werden zunächst der sächsische und dann der rheinland-pfälzische MP folgen. Ob eine Abweichung von dieser Verfahrensweise zulässig ist, hängt davon ab, ob man die Regelung für Verfassungsgewohnheitsrecht hält (dafür Ipsen, Staatsrecht I, Rn. 348, str.). Das Amt endet durch Zeitablauf oder durch Ausscheiden aus dem BR.

3 Der Präsident beruft den BR ein (Abs. 2 S. 1). Die Entscheidung, ob er dies tut, liegt grundsätzlich in seinem pflichtgemäßem Ermessen (Pieroth, in: JP, Rn. 2). Zur Einberufung verpflichtet ist er nach Abs. 2 S. 2 auf Verlangen der BReg und der Vertreter von mindestens zwei Ländern, die ihr korrespondierendes Recht auf Einberufung ggf. im Wege des Organstreits (Art. 93 I Nr. 1) geltend machen können. § 15 I GO BR sieht eine Pflicht zur Einberufung sogar schon dann vor, wenn nur ein Land dies verlangt. Ob diese Regelung verfassungsmäßig ist, ist str. Relevant wird die Frage, wenn der Präsident die von den Vertretern nur eines Landes verlangte Einberufung des

BR verweigert. Selbst wenn man § 15 I GO BR trotz der Ausweitung des Einberufungsanspruchs für gültig hält (so z. B. Odendahl, in: SHH, Rn. 7), kann der Verstoß gegen das Einberufungsrecht durch die Weigerung des Präsidenten jedenfalls nicht per Organstreit festgestellt werden: Die Begründetheit eines derartigen Antrags setzt einen Verstoß gegen Verfassungsrecht voraus (Art. 93 Rn. 25), ein Verstoß gegen die GO BR genügt nicht.

4 Weitere Befugnisse des Präsidenten sind insbesondere die Leitung der Sitzungen (§ 20 I GO BR), die Ausübung des Hausrechts (§ 6 III GO BR) und die Vertretung des BPräs (Art. 57).

II. Geschäftsordnung (Abs. 3 S. 2)

5 Das Recht des BR, sich eine Geschäftsordnung zu geben, ist in Abs. 3 S. 2 normiert. Ebenso wie die Satzung des BT (dazu Art. 40 Rn. 14) ist die GO BR eine zumindest satzungsähnliche Regelung, die normenhierarchisch unterhalb der Verfassung und dem einfachem Gesetz steht. Abweichungen von der GO BR setzen einen einstimmigen Beschluss voraus, § 48 GO BR.

III. Europakammer (Abs. 3a)

6 Gem. Abs. 3a kann der BR für Angelegenheiten der EU eine Europakammer bilden, deren Beschlüsse als Beschlüsse des BR gelten. Das Gremium, das der BR durch §§ 45b ff. GO BR eingerichtet hat, bereitet also nicht Beschlüsse des Plenums vor, sondern entscheidet in Fällen, in denen der BR (nach Art. 23) zuständig ist, an dessen Stelle. Weil Abs. 3a Hs. 2 auf das Stimmenverhältnis des Art. 51 II verweist, gibt es auch in der Europakammer (derzeit) 69 Stimmen, von denen ein wirksamer Beschluss grundsätzlich 35 verlangt (Rn. 10). Jedoch entsendet jedes Land nur ein Mitglied (§ 45b II 1 GO BR), so dass nur 16 Personen zusammenkommen müssen. Zudem wurde 2006 in Abs. 3a Hs. 2 der Verweis auf Art. 51 III 2 (Stimmabgabe nur durch anwesende Vertreter!) gestrichen. Seither ist in der Europakammer eine Abstimmung im schriftlichen Umlaufverfahren zulässig (s. BT-Drs. 16/813, S. 10), was eine weitere Vereinfachung darstellt.

7 Unmittelbar relevant ist Abs. 3a für die Antwort auf die Frage, ob die Europakammer statt des BR entscheiden darf. Mittelbar spielt die Norm eine Rolle, wenn das Plenum in einer Angelegenheit entscheidet, die an sich in die Zuständigkeit der Kammer fällt. Ein derartiger Beschluss ist gültig, weil der BR ein Rückholrecht hat (Pieroth, in: JP, Rn. 4a).

IV. Ausschüsse (Abs. 4)

8 Abs. 4 legt fest, dass die Regierungen der Länder in die Ausschüsse des BR andere Mitglieder – also solche, die dem BR weder als Mitglied noch als Stellvertreter angehören – sowie Beauftragte entsenden dürfen. Damit setzt Abs. 4 das Recht des BR voraus, Ausschüsse einzurichten. S. dazu auch §§ 11 ff. GO BR. Pflichtausschüsse wie im BT (Art. 45, 45a, 45c, 45d) gibt es im BR nicht. Nach richtiger, aber umstr. Auffassung darf der BR Untersuchungsausschüsse einrichten, ohne dass diese jedoch über die Rechte des Art. 44 (Untersuchungsausschüsse des BT) verfügen würden (Robbers, in: Sachs, Rn. 18). In den Ausschüssen hat jedes Land eine Stimme (§ 42 II GO BR); Entscheidungen fallen – anders als nach Abs. 3 S. 1 – gem. § 42 III GO BR mit einfacher Mehrheit (der *abgegebenen* Stimmen). Näher zum Plenum und zu den Ausschüssen des BR Lennartz/Kiefer, DÖV 2014, 181 ff.

V. Mehrheitserfordernis; Beschlussfähigkeit (Abs. 3 S. 1)

Der BR selbst fasst seine Beschlüsse ebenso wie die Europakammer nach Abs. 3 S. 1 mit mindestens der Mehrheit *seiner* – derzeit 69 – Stimmen. Anders als bei Art. 42 II 1 reicht die Mehrheit der *abgegebenen* Stimmen also u. U. nicht aus. 9

Beispiel: Mit einem Abstimmungsergebnis von 34 Ja- und 24 Nein-Stimmen bei elf Enthaltungen ist der betreffende Beschluss nicht gefasst, obwohl 34 die Mehrheit der 58 abgegebenen Stimmen ist. Zur Irrelevanz von Enthaltungen für die Zahl der abgegebenen Stimmen s. Art. 42 Rn. 13.

Vielmehr sind aktuell mindestens 35 Stimmen für einen Beschluss erforderlich. Rechtlich wirkt eine Enthaltung im BR daher ebenso wie eine Nein-Stimme. Über eine Änderung dieser Regelung wird diskutiert. Derzeit zeichnet sich eine Verfassungsänderung aber nicht ab. Einer $^2/_3$-Mehrheit (Abs. 3 S. 1 spricht von „mindestens") bedarf es für Beschlüsse nach Art. 79 II, ggf. i. V. m. Art. 23 I 3, und Art. 61 I 3. Für einen Einspruch gegen ein vom BT beschlossenes Gesetz (Art. 77 III 1) genügt die Mehrheit nach Abs. 3 S. 1. Jedoch erschwert ein mit $^2/_3$-Mehrheit gefasster Beschluss dem BT die Zurückweisung des Einspruchs, s. Art. 77 IV. 10

Beschlussfähig ist der BR nach § 28 I GO BR, wenn die Mehrheit seiner Stimmen (also 35) vertreten ist. Da ein einzelnes Mitglied alle Stimmen seines Landes abgeben kann, ist die Beschlussfähigkeit schon bei deutlich weniger als 35 anwesenden Mitgliedern gegeben. 11

VI. Öffentlichkeit (Abs. 3 S. 3, 4)

Der Grundsatz der öffentlichen Verhandlung (Abs. 3 S. 3; zur Möglichkeit des Ausschlusses der Öffentlichkeit Abs. 3 S. 4, § 17 GO BR) gilt für die Verhandlungen des BR und der Europakammer, nicht hingegen für die Ausschüsse (Pieroth, in: JP, Rn. 7). Er verlangt, dass die Sitzung im Rahmen einer angemessenen Raumkapazität für jedermann zugänglich ist. 12

C. Prüfungshinweise

Ein wirksamer Beschluss des BR setzt die Beschlussfähigkeit (o. Rn. 11) und die erforderliche Beschlussmehrheit voraus. Vorbehaltlich qualifizierter Mehrheitserfordernisse regelt Art. 52 III 1, welcher Mehrheit es bedarf. Ob sie erreicht wurde, ist sodann unter Zuhilfenahme von Art. 51 zu ermitteln. S. auch Art. 51 Rn. 4. 13

D. Weiterführende Literatur/Leseempfehlungen

Höfling, W./Burkiczak, Ch., Das Mehrheitsprinzip im deutschen Staatsrecht – ein systematisierender Überblick, Jura 2007, 561–567. 14

Art. 53 [Teilnahme der Bundesregierung]

[1]Die Mitglieder der Bundesregierung haben das Recht und auf Verlangen die Pflicht, an den Verhandlungen des Bundesrates und seiner Ausschüsse teilzunehmen. [2]Sie müssen jederzeit gehört werden. [3]Der Bundesrat ist von der Bundesregierung über die Führung der Geschäfte auf dem laufenden zu halten.

Pflichtstoff (**)

A. Überblick

1 Art. 53 betrifft das Verhältnis zwischen dem BR und der BReg (für das Gesetzgebungsverfahren s. dazu Art. 77 II, III). Anders als Art. 43 begründet die Vorschrift keine parlamentarische Verantwortlichkeit der BReg, sondern stellt lediglich die gegenseitige Information sicher (Leisner, in: Sodan, Rn. 1). Den in Art. 53 normierten Verpflichtungen korrespondieren Rechte des jeweils anderen Organs, die ggf. im Wege des Organstreits nach Art. 93 I Nr. 1 durchzusetzen wären. Die Parallelvorschrift für das Verhältnis zwischen dem BT und der BReg ist Art. 43.

B. Erläuterungen

2 Das Teilnahmerecht aus Satz 1 gilt für die Mitglieder der BReg (Kanzler und Minister, Art. 62), nicht für deren Beauftragte (arg. e contrario Art. 43 II 1; Staatssekretäre des Bundes haben jedoch ein Teilnahmerecht aus § 18 I GO BR). Es betrifft die Verhandlungen des Plenums, eines Ausschusses, Unterausschusses oder der Europakammer (Art. 52 IIIa) des BR. Das Recht, teilzunehmen, unterscheidet sich nur sprachlich vom Recht auf „Anwesenheit" bzw. „Zutritt", von dem Art. 43 spricht (Pieroth, in: JP, Rn. 1). Dagegen ist die Verwendung des Begriffs „Verhandlungen" im Vergleich zu den „Sitzungen" des Art. 43 II 1 ein Argument dafür, dass in Art. 53 S. 1 nicht nur förmliche Sitzungen, sondern auch informelle Vorbesprechungen o. Ä. gemeint sind (so Pieroth, in: JP, Rn. 1, gegen die h. M.).

3 Entsprechendes gilt für den Umfang der Teilnahmepflicht, die freilich nur „auf Verlangen" – das einen Mehrheitsbeschluss des jeweiligen Gremiums erfordert – entsteht. Die damit bestehende Möglichkeit, ein Regierungsmitglied vor das Gremium zu beordern, wird als „Zitierrecht" (zitieren i. S. v. zu sich kommen lassen) bezeichnet. Damit es nicht sinnlos wird, enthält es ein Fragerecht zu Gunsten des BR und seiner Untergliederungen; die Regierungsmitglieder sind zur Beantwortung der Fragen verpflichtet.

4 Aus der Pflicht des BR und seiner Untergliederungen, die Regierungsmitglieder jederzeit zu hören (Satz 2), ergibt sich zugleich deren Recht, jederzeit – also auch außerhalb der Tagesordnung (Risse, in: Hömig, Rn. 3) – zu reden.

5 Auch der Verpflichtung der BReg, den BR „über die Führung der Geschäfte auf dem laufenden zu halten", lässt sich ein Informationsanspruch des BR entnehmen. Sachlich gehört zur „Führung der Geschäfte" die gesamte Regierungstätigkeit einschließlich geplanter Aktivitäten; auf Organzuständigkeiten des BR kommt es nicht an (Robbers, in: Sachs, Rn. 7). Praktisch findet die Unterrichtung über die Geschäftsführung in großem Umfang im „Ständigen Beirat" beim Präsidium des BR statt. Zu Details s. § 9 GO BR.

C. Prüfungshinweise

6 Wenn die BReg oder der BR ihre Rechte aus Art. 53 im Wege eines Organstreits nach Art. 93 I Nr. 1 geltend machen, ist die Vorschrift in der Zulässigkeit bei der Antragsbefugnis anzusprechen. Die Begründetheit hängt davon ab, ob Rechte aus Art. 53 verletzt sind.

IVa. Gemeinsamer Ausschuß

Art. 53a [Zusammensetzung und Verfahren des Gemeinsamen Ausschusses]

(1) [1]**Der Gemeinsame Ausschuß besteht zu zwei Dritteln aus Abgeordneten des Bundestages, zu einem Drittel aus Mitgliedern des Bundesrates.** [2]**Die Abgeordneten werden vom Bundestage entsprechend dem Stärkeverhältnis der Fraktionen bestimmt; sie dürfen nicht der Bundesregierung angehören.** [3]**Jedes Land wird durch ein von ihm bestelltes Mitglied des Bundesrates vertreten; diese Mitglieder sind nicht an Weisungen gebunden.** [4]**Die Bildung des Gemeinsamen Ausschusses und sein Verfahren werden durch eine Geschäftsordnung geregelt, die vom Bundestage zu beschließen ist und der Zustimmung des Bundesrates bedarf.**

(2) [1]**Die Bundesregierung hat den Gemeinsamen Ausschuß über ihre Planungen für den Verteidigungsfall zu unterrichten.** [2]**Die Rechte des Bundestages und seiner Ausschüsse nach Artikel 43 Abs. 1 bleiben unberührt.**

Pflichtstoff (*)

A. Überblick

Der GemA ist – trotz seiner Bezeichnung, die an ein Unterorgan von BT und BR denken lässt – ein eigenständiges Verfassungsorgan (formales Argument: Regelung in einem eigenen Abschnitt des GG parallel zu den anderen Verfassungsorganen; inhaltliches Argument: Wahrnehmung von Funktionen, die sonst BT und BR zugewiesen sind). Er wurde 1968 als Teil der sog. Notstandsverfassung in das GG aufgenommen und dient als Ersatzparlament im Verteidigungsfall (Art. 115a ff.), sofern BT und BR ihre Aufgaben nicht mehr wahrnehmen können. Derartige Krisenzeiten, in denen die normale parlamentarische Gesetzgebung nicht mehr gewährleistet ist, werden ohne besondere Vorkehrungen leicht zur „Stunde der Exekutive“ (vgl. Odendahl, in: SHH, Rn. 1). Unter der WRV wurde dieser Effekt durch das ausdrücklich vorgesehene Notverordnungsrecht des Reichspräsidenten befördert. Die Existenz des GemA ist der Versuch des GG, ein alleiniges Handeln der Exekutive durch die Bereitstellung einer Art Notlegislative zu unterbinden. Durch die Zusammensetzung aus BT und BR werden dabei sowohl demokratische als auch föderale Strukturen in einem gewissen Maße gesichert (Risse, in: Hömig, Rn. 1). Die Prüfungsrelevanz des Art. 53a GG ist gering. Die Existenz und prinzipielle Funktion des GemA sollten aber bekannt sein. 1

B. Erläuterungen

Der GemA besteht aus 48 Mitgliedern (bei den 16 Vertretern der Länder gem. Abs. 1 S. 3 handelt es sich nach Abs. 1 S. 1 um ein Drittel der Mitglieder, 16 × 3 ergibt 48). Der BT bestimmt also 32 Mitglieder, die nach Abs. 1 S. 2 Hs. 2 nicht der BReg angehören dürfen. Die Bestellung der Vertreter der Länder, die dem BR angehören müssen, wird durch die jeweilige LReg vorgenommen. Alle Mitglieder des GemA sind nicht an Weisungen gebunden (Jarass, in: JP, Rn. 2); dass Abs. 1 S. 3 Hs. 3 dies nur für die Ländervertreter vorsieht, lässt keinen Umkehrschluss hinsichtlich der vom BT entsandten Mitglieder zu. Bildung und Verfahren des GemA werden nach Abs. 1 S. 3 durch eine vom BT mit Zustimmung des BR zu beschließende GO ge- 2 regelt. Zur GO sowie zu den aktuellen Mitgliedern s. http://www.bundestag.de/bundestag/plenum/gemeinsamer_ausschuss/ (letzter Aufruf 12.8.2015).

3 Die in Abs. 2 S. 1 geregelte Informationspflicht der BReg, der ein ggf. im Wege des Organstreits nach Art. 93 I Nr. 1 GG durchsetzbares Recht des GemA korrespondiert (Jarass, in: JP, Rn. 3), gilt nicht erst *im* Verteidigungsfall, sondern bezieht sich auf die Planungen *für* diesen. Die Pflicht entspricht strukturell der des Art. 53 S. 3. Sie ersetzt die Pflichten, die der BReg gegenüber dem BT und seinen Ausschüssen obliegen, nicht, sondern tritt neben diese. Das stellt Abs. 2 S. 2 klar. Dass die Vorschrift diesen Aspekt gewissermaßen von der anderen Seite der Medaille her aufzäumt, nämlich von den korrespondierenden Rechten der zu Informierenden, liegt an der Orientierung am ebenso verfahrenden Art. 43.

4 Die Zuständigkeiten des GemA ergeben sich aus den Vorschriften über den Verteidigungsfall (Art. 115a ff.).

V. Der Bundespräsident

Art. 54 [Wahl des Bundespräsidenten durch die Bundesversammlung]

(1) **Der Bundespräsident wird ohne Aussprache von der Bundesversammlung gewählt. Wählbar ist jeder Deutsche, der das Wahlrecht zum Bundestage besitzt und das vierzigste Lebensjahr vollendet hat.**

(2) **Das Amt des Bundespräsidenten dauert fünf Jahre. Anschließende Wiederwahl ist nur einmal zulässig.**

(3) **Die Bundesversammlung besteht aus den Mitgliedern des Bundestages und einer gleichen Anzahl von Mitgliedern, die von den Volksvertretungen der Länder nach den Grundsätzen der Verhältniswahl gewählt werden.**

(4) **Die Bundesversammlung tritt spätestens dreißig Tage vor Ablauf der Amtszeit des Bundespräsidenten, bei vorzeitiger Beendigung spätestens dreißig Tage nach diesem Zeitpunkt zusammen. Sie wird von dem Präsidenten des Bundestages einberufen.**

(5) **Nach Ablauf der Wahlperiode beginnt die Frist des Absatzes 4 Satz 1 mit dem ersten Zusammentritt des Bundestages.**

(6) **Gewählt ist, wer die Stimmen der Mehrheit der Mitglieder der Bundesversammlung erhält. Wird diese Mehrheit in zwei Wahlgängen von keinem Bewerber erreicht, so ist gewählt, wer in einem weiteren Wahlgang die meisten Stimmen auf sich vereinigt.**

(7) **Das Nähere regelt ein Bundesgesetz.**

Pflichtstoff (***)

A. Überblick

Art. 54 regelt die Voraussetzungen für die Wahl zum BPräs, die Amtsdauer des BPräs und seine Wahl durch die BV. 1

B. Erläuterungen

I. Die Stellung des Bundespräsidenten

Dass der BPräs das Staatsoberhaupt ist, ordnet das GG nicht ausdrücklich an. Jedoch lässt es sich aus der Bezeichnung als Präsident und den ihm zugewiesenen Funktionen ableiten (Butzer, in: SHH, Rn. 1). 2

Die Stellung des BPräs ist insgesamt vergleichsweise schwach ausgeprägt. Insbesondere bleiben seine Befugnisse deutlich hinter denen des Reichspräsidenten unter der WRV zurück. Jedoch sollte seine Stellung nach dem GG nicht nur in Abgrenzung zur WRV definiert werden (Degenhart, Staatsrecht I, Rn. 774). 3

Dem BPräs kommen im Wesentlichen repräsentative Aufgaben zu. Er soll eine integrierende, die staatliche Einheit wahrende Rolle ausüben. Politische Entscheidungsbefugnisse stehen ihm im Normalfall nicht zu. Für Fälle von Verfassungskrisen, in denen andere Verfassungsorgane nicht voll handlungsfähig sind, besitzt der BPräs jedoch eine Reihe von Reservezuständigkeiten, die ihm politische Entscheidungen ermöglichen (Art. 63 IV 3, Art. 68 I 1, Art. 81, näher BVerfGE 136, 274 [310f. Rn. 94]). 4

Hinsichtlich der Wahrnehmung seiner integrierenden Rolle hat der jeweilige Amtsinhaber einen weiten Gestaltungsspielraum. Gleichwohl muss er verfassungsrechtliche Grenzen wahren, zu denen u.a. das Recht auf Chancengleichheit der politischen Parteien aus Art. 21 I (Art. 21 Rn. 28ff.) zählt. Insofern beschränkt das BVerfG seine Kontrolle negativer Äußerungen über eine Partei jedoch darauf, ob der BPräs unter evidenter Vernachlässigung seiner Integrationsfunktion und damit willkürlich Partei ergriffen hat (BVerfGE 136, 323 [336 Rn. 33]). Dass die Bezeichnung einer Partei und ihrer Anhänger als „Spinner" nach diesen Maßstäben zulässig sein soll (BVerfGE 136, 323 [336ff. Rn. 34ff.]), dürfte zumindest einen äußersten Grenzfall der Äußerungsbefugnisse darstellen. Zur ähnlichen – aber nicht identischen – Problematik der Äußerungsbefugnisse von Mitgliedern der BReg s. Art. 65 Rn. 13; s. zudem Art. 21 Rn. 30.

II. Die Wählbarkeit (Abs. 1 S. 2, Abs. 2 S. 2)

5 Die von Abs. 1 S. 2 abschließend geregelten generellen Voraussetzungen der Wählbarkeit sind die deutsche Staatsangehörigkeit (Art. 116 Rn. 6) sowie das Wahlrecht zum BT (dazu §§ 12f. BWahlG, auch zum Ausschluss vom Wahlrecht).

6 Wer bereits BPräs war, kann nach Abs. 2 S. 2 noch ein zweites Mal gewählt werden, nicht aber für eine dritte unmittelbar folgende Amtszeit. Nach der Amtszeit eines anderen BPräs aber ist eine erneute Wahl zu einer insgesamt dritten Amtszeit möglich. Abs. 2 S. 2 begrenzt nur die anschließende Wiederwahl, nicht die Möglichkeit der Wiederwahl schlechthin (Pieroth, in: JP, Rn. 3; h.M.).

III. Die Wahl durch die Bundesversammlung (Abs. 1 S. 1, Abs. 3–7)

7 Gewählt wird der BPräs für eine Amtszeit von fünf Jahren (Abs. 2 S. 1) durch die BV. Andere Aufgaben hat dieses Verfassungsorgan nicht. Die BV besteht nach Abs. 3 aus den Mitgliedern des BT (sog. geborene Mitglieder) und einer gleichen Anzahl von Mitgliedern, die die Landesparlamente nach den Grundsätzen der Verhältniswahl wählen (daher werden sie als gekorene Mitglieder bezeichnet) und bei denen es sich nicht um Mitglieder der Landesparlamente handeln muss. Die Rechtsstellung der Mitglieder der BV entspricht nicht derjenigen der Mitglieder des BT als solche, da die BV als reines Kreationsorgan für den BPräs eine wesentlich andere Funktion als der BT hat. Abgesehen von dem Recht auf Teilnahme an der Wahl des BPräs kommen nur solche Mitwirkungsrechte zu, die zur Wahrnehmung des Wahlrechts erforderlich sind. Dazu gehört grds. weder ein Rede- noch ein Antragsrecht. Näher BVerfGE 136, 277 (316f. Rn. 110ff.); BVerfG NVwZ 2015, 216 (217f.).

Auf Grund der Wahl der Hälfte der Mitglieder durch die Landesparlamente ist die Berechnung der politischen Mehrheitsverhältnisse in der BV schwieriger als im BR, dessen Mitglieder allein von den Landesregierungen entsandt werden (Art. 52 I). Für die Besetzung der BV kommt es darauf an, welche Parteien mit welchen Anteilen in den Landesparlamenten vertreten sind.

8 Abs. 4 S. 1 legt den Zeitpunkt des spätesten Zusammentritts der BV fest. Abs. 5 ist gegenstandslos, seit es auf Grund einer Änderung des Art. 39 keine parlamentslose Zeit mehr gibt (Art. 39 Rn. 6). Einberufen wird die BV vom BTPräs (Abs. 4 S. 2).

9 Der Wahl geht nach Abs. 1 S. 1 keine Aussprache voraus, um den zukünftigen BPräs nicht durch eine Personaldebatte zu beschädigen (s. Nierhaus, in: Sachs, Rn. 17) und um die Würde des Wahlakts zu schützen. Das schließt auch eine Vorstellung der Kandidaten durch diese selbst aus (BVerfGE 136, 277 [315f. Rn. 109]). Faktisch wird Abs. 1 S. 1 häufig durch intensive Debatten im Vorfeld der BV unterlaufen. Rechtlich ist das unbedenklich.

Das Gesetz nach Abs. 7 – die Vorschrift enthält eine ausschließliche Bundeskompetenz sowie einen Gesetzgebungsauftrag (Pieroth, in: JP, Rn. 4) – ist das BPWahlG (Sartorius Nr. 33). 10

C. Weiterführende Literatur/Leseempfehlungen

Burkiczak, Ch., Die Bundesversammlung und die Wahl des Bundespräsidenten – Rechtliche Grundlagen und Staatspraxis, JuS 2004, 278–282; Erichsen, H.-U., Der Bundespräsident, Zugleich ein Beitrag zum Organstreit nach Art. 93 Abs. 1 Nr. 1 GG, Jura 1985, 373–381 und 424–431; Kunig, Ph., Der Bundespräsident, Jura 1994, 217–222; Lörler, S., Das Für und Wider einer Direktwahl des Bundespräsidenten, ZRP 2014, 209–211. Zur Frage eines Prüfungsrechts des BPräs bei der Ausfertigung von Gesetzen s. Art. 82 Rn. 21; BVerfGE 136, 277–323 – Wahl durch die Bundesversammlung; BVerfGE 136, 323–382 – Äußerungsbefugnisse („Spinner"). S. zudem die Informationen unter www.bundespraesident.de. 11

Art. 55 [Inkompatibilitäten]

(1) **Der Bundespräsident darf weder der Regierung noch einer gesetzgebenden Körperschaft des Bundes oder eines Landes angehören.**

(2) **Der Bundespräsident darf kein anderes besoldetes Amt, kein Gewerbe und keinen Beruf ausüben und weder der Leitung noch dem Aufsichtsrate eines auf Erwerb gerichteten Unternehmens angehören.**

Pflichtstoff (**)

A. Erläuterungen

Art. 55 legt bestimmte Funktionen und Tätigkeiten fest, deren Wahrnehmung bzw. Ausübung mit dem Amt des BPräs nicht vereinbar ist. Die Vorschrift verfolgt zwei Zielsetzungen: Abs. 1 konkretisiert und sichert die Gewaltenteilung, indem er ausschließt, dass der BPräs zugleich bestimmte andere Staatsämter ausübt. Abs. 2 soll einen Beitrag zur Neutralität und Autorität des BPräs leisten, dessen Tätigkeiten als allein seinem Amt verpflichtet wahrgenommen werden sollen (näher Butzer, in: SHH, Art. 55 Rn. 2). 1

Gesetzgebende Körperschaften auf Bundesebene sind der BT und der BR, nicht aber die BV. Abs. 1 wird überwiegend als nicht abschließend verstanden. Unzulässig sein soll u. a. auch die Mitgliedschaft in Gemeinde- und Kreisräten, die Gesetze im materiellen Sinne in Form von Satzungen erlassen (Nierhaus, in: Sachs, Rn. 9). Die Mitgliedschaft in einer politischen Partei ist zulässig. Jedoch ist es üblich, dass der BPräs diese ruhen lässt. 2

Art. 55 statuiert lediglich Pflichten des BPräs. Verletzt er sie, begeht er eine Pflichtverletzung. Es tritt jedoch kein automatischer Verlust des Präsidentenamtes ein (Pieroth, in: JP, Rn. 1; h. M.). 3

Die Pflichten gelten nach ganz h. M. nur während der Amtsdauer: Sie beginnen mit Amtsantritt und enden mit Amtsende. 4

In der Wahl z. B. eines amtierenden Ministerpräsidenten eines Landes liegt daher kein Verstoß gegen Abs. 1, sofern der Gewählte sein altes Amt bis zum Antritt des Amtes als BPräs aufgibt.

Art. 55 gilt nicht für den BRPräs als Vertreter des BPräs (dazu Art. 57), der stets dem BR (Art. 52 Rn. 2, Art. 51 I 1) und damit auch einer LReg (Art. 51 I 1) angehört.

B. Weiterführende Literatur/Leseempfehlungen

5 Sachs, M., Staatsorganisationsrecht: Inkompatibilität – Neuwahl des Bundespräsidenten nach Rücktritt des Vorgängers, JuS 2012, 191–192.

Art. 56 [Amtseid]

Der Bundespräsident leistet bei seinem Amtsantritt vor den versammelten Mitgliedern des Bundestages und des Bundesrates folgenden Eid:
„Ich schwöre, daß ich meine Kraft dem Wohle des deutschen Volkes widmen, seinen Nutzen mehren, Schaden von ihm wenden, das Grundgesetz und die Gesetze des Bundes wahren und verteidigen, meine Pflichten gewissenhaft erfüllen und Gerechtigkeit gegen jedermann üben werde. So wahr mir Gott helfe."
Der Eid kann auch ohne religiöse Beteuerung geleistet werden.

Pflichtstoff (**)

1 Der BPräs muss bei seinem Amtsantritt den von Art. 56 vorgesehenen Eid leisten. Tut er dies nicht, ändert dies nichts an seiner Stellung: Die Eidesleistung ist keine Voraussetzung für den Erwerb des Amts, sondern eine Pflicht, deren vorsätzliche Verletzung eine Anklage nach Art. 61 begründen würde (Pieroth, in: JP, Rn. 1). Bei unmittelbar anschließender Wiederwahl muss kein erneuter Eid abgelegt werden (Butzer, in: SHH, Rn. 13; str.).

2 Der Eid muss mit dem vorgegebenen Wortlaut abgelegt werden. Eine Variationsmöglichkeit besteht richtiger Auffassung nach allein hinsichtlich der religiösen Beteuerung (Butzer, in: SHH, Rn. 9). Er wird nicht vor der BV, sondern vor den versammelten Mitgliedern des BT und des BR (letztere müssen nicht Mitglied der BV gewesen sein, s. Art. 54 Rn. 7) geleistet.

Art. 57 [Vertretung des Bundespräsidenten]

Die Befugnisse des Bundespräsidenten werden im Falle seiner Verhinderung oder bei vorzeitiger Erledigung des Amtes durch den Präsidenten des Bundesrates wahrgenommen.

Pflichtstoff (***)

A. Erläuterungen

1 Die im GG vorgesehenen Befugnisse des BPräs müssen auch wahrgenommen werden können, wenn der Amtswalter dazu nicht in der Lage ist. Daher bestimmt Art. 57 den BRPräs (Art. 52 I) zum Stellvertreter des BPräs. Über einen längeren Zeitraum hinweg relevant geworden ist die Vorschrift nach den Rücktritten von Horst Köhler 2010 und von Christian Wulff 2012.

2 Voraussetzung der Stellvertretung sind die Verhinderung des BPräs oder die vorzeitige Erledigung seines Amtes. Verhinderung liegt vor, wenn der BPräs substantielle Teile seiner Tätigkeit zeitweilig nicht mehr ausüben kann. Der Begriff ist nicht abschließend definierbar. Verhinderung liegt u.a. bei Krankheit oder Entführung vor, ggf. auch bei Urlaub oder Auslandsaufenthalt. Im Gegensatz zu diesen potenziell vorübergehenden Hindernissen ist die vorzeitige Erledigung des Amtes endgültig. Zu ihr zählen u.a. der Tod, der Rücktritt oder die Erklärung des Amtsverlustes durch das BVerfG nach Art. 61 II (Pieroth, in: JP, Rn. 1).

Das GG regelt nicht, wer über den Eintritt des Vertretungsfalls entscheidet. Anders als bei der objektiv zu bestimmenden Erledigung kommt es für die Annahme einer Verhinderung auf die Einschätzung des BPräs an. Bei missbräuchlicher Verneinung des Vertretungsfalls durch den BPräs jedoch muss der BRPräs von sich aus tätig werden. Ggf. hat das BVerfG die getroffenen Entscheidungen im Wege des Organstreits zu überprüfen (Nierhaus, in: Sachs, Rn. 9). 3

Wenn der Vertretungsfall eintritt, nimmt der BRPräs alle Befugnisse des BPräs mit Ausnahme höchstpersönlicher Rechte wahr. Weisungen des BPräs muss er nicht befolgen. Die Inkompatibilitätsregelung in Art. 55 gilt für ihn nicht (Pieroth, in: JP, Rn. 2); auch kann er nicht nach Art. 61 angeklagt werden (so vorsichtig auch Herzog, in: MD, Rn. 29; a.A. Pieroth, in: JP, Rn. 2). 4

B. Weiterführende Literatur/Leseempfehlungen

Helm, T./Platzer, M., Übungsblätter Studenten Klausur Öffentliches Recht, Der schneidige Bundespräsident und sein Rücktritt, JA 2013, 284–289; Meiertöns, H./Ehrhardt, F.C., Der Präsident des Bundesrates als Vertreter des Bundespräsidenten, Jura 2011, 166–170. 5

Art. 58 [Gegenzeichnung]

[1]Anordnungen und Verfügungen des Bundespräsidenten bedürfen zu ihrer Gültigkeit der Gegenzeichnung durch den Bundeskanzler oder durch den zuständigen Bundesminister. [2]Dies gilt nicht für die Ernennung und Entlassung des Bundeskanzlers, die Auflösung des Bundestages gemäß Artikel 63 und das Ersuchen gemäß Artikel 69 Abs. 3.

Pflichtstoff (***)

A. Erläuterungen

I. Die Funktion der Gegenzeichnung

Die von Satz 1 geforderte Gegenzeichnung (auch: „Kontrasignatur“) verfolgt zwei Ziele: Zum einen soll sie die Einheitlichkeit der Staatsleitung sichern, indem sie dem BPräs die Möglichkeit nimmt, sich gegen die Politik der Regierung zu stellen und dennoch rechtmäßig zu handeln. Zum anderen soll sie parlamentarische Verantwortung der BReg für die Tätigkeit des BPräs begründen und dieser Tätigkeit so demokratische Legitimation vermitteln. 1

II. Die Gegenstände der Gegenzeichnungspflicht

Gegenzeichnungspflichtig sind „Anordnungen und Verfügungen“. Beide Begriffe werden bereits seit der WRV (dort Art. 50) als Einheit behandelt; eine Unterscheidung ist daher entbehrlich (Pieroth, in: JP, Rn. 2). Erfasst werden jedenfalls rechtsverbindliche Akte und nach außen wirkende schriftliche Erklärungen. Eine Auffassung subsumiert darüber hinaus auch alle anderen amtlichen und politisch bedeutsamen Handlungen unter die Begriffe, also z.B. Reden, Interviews, Aufrufe, Glückwunsch- und Beileidstelegramme etc. Ausgenommen sein sollen danach nur rein private Tätigkeiten (Stern, Staatsrecht II, S. 213f.). Für diese weite Sichtweise mag zwar der Gedanke der Sicherung der Einheitlichkeit der Staatsleitung sprechen. Immerhin vermag der BPräs auch (und gerade) durch informelle Akte erheblichen Einfluss auszuüben. Jedoch sprechen die besseren Gründe für eine Beschränkung auf rechtsverbindliche Akte: Sofern 2 man das nicht schon aus den Begriffen Anordnung und Verfügung herleiten will, enthält Art. 58 S. 1 insofern ein nahezu zwingendes Argument, als die Gegenzeichnung Gültigkeitsvoraussetzung ist (Herzog, in: MD, Rn. 52). Eine Rede aber kann gut oder schlecht sein, jedoch nicht gültig oder ungültig.

3 Keiner Gegenzeichnung bedürfen nach Satz 2 die Ernennung und Entlassung des BKanzlers, die Auflösung des BT nach Art. 63 (konkret: Art. 63 IV 3) sowie das Ersuchen auf Fortführung der Geschäfte als BKanzler oder BMin gem. Art. 69 III. Darüber hinaus ist eine Reihe von Akten nicht gegenzeichnungspflichtig, in denen das GG erkennen lässt, dass der BPräs unabhängig von der BReg handeln können muss. Dazu gehören jedenfalls der Vorschlag zur Wahl des BKanzlers (Art. 63 I), das Verlangen nach Einberufung des BT (Art. 39 III 3), die Anrufung des BVerfG im Organstreit nach Art. 93 I Nr. 1, die Entscheidung über die Delegation der Befugnisse aus Art. 60 I, II (Art. 60 III), die Erklärung des Gesetzgebungsnotstands (Art. 81 I 1) und der Amtsverzicht (Rücktritt) des BPräs. Dagegen bedürfen die Notstandsmaßnahmen nach Art. 115a III 1, V 1 sowie Gnadenentscheidungen nach str., aber richtiger Auffassung der Gegenzeichnung (näher Nierhaus, in: Sachs, Rn. 13 ff.; Herzog, in: MD, Rn. 36 ff.).

III. Die Durchführung der Gegenzeichnung

4 Bei schriftlichen Akten muss auch die Gegenzeichnung schriftlich erfolgen. In der Praxis werden dem BPräs regelmäßig bereits gegengezeichnete Akte vorgelegt; für Gesetze sieht Art. 82 I dieses Verfahren ausdrücklich („nach Gegenzeichnung“) vor. I. Ü. bedarf die Gegenzeichnung keiner besonderen Form, kann also auch mündlich oder durch konkludentes Verhalten erfolgen. Letzteres wird insbesondere bedeutsam, wenn man mit der h. M. auch Reden etc. des BPräs für gegenzeichnungsbedürftig hält (o. Rn. 2). Sie werden vermeintlich durch fehlenden Widerspruch konkludent gegengezeichnet – eine Konstruktion, die die Fragwürdigkeit dieses Ansatzes noch deutlicher werden lässt.

5 Zuständig für die Gegenzeichnung ist nach Satz 1 der BKanzler *oder* der zuständige BMin. Eine kumulative Gegenzeichnung von BKanzler *und* BMin, wie sie § 29 GO BReg für Gesetze verlangt, ist daher für die Verfassungsmäßigkeit einer Maßnahme nie erforderlich. (Anders formuliert: Der mögliche Verstoß gegen die GO BReg durch nur eine Unterschrift führt nicht zur Verfassungswidrigkeit des Gesetzes.) Auf einem anderen Blatt steht die Frage, wer die eine erforderliche Unterschrift zu leisten hat. Sie ist anhand von Art. 65 zu beantworten. Danach muss in Richtlinienangelegenheiten (Art. 65 Rn. 2 f.) wegen Art. 65 S. 1 der BKanzler unterschreiben; die alleinige Unterschrift des zuständigen BMin reicht nicht aus. Die alleinige Unterschrift des BKanzlers reicht auch in Fällen, die eigentlich in die Ressortkompetenz nach Art. 65 S. 2 fallen würden (wie hier Domgörgen, in: Hömig, Rn. 4), weil der BKanzler durch eigene Befassung jede Angelegenheit zur Richtlinienangelegenheit machen kann. In jedem Fall unzureichend ist hingegen die Unterschrift nur eines unzuständigen BMin.

Im Ergebnis unproblematisch sind also jedenfalls die Fälle, in denen der BKanzler unterschrieben hat.

IV. Die Rechtsfolge der (verweigerten) Gegenzeichnung

6 Mit der Gegenzeichnung übernimmt der BKanzler bzw. BMin die politische Verantwortung für den Akt des BPräs, bei dem jedoch die rechtliche Verantwortung verbleibt (s. dazu auch Art. 61 Rn. 4). Fehlt die erforderliche Gegenzeichnung, werden rechtsverbindliche Akte nicht wirksam. Sofern man rechtlich unverbindliche Akte mit der h. M. für gegenzeichnungspflichtig hält, bewirkt die fehlende Gegenzeich-

nung eine Kompetenzüberschreitung des Bundespräsidenten (Degenhart, Staatsrecht I, Rn. 779).

B. Weiterführende Literatur/Leseempfehlungen

Maurer, H., Die Gegenzeichnung nach dem Grundgesetz, in: Börner/Jahrreiß/Stern, Festschrift für Karl Carstens, 1984, S. 701–719; Thiele, A., Die Gegenzeichnungspflichtigkeit der Auflösungsverfügung des Bundespräsidenten gemäß Art. 68 I 3 GG, JA 2005, 871–873. 7

Art. 59 [Organzuständigkeit im Bereich der auswärtigen Gewalt]

(1) [1]**Der Bundespräsident vertritt den Bund völkerrechtlich.** [2]**Er schließt im Namen des Bundes die Verträge mit auswärtigen Staaten.** [3]**Er beglaubigt und empfängt die Gesandten.**

(2) [1]**Verträge, welche die politischen Beziehungen des Bundes regeln oder sich auf Gegenstände der Bundesgesetzgebung beziehen, bedürfen der Zustimmung oder der Mitwirkung der jeweils für die Bundesgesetzgebung zuständigen Körperschaften in der Form eines Bundesgesetzes.** [2]**Für Verwaltungsabkommen gelten die Vorschriften über die Bundesverwaltung entsprechend.**

Pflichtstoff (***)

A. Überblick

Art. 59 regelt die Frage, welches Organ des Bundes für die Ausübung auswärtiger Gewalt zuständig ist, sofern diese dem Bund zusteht (Jarass, in: JP, Rn. 1). Es handelt sich also um eine Regelung der Organkompetenz, die von der Frage nach der Verbandskompetenz zu unterscheiden ist: Dort geht es um die Zuständigkeit des Bundes oder der Länder, hier um die Zuständigkeit einzelner Bundesorgane. Soweit die Länder verbandszuständig sind, richtet sich die Organzuständigkeit nach dem Verfassungsrecht des jeweiligen Landes (s. Art. 32 Rn. 3). Art. 59 ist insofern nicht einschlägig (Streinz, in: Sachs, Rn. 4). 1

Abs. 1 befasst sich mit der Vertretungsbefugnis des BPräs, Abs. 2 mit der Beteiligung des Bundesgesetzgebers an völkerrechtlichen Verträgen des Bundes und mit Verwaltungsabkommen. 2

B. Erläuterungen

I. Die völkerrechtliche Vertretung durch den Bundespräsidenten (Abs. 1)

1. Der Umfang des Vertretungsrechts und das Verhältnis zur Bundesregierung (Abs. 1 S. 1)

Nach Abs. 1 S. 1 vertritt der BPräs den Bund völkerrechtlich. Damit ist die Abgabe rechtserheblicher Erklärungen gegenüber anderen Völkerrechtssubjekten, insbesondere also gegenüber anderen Staaten gemeint. Diese Zuständigkeit ist umfassend angelegt: Sie erstreckt sich nicht nur auf die in Abs. 1, 2 beispielhaft hervorgehobenen wichtigsten Fälle (Vertragsschluss sowie Beglaubigung und Empfang der Gesandten), sondern auch auf die Abgabe einseitiger Erklärungen (Vertragskündigungen, Aufnahme und Abbruch diplomatischer Beziehungen etc.). Ein originäres Recht der BReg, entsprechende Erklärungen abzugeben, besteht hingegen nicht (Rojahn, in: MK, Rn. 4 ff.). 3

4 Die Praxis verfährt anders. Völkerrechtlich verbindliche Erklärungen werden häufig von der BReg abgegeben, ohne den BPräs einzuschalten. Teile der Literatur weisen in freundlicher Umschreibung des Begriffs „verfassungswidrig“ zu Recht darauf hin, dass sich diese Praxis „nur schwer verfassungsrechtlich rechtfertigen“ lasse (Streinz, in: Sachs, Rn. 10). Speziell die Erklärung, die Tätigkeit der BReg in diesem dem BPräs ausschließlich zugewiesenen Bereich beruhe auf ausdrücklichen oder stillschweigenden Ermächtigungen (z.B. Domgörgen, in: Hömig, Rn. 2), überzeugt nicht. Zwar mögen derartige Ermächtigungen im Einzelfall zulässig sein. Sie dürfen jedoch nicht dazu verwendet werden, eine verfassungsrechtlich dem BPräs zugeordnete Kompetenz ihrer wesentlichen Substanz nach auf ein anderes Organ zu übertragen (Rojahn, in: MK, Rn. 8). Sofern die Regelung des Abs. 1 S. 1 z.B. wegen des Arbeitsumfangs als praxisuntauglich angesehen wird, müsste das GG geändert werden.

5 Damit ist freilich nicht gesagt, dass die BReg nach aktueller Verfassungsrechtslage im Bereich der auswärtigen Gewalt keine Kompetenzen hätte. Abs. 1 S. 1 ist allein eine Regelung der Vertretungsmacht; die Vorschrift betrifft nur die Frage, welches Organ nach außen handelt. Wie die staatsinterne Willensbildung abläuft, welches Organ also den Inhalt der nach außen abzugebenden Erklärungen festlegt, steht auf einem anderen Blatt: Diese Zuständigkeit liegt bei der BReg, ggf. gem. Abs. 2 S. 1 auch beim BT. Der BPräs muss die von der BReg beschlossenen Erklärungen abgeben; ihm steht kein politisches Mitspracherecht zu (Jarass, in: JP, Rn. 6). Die verfassungsrechtliche Kritik richtet sich also nicht dagegen, dass die BReg die Entscheidungen trifft, sondern allein dagegen, dass häufig nach außen ein unzuständiges Organ tätig wird.

2. Insbesondere: Vertragsschlüsse; Beglaubigung und Empfang von Gesandten (Abs. 1 S. 2, 3)

6 Abs. 1 S. 2, 3 nennen als besonders wichtige Fälle der Vertretungsbefugnis des BPräs den Abschluss von Verträgen mit auswärtigen Staaten sowie die Beglaubigung und den Empfang von Gesandten.

7 Die Befugnis zum Vertragsschluss erfasst über den Wortlaut („mit auswärtigen Staaten“) hinaus auch Verträge mit anderen Völkerrechtssubjekten. Der Abschluss eines Vertrages führt dessen völkerrechtliche Wirksamkeit herbei. Die Verhandlung des Inhalts obliegt hingegen regelmäßig der BReg, die hierfür vom BPräs eine Vollmacht erhält. Nachdem der Vertragsinhalt ausgehandelt wurde, wird er zumeist nur mit den Initialen der Unterhändler versehen (sog. Paraphierung). Darauf folgt die Unterzeichnung. Sie kann bereits zur Wirksamkeit des Vertrages führen, sofern der Vertrag im „einphasigen Verfahren“ geschlossen wird. Dagegen wird im „zweiphasigen Verfahren“, in dem es nach Abs. 2 S. 1 noch eines Gesetzes bedarf (u. Rn. 9ff.), unter Ratifikationsvorbehalt unterzeichnet. Entgegen einem verbreiteten Sprachgebrauch erfolgt die Ratifikation nicht durch das regelmäßig, aber sachlich unzutreffend so bezeichnete „Ratifikationsgesetz“, sondern durch die Erklärung gegenüber dem Vertragspartner, durch den Vertrag völkerrechtlich gebunden zu sein (so Streinz, in: Sachs, Rn. 15). Diese Erklärung, die Ratifikation also, steht dem BPräs nach Abs. 1 S. 2 zu (Domgörgen, in: Hömig, Rn. 3).

8 Gesandte sind die beim Staatsoberhaupt beglaubigten diplomatischen Vertreter höherer Rangklassen (Botschafter etc.), nicht bloße Geschäftsträger oder Konsulatsbeamte. Beglaubigung ist die förmliche schriftliche Erklärung, dass eine bestimmte Person die Bundesrepublik völkerrechtlich vertritt. Der Empfang der Beglaubigung besteht in der Entgegennahme der Bestätigungsschreiben (Rojahn, in: MK, Rn. 15ff.).

II. Das Erfordernis der Mitwirkung oder Zustimmung durch Bundesgesetz an völkerrechtlichen Verträgen (Abs. 2 S. 1)

Die inhaltliche Entscheidung über die vom BPräs abzuschließenden völkerrechtlichen Verträge des Bundes obliegt als Teil der Außenpolitik grundsätzlich der BReg, s.o. Rn. 5. Abs. 2 S. 1 behält jedoch dem Gesetzgeber das Recht der Zustimmung zu völkerrechtlichen Verträgen vor, die die politischen Beziehungen des Bundes regeln oder sich auf Gegenstände der Bundesgesetzgebung beziehen. Dem Gesetzgeber wird damit eine eigene politische Mitwirkungsbefugnis eingeräumt. Die Vorschrift soll verhindern, dass sein Kontrollrecht gegenüber der BReg dadurch unterlaufen wird, dass ein Vertrag bereits eine völkerrechtliche Bindungswirkung erzeugt, die nachträglich durch das Parlament nicht mehr beseitigt werden kann (BVerfGE 90, 286 [357]; zur Mitverantwortung des Parlaments s. auch BVerfGE 104, 151 [209]). **9**

Verträge, die die politischen Beziehungen des Bundes regeln, sind solche, die die Existenz des Staates, seine territoriale Integrität, seine Unabhängigkeit, seine Stellung oder sein maßgebliches Gewicht in der Staatengemeinschaft berühren. Dagegen reicht die Befassung mit öffentlichen Angelegenheiten, dem Gemeinwohl oder den Staatsgeschäften allein noch nicht aus, weil das Merkmal der politischen Beziehungen des Bundes damit keine Abgrenzungsfunktion mehr hätte (BVerfGE 1, 372 [380]). Letztlich kommt es also auf das Gewicht an, das der Vertrag für die Bundesrepublik hat. Mitwirkungsbedürftig unter dem Gesichtspunkt der Regelung der politischen Beziehungen des Bundes sind „hochpolitische" Verträge wie z.B. Gebietsänderungen, Vertragssysteme gegenseitiger kollektiver Sicherheit, Nichtangriffsverträge etc. (Rojahn, in: MK, Rn. 23). **10**

Der Zustimmung oder Mitwirkung des Gesetzgebers in Form eines Bundesgesetzes bedürfen zudem Verträge, die sich auf Gegenstände der Bundesgesetzgebung beziehen. Entgegen dem ersten Eindruck betrifft dieses Merkmal nicht die Abgrenzung zwischen den Zuständigkeiten des Bundesgesetzgebers einerseits und des Landesgesetzgebers andererseits gem. Art. 30, 70ff. Gemeint ist in Wahrheit die Abgrenzung zwischen Gesetzgebung und Verwaltung (BVerfGE 1, 372 [388]). Verträge, die von dieser Fallgruppe erfasst werden, sind solche, deren innerstaatliche Umsetzung aus Gründen der Gewaltenteilung und des Rechtsstaates (Stichwort: Vorbehalt des Gesetzes, s. Art. 20 Rn. 133ff.) durch ein formelles Gesetz erfolgen muss, also nicht der Verwaltung überlassen werden darf (Streinz, in: Sachs, Rn. 32). Auf „Gegenstände der Bundesgesetzgebung" i.S.v. Abs. 2 S. 1 beziehen sich daher auch Verträge, die durch Landesgesetz umgesetzt werden müssen. Abs. 2 S. 1 spricht (missverständlich) nur von der *Bundes*gesetzgebung, da es sich bei dem erforderlichen Gesetz meistens um eines des Bundes handeln wird (s. Jarass, in: JP, Rn. 13: Hauptanwendungsfall). **11**

Wenn der Vertrag von einer der beiden Fallgruppen erfasst wird, muss vor der Ratifikation ein zustimmendes Bundesgesetz ergehen. Dieses wird im normalen Gesetzgebungsverfahren zunächst vom BT beschlossen. Sodann ist der BR zu beteiligen. Dort ist das dem Vertrag zustimmende Gesetz grundsätzlich nur ein Einspruchsgesetz. Der BR muss also nicht zustimmen. (Anderes gilt, wenn das zur Umsetzung erforderliche Gesetz aus anderen Gründen als der Tatsache, dass es der Umsetzung des Vertrages dient, zustimmungsbedürftig ist.) In Abs. 2 S. 1 kommt das im Begriff der „Mitwirkung" zum Ausdruck (s. Domgörgen, in: Hömig, Rn. 9). **12**

Das dem Vertrag zustimmende (Bundes-)Gesetz wird kurz als Vertragsgesetz bezeichnet. Es ermächtigt die Exekutive zum Vertragsschluss; zudem führt es dazu, dass der Vertrag nach seinem Abschluss innerstaatlich gilt: Das Vertragsgesetz enthält den Rechtsanwendungsbefehl (BVerfGE 104, 151 [209]). Das kann zur Folge haben, dass der Vertrag bereits unmittelbar anwendbar ist. Zwingend ist diese Konsequenz aber nicht: Der Vertrag kann seinem Inhalt nach auch auf den Erlass konkretisierender innerstaatlicher Regelungen angewiesen sein (zur Unterscheidung zwischen Geltung **13** und Anwendbarkeit s. Streinz, in: Sachs, Rn. 67; Rojahn, in: MK, Rn. 37f.). Wer diese Regelungen ggf. erlässt, der Bundes- oder Landesgesetzgeber, richtet sich nach der innerstaatlichen Kompetenzverteilung der Art. 30, 70ff. (näher Degenhart, Staatsrecht I, Rn. 588ff.). Sofern die Länder zuständig sind, sind sie an sich nicht verpflichtet, Gesetze zur Umsetzung eines vom Bund geschlossenen Vertrages zu erlassen. Jedoch holt der Bund in diesen Fällen auf Grund des Lindauer Abkommens (dazu Art. 32 Rn. 11) die Zustimmung der Länder ein. Sollte ein Land trotz vorab erteilter Zustimmung den Erlass des Transformationsgesetzes verweigern, wäre das ein Verstoß gegen den aus dem Bundesstaatsprinzip folgenden Grundsatz der Bundestreue (dazu Art. 20 Rn. 235ff.).

III. Die entsprechende Geltung der Vorschriften über die Bundesverwaltung für Verwaltungsabkommen (Abs. 2 S. 2)

14 Nach Abs. 2 S. 2 gelten für Verwaltungsabkommen die Vorschriften über die Bundesverwaltung entsprechend. Verwaltungsabkommen sind alle völkerrechtlichen Verträge, die nicht von Abs. 2 S. 1 erfasst werden, die also nicht der parlamentarischen Zustimmung durch ein Bundesgesetz bedürfen, weil sie weder die erforderliche politische Bedeutung haben noch per Gesetz umgesetzt werden müssen. Entgegen der insofern irreführenden Bezeichnung muss sich ein Verwaltungsabkommen nicht auf Gegenstände der Verwaltung beziehen (Jarass, in: JP, Rn. 20). Abgeschlossen werden sie – trotz Abs. 1 S. 1 – meist durch die BReg (o. Rn. 4).

15 Was der Verweis auf die Vorschriften über die Bundesverwaltung bedeutet, erschließt sich durch die Lektüre des Verfassungstextes nicht. Gemeint ist, dass die von Abs. 2 S. 2 erfassten Verträge als Verwaltungsabkommen nach den Vorschriften über die Bundesverwaltung vereinbart und ausgeführt werden (Rojahn, in: MK, Rn. 78). Die Erteilung des Vollzugsbefehls bzw. die Transformation erfolgen durch Verwaltungsvorschrift oder Ausführungsanweisung. Die Exekutive des Bundes darf Verwaltungsabkommen nur abschließen, sofern der Bund innerstaatlich eine entsprechende Regelung treffen könnte (Jarass, in: JP, Rn. 21).

C. Weiterführende Literatur/Leseempfehlungen

16 Becker, F., Völkerrechtliche Verträge und parlamentarische Gesetzgebungskompetenz, NVwZ 2005, 289–291; Fastenrath, U., Zur Abgrenzung des Gesetzgebungsvertrags vom Verwaltungsabkommen i.S.d. Art. 59 Abs. 2 GG am Beispiel der UNESCO-Welterbekonvention, DÖV 2008, 697–706; Schmahl, S., Das Verhältnis der deutschen Rechtsordnung zu Regeln des Völkerrechts, JuS 2013, 961–966. S. auch Art. 32 Rn. 19.

Art. 59a *(aufgehoben)*

Art. 60 [Ernennung und Entlassung von Bundesbediensteten; Begnadigung; Immunität]

(1) **Der Bundespräsident ernennt und entläßt die Bundesrichter, die Bundesbeamten, die Offiziere und Unteroffiziere, soweit gesetzlich nichts anderes bestimmt ist.**

(2) **Er übt im Einzelfalle für den Bund das Begnadigungsrecht aus.**

(3) **Er kann diese Befugnisse auf andere Behörden übertragen.**

(4) **Die Absätze 2 bis 4 des Artikels 46 finden auf den Bundespräsidenten entsprechende Anwendung.**

Pflichtstoff (**)

A. Die Ernennung und Entlassung von Bundesbeamten etc. (Abs. 1)

Nach Abs. 1 ist der BPräs für die Ernennung und Entlassung der Bundesrichter und -beamten sowie der Offiziere und Unteroffiziere zuständig. Bundesrichter sind die Richter an den Bundesgerichten nach Art. 94–96 (Nierhaus, in: Sachs, Rn. 4; hinsichtlich Art. 94 str.). Für Angestellte des Bundes gilt Abs. 1 nicht. Die Ernennung ist die Begründung eines der genannten Dienstverhältnisse einschließlich der Beförderung (Pieroth, in: JP, Rn. 2; str.); die Entlassung seine Beendigung. Der BPräs darf die rechtlichen Voraussetzungen der Ernennung prüfen und die Ernennung bei deren Fehlen verweigern; ob ihm weitere Prüfungsrechte zustehen, ist str. Ernennungen und Entlassungen sind – anders als ihre Verweigerung (Domgörgen, in: Hömig, Rn. 1) – gegenzeichnungspflichtig. 1

Die Befugnis aus Abs. 1 Hs. 1 steht unter dem Gesetzesvorbehalt des Hs. 2. Regelungen, die davon Gebrauch machen (wie z. B. § 129 I 2 BBG) bedürfen eines sachlichen Grundes und müssen Ausnahmecharakter haben, damit die Kontrollkompetenz des BPräs nicht ausgehöhlt wird. Dauerhaft spricht viel dafür, den Vorbehalt per Verfassungsänderung zu streichen: Den erkennbar angestrebten Entlastungseffekt kann der BPräs durch eine Übertragung nach Abs. 3 (Rn. 4) selbst herbeiführen (Herzog, in: MD, Rn. 19 f.). 2

B. Das Begnadigungsrecht (Abs. 2)

Das Begnadigungsrecht besteht in der Befugnis, im Einzelfall eine rechtskräftig erkannte Strafe ganz oder teilweise zu erlassen, sie umzuwandeln oder ihre Vollstreckung auszusetzen (BVerfGE 25, 352 [358]). Der BPräs übt es „für den Bund" aus. Dafür muss das Strafverfahren insgesamt vor Bundesgerichten durchgeführt worden sein. Das war früher bei erstinstanzlicher Zuständigkeit des BGH und ist heute in den Fällen des Art. 96 V möglich (s. Art. 96 Rn. 3); i. Ü. steht das Begnadigungsrecht den Ländern zu. Begnadigungen sowie ihre Ablehnung stehen im Ermessen des BPräs. Sie bedürfen der Gegenzeichnung nach Art. 58 (s. Art. 58 Rn. 3; str.) und sind – anders als der Widerruf einer bereits gewährten Begnadigung (BVerfGE 30, 108 [111]) – nicht gerichtlich überprüfbar (BVerfGE 66, 337 [363]). Ein bekannter Fall war die Ablehnung des Gnadengesuchs des früheren RAF-Terroristen Christian Klar durch BPräs Köhler im Jahr 2007. 3

C. Die Übertragung der Befugnisse aus Abs. 1, 2 (Abs. 3)

Nach Abs. 3 kann der BPräs diese Befugnisse, also die aus Abs. 1, 2, auf andere Behörden übertragen. Davon hat er in weitem Umfang Gebrauch gemacht. Die betreffenden Anordnungen sind im BGBl. veröffentlicht. Zu den einzelnen Fundstellen s. Domgörgen, in: Hömig, Rn. 3. 4

D. Die Immunität (Abs. 4)

Durch den Verweis in Art. 60 IV auf Art. 46 II–IV genießt der BPräs Immunität wie die Mitglieder des BT, jedoch – wegen der fehlenden Inbezugnahme des Art. 46 I 5

– keine Indemnität. Vor Einleitung z.B. eines Ermittlungsverfahrens bedarf es daher einer Genehmigung des BT gem. Art. 60 IV i.V.m. Art. 46 II. Ein darauf gerichteter Antrag („Antrag auf Aufhebung der Immunität“) der zuständigen StA veranlasste Anfang 2012 BPräs Christian Wulff zum Rücktritt.

E. Weiterführende Literatur/Leseempfehlungen

6 Holste, H., Die Begnadigung – Krönung oder Störung des Rechtsstaates?, Jura 2003, 738–742; Huba, H./Burmeister, T., Öffentliches Recht – Der Bundespräsident und der „trojanische“ Professor, JuS 1989, 832–834; Schütte, M., Übungsblätter Klausur Lernbeitrag Öffentliches Recht, Zur Justitiabilität von Gnadenakten des Bundespräsidenten, JA 1999, 868–871.

Art. 61 [Präsidentenanklage]

(1) [1]**Der Bundestag oder der Bundesrat können den Bundespräsidenten wegen vorsätzlicher Verletzung des Grundgesetzes oder eines anderen Bundesgesetzes vor dem Bundesverfassungsgericht anklagen.** [2]**Der Antrag auf Erhebung der Anklage muß von mindestens einem Viertel der Mitglieder des Bundestages oder einem Viertel der Stimmen des Bundesrates gestellt werden.** [3]**Der Beschluß auf Erhebung der Anklage bedarf der Mehrheit von zwei Dritteln der Mitglieder des Bundestages oder von zwei Dritteln der Stimmen des Bundesrates.** [4]**Die Anklage wird von einem Beauftragten der anklagenden Körperschaft vertreten.**

(2) [1]**Stellt das Bundesverfassungsgericht fest, daß der Bundespräsident einer vorsätzlichen Verletzung des Grundgesetzes oder eines anderen Bundesgesetzes schuldig ist, so kann es ihn des Amtes für verlustig erklären.** [2]**Durch einstweilige Anordnung kann es nach der Erhebung der Anklage bestimmen, daß er an der Ausübung seines Amtes verhindert ist.**

Pflichtstoff (**)

A. Überblick

1 Art. 61 eröffnet die Möglichkeit, den BPräs vor dem BVerfG mit dem Ziel anzuklagen, ihn seines Amtes entheben zu lassen. Ein derartiges Verfahren ist noch nie eingeleitet worden. Dass Anfang des Jahres 2012 im Zusammenhang mit den Vorwürfen gegen den damaligen BPräs Wulff in der öffentlichen Diskussion auf die Möglichkeit einer Präsidentenanklage hingewiesen wurde, zeigt aber, dass die Vorschrift nicht bedeutungslos ist. Sie stellt eine Art Reservezuständigkeit des BVerfG für den Fall einer unwahrscheinlichen, aber eben nicht gänzlich auszuschließenden und anders nicht lösbaren Verfassungskrise dar.

B. Erläuterungen

2 Ankläger können nur der BT oder der BR sein. Zunächst muss ein Antrag auf Erhebung der Anklage von einem Quorum der Mitglieder nach Abs. 1 S. 2 gestellt werden; sodann muss eine qualifizierte Mehrheit nach Abs. 1 S. 3 den Beschluss über die Erhebung der Anklage fassen. Diese Anforderungen ($^2/_3$ der Mitglieder bzw. der Stimmen) sind so hoch, dass eine Anklage gegen einen BPräs, der noch einen gewissen politischen Rückhalt genießt, äußerst unwahrscheinlich ist.

3 Vor dem BVerfG wird die Anklage nach Abs. 1 S. 4 von einem Beauftragten des BT bzw. des BR vertreten, der nicht Mitglied des jeweiligen Organs sein muss. Näher ge-

regelt ist das Verfahren in §§ 13 Nr. 4, 49 ff. BVerfGG. Die Frist für die Erhebung der Anklage beträgt drei Monate nach Bekanntwerden des Sachverhalts, der der Anklage zugrunde liegt (§ 50 BVerfGG).

Gestützt werden muss die Anklage auf eine vorsätzliche Verletzung des GG oder eines anderen (formellen) Bundesgesetzes. Die Verletzung muss im Zusammenhang mit spezifischen Rechten und Pflichten als BPräs stehen (Pieroth, in: JP, Rn. 2). Aus diesem Grund tragen vor Amtsantritt begangene Gesetzesverstöße die Anklage nicht. Dass der Akt, der die Verletzung begründet, nach Art. 58 S. 1 gegengezeichnet wurde, schließt die Anklage nicht aus (Nierhaus, in: Sachs, Rn. 7). Auch die Immunität des BPräs nach Art. 60 IV steht einer Anklage nach Art. 61 nicht entgegen; sie bezieht sich nur auf Strafverfahren. Zur Bedeutung des Verfahrens als (vermeintliches) Argument gegen ein Recht des BPräs, Bundesgesetze vor ihrer Ausfertigung nach Art. 82 I auf ihre materielle, also inhaltliche Vereinbarkeit mit dem GG zu überprüfen, s. Art. 82 Rn. 6. **4**

Das BVerfG trifft eine feststellende Entscheidung über die Schuld des BPräs. Zusätzlich kann es ihn des Amtes für verlustig erklären (Abs. 2 S. 1). Zwingend ist das nicht; es kann sich auch auf die bloße Schuldfeststellung beschränken. **5**

C. Weiterführende Literatur/Leseempfehlungen

Benda, E./Klein, E., Verfassungsprozessrecht, 3. Aufl. 2012, Rn. 1205–1218. **6**

VI. Die Bundesregierung

Art. 62 [Zusammensetzung]

Die Bundesregierung besteht aus dem Bundeskanzler und aus den Bundesministern.

Pflichtstoff (**)

Art. 62 bestimmt als Legaldefinition die Zusammensetzung der BReg. Auf diese Vorschrift ist zu verweisen, wenn das GG oder andere Gesetze den Begriff „Bundesregierung" verwenden. 1

I. Die Bundesregierung ...

Die BReg bildet die Spitze der Exekutive (der vollziehenden Gewalt i. S. v. Art. 1 III, Art. 20 II 2, III) und übt die Regierungsgewalt (Gubernative) aus. Sie ist – wie der BT, der BR, der BPräs und das BVerfG – Verfassungsorgan, d. h. oberstes Bundesorgan i. S. v. Art. 93 I Nr. 1. Organe im Allg. sind Institutionen, Behörden oder sonstige Einrichtungen, die funktionell (d. h. in Bezug auf eine Aufgabe, nicht aber rechtlich) verselbständigt sind und diese bestimmten Aufgaben für ihren Rechtsträger (den Staat oder eine andere juristische Person) wahrnehmen. Oberste Bundesorgane zeichnen sich dadurch aus, dass ihnen kein anders Organ übergeordnet ist und sie an der obersten Staatsleitung beteiligt sind. 2

II. ... besteht aus dem Bundeskanzler und aus den Bundesministern

Art. 62 legt fest, dass die BReg aus mehreren Mitgliedern besteht und damit ein Kollegialorgan ist (Gegensatz: Einzelorgan = monokratisches Organ, dem nur eine Person – ein Organwalter – zugeordnet ist, z. B. BPräs, vgl. Art. 54 Rn. 2 ff.). 3

Teilorgane der BReg sind der BKanzler (Art. 63 Rn. 1, Art. 65 Rn. 2 f, 9 f.) und die BMin (Art. 64 Rn. 1 ff., Art. 65 Rn. 4 ff.). Andere Mitglieder (etwa Parlamentarische Staatssekretäre) dürfen der BReg nicht angehören (anders regeln dies z. T. die LVerf). Das Verhältnis des BKanzlers und der BMin untereinander (Kompetenzen) wird durch Art. 65 geregelt. 4

Tagt die BReg in einer Sitzung, wird sie auch als Bundeskabinett bezeichnet (Art. 65 Rn. 8 ff.). Entscheidungen der BReg müssen ihr zurechenbar sein; dazu hat BVerfGE 91, 148 (166 ff.) bestimmte Anordnungen aufgestellt (Art. 65 Rn. 12). 5

Art. 63 [Wahl und Ernennung des Bundeskanzlers]

(1) **Der Bundeskanzler wird auf Vorschlag des Bundespräsidenten vom Bundestage ohne Aussprache gewählt.**

(2) [1]**Gewählt ist, wer die Stimmen der Mehrheit der Mitglieder des Bundestages auf sich vereinigt.** [2]**Der Gewählte ist vom Bundespräsidenten zu ernennen.**

(3) **Wird der Vorgeschlagene nicht gewählt, so kann der Bundestag binnen vierzehn Tagen nach dem Wahlgange mit mehr als der Hälfte seiner Mitglieder einen Bundeskanzler wählen.**

(4) [1]**Kommt eine Wahl innerhalb dieser Frist nicht zustande, so findet unverzüglich ein neuer Wahlgang statt, in dem gewählt ist, wer die meisten Stimmen**

erhält. ²Vereinigt der Gewählte die Stimmen der Mehrheit der Mitglieder des Bundestages auf sich, so muß der Bundespräsident ihn binnen sieben Tagen nach der Wahl ernennen. ³Erreicht der Gewählte diese Mehrheit nicht, so hat der Bundespräsident binnen sieben Tagen entweder ihn zu ernennen oder den Bundestag aufzulösen.

Pflichtstoff (***)

A. Überblick

1 Die Bildung der BReg stellt ein wichtiges Glied in der Kette der demokratischen Legitimation der Staatsgewalt gegenüber dem Staatsvolk dar (Art. 20 II 2). Art. 63 regelt die Wahl und Ernennung des BKanzlers als des zentralen Teils des Verfassungsorgans BReg. Im zeitlichen und systematischen Anschluss daran bestimmt Art. 64 I die Ernennung der BMin.

2 Voraussetzungen für die Wählbarkeit eines BKanzler-Kandidaten finden sich im GG nicht. Im Wege eines Erst-recht-Schlusses (argumentum a fortiori) ist aber zu fordern, dass der BKanzler in den BT wählbar (aber nicht tatsächlich gewählt) sein muss. Damit finden Art. 38 II Hs. 2, III, § 15 BWahlG Anwendung (insb. Volljährigkeit, deutsche Staatsangehörigkeit [Art. 116 I]; s. Art. 38 Rn. 40, 42).

B. Erläuterungen

3 Die Wahl des BKanzlers erfolgt nach Art. 63 ausschließlich durch den BT und insb. nicht unmittelbar durch das Volk. Das Verfahren ist in § 4 GO BT näher bestimmt. Gewählt werden kann der BKanzler auf dreierlei Art: (1) nach Art. 63 I und II, (2) nach Art. 63 III und (3) nach Art. 63 IV.

I. Wahl auf Vorschlag des Bundespräsidenten (Abs. 1)

4 Den Regelfall für die Wahl des BKanzlers stellt Art. 63 I dar, nämlich auf Vorschlag des BPräs. Bei seinem Vorschlag unterliegt der BPräs keinerlei rechtlicher Bindung oder Weisung. In der Staatspraxis entscheidet er sich jedoch grds. für den Kandidaten der stärksten Fraktion (Art. 38 Rn. 8) oder den der Mehrheitsfraktionen, da letztlich nur dieser hinreichende Aussichten hat, tatsächlich gewählt zu werden.

5 Gewählt wird gem. Art. 63 I im BT ohne vorherige Aussprache, d.h. ohne Personaldebatte im Plenum (vgl. § 23 GO BT).

II. Stimmen der Mehrheit der Mitglieder des Bundestages: „Kanzlermehrheit" (Abs. 2 S. 1)

6 Gewählt ist gem. Art. 63 II 1, wer die Stimmen der Mehrheit der MdB (= absolute Mehrheit) auf sich vereinigt (s. Art. 42 Rn. 17). Nach Art. 121 ist dies die Mehrheit der gesetzlichen Mitgliederzahl des BT nach Maßgabe der §§ 1 und 6 V BWahlG (s. Art. 38 Rn. 47). Diese Mitgliedermehrheit stellt eine Ausnahme zur einfachen Abstimmungsmehrheit nach Art. 42 II 1 Hs. 1 dar (Art. 42 Rn. 12ff.). Dabei wird gemeinhin von „Kanzlermehrheit" gesprochen – auch bei Abstimmungen, bei denen es nicht um die Wahl des BKanzlers geht (etwa Art. 29 VII, Art. 67 I, Art. 68 I, Art. 77 IV, Art. 80a III, Art. 87 III 2, Art. 115 II 6 u.a.).

7 **Beispiel:** Nach dem Ergebnis der BT-Wahl hat der BT 614 Abgeordnete. An der Wahl des BKanzlers beteiligen sich 602 Abgeordnete. 305 Abgeordnete wählen den vorgeschlagenen Kandidaten K, 295 stimmen gegen ihn, zwei Abgeordnete enthalten sich der Stimme. Ist K damit wirksam zum BKanzler gewählt worden?

Lösung: K ist gem. Art. 63 II 1 wirksam zum BKanzler gewählt worden, wenn er die Stimmen der Mehrheit der Mitglieder des BT auf sich vereinigt. Fraglich ist, was unter „Mehrheit der Mitglieder des BT" i. S. v. Art. 63 II 1 Hs. 1 zu verstehen ist. Art. 63 II 1 spricht nicht – wie Art. 42 II 1 – von der Mehrheit der abgegebenen Stimmen, sondern von der Mehrheit der Mitglieder des BT. Hierfür enthält Art. 121 eine verfassungsunmittelbare Legaldefinition: Danach ist die Mehrheit der Mitglieder des BT im Sinne des GG die Mehrheit seiner gesetzlichen Mitgliederzahl. Diese gesetzliche Mitgliederzahl wird nicht im GG selbst festgelegt, sondern – wie es Art. 121 bereits vorgibt – durch Gesetz, d. h. in § 1 I 1 BWahlG. Danach besteht der BT – vorbehaltlich der sich aus dem BWahlG ergebenden Abweichungen (insb. sog. Überhang- und Ausgleichsmandate gem. § 6 IV 2 und V BWahlG) – aus 598 Abgeordneten. Vorliegend umfasst der BT 614 Abgeordnete; dies ist die gesetzliche Mitgliederzahl i. S. v. Art. 121. Die Mehrheit der Mitglieder des BT besteht daher aus 308 Abgeordneten. Hier wurde K jedoch nur von 305 Abgeordneten gewählt. Damit ist K nach Maßgabe von Art. 63 II 1 nicht wirksam zum BKanzler gewählt worden.

III. Wahl auf Initiative des Bundestages mit „Kanzlermehrheit" (Abs. 3)

Scheitert die Wahl des durch den BPräs vorgeschlagenen Kandidaten, so kann der BT gem. Art. 63 III binnen 14 Tagen aus eigener Initiative einen BKanzler wählen. Der BPräs hat sein Vorschlagsrecht verwirkt und die Benennung eines Kandidaten obliegt nur noch dem Parlament. Innerhalb der 14-Tages-Frist können beliebig viele Wahlgänge durchgeführt werden. Gewählt ist nach Art. 63 III, wer die „Kanzlermehrheit" (Rn. 6) auf sich vereinigt. **8**

IV. Wahl auf Initiative des Bundestages mit relativer Mehrheit (Abs. 4 S. 1)

Führt auch das Verfahren nach Art. 63 III zu keinem positiven Ergebnis, so erfolgt gem. Art. 63 IV 1 ein (und nur ein) neuer Wahlgang, und zwar unverzüglich, d. h. nach dem Rechtsgedanken des § 121 I 1 BGB ohne schuldhaftes Zögern bei der Terminierung durch den BTPräs Abweichend von den vorherigen Wahlgängen (Art. 63 I–III) ist gewählt, wer „die meisten Stimmen" erhält. Daraus folgt: Bei mehr als zwei Kandidaten ist hier nicht einmal die einfache (Abstimmungs-)Mehrheit erforderlich; es genügt, dass einer der Kandidaten mehr Stimmen erhält als seine Mitbewerber (*relative* Mehrheit, s. Art. 42 Rn. 20). Bei Stimmengleichheit findet eine Stichwahl statt. **9**

V. Kanzlerernennung – Auflösung des Bundestages (Abs. 2 S. 2 und Abs. 4)

Ein vom BT mit „Kanzlermehrheit" gewählter Kandidat muss vom BPräs ernannt werden (Art. 63 II 2, IV 2), und zwar unverzüglich (Rechtsgedanke aus § 121 I 1 BGB). Zum Amtseid des BKanzlers s. Art. 64 II. **10**

Vereinigt ein Kandidat dagegen im Fall des Art. 63 IV 1 nur eine relative Mehrheit auf sich (Rn. 9), hat der BPräs nach Art. 63 IV 3 ein Wahlrecht: **11**

- Entweder ernennt er den Gewählten trotz der Perspektive instabiler Mehrheitsverhältnisse und erschwerter Regierungsarbeit (sog. Minderheitskanzler)
- oder er löst den BT auf. Die Konsequenz dessen ergibt sich aus Art. 39 I 4 und ebnet somit den Weg für dessen Neuwahl.

Zur Ausübung dieses Wahlrechts räumt Art. 63 IV 3 dem BPräs eine Bedenkzeit von sieben Tagen ein.

Ein Erst-recht-Schluss aus Art. 63 IV 3 ergibt, dass der BPräs den BT aufzulösen hat, wenn die Wahl eines Kandidaten überhaupt nicht zustande kommt. **12**

C. Prüfungshinweise

Prüfungen, die die Wahl des BKanzlers zum Gegenstand haben, sind durchaus denkbar. Wichtig ist dabei, die einzelnen Stufen der Kanzlerwahl sauber auseinander- **13** zuhalten und dabei die Reihenfolge zu beachten. Der Aufbau von Art. 63 macht das vergleichsweise einfach.

Wahl des BKanzlers durch den BT		
1. Stufe	Wahl auf Vorschlag des BPräs mit „Kanzlermehrheit"	Art. 63 I, II
2. Stufe	Wahl auf Initiative des BT mit „Kanzlermehrheit"	Art. 63 III
3. Stufe	Wahl auf Initiative des BT mit relativer Mehrheit	Art. 63 IV

14 Die Frage der Wahl des BKanzlers gehört zur formellen Verfassungsmäßigkeit. Einkleiden lässt sie sich z.B. in den Fall, dass der BPräs die Ernennung des BKanzlers verweigert, da dieser nicht die erforderliche Mehrheit erreicht hat, und deswegen vom BT (oder seiner Mehrheit im Wege der Prozessstandschaft) gegen den BPräs ein Organstreitverfahren vor dem BVerfG eingeleitet wird (Art. 93 I Nr. 1).

D. Weiterführende Literatur/Leseempfehlungen

15 Austermann, Ph., Die Wahl des Bundeskanzlers gemäß Art. 63 GG, DÖV 2013, 865–874; Burkiczak, Ch., Kanzlerwahl, Misstrauensvotum und Vertrauensfrage – Das Amt des Bundeskanzlers nach dem Grundgesetz und in der Staatspraxis, Jura 2002, 465–468; Gröpl, Ch., Staatsrecht I, 7. Aufl. 2015, Rn. 1375 ff.; Ipsen, J., Regierungsbildung im Mehrparteiensystem, JZ 2006, 217–222; Lohse, E.J., „Die Hüter der Verfassung", JA 2014, 519–524; Oberrath, J.-D., Verfassungsrechtliche Fragestellungen in Anfängerklausuren, JA 2003, 484–488; Starck, Ch., Zur Verfassungsmäßigkeit der Bundestagsauflösung im Jahr 2005, JZ 2005, 1053–1056; v. Lewinski, K., Ein Kanzler will Neuwahlen, JA 2006, 439–444.

Art. 64 [Ernennung und Entlassung der Bundesminister, Amtseid]

(1) **Die Bundesminister werden auf Vorschlag des Bundeskanzlers vom Bundespräsidenten ernannt und entlassen.**

(2) **Der Bundeskanzler und die Bundesminister leisten bei der Amtsübernahme vor dem Bundestage den in Artikel 56 vorgesehenen Eid.**

Pflichtstoff (**)

A. Überblick

1 Art. 64 I befasst sich mit der Amtseinsetzung und -beendigung der BMin (zu anderen Fällen der Beendigung s. Art. 69 II). Demgegenüber regelt Art. 64 II die Eidespflicht von BKanzler und BMin.

B. Erläuterungen

I. Ernennung und Entlassung der Bundesminister (Abs. 1)

2 Zur Ernennung und Entlassung eines BMin bedarf es (1) eines Vorschlags des BKanzlers, (2) des förmlichen Ernennungsaktes durch den BPräs (in Form der Aushändigung der Ernennungsurkunde, § 2 BMinG). Für die Ernennung kommt als un-

geschriebene, dritte Voraussetzung das Einverständnis des Kandidaten hinzu; die Entlassung eines BMin setzt dessen Einverständnis hingegen nicht voraus. Zur Eidesleistung s. Rn. 9.

Die Ernennung der BMin kann erst nach der vorgelagerten Ernennung des BKanzlers erfolgen, da dazu ein Vorschlag des bereits im Amt befindlichen BKanzlers erforderlich ist. 3

1. Keine Wahl durch den Bundestag – demokratische Legitimation

Anders als der BKanzler (Art. 63) werden die BMin nicht durch den BT gewählt und auch nicht durch den BT „abgewählt" (vgl. Art. 67); sie sind daher nicht von dessen Vertrauen abhängig, sondern nur von dem des BKanzlers (s. Art. 64 I: „auf Vorschlag des Bundeskanzlers"). Die demokratische Legitimation der BMin und damit der gesamten BReg (Art. 62) ist allerdings dadurch gewährleistet, dass der BKanzler vom BT gewählt wird und abgewählt werden kann (Art. 63, 67). 4

2. Auf Vorschlag des Bundeskanzlers

Trotz der zurückhaltenden Formulierung „auf Vorschlag" sichert Art. 64 I das Personalbestimmungsrecht des BKanzlers verfassungsrechtlich ab (zu unterscheiden davon sind politische Fragen von Koalitionen u. a.). Dem BKanzler steht dabei ein freies Auswahlermessen zu. Art. 64 I setzt damit die organisatorische Regierungsbildungskompetenz des BKanzlers voraus (Einrichtung, Zuweisung und Abgrenzung der Geschäftsbereiche = Ressorts). Zu weiteren Kompetenzen des BKanzlers s. Art. 65 Rn. 2, 9. 5

3. Durch den Bundespräsidenten

Die Ernennung durch den BPräs (Rn. 2) bedarf gem. Art. 58 S. 1 der Gegenzeichnung durch den BKanzler. 6

Der Wortlaut von Art. 64 I („werden ... ernannt") lässt offen, ob und inwieweit dem BPräs bei der Ernennung von BMin ein Prüfungsrecht und ggf. ein Recht zur Verweigerung der Ernennung zukommt (Entsprechendes gilt für die Entlassung). Zweifelhaft ist damit, ob Art. 64 I lediglich die Organkompetenz des BPräs zur Ernennung festlegt oder eine Pflicht zur Ernennung begründet. 7

Die Frage kann mit der Bindung des BPräs an Gesetz und Recht (Art. 20 III) in Abgrenzung zum Personalbestimmungsrecht des BKanzlers (Rn. 5) und dessen politischer Verantwortung gelöst werden. Demgemäß differenziert die h. M. (etwa Herzog, in: MD, Rn. 12 ff.): 8

- Wegen seiner Gesetzes- und Rechtsbindung kommt dem BPräs ein Recht zur formalen Prüfung zu, ob die rechtlichen Voraussetzungen für die Ernennung erfüllt sind (Amtsfähigkeit, § 45 StGB; Inkompatibilitäten, Art. 66, §§ 4, 5 BMinG). Denn als Staatsoberhaupt darf der BPräs nicht dazu veranlasst werden, bei jedenfalls offensichtlich verfassungs- oder sonst rechtswidrigen Handlungen mitzuwirken.
- Demgegenüber liegt das Personalbestimmungsrecht beim BKanzler; allein er trägt die politische Verantwortung für die BMin und hat für deren Fehler einzustehen. Diese Kompetenz des BKanzlers würde durch ein materielles oder gar politisches Prüfungsrecht des BPräs (etwa auf die Eignung und Befähigung) beeinträchtigt. Daher muss der BPräs auch solche Kandidaten ernennen, die er für politisch ungeeignet hält.

II. Eidespflicht (Abs. 2)

Art. 64 II verpflichtet BKanzler und BMin zur Leistung des Eides nach Art. 56 vor dem Plenum des BT. Ernennungsvoraussetzung ist die Erfüllung dieser Pflicht indes 9 nicht. Wird der Eid verweigert, kommt ein Organstreitverfahren nach Art. 93 I Nr. 1 in Betracht.

C. Weiterführende Literatur/Leseempfehlungen

10 Gröpl, Ch., Staatsrecht I, 7. Aufl. 2015, Rn. 1384ff.; Hänsle, W., Amtseid à la Obama – Verfassungsrechtliche Grundfragen und Probleme des Amtseids nach dem Grundgesetz, Jura 2009, 670–676; Oberrath, J.-D., Verfassungsrechtliche Fragestellungen in Anfängerklausuren, JA 2003, 484–488; Roth, Ch. T., Bundeskanzlerermessen im Verfassungsstaat, Berlin 2008; Schenke, W.-R., Die Bildung der Bundesregierung, Jura 1982, 57–66; Windirsch, A., Der praktische Fall – Öffentliches Recht – Äußerungen eines Botschafters, JuS 1995, 527–531.

Art. 65 [Kompetenzen, Verantwortung]

[1]Der Bundeskanzler bestimmt die Richtlinien der Politik und trägt dafür die Verantwortung. [2]Innerhalb dieser Richtlinien leitet jeder Bundesminister seinen Geschäftsbereich selbständig und unter eigener Verantwortung. [3]Über Meinungsverschiedenheiten zwischen den Bundesministern entscheidet die Bundesregierung. [4]Der Bundeskanzler leitet ihre Geschäfte nach einer von der Bundesregierung beschlossenen und vom Bundespräsidenten genehmigten Geschäftsordnung.

Pflichtstoff (****)

A. Überblick

1 Art. 65 regelt die organ*interne* Verteilung der Kompetenzen innerhalb der BReg (Art. 62). Zu differenzieren ist zwischen den Kompetenzen (1) des BKanzlers, (2) der BMin und (3) der BReg als Kollegialorgan. Wirkung nach außen (gegenüber anderen Staatsorganen oder gar gegenüber dem Bürger) nach Art einer Zuständigkeitsvorschrift hat die Bestimmung nicht.

B. Erläuterungen

I. Kanzlerprinzip: Richtlinienkompetenz und -verantwortung (Satz 1)

2 Gem. Art. 65 S. 1 kommt dem BKanzler die Richtlinienkompetenz zu, d.h. die herausgehobene politische Bestimmungsmacht (Kanzlerprinzip). Die „Richtlinien der Politik" sind ein unbestimmter Verfassungsbegriff, dessen Reichweite verschieden ausgelegt werden kann. Jedenfalls zählt dazu die Befugnis, die allgemeinen und grundlegenden politischen Entscheidungen zu treffen. Dazu gehört auch die Feststellung und Inhaltsbestimmung der Geschäftsbereiche (vgl. § 9 S. 1 GO BReg, Art. 64 Rn. 5). Zur Geschäftsleitungskompetenz des BKanzlers s. Rn. 9.

3 Notwendiges Pendant dazu ist die entsprechende politische Verantwortung, die verfassungsrechtlich außer in Art. 65 S. 1 selbst insb. in den Art. 67 und 68 ihren Ausdruck findet.

II. Ressortprinzip (Satz 2)

1. Selbständige Leitung unter eigener Verantwortung

4 Nach Art. 65 S. 2 leitet jeder BMin seinen Geschäftsbereich selbständig. Nach dem darin zum Ausdruck kommenden Ressortprinzip dirigiert der jeweilige BMin das ihm

unterstehende Bundesministerium und alle diesem nachgeordneten Bundesbehörden autonom:

- Ausfluss dieser Leitungsbefugnis ist die Organisationsgewalt für den Geschäftsbereich (insb. in Personal- und internen Finanzfragen), begrenzt durch die Kompetenzen der BReg nach Art. 65 S. 3, 4, Art. 86 und des Bundesgesetzgebers nach Art. 87 III.
- Zur Leitungsbefugnis gehören auch die politischen Entscheidungen innerhalb des Geschäftsbereichs, die jeder BMin selbständig trifft und bei denen er grds. keinen Weisungen durch den BKanzler unterliegt (Ausn. Rn. 6f.).

Soweit die Ressortkompetenzen reichen, trägt jeder BMin für seine Entscheidungen 5
und sonstige Amtsführung die Verantwortung – allerdings nur gegenüber dem BKanzler, da nur er die BMin zur Ernennung und Entlassung vorschlagen kann (Art. 64 I). Die BMin sind daher dem BT gegenüber nicht verantwortlich (s. Art. 67).

2. Innerhalb der Richtlinien des Bundeskanzlers

Ihre Grenze findet die Befugnis zur selbständigen Leitung (Autonomie) der BMin in 6
der Richtlinienkompetenz des BKanzlers, was sich aus der einleitenden Bestimmung des Art. 65 S. 2 unmittelbar ergibt. Danach hat jeder BMin die *allgemeinen* politischen Vorgaben des BKanzlers zu beachten. Aber auch *Einzel*entscheidungen, die das Ressort eines BMin betreffen, kann der BKanzler an sich ziehen, wenn sie von herausgehobener politischer Bedeutung sind.

Beispiel: BKanzler K ist bzgl. der Fortführung eines einzelnen Entwicklungshilfeprojekts in Südaf- 7
rika anderer Auffassung als M, der zuständige BMin für wirtschaftliche Zusammenarbeit und Entwicklung (BMZ). K „bittet" den M, die Angelegenheit in seinem (K's) Sinne zu entscheiden. Als M dem nicht nachkommt, weist K den zuständigen Referatsleiter im Ministerium des M an, in der Sache entsprechend den Vorstellungen des K zu verfahren. Ist die Vorgehensweise des K verfassungsgsgemäß?

Lösung: Die Vorgehensweise des K ist verfassungsgemäß, wenn sie von der organinternen Kompetenz des BKanzlers gedeckt ist. In Betracht kommt die Richtlinienkompetenz nach Art. 65 S. 1. Unter „Richtlinien der Politik" werden die allgemeinen, grundlegenden politischen Leitentscheidungen verstanden, die Voraussetzung für eine einheitliche Staatsführung sind. Diese Kompetenz des BKanzler endet an den Ressortkompetenzen der BMin gem. Art. 65 S. 2, die die politischen Rahmenvorgaben des BKanzlers selbständig auszufüllen haben. Gleichwohl kann dem BKanzler in wichtigen politischen Angelegenheiten oder in Krisensituationen ein Einzelfallweisungsrecht gegenüber seinen BMin nicht von vornhinein versagt werden. Dies ergibt sich daraus, dass der BKanzler die Verantwortung für die Regierungspolitik trägt (Art. 65 S. 1) und dass er gegenüber dem BT die politische Verantwortung allein trägt (vgl. auch Art. 67). Ausgeschlossen dürfte es jedoch in jedem Falle sein, dass der BKanzler unmittelbar in die Weisungshierarchie des Fachministeriums eingreift.

Im vorliegenden Fall handelt es sich um ein einzelnes Entwicklungshilfeprojekt, das keine besondere politische oder wirtschaftliche Relevanz aufweist. Daher liegt keine Situation einer politisch bedeutenden Frage vor. Mithin scheidet eine Einzelfallentscheidungskompetenz des BKanzlers aus. Darüber hinaus greift der BKanzler durch die unmittelbare Weisung an den Referatsleiter im BMZ in den organisatorischen Kernbereich der Ressortkompetenz des M aus Art. 65 S. 2 ein. Daher ist die Weisung des BKanzlers aus zweifachem Grund nicht mehr von seiner Richtlinienkompetenz aus Art. 65 S. 1 gedeckt und somit verfassungswidrig. – Ein verfassungsrechtlich unbedenklicher Ausweg steht dem BKanzler hingegen insofern zu, als er nach Art. 64 I die Entlassung des M erwirken kann.

III. Kabinettsprinzip (Satz 3 und 4)

1. Meinungsverschiedenheiten zwischen Bundesministern

Nach Art. 65 S. 3 entscheidet die BReg als Kollegialorgan (Art. 62 Rn. 3) über 8
Meinungsverschiedenheiten zwischen BMin § 9 S. 2 GO BReg verlangt dafür einen Kabinettsbeschluss (vgl. auch § 17 GO BReg). Im Umkehrschluss daraus ergibt sich,

dass sich bei Meinungsverschiedenheiten zwischen einem BMin und dem BKanzler der BKanzler durchsetzt, ohne dass es eines Kabinettsbeschlusses bedarf.

2. Geschäftsleitungskompetenz; Geschäfte der Bundesregierung; Geschäftsordnung

9 Art. 65 S. 4 bestimmt zunächst, dass der BKanzler für die Leitung der Geschäfte der BReg zuständig ist (vgl. § 6 GO BReg). Das heißt insb., dass der BKanzler der BReg als Kabinett vorsitzt, diese Kabinettssitzungen einberuft, eröffnet, leitet und beendet, die Tagesordnung festlegt usw. (vgl. § 22 I GO BReg). Daneben umfasst die Geschäftsleitungskompetenz aber auch die Erledigung der Angelegenheiten, die sich auf das gesamte Verfassungsorgan BReg beziehen und außerhalb der Kabinettssitzungen anfallen.

10 Hierbei verfährt der Bundeskanzler gem. Art. 65 S. 4 nach einer Geschäftsordnung, die von der BReg beschlossen wird (GO BReg). Hierbei besitzt die BReg Geschäftsordnungsautonomie. Zwar bedarf die Geschäftsordnung der Genehmigung des BPräs; dieser ist dabei aber auf eine Rechtskontrolle beschränkt.

3. Bundesregierung als Kollegium

11 Aus Art. 65 S. 3 und 4 ergibt sich das umfassendere Kabinettsprinzip. Die BReg besteht nicht nur aus dem BKanzler und den BMin als voneinander getrennten Teilorganen (Art. 62 Rn. 4). Vielmehr handelt die BReg in vielen Bereichen als Kollegium (etwa gem. Art. 23 II ff., Art. 32 III, Art. 35 III, Art. 37, Art. 76, 77, 80, 84 ff. u. a. m.). Aus der Gesamtheit dieser Kompetenzen der BReg folgt ihre Aufgabe zur Staatsleitung (vgl. BVerfGE 105, 252 [268, 270 f.]; 105, 279 [301]; BVerfG, NVwZ 2015, 209 [211 f. Rn. 39]). Daraus wiederum hat das BVerfG geschlossen, dass der BReg die Befugnis zur Information der Öffentlichkeit zukommt (BVerfGE 105, 252 [268 ff.]; 105, 279 [301 ff.]; BVerfG, NVwZ 2015, 209 [212 Rn. 40]). Die Aufgabe zur Staatsleitung und der Grundsatz der Gewaltenteilung gewähren der BReg darüber hinaus einen Kernbereich exekutiver Eigenverantwortung insb. gegenüber anderen Bundesorganen: So sind namentlich Auskunftsansprüche des BT i. d. R. ausgeschlossen, solange der Willensbildungsprozess der BReg noch nicht abgeschlossen ist (vgl. Art. 38 Rn. 37; zu Art. 23 II 2: BVerfGE 131, 152 [206]).

12 Für die erforderliche Willensbildung der BReg sind eine Beratung und ein Beschluss erforderlich, für den das Mehrheitsprinzip gilt (§§ 15 ff., 24 GO BReg). Dies erfolgt grds. in gemeinschaftlichen Sitzungen (§ 20 I GO BReg – Bundesregierung als Kabinett), ausnahmsweise im Umlaufverfahren (§ 20 II GO BReg, hierzu BVerfGE 91, 148 [169 ff.]). Zur Vorbereitung ihrer Beschlüsse kann die BReg Kabinettsausschüsse bilden (Bsp.: Bundessicherheitsrat, hierzu Glawe, DVBl. 2012, 329 ff.).

C. Prüfungshinweise

13 Für das Hintergrundverständnis von Art. 65 ist die Kenntnis staatsorganisatorischer Begriffe erforderlich, die in Klausuren zu Art. 65 abgeprüft werden:

– Die Verbandskompetenz grenzt die Aufgaben und Zuständigkeiten eines Rechtsträgers (Bund, Land usw.) gegenüber anderen Rechtsträgern ab.
– Die Organkompetenz regelt die Zuständigkeiten eines Organs innerhalb eines Rechtsträgers (Abgrenzung der Aufgaben und Befugnisse etwa von BT, BR, BPräs und BReg).
– Art. 65 sagt weder etwas über die Verbandskompetenz des Bundes noch etwas über die Organkompetenz der BReg (nach außen). Die Vorschrift regelt stattdessen die organinternen Kompetenzen innerhalb der BReg sowie die Voraussetzungen für

ihre Meinungsbildung. Es ist daher auch ein Fehler, von der organinternen Richtlinienkompetenz des BKanzlers auf dessen Befugnisse gegenüber anderen Bundesorganen, gegenüber den Ländern oder dem Bürger zu schließen (anders BVerfGE 105, 252 [269f.]; 105, 279 [301ff.], allerdings nur punktuell bzgl. der Informationskompetenz der BReg).

– Nichts mit dem von Art. 65 geregelten Innenverhältnis hat auch das Recht von Mitgliedern der BReg zu politischen Meinungsäußerungen zu tun. Dabei unterliegen Mitglieder der BReg, sofern sie sich als Amtsträger äußern, dem Neutralitätsgebot, das aus dem Recht der politischen Parteien auf Chancengleichheit gem. Art. 21 I 1 folgt (Art. 21 Rn. 28ff.) und in Wahlkampfzeiten durch Art. 38 I 1 ergänzt wird (Art. 38 Rn. 20). Insoweit sind die für den BPräs geltenden Neutralitätsregeln nicht auf Mitglieder der BReg übertragbar, denn der BPräs steht bei seinen überwiegend integrativ-repräsentativen Aufgaben nicht im politischen Wettbewerb (BVerfG, NVwZ 2015, 209 [210f. Rn. 26, Rn. 36f.]; Art. 54 Rn. 2ff.). Verstärkt wird das Neutralitätsgebot durch die Kompetenz der BReg zur Informations- und Öffentlichkeitsarbeit (Rn. 11), die die öffentliche Meinungsbildung in hohem Maße beeinflusst und den fairen politischen Wettbewerb beeinträchtigen kann (BVerfG, NVwZ 2015, 209 [211f. Rn. 38ff., 43ff.]).

D. Weiterführende Literatur/Leseempfehlungen

Beaucamp, G., Konflikte in der Bundesregierung, JA 2001, 478–481; Bethge, H., Zur verfassungsrechtlichen Legitimation informalen Staatshandelns, Jura 2003, 327–333; Burkiczak, Ch., Kanzlerwahl, Misstrauensvotum und Vertrauensfrage – Das Amt des Bundeskanzlers nach dem Grundgesetz und in der Staatspraxis, Jura 2002, 465–468; Glawe, R., Der Bundessicherheitsrat als sicherheits- und rüstungspolitisches Koordinationsinstrument, DVBl. 2012, 329–335; Gröpl, Ch., Staatsrecht I, 7. Aufl. 2015, Rn. 1414f., 1419ff.; Koch, U., Das Ressortprinzip, Hannover 2005; Maier, H./Gebele, B., Shared Service Center und das Ressortprinzip des Art. 65 S. 2 GG, DVP 2007, 270–278; Scheidler, A., Die obersten Bundesorgane in der Bundesrepublik Deutschland, UBWV 2011, 141–145; Schenke, W.-R., Die Aufgabenverteilung innerhalb der Bundesregierung, Jura 1982, 337–348; Schmidt, Th. I., Die Entscheidung trotz Stimmengleichheit, JZ 2003, 133–138; Windirsch, A., Der praktische Fall – Öffentliches Recht – Äußerungen eines Botschafters, JuS 1995, 527–531. 14

Art. 65a [Befehls- und Kommandogewalt über die Streitkräfte]

Der Bundesminister für Verteidigung hat die Befehls- und Kommandogewalt über die Streitkräfte.

Pflichtstoff (*)

A. Erläuterungen

Art. 65a ist Bestandteil der Wehrverfassung (s. auch Art. 53a, 115aff.), welche die Verantwortung der Streitkräfte gegenüber dem Parlament und damit der demokratischen Legitimation sicherstellt: Die Bundeswehr ist nicht Machtmittel der Exekutive oder gar ein „Staat im Staat", sondern unterliegt dem maßgeblichen Einfluss des BT insb. bzgl. Aufbau und Verwendung („Parlamentsheer"). 1

Durch die ausdrückliche Erwähnung des BMin für Verteidigung in Art. 65a ist dieses Ministeramt neben dem BMin der Justiz (Art. 96 II 4) und dem BMin der Finanzen (Art. 108 III 2, Art. 112 S. 1, Art. 114 I) institutionell durch das GG garantiert. 2

3 In Friedenszeiten überträgt Art. 65a die Befehls- und Kommandogewalt über die Streitkräfte dem BMin „für" Verteidigung (die übliche Bezeichnung lautet allerdings BMin *der* Verteidigung). Im Verteidigungsfall (Art. 115a I 1) geht die Befehls- und Kommandogewalt gem. Art. 115b auf den BKanzler über.

4 Die Begriffsverdoppelung Befehls- und Kommandogewalt hat historische Gründe: Neben der ministeriellen Befehlsgewalt liegt auch die höchste militärische Kommandogewalt in den Händen des BMin für Verteidigung (anders als zu Zeiten der Weimarer Republik).

5 Unter den Begriff der Streitkräfte fällt der militärische Teil der Bundeswehr (vgl. Art. 87a). Art. 65a erstreckt sich demnach nicht auf die Bundeswehrverwaltung (Art. 87b), für die die allg. Grds. gelten (Art. 65 Rn. 4 ff.). In der Sache bestehen jedoch zwischen Befehls- und Kommandogewalt einerseits und herkömmlicher Ressortleitungskompetenz andererseits keine strukturellen Unterschiede.

B. Weiterführende Literatur/Leseempfehlungen

6 Gramm, Ch., Die rechtliche Integration der Streitkräfte in den Staat des Grundgesetzes, NZWehrr 2011, 89–102; Lorse, J., Die Befehls- und Kommandogewalt des Art. 65a GG im Lichte terroristischer Herausforderungen, DÖV 2004, 329–334; Odendahl, G., Der praktische Fall – Öffentliches Recht – Die Bundeswehr auf Reisen, JuS 1998, 145–148; Raap, Ch., Die Kontrolle der Streitkräfte durch das Parlament, JuS 1996, 980–983; Schmidt-Radefeldt, R., Übungsklausur Öffentliches Recht – Einsatz und Rückruf von Streitkräften aus dem Ausland, Jura 2003, 201–204.

Art. 66 [Inkompatibilitäten]

Der Bundeskanzler und die Bundesminister dürfen kein anderes besoldetes Amt, kein Gewerbe und keinen Beruf ausüben und weder der Leitung noch ohne Zustimmung des Bundestages dem Aufsichtsrate eines auf Erwerb gerichteten Unternehmens angehören.

Pflichtstoff (*)

A. Erläuterungen

1 Art. 66 ist eine von mehreren Verfassungsvorschriften, die die Unvereinbarkeit eines Amtes mit einem anderen Amt oder Beruf begründen (Inkompatibilitäten, vgl. Art. 55, 94 I 3, Art. 137; vgl. auch Art. 20 Rn. 216 ff.; weitere Verbote finden sich in Fachgesetzen, z. B. in § 4 DRiG).

2 Solche Inkompatibilitätsregelungen dienen dazu, den Widerstreit von Pflichten und Interessen zu vermeiden. Gesichert werden sollen damit die Unparteilichkeit und Unbestechlichkeit der Träger eines öffentlichen Amtes (Amtswalter). Das ist unabdingbar für Rechtsstaatlichkeit und – aus dem republikanischen Prinzip folgend – Gemeinwohlorientierung.

3 Art. 66 bezieht sich auf den BKanzler und die BMin, d. h. auf die Mitglieder der BReg (Art. 62).

4 Verboten wird durch Art. 66
- die Ausübung eines besoldeten Amtes (als Beamter, Richter, Soldat, aber auch als MP und LMin), nicht aber die Ausübung eines Ehrenamtes (da unbesoldet, vgl. § 2 I Nr. 9 SGB VII);
- die Ausübung eines Gewerbes (insb. als Unternehmer) oder Berufs (freier Beruf und Arbeitnehmer);

– die Zugehörigkeit zur Leitung (Vorstand, Geschäftsführung) eines auf Erwerb gerichteten Unternehmens (AG, GmbH, GbR, oHG, KG, SE, EWIV u. a. m.).

Mit (i. d. R. vorheriger) Zustimmung (Einwilligung, vgl. § 183 S. 1 BGB) des BT (Art. 42 II) dürfen der BKanzler und die BMin dem Aufsichtsrat (also dem Kontrollorgan) eines erwerbswirtschaftlichen Unternehmens angehören (s. §§ 95 ff. AktG, § 52 GmbHG, § 1 DrittelbG). Dies hat den Zweck, Regierungsmitglieder in Aufsichtsräte von Unternehmen zu entsenden, an denen der Bund maßgeblich oder sogar mehrheitlich beteiligt ist (s. §§ 65 ff. BHO, Epping, in: MKS, Rn. 31 ff.). 5

Nicht ausgeschlossen wird durch Art. 66 die – in der Praxis den Regelfall darstellende – Zugehörigkeit des BKanzlers und der BMin zum BT als dessen Abgeordnete (Art. 38 I 2). 6

Wird gegen Art. 66 verstoßen, so hat dies die Unwirksamkeit aller Rechtshandlungen in den unvereinbaren (inkompatiblen) Ämtern zur Folge (str., s. Herzog, in: MD, Rn. 12 ff.), nicht ohne weiteres aber den Amtsverlust (Pieroth, in: JP, Rn. 2 m. w. N.). Hierzu und allg. lesenswert Epping, DÖV 1999, 529 ff. 7

B. Weiterführende Literatur/Leseempfehlungen

Bamberger, M., Nachamtliche Tätigkeitsbeschränkungen für politische Amtsträger, Berlin 2014; Epping, V., Die Trennung von Amt und Mandat, DÖV 1999, 529–540; Gramm, Ch., Die rechtliche Integration der Streitkräfte in den Staat des Grundgesetzes, NZWehrr 2011, 89–102; Morlok, M./Krüper, J., Ministertätigkeit im Spannungsfeld von Privatinteresse und Gemeinwohl: Ein Beitrag zur Auslegung des Art. 66 GG, NVwZ 2003, 573–576. 8

Art. 67 [Misstrauensvotum]

(1) [1]**Der Bundestag kann dem Bundeskanzler das Mißtrauen nur dadurch aussprechen, daß er mit der Mehrheit seiner Mitglieder einen Nachfolger wählt und den Bundespräsidenten ersucht, den Bundeskanzler zu entlassen.** [2]**Der Bundespräsident muß dem Ersuchen entsprechen und den Gewählten ernennen.**

(2) **Zwischen dem Antrage und der Wahl müssen achtundvierzig Stunden liegen.**

Pflichtstoff (****)

A. Überblick

Art. 67 ermöglicht den Sturz der BReg durch den BT während der laufenden Wahlperiode. Im Gegensatz zu Art. 54 WRV ist dies allerdings nur über die Abwahl des BKanzlers und nur dann zulässig, wenn sich der BT zugleich auf die Wahl eines neuen BKanzlers verständigt (daher die Bezeichnung konstruktives Misstrauensvotum). 1

B. Erläuterungen

I. Ausspruch des Misstrauens und Neuwahl (Abs. 1 S. 1)

1. Der Bundestag kann ...

Nach der Konzeption des GG hat das Volk (Art. 20 II) verfassungsrechtlich keinen unmittelbaren Einfluss auf die BReg. Vom Volk gewählt werden stattdessen nach Art. 38 die MdB. Demgemäß ist während einer Wahlperiode nur der BT in der Lage, die Arbeit der BReg zu beenden. 2

2. ... dem Bundeskanzler ...

3 Nach Art. 67 kann der BT nur dem BKanzler das Misstrauen aussprechen, nicht aber einem oder mehreren/allen BMin. Deren Ämter enden aber nach Art. 69 II Hs. 2 ohne weiteres mit einem erfolgreichen Misstrauensvotum gegen den BKanzler.

3. ... das Misstrauen aussprechen ...

4 Mit dem Misstrauensausspruch erklärt der BT, dass die Tätigkeit des BKanzlers nicht mehr die politische Unterstützung der BT-Mehrheit genießt. Die Regelung des Art. 67 ist die schärfste Waffe des Parlaments gegen die BReg. An ihr zeigt sich deutlich die politische wie verfassungsrechtliche Abhängigkeit der Exekutivspitze vom BT; sie ist Ausfluss des parlamentarisch-demokratischen Regierungssystems.

4. ... indem er einen Nachfolger wählt (konstruktives Misstrauensvotum) ...

5 Nach Art. 67 I 1 ist ein Misstrauensausspruch nur dadurch möglich, dass der BT einen neuen BKanzler wählt (konstruktives Misstrauensvotum, vgl. Rn. 7). Die Wahl des Nachfolgers umfasst damit den Misstrauensausspruch gegen den bisherigen BKanzler. Auf diese Weise wird ein destruktives Misstrauensvotum verhindert, vermöge dessen parlamentarische Gruppierungen – geeint allein in ihrer Ablehnung der gegenwärtigen BReg gegenüber – ein Machtvakuum erzeugen könnten.

5. ... mit der Mehrheit seiner Mitglieder

6 Für den Misstrauensausspruch in der Form der Wahl eines Nachfolgers ist die Mehrheit der MdB erforderlich. Nach Art. 121 ist dies die Mehrheit der gesetzlichen Mitgliederzahl des BT („Kanzlermehrheit“, s. Art. 63 Rn. 6).

II. Entlassung und Ernennung (Abs. 1 S. 2)

7 Rechtsfolge eines erfolgreichen Misstrauensvotums ist, dass

- der bisherige BKanzler sein Amt verliert: Nach Art. 67 I 2 muss der BPräs auf entsprechendes Ersuchen des BT (Art. 67 I 1 a. E.) den abgewählten BKanzler entlassen,
- die bisherigen BMin ihre Ämter verlieren und vom BPräs zu entlassen sind (Art. 69 II Hs. 2),
- der BPräs anschließend den gewählten Nachfolger zum neuen BKanzler zu ernennen hat (Art. 67 I 2). Zum Amtseid s. Art. 64 II.

8 Der BPräs muss unverzüglich (Rechtsgedanke des § 121 I 2 BGB) handeln. Er darf die Entlassung und Ernennung nur verweigern, wenn das Misstrauensvotum verfassungswidrig zustande gekommen ist, also wenn dabei Art. 67 verletzt wurde.

9 Der nach Art. 67 I 2 an die Macht gekommene BKanzler ist im Vergleich zu dem nach Art. 63 gewählten nicht von schwächerer Rechtsstellung, sondern besitzt vielmehr „volle demokratische Legitimität“ (BVerfGE 62, 1 [43]).

III. Antrag und Wahl – Zeitabstand (Abs. 2)

10 Ein Misstrauensausspruch nach Art. 67 I 1 bedarf eines Antrags, wie sich aus Art. 67 II ergibt. Dieser Misstrauensantrag ist gem. § 97 I 2 GO BT von einem Viertel der MdB (Art. 121) oder einer Fraktion, die mindestens ein Viertel der MdB umfasst, zu unterzeichnen und in einer Weise zu stellen, dass dem BT ein namentlich benannter Kandidat als Nachfolger vorgeschlagen wird. Es findet also nur eine Abstimmung statt (Misstrauensausspruch durch die Wahl eines Nachfolgers).

Art. 67 II fordert als Bedenkzeit einen Zeitabstand von 48 Stunden zwischen dem Misstrauensantrag einerseits sowie dem Misstrauensausspruch und der Wahl des Nachfolgers andererseits (zur Fristberechnung s. § 123 GO BT). **11**

C. Prüfungshinweise

Auf prozessualer Ebene lassen sich materielle Probleme zu Art. 67 mit dem Organstreitverfahren nach Art. 93 I Nr. 1 i. V. m. § 13 Nr. 5, §§ 63 ff. BVerfGG kombinieren. **12**

D. Weiterführende Literatur/Leseempfehlungen

Burkiczak, Ch., Kanzlerwahl, Misstrauensvotum und Vertrauensfrage – Das Amt des Bundeskanzlers nach dem Grundgesetz und in der Staatspraxis, Jura 2002, 465–468; Gröpl, Ch., Staatsrecht I, 7. Aufl. 2015, Rn. 1393 ff.; Krämer, U., Konstruktives Misstrauensvotum und Vertrauensfrage als Auswege aus parlamentarischen Krisen, UBWV 2007, 394–400. **13**

Art. 68 [Vertrauensfrage]

(1) [1]**Findet ein Antrag des Bundeskanzlers, ihm das Vertrauen auszusprechen, nicht die Zustimmung der Mehrheit der Mitglieder des Bundestages, so kann der Bundespräsident auf Vorschlag des Bundeskanzlers binnen einundzwanzig Tagen den Bundestag auflösen.** [2]**Das Recht zur Auflösung erlischt, sobald der Bundestag mit der Mehrheit seiner Mitglieder einen anderen Bundeskanzler wählt.**

(2) **Zwischen dem Antrage und der Abstimmung müssen achtundvierzig Stunden liegen.**

Pflichtstoff (****)

A. Überblick

Die Vertrauensfrage ist ein Mittel, mit dem der BKanzler versuchen kann, seine politische Autorität gerade in den Reihen der eigenen Regierungskoalition zu stärken (echte Vertrauensfrage, Rn. 2 ff.). Daneben hat sich Art. 68 zu einem Instrument entwickelt, mit dem der BT vorzeitig aufgelöst und eine Neuwahl erreicht werden kann (unechte Vertrauensfrage, Rn. 6 f.). **1**

B. Erläuterungen

I. Vertrauensfrage im Bundestag (Abs. 1 S. 1)

1. Antrag des Bundeskanzlers, ihm das Vertrauen auszusprechen

Anders als beim konstruktiven Misstrauensvotum (Art. 67) muss die Initiative zur Vertrauensfrage vom BKanzler ausgehen. Er kann den Vertrauensantrag mit der Abstimmung über ein bestimmtes Gesetzesvorhaben verbinden (Art. 77 I 1) und so die Entscheidung über das (umstr.) Gesetz zugleich zur Entscheidung über das Amt des Regierungschefs machen; die Zulässigkeit dieser Verbindung ergibt sich aus Art. 81 I 2. **2**

2. Zustimmung der Mehrheit des Mitglieder des Bundestages

3 Spricht die Mehrheit der MdB („Kanzlermehrheit", Art. 121, s. Art. 63 Rn. 6) dem BKanzler das Vertrauen aus, hat dies keine verfassungsrechtlichen Folgen. Politisch wird der BKanzler indes gestärkt aus der Abstimmung hervorgehen.

3. Keine Zustimmung im Bundestag: Reaktionsmöglichkeiten

4 Findet der Vertrauensantrag nicht die Zustimmung der Mehrheit der MdB (Rn. 3), hat das nicht zwingend das Ende der Amtszeit des BKanzlers zur Folge. Vielmehr kann der BKanzler nach seinem politischen Ermessen unter den folgenden Möglichkeiten wählen:

(1) Er führt die Regierung fort, obwohl er sich einer belastbaren Mehrheit im Parlament nicht gewiss sein kann (Minderheitskanzler). Nach Art. 81 I 1 kann die BReg mit Zustimmung des BR den Antrag stellen, dass der BPräs für bestimmte, als dringlich bezeichnete Gesetzesvorlagen den Gesetzgebungsnotstand erklärt. Auf diesem Wege gelten Gesetze trotz Ablehnung im BT als zustande gekommen, soweit der BR zustimmt (Art. 81 II 1).

(2) Stattdessen kann der BKanzler zurücktreten (genauer: den BPräs um seine Entlassung bitten). Es schließt sich das Verfahren nach Art. 63 an (Wahl eines neuen BKanzlers).

(3) Oder aber der BKanzler ersucht den BPräs gem. Art. 68 I 1, den BT aufzulösen.

4. Bundestagsauflösung durch Bundespräsidenten – unechte Vertrauensfrage

5 Bei der Entscheidung über die Auflösung des BT genießt der BPräs grds. politischen Spielraum. Nach Auflösung des BT kommt es zu Neuwahlen innerhalb von sechzig Tagen (Art. 39 I 4). Während dieser Zeit kann der BT zwar (nach Art. 67 oder auch Art. 63) noch einen neuen BKanzler wählen, trotzdem bleibt es bei der Auflösung.

6 Fraglich ist, ob sich an dem Entscheidungsspielraum des BPräs etwas ändert, wenn der BKanzler (im Zusammenwirken mit seiner Regierungskoalition) die Vertrauensfrage eingesetzt hat, um sie zu verlieren und über eine Auflösung des BT Neuwahlen zu erreichen (unechte Vertrauensfrage). Denn dem BT steht kein Selbstauflösungsrecht zu; Neuwahlen sollen erst am Ende der Wahlperiode stattfinden (Art. 39 I, vgl. dort Rn. 4). Dieser Grds. kann durch die unechte Vertrauensfrage umgangen werden.

7 Voraussetzung für die Auflösung des BT durch den BPräs ist daher

- eine *formelle* Auflösungslage (= keine Zustimmung i. S. v. Art. 68 I 1) und zudem
- eine *materielle* Auflösungslage, d. h. ein Zustand, in dem sich der BKanzler des Vertrauens des BT tatsächlich nicht mehr sicher sein kann, der die Handlungsfähigkeit der BReg mithin beeinträchtigt. Dabei steht dem BKanzler jedoch ein Einschätzungsspielraum zu (BVerfGE 114, 121 [154ff.]). Die Auflösung des BT infolge einer unechten Vertrauensfrage ist daher nur verfassungswidrig, wenn keinerlei Anhaltspunkte für den Verlust der Handlungsfähigkeit der BReg ersichtlich gewesen sind.

5. Erlöschen des Auflösungsrechts (Abs. 1 S. 2)

8 Das Auflösungsrecht des BPräs erlischt

- 21 Tage nach der negativen Abstimmung über die Vertrauensfrage (Art. 68 I 1) oder
- wenn der BT mit „Kanzlermehrheit" (Rn. 3) einen anderen BKanzler wählt (Art. 68 I 2); eines Vorschlags des BPräs wie bei Art. 63 I bedarf es dabei nicht.

II. Zeitabstand zwischen Antrag und Abstimmung (Abs. 2)

Ähnlich wie bei Art. 67 II räumt Art. 68 II den Abgeordneten mit dem 48-stündigen Mindestabstand zwischen dem Vertrauensantrag des BKanzlers und der Abstimmung im BT eine Bedenkzeit ein. 9

C. Prüfungshinweise

Art. 68 bietet sich vorrangig an, um das Problem der unechten Vertrauensfrage (Rn. 6f.) und dabei die juristische Argumentationsfähigkeit abzuprüfen. Prozessual einkleiden lässt sich dies in ein Organstreitverfahren (Art. 93 I Nr. 1), das von Mitgliedern des BT angestrengt werden kann, die sich durch die vorzeitige Auflösung des Parlaments in ihren organschaftlichen Rechten aus Art. 38 I 2 verletzt sehen. 10

D. Weiterführende Literatur/Leseempfehlungen

Buettner, A./Jäger, M., Bundestagsauflösung und Vertrauensfrage, DÖV 2006, 408–417; Burkiczak, Ch., Kanzlerwahl, Misstrauensvotum und Vertrauensfrage – Das Amt des Bundeskanzlers nach dem Grundgesetz und in der Staatspraxis, Jura 2002, 465–468; Gröpl, Ch., Staatsrecht I, 7. Aufl. 2015, Rn. 1398ff.; Krämer, U., Konstruktives Misstrauensvotum und Vertrauensfrage als Auswege aus parlamentarischen Krisen, UBWV 2007, 394–400; Philipp, J., Die vorzeitige Bundestagsauflösung als verfassungsrechtliches Problem, Jura 2005, 512–519; Podworny, S.J., Die auflösungsgerichtete Vertrauensfrage, Hannover 2008; Reimer, F., Vertrauensfrage und Bundestagsauflösung bei parlamentarischer Anscheinsgefahr, JuS 2005, 680–684; Reinemann, B., Der praktische Fall: „Krisenzeiten", VR 2005, 308–310; Rekittke, L.O., Die Auflösung des Bundestages, DVP 2008, 333–336; Starck, Ch., Zur Verfassungsmäßigkeit der Bundestagsauflösung im Jahr 2005, JZ 2005, 1053–1056; Thiele, A., Die Gegenzeichnungspflichtigkeit der Auflösungsverfügung des Bundespräsidenten gemäß Art. 68 I 3 GG, JA 2005, 871–873; v. Lewinski, K., Ein Kanzler will Neuwahlen, JA 2006, 439–444. 11

Art. 69 [Stellvertreter des Bundeskanzlers; Amtszeiten]

(1) **Der Bundeskanzler ernennt einen Bundesminister zu seinem Stellvertreter.**

(2) **Das Amt des Bundeskanzlers oder eines Bundesministers endigt in jedem Falle mit dem Zusammentritt eines neuen Bundestages, das Amt eines Bundesministers auch mit jeder anderen Erledigung des Amtes des Bundeskanzlers.**

(3) **Auf Ersuchen des Bundespräsidenten ist der Bundeskanzler, auf Ersuchen des Bundeskanzlers oder des Bundespräsidenten ein Bundesminister verpflichtet, die Geschäfte bis zur Ernennung seines Nachfolgers weiterzuführen.**

Pflichtstoff (*)

A. Überblick

Die Vorschrift fasst – wohl aufgrund ihrer Stellung am Ende des VI. Abschnitts – inhaltlich nicht zusammengehörige Regelungsfragen zusammen: die Stellvertretung des BKanzlers, z. T. das Amtsende von BKanzler und BMin sowie die geschäftsführende BReg. 1

B. Erläuterungen

I. Stellvertreter des Bundeskanzlers (Abs. 1)

2 Der sog. Vizekanzler muss ein BMin sein. Im Übrigen hat der BKanzler von Verfassungs wegen ein freies Auswahlrecht, das freilich politisch durch Koalitionsabsprachen beschränkt sein kann. Die Ernennung ist hier im unechten Sinne zu verstehen: Sie erfolgt nicht durch den BPräs (vgl. Art. 63 II 2, Art. 64 I, Art. 67 I 2), sondern durch den BKanzler, ggf. auch formlos.

3 Der Stellvertreter nimmt im Fall der Verhinderung des BKanzlers dessen Amtsgeschäfte wahr (vgl. § 8 GO BReg) und ist insoweit an die Weisungen des BKanzlers gebunden.

4 Zur Stellvertretung eines Bundesministers s. § 14 GO BReg.

II. Ende der Regierungsämter (Abs. 2)

5 Nach Art. 69 II Hs. 1 endigen die Ämter aller Mitglieder der BReg (Art. 62) mit dem Zusammentritt eines neu gewählten BT (Art. 39 I 2, II), der daraufhin einen neuen BKanzler wählt oder den bisherigen wiederwählt (Art. 63).

6 Nach Art. 69 II Hs. 2 sind die Ämter der BMin insoweit akzessorisch zum Amt des BKanzlers, als sie mit dessen „Erledigung" (Rn. 5) enden.

7 Art. 69 II stellt keine abschließende Regelung dar: Das Amt des BKanzlers und eines BMin endet auch durch Tod, Verlust der Wählbarkeit (§§ 45ff. StGB, §§ 15, 13 BWahlG, s. Art. 63 Rn. 2), Entlassung (aufgrund Rücktritts oder gem. Art. 67, 68, bei einem BMin zusätzlich gem. Art. 64 I).

III. Weiterführung der Geschäfte (Abs. 3)

8 Die Weiterführung der Geschäfte nach Beendigung eines Regierungsamtes ist eine praktische Notwendigkeit. Bei Tod oder Verlust der Wählbarkeit (Rn. 7) hat

- der BPräs einen anderen BMin zum geschäftsführenden BKanzler zu bestellen (str., ob das der Vizekanzler nach Art. 69 I sein muss),
- der BKanzler (wegen Art. 64 I vorrangig vor dem BPräs) einen anderen BMin um die Fortführung der Geschäfte des amtsunfähigen Kollegen zu ersuchen.

9 Die Rechte und Pflichten sind bei der Weiterführung der Geschäfte dieselben wie zuvor (insb. Art. 65; nur die Art. 67, 68 sind nicht anwendbar).

10 Fallen alle Regierungsmitglieder weg (Attentat, Unfall o. Ä.), führen die Parlamentarischen und beamteten Staatssekretäre im Bundeskanzleramt und in den Bundesministerien die Geschäfte weiter. Die Wahl eines neuen BKanzlers nach Art. 63 ist so schnell wie möglich zu veranlassen.

VII. Die Gesetzgebung des Bundes

Art. 70 [Gesetzgebung des Bundes und der Länder]

(1) **Die Länder haben das Recht der Gesetzgebung, soweit dieses Grundgesetz nicht dem Bunde Gesetzgebungsbefugnisse verleiht.**

(2) **Die Abgrenzung der Zuständigkeit zwischen Bund und Ländern bemißt sich nach den Vorschriften dieses Grundgesetzes über die ausschließliche und die konkurrierende Gesetzgebung.**

Pflichtstoff (*****)

Übersicht

A. Überblick

I. Normstruktur

Art. 70 legt als „Grundregel unserer bundesstaatlichen Verfassung" (BVerfGE 16, 64 [78]) die grundsätzliche Verteilung der Gesetzgebungskompetenz zwischen Bund und Ländern fest. Art. 70 I statuiert dabei ein „Regel-Ausnahme-Verhältnis" zu Gunsten der Länder. Der Bund besitzt danach nur in den ihm ausdrücklich zugewiesenen Sachgebieten die Kompetenz, förmliche Gesetze zu erlassen; der unbenannte Rest (Residualkompetenz) liegt in der Zuständigkeit der Länder (BVerfGE 111, 226 [247]; Pieroth, in: JP, Art. 70 Rn. 1; s. auch Art. 30 Rn. 16). Art. 70 II konkretisiert den Vorbehalt des Art. 70 I Hs. 2 und verweist für die Abgrenzung der Zuständigkeit zwischen Bund und Ländern insbesondere auf Art. 71 bis 74. 1

II. Prüfungsrelevanz

Dem Art. 70 kommt für die juristische Ausbildung große Bedeutung zu. Zum einen kann er dem Klausurbearbeiter im Staatsrecht im Rahmen der prinzipalen Prüfung der (formellen) Verfassungsmäßigkeit eines Gesetzes begegnen. Zum anderen erlangt der Art. 70 große Relevanz im Rahmen einer inzidenten Prüfung der Verfassungsmäßigkeit eines Gesetzes bei der Grundrechtsprüfung, etwa im Rahmen einer 2

Verfassungsbeschwerde. Ist der Bund nicht gem. Art. 70ff. gesetzgebungsbefugt, ist ein dennoch erlassenes Bundesgesetz formell verfassungswidrig und stellt mithin einen rechtswidrigen Eingriff in die Grundrechte dar.

III. Europa

3 Beim Abschluss völkerrechtlicher Verträge kommt allein Art. 32 zur Anwendung (vgl. Art. 32 Rn. 2, Art. 30 Rn. 9); soweit es allerdings zu ihrer Transformation gem. Art. 59 II eines förmlichen Gesetzes bedarf, kommen Art. 70 bis 74 zur Anwendung (Art. 32 Rn. 7f.).

4 Für die Übertragung von Hoheitsgewalt durch Gesetz auf die EU muss zunächst Art. 23 beachtet werden. Nach Art. 23 I 2 bedarf jede Übertragung von Hoheitsrechten auf die EU eines förmlichen und hinreichend bestimmten Bundesgesetzes, welches ausnahmslos – auch im Bereich der ausschließlichen Bundeskompetenz – der Zustimmung durch den Bundesrat bedarf. Eine Übertragung durch Landesgesetz ist durch die ausschließliche Kompetenzzuweisung in Art. 23 I 2 ausgeschlossen (s. dazu Art. 23 Rn. 28; Jarass, in: JP, Art. 23 Rn. 30).

5 Geht es um die Ausübung von Hoheitsgewalt durch die EU, muss nach der Art der Zuständigkeit unterschieden werden:

6 Art. 2 I und Art. 3 AEUV begründen eine ausschließliche Zuständigkeit der Union für die dort genannten Bereiche. Die Mitgliedstaaten sind in diesen Bereichen grds. von jeder Rechtsetzung ausgeschlossen. Dem EU-Recht kommt zudem im Kollisionsfall ein Anwendungsvorrang gegenüber den Art. 70 bis 74 zu; ein dennoch vom Mitgliedstaat erlassenes Gesetz verstößt gegen dessen Vertragspflichten (Unionstreue, Art. 4 III EUV), ist allerdings nicht nichtig, sondern nur unanwendbar (s. auch Nettesheim, in: GHN, Art. 2 AEUV Rn. 18ff.).

7 Den Regelfall der Unionszuständigkeit hingegen stellt die geteilte Zuständigkeit gem. Art. 2 II und Art. 4 AEUV dar. Diese liegt vor, wenn für einen Sachbereich weder eine ausschließliche Zuständigkeit i.S.d. Art. 3 AEUV noch eine Unterstützungskompetenz gem. Art. 6 oder eine andere Sonderregelung wie z.B. Art. 2 III, 4, 5 AEUV begründet ist (Nettesheim, in: GHN, Art. 2 AEUV Rn. 23). Die Hauptbereiche der geteilten Zuständigkeit nennt Art. 4 II AEUV, während Art. 2 II AEUV die Rechtsfolgen enthält. Diese unionsrechtliche Regelung erinnert in ihrer Konzeption an den Art. 72. Ist eine geteilte Zuständigkeit begründet, sind die Mitgliedstaaten gem. Art. 2 II 1 u. 2 AEUV solange und soweit an einer eigenen Regelung gehindert, wie die Union von ihrer Kompetenz Gebrauch macht (Nettesheim, in: GHN, Art. 2 AEUV Rn. 25f.).

7a Die nationalen Zuständigkeitsbestimmungen sind in Folge dieser primärrechtlichen Sperrwirkung nicht anwendbar (Nettesheim, in: GHN, Art. 2 AEUV Rn. 27). Dagegen lassen die Zuständigkeiten der EU nach Art. 2 III und V, Art. 5 sowie Art. 6 AEUV die Zuständigkeit nach Art. 70 bis 74 grds. unangetastet, da in diesen Bereichen allein die Mitgliedstaaten politisch und rechtlich verantwortlich sind (Nettesheim, in: GHN, Art. 5 AEUV Rn. 6).

8 Für die Ausführung von EU-Recht gelten, soweit hierfür förmliche Gesetze erforderlich sind, wie etwa zur Umsetzung einer Richtlinie nach Art. 288 III AEUV, die Art. 70 bis 74 (Rozek, in: MKS, Art. 70 Rn. 10).

IV. Verhältnis zu anderen Bestimmungen des Grundgesetzes

9 Art. 70 stellt in seinem Anwendungsbereich (Rn. 11ff.) eine Spezialregelung gegenüber Art. 30 dar. Er verdrängt zudem die allgemeine Kollisionsregel des Art. 31, wonach Bundesrecht Landesrecht bricht, da diese nur Anwendung findet, wenn eine Kollision zwischen Bundes- und Landesrecht besteht. Dies ist aber nicht der Fall,

wenn die Bestimmungen des Landesrechts bereits wegen eines Verstoßes gegen Art. 70 I ungültig sind (vgl. Art. 31 Rn. 2f.).

Für Steuern ist die Gesetzgebungskompetenz speziell und abschließend in Art. 105 **10** geregelt, der den Art. 70 bis 74 vorgeht (BVerfGE 67, 256 [286]). Für sonstige öffentlich-rechtliche Geldleistungen (Abgaben), wie etwa Beiträge und Gebühren, richtet sich die Gesetzgebungsbefugnis hingegen nach den Art. 70 bis 74.

B. Erläuterungen

I. Grundsatz der Länderzuständigkeit (Abs. 1)

1. Voraussetzungen

Voraussetzung dafür, dass der Grundsatz der Länderzuständigkeit des Art. 70 I greift, **11** ist zum einen positiv, dass es sich um Gesetzgebung (vgl. Rn. 12ff.) handelt, zum anderen negativ, dass keine Zuweisung der Gesetzgebungskompetenz an den Bund gegeben ist.

a) Gesetzgebung

„Gesetzgebung" im Sinne des VII. Abschnitts des Grundgesetzes und somit auch im **12** Sinne der Art. 70–74 meint den Erlass von Gesetzen im formellen Sinne (BVerfGE 55, 7 [21]).

Beispiele: **13**
- Parlamentsgesetze (Kunig, in: MK, Art. 70 Rn. 14)
- Formelle Maßnahme- und Einzelfallgesetze (Uhle, in: MD, Art. 70 Rn. 35)
- Vertrags- oder Transformationsgesetze (Sannwald, in: SHH, Art. 70 Rn. 9)
- Volksgesetze (Stettner, in: Dreier, Art. 70 Rn. 42; Uhle, in: MD, Art. 70 Rn. 35).

Hingegen fallen untergesetzliche Normen wie Rechtsverordnungen oder Satzungen **14** (Pieroth, in: JP, Art. 70 Rn. 4) ebenso wenig unter den Gesetzesbegriff wie Landesverfassungen (Degenhart, in: Sachs, Art. 70 Rn. 22f.; a.A. Uhle, in: MD, Art. 70 Rn. 40f.). Die partielle Übertragung der Normsetzungsbefugnis auf den Verordnungsgeber ist, soweit nicht besondere Parlamentsvorbehalte entgegenstehen (dazu Art. 20 Rn. 148ff.), in den Grenzen des Art. 80 I von der Gesetzgebungskompetenz eingeschlossen (BVerfGE 101, 1 [31]; 106, 1 [19]). Verwaltungsvorschriften fallen ebenfalls nicht unter den Gesetzesbegriff des Art. 70. Für sie gelten vielmehr die Art. 83ff. (Degenhart, in: Sachs, Art. 70 Rn. 21). Gewohnheitsrecht ist „dem Kompetenzbereich zuzuordnen, den es durch seine Übung aktualisiert. Wächst es auf einem Felde, das dem Gesetzgebungsrecht der Länder unterliegt, so verbleibt es auch dort, unbeschadet dessen, ob es bundesweit gilt" (BVerfGE 61, 149 [203f.]). Richterrecht besitzt grds. keine Gesetzesqualität, soweit es nicht ausnahmsweise zu Gewohnheitsrecht erstarkt ist (Degenhart, in: Sachs, Art. 70 Rn. 28; Haratsch, in: Sodan, Art. 70 Rn. 7).

b) Vorbehalt der Verleihung der Gesetzgebungsbefugnisse an den Bund

Insbesondere in Art. 71 bis 74 finden sich ausdrückliche Zuweisungen von Kompe- **15** tenztiteln an den Bund. Die Kompetenzzuweisung erfolgt dabei „entweder faktisch-deskriptiv durch Benennung der zu regelnden Lebenssachverhalte oder normativ-rezeptiv" durch Benennung eines Normbereichs (BVerfGE 109, 190 [218]). Aber auch zahlreiche andere Normen des Grundgesetzes verleihen dem Bund Gesetzgebungskompetenz, indem sie ein Handeln durch *Bundes*gesetz fordern oder dazu ermächtigen (Art. 71 Rn. 2f.). Insoweit besteht ebenfalls eine ausschließliche Gesetzgebungskompetenz des Bundes (Degenhart, in: Sachs, Art. 70 Rn. 12), die gegenüber landesrechtlichen Regelungen Sperrwirkung entfaltet (vgl. Art. 71 Rn. 5f.).

16 Daraus wird deutlich, dass jede Zuweisung einer Gesetzgebungskompetenz ihre Grundlage im geschriebenen Recht finden muss. Nicht erforderlich ist jedoch, dass sich die Kompetenz unmittelbar aus dem Wortlaut ergibt. Ausreichend ist vielmehr, dass sie durch Auslegung der Verfassungsnorm ermittelt werden kann (Pieroth, in: JP, Art. 70 Rn. 5). Dies gilt auch für die nach Ansicht des BVerfG zulässigen „ungeschriebenen" Bundeskompetenzen, etwa „kraft Natur der Sache" (Rn. 22) oder „kraft Sachzusammenhangs" (Rn. 24; s. auch Art. 30 Rn. 14).

17 Bei der Auslegung einer Kompetenzbestimmung besitzen ihre Entstehungsgeschichte (Genese; historisches Verständnis) und ihre Handhabung, also die Staatspraxis, sofern sie verfassungsmäßig ist (Stettner, in: Dreier, Art. 70 Rn. 26), besonderes Gewicht (BVerfGE 68, 319 [328]; 106, 62 [105]; 109, 190 [213]). Kommt es zu Überschneidungen zwischen Bundes- und Landeskompetenzen, zwischen verschiedenen Kompetenzarten (ausschließliche oder konkurrierende Kompetenz, Art. 70 II) oder zwischen verschiedenen Kompetenztiteln innerhalb einer Kompetenzart, was insb. bei Art. 74 I Nr. 11 (Recht der Wirtschaft) auftreten kann, ist auf den „Schwerpunkt" (BVerfGE 97, 228 [251 f.]; 121, 30 [47]) bzw. das „Schwergewicht" (BVerfGE 80, 124 [132]) der Regelung abzustellen. Es kommt mithin darauf an, mit welchem Kompetenzbereich die Regelung enger „verzahnt" ist (BVerfGE 98, 145 [158]), nicht hingegen auf einen vom Gesetzgeber verfolgten (Neben-)Zweck (vgl. BVerfGE 121, 317 [348]).

2. Rechtsfolgen

18 Unter dem „Recht" zur Gesetzgebung i. S. v. Art. 70 I ist die Kompetenz zur Gesetzgebung zu verstehen. Sie umfasst neben der Aufgabe auch die Befugnis zu diesem Handeln (Art. 30 Rn. 5). Aus dem Wortlaut des Art. 70 I ergibt sich, dass allein die Zuweisung einer Kompetenz keine Gesetzgebungspflicht begründet. Eine solche kann sich allerdings aus anderen Verfassungsbestimmungen, etwa Gesetzgebungsaufträgen, Grundrechten oder dem Unionsrecht ergeben (Pieroth, in: JP, Art. 70 Rn. 22).

19 Den Kompetenzvorschriften kommt grds. kein materieller Gehalt zu. Sie ermächtigen insb. nicht zu Grundrechtseinschränkungen. Da grds. die gesamte Ausübung von legislativer Staatsgewalt den Art. 70–74 zugeordnet ist, könnte sonst nahezu jeder Belang des öffentlichen Interesses durch Aufnahme in den Kompetenzkatalog verfassungsrechtlichen Status erhalten und zur Rechtfertigung von Grundrechtsbeschränkungen im Rahmen verfassungsimmanenter Grundrechtsschranken herangezogen werden (vgl. Degenhart, in: Sachs, Art. 70 Rn. 71; anders noch BVerfGE 12, 45 [50]; 48, 127 [159]; 69, 1 [21]). Kompetenznormen kann allenfalls dann ein materieller Gehalt zuerkannt werden, soweit sie Rechtsinstitute benennen (Stettner, in: Dreier, Art. 70 Rn. 22).

19a Zudem kann aus der Aufnahme eines Sachbereichs in einen Kompetenztitel auf die grundsätzliche Zulässigkeit der Regelung dieses Sachbereichs geschlossen werden (BVerfGE 7, 377 [401 f.]; 120, 1 [27]). Ob die Kompetenznorm darüber hinaus aufgabenrechtlichen Gehalt besitzt, der einen Rückzug des Staates von der Aufgabenerfüllung ausschließt, muss für die jeweilige Regelung gesondert ermittelt werden. Die Frage stellt sich weniger bei Gesetzgebungs- als bei Verwaltungskompetenzen (s. Art. 87 Rn. 5). Sie ist etwa für die Wahrnehmung der Eisenbahnverkehrsverwaltung für Eisenbahnen des Bundes durch den Bund aufgrund des aufgabenrechtlichen Gehalts des Art. 87e I 1 („in bundeseigener Verwaltung") zu bejahen (Windthorst, in: Sachs, Art. 87e Rn. 19 f.).

II. Zuständigkeitsabgrenzung (Abs. 2)

1. Ausschließliche Gesetzgebungskompetenz des Bundes

20 Die ausschließliche Gesetzgebung des Bundes ist dadurch gekennzeichnet, dass sie grds. eine Sperrwirkung für die Landesgesetzgebung entfaltet, von der allerdings Aus-

nahmen zulässig sind. Erforderlich hierfür ist eine ausdrückliche Ermächtigung durch förmliches Bundesgesetz (vgl. Art. 71 Rn. 9ff.). Gegenstände der ausschließlichen Gesetzgebung finden sich vor allem in Art. 73, aber auch in weiteren Vorschriften des Grundgesetzes, die dem Bund durch Verwendung des Begriffs „Bundesgesetz" die ausschließliche Kompetenz zuweisen (Rn. 15).

2. Konkurrierende Gesetzgebungskompetenz des Bundes

Die konkurrierende Gesetzgebung des Bundes ist in Art. 72 geregelt. Dabei können drei Unterarten von Kompetenzen unterschieden werden: die Kernkompetenz (Abs. 1) und die Erforderlichkeitskompetenz (Abs. 2) des Bundes sowie die Abweichungskompetenz der Länder nach Art. 72 III (vgl. Art. 72 Rn. 4ff., 12ff., 27ff.). Der Gebrauch der konkurrierenden Gesetzgebung durch den Bund hat für die Länder in den Bereichen der Kernkompetenzen und der Erforderlichkeitskompetenzen grds. eine Sperrwirkung zur Folge (Art. 72 Rn. 9ff., 13). In den Sachbereichen der Abweichungskompetenz können die Länder eine Regelung treffen, die von der vom Bund im Rahmen seiner konkurrierenden Kompetenz erlassenen Bestimmung abweicht (Art. 72 Rn. 27ff.). Diese Regelung geht dann, dem lex-posterior-Grundsatz folgend, der älteren bundesrechtlichen Regelung vor (s. dazu Art. 72 Rn. 32). Gegenstände der konkurrierenden Gesetzgebung finden sich neben Art. 74 auch in Art. 105 II und Art. 115c I. **21**

3. Sog. ungeschriebene Gesetzgebungskompetenzen des Bundes

a) Kompetenz kraft Natur der Sache

Eine Kompetenz aus der Natur der Sache ist anzunehmen, wenn „gewisse Sachgebiete, weil sie ihrer Natur nach eigenste, der partikularen Gesetzgebungszuständigkeit a priori entrückte Angelegenheiten des [Bundes] darstellen, vom [Bund] und nur von ihm geregelt werden können" (BVerfGE 12, 205 [251]). „Schlussfolgerungen ‚aus der Natur der Sache' müssen begriffsnotwendig sein und eine bestimmte Lösung unter Ausschluss anderer Möglichkeiten sachgerechter Lösung zwingend fordern" (BVerfGE 11, 89 [99]). Die Kompetenz aus der Natur der Sache ergibt sich aus einer die gesamte Verfassung umfassenden systematischen Auslegung (Pieroth, in: JP, Art. 70 Rn. 13) und ist der Art nach stets eine ausschließliche Kompetenz (Kunig, in: MK, Art. 70 Rn. 27; Rozek, in: MKS, Art. 70 Rn. 40). **22**

Beispiele für eine Bundeskompetenz kraft Natur der Sache: **23**
- Regelung des Sitzes der Verfassungsorgane des Bundes (BVerfGE 3, 407 [422])
- Regelung der Bundessymbole einschließlich der Bundesflagge sowie bundesweiter Feiertage (Jarass, in: JP, Art. 22 Rn. 4f.)
- Regelung des öffentlichen Vermögens in der ehemaligen Deutschen Demokratischen Republik (BVerfGE 95, 243 [248f.])
- **nicht** das Baurecht (BVerfGE 3, 407 [422])
- **nicht** die Regelung der Rechtschreibreform (BVerfGE 98, 218 [249])
- **nicht** die Strukturförderung (BVerfGE 41, 291 [312 f.]) oder die Wasserwirtschaft (BVerfGE 15, 1 [24]).

b) Kompetenz kraft Sachzusammenhangs

Eine Kompetenz kraft Sachzusammenhangs kommt dem Bund dann zu, wenn eine ihm zugewiesene Materie „verständigerweise nicht geregelt werden kann, ohne dass zugleich eine nicht ausdrücklich zugewiesene andere Materie mitgeregelt wird, wenn also das Übergreifen unerlässliche Voraussetzung für die Regelung der zugewiesenen Materie ist" (BVerfGE 3, 407 [421]; 106, 62 [115]). Voraussetzung ist demnach, dass der Bund von einer ihm ausdrücklich zugewiesenen Kompetenz Gebrauch gemacht **24** hat (BVerfGE 26, 246 [256f.]). Zulässig ist aber nur eine punktuelle Inanspruchnahme der Landeskompetenz (BVerfGE 98, 265 [300]).

25 **Beispiele** für eine Bundeskompetenz kraft Sachzusammenhangs:
- zwischen Parteienrecht (Art. 21 III) und Wahlwerbung im Rundfunk (BVerfGE 12, 205 [240f.])
- zwischen Waren- und Zahlungsverkehr mit dem Ausland (Art. 73 I Nr. 5) und dem Dienstleistungsverkehr mit dem Ausland (BVerfGE 110, 33 [47f.])
- zwischen Strafrecht (Art. 74 I Nr. 1) und der Beratungslösung für Schwangerschaftsabbrüche (BVerfGE 98, 265 [302ff.])
- **nicht** zwischen dem Bodenrecht (Art. 74 I Nr. 18) und dem gesamten Baurecht (BVerfGE 3, 407 [421f.])
- **nicht** zwischen dem Recht der Wirtschaft (Art. 74 I Nr. 11) und der Berufsbezeichnung „Ingenieur" (BVerfGE 26, 246 [256f.])
- **nicht** zwischen den dem allgemeinen Verkehr dienenden Binnenwasserstraßen (Art. 74 I Nr. 21) und der Wasserwirtschaft (BVerfGE 15, 1 [20ff.]).

c) Annexkompetenz

26 Bei der Annexkompetenz handelt es sich anders als bei der Kompetenz kraft Sachzusammenhangs (Rn. 24f.) nicht um die Ausdehnung des Umfangs einer Bundeskompetenz in die „Breite", sondern um die Vertiefung einer bereits vorhandenen Kompetenz des Bundes, indem die Vorbereitung und Durchführung einer in den Kompetenzbereich des Bundes fallenden Materie mitgeregelt werden (BVerfGE 8, 104 [118f.]; 77, 288 [299]; Uhle, in: MD, Art. 70 Rn. 71). Die Annexkompetenz ist insb. für die Regelung der Erhebung von Gebühren und Beiträgen relevant, da sie der jeweiligen Sachkompetenz folgt (dazu Waldhoff, JuS 2013, 765ff.).

27 **Beispiele** für eine Annexkompetenz des Bundes:
- die spezielle Ordnungs- und Polizeigewalt in dem entsprechenden Sachgebiet (BVerfGE 3, 407 [433]; 8, 143 [149])
- die Kompetenz für Gesetze über Volksbefragungen zu dem entsprechenden Sachgebiet (BVerfGE 8, 104 [118f.])
- Abwehr terroristischer Gefahren als Annex zur ausschließlichen Bundeskompetenz für Luftverkehr nach Art. 73 Abs. 1 Nr. 6 (BVerfGE 132, 1 [6ff. Rn. 17ff.]; dazu Broscheit, DÖV 2013, 802 [804f.]).

C. Prüfungshinweise

28 Für die juristische Fallbearbeitung sind Kenntnisse der grundgesetzlichen Kompetenzverteilung zwischen Bund und Ländern und der Systematik des gesamten VII. Abschnitts unerlässlich.

29 **Grobschema zur Prüfung des Art. 70 durch das BVerfG:**
1. Grundsatz der Länderzuständigkeit, Art. 70 I i.V.m. Art. 30
2. Vorbehalt der Kompetenzzuweisung an den Bund, Art. 70 I Hs. 2
3. Art der Kompetenzzuweisung und Rechtsfolge, Art. 70 II

D. Weiterführende Literatur/Leseempfehlungen

30 Becker, J., Materielle Wirkung von Kompetenz-, Organisations- und Zuständigkeitsregelungen des Grundgesetzes?, DÖV 2002, 397–406; Brohm, W., Kompetenzüberschneidungen im Bundesstaat, DÖV 1983, 525–531; Ehlers, D., „Ungeschriebene Kompetenzen", Jura 2000, 323–330; Gern, A., Die „Natur der Sache" als Rechtsgrundsatz im Verfassungs- und Verwaltungsrecht, JuS 1988, 534–538; Haslach, C., Zuständigkeitskonflikte bei der Umsetzung von EG-Richtlinien?, DÖV 2004, 12–19; Hebeler, T., Die Gesetzgebungskompetenzen des Bundes und der Länder, JA 2010,

688–694; Heintzen, M., Die Beidseitigkeit der Kompetenzverteilung im Bundesstaat, DVBl. 1997, 689–693; Jarass, H., Allgemeine Probleme der Gesetzgebungskompetenz des Bundes, NVwZ 2000, 1089–1096; Kunig, P., Gesetzgebungsbefugnis von Bund und Ländern – Allgemeine Fragen, Jura 1996, 254–261; v. Mutius, A., „Ungeschriebene" Gesetzgebungskompetenzen des Bundes, Jura 1986, 498–500; Pechstein, M., Gesetzgebungskompetenz nach dem Grundgesetz, Jura 2003, 82–91; Rehbinder, E., Kompetenzprobleme bei der Umsetzung von europäischen Richtlinien, NVwZ 2002, 21–28; Selmer, P., Die Föderalismusreform – Eine Modernisierung der bundesstaatlichen Ordnung?, JuS 2006, 1052–1060; Sommermann, K., Die Stärkung der Gesetzgebungskompetenzen der Länder durch die Grundgesetzreform von 1994, Jura 1995, 393–399; Stegmüller, M., Verordnungsrecht als Fall der Abweichungsgesetzgebung – Art. 72 Abs. 3 GG im Praxistest, DÖV 2013, 221–228; Waldhoff, C., Gesetzgebungsrecht für Gebühren, JuS 2013, 765–767; Wendtland, C., Rauchen in Gaststätten: Ein Härtetest für die Kompetenzordnung nach der Föderalismusreform, DÖV 2007, 647–652; Wipfelder, H., Die Theoreme „Natur der Sache" und „Sachzusammenhang" als verfassungsrechtliche Zuordnungsbegriffe, DVBl. 1982, 477–486.

Art. 71 [Ausschließliche Gesetzgebung]

Im Bereiche der ausschließlichen Gesetzgebung des Bundes haben die Länder die Befugnis zur Gesetzgebung nur, wenn und soweit sie hierzu in einem Bundesgesetze ausdrücklich ermächtigt werden.

Pflichtstoff (****)

A. Erläuterungen

I. Stellung und Bedeutung

Art. 71 regelt, welche Folgen die ausschließliche Gesetzgebungskompetenz des Bundes für die Befugnis der Länder zur Gesetzgebung hat. Aufgrund der systematischen Stellung des Art. 71 in den Art. 70 bis 74 ist unter „Gesetzgebung" nur der Erlass förmlicher Gesetze zu verstehen (Art. 70 Rn. 12 ff.). Werden die Länder für Gegenstände der ausschließlichen Gesetzgebungskompetenz des Bundes zum Erlass von Rechtsverordnungen ermächtigt, beurteilt sich dies nicht nach Art. 71, sondern nach Art. 80 I (Degenhart, in: Sachs, Art. 71 Rn. 8). 1

Der Geltungsbereich des Art. 71 wird durch das Merkmal „ausschließliche Gesetzgebung des Bundes" markiert. Die Regelung knüpft an Art. 70 II an, der für den Fall, dass dem Bund abweichend vom Grundsatz des Art. 70 Hs. 1 die Gesetzgebungskompetenz gem. Art. 70 Hs. 2 zugewiesen ist, zwischen ausschließlicher und konkurrierender Kompetenz unterscheidet. Die ausschließliche Kompetenz des Bundes zum Erlass förmlicher Gesetze kann sich aus dem Kompetenzkatalog des Art. 73 oder aus einer Kompetenzzuweisung durch entsprechenden Regelungsvorbehalt in der Verfassungsnorm ergeben (Art. 70 Rn. 20). 2

Beispiel: Art. 38 III: Das Nähere bestimmt ein *Bundes*gesetz. 3

Dagegen findet Art. 71 auf eine Kompetenz des Bundes kraft Natur der Sache keine Anwendung (str., vgl. Pieroth, in: JP, Art. 71 Rn. 5; a. A. Seiler, in: EH, Art. 71 Rn. 2 f.). Diese durch Verfassungsauslegung zu ermittelnde „ungeschriebene" Kompetenz ist zwar ebenfalls ausschließlicher Natur (Art. 70 Rn. 22). Die in Art. 71 Hs. 2 zugelassene Rückübertragung würde aber den gesamten Kompetenzgegenstand erfassen und somit die Grenzen dieser Ermächtigung überschreiten (dazu Rn. 9 ff.). 4

II. Sperrwirkung

1. Eintritt

5 Art. 71 impliziert, dass der Bund zur Gesetzgebung befugt ist. Seine eigentliche Bedeutung entfaltet die Regelung für die Gesetzgebung der Länder. Sie dürfen im Bereich der Gesetzgebung des Bundes keine Gesetze erlassen. Diese Sperrwirkung tritt zwangsläufig mit der verfassungsrechtlichen Zuweisung der ausschließlichen Kompetenz an den Bund ein. Anders als bei der konkurrierenden Gesetzgebungskompetenz nach Art. 72 I hängt sie nicht davon ab, ob und in welchem Umfang der Bund von seinem Gesetzgebungsrecht Gebrauch gemacht hat. Die Länder können insoweit also nur Gesetze erlassen, wenn und soweit sie hierzu in einem Bundesgesetz ausdrücklich ermächtigt werden (Art. 71 Hs. 2).

2. Rechtsfolgen

6 Landesgesetze, die gegen diese Sperrwirkung verstoßen, sind nichtig. Das folgt unmittelbar aus Art. 71. Für einen Rückgriff auf Art. 31 ist weder Raum noch Bedarf. Gegenüber dieser allgemeinen Kollisionsnorm ist Art. 71 lex specials (vgl. Pieroth, in: JP, Art. 71 Rn. 2; s. auch Art. 31 Rn. 3).

7 Art. 71 schließt aber nicht nur förmliche Landesgesetze bei ausschließlicher Gesetzgebungskompetenz des Bundes aus, sondern schützt diesen Bereich auch vor sonstigen Beeinträchtigungen seitens der Länder. Das gilt etwa für Volksbefragungen oder Volksbegehren durch die Länder zu Materien, die in die ausschließliche Kompetenz des Bundes fallen. Grundlage für diese Ausstrahlung der Sperrwirkung sind Art. 71 i. V. m. mit dem Grundsatz der Bundestreue (Degenhart, in: Sachs, Art. 71 Rn. 17).

8 **Beispiele:**
- Das hamburgische Gesetz hinsichtlich der Volksbefragung zur Lagerung und Stationierung von Atomwaffen in Deutschland und zur Ausrüstung der Bundeswehr mit diesen Waffen verstößt gegen die ausschließliche Kompetenz des Bundes für diesen Bereich und ist daher nichtig (BVerfGE 8, 104 [118 f.]).
- Das Volksbegehren eines Landes, dem ein Gesetzesentwurf zugrunde liegt, der den Standort für die Start- und Landebahn eines überörtlichen Verkehrsflughafens regelt, ist unzulässig, da diese Frage in die ausschließliche Gesetzgebungs- und Verwaltungskompetenz des Bundes fällt (HessStGH, NJW 1982, 1141 [1142]).

III. Durchbrechung

9 Nach Art. 71 Hs. 2 kann die Sperrwirkung durchbrochen werden, wenn und soweit die Länder durch Bundesgesetz ausdrücklich ermächtigt werden. Der Grund für diese verfassungsrechtliche Öffnungsklausel ist in der Notwendigkeit oder Zweckmäßigkeit einer regional differenzierten Sachregelung zu sehen (BVerfGE 18, 407 [418]).

1. Voraussetzungen

10 In formeller Hinsicht verlangt die Ermächtigung der Länder ein förmliches Bundesgesetz, für das Art. 71 Hs. 2 dem Bund die ausschließliche Gesetzgebungskompetenz zuweist. Für die Erforderlichkeit einer Zustimmung des Bundesrates gelten die allgemeinen Grundsätze. Danach ist entscheidend, ob zumindest ein Teil der Materie, für die den Ländern das Recht zur Gesetzgebung eingeräumt werden soll, zustimmungsbedürftig ist.

11 In materieller Hinsicht bedarf es eines sachlichen Grundes für die Ermächtigung, für dessen Vorliegen allerdings die erwähnten Zweckmäßigkeitserwägungen (Rn. 9) ausreichen (str., vgl. Degenhart, in: Sachs, Art. 71 Rn. 10). Außerdem muss sich die Ermächtigung nach Art. 71 Hs. 2 auf Teilbereiche des Gegenstandes beschränken, für

den der Bund die ausschließliche Gesetzgebungskompetenz besitzt. Der Kernbereich darf nicht delegiert werden (Pieroth, in: JP, Art. 71 Rn. 5). Die Übertragung muss ausdrücklich erfolgen und hinreichend bestimmt sein. Es muss jedenfalls erkennbar sein, welches Land oder welche Länder zur Regelung von welchen Fragen ermächtigt werden.

2. Rechtsfolgen

Aufgrund und im Rahmen der bundesgesetzlichen Ermächtigung nach Art. 71 Hs. 2 erhalten die Länder die Zuständigkeit und Befugnis, förmliche Landesgesetze zu erlassen. Sie sind hierzu berechtigt, aber nicht verpflichtet. Außerdem besteht ein Rückholrecht des Bundes. Er kann die Ermächtigung aufheben oder ändern (Pieroth, in: JP, Art. 71 Rn. 6). Die von den Ländern erlassenen Gesetze sind Landesrecht (BVerfGE 18, 407 [415]). Überschreiten diese Gesetze die Grenzen der Ermächtigung, sind sie nichtig. 12

Beispiel: Nach Ansicht des VerfGH NRW besitzt der Bund die ausschließliche Gesetzgebungskompetenz für die Regelung der Parteienfinanzierung. Zwar sah § 22 PartG a. F. eine Ermächtigung der Länder gem. Art. 71 Hs. 2 vor, die Erstattung von Wahlkampfkosten für Landtagswahlen zu regeln, sofern die weiteren Vorgaben in § 18 I, VI und VII, §§ 19 und 20 PartG a. F. beachtet wurden. Das entsprechende nordrhein-westfälische Gesetz setzte aber einen zu hohen Sockelbetrag fest und überschritt dadurch den Rahmen der Ermächtigung mit der Folge der Nichtigkeit (VerfGH NRW, NWVBl. 1994, 453 [454]). 13

B. Prüfungshinweise

Grobschema zur Prüfung des Art. 71 durch das BVerfG: 14

1. Ausschließliche Gesetzgebungskompetenz des Bundes
   a) nach Art. 73
   b) durch Kompetenzzuweisung aufgrund Vorbehalts einer Regelung durch Bundesgesetz (Rn. 2 f.)
2. Sperrwirkung des Art. 71 Hs. 1: Landesgesetze sind nichtig
3. Durchbrechung der Sperrwirkung nach Art. 71 Hs. 2
   a) ausdrückliche, hinreichend bestimmte Ermächtigung durch förmliches Bundesgesetz
   b) Beschränkung der Ermächtigung auf Teilbereich der Materie der ausschließlichen Bundeskompetenz

C. Weiterführende Literatur/Leseempfehlungen

Bleckmann, A., Zum materiellrechtlichen Gehalt der Kompetenzbestimmungen des Grundgesetzes, DÖV 1983, 129–135; Grziwotz, H., Partielles Bundesrecht und die Verteilung der Gesetzgebungsbefugnisse im Bundesstaat, AöR 116 (1991), 588–605; Rudolf, W., Die Ermächtigung der Länder zur Gesetzgebung im Bereich der ausschließlichen Gesetzgebung des Bundes, AöR 88 (1963), 159–184; Wipfelder, H.-J., Die Theoreme „Natur der Sache“ und „Sachzusammenhang“ als verfassungsrechtliche Zuordnungsbegriffe, DVBl. 1982, 477–486; s. auch die Literatur zu Art. 70. 15

Art. 72 [Konkurrierende Gesetzgebung]

(1) **Im Bereich der konkurrierenden Gesetzgebung haben die Länder die Befugnis zur Gesetzgebung, solange und soweit der Bund von seiner Gesetzgebungszuständigkeit nicht durch Gesetz Gebrauch gemacht hat.**

(2) **Auf den Gebieten des Artikels 74 Abs. 1 Nr. 4, 7, 11, 13, 15, 19a, 20, 22, 25 und 26 hat der Bund das Gesetzgebungsrecht, wenn und soweit die Herstellung gleichwertiger Lebensverhältnisse im Bundesgebiet oder die Wahrung der**

Rechts- oder Wirtschaftseinheit im gesamtstaatlichen Interesse eine bundesgesetzliche Regelung erforderlich macht.

(3) [1]**Hat der Bund von seiner Gesetzgebungszuständigkeit Gebrauch gemacht, können die Länder durch Gesetz hiervon abweichende Regelungen treffen über:**
1. das Jagdwesen (ohne das Recht der Jagdscheine);
2. den Naturschutz und die Landschaftspflege (ohne die allgemeinen Grundsätze des Naturschutzes, das Recht des Artenschutzes oder des Meeresnaturschutzes);
3. die Bodenverteilung;
4. die Raumordnung;
5. den Wasserhaushalt (ohne stoff- oder anlagenbezogene Regelungen);
6. die Hochschulzulassung und die Hochschulabschlüsse.
[2]**Bundesgesetze auf diesen Gebieten treten frühestens sechs Monate nach ihrer Verkündung in Kraft, soweit nicht mit Zustimmung des Bundesrates anderes bestimmt ist.** [3]**Auf den Gebieten des Satzes 1 geht im Verhältnis von Bundes- und Landesrecht das jeweils spätere Gesetz vor.**

(4) **Durch Bundesgesetz kann bestimmt werden, daß eine bundesgesetzliche Regelung, für die eine Erforderlichkeit im Sinne des Absatzes 2 nicht mehr besteht, durch Landesrecht ersetzt werden kann.**

Pflichtstoff (*****)

Übersicht

A. Überblick

I. Normstruktur

1 Art. 72 regelt die konkurrierende Gesetzgebungskompetenz des Bundes. An Art. 70 II anknüpfend, verteilt Art. 72 die Gesetzgebungsbefugnisse zwischen Bund und Ländern anhand eines fein ausdifferenzierten, an bundesstaatlichen Grundsätzen ausgerichteten Wertungssystems. Innerhalb dieser Norm werden drei Kompetenzformen unter-

schieden: Die *Kernkompetenz* des Bundes, die auch Vorrangkompetenz oder unkonditionierte Kompetenz genannt wird, ist in Art. 72 I geregelt. Die *Erforderlichkeitskompetenz* des Bundes, auch als Bedarfskompetenz oder konditionierte Kompetenz bezeichnet, ergibt sich aus Art. 72 I und II. Schließlich enthält Art. 72 III Regelungsbereiche, für die eine *Abweichungskompetenz* der Länder besteht und die alternativ auch Auffanggesetzgebungskompetenz mit Zugriffsrecht der Länder genannt wird (Pieroth, in: JP, Art. 72 Rn. 1; Degenhart, in: Sachs, Art. 72 Rn. 2). Gegenüber der früheren Rechtslage ist infolge der Föderalismusreform 2006 die Gesetzgebungskompetenz des Bundes im Bereich der konkurrierenden Kompetenzen nur noch für bestimmte Sachbereiche an die Erforderlichkeitsklausel des Art. 72 II gebunden. Außerdem wurde in Art. 72 III eine Abweichungsbefugnis der Länder für bestimmte Sachgebiete eingeführt.

II. Prüfungsrelevanz

Art. 72 kommt hohe Prüfungsrelevanz zu. Er eröffnet einerseits eine vom Grundsatz 2
der Art. 70 I i. V. m. Art. 30 abweichende Zuständigkeit des Bundes, setzt dessen Befugnissen durch die Erforderlichkeitsklausel des Art. 72 II und die Abweichungsermächtigung der Länder gem. Art. 72 III für bestimmte Sachbereiche aber zugleich auch Grenzen. In der Klausur ist Art. 72 deshalb für den Aufgabensteller besonders geeignet, um das Verständnis der Verteilung der Gesetzgebungskompetenzen im GG zu prüfen.

III. Europa

Zwar findet sich auf europäischer Ebene keine unmittelbare Entsprechung der kon- 3
kurrierenden Gesetzgebung nach Art. 72. Im System der geteilten Zuständigkeiten zwischen der EU und den Mitgliedstaaten gem. Art. 2 II und Art. 4 AEUV ist allerdings eine funktionell ähnliche Regelung zu sehen (Art. 70 Rn. 7). Zu beachten ist im Hinblick auf die Stellung der Bundesrepublik Deutschland als Mitgliedstaat der EU zudem, dass zur Verwirklichung des europäischen Binnenmarktes (Art. 3 III 1 EUV, Art. 26 AEUV) im Bereich der Gesetzgebungskompetenz für Regelungsgegenstände mit wirtschaftlichen Bezügen in erheblichem Umfang Hoheitsrechte auf die EU übertragen worden sind. So hat die Union nach Art. 4 II lit. a AEUV die geteilte Zuständigkeit für den Binnenmarkt. Darüber hinaus ermächtigen Art. 114, 115 AEUV die Union zu Maßnahmen zur Rechtsangleichung zur Verwirklichung des Binnenmarkts. Dadurch entsteht eine weitere „Front“ der Kompetenzabgrenzung, nämlich zwischen EU und Mitgliedstaat.

B. Erläuterungen

I. Kernkompetenz (Abs. 1)

1. Begriff und Anwendungsbereich

Unter die Kernkompetenz des Bundes nach Art. 72 I fallen nach der Systematik des 4
Art. 72 alle Sachbereiche des Art. 74 I, die nicht der Erforderlichkeitskompetenz des Bundes gem. Art. 72 II oder der Abweichungskompetenz der Länder nach Art. 72 III zuzuordnen sind. In diesen Bereichen kann der Bund ohne weitere Voraussetzungen, insbesondere ohne Beachtung der Erforderlichkeitsklausel des Art. 72 II, allein kraft Zuweisung eines Kompetenztitels durch Art. 74 tätig werden (Kunig, in: MK, Art. 72 Rn. 1).

Im Einzelnen unterstehen die Gegenstände nach Art. 74 I Nr. 1–3, 6, 9–10, 12, 14, 5
16–19, 21, 23, 24 sowie 27 der Kernkompetenz. Dagegen sind von den in Art. 74 I Nr. 28–33 genannten Sachbereichen nur diejenigen Gegenstände der Kernkompetenz des Bundes nach Art. 72 I ohne Einschränkung zuzuordnen, die nicht

gem. Art. 72 III der Abweichungskompetenz der Länder unterfallen (Rn. 28; Haratsch, in: Sodan, Art. 72 Rn. 5).

2. Sperrwirkung bei Gebrauchmachen durch den Bund

6 Solange und soweit der Bund von seiner konkurrierenden Gesetzgebungskompetenz Gebrauch gemacht hat, sind die Länder gem. Art. 72 I nicht zur Gesetzgebung befugt. Diese Ausschlusswirkung wird als Sperrwirkung bezeichnet. Sie tritt im Rahmen der konkurrierenden Gesetzgebungszuständigkeit für Gegenstände der Kernkompetenz und der Erforderlichkeitskompetenz ein. Dagegen ermöglicht die Abweichungskompetenz nach Art. 72 III eine Durchbrechung der Sperrwirkung des Art. 72 I.

a) Gebrauchmachen

6a Ein „Gebrauchmachen" von der Befugnis zur Gesetzgebung durch den Bund i. S. v. Art. 72 I liegt vor, wenn er eine bestimmte Materie regelt, d. h. eine gesetzliche Regelung erlässt, die „selbst und materiell alles oder etwas über die rechtliche Gestaltung der Gesetzgebungsmaterie" bestimmt (BVerfGE 34, 9 [28]). Der Bund kann dabei auch eine negative Regelung treffen, etwa durch absichtsvolles Unterlassen einer Regelung (BVerfGE 98, 265 [300]) oder durch „beredtes Schweigen" (BVerwGE 109, 272 [283]). Erforderlich ist jedoch, dass der Wille des Bundesgesetzgebers, eine bestimmte Materie nicht zu regeln, erkennbar nach außen tritt (BVerfGE 98, 265 [301]).

6b Abzustellen ist nicht allein auf die konkrete Einzelregelung, sondern auf das Gesamtkonzept des Bundes zur Regelung eines Sachbereichs (BVerfGE 98, 83 [98]; 102, 99 [121]). Erforderlich ist mithin, dass sich dem jeweiligen Gesetz bei einer Gesamtwürdigung des betreffenden Normenkomplexes entnehmen lässt, dass eine bestimmte Materie erschöpfend bzw. abschließend geregelt werden soll (BVerfGE 67, 299 [324]; 102, 99 [114 f.]; 109, 190 [229]).

7 Keine erschöpfende Regelung liegt bei einem bloßen Verbot einer landesrechtlichen Regelung ohne eigene materiell normsetzende Tätigkeit des Bundes vor (BVerfGE 34, 9 [28 f.]). Gleiches gilt, wenn ein Bundesgesetz lediglich Art und Umfang eines Leistungsanspruchs, nicht aber die Frage des „Ob" dieses Anspruches regelt (BVerfGE 78, 249 [273]) oder wenn aus sonstigen Gründen eine lückenhafte bundesrechtliche Regelung vorliegt (BVerwGE 109, 272 [279]).

8 Macht der Bund von seiner konkurrierenden Kompetenz nicht umfassend Gebrauch, so verbleibt die Gesetzgebungskompetenz im nicht geregelten Bereich bei den Ländern (BVerfG [K], NJW 2015, 44 [45 Rn. 13]). Dies ist etwa dann der Fall, wenn die betreffende Regelung des Bundes ausdrücklich nur einen Teil des Sachgebietes regelt (BVerfGE 62, 354 [369]; 85, 226 [234]) oder sich durch Auslegung ergibt, dass keine erschöpfende Regelung einer Materie getroffen werden soll (Pieroth, in: JP, Art. 72 Rn. 10). Die Gesetzgebungskompetenz verbleibt zudem dann bei den Ländern, wenn eine erschöpfende Regelung des Bundes Vorbehalte (Blankettnormen und Ermächtigungen) zugunsten der Landesgesetzgebung enthält (BVerfGE 83, 24 [30 f.]), landesrechtliche Vorschriften für „unberührt" erklärt werden (BVerfGE 7, 120 [124]; 78, 205 [210]) oder ein dynamischer Verweis auf Landesrecht vorliegt (Pieroth, in: JP, Art. 72 Rn. 10). Besteht ein solcher Vorbehalt zugunsten des Landesgesetzgebers, kann dieser in der Regel nur durch ausdrückliche Erklärung zurückgenommen werden (BVerfGE 11, 192 [200]).

b) Sperrwirkung für die Länder

9 Solange und soweit der Bund wirksam von seiner Gesetzgebungskompetenz Gebrauch gemacht hat, besteht eine Sperrwirkung für die Länder. Dies bedeutet, dass bestehende oder neu erlassene Landesgesetze nichtig sind. Das gilt unabhängig davon, ob die landesrechtliche Regelung im Widerspruch zum Bundesgesetz steht oder ob sie

Letztere nur ergänzt (BVerfGE 20, 238 [250]; 102, 99 [115]; 109, 190 [230]). Die Sperrwirkung kann auch durch vorkonstitutionelles Recht, das gem. Art. 125 Bundesrecht geworden ist, ausgelöst werden. Dagegen tritt die Sperrwirkung nicht gegenüber Landesverfassungsrecht ein (Pieroth, in: JP, Art. 72 Rn. 11).

In zeitlicher Hinsicht („solange") beginnt die Sperrwirkung grds. mit der Verkündung der bundesrechtlichen Regelung (Kunig, in: MK, Art. 72 Rn. 7; a. A. Jarass, NVwZ 1996, 1041 [1044] – Inkrafttreten). Ausnahmsweise kann der Eintritt der Sperrwirkung nach dem Grundsatz des bundesfreundlichen Verhaltens (Art. 20 Rn. 235 ff.) unter engen Voraussetzungen vorverlegt werden, wenn etwa das Gesetzgebungsverfahren des Bundes unmittelbar vor dem Abschluss steht und der Inhalt des künftigen Bundesgesetzes durch den Erlass eines Landesgesetzes vereitelt zu werden droht (vgl. Vogel, DVBl. 1994, 497 [502]). **10**

Umgekehrt hat der Bundesgesetzgeber die Möglichkeit, den Eintritt der Sperrwirkung bis zum Inkrafttreten des Bundesgesetzes hinauszuschieben (Pieroth, in: JP, Art. 72 Rn. 11; a. A. Sannwald, in: SHH, Art. 72 Rn. 22). Die Sperrwirkung endet mit Aufhebung der bundesrechtlichen Regelung oder dem Inkrafttreten eines Freigabegesetzes nach Art. 72 IV (Pieroth, in: JP, Art. 72 Rn. 14). Ist ein Landesgesetz wegen Art. 72 I nichtig, lebt es nach Wegfall der Sperrwirkung nicht wieder auf (BVerfGE 29, 11 [17]; 33, 224 [231 f.]). **11**

II. Erforderlichkeitskompetenz (Abs. 2)

1. Begriff und Anwendungsbereich

Art. 72 II beschränkt die konkurrierende Gesetzgebungskompetenz des Bundes für die in dieser Regelung abschließend genannten Kompetenztitel. Das Merkmal der Erforderlichkeit statuiert eine Voraussetzung, die eine zusätzliche Schranke für die Ausübung der Bundeskompetenz bildet (BVerfGE 106, 62 [135]). Anders als bei der konkurrierenden Kernkompetenz nach Art. 72 I reicht also für ein gesetzgeberisches Tätigwerden des Bundes nicht schon die bloße Zuweisung eines Kompetenztitels aus. In den in Art. 72 II aufgelisteten Sachbereichen ist vielmehr die Erforderlichkeit einer bundeseinheitlichen Regelung nötig. Liegt diese nicht vor, verbleibt die Gesetzgebungsbefugnis bei den Ländern. **12**

Ob die Voraussetzungen der Erforderlichkeit vorliegen oder nachträglich entfallen sind, liegt nicht im Beurteilungsspielraum des Gesetzgebers, sondern ist durch das BVerfG überprüfbar (BVerfGE 135, 155 [204 Rn. 115]; BVerfG, NJW 2015, 303 [305 Rn. 111]). Art. 93 I Nr. 2a eröffnet hierfür ein spezielles Normenkontrollverfahren (Rn. 21). Stellt das BVerfG in diesem Verfahren das Fehlen der Erforderlichkeit nach Art. 72 II fest, führt dies ebenso wie die Freigabe nach Art. 72 IV (s. Rn. 22 ff.) zur Gesetzgebungskompetenz der Länder (Pieroth, in: JP, Art. 72 Rn. 15). **12a**

2. Gebrauchmachen und Sperrwirkung

Auch von der Erforderlichkeitskompetenz muss der Bund Gebrauch machen (vgl. Rn. 6 ff.), damit die Sperrwirkung gegenüber landesrechtlichen Regelungen eintritt (s. Rn. 9 ff.). Insofern ergeben sich keine Unterschiede zur Kernkompetenz nach Art. 72 I (Haratsch, in: Sodan, Art. 72 Rn. 21). **13**

3. Erforderlichkeit

a) Allgemeines

Für die in Art. 72 II enumerativ genannten Kompetenztitel hat der Bund nicht schon kraft Kompetenzzuweisung durch Art. 74 I, sondern nur dann die konkurrierende Gesetzgebungskompetenz, wenn und soweit eine bundesgesetzliche Regelung erforderlich ist. Das Erforderlichkeitskriterium hat die bis 1994 geltende schwächere **14**

Bedürfnisklausel abgelöst, um im Bereich der konkurrierenden Gesetzgebung die zunehmende Zurückdrängung der Länderkompetenzen aufzuhalten (Stettner, in: Dreier, Art. 72 Rn. 5). Die Fortgeltung der auf der Grundlage von Art. 72 II a.F. erlassenen Regelungen richtet sich nach Art. 125a II.

15 Eine bundesgesetzliche Regelung war nach der bisherigen Rspr. nur dann erforderlich, wenn die in Art. 72 II festgeschriebenen Ziele, d.h. die Herstellung gleichwertiger Lebensverhältnisse im Bundesgebiet oder die Wahrung der Rechts- oder Wirtschaftseinheit, anders nicht oder nicht hinreichend erreicht werden können (BVerfGE 106, 62 [149]). Nach einer neueren Entscheidung genügt es jedoch, dass der Bundesgesetzgeber „nicht unerheblich problematische Entwicklungen" in Bezug auf diese Ziele erwarten darf (BVerfG, NJW 2015, 303 [305 Rn. 110]). Die drei Tatbestandsalternativen des Art. 72 II stehen eigenständig nebeneinander, wobei Überschneidungen möglich sind. Art. 72 II räumt daher bei gleicher Eignung von Regelungen zur Erfüllung der grundgesetzlichen Zielvorgaben grundsätzlich dem Landesgesetzgeber den Vorrang ein und verweist den Bundesgesetzgeber auf den geringstmöglichen Eingriff in die Gesetzgebungsrechte der Länder (BVerfGE 106, 62 [149]).

16 Eine bundesgesetzliche Regelung ist etwa dann nicht erforderlich, wenn sie nicht geeignet ist, die in Art. 72 II festgelegten Ziele zu erreichen oder wenn diese bereits hinreichend durch landesrechtliche Regelungen verwirklicht sind. Gleiches gilt, wenn die Ziele durch Abstimmung zwischen den Ländern („Selbstkoordination"), d.h. durch gleichgerichtete Landesgesetze, hinreichend und zeitnah verwirklicht werden können (Oeter, in: MKS, Art. 72 Rn. 115f.). Hierfür genügt allerdings nicht jede theoretische Handlungsmöglichkeit der Länder. Insbesondere schließt die bloße Möglichkeit gleichlautender Landesgesetze eine Bundeskompetenz nach Art. 72 II nicht aus, da andernfalls die konkurrierende Gesetzgebungskompetenz des Bundes gegenstandslos wäre (BVerfGE 106, 62 [150]).

b) Gleichwertige Lebensverhältnisse im Bundesgebiet

17 Das Erfordernis der Herstellung gleichwertiger Lebensverhältnisse im gesamten Bundesgebiet ist nicht schon dann erfüllt, wenn eine bundeseinheitliche Regelung der Verbesserung der Lebensverhältnisse im Bundesgebiet dient oder diese fördert (BVerfGE 112, 226 [244ff.]). „Das bundesstaatliche Rechtsgut gleichwertiger Lebensverhältnisse ist vielmehr erst dann bedroht und der Bund erst dann zum Eingreifen ermächtigt, wenn sich die Lebensverhältnisse in den Ländern der Bundesrepublik in erheblicher, das bundesstaatliche Sozialgefüge beeinträchtigender Weise auseinander entwickelt haben oder sich eine derartige Entwicklung konkret abzeichnet" (BVerfGE 106, 62 [144]; 112, 226 [243]).

17a Ausgehend hiervon sind die auf Art. 74 I Nr. 7 gestützten Regelungen der §§ 4a ff. BEEG (Bundeselterngeld- und Elterngeldzeitgesetz), die ein sogenanntes „Betreuungsgeld" für die elterliche Erziehung außerhalb von Kindertagesstätten gewähren (vgl. hierzu Art. 74 Rn. 22a), nach Ansicht des BVerfG nicht erforderlich zur Herstellung gleichwertiger Lebensverhältnisse im Bundesgebiet i.S.v. Art. 72 II (Urt. v. 21.7.2015, 1 BvF 2/13, Rn. 31ff.). Denn die gesetzgeberische Begründung, dass die Gewährung dieser Leistung aufgrund der unterschiedlichen Verfügbarkeit von staatlichen Kindertagesstätten zum Ausgleich unterschiedlicher Lebensverhältnisse erforderlich ist, rechtfertigt nicht die Annahme der Erforderlichkeit zur Herstellung gleichwertiger Lebensverhältnisse (BVerfG, a.a.O., Rn. 37f.; s. auch Ewer, NJW 2012, 2251 [2254f.]; Rixen, DVBl. 2012, 1393 [1401f.]; Art. 74 Rn. 22a).

c) Wahrung der Rechts- oder Wirtschaftseinheit

18 „Die Gesichtspunkte der Wahrung der Rechts- und der Wirtschaftseinheit können sich überschneiden, weisen aber unterschiedliche Schwerpunkte auf" (BVerfG, NJW

2015, 303 [305 Rn. 109]). Das Erfordernis der Wahrung der Rechtseinheit im gesamtstaatlichen Interesse ist dann gegeben, wenn durch die Gesetzesvielfalt auf Länderebene „eine Rechtszersplitterung mit problematischen Folgen" droht, die weder im Interesse des Bundes noch der Länder hingenommen werden kann (BVerfGE 106, 62 [145]; 125, 141 [155]). Dies ist der Fall, wenn „erhebliche Rechtsunsicherheiten und damit unzumutbare Behinderungen für den länderübergreifenden Rechtsverkehr" entstehen (BVerfGE 111, 226 [254]).

Zwar sind unterschiedliche Regelungen in den Ländern als notwendige Folge des bundesstaatlichen Aufbaus grds. hinzunehmen. Das gilt aber jedenfalls dann nicht, wenn die Unterschiedlichkeit die Erhaltung einer funktionsfähigen Rechtsgemeinschaft und somit das gesamtstaatliche Rechtsgut der Rechtseinheit bedroht. Zuletzt hat es das BVerfG sogar als ausreichend angesehen, dass „der Bundesgesetzgeber andernfalls nicht unerheblich problematische Entwicklungen in Bezug auf die Rechts- und Wirtschaftseinheit erwarten darf. „Die Regelung durch Bundesgesetz muss danach nicht unerlässlich für die Rechts- oder Wirtschaftseinheit in dem normierten Bereich sein" (BVerfG, NJW 2015, 303 [305 Rn. 110]). Ob das Gericht damit generell den Weg einer Lockerung der Anforderungen der Erforderlichkeitsklausel beschritten hat, bleibt abzuwarten. **18a**

Beispiel: Die Wahrung der Rechtseinheit erfordert im gesamtstaatlichen Interesse eine bundesgesetzliche Regelung des Personenstandswesens (BVerfGE 106, 62 [145 f.]). Denn unterschiedliche Personenstandsregelungen in den Ländern würden dazu führen, dass etwa für Eheschließungen unterschiedliche Vorschriften in den Ländern gelten. Dies würde zu erheblicher Rechtsunsicherheit führen. **18b**

Die Voraussetzung der Wahrung der Wirtschaftseinheit im gesamtstaatlichen Interesse ist dann gegeben, „wenn Landesregelungen oder das Untätigbleiben der Länder erhebliche Nachteile für die Gesamtwirtschaft mit sich bringen" (BVerfGE 106, 62 [147]; 112, 226 [249]). Ziel dieser Voraussetzung ist die Erhaltung der Funktionsfähigkeit des Wirtschaftsraumes durch eine bundeseinheitliche Regelung (BVerfGE 135, 155 [204 Rn. 115]). **19**

Beispiel: Nach Ansicht des BVerfG ist eine bundeseinheitliche Regelung der Erbschaftsteuer (auch) zur Wahrung der Wirtschaftseinheit erforderlich (BVerfG, NJW 2015, 303 [305 Rn. 112 ff.]). **19b**

d) Gerichtliche Überprüfung

Die verfassungsgerichtliche Kontrolle der Auslegung der in Art. 72 II verwendeten unbestimmten Rechtsbegriffe ist umfassend und geht über eine bloße Vertretbarkeitskontrolle hinaus (BVerfGE 106, 62 [148]). Dem Gesetzgeber steht kein von verfassungsgerichtlicher Kontrolle freier Beurteilungsspielraum hinsichtlich der Voraussetzungen des Art. 72 II zu (BVerfGE 106, 62 [135 f.]; 110, 141 [171 f.]). Die gerichtliche Überprüfung erfolgt in zwei Schritten: Im ersten Schritt ist zu prüfen, ob eine Regelung des Bundesgesetzgebers zum Schutz der in Art. 72 II GG genannten Rechtsgüter zulässig ist („wenn … erforderlich"). Im zweiten Schritt ist dann das Ausmaß der Eingriffsbefugnis („soweit … erforderlich") festzustellen (BVerfGE 106, 62 [149]; 113, 167 [197 f.]; 125, 141 [154]). **20**

Dem Bundesgesetzgeber ist jedoch insb. für die Beurteilung von Gesetzeswirkungen ein Prognosespielraum einzuräumen (BVerfGE 135, 155 [204 Rn. 115]; BVerfG, NJW 2015, 303 [305 Rn. 111]). Dieser wird vom BVerfG darauf überprüft, ob der Gesetzgeber seine Prognose auf sorgfältig ermittelte Sachverhaltsannahmen gestützt hat, das Prognoseverfahren methodisch angemessen ist und konsequent eingehalten wurde und in die Prognose keine sachfremden Erwägungen eingeflossen sind (BVerfGE 106, 62 [152 f.]). **20a**

21 Bei Meinungsverschiedenheiten über die Frage, ob ein Bundesgesetz die Voraussetzungen des Art. 72 II erfüllt, kann der Bundesrat, eine Landesregierung oder die Volksvertretung eines Landes gem. Art. 93 I Nr. 2a eine Klärung durch Entscheidung des BVerfG herbeiführen (vgl. Art. 93 Rn. 36ff.).

4. Freigabegesetz des Bundes (Abs. 4)

22 Der Bund kann den Ländern für den Fall, dass die Voraussetzungen des Art. 72 II nachträglich entfallen, gem. Art. 72 IV die Gesetzgebungskompetenz wieder einräumen. Die Freigabe muss dabei durch den Bundesgesetzgeber selbst erfolgen. Eine Delegation der Befugnis zum Erlass einer Ersetzungsermächtigung nach Art. 72 IV ist nicht zulässig (Oeter, in: MKS, Art. 72 Rn. 133). Die Freigabe kann auch nur für einen Teil eines Bundesgesetzes erfolgen (Pieroth, in: JP, Art. 72 Rn. 25). Das Freigabegesetz darf den Landesgesetzgeber aber weder zum Erlass eines Gesetzes verpflichten (Degenhart, in: Sachs, Art. 72 Rn. 51) noch dessen Inhalt vorschreiben (vgl. Oeter, in: MKS, Art. 72 Rn. 135).

23 Nach dem Wortlaut des Art. 72 IV ist der Bundesgesetzgeber zum Erlass eines Freigabegesetzes zwar ermächtigt, jedoch nicht verpflichtet (Kunig, in: MK, Art. 72 Rn. 35; vgl. auch BVerfGE 111, 10 [30f.]). Etwas anderes ergibt sich auch nicht aus einer Zusammenschau mit dem Kompetenzfreigabeverfahren nach Art. 93 II (Degenhart, in: Sachs, Art. 72 Rn. 49). Denn die Entscheidung des BVerfG ersetzt in diesem Fall lediglich das Freigabegesetz (Kunig, in: MK, Art. 72 Rn. 35).

24 Eine Einschränkung des Ermessens des Bundesgesetzgebers über eine Freigabe gem. Art. 72 IV kann sich unter dem Gesichtspunkt des Grundsatzes der Bundestreue (vgl. Art. 20 Rn. 235ff.) ergeben. Ist eine aufgrund der Erforderlichkeitskompetenz erlassene bundesrechtliche Regelung änderungsbedürftig, sind die Voraussetzungen des Art. 72 II jedoch nachträglich entfallen, reduziert sich der in Art. 72 IV eingeräumte Entscheidungsspielraum des Bundesgesetzgebers dahingehend, dass er die Länder zur Neuregelung ermächtigen muss (BVerfGE 111, 10 [31]).

25 Die Freigabe durch den Bund nach Art. 72 IV ermöglicht die Ersetzung durch eine landesrechtliche Neuregelung. Der Landesgesetzgeber muss die Materie, gegebenenfalls auch einen abgegrenzten Teilbereich, in eigener Verantwortung regeln. „Dabei ist er nicht gehindert, ein weitgehend mit dem Bundesrecht gleich lautendes Landesrecht zu erlassen" (BVerfGE 111, 10 [30]). Das zeigt etwa das Bayerische Versammlungsgesetz, das viele Gemeinsamkeiten mit dem Versammlungsgesetz des Bundes hat, welches in Bayern nicht mehr gilt. Die das Bundesgesetz ersetzende landesrechtliche Regelung muss ein formelles Gesetz sein, eine gesetzesvertretende Rechtsverordnung des Landes ist unzulässig (Degenhart, in: Sachs, Art. 72 Rn. 52).

26 Das Freigabegesetz führt zum Wegfall der Sperrwirkung des Art. 72 I (Oeter, in: MKS, Art. 72 Rn. 129) und bricht die entsprechende ältere bundesrechtliche Regelung (Pieroth, in: JP, Art. 72 Rn. 27). Durch die Möglichkeit der nur teilweisen Freigabe bzw. Ersetzung kann es zu einem partikularen Nebeneinander von Landes- und Bundesrecht kommen (Degenhart, in: Sachs, Art. 72 Rn. 53).

III. Abweichungskompetenz (Abs. 3)

1. Begriff

27 Art. 72 III verleiht den Ländern die Befugnis, vom Inhalt einer Regelung, die der Bund aufgrund seiner konkurrierenden Gesetzgebungskompetenz erlassen hat, abzuweichen. Die abweichende Regelung des Landes durchbricht somit den Grundsatz der Sperrwirkung von Bundesgesetzen nach Art. 72 I (vgl. Rn. 9ff.). Den Ländern steht nach Art. 72 III eine parallele Vollkompetenz zu, wobei der Erlass einer abweichenden

landesrechtlichen Regelung im Ermessen des jeweiligen Landesgesetzgebers steht (Haratsch, in: Sodan, Art. 72 Rn. 24). Der Bund kann nach Erlass einer abweichenden landesrechtlichen Regelung erneut von seiner Gesetzgebungskompetenz Gebrauch machen und ein abweichendes Bundesgesetz erlassen (Pieroth, in: JP, Art. 72 Rn. 29). Dem lex posterior-Grundsatz folgend genießt das jeweils spätere Gesetz Anwendungsvorrang (s. Rn. 32).

2. Anwendungsbereich

Eine Abweichungskompetenz ist für die in Art. 72 III 1 abschließend aufgezählten Sachbereiche vorgesehen. Im Wesentlichen fallen hierunter die Gegenstände des Art. 74 I Nr. 28–33: das Jagdwesen (Art. 74 Rn. 79f.), Naturschutz und Landschaftspflege (Art. 74 Rn. 81f.), Bodenverteilung (Art. 74 Rn. 82), Raumordnung (Art. 74 Rn. 83f.), Wasserhaushalt (Art. 74 Rn. 85) sowie Hochschulzulassung und Hochschulabschlüsse (Art. 74 Rn. 86ff.). Ausgenommen sind jedoch die in den Art. 72 III 1 Nr. 1, 2 und 5 genannten Teilbereiche (sog. „abweichungsfeste Kerne"). Diese fallen vielmehr unter die Kernkompetenz (Rn. 5). **28**

3. Inhalt und Reichweite

Eine Abweichung liegt in jeder inhaltlich (materiell) anderen Regelung. Sie ermöglicht es den Ländern, „eigene Konzeptionen" zu verwirklichen (BT-Drs. 16/813, S. 11). Dagegen ist umstritten, ob die Abweichungskompetenz auch zu einer Negativgesetzgebung ermächtigt. Bei ihr trifft der Landesgesetzgeber keine Regelung in der Sache, sondern ordnet nur an, dass die bundesgesetzliche Regelung in dem Land nicht mehr gilt (dafür Pieroth, in: JP, Art. 72 Rn. 30; dagegen Degenhart, in: Sachs, Art. 72 Rn. 43). **29**

Der Reichweite der Abweichung sind nach dem Wortlaut des Art. 72 III keine Grenzen gesetzt (Oeter, in: MKS, Art. 72 Rn. 122). Bei einem landesrechtlichen Abweichungsgesetz ist aus Gründen der Rechtssicherheit die Bundesregelung, von der abgewichen wird, zu nennen. Dagegen macht der Bund bei späterem Erlass eines Bundesgesetzes von seiner originären konkurrierenden Gesetzgebungskompetenz Gebrauch, so dass die abweichende landesrechtliche Regelung nicht zu nennen ist (Pieroth, in: JP, Art. 72 Rn. 30 m. w. N.). **30**

4. Rechtsfolgen

a) Sperrfrist für abweichende Landesgesetze (Satz 2)

Um „kurzfristig wechselnde Rechtsbefehle an den Bürger" zu vermeiden und den Ländern Gelegenheit zu geben, „durch gesetzgeberische Entscheidungen festzulegen, ob und in welchem Umfang sie von Bundesrecht abweichendes Landesrecht beibehalten oder erlassen wollen" (BT-Drs. 16/813, S. 11), treten nach Art. 72 III 2 Bundesgesetze frühestens sechs Monate nach ihrer Verkündung in Kraft. Für Eilfälle, z. B. wegen unionsrechtlicher Umsetzungsfristen, kann die Frist mit Zustimmung des Bundesrats verkürzt werden. Dagegen berührt eine Verlängerung der Frist die Länderinteressen nicht und unterfällt daher nicht dem Zustimmungserfordernis (Pieroth, in: JP, Art. 72 Rn. 31 m. w. N.). **31**

b) Vorrang des später ergangenen Gesetzes (Satz 3)

Für den Fall, dass sowohl der Bund als auch die Länder von ihrer Gesetzgebungsbefugnis Gebrauch gemacht haben, gilt nach Art. 72 III 3 die lex posterior- **32**

Regelung, wonach das jeweils spätere Gesetz vorgeht. Insoweit stellt Art. 72 III 3 eine Spezialregelung zu Art. 31 dar. Der Vorrang des Landesrechts nach Art. 72 III 3 ist anders als der Vorrang von Bundesrecht im Rahmen des Art. 31 kein Geltungsvorrang, sondern ein Anwendungsvorrang („geht vor" statt „bricht"). Das früher erlassene Bundesrecht ist nicht nichtig, sondern nur im Geltungsbereich des jeweiligen (abweichenden) Landesrechts unanwendbar. Wird das nachgehende abweichende Recht aufgehoben, lebt die frühere Regelung automatisch wieder auf (Pieroth, in: JP, Art. 72 Rn. 32 m. w. N.). Hat ein Land keinen Gebrauch von seiner Abweichungskompetenz gemacht, gilt die bundesgesetzliche Regelung (Haratsch, in: Sodan, Art. 72 Rn. 30).

C. Prüfungshinweise

33 **Grobschema zur Prüfung der konkurrierenden Gesetzgebungskompetenz durch das BVerfG:**

I. Vorliegen eines Kompetenztitels nach Art. 74 I
II. Vorliegen der Voraussetzungen des Art. 72
  1. Kernkompetenz, Art. 72 I
    a) Gebrauchmachen des Bundes
    b) Rechtsfolge: Sperrwirkung
  2. Wenn Kernkompetenz nicht gegeben, dann Erforderlichkeitskompetenz, Art. 72 II
    a) Erforderlichkeit einer bundeseinheitlichen Regelung
    b) Gebrauchmachen des Bundes
    c) Rechtsfolge: Sperrwirkung
    d) Ausnahme: Freigabe, Art. 72 IV
  3. Abweichungskompetenz der Länder, Art. 72 III

D. Weiterführende Literatur/Leseempfehlungen

34 Becker, B., Das Recht der Länder zur Abweichungsgesetzgebung (Art. 72 Abs. 3 GG) und das neue WHG und BNatSchG, DVBl. 2010, 754–758; Calliess, C., Die Justitiabilität des Art. 72 Abs. 2 GG vor dem Hintergrund von kooperativem und kompetitivem Föderalismus, DÖV 1997, 889–899; Degenhart, C., Verfassungsrechtliche Rahmenbedingungen der Abweichungsgesetzgebung, DÖV 2010, 422–430; Ewer, W., Kompetenz des Bundesgesetzgebers zur Einführung des Betreuungsgelds, NJW 2012, 2251–2255; Franzius, C., Die Abweichungsgesetzgebung, NVwZ 2008, 492–499; Haug, V., Die Abweichungsgesetzgebung – ein Kuckucksei der Föderalismusreform?, DÖV 2008, 851–857; Klein, O./Schneider, K., Art. 72 GG n. F. im Kompetenzgefüge der Föderalismusreform, DVBl. 2006, 1549–1556; Köck, W./Wolf, R., Grenzen der Abweichungsgesetzgebung im Naturschutz, NVwZ 2008, 353–360; Krause, J., Abweichungskompetenzen der Bundesländer am Beispiel des Umweltrechts, JA 2011, 768–770; Kröger, D./Moos, F., Die Erforderlichkeitsklausel gemäß Art. 72 Abs. 2 GG n. F. im Spannungsfeld des Bundesstaates, BayVBl. 1997, 705–713; Lechleitner, M., Die Erforderlichkeitsklausel des Art. 72 Abs. 2 GG, Jura 2004, 746–751; Mammen, L., Der neue Typus der konkurrierenden Gesetzgebung mit Abweichungsrecht, DÖV 2007, 376–380; Poschmann, T., Inanspruchnahme konkurrierender Kompetenzen des Bundes und Neuordnung der bundesstaatlichen Ordnung, NVwZ 2004, 1318–1322; Rixen, S., Hat der Bund die Gesetzgebungskompetenz für das Betreuungsgeld?, DVBl. 2012, 1393–1403; Sachs, M./Jasper, C., Versteinerungsgefahr gebannt – Keine Modifikationskompetenz bei fortgeltendem Bundesrecht, NVwZ 2015, 465–470; Schmitz, H./Jornitz, P., Die Tücken der Abweichungsgesetzgebung – Dargestellt am Beispiel des neuen Bayerischen Landesplanungsgesetzes, DVBl. 2013, 741–746; Stegmüller, M., Wirklich „Tücken der Abweichungsgesetzge-

bung"? – Zur Dogmatik und Auslegung des Art. 72 Abs. 3 GG – Erwiderung auf Schmitz/Jornitz, DVBl. 2013, 741 –, DVBl. 2013, 1477–1483.

Art. 73 [Gegenstände der ausschließlichen Gesetzgebung]

(1) **Der Bund hat die ausschließliche Gesetzgebung über:**

1. die auswärtigen Angelegenheiten sowie die Verteidigung einschließlich des Schutzes der Zivilbevölkerung;
2. die Staatsangehörigkeit im Bunde;
3. die Freizügigkeit, das Paßwesen, das Melde- und Ausweiswesen, die Ein- und Auswanderung und die Auslieferung;
4. das Währungs-, Geld- und Münzwesen, Maße und Gewichte sowie die Zeitbestimmung;
5. die Einheit des Zoll- und Handelsgebietes, die Handels- und Schiffahrtsverträge, die Freizügigkeit des Warenverkehrs und den Waren- und Zahlungsverkehr mit dem Auslande einschließlich des Zoll- und Grenzschutzes;
5a. den Schutz deutschen Kulturgutes gegen Abwanderung ins Ausland;
6. den Luftverkehr;
6a. den Verkehr von Eisenbahnen, die ganz oder mehrheitlich im Eigentum des Bundes stehen (Eisenbahnen des Bundes), den Bau, die Unterhaltung und das Betreiben von Schienenwegen der Eisenbahnen des Bundes sowie die Erhebung von Entgelten für die Benutzung dieser Schienenwege;
7. das Postwesen und die Telekommunikation;
8. die Rechtsverhältnisse der im Dienste des Bundes und der bundesunmittelbaren Körperschaften des öffentlichen Rechtes stehenden Personen;
9. den gewerblichen Rechtsschutz, das Urheberrecht und das Verlagsrecht;
9a. die Abwehr von Gefahren des internationalen Terrorismus durch das Bundeskriminalpolizeiamt in Fällen, in denen eine länderübergreifende Gefahr vorliegt, die Zuständigkeit einer Landespolizeibehörde nicht erkennbar ist oder die oberste Landesbehörde um eine Übernahme ersucht;
10. die Zusammenarbeit des Bundes und der Länder
a) in der Kriminalpolizei,
b) zum Schutze der freiheitlichen demokratischen Grundordnung, des Bestandes und der Sicherheit des Bundes oder eines Landes (Verfassungsschutz) und
c) zum Schutze gegen Bestrebungen im Bundesgebiet, die durch Anwendung von Gewalt oder darauf gerichtete Vorbereitungshandlungen auswärtige Belange der Bundesrepublik Deutschland gefährden,
sowie die Einrichtung eines Bundeskriminalpolizeiamtes und die internationale Verbrechensbekämpfung;
11. die Statistik für Bundeszwecke;
12. das Waffen- und das Sprengstoffrecht;
13. die Versorgung der Kriegsbeschädigten und Kriegshinterbliebenen und die Fürsorge für die ehemaligen Kriegsgefangenen;
14. die Erzeugung und Nutzung der Kernenergie zu friedlichen Zwecken, die Errichtung und den Betrieb von Anlagen, die diesen Zwecken dienen, den Schutz gegen Gefahren, die bei Freiwerden von Kernenergie oder durch ionisierende Strahlen entstehen, und die Beseitigung radioaktiver Stoffe.

(2) **Gesetze nach Absatz 1 Nr. 9a bedürfen der Zustimmung des Bundesrates.**

Pflichtstoff (*****)

Übersicht

A. Überblick

I. Normstruktur

Art. 73 I enthält eine umfangreiche, nicht abschließende Aufzählung der Gegenstände der ausschließlichen Gesetzgebungskompetenz des Bundes. Er steht damit in einem engen Verhältnis zu Art. 71, der die Rechtsfolgen dieser Kompetenz regelt (s. Art. 71 Rn. 5ff.). Weitere Vorschriften, die eine ausschließliche Gesetzgebungskompetenz des Bundes begründen, sind Art. 105 I, Art. 143a I 1 und Art. 143b I 2 (Degenhart, in: Sachs, Art. 73 Rn. 1). Die ausschließliche Gesetzgebungskompetenz kann dem Bund zudem durch Verwendung des Begriffs „Bundesgesetz" in einer Verfassungsnorm zugewiesen sein (Art. 70 Rn. 20). 1

Beispiele: Art. 4 III 2, Art. 16a II 2, III 1, Art. 21 III, Art. 23 I 2, I a 3, III 3, VII, Art. 38 III, Art. 41 III, Art. 54 VII, Art. 93 II und III, Art. 106 IV und V 2, Art. 108 I 2, II 2, IV 1, V 1, VI und Art. 134 IV. 2

Die ungeschriebene Gesetzgebungskompetenz des Bundes kraft Natur der Sache (Art. 70 Rn. 22f.) ist ebenfalls als ausschließliche Gesetzgebungskompetenz des Bundes einzuordnen (Schnappauf, in: Hömig, Art. 73 Rn. 2). Gemäß Art. 73 II bedürfen Gesetze nach Art. 73 I Nr. 9a der Zustimmung des Bundesrates (Rn. 62). Dies wird z. T. als systemwidrig erachtet (Pieroth, in: JP, Art. 73 Rn. 30). 3

II. Prüfungsrelevanz

Die Gesetzgebungskompetenzen im Allgemeinen und der Katalog der ausschließlichen Gesetzgebung des Bundes gem. Art. 73 I im Besonderen besitzen eine hohe Prüfungsrelevanz. Ihr Inhalt sollte in jedem Fall in Grundzügen bekannt sein, so dass der in der konkreten Klausur einschlägige Kompetenztitel in zutreffender Weise bestimmt werden kann. Dabei wird die Prüfung der einzelnen Kataloggegenstände regelmäßig nicht den Klausurschwerpunkt bilden. Sie kann jedoch sowohl in verfassungsrechtlichen als auch in verwaltungsrechtlichen Klausuren abgefragt werden. 4

III. Europa

Ähnlich der ausschließlichen Gesetzgebung des Bundes existieren ausschließliche Zuständigkeiten der Europäischen Union gegenüber ihren Mitgliedstaaten, vgl. Art. 2 5

I AEUV. Sie sind in Art. 3 AEUV in einem Katalog zusammengefasst. Soweit die Union in Bereichen der ausschließlichen Gesetzgebung des Bundes ausschließlich zuständig ist, reduziert dies die Bedeutung der betroffenen Gesetzgebungsgegenstände des Art. 73 (s. Art. 70 Rn. 6). Denn nach Art. 2 I AEUV kann dann nur die Union gesetzgeberisch tätig werden und verbindliche Rechtsakte erlassen. Dagegen dürfen die Mitgliedstaaten in einem solchen Fall nur tätig werden, wenn sie hierzu von der Union ermächtigt werden oder wenn sie Rechtsakte der Union durchführen. Die ausschließliche Gesetzgebungskompetenz des Bundes nach Art. 73 wird insoweit durch die ausschließliche Gesetzgebungskompetenz der EU nach Art. 2 II und Art. 3 AEUV verdrängt. Das gilt etwa für Art. 73 I Nr. 5 Alt. 1 (Einheit des Zoll- und Handelsgebietes) aufgrund der Regelungen der EU über die Zollunion gem. Art. 28ff. AEUV (Degenhart, in: Sachs, Art. 73 Rn. 20).

6 Im Übrigen können einzelne Gesetzgebungsgegenstände nach Art. 73 in unterschiedlichem Maße durch Unionsrecht materiell überlagert werden. Dazu kommt es beispielsweise, wenn die EU im Rahmen ihrer Zuständigkeit (Art. 5 I 1 EUV) Verordnungen und Richtlinien erlässt. Der Gestaltungsspielraum des deutschen Gesetzgebers kann so eingeschränkt sein, ohne dass dies unmittelbaren Einfluss auf die grundgesetzliche Kompetenzordnung hat. Darüber hinaus setzt sich bindendes Unionsrecht im Falle einer Kollision mit nationalem Recht aufgrund des Anwendungsvorrangs durch (dazu Art. 23 Rn. 50ff.).

B. Erläuterungen

I. Auswärtige Angelegenheiten sowie Verteidigung einschließlich des Schutzes der Zivilbevölkerung (Nr. 1)

1. Auswärtige Angelegenheiten (Alt. 1)

7 Der Bund hat die ausschließliche Gesetzgebungskompetenz über die auswärtigen Angelegenheiten. Dies sind „diejenigen Fragen […], die für das Verhältnis der Bundesrepublik Deutschland zu anderen Staaten oder zwischenstaatlichen Einrichtungen, insbesondere für die Gestaltung der Außenpolitik, Bedeutung haben“ (BVerfGE 33, 52 [60]; 100, 313 [368f.]).

8 **Beispiele:**
- Auslandsaufklärung des Bundesnachrichtendienstes (BVerfGE 100, 313 [368ff.])
- Ausstrahlung von Rundfunksendungen in das Ausland (BVerwGE 75, 79 [81]; offen gelassen in BVerfGE 12, 205 [241f., 250]).

2. Verteidigung einschließlich des Schutzes der Zivilbevölkerung (Alt. 2)

9 Der Gesetzgebungsgegenstand der Verteidigung bezieht sich auf sämtliche Aufgaben, die „mit der Aufstellung, dem Unterhalt und dem Einsatz der Streitkräfte zusammenhängen“ (Uhle, in: MD, Art. 73 Rn. 44; zum Begriff der Streitkräfte s. Art. 87a Rn. 5; zum verfassungsrechtlichen Verteidigungsbegriff s. Art. 87a Rn. 12ff.).

10 **Beispiele:**
- Wehrpflicht und Wehrersatzwesen, insbesondere die Regelung der ärztlichen Untersuchung zur Durchführung der allgemeinen Wehrpflicht (BVerfGE 62, 354 [373f.]; für einen Vorrang des Art. 12a jedoch BVerfG [K], NJW 2002, 1709 [1710])
- Rechtsverhältnisse in den Streitkräften und der Zivildienstleistenden (BVerfGE 62, 354 [367f.]; BVerwGE 39, 110 [112]) als lex specialis zu Art. 73 I Nr. 8 (anders noch BVerfGE 39, 128 [141])
- Gründung und Unterhaltung der Bundeswehrhochschulen als Annex-Materie zur Verteidigung (str., dafür Degenhart, in: Sachs, Art. 73 Rn. 7; dagegen Heintzen, in: MKS, Art. 73 Rn. 15);

ausgenommen sind jedoch die hoheitlichen Befugnisse zur Abnahme von Hochschulprüfungen (BVerwG, NVwZ-RR 1993, 189 [189]).

Die ausdrückliche Einbeziehung des Schutzes der Zivilbevölkerung (sog. Zivilschutz) in den Gesetzgebungsgegenstand der Verteidigung besitzt allein klarstellende Natur. Die Binnenstruktur der Regelung zeigt jedoch, dass nur der Schutz der nicht in die Verteidigung einbezogenen Bevölkerung (Uhle, in: MD, Art. 73 Rn. 51 mit Fn. 55) vor verteidigungsbedingten Gefahren umfasst ist, nicht jedoch ein Schutz vor anderen Gefahren. Diese fallen in die Länderkompetenz der allgemeinen Gefahrenabwehr gem. Art. 70 I. **11**

Beispiele: **12**
- Aufklärung und Unterrichtung über das angemessene (Schutz-)Verhalten in Kriegssituationen (Uhle, in: MD, Art. 73 Rn. 51 mit Fn. 55); Durchführung von Luftschutzübungen, Errichtung und Vorhaltung von Bunkern und Luftschutzanlagen in Friedens- und Kriegszeiten
- Nichtmilitärische Vorbereitungsmaßnahmen für eine Verteidigungssituation: Vorratsplanung, Bevorratung von Medikamenten, Rohstoffen, etc.

II. Staatsangehörigkeit im Bunde (Nr. 2)

Art. 73 I Nr. 2 normiert die ausschließliche Kompetenz des Bundes zur Regelung des Erwerbs und des Verlusts der deutschen Staatsangehörigkeit, nicht jedoch der sich aus ihr ableitenden (gegenseitigen) Rechte und Pflichten. Bei Wahrnehmung der Kompetenz sind insbesondere die materiellen Gehalte und Bindungen der Art. 16 I und Art. 116 II zu berücksichtigen (Degenhart, in: Sachs, Art. 73 Rn. 11; s. zum Begriff der Staatsangehörigkeit Art. 116 Rn. 6ff.). **13**

Beispiel: Rücknahme einer Einbürgerung (BVerfGE 116, 24 [36ff.]). **14**

III. Freizügigkeit, Paßwesen, Melde- und Ausweiswesen, Ein- und Auswanderung sowie Auslieferung (Nr. 3)

1. Freizügigkeit (Alt. 1)

Der kompetenzrechtliche Terminus der Freizügigkeit wird anders verstanden als der wortgleiche, aber grundrechtlich geprägte Begriff der Freizügigkeit in Art. 11 I (dazu Art. 11 Rn. 7ff.). Der kompetenzrechtliche Begriff der Freizügigkeit umfasst neben Regelungen über die Einreise in das Bundesgebiet auch die Ausreise aus dem Bundesgebiet (BVerfGE 6, 32 [LS 1, 35]). Nicht von Art. 73 I Nr. 3 Alt. 1 erfasst ist die sog. „wirtschaftliche Freizügigkeit", also das Recht zur gewerblichen Niederlassung und zum Erwerb von Grundeigentum (Degenhart, in: Sachs, Art. 73 Rn. 13; Uhle, in: MD, Art. 73 Rn. 63; a.A. Heintzen, in: MKS, Art. 73 Rn. 28). Gleiches gilt für das freizügigkeitseinschränkende Gefahrenabwehrrecht, da dieses in die ausschließliche Gesetzgebungskompetenz der Länder fällt (vgl. BVerwGE 129, 142 [145]; Pieroth, in: JP, Art. 73 Rn. 7). **15**

2. Paßwesen (Alt. 2)

Das Passwesen umfasst die mit der Erteilung und dem Entzug von Pässen verbundenen legislativen und administrativen Maßnahmen (Degenhart, in: Sachs, Art. 73 Rn. 14). Dabei ist als Pass eine international übliche Urkunde zur Feststellung der Identität und Legitimation einer natürlichen Person gegenüber Behörden im grenzüberschreitenden Verkehr („Grenzübertritt") oder im Ausland zu verstehen. Erfasst sind demnach sämtliche mit Passfunktion, -inhalt, -kosten, -besitz und -befristung ver- **16** bundene Fragen, inklusive der Regelung des Passersatzes sowie der Passqualität anderer Ausweise (Uhle, in: MD, Art. 73 Rn. 65).

17 **Beispiele:**
- Normierung der Voraussetzungen für Erteilung und Versagung eines Passes (BVerfGE 6, 32 [42 f.])
- Regelung der Voraussetzungen der Passentziehung. Dies gilt etwa für die Entziehung des Passes eines Deutschen, weil befürchtet wird, dass er zur Unterstützung des militanten „Jihad" nach Syrien reisen will (vgl. OVG Münster, Urt. v. 4.5.2015, 19 A 2097/14).

3. Melde- und Ausweiswesen (Alt. 3)

18 Das Meldewesen betrifft die für natürliche Personen mit deutscher Staatsangehörigkeit bestehenden Meldepflichten, d. h. die Anmeldepflicht bei Begründung und die Abmeldepflicht bei Aufgabe des Wohnsitzes bzw. des gewöhnlichen Aufenthaltsortes. In das Meldewesen einbezogen sind zudem der Melderegisterabgleich (BVerfGE 65, 1 [63]; Pieroth, in: JP, Art. 73 Rn. 10) sowie mit der Meldepflicht verbundene Regelungen über den Datenschutz (Degenhart, in: Sachs, Art. 73 Rn. 14). Dagegen ist in Bezug auf Ausländer der Art. 74 I Nr. 4 lex specialis (Art. 74 Rn. 19; a. A. Uhle, in: MD, Art. 73 Rn. 68, der auch Ausländer in Art. 73 I Nr. 3 Alt. 3 einbezieht).

19 Eng mit dem Pass- und Meldewesen ist das Ausweiswesen verbunden. Letzteres bezieht sich auf die Ausstellung und den Gebrauch amtlicher Ausweise, die der Feststellung der Identität und Legitimation natürlicher Personen dienen, z. B. Personalausweise. Vom Ausweiswesen umfasst sind zudem darauf bezogene Regelungen über den Datenschutz (Pieroth, in: JP, Art. 73 Rn. 11) und über die Rechtsfolgen bei fehlender Erfüllung der Ausweispflicht (Schnappauf, in: Hömig, Art. 73 Rn. 5). Dagegen werden andere Urkunden, die im Zusammenhang mit dem Meldewesen stehen, nicht erfasst.

4. Ein- und Auswanderung (Alt. 4)

20 Die „Einwanderung" kann definiert werden als der Zuzug von Ausländern in das Bundesgebiet zwecks dauerhafter Begründung eines Wohnsitzes oder Aufenthalts; die Rechtsstellung des Ausländers nach erfolgter Einwanderung richtet sich nach Art. 74 I Nr. 4 (Kunig, in: MK, Art. 73 Rn. 18). Unter „Auswanderung" ist dementsprechend das Verlassen des Bundesgebiets mit dem Ziel zu verstehen, den Wohnsitz oder Aufenthalt dort dauerhaft aufzugeben (Pieroth, in: JP, Art. 73 Rn. 12). Die Dauerhaftigkeit bildet dabei das Abgrenzungsmerkmal der Ein- und Ausreise zu der grenzüberschreitenden Freizügigkeit nach Art. 73 I Nr. 3 Alt. 1 (Uhle, in: MD, Art. 73 Rn. 71; s. im Übrigen Art. 74 Nr. 19).

5. Auslieferung (Alt. 5)

21 Der Begriff der Auslieferung in Art. 73 I Nr. 3 ist wie in Art. 16 II zu verstehen (s. Art. 16 Rn. 18 ff.). Der ausschließlichen Gesetzgebungskompetenz unterfallen die Regelung der Auslieferung von Deutschen an einen Mitgliedstaat der EU oder an einen internationalen Gerichtshof (BVerfGE 113, 273 [296]) sowie die Rücklieferung von Deutschen durch ausländische Staaten an die Bundesrepublik und die sog. Durchlieferung (Degenhart, in: Sachs, Art. 73 Rn. 16). Eine Zweckbindung zur Durchführung eines Strafverfahrens oder zur Strafvollstreckung besteht nicht (Uhle, in: MD, Art. 73 Rn. 74).

IV. Währungs-, Geld- und Münzwesen, Maße und Gewichte sowie Zeitbestimmung (Nr. 4)

1. Währungs-, Geld- und Münzwesen (Alt. 1)

Das Währungswesen schließt als Oberbegriff das Geld- und Münzwesen mit ein. **22**
Der Terminus des Währungswesens ist weit auszulegen: Zu ihm zählen etwa die besondere institutionelle Ordnung der Geldrechnung, die in ihr gültigen Zahlungsmittel, die Regelung der tragenden Grundsätze der Währungspolitik (BVerfGE 4, 60 [73]), die Errichtung der Bundesbank (Degenhart, in: Sachs, Art. 73 Rn. 17; a.A. Uhle, in: MD, Art. 73 Rn. 83, der Art. 88 S. 1 heranzieht) sowie die Devisenbewirtschaftung (BVerfGE 1, 372 [391f.]). In diesem Sinne begründet Art. 73 I Nr. 4 Alt. 1 die ausschließliche Gesetzgebungskompetenz des Bundes für die Regelung sämtlicher mit der staatlichen Währungshoheit zusammenhängender Aspekte (Uhle, in: MD, Art. 73 Rn. 79).

Der im Zusammenhang mit dem Geldwesen verwendete Terminus des Geldes um- **23**
fasst das Buchgeld sowie das Bargeld in Form von Banknoten und Geldmünzen. Der durch das Münzwesen in Bezug genommene Begriff der Münze bezieht sich nur auf solche, die als gesetzliches Zahlungsmittel zugelassen sind (Kunig, in: MK, Art. 73 Rn. 22). Aufgrund ihrer selbstständigen Erwähnung bildet Art. 73 I Nr. 4 Alt. 1 die Kompetenzgrundlage zur Regelung unter anderem des Materials, der Stückelung, des Nennwerts, der Ausgabe von Geld und Münzen sowie entsprechender Schutzvorschriften (Uhle, in: MD, Art. 73 Rn. 85).

Inhaltlich wird das deutsche Währungswesen seit dem Beitritt Deutschlands zur Eu- **24**
ropäischen Währungsunion gem. Art. 23 I 2 in hohem Maße durch Unionsrecht verdrängt und überlagert (vgl. Kunig, in: MK, Art. 73 Rn. 20). Die Europäische Union hat gemäß Art. 3 I lit. c AEUV die ausschließliche Zuständigkeit im Bereich der Währungspolitik für die Mitgliedstaaten, deren Währung der Euro ist. Weitere Regelungen enthalten die Art. 127ff. AEUV. Die Verdrängungswirkung des Unionsrechts lässt aber das in Art. 73 I Nr. 4 festgelegte Verhältnis von Bund und Ländern unberührt. Art. 73 I Nr. 4 ist als lex specialis gegenüber Art. 74 I Nr. 11 (Recht der Wirtschaft) anzusehen (Degenhart, in: Sachs, Art. 73 Rn. 17), tritt jedoch hinter Art. 109 IV zurück (Uhle, in: MD, Art. 74 Rn. 81).

2. Maße und Gewichte sowie Zeitbestimmung (Alt. 2)

Art. 73 I Nr. 4 Alt. 2 vermittelt dem Bund die ausschließliche Gesetzgebungskom- **25**
petenz für das gesamte Messwesen. Dabei bildet der Terminus der Maße den Oberbegriff zu dem der Gewichte und der Zeitbestimmung. Als Maße sind alle durch die Naturwissenschaft eingeführten und in irgendeiner Weise für den Verkehr bedeutsam werdenden Maße zu verstehen (Uhle, in: MD, Art. 73 Rn. 87). Erfasst ist auch die Regelung der anzuwendenden Mess- und Berechnungsmethoden (Uhle, in: MD, Art. 73 Rn. 87; a.A. Degenhart, in: Sachs, Art. 73 Rn. 19) sowie der Kontrolle der Verwendung der Maße im Verkehr, etwa das Eichwesen (Kunig, in: MK, Art. 73 Rn. 23).

Beispiele: Regelung aller möglichen Einheiten des Messwesens: Gewichts-, Längen-, Flächen-, **26**
Körper-, Winkel-, Temperatur-, Druck-, Lärm- und sonstige Emissionsmaße, nicht aber Handelsklassen oder Grenzwerte, da diese lediglich an die vorgegebenen Maße anknüpfen (Uhle, in: MD, Art. 73 Rn. 87).

Die Zeitbestimmung umfasst die Kompetenz zur gesetzlichen Festlegung des Kalen- **27**
ders, der Zeitmaße sowie die Einführung der Sommerzeit, nicht hingegen die Regelung des Feiertagswesens und der „rechtlichen Zeit" (z.B. Fristen, Arbeits- und Ruhezeiten, vgl. Degenhart, in: Sachs, Art. 73 Rn. 19).

V. Einheit des Zoll- und Handelsgebietes, Handels- und Schiffahrtsverträge, Freizügigkeit des Warenverkehrs und Waren- und Zahlungsverkehr mit dem Auslande einschließlich des Zoll- und Grenzschutzes (Nr. 5)

1. Einheit des Zoll- und Handelsgebietes (Alt. 1)

28 Der Gesetzgebungsgegenstand der Einheit des Zoll- und Handelsgebietes ist weit auszulegen und erfasst demnach grds. das gesamte Zollwesen (BVerfGE 8, 260 [LS 1, 268 f.]). Der Bund kann danach insbesondere regeln, „ob und welche Abgaben vom Warenverkehr über die Hoheitsgrenzen oder von der räumlichen Bewegung von Waren über bestimmte Grenzen innerhalb des Hoheitsgebietes erhoben werden dürfen" (BVerfGE 8, 260 [268]). Für den Teilbereich der Zölle ist jedoch Art. 105 I als lex specialis anzusehen (Uhle, in: MD, Art. 73 Rn. 93; a. A. BVerfGE 8, 260 [268], die Art. 105 I als deklaratorische Wiederholung ansieht).

29 Art. 73 I Nr. 5 Alt. 1 beinhaltet zudem ein materiell-rechtliches Gebot der Einheitlichkeit des Zoll- und Handelsgebiets innerhalb des Bundesgebiets (Pieroth, in: JP, Art. 73 Rn. 16). Allerdings ist die rechtliche und praktische Bedeutung der Vorschrift aufgrund der ausschließlichen Zuständigkeit der Union für die Zollunion (Art. 3 I lit. a AEUV) und der Ausgestaltung der Warenverkehrsfreiheit nach Art. 28 ff. AEUV gering (Rn. 5; Uhle, in: MD, Art. 73 Rn. 101).

2. Handels- und Schiffahrtsverträge (Alt. 2)

30 Der Gesetzgebungsgegenstand der Handels- und Schifffahrtsverträge bezieht sich nicht auf den Vertragsabschluss und das entsprechende Verfahren dieser bi- oder multilateralen Verträge. Er rekurriert vielmehr auf ihre herkömmlichen Inhalte: Sie müssen sich schwerpunktmäßig mit dem geschäftlichen grenzüberschreitenden Verkehr befassen (Degenhart, in: Sachs, Art. 73 Rn. 21), etwa mit der Ein- und Ausfuhr von Gütern, der Niederlassung zum Zweck des Handels, dem Hafenzugang, der freien Schifffahrt in deutschen Gewässern und Meistbegünstigungsklauseln (Uhle, in: MD, Art. 73 Rn. 103).

31 Die Handels- und Seeschifffahrtsverträge erfassen dabei die Schifffahrt als Mittel des Seehandels, nicht aber als Verkehrsträger, so dass etwa die Regelung von Hafengebühren nicht auf Art. 73 I Nr. 5 Alt. 2 gestützt werden kann (BVerfGE 91, 207 [220]). In Ermangelung des erforderlichen Auslandsbezugs ist grds. auch die Binnenschifffahrt nicht umfasst (Uhle, in: MD, Art. 73 Rn. 103).

3. Freizügigkeit des Warenverkehrs (Alt. 3)

32 Die Freizügigkeit des Warenverkehrs zielt auf den rechtlich und faktisch freien Verkehr von Waren. Aus dem binnensystematischen Zusammenhang mit Alt. 4 folgt, dass Alt. 3 ausschließlich den inländischen Warenverkehr betrifft (Uhle, in: MD, Art. 73 Rn. 107). Die bei dieser Auslegung auftretende Kompetenzüberschneidung mit Art. 73 I Nr. 5 Alt. 1 führt dazu, dass Art. 73 I Nr. 5 Alt. 3 im Verhältnis zu dieser Alternative über keinen eigenständigen Anwendungsbereich verfügt (vgl. Kunig, in: MK, Art. 73 Rn. 26).

4. Freizügigkeit des Waren- und Zahlungsverkehrs mit dem Auslande (Alt. 4)

33 Art. 73 I Nr. 5 Alt. 4 begründet die ausschließliche Kompetenz des Bundes für die Regelung der Ein- und Ausfuhr von Waren (Seiler, in: EH, Art. 73 Rn. 22). Waren sind bewegliche Sachen, die Gegenstand des Handelsverkehrs sein können (BVerfGE 33, 52 [60]), nicht hingegen Grundstücke, Forderungen, Rechte und Wertpapiere

(Pieroth, in: JP, Art. 73 Rn. 19). Erfasst sind zudem den Außenwirtschaftsverkehr betreffende präventiv-polizeiliche Maßnahmen (BVerfGE 110, 33 [48]), wie sicherheitsrechtliche Einfuhrbeschränkungen (BVerfGE 33, 52 [64]) oder ein Einfuhrverbot gefährlicher Hunde (BVerfGE 110, 141 [158]). Für land- und forstwirtschaftliche Produkte ist Art. 73 I Nr. 5 Alt. 4 als lex specialis gegenüber Art. 74 I Nr. 17 Alt. 3 anzusehen (Seiler, in: EH, Art. 73 Rn. 22; a. A. Uhle, in: MD, Art. 73 Rn. 117).

Der Zahlungsverkehr ist identisch mit dem Kapitalverkehr (BVerfGE 110, 33 [47]; a. A. Uhle, in: MD, Art. 73 Rn. 113) und betrifft sämtliche Formen grenzüberschreitender Geldbewegungen (Uhle, in: MD, Art. 73 Rn. 113). Auch der unentgeltliche Verkehr ist umfasst (BVerfGE 33, 52 [60 f.]), ebenso das Devisenrecht, mit Ausnahme der Devisenbewirtschaftung (Pieroth, in: JP, Art. 73 Rn. 19; sehr weit BVerwGE 81, 1 [2]). Kraft Sachzusammenhangs mit dem Waren- und Zahlungsverkehr soll auch der Dienstleistungsverkehr von Art. 73 I Nr. 5 Alt. 4 erfasst sein (BVerfGE 110, 33 [48]; a. A. Uhle, in: MD, Art. 73 Rn. 114). **34**

Bei der Ausfüllung der ausschließlichen Kompetenz nach Art. 73 I Nr. 5 Alt. 4 muss der Bund insbesondere die Grundfreiheiten der EU nach Art. 28 ff., 63 ff. AEUV und die zur Verwirklichung des Binnenmarktes (Art. 26, 115 AEUV) von der Union erlassenen Bestimmungen beachten. Dazu gehört etwa die VO (EU) Nr. 2015/478 (ABl. EU 2015 Nr. L 83/16), die gemeinsame Einfuhrregelungen für die Mitgliedstaaten festlegt. **35**

5. Zoll- und Grenzschutz (Alt. 5)

Der Gesetzgebungsgegenstand des Zoll- und Grenzschutzes steht zwar im Zusammenhang mit dem Waren- und Zahlungsverkehr mit dem Ausland, ist jedoch nicht auf seine Kontrolle beschränkt. Er ist somit, trotz des Wortlauts von Art. 73 I Nr. 5 („einschließlich"), als eigenständiges Sachgebiet anzusehen (Kunig, in: MK, Art. 73 Rn. 28). **36**

Der Zollschutz umfasst sämtliche Maßnahmen, die eine Verletzung der Zollbestimmungen unterbinden (Uhle, in: MD, Art. 73 Rn. 121; zur unionsrechtlichen Überlagerung des Zollrechts s. Rn. 5, 29). Der Grenzschutz erstreckt sich auf die polizeiliche Überwachung der Grenzen und des diese überschreitenden Verkehrs. Sie kann insbesondere durch Kontrollen im grenznahen Hinterland, auf Grenzbahnhöfen und Flughäfen durchgeführt werden (BVerfGE 97, 198 [214]). Bei der Ausgestaltung und Durchführung des Grenzschutzes sind Art. 67 ff. AEUV und die Schengener Übereinkommen zu beachten. **37**

Beispiele: Gesetz über die Bundespolizei (BPolG), Zollverwaltungsgesetz (ZollVG). **38**

Eine Länderkompetenz für den Schutz der eigenen Landesgrenze ist abzulehnen, da diese zugleich Bundesgrenzen darstellen und ihr Schutz damit bereits von der ausschließlichen Bundeskompetenz gem. Art. 73 I Nr. 5 Alt. 5 erfasst ist (Degenhart, in: Sachs, Art. 73 Rn. 23; a. A. Sannwald, in: SHH, Art. 73 Rn. 60). **39**

VI. Schutz deutschen Kulturgutes gegen Abwanderung ins Ausland (Nr. 5a)

Der Terminus des Kulturguts umfasst Kunstwerke und andere Kulturgegenstände, die von besonderem historischen, technischen oder wissenschaftlichen Interesse sind. Dabei ist unerheblich, ob es sich im öffentlichen oder privaten Besitz befindet (Uhle, in: MD, Art. 73 Rn. 24). **40**

Das Kulturgut ist deutsch, wenn es deutscher Urheberschaft entspringt und in Deutschland belegen ist (Pieroth, in: JP, Art. 73 Rn. 21). Hat es hingegen einen ausländischen Ursprung, so muss es sich nicht nur vorübergehend im Geltungsbereich des Grundgesetzes befinden bzw. befunden haben, um als deutsches Kulturgut angesehen **41** zu werden (BayVGH, BayVBl. 1989, 50 [51 f.]; Kunig, in: MK, Art. 73 Rn. 29). Abwanderung ins Ausland meint jede nicht nur vorübergehende Verbringung des Kulturguts außerhalb des Geltungsbereichs des Grundgesetzes.

42 Neben dem Kulturgüterrückgabegesetz sorgt aktuell die geplante Novellierung des Kulturgutschutzgesetzes für (nicht nur) rechtliche Diskussionen.

VII. Luftverkehr (Nr. 6)

43 Der Gesetzgebungsgegenstand des Luftverkehrs umfasst das gesamte Luftfahrtwesen (BVerwGE 95, 188 [190 f.]) und somit sämtliche direkt mit der Luftfahrt zusammenhängende Tätigkeiten, Anlagen und Einrichtungen (HessStGH, NJW 1982, 1141 [1142 f.]; zur Luftverkehrsverwaltung s. Art. 87d Rn. 2). Zum Luftverkehr gehört auch die Raumfahrt innerhalb der Lufthülle der Erde, sofern sie auf der Erde beginnt und endet. Erfasst sind insbesondere auch Maßnahmen zur Abwehr von Gefahren für und durch den Luftverkehr, soweit es sich dabei um luftverkehrsspezifische Gefahren handelt (Flugsicherung, Luftaufsicht, Windthorst, in: Sachs, Art. 87d Rn. 16 f.).

44 **Beispiele:**

- Erhebung von Luftsicherheitsgebühren (BVerwGE 95, 188 [192])
- Genehmigung und Errichtung von Flughäfen (luftverkehrsrechtliche Planfeststellung, HessStGH, NJW 1982, 1141 [1142 f.]; a. A. Frohn, DÖV 1982, 322 [322 f.])
- Schutz vor Fluglärm (BVerwGE 87, 332 [339]; Seiler, in: EH, Art. 73 Rn. 25).

VIII. Verkehr von Eisenbahnen, die ganz oder mehrheitlich im Eigentum des Bundes stehen (Eisenbahnen des Bundes), Bau, Unterhaltung und Betreiben von Schienenwegen der Eisenbahnen des Bundes sowie Erhebung von Entgelten für die Benutzung dieser Schienenwege (Nr. 6a)

45 Gem. Art. 73 I Nr. 6a hat der Bund die ausschließliche Gesetzgebungskompetenz für den Verkehr von Eisenbahnen des Bundes. Dies sind nach der Legaldefinition in dieser Vorschrift Eisenbahnen, die ganz oder mehrheitlich im Eigentum des Bundes stehen. Entscheidend ist, dass der Bund unmittelbar oder mittelbar die Mehrheit der Anteile an dem Eisenbahnunternehmen hält. Der Terminus der Eisenbahn ist ein Unterfall der Schienenbahnen (s. Art. 74 I Nr. 23; zum Begriff der Schienenbahn s. Art. 74 Rn. 69) und bezieht sich auf Verkehrssysteme mit Rad und Schiene (BT-Drs. 12/5015, S. 5; Kunig, in: MK, Art. 73 Rn. 32). Nicht unter Art. 73 I Nr. 6a fallen Untergrund- und Straßenbahnen (Degenhart, in: Sachs, Art. 73 Rn. 27) sowie Bergbahnen (BVerfGE 56, 249 [263]).

46 Art. 73 I Nr. 6a ermächtigt zur Regelung der Erbringung der Verkehrsleistung, der Bereitstellung der Infrastruktur (Bau, Unterhaltung und Betreiben von Schienenwegen) sowie der Erhebung von Entgelten für die Benutzung der Schienenwege der Eisenbahnen des Bundes (vgl. Degenhart, in: Sachs, Art. 73 Rn. 29). In materieller Hinsicht sind die insbesondere Vorgaben des Art. 87e zu beachten.

IX. Postwesen (Nr. 7 Alt. 1) und Telekommunikation (Nr. 7 Alt. 2)

47 Unter das „Postwesen" fällt die körperliche Beförderung von Nachrichten in einem standardisierten und auf massenhaften Verkehr angelegten Transportnetz (Pieroth, in: JP, Art. 73 Rn. 25). Dazu zählen alle herkömmlichen Dienste der Post, etwa der Brief- und Paketdienst (Degenhart, in: Sachs, Art. 73 Rn. 31). Auch neue ergänzende Dienstleistungen fallen unter Art. 73 I Nr. 7 Alt. 1, soweit sie einen „notwendigen Zusammenhang" mit den herkömmlichen Dienstleistungen aufweisen (Kunig, in: MK, Art. 73 Rn. 33).

Seit der organisatorischen Ausgliederung der Postbank aus der Deutschen Bundespost und des Verkaufs der Mehrheitsanteile des Bundes fällt die Regelung der Dienstleistungen der Postbank nicht mehr unter das Postwesen (Seiler, in: EH, Art. 73 Rn. 31; Uhle, in: MD, Art. 73 Rn. 158; a. A. Kunig, in: MK, Art. 73 Rn. 33). **48**

Telekommunikation ist wie in Art. 87f in Fortführung des früheren Begriffs des Fernmeldewesens zu verstehen. Sie besteht in der nicht körperlichen Übermittlung von Informationen in der Weise, dass sie am Empfangsort wieder erzeugt werden (vgl. Art. 87f Rn. 4). Die Telekommunikation beschränkt sich auf die Übermittlung von beliebigen Informationen auf diese Weise. Dagegen fällt die Erstellung von Informationsinhalten nicht darunter. Der Kompetenztitel „Telekommunikation" erfasst demnach die „Regelung der technischen Seite der Errichtung einer Telekommunikationsinfrastruktur und der Informationsübermittlung mit Hilfe von Telekommunikationsanlagen", nicht aber „Regelungen, die auf die übermittelten Inhalte oder die Art der Nutzung der Telekommunikation gerichtet sind" (BVerfGE 113, 348 [368]; 114, 371 [385]; 125, 260 [314]; BVerwGE 112, 194 [198]; zu Nr. 7 a. F. bereits BVerfGE 12, 205 [226]). **49**

Beispiele: **50**
- Datenübertragung über das Internet (Seiler, in: EH, Art. 73 Rn. 33.3)
- Breitbandverkabelung (BVerwGE 77, 128 [131])
- Analoge oder digitale, drahtgebundene oder drahtlose Nachrichtenübertragung (vgl. BVerfGE 46, 120 [142]).

Aufgrund Art. 73 I Nr. 7 Alt. 2 können zudem Regelungen ergehen, die die allgemeine Gefahrenabwehr betreffen, soweit sie sich auf von der Telekommunikation ausgehende Gefahren beziehen (Seiler, in: EH, Art. 73 Rn. 33.1), nicht aber Regelungen über die Überwachung der Inhalte der Telekommunikation (BVerfGE 113, 348 [361]). Die Festlegung von Rundfunkgebühren (BVerfGE 90, 60 [105]) sowie Regelungen über die Veranstaltung des Rundfunks und sog. Studiotechnik (BVerfGE 12, 205 [225 ff.]) finden in Art. 73 I Nr. 7 Alt. 2 keine Grundlage. **51**

Beispiel: Regelungen zur elektromagnetischen Verträglichkeit von Telekommunikationsanlagen fallen unter Art. 73 I Nr. 7 Alt. 2 (BVerwGE 112, 194 [198]). **52**

Art. 73 I Nr. 7 Alt. 1 und 2 sind unabhängig davon anwendbar, ob die Aufgaben des Postwesens und der Telekommunikation hoheitlich (früher) oder privatrechtlich (heute) wahrgenommen werden. Die durch Art. 87f II 1 geforderte und seit einiger Zeit umgesetzte Privatisierung dieser Bereiche lässt die Kompetenzzuweisung durch Art. 73 I Nr. 7 unberührt. Zudem geht für Angelegenheiten der Umwandlung die Übergangszuständigkeit des Art. 143b I 2 vor (Seiler, in: EH, Art. 73 Rn. 32, 34). **53**

X. Rechtsverhältnisse der im Dienste des Bundes und der bundesunmittelbaren Körperschaften des öffentlichen Rechtes stehenden Personen (Nr. 8)

Dienstherren i. S. v. Art. 73 I Nr. 8 sind die Bundesrepublik Deutschland sowie die bundesunmittelbaren Körperschaften des öffentlichen Rechts. Hierzu zählen sämtliche juristische Personen des öffentlichen Rechts, d. h. auch Stiftungen und Anstalten, die dem Bund unmittelbar unterstehen. Dienstnehmer können Beamte, Angestellte und Arbeiter des öffentlichen (Bundes-)Dienstes sein. **54**

„Rechtsverhältnisse" meint die Regelung des gesamten Dienstrechts (Jarass, in: JP, Art. 73 Rn. 28; Seiler, in: EH, Art. 73 Rn. 38), d. h. Begründung und Beendigung des Dienstrechtsverhältnisses, Besoldungs- und Versorgungsrecht sowie sämtliche hieraus entstehenden Rechte und Pflichten (Kunig, in: MK, Art. 73 Rn. 36; zum Personalvertretungsrecht s. BVerfGE 7, 120 [127]). **55**

XI. Gewerblicher Rechtsschutz, Urheberrecht und Verlagsrecht (Nr. 9)

56 Zum gewerblichen Rechtsschutz (Alt. 1) zählt der Schutz von geistigen Schöpfungen im gewerblichen Bereich (Degenhart, in: Sachs, Art. 73 Rn. 45; Pieroth, in: JP, Art. 73 Rn. 29). Das Urheberrecht (Alt. 2) bezieht sich grds. auf das Recht zum Schutz von Werken der Literatur, Wissenschaft, Musik und Kunst; Art. 73 I Nr. 9 ist jedoch entwicklungsoffen (Kunig, in: MK, Art. 73 Rn. 38; Seiler, in: EH, Art. 73 Rn. 41). Inhaltlich wird der Schutz des geistigen Eigentums wesentlich durch Art. 14 bestimmt, so dass auch seine wirtschaftliche Verwertung mit eingeschlossen ist (BVerfGE 51, 193 [217]; 79, 29 [40]; BVerfG [K], NJW 2011, 288 [290]).

57 **Beispiele:**

- Erlass von Nebengesetzen des gewerblichen Rechtsschutzes wie das Gesetz über Arbeitnehmererfindungen (BGHZ 173, 356 [357 f.])
- Patent-, Gebrauchsmuster-, Geschmacksmuster-, Warenzeichenrecht sowie das dem Schutz des geistigen Eigentums dienende Wettbewerbsrecht.

58 Der Gesetzgebungsgegenstand des Verlagsrechts (Alt. 3) nimmt ausschließlich Bezug auf die Rechtsbeziehungen zwischen dem Urheber eines Text- oder Tonkunstwerks und dem Verleger (Pieroth, in: JP, Art. 73 Rn. 29; Seiler, in: EH, Art. 73 Rn. 42). Erfasst ist damit lediglich die Verknüpfung des Verlagswesens mit dem Urheberrecht, nicht hingegen das Verlagswesen als solches (Kunig, in: MK, Art. 73 Rn. 39) oder das Pflichtexemplarwesen (BVerfGE 58, 137 [145 f.]).

XII. Abwehr von Gefahren des internationalen Terrorismus durch das Bundeskriminalpolizeiamt in Fällen, in denen eine länderübergreifende Gefahr vorliegt, die Zuständigkeit einer Landespolizeibehörde nicht erkennbar ist oder die oberste Landesbehörde um eine Übernahme ersucht (Nr. 9a)

1. Abwehr von Gefahren des internationalen Terrorismus in besonderen Fällen

59 Der Begriff des Terrorismus orientiert sich ausweislich der Begründung des Gesetzesentwurfs zur Föderalismusreform an den Merkmalen des § 129a StGB (BT-Drs. 16/813, S. 12). Danach ist wesentliches Merkmal eine schwerwiegende Gewalt, die die Bevölkerung in erheblicher Weise einzuschüchtern oder auch staatliche Strukturen zu erschüttern vermag (Degenhart, in: Sachs, Art. 73 Rn. 46; Kunig, in: MK, Art. 73 Rn. 40). Der Terrorismus ist international, wenn er sich nicht auf das deutsche Bundesgebiet beschränkt, sondern ein grenzüberschreitendes Ausmaß annimmt (Kunig, in: MK, Art. 73 Rn. 40).

60 Angesichts der Länderzuständigkeit für die allgemeine Gefahrenabwehr nach Art. 70 I besteht die Regelungszuständigkeit des Bundes nach Art. 73 I Nr. 9a ausschließlich in den drei dort genannten Fällen: Es muss entweder eine länderübergreifende Gefahr vorliegen, d. h. die Gefahr darf sich nicht auf ein Land beschränken (BT-Drs. 16/813, S. 12). Als weitere Variante ist die Zuständigkeit einer Landespolizeibehörde nicht erkennbar, wenn die Betroffenheit eines bestimmten Landes durch sachliche Anhaltspunkte im Hinblick auf mögliche Straftaten noch nicht bestimmbar ist. Die dritte Alternative betrifft das Übernahmeersuchen einer obersten Landesbehörde.

61 Inhaltlich erhält der Bund durch Art. 73 I Nr. 9a – über Art. 73 I Nr. 10 Alt. 3 hinaus – die ausschließliche Gesetzgebungszuständigkeit zur Regelung auch präventivpolizeilicher Befugnisse des BKA (Degenhart, in: Sachs, Art. 73 Rn. 48). Die Länderzuständigkeit für die Regelung der allgemeinen Gefahrenabwehr bleibt davon jedoch unberührt (BT-Drs. 16/813, S. 12).

2. Zustimmungsbedürftigkeit nach Art. 73 II

Die Zustimmungsbedürftigkeit des Bundesrates erklärt sich aus der starken Berührung der Interessen der Länder im Bereich der allgemeinen Gefahrenabwehr. Soweit Gesetze nach Art. 73 I Nr. 9a auch auf Grundlage von Nr. 10 erlassen werden können, soll ebenfalls eine Zustimmung des Bundesrates erforderlich sein (str., Uhle, DÖV 2010, 989 [996f.]; Degenhart, in: Sachs, Art. 73 Rn. 48a). **62**

XIII. Zusammenarbeit des Bundes und der Länder (Nr. 10)

1. in der Kriminalpolizei (Alt. 1 lit. a), zum Schutze der freiheitlichen demokratischen Grundordnung, des Bestandes und der Sicherheit des Bundes oder eines Landes (Verfassungsschutz) (Alt. 1 lit. b) und zum Schutze gegen Bestrebungen im Bundesgebiet, die durch Anwendung von Gewalt oder darauf gerichtete Vorbereitungshandlungen auswärtige Belange der Bundesrepublik Deutschland gefährden (Alt. 1 lit. c)

Art. 73 I Nr. 10 Alt. 1 bezieht sich auf die Zusammenarbeit des Bundes und der Länder bei der Verbrechensbekämpfung auf den in lit. a bis c in Rede stehenden Gebieten der inneren Sicherheit. Zusammenarbeit meint die dauerhafte gegenseitige Information, Unterstützung und Hilfeleistung, die organisatorische Verknüpfung und zentrale Einrichtungen und geht über die Amtshilfe gem. Art. 35 hinaus (Pieroth, in: JP, Art. 73 Rn. 31). **63**

Kriminalpolizei (lit. a) betrifft die Verhütung, Aufklärung und Verfolgung von erheblichen Straftaten, nicht aber die allgemeine Gefahrenabwehr (Degenhart, in: Sachs, Art. 73 Rn. 50). **64**

In lit. b findet sich eine Legaldefinition des Verfassungsschutzes: Freiheitlich demokratische Grundordnung ist wie in Art. 18 S. 1, Art. 21 II 1, Art. 91 I zu verstehen (hierzu BVerfGE 2, 1 [12]; 5, 85 [149]). Bestand des Bundes oder eines Landes verweist ähnlich Art. 21 II 1 auf die territoriale Integrität und staatliche Unabhängigkeit (Degenhart, in: Sachs, Art. 73 Rn. 50). Demnach kann für den Begriff der Sicherheit nicht auf ihr allgemeines polizeirechtliches Verständnis zurückgegriffen werden; sie bezieht sich vielmehr auf entsprechend gewichtige Belange, wie die innere und äußere Sicherheit des Bundes und der Länder als solche (Degenhart, in: Sachs, Art. 73 Rn. 50; Kunig, in: MK, Art. 73 Rn. 44). **65**

Beispiele: Organisierte Kriminalität, illegaler Technologietransfer (Degenhart, in: Sachs, Art. 73 Rn. 50). **66**

Der Kompetenztitel des Art. 73 I Nr. 10 lit. c ergibt sich aus der völkerrechtlichen Verpflichtung der Bundesrepublik Deutschland, von ihrem Staatsgebiet ausgehende Gewalt gegen andere Staaten zu verhindern. Die berührten auswärtigen Belange i. S. v. lit. c müssen von einer lit. a und b vergleichbaren Wertigkeit sein. Die sie gefährdenden Bestrebungen auf deutschem Gebiet können von Deutschen, aber auch von Ausländern (Emigrantenorganisationen) ausgehen (Degenhart, in: Sachs, Art. 73 Rn. 51; Kunig, in: MK, Art. 73 Rn. 45). **67**

2. Einrichtung eines Bundeskriminalpolizeiamtes (Alt. 2) und internationale Verbrechensbekämpfung (Alt. 3)

Art. 73 I Nr. 10 Alt. 2 ist Grundlage für Bundesgesetze zur Errichtung eines Bundeskriminalamtes; aus Art. 87 I 2 folgt die entsprechende Verwaltungskompetenz (Degenhart, in: Sachs, Art. 73 Rn. 52; s. auch Art. 87 Rn. 6). Internationale Verbrechensbekämpfung betrifft die Verhütung und Verfolgung von Straftaten, die eine internationale Zusammenarbeit erfordern; sie müssen somit einen besonderen Koopera- **68** tionsbedarf aufweisen (Seiler, in: EH, Art. 73 Rn. 51). Strafverfolgungsbefugnisse ergeben sich aus Alt. 2 und Alt. 3 nicht (Haratsch, in: Sodan, Art. 73 Rn. 21).

69 **Beispiele:** Internationale Amtshilfe, Informationsaustausch.

XIV. Statistik für Bundeszwecke (Nr. 11)

70 Unter Statistik ist die „methodische Erhebung, Sammlung, Darstellung und Auswertung von Daten und Fakten" (Degenhart, in: Sachs, Art. 73 Rn. 54) zu verstehen. Zu Statistiken zählen auch Repräsentativumfragen (BVerfGE 27, 1 ff.; 65, 1 [47 ff.]), nicht hingegen Befragungen zu politischen Aktionen (BVerfGE 8, 104 [111]). Der Gegenstand der Statistik muss Bundeszwecken, d.h. der „Bewältigung einer Bundesaufgabe" (BVerfGE 8, 104 [119]) dienen, kann jedoch auch Länderaufgaben berücksichtigen (z.B. Abfrage zusätzlicher Angaben zur Religionszugehörigkeit; hierzu BVerfGE 65, 1 [39]). Nicht erfasst sind hingegen Statistiken durch private Meinungsforschungsinstitute, die keinem amtlichen Zweck dienen (Uhle, in: MD, Art. 73 Rn. 263).

XV. Waffen- und Sprengstoffrecht (Nr. 12)

71 Die ausschließliche Gesetzgebungskompetenz des Bundes nach Art. 73 I Nr. 12 ist umfassend und erfasst insbesondere auch die gewerberechtlichen Aspekte des Waffen- (Alt. 1) und Sprengstoffrechts (Alt. 2). Als Waffen sind alle Schuss-, Hieb- und Stoßwaffen unter Einschluss von Sammlerwaffen anzusehen. Dies gilt unabhängig von ihrer Zweckbestimmung (Degenhart, in: Sachs, Art. 73 Rn. 55). Auch Kriegswaffen fallen unter den Waffenbegriff des Art. 73 I Nr. 12 Alt. 1. Für das Kriegswaffenrecht enthält Art. 26 II 2 jedoch eine speziellere Gesetzgebungskompetenz des Bundes. Unter Sprengstoffe sind sämtliche explosionsfähigen und explosionsgefährlichen Stoffe zu fassen; aufgrund der technischen Fortentwicklung besteht diesbezüglich für den Gesetzgeber ein Einschätzungsspielraum (Uhle, in: MD, Art. 73 Rn. 275).

72 **Beispiele:**
- Regelung der Aufsicht über den Waffenerwerb und -besitz sowie ihr Mitführen, vgl. etwa WaffenG (Degenhart, in: Sachs, Art. 73 Rn. 55)
- Regelung der Sprengstoffherstellung, des -vertriebs, der -beförderung, des -erwerbs, des Sprengstoffge- und -verbrauchs, der Sprengstoffvernichtung sowie der Sprengstoffein- und -ausfuhr, vgl. auch das Sprengstoffgesetz (Uhle, in MD, Art. 73 Rn. 276).

XVI. Versorgung der Kriegsbeschädigten und Kriegshinterbliebenen und Fürsorge für die ehemaligen Kriegsgefangenen (Nr. 13)

73 Nach Art. 73 I Nr. 13 obliegt dem Bund die ausschließliche Gesetzgebungskompetenz zur (Teil-)Regelung der Kriegsfolgelasten (s. insbesondere Art. 74 I Nr. 9 f.). Kriegsbeschädigter ist, wer durch Kriegseinwirkung an der Gesundheit beschädigt wurde. Erfasst sind demnach auch Zivilpersonen. Kriegshinterbliebene sind Angehörige einer an einer Kriegsbeschädigung gestorbenen Person. Ihre Versorgung nimmt demnach allein auf (den Ausgleich von) Personenschäden Bezug (Kunig, in: MK, Art. 73 Rn. 52). Der Terminus des Kriegsgefangenen rekurriert auf den entsprechenden Begriff des humanitären Völkerrechts (vgl. Art. 4 III Genfer Übereinkommen v. 12.8.1949). Die Fürsorge für die ehemaligen Kriegsgefangenen umfasst sowohl Personen- als auch Sachschäden (Degenhart, in: Sachs, Art. 73 Rn. 57).

74 Insgesamt ist Art. 73 I Nr. 13 nicht auf vergangene Kriege beschränkt, sondern erfasst auch aktuelle und künftige kriegerische Handlungen unter deutscher Beteiligung sowie friedensschaffende bzw. -erhaltende Auslandseinsätze der Bundeswehr (Degenhart, in: Sachs, Art. 73 Rn. 56; str.).

XVII. Erzeugung und Nutzung der Kernenergie zu friedlichen Zwecken, Errichtung und Betrieb von Anlagen, die diesen Zwecken dienen, Schutz gegen Gefahren, die bei Freiwerden von Kernenergie oder durch ionisierende Strahlen entstehen und Beseitigung radioaktiver Stoffe (Nr. 14)

Art. 73 I Nr. 14 begründet die ausschließliche Gesetzgebungskompetenz des Bundes für sämtliche Aspekte der Kernenergie- und Strahlennutzung zu friedlichen Zwecken. Für diesen Bereich enthält Art. 73 I Nr. 14 somit eine spezielle Kompetenzzuweisung, etwa gegenüber Art. 74 I Nr. 12 (Arbeitsschutz). **75**

Erzeugung und Nutzung von Kernenergie sind die Freisetzung von Energie, die durch Spaltung, Fusion oder sonstige Veränderung von Atomkernen, einschließlich der Strahlenenergie ionisierender Strahlen, gewonnen wird (Uhle, in: MD, Art. 73 Rn. 297). Die Beschränkung der Kernenergienutzung auf friedliche Zwecke (Wissenschaft, Medizin, Stromwirtschaft) dient der Abgrenzung zu Art. 26 II 2 und Art. 73 I Nr. 1 Alt. 2 (Seiler, in: EH, Art. 73 Rn. 60). Die Merkmale „Errichtung" und „Betrieb" beziehen sich unter anderem auf die Genehmigung von Kernkraftwerken (BayVerfGHE 40, 94 [103f.]) und deren Überwachung (Schnappauf, in: Hömig, Art. 73 Rn. 19). Sie umfasst aber auch die Regelung der Stilllegung von Kernkraftwerken, die im Rahmen des sog. Ausstiegs aus der Atomenergie durch Änderungen des Atomgesetzes rechtstechnisch realisiert wurde (dazu Windthorst, in: Sachs, Art. 87c Rn. 5f.). **76**

Schutz gegen Gefahren meint das gesamte Strahlenschutzrecht (auch für die medizinische Nutzung, vgl. BVerwGE 97, 266 [270f.]), das Gefahrenabwehr und Risikovorsorge verbindet. Erfasst sind schon bestehende und künftige Gefahren (BVerwGE 72, 300 [315]), die einen internen (Störfälle) oder externen (Erdbeben) Ursprung haben können; auch vom Ausland ausgehende Gefahren sind umfasst (Degenhart, in: Sachs, Art. 73 Rn. 59). Beseitigung radioaktiver Stoffe (s. § 2 AtG) bezieht sich auf die Zwischen- bzw. Endlagerung der atomaren Abfälle (BVerfG [K], NVwZ 2010, 114 [116]; BayVerfGHE 37, 59 [67]) und damit auch auf die Standortplanung für (End-)Lagerstätten (BVerfGE 104, 238 [247]). **77**

Darüber hinaus kommt Art. 73 I Nr. 14 eine materiell-rechtliche Bedeutung in dem Sinne zu, dass die Erzeugung und friedliche Nutzung der Kernenergie als grds. verfassungsgemäß anzusehen sind (Art. 87c Rn. 5; BVerfGE 53, 30 [56f.]; BVerfG [K], NVwZ 2010, 114 [116]; BVerwGE 104, 36 [54]). Er begründet jedoch keinen Verfassungsauftrag, d.h. die Entscheidung für oder gegen die Erzeugung und friedliche Nutzung der Kernenergie liegt in der Freiheit des Gesetzgebers (Uhle, in: MD, Art. 73 Rn. 304). Art. 73 I Nr. 14 bildet somit auch die kompetenzrechtliche Grundlage eines sog. Atomausstiegs, d.h. der Beendigung der Kernenergienutzung (BVerfGE 104, 249 [271]). **78**

C. Prüfungshinweise

Die Prüfung der Gesetzgebungskompetenzen und die Zuordnung des einschlägigen Kompetenztitels werden in der Klausur als Teil der formellen Verfassungsmäßigkeitsprüfung formeller Gesetze relevant. Sie bildet zwar selten den Schwerpunkt der Klausur. Eine fehlende Prüfung oder falsche Zuordnung der Kompetenzen wirkt sich aber durchaus nachteilig aus. **79**

D. Weiterführende Literatur/Leseempfehlungen

Daleki, W., Bundesstatistik über Religionszugehörigkeit, JZ 1983, 60–63; Frenz, W., Atomkonsens und Landesvollzugskompetenz, NVwZ 2002, 561–563; Fuckner, G., Das Melderechtsrahmengesetz, NJW 1981, 1016–1019; Gröpl, C., Das neue **80**

Recht des Bundesgrenzschutzes, DVBl. 1995, 329–336; Hönes, E.-R., Das Gesetz zum Schutz deutschen Kulturgutes gegen Abwanderung, BayVBl. 1989, 39–42; Keller, H., Ermächtigt Art. 73 Nr. 6 GG (Luftverkehr) auch zur Regelung über die Anlegung von Flughäfen?, DÖV 1982, 811–815; Kühne, G./Brodowski, C., Das neue Atomrecht, NJW 2002, 1458–1463; Kunig, P., Auswärtige Gewalt, Jura 1993, 554–558; Leitmeier, W., Die Sicherung des Luftverkehrs als gemeinsame Aufgabe von Landes- und Bundesbehörden, BayVBl. 1987, 361–364; Listl, J., Die Entscheidungsprärogative des Parlaments für die Errichtung von Kernkraftwerken, DVBl. 1978, 10–17; Majer, D., Neuregelungen im Zivil- und Katastrophenschutzrecht – eine verfassungsrechtliche Bestandsaufnahme, NVwZ 1991, 653–656; Roggan, F., Das neue BKA-Gesetz – Zur weiteren Zentralisierung der deutschen Sicherheitsarchitektur, NJW 2009, 257–262; Schenke, W.-R., Verfassungskonformität der Volkszählung, NJW 1987, 2777–2786; Scholz, R./Uhle, A., Staatsangehörigkeit und Grundgesetz, NJW 1999, 1510–1517; Uhle, A., Die Gesetzgebungskompetenz des Bundes für die Abwehr von Gefahren des internationalen Terrorismus, DÖV 2010, 989–997.

Art. 74 [Gegenstände der konkurrierenden Gesetzgebung]*)

(1) **Die konkurrierende Gesetzgebung erstreckt sich auf folgende Gebiete:**

1. das bürgerliche Recht, das Strafrecht, die Gerichtsverfassung, das gerichtliche Verfahren (ohne das Recht des Untersuchungshaftvollzugs), die Rechtsanwaltschaft, das Notariat und die Rechtsberatung;
2. das Personenstandswesen;
3. das Vereinsrecht;
4. das Aufenthalts- und Niederlassungsrecht der Ausländer;
5. (weggefallen)
6. die Angelegenheiten der Flüchtlinge und Vertriebenen;
7. die öffentliche Fürsorge (ohne das Heimrecht);
8. (weggefallen)
9. die Kriegsschäden und die Wiedergutmachung;
10. die Kriegsgräber und Gräber anderer Opfer des Krieges und Opfer von Gewaltherrschaft;
11. das Recht der Wirtschaft (Bergbau, Industrie, Energiewirtschaft, Handwerk, Gewerbe, Handel, Bank- und Börsenwesen, privatrechtliches Versicherungswesen) ohne das Recht des Ladenschlusses, der Gaststätten, der Spielhallen, der Schaustellung von Personen, der Messen, der Ausstellungen und der Märkte;
12. das Arbeitsrecht einschließlich der Betriebsverfassung, des Arbeitsschutzes und der Arbeitsvermittlung sowie die Sozialversicherung einschließlich der Arbeitslosenversicherung;
13. die Regelung der Ausbildungsbeihilfen und die Förderung der wissenschaftlichen Forschung;
14. das Recht der Enteignung, soweit sie auf den Sachgebieten der Artikel 73 und 74 in Betracht kommt;
15. die Überführung von Grund und Boden, von Naturschätzen und Produktionsmitteln in Gemeineigentum oder in andere Formen der Gemeinwirtschaft;
16. die Verhütung des Mißbrauchs wirtschaftlicher Machtstellung;
17. die Förderung der land- und forstwirtschaftlichen Erzeugung (ohne das Recht der Flurbereinigung), die Sicherung der Ernährung, die Ein- und

*) Prof. Dr. Kay Windthorst dankt Herrn Dipl.-Jur. Frank-M. Schwarz für die wertvolle Unterstützung.

Ausfuhr land- und forstwirtschaftlicher Erzeugnisse, die Hochsee- und Küstenfischerei und den Küstenschutz;

18. **den städtebaulichen Grundstücksverkehr, das Bodenrecht (ohne das Recht der Erschließungsbeiträge) und das Wohngeldrecht, das Altschuldenhilferecht, das Wohnungsbauprämienrecht, das Bergarbeiterwohnungsbaurecht und das Bergmannssiedlungsrecht;**
19. **Maßnahmen gegen gemeingefährliche oder übertragbare Krankheiten bei Menschen und Tieren, Zulassung zu ärztlichen und anderen Heilberufen und zum Heilgewerbe, sowie das Recht des Apothekenwesens, der Arzneien, der Medizinprodukte, der Heilmittel, der Betäubungsmittel und der Gifte;**

19a. **die wirtschaftliche Sicherung der Krankenhäuser und die Regelung der Krankenhauspflegesätze;**

20. **das Recht der Lebensmittel einschließlich der ihrer Gewinnung dienenden Tiere, das Recht der Genussmittel, Bedarfsgegenstände und Futtermittel sowie den Schutz beim Verkehr mit land- und forstwirtschaftlichem Saat- und Pflanzgut, den Schutz der Pflanzen gegen Krankheiten und Schädlinge sowie den Tierschutz;**
21. **die Hochsee- und Küstenschiffahrt sowie die Seezeichen, die Binnenschiffahrt, den Wetterdienst, die Seewasserstraßen und die dem allgemeinen Verkehr dienenden Binnenwasserstraßen;**
22. **den Straßenverkehr, das Kraftfahrwesen, den Bau und die Unterhaltung von Landstraßen für den Fernverkehr sowie die Erhebung und Verteilung von Gebühren oder Entgelten für die Benutzung öffentlicher Straßen mit Fahrzeugen;**
23. **die Schienenbahnen, die nicht Eisenbahnen des Bundes sind, mit Ausnahme der Bergbahnen;**
24. **die Abfallwirtschaft, die Luftreinhaltung und die Lärmbekämpfung (ohne Schutz vor verhaltensbezogenem Lärm);**
25. **die Staatshaftung;**
26. **die medizinisch unterstützte Erzeugung menschlichen Lebens, die Untersuchung und die künstliche Veränderung von Erbinformationen sowie Regelungen zur Transplantation von Organen, Geweben und Zellen;**
27. **die Statusrechte und -pflichten der Beamten der Länder, Gemeinden und anderen Körperschaften des öffentlichen Rechts sowie der Richter in den Ländern mit Ausnahme der Laufbahnen, Besoldung und Versorgung;**
28. **das Jagdwesen;**
29. **den Naturschutz und die Landschaftspflege;**
30. **die Bodenverteilung;**
31. **die Raumordnung;**
32. **den Wasserhaushalt;**
33. **die Hochschulzulassung und die Hochschulabschlüsse.**

(2) **Gesetze nach Absatz 1 Nr. 25 und 27 bedürfen der Zustimmung des Bundesrates.**

Pflichtstoff (*****)

Übersicht

A. Überblick

I. Normstruktur

1 Art. 74 I regelt umfassend und abschließend die Gegenstände der konkurrierenden Gesetzgebung des Bundes mit Ausnahme von Steuern, für die Art. 105 II eine Spezialregelung vorsieht (vgl. hierzu Art. 105 Rn. 7ff.) und Regelungen im Verteidigungsfall nach Art. 115c I. Katalogartig zählen Art. 74 I Nr. 1–33 verschiedene Sachbereiche auf, für die Art. 72 zur Anwendung gelangt (Art. 72 Rn. 4ff., 12ff., 27ff.).

2 Art. 74 II verlangt für eine bundesgesetzliche Regelung der Staatshaftung (Art. 74 I Nr. 25) sowie der Statusrechte und -pflichten der in Art. 74 I Nr. 27 genannten Personen die Zustimmung des Bundesrates.

II. Prüfungsrelevanz

3 Die Gesetzgebungskompetenzen des Bundes allgemein und damit auch der Katalog des Art. 74 I haben eine hohe Prüfungsrelevanz. Denn in staatsrechtlichen Klausuren steht häufig die Benennung des zuständigen Gesetzgebers im Rahmen der formellen Rechtmäßigkeit einer gesetzlichen Regelung in Frage. Zu den einzelnen Kompetenz-

titeln werden zwar keine Detailkenntnisse verlangt, erforderlich ist jedoch ein systematisches Verständnis der bundesstaatlichen Kompetenzverteilung auf dem Gebiet der Gesetzgebung.

III. Europa

4 Der Kompetenzkatalog des Art. 74 I hat keine direkte Entsprechung auf der Ebene der Europäischen Union. Eine ähnliche Struktur wie Art. 72 und Art. 74 weisen jedoch die geteilten Zuständigkeiten zwischen der Europäischen Union und den Mitgliedstaaten gem. Art. 2 II und Art. 4 II AEUV auf. Dies gilt insbesondere für die Ausschlusswirkung durch Inanspruchnahme der geteilten bzw. konkurrierenden Kompetenz (dazu auch Art 72 Rn. 3). Davon zu unterscheiden ist der Anwendungsvorrang des Unionsrechts gegenüber kollidierendem nationalen Recht (vgl. Art. 23 Rn. 9, 50ff.).

B. Erläuterungen

I. Bürgerliches Recht, Strafrecht, Gerichtsverfassung, gerichtliches Verfahren (ohne das Recht des Untersuchungshaftvollzugs), Rechtsanwaltschaft, Notariat und Rechtsberatung (Nr. 1)

1. Bürgerliches Recht

5 Art. 74 I Nr. 1 gewährt dem Bund die konkurrierende Gesetzgebungskompetenz für das Bürgerliche Recht. Dieser Begriff ist im historischen Kontext zu sehen (BVerfGE 61, 149 [175f.]) und umfasst diejenigen Normen, die die Rechtsbeziehungen zwischen Privaten regeln (BVerfGE 42, 20 [30f.]). Dies sind solche Regelungen, „die herkömmlicherweise dem Zivilrecht zugeordnet werden" (BVerfGE 126, 331 [357]). Dazu gehören nicht die Regelungen öffentlichen Eigentums an öffentlichen Straßen (BVerfGE 42, 20 [32]). Im Verhältnis zu spezielleren Kompetenztiteln (z.B. Art. 73 I Nr. 9 und Art. 74 I Nr. 2, 11, 12, 18) tritt die allgemeine Kompetenznorm des bürgerlichen Rechts nach Art. 74 I Nr. 1 zurück (Oeter, in: MKS, Art. 74 Rn. 10; Pieroth, in: JP, Art. 74 Rn. 3).

6 **Beispiele:**
- Sachen- und Schadensersatzrecht (BVerfGE 45, 297 [340, 345])
- Pachtvertragsrecht (BVerfGE 71, 137 [143])
- Regelungen, die öffentliches Eigentum an herrenlosen Sachen begründen (BVerfGE 126, 331 [357]).

6a Für die konkurrierende Gesetzgebungskompetenz des Bundes auf dem Gebiet des Staatshaftungsrechts existiert seit 1994 mit Art. 74 I Nr. 25 eine ausdrückliche Kompetenzzuweisung. Zuvor gehörte die Staatshaftung nur in Bezug auf die Amtshaftung nach § 839 BGB i.V.m. Art. 34 S. 1 „kraft Tradition" zum bürgerlichen Recht i.S.d. Art. 74 I Nr. 1 (BVerfGE 61, 149 [176]). Im Übrigen konnte die konkurrierende Gesetzgebungskompetenz des Bundes nicht aus Art. 74 I Nr. 1 begründet werden (BVerfGE 61, 149 [176ff.]). Mit Anfügung des Art. 74 I Nr. 25 ist nunmehr auch die Amtshaftung aufgrund ihrer Zugehörigkeit zum Staatshaftungsrecht unter diese spezielle Kompetenznorm zu fassen (vgl. unten Art. 74 Rn. 74).

2. Strafrecht

7 In den Bereich des Strafrechts fällt „die Regelung aller, auch nachträglicher, repressiver oder präventiver staatlicher Reaktionen auf Straftaten, die an die Straftat anknüpfen, ausschließlich für Straftäter gelten und ihre sachliche Rechtfertigung auch aus der Anlasstat beziehen" (BVerfGE 109, 190 [212]). Dies sind zunächst insbesondere das

Kriminalstrafrecht mit den Regelungen des StGB und das Ordnungswidrigkeitenrecht (BVerfGE 27, 18 [32]; 29, 11 [16]; 31, 141 [144]). Auch Maßregeln zur Besserung und Sicherung wie die nachträgliche Sicherungsverwahrung (BVerfGE 109, 190 [215 ff.]; 128, 326 [387 f.]) oder die Therapieunterbringung psychisch Gestörter (BVerfGE 134, 33 [55 ff. Rn. 55 ff.]) fallen in den Bereich des Strafrechts.

Als inhaltliches Gegenstück zur Anordnung von Strafe sind ferner auch Straffreiheitsgesetze, z. B. ein Amnestiegesetz, dem Kompetenzbereich des Strafrechts zuzuordnen (Niedobitek, in: BK, Art. 74 Abs. 1 Nr. 1 Rn. 60; Pieroth, in: JP, Art 74 Rn. 5). Der Bund hat zudem aus Art. 74 I Nr. 1 die Gesetzgebungskompetenz, auch Verstöße gegen Landesrecht mit Strafe oder Bußgeld zu bewehren (BVerfGE 23, 113 [124]; 26, 246 [257]; 31, 141 [144]), soweit er hierbei die Kompetenz der Länder zur inhaltlichen Ausgestaltung des jeweiligen Landesrechts nicht beeinträchtigt (BVerfGE 110, 141 [174]). **7a**

Für das Strafprozessrecht ergibt sich die konkurrierende Gesetzgebungskompetenz des Bundes aus dem insoweit speziellen Merkmal des gerichtlichen Verfahrens nach Art. 74 I Nr. 1 (vgl. Degenhart, in: Sachs, Art. 74 Rn. 26 f.). Der Strafvollzug hingegen ist seit der Föderalismusreform 2006 Ländersache, sodass die Regelung von Aufgaben und Befugnissen der Strafvollzugsbehörden, der Vollzug der Untersuchungshaft sowie Vollzugsfragen von Maßregeln der Besserung und Sicherung in die Gesetzgebungskompetenz der Länder fallen (Pieroth, in: JP, Art. 74 Rn. 11). **7b**

Beispiele für Strafrecht i. S. d. Art. 74 I Nr. 1: **8**
- Umweltstrafrecht (BVerfGE 75, 330 [343 f.])
- Bundesgesetzliche Regelung, die Zucht und Handel mit Hunden unter Strafe stellt, die nach landesrechtlichen Vorschriften verboten sind (§ 143 StGB a. F., BVerfGE 110, 141 [174 ff.])
- Regelung der Therapieunterbringung von Straftätern mit psychischer Störung (BVerfGE 134, 33 [55 Rn. 53 ff.]).

3. Gerichtsverfassung

Die Gerichtsverfassung betrifft insbesondere die äußere Organisation der Rechtsprechung, also den Aufbau der Gerichte und die Verteilung der Aufgaben zwischen diesen (Degenhart, in: Sachs, Art. 74 Rn. 22). Die Umsetzung der Gesetzgebungskompetenz im Bereich der Gerichtsverfassung hat der Bund vor allem durch das GVG wahrgenommen. **9**

Beispiele: **10**
- Ausweitung der örtlichen Zuständigkeit von Amtsgerichten (BVerfGE 24, 155 [167 f.])
- Verwaltungsgerichte (BVerfGE 20, 238 [248]; 29, 125 [137])
- Verpflichtung von Rechtsanwälten, in mündlicher Verhandlung vor Gericht Amtstracht zu tragen (BVerfGE 28, 21 [32]; LG Augsburg, Urt. v. 30.6.2015, 031 O 4554/1).

4. Gerichtliches Verfahren

Unter den Kompetenztitel „gerichtliches Verfahren“ (Art. 74 I Nr. 1) fällt die verfahrensmäßige Behandlung von Streitigkeiten vor Gericht. Hierzu gehören vor allem die Verfahrensregelungen zum Zivilprozess (ZPO), zum Strafprozess (StPO) sowie zum Verwaltungsprozess (VwGO) (Kunig, in: MK, Art. 74 Rn. 18). Der Begriff des gerichtlichen Verfahrens ist weit auszulegen (Degenhart, in: Sachs, Art. 74 Rn. 25) und umfasst auch andere behördliche Verfahren, sofern sie dem gerichtlichen Verfahren zeitlich vorgelagert sind (Stettner, in: Dreier, Art. 74 Rn. 27). **11**

Beispiele: **12**
- Beschränkungen des Brief-, Post- und Fernmeldegeheimnisses im G 10-Gesetz (BVerfGE 30, 1 [29])
- DNA-Identitätsfeststellung (BVerfGE 103, 21 [30])
- Gerichtskosten (BVerfGE 47, 285 [313]).

5. Rechtsanwaltschaft, Notariat und Rechtsberatung

13 Das letzte Element des Kompetenztitels des Art. 74 I Nr. 1 betrifft die Ausgestaltung des Berufsrechts der Rechtsanwaltschaft, des Notariats und anderer rechtsberatender Berufe. Von der konkurrierenden Gesetzgebungskompetenz des Bundes umfasst sind Regelungen zur Zulassung zum Beruf, der Berufsausübungsregeln sowie des Gebührenwesens (BVerfGE 17, 287 [292]; 47, 285 [313]). Unter die Rechtsberatung fällt die geschäftsmäßige Beratung in Rechtsangelegenheiten durch Rechtsanwälte, Steuerberater und Wirtschaftsprüfer (Stettner, in: Dreier, Art. 74 Rn. 30). Nicht von diesem Kompetenztitel erfasst werden die Regelung des Anspruchs auf rechtsanwaltliche Vertretung (Pieroth, in: JP, Art. 74 Rn. 12) oder der Pflicht des Anwalts, vor Gericht eine Robe zu tragen (vgl. hierzu Art. 74 Rn. 10).

14 **Beispiele:**
- Bundesrechtsanwaltsordnung (BRAO)
- Bundesnotarordnung (BNotO)
- Rechtsdienstleistungsgesetz (RDG).

II. Personenstandswesen (Nr. 2)

15 Art. 74 I Nr. 2 begründet die konkurrierende Gesetzgebungskompetenz des Bundes zur Regelung des Personenstandswesens. Darunter versteht man solche öffentlich-rechtlichen Bereiche, die die Beurkundung wichtiger persönlicher Grunddaten beinhalten (Pieroth, in: JP, Art. 74 Rn. 13). Hierzu zählen die Ausgestaltung der Aufgaben und Organisation der Standesämter (Kunig, in: MK, Art. 74 Rn. 13) sowie den Personenstand betreffende Meldepflichten, nicht jedoch das Melderecht hinsichtlich des Wohnsitzes, für den Art. 73 I Nr. 3 greift (Degenhart, in: Sachs, Art. 74 Rn. 29).

16 **Beispiel:** Einführung der eingetragenen Lebenspartnerschaft (BVerfGE 105, 313 [338]).

III. Vereinsrecht (Nr. 3)

17 Der Kompetenztitel des Vereinsrechts umfasst die öffentlich-rechtliche Ausgestaltung des Vereinswesens, mithin die Zulassung, Überwachung und Auflösung von Vereinen. Für politische Parteien enthält Art. 21 III eine gegenüber Art. 74 I Nr. 3 spezielle ausschließliche Gesetzgebungskompetenz des Bundes. Das Innenrecht der Vereine ist Teil des bürgerlichen Rechts. Es fällt daher unter den Kompetenztitel des Art. 74 I Nr. 1. Nicht mehr Gegenstand der konkurrierenden Bundesgesetzgebung ist seit 2006 das Versammlungsrecht.

18 **Beispiel:** Vereinsgesetz (VereinsG).

IV. Aufenthalts- und Niederlassungsrecht der Ausländer (Nr. 4)

19 Art. 74 I Nr. 4 umfasst die gesetzgeberische Ausgestaltung des Aufenthalts sowie der Niederlassung von Ausländern auf dem Staatsgebiet der Bundesrepublik. Dabei versteht man unter dem Aufenthaltsrecht solche Regelungen, die das Verweilen und die Begründung eines Wohnsitzes betreffen (Degenhart, in: Sachs, Art. 74 Rn. 32). Niederlassung ist im wirtschaftlichen Sinne zu verstehen und bedeutet die Begründung einer Erwerbstätigkeit. Als Ausländer gelten alle natürlichen Personen, die nicht Deutsche im Sinne von Art. 116 I sind. Für EU-Ausländer wird der Geltungsbereich von nach Art. 74 I Nr. 4 erlassenem Bundesrecht weitgehend durch Unionsrecht determiniert. Insb. das Diskriminierungsverbot des Art. 18 I AEUV und die Grundfreiheiten des AEUV erfordern eine Gleichstellung von Inländern und EU-Ausländern. Spezieller und deshalb vorrangig zu Art. 74 I Nr. 4 sind die Vorschriften über die Einwanderung und Auslieferung von Ausländern nach Art. 73 I Nr. 3 (vgl. Art. 73 Rn. 20f.).

V. Angelegenheiten der Flüchtlinge und Vertriebenen (Nr. 6)

Zu den Angelegenheiten der Flüchtlinge und Vertriebenen zählen insbesondere die Eingliederung von Flüchtlingen und Vertriebenen in die Gesellschaft und ihre Förderung in beruflicher, sozialer, wirtschaftlicher und kultureller Hinsicht (Kunig, in: MK, Art. 74 Rn. 27). Diese Kompetenzvorschrift wurde zwar vor dem Hintergrund der Kriegswirren des Zweiten Weltkriegs konzipiert, sie ist jedoch nicht hierauf beschränkt und erfasst zudem nicht ausschließlich deutsche Flüchtlinge und Vertriebene (Oeter, in: MKS, Art. 74 Rn. 50). Vielmehr kann der Bund auf Grundlage dieser Kompetenznorm auf die aktuelle Flüchtlingsproblematik mit einer gesetzlichen Regelung reagieren. **20**

Beispiel: Bundesvertriebenengesetz (BVFG). **20a**

VI. Öffentliche Fürsorge (ohne das Heimrecht) (Nr. 7)

Unter den Begriff der öffentlichen Fürsorge werden zunächst Regelungen über die öffentliche Hilfe bei wirtschaftlicher Notlage gefasst (Pieroth, in: JP, Art. 74 Rn. 17). Dieser Kompetenztitel ist jedoch „nicht eng" auszulegen (BVerfGE 88, 203 [330]; 97, 332 [341]). Damit erfasst er auch neuartige Sachlagen, sofern diese mit der „klassischen Fürsorge" vergleichbar sind (BVerfGE 106, 62 [133]). Hierzu gehören die Regelung von Präventivmaßnahmen gegen zukünftige Hilfsbedürftigkeit und von „Zwangsmaßnahmen gegen Hilfsbedürftige selbst" (BVerfGE 106, 62 [134]). Außerdem kann die Finanzierung von Fürsorgemaßnahmen auf die Kompetenznorm des Art. 74 I Nr. 7 gestützt werden (BVerfGE 106, 62 [135]; 108, 186 [214]). **21**

Wie sich aus dem Wortlaut des Art. 74 I Nr. 7 ergibt, ist die konkurrierende Gesetzgebungskompetenz des Bundes auf die „öffentliche" Fürsorge beschränkt. Sie ist daher von der Fürsorge durch private Träger abzugrenzen und umfasst vor allem Maßnahmen durch öffentliche Träger oder Beliehene (Degenhart, in: Sachs, Art. 74 Rn. 35, 41; Kunig, in: MK, Art. 74 Rn. 31). Dies schließt jedoch nicht aus, auch Private (z.B. Arbeitgeber) in die Pflicht zu nehmen (BVerfGE 57, 137 [159]). **21a**

Beispiele: **22**
- Arbeitslosengeld II nach dem SGB II („Hartz IV", BVerfGE 125, 175 [241])
- Jugendpflege (BVerfGE 22, 180 [212])
- Jugendschutz (BVerfGE 31, 113 [117])
- Kindergärten/Kindertageseinrichtungen (BVerfGE 97, 332 [341]).

Das sogenannte „Betreuungsgeld" nach §§ 4a ff. BEEG (eingeführt mit G. v. 15.2.2013 [BGBl. I S. 254]) kann nach dem Urteil des BVerfG vom 21.7.2015 (1 BvF 2/13) nicht auf die Kompetenznorm des Art. 74 I Nr. 7, 72 II gestützt werden. Zwar ist der Kompetenztitel der „öffentlichen Fürsorge" entwicklungsoffen zu verstehen (BVerfGE 106, 62 [133]). Er umfasst nach Ansicht des Gerichts auch Leistungen an Eltern mit Kleinkindern in Form des Betreuungsgeldes, da der Gesetzgeber auf diese Weise auf eine besondere, nur typisierend bezeichnete und nicht notwendig akute Situation zumindest potenzieller Bedürftigkeit reagiert. Allerdings ist die Regelung in §§ 4a ff. BEEG nicht gem. Art. 72 II zur Herstellung gleichwertiger Lebensverhältnisse im Bundesgebiet oder zur Wahrung der Rechts- oder Wirtschaftseinheit erforderlich (BVerfG, Urt. v. 21.7.2015, 1 BvF 2/13, Rn. 29 ff.; Art. 72 Rn. 17a). **22a**

VII. Kriegsschäden und Wiedergutmachung (Nr. 9)

1. Kriegsschäden

Die Kompetenzvorschrift des Art. 74 I Nr. 9 betrifft kriegsbedingte Sachschäden durch Kriege mit deutscher Beteiligung (Pieroth, in: JP, Art. 74 Nr. 20). Dies sind aus **23** entstehungsgeschichtlichen Gründen vor allem solche Schäden, die durch den Zweiten Weltkrieg entstanden sind (ähnlich zu Art. 120 I BVerfGE 9, 205 [324]; ferner Degenhart, in: Sachs, Art. 74 Rn. 42). Umfasst sind mit Blick auf Art. 120 neben unmittelbaren Kriegsschäden auch Nachkriegs- und Folgeschäden (Kunig, in: MK, Art. 74 Rn. 32).

2. Wiedergutmachung

24 „Wiedergutmachung" bedeutet vor allem Ausgleich nationalsozialistischen Unrechts. Darüber hinaus wird die Erstreckung dieser Kompetenznorm auch auf den Ausgleich von Schäden diskutiert, die durch SED-Unrecht entstanden sind. Dies ist aufgrund der Offenheit des Wortlauts des Art. 74 I Nr. 9 trotz „vielgliedriger Kausalkette" (so Stettner, in: Dreier, Art. 74 Rn. 49) zwischen den Ereignissen des Zweiten Weltkriegs und SED-Unrecht zu bejahen (Degenhart, in: Sachs, Art. 74 Rn. 42). „Wiedergutmachung" ist auf finanzielle Abgeltung beschränkt (BVerfGE 3, 407 [419]; 126, 331 [356]) und betrifft auch Verjährungsfragen dieser Ansprüche (BVerwGE 31, 65 [66f.]). Aus der Kompetenzvorschrift des Art. 74 I Nr. 9 an sich ergibt sich allerdings kein Anspruch der Betroffenen auf Erstattung (Stettner, in: Dreier, Art. 74 Rn. 49).

25 **Beispiel:** Gesetz über die Entschädigung nach dem Gesetz zur Regelung offener Vermögensfragen (Entschädigungsgesetz – EntschG, BVerfGE 126, 331 [356]).

VIII. Kriegsgräber und Gräber anderer Opfer des Krieges und Opfer von Gewaltherrschaft (Nr. 10)

26 Art. 74 I Nr. 10 begründet in der geltenden Fassung ergänzend zu Art. 74 I Nr. 9 die konkurrierende Bundeskompetenz zur Regelung von Kriegsgräbern und Gräbern anderer Opfer des Krieges und von Gewaltherrschaft. Der Anwendungsbereich ist nicht auf den Zweiten Weltkrieg beschränkt, sondern erfasst auch Gräber von Militär- und Zivilpersonen, die bei kriegerischen Handlungen zur Friedenserhaltung im Ausland getötet werden.

IX. Recht der Wirtschaft (Bergbau, Industrie, Energiewirtschaft, Handwerk, Gewerbe, Handel, Bank- und Börsenwesen, privatrechtliches Versicherungswesen) ohne das Recht des Ladenschlusses, der Gaststätten, der Spielhallen, der Schaustellung von Personen, der Messen, der Ausstellungen und der Märkte (Nr. 11)

1. Recht der Wirtschaft

27 Der Kompetenztitel des Art. 74 I Nr. 11 hat hohe Praxisrelevanz (Degenhart, in: Sachs, Art. 74 Rn. 44). Das Recht der Wirtschaft umfasst alle Vorschriften, die das wirtschaftliche Leben und die wirtschaftliche Betätigung als solche regeln (BVerfGE 55, 274 [308]; 68, 319 [330]; 116, 202 [215]; 135, 155 [196 Rn. 101]). Art. 74 I Nr. 11 ist weit auszulegen und bezieht sich vor allem auf solche Normen, „die sich in irgendeiner Form auf die Erzeugung, Herstellung und Verbreitung von Gütern des wirtschaftlichen Bedarfs beziehen" (BVerfGE 135, 155 [196 Rn. 101]). Dies sind nicht nur Regelungen, die die Organisation der Wirtschaft, einzelner Wirtschaftszweige sowie der am Wirtschaftsleben teilnehmenden Personen, sondern auch die Steuerung und Lenkung des Wirtschaftslebens betreffen (BVerfGE 67, 256 [275]). Dabei können auch Teilbereiche geregelt werden, die in den Kompetenzbereich der Länder fallen, solange der Schwerpunkt der Norm wirtschaftsrechtlich ist (BVerfGE 116, 202

[216]; 135, 155 [196 Rn. 102]). Ferner erstreckt sich das Recht der Wirtschaft sowohl auf das private als auch auf das öffentliche Wirtschaftsrecht (Kunig, in: MK, Art. 74 Rn. 39).

Die im Klammerzusatz erfolgte Konkretisierung des Wirtschaftsrechts stellt angesichts der weiten Auslegung der Norm eine nicht abschließende, beispielhafte Aufzählung betroffener Wirtschaftszweige dar (Stettner, in: Dreier, Art. 74 Rn. 56; a.A. Kunig, in: MK, Art. 74 Rn. 36; Pieroth, in: JP, Art. 74 Rn. 22). Dennoch dürfte davon auszugehen sein, dass mit diesen Konkretisierungen das Recht der Wirtschaft umfassend umschrieben wurde, sodass Regelungen zunächst an diesen Merkmalen zu messen sind, bevor auf weiterer Wirtschaftszweige außerhalb des Klammerzusatzes zurückgegriffen wird. **28**

Beispiele: **29**
- Subventionen für Unternehmen
- Berufszugangs- und Berufsausübungsregelungen (BVerfGE 50, 290 [293])
- Verbraucherschutz (BVerfGE 46, 246 [254]).

2. Bergbau

Zum Wirtschaftszweig „Bergbau" gehören die Gewinnung von Mineralien und Gesteinen im Tage- und Untertagebau (Stettner, in: Dreier, Art. 74 Rn. 58) sowie die Auf- und Weiterverarbeitung der im Bergbau gewonnenen Rohstoffe (Kunig, in: MK, Art. 74 Rn. 40). Ebenfalls unter den Titel „Bergbau" fallen Vorschriften zu Bohrinseln (Pieroth, in: JP, Art. 74 Rn. 25). **30**

Beispiel: Bundesberggesetz (BBergG). **31**

3. Industrie

Industrie ist die fabrikmäßige, arbeitsteilige Herstellung und Verarbeitung von Produktions- und Verbrauchsgütern (Oeter, in: MKS, Art. 74 Rn. 88). Das Merkmal der Massenproduktion grenzt „Industrie" von „Handwerk" ab (vgl. Rn. 34; s. auch Stettner, in: Dreier, Art. 74 Rn. 58). **32**

4. Energiewirtschaft

Zur Energiewirtschaft gehören alle Regelungsbereiche des Energiesektors. Dies sind die Erzeugung und die Weitergabe von Energie in jeglicher Form sowie auch die Einsparung von Energie und die Absicherung der Energieversorgung (Kunig, in: MK, Art. 74 Rn. 42). Der Begriff beschränkt sich nicht auf die klassischen, meist fossilen Formen der Energiegewinnung, sondern bezieht auch erneuerbare Energien ein. Er ist offen für zukünftige Entwicklungen auf dem Energiesektor (Oeter, in: MKS, Art. 74 Rn. 89), etwa die Regelung des Netzausbaus (s. auch Rn. 84). **33**

5. Handwerk

Unter den Begriff des Handwerks fällt die Einzelfertigung im Gegensatz zur industriellen Fertigung (Oeter, in: MKS, Art. 74 Rn. 90). Während bei Letzterer Massenproduktion unter „kaufmännischer oder technischer Leitung" des Betriebsinhabers im Vordergrund steht, entscheidet bei Handwerksbetrieben die fachliche Qualifikation des Inhabers über die Qualität des Ergebnisses (BVerfGE 13, 97 [123]). Es ist damit ein erheblicher Anteil an Handarbeit erforderlich (Pieroth, in: JP, Art. 74 Rn. 26). **34**

6. Gewerbe

Als Gewerbe im Sinne des Art. 74 I Nr. 11 sind alle Tätigkeiten zu verstehen, die mit dem Zweck der Gewinnerzielung betrieben werden. Dieser Begriff schließt auch **35** die gesondert geregelten Begriffe des Handwerks und der Industrie ein, wurde jedoch besonders aufgeführt, um die konkurrierende Gesetzgebungskompetenz des Bundes auch auf „Sondergebiete gewerberechtlicher Art" auszudehnen (BVerfGE 41, 344 [352]). Hierzu zählen nicht nur Gewerbebetriebe nach der GewO (BVerfGE 41, 344 [352f.]), sondern auch freie Berufe wie z.B. Anwälte, Ärzte (BVerfGE 5, 25 [29f.]; 68, 319 [328f.]; BVerwGE 74, 129 [137]). Das Recht des Apothekenwesens ist seit 2006 in Art. 74 I Nr. 19 speziell geregelt.

7. Handel

36 Der Begriff „Handel" meint den Austausch wirtschaftlicher Güter gegen Entgelt (Kunig, in: MK, Art. 74 Rn. 45) und ist weit zu verstehen. Erfasst sind sämtliche mit dem Warenaustausch verbundene Tätigkeiten (Oeter, in: MKS, Art. 74 Rn. 92).

8. Bank- und Börsenwesen

37 Als Teilbereich der Wirtschaft erstreckt sich die konkurrierende Gesetzgebungskompetenz des Bundes über das Bankwesen und damit auf Geschäftstätigkeiten privater Kreditinstitute, die nicht von Art. 73 I Nr. 4 erfasst sind (Art. 73 Rn. 22ff.). Zum Bankwesen gehören vor allem das Kreditwesen, aber auch sonstige Bankgeschäfte (Oeter, in: MKS, Art. 74 Rn. 93). In den Kompetenzbereich der Länder fallen hingegen Einrichtung und Organisation der Sparkassen und Landesbanken (BVerfGE 75, 292 [299]).

38 Das Börsenwesen zeichnet sich durch das organisierte, wiederkehrende Zusammentreffen von Anbietern und Nachfragern in einer marktmäßigen Abwicklung aus, insbesondere in Bezug auf Wertpapiere und Rohstoffe (Rengeling/Szczekalla, in: BK, Art. 74 I Nr. 11 Rn. 136f.).

9. Privatrechtliches Versicherungswesen

39 Zum privatrechtlichen Versicherungswesen zählen jedenfalls Unternehmen, „die im Wettbewerb mit anderen durch privatrechtliche Verträge Risiken versichern, die Prämien grundsätzlich am individuellen Risiko und nicht am Erwerbseinkommen des Versicherungsnehmers orientieren und die vertraglich zugesagte Leistungen im Versicherungsfall aufgrund eines kapitalgedeckten Finanzierungssystems erbringen" (BVerfGE 103, 197 [216f.]). Auch öffentlich-rechtliche Versicherungseinrichtungen fallen in diesen Kompetenzbereich, sofern diese mit privatwirtschaftlichen Einrichtungen im Wettbewerb stehen (BVerfGE 41, 205 [218ff.]).

10. Regelungsbereiche außerhalb des „Klammerzusatzes"

39a Mit der Föderalismusreform 2006 (G. v. 28.8.2006, BGBl. I S. 2034) wurden einzelne Regelungsbereiche aus dem Recht der Wirtschaft ausgeklammert. Hierzu gehören das Recht des Ladenschlusses, das Gaststätten- und Spielhallenrecht, das Recht der Schaustellung von Personen, der Messen, der Ausstellungen sowie der Märkte. Diese Sachgebiete fallen nunmehr in die ausschließliche Gesetzgebungskompetenz der Länder. Bundesregelungen auf diesen Gebieten, die vor Inkrafttreten der Neufassung erlassen wurden, bleiben gem. Art. 125a I 1 gültig, solange und soweit die Länder von ihrer Ersetzungsbefugnis nach Art. 125a I 2 keinen Gebrauch machen (vgl. Art. 125a Rn. 3ff.). Erforderlich ist jedoch, dass der Landesgesetzgeber im Rahmen dieser Ersetzung die Materie „in eigener Verantwortung" regelt, um eine „Mischlage aus Bundes- und Landesrecht für ein und denselben Regelungsgegenstand im selben Anwendungsbereich" zu verhindern, da solche Zustände einen „Fremdkörper" in der bundesstaatlichen Kompetenzverteilung darstellen (BVerfGE 111, 10 [129f.]).

X. Das Arbeitsrecht einschließlich der Betriebsverfassung, des Arbeitsschutzes und der Arbeitsvermittlung sowie die Sozialversicherung einschließlich der Arbeitslosenversicherung (Nr. 12)

Die konkurrierende Gesetzgebungskompetenz erstreckt sich nach Art. 74 I Nr. 12 auf das Arbeitsrecht als das Sonderrecht der unselbstständigen Arbeitnehmer. „Dies betrifft die Regelung der Rechtsbeziehung zwischen Arbeitgeber und Arbeitnehmer und erstreckt sich sowohl auf privatrechtliche als auch auf öffentlich-rechtliche Bestimmungen über abhängige Arbeitsverhältnisse" (BVerfGE 106, 62 [132]; zuvor bereits ähnlich BVerfGE 7, 342 [351]; 38, 281 [299]). Zu den Elementen des Arbeitsrechts gehört das ausdrücklich aufgeführte Recht der Betriebsverfassung als durch Organe institutionalisierte Zusammenarbeit von Arbeitgebern und Arbeitnehmern im Betrieb (Kunig, in: MK, Art. 74 Rn. 52). Arbeitsschutz umfasst die öffentlich-rechtlichen Regelungen des Schutzes der Beschäftigten vor den Gefahren der Arbeit (BVerfGE 121, 317 [347]). Dazu gehört auch die Regelung der Arbeitszeit. Unter Arbeitsvermittlung ist die Tätigkeit zu verstehen, die darauf abzielt, „dass zwischen einem eine Arbeit suchenden Arbeitnehmer und einem einen Arbeitsplatz anbietenden Arbeitgeber ein Arbeitsverhältnis zustande kommt"; hierzu gehört auch die Arbeitnehmerüberlassung (BVerfGE 21, 261 [268]). **40**

Beispiele: **41**
- Vorschriften über Ausbildungsverhältnis und sozialen Status von Auszubildenden im Bereich der Altenpflege (BVerfGE 106, 62 [132f.])
- Begrenzung der Arbeitszeit (BVerfGE 1, 283 [292])
- Rauchverbot zum Schutz nichtrauchender Beschäftigter (BVerfGE 121, 317 [347])
- Begrenzung der Samstagsarbeit von Arbeitnehmern in § 17 IV LadSchlG (BVerfG, NVwZ 2015, 582 [584f. Rn. 31ff.]).

Die Sozialversicherung stellt einen „verfassungsrechtlichen Gattungsbegriff" dar und umfasst alles, „was sich der Sache nach als Sozialversicherung darstellt" (BVerfGE 11, 104 [112]; 63, 1 [34f.]; 75, 108 [146]). Er ist weit auszulegen und beschränkt sich nicht auf die „klassische Sozialversicherung", die sich aus der Versicherung gegen „Krankheit, Alter, Invalidität und Unfall" zusammensetzt. Erforderlich ist aber eine Vergleichbarkeit mit den wesentlichen Strukturelementen der klassischen Sozialversicherung, die aus dem „sozialen Bedürfnis nach Ausgleich besonderer Lasten" herrühren und für die die „Trägerschaft durch selbständige Anstalten oder Körperschaften des öffentlichen Rechts, die ihre Mittel durch Beiträge der ‚Beteiligten' aufbringen" maßgeblich ist (BVerfGE 75, 108 [146]). Anders als die Arbeitslosenversicherung fällt das Arbeitslosengeld II nach dem SGB II nicht unter Art. 74 I Nr. 12, sondern unter Art. 74 I Nr. 7 (str., Windthorst/Sattler, JuS 2012, 826 [829]). **42**

Beispiele: **42a**
- Pflegeversicherung (BVerfGE 103, 197 [215])
- Künstlersozialversicherungsgesetz (KSVG; BVerfGE 75, 108 [148f.]).

XI. Regelung der Ausbildungsbeihilfen und Förderung der wissenschaftlichen Forschung (Nr. 13)

Die Ausbildungsbeihilfe umfasst die individuelle, personenbezogene und finanzielle Förderung der Ausbildung in allen Bildungsbereichen (Pieroth, in: JP, Art. 74 Rn. 38), **43** nicht hingegen die Förderung von Bildungseinrichtungen oder deren Personal (Fehling, in: BK, Art. 74 I Nr. 13 Rn. 10). Die Förderung der wissenschaftlichen Forschung beschränkt sich in Anbetracht der grundsätzlichen Länderkompetenz für das Hochschulrecht auf personen-, projekt- oder einrichtungsbezogene Maßnahmen. Dazu gehören nicht allgemeine finanzielle, organisatorische und planerische Regelungen des Hochschulwesens und seiner Angehörigen. Andernfalls könnten die Wertungen des Art. 74 I Nr. 33 (Rn. 86ff.), der die konkurrierende Gesetzgebungskompetenz des Bundes auf die Hochschulzulassung und -abschlüsse beschränkt, unterlaufen werden (Degenhart, in: Sachs, Art. 74 Rn. 62; Fehling, in: BK, Art. 74 I Nr. 13 Rn. 15f.; a.A. Pieroth, in: JP, Art. 74 Rn. 38; Kunig, in: MK, Art. 74 Rn. 59).

XII. Recht der Enteignung, soweit sie auf den Sachgebieten der Artikel 73 und 74 in Betracht kommt (Nr. 14)

44 Art. 74 I Nr. 14 weist dem Bund die konkurrierende Gesetzgebungskompetenz für das Recht der Enteignung zu, die wie in Art. 14 III zu verstehen ist. „Sie ist auf die vollständige oder teilweise Entziehung konkreter subjektiver, durch Art. 14 I 1 gewährleisteter Rechtspositionen zur Erfüllung bestimmter öffentlicher Aufgaben gerichtet“ (BVerfGE 134, 242 [289 Rn. 161]; vgl. Art. 14 Rn. 43). Art. 74 I Nr. 14 zielt nicht nur auf Legal-, sondern auch auf Administrativenteignungen ab (Oeter, in: MKS, Art. 74 Rn. 111).

44a Durch die Einschränkung auf die Sachverhalte der Kompetenztitel der Art. 73 und 74 wird hervorgehoben, dass es sich bei Art. 74 I Nr. 14 um einen gesetzlich geregelten Fall der Annexkompetenz handelt (Oeter, in: MKS, Art. 74 Rn. 111). Diese erstreckt sich nicht auf Sachgebiete der Länderzuständigkeit. Darüber hinaus kann Art. 74 I Nr. 14 nicht als Kompetenzgrundlage für die Erhebung von Steuern (Art. 105) herangezogen werden. Das folgt unabhängig von dieser Einschränkung bereits daraus, dass Steuern im Sinne des Grundgesetzes keine Enteignungen sind (BVerfGE 115, 97 [111f.]).

45 **Beispiele:**
- Enteignung für den Bau von Fernstraßen nach § 19 FStrG aus Gründen des Art. 74 I Nr. 22
- Enteignung nach §§ 85ff. BauGB aus den Gründen des Art. 74 I Nr. 30, 31 (Kunig, in: MK, Art. 74 Rn. 60).

XIII. Überführung von Grund und Boden, von Naturschätzen und Produktionsmitteln in Gemeineigentum oder in andere Formen der Gemeinwirtschaft (Nr. 15)

46 Parallel zu Art. 74 I Nr. 14 begründet Art. 74 I Nr. 15 die konkurrierende Gesetzgebungskompetenz des Bundes in den Fällen des Art. 15 (vgl. Art. 15 Rn. 6). Sie betrifft die Sozialisierung der abschließend in Art. 15 und Art. 74 I Nr. 15 aufgeführten Gegenstände (Wendt, in: Sachs, Art. 15 Rn. 7). Ein Verfassungsauftrag zur Sozialisierung kann weder aus Art. 15 noch aus Art. 74 I Nr. 15 abgeleitet werden; vielmehr obliegt die Entscheidung über diese Frage dem Gesetzgeber (BVerfGE 12, 354 [363f.]). Aufgrund der marktwirtschaftlichen Ausrichtung der Wirtschaftspolitik des Bundes kann die Regelung als „ruhendes Recht“ bezeichnet werden (Kunig, in: MK, Art. 74 Rn. 61).

XIV. Verhütung des Missbrauchs wirtschaftlicher Machtstellung (Nr. 16)

47 Art. 74 I Nr. 16 begründet die konkurrierende Gesetzgebungskompetenz des Bundes zur Verhütung des Missbrauchs einer wirtschaftlichen Machtstellung. Wirtschaftliche Macht kann entstehen, wenn Wirtschaftssubjekte tätig werden (s. auch Degenhart, in: Sachs, Art. 74 Rn. 65). Sie allein begründet aber noch keine konkurrierende Ge-

setzgebungskompetenz des Bundes nach Nr. 16. Vielmehr sind nur solche Regelungen erfasst, die der Verhinderung des Missbrauchs dieser Stellung dienen. Dies ist anzunehmen, wenn die Nutzung dieser Machtstellung „vom normalen, von der Rechtsordnung gebilligten Gebrauch abweicht und eine entartete Machtausübung darstellt" (Kunig, in: MK, Art. 74 Rn. 62).

Insbesondere das Kartellrecht ist auf Grundlage des Art. 74 I Nr. 16 geregelt worden **47a** (BGH, NJW 1987, 266 [267]). Die Vorschrift ist auch dann taugliche Kompetenzgrundlage, wenn das Gesetz nicht nur zur Verhütung, sondern auch reaktiv der Beseitigung von Missständen dienen soll (Stettner, in: Dreier, Art. 74 Rn. 78; Oeter, in: MKS, Art. 74 Rn. 116). Nicht-wirtschaftliche Machtstellungen werden hingegen von Art. 74 I Nr. 16 nicht erfasst (Kunig, in: MK, Art. 74 Rn. 63).

Nicht unter Art. 74 I Nr. 16 fällt das Recht des lauteren Wettbewerbs (v. a. UWG). **47b** Denn dieses dient nicht der Verhinderung des Missbrauchs wirtschaftlicher Machtstellung, sondern vor allem dem Schutz eines unverfälschten Wettbewerbs und fällt daher, je nach Bezug zum Recht des gewerblichen Rechtsschutzes unter Art. 73 I Nr. 9 oder in die konkurrierende Gesetzgebungskompetenz nach Art. 74 I Nr. 1 für strafrechtliche Regelungen bzw. nach Art. 74 I Nr. 11 im Übrigen (Uhle, in: MD, Art. 73 Rn. 197).

Beispiel: Gesetz gegen Wettbewerbsbeschränkungen (GWB; vgl. BGH, NJW 1987, 266 [267]). **47c**

XV. Förderung der land- und forstwirtschaftlichen Erzeugung (ohne das Recht der Flurbereinigung), Sicherung der Ernährung, Ein- und Ausfuhr land- und forstwirtschaftlicher Erzeugnisse, Hochsee- und Küstenfischerei und Küstenschutz (Nr. 17)

Aus Art. 74 I Nr. 17 ergibt sich die konkurrierende Gesetzgebungskompetenz des **48** Bundes für ausgewählte Bereiche der Agrarwirtschaft (vgl. Stettner, in: Dreier, Art. 74 Rn. 80). Land- und forstwirtschaftliche Erzeugung meint hierbei die sogenannte „Urproduktion" (Kunig, in: MK, Art. 74 Rn. 64). In diesem Rahmen kann der Bund Regelungen zur Förderung dieses Wirtschaftszweigs erlassen. Hierbei darf er mit Hilfe finanzieller oder organisatorischer Mittel „ordnend und klärend" in die Wirtschaftsprozesse eingreifen und diese Ziele auch durch die Auferlegung von Geldleistungspflichten verfolgen, beispielsweise durch besondere Abgaben (BVerfGE 18, 315 [329]; 88, 366 [379]).

Daneben begründet die Vorschrift die konkurrierende Gesetzgebungskompetenz des **49** Bundes für die Sicherung der Ernährung. Auch wenn die Vorschrift vor dem Hintergrund des Nahrungsmangels nach dem Zweiten Weltkrieg entstand (Stettner, in: Dreier, Art. 74 Rn. 82), zeigt der offene Wortlaut deutlich, dass damit ganz allgemein alle Maßnahmen zu verstehen sind, die die Versorgung der Bevölkerung mit Lebensmitteln zum Ziel haben und dass umgekehrt die übrigen Merkmale des Art. 74 I Nr. 17 sich nicht in der Ernährungssicherung erschöpfen müssen (BVerfGE 88, 366 [378]).

Ferner ist der Bund zuständig für den Erlass von Gesetzen, die die Ein- und Ausfuhr **50** von land- und forstwirtschaftlichen Erzeugnissen regeln. Die Regelung der Landwirtschaft ist stark unionsrechtlich determiniert (Oeter, in: MKS, Art. 74 Rn. 122). Die Kompetenz des Bundes wird gem. Art. 2 II AEUV verdrängt, sofern und soweit die EU ihre geteilte Zuständigkeit nach Art. 4 II lit. d AEUV wahrnimmt.

Aus dem Zusammenwirken mit den ersten drei Elementen des Kompetenztitels er- **51** gibt sich, dass der Anwendungsbereich der „Hochsee- und Küstenfischerei" einen Bezug zur landwirtschaftlichen Urproduktion sowie zur Sicherung der Ernährung aufweist. Dies führt dazu, dass in Abgrenzung zu Art. 74 I Nr. 21, der die Hochsee- und Küstenschifffahrt regelt, nur solche Regelungsbereiche der Fischerei unter Art. 74 I Nr. 17 fallen, die die Sicherung der Ernährung oder die Ein- und Ausfuhr fischereiwirtschaftlicher Erzeugnisse betreffen. Erneut ist die Determinierung aufgrund Art. 4 II lit. d AEUV zu beachten (MKS, Art. 74 Rn. 123).

52 Der Begriff des Küstenschutzes betrifft vor allem Schutzmaßnahmen gegen Sturmfluten (Stettner, in: Dreier, Art. 74 Rn. 82). Die einfach-gesetzliche Legaldefinition des § 1 des Gesetzes über die Gemeinschaftsaufgabe „Verbesserung der Agrarinfrastruktur und des Küstenschutzes" (GAKG), wonach unter dem Küstenschutz „Maßnahmen zur Erhöhung der Sicherheit an den Küsten der Nord- und Ostsee sowie an den fließenden oberirdischen Gewässern im Tidegebiet gegen Sturmfluten" ist, bildet den Begriff des Art. 74 I Nr. 17 zwar zutreffend ab (vgl. Kunig, in: MK, Art. 74 Rn. 68), ist jedoch aus normhierarchischen Gründen nicht in der Lage, diesen Begriff in seiner verfassungsrechtlichen Dimension, die sich zudem aus Art. 91a I Nr. 2 Alt. 2 ergibt, abschließend zu definieren. Zu beachten ist ferner, dass Sicherungsmaßnahmen, sofern sie polizeiliche Aufgaben sind, in den Kompetenzbereich der Länder fallen (Stettner, in: Dreier, Art. 74 Rn. 82).

52a Nicht mehr in den Bereich der konkurrierenden Gesetzgebungskompetenz nach Art. 74 I Nr. 17 fällt seit der Föderalismusreform 2006 das Recht der Flurbereinigung (hierzu Pieroth, in: JP, Art. 74 Rn. 43).

XVI. Städtebaulicher Grundstücksverkehr, Bodenrecht (ohne das Recht der Erschließungsbeiträge) und Wohngeldrecht, Altschuldenhilferecht, Wohnungsbauprämienrecht, Bergarbeiterwohnungsbaurecht und Bergmannssiedlungsrecht (Nr. 18)

53 Unter dem städtebaulichen Grundstücksverkehr sind der „Erwerb, die Veräußerung, die Belastung und die Verpachtung von Grundstücken" zu verstehen, soweit diese öffentlich-rechtlich geregelt werden (Kunig, in: MK, Art. 74 Rn. 69).

54 Das Bodenrecht umfasst die öffentlich-rechtlichen Normen, die die Beziehungen des Menschen zu Grund und Boden sowie dessen Nutzung regeln (BVerfGE 3, 407 [413ff., 424]; 34, 139 [144]). Das Bodenrecht ist also insb. Bodennutzungsrecht und in den Vorschriften der Bauleitplanung im BauGB geregelt (BVerfGE 56, 298 [311]; 77, 288 [299]).

55 Das Wohnungswesen erstreckt sich auf die Regelung der Gebäude, die privaten Wohnzwecken dienen (BVerfGE 3, 407 [416]), unter den Aspekten des Wohngeld-, Altschuldenhilfe-, Wohnungsbauprämien-, Bergarbeiterwohnungsbau- und Bergmannssiedlungsrechts (vgl. hierzu auch Degenhart, in: Sachs, Art. 74 Rn. 82).

XVII. Maßnahmen gegen gemeingefährliche oder übertragbare Krankheiten bei Menschen und Tieren, Zulassung zu ärztlichen und anderen Heilberufen und zum Heilgewerbe, sowie Recht des Apothekenwesens, der Arzneien, der Medizinprodukte, der Heilmittel, der Betäubungsmittel und der Gifte (Nr. 19)

56 Eine Krankheit ist ein „regelwidriger Körper- oder Geisteszustand", „der ärztlicher Behandlung bedarf oder – zugleich oder ausschließlich – Arbeitsunfähigkeit zur Folge hat", wobei sich die Regelwidrigkeit nach der Abweichung „von der durch das Leitbild des gesunden Menschen geprägten Norm" ergibt (BSGE 35, 10 [12]; 39, 167 [168]). Die konkurrierende Gesetzgebungskompetenz des Bundes erstreckt sich nur auf gemeingefährliche oder übertragbare Krankheiten. Gemeingefährlich ist eine Krankheit, wenn sie ein gewisses Gefährdungs- und Verbreitungspotential aufweist, etwa zu schweren Gesundheitsschädigungen oder zum Tode führen kann und eine nicht unerhebliche Zahl von Personen betrifft (Kunig, in: MK, Art. 74 Rn. 76; Oeter, in: MKS, Art. 75 Rn. 135). Die Übertragbarkeit einer Krankheit ist zu bejahen, wenn

die ursächlichen Krankheitserreger „direkt oder mittelbar" übertragen werden können (Degenhart, in: Sachs, Art. 74 Rn. 84), wie bei Infektionskrankheiten, z.B. Wundstarrkrampf (BVerwGE 33, 339 [341 f.]), HIV- oder Ebola-Virus.

Beispiele: Impfpflichten, Vorsorgeuntersuchungen, Meldepflichten. 57

Unter den Kompetenztitel der Zulassung zu ärztlichen Berufen zählen im Wesentlichen die Erteilung, die Zurücknahme und der Verlust der Approbation. Erfasst sind hierbei ausschließlich Zulassungsregelungen der Ärzte, Zahn- und Tierärzte, nicht hingegen das Recht der Fachärzte, da dieses die ärztliche Weiterbildung betrifft, die grundsätzlich Ländersache ist (BVerfGE 33, 125 [154 f.]; 98, 265 [307]). Der Begriff der Heilberufe ist weit auszulegen und schließt „jede nicht-ärztliche Tätigkeit auf dem Gebiet der Heilkunde" ein (BVerfGE 106, 62 [107]), die „die helfende Betreuung von Menschen mit gesundheitlichen Problemen" zum Gegenstand hat (BVerfGE 106, 62 [108]). Ein Heilgewerbe liegt vor, wenn die Tätigkeit typischerweise selbständig ausgeführt wird (Axer, in: BK, Art. 74 Abs. 1 Nr. 19 Rn. 17). Grenzfälle, beispielsweise die Tätigkeit eines Optikers (befürwortend Pieroth, in: JP, Art. 74 Rn. 51), fallen nur dann unter Art. 74 I Nr. 19, wenn ein spezifischer Bezug zur Heilkunde besteht, da andernfalls Art. 74 I Nr. 11 greift (vgl. Degenhart, in: Sachs, Art. 74 Rn. 86). 58

Beispiele: 59
- Regelung der Zulassung als Allgemeinarzt (BVerfGE 33, 125 [154])
- Regelung des Altenpflegerberufs (BVerfGE 106, 62 [104 ff.]).

Art. 74 I Nr. 19 ist zudem seit der Föderalismusreform 2006 die einschlägige Kompetenznorm für die umfassende, nicht auf die Berufszulassung beschränkte Regelung des Apothekenwesens (BT-Drs. 16/813, S. 13). Ebenso weit ist der Anwendungsbereich im Hinblick auf Arzneien, Medizinprodukte, Heil- und Betäubungsmittel sowie Gifte. Auch in diesen Bereichen ist das „Recht dieser Gegenstände insgesamt" erfasst (BT-Drs. 16/813, S. 13; vgl. auch Axer, in: BK, Art. 74 Abs. 1 Nr. 19 Rn. 19). 60

Beispiele: 61
- Arzneimittelgesetz (AMG)
- Gesetz über den Verkehr mit Betäubungsmitteln (BtMG).

XVIII. Wirtschaftliche Sicherung der Krankenhäuser und Regelung der Krankenhauspflegesätze (Nr. 19a)

Art. 74 I Nr. 19a verdeutlicht, dass der Bund nur eingeschränkte Gesetzgebungskompetenzen auf dem Gebiet des Krankenhauswesens für sich beanspruchen kann. Die Regelung wurde 1969 eingefügt, da die zunehmende finanzielle Belastung der Länder und Kommunen durch eine defizitäre Krankenhauswirtschaft bundeseinheitliche Regelungen erforderte (BVerfGE 83, 364 [379 f.]; ausführlich auch Oeter, in: MKS, Art. 74 Rn. 139). Der Anwendungsbereich von Art. 74 I Nr. 19a erstreckt sich auf öffentliche und private Krankenhäuser, die durch die „ärztliche Hilfeleistung zur Heilung oder Linderung von Krankheiten bei gleichzeitiger Unterbringung und Verpflegung" gekennzeichnet sind (Axer, in: BK, Art. 74 Abs. 1 Nr. 19a Rn. 14). Die wirtschaftliche Sicherung umfasst hierbei „die Finanzhilfen und die Entgelte für teilstationäre und stationäre Krankenhausbehandlung" (BVerfGE 114, 169 [222]). In ausschließlicher Landeskompetenz befinden sich hingegen Regelungen zur Krankenhausversorgung und -planung (BVerfGE 83, 363 [379]). Auch „gesundheitspolitische Fernziele" können auf Grundlage des Art. 74 I Nr. 19a durch den Bund nicht verfolgt werden (BVerfGE 82, 209 [232]). 62

XIX. Recht der Lebensmittel einschließlich der ihrer Gewinnung dienenden Tiere, Recht der Genussmittel, Bedarfsgegenstände und Futtermittel sowie Schutz beim Verkehr mit land- und forstwirtschaftlichem Saat- und Pflanzgut, Schutz der Pflanzen gegen Krankheiten und Schädlinge sowie Tierschutz (Nr. 20)

63 Die konkurrierende Gesetzgebungskompetenz des Bundes umfasst gemäß Art. 74 I Nr. 20 zunächst das Lebensmittelrecht. Dieser Bereich zielt neben der umfassenden Wertschöpfungskette im Lebensmittelbereich auch auf den Schutz der Bevölkerung vor gesundheitlichen Gefahren oder irreführenden bzw. unzureichenden Produktkennzeichnungen (vgl. Pieroth, in: JP, Art. 74 Rn. 55; Kunig, in: MK, Art. 74 Rn. 83). Der Schutz beim Verkehr mit land- und forstwirtschaftlichen Saat- und Pflanzgut bezieht sich im Wesentlichen auf Samen zur Erzeugung von Pflanzen und Setzlingen im land- und forstwirtschaftlichen Bereich (Oeter, in: MKS, Art. 74 Rn. 145).

63a Umstritten ist, ob die Kompetenzzuweisung für den Schutz der Pflanzen gegen Krankheiten und Schädlinge eine allgemeine konkurrierende Bundeskompetenz für den Naturschutz begründet (so Oeter, in: MKS, Art. 74 Rn. 146; a. A. Degenhart, in: Sachs, Art. 74 Rn. 91; Pieroth, in: JP, Art. 74 Rn. 56). Dies ist ausweislich des Wortlauts, der eher für einen Schutz einzelner Pflanzen vor abgrenzbaren Gefahren durch Krankheiten und Schädlingsbefall spricht, zu verneinen. Außerdem sprechen systematische Erwägungen gegen eine solche Ansicht, da Art. 74 I Nr. 29 eine eigenständige Kompetenzzuweisung für den Bereich des Naturschutzes enthält.

63b Der Begriff des Tierschutzes ist weit auszulegen und erstreckt sich „auf die Haltung, Pflege, Unterbringung und Beförderung von Tieren, auf Versuche an lebenden Tieren und auf das Schlachten von Tieren", wobei solche Regelungen im Vordergrund stehen, „deren Zweck es ist, Tieren bei Vorgängen der genannten Art Schmerzen, Leiden oder Schäden so weit wie möglich zu ersparen"; auch die Bereiche der Überwachung und der Förderung des Tierschutzes fallen unter Art. 74 I Nr. 20 (BVerfGE 110, 141 [171]). Diese Kompetenznorm ist jedoch nicht in der Lage, den Verfassungsrang des Tierschutzes zu begründen (Degenhart, in: Sachs, Art. 74 Rn. 91; Oeter, in: MKS, Art. 74 Rn. 147), was im Übrigen auch für Art. 20a GG gilt (vgl. hierzu Art. 20a Rn. 16 f.).

XX. Hochsee- und Küstenschiffahrt sowie Seezeichen, Binnenschiffahrt, Wetterdienst, Seewasserstraßen und die dem allgemeinen Verkehr dienenden Binnenwasserstraßen (Nr. 21)

64 Art. 74 I Nr. 21 ordnet die konkurrierende Gesetzgebungskompetenz des Bundes für das Schifffahrts- und Wasserstraßenrecht an. Zur Regelung der Schifffahrt gehören Anforderungen an „die technische Beschaffenheit, die Ausrüstung und die Bemannung der Schiffe, die Festsetzung des Entgeltes, die Sorge für die Leichtigkeit und Sicherheit des Verkehrs" sowie „das Signalwesen" (BVerfGE 15, 1 [12]). Die „Hochsee" sind Gewässer, die nicht Territorial- und Hoheitsgewässer bzw. Küstengewässer sind (Jarass, in: JP, Art. 74 Rn. 58). Binnengewässer sind vor allem Flüsse und Seen (Kunig, in: MK, Art. 74 Rn. 91). Die Vorschrift betrifft außerdem die Bundeskompetenz zur Regelung der Erhaltung der Wasserstraßen als Verkehrsträger in einem für die Schifffahrt erforderlichen Zustand (BVerfGE 15, 1 [9]). Ob die Zuständigkeit des Bundes für Regelungen des Wetterdienstes nicht nur den „nautischen Aspekt" betrifft, sondern auch dessen Dienst für den Straßen- und Luftverkehr, die Land- und Forstwirtschaft und gewerbliche Tätigkeiten umfasst (BVerfGE 15, 1 [12 f.]), ist fraglich. Näher liegt insoweit eine Kompetenz kraft Sachzusammenhangs.

XXI. Straßenverkehr, Kraftfahrwesen, Bau und Unterhaltung von Landstraßen für den Fernverkehr sowie Erhebung und Verteilung von Gebühren oder Entgelten für die Benutzung öffentlicher Straßen mit Fahrzeugen (Nr. 22)

In den Anwendungsbereich von Art. 74 I Nr. 22 fällt das Straßenverkehrsrecht. Dieses „regelt die (polizeilichen) Anforderungen an den Verkehr und die Verkehrsteilnehmer – sowie gegebenenfalls auch an Außenstehende –, um Gefahren abzuwehren und die Sicherheit und Leichtigkeit des Verkehrs zu gewährleisten" (BVerfGE 67, 299 [314]; zuvor BVerfGE 32, 319 [326]; 40, 371 [380]). Hiervon abzugrenzen ist das Straßen- und Wegerecht, das in die ausschließliche Gesetzgebungskompetenz der Länder fällt, sofern nicht Bundesfernstraßen betroffen sind (hierzu unten Rn. 67). Dieses beinhaltet zum einen die „technische Seite" der Rechtsverhältnisse an öffentlichen Straßen, wie die „Entstehung, Indienststellung, Einteilung und Beendigung durch Einziehung" (BVerfGE 40, 371 [378]), zum anderen aber auch die „Bereitstellung des Weges für die in der Widmung festgelegte besondere Verkehrsfunktion" (BVerfGE 67, 299 [314]). 65

Beispiele: 65a
- Zum Straßenverkehrsrecht i. S. d. Art. 74 I Nr. 22 gehören die Regelungen des StVG und der StVO, die unter anderem der Verhütung von Gefahren des Straßenverkehrs dienen
- Art. 6 BayStrWG (vgl. auch § 6 StrWG NRW oder § 4 Hessisches Straßengesetz [HStrG]) regelt die Widmung, die einer Straße die Eigenschaft einer öffentlichen Straße verleiht und den Gemeingebrauch eröffnet.

Der Kompetenztitel des Kraftfahrwesens bezieht sich auf sämtliche, „von der Herstellung bis zur Benutzung von Kraftfahrzeugen entstehende Rechts- und Wirtschaftsfragen" (vgl. z. B. §§ 32ff. StVZO; Kunig, in: MK, Art 74 Rn. 97; Pieroth, in: JP, Art. 74 Rn. 64). 66

Unter Bau und Unterhaltung von Landstraßen für den Fernverkehr ist die Straßenbaulast für Bundesfernstraßen zu fassen, die vom Bundesgesetzgeber in § 1 I FStrG definiert werden. Die Kompetenz des Bundes reicht allerdings nur soweit, als Regelungen nicht in das Straßen- und Wegerecht der Länder übergreifen (BVerfGE 102, 167 [174]). 67

Ferner besitzt der Bund die konkurrierende Gesetzgebungskompetenz zur Erhebung und Verteilung von Gebühren (zum Begriff der Gebühren s. Art. 105 Rn. 15ff.) und Entgelten für die Benutzung öffentlicher Straßen mit Fahrzeugen. Hierzu gehören nicht nur die sogenannte „Maut", sondern auch Regelungen über Parkgebühren für die Benutzung öffentlicher Straßen (BVerwGE 58, 326 [330]). Privat betriebene Parkhäuser zählen nicht dazu. 68

XXII. Schienenbahnen, die nicht Eisenbahnen des Bundes sind, mit Ausnahme der Bergbahnen (Nr. 23)

Schienenbahnen sind „alle Bahnen mit einem festen Spurweg" (Oeter, in: MKS, Art. 74 Rn. 159; Pieroth, in: JP, Art. 74 Rn. 67). Die Gesetzgebungskompetenz des Bundes erstreckt sich hierbei auf sämtliche Schienenbahnen, ungeachtet einer privaten oder öffentlichen Trägerschaft (Degenhart, in: Sachs, Art. 74 Rn. 98). Ausgenommen sind die Eisenbahnen des Bundes, für sie gilt Art. 73 I Nr. 6a (vgl. Art. 73 Rn. 45f.). Ferner nimmt der Wortlaut des Art. 74 I Nr. 23 ausdrücklich Bergbahnen von der konkurrierenden Gesetzgebungskompetenz des Bundes aus. Die Länder sind damit für Regelungen zur Betriebserlaubnis der Bergbahnen, der Planung und von in diesem Zusammenhang auftretenden Fragen wie Enteignungen ausschließlich zuständig. 69

Beispiele: 69a
- Straßenbahnen (BVerfGE 26, 338 [382]; 56, 249 [282])
- U-Bahnen (BVerfGE 45, 297 [323]).

XXIII. Abfallwirtschaft, Luftreinhaltung und Lärmbekämpfung (ohne Schutz vor verhaltensbezogenem Lärm) (Nr. 24)

70 Die Abfallwirtschaft bezieht sich nach der gesetzgeberischen Konzeption aus dem Jahre 2006 auf „alle Phasen der Abfallentsorgung" sowie die „damit im Zusammenhang stehenden Tätigkeiten und Maßnahmen, insbesondere die Einsammlung, Lagerung, Behandlung und Beförderung von Abfällen" sowie „die Abfallvermeidung und Abfallverwertung und die damit zusammenhängenden Tätigkeiten und Maßnahmen" (BT-Drs. 16/813, S. 13). Seitdem bezieht sich die konkurrierende Gesetzgebungskompetenz des Bundes mit dem Terminus der „Abfallwirtschaft" klarstellend auch auf die Abfallverwertung, wenngleich die Rechtsprechung diese bereits unter die bis 2006 geltende Kompetenznorm der „Abfallbeseitigung" fasste (BVerfGE 110, 370 [384 f.]).

71 Die Luftreinhaltung ist der Schutz vor und die Beseitigung von negativen Veränderungen der natürlichen Zusammensetzung der Luft (Kunig, in: MK, Art. 74 Rn. 107). Der Bund kann hierzu insbesondere Regelungen der Gefahrenabwehr, aber auch zur Gefahrenvorsorge treffen (Oeter, in: MKS, Art. 74 Rn. 166). Eng verzahnt mit der Luftreinhaltung ist die Lärmbekämpfung. Denn auch sie betrifft Immissionen, die sich schädlich auf ihre Umwelt auswirken können. Sie umfasst die „Vermeidung, Beseitigung oder Linderung störender Geräusche" (Pieroth, in: JP, Art. 74 Rn. 69; Kunig, in: MK, Art. 74 Rn. 107).

72 **Beispiel:** Gesetz zum Schutz vor schädlichen Umwelteinwirkungen durch Luftverunreinigungen, Geräusche, Erschütterungen und ähnliche Vorgänge (Bundes-Immissionsschutzgesetz – BImSchG).

73 Nicht in den Anwendungsbereich fällt nach dem Wortlaut des Art. 74 I Nr. 24 verhaltensbezogener Lärm. Nach der gesetzgeberischen Intention sind dies Geräuschemissionen sozialer Einrichtungen (Kindergärten, Jugendheime) sowie von Sport- und Freizeitanlagen (Spielplätze, Sportstätten und Sportstadien), von Theatern, Veranstaltungs- und Festplätzen, Hotels und Gaststätten, da diese Anlagen von „überwiegend lokaler Bedeutung" sind (BT-Drs. 16/813, S. 13). Ein bundesweites Nichtraucherschutzgesetz wäre kompetenzrechtlich unzulässig, da es an verhaltensbezogene Emissionen anknüpfen würde (Degenhart, in: Sachs, Art. 74 Rn. 104; dazu BVerfGE 121, 317 [348]).

XXIV. Staatshaftung (Nr. 25)

74 Als Reaktion auf die Nichtigerklärung des Staatshaftungsgesetzes des Bundes im Jahre 1982 durch das BVerfG (BVerfGE 61, 149 [151]) wurde mit dem Kompetenztitel des Art. 74 I Nr. 25 die Gesetzgebungskompetenz des Bundes für eine umfassende und primäre Regelung der Staatshaftung eingeführt (Stettner, in: Dreier, Art. 74 Rn. 114). Unter Staatshaftung i. S. v. Art. 74 I Nr. 25 fallen nach Entstehungsgeschichte und Zweck alle Ersatzleistungen für hoheitliches Handeln des Staates (Bund, Länder, sonstige juristische Personen des öffentlichen Rechts). Hoheitliches Handeln ist die Erfüllung öffentlicher Aufgaben durch diese Stellen mit öffentlich-rechtlichen Mitteln. Bei Realakten entscheidet der Funktionszusammenhang. Ob das Verhalten rechtswidrig oder rechtmäßig, schuldhaft oder schuldlos erfolgte, ist für den Tatbestand der Staatshaftung i. S. v. Art. 74 I Nr. 25 irrelevant. Entscheidend ist, dass der Staat Kompensation durch Schadensersatz oder Entschädigung für einen Schaden durch öffentlich-rechtliches Verhalten leisten muss. Darunter fallen etwa Amtshaftung, Enteignungsentschädigung, ausgleichspflichtige Inhalts- und Schrankenbestimmungen des Eigentums sowie Ansprüche aus enteignungsgleichem und enteignendem Eingriff. Gesetze, die auf der Grundlage dieses Kompetenztitels erlassen werden, sind gem. Art. 74 II zustimmungsbedürftig (vgl. Rn. 2, 88).

XXV. Medizinisch unterstützte Erzeugung menschlichen Lebens, Untersuchung und künstliche Veränderung von Erbinformationen sowie Regelungen zur Transplantation von Organen, Geweben und Zellen (Nr. 26)

Die konkurrierende Gesetzgebungskompetenz des Bundes erstreckt sich gem. Art. 74 I Nr. 26 auf alle Bereiche der modernen Fortpflanzungsmedizin für den Menschen; dazu zählen auch medizinisch unterstützte natürliche Befruchtungen, z.B. nach Hormonbehandlungen (BT-Drs. 16/813, S. 14). Auch mit der Fortpflanzungsmedizin zusammenhängende Forschung und der Embryonentransfer (sog. Leihmutterschaft) fallen unter Art. 74 I Nr. 26, nicht jedoch die derzeit geltenden Strafvorschriften des Embryonenschutzgesetzes, die durch Art. 74 I Nr. 1 (Strafrecht) erfasst werden (vgl. Kunig, in: MK, Art. 74 Rn. 109; Degenhart, in: Sachs, Art. 74 Rn. 109). Dagegen können nicht-strafrechtliche Vorschriften, die das Klonen von Menschen betreffen, auf die konkurrierende Gesetzgebungskompetenz nach Art. 74 I Nr. 26 gestützt werden (Pieroth, in: JP, Art. 74 Rn. 72). **75**

Die Gentechnologie, die die Untersuchung und künstliche Veränderung von Erbinformationen betrifft, hat einen weiten Anwendungsbereich (BVerfGE 128, 1 [33]). Sie erstreckt sich auf die Untersuchung und künstliche Veränderung von Erbinformationen sowohl bei Menschen als auch bei Tieren und Pflanzen (BT-Drs. 12/6000, S. 35). Auf diese Weise wird eine umfassende Zuständigkeit des Bundes zur Regelung des Rechts der Gentechnik begründet (BVerfGE 128, 1 [34]). **76**

In die Gesetzgebungskompetenz des Bundes fallen seit 2006 neben Regelungen zur Transplantation von Organen und Geweben auch solche, die die Transplantation von Zellen betreffen. Die Kompetenznorm bezieht sich auf Menschen, Tiere und Pflanzen (Kunig, in MK, Art. 74 Rn. 111). **77**

XXVI. Statusrechte und -pflichten der Beamten der Länder, Gemeinden und anderen Körperschaften des öffentlichen Rechts sowie Richter in den Ländern mit Ausnahme der Laufbahnen, Besoldung und Versorgung (Nr. 27)

Die Statusrechte und -pflichten der Beamten nach Art. 74 I Nr. 27 betreffen „Wesen, Voraussetzungen, Rechtsform der Begründung, Arten, Dauer sowie Nichtigkeits- und Rücknahmegründe des Dienstverhältnisses.“ Ferner erfasst dieser Kompetenztitel „Abordnung und Versetzung der Beamten zwischen den Ländern und zwischen Bund und Ländern oder entsprechende Veränderungen des Richterdienstverhältnisses“, zudem „Voraussetzungen und Formen der Beendigung des Dienstverhältnisses (vor allem Tod, Entlassung, Verlust der Beamten- und Richterehre, Entfernung aus dem Dienst nach dem Disziplinarrecht), statusprägende Pflichten und Folgen der Nichterfüllung, wesentliche Rechte, Bestimmung der Dienstherrenfähigkeit, Spannungs- und Verteidigungsfall und Verwendungen im Ausland“ (BT-Drs. 16/813, S. 14). Grund für die Gesetzgebungskompetenz des Bundes durch Einfügung des Art. 74 I Nr. 27 im Jahre 2006 war das Bestreben, die „länderübergreifende Mobilität der Bediensteten“ zu sichern (BT-Drs. 16/813, S. 14). **78**

Art. 74 I Nr. 27 betrifft nur Statusrechte und -pflichten der Beamten der Länder und Gemeinden, nicht des Bundes. Für Letztere sieht Art. 73 I Nr. 8 die ausschließliche Gesetzgebungskompetenz vor, die zudem weiter gefasst ist, da sie sich allgemein auf „Rechtsverhältnisse“ bezieht (vgl. Art. 73 Rn. 54f.). Art. 74 I Nr. 27 nimmt hingegen ausdrücklich Laufbahnen, Besoldung und Versorgung der Beamten der Länder aus (ausführlich hierzu Degenhart, in: BK, Art. 74 I Nr. 27 Rn. 39ff.). **78a**

Beispiele: Gesetz zur Regelung des Statusrechts der Beamtinnen und Beamten in den Ländern (Beamtenstatusgesetz – BeamtStG). **78b**

XXVII. Jagdwesen (Nr. 28)

79 Das Jagdwesen erstreckt sich auf alle Fragen, „die traditionell im Zusammenhang mit der Jagd stehen“ (Pieroth, in: JP, Art. 74 Rn. 78). Allerdings unterliegt dieser Bereich der Abweichungskompetenz der Länder nach Art. 72 III 1 Nr. 1. Nur für das Recht der Jagdscheine besteht eine Kernkompetenz des Bundes nach Art. 72 I.

80 **Beispiele:**
- Schonzeiten (§ 22 BJagdG)
- Regelung des Jagdscheins (§§ 15 ff. BJagdG).

XXVIII. Naturschutz und die Landschaftspflege (Nr. 29)

81 Unter den Kompetenztitel des Naturschutzes und der Landschaftspflege fallen Vorschriften über die Abwehr von Gefahren für Natur und Landschaft sowie die gestalterische Tätigkeit des Staates zum Schutz und zur Verbesserung des Landes und des Bodens (Kunig, in: MK, Art. 74 Rn. 118).

81a **Beispiel:** Gesetz über Naturschutz und Landschaftspflege (Bundesnaturschutzgesetz – BNatSchG).

XXIX. Bodenverteilung (Nr. 30)

82 Auf die Gesetzgebungskompetenz der Bodenverteilung stützen sich Vorschriften über die Veränderung von Eigentums- und Besitzverhältnissen an Grund und Boden durch eine Bodenreform (Pieroth, in: JP, Art. 74 Rn. 80). Abzugrenzen ist Art. 74 I Nr. 30 von Art. 74 I Nr. 15, der die Sozialisierung von Eigentum betrifft (vgl. Rn. 46). Die Bodenverteilung nach Nr. 30 betrifft jedoch nicht die Begründung von Gemeineigentum (Kunig, in: MK, Art. 74 Rn. 120). Vor allem eine Agrarreform könnte auf diese Kompetenznorm gestützt werden; insoweit ist auch Art. 74 I Nr. 18 bedeutsam, der sich allerdings nicht auf das Eigentum an Grund und Boden bezieht (Degenhart, in: Sachs, Art. 74 Rn. 80; Pieroth, in: JP, Art. 74 Rn. 80).

XXX. Raumordnung (Nr. 31)

83 Raumordnung ist „die zusammenfassende, übergeordnete Planung und Ordnung des Raumes. Sie ist übergeordnet, weil sie überörtliche Planung ist und weil sie vielfältige Fachplanungen zusammenfasst und aufeinander abstimmt“ (BVerfGE 3, 407 [425]). Die Raumordnung findet ihre Ausgestaltung u. a. im Raumordnungsgesetz (ROG). Sie ist abzugrenzen von Art. 74 I Nr. 18, der die städtebauliche Planung betrifft (BVerfGE 3, 407 [427]), und insoweit lex specialis ist.

84 **Beispiele:**
- Raumordnungsgesetz (ROG)
- Dagegen ist strittig, ob das Netzausbaubeschleunigungsgesetz (NABEG), soweit es spezifische energierechtliche Abweichungen vom Raumordnungsgesetz vorsieht, von Nr. 31 erfasst wird; vorzugswürdig ist die Zuordnung zu Nr. 11 (Rn. 33; a. A. Durner, NuR 2012, 369 [373 f.]).

XXXI. Wasserhaushalt (Nr. 32)

85 Wasserhaushalt umfasst „allgemeinverbindliche Regeln für die haushälterische Bewirtschaftung des in der Natur vorhandenen Wassers nach Menge und Güte“ (BVerfGE 15, 1 [15]; 58, 45 [62]) und ist daher mit dem Begriff der Wasserwirtschaft gleichzusetzen (BVerfGE 15, 1 [15]; Art. 89 Rn. 6). Ziel der Regelungen, die den Wasserhaushalt betreffen, ist die Normierung menschlicher Einwirkungen auf Oberflä-

chen- und Grundwasser, da diese Einwirkungen „sowohl die Menge als auch die biologische und chemische Beschaffenheit des Wassers" beeinflussen können und sich letztlich auf die Qualität des Trink- und Brauchwassers auswirken (BVerfGE 15, 1 [14]).

XXXII. Hochschulzulassung und Hochschulabschlüsse (Nr. 33)

Die konkurrierende Gesetzgebungskompetenz des Bundes erstreckt sich gem. Art. 74 I Nr. 33 auf die Regelung der Zulassung zu sowie der Abschlüsse an Hochschulen. Der Begriff der Hochschulen umfasst hierbei Universitäten, kirchliche, medizinische, pädagogische, technische Hochschulen sowie Kunst-, Musik- und Sporthochschulen, aber auch Gesamt- und Fachhochschulen (Pieroth, in: JP, Art. 74 Rn. 83). Unter Hochschulzulassung versteht man Regelungen über die Ermittlung vorhandener Kapazitäten, die Entwicklung von Auswahlverfahren und die Vergabe von Studienplätzen, etwa durch die Stiftung für Hochschulzulassung. **86**

Keine Aspekte der Hochschulzulassung und damit nicht Teil der konkurrierenden Gesetzgebungskompetenz des Bundes sind die Erhebung von Studiengebühren oder -beiträgen (BVerfGE 112, 226 [243]) sowie die Festlegung der fachlichen Voraussetzungen des Hochschulzugangs, da hier meist ein enger Schulbezug gegeben ist, der die ausschließliche Gesetzgebungskompetenz der Länder begründet (vgl. Degenhart, in: Sachs, Art. 74 Rn. 129; a.A. Rux, in: BK, Art. 74 I Nr. 33 Rn. 57ff.). **86a**

Die Bundeskompetenz zur Regelung der Hochschulabschlüsse zielt auf ein einheitliches Niveau der Studienabschlüsse (Degenhart, in: Sachs, Art. 74 Rn. 129). In diesem Rahmen können vor allem Regelstudienzeiten und Qualitätsstandards der Ausbildung festgelegt werden (Rux, in: BK, Art. 74 I Nr. 33 Rn. 67). Staatsexamina hingegen fallen nicht unter Art. 74 I Nr. 33, da sie vor staatlichen Prüfungsämtern abzulegen sind und somit letztlich nicht in der Verantwortung der Hochschulen, sondern in staatlicher Verantwortung liegen (Rux, in: BK, Art. 74 I Nr. 33 Rn. 71). **87**

XXXIII. Zustimmungserfordernis (Art. 74 II)

Art. 74 II qualifiziert Gesetze auf Grundlage der Gesetzgebungskompetenz des Art. 74 I im Bereich der Staatshaftung (Nr. 25) sowie des Beamtenrechts (Nr. 27) als Zustimmungsgesetze (vgl. Art. 77 Rn. 1, 7ff.). Die Sonderstellung dieser beiden Regelungsbereiche ist auf deren Relevanz für die Finanzen der Länder zurückzuführen, weshalb diese im Rahmen der Föderalismusreformen 1994 und 2006 bei Einfügung der Art. 74 I Nr. 25 und 27 auf einen solchen Zustimmungsvorbehalt bestanden (Kunig, in: MK, Art. 74 Rn. 127; Stettner, in: Dreier, Art. 74 Rn. 120). **88**

C. Prüfungshinweise

Die einzelnen Gesetzgebungskompetenzen des Katalogs der konkurrierenden Gesetzgebung des Art. 74 I stellen in der Klausurpraxis selten Problemschwerpunkte dar. Dennoch ist in staatsrechtlichen Klausuren die Gesetzgebungskompetenz bei der Prüfung der formellen Rechtmäßigkeit gesetzlicher Regelungen relevant. Die wichtigsten Kompetenztitel sollten daher zumindest in Grundzügen bekannt sein (Nr. 1, 7, 11, 12, 18, 19, 22 und 25). **89**

Bei der Auslegung der Kompetenznormen des Art. 74 I kommen dem Wortlaut und der Gesetzgebungsgeschichte eine große Bedeutung zu, da die einzelnen Kompetenztitel in den überwiegenden Fällen historisch gewachsen sind. Da sie die Verteilung der Zuständigkeiten von Bund und Ländern beim Erlass förmlicher Gesetze betreffen und somit „friedenssichernd" wirken, sind sie grds. statisch auszulegen. **89a**

D. Weiterführende Literatur/Leseempfehlungen

90 Badura, P., Die Gesetzgebungskompetenz des Bundes für das Staatshaftungsgesetz, NJW 1981, 1337–1341; Battis, U./Kersten, J., Die Raumordnung nach der Föderalismusreform, DVBl. 2007, 152–159; Burgi, M./Maier, P., Kompetenzfragen der Krankenhausplanung – Vom Bundesstaat zum Kassenstaat?, DÖV 2000, 579–588; Dodenhoff, W., Zur Gesetzgebungskompetenz des Bundes, die Zugangsvoraussetzungen für das Studium der Medizin zu bestimmen. Ein Beitrag zur Auslegung des Art. 74 Nr. 19 GG, DVBl. 1980, 897–899; Durner, W., Vollzugs- und Verfassungsfragen des NABEG, NuR 2012, 369–377; Ebsen, I., Die gesetzliche Pflegeversicherung (SGB XI) auf dem Prüfstand des Bundesverfassungsgerichts, Jura 2002, 401–408; Ewer, W., Kompetenz des Bundesgesetzgebers zur Einführung eines Betreuungsgelds?, NJW 2012, 2251–2255; Frenz, W., Föderalismusreform im Umweltschutz, NVwZ 2006, 742–747; Gärditz, K.F., Gesetzgebungskompetenzfragen der Straftäterunterbringung, BayVBl. 2006, 231–239; Grandjot, R., Zur Konzeption eines Kompetenztitels „Recht der Umwelt", DÖV 2006, 511–516; Grüner, A.-M., Die Länderöffnungsklausel im BauGB: Weiter Spielraum der Länder bei der Entprivilegierung der Windenergie im Außenbereich, NVwZ 2015, 108–112; Hansalek, E., Die neuen Kompetenzen des Bundes im Hochschulrecht, NVwZ 2006, 668–670; Höfling, W., Um Leben und Tod – Transplantationsgesetzgebung und Grundrecht auf Leben, JZ 1995, 26–33; Huber, P.M./Wollenschläger, F., Immissionsschutz nach der Föderalismusreform I: Zur veränderten Kompetenzverteilung zwischen Bund und Ländern im Bereich des Lärmschutzes, NVwZ 2009, 1513–1520; Knapp, W., Das Recht der Ordnungswidrigkeiten, JuS 1979, 609–618; Köck, W./Wolf, R., Grenzen der Abweichungsgesetzgebung im Naturschutz. Sind Eingriffsregelung und Landschaftsplanung allgemeine Grundsätze des Naturschutzes?, NVwZ 2008, 353–360; Kotulla, M., Umweltschutzgesetzgebungskompetenzen und Föderalismusreform, NVwZ 2007, 489–495; Linke, T., Zur Zustimmungsbedürftigkeit bundesrechtlicher Staatshaftungsregelungen. Reduktionsmöglichkeiten von Art. 74 I Nr. 25 und Abs. 2 GG?, DÖV 2005, 289–295; Möstl, M., Gefahr und Kompetenz. Polizeirechtsdogmatische und bundesstaatsrechtliche Konsequenzen der Kampfhundeentscheidung des BVerfG, Jura 2005, 48–55; Nolte, J.J., Die Zuständigkeit des Bundes für das Hochschulwesen, DVBl. 2010, 84–92; Pestalozza, C., Die wider Willen sperrende Bundeslücke bei der Sicherungsverwahrung, JZ 2004, 605–610; Pieroth, B., Gesetzgebungskompetenz- und Grundrechtsfragen der nachträglichen Sicherungsverwahrung, JZ 2002, 922–928; Reimer, P., Keine Bundeskompetenz für das Kindergeldrecht, NJW 2012, 1927–1932; Rixen, S., Hat der Bund die Gesetzgebungskompetenz für das Betreuungsgeld?, DVBl. 2012, 1393–1403; Rossi, M./Lenski, S.-C., Föderale Regelungsbefugnisse für öffentliche Rauchverbote, NJW 2006, 2657–2661; Schulze-Fielitz, H., Umweltschutz im Föderalismus – Europa, Bund und Länder, NVwZ 2007, 249–259; Uechtritz, M./Deutsch, M., Die LKW-Maut: Ein Schritt zur Nutzerfinanzierung der Verkehrsinfrastruktur. Rechtlicher Rahmen und rechtliche Grenzen, DVBl. 2003, 575–582; Wendtland, C., Das Rauchen in Gaststätten: Ein Härtetest für die Kompetenzordnung nach der Föderalismusreform, DÖV 2007, 647–652; Weidemann, C./Krappel, T., Das Recht der Automatenaufstellung nach der Förderalismusreform: Grenzen landesrechtlicher Rechtssetzungsbefugnisse im Normbereich bundesgesetzlicher Verordnungsermächtigungen, NVwZ 2013, 673–679.

Art. 74a, 75 *(aufgehoben)*

Art. 76 [Initiativrecht; Zwischenverfahren]

(1) **Gesetzesvorlagen werden beim Bundestage durch die Bundesregierung, aus der Mitte des Bundestages oder durch den Bundesrat eingebracht.**

(2) [1]**Vorlagen der Bundesregierung sind zunächst dem Bundesrat zuzuleiten. Der Bundesrat ist berechtigt, innerhalb von sechs Wochen zu diesen Vorlagen Stellung zu nehmen.** [2]**Verlangt er aus wichtigem Grunde, insbesondere mit Rücksicht auf den Umfang einer Vorlage, eine Fristverlängerung, so beträgt die Frist neun Wochen.** [3]**Die Bundesregierung kann eine Vorlage, die sie bei der Zuleitung an den Bundesrat ausnahmsweise als besonders eilbedürftig bezeichnet hat, nach drei Wochen oder, wenn der Bundesrat ein Verlangen nach Satz 3 geäußert hat, nach sechs Wochen dem Bundestag zuleiten, auch wenn die Stellungnahme des Bundesrates noch nicht bei ihr eingegangen ist; sie hat die Stellungnahme des Bundesrates unverzüglich nach Eingang dem Bundestag nachzureichen.** [4]**Bei Vorlagen zur Änderung dieses Grundgesetzes und zur Übertragung von Hoheitsrechten nach Artikel 23 oder Artikel 24 beträgt die Frist zur Stellungnahme neun Wochen; Satz 4 findet keine Anwendung.**

(3) [1]**Vorlagen des Bundesrates sind dem Bundestag durch die Bundesregierung innerhalb von sechs Wochen zuzuleiten.** [2]**Sie soll hierbei ihre Auffassung darlegen.** [3]**Verlangt sie aus wichtigem Grunde, insbesondere mit Rücksicht auf den Umfang einer Vorlage, eine Fristverlängerung, so beträgt die Frist neun Wochen.** [4]**Wenn der Bundesrat eine Vorlage ausnahmsweise als besonders eilbedürftig bezeichnet hat, beträgt die Frist drei Wochen oder, wenn die Bundesregierung ein Verlangen nach Satz 3 geäußert hat, sechs Wochen.** [5]**Bei Vorlagen zur Änderung dieses Grundgesetzes und zur Übertragung von Hoheitsrechten nach Artikel 23 oder Artikel 24 beträgt die Frist neun Wochen; Satz 4 findet keine Anwendung.** [6]**Der Bundestag hat über die Vorlagen in angemessener Frist zu beraten und Beschluß zu fassen.**

Pflichtstoff (*****)

Übersicht

A. Überblick

1 Mit Art. 76 beginnen die Vorschriften, die das Verfahren der Bundesgesetzgebung regeln. Das sind – außer Art. 76 – die Art. 77, 78 und 82 I; mit Sonderfällen befassen sich Art. 79 (verfassungsändernde Gesetze) und Art. 81 (Gesetzgebungsnotstand). Bestandteile des normalen Verfahrens sind die folgenden Schritte: Das Initiativverfahren nach Art. 76 I, ggf. das Zwischenverfahren nach Art. 76 II, III, die Beschlussfassung des BT gem. Art. 77 I 1, die Beteiligung des BR nach Art. 78 i. V. m. 77 und schließlich das Abschlussverfahren nach Art. 82 I. Einen Vorschlag für den Aufbau einer vollständigen Verfahrensprüfung, der alle diese – im Übrigen im Rahmen der jeweiligen Vorschriften einzeln erläuterten – Schritte einbezieht, finden Sie unter Rn. 30.

B. Erläuterungen

I. Das Recht der Gesetzesinitiative

1. Die Initiativberechtigten (Abs. 1)

2 Abs. 1 nennt drei Initiativberechtigte: Die Bundesregierung, die Mitte des Bundestages und den Bundesrat.

a) Die Bundesregierung

3 Der BReg steht das Initiativrecht als Kollegialorgan (Art. 62) zu. Sie muss einen entsprechenden Beschluss fassen (s. § 24 II GO BReg). Zu Details der Beschlussfassung, insb. zum Problem des Umlaufverfahrens, s. Art. 65 Rn. 12.

4 Den Landesregierungen kommt auf Bundesebene kein Initiativrecht zu. Sie können lediglich im BR beantragen, dieser möge von seinem Initiativrecht in einem bestimmten Sinne Gebrauch machen, und so – im Falle der hinreichenden Unterstützung durch andere Landesregierungen – einen Beschluss des BR herbeiführen (s. u. Rn. 7).

In der politischen Praxis wird das gelegentlich deutlich, wenn Parteien in Landtagswahlkämpfen versprechen, sie würden sich im Falle eines Wahlsiegs für bestimmte Maßnahmen, die zur Regelungskompetenz des Bundes gehören wie z. B. die Wiedereinführung der Vermögensteuer, „einsetzen".

b) Die Mitte des Bundestages

5 Der Begriff „Mitte des Bundestages" ist insofern eindeutig, als die Initiative nur von Mitgliedern des BT ausgeübt werden kann, nicht von Parlamentsexternen. Er stellt zugleich klar, dass das Initiativrecht nicht erst dem BT insgesamt zusteht, also keines Beschlusses einer Mehrheit bedarf, sondern ein Minderheitenrecht darstellt. Fraglich ist jedoch, ob das Initiativrecht auch einer kleinen Gruppe von Abgeordneten, womöglich sogar einem einzelnen Abgeordneten zusteht. Auch Einzelinitiativen stammen „aus der Mitte des BT". Gleichwohl verlangt § 76 I GO BT i. V. m. § 75 I lit. a GO BT, dass sie von einer Fraktion oder von 5% der Mitglieder des BT unterschrieben sind.

Da eine Fraktion nach § 10 I GO BT mindestens 5% der Mitglieder des BT umfassen muss, ist die zweite Var. für Fälle relevant, in denen ein Gesetzesvorschlag nicht von einer ganzen Fraktion unterstützt wird, sondern nur von Teilen einer Fraktion oder von Teilen mehrerer Fraktionen.

6 Das wäre eine unzulässige Einschränkung eines bereits vom (höherrangigen) GG eingeräumten Initiativrechts, sofern der Begriff „Mitte des BT" so zu verstehen wäre, dass auch kleinere Gruppen, womöglich sogar einzelne Abgeordnete, Vorlagen einbringen dürfen (so Kersten, in: MD, Rn. 48). Überzeugender ist es jedoch, den Begriff ob seiner Offenheit als Ermächtigung zu einer Konkretisierung durch die GO BT zu

sehen. Die Mindestquote von 5% ist auch nicht zu hoch angesetzt. Sie belässt relativ kleinen Minderheiten das Initiativrecht, sorgt aber zugleich dafür, dass die Arbeitsfähigkeit des BT nicht durch die aufwändige Behandlung einer zu großen Zahl von Gesetzentwürfen ohne jede Erfolgsaussicht beeinträchtigt wird (so schon Mann, in: Sachs, Rn. 10; dem Grunde nach auch BVerfGE 1, 144 [153]).

c) Der Bundesrat

Der BR besitzt das Initiativrecht als Kollegialorgan. Um es auszuüben, muss er einen Beschluss fassen, der den für ihn geltenden Vorschriften (insbes.: Mehrheitserfordernis des Art. 52 III 1) genügt. **7**

d) Keine weiteren Initiativberechtigten

Die Aufzählung der Initiativberechtigten in Abs. 1 ist abschließend. Die Frage, wer ein Gesetzgebungsverfahren einleiten darf, ist so wichtig, dass nicht angenommen werden kann, das GG regele sie nur beispielhaft. Daher wäre die in zunehmendem Maße diskutierte stärkere Einführung von Elementen direkter Demokratie nach dem Vorbild der in vielen Landesverfassungen vorgesehenen Volksbegehren etc. nur im Wege einer Änderung des Abs. 1 im Verfahren nach Art. 79 möglich. Zur Frage, ob und inwieweit Anwaltskanzleien mit der Formulierung von Gesetzentwürfen beauftragt werden dürfen, s. Schmieszek, ZRP 2013, 175 ff. **8**

2. Inhaltliche Anforderungen an eine Gesetzesvorlage

Eine Gesetzesvorlage muss aus einem schriftlichen, ausformulierten Text bestehen, der vom BT als Gesetz beschlossen werden kann bzw. könnte. **9**

Einen Vorschlag, wie die durch das Gesetz entstehenden Kosten gedeckt werden sollen, muss die Vorlage nicht machen (BVerfGE 1, 144 [158]). Richtiger, aber str. Auffassung nach muss sie überhaupt keine Begründung enthalten (Masing, in: MKS, Rn. 62; a. A. Mann, in: Sachs, Rn. 7). Zwar verlangt § 76 II GO BT eine Begründung, die es in aller Regel auch gibt. Eine verfassungsrechtliche Pflicht dazu besteht jedoch nicht (Pieroth, in: JP, Rn. 3; str.). Auch ein nicht begründeter Entwurf muss daher vom BT behandelt werden.

3. Die Folgen einer ordnungsgemäß eingebrachten Vorlage

Die Initiativberechtigten haben aus Abs. 1 ein organschaftliches Recht darauf, dass der BT über ihre Vorlage berät und Beschluss fasst (BVerfGE 84, 304 [329]). Das muss in angemessener Frist geschehen; Abs. 3 S. 6 ist deklaratorischer Natur. Eine Verletzung dieses Rechts durch Nichtbefassung oder unangemessene Verzögerung kann der Initiativberechtigte im Wege des Organstreits (Art. 93 I Nr. 1) durch das BVerfG feststellen lassen. **10**

4. Die Behandlung nicht ordnungsgemäß eingebrachter Vorlagen

Nicht ordnungsgemäß eingebrachte Vorlagen wie z. B. solche von einzelnen Abgeordneten (o. Rn. 6) müssen nicht behandelt werden. Geschieht dies doch – in Klausuren ist das ohne weiteres vorstellbar –, dann werden die Fehler des Initiativverfahrens durch einen späteren Gesetzesbeschluss des BT insgesamt geheilt, weil sich damit das Gesamtorgan die Initiative „zu eigen macht". **11**

5. Die Rücknahme von Vorlagen

Die Initiativberechtigten können ihre Vorlagen bis zur Schlussabstimmung (Art. 77 I) zurücknehmen und so das Verfahren beenden. Jedoch hat jeder Initiativberechtigte das Recht, die Vorlage erneut einzubringen (Haratsch, in: Sodan, Rn. 20). **12**

6. Kein Verfall nicht eingebrachter Vorlagen auf Grund der Diskontinuität des Bundestages

13 Mit dem Ende der Legislaturperiode des BT verfallen alle von diesem nicht abschließend behandelten Gegenstände (näher Art. 39 Rn. 6). Richtiger Auffassung nach gilt das jedoch nicht für Gesetzesvorlagen, die von der BReg oder dem BR bereits beschlossen, jedoch noch nicht beim BT eingebracht wurden. Die Vorlage kann also ohne erneuten Beschluss beim neuen BT eingebracht werden (näher auch zur früher anderen Staatspraxis Masing, in: MKS, Rn. 154).

II. Das Zwischenverfahren

14 Abs. 2 und Abs. 3 sehen für Vorlagen der BReg bzw. des BR (s. die jeweils ersten drei Worte der Absätze) ein Zwischenverfahren vor, das der Beratung im BT vorgelagert ist. Es dient dazu, der BReg bzw. dem BR möglichst frühzeitig Gelegenheit zur Äußerung ihrer Einschätzung der Vorlage zu geben. Wird es ausgelassen, liegt darin ein Verfahrensmangel, der zur formellen Verfassungswidrigkeit führt und der – soweit es um den BR geht – durch dessen spätere ordnungsgemäße Beteiligung nach Art. 77, 78 nicht geheilt wird.

1. Das Zwischenverfahren bei Vorlagen der Bundesregierung (Abs. 2)

15 Vorlagen der BReg sind gem. Abs. 2 S. 1 vor ihrer Einbringung beim BT grundsätzlich (zu Ausn. s. Art. 110 III, II 1) zunächst dem BR zuzuleiten. Der BR ist nach Abs. 2 S. 2 „berechtigt", aber nicht verpflichtet, in diesem „ersten Durchgang" binnen einer bestimmten Frist (Rn. 16) Stellung zu nehmen. Eine Stellungnahme erfordert einen wirksamen Beschluss des BR; sie hat keine Rechtsfolgen (ebenso Haratsch, in: Sodan, Rn. 10).

Dass der BR in seiner Stellungnahme erklärt, das Gesetz sei zustimmungsbedürftig, löst nicht die Zustimmungsbedürftigkeit aus. – Sofern ein Gesetz tatsächlich zustimmungsbedürftig ist, ersetzt die „Zustimmung" des BR in dieser Phase nicht die Zustimmung nach dem Gesetzesbeschluss des BT, ohne die das Gesetz nicht nach Art. 78 Var. 1 zustande kommt.

16 Die Frist für die Stellungnahme beträgt nach Abs. 2 S. 2 grundsätzlich sechs Wochen. Unter den Voraussetzungen der Sätze 3 bis 5 kann sie sich auf drei Wochen verkürzen oder auf neun Wochen verlängern. Ob ein wichtiger Grund für eine Verlängerung vorliegt (Satz 3) oder ob ein Gesetz eilbedürftig ist, was nach Satz 4 zu einer Fristverkürzung führen kann, ist allenfalls eingeschränkt überprüfbar; prinzipiell kommt es insofern auf die Einschätzung des BR bzw. der BReg an.

17 Erst nach Ablauf der Frist darf die BReg die Vorlage beim BT einbringen. (Sie darf sie aber auch zurückziehen oder ändern. Ob nach einer Änderung ein neues Zwischenverfahren durchzuführen ist, ist str.) Sofern noch eine verspätete Stellungnahme eingeht, muss die BReg diese nur in den Fällen des Abs. 2 S. 3 dem BT zuleiten. Die Abgabe einer verspäteten Stellungnahme stellt aber keinen Verfahrensmangel dar (Hömig, in: Hömig, Rn. 7).

2. Das Zwischenverfahren bei Vorlagen des Bundesrates (Abs. 3)

18 Auch der BR darf seine Vorlagen nach Abs. 3 S. 1 nicht unmittelbar beim BT einbringen. Er muss sie zunächst an die BReg richten, die sie binnen einer bestimmten Frist (Rn. 19) dem BT zuleiten muss. Dabei „soll" sie nach Satz 2 ihre Auffassung darlegen. Insofern ist sie weniger frei als der BR im Verfahren nach Abs. 2 (Rn. 15): Der Verzicht auf die Darlegung ihrer Auffassung ist nur ausnahmsweise zulässig und setzt besondere Umstände voraus (Pieroth, in: JP, Rn. 9).

Die Frist für die Weiterleitung an den BT beträgt seit 1994 nach Abs. 3 S. 1 grds. sechs Wochen (zuvor: drei Monate, bis 1969: keine Frist), sie kann unter den Voraussetzungen der Sätze 3 bis 5 auf drei Wochen verkürzt oder auf neun Wochen verlängert werden. Insofern gelten die Ausführungen in Rn. 16 entsprechend. **19**

Die BReg ist nach dem eindeutigen Wortlaut des Abs. 3 S. 1 („sind ... zuzuleiten") zur Weitergabe verpflichtet. Ob der BR nach Ablauf der Frist das Recht hat, die Vorlage selbst beim BT einzubringen, wenn die BReg sie dennoch nicht weiterleitet, ist str. Richtigerweise wird man die Frage bejahen müssen (dafür auch Masing, in: MKS, Rn. 152). Andernfalls bliebe dem BR nur die Möglichkeit, gegen die BReg einen Organstreit nach Art. 93 I Nr. 1 anzustrengen. **20**

Abs. 3 S. 6, wonach der BT in angemessener Frist beraten und Beschluss fassen muss, drückt eine Selbstverständlichkeit aus und hat lediglich klarstellenden Charakter. Obwohl die Regelung – systematisch unglücklich – nur in Abs. 3 zu finden ist, gilt in den Fällen des Abs. 2 (und bei Vorlagen aus der Mitte des BT) nichts anderes. **21**

3. Kein Zwischenverfahren bei Vorlagen aus der Mitte des Bundestages

Aus der ausdrücklichen Anordnung eines Zwischenverfahrens für Vorlagen der BReg und des BR und dem Fehlen einer entsprechenden Vorschrift für Vorlagen aus der Mitte des BT ergibt sich, dass es für letztere keines Zwischenverfahrens bedarf. **22**

Aus diesem Grund lässt die BReg häufig von ihr ausgearbeitete Vorlagen durch die sie tragenden Fraktionen einbringen, damit früher mit der Beratung im BT begonnen werden kann. Das ist kein „Missbrauch", der zu einem Verfahrensfehler führen würde (a. A. Haratsch, in: Sodan, Rn. 11). Das Initiativrecht einer Fraktion berechtigt sie auch zur Einbringung von Vorlagen, die in Wahrheit von Dritten verfasst wurden. Die gegenteilige Sichtweise befrachtet die auf formale Kriterien angewiesene Prüfung eines Gesetzgebungsverfahrens mit Wertungsfragen. **23**

Gänzlich vermeiden lässt sich das Problem mit dem auch in der Praxis zu beobachtenden Verfahren, eine Vorlage sowohl durch eine Fraktion (also durch die Mitte des BT) als auch durch die BReg einzubringen. Die Regierungsvorlage wird dabei zunächst dem BR zugeleitet (Abs. 2 S. 1), die Fraktionsvorlage sofort vom BT behandelt. **24**

C. Prüfungshinweise

I. Der Ablauf von Verfahrensprüfungen

Eine Verfahrensprüfung wird sinnvollerweise so aufgebaut, dass für jeden vorgesehenen Verfahrensschritt überprüft wird, ob er ordnungsgemäß vorgenommen wurde. Ist das der Fall, liegt kein Fehler vor. Andernfalls war das Verfahren fehlerhaft. Daraus darf aber nicht ohne weiteres auf die formelle Fehlerhaftigkeit des Rechtsaktes, hier also des Gesetzes, geschlossen werden. Vielmehr gibt es auch Fehler, die entweder nicht zur formellen Verfassungswidrigkeit führen oder die später geheilt werden können. **25**

Ein Fehler, der nicht zur Verfassungswidrigkeit führt, ist z. B. ein bloßer Verstoß gegen die GO BT wie die Behandlung eines Gesetzes in nur einer Lesung (Art. 77 Rn. 4). Ein Beispiel für einen heilbaren Fehler ist die Einbringung einer Gesetzesvorlage durch nicht Initiativberechtigte, die durch einen späteren Gesetzesbeschluss geheilt wird (o. Rn. 11).

Daraus ergibt sich die folgende dreigliedrige Prüfung, die für jeden einzelnen Verfahrensschritt zumindest gedanklich durchgegangen werden sollte: **26**

1. Wie hätte der Verfahrensschritt ablaufen sollen?
2. Wie ist er abgelaufen?
3. Sofern der „Soll-Ist-Vergleich" (Punkte 1. und 2.) einen Fehler ergeben hat, weil das Verfahren anders abgelaufen ist als vorgesehen: Welche Folgen hat der Fehler?

27 Dieses Grundmuster lässt sich auch verwenden, wenn es nicht um den Erlass von formellen Gesetzen geht, sondern z.B. von Verwaltungsakten, Satzungen oder Verordnungen.

II. Der systematische Standort der Prüfung des Gesetzgebungsverfahrens

28 Die Frage, ob das Verfahren zum Erlass eines Rechtsaktes ordnungsgemäß durchlaufen wurde, ist ein Aspekt der formellen Rechtmäßigkeit. Das gilt für Einzelmaßnahmen wie z.B. Verwaltungsakte, aber auch für Rechtsnormen. Soweit es – wie bei Art. 76ff. GG – um den Erlass formeller Gesetze geht, deren Rechtmäßigkeit innerstaatlich allein von ihrer Vereinbarkeit mit der Verfassung abhängt, spricht man von der formellen Verfassungsmäßigkeit. Sie setzt neben einem ordnungsgemäßen Verfahren die Zuständigkeit (Kompetenz) des tätig gewordenen Gesetzgebers voraus.

III. Die Prüfung des Gesetzgebungsverfahrens

29 Die Prüfung der Gesetzgebungs*kompetenz* ist für jede Regelung eines Gesetzes separat vorzunehmen, weil die Zuständigkeit des Bundes oder der Länder vom Gegenstand der jeweiligen Regelung abhängt. Daher ist es möglich, dass der Bund (oder ein Land) nur für Teile eines von ihm erlassenen Gesetzes zuständig ist. Im Gegensatz dazu ist die Ordnungsmäßigkeit des Gesetzgebungs*verfahrens* stets einheitlich für das gesamte Gesetz zu prüfen. Die einzige „Weichenstellung“ in diesem Bereich ist die Unterscheidung zwischen Einspruchs- und Zustimmungsgesetzen. Da ein Gesetz aber immer nur als ganzes zustimmungsbedürftig ist oder eben nicht (Art. 77 Rn. 9), ist eine Differenzierung zwischen einzelnen Vorschriften bei der Verfahrensprüfung verfehlt.

30 Für die Prüfung des Verfahrens bietet sich der folgende Aufbau an:

I. Initiativverfahren
   Wirksame Initiative durch einen der Initiativberechtigten, Art. 76 I (o. Rn. 2ff.)
   Heilung eventueller Mängel durch wirksamen Gesetzesbeschluss (o. Rn. 11)

II. Ggf. Zwischenverfahren, Art. 76 II, III
   Nur bei Gesetzesvorlagen der BReg und des BR (o. Rn. 14ff.)
   Bei Einbringung von faktischen Regierungsvorlagen aus der Mitte des BT ggf. Missbrauchseinwand erörtern (o. Rn. 23)

III. Beschlussfassung des BT, Art. 77 I
   1. Behandlung in drei Beratungen (meist als „Lesungen" bezeichnet), §§ 78ff. GO BT
      Abweichung ist bloßer Verstoß gegen GO BT, führt nicht zur Verfassungswidrigkeit, sofern nicht zugleich GG-liche Rechte des BT oder von MdB verletzt (Art. 77 Rn. 4)
   2. Wirksamer Gesetzesbeschluss des BT, Art. 77 I 1
      (= Schlussabstimmung gem. § 86 GO BT)
      a) Beschlussfähigkeit des BT
         aa) Ordnungsgemäße Ladung
             §§ 21, 20 GO BT; selten Gegenstand von Prüfungsarbeiten
             Ladung muss ohne Hinweise im Sachverhalt nicht erörtert werden
         bb) Hinreichende Zahl anwesender MdB
             Mindestens die Hälfte der Mitglieder im Sitzungssaal, § 45 I GO BT
             Aber Fiktion des § 45 II GO BT: Ohne Feststellung der Beschlussunfähigkeit gilt der BT als beschlussfähig (Art. 42 Rn. 11)
      b) Beschluss mit erforderlicher Mehrheit
         Vorbehaltlich anderer Bestimmung im GG Mehrheit der abgegebenen Stimmen (Art. 42 II 1)

IV. Beteiligung des BR
   1. Qualifikation des Gesetzes als Einspruchs- oder Zustimmungsgesetz
      Grds. Einspruchsgesetz, Zustimmungsgesetz nur bei ausdrücklicher Anordnung im GG (Art. 77 Rn. 8)
   2. Zustandekommen des Gesetzes, Art. 78
      a) Bei Zustimmungsgesetzen

Zustandekommen nur nach Art. 78 Var. 1 möglich (Art. 78 Rn. 2)
Zustimmungsbeschluss des BR erforderlich (Art. 78 Rn. 4)
Art. 78 Var. 2 bis 5 müssen nicht erörtert werden

b) Bei Einspruchsgesetzen
  aa) Zustandekommen nach Art. 78 Var. 1
  Auch bei Einspruchsgesetzen möglich (Art. 78 Rn. 4)
  Zustimmungsbeschluss des BR erforderlich (Art. 78 Rn. 4)
  bb) Zustandekommen nach Art. 78 Var. 2
  Kein Antrag auf Einberufung des VermA in der Frist des Art. 77 II (Art. 78 Rn. 5 f.)
  cc) Zustandekommen nach Art. 78 Var. 3
  Kein Einspruch in der Frist des Art. 77 III GG (Art. 78 Rn. 7)
  dd) Zustandekommen nach Art. 78 Var. 4
  Rücknahme des Einspruchs erfordert Beschluss des BR (Art. 78 Rn. 8)
  ee) Zustandekommen nach Art. 78 Var. 5
  Einspruch vom BT überstimmt = Zurückweisung des Einspruchs gem. Art. 77 IV
  Mehrheitserfordernis für Zurückweisungsbeschluss des BT: Art. 77 IV 2, falls Einspruch mit $^2/_3$ der Stimmen des BR, andernfalls Art. 77 IV 1 (Art. 77 Rn. 21 ff.)

Die Prüfung von b) kann abgebrochen werden, wenn das Gesetz nach einer der Varianten zustande gekommen ist. Das schematische Durchprüfen aller Varianten ist nicht zwingend erforderlich, ggf. sollten Sie nur auf die einschlägige Variante eingehen.

V. Abschlussverfahren, Art. 82 I GG
1. Gegenzeichnung, Art. 58 S. 1 GG
Durch BKanzler oder BMin, Art. 58 S. 1 GG. Kumulative Gegenzeichnung trotz § 29 I 1 GO BReg nicht erforderlich (Art. 58 Rn. 5)
2. Ausfertigung, Art. 82 I GG
Herstellung der Gesetzesurkunde durch Unterzeichnung durch den BPräs (Art. 82 Rn. 3)
3. Verkündung, Art. 82 I GG
Im BGBl. (Art. 82 Rn. 11)

D. Weiterführende Literatur/Leseempfehlungen

Elicker, M., Examensrelevante Probleme aus dem Bereich der Gesetzesinitiative und des Vorverfahrens (Art. 76 GG), JA 2005, 513–516; Frenzel, E. M., Das Gesetzgebungsverfahren – Grundlagen, Problemfälle und neuere Entwicklungen, JuS 2010, 27–30 und 119–124; Hartmann, B./Kamm, K., Gesetzgebungsverfahren in Land, Bund und Union, Jura 2014, 283–294; Nolte, M./Tams, Ch., Das Gesetzgebungsverfahren nach dem Grundgesetz, Jura 2000, 158–164; Pieroth, B., Was bedeutet „Gesetz" in der Verfassung?, Jura 2013, 248–254; Seifarth, D., Anfängerklausur – Öffentliches Recht: Staatsorganisationsrecht – Verfahrene Gesetzgebung, JuS 2010, 790–795; Winterhoff, Ch., Verfahren der Bundesgesetzgebung, JA 1998, 666–671; BVerfGE 1, 144–162 – Initiativrecht. 31

Art. 77 [Verfahren der Gesetzgebung]

(1) [1]**Die Bundesgesetze werden vom Bundestage beschlossen.** [2]**Sie sind nach ihrer Annahme durch den Präsidenten des Bundestages unverzüglich dem Bundesrate zuzuleiten.**

(2) [1]**Der Bundesrat kann binnen drei Wochen nach Eingang des Gesetzesbeschlusses verlangen, daß ein aus Mitgliedern des Bundestages und des Bundesrates für die gemeinsame Beratung von Vorlagen gebildeter Ausschuß einberufen wird.** [2]**Die Zusammensetzung und das Verfahren dieses Ausschusses regelt eine Geschäftsordnung, die vom Bundestag beschlossen wird und der Zustimmung des Bundesrates bedarf.** [3]**Die in diesen Ausschuß entsandten Mitglieder des Bundesrates sind nicht an Weisungen gebunden.** [4]**Ist zu einem Gesetze die Zustimmung des Bundesrates erforderlich, so können auch der Bundestag und die**

Bundesregierung die Einberufung verlangen. [5]Schlägt der Ausschuß eine Änderung des Gesetzesbeschlusses vor, so hat der Bundestag erneut Beschluß zu fassen.

(2a) **Soweit zu einem Gesetz die Zustimmung des Bundesrates erforderlich ist, hat der Bundesrat, wenn ein Verlangen nach Absatz 2 Satz 1 nicht gestellt oder das Vermittlungsverfahren ohne einen Vorschlag zur Änderung des Gesetzesbeschlusses beendet ist, in angemessener Frist über die Zustimmung Beschluß zu fassen.**

(3) **[1]Soweit zu einem Gesetze die Zustimmung des Bundesrates nicht erforderlich ist, kann der Bundesrat, wenn das Verfahren nach Absatz 2 beendigt ist, gegen ein vom Bundestage beschlossenes Gesetz binnen zwei Wochen Einspruch einlegen. [2]Die Einspruchsfrist beginnt im Falle des Absatzes 2 letzter Satz mit dem Eingange des vom Bundestage erneut gefaßten Beschlusses, in allen anderen Fällen mit dem Eingange der Mitteilung des Vorsitzenden des in Absatz 2 vorgesehenen Ausschusses, daß das Verfahren vor dem Ausschusse abgeschlossen ist.**

(4) **[1]Wird der Einspruch mit der Mehrheit der Stimmen des Bundesrates beschlossen, so kann er durch Beschluß der Mehrheit der Mitglieder des Bundestages zurückgewiesen werden. [2]Hat der Bundesrat den Einspruch mit einer Mehrheit von mindestens zwei Dritteln seiner Stimmen beschlossen, so bedarf die Zurückweisung durch den Bundestag einer Mehrheit von zwei Dritteln, mindestens der Mehrheit der Mitglieder des Bundestages.**

Pflichtstoff (*****)

Übersicht

A. Überblick

1 Art. 77 regelt den Gesetzesbeschluss des BT sowie die Verfahrensschritte, die im VermA oder im BT erforderlich werden, wenn der BR dem Gesetz nicht (sofort) zustimmt. Mit den Formulierungen „Ist zu einem Gesetze die Zustimmung des Bundes-

rates erforderlich" (Abs. 2 S. 4), „Soweit zu einem Gesetze die Zustimmung des Bunderates [nicht] erforderlich ist" (Abs. 2a, Abs. 3 S. 1) geht die Vorschrift erkennbar von der Unterscheidung zwischen Einspruchs- und Zustimmungsgesetzen aus (u. Rn. 7ff.). Von der Zuordnung eines Gesetzes zu einer dieser beiden Kategorien hängt der Verlauf des Gesetzgebungsverfahrens entscheidend ab.

Die Prüfungsrelevanz von Art. 77 ist hoch. Zu ihrer Erörterung im Rahmen der Prüfung eines Gesetzgebungsverfahrens s. das Schema bei Art. 76 Rn. 30. 2

B. Erläuterungen

I. Der Gesetzesbeschluss des Bundestages

Nach Abs. 1 S. 1 werden die Bundesgesetze vom BT beschlossen. Der BT muss einen nach den für ihn generell geltenden Regeln wirksamen Beschluss fassen: Er muss beschlussfähig sein (Art. 42 Rn. 11), bei der Abstimmung muss die erforderliche Mehrheit gem. Art. 42 II 1 (vorbehaltlich einer abweichenden Regelung im GG also die Mehrheit der abgegebenen Stimmen) erreicht werden. 3

Die Behandlung von Gesetzentwürfen in drei Beratungen, die § 78 I GO BT vorsieht, wird vom GG nicht verlangt. Verstöße verletzen ggf. die GO BT, nicht aber das GG (BVerfGE 29, 221 [234]); sie führen nicht zur Verfassungswidrigkeit eines Gesetzes, sofern nicht Vorschriften des GG wie z.B. Art. 38 I 2 verletzt sind. Bei normalem Verlauf ist die Schlussabstimmung nach § 86 GO BT der Gesetzesbeschluss i.S.v. Art. 77 I 1 GG. 4

Folge des Gesetzesbeschlusses ist nach dem „Grundsatz von der Unverrückbarkeit des parlamentarischen Votums" (Pieroth, in: JP, Rn. 3), dass der BT seinen Beschluss grds. nicht mehr ändern oder zurücknehmen kann. Eine Ausnahme stellt – neben den Möglichkeiten der inhaltlichen Modifikation nach einem Änderungsvorschlag des VermA – die Korrektur evidenter (formaler) Unrichtigkeiten dar, die den materiellen Gehalt der Vorschrift unangetastet lassen (BVerfGE 48, 1 [18f.]). 5

Nachdem ein Gesetz vom BT beschlossen („verabschiedet") wurde, muss der BTPräs es unverzüglich (= ohne schuldhaftes Zögern, vgl. § 121 I BGB) dem BR zuleiten, Abs. 1 S. 2. Wie das weitere Verfahren verläuft, hängt davon ab, ob es sich bei dem Gesetz um ein Einspruchs- oder ein Zustimmungsgesetz handelt. 6

II. Die Unterscheidung zwischen Einspruchs- und Zustimmungsgesetzen

Jedes Bundesgesetz ist entweder ein Einspruchs- oder ein Zustimmungsgesetz. Der Unterschied besteht darin, dass Zustimmungsgesetze nur durch eine Zustimmung des BR gem. Art. 78 Var. 1 GG zustande kommen. Das Zustandekommen von Einspruchsgesetzen hingegen kann der BR letztlich nicht aus eigener Kraft verhindern. Zwar kann er Einspruch einlegen. Dieser wirkt jedoch lediglich als „suspensives Veto", weil der BT den Einspruch nach Art. 77 IV zurückweisen kann. 7

Ob ein Gesetz ein Einspruchs- oder ein Zustimmungsgesetz ist, regelt das GG, indem es für bestimmte Fälle die Zustimmungsbedürftigkeit anordnet (z.B. durch Art. 74 II, vollständige Aufzählung bei Mann, in: Sachs, Rn. 14) und im Übrigen keine Aussagen zu dieser Frage trifft. Daraus ergibt sich, dass das Einspruchsgesetz den Regelfall darstellt: Zustimmungsbedürftig ist ein Gesetz nur ausnahmsweise, wenn dies im GG ausdrücklich angeordnet wird. Es gibt keine Fälle ungeschriebener Zustimmungsbedürftigkeit. Missverständlich ist in diesem Zusammenhang insbesondere der Befund, zustimmungsbedürftig seien Gesetze, durch die die Interessen der Länder berührt würden. Zwar kommt ihm insofern eine gewisse Berechtigung zu, als man ihn als zusammenfassende Beschreibung der Vorschriften des GG verstehen kann, die die Zustimmungsbedürftigkeit eines Gesetzes statuieren (Mann, in: Sachs, Rn. 15). Jedoch 8 ersetzt der Hinweis auf die Berührung von Länderinteressen nicht die Nennung einer Norm des GG, aus der sich die Zustimmungsbedürftigkeit des jeweils in Rede stehenden Gesetzes ergibt.

In Klausuren liest man gelegentlich, die Zustimmungsbedürftigkeit müsse sich aus dem Gesetz selbst ergeben, um dessen Erlass es gerade geht. Dass das nicht richtig sein kann, liegt auf der Hand. Die Zustimmungsbedürftigkeit muss sich aus dem GG ergeben.

9 Obwohl das einleitende Wort „Soweit" in Abs. 2a auf die Möglichkeit hinzudeuten scheint, dass innerhalb eines einheitlichen Gesetzes nur einzelne Teile der Zustimmung bedürfen, geht das BVerfG bislang von der „Einheitsthese" aus, nach der ein Gesetz insgesamt schon dadurch zustimmungsbedürftig wird, dass es nur eine einzelne zustimmungsbedürftige Vorschrift enthält (BVerfGE 55, 274 [319]; 105, 313 [339]). Die Kritik der Literatur daran (s. nur Pieroth, in: JP, Rn. 4a) nimmt das BVerfG ausdrücklich zur Kenntnis; ob sie zu einer Aufgabe der Einheitsthese nötigt, lässt es nach aktuellem Stand offen (BVerfGE 105, 313 [339]).

10 Ein Änderungsgesetz, das ein zustimmungsbedürftiges Gesetz ändert, ist nicht schon aus diesem Grund zustimmungspflichtig. Vielmehr kommt es darauf an, ob das Änderungsgesetz selbst Regelungen enthält, die die Zustimmungspflicht auslösen. Das ist jedenfalls dann der Fall, wenn es eine der Regelungen ändert, die das nun zu ändernde Gesetz zustimmungspflichtig gemacht haben (BVerfGE 37, 363 [382f.]).

11 In der Praxis kommt es gelegentlich vor, dass der BT aus einem zunächst als einheitliche Regelung geplanten Gesetzentwurf alle Vorschriften herausnimmt, die eine Zustimmung des BR erforderlich machen würden, und sie in einer zusätzlichen Vorlage unterbringt, um die übrigen Regeln auch ohne Zustimmung des BR durchsetzen zu können. Das ist kein Missbrauch, der die Verfassungswidrigkeit der jeweiligen Regelungen zur Folge hätte, sondern eine zulässige Ausnutzung von Gestaltungsmöglichkeiten. Anders wären erst Fälle zu beurteilen, in denen durch die Aufspaltung ein unverständlicher oder nicht mehr vollzugsfähiger Gesetzestorso entstünde (BVerfGE 105, 313 [338ff.]).

Die Entscheidung betrifft das Gesetz, mit dem das Rechtsinstitut der eingetragenen Lebenspartnerschaft eingeführt wurde. Weil der – politisch gesprochen – rot-grünen Bundestagsmehrheit eine schwarz-gelbe Bundesratsmehrheit gegenüber stand, waren alle Zuständigkeits- und Verfahrensregelungen, die das Gesetz nach Art. 84 I a. F. zustimmungsbedürftig gemacht hätten, in ein separates Gesetz verlagert worden, um das Institut auch ohne Zustimmung des BR in das Bürgerliche Recht aufnehmen zu können.

III. Das weitere Verfahren in Bundesrat und Bundestag bei Einspruchsgesetzen

1. Die Entscheidung des Bundesrates über die Anrufung des Vermittlungsausschusses (Abs. 2 S. 1)

12 Nach Eingang eines vom BT beschlossenen Einspruchsgesetzes kann der BR nach Abs. 2 S. 1 binnen drei Wochen verlangen, dass der in der Vorschrift bezeichnete Ausschuss einberufen wird. Dabei handelt es sich nach allgemeinem Sprachgebrauch – auch wenn das GG den Begriff nicht verwendet – um den sog. Vermittlungsausschuss (VermA). Das Einberufungsverlangen wird meist als „Anrufung des VermA" bezeichnet. Wenn der BR untätig bleibt, kommt das Gesetz nach Art. 78 Var. 2 zustande. Daher gilt die Pflicht zur Beschlussfassung in angemessener Zeit nach Abs. 2a nur für Zustimmungsgesetze. BT und BReg können bei Einspruchsgesetzen den VermA nicht anrufen (Umkehrschluss aus Abs. 2 S. 4).

2. Das Vermittlungsverfahren (Abs. 2 S. 2–3)

Die Zusammensetzung und das Verfahren des VermA werden in einer GO nach Abs. 2 S. 2 geregelt. Sie legt fest, dass der BT und der BR je 16 ihrer Mitglieder in den VermA entsenden, die meist als „Bundestagsbank" bzw. „Bundesratsbank" bezeichnet werden. Bei der Besetzung der Bundestagsbank muss dafür Sorge getragen werden, dass diese die politischen Stärkeverhältnisse im Plenum nach dem Grundsatz der Spiegelbildlichkeit repräsentiert. Das Mehrheitsprinzip muss ggf. dahinter zurücktreten (BVerfGE 112, 118 [141 ff.]). Es ist also möglich, dass die politische Mehrheit im Plenum nicht über eine Mehrheit auf der Bundestagsbank verfügt. **13**

Diese im Jahr 2004 von der CDU/CSU-Fraktion erstrittene Entscheidung hatte zur Folge, dass die Union auf Grund des Ausscheidens von zwei Abgeordneten 2012 einen Platz auf der Bundestagsbank an die Fraktion von Bündnis 90/Die Grünen abgeben musste.

Die Angehörigen der Bundesratsbank sind nicht weisungsgebunden (Abs. 2 S. 3). Damit soll die Kompromissfindung im VermA erleichtert werden (Pieroth, in: JP, Rn. 9). **14**

Der VermA muss binnen angemessener Frist beraten und entscheiden (Hömig, in: Hömig, Rn. 10). Er darf Änderungsvorschläge machen (arg. e Abs. 2 S. 5), die auch die Ergänzung oder die Aufhebung des Gesetzes zum Inhalt haben können. Jedoch reicht das Recht zu Änderungs- und Ergänzungsvorschlägen nicht unbegrenzt weit. Der VermA hat kein eigenes Gesetzesinitiativrecht. Er darf lediglich auf der Grundlage des Gesetzesbeschlusses des BT und des bisherigen Gesetzgebungsverfahrens Änderungsvorschläge erarbeiten, die sich im Rahmen der Zielsetzung des Gesetzgebungsvorhabens bewegen und die zuvor sichtbar gewordenen Meinungsverschiedenheiten zwischen BT und BR ausgleichen. Das zuvor absolvierte Verfahren und das Anrufungsbegehren stecken also den Rahmen zulässiger Änderungsvorschläge ab. Gegenstände, die erst nach der letzten Lesung im BT in das parlamentarische Verfahren eingeführt wurden, dürfen nicht einbezogen werden. U. a. spielt dabei auch der Gedanke eine Rolle, dass die durch Art. 42 II 1 garantierte Öffentlichkeit durch eine zu weit gehende Verlagerung des Verfahrens in den nichtöffentlich tagenden VermA eingeschränkt würde (BVerfGE 125, 104 [121 ff.]; zuvor BVerfGE 120, 56 [74 f.]; 101, 297 ff.). **15**

Ein Gesetz, das unter Missachtung dieser Grenzen zustande kommt, ist verfassungswidrig (s. dazu u. a. BVerfGE 120, 56 ff.; 125, 104 ff.).

3. Nochmalige Entscheidung des Bundestages im Fall von Änderungsvorschlägen (Abs. 2 S. 5)

Für den Fortgang des Verfahrens kommt es darauf an, ob der VermA eine Änderung des Gesetzes vorschlägt. Ist dies der Fall, muss nach Abs. 2 S. 5 der BT erneut Beschluss fassen. Sofern er dabei auf Vorschlag des VermA das Gesetz aufhebt, ist das Verfahren beendet. Bei bloßen inhaltlichen Modifikationen wird auf diese Weise sichergestellt, dass ein später ggf. zustande gekommenes Gesetz vom Willen des BT getragen wird. **16**

Schlägt der VermA keine Änderung vor, kommt es in dieser Phase (s. aber u. Rn. 20 ff.) zu keiner weiteren Abstimmung im BT. **17**

4. Die Entscheidung des Bundesrates über die Einlegung eines Einspruchs (Abs. 3)

Nach Beendigung des Vermittlungsverfahrens (Rn. 13 ff.) und ggf. nach dem erneuten Beschluss des BT (Rn. 16) kann der BR gem. Abs. 3 S. 1 Einspruch gegen das Gesetz einlegen. **18**

Wegen dieser Möglichkeit werden die nicht zustimmungsbedürftigen Gesetze als Einspruchsgesetze bezeichnet.

Der Einspruch bedarf eines wirksamen Beschlusses des BR, der gem. Art. 52 III 1 mindestens mit der Mehrheit seiner Stimmen (dazu Art. 52 Rn. 9f.) gefasst werden muss. Diese Mehrheit ist erforderlich, für den Einspruch aber auch hinreichend: Die Frage, ob der Einspruch ggf. mit noch größerer Mehrheit gefasst wird, spielt erst für die eventuelle Zurückweisung des Einspruchs durch den BT eine Rolle (u. Rn. 20ff.).

19 Für die Einlegung des Einspruchs hat der BR gem. Abs. 3 S. 1 zwei Wochen Zeit. Den Fristbeginn regelt Abs. 3 S. 2. Verstreicht die Frist, ohne dass der BR Einspruch einlegt, kommt das Gesetz nach Art. 78 Var. 3 zustande (s. Art. 78 Rn. 7).

5. Die Entscheidung des Bundestages über die Zurückweisung des Einspruchs (Abs. 4)

20 Auf einen wirksamen Einspruch des BR hin liegt der Ball wieder im Feld des BT: Dieser kann gem. Abs. 4 den Einspruch zurückweisen. Diese Möglichkeit ist der Grund dafür, dass der Einspruch nur als *suspensives* Veto, also als *aufschiebendes* Verbot wirkt, dass der BR ein Einspruchsgesetz also nicht verhindern kann, sofern der BT das Gesetz mit einer ausreichenden Mehrheit befürwortet.

21 Welcher Mehrheit die Zurückweisung des Einspruchs im BT bedarf, hängt davon ab, mit welcher Mehrheit der Einspruch im BR beschlossen worden ist: Bei einer Einspruchseinlegung mit mind. zwei Dritteln der Stimmen des BR (also: mit 46 oder mehr, vgl. Art. 51 Rn. 4), müssen nach Abs. 4 S. 2 zwei Kriterien kumulativ erfüllt sein: Der Einspruch muss mit einer Mehrheit von zwei Dritteln (der abgegebenen Stimmen) zurückgewiesen werden, bei denen es sich zugleich mindestens um die Mehrheit der Mitglieder des BT handeln muss.

22 **Beispiele:** Unterstellt, es gibt in einer Legislaturperiode im BT 22 Überhang- und Ausgleichsmandate. Die gesetzliche Mitgliederzahl ist dann 620 (598 + 22, s. § 1 I, § 6 V, VI, VII BWahlG). Der BR legt mit 46 oder mehr Stimmen Einspruch ein.

Wenn im BT 300 Stimmen für die Zurückweisung abgegeben werden und 150 dagegen, während sich die übrigen Abgeordneten enthalten oder nicht teilnehmen, ist zwar die Mehrheit von $^2/_3$ der abgegebenen Stimmen erreicht (300 von 450), nicht aber die Mehrheit der Mitglieder: Der Einspruch ist nicht zurückgewiesen; das Gesetz scheitert.

Werden im BT 311 Stimmen für die Zurückweisung abgegeben und 309 dagegen, ist die Mehrheit der Mitglieder erreicht, nicht aber die $^2/_3$-Mehrheit der (620) abgegebenen Stimmen: Auch hier ist der Einspruch nicht überstimmt; das Gesetz scheitert.

Werden im BT hingegen 311 Stimmen für die Zurückweisung abgegeben und 100 dagegen, sind beide Voraussetzungen erfüllt: Der Einspruch ist zurückgewiesen.

23 Wird der Einspruch nur mit der Mehrheit der Stimmen des BR beschlossen, nicht aber mit einer Mehrheit von zwei Dritteln seiner Stimmen, so ergibt sich das Mehrheitserfordernis für die Zurückweisung aus Abs. 4 S. 1: Der Einspruch kann in diesem Fall durch Beschluss der Mehrheit der Mitglieder des BT zurückgewiesen werden.

24 Wenn der BR seinen Einspruch also mit mindestens 35 und maximal 45 Stimmen einlegt, bedarf es bei der angenommenen Größe des BT von 620 (s. Rn. 22) eines Zurückweisungsbeschlusses mit mindestens 311 Stimmen. – Sollten im BR weniger als 35 Stimmen für die Einlegung des Einspruchs abgegeben worden sein, so gibt es – unabhängig von der Zahl der Gegenstimmen im BR – keinen Einspruch, über dessen Zurückweisung der BT entscheiden könnte: Es fehlt in diesem Fall an einem wirksamen Beschluss des BR, da die nach Art. 52 III 1 erforderliche Mehrheit seiner Stimmen nicht erreicht wurde.

25 Wird die erforderliche Mehrheit im BT nicht erreicht, ist das Gesetz gescheitert. Gelingt hingegen die Zurückweisung, kommt das Gesetz nach Art. 78 Var. 5 zustande.

Zwar ist dort nicht von „zurückgewiesen" die Rede, sondern von „überstimmt". Damit ist jedoch die Zurückweisung gem. Art. 77 IV gemeint (s. Art. 78 Rn. 9).

IV. Das weitere Verfahren in Bundesrat und Bundestag bei Zustimmungsgesetzen

Anders stellt sich das weitere Verfahren nach dem Gesetzesbeschluss des BT gem. **26** Abs. 1 S. 1 und der Weiterleitung an den BR gem. Abs. 1 S. 2 dar, wenn es sich um ein Zustimmungsgesetz handelt. Zunächst hat der BR mehrere Möglichkeiten, wie er mit dem Gesetz umgeht.

Die erste Möglichkeit ist, dass er dem Gesetz zustimmt. In diesem Fall kommt es **27** nach Art. 78 Var. 1 zustande.

Wenn der BR dem Gesetz hingegen (noch) nicht bzw. nicht in der vom BT be- **28** schlossenen Fassung zustimmen will, kann er – wiederum gem. Abs. 2 S. 1 – den VermA anrufen. Die Drei-Wochen-Frist der Norm gilt richtiger Auffassung nach hier nicht (Hömig, in: Hömig, Rn. 9; str.). Sofern der BR von dieser Möglichkeit Gebrauch macht, gilt für das Vermittlungsverfahren das oben (Rn. 13 ff.) Gesagte. Schlägt der VermA keine Änderungen vor, muss der BR entscheiden, ob er dem Gesetz zustimmt. Nach dem (deklaratorischen, Pieroth, in: JP, Rn. 6) Abs. 2a muss er dies in angemessener Frist tun. Schlägt der VermA hingegen Änderungen vor, muss zunächst der BT gem. Abs. 2 S. 5 erneut beschließen und erst im Anschluss daran der BR. Die Pflicht, dies in angemessener Frist zu tun, gilt über den Wortlaut des Abs. 2a hinaus auch für diesen Fall (Hömig, in: Hömig, Rn. 13). Eine erneute Befassung des BR ist nur entbehrlich, wenn der VermA die Aufhebung des Gesetzes vorschlägt und der BT diesem Vorschlag folgt: Unter diesen Voraussetzungen ist das Gesetz gescheitert.

Der BR ist jedoch nicht verpflichtet, im Fall der Nichtzustimmung den VermA an- **29** zurufen. Er kann sich auch auf die Versagung der Zustimmung beschränken, indem er in angemessener Frist (s. auch dazu Abs. 2a) über die Zustimmung abstimmt, wobei die erforderliche Mehrheit gem. Art. 52 III 1 nicht erreicht wird. Denkbar ist auch ein Mehrheitsbeschluss, die Zustimmung zu versagen. In diesem Fall – oder wenn der BR pflichtwidrig nicht in angemessener Zeit über die Zustimmung abstimmt – dürfen der BT und die BReg gem. Abs. 2 S. 4 den VermA anrufen. Tun sie das nicht, ist das Gesetz gescheitert. Wenn sie hingegen den VermA anrufen, geht das Verfahren wie in Rn. 28 weiter.

Es ist sogar möglich, dass es wegen eines Gesetzes zu mehreren Vermittlungsverfah- **30** ren kommt. Jedes der Organe, die den Vermittlungsausschuss anrufen können (BR, BT, BReg), darf von seinem Recht jedoch nur einmal pro Gesetzgebungsverfahren Gebrauch machen. Es sind daher maximal drei Vermittlungsverfahren pro Gesetz möglich. In der Praxis kommen zwei Vermittlungsverfahren gelegentlich vor, drei Vermittlungsverfahren nur selten (Mann, in: Sachs, Rn. 13). Sofern der BR auch nach dem dritten Vermittlungsverfahren nicht zur Zustimmung bereit ist (oder wenn schon vorher keiner der Anrufungsberechtigten mehr den Vermittlungsausschuss anruft), ist das Gesetz gescheitert. Das nämlich ist das Spezifikum von Zustimmungsgesetzen: Sie kommen nur durch die Zustimmung des BR zustande (s. Art. 78 Rn. 2).

C. Prüfungshinweise

Die vorstehend erläuterten Verfahrensschritte muss man für die Prüfung eines Ge- **31** setzgebungsverfahrens selbst in einer Klausur nicht auswendig gelernt haben. Das Grundgerüst für die Prüfung der Beteiligung des BR am Verfahren ergibt sich vielmehr aus Art. 78, der letztlich vorgibt, wo die einzelnen Bestimmungen des Art. 77 zu erörtern sind. S. dazu das Prüfungsschema bei Art. 76 Rn. 30.

D. Weiterführende Literatur/Leseempfehlungen

32 Möllers, Ch., Vermittlungsausschuss und Vermittlungsverfahren, Jura 2010, 401–407; S. auch die Hinweise bei Art. 76 Rn. 31.

Art. 78 [Zustandekommen der Gesetze]

Ein vom Bundestage beschlossenes Gesetz kommt zustande, wenn der Bundesrat zustimmt, den Antrag gemäß Artikel 77 Abs. 2 nicht stellt, innerhalb der Frist des Artikels 77 Abs. 3 keinen Einspruch einlegt oder ihn zurücknimmt oder wenn der Einspruch vom Bundestage überstimmt wird.

Pflichtstoff (*****)

A. Überblick

1 Art. 78 regelt das Zustandekommen eines Gesetzes. Ob ein Gesetz zustande kommt, hängt von der ordnungsgemäßen Beteiligung des BR am Gesetzgebungsverfahren ab. Im Moment des Zustandekommens hat ein Gesetz also die zentralen Phasen des Gesetzgebungsverfahrens, die Gesetzgebung in BT und BR, passiert. Zum Inkrafttreten fehlt nur noch das sog. Abschlussverfahren nach Art. 82 I (s. dort die sprachliche Anknüpfung: Der BPräs fertigt die nach den Vorschriften des GG „zustande gekommenen" Gesetze aus.). Inhaltliche Änderungen sind nach dem Zustandekommen nicht mehr möglich.

B. Erläuterungen

I. Die Voraussetzungen für das Zustandekommen eines Gesetzes

2 Art. 78 nennt fünf Varianten für das Zustandekommen eines Gesetzes. Nach welcher dieser Varianten ein Gesetz im konkreten Fall zustande kommen kann, hängt von seiner Qualifizierung als Einspruchs- oder Zustimmungsgesetz (Art. 77 Rn. 7 ff.) ab. Ein Zustimmungsgesetz kann – die Bezeichnung verrät es bereits – nur durch die Zustimmung des Bundesrates (Var. 1) zustande kommen. Auf die Var. 2 bis 5 kommt es nicht an. Dagegen kann ein Einspruchsgesetz nach allen fünf Varianten zustande kommen – also nicht nur nach den Var. 2 bis 5, sondern auch nach der Var. 1: Selbstverständlich ist es dem BR unbenommen, ein Gesetz durch eine ausdrückliche Zustimmung zustande kommen zu lassen, obwohl bloße Untätigkeit (die rechtlich als Nichtanrufung des VermA, Var. 2, oder als Nichteinlegung eines Einspruchs, Var. 3, zu werten wäre) ausreichen würde.

3 Vor der Erläuterung der einzelnen Varianten ist noch eine Anmerkung zur Terminologie veranlasst: Die häufig zu lesende Bezeichnung „fünf Alternativen" ist sprachlich verfehlt: „Alternative" kommt vom lateinischen „alter … alter" (= der eine … der andere) und lässt daher keinen Plural zu: Es kann immer nur eine Alternative geben.

1. Zustimmung des Bundesrates (Var. 1)

4 Jedes Gesetz – Einspruchsgesetze ebenso wie Zustimmungsgesetze – kommt zustande, wenn der BR zustimmt. Die Zustimmung erfordert einen wirksamen Beschluss des BR (Art. 52 III; qualifizierte Mehrheitserfordernisse in Fällen der Art. 61 I 3, Art. 79 III). Sie muss grundsätzlich ausdrücklich erteilt werden. Fehlt es daran, kann sich die Frage stellen, ob andere Beschlüsse des BR als Zustimmung ausgelegt bzw. in eine solche umgedeutet werden können. Das ist zumindest nicht ausgeschlossen. Als

Zustimmung gewertet wurde etwa ein Beschluss, der die „Versagung der Zustimmung abgelehnt" hatte (BVerfGE 28, 66 [82]) und – wenn auch nur auf Grund zusätzlicher Umstände, die eindeutig erkennen ließen, dass der BR das Zustandekommen erreichen wollte – ein Beschluss, von der Einberufung des VermA abzusehen (BVerfGE 8, 274 [296f.], freilich unter Hinweis darauf, dass derartige Beschlüsse grundsätzlich nicht als Zustimmung gewertet werden könnten).

2. Kein Antrag auf Einberufung des Vermittlungsausschuss (Var. 2)

Ein Einspruchsgesetz kommt nach Var. 2 zustande, wenn der BR „den Antrag gemäß Artikel 77 Abs. 2 nicht stellt". Dieser Antrag ist das Einberufungsverlangen für den VermA, der nach Art. 77 II binnen drei Wochen nach Eingang des Gesetzesbeschlusses (beim BR) gestellt werden muss und wiederum eines wirksamen Beschlusses des BR bedarf. Dass Art. 78 in Var. 2 – anders als in Var. 3 – die maßgebliche Frist nicht anspricht, darf nicht zu dem Schluss verleiten, in Var. 2 käme es auf die Frist nicht an. Ein Einspruchsgesetz nach Var. 2 kommt also zustande, wenn der BR nicht innerhalb der Frist des Art. 77 II die Einberufung des VermA verlangt. 5

Über den Wortlaut des Art. 78 hinaus kommt ein Einspruchsgesetz auch zustande, wenn der BR den Antrag auf Einberufung des VermA zurücknimmt (Haratsch, in: Sodan, Rn. 6). 6

3. Kein fristgerechter Einspruch (Var. 3)

Nach Var. 3 kommt ein Einspruchsgesetz zustande, wenn der BR innerhalb der Frist des Artikels 77 Abs. 3 (zwei Wochen nach Abschluss des Vermittlungsverfahrens) keinen Einspruch einlegt. Auch die Einspruchseinlegung erfordert einen wirksamen Beschluss des BR. 7

Die Unwirksamkeit eines Beschlusses über die Einspruchseinlegung kann also zum Zustandekommen des Gesetzes führen. Ein Beispiel ist der mit 34 gegen 31 Stimmen bei vier Enthaltungen „beschlossene" Einspruch: Hier fehlt es an der nach Art. 52 III 1 erforderlichen Mehrheit seiner (!) Stimmen (s. Art. 52 Rn. 9f.). Sobald die Einspruchsfrist abläuft, kommt das Gesetz zustande, sofern der BR nicht zuvor doch noch mit der erforderlichen Mehrheit die Einlegung eines Einspruchs beschließt. Entsprechendes gilt für Var. 2.

4. Rücknahme des Einspruchs (Var. 4)

Aus Var. 4 ergibt sich, dass der Antrag jederzeit zurückgenommen werden kann. Auch die Rücknahme bedarf eines wirksamen BR-Beschlusses; sie ist bis zur Entscheidung des BT über die Zurückweisung möglich (Haratsch, in: Sodan, Rn. 8). 8

5. Überstimmung des Einspruchs durch den Bundestag (Var. 5)

Ein (Einspruchs-)Gesetz kommt schließlich zustande, wenn der Einspruch vom BT überstimmt wird. Damit ist ein Beschluss des BT nach Art. 77 IV gemeint, wobei dort freilich nicht von „überstimmt", sondern von „zurückgewiesen" die Rede ist. Zu den Details der Überstimmung (= der Zurückweisung) s. Art. 77 Rn. 20ff. 9

II. Das Scheitern eines nicht zustande gekommenen Gesetzes

Solange ein Gesetz nicht zustande gekommen ist, darf das Gesetzgebungsverfahren nicht fortgesetzt werden. Wird das Gesetz trotz fehlenden Zustandekommens ausgefertigt und verkündet (Art. 82 I), ist es formell verfassungswidrig und daher nichtig. 10

Ein Beispiel ist das Zuwanderungsgesetz aus dem Jahr 2002, das der Zustimmung des BR bedurfte, vom BPräs aber trotz fehlender Zustimmung des BR ausgefertigt und verkündet wurde. Das

Gesetz wurde auf einen Antrag im Verfahren der abstrakten Normenkontrolle (Art. 93 I Nr. 2) hin vom BVerfG für nichtig erklärt (BVerfGE 106, 310 ff.).

11 Endgültig gescheitert ist ein Gesetz, wenn der BR einem Zustimmungsgesetz nach Abschluss des Vermittlungsverfahrens die Zustimmung verweigert, wenn es dem BT nicht gelingt, den Einspruch des BR nach Art. 77 IV zurückzuweisen oder wenn der BT den Vorschlag des VermA annimmt, den Gesetzesbeschluss aufzuheben (Pieroth, in: JP, Rn. 2; zur letztgenannten Option s. Art. 77 Rn. 16, 28).

C. Prüfungshinweise

12 In Falllösungen wird Art. 78 GG relevant, wenn die formelle Verfassungsmäßigkeit eines Bundesgesetzes zu prüfen ist. Die Vorschrift ist dann die Einstiegsnorm für die Erörterung der ordnungsgemäßen Beteiligung des BR; innerhalb der Var. 2, 3 und 5 sind die korrespondierenden Regelungen des Art. 77 zu erörtern. Vor der Prüfung der einzelnen Möglichkeiten des Zustandekommens muss geklärt werden, ob das Gesetz ein Einspruchs- oder ein Zustimmungsgesetz ist. Von der Antwort auf diese Frage hängt es ab, ob das Gesetz nur nach Var. 1 oder nach allen fünf Varianten zustande kommen kann. S. zu diesen Fragen auch das Aufbauschema bei Art. 76 Rn. 30, Gliederungspunkt II. 2.

13 Sofern es sich um ein Einspruchsgesetz handelt, sollte man bei der Erörterung der Var. 2 und 3 besonders darauf achten, dass das Gesetz *zustandekommt,* wenn der BR bestimmte Handlungen (Anrufung des VermA bzw. Einlegung des Einspruchs) *nicht* vornimmt. Diese Regelungstechnik bereitet den Bearbeitern in Klausuren gelegentlich Schwierigkeiten.

D. Weiterführende Literatur/Leseempfehlungen

14 S. die Hinweise bei Art. 76 Rn. 31.

Art. 79 [Verfassungsänderungen]

(1) [1]**Das Grundgesetz kann nur durch ein Gesetz geändert werden, das den Wortlaut des Grundgesetzes ausdrücklich ändert oder ergänzt.** [2]**Bei völkerrechtlichen Verträgen, die eine Friedensregelung, die Vorbereitung einer Friedensregelung oder den Abbau einer besatzungsrechtlichen Ordnung zum Gegenstand haben oder der Verteidigung der Bundesrepublik zu dienen bestimmt sind, genügt zur Klarstellung, daß die Bestimmungen des Grundgesetzes dem Abschluß und dem Inkraftsetzen der Verträge nicht entgegenstehen, eine Ergänzung des Wortlautes des Grundgesetzes, die sich auf diese Klarstellung beschränkt.**

(2) **Ein solches Gesetz bedarf der Zustimmung von zwei Dritteln der Mitglieder des Bundestages und zwei Dritteln der Stimmen des Bundesrates.**

(3) **Eine Änderung dieses Grundgesetzes, durch welche die Gliederung des Bundes in Länder, die grundsätzliche Mitwirkung der Länder bei der Gesetzgebung oder die in den Artikeln 1 und 20 niedergelegten Grundsätze berührt werden, ist unzulässig.**

Pflichtstoff (****)

A. Überblick

1 Die Vorschrift enthält formelle und materielle Anforderungen an verfassungsändernde Gesetze. Sie richtet sich an die konstituierte, also verfasste Gewalt, nicht an die

konstituierende, verfassungsgebende Gewalt (zu dieser Unterscheidung sowie zur Möglichkeit der Ablösung des GG durch eine neue Verfassung Art. 146 Rn. 1, 3ff.). Zusätzlich stellt Art. 79 klar, dass der Bund für die Änderung des GG zuständig ist.

B. Erläuterungen

I. Das Textänderungsgebot (Abs. 1)

Abs. 1 S. 1 verlangt für Verfassungsänderungen ein Gesetz: Es muss ein formelles, vom Parlament im Verfahren nach Art. 76ff. beschlossenes Gesetz erlassen werden, für das freilich die qualifizierten Mehrheitserfordernisse des Abs. 2 gelten. Zudem muss das Gesetz den Wortlaut des GG ausdrücklich ergänzen oder ändern. Damit sollen Verfassungsdurchbrechungen verhindert werden. Unter der WRV waren solche Durchbrechungen noch möglich, indem an sich verfassungswidrige Gesetze mit verfassungsändernden Mehrheiten beschlossen wurden. Mit dem Beschluss war zugleich inhaltlich die Verfassung geändert, was jedoch aus dem Verfassungstext selbst nicht ersichtlich war, sondern nur aus der Zusammenschau der WRV mit dem sie durchbrechenden Gesetz. Diesen Zustand will Abs. 1 S. 1 verhindern. Der Inhalt des GG soll aus dem Verfassungstext selbst erkennbar sein. Dabei ist das GG freilich als Einheit anzusehen. 2

Dass Art. 16a II 3 die Rechtsschutzgarantie des Art. 19 IV inhaltlich modifiziert, genügt den Anforderungen des Abs. 1 S. 1, weil die Änderung zwar nicht aus Art. 19 IV selbst, aber doch aus dem Text des GG ersichtlich ist (BVerfGE 94, 49 [104]). – Zur Frage der Verfassungsänderung durch die Aufnahme einer Verweisung auf andere Vorschriften (Art. 143 III) s. BVerfGE 84, 90 (119).

Ohne Textänderung zulässig sind inhaltliche Änderungen des GG durch bzw. auf Grund von Gesetze(n), die Hoheitsrechte auf die EU übertragen (Streinz, in: Sachs, Art. 23 Rn. 76). Das ergibt sich aus einem Umkehrschluss aus Art. 23 I 3, wonach der Gesetzgeber in diesem Fall (nur) an Art. 79 II und Art. 79 III gebunden ist (s. Art. 23 Rn. 36). 3

Der 1954 in das GG eingefügte Abs. 1 S. 2 statuiert für näher umschriebene völkerrechtliche Verträge eine eng auszulegende (BVerfGE 41, 126 [174]) Ausnahme von Abs. 1 S. 1. Von dieser Option wurde bislang erst einmal durch den zeitgleich mit Abs. 1 S. 2 in das GG aufgenommenen Art. 142a Gebrauch gemacht, der jedoch 1968 wieder aufgehoben wurde. 4

Abs. 1 S. 1 schließt einen Verfassungswandel durch ein geändertes Verständnis von Vorschriften des GG ohne Textänderung nicht aus. Er kann namentlich durch geänderte Wertvorstellungen veranlasst sein, muss sich aber zugleich in Handlungen der zur Verfassungsinterpretation legitimierten Organe (insbes.: Gesetzgeber, BVerfG) niederschlagen (Zippelius/Würtenberger, Deutsches Staatsrecht, § 7 Rn. 64). 5

II. Qualifizierte Mehrheiten in Bundestag und Bundesrat (Abs. 2)

Nach Abs. 2 bedarf ein Gesetz, das das GG ändert, qualifizierter Mehrheiten in BT und BR. Im BT müssen ihm zwei Drittel der Mitglieder zustimmen. Das sind zwei Drittel der gesetzlichen Mitgliederzahl (vgl. Art. 121), nicht nur der abgegebenen Stimmen. Abs. 2 enthält also eine andere Bestimmung i. S. v. Art. 42 II 1. 6

Sofern es im BT neben den regulären 598 Mitgliedern (§ 1 I BWahlG) 17 Überhang- und Ausgleichsmandate gibt, insgesamt also 615 Mitglieder, muss ein verfassungsänderndes Gesetz mit mindestens 410 Stimmen beschlossen werden. Ein Beschluss mit 400 Ja- und 40 Nein-Stimmen bei Enthaltung der übrigen Mitglieder würde daher trotz einer Mehrheit von mehr als 90% der abgegebenen Stimmen nicht ausreichen.

7 Zudem bedürfen Verfassungsänderungen der Zustimmung des BR. Abweichend von Art. 52 III 1 reicht für die Zustimmung jedoch nicht die Mehrheit der Stimmen des BR. Gefordert ist vielmehr eine Mehrheit von zwei Dritteln seiner Stimmen. Bei derzeit 69 Stimmen im BR (Art. 51 Rn. 4) sind das mindestens 46 Ja-Stimmen.

III. Die inhaltlichen Grenzen durch die „Ewigkeitsklausel" (Abs. 3)

1. Die Bedeutung des Abs. 3

8 Die sog. Ewigkeitsklausel des Abs. 3 entzieht bestimmte Einrichtungen und Vorschriften des GG dem Zugriff nicht nur des einfachen, sondern sogar des verfassungsändernden Gesetzgebers. Was diesen Schutz genießt, kann nur (bzw. allenfalls – s. zu dieser str. Frage Art. 146 Rn. 5) per Verfassungsneugebung abgeschafft werden. Änderungen des GG, die unter Verstoß gegen Abs. 3 erfolgen, führen zu „verfassungswidrigem Verfassungsrecht".

9 Abs. 3 ist eine – eng auszulegende – Ausnahmevorschrift (BVerfGE 30, 1 [25]). Trotz seines prinzipiell abschließenden Charakters (Pieroth, in: JP, Rn. 13) ist über seinen Wortlaut hinaus auch Abs. 3 selbst einer Änderung entzogen. Andernfalls könnte die Norm unterlaufen werden, indem zunächst der Schutz des Abs. 3 beseitigt und dann einer der Schutzgegenstände angetastet würde (zur Unzulässigkeit einer solchen „Selbstbefreiung" des verfassungsändernden Gesetzgebers BVerfGE 84, 90 [120]).

2. Die Gegenstände des Schutzes

10 Geschützt ist zunächst die Gliederung des Bundes in Länder. Es muss also mehrere Länder geben. Ob Abs. 3 eine Mindestzahl (zwei oder drei) fordert, ist str. (näher Hain, in: MKS, Rn. 131 f.), praktisch jedoch kaum von Bedeutung (Herdegen, in: MD, Rn. 97). Die „Gliederung" in Länder spricht dafür, mindestens drei zu verlangen. Eine Garantie des Bestands oder auch nur des Gebiets der aktuell existierenden Länder aber enthält Abs. 3 nicht. Das belegt schon Art. 29 (BVerfGE 5, 34 [38]). Die jeweils existenten Länder müssen ihre Eigenstaatlichkeit behalten. Sie dürfen nicht zu bloßen Verwaltungseinheiten herabgestuft werden, sondern ihnen muss ein Kern eigener Aufgaben verbleiben, die sie selbständig wahrnehmen (BVerfGE 87, 181 [196] spricht vom „Hausgut" der Länder). Dazu gehören jedenfalls die Entscheidung über die eigene Organisation sowie ein angemessener Anteil am Gesamtsteueraufkommen (BVerfGE 34, 9 [20]).

11 Die grundsätzliche Mitwirkung der Länder bei der Gesetzgebung muss nicht den Umfang der aktuellen Beteiligungsrechte des BR haben; sie muss nicht einmal durch diesen erfolgen. Verlangt wird lediglich, dass das Gesetzgebungsverfahren im Normalfall („grundsätzliche") ein föderales Element besitzt. Das wäre bei der Ermöglichung jedenfalls solcher bundesweiter Volksabstimmungen, die nicht nur einen seltenen Ausnahmefall darstellen, zu berücksichtigen, etwa durch Abstimmungen nach Ländern und einer Gewichtung der Ergebnisse (vgl. hierzu Kühling, JuS 2009, 777 [779 ff.]).

12 Unberührt bleiben müssen schließlich die in den Art. 1 *und* (nicht: bis) 20 niedergelegten Grundsätze. Das sind neben dem Grundsatz der Menschenwürde (Art. 1 I) insbesondere das Demokratie- und das Rechtsstaatsprinzip (BVerfGE 102, 370 [392]). Weitere Grundrechte sind nur in ihrem Menschenwürdekern erfasst, der auch von Art. 1 I geschützt wird. Abs. 3 steht der Abschaffung einzelner Grundrechte als solche also nicht entgegen (BVerfGE 94, 49 [103]). Das Rechtsstaatsprinzip wird nur mit den im Verfassungstext ersichtlichen Komponenten erfasst, nicht mit den darüber hinausgehenden Bestandteilen wie z. B. dem Rückwirkungsverbot (BVerfGE 30, 1 [25], näher zu den Komponenten des Rechtsstaatsprinzips Art. 20 Rn. 104 ff.). Als grundlegende Gerechtigkeitspostulate genießen der Grundsatz der Rechtsgleichheit und das Willkürverbot jedoch den Schutz der Ewigkeitsklausel (BVerfGE 94, 12 [34]). Dass

Abs. 3 nur die „Grundsätze“ aus Art. 1 und 20 schützt, reduziert den Schutz nicht auf eine Art Kernbereich dieser Normen, sondern weist nach richtiger, aber str. Auffassung nur auf die besondere Konkretisierungsbedürftigkeit der Vorschriften hin (Pieroth, in: JP, Rn. 7; näher BVerfGE 30, 1 [24]).

C. Prüfungshinweise

Die Verfassungsmäßigkeit verfassungsändernder Gesetze ist prinzipiell ebenso zu prüfen wie die Verfassungsmäßigkeit jedes anderen Gesetzes. Jedoch sind einige Modifikationen vorzunehmen. Denkbar ist der folgende Aufbau: **13**

A. Formelle Verfassungsmäßigkeit
I. Gesetzgebungskompetenz
Zuständig für die Änderung des GG ist allein der Bund (o. Rn. 1).
II. Gesetzgebungsverfahren
Ein verfassungsänderndes Gesetz muss dasselbe Verfahren wie einfache Gesetze durchlaufen. Zur Prüfung s. Art. 76 Rn. 30. Zu beachten ist, dass der Gesetzesbeschluss des BT mit der qualifizierten Mehrheit des Art. 79 II gefasst werden muss und dass das Gesetz nach Art. 79 II der Zustimmung des BR bedarf, die ebenfalls mit qualifizierter Mehrheit erteilt werden muss (Rn. 6f.).
III. Form: Beachtung des Textänderungsgebots (Art. 79 I)
Bei einfachen Gesetzen ist die einzige Formfrage die der Verkündung im BGBl.; sie wird bei der Erörterung des (Abschluss-)Verfahrens behandelt. Bei verfassungsändernden Gesetzen sollte die Beachtung des Art. 79 I als separater Punkt angesprochen werden.
B. Materielle Verfassungsmäßigkeit
Maßstab für die materielle Verfassungsmäßigkeit eines verfassungsändernden Gesetzes ist allein Art. 79 III (o. Rn. 8ff.).

D. Weiterführende Literatur/Leseempfehlungen

Silberhorn, T., Übungsblätter Klausur Öffentliches Recht, „Wahlpflicht unter Strafandrohung“, JA 2000, 858–865; Stern, K., Die Bedeutung der Unantastbarkeitsgarantie des Art. 79 III GG für die Grundrechte, JuS 1985, 329–338. **14**

Art. 80 [Rechtsverordnungen]

(1) [1]**Durch Gesetz können die Bundesregierung, ein Bundesminister oder die Landesregierungen ermächtigt werden, Rechtsverordnungen zu erlassen.** [2]**Dabei müssen Inhalt, Zweck und Ausmaß der erteilten Ermächtigung im Gesetze bestimmt werden.** [3]**Die Rechtsgrundlage ist in der Verordnung anzugeben.** [4]**Ist durch Gesetz vorgesehen, daß eine Ermächtigung weiter übertragen werden kann, so bedarf es zur Übertragung der Ermächtigung einer Rechtsverordnung.**

(2) **Der Zustimmung des Bundesrates bedürfen, vorbehaltlich anderweitiger bundesgesetzlicher Regelung, Rechtsverordnungen der Bundesregierung oder eines Bundesministers über Grundsätze und Gebühren für die Benutzung der Einrichtungen des Postwesens und der Telekommunikation, über die Grundsätze der Erhebung des Entgelts für die Benutzung der Einrichtungen der Eisenbahnen des Bundes, über den Bau und Betrieb der Eisenbahnen, sowie Rechtsverordnungen auf Grund von Bundesgesetzen, die der Zustimmung des Bundesrates bedürfen oder die von den Ländern im Auftrage des Bundes oder als eigene Angelegenheit ausgeführt werden.**

(3) **Der Bundesrat kann der Bundesregierung Vorlagen für den Erlaß von Rechtsverordnungen zuleiten, die seiner Zustimmung bedürfen.**

(4) **Soweit durch Bundesgesetz oder auf Grund von Bundesgesetzen Landesregierungen ermächtigt werden, Rechtsverordnungen zu erlassen, sind die Länder zu einer Regelung auch durch Gesetz befugt.**

Pflichtstoff (****)

Übersicht

A. Überblick

1 Art. 80 regelt den Erlass von Rechtsverordnungen auf Bundesebene. Eine Rechtsverordnung ist eine Norm, die nicht vom Parlament, sondern von der Exekutive erlassen wird. Das Instrument beruht auf dem Gedanken, dass der parlamentarische Gesetzgeber nicht jedes Detail selbst regeln kann und muss, sondern dass es in etlichen Fällen sinnvoll ist, bestimmte Regelungen der Verwaltung zu überlassen. Auf diese Weise wird eine Überfrachtung des Parlaments verhindert; außerdem kann die Verwaltung ggf. flexibler auf Änderungsbedarf reagieren. Zugleich sorgt Art. 80 dafür, dass der Gesetzgeber der Verwaltung nicht völlig freie Hand lassen darf, sondern dass er zentrale Entscheidungen selbst treffen muss.

2 Damit die primär für die Anwendung und den Vollzug von Normen zuständige Verwaltung selbst normsetzend tätig werden darf, benötigt sie eine Art Freigabe des Gesetzgebers. Dieser muss sie ermächtigen, Rechtsverordnungen zu erlassen. Die Ermächtigung erfolgt durch ein formelles, also vom Parlament beschlossenes Gesetz, durch das der Gesetzgeber an sich ihm selbst zustehende Regelungsbefugnisse delegiert. Auf der Basis dieser Ermächtigungsgrundlage dürfen dann die darin für zuständig erklärten Stellen Rechtsverordnungen erlassen.

3 Art. 80 enthält u.a. Anforderungen an die Ermächtigungsgrundlage (Abs. 1 S. 1, 2), an den Inhalt der Verordnung (Abs. 1 S. 3) sowie an das Verfahren bei ihrem Erlass (Abs. 2, 3). Die Vorschrift betrifft jedoch unmittelbar nur die Verordnungsgebung auf der Grundlage von *Bundes*gesetzen. Zwar können auch die Landesgesetzgeber ihnen zustehende Regelungsbefugnisse auf die Exekutive übertragen. Die hierfür geltenden Maßgaben sind der jeweiligen Landesverfassung zu entnehmen.

S. z. B. Art. 70 NRW Verf., Art. 55 Nr. 2 BayVerf.

Bei der Gestaltung dieser Vorschriften sind die Länder jedoch nicht völlig frei. Nach Art. 28 II 1 muss ihre verfassungsmäßige Ordnung den Grundsätzen u.a. des demokratischen Rechtsstaates des GG entsprechen (sog. Homogenitätsgebot, näher Art. 28 Rn. 2ff.). Unmittelbar aus dem Rechtsstaats- und dem Demokratieprinzip ableitbare

Inhalte des Art. 80 sind daher auch auf Landesebene zu beachten (so die dogmatisch richtige Herleitung bei Pieroth, in: JP, Rn. 4, der dazu die Ermächtigung durch Gesetz und das Bestimmtheitsgebot zählt).

Art. 80 bestand zunächst nur aus seinen beiden ersten Absätzen. 1993 wurde der Katalog der zustimmungsbedürftigen Verordnungen inhaltlich geändert; 1994 folgte noch eine weitere Änderung, die jedoch lediglich terminologischer Natur war („des Postwesens und der Telekommunikation" statt „des Post- und Fernmeldewesens"). Später im Jahr 1994 wurden die beiden letzten Absätze eingefügt. Seither ist Art. 80 keinen Änderungen mehr unterzogen worden. **4**

Art. 80 ist erfahrungsgemäß immer wieder Gegenstand von Prüfungsarbeiten. Das liegt nicht zuletzt an den praktischen Problemen, die sich im Zusammenhang mit Rechtsverordnungen ergeben und die schon mehrfach zu Entscheidungen des BVerfG geführt haben. **5**

B. Erläuterungen

I. Das zur Verordnungsgebung ermächtigende Gesetz

1. Die speziellen Voraussetzungen für die Verfassungsmäßigkeit von Verordnungsermächtigungen

Das zur Verordnungsgebung ermächtigende Gesetz muss – wie jedes andere Parlamentsgesetz auch – formell und materiell verfassungsmäßig sein: Es muss kompetenz- und verfahrensgemäß erlassen werden und inhaltlich mit den Grundrechten sowie den verfassungsgestaltenden Grundentscheidungen des GG übereinstimmen. Darüber hinaus müssen Gesetze nach Art. 80 den im Anschluss erläuterten speziellen Anforderungen genügen. Fehlt es an einer dieser Voraussetzungen, ist das betreffende Gesetz nichtig. Einer auf ihm beruhenden Verordnung ist damit die Grundlage entzogen; sie ist ebenfalls nichtig. **6**

a) Ausdrückliche Ermächtigung bestimmter Adressaten (Abs. 1 S. 1)

Eine Rechtsverordnung nach Art. 80 muss auf einem (formellen) Bundesgesetz beruhen, das einen der in Abs. 1 S. 1 genannten möglichen Adressaten – die BReg, einen BMin oder die Landesregierungen – ausdrücklich zum Verordnungserlass ermächtigt. **7**

Vermeiden sollte man in diesem Zusammenhang die Redeweise vom „Ermächtigungsgesetz". Der Begriff ist aus historischen Gründen negativ besetzt. Er bezeichnet – obwohl es noch andere Ermächtigungsgesetze gab – meist das „Gesetz zur Behebung der Not von Volk und Reich" aus dem März 1933, das wesentlich zur Begründung der nationalsozialistischen Diktatur und Terrorherrschaft beitrug.

Da die Ermächtigung zum Verordnungserlass eine Delegation von Rechtssetzungsbefugnissen bedeutet, werden die Adressaten der Ermächtigung auch als Delegatare bezeichnet. Ihre Aufzählung in Abs. 1 S. 1 ist abschließend (Degenhart, Staatsrecht I, Rn. 354; s. freilich die mittelbare Erweiterungsmöglichkeit durch Abs. 4); ein Gesetz, das einen anderen Adressaten ermächtigt, wäre verfassungswidrig. **8**

Kein zulässiger Erstadressat ist insbesondere ein einzelner Landesminister. Denkbar ist freilich, dass die Landesregierungen nach Abs. 1 S. 1 ermächtigt werden, dass ihnen zusätzlich die Möglichkeit der Subdelegation (u. Rn. 16) nach Abs. 1 S. 4 eingeräumt wird und dass sie hiervon durch Übertragung auf einen Landesminister Gebrauch machen.

b) Hinreichende Bestimmtheit der Ermächtigung (Abs. 1 S. 2)

9 Abs. 1 S. 2 verlangt, dass Inhalt, Zweck und Ausmaß der erteilten Ermächtigung im Gesetz bestimmt werden müssen. Die Vorschrift stellt sicher, dass sich die von der Exekutive erlassenen Regelungen in einem vom Gesetzgeber verantworteten Rahmen bewegen, dass das Parlament der Verwaltung also nicht freie Hand lässt, sondern dass es sich der Konsequenzen und Tragweite seiner Entscheidung bewusst ist. Insofern lässt sich die Norm als spezieller Fall des rechtsstaatlichen Parlamentsvorbehalts (Art. 20 Rn. 148ff.) auffassen. Das zeigt sich u.a. daran, dass die Anforderungen an die Bestimmtheit des ermächtigenden Gesetzes bei belastenden Regelungen strenger sind als bei begünstigenden Vorschriften (dazu BVerfGE 23, 62 [73]).

10 Nicht hinreichend bestimmt nach Inhalt, Zweck und Ausmaß ist das ermächtigende Gesetz, wenn es nicht erkennen lässt, in welchen Fällen und mit welcher Tendenz von der Ermächtigung Gebrauch gemacht werden wird und welchen Inhalt die betreffenden Rechtsverordnungen haben werden (BVerfGE 1, 14 [60]). Positiv gewendet muss schon aus der Ermächtigung erkennbar und vorhersehbar sein, was dem Bürger gegenüber zulässig sein soll (BVerfGE 58, 257 [277]).

11 In der Praxis werden die drei in Abs. 1 S. 2 verwendeten Begriffe häufig nicht sauber voneinander getrennt. Will man sie unterscheiden, bedeutet die Bestimmung des Zwecks die Festlegung des Regelungsziels durch den Gesetzgeber. Der Inhalt sind die zu regelnden Fragen; die Bestimmung des Ausmaßes verlangt gesetzliche Grenzen für den Verordnungsgeber (Wallrabenstein, in: MK, Rn. 36).

12 Letztlich lässt sich die Frage nach der hinreichenden Bestimmtheit nur im Einzelfall beantworten (BVerfGE 1, 14 [60]). Hinreichende Bestimmtheit ist jedenfalls weniger als größtmögliche Bestimmtheit (Degenhart, Staatsrecht I, Rn. 351). Generalklauseln, auslegungsbedürftige Formulierungen und unbestimmte Rechtsbegriffe („öffentliche Sicherheit") sind nicht per se unzulässig (Pieroth, in: JP, Rn. 11). Jedoch gelten umso strengere Anforderungen, je bedeutsamer die Regelungen sind bzw. je intensiver sie in Grundrechte eingreifen können (Mann, in: Sachs, Rn. 29). Nicht hinreichend bestimmt hinsichtlich des Zwecks ist die Ermächtigung, wenn der Verordnungsgeber darüber entscheiden kann, ob das Gesetz überhaupt zur Anwendung kommt, weil es ohne die Verordnung nicht vollzugsfähig ist (BVerfGE 78, 249 [272]).

2. Die Rechtsfolgen einer Verordnungsermächtigung

13 Mit einer Verordnungsermächtigung gibt der Gesetzgeber keine eigenen Regelungsbefugnisse auf. Er sorgt lediglich dafür, dass der Adressat ebenfalls Regelungen auf dem betreffenden Gebiet erlassen darf. Das ist mit der eingängigen Formel gemeint, eine Verordnungsermächtigung wirke lediglich zuweisend, nicht aber abschiebend (BVerfGE 114, 196 [232]).

Relevant wird die Frage, wenn das Parlament eine Frage per Gesetz selbst regelt, zu deren Regelung es zuvor einen Verordnungsgeber ermächtigt hatte. Das neuere Gesetz ist nicht aus diesem Grund verfassungswidrig. Das gilt auch, falls der Verordnungsgeber bereits von der Ermächtigung Gebrauch gemacht hatte. Das formelle Gesetz setzt sich im Konfliktfall zumindest auf Grund des rechtsstaatlichen Vorrangs des Gesetzes durch.

14 Zu Schwierigkeiten führt dieser Befund, wenn der formelle Gesetzgeber eine Rechtsverordnung nicht aufhebt, sondern inhaltlich ändert. Der Auffassung, in diesem Fall entstünde eine Art hybride Rechtsnorm – scheinbar insgesamt eine Rechtsverordnung, in Wahrheit aber zum Teil Verordnung, zum Teil formelles Gesetz – hat das BVerfG eine Absage erteilt: Aus Gründen der Normenklarheit seien derartige Regelungen einheitlich als Rechtsverordnung zu qualifizieren (BVerfGE 114, 196 [235ff.]).

15 Der Adressat der Ermächtigung ist zum Erlass der Verordnung grundsätzlich lediglich berechtigt. Eine Verpflichtung, von der Ermächtigung Gebrauch zu machen, kann

sich nur ausnahmsweise aus der Ermächtigungsgrundlage selbst oder aus anderem höherrangigem Recht (insbes.: aus grundrechtlichen Schutzpflichten) ergeben (Jarass, in: JP, Rn. 22).

Das zum Verordnungserlass ermächtigende Gesetz kann seinem Adressaten gem. Abs. 1 S. 4 die Möglichkeit einräumen, die Ermächtigung weiter zu übertragen. Der Adressat hat dann die Wahl, ob er selbst die Rechtsverordnung erlässt oder ob er dieses Recht – ebenfalls per Verordnung, Abs. 1 S. 4 – auf eine andere Stelle der Exekutive weiter delegiert (sog. Subdelegation). Der Adressat der Subdelegation muss nicht zum Kreis der in Abs. 1 S. 1 genannten Adressaten gehören. **16**

Ist der Adressat der (Sub-)Delegation eine Landesregierung, kann nach Abs. 4 das Land statt einer Rechtsverordnung auch ein (formelles) Gesetz erlassen. Beschließen muss dieses „rechtsverordnungsvertretende" Gesetz das jeweilige Landesparlament im für die Gesetzgebung vorgesehenen Verfahren. **17**

II. Die Rechtsverordnung

1. Begriff und Abgrenzung zu anderen Rechtssätzen

Rechtsverordnungen sind Rechtsnormen, die in der Normenhierarchie unterhalb der formellen, also vom Parlament beschlossenen Gesetze stehen. Typischerweise handelt es sich um abstrakt-generelle Regelungen mit Außenwirkung: Rechtsverordnungen regeln eine Vielzahl von Fällen, betreffen eine Vielzahl von Personen und wirken nicht nur staatsintern, sondern aus der Staatsorganisation heraus. Es handelt sich also – sofern man diese Terminologie verwenden will (kritisch Degenhart, Staatsrecht I, Rn. 146) – um Gesetze im materiellen Sinne. Von Gesetzen im formellen Sinne unterscheiden sie sich allein durch äußere Merkmale, insbesondere durch ihren Urheber (Exekutive, nicht die Legislative) und das Verfahren ihres Erlasses (nicht das für die Parlamentsgesetzgebung vorgesehene Verfahren). Inhaltliche Unterscheidungen hingegen lassen sich nicht treffen (Pieroth, in: JP, Rn. 2; h.M). Detailregelungen, die häufig in Verordnungen zu finden sind, dürften auch in formellen Gesetzen geregelt werden; in Gesetzen getroffene Regelungen dürfen – vorbehaltlich der im Folgenden dargestellten verfassungsrechtlichen Grenzen – auch im Wege der Rechtsverordnung vorgenommen werden. **18**

Nicht zu den Rechtsverordnungen gehören Satzungen. Zwar handelt es sich ebenfalls um untergesetzliche Rechtsnormen, also um Gesetze im nur materiellen Sinne. Sie weisen jedoch das zusätzliche Merkmal auf, dass sie von Selbstverwaltungskörperschaften zur Regelung ihrer eigenen Angelegenheiten erlassen werden (näher Degenhart, Staatsrecht I, Rn. 361). **19**

Beispiele für Satzungen sind die Studien- und Prüfungsordnungen der Universitäten sowie die kommunalen Satzungen, die von den Gemeinden erlassen werden, wie etwa eine Satzung über die Nutzung einer Stadthalle oder ein Bebauungsplan (dazu § 10 I BauGB).

Ebenfalls keine Rechtsverordnungen stellen die Verwaltungsvorschriften dar. Bei ihnen handelt es sich um verwaltungsinterne Regelungen (näher Maurer, Allgemeines Verwaltungsrecht, § 24); Art. 80 ist auf sie nicht anwendbar. **20**

2. Die Zuordnung einer Rechtsverordnung zum Bundes- oder Landesrecht

Eine Rechtsverordnung, die auf bundesgesetzlicher Grundlage erlassen wird, gehört selbst zum Bundesrecht, wenn sie von der BReg bzw. einem BMin (oder kraft Subdelegation von einer anderen Bundesbehörde) erlassen wird. Wird sie hingegen von einer Landesbehörde erlassen, gehört sie zum Landesrecht (BVerfGE 18, 407 [414]). Auf diese Zuordnung kommt es namentlich in Fällen an, in denen die Verordnung gerichtlich überprüft werden soll (Degenhart, Staatsrecht I, Rn. 354). **21**

Nur Landesrecht kann Gegenstand eines Verfahrens vor dem Landesverfassungsgericht oder einer verwaltungsgerichtlichen Normenkontrolle nach § 47 I Nr. 2 VwGO vor dem OVG bzw. VGH sein.

3. Die Voraussetzungen für die Rechtmäßigkeit einer Rechtsverordnung

a) Die Zuständigkeit des Verordnungsgebers

22 Die Verordnung muss von dem Organ bzw. der Behörde erlassen werden, die in der Ermächtigungsgrundlage (bzw. in der weiter delegierenden Verordnung) genannt ist.

b) Das Verfahren der Verordnungsgebung (Abs. 2, 3)

23 Das Verfahren der Verordnungsgebung regelt das GG nicht umfassend. Ausdrücklich auf das Verfahren bezogene Vorschriften finden sich lediglich in Art. 80 II, III (sogleich Rn. 25ff.) sowie in Art. 82 I 2 (Ausfertigung und Verkündung von Rechtsverordnungen, dazu Art. 82 Rn. 13ff.).

24 *aa) Der Beschluss des verordnungsgebenden Organs.* Zum Vorgehen des Organs, das die Verordnung erlässt, enthält Art. 80 keine Aussage. Immerhin legt Abs. 1 S. 1 aber fest, dass der Gesetzgeber seine Regelungsbefugnis an ein bestimmtes Organ delegiert. Daraus ergibt sich, dass die Verordnung auch tatsächlich von diesem Organ erlassen werden muss. Wenn es sich – wie bei der BReg oder einer LReg – um ein Kollegialorgan handelt (für die BReg s. Art. 62), muss die Verordnung von diesem beschlossen werden. Das geschieht typischerweise in einer Sitzung, ist aber auch im Umlaufverfahren möglich, in dem jeder Minister den Entwurf der Verordnung übersandt bekommt und sich dazu äußert. Dagegen ist es nicht zulässig, das Schweigen des einzelnen Ministers als Zustimmung zu deuten, da die Verordnung in diesem Fall nicht dem Kollegialorgan zugerechnet werden kann (BVerfGE 91, 148 [165ff.]).

Im konkreten Fall kam hinzu, dass das Umlaufverfahren mittags an einem Freitag begonnen worden war und das Ausbleiben einer Antwort bis zum folgenden Montag um 17 Uhr als Zustimmung gewertet wurde. Letztlich kam es darauf aber nicht an. Das bloße Schweigen im Umlaufverfahren hätte auch bei längerer Zeitdauer nicht als Zustimmung gewertet werden dürfen.

25 *bb) Die Zustimmung des Bundesrates.* Nach Abs. 2 bedürfen drei Gruppen von Rechtsverordnungen grundsätzlich der Zustimmung des BR. Bundesgesetzlich kann das Zustimmungserfordernis eingeschränkt oder ausgeweitet werden („vorbehaltlich anderweitiger bundesgesetzlicher Regelung"; näher Wallrabenstein, in: MK, Rn. 55f.). Die Zustimmung setzt nach allgemeinen Regeln einen mindestens mit der Mehrheit seiner Stimmen (Art. 52 III 1) gefassten Beschluss des BR voraus. Es besteht Einigkeit darüber, dass das Zustimmungserfordernis aus Abs. 2 in allen drei Gruppen nur für Rechtsverordnungen der BReg oder eines BMin gilt, obwohl dieser Zusatz sprachlich nur auf die erste Gruppe bezogen ist.

26 Die erste Gruppe bilden Rechtsverordnungen (der BReg oder eines BMin) über Grundsätze und Gebühren für die Benutzung der Einrichtungen des Postwesens und der Telekommunikation, über die Grundsätze der Erhebung des Entgelts für die Benutzung der Einrichtungen der Eisenbahnen des Bundes oder über den Bau und Betrieb der Eisenbahnen. Zusammenfassend werden sie üblicherweise als „Verkehrsverordnungen" bezeichnet.

27 Die zweite Gruppe sind Rechtsverordnungen (der BReg oder eines BMin) auf Grund von Bundesgesetzen, die der Zustimmung des Bundesrates bedürfen. Entscheidend ist, ob die zur Verordnungsgebung ermächtigende Vorschrift Teil eines zustimmungsbedürftigen Gesetzes (dazu Art. 77 Rn. 8ff.) ist. Ob sich die Zustimmungsbedürftigkeit gerade aus der Verordnungsermächtigung ergibt, spielt keine Rolle (BVerfGE 24, 194 [196ff.]; a.A. Pieroth, in: JP, Rn. 17).

Zustimmungsbedürftig sind schließlich Rechtsverordnungen (der BReg oder eines BMin) auf Grund von Bundesgesetzen, die von den Ländern im Auftrage des Bundes oder als eigene Angelegenheit ausgeführt werden. S. dazu Art. 83, Art. 84 I, Art. 85 I. **28**

Für alle diese Rechtsverordnungen kann der BR der BReg nach Abs. 3 Vorlagen zuleiten. **29**

c) Das Zitiergebot (Abs. 1 S. 3)

Abs. 1 S. 3 verlangt, dass die Rechtsgrundlage – also das zur Verordnungsgebung ermächtigende Gesetz – in der Verordnung anzugeben ist. Damit soll „die Delegation von Rechtssetzungskompetenzen auf die Exekutive in ihren gesetzlichen Grundlagen verständlich und kontrollierbar" gemacht werden. Der Bürger soll erkennen können, auf welcher Ermächtigungsgrundlage die Verordnung beruht und u.a. überprüfen können, ob sie mit dieser übereinstimmt (BVerfGE 101, 1 [41 f.]). **30**

Konkret verlangt das Zitiergebot, das die Rechtsgrundlage präzise genannt wird, also die einzelne Vorschrift, nicht etwa nur das Gesetz, in dem sie enthalten ist. Stützt sich eine Verordnung auf mehrere Ermächtigungsgrundlagen, sind diese alle zu nennen; die Angabe nur einer einzelnen genügt nicht (BVerfGE 101, 1 [41 f.]). **31**

Daran fehlte es im Fall der Hennenhaltungsverordnung, um die es in der hier mehrfach zitierten Entscheidung BVerfGE 101, 1 ff. geht: Die Verordnung nannte in ihrem Vorspruch lediglich einzelne Vorschriften des TierSchG, obwohl sie zugleich auf das Gesetz v. 25.1.1978 zum Übereinkommen v. 10.3.1976 zum Schutz von Tieren in landwirtschaftlichen Tierhaltungen (ETÜ) gestützt war.

Das Zitiergebot ist keine womöglich vernachlässigbare Ordnungsvorschrift, sondern ein unerlässliches Gebot des Rechtsstaats. Seine Verletzung führt zur Nichtigkeit der Rechtsverordnung (BVerfGE 101, 1 [42 f.]). **32**

C. Prüfungshinweise

Die Rechtmäßigkeit einer Rechtsverordnung hängt von zwei zentralen Faktoren ab: **33**
Zum einen muss die formell-gesetzliche Ermächtigungsgrundlage verfassungsmäßig sein. Dafür muss sie denselben formellen und materiellen Kriterien genügen wie jedes andere formelle Gesetz auch. Zusätzlich hat sie die speziellen (materiellen) Anforderungen an eine Verordnungsermächtigung zu beachten.

Zum anderen muss die Rechtsverordnung selbst mit höherrangigem Recht – also mit der Verfassung sowie mit einfachem Gesetzesrecht, insbesondere mit der Ermächtigungsgrundlage, auf die sie gestützt wird – übereinstimmen: Sie muss ordnungsgemäß erlassen werden und darf inhaltlich dem höherrangigen Recht nicht widersprechen.

Für die Prüfung der Rechtmäßigkeit einer Rechtsverordnung, die auf einer bundesgesetzlichen Ermächtigungsgrundlage beruht, bietet sich daher der folgende Aufbau an: **34**

I. Verfassungsmäßigkeit der formell-gesetzlichen Ermächtigungsgrundlage
  1. Formelle Verfassungsmäßigkeit
    a) Gesetzgebungskompetenz
    b) Gesetzgebungsverfahren
  2. Materielle Verfassungsmäßigkeit
    a) Beachtung der Anforderungen aus Art. 80
      aa) Ausdrückliche Ermächtigung eines zulässigen Adressaten (o. Rn. 7 f.)
      bb) Hinreichende Bestimmtheit der Ermächtigung nach Inhalt, Zweck und Ausmaß (o. Rn. 9 ff.)
    b) Materielle Verfassungsmäßigkeit im Übrigen
      aa) Vereinbarkeit mit den Grundrechten

bb) Vereinbarkeit mit den verfassungsgestaltenden Grundentscheidungen
II. Rechtmäßigkeit der Rechtsverordnung selbst
1. Formelle Rechtmäßigkeit
a) Zuständigkeit des Verordnungsgebers
b) Ordnungsgemäßes Verfahren der Verordnungsgebung
aa) Beschluss des Organs (o. Rn. 24)
bb) Ggf.: Zustimmung des BR (o. Rn. 25 ff.)
cc) Verfahrensabschluss: Ausfertigung und Verkündung, Art. 82 I 2 (Art. 82 Rn. 13 ff.)
c) Zitiergebot, Art. 80 I 2
2. Materielle Rechtmäßigkeit
a) Vereinbarkeit der Rechtsverordnung mit der Ermächtigungsgrundlage
b) Vereinbarkeit der Rechtsverordnung mit sonstigem höherrangigem Recht

35 Sofern nicht materiell-rechtlich nach der Rechtmäßigkeit einer Rechtsverordnung gefragt ist, sondern falls die Rechtsverordnung Gegenstand einer abstrakten Normenkontrolle nach Art. 93 I Nr. 2 vor dem BVerfG ist, muss dieses Schema für die Erörterung der Begründetheit des Normenkontrollantrags modifiziert werden: Prüfungsmaßstab ist in diesem Fall nach h. M. wegen Art. 93 I Nr. 2, § 78 S. 1 BVerfGG nur das GG; unter Punkt II. 2. b) ist also nur Verfassungsrecht zu berücksichtigen (näher Art. 93 Rn. 35).

D. Weiterführende Literatur/Leseempfehlungen

36 Von Danwitz, T., Rechtsverordnungen, Jura 2002, 93–102; Hushahn, J., Änderung einer Rechtsverordnung durch den parlamentarischen Gesetzgeber, JA 2007, 276–285; Mußgnug, R., Die Rechtsverordnung zwischen Regierung und Parlament – Drei Fälle aus dem Umfeld des Art. 80 GG, JuS 1993, 291–295; Rütz, N., Unwirksamkeit von Rechtsverordnungen nach Wegfall ihrer Ermächtigungsgrundlage, Jura 2005, 821–824.

Art. 80a [Spannungsfall]

(1) [1]**Ist in diesem Grundgesetz oder in einem Bundesgesetz über die Verteidigung einschließlich des Schutzes der Zivilbevölkerung bestimmt, daß Rechtsvorschriften nur nach Maßgabe dieses Artikels angewandt werden dürfen, so ist die Anwendung außer im Verteidigungsfalle nur zulässig, wenn der Bundestag den Eintritt des Spannungsfalles festgestellt oder wenn er der Anwendung besonders zugestimmt hat.** [2]**Die Feststellung des Spannungsfalles und die besondere Zustimmung in den Fällen des Artikels 12a Abs. 5 Satz 1 und Abs. 6 Satz 2 bedürfen einer Mehrheit von zwei Dritteln der abgegebenen Stimmen.**

(2) **Maßnahmen auf Grund von Rechtsvorschriften nach Absatz 1 sind aufzuheben, wenn der Bundestag es verlangt.**

(3) [1]**Abweichend von Absatz 1 ist die Anwendung solcher Rechtsvorschriften auch auf der Grundlage und nach Maßgabe eines Beschlusses zulässig, der von einem internationalen Organ im Rahmen eines Bündnisvertrages mit Zustimmung der Bundesregierung gefaßt wird.** [2]**Maßnahmen nach diesem Absatz sind aufzuheben, wenn der Bundestag es mit der Mehrheit seiner Mitglieder verlangt.**

Pflichtstoff (*)

A. Überblick

1 Art. 80a wurde 1968 als Bestandteil der sog. Notstandsverfassung in das GG aufgenommen. Das GG enthält seither Vorschriften für den Fall eines äußeren Notstands,

der aus dem Verteidigungsfall, aber auch aus Vorstufen dieses Falles sowie vergleichbaren Situationen bestehen kann. Diese Vorschriften – ein Beispiel ist Art. 12a V 1 – sind unter normalen Umständen nicht anwendbar. Sie sind zwar vorhanden, werden aber gewissermaßen unter Verschluss gehalten. Art. 80a regelt die Voraussetzungen, unter denen sie ausnahmsweise doch angewandt werden dürfen.

B. Erläuterungen

I. Der Spannungsfall

Eine dieser Situationen ist der Spannungsfall nach Abs. 1 S. 1 Var. 1. Die Vorschrift 2
legt nicht fest, unter welchen Voraussetzungen er festgestellt werden darf. Der systematische Zusammenhang mit dem Verteidigungsfall spricht dafür, dass es einer Vorstufe des Verteidigungsfalls bedarf, also eines internationalen Konflikts, der dazu führt, dass ein bewaffneter Angriff von außen sehr wahrscheinlich geworden ist (Jarass, in: JP, Rn. 1).

Für die Feststellung des Spannungsfalls durch den BT verlangt Abs. 1 S. 2 eine 3
Mehrheit von zwei Dritteln der abgegebenen Stimmen (nicht der Mitglieder). Abs. 1 S. 2 macht also vom Vorbehalt einer abweichenden Regelung in Art. 42 II 1 Gebrauch und verlangt, dass mindestens doppelt so viele Ja-Stimmen wie Nein-Stimmen abgegeben werden. Zudem bedarf die Feststellung einer öffentlichen Bekanntmachung (Mann, in: Sachs, Rn. 2).

Folge der Feststellung des Spannungsfalls ist nach Abs. 1 S. 1, dass Rechtsvorschrif- 4
ten, die ausdrücklich nur nach Maßgabe des Art. 80a angewandt werden dürfen, nun „entsperrt" (Schnapauff, in: Hömig, Rn. 2), gewissermaßen also „freigeschaltet" sind. Im GG sind das Art. 12a V 1, VI 2; zudem bekommt die Bundeswehr zusätzliche Befugnisse nach Art. 87a III. Ein Beispiel aus dem einfachen Recht ist § 95 VwVfG. Zu weiteren Fällen Mann, in: Sachs, Rn. 2.

Der BT kann nach Abs. 2 die Aufhebung von Maßnahmen verlangen, die auf 5
Grund von Rechtsvorschriften nach Abs. 1 ergehen. Damit sind Rechtsverordnungen und Einzelakte gemeint. Im Übrigen kann er den Spannungsfall jederzeit wieder aufheben. Hierzu bedarf es mangels einer abweichenden Sonderregelung lediglich der einfachen Mehrheit des Art. 42 II 1 (Jarass, in: JP, Rn. 2).

II. Der Zustimmungsfall

Die Anwendung der an sich auf den Spannungsfall zugeschnittenen Vorschriften ist 6
gem. Abs. 1 S. 1 Var. 2 auch ohne umfassende Feststellung des Spannungsfalls möglich, wenn der BT „besonders" – also bezogen auf die einzelne Vorschrift – zugestimmt hat. Für diesen sog. Zustimmungsfall reicht grundsätzlich die einfache Mehrheit der abgegebenen Stimmen gem. Art. 42 II 1; lediglich für die Fälle des Art. 12a V 1, VI 2 verlangt Abs. 1 S. 2 ebenso wie für die Feststellung des Spannungsfalls eine Mehrheit von zwei Dritteln der abgegebenen Stimmen. Abs. 2 (Verlangen der Aufhebung von Maßnahmen durch den BT) gilt auch für diesen Fall.

III. Der Bündnisfall

Nach Abs. 3 S. 1 kann auch ein „internationales Organ" die Anwendung der nur 7
nach Maßgabe des Art. 80a anwendbaren Vorschriften mit Zustimmung der BReg freigeben. Der BT ist hier nicht beteiligt; sein Aufhebungsverlangen nach Abs. 3 S. 2 bedarf daher auch – anders als im Fall des Abs. 2 – einer Mehrheit der Mitglieder (zum Begriff s. Art. 121).

C. Weiterführende Literatur/Leseempfehlungen

8 Krings, G./Burkiczak, Ch., Bedingt abwehrbereit?, DÖV 2002, 501–512; Graf Vitzthum, W., Der Spannungs- und Verteidigungsfall, in: Iseensee/Kirchhof (Hrsg.), HStR VII, 1992, § 170 Rn. 5–28. S. auch Art. 81 Rn. 11.

Art. 81 [Gesetzgebungsnotstand]

(1) [1]**Wird im Falle des Artikels 68 der Bundestag nicht aufgelöst, so kann der Bundespräsident auf Antrag der Bundesregierung mit Zustimmung des Bundesrates für eine Gesetzesvorlage den Gesetzgebungsnotstand erklären, wenn der Bundestag sie ablehnt, obwohl die Bundesregierung sie als dringlich bezeichnet hat.** [2]**Das gleiche gilt, wenn eine Gesetzesvorlage abgelehnt worden ist, obwohl der Bundeskanzler mit ihr den Antrag des Artikels 68 verbunden hatte.**

(2) [1]**Lehnt der Bundestag die Gesetzesvorlage nach Erklärung des Gesetzgebungsnotstandes erneut ab oder nimmt er sie in einer für die Bundesregierung als unannehmbar bezeichneten Fassung an, so gilt das Gesetz als zustande gekommen, soweit der Bundesrat ihm zustimmt.** [2]**Das gleiche gilt, wenn die Vorlage vom Bundestage nicht innerhalb von vier Wochen nach der erneuten Einbringung verabschiedet wird.**

(3) [1]**Während der Amtszeit eines Bundeskanzlers kann auch jede andere vom Bundestage abgelehnte Gesetzesvorlage innerhalb einer Frist von sechs Monaten nach der ersten Erklärung des Gesetzgebungsnotstandes gemäß Absatz 1 und 2 verabschiedet werden.** [2]**Nach Ablauf der Frist ist während der Amtszeit des gleichen Bundeskanzlers eine weitere Erklärung des Gesetzgebungsnotstandes unzulässig.**

(4) **Das Grundgesetz darf durch ein Gesetz, das nach Absatz 2 zustande kommt, weder geändert, noch ganz oder teilweise außer Kraft oder außer Anwendung gesetzt werden.**

Pflichtstoff (**)

A. Überblick

1 Fälle, in denen der BKanzler nicht mehr die Mehrheit der Mitglieder des BT auf sich zu vereinigen vermag, stuft das GG als politische Krise ein (BVerfGE 114, 121 [151]). Zu deren Behebung hält es verschiedene Instrumente bereit. Eines davon ist das spezielle Gesetzgebungsverfahren des Art. 81, das den Erlass von Gesetzen durch ein Zusammenwirken von BPräs, BReg und BR ohne Beschluss des BT ermöglicht und so – neben anderen Vorschriften – belegt, dass das GG keine strikte Gewaltenteilung, sondern eine Gewaltenverschränkung vorsieht. Praktische Bedeutung hat das Verfahren bisher noch nicht erlangt.

B. Erläuterungen

I. Die Voraussetzungen des Gesetzgebungsnotstands (Abs. 1)

2 Voraussetzung des Gesetzgebungsnotstands sind nach Abs. 1 in jedem Fall eine gescheiterte Vertrauensfrage gem. Art. 68, in deren Folge keine Auflösung des BT erfolgt, und die Ablehnung einer Gesetzesvorlage durch den BT. Diese Gesetzesvorlage muss durch eines von zwei Merkmalen qualifiziert sein: Entweder durch die Bezeich-

nung als dringlich durch die BReg (Abs. 1 S. 1) oder durch ihre Verbindung mit der Vertrauensfrage (Abs. 1 S. 2).

Aus Abs. 1 S. 2 ergibt sich, dass die Vertrauensfrage mit einer Gesetzesvorlage verbunden werden darf. In der politischen Praxis wird dies vom BKanzler gelegentlich als Mittel der Disziplinierung der eigenen Abgeordneten genutzt, um Mehrheiten für bestimmte Vorhaben zu sichern: Das Kalkül ist, dass Abgeordnete, die an sich gegen das Gesetz stimmen würden, nicht so weit gehen werden, dem „eigenen" BKanzler das Vertrauen zu versagen, und so doch für das Gesetz stimmen.

Als ungeschriebenes Merkmal ist zudem zu verlangen, dass der BKanzler noch im Amt ist, dass der BT also nicht nach der gescheiterten Gesetzesvorlage gem. Art. 67 oder Art. 68 I 2 einen neuen BKanzler gewählt hat (Pieroth, in: JP, Rn. 2). **3**

Sind diese Bedingungen erfüllt, darf der BPräs für die Gesetzesvorlage den Gesetzgebungsnotstand erklären, sofern die BReg dies mit Zustimmung des BR beantragt hat. Macht der BPräs von dieser Möglichkeit Gebrauch – dazu verpflichtet ist er nicht –, tritt der Gesetzgebungsnotstand mit den Rechtsfolgen der Abs. 2, 3 ein. **4**

II. Das Gesetzgebungsverfahren im Gesetzgebungsnotstand (Abs. 2, 3 S. 1)

Wenn der Gesetzgebungsnotstand erklärt ist, kann die vom BT zunächst abgelehnte Vorlage gegen den Willen des BT im Verfahren nach Abs. 2 als Gesetz erlassen werden. Zunächst muss die Vorlage erneut in den BT eingebracht werden. Sofern dieser sie entweder erneut ablehnt oder sie nur in einer für die BReg als unannehmbar bezeichneten Fassung annimmt (Abs. 2 S. 1) oder sie innerhalb von vier Wochen nicht behandelt (Abs. 2 S. 2), so bedarf es für das Zustandekommen des Gesetzes nach Abs. 2 lediglich noch der Zustimmung des BR, die dieser mit der Mehrheit nach Art. 52 III 1 beschließen muss. **5**

Abs. 3 S. 1 ermöglicht es, innerhalb von sechs Monaten auch andere Gesetzesvorlagen als die Vorlage, deren Ablehnung im BT zur Erklärung des Gesetzgebungsnotstands geführt hat, im Verfahren nach Art. 81 zu verabschieden. Der erneuten Stellung der Vertrauensfrage bedarf es in diesem Fall nicht mehr (Mann, in: Sachs, Rn. 10). **6**

Ein im Verfahren nach Art. 81 erlassenes Gesetz steht einem im normalen Verfahren erlassenen Gesetz gleich. Es stellt kein Gesetz minderen Ranges oder eine nur vorläufige Regelung dar. Anders als andere Gesetze darf es – das ergibt sich aus dem Sinn des Verfahrens nach Art. 81 – vom BT während des Gesetzgebungsnotstands nicht wieder aufgehoben werden, sofern nicht zumindest die BReg (ggf. zusätzlich der BR) zustimmt (Pieroth, in: JP, Rn. 1). **7**

III. Die Grenzen des Verfahrens nach Art. 81 (Abs. 3 S. 2, Abs. 4)

Nach Ablauf der Frist von sechs Monaten nach Abs. 3 S. 1 darf der Gesetzgebungsnotstand während der Amtszeit eines BKanzler nach Abs. 3 S. 2 nicht noch einmal erklärt werden. Damit wird verhindert, dass der BT dauerhaft übergangen werden kann **8**

Spezifische inhaltliche Grenzen für die im Verfahren nach Art. 81 erlassenen Gesetze ergeben sich aus Abs. 4. Das GG darf nicht geändert oder außer Kraft/Anwendung gesetzt werden. Für Maßnahmen dieser Art steht allenfalls das reguläre Verfahren der Verfassungsänderung gem. Art. 79 zur Verfügung. **9**

C. Prüfungshinweise

Das Verfahren nach Art. 81 ersetzt ggf. das normale Gesetzgebungsverfahren nach Art. 76 ff. bis einschließlich zum Zustandekommen des Gesetzes gem. Art. 78 (s. hierzu Art. 76 Rn. 30). Es ist daher im Rahmen der Frage nach der Verfassungsmäßigkeit **10** eines Gesetzes an Stelle der üblichen Verfahrensschritte als Aspekt der formellen Verfassungsmäßigkeit des Gesetzes zu prüfen. Dabei ist zunächst zu erörtern, ob die Voraussetzungen des Gesetzgebungsnotstands vorliegen (Rn. 2ff.), sodann, ob die von Art. 81 für das Zustandekommen vorgesehenen Verfahrensschritte ordnungsgemäß absolviert wurden. Für das Abschlussverfahren nach Art. 82 I gelten ebenso wenig Besonderheiten (Mann, in: Sachs, Rn. 9) wie für die Gesetzgebungskompetenz des Bundes.

D. Weiterführende Literatur/Leseempfehlungen

11 Haass, J., Vertrauensnotstand – Konkretisierte Vertrauensfrage und politische Instabilität, BayVBl. 2004, 204–207; Reimer, P./Kempny, S., Einführung in das Notstandsrecht, VR 2011, 253–259. S. auch Art. 80a Rn. 8.

Art. 82 [Abschlussverfahren der Gesetzgebung; Inkrafttreten von Gesetzen]

(1) [1]**Die nach den Vorschriften dieses Grundgesetzes zustande gekommenen Gesetze werden vom Bundespräsidenten nach Gegenzeichnung ausgefertigt und im Bundesgesetzblatte verkündet.** [2]**Rechtsverordnungen werden von der Stelle, die sie erläßt, ausgefertigt und vorbehaltlich anderweitiger gesetzlicher Regelung im Bundesgesetzblatte verkündet.**

(2) [1]**Jedes Gesetz und jede Rechtsverordnung soll den Tag des Inkrafttretens bestimmen.** [2]**Fehlt eine solche Bestimmung, so treten sie mit dem vierzehnten Tage nach Ablauf des Tages in Kraft, an dem das Bundesgesetzblatt ausgegeben worden ist.**

Pflichtstoff (*****)

Übersicht

A. Überblick

1 Art. 82 regelt mit dem sog. Abschlussverfahren die letzte Phase der Gesetz- bzw. Verordnungsgebung des Bundes (Abs. 1); Abs. 2 trifft Bestimmungen über den Zeitpunkt des Inkrafttretens von Gesetzen und Verordnungen. Die größte Prüfungsrelevanz kommt Abs. 1 S. 1 zu: Die Verfahrensschritte Gegenzeichnung, Ausfertigung und Verkündung sind unverzichtbare Bestandteile eines ordnungsgemäßen Gesetzgebungsverfahrens. Zudem ist die Vorschrift der Ausgangspunkt für die Antwort auf die jedenfalls in Anfängerklausuren häufig zu erörternde Frage, ob der BPräs die Ausfertigung eines Gesetzes wegen verfassungsrechtlicher Bedenken verweigern darf (Rn. 4ff.).

B. Erläuterungen

I. Das Abschlussverfahren (Abs. 1)

1. Das Abschlussverfahren bei Gesetzen (Abs. 1 S. 1)

a) Die Gegenzeichnung

Erster Schritt des Abschlussverfahrens ist die Gegenzeichnung eines Gesetzes nach den Regeln des Art. 58. Dass die Gegenzeichnung dem Akt des BPräs vorausgeht, ist ohnehin üblich (Art. 58 Rn. 4). Für das Gesetzgebungsverfahren ordnet Abs. 1 S. 1 diese Reihenfolge ausdrücklich an. 2

b) Die Ausfertigung durch den Bundespräsidenten

Abs. 1 S. 1 sieht sodann vor, dass „die nach den Vorschriften dieses GG zustande gekommenen Gesetze" vom BPräs ausgefertigt werden. Die Ausfertigung besteht in der Herstellung der Originalurkunde des Gesetzes durch dessen handschriftliche Unterzeichnung mit vollem Namen und Datum. Zu inhaltlichen Änderungen ist der BPräs nicht befugt; korrigiert werden dürfen lediglich noch Schreibfehler und andere offenbare Unrichtigkeiten (s. BVerfGE 105, 313 [335]). Mit der Ausfertigung bekundet der BPräs, dass der von ihm unterzeichnete Text dem im parlamentarischen Verfahren beschlossenen Wortlaut entspricht; seine Rolle als „Staatsnotar" wird hier besonders deutlich. 3

Ob der BPräs ein Recht hat, die ihm vorgelegten Gesetze auf ihre Verfassungsmäßigkeit zu überprüfen und bei negativem Ausgang der Prüfung die Ausfertigung zu verweigern, ist äußerst umstr. Die Antwort hängt davon ab, welche Gesetze „nach den Vorschriften dieses GG zustande gekommen" sind: Derartige Gesetze nämlich muss der BPräs ausfertigen („werden ... ausgefertigt"). 4

Die Diskussion um Existenz und Umfang eines Prüfungsrechts sollte in einer Prüfungsarbeit im Rahmen der Auslegung des Merkmals „nach den Vorschriften dieses GG ... zustande gekommen" geführt werden.

Da Art. 82 I 1 mit dem Zustandekommen an Art. 78 anknüpft, der das Ende des Gesetzgebungsverfahrens in BT und BR markiert, darf der BPräs jedenfalls prüfen, ob dieses Verfahren ordnungsgemäß durchlaufen wurde, und die Ausfertigung z.B. beim Fehlen der erforderlichen Zustimmung des BR verweigern. Überwiegend wird der BPräs darüber hinaus für befugt gehalten, die Gesetzgebungskompetenz des Bundes zu prüfen, so dass ihm ein umfassendes formelles Prüfungsrecht (also ein Recht, das Gesetz auf seine formelle Verfassungsmäßigkeit zu überprüfen) zukommt. Das verdient Zustimmung, auch wenn sich das Recht zur Kompetenzprüfung aus dem Verfassungstext weniger deutlich ergibt. 5

In Prüfungsarbeiten zeugt es von sorgfältiger Arbeit mit dem Text des GG, wenn man diese Differenzierung anspricht und nicht pauschal von einem Verfahren und Kompetenzen umfassenden formellen Prüfungsrecht ausgeht.

Jede denkbare Meinung wird zu der Frage vertreten, ob der BPräs ein materielles Prüfungsrecht hat, so dass er die Ausfertigung auf Grund der materiellen Verfassungswidrigkeit eines Gesetzes verweigern darf. Dafür lassen sich scheinbar der Amtseid (Art. 56 – Schwur, das GG zu wahren) und die Präsidentenanklage (Art. 61 – droht bei vorsätzlicher Verletzung des GG) anführen. In Wahrheit aber würde jedes dieser Argumente auf einen Zirkelschluss hinauslaufen: Ob der BPräs ein Prüfungsrecht besitzt, ist ja die überhaupt erst zu entscheidende Frage. Womöglich würde er also gerade durch die Inanspruchnahme eines solchen Rechts das GG verletzen und sich damit in Konflikt mit seinem Amtseid bringen bzw. der Gefahr einer Anklage aussetzen. Ein 6 überzeugendes Argument für ein materielles Prüfungsrecht gibt es daher nicht. Umgekehrt lässt sich aber auch kein zwingendes Argument gegen ein materielles Prüfungsrecht des BPräs finden: Zwar ist das BVerfG u.a. für Normenkontrollen zuständig. Es wird jedoch nur auf Antrag und nur nachträglich tätig. Und der Grundsatz der Gewaltenteilung (Art. 20 Rn. 62, 202ff.) steht Prüfungsbefugnissen des BPräs, der zur Exekutive gehört, bei der Gesetzgebung schon deshalb nicht entgegen, weil das GG keine strikte Gewaltenteilung, sondern eine Gewaltenverschränkung vorsieht – wie nicht zuletzt Art. 82 I 1 selbst zeigt, der den BPräs an der Gesetzgebung beteiligt. Dieses Dilemma lässt sich nur durch einen Kompromiss auflösen, der an die Stellung des BPräs im Gefüge der Staatsorgane anknüpft: Einerseits soll primär der BT als unmittelbar demokratisch legitimiertes und zur Gesetzgebung berufenes Organ entscheiden, ob ein Gesetz – vorbehaltlich einer Prüfung durch das BVerfG – gelten soll. Andererseits wäre es mit der Rolle des BPräs als Staatsoberhaupt unvereinbar, wenn er sehenden Auges Gesetze ausfertigen müsste, deren Verfassungswidrigkeit offensichtlich ist (Bsp.: Wiedereinführung der Todesstrafe trotz Art. 102). Richtigerweise hat der BPräs daher (lediglich, aber immerhin) ein Recht zur Prüfung auf evidente materielle Verfassungswidrigkeit (ausführlich zum Ganzen Degenhart, Staatsrecht I, Rn. 786ff., mit Nachweisen zu den einzelnen Auffassungen).

7 Unbestritten ist, dass der BPräs kein politisches Prüfungsrecht hat. Er darf die Ausfertigung also nicht verweigern, weil er ein Gesetz aus politischen Gründen für verfehlt hält (Degenhart, Staatsrecht I, Rn. 789).

8 Unter Berufung auf sein Prüfungsrecht hat der BPräs 2006 die Ausfertigung des Gesetzes zur Privatisierung der Flugsicherung und des Verbraucherinformationsgesetzes verweigert. 2002 hatte der BPräs das (später vom BVerfG für nichtig erklärte, s. BVerfGE 106, 310ff.) Zuwanderungsgesetz ausgefertigt, weil die fehlende Zustimmung des BR vermeintlich nicht zu einem evidenten Verfahrensfehler geführt hatte (zu früheren Fällen Wißmann, ZJS 2014, 627 [628]). Da das Prüfungsrecht im formellen Bereich jedoch richtigerweise nicht auf evidente Verstöße beschränkt ist (so aber Wißmann, ZJS 2014, 627 [632f.]), überzeugt diese Entscheidung nicht, wenn man – richtigerweise – annimmt, dass dem Prüfungs*recht* des BPräs auch eine Prüfungs*pflicht* korrespondiert (a.A. zur Prüfungspflicht Sannwald, in: SHH, Rn. 18).

9 Prozessual wäre ein Streit um das Prüfungsrecht im Wege des Organstreits nach Art. 93 I Nr. 1 auszutragen. Die unberechtigte Verweigerung der Ausfertigung verletzt den BT in seinem Gesetzgebungsrecht aus Art. 77 I.

c) Die Verkündung

10 Die Verkündung ist die amtliche Bekanntmachung des Gesetzeswortlauts an der dafür vorgesehenen Stelle. Sie stellt eine rechtsstaatlich fundierte Existenzbedingung dar: Allgemein verbindlich kann nur sein, wovon sich jeder Kenntnis verschaffen kann. Mit der Verkündung existiert das Gesetz. Rechtswirkungen zeitigt es vom Moment des Inkrafttretens (Rn. 16) an.

11 Zu verkünden sind Gesetze nach Abs. 1 S. 1 im BGBl. Abs. 2 S. 2 belegt, dass die Verkündung die Ausgabe des BGBl. voraussetzt, die durch das Inverkehrbringen des ersten Stückes der jeweiligen Ausgabe bewirkt wird (BVerfGE 87, 48 [60]). Str. ist, ob das BGBl. an dem Tag ausgegeben wird, an dem das erste Stück zur Post gegeben wird, oder am folgenden Tag. Jedenfalls ist aber auf das erste verkörperte Stück der *Druck*ausgabe abzustellen. Die Abrufbarkeit des BGBl. im Internet (www.bgbl.de) reicht auf Bundesebene (noch?) nicht aus. Anders ist die Situation z.B. im Saarland, wo das Abl. – auf der Grundlage einer Ergänzung des Art. 102 SaarlVerf. – schon elektronisch geführt wird.

12 Nicht um eine Verkündung i.S.v. Abs. 1 S. 1 handelt es sich bei der Neubekanntmachung eines Gesetzes, die lediglich eine (deklaratorische) Bekanntgabe des geltenden Gesetzestextes darstellt. Dagegen steht eine Neuverkündung am Ende eines regulären Gesetzgebungsverfahrens. Zur Bedeutung dieser Unterscheidung für den vor- bzw. nachkonstitutionellen Charakter eines Gesetzes s. Art. 100 Rn. 8.

2. Das Abschlussverfahren bei Rechtsverordnungen (Abs. 1 S. 2)

Anders als bei Gesetzen erfolgt bei VOen des Bundes – nur für diese gilt Abs. 1 S. 2 (Pieroth, in: JP, Rn. 8) – die Ausfertigung durch die erlassende Stelle, also den jeweiligen VO-Geber (Art. 80 Rn. 24). Zu VOen der BReg s. freilich § 30 GO BReg. Die Funktion der Ausfertigung entspricht der von Gesetzen (o. Rn. 3). **13**

Die Verkündung im BGBl. sieht Abs. 1 S. 2 nur vorbehaltlich anderer Regelungen vor, die sich u.a. im Gesetz über die Verkündung von Rechtsverordnungen (Sartorius Nr. 70) sowie im Gesetz über vereinfachte Verkündungen und Bekanntgaben (Sartorius Nr. 71) finden. **14**

Zur Prüfung des Abs. 1 S. 2 als Bestandteil der formellen Rechtmäßigkeit einer VO s. Art. 80 Rn. 34. **15**

II. Das Inkrafttreten von Gesetzen und Rechtsverordnungen (Abs. 2)

Der Moment des Inkrafttretens ist der Zeitpunkt, von dem an eine Norm rechtliche Wirksamkeit erlangt, also Rechtswirkungen auslöst. Normalerweise liegt er nach dem Zeitpunkt der Verkündung. Ist das ausnahmsweise anders, handelt es sich um ein rückwirkendes Gesetz (Art. 20 Rn. 189ff.). Die Bestimmung des Inkrafttretens ist nicht Teil des Normsetzungsverfahrens, sondern des vom Normgeber festgelegten Norminhalts (so für die Gesetzgebung BVerfGE 8, 48 [60]). **16**

Auf die Frage des Inkrafttretens ist daher bei der Prüfung z.B. des Gesetzgebungsverfahrens als Bestandteil der formellen Verfassungsmäßigkeit eines formellen Gesetzes nicht einzugehen. Auf den Zeitpunkt kommt es erst an, wenn in einem Fall relevant wird, von welchem Zeitpunkt an das Gesetz beachtet werden muss bzw. Rechtswirkungen entfaltet.

Nach Abs. 2 S. 1 sollen Gesetze und VOen den Tag des Inkrafttretens bestimmen. Diese Vorgabe kann der Normgeber durch die Benennung eines konkreten Datums („kalendermäßige Bestimmung") ebenso erfüllen wie durch die Festlegung einer Frist vom Tag der Verkündung an. Im ersten Fall tritt das Gesetz um 0.00 Uhr des betreffenden Tages in Kraft; im zweiten Fall wird der Tag der Verkündung nicht mitgezählt (h.M., s. Sannwald, in: SHH, Rn. 48). **17**

„Dieses Gesetz tritt am 1. Januar 2013 in Kraft." führt zum Inkrafttreten am 1.1.2013, 0.00 Uhr. – „Dieses Gesetz tritt einen Monat nach seiner Verkündung in Kraft." führt bei Verkündung am 11.10.2012 zum Inkrafttreten am 12.11.2012, 0.00 Uhr.

Das Inkrafttreten kann auch an ein bestimmtes Ereignis, dessen Zeitpunkt noch ungewiss ist, geknüpft werden (BVerfGE 42, 263 [285f.]). Ein Gesetz kann im Rahmen von Art. 80 Exekutivorgane zur Festlegung des Zeitpunkts per VO ermächtigen (h.M., s. z.B. Sannwald, in: SHH, Rn. 51). **18**

Wenn die Norm keine Regelung über das Inkrafttreten enthält – Abs. 2 S. 1 ist nur eine Sollvorschrift –, richtet sich der Zeitpunkt nach Abs. 2 S. 2. Abweichend von der dort vorgesehenen Frist treten Gesetze in den Fällen der Art. 72 III 2, Art. 84 I 3 ggf. erst sechs Monate nach ihrer Verkündung in Kraft. **19**

C. Prüfungshinweise

In Prüfungsarbeiten, in denen es um das Recht des BPräs zur Verweigerung der Ausfertigung von Gesetzen geht, sind häufig sowohl die o. (Rn. 4f.) geschilderte **20**

Problematik als auch die Verfassungsmäßigkeit des in Rede stehenden Gesetzes selbst zu erörtern. In diesem Fall bietet sich der folgende Aufbau an:

Ausgangspunkt: Art. 82 I 1, Merkmal „die nach den Vorschriften dieses GG zustande gekommenen Gesetze"

I. Recht zur Verweigerung der Ausfertigung aus formellen Gründen
   1. Existenz eines formellen Prüfungsrechts? (o. Rn. 5)
   2. Formelle Verfassungsmäßigkeit des Gesetzes?

II. Recht zur Verweigerung der Ausfertigung aus materiellen Gründen
   1. Existenz eines materiellen Prüfungsrechts? (o. Rn. 6)
   2. Materielle Verfassungsmäßigkeit des Gesetzes?
      Je nach Entscheidung bei II. 1. berechtigt ggf. nur die evidente materielle Verfassungswidrigkeit zur Verweigerung der Ausfertigung.

D. Weiterführende Literatur/Leseempfehlungen

21 Erdemir, M., Das Prüfungsrecht des Bundespräsidenten, JA 1996, 52–54; Meyer, H., Das Prüfungsrecht des Bundespräsidenten, JZ 2011, 602–608; Martini, P., Zur Prüfungskompetenz des Bundespräsidenten, JuS 1994, 717–718; Schnapp, F.E., Ist der Bundespräsident verpflichtet, verfassungsmäßige Gesetze auszufertigen?, JuS 1995, 286–291; Voßkuhle, A., Grundwissen – Öffentliches Recht: Die Rechtsverordnung, JuS 2015, 311–314.

VIII. Die Ausführung der Bundesgesetze und die Bundesverwaltung

Art. 83 [Verwaltungskompetenzverteilung zwischen Bund und Ländern]

Die Länder führen die Bundesgesetze als eigene Angelegenheit aus, soweit dieses Grundgesetz nichts anderes bestimmt oder zuläßt.

Pflichtstoff (***)

Übersicht

A. Überblick

I. Inhalt von Abschnitt VIII des Grundgesetzes

Die Art. 83–91 (Abschnitt VIII des GG) befassen sich mit der Ausführung der Bundesgesetze (Art. 83–85) und mit der Bundesverwaltung (Art. 86–91). Nicht geregelt sind dort die Ausführung der Landesgesetze und die Landesverwaltung (dazu Rn. 19f.). 1

II. Allgemeines zur Verwaltung

Art. 83 erschließt sich nur dem, der die Grundzüge der Verwaltung und das damit verbundene System versteht. 2

1. Bedeutung im gewaltenteilenden Rechtsstaat

Neben der Regierung (Gubernative) stellt die Verwaltung den zweiten Ast der Exekutive dar. Der Verwaltung kommt gerade im modernen (Sozial-)Staat eine eminent wichtige Bedeutung zu: Mit dem Vollzug der Gesetze, die das Parlament vorgibt (Art. 76ff.), obliegt es der Verwaltung, die Staatsaufgaben im Einzelfall zu verwirklichen. 3

So setzt das Parlament z.B. durch die Steuergesetze fest, ob und welche Steuern der Staat erhebt und wieviel Steuereinnahmen dem Staat damit zur Erfüllung seiner 4

Aufgaben zur Verfügung stehen. Die Steuergesetze müssen sodann von der Finanzverwaltung vollzogen werden (Art. 108 Rn. 1 f.). Desgleichen gibt das Parlament im Sozialbereich abstrakt-generell vor, in welchen Fällen z.B. Wohngeld, Sozialhilfe, Arbeitslosengeld, Elterngeld, Sozialversicherungsrenten u.dgl. gezahlt werden. Die entsprechenden Gesetze werden dann von den zuständigen Verwaltungsbehörden umgesetzt und ausgeführt.

2. Gesetzesakzessorische und nicht-gesetzesakzessorische Verwaltung

5 Die Bedeutung des Gesetzesvollzugs im sozialen Rechtsstaat wird durch die Wortwahl des GG selbst unterstrichen, wenn es als Umschreibung für die gesamte Exekutive die Bezeichnung „vollziehende Gewalt" verwendet (etwa in Art. 1 III oder Art. 20 II 2 und III Hs. 2). Dadurch wird die Hauptaufgabe der Exekutive aufgegriffen, nämlich der Vollzug der Gesetze, der den Verwaltungsbehörden obliegt. Insofern spricht man auch von gesetzesakzessorischer Verwaltung, was sich mit gesetzesabhängiger Verwaltung verdeutschen ließe. Allein das trifft die Sache nicht recht, denn an die Gesetze gebunden und von ihnen abhängig ist die gesamte Verwaltung, darüber hinaus sind es auch die Regierung sowie die Rechtsprechung und die gesetzgebende Gewalt, solange sie ein Gesetz nicht ändert oder aufhebt (vgl. Art. 20 III). Besser umschrieben wird die Gesetzesakzessorietät i.d.S. daher mit der Aufgabe, ein vom Gesetzgeber vorgegebenes Programm zu verwirklichen und dabei häufig mit hoheitlichen Mitteln zu handeln.

6 So hat die Polizei bspw. die Aufgabe, Gefahren für die öffentliche Sicherheit oder Ordnung abzuwehren. Dazu stehen ihr unter bestimmten Voraussetzungen gesetzlich vorgegebene Befugnisse für Eingriffe in Rechte des Einzelnen zur Verfügung. Die Ämter für Ausbildungsförderung sollen bedürftige Studenten finanziell unterstützen; Art und Maß der Leistungen sowie damit zusammenhängende Modalitäten sind – schon aus Gleichheitsgesichtspunkten (Art. 3 I) – im BAföG im Einzelnen vorgegeben. Die Festsetzung des monatlichen Zuschusses erfolgt hoheitlich (nämlich durch VA, § 35 S. 1 VwVfG).

7 Soweit die Verwaltung nicht unmittelbar mit dem Vollzug von bestimmten Gesetzen befasst ist, wird sie als nicht-gesetzesakzessorische oder „gesetzesfreie" Verwaltung bezeichnet. Dabei darf der Ausdruck „Gesetzesfreiheit" nicht zu der Annahme verleiten, die Verwaltung sei insoweit überhaupt nicht an Gesetze gebunden. Mit Rücksicht auf den Vorrang des Gesetzes ist das Gegenteil der Fall. Der Unterschied liegt vielmehr darin, dass die Verwaltung in diesem Bereich nicht durch ein Fachgesetz zu einem bestimmten, mehr oder weniger eng umschriebenen Handeln verpflichtet ist, sondern einen gewissen Gestaltungsspielraum besitzt. Wegen des Vorbehalts des Gesetzes ist „gesetzesfreie" Verwaltung daher nur bei den Staatsaufgaben anzutreffen, die nicht mit Eingriffen in Rechte des Einzelnen verbunden sind und die auch nicht so „wesentlich" sind, dass sie einer gesetzlichen Regelung bedürften.

8 Beispiele für „gesetzesfreie" Verwaltung sind weite Teile der Wirtschafts- und Kulturförderung, aber auch die kommunale Selbstverwaltung, soweit keine Pflichtaufgaben wahrgenommen werden (Art. 28 Rn. 34 ff.).

9

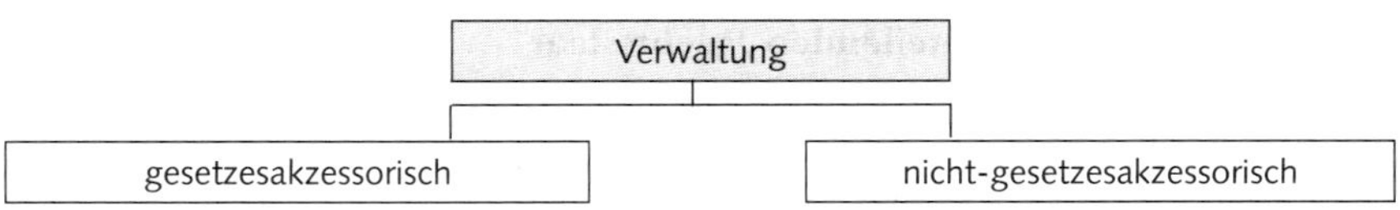

3. Verwaltung im Bundesstaat

10 Dass die Verwaltung die Gesetze vollziehen muss (gesetzesakzessorische Verwaltung) und darüber hinaus in ihr zugestandenen Aufgabenbereichen selbständig handeln darf (nicht-gesetzesakzessorische Verwaltung), ergibt sich aus ihrer ureigenen Funktion und bedarf keiner verfassungsrechtlichen Ausformung. Schwieriger – und damit regelungsbedürftig – wird die Sache im Bundesstaat, in dem mehrere staatliche Ebenen bestehen, die ihre eigenen Gesetzgebungskompetenzen und ihre eigenen voneinander getrennten Verwaltungen haben (Art. 20 Rn. 221 ff.).

So bestehen in der Bundesrepublik Deutschland die Bundesverwaltung und die **11**
Verwaltungen der Länder nebeneinander:

– auf Bundesebene etwa der Auswärtige Dienst, die Bundesfinanzverwaltung, die Wasser- und Schifffahrtsverwaltung, die Bundespolizei (Art. 87 I), die Bundesministerialverwaltungen sowie zahlreiche Bundesoberbehörden (Art. 87 III 1 F. 1) u. a. m.
– auf der Ebene der Länder jeweils die Landesministerien, die allgemeine innere Verwaltung, die Landespolizei, die Landesfinanzverwaltung u. a. m.

Zur Landesverwaltung gehört aus der Sicht des GG prinzipiell auch die Kommunal- **12**
verwaltung, d. h. die Verwaltung durch die Gemeinden (einschließlich der Städte) sowie durch die Gemeindeverbände (insb. die Landkreise). Zwar stellen die Kommunen als Gebietskörperschaften eigenständige j. P. ö. R. dar und besitzen das Recht zur Selbstverwaltung (Art. 28 Rn. 21 ff.). Im Hinblick auf die Kompetenzverteilung zwischen Bund und Ländern zählen sie indes zur Landesverwaltung, und zwar zur mittelbaren Landesverwaltung.

Unterscheidung von Bundes- und Landesverwaltung **13**

Bundesverwaltung	Landesverwaltung - - - - - - - - - - Kommunalverwaltung

Ausgangspunkt bei der Verteilung der Verwaltungskompetenzen im Bundesstaat ist **14**
das grds. Verbot der Mischverwaltung (diff. BVerfGE 63, 1 [37 ff.]; 119, 331 [365]; 127, 165 [191 f.]). Das bedeutet, dass eine bestimmte Verwaltungsaufgabe entweder von einer Bundesbehörde oder von einer Landesbehörde erledigt werden muss. Damit sollen föderative Kompetenzkonflikte vermieden werden, vor allem das „Hin- und Herschieben" der Verantwortung (noch salopper ausgedrückt: die „organisierte Unverantwortlichkeit" zwischen Bund und Ländern). Das Verbot der Mischverwaltung gilt strikt, soweit eine Behörde nach außen gegenüber dem Bürger handelt (Ausnahme in Art. 91e).

Daher ist es Aufgabe des GG als einer bundesstaatlichen Verfassung, neben den Ge- **15**
setzgebungskompetenzen (Art. 70–74) auch die Verwaltungskompetenzen zwischen dem Bund und den Ländern zu verteilen. Es muss also insb. geklärt werden, welche Verwaltung welches Gesetz vollzieht.

Vor diesem Hintergrund befassen sich die Art. 83–85 nur mit einem Ausschnitt der **16**
gesamten Verwaltungstätigkeit, nämlich mit der gesetzesakzessorischen Verwaltung der Länder beim Vollzug von Bundesgesetzen (vgl. Rn. 1, 21).

B. Erläuterungen

I. Die Länder …

Art. 83 spricht die Länder an und verpflichtet sie zur Ausführung der Bundesgeset- **17**
ze. Unter den „Ländern" sind hier zu verstehen

1. die unmittelbare Landesverwaltung, d. h. die staatseigenen Verwaltungsbehörden (Staatsverwaltung), etwa die Landesministerien, die Landesoberbehörden/Landesämter, die Finanzämter, die (Bezirks-)Regierungen (soweit errichtet, etwa in Baden-Württemberg, Bayern und Nordrhein-Westfalen) sowie die Landratsämter, aber nur, soweit sie als Staatsbehörden handeln (also nicht als Behörden des Landkreises),

2. die mittelbare Landesverwaltung, also die Verwaltung durch j. P. ö. R., die durch Landesgesetz errichtet sind und der Landesaufsicht unterstehen (und daher – verwirrenderweise – als „landesunmittelbar" bezeichnet werden, vgl. Art. 86 Rn. 5), insb. die Kommunen (Gemeinden, Landkreise u. a., Art. 28 Rn. 21), aber auch die (Landes-)Universitäten, die Sozialversicherungsträger der Länder (Allg. Ortskrankenkassen, Deutsche Rentenversicherung des jeweiligen Landes u. a. m.).

II. … führen die Bundesgesetze … aus

18 Art. 83 regelt nur die Verwaltungskompetenzen beim Vollzug der Bundesgesetze, was neben dem eindeutigen Wortlaut auch aus der Überschrift des VIII. Abschnitts folgt. Dass die Länder mit dem Vollzug der Bundesgesetze betraut sind, mag überraschen. Die vertikale (bundesstaatliche) Gewaltenteilung würde eigentlich nahe legen, dass die föderativen Ebenen (Gesamtstaat und Gliedstaaten) ihre Gesetze jeweils selbst vollziehen, wie dies in anderen Bundesstaaten (z. B. in den USA) der Fall ist. Demgegenüber begründet Art. 83 Hs. 1 für den deutschen Bundesstaat im Bereich der Verwaltung eine Gewaltenverschränkung mit einem Übergewicht zugunsten der Exekutive der Länder.

19 Nicht geregelt wird in Art. 83 der Vollzug der Landesgesetze. Hier verbleibt es im Umkehrschluss beim Grundprinzip des Art. 30 Hs. 1 (lex generalis), wonach die Wahrnehmung der staatlichen Kompetenzen (Aufgabenerfüllung und Befugniswahrnehmung) grundsätzlich Sache der Länder ist. Daraus folgt, dass die Landesgesetze von den Ländern ausgeführt werden, d. h. genauer: Die Gesetze eines bestimmten Bundeslandes werden von der unmittelbaren oder mittelbaren Verwaltung (Rn. 17) ebendieses Landes vollzogen. Beispielsweise werden die Polizeigesetze der Länder von den Polizeibehörden des jeweiligen Landes vollzogen, ebenso die Schulgesetze durch dessen Schulbehörden usw. Nähere Vorschriften finden sich in der Verfassung und den sonstigen Gesetzen des jeweiligen Landes.

20 Der Bund darf auf den Vollzug der Landesgesetze prinzipiell keinen Einfluss nehmen, d. h. er darf diese Gesetze nicht vollziehen, den Landesbehörden aber auch keine Weisungen erteilen oder allgemeine Verwaltungsvorschriften erlassen.

21 Ebenso wenig regelt Art. 83 die nicht-gesetzesakzessorische Verwaltung (a. A. BVerfGE 12, 205 [246 ff.]; wohl auch BVerfGE 39, 96 [109]). Auch hier gelten der Grundsatz des Art. 30 und damit die Ausgangsvermutung zugunsten der Kompetenz der Länder (Dittmann, in: Sachs, Rn. 19; Kirchhof, in: MD, Rn. 20).

III. … als eigene Angelegenheit …

22 Mit der Formulierung, dass die Länder die Bundesgesetze „als eigene Angelegenheit" auszuführen haben, verweist Art. 83 Hs. 1 unmittelbar auf Art. 84 (Rechtsfolgenverweisung). Dieser Regelfall des Vollzugs von Bundesgesetzen wird in Lit. und Rspr. als Landeseigenverwaltung bezeichnet; ihre Ausgestaltung erfolgt in Art. 84.

IV. … soweit dieses Grundgesetz nichts anderes bestimmt oder zuläßt

1. Spezialvorschriften

23 „Andere Bestimmungen" (leges speciales = Spezialvorschriften) zu Art. 83 enthalten

– Art. 85, der mit der Bundesauftragsverwaltung einen eigenen Verwaltungstyp des Landesvollzugs von Bundesgesetzen statuiert;
– Art. 86–91, die mit der Einrichtung der unmittelbaren und mittelbaren Bundesverwaltung in den dort bestimmten Bereichen auch die Ausführung der Bundesgesetze durch Bundesbehörden oder bundesunmittelbare juristische Personen des öffentlichen Rechts vorschreiben;

- Art. 108 I–III, der den Vollzug der Steuergesetze besonders regelt;
- Art. 91a–91e und 108 IV, die vorsehen, dass der Bund die Länder bei den dort genannten Verwaltungsaufgaben unterstützt oder Bundes- und Landesverwaltungen in sonstiger Weise zusammenarbeiten (Gemeinschaftsaufgaben, Verwaltungszusammenarbeit); dabei geht es nur zum Teil um den Vollzug von Bundesgesetzen, i. Ü. um den Vollzug von Landesgesetzen.

24

<table>
<tr><th colspan="3">Vollzug der Bundesgesetze</th></tr>
<tr><th colspan="2">durch die Länder</th><th>durch den Bund</th></tr>
<tr><td>als eigene Angelegenheit
(Landeseigenverwaltung),
Art. 83, 84, 108 II</td><td>im Auftrag des Bundes
(Bundesauftragsverwaltung),
Art. 85, 108 III</td><td>Bundeseigen-
verwaltung,
Art. 86 ff., 108 I</td></tr>
</table>

2. Ungeschriebene Verwaltungskompetenzen des Bundes

25 Neben den „anderen Bestimmungen“ i. S. v. Art. 83 Hs. 2 ist es möglich, dass das GG „etwas anderes zulässt“, ohne dass dies in Spezialvorschriften bestimmt wäre. In Betracht kommen insoweit die sog. ungeschriebenen Verwaltungskompetenzen des Bundes. Der Rechtfertigungsaufwand ist hier noch viel stärker als bei den „ungeschriebenen Gesetzgebungskompetenzen“ des Bundes (Art. 70 Rn. 22 ff.; vgl. BVerfGE 11, 6 [17 f.]; 22, 180 [216 f.]; Broß/Mayer, in: MK, Rn. 9 ff.; Trute, in: MKS, Rn. 80). Denkbar sind Verwaltungskompetenzen des Bundes kraft Natur der Sache, kraft Annexes und kraft Sachzusammenhangs, wobei diese Kriterien nicht trennscharf voneinander abzugrenzen sind. Anerkannt sind in diesem Sinne die nationale/gesamtstaatliche Repräsentation, der Schutz von Bundesorganen, die Linienführung von Bundesfernstraßen (BVerwGE 62, 342 [344 f.], vgl. Art. 90), die Verwaltung des Bundesvermögens und der Auslandsrundfunk (Deutsche Welle).

26 Keine Frage der Verwaltungskompetenz im Sinne von Art. 83, sondern stattdessen von Art. 104a, 104b ist die finanzielle Förderung von Landeseinrichtungen i. w. S. durch den Bund.

C. Prüfungshinweise

27 Das Prinzip des Art. 83 Hs. 1 sollte wegen seiner grundlegenden Bedeutung für die Praxis beherrscht werden, da die meisten Bundesgesetze durch die Länder (einschl. der Kommunen) vollzogen werden (große Teile des Sozial- und Steuerrechts, des Wirtschaftsverwaltungsrechts, Arbeitsrechts, Gesundheitsrechts, Straßenverkehrsrechts, Umweltrechts, Städtebaurechts, Fachplanungsrechts, des Pass-, Melde- und Personenstandsrechts, des Vereinsrechts und des Ausländerrechts). Auch der enge Zusammenhang mit Art. 84 (Rechtsfolge der Landeseigenverwaltung) und die Abgrenzung zur Bundesauftragsverwaltung (Art. 85) gehören zum Grundwissen.

D. Weiterführende Literatur/Leseempfehlungen

28 Ipsen, J., Die Ausführung der Bundesgesetze durch die Länder, NdsVBl. 2014, 209–212; Maurer, H., Die Ausführung der Bundesgesetze durch die Länder, JuS 2010, 945–953; Schnapp, F., Mischverwaltung im Bundesstaat nach der Föderalismusreform, Jura 2008, 241–244.

Art. 84 [Landeseigenverwaltung]

(1) [1] **Führen die Länder die Bundesgesetze als eigene Angelegenheit aus, so regeln sie die Einrichtung der Behörden und das Verwaltungsverfahren. [2] Wenn Bundesgesetze etwas anderes bestimmen, können die Länder davon abweichende Regelungen treffen. [3] Hat ein Land eine abweichende Regelung nach Satz 2 getroffen, treten in diesem Land hierauf bezogene spätere bundesgesetzliche Regelungen der Einrichtung der Behörden und des Verwaltungsverfahrens frühestens sechs Monate nach ihrer Verkündung in Kraft, soweit nicht mit Zustimmung des Bundesrates anderes bestimmt ist. [4] Artikel 72 Abs. 3 Satz 3 gilt entsprechend. [5] In Ausnahmefällen kann der Bund wegen eines besonderen Bedürfnisses nach bundeseinheitlicher Regelung das Verwaltungsverfahren ohne Abweichungsmöglichkeit für die Länder regeln. [6] Diese Gesetze bedürfen der Zustimmung des Bundesrates. [7] Durch Bundesgesetz dürfen Gemeinden und Gemeindeverbänden Aufgaben nicht übertragen werden.**

(2) **Die Bundesregierung kann mit Zustimmung des Bundesrates allgemeine Verwaltungsvorschriften erlassen.**

(3) [1] **Die Bundesregierung übt die Aufsicht darüber aus, daß die Länder die Bundesgesetze dem geltenden Rechte gemäß ausführen. [2] Die Bundesregierung kann zu diesem Zwecke Beauftragte zu den obersten Landesbehörden entsenden, mit deren Zustimmung und, falls diese Zustimmung versagt wird, mit Zustimmung des Bundesrates auch zu den nachgeordneten Behörden.**

(4) [1] **Werden Mängel, die die Bundesregierung bei der Ausführung der Bundesgesetze in den Ländern festgestellt hat, nicht beseitigt, so beschließt auf Antrag der Bundesregierung oder des Landes der Bundesrat, ob das Land das Recht verletzt hat. [2] Gegen den Beschluß des Bundesrates kann das Bundesverfassungsgericht angerufen werden.**

(5) [1] **Der Bundesregierung kann durch Bundesgesetz, das der Zustimmung des Bundesrates bedarf, zur Ausführung von Bundesgesetzen die Befugnis verliehen werden, für besondere Fälle Einzelweisungen zu erteilen. [2] Sie sind, außer wenn die Bundesregierung den Fall für dringlich erachtet, an die obersten Landesbehörden zu richten.**

Pflichtstoff (****)

A. Überblick

1 Art. 84 knüpft an Art. 83 Hs. 1 an und gestaltet die dort für die Ausführung der Bundesgesetze angeordnete Landeseigenverwaltung näher aus. Ausgangspunkt ist dabei der Grundsatz, dass die Länder die Bundesgesetze selbständig und unabhängig vom Bund vollziehen (Organisationshoheit), wie dies Art. 84 I 1 zum Ausdruck bringt (vgl. BVerfGE 105, 313 [331]). Demgegenüber stellen Einwirkungsrechte des Bundes auf die Landeseigenverwaltung die Ausnahme dar; sie sind in Art. 84 abschließend geregelt und bedürfen im Rahmen von Art. 84 I einer bundesgesetzlichen Ausformung. Eine Umgehung der Vorschriften von Art. 84 ist unzulässig und mithin verfassungswidrig.

2 Die mit dem Vollzug eines Bundesgesetzes in Landeseigenverwaltung verbundenen Ausgaben trägt gem. Art. 104a I Hs. 1 und V grundsätzlich das jeweilige Land (näher Art. 104a Rn. 9ff., 21f.). Auch – aber nicht nur – darin besteht ein grundlegender Unterschied zur Bundesauftragsverwaltung (Art. 104a II, s. i.Ü. das Vergleichsschema bei Art. 85 Rn. 18).

B. Erläuterungen

I. Grundsatz der Organisationshoheit der Länder (Abs. 1 S. 1)

Bei der Landeseigenverwaltung regelt jedes Land für seinen Bereich autonom und in eigener Verantwortung 3
- die Einrichtung der Behörden, d.h. – in weiter Auslegung – ihre Errichtung (Gründung/Bildung), ihre Ausstattung mit Personal und Sachmitteln und die Festlegung ihres Aufgabenkreises (Zuständigkeit), und zwar auch bzgl. der mittelbaren Landesverwaltung (insb. Kommunen),
- das Verwaltungsverfahren, also die Art und Weise sowie die Form der Ausführung eines Bundesgesetzes (BVerfGE 105, 313 [331]), sowohl verwaltungsintern als auch mit Außenwirkung gegenüber dem Bürger. Eine Regelung des Verwaltungsverfahrens ist hierbei auch die Regelung von Verwaltungsgebühren zur Deckung der Kosten, die den Landesbehörden bei der Ausführung von Bundesgesetzen entstehen (BVerwG, NVwZ 2014, 1516 [1519f.] m.w.N.). Das verwaltungsinterne Verfahren kann die jeweilige LReg durch Verwaltungsvorschriften regeln, das Verwaltungsverfahren mit Außenwirkung muss mit Rücksicht auf den Vorbehalt des Gesetzes (Art. 20 Rn. 133ff.) durch formelles Gesetz normiert werden.

Zur Definition der Organisationsgewalt s. Art. 86 Rn. 1.

Ein Beispiel für die Organisationshoheit der Länder bei der Landeseigenverwaltung ist der Vollzug des Pass- und des Personalausweisgesetzes durch die Einwohner(melde)ämter oder der Vollzug des Straßenverkehrsgesetzes und der darauf beruhenden Rechtsverordnungen (StVO, StVZO, FeV) durch Straßenverkehrsbehörden, die Kfz-Zulassungsstellen und die Führerscheinstellen der Länder. Dass diese Ämter – je nach Landesrecht – bei den Städten und Landkreisen ressortieren, bestätigt nur die Organisationshoheit der Länder. 4

II. Legislative Einwirkungsbefugnisse des Bundes (Abs. 1 S. 2–7)

Art. 84 I 2–7 lässt Ausnahmen zur Organisationshoheit der Länder zu, die – wenn sie eingeführt werden sollen – durch Bundesgesetz bestimmt werden müssen (daher legislative Einwirkungsbefugnisse). 5

1. Abweichungsgesetzgebungskompetenz zugunsten der Länder

Wenn der Bund durch Gesetz Bestimmungen zur Einrichtung von Landesbehörden oder zum Verwaltungsverfahren trifft, können die Länder durch Landesgesetz grds. davon abweichen (Art. 84 I 2 – Übergangsregelung in Art. 125b II). Damit wird die bundesstaatliche Normenhierarchie durchbrochen, wie Art. 84 I 4 i.V.m. Art. 72 III 3 ausdrücklich anordnet: Nicht das höherrangige Bundesgesetz verdrängt das niederrangige Landesgesetz (lex superior derogat legi inferiori), sondern das spätere Gesetz verdrängt das frühere (lex posteriori derogat lex priori). Dabei soll die frühere Regelung nicht nichtig werden, sondern nur im Sinne eines Anwendungsvorrangs zurücktreten (BT-Drs. 16/813, S. 11, 15). Art. 31 kommt nicht zur Anwendung. 6

Damit sich daraus kein zeitlicher Wettlauf zwischen Bundes- und Landesgesetzgeber nach Art eines Ping-Pong-Spiels entwickelt, führt Art. 84 I 3 eine sechsmonatige „Karenzzeit" für das Inkrafttreten von Bundesgesetzen ein, die abweichende Landesgesetze nach Art. 84 I 2 Hs. 2 verdrängen wollen. Insoweit geht Art. 84 I 3 dem Art. 82 II vor. 7

Ausnahmsweise, nämlich wenn ein besonderes Bedürfnis besteht, kann der Bundesgesetzgeber das Verwaltungsverfahren (nicht aber die Einrichtung der Behörden) für den Vollzug eines bestimmten Gesetzes durch Bundesgesetz verbindlich und einheitlich ohne Abweichungskompetenz der Länder regeln (Art. 84 I 5). Bei einem solchen 8

Bundesgesetz haben die Länder jedoch starke Möglichkeiten der Mitsprache, weil dazu gem. Art. 84 I 6 die Zustimmung des BR (Art. 78 F. 1) erforderlich ist.

2. Kein Durchgriff auf die Kommunalverwaltungen

9 Jahrzehntelang galt das Bonmot, dass die „Gemeindeverwaltung [für den Bund] die billigste Verwaltung" sei. Dahinter stand die verbreitete Übung des Bundes, in seinen Gesetzen zu bestimmen, dass die Gemeinden oder Gemeindeverbände (Landkreise) für deren Vollzug zuständig seien. Die daraus resultierenden Finanzlasten (insb. Verwaltungsausgaben für Personal und Sachmittel, z.T. auch die Zweckausgaben, Art. 104a I, V) trafen weder den Bundeshaushalt noch die Haushalte der Länder, sondern „nur" die der Kommunen.

10 Seit der Föderalismusreform von 2006 ist diese Abwälzungsmöglichkeit für den Bund versperrt: Art. 84 I 7 stellt klar, dass den Gemeinden und Gemeindeverbänden durch Bundesgesetz keine Aufgaben mehr übertragen werden dürfen (Übergangsregelung: Art. 125a I 1, Ausn. in Art. 91e II). Unberührt davon bleibt die Befugnis der Länder, ihre Kommunen mit der Ausführung von Bundes- oder Landesgesetzen zu beauftragen (Auftragsangelegenheiten, die durch Landesgesetz begründet werden, Art. 28 Rn. 48f.).

III. Exekutive Einwirkungsbefugnisse des Bundes (Abs. 2–5)

11 Neben den legislativen Einwirkungsbefugnissen in Form von Bundesgesetzen (Art. 84 I 2–6) wird die Organisationshoheit der Länder bei der Landeseigenverwaltung durch Art. 84 II–V beschränkt. Die darin vorgesehenen Einwirkungsmöglichkeiten stehen nicht dem Gesetzgeber (insb. BT, Art. 38 Rn. 1ff.), sondern der BReg (Art. 62) zu (daher exekutive Einwirkungsbefugnisse).

1. Bundesaufsicht als Rechtsaufsicht

12 Gem. Art. 84 III 1 überwacht die BReg, ob die Länder (d.h. die zuständigen Behörden) die Bundesgesetze „dem geltenden Rechte gemäß", also rechtmäßig ausführen. Recht in diesem Sinne sind neben dem GG und den sonstigen Bundesgesetzen auch EU- und Völkerrecht sowie Verwaltungsvorschriften (Art. 84 II, s. Rn. 15) und Weisungen (Art. 84 V, s. Rn. 16). Die Rechtsaufsicht endet dort, wo das jeweilige Bundesgesetz den (Landes-)Behörden Spielräume bei seiner Ausführung belässt: Insb. das behördliche Ermessen (§ 40 VwVfG) darf die BReg – insoweit ähnlich wie ein Gericht (§ 114 VwGO) – nur auf Rechtsfehler kontrollieren. Eine Fachaufsicht, die sich – insb. bei der Ermessensausübung – auf die Zweckmäßigkeit des Gesetzesvollzugs erstreckt, steht dem Bund nicht zu.

13 Art. 84 III 2 nennt als Mittel der Aufsicht die Entsendung von Beauftragten der BReg zu den obersten Landesbehörden (Ministerien), mit deren Zustimmung oder der Zustimmung des BR auch zu den nachgeordneten Behörden. Als mildere, von Art. 84 III 2 nicht genannte, aber zulässige Aufsichtsmittel gelten die Auskunftseinholung, Akteneinsicht und Zeugenvernehmung (vgl. Art. 85 Rn. 9). Auch die Mängelrüge nach Art. 84 IV (Rn. 17) kann als ein Aufsichtsmittel verstanden werden.

2. Präventive Einwirkungsmöglichkeiten: allgemeine Verwaltungsvorschriften und Einzelweisungen

14 Präventive Einwirkungsbefugnisse auf die Landeseigenverwaltung gewährt Art. 84 der BReg in Form des Erlasses allgemeiner Verwaltungsvorschriften (Art. 84 II) und von Einzelweisungen (Art. 84 V).

a) Allgemeine Verwaltungsvorschriften

15 Allgemeine Verwaltungsvorschriften kann die BReg nach Art. 84 II für den Vollzug der Bundesgesetze erlassen; dies allerdings nur mit Zustimmung des BR (Art. 52 III 1). Dabei handelt es sich um von konkreten Einzelfällen losgelöste, also abstrakt-generelle Regelungen, die Organisation, Verfahren und materielle Fragen des Gesetzesvollzugs betreffen, etwa die Auslegung unbestimmter Rechtsbegriffe oder die Handhabung des Verwaltungsermessens im Sinne von § 40 VwVfG (vgl. BVerfGE 100, 249 [258]); das Adjektiv „allgemein“ erscheint insofern überflüssig. Aufgrund ihrer Allgemeinheit unterscheiden sich Verwaltungsvorschriften von den (Einzel-)Weisungen i. S. d. Art. 84 V 1 (Rn. 16). Im Gegensatz zu Gesetzen (Rechtsnormen) binden sie nur die Verwaltung, nicht aber die Bürger oder Gerichte (keine unmittelbare Außenwirkung).

b) Weisungen

16 Eine Weisung ist eine verwaltungsinterne Anordnung, also eine Art nichtmilitärischer „Befehl“. Einzelweisungen nach Art. 84 V 1 entscheiden die Frage, wie ein Bundesgesetz in einem konkreten Sachverhalt auszuführen ist. Sie sind nur zulässig, wenn ein Bundesgesetz, dem der Bundesrat zugestimmt hat, dazu ermächtigt und wenn sie sich auf besondere Fälle beschränken. Weisungsbefugt ist die BReg (auch der einzelne BMin, BVerwGE 42, 279 [283] – str.). Weisungsempfänger sind die obersten Landesbehörden (Ministerien), bei Dringlichkeit ausnahmsweise auch nachgeordnete Landesbehörden. Art. 84 V 1 berechtigt auch zur Normierung von Zustimmungs-, Einvernehmens- und Anhörungsbefugnissen zugunsten des Bundes (Erst-recht-Schluss aufgrund geringerer Eingriffsintensität, vgl. BVerwGE 42, 279 [284]). Weisungen dürfen lediglich als Mittel der Rechts-, nicht aber der Fachaufsicht eingesetzt werden (vgl. Rn. 12). Hierfür spricht der in Art. 83, 84 I 1 zum Ausdruck kommende Grundsatz der Vollzugshoheit der Länder und die hieraus resultierende Beschränkung der Bundesaufsicht auf die Rechtmäßigkeitskontrolle (Art. 84 III 1).

3. Repressive Einwirkung: Mängelrüge

17 Die Mängelrüge ist das Mittel der repressiven, also nach dem Auftreten etwaiger Rechtsverstöße einsetzenden Einwirkung bei der Ausführung der Bundesgesetze. Sie besteht darin, dass die BReg im Rahmen ihrer Aufsicht (Rn. 11 ff.) den rechtswidrigen Vollzug eines Bundesgesetzes gegenüber dem betreffenden Land feststellt. Hilft das Land dem nicht ab, kann die BReg nach Art. 84 IV 1 beim BR einen Beschluss darüber beantragen, ob das Land das Recht verletzt hat. Als Rechtsbehelf gegen den Beschluss des BR steht dem Bund und dem betroffenen Land der Bund-Länder-Streit vor dem BVerfG zur Verfügung (Art. 84 IV 2 i. V. m. § 13 Nr. 7, §§ 68 ff. BVerfGG, s. Art. 93 Rn. 47 ff.).

C. Prüfungshinweise

18 Art. 84 muss in der Prüfung vor allem mit Verständnis gelesen werden können, da sich viel Relevantes unmittelbar aus der Norm ergibt. Die Kenntnis von Einzelheiten ist nicht erforderlich, zumal die Norm – anders als Art. 85 – in der Praxis bislang keine bedeutende Rolle gespielt hat. Examenskandidaten sollten aus dem Verwaltungsrecht folgende Begriffe geläufig sein: Behördeneinrichtung, Verwaltungsverfahren, allgemeine Verwaltungsvorschrift, Weisung, vor allem aber der Unterschied zwischen Rechts- und Fachaufsicht.

D. Weiterführende Literatur/Leseempfehlungen

19 Ingold, A., Das Aufgabenübertragungsverbot aus Art. 84 Abs. 1 Satz 7 GG als Hindernis für die bauplanungsrechtliche Gesetzgebung des Bundes?, DÖV 2010, 134–139; Ipsen, J., Die Ausführung der Bundesgesetze durch die Länder, NdsVBl. 2014, 209–212; ders., Kompetenzverteilung zwischen Bund und Ländern nach der Föderalismusnovelle, NJW 2006, 2801–2806; Jutzi, S., Unbotmäßigkeiten aus der Provinz?, LKRZ 2014, 260–263; Maurer, H., Die Ausführung der Bundesgesetze durch die Länder, JuS 2010, 945–953.

Art. 85 [Auftragsverwaltung]

(1) [1]**Führen die Länder die Bundesgesetze im Auftrage des Bundes aus, so bleibt die Einrichtung der Behörden Angelegenheit der Länder, soweit nicht Bundesgesetze mit Zustimmung des Bundesrates etwas anderes bestimmen.** [2]**Durch Bundesgesetz dürfen Gemeinden und Gemeindeverbänden Aufgaben nicht übertragen werden.**

(2) [1]**Die Bundesregierung kann mit Zustimmung des Bundesrates allgemeine Verwaltungsvorschriften erlassen.** [2]**Sie kann die einheitliche Ausbildung der Beamten und Angestellten regeln.** [3]**Die Leiter der Mittelbehörden sind mit ihrem Einvernehmen zu bestellen.**

(3) [1]**Die Landesbehörden unterstehen den Weisungen der zuständigen obersten Bundesbehörden.** [2]**Die Weisungen sind, außer wenn die Bundesregierung es für dringlich erachtet, an die obersten Landesbehörden zu richten.** [3]**Der Vollzug der Weisung ist durch die obersten Landesbehörden sicherzustellen.**

(4) [1]**Die Bundesaufsicht erstreckt sich auf Gesetzmäßigkeit und Zweckmäßigkeit der Ausführung.** [2]**Die Bundesregierung kann zu diesem Zwecke Bericht und Vorlage der Akten verlangen und Beauftragte zu allen Behörden entsenden.**

Pflichtstoff (* * * *)

A. Überblick

1 Die in Art. 85 geregelte Bundesauftragsverwaltung ist keine Bundesverwaltung, sondern Landesverwaltung, allerdings im Auftrag des Bundes (BVerfGE 81, 310 [331]). Dieser Zusatz stellt klar, dass der BReg und dem fachlich zuständigen Bundesministerium hier beim Vollzug entsprechender Bundesgesetze deutlich stärkere Steuerungs- und Einwirkungsmöglichkeiten auf die Landesbehörden zur Verfügung stehen als bei der Landeseigenverwaltung (Art. 84). Art. 85 stellt eine Ausnahme im Sinne von Art. 83 Hs. 2 zum Grundsatz der Landeseigenverwaltung dar (Art. 83 Hs. 1, Art. 84). Die Bedeutung von Art. 85 erhellt sich also vor allem im Vergleich zur Landeseigenverwaltung (s. Rn. 17 f.).

2 Die Anwendungsfälle der Bundesauftragsverwaltung sind nicht überaus zahlreich, dafür aber in der Praxis umso wichtiger:
- die Verwaltung der – enorm aufkommensstarken – Bundes- und Gemeinschaftsteuern (insb. EStG, UStG, EnergieStG, Art. 108 III, näher Art. 108 Rn. 7),
- die Verwaltung der Bundesautobahnen und sonstigen Bundesfernstraßen (Art. 90 II),
- die Ausführung von Geldleistungsgesetzen, deren (Zweck-)Ausgaben der Bund mindestens zur Hälfte trägt (insb. BAföG, BEEG, OEG, WoGG, Art. 104a III 2, s. Art. 104a Rn. 16 ff.)

sowie, wenn dies im einschlägigen Bundesgesetz besonders bestimmt wird,

– der Vollzug des AtG (Art. 87c) und
– (von geringerer Bedeutung) Teile der Verteidigungsverwaltung (Art. 87b II), der Luftverkehrsverwaltung (Art. 87d) und der Lastenausgleichsverwaltung (Art. 120a I 1).

B. Erläuterungen

I. Beschränkte Organisationshoheit der Länder – legislative Einwirkungsbefugnisse des Bundes (Abs. 1)

Hinsichtlich der Einrichtung der Behörden (hierzu Art. 84 Rn. 3) zeigen sich bei der Bundesauftragsverwaltung keine stärkeren Einwirkungsbefugnisse als bei der Landeseigenverwaltung: In beiden Fällen bleibt dies Sache der Länder, es sei denn, das jeweilige Bundesgesetz bestimmt mit Zustimmung des BR etwas anderes (Art. 85 I 1). 3

Schon beim Verwaltungsverfahren verhält es sich allerdings anders: Da es in Art. 85 I 1 – anders als in Art. 84 I 1 (dort Rn. 3) – nicht erwähnt ist, dürfen Bundesgesetze zur Bundesauftragsverwaltung das Verwaltungsverfahren regeln, ohne dass es einer Zustimmung des BR bedarf (BVerfGE 126, 77 [100 ff.]). Diese legislative Einwirkungsbefugnis auf das Verwaltungsverfahren ist stärker als bei der Landeseigenverwaltung (vgl. Art. 84 Rn. 5 ff.). 4

Wie in Art. 84 I 7 bestimmt Art. 85 I 2, dass den Gemeinden und Gemeindeverbänden (Landkreisen) unmittelbar durch Bundesgesetz keine Aufgaben im Bereich der Bundesauftragsverwaltung übertragen werden dürfen (vgl. insoweit entsprechend Art. 84 Rn. 10). 5

II. (Exekutive) Einwirkungsbefugnisse des Bundes (Abs. 2–4)

1. Befugnisse der Bundesregierung bei der Verwaltungsorganisation

Art. 85 II räumt der BReg Kompetenzen bei der Organisation der Landesverwaltung im Bundesauftag ein: 6
– Satz 1 gestattet der BReg, allg. Verwaltungsvorschriften zu erlassen. Diese bedürfen aber der Zustimmung des BR (ähnl. wie bei Art. 84 II, vgl. näher dort Rn. 15).
– Satz 2 verleiht der BReg die Regelungsbefugnis für eine einheitliche Ausbildung der Beamten und Angestellten (nicht der Arbeiter). Dies kann durch Rechtsverordnung oder Verwaltungsvorschriften geschehen (für den Bereich der Finanzverwaltung lex specialis in Art. 108 II 2 F. 2). Ein Zustimmungsvorbehalt zugunsten des BR wird hier mit Rücksicht auf den Wortlaut von der h. M. abgelehnt (Dittmann, in: Sachs, Rn. 16 m. w. N.). 7
– Satz 3 begründet ein Einvernehmenserfordernis der BReg bei der Ernennung der Leiter der Mittelbehörden (lex specialis in Art. 108 II 3), soweit die Länder besondere Mittelbehörden errichten (etwa Landesämter für Straßenbau).

2. Bundesaufsicht als Fachaufsicht

Prägend für die Bundesauftragsverwaltung ist Art. 85 III und IV. Nach Art. 85 IV 1 erstreckt sich die Bundesaufsicht über den Gesetzesvollzug – im Unterschied zur Landeseigenverwaltung nach Art. 84 III – nicht nur auf die Gesetzmäßigkeit (Rechtsaufsicht), sondern auch auf die Zweckmäßigkeit (Fachaufsicht). Dies bedeutet, dass der Bund den Ländern auch dort Vorgaben machen kann, wo das jeweilige Gesetz Spielräume lässt, insb. im Rahmen des Verwaltungsermessens (vgl. näher Art. 84 Rn. 12). Das Mittel hierzu ist die Weisung (Rn. 10 ff.). 8

Um die Gesetz- und Zweckmäßigkeit zu kontrollieren und Weisungen vorzubereiten, stehen der BReg die Einwirkungsbefugnisse des Art. 85 III 2 zu (Bericht, Akten- 9 vorlage, Entsendung von Beauftragten zu allen zuständigen Landesbehörden – lex specialis in Art. 108 III 2).

3. Weisungsbefugnis des zuständigen Bundesministeriums

10 Das „scharfe Schwert" der Bundesauftragsverwaltung ist die Weisungsbefugnis zugunsten der zuständigen obersten Bundesbehörde (i. d. R. des zuständigen Bundesministeriums) gegenüber den zuständigen Landesbehörden gem. Art. 85 III. Eine Weisung ist für die Zivilverwaltung das, was der Befehl beim Militär ist: die verbindliche innerdienstliche Anordnung einer fachlich vorgesetzten Behörde gegenüber einer nachgeordneten Behörde, eine bestimmte Handlung vorzunehmen oder zu unterlassen. Durch die Weisung kann der Bund seiner Verwaltungsauffassung gegenüber dem jeweiligen Land effektiv zum Durchbruch verhelfen.

11 Dabei differenziert das BVerfG:

- Die Wahrnehmungskompetenz, d. h. die Handlungsmacht nach außen gegenüber Dritten (insb. gegenüber dem Bürger), liegt bei der Bundesauftragsverwaltung (wie bei der Landeseigenverwaltung und dem Vollzug von Landesgesetzen ohnehin) stets bei den Ländern. Daher besteht keine Befugnis des Bundes, das Bundesgesetz bei Verweigerung eines Landes gegenüber Dritten selbst auszuführen (kein Selbsteintrittsrecht, s. BVerfGE 81, 310 [332]; 104, 249 [267]).
- Die Sachkompetenz ist Entscheidungsmacht in der Sache. Sie haben die Länder – anders als die Wahrnehmungskompetenz – nur so lange inne, wie sie der Bund nicht an sich zieht und entsprechende Weisungen erteilt. Insoweit ist die verfassungsrechtliche Stellung der Länder sehr schwach.

12 Aus dieser Differenzierung folgen wichtige Erkenntnisse für verfassungsrechtliche Rechtsbehelfe der Länder (im Bund-Länder-Streit nach Art. 93 I Nr. 3, s. Art. 93 Rn. 47 ff.):

- Ein Eingriff des Bundes in die Wahrnehmungskompetenz eines Landes führt in aller Regel zu einer Verfassungsrechtsverletzung des Landes.
- Im Rahmen der Sachkompetenz kann ein Land hingegen nur unter engen Voraussetzungen in ihren verfassungsmäßigen Rechten verletzt sein, nämlich lediglich
  - wenn die Inanspruchnahme der Weisungsbefugnis als solche gegen das GG verstößt, etwa weil der Bund eine Weisung in einem Bereich außerhalb der Bundesauftragsverwaltung erteilt, also in der Landeseigenverwaltung (vgl. Art. 84 Rn. 1, 3, 16) oder der Ausführung eines Landesgesetzes durch das Land (vgl. Art. 83 Rn. 19 f.),
  - wenn die Weisung nicht klar genug erteilt wird (Gebot der Weisungsklarheit) oder
  - wenn die Weisung gegen die Pflicht zu bundesfreundlichem (im Sinne von länderfreundlichem) Verhalten verstößt (Art. 20 Rn. 235 ff.), d. h. insb. gegen die Pflicht zur Rücksichtnahme. So fordert das BVerfG etwa, dass dem betroffenen Land vor dem Erlass einer Weisung Gelegenheit zur Stellungnahme gegeben wird.

13 Vor dem Hintergrund dieser starken Einwirkungsbefugnisse des Bundes verwundert es nicht, dass auf dem Feld der Bundesauftragsverwaltung – und dort vor allem im Rahmen der Atomaufsicht – bereits mehrere Rechtsstreitigkeiten vor dem BVerfG geführt wurden (insb. BVerfGE 81, 310 ff.; 84, 25 ff.; 100, 249 ff.; 104, 249 ff.; i. Ü. BVerfGE 102, 167 ff.).

14 **Fall** (angelehnt an BVerfGE 81, 310 ff.): 1988 wies das Bundesumweltministerium B das zuständige Landesumweltministerium des Landes L an, in einem atomrechtlichen Verfahren die Genehmigung für das Kernkraftwerk K zu erteilen. L ist der Ansicht, diese Weisung sei rechtswidrig, weil sie gegen die Vorschriften des AtG verstoße, und sieht sich daher in seinen verfassungsmäßigen Rechten verletzt.

Lösung: L ist nur dann in seinen verfassungsmäßigen Rechten verletzt, wenn die Inanspruchnahme der Weisungsbefugnis als solche gegen das GG verstößt, weil das Gebot der Weisungsklarheit verletzt ist oder die Weisung gegen die Pflicht zu bundesfreundlichem Verhalten verstößt. L beruft sich auf keinen dieser drei Fälle, sondern nur darauf, dass die Weisung gegen die Vorschriften des AtG verstoße und daher rechtswidrig sei. Eine solche (einfache) Rechtswidrigkeit ist für die Verfassungsmäßigkeit einer Weisung im Rahmen der Bundesauftragsverwaltung indes unerheblich. Selbst wenn sie vorläge, die Weisung also i. d. S. rechtswidrig sein sollte, wäre L nicht in seinen verfassungsmäßigen Rechten aus Art. 85 verletzt. Daher ist die Weisung des B nicht verfassungswidrig. L muss ihr selbst dann nachkommen, wenn sie gegen das AtG verstößt. 15

Angesichts der erheblichen Gestaltungs- und Einwirkungsbefugnisse des Bundes bei der Bundesauftragsverwaltung ist es konsequent, dass der Bund die aus dem Vollzug des jeweiligen Gesetzes erwachsenden Zweckausgaben trägt (Art. 104a II – nicht aber die Verwaltungsausgaben i. S. v. Art. 104a V 1 Hs. 1, s. Art. 104a Rn. 12 ff.). 16

III. Vergleich mit der Landeseigenverwaltung

Zusammenfassend lassen sich die wichtigsten Gemeinsamkeiten und Unterschiede zwischen der Landeseigenverwaltung und der Bundesauftragsverwaltung wie folgt darstellen: 17

18

Landeseigenverwaltung, Art. 84	Bundesauftragsverwaltung, Art. 85
Regelfall des Vollzugs der Bundesgesetze, Art. 83 Hs. 1	Ausnahme: Katalogtatbestände (Art. 87c, 90 II, Art. 104a III 2, Art. 108 III u. a.)
Einrichtung der Behörden in der Organisationshoheit des jeweiligen Landes (Art. 84 I, Art. 85 I)	
Länder regeln Verwaltungsverfahren	Bund darf Verwaltungsverfahren regeln
Recht der BReg zum Erlass allgemeiner Verwaltungsvorschriften mit Zustimmung des BR (Art. 84 II, Art. 85 II 1)	
– reine Rechtsaufsicht der BReg (Art. 84 III); – bei Rechtsverstößen (Art. 84 IV): Mängelrüge, Beschluss des BR, ggf. Anrufung des BVerfG – Einzelweisungen nur in gesetzlich bestimmten Ausnahmefällen (Art. 84 V)	– Rechts- *und* Fachaufsicht der BReg (Art. 85 IV); – Weisungsrecht des zuständigen BMinisteriums (Art. 85 III); ⇒ Wahrnehmungskompetenz bei den Ländern, Sachkompetenz nur, solange der Bund davon keinen Gebrauch macht
Ausgabenlast grds. bei den Ländern (Art. 104a I 1, V 1 Hs. 1, Ausn.: Art. 104a III)	Tragung der Zweckausgaben durch den Bund (Art. 104a II), der Verwaltungsausgaben durch die Länder (Art. 104a V 1 Hs. 1)

C. Prüfungshinweise

Wegen seiner hohen Praxisrelevanz ist Art. 85 „prüfungsverdächtig". Beherrscht werden sollten vor allem die Funktion einer Weisung (Rn. 10 ff.) und die drei engen Voraussetzungen, unter denen ein „angewiesenes" Land in seinen verfassungsrechtlichen Rechten verletzt sein kann (Rn. 12). 19

D. Weiterführende Literatur/Leseempfehlungen

Ipsen, J., Die Ausführung der Bundesgesetze durch die Länder, NdsVBl. 2014, 209–212; Maurer, H., Die Ausführung der Bundesgesetze durch die Länder, JuS 2010, 945–953; Schulz, N., Semesterabschlussklausur – Öffentliches Recht: Staatsorganisationsrecht – Das Kreuz mit der Maut, JuS 2013, 910–913. 20

Art. 86 [Bundesverwaltung]

[1] Führt der Bund die Gesetze durch bundeseigene Verwaltung oder durch bundesunmittelbare Körperschaften oder Anstalten des öffentlichen Rechtes aus, so erläßt die Bundesregierung, soweit nicht das Gesetz Besonderes vorschreibt, die allgemeinen Verwaltungsvorschriften. [2] Sie regelt, soweit das Gesetz nichts anderes bestimmt, die Einrichtung der Behörden.

Pflichtstoff (*)

A. Überblick

1 Art. 86 regelt Ausschnitte der Organisationsgewalt des Bundes und seines Organs BReg. Die Organisationsgewalt ist im GG nicht allgemein geregelt; sie umfasst die Befugnis, Behörden und andere öffentliche Funktionsträger zu schaffen, zu verändern, abzuschaffen, sie in die staatl. Gesamtorganisation einzuordnen, ihre Aufgaben und ihren Sitz zu bestimmen, ihre innere Gliederung und ihren Geschäftsgang (Geschäftsordnung) festzulegen sowie ihre Ausstattung mit Personal und Sachmitteln zu regeln (Kirschenmann, JuS 1977, 565 [568]; Butzer, Verw 27 [1994], 157 [162ff.]). Als Mittel dafür kommen in Betracht das formelle Gesetz (Art. 76ff.), die Rechtsverordnung (Art. 80), die allgemeine Verwaltungsvorschrift, die Weisung und informelle Instrumente (Information u.a.). Hiervon regelt Art. 86 nur die allgemeinen Verwaltungsvorschriften und die Behördeneinrichtung (s. i.Ü. Rn. 8f.). Im Hinblick darauf hat die Vorschrift insb. zwei Funktionen:

– Sie grenzt die föderativen Kompetenzen des Bundes gegenüber denen der Länder ab (Verbandskompetenz); insoweit stellt sie eine „andere Regelung" i.S.v. Art. 30 Hs. 2 dar;
– sie bestimmt, welches Organ innerhalb des Bundes für den Erlass allgemeiner Verwaltungsvorschriften und für die Einrichtung der Bundesbehörden zuständig ist (Organkompetenz).

B. Erläuterungen

I. Führt der Bund die Gesetze ... aus

2 Nach seinem Wortlaut bezieht sich Art. 86 S. 1 nur auf die Ausführung der Gesetze, d.h. die gesetzesakzessorische Bundesverwaltung. Nach allg. Meinung wird der Anwendungsbereich der Vorschrift indes auch auf die Tätigkeit der Bundesverwaltung erstreckt, die nicht unmittelbar auf den Gesetzesvollzug konzentriert ist (nichtgesetzesakzessorische oder „gesetzesfreie" Bundesverwaltung (BVerfGE 12, 205 [246f.]; vgl. Art. 83 Rn. 5ff.).

3 Art. 86 S. 1 spricht von Gesetzen. Dies können nur Bundesgesetze sein, weil Art. 30 Hs. 1, Art. 83 GG einen Vollzug von Landesgesetzen durch den Bund nicht zulässt (vgl. Art. 83 Rn. 19).

4 Welche Bundesgesetze vom Bund ausgeführt werden, beantwortet nicht Art. 86. Festgelegt ist dies in den Art. 87ff., die als Ausnahmen zu Art. 30 Hs. 1, Art. 83 fungieren („andere Regelungen" i.S.v. Art. 30 Hs. 2). Vor diesem Hintergrund wird nur ein geringer Teil von Bundesgesetzen vom Bund selbst vollzogen.

II. ... durch bundeseigene Verwaltung oder durch bundesunmittelbare Körperschaften oder Anstalten des öffentlichen Rechts

Art. 86 S. 1 benennt die beiden grundlegenden Typen der Verwaltungsorganisation (die auf Landesebene entsprechend existieren): **5**

- die Verwaltung durch bundeseigene Behörden gem. Art. 86 S. 1 F. 1, d.h. die unmittelbare Bundesverwaltung = Bundeseigenverwaltung;
- die Verwaltung durch j.P.ö.R. (Körperschaften oder Anstalten gem. Art. 86 S. 1 F. 2 – nicht genannt werden die öffentlich-rechtlichen Stiftungen des Bundes als dritte Form, die jedoch auch unter Art. 86 fallen). Diese juristischen Personen bezeichnet Art. 86 S. 1 als „bundes*unmittelbar*", weil sie nicht der Aufsicht eines Landes unterstehen. Gleichwohl handelt es sich hier um *mittelbare* Bundesverwaltung, da vom Bund rechtlich selbständige juristische Personen agieren.

Welche Art der Bundesverwaltung zulässig ist, ergibt sich aus den Art. 87ff.

6 Nicht ausgeschlossen wird durch Art. 86 die Privatisierung, d.h. die Erfüllung von Aufgaben durch den Bund in privater Form (durch bundeseigene GmbHs oder AGs = formelle Privilegierung), in Zusammenarbeit mit Privaten (etwa in Form einer Öffentlich Privaten Partnerschaft [ÖPP] = funktionelle Privatisierung) oder die Beendigung staatl. Erfüllung einer Aufgabe und deren Übertragung auf Private (materielle Privatisierung), s. Art. 87 Rn. 5, ausführlich Ibler, in: MD, Rn. 80ff.

III. ... so erlässt/regelt die Bundesregierung

1. Organkompetenz: Kollegialorgan (Kabinettsprinzip)

7 Art. 86 erklärt die BReg für zuständig für den Erlass allgemeiner Verwaltungsvorschriften (S. 1) und für die Einrichtung der Behörden (Satz 2). Gemeint ist damit das Kollegium gem. Art. 62 (Kollegialorgan) und prinzipiell nicht der jeweilige Ressortminister: Insoweit verdrängt das Kabinettsprinzip des Art. 86 (s. Art. 65 Rn. 8ff.) das Ressortprinzip des Art. 65 S. 2 (Art. 65 Rn. 4ff.) – str., s. Ibler, in: MD, Rn. 130ff.

2. ... die allgemeinen Verwaltungsvorschriften (Satz 1)

8 Zur Definition der allg. Verwaltungsvorschriften s. Art. 84 Rn. 15. Zu deren Erlass für die Bundesverwaltung bedarf es keiner Zustimmung des BR (anders Art. 84 II, Art. 85 II 1). Spezialvorschrift in Steuersachen ist Art. 108 VII.

3. ... die Einrichtung der Behörden (Satz 2)

9 Mit Rücksicht auf Art. 86 S. 1 können in Satz 2 nur Behörden der unmittelbaren oder mittelbaren Bundesverwaltung gemeint sein (Rn. 2, 5). Der Begriff Einrichtung hat hier grds. dieselbe weite Bedeutung wie bei Art. 84 I 1 und Art. 85 I 1 (s. Art. 84 Rn. 3 – Burgi, in: MKS, Rn. 75, Ibler, in: MD, Rn. 160).

IV. ... soweit nicht das Gesetz Besonderes vorschreibt/das Gesetz nicht anderes bestimmt

10 Sowohl bzgl. allg. Verwaltungsvorschriften als auch bzgl. der Behördeneinrichtung kann durch (Bundes-)Gesetz etwas anderes geregelt werden: Der Bundesgesetzgeber hat die Befugnis, den Regelungsinhalt von Verwaltungsvorschriften in Gesetzesform zu gießen, die Bundesbehörden durch Gesetz einzurichten oder Ermächtigungen zum Erlass entsprechender Rechtsverordnungen zu erteilen (Art. 80 I). Ob dies grenzenlos zulässig ist, wird diskutiert (Ibler, in: MD, Rn. 143ff. m.w.N.).

11 Bestimmte Regelungen muss der Gesetzgeber mit Rücksicht auf den Vorbehalt des Gesetzes (Art. 20 Rn. 133ff.) ohnehin selbst regeln, insb. das Verwaltungsverfahren mit Außenwirkung (Art. 84 Rn. 3), die Schaffung neuer Verwaltungsträger (neuer j. P. ö. R., Rn. 5) oder die Bestimmung der sachlichen Zuständigkeit von Behörden (vgl. BVerfGE 40, 237 [250f.]).

V. Weisungsbefugnis/Ressortprinzip – ministerialfreie Räume

12 Nicht geregelt ist in Art. 86 die Befugnis des jeweiligen BMin, an die Behörden und Bediensteten seines Geschäftsbereichs (Ressorts) fachliche Weisungen zu erlassen (zum Begriff Art. 84 Rn. 16). Diese Befugnis ergibt sich als Pendant zur demokratisch-parlamentarischen Verantwortung aus der Ressortkompetenz des Fachministers gem. Art. 65 S. 2 (Art. 65 Rn. 4f.). Daraus ergibt sich auch i. Ü., d. h. soweit Art. 86 nicht die Zuständigkeit der BReg begründet, die Organisationsgewalt (Rn. 1) des jeweiligen BMin für seinen Geschäftsbereich.

13 Ebenso wenig regelt Art. 86 die sog. ministerialfreien Räume, innerhalb deren die Behörden und Bediensteten keinen Weisungen unterliegen. Die Begründung von ministerialfreien Räumen in der Verwaltung ist auf gesetzlicher oder gewohnheitsrechtlicher Grundlage oder aus zwingenden Sachgründen zulässig, etwa wenn besondere Sachkunde erforderlich ist und die Verwaltungsentscheidung aufgrund der besonderen Umstände (etwa in einer mündlichen Prüfung) nicht kontrolliert werden kann. Keine ministerialfreien Räume dürfen in Sachbereichen bestehen, die von herausgehobener politischer Bedeutung sind, so dass sie notwendigerweise der Regierungsverantwortung und damit deren Weisungsbefugnis unterfallen müssen. Ministerialfreie Räume werden bspw. zugestanden den staatl. Prüfungsämtern, der Bundesprüfstelle für jugendgefährdende Medien (BPjM; §§ 17–25 JuSchG), der Bundesbank (Art. 88 Rn. 6), dem Bundeskartellamt (§§ 51–53 GWB) oder dem Bundesbeauftragten für Datenschutz und Informationssicherheit (§§ 22–26 BDSG).

C. Prüfungshinweise

14 Die zunächst „harmlos" erscheinende Vorschrift des Art. 86 hat es aufgrund der zahlreichen verfassungs- und verwaltungsrechtlichen Hintergründe „in sich". Isoliert betrachtet dürfte sie in der Prüfung jedoch keine herausragende Rolle spielen. Die Bedeutung von Art. 86 entfaltet sich im Zusammenhang mit Art. 65 und 87ff. Beherrscht werden sollten aber die Begriffe der Organisationsgewalt, der Verbands- und Organkompetenz, der unmittelbaren und mittelbaren Verwaltung, der Verwaltungsvorschrift, der Weisung, der Privatisierung und der ministerialfreien Räume.

15 Zu beachten ist, dass die Organisation der BReg nicht unter Art. 86 fällt. Einschlägig sind hier die Art. 63–65. Auch die Einrichtung der Bundesministerien als obersten Bundesbehörden bestimmt sich nicht nach Art. 86, sondern nach Art. 65 (hier Art. 65 Rn. 2ff.).

D. Weiterführende Literatur/Leseempfehlungen

16 Hebeler, T., Die Ausführung der Bundesgesetze (Art. 83ff. GG), Jura 2002, 164–172.

Art. 87 [Gegenstände der Bundesverwaltung]

(1) [1]**In bundeseigener Verwaltung mit eigenem Verwaltungsunterbau werden geführt der Auswärtige Dienst, die Bundesfinanzverwaltung und nach Maßgabe des Artikels 89 die Verwaltung der Bundeswasserstraßen und der Schiffahrt.** [2]**Durch Bundesgesetz können Bundesgrenzschutzbehörden, Zentralstellen für das polizeiliche Auskunfts- und Nachrichtenwesen, für die Kriminalpolizei und**

zur Sammlung von Unterlagen für Zwecke des Verfassungsschutzes und des Schutzes gegen Bestrebungen im Bundesgebiet, die durch Anwendung von Gewalt oder darauf gerichtete Vorbereitungshandlungen auswärtige Belange der Bundesrepublik Deutschland gefährden, eingerichtet werden.

(2) [1]**Als bundesunmittelbare Körperschaften des öffentlichen Rechtes werden diejenigen sozialen Versicherungsträger geführt, deren Zuständigkeitsbereich sich über das Gebiet eines Landes hinaus erstreckt.** [2]**Soziale Versicherungsträger, deren Zuständigkeitsbereich sich über das Gebiet eines Landes, aber nicht über mehr als drei Länder hinaus erstreckt, werden abweichend von Satz 1 als landesunmittelbare Körperschaften des öffentlichen Rechtes geführt, wenn das aufsichtsführende Land durch die beteiligten Länder bestimmt ist.**

(3) [1]**Außerdem können für Angelegenheiten, für die dem Bunde die Gesetzgebung zusteht, selbständige Bundesoberbehörden und neue bundesunmittelbare Körperschaften und Anstalten des öffentlichen Rechtes durch Bundesgesetz errichtet werden.** [2]**Erwachsen dem Bunde auf Gebieten, für die ihm die Gesetzgebung zusteht, neue Aufgaben, so können bei dringendem Bedarf bundeseigene Mittel- und Unterbehörden mit Zustimmung des Bundesrates und der Mehrheit der Mitglieder des Bundestages errichtet werden.**

Pflichtstoff (**)

A. Überblick

Art. 87 hat drei Funktionen: 1
- Für bestimmte Sachbereiche begründet er die Verwaltungskompetenz des Bundes und grenzt sie damit zur Verbandskompetenz der Länder ab (Art. 30).
- Dabei enthält Art. 87 z. T. Vorgaben für die konkrete Verwaltungsform (Rn. 13).
- Darüber hinaus finden sich in Art. 87 I 2 und III ausschließliche Gesetzgebungskompetenzen des Bundes für die organisatorische Gestaltung der Bundesverwaltung.

Art. 87 ist nicht abschließend; weitere Rechtsgrundlagen für die Bundesverwaltung 2
finden sich in Art. 87a–89, 108 I, Art. 120a I 1 und Art. 130. Für die gesamte Bundesverwaltung gelten u.a. die Rechtsfolgen des Art. 86. Zu den sog. ungeschriebenen Verwaltungskompetenzen des Bundes s. Art. 83 Rn. 25.

Systematisch lässt sich bei der Bundesverwaltung dreifach differenzieren: 3
a) zwischen obligatorischer und fakultativer Bundesverwaltung, d.h. zwischen der Verwaltung, die der Bund errichten muss (z.B. gem. Art. 87 I 1, II 1), und der Verwaltung, zu deren Errichtung der Bund nicht gezwungen, sondern nur berechtigt ist (etwa nach Art. 87 I 2, III);
b) zwischen unmittelbarer Bundesverwaltung durch eigene Bundesbehörden (Bundeseigenverwaltung) und mittelbarer Bundesverwaltung durch rechtlich selbständige Körperschaften, Anstalten oder Stiftungen des öffentlichen Rechts (näher Art. 86 Rn. 5);
c) zwischen Bundesverwaltung mit und ohne Verwaltungsunterbau (gemeint ist hier die Frage, ob unter den Bundesministerien oder Bundesoberbehörden noch Mittelbehörden und örtliche Behörden bestehen).

B. Erläuterungen

I. Obligatorische unmittelbare Bundesverwaltung mit eigenem Verwaltungsunterbau (Abs. 1 S. 1)

In Art. 87 I 1 weist das GG dem Bund den Auswärtigen Dienst, die Bundesfinanz- 4
verwaltung (Art. 108 I) sowie die Bundeswasserstraßen- und Schifffahrtsverwaltung

(Art. 89) zu. Diese Aufgaben muss der Bund verpflichtend in Bundeseigenverwaltung wahrnehmen, und zwar mit eigenem Verwaltungsunterbau (Mittel- und örtliche Behörden). Daneben bleibt ihm die Errichtung von Zentralstellen oder Bundesoberbehörden (Art. 87 III 1) unbenommen.

5 Eine Privatisierung (vgl. Art. 86 Rn. 6) ist in diesen Bereichen nur in den Grenzen der Staatszielbestimmungen (Art. 20 I), der Grundrechte und des Art. 33 IV verfassungsmäßig. Konkret heißt das,
- dass der Kernbereich der Verwaltungsaufgabe bei Bundesbehörden verbleiben muss,
- dass nur abgrenzbare Teilbereiche von Aufgaben an Private übertragen werden dürfen und
- dass dabei die Anbindung an den Staat (Bund) sichergestellt bleiben muss. Insb. darf sich der Bund nicht auf eine bloße Rechtsaufsicht beschränken (zum Begriff s. Art. 84 Rn. 12f.).

II. Fakultative unmittelbare Bundesverwaltung, zum Teil mit eigenem Verwaltungsunterbau (Abs. 1 S. 2)

6 Art. 87 I 2 bezieht sich etwas „verklausuliert" auf die Bundespolizei (BPol, bis 2005 Bundesgrenzschutz – BGS –, im GG-Text nicht geändert), das Bundeskriminal(polizei)amt (BKA) und das Bundesamt für Verfassungsschutz (BfV). Der Unterschied zu Art. 87 I 1 besteht darin, dass der Bund bei diesen Angelegenheiten nicht zu einer Errichtung verpflichtet ist. Auch haben die Zentralstellen (BKA und BfV, nicht aber die BPol) keinen Verwaltungsunterbau (zum schillernden Begriff der Zentralstelle s. Sachs, in: Sachs, Rn. 40ff. m.w.N.). Der Privatisierung sind in diesem Bereich Grenzen gesetzt (s. Rn. 5).

III. Mittelbare Bundesverwaltung (Abs. 2 S. 1)

7 Art. 87 II 1 verpflichtet den Bund, die überregionalen Sozialversicherungsträger in mittelbarer Bundesverwaltung zu führen, und zwar durch rechtlich selbständige Körperschaften des öffentlichen Rechts. Nach h.M. fallen darunter über den Wortlaut hinaus auch Anstalten und Stiftungen (str., a.A. Pieroth, in: JP, Rn. 10). Diese „Trabanten" erlangen mit ihrer Gründung durch Gesetz selbst Rechtsfähigkeit und werden damit Träger von eigenständigen Rechten und Pflichten. Zur Privatisierung s. Rn. 5.

8 Die Verwendung des verwirrenden Adjektivs „bundesunmittelbar" bedeutet, dass diese juristischen Personen der Aufsicht des Bundes (und nicht der Länder) unterstehen; sie sind und bleiben indes Teile der mittelbaren Bundesverwaltung (Art. 86 Rn. 5). Derzeit bestehen über 100 solcher bundesunmittelbaren Versicherungsträger, allen voran die Deutsche Rentenversicherung Bund, die Bundesagentur für Arbeit (BA), alle Ersatzkassen der gesetzlichen Krankenversicherung, alle gewerblichen Berufsgenossenschaften, die Unfallkasse des Bundes u.a.m.

9 Im Gegensatz dazu werden nach Art. 87 II 2 die auf bis zu drei Länder begrenzten Sozialversicherungsträger als landesunmittelbare j.P.ö.R. geführt (andere landesunmittelbare juristische Personen, die freilich nicht unter Art. 87 II 2, sondern unter Art. 30 Hs. 1 fallen, sind etwa die Landesuniversitäten, sowie die Städte, Gemeinden und Landkreise, vgl. Art. 83 Rn. 17).

IV. Fakultative Bundesverwaltung im Übrigen, insb. Bundesoberbehörden (Abs. 3)

10 Eine Quelle neuer Institutionen der Bundesverwaltung ist Art. 87 III 1. Danach können für Angelegenheiten, für die dem Bund die Gesetzgebung zusteht (s. insb. Art. 71–74), durch Bundesgesetz errichtet werden

– selbständige Bundesoberbehörden, d. h. Behörden der unmittelbaren Bundesverwaltung, die dem zuständigen Ministerium direkt unterstehen und keinen Verwaltungsunterbau aufweisen, und
– neue bundesunmittelbare Körperschaften und Anstalten (sowie über den Wortlaut hinaus auch Stiftungen) des öffentlichen Rechts.

Von dieser Ermächtigung hat der Bund reichlich Gebrauch gemacht, da insb. eine Zustimmung des BR zum entsprechenden Errichtungsgesetz nicht erforderlich ist. Derzeit bestehen über 60 Bundesoberbehörden, etwa das Bundesamt für Wirtschaft und Ausfuhrkontrolle (BAFA), das Bundesverwaltungsamt (BVA), das Kraftfahrt-Bundesamt (KBA) oder das Bundesamt für Güterverkehr (BAG). Bsp. für eine bundesunmittelbare Anstalt des öffentlichen Rechts ist die Bundesanstalt für Finanzdienstleistungsaufsicht (BaFin). **11**

Überdies erlaubt Art. 87 III 2 bei neu entstehenden Aufgaben, dringendem Bedarf sowie der Zustimmung des BR (Art. 52 III 1) und der Mehrheit der MdB (Art. 121) auch die Errichtung eines entsprechenden Verwaltungsunterbaus. **12**

Übersicht: wichtige Zweige der unmittelbaren und mittelbaren Bundesverwaltung

13

Norm des GG	Verwaltungszweig
Art. 87 I 1	– Auswärtiger Dienst, – Bundesfinanzverwaltung (insb. Zollverwaltung und Bundeszentralamt für Steuern, s. Art. 108 I), – Wasser- und Schifffahrtsverwaltung (s. Art. 89)
Art. 87 I 2	– Bundespolizei (ehem. Bundesgrenzschutz), – Bundeskriminalamt, – Bundesamt für Verfassungsschutz
Art. 87 II	Deutsche Rentenversicherung Bund, Bundesagentur für Arbeit u. v. a. Sozialversicherungsträger
Art. 87 III	– Bundesverwaltungsamt u. v. a. Bundesoberbehörden – Bundesanstalt für Finanzdienstleistungsaufsicht u. a. bundesunmittelbare j. P. ö. R.
Art. 87b	Bundeswehr- und sonstige Verteidigungsverwaltung *(Die Bundeswehr selbst zählt gem. Art. 87a nicht zur Bundesverwaltung, sondern bildet den Sonderbereich der Streitkräfte.)*
Art. 87d I	Bundesluftverkehrsverwaltung (Deutsche Flugsicherung GmbH = als Eigengesellschaft privatisiert)
Art. 87e I 1	Bundeseisenbahnverkehrsverwaltung (Eisenbahn-Bundesamt)
Art. 87f II 2	Bundesverwaltung im Bereich des Postwesens und der Telekommunikation (Bundesnetzagentur)
Art. 88	Bundesbank
Art. 89	Bundeswasserstraßen- und Schifffahrtsverwaltung
Art. 108 I	Bundesfinanzverwaltung (insb. Zoll)

C. Prüfungshinweise

Bei Kenntnis seiner groben Systematik dürfte Art. 87 in der Prüfung, falls er dort – vermutlich nur als Nebenfrage – aufgegriffen wird, keine größeren Probleme bereiten. Wichtig ist auch hier die Beherrschung der wesentlichen Hintergründe (s. Art. 86 Rn. 14). Schwieriger sind Klausuren, die das Thema der Privatisierung zum Gegenstand haben (Rn. 5). **14**

D. Weiterführende Literatur/Leseempfehlungen

15 Hebeler, T., Die Ausführung der Bundesgesetze (Art. 83ff. GG), Jura 2002, 164–172.

Art. 87a [Streitkräfte]

(1) [1]Der Bund stellt Streitkräfte zur Verteidigung auf. [2]Ihre zahlenmäßige Stärke und die Grundzüge ihrer Organisation müssen sich aus dem Haushaltsplan ergeben.

(2) Außer zur Verteidigung dürfen die Streitkräfte nur eingesetzt werden, soweit dieses Grundgesetz es ausdrücklich zuläßt.

(3) [1]Die Streitkräfte haben im Verteidigungsfalle und im Spannungsfalle die Befugnis, zivile Objekte zu schützen und Aufgaben der Verkehrsregelung wahrzunehmen, soweit dies zur Erfüllung ihres Verteidigungsauftrages erforderlich ist. [2]Außerdem kann den Streitkräften im Verteidigungsfalle und im Spannungsfalle der Schutz ziviler Objekte auch zur Unterstützung polizeilicher Maßnahmen übertragen werden; die Streitkräfte wirken dabei mit den zuständigen Behörden zusammen.

(4) [1]Zur Abwehr einer drohenden Gefahr für den Bestand oder die freiheitliche demokratische Grundordnung des Bundes oder eines Landes kann die Bundesregierung, wenn die Voraussetzungen des Artikels 91 Abs. 2 vorliegen und die Polizeikräfte sowie der Bundesgrenzschutz nicht ausreichen, Streitkräfte zur Unterstützung der Polizei und des Bundesgrenzschutzes beim Schutze von zivilen Objekten und bei der Bekämpfung organisierter und militärisch bewaffneter Aufständischer einsetzen. [2]Der Einsatz von Streitkräften ist einzustellen, wenn der Bundestag oder der Bundesrat es verlangen.

Pflichtstoff (**)

Übersicht

A. Überblick

I. Normstruktur

1 Während Art. 87a I 1 für die Aufstellung von Streitkräften zur Verteidigung eine ausschließliche Bundeskompetenz enthält, bezweckt Art. 87a I 2 durch die Festlegung

haushaltsrechtlicher Maßgaben die Kontrolle der Streitkräfte durch das Parlament (BVerwGE 15, 63 [65]). Art. 87a II enthält einen Verfassungsvorbehalt für den Einsatz der Streitkräfte außer zu Verteidigungszwecken. Art. 87a III und IV statuieren Regeln für den Einsatz der Streitkräfte im Verteidigungs- und im Spannungsfall sowie im Fall des inneren Notstandes. Durch die Zusammenfassung verschiedener Regelungsbereiche ist Art. 87a eine grundlegende Verfassungsnorm für den militärischen Bereich (Kokott, in: Sachs, Art. 87a Rn. 2 m. w. N.).

II. Prüfungsrelevanz

Trotz dieser Qualifizierung als „Zentralnorm" für den militärischen Bereich (Depenheuer, in: MD, Art. 87a Rn. 8, 59) kommt Art. 87a in der juristischen Ausbildung eher geringe Bedeutung zu. Relevant wird er für rechtliche Fragen beim Einsatz der Streitkräfte. In diesem Zusammenhang können Kompetenzfragen zu prüfen und Kenntnisse zum Parlamentsvorbehalt notwendig sein. 2

III. Europa

Zwar werden die Einsatzmöglichkeiten der Streitkräfte durch den Beitritt zu internationalen Organisationen und Bündnissen sowie durch die Mitgliedschaft in der EU und WEU nicht über Art. 87a hinaus erweitert. Über Art. 24 II wirkt jedoch zwischenstaatliches Recht in nationales Recht ein und konkretisiert Tatbestände, die den Einsatz der Streitkräfte erlauben. Die Friedenspräsenzstärke der Bundeswehr, die nach Art. 87a I 2 im Haushaltsplan festgelegt wird, wird völkerrechtlich durch den Zwei-Plus-Vier-Vertrag vom 12.9.1990 auf max. 370000 Mann begrenzt (Heun, in: Dreier, Art. 87a Rn. 5 m. w. N.). 3

B. Erläuterungen

I. Bundeskompetenz und Wehretat (Abs. 1)

1. Bundeskompetenz für die Aufstellung von Streitkräften (Satz 1)

Art. 87a I 1 enthält für die Aufstellung der Streitkräfte eine ausschließliche Bundeskompetenz, wobei es verfassungsrechtlich unerheblich ist, ob es sich dabei um eine Exekutivkompetenz (so Heun, in: Dreier, Art. 87a Rn. 8) oder eine Verwaltungskompetenz (BVerwG, DVBl. 1997, 954) handelt (vgl. Pieroth, in: JP, Art. 87a Rn. 1). 4

„Streitkräfte" i. S. d. Art. 87a I 1 sind alle militärischen Verbände, also solche, die nach dem Prinzip von Befehl und Gehorsam organisiert sind, besonders wirksame Waffen besitzen und der Befehls- und Kommandogewalt nach Art. 65a unterstehen (Baldus, in: MKS, Art. 87a Rn. 16). Landes- und Bundespolizei, Bundeswehrverwaltung i. S. d. Art. 87b, die Wehrstrafgerichte nach Art. 96 II und IV, sowie die Militärseelsorge nach Art. 141 WRV i. V. m. Art. 140 (Stern, StR II, S. 862) fallen hingegen nicht unter Art. 87a I 1 (Pieroth, in: JP, Art. 87a Rn. 4). 5

Art. 12a, 73 I Nr. 1, 87a und 115b treffen eine verfassungsrechtliche Grundentscheidung für eine wirksame militärische Landesverteidigung, so dass Einrichtung und Funktionsfähigkeit der Bundeswehr verfassungsrechtlicher Rang zukommen (BVerfGE 48, 127 [159f.]; 69, 1 [58f.]) und gegenüber einfachgesetzlicher Abschaffung Bestandsschutz genießen. Abrüstungsmaßnahmen und Rüstungsbeschränkungen steht der Art. 87a I 1 allerdings nicht entgegen (Baldus, in: MKS, Art. 87a Rn. 6). Welche Maßnahmen und Regelungen erforderlich sind, um eine funktionstüchtige Verteidigung zu gewährleisten, ist nach politischen Erwägungen zu entscheiden (BVerfGE 48, 127 [160]; 105, 61 [72f.]; BVerwGE 97, 203 [209]). Mithin steht es dem Gesetzgeber frei, ob er seinem Verfassungsauftrag aus Art. 87a I 1 durch Bildung einer Wehrpflich- 6 tigen- oder einer Freiwilligenarmee nachkommt (BVerfGE 48, 127 [160f.]). Die Entscheidung für die Wehrpflichtigenarmee ist nach dem BVerfG verfassungsrechtlich durch Art. 12a und 73 I Nr. 1 verankert und demnach nicht am Maßstab der Verhältnismäßigkeit zu überprüfen (BVerfGE 38, 154 [167]; 105, 61 [71]; BVerwGE 110, 40 [56]).

7 Art. 87a I 1 enthält keine Ermächtigung zur Beschränkung von Grundrechten, weder von vorbehaltlos gewährten (Baldus, in: MKS, Art. 87a Rn. 11; a.A. aber BVerfGE 69, 1 [21], wonach Art. 4 III wegen Art. 87a I 1 einschränkbar ist), noch von Grundrechten über deren qualifizierten Gesetzesvorbehalt hinaus (zum Eingriff in Art. 11 durch Versetzung eines Soldaten s. Schmidt-Bremme, NVwZ 1996, 455 [456]; a.A. BVerwG, NVwZ 1996, 474). Auch begründet er kein Leistungsrecht (zur unentgeltlichen Hilfeleistung durch Kriegsschiffe vgl. BGHZ 69, 197 [203]).

2. Wehretat (Satz 2)

8 Art. 87a I 2 dient der parlamentarischen Kontrolle der Streitkräfte (BVerwGE 15, 63 [65]). Nach allgemeiner Meinung darf die im Haushaltsplan festgelegte zahlenmäßige Stärke wegen des eindeutigen Wortlauts („müssen sich [...] ergeben") nicht überschritten werden. Keine Einigkeit hingegen besteht über die Befugnis zur zahlenmäßigen Unterschreitung (dafür Pieroth, in: JP, Art. 87a Rn. 5 m.w.N.; dagegen Stern, StR II, S. 865; Kokott, in: Sachs, Art. 87a Rn. 7). Unter der „zahlenmäßigen Stärke" ist allein die Friedenspräsenzstärke zu verstehen, so dass die Einberufung von Reservisten im Verteidigungsfall auch ohne eine bestehende Haushaltsermächtigung möglich ist, die jedoch nachgeholt werden muss (Heun, in: Dreier, Art. 87a Rn. 13).

9 Die Festlegung der Grundzüge der Organisation im Haushaltsplan verstärkt die Grundsatzverantwortlichkeit des Parlaments für die Streitkräfte, indem ihm neben Kontroll- auch Steuerungsaufgaben zukommen, mithin eine „Regierungsaufgabe des Parlaments" begründet wird (BVerfGE 90, 286 [385]; Pieroth, in: JP, Art. 87a Rn. 5 m.w.N.). Einsatzarten und Aufstellungszweck müssen durch entsprechende Auffächerung und Gliederung im Haushaltsplan erkennbar werden, was sich schon aus dem allgemeinen Haushaltsrecht, insb. den Grundsätzen der Haushaltsklarheit und Haushaltswahrheit, ergibt (Kokott, in: Sachs, Art. 87a Rn. 7).

II. Verfassungsvorbehalt (Abs. 2)

10 Nach Art. 87a II ist ein Einsatz der Streitkräfte allein zur Verteidigung oder in den vom Grundgesetz ausdrücklich vorgesehenen Fällen zulässig. Die begrenzende Funktion dieses Verfassungsvorbehalts ist durch strikte Texttreue bei der Auslegung der Bestimmungen des GG über den Einsatz der Streitkräfte im Inneren zu wahren. „Die Verfassung begrenzt einen Streitkräfteeinsatz im Inneren in bewusster Entscheidung auf äußerste Ausnahmefälle" (BVerfGE 132, 1 [9 Rn. 25f.]). Daher dürfen die Einsatzzuständigkeiten der Streitkräfte weder im einfachen Gesetzgebungsverfahren nach Art. 77 oder kraft Kommandogewalt gem. Art. 65a, 115b erweitert (Hernekamp, in: MK, Art. 87a Rn. 12), noch ungeschriebene Zuständigkeiten aus der Natur der Sache abgeleitet werden (vgl. Schmahl, in: Sodan, Art. 87a Rn. 6).

10a Aus der beschränkenden Funktion des Verfassungsvorbehalts in Art. 87a II folgt auch die Unzulässigkeit der Einrichtung einer zusätzlichen militärischen Bundeseinrichtung, etwa der paramilitärischen Ausgestaltung der Bundespolizei bei ihrer Ausrüstung und Struktur (Kokott, in: Sachs, Art. 87a Rn. 3). Mit der Funktion von Art. 87a II unvereinbar und als Umgehung der Vorschrift unzulässig sind darüber hinaus Abordnungen von Soldaten an die Bundespolizei oder Länderpolizeien zu Gefahrenabwehrmaßnahmen (Kokott, in: Sachs, Art. 87a Rn. 4).

11 Unter „Einsatz" ist nicht jede Verwendung, sondern allein die „Verwendung als Mittel der vollziehenden Gewalt" zu verstehen (BVerwGE 127, 1 [13]). Nicht erfasst sind daher rein repräsentative oder karitative Verwendungen (BVerwGE 127, 1 [13f.]; Pieroth, in: JP, Art 87a Rn. 8). Das Vorliegen eines „Einsatzes", welcher den Verfassungsvorbehalt des Art. 87a II auslöst, wird vom BVerwG einschränkend nach dem Kriterium ermittelt, ob durch den militärischen Apparat der Bundeswehr hoheitlicher Zwang eingesetzt oder angedroht wird (BVerwGE 127, 1 [13]; 132, 110 [119]). Das BVerfG hat in Anlehnung an den Wortlaut des § 2 Parlamentsbeteiligungsgesetz (ParlBG) das Vorliegen eines Einsatzes i. S. d. Art. 87a II ausgedehnt auf alle Fälle, in denen deutsche Soldaten in bewaffnete Unternehmungen einbezogen sind (BVerfGE 121, 135 [163ff.]). Ein Einsatz liegt bei einer derartigen Verwendung unabhängig davon vor, ob diese im In- oder Ausland stattfindet (Heun, in: Dreier, Art. 87a Rn. 16; Pieroth, in: JP, Art. 87a Rn. 7).

Nach der zuletzt ergangenen Entscheidung des Plenums des BVerfG vom 3.7.2012 **11a** bindet Art. 87a II nicht jede Nutzung personeller und sächlicher Ressourcen der Streitkräfte an eine ausdrückliche Zulassung durch das GG, sondern nur ihre Verwendung in einem Eingriffszusammenhang. Daher kann auf Luftzwischenfälle in rein technisch-unterstützender Funktion im Rahmen des Art. 35 I reagiert werden. „Allerdings liegt eine Verwendung in einem Eingriffszusammenhang nicht erst bei einem konkreten Vorgehen mit Zwang, sondern bereits dann vor, wenn personelle oder sachliche Mittel der Streitkräfte in ihrem Droh- und Einschüchterungspotenzial genutzt werden" (BVerfGE 132, 1 [20 Rn. 50]).

Grundsätzlich ist die Aufgabe der Streitkräfte, auch wegen des allgemeinen Frie- **12** densgebots aus Art. 26 (vgl. Art. 26 Rn. 4ff.), auf die Verteidigung, d. h. die Abwehr eines von außerhalb der Landesgrenze kommenden Angriffs, beschränkt (Pieroth, in: JP, Art. 87a Rn. 9 m. w. N.). Allerdings ist „Verteidigung" nicht auf den engeren Anwendungsbereich des formalisierten „Verteidigungsfalls" i. S. d. Art. 115a I 1 beschränkt, wie dies bei Art. 87a III der Fall ist (Schmahl, in: Sodan, Art. 87a Rn. 7).

„Verteidigung" umfasst demnach nicht nur die Landesverteidigung gem. Art. 115a **13** I 1, sondern darüber hinaus auch die Bündnisverteidigung gem. Art. 5 NATO-Vertrag, Art. 5 WEU-Vertrag, die individuelle und kollektive Selbstverteidigung nach Art. 51 UN-Charta (BVerwGE 127, 1 [10f.]; Pieroth, in: JP, Art. 87a Rn. 9), die Abwehr fremder und Durchführung eigener Spionage, sowie Maßnahmen der Kriegsverhütung (Depenheuer, in: MD, Art. 87a Rn. 104).

Humanitäre Interventionen, militärische Zwangsmaßnahmen nach Art. 42 UN- **14** Charta, Friedenstruppeneinsätze oder andere Aufgabenerfüllungen im Rahmen der UN fallen hingegen nicht mehr unter den Verteidigungsbegriff (Pieroth, in: JP, Art. 87a Rn. 9a). Hier kommt allerdings eine ausdrückliche Zulassung durch das Grundgesetz in Betracht.

„Ausdrückliche Zulassungen" i. S. d. Art. 87a II finden sich für den Inlandseinsatz **15** (Schmahl, in: Sodan, Art. 87a Rn. 8 m. w. N.) in Art. 35 II und III sowie in Art. 87a III und IV (BVerfGE 90, 286 [355ff.]; 115, 118 [142]; BVerwGE 127, 1 [11f.]). Die Rechtsprechung versteht darüber hinaus Art. 24 II als eigenständige Ermächtigung der Streitkräfte zu Einsätzen, welche im Rahmen und nach den Regeln der UN und der NATO stattfinden (BVerfGE 90, 286 [345ff.]; 118, 244 [261f.]; 121, 135 [156f.]; BVerwGE 103, 361 [363f.]; 127, 1 [12]). Strittig ist, ob Art. 24 II unter den Verfassungsvorbehalt gem. Art. 87a II fällt (Art. 24 Rn. 47). Jedenfalls ergeben sich aus Art. 87a II keine weitergehenden Einschränkungen für den Einsatz der Streitkräfte nach Art. 24 II.

Für jeden militärischen Einsatz der Streitkräfte besteht ein Parlamentsvorbehalt, so **16** dass ein solcher Einsatz stets der vorherigen Einwilligung des Bundestags in Form eines nach Art. 42 II gefassten Beschlusses bedarf (BVerfGE 90, 286 [388]; 121, 135 [154f.]). Dieser wehrverfassungsrechtliche Parlamentsvorbehalt ergibt sich nicht allein aus der Verfassungstradition, sondern aus Art. 115a V, 115b, 115l III, 87a III, 45a und 45b. Er gilt nicht nur für den Verteidigungsfall gem. Art. 115a I 1, sondern für jeden militärischen Einsatz der Streitkräfte (Pieroth, in: JP, Art. 87a Rn. 11). Die Bundesregierung kann bei Gefahr im Verzug vorläufig selbst entscheiden. Der Bundestag ist dann aber für eine endgültige Entscheidung unverzüglich mit diesem Beschluss zu befassen und die Truppen sind auf sein Verlangen zurückzurufen (BVerfGE 90, 286 [388 f.]). Das Parlamentsbeteiligungsgesetz (PBG) regelt das Verfahren.

III. Äußerer Notstand (Abs. 3)

17 Durch Art. 87a III werden im Spannungs- (Art. 80a) und Verteidigungsfall (Art. 115a) die Aufgaben und Befugnisse der Streitkräfte erweitert. Nicht ausreichend ist hingegen der bloße Bündnisfall (Pieroth, in: JP, Art. 87a Rn. 12). Art. 87a III 1 erlaubt den Streitkräften dabei nichtmilitärische, mithin zivile Objekte, vor Angriffen von nicht aktiv an der Kampfhandlung Beteiligten (andernfalls ergibt sich die Kompetenz bereits aus Art. 87a II) zu schützen und Aufgaben der Verkehrsregelung wahrzunehmen (Pieroth, in: JP, Art. 87a Rn. 12).

18 Nach Art. 87a III 1 Hs. 2 müssen diese Befugnisse allerdings zur Erfüllung der eigentlichen Aufgabe erforderlich sein, so dass sich hieraus eine Beschränkung auf verteidigungsrelevante zivile Objekte und eine Bindung an den Verhältnismäßigkeitsgrundsatz ergibt (Baldus, in: MKS, Art. 87a Rn. 78; a. A. Hernekamp, in: MK, Art. 87a Rn. 20 f.). Unabhängig von dieser Beschränkung kann den Streitkräften nach Art. 87a III 2 die Aufgabe der Unterstützung der Polizei beim Schutz ziviler Einrichtungen übertragen werden, wobei es zwar einer gesonderten Regelung durch Gesetz nicht bedarf (a. A. Pieroth, in: JP, Art. 87a Rn. 12), wohl aber einer konkreten Befugnisnorm für einzelne Eingriffsmaßnahmen (Heun, in: Dreier, Art. 87a Rn. 26).

IV. Innerer Notstand (Abs. 4)

19 Reichen die Polizeikräfte der Länder und des Bundes zur Abwehr einer Gefahr nicht aus, ermöglicht Art. 87a IV den Einsatz der Streitkräfte im Fall eines inneren Notstandes nach Art. 91. Die Voraussetzungen des Art. 87a IV sind dabei kumulativer Natur und restriktiv auszulegen (Stern, StR II, S. 1482). Soweit es um den Schutz vor Straftätern und Gegnern der freiheitlichen Ordnung geht, stellt Art. 87a IV strenge Anforderungen für einen Einsatz der Streitkräfte, die selbst im Falle eines inneren Notstands nach Art. 91 noch nicht automatisch erfüllt sind. „Diese Beschränkungen dürfen nicht dadurch umgangen werden, dass der Einsatz statt auf der Grundlage des Art. 87a IV auf der des Art. 35 II oder III erfolgt. Das gilt erst recht für die Verwendung spezifischer militärischer Kampfmittel im Rahmen eines solchen Einsatzes" (BVerfGE 132, 1 [16 Rn. 41]).

19a Insoweit entfaltet Art. 87a IV grds. eine Sperrwirkung für den Einsatz der Streitkräfte nach anderen Bestimmungen des GG. Sie können zur militärischer Bekämpfung nichtstaatlicher Gegner auf der Grundlage von Art. 35 II und III nur in Ausnahmesituationen eingesetzt werden, die nicht von Art. 87a IV erfasst werden. Das ist etwa für Gefahren für Personen und Sachen, die aus einer demonstrierenden Menschenmenge drohen, nicht der Fall, da hier Art. 87a IV 1 i. V. m. Art. 91 II 1 eingreift. Eine umfassende Gefahrenabwehr für den Luftraum mittels der Streitkräfte kann ebenfalls nicht auf Art. 35 II und III gestützt werden (BVerfGE 132, 1 [17 f., 20 Rn. 45 f., 51]).

20 Die Befugnis zum Einsatz der Streitkräfte nach Art. 87a IV 1 zur Unterstützung der Polizei und des Bundesgrenzschutzes (jetzt: Bundespolizei) beim Schutz von zivilen Objekten und bei der Bekämpfung organisierter und militärisch bewaffneter Aufständischer liegt bei der Bundesregierung und erfordert einen Beschluss dieses Kollegialorgans. Diese Beschlusszuständigkeit darf die Bundesregierung nicht auf ein einzelnes Mitglied delegieren. „Staatsorganisationsrechtliche Kompetenzen stehen im Grundsatz

nicht zur freien Disposition ihrer Träger. Sie sind daher grundsätzlich weder verzichtbar noch beliebig delegierbar" (BVerfGE 132, 1 [21f. Rn. 54f.]).

Beachte: Nach Art. 87a IV 2 können Bundestag und Bundesrat jederzeit verbindlich die Einstellung des Einsatzes verlangen. Das dient der Wahrung der parlamentarischen Verantwortlichkeit, mithin dem Demokratieprinzip. 20a

C. Prüfungshinweise

Dem Art. 87a kommt in der juristischen Ausbildung eine eher untergeordnete Bedeutung zu. Allerdings kann er sowohl im Zusammenhang mit Kompetenzfragen als auch mit dem Grundwissen zum Verfassungs- und Parlamentsvorbehalt im Rahmen des Staatsorganisationsrechts Relevanz erlangen. Darüber hinaus ist er in einer Klausur bei jedem Einsatz der Bundeswehr, egal ob im Inland oder Ausland, jedenfalls zu thematisieren. Zuletzt haben wichtige Entscheidungen des BVerfG zum Luftsicherheitsgesetz auch Art. 87a thematisiert (BVerfGE 115, 118ff.; 132 1ff). Seine Klausurbedeutung ist durch diesen aktuellen Bezug gewachsen. 21

D. Weiterführende Literatur/Leseempfehlungen

Baldus, M., Streitkräfteeinsatz zur Gefahrenabwehr im Luftraum, NVwZ 2004, 1278–1285; Brenner, M./Hahn, D., Bundeswehr und Auslandseinsätze, JuS 2001, 729–735; Brissa, E., Militärischer Auslandsgeheimdienst der Bundeswehr?, DÖV 2011, 391–398; Dietz, A., Die Kompetenzverteilung des Grundgesetzes für Amtshilfe- und Unterstützungsmaßnahmen sowie Einsätze der Bundeswehr, DÖV 2012, 952–961; Ladiges, M., Der Einsatz der Streitkräfte im Katastrophennotstand nach dem Plenarbeschluss des Bundesverfassungsgerichts, NVwZ 2012, 1225–1228; Ladiges, M./Glawe, R., Eine dramatische Vorstellung: Zum bewaffneten innerdeutschen Einsatz der Streitkräfte bei Terrorgefahr, DÖV 2011, 621–628; Pieroth, B., Die verfassungsrechtliche Trennung zwischen Streitkräften und Bundeswehrverwaltung, NVwZ 2011, 705–708; Schoch, F., Verfassungsrechtliche Anforderungen an den Einsatz der Streitkräfte im Inland, Jura 2013, 255–267; Zimmermann, T., Nochmals: Die „kollaterale" Tötung von Zivilisten im Krieg, JZ 2014, 388–391. 22

Art. 87b [Bundeswehrverwaltung]

(1) [1]**Die Bundeswehrverwaltung wird in bundeseigener Verwaltung mit eigenem Verwaltungsunterbau geführt.** [2]**Sie dient den Aufgaben des Personalwesens und der unmittelbaren Deckung des Sachbedarfs der Streitkräfte.** [3]**Aufgaben der Beschädigtenversorgung und des Bauwesens können der Bundeswehrverwaltung nur durch Bundesgesetz, das der Zustimmung des Bundesrates bedarf, übertragen werden.** [4]**Der Zustimmung des Bundesrates bedürfen ferner Gesetze, soweit sie die Bundeswehrverwaltung zu Eingriffen in Rechte Dritter ermächtigen; das gilt nicht für Gesetze auf dem Gebiete des Personalwesens.**

(2) [1]**Im übrigen können Bundesgesetze, die der Verteidigung einschließlich des Wehrersatzwesens und des Schutzes der Zivilbevölkerung dienen, mit Zustimmung des Bundesrates bestimmen, daß sie ganz oder teilweise in bundeseigener Verwaltung mit eigenem Verwaltungsunterbau oder von den Ländern im Auftrage des Bundes ausgeführt werden.** [2]**Werden solche Gesetze von den Ländern im Auftrage des Bundes ausgeführt, so können sie mit Zustimmung des Bundesrates bestimmen, daß die der Bundesregierung und den zuständigen obersten Bundesbehörden auf Grund des Artikels 85 zustehenden Befugnisse ganz oder teilweise Bundesoberbehörden übertragen werden; dabei kann bestimmt wer-**

den, daß diese Behörden beim Erlaß allgemeiner Verwaltungsvorschriften gemäß Artikel 85 Abs. 2 Satz 1 nicht der Zustimmung des Bundesrates bedürfen.

Pflichtstoff (*)

A. Überblick

I. Normstruktur

1 Gem. Art. 87b I ist die Bundeswehrverwaltung Gegenstand bundeseigener Verwaltung mit eigenem Verwaltungsunterbau. Art. 87b II betrifft die sonstige Verteidigungsverwaltung.

II. Prüfungsrelevanz

2 Art. 87b kommt in der juristischen Ausbildung keine nennenswerte Bedeutung zu.

III. Europa

3 Die zivile Wehrverwaltung ist, anders als der Bereich der Streitkräfte, welcher durch den Beitritt zu und die Mitgliedschaft in internationalen Bündnissen durchaus beeinflusst wird (vgl. Art. 87a Rn. 3, 13f.), Gegenstand nationaler Regelung und Unabhängigkeit (dazu Heun, in: Dreier, Art. 87b Rn. 3).

B. Erläuterungen

I. Allgemeines

4 Art. 87b fordert eine selbstständige zivile Verwaltung des militärischen Bereichs, die selbst im Verteidigungsfall und bei Auslandseinsätzen (Kokott, in: Sachs, Art. 87b Rn. 2) getrennt von den Streitkräften (Art. 87a) besteht (BVerwGE 86, 140 [141]; 86, 166 [169]; BGHZ 64, 201 [206f.]). Gemeinsam bilden Streitkräfte und Wehrverwaltung die Bundeswehr, die dem Bundesminister für Verteidigung untersteht (Schmahl, in: Sodan, Art. 87b Rn. 1). Die Vorschrift stellt in erster Linie eine Gestaltungsschranke für die in Art. 65 S. 2 verankerte Ressortbefugnis des Bundesverteidigungsministers dar. Zudem steht sie einer Aufgabenprivatisierung der Bundeswehrverwaltung entgegen (Kokott, in: Sachs, Art. 87b Rn. 2f.). Art. 87b verdrängt grundsätzlich nicht die Kompetenz aus Art. 87 III 1; allein Art. 87b II 1 ist gegenüber Art. 87 III 2 lex specialis (Pieroth, in: JP, Art. 87b Rn. 1).

II. Bundeswehrverwaltung (Abs. 1)

5 Die Bundeswehrverwaltung ist nach Art. 87b I Gegenstand obligatorischer unmittelbarer Bundesverwaltung mit eigenem Verwaltungsunterbau und dient gem. Art. 87b I 2 den Aufgaben des Personalwesens und der unmittelbaren Deckung des Sachbedarfs der Streitkräfte. Entscheidend ist dabei der unmittelbare Bezug zu den Aufgaben der Streitkräfte (Pieroth, in: JP, Art. 87b Rn. 2). Beispiele sind die bundeswehrinterne Personalverwaltung (BSGE 71, 60 [66]), das Wehrdisziplinar- und Wehrbeschwerdewesen (Hernekamp, in: MK, Art. 87b Rn. 7), sowie das Instandsetzungs-, Lager-, Unterkunfts-, Beschaffungs-, Liegenschafts- und Haushaltswesen (BVerwG, NVwZ-RR 1997, 350 [351]; Pieroth, in: JP, Art. 87b Rn. 2).

6 Die Kompetenz zur Einrichtung von Universitäten der Bundeswehr ergibt sich aus dem Erfordernis der Aus- und Weiterbildung des Personals (Roellecke, DÖV 1992, 200 [201]; einschränkend aber Baldus, in: MKS, Art. 87b Rn. 12; zustimmend Schmahl, in: Sodan, Art. 87b Rn. 2). „Unmittelbare" Deckung des Sachbedarfs erfordert einen

direkten Zusammenhang zwischen den militärischen Bedürfnissen und den Verwaltungsaufgaben (Pieroth, in: JP, Art. 87b Rn. 2; Schmahl, in: Sodan, Art. 87b Rn. 2).

Die Aufgaben der Beschädigtenversorgung und des Bauwesens, die an sich unter das Personalwesen und den Sachbedarf i. S. d. Abs. 1 S. 2 fallen würden, sind gem. Abs. 1 S. 3 aus dem Bereich der originären Bundeswehrverwaltung ausgenommen und können ihr nur durch zustimmungsbedürftiges Bundesgesetz übertragen werden (Kokott, in: Sachs, Art. 87b Rn. 16). Dadurch wird jeweils eine ausschließliche Bundeskompetenz begründet (Pieroth, in: JP, Art. 87b Rn. 3). **7**

Abs. 1 S. 4 enthält eine im Grundgesetz einmalige Sonderform des allgemeinen Vorbehalts des Gesetzes, der für Gesetze, welche die Bundeswehrverwaltung zu Eingriffen in Rechte Dritter ermächtigen, eine Zustimmung des Bundesrats für die spezifische Eingriffsbestimmung fordert (Hernekamp, in: MK, Art. 87b Rn. 11). Das Zustimmungserfordernis nach Art. 87b I 4 Hs. 1 bezieht sich allein auf die einzelne Eingriffsnorm und entfällt nach Art. 87b I 4 Hs. 2 für Gesetze auf dem Gebiet des Personalwesens (Pieroth, in: JP, Art. 87b Rn. 3). Personen im Dienst der Bundeswehr sind dabei nicht Dritte i. S. d. Art. 87b I 4 Hs. 1 (Kokott, in: Sachs, Art. 87b Rn. 17). **8**

III. Sonstige Verteidigungsverwaltung (Abs. 2)

Die sonstige Verteidigungsverwaltung i. S. d. Art. 87b II betrifft den Vollzug von Gesetzen nach Art. 73 I Nr. 1, der weder unter Art. 87b I noch unter Art. 87a I fällt, insbesondere das Wehrersatzwesen und den Zivilschutz (Schmahl, in: Sodan, Art. 87b Rn. 5). Es steht im Ermessen des Bundesgesetzgebers, von der Ermächtigung nach Art. 87b II 1 Gebrauch zu machen. Erlässt er kein Gesetz zur Einführung unmittelbarer Bundesverwaltung mit eigenem Verwaltungsunterbau, bleibt es bei der Landesverwaltung (BVerfGE 48, 127 [178 ff.]). **9**

Zulässig ist wegen der Ermächtigung zur bloß „teilweisen" Übertragung eine Aufteilung nach Sachgebieten, nicht hingegen eine Mischverwaltung (Pieroth, in: JP, Art. 87b Rn. 4). Die Ermächtigung umfasst auch die Verwaltung durch Anstalten des öffentlichen Rechts und bundesunmittelbare Körperschaften (Kokott, in: Sachs, Art. 87b Rn. 19). Art. 87b II 2 enthält für den Fall der Verteidigungsverwaltung als Auftragsverwaltung eine Ermächtigung zur Abweichung von Art. 85 (Pieroth, in: JP, Art. 87b Rn. 4). **10**

C. Prüfungshinweise

Aufgrund der geringen Prüfungsrelevanz (s. Rn. 2) dürfte Art. 87b in der juristischen Ausbildung kaum in der Fallbearbeitung auftauchen. **11**

D. Weiterführende Literatur/Leseempfehlungen

Gramm, C., Privatisierung bei der Bundeswehr, DVBl. 2003, 1366–1372; Pieroth, B., Die verfassungsrechtliche Trennung zwischen Streitkräften und Bundeswehrverwaltung, NVwZ 2011, 705–708; Roellecke, G., Streitkräfte und Bundeswehrverwaltung, DÖV 1992, 200–205. **12**

Art. 87c [Bestimmungen über Erzeugung und Nutzung der Kernenergie]

Gesetze, die auf Grund des Artikels 73 Abs. 1 Nr. 14 ergehen, können mit Zustimmung des Bundesrates bestimmen, daß sie von den Ländern im Auftrage des Bundes ausgeführt werden.

Pflichtstoff (**)

A. Erläuterungen

1 Art. 87c regelt die Verwaltungskompetenz und die Verwaltungsform für die Erzeugung und Nutzung der Kernenergie zu friedlichen Zwecken. Es geht also darum, welche Stellen die Gesetze in diesem Bereich in welcher Weise vollziehen und welche Aufsichtsbefugnisse dabei bestehen. Examensrelevant sind vor allem die Anforderungen an die Rechtmäßigkeit einer Weisung als wesentliches Instrument der Aufsicht. Diese sind zwar in Art. 84 V und 85 III, IV geregelt; welche Regelung einschlägig ist, hängt aber von der Verwaltungsform ab (Landeseigenverwaltung oder Bundesauftragsverwaltung). Außerdem enthält Art. 87c einen Zustimmungsvorbehalt des Bundesrates, der bei der Prüfung zu berücksichtigen hat, ob das Gesetz ordnungsgemäß erlassen wurde (Art. 76ff.). Die Reichweite dieses Vorbehalts hat beim Ausstieg aus der Nutzung der Kernenergie für Diskussionen gesorgt (dazu Windthorst, in: Sachs, Art. 87c Rn. 24aff.).

2 Für den Vollzug von Bundesgesetzen, die aufgrund von Art. 73 I Nr. 14 ergehen, kann der Bund durch förmliches Gesetz anordnen, dass sie abweichend von Art. 83 Hs. 1 nicht in Landeseigenverwaltung, sondern in Bundesauftragsverwaltung auszuführen sind. Gegenstand dieser fakultativen Auftragsverwaltung sind Bundesgesetze, die die Erzeugung und Nutzung von Kernenergie zu friedlichen Zwecken, die Errichtung und den Betrieb von Anlagen, die diesen Zwecken dienen, den Schutz gegen Gefahren, die bei Freiwerden von Kernenergie oder durch ionisierende Strahlen entstehen, und die Beseitigung radioaktiver Stoffe regeln. Das betrifft insb. das Atomgesetz (AtG) und das Strahlenschutzvorsorgegesetz (StrVG).

3 Der Bund hat in § 24 I 1 AtG von der Ermächtigung des Art. 87c Gebrauch gemacht und für die Verwaltungsaufgaben nach §§ 3ff. AtG Auftragsverwaltung angeordnet. Die ausschließliche Gesetzgebungskompetenz hierfür ist in Art. 87c kraft Natur der Sache angelegt (Windthorst, in: Sachs, Art. 87c Rn. 19). Die Verwaltungskompetenz steht gem. Art. 83 Hs. 1 den Ländern zu. Die Aufsicht und damit auch das Weisungsrecht des Bundes richten sich nach Art. 85.

4 Um zu verhindern, dass es durch die Anordnung von Auftragsverwaltung zu Systemverschiebungen im bundesstaatlichen Gefüge zu Lasten der Länder kommt (BVerfGE 126, 77 [103f.]), unterliegt das hierfür erforderliche förmliche Gesetz gem. Art. 87c der Zustimmung des Bundesrates. Das gilt für die Anordnung der Auftragsverwaltung, nicht aber für deren Aufhebung. Denn sie führt zum Regelfall der Landeseigenverwaltung (Art. 83 Hs. 1) und berührt daher keine schutzwürdigen Belange der Länder. Der Zustimmungsvorbehalt gilt auch für den an sich nicht zustimmungsbedürftigen materiellen Gegenstand des Anordnungsgesetzes, wenn dieser wesentlich umgestaltet wird. Das ist durch den Ausstieg aus der Nutzung der Atomenergie durch Umgestaltung des AtG (insb. § 1) zwar geschehen. Die Länder werden dadurch aber entlastet, weil die Dauer der Auftragsverwaltung verringert wird. Daher war die Zustimmung des Bundesrates nach Art. 87c nicht erforderlich (zum Ganzen Windthorst, in: Sachs, Art. 87c Rn. 24aff.).

5 Art. 87c verdrängt Art. 87 III 2. Dagegen bleibt Art. 87 III 1 anwendbar. Danach kann der Bund die Verwaltungskompetenz an sich ziehen, indem er neue Bundesoberbehörden errichtet oder mittelbare Bundesverwaltung einführt. Außerdem kommt in Art. 87c i.V.m. Art. 73 I Nr. 14 die grds. Billigung der friedlichen Nutzung der Kernenergie zum Ausdruck. Dagegen kann aus diesen Vorschriften keine Verpflichtung zur Nutzung dieser Energiequelle abgeleitet werden.

B. Weiterführende Literatur/Leseempfehlungen

6 Battis U./Ruttloff, M., Vom Moratorium zur Energiewende – und wieder zurück, NVwZ 2013, 817–824; Burgi, M., Das Atomrecht, der Bundesrat und die Verwal-

tungsorganisation, NJW 2011, 561–567; ders., Die Energiewende und das Recht, JZ 2013, 745–753; Kendzia, J.-E., Die Zustimmungsbedürftigkeit der 11. Atomgesetznovelle, DÖV 2011, 359–362; Moench, C./Ruttloff, M., Zur Zustimmungspflicht des Bundesrates bei materiell–rechtlichen Änderungsgesetzen, DVBl. 2010, 865–873; Papier, H.-J., Zustimmungsbedürftigkeit eines Gesetzes zur Verlängerung der Laufzeiten von Kernkraftwerken, NVwZ 2010, 1113–1117.

Art. 87d [Luftverkehrsverwaltung]

(1) [1]**Die Luftverkehrsverwaltung wird in Bundesverwaltung geführt.** [2]**Aufgaben der Flugsicherung können auch durch ausländische Flugsicherungsorganisationen wahrgenommen werden, die nach Recht der Europäischen Gemeinschaft zugelassen sind.** [3]**Das Nähere regelt ein Bundesgesetz.**

(2) **Durch Bundesgesetz, das der Zustimmung des Bundesrates bedarf, können Aufgaben der Luftverkehrsverwaltung den Ländern als Auftragsverwaltung übertragen werden.**

Pflichtstoff (**)

A. Erläuterungen

1 Art. 87d regelt die Verwaltungskompetenz und Verwaltungsform für die Luftverkehrsverwaltung, also die Frage, welche Stellen die Aufgaben in diesem Bereich in welcher Weise wahrnehmen. Davon hängen die Art der Aufsicht und die Ingerenzrechte ab. Prüfungsrelevant sind die Voraussetzungen für eine Weisung und die Privatisierungsgrenzen, die aus Art. 87d abgeleitet werden. Letztere haben bereits in zwei Fällen dazu geführt, dass der Bundespräsident die Ausfertigung eines Gesetzes abgelehnt hat. Ob er hierzu berechtigt war, kann daher in diesem Zusammenhang ebenfalls eine Rolle spielen (dazu Art. 82 Rn. 4ff.).

I. Obligatorische Bundesverwaltung (Abs. 1)

2 Nach dem neu gefassten Art. 87d I 1 (dazu Windthorst, in: Sachs, Art. 87d Rn. 1ff.) muss die Luftverkehrsverwaltung in Bundesverwaltung geführt werden. Allerdings lässt Art. 87d II eine Durchbrechung dieser obligatorischen Verwaltungskompetenz und -form zu. Luftverkehrsverwaltung umfasst die gesamte auf den Luftverkehr (dazu Art. 73 Rn. 43f.) bezogene Verwaltungstätigkeit, etwa die Luftaufsicht, die Flugsicherung und die Abwehr äußerer Gefahren für den Luftverkehr (Luftsicherheit). Nicht dazu gehören das Erbringen der Luftverkehrsleistung (z.B. Flugreise) und das Betreiben der Luftverkehrsinfrastruktur (z.B. Flughafen).

3 Bundesverwaltung i.S.v. Art. 87d I 1 ist unmittelbare oder mittelbare Bundesverwaltung mit oder ohne eigenen Verwaltungsunterbau. Die Einbeziehung von Privaten (natürliche oder juristische Personen) durch formelle oder funktionelle Privatisierung ist zulässig, sofern der Bund über ausreichende Ingerenzrechte verfügt, um seiner Gewährleistungsverantwortung nachzukommen. Unter dieser Voraussetzung ist auch eine Kapitalprivatisierung möglich, etwa durch Veräußerung der Anteile der bundeseigenen Deutschen Flugsicherung GmbH.

4 Aufgaben der Flugsicherung, die ein wichtiger Teilbereich der Luftverkehrsverwaltung sind, können gem. Art. 87d I 2 auch von einer ausländischen öffentlichen oder privaten Flugsicherungsorganisation wahrgenommen werden, die hierfür gem. Art. 7 VO (EG) Nr. 550/2004 (ABl. EG 2004 Nr. L 96/10) zertifiziert sein muss. Diese verfassungsrechtliche Öffnungsklausel soll eine unionsrechtskonforme Ausgestaltung der Luftverkehrsverwaltung im Hinblick auf das Single European Sky-Konzept der EU

ermöglichen. Gleichwohl sind einige Unklarheiten aufgetreten, die insb. das Verhältnis zur Anordnung von Bundesverwaltung nach Art. 87d I 1 betreffen (Windthorst, in: Sachs, Art. 87d Rn. 4ff., 20ff.). Da Abs. 1 S. 2 ein Unterfall des Abs. 1 S. 1 darstellt, muss eine wirksame Einflussnahme des Bundes auf die ausländischen Flugsicherungsorganisationen jedenfalls gewährleistet sein.

5 Der Regelungsvorbehalt des Abs. 1 S. 3 enthält einen Gesetzgebungsauftrag für die Ausgestaltung der Gegenstände des Abs. 1 S. 1 und 2. Zugleich weist er dem Bund hierfür die ausschließliche Gesetzgebungskompetenz zu, die nicht an Art. 71 gebunden ist.

II. Fakultative Auftragsverwaltung (Abs. 2)

6 Art. 87d II ermächtigt den Bund, durch förmliches Bundesgesetz einzelne Aufgaben der Luftverkehrsverwaltung den Ländern als Auftragsangelegenheit zu übertragen, und räumt ihm hierfür die ausschließliche, nicht an Art. 71 gebundene Gesetzgebungskompetenz ein. Der Bund hat von dieser Befugnis in § 31 II LuftVG Gebrauch gemacht. Insoweit haben sich die Verwaltungskompetenz (Zuständigkeit der Länder anstelle des Bundes) und die Verwaltungsform (Bundesauftragsverwaltung statt Bundesverwaltung) geändert.

7 Zum Schutze der Länder knüpft Art. 87d II die Aufgabenübertragung durch Gesetz an die Zustimmung des Bundesrates. Dieser Vorbehalt greift auch bei einer wesentlichen Modifizierung der Aufgaben. Dagegen ist die Aufhebung des Aufgaben übertragenden Gesetzes nach Art. 87d II nicht zustimmungspflichtig (BVerfGE 126, 77 [110f.]).

7a Nach Art. 87d II kann der Bund Luftsicherheitsaufgaben, die er den Ländern aufgrund dieser Regelung zur Ausführung in Auftragsverwaltung übertragen hat, durch einseitige Entscheidung wieder an sich zu ziehen. Eine solche Rückübertragung sieht § 16 III 2 LuftSiG für den Fall vor, dass dies zur Gewährleistung der bundeseinheitlichen Durchführung der Sicherheitsmaßnahmen erforderlich ist. Die Bestimmung verstößt trotz ihrer generalklauselartigen Fassung nicht gegen den rechtsstaatlichen Bestimmtheitsgrundsatz. Die Rückübertragungsmöglichkeit ist nicht an einen Antrag des betroffenen Landes gebunden. Darin liegt kein Verstoß gegen die Pflicht zu bundesfreundlichem Verhalten (BVerfGE 133, 241 [270ff. Rn. 82ff.]).

B. Weiterführende Literatur/Leseempfehlungen

8 Baldus, M., Streitkräfteeinsatz zur Gefahrenabwehr im Luftraum, NVwZ 2004, 1278–1285; Funke, A., Die Zustimmungsbedürftigkeit von Bundesgesetzen bei der Bundesauftragsverwaltung, Jura 2012, 127–133; Kendzia, J.-E., Luftsicherheit und Laufzeitverlängerungen, NVwZ 2010, 1135–1136; Schenke, W.-R., Die Verfassungswidrigkeit des § 14 III LuftSiG, NJW 2006, 736–739; Tams, C.J., Art. 87d I GG und die Neuordnung der Flugsicherung, NVwZ 2006, 1226–1229.

Art. 87e [Eisenbahnen des Bundes]

(1) [1]**Die Eisenbahnverkehrsverwaltung für Eisenbahnen des Bundes wird in bundeseigener Verwaltung geführt.** [2]**Durch Bundesgesetz können Aufgaben der Eisenbahnverkehrsverwaltung den Ländern als eigene Angelegenheit übertragen werden.**

(2) **Der Bund nimmt die über den Bereich der Eisenbahnen des Bundes hinausgehenden Aufgaben der Eisenbahnverkehrsverwaltung wahr, die ihm durch Bundesgesetz übertragen werden.**

(3) [1]Eisenbahnen des Bundes werden als Wirtschaftsunternehmen in privatrechtlicher Form geführt. [2]Diese stehen im Eigentum des Bundes, soweit die Tätigkeit des Wirtschaftsunternehmens den Bau, die Unterhaltung und das Betreiben von Schienenwegen umfaßt. [3]Die Veräußerung von Anteilen des Bundes an den Unternehmen nach Satz 2 erfolgt auf Grund eines Gesetzes; die Mehrheit der Anteile an diesen Unternehmen verbleibt beim Bund. [4]Das Nähere wird durch Bundesgesetz geregelt.

(4) [1]Der Bund gewährleistet, daß dem Wohl der Allgemeinheit, insbesondere den Verkehrsbedürfnissen, beim Ausbau und Erhalt des Schienennetzes der Eisenbahnen des Bundes sowie bei deren Verkehrsangeboten auf diesem Schienennetz, soweit diese nicht den Schienenpersonennahverkehr betreffen, Rechnung getragen wird. [2]Das Nähere wird durch Bundesgesetz geregelt.

(5) [1]Gesetze auf Grund der Absätze 1 bis 4 bedürfen der Zustimmung des Bundesrates. [2]Der Zustimmung des Bundesrates bedürfen ferner Gesetze, die die Auflösung, die Verschmelzung und die Aufspaltung von Eisenbahnunternehmen des Bundes, die Übertragung von Schienenwegen der Eisenbahnen des Bundes an Dritte sowie die Stillegung von Schienenwegen der Eisenbahnen des Bundes regeln oder Auswirkungen auf den Schienenpersonennahverkehr haben.

Pflichtstoff (**)

A. Überblick

I. Normstruktur

1 Art. 87e ist die verfassungsrechtliche Grundlage der Bahnreform. Seine Absätze 1 und 2 regeln die Verwaltungskompetenz und Verwaltungsform für die Eisenbahnverkehrsverwaltung für Eisenbahnen des Bundes. Dies sind gem. Art. 73 I Nr. 6a Eisenbahnen, die ganz oder mehrheitlich im Eigentum des Bundes stehen (Art. 73 Rn. 45). Art. 87e III ordnet die Privatisierung dieser Unternehmen an (S. 1) und sieht für Infrastrukturunternehmen der Eisenbahnen des Bundes zwingend vor, dass die Mehrheit ihrer Anteile beim Bund verbleibt (S. 2–4, sog. Schienenwegevorbehalt). Art. 87e IV enthält im Interesse des Gemeinwohls eine Gewährleistungspflicht des Bundes in Bezug auf das Schienennetz der Eisenbahnen des Bundes und die Verkehrsangebote auf diesem Netz. Art. 87e V begründet – gleichsam hinter die Klammer gezogen – einen weitreichenden Zustimmungsvorbehalt des Bundesrates in Bezug auf die Gesetze aufgrund der Absätze 1 bis 4.

II. Prüfungsrelevanz

2 Für die Prüfung spielen vor allem die Rechte der Eisenbahnunternehmen aufgrund der Privatwirtschaftlichkeitsgarantie des Abs. 3 S. 1, die Bedeutung des Schienenwegevorbehalts für die Veräußerung von Anteilen der Eisenbahnen des Bundes (sog. „Börsengang der Bahn") sowie Inhalt und Ausfüllung der Gewährleistungspflicht aus Abs. 4 durch Regulierung und Beteiligungsverwaltung eine Rolle (Rn. 10f.).

III. Europa

3 Die Schaffung eines integrierten europäischen Eisenbahnraumes ist ein wesentliches Ziel der EU. Dadurch sollen die Leistungsfähigkeit des Eisenbahnnetzes und die Wettbewerbsfähigkeit des Eisenbahnverkehrs verbessert sowie die Rechte der Fahrgäste stärker geschützt werden. Die dafür erforderliche Neuordnung wurde sukzessive durch drei Bündel von Richtlinien und Verordnungen vorangetrieben (sog. Eisenbahnpakete, dazu Windthorst, in: Sachs, Art. 87e Rn. 3ff.).

B. Erläuterungen

I. Verwaltungskompetenz und -form (Abs. 1 und 2)

4 Art. 87e I ordnet für die Eisenbahnverkehrsverwaltung der Eisenbahnen des Bundes in Satz 1 unmittelbare Bundesverwaltung mit fakultativem Verwaltungsunterbau an und lässt in Satz 2 eine Durchbrechung dieses Grundsatzes zu. Darin wird der Bund ermächtigt, einzelne Aufgaben durch förmliches Bundesgesetz mit Zustimmung des Bundesrates den Ländern als eigene Angelegenheit zu übertragen. Damit geht zugleich die Verwaltungskompetenz auf sie über.

5 In umgekehrter Richtung kann der Bund nach Art. 87e II durch förmliches Gesetz mit Zustimmung des Bundesrates seine Verwaltungszuständigkeit für Aufgaben der Eisenbahnverkehrsverwaltung begründen, die über den Bereich der Eisenbahnen des Bundes hinausgehen. Das betrifft Eisenbahnen, die nicht oder jedenfalls nicht mehrheitlich im Eigentum des Bundes stehen. Sie werden von Art. 87e I 1 nicht erfasst und fallen an sich gem. Art. 83 Hs. 1 in die Verwaltungszuständigkeit der Länder. Art. 87e II ermöglicht insoweit eine Korrektur, die zu unmittelbarer Bundesverwaltung mit fakultativem Verwaltungsunterbau führt.

6 Eisenbahnverkehr umfasst über den Wortlaut hinaus neben dem Transport von Personen und Gütern auch das Vorhalten der hierfür notwendigen Netzinfrastruktur. Zur Eisenbahnverkehrsverwaltung gehören die darauf bezogenen Aufgaben der Eingriffs-, Planungs- und Leistungsverwaltung und die Wahrnehmung der Gewährleistungspflicht des Art. 87e IV.

7 Art. 87e I 2 und II weist dem Bund durch Verwendung des Begriffs „Bundesgesetz" die ausschließliche Gesetzgebungskompetenz zu, die nicht an Art. 71 gebunden ist.

II. Privatisierung (Abs. 3)

8 Art. 87e III 1 verlangt eine formelle Privatisierung der Eisenbahnen des Bundes, die in privatrechtlicher Form organisiert werden müssen. Außerdem sind diese Unternehmen als Wirtschaftsunternehmen, also wettbewerbs- und gewinnorientiert nach handelsrechtlichen Grundsätzen zu führen. Diese verfassungsrechtliche Garantie privatnütziger Entscheidungsrationalität verleiht den Eisenbahnen des Bundes ein subjektives öffentliches Recht. Sie unterliegen keiner unmittelbaren Gemeinwohl- und Grundrechtsbindung, sondern befinden sich bei ihrem Handeln in einer grundrechtstypischen Gefährdungslage. Die Verkehrs- und Infrastrukturunternehmen der Eisenbahnen des Bundes sind daher grundrechtsfähig (Windthorst, in: Sachs, Art. 87e Rn. 47 ff.). Ob aus dem Alleineigentum des Bundes und der daraus resultierenden Beherrschung dieser Unternehmen durch den Staat (BVerfGE 128, 226 [245 f.]) etwas anderes folgt, ist angesichts der gem. Art. 87e III 1 garantierten Privatwirtschaftlichkeit fraglich (gegen eine daraus abgeleitete Grundrechtsfähigkeit OVG Münster, DVBl. 2013, 663 [665]).

9 Das Eigentum an diesen Infrastrukturunternehmen weist Art. 87e III 2 dem Bund zu. Er kann nach Art. 87e III 3 und 4, V 1 seine Anteile an diesen Unternehmen nur aufgrund eines förmlichen Bundesgesetzes mit Zustimmung des Bundesrates veräußern. Jedenfalls muss die Mehrheit der Anteile beim Bund verbleiben. Dieser sog. Schienenwegevorbehalt garantiert, dass die Infrastrukturunternehmen Eisenbahnen des Bundes bleiben und somit dauerhaft der Gewährleistungspflicht nach Art. 87e IV unterliegen. Außerdem ist sichergestellt, dass der Bund diese Verpflichtung auch künftig aufgrund seiner Eigentümerstellung mit gesellschaftsrechtlichen Mitteln wahrnehmen kann (Beteiligungsverwaltung).

III. Gewährleistungspflicht (Abs. 4)

Nach Art. 87e IV muss der Bund sicherstellen, dass beim Ausbau und Erhalt des Schienennetzes der Eisenbahnen des Bundes und beim Verkehrsangebot dieser Unternehmen auf diesem Schienennetz dem Wohl der Allgemeinheit Rechnung getragen wird, d.h. vor allem den Verkehrsbedürfnissen. Dadurch soll eine adäquate Grundversorgung bei der Netzanbindung und der Verkehrsbedienung gewährleistet werden. Der Schienenpersonennahverkehr ist ausgeklammert, da für ihn andere Regeln gelten. **10**

Art. 87e IV begründet eine objektive Rechtspflicht des Bundes, der aber kein Rechtsanspruch des Einzelnen korrespondiert. Der Bund kann dieser Verpflichtung durch Finanzierung, hoheitliche Regulierung und grds. auch durch gemeinnützige Beteiligungsverwaltung nachkommen. Erforderlich ist gem. Art. 87e IV 2, V in jedem Fall ein mit Zustimmung des Bundesrates ergangenes Bundesgesetz, für dessen Erlass der Bund nach diesen Vorschriften ausschließlich zuständig ist. Dagegen schließt Art. 87e III 1 aus, dass der Bund den Auftrag des Art. 87e IV dadurch erfüllt, dass er die notwendige Infrastruktur und die erforderlichen Verkehrsleistungen selbst unmittelbar bereitstellt. Außerdem greift der Vorbehalt des Gesetzes nach Art. 87e IV 2, V mit der Folge einer Zustimmungspflicht des Bundestags nicht ein, wenn Vermögenswerte der Deutschen Bahn AG veräußert werden. Dies würde zudem die Privatwirtschaftlichkeitsgarantie dieses Unternehmens nach Art. 87e III 1 erheblich beeinträchtigen (BVerfGE 129, 356 [368ff.]). **11**

C. Weiterführende Literatur/Leseempfehlungen

Gersdorf, H., Schienenpersonenverkehr zwischen Eigenwirtschaftlichkeit und staatlicher Gewährleistungsverantwortung, DVBl. 2010, 746–753; Pauly, W./Becker, M., Aufgabenakzessorischer Finanzierung von Eisenbahninfrastrukturprojekten, NVwZ 2013, 334–337; Pielow, J.-C., Öffentliche Daseinsvorsorge zwischen „Markt" und „Staat", JuS 2006, 692–694; Ronellenfitsch, M., Daseinsvorsorge und Wirtschaftlichkeit des Eisenbahnwesens, DVBl. 2008, 201–209; ders., „Delegation" der bundeseigenen Verwaltung nach Art. 87e GG auf Private, DVBl. 2014, 1549–1557; Schmidt-Aßmann, E./Röhl, H.C., Grundpositionen des neuen Eisenbahnverfassungsrechts (Art 87e GG), DÖV 1994, 577–585. **12**

Art. 87f [Post und Telekommunikation]

(1) **Nach Maßgabe eines Bundesgesetzes, das der Zustimmung des Bundesrates bedarf, gewährleistet der Bund im Bereich des Postwesens und der Telekommunikation flächendeckend angemessene und ausreichende Dienstleistungen.**

(2) [1]**Dienstleistungen im Sinne des Absatzes 1 werden als privatwirtschaftliche Tätigkeiten durch die aus dem Sondervermögen Deutsche Bundespost hervorgegangenen Unternehmen und durch andere private Anbieter erbracht.** [2]**Hoheitsaufgaben im Bereich des Postwesens und der Telekommunikation werden in bundeseigener Verwaltung ausgeführt.**

(3) **Unbeschadet des Absatzes 2 Satz 2 führt der Bund in der Rechtsform einer bundesunmittelbaren Anstalt des öffentlichen Rechts einzelne Aufgaben in bezug auf die aus dem Sondervermögen Deutsche Bundespost hervorgegangenen Unternehmen nach Maßgabe eines Bundesgesetzes aus.**

Pflichtstoff (**)

A. Überblick

I. Normstruktur

1 Art. 87f bildet das verfassungsrechtliche Fundament der Postreform II des Jahres 1994. Ihre Ziele waren die Organisationsprivatisierung der Deutschen Bundespost, die Privatisierung der Aufgaben des Postwesens und der Telekommunikation sowie eine Liberalisierung dieser Bereiche. Im Mittelpunkt des Art. 87f steht der Grundsatz der Trennung von privatwirtschaftlichen Dienstleistungen (Abs. 2 S. 1), deren Erbringung den Nachfolgeunternehmen der Deutschen Bundespost und anderen privaten Anbietern vorbehalten ist, und Hoheitsaufgaben (Abs. 2 S. 2), für deren Wahrnehmung ausschließlich der Bund zuständig ist. Als Ausdruck der Privatisierungsfolgenverantwortung statuiert Abs. 1 eine Gewährleistungspflicht des Bundes, um die notwendige Mindestversorgung sicherzustellen. Darin liegt zugleich eine Konkretisierung des Sozialstaatsprinzips (Art. 20 Rn. 8, 248ff.).

II. Prüfungsrelevanz

2 Prüfungsrelevant ist insbesondere, ob die Anbieter von Post- und Telekommunikationsdienstleistungen das notwendige Versorgungsniveau bereitstellen und welche Regulierungsmaßnahmen der Bund ggf. ergreifen kann. Daneben spielen Fragen der Liberalisierung, vor allem eines funktionsfähigen Wettbewerbs auf den verschiedenen Märkten der Post und Telekommunikation, eine Rolle.

III. Europa

3 Die Neuordnung der Telekommunikation und des Postwesens wurde vor allem durch die EU vorangetrieben. Wesentliche Ziele sind die Harmonisierung der einschlägigen Bestimmungen, die Öffnung dieses Bereichs für einen offenen und fairen Wettbewerb sowie die Gewährleistung eines gemeinschaftlichen Universaldienstes. Zur Umsetzung dieser Ziele ergingen mehrere Richtlinien-Pakete (dazu Windthorst, in: Sachs, Art. 87f Rn. 7ff.).

B. Erläuterungen

I. Universaldienst (Abs. 1)

4 Art. 87f I begründet die rechtliche Verpflichtung des Bundes, einen sog. Universaldienst im Bereich des Postwesens und der Telekommunikation zu gewährleisten. Diese Grundversorgung wird durch die Merkmale „flächendeckend“, „angemessen“ und „ausreichend“ festgelegt. Ihr Gegenstand sind Dienstleistungen der Post (dazu Art. 73 Rn. 47) und der Telekommunikation, d.h. die körperlose Übermittlung von Informationen jeden Inhalts in der Weise, dass sie am Empfangsort wiedererzeugt werden (Art. 73 Rn. 49). Das Merkmal „angemessen“ bezieht sich auf die Qualität und den Preis der Dienstleistungen, während „ausreichend“ ihre Quantität betrifft. Das Erfordernis eines flächendeckenden Angebotes betrifft den Bereitstellungsraum und verlangt eine gewisse Gleichmäßigkeit des Versorgungsgrades („flächengleich“). Fraglich ist, ob die Universaldienstgewährleistung nach Art. 87f I den Bund auch zum Schutz vor neuen Gefährdungen durch die National Security Agency (NSA) oder private Unternehmen, die Daten kommerzialisieren (Google, Facebook), verpflichtet (dazu Hoffmann-Riem, JZ 2014, 53 [58]).

5 Da der Bund durch Art. 87f II 1 daran gehindert ist, Post- und Telekommunikationsdienstleistungen selbst zu erbringen, muss er die Gewährleistungspflicht des Art. 87f I durch hoheitliche Regulierung und finanzielle Mittel verwirklichen. Hier-

für bedarf es gem. Art. 87f I eines Bundesgesetzes, das der Zustimmung des Bundesrates unterliegt. Art. 87f I begründet kein subjektives Recht der Nutzer (vgl. Art. 10 Rn. 41).

II. Privatisierung (Abs. 2)

Art. 87f II 1 enthält die verfassungsrechtlichen Gebote zur formellen Privatisierung der Deutschen Bundespost, zur materiellen Privatisierung des Postwesens und der Telekommunikation sowie zur Liberalisierung dieser Bereiche. Letzteres verlangt neben der Öffnung für den Wettbewerb (Wettbewerbsfreiheit) auch einen fairen, nichtdiskriminierenden Wettbewerb (Wettbewerbsgleichheit). Zugleich enthält Art. 87f II 1 das Verbot, dass diese Dienstleistungen durch den Staat erbracht werden. Die Telekom AG, die Post AG und die anderen Anbieter von Post- und Telekommunikationsdienstleistungen sind nicht grundrechtsgebunden (Art. 1 III), sondern selbst grundrechtsfähig (Art. 19 III, vgl. BVerwGE 114, 160 [189]). 6

Art. 87f II 2 weist die Verwaltungskompetenz für Hoheitsaufgaben im Bereich des Postwesens und der Telekommunikation dem Bund zu und ordnet für deren Wahrnehmung unmittelbare Bundesverwaltung mit fakultativem eigenem Verwaltungsunterbau an. Das betrifft die Verwaltung im traditionellen materiellen Sinne, etwa die Erteilung von Genehmigungen, sowie die Wahrnehmung des Auftrages zur Universaldienstgewährleistung gem. Art. 87f I. Kehrseite des Art. 87f II 2 ist ein Privatisierungsverbot für den Kernbereich dieser Hoheitsaufgaben. 7

III. Bundesanstalt (Abs. 3)

Der auf einem rechtspolitischen Kompromiss beruhende Art. 87f III ermöglicht für einzelne Aufgaben in Bezug auf die Telekom AG und die Post AG mittelbare Bundesverwaltung durch eine dem zuständigen Ministerium unmittelbar unterstellte Bundesanstalt des öffentlichen Rechts. Diese Regelung hat für die Praxis nur noch geringe Relevanz; für das Staatsexamen ist sie bedeutungslos. 8

C. Weiterführende Literatur/Leseempfehlungen

Cornils, M., Staatliche Infrastrukturverantwortung und kontingente Marktvoraussetzungen, AöR 131 (2006), 378–422; v. Danwitz, T., Die Universaldienstfinanzierungsabgaben im Telekommunikationsgesetz und im Postgesetz als verfassungswidrige Sonderabgaben, NVwZ 2000, 615–622; Hoffmann-Riem, W., Freiheitsschutz in den globalen Kommunikationsinfrastrukturen, JZ 2014, 53–63; Knauff, M., Gewährleistungsstaatlichkeit in Krisenzeiten: Der Gewährleistungsstaat in der Krise?, DÖV 2009, 581–585; Kühling, J./Biendl, M., Zulässiger Universaldienstumfang im Zeitalter des Breitbandausbaus, DÖV 2012, 409–417; Möstl, M., Zur Zulässigkeit kommunaler Telekommunikationsdienstleistungen, BayVBl. 1999, 547–553; Rathgeb, U., Die (unentgeltliche) Inanspruchnahme öffentlicher Wege durch Telekommunikationsunternehmen, NVwZ 2012, 270–277; Schütz, R./Cornils, M., Universaldienst und Telekommunikation, DVBl. 1997, 1146–1155; Stern, K., Postreform zwischen Privatisierung und Infrastrukturgewährleistung, DVBl. 1997, 309–316; Szczekalla, P., Sicherung grund- und menschenrechtlicher Standards gegenüber neuen Gefährdungen durch private und ausländische Akteure, DVBl. 2014, 1108–1113; Ullrich, N., Die Verpflichtung der Exekutive und Legislative zum Schutz deutscher Bürger vor der Ausspähung durch ausländische Geheimdienste, DVBl. 2015, 204–212; Wirth, C., Die Grundrechtsberechtigung der Deutschen Post AG, JA 1998, 820–823. 9

Art. 88 [Bundesbank]

[1]Der Bund errichtet eine Währungs- und Notenbank als Bundesbank. [2]Ihre Aufgaben und Befugnisse können im Rahmen der Europäischen Union der Europäischen Zentralbank übertragen werden, die unabhängig ist und dem vorrangigen Ziel der Sicherung der Preisstabilität verpflichtet.

Pflichtstoff (*)

A. Erläuterungen

I. Satz 1

1 Art. 88 S. 1 verpflichtet den Bund zur Errichtung einer Währungs- und Notenbank als Bundesbank und enthält damit eine institutionelle Garantie. Diesem Auftrag ist der Bund durch das Gesetz über die Deutsche Bundesbank (BBankG) v. 26.7.1957 (i. d. F. der Bek. v. 22.10.1992 mit spät. Änd.) nachgekommen.

2 Die Bundesbank ist kein Verfassungsorgan, sondern als j. P. ö. R. (Anstalt) gem. § 2 S. 1 BBankG Teil der mittelbaren Bundesverwaltung (vgl. Art. 86 Rn. 5, Art. 83, Rn. 23).

3 Gem. Art. 88 S. 1 handelt es sich bei der Bundesbank um eine Währungs- und Notenbank:
- Zentrale Aufgabe einer Währungsbank ist es, den Geldumlauf und die Kreditversorgung der Wirtschaft zu regeln.
- Kernkompetenz einer Notenbank ist die Ausgabe von Banknoten.

II. Satz 2

4 Die Aufgaben und Befugnisse (Oberbegriff: Kompetenzen) der Bundesbank wurden im Zuge der Errichtung der europäischen Wirtschafts- und Währungsunion (vgl. Art. 119 ff., insb. Art. 127 ff. AEUV) erheblich eingeschränkt. Verfassungsrechtlich legitimiert wird dies durch Art. 88 S. 2, der mit Wirkung vom 25.12.1992 angefügt wurde und als lex specialis Art. 23 I 2 vorgeht. Eine Übertragung von Kompetenzen der Bundesbank auf die Europäische Zentralbank (EZB) ist danach jedoch nur zulässig, soweit die EZB unabhängig und dem vorrangigen Ziel der Sicherung der Preisniveaustabilität verpflichtet ist. Diese Anforderungen sind durch Art. 127 I 1, Art. 130 AEUV de iure gewährleistet. Sollte diese unionsrechtlichen Vorgaben aber in der Politik der EZB de facto keine Beachtung finden, läge eine Kompetenzüberschreitung vor; die EZB handelte „ultra vires" (Art. 23 Rn. 56). Dann fielen die übertragenen Kompetenzen wieder an die Bundesbank zurück. Im Übrigen wäre die Bundesbank an der Mitwirkung bei der Durchführung von kompetenzüberschreitenden EZB-Beschlüssen und anderen Maßnahmen gehindert (Ultra-vires-Kontrolle: BVerfGE 134, 366 [394 ff. Rn. 45 f., 53 a. E.]).

5 Vor diesem Hintergrund stellt sich das Verhältnis der Bundesbank zur EZB wie folgt dar: Gem. Art. 127 ff. AEUV liegt die Geld- und Währungspolitik innerhalb der Währungsunion in den Händen des Europäischen Systems der Zentralbanken (ESZB), das aus der EZB und den nationalen Zentralbanken besteht (Art. 282 I 1 AEUV). Die währungs- und notenbankpolitischen Befugnisse der Bundesbank wurden weitgehend auf das ESZB übertragen. Gemäß § 14 I 1 BBankG darf die Bundesbank zwar weiterhin Noten ausgeben; die Ausgabe steht jedoch gemäß Art. 128 I 1 AEUV unter dem Vorbehalt vorheriger Genehmigung durch die EZB. Institutionell ist die Bundesbank zwar in das ESZB eingegliedert. Sie wird dadurch jedoch nicht zu einem Organ der EU, sondern bleibt nationaler Rechtsträger.

III. Weisungsfreiheit

6 Im Vergleich zu sonstigen Stellen der (Bundes-)Verwaltung weist die Bundesbank eine zentrale Besonderheit auf: Nach § 12 S. 1 BBankG ist sie bei der Ausübung ihrer Befugnisse von Weisungen der BReg unabhängig. Sie agiert in einem sog. ministerialfreien Raum (Art. 86 Rn. 13). Dies ist im Hinblick auf das Demokratieprinzip (Art. 20 I, II) problematisch, weil die Ausübung hoheitlicher Gewalt durch die Bundesbank nicht über eine „ununterbrochene demokratische Legitimationskette" an unmittelbar legitimierte Organe rückgebunden wird (d. h. über die BReg/den BMin für Wirtschaft zum BT). Ihre Rechtfertigung findet diese Unabhängigkeit in der Annahme, dass die Bundesbank (wie auch die EZB) vor allem das Ziel der Preisniveaustabilität am ehesten erreichen kann, wenn sie jenseits politischer Einflussnahme allein anhand sachlich-wissenschaftlicher Erwägungen entscheidet (vgl. BVerfGE 89, 155 [208 f.]). Mit der Einführung von Art. 88 S. 2 wurde der Status der Unabhängigkeit – jedenfalls für die EZB – verfassungsrechtlich verpflichtend (str., vgl. Hömig, in: Hömig, Rn. 4 m. w. N.).

B. Weiterführende Literatur/Leseempfehlungen

7 Gött, H., Die ultra vires-Rüge nach dem OMT-Vorlagebeschluss des Bundesverfassungsgerichts, EuR 2014, 514–540; Wolfers, B./Voland, T., Europäische Zentralbank und Bankenaufsicht – Rechtsgrundlage und demokratische Kontrolle des Single Supervisory Mechanism, BKR 2014, 177–185.

Art. 89 [Bundeswasserstraßenverwaltung]

(1) **Der Bund ist Eigentümer der bisherigen Reichswasserstraßen.**

(2) **[1]Der Bund verwaltet die Bundeswasserstraßen durch eigene Behörden. [2]Er nimmt die über den Bereich eines Landes hinausgehenden staatlichen Aufgaben der Binnenschiffahrt und die Aufgaben der Seeschiffahrt wahr, die ihm durch Gesetz übertragen werden. [3]Er kann die Verwaltung von Bundeswasserstraßen, soweit sie im Gebiete eines Landes liegen, diesem Lande auf Antrag als Auftragsverwaltung übertragen. [4]Berührt eine Wasserstraße das Gebiet mehrerer Länder, so kann der Bund das Land beauftragen, für das die beteiligten Länder es beantragen.**

(3) **Bei der Verwaltung, dem Ausbau und dem Neubau von Wasserstraßen sind die Bedürfnisse der Landeskultur und der Wasserwirtschaft im Einvernehmen mit den Ländern zu wahren.**

Pflichtstoff (*)

A. Erläuterungen

I. Ehemalige Reichswasserstraßen (Abs. 1)

1 Die Reichswasserstraßen sind im BundeswasserstraßenvermögensG v. 21.5.1951 (BGBl. I S. 352) aufgelistet. Der Rechtsübergang auf den Bund erfolgte unmittelbar kraft Art. 89 I. Die Wasserstraßen der ehem. DDR wurden gem. Art. 21 I 1 des Einigungsvertrags (BGBl. 1990 II S. 889 ff.) zu Bundeswasserstraßen (vgl. VO v. 13.11. 1990, BGBl. I S. 2524).

2 Das Eigentum des Bundes ist privatrechtlicher Natur; es erstreckt sich auf den Grund und Boden, die Ufer mit allen Bestandteilen (insb. Häfen) und das Zubehör sowie auf die „fließende Welle".

3 Umstr. ist die Zulässigkeit der Privatisierung (Art. 86 Rn. 6, Art. 87 Rn. 5; näher Gröpl, in: MD, Rn. 38, 89ff.).

II. Wasser- und Schifffahrtsverwaltung (Abs. 2)

4 Art. 89 II bezieht sich auf

1. die Wasserwegeverwaltung (Satz 1, 3, 4), d.h. den Neu- und Ausbau, die Unterhaltung sowie die Verkehrssicherungspflicht bzgl. der Bundeswasserstraßen, das sind die Binnenwasserstraßen, die dem allg. Verkehr dienen (vgl. Art. 74 I Nr. 21) sowie die Seewasserstraßen (s. § 1 I des BundeswasserstraßenG – WaStrG – i.d.F. der Bek. v. 23.5.2007, BGBl. I S. 962 mit spät. Änd.). Sie erfolgt durch bundeseigene Verwaltung mit eigenem Unterbau (Art. 87 I 1). Oberste Bundesbehörde ist das Bundesministerium für Verkehr, Mittelbehörden sind die Wasser- und Schifffahrtsdirektionen, örtliche Behörden im Wesentlichen die Wasser- und Schifffahrtsämter (Bundesauftragsverwaltung gem. Art. 85 wäre nach Maßgabe von Art. 89 II 3, 4 zulässig). Alle anderen Binnengewässer sind keine Bundeswasserstraßen und werden durch die Länder verwaltet (Art. 30 Hs. 1). Zu Reformüberlegungen s. Pechstein, DÖV 2013, 85ff.; Schliesky/Tischer, DÖV 2013, 361ff.

5 2. die Wasserverkehrsverwaltung (Satz 2), d.h. die auf den überregionalen Binnen- und den Seeschiffsverkehr bezogenen Ordnungsaufgaben (Verkehrsregelungen, Gefahrenabwehr). Voraussetzung ist, dass dem Bund diese Aufgaben durch Bundesgesetz (Art. 74 I Nr. 21) übertragen werden, was durch das BinnenschifffahrtsaufgabenG i.d.F. der Bek. v. 5.7.2001 (BGBl. I S. 2026) und das SeeaufgabenG i.d.F. der Bek. v. 26.7.2002 (BGBl. I S. 2876), jew. mit spät. Änd., erfolgt ist. Zuständig ist größtenteils wiederum die Wasser- und Schifffahrtsverwaltung des Bundes (Art. 87 I 1).

III. Landeskultur und Wasserwirtschaft (Abs. 3)

6 Art. 89 III begründet bei der Wasserwegeverwaltung (Rn. 4) eine Pflicht des Bundes zur Zusammenarbeit mit den betroffenen Ländern hinsichtlich der Landeskultur (Bodenkultur, Natur-, Landschafts- und Denkmalschutz) und der Wasserwirtschaft (Wasserhaushalt), vgl. §§ 4 und 14 III WaStrG.

B. Weiterführende Literatur/Leseempfehlungen

7 Derpa, U., Scherereien am Rhein – von Beamten, Politikern und Binnenschiffern, JA 2002, 401–408; Harders, E., Der Begriff der Seewasserstraße und Anlandungen in der Ostsee, Jura 1991, 63–68; Hermanns, C./Klein, B., Staatsorganisationsrecht, JA 2003, 287–289; Pechstein, M., Umbau der Wasser- und Schifffahrtsverwaltung von einer Ausführungsverwaltung zu einer Gewährleistungsverwaltung?, DÖV 2013, 85–93; Schliesky, U./Tischer, J., Möglichkeit einer gesetzgeberischen Steuerung von Verwaltungsreformen am Beispiel der Wasser- und Schifffahrtsverwaltung des Bundes, DÖV 2013, 361–370.

Art. 90 [Bundesfernstraßenverwaltung]

(1) **Der Bund ist Eigentümer der bisherigen Reichsautobahnen und Reichsstraßen.**

(2) **Die Länder oder die nach Landesrecht zuständigen Selbstverwaltungskörperschaften verwalten die Bundesautobahnen und sonstigen Bundesstraßen des Fernverkehrs im Auftrage des Bundes.**

(3) **Auf Antrag eines Landes kann der Bund Bundesautobahnen und sonstige Bundesstraßen des Fernverkehrs, soweit sie im Gebiet dieses Landes liegen, in bundeseigene Verwaltung übernehmen.**

Pflichtstoff (*)

A. Erläuterungen

I. Ehemalige Reichsfernstraßen (Abs. 1)

Die Reichsautobahnen waren in den Reichsautobahngesetzen v. 27.6.1933 (RGBl. II S. 509) und v. 29.5.1941 (RGBl. I S. 313) definiert, die Reichsstraßen im Gesetz über die einstweilige Neuregelung des Straßenwesens und der Straßenverwaltung v. 26.3.1934 (RGBl. I S. 243) i.V.m. der DurchführungsVO v. 7.12.1934 (RGBl. I S. 1237). Der Rechtsübergang auf den Bund erfolgte unmittelbar kraft Art. 90 I, s. im Übrigen das BundesfernstraßenvermögensG [FStrVermG] v. 2.3.1951 (BGBl. I S. 157) mit spät. Änd. Die früheren Reichsautobahnen und Reichsstraßen auf dem Gebiet der ehem. DDR wurden auf der Grundlage von Art. 8 des Einigungsvertrags (BGBl. 1990 II S. 889 ff.) zu Bundesfernstraßen. 1

Das Eigentum des Bundes ist privatrechtlicher Natur; es erstreckt sich auf den Straßenkörper, den Luftraum darüber, das Zubehör sowie auf die Nebenanlagen und Nebenbetriebe, vgl. § 1 IV FStrG. Besonderheiten bestehen bei den Ortsdurchfahrten (§ 7 FStrVermG), näher Gröpl, in: MD, Rn. 24 f. 2

Umstr. ist die Zulässigkeit der Privatisierung (Art. 86 Rn. 6, Art. 87 Rn. 5; näher Gröpl, in: MD, Rn. 76 ff.). 3

II. Bundesauftragsverwaltung (Abs. 2)

Gegenstand von Art. 90 II sind die Bundesautobahnen und die sonstigen Bundesstraßen des Fernverkehrs. Dies deckt sich nicht notwendigerweise mit den ehem. Reichsautobahnen und Reichsstraßen (Rn. 1). Voraussetzung ist die Fernverkehrsfunktion (vgl. Art. 74 I Nr. 22 F. 3). Demgemäß bestimmt § 1 I, II FStrG als Oberbegriff die Bundesfernstraßen, als Unterbegriff die Bundesautobahnen und die Bundesstraßen. Im Einzelfall ist die Widmung entscheidend (§ 2 I FStrG), d.h. die öffentlich-rechtliche Festlegung, dass eine (i.d.R. neu gebaute) Straße dem besonderen öffentlichen Zweck einer Fernstraße dienen soll (Gemeingebrauch, § 7 FStrG) und der entsprechenden öffentlich-rechtlichen Nutzungsordnung unterstellt wird (VA im Sinne einer Allgemeinverfügung, § 35 S. 2 VwVfG). Erlangt eine bestehende Straße die Bedeutung einer Fernstraße, ist sie aufzustufen (§ 2 IIIa FStrG), verliert sie sie, ist sie abzustufen oder einzuziehen (§ 2 IV). 4

Die so zu bestimmenden Bundesfernstraßen werden von den Ländern in Bundesauftragsverwaltung verwaltet. Es gilt Art. 85 als Ausnahme zu Art. 83 Hs. 1. Weisungen des Bundesverkehrsministeriums nach Art. 85 III an ein Landesverkehrsministerium, eine Bundesstraße abzustufen (Rn. 4), sind unzulässig, weil die Straße dadurch zur Landesstraße würde, was ohne das Einvernehmen des Landes verfassungswidrig ist (BVerfGE 102, 167 [174]). 5

Die Verwaltung der Bundesfernstraßen erfolgt durch Landesbehörden mit unterschiedlichen Bezeichnungen (Art. 85 I 1 Hs. 1: Landesstraßenbetriebe, Autobahndirektionen u.v.a.). Alternativ können die Länder auch „Selbstverwaltungskörperschaften" errichten; zu verstehen sind hierunter allerdings nicht Kommunen i.S.v. Art. 28 II, sondern landesunmittelbare j.P.ö.R. (z.B. Anstalten; s. auch Art. 83 Rn. 17). Auch in diesem Fall bleiben die Länder jedoch gegenüber dem Bund auftragsverwaltungspflichtig i.S.v. Art. 85; sie müssen sich daher landesgesetzlich entspre- 6 chende Einwirkungsbefugnisse gegenüber der „Selbstverwaltungskörperschaft" sichern.

7 Die Bundesauftragsverwaltung der Bundesfernstraßen bezieht sich insb. auf die Straßenbaulast (§ 3 FStrG) und die Verkehrssicherung(spflicht). Nicht dazu gehört das Straßenverkehrsrecht: Die hierfür maßgeblichen Bundesgesetze (StVG, StVO u. a.) werden von den Ländern in Landeseigenverwaltung ausgeführt (Art. 83 Hs. 1, Art. 84).

8 Andere als Bundesfernstraßen (Rn. 4) dürfen nicht im Auftrag des Bundes (Art. 85) verwaltet werden, sondern unterfallen nach Art. 30 Hs. 1 der Landesverwaltung, wozu in diesem Sinne auch die Kommunalverwaltung (Gemeinde- und Kreisstraßen) zählt.

III. Bundeseigene Verwaltung (Abs. 3)

9 Auf Antrag eines Landes kann auf dessen Gebiet für die Bundesfernstraßen gem. Art. 90 III Bundeseigenverwaltung begründet werden. Praktische Bedeutung hat diese Vorschrift bislang nur für die Einziehung der Konzessionsabgaben erlangt, die die Pächter der Nebenbetriebe der Bundesautobahnen (Tankstellen und Raststätten) entrichten müssen (zuständig ist das Bundesamt für Güterverkehr als Bundesoberbehörde, Art. 87 III 1 F. 1).

B. Weiterführende Literatur/Leseempfehlungen

10 Cremer, H.-J., Der praktische Fall – Öffentliches Recht – Folgen eines Sturmschadens, JuS 1996, 143–148, 333–338.

Art. 91 [Abwehr von Gefahren für den Bestand des Bundes]

(1) **Zur Abwehr einer drohenden Gefahr für den Bestand oder die freiheitliche demokratische Grundordnung des Bundes oder eines Landes kann ein Land Polizeikräfte anderer Länder sowie Kräfte und Einrichtungen anderer Verwaltungen und des Bundesgrenzschutzes anfordern.**

(2) [1]**Ist das Land, in dem die Gefahr droht, nicht selbst zur Bekämpfung der Gefahr bereit oder in der Lage, so kann die Bundesregierung die Polizei in diesem Lande und die Polizeikräfte anderer Länder ihren Weisungen unterstellen sowie Einheiten des Bundesgrenzschutzes einsetzen.** [2]**Die Anordnung ist nach Beseitigung der Gefahr, im übrigen jederzeit auf Verlangen des Bundesrates aufzuheben.** [3]**Erstreckt sich die Gefahr auf das Gebiet mehr als eines Landes, so kann die Bundesregierung, soweit es zur wirksamen Bekämpfung erforderlich ist, den Landesregierungen Weisungen erteilen; Satz 1 und Satz 2 bleiben unberührt.**

Pflichtstoff (*)

A. Überblick

1 Art. 91 regelt zusammen mit Art. 35 II und III, ergänzt durch Art. 87a IV, den inneren Notstand bei im Gebiet der Bundesrepublik Deutschland entstandenen bzw. drohenden Gefahren für den Bestand oder die freiheitliche demokratische Grundordnung von Bund und Ländern. Er unterscheidet sich von dem in Art. 115a bis 115l geregelten äußeren Notstand (Verteidigungsfall) durch die Herkunft der Bedrohung, die nicht von einem fremden Staat oder einer ausländischen Organisation, sondern vom deutschen Staatsgebiet ausgeht.

Art. 91 I ist vorrangig gegenüber Art. 35 I und II 1, während zu Art. 35 II 2 ein Alternativverhältnis besteht („entweder – oder"). Art. 91 II verdrängt als speziellere Regelung den Art. 37 und wird von Art. 87a IV tatbestandlich vorausgesetzt und auf der Rechtsfolgenseite ergänzt. 2

B. Erläuterungen

I. Anforderungsrecht der Länder (Abs. 1)

Art. 91 I regelt eine verdichtete bundesgenössische Form der Amtshilfe auf Anforderung des bedrohten Landes, wobei vom Grundsatz der Länderprärogative auszugehen ist. Die von Art. 91 I vorausgesetzte drohende Gefahr wird wie im Polizeirecht angenommen, wenn aus objektiv vorliegenden Umständen eine hinreichende Wahrscheinlichkeit des Schadenseintritts abgeleitet werden kann. Zum Bestand des Bundes oder eines Landes gehören insbesondere die territoriale Integrität und ein Mindestmaß an Handlungsfähigkeit nach innen zur Aufrechterhaltung rechtsstaatlicher Grundfunktionen. 3

Das Merkmal „freiheitliche demokratische Grundordnung des Bundes oder eines Landes" wird in Anlehnung an die Konkretisierung durch das BVerfG im Rahmen des Art. 21 II als eine Ordnung verstanden, die „unter Ausschluss jeglicher Gewalt- und Willkürherrschaft eine rechtsstaatliche Herrschaftsordnung auf der Grundlage der Selbstbestimmung des Volkes nach dem Willen der jeweiligen Mehrheit und der Freiheit und Gleichheit darstellt" (BVerfGE 2, 1 [12f.]). 4

„Anforderung" i.S.d. Art. 91 bedeutet Bitte um Verfügungsgewalt. Berechtigt hierzu ist nach Art. 91 I jedes bedrohte Land, dem dabei ein Entschließungsermessen zusteht. Adressaten der Anforderung sind der Bund und andere Länder. Liegen die Voraussetzungen des Art. 91 I vor, sind sie grds. zur Hilfeleistung verpflichtet. Dies gilt nur dann nicht, wenn sie selbst durch eine Gefahr i.S.v. Art. 91 I bedroht sind (Einwand der *Eigengefahr*) oder wenn sie die angeforderten Kräfte und Einrichtungen aus überwiegenden Gründen nicht entbehren können (Einwand des *vorrangigen Eigenbedarfs*). Dieser grundsätzlichen Verpflichtung korrespondiert kein Rechtsanspruch des Einzelnen (Windthorst, in: Sachs, Art. 91 Rn. 22). 5

II. Interventionsrecht des Bundes (Abs. 2)

Art. 91 II verleiht dem Bund ein anforderungsunabhängiges Interventionsrecht, das gegenüber der Amtshilfe nach Art. 91 I subsidiär ist. Er begründet aber kein materielles Ausnahmerecht, sondern berührt bundesstaatliche Strukturen durch partielle Kompetenzverlagerung zwischen Bund und Ländern im Bereich der vollziehenden Gewalt zur gezielten Bekämpfung der genannten drohenden Gefahren (Windthorst, in: Sachs, Art. 91 Rn. 2). 6

Die Voraussetzungen des Art. 91 II nehmen zunächst Bezug auf die Tatbestandsmerkmale des Art. 91 I. Darüber hinaus ist erforderlich, dass das Land, in dem die Gefahr droht, nicht selbst zu deren Bekämpfung bereit oder in der Lage ist. In diesem Fall kann die Bundesregierung nach ihrem Ermessen die Polizei in diesem Lande und die Polizeikräfte anderer Länder ihren Weisungen unterstellen. Sie werden dadurch aber nicht in die Bundesverwaltung eingegliedert und üben keine Bundeskompetenzen aus, sondern nehmen als Organe ihres Herkunftslandes Aufgaben des Einsatzlandes nach dessen Recht bei fortbestehender Bindung an Bundesrecht wahr (Windthorst, in: Sachs, Art. 91 Rn. 45). 7

Alternativ oder kumulativ kann die Bundesregierung den Einsatz der Bundespolizei anordnen, die insoweit als Bundesorgan aufgrund von Bundesrecht tätig wird. Art. 91 II ermächtigt bei innerem Notstand jedoch nicht zum Einsatz der Streitkräfte. 8

Erstreckt sich die Gefahr auf das Gebiet mehr als eines Landes (überregionaler innerer Staatsnotstand), kann die Bundesregierung nach pflichtgemäßem Ermessen den Landesregierungen Weisungen erteilen. Sämtliche Anordnungen nach Art. 91 II sind nach Beseitigung der Gefahr, im Übrigen jederzeit auf Verlangen des Bundesrates aufzuheben.

C. Weiterführende Literatur/Leseempfehlungen

9 Böckenförde, E.-W., Der verdrängte Ausnahmezustand, NJW 1978, 1881–1890; Dietz, A., Die Kompetenzverteilung des Grundgesetzes für Amtshilfe- und Unterstützungsmaßnahmen sowie Einsätze der Bundeswehr, DÖV 2012, 952–961; Herzmann, K., Ausgangssperren auch in Deutschland?, DÖV 2006, 678–685; Linke, T., Innere Sicherheit durch die Bundeswehr?, AöR 129 (2004), 489–541; Riegel, R., Pflicht der Länder zur Entsendung ihrer Polizei in ein anderes Bundesland?, BayVBl. 1977, 299–301; Windthorst, K., Der Notstand, in: Thiel (Hrsg.), Wehrhafte Demokratie, 2003, S. 365–414.

VIIIa. Gemeinschaftsaufgaben, Verwaltungszusammenarbeit

Art. 91a [Gemeinschaftsaufgaben]

(1) **Der Bund wirkt auf folgenden Gebieten bei der Erfüllung von Aufgaben der Länder mit, wenn diese Aufgaben für die Gesamtheit bedeutsam sind und die Mitwirkung des Bundes zur Verbesserung der Lebensverhältnisse erforderlich ist (Gemeinschaftsaufgaben):**

1. Verbesserung der regionalen Wirtschaftsstruktur,

2. Verbesserung der Agrarstruktur und des Küstenschutzes.

(2) **Durch Bundesgesetz mit Zustimmung des Bundesrates werden die Gemeinschaftsaufgaben sowie Einzelheiten der Koordinierung näher bestimmt.**

(3) **[1]Der Bund trägt in den Fällen des Absatzes 1 Nr. 1 die Hälfte der Ausgaben in jedem Land. [2]In den Fällen des Absatzes 1 Nr. 2 trägt der Bund mindestens die Hälfte; die Beteiligung ist für alle Länder einheitlich festzusetzen. [3]Das Nähere regelt das Gesetz. [4]Die Bereitstellung der Mittel bleibt der Feststellung in den Haushaltsplänen des Bundes und der Länder vorbehalten.**

Kommentierung des Art. 91a im Anschluss an Art. 91e.

Art. 91b [Zusammenwirken durch Vereinbarung]

(1) **[1]Bund und Länder können auf Grund von Vereinbarungen in Fällen überregionaler Bedeutung bei der Förderung von Wissenschaft, Forschung und Lehre zusammenwirken. [2]Vereinbarungen, die im Schwerpunkt Hochschulen betreffen, bedürfen der Zustimmung aller Länder. [3]Dies gilt nicht für Vereinbarungen über Forschungsbauten einschließlich Großgeräten.**

(2) **Bund und Länder können auf Grund von Vereinbarungen zur Feststellung der Leistungsfähigkeit des Bildungswesens im internationalen Vergleich und bei diesbezüglichen Berichten und Empfehlungen zusammenwirken.**

(3) **Die Kostentragung wird in der Vereinbarung geregelt.**

Kommentierung des Art. 91b im Anschluss an Art. 91e.

Art. 91c [Zusammenwirken bei informationstechnischen Systemen]

(1) **Bund und Länder können bei der Planung, der Errichtung und dem Betrieb der für ihre Aufgabenerfüllung benötigten informationstechnischen Systeme zusammenwirken.**

(2) **[1]Bund und Länder können auf Grund von Vereinbarungen die für die Kommunikation zwischen ihren informationstechnischen Systemen notwendigen Standards und Sicherheitsanforderungen festlegen. [2]Vereinbarungen über die Grundlagen der Zusammenarbeit nach Satz 1 können für einzelne nach Inhalt und Ausmaß bestimmte Aufgaben vorsehen, dass nähere Regelungen bei Zustimmung einer in der Vereinbarung zu bestimmenden qualifizierten Mehrheit für Bund und Länder in Kraft treten. [3]Sie bedürfen der Zustimmung des Bundestages und der Volksvertretungen der beteiligten Länder; das Recht zur**

Kündigung dieser Vereinbarungen kann nicht ausgeschlossen werden. [4]Die Vereinbarungen regeln auch die Kostentragung.

(3) **Die Länder können darüber hinaus den gemeinschaftlichen Betrieb informationstechnischer Systeme sowie die Errichtung von dazu bestimmten Einrichtungen vereinbaren.**

(4) **[1]Der Bund errichtet zur Verbindung der informationstechnischen Netze des Bundes und der Länder ein Verbindungsnetz. [2]Das Nähere zur Errichtung und zum Betrieb des Verbindungsnetzes regelt ein Bundesgesetz mit Zustimmung des Bundesrates.**

Kommentierung des Art. 91c im Anschluss an Art. 91e.

Art. 91d [Zusammenwirken bei Leistungsvergleichen]

Bund und Länder können zur Feststellung und Förderung der Leistungsfähigkeit ihrer Verwaltungen Vergleichsstudien durchführen und die Ergebnisse veröffentlichen.

Kommentierung des Art. 91d im Anschluss an Art. 91e.

Art. 91e [Zusammenwirken hinsichtlich der Grundsicherung für Arbeitssuchende]

(1) **Bei der Ausführung von Bundesgesetzen auf dem Gebiet der Grundsicherung für Arbeitsuchende wirken Bund und Länder oder die nach Landesrecht zuständigen Gemeinden und Gemeindeverbände in der Regel in gemeinsamen Einrichtungen zusammen.**

(2) **[1]Der Bund kann zulassen, dass eine begrenzte Anzahl von Gemeinden und Gemeindeverbänden auf ihren Antrag und mit Zustimmung der obersten Landesbehörde die Aufgaben nach Absatz 1 allein wahrnimmt. [2]Die notwendigen Ausgaben einschließlich der Verwaltungsausgaben trägt der Bund, soweit die Aufgaben bei einer Ausführung von Gesetzen nach Absatz 1 vom Bund wahrzunehmen sind.**

(3) **Das Nähere regelt ein Bundesgesetz, das der Zustimmung des Bundesrates bedarf.**

Pflichtstoff (**)

A. Überblick

1 Eine föderative Besonderheit bilden die Vorschriften zu den Gemeinschaftsaufgaben (Art. 91a, 91b) und zur Verwaltungszusammenarbeit (Art. 91c bis 91e). Auf den dort genannten Gebieten soll eine besondere Kooperation von Bund und Ländern ermöglicht und gefördert werden. Damit sind diese Bestimmungen zugleich eine Ausn. von dem für die Kompetenzverteilung grundlegenden Trennungsprinzip im Bundesstaat. Die Art. 91a bis Art. 91e stellen also Sondervorschriften zu den Art. 30, 70ff., 83ff. und 104a I dar, die eng auszulegen sind. Sie lassen die sonst vom GG grds. verbotene Mischverwaltung zu (Art. 83 Rn. 14, 23). Verbunden mit der Mischverwaltung, aber auch abzuschichten von dieser ist die Mischfinanzierung, d. h. die gemeinsame Bestreitung von Ausgaben (Finanzierung) von Staatsaufgaben durch Bund und Länder (einschl. Kommunen), vgl. Art. 91a III, Art. 91b III, Art. 91c II 4, Art. 91e II 2.

Mischfinanzierungstatbestände kommen jedoch auch außerhalb der Mischverwaltung vor, wenn der Bund die Länder finanziell bei Aufgaben unterstützt, die diese allein erfüllen, s. insb. Art. 104a III, Art. 104b, Art. 106 VIII (zu den Gefahren der Mischfinanzierung s. Art. 104a Rn. 11).

B. Erläuterungen

I. Gemeinschaftsaufgaben (Art. 91a, 91b)

Gemeinschaftsaufgaben sind **2**
- die Verbesserung der regionalen Wirtschaftsstruktur, die Verbesserung der Agrarstruktur und des Küstenschutzes nach Art. 91a sowie
- im Bereich von Wissenschaft, Forschung und Lehre die Förderung von Einrichtungen (institutionelle Förderung) und Vorhaben (Projektförderung) gem. Art. 91b I (s. Art. 5 Rn. 109 ff.) sowie die internationale Evaluation des Bildungswesens nach Art. 91b II. Zwischen dem 1.9.2006 und dem 31.12.2014 war dies anders: Nach Art. 91b I i. d. F. der Föderalismusreform I (Gesetz v. 28.8.2006, BGBl. I S. 2034) durfte der Bund insb. keine *institutionelle* Förderung der *Lehre* an (Landes-)Hochschulen betreiben, d. h. er durfte *Lehreinrichtungen* (Fakultäten, Institute, Lehrstühle usw.) finanziell nicht unterstützen (Kienemund, in: Hömig, Art. 91b Rn. 4; Siekmann, in: Sachs, Art. 91b Rn. 18 f.). Str. war, inwieweit der Bund die universitäre Lehre über *Vorhaben* (Projekte) fördern durfte. Politisch wurde diese Trennung von Bund und Ländern als „Kooperationsverbot" bezeichnet. Das Gesetz zur Änderung des GG v. 23.12.2014 (BGBl. I S. 2438) schwächte dieses Kooperationsverbot erheblich ab. Seit 1.1.2015 ist die Bundesförderung von *Lehreinrichtungen* und *-vorhaben* nun eindeutig zulässig. Stets förderungsfähig durch den Bund waren und sind wissenschaftliche *Forschungs*einrichtungen außerhalb von Hochschulen wie bspw. die Max-Planck-Gesellschaft e. V. oder die Fraunhofer-Gesellschaft e. V. (Siekmann, in: Sachs, Art. 91b Rn. 15).

Bei den Gemeinschaftsaufgaben der Art. 91a, 91b handelt es sich im Ausgangspunkt **3** um Aufgaben der Länder, an denen der Bund mitwirken kann (vgl. die Legaldefinition von Art. 91a I).

Keine Gemeinschaftsaufgaben i. e. S. sind die sog. Mischfinanzierungstatbestände der **4** Art. 104a III und Art. 104b. Auch dort werden staatl. Aufgaben angeschnitten, allerdings ausschließlich unter dem Gesichtspunkt der Kostentragung. Die dort genannten Bereiche werden daher häufig als „unechte Gemeinschaftsaufgaben" bezeichnet.

II. Verwaltungszusammenarbeit (Art. 91c, 91d und 91e)

Durch die Vorschriften der Art. 91c bis 91e soll ermöglicht werden **5**
- die Kooperation bei informationstechnischen Systemen gem. Art. 91c (gemeint sind damit die elektronischen Mittel zur Verarbeitung und Übertragung von Daten – sog. IT-Zusammenarbeit),
- die Erstellung von Studien zum Vergleich der Bundes- und Landesverwaltungen (für anglophile Leser: benchmarking), um deren Leistungsfähigkeit zu fördern (Art. 91d – eine Spezialregelung dazu enthält Art. 91b III) und
- gem. Art. 91e die Zusammenarbeit von Bund und Ländern bei der „Grundsicherung für Arbeitssuchende", d. h. konkret die Bildung von „Arbeitsgemeinschaften" („ARGE") der Bundesagentur für Arbeit (BA) mit Kommunen (Städten, Landkreisen = sog. Optionskommunen) beim Arbeitslosengeld II („Hartz IV"). Das entsprechende Bundesgesetz ist das Zweite Buch Sozialgesetzbuch (SGB II). Für das Gebiet der Grundsicherung von Arbeitssuchenden stellt Art. 91e eine umfassende Sonderregelung dar, die in ihrem Anwendungsbereich sowohl die Art. 83 ff. als auch

Art. 104a GG verdrängt (BVerfG, NVwZ 2015, 136 [139 Rn. 85ff.]). Insoweit wird das Verbot der Mischverwaltung durchbrochen (Rn. 1, Art. 83 Rn. 14, 23).

III. Kooperationsform und -finanzierung nach Art. 91aff.

1. Freiwillige oder Pflichtkooperation

6 Grds. wollen die Art. 91a bis 91e die Zusammenarbeit von Bund und Ländern nur ermöglichen, ohne zu verpflichten. So sprechen Art. 91b I 1, Art. 91c I–III und Art. 91d ausdrücklich von „können", nicht von „müssen". Etwas anderes gilt für
- Art. 91a, wobei Abs. 2 hier den politischen Spielraum einräumt, die Gemeinschaftsaufgaben durch Bundesgesetz zu konkretisieren. Da dieses Gesetz der Zustimmung des BR bedarf, kann der Bund den Ländern insoweit keine Gemeinschaftsaufgabe oktroyieren;
- Art. 91c IV, der dem Bund die Errichtung eines IT-Verbindungsnetzes zur Pflicht macht und ihm dafür die ausschließliche Gesetzgebungskompetenz verleiht (s. das IT-Netzgesetz);
- Art. 91e I, der die Verwaltungszusammenarbeit bei der Grundsicherung für Arbeitssuchende zum Regelfall erklärt.

2. Rechtliche Konkretisierung

7 Im Übrigen ist bei Art. 91a bis Art. 91e jeweils zu differenzieren:
- Soll die Kooperation zwischen Bund und Ländern durch (zustimmungsbedürftiges) Bundesgesetz erfolgen, also unter maßgeblicher Beteiligung des BT und des BR (so Art. 91a II und III sowie Art. 91c IV)?
- Oder reicht – wie insb. bei Art. 91b sowie Art. 91c II und III – jeweils eine Vereinbarung aus? (Der Begriff der Vereinbarung ist dabei weit auszulegen und umfasst Verwaltungsabkommen und Staatsverträge ebenso wie rein politische Absprachen).

3. Finanzierung

8 Schließlich ist auch die Frage der Finanzierung unterschiedlich geregelt: Art. 91a III ordnet eine verbindliche Kostenquotelung und Art. 91e II 2 die alleinige Kostentragung des Bundes im Rahmen seiner Verwaltungskompetenz an, während Art. 91b III und Art. 91c II 4 die Kostenfrage den einschlägigen Vereinbarungen überlassen.

Gemeinschaftsaufgaben, Verwaltungszusammenarbeit

9

Art. 91a	Art. 91b	Art. 91c	Art. 91d	Art. 91e
– regionale Wirtschaftsstruktur, – Agrarstruktur – Küstenschutz	– wissenschaftliche Forschung und Lehre – internationale Bildungsevaluation	gemeinsame IT-Systeme und IT-Netze	Leistungsvergleichsstudien	Grundsicherung für Arbeitssuchende („Hartz IV")
Bundesgesetz	Vereinbarung (Ausn.: Art. 91c IV)			Bundesgesetz
Ausgabenverteilung nach Art. 91a III	Ausgabenverteilung grdsl. durch Vereinbarung frei regelbar (Ausn.: Art. 91c IV)			Kostentrennung

IV. Weitere Kooperationsformen

10 Jenseits der verfassungsrechtlich ausgestalteten Gemeinschaftsaufgaben und Verwaltungszusammenarbeit finden weitere Formen des Zusammenwirkens, zumindest aber

der Abstimmung zwischen Bund und Ländern statt. Durch solche Kooperations- und Koordinationsformen lässt sich ein höherer Wirkungsgrad bei der Aufgabenwahrnehmung der einzelnen föderativen Einheiten erzielen.

Das GG steht solchen nicht von ihm vorgegebenen Kooperationserscheinungen solange und soweit nicht entgegen, wie sie sich nicht in Widerspruch zum verfassungsrechtlichen Rahmen setzen. Vor diesem Hintergrund muss jede Kooperation daraufhin geprüft werden, ob sie mit den verfassungsrechtlichen Vorgaben, insb. mit den Kompetenzvorschriften der Art. 30, 70ff., Art. 83ff. und Art. 104aff. vereinbar ist. Zu beachten ist vor allem die vom GG grds. verbotene Mischverwaltung (Art. 83 Rn. 14, 23). 11

Die möglichen Erscheinungsformen reichen dabei von bloß tatsächlichen Kontakten über politische Absprachen bis hin zu Staatsverträgen und gemeinsamen Einrichtungen. Ferner unterscheidet man zwischen Kooperationsformen mit und ohne rechtliche Bindungswirkung. 12

1. Kooperationsformen ohne rechtliche Bindungswirkung

Zu den Kooperationsformen ohne rechtliche Bindungswirkung zählen vor allem informelle Kontakte. Dies sind neben Besprechungen zwischen den zuständigen Ministerien des Bundes und/oder der Länder vor allem Konferenzen und Ausschüsse (Kommissionen). Hierbei treffen sich die MP, die BMin/LMin, die Amtschefs, Abteilungsleiter oder Referatsleiter aus den Staatskanzleien oder Ministerien mehr oder weniger institutionalisiert und in regelmäßigen Abständen, um aktuelle Themen zu besprechen, welche die Länder gemeinsam berühren. Ziel solcher Zusammenkünfte ist es, Leitlinien für ein einheitliches Vorgehen festzulegen. Beispiele sind die Konferenz der Regierungschefs von Bund und Ländern (§ 31 GO BReg) oder die Kultusministerkonferenz (KMK). Nicht selten werden hierbei Musterentwürfe für bestimmte, bedeutsame Landesgesetze erarbeitet. Diese sollen den Gesetzgebern der Länder als Orientierungsmaßstab dienen, um ein Auseinanderdriften der Rechtsordnungen in den Ländern zu verhindern. So existieren etwa eine Musterbauordnung (MBO) sowie Musterentwürfe für ein einheitliches Polizeigesetz (MEPolG) oder für das Verwaltungsverfahrensgesetz (MEVwVfG). 13

2. Kooperationsformen mit rechtlicher Bindungswirkung

Als Träger originärer Hoheitsgewalt steht es den Ländern frei, in Bereichen ihrer Zuständigkeit (Art. 30, 70) Vereinbarungen miteinander zu treffen. Dabei handelt es sich i. d. R. um öffentlich-rechtliche Verträge auf staatsrechtlicher Ebene, die rechtsverbindlich sind. An solchen Vereinbarungen kann – je nach Sachlage – auch der Bund beteiligt werden. 14

Dazu zählen zunächst die Staatsverträge. Sie werden abgeschlossen, wenn der betreffende Regelungsbereich dem Parlamentsvorbehalt unterfällt (Art. 20 Rn. 148ff.) und damit ein formelles Landesgesetz erforderlich ist. Beispiele sind die verschiedenen Staatsverträge im Rundfunkbereich, insb. der RStV. Staatsverträge werden von den zuständigen Ministerien verhandelt und paraphiert, anschließend von den LT durch Zustimmungs- und Transformationsgesetz in Landesrecht umgesetzt und am Ende ratifiziert. Erst dann sind sie für den Bürger im jeweiligen Land verbindlich. 15

Anders verhält es sich diesbezüglich bei Verwaltungsabkommen (Regierungsabkommen). Hierdurch werden die Beteiligten (Bund und/oder Länder) zwar ebenfalls untereinander gebunden, allerdings bleiben solche Vereinbarungen „Staatsinterna", da sie nicht durch Gesetz transformiert werden und dadurch nicht unmittelbar für und gegen den Bürger wirken. 16

Auf der Grundlage von Staatsverträgen oder Verwaltungsabkommen können die Länder auch gemeinsame Einrichtungen bilden, etwa gemeinsame Behörden oder 17 j.P.ö.R. Diese nehmen zentral und bundesweit gemeinsame Aufgaben der Länder wahr, gehören jedoch nicht zur Bundesverwaltung (Art. 87ff.), sondern bleiben Landesverwaltung (Art. 30). Bisweilen werden gemeinsame Einrichtungen formal einem der beteiligten Bundesländer zugeordnet, sind aber tatsächlich für alle Länder gleichermaßen tätig. Beispiele für gemeinsame Einrichtungen sind die Stiftung für Hochschulzulassung (SfH) als Stiftung des öffentlichen Rechts oder das Zweite Deutsche Fernsehen (ZDF) als Anstalt des öffentlichen Rechts.

C. Weiterführende Literatur/Leseempfehlungen

18 Heckmann, D., Perspektiven des IT-Einsatzes in der öffentlichen Verwaltung, DVerw Bd. 46 2013, 1–20 (zu Art. 91c); Schliesky, U., E-Government durch Recht, DVP 2013, 420–423 (zu Art. 91c); Starck, Ch., Deutsche Nationalakademie und verfassungsrechtliche Kompetenzordnung, JZ 2008, 81–83.

IX. Die Rechtsprechung

Art. 92 [Rechtsprechende Gewalt]

Die rechtsprechende Gewalt ist den Richtern anvertraut; sie wird durch das Bundesverfassungsgericht, durch die in diesem Grundgesetze vorgesehenen Bundesgerichte und durch die Gerichte der Länder ausgeübt.

Pflichtstoff (**)

A. Überblick

Hs. 1 der Vorschrift konkretisiert das Prinzip der Gewaltenteilung des Art. 20 II 2, 1
indem die rechtsprechende Gewalt den Richtern (dazu Art. 97) zugewiesen wird. Hs. 2 knüpft an die grundlegende Kompetenzverteilungsregel des Art. 30 an und präzisiert diese für die Rechtsprechung. Insofern stellt Art. 92 eine Parallelvorschrift zu Art. 70 bzw. Art. 83 dar, die die Zuständigkeitsverteilung zwischen Bund und Ländern für die Staatsfunktionen Gesetzgebung und Verwaltung regeln. Im Übrigen bildet die Norm zusammen mit Art. 97, 98 die Grundlage für den grundgesetzlichen Status der Richter. Anders als Art. 97 (s. Art. 97 Rn. 3) verleiht Art. 92 den Richtern jedoch keine subjektiven Rechte (Hömig, in: Hömig, Rn. 1; str.).

B. Erläuterungen

I. Die Ausübung der rechtsprechenden Gewalt durch die Richter

Art. 92 Hs. 1 legt fest, dass rechtsprechende Gewalt (Rn. 3ff.) nur durch Richter 2
(Rn. 7f.) ausgeübt werden darf (BVerfGE 103, 111 [136]). Sofern Entscheidungen, die zur rechtsprechenden Gewalt im Sinne des GG gehören, durch einfaches Gesetz anderen Hoheitsträgern zugewiesen würden, wäre diese Zuweisung – ebenso wie die vom „falschen" Hoheitsträger getroffene Entscheidung selbst – verfassungswidrig.

1. Die rechtsprechende Gewalt

Dass eine staatliche Maßnahme zur rechtsprechenden Gewalt gehört und damit 3
nach Art. 92 Hs. 1 nur von Richtern vorgenommen werden darf, kann sich aus einem von drei Gründen ergeben (dazu und zum Folgenden BVerfGE 103, 111 [137f.]):

Um Rechtsprechung gem. Art. 92 handelt es sich, wenn schon die Verfassung be- 4
stimmte Befugnisse gerade Richtern bzw. den Gerichten zuweist. Das kann durch Richtervorbehalte geschehen, nach denen bestimmte Entscheidungen nur ein Richter treffen darf (z.B. Art. 13 IV 1), oder durch Rechtsweggarantien, nach denen gegen bestimmte Entscheidungen zumindest nachträglich gerichtliche Hilfe in Anspruch genommen werden kann (z.B. Art. 14 III 4). Wenn hingegen nur der einfache Gesetzgeber eine Aufgabe den Gerichten zuweist, muss es sich dabei nicht um Rechtsprechung in diesem Sinne handeln: Der einfache Gesetzgeber darf Entscheidungen, die nicht vom GG anderen Staatsgewalten vorbehalten sind, den Gerichten zuweisen, auch wenn er dazu nicht nach Art. 92 verpflichtet ist (BVerfGE 76, 100 [106]; 116, 1 [10]).

Zur Rechtsprechung gehört darüber hinaus der traditionelle Kernbereich der 5
Rechtsprechung. Dazu zählen die bürgerliche Gerichtsbarkeit und die Strafgerichtsbarkeit (Pieroth, in: JP, Rn. 3).

6 Zusätzlich zu dieser materiellen Betrachtungsweise zählen zur rechtsprechenden Gewalt auch solche Entscheidungen, für die der Gesetzgeber eine Ausgestaltung wählt, „die bei funktioneller Betrachtung nur der rechtsprechenden Gewalt zukommen“ könne. Prägendes Merkmal soll insofern „typischerweise die letztverbindliche Klärung der Rechtslage in einem Streitfall im Rahmen besonders geregelter Verfahren“ sein (BVerfGE 103, 111 [137f.]).

2. Richter

7 Rechtsprechende Gewalt im vorstehend dargestellten Sinne darf nur durch Richter ausgeübt werden. Das sind staatliche Amtsträger, die ihrer streitentscheidenden Tätigkeit als nichtbeteiligte Dritte in persönlicher und sachlicher Unabhängigkeit (dazu näher Art. 97) nachgehen. Das Merkmal „nichtbeteiligt“ verbietet, dass jemand Richter in eigener Sache ist und so die unentbehrliche Neutralität und Distanz gegenüber den Parteien des Rechtsstreits vermissen lässt (BVerfGE 103, 111 [139f.]). Obwohl ihnen die richterliche Unabhängigkeit nicht im gleichen Maße zukommt wie Berufsrichtern, die diese Tätigkeit hauptamtlich ausüben, gehören zu den Richtern nach Art. 92 auch Laienrichter wie z.B. Schöffen, über deren Einsatz der Gesetzgeber zu entscheiden hat (BVerfGE 54, 159 [167]; zur Zulässigkeit der Besetzung einzelner Gerichte ausschließlich mit Laienrichtern BVerfGE 48, 300 [317]). Andere Ausnahmen vom Erfordernis der vollen richterlichen Unabhängigkeit sind nur aus zwingenden Gründen zulässig (BVerfGE 14, 156 [163], zu „Hilfsrichtern“).

8 Bei den Gerichten, die rechtsprechende Gewalt ausüben, muss es sich um staatliche Gerichte handeln. Auf die private Gerichtsbarkeit wie beispielsweise die Verbandsgerichtsbarkeit der Sportverbände oder die Parteischiedsgerichte dürfen Aufgaben der staatlichen Rechtsprechung nicht übertragen werden. Zulässig ist jedoch die Ausübung rechtsprechender Gewalt durch die sog. mittelbare Staatsgerichtsbarkeit (Pieroth, in: JP, Rn. 6). Dabei handelt es sich um Gerichte, deren Rechtsträger zwar andere juristische Personen des öffentlichen Rechts als der Bund oder die Länder sind, deren Einrichtung aber auf einem staatlichen Gesetz beruht, auf deren Besetzung der Staat durch die Mitwirkung bei der Richterberufung Einfluss nimmt und die – zur Wahrung des Gewaltenteilungsprinzips aus Art. 20 II – organisatorisch und personell hinreichend von den Verwaltungsbehörden getrennt sind. Im Übrigen müssen die Richter auch hier unbeteiligte Dritte sein, die ihre Aufgaben in richterlicher Unabhängigkeit wahrnehmen.

Beispiele sind die (im konkreten Fall aus anderen Gründen verfassungswidrigen) Berufsgerichte öffentlich-rechtlicher Kammern (BVerfGE 27, 355 [361f.]) sowie die Ehrengerichte für Rechtsanwälte (BVerfGE 48, 300 [315f.]).

II. Ausübung der rechtsprechenden Gewalt durch Bundes- und Landesgerichte

9 Hs. 2 präzisiert die Verteilung der Zuständigkeiten zwischen Bund und Ländern, die Art. 30 für alle drei Staatsgewalten (Gesetzgebung, Verwaltung und Rechtsprechung) vornimmt, für die Rechtsprechung. Das Regel-Ausnahme-Verhältnis des Art. 30, nach dem grundsätzlich die Länder zuständig sind, der Bund hingegen nur bei einer vom GG zugewiesenen Befugnis, gilt auch hier. Der Bund übt rechtsprechende Gewalt nur durch seine Gerichte – das BVerfG (Art. 93f.), die obligatorischen (Art. 95) und fakultativen (Art. 96) Bundesgerichte – aus; im Übrigen sind Gerichte der Länder zuständig. Andere Gerichte als die im GG vorgesehenen darf der Bund nicht errichten; Art. 92 ist insofern abschließend (BVerfGE 10, 200 [213]).

C. Weiterführende Literatur/Leseempfehlungen

Britz, G., Das Verhältnis von Verfassungsgerichtsbarkeit und Gesetzgebung, Jura 2015, 319–325; Schmidt-Jortzig, E., Aufgabe, Stellung und Funktion des Richters im demokratischen Rechtsstaat, NJW 1991, 2377–2383; Wilke, D., Die rechtsprechende Gewalt, in: Isensee/Kirchhof, HStR V, 3. Aufl. 2007, § 112. 10

Art. 93 [Zuständigkeiten des Bundesverfassungsgerichts]

(1) **Das Bundesverfassungsgericht entscheidet:**

1. über die Auslegung dieses Grundgesetzes aus Anlaß von Streitigkeiten über den Umfang der Rechte und Pflichten eines obersten Bundesorgans oder anderer Beteiligter, die durch dieses Grundgesetz oder in der Geschäftsordnung eines obersten Bundesorgans mit eigenen Rechten ausgestattet sind;

2. bei Meinungsverschiedenheiten oder Zweifeln über die förmliche und sachliche Vereinbarkeit von Bundesrecht oder Landesrecht mit diesem Grundgesetze oder die Vereinbarkeit von Landesrecht mit sonstigem Bundesrechte auf Antrag der Bundesregierung, einer Landesregierung oder eines Viertels der Mitglieder des Bundestages;

2a. bei Meinungsverschiedenheiten, ob ein Gesetz den Voraussetzungen des Artikels 72 Abs. 2 entspricht, auf Antrag des Bundesrates, einer Landesregierung oder der Volksvertretung eines Landes;

3. bei Meinungsverschiedenheiten über Rechte und Pflichten des Bundes und der Länder, insbesondere bei der Ausführung von Bundesrecht durch die Länder und bei der Ausübung der Bundesaufsicht;

4. in anderen öffentlich-rechtlichen Streitigkeiten zwischen dem Bunde und den Ländern, zwischen verschiedenen Ländern oder innerhalb eines Landes, soweit nicht ein anderer Rechtsweg gegeben ist;

4a. über Verfassungsbeschwerden, die von jedermann mit der Behauptung erhoben werden können, durch die öffentliche Gewalt in einem seiner Grundrechte oder in einem seiner in Artikel 20 Abs. 4, 33, 38, 101, 103 und 104 enthaltenen Rechte verletzt zu sein;

4b. über Verfassungsbeschwerden von Gemeinden und Gemeindeverbänden wegen Verletzung des Rechts auf Selbstverwaltung nach Artikel 28 durch ein Gesetz, bei Landesgesetzen jedoch nur, soweit nicht Beschwerde beim Landesverfassungsgericht erhoben werden kann;

4c. über Beschwerden von Vereinigungen gegen ihre Nichtanerkennung als Partei für die Wahl zum Bundestag;

5. in den übrigen in diesem Grundgesetze vorgesehenen Fällen.

(2) **[1]Das Bundesverfassungsgericht entscheidet außerdem auf Antrag des Bundesrates, einer Landesregierung oder der Volksvertretung eines Landes, ob im Falle des Artikels 72 Abs. 4 die Erforderlichkeit für eine bundesgesetzliche Regelung nach Artikel 72 Abs. 2 nicht mehr besteht oder Bundesrecht in den Fällen des Artikels 125a Abs. 2 Satz 1 nicht mehr erlassen werden könnte. [2]Die Feststellung, dass die Erforderlichkeit entfallen ist oder Bundesrecht nicht mehr erlassen werden könnte, ersetzt ein Bundesgesetz nach Artikel 72 Abs. 4 oder nach Artikel 125a Abs. 2 Satz 2. [3]Der Antrag nach Satz 1 ist nur zulässig, wenn eine Gesetzesvorlage nach Artikel 72 Abs. 4 oder nach Artikel 125a Abs. 2 Satz 2 im Bundestag abgelehnt oder über sie nicht innerhalb eines Jahres beraten und Beschluss gefasst oder wenn eine entsprechende Gesetzesvorlage im Bundesrat abgelehnt worden ist.**

(3) **Das Bundesverfassungsgericht wird ferner in den ihm sonst durch Bundesgesetz zugewiesenen Fällen tätig.**

Pflichtstoff (*****)

Übersicht

A. Überblick

1 Art. 93 ist die zentrale Vorschrift zu den Zuständigkeiten des BVerfG. Die Aufzählung der hier einzeln benannten Verfahrensarten ist jedoch nicht abschließend: Zuständigkeiten des BVerfG können sich auch aus anderen Vorschriften des GG (s. Abs. 1 Nr. 5) oder aus einfachen Bundesgesetzen (s. Abs. 3) ergeben.

2 Art. 93 ist bislang fünf Mal geändert worden. Zunächst wurden 1969 die Vorschriften über die Verfassungsbeschwerde (Abs. 1 Nr. 4a) und über die kommunale Verfassungsbeschwerde (Abs. 1 Nr. 4b) eingefügt. Zuvor war die Verfassungsbeschwerde lediglich einfach-gesetzlich geregelt. 1994 wurde die Vorschrift dann mit dem Verfahren nach Abs. 1 Nr. 2a um eine neue Variante der abstrakten Normenkontrolle ergänzt. 2006 kam der heutige Abs. 2 hinzu; die bis zu diesem Zeitpunkt als Abs. 2 geregelte Möglichkeit weiterer Kompetenzzuweisungen durch einfaches Bundesrecht wurde zu Abs. 3. 2008 wurde mit Wirkung zum 1.12.2009 das Antragsquorum für die abstrakte Normenkontrolle (Abs. 1 Nr. 2) von einem Drittel auf ein Viertel der Mitglieder des BT abgesenkt. Schließlich wurde im Sommer 2012 das neue Beschwerdeverfahren nach Abs. 1 Nr. 4c eingefügt. Es ermöglicht Vereinigungen, deren Parteieigenschaft nicht anerkannt wurde und die daher nicht mit eigenen Wahlvorschlägen an der Bundestagswahl teilnehmen dürften, gegen ihre Nichtanerkennung als Partei noch vor der Wahl das BVerfG anzurufen. In Kraft getreten ist diese jüngste Ergänzung am 17.7.2012. Zur weiteren Absenkung des Quorums für die abstrakte Normenkontrolle, die nach der Bildung der „qualifizierten großen Koalition“ im Anschluss an die BT-Wahl 2013 diskutiert wurde und die der Opposition Normenkontrollanträge hätte ermöglichen sollen, ist es nicht gekommen.

Die Prüfungsrelevanz von Art. 93 ist hoch. Namentlich das Verfahren der Verfassungsbeschwerde (Abs. 1 Nr. 4a) muss beherrscht werden. Auch andere Verfahrensarten aber können ohne weiteres Gegenstand von Prüfungsarbeiten sein. Dazu zählen insbesondere der Organstreit (Abs. 1 Nr. 1), die abstrakte Normenkontrolle (Abs. 1 Nr. 2), der Bund-Länder-Streit (Abs. 1 Nr. 3) sowie die kommunale Verfassungsbeschwerde (Abs. 1 Nr. 4b). 3

B. Erläuterungen

I. Allgemeines

1. Die Stellung des Bundesverfassungsgerichts

Das BVerfG hat eine Doppelfunktion: Es ist Gericht und zugleich eines der obersten Verfassungsorgane des Bundes (eingehend Benda/Klein, Verfassungsprozessrecht, Rn. 103 ff.; Schlaich/Korioth, Bundesverfassungsgericht, Rn. 26 ff.). Es schreibt sich selbst die Rolle des „Hüters der Verfassung" zu (BVerfGE 40, 88 [93]), in der es das GG vor Übergriffen der deutschen Staatsgewalt, aber auch der EU bewahrt (kritisch zu diesem Begriff Pieroth, in: JP, Rn. 3). 4

a) Das Bundesverfassungsgericht als Gericht

Das BVerfG übt – wie die anderen staatlichen Gerichte auch – rechtsprechende Gewalt aus (s. Art. 92; s. auch § 1 BVerfGG). Seine Tätigkeit stellt in erster Linie Streitentscheidung durch persönlich und sachlich unabhängige, nur dem Gesetz unterworfene Richter am Maßstab des Rechts dar. Damit erfüllt es alle Voraussetzungen für die Zuordnung zur Rechtsprechung. 5

Dass das BVerfG zugleich eine besondere politische Funktion hat, steht dieser Einschätzung nicht entgegen. Trotz der herausgehobenen politischen Bedeutung seiner Entscheidungen ist das BVerfG ein Gericht, kein politisches Verfassungsorgan (vgl. BVerfGE 61, 1 [51]). Für diese Beurteilung spricht insbesondere, dass es nur auf Antrag tätig werden darf, dass es mit seinen Entscheidungen über die gestellten Anträge nur bei besonderer gesetzlicher Ermächtigung hinausgehen darf (Grundsatz des „ne ultra petita") und dass es seine Tätigkeit nicht verweigern darf, sondern über die gestellten Anträge entscheiden muss: Es handelt sich um pflichtige Kompetenzausübung (Bethge, in: MSKB, Vorb. Rn. 18). 6

b) Das Bundesverfassungsgericht als oberstes Verfassungsorgan

Zugleich ist das BVerfG oberstes Verfassungsorgan. Davon geht auch § 1 BVerfGG aus, der von der Selbständigkeit und Unabhängigkeit des BVerfG gegenüber den „übrigen Verfassungsorganen" spricht. Entscheidend dafür ist, dass das GG nicht nur die Existenz des BVerfG vorsieht, sondern dass zugleich seine Aufgaben im Wesentlichen im GG selbst geregelt sind. 7

Es war speziell die Stellung des seinerzeit noch neuen BVerfG, die den Begriff des Verfassungsorgans zum Gegenstand besonderen wissenschaftlichen Interesses machte. An der Diskussion hat sich 1952 auch das Gericht selbst durch seine sog. Status-Denkschrift beteiligt, in der es sich als Gericht sui generis sowie als Verfassungsorgan bezeichnet hat. Näher dazu Benda/Klein, Verfassungsprozessrecht, Rn. 107 ff.; Schlaich/Korioth, Bundesverfassungsgericht, Rn. 26 ff.

2. Die Struktur und die Zuständigkeiten des Bundesverfassungsgerichts

a) Der Sitz und die Spruchkörper

Der Sitz des BVerfG ist nach § 1 II BVerfGG Karlsruhe. 8

9 Das BVerfG besteht nach § 2 I, II BVerfGG aus zwei Senaten, in die jeweils acht Richter gewählt werden. Zur Richterwahl s. die Erläuterungen zu Art. 94.

10 Beide Senate entscheiden im Rahmen ihrer Zuständigkeit für die einzelnen Verfahren, die sich nach § 14 BVerfGG richtet, als „das" BVerfG. Weitere Spruchkörper sind das Plenum, das aus allen 16 Richtern besteht und angerufen werden muss, wenn ein Senat von der Rechtsauffassung des anderen Senats abweichen will (§ 16 BVerfGG). Zudem gibt es in jedem Senat nach § 15 BVerfGG mehrere Kammern, die aus jeweils drei Richtern bestehen und zu deren Befugnis es u. a. gehört, die Annahme von Verfassungsbeschwerden zur Entscheidung abzulehnen oder Verfassungsbeschwerden stattzugeben, sofern die maßgeblichen Fragen bereits durch das BVerfG entschieden wurden (§§ 93b, 93c BVerfGG).

b) Die Zuständigkeit nach dem Enumerationsprinzip

11 Das BVerfG entscheidet – wie jedes andere Gericht auch – nur im Rahmen seiner Zuständigkeiten. Diese sind nach dem sog. Enumerationsprinzip (auch: Enumerativprinzip) geregelt: Sie sind einzeln und abschließend gesetzlich festgelegt. Der Gegenbegriff ist die Zuständigkeitseröffnung nach dem Generalklauselprinzip, wie es z. B. in § 40 I VwGO realisiert ist. Während die Verwaltungsgerichte grundsätzlich für alle öffentlich-rechtlichen Verfahren nichtverfassungsrechtlicher Art zuständig sind, entscheidet das BVerfG zwar nur über verfassungsrechtliche Streitigkeiten, jedoch nicht über alle: Ohne eine passende Zuständigkeit kann keine Entscheidung des BVerfG herbeigeführt werden (s. auch Degenhart, Staatsrecht I, Rn. 815).

12 Die meisten Zuständigkeiten des BVerfG sind in Art. 93 aufgeführt. Einige finden sich jedoch auch an anderer Stelle im GG (s. dazu Abs. 1 Nr. 5) sowie in einfachen Bundesgesetzen (dazu Abs. 3).

II. Die einzelnen Verfahrensarten

1. Der Organstreit (Abs. 1 Nr. 1)

a) Erläuterungen zum Verfahren

13 Der Organstreit ist das Verfahren, in dem Bundesorgane Streitigkeiten über ihre jeweiligen Rechte und Pflichten austragen. Es handelt sich um ein kontradiktorisches Verfahren, an dem neben dem Antragsteller ein Antragsgegner beteiligt ist.

14 Die Rechte, um die im Organstreit gestritten wird, müssen organschaftlicher Natur sein: Es muss sich um solche Rechte handeln, die einem Bundesorgan oder einem Organteil als solchem zustehen. Abgrenzungsbedarf kann insofern namentlich im Verhältnis zur Verfassungsbeschwerde nach Abs. 1 Nr. 4a entstehen, mit der die Verletzung von Grundrechten geltend gemacht wird, die ihrem Träger als Mensch bzw. Bürger zustehen.

15 Der Bundestagsabgeordnete, der sich gegen die Wortentziehung durch den BTPräs (§ 37 GO BT) wehrt, macht sein organschaftliches Rederecht aus Art. 38 I 2 geltend. Er muss einen Antrag im Organstreit stellen. Wird er hingegen (ggf. nach Aufhebung seiner Immunität) für eine an anderer Stelle als im BT getätigte Meinungskundgabe bestraft, die ein Gericht als Beleidigung nach § 185 StGB wertet, kann darin allenfalls eine Verletzung seiner Meinungsfreiheit gem. Art. 5 I 1 Var. 1 liegen, die ihm als Jedermann zusteht. Vor dem BVerfG muss er eine Verfassungsbeschwerde erheben. – Im Wege des Organstreits wäre auch ein Streit um die Weigerung des BPräs auszutragen, ein Gesetz auszufertigen. Antragsteller wäre der BT, der die Verletzung in seinem Gesetzgebungsrecht aus Art. 77 I geltend machen müsste.

16 Geregelt ist der Organstreit in Art. 93 I Nr. 1 GG, § 13 Nr. 5, §§ 63ff. BVerfGG.

b) Zulässigkeit und Begründetheit eines Antrags im Organstreit

A. Zulässigkeit **17**

I. Beteiligtenfähigkeit/Parteifähigkeit **18**

1. Antragsteller

Taugliche Antragsteller sind gem. Abs. 1 Nr. 1 zunächst die obersten Bundesorgane. Diese werden in § 63 BVerfGG nur zum Teil genannt. Die Formulierung „können nur sein" ist also zumindest missverständlich. Als Antragsteller kommt z.B. auch die BV in Betracht (allgemein zu ihrer Parteifähigkeit trotz fehlender Nennung in § 63 BVerfGG BVerfGE 136, 277 [299 Rn. 58f.]).

Darüber hinaus können nach Abs. 1 Nr. 1 andere Beteiligte den Antrag stellen, die durch das GG oder die GO eines obersten Bundesorgans mit eigenen Rechten ausgestattet sind.

Dabei kann es sich um Teile von obersten Bundesorganen handeln (s. dazu § 63 BVerfGG) wie z.B. den BTPräs (Rechte aus Art. 40 bzw. – als Leiter der BV – u.a. aus Art. 54 IV 2), den BRPräs (Rechte u.a. aus Art. 52 II, Art. 57), Fraktionen des BT (Rechte aus Art. 53a I, §§ 10ff. GO BT), einzelne Mitglieder der BV (Rechte u.a. aus Art. 54 III, VI, s. BVerfGE 136, 277 [300 Rn. 61]), einzelne BMin (Rechte aus Art. 43 II, Art. 53 S. 1, 2, Art. 65 S. 2, Art. 112) oder – sofern man ihn, wofür Art. 62 spricht, als Teil des Organs BReg ansehen will – den BKanzler (Rechte aus Art. 65). Beliebige Gruppen von Abgeordneten können keine Anträge stellen, wohl aber Gruppen nach § 10 IV GO BT (BVerfGE 84, 304 [318]) sowie konstituierte Minderheiten i.S.v. Art. 39 III 3, Art. 42 I 2, Art. 44 I 1, Art. 61 I 2 (str.; näher Schlaich/Korioth, Bundesverfassungsgericht, Rn. 88f.).

Zu den anderen Beteiligten mit eigenen Rechen aus dem GG zählen auch politische Parteien, soweit sie um ihren Mitwirkungsstatus aus Art. 21 streiten und auf der Passivseite ein oberstes Bundesorgan oder der Teil eines solchen steht (s. Art. 21 Rn. 16). Weiter gehören dazu der BRH und der Wehrbeauftragte (str.; bejahend Pieroth, in: JP, Rn. 6a, mit Nachweisen auch zur Gegenauffassung), der VermA (dessen Einordnung im Einzelnen str. ist [dazu Benda/Klein, Verfassungsprozessrecht, Rn. 1014, 1018]) sowie der einzelne Abgeordnete (Rechte aus Art. 38 I) (str., ob hier einzuordnen; näher Benda/Klein, Verfassungsprozessrecht, Rn. 1012, 1018).

Nicht antragsberechtigt sind Landesparlamente oder gar einzelne ihrer Mitglieder (BVerfGE 136, 1 [7 Rn. 18]).

2. Antragsgegner

Der Kreis der möglichen Antragsgegner ist mit dem der Antragsteller nahezu identisch. Als relevante Ausnahme ist zu beachten, dass der Antragsgegner einer politischen Partei nur ein oberstes Bundesorgan oder der Teil eines solchen sein kann. Eine Partei kann nicht Antragsgegner sein.

II. Verfahrensfähigkeit/Prozessfähigkeit **19**

Kollegialorgane werden durch die gesetzlich hierzu Berufenen vertreten.

III. Antragsgegenstand **20**

Der Antrag setzt nach § 64 I BVerfGG eine konkrete, rechtserhebliche Maßnahme oder Unterlassung des Antragsgegners – also nicht nur eine bloße Meinungsäußerung – in einem die Parteien umfassenden Verfassungsrechtsverhältnis voraus (zuletzt etwa BVerfG NVwZ 2015, 218 [219] – Vernehmung Snowden). Es muss sich um eine Maßnahme des Antragsgegners selbst handeln. Soweit es um den Erlass eines Gesetzes geht, ist die Maßnahme nicht das Gesetz als solches, sondern sein Erlass durch die gesetzgebende Körperschaft (BVerfGE 99, 332 [336]).

Eine Unterlassung ist nur rechtserheblich, wenn eine verfassungsrechtliche Verpflichtung zur Vornahme der Maßnahme nicht ausgeschlossen werden kann (BVerfGE 103, 81 [86]).

21 IV. Antragsbefugnis

Der Antragsteller muss gem. § 64 I BVerfGG die Möglichkeit einer Verletzung oder unmittelbaren Gefährdung eines eigenen Rechts aus dem GG plausibel geltend machen.

Das Recht muss aus dem GG ableitbar sein und organschaftlichen Charakter besitzen. Die vermeintliche Verletzung von Rechten aus der GO BT oder von Grundrechten reicht daher nicht aus. Die nur aus der GO BT berechtigte Gruppe gem. § 10 IV GO BT muss sich daher auf die Abgeordnetenrechte aus Art. 38 I 2 berufen (vgl. BVerfGE 84, 304 [318f.]). Ein einzelnes Mitglied der BV hat kein über § 5 BPWahlG hinaus reichendes organschaftliches Recht, die Wahl der aus anderen Ländern entsandten Mitglieder zu rügen und so die Zusammensetzung der BV insgesamt überprüfen zu lassen. (BVerfGE 136, 277 [303ff. Rn. 72ff.]; BVerfG NVwZ 2015, 216 [217]).

Grundsätzlich muss es sich um ein eigenes Recht des Antragstellers handeln. Eine Fraktion darf jedoch Rechte des BT insgesamt geltend machen (s. dazu § 64 I BVerfGG: „das Organ, dem er angehört" – es handelt sich um einen gesetzlich geregelten Fall der sog. Prozessstandschaft, bei der fremde Rechte in eigenem Namen geltend gemacht werden). Dem einzelnen Abgeordneten steht dieses Recht nicht zu (BVerfGE 90, 286 [343f.]).

Die Verletzung eines organschaftlichen Rechts muss nach dem Vortrag des Antragstellers zumindest möglich sein. Daran fehlt es nur, wenn sie a priori und nach jeder Sichtweise ausgeschlossen werden kann.

22 V. Form

Der Antrag ist nach § 23 I BVerfGG schriftlich und begründet zu stellen; gem. § 64 II BVerfGG muss er die als verletzt gerügte Norm nennen.

23 VI. Frist

Für den Antrag gilt gem. § 64 III BVerfGG eine Frist von sechs Monaten ab Bekanntwerden der beanstandeten Maßnahme oder Unterlassung.

24 VII. Rechtsschutzbedürfnis

Das Rechtsschutzbedürfnis wird i.d.R. durch das Vorliegen der Antragsbefugnis indiziert. Es entfällt ggf., wenn der Antragsteller die dargelegte Rechtsverletzung durch eigenes Handeln hätte verhindern können.

25 B. Begründetheit

Der Antrag ist begründet, wenn der Antragsteller tatsächlich durch das Verhalten des Antragsgegners in ihm durch das GG übertragenen Rechten verletzt oder unmittelbar gefährdet ist. Prüfungsmaßstab ist das Verfassungsrecht. Im Falle eines erfolgreichen Antrags stellt das BVerfG gem. § 67 BVerfGG den Verfassungsverstoß fest. Rechtsgestaltende Wirkung kann die Entscheidung nicht haben. U.a. die Aufhebung bestimmter Maßnahmen durch das BVerfG ist daher nicht möglich (BVerfGE 136, 277 [301f. Rn. 63ff.]).

2. Die abstrakte Normenkontrolle (Abs. 1 Nr. 2)

a) Erläuterungen zum Verfahren

26 Die abstrakte Normenkontrolle dient dazu, Rechtsnormen auf ihre Gültigkeit zu überprüfen. Um eine Normenkontrolle handelt es sich, weil der Prüfungsgegenstand, dessen Gültigkeit am Maßstab einer Norm überprüft wird, selbst eine Norm ist. Das Adjektiv „abstrakt" bringt zum Ausdruck, dass dies nicht aus Anlass eines konkreten Rechtsstreits geschieht. Das unterscheidet das Verfahren nach Abs. 1 Nr. 2 vom Verfahren nach Art. 100 I, das folgerichtig als konkrete Normenkontrolle bezeichnet wird (s. hierzu auch Art. 100 Rn. 4).

Ebenfalls um einen Fall der abstrakten Normenkontrolle handelt es sich beim 1994 neu eingeführten Verfahren nach Abs. 1 Nr. 2a. Zu diesem und zu seinem Verhältnis zum Verfahren nach Abs. 1 Nr. 2 s. u. Rn. 36ff. 27

Geregelt ist die abstrakte Normenkontrolle in Art. 93 I Nr. 2 GG, § 13 Nr. 6, §§ 76ff. BVerfGG. 28

b) Zulässigkeit und Begründetheit eines abstrakten Normenkontrollantrags

A. Zulässigkeit 29

I. Antragsberechtigung 30

Antragsberechtigt sind die BReg, jede LReg sowie ein Viertel der Mitglieder des BT, Art. 93 I Nr. 2, § 76 I BVerfGG. Die BReg und die LReg müssen einen gültigen Beschluss fassen. Maßgeblich für die erforderliche Zahl von Abgeordneten des BT ist nach dem Rechtsgedanken von Art. 121 die gesetzliche Mitgliederzahl.

Das Antragsquorum ist mit Wirkung zum 1.12.2009 von einem Drittel auf ein Viertel abgesenkt worden, um es Minderheiten im BT zu erleichtern, Gesetze vom BVerfG überprüfen zu lassen. Zuvor bestand speziell im Fall einer „Großen Koalition" – nach derzeitigen Verhältnissen also einer von CDU/CSU und SPD getragenen BReg – die Gefahr, dass selbst alle Oppositionsabgeordneten zusammen das Antragsquorum nicht erreichen. Dazu Benda/Klein, Verfassungsprozessrecht, Rn. 668. Seit der BT-Wahl 2013 verfügen die die Regierung tragenden Fraktionen der CDU/CSU und der SPD freilich über so viele Stimmen, dass die Opposition das Antragsquorum nicht erreichen würde.

Nicht antragsberechtigt ist eine Bundestagsfraktion als solche. Jedoch können die Abgeordneten einer Fraktion gemeinsam einen Antrag stellen, sofern sie das o. g. Quorum erreichen.

Einen Antragsgegner gibt es nicht. Die abstrakte Normenkontrolle ist ein objektives Verfahren (BVerfGE 52, 63 [80]).

II. Antragsgegenstand 31

Antragsgegenstand kann Bundes- oder Landesrecht jeder Rangstufe sein: Geschriebenes oder ungeschriebenes Recht (z. B. Gewohnheitsrecht), formelle Gesetze oder nur materielle Gesetze, vor- oder nachkonstitutionelle Regelungen. Ein Normenkontrollantrag kann sich auch gegen Vorschriften des Landesverfassungsrechts richten (BVerfGE 103, 111 [124]).

Grundsätzlich muss die Norm bereits verkündet sein. Eine präventive Normenkontrolle ist ausgeschlossen. Anderes gilt nur für Zustimmungsgesetze zu völkerrechtlichen Verträgen, bei denen nur noch die Ausfertigung und die Verkündung fehlen: Sie können bereits per Normenkontrollantrag zur Überprüfung des BVerfG gestellt werden, weil andernfalls die Gefahr droht, dass eine völkerrechtliche Bindung entsteht, die nicht mehr rückgängig gemacht werden kann, obwohl sie aus verfassungsrechtlichen Gründen nicht hätte eingegangen werden dürfen (s. dazu BVerfGE 36, 1 [15]).

III. Antragsgrund 32

Für die Zulässigkeit eines Antrags im Verfahren der abstrakten Normenkontrolle bedarf es keines subjektiven Rechtsschutzinteresses (BVerfGE 103, 111 [124]). Der Antragsteller muss keine mögliche Verletzung in eigenen Rechten oder auch nur eine irgendwie geartete eigene Betroffenheit durch die angegriffene Norm darlegen.

Daher kann auch eine LReg die Vorschrift eines fremden Landesgesetzgebers zur Überprüfung des BVerfG stellen, von der sie nicht betroffen ist (Degenhart, Staatsrecht I, Rn. 830). – Zum Teil wird dieser hier „Antragsgrund" genannte Aspekt der Zulässigkeit als „Antragsbefugnis" bezeichnet (etwa bei Pieroth, in: JP, Rn. 24). Das ist insofern missverständlich, als die Bezeichnung Antrags-, Klage-, Beschwerde- oder Widerspruchs*befugnis* regelmäßig indiziert, dass es auf die Möglichkeit einer Rechtsverletzung des Antragstellers, Klägers etc. ankommt. Da das hier gerade nicht der Fall ist, empfiehlt sich eine andere Bezeichnung. Selbstverständlich kann man aber auch den Begriff der Antragsbefugnis verwenden. Man muss dann jedoch darauf achten, nicht – wie von anderen Verfahren gewohnt – auf eine mögliche Verletzung eigener Rechte abzustellen.

Verlangt wird lediglich ein objektives Interesse an der Klarstellung der Geltung der Norm (BVerfGE 113, 167 [193]). Wann dieses Klarstellungsinteresse vorliegt, konkretisiert § 76 I BVerfGG. Dabei unterscheidet die Vorschrift zwischen zwei Fällen:

– Nach § 76 I Nr. 1 BVerfGG ist der Antrag „nur zulässig", wenn der Antragsteller die angegriffene Vorschrift aus formellen oder materiellen Gründen für nichtig hält. Das geht über Art. 93 I Nr. 2 hinaus, wonach bereits Meinungsverschiedenheiten oder Zweifel über die Gültigkeit der Norm ausreichen. Die Behandlung dieses Konflikts ist umstritten: Nach wohl richtiger Auffassung ist § 76 I Nr. 1 BVerfGG nichtig, soweit er die Anforderungen des (höherrangigen) Art. 93 I Nr. 2 verschärft (Pieroth, in: JP, Rn. 24; vorsichtig in diese Richtung auch Degenhart, Staatsrecht I, Rn. 830). Die Gegenauffassung hält § 76 I Nr. 1 BVerfGG für eine verfassungsmäßige Konkretisierung der schon qua GG bestehenden Anforderungen (BVerfGE 96, 133 [137]).

  Praktische Bedeutung dürfte diesem Problem kaum zukommen: Es ist schwer vorstellbar, dass ein Antragsteller ausführt, er habe lediglich Zweifel, sei aber nicht von der Nichtigkeit der Vorschrift überzeugt.

– Der Antrag ist nach § 76 I Nr. 2 BVerfGG aber auch dann zulässig, wenn der Antragsberechtigte die Norm für gültig hält, nachdem eine Verwaltungsbehörde, ein Staatsorgan oder ein Gericht sie wegen vermeintlicher Ungültigkeit unangewendet gelassen hat. Zur Verfassungsmäßigkeit dieser Vorschrift BVerfGE 96, 133 (137f.).

Das Normenkontrollverfahren steht selbständig neben anderen Verfahrensarten (BVerfGE 20, 56 [95]); es kann auch parallel zu anderen Verfahren eingeleitet werden. Bedeutung hat das insbesondere, wenn eine LReg das BVerfG anrufen will, weil sie der Meinung ist, der Bund habe ein kompetenzwidriges Gesetz erlassen: In diesem Fall kann sie das Gesetz im Wege der abstrakten Normenkontrolle angreifen. Sie kann aber auch – statt des Normenkontrollantrags oder zusätzlich zu diesem – einen Bund-Länder-Streit nach Abs. 1 Nr. 3 einleiten, weil eine Kompetenzüberschreitung des Bundes zugleich die Rechte der Länder verletzt.

33 III. Form

Der Antrag muss schriftlich und begründet gestellt werden, § 23 I BVerfGG.

34 IV. Keine Frist

Der Antrag ist nicht fristgebunden. Er kann auch ein schon Jahrzehnte zuvor in Kraft getretenes Gesetz betreffen.

35 B. Begründetheit

Der Antrag ist begründet, wenn die überprüfte Norm in formeller oder materieller Hinsicht mit dem als Prüfungsmaßstab heranzuziehenden Recht unvereinbar ist. Prüfungsmaßstab ist für Bundesrecht allein das GG, für Landesrecht das GG und sonstiges Bundesrecht, nicht dagegen Landesverfassungsrecht. Besonderheiten gelten in folgenden Fällen:

– GG-ändernde Gesetze können nur auf ihre Vereinbarkeit mit Art. 79 überprüft werden.
– Gesetze, die sekundäres Unionsrecht umsetzen, können nur in begrenztem Umfang am Maßstab der Grundrechte des GG gemessen werden. S. dazu Vorbem. Grundrechte Rn. 52.
– Sofern Gegenstand des Verfahrens eine Rechtsverordnung des Bundes ist, ist diese nur auf ihre Vereinbarkeit mit dem GG zu überprüfen (s. den Wortlaut von Art. 93 I Nr. 2, § 78 BVerfGG. Dazu gehören auch die Fragen nach der

Vereinbarkeit der Verordnung mit ihrer Ermächtigungsgrundlage und nach der Gültigkeit der Ermächtigungsgrundlage selbst (BVerfGE 106, 1 [12]). Nicht zu prüfen ist hingegen die Vereinbarkeit der Verordnung mit sonstigem Bundesrecht (s. bereits Art. 80 Rn. 35).

Im Fall eines erfolgreichen Antrags wird das betreffende Gesetz grundsätzlich gem. § 78 S. 1 BVerfGG für nichtig erklärt. Diese Nichtigerklärung wirkt lediglich deklaratorisch: Ein Gesetz, das gegen höherrangiges Recht verstößt, ist von Anfang an („ex tunc") nichtig. Gleichwohl haben aus Gründen der Rechtssicherheit Entscheidungen, die auf der für nichtig erklärten Vorschrift beruhen, grundsätzlich Bestand (§ 79 BVerfGG).

Anstelle der Nichtigerklärung kommt noch eine Reihe weiterer Entscheidungsaussprüche in Betracht (zu den Einzelheiten Sachs, Verfassungsprozessrecht, Rn. 151ff.). Insbesondere kann sich das BVerfG darauf beschränken, die Vorschrift für unvereinbar mit dem Prüfungsmaßstab zu erklären (s. dazu § 79 Abs. 1 BVerfGG). In Betracht kommt das namentlich in Gleichheitsfällen, in denen es mehrere Möglichkeiten zur Herstellung eines verfassungsmäßigen Zustands gibt (Belastung einer Gruppe oder Begünstigung einer anderen Gruppe), über die der Gesetzgeber entscheiden muss. Ein weiterer Anwendungsfall der bloßen Unvereinbarerklärung sind Konstellationen, in denen durch die Nichtigerklärung der verfassungswidrigen Vorschrift ein „noch verfassungswidrigerer" (in Wahrheit lässt sich der Begriff nicht steigern!) Zustand eintreten würde. Das ist z.B. der Fall, wenn eine gesetzliche Regelung grundrechtlichen Schutzpflichten nicht genügt, weil sie ein Rechtsgut zu schwach schützt. Würde sie für nichtig erklärt, würde sogar der ohnehin schon unzureichende Schutz wegfallen.

3. Die abstrakte Normenkontrolle zur Überprüfung der Erforderlichkeit nach Art. 72 II (Abs. 1 Nr. 2a)

a) Erläuterungen zum Verfahren

Nach Abs. 1 Nr. 2a entscheidet das BVerfG bei Meinungsverschiedenheiten, ob ein Gesetz den Voraussetzungen des Art. 72 II entspricht, ob also die dort verlangte Erforderlichkeit für eine bundesgesetzliche Regelung vorliegt, von der die Inanspruchnahme bestimmter Titel aus dem Bereich der konkurrierenden Gesetzgebungskompetenz durch den Bund abhängt. U.a. auf die Einführung dieses Verfahrens stützt das BVerfG seine Auffassung, das Vorliegen der Voraussetzungen des Art. 72 II in vollem Umfang überprüfen zu können (st. Rspr. seit BVerfGE 106, 62ff.; s. näher Art. 72 Rn. 20). **36**

Der Anwendungsbereich des Verfahrens nach Abs. 1 Nr. 2a, bei dem es sich ebenfalls um eine abstrakte Normenkontrolle handelt, wird weitgehend von dem nach Nr. 2 erfasst. Die zentralen Unterschiede liegen im unterschiedlich gezogenen Kreis der Antragsberechtigten und im begrenzten Prüfungsumfang im Verfahren nach Abs. 1 Nr. 2a, aus dem zugleich eine Einschränkung der möglichen Prüfungsgegenstände folgt: Zumindest unmittelbar geht es nur um die Vereinbarkeit einer Regelung mit Art. 72 II. Da die Vorschrift nur für formelle Bundesgesetze relevant ist, können auch nur derartige Regelungen Gegenstand des Verfahrens sein. **37**

Die beiden Arten der abstrakten Normenkontrolle stehen selbständig nebeneinander; die Zuständigkeit nach Abs. 1 Nr. 2a schränkt die nach Abs. 1 Nr. 2 nicht ein. Soweit eine LReg ein Bundesgesetz an Art. 72 II GG überprüfen lassen will, hat sie daher ein Wahlrecht, ob sie im Verfahren nach Abs. 1 Nr. 2 GG oder nach Abs. 1 Nr. 2a GG vorgeht. Für das Verfahren nach Abs. 1 Nr. 2 spricht der umfassendere Prüfungsmaßstab. **38**

An sich nicht erforderlich war daher das prozessuale Vorgehen im Verfahren über das Altenpflegegesetz (BVerfGE 106, 62 [89]): Dort hatte die antragstellende Bayerische Staatsregierung neben einem Antrag nach Abs. 1 Nr. 2 hilfsweise einen Antrag nach Abs. 1 Nr. 2a gestellt.

39 Geregelt ist die neue Spielart der abstrakten Normenkontrolle in Art. 93 I Nr. 2a GG, § 13 Nr. 6a, §§ 76ff. BVerfGG.

b) Zulässigkeit und Begründetheit eines abstrakten Normenkontrollantrags nach Abs. 1 Nr. 2a

40 A. Zulässigkeit
41 I. Antragsberechtigung
Antragsberechtigt sind der BR, eine LReg oder ein Landesparlament.
42 II. Antragsgegenstand
Antragsgegenstand kann nur ein formelles Bundesgesetz sein (s. o. Rn. 37).
43 III. Antragsgrund
Der Antragsteller muss das Gesetz wegen eines Verstoßes gegen Art. 72 II für nichtig halten, § 76 II BVerfGG. Die o. (Rn. 32) dargestellte Frage, ob das BVerfGG die Anforderungen des GG unzulässig verschärft, stellt sich hier nicht, da Abs. 1 Nr. 2a im Gegensatz zu Abs. 1 Nr. 2 bloße Zweifel nicht genügen lässt.
44 IV. Form
Der Antrag muss schriftlich und begründet gestellt werden, § 23 I BVerfGG.
45 V. Keine Frist
Der Antrag ist nicht fristgebunden. Er kann auch ein schon Jahrzehnte zuvor in Kraft getretenes Gesetz betreffen.

46 B. Begründetheit
Der Antrag ist jedenfalls dann begründet, wenn das Gesetz wegen eines Verstoßes gegen Art. 72 II nichtig ist. Das setzt zunächst voraus, dass überhaupt ein Titel aus dem Bereich der konkurrierenden Gesetzgebungskompetenz einschlägig ist. Zudem muss es sich um einen Titel handeln, auf den die Erforderlichkeitsklausel anwendbar ist.
Beide Aspekte darf und muss das BVerfG als logisch vorrangige Fragen in seine Prüfung mit einbeziehen. Stellt sich bei der Prüfung der Vorfrage heraus, dass in Wahrheit die Kompetenz der Länder gegeben ist, ist der Normenkontrollantrag begründet. Stellt sich hingegen heraus, dass eine Bundeskompetenz vorliegt, jedoch eine ausschließliche oder eine solche, für die Art. 72 II GG nicht gilt, ist der Normenkontrollantrag unbegründet. Zur Tenorierung i. Ü. s. o. Rn. 35.

4. Der Bund-Länder-Streit (Abs. 1 Nr. 3)

a) Erläuterungen zum Verfahren

47 Der Bund-Länder-Streit dient dem Bund einerseits und den Ländern andererseits dazu, Streitigkeiten über den Umfang ihrer jeweiligen Rechte und Pflichten aus dem Bundesstaatsverhältnis vom BVerfG entscheiden zu lassen. Es handelt sich wie beim Organstreit (o. Rn. 13ff.) um ein kontradiktorisches Verfahren, in dem es neben einem Antragsteller auch einen Antragsgegner gibt.

48 Auch i. Ü. weist das Verfahren etliche strukturelle Gemeinsamkeiten mit dem Organstreit auf, von dem es sich im Wesentlichen durch die anderen Beteiligten unterscheidet: Dort streiten Bundesorgane um ihre Rechte und Pflichten aus dem GG, hier Bund und Länder um ihre Rechte aus dem Bundesstaatsverhältnis. Deutlich wird die Parallelität auf der Ebene des einfachen Gesetzesrechts. Dort ist der Bund-Länder-Streit gem. Abs. 1 Nr. 3 durch die § 13 Nr. 7, §§ 68ff. BVerfGG geregelt, die nur wenige Bund-Länder-Streit-spezifische Regelungen enthalten und im Übrigen auf die Vorschriften über den Organstreit verweisen (§ 69 BVerfGG).

b) Zulässigkeit und Begründetheit eines Antrags im Bund-Länder-Streit

A. Zulässigkeit **49**

I. Beteiligtenfähigkeit/Parteifähigkeit **50**

Antragsteller bzw. -gegner sind der Bund auf der einen und ein Land oder mehrere Länder auf der anderen Seite. § 68 BVerfGG, der als Antragsteller und -gegner die BReg sowie die LReg benennt, ist missverständlich formuliert. Richtiger Auffassung nach regelt die Vorschrift nicht die Beteiligtenfähigkeit, sondern die Verfahrensfähigkeit (u. Rn. 51). Die Gegenauffassung (z. B. Degenhart, in: Staatsrecht I, Rn. 825), die sich stärker am Wortlaut orientiert, versteht die Norm als Regelung der Beteiligtenfähigkeit; die BReg bzw. LReg wäre also selbst Prozesspartei. Nach diesem Verständnis handelt es sich bei § 68 BVerfGG um den Fall einer Prozessstandschaft, da die jeweilige Regierung fremde Rechte, nämlich solche des Bundes bzw. Landes, in eigenem Namen geltend macht.

II. Verfahrensfähigkeit/Prozessfähigkeit **51**

Der Bund wird durch die BReg vertreten, das Land (bzw. die Länder) durch seine Regierung (bzw. ihre Regierungen), § 68 BVerfGG.

III. Antragsgegenstand **52**

Gegenstand des Antrags muss nach § 69 i. V. m. § 64 I BVerfGG eine konkrete, rechtserhebliche Maßnahme oder Unterlassung des Antragsgegners in einem die Parteien umfassenden Verfassungsrechtsverhältnis sein. Rechtserheblich ist eine Maßnahme stets dann, wenn sie geeignet ist, in den Rechtskreis eines der Beteiligten einzugreifen. Konkret ist eine Maßnahme, wenn sie ein bestimmtes Verhalten darstellt; ein allgemeiner Disput reicht nicht. S. im Übrigen o. Rn. 20.

IV. Antragsbefugnis **53**

Gem. § 69 i. V. m. § 64 I BVerfGG muss der Antragsteller die Möglichkeit einer Verletzung oder unmittelbaren Gefährdung in ihm durch das GG übertragenen Rechten und Pflichten plausibel geltend machen. Die Maßnahme oder Unterlassung muss möglicherweise eine eigene Rechtsposition des Antragstellers verletzen. Nicht ausreichend ist es, wenn sich Bund und Land nur als Beteiligte eines verwaltungsrechtlichen Rechtsverhältnisses gegenüberstehen (BVerfGE 95, 250 [262]).

Das Prinzip der Bundestreue (näher Art. 20 Rn. 235 ff.) kann nicht selbständig ein verfassungsrechtliches Rechtsverhältnis begründen und unterverfassungsrechtliche Rechte und Pflichten zu verfassungsrechtlichen machen: Zwar ist das Prinzip der Bundestreue Prüfungsmaßstab. Da es aber akzessorischer Natur ist und allein keine Rechte oder Pflichten begründet, kann es nur im Zusammenhang mit einem materiellen Verfassungsrechtsverhältnis herangezogen werden, das sich aus anderen Vorschriften des GG ergibt.

Eine Verletzung muss nach dem Vortrag des Antragstellers zumindest möglich sein. Daran fehlt es nur, wenn sie a priori und nach jeder Sichtweise ausgeschlossen werden kann.

V. Form **54**

Der Antrag ist nach § 23 I BVerfGG schriftlich und begründet zu stellen; gem. § 69 i. V. m. § 64 II BVerfGG muss er die als verletzt gerügte Norm nennen.

VI. Frist **55**

Der Antrag muss gem. § 69 i. V. m. § 64 III BVerfGG innerhalb von 6 Monaten, nachdem die beanstandete Maßnahme oder Unterlassung dem Antragsteller bekannt geworden ist, gestellt werden. Fristbeginn bei Unterlassungen ist die Kenntnis von einer eindeutigen Erfüllungsverweigerung.

Die Monatsfrist des § 70 BVerfGG bezieht sich allein auf den Sonderfall, dass sich der Antrag gegen einen Beschluss des BR nach Art. 84 IV richtet (zur Möglichkeit, gegen diesen Antrag das BVerfG anzurufen, s. Art. 84 IV 2). Im Übrigen bleibt es bei der Frist nach § 69 i. V. m. § 64 III BVerfGG (sechs Monate).

56 VII. Rechtsschutzbedürfnis

Das Rechtsschutzbedürfnis wird i. d. R. durch das Vorliegen der Antragsbefugnis indiziert. Es entfällt ggf., wenn der Antragsteller die dargelegte Rechtsverletzung durch eigenes Handeln hätte verhindern können. Es entfällt außerdem, wenn keine Wiederholungsgefahr mehr besteht (wobei eine entsprechende Versicherung des Antragsgegners grundsätzlich nicht ausreicht, Bethge, in: MSKB, § 69 Rn. 104).

Zum Verhältnis des Bund-Länder-Streits zur abstrakten Normenkontrolle s. o. Rn. 32.

57 B. Begründetheit

Der Antrag ist begründet, wenn der Antragsteller tatsächlich durch das Verhalten des Antragsgegners in ihm durch das GG übertragenen Rechten verletzt oder unmittelbar gefährdet ist.

Prüfungsmaßstab sind vor allem die Kompetenzvorschriften des GG, sonstiges Verfassungsrecht insoweit, als es für das Bund-Länder-Verhältnis von Bedeutung ist. Auch der Grundsatz der Bundestreue kann – im Rahmen seiner akzessorischen Natur – relevant sein.

Auf einen erfolgreichen Antrag hin stellt das BVerfG die Verletzung des Antragstellers in dessen Rechten fest, § 69 i. V. m. § 67 BVerfGG.

5. Andere Bund-Länder-Streitigkeiten, Zwischenländerstreitigkeiten und landesinterne Streitigkeiten (Abs. 1 Nr. 4)

58 Abs. 1 Nr. 4 weist dem BVerfG die Zuständigkeit für drei föderative Verfahrensarten zu: Andere, also noch nicht von Abs. 1 Nr. 3 erfasste Bund-Länder-Streitigkeiten (Var. 1), Zwischenländerstreitigkeiten, also Streitigkeiten zwischen mehreren Ländern (Var. 2), und landesinterne (Organ-)Streitigkeiten (Var. 3).

59 Diese Verfahrensarten sind in der Praxis, vor allem aber in der Ausbildung, von nachrangiger Bedeutung. Das liegt u. a. an ihrer schon von Abs. 1 Nr. 4 ausdrücklich angeordneten Subsidiarität: Die Zuständigkeit des BVerfG ist nur eröffnet, soweit nicht ein anderer Rechtsweg gegeben ist.

60 Der Anwendungsbereich von Abs. 1 Nr. 4 Var. 1 (andere Bund-Länder-Streitigkeiten) ist klein. Verfassungsrechtliche Bund-Länder-Streitigkeiten, bei denen es um Rechte und Pflichten aus dem GG geht, werden schon von Abs. 1 Nr. 3 erfasst. Da das BVerfG nur verfassungsrechtliche Streitigkeiten entscheidet, muss es sich für Abs. 1 Nr. 4 Var. 1 um verfassungsrechtliche Streitigkeiten handeln, die nicht Rechte aus dem GG betreffen. Beruhen können sie namentlich auf Staatsverträgen zwischen Bund und Ländern, sofern diese – was nicht zwingend ist – verfassungsrechtlicher Natur sind. Zum gleichen Ergebnis kommt die Gegenauffassung, die Abs. 1 Nr. 4 Var. 1 prinzipiell auch auf verwaltungsrechtliche Streitigkeiten zwischen Bund und Ländern anwenden will. Zu einem größeren Anwendungsbereich von Abs. 1 Nr. 4 Var. 1 gelangt sie wegen der für alle Verfahren nach Abs. 1 Nr. 4 geltenden Subsidiaritätsklausel nicht: Für verwaltungsrechtliche Bund-Länder-Streitigkeiten ist nach § 40 I, § 50 I 1 VwGO der Verwaltungsrechtsweg eröffnet; zuständig ist das BVerwG.

61 Der Zwischenländerstreit nach Abs. 1 Nr. 4 Var. 2 hat einen größeren Anwendungsbereich, weil am Verfahren nach Abs. 1 Nr. 3 zwar mehrere Länder beteiligt sein können, jedoch nur auf einer Seite: Gegeneinander streiten können sie in verfassungsrechtlichen Angelegenheiten nur im Zwischenländerstreit nach Abs. 1 Nr. 4 Var. 2. Hier kann es ebenfalls (u. a.) um Rechte und Pflichten aus Staatsverträgen gehen, die jedoch auch hier verfassungsrechtlicher Natur sein müssen. Zu dieser Frage sowie zum Aufbau der Prüfung eines Zwischenländerstreits näher Bethge/von Coelln, JuS 2002, 364 (367 f.).

62 (Verfassungsrechtliche) Streitigkeiten innerhalb eines Landes (Abs. 1 Nr. 4 Var. 3) fallen typischerweise in die Zuständigkeit des jeweiligen LVerfG (Degenhart, Staats-

recht I, Rn. 773), so dass die Zuständigkeit des BVerfG auf Grund der Subsidiaritätsklausel ausscheidet.

Einfach-gesetzlich sind die drei Verfahren (rudimentär) in § 13 Nr. 8, §§ 71f. BVerfGG geregelt. **63**

6. Die Verfassungsbeschwerde (Abs. 1 Nr. 4a)

a) Erläuterungen zum Verfahren

Die Verfassungsbeschwerde, die zunächst nur einfach-gesetzlich geregelt war und erst 1969 in das GG aufgenommen wurde, ermöglicht jedem einzelnen Bürger, wegen einer vermeintlichen Verletzung seiner Grundrechte das BVerfG anzurufen. **64**

Wenn von einer Verfassungsbeschwerde die Rede ist, ist damit in der Regel (der auch die vorliegende Darstellung folgt) das Verfahren nach Abs. 1 Nr. 4a gemeint. Terminologisch ist das an sich nicht ganz präzise, da der Begriff in der Gesetzessprache als Oberbegriff für die Grundrechts- oder Individualverfassungsbeschwerde nach Abs. 1 Nr. 4a und für die kommunale Verfassungsbeschwerde nach Abs. 1 Nr. 4b verwendet wird (s. dazu noch u. Rn. 88). **65**

Primärer Zweck der Verfassungsbeschwerde ist der Schutz der Grundrechte des Einzelnen. Über dieses subjektive Rechtsschutzziel hinaus dient sie jedoch auch der Wahrung und Fortentwicklung des GG. Dieser objektiv-rechtliche Verfahrenszweck kann z.B. dazu führen, dass die Rücknahme einer Verfassungsbeschwerde nicht in beliebigem Umfang möglich ist. **66**

So verhielt es sich etwa im Verfahren um die Zulässigkeit der Rechtschreibreform. Das BVerfG traf eine Entscheidung in der Sache; die kurz vor der angekündigten Urteilsverkündung erfolgte Rücknahme der Verfassungsbeschwerde durch die Beschwerdeführer wertete es als unwirksam (BVerfGE 98, 218 [242f.]).

Die tatsächliche Bedeutung der Verfassungsbeschwerde ist groß. Im Jahr 2014 waren von den 6811 neu eingeleiteten Verfahren vor dem BVerfG 6606 Verfassungsbeschwerden. Allerdings ist die Erfolgsquote sehr klein; sie liegt regelmäßig unter 2%, jedenfalls aber unter 3% (zu Details s. die Statistiken unter www.bundesverfassungsgericht.de, Punkt „Verfahren", dann „Jahresstatistiken"). Der größte Teil der erfolglosen Verfassungsbeschwerden wird bereits nicht zur Entscheidung angenommen. Zum Annahmeverfahren s. Art. 94 II 2, §§ 93a ff. BVerfGG sowie u. Rn. 87. **67**

Häufig fehlinterpretiert wird das Verhältnis der Verfassungsbeschwerde zu anderen Formen des gerichtlichen Rechtsschutzes. Die Verfassungsbeschwerde ist ein außerordentlicher und subsidiärer Rechtsbehelf, der erst zur Verfügung steht, wenn alle anderen Mittel ausgeschöpft sind. Das BVerfG ist keine weitere Instanz über den anderen Gerichten. Die Verfassungsbeschwerde hat keinen Suspensiveffekt: Entscheidungen anderer Gerichte, die per Verfassungsbeschwerde angegriffen werden, werden formell rechtskräftig und können trotz des laufenden Verfahrens vor dem BVerfG bereits vollstreckt werden. Das BVerfG ist auch nicht als einziges Gericht für den Schutz der Grundrechte zuständig. Grundrechtsschutz findet in erster Linie vor den Fachgerichten statt. **68**

Im einfachen Gesetzesrecht finden sich die Vorschriften zur Verfassungsbeschwerde in § 13 Nr. 8a, §§ 90ff. BVerfGG. **69**

b) Zulässigkeit und Begründetheit einer Verfassungsbeschwerde

A. Zulässigkeit **70**

I. Beschwerdefähigkeit **71**

Beschwerdefähig ist nach Abs. 1 Nr. 4a sowie § 90 I BVerfGG „jedermann". Das ist jeder Grundrechtsträger. Entscheidend ist die Grundrechtsfähigkeit, die sich aus dem materiellen Recht ergibt.

Näher erörterungsbedürftig ist dieser Punkt u. a. in Fällen, in denen juristische Personen Verfassungsbeschwerde erheben. Dann ist zu klären, ob sie sich über Art. 19 III auf potentiell einschlägige Grundrechte berufen können. Nähere Ausführungen zur Grundrechtsträgerschaft sind außerdem bei Verfassungsbeschwerden von Ausländern veranlasst, die sich grundsätzlich nicht auf Deutschengrundrechte berufen können. Näher zur Grundrechtsträgerschaft Vorbem. Grundrechte Rn. 64 ff.

72 Klärungsbedürftig kann auch sein, ob der prinzipiell grundrechtsfähige Beschwerdeführer tatsächlich zur Verteidigung von Grundrechten antritt, oder ob es sich bei den vermeintlich eingeschränkten Rechten in Wahrheit um Organrechte handelt, also um solche Rechte, die ihm als Verfassungsorgan zukommen. Insofern dient der Prüfungspunkt zugleich der Abgrenzung vom Organstreit nach Abs. 1 Nr. 1.

Der Bundestagsabgeordnete, dem wegen beleidigender Äußerungen am Rednerpult im Parlament das Wort entzogen wurde, kann sich nicht auf das Grundrecht der Meinungsfreiheit nach Art. 5 I 1 Var. 1 berufen, obwohl ihm dieses als Privatperson selbstverständlich zusteht. Er macht das Rederecht des Abgeordneten geltend, das seine Grundlage in Art. 38 I 2 hat und per Antrag im Organstreit durchgesetzt werden muss (zu einem Sonderfall, in dem der Abgeordnete organschaftliche Rechte ausnahmsweise doch per Verfassungsbeschwerde geltend machen kann, s. freilich BVerfGE 108, 251 [266 ff.]). – Relevant wird die Abgrenzung auch bei politischen Parteien, denen je nach zugrunde liegender Konstellation der Organstreit oder die Verfassungsbeschwerde zur Verfügung steht. Sofern die Partei eine Verfassungsbeschwerde erhebt, wird das Problem (näher Art. 21 Rn. 16) bei der Frage erörtert, ob sie „jedermann" im Sinne dieses Verfahrens ist.

73 II. Verfahrensfähigkeit/Prozessfähigkeit

Unter der Verfahrens- oder Prozessfähigkeit versteht man die Fähigkeit, selbst oder durch selbst gewählte Vertreter wirksame Prozesshandlungen vorzunehmen.

Die Verfahrensfähigkeit ist das prozessuale Pendant zur Geschäftsfähigkeit im materiellen Recht, während die Beteiligtenfähigkeit (bzw. Beschwerde- oder Parteifähigkeit) das Gegenstück zur Rechtsfähigkeit darstellt.

Zu erörtern ist der Punkt jedenfalls bei juristischen Personen, die nur durch Vertreter handeln können.

Hier genügt in einer Klausur die kurze Feststellung, durch wen die juristische Person vertreten wird. Beispiel: „Die AG wird durch ihren Vorstand vertreten, § 78 I 1 AktG".

Relevant wird die Verfahrensfähigkeit zudem bei Minderjährigen. Ungeachtet elterlicher Einwirkungsmöglichkeiten (Art. 6 II 1) sind bereits Kinder Träger von Grundrechten. Eine andere Frage ist es, ob sie diese Grundrechte bereits selbständig ausüben können (Hufen, Staatsrecht II, § 6 Rn. 41). Das wird häufig mit dem Begriff der Grundrechtsmündigkeit umschrieben. Im Verfahren der Verfassungsbeschwerde sind insofern zwei Aspekte relevant: Der Minderjährige muss in der Lage sein, das Grundrecht selbständig wahrzunehmen. Zudem muss er fähig sein, sein Anliegen so vorzutragen, dass das BVerfG darüber entscheiden kann. Einen Anhaltspunkt dafür, ab welchem Alter man dies annehmen kann, geben gesetzliche Regelungen, die Minderjährigen erlauben, grundrechtsrelevante Entscheidungen unabhängig vom Elternwillen zu treffen.

Wenn § 5 RelKErzG einem Vierzehnjährigen gestattet, allein über sein religiöses Bekenntnis zu entscheiden, sollte die Rechtsordnung ihn prinzipiell auch für fähig halten, Eingriffe in seine Glaubensfreiheit durch entgegenstehende Maßnahmen per Verfassungsbeschwerde abzuwehren.

PSKP, Grundrechte, Rn. 145, schlagen vor, den Begriff der Grundrechtsmündigkeit nur noch als Synonym für die Prozessfähigkeit zu verwenden (a. A. Sachs, Verfassungsprozessrecht, Rn. 486, der den Begriff ausschließlich materiellrechtlich verwenden will).

Folgt man dem, kann man formulieren: „Prozessfähig ist ein Minderjähriger, wenn er grundrechtsmündig ist." – Die mögliche Prozessfähigkeit Minderjähriger stellt eine Besonderheit des Verfassungsprozessrechts dar. Im Zivilprozess müsste ein 17-Jähriger grundsätzlich durch seine Eltern vertreten werden.

III. Beschwerdegegenstand 74

Tauglicher Gegenstand der Verfassungsbeschwerde ist nach Abs. 1 Nr. 4a, § 90 I BVerfGG ein Akt „öffentlicher Gewalt". Damit sind Akte aller drei Staatsgewalten gemeint: Die Verfassungsbeschwerde kann sich gegen Akte der Legislative, der Exekutive und der Judikative (also der Gesetzgebung, der Verwaltung und der Rechtsprechung) richten. Der Grund für dieses weite Begriffsverständnis ist Art. 1 III: Die Grundrechte binden alle drei Staatsgewalten. Da die Verfassungsbeschwerde der Abwehr von Grundrechtsverletzungen dient, müssen mit ihr Akte aller drei Staatsgewalten angegriffen werden können.

Der Begriff der öffentlichen Gewalt wird im GG z. T. aber auch enger verstanden. Ein Beispiel ist Art. 19 IV (s. Art. 19 Rn. 81 ff.).

Grundsätzlich muss es sich um deutsche öffentliche Gewalt handeln. Allerdings geht das BVerfG davon aus, prinzipiell auch Akte der EU am Maßstab der Grundrechte prüfen zu dürfen (BVerfGE 89, 155 [175]). Jedoch übt es seine diesbezügliche Gerichtsbarkeit nur in einem Kooperationsverhältnis mit dem EuGH aus (dazu näher Vorbem. Grundrechte Rn. 51), so dass entsprechende Verfassungsbeschwerden derzeit regelmäßig unzulässig sein werden. Nichts anderes gilt für Verfassungsbeschwerden gegen innerstaatliche Rechtsvorschriften, die zwingende Vorgaben europäischer Richtlinien in deutsches Recht umsetzen (BVerfGE 125, 260 [306]; 129, 78 [90]). Zulässig sein können Verfassungsbeschwerden jedoch dort, wo deutsche Hoheitsträger bei der Umsetzung und Anwendung europäischen Rechts Gestaltungsspielräume haben (BVerfGE 125, 260 [306 f.]; s. hierzu auch Vorbem. Grundrechte Rn. 52), wo der Beschwerdeführer die Verkennung vermeintlicher Gestaltungsspielräume rügt (BVerfGE 129, 78 [91]) oder wo Regelungen in den nicht übertragbaren Bereich deutscher Verfassungsidentität einzugreifen drohen, was namentlich bei einer Beeinträchtigung der dauerhaften Haushaltsautonomie des Bundestages der Fall sein kann (BVerfGE 129, 124 [166 ff.]; 132, 195 [234 f. Rn. 92]; 135, 317 [384 f. Rn. 122]).
Ein Akt öffentlicher Gewalt kann außer in einem aktiven Handeln staatlicher Gewalt auch im Unterlassen einer staatlichen Maßnahme liegen (s. auch §§ 92, 95 I 1 BVerfGG). Relevant wird das namentlich bei der vermeintlichen Nichterfüllung einer grundrechtlichen Schutzpflicht.

Ein Bürger ist der Meinung, der Staat müsse ihn in öffentlichen Parks umfassend vor Passivrauch schützen. Da es ein entsprechendes Gesetz nicht gibt, erhebt er Verfassungsbeschwerde. Das gesetzgeberische Unterlassen wäre ein tauglicher Beschwerdegegenstand.

Kein tauglicher Gegenstand einer Verfassungsbeschwerde sind Entscheidungen des BVerfG selbst. Hier fehlt es an einer übergeordneten Instanz, die über die Beschwerde entscheiden könnte (Problem des „quis iudicabit?" [Wörtlich: Wer wird es entscheiden?]).
Schon wegen des Gebots der Rechtswegerschöpfung (u. Rn. 76) kommt es vor Erhebung einer Verfassungsbeschwerde häufig zu mehreren Hoheitsakten in der betreffenden Angelegenheit. Der Beschwerdeführer hat in diesem Fall ein Wahlrecht, ob er alle Entscheidungen zum Gegenstand der Verfassungsbeschwerde machen oder nur die letztinstanzliche Entscheidung angreifen will (BVerfGE 54, 53 [64 ff.]).

Ein Bürger, der gegen seinen Steuerbescheid erfolglos Einspruch eingelegt und dann vor dem FG sowie dem BFH geklagt hat, kann Verfassungsbeschwerde entweder nur gegen die Entscheidung des BFH oder gegen alle vier Entscheidungen (zwei Verwaltungsakte, zwei gerichtliche Entscheidungen) einlegen.

75 IV. Beschwerdebefugnis

Nach § 90 I BVerfGG setzt die Zulässigkeit der Verfassungsbeschwerde die Behauptung einer Grundrechtsverletzung (bzw. einer Verletzung in grundrechtsgleichen Rechten [zum Begriff Vorbem. Grundrechte Rn. 17f.]) voraus. Die Behauptung muss plausibel sein; eine Grundrechtsverletzung darf nicht von vornherein ausscheiden. Erörtert wird das unter dem Begriff der Beschwerdebefugnis, der in Anlehnung an die Rechtsprechung des BVerfG in zwei Teilfragen erörtert werden sollte: Eine Grundrechtsverletzung muss möglich sein. Zudem muss der Beschwerdeführer durch den angegriffenen Hoheitsakt selbst, gegenwärtig und unmittelbar betroffen sein.

1. Möglichkeit einer Grundrechtsverletzung

Erforderlich ist zunächst die Möglichkeit einer Grundrechtsverletzung (s. z.B. BVerfGE 89, 155 [171]; 125, 39 [73]). Daran fehlt es nur, wenn eine Grundrechtsverletzung von vornherein und nach jeder Betrachtungsweise ausgeschlossen ist.

Die letztgenannte Formulierung bietet sich auch in Klausuren an. Die Erörterung der Beschwerdebefugnis ist nur eine Art grober Vorfilter. Ob ein Grundrecht tatsächlich verletzt ist, ist kein Problem der Zulässigkeit, sondern Inhalt der Begründetheitsprüfung. Es stellt daher nicht nur eine sprachliche Nachlässigkeit, sondern einen gravierenden Verständnisfehler dar, wenn – was in Klausuren leider häufig geschieht – formuliert wird: „Der X müsste beschwerdebefugt sein. Das setzt voraus, dass er in Grundrechten verletzt ist."

An welcher Stufe der Grundrechtsprüfung die Verletzung offensichtlich scheitert, spielt keine Rolle. Ein evident nicht eröffneter Schutzbereich kann ebenso zur fehlenden Beschwerdebefugnis führen wie ein offenkundig nicht vorliegender Eingriff oder eine sofort zu erkennende Rechtfertigung. Sobald aber eine nähere Begründung erforderlich wird, weil das Ergebnis eben doch nicht auf der Hand liegt, sollte die mögliche Grundrechtsverletzung bejaht werden und ihr tatsächliches Vorliegen in der Begründetheitsprüfung geklärt werden. Die Klausur sollte nicht durch das Vorziehen schwieriger Fragen in die Beschwerdebefugnis „kopflastig" gemacht werden.

2. Eigene, gegenwärtige und unmittelbare Betroffenheit

Der Beschwerdeführer muss durch die angegriffene Maßnahme selbst, gegenwärtig und unmittelbar betroffen sein (s. z.B. BVerfGE 97, 157 [164]).

Zusammenfassend werden diese Kriterien auch als „qualifizierte Betroffenheit" bezeichnet. – Wie umfangreich dieser Aspekt in einer Klausur angesprochen werden sollte, hängt besonders stark davon ab, ob der Sachverhalt insofern Probleme aufweist. U.U. genügen sehr kurze Erörterungen. Zu empfehlen ist freilich, die Merkmale der geforderten Betroffenheit zumindest mit jeweils einem kurzen Satz zu erläutern.

a) Eigene Betroffenheit

Eigene Betroffenheit liegt vor, wenn der Beschwerdeführer die vermeintliche Verletzung eigener Grundrechte geltend macht. Sie fehlt, wenn es nur um Grundrechte Dritter geht. Derartige „Popularverfassungsbeschwerden" sind grundsätzlich unzulässig. Eine Ausnahme stellen insbesondere Verfassungsbeschwerden dar, mit denen die Menschenwürde schon Verstorbener geltend gemacht wird (dazu aber Art. 1 Rn. 18ff.) – was zwangsläufig nicht durch den Grundrechtsträger selbst geschehen kann. Eine weitere Ausnahme sind Fälle der Prozessstandschaft, in denen auf Grund gesetzlicher Anordnung fremde (Grund-)Rechte in eigenem Namen geltend gemacht werden dürfen.

Der Testamentsvollstrecker macht Rechte der Erben im eigenen Namen geltend.

Relativ unproblematisch kann die eigene Betroffenheit bejaht werden, wenn sich der Beschwerdeführer gegen eine an ihn gerichtete, belastende staatliche Maßnahme zur Wehr setzt. Näher zu erläutern ist sie hingegen, wenn die Maßnahme unmittelbar einen Dritten betrifft. Die eigene Betroffenheit des Beschwerdeführers setzt dann voraus, dass auch seine Rechtsstellung berührt wird.

Der Mieter einer Wohnung ist durch den gegen den Hauseigentümer gerichteten Bescheid, das Haus abzureißen, selbst betroffen.

b) Gegenwärtige Betroffenheit

Die Betroffenheit muss aktuell bestehen. Sie darf grundsätzlich weder bereits vergangen sein noch allein in der Zukunft eintreten. An der gegenwärtigen Betroffenheit fehlt es z.B., wenn Vorschriften außer Kraft getreten sind bzw. wenn sich Einzelakte erledigt haben und sich rechtlich nicht mehr auswirken. Eine Ausnahme soll u.a. dann gelten, wenn die Gefahr der Wiederholung besteht (BVerfGE 116, 69 [79], für eine Disziplinarmaßnahme gegen einen Gefangenen, die durch Vollzug erledigt war).

An der gegenwärtigen Betroffenheit fehlt es grundsätzlich auch dann, wenn Vorschriften noch nicht in Kraft getreten sind. Ausnahmsweise können erst zukünftig in Kraft tretende Normen ihre Adressaten freilich schon jetzt zu Dispositionen zwingen, die später nicht mehr rückgängig zu machen sind. In diesem Fall liegt eine gegenwärtige Betroffenheit vor (BVerfGE 75, 78 [95]).

Der Bundesgesetzgeber beschließt im Herbst 2015 ein Gesetz, das als Zeitpunkt seines Inkrafttretens den 1.1.2017 nennt und das inhaltlich vorsieht, dass von diesem Tag an in Deutschland nur noch Elektroautos gebaut werden dürfen. Die Automobilhersteller könnten zwar zunächst in gewohnter Weise Autos herstellen. Sie müssten jedoch lange vor dem Stichtag mit der Umstellung ihrer Fabriken beginnen. Daher dürften sie bereits unmittelbar nach Erlass des Gesetzes Verfassungsbeschwerde erheben.

c) Unmittelbare Betroffenheit

Schließlich muss der Beschwerdeführer durch die angegriffene Maßnahme unmittelbar betroffen sein. Daran fehlt es grundsätzlich, wenn nicht der Beschwerdegegenstand selbst Grundrechte tangiert, sondern erst ein weiterer Vollzugsakt. Relevant wird das in erster Linie bei Verfassungsbeschwerden gegen Rechtsnormen.

Der Gesetzgeber erlässt eine Verordnungsermächtigung. Eine darauf gestützte Verordnung würde den Beschwerdeführer unmittelbar belasten. Dagegen betrifft ihn die Ermächtigung nur mittelbar. Sie bedarf eines Vollzugsaktes (= Erlass der Verordnung), ist also nicht „self-executing". – Sehr häufig lassen sich derartige Konstellationen auch unter einem anderen Aspekt behandeln: Solange es die Verordnung nicht gibt, kann man auch die gegenwärtige Betroffenheit verneinen.

Als Vollzugsakt lässt sich auch die behördliche oder gerichtliche Entscheidung im Straf- und Ordnungswidrigkeitenrecht verstehen. Die fehlende unmittelbare Betroffenheit steht der Zulässigkeit einer Verfassungsbeschwerde jedoch nur dann entgegen, wenn es dem Bürger zumutbar ist, den Vollzugsakt abzuwarten. Das ist nicht der Fall, wenn er sich dafür dem Risiko eines Bußgeldes oder der Strafverfolgung aussetzt (BVerfGE 81, 70 [82]). Problematisiert wird dieser Gedanke meist im Zusammenhang mit dem Gebot der Subsidiarität (u. Rn. 77).

V. Rechtswegerschöpfung **76**

Sofern gegen die Verletzung ein Rechtsweg zulässig ist, kann die Verfassungsbeschwerde nach § 90 II 1 BVerfGG grundsätzlich erst nach der Erschöpfung des Rechtswegs erhoben werden. Die Vorschrift verlangt, dass der Beschwerdeführer gerichtlichen Rechtsschutz, den ihm die Rechtsordnung zur Verfügung stellt, ausnutzt. Tut er dies nicht oder nur verspätet, ist die Verfassungsbeschwerde unzulässig.

Nach einer strafgerichtlichen Verurteilung in der ersten Instanz versäumt es der Verurteilte, die an sich mögliche Revision innerhalb der von der StPO vorgesehenen Frist einzulegen. Eine gegen seine Verurteilung gerichtete Verfassungsbeschwerde wäre wegen § 90 II 1 BVerfGG unzulässig.

Gegen Verwaltungsakte muss also zunächst geklagt werden, bevor sie mit der Verfassungsbeschwerde angegriffen werden können. Gegen Gerichtsentscheidungen müssen die statthaften Rechtsbehelfe eingelegt werden. Untergesetzliche Rechtsnormen (Satzungen, Verordnungen) müssen – soweit möglich – im Wege der verwaltungsgerichtlichen Normenkontrolle gem. § 47 VwGO zur Überprüfung durch das OVG gestellt werden (BVerfGE 70, 35 [53 f.]).
Keinen Rechtsweg gibt es hingegen gegen formelle Gesetze. Das ergibt sich letztlich aus § 40 I VwGO: Eine prinzipale Normenkontrolle (also ein Verfahren, in der die Gültigkeit der Norm den Streitgegenstand darstellt) des formellen Gesetzgebers ist eine *verfassungsrechtliche* Streitigkeit, für die der Verwaltungsrechtsweg nicht eröffnet ist. Die Fristbestimmung des § 93 III BVerfGG setzt dies voraus, wenn sie von Gesetzen und anderen Hoheitsakten spricht, gegen die ein Rechtsweg nicht offensteht.

Sofern der Beschwerdegegenstand ein formelles Gesetz ist, kann also z. B. formuliert werden: „Gegenstand der Verfassungsbeschwerde ist hier ein formelles Gesetz, gegen das es keinen Rechtsweg gibt, arg. e § 93 III BVerfGG. Das Gebot der Rechtswegerschöpfung steht der Zulässigkeit der Verfassungsbeschwerde daher nicht entgegen."

Das Verfahren vor den Landesverfassungsgerichten gehört nicht zum Rechtsweg gem. § 90 II BVerfGG, vgl. § 90 III BVerfGG. Vielmehr lässt das Bundesrecht gegen Akte der Landesstaatsgewalt die parallele Einlegung der Bundes- und der Landesverfassungsbeschwerde zu (s. aber die Subsidiaritätsvorschriften in einigen Ländern wie z. B. § 49 I BerlVerfGHG, § 45 I BbgVerfGG).
Ausnahmsweise nicht verlangt wird die Rechtswegerschöpfung gem. § 90 II 2 BVerfGG, wenn die Verfassungsbeschwerde von allgemeiner Bedeutung ist oder wenn dem Beschwerdeführer durch die Verweisung auf den Rechtsweg ein schwerer und unabwendbarer Nachteil entstünde. Diese Voraussetzungen sollten restriktiv ausgelegt werden. Eine ungeschriebene Ausnahme soll sich ergeben, wenn das Beschreiten des Rechtswegs unzumutbar ist, z. B. weil eine gefestigte höchstrichterliche Rechtsprechung dem Begehren des Beschwerdeführers entgegensteht (BVerfGE 84, 59 [72]. Zu weiteren Beispielen s. PSKP, Grundrechte, Rn. 1265).

77 VI. Subsidiarität

Das BVerfG verlangt vom Beschwerdeführer über die Erschöpfung des Rechtswegs hinaus, dass er alle ihm zumutbaren Möglichkeiten ergreift, um die geltend gemachte Grundrechtsverletzung mit Hilfe der Fachgerichte und ohne Inanspruchnahme des BVerfG auszuräumen. Erst im Anschluss daran ist die Verfassungsbeschwerde möglich. Bei ihr handelt es sich also um einen subsidiären Rechtsbehelf (daher rührt die Bezeichnung dieses Aspekts als „Subsidiarität"). Auf diese Weise soll erreicht werden, dass das Tatsachenmaterial umfassend aufbereitet und gerichtlich geprüft ist, bevor das BVerfG angerufen wird. Zudem soll dem BVerfG die Rechtsauffassung der Fachgerichte vermittelt werden (vgl. BVerfGE 88, 384 [400]).
Die Abgrenzung zwischen Rechtswegerschöpfung und Subsidiarität bereitet häufig Schwierigkeiten. Erklären lässt sie sich am besten so, dass das BVerfG § 90 II BVerfGG als punktuellen Ausdruck eines allgemeinen Prinzips ansieht. Das Gebot der Rechtswegerschöpfung wäre danach ein besonderer Anwen-

dungsfall einer generellen, im Übrigen aber nicht ausdrücklich normierten Regel. Mit dem Rechtsweg i. S. v. § 90 II BVerfGG sind nur Rechtsbehelfe gemeint, die sich unmittelbar gegen den Beschwerdegegenstand richten. Der umfassende Subsidiaritätsgedanke aber verlangt, dass auch mittelbar Abhilfe gesucht wird.

Je nach Beschwerdegegenstand wirkt sich das in unterschiedlicher Weise aus. Bei Verfassungsbeschwerden gegen Rechtsnormen führt der Subsidiaritätsgrundsatz dazu, dass nach Möglichkeit zunächst eine inzidente Normenkontrolle vor den Fachgerichten herbeigeführt werden muss, also ein Verfahren, in dem die Gültigkeit der Vorschrift als Vorfrage zu beurteilen ist.

Der Zeitungsverleger Z sieht sich durch eine Neuregelung des Gegendarstellungsrechts im Pressegesetz seines Bundeslandes in seinem Grundrecht auf Pressefreiheit (Art. 5 I 2 Var. 1) verletzt. Er erhebt Verfassungsbeschwerde gegen das Gesetz. Der Zulässigkeit dieser Beschwerde steht das Gebot der Rechtswegerschöpfung nicht entgegen, weil es keinen Rechtsweg gegen formelle Gesetze gibt. Die Verfassungsbeschwerde scheitert aber am Grundsatz der Subsidiarität: Der Verleger könnte warten, bis ein auf das Gesetz gestütztes Gegendarstellungsbegehren erhoben wird, und dessen Erfüllung verweigern. Wenn die von der Mitteilung Betroffenen dann zivilgerichtlichen Rechtsschutz erstreben, muss das angerufene Gericht als Vorfrage über die Verfassungsmäßigkeit der Regelung im Pressegesetz entscheiden. Verneint es sie, muss es nach Art. 100 I vorlegen; bejaht es sie, kann der Verleger Verfassungsbeschwerde gegen die gerichtliche Entscheidung erheben (Beispiel nach BVerfGE 97, 157 [166]).

Richtet sich die Verfassungsbeschwerde gegen gerichtliche Entscheidungen, ist zu beachten, dass das Verfahren des vorläufigen Rechtsschutzes ein eigenständiger Rechtsweg im Verhältnis zum Hauptsacheverfahren ist (BVerfGE 75, 318 [325]). Mit dem vollständigen Absolvieren des Eilverfahrens ist dem Gebot der Rechtswegerschöpfung daher genügt. Eine Verfassungsbeschwerde gegen die letztinstanzliche Eilentscheidung kann jedoch wegen des Subsidiaritätsgrundsatzes unzulässig sein, sofern die geltend gemachte Grundrechtsverletzung im fachgerichtlichen Hauptsacheverfahren ausgeräumt werden kann.

Richtet sich die Verfassungsbeschwerde gegen eine Behördenentscheidung, reicht der Subsidiaritätsgrundsatz regelmäßig nicht über das Gebot der Rechtswegerschöpfung hinaus: Der Betroffene kann nicht mehr tun, als gegen die Entscheidung zu klagen.

Ausnahmen vom Subsidiaritätsgrundsatz ergeben sich aus § 90 II 2 BVerfGG, der analog zur Anwendung kommt (BVerfGE 93, 319 [338]), sowie unter dem Gesichtspunkt der Unzumutbarkeit (dazu z. B. BVerfG NVwZ 2013, 423 f.).

Für bestimmte Hunde ist in einem formellen Gesetz ein Maulkorbzwang vorgesehen. Die Missachtung dieses Gebots wird als Ordnungswidrigkeit bußgeldbewehrt. Hundehalter H hält die Maulkorbpflicht für unverhältnismäßig. Sein Hund, der unter die Regelung fällt, sei gut erzogen und beiße nicht, er wolle „nur spielen“. Die Verfassungsbeschwerde des H gegen das Gesetz ist zulässig. Einen Rechtsweg gegen das formelle Gesetz gibt es nicht (o. Rn. 76). Prinzipiell könnte H den Hund ohne Maulkorb ausführen, um so einen Bußgeldbescheid zu provozieren und diesen dann gerichtlich überprüfen zu lassen. Jedoch ist die Begehung von Straftaten oder Ordnungswidrigkeiten dem Einzelnen nicht zumutbar, weil nicht sicher prognostiziert werden kann, ob sich die eigene Auffassung von der Verfassungswidrigkeit der Regelung letztlich als richtig erweist.

VII. Form **78**

Die Verfassungsbeschwerde muss nach § 23 I 1 BVerfGG schriftlich eingelegt werden. Ein Telefax wahrt die Schriftform, eine E-Mail hingegen nicht (näher von Coelln, in: MSKB, § 23 Rn. 46 ff.). Diese Auffassung wird zwar bestritten (u. a. von PSKP, Grundrechte, Rn. 1268). Das BVerfG selbst akzeptiert verfahrenseinleitende Schriftsätze per Mail jedoch nicht: Es nennt auf seiner Homepage unter der Rubrik „Impressum“ eine E-Mail-Adresse („bverfg@bundesverfassungsgericht.de“). Unter ihr findet sich jedoch der Hinweis, dass dieser Kommunikationsweg ausschließlich für Verwaltungsangelegenheiten zur Verfügung stehe. Verfahrensanträge oder Schriftsätze könnten mit diesem Kommunikationsmittel nicht rechtswirksam eingereicht werden. Bei Nachrichten, die einen entsprechenden Schriftsatz beinhalteten, sei eine Wiederholung der Übermittlung mittels Telefax oder auf dem Postwege unbedingt erforderlich.

79 Nach § 23 I 2 BVerfGG muss die Verfassungsbeschwerde begründet werden. Dabei ist nach § 92 BVerfGG das als verletzt gerügte Grundrecht zu nennen. Nicht verlangt werden darf insofern eine juristisch präzise Bezeichnung, weil damit der bewusste Verzicht auf einen Anwaltszwang vor dem BVerfG (s. § 22 BVerfGG: Vertretung durch Anwalt möglich, aber nicht gefordert) konterkariert würde: Jedermann soll selbst Verfassungsbeschwerde erheben können. Ausreichend ist daher eine laienhafte Umschreibung, solange erkennbar ist, die Verletzung welchen Grundrechts gerügt wird.

Thematisiert werden sollte dies in Klausuren, wenn der Vortrag des Beschwerdeführers in wörtlicher oder indirekter Rede wiedergegeben wird und er z. B. rügt, er sei in seinem Grundrecht verletzt, „tun und lassen zu dürfen, was er wolle.“ Dabei handelt es sich um eine § 23 I 2, § 92 BVerfGG genügende Rüge einer Verletzung der allgemeinen Handlungsfreiheit aus Art. 2 I.

80 VIII. Frist

Die Frist für die Einlegung der Verfassungsbeschwerde wird in § 93 BVerfGG geregelt. Ihre Dauer hängt vom Beschwerdegegenstand ab.

81 Grundsätzlich dauert die Frist gem. § 93 I 1 BVerfGG einen Monat (zum exakten Beginn der Frist s. § 93 I 2, 3 BVerfGG). Diese Frist gilt insbesondere für Verfassungsbeschwerden gegen Verwaltungsakte (die wegen des Gebots der Rechtswegerschöpfung [o. Rn. 76] fast immer unzulässig sind) und gegen Gerichtsentscheidungen.

82 Richtet sich die Verfassungsbeschwerde jedoch gegen ein Gesetz oder gegen einen sonstigen Hoheitsakt, gegen den kein Rechtsweg offensteht, gilt die Jahresfrist des § 93 III BVerfGG. Der Gesetzesbegriff meint Gesetze im formellen und im nur materiellen Sinne. Verfassungsbeschwerden gegen Satzungen oder Rechtsverordnungen scheitern jedoch am Gebot der Rechtswegerschöpfung, falls ein Rechtsweg offen steht und nicht beschritten wurde. Wurde er (erfolglos) beschritten, muss die Verfassungsbeschwerde gegen die Gerichtsentscheidung binnen der Monatsfrist nach § 93 I 1 BVerfGG erhoben werden (Sachs, Verfassungsprozessrecht, Rn. 540).

83 IX. Allgemeines Rechtsschutzbedürfnis

Das allgemeine Rechtsschutzbedürfnis ist eine ungeschriebene Zulässigkeitsvoraussetzung mit Auffangfunktion. Es fehlt, wenn der Beschwerdeführer kein anerkennenswertes Interesse an einer Entscheidung des BVerfG hat. Diskutiert werden kann das u. a., wenn sich die Verfassungsbeschwerde gegen einen bereits erledigten Eingriff richtet (Sachs, Verfassungsprozessrecht, Rn. 546). Jedoch lässt sich in diesen Fällen auch die gegenwärtige Betroffenheit des Beschwerdeführers verneinen. Entsprechendes gilt für alle Gründe, aus denen heraus die Zulässigkeit einer Verfassungsbeschwerde am fehlenden Rechtsschutzbedürfnis scheitern könnte: Sie lassen sich durchweg anderen Aspekten der Zulässigkeit zuordnen. Auf eine Erörterung des Punktes kann daher verzichtet werden (PSKP, Grundrechte, Rn. 1254).

84 B. Begründetheit

Die Verfassungsbeschwerde ist begründet, wenn der Beschwerdeführer in seinen Grundrechten verletzt ist. Das ist eine Frage des materiellen Rechts. S. dazu –

vorbehaltlich der sogleich unter Rn. 85 zu erörternden Modifikation des Prüfungsmaßstabs wegen der Beschränkung auf die Verletzung spezifischen Verfassungsrechts – Vorbem. Grundrechte Rn. 131.

Je nach Fallgestaltung stellen sich über diese allgemeinen Erwägungen hinaus mehrere Einzelfragen:

I. Die Prüfung am Maßstab nicht gerügter Grundrechte sowie am Maßstab sonstigen Verfassungsrechts **85**

Die angegriffene Maßnahme muss jedenfalls am Maßstab der Grundrechte überprüft werden, die der Beschwerdeführer als verletzt rügt, soweit diese nicht schon in der Zulässigkeit als offensichtlich nicht verletzt ausgeschieden worden sind. In der Praxis misst sich das BVerfG zudem die Kompetenz zu, auf eine zulässige Verfassungsbeschwerde hin auch die Vereinbarkeit der angegriffenen Maßnahme mit anderen Grundrechten des Beschwerdeführers, aber auch Dritter, und mit sonstigem Verfassungsrecht zu überprüfen (BVerfGE 42, 312 [325 f.]).

Ob das in einer Klausur relevant wird, hängt von der konkreten Aufgabenstellung ab. Das Problem reduziert sich insofern, als die Verletzung sonstigen Verfassungsrechts ohnehin im Rahmen der Prüfung des als verletzt gerügten Grundrechts bei der Eingriffsrechtfertigung relevant wird (s. insbesondere zur „Elfes-Konstruktion" Vorbem. Grundrechte Rn. 117).

II. Die Beschränkung auf die Prüfung der Verletzung „spezifischen Verfassungsrechts"

Eine Einschränkung der Überprüfung der Maßnahme durch das BVerfG ergibt sich jedoch aus dessen Verhältnis zur Fachgerichtsbarkeit.

An sich stellt jeder Gesetzesverstoß zumindest bei eingreifenden Maßnahmen eine Grundrechtsverletzung dar: Eingriffe, die der Staat nicht vornehmen darf, verstoßen jedenfalls gegen den Vorrang des Gesetzes gem. Art. 20 III; ein in ihnen liegender Grundrechtseingriff wäre nicht gerechtfertigt. Würde das BVerfG jedoch die richtige Anwendung einzelner Tatbestandsmerkale des einfachen Rechts prüfen, würde es zur „Superrevisionsinstanz", zu einer weiteren fachgerichtlichen Instanz also, die es nicht sein soll und will (o. Rn. 68). Daher beschränkt es seine Prüfung bei Urteilsverfassungsbeschwerden, also bei solchen, die sich gegen gerichtliche Entscheidungen richten, auf die Verletzung „spezifischen Verfassungsrechts" (s. bereits BVerfGE 1, 418 [420]; 18, 85 [92]; st. Rspr.).

Die Abgrenzung zwischen den danach nicht überprüfbaren Fehlern bei der Anwendung einfachen Rechts einerseits und der Verletzung spezifischen Verfassungsrechts andererseits ist nicht einfach zu ziehen. Mit abstrakten Formeln lässt sie sich schon deshalb nicht sicher vornehmen, weil das BVerfG in einzelnen Fällen durchaus die Anwendung und Auslegung einzelner Tatbestandsmerkmale des einfachen Rechts prüft. PSKP, Grundrechte, Rn. 1282, bringen es auf den Punkt: Das BVerfG überprüft, was es überprüfen will. Meistens verwendet es zur Abgrenzung die Formel, um eine Verletzung von spezifischem Verfassungsrecht handele es sich, wenn bei der Auslegung und Anwendung einfachen Rechts der Einfluss der Grundrechte grundlegend verkannt worden sei, etwa weil Grundrechte übersehen wurden, weil ihr Schutzbereich falsch bemessen worden sei oder weil die fehlerhafte Rechtsanwendung bei verständiger Würdigung der das GG beherrschenden Gedanken nicht mehr verständlich sei (BVerfGE 95, 96 [128]). Mit dem letztgenannten Punkt sind die sog. Willkürentscheidungen gemeint.

In einer Falllösung kann dieser Aspekt schon bei der Beschwerdebefugnis angesprochen werden; er sollte jedenfalls zu Beginn der Begründetheitsprüfung thematisiert werden.

Degenhart, Klausurenkurs im Staatsrecht I, Rn. 99, schlägt die Ergänzung der o. g. Einleitung (Rn. 84: Verfassungsbeschwerde begründet, falls Beschwerdeführer in Grundrechten verletzt ist) um folgende Formulierung vor: „Dabei prüft das BVerfG nur die Verletzung spezifischen

Verfassungsrechts. Die VB ist also dann begründet, wenn das Gericht Grundrechte des Bf. generell verkannt hat, wenn es falsche Bewertungsmaßstäbe zugrunde gelegt hat, von unzutreffenden Voraussetzungen ausgegangen ist, wie auch dann, wenn es die Bedeutung der Grundrechte des Bf. im Verhältnis zu den Belangen der Gegenseite falsch gewichtet hat."

In der weiteren Lösung sollte dann bei der – materiell-rechtlich an sich relevanten, s. o. Vorbem. Grundrechte Rn. 131 – Frage, ob das einfache Recht richtig angewandt wurde, auf diesen Vorbehalt Bezug genommen und erörtert werden, ob die Bedeutung von Grundrechten grundlegend verkannt wurde etc.
Näher zum Problem, speziell zur Berücksichtigung im Prüfungsaufbau, Heimann/Kirchhof/Waldhoff, Verfassungsrecht, S. 103, 142; Hillgruber/Goos, Verfassungsprozessrecht, Rn. 178–189a; Schoch, Übungen im Öffentlichen Recht I; S. 108, 169f., 183f.; Stender-Vorwachs, Prüfungstraining Staats- und Verwaltungsrecht, Methodik und Fallbearbeitung, S. 48f.; Stender-Vorwachs, Prüfungstraining Staats- und Verwaltungsrecht, Fälle mit Musterlösungen, S. 92.

c) Der Inhalt einer stattgebenden Entscheidung

86 Den Inhalt einer stattgebenden Entscheidung, die auf eine begründete Verfassungsbeschwerde hin ergeht, legt § 95 BVerfGG fest: Das BVerfG stellt fest, welches Grundrecht durch welchen staatlichen Akt verletzt wurde (§ 95 I 1 BVerfGG). War die Verfassungsbeschwerde gegen eine Entscheidung gerichtet, hebt das BVerfG die Entscheidung auf; sofern es sich um die Entscheidung eines Gerichts handelt, verweist es die Sache an ein zuständiges Gericht zurück (§ 95 II BVerfGG). Nach § 95 III BVerfGG hebt es Gesetze, gegen die eine Verfassungsbeschwerde gerichtet war oder auf denen die nach § 95 II BVerfGG aufzuhebende Entscheidung beruhte, auf. Ebenso wie in den Normenkontrollverfahren nach Abs. 1 Nr. 2 bzw. nach Art. 100 I kann es sich aber u. a. darauf beschränken, die Unvereinbarkeit eines Gesetzes mit dem GG festzustellen. Näher hierzu Sachs, Verfassungsprozessrecht, Rn. 558.

d) Die Annahme zur Entscheidung

87 Verfassungsbeschwerden bedürfen nach § 93a I BVerfGG der Annahme zur Entscheidung. Ermöglicht wird die Errichtung dieser zusätzlichen Hürde, die der Entlastung des BVerfG dienen soll, durch Art. 94 II 2.

Die Annahmevoraussetzungen ergeben sich aus § 93a II BVerfGG. Grundsätzliche verfassungsrechtliche Bedeutung im Sinne dieser Bestimmung hat eine Verfassungsbeschwerde, wenn sie eine verfassungsrechtliche Frage aufwirft, die sich nicht ohne Weiteres aus dem GG beantworten lässt und die noch nicht durch die verfassungsrechtliche Rechtsprechung geklärt oder die durch veränderte Verhältnisse erneut klärungsbedürftig geworden ist (BVerfGE 90, 22 [24f.]). Verlangt wird zudem ein über den Einzelfall hinausreichendes Klärungsinteresse. Zur Durchsetzung der als verletzt bezeichneten Verfassungsrechte angezeigt ist eine Verfassungsbeschwerde, wenn die geltend gemachte Verletzung von Grundrechten oder grundrechtsgleichen Rechten besonderes Gewicht hat oder den Beschwerdeführer in existentieller Weise betrifft (BVerfGE 90, 22 [25]; 107, 395 [415]).

Zum Verfahren und zur Entscheidung s. §§ 93b, 93d BVerfGG. Vorbehaltlich besonderer Hinweise im Sachverhalt ist in Prüfungsarbeiten auf das Annahmeverfahren nicht einzugehen.

7. Die kommunale Verfassungsbeschwerde (Abs. 1 Nr. 4b)

a) Erläuterungen zum Verfahren

88 Die zunächst nur einfach-gesetzlich vorgesehene kommunale Verfassungsbeschwerde ist das Verfahren, das den Gemeinden und Gemeindeverbänden ermöglicht, sich gegen Verletzungen ihres Selbstverwaltungsrechts aus Art. 28 II zur Wehr zu setzen. Das GG bezeichnet das Verfahren ebenso wie das nach Abs. 1 Nr. 4a lediglich als Verfassungsbeschwerde. Selbst in der Fachsprache wird dieser Terminus aber meist nicht als Oberbegriff verwendet, sondern als Bezeichnung für das präziser als Individual- oder Grundrechtsverfassungsbeschwerde zu bezeichnende Verfahren nach Abs. 1 Nr. 4a, was zu einer terminologischen Unterscheidung zwischen der Verfassungsbeschwerde (Nr. 4a) einerseits und der kommunalen Verfassungsbeschwerde (Nr. 4b) andererseits führt (dazu bereits o. Rn. 65).

Die strukturellen Parallelen zwischen beiden Verfahren, die nicht zuletzt darin zum Ausdruck kommen, dass sie in ein und demselben Abschnitt des BVerfGG geregelt werden, dürfen über einen wichtigen Unterschied nicht hinwegtäuschen: Das kommunale Selbstverwaltungsrecht ist kein Grundrecht oder grundrechtsähnliches Recht, sondern Bestandteil des Staatsorganisationsrechts. Daher gehört auch die kommunale Verfassungsbeschwerde – wie namentlich der Organstreit nach Abs. 1 Nr. 1 oder der Bund-Länder-Streit nach Abs. 1 Nr. 3 – zu den staatsorganisationsrechtlichen Verfahren. Zu beachten ist zudem, dass sich die kommunale Verfassungsbeschwerde nur gegen Gesetze richten kann und dass sie gegenüber einer parallelen Beschwerdemöglichkeit zum LVerfG subsidiär ist. **89**

Als Merkhilfe für Klausuren kann es aber nützlich sein, sich an die Parallelität zur Individualverfassungsbeschwerde zu erinnern, um so die Strukturen dieses meist deutlich besser beherrschten Verfahrens auf die kommunale Verfassungsbeschwerde übertragen zu können. Die beiden vorgenannten Unterschiede sind in Abs. 1 Nr. 4b ausdrücklich genannt, so dass der Rückgriff auf Strukturen der Individualverfassungsbeschwerde nicht dazu führen dürfte, sie zu übersehen.

Einfach-gesetzlich ist die kommunale Verfassungsbeschwerde in § 13 Nr. 8a, §§ 91 ff. BVerfGG geregelt. **90**

b) Zulässigkeit und Begründetheit einer kommunalen Verfassungsbeschwerde

A. Zulässigkeit **91**

I. Beschwerdefähigkeit **92**

Beschwerdefähig sind Gemeinden und Gemeindeverbände, also die Träger des Selbstverwaltungsrechts gem. Art. 28 II. Die Stadtstaaten selbst, also Hamburg, Berlin und das Land Bremen, gehören nicht dazu. (Anders verhält es sich mit den Städten Bremen und Bremerhaven, die zusammen das Land Bremen bilden, so dass hier – anders als in Hamburg und Berlin – eine kommunale Ebene existiert, die von der staatlichen unterschieden werden kann.) Eine aufgelöste Gemeinde ist an sich nicht mehr beschwerdefähig. Sie wird jedoch im Rechtsstreit um ihren Fortbestand als noch existent und damit als beschwerdefähig behandelt (Magen, in: UCD, § 91 Rn. 17).

II. Verfahrensfähigkeit/Prozessfähigkeit **93**

Gemeinden und Gemeindeverbände werden durch ihre dafür zuständigen Organe vertreten. Im Fall der Gemeinde ist das regelmäßig der Bürgermeister.

III. Beschwerdegegenstand **94**

Die kommunale Verfassungsbeschwerde muss sich nach Abs. 1 Nr. 4b, § 91 BVerfGG gegen ein Gesetz richten. Einzelakte (Verwaltungsakte, Gerichtsentscheidungen) sind keine tauglichen Gegenstände für eine kommunale Verfassungsbeschwerde.

Dass das Gesetz ein Bundes- oder Landesgesetz sein kann, spricht § 91 BVerfGG ausdrücklich aus; in Abs. 1 Nr. 4b ergibt es sich aus der nur auf Landesgesetze zugeschnittenen Subsidiaritätsklausel. Im Übrigen ist mit „Gesetz" jede staatliche Rechtsnorm mit Außenwirkung gegenüber den Gemeinden gemeint. Erfasst werden also nicht nur formelle, vom Parlament beschlossene Gesetze, sondern auch Gesetze im nur materiellen Sinne (BVerfGE 76, 107 [114]). Die kommunale Verfassungsbeschwerde kann sich daher auch gegen eine Rechtsverordnung richten (BVerfGE 107, 1 [8]).

Dieser Aspekt verdient deshalb besondere Beachtung, weil das GG mit dem Begriff „Gesetz" meistens Gesetze im formellen Sinne meint.

95 IV. Beschwerdebefugnis

Die Gemeinde bzw. der Gemeindeverband muss gem. § 91 BVerfGG behaupten, in ihrem bzw. seinem Selbstverwaltungsrecht verletzt zu sein. Daraus ergibt sich das Erfordernis einer Beschwerdebefugnis. Entsprechend den Anforderungen bei der Individualverfassungsbeschwerde muss die Möglichkeit bestehen, dass die beschwerdeführende Kommune in ihrem Selbstverwaltungsrecht verletzt ist. Zudem muss sie durch die angegriffene Regelung selbst, gegenwärtig und unmittelbar betroffen sein (vgl. BVerfGE 107, 1 [8]; näher o. Rn. 75).

96 V. Rechtswegerschöpfung

Das Gebot der Rechtswegerschöpfung gem. § 90 II BVerfGG gilt im sachlichen Ergebnis auch für die kommunale Verfassungsbeschwerde.

Unterschiedliche Auffassungen gibt es jedoch über die dogmatische Herleitung. Das BVerfG wendet § 90 II BVerfGG ohne nähere Erläuterung an (BVerfGE 107, 1 [8]). Sachs, Verfassungsprozessrecht, Rn. 573, weist darauf hin, dass die systematische Stellung der Vorschrift eher dafür spricht, sie nur auf die Individualverfassungsbeschwerde direkt anzuwenden, und plädiert für eine analoge Anwendung im Verfahren nach Abs. 1 Nr. 4b. Noch anders Magen, in: UCD, § 91 Rn. 46: Erfordernis der Rechtswegerschöpfung folge aus dem allgemeinen Subsidiaritätsgrundsatz.

Da es gegen formelle Gesetze keinen Rechtsweg gibt (arg. e § 93 III BVerfGG, s. o. Rn. 76), kommt § 90 II BVerfGG jedoch nur Bedeutung zu, wenn es sich beim Beschwerdegegenstand um eine untergesetzliche Rechtsnorm (insbes. also: um eine Rechtsverordnung) handelt, die ggf. im Wege einer verwaltungsgerichtlichen Normenkontrolle nach § 47 VwGO überprüft werden kann.

97 VI. Subsidiarität

Die kommunale Verfassungsbeschwerde zum BVerfG ist nach Abs. 1 Nr. 4b nur zulässig, soweit nicht Beschwerde beim LVerfG erhoben werden kann. § 91 BVerfGG stellt klar, dass dieser Vorbehalt nur Verfassungsbeschwerden gegen Landesgesetze betrifft. Bundesgesetze könnte das LVerfG ohnehin nicht überprüfen: Sein Prüfungsmaßstab ist allein die LVerf, an die der Bundesgesetzgeber nicht gebunden ist.

Ob es eine Beschwerdemöglichkeit zum LVerfG gibt, hängt vom jeweiligen Landesrecht ab. Die Subsidiarität der Beschwerde zum BVerfG besteht jedenfalls nur in dem Umfang, in dem vor dem LVerfG gleichwertiger Rechtsschutz möglich ist. Sofern also dort nur gegen formelle Gesetze vorgegangen werden kann, bleibt das Verfahren nach Abs. 1 Nr. 4b gegen untergesetzliche Vorschriften möglich (BVerfGE 107, 1 [10]).

98 VII. Form

Die kommunale Verfassungsbeschwerde muss gem. § 23 I BVerfGG schriftlich und begründet eingelegt werden.

99 VIII. Frist

Die kommunale Verfassungsbeschwerde muss innerhalb der Jahresfrist gem. § 93 III erhoben werden.

100 B. Begründetheit

Die kommunale Verfassungsbeschwerde ist jedenfalls dann begründet, wenn das angegriffene Gesetz gegen Art. 28 II verstößt. Zudem erweitert das BVerfG den Prüfungsmaßstab auf solche Normen des Grundgesetzes, die geeignet sind, das verfassungsrechtliche Bild der Selbstverwaltung mitzubestimmen. Dazu zählen beispielsweise die Kompetenzregeln der Art. 70 ff. (BVerfGE 56, 298 [310]), das

Bundesstaatsprinzip gem. Art. 20 I (BVerfGE 56, 298 [311]) sowie als Bestandteile des Rechtsstaatsprinzips das Willkürverbot und das Verhältnismäßigkeitsprinzip (BVerfGE 76, 107 [119f.]).

c) Die Annahme zur Entscheidung

Auch die kommunale Verfassungsbeschwerde muss gem. § 93a BVerfGG zur Entscheidung angenommen werden. S. dazu o. Rn. 87. **101**

8. Die Nichtanerkennungsbeschwerde (Abs. 1 Nr. 4c)

Mit Wirkung vom 17.7.2012 ist durch das G zur Änderung des GG (Art. 93) v. 11.7.2012 (BGBl. I S. 1478) als Abs. 1 Nr. 4c eine neue Zuständigkeit des BVerfG in Abs. 1 aufgenommen worden. Danach entscheidet das BVerfG über Beschwerden von Vereinigungen gegen ihre Nichtanerkennung als Partei für die Wahl zum BT. Diese Beschreibung sowie die systematische Einordnung im Anschluss an die Verfassungsbeschwerden sprechen dafür, das Verfahren als Nichtanerkennungsbeschwerde zu bezeichnen. **102**

Die neue Zuständigkeit soll ein Problem beheben, das zuvor mit Blick auf die Teilnahme an der Bundestagswahl bestand: Parteien, die nicht auf Grund eigener Wahlvorschläge mit mindestens fünf Abgeordneten im BT oder in einem Landtag seit der jeweils letzten Wahl vertreten sind, dürfen nach § 18 II, I BWG Wahlvorschläge zur Bundestagswahl nur einreichen, wenn der Bundeswahlausschuss ihre Parteieigenschaft festgestellt hat. Verneint er die Parteieigenschaft, kann die Partei nicht bei der Wahl antreten. Gegen die Entscheidung des Bundeswahlausschusses wehren konnte sie sich bisher erst nach der Wahl im Wahlprüfungsverfahren durch einen Einspruch. Darüber musste der BT entscheiden (Art. 41 I); erst gegen seine Entscheidung konnte das BVerfG angerufen werden (Art. 41 II). Die Neuregelung ermöglicht es nun einer Vereinigung, bei der es sich nach Auffassung des Bundeswahlausschusses nicht um eine Partei handelt, unmittelbar gegen diese Entscheidung des Bundeswahlausschusses das BVerfG anzurufen, um im Falle einer stattgebenden Entscheidung noch an der anstehenden Bundestagswahl teilnehmen zu können. Zu den Details s. die Begründung des Gesetzentwurfs, BT-Drs. 17/9392, S. 4. **103**

Einfachgesetzlich normiert wird das neue Verfahren in § 18 IVa BWG sowie in § 13 Nr. 3a, §§ 96a ff. BVerfGG. In das BWG sowie das BVerfGG aufgenommen wurden diese Regelungen durch das Gesetz zur Verbesserung des Rechtsschutzes in Wahlsachen v. 12.7.2012, BGBl. I S. 1501. Zu den Motiven für den Erlass dieses Gesetzes s. die Entwurfsbegründung, BT-Drs. 17/3931, S. 1ff. – Die erste erfolgreiche Nichtanerkennungsbeschwerde wurde im Vorfeld der Bundestagswahl 2013 von der „DNV" erhoben (BVerfGE 134, 124ff.; dazu Sachs, JuS 2013, 1148f.). Zum Verfahren und den ersten darin ergangenen Entscheidungen Bechler/Neidhardt, NVwZ 2013, 1438ff.; P. Klein, DÖV 2013, 584ff.; Frau, DÖV 2014, 421ff. **104**

9. Die übrigen im Grundgesetz vorgesehenen Fälle, Abs. 1 Nr. 5

Bei den sonstigen im GG vorgesehenen Fällen nach Abs. 1 Nr. 5 handelt es sich um die Zuständigkeiten des BVerfG für die Grundrechtsverwirkung (Art. 18), das Parteiverbot nach Art. 21 II, die Wahl- und Mandatsprüfung gem. Art. 41 II, die Präsidentenanklage gem. Art. 61, die Richteranklagen nach Art. 98 II, V, die Verfassungsstreitigkeiten innerhalb eines Landes nach Art. 99, die Vorlageverfahren (konkrete Normenkontrolle, Völkerrechtsverifikation, landesverfassungsgerichtliche Divergenz) nach Art. 100 I, II, III sowie die Entscheidung über das Fortgelten von Recht als Bundesrecht nach Art. 126. **105**

Nicht in diese Gruppe gehört die in Art. 84 IV 2 angesprochene Möglichkeit, das BVerfG gegen die Entscheidung des BR nach Art. 84 IV 1 anzurufen. Hierbei handelt **106** es sich um einen Fall des Bund-Länder-Streits gem. Art. 93 I Nr. 2 (Detterbeck, in: Sachs, Rn. 105).

10. Die Normsurrogation, Abs. 2

107 Das Verfahren gem. Abs. 2 wurde 2006 neu eingeführt. Es dient dazu, durch eine Entscheidung des BVerfG ein Gesetz des Bundes zu ersetzen, also zu surrogieren, das Gesetzgebungskompetenzen zugunsten der Länder freigibt. Daher bietet sich die Bezeichnung als „Normsurrogationsverfahren" an (von Coelln, in: MSKB, § 96 Rn. 12; anders Pieroth, in: JP, Rn. 79: Kompetenzfreigabeverfahren). Es soll den Ländern die Möglichkeit geben, sich Gesetzgebungskompetenzen vom Bund „zurückzuholen". Verständlich ist das Verfahren nur vor dem Hintergrund von Art. 72 IV sowie von Art. 125 II 2.

108 Im Bereich der konkurrierenden Gesetzgebung gem. Art. 72, 74 GG darf der Bund von mehreren Kompetenztiteln nur Gebrauch machen, wenn eine bundesgesetzliche Regelung aus einem der in Art. 72 II genannten Gründe erforderlich ist. Zu den Details s. Art. 72 Rn. 12. Es reicht jedoch aus, wenn die Erforderlichkeit beim Erlass des Gesetzes vorhanden ist. Fällt sie später weg, ändert dies nichts an der Gültigkeit des Gesetzes. Der Bundesgesetzgeber darf aber gem. Art. 72 IV bestimmen, dass seine Regelung durch Landesrecht ersetzt werden kann. Damit würde er die Sperre zulasten des Landes, die das Bundesgesetz gem. Art. 72 I auslöst, aufheben. Eine derartige Regelung hat der Bund jedoch noch nie erlassen. Daher gibt nun Abs. 2 dem BR, den Landesregierungen sowie den Landesparlamenten die Möglichkeit, durch das BVerfG feststellen zu lassen, dass die Erforderlichkeit i. S. v. Art. 72 II nicht mehr besteht. Sofern das BVerfG diese Feststellung trifft, ersetzt seine Entscheidung gem. Abs. 2 S. 2 das Freigabegesetz nach Art. 72 IV.

109 Der zweite Anwendungsfall des Verfahrens ergibt sich aus Art. 125a II 2. Zum Verständnis dieser Vorschrift muss man wissen, dass Art. 72 II mit Wirkung zum 16.11. 1994 inhaltlich verschärft wurde. Vorher stellte die Vorschrift keine echte Hürde für die Gesetzgebungsbefugnis des Bundes dar; seither tut sie es (s. näher Art. 72 Rn. 14). Daher kann es zu der Situation kommen, dass ein Bundesgesetz, das bis zum 15.11. 1994 erlassen wurde, zwar den bis zu diesem Tag geltenden Anforderungen von Art. 72 II a. F. genügte, nicht aber den seither geltenden Kriterien. Nach Art. 125a II 1 gilt es dennoch als Bundesrecht weiter – und verhindert über Art. 72 I landesgesetzliche Regelungen. Auch in diesem Fall darf der Bund durch Gesetz bestimmen, dass das Bundesgesetz durch Landesrecht ersetzt werden kann (Art. 125a II 2). Davon macht er jedoch ebenso wenig Gebrauch wie von der Freigabemöglichkeit nach Art. 72 IV. Daher sieht Abs. 2 auch für diesen Fall die Surrogation des Freigabegesetzes durch eine Entscheidung des BVerfG vor.

110 Zu den Details der Zulässigkeitsvoraussetzungen und des Prüfungsumfangs von Coelln, in: MSKB, § 13 Nr. 6b Rn. 1 ff., § 96 Rn. 23 ff.

11. Die sonstigen in Bundesgesetzen vorgesehenen Fälle (Abs. 3)

111 Nach Abs. 3 wird das BVerfG auch in den ihm sonst, also nicht zuvor in Art. 93 I, II genannten, durch Bundesgesetz zugewiesenen Fällen tätig. Daraus ergibt sich zugleich, dass der Landesgesetzgeber über Abs. 3 keine Zuständigkeiten des BVerfG begründen kann.

Abs. 3 war – seinerzeit noch als Abs. 2, weil es den heutigen Abs. 2 noch nicht gab (o. Rn. 2) – bis zur Ergänzung des Abs. 1 um die Zuständigkeiten für die Individualverfassungsbeschwerde und die kommunale Verfassungsbeschwerde (Abs. 1 Nrn. 4a, 4b) die grundgesetzliche Grundlage dieser Verfahren, die einfachgesetzlich schon vor ihrer Aufnahme in die Verfassung vorgesehen waren (o. Rn. 2, 64, 88).

Aktuell macht der Bundesgesetzgeber von der Möglichkeit, dem BVerfG weitere Zuständigkeiten zuzuweisen, u.a. durch die § 13 Nr. 11a, § 82 BVerfGG i.V.m. § 36 II PUAG (Überprüfung der Vereinbarkeit eines Beschlusses des BT zur Einsetzung eines Untersuchungsausschusses mit dem GG) Gebrauch. Weitere Beispiele sind die Zuständigkeit zur Ermächtigung des BPräs, Richter des BVerfG in den Ruhestand zu versetzen oder zu entlassen (§ 105 II BVerfGG), die Zuständigkeit für das Verbot von Ersatzorganisationen bereits verbotener Parteien (§ 33 II ParteiG) sowie die Zuständigkeit für die 2011 eingeführte Verzögerungsbeschwerde gem. §§ 97a ff. BVerfGG. **112**

C. Weiterführende Literatur/Leseempfehlungen

Bäcker, Carsten, Die einstweilige Anordnung im Verfassungsprozessrecht, JuS 2013, 119–124; Bethge, H., Verfahrenskonkurrenzen beim Bundesverfassungsgericht – Überschneidungen und Verbindungen von Verfahrensarten, Jura 1997, 591–597; Ehlers, D., Organstreitverfahren vor dem Bundesverfassungsgericht gemäß Art. 93 Abs. 1 Nr. 1 GG, §§ 13 Nr. 5, 63 ff. BVerfGG, Jura 2003, 315–320; Engels, A., Die Zulässigkeitsprüfung im Organstreitverfahren vor dem Bundesverfassungsgericht, Jura 2012, 421–426; Fuerst, A.-M./Steffahn, V., Die Begründetheit des Organstreits vor dem Bundesverfassungsgericht in der Fallbearbeitung, Jura 2012, 90–93; Geis, M.-E./Meier, H., Grundfälle zum Organstreitverfahren, Art. 93 I Nr. 1 GG, §§ 13 Nr. 5, 63 ff. BVerfGG, JuS 2011, 699–704; Geis, M.-E./Schmidt, O., Grundfälle zur abstrakten und zur konkreten Normenkontrolle, JuS 2012, 121–125; Geis, M.-E./Thirmeyer, S., Grundfälle zur Verfassungsbeschwerde, Art. 93 I Nr. 4a GG, §§ 13 Nr. 8a, 90 ff. BVerfGG, JuS 2012, 316–323; Griebel, J., Europäische Grundrechte als Prüfungsmaßstab der Verfassungsbeschwerde, DVBl. 2014, 204–211; Guckelberger, A., Verfassungsbeschwerden kommunaler Gebietskörperschaften, Jura 2008, 819–826; Kunig, Ph., Bund und Länder im Streit vor dem Bundesverfassungsgericht, Jura 1995, 262–268; Mückl, S., Die abstrakte Normenkontrolle vor dem Bundesverfassungsgericht gemäß Art. 93 I Nr. 2, 2a, §§ 13 Nr. 6, 6a, 76 ff. BVerfGG, Jura 2005, 463–470; von Münch, I., Das Bundesverfassungsgericht als Teil des Rechtsstaates, Jura 1992, 505–511; Peters, B./Markus, T., Die Subsidiarität der Verfassungsbeschwerde, JuS 2013, 887–891; Renck, L., Der Charakter des Verfahrens nach Art. 93 I Nr. 2a GG, JuS 2004, 770–774; Sachs, M., Verfassungsprozessrecht: Bund-Länder-Streit, JuS 2012, 274–276; Scherzberg, A./Mayer, M., Die Begründetheit der Verfassungsbeschwerde bei der Rüge von Freiheitsverletzungen, Jura 2004, 663–670; Scherzberg, A./Mayer, M., Die Zulässigkeit der Verfassungsbeschwerde (Teil 1), Jura 2004, 373–379; Scherzberg, A./Mayer, M., Die Zulässigkeit der Verfassungsbeschwerde (Teil 2), Jura 2004, 513–518; Schmidt, T.I., Die Kommunalverfassungsbeschwerde, JA 2008, 763–772; Starke, T., Grundfälle zur Kommunalverfassungsbeschwerde, JuS 2008, 319–324; Urbaneck, P., Die Zulässigkeitsprüfung im Verfassungsrecht, JuS 2014, 896–900. **113**

Art. 94 [Zusammensetzung und Verfahren des Bundesverfassungsgerichts]

(1) **Das Bundesverfassungsgericht besteht aus Bundesrichtern und anderen Mitgliedern. Die Mitglieder des Bundesverfassungsgerichtes werden je zur Hälfte vom Bundestage und vom Bundesrate gewählt. Sie dürfen weder dem Bundestage, dem Bundesrate, der Bundesregierung noch entsprechenden Organen eines Landes angehören.**

(2) **Ein Bundesgesetz regelt seine Verfassung und das Verfahren und bestimmt, in welchen Fällen seine Entscheidungen Gesetzeskraft haben. Es kann für Verfas-**

sungsbeschwerden die vorherige Erschöpfung des Rechtsweges zur Voraussetzung machen und ein besonderes Annahmeverfahren vorsehen.

Pflichtstoff (***)

A. Erläuterungen

I. Die Besetzung des Bundesverfassungsgerichts (Abs. 1)

1 Die insgesamt sechzehn Richter des BVerfG (zwei Senate mit je acht Richtern, § 2 I, II BVerfGG) werden nach Abs. 1 S. 2 je zur Hälfte vom BT und vom BR gewählt. Zu Details s. die §§ 5ff. BVerfGG. Dass § 6 BVerfGG a.F. die Wahl im BT, der nach dem eindeutigen Wortlaut des Art. 94 I 2 im Plenum entscheiden muss, einem Wahlausschuss aus zwölf Abgeordneten übertragen hatte, war verfassungswidrig (Voßkuhle, in: MKS, Rn. 10; h.M.; a.A. aber BVerfGE 131, 230ff.: Verfassungsgemäß, weil Abs. 1 S. 2 auf gesetzliche Ausgestaltung angelegt sei. S. dazu Sachs, JuS 2013, 285ff.). Die Vorschrift wurde mit Wirkung vom 30.6.2015 geändert; sie sieht nun eine direkte Wahl im Plenum vor.

2 Nach Abs. 1 S. 1 müssen (auch) Bundesrichter gewählt werden (gem. § 2 III 1 BVerfGG drei pro Senat). Die Regelung soll sicherstellen, dass im BVerfG richterliche Berufserfahrung vorhanden ist (BVerfGE 65, 152 [154]). Zu den übrigen Anforderungen an Richter s. § 3 I, II BVerfGG. In § 3 III, IV BVerfGG werden die in Abs. 1 S. 3 vorgesehenen Inkompatibilitäten teils wiederholt, teils erweitert.

II. Das Gesetz über das Bundesverfassungsgericht (Abs. 2)

3 Abs. 2 S. 1 enthält eine (ausschließliche) Gesetzgebungskompetenz des Bundes, von der er durch das BVerfGG Gebrauch gemacht hat. Damit hat er zugleich den ebenfalls durch Abs. 2 S. 1 erteilten Regelungsauftrag (Pieroth, in: JP, Rn. 2) erfüllt: §§ 1ff. BVerfGG regeln die Verfassung des BVerfG und §§ 17ff. BVerfGG sein Verfahren; § 31 II BVerfGG bestimmt, in welchen Fällen seine Entscheidungen Gesetzeskraft haben. Gesetzeskraft bedeutet eine personelle Erstreckung der Rechtskraft: Die Entscheidungen des BVerfG binden zunächst – wie die Entscheidungen anderer Gerichte – nur die Verfahrensbeteiligten. § 31 I BVerfGG verleiht ihnen darüber hinaus zusätzlich Bindungswirkung, die alle staatlichen Stellen zur Beachtung verpflichtet. Entscheidungen mit Gesetzeskraft wirken zusätzlich gegenüber jedermann (inter et erga omnes). Näher Bethge, in: MSKB, § 31 Rn. 75ff. und 122ff.

4 Abs. 2 S. 2 gestattet es („kann"), Verfassungsbeschwerden von der vorherigen Erschöpfung des Rechtswegs abhängig zu machen und ein besonderes Annahmeverfahren vorzusehen. Von beiden Möglichkeiten hat der Bundesgesetzgeber Gebrauch gemacht (§ 90 II BVerfGG [s. o. Art. 93 Rn. 76] bzw. §§ 93aff. BVerfGG [o. Art. 93 Rn. 87]).

B. Weiterführende Literatur/Leseempfehlungen

5 Aust, H.P./Meinel, F., Entscheidungsmöglichkeiten des BVerfG, JuS 2014, 25–30; 113–117; Landfried, Ch./Scholz, R., Sollen Bundesverfassungsrichter vom Plenum gewählt werden?, ZRP 2012, 191; Pietzcker, J./Pallasch, D., Verfassungswidrige Bundesverfassungsrichterwahl? – Ein Bericht über eine öffentlich-rechtliche Hausarbeit, JuS 1995, 511–516.

Art. 95 [Die obersten Gerichtshöfe des Bundes]

(1) **Für die Gebiete der ordentlichen, der Verwaltungs-, der Finanz-, der Arbeits- und der Sozialgerichtsbarkeit errichtet der Bund als oberste Gerichtshöfe**

den Bundesgerichtshof, das Bundesverwaltungsgericht, den Bundesfinanzhof, das Bundesarbeitsgericht und das Bundessozialgericht.

(2) **Über die Berufung der Richter dieser Gerichte entscheidet der für das jeweilige Sachgebiet zuständige Bundesminister gemeinsam mit einem Richterwahlausschuß, der aus den für das jeweilige Sachgebiet zuständigen Ministern der Länder und einer gleichen Anzahl von Mitgliedern besteht, die vom Bundestage gewählt werden.**

(3) [1]**Zur Wahrung der Einheitlichkeit der Rechtsprechung ist ein Gemeinsamer Senat der in Absatz 1 genannten Gerichte zu bilden.** [2]**Das Nähere regelt ein Bundesgesetz.**

Pflichtstoff (**)

A. Überblick

Art. 95 regelt gemeinsam mit Art. 96 die Fachgerichte des Bundes. Die Vorschriften nennen die im GG vorgesehenen Bundesgerichte gem. Art. 92. Während die Einrichtung der Bundesgerichte nach Art. 96 fakultativ ist („Der Bund kann ... errichten"), ist die Errichtung der obersten Gerichtshöfe nach Art. 95 obligatorisch („errichtet der Bund"). 1

B. Erläuterungen

I. Die obersten Gerichtshöfe des Bundes (Abs. 1)

Abs. 1 verpflichtet den Bund dazu, die genannten Gerichte „als oberste Gerichtshöfe" für die ebenfalls angesprochenen Gebiete der Gerichtsbarkeit zu errichten. Jeder der Gerichtshöfe muss einen Kernbereich an sachlichen Zuständigkeiten auf den ihm zugewiesenen Gebiet besitzen, was den Gesetzgeber jedoch nicht an der Zuweisung einzelner Streitigkeiten an einen „fremden" Rechtsweg und damit auch an einen „fremden" obersten Gerichtshof hindert (Hömig, in: Hömig, Rn. 2). Die h.M. (z.B. Pieroth, in: JP, Rn. 1) hält eine lediglich organisatorische Zusammenlegung einzelner der obersten Gerichtshöfe für vereinbar mit Art. 95. Mit Blick auf den Wortlaut der Norm ist das zumindest nicht frei von Zweifeln. 2

Oberste Gerichtshöfe sind grundsätzlich als höchste Rechtsmittelgerichte innerhalb eines Gerichtszweigs vorgesehen. Das hindert den Gesetzgeber aber nicht daran, ihnen ausnahmsweise erstinstanzliche Zuständigkeiten zuzuweisen (BVerfGE 92, 365 [410]). Die Vorschrift untersagt es, den Gerichtshöfen andere Fachgerichte überzuordnen. Sie garantiert jedoch – ebenso wie Art. 19 IV – keinen Instanzenzug (BVerfG, a.a.O.). 3

II. Die Berufung der Richter (Abs. 2)

Abs. 2 regelt die Berufung der Richter an den Gerichtshöfen des Abs. 1. Berufung meint die personelle Auswahl. Sie ist von der Ernennung zu unterscheiden, die nach Art. 60 I grds. dem BPräs obliegt. Dass ein Minister zusammen mit einem Richterwahlausschuss entscheidet, soll die demokratische Legitimation der Richter verstärken (Pieroth, in: JP, Rn. 4). Ob der Wahlausschuss auch bei der Berufung von Laienrichtern mitwirken muss, ist str. (verneinend BVerfGE 26, 186 [201]). Details regelt das Richterwahlgesetz (RiWG). Abs. 2 gilt nicht für die Berufung der Richter der Bundesgerichte gem. Art. 96. Sie werden allein vom Bundesjustizminister ausgewählt (Hömig, in: Hömig, Rn. 5). 4

III. Der Gemeinsame Senat (Abs. 3)

5 Der von Abs. 3 S. 1 vorgesehene Gemeinsame Senat ist durch das Gesetz zur Wahrung der Einheitlichkeit der Rechtsprechung der obersten Gerichtshöfe des Bundes (RsprEinhG v. 19.6.1968, BGBl. I S. 661, zuletzt geändert durch G v. 5.12.2012, BGBl. I S. 2418) gebildet worden, dessen Bezeichnung zugleich den Zweck des Gemeinsamen Senats beschreibt und das u. a. seine Zuständigkeit sowie sein Verfahren regelt. Die Regelungskompetenz des Bundes ist eine ausschließliche gem. Art. 71; sie beruht auf Art. 95 III 2.

6 Der Gemeinsame Senat wird durch einen „Vorlegungsbeschluss" des Gerichtshofs angerufen, der von der Rechtsprechung eines anderen Gerichtshofs abweichen will (§ 11 RsprEinhG). Zulässig ist die Vorlage nur, wenn der Senat, von dessen Entscheidung abgewichen werden soll, auf die zu begründende Anfrage des erkennenden Senats erklärt hat, dass er an seiner Rechtsauffassung festhält (§ 11 III RsprEinhG, eingefügt mWv 1.1.2013). Entscheidungen des Gemeinsamen Senats sind selten. Ausbildungsrelevant ist u. a. sein Beschluss zur (bejahten) Wahrung der prozessualen Schriftform durch ein Computerfax (BGHZ 144, 160 ff.).

Zu unterscheiden ist der Gemeinsame Senat der obersten Gerichtshöfe des Bundes von den sog. Großen Senaten (bzw. den Vereinigten Großen Senaten, § 132 I 2 GVG), die an den einzelnen obersten Gerichtshöfen bestehen (s. z. B. § 11 VwGO, § 132 I 1 GVG). Ihre Zuständigkeiten sollen die Einheitlichkeit der Rechtsprechung zwischen den Senaten ein und desselben Gerichtshofs sicherstellen (Hömig, in: Hömig, Rn. 6).

C. Weiterführende Literatur/Leseempfehlungen

7 Grigoleit, K. J./Siehr, A., Die Berufung der Bundesrichter: Quadratur des Kreises?, Zur Frage der Vereinbarkeit von Bestenauslese und Wahlgrundsätzen, DÖV 2002, 455–462; Schenkel, J.-E., Verbietet Art. 95 Abs. 1 GG die Zusammenlegung von Gerichtsbarkeiten auf Landesebene?, DÖV 2011, 481–485; Stüer, B./Hermanns, C. D., Der verfassungsrechtliche Rahmen einer Vereinheitlichung der öffentlich-rechtlichen Fachgerichtsbarkeiten, DÖV 2001, 505–511.

Art. 96 [Bundesgerichte]

(1) **Der Bund kann für Angelegenheiten des gewerblichen Rechtsschutzes ein Bundesgericht errichten.**

(2) [1]**Der Bund kann Wehrstrafgerichte für die Streitkräfte als Bundesgerichte errichten.** [2]**Sie können die Strafgerichtsbarkeit nur im Verteidigungsfalle sowie über Angehörige der Streitkräfte ausüben, die in das Ausland entsandt oder an Bord von Kriegsschiffen eingeschifft sind.** [3]**Das Nähere regelt ein Bundesgesetz.** [4]**Diese Gerichte gehören zum Geschäftsbereich des Bundesjustizministers.** [5]**Ihre hauptamtlichen Richter müssen die Befähigung zum Richteramt haben.**

(3) **Oberster Gerichtshof für die in Absatz 1 und 2 genannten Gerichte ist der Bundesgerichtshof.**

(4) **Der Bund kann für Personen, die zu ihm in einem öffentlich-rechtlichen Dienstverhältnis stehen, Bundesgerichte zur Entscheidung in Disziplinarverfahren und Beschwerdeverfahren errichten.**

(5) **Für Strafverfahren auf den folgenden Gebieten kann ein Bundesgesetz mit Zustimmung des Bundesrates vorsehen, dass Gerichte der Länder Gerichtsbarkeit des Bundes ausüben:**
1. Völkermord;
2. völkerstrafrechtliche Verbrechen gegen die Menschlichkeit;

3. Kriegsverbrechen;
4. andere Handlungen, die geeignet sind und in der Absicht vorgenommen werden, das friedliche Zusammenleben der Völker zu stören (Artikel 26 Abs. 1);
5. Staatsschutz.

Pflichtstoff (*)

A. Überblick

Art. 96 befasst sich in Abs. 1 bis 4 mit fakultativen Bundesgerichten, Gerichten also, 1
die der Bund errichten darf, aber nicht errichten muss. Abs. 5 regelt einen Fall, in dem Gerichte der Länder ausnahmsweise Gerichtsbarkeit des Bundes ausüben.

B. Erläuterungen

I. Die fakultativen Bundesgerichte (Abs. 1–4)

Abs. 1 erlaubt dem Bund die Errichtung eines Gerichts für Angelegenheiten des 2
gewerblichen Rechtsschutzes. Von dieser Option hat der Bund teilweise Gebrauch gemacht, indem er das BPatG geschaffen hat (Pieroth, in: JP, Rn. 1). Abs. 2 gestattet die Errichtung von Wehrstrafgerichten, die nicht mit den (von Abs. 4 erfassten) Wehrdienstgerichten identisch sind. Übergeordnete Instanz ist in beiden Fällen gem. Abs. 3 der BGH. Nur teilweise ausgenutzt hat der Bund auch die von Abs. 4 vorgesehene Möglichkeit zur Errichtung von Bundesdisziplinar- und Bundesbeschwerdegerichten (näher Detterbeck, in: Sachs, Rn. 8ff., 12ff.).

II. Bundesgerichtsbarkeit durch Landesgerichte (Abs. 5)

Abs. 5 ermöglicht dem Bund den Erlass eines Gesetzes, nach dem Gerichte der 3
Länder, die an sich Landesstaatsgewalt ausüben würden, auf den genannten Gebieten Gerichtsbarkeit (und damit Staatsgewalt) des Bundes ausüben. Es handelt sich um einen Fall der sog. Organleihe. Der Bund hat entsprechende Regelungen erlassen, u.a. in Form von § 120 GVG. Das hat insbesondere zur Folge, dass das Begnadigungsrecht in den betreffenden Fällen beim BPräs liegt (s. Art. 61 Rn. 3). Zu den Details Detterbeck, in: Sachs, Rn. 18f.

Art. 97 [Richterliche Unabhängigkeit]

(1) **Die Richter sind unabhängig und nur dem Gesetze unterworfen.**

(2) [1]**Die hauptamtlich und planmäßig endgültig angestellten Richter können wider ihren Willen nur kraft richterlicher Entscheidung und nur aus Gründen und unter den Formen, welche die Gesetze bestimmen, vor Ablauf ihrer Amtszeit entlassen oder dauernd oder zeitweise ihres Amtes enthoben oder an eine andere Stelle oder in den Ruhestand versetzt werden.** [2]**Die Gesetzgebung kann Altersgrenzen festsetzen, bei deren Erreichung auf Lebenszeit angestellte Richter in den Ruhestand treten.** [3]**Bei Veränderung der Einrichtung der Gerichte oder ihrer Bezirke können Richter an ein anderes Gericht versetzt oder aus dem Amte entfernt werden, jedoch nur unter Belassung des vollen Gehaltes.**

Pflichtstoff (***)

A. Überblick

1 Art. 97 garantiert die Unabhängigkeit der Richter. Diese besteht aus zwei Komponenten: Der sachlichen Unabhängigkeit, die den Richter vor Einflussnahmen auf die von ihm zu treffenden Entscheidungen schützt, und der persönlichen Unabhängigkeit, die ihn grundsätzlich davor bewahrt, gegen seinen Willen seines Amtes enthoben oder versetzt zu werden.

2 Die Unabhängigkeit der Richter schützt die Rechtsprechung vor sachfremder Einflussnahme. Sie leistet so einen Beitrag zur Realisierung der Gewaltenteilung (Art. 20 II 2) und lässt sich insgesamt als Bestandteil des Rechtsstaatsprinzips verstehen. Insbesondere kann der von Art. 19 IV garantierte effektive Rechtsschutz nur durch unabhängige Richter gewährt werden. Die Unabhängigkeit ist also kein persönliches Privileg des einzelnen Richters, als das sie häufig missverstanden wird, sondern Funktionsbedingung einer rechtsstaatlichen Rechtsprechung (näher Detterbeck, in: Sachs, Rn. 1, 3). Sie gehört – neben der Neutralität des Richters – zum Wesen der richterlichen Tätigkeit (BVerfGE 103, 111 [140]).

3 Die richterliche Unabhängigkeit ist Bestandteil der freiheitlichen demokratischen Grundordnung, die das GG nötigenfalls auch durch repressive Maßnahmen (Parteiverbote, Art. 21 II; Vereinsverbote, Art. 9 II; Grundrechtsverwirkung, Art. 18) verteidigt (vgl. BVerfGE 2, 1 [12f.]; dazu schon Art. 21 Rn. 45). Für den einzelnen Richter enthält Art. 97 subjektive Rechte, die er bei Bedarf auch einklagen kann (Detterbeck, in: Sachs, Rn. 7). Es handelt sich dabei jedoch nicht um Grundrechte oder grundrechtsgleiche Rechte (BVerfGE 48, 246 [263], zu Abs. 19). Eine Verfassungsbeschwerde lässt sich daher nicht unmittelbar auf eine Verletzung von Art. 97 stützen. Jedoch ist anerkannt, dass die richterliche Unabhängigkeit – ungeachtet der Unterschiede zwischen Richtern und Beamten – zu den hergebrachten Grundsätzen des Berufsbeamtentums gem. Art. 33 V zählt (BVerfGE 55, 371 [392]), dessen Verletzung im Verfahren nach Art. 93 I Nr. 4a gerügt werden kann (s. Art. 93 I Nr. 4a, § 90 I BVerfGG). Über diesen Umweg kann die Beachtung von Art. 97 also mittelbar per Verfassungsbeschwerde überprüft werden.

4 Art. 97 ist bislang noch nicht geändert worden; die Vorschrift gilt nach wie vor in ihrer Erstfassung.

5 In Prüfungsarbeiten dürfte Art. 97 regelmäßig nur eine Nebenrolle spielen. Die Grundprinzipien aber müssen bekannt sein.

B. Erläuterungen

I. Die sachliche Unabhängigkeit der Richter (Abs. 1)

6 Abs. 1 garantiert die sachliche Unabhängigkeit des Richters. Zwar spricht die Vorschrift nur allgemein davon, die Richter seien unabhängig, was auch die persönliche Unabhängigkeit erfassen könnte. Jedoch ergibt sich aus Hs. 2 (Bindung an das Gesetz) und dem auf die persönliche Unabhängigkeit bezogenen Abs. 2, dass in Abs. 1 gerade die sachliche Unabhängigkeit gemeint ist (Hömig, in: Hömig, Rn. 3).

7 Richter im Sinne des Abs. 1 sind alle Personen, die rechtsprechend tätig werden. Anders als bei Abs. 2 (u. Rn. 17) kommt es nicht darauf an, ob es sich um Berufsrichter handelt. Auch Laienrichter wie z.B. die Schöffen (s. §§ 28ff. GVG) genießen volle sachliche Unabhängigkeit. Näher zum Begriff der Rechtsprechung und des Richters Art. 92 Rn. 3ff. und 7f.

8 Die sachliche Unabhängigkeit erfasst die rechtsprechende Tätigkeit des Richters. Dazu zählen neben der Entscheidung des Rechtsstreits flankierende Tätigkeiten wie z.B. die Bestimmung von Sitzungsterminen, die Aufrechterhaltung der Ordnung in der Sitzung (sog. Sitzungspolizei, § 176 GVG) oder die Verteilung der richterlichen

Geschäfte (näher Pieroth, in: JP, Rn. 3). Dagegen erstreckt sich die sachliche Unabhängigkeit nicht auf die Wahrnehmung der sog. Justizverwaltungstätigkeit (BVerfGE 38, 139 [152]), bei der Richter mit Aufgaben betraut werden, die funktionell zur Exekutive gehören (Detterbeck, in: Sachs, Rn. 11a).

Sachliche Unabhängigkeit bedeutet im Kern die Freiheit von Weisungen (BVerfGE 87, 68 [85]). Soweit sie reicht, darf niemand – auch nicht der Direktor bzw. Präsident des Gerichts – dem Richter vorschreiben, welche Entscheidungen er zu treffen hat. Seine Unabhängigkeit unterscheidet den Richter besonders augenfällig vom Beamten, der weisungsgebunden tätig wird (Detterbeck, in: Sachs, Rn. 2). 9

Die Unabhängigkeit besteht gegenüber allen drei Staatsgewalten. 10

Die Exekutive darf daher weder durch Weisungen im Einzelfall noch durch Verwaltungsvorschriften Einfluss auf die rechtsprechende Tätigkeit zu nehmen suchen (näher Pieroth, in: JP, Rn. 3). Die Dienstaufsicht über Richter verstößt dem Grunde nach nicht gegen Abs. 1; jedoch können einzelne Maßnahmen im Rahmen der Dienstaufsicht die Unabhängigkeit verletzen (BVerfGE 38, 139 [151]), wenn sie eine Sanktion für eine bestimmte Entscheidung darstellen. Zulässig ist dagegen die Aufrechterhaltung des ordnungsgemäßen Geschäftsbetriebs. 11

Gerade auf diesem Gebiet werden gelegentlich Streitigkeiten ausgetragen, die in der Öffentlichkeit – sicher nicht völlig zu Unrecht – als eher skurril wahrgenommen werden. Beispielsweise sah ein Richter am Amtsgericht seine Unabhängigkeit dadurch beeinträchtigt, dass in seinem Gericht auf elektronische Aktenführung umgestellt worden war. Um die Akten in Papierform lesen zu können, hätte er sie ausdrucken müssen. Auch der Dienstgerichtshof für Richter beim OLG Hamm (Beschl. v. 20.10.2009, Az. 1 DGH 2/08) hat darin allen Ernstes eine Verletzung der Unabhängigkeit gesehen. Lesenswert dazu Reinelt, Legal Tribune ONLINE, 10.5.2010, http://www.lto.de/persistant/a_id/508/ (letzter Aufruf am 21.4.2015): Problematisches Rollenverständnis.

Unabhängigkeit gegenüber der Legislative bedeutet selbstverständlich keine Lockerung der Bindung an das Gesetz, die Abs. 1 Hs. 2 im Gegenteil sogar noch betont. (Zur zusätzlichen Bindung an das Recht nach Art. 20 III s. Art. 20 Rn. 110ff., insbes. Rn. 113). Die Unabhängigkeit verbietet es der Legislative jedoch, durch gesetzliche Maßnahmen gezielt Einfluss auf bestimmte laufende Verfahren zu nehmen (Detterbeck, in: Sachs, Rn. 12). 12

Die sachliche Unabhängigkeit gegenüber der (übrigen) Rechtsprechung kommt insbesondere darin zum Ausdruck, dass ein Gericht grundsätzlich weder an eigene Entscheidungen noch an die Rechtsauffassung übergeordneter Gerichte gebunden ist (BVerfGE 98, 17 [48]). Ein Richter darf eine bestimmte Frage also in der von ihm für richtig erachteten Weise entscheiden, selbst wenn er weiß, dass sie von der Rechtsmittelinstanz anders beurteilt wird. Anders verhält es sich nur in den anerkannten und speziell geregelten Fällen, in denen die Verbindlichkeit anderer Entscheidungen Funktionsvoraussetzung der Rechtsprechung ist (Pieroth, in: JP, Rn. 7). Zu nennen sind insofern z.B. die Wirkungen der rechtskräftigen Entscheidungen oder die Bindungswirkung der Entscheidungen des BVerfG (§ 31 I BVerfGG). 13

Die tatsächlich größte Gefahr der Einflussnahme auf die Rechtsprechung droht freilich nicht von staatlicher Seite, sondern aus der Gesellschaft: Die öffentliche Meinung und die Massenmedien nehmen an bestimmten Verfahren großen Anteil; gerade die Medien versuchen häufig, durch gezielte Berichterstattung Einfluss auf das Prozessgeschehen zu nehmen. Das machen sich auch Beteiligte zu Nutze, die ihrerseits Einfluss auf die Berichterstattung zu nehmen suchen. 14

Beispielhaft sei das Strafverfahren gegen den Wetterexperten Jörg Kachelmann genannt, das zu nicht unerheblichen Teilen „über die Medien" geführt wurde.

Ob Abs. 1 auch vor dieser gesellschaftlichen Einflussnahme schützt, ist str. Richtigerweise ist die Frage zu bejahen (von Coelln, Zur Medienöffentlichkeit der Dritten Gewalt, 2005, S. 206, m.w.N.). Damit ist jedoch keine vollständige Immunisierung 15 gegenüber gesellschaftlichen Einflüssen gemeint: Gerade die Medien können sich – auch für tendenziöse Berichterstattung – auf die Grundrechte des Art. 5 I 2 berufen. Prägnant auf den Punkt bringt es die Formel, unzulässig sei die nicht grundrechtlich geschützte Druckausübung bezogen auf die rechtsprechende Tätigkeit (Pieroth, in: JP, Rn. 9): Letztlich muss im Einzelfall entschieden werden, wo die Grenze der unzulässigen Einflussnahme verläuft.

II. Die persönliche Unabhängigkeit der Richter (Abs. 2)

16 Die sachliche Unabhängigkeit würde der Sache nach ausgehöhlt, wenn der einzelne Richter zwar im konkreten Fall weisungsfrei entscheiden könnte, jedoch damit rechnen müsste, für diese Entscheidung persönliche Nachteile wie z.B. eine Versetzung, eine Reduzierung seiner Dienstbezüge oder gar den Verlust seines Amtes zu erleiden. Daher wird die sachliche Unabhängigkeit des Abs. 1 durch die persönliche Unabhängigkeit nach Abs. 2 ergänzt und so institutionell gesichert (BVerfGE 87, 68 [85]). Konkret verbietet Abs. 2 grundsätzlich die Entlassung vor Ablauf der Amtszeit, die Amtsenthebung und die Versetzung. Das wird als „Grundsatz der Inamovabilität" bezeichnet (vom lateinischen amovere = wegbewegen, fortschaffen, entfernen).

17 Abs. 2 erfasst die hauptamtlich und planmäßig endgültig angestellten Richter. Anderen Richtern (z.B. Richter auf Probe, ehrenamtliche Richter) kommt ein Mindestmaß an persönlicher Unabhängigkeit aus Art. 33 V zu (Pieroth, in: JP, Rn. 10). Sie dürfen vor Ende ihrer Amtszeit gegen ihren Willen nur unter gesetzlich im Voraus bestimmten Bedingungen abberufen werden (BVerfGE 87, 68 [85]).

C. Weiterführende Literatur/Leseempfehlungen

18 Bosch, N., Sachliche und persönliche Unabhängigkeit von Gerichtspersonen, Jura 2015, 56–65; Papier, H.-J., Die richterliche Unabhängigkeit und ihre Schranken, NJW 2001, 1089–1094; Schilken, E., Die Sicherung der Unabhängigkeit der Dritten Gewalt, JZ 2006, 860–868.

Art. 98 [Rechtsstellung der Richter]

(1) **Die Rechtsstellung der Bundesrichter ist durch besonderes Bundesgesetz zu regeln.**

(2) [1]**Wenn ein Bundesrichter im Amte oder außerhalb des Amtes gegen die Grundsätze des Grundgesetzes oder gegen die verfassungsmäßige Ordnung eines Landes verstößt, so kann das Bundesverfassungsgericht mit Zweidrittelmehrheit auf Antrag des Bundestages anordnen, daß der Richter in ein anderes Amt oder in den Ruhestand zu versetzen ist.** [2]**Im Falle eines vorsätzlichen Verstoßes kann auf Entlassung erkannt werden.**

(3) **Die Rechtsstellung der Richter in den Ländern ist durch besondere Landesgesetze zu regeln, soweit Artikel 74 Abs. 1 Nr. 27 nichts anderes bestimmt.**

(4) **Die Länder können bestimmen, daß über die Anstellung der Richter in den Ländern der Landesjustizminister gemeinsam mit einem Richterwahlausschuß entscheidet.**

(5) [1]**Die Länder können für Landesrichter eine Absatz 2 entsprechende Regelung treffen.** [2]**Geltendes Landesverfassungsrecht bleibt unberührt.** [3]**Die Entscheidung über eine Richteranklage steht dem Bundesverfassungsgericht zu.**

Pflichtstoff (**)

A. Überblick

Art. 98 gehört zu den Vorschriften des GG, die die Rechtsstellung der Richter betreffen. Die Norm ergänzt die Art. 92 und Art. 97 (Hömig, in: Hömig, Rn. 1) und stellt durch die Festlegung auf „besondere" Gesetze sicher, dass die Rechtsstellung der Richter nicht als bloßer Bestandteil des allgemeinen Beamten- und Besoldungsrechts geregelt wird (zu dieser Unterscheidung s. auch BVerfGE 32, 199 [213]). 1

B. Erläuterungen

I. Die Pflicht zur gesetzlichen Regelung der Rechtsstellung der Richter (Abs. 1, 3)

Sowohl Abs. 1 als auch Abs. 3 verlangen ein besonderes Gesetz, das die Rechtsstellung der Bundesrichter (Abs. 1) sowie der Richter in den Ländern (Abs. 3) regelt. Beide Vorschriften enthalten also einen Gesetzgebungsauftrag, der sich an den jeweiligen parlamentarischen Gesetzgeber richtet. Aus Abs. 1 ergibt sich darüber hinaus noch eine ausschließliche Gesetzgebungskompetenz des Bundes. Dagegen darf Abs. 3 nicht als Kompetenztitel zugunsten der Länder verstanden werden (missverständlich insofern Pieroth, in: JP, Rn. 3, der davon spricht, Abs. 1, 3 wiesen zugleich Gesetzgebungskompetenzen zu): Ausdrückliche Landeskompetenzen passen nicht zur Verteilung der Gesetzgebungskompetenzen nach dem Regel-Ausnahme-Verhältnis der Art. 30, 70. Im Übrigen macht Abs. 3 durch den Vorbehalt zugunsten von Art. 74 I Nr. 27 deutlich, dass die Frage der Gesetzgebungskompetenz an anderer Stelle geregelt ist. 2

Die Rechtsstellung der Richter ist das sog. Richterdienstrecht. Es ist auf Bundesebene im DRiG und auf Länderebene in den Richtergesetzen der Länder geregelt. Gemeint sind in beiden Fällen nur die Berufsrichter (Hömig, in: Hömig, Rn. 2, 4). 3

Die Regelungspflicht der Länder besteht – wie schon angemerkt – nur, soweit in Art. 74 I Nr. 27 nichts anderes bestimmt ist. Zur Kompetenzverteilung nach dieser Vorschrift s. Art. 74 Rn. 78. 4

II. Die Richteranklage (Abs. 2, 5)

Nach Abs. 2 i. V. m. §§ 13 Nr. 9, 58 ff. BVerfGG ist das BVerfG für Richteranklagen gegen Bundesrichter zuständig, die unter den Voraussetzungen des Abs. 2 erhoben werden können. Abs. 5 ermöglicht den Ländern, ein entsprechendes Verfahren gegen Richter des Landes vorzusehen, das dann – vorbehaltlich abweichender vorkonstitutioneller Vorschriften in der jeweiligen LVerf – ebenfalls vom BVerfG entschieden würde (s. dazu auch § 62 BVerfGG). 5

Die Vorschriften sind Teil der wehrhaften oder streitbaren Demokratie. Sie ermöglichen es bei Bedarf, Verfassungsfeinde, die es zum Richter gebracht haben, aus dieser Position zu entfernen. Praktische Bedeutung haben sie noch nicht erlangt. 6

III. Landesrichterwahlausschüsse (Abs. 4)

Nach Abs. 4 können die Länder bestimmen, dass über die Anstellung der Richter in den Ländern der Landesjustizminister gemeinsam mit einem Richterwahlausschuss entscheidet. Diese Vorschrift ist insofern deklaratorisch, als die Länder eine derartige Regelung auch ohne eine spezielle Ermächtigung im GG vornehmen könnten. Zugleich stellt Abs. 4 aber sicher, dass die Entscheidungsfreiheit des Landesgesetzgebers in diesem Punkt dem Zugriff des einfachen Bundesgesetzgebers entzogen ist: Durch einfaches Bundesgesetz darf die Einführung von Richterwahlausschüssen weder verpflichtend vorgesehen noch verboten werden (Pieroth, in: JP, Rn. 4). 7

Art. 99 [Entscheidung von Landesstreitigkeiten durch Bundesgerichte]

Dem Bundesverfassungsgerichte kann durch Landesgesetz die Entscheidung von Verfassungsstreitigkeiten innerhalb eines Landes, den in Artikel 95 Abs. 1 genannten obersten Gerichtshöfen für den letzten Rechtszug die Entscheidung in solchen Sachen zugewiesen werden, bei denen es sich um die Anwendung von Landesrecht handelt.

Pflichtstoff (*)

A. Erläuterungen

I. Das Bundesverfassungsgericht als Landesverfassungsgericht (Var. 1)

1 Art. 99 Var. 1 gestattet es, Verfassungsstreitigkeiten innerhalb eines Landes durch ein (formelles) Landesgesetz – das kann auch die LVerf sein – dem BVerfG zuzuweisen. Dabei handelt es sich um einen Fall der sog. Organleihe: Das an das Land „entliehene" BVerfG würde als LVerfG tätig. Es würde Staatsgewalt des Landes ausüben; sein Prüfungsmaßstab wäre allein die LVerf einschließlich solcher Vorschriften des GG, die als ungeschriebene Bestandteile der LVerf in diese hineinwirken (BVerfGE 120, 82 [101]). Das Land besäße auf diese Weise rechtlich ein LVerfG, ohne ein solches einrichten und unterhalten zu müssen. Bislang hat lediglich Schleswig-Holstein von dieser Option Gebrauch gemacht. Seit 2008, als es ein eigenes LVerfG errichtet hat, verzichtet es darauf. Die Zuständigkeit des BVerfG läuft derzeit also leer.

2 Art. 99 Var. 1 stellt eine Zuständigkeit des BVerfG nach Art. 93 I Nr. 5 dar. Details zum Verfahren sind in §§ 13 Nr. 10, 73ff. BVerfGG geregelt. Die bislang letzte Entscheidung auf Grund dieser Zuständigkeit (BVerfGE 120, 82ff.) betraf die 5%-Klausel im schleswig-holsteinischen Kommunalwahlrecht. Dabei handelte es sich um einen Landesorganstreit. Auf diese Verfahrensart ist Art. 99 Var. 1 GG in besonderer Weise zugeschnitten; die Vorschrift lässt aber auch die Zuweisung anderer Verfassungsstreitigkeiten zu (Detterbeck, in: Sachs, Rn. 3). Dagegen erfasst die Zuständigkeit des BVerfG nach Art. 93 I Nr. 4 Var. 3 nur Organstreitigkeiten; eine Zuständigkeit nach Art. 99 Var. 1 würde einen anderen Rechtsweg i.S.v. Art. 93 I Nr. 4 darstellen, so dass das Verfahren im Umfang der Zuständigkeit nach Art. 99 Var. 1 nicht zur Verfügung stünde.

II. Landesstreitigkeiten vor obersten Gerichtshöfen des Bundes (Var. 2)

3 Art. 99 Var. 2 eröffnet die Möglichkeit, den in Art. 95 I genannten obersten Gerichtshöfen des Bundes, die grundsätzlich nur für die Überprüfung der Anwendung von Bundesrecht zuständig sind, durch formelles Landesgesetz (inkl. der LVerf) solche Sachen zuzuweisen, bei denen es sich um die Anwendung von Landesrecht handelt. Die Kompetenz des Bundesgesetzgebers, diese Gerichtshöfe auf der Grundlage von Art. 74 I Nr. 1 (Kompetenztitel „gerichtliches Verfahren") für die Überprüfung der Anwendung von Landesrecht für zuständig zu erklären, bleibt davon unberührt (BVerfGE 10, 285 [292ff.]). Zu Beispielen für die Nutzung der 2. Var. des Art. 99 in den Ländern s. Detterbeck, in: Sachs, Rn. 3).

B. Weiterführende Literatur/Leseempfehlungen

4 Gundel, J., Neue Wege zur Auslegung von Landesrecht durch das BVerwG, Die Neubelebung von Art. 99 Alt. 2 GG durch Länder-Staatsverträge, NVwZ 2000, 408–410.

Art. 100 [Richtervorlagen]

(1) [1] **Hält ein Gericht ein Gesetz, auf dessen Gültigkeit es bei der Entscheidung ankommt, für verfassungswidrig, so ist das Verfahren auszusetzen und, wenn es sich um die Verletzung der Verfassung eines Landes handelt, die Entscheidung des für Verfassungsstreitigkeiten zuständigen Gerichtes des Landes, wenn es sich um die Verletzung dieses Grundgesetzes handelt, die Entscheidung des Bundesverfassungsgerichtes einzuholen.** [2] **Dies gilt auch, wenn es sich um die Verletzung dieses Grundgesetzes durch Landesrecht oder um die Unvereinbarkeit eines Landesgesetzes mit einem Bundesgesetze handelt.**

(2) **Ist in einem Rechtsstreite zweifelhaft, ob eine Regel des Völkerrechtes Bestandteil des Bundesrechtes ist und ob sie unmittelbar Rechte und Pflichten für den Einzelnen erzeugt (Artikel 25), so hat das Gericht die Entscheidung des Bundesverfassungsgerichtes einzuholen.**

(3) **Will das Verfassungsgericht eines Landes bei der Auslegung des Grundgesetzes von einer Entscheidung des Bundesverfassungsgerichtes oder des Verfassungsgerichtes eines anderen Landes abweichen, so hat das Verfassungsgericht die Entscheidung des Bundesverfassungsgerichtes einzuholen.**

Pflichtstoff (*****)

Übersicht

A. Überblick

Art. 100 regelt drei Verfahren der Verfassungsgerichte, in denen diese – meist das BVerfG, in Abs. 1 ggf. auch ein LVerfG – von einem anderen Gericht angerufen werden können, um Vorfragen des dortigen Verfahrens zu entscheiden. Aus Sicht des vorlegenden Gerichts handelt es sich jeweils um ein Zwischenverfahren, das durchgeführt werden muss, bevor der vor ihm geführte Prozess fortgesetzt werden kann. Es ist also jeweils zwischen dem vorlegenden Gericht und dem Gericht, an das vorgelegt wird, zu unterscheiden. Das vorlegende Gericht wird auch als „iudex a quo" bezeichnet (wörtlich: Richter, von dem [vorgelegt wird]), vor ihm findet das Ausgangsverfahren statt. 1

Das Gericht, das Adressat der Vorlage ist, trägt in dieser Terminologie die Bezeichnung des „iudex ad quem" (wörtlich: Richter, zu dem/an den [vorgelegt wird]); vor ihm findet das Zwischenverfahren nach Art. 100 statt.

B. Erläuterungen

I. Die konkrete Normenkontrolle (Abs. 1)

1. Erläuterungen zum Verfahren

2 Wenn ein Gericht bemerkt, dass es zur Entscheidung eines bei ihm anhängigen Verfahrens eine Vorschrift anwenden muss, die wegen Verstoßes gegen eine höherrangige Vorschrift nichtig ist, gerät es in ein Dilemma: Auf der einen Seite verbietet ihm seine Bindung an Recht und Gesetz (Art. 20 III), die für nichtig erkannte Vorschrift anzuwenden. Auf der anderen Seite würde es sich mit ihrer Nichtanwendung über den Willen des Normgebers hinwegsetzen. Letzteres wäre insbesondere dann problematisch, wenn es sich dabei um den unmittelbar demokratisch legitimierten Gesetzgeber handelt, also um das Parlament: Dieses hat mit dem Erlass der Vorschrift u.a. bekundet, dass es sie für gültig hält. Es wäre mit der Autorität des formellen Gesetzgebers nicht vereinbar, wenn sich jedes Gericht über seinen Willen hinwegsetzen dürfte. Dieses Problem löst Abs. 1: Das Gericht darf vom Parlament beschlossene Gesetze (zu den Details s. Rn. 8) weder unangewendet lassen, noch muss es sie gegen seine eigene Überzeugung anwenden. Es muss sie vielmehr dem BVerfG (bzw. dem LVerfG) vorlegen, das allgemeinverbindlich über ihre Gültigkeit entscheidet.

3 Art. 100 I spricht den Fachgerichten aber nicht etwa die Kompetenz ab, die von ihnen anzuwendenden Vorschriften auf ihre Gültigkeit hin zu überprüfen. Im Gegenteil: Art. 100 I setzt die *Prüfungs*kompetenz jedes Gerichts gerade voraus. Lediglich die *Verwerfungs*kompetenz wird für bestimmte Gesetze beim BVerfG konzentriert.

4 Das Verfahren nach Art. 100 I wird als konkrete Normenkontrolle bezeichnet. Um eine Normenkontrolle handelt es sich, weil der Prüfungsgegenstand, dessen Gültigkeit am Maßstab einer Norm überprüft wird, selbst eine Norm ist. Das Adjektiv „konkret" bringt zum Ausdruck, dass dies aus Anlass eines konkreten Rechtsstreits geschieht. Daran fehlt es bei der abstrakten Normenkontrolle nach Art. 93 I Nr. 2.

Weitere Beispiele für Normenkontrollen sind die Verfahren nach § 47 VwGO, aber auch VBen nach Art. 94 I Nr. 4a, bei denen es um die Gültigkeit einer Rechtsnorm geht. Ist die Gültigkeit der Streitgegenstand des Verfahrens – das ist im Verfahren nach Art. 100 I der Fall, aber auch z. B. bei einer VB, die sich unmittelbar gegen eine Norm richtet –, spricht man von einer prinzipalen Normenkontrolle. Der Gegenbegriff ist die inzidente Normenkontrolle, bei der die Gültigkeit einer Norm lediglich eine Vorfrage darstellt. Um eine derartige Konstellation handelt es sich z. B., wenn VB gegen eine gerichtliche Entscheidung erhoben wird, weil diese vermeintlich auf einer verfassungswidrigen Vorschrift beruht.

5 Neben der Vorlage an das BVerfG, die in § 13 Nr. 11, §§ 80ff. BVerfGG näher geregelt ist (s. Rn. 6ff.), sieht Art. 100 I auch eine Zuständigkeit der LVerfGe vor: Wenn das vermeintlich nichtige (Landes-)Gesetz gegen die Landesverfassung verstößt, muss das Gericht nach Art. 100 I 1 Var. 1 die Entscheidung des LVerfG einholen. Wenn ein Landesgesetz vermeintlich sowohl gegen das GG als auch gegen die Landesverfassung verstößt, hat das Gericht die Wahl, ob es das Gesetz zunächst nur einem der Verfassungsgerichte oder beiden zugleich vorlegt. Sofern eines der Verfassungsgerichte die Vorschrift für nichtig erklärt, wird die andere Vorlage jedoch unzulässig (Detterbeck, in: Sachs, Rn. 24).

2. Zulässigkeit und Begründetheit der Vorlage zum Bundesverfassungsgericht

A. Zulässigkeit 6

I. Vorlageberechtigung 7

Vorlageberechtigt sind Gerichte. Der Begriff erfasst alle staatlichen Spruchstellen, die sachlich unabhängig und in einem formell gültigen Gesetz mit den Aufgaben eines Gerichts betraut und als solches bezeichnet sind (BVerfGE 30, 170 [171]). Dazu zählen auch die LVerfGe (BVerfGE 69, 112 [117]). Gericht i. S. v. Art. 100 I ist jeweils der zur Entscheidung berufene Spruchkörper (also der Senat, die Kammer, der Einzelrichter etc.; BVerfGE 54, 159 [163f.]).

II. Vorlagegegenstand 8

Vorlagefähig wegen eines vermeintlichen Verstoßes gegen das GG sind nur formelle, nachkonstitutionelle Bundes- oder Landesgesetze. Diese Einschränkung geht aus dem Text des Art. 100 I nicht hervor. Sie ergibt sich aber aus Sinn und Zweck der Vorschrift.

1. Formelle Gesetze

Da die Vorlagepflicht der Wahrung der Autorität des parlamentarischen Gesetzgebers dient (BVerfGE 97, 117 [122]; s. Rn. 2), sind lediglich formelle, also vom Parlament beschlossene Gesetze vorlagefähig (BVerfGE 1, 184 [195ff.]). Gesetze im nur materiellen Sinne, also Satzungen und Rechtsverordnungen, darf das Gericht nicht vorlegen. Wenn es von ihrer Nichtigkeit überzeugt ist, muss es sie vielmehr aus eigener Autorität außer Anwendung lassen, also inzident verwerfen. (Eine für andere Verfahren geltende Nichtigerklärung ist damit jedoch nicht verbunden.)

2. Nachkonstitutionelle Gesetze

Aus demselben Grund sind nur nachkonstitutionelle Gesetze vorlagefähig, also solche, die nach Inkrafttreten des GG verkündet wurden (BVerfGE 97, 117 [122f.]). Der vorkonstitutionelle Gesetzgeber konnte das GG noch nicht beachten; sein Gesetzesbeschluss besagt nichts über die Vereinbarkeit der Vorschrift mit dem GG. Daher wird die Autorität des parlamentarischen Gesetzgebers nicht tangiert, wenn ein Gericht ein vorkonstitutionelles Gesetz wegen dessen Unvereinbarkeit mit dem GG außer Anwendung lässt. Hat man diesen Grundgedanken verstanden, lässt sich auch – ohne derartige Details auswendig lernen zu müssen – das Problem lösen, welche Landesgesetze wegen Verstoßes gegen einfaches, also im Rang unter dem GG stehendes Bundesrecht vorzulegen sind: Nur solche Landesgesetze, die erst nach dem betreffenden Bundesgesetz erlassen worden sind.

Zu beachten ist, dass auch solche Gesetze als nachkonstitutionell gelten, die zwar vor Inkrafttreten des GG erlassen wurden, die der Gesetzgeber aber unter der Geltung des GG „in seinen Willen aufgenommen" hat (BVerfGE 97, 117 [122f.]). Das tut er u. a. durch die Neuverkündung eines Gesetzes (nicht aber durch dessen bloße Neubekanntmachung, BVerfGE 64, 217 [221]), durch maßgebliche Änderungen oder durch die Ablehnung vorgeschlagener Änderungen.

III. Überzeugung des vorlegenden Gerichts von der Nichtigkeit des Gesetzes 9

Das Gericht muss das vorgelegte Gesetz wegen Verstoßes gegen das GG oder – was nur in Betracht kommt, wenn ein Landesgesetz vorgelegt wird – gegen einfaches Bundesrecht für nichtig halten, Art. 100 I 1, 2. Bloße Zweifel an der Gültigkeit reichen nicht aus; eine verfassungskonforme Auslegung darf aus Sicht des Gerichts nicht in Betracht kommen (BVerfGE 68, 337 [344]).

Die Überzeugung von der Nichtigkeit muss beim Gericht selbst vorhanden sein. Anträge der Beteiligten sind nur Anregungen, vgl. § 80 III BVerfGG.

IV. Entscheidungserheblichkeit der Gültigkeit des Gesetzes 10

Auf die Gültigkeit des Gesetzes muss es für die Entscheidung ankommen. Dieses Tatbestandsmerkmal wird unter dem Begriff der Entscheidungserheblichkeit zusammengefasst. Sie liegt vor, wenn die Entscheidung bei Gültigkeit des Gesetzes anders ausfallen würde als bei seiner Ungültigkeit.

Eine Entscheidung ist jede gerichtliche Maßnahme, die ein gerichtliches Verfahren oder einen Teil davon endgültig oder vorläufig beendet. Nicht dazu zählen vorbereitende Maßnahmen wie z. B. Beweisbeschlüsse.

Erheblich für die Entscheidung ist die Gültigkeit des Gesetzes jedenfall dann, wenn sich je nach seiner (Un-)Gültigkeit der Tenor ändert (Verurteilung oder Klageabweisung, Verurteilung oder Freispruch). Die Entscheidungserheblichkeit ist aber auch dort zu bejahen, wo sich die Wirkungen der Entscheidung trotz identischen Tenors unterscheiden (etwa: Abweisung der Klage als unzulässig oder als unbegründet; s. BVerfGE 70, 191 [198]. In beiden Fällen lautet der Tenor „Die Klage wird abgewiesen." Die Rechtskraftwirkungen aber unterscheiden sich voneinander.).

Sofern die bis hier genannten Voraussetzungen vorliegen, ist das Gericht zur Vorlage nach Art. 100 I nicht nur berechtigt, sondern sogar verpflichtet. Die objektiv willkürliche Nichtvorlage verletzt das Recht auf den gesetzlichen Richter gem. Art. 101 I 2 (Müller-Terpitz, in: SHH, Rn. 23).

11 V. Ordnungsgemäße Vorlage

Die Vorlage muss nach § 23 I BVerfGG schriftlich und begründet erfolgen. In der Begründung müssen nach § 80 II BVerfGG insbesondere angegeben werden, inwiefern die Gültigkeit des vorgelegten Gesetzes entscheidungserheblich ist und gegen welche Vorschrift es verstoßen soll. Ggf. ist auch darzulegen, was sich seit einer Entscheidung des BVerfG, mit der dieses die Gültigkeit des vorgelegten Gesetzes schon einmal bejaht hat, geändert haben soll. (Wenn die Gültigkeit der vorgelegten Entscheidung bereits Gegenstand eines anhängigen Verfahrens vor dem BVerfG ist oder Gegenstand einer früheren Entscheidung des BVerfG war, können sich Spezialfragen ergeben, die ggf. in einem eigenen Punkt der Zulässigkeitsprüfung erörtert werden können. S. dazu näher Sachs, Verfassungsprozessrecht, Rn. 230 ff.) Insgesamt sind die Anforderungen des BVerfG an die ordnungsgemäße Begründung hoch.

12 B. Begründetheit

Die Vorlage ist begründet, wenn das vorgelegte Bundesgesetz gegen das GG verstößt (Art. 100 I 1) bzw. wenn das vorgelegte Landesgesetz gegen das GG oder sonstiges Bundesrecht (dazu zählt auch untergesetzliches Bundesrecht) verstößt (Art. 100 I 2). In diesem Fall erklärt das BVerfG die Norm in der Regel für nichtig, §§ 82 I, 78 BVerfGG. Jedoch ist u. a. auch eine bloße Unvereinbarkeitserklärung möglich. Zu den möglichen Entscheidungsinhalten bei Normenkontrollverfahren näher Sachs, Verfassungsprozessrecht, Rn. 151 ff., zu deren Bedeutung auch für die konkrete Normenkontrolle Sachs, a. a. O., Rn. 242.

Die Entscheidung des BVerfG bezieht sich nur auf die Gültigkeit des vorgelegten Gesetzes (s. § 81 BVerfGG). Nach Abschluss des Verfahrens muss das vorlegende Gericht das Ausgangsverfahren weiterführen.

3. Zulässigkeit und Begründetheit der Vorlage zum Landesverfassungsgericht

13 Für die Vorlage an ein LVerfG nach Art. 100 I Var. 1 kann auf die vorstehenden Ausführungen verwiesen werden. Prüfungsmaßstab ist hier nach Art. 100 I 1 freilich nur die jeweilige Landesverfassung. Einzelne Länder erweitern den Vorlagegegenstand für dieses Verfahren auf vorkonstitutionelle Gesetze sowie auf untergesetzliches Recht. Aus Sicht des GG ist dagegen nichts einzuwenden (näher Detterbeck, in: Sachs, Rn. 23).

II. Die Völkerrechtsverifikation (Abs. 2)

1. Erläuterungen zum Verfahren

Die allgemeinen Regeln des Völkerrechts sind nach Art. 25 S. 1 Bestandteil des Bundesrechts; nach Art. 25 S. 2 gehen sie den Gesetzen vor und erzeugen Rechte und Pflichten unmittelbar für die Bewohner des Bundesgebietes. Ob eine bestimmte Regel im Völkerrecht existiert, ob sie eine allgemeine Regel i. S. v. Art. 25 darstellt und ob sie für den Einzelnen unmittelbar verbindlich ist, steht häufig nicht eindeutig fest, weil die betreffenden Rechtssätze regelmäßig nicht auf Normsetzungsakten beruhen. (Zu den allgemeinen Regeln des Völkerrechts gehört insb. das Völkergewohnheitsrecht, s. Art. 25 Rn. 10.) Daher sieht Art. 100 II ein spezielles Verfahren vor, mit dem ein Gericht diese Fragen durch das BVerfG klären lassen kann. Die Frage nach der Existenz und Wirkung anderer Bestandteile des Völkerrechts (insb. also des Völkervertragsrechts) kann und muss jedes Gericht in eigener Verantwortung ohne Vorlage an das BVerfG entscheiden. **14**

Näher geregelt ist das Verfahren in § 13 Nr. 12, §§ 83f. BVerfGG. Nach § 83 II 1 BVerfGG hat das BVerfG vor seiner Entscheidung dem BT, dem BR und der BReg Gelegenheit zur Äußerung binnen einer zu bestimmenden Frist zu geben. **15**

2. Zulässigkeit der Vorlage und Entscheidung des Bundesverfassungsgerichts

A. Zulässigkeit **16**

I. Vorlageberechtigung **17**
Vorlageberechtigt sind Gerichte. Der Begriff ist im selben Sinne wie bei Art. 100 I zu verstehen. S. dazu o. Rn. 7.

II. Rechtsstreit **18**
Vor dem Gericht muss nach Art. 100 II ein Rechtsstreit geführt werden. Darunter fallen nicht nur kontradiktorische Verfahren (also solche, bei denen sich zwei Parteien gegenüberstehen). Erfasst wird vielmehr jedes gerichtliche Verfahren (BVerfGE 75, 1 [11]), in dem rechtsprechende Gewalt ausgeübt wird. Ausgeschlossen sind jedoch Verwaltungsverfahren, auch wenn sie ausnahmsweise Gerichten zugewiesen sind (Sachs, Verfassungsprozessrecht, Rn. 250 i. V. m. Rn. 219).

III. Zweifel an der Existenz oder Tragweite einer Regel des Völkerrechts **19**
In dem Rechtsstreit müssen die Existenz oder die Tragweite einer Regel des Völkerrechts zweifelhaft sein (BVerfGE 118, 124 [132f.]). Art. 100 II nennt zwei der möglichen Aspekte, die bei Zweifeln zur Vorlage berechtigen und verpflichten (Ist eine Regel des Völkerrechts Bestandteil des Bundesrechts? Erzeugt sie unmittelbar Rechte und Pflichten für den Einzelnen?). Trotz des „und" zwischen den beiden Punkten reicht es, wenn sich die Zweifel auf einen von ihnen beziehen. Über den Wortlaut hinaus reichen zudem Zweifel an der Existenz einer völkerrechtlichen Regel aus: Nur wenn es eine Regel überhaupt gibt, kann sich die Frage stellen, ob es sich um eine allgemeine Regel handelt.
Anders als im Verfahren nach Art. 100 I, bei dem das Gericht von der Verfassungswidrigkeit der vorgelegten Vorschrift überzeugt sein muss (o. Rn. 9), reicht es im Normenverifikationsverfahren nach Art. 100 II aus, dass eine der vorgenannten Fragen „zweifelhaft" ist. Diese Zweifel muss nicht einmal das Gericht selbst haben. Zweifel „in einem Rechtsstreit" können sich auch aus Auffassungen der Verfahrensbeteiligten oder durch literarische Stellungnahmen ergeben. Daher kann ein Verfahrensbeteiligter durch Aufwerfen ernsthafter Zweifel eine Vorlage erzwingen (Schlaich/Korioth, Bundesverfassungsgericht, Rn. 173). Unterbleibt sie, liegt darin regelmäßig eine Verletzung des Rechts auf den gesetzlichen Richter nach Art. 101 I 2 (BVerfGE 109, 38 [49]).

20 IV. Entscheidungserheblichkeit

Die in Art. 100 I ausdrücklich verlangte Entscheidungserheblichkeit der Vorlagefrage (Rn. 10) ist im Verfahren nach Art. 100 II ein ungeschriebenes Tatbestandsmerkmal (BVerfGE 15, 25 [30]; s. auch BVerfGE 118, 124 [132f.]). Wenn die Entscheidungserheblichkeit nachträglich wegfällt, muss das Gericht seinen Vorlagebeschluss aufheben. Damit erledigt sich das Verfahren vor dem BVerfG (BVerfGE 117, 357 [358]).

21 V. Begründung

Die Vorlage ist nach §§ 84, 80 II BVerfGG zu begründen.

22 B. Die Entscheidung des BVerfG

Der Inhalt der Entscheidung des BVerfG ist in § 83 I BVerfGG geregelt. Das BVerfG beantwortet mit seiner Entscheidung die ihm gestellte Vorlagefrage. Zur konkreten Formulierung bei unterschiedlichen Verfahrensausgängen s. BVerfGE 46, 342 (345); 92, 277 (338); 75, 1; 117, 141f. Der Tenor hat Gesetzeskraft und ist im BGBl. zu veröffentlichen, § 31 II BVerfGG.

III. Die landesverfassungsgerichtliche Divergenzvorlage (Abs. 3)

1. Erläuterungen zum Verfahren

23 Nach Abs. 3 muss ein LVerfG die Entscheidung des BVerfG einholen, wenn es bei der Auslegung des GG von einer Entscheidung des BVerfG oder eines anderen LVerfG abweichen will. Die Vorschrift setzt erkennbar voraus, dass neben dem BVerfG auch die LVerfGe – wenngleich selten – das GG auslegen und anwenden (BVerfGE 69, 112 [117]). Sie soll die einheitliche Auslegung des GG durch die Verfassungsgerichte von Bund und Ländern sichern (BVerfGE 3, 261 [265]; 96, 345 [360]). Dabei verschafft die Vorlagepflicht dem BVerfG eine dominierende Stellung. Zugleich ermöglicht sie den LVerfGen jedoch, eine von ihnen nicht geteilte Auslegung des GG nicht einfach hinnehmen zu müssen: Die Möglichkeit der Vorlage ist eine Ausnahme von der Bindungswirkung (§ 31 I BVerfGG), der i.Ü. auch die LVerfGe unterliegen (Sachs, Verfassungsprozessrecht, Rn. 458; kritisch Schlaich/Korioth, Bundesverfassungsgericht, Rn. 184).

24 Näher geregelt ist das Verfahren in § 13 Nr. 13, § 85 BVerfGG. Nach § 85 II BVerfGG hat das BVerfG vor seiner Entscheidung dem BR, der BReg und ggf. dem LVerfG, von dessen Auslegung des GG es abweichen will, Gelegenheit zur Äußerung binnen einer zu bestimmenden Frist zu geben. Sofern sowohl die Voraussetzungen für eine Vorlage nach Art. 100 I als auch diejenigen für eine Vorlage nach Art. 100 III erfüllt sind, hat das LVerfG ein Wahlrecht, welchen der beiden Wege es einschlagen will (BVerfGE 36, 342 [356]).

2. Zulässigkeit der Vorlage und Entscheidung des Bundesverfassungsgerichts

25 A. Zulässigkeit

26 I. Vorlageberechtigung

Vorlageberechtigt sind allein die Verfassungsgerichte der Länder. Von der von Land zu Land unterschiedlichen Bezeichnung der LVerfGe (Landesverfassungsgericht, Verfassungsgerichtshof, Staatsgerichtshof o.Ä.) hängt die Vorlageberechtigung nicht ab (Sachs, Verfassungsprozessrecht, Rn. 460).

27 II. Abweichung von einer Entscheidung des BVerfG/eines LVerfG bei der Auslegung des GG

Das LVerfG muss bei der Auslegung des GG von einer Entscheidung des BVerfG oder eines anderen LVerfG abweichen wollen.

Die Abweichung muss sich auf den Tenor oder die tragenden Gründe der Entscheidung beziehen.

Zudem muss sie die Auslegung des GG betreffen. Nicht hinreichend ist die abweichende Auslegung einer mit dem GG wortgleichen Vorschrift in der eigenen Landesverfassung. Eine Abweichung i. S. v. Art. 100 III liegt hingegen vor, wenn die abweichende Auslegung der eigenen LVerf zwingend auch die vermeintlich nicht zwingend wort-, aber zumindest inhaltsgleiche Vorschrift des GG betrifft. Vorstellbar ist das etwa, wenn ein LVerfG die Anwendung von Bundesrecht nach der Konzeption des BVerfG nur am Maßstab solcher Landesgrundrechte prüfen will, die mit dem GG inhaltsgleich sind (BVerfGE 96, 345 [373 f.]; dazu näher Art. 142 Rn. 7).

III. Entscheidungserheblichkeit **28**

Ebenso wie die anderen Verfahren nach Art. 100 setzt die Vorlage nach Abs. 3 die Entscheidungserheblichkeit der Abweichung in der Auslegung des GG voraus. Näher zur Entscheidungserheblichkeit o. Rn. 10.

IV. Darlegung der Rechtsauffassung und Vorlage der Akten **29**

Wenn die unter I.–III. genannten Voraussetzungen erfüllt sind, ist das LVerfG zur Vorlage verpflichtet. Nach § 85 I BVerfGG muss es seine Rechtsauffassung darlegen, also die Vorlage begründen, und dem BVerfG die Akten vorlegen.

B. Die Entscheidung des BVerfG **30**

Nach § 85 III BVerfGG entscheidet das BVerfG nur über die Rechtsfrage, die hier die Auslegung des GG betrifft. Für das vorlegende LVerfG ist die Beantwortung der Rechtsfrage im Ausgangsverfahren verbindlich. Andere LVerfGe erreicht sie über die Bindungswirkung des § 31 I BVerfGG ohne jedoch eine weitere Divergenzvorlage auszuschließen.

C. Prüfungshinweise

An die Vorlageverfahren nach Art. 100 sollte man jedenfalls dann denken, wenn in einer Klausur oder Hausarbeit nicht nach den Erfolgsaussichten einer Klage oder eines Antrags gefragt ist, sondern danach, wie das Gericht entscheiden wird. Möglicherweise will der Aufgabensteller in diesen Fällen auf eine Vorlage an das BVerfG hinaus. Diese Möglichkeit sollte schon im einleitenden Obersatz angesprochen werden. Wenn beispielsweise eine Vorlage nach Abs. 1 wegen der möglichen Unbestimmtheit von § 240 StGB in Rede steht, könnte die Einleitung lauten: „Die Antwort auf die Fallfrage hängt davon ab, ob das Gericht unmittelbar über die Strafbarkeit des Angeklagten entscheiden darf oder ob es zunächst die Frage nach der Gültigkeit von § 240 StGB dem BVerfG vorlegen muss.“ Sollten die Voraussetzungen für eine konkrete Normenkontrolle vorliegen, lautet das Ergebnis, also die Antwort auf die Fallfrage: „Das Gericht wird die Frage nach der Gültigkeit von § 240 StGB dem BVerfG vorlegen.“ **31**

D. Weiterführende Literatur/Leseempfehlungen

Erichsen, H.-U., Die konkrete Normenkotrolle – Art. 100 Abs. 1 GG, Jura 1982, 88–96; Geis, M.-E./Schmidt, O., Grundfälle zur abstrakten und zur konkreten Normenkontrolle, JuS 2012, 121–125; Wernsmann, R., Konkrete Normenkontrolle (Art. 100 Abs. 1 GG), Jura 2005, 328–336; Wollweber, H., Aktuelle Aspekte der konkreten Normenkontrolle durch das Bundesverfassungsgericht, DÖV 1999, 413–418. **32**

Art. 101 [Ausnahmegerichte]

(1) [1]**Ausnahmegerichte sind unzulässig.** [2]**Niemand darf seinem gesetzlichen Richter entzogen werden.**

(2) **Gerichte für besondere Sachgebiete können nur durch Gesetz errichtet werden.**

Pflichtstoff (***)

A. Überblick

I. Normstruktur

1 Art. 101 gehört formell nicht zu den Grundrechten, sondern gewährt ein grundrechtsgleiches Recht (Vorbem. Grundrechte, Rn. 17f.). Darüber hinaus enthält die Vorschrift objektive Verfahrensgrundsätze, die für jedes gerichtliche Verfahren gelten. Die Kernaussage trifft dabei Art. 101 I 2. Das Verbot von Ausnahmegerichten (Art. 101 I 1) und die Zulassung von Sondergerichten (Art. 101 II) konkretisieren als spezielle Teilausschnitte die Garantie des gesetzlichen Richters (Degenhart, in: Sachs, Art. 101 Rn. 1). Ziel des Art. 101 I 2 ist es, die Unabhängigkeit der Rechtsprechung sowie das Vertrauen der Öffentlichkeit in die Unparteilichkeit und Sachlichkeit der Gerichte zu sichern, indem er einer Manipulation durch den für den Einzelfall berufenen Richter vorbeugt (vgl. BVerfGE 17, 294 [299]; 95, 322 [327]). Diese Verfahrensgarantie schützt nicht nur die Freiheit der Betroffenen (Rn. 8) vor Eingriffen durch die Exekutive oder Legislative, sondern bindet auch die Judikative, stellt mithin sicher, dass niemand durch Maßnahmen der Gerichtsorganisation seinem gesetzlichen Richter entzogen wird (BVerfGE 82, 286 [298]).

II. Prüfungsrelevanz

2 Obwohl Art. 101 I 2 in der strafprozessrechtlichen Praxis hohe Relevanz hat, spielt er in der juristischen Ausbildung eine eher untergeordnete Rolle und wird selten geprüft. Die Grundlagen sollten jedoch unbedingt beherrscht werden.

III. Europa

3 Art. 101 I 2 gewinnt dadurch Bezug zum EU-Recht, dass ein Verstoß gegen die nach Art. 267 III AEUV notwendige Vorlage durch ein mitgliedstaatliches letztinstanzliches Gericht zum EuGH eine Verletzung der Garantie des gesetzlichen Richters darstellt (vgl. BVerfGE 18, 441 [447]; BVerfG [K], NJW 2012, 598 [599]; Rn. 9a f.).

B. Erläuterungen

I. Verbot von Ausnahmegerichten (Abs. 1 S. 1)

4 „Ausnahmegerichte" i.S.d. Art. 101 I 1 sind solche Gerichte, die abweichend von allgemeinen gesetzlichen Zuständigkeitsregeln besonders gebildet werden und zur Entscheidung einzelner konkret oder individuell bestimmter Fälle berufen sind (BVerfGE 3, 213 [223]). Keine Ausnahmegerichte sind hingegen Gerichte, die gesetzlich im Voraus für bestimmte Sachgebiete abstrakt und generell zur Entscheidung berufen sind (BVerfGE 10, 200 [212f.]). Exemplarisch hierfür sind die nach Art. 101 II zulässigen Sondergerichte, beispielsweise Verbands- und Vereinsgerichte wie das Sportgericht des Deutschen Fußball-Bundes (vgl. Kunig, in: MK, Art. 101 Rn. 9). Art. 101 I 1 regelt den Sonderfall eines besonders schweren Eingriffs in die allgemeine Garantie des gesetzlichen Richters nach Art. 101 I 2, da Ausnahmegerichte immer auch gegen diese Bestimmung verstoßen. Zugleich stellt Art. 101 I 1 klar, dass Aunahmegerichte und deren Tätigkeit unter keinen Umständen gerechtfertigt werden können, also stets rechtswidrig sind (vgl. Sodan in: ders., Art. 101 Rn. 11).

II. Garantie des gesetzlichen Richters (Abs. 1 S. 2)

1. Schutzbereich

„Gesetzlicher Richter“ ist der unabhängige, nur dem Gesetz unterworfene Richter gem. Art. 97. „Richter“ in diesem Sinne ist neben dem Gericht als organisatorische Einheit auch das erkennende Gericht als Spruchkörper und die zur Entscheidung im Einzelfall berufenen Richter (BVerfGE 17, 294 [298f.]). Erfasst sind alle in spezifischer richterlicher Verantwortung wahrgenommenen Tätigkeiten. Nicht erfasst werden hingegen vom Richter ausgeführte, rein administrative Tätigkeiten im Bereich der Justizverwaltung (vgl. Müller-Terpitz, in: SHH, Art. 101 Rn. 8; a.A. Kunig, in: MK, Art. 101 Rn. 15), wie z.B. die Ausbildung von Rechtsreferendaren. Gesetzlicher Richter ist auch der Gerichtshof der Europäischen Union (BVerfGE 73, 339 [366]; 82, 159 [192]; 126, 286 [315]; 128, 157 [186f.]; 129, 78 [105]), sofern eine Pflicht zur Vorlage nach Art. 267 III AEUV besteht (zu den Voraussetzungen Rn. 9a, 9b). 5

Art. 101 I 1 verpflichtet den Gesetzgeber zur Sicherung der Unabhängigkeit und Neutralität der Justiz, selbst im Voraus abstrakt-generell die fundamentalen Zuständigkeitsregeln zu treffen (BVerfGE 19, 52 [60]; 95, 322 [328]). Im Übrigen kann die Bestimmung der Zuständigkeit durch Rechtsverordnung unter Beachtung des Art. 80 erfolgen (BVerfGE 27, 18 [34]). Innerhalb der einzelnen Gerichte können die Zuständigkeiten durch Geschäftsverteilungs- und Mitwirkungspläne festgelegt werden, sofern diese im Voraus abstrakt-generell aufgestellt wurden und auf ihrer Grundlage die Zuständigkeit nach objektiven Kriterien, unabhängig von der Person, bestimmt werden kann (BVerfGE 95, 322 [329ff.]). 6

Darüber hinaus gewährleistet Art. 101 I 2, dass allein solche Richter Rechtsprechungsgewalt ausüben, die den Anforderungen des Grundgesetzes, insb. Art. 92 und 97, genügen (BVerfGE 82, 286 [298]; BVerfG [K], NJW 2006, 3129 [3130]). Die Objektivität und Neutralität der richterlichen Tätigkeit werden durch Art. 101 I 2 zu subjektiven, verfassungsbeschwerdefähigen Rechten der Prozessparteien (Sodan, in: ders., Art. 101 Rn. 7 m.w.N.). 7

In personeller Hinsicht schützt Art. 101 I 2 jeden, der Partei in einem gerichtlichen Prozess sein kann (BVerfGE 3, 359 [363]), mithin auch über Art. 19 III hinaus ausländische juristische Personen (BVerfGE 18, 441 [447]; 64, 1 [11]) sowie juristische Personen des öffentlichen Rechts, soweit sie nach den einschlägigen Normen prozessfähig sind (BVerfGE 6, 45 [49]; Art. 19 Rn. 39f.). 8

2. Eingriff

Ein Eingriff in das Recht auf den gesetzlichen Richter liegt vor, wenn die Vorausbestimmung durch abstrakt-generelle Regeln fehlt oder diese nicht hinreichend bestimmt sind (BVerfGE 95, 322 [329ff.]). Dagegen ist die fehlerhafte Anwendung von Zuständigkeitsregeln nur dann ein Eingriff, wenn sie willkürlich oder offensichtlich unhaltbar ist (vgl. etwa BVerfGE 3, 359 [364f.]; 29, 45 [48f.]; 82, 286 [299]; 87, 282 [284f.]). Ein Eingriff liegt des Weiteren in der Mitwirkung eines ausgeschlossenen Richters bzw. einer Person, die kein Richter ist (vgl. BVerfGE 4, 412 [417]; 30, 165 [167]; 63, 77, [79f.]). Gleiches gilt, wenn der an sich zuständige Richter nicht mitwirkt (BVerfGE 48, 246 [263]; 91, 93 [117]). Auch in der Verhängung einer Strafe durch die Verwaltung liegt wegen des Richtervorbehalts in Art. 92 ein Verstoß gegen Art. 101 I 2, weil der gesetzliche Richter entzogen wird (BVerfGE 22, 49 [73ff.]). Dagegen betrifft „eine Überbeanspruchung eines einzelnen Richters oder eines Spruchkörpers – unabhängig davon, ob eine solche tatsächlich vorliegt – nicht den Anspruch auf den gesetzlichen Richter“. Insoweit kann zwar dem Richter aufgrund seiner richterlichen Unabhängigkeit aus Art. 97 I, II 1 ein Abwehrrecht zustehen; die- 9 ses muss aber von den subjektiven Gewährleistungen zugunsten des Rechtssuchenden aus Art. 101 I 2 unterschieden werden (BVerfGK 19, 407 [410f.]).

9a Der gesetzliche Richter nach Art. 101 I 2 wird hingegen entzogen, wenn die Pflicht aus Art. 267 III AEUV zur Vorlage an den EuGH verletzt wird. Diese Pflicht obliegt dem letztinstanzlichen nationalen Gericht der Hauptsache (Degenhart, in: Sachs, Art. 101 Rn 19.). Dieses Gericht muss sich hinsichtlich des materiellen Unionsrechts hinreichend kundig machen und dabei die einschlägige Judikatur des EuGH auswerten und seine Entscheidung hieran orientieren (BVerfGE 135, 155 [233 Rn. 184]).

9b Das BVerfG nimmt einen Verstoß gegen Art. 101 I 2 an, wenn die Verpflichtung aus Art. 267 III AEUV zur Vorlage „offensichtlich unhaltbar" ausgelegt und angewendet worden ist (BVerfGE 135, 155 [232 Rn. 180]). Dies ist jedenfalls dann der Fall, wenn es sich bei der entscheidungsrelevanten Frage des Unionsrechts um einen „acte clair" oder um einen „acte éclairé" handelt. Ein „acte clair" liegt vor, wenn die Rechtslage von vornherein eindeutig ist. Dagegen spricht man von einem „acte éclairé", wenn die Frage durch die Rechtsprechung in einer Weise geklärt ist, die keinen vernünftigen Zweifel offen lässt (BVerfGE 135, 155 [233 Rn. 183f.]).

3. Eingriffsrechtfertigung

10 Art. 101 I 2 ist vorbehaltlos gewährleistet und nur aufgrund kollidierenden Verfassungsrechts einschränkbar. Da sein Schutzbereich normgeprägt ist, muss bei gesetzlichen Regelungen sorgfältig geprüft werden, ob sie die Gewährleistungen der Art. 101 I 2 einschränken (Eingriff) oder nur ausgestalten (kein Eingriff) (vgl. Sodan, in ders., Art. 101 Rn. 10).

III. Sondergerichte (Abs. 2)

11 Sondergerichte des Bundes sind wegen der abschließenden Aufzählung in Art. 95, 96 grundsätzlich unzulässig. Anders verhält es sich bei Sondergerichten der Länder. Art. 101 I 2 setzt aber voraus, dass nur solche Gerichte bestehen, die in jeder Hinsicht den grundgesetzlichen Anforderungen entsprechen. Das gilt auch für die nach Art. 101 II zulässigen Sondergerichte (BVerfGE 10, 200 [213]).

11a **Beispiele:**
- Berufsgerichte (BVerfGE 71, 162 [178]; BVerfGE 48, 300 [324])
- Jugendgerichte (Degenhart, in: Sachs, Art. 101 Rn 25)
- Arbeits- und Sozialgerichte (Kunig, in: MK, Art. 101 Rn 42).

C. Prüfungshinweise

12 Art. 101 I 2 ist gem. Art. 93 I Nr. 4a i.V.m. § 90 I BVerfGG als grundrechtsgleiches Recht verfassungsbeschwerdefähig und damit durchaus prüfungsrelevant. Möglich ist zudem eine Einbettung in eine unionsrechtliche Fragestellung (vgl. Rn. 3, 9a, 9b).

13 **Grobschema zur Prüfung des Art. 101 I 2 durch das BVerfG:**
1. Schutzbereich
   a) persönlich: objektiver Verfahrensgrundsatz; gilt für jeden, der Partei in einem gerichtlichen Verfahren sein kann
   b) sachlich: zuständiger Richter muss im Voraus generell-abstrakt bestimmt sein
2. Eingriff: Abgrenzung nötig zwischen Ausgestaltung und Beeinträchtigung
3. Rechtfertigung: nur verfassungsimmanente Schranken

D. Weiterführende Literatur/Leseempfehlungen

14 Bäcker, M., Altes und Neues zum EuGH als gesetzlichem Richter, NJW 2011, 270–272; Britz, G., Verfassungsrechtliche Effektuierung des Vorabentscheidungsverfahrens, NJW 2012, 1313–1318; Calliess, C., Der EuGH als gesetzlicher Richter im Sinne des Grundgesetzes, NJW 2013, 1905–1910; Dommermuth-Alhäuser, D., Verwerfungsbeschlüsse zur Vereitelung der Verfassungsbeschwerde?, NJW 2014, 2843–2846; Fastenrath, U., Kontrolle der Vorlageverpflichtung nach Art. 267 Abs. 3 AEUV durch das BVerfG, JZ 2013, 299–302; Gaier, R., Verfassungsrechtliche Vorgaben für die Zulassung der Berufung im Verwaltungsstreitverfahren, NVwZ 2011, 385–390; Gloria, C., Die Verwirklichung des Rechtes auf den gesetzlichen Richter im Prozeß, NJW 1989, 445–446; Haentjes, A., Zulassung der Rechtsbeschwerde und gesetzlicher Richter – ein gesetzliches Spannungsfeld, NJW 2003, 2884–2885; Kluth, T., Der Anspruch auf den gesetzlichen Richter (Art. 101 I 2 GG) in Rechtswegstreitigkeiten, NZA 2000, 463–465; Latzel, C., Kein Vorlageverbot, JZ 2014, 870–880; Leisner, W., Gesetzlicher Richter vom Vorsitzenden bestimmt, NJW 1995, 285–289; Michael, L., Grenzen einer verschärften Vorlagenkontrolle des Art. 267 Abs. 3 AEUV durch das BVerfG, JZ 2012, 870–880; Muckel, S., Gesetzlicher Richter trotz Doppelvorsitz beim BGH, JA 2012, 712–714; Otto, M.R., Grundfälle zu den Justizgrundrechten – Art. 101 I 2 GG – Das Recht auf den gesetzlichen Richter, JuS 2012, 21–26; Roth, W., Verfassungsgerichtliche Kontrolle der Vorlagepflicht an den EuGH, NVwZ 2009, 345–352; Rupp, H.H./v. Zezschwitz, F., Ehrengerichtsbarkeit und Grundgesetz, JZ 1965, 399–403; Schröder, M., Die Vorlagepflicht zum EuGH aus europarechtlicher und nationaler Perspektive, EuR 2011, 808–828; Wittkowski, B., Streit um den Senatsvorsitz beim BGH und kein Ende in Sicht, NVwZ 2013, 341–344.

Art. 102 [Abschaffung der Todesstrafe]

Die Todesstrafe ist abgeschafft.

Pflichtstoff (*)

A. Überblick

1 Art. 102 enthält als Reaktion auf die Vernichtung von Menschenleben durch Verhängung der Todesstrafe unter dem nationalsozialistischen Regime „ein Bekenntnis zum grundsätzlichen Wert des Menschenlebens“ (BVerfGE 18, 112 [117]; 39, 1 [36f.]). Dies entspricht auch den europäischen Menschenrechtsvorstellungen. Art. 2 II EU-GRCh verbietet, dass jemand zur Todesstrafe verurteilt oder hingerichtet wird (zur Unzulässigkeit der Todesstrafe nach der EMRK s. Art. 2 Rn. 8). Art. 102 begründet kein Grundrecht, bildet aber eine Schranke für die nach Art. 2 II 3 mögliche Beschränkung des Rechts auf Leben (Art. 2 Rn. 146). Wegen Art. 1 I i.V.m. Art. 79 III wäre eine Aufhebung des Art. 102 im Wege einer Verfassungsänderung unzulässig (Jarass, in: JP, Art. 102 Rn. 1).

B. Erläuterungen

2 Todesstrafe bedeutet die Tötung eines Menschen als staatliche Reaktion auf die Verwirklichung einer Straftat (Kunig, in: MK, Art. 102 Rn. 7). Der finale Rettungsschuss der Polizei ist keine Todesstrafe in diesem Sinne. Daher fällt er nicht in den Anwendungsbereich des Verbots des Art. 102, sondern ist allein an Art. 2 II 1 zu messen (vgl. Degenhart, in: Sachs, Art. 102 Rn. 2). Art. 102 verbietet die Todesstrafe ausnahmslos (Gusy, in: MKS, Art. 102 Rn. 32). Dieses Verbot erstreckt sich auch auf die gesetzliche Androhung der Todesstrafe und deren richterliche Anordnung (BVerfGE 18, 112 [116]).

3 Dagegen wird die Auslieferung oder Ausweisung in einen Staat, in dem die Verhängung der Todesstrafe droht, nicht unmittelbar von Art. 102 erfasst (BVerfGE 18, 112

[116ff.]; a. A. BVerwGE 78, 285 [294]). Einschlägig ist hier vielmehr Art. 2 II 1, wobei die Wertentscheidung des Art. 102 zu beachten ist (Degenhart, in: Sachs, Art. 102 Rn. 3). Dies führt regelmäßig dazu, dass die Auslieferung oder Ausweisung bei drohender Todesstrafe ausgeschlossen ist (Jarass, in: JP, Art. 102 Rn. 3).

C. Prüfungshinweise

4 Art. 102 kommt trotz seiner grundlegenden Wertentscheidung nur sehr geringe Relevanz für die juristische Ausbildung zu. Praktische Bedeutung entfaltet er für die Auslieferungs- bzw. Ausweisungsproblematik (Rn. 3) und für die Prüfung der Rechtmäßigkeit des finalen Rettungsschusses der Polizei. Insoweit ist festzustellen, dass dieser keine Todesstrafe darstellt (Rn. 2).

D. Weiterführende Literatur/Leseempfehlungen

5 Ballhausen, C., Todesstrafe durch Alliierte – ein Verstoß gegen das Grundgesetz?, NJW 1988, 2656–2659; Calliess, R.-P., Die Abschaffung der Todesstrafe – Zusatzprotokoll Nr. 6 zur Europäischen Menschenrechtskonvention, NJW 1989, 1019–1021; ders., Die Todesstrafe in der Bundesrepublik Deutschland, NJW 1988, 849–857; Hohmann, O., Darf ein Staat töten?, Jura 2000, 285–292; Kühn, H. C., Schutz vor Todesstrafe im Ausland, ZRP 2001, 542–547; Schwahn, H.-J., Zehn Jahre keine Todesstrafe mehr auf deutschem Boden, NJW 1998, 2568–2571; Tettinger, P., Aufhebung des Art 102 GG?, JZ 1978, 128–132; Vogler, T., Auslieferung bei drohender Todesstrafe – ein Dauerthema, NJW 1994, 1433–1436.

Art. 103 [Grundrechte vor Gericht]

(1) **Vor Gericht hat jedermann Anspruch auf rechtliches Gehör.**

(2) **Eine Tat kann nur bestraft werden, wenn die Strafbarkeit gesetzlich bestimmt war, bevor die Tat begangen wurde.**

(3) **Niemand darf wegen derselben Tat auf Grund der allgemeinen Strafgesetze mehrmals bestraft werden.**

Pflichtstoff (****)

Übersicht

A. Überblick

I. Normstruktur

Art. 103 vermittelt einerseits grundrechtsgleiche Rechte, andererseits enthält er objektive Verfahrensgrundsätze. Abs. 1 verbürgt das Recht auf rechtliches Gehör als „prozessuales Urrecht des Menschen“ (BVerfGE 55, 1 [6]; 107, 395 [408]). Es soll sicherstellen, dass der Einzelne nicht bloßes Objekt des Prozesses wird und verleiht den Prozessbeteiligten zugleich ein Recht auf Teilhabe am Verfahren und auf Gewährung rechtlichen Gehörs (Leistung, vgl. Pieroth, in: JP, Art. 103 Rn. 1). Abs. 2 und 3 verbürgen selbstständige Verfahrensgarantien als grundrechtsgleiche Rechte mit eigenen Schutzbereichen (Appel, Jura 2000, 571 [576]). Aus grundrechtsdogmatischer Sicht können diese Regelungen als Schranken-Schranken qualifiziert werden, weil sie die Verhängung einer Strafe nur unter besonderen Voraussetzungen zulassen (Abs. 2) oder generell ausschließen (Abs. 3). 1

II. Prüfungsrelevanz

Den verschiedenen Verfahrensgarantien des Art. 103 kommt unterschiedlich ausgeprägte Prüfungsrelevanz zu. Während das Recht auf rechtliches Gehör nach Abs. 1 in der juristischen Ausbildung erhebliche Bedeutung besitzt, spielt Abs. 2 für das öffentliche Recht eine eher untergeordnete Rolle. Allerdings hat die Bestimmung zuletzt im Zusammenhang mit den rechtlichen Problemen einer Sicherungsverwahrung eine wichtige Rolle gespielt (Rn. 14b). Abs. 3 betrifft den strafprozessualen Tatbegriff und ist daher vor allem für die strafrechtlichen Ausbildung relevant. 2

III. Europa

Auf europäischer Ebene ist die rechtsstaatliche Grundidee des Art. 103 I (Recht auf rechtliches Gehör), dass der Einzelne nicht zum bloßen Objekt des Verfahrens werden darf und die Möglichkeit haben muss, auf dessen Verlauf Einfluss zu nehmen (vgl. BVerfGE 55, 1 [6]; 107, 395 [408]), in dem Recht auf ein faires Verfahren gem. Art. 6 I EMRK sowie in Art. 47 II EU-GRCh verankert (dazu EuGH, Urt. v. 26.2. 2013, Rs C-399/11, NJW 2013, 1215 [1218 Rn. 49f.] – Melloni; BVerfGE 107, 395 [408f.]). Ein Verbot der Doppelbestrafung enthält Art. 50 EU-GRCh (dazu EuGH, Urt. v. 26.2.2013, Rs. C-617/10, NJW 2013, 1415 [1416f. Rn. 32ff.] – Åkerberg-Fransson). 3

B. Erläuterungen

I. Recht auf rechtliches Gehör (Abs. 1)

1. Schutzbereich

Das grundrechtsgleiche Recht auf rechtliches Gehör bedarf aufgrund der Normgeprägtheit seines Schutzbereichs in besonderem Maße einer Ausgestaltung durch den Gesetzgeber (BVerfGE 9, 89 [95f.]; 89, 28 [35]). Fehlt eine hinreichende formell-gesetzliche Ausgestaltung, so können sich unmittelbar aus Art. 103 I Anhörungspflichten ergeben (BVerfGE 9, 89 [96]). 4

a) In personeller Hinsicht

5 Der persönliche Schutzbereich des Art. 103 I umfasst jeden, der Partei in einem gerichtlichen Verfahren sein kann bzw. unmittelbar von dem Verfahren rechtlich betroffen wird (BVerfGE 101, 397 [404]). Das sind alle natürlichen Personen, unabhängig von ihrer Prozessfähigkeit (BVerfGE 75, 201 [215]), sowie alle juristischen Personen. Dabei spielt es keine Rolle, ob sie in- oder ausländisch sind (BVerfGE 64 1 [11]) und ob sie dem privaten oder dem öffentlichen Recht zugehören (BVerfGE 6, 45 [49f.]; 21, 362 [373]; 61, 82 [104]; 75, 302 [312]; Art. 19 Rn. 39f.).

b) In sachlicher Hinsicht

6 Der sachliche Schutzbereich des Rechts auf rechtliches Gehör nach Art. 103 I umfasst vor allem folgende Gewährleistungen: Das Recht des Betroffenen in einem gerichtlichen Verfahren, durch das Gericht über alle entscheidungserheblichen Tatsachen informiert zu werden, sein Recht, sich zur für die Entscheidung relevanten Sach- und Rechtslage zu äußern (BVerfGE 1, 418 [429]; 7, 53 [57]; 98, 218 [263]) sowie sein Recht auf Kenntnisnahme und Berücksichtigung seiner Äußerungen durch das Gericht (vgl. auch Sodan, in: ders., Art. 103 Rn. 3).

6a Unter den Begriff „Gericht" i. S. d. Art. 103 I fallen allein die staatlichen Gerichte i. S. d. Art. 92 (vgl. BVerfGE 101, 397 [404f.]). In anderen förmlichen Verfahren vor staatlichen Stellen, die nicht Gerichte in diesem Sinne sind, ergeben sich dem Recht auf rechtliches Gehör vergleichbare Rechte allenfalls aus dem Rechtsstaatsprinzip i. V. m. Art. 2 I oder aus der Menschenwürdegarantie des Art. 1 I, nicht jedoch aus einer analogen Anwendung des Art. 103 I (vgl. Degenhart, in: Sachs, Art. 103 Rn. 8).

6b **Beispiel:** Die Anhörung durch die Verwaltungsbehörde ist eine Ausprägung des Rechtsstaatsprinzips. Allerdings bedarf sie der gesetzlichen Konkretisierung, kann also nach Ansicht des BVerwG nicht unmittelbar aus dem Rechtsstaatsprinzip abgeleitet werden (Urt. v. 26.6.2014, 4 C 2/13, Rn. 25; a. A. Kallerhoff, in: Stelkens/Bonk/Sachs, VwVfG, 8. Aufl. 2014, § 28 Rn. 2).

7 Das aus Art. 103 I erwachsende Recht auf Information (vgl. zu einzelnen Informationspflichten BVerfGE 17, 86 [95]; 50, 280 [284]; 55, 95 [98]; 109, 13 [38]) umfasst grds. auch die gerichtliche Zustellung von Schriftstücken (BVerfGE 36, 85 [88]; 67, 208 [211]; 81, 123 [126]) und die Einsicht in die relevanten Akten, sofern diese dem Gericht zur Verfügung stehen.

8 Das durch Art. 103 I garantierte Recht zur Äußerung eröffnet den Verfahrensbeteiligten nicht nur die Möglichkeit zur Stellungnahme, sondern hat auch zur Folge, dass vom Gericht nur solche Tatsachen der Entscheidung zugrunde gelegt werden dürfen, zu denen sie vorher Stellung nehmen konnten (BVerfGE 101, 106 [129]). Die Stellungnahme muss unmittelbar, nicht aber zwangsläufig mündlich oder im Wege einer persönlichen Anhörung erfolgen (BVerfGE 89, 381 [391]). Ein Anspruch auf eine mündliche Verhandlung kann aus einer völkerrechtsfreundlichen Auslegung des Art. 103 I im Hinblick auf Art. 6 I EMRK abgeleitet werden. Vielmehr ist es Sache des Gesetzgebers zu entscheiden, in welcher Weise das rechtliche Gehör gewährt werden soll (BVerfG [K], NJW 2014, 2563 [2563ff. Rn. 8, 18ff.]). Lässt sich eine Partei anwaltlich vertreten, so ist es im Hinblick auf Art. 103 I grds. notwendig, aber auch ausreichend, dass das Gericht dem Vertreter Möglichkeit zur Stellungnahme gibt (vgl. BVerfGE 7, 53 [57]; 81, 123 [126]; BGHZ 144, 390 [392]).

8a ***Beachte:*** Das Recht auf Vertretung durch einen Rechtsanwalt und auf Hinzuziehung eines Dolmetschers bei nicht ausreichenden Deutschkenntnissen ist nach Ansicht des BVerfG nicht in Art. 103 I, sondern im Rechtsstaatsprinzip als Ausprägung des Rechts auf ein faires Verfahren verankert (BVerfGE 66, 313 [319]; zur Kritik der Lit. s. Schmidt-Aßmann, in: MD, Art. 103 Rn. 103; PSKP, Rn. 1179).

Im unmittelbaren Zusammenhang mit dem Recht auf Äußerung steht auch das Recht auf Berücksichtigung des eigenen Vortrags durch das erkennende Gericht. Dieses muss die Äußerungen nicht nur zur Kenntnis nehmen, sondern sie auch bei seiner Entscheidung berücksichtigen (vgl. BVerfGE 36, 92 [97]). Dies bedeutet nicht, dass das Gericht den Äußerungen folgen muss. Vielmehr ist grds. davon auszugehen, dass „die Gerichte das von ihnen entgegengenommene Beteiligtenvorbringen zur Kenntnis genommen und in Erwägung gezogen haben. Ein Verstoß gegen diese Pflicht kann nur dann festgestellt werden, wenn sich dies aus den besonderen Umständen des Falls ergibt" (BVerfG [K], NJW 2014, 2563 [2564 Rn. 16]). 9

Da die Kenntnisnahme der Äußerungen und das Gewicht, mit dem sie berücksichtigt werden, als innere Vorgänge nur schwer nachprüfbar sind, kommt der Begründungspflicht besondere Bedeutung zu (BVerfGE 54, 86 [91f.]). Denn nur aus der Begründung kann der Betroffene ersehen, ob sein Vortrag berücksichtigt wurde (Pieroth, in: JP, Art. 103 Rn. 32 m.w.N.). Zwar muss nicht ausnahmslos jedes Parteivorbringen in die Entscheidungsgründe aufgenommen werden, das Gericht muss aber jedenfalls auf die wesentlichen Tatsachenbehauptungen eingehen, die der Rechtsdurchsetzung dienen (BVerfGE 47, 182 [188]; 54, 43 [46]). 10

2. Eingriff

Ein Eingriff in das Recht auf rechtliches Gehör durch die *Legislative* ist vor allem in Verfahrensregelungen zu sehen, die Gewährleistungen des Art. 103 I verkürzen (Sodan, in: ders., Art. 103 Rn. 12). So stellen insb. Präklusionsvorschriften, die ein tatsächliches oder rechtliches Vorbringen ausschließen, eine tiefgreifende Einschränkung dar. 11

Beispiele: 11a
- Versäumung der vom Vorsitzenden gesetzten Frist nach § 87b VwGO
- Überschreiten der gesetzlichen Einwendungsfrist nach § 10 III 5 BImSchG.

Zwar sind Präklusionsvorschriften nicht von vornherein durch Art. 103 I ausgeschlossen, da sie der Beschleunigung und Effektivität des Rechtsschutzes dienen (vgl. Sodan, in: ders., Art. 103 Rn. 12). Sie müssen jedoch strengen Ausnahmecharakter haben und die ausreichende Möglichkeit zur Stellungnahme der säumigen Partei vor Eintritt der Präklusion muss sichergestellt sein (BVerfGE 36, 92 [97f.]; 69, 145 [148f.]). 11b

Eingriffe in das Recht auf rechtliches Gehör durch die *Judikative* liegen in allen Beeinträchtigungen der Gewährleistungen dieses Rechts, auf denen die gerichtliche Entscheidung beruht (BVerfGE 86, 133 [147]). Wird eine zunächst unterlassene Gewährung rechtlichen Gehörs jedoch noch im selben Verfahren nachgeholt, so kann ein zunächst bestehender Eingriff geheilt werden (BVerfGE 62, 392 [397]). 12

Nach einer grundlegenden Plenumsentscheidung des BVerfG verleiht der aus dem Rechtsstaatsprinzip i.V.m. den Grundrechten abgeleitete allgemeine Justizgewährungsanspruch auch das Recht zur Überprüfung einer behaupteten Verletzung des Anspruchs auf rechtliches Gehör durch ein Gericht. Zur Begründung dieses Rechtsschutzes gegen den Richter durch den Richter stellt das Gericht auf das Rechtsstaatsprinzip i.V.m. Art. 103 I ab. Sie gewährleisten einen Anspruch auf rechtliches Gehör in jeder gerichtlichen Instanz, also auch dann, wenn das Verfahrensgrundrecht erstmalig in einem Rechtsmittelverfahren verletzt wird. Dabei „sichert das Rechtsstaatsprinzip den Zugang zum Verfahren, während Art. 103 I GG auf einen angemessenen Ablauf des Verfahrens zielt: Wer bei Gericht formell ankommt, soll auch substantiell ankommen, also wirklich gehört werden" (BVerfGE 107, 395 [401, 405f., 409]). 12a

Infolge dieser Entscheidung hat der Gesetzgeber sog. Anhörungsrügen in die Prozessordnungen aufgenommen. Exemplarisch hierfür ist § 152a VwGO. Danach ist auf 12b die Rüge eines durch eine gerichtliche Entscheidung beschwerten Beteiligten das Verfahren fortzuführen, wenn das Gericht dessen Anspruch auf rechtliches Gehör in entscheidungserheblicher Weise verletzt hat. Ist die Rüge begründet, so hilft ihr das Gericht ab.

12c ***Beachte:*** Die Durchführung der Anhörungsrüge ist für die Zulässigkeit einer Verfassungsbeschwerde zum BVerfG bedeutsam. „Wird mit der Verfassungsbeschwerde eine Verletzung des Anspruchs auf rechtliches Gehör (Art. 103 I) geltend gemacht, so gehört eine Anhörungsrüge an das Fachgericht zu dem Rechtsweg, von dessen Erschöpfung die Zulässigkeit einer Verfassungsbeschwerde gem. § 90 II 1 BVerfGG im Regelfall abhängig ist" (BVerfG [K], NJW 2014, 991 [992 Rn. 17]; s. auch schon BVerfGE 122, 190 [198]; 126, 1 [17]).

3. Eingriffsrechtfertigung

13 Art. 103 I unterliegt keinem Gesetzesvorbehalt und ist somit nur im Rahmen von verfassungsimmanenten Schranken einschränkbar. Diese können sich insb. aus dem Gebot eines effektiven Rechtsschutzes nach Art. 19 IV ergeben (BVerfGE 101, 106 [129f.]). Zudem ist der Gesetzgeber auf Grund der normativen Prägung des Schutzbereiches des Art. 103 I dazu berechtigt und verpflichtet, innerhalb der Grenze der Verhältnismäßigkeit das Verfahren einfachrechtlich auszugestalten (vgl. Rn. 4).

II. Nulla poena sine lege (Abs. 2)

14 Grundgehalt des Art. 103 II ist das Verbot einer Strafe ohne (bereits vorher bestehendes) Gesetz (Sodan, in: ders., Art. 103 Rn. 16). Der einzelne Bürger soll von vornherein wissen, was strafrechtlich verboten ist und so in der Lage sein, sein Verhalten danach zu richten (BVerfGE 48, 48 [56]).

1. Anwendungsbereich

14a Der Anwendungsbereich des Art. 103 II wird durch das Merkmal der Strafbarkeit begründet und begrenzt. Strafbarkeit in diesem Sinne setzt voraus, „dass das auferlegte materielle Übel mit der Missbilligung vorwerfbaren Verhaltens verknüpft ist und von seiner Zielrichtung her (zumindest auch) dem Schuldausgleich dient" (BVerfGE 109, 133 [172]; s. auch BVerfGE 128, 326 [376f., 392f.]; 131, 268 [306]). Strafe ist daher in besonderer Weise durch das Schuldprinzip gekennzeichnet, d.h. sie dient gerade dazu, vorwerfbares Verhalten zu sühnen (BVerfGE 109, 133 [172f.]). Demzufolge werden Maßnahmen mit präventivem Charakter sowie Beuge- und Ordnungsmittel im Vollstreckungsverfahren (BVerfGE 84, 82 [87ff.]) ebenso wenig von Art. 103 II erfasst wie verschuldensabhängige zivilrechtliche Pflichten (BVerfGE 34, 269 [293]).

14b ***Beachte:*** Auf die (vorbehaltene) Sicherungsverwahrung „findet Art. 103 II keine Anwendung, weil diese als Maßregel der Besserung und Sicherung und nicht als Strafe im Sinne dieser Vorschrift zu qualifizieren ist. Der Zweck der Sicherungsverwahrung liegt jedoch allein in der zukünftigen Sicherung der Gesellschaft und ihrer Mitglieder vor einzelnen, aufgrund ihres bisherigen Verhaltens als hochgefährlich eingeschätzten Tätern" (BVerfGE 131, 268 [306]). Dagegen gehört die Sicherungsverwahrung kompetenzrechtlich zum Strafrecht i.S.v. Art. 74 I Nr. 1 (Art. 74 Rn. 7).

2. Schutzbereich

a) In personeller Hinsicht

15 In personeller Hinsicht schützt Art. 103 II jeden, der durch den Staat bestraft werden kann (Nolte, in: MKS, Art. 103 Rn. 162).

b) In sachlicher Hinsicht

16 In sachlicher Hinsicht umfasst der Schutzbereich des Art. 103 II neben dem Rückwirkungsverbot auch das Gesetzmäßigkeitsprinzip, das Bestimmtheitsgebot sowie – damit zusammenhängend – das Analogieverbot. Art. 103 II stellt somit strengere Anforderungen als das Rechtsstaatsprinzip in Bezug auf die Rückwirkung, den Vorbehalt des Gesetzes und die Bestimmtheit der gesetzlichen Regelung auf.

17 *aa) Rückwirkungsverbot.* Nach dem Rückwirkungsverbot des Art. 103 II muss eine bestimmte Handlung schon vor Verhängung einer Strafe strafbar sein (vgl. BVerfGE 1, 418 [423]). Verboten sind demnach sowohl die rückwirkende Strafbegründung als auch die rückwirkende Strafverschärfung (BVerfGE 25, 269 [286]). Das Rückwirkungsverbot des Art. 103 II ist absolut, also keiner Abwägung und der damit verbundenen Relativierung zugänglich (BVerfGE 30, 367 [385]; 95, 96 [131]; 109, 133 [171f.]).

17a Allerdings hat das BVerfG in den sog. „Mauerschützenfällen“ (BVerfGE 95, 96) eine Durchbrechung dieses absoluten Vorrangs der Rechtssicherheit vor der materiellen Gerechtigkeit anerkannt, da die im Tatzeitpunkt geltenden Rechtfertigungsgründe offensichtlich und in unerträglicher Weise gegen in der Völkerrechtsgemeinschaft allgemein anerkannte Menschenrechte verstießen, sodass die sonst bestehende besondere Vertrauenslage, die das strikte Rückwirkungsverbot des Art. 103 II für Strafgesetze an sich rechtfertigt, entfiel (BVerfGE 95, 96 [130ff.]).

18 *bb) Parlamentsvorbehalt.* Art. 103 II verschärft das Gesetzmäßigkeitsprinzip, indem er die normative Ausgestaltung staatlicher Strafgewalt wegen der besonderen Eingriffsintensität in diesem Bereich unter einen Parlamentsvorbehalt (strengen Gesetzesvorbehalt) stellt (BVerfGE 71, 108 [114]; 73, 206 [235]). Voraussetzung der Strafbarkeit ist daher immer ein strafbegründendes formelles Gesetz.

18a *cc) Bestimmtheit.* Das formelle Strafgesetz muss gem. Art. 103 II selbst schon die Grenzen der Strafbarkeit und die Art der Strafe bestimmen. Je intensiver der Eingriff wirkt, also je strenger die angedrohte Strafe ist, umso höhere Anforderungen sind an die Bestimmtheit zu stellen (BVerfGE 105, 135 [155]). Das Bestimmtheitsgebot des Art. 103 II schließt allerdings die Verwendung unbestimmter Rechtsbegriffe nicht schlechthin aus. Ausreichend ist vielmehr, dass die Norm mit Hilfe der üblichen Auslegungsmethoden oder auf Grundlage einer gefestigten Rechtsprechung eine zuverlässige Grundlage für die Auslegung und Anwendung bietet (BVerfGE 48, 48 [56]). Äußerste Grenze der richterlichen Auslegung ist dabei der aus der Sicht des Normadressaten zu ermittelnde Wortlaut der Norm (BVerfGE 71, 108 [115]).

19 Aus dem Bestimmtheitserfordernis ergibt sich zudem ein Analogieverbot, das nicht nur eine Strafbegründung durch Analogie zu einem anderen Straftatbestand ausschließt, sondern darüber hinaus auch jeder erweiternden Auslegung eines Straftatbestandes entgegensteht, die nicht mehr vom Wortlaut als äußerster Grenze der zulässigen Auslegung gedeckt ist (BVerfGE 71, 108 [115]; 73, 206 [236]; 87, 209 [225]; 92, 1 [12f.]).

3. Eingriff und Rechtfertigung

20 Wegen der Normgeprägtheit des Schutzbereiches stellt jede staatliche Maßnahme, die nicht mehr als zulässige, insb. verhältnismäßige Ausgestaltung des Schutzbereiches des Art. 103 II einzuordnen ist, einen Eingriff dar. Art. 103 II steht weder unter einem Gesetzesvorbehalt noch ist er einer Abwägung im Rahmen verfassungsimmanenter Schranken zugänglich, so dass im Ergebnis – wie bei Art. 1 I – jeder Eingriff zu einer Verletzung des Art. 103 II führt (vgl. PSKP, Rn. 1201).

III. Ne bis in idem (Abs. 3)

1. Schutzbereich

21 Art. 103 III verbietet die mehrfache Bestrafung derselben Tat auf Grund der allgemeinen Strafgesetze. Die Regelung dient der Rechtssicherheit und dem Rechtsfrieden, indem sie die Grenze der materiellen Rechtskraft absteckt (BVerfGE 56, 22 [31f.]). Unter „Tat" ist in Abgrenzung zu dem materiellen Tatbegriff der §§ 52f. StGB (BVerfGE 56, 22 [29ff.]) „der geschichtliche Vorgang, auf welchen Anklage und Eröffnungsbeschluss hinweisen und innerhalb dessen der Angeklagte als Täter oder Teilnehmer einen Straftatbestand verwirklicht haben soll" zu verstehen (BVerfGE 23, 191 [203]; zuletzt BVerfG [K], NJW 2015, 44 [47 Rn. 27]).

22 Unter „allgemeinen Strafgesetzen" sind vor allem das Kriminalstrafrecht zu verstehen. Nicht unter Art. 103 III fallen hingegen das Dienst-, Ordnungs- und Polizeistrafrecht (BVerfGE 27, 180 [185]), das Berufsstrafrecht und das Disziplinarrecht (BVerfGE 66, 337 [357f.]), sowie präventive Maßnahmen (vgl. Sodan, in: ders., Art. 103 Rn. 29). Umstritten ist, ob auch das Ordnungswidrigkeitenrecht hierunter zu fassen ist. Das wird vom BVerfG abgelehnt (BVerfGE 21, 391 [401]; 43, 101 [105]; a.A. mit dem Hinweis, dass sich das Ordnungswidrigkeitenrecht weniger in qualitativer als vielmehr lediglich in quantitativer Hinsicht vom Strafrecht unterscheidet Schmidt-Aßmann, in: MD, Art. 103 Rn. 289; PSKP, Rn. 1212).

23 Art. 103 III stellt als ein über den Wortlaut hinausgehendes Verbot mehrfacher Strafverfolgung ein Verfahrenshindernis dar (BVerfGE 12, 62 [66]; 56, 22 [32]). Der Strafklageverbrauch (BVerfGE 94, 351 [364]) tritt demnach auch bei einem rechtskräftigen Freispruch ein (BVerfGE 12, 62 [66]) und wird nicht dadurch ausgeschlossen, dass nachträglich erschwerende Folgen der Tat eintreten (BVerfGE 65, 377 [364]).

2. Eingriff und Rechtfertigung

24 „Eingriffe" in Art. 103 III sind alle Maßnahmen, die zu einer erneuten Strafverfolgung führen. Art. 103 III enthält keinen Gesetzesvorbehalt und ist auch nicht durch verfassungsimmanente Schranken beschränkbar. Eine verfassungsrechtliche Rechtfertigung scheidet somit grds. aus (Sodan, in: ders., Art. 103 Rn. 31).

25 Demnach wird auch eine Wiederaufnahme zuungunsten des Angeklagten gem. § 362 StPO als ein nicht zu rechtfertigender Eingriff angesehen (vgl. PSKP, Rn. 1219; Nolte, in: MKS, Art. 103 Rn. 222; einschränkend Schmidt-Aßmann, in: MD, Art. 103 Rn. 270).

C. Prüfungshinweise

26 Die grundrechtsgleichen Rechte des Art. 103 sind nach § 90 I BVerfGG verfassungsbeschwerdefähig. Zudem können sich aus Art. 103 I Anhörungspflichten in einem gerichtlichen Verfahren ergeben. Im Rahmen der Rechtswegerschöpfung bzw. der Subsidiarität (vgl. BVerfG [K], NJW 2005, 3059; 2007, 3054; 2007, 3418 [3419]) ist bei einer Verfassungsbeschwerde, durch die die Verletzung des Art. 103 I gerügt wird, die vorrangige Möglichkeit der Anhörungsrüge gem. § 321a ZPO oder vergleichbarer Regelungen in anderen Prozessordnungen (z.B. § 152a VwGO) zu beachten (Rn. 12a–12c).

27 **Grobschema zur Prüfung des Anspruchs auf rechtliches Gehör durch das BVerfG:**

1. Schutzbereich des Art. 103 I
   a) persönlich: jeder, der Partei in einem gerichtlichen Verfahren sein kann bzw. von diesem unmittelbar betroffen wird
   b) sachlich: Recht auf Information, Äußerung, Kenntnisnahme und Berücksichtigung

2. Eingriff
   a) durch die Legislative: durch einfachgesetzliche Verfahrensregelung
   b) durch die Judikative: durch gerichtliche Entscheidung unter Verletzung rechtlichen Gehörs
3. Rechtfertigung
   a) Schrankenlose Gewährleistung; Einschränkung allein durch verfassungsimmanente Schranken, insb. Effektivität des Rechtsschutzes (Art. 19 IV) und Beschleunigungsmaxime
   b) Schranken-Schranken, insb. Verhältnismäßigkeit

D. Weiterführende Literatur/Leseempfehlungen

Bittner, C., Höchstrichterliche Ankündigungsrechtsprechung – Rechtsfortbildung ins Ungewisse?, JZ 2013, 645–653; Brodowski, D., Grundfälle zu den Justizgrundrechten, JuS 2012, 892–896, 980–984; Ceffinato, T., Wahlfeststellung und verfassungsmäßige Zulässigkeit, Jura 2014, 655–665; Freund, G./Rostalski, F., Verfassungswidrigkeit des wahldeutigen Schuldspruchs, JZ 2015, 164–170; Calliess, R.-P., Der strafrechtliche Nötigungstatbestand und das verfassungsrechtliche Gebot der Tatbestandsbestimmtheit, NJW 1985, 1506–1513; Franke, D., Rechtliches Gehör und Präklusion – Zur Rechtsprechung des Bundesverfassungsgerichts, NJW 1986, 3049–3053; Guckelberger, A., Die Anhörungsrüge nach § 152a VwGO n. F., NVwZ 2005, 11–15; von Heintschel-Heinegg, B., Die „ungleichartige" Wahlfeststellung ist verfassungswidrig, JA 2014, 710–712; Hörnle, T., Der Streit um die Sicherungsverwahrung, NStZ 2011, 488–493; Krüger, M., Neues aus Karlsruhe zu Art. 103 II GG und § 266 StGB, NStZ 2011, 369–375; Lenz, S., Die verfassungsrechtliche Perspektive der Präklusionsvorschriften, NJW 2013, 2551–2559; Lippold, R., Die Strafbarkeit der DDR-Spionage und ihre Verfassungsmäßigkeit, NJW 1992, 18–25; Muckel, S., Verbot der Veröffentlichung von Anklageschriften vor der Hauptverhandlung nicht verfassungswidrig, JA 2015, 77–78; Otto, M. R., Grundfälle zu den Justizgrundrechten, JuS 2012, 21–26, 412–418; Schenke, W.-R., Außerordentliche Rechtsbehelfe im Verwaltungsprozessrecht nach Erlass des Anhörungsrügengesetzes, NVwZ 2005, 729–739; Schwarz, K.-A., Rückwirkung von Gesetzen, JA 2013, 685–687; Treber, J., Neuerungen durch das Anhörungsrügengesetz, NJW 2005, 97–101; Voßkuhle, A., Bruch mit einem Dogma – Die Verfassung garantiert Rechtsschutz gegen den Richter, NJW 2003, 2193–2200; Widmaier, G., Verfassungswidrige Strafverfolgung der DDR-Spionage – Verstoß gegen das Rückwirkungsverbot des Art. 103 II GG, NJW 1991, 2460–2464; Zuck, R., Das Verhältnis von Anhörungsrüge und Verfassungsbeschwerde – Dargestellt am Beispiel des § 152a VwGO, NVwZ 2005, 739–743; ders., Rechtliches Gehör im Zivilprozess – Die anwaltlichen Sorgfaltspflichten nach dem In-Kraft-Treten des Anhörungsrügengesetzes, NJW 2005, 1226–1230. 28

Art. 104 [Rechtsgarantien bei Freiheitsentziehung]

(1) [1]**Die Freiheit der Person kann nur auf Grund eines förmlichen Gesetzes und nur unter Beachtung der darin vorgeschriebenen Formen beschränkt werden.** [2]**Festgehaltene Personen dürfen weder seelisch noch körperlich mißhandelt werden.**

(2) [1]**Über die Zulässigkeit und Fortdauer einer Freiheitsentziehung hat nur der Richter zu entscheiden.** [2]**Bei jeder nicht auf richterlicher Anordnung beruhenden Freiheitsentziehung ist unverzüglich eine richterliche Entscheidung herbeizuführen.** [3]**Die Polizei darf aus eigener Machtvollkommenheit niemanden länger als bis zum Ende des Tages nach dem Ergreifen in eigenem Gewahrsam halten.** [4]**Das Nähere ist gesetzlich zu regeln.**

(3) [1]**Jeder wegen des Verdachtes einer strafbaren Handlung vorläufig Festgenommene ist spätestens am Tage nach der Festnahme dem Richter vorzuführen,**

der ihm die Gründe der Festnahme mitzuteilen, ihn zu vernehmen und ihm Gelegenheit zu Einwendungen zu geben hat. [2]Der Richter hat unverzüglich entweder einen mit Gründen versehenen schriftlichen Haftbefehl zu erlassen oder die Freilassung anzuordnen.

(4) **Von jeder richterlichen Entscheidung über die Anordnung oder Fortdauer einer Freiheitsentziehung ist unverzüglich ein Angehöriger des Festgehaltenen oder eine Person seines Vertrauens zu benachrichtigen.**

Pflichtstoff (****)

Übersicht

A. Überblick

I. Normstruktur

1 Art. 104 stellt ein grundrechtsgleiches Recht mit verfahrensrechtlichem Gehalt dar. Bei Eingriffen in Art. 2 II 2 wirkt er als Schranken-Schranke (Schulze-Fielitz, in: Dreier, Art. 104 Rn. 17). Das Recht aus Art. 104 kann gem. Art. 93 I Nr. 4a im Wege der Verfassungsbeschwerde geltend gemacht werden. Betrachtet man die Binnenstruktur des Art. 104, enthält Abs. 1 Anforderungen für alle Freiheitsbeschränkungen, während Abs. 2 bis 4 zusätzliche Regelungen für den Unterfall der Freiheitsentziehung vorsehen (Jarass, in: JP, Art. 104 Rn. 1).

2 Art. 104 steht in einem untrennbaren Zusammenhang mit der in Art. 2 II 2 garantierten Freiheit der Person und ergänzt insoweit deren Schutz in verfahrensrechtlicher Hinsicht (BVerfGE 58, 208 [220]; 105, 239 [247]). Bei Freiheitsentziehungen durch Private, etwa bei einer Festnahme nach § 127 I StPO, ist Art. 104 allein über die Ausstrahlungswirkung der Grundrechte zu beachten (vgl. Schulze-Fielitz, in: Dreier, Art. 104 Rn. 65f.; einschränkend Degenhart, in: Sachs, Art. 104 Rn. 8).

II. Prüfungsrelevanz

3 Obwohl der Art. 104 auf den ersten Blick wegen seiner systematischen Stellung außerhalb des Grundrechtsteils der Art. 1 bis 19 als eher vernachlässigbare Verfassungsvorschrift erscheinen mag, kommt ihm wegen seiner Verschränkung mit Art. 2 II 2

eine hohe Prüfungsrelevanz zu. Kombiniert mit einer Verfassungsbeschwerde bietet sich diese Norm an, um sowohl Kenntnisse des materiellen Verfassungsrechts (Grundrechte) als auch des Verfassungsprozessrechts zu prüfen. Auch im Polizei- und Sicherheitsrecht kann der Art. 104 eine Rolle spielen, soweit er Vorgaben für Freiheitsentziehungen durch die Exekutive enthält (Rn. 18ff.). Aktuelle Relevanz erlangt er zudem im Zusammenhang mit der Frage nach der verfassungsrechtlichen Zulässigkeit der nachträglichen Sicherungsverwahrung (vgl. dazu Art. 2 Rn. 166f.).

III. Europa

Auf supranationaler Ebene ist neben dem Folterverbot des Art. 3 EMRK, das Parallelen zum Misshandlungsverbot des Art. 104 I 2 aufweist, insb. der Art. 5 EMRK zu beachten. Er garantiert in Abs. 1 S. 1 jeder Person Freiheit und Sicherheit und lässt einen Eingriff in diese Gewährleistungen nur unter den in Abs. 1 S. 2 genannten Gründen zu. Nach dem Grundsatz der völkerrechtsfreundlichen Auslegung des Grundgesetzes (Art. 1 Rn. 73ff., Art. 25 Rn. 8) sind diese Regeln der EMRK und die dazu ergangene Judikatur des EGMR bei der Anwendung und Auslegung des Art. 104 zu beachten. Ihre Bedeutung ist bei der vorbehaltenen Sicherungsverwahrung deutlich geworden (s. nur BVerfGE 131, 268 [295ff.] und Rn. 14a). **4**

Wie restriktiv der EGMR die Rechtfertigung einer Freiheitsentziehung durch Art. 5 I 2 EMRK zulässt, zeigt seine Entscheidung zur Rechtmäßigkeit der Präventivhaft eines Fußball-Hooligans vor und nach einem Spiel (Ostendorf/Deutschland). Darin stellt er fest, dass eine Freiheitsentziehung vorliegt, wenn jemand gegen seinen Willen auf eine Polizeistation verbracht und in einer Zelle festgehalten wird, auch wenn dies nur für verhältnismäßig kurze Zeit geschehe. Der Gerichtshof betont, dass Art. 5 I 2 lit. a–f EMRK eine erschöpfende Liste der Gründe für eine zulässige Freiheitsentziehung enthält. Diese sei nur rechtmäßig, wenn sie von einem dieser Gründe erfasst werde. Diese Gründe müssten wegen ihres Ausnahmecharakters eng ausgelegt werden. Nur dieses Verständnis sei mit dem Ziel der Vorschrift vereinbar sicherzustellen, dass niemandem willkürlich die Freiheit entzogen werde. Das wird nachfolgend für die einzelnen Gründe des Art. 5 I 2 lit. a–f EMRK ausführlich dargelegt (EGMR, NVwZ 2014, 43 [44ff. Rn. 64ff.]; dazu Heidebach, NVwZ 2014, 554ff.; Michaelis, JA 2014, 198ff.; Waechter, NVwZ 2014, 995ff.; Hoffmann, NVwZ 2015, 720ff.). **4a**

Mit Art. 104 vergleichbare Gewährleistungen enthält auch die EU-GRCh. Das gilt für das Folterverbot nach Art. 4 und das Recht jedes Menschen auf Freiheit und Sicherheit nach Art. 6. Anders als Art. 5 EMRK enthält Art. 6 EU-GRCh aber keinen spezifischen Ausnahmekatalog. **4b**

B. Erläuterungen

I. Allgemeines

Art. 104 steht als grundrechtsgleiches Recht jeder natürlichen Person zu und kann gem. Art. 93 I Nr. 4a im Wege der Verfassungsbeschwerde geltend gemacht werden. Der sachliche Schutzbereich entspricht dabei dem des Art. 2 II 2 (Sodan, in: ders., Art. 104 Rn. 2). Das Misshandlungsverbot des Art. 104 I 2 ergänzt und verstärkt den Schutz der Freiheit der Person, aber auch der körperlichen Unversehrtheit (Art. 2 II 1 u. 2; Schulze-Fielitz, in: Dreier, Art. 104 Rn. 15f.). Eingriffe können in Form von Freiheitsbeschränkungen (Rn. 6) oder Freiheitsentziehungen (Rn. 11ff.) erfolgen. Die in Art. 104 III genannte Festnahme ist dabei ein Unterfall der Freiheitsentziehung (Gusy, in: MKS, Art. 104 Rn. 17). **5**

II. Anforderungen an Freiheitsbeschränkungen (Abs. 1)

1. Begriff

6 Art. 104 I regelt die Voraussetzungen für Freiheitsbeschränkungen. Was darunter zu verstehen ist, muss ausgehend von Art. 2 II 2 ermittelt werden. Danach ist eine Freiheitsbeschränkung jede staatliche Beeinträchtigung der körperlichen Bewegungsfreiheit durch physischen Zwang oder Drohung damit (Degenhart, in: Sachs, Art. 104 Rn. 4; vgl. auch Art. 2 Rn. 162). Geschützt ist allerdings nur die „tatsächliche körperliche Bewegungsfreiheit [...], nicht hingegen die Befugnis, sich unbegrenzt überall aufhalten und hin bewegen zu dürfen" (BVerfGE 94, 166 [198]). Eine Freiheitsbeschränkung liegt daher nicht vor, wenn der Grundrechtsträger an der Aufsuchung eines Raumes gehindert wird, der ihm schon tatsächlich nicht zugänglich ist, oder wenn er durch allgemeine Gesetze in der Fortbewegungsfreiheit beschränkt wird (zu Einzelheiten s. Art. 2 Rn. 153ff.).

2. Formelle Voraussetzungen

7 Freiheitsbeschränkungen sind nach Art. 104 I nur dann zulässig, wenn sie auf Grundlage eines förmlichen Gesetzes erfolgen. Hierfür kommen sowohl ein Bundesgesetz als auch ein Landesgesetz in Betracht (BVerfGE 105, 239 [247]). Art. 2 II 2 i. V. m. Art. 104 I statuieren einen strengen Vorbehalt des Gesetzes (Art. 20 Rn. 148ff.). Ein solcher Parlamentsvorbehalt verbietet zwar nicht generell eine Ausgestaltung der Eingriffsvoraussetzungen durch Rechtsverordnung, soweit der Gesetzgeber die Grundzüge regelt (BVerfGE 75, 329 [342f.]), verlangt grds. aber eine so präzise Regelung durch den Gesetzgeber, dass darauf ein VA gestützt werden kann (vgl. BVerfGE 109, 133 [188]).

8 Erhöhte Bestimmtheitsanforderungen gelten auch für die gesetzliche Regelung der materiellen Voraussetzungen der Freiheitsbeschränkung (BVerfGE 75, 329 [342]). Nach der Wesentlichkeitslehre (Art. 20 Rn. 141ff.) gilt der Leitsatz, dass die Voraussetzungen umso genauer bestimmt sein müssen, je schwerer der Eingriff wiegt (BVerfGE 109, 133 [188]; 117, 71 [111]). Das schließt die Verwendung unbestimmter Rechtsbegriffe nicht von vornherein aus. Allerdings fordert das Bestimmtheitsgebot im Rahmen des Art. 104 I, dass sich der Regelungsgehalt der Norm im Wege der Auslegung mit Hilfe der anerkannten Auslegungsregeln oder auf Grundlage einer gefestigten Rechtsprechung hinreichend präzise feststellen lässt (BVerfGE 117, 71 [111f.] m. w. N.). Da Art. 104 I einen Eingriff in Art. 2 II 2 impliziert, ist das Zitiergebot des Art. 19 I 2 ebenfalls zu beachten (Gusy, in: MKS, Art. 104 Rn. 26; Jarass, in: JP, Art. 104 Rn. 4).

9 Die konkrete freiheitsbeschränkende Maßnahme muss zudem die in der Rechtsgrundlage vorgeschriebenen formellen Voraussetzungen, wie Zuständigkeit, Antragserfordernisse, Fristen, vorherige Anhörung des Betroffenen beachten (BVerfG [K], NJW 2007, 3560 [3561]). Wird das vorgeschriebene Verfahren nicht eingehalten, liegt darin zugleich ein Verstoß gegen Art. 104 I (BVerfGE 58, 208 [220]). Ist unklar, ob die Voraussetzungen vorliegen, muss die Freiheitsbeschränkung unterbleiben (BVerfGE 63, 340 [342]). Eine nachträgliche Heilung von Verfahrensmängeln ist nicht möglich (BVerfG [K], NJW 1990, 2309 [2310]).

3. Materielle Voraussetzungen

10 Die materiellen Anforderungen für die Beschränkung der körperlichen Bewegungsfreiheit ergeben sich aus Art. 2 II 2. Dies gilt auch für die Anforderungen an die Verhältnismäßigkeit (Jarass, in: JP, Art. 2 Rn. 21; zweifelnd Degenhart, in: Sachs, Art. 104 Rn. 16), so dass auf die dortigen Ausführungen verwiesen werden kann (Art. 2

Rn. 165). Allein der Art. 104 I 2 enthält mit dem Misshandlungsverbot (Rn. 24) eine zusätzliche materielle Voraussetzung.

III. Zusätzliche Anforderungen für Freiheitsentziehungen (Abs. 2–4)

1. Begriff

Art. 104 II bis IV enthält für Freiheitsentziehungen als Unterfall der Freiheitsbeschränkung zusätzliche Voraussetzungen. Daneben müssen die Anforderungen des Art. 104 I auch bei jeder Freiheitsentziehung beachtet werden (Jarass, in: JP, Art. 104 Rn. 16). Eine Freiheitsentziehung liegt in der Aufhebung der körperlichen Bewegungsfreiheit in jede Richtung hin (BVerfGE 105, 239 [248]) durch physischen Zwang bzw. dessen unmittelbare Androhung, die Verwendung physisch wirkender Sicherungen wie Türen oder die Sicherung durch Medikamente (BVerfGE 22, 21 [26]; Degenhart, in: Sachs, Art. 104 Rn. 7). In Abgrenzung zur bloßen Freiheitsbeschränkung ist zudem eine gewisse Mindestdauer erforderlich, die einen kurzen Zeitraum übersteigen muss (vgl. BVerfGE 105, 239 [250]). Entscheidend für die Abgrenzung zwischen Freiheitsbeschränkung und Freiheitsentziehung ist somit die Intensität des Eingriffs in die Fortbewegungsfreiheit. Sie hängt ihrerseits von Art, Ausmaß und Dauer der Beeinträchtigung ab. 11

Beispiele für Freiheitsentziehungen: 12
- Haft oder Unterbringung in geschlossenen Anstalten (BVerfGE 58, 208 [220 f.]; 70, 297 [311])
- Polizeilicher Gewahrsam und Festnahme i. S. d. Art. 104 III.

Keine Freiheitsentziehungen sind hingegen: 13
- das kurzfristige Anhalten zur Identitätsfeststellung
- die Mitnahme zur Dienststelle (str., vgl. Gusy, in: MKS, Art. 104 Rn. 23).

Eine Freiheitsentziehung liegt zudem nicht vor, wenn der Grundrechtsträger frei von Zwang und Täuschung seine Einwilligung hierzu erteilt hat (Schulze-Fielitz, in: Dreier, Art. 104 Rn. 28). 14

Außerdem ist zu beachten, dass die Voraussetzungen des Art. 104 II–IV nicht nur für die erstmalige Anordnung einer Freiheitsentziehung, sondern auch für die Verlängerung einer freiheitsentziehenden Maßnahme gelten. Dementsprechend sind sie auch bei der Frage, ob die nach Verbüßung einer Freiheitsstrafe angeordnete Sicherungsverwahrung weiterhin erforderlich ist, zu beachten (vgl. Jarass, in: JP, Art. 104 Rn. 14). Das BVerfG hat zu dieser Form der Freiheitsentziehung – beeinflusst durch die Rechtsprechung des EGMR (NJW 2010, 2495 [2497 ff. Rn. 117 ff.]; NJW 2013, 1791 [1793 ff. Rn. 69 ff.]) – ein differenziertes Anforderungsprofil entwickelt (vgl. BVerfGE 128, 326 [372 ff., 391 ff.]; 131, 268 [285 f., 295 ff.]; s. für das Therapieunterbringungsgesetz BVerfGE 134, 33 [60 Rn. 69, 67 ff. Rn. 84 ff.]; vgl. zum Ganzen Art. 2 Rn. 166 f.). 14a

2. Freiheitsentziehungen durch den Richter

a) Richterliche Entscheidung (Abs. 2 S. 1)

Nach Art. 104 II 1 bedarf jede Freiheitsentziehung grds. der vorherigen richterlichen Anordnung. Eine vorläufige Anordnung durch die Exekutive ist nur ausnahmsweise zulässig (s. Rn. 18 ff.) und erfordert gem. Art. 104 II 2 eine unverzügliche nachträgliche richterliche Entscheidung. Der Richtervorbehalt betrifft nur das „Ob“ der Freiheitsentziehung, nicht hingegen die Art und Weise des Vollzugs (BVerfGE 65, 261 [280]). Unter „Richter“ i. S. d. Art. 104 I ist der gesetzliche Richter i. S. v. Art. 101 I 2 zu verstehen (Jarass, in: JP, Art. 104 Rn. 15). 15

Auch bei richterlicher Anordnung einer Freiheitsentziehung müssen zunächst die Voraussetzungen des Art. 104 I erfüllt sein. Danach ist eine hinreichend bestimmte 16

Ermächtigung durch förmliches Gesetz erforderlich (Rn. 7f.). Die richterliche Anordnung bedarf zudem einer vorherigen Anhörung. Eine nachträgliche Anhörung ist nur ausnahmsweise zulässig, wenn eine vorherige Anhörung den Zweck der Freiheitsentziehung vereiteln würde (Jarass, in: JP, Art. 104 Rn. 17 m.w.N.). Durch die vorherige Anhörung soll der Richter in der Lage sein, sich einen persönlichen Eindruck zu verschaffen. Daher ist eine mündliche und persönliche Anhörung notwendig (vgl. BVerfGE 58, 208 [222f.]). Generell muss dem Betroffenen ermöglicht werden, einen Rechtsbeistand hinzuzuziehen (Jarass, in: JP, Art. 104 Rn. 19).

16a Der Richter muss bei seiner Entscheidung selbst die erforderlichen Tatsachen feststellen (BVerfGE 83, 24 [33f.]) und seine Entscheidung im Einzelfall schriftlich begründen. Im Fall der Sicherungsverwahrung muss der Richter eine eigenständige Prognoseentscheidung treffen (BVerfGE 109, 133 [164]). Er muss mindestens einmal jährlich von Amts wegen eine neue Prognose stellen, um dem Präventivcharakter der Sicherungsverwahrung gerecht zu werden (BVerfGE 128, 326 [382]). Im Rahmen der Therapieunterbringung von Personen mit psychischer Störung ist ein objektives ärztliches Gutachten als Grundlage erforderlich. Ferner bedarf es einer Beurteilung der Intensität dieser Störung, um das Erfordernis einer zwangsweise Unterbringung zu rechtfertigen (BVerfGE 134, 33 [82f. Rn. 114]).

b) Benachrichtigungspflicht (Abs. 4)

17 Art. 104 IV enthält ein subjektives Recht des Festgehaltenen (BVerfGE 16, 119 [122]), welches den erkennenden Richter verpflichtet, eine vom Betroffenen zu bestimmende Vertrauensperson über jede Entscheidung über Anordnung oder Fortdauer der Freiheitsentziehung unverzüglich zu benachrichtigen. Als Vertrauensperson kommt insb. der Wahlverteidiger in Betracht (BVerfGE 16, 119 [124]). Bei Minderjährigen „sind wegen Art. 6 II 1 die Eltern zu benachrichtigen" (Jarass, in: JP, Art. 104 Rn. 21). Ein Verzicht auf die Benachrichtigung ist vom Richter zu prüfen, gegen ein (öffentliches) Interesse an der Benachrichtigung abzuwägen und insgesamt restriktiv zu handhaben (Gusy, in: MKS, Art. 104 Rn. 74).

3. Vorläufige Freiheitsentziehungen durch die Exekutive

18 Eine Freiheitsentziehung durch die Exekutive ist nach Art. 104 II 2 nur ausnahmsweise und nur vorläufig zulässig. Weitere Vorgaben enthalten Art. 104 II 3 und 4 i.V.m. den einschlägigen gesetzlichen Regelungen. Art. 104 III enthält eine Sonderregelung für die Strafverfolgung, wobei die Abweichungen zu Art. 104 II 2–4 gering sind (Jarass, in: JP, Art. 104 Rn. 22).

19 Für die vorläufige behördliche Anordnung der Freiheitsentziehung ist zunächst eine dem Art. 104 I gerecht werdende gesetzliche Grundlage notwendig, deren formelle Vorgaben einzuhalten sind. In materieller Hinsicht ist eine solche Anordnung nur zulässig, wenn der mit der Freiheitsentziehung angestrebte verfassungsrechtlich zulässige Zweck anders nicht erreicht werden kann und darüber hinaus die materiellen Voraussetzungen des Art. 2 II 2 und das Misshandlungsverbot des Art. 104 I 2 beachtet wurden (Jarass, in: JP, Art. 104 Rn. 23 m.w.N.).

20 Außerdem muss die Behörde gem. Art. 104 II 2 unverzüglich nach Anordnung der Freiheitsentziehung den gesetzlichen Richter i.S.d. Art. 101 I einschalten (Kunig, in: MK, Art. 104 Rn. 22), der über die weitere Freiheitsentziehung zu entscheiden hat (BVerfG [K], NVwZ 2006, 579 [580]). Die richterliche Entscheidung hat auf Grundlage einer mündlichen Verhandlung zu ergehen, in welcher der Richter sich ein persönliches Bild machen muss (Rn. 16). Dem Festgehaltenen steht ein subjektives Recht auf Benachrichtigung einer Vertrauensperson zu (Rn. 17). Eine richterliche Entscheidung ist auch dann nötig, wenn die Freiheitsentziehung vor Ablauf der Frist des Art. 104 II 3 endet.

Das Merkmal „unverzüglich" i.S.v. Art. 104 II 2 liegt vor, wenn die Entscheidung ohne Verzögerung erfolgt. Andernfalls kommt es darauf an, ob diese durch sachliche Gründe gerechtfertigt ist. Dazu zählen etwa ein langer Transportweg, das renitente Verhalten des Festgehaltenen oder – in der Praxis besonders wichtig – die fehlende Erreichbarkeit des zuständigen Richters. Insoweit gilt aber wegen der besonderen Schwere des Grundrechtseingriffs und des Ausnahmecharakters der exekutiven Freiheitsentziehung der Grundsatz, dass der Staat zumindest zur Tageszeit für die Erreichbarkeit eines zuständigen Richters Sorge zu tragen hat (BVerfGE 105, 239 [248]). An Sonn- und Feiertagen muss zudem ein Bereitschaftsdienst bestehen (Jarass, in: JP, Art. 104 Rn. 25). 21

Neben dem Gebot der unverzüglichen Herbeiführung einer nachträglichen richterlichen Entscheidung gilt zusätzlich eine absolute zeitliche Höchstgrenze für die Freiheitsentziehung. Bei einer Freiheitsentziehung zu Zwecken der Strafverfolgung muss gem. Art. 104 III 1, der dem Art. 104 II 3 als speziellere Regelung vorgeht, die Anhörung vor dem Richter spätestens am Tage nach der Festnahme erfolgen, wobei unerheblich ist, ob es sich dabei um einen Sonn- oder Feiertag handelt (Jarass, in: JP, Art. 104 Rn. 26). Bei Freiheitsentziehungen durch die Polizei aus anderen Gründen ist nach Art. 104 II 3 die richterliche Entscheidung bis zum Ende des auf die Festnahme folgenden Tages herbeizuführen. 22

Der Zweck des Art. 104 II 3 spricht gegen eine Beschränkung seines Anwendungsbereichs auf Freiheitsentziehungen durch die Polizei i.S.d. Vollzugspolizei, wie dies der Normtext nahelegt. Vielmehr scheint zumindest eine analoge Anwendung auf alle Fälle der exekutiven Freiheitsentziehung außerhalb des Art. 104 III möglich (Gusy, in: MKS, Art. 104 Rn. 56; zurückhaltend Degenhart, in: Sachs, Art. 104 Rn. 34). Werden die Fristen des Art. 104 II 3 bzw. des Art. 104 III 1 nicht eingehalten, ist der Betroffene unverzüglich freizulassen (Kunig, in: MK, Art. 104 Rn. 27). Anderenfalls kann der Tatbestand einer Freiheitsberaubung im Amt erfüllt sein (Jarass, in: JP, Art. 104 Rn. 28). 23

IV. Misshandlungsverbot (Abs. 1 S. 2)

Art. 104 I 2 statuiert ein für alle Freiheitsbeschränkungen geltendes, absolut wirkendes Misshandlungsverbot. Als Ausfluss der Menschenwürde ist es unter Berücksichtigung des Art. 1 I auszulegen, so dass jede Zufügung von physischem oder psychischem Leid zur Willensbrechung, mithin jede Form der Folter, unzulässig ist (Degenhart, in: Sachs, Art. 104 Rn. 41, 43). § 136a StPO enthält eine verfassungskonforme Konkretisierung des Misshandlungsverbotes. Das aus § 136a III StPO folgende absolute Verwertungsverbot stellt grds. eine hinreichende Kompensation eines Verstoßes gegen Art. 104 I 2 dar. Allgemein kann ein Verstoß gegen das Misshandlungsverbot ein Verfahrenshindernis begründen (BVerfG [K], NJW 2005, 656 [657]). 24

C. Prüfungshinweise

Wegen der hohen Prüfungsrelevanz (Rn. 3) sollten jedenfalls der untrennbare Zusammenhang des Art. 104 mit Art. 2 II 2 und seine Struktur verstanden sowie die notwendigen Kenntnisse zu Art. 104 I und II erworben werden. Außerdem ist zu beachten, dass Art. 104 vorrangig verfahrensrechtliche Vorgaben statuiert und diese mit Verfassungsrang ausstattet, so dass ihre Überprüfung im Wege der Verfassungsbeschwerde möglich ist. 25

Grobschema zur Prüfung des Art. 104 durch das BVerfG: 26

1. Schutzbereich des Art. 104
   a) persönlich: jede natürliche Person
   b) sachlich: vgl. Art. 2 II 2

2. Eingriff: trenne zwischen Freiheitsbeschränkung und Freiheitsentziehung
3. Rechtfertigung
   a) Freiheitsbeschränkungen
      (1) formell (förmliche Rechtsgrundlage, Bestimmtheitsgebot, Zitiergebot)
      (2) materiell (vgl. Art. 2 II 2, insb. Verhältnismäßigkeit; Misshandlungsverbot des Art. 104 I 2)
   b) Freiheitsentziehungen
      (1) durch den Richter
      (2) durch die Exekutive

D. Weiterführende Literatur/Leseempfehlungen

27 Barczak, T., Referendarexamensklausur – Öffentliches Recht: Sexualstraftäter auf Abstand, JuS 2012, 156–162; Beukelmann, S., Nachträgliche Sicherungsverwahrung für Altfälle: Bestandsaufnahme, NJW-Spezial 2011, 120–121; Brodowski, D., Grundfälle zu den Justizgrundrechten, JuS 2012, 892–896, 980–984; Esser, R., Sicherungsverwahrung, JA 2011, 727–734; Eschelbach, R., Zur Frage der Zulässigkeit der rückwirkenden Verlängerung der Sicherheitsverwahrung – Anmerkung zum Urteil des Europäischen Gerichtshofs für Menschenrechte vom 17.12.2009–19359/04, NJW 2010, 2499–2500; Fickenscher, G./Dingelstadt, A., Richterlicher Bereitschaftsdienst „rund um die Uhr"?, NJW 2009, 3473–3476; Gusy, C., Freiheitsentziehung und Grundgesetz, NJW 1992, 457–463; Hantel, P., Das Grundrecht der Freiheit der Person nach Art. 2 II 2, 104 GG, JuS 1990, 865–872; Heidebach, M., Der polizeiliche Präventivgewahrsam auf konventionsrechtlichem Prüfstand, NVwZ 2014, 554–558; Hoffmann, J.M., Konventionskonformität des Präventivgewahrsams, NVwZ 2015, 720–724; Kinzig, J., Die Neuordnung des Rechts der Sicherungsverwahrung, NJW 2011, 177–182; Leipold, K., Das Urteil des Bundesverfassungsgerichts zur Sicherungsverwahrung, NJW-Spezial 2011, 312–313; Lisken, H., Richtervorbehalt bei Freiheitsentziehung, NJW 1982, 1268–1269; Michaelis, L.O., Der polizeiliche Präventivgewahrsam, JA 2014, 198–202; Muckel, S., Unterbringung in einem psychiatrischen Krankenhaus – „Fall Mollath", JA 2014, 73–76; Renzikowski, J./Schmidt-De Caluwe, R., Menschenrechtliche Grenzen des polizeilichen Unterbindungsgewahrsams, JZ 2013, 289–297; Otto, M.R., Grundfälle zu den Justizgrundrechten, JuS 2012, 21–26, 412–418; Schuhr, J., Brechmitteleinsatz als unmenschliche und erniedrigende Behandlung, NJW 2006, 3538–3541; Waechter, K., Unterbindungsgewahrsam mit EMRK unvereinbar, NVwZ 2014, 995–998.

X. Das Finanzwesen

Art. 104a [Ausgaben- und Finanzhilfekompetenzverteilung zwischen Bund und Ländern]

(1) Der Bund und die Länder tragen gesondert die Ausgaben, die sich aus der Wahrnehmung ihrer Aufgaben ergeben, soweit dieses Grundgesetz nichts anderes bestimmt.

(2) Handeln die Länder im Auftrage des Bundes, trägt der Bund die sich daraus ergebenden Ausgaben.

(3) [1]Bundesgesetze, die Geldleistungen gewähren und von den Ländern ausgeführt werden, können bestimmen, daß die Geldleistungen ganz oder zum Teil vom Bund getragen werden. [2]Bestimmt das Gesetz, daß der Bund die Hälfte der Ausgaben oder mehr trägt, wird es im Auftrage des Bundes durchgeführt.

(4) Bundesgesetze, die Pflichten der Länder zur Erbringung von Geldleistungen, geldwerten Sachleistungen oder vergleichbaren Dienstleistungen gegenüber Dritten begründen und von den Ländern als eigene Angelegenheit oder nach Absatz 3 Satz 2 im Auftrag des Bundes ausgeführt werden, bedürfen der Zustimmung des Bundesrates, wenn daraus entstehende Ausgaben von den Ländern zu tragen sind.

(5) [1]Der Bund und die Länder tragen die bei ihren Behörden entstehenden Verwaltungsausgaben und haften im Verhältnis zueinander für eine ordnungsmäßige Verwaltung. [2]Das Nähere bestimmt ein Bundesgesetz, das der Zustimmung des Bundesrates bedarf.

(6) [1]Bund und Länder tragen nach der innerstaatlichen Zuständigkeits- und Aufgabenverteilung die Lasten einer Verletzung von supranationalen oder völkerrechtlichen Verpflichtungen Deutschlands. [2]In Fällen länderübergreifender Finanzkorrekturen der Europäischen Union tragen Bund und Länder diese Lasten im Verhältnis 15 zu 85. [3]Die Ländergesamtheit trägt in diesen Fällen solidarisch 35 vom Hundert der Gesamtlasten entsprechend einem allgemeinen Schlüssel; 50 vom Hundert der Gesamtlasten tragen die Länder, die die Lasten verursacht haben, anteilig entsprechend der Höhe der erhaltenen Mittel. [4]Das Nähere regelt ein Bundesgesetz, das der Zustimmung des Bundesrates bedarf.

Pflichtstoff (**)

Übersicht

A. Überblick

I. Finanzwesen – X. Abschnitt des Grundgesetzes

1 Das „Finanzwesen" der Bundesrepublik Deutschland wird im X. Abschnitt des GG (Art. 104a–Art. 115) normiert. Die finanzverfassungsrechtlichen Normen stellen einen eigenen Regelungskomplex innerhalb des GG dar, die im Verhältnis zu den anderen grundgesetzlichen Vorschriften jeweils leges speciales sind. Das Verhältnis der grundgesetzlichen Finanzverfassung zur bundesstaatlichen Ordnung des GG wird auch mit dem Begriff Folgeverfassung umschrieben (Kirchhof, VVDStRL 52 [1993], 71 [80]). Dadurch soll verdeutlicht werden, dass der Finanzverfassung zwar ein eigener Regelungsbereich zukommt, sie jedoch kein selbstständiger und abgeschlossener Teil des GG darstellt, sondern vielmehr eine dienende Funktion im Hinblick auf die bundesstaatliche Organisations- und Aufgabenstruktur des GG innehat.

2 Dies bedeutet nicht, dass die Vorschriften des X. Abschnitts des GG Recht minderer Geltungskraft oder sog. soft-law darstellen. Denn der „[...] strikten Beachtung der finanzverfassungsrechtlichen Zuständigkeitsbereiche von Bund und Ländern kommt eine überragende Bedeutung für die Stabilität der bundesstaatlichen Verfassung zu" (BVerfGE 55, 274 [300f.]). Die Rechtsverbindlichkeit und strikte Anwendung der finanzverfassungsrechtlichen Bestimmungen garantiert die zuverlässige rechtliche Ordnung der Finanzbeziehungen zwischen Bund und Ländern und damit die Stabilität der föderativen Staatsstruktur, die dem GG immanent ist (BVerfGE 32, 333 [338]).

1. Finanzverfassung i. e. S.

3 Die Vorschriften zum Finanzwesen lassen sich in zwei Teile untergliedern: Die Art. 104a–109a bilden als erster Teil die Finanzverfassung i. e. S. und damit einen der „tragenden Pfeiler" der bundesstaatlichen Ordnung (vgl. BVerfGE 72, 330 [388]). Sie sollen Bund und Länder am Finanzaufkommen der Volkswirtschaft sachgerecht beteiligen und finanziell in die Lage versetzen, die ihnen vom GG zugewiesenen Aufgaben wahrzunehmen (BVerfGE 86, 148 [264]; 95, 250 [262f.]).

2. Haushaltsverfassungsrecht

4 Das Haushaltsverfassungsrecht (Art. 110–115) stellt den zweiten Regelungskomplex dar. Diese Vorschriften befassen sich mit der Koordination von Einnahmen und Ausgaben, mit Haushaltsplan und Haushaltsgesetz, mit dem Vollzug und der Kontrolle des Haushalts sowie der Staatsverschuldung. Anders als das Finanzverfassungsrecht i. e. S. entfalten die Art. 110–115 nur Geltung für den Bund; die entsprechenden haushaltsrechtlichen Regelungen der Länder befinden sich in den jeweiligen LVerf.

II. Ausgaben- und Lastenverteilung (Art. 104a)

Art. 104a legt fest, welche Gliederungseinheit im Bundesstaat (Bund oder Länder) die Ausgaben und sonstigen Lasten trägt, die „der Staat" zu bewältigen hat. Dies ist für das Funktionieren des Bundesstaats von zentraler Bedeutung, da mit dem Bund und den Ländern zwei Ebenen bestehen, die originäre Staatsgewalt ausüben und im Ausgangspunkt voneinander getrennt sind, gleichwohl aber – gerade in finanzieller Hinsicht – in vielfacher Weise miteinander verbunden und aufeinander angewiesen sind. **5**

B. Erläuterungen

I. Allgemeiner Lastenverteilungsgrundsatz (Abs. 1)

1. Anwendungsbereich

Im zweistufigen Staatsaufbau, welcher der Bundesrepublik Deutschland zugrunde liegt, sind die Kommunen staatsorganisatorisch in die Länder eingegliedert (Art. 28 Rn. 22; vgl. auch Art. 106 IX). Art. 104a I gilt daher über seinen Wortlaut hinaus nicht nur im Verhältnis von Bund und Ländern, sondern auch für das Verhältnis von Bund und Kommunen (BVerfGE 86, 148 [215 f.]; BVerwGE 44, 351 [364]; 100, 56 [59]). **6**

2. Aufgaben und Ausgaben

Die zentralen Begriffe des Art. 104a I „Aufgabe" und „Ausgabe" können wie folgt umschrieben werden:

- Aufgaben sind die vom Staat (Bund und Länder) kompetenzmäßig wahrgenommenen Tätigkeiten (Art. 30). **7**
- Ausgaben sind die vom Staat für seine Tätigkeiten (Aufgaben) aufzuwendenden Haushaltsmittel. Bei den Ausgaben kann wiederum zwischen Verwaltungsausgaben (die für das Verwaltungspersonal und die Verwaltungseinrichtungen anfallenden Kosten) und Zweckausgaben (die bei der Wahrnehmung der Verwaltungsaufgaben entstehenden Kosten) differenziert werden. **8**

3. Prinzipien der Verteilung der Finanzlasten

a) Trennungsprinzip

Die bundesstaatliche Zuteilung der Ausgabenlasten ist durch das finanzverfassungsrechtliche Trennungsprinzip geprägt, welches im Art. 104a I durch das Wort „gesondert" zum Ausdruck kommt. Danach haben Bund und Länder die ihnen entstehenden Ausgaben jeweils getrennt zu tragen. Daraus folgt, dass eine Fremd- oder Mischfinanzierung prinzipiell nicht statthaft ist: Der Bund darf grds. keine Aufgaben der Länder (mit-)finanzieren oder die Länder zur Finanzierung von Bundesaufgaben heranziehen; Gleiches gilt entsprechend für die Länder (vgl. BVerfGE 26, 338 [390 f.]). **9**

Allerdings wird dieser Grds. durch zahlreiche Ausn. durchbrochen (Art. 91a ff., 104a II–IV, VI, Art. 104b, Art. 106 VIII, Art. 106a u. a. m.). Das wird (nicht nur) vom BVerfG kritisch gesehen: „Finanzleistungen aus dem Bundeshaushalt an die Länder für Landesaufgaben […] schaffen die Gefahr von Abhängigkeiten der Länder vom Bund. Sie gefährden damit die verfassungsrechtlich garantierte Eigenständigkeit der Länder, denen das GG die volle Sach- und Finanzverantwortung für die ihnen obliegenden Aufgaben eingeräumt hat" (BVerfGE 127, 165 [194]). **10**

b) Bundesstaatliches/Finanzverfassungsrechtliches Konnexitätsprinzip

11 Das Trennungsprinzip (Rn. 9) besagt noch nichts über die konkrete Verteilung der Ausgabenlasten. Die Antwort darauf gibt Art. 104a I Hs. 1: Danach tragen der Bund und die Länder grundsätzlich gesondert die Ausgaben, die sich aus der Wahrnehmung ihrer Aufgaben ergeben. Die Ausgabenverantwortung (= die Pflicht, die jeweilige Aufgabe zu finanzieren) folgt also der Aufgabenverantwortung (= der Pflicht, die jeweilige Aufgabe zu erfüllen). Mithin normiert Art. 104a I eine Verknüpfung von Aufgabe und zugehörigen Ausgaben (bundesstaatliches oder finanzverfassungsrechtliches Konnexitätsprinzip).

11a Die Aufgabenverantwortung richtet sich nach der verfassungsrechtlich zugewiesenen Zuständigkeit zur *Wahrnehmung* einer Aufgabe, also nach der *Verwaltungs*kompetenz (Art. 30, 83 ff., s. Art. 83 Rn. 14 ff.). Es kommt deswegen nicht darauf an, ob der Bund oder das jeweilige Land die jeweilige Aufgabe (und die daraus entstehenden Ausgaben) gesetzgeberisch veranlasst hat (vgl. BVerfGE 26, 338 [390]).

II. Ausgabentragung bei Auftragsverwaltung durch die Länder (Abs. 2)

12 Soweit die Länder nach Art. 85 im Auftrag des Bundes handeln (Bsp. bei Art. 85 Rn. 2), trägt der Bund gem. Art. 104a II die sich daraus ergebenden Ausgaben. Zu den zu tragenden Ausgaben i. S. d. Art. 104a II zählen jedoch nur die Zweckausgaben (Rn. 8); die Verwaltungsausgaben (Rn. 8) sind nach Art. 104a V 1 Hs. 1 grundsätzlich von den Ländern zu tragen (s. unten Rn. 21)

13 – Es ist umstr., ob Art. 104a II eine Durchbrechung des im Abs. 1 niedergelegten Konnexitätsprinzips (Rn. 11) oder lediglich dessen Bestätigung darstellt. Vertreten wird, dass Art. 104a II eine konsequente Fortführung des Konnexitätsprinzips – und folglich dessen Bestätigung – sei. Die Auftragsverwaltung sei danach staatsorganisatorisch (formal) als Aufgabe des Bundes anzusehen – daher auch der Begriff Bundesauftragsverwaltung. Der Bund müsse folglich auch für die verursachten Kosten aufkommen. Der Art. 104 II bestätige somit das im Abs. 1 niedergelegte Lastentragungsprinzip (Heintzen, in: MK, Rn. 37).

14 – Dieser Ansicht wird jedoch überwiegend und zu Recht entgegengehalten, dass sich die Finanzierungsverantwortung unmittelbar nach der Tätigkeit richtet, die die Ausgaben verursacht. Der Wortlaut des Art. 85 I 1 und dessen Systematik weisen die als Auftragsverwaltung vorgenommenen Tätigkeiten als solche der Länder aus; gerade im Außenverhältnis wird die Verwaltungskompetenz der Länder (Wahrnehmungskompetenz) nicht berührt (Art. 85 Rn. 11; vgl. BVerfGE 81, 310 [331]). Da die Lastentragungsregel des Art. 104a I an die Wahrnehmung der Verwaltungskompetenz der zugewiesenen Aufgabe anknüpft, liegt daher eine Durchbrechung des Konnexitätsprinzips vor.

15 Für den Fall, dass die Länder entgegen der Konzeption des Art. 104a II die Zweckausgaben tragen, steht ihnen ein Erstattungsanspruch zu (s. BVerwG, NVwZ 2009, 599 [600]).

III. Ausgabentragung bei Geldleistungsgesetzen (Abs. 3)

16 Bestimmt ein Bundesgesetz, dass dem Bürger Geldleistungen zu gewähren sind, und wird dieses Bundesgesetz von den Ländern ausgeführt (Art. 83, 84), kann darin nach Art. 104a III auch vorgesehen werden, dass der Bund die Geldleistungen ganz oder z. T. zu tragen hat (Zweckausgaben).

17 Geldleistungen i. S. d. Art. 104a III sind einmalige oder laufende Zahlungen aus öffentlichen Haushaltsmitteln, für die keine konkrete Gegenleistung zu erbringen ist (typischerweise soziale Transferleistungen). Sie sind zudem dadurch gekennzeichnet, dass den Ländern bei dem Verwaltungsvollzug kein Ermessensspielraum hinsichtlich der

Höhe der zur verausgabenden Mittel zukommt (s. BT-Drs. 16/813, 18). Bsp. für Geldleistungsgesetze i. S. d. Art. 104a III sind das WoGG, das BAföG oder das OEG.

Der Art. 104a III enthält lediglich eine spezielle Lastentragungsregel; eine Kompetenz zum Erlass eines Geldleistungsgesetzes ist der Norm nicht zu entnehmen; sie muss sich aus den Art. 73, 74 o. a. ergeben. **18**

Fehlt es in Geldleistungesgesetzen an einer Bestimmung über die Finanzierungsverantwortung des Bundes, so tragen die Länder die Ausgabenlast gem. Art. 104a I Hs. 1. **19**

IV. Zustimmungsbedürftigkeit des Bundesrates bei Kostenbegründung (Abs. 4)

Art. 104a IV stellt ein „Schutzrecht [der Länder] vor kostenbelastenden Bundesgesetzen" dar, dass die Interessen der Länder – insb. im Hinblick auf deren Haushalte – berücksichtigt (BT-Drs. 16/813, 18; Schwarz/Reimer, JuS 2007, S. 219 [220]). Eine Ausgabenbelastung liegt vor, wenn die Länder auf Grund eines Bundesgesetzes verpflichtet sind, Geldleistungen (Rn. 17), geldwerte Sachleistungen (Bsp. hierfür sind die Schaffung und Unterhaltung von Betreuungseinrichtungen für Asylbewerber oder Tagesbetreuungsplätze für Kinder) oder vergleichbare Dienstleistungen (Bsp. sind Betreuungs- und Erziehungsleistungen im Jugendwesen sowie die Schuldner- und Rechtsberatung) an Dritte zu erbringen. Nach Art. 104a IV bedürfen Bundesgesetze, die eine solche Verpflichtung für die Länder begründen, der Zustimmung des Bundesrates (Art. 77 II, II a, Art. 78). **20**

V. Ausgabenkompetenz bei Verwaltungsaufgaben, Haftung zwischen Bund und Ländern (Abs. 5)

1. Finanzierungsverantwortung für Verwaltungsausgaben

Art. 104a V 1 Hs. 1 konkretisiert das finanzverfassungsrechtliche Konnexitätsprinzip (Art. 104a I Hs. 1) für die Verwaltungsaufgaben (Rn. 8): Insoweit tragen der Bund und die Länder jeweils gesondert (Rn. 9) die bei ihren jeweiligen Behörden entstehenden Verwaltungsausgaben (Personal- und Sachkosten). Eine Ausn. hierzu besteht gem. Art. 91e II 2. **21**

Aus Art. 104a V 1 Hs. 1 folgt ein allgemeines Verbot der Erstattung von Verwaltungskosten zwischen Bund und Ländern. Dieses spezielle Verbot überlagert die Durchbrechungen des Konnexitätsprinzips in den Art. 91a, 91b, 104b, 120 (vgl. Hellermann, in: MKS, Rn. 141). **22**

2. Haftung zwischen Bund und Ländern

Art. 104a V 1 Hs. 2 ist eine Anspruchsgrundlage für den Bund und die Länder für Schäden, die von der jeweils anderen Staatsebene verursacht wurden (vgl. BVerfGE 116, 271 [317 f.] – umstr.: a. A. Kirchhof, NVwZ 1994, 105 [105 ff.]). **23**

Diese Haftung entsteht, wenn gegen die Grundsätze ordnungsgemäßer Verwaltung verstoßen wird (BVerwGE 96, 45 [57 f.]). Ob die Haftung nur vorsätzliche Verstöße erfasst oder gar verschuldensunabhängig eintritt, ist str. Das BVerfG hat diese Frage noch nicht abschließend entschieden (vgl. BVerfGE 116, 271 [318]). **24**

Ein allg. Bundesgesetz, dass das „Nähere" i. S. d. Art. 104a V 2 im Hinblick auf die Haftung von Bund und Ländern bestimmt, ist derzeit noch nicht erlassen worden. **25**

VI. Haftung für supranationale und völkerrechtliche Verpflichtungen (Abs. 6)

Art. 104a VI wurde im Jahr 2006 im Zuge der Föderalismusreform I in das GG eingefügt. Durch die Norm wird nunmehr die bis dahin zwischen Bund und Ländern unge- **26** klärte Frage nach der Lastenaufteilung bei Verpflichtungen der Bundesrepublik Deutschland zu finanzwirksamen Leistungen wegen der Verletzung supranationaler oder völkerrechtlicher Pflichten Deutschlands beantwortet. Dazu ist das LastG ergangen.

27 Die Lastenaufteilung zwischen Bund und Ländern bei Sanktionsmaßnahmen der EU wegen der Verletzung der Haushaltsdisziplin gem. Art. 126 I AEUV (Vermeidung übermäßiger öffentlicher Defizite) durch die Bundesrepublik Deutschland wird abweichend von Art. 104a VI in Art. 109 V (Art. 109 Rn. 14) geregelt.

C. Prüfungshinweise

28 In der akademischen Ausbildung ist das Finanz- und Haushaltsrecht lediglich von untergeordneter Bedeutung. Die praktische Relevanz im politischen und wirtschaftlichen System der Bundesrepublik Deutschland ist dagegen enorm. Jedenfalls das finanzverfassungsrechtliche Konnexitätsprinzip des Art. 104a I Hs. 1 sollte freilich geläufig sind.

D. Weiterführende Literatur/Leseempfehlungen

29 Zu Art. 104a und den folgenden (finanzverfassungsrechtlichen) Normen: Birk, D./Wernsmann, R., Der Anspruch eines Landes auf Sanierungshilfen des Bundes – Zur Stellung der Bundesergänzungszuweisungen im System des Länderfinanzausgleichs, DÖV 2004, 868–875; Häde, U., Die bundesstaatliche Finanzverfassung des Grundgesetzes, JA 1994, 1–12 und 33–43; Hartmann, B./Meßmann, A., Gemeindliche Pflichtaufgaben und grundgesetzliche Kostenerstattung, JuS 2006, 246–251; Schwarz, K./Reimer, E., Schwerpunktbereich – Einführung in das Finanz- und Haushaltsverfassungsrecht (Art. 104a bis 115 GG), JuS 2007, 119–126 und 219–225; Stüber, S., Grundbegriffe des Haushaltsrechts, JA 2004, 932–936; Tappe, H./Wernsmann, R., Öffentliches Finanzrecht, 2015 (insb. Rn. 62ff.).

Art. 104b [Finanzhilfekompetenz des Bundes]

(1) [1]**Der Bund kann, soweit dieses Grundgesetz ihm Gesetzgebungsbefugnisse verleiht, den Ländern Finanzhilfen für besonders bedeutsame Investitionen der Länder und der Gemeinden (Gemeindeverbände) gewähren, die**
1. zur Abwehr einer Störung des gesamtwirtschaftlichen Gleichgewichts oder
2. zum Ausgleich unterschiedlicher Wirtschaftskraft im Bundesgebiet oder
3. zur Förderung des wirtschaftlichen Wachstums
erforderlich sind. [2]**Abweichend von Satz 1 kann der Bund im Falle von Naturkatastrophen oder außergewöhnlichen Notsituationen, die sich der Kontrolle des Staates entziehen und die staatliche Finanzlage erheblich beeinträchtigen, auch ohne Gesetzgebungsbefugnisse Finanzhilfen gewähren.**

(2) [1]**Das Nähere, insbesondere die Arten der zu fördernden Investitionen, wird durch Bundesgesetz, das der Zustimmung des Bundesrates bedarf, oder auf Grund des Bundeshaushaltsgesetzes durch Verwaltungsvereinbarung geregelt.** [2]**Die Mittel sind befristet zu gewähren und hinsichtlich ihrer Verwendung in regelmäßigen Zeitabständen zu überprüfen.** [3]**Die Finanzhilfen sind im Zeitablauf mit fallenden Jahresbeträgen zu gestalten.**

(3) **Bundestag, Bundesregierung und Bundesrat sind auf Verlangen über die Durchführung der Maßnahmen und die erzielten Verbesserungen zu unterrichten.**

Pflichtstoff (*)

I. Überblick

Art. 104b ermöglicht die Beteiligung des Bundes an der Finanzierung von Investitionen der Länder und Gemeinden. Die Vorschrift ermächtigt den Bund, „Bundesmittel gezielt und flexibel zur Behebung konkreter Problemlagen einzusetzen" (vgl. BT-Drs. 16/813, 19). Art. 104b durchbricht insofern den in Art. 104a niedergelegten Grds., dass Bund und Länder jeweils gesondert ihre Lasten zu tragen haben (Art. 104a Rn. 9). 1

II. Finanzhilfen des Bundes (Abs. 1)

Art. 104b I verleiht dem Bund die Kompetenz zur Gewährung von Finanzhilfen an die Länder und Gemeinden. Finanzhilfen sind Zahlungen, die zur Erreichung eines der normierten Ziele erforderlich sind (Pieroth, in: JP, Rn. 2f.). 2

Entgegen dem Wortlaut des Art. 104b I 1 („kann") ist der Bund „nach Maßgabe seiner Finanzkraft" sogar verpflichtet, bei der Finanzierung von Landesaufgaben mitzuwirken (BVerfGE 39, 96 [113] zum entsprechenden Art. 104a IV a. F., a. A. Meyer, Die Föderalismusreform 2006, 2008, S. 269). 3

Die Finanzhilfen verfolgen nicht den Zweck, Korrekturen am Finanzausgleich (Art. 106 Rn. 4, Art. 107 Rn. 3) vorzunehmen (BVerfGE 39, 96 [108, 111f.]). Für eine Gewährung von Finanzhilfen ist daher erforderlich, dass eine der Voraussetzungen von Art. 104b I 1 vorliegt. 4

Sofern die Finanzhilfen für die Gemeinden und Gemeindeverbände (insb. Landkreise, vgl. Art. 28 Rn. 51) bestimmt sind, erfolgt die Mittelvergabe über die Länder (BVerfGE 39, 96 [122]). 5

III. Ausgestaltung und Gewährung der Finanzhilfen (Abs. 2)

Die nähere Ausgestaltung der Finanzhilfen sowie deren Gewährung wird in Art. 104b II bestimmt: Nach Satz 1 ist entweder ein zustimmungsbedürftiges Bundesgesetz oder eine aufgrund des Bundeshaushaltsgesetzes getroffene Verwaltungsvereinbarung notwendig. Inhaltlich müssen diese jeweils den Voraussetzungen der Sätze 3 und 4 genügen. Demnach besteht eine ausschließliche Bundesgesetzgebungskompetenz und ein Regelungsauftrag, allerdings keine Verwaltungskompetenz des Bundes (BVerfGE 127, 165 [192f.]). 6

IV. Prüfungshinweise

Art. 104b ist für das Studium von geringer Bedeutung. Die Relevanz in der Praxis ist dagegen – insb. im Bereich der Städtebauförderung – enorm. 7

V. Weiterführende Literatur/Leseempfehlungen

Siehe Art. 104a Rn. 29; Battis, U./Klein, B./Rusteberg, B., Die Auswirkungen des neuen Art. 104b GG auf die Städtebauförderung, DVBl. 2009, 682–693; Meyer, H./Freese, H., Konjunkturpaket II: Art. 104b GG als Ärgernis und Garant des Föderalismus, NVwZ 2009, 609–615; Wulfhorst, R., Die Auswirkungen des neuen Art. 104b GG auf die Städtebauförderung – eine Entgegnung, DVBl. 2010, 28–32. 8

Art. 105 [Steuergesetzgebungskompetenzverteilung zwischen Bund und Ländern]

(1) **Der Bund hat die ausschließliche Gesetzgebung über die Zölle und Finanzmonopole.**

(2) **Der Bund hat die konkurrierende Gesetzgebung über die übrigen Steuern, wenn ihm das Aufkommen dieser Steuern ganz oder zum Teil zusteht oder die Voraussetzungen des Artikels 72 Abs. 2 vorliegen.**

(2a) [1]**Die Länder haben die Befugnis zur Gesetzgebung über die örtlichen Verbrauch- und Aufwandsteuern, solange und soweit sie nicht bundesgesetzlich geregelten Steuern gleichartig sind.** [2]**Sie haben die Befugnis zur Bestimmung des Steuersatzes bei der Grunderwerbsteuer.**

(3) **Bundesgesetze über Steuern, deren Aufkommen den Ländern oder den Gemeinden (Gemeindeverbänden) ganz oder zum Teil zufließt, bedürfen der Zustimmung des Bundesrates.**

Pflichtstoff (**)

Übersicht

A. Überblick

1 Art. 105 befasst sich – wie auch die Art. 106 und 108 – mit den sog. Steuerhoheiten, d. h. mit der Verteilung der Kompetenzen zwischen Bund und Ländern (vgl. Art. 30) im Steuerbereich. Für die Arbeitsfähigkeit des gesamten Staates, aber auch für die „Machtverteilung“ zwischen Bund und Ländern ist das von elementarer Bedeutung. Denn rund 75% der staatl. Ausgaben werden durch Steuereinnahmen gedeckt. Deutschland ist damit ein „Steuerstaat“ (Isensee, Steuerstaat als Staatsform, in: Stödter (Hrsg.), FS für Ipsen, 1977, S. 409 ff.; vgl. BVerfGE 101, 141 [147]). Insofern legt die Finanzverfassung zugleich die Grundlagen für das Funktionieren der deutschen Bundesstaatlichkeit (Art. 20 I).

2 Keine Aussage trifft Art. 105 zum steuerverfassungsrechtlichen Verhältnis zwischen Staat und Bürger, d. h. zur Frage, inwieweit Steuern (gleichheits-)„gerecht“ und verhältnismäßig sind. Antworten dazu werden insb. aus Art. 3 I („Leistungsfähigkeitsprinzip“, vgl. Art. 3 Rn. 43, 51), daneben auch aus Art. 14 und 12 I sowie aus dem Rechtsstaatsprinzip (Vertrauensschutz, Art. 20 Rn. 189) entnommen.

3 Das GG kennt vier „Steuerhoheiten“: die drei herkömmlichen staatl. Zuständigkeiten, nämlich die (Steuer-)Gesetzgebungskompetenz (Rn. 7 ff.), die (Steuer-)Verwaltungskompetenz (Art. 108) und die (Steuer-)Rechtsprechungskompetenz (Art. 92, 95, 108 VI). Hinzu tritt die ganz entscheidende Ertragskompetenz, die die Frage beantwortet, welcher staatl. Einheit (dem Bund oder den Ländern) die Steuereinnahmen zufließen.

Steuerkompetenzen („Steuerhoheiten")				4
Steuergesetzgebungskompetenz	Steuerverwaltungskompetenz	Steuerrechtsprechungskompetenz	Steuerertragskompetenz	
Art. 105, Art. 72 I, II	Art. 108 I–V, VII	Art. 92, 95, 108 VI	Art. 106	

Eine Sondervorschrift zu den Kirchensteuern findet sich in Art. 140 GG i.V.m. Art. 137 VI WRV (Art. 140 Rn. 32; BFHE 95, 310 [312]). 5

B. Erläuterungen

I. Bundesgesetzgebungskompetenz für Zölle und Finanzmonopole (Abs. 1)

Nach Art. 105 I hat der Bund die ausschließliche Gesetzgebungskompetenz (Art. 71) über die Zölle und Finanzmonopole. 6

- Zölle sind Abgaben (Rn. 11ff.), die anlässlich der Warenbewegung über die Zollgrenze erhoben werden. Zölle gelten als Steuern i.S.d. GG (arg. Art. 105 II: „übrige Steuern"). Wegen der ausschließlichen Kompetenz der EU für Zölle (Art. 3 I lit. a, Art. 30ff., 206f. AEUV, Art. 23 I 2) läuft Art. 105 I insoweit leer.
- Finanzmonopole sind Einrichtungen, nach denen eine bestimmte wirtschaftliche Tätigkeit zum vorrangigen Zweck der Erzielung von Einnahmen ausschließlich einem Träger öffentlicher Gewalt zugewiesen ist. Derzeit besteht nur noch das Branntweinmonopol. Zu beachten ist dabei Art. 106 II AEUV.

II. Bundesgesetzgebungskompetenz für Steuern (Abs. 2)

1. Reichweite der Kompetenz

Anders als bei Zöllen und Finanzmonopolen (Rn. 6) hat die EU bei Steuern nur begrenzte Kompetenzen (Art. 110ff. AEUV, relevant v.a. die Harmonisierungskompetenz bzgl. der indirekten Steuern, insb. der Umsatzsteuer, in Art. 113 AEUV). Bei Steuern liegt das Schwergewicht der Gesetzgebung beim Bund, der durch Art. 105 II die konkurrierende Gesetzgebungskompetenz erhält (Art. 72 I), 7

- wenn ihm das Aufkommen der Steuern ganz oder z.T. zusteht (Bundessteuern, Art. 106 I, oder Gemeinschaftsteuern, Art. 106 III) oder
- wenn die Voraussetzungen des Art. 72 II vorliegen. Bei den hier relevanten Landessteuern (Art. 106 II) ist die Erforderlichkeit einer bundesgesetzlichen Regelung zur Wahrung der Rechts- oder Wirtschaftseinheit im gesamtstaatlichen Interesse bislang nicht angezweifelt worden.

Wegen der Formulierung „übrige Steuern" fallen unter Art. 105 II alle Steuern mit marginalen Ausnahmen in Art. 105 IIa (Rn. 21) und Art. 140 GG i.V.m. Art. 137 VI WRV (Rn. 5). Dem Bund steht daher auch die Kompetenz zu, neue Steuern einzuführen („Steuerfindungsrecht"). Einen gewissen Ausgleich gegen dieses Übergewicht des Bundes stellt der Zustimmungsvorbehalt des BR in Art. 105 III dar (Rn. 23ff.). 8

2. Steuerbegriff

Den Begriff der Steuer definiert das GG nicht, sondern setzt ihn voraus. Der Verfassungsgeber orientierte sich am traditionellen Verständnis, wie es sich aus § 1 der 1948/1949 fortgeltenden Reichsabgabenordnung ergab (heute § 3 I AO). Danach sind Steuern 9

- Geldleistungen (also keine Dienstleistungspflichten),
- die nicht eine Gegenleistung für eine besondere Leistung darstellen (sog. Voraussetzungslosigkeit) und

– die von einem öffentlich-rechtlichen Gemeinwesen (Staat, Kommunen, Kirchen)
– zur Erzielung von Einnahmen (Finanzierungszweck)
– allen auferlegt werden, bei denen der Tatbestand zutrifft, an den das Gesetz die Leistungspflicht knüpft (Gleichmäßigkeit, Gesetzmäßigkeit);

vgl. auch BVerfGE 93, 319 (346).

10 Der „Erzielung von Einnahmen" müssen Steuern nicht ausschließlich dienen. Der Staat kann mit ihnen daneben auch Sozialgestaltung betreiben, also insb. wirtschaftliche, soziale oder umweltpolitische Ziele verfolgen (sog. Lenkungssteuern, vgl. BVerfGE 110, 274 [292 f.], vgl. auch § 3 I letzter Ts. AO).

3. Nicht-steuerliche Abgaben

11 Steuern sind streng von nichtsteuerlichen Abgaben abzugrenzen. Denn nichtsteuerliche Abgaben fallen nicht unter den Steuerbegriff des GG und damit nicht (auch nicht analog) unter die Art. 105 ff. Auf nichtsteuerliche Abgaben sind vielmehr die allg. Kompetenzen, insb. die Art. 70 ff., anzuwenden.

12 Besondere Vorschriften zur Ertragskompetenz für nichtsteuerliche Abgaben enthält das GG nicht (anders für Steuern: Art. 106). Behalten darf deren Aufkommen grds. diejenige Körperschaft, die die betreffende Abgabe verwaltet (erhebt), d. h. anfordert und einzieht.

13 Abgaben ist der gemeinsame Oberbegriff von Steuern und nichtsteuerlichen Abgaben. Das sind Geldleistungspflichten gegenüber einem öffentlich-rechtlichen Gemeinwesen (insb. dem Staat), die mit hoheitlichem Zwang durchgesetzt werden können.

14

Abgaben			
Steuern	Vorzugslasten: – Gebühren, – Beiträge	Sonderabgaben	sonstige Abgaben

a) Vorzugslasten

15 Gebühren und Beiträge werden als Vorzugslasten bezeichnet, weil der Bürger hier in den Genuss einer konkreten öffentlichen Leistung (eines „Vorzugs") kommt. Bei Gebühren ist dies unmittelbar der Fall (Bsp.: Verwaltungsgebühren, etwa für die Ausstellung eines Personalausweises, oder Benutzungsgebühren, etwa für die Benutzung einer öffentlichen Einrichtung wie bspw. einer Bibliothek; zur Hochschulrückmeldegebühr BVerfGE 108, 1 ff., zur Studiengebühr BVerfGE 112, 226 ff.).

16 Beiträge hingegen eröffnen nur die Möglichkeit zur Inanspruchnahme einer staatl. Einrichtung oder sonstigen Leistung und damit eines besonderen Vorteils. „Klassisches" Bsp. sind die Erschließungsbeiträge, mit denen die Eigentümer der anliegenden Grundstücke belegt werden: Eine öffentliche Straße erschließt das Grundstück; sie regelmäßig zu benutzen bietet deshalb gerade den Anliegern einen besonderen Vorteil. Der Beitrag ist allerdings auch dann rechtmäßig, wenn der Anlieger dartut, die konkrete Straße niemals zu benutzen (weil er z. B. im Ausland wohnt).

b) Sonderabgaben und sonstige Abgaben

17 Sonderabgaben i. e. S. (Finanzierungs-Sonderabgaben) sind Geldleistungspflichten, die nicht für einen konkreten Vorteil oder wenigstens für die Möglichkeit eines Vorteils aus der Inanspruchnahme einer staatl. Einrichtung oder Leistung gezahlt werden; das unterscheidet sie deutlich von den Vorzugslasten (Rn. 15 f.). Wegen des Fehlens eines solchen konkreten Zusammenhangs zwischen Leistung und Gegenleistung verschwimmen die Grenzen zur Steuer. Damit besteht die Gefahr, dass sich der Staat zu-

nehmend durch solche Sonderabgaben finanziert. Damit würden die Steuerhoheiten des GG (Rn. 3f.) umgangen und das Finanzgleichgewicht im Bundesstaat gestört.

Daher bedürfen Sonderabgaben i.e.S. einer besonderen sachlichen Rechtfertigung **18**
und sind nur in seltenen Ausnahmefällen zulässig (BVerfGE 122, 316 [333ff.] – st. Rspr.). Folgende Voraussetzungen müssen vorliegen:

– Sonderabgabepflichtig darf nur eine homogene, von der Allgemeinheit abgrenzbare Gruppe sein.
– Diese Gruppe muss in einer spezifischen Beziehung (Sachnähe) zu dem mit der Sonderabgabe verfolgten Zweck stehen (besondere Finanzierungsverantwortung).
– Das Aufkommen der Sonderabgabe muss grds. gruppennützig verwendet werden (ausnahmsweise reicht eine andere sachgerechte Verknüpfung aus).
– Die Einnahmen aus der Sonderabgabe müssen in den jeweiligen Haushaltsplan (Art. 110 Rn. 3) eingestellt werden, um eine hinreichende demokratische Information und Dokumentation sicherzustellen.
– Die Sonderabgabe darf nur zeitlich begrenzt erhoben werden.

Streitfälle aus der Rspr.: BVerfGE 55, 274ff. – Berufsausbildungsabgabe; BVerfGE 67, 256ff. – **19**
Investitionshilfeabgabe; BVerfGE 82, 159ff. – Absatzfondsgesetz I; BVerfGE 91, 186ff. – Kohlepfennig; BVerfGE 92, 91ff. – Feuerschutzabgabe; BVerfGE 93, 319ff. – Wasserpfennig; BVerfGE 110, 370ff. – Klärschlamm-Entschädigungsfonds; BVerfGE 113, 128ff. – Solidarfonds Abfallrückführung; BVerfGE 122, 316ff. – Absatzfondsgesetz II u.a.m.

Der Kanon der Abgaben im GG ist nicht abschließend. Nach der Rspr. des BVerfG **20**
ist es demnach zulässig, wenn der Staat andere Abgaben („sonstige Abgaben") „erfindet", soweit diese nicht gegen sonstige verfassungsrechtliche Vorschriften verstoßen (BVerfGE 93, 319 [342]). Ein Bsp. sind Sonderabgaben i.w.S., die nicht der Finanzierung des Staates dienen, sondern etwa Vorteile abschöpfen (etwa die Fehlbelegungsabgabe).

III. Landesgesetzgebungskompetenzen für Steuern (Abs. 2a)

Die Gesetzgebungskompetenzen der Länder im Steuerbereich sind äußerst rand- **21**
ständig:

– Satz 1: Verbrauch- und Aufwandsteuern belasten den Konsum bestimmter Güter oder bestimmte Aufwendungen für den persönlichen Lebensbedarf. Örtlich sind sie nur, soweit sie in ihren Wirkungen auf das Gemeindegebiet begrenzt sind (Bsp.: Getränke-, Hunde-, Jagd-, Spielgeräte- oder Zweitwohnungsteuer).
– Satz 2: Bei der Grunderwerbsteuer, die insb. an die Anschaffung von Grundstücken (auch Eigentumswohnungen) anknüpft, haben die Länder nur die Kompetenz zur Bestimmung des Steuersatzes; alles Übrige hat der Bund im Grunderwerbsteuergesetz geregelt.

Das Übergewicht des Bundes bei der Steuergesetzgebungskompetenz wirft das **22**
Problem auf, dass die Länder nicht in der Lage sind, eine eigenständige Einnahmenpolitik zu verfolgen, weil sie nicht einmal berechtigt sind, die ausschließlich ihnen zufließenden Landessteuern (Art. 106 II) gesetzgeberisch zu regeln. Dies schwächt ihre Haushaltsautonomie (Art. 109 I) und auf diesem Wege ihr föderatives Gewicht, zumal sie nach Art. 104a I und V bedeutende Ausgabelasten tragen müssen.

IV. Zustimmungsbedürftigkeit (Abs. 3)

Nach Art. 105 III bedürfen alle Bundesgesetze über Steuern, deren Aufkommen **23**
ganz oder z.T. den Ländern (oder den Kommunen, Art. 106 IX) zufließt, der Zustimmung des BR (Art. 77 IIa, Art. 78 F. 1). Dies betrifft

– v. a. die überaus aufkommenstarken und daher bedeutenden Gemeinschaftsteuern (Art. 106 III), also die Einkommensteuer, die Körperschaftsteuer und die Umsatzsteuer,
– aber auch die Landes- und Gemeindesteuern (Art. 106 II, VI).

24 Wegen Art. 105 II und III sind Bund und Länder auf dem Gebiet der Steuergesetzgebung derart „aneinandergekettet", dass die eine föderative Ebene ohne die andere wenig gestalten kann. Problematisch ist dies v. a. in Zeiten, in denen im BT und im BR verschiedene politische Mehrheiten herrschen.

C. Prüfungshinweise

25 Art. 105 hat – wegen der hohen praktischen Bedeutung möchte man sagen: leider – keine hohe Prüfungsrelevanz im Studium. Allerdings sollte das Verhältnis zu den Art. 70 ff. beherrscht und die Zustimmungsbedürftigkeitsklausel des Art. 105 III gekannt werden. Hilfreich mag i. Ü. die folgende Übersicht sein:

26

Steuergesetzgebungshoheit		
Bundeskompetenz		**Landeskompetenz**
ausschließlich, Art. 105 I i. V. m. Art. 71	konkurrierend, Art. 105 II i. V. m. Art. 72 I, II; **Zustimmungsbedürftigkeit** des BR nach Art. 105 III	Art. 70 i. V. m. Art. 105 IIa

D. Weiterführende Literatur/Leseempfehlungen

27 Siehe die Nachweise in Art. 104a Rn. 29.

Art. 106 [Steuerertragsaufteilung zwischen Bund, Ländern und Gemeinden]

(1) **Der Ertrag der Finanzmonopole und das Aufkommen der folgenden Steuern stehen dem Bund zu:**
1. die Zölle,
2. die Verbrauchsteuern, soweit sie nicht nach Absatz 2 den Ländern, nach Absatz 3 Bund und Ländern gemeinsam oder nach Absatz 6 den Gemeinden zustehen,
3. die Straßengüterverkehrsteuer, die Kraftfahrzeugsteuer und sonstige auf motorisierte Verkehrsmittel bezogene Verkehrsteuern,
4. die Kapitalverkehrsteuern, die Versicherungsteuer und die Wechselsteuer,
5. die einmaligen Vermögensabgaben und die zur Durchführung des Lastenausgleichs erhobenen Ausgleichsabgaben,
6. die Ergänzungsabgabe zur Einkommensteuer und zur Körperschaftsteuer,
7. Abgaben im Rahmen der Europäischen Gemeinschaften.

(2) **Das Aufkommen der folgenden Steuern steht den Ländern zu:**
1. die Vermögensteuer,
2. die Erbschaftsteuer,
3. die Verkehrsteuern, soweit sie nicht nach Absatz 1 dem Bund oder nach Absatz 3 Bund und Ländern gemeinsam zustehen,
4. die Biersteuer,
5. die Abgabe von Spielbanken.

(3) [1]**Das Aufkommen der Einkommensteuer, der Körperschaftsteuer und der Umsatzsteuer steht dem Bund und den Ländern gemeinsam zu (Gemeinschaftsteuern), soweit das Aufkommen der Einkommensteuer nicht nach Absatz 5 und das Aufkommen der Umsatzsteuer nicht nach Absatz 5a den Gemeinden zugewiesen wird. [2]Am Aufkommen der Einkommensteuer und der Körperschaftsteuer sind der Bund und die Länder je zur Hälfte beteiligt. [3]Die Anteile von Bund und Ländern an der Umsatzsteuer werden durch Bundesgesetz, das der Zustimmung des Bundesrates bedarf, festgesetzt. [4]Bei der Festsetzung ist von folgenden Grundsätzen auszugehen:**

1. **[1]Im Rahmen der laufenden Einnahmen haben der Bund und die Länder gleichmäßig Anspruch auf Deckung ihrer notwendigen Ausgaben. [2]Dabei ist der Umfang der Ausgaben unter Berücksichtigung einer mehrjährigen Finanzplanung zu ermitteln.**
2. **Die Deckungsbedürfnisse des Bundes und der Länder sind so aufeinander abzustimmen, dass ein billiger Ausgleich erzielt, eine Überbelastung der Steuerpflichtigen vermieden und die Einheitlichkeit der Lebensverhältnisse im Bundesgebiet gewahrt wird.**

[5]Zusätzlich werden in die Festsetzung der Anteile von Bund und Ländern an der Umsatzsteuer Steuermindereinnahmen einbezogen, die den Ländern ab 1. Januar 1996 aus der Berücksichtigung von Kindern im Einkommensteuerrecht entstehen. [6]Das Nähere bestimmt das Bundesgesetz nach Satz 3.

(4) [1]**Die Anteile von Bund und Ländern an der Umsatzsteuer sind neu festzusetzen, wenn sich das Verhältnis zwischen den Einnahmen und Ausgaben des Bundes und der Länder wesentlich anders entwickelt; Steuermindereinnahmen, die nach Absatz 3 Satz 5 in die Festsetzung der Umsatzsteueranteile zusätzlich einbezogen werden, bleiben hierbei unberücksichtigt. [2]Werden den Ländern durch Bundesgesetz zusätzliche Ausgaben auferlegt oder Einnahmen entzogen, so kann die Mehrbelastung durch Bundesgesetz, das der Zustimmung des Bundesrates bedarf, auch mit Finanzzuweisungen des Bundes ausgeglichen werden, wenn sie auf einen kurzen Zeitraum begrenzt ist. [3]In dem Gesetz sind die Grundsätze für die Bemessung dieser Finanzzuweisungen und für ihre Verteilung auf die Länder zu bestimmen.**

(5) [1]**Die Gemeinden erhalten einen Anteil an dem Aufkommen der Einkommensteuer, der von den Ländern an ihre Gemeinden auf der Grundlage der Einkommensteuerleistungen ihrer Einwohner weiterzuleiten ist. [2]Das Nähere bestimmt ein Bundesgesetz, das der Zustimmung des Bundesrates bedarf. [3]Es kann bestimmen, dass die Gemeinden Hebesätze für den Gemeindeanteil festsetzen.**

(5a) [1]**Die Gemeinden erhalten ab dem 1. Januar 1998 einen Anteil an dem Aufkommen der Umsatzsteuer. [2]Er wird von den Ländern auf der Grundlage eines orts- und wirtschaftsbezogenen Schlüssels an ihre Gemeinden weitergeleitet. [3]Das Nähere wird durch Bundesgesetz, das der Zustimmung des Bundesrates bedarf, bestimmt.**

(6) [1]**Das Aufkommen der Grundsteuer und Gewerbesteuer steht den Gemeinden, das Aufkommen der örtlichen Verbrauch- und Aufwandsteuern steht den Gemeinden oder nach Maßgabe der Landesgesetzgebung den Gemeindeverbänden zu. [2]Den Gemeinden ist das Recht einzuräumen, die Hebesätze der Grundsteuer und Gewerbesteuer im Rahmen der Gesetze festzusetzen. [3]Bestehen in einem Land keine Gemeinden, so steht das Aufkommen der Grundsteuer und Gewerbesteuer sowie der örtlichen Verbrauch- und Aufwandsteuern dem Land zu. [4]Bund und Länder können durch eine Umlage an dem Aufkommen der Gewerbesteuer beteiligt werden. [5]Das Nähere über die Umlage bestimmt ein**

Bundesgesetz, das der Zustimmung des Bundesrates bedarf. [6]Nach Maßgabe der Landesgesetzgebung können die Grundsteuer und Gewerbesteuer sowie der Gemeindeanteil vom Aufkommen der Einkommensteuer und der Umsatzsteuer als Bemessungsgrundlagen für Umlagen zugrunde gelegt werden.

(7) [1]**Von dem Länderanteil am Gesamtaufkommen der Gemeinschaftsteuern fließt den Gemeinden und Gemeindeverbänden insgesamt ein von der Landesgesetzgebung zu bestimmender Hundertsatz zu. [2]Im übrigen bestimmt die Landesgesetzgebung, ob und inwieweit das Aufkommen der Landessteuern den Gemeinden (Gemeindeverbänden) zufließt.**

(8) [1]**Veranlaßt der Bund in einzelnen Ländern oder Gemeinden (Gemeindeverbänden) besondere Einrichtungen, die diesen Ländern oder Gemeinden (Gemeindeverbänden) unmittelbar Mehrausgaben oder Mindereinnahmen (Sonderbelastungen) verursachen, gewährt der Bund den erforderlichen Ausgleich, wenn und soweit den Ländern oder Gemeinden (Gemeindeverbänden) nicht zugemutet werden kann, die Sonderbelastungen zu tragen. [2]Entschädigungsleistungen Dritter und finanzielle Vorteile, die diesen Ländern oder Gemeinden (Gemeindeverbänden) als Folge der Einrichtungen erwachsen, werden bei dem Ausgleich berücksichtigt.**

(9) **Als Einnahmen und Ausgaben der Länder im Sinne dieses Artikels gelten auch die Einnahmen und Ausgaben der Gemeinden (Gemeindeverbände).**

Pflichtstoff (*)

I. Überblick

1 Art. 106 hat essenzielle Bedeutung für die Finanzierung und damit für die Handlungsfähigkeit von Bund, Ländern und Kommunen, indem er das Aufkommen der Steuern (sowie der Zölle und Finanzmonopole, s. Abs. 1) verteilt (zum Steuerbegriff s. Art. 105 Rn. 9). Damit begründet Art. 106 die Steuerertragskompetenzen (zu den Steuergesetzgebungskompetenzen s. Art. 105, zu den Steuerverwaltungs- und Rechtsprechungskompetenzen s. Art. 108). Im modernen Finanzstaat machen Steuern rund drei Viertel der staatlichen Gesamteinnahmen aus.

2 Der Normtext von Art. 106 ist sehr umfangreich; er erschließt sich jedoch rasch, wenn man sich die Systematik vergegenwärtigt:

- Abs. 1 zählt die Steuern auf, deren Aufkommen dem Bund zufließt (Steuerertragskompetenz des Bundes = Bundessteuern); wegen ihrer Aufkommenshöhe von hoher Praxisrelevanz ist dabei die Energiesteuer (einschl. der ehem. Mineralölsteuer) als Verbrauchsteuer;
- Abs. 2 enthält die Steuern, deren Aufkommen den Ländern zufließt (Steuerertragskompetenz der Länder = Landessteuern); die Verteilung dieser Steuererträge zwischen den Ländern regelt sich nach Art. 107 I 1 F. 1;
- Abs. 3 und 4 befassen sich mit den aufkommenstärksten Steuern (Einkommensteuer einschl. Lohnsteuer, Körperschaftsteuer und Umsatzsteuer = zusammen rund drei Viertel des gesamten Steueraufkommens), die dem Bund und den Ländern gemeinsam zufließen (Gemeinschaftsteuern) und regeln deren Verteilung zwischen Bund und Ländern (zur Verteilung unter den Ländern s. Art. 107 I);
- Abs. 5, 5a und 6 weisen den Gemeinden einen (Vorab-)Anteil des Aufkommens der Einkommen- und Umsatzsteuer sowie grds. das Gesamtaufkommen der Grund- und Gewerbesteuer sowie der örtlichen Verbrauch- und Aufwandsteuern (z.B. Hundesteuer) zu (Ertragskompetenz der Gemeinden = Gemeindesteuern);
- Abs. 9 stellt klar, dass die Kommunen im Hinblick auf die Einnahmen und Ausgaben nach Art. 106 als Teile der Länder gelten; jedoch tritt diese Vorschrift zurück, soweit Art. 106 V–VI Besonderes regelt.

Steuerertragshoheit(en)			3
Bundessteuern, Art. 106 I	Landessteuern, Art. 106 II	Gemeindesteuern, Art. 106 VI	
Gemeinschaftsteuern, Art. 106 III, IV		Art. 106 V, V a	

In Art. 106 VII und VIII werden keine Steuerertragskompetenzen geregelt: 4

- Abs. 7 enthält einen Gesetzgebungsauftrag an die Länder zur Finanzierung der Gemeinden und Gemeindeverbände (Art. 28 Rn. 21 ff., 51) durch den sog. kommunalen Finanzausgleich (abzugrenzen vom Bundes- und Länderfinanzausgleich nach Art. 107 II);
- Abs. 8 begründet durch den sog. Sonderlastenausgleich Ansprüche solcher Länder oder Kommunen, in denen der Bund besondere Einrichtungen (etwa Kasernen, Behörden, Forschungseinrichtungen) veranlasst, die unmittelbar zu Mehrausgaben oder Mindereinnahmen führen (Bsp.: im Land Berlin als Bundeshauptstadt).

II. Verteilung des Umsatzsteueraufkommens

Für die Staatspraxis von hoher Bedeutung sind die Vorschriften zur Verteilung der 5
Umsatzsteuer, die allein mit über einem Viertel zum gesamten Steueraufkommen in Deutschland beiträgt. Für die Umsatzsteuer gibt das GG – anders als für die Einkommen- und Körperschaftsteuer, Art. 106 III 2 – keinen festen Verteilungsschlüssel zwischen Bund und Ländern vor, sondern überlässt ihre Quotelung einem einfachen Bundesgesetz, das der Zustimmung des BR bedarf (Art. 106 III 3). Regelungen hierzu finden sich

- auf abstrakterer Ebene in § 4 MaßstG und
- konkretisierend in § 1 FAG.

Beim Erlass dieser Gesetze hat der Bundesgesetzgeber die Maßgaben von Art. 106 6
III 4–6 zu beachten. Zudem begründet Art. 106 IV unter den dort genannten Voraussetzungen eine Verpflichtung zur Neuverteilung der Umsatzsteuerquoten. Besonders zu beachten ist Art. 106 III 4, der in Nr. 1 und 2 allgemeine bundesstaatliche Verteilungsprinzipien zum Ausdruck bringt:

- Anspruch von Bund und Ländern auf Deckung ihrer notwendigen Ausgaben;
- gleichmäßige Verteilung, d. h. nicht Verteilung zu gleichen Teilen, sondern entsprechend der Größe, Bevölkerungszahl und Aufgabenlast;
- Prinzip des billigen (= gerechten) Ausgleichs zwischen Bund und Ländern;
- Vermeidung einer Überbelastung der Steuerpflichtigen,
- Wahrung der Einheitlichkeit der Lebensverhältnisse im Bundesgebiet.

Der vorletzte Grundsatz weist – an versteckter Stelle – Grenzen für die individuelle 7
Steuerlast auf (ohne dass dadurch ein subjektiver Anspruch abgeleitet werden könnte), der letzte Grundsatz betont den Solidaritäts- und Ausgleichsgedanken zwischen wirtschaftlich verschieden entwickelten Regionen in Deutschland.

Zusammen mit dem Bundes- und Länderfinanzausgleich i. e. S. (Art. 107 II) bildet 8
die Verteilung der Umsatzsteueranteile ein sehr streitträchtiges Thema im Bundesstaat (s. Art. 107 Rn. 2, 11).

III. Weiterführende Literatur/Leseempfehlungen

Siehe die Nachweise in Art. 104a Rn. 29; Scheffczyk, F., Steuerertragsaufteilung 9
und Finanzausgleich nach dem Grundgesetz, JuS 2013, 124–128.

Art. 106a [Personennahverkehrs-Ausgleich]

[1]Den Ländern steht ab 1. Januar 1996 für den öffentlichen Personennahverkehr ein Betrag aus dem Steueraufkommen des Bundes zu. [2]Das Nähere regelt ein Bundesgesetz, das der Zustimmung des Bundesrates bedarf. [3]Der Betrag nach Satz 1 bleibt bei der Bemessung der Finanzkraft nach Artikel 107 Abs. 2 unberücksichtigt.

Pflichtstoff (*)

A. Überblick

1 Art. 106a durchbricht das finanzverfassungsrechtliche Konnexitätsprinzip des Art. 104a I Hs. 1, wonach Bund und Länder die ihnen obliegenden Aufgaben grds. selbst finanzieren (Art. 104a Rn. 11). Nach Art. 106a trägt der Bund aus seinem Steueraufkommen zur Finanzierung des öffentlichen Personennahverkehrs bei, der nach Art. 106a S. 1 i. V. m. Art. 30 Hs. 1 in der Verwaltungskompetenz der Länder liegt (Personennahverkehrsausgleich). Hintergrund ist die Privatisierung der Eisenbahnen des Bundes im Jahr 1993, bei der der (finanziell defizitäre) Schienenpersonennahverkehr in die Verantwortung der Länder übertragen wurde (insoweit keine Gewährleistungsverantwortung des Bundes, vgl. die Ausn. in Art. 87e IV 1).

2 Die Einzelheiten hat der Bund – aufgrund seiner ausschließlichen Gesetzgebungskompetenz gem. Art. 106a S. 2 i. V. m. Art. 71 mit Zustimmung des BR – in §§ 5, 6 des Regionalisierungsgesetzes (RegG) v. 27.12.1993 (BGBl. I S. 2378/2395) geregelt (ausführlich Waldhoff, DVBl. 2013, 677 ff.).

3 Art. 106a S. 3 bestimmt, dass die Zahlungen des Bundes i. R. d. Personennahverkehrsausgleichs keine Auswirkung auf die Finanzkraft der Länder im Länderfinanzausgleich nach Art. 107 II 1 haben darf.

B. Weiterführende Literatur

4 Waldhoff, Ch., Maßstäbe zur Verteilung der Regionalisierungsmittel für den ÖPNV nach Art. 106a GG, DVBl. 2013, 677–687.

Art. 106b [Kraftfahrzeugsteuer-Ausgleich]

[1]Den Ländern steht ab dem 1. Juli 2009 infolge der Übertragung der Kraftfahrzeugsteuer auf den Bund ein Betrag aus dem Steueraufkommen des Bundes zu. [2]Das Nähere regelt ein Bundesgesetz, das der Zustimmung des Bundesrates bedarf.

Pflichtstoff (*)

1 Zum 1.7.2009 wurde das Aufkommen der Kfz-Steuer (bis dahin Landessteuer gem. Art. 106 II Nr. 3 a. F.) auf den Bund übertragen (seither Bundessteuer, Art. 106 I Nr. 3 n. F.). Zum Ausgleich für die ihnen dadurch entgehenden Kfz-Steuereinnahmen erhalten die Länder nach Art. 106b einen Betrag aus dem Steueraufkommen des Bundes (Kraftfahrzeugsteuerausgleich). Keinen Einfluss darauf hat die Senkung der Kfz-Steuer durch das Zweite Verkehrsteueränderungsgesetz v. 8.6.2015 (BGBl. I S. 901), die im Zusammenhang mit der Einführung der Infrastrukturabgabe („Pkw-Maut“, Infra-

strukturabgabengesetz v. 8.6.2015, BGBl. I S. 904) steht, da das Aufkommen der Kfz-Steuer ohnehin nicht mehr den Ländern zufließt (s. o.).

Anders als Art. 106a durchbricht Art. 106b nicht das finanzverfassungsrechtliche Konnexitätsprinzip des Art. 104a I Hs. 1 (Art. 104a Rn. 11; Art. 106a Rn. 1), weil der Bund durch den Kfz-Steuerausgleich keine bestimmte Verwaltungsaufgabe der Länder finanziert. 2

Von seiner ausschließlichen Gesetzgebungskompetenz (Art. 71) hat der Bund mit Zustimmung des BR in Art. 1 §§ 1–3 des Gesetzes zur Neuregelung der Kfz-Steuer und zur Änderung anderer Gesetze v. 29.5.2009 (BGBl. I S. 1170) Gebrauch gemacht, indem er den Ländern einen Betrag von jährlich rund 9 Mrd. Euro zuweist. 3

Art. 107 [Horizontale Steueraufteilung und Bundesfinanzausgleich]

(1) [1]**Das Aufkommen der Landessteuern und der Länderanteil am Aufkommen der Einkommensteuer und der Körperschaftsteuer stehen den einzelnen Ländern insoweit zu, als die Steuern von den Finanzbehörden in ihrem Gebiet vereinnahmt werden (örtliches Aufkommen).** [2]**Durch Bundesgesetz, das der Zustimmung des Bundesrates bedarf, sind für die Körperschaftsteuer und die Lohnsteuer nähere Bestimmungen über die Abgrenzung sowie über Art und Umfang der Zerlegung des örtlichen Aufkommens zu treffen.** [3]**Das Gesetz kann auch Bestimmungen über die Abgrenzung und Zerlegung des örtlichen Aufkommens anderer Steuern treffen.** [4]**Der Länderanteil am Aufkommen der Umsatzsteuer steht den einzelnen Ländern nach Maßgabe ihrer Einwohnerzahl zu; für einen Teil, höchstens jedoch für ein Viertel dieses Länderanteils, können durch Bundesgesetz, das der Zustimmung des Bundesrates bedarf, Ergänzungsanteile für die Länder vorgesehen werden, deren Einnahmen aus den Landessteuern, aus der Einkommensteuer und der Körperschaftsteuer und nach Artikel 106b je Einwohner unter dem Durchschnitt der Länder liegen; bei der Grunderwerbsteuer ist die Steuerkraft einzubeziehen.**

(2) [1]**Durch das Gesetz ist sicherzustellen, dass die unterschiedliche Finanzkraft der Länder angemessen ausgeglichen wird; hierbei sind die Finanzkraft und der Finanzbedarf der Gemeinden (Gemeindeverbände) zu berücksichtigen.** [2]**Die Voraussetzungen für die Ausgleichsansprüche der ausgleichsberechtigten Länder und für die Ausgleichsverbindlichkeiten der ausgleichspflichtigen Länder sowie die Maßstäbe für die Höhe der Ausgleichsleistungen sind in dem Gesetz zu bestimmen.** [3]**Es kann auch bestimmen, dass der Bund aus seinen Mitteln leistungsschwachen Ländern Zuweisungen zur ergänzenden Deckung ihres allgemeinen Finanzbedarfs (Ergänzungszuweisungen) gewährt.**

Pflichtstoff (*)

I. Überblick

Art. 107 I regelt die Verteilung des Steueraufkommens (der Steuereinnahmen) unter den Ländern (horizontale Steueraufteilung). Dies ist notwendig, weil Art. 106 nur die Verteilung des Steueraufkommens zwischen Bund und Ländern bestimmt (vertikale Steueraufteilung). Soweit nach dieser vertikalen und horizontalen Steuerverteilung noch Ungleichgewichte verbleiben, schreibt Art. 107 II einen Finanzausgleich vor (vgl. BVerfGE 116, 327 [377 f.]). Hintergrund dessen ist, dass den Gliedern eines Bundesstaats nicht die autonome und autarke Position völkerrechtlich souveräner Staaten zukommt. Vielmehr herrscht der „bundesstaatliche[n] Gedanke der Solidargemeinschaft, des bündischen Einstehens füreinander" (BVerfGE 86, 148 [214]). 1

II. Horizontale Steueraufteilung (Abs. 1)

2 Art. 107 I 1 stellt den Grds. der örtlichen Vereinnahmung auf: Die Steuern bleiben bei den Ländern, deren Finanzämter sie erhoben haben. Dies kann allerdings zu Ungerechtigkeiten führen, da der Sitz der zuständigen Finanzämter nicht immer dort ist, wo der Steuerschuldner oder Steuerträger lebt und staatliche Ausgaben verursacht (etwa bei der Lohn-, Kapitalertrag- oder Umsatzsteuer). Daher sehen die Sätze 2 bis 4 Ts. 1 Ausnahmen vor (Steuerzerlegung; Einwohnerprinzip bei der Umsatzsteuer). Art. 107 I 4 ermöglicht nach dem ersten Ts. mit den sog. Umsatzsteuer-Ergänzungsanteilen einen spezifischen Finanzausgleich bei der Umsatzsteuerverteilung (hierzu § 5 MaßstG und § 2 FAG).

III. Bundesfinanzausgleich (Abs. 2)

3 Art. 107 II verpflichtet Bund und Länder dazu, die unterschiedliche Finanzstärke der Länder angemessen auszugleichen (Bundesfinanzausgleich). Denn die Verteilung der Steuereinnahmen zwischen Bund und Ländern (Art. 106 I–VI) sowie zwischen den Ländern untereinander (Art. 107 I) kann zu Ungleichgewichten führen (vgl. etwa das „Wohlstandsgefälle" zwischen finanzkräftigen Ländern wie Baden-Württemberg, Bayern, Hamburg, Hessen und finanzschwachen Ländern wie Bremen, Berlin, Mecklenburg-Vorpommern, Saarland u. a.). Ursachen sind z. B. die geografisch ungleiche Verteilung von Zentren mit leistungsstarken privatwirtschaftlichen Unternehmen und dementsprechend wohlhabenden Gesellschaftsschichten sowie andererseits von strukturschwachen Regionen mit geringer Industrialisierung und wenig Handelsvolumen, häufig gepaart mit erhöhter Arbeitslosigkeit.

4 Der Bundesfinanzausgleich weist zwei Stufen auf:

- zum einen der horizontale Finanzausgleich zwischen den Ländern (Länderfinanzausgleich),
- zum anderen ein vertikaler Finanzausgleich in Form ergänzender Zuweisungen des Bundes an besonders leistungsschwache Länder (Bundes-Ergänzungszuweisungen).

1. Länderfinanzausgleich (Satz 1 und 2)

5 Nach Art. 107 II 1 soll die unterschiedliche Finanzkraft der Länder angemessen ausgeglichen werden. Finanzkraft meint grds. die gesamte finanzielle Leistungsfähigkeit eines Landes, nicht nur dessen Steuereinnahmen. Zu berücksichtigen sind nach Hs. 2 die Finanzverhältnisse der Kommunen. Um eine Vergleichbarkeit herzustellen, dürfen die absoluten Beträge auf die Einwohnerzahl umgerechnet werden (BVerfGE 101, 158 [223]). Bei entsprechender Rechtfertigung dürfen besondere Indikatoren wie Seehafenlasten und unterschiedliche „Einwohnergewichtungen" in Stadt- und Flächenstaaten hinzutreten.

6 Art. 107 II 1 Hs. 1 fordert einen angemessenen Ausgleich. Ziel des Länderfinanzausgleichs darf mithin nicht die finanzielle Ergebnisgleichheit der Länder sein, vielmehr müssen deren Eigenstaatlichkeit und finanzielle Selbständigkeit gewahrt bleiben. Daher darf die Leistungsfähigkeit der gebenden Länder nicht entscheidend geschwächt und die Länderfinanzen dürfen insgesamt nicht nivelliert werden (Schwächungs- und Nivellierungsverbot, s. BVerfGE 116, 327 [380]).

7 Art. 107 II 2 erteilt dem Bund einen Gesetzgebungsauftrag zur Regelung der Ausgleichsansprüche und -verbindlichkeiten (Art. 71). Dem ist der Bund durch Erlass des (abstrakteren) MaßstG und des (konkretisierenderen) FAG nachgekommen.

2. Bundesergänzungszuweisungen (Satz 3)

8 Es kommt vor, dass der Länderfinanzausgleich nach Art. 107 II 1, 2 nicht ausreicht, um alle Länder in die Lage zu versetzen, ihren staatl. Aufgaben nachzukommen. Daher

ermöglicht Art. 107 II 3, dass der Bund – subsidiär – leistungsschwachen Ländern aus seinen Mitteln Zuweisungen zur ergänzenden Deckung ihres allg. Finanzbedarfs gewährt (sog. Bundesergänzungszuweisungen). Maßgebend dafür ist nicht – wie bei Art. 107 II 1 – die unterschiedliche Finanzkraft der Länder, also ein bloßer Aufkommensvergleich (Rn. 5), sondern die Leistungsschwäche eines Landes, d. h. ein besonders ungünstiges Verhältnis zwischen seinem Finanzaufkommen und seinen Ausgabenlasten. Ein Bsp. stellt die unterdurchschnittliche Finanzausstattung der ostdeutschen Länder dar.

Dabei muss der Bund das föderative Gebot der Gleichbehandlung aller Länder beachten und deren Finanzkraftreihenfolge einhalten (Gleichbehandlungsgebot und Nivellierungsverbot, s. BVerfGE 101, 158 [224]). **9**

Ausnahmsweise kann der Bund als ultima ratio durch sog. Sonderbedarfszuweisungen Sonderlasten einzelner Länder abmildern, soweit und solange außergewöhnliche Gegebenheiten vorliegen, etwa bei extremen Haushaltsnotlagen (BVerfGE 116, 327 [380 ff., 386 ff.]). Dies ist jedoch nach Art. 143d II 6 ausgeschlossen, wenn Konsolidierungshilfen (Art. 143d Rn. 3) geleistet werden. **10**

IV. Prüfungshinweise

Art. 107 hat keine hohe Bedeutung für die juristische Ausbildung. In der Praxis stellen die horizontale Steueraufteilung und v. a. der Bundesfinanzausgleich (Art. 107 II) freilich politisch überaus umstr. Kernprobleme des Föderalismus dar. **11**

V. Weiterführende Literatur/Leseempfehlungen

Siehe die Nachweise zu Art. 104a Rn. 29 und Art. 106 Rn. 9. **12**

Art. 108 [Finanzverwaltung]

(1) [1] **Zölle, Finanzmonopole, die bundesgesetzlich geregelten Verbrauchsteuern einschließlich der Einfuhrumsatzsteuer, die Kraftfahrzeugsteuer und sonstige auf motorisierte Verkehrsmittel bezogene Verkehrsteuern ab dem 1. Juli 2009 sowie die Abgaben im Rahmen der Europäischen Gemeinschaften werden durch Bundesfinanzbehörden verwaltet.** [2] **Der Aufbau dieser Behörden wird durch Bundesgesetz geregelt.** [3] **Soweit Mittelbehörden eingerichtet sind, werden deren Leiter im Benehmen mit den Landesregierungen bestellt.**

(2) [1] **Die übrigen Steuern werden durch Landesfinanzbehörden verwaltet.** [2] **Der Aufbau dieser Behörden und die einheitliche Ausbildung der Beamten können durch Bundesgesetz mit Zustimmung des Bundesrates geregelt werden.** [3] **Soweit Mittelbehörden eingerichtet sind, werden deren Leiter im Einvernehmen mit der Bundesregierung bestellt.**

(3) [1] **Verwalten die Landesfinanzbehörden Steuern, die ganz oder zum Teil dem Bund zufließen, so werden sie im Auftrage des Bundes tätig.** [2] **Artikel 85 Abs. 3 und 4 gilt mit der Maßgabe, dass an die Stelle der Bundesregierung der Bundesminister der Finanzen tritt.**

(4) [1] **Durch Bundesgesetz, das der Zustimmung des Bundesrates bedarf, kann bei der Verwaltung von Steuern ein Zusammenwirken von Bundes- und Landesfinanzbehörden sowie für Steuern, die unter Absatz 1 fallen, die Verwaltung durch Landesfinanzbehörden und für andere Steuern die Verwaltung durch Bundesfinanzbehörden vorgesehen werden, wenn und soweit dadurch der Vollzug der Steuergesetze erheblich verbessert oder erleichtert wird.** [2] **Für die den Gemeinden (Gemeindeverbänden) allein zufließenden Steuern kann die den**

Landesfinanzbehörden zustehende Verwaltung durch die Länder ganz oder zum Teil den Gemeinden (Gemeindeverbänden) übertragen werden.

(5) [1]**Das von den Bundesfinanzbehörden anzuwendende Verfahren wird durch Bundesgesetz geregelt.** [2]**Das von den Landesfinanzbehörden und in den Fällen des Absatzes 4 Satz 2 von den Gemeinden (Gemeindeverbänden) anzuwendende Verfahren kann durch Bundesgesetz mit Zustimmung des Bundesrates geregelt werden.**

(6) **Die Finanzgerichtsbarkeit wird durch Bundesgesetz einheitlich geregelt.**

(7) **Die Bundesregierung kann allgemeine Verwaltungsvorschriften erlassen, und zwar mit Zustimmung des Bundesrates, soweit die Verwaltung den Landesfinanzbehörden oder Gemeinden (Gemeindeverbänden) obliegt.**

Pflichtstoff (*)

I. Überblick

1 Art. 108 befasst sich mit der Steuerverwaltungs- und am Rande mit der Steuerrechtsprechungskompetenz, den beiden anderen Steuerhoheiten neben der Steuergesetzgebungskompetenz (Art. 105) und der Steuerertragskompetenz (Art. 106). Während die Steuergesetzgebung (Art. 105) fast zur Gänze in der Hand des Bundes liegt, verhält es sich nahezu umgekehrt bei der Steuerverwaltung (Finanzverwaltung).

2

Steuerverwaltungshoheit (Überblick)		
Bundesfinanzbehörden	Landesfinanzbehörden	Gemeinden
Art. 108 I	Art. 108 II, III z. T. in Bundesauftragsverwaltung	Art. 108 IV 2

3 Dabei begründet Art. 108 I 2, II 2, IV 1 und V ausschließliche Gesetzgebungskompetenzen für den Bund (Art. 71): Der Aufbau der Behörden der Bundes- und Landesfinanzverwaltung ist im Finanzverwaltungsgesetz (FVG) geregelt, das von ihnen anzuwendende Verfahren in der Abgabenordnung (AO), die Ausbildung durch das Steuerbeamten-Ausbildungsgesetz (StBAG). Zu beachten sind dabei die Zustimmungsbedürftigkeiten des BR.

II. Bundesfinanzbehörden (Abs. 1)

4 Durch eigene Behörden verwaltet der Bund nur die in Art. 108 I 1 genannten Abgaben. Für diese ist die unmittelbare Bundesverwaltung obligatorisch (Art. 87 I 1). Die Bundesfinanzverwaltung besteht im Wesentlichen aus der Bundeszollverwaltung (dem Zoll), hinsichtlich des Finanzmonopols auf Branntwein aus der Bundesmonopolverwaltung für Branntwein. Der Behördenaufbau des Zolls ist dreistufig (BMF, Bundesfinanzdirektionen – BFD –, Hauptzollämter – HZA – mit Außenstellen); ein zweistufiger Aufbau wäre zulässig (Art. 108 I 3: „soweit").

5 Daneben hat der Bund als Bundesoberbehörde mit separaten Aufgabenbereichen das Bundeszentralamt für Steuern (BZSt, ehem. Bundesamt für Finanzen) errichtet (Art. 108 IV 1 Hs. 2 i. V. m. Art. 87 III 1).

III. Landesfinanzbehörden (Abs. 2)

6 Alle nicht in Art. 108 I 1 genannten Steuern werden durch die Finanzbehörden des örtlich jeweils zuständigen Landes verwaltet (Art. 108 II 1). Sie sind je nach Größe des Landes zwei- oder dreistufig gegliedert (Art. 108 II 3: „soweit"). Oberste Landesbe-

hörde ist regelmäßig das Landesfinanzministerium, örtliche Behörden die Finanzämter. Als Mittelbehörden bestehen in den größeren Ländern Oberfinanzdirektionen (OFD) oder Landesämter (für Steuern). Der Bestellung von deren Leitern (Präsidenten) muss die BReg (Art. 62) zustimmen (Art. 108 II 3: Einvernehmen). Die Steuergesetze (wegen Art. 105 II Bundesgesetze) werden nach der Regel des Art. 83 Hs. 1 grds. in Landeseigenverwaltung (Art. 84) vollzogen. Überaus bedeutsame Ausnahmen bestehen jedoch mit Blick auf Art. 108 III (Rn. 7).

IV. Bundesauftragsverwaltung (Abs. 3)

Trotz der weitgehenden Landeskompetenz in der Finanzverwaltung besitzt der **7** Bund starke Einflussrechte. Dies beruht auf Art. 108 III 1, wonach die Länder im Auftrag des Bundes tätig werden, soweit sie Steuern verwalten, die ganz oder teilweise dem Bund zufließen (Bundesauftragsverwaltung der Bundes- und Gemeinschaftsteuern nach Art. 106 I und III, insb. der Einkommen-, Körperschaft-, Umsatz- und Versicherungsteuer sowie des Solidaritätszuschlags). Dabei unterstehen die Landesfinanzbehörden gem. Art. 85 III und IV der Rechts- und der Fachaufsicht sowie den Weisungen des Bundes (Art. 85 Rn. 8ff.), die gem. Art. 108 III 2 nicht durch die BReg, sondern durch das BMF ausgeübt werden. In der Praxis kommt daher dem BMF eine sehr starke Stellung zu.

V. Abweichungen vom Trennungsprinzip: Mischverwaltung (Abs. 4)

Art. 108 IV 1 erlaubt zur erheblichen Erleichterung oder Verbesserung des Vollzugs **8** der Steuergesetze Abweichungen von den getrennten Verwaltungszuständigkeiten des Art. 108 I–III, wenn sich diese auf geringfügige Ausnahmen beschränken (Mischverwaltung, vgl. BVerfGE 106, 1 [26]). In Praxis sind hier insb. die Zuständigkeiten des BZSt relevant (§ 5 FVG; s. i.Ü. §§ 18ff. FVG).

Nach Art. 108 IV 2 können die Länder Finanzverwaltungszuständigkeiten auf die **9** Gemeinden (oder Gemeindeverbände, Art. 28 Rn. 51) übertragen. So setzen die Kämmereien der Gemeinden in vielen Ländern die Grund- und Gewerbesteuer gegenüber dem Steuerpflichtigen fest. Die „Vorarbeit" dazu wird jedoch i.d.R. von den Finanzämtern geleistet (insb. durch sog. Steuermessbescheide).

VI. Verwaltungsverfahren, Gerichtsverfahren, Verwaltungsvorschriften (Abs. 5–7)

Aufgrund der ausschließlichen Bundesgesetzgebungskompetenz des Art. 108 V **10** i.V.m. Art. 71 ist das von den Finanzbehörden des Bundes, der Länder und – über Verweisungen in den Kommunalabgabengesetzen der Länder – zum großen Teil auch der Gemeinden anzuwendende Verfahren in Steuersachen durch ein einheitliches Bundesgesetz geregelt worden, nämlich durch die AO.

Nach Art. 108 VI wird die Finanzgerichtsbarkeit durch Bundesgesetz geregelt. Diese **11** ausschließliche Gesetzgebungskompetenz (Art. 71) hat der Bund mit dem Erlass der FGO wahrgenommen. Die Finanzgerichtsbarkeit ist – als Ausn. von der Regel – zweistufig gegliedert in die Finanzgerichte (FG) der Länder und in den Bundesfinanzhof (BFH) in München, der zu den obersten Gerichtshöfen des Bundes zählt (Art. 95).

Art. 108 VII ermächtigt die BReg (Art. 62) zum Erlass allg. Verwaltungsvorschriften **12** (Art. 84 Rn. 15), die wegen des Vollzugsübergewichts der Länder nach Art. 108 II zumeist der Zustimmung des BR bedürfen (sog. Steuerrichtlinien). Dieses Verfahren (Abstimmung innerhalb der BReg, anschließend Abstimmung im BR) wird angesichts der steuerlichen Massenverwaltung und des Bedarfs nach schnellen Reaktionen oft als zu langwierig angesehen. Daher haben sich in der Praxis die BMF-Schreiben (BMFS) etabliert, die auf die Weisungskomptenz des BMF aus Art. 108 III 2 i.V.m. Art. 85 III gestützt werden (str.) und in § 21a FVG kodifiziert sind.

VII. Prüfungshinweise

13 Die Inhalte von Art. 108 gehören gewiss nicht zum Grundlagenwissen. Allerdings mag es sich anbieten, anhand von Art. 108 das Basisverständnis über den Verwaltungsaufbau in Bund und Ländern abzuprüfen (Art. 83 ff.: Trennungssystem und Verbot der Mischverwaltung, Bundeseigenverwaltung, Landeseigenverwaltung, Bundesauftragsverwaltung einschl. Weisungskompetenz, dreistufiger Verwaltungsaufbau, Verwaltungsvorschriften).

VIII. Weiterführende Literatur/Leseempfehlungen

14 Siehe die Nachweise zu Art. 104a Rn. 29.

Art. 109 [Haushaltswirtschaft in Bund und Ländern]

(1) **Bund und Länder sind in ihrer Haushaltswirtschaft selbständig und voneinander unabhängig.**

(2) **Bund und Länder erfüllen gemeinsam die Verpflichtungen der Bundesrepublik Deutschland aus Rechtsakten der Europäischen Gemeinschaft auf Grund des Artikels 104 des Vertrags zur Gründung der Europäischen Gemeinschaft zur Einhaltung der Haushaltsdisziplin und tragen in diesem Rahmen den Erfordernissen des gesamtwirtschaftlichen Gleichgewichts Rechnung.**

(3) [1]**Die Haushalte von Bund und Ländern sind grundsätzlich ohne Einnahmen aus Krediten auszugleichen.** [2]**Bund und Länder können Regelungen zur im Auf- und Abschwung symmetrischen Berücksichtigung der Auswirkungen einer von der Normallage abweichenden konjunkturellen Entwicklung sowie eine Ausnahmeregelung für Naturkatastrophen oder außergewöhnliche Notsituationen, die sich der Kontrolle des Staates entziehen und die staatliche Finanzlage erheblich beeinträchtigen, vorsehen.** [3]**Für die Ausnahmeregelung ist eine entsprechende Tilgungsregelung vorzusehen.** [4]**Die nähere Ausgestaltung regelt für den Haushalt des Bundes Artikel 115 mit der Maßgabe, dass Satz 1 entsprochen ist, wenn die Einnahmen aus Krediten 0,35 vom Hundert im Verhältnis zum nominalen Bruttoinlandsprodukt nicht überschreiten.** [5]**Die nähere Ausgestaltung für die Haushalte der Länder regeln diese im Rahmen ihrer verfassungsrechtlichen Kompetenzen mit der Maßgabe, dass Satz 1 nur dann entsprochen ist, wenn keine Einnahmen aus Krediten zugelassen werden.**

(4) **Durch Bundesgesetz, das der Zustimmung des Bundesrates bedarf, können für Bund und Länder gemeinsam geltende Grundsätze für das Haushaltsrecht, für eine konjunkturgerechte Haushaltswirtschaft und für eine mehrjährige Finanzplanung aufgestellt werden.**

(5) [1]**Sanktionsmaßnahmen der Europäischen Gemeinschaft im Zusammenhang mit den Bestimmungen in Artikel 104 des Vertrags zur Gründung der Europäischen Gemeinschaft zur Einhaltung der Haushaltsdisziplin tragen Bund und Länder im Verhältnis 65 zu 35.** [2]**Die Ländergesamtheit trägt solidarisch 35 vom Hundert der auf die Länder entfallenden Lasten entsprechend ihrer Einwohnerzahl; 65 vom Hundert der auf die Länder entfallenden Lasten tragen die Länder entsprechend ihrem Verursachungsbeitrag.** [3]**Das Nähere regelt ein Bundesgesetz, das der Zustimmung des Bundesrates bedarf.**

Pflichtstoff (**)

I. Überblick

Art. 109 befasst sich mit der Haushaltswirtschaft, d.h. mit der Koordination von Staatseinnahmen (vgl. Art. 105–108) und Staatsausgaben (vgl. Art. 104a, 104b): Die Einnahmen müssen prognostiziert, vollständig erfasst und ihr Gesamtaufkommen sodann einzelnen Verwendungszwecken zugeteilt werden, um den staatl. Bereich schließlich als Ausgaben wieder zu verlassen. Dies geschieht in erster Linie durch sog. Veranschlagungen in den Haushaltsplänen des Bundes (Art. 110) und der Länder sowie durch deren Bewirtschaftung. 1

Vor diesem Hintergrund verteilt Art. 109 die bundesstaatlichen Kompetenzen (Haushaltshoheit) zwischen Bund und Ländern. Demgemäß richtet sich die Vorschrift – anders als die Art. 110–115 – nicht nur an den Bund, sondern auch an die Länder (Durchgriffsnorm). 2

II. Unabhängige Haushaltswirtschaft von Bund und Ländern (Abs. 1)

Art. 109 I legt als Grundsatz fest, dass der Bund und die Länder in ihrer Haushaltswirtschaft selbständig und voneinander unabhängig sind. Der darin zum Ausdruck gebrachte Grundsatz der Haushaltsautonomie in Form von prinzipiell separaten Haushaltshoheiten ist für die Eigenständigkeit von Bund und Ländern essenziell. 3

Der Grundsatz der Haushaltsautonomie des Art. 109 I wird sodann durch Art. 109 II–V in spürbarer Weise eingeschränkt. Ziel dessen ist es, im Bundesstaat das notwendige Maß an haushaltswirtschaftlicher Einheitlichkeit und Vergleichbarkeit zu schaffen. 4

Haushaltshoheit 5

Grundsatz, Art. 109 I	Ausnahmen, Art. 109 II–V
Haushaltsautonomie von Bund und Ländern	– Einhaltung der EU-Haushaltsdisziplin; Berücksichtigung des gesamtwirtschaftlichen Gleichgewichts – Begrenzung der Staatsverschuldung („Schuldenbremse") – Grundsatzgesetzgebung des Bundes für das Haushaltsrecht u. a. – Lastenverteilung zwischen Bund und Ländern bei Sanktionen der EU

III. Einschränkungen der Haushaltsautonomie (Abs. 2–5)

1. Vermeidung übermäßiger öffentlicher Defizite; gesamtwirtschaftliches Gleichgewicht (Abs. 2)

Art. 109 II verpflichtet Bund und Länder, die Vorgaben der EU zur Haushaltsdisziplin gemeinsam zu erfüllen. Gemeint sind damit insb. der „Stabilitäts- und Wachstumspakt", der von der EU auf der Grundlage von Art. 126 AEUV formuliert wurde. Die damit zusammenhängenden sog. Defizitkriterien verpflichten jeden EU-Mitgliedstaat, dass 6

– dessen öffentliches Defizit (d.h. der Saldo seiner Staatsausgaben und -einnahmen) 3% des jeweiligen Bruttoinlandprodukts und
– dessen öffentliche Gesamtverschuldung 60% des jeweiligen Bruttoinlandprodukts nicht überschreiten.

In Rahmen der Vorgaben des EU-Rechts müssen Bund und Länder die Erfordernisse des gesamtwirtschaftlichen Gleichgewichts berücksichtigen. Dieser unbestimmte Verfassungsbegriff wird einfachgesetzlich durch die vier Kriterien des § 1 S. 2 StabG näher umschrieben (1. Stabilität des Preisniveaus, 2. hoher Beschäftigungsstand, 3. außenwirtschaftliches Gleichgewicht, 4. stetiges und angemessenes Wirtschaftswachstum). Auch wenn diese Kriterien wegen ihres einfachgesetzlichen Charakters verfas- 7 sungsrechtlich nicht bindend sind, werden sie gleichwohl von den Verfassungsgerichten als Maßstäbe herangezogen, namentlich zur Beurteilung der Grenzen der Staatsverschuldung. Denn bis zum Wirksamwerden der Schuldenbremse (Art. 109 III, vgl. Art. 143d I) sind die Verschuldungsmöglichkeiten von Bund und Ländern bei einer Störung des gesamtwirtschaftlichen Gleichgewichts sehr groß.

8 Da sich diese Ziele des § 1 S. 2 StabG nie konfliktfrei gleichzeitig nebeneinander erreichen lassen, wird dabei vom „magischen Viereck" gesprochen. In der Konsequenz wird den (Haushalts-)Gesetzgebern von Bund und Ländern ein weiter Abwägungsspielraum zugestanden, der auch an der Formulierung „Rechnung zu tragen" festzumachen ist. Gemeint ist damit die Pflicht zur Berücksichtigung der Erfordernisse des gesamtwirtschaftlichen Gleichgewichts, nicht aber zur strikten Beachtung.

2. „Schuldenbremse" (Abs. 3)

9 Art. 109 III stellt den Kern der im Jahr 2009 verabschiedeten Föderalismusreform II dar: die sog. Schuldenbremse, die die seit ca. 1970 ausufernde Neuverschuldungspolitik von Bund und Ländern spürbar begrenzen soll. Die nähere Ausgestaltung der „Schuldenbremse" sieht Folgendes vor:

10 – Art. 109 III 1 enthält den Grds. des Neuverschuldungsverbots: Die Haushalte sind grds. ohne Einnahmen aus Krediten auszugleichen. Nur der Bund darf sich nach Art. 109 III 4 regelmäßig mit Krediten in Höhe von bis zu 0,35% des nominalen BIP verschulden. Für die Länder gilt dies nicht, wie Art. 109 III 5 Hs. 2 ausdrücklich klarstellt. Die Vorschrift tritt aber gem. Art. 143d I erst ab 2016 bzw. 2020 vollständig in Kraft.

11 – Nach Art. 109 III 2 F. 1 dürfen Kredite ausnahmsweise zur haushaltspolitischen Gegensteuerung in einem Konjunkturabschwung aufgenommen werden (konjunkturschwankungsbedingte Kredite); Ziel ist die Ermöglichung von vermehrten staatl. Ausgaben in Krisenzeiten („Konjunkturprogramme"). Die dafür aufgenommenen Kredite müssen jedoch in der folgenden Wachstumsphase wieder getilgt werden (daher der Ausdruck „Symmetrie": Kreditaufnahme im Abschwung – Tilgung im Aufschwung).

12 – Art. 109 III 2 Fall 2 lässt darüber hinaus Ausnahmen für Naturkatastrophen und außergewöhnliche Notsituationen zu (Notlagenkredite); nach Satz 3 ist jedoch auch für solche „Notlagenkredite" eine Tilgungsregelung vorzusehen.

3. Grundsatzgesetzgebungskompetenz des Bundes (Abs. 4)

13 Art. 109 IV eröffnet die Möglichkeit, die Grundsätze des Haushaltsrechts, der konjunkturgerechten Haushaltswirtschaft und der Finanzplanung einheitlich für Bund und Länder durch Bundesgesetz zu regeln, zur Sicherung der Belange der Länder freilich nur mit Zustimmung des BR. Von dieser Grundsatzgesetzgebungskompetenz hat der Bund mit dem HGrG und dem StabG (Rn. 7) Gebrauch gemacht. Die Besonderheit dieser neben den Art. 71, 73 und 72, 74 eigenständigen Gesetzgebungskompetenz besteht darin, dass der Bund selbst durch seine gesetzlich aufgestellten Grds. gebunden wird und davon nicht durch späteres oder spezielleres Bundesgesetz abweichen darf; insoweit gelten die Kollisionsregeln der lex posterior und der lex specialis nicht.

4. Verteilung von unionsrechtlichen Sanktionen (Abs. 5)

14 Art. 109 V verteilt die Lasten von Maßnahmen der EU zur Sicherung der Haushaltsdisziplin zwischen Bund und Ländern. Solche Sanktionsmaßnahmen sind gem. Art. 126 III ff. AEUV möglich.

IV. Prüfungshinweise

Das Finanzverfassungsrecht und damit auch Art. 109 haben in juristischen Prüfungen bislang keine herausragende Rolle gespielt. Umso größer ist jedoch die Bedeutung von Art. 109 für die Staatspraxis. 15

V. Weiterführende Literatur/Leseempfehlungen

Siehe die Nachweise zu Art. 104a Rn. 29; Kramer, U./Hinrichsen, T./Lauterbach, Th., Die Schuldenbremse des Grundgesetzes, JuS 2012, 896–902. 16

Art. 109a [Vermeidung von Haushaltsnotlagen; Stabilitätsrat]

[1] Zur Vermeidung von Haushaltsnotlagen regelt ein Bundesgesetz, das der Zustimmung des Bundesrates bedarf,
1. die fortlaufende Überwachung der Haushaltswirtschaft von Bund und Ländern durch ein gemeinsames Gremium (Stabilitätsrat),
2. die Voraussetzungen und das Verfahren zur Feststellung einer drohenden Haushaltsnotlage,
3. die Grundsätze zur Aufstellung und Durchführung von Sanierungsprogrammen zur Vermeidung von Haushaltsnotlagen.
[2] Die Beschlüsse des Stabilitätsrats und die zugrunde liegenden Beratungsunterlagen sind zu veröffentlichen.

Pflichtstoff (*)

I. Gesetzgebungskompetenzen für den Bund (Satz 1)

Art. 109a S. 1 erteilt dem Bund ausschließliche Gesetzgebungskompetenzen i. S. v. Art. 71 zum Erlass von Bundesgesetzen, die allerdings der Zustimmung des BR bedürfen (vgl. Art. 77 II a, Art. 78 F. 1). Diese Gesetzgebungskompetenzen müssen entsprechend dem in Satz 1 genannten Zweck der Vorschrift ausgeübt werden, nämlich zur Vermeidung von Haushaltsnotlagen. 1

Der Begriff der Haushaltsnotlage bezieht sich auf die Haushalte des Bundes und der Länder (vgl. Art. 109 Rn. 1 f., Art. 110 Rn. 1 f.) sowie aller bundes- und landesunmittelbaren j. P. ö. R., also auch der kommunalen Gebietskörperschaften (Städte und Gemeinden, Landkreise u. dgl.). 2

Was eine Haushaltsnotlage ist und wann sie eintritt, hat der Bundesgesetzgeber zu bestimmen (Satz 1 Nr. 2 F. 1). Ausgangspunkt ist dabei die „Normallage", d. h. ein öffentlicher Haushalt, in dem die Ausgaben ohne Einnahmen aus Schulden (Neuverschuldung) gedeckt werden können. Von diesem Zustand muss die Haushaltsnotlage erheblich abweichen. Festgestellt wird dies anhand von wirtschaftswissenschaftlich validen Kennziffern, die auch das BVerfG heranzieht (s. BVerfGE 116, 327 [362 ff., 399 ff.]: insb. Kreditfinanzierungsquote [Verhältnis von Nettokreditaufnahme zu den bereinigten Ausgaben], Zins-Steuer-Quote [Verhältnis der Steuereinnahmen zu den Zinsausgaben], dort allerdings zur Feststellung einer extremen Haushaltsnotlage). 3

1. Stabilitätsrat (Nr. 1)

Art. 109a S. 1 Nr. 1 erteilt dem Bund mit der Gesetzgebungskompetenz den Auftrag, die Grundlagen für den Stabilitätsrat als gemeinsames Gremium von Bund und Ländern zu regeln. Der Stabilitätsrat hat die Aufgabe, die Haushaltswirtschaft von Bund und Ländern (Art. 109 I) fortlaufend zu überwachen. Das entsprechende Gesetz ist das StabiRatG v. 10.8.2009 (BGBl. I S. 2702), s. dort insb. §§ 1–3. 4

2. Feststellung einer drohenden Haushaltsnotlage (Nr. 2)

5 Art. 109a S. 1 Nr. 2 hält den Bund dazu an, die Voraussetzungen und das Verfahren zur Feststellung einer drohenden Haushaltsnotlage zu regeln. Auch dies ist im StabiRatG erfolgt (§ 4), allerdings nur ansatzweise. Verfassungsrechtlich fragwürdig ist nämlich, ob der Gesetzgeber die Festlegung der Kennziffern und der maßgeblichen Schwellenwerte für eine drohende Haushaltsnotlage dem Stabilitätsrat überlassen durfte, wie dies in § 3 II und § 4 I StabiRatG vorgesehen ist (vgl. Reimer, in: EH-O, Rn. 75 ff.).

3. Sanierungsprogramme (Nr. 3)

6 Nach Art. 109a S. 1 Nr. 3 hat der Bund die Grundsätze zur Aufstellung und Durchführung von (Haushalts-)Sanierungsprogrammen zu regeln, die aufzustellen sind, um bei drohenden Haushaltsnotlagen den Eintritt einer tatsächlichen Haushaltsnotlage zu vermeiden. Umgesetzt wurde dies in § 5 StabiRatG.

II. Veröffentlichungspflichten (Satz 2)

7 Art. 109a S. 2 schreibt dem Bundesgesetzgeber vor zu regeln, dass die Beschlüsse des Stabilitätsrats und die zugrunde liegenden Beratungsunterlagen zu veröffentlichen sind. Dies ist in § 1 IV 5, § 3 III StabiRatG geschehen. Damit wird die notwendige demokratische und rechtsstaatliche Transparenz erreicht, um bereits den Anschein zu vermeiden, unangenehme haushaltswirtschaftliche Daten würden der Öffentlichkeit vorenthalten. Art. 109a S. 2 wirkt unmittelbar, d. h. er statuiert eine Veröffentlichungspflicht auch für den Fall, dass dies gesetzlich nicht geregelt wäre.

Art. 110 [Haushaltsplan und Haushaltsgesetz des Bundes]

(1) [1]**Alle Einnahmen und Ausgaben des Bundes sind in den Haushaltsplan einzustellen; bei Bundesbetrieben und bei Sondervermögen brauchen nur die Zuführungen oder die Ablieferungen eingestellt zu werden.** [2]**Der Haushaltsplan ist in Einnahme und Ausgabe auszugleichen.**

(2) [1]**Der Haushaltsplan wird für ein oder mehrere Rechnungsjahre, nach Jahren getrennt, vor Beginn des ersten Rechnungsjahres durch das Haushaltsgesetz festgestellt.** [2]**Für Teile des Haushaltsplanes kann vorgesehen werden, dass sie für unterschiedliche Zeiträume, nach Rechnungsjahren getrennt, gelten.**

(3) **Die Gesetzesvorlage nach Absatz 2 Satz 1 sowie Vorlagen zur Änderung des Haushaltsgesetzes und des Haushaltsplanes werden gleichzeitig mit der Zuleitung an den Bundesrat beim Bundestage eingebracht; der Bundesrat ist berechtigt, innerhalb von sechs Wochen, bei Änderungsvorlagen innerhalb von drei Wochen, zu den Vorlagen Stellung zu nehmen.**

(4) [1]**In das Haushaltsgesetz dürfen nur Vorschriften aufgenommen werden, die sich auf die Einnahmen und die Ausgaben des Bundes und auf den Zeitraum beziehen, für den das Haushaltsgesetz beschlossen wird.** [2]**Das Haushaltsgesetz kann vorschreiben, daß die Vorschriften erst mit der Verkündung des nächsten Haushaltsgesetzes oder bei Ermächtigung nach Artikel 115 zu einem späteren Zeitpunkt außer Kraft treten.**

Pflichtstoff (**)

Übersicht

A. Überblick

1 Art. 110 befasst sich mit dem Haushaltplan und dem Haushaltsgesetz. Der Normbefehl, dass es einen Haushaltsplan geben muss, der durch das Haushaltsgesetz festgestellt wird, sichert die für die Demokratie elementare Haushaltshoheit des Parlaments, das parlamentarische Budget(bewilligungs)recht (Rn. 8). Wie die öffentliche Hand Einnahmen und Ausgaben koordiniert, ist Ausdruck der „demokratischen Selbstgestaltungsfähigkeit" und daher „zentrales Element der demokratischen Willensbildung" (BVerfGE 129, 124 [177]) Damit bildet Art. 110 den Kern des Haushaltsverfassungsrechts (Art. 104a Rn. 4).

2 Weitere Vorschriften des GG zur Haushaltsverfassung finden sich in den Art. 111–115. Zu beachten ist, dass sich diese Vorschriften (Art. 110–115) nur an den Bund richten, während die Normen der Finanzverfassung i. e. S. (Art. 104a–109a) auch die Länder berechtigen und verpflichten. Die für die Länder mit den Art. 110–115 vergleichbaren Regelungen befinden sich in den jeweiligen LVerf. Der Grund dafür liegt in der Haushaltsautonomie gem. Art. 109 I: Wenn Bund und Länder in ihrer Haushaltswirtschaft selbständig und voneinander unabhängig sind, dann müssen sie – unter Beachtung von Art. 109 II–V und Art. 109a – auch jeweils ihre eigene Haushaltsverfassung besitzen.

B. Erläuterungen

I. Haushaltsplan (Abs. 1)

3 Der Haushaltsplan ist eine Hunderte, oft sogar Tausende von Seiten dicke, in Einzelpläne, Kapitel und Titel gegliederte, zumeist überaus detaillierte Auflistung aller in einem Haushaltsjahr zu erwartenden Einnahmen und aller geplanten Ausgaben des Bundes (der sog. Voranschläge oder Veranschlagungen). Damit bildet der Haushaltsplan die Grundlage der öffentlichen Haushaltswirtschaft (vgl. Schwarz/Reimer, JuS 2007, S. 219 [221]) und trifft für zentrale Politikbereiche die wirtschaftlichen Grundsatzentscheidungen (BVerfGE 66, 26 [38]; BVerfGE 79, 311 [328 f.]). Damit der Haushaltsplan diese tragende Rolle erfüllen kann, stellt Art. 110 Sicherungsmaßgaben auf, die als Haushaltsgrundsätze bezeichnet werden:

4 – Art. 110 I 1 Hs. 1 verpflichtet die beteiligten Bundesorgane, alle (voraussichtlichen) Einnahmen und Ausgaben des Bundes in den Haushaltsplan des Bundes aufzunehmen; so sollen demokratisch nicht kontrollierte „Geheimfonds" verhindert werden. Nebenhaushalte oder gar Schattenhaushalte darf es nicht geben (Grundsatz der Vollständigkeit); Ausnahmen enthält Art. 110 I 1 Hs. 2.

5 – Ebenfalls unmittelbar aus Art. 110 I 1 Hs. 1 ergibt sich, dass es für den Bund nur einen Haushaltsplan geben darf (Grundsatz der Haushaltseinheit), was dem Parlament (dem BT) den Überblick erleichtern soll.

6 – Traditionell werden aus Art. 110 I 1 Hs. 1 die Haushaltsgrundsätze der Wahrheit und Klarheit (Transparenz) sowie der Einzel- und der Bruttoveranschlagung abgeleitet (dazu Tabelle Rn. 19).

7 – Art. 110 I 2 verpflichtet dazu, die Summen der Haushaltseinnahmen und der Haushaltsausgaben auszugleichen (Grundsatz des Haushaltsausgleichs). Dies wird nach h. M. jedoch rein formal verstanden, d. h. auch Krediteinnahmen tragen zum Haushaltsausgleich bei. Die Regeln zur Begrenzung der Staatsverschuldung finden sind daher nicht in Art. 110, sondern in Art. 109 III und Art. 115 II.

II. Feststellung des Haushaltsplans durch das Haushaltsgesetz (Abs. 2)

1. Rechtsförmigkeit und Rechtswirkungen

8 Art. 110 II unterwirft den Haushaltsplan der Feststellung durch das Haushaltsgesetz. Aus dieser Gesetzförmigkeit ergibt sich, dass der BT über den Haushalt beschließen muss (s. Art. 77 I 1; parlamentarisches Budgetrecht). Das Haushaltsgesetz des Bundes bedarf nicht der Zustimmung durch den BR.

9 Wegen Art. 110 II hat nicht die Exekutive die Bestimmungsgewalt über die Verwendung der Staatseinnahmen, sondern die Volksvertretung (vgl. BVerfGE 45, 1 [32]). Dadurch wird der BT jedenfalls prinzipiell in die Lage versetzt, über die Finanzen die Verwaltung und damit einen Großteil der gesamten Staatstätigkeit zu steuern (Haushaltssteuerung). Diese Bewilligungshoheit muss das Parlament behalten; es darf sie auch durch formelles Gesetz nicht so weit an inter- oder supranationale Organisationen aus der Hand geben, dass haushaltswesentliche Belastungen nicht mehr überschaut und kontrolliert werden können (BVerfGE 129, 124 [179 f.]; 135, 317 [399 ff. Rn. 159 ff.] zu den „Euro-Rettungsschirmen"). Durchsetzen kann dies sogar der Bürger, und zwar mithilfe von Art. 38 I 1: Im Zusammenhang mit den „Euro-Rettungsschirmen" hat das BVerfG nämlich wiederholt entschieden, dass das subjektive Wahlrecht als grundrechtsgleiches Recht verletzt ist, wenn sich der BT seiner parlamentarischen Haushaltsverantwortung dadurch entäußert, dass er das Budgetrecht nicht mehr in eigener Verantwortung ausüben kann (BVerfGE 129, 124 [177 ff.]; 132, 195 [239 ff. Rn. 106 ff.]; 135, 317 [399 ff. Rn. 159 ff.]). So kann der Bürger mit der Verfassungsbeschwerde die Transformationsgesetze (Art. 59 Rn. 9 ff.) von völker- und supranationalen Verträgen überprüfen lassen, die Deutschland finanziell erheblich belasten (vgl. auch Art. 38 Rn. 11a, Art. 115 Rn. 3 ff.).

10 Mit der gesetzlichen Feststellung erlangt der Haushaltsplan Rechtsverbindlichkeit. Aufgrund dessen darf das Bundesministerium der Finanzen die einzelnen Bundesbehörden durch die Zuweisung der jeweiligen Ausgabeermächtigungen in die Lage versetzen, die in den einzelnen Titeln des Haushaltsplans veranschlagten Geldbeträge für die dort angegebenen Zwecke zu verwenden.

11 Durch den gesetzlich festgestellten Haushaltsplan wird die Verwaltung nur berechtigt, nicht aber verpflichtet, die dort veranschlagten Ausgaben zu leisten (§ 3 I BHO). Verbunden ist damit zugleich die wichtige Konsequenz, dass der Haushaltsplan nicht für oder gegen den Bürger wirkt. Dieser kann sich also nicht auf die Veranschlagungen im Haushaltsplan berufen (so ausdrücklich § 3 II BHO).

2. Jährlichkeit und Vorherigkeit

12 Art. 110 II 1 schreibt vor, dass für jedes Rechnungsjahr (Haushaltsjahr, in § 4 S. 1 BHO als Kalenderjahr bestimmt) ein gesonderter Haushaltsplan aufzustellen ist (Grundsatz der Jährlichkeit); Ausnahmen lässt Art. 110 II 2 zu. Diese auf ein Jahr be-

zogenen Haushaltspläne können aber für mehrere Haushaltsjahre durch ein einziges Haushaltsgesetz festgestellt werden (insb. sog. Doppelhaushalte); der Bund macht von dieser Möglichkeit jedoch keinen Gebrauch.

Zugleich folgt aus Art. 110 II 1, dass das Haushaltsgesetz vor dem Beginn des jeweiligen Haushaltsjahres verabschiedet werden muss (Grundsatz der Vorherigkeit). Dies wird durch § 30 BHO konkretisiert, der die BReg verpflichtet, Haushaltsvorlagen in der Regel spätestens in der ersten Sitzungswoche nach dem 1.9. in den BT einzubringen und dem BR zuzuleiten. In der Praxis wird gegen diese Gebote nicht selten verstoßen (bereits BVerfGE 45, 1 [33]); erforderlich wäre daher, dass das BVerfG grundlos verspätete Haushaltsgesetze für verfassungswidrig erklärt (auf entsprechenden Normenkontrollantrag i. S. v. Art. 93 I Nr. 2). **13**

III. Einbringung der Haushaltsvorlage (Abs. 3)

Der Entwurf des Haushaltsplans wird für jedes Haushaltsjahr gesondert von der Exekutive aufgestellt, beginnend bei den jeweiligen Verwaltungsbehörden für ihren Bereich, gesammelt von den Fachministerien, weitergeleitet und geprüft durch das BMF, sodann von der BReg diskutiert und beschlossen. **14**

Daraufhin wird der Entwurf des Haushaltsplans und mit der Vorlage des Haushaltsgesetzes (Haushaltsvorlage, Haushaltsentwurf) in den BT eingebracht (Art. 110 III). Als Ausnahme zu Art. 76 I ist allein die BReg zur Einbringung des Haushaltsvorlage berechtigt (Budgetinitiativmonopol, s. BVerfGE 70, 324 [357]). Dies ergibt sich auch aus dem Wortlaut von Art. 113 I 1 („die von der BReg vorgeschlagenen Ausgaben"). **15**

Der primäre Zweck von Art. 110 III besteht darin, das Gesetzgebungsverfahren zu beschleunigen, damit das Haushaltsgesetz vor dem Beginn des Haushaltsjahres verabschiedet werden kann (Rn. 13). So gelangt die Haushaltsvorlage gleichzeitig in den BT und den BR (Hs. 1 = Abweichung zu Art. 76 III 1). Die Stellungnahmefrist des BR beträgt nur sechs Wochen, bei Änderungsvorlagen nur drei Wochen (Hs. 2 = Abweichung zu Art. 76 III 2–4). **16**

Dasselbe Verfahren gilt für „Vorlagen zur Änderung des Haushaltsgesetzes und des Haushaltsplanes" (= Änderungsvorlagen, Nachtragshaushaltsvorlagen, s. Art. 110 III Hs. 1 F. 2 und Hs. 2 F. 2 sowie § 33 BHO). Das sind Gesetzentwürfe mit Gesetzesbegründung, die ein bereits verabschiedetes Haushaltsgesetz und einen dadurch bereits festgestellten Haushaltsplan ändern, typischerweise zur Nachfinanzierung von Mehrausgaben (vgl. Art. 112 Rn. 7). Abzugrenzen davon sind Ergänzungsvorlagen, die in Art. 110 nicht genannt sind (vgl. aber § 32 BHO), d. h. Änderungsentwürfe zu einem gem. Art. 110 III eingebrachten, aber vom BT noch nicht gem. Art. 77 I 1 verabschiedeten Haushaltsentwurf. **17**

IV. Bepackungsverbot (Abs. 4)

Art. 110 IV 1 verbietet es, in das Haushaltsgesetz Vorschriften aufzunehmen, die sich nicht auf die Einnahmen und Ausgaben des Bundes beziehen (sachliches Bepackungsverbot). Dadurch soll eine Konzentration auf den Haushalt gefördert werden; außerdem lassen sich auf diese Weise sachwidrige Koppelungen verhindern. Zudem gebietet Art. 110 IV 1, die Geltungsdauer der Vorschriften des Haushaltsgesetzes grds. auf das Haushaltsjahr zu beschränken (zeitliches Bepackungsverbot); Ausn. sind nach Art. 110 IV 2 zulässig. **18**

V. Haushaltsgrundsätze im Überblick

19

Rechtsgrundlage	Bezeichnung	Inhalt
Art. 110 I 1 Hs. 1	Vollständigkeit	Alle Einnahmen und Ausgaben müssen im Haushaltsplan enthalten sein; es darf keine „Schattenhaushalte" geben.
	Einheit	Es darf nur einen Haushaltsplan geben.
	Wahrheit und Klarheit (Transparenz)	Die Einnahmen und Ausgaben müssen realitätsgerecht geschätzt und so übersichtlich wie möglich aufgelistet werden.
	Einzelveranschlagung	Insb. die Ausgaben müssen jeweils nach Zwecken getrennt aufgeführt werden.
	Bruttoveranschlagung	Einnahmen und Ausgaben dürfen nicht miteinander saldiert werden.
Art. 110 I 2 (vgl. Art. 115 II 1)	Ausgleich	Die Gesamtbeträge der Einnahmen und Ausgaben müssen gleich hoch sein.
Art. 110 II 1	Jährlichkeit (Annuität)	Für jedes Kalenderjahr wird ein gesonderter Haushaltsplan grdsl. jährlich durch den Bundestag festgestellt.
	Vorherigkeit	Der Haushaltsplan muss grdsl. vor Beginn des Haushaltsjahres festgestellt werden.
	Gesetzförmigkeit	Der Haushaltsplan wird vom BT durch das Haushaltsgesetz festgestellt.
Art. 110 III (i. V. m. Art. 113)	Budgetinitiativmonopol	Nur die BReg darf die Haushaltsvorlage beim BT einbringen.
Art. 110 IV	Bepackungsverbot	Das Haushaltsgesetz darf sich nur auf Einnahmen und Ausgaben sowie auf das Haushaltsjahr beziehen.

(vgl. BVerfGE 119, 96 [118ff.])

C. Prüfungshinweise

20 Art. 110 gehört nicht zu den zentralen Inhalten staatsrechtlicher Prüfungen. Wegen seiner Bedeutung für die parlamentarische Demokratie und seiner Relevanz in der Praxis sollte indes wenigstens die Existenz der Vorschrift bekannt sein und der Artikel mit Verständnis gelesen werden können.

D. Weiterführende Literatur/Leseempfehlungen

21 Siehe die Nachweise zu Art. 104a Rn. 29.

Art. 111 [Nothaushaltsführung des Bundes]

(1) **Ist bis zum Schluß eines Rechnungsjahres der Haushaltsplan für das folgende Jahr nicht durch Gesetz festgestellt, so ist bis zu seinem Inkrafttreten die Bundesregierung ermächtigt, alle Ausgaben zu leisten, die nötig sind,**
a) um gesetzlich bestehende Einrichtungen zu erhalten und gesetzlich beschlossene Maßnahmen durchzuführen,
b) um die rechtlich begründeten Verpflichtungen des Bundes zu erfüllen,

c) um Bauten, Beschaffungen und sonstige Leistungen fortzusetzen oder Beihilfen für diese Zwecke weiter zu gewähren, sofern durch den Haushaltsplan eines Vorjahres bereits Beträge bewilligt worden sind.

(2) **Soweit nicht auf besonderem Gesetze beruhende Einnahmen aus Steuern, Abgaben und sonstigen Quellen oder die Betriebsmittelrücklage die Ausgaben unter Absatz 1 decken, darf die Bundesregierung die zur Aufrechterhaltung der Wirtschaftsführung erforderlichen Mittel bis zur Höhe eines Viertels der Endsumme des abgelaufenen Haushaltsplanes im Wege des Kredits flüssig machen.**

Pflichtstoff (*)

I. Nothaushaltsrecht: Voraussetzungen – Zweck

Art. 111 begründet das sog. Nothaushaltsrecht (Recht zur sog. Nothaushaltsführung) für den Fall, dass – wie es der Einleitungssatz von Abs. 1 formuliert – bis zum Schluss eines Rechnungsjahres (Haushaltsjahres = Kalenderjahres, § 4 S. 1 BHO) der Haushaltsplan für das folgende Jahr nicht durch Haushaltsgesetz festgestellt ist (vgl. BVerfGE 45, 1 [32f.]). Für diesen Fall der Beeinträchtigung des Vorherigkeitsgrundsatzes (Art. 110 II 1, dort Rn. 12f.) dürfte die Exekutive mangels parlamentarischer Bewilligung im Grunde keinerlei Ausgaben leisten (wie dies z. T. in den USA der Fall ist). 1

In dieser Situation ermöglicht Art. 111 die Nothaushaltsführung durch die BReg (s. aber Rn. 5). Das Bestimmungswort „Not" mutet dramatisch an; da die Rechtsfolgen von Art. 111 allerdings sehr großzügig ausgestaltet sind (Rn. 5, 7), wird davon in der Haushaltspraxis häufig Gebrauch gemacht, meistens „ohne Not". Art. 111 ist als Ausnahme zu Art. 110 zu sehen; sie bezweckt die Erhaltung des haushaltswirtschaftlichen Status quo bis zur Verkündung des neuen Haushaltsgesetzes. Wie Art. 110 und 112–115 gilt Art. 111 nur für den Bund (vgl. Art. 110 Rn. 2). 2

Mit der Verkündung des neuen Haushaltsgesetzes enden die Ermächtigungen des Art. 111 (s. Abs. 1 Einleitungssatz). 3

II. Verfassungsunmittelbare Ausgabeermächtigungen (Abs. 1)

Auf der Ausgabenseite ermächtigt Art. 111 I verfassungsunmittelbar (also ohne, dass ein parlamentarisch festgestellter Haushaltsplan vorliegt), Ausgaben zur Erfüllung der dort in lit. a–c genannten Fallgruppen zu leisten. Das sind (a) gesetzlich legitimierte Einrichtungen und Maßnahmen, (b) Rechtsverpflichtungen und (c) bereits bewilligte Bauten, Beschaffungen und Leistungen (einschl. Beihilfen, insb. Subventionen) fortzusetzen. 4

Diese Maßnahmen müssen „nötig", d. h. sachlich erforderlich und zeitlich unaufschiebbar sein. Anders gewendet: die Nichtleistung der Ausgaben müsste entweder eine Pflichtverletzung begründen oder zu einem unverhältnismäßigen Schaden führen (vgl. Kube, in: MD, Rn. 59.). In der Haushaltspraxis scheint dies allerdings nicht so eng gesehen zu werden. 5

Ermächtigungsadressat ist nach dem Wortlaut von Art. 111 I die BReg. In der Praxis würde es die Haushaltswirtschaft des Bundes allerdings lahm legen, wenn die BReg über alle Ausgabemaßnahmen der Nothaushaltsführung Beschluss fassen müsste. Deshalb wird die Vorschrift teleologisch dergestalt umgedeutet, dass die jeweilige Notausgabeermächtigung derjenigen Stelle in der Bundesverwaltung erteilt wird, die für die in Frage stehende Mittelbewirtschaftung zuständig ist (Gröpl, in: BK, Rn. 45). 6

III. Verfassungsunmittelbare Kreditermächtigungen (Abs. 2)

7 Auf der Einnahmenseite ermächtigt Art. 111 II die BReg sogar zur Aufnahme von Krediten, ohne dass eine entsprechende parlamentarisch-gesetzliche Legitimation vorläge (verfassungsunmittelbar). Zu beachten sind dabei
- die Voraussetzungen des Art. 111 II selbst: Subsidiarität gegenüber anderen Einnahmequellen; Höchstgrenze: ein Viertel des Volumens des vorhergehenden Haushaltsplans (was überaus großzügig ist und in der Praxis zu Missbrauch führen kann);
- die unionsrechtlichen Defizitkriterien und das gesamtwirtschaftliche Gleichgewicht (Art. 109 II, s. dort Rn. 6f.) und die
- Vorgaben der „Schuldenbremse" aus Art. 109 III und Art. 115 II.

IV. Weiterführende Literatur/Leseempfehlungen

8 Siehe die Nachweise zu Art. 104a Rn. 29.

Art. 112 [Über- und außerplanmäßige Ausgaben des Bundes]

[1] Überplanmäßige und außerplanmäßige Ausgaben bedürfen der Zustimmung des Bundesministers der Finanzen. [2] Sie darf nur im Falle eines unvorhergesehenen und unabweisbaren Bedürfnisses erteilt werden. [3] Näheres kann durch Bundesgesetz bestimmt werden.

Pflichtstoff (*)

I. Notbewilligungsrecht

1 Durch den haushaltsgesetzlich festgestellten Haushaltsplan wird die Exekutive zur Leistung der dort vorgesehenen Ausgaben ermächtigt (Art. 110 Rn. 10; BVerfGE 20, 56 [90]). In der Praxis stellt sich jedoch nicht selten heraus, dass die im Haushaltsplan veranschlagten Mittel zur Haushaltsführung nicht ausreichen. Für diesen Fall gewährt Art. 112 dem BMin der Finanzen das sog. Notbewilligungsrecht. Anders als das Nothaushaltsrecht (Art. 111, dort Rn. 1f.) setzt das Notbewilligungsrecht einen gesetzlich festgestellten Haushaltsplan voraus (Art. 110 II 1).

II. Zustimmung zu über- und außerplanmäßigen Ausgaben (Satz 1)

2 Überplanmäßige Ausgaben sind Ausgaben, die über den vorgesehenen Ansatz (Betrag) für eine bestimmte Zweckbestimmung im jeweiligen Titel des Haushaltsplans hinausgeht. Außerplanmäßige Ausgaben sind solche, für die der Haushaltsplan gar keinen Titel, d.h. keine Zweckbestimmung und keinen Ansatz enthält.

3 Will die Bundesverwaltung über- oder außerplanmäßige Ausgaben leisten, bedarf sie dazu der Zustimmung des BMin der Finanzen, die grds. im Voraus erteilt werden muss (Einwilligung, § 37 I 1 i.V.m. § 36 S. 1 BHO; vgl. auch § 116 II BHO). Das bloße Zustimmungserfordernis verdeckt die maßgebliche Rolle, die dem BMin der Finanzen dabei rechtlich wie auch politisch zukommt (Gröpl, in: BK, Rn. 70). Insb. kann seine Entscheidung über die Zustimmung nicht durch die Kompetenzen des BKanzlers oder der BReg nach Art. 65 S. 1 und 3 verdrängt werden; vielmehr ist Art. 112 S. 1 lex specialis (in diesem Sinne § 116 I 1 BHO; Gröpl, in: BK, Rn. 50ff.; a.A. BVerfGE 45, 1 [46ff.]).

4 In der Praxis entscheidet über die meisten Zustimmungen i.S.v. Art. 112 S. 1 das zuständige Referat im BMF (so auch die Formulierung in § 37 I 1 BHO). Politisch und rechtlich bleibt es indes bei der Verantwortung des BMin der Finanzen als Amtswalter (Art. 65 S. 2, Art. 64 I).

III. Unvorhergesehenes und unabweisbares Bedürfnis (Satz 2)

Voraussetzung für die Zustimmung zu über- und außerplanmäßigen Ausgaben ist 5
nach Art. 112 S. 2 ein unvorhergesehenes und unabweisbares Bedürfnis zur Leistung der konkreten Ausgabe:

– Unvorhergesehen ist „nicht nur ein objektiv unvorhersehbares Bedürfnis, sondern jedes Bedürfnis, das tatsächlich, gleich aus welchen Gründen, vom BMin der Finanzen oder der BReg bei der Aufstellung des Haushaltsplans oder vom Gesetzgeber bei dessen Beratung und Feststellung nicht vorhergesehen wurde oder dessen gesteigerte Dringlichkeit, die es durch Veränderung der Sachlage inzwischen gewonnen hat, nicht vorhergesehen worden ist" (BVerfGE 45, 1 [35]).
– Unabweisbar ist das Bedürfnis zur Leistung der Abgabe, „wenn eine Ausgabe ohne Beeinträchtigung schwerwiegender politischer, wirtschaftlicher oder sozialer Staatsinteressen nicht mehr zeitlich aufgeschoben werden kann" (BVerfGE 45, 1 [36 f.]).

Hierbei handelt es sich um zwei unbestimmte Rechtsbegriffe, die der umfassenden 6
gerichtlichen Nachprüfung unterliegen. Dagegen richtet sich die Frage, ob überhaupt ein Bedürfnis vorliegt, nach politischen Wertungen; insoweit beschränkt sich die gerichtliche Überprüfung darauf, ob „die Grenze offensichtlicher Unvertretbarkeit überschritten ist" (BVerfGE 45, 1 [39]).

Wegen der weiten Auslegung durch das BVerfG sind die Voraussetzungen der Un- 7
vorhersehbarkeit in der Praxis leicht zu erfüllen. Entscheidende Bedeutung erlangt daher das Tatbestandsmerkmal der Unabweisbarkeit. Hierfür verlangt das BVerfG, „dass die vorgesehene Ausgabe sachlich unbedingt notwendig und zugleich zeitlich unaufschiebbar ist". Zeitliche Unaufschiebbarkeit besteht nur dann, wenn eine Ausgabe „so eilbedürftig ist, dass die Einbringung eines Nachtragshaushaltsplans oder [...] ihre Verschiebung bis zum nächsten regelmäßigen Haushalt bei vernünftiger Beurteilung der jeweiligen Lage als nicht mehr vertretbar anerkannt werden kann" (BVerfGE 45, 1 [36 f.]; zum Nachtragshaushalt s. Art. 110 Rn. 17).

IV. Ausführungsgesetz (Satz 3)

Auf einfachgesetzlicher Ebene wird Näheres in § 37 BHO bestimmt. 8

V. Weiterführende Literatur/Leseempfehlungen

Siehe die Nachweise zu Art. 104a Rn. 29. 9

Art. 113 [Finanzwirksame Bundesgesetze]

(1) [1]**Gesetze, welche die von der Bundesregierung vorgeschlagenen Ausgaben des Haushaltsplanes erhöhen oder neue Ausgaben in sich schließen oder für die Zukunft mit sich bringen, bedürfen der Zustimmung der Bundesregierung.** [2]**Das gleiche gilt für Gesetze, die Einnahmeminderungen in sich schließen oder für die Zukunft mit sich bringen.** [3]**Die Bundesregierung kann verlangen, daß der Bundestag die Beschlußfassung über solche Gesetze aussetzt.** [4]**In diesem Fall hat die Bundesregierung innerhalb von sechs Wochen dem Bundestage eine Stellungnahme zuzuleiten.**

(2) **Die Bundesregierung kann innerhalb von vier Wochen, nachdem der Bundestag das Gesetz beschlossen hat, verlangen, daß der Bundestag erneut Beschluß fasst.**

(3) [1]**Ist das Gesetz nach Artikel 78 zustande gekommen, kann die Bundesregierung ihre Zustimmung nur innerhalb von sechs Wochen und nur dann versa-**

gen, wenn sie vorher das Verfahren nach Absatz 1 Satz 3 und 4 oder nach Absatz 2 eingeleitet hat. [2]Nach Ablauf dieser Frist gilt die Zustimmung als erteilt.

Pflichtstoff (*)

I. Erläuterungen

1 Art. 113 I 1, 2 statuiert einen Zustimmungsvorbehalt der BReg für Gesetze, die die Ausgaben des Bundes erhöhen oder die Einnahmen des Bundes mindern. Die Norm bezweckt die Gewährleistung einer sachgerechten und soliden Haushaltswirtschaft. Sie gilt – wie die Art. 110–112, 114, 115 – nur für den Bund. Durch Art. 113 erhält die BReg eine Art haushaltsverfassungsrechtliches Vetorecht (i. E. Gröpl, in: BK, Rn. 82 ff.). Nähere Ausgestaltungen erfolgen in Art. 113 I 3, 4, II und III.

2 In der Praxis des parlamentarischen Regierungssystems ist es politisch kaum zu erwarten, dass sich die BReg gegen Gesetze wendet, die von der sie tragenden Regierungsmehrheit im BT beschlossen worden sind (vgl. Art. 63, 67, 68 – Ausnahmen mögen für die Situation einer Minderheitsregierung gelten). Daher hat Art. 113 weder in der Praxis noch in der Prüfung Bedeutung erlangt.

II. Weiterführende Literatur/Leseempfehlungen

3 Siehe die Nachweise zu Art. 104a Rn. 29.

Art. 114 [Rechnungsprüfung und Finanzkontrolle des Bundes]

(1) **Der Bundesminister der Finanzen hat dem Bundestage und dem Bundesrate über alle Einnahmen und Ausgaben sowie über das Vermögen und die Schulden im Laufe des nächsten Rechnungsjahres zur Entlastung der Bundesregierung Rechnung zu legen.**

(2) **[1]Der Bundesrechnungshof, dessen Mitglieder richterliche Unabhängigkeit besitzen, prüft die Rechnung sowie die Wirtschaftlichkeit und Ordnungsmäßigkeit der Haushalts- und Wirtschaftsführung. [2]Er hat außer der Bundesregierung unmittelbar dem Bundestage und dem Bundesrate jährlich zu berichten. [3]Im Übrigen werden die Befugnisse des Bundesrechnungshofes durch Bundesgesetz geregelt.**

Pflichtstoff (*)

I. Rechnungslegung (Abs. 1)

1 „Vertrauen ist gut, Kontrolle ist besser." Im Bereich der Haushaltswirtschaft wird diese – nicht authentische, aber Lenin zugeschriebene – Weisheit durch Art. 114 umgesetzt. Danach muss die BReg durch den BMin der Finanzen über ihr Haushaltsgebaren jeweils im Folgejahr gegenüber BT und BR Rechnung legen (vgl. BVerfGE 79, 311 [327 f.]).

2 Der Grund für die Rechnungslegungspflicht und die Entlastungsbedürftigkeit (§ 114 BHO) der BReg liegt in der Tatsache, dass als Ausfluss des Demokratieprinzips (Art. 20 I) in erster Linie der BT durch die gesetzliche Feststellung des Haushaltsplans nach Art. 110 II 1 die haushaltswirtschaftlichen Grundentscheidungen im Bund trifft. Dieses parlamentarische Budget(bewilligungs)recht (Art. 110 Rn. 1, 8 f.) findet seine Entsprechung im parlamentarischen Budgetkontrollrecht des Art. 114 I.

3 Gegenstand der Rechnungslegung sind die Einnahmen und Ausgaben, wie sie im Haushaltsplan veranschlagt wurden (Art. 110 I). Diese Planzahlen (Soll) werden auf der Grundlage der Buchführung (§§ 71 ff. BHO) in der Haushaltsrechnung (§ 81 BHO)

den tatsächlichen Einnahmen und Ausgaben (Ist) gegenübergestellt. Darüber hinaus erstreckt sich die Rechnungslegung auf das Vermögen und die Schulden des Bundes, was allerdings wegen des für den Bund noch immer geltenden kameralistischen Rechnungswesens nur recht unvollständig gelingt (vgl. §§ 73, 86 BHO).

In der Haushaltspraxis entfaltet die Rechnungslegung kaum regulierende Wirkung, weil nach Ablauf des Haushaltsjahres die Haushaltsmittel (Gelder) verausgabt sind und Sanktionen für unwirtschaftliches Verhalten allenfalls bei Haushaltsuntreue (§ 266 StGB) zu befürchten sind. Der BT hat in seiner jeweiligen Mehrheit bislang noch nie Interesse daran gezeigt, den Haushaltsvollzug der – von ihm gestützten – BReg ernsthaft zu kritisieren und damit politisch zu demontieren. Es geht daher nur – wie sarkastisch formuliert wurde – um die „Wegräumung der Budgetleiche“ (Heinig, Das Budget, Bd. I, 1949, S. 11). 4

II. Rechnungsprüfung durch den BRH (Finanzkontrolle, Abs. 2)

Eine gewisse Kompensation für die schwache parlamentarische (Rn. 4) und die weitgehend fehlende gerichtliche Kontrolle der Haushaltsführung der Exekutive gewährleistet die Rechnungsprüfung durch den BRH (vgl. Schwarz/Reimer, JuS 2007, S. 219 [225]). Art. 114 II etabliert den BRH als Bundesorgan eigener Art und stattet seine Mitglieder mit richterlicher Unabhängigkeit aus (vgl. Art. 97 Rn. 1 ff.), s. hierzu auch das BRHG. 5

Gegenstände der Prüfung durch den BRH sind nach Art. 114 II 1 6

- die Rechnung, d. h. insb. die Haushaltsrechnung im Rahmen des Verfahrens zur Entlastung der BReg (Art. 114 I, s. Rn. 3) sowie
- unabhängig von der Haushaltsrechnung die gesamte Haushaltsführung durch BReg und Bundesverwaltung sowie die Wirtschaftsführung von solchen Bundesbetrieben und Sondervermögen des Bundes, die statt eines kameralistischen Haushaltsplans einen der doppelten Buchführung angenäherten Wirtschaftsplan aufstellen (§ 26 I, II, § 113 BHO).

Als Adressaten der Prüfung durch den BRH werden durch Art. 114 II 1 nicht die BReg und alle Bundesbehörden legitimiert, sondern auch die bundesunmittelbaren j. P. ö. R. (§§ 111 f. BHO) und Stellen außerhalb der Bundesverwaltung, die vom Bundeshaushalt berührt werden (§§ 91 ff. BHO); zu den Grenzen s. BVerfGE 127, 165 (208 ff.). 7

Maßstäbe der Prüfung des BRH sind 8

- die Ordnungsmäßigkeit, d. h. die rechnerische Richtigkeit und die Übereinstimmung mit den Vorgaben von Haushaltsplan und Haushaltsgesetz (Rn. 3) sowie
- die Wirtschaftlichkeit, also das ökonomische Verhältnis von Mitteleinsatz und Erfolg (Nutzen).

Wegen der Gegenstände und der Maßstäbe der Prüfung durch den BRH geht dessen Tätigkeit über eine reine Rechnungsprüfung weit hinaus. Folgerichtig wird daher von Finanzkontrolle gesprochen. Dabei kann der BRH eigene Überlegungen anstellen, insb. Alternativkonzepte entwickeln und in diesem Zusammenhang den BT, den BR, die BReg sowie einzelne BMin beraten (§ 88 II BHO). 9

Weisungskompetenzen o. Ä. stehen dem BRH allerdings nicht zu; seine „schärfste Waffe“ sind seine Berichte (Art. 114 II 2), die als „Bemerkungen“ jährlich veröffentlicht werden.

Nach Art. 114 II 3 werden die Befugnisse des BRH durch Bundesgesetz geregelt. Dies ist insb. in den §§ 88 ff. BHO und im BRHG (Rn. 5) geschehen. 10

III. Weiterführende Literatur/Leseempfehlungen

Siehe die Nachweise zu Art. 104a Rn. 29. 11

Art. 115 [Kreditbeschaffung]

(1) **Die Aufnahme von Krediten sowie die Übernahme von Bürgschaften, Garantien oder sonstigen Gewährleistungen, die zu Ausgaben in künftigen Rechnungsjahren führen können, bedürfen einer der Höhe nach bestimmten oder bestimmbaren Ermächtigung durch Bundesgesetz.**

(2) **[1]Einnahmen und Ausgaben sind grundsätzlich ohne Einnahmen aus Krediten auszugleichen. [2]Diesem Grundsatz ist entsprochen, wenn die Einnahmen aus Krediten 0,35 vom Hundert im Verhältnis zum nominalen Bruttoinlandsprodukt nicht überschreiten. [3]Zusätzlich sind bei einer von der Normallage abweichenden konjunkturellen Entwicklung die Auswirkungen auf den Haushalt im Auf- und Abschwung symmetrisch zu berücksichtigen. [4]Abweichungen der tatsächlichen Kreditaufnahme von der nach den Sätzen 1 bis 3 zulässigen Kreditobergrenze werden auf einem Kontrollkonto erfasst; Belastungen, die den Schwellenwert von 1,5 vom Hundert im Verhältnis zum nominalen Bruttoinlandsprodukt überschreiten, sind konjunkturgerecht zurückzuführen. [5]Näheres, insbesondere die Bereinigung der Einnahmen und Ausgaben um finanzielle Transaktionen und das Verfahren zur Berechnung der Obergrenze der jährlichen Nettokreditaufnahme unter Berücksichtigung der konjunkturellen Entwicklung auf der Grundlage eines Konjunkturbereinigungsverfahrens sowie die Kontrolle und den Ausgleich von Abweichungen der tatsächlichen Kreditaufnahme von der Regelgrenze, regelt ein Bundesgesetz. [6]Im Falle von Naturkatastrophen oder außergewöhnlichen Notsituationen, die sich der Kontrolle des Staates entziehen und die staatliche Finanzlage erheblich beeinträchtigen, können diese Kreditobergrenzen auf Grund eines Beschlusses der Mehrheit der Mitglieder des Bundestages überschritten werden. [7]Der Beschluss ist mit einem Tilgungsplan zu verbinden. [8]Die Rückführung der nach Satz 6 aufgenommenen Kredite hat binnen eines angemessenen Zeitraumes zu erfolgen.**

Pflichtstoff (*)

I. Staatsschulden-Verfassungsrecht

1 Art. 115 regelt die Grundlagen des Staatsschuldenrechts. Die Vorschrift stellt elementare verfassungsrechtliche Voraussetzungen für die Aufnahme von öffentlichen Krediten und für öffentliche Gewährleistungen auf. Der Grund liegt vor allem darin, dass diese Maßnahmen zu finanziellen Belastungen in der Zukunft führen und damit die Generationengerechtigkeit in Mitleidenschaft ziehen können. Wie Art. 110–114 gilt Art. 115 nur für den Bund (vgl. Art. 110 Rn. 2).

II. Staatsschuldenrechtlicher Gesetzesvorbehalt (Abs. 1)

2 Art. 115 I fordert eine Ermächtigung durch Bundesgesetz

- für die Aufnahme von Krediten gem. Art. 115 I F. 1, d. h. für jede Begründung von Verbindlichkeiten zur Beschaffung von Geld. Die Leistungspflicht dieser Verbindlichkeiten besteht darin, dass das Geld – in aller Regel verzinst – zurückgezahlt werden muss.
- für die Übernahme von Gewährleistungen gem. Art. 115 I F. 2 (Oberbegriff), insb. von Bürgschaften (§§ 765 ff. BGB) und Garantien. Gewährleistungen i. w. S. zeichnen sich dadurch aus, dass die Schuld eines anderen gegenüber einem Dritten abgesichert wird. Dieses Einstehen für fremde Schuld realisiert sich i. d. R. nur dann, wenn der Schuldner nicht leistet (daher: Eventualverbindlichkeit). In dieser Subsidiarität der Haftung liegt der wesentliche Unterschied zu Krediten, die unbedingt ge-

tilgt und verzinst werden müssen. Zur zulässigen Höhe dieser Gewährleistungen s. Rn. 3c.

In der Praxis werden Kreditermächtigungen zumeist in besonderen Bestimmungen des Haushaltsgesetzes erteilt (vgl. Art. 110 II 1), Gewährleistungsermächtigungen auch in anderen (Spezial-)Gesetzen. Als Konkretisierung des Demokratieprinzips hat dies zur Folge, dass das Parlament (der BT) über Grund und Höhe von Krediten und Gewährleistungen entscheiden muss (Art. 77 I 1; Beteiligung des BR über Art. 77 II–IV: i.d.R. sog. Einspruchsgesetze, Art. 77 Rn. 7ff.]). Art. 115 I fordert insb. eine der Höhe nach bestimmte oder zumindest bestimmbare Gesetzesermächtigung. Dieser staatsschuldenrechtliche Gesetzesvorbehalt bildet neben dem parlamentarischen Budgetbewilligungsrecht (Art. 110 Rn. 1, 8f.) und dem parlamentarischen Budgetkontrollrecht (Art. 114 Rn. 2) den dritten demokratierelevanten Pfeiler des Haushaltsverfassungsrechts. **3**

Eine besondere haushaltspolitische Gesamtverantwortung hat der BT bei der Erteilung von Gewährleistungsermächtigungen (Art. 115 I F. 2), wenn diese einen erheblichen Umfang erreichen. Um diese Verantwortung des BT zu sichern, hat das BVerfG in mehreren grundlegenden Entscheidungen zu den „Euro-Rettungsschirmen" besondere Voraussetzungen aufgestellt: **3a**

– Es genügt nicht, dass der BT eine „globale" Gewährleistungsermächtigung erteilt. Vielmehr muss er im Vollzug der Gewährleistung jeder ausgabenwirksamen Hilfsmaßnahme des Bundes im Einzelnen vorab und konstitutiv zustimmen (BVerfGE 129, 124 [180]; 132, 195 [241 Rn. 110]; 135, 317 [402 Rn. 165]).
– Erforderlich sind dazu grds. Verhandlungen und Beschlüsse im Plenum (Art. 38 Rn. 9); eine Delegation an den Haushaltsausschuss oder ein Unterorgan ist insoweit unzulässig. Denn gem. Art. 38 I 2 i.V.m. Art. 77 I 1, Art. 110 II 1 und Art. 115 I hat jeder Abgeordnete ein Recht auf Beurteilung des Haushaltsentwurfs und auf Kontrolle von grundlegenden haushaltspolitischen Entscheidungen (BVerfGE 130, 318 [347]). Darunter fallen auch die Gesetzentwürfe zu den „Euro-Rettungsschirmen".

Allerdings hat das BVerfG dem Gesetzgeber bei der Risikobewertung, für Schulden ausländischer Staaten einstehen zu müssen, einen – m.E. zu weiten – Einschätzungsspielraum belassen (BVerfGE 129, 124 [182f.]; 132, 195 [242f. Rn. 113]; 135, 317 [405 Rn. 175]). **3b**

Für die Höhe der Gewährleistungen enthält Art. 115 I F. 2 keine Begrenzung. Auch die „Schuldenbremse" nach Art. 109 III und Art. 115 II findet keine Anwendung, da sie nur für Haushaltseinnahmen aus Krediten, also für die Nettoneuverschuldung, gilt (s. Rn. 4ff.). Zur Begrenzung kann im Wesentlichen nur Art. 109 II herangezogen werden. Nach Ansicht des BVerfG kann sich eine Obergrenze für Gewährleistungsermächtigungen auch unmittelbar aus dem Demokratieprinzip des Art. 20 I und II ergeben. Eine solche Grenze könne jedoch allenfalls dann überschritten sein, wenn sich die Gewährleistungen im Eintrittsfall so auswirkten, dass die Haushaltsautonomie des BT jedenfalls für einen nennenswerten Zeitraum vollständig leerliefe (BVerfGE 129, 124 [182]; 132, 195 [242 Rn. 112]; 135, 317 [405 Rn. 174]). **3c**

III. „Schuldenbremse" für den Bund (Abs. 2)

Art. 115 II verfolgt den Zweck, die Neuverschuldung des Bundes durch Kreditaufnahmen zu begrenzen und damit zu einem sukzessiven Abbau der Gesamtverschuldung des Bundes beizutragen. Auf Gewährleistungsermächtigungen findet Art. 115 II keine Anwendung (Rn. 3c). **4**

Hintergrund von Art. 115 II ist die Erfahrung, dass – nicht nur – die demokratisch unmittelbar legitimierten Abgeordneten (Art. 38) dazu neigen, neben den Interessen „des Volkes" vor allem ihre politischen Vorstellungen und die Wünsche ihrer (poten- **5** ziellen) Wähler in der Gegenwart in weitem Umfang verwirklichen zu wollen. Damit wird die finanzielle Leistungsfähigkeit des Staates häufig überstiegen. So sind in Bund und Ländern seit ca. 1970 ganz enorme Verschuldungsbeträge entstanden, deren Zinslasten und Tilgung gegenwärtige und künftige Generationen spürbar belasten (1,286 Bio. Euro allein für den Bund). Das ehemalige Staatsschulden-Verfassungsrecht (Art. 109 II, Art. 115 I 2 a. F. und entsprechende Vorschriften in den Landesverfassungen) gebot dem keinen Einhalt. Daher wurde es i. R. d. Föderalismusreform von 2009 durch die „Schuldenbremse" der Art. 109 III und Art. 115 II ersetzt.

6 Diese beiden Vorschriften sind zwar formell am 1.8.2009 in Kraft getreten, entfalten ihre schuldenbegrenzende Wirkung aber wegen Art. 143d I 3, 5 für den Bund erst ab 1.1.2016, für die Länder erst ab 1.1.2020. Für die Länder darf bis dahin das alte Staatsschuldenrecht (Rn. 5) weitergelten.

7 Ab 1.1.2016 wird sich die Verfassungslage für den Bund wie folgt darstellen:

- Die für Bund und Länder unmittelbar geltende „Schuldenbremse" des Art. 109 III wird durch Art. 115 II konkretisiert, allerdings nur für den Bund.

8 – Art. 115 II 2 legt die Regelhöchstgrenze für die jährlichen Krediteinnahmen des Bundes fest. Krediteinnahmen sind die Geldzuflüsse, die aufgrund von Kreditgeschäften zum Ausgleich des Bundeshaushalts verwendet werden (Nettoneuverschuldung; nicht berücksichtigt werden die Geldzuflüsse zur Umschuldung, darin besteht der Unterschied zu Art. 115 I, s. Rn. 2). Diese Krediteinnahmen dürfen in aller Regel 0,35% des nominalen BIP nicht überschreiten, das ist die Summe der inländischen Wertschöpfung in aktuellen Marktpreisen. Dadurch ist das BIP abhängig von Veränderungen des Preisindex; es steigt bei Inflation und daraus folgend steigenden Marktpreisen und sinkt bei Deflation und deshalb sinkenden Marktpreisen. Danach hätte die Höchstgrenze der Regelneuverschuldung des Bundes bei einem nominalen BIP von 3,3 Bio. Euro (2010) etwa 12 Mrd. Euro betragen dürfen (tatsächlich: ca. 44 Mrd. Euro).

9 – Art. 115 II 3 modifiziert die Regelverschuldungsgrenze (Satz 1 und 2) zu einer „atmenden Schuldenbremse": Im Konjunkturabschwung darf der Bund seine Nettoneuverschuldung erhöhen, muss sie jedoch im nächsten Konjunkturaufschwung entsprechend ausgleichen (Symmetriegebot). Zur Überwachung wird ein Kontrollkonto geführt; i. Ü. bestehen Verfassungspflichten zur Rückführung und Tilgung (Art. 115 II 4). Näheres hat der Bund aufgrund von Art. 115 II 5 Gesetz zur Ausführung von Artikel 115 des Grundgesetzes (G 115) v. 10.8.2009 (BGBl. I S. 2702) geregelt.

10 Eine höhere Nettoneuverschuldung lässt Art. 115 II 6–8 in Notfällen zu (Naturkatastrophen und außergewöhnliche Notsituationen, die sich der Kontrolle des Staates entziehen und die staatl. Finanzlage erheblich beeinträchtigen, etwa die Finanzkrise 2008/2009). Voraussetzung hierfür sind jedoch ein BT-Beschluss mit „Kanzlermehrheit" (Art. 121 Rn. 2), ein Tilgungsplan und eine zeitlich angemessene Rückführung.

Xa. Verteidigungsfall

Art. 115a [Feststellung des Verteidigungsfalls]

(1) [1]Die Feststellung, daß das Bundesgebiet mit Waffengewalt angegriffen wird oder ein solcher Angriff unmittelbar droht (Verteidigungsfall), trifft der Bundestag mit Zustimmung des Bundesrates. [2]Die Feststellung erfolgt auf Antrag der Bundesregierung und bedarf einer Mehrheit von zwei Dritteln der abgegebenen Stimmen, mindestens der Mehrheit der Mitglieder des Bundestages.

(2) Erfordert die Lage unabweisbar ein sofortiges Handeln und stehen einem rechtzeitigen Zusammentritt des Bundestages unüberwindliche Hindernisse entgegen oder ist er nicht beschlußfähig, so trifft der Gemeinsame Ausschuß diese Feststellung mit einer Mehrheit von zwei Dritteln der abgegebenen Stimmen, mindestens der Mehrheit seiner Mitglieder.

(3) [1]Die Feststellung wird vom Bundespräsidenten gemäß Artikel 82 im Bundesgesetzblatte verkündet. [2]Ist dies nicht rechtzeitig möglich, so erfolgt die Verkündung in anderer Weise; sie ist im Bundesgesetzblatte nachzuholen, sobald die Umstände es zulassen.

(4) [1]Wird das Bundesgebiet mit Waffengewalt angegriffen und sind die zuständigen Bundesorgane außerstande, sofort die Feststellung nach Absatz 1 Satz 1 zu treffen, so gilt diese Feststellung als getroffen und als zu dem Zeitpunkt verkündet, in dem der Angriff begonnen hat. [2]Der Bundespräsident gibt diesen Zeitpunkt bekannt, sobald die Umstände es zulassen.

(5) [1]Ist die Feststellung des Verteidigungsfalles verkündet und wird das Bundesgebiet mit Waffengewalt angegriffen, so kann der Bundespräsident völkerrechtliche Erklärungen über das Bestehen des Verteidigungsfalles mit Zustimmung des Bundestages abgeben. [2]Unter den Voraussetzungen des Absatzes 2 tritt an die Stelle des Bundestages der Gemeinsame Ausschuß.

Art. 115b [Befehls- und Kommandogewalt]

Mit der Verkündung des Verteidigungsfalles geht die Befehls- und Kommandogewalt über die Streitkräfte auf den Bundeskanzler über.

Art. 115c [Erweiterte Kompetenz des Bundes]

(1) [1]Der Bund hat für den Verteidigungsfall das Recht der konkurrierenden Gesetzgebung auch auf den Sachgebieten, die zur Gesetzgebungszuständigkeit der Länder gehören. [2]Diese Gesetze bedürfen der Zustimmung des Bundesrates.

(2) Soweit es die Verhältnisse während des Verteidigungsfalles erfordern, kann durch Bundesgesetz für den Verteidigungsfall

1. bei Enteignungen abweichend von Artikel 14 Abs. 3 Satz 2 die Entschädigung vorläufig geregelt werden,
2. für Freiheitsentziehungen eine von Artikel 104 Abs. 2 Satz 3 und Abs. 3 Satz 1 abweichende Frist, höchstens jedoch eine solche von vier Tagen, für den Fall festgesetzt werden, daß ein Richter nicht innerhalb der für Normalzeiten geltenden Frist tätig werden konnte.

(3) Soweit es zur Abwehr eines gegenwärtigen oder unmittelbar drohenden Angriffs erforderlich ist, kann für den Verteidigungsfall durch Bundesgesetz mit

Zustimmung des Bundesrates die Verwaltung und das Finanzwesen des Bundes und der Länder abweichend von den Abschnitten VIII, VIIIa und X geregelt werden, wobei die Lebensfähigkeit der Länder, Gemeinden und Gemeindeverbände, insbesondere auch in finanzieller Hinsicht, zu wahren ist.

(4) **Bundesgesetze nach den Absätzen 1 und 2 Nr. 1 dürfen zur Vorbereitung ihres Vollzuges schon vor Eintritt des Verteidigungsfalles angewandt werden.**

Art. 115d [Vereinfachtes Verfahren der Bundesgesetzgebung]

(1) **Für die Gesetzgebung des Bundes gilt im Verteidigungsfalle abweichend von Artikel 76 Abs. 2, Artikel 77 Abs. 1 Satz 2 und Abs. 2 bis 4, Artikel 78 und Artikel 82 Abs. 1 die Regelung der Absätze 2 und 3.**

(2) [1]**Gesetzesvorlagen der Bundesregierung, die sie als dringlich bezeichnet, sind gleichzeitig mit der Einbringung beim Bundestage dem Bundesrate zuzuleiten.** [2]**Bundestag und Bundesrat beraten diese Vorlagen unverzüglich gemeinsam.** [3]**Soweit zu einem Gesetze die Zustimmung des Bundesrates erforderlich ist, bedarf es zum Zustandekommen des Gesetzes der Zustimmung der Mehrheit seiner Stimmen.** [4]**Das Nähere regelt eine Geschäftsordnung, die vom Bundestage beschlossen wird und der Zustimmung des Bundesrates bedarf.**

(3) **Für die Verkündung der Gesetze gilt Artikel 115a Abs. 3 Satz 2 entsprechend.**

Art. 115e [Stellung des Gemeinsamen Ausschusses]

(1) **Stellt der Gemeinsame Ausschuß im Verteidigungsfalle mit einer Mehrheit von zwei Dritteln der abgegebenen Stimmen, mindestens mit der Mehrheit seiner Mitglieder fest, daß dem rechtzeitigen Zusammentritt des Bundestages unüberwindliche Hindernisse entgegenstehen oder daß dieser nicht beschlußfähig ist, so hat der Gemeinsame Ausschuß die Stellung von Bundestag und Bundesrat und nimmt deren Rechte einheitlich wahr.**

(2) [1]**Durch ein Gesetz des Gemeinsamen Ausschusses darf das Grundgesetz weder geändert noch ganz oder teilweise außer Kraft oder außer Anwendung gesetzt werden.** [2]**Zum Erlaß von Gesetzen nach Artikel 23 Abs. 1 Satz 2, Artikel 24 Abs. 1 oder Artikel 29 ist der Gemeinsame Ausschuß nicht befugt.**

Art. 115f [Erweiterte Befugnisse der Bundesregierung]

(1) **Die Bundesregierung kann im Verteidigungsfalle, soweit es die Verhältnisse erfordern,**

1. **den Bundesgrenzschutz im gesamten Bundesgebiete einsetzen;**
2. **außer der Bundesverwaltung auch den Landesregierungen und, wenn sie es für dringlich erachtet, den Landesbehörden Weisungen erteilen und diese Befugnis auf von ihr zu bestimmende Mitglieder der Landesregierungen übertragen.**

(2) **Bundestag, Bundesrat und der Gemeinsame Ausschuß sind unverzüglich von den nach Absatz 1 getroffenen Maßnahmen zu unterrichten.**

Art. 115g [Stellung des Bundesverfassungsgericht]

[1]**Die verfassungsmäßige Stellung und die Erfüllung der verfassungsmäßigen Aufgaben des Bundesverfassungsgerichtes und seiner Richter dürfen nicht beein-**

trächtigt werden. [2]Das Gesetz über das Bundesverfassungsgericht darf durch ein Gesetz des Gemeinsamen Ausschusses nur insoweit geändert werden, als dies auch nach Auffassung des Bundesverfassungsgerichtes zur Aufrechterhaltung der Funktionsfähigkeit des Gerichtes erforderlich ist. [3]Bis zum Erlaß eines solchen Gesetzes kann das Bundesverfassungsgericht die zur Erhaltung der Arbeitsfähigkeit des Gerichtes erforderlichen Maßnahmen treffen. [4]Beschlüsse nach Satz 2 und Satz 3 faßt das Bundesverfassungsgericht mit der Mehrheit der anwesenden Richter.

Art. 115h [Dauer der Wahlperiode und Amtszeiten]

(1) **[1]Während des Verteidigungsfalles ablaufende Wahlperioden des Bundestages oder der Volksvertretungen der Länder enden sechs Monate nach Beendigung des Verteidigungsfalles. [2]Die im Verteidigungsfalle ablaufende Amtszeit des Bundespräsidenten sowie bei vorzeitiger Erledigung seines Amtes die Wahrnehmung seiner Befugnisse durch den Präsidenten des Bundesrates enden neun Monate nach Beendigung des Verteidigungsfalles. [3]Die im Verteidigungsfalle ablaufende Amtszeit eines Mitgliedes des Bundesverfassungsgerichtes endet sechs Monate nach Beendigung des Verteidigungsfalles.**

(2) **[1]Wird eine Neuwahl des Bundeskanzlers durch den Gemeinsamen Ausschuß erforderlich, so wählt dieser einen neuen Bundeskanzler mit der Mehrheit seiner Mitglieder; der Bundespräsident macht dem Gemeinsamen Ausschuß einen Vorschlag. [2]Der Gemeinsame Ausschuß kann dem Bundeskanzler das Mißtrauen nur dadurch aussprechen, daß er mit der Mehrheit von zwei Dritteln seiner Mitglieder einen Nachfolger wählt.**

(3) **Für die Dauer des Verteidigungsfalles ist die Auflösung des Bundestages ausgeschlossen.**

Art. 115i [Erweiterte Befugnisse der Landesregierung]

(1) **Sind die zuständigen Bundesorgane außerstande, die notwendigen Maßnahmen zur Abwehr der Gefahr zu treffen, und erfordert die Lage unabweisbar ein sofortiges selbständiges Handeln in einzelnen Teilen des Bundesgebietes, so sind die Landesregierungen oder die von ihnen bestimmten Behörden oder Beauftragten befugt, für ihren Zuständigkeitsbereich Maßnahmen im Sinne des Artikels 115 f Abs. 1 zu treffen.**

(2) **Maßnahmen nach Absatz 1 können durch die Bundesregierung, im Verhältnis zu Landesbehörden und nachgeordneten Bundesbehörden auch durch die Ministerpräsidenten der Länder, jederzeit aufgehoben werden.**

Art. 115k [Geltung von Gesetzen und Rechtsverordnungen]

(1) **[1]Für die Dauer ihrer Anwendbarkeit setzen Gesetze nach den Artikeln 115c, 115e und 115g und Rechtsverordnungen, die auf Grund solcher Gesetze ergehen, entgegenstehendes Recht außer Anwendung. [2]Dies gilt nicht gegenüber früherem Recht, das auf Grund der Artikel 115c, 115e und 115g erlassen worden ist.**

(2) **Gesetze, die der Gemeinsame Ausschuß beschlossen hat, und Rechtsverordnungen, die auf Grund solcher Gesetze ergangen sind, treten spätestens sechs Monate nach Beendigung des Verteidigungsfalles außer Kraft.**

(3) **[1]Gesetze, die von den Artikeln 91a, 91b, 104a, 106 und 107 abweichende Regelungen enthalten, gelten längstens bis zum Ende des zweiten Rech-**

nungsjahres, das auf die Beendigung des Verteidigungsfalles folgt. [2]Sie können nach Beendigung des Verteidigungsfalles durch Bundesgesetz mit Zustimmung des Bundesrates geändert werden, um zu der Regelung gemäß den Abschnitten VIII a und X überzuleiten.

Art. 115l [Aufhebung von Maßnahmen; Beendigung des Verteidigungsfalls]

(1) **[1]Der Bundestag kann jederzeit mit Zustimmung des Bundesrates Gesetze des Gemeinsamen Ausschusses aufheben. [2]Der Bundesrat kann verlangen, daß der Bundestag hierüber beschließt. [3]Sonstige zur Abwehr der Gefahr getroffene Maßnahmen des Gemeinsamen Ausschusses oder der Bundesregierung sind aufzuheben, wenn der Bundestag und der Bundesrat es beschließen.**

(2) **[1]Der Bundestag kann mit Zustimmung des Bundesrates jederzeit durch einen vom Bundespräsidenten zu verkündenden Beschluß den Verteidigungsfall für beendet erklären. [2]Der Bundesrat kann verlangen, daß der Bundestag hierüber beschließt. [3]Der Verteidigungsfall ist unverzüglich für beendet zu erklären, wenn die Voraussetzungen für seine Feststellung nicht mehr gegeben sind.**

(3) **Über den Friedensschluß wird durch Bundesgesetz entschieden.**

Pflichtstoff (*)

A. Überblick

1 Die Art. 115a–115l regeln den Verteidigungsfall. Er wird durch einen bereits begonnenen oder unmittelbar drohenden Angriff mit Waffengewalt auf das Bundesgebiet gekennzeichnet und auch als äußerer Notstand bezeichnet. Das erläuternde Adjektiv grenzt ihn zum inneren Notstand ab, dessen Bewältigung Regelungsgegenstand des Art. 91 ist (Jarass, in: JP, Art. 115a Rn. 1).

I. Allgemeines zu Notstandsregelungen

2 Das Notstandsrecht beruht auf dem Gedanken, dass sich eine Verfassung nicht nur unter regulären Bedingungen bewähren muss, sondern auch in Krisenzeiten, in denen der Bestand des Staates bzw. die Rechtsordnung besonders gravierenden Bedrohungen ausgesetzt sind, die sich nicht mehr mit den normalerweise zur Verfügung stehenden Mitteln bewältigen lassen. Gäbe es für derartige Situationen keine Sonderregelungen, stünde zu befürchten, dass sich Staatsorgane zum Zweck der Krisenbewältigung über die Regeln der Verfassung hinwegsetzen und so die Bindungswirkung der fundamentalen Regeln für das Staatsganze schwächen (Hopfauf, in: SHH, Vorb. v. Art. 115a Rn. 1 f.).

Wie richtig diese Überlegung ist, zeigt ein Blick auf die Maßnahmen zur vermeintlichen Rettung des Euro: Hier fehlt es gerade an vorab festgelegten Regeln für die Krisenbewältigung, was prompt dazu führt, dass die Einhaltung der Regeln des EU-Rechts und der Verfassung nicht mehr bei allen Akteuren im Vordergrund des Interesses zu stehen scheint (als noch vergleichsweise harmloses Beispiel s. nur die Entscheidung zur unzureichenden Unterrichtung des BT durch die BReg in Sachen ESM [BVerfGE 131, 152 ff.]). Selbstverständlich führt ein solcher Mangel an Information nicht zu einem Notstand. Der Fall indiziert aber die Richtigkeit des Hinweises, dass fehlende Notstandsregeln dazu verführen, sich nach dem Motto „Not kennt kein Gebot“ über bestehende Regeln hinwegzusetzen.

3 Bei der Schaffung des GG war auf Notstandsregelungen zunächst bewusst verzichtet worden. Abgesehen davon, dass es anfänglich an Streitkräften fehlte, so dass einem An-

griff von außen ohnehin nichts hätte entgegengesetzt werden können, wurden die Notstandsvorschriften der WRV als einer von mehreren Faktoren für die Entstehung der nationalsozialistischen Herrschaft angesehen (Robbers, in: Sachs, Vor Art. 115a Rn. 1). Sie zeichneten sich u.a. dadurch aus, dass auch Funktionsstörungen der Verfassungsorgane den Notstand begründen und Notstandsmaßnahmen rechtfertigen konnten (näher Hopfauf, in: SHH, Vorb. v. Art. 115 Rn. 12 ff.). Für derartige Situationen sieht das GG heute spezielle Regelungen vor (s. z.B. Art. 81); sie begründen keinen Fall des Art. 91 oder der Art. 115a ff.

II. Die Regelungen zum Verteidigungsfall

1956 wurde das GG zunächst um einen Art. 59a ergänzt, der Regelungen für die Feststellung des Verteidigungsfalls, für Erklärungen des BPräs über das Bestehen des Verteidigungsfalles sowie für den Friedensschluss enthielt. Die Norm wurde 1968 im Moment der Einführung der Art. 115a ff. wieder aufgehoben. **4**

Trotz der umfassend formulierten Überschrift des Xa. Abschnitts des GG („Verteidigungsfall") regeln die Art. 115a ff. die damit zusammenhängenden Fragen nicht umfassend. Sie befassen sich im Wesentlichen mit Kompetenz- und Verfahrensfragen, also mit Fragen des Staatsorganisationsrechts (Jarass, in: JP, Art. 115a Rn. 1). Abgesehen von Art. 115c II berechtigen sie nicht zu Grundrechtseingriffen (s. aber Art. 12a I–VI sowie den [freilich nicht speziell auf den Verteidigungsfall bezogenen] Art. 17a). Die Voraussetzungen für den Einsatz der Streitkräfte sind in Art. 87a geregelt. Der Verteidigungsfall nach Art. 115a ist dabei nur eines von mehreren Szenarien, in denen der Einsatz zulässig ist. Regelungen für den Spannungsfall als eine Vorstufe des Verteidigungsfalls finden sich schließlich in Art. 80a GG. **5**

Im Rahmen der juristischen Pflichtfachausbildung spielen die Art. 115a ff. allenfalls eine untergeordnete Rolle. Sie werden daher im Folgenden nur überblicksartig und zusammenfassend erläutert. **6**

B. Erläuterungen

I. Die Feststellung des Verteidigungsfalls (Art. 115a)

Merkmal des Verteidigungsfalls ist nach der Legaldefinition in Art. 115a I 1 ein gegenwärtiger oder unmittelbar drohender Angriff mit Waffengewalt auf das Bundesgebiet. Angriffe allein auf andere NATO-Staaten reichen nicht aus (Jarass, in: JP, Art. 115a Rn. 3). Vorstufen des Verteidigungsfalls sind der Spannungsfall, der Zustimmungsfall und der Bündnisfall gem. Art. 80a (näher Art. 80a Rn. 2 ff., 6 bzw. 7). **7**

Die konstitutiv wirkende Feststellung des Verteidigungsfalls muss grundsätzlich im Verfahren, insbesondere mit den Mehrheiten, nach Art. 115a I getroffen werden. Unter den Voraussetzungen des Art. 115a II kann die Feststellung auch durch den Gemeinsamen Ausschuss (zu diesem „Notparlament" s. Art. 53a) getroffen werden. **8**

Die Feststellung des Verteidigungsfalls muss gem. Art. 115a III vom BPräs im BGBl. verkündet werden. Die Vorschrift nimmt auf die möglichen Widrigkeiten einer Kriegssituation Rücksicht und lässt die Nachholung der Verkündung zu. Nach Art. 115 IV können die Feststellung des Verteidigungsfalls sowie ihre Verkündung sogar fingiert werden. **9**

II. Die Folgen der Feststellung des Verteidigungsfalls im Überblick

Die Rechtsfolgen einer Feststellung des Verteidigungsfalls ergeben sich primär aus Art. 115a ff., z.T. aber auch aus anderen Vorschriften. **10**

Die Art. 115a ff. selbst sehen folgende Konsequenzen vor: **11**

- Der BPräs kann unter den Voraussetzungen von Art. 115a V völkerrechtliche Erklärungen abgeben. Damit sind z. B. Kriegserklärungen gemeint (Hopfauf, in: SHH, Art. 115a Rn. 34 ff.).
- Gem. Art. 115b geht mit der Verkündung des Verteidigungsfalls die Befehls- und Kommandogewalt über die Streitkräfte, die gem. Art. 65a an sich beim BMin für Verteidigung liegt, auf den BKanzler über. Der bloße Bündnisfall nach Art. 80a III löst diese Folge nicht aus (Jarass, in: JP, Art. 115b Rn. 1).
- Nach Art. 115c I erstreckt sich die konkurrierende Gesetzgebungszuständigkeit des Bundes für den Verteidigungsfall auch auf die ausschließliche Gesetzgebungszuständigkeit der Länder. Sie erfasst also die Bereiche, die an sich weder der ausschließlichen Bundeskompetenz nach Art. 71, 73 noch der konkurrierenden Kompetenz nach Art. 72, 74 unterfallen. Zu beachten ist, dass diese Kompetenzverlagerung nicht erst im Verteidigungsfall, sondern für diesen gilt: Der Bund darf entsprechende Gesetze also unabhängig vom Verteidigungsfall erlassen. Sie dürfen jedoch – vorbehaltlich der Ausnahme in Art. 115c IV – erst im Verteidigungsfall angewandt werden.
- Art. 115c II lässt nach den Verhältnissen während des Verteidigungsfalls erforderliche Einschränkungen des Grundrechts aus Art. 14 sowie des grundrechtsgleichen Rechts aus Art. 104 III 2 zu, die andernfalls ausgeschlossen wären. Auch das insofern benötigte Bundesgesetz kann schon vor dem Verteidigungsfall erlassen werden; wie bei Art. 115c I geht es um Gesetze *für* den Verteidigungsfall.
- Soweit es zur Abwehr eines gegenwärtigen oder unmittelbar drohenden Angriffs erforderlich ist, können nach Art. 115c III die Verwaltung und das Finanzwesen des Bundes und der Länder abweichend von den sonst geltenden Vorschriften geregelt werden. Damit wird es ermöglicht, Finanz- und Verwaltungskompetenzen beim Bund zu zentralisieren (Hopfauf, in: SHH, Art. 115c Rn. 9). Auch dieses Gesetz kann schon vor dem Verteidigungsfall erlassen werden. Die Ausnahme aus Art. 115c IV gilt für diesen Fall nicht.
- Bundesgesetze werden im Verteidigungsfall im vereinfachten Gesetzgebungsverfahren nach Art. 115d erlassen.
- Die Rechte von BT und BR können unter den Voraussetzungen des Art. 115e I durch den GemA (s. Art. 53a) wahrgenommen werden. Seine Gesetzgebungsbefugnisse werden inhaltlich durch Art. 115e II sowie (für Änderungen des BVerfGG) durch Art. 115g begrenzt.
- Art. 115f erweitert die Befugnisse der BReg im Verteidigungsfall: Sie kann, soweit die Verhältnisse es erfordern, den Bundesgrenzschutz – das ist heute die Bundespolizei – im gesamten Bundesgebiet einsetzen, zudem hat sie ein Weisungsrecht u. a. gegenüber den Landesregierungen. Ergänzt wird Art. 115f durch Art. 115i, nach dem erforderlichenfalls u. a. die Landesregierungen die der BReg ausnahmsweise möglichen Maßnahmen treffen dürfen.
- Art. 115g verbietet Beeinträchtigungen der Stellung des BVerfG und der Erfüllung seiner Aufgaben. Das BVerfGG darf durch den GemA nur mit Zustimmung des BVerfG geändert werden.
- Da Wahlen im Verteidigungsfall höchstwahrscheinlich unmöglich wären oder allenfalls unter irregulären Bedingungen durchgeführt werden könnten, enden die während des Verteidigungsfalls ablaufenden Legislaturperioden des BT und der Landesparlamente nach Art. 115h I erst sechs Monate nach Ende des Verteidigungsfalles. Auch die Amtszeiten des BPräs und ausscheidender Richter des BVerfG verlängern sich ggf. Der GemA kann gem. Art. 115h II sogar den BKanzler wählen. Die Auflösung des BT ist während des Verteidigungsfalles ausgeschlossen, Art. 115h III.
- Art. 115k I ordnet an, dass Gesetze nach Art. 115c, 115e und 115g sowie auf ihnen beruhende Rechtsverordnungen entgegenstehendes Recht außer Anwendung setzen. Nach ihrem Außer-Kraft-Treten, das nach Art. 115k II, III automatisch nach einer bestimmten Zeit erfolgt, lebt das frühere Recht wieder auf.

– Der BT kann jederzeit mit Zustimmung des BR Gesetze des GemA aufheben oder die Aufhebung der von diesem oder der BReg getroffenen Maßnahmen verlangen, Art. 115l I.

Außerhalb der Art. 115a ff. knüpfen folgende Vorschriften Rechtsfolgen an die Feststellung des Verteidigungsfalles: **12**

– Nach Art. 12a III, IV, VI können im Verteidigungsfall bestimmte Dienstpflichten begründet werden.
– Art. 87a II sieht vor, dass die Streitkräfte u.a. zur Verteidigung eingesetzt werden dürfen. Dieser Begriff geht über den Verteidigungsfall sogar noch hinaus (Pieroth, in: JP, Art. 87a Rn. 9). Jedenfalls aber ist der Streitkräfteeinsatz im Verteidigungsfall zulässig. Art. 87a III erweitert zudem den Aufgabenbereich der Streitkräfte im Verteidigungsfall.
– Nur im Verteidigungsfall könnten die Wehrstrafgerichte nach Art. 96 II Strafgerichtsbarkeit über alle Angehörigen der Streitkräfte ausüben.
– Nicht zu den Rechtsfolgen des Verteidigungsfalles, aber doch zum thematischen Umfeld der Art. 115a ff. gehört schließlich die in Art. 53a II normierte Pflicht der BReg, den GemA über ihre Planungen für den Verteidigungsfall zu unterrichten.

III. Die Beendigung des Verteidigungsfalls

Der Verteidigungsfall wird gem. Art. 115l II durch einen Beschluss des BT, der der Zustimmung des BR bedarf, für beendet erklärt. Zu dieser Erklärung sind der BT und der BR nach Art. 115l II 3 verpflichtet, wenn die Voraussetzungen für die Feststellung des Verteidigungsfalls (o. Rn. 7) nicht mehr vorliegen. Soll völkerrechtlich verbindlich Frieden geschlossen werden, erfolgt das nach Art. 115l III unmittelbar durch Gesetz. **13**

C. Weiterführende Literatur/Leseempfehlungen

Graf Vitzthum, W., Der Spannungs- und Verteidigungsfall, in: Iseensee/Kirchhof (Hrsg.), HStR VII, 1992, § 170 Rn. 29–54. S. auch Art. 80a Rn. 8. **14**

XI. Übergangs- und Schlußbestimmungen

Art. 116 [Begriff des Deutschen; Behandlung nationalsozialistischer Ausbürgerungen]

(1) **Deutscher im Sinne dieses Grundgesetzes ist vorbehaltlich anderweitiger gesetzlicher Regelung, wer die deutsche Staatsangehörigkeit besitzt oder als Flüchtling oder Vertriebener deutscher Volkszugehörigkeit oder als dessen Ehegatte oder Abkömmling in dem Gebiete des Deutschen Reiches nach dem Stande vom 31. Dezember 1937 Aufnahme gefunden hat.**

(2) **[1] Frühere deutsche Staatsangehörige, denen zwischen dem 30. Januar 1933 und dem 8. Mai 1945 die Staatsangehörigkeit aus politischen, rassischen oder religiösen Gründen entzogen worden ist, und ihre Abkömmlinge sind auf Antrag wieder einzubürgern. [2] Sie gelten als nicht ausgebürgert, sofern sie nach dem 8. Mai 1945 ihren Wohnsitz in Deutschland genommen haben und nicht einen entgegengesetzten Willen zum Ausdruck gebracht haben.**

Pflichtstoff (***)

A. Überblick

Art. 116 ist eine nicht leicht verständliche Vorschrift. Sie stellt eine Reaktion auf die komplizierte Situation in Mitteleuropa kurz nach Ende des 2. Weltkriegs dar, die durch Grenzverschiebungen sowie große Bevölkerungsbewegungen durch Flucht und Vertreibung gekennzeichnet war. Zudem hatte sich die Staatsangehörigkeit vieler Menschen in den vorangehenden Jahren geändert; vielfach war auch dies gegen den Willen der Betroffenen durch Ausbürgerung geschehen. **1**

Art. 116 enthält zwei unterschiedliche Regelungen. Abs. 1 definiert, wer Deutscher im Sinne des GG ist. Abs. 2 normiert für Menschen, die während der nationalsozialistischen Herrschaft aus näher genannten Gründen ausgebürgert worden waren, einen Wiedereinbürgerungsanspruch bzw. eine Fiktion der Nichtausbürgerung. **2**

Die Vorschrift ist seit Inkrafttreten des GG nicht geändert worden; sie gilt nach wie vor in ihrer Erstfassung. **3**

In Prüfungsarbeiten ist auf Abs. 1 insbesondere bei der Erörterung des persönlichen Schutzbereichs der sog. Deutschengrundrechte (Vorbem. Grundrechte Rn. 65) einzugehen, deren Träger Deutsche i. S. dieser Vorschrift sind. Regelmäßig genügt es hier freilich, die Norm zu zitieren. Auf die Unterscheidung zwischen Deutschen mit deutscher Staatsangehörigkeit einerseits und den Status-Deutschen andererseits (u. Rn. 5) kommt es nicht an. Von Bedeutung ist diese Unterscheidung jedoch für die Anwendung des Art. 16 I GG, der nur deutsche Staatsangehörige vor dem Verlust ihrer Staatsangehörigkeit schützt (s. Art. 16 Rn. 5). **4**

B. Erläuterungen

I. Deutsche im Sinne des Grundgesetzes (Abs. 1)

Abs. 1 legt fest, wer Deutscher im Sinne des GG ist. Die Definition ist überall dort heranzuziehen, wo das GG den Begriff verwendet. Nach ihr ist – vorbehaltlich einer abweichenden gesetzlichen Regelung – Deutscher, wer einer von zwei Gruppen angehört: Er muss die deutsche Staatsangehörigkeit besitzen oder als Flüchtling oder Ver- **5** triebener deutscher Volkszugehörigkeit oder als dessen Ehegatte oder Abkömmling im Gebiete des Deutschen Reichs nach dem Stande v. 31.12.1937 Aufnahme gefunden haben. Die Angehörigen dieser zweiten Gruppe werden als sog. Status-Deutsche bezeichnet. Ihre Einbeziehung in den Begriff des Deutschen führt dazu, dass das GG Deutsche ohne deutsche Staatsangehörigkeit kennt.

6 Wer die deutsche Staatsangehörigkeit besitzt, bestimmt sich nach dem StAG. Es stammt ursprünglich aus dem Jahr 1913. Seither ist es vielfach geändert worden. Aktuelle Debatten wie z.B. die um die Möglichkeit einer doppelten Staatsangehörigkeit (umgangssprachlich häufig auch als „Doppelpass" bezeichnet) betreffen aus rechtlicher Sicht die Regelungen dieses Gesetzes.

7 Die Einbeziehung der Status-Deutschen bezweckt(e), deutsche Flüchtlinge und Vertriebene, die nach dem 2. Weltkrieg in anderen Staaten leben, als Deutsche behandeln zu können, ohne sie zur Aufgabe der Staatsangehörigkeit eines anderen Staates zu zwingen (Antoni, in: Hömig, Rn. 1). Voraussetzungen für die Zugehörigkeit zu dieser Gruppe der sog. Status-Deutschen sind der Verlust des außerhalb des Bundesgebietes liegenden Wohnsitzes durch Flucht oder Vertreibung, die – durch Bekenntnis zum deutschen Volkstum in der alten Heimat bekundete – Zugehörigkeit zum deutschen Volk und die Aufnahme in Deutschland; ausreichend ist auch, Ehegatte oder Abkömmling von jemandem zu sein, der diese Voraussetzungen erfüllt (näher Kokott, in: Sachs, Rn. 3ff.). Der 31.12.1937 hat selbst keine besondere historische Bedeutung. Das Datum wird jedoch regelmäßig als Stichtag für die Ausdehnung Deutschlands vor Beginn der Expansionspolitik im Vorfeld des 2. Weltkriegs herangezogen (Kimminich, Deutsche Verfassungsgeschichte, S. 640).

8 Abgesehen vom fehlenden Schutz durch Art. 16 I besitzen Status-Deutsche dieselbe staatsrechtliche Rechtsstellung wie Deutsche mit deutscher Staatsangehörigkeit. Insbesondere steht ihnen auch das Wahlrecht zu (Kokott, in: Sachs, Rn. 16), weil sie zum deutschen Volk gehören, von dem nach Art. 20 II 1 die Staatsgewalt ausgeht (BVerfGE 83, 37 [51]). Seit der Änderung des StAG im Jahr 2000 ist die Kategorie der Status-Deutschen weitgehend obsolet geworden, da die meisten Menschen, die ihr angehörten, die deutsche Staatsangehörigkeit erworben haben (Antoni, in: Hömig, Rn. 1, 5).

9 Die Regelung des Abs. 1 steht unter dem Vorbehalt einer abweichenden gesetzlichen Regelung. Ob sich dieser Vorbehalt neben den Status-Deutschen auch auf die Deutschen mit deutscher Staatsangehörigkeit bezieht – dafür spricht zumindest der Wortlaut –, ist ebenso umstr. wie die Frage, ob außer einer Einschränkung auch eine Ausweitung des Begriffs „Deutscher" möglich wäre (dazu Jarass, in: JP, Rn. 2).

II. Behandlung nationalsozialistischer Ausbürgerungen (Abs. 2)

10 Nach Abs. 2 S. 1 haben Menschen, denen die deutsche Staatsangehörigkeit während der nationalsozialistischen Herrschaft aus politischen, rassischen oder religiösen Gründen entzogen worden sind, ebenso wie ihre Abkömmlinge einen Anspruch auf Wiedereinbürgerung.

Der 30.1.1933 war der Tag der Machtergreifung durch die NSDAP; der 8.5.1945 der Tag der bedingungslosen Kapitulation der Wehrmacht am Kriegsende und damit des endültigen Endes der NS-Diktatur.

Unter der Voraussetzung, dass sie nach dem 8.5.1945 ihren Wohnsitz in Deutschland genommen und keinen entgegenstehenden Willen zum Ausdruck gebracht haben, gelten sie nach Abs. 2 S. 2 als nicht ausgebürgert.

11 Abs. 2 zielt darauf ab, das den Betroffenen zugefügte Unrecht im Rahmen des Möglichen auszugleichen (BVerfGE 54, 53 [69]). Aus der Vorschrift können die Begünstigten subjektive Rechte ableiten, die sie bei Bedarf auch einklagen könnten. Grundrechte oder grundrechtsähnliche Rechte, die mit der Verfassungsbeschwerde

geltend gemacht werden könnten, verbürgt die Vorschrift jedoch nicht (näher Jarass, in: JP, Rn. 11).

Jedes Grundrecht ist ein subjektives Recht, das der Grundrechtsträger per Klage durchsetzen kann und bei dessen Verletzung ihm nach der erfolglosen Anrufung der Fachgerichte (§ 90 II BVerfGG) noch die Verfassungsbeschwerde zur Verfügung steht. Umgekehrt ist aber nicht jedes subjektive Recht, das der Einzelne einklagen kann, auch ein Grundrecht oder grundrechtsähnliches Recht, auf deren Durchsetzung die Verfassungsbeschwerde jedoch beschränkt ist (s. den Wortlaut des Art. 94 I Nr. 4a). Zur Unterscheidung zwischen objektivem Recht und subjektiven Rechten s. Vorbem. Grundrechte Rn. 27 ff.

C. Weiterführende Literatur/Leseempfehlungen

Göbel-Zimmermann, R./Masuch, T., Die Neuregelung des Staatsangehörigkeitsrechts – Zu den verfassungsrechtlichen Vorgaben der Reform, DÖV 2000, 95–103; Hailbronner, K., Die Reform des deutschen Staatsangehörigkeitsrechts, NVwZ 1999, 1237–1280; Leopold, A., Einführung in das Staatsangehörigkeitsrecht, JuS 2006, 126–130. S. zudem die Hinweise in Art. 16 Rn. 32. **12**

Art. 117 [Übergangsregelung zu Art. 3 II und Art. 11]

(1) **Das dem Artikel 3 Abs. 2 entgegenstehende Recht bleibt bis zu seiner Anpassung an diese Bestimmung des Grundgesetzes in Kraft, jedoch nicht länger als bis zum 31. März 1953.**

(2) **Gesetze, die das Recht der Freizügigkeit mit Rücksicht auf die gegenwärtige Raumnot einschränken, bleiben bis zu ihrer Aufhebung durch Bundesgesetz in Kraft.**

Pflichtstoff (*)

Art. 117 hat ursprünglich dafür gesorgt, dass Vorschriften aus der Zeit vor Inkrafttreten des GG weitergalten, für die Art. 123 wegen ihrer Unvereinbarkeit mit Art. 3 II bzw. mit Art. 11 gerade keine Weitergeltung vorsah. Gegen Art. 3 II verstoßende Vorschriften blieben nach Abs. 1 jedoch maximal bis zum 31.3.1953 in Kraft. Einschränkungen der Freizügigkeit mit Rücksicht auf die (nach-)kriegsbedingte Raumnot, auf die sich Abs. 2 bezieht, gibt es heute nicht mehr. Insofern ist die Vorschrift gegenstandslos. Zu Details s. Sachs, in: Sachs, Rn. 20. **1**

Art. 118 [Neugliederung im Südwesten]

[1]Die Neugliederung in dem die Länder Baden, Württemberg-Baden und Württemberg-Hohenzollern umfassenden Gebiete kann abweichend von den Vorschriften des Artikels 29 durch Vereinbarung der beteiligten Länder erfolgen. [2]Kommt eine Vereinbarung nicht zustande, so wird die Neugliederung durch Bundesgesetz geregelt, das eine Volksbefragung vorsehen muß.

Kommentierung von Art. 118 bei Art. 118a Rn. 1 und 2.

Art. 118a [Neugliederung Berlin/Brandenburg]

Die Neugliederung in dem die Länder Berlin und Brandenburg umfassenden Gebiet kann abweichend von den Vorschriften des Artikels 29 unter Beteiligung ihrer Wahlberechtigten durch Vereinbarung beider Länder erfolgen.

Pflichtstoff (*)

1 Die Vorschriften der Art. 118 und 118a erlauben in den dort genannten Gebieten die Neugliederung des Bundesgebietes unter Voraussetzungen, die gegenüber Art. 29 Erleichterungen aufweisen (Art. 29 Rn. 3, 6ff.). Insofern stellen sie allerdings nur Wahlmöglichkeiten dar, ohne Art. 29 zu verdrängen.

2 Art. 118 wurde durch die nach Satz 2 erfolgte Bildung des Landes Baden-Württemberg am 25.4.1952 aus den drei in Satz 1 genannten Gebieten umgesetzt (Bundesgesetze v. 4.5.1951, BGBl. I S. 283, 284; Volksbefragung v. 9.12.1951). Er ist demnach verbraucht und heute obsolet.

3 Art. 118a erlaubt die Verschmelzung der Länder Berlin und Brandenburg allein durch eine Vereinbarung beider Länder (Staatsvertrag, vgl. Art. 29 Rn. 8) unter Beteiligung der Wahlberechtigten. Diese Beteiligung muss nicht zwingend ein Volksentscheid sein (vgl. Art. 29 Rn. 6, 10f.); andere Formen der Volksbeteiligung sind möglich.

4 Der erste staatsvertraglich eingeleitete Verschmelzungsversuch scheiterte an der Ablehnung der Bevölkerung Brandenburgs im Zuge der Volksabstimmung v. 5.5.1996. Dessen ungeachtet ist Art. 118a für weitere Vereinigungsversuche weiterhin anwendbar.

Art. 119 [Flüchtlinge und Vertriebene]

[1]In Angelegenheiten der Flüchtlinge und Vertriebenen, insbesondere zu ihrer Verteilung auf die Länder, kann bis zu einer bundesgesetzlichen Regelung die Bundesregierung mit Zustimmung des Bundesrates Verordnungen mit Gesetzeskraft erlassen. [2]Für besondere Fälle kann dabei die Bundesregierung ermächtigt werden, Einzelweisungen zu erteilen. [3]Die Weisungen sind außer bei Gefahr im Verzuge an die obersten Landesbehörden zu richten.

Art. 120 [Kriegsfolge- und Sozialversicherungslasten; Ertragshoheit]

(1) **[1]Der Bund trägt die Aufwendungen für Besatzungskosten und die sonstigen inneren und äußeren Kriegsfolgelasten nach näherer Bestimmung von Bundesgesetzen. [2]Soweit diese Kriegsfolgelasten bis zum 1. Oktober 1969 durch Bundesgesetze geregelt worden sind, tragen Bund und Länder im Verhältnis zueinander die Aufwendungen nach Maßgabe dieser Bundesgesetze. [3]Soweit Aufwendungen für Kriegsfolgelasten, die in Bundesgesetzen weder geregelt worden sind noch geregelt werden, bis zum 1. Oktober 1965 von den Ländern, Gemeinden (Gemeindeverbänden) oder sonstigen Aufgabenträgern, die Aufgaben von Ländern oder Gemeinden erfüllen, erbracht worden sind, ist der Bund zur Übernahme von Aufwendungen dieser Art auch nach diesem Zeitpunkt nicht verpflichtet. [4]Der Bund trägt die Zuschüsse zu den Lasten der Sozialversicherung mit Einschluß der Arbeitslosenversicherung und der Arbeitslosenhilfe. [5]Die durch diesen Absatz geregelte Verteilung der Kriegsfolgelasten auf Bund und Länder läßt die gesetzliche Regelung von Entschädigungsansprüchen für Kriegsfolgen unberührt.**

(2) **Die Einnahmen gehen auf den Bund zu demselben Zeitpunkte über, an dem der Bund die Ausgaben übernimmt.**

Pflichtstoff (*)

I. Lastentragung des Bundes (Abs. 1)

Art. 120 I regelt, dass der Bund die Kriegsfolgenlasten und die Zuschüsse zu den Sozialversicherungslasten zu tragen hat. Damit soll „eine gleichmäßige Belastung der gesamten Bevölkerung im Bundesgebiet[es]" erreicht werden (BVerfGE 113, 167 [214]). Dies stellt eine Durchbrechung des finanzverfassungsrechtlichen Konnexitätsprinzips gem. Art. 104a I Hs. 1 dar (Art. 104a Rn. 10), wonach diese Ausgaben wegen der Verwaltungskompetenz (Art. 83, 84) von den Ländern zu bestreiten wären. 1

Kriegsfolgelasten sind Ausgaben, deren entscheidende Ursache der Zweite Weltkrieg ist (BVerfGE 9, 305 [324]), insb. für den Wiederaufbau, Leistungen an Kriegsgeschädigte und -hinterbliebene, Lastenausgleich zugunsten der Flüchtlinge und Vertiebenen (besondere Verwaltungskompetenzen in Art. 120a). Sie spielen heute keine nennenswerte Rolle mehr. Besatzungskosten sind bereits mit der Beendigung des Besatzungsregimes am 5.5.1955 weggefallen. 2

Quantitativ eine überaus bedeutende Rolle spielen hingegen die Zuschüsse des Bundes zu den Sozialversicherungslasten, die in Art. 120 I 4 sehr versteckt geregelt sind, d. h. die Zahlungen an die gesetzliche Renten-, Kranken-, Pflege- und Unfallversicherung einschl. der Arbeitslosenversicherung und der Arbeitslosenhilfe („Hartz IV"). Allein für die gesetzliche Renten- und Arbeitslosenversicherung wurden für das Jahr 2015 Zuschüsse des Bundes i. H. v. rund 90 Mrd. Euro im Haushaltsplan des Bundes (Art. 110 I) veranschlagt. Dies entspricht 30% des Volumens für das Haushaltsjahr 2015 i. H. v. rund 300 Mrd. Euro (Haushaltsgesetz v. 23.12.2014, BGBl. I S. 2442; vgl. auch Fichte, in: Deutsches Steuerzahlerinstitut, Heft 111, Reduzierungspotential bei ausgewählten Sozialausgaben des Bundes, 2011). 3

II. Ertragshoheit des Bundes (Abs. 2)

Art. 120 II ist eine Übergangsregelung, die mit Erlass des Ersten Gesetzes zur Überleitung von Lasten- und Deckungsmittel (BGBl. 1950 I S. 773) ihre praktische Bedeutung verloren hat. 4

Art. 120a [Lastenausgleich]

(1) [1]**Die Gesetze, die der Durchführung des Lastenausgleichs dienen, können mit Zustimmung des Bundesrates bestimmen, daß sie auf dem Gebiete der Ausgleichsleistungen teils durch den Bund, teils im Auftrage des Bundes durch die Länder ausgeführt werden und daß die der Bundesregierung und den zuständigen obersten Bundesbehörden auf Grund des Atikels 85 insoweit zustehenden Befugnisse ganz oder teilweise dem Bundesausgleichsamt übertragen werden.** [2]**Das Bundesausgleichsamt bedarf bei Ausübung dieser Befugnisse nicht der Zustimmung des Bundesrates; seine Weisungen sind, abgesehen von den Fällen der Dringlichkeit, an die obersten Landesbehörden (Landesausgleichsämter) zu richten.**

(2) **Artikel 87 Abs. 3 Satz 2 bleibt unberührt.**

Art. 121 [Mehrheit des Bundestages und der Bundesversammlung]

Mehrheit der Mitglieder des Bundestages und der Bundesversammlung im Sinne dieses Grundgesetzes ist die Mehrheit ihrer gesetzlichen Mitgliederzahl.

Pflichtstoff (***)

I. Mehrheit der Mitglieder des Bundestages und der Bundesversammlung

1 Art. 121 definiert den Begriff der Mehrheit der Mitglieder des BT und der BV. Für Abstimmungen und Wahlen (zur Unterscheidung Art. 42 Rn. 10) fordert das GG die Mehrheit der Mitglieder des BT in Art. 29 VII 2, Art. 63 II 1, III, IV 2, 3, Art. 67 I 1, Art. 68 I 1, Art. 77 IV 1, 2, Art. 80a III 2, Art. 87 III 2, Art. 115 II 6, Art. 115a I 2 und der BV in Art. 54 VI 1. Diese Vorschriften stellen damit Ausnahmen zum Grds. des Art. 42 II 1 Hs. 1 dar.

2 Mehrheit bedeutet mindestens eine Stimme mehr als die Hälfte (vgl. Art. 63 III), d. h. die einfache Mehrheit (Zustimmungsquorum, Art. 42 Rn. 12). Die Bezugsgröße für diese Mehrheit (das Beteiligungsquorum, Art. 42 Rn. 13) sind bei Art. 121 jedoch nicht die tatsächlich abgegebenen Stimmen (die Abstimmungsmehrheit), sondern die Gesamtzahl der Mitglieder des Gremiums (also BT bzw. BV) – unabhängig davon, wie viele Stimmen abgegeben wurden. Dies wird als Mitgliedermehrheit oder absolute Mehrheit bezeichnet. Die Mehrheit der Mitglieder des BT wird außerdem wegen Art. 63 II 1 auch „Kanzlermehrheit" genannt und zwar auch dort, wenn es gar nicht um die Wahl des BKanzlers geht.

3 Die in Art. 121 festgelegte Bezugsgröße der gesetzlichen Mitgliederzahl ist nach h. M. auch für BT-Abstimmungen maßgeblich, für die es nicht der einfachen Mehrheit bedarf, sondern qualifizierter Mehrheiten (Art. 42 Rn. 16); vgl. etwa Art. 61 I 3: zwei Drittel; Art. 39 III 3: ein Drittel; Art. 61 I 2: ein Viertel; Art. 42 I 2: ein Zehntel).

II. Mehrheit der gesetzlichen Mitgliederzahl

4 Die gesetzliche Mitgliederzahl des BT ergibt sich aus den §§ 1, 6, 44 ff. BWahlG. Dabei ist auf den sog. Sollbestand, d. h. die Zahl der Abgeordneten, die im konkreten Zeitpunkt sitz- und stimmberechtigt sind, abzustellen. Maßgeblich dafür sind
- die Ausgangszahl der Abgeordneten in Höhe von 598 gem. § 1 I 1 BWahlG,
- mögliche Erhöhungen der Ausgangszahl durch Überhangmandate (§ 6 V BWahlG) und Reststimmenzahlmandate (§ 6 IIa und III BWahlG), s. hierzu Art. 38 Rn. 48, 58 ff., und
- mögliche Verringerungen der Ausgangszahl infolge der Erschöpfung der Parteiliste (§ 6 IV 4, § 48 I 3 BWahlG), der Erledigung eines Wahlkreismandats (§ 44 III 2, § 46 IV 2, § 48 II 3 BWahlG), eines Parteiverbots (§ 46 IV BWahlG), des Mandatsverlusts eines Abgeordneten bis zur Wiederbesetzung (§§ 46 ff. BWahlG).

Irrelevant für die gesetzliche Mitgliederzahl i. S. v. Art. 121 sind hingegen vorübergehende Hinderungen an der Mandatsausübung wie etwa Krankheit, Urlaub oder Sitzungsausschluss.

Art. 122 [Bisherige Gesetzgebungskompetenzen]

(1) **Vom Zusammentritt des Bundestages an werden die Gesetze ausschließlich von den in diesem Grundgesetze anerkannten gesetzgebenden Gewalten beschlossen.**

(2) **Gesetzgebende und bei der Gesetzgebung beratend mitwirkende Körperschaften, deren Zuständigkeit nach Absatz 1 endet, sind mit diesem Zeitpunkt aufgelöst.**

Art. 123 [Fortgeltung vorkonstitutioneller Rechts]

(1) **Recht aus der Zeit vor dem Zusammentritt des Bundestages gilt fort, soweit es dem Grundgesetze nicht widerspricht.**

(2) **Die vom Deutschen Reich abgeschlossenen Staatsverträge, die sich auf Gegenstände beziehen, für die nach diesem Grundgesetze die Landesgesetzgebung zuständig ist, bleiben, wenn sie nach allgemeinen Rechtsgrundsätzen gültig sind und fortgelten, unter Vorbehalt aller Rechte und Einwendungen der Beteiligten in Kraft, bis neue Staatsverträge durch die nach diesem Grundgesetze zuständigen Stellen abgeschlossen werden oder ihre Beendigung auf Grund der in ihnen enthaltenen Bestimmungen anderweitig erfolgt.**

Pflichtstoff (*)

I. Fortgeltung innerstaatlichen Rechts (Abs. 1)

Art. 123 I regelt die Geltungskraft vorkonstitutionellen Rechts, d. h. von Recht, das vor dem ersten Zusammentritt des BT am 7.9.1949 (Rn. 5f.) erlassen worden war. Die Verfassungsgeber hatten die Intention, grds. das gesamte vorkonstitutionelle Recht in die nachkonstitutionelle Rechtsordnung aufzunehmen. Inzwischen hat die Vorschrift nur noch geringe praktische Bedeutung (s. auch das klarstellende Bundesgesetz über die Sammlung des Bundesrechts vom 10.7.1958). 1

Art. 123 I spricht ganz allgemein von „Recht". Die Frage, ob dieses Recht Bundes- oder Landesrecht ist, regeln Art. 124 für Gegenstände der ausschließlichen Gesetzgebung (insb. Art. 73) und Art. 125 für Gegenstände der konkurrierenden Gesetzgebung (insb. Art. 74, 105 II). Kommt eine dieser beiden Vorschriften zum Tragen, wird das vorkonstitutionelle Recht zu Bundesrecht, andernfalls zu Landesrecht. Im Streitfall kann nach Art. 126 das BVerfG zur Entscheidung angerufen werden (Art. 126 Rn. 2). Vorkonstitutionelle Ermächtigungen zum Erlass von Rechtsverordnungen finden eine spezielle Regelung in Art. 129. 2

1. Recht ...

Der Begriff des Rechts in Art. 123 I erfasst Rechtsnormen jeder Art (BVerfGE 28, 119 [133]). Hierzu gehören zunächst formelle Gesetze, auch Zustimmungs- und Transformationsgesetze im Zusammenhang mit völkerrechtlichen Verträgen (vgl. Art. 59 Rn. 9ff.). Weiterhin sind unter Recht i. S. d. Art. 123 I auch Rechtsverordnungen, Satzungen und Gewohnheitsrecht (vgl. BVerfGE 6, 389 [418]; 34, 293 [303f.]) zu verstehen. Nicht erfasst werden hingegen Verwaltungsvorschriften, denen kein Rechtsnormcharakter zukommt, weil sie nur innerhalb des jeweiligen Rechtsträgers gelten (Art. 84 Rn. 15). Ebenso wenig gilt die Verfassung des Deutschen Reiches (Weimarer Reichsverfassung – WRV) fort: Zum einen wurde sie durch das GG abgelöst; zum anderen ist Art. 140 die speziellere Vorschrift, die wenige Teile der WRV in das GG aufgenommen hat (s. Art. 140 Rn. 1). 3

Weiterhin muss das Recht zumindest in Teilen des heutigen Bundesgebiets Rechtswirksamkeit entfaltet haben und von (damals) deutschen Organen erlassen worden sein. Str. ist dies für das von den Besatzungsmächten erlassene Recht (ablehnend BVerfGE 3, 368 [375]; zum Meinungsstreit: Kirn, in: MK, Rn. 11). 4

2. ... aus der Zeit vor dem Zusammentritt des Bundestages ...

Stichtag für Art. 123 I ist der 7.9.1949, an dem der erste BT erstmalig zusammengetreten ist. Damit besteht ein Unterschied zu vorkonstitutionellem Recht, das kein Gegenstand einer konkreten Normenkontrolle nach Art. 100 I sein kann (Art. 100 Rn. 2ff., 8): Hier wird auf den Tag des Inkrafttretens des GG nach Art. 145 II (24.5. 1949) abstellt. 5

Das Recht muss nach der bei Erlass geltenden Rechtsordnung formell und materiell wirksam zustande gekommen und in der Zwischenzeit nicht wieder unwirksam ge- 6 worden sein. Als von Anfang an ungültig sind solche Gesetze anzusehen, die fundamentalen Prinzipien der Gerechtigkeit offensichtlich widersprechen (BVerfGE 3, 58 [119]; 6, 132 [198]; 23, 98 [106]). Dies gilt in erster Linie für nationalsozialistische Rechtsvorschriften, die allerdings ohnehin dem GG widersprechen und bereits nach dem Wortlaut von Art. 123 I keine Anwendung finden (Rn. 7).

3. ... soweit es dem Grundgesetze nicht widerspricht

7 Vorkonstitutionelles Recht wird nur dann Bestandteil der nachkonstitutionellen Rechtsordnung, soweit es dem GG nicht widerspricht. Dabei kommt es nur auf die materielle Verfassungsmäßigkeit an (insb. auf die Vereinbarkeit mit den Grundrechten, ggf. durch verfassungskonforme Auslegung). Anwendungsfall ist insb. nationalsozialistisches Recht. Die formelle Verfassungsmäßigkeit (insb. Zuständigkeit, Verfahren und Form) richten sich allein nach der Rechtsordnung zum Zeitpunkt des Erlasses des vorkonstitutionellen Rechts.

4. Rechtsnatur des fortgeltenden Rechts

8 Art. 123 I schweigt sich über die Rechtsnatur fortgeltender vorkonstitutioneller Rechtsnormen aus. Lediglich die föderale Zuordnung wird durch die Art. 124, 125 geregelt (Rn. 2). Ansonsten behalten die Rechtssätze grds. ihre Rechtsnatur als formelles Gesetz, Rechtsverordnung oder Satzung. Eine – wenn auch zweifelhafte – Ausnahme sieht das BVerfG bei „gesetzesvertretenden Verordnungen“, wie sie unter dem Regime WRV üblich waren. Diese sollen im Rang eines formellen Gesetzes fortgelten (BVerfGE 52, 1 [16]).

5. Recht der DDR

9 Recht der DDR, das dem GG nicht widerspricht, wurde mit dem Beitritt der DDR zur Bundesrepublik am 3.10.1990 in die gesamtdeutsche Rechtsordnung inkorporiert. Rechtsgrundlage ist Art. 9 des Einigungsvertrages vom 31.8.1990 (Gesetz v. 23.9.1990, BGBl. II S. 885, 889).

II. Fortgeltung völkerrechtlicher Verträge (Abs. 2)

10 Art. 123 II setzt die Fortgeltung der Staatsverträge des Deutschen Reichs vor dem 7.9.1949 voraus und regelt lediglich deren innerstaatliche Wirkung, die bis zur Ersetzung durch neue Staatsverträge erhalten bleibt.

Art. 124 [Fortgeltung vorkonstitutionellen Rechts: ausschließliche Gesetzgebung]

Recht, das Gegenstände der ausschließlichen Gesetzgebung des Bundes betrifft, wird innerhalb seines Geltungsbereiches Bundesrecht.

Kommentierung von Art. 124 bei Art. 123 Rn. 2, 8.

Art. 125 [Fortgeltung vorkonstitutionellen Rechts: konkurrierende Gesetzgebung]

Recht, das Gegenstände der konkurrierenden Gesetzgebung des Bundes betrifft, wird innerhalb seines Geltungsbereiches Bundesrecht,
1. soweit es innerhalb einer oder mehrerer Besatzungszonen einheitlich gilt,

2. soweit es sich um Recht handelt, durch das nach dem 8. Mai 1945 früheres Reichsrecht abgeändert worden ist.

Kommentierung von Art. 125 bei Art. 123 Rn. 2, 8.

Art. 125a [Fortgeltung von Recht bei Kompetenzverschiebung]

(1) [1]**Recht, das als Bundesrecht erlassen worden ist, aber wegen der Änderung des Artikels 74 Abs. 1, der Einfügung des Artikels 84 Abs. 1 Satz 7, des Artikels 85 Abs. 1 Satz 2 oder des Artikels 105 Abs. 2a Satz 2 oder wegen der Aufhebung der Artikel 74a, 75 oder 98 Abs. 3 Satz 2 nicht mehr als Bundesrecht erlassen werden könnte, gilt als Bundesrecht fort.** [2]**Es kann durch Landesrecht ersetzt werden.**

(2) [1]**Recht, das auf Grund des Artikels 72 Abs. 2 in der bis zum 15. November 1994 geltenden Fassung erlassen worden ist, aber wegen Änderung des Artikels 72 Abs. 2 nicht mehr als Bundesrecht erlassen werden könnte, gilt als Bundesrecht fort.** [2]**Durch Bundesgesetz kann bestimmt werden, dass es durch Landesrecht ersetzt werden kann.**

(3) [1]**Recht, das als Landesrecht erlassen worden ist, aber wegen Änderung des Artikels 73 nicht mehr als Landesrecht erlassen werden könnte, gilt als Landesrecht fort.** [2]**Es kann durch Bundesrecht ersetzt werden.**

Pflichtstoff (**)

I. Überblick

Art. 125a ordnet die Fortgeltung von Rechtsnormen an, die nach den in der Vorschrift genannten Verfassungsänderungen und den damit einhergehenden Neuverteilungen der Gesetzgebungskompetenzen nicht mehr vom ursprünglichen Gesetzgeber (Bund bzw. Land) erlassen werden könnten (ausführlich Uhle, DÖV 2006, 370–379). Dementsprechend wären diese Rechtsnormen ohne die Anordnung der Fortgeltung formell verfassungswidrig. Nach Art. 125a bleibt das betroffene Recht zunächst in Kraft. Dadurch sollen Regelungslücken verhindert werden, die durch Verfassungsänderungen entstehen. Voraussetzung der Fortgeltung ist freilich, dass die Rechtsnorm zum Zeitpunkt ihrer Verkündung auf eine Gesetzgebungskompetenz gestützt werden konnte, dass sie also ursprünglich formell verfassungsgemäß war. 1

Fortgeltendes Recht kann durch die zuständig gewordene Körperschaft (bei Abs. 1 die Länder) ersetzt werden. Art. 125a unterscheidet drei Fallgruppen, denen je ein Absatz gewidmet ist. Streitfragen über das Fortgelten von Normen nach Art. 125a können verfassungsgerichtlich nicht über Art. 126, sondern nur im Verfahren der abstrakten oder konkreten Normenkontrolle geklärt werden (Art. 93 I Nr. 2 bzw. Art. 100 I). 2

II. Aufhebung von Bundeskompetenzen (Abs. 1)

Art. 125a I betrifft Fälle, in denen die Gesetzgebungskompetenz des Bundes weggefallen ist, so dass die Regelkompetenz der Länder gem. Art. 70 I zum Tragen kommt. Hauptsächliche Ursache für diese Zuständigkeitsverschiebungen war die sog. Föderalismusreform I aus dem Jahr 2006 (Gesetz v. 28.8.2006, BGBl. I S. 2034): 3

– Art. 74 I, Art. 74a, Art. 105 IIa 2: Aus dem Katalog der konkurrierenden Gesetzgebungskompetenz des Bundes wurden im Zuge der Föderalismusreform I u. a. folgende Sachgebiete ausgenommen, die seit 1.9.2006 in die Zuständigkeit der Länder fallen: das Strafvollzugsrecht (Art. 74 I Nr. 1 a. F.), das Versammlungsrecht (Art. 74 I 4

Nr. 3 a.F.), das Heimrecht (Art. 74 I Nr. 7 a.F.) sowie das Recht des Ladenschlusses, der Gaststätten, Spielhallen, Personenschaustellung (z.B. akrobatische Vorführungen, aber auch Striptease- und Peepshows), Messen, Ausstellungen und Märkte (Art. 74 I Nr. 11 a.F., in der n.F. nunmehr ausdrücklich den Ländern vorbehalten), schließlich das Recht der Besoldung der Beamten der Länder und Kommunen (Art. 74a a.F.). Nach Art. 105 IIa 2 i.V.m. II darf der Bund nicht mehr die Höhe des Grunderwerbsteuersatzes bestimmen.

5 – Art. 84 I 7, Art. 85 I 2: Diese Normen betreffen Bundesgesetze, die unmittelbar die Kommunen (Art. 28 Rn. 21ff.) zum Vollzug verpflichten. Das ist nach der Föderalismusreform I (Rn. 3f.) nicht mehr zulässig.

6 – Art. 75 normierte die Rahmengesetzgebungskompetenz des Bundes, die im Zuge der Föderalismusreform I ersatzlos aufgehoben wurde. Wichtige Anwendungsbereiche waren das Beamtenrecht (Art. 75 I 1 Nr. 1 a.F. – BRRG) sowie das Hochschulrecht (Art. 75 I 1 Nr. 1a – HRG), desgleichen die Rahmengesetzgebungskompetenz des Bundes für die Landesrichter gem. Art. 98 III 2 (DRiG). Im Beamtenrecht hat der Bund seine Kompetenz für die Beamten des Bundes und der bundesunmittelbaren j.P.ö.R. behalten (Art. 73 I Nr. 8, s. das BBG). Bzgl. der Beamten der Länder, Kommunen und landesunmittelbaren juristischen Personen des öffentlichen Rechts darf der Bund nur noch das Statusrecht regeln (Art. 74 I Nr. 27, s. das BeamtStG). Insoweit ist Art. 125b I einschlägig. Im Hochschulrecht darf der Bund nur noch die Hochschulzulassung und die Hochschulabschlüsse regeln (Art. 74 I Nr. 33); auch insoweit gilt Art. 125b I.

7 Nach Art. 125a I 2 können die Länder nach Satz 1 fortgeltendes Bundesgesetz nur ersetzen, nicht jedoch ändern. Um bei bloßen Anpassungen oder Berichtigungen einer „Versteinerung" der Rechtslage entgegenzuwirken, wird dem Bund in begrenztem Umfang eine Änderungskompetenz zugestanden (Schl.-Holst. OVG, NVwZ 2006, 847 [848]).

8 Durch die Ersetzungsbefugnis kann es dazu kommen, dass ein Bundesgesetz in einzelnen Ländern – ganz oder teilweise – als partikulares Bundesrecht fortgilt, während es in anderen Ländern durch Landesrecht ersetzt wurde (krit. wegen einer möglichen Rechtszersplitterung Knopp, NVwZ 2006, 1216 [1220]).

III. Einführung der Erforderlichkeitsklausel (Abs. 2)

9 Mit der Änderung von Art. 72 II durch Gesetz v. 27.10.1994 (BGBl. I S. 3146) wurden die Anforderungen für den Bund verschärft, seine konkurrierende Gesetzgebungskompetenz wahrzunehmen: Neue Voraussetzung wurde die Erforderlichkeit einer bundesgesetzlichen Regelung, bis dahin war nur ein Bedürfnis notwendig (seit der Föderalismusreform I [Rn. 3f.] erstreckt sich die Erforderlichkeitsklausel nur auf Art. 74 I Nr. 4, 7, 11, 13, 15, 19a, 20, 22, 25 und 26). Nach Art. 125a II gelten Gesetze als Bundesrecht fort, die bis 15.11.1994 in Einklang mit der Bedürfnisklausel erlassen wurden, unter dem Regime der Erforderlichkeitsklausel jedoch nicht mehr erlassen werden dürften. Sie können jedoch nur durch Landesrecht ersetzt werden, wenn der Bund dies durch Gesetz „erlaubt" (sog. Freigabegesetz, vgl. auch Art. 72 Rn. 22ff.).

IV. Aufhebung von Landeskompetenzen (Abs. 3)

10 Art. 125a III betrifft den spiegelbildlichen Fall zu Art. 125a I, nämlich den Wegfall einer Landeskompetenz aus Art. 70 I durch Erweiterung der ausschließlichen Gesetzgebungskompetenz des Bundes in Art. 73 I. Betroffen wurden durch die Föderalismusreform I (Rn. 3f.) namentlich das Melde- und Ausweiswesen (Art. 73 I Nr. 3), der Schutz deutschen Kulturguts (Art. 73 I Nr. 5a), das Waffen- und Sprengstoffrecht (Art. 73 I Nr. 12) und das Atomrecht (Art. 73 I Nr. 14). Auf diesen Gebieten vor der

Reform erlassenes Landesrecht gilt nach Art. 125a III 1 zunächst fort, kann aber nach Art. 125a III 2 durch Bundesrecht ersetzt werden.

Art. 125b [Übergangsregelung zu Rahmen- sowie Organisations- und Verfahrensrecht]

(1) [1]**Recht, das auf Grund des Artikels 75 in der bis zum 1. September 2006 geltenden Fassung erlassen worden ist und das auch nach diesem Zeitpunkt als Bundesrecht erlassen werden könnte, gilt als Bundesrecht fort.** [2]**Befugnisse und Verpflichtungen der Länder zur Gesetzgebung bleiben insoweit bestehen.** [3]**Auf den in Artikel 72 Abs. 3 Satz 1 genannten Gebieten können die Länder von diesem Recht abweichende Regelungen treffen, auf den Gebieten des Artikels 72 Abs. 3 Satz 1 Nr. 2, 5 und 6 jedoch erst, wenn und soweit der Bund ab dem 1. September 2006 von seiner Gesetzgebungszuständigkeit Gebrauch gemacht hat, in den Fällen der Nummern 2 und 5 spätestens ab dem 1. Januar 2010, im Falle der Nummer 6 spätestens ab dem 1. August 2008.**

(2) **Von bundesgesetzlichen Regelungen, die auf Grund des Artikels 84 Abs. 1 in der vor dem 1. September 2006 geltenden Fassung erlassen worden sind, können die Länder abweichende Regelungen treffen, von Regelungen des Verwaltungsverfahrens bis zum 31. Dezember 2008 aber nur dann, wenn ab dem 1. September 2006 in dem jeweiligen Bundesgesetz Regelungen des Verwaltungsverfahrens geändert worden sind.**

Pflichtstoff (*)

Zu Art. 125b I s. Art. 125a Rn. 6 und Art. 126 Rn. 5.

Art. 125c [Fortgeltung von Bundesrecht auf dem Gebiet der Gemeindeverkehrsfinanzierung und der sozialen Wohnraumförderung]

(1) **Recht, das auf Grund des Artikels 91a Abs. 2 in Verbindung mit Abs. 1 Nr. 1 in der bis zum 1. September 2006 geltenden Fassung erlassen worden ist, gilt bis zum 31. Dezember 2006 fort.**

(2) [1]**Die nach Artikel 104 Abs. 4 in der bis zum 1. September 2006 geltenden Fassung in den Bereichen der Gemeindeverkehrsfinanzierung und der sozialen Wohnraumförderung geschaffenen Regelungen gelten bis zum 31. Dezember 2006 fort.** [2]**Die im Bereich der Gemeindeverkehrsfinanzierung für die besonderen Programme nach § 6 Abs. des Gemeindeverkehrsfinanzierungsgesetzes sowie die sonstigen nach Artikel 104a Abs. 4 in der bis zum 1. September 2006 geltenden Fassung geschaffenen Regelungen gelten bis zum 31. Dezember 2019 fort, soweit nicht ein früherer Zeitpunkt für das Außerkrafttreten bestimmt ist oder wird.**

Art. 126 [Feststellung der Fortgeltung als Bundesrecht]

Meinungsverschiedenheiten über das Fortgelten von Recht als Bundesrecht entscheidet das Bundesverfassungsgericht.

Pflichtstoff (*)

1 Art. 126 ist die verfahrensrechtliche Ergänzung der materiell-rechtlichen Streitfälle im Rahmen der Art. 124 und 125. Danach ist das BVerfG zuständig für die Feststellung, ob vorkonstitutionelles Recht in die nachkonstitutionelle Rechtsordnung als Bundes- oder Landesrecht übergegangen ist (s. Art. 123 Rn. 2).

2 Im Falle von Meinungsverschiedenheiten, ob nach Art. 123 übergeleitetes Recht ganz oder teilweise dem Bundes- oder Landesrecht zuzuordnen ist, entscheidet das BVerfG gem. Art. 126 i. V. m. § 13 Nr. 14, §§ 86 ff. BVerfGG. Dieses Verfahren wird als Normenqualifikationsverfahren bezeichnet (Schulze, in: Sachs, Rn. 2). Es ist einer „der übrigen" im GG „vorgesehenen Fälle" i. S. v. Art. 93 I Nr. 5.

3 Antragsberechtigt sind nach § 86 I BVerfGG BT, BR, BReg sowie jede LReg. § 86 II stattet nach dem Vorbild des Art. 100 I zusätzlich Gerichte mit der Vorlageberechtigung aus.

4 Verfahrensgegenstand, also „Recht" i. S. d. Art. 126, sind Rechtsnormen jeglicher Art, auch Gewohnheitsrecht. Das Fortgelten vorkonstitutionellen Rechts nach Art. 123 ist dabei lediglich Vorfrage des eigentlichen Verfahrensgegenstands, nämlich der Zuordnung des vorkonstitutionellen Rechts zu Bundes- oder Landesrecht.

5 Auf die Art. 125a ff. ist Art. 126 nicht anwendbar. Die Art. 125a ff. betreffen ausschließlich *nach*konstitutionelles Recht. Streitfragen über das Fortgelten von Normen nach diesen Vorschriften können verfassungsgerichtlich nur im Verfahren der abstrakten oder konkreten Normenkontrolle geklärt werden (Art. 93 I Nr. 2 bzw. Art. 100 I).

Art. 127 [Recht des Vereinigten Wirtschaftsgebietes]

Die Bundesregierung kann mit Zustimmung der Regierungen der beteiligten Länder Recht der Verwaltung des Vereinigten Wirtschaftsgebietes, soweit es nach Artikel 124 oder 125 als Bundesrecht fortgilt, innerhalb eines Jahres nach Verkündung dieses Grundgesetzes in den Ländern Baden, Groß-Berlin, Rheinland-Pfalz und Württemberg-Hohenzollern in Kraft setzen.

Art. 128 [Fortbestehen von Weisungsrechten]

Soweit fortgeltendes Recht Weisungsrechte im Sinne des Artikels 84 Abs. 5 vorsieht, bleiben sie bis zu einer anderweitigen gesetzlichen Regelung bestehen.

Art. 129 [Fortgeltung von Ermächtigungen zu Rechtsverordnungen]

(1) **Soweit in Rechtsvorschriften, die als Bundesrecht fortgelten, eine Ermächtigung zum Erlasse von Rechtsverordnungen oder allgemeinen Verwaltungsvorschriften sowie zur Vornahme von Verwaltungsakten enthalten ist, geht sie auf die nunmehr sachlich zuständigen Stellen über. In Zweifelsfällen entscheidet die Bundesregierung im Einvernehmen mit dem Bundesrate; die Entscheidung ist zu veröffentlichen.**

(2) **Soweit in Rechtsvorschriften, die als Landesrecht fortgelten, eine solche Ermächtigung enthalten ist, wird sie von den nach Landesrecht zuständigen Stellen ausgeübt.**

(3) **Soweit Rechtsvorschriften im Sinne der Absätze 1 und 2 zu ihrer Änderung oder Ergänzung oder zum Erlaß von Rechtsvorschriften an Stelle von Gesetzen ermächtigen, sind diese Ermächtigungen erloschen.**

(4) **Die Vorschriften der Absätze 1 und 2 gelten entsprechend, soweit in Rechtsvorschriften auf nicht mehr geltende Vorschriften oder nicht mehr bestehende Einrichtungen verwiesen ist.**

Art. 130 [Überleitung von Verwaltungs- und Rechtspflegeeinrichtungen]

(1) [1]**Verwaltungsorgane und sonstige der öffentlichen Verwaltung oder Rechtspflege dienende Einrichtungen, die nicht auf Landesrecht oder Staatsverträgen zwischen Ländern beruhen, sowie die Betriebsvereinigung der südwestdeutschen Eisenbahnen und der Verwaltungsrat für das Post-und Fernmeldewesen für das französische Besatzungsgebiet unterstehen der Bundesregierung.** [2]**Diese regelt mit Zustimmung des Bundesrates die Überführung, Auflösung oder Abwicklung.**

(2) **Oberster Disziplinarvorgesetzter der Angehörigen dieser Verwaltungen und Einrichtungen ist der zuständige Bundesminister.**

(3) **Nicht landesunmittelbare und nicht auf Staatsverträgen zwischen den Ländern beruhende Körperschaften und Anstalten des öffentlichen Rechtes unterstehen der Aufsicht der zuständigen obersten Bundesbehörde.**

Art. 131 [Frühere Angehörige des Öffentlichen Dienstes]

[1]**Die Rechtsverhältnisse von Personen einschließlich der Flüchtlinge und Vertriebenen, die am 8. Mai 1945 im öffentlichen Dienste standen, aus anderen als beamten- oder tarifrechtlichen Gründen ausgeschieden sind und bisher nicht oder nicht ihrer früheren Stellung entsprechend verwendet werden, sind durch Bundesgesetz zu regeln.** [2]**Entsprechendes gilt für Personen einschließlich der Flüchtlinge und Vertriebenen, die am 8. Mai 1945 versorgungsberechtigt waren und aus anderen als beamten- oder tarifrechtlichen Gründen keine oder keine entsprechende Versorgung mehr erhalten.** [3]**Bis zum Inkrafttreten des Bundesgesetzes können vorbehaltlich anderweitiger landesrechtlicher Regelung Rechtsansprüche nicht geltend gemacht werden.**

Art. 132 [Ausschluss aus dem Öffentlichen Dienst]

(1) [1]**Beamte und Richter, die im Zeitpunkte des Inkrafttretens dieses Grundgesetzes auf Lebenszeit angestellt sind, können binnen sechs Monaten nach dem ersten Zusammentritt des Bundestages in den Ruhestand oder Wartestand oder in ein Amt mit niedrigerem Diensteinkommen versetzt werden, wenn ihnen die persönliche oder fachliche Eignung für ihr Amt fehlt.** [2]**Auf Angestellte, die in einem unkündbaren Dienstverhältnis stehen, findet diese Vorschrift entsprechende Anwendung.** [3]**Bei Angestellten, deren Dienstverhältnis kündbar ist, können über die tarifmäßige Regelung hinausgehende Kündigungsfristen innerhalb der gleichen Frist aufgehoben werden.**

(2) **Diese Bestimmung findet keine Anwendung auf Angehörige des öffentlichen Dienstes, die von den Vorschriften über die „Befreiung von Nationalsozialismus und Militarismus“ nicht betroffen oder die anerkannte Verfolgte des Nationalsozialismus sind, sofern nicht ein wichtiger Grund in ihrer Person vorliegt.**

(3) **Den Betroffenen steht der Rechtsweg gemäß Artikel 19 Absatz 4 offen.**

(4) **Das Nähere bestimmt eine Verordnung der Bundesregierung, die der Zustimmung des Bundesrates bedarf.**

Art. 133 [Rechtsnachfolge, Vereinigtes Wirtschaftsgebiet]

Der Bund tritt in die Rechte und Pflichten der Verwaltung des Vereinigten Wirtschaftsgebietes ein.

Art. 134 [Rechtsnachfolge in das Reichsvermögen]

(1) Das Vermögen des Reiches wird grundsätzlich Bundesvermögen.

(2) [1]Soweit es nach seiner ursprünglichen Zweckbestimmung überwiegend für Verwaltungsaufgaben bestimmt war, die nach diesem Grundgesetze nicht Verwaltungsaufgaben des Bundes sind, ist es unentgeltlich auf die nunmehr zuständigen Aufgabenträger und, soweit es nach seiner gegenwärtigen, nicht nur vorübergehenden Benutzung Verwaltungsaufgaben dient, die nach diesem Grundgesetze nunmehr von den Ländern zu erfüllen sind, auf die Länder zu übertragen. [2]Der Bund kann auch sonstiges Vermögen den Ländern übertragen.

(3) Vermögen, das dem Reich von den Ländern und Gemeinden (Gemeindeverbänden) unentgeltlich zur Verfügung gestellt wurde, wird wiederum Vermögen der Länder und Gemeinden (Gemeindeverbände), soweit es nicht der Bund für eigene Verwaltungsaufgaben benötigt.

(4) Das Nähere regelt ein Bundesgesetz, das der Zustimmung des Bundesrates bedarf.

Art. 135 [Vermögen bei Änderung des Gebietsstandes]

(1) Hat sich nach dem 8. Mai 1945 bis zum Inkrafttreten dieses Grundgesetzes die Landeszugehörigkeit eines Gebietes geändert, so steht in diesem Gebiete das Vermögen des Landes, dem das Gebiet angehört hat, dem Lande zu, dem es jetzt angehört.

(2) Das Vermögen nicht mehr bestehender Länder und nicht mehr bestehender anderer Körperschaften und Anstalten des öffentlichen Rechtes geht, soweit es nach seiner ursprünglichen Zweckbestimmung überwiegend für Verwaltungsaufgaben bestimmt war, oder nach seiner gegenwärtigen, nicht nur vorübergehenden Benutzung überwiegend Verwaltungsaufgaben dient, auf das Land oder die Körperschaft oder Anstalt des öffentlichen Rechtes über, die nunmehr diese Aufgaben erfüllen.

(3) Grundvermögen nicht mehr bestehender Länder geht einschließlich des Zubehörs, soweit es nicht bereits zu Vermögen im Sinne des Absatzes 1 gehört, auf das Land über, in dessen Gebiet es belegen ist.

(4) Sofern ein überwiegendes Interesse des Bundes oder das besondere Interesse eines Gebietes es erfordert, kann durch Bundesgesetz eine von den Absätzen 1 bis 3 abweichende Regelung getroffen werden.

(5) Im übrigen wird die Rechtsnachfolge und die Auseinandersetzung, soweit sie nicht bis zum 1. Januar 1952 durch Vereinbarung zwischen den beteiligten Ländern oder Körperschaften oder Anstalten des öffentlichen Rechtes erfolgt, durch Bundesgesetz geregelt, das der Zustimmung des Bundesrates bedarf.

(6) [1]Beteiligungen des ehemaligen Landes Preußen an Unternehmen des privaten Rechtes gehen auf den Bund über. [2]Das Nähere regelt ein Bundesgesetz, das auch Abweichendes bestimmen kann.

(7) Soweit über Vermögen, das einem Lande oder einer Körperschaft oder Anstalt des öffentlichen Rechtes nach den Absätzen 1 bis 3 zufallen würde, von dem danach Berechtigten durch ein Landesgesetz, auf Grund eines Landesgesetzes oder in anderer Weise bei Inkrafttreten des Grundgesetzes verfügt worden war, gilt der Vermögensübergang als vor der Verfügung erfolgt.

Art. 135a [Verbindlichkeiten des Reichs und anderer Körperschaften]

(1) Durch die in Artikel 134 Abs. 4 und Artikel 135 Abs. 5 vorbehaltene Gesetzgebung des Bundes kann auch bestimmt werden, daß nicht oder nicht in voller Höhe zu erfüllen sind

1. Verbindlichkeiten des Reiches sowie Verbindlichkeiten des ehemaligen Landes Preußen und sonstiger nicht mehr bestehender Körperschaften und Anstalten des öffentlichen Rechts,
2. Verbindlichkeiten des Bundes oder anderer Körperschaften und Anstalten des öffentlichen Rechts, welche mit dem Übergang von Vermögenswerten nach Artikel 89, 90, 134 und 135 im Zusammenhang stehen, und Verbindlichkeiten dieser Rechtsträger, die auf Maßnahmen der in Nummer 1 bezeichneten Rechtsträger beruhen,
3. Verbindlichkeiten der Länder und Gemeinden (Gemeindeverbände), die aus Maßnahmen entstanden sind, welche diese Rechtsträger vor dem 1. August 1945 zur Durchführung von Anordnungen der Besatzungsmächte oder zur Beseitigung eines kriegsbedingten Notstandes im Rahmen dem Reich obliegender oder vom Reich übertragener Verwaltungsaufgaben getroffen haben.

(2) Absatz 1 findet entsprechende Anwendung auf Verbindlichkeiten der Deutschen Demokratischen Republik oder ihrer Rechtsträger sowie auf Verbindlichkeiten des Bundes oder anderer Körperschaften und Anstalten des öffentlichen Rechts, die mit dem Übergang von Vermögenswerten der Deutschen Demokratischen Republik auf Bund, Länder und Gemeinden im Zusammenhang stehen, und auf Verbindlichkeiten, die auf Maßnahmen der Deutschen Demokratischen Republik oder ihrer Rechtsträger beruhen.

Art. 136 [Erster Zusammentritt des Bundesrates]

(1) Der Bundesrat tritt erstmalig am Tage des ersten Zusammentrittes des Bundestages zusammen.

(2) [1]Bis zur Wahl des ersten Bundespräsidenten werden dessen Befugnisse von dem Präsidenten des Bundesrates ausgeübt. [2]Das Recht der Auflösung des Bundestages steht ihm nicht zu.

Art. 137 [Wählbarkeit von Angehörigen des Öffentlichen Dienstes u.a.]

(1) Die Wählbarkeit von Beamten, Angestellten des öffentlichen Dienstes, Berufssoldaten, freiwilligen Soldaten auf Zeit und Richtern im Bund, in den Ländern und den Gemeinden kann gesetzlich beschränkt werden.

(2) Für die Wahl des ersten Bundestages, der ersten Bundesversammlung und des ersten Bundespräsidenten der Bundesrepublik gilt das vom Parlamentarischen Rat zu beschließende Wahlgesetz.

(3) Die dem Bundesverfassungsgerichte gemäß Artikel 41 Absatz 2 zustehende Befugnis wird bis zu seiner Errichtung von dem Deutschen Obergericht für das Vereinigte Wirtschaftsgebiet wahrgenommen, das nach Maßgabe seiner Verfahrensordnung entscheidet.

Art. 138 [Süddeutsches Notariat]

Änderungen der Einrichtungen des jetzt bestehenden Notariats in den Ländern Baden, Bayern, Württemberg-Baden und Württemberg-Hohenzollern bedürfen der Zustimmung der Regierungen dieser Länder.

Art. 139 [Entnazifizierungsvorschriften]

Die zur „Befreiung des deutschen Volkes vom Nationalsozialismus und Militarismus" erlassenen Rechtsvorschriften werden von den Bestimmungen dieses Grundgesetzes nicht berührt.

Art. 140 [Vorschriften der Weimarer Reichsverfassung als Bestandteil des Grundgesetzes]

Die Bestimmungen der Artikel 136, 137, 138, 139 und 141 der deutschen Verfassung vom 11. August 1919 sind Bestandteil dieses Grundgesetzes.

Pflichtstoff (***)

Übersicht

A. Überblick

1 Im ParlR gelang es nicht, eine Einigung über eine Neuregelung des Verhältnisses zwischen dem Staat und den Religionsgemeinschaften zu erzielen. Daher einigte man sich auf die Fortgeltung der einschlägigen Vorschriften der WRV. Regelungstechnisch wurde dies durch Art. 140 realisiert, nach dem einzeln benannte WRV-Artikel Bestandteil des GG sind. Die auf diese Weise in das GG aufgenommenen Vorschriften haben die gleiche Normqualität wie die übrigen Bestimmungen des GG und sind nach den für das GG geltenden Regeln auszulegen (BVerfGE 111, 10 [50]). Auf den sachlichen Gehalt der Vorschriften wirkt sich die besondere Regelungstechnik nicht aus.

Wären sie unmittelbar als Art. 140a, 140b etc. des GG beschlossen worden, würde sich die Rechtslage nicht von der aktuellen Regelungssituation unterscheiden.

Die Art. 136ff. WRV sind funktional auf die Inanspruchnahme und Verwirklichung der Glaubensfreiheit (Art. 4 I, II) angelegt (BVerfGE 102, 370 [386]), zu der sie in einem deutlich erkennbaren Bezug stehen. 2

Die inkorporierten Vorschriften enthalten eine Reihe von subjektiven Rechten. Dabei handelt es sich aber weder um Grundrechte noch um grundrechtsgleiche Rechte, sondern lediglich um „sonstige verfassungsmäßige Rechte" (vgl. zum Begriff Ehlers, in: Sachs, Rn. 3, der selbst freilich für einen grundrechtsähnlichen Charakter der inkorporierten Vorschriften plädiert). Mangels Nennung in Art. 93 I Nr. 4a kann ihre Verletzung nicht im Wege der Verfassungsbeschwerde geltend gemacht werden. Wenn eine Verfassungsbeschwerde aber wegen der möglichen Verletzung eines Grundrechts – in Betracht kommt hier namentlich Art. 4 I, II – die Hürde der Zulässigkeit überwindet, kann das BVerfG im Rahmen der Begründetheit die Verfassungsmäßigkeit der angegriffenen Maßnahme umfassend prüfen (BVerfGE 102, 370 [384]; st. Rspr.). 3

B. Erläuterungen

I. Die individuelle Glaubensfreiheit (Art. 136 WRV)

Art. 136 WRV

(1) **Die bürgerlichen und staatsbürgerlichen Rechte und Pflichten werden durch die Ausübung der Religionsfreiheit weder bedingt noch beschränkt.**

(2) **Der Genuß bürgerlicher und staatsbürgerlicher Rechte sowie die Zulassung zu öffentlichen Ämtern sind unabhängig von dem religiösen Bekenntnis.**

(3) [1]**Niemand ist verpflichtet, seine religiöse Überzeugung zu offenbaren.** [2]**Die Behörden haben nur soweit das Recht, nach der Zugehörigkeit zu einer Religionsgesellschaft zu fragen, als davon Rechte und Pflichten abhängen oder eine gesetzlich angeordnete statistische Erhebung dies erfordert.**

(4) **Niemand darf zu einer kirchlichen Handlung oder Feierlichkeit oder zur Teilnahme an religiösen Übungen oder zur Benutzung einer religiösen Eidesform gezwungen werden.**

1. Religiöse Gleichheit (Abs. 1, 2)

Abs. 1 verbietet die Diskriminierung wegen Ausübung oder Nichtausübung des Grundrechts aus Art. 4 I, II. Abs. 2 wiederholt diese in Abs. 1 noch auf Rechte und Pflichten ausgerichtete Aussage speziell mit Blick auf Rechte und auf den Zugang zu öffentlichen Ämtern. Der Sache nach lässt sich der Normgehalt von Abs. 1 und 2 dahingehend zusammenfassen, dass die Ausübung oder Nichtausübung der Glaubensfreiheit grundsätzlich nicht als Differenzierungskriterium herangezogen werden darf (Korioth, in: MD, Art. 136 WRV Rn. 31ff.). Auf diese Weise wird zugleich die religiös-weltanschauliche Neutralität des Staates gesichert (Jarass, in: JP, Art. 136 WRV Rn. 1). 4

Einer Unterscheidung zwischen bürgerlichen und staatsbürgerlichen Rechten und Pflichten (s. den Wortlaut des Abs. 1) bedarf es nicht. Gemeint sind alle Rechtspositionen des bürgerlichen wie des öffentlichen Rechts (Schmahl, in: Sodan, Art. 136 WRV Rn. 2). Ungleichbehandlungen, die doch an die Religionszugehörigkeit anknüpfen, müssen durch kollidierendes Verfassungsrecht gerechtfertigt sein. Ein gutes Beispiel hierfür ist die Pflicht zur Zahlung der Kirchensteuer, die wegen Art. 137 VI WRV zulässig ist. 5

Das BVerfG sieht Art. 136 WRV im Wesentlichen als von Art. 4 I, II überlagert an (dazu Art. 4 Rn. 29). Die spezifisch gleichheitsrechtlichen Aspekte werden von Art. 3 III bzw. Art. 33 III erfasst (Jarass, in: JP, Art. 136 WRV Rn. 1; Art. 33 GG 6

Rn. 26). Die praktische Bedeutung der Abs. 1, 2 ist daher gering (Bergmann, in: Hömig, Art. 140 GG Rn. 4).

2. Verschweigen der Religion; Nichtvornahme religiöser Handlungen (Abs. 3, 4)

7 In Abs. 3 und 4 werden Einzelaspekte der negativen Religionsfreiheit garantiert.

8 In die Garantie des Abs. 3 S. 1, nach der niemand seine religiöse (oder weltanschauliche, Korioth, in: MD, Art. 136, Rn. 77) Überzeugung offenbaren muss, wird durch alle eben dies verlangenden Offenbarungspflichten eingegriffen. Nicht darunter fällt das staatliche Verlangen, den Wunsch nach einer religiös motivierten Sonderbehandlung plausibel zu machen (Schmahl, in: Sodan, Art. 136 WRV, Rn. 4). Gerechtfertigt werden können Beeinträchtigungen durch kollidierendes Verfassungsrecht (str.), jedenfalls aber – soweit es um die Zugehörigkeit zu Religionsgesellschaften geht – auf Grund von Abs. 3 S. 2. Zur Frage der Einschränkbarkeit von Art. 4 I, II auf der Grundlage von Abs. 3 S. 2 s. Art. 4 Rn. 29f.

9 Der Schutz vor Zwang zur Teilnahme an religiösen Handlungen i. S. v. Abs. 4 reicht nicht über Art. 4 I, II hinaus (Schmahl, in: Hömig, Art. 136 WRV Rn. 7).

II. Die Stellung der Religionsgesellschaften (Art. 137 WRV)

Art. 137 WRV

(1) **Es besteht keine Staatskirche.**

(2) **[1]Die Freiheit der Vereinigung zu Religionsgesellschaften wird gewährleistet. [2]Der Zusammenschluß von Religionsgesellschaften innerhalb des Reichsgebiets unterliegt keinen Beschränkungen.**

(3) **[1]Jede Religionsgesellschaft ordnet und verwaltet ihre Angelegenheiten selbständig innerhalb der Schranken des für alle geltenden Gesetzes. [2]Sie verleiht ihre Ämter ohne Mitwirkung des Staates oder der bürgerlichen Gemeinde.**

(4) **Religionsgesellschaften erwerben die Rechtsfähigkeit nach den allgemeinen Vorschriften des bürgerlichen Rechtes.**

(5) **[1]Die Religionsgesellschaften bleiben Körperschaften des öffentlichen Rechtes, soweit sie solche bisher waren. [2]Anderen Religionsgesellschaften sind auf ihren Antrag gleiche Rechte zu gewähren, wenn sie durch ihre Verfassung und die Zahl ihrer Mitglieder die Gewähr der Dauer bieten. [3]Schließen sich mehrere derartige öffentlich-rechtliche Religionsgesellschaften zu einem Verbande zusammen, so ist auch dieser Verband eine öffentlich-rechtliche Körperschaft.**

(6) **Die Religionsgesellschaften, welche Körperschaften des öffentlichen Rechtes sind, sind berechtigt, auf Grund der bürgerlichen Steuerlisten nach Maßgabe der landesrechtlichen Bestimmungen Steuern zu erheben.**

(7) **Den Religionsgesellschaften werden die Vereinigungen gleichgestellt, die sich die gemeinschaftliche Pflege einer Weltanschauung zur Aufgabe machen.**

(8) **Soweit die Durchführung dieser Bestimmungen eine weitere Regelung erfordert, liegt diese der Landesgesetzgebung ob.**

1. Allgemeines

10 Art. 137 WRV befasst sich in erster Linie mit den Handlungsmöglichkeiten und der Organisationsform der Religions- und Weltanschauungsgesellschaften (Korioth, in: MD, Art. 137 WRV Rn. 1). Dass die Vorschrift in diesem Zusammenhang von Gesellschaften spricht, während heute meist von Religions- und Weltanschauungsgemeinschaften die Rede ist (s. dazu auch Art. 7 III 2), ist ein rein sprachlicher Unterschied ohne sachliche Bedeutung (Jarass, in: JP, Art. 137 WRV Rn. 3). Art. 137 WRV enthält

zwar subjektive Rechte, jedoch keine Grundrechte oder grundrechtsgleichen Rechte (dazu o. Rn. 3).

2. Die Trennung von Staat und Kirche (Abs. 1)

Die von Abs. 1 angeordnete Trennung von Staat und Kirche ist – neben Art. 4 I, Art. 3 III, Art. 33 I GG sowie Art. 136 I, IV WRV – eine der Grundlagen des Gebots der Neutralität des Staates in Glaubens- und Weltanschauungsfragen. Dieses Gebot untersagt die Einführung staatskirchlicher Rechtsformen und verbietet dem Staat, bestimmte religiöse oder weltanschauliche Auffassungen als vorzugswürdig darzustellen oder sich mit ihnen zu identifizieren (BVerfGE 93, 1 [16f.]). **11**

Speziell die Absage an eine Staatskirche ist ausdrücklich Gegenstand des Abs. 1. Die Vorschrift untersagt zudem jede institutionelle Verbindung zwischen Staat und Kirche. Sie verbietet nach einer geläufigen Formel die Wahrnehmung von Staatsaufgaben durch religiöse Organisationen ebenso wie die von religiösen Aufgaben durch staatliche Organisationen (Morlok, in: Dreier, Art. 137 WRV Rn. 18). **12**

Die Aussage des Abs. 1 darf freilich nicht verabsolutiert werden. Die Norm gebietet keine vollständige, sondern lediglich eine „hinkende" Trennung von Staat und Kirche (BVerfGE 42, 31 [331]). Deutlich wird das namentlich in Art. 7 III, V GG sowie in Art. 137 V, VI, Art. 141 WRV (Jarass, in: JP, Art. 137 WRV Rn. 2), deren Regelungen im Fall einer strikten Trennung nicht möglich wären. **13**

3. Die kollektive Glaubensfreiheit: Vereinigung, Selbstbestimmung, Rechtsform (Abs. 2–6)

Abs. 2–6 betreffen die Religionsgemeinschaften: Ausdrücklich geregelt werden deren Gründung (Abs. 2), ihre Betätigung (Abs. 3), ihre Rechtsfähigkeit (Abs. 4), Fragen ihrer Rechtsform (Abs. 5) und das Recht der öffentlich-rechtlichen Religionsgemeinschaften zur Erhebung von Kirchensteuern (Abs. 6). **14**

a) Die freie Gründung von Religions- und Weltanschauungsgemeinschaften (Abs. 2)

Abs. 2 garantiert die Möglichkeit der Gründung von Religionsgemeinschaften (zur Terminologie s.o. Rn. 10). Das sind – in den Worten des BVerwG – Verbände, die die Angehörigen ein und desselben Glaubensbekenntnisses oder mehrerer verwandter Glaubensbekenntnisse zu allseitiger Erfüllung der durch das gemeinsame Bekenntnis gestellten Aufgaben zusammenfasst (BVerwGE 123, 49 [54]). Einer staatlichen Anerkennung bedarf die Gründung nur, wenn der Körperschaftsstatus erlangt werden soll (Bergmann, in: Hömig, Art. 140 GG Rn. 12). Zur Erstreckung auf Weltanschauungsgemeinschaften über Abs. 7 s.u. Rn. 34. **15**

Die Möglichkeit des Zusammenschlusses verschiedener Religions- und Weltanschauungsgemeinschaften wird durch Abs. 2 S. 2 verbürgt. **16**

Der sachliche Gehalt des Abs. 2 reicht nicht über Art. 4 I, II hinaus (BVerfGE 83, 341 [354]). Die daher in Art. 4 I, II festzumachende Vereinigungsfreiheit geht in ihrem Anwendungsbereich Art. 9 vor (Schmahl, in: Sodan, Art. 137 WRV Rn. 7). **17**

b) Das Selbstbestimmungsrecht (Abs. 3)

Abs. 3 statuiert das Selbstbestimmungsrecht der Religions- und (i.V.m. Abs. 7) Weltanschauungsgemeinschaften. Sie dürfen ihre Angelegenheiten nach Abs. 3 S. 1 innerhalb der Schranken des für alle geltenden Gesetzes ordnen und verwalten. Abs. 3 geht dem Grundrecht aus Art. 4 I, II GG hinsichtlich des Selbstverwaltungsrechts vor, so dass die Religionsgesellschaften insofern der Schranke des für alle geltenden Gesetzes unterliegen (BVerfG JZ 2015, 188 [190]). **18**

19 Ordnen meint im Kontext des Abs. 3 die Rechtssetzung, Verwalten die freie Betätigung der Organe (Korioth, in: MD, Art. 137 WRV Rn. 23, 25).

20 Was eigene Angelegenheiten sind, richtet sich im Wesentlichen nach dem Selbstverständnis der Religionsgemeinschaft, die insofern freilich die Darlegungslast trifft (Korioth, in: MD, Art. 137 WRV Rn. 28, auch zur Rspr. des BVerfG). Der Begriff kann grundsätzlich alle Angelegenheiten erfassen, die das Wirken der Religionsgemeinschaften erfassen, auch wenn diese in den weltlichen Bereich hineinwirken. Zu den eigenen Angelegenheiten zählen weiter Bestimmungen, die die Mitgliedschaft regeln, insbesondere den Ein- und Austritt (BVerfG NVwZ 2015, 517 [518]).

Ein Beispiel für in den weltlichen Bereich hineinwirkende Angelegenheiten ist das liturgische Glockenläuten der Kirchen. Zur umfangreichen Kasuistik s. im Übrigen Schmahl, in: Sodan, Art. 137 WRV Rn. 4; Jarass, in: JP, Art. 137 WRV Rn. 10. – An mitgliedschaftsbegründende Regelungen der Religionsgemeinschaft darf das staatliche Recht z. B. mit Blick auf eine Steuerpflicht nur anknüpfen, wenn sie durch eine Erklärung des Betroffenen legitimiert ist (BVerfG NVwZ 2015, 517 [519]). – Ein Austritt, der mit Wirkung für das staatliche Recht um der negativen Glaubensfreiheit aus Art. 4 I, II willen möglich sein muss, muss aus Rücksicht auf das Selbstverwaltungsrecht eindeutig und ohne Zusätze erklärt werden. Insbesondere ist es im Fall der entsprechend verfassten Religionsgemeinschaften nicht möglich, nur aus der Körperschaft des öffentlichen Rechts auszutreten, aber in der Religionsgemeinschaft als Glaubensgemeinschaft zu verbleiben (BVerfG 2013, 64 [66 ff.]; dazu Muckel, JA 2013, 314 ff.).

21 Als Gegenstand der eigenen Angelegenheiten gesondert betont wird von Abs. 3 S. 2 das Amtsrecht. Speziell die Auswahl der zur Verkündung berufenen Personen gehört zum Kern des Selbstverwaltungsrechts (BVerwG NVwZ 2014, 1101 [1103]). Zu den eigenen Angelegenheiten zählt im Übrigen u. a. die Weitergabe des eigenen Glaubens durch akademische Lehre. Findet diese in staatlichen Einrichtungen (theologische Fakultäten an staatlichen Hochschulen!) statt, muss der Staat den Religionsgemeinschaften daher hinreichenden Einfluss auf die Lehrinhalte und die personelle Zusammensetzung der Fakultät einräumen (BVerfGE 122, 89 [113]).

22 Der Gegenbegriff zu den eigenen Angelegenheiten der Religionsgemeinschaften sind die staatlichen Angelegenheiten. Sie betreffen die Rechtsstellung der Gemeinschaft im weltlichen Bereich wie z. B. den Erwerb der Rechtsfähigkeit (Korioth, in: MD, Art. 137 WRV Rn. 43).

23 Eingriffe in das Selbstbestimmungsrecht können auf Grund von Abs. 3 S. 1 gerechtfertigt sein, nach dem das Selbstbestimmungsrecht nur im Rahmen des für alle geltenden Gesetzes besteht. Das sollen alle Gesetze sein, die für Religionsgemeinschaften dieselbe Bedeutung haben wie für jedermann (BVerfGE 42, 312 [334]). Das allgemeine Gesetz muss verhältnismäßig sein (Jarass, in: JP, Art. 137 WRV Rn. 12a). Bei seiner Auslegung und Anwendung ist dem Selbstbestimmungsrecht besonderes Gewicht beizumessen (Wechselwirkungslehre, BVerfGE 72, 278 [289]. Zur parallelen Überlegung und Begriffsbildung bei der Einschränkung der Grundrechte aus Art. 5 I s. Art. 5 Rn. 118 ff.). Beeinträchtigt wird das Selbstbestimmungsrecht u. a. durch die Zulassung von Arbeitskämpfen (Streiks) der kirchlichen Mitarbeiter. Gleichwohl sind Streiks in diesem Bereich nicht schlechterdings ausgeschlossen. Die Kirchen können das Streikrecht jedoch dadurch ausschließen, dass sie gemeinsam mit den Gewerkschaften ein spezifisches Arbeitsrechtsregelungsverfahren etablieren (sog. Dritter Weg) (s. zuletzt BAGE 143, 354 ff. = BAG NJW 2013, 1550; dazu Krause, JA 2013, 944 ff.). Näher zum kirchlichen Arbeitsrecht Joussen, Ad Legendum 2015, 19 ff. Sofern ein verkündigungsnah eingesetzter Mitarbeiter aus der Kirche austritt, kann dies seine Kündigung rechtfertigen (BAGE 145, 90 ff. = BAG NJW 2014, 104).

24 Umstritten ist die Frage, ob es einen Bereich der rein innerkirchlichen Angelegenheiten gibt, in dem der Vorbehalt des allgemeinen Gesetzes nicht anwendbar ist (dafür BVerfGE 72, 278 [289]) und zu dem (zumindest zunächst) u. a. das Organisationsrecht gezählt wurde (BVerfGE 18, 385 [388]). Die Literatur plädiert überwiegend für eine

Abwägung auch in diesem Bereich (z. B. Schmahl, in: Sodan, Art. 137 WRV Rn. 5). Die praktischen Unterschiede zwischen beiden Auffassungen sind deshalb gering, weil das Selbstbestimmungsrecht im Rahmen der Abwägung desto eher überwiegt, je weniger eine Angelegenheit aus der Religionsgemeinschaft hinauswirkt (Jarass, in: JP, Art. 137 WRV Rn. 13). In prozessualer Hinsicht korrespondiert dieser Fragestellung die Überlegung, in welchem Umfang kirchliche Maßnahmen der staatlichen Gerichtsbarkeit unterworfen sind. Das BVerwG nimmt insofern für das kirchliche Dienstrecht, das zum Kern des Selbstverwaltungsrechts gehört (o. Rn. 21), an, dass diesbezügliche kirchliche Maßnahmen der staatlichen Gerichtsbarkeit nicht dem Grunde nach entzogen seien. Jedoch sei die staatliche Kontrolle auf die Frage reduziert, ob gegen die fundamentalen Verfassungsprinzipien des Art. 79 III verstoßen werde (BVerwG NVwZ 2014, 1101 [1103 ff.]; dazu Sachs, JuS 2014, 1148 ff.). Nur begrenzt staatlich nachprüfbar sind auch vertraglich vereinbarte Loyalitätsobliegenheiten von Bediensteten eines kirchlichen Krankenhauses (BVerfG JZ 2015, 188 ff., zur Kündigung eines Chefarztes nach Scheidung und Wiederheirat).

c) Rechtsfähigkeit und Rechtsform (Abs. 4–6)

aa) Erwerb der Rechtsfähigkeit (Abs. 4). Abs. 4 stellt den Religionsgemeinschaften etc. die Organisationsformen des Privatrechts zur Verfügung, z. B. also die Rechtsform des eingetragenen Vereins. Gewährleistet wird jedoch nur, dass sie eine Rechtsform erlangen können, die ihnen die Teilnahme am allgemeinen Rechtsverkehr ermöglicht (Bergmann, in: Hömig, Art. 140 GG Rn. 16). Ein Anspruch auf eine bestimmte Rechtsform lässt sich der Vorschrift nicht entnehmen (BVerfGE 83, 341 [355]). 25

bb) Religionsgemeinschaften als Körperschaften des öffentlichen Rechts (Abs. 5, 6). Als eine der von der Verfassung vorgesehenen Ausnahmen der prinzipiellen Trennung zwischen Staat und Kirche (Art. 137 I WRV) bietet Abs. 5 den Religionsgemeinschaften den Status einer Körperschaft des öffentlichen Rechts an (Jarass, in: JP, Art. 137 WRV Rn. 18). Damit sind bestimmte Sonderrechte und Privilegien verbunden (u. Rn. 31 f.); Abs. 5 ist ein Mittel zur Entfaltung der Glaubensfreiheit (BVerfGE 102, 370 [387]). 26

Von dieser Regelung profitieren zunächst die („altkorporierten“) Religionsgemeinschaften, die bei Inkrafttreten des GG („bisher“) Körperschaften des öffentlichen Rechts waren. Sie behalten nach Abs. 5 S. 1 ihren Status oder können ihn, falls sie ihn zwischenzeitlich verloren haben, neu erwerben (Bergmann, in: Hömig, Art. 140 GG Rn. 17). 27

Zudem hat nach Abs. 5 S. 2 jede andere Religions- oder Weltanschauungsgemeinschaft einen Anspruch darauf, den Status verliehen zu bekommen, sofern sie durch ihre Verfassung und die Zahl ihrer Mitglieder die Gewähr der Dauer bietet. Dass sie als eingetragener Verein o. Ä. organisiert ist, wird dafür nicht vorausgesetzt (BVerfGE 102, 370 [385 f.]). I. Ü. muss eine geringe Mitgliederzahl allein kein Versagungsgrund sein (BVerwG, NVwZ 2013, 943 ff.). Über die im Verfassungstext genannten Bedingungen hinaus hängt der Anspruch auf Verleihung des Körperschaftsstatus jedoch von der ungeschriebenen Voraussetzung ab, dass die Gemeinschaft in dem Sinne rechts- und gesetzestreu ist, dass sie die Gewähr dafür bietet, dass ihr Verhalten die in Art. 79 III umschriebenen fundamentalen Verfassungsprinzipien, die dem staatlichen Schutz anvertrauten Grundrechte Dritter sowie die Grundprinzipien des freiheitlichen Religions- und Staatskirchenrechts nicht gefährdet (BVerfGE 102, 370 [392]). 28

Die Entscheidung betraf die Zeugen Jehovas. Sie führte letztlich – nach einem weiteren bis zum BVerwG (NJW 2006, 3156 ff.) geführten Verfahren – zur Verleihung des Körperschaftsstatus, die zunächst von der zuständigen Behörde namentlich aus dem Grund abgelehnt worden war, dass die Zeugen Jehovas die Teilnahme an staatlichen Wahlen ablehnen. Das war nach Auffassung des BVerfG kein hinreichender Grund, die Verleihung des Körperschaftsstatus zu versagen. Dass die betreffende Gemeinschaft über die genannten Anforderungen hinaus loyal zum Staat stehe, dürfe nicht verlangt werden (BVerfGE 102, 370 [395 f.]). – Dass die versagenden Behörden- bzw. Gerichtsentscheidungen im Wege der Verfassungsbeschwerde angegriffen werden konnten, lag 29 daran, dass das Loyalitätserfordernis eine Verletzung von Art. 4 I, II als möglich erscheinen ließ (BVerfGE 102, 370 [383]). Seine aktuelle Fortsetzung hat der Streit in Bremen gefunden, wo Art. 61 S. 2 der Landesverfassung die Entscheidung über die Verteilung des Körperschaftsstatuts dem Parlament vorbehielt. Die Vorschrift wurde vom BVerfG wegen eines Verstoßes gegen den Grundsatz der Gewaltenteilung für nichtig erklärt (BVerfG, Beschl. v. 30.6.2015, Az. 2 BvR 1282/11). – Gemeinschaften, denen der Status nach Abs. 5 S. 2 verliehen wurde, sind u. a. die Alt-Katholische Kirche in Deutschland, die Heilsarmee, die Herrnhuter Brüdergemeinde u. v. m.

30 Die Verleihung des öffentlich-rechtlichen Status macht die Körperschaft nicht zu einem Teil des Staates (BVerfGE 66, 1 [19f.]). Besonders deutlich wird das an der Grundrechtsberechtigung, die den Religionsgemeinschaften selbst dann zusteht, wenn es sich um Körperschaften des öffentlichen Rechts handelt: Abweichend von den allgemeinen Regeln schließt die öffentlich-rechtliche Organisationsform in diesem Fall die Grundrechtsträgerschaft nach Art. 19 III nicht aus (s. Art. 19 Rn. 58).

31 Der Körperschaftsstatus bietet eine Reihe von Vorteilen. Zu nennen sind beispielsweise die Dienstherrenfähigkeit, also die Fähigkeit, (nicht sozialversicherungspflichtige) Beamte zu beschäftigen, die Organisationsgewalt, die Rechtssetzungsgewalt, die Befugnis zur Widmung öffentlich-rechtlicher Sachen sowie das sog. Parochialrecht. S. dazu im Einzelnen Jarass, in: JP, Art. 137 WRV Rn. 25f., auch zur Möglichkeit der Einräumung weiterer Vorteile durch Gesetz.

32 Vor allem aber folgt aus dem Körperschaftsstatus nach Abs. 6 das Recht, nach Maßgabe landesrechtlicher Bestimmungen Kirchensteuern zu erheben. Das Land muss die Voraussetzungen für die Steuererhebung schaffen und dabei die Möglichkeit einer zwangsweisen Beitreibung vorsehen. Ob es die Voraussetzungen der Steuererhebung selbst näher regelt oder dies der Religionsgemeinschaft überlässt, muss der Gesetzgeber entscheiden.

33 Von Bedeutung ist der Körperschaftsstatus schließlich im Hinblick auf den Rechtsschutz gegen das Handeln der Religionsgemeinschaft. Er führt dazu, dass zumindest ihre typischen Aktivitäten als öffentlich-rechtlich einzustufen sind. Das hat z.B. zur Folge, dass der lärmempfindliche Nachbar, der sich gegen sakrales Glockenläuten wehren möchte, den Verwaltungsrechtsweg einschlagen muss (BVerwGE 68, 62 [64ff.]).

4. Die Gleichstellung der Weltanschauungsgemeinschaften (Abs. 7)

34 Nach Abs. 7 werden Weltanschauungsgesellschaften den Religionsgesellschaften gleichgestellt. Die Vorschrift ist der Grund dafür, dass andere Bestimmungen (auch der inkorporierten Verfassungsnormen), in denen nur von Religionsgesellschaften bzw. -gemeinschaften gesprochen wird, auch auf Weltanschauungsgemeinschaften anwendbar sind. S. dazu z.B. u. Rn. 40.

5. Die Gesetzgebungskompetenz der Länder (Abs. 8)

35 Die Gesetzgebungszuständigkeit der Länder, die Abs. 8 anordnet, ergibt sich bereits aus der Regelvermutung der Art. 30, 70 I GG in Verbindung mit der fehlenden Nennung einer Zuständigkeit des Bundes. Abs. 8 hat daher nur klarstellende Wirkung (Schmahl, in: Sodan, Art. 137 WRV Rn. 15).

III. Staatsleistungen und Kirchengut (Art. 138 WRV)

Art. 138 WRV

(1) [1]**Die auf Gesetz, Vertrag oder besonderen Rechtstiteln beruhenden Staatsleistungen an die Religionsgesellschaften werden durch die Landesgesetzgebung abgelöst.** [2]**Die Grundsätze hierfür stellt das Reich auf.**

(2) **Das Eigentum und andere Rechte der Religionsgesellschaften und religiösen Vereine an ihren für Kultus-, Unterrichts- und Wohltätigkeitszwecke bestimmten Anstalten, Stiftungen und sonstigen Vermögen werden gewährleistet.**

1. Die Pflicht zur Ablösung von Staatsleistungen (Abs. 1)

Nach Abs. 1 sind den Religionsgesellschaften gewährte Staatsleistungen, die auf Gesetz, Vertrag oder besonderen Rechtstiteln beruhen und die finanzieller Natur sein können, aber nicht müssen, durch die Landesgesetzgebung abgelöst. Dass derartige Leistungen gewährt werden, beruht regelmäßig auf der Einziehung der Kirchengüter (sog. Säkularisation) im Jahre 1803. Die Vorschrift will dafür Sorge tragen, dass die Folgen dieses Vorgangs nunmehr abschließend bewältigt werden; sie dient der Entflechtung von Kirche und Staat (Schmahl, in: Sodan, Art. 138 WRV Rn. 1). **36**

Ablösung bedeutet, dass die säkularisationsbedingt eingegangenen Verpflichtungen aufgehoben werden, dass dafür aber eine angemessene Entschädigung gezahlt werden muss. Ob damit ein voller Wertersatz gemeint ist, wird unterschiedlich beurteilt. **37**

Vor einer Ablösung, für die der Landesgesetzgeber zuständig ist, müsste zunächst der Bund (im Wortlaut der inkorporierten Vorschrift: das Reich) die maßgeblichen Grundsätze regeln. Trotz des Charakters des Abs. 1 als bindender Regelungsauftrag hat der Bund das bis heute nicht getan. Abs. 1 hat sich daher faktisch von einer Ablösungsvorschrift zu einer Bestandsgarantie entwickelt (Bergmann, in: Hömig, Art. 140 Rn. 22). Die Länder können jedoch freie Vereinbarungen mit den Kirchen treffen, was in etlichen Fällen auch schon geschehen ist. Zur str. Frage, ob Abs. 1 der Neubegründung wiederkehrender Staatsleistungen entgegensteht, s. die Nachweise bei Jarass, in: JP, Art. 138 WRV Rn. 3. **38**

2. Die Kirchengutsgarantie (Abs. 2)

Die sog. Kirchengutsgarantie des Abs. 2 dient dazu, die Einziehung kirchlicher Besitztümer (sog. Säkularisation) zu verhindern. Die Vorschrift soll die sächliche Grundlage der Stellung und der Freiheit der Kirchen gewährleisten, die in Art. 4 I, II sowie in Art. 137 WRV garantiert sind (BVerfGE 123, 148 [178]). Die Verfassung trägt also der Überlegung Rechnung, dass eine Religionsgemeinschaft etc. für ihre Tätigkeit auf bestimmte Vermögenswerte angewiesen ist. **39**

Begünstigt werden nach dem Wortlaut – unabhängig von ihrer Rechtsform – Religionsgesellschaften und religiöse Vereine; Weltanschauungsgemeinschaften kommen wegen ihrer von Art. 137 VII WRV gebotenen Gleichbehandlung hinzu (Schmahl, in: Sodan, Art. 139 WRV Rn. 3). **40**

Geschützt sind das Eigentum und andere vermögenswerte Rechte (insbes.: Gebrauchsüberlassungsrechte an Kirchengebäuden, BVerfGE 99, 100 [120 f.]), jedoch nur, soweit sie der Erfüllung des spezifischen (religiösen) Auftrags dienen (BVerwGE 87, 115 [121 f.]). **41**

Das Kirchengut wird durch Abs. 2 für den Staat jedoch nicht unantastbar. Vielmehr wird die Schranke des Art. 137 III 1 WRV (Bindung an die für alle geltenden Gesetze) auf die Vorschrift übertragen (v. Campenhausen/Unruh, in: MKS, Art. 138 WRV Rn. 32). **42**

Zulässig kann daher z. B. eine Nutzungseinschränkung auf Grund des Sicherheits- und Ordnungsrechts sein, etwa wegen Einsturz- oder Seuchengefahr, BVerwGE 87, 115 (124 f.).

Abs. 2 enthält ein subjektives Recht der begünstigten Gemeinschaften, jedoch kein Grundrecht oder grundrechtsgleiches Recht. Zur Bedeutung im Rahmen einer aus anderen Gründen zulässigen Verfassungsbeschwerde s. aber o. Rn. 3. **43**

IV. Die Sonn- und Feiertagsruhe (Art. 139 WRV)

Art. 139 WRV [Sonn- und Feiertagsruhe]
Der Sonntag und die staatlich anerkannten Feiertage bleiben als Tage der Arbeitsruhe und der seelischen Erhebung gesetzlich geschützt.

44 Art. 139 WRV stellt sicher, dass an Sonn- und Feiertagen grundsätzlich nicht gearbeitet wird: Der prinzipiell arbeitsfreie Sonn- und Feiertag wird damit als Institution geschützt (BVerfGE 111, 10 [50]). Zugleich enthält die Vorschrift einen Schutzauftrag, der sich an den Gesetzgeber richtet und der diesem aufgibt, bestimmte Tage, die aus Sicht von Religionsgemeinschaften eine besondere Bedeutung haben, zu schützen. Insofern konkretisiert Art. 139 WRV die Schutzpflicht aus Art. 4 I, II (BVerfGE 125, 39 [79]).

45 Der präzise Umfang des Schutzes ist der Ausgestaltung durch den Gesetzgeber zugänglich. Das betrifft sowohl die Frage, welche Tage als Feiertage geschützt sind, als auch die Frage, welchen Umfang die Sonn- und Feiertagsruhe hat. Der Gesetzgeber muss lediglich einen Kernbestand an Sonn- und Feiertagsruhe unangetastet lassen. Im Übrigen muss er unterschiedliche Positionen zum Ausgleich bringen: Auf der einen Seite dient die Arbeitsruhe der Religionsausübung, aber auch jeder anderen Tätigkeit oder Verhaltensweise bis hin zum schlichten Ausruhen, die der Einzelne als sinnvolle Freizeittätigkeit empfindet. Auf der anderen Seite greifen Vorschriften zur Gewährleistung der Arbeitsruhe häufig in die Berufsfreiheit des Art. 12 I ein. Deutlich wird das etwa an gesetzlichen Regelungen zum Verbot der Ladenöffnung an Sonntagen. Zwar können derartige Eingriffe gerade durch Art. 139 WRV gerechtfertigt sein. Sie müssen jedoch zum Schutz der Sonn- und Feiertagsruhe geeignet, erforderlich und angemessen sein (BVerfGE 111, 10 [50]). Ob eine einzelne Maßnahme den Anforderungen des Art. 139 WRV genügt, muss daher ebenso mit Blick auf den Einzelfall beantwortet werden wie die Frage, ob die gegenläufigen Rechte hinreichend berücksichtigt wurden.

46 Die Frage nach einer hinreichenden Berücksichtigung der gegenläufigen Rechte stellte sich z. B., als eine (durch unterhaltende Elemente geprägte) muslimischen Beschneidungsfeier in einer Gaststätte entgegen dem FeiertagsG NRW gerade am Karfreitag durchgeführt werden sollte. Das gesetzliche Verbot besteht jedoch zu Recht; einen Anspruch auf Erteilung einer Ausnahmebewilligung gibt es nicht (OVG Münster, Beschl. v. 23.3.2015, 4 B 135/15). – Die Frage nach einer hinreichenden Berücksichtigung von Art. 139 WRV stellte sich bei der Abschaffung des bis zum Anfang der 1990er-Jahre als Feiertag geschützten Buß- und Bettages. Sie war zu bejahen; die Abschaffung war verfassungsgemäß (BVerfG NJW 1995, 3378f.). Dagegen verfehlte die Ladenöffnung in Berlin an allen vier Adventssonntagen den verfassungsrechtlich gebotenen Mindestschutz des Sonntags (BVerfGE 125, 39 [77ff.]). Zur sonntäglichen Ladenöffnung s. auch W. Leisner, NVwZ 2014, 921 ff.

47 Das letztgenannte Urteil zur Ladenöffnung in Berlin ist auf Verfassungsbeschwerden der Evangelischen Kirche Berlin-Brandenburg sowie des Erzbistums Berlin hin ergangen. Zwar verleiht Art. 139 WRV kein Grundrecht oder grundrechtsgleiches Recht. Jedoch betrifft die Vorschrift (wie die anderen inkorporierten WRV-Normen) das Grundverhältnis zwischen Staat und Kirche, das in Teilen auch von Art. 4 I, II erfasst wird. Das hat dem BVerfG genügt, um sowohl die Zulässigkeit als auch die Begründetheit der Verfassungsbeschwerde zu bejahen (BVerfGE 125, 39 [73ff.]).

48 Ein Recht des Einzelnen, sich an religiösen Feiertagen seinem Glauben zu widmen oder zu erholen, ergibt sich aus Art. 4 I, II (Jarass, in: JP, Art. 139 WRV Rn. 1).

V. Die Zulassung zur Anstaltsseelsorge (Art. 141 WRV)

Art. 141 WRV [Religiöse Handlungen in öffentlichen Anstalten]
Soweit das Bedürfnis nach Gottesdienst und Seelsorge im Heer, in Krankenhäusern, Strafanstalten oder sonstigen öffentlichen Anstalten besteht, sind die Religionsgesellschaften zur Vornahme religiöser Handlungen zuzulassen, wobei jeder Zwang fernzuhalten ist.

49 Art. 141 WRV gibt Religionsgemeinschaften, nach überwiegender Meinung darüber hinaus Weltanschauungsgemeinschaften (dafür u.a. Schmahl, in: Sodan, Art. 141

WRV) einen Anspruch auf Zulassung zur Vornahme religiöser Handlungen in den Streitkräften, in Krankenhäusern, Strafanstalten und sonstigen öffentlichen Anstalten. Der Begriff der Anstalt ist untechnisch zu verstehen; auf die Organisationsform kommt es nicht an (Ehlers, in: Sachs, Art. 141 WRV Rn. 4). Anspruchsberechtigt sind auch Religionsgemeinschaften, die nicht den Status einer Körperschaft des öffentlichen Rechts nach Art. 137 VI WRV besitzen (BVerfGE 102, 370 [396]).

Voraussetzung ist ein Bedürfnis nach Gottesdienst und Seelsorge. Insofern kommt es auf die Nutzer bzw. Insassen der jeweiligen Einrichtung an (Jarass, in: JP, Art. 141 WRV Rn. 1; str.). **50**

Dass jeder Zwang fernzuhalten ist, wirkt sich in unterschiedliche Richtungen aus: Weder der Staat noch die Religionsgemeinschaft dürfen Druck auf die Anstaltsnutzer ausüben, am Gottesdienst o. Ä. teilzunehmen (BVerwGE 73, 247 [249]). Mehr noch: Dass der Zwang „fernzuhalten“ ist, bedeutet für den Staat auch, dass er die Ausübung von Druck z. B. durch Mitgefangene zu verhindern hat. Die Teilnahme am Gottesdienst etc. muss freiwillig erfolgen. **51**

Art. 141 WRV enthält zwar ein subjektives Recht der Religions- und Weltanschauungsgemeinschaften, jedoch kein Grundrecht (Jarass, in: JP, Art. 141 WRV Rn. 1, spricht von einem sonstigen verfassungsmäßigen Recht). Der Anspruch kann daher vor den Fachgerichten eingeklagt werden. Jedoch kann auf seine Verletzung keine Verfassungsbeschwerde gestützt werden. Zur Bedeutung im Rahmen einer aus anderen Gründen zulässigen Verfassungsbeschwerde s. aber o. Rn. 3. **52**

Ob Art. 141 WRV eine tragfähige Grundlage für eine staatliche Anstaltsseelsorge einschließlich beamteter Seelsorger (insbes. beim Militär) darstellt, ist str. Dagegen mit dem beachtlichen Hinweis auf Art. 137 I (Trennung von Staat und Kirche) etwa Schmahl, in: Sodan, Art. 141 WRV). **53**

C. Weiterführende Literatur/Leseempfehlungen

Bultmann, P. F., Übungsblätter Klausur Öffentliches Recht, „Anerkennung der Privjetisten als Körperschaft des öffentlichen Rechts“, JA 2001, 860–866; Jochum, H., Der praktische Fall – Öffentliches Recht: Die Verleihung des Status einer Körperschaft des öffentlichen Rechts an Religionsgemeinschaften, JuS 2003, 370–375; Petri, M., Rechtsprechung Öffentliches Recht, Staatskirchenrecht, JA 2001, 641–644; Pieroth, B./Kingreen, T., Das Verbot von Religions- und Weltanschauungsgemeinschaften, NVwZ 2001, 841–846; Wißmann, H./Heuer, D., „Hirten der Verfassung“? – Das BVerfG, die Kirchen und der Sonntagsschutz, Jura 2011, 214–222. **54**

Art. 141 [„Bremer Klausel“ für den Religionsunterricht]

Artikel 7 Abs. 3 Satz 1 findet keine Anwendung in einem Lande, in dem am 1. Januar 1949 eine andere landesrechtliche Regelung bestand.

Pflichtstoff (*)

Art. 141 stellt eine regionale Begrenzung der Pflicht zur Erteilung von Religionsunterricht als ordentliches Lehrfach an staatlichen Schulen gem. Art. 7 III 1 dar. Damit entfällt in den betroffenen Ländern zugleich das korrespondierende Grundrecht der Religionsgemeinschaften (dazu Art. 7 Rn. 19). Den betroffenen Ländern steht es jedoch frei, Religionsunterricht als ordentliches Lehrfach und in Übereinstimmung mit den Grundsätzen der Religionsgemeinschaften einzuführen (Pieroth, in: JP, Rn. 2). **1**

Die Voraussetzung des Art. 141 für die Befreiung von Art. 7 III 1 ist jedenfalls in Bremen erfüllt. In Art. 32 BremVerf war am Stichtag (1.1.1949) bekenntnisunabhängiger Unterricht in „Biblischer Geschichte“ vorgesehen (Boysen, in: MK, Rn. 4). **2**

3 Umstritten ist die Anwendbarkeit der Klausel auf das wiedervereinigte Berlin und auf die übrigen „neuen“ Länder. Auch dort galten am Stichtag andere landesrechtliche Regelungen. Fraglich ist jedoch, ob das Land, das sich heute auf die Ausnahme berufen will, mit dem damaligen Land identisch sein und ob es seither ununterbrochen existiert haben muss. Je nach Beantwortung dieser Fragen ist Art. 141 in Berlin und/oder in den übrigen Ländern des Beitrittsgebiets anwendbar – oder eben nicht. Näher hierzu Boysen, in: MK, Rn. 7 ff.

Art. 142 [Landesgrundrechte]

Ungeachtet der Vorschrift des Artikels 31 bleiben Bestimmungen der Landesverfassungen auch insoweit in Kraft, als sie in Übereinstimmung mit den Artikeln 1 bis 18 dieses Grundgesetzes Grundrechte gewährleisten.

Pflichtstoff (***)

A. Überblick

1 Als 1948/49 das GG verfasst wurde, hatten sich bereits mehrere Länder Verfassungen gegeben, die eigene Grundrechtskataloge enthielten. Weil seinerzeit Unsicherheit darüber bestand, ob die Landesgrundrechte mit Inkrafttreten des GG womöglich selbst dann durch dessen Grundrechte nach Art. 31 gebrochen würden, wenn sie identische Verbürgungen wie das GG enthielten, wurde Art. 142 aufgenommen, um sicherzustellen, dass die Landesgrundrechte in Kraft blieben (Dreier, in: Dreier, Rn. 9; s. u. Rn. 3).

B. Erläuterungen

I. Grundrechte in Landesverfassungen

2 Die Länder sind eigene Staaten, die sich eigene Verfassungen geben dürfen. Diese sog. Verfassungshoheit beinhaltet das Recht, nicht aber die Pflicht, in die Verfassung eigene Landesgrundrechte aufzunehmen. Von diesem Recht machen die meisten Länder Gebrauch. (Landes-)Verfassungen mit eigenem Grundrechtskatalog nennt man Vollverfassungen; Verfassungen, die sich auf die Regelung der Staatsorganisation beschränken und keine Grundrechte enthalten, bezeichnet man als Organisationsstatute. Einige Landesverfassungen beziehen auch – ggf. zusätzlich zu eigenen Verbürgungen – Grundrechte des GG im Wege einer Verweisung ein (s. z. B. Art. 4 I NRWVerf), die auf diese Weise zusätzlich als Landesgrundrecht gelten.

II. Landesgrundrechte und Bundesrecht

3 Im Vergleich mit den Grundrechten des GG kann der Schutz durch Landesgrundrechte identisch, enger oder weiter sein. In keinem der drei Fälle kommt es mit den Grundrechten des GG zu einer Kollision i. S. v. Art. 31, weil keine miteinander unvereinbaren Rechtsfolgen angeordnet werden: Das GG schreibt für das grundrechtliche Schutzniveau, das die Landesverfassungen gewährleisten, weder eine Untergrenze noch eine Obergrenze vor. Über den Wortlaut des Art. 142 hinaus bleiben daher nicht nur mit dem GG identische, sondern auch engere und weitere Landesgrundrechte in Kraft (zutreffend BVerfGE 96, 345 [365]). Dem vom Wortlaut des Art. 142 ebenfalls denkbaren Umkehrschluss, nach dem andere als inhaltsgleiche Landesgrundrechte gerade nicht in Kraft bleiben, steht die bloße „Sicherungsfunktion“ entgegen, die Art. 142 nach seiner Entstehungsgeschichte zukommt (o. Rn. 1). Anders formuliert: Im Ergeb-

nis bedeutet „Übereinstimmung" i. S. v. Art. 142 den Nicht-Widerspruch (Pieroth, in: JP, Rn. 3).

4 Jedoch können Landesgrundrechte, die weiteren Schutz gewähren als das GG, mit einfachem Bundesrecht kollidieren (Dreier, in: Dreier, Rn. 52): Der Bundesgesetzgeber ist nur an das GG gebunden, nicht an die Landesverfassung. Er darf daher Regelungen vorsehen, die dem Landesgesetzgeber durch die Landesverfassung untersagt wären. In diesem Fall kann es zur Brechung des Landesgrundrechts nach Art. 31 kommen (zum Begriff der Brechung s. Art. 31 Rn. 6f.). Dagegen kann ein engeres Landesgrundrecht nicht durch ein einfaches Bundesrecht gebrochen werden: Eine Norm des einfachen Bundesgesetzgebers, die inhaltlich mit einem engeren Grundrecht der Landesverfassung kollidiert, verstößt ja bereits gegen das GG und ist schon aus diesem Grunde nichtig (zu weit daher BVerfGE 96, 345 [365f.], wo das BVerfG von einer möglichen Brechung engerer und weiterer Landesgrundrechte durch einfaches Bundesrecht ausgeht).

III. Die Bedeutung von Landesgrundrechten

5 Landesgrundrechte verpflichten die Staatsgewalt des jeweiligen Landes. Sofern die Verfassung eines Landes Grundrechte enthält, sind seine Legislative, Exekutive und Judikative doppelt gebunden: Einerseits an die Grundrechte des GG (Art. 1 III), andererseits an die Grundrechte der Landesverfassung. Von praktischer Bedeutung ist das insbesondere, sofern zugleich die Möglichkeit einer Verfassungsbeschwerde an das jeweilige LVerfG eröffnet ist: Dort kann die Verletzung von Landesgrundrechten gerügt werden. Dem BVerfG hingegen steht als Prüfungsmaßstab grds. nur das GG zur Verfügung.

6 Die Staatsgewalt des Bundes ist nicht an die Landesverfassungen gebunden. Daher dürfen ihre Akte nur am Maßstab des GG einschließlich seiner Grundrechte, nicht aber am Maßstab von Landesgrundrechten gemessen werden (Huber, in: Sachs, Rn. 16). Konkret bedeutet das insbesondere, dass die *Gültigkeit* von Bundesgesetzen nur anhand des GG überprüft werden kann. Eine Verfassungsbeschwerde zum LVerfG, die auf die Behauptung gestützt wird, ein Bundesgesetz verstoße gegen die Landesverfassung, wäre bereits mangels eines tauglichen Beschwerdegegenstandes unzulässig.

7 Dagegen stellt die *Anwendung* von Bundesrecht durch Landesorgane, insbesondere durch Landesgerichte, Landesstaatsgewalt dar, die prinzipiell an die Landesverfassung gebunden ist. Der Anwendungsakt ist daher tauglicher Gegenstand einer Landesverfassungsbeschwerde.

Alle Gerichte außer den Bundesgerichten sind solche der Länder (s. Art. 92). Sie wenden Bundesrecht an, wenn sie einen Streit z. B. nach Normen des BGB oder des StGB entscheiden oder wenn sie ihr Verfahren nach den Regeln der ZPO oder der StPO gestalten.

Für die Anwendung von *Verfahrens*recht (also der ZPO, der StPO etc.) des Bundes durch Gerichte eines Landes hat das BVerfG die Möglichkeit einer Landesverfassungsbeschwerde ausdrücklich anerkannt. Es gibt hierfür sogar ein Prüfungsschema vor (BVerfGE 96, 345 [373f.]). Dieses ist jedoch insofern korrekturbedürftig, als es davon ausgeht, die Anwendung von Bundesrecht könne nur am Maßstab solcher Landesgrundrechte geprüft werden, die mit Grundrechten des GG identisch seien. Richtigerweise können Landesgrundrechte aber u. a. auch dann Maßstab für die Anwendung von Bundesrecht sein, wenn sie mehr Schutz gewähren als das GG, sofern das einfache Bundesrecht Spielräume bei der Rechtsanwendung eröffnet – was auch das BVerfG einräumt (BVerfGE 96, 345 [366]). Im Übrigen spricht nichts dagegen, auch die Anwendung *materiellen* Bundesrechts (etwa des BGB, des StGB etc.) durch Landesorgane nach den dargestellten Grundsätzen am Maßstab von Landesgrundrechten zu überprüfen (näher von Coelln, Anwendung von Bundesrecht nach Maßgabe der Landesgrundrechte?, 2001, S. 326ff.).

C. Weiterführende Literatur/Leseempfehlungen

8 von Coelln, Ch., Anwendung von Bundesrecht nach Maßgabe der Landesgrundrechte?, 2001, S. 197–201; Dietlein, J., Die Kontrollbefugnis der Landesverfassungsgerichte, Jura 2000, 19–25; Dietlein, J., Landesgrundrecht im Bundesstaat, Jura 1994, 57–61; Hain, K.-E., Zur Überprüfung der Anwendung von Bundesrecht durch Landesverfassungsgerichte, JZ 1998, 620–624; Jutzi, S., Aufsatz Öffentliches Recht, Landesverfassungsrecht im Bundesstaat des Grundgesetzes und Staatenverbund der Europäischen Union, JA 1999, 901–907; Klein, E./Haratsch, A., Die Landesverfassungsbeschwerde – Ein Instrument zur Überprüfung der Anwendung von Bundesrecht?, JuS 2000, 209–215.

Art. 142a *(aufgehoben)*

Art. 143 [Sondervorschriften für neue Bundesländer und Ost-Berlin]

(1) [1]**Recht in dem in Artikel 3 des Einigungsvertrags genannten Gebiet kann längstens bis zum 31. Dezember 1992 von Bestimmungen dieses Grundgesetzes abweichen, soweit und solange infolge der unterschiedlichen Verhältnisse die völlige Anpassung an die grundgesetzliche Ordnung noch nicht erreicht werden kann.** [2]**Abweichungen dürfen nicht gegen Artikel 19 Abs. 2 verstoßen und müssen mit den in Artikel 79 Abs. 3 genannten Grundsätzen vereinbar sein.**

(2) **Abweichungen von den Abschnitten II, VIII, VIIIa, IX, X und XI sind längstens bis zum 31. Dezember 1995 zulässig.**

(3) **Unabhängig von Absatz 1 und 2 haben Artikel 41 des Einigungsvertrags und Regelungen zu seiner Durchführung auch insoweit Bestand, als sie vorsehen, daß Eingriffe in das Eigentum auf dem in Artikel 3 dieses Vertrags genannten Gebiet nicht mehr rückgängig gemacht werden.**

Pflichtstoff (**)

A. Überblick

I. Normstruktur

1 Art. 143 wurde im Zuge der Wiedervereinigung Deutschlands in das GG eingefügt (s. Art. 4 Nr. 5 des Einigungsvertrages [EV] v. 31.8.1990). Dabei gestatten Abs. 1 und 2 als Ausdruck des „Annäherungsprinzips" (Jarass, in: JP, Art. 143 Rn. 2) „für eine zeitlich befristete Übergangsphase die Geltung von Recht im Beitrittsgebiet ohne Rücksicht auf seine Vereinbarkeit mit dem Grundgesetz" (BVerfGE 107, 216 [236]). Hingegen unterliegt Abs. 3 keiner zeitlichen Beschränkung; er dient der (dauerhaften) verfassungsrechtlichen Absicherung des Art. 41 EV (Wieland, in: Dreier, Art. 143 Rn. 25).

II. Prüfungsrelevanz

2 Die Prüfungsrelevanz dieser Vorschrift ist als eher gering einzuschätzen. Da die Übergangsfristen der Abs. 1 und 2 abgelaufen sind, sind diese nur noch für Altfälle relevant (vgl. Jarass, in: JP, Art. 143 Rn. 3). Hingegen kann Art. 143 III etwa bei der Frage nach der Rechtmäßigkeit von bestimmten, auf dem Gebiet der ehemaligen DDR erfolgten Eigentumseingriffen bedeutsam werden (vgl. Rn. 8ff.).

III. Europa

Seit dem Beitritt der ostdeutschen Länder zur Bundesrepublik am 3. Oktober 1990 gilt auch für diese das Unionsrecht, so dass auch auf europäischer Ebene Übergangsregelungen erforderlich waren. Zwischen Februar und Dezember 1990 beschlossen Parlament und Rat der EG deshalb zehn Verordnungen, elf Richtlinien sowie mehrere Entscheidungen und Beschlüsse. Diese enthalten in praktisch allen unionsrechtlichen Bereichen die notwendigen Übergangsregelungen. Nach Art. 345 AEUV lässt das Unionsrecht die mitgliedstaatliche Eigentumsordnung unberührt, so dass Regelungen bezüglich der in Art. 143 III festgelegten Enteignungen (vgl. Rn. 10f.) autonom getroffen werden können (vgl. zum Ganzen Wieland, in: Dreier, Art. 143 Rn. 12 m.w.N.). 3

B. Erläuterungen

I. Übergangsregelungen für Abweichungen vom Grundgesetz (Abs. 1 und 2)

1. Allgemeines

Die Übergangsregelungen in den Abs. 1 und 2 dienten dazu, dem Gesetzgeber den notwendigen Spielraum zu eröffnen, um das im Beitrittsgebiet geltende Recht schrittweise an die vom Grundgesetz geforderte Rechtsordnung anzugleichen (BT-Drs. 11/7760, S. 359). Bei dem Beitrittsgebiet gem. Art. 3 EV handelte es sich um die Länder Brandenburg, Mecklenburg-Vorpommern, Sachsen, Sachsen-Anhalt und Thüringen, sowie den Teil des Landes Berlin, in dem das Grundgesetz bisher nicht galt („Ost-Berlin"). Art. 143 I und II ermöglichten für eine Übergangsphase, dass das damals im Beitrittsgebiet geltende Recht ungeachtet seiner Vereinbarkeit mit dem Grundgesetz weiterhin Geltung entfaltete. 4

Die Übergangsregelungen fanden jedoch nicht bereits bei einer unterschiedlichen Regelung vergleichbarer Sachverhalte Anwendung, sondern erst dann, wenn das im Beitrittsgebiet geltende Recht gegen das Grundgesetz verstieß (vgl. BVerfGE 84, 133 [145]; 107, 218 [236]). „Recht" in diesem Sinne konnte sowohl fortgeltendes Recht der DDR sein, soweit es nicht durch bundesdeutsches Recht ersetzt wurde (Jarass, in: JP, Art. 143 Rn. 2), als auch übergeleitetes Bundesrecht (vgl. BT-Drs. 11/7760, S. 359). 5

2. Übergangsregelungen

Abs. 1 S. 1 erlaubte bis zum 31.12.1992 eine generelle Abweichung des Rechts in den Beitrittsländern (Rn. 4) von Bestimmungen des Grundgesetzes, soweit eine völlige Anpassung an dieses aufgrund der unterschiedlichen Verhältnisse in den beiden Teilen Deutschlands nicht möglich war (Wieland, in: Dreier, Art. 143 Rn. 19). Voraussetzung war allerdings, dass die Abweichungen gerade beitrittsbedingt waren, sich also unmittelbar aus den temporär unüberwindbaren verschiedenen Verhältnissen ergaben, die der unterschiedlichen Nachkriegsentwicklung der ehemaligen beiden deutschen Staaten geschuldet waren (BVerfGE 100, 1 [53]). Eine Grenze der Abweichungsmöglichkeit zog zudem Art. 143 I 2, wonach durch die Abweichung weder der Wesensgehalt der Grundrechte i.S.d. Art. 19 II noch die Grundsätze des Art. 79 III verletzt werden durften. Zum 1.1.1993 traten sämtliche Normen außer Kraft, die gegen das Grundgesetz verstießen und nicht von Art. 143 II umfasst waren. 6

Abs. 2 erlaubte Abweichungen allein von den Art. 20 bis 37, Art. 83 bis 115 und Art. 116 bis 142 längstens bis zum 31.12.1995. Hiermit sollte dem Umstand Rechnung getragen werden, dass der Aufbau von Verwaltung und Gerichtsbarkeit im Bei- 7 trittsgebiet einen längeren Zeitraum beanspruchte (vgl. Wendt, in: Sachs, Art. 143 Rn. 16 m.w.N.). Auch die Abweichungen nach Abs. 2 waren nur zulässig, soweit eine Anpassung des geltenden Rechts an die grundrechtliche Ordnung beitrittsbedingt nicht möglich war (Rn. 6).

II. Bestandskraft von Eigentumseingriffen (Abs. 3)

8 Gem. Art. 143 III haben Art. 41 EV und Regelungen zu seiner Durchführung ungeachtet der Abs. 1 und 2, d.h. dauerhaft, insoweit Bestand, als sie vorsehen, dass auf besatzungsrechtlicher bzw. -hoheitlicher Grundlage getroffene Enteignungen nicht mehr rückgängig zu machen sind (vgl. Wieland, in: Dreier, Art. 143 Rn. 25).

1. Verfassungsmäßigkeit

9 Trotz fortbestehender Bedenken (vgl. Wasmuth, DtZ 1993, 334ff.) wird Art. 143 III überwiegend als verfassungsgemäß angesehen. Zunächst ist er formell rechtmäßig zustande gekommen. Die Gesetzgebungskompetenz des Bundes ergibt sich dabei aus der „verfassungsrechtlichen Verpflichtung [...] auf die Wiederherstellung der staatlichen Einheit Deutschlands hinzuwirken“ (BVerfGE 82, 316 [320]; 84, 90 [118]). Auch in materieller Hinsicht wird Abs. 3 als mit dem Grundgesetz vereinbar erachtet. Nach Ansicht des BVerfG ergab sich insbesondere aus Art. 23 a.F., dass die Stellen, welche die Enteignungen vornahmen, aus zeitlichen und räumlichen Gründen nicht an die Vorschriften des Grundgesetzes gebunden waren (BVerfGE 112, 1 [29]). Somit waren die Enteignungen auch nicht an den Grundrechten, insbesondere an Art. 14 zu messen. Erforderlich ist jedoch eine Prüfung am Maßstab des Art. 79 III. Der Wortlaut des Abs. 3 („Ungeachtet der Absätze 1 und 2“) kann nicht dahingehend verstanden werden, dass der Art. 79 III insoweit nicht anwendbar sein soll (BVerfGE 84, 90 ([120]). Aber auch der Menschenwürdegehalt des Art. 14 und die grundlegenden Elemente des Rechts- und Sozialstaates stehen nach Ansicht des BVerfG der Anerkennung der Enteignungen (dazu Rn. 10f.) nicht entgegen (vgl. BVerfGE 84, 90 [121ff.]; 112, 1 [20f.]).

2. Besatzungsrechtliche Enteignungen und Restitutionsausschluss

10 Von Art. 41 I, III EV erfasst werden zunächst Enteignungen im weiteren Sinne (Berkemann, in: UC, Art. 143 Rn. 71), die im Zeitraum von 1945 bis 1949 auf dem Gebiet der sowjetischen Besatzungszone bzw. der DDR erfolgten und unmittelbar durch die sowjetische Besatzungsmacht eingeleitet wurden (Jarass, in: JP, Art. 143 Rn. 7). Darüber hinaus erfasst sind aber auch Enteignungen im Rahmen der Bodenreform bis zur Gründung der DDR (BVerfGE 84, 90 [114]) sowie sonstige besatzungshoheitliche Enteignungen durch deutsche Stellen, die dem Willen der sowjetischen Besatzungsmacht entsprachen (BVerfGE 84, 90 [113f.]; 99, 268 [270f.]).

11 Nicht erfasst werden hingegen Enteignungen vor dem 8.5.1945 (Jarass, in: JP, Art. 143 Rn. 7). Wenngleich mit „1949“ auf das Datum der Gründung der DDR am 7.10.1949 Bezug genommen wird, gilt der Ausschluss der Restitution auch für Enteignungen, die danach erfolgten, soweit diese „unter der Oberhoheit der Besatzungsmacht und mit ihrer generellen Billigung in einer Weise in die Wege geleitet worden waren, die die Verantwortung der Besatzungsmacht für den weiteren Vollzug durch die deutschen Stellen begründete“ (BVerwGE 98, 1 [4]).

12 Aus Art. 143 III ergibt sich die Vereinbarkeit der Festschreibung der erfassten Enteignungen (Rn. 10f.) mit dem Grundgesetz. Mithin verstößt der Ausschluss ihrer Rückgängigmachung nicht gegen Art. 14 (s. Art. 14 Rn. 75ff.). Art. 143 III sichert dabei nicht nur den verfassungsrechtlichen Bestand solcher (besatzungsrechtlicher bzw. besatzungshoheitlicher) Rechtsnormen, die bei ihrer konkreten Auslegung und Anwendung zu einem endgültigen Eigentumsverlust führen, sondern auch den Bestand solcher Rechtsnormen, „die die Rückgängigmachung eines jedenfalls faktisch eingetretenen Eigentumsverlusts ausschließen und damit zum Verlust eventuell noch vorhandener formaler Rechtspositionen führen" (BVerfG [K], NJW 1998, 221 [222]).

Die unterschiedliche Behandlung von Enteignungen zwischen 1945 und 1949 und solchen nach 1949 verstößt laut BVerfG zwar nicht gegen den Gleichheitssatz; bei der Regelung der Ausgleichspflichtigkeit der Enteignungen in diesen Zeiträumen sei der Gesetzgeber allerdings an Art. 3 I gebunden. Ein genereller Ausschluss von Ausgleichsleistungen ist demnach nicht zulässig (BVerfGE 84, 90 [128f.]). Bei der Festlegung der Höhe einer etwaigen finanziellen Ausgleichsleistung hat das BVerfG dem Gesetzgeber einen weiten Spielraum zugestanden. Dieser kann insbesondere auch das Gesamtvolumen der wiedergutzumachenden Schäden und den Wiederaufbau der neuen Bundesländer berücksichtigen (BVerfGE 84, 90 [130f.]). Daraus hat das Gericht gefolgert, dass „angesichts der desolaten wirtschaftlichen Lage in den neuen Bundesländern, deren Bereinigung schon nach dem derzeit absehbaren Stand Zuschüsse in Höhe eines dreistelligen Milliardenbetrages erfordert, [...] eine (originäre) verfassungsrechtliche Verpflichtung zu einer Wiedergutmachung, die wertmäßig einer Restitution gleichkäme, nicht besteht" (BVerfGE 84, 90 [131]). Nach Ansicht des BVerfG sind die Regelungen des Ausgleichsgesetzes vom 27.9.1994 (BGBl. I S. 1665) verfassungsgemäß (BVerfGE 102, 254 [297ff.]; 112, 1 [38]). 13

3. Sonstige Enteignungen in der DDR

Nach Art. 143 III i.V.m. Art. 41 II EV ist die Rückübertragung entzogener Eigentumsrechte bei sonstigen „Eingriffen in das Eigentum" ausgeschlossen, wenn das betroffene Grundstück bzw. Gebäude für dringende, näher festzulegende Investitionszwecke benötigt wird und die Verwirklichung dieser Investitionsentscheidung volkswirtschaftlich förderungswürdig ist, d.h. vor allem Arbeitsplätze schafft oder sichert. Eingriffe in diesem Sinne sind vor allem Enteignungen in der DDR bis zum 2.10.1990 (vgl. Jarass, in: JP, Art. 143 Rn. 10). In diesen Fällen hat gem. Art. 41 II 3 EV eine Entschädigung des früheren Eigentümers zu erfolgen. Nach Ansicht des BVerfG ist unabhängig von Art. 143 III zudem der Ausschluss der Restitution im Fall des gutgläubigen Eigentumserwerbs verfassungsrechtlich nicht zu beanstanden (BVerfGE 95, 48 [58]). 14

C. Prüfungshinweise

In der juristischen Fallbearbeitung kann allenfalls Art. 143 III Bedeutung erlangen, wenn etwa eine zwischen 1945 und 1990 erfolgte Enteignung auf dem Gebiet der ehemaligen DDR Gegenstand der Klausur ist. Letztlich wird Art. 14 durch Art. 143 III dergestalt eingeschränkt, dass jene Enteignungen ex post nicht mehr als restitutionspflichtig erklärt werden können. Ferner kann ein Verstoß gegen Regelungen des EV (insb. Art. 44) und damit auch gegen Art. 143 III von einem Land im Wege eines Bund-Länder-Streits gerügt werden (vgl. BVerfGE 94, 297 [310]). 15

D. Weiterführende Literatur/Leseempfehlungen

Busse, V., Das vertragliche Werk der deutschen Einheit und die Änderung von Verfassungsrecht, DÖV 1991, 345–354; Feddersen, C., Rechtseinheit durch Rechtszweiheit – Art. 143 GG als verfassungsrechtliches Fundament des Übergangsrechts, DVBl. 1995, 502–511; Heß, B., Zur Verfassungsmäßigkeit der Verdrängung zivilrechtlicher Restitutionsansprüche durch vermögensrechtliche Restitutionsansprüche, JZ 1997, 409–411; Maurer, H., Die Eigentumsregelung im Einigungsvertrag, JZ 1992, 183– 16

191; Meixner, R., Roma locuta, causa finita: Der „Bodenreform"-II-Beschluss, DÖV 1997, 184–192; Papier, H.-J., Verfassungsrechtliche Probleme der Eigentumsregelung im Einigungsvertrag, NJW 1991, 193–197; Pestalozza, C., Neues Deutschland – in bester Verfassung?, Jura 1994, 561–577; Sendler, H., Restitutionsausschluß verfassungswidrig?, DÖV 1994, 401–412; Wasmuth, J., Zur Verfassungswidrigkeit des Restitutionsausschlusses für Enteignungen auf besatzungsrechtlicher oder besatzungshoheitlicher Grundlage, NJW 1993, 2476–2484; ders., Restitutionsausschluß und Willkürverbot, DtZ 1993, 334–336.

Art. 143a [Übergangsvorschriften für Bundeseisenbahnen]

(1) [1]**Der Bund hat die ausschließliche Gesetzgebung über alle Angelegenheiten, die sich aus der Umwandlung der in bundeseigener Verwaltung geführten Bundeseisenbahnen in Wirtschaftsunternehmen ergeben.** [2]**Artikel 87e Abs. 5 findet entsprechende Anwendung.** [3]**Beamte der Bundeseisenbahnen können durch Gesetz unter Wahrung ihrer Rechtsstellung und der Verantwortung des Dienstherrn einer privat-rechtlich organisierten Eisenbahn des Bundes zur Dienstleistung zugewiesen werden.**

(2) **Gesetze nach Absatz 1 führt der Bund aus.**

(3) [1]**Die Erfüllung der Aufgaben im Bereich des Schienenpersonennahverkehrs der bisherigen Bundeseisenbahnen ist bis zum 31. Dezember 1995 Sache des Bundes.** [2]**Dies gilt auch für die entsprechenden Aufgaben der Eisenbahnverkehrsverwaltung.** [3]**Das Nähere wird durch Bundesgesetz geregelt, das der Zustimmung des Bundesrates bedarf.**

Pflichtstoff ()

A. Erläuterungen

1 Art. 143a ergänzt die in Art. 87e III 1 angeordnete Organisationsprivatisierung des Sondervermögens Deutsche Bundesbahn (Art. 87e Rn. 8), indem er dem Bund die ausschließliche Gesetzgebungskompetenz für alle Angelegenheiten einräumt, die sich aus der Umwandlung dieses Sondervermögens in privatrechtliche Wirtschaftsunternehmen ergeben (Art. 143a I 1). Außerdem räumt Art. 143a II dem Bund die ausschließliche Verwaltungskompetenz für diese Angelegenheiten ein. Er wird insoweit in unmittelbarer Bundesverwaltung tätig. Da diese formelle Privatisierung durch das Eisenbahnneugliederungsgesetz v. 27.12.1993 (BGBl. I S. 2378) mit Zustimmung des Bundesrates (Art. 143a I 2) erfolgt ist, haben diese Regelungen als Übergangsrecht ihre Bedeutung verloren.

2 Gleiches gilt für Art. 143a III, der die Erfüllung der Aufgaben im Bereich des Schienenpersonennahverkehrs der bisherigen Bundeseisenbahnen bis zum 31.12.1995 den Ländern zuwies. Seit diesem Zeitpunkt fällt dieser Eisenbahnverkehr in die Zuständigkeit der Länder, wobei für die Finanzierung gem. Art. 106a eine Sonderregelung besteht.

3 Praktisch weiterhin bedeutsam ist Art. 143a I 3. Danach können Beamte der Bundeseisenbahnen durch Gesetz unter Wahrung ihrer Rechtsstellung und der Verantwortung des Dienstherren einer privat-rechtlich organisierten Eisenbahn des Bundes zur Dienstleistung zugewiesen werden. Diese Regelung bildet die verfassungsrechtliche Grundlage für die Zuweisung von Beamten der früheren Deutschen Bundesbahn zur privatrechtlich organisierten Deutsche Bahn AG. Die Betroffenen behalten ihren allgemeinen beamtenrechtlichen Status, können aber auch gegen ihren Willen diesem privatrechtlich organisierten Unternehmen zugewiesen werden (dazu Battis, in: Sachs,

Art. 143a Rn. 9). Allerdings ist diese besondere verfassungsrechtliche Öffnungsklausel nicht auf die Übertragung von Dienstherrenbefugnissen zur Ausübung auf andere (beliehene) private Rechtsträger, z.B. eine gemeinnützige GmbH im Rahmen der Privatisierung der Bewährungs- und Gerichtshilfe, übertragbar (VGH BW, Urteil v. 22.1.2013, 4 S 2968/11, Rn. 59).

B. Weiterführende Literatur/Leseempfehlungen

Benz, H., Postreform II und Bahnreform – Ein Elastizitätstest für die Verfassung, DÖV 1995, 679–684; Uerpmann, R., Einsatz von Beamten bei einer Gesellschaft privaten Rechts – BVerwG – Urt. v. 7.6.1984 – 2 C 84.81 = BVerwGE 69, 303 – Jura 1996, 79–84. 4

Art. 143b [Umwandlung der Deutschen Bundespost]

(1) [1]**Das Sondervermögen Deutsche Bundespost wird nach Maßgabe eines Bundesgesetzes in Unternehmen privater Rechtsform umgewandelt.** [2]**Der Bund hat die ausschließliche Gesetzgebung über alle sich hieraus ergebenden Angelegenheiten.**

(2) [1]**Die vor der Umwandlung bestehenden ausschließlichen Rechte des Bundes können durch Bundesgesetz für eine Übergangszeit den aus der Deutschen Bundespost POSTDIENST und der Deutschen Bundespost TELEKOM hervorgegangenen Unternehmen verliehen werden.** [2]**Die Kapitalmehrheit am Nachfolgeunternehmen der Deutschen Bundespost POSTDIENST darf der Bund frühestens fünf Jahre nach Inkrafttreten des Gesetzes aufgeben.** [3]**Dazu bedarf es eines Bundesgesetzes mit Zustimmung des Bundesrates.**

(3) [1]**Die bei der Deutschen Bundespost tätigen Bundesbeamten werden unter Wahrung ihrer Rechtsstellung und der Verantwortung des Dienstherrn bei den privaten Unternehmen beschäftigt.** [2]**Die Unternehmen üben Dienstherrenbefugnisse aus.** [3]**Das Nähere bestimmt ein Bundesgesetz.**

Pflichtstoff ()

A. Erläuterungen

I. Formelle Privatisierung (Abs. 1)

Art. 143b I enthält den Verfassungsauftrag an den Bund, das Sondervermögen Deutsche Bundespost in Unternehmen privater Rechtsform umzuwandeln. Adressat dieser Verpflichtung ist der Bundesgesetzgeber, dem hierfür durch Art. 143b I 1 die ausschließliche Gesetzgebungskompetenz zugewiesen wird, die Art. 143b I 2 auf die sich hieraus ergebenden Angelegenheiten erweitert. Art. 143b I 1 wiederholt damit die bereits in Art. 87f II 1 angelegte Pflicht zur formellen Privatisierung (Art. 87f Rn. 6) und erweitert diese auf das Teilsondervermögen Postbank (vgl. Remmert, in: EH, Art. 143b Rn. 1). In Ausführung dieser Verpflichtung ist das Postumwandlungsgesetz v. 14.9.1994 (BGBl. I S. 2325) ergangen, auf dessen Grundlage die Deutsche Post AG, die Deutsche Telekom AG und die Deutsche Postbank AG entstanden sind. Art. 143b I ist damit als Übergangsrecht gegenstandslos geworden. 1

II. Befristete Monopole und materielle Privatisierung (Abs. 2)

Art. 143b II 1 ermächtigt den Bundesgesetzgeber dazu, die vor der Umwandlung bestehenden ausschließlichen Rechte des Bundes für eine Übergangszeit der Deut- 2 schen Telekom AG und der Deutschen Post AG zu verleihen und weist ihm hierfür die ausschließliche Gesetzgebungskompetenz zu. Der Bund hat von dieser mit Einfügung des Art. 143b in das Grundgesetz im Jahre 1994 begründeten Befugnis zunächst Gebrauch gemacht, aber dann im Einklang mit gemeinschaftsrechtlichen Vorgaben (Art. 87f Rn. 3) die Monopole schrittweise beseitigt (dazu Battis, in: Sachs, Art. 143b Rn. 6). Als letztes ausschließliches Recht ist das Monopol für die Beförderung von Briefen am 1.1.2008 zu Ende gegangen. Art. 143b II 1 ist damit gegenstandslos geworden.

3 Nach Ansicht des BVerfG war die übergangsweise Einräumung dieses Monopols verfassungsgemäß, um sicherzustellen, dass die Nachfolgeunternehmen der Deutschen Bundespost – trotz der fortschreitenden Liberalisierung dieser Dienstleistungen in Europa – im Wettbewerb bestehen und insbesondere ihre Verpflichtung zur Bereitstellung eines Universaldienstes erfüllen können. Nach Ansicht des BVerfG verdrängt Art. 143b II 1 in dem monopolisierten Bereich die Berufsfreiheit der Konkurrenten nach Art. 12 I (BVerfGE 108, 370 [389ff.]). Die übergangsweise Verleihung der genannten Monopole bedurfte gemäß Art. 143b II 1 eines förmlichen Gesetzes, für das diese Norm dem Bund die ausschließliche Kompetenz zuweist. Der Erlass dieses Gesetzes ist nicht an die Zustimmung des Bundesrates gebunden, da der Vorbehalt des Art. 143b II 3 nach seiner systematischen Stellung nur für Art. 143b II 2, nicht aber für Art. 143b II 1 gilt (BVerfGE 108, 370 [397]).

4 In Art. 87f II 1 ist die Grundentscheidung für eine Aufgabenprivatisierung in den Bereichen Post, Postbank und Telekommunikation enthalten (Windthorst, in: Sachs, Art. 87f Rn. 24). Für die Deutsche Post AG als Rechtsnachfolgerin der Deutschen Bundespost POSTDIENST ist diese Privatisierungsbefugnis durch Art. 143b II 2 und 3 in zeitlicher Hinsicht eingeschränkt worden. Danach durfte der Bund die Kapitalmehrheit an diesem Unternehmen frühestens ab 1.1.2000 auf Grund eines förmlichen Bundesgesetzes mit Zustimmung des Bundesrates aufgeben. Dies ist inzwischen geschehen, sodass diese Übergangsregelung ebenfalls bedeutungslos geworden ist.

III. Beleihungsmodell (Abs. 3)

5 Die formelle Privatisierung der Deutschen Bundespost hat dazu geführt, dass die bei ihr beschäftigten Bundesbeamten nun den privatrechtlichen Nachfolgeunternehmen zugeordnet sind, die nicht Dienstherr von Beamten sein können. Zur Lösung dieser Situation sieht Art. 143b III ein sog. Beleihungsmodell vor. Danach werden die genannten Beamten unter Wahrung ihrer Rechtsstellung und der Verantwortung des Dienstherren bei den privaten Unternehmen beschäftigt. Diese sind nicht selbst Dienstherr, sondern werden gem. Art. 143b III 2 lediglich ermächtigt, die Dienstherrenbefugnisse auszuüben. Einzelheiten sind gem. Art. 143b III 3 in einem Bundesgesetz geregelt worden (dazu Battis, in: Sachs, Art. 143b Rn. 8).

B. Weiterführende Literatur/Leseempfehlungen

6 Badura, P., Die Verantwortung des Bundes für die amtsangemessene Beschäftigung der im Bereich der Deutschen Telekom AG tätigen Beamten, DÖV 2010, 533–542; Hetzel, H./Bulla, S., Die gesetzliche Exklusivlizenz der Deutschen Post AG (BVerfG, NVwZ 2004, 329), JuS 2004, 1048–1050; Uerpmann, R., Einsatz von Beamten bei einer Gesellschaft privaten Rechts – BVerwG –, Urt. v. 7.6.1984 – 2 C 84.81 = BVerwGE 69, 303 –, Jura 1996, 79–84.

Art. 143c [Übergangsregelungen für Bundesfinanzzuweisungen]

(1) [1]**Den Ländern stehen ab dem 1. Januar 2007 bis zum 31. Dezember 2019 für den durch die Abschaffung der Gemeinschaftsaufgaben Ausbau und Neubau von Hochschulen einschließlich Hochschulkliniken und Bildungsplanung sowie für den durch die Abschaffung der Finanzhilfen zur Verbesserung der Verkehrsverhältnisse der Gemeinden und zur sozialen Wohnraumförderung bedingten Wegfall der Finanzierungsanteile des Bundes jährlich Beträge aus dem Haushalt des Bundes zu.** [2]**Bis zum 31. Dezember 2013 werden diese Beträge aus dem Durchschnitt der Finanzierungsanteile des Bundes im Referenzzeitraum 2000 bis 2008 ermittelt.**

(2) **Die Beträge nach Absatz 1 werden auf die Länder bis zum 31. Dezember 2013 wie folgt verteilt:**
1. **als jährliche Festbeträge, deren Höhe sich nach dem Durchschnittsanteil eines jeden Landes im Zeitraum 2000 bis 2003 errechnet;**
2. **jeweils zweckgebunden an den Aufgabenbereich der bisherigen Mischfinanzierungen.**

(3) [1]**Bund und Länder überprüfen bis Ende 2013, in welcher Höhe die den Ländern nach Absatz 1 zugewiesenen Finanzierungsmittel zur Aufgabenerfüllung der Länder noch angemessen und erforderlich sind.** [2]**Ab dem 1. Januar 2014 entfällt die nach Absatz 2 Nr. 2 vorgesehene Zweckbindung der nach Absatz 1 zugewiesenen Finanzierungsmittel; die investive Zweckbindung des Mittelvolumens bleibt bestehen.** [3]**Die Vereinbarungen aus dem Solidarpakt II bleiben unberührt.**

(4) **Das Nähere regelt ein Bundesgesetz, das der Zustimmung des Bundesrates bedarf.**

Pflichtstoff (*)

Art. 143c ist eine Übergangsvorschrift zur Bewältigung der finanziellen Auswirkungen der Föderalismusreform I zum 1.9.2006 (Gesetz v. 28.8.2006, BGBl. I S. 2034). Denn mit der Föderalismusreform I wollte der verfassungsändernde Gesetzgeber bis dahin bestehende Regelungen zur Mischfinanzierung zwischen Bund und Ländern (Art. 104a Rn. 9) beseitigen, die durch das Finanzreformgesetz v. 12.5.1969 (BGBl. I S. 359) in das GG eingefügt worden waren. Demgemäß wurde u. a. 1
- Art. 91b I (insb. für den Ausbau und Neubau von Hochschulen einschließlich Hochschulkliniken und zur Bildungsplanung) geändert sowie
- Art. 104a IV (Finanzhilfen vor allem zur Verbesserung der Verkehrsverhältnisse der Gemeinden und zur sozialen Wohnraumförderung) aufgehoben und durch Art. 104b ersetzt (s. aber Rn. 3).

Infolge der Abschaffung dieser Mischfinanzierungstatbestände durch die Föderalismusreform I von 2006 sollten die Länder diese Bereiche wegen Art. 104a I Hs. 1 ohne Unterstützung des Bundes finanzieren. Art. 143c schuf die Grundlage, um diesen Übergang bis zum 31.12.2019 abzufedern, indem den Ländern aus dem Bundeshaushalt ein finanzieller Ausgleich gewährt wird. Das Ausführungsgesetz i. S. v. Art. 143c IV ist das Entflechtungsgesetz v. 5.9.2006 (BGBl. I S. 2098, 2102), das in seiner Ursprungsfassung den Art. 143c II umsetzte. Mittlerweile wurde es durch Art. 4 des Aufbauhilfegesetzes v. 15.7.2013 (BGBl. I S. 2401, 2402) geändert, um dem Regelungsauftrag des Art. 143c III nachzukommen. 2

Zu beachten ist, dass die Verfassungslage nach der Föderalismusreform I von 2006 ihrerseits erneut geändert wurde, und zwar Art. 104b durch das Gesetz v. 29.7.2009 (BGBl. I S. 2248 – sog. Föderalismusreform II) und Art. 91b I durch das Gesetz 3

v. 23.12.2014 (BGBl. I S. 2438). Diese Verfassungsänderungen ermöglichen nun wiederum Mischfinanzierungen, sodass die Föderalismusreform I insoweit revidiert wurde (vgl. Art. 91b Rn. 2 und Art. 104a Rn. 1 ff.).

Art. 143d [Übergangsvorschriften; Konsolidierungshilfen]

(1) [1]Artikel 109 und 115 in der bis zum 31. Juli 2009 geltenden Fassung sind letztmals auf das Haushaltsjahr 2010 anzuwenden. [2]Artikel 109 und 115 in der ab dem 1. August 2009 geltenden Fassung sind erstmals für das Haushaltsjahr 2011 anzuwenden; am 31. Dezember 2010 bestehende Kreditermächtigungen für bereits eingerichtete Sondervermögen bleiben unberührt. [3]Die Länder dürfen im Zeitraum vom 1. Januar 2011 bis zum 31. Dezember 2019 nach Maßgabe der geltenden landesrechtlichen Regelungen von den Vorgaben des Artikels 109 Absatz 3 abweichen. [4]Die Haushalte der Länder sind so aufzustellen, dass im Haushaltsjahr 2020 die Vorgabe aus Artikel 109 Absatz 3 Satz 5 erfüllt wird. [5]Der Bund kann im Zeitraum vom 1. Januar 2011 bis zum 31. Dezember 2015 von der Vorgabe des Artikels 115 Absatz 2 Satz 2 abweichen. [6]Mit dem Abbau des bestehenden Defizits soll im Haushaltsjahr 2011 begonnen werden. [7]Die jährlichen Haushalte sind so aufzustellen, dass im Haushaltsjahr 2016 die Vorgabe aus Artikel 115 Absatz 2 Satz 2 erfüllt wird; das Nähere regelt ein Bundesgesetz.

(2) [1]Als Hilfe zur Einhaltung der Vorgaben des Artikels 109 Absatz 3 ab dem 1. Januar 2020 können den Ländern Berlin, Bremen, Saarland, Sachsen-Anhalt und Schleswig-Holstein für den Zeitraum 2011 bis 2019 Konsolidierungshilfen aus dem Haushalt des Bundes in Höhe von insgesamt 800 Millionen Euro jährlich gewährt werden. [2]Davon entfallen auf Bremen 300 Millionen Euro, auf das Saarland 260 Millionen Euro und auf Berlin, Sachsen-Anhalt und Schleswig-Holstein jeweils 80 Millionen Euro. [3]Die Hilfen werden auf der Grundlage einer Verwaltungsvereinbarung nach Maßgabe eines Bundesgesetzes mit Zustimmung des Bundesrates geleistet. [4]Die Gewährung der Hilfen setzt einen vollständigen Abbau der Finanzierungsdefizite bis zum Jahresende 2020 voraus. [5]Das Nähere, insbesondere die jährlichen Abbauschritte der Finanzierungsdefizite, die Überwachung des Abbaus der Finanzierungsdefizite durch den Stabilitätsrat sowie die Konsequenzen im Falle der Nichteinhaltung der Abbauschritte, wird durch Bundesgesetz mit Zustimmung des Bundesrates und durch Verwaltungsvereinbarung geregelt. [6]Die gleichzeitige Gewährung der Konsolidierungshilfen und Sanierungshilfen auf Grund einer extremen Haushaltsnotlage ist ausgeschlossen.

(3) [1]Die sich aus der Gewährung der Konsolidierungshilfen ergebende Finanzierungslast wird hälftig von Bund und Ländern, von letzteren aus ihrem Umsatzsteueranteil, getragen. [2]Das Nähere wird durch Bundesgesetz mit Zustimmung des Bundesrates geregelt.

Pflichtstoff (*)

I. Aufschub der „Schuldenbremse" (Abs. 1)

1 Der im Zuge der Föderalismusreform II von 2009 mit Gesetz v. 29.7.2009 (BGBl. I S. 2248) eingefügte Art. 143d enthält wichtige Übergangsvorschriften für die Anwendung der sog. Schuldenbremse nach Art. 109 III und Art. 115 II, wonach es Bund und Ländern grds. verboten sein wird, weiterhin Schulden aufzunehmen (Nettoneuverschuldungsverbot):

- Art. 143d I 1 legt die erste Übergangsphase fest (1.8.2009–31.12.2010).
- Art. 143d I 2–7 statuiert die zweite Übergangsphase, die für die Länder vom 1.1. 2011 bis 31.12.2019 dauert, für den Bund vom 1.1.2011 bis 31.12.2015.

In den jeweiligen Zeiträumen darf vom grds. Nettoneuverschuldungsverbot des Art. 109 III abgewichen werden. Für die Länder gelten dafür die bisherigen landesverfassungsrechtlichen Vorschriften (Art. 143d I 3). Die Länder müssen dabei aber so wirtschaften, dass sie das Nettoneuverschuldungsverbot ab dem 1.1.2020 einhalten. Das zwang sie aus ökonomischen Gründen bereits 2011 mit dem Abbau der Nettoneuverschuldung zu beginnen. Ob dies auch verfassungsrechtlich gilt, d.h. ob Art. 143d I 6 auf die Länder Anwendung findet, ist str. und wird von der h.M. verneint (a.A. Gröpl, in: Gröpl, BHO/LHO, Anh. zu § 18 Rn. 6). 2

II. Konsolidierungshilfen (Abs. 2 und 3)

Um die Schuldenbremse auch für finanzschwache Länder zu ermöglichen, erhalten die dort aufgelisteten „Haushaltsnotlagenländer" Konsolidierungshilfen nach Maßgabe von Art. 143d II und III zur Entschuldung ihrer Haushalte. Ausgeschlossen werden dadurch zugleich Sonderbedarfsergänzungszuweisungen nach Maßgabe von Art. 107 II 3 wegen einer extremen Haushaltsnotlage (Art. 143d II 6). 3

III. Weiterführende Literatur/Leseempfehlungen

Gröpl, Ch., Die „Schuldenbremse" in Hessen, Rheinland-Pfalz und im Saarland, LKRZ 2010, 401–406; Lenz, C./Burgbacher, E., Die neue Schuldenbremse im Grundgesetz, NJW 2009, 2561–2567. 4

Art. 144 [Annahme des Grundgesetzes; Berlin-Vorbehalt]

(1) **Dieses Grundgesetz bedarf der Annahme durch die Volksvertretungen in zwei Dritteln der deutschen Länder, in denen es zunächst gelten soll.**

(2) **Soweit die Anwendung dieses Grundgesetzes in einem der in Artikel 23 aufgeführten Länder oder in einem Teile eines dieser Länder Beschränkungen unterliegt, hat das Land oder der Teil des Landes das Recht, gemäß Artikel 38 Vertreter in den Bundestag und gemäß Artikel 50 Vertreter in den Bundesrat zu entsenden.**

Pflichtstoff (*)

A. Überblick

Art. 144 regelt zusammen mit Art. 145 die Voraussetzungen für das Inkrafttreten des GG. 1

B. Erläuterungen

I. Die Annahme des Grundgesetzes (Abs. 1)

Die von Abs. 1 angesprochenen Länder, in denen das GG zunächst gelten sollte, waren die „alten" (West-)Länder einschließlich (West-)Berlins, dessen Volksvertretung jedoch aus Gründen des Besatzungsrechts nicht an der Abstimmung beteiligt wurde. Von den übrigen elf Landesparlamenten stimmten zehn dem GG zu. Der Bayerische Landtag lehnte das GG wegen vermeintlich zu zentralistischer Strukturen ab, beschloss jedoch zugleich, das GG im Fall der Annahme durch eine nach Abs. 1 ausreichende Zahl von Landesparlamenten auch für Bayern anzuerkennen. Das geschah zwischen dem 18. und dem 21.5.1949 durch die Zustimmung der zehn übrigen Volksvertretungen (Klein, in: MD, Rn. 144). 2

II. Der Berlin-Vorbehalt (Abs. 2)

3 Abs. 2 betraf trotz seines weiteren Wortlauts allein Berlin, nicht die 1990 beigetretenen Länder (Jarass, in: JP, Rn. 3). Die Vorschrift trug den alliierten Vorbehalten hinsichtlich des Status von Berlin (dazu näher BVerfGE 119, 394 [414f.]) Rechnung. Diese Vorbehalte wurden im Vorfeld der Wiedervereinigung aufgehoben; Abs. 2 ist seither gegenstandslos. Dass die Vorschrift nicht längst gestrichen wurde, ist nicht nur wegen des seit über 20 Jahren ins Leere gehenden Verweises auf Art. 23, in dem die „alten" (West-)Länder seit 1990 nicht mehr genannt werden, allenfalls schwer verständlich.

Art. 145 [Inkrafttreten des Grundgesetzes]

(1) **Der Parlamentarische Rat stellt in öffentlicher Sitzung unter Mitwirkung der Abgeordneten Groß-Berlins die Annahme dieses Grundgesetzes fest, fertigt es aus und verkündet es.**

(2) **Dieses Grundgesetz tritt mit Ablauf des Tages der Verkündung in Kraft.**

(3) **Es ist im Bundesgesetzblatte zu veröffentlichen.**

Pflichtstoff (*)

A. Überblick

1 Art. 145 regelt den Abschluss des Verfahrens der erstmaligen Verfassungsgebung. Hinsichtlich des Regelungsgegenstandes ist die Vorschrift mit Art. 82 I vergleichbar, nach dem sich das Abschlussverfahren für die einfache Gesetzgebung sowie für spätere Änderungen des GG richtet. Die separate Erwähnung Groß-Berlins beruht auf diesbezüglichen Vorbehalten der Alliierten, die sich aus dem Sonderstatus Berlins nach dem Ende des 2. Weltkriegs ergaben (s.a. Art. 144 II sowie näher Kunig, in: MK, Art. 144 Rn. 10ff.). Der ParlR war das aus gewählten Vetretern der Landtage zusammengesetzte Organ, in dem das GG ausgearbeitet wurde. Er wird in der Verfassung nur in Art. 145 erwähnt.

B. Erläuterungen

I. Feststellung der Annahme, Ausfertigung, Verkündung (Abs. 1)

2 Angenommen wurde das GG nach Art. 144 I durch die Volksvertretungen der Länder. Der ParlR hatte dies nur noch festzustellen. Das hat er am 23.5.1949 getan. Noch in derselben Sitzung wurde das GG durch die Unterschrift nahezu aller Mitglieder des ParlR, der Ministerpräsidenten der beteiligten Länder sowie der Präsidenten von deren Volksvertretungen ausgefertigt und von Konrad Adenauer, dem Präsidenten des ParlR, mündlich verkündet.

II. Inkrafttreten (Abs. 2)

3 Als Zeitpunkt des Inkrafttretens des GG legt Abs. 2 den Ablauf des Tags der Verkündung fest. Nachdem das GG am 23.5.1949 verkündet wurde, ist es um 24 Uhr an diesem Tag in Kraft getreten (Huber, in: Sachs, Rn. 5. Die h.M. nennt unter nur terminologischer Abweichung den 24.5.1949, 0 Uhr). Im Saarland gilt es seit dessen Beitritt am 1.1.1957, im Ostteil Berlins sowie in den fünf „jungen" Bundesländern – zunächst mit einigen übergangsbedingten Einschränkungen durch den EinigungsV – seit dem 3.10.1990 (Art. 3 EinigungsV).

III. Veröffentlichung im Bundesgesetzblatt (Abs. 3)

Anders als im Verfahren nach Art. 82 I, das für die einfache Gesetzgebung ebenso wie für Verfassungsänderungen gilt, wurde die Erstfassung des GG nicht erst durch die Publikation im BGBl. verkündet, sondern schon vorher im ParlR (Rn. 2). Daher sieht Abs. 3 nur noch eine (deklaratorische) Veröffentlichung vor, die freilich noch am gleichen Tag erfolgt ist (BGBl. I, S. 1). 4

C. Weiterführende Literatur/Leseempfehlungen

Jauernig, O., Wann ist das Grundgesetz in Kraft getreten?, JZ 1989, 615–617; Kahl, W., Die Entstehung des Grundgesetzes, JuS 1997, 1083–1087; Ziekow, J., Einheit in Freiheit – 50 Jahre Grundgesetz für die Bundesrepublik Deutschland, JuS 1999, 417–423. 5

Art. 146 [Geltungsdauer des Grundgesetzes]

Dieses Grundgesetz, das nach Vollendung der Einheit und Freiheit Deutschlands für das gesamte deutsche Volk gilt, verliert seine Gültigkeit an dem Tage, an dem eine Verfassung in Kraft tritt, die von dem deutschen Volke in freier Entscheidung beschlossen worden ist.

Pflichtstoff (***)

A. Überblick

Art. 146 sollte ursprünglich zusammen mit der Präambel den Charakter des GG als bloße Übergangsverfassung ausdrücken. Der Erlass einer neuen Verfassung nach der Vorschrift stellte – neben Art. 23 a. F. – eine von zwei Möglichkeiten zur Realisierung der Wiedervereinigung dar. Nach der Entscheidung für den anderen Weg, nämlich dem Beitritt der ostdeutschen Länder zum GG gem. Art. 23 a. F., blieb Art. 146 erhalten. Die Vorschrift wurde jedoch im Zuge der Wiedervereinigung durch den EinigungsV um den ersten Relativsatz („das nach … Volk gilt") ergänzt. In ihrer aktuellen Fassung stellt sie die Erfüllung des Wiedervereinigungsgebots fest und bekräftigt den völkerrechtlichen Verzicht auf die früheren Ostgebiete (Jarass, in: JP, Rn. 1). Zudem erkennt die Vorschrift die verfassungsgebende Gewalt des Volkes an (Huber, in: Sachs, Rn. 11 ff.). 1

Fachausdruck für die verfassungsgebende Gewalt ist der Begriff „pouvoir constituant", also die konstituierende Gewalt. Ihr steht der „pouvoir constitué" gegenüber, also die konstituierte (= verfasste) Gewalt. Das sind die an die Verfassung gebundenen staatlichen Organe.

Dass das GG nie durch eine Volksabstimmung bestätigt worden ist, stellt keinen Legitimitätsmangel dar. Die deutlichen Mehrheiten, die die das GG befürwortenden Parteien in den Wahlen nach seinem Inkrafttreten ebenso errungen haben wie die den Beitritt der ostdeutschen Länder befürwortenden Parteien im Umfeld der Wiedervereinigung, drücken zugleich Entscheidungen des Volkes zugunsten des GG aus (s. u. a. Hömig, in: Hömig, Rn. 3). 2

B. Erläuterungen

I. Die Möglichkeit der Ablösung des Grundgesetzes

Unmittelbarer Regelungsgegenstand des Art. 146 ist die Möglichkeit, das GG durch eine neue Verfassung abzulösen. Das GG wird dadurch aber nicht (mehr) zum Provi- 3 sorium: Einen Auftrag zu seiner Ablösung enthält die Vorschrift nicht (Jarass, in: JP, Rn. 2).

4 In welchem Verfahren die Verfassungsneugebung vorzunehmen wäre, legt Art. 146 nicht fest. Die Vorschrift verlangt lediglich eine „vom deutschen Volke in freier Entscheidung" beschlossene Verfassung. Diese müsste entweder per Volksabstimmung (mit einfacher Mehrheit) beschlossen werden oder durch eine vom Volk gewählte Nationalversammlung (nach Huber, in: Sachs, Rn. 17, ist der Beschluss zusätzlich „auf andere Weise" möglich). Keine Einigkeit besteht darüber, ob unmittelbar auf der Grundlage des Art. 146 eine Volksabstimmung über den Entwurf einer neuen Verfassung durchgeführt werden könnte (dafür Dreier, in: Dreier, Rn. 53) oder ob zunächst im Wege einer Verfassungsänderung nach Art. 79 I, II ein Verfahren für diesen Vorgang etabliert werden müsste (dafür z.B. Huber, in: Sachs, Rn. 16ff.; vermittelnd Jarass, in: JP, Rn. 4).

5 Noch wichtiger ist die ebenfalls umstr. Frage, ob die neue Verfassung den Vorgaben des Art. 79 III genügen muss (dafür Isensee, in: HStR VII, § 166 Rn. 61f.; dagegen Huber, in: Sachs, Rn. 11; offen gelassen in BVerfGE 123, 267 [343]). Richtigerweise wird man sie verneinen müssen, weil das GG die Gestaltungsmöglichkeiten der verfassungsgebenden Gewalt nicht in gleicher Weise beschränken kann wie die der verfassungsändernden Gewalt.

II. Art. 146 als möglicher Weg zu einer vom Grundgesetz ausgeschlossenen Schaffung eines europäischen Staates

6 Erforderlich könnte eine Ablösung des GG im Wege des Art. 146 werden, falls die europäische Integration über das von Art. 79 III zugelassene Maß hinaus vertieft werden sollte (zum auch im Rahmen der europäischen Integration nicht übertragbaren Bereich deutscher Verfassungsidentität s. auch Vorbem. Grundrechte Rn. 51). Das wäre nach zustimmungswürdiger Auffassung des BVerfG jedenfalls dann der Fall, wenn die Bundesrepublik Deutschland in einem europäischen Bundesstaat aufgehen sollte, der Hoheitsrechte ausüben könnte, die ihm nicht von den Mitgliedstaaten übertragen sind (BVerfGE 123, 267 [349f., 364]). „Es ist allein die verfassungsgebende Gewalt, die berechtigt ist, den durch das GG verfassten Staat freizugeben, nicht aber die verfasste Gewalt." (BVerfGE 123, 267 [332]. S. dazu auch Art. 79 Rn. 1).

7 Eine Missachtung dieser Grenzen durch den Gesetzgeber kann per Verfassungsbeschwerde geltend gemacht werden. Zwar enthält Art. 146 kein Grundrecht. Die Vorschrift kann jedoch in Verbindung mit einem Grundrecht, insb. dem Wahlrecht nach Art. 38 I 1, als verletzt gerügt werden (BVerfGE 123, 267 [332]).

C. Weiterführende Literatur/Leseempfehlungen

8 Engels, A., Die Integrationsverantwortung des Deutschen Bundestages, JuS 2012, 210–214; Erichsen, H.-U., Die Verfassungsänderung nach Art. 79 GG und der Verfassungsbeschluß nach Art. 146 GG, Jura 1992, 52–55; Haug, V., Über Partizipation zu einer postgrundgesetzlichen Verfassung, AöR Bd. 138 (2013), S. 435–463; Herbst, T., Legale Abschaffung des Grundgesetzes nach Art. 146 GG, ZRP 2012, 33–35; Herz, B., Subjektives Recht gegen die europäische Integration? Zur Zulässigkeit einer Klage gegen das Zustimmungsgesetz zum Vertrag von Lissabon, JA 2009, 573–579; Sachs, M., Das Grundgesetz im vereinten Deutschland – endgültige Verfassung oder Dauerprovisorium?, JuS 1991, 985–991; Schilling, T., Eine neue Verfassung für Deutschland, Der Staat Bd. 53 (2014), S. 95–119; Sommermann, K.-P., Integrationsgrenzen des Grundgesetzes und europäischer Verfassungsverbund: Brauchen wir eine neue Verfassung?, DÖV 2013, 708–714.

Sachverzeichnis

(Die fetten Zahlen verweisen auf die Artikel, die normalen auf die Randnummern.)